Direito Processual do Trabalho

De acordo com o CPC de 2015

1ª edição — Del Rey, 2006
2ª edição — Del Rey, 2008
3ª edição — Del Rey, 2009
4ª edição — Del Rey, 2012
5ª edição — Del Rey, 2014
6ª edição — LTr, 2016

CLEBER LÚCIO DE ALMEIDA

Juiz do Trabalho. Pós-doutor em Direito pela Universidad Nacional de Córdoba/ARG. Doutor em Direito pela UFMG. Mestre em Direito pela PUC/SP. Professor dos cursos de graduação e pós-graduação da PUC/Minas.

DIREITO PROCESSUAL DO TRABALHO

De acordo com o CPC de 2015

6ª edição

LTr 80

EDITORA LTDA.

Rua Jaguaribe, 571
CEP 01224-003
São Paulo, SP — Brasil
Fone (11) 2167-1101
www.ltr.com.br
Junho, 2016

Produção Gráfica e Editoração Eletrônica: R. P. TIEZZI
Projeto de Capa: FÁBIO GIGLIO
Impressão: Orgrafic

Versão impressa — LTr 5455.4 — ISBN 978-85-361-8906-2
Versão digital — LTr 8981-8 — ISBN 978-85-361-8919-2

Dados Internacionais de Catalogação na Publicação (CIP)
(Câmara Brasileira do Livro, SP, Brasil)

Almeida, Cleber Lúcio de

Direito processual do trabalho / Cleber Lúcio de Almeida. — 6. ed. — São Paulo : LTr, 2016.

Bibliografia.

1. Direito processual do trabalho 2. Direito processual do trabalho — Brasil I. Título.

16-02779 CDU-347.9:331

Índice para catálogo sistemático:

1. Direito processual do trabalho 347.9:331

Para Wânia, Ana Clara e Maria Luísa.

SUMÁRIO

Nota à Sexta Edição

Esta edição, assim como as anteriores, procura fornecer elementos para a análise crítica do direito processual do trabalho, levando em conta, especialmente, a dimensão humana, econômica, social e política do direito que por meio dele deve ser tornado efetivo, ou seja, o direito do trabalho, e que verdadeira fonte do direito processual do trabalho é aquela que facilita o acesso à justiça e garante a tutela jurisdicional adequada, efetiva, tempestiva e realizada de forma simplificada e econômica dos direitos surgidos das relações que envolvem o trabalho humano prestado em favor de outrem.

Como não poderia deixar de ser, esta edição contempla os efeitos do novo Código de Processo Civil (Lei n. 13.105/15), no direito processual do trabalho, sem deixar de desconsiderar, no entanto, as influências que o direito processual do trabalho exerceu na nova conformação do direito processual civil.

No exame dos efeitos do novo Código de Processo Civil no direito processual do trabalho, fez-se a opção pela referência tanto às normas do Código de Processo Civil de 1973 quanto às do Código de Processo Civil de 2015, para permitir a visualização das transformações pelas quais passou o direito processual civil e em razão da aplicação do CPC de 1973 nos processos em curso, até a entrada em vigor do CPC de 2015.

CAPÍTULO 1

CONSIDERAÇÕES PRELIMINARES

1. *Sociedade, Direito e norma jurídica*

O estudo do direito processual do trabalho exige que se proceda, previamente, a uma introdução, ainda que breve, que forneça os elementos necessários para a precisa definição da sua função social.

1.1. Os homens, por serem incapazes de prover por si sós as suas necessidades, se unem aos seus semelhantes, passando a viver em sociedade. Contudo, o fato de ser a vida em sociedade uma necessidade humana não impede a ocorrência de conflitos entre os que dela participam. Esses conflitos decorrem, dentre outros fatores, da diversidade dos interesses das pessoas e dos grupos que participam da vida social.

Os conflitos sociais colocam em risco a coexistência humana, o que torna imperiosa a disciplina da vida social e faz surgir o Direito. Destarte, a vida em sociedade reclama e faz surgir o Direito.

O Direito pode ser considerado do ponto de vista estrutural, o que implica examiná-lo a partir da sua estrutura e dos elementos que o compõem, e também funcional, o que envolve o exame das suas funções.

Quanto a este segundo aspecto, esclarecem André-Jean Arnaud e María José Fariñas Dulce que ao Direito são atribuídas várias funções, quais sejam:

a) *integração e controle social*: o direito contribui para a manutenção do equilíbrio do sistema social, "controlando, integrando ou arrefecendo os conflitos sociais e os desequilíbrios. O direito é (...) um dos subsistemas sociais a que se dá a função de *integração social*, assim como a tarefa de gerar e exercer os meios de *controle social* pelos quais se comunicam aos usuários do sistema as regras de comportamento que devem ser seguidas";

b) *resolução de conflitos*: o direito "identifica, organiza e resolve conflitos que poderiam perturbar o equilíbrio e a ordem social";

c) *tratamento de conflitos*: o direito "não *resolve os conflitos* no sentido funcionalista, que quer que o conflito desapareça do contexto social", visto que "a única coisa a que o direito pode aspirar é dar tratamento jurídico aos possíveis conflitos de interesses antagônicos entre as partes (...). O direito, portanto, propõe normas para conter os conflitos; dito de outra maneira, ele não busca fazer, radicalmente, que o conflito desapareça, mas o faz seu e propõe um tratamento possível, sempre o mantendo sob controle. Por exemplo, nas relações de trabalho, o direito canaliza o 'conflito do trabalho' e assegura sua regulação de maneira particular; o 'conflito' em si, entretanto, não desaparece da estrutura social; o direito dele se apropria, no momento em que lhe propõe um 'tratamento possível'";

d) *reguladora* ou *orientação social*: as normas jurídicas procuram influenciar, condicionar e persuadir os membros de um grupo social, para que adotem determinados comportamentos, por meio do estabelecimento de "modelos normativos gerais, abstratos, universais e coerentes (...). Por essa função, o direito assegura não apenas a estabilidade nos modelos normativos, mas também sua segurança jurídica, na medida em que os atores sociais podem conhecer e prever os efeitos de seu próprio comportamento e do comportamento dos outros, e planejar, assim, sua interação social";

e) *legitimação do poder social*: "o direito também pode servir para legitimar as decisões daqueles que têm a capacidade e o poder de tomá-las (...). As regras jurídicas, atribuindo competências e estabelecendo procedimentos para a tomada de decisão, executam uma função de legitimação, em que o poder, por elas intermediado, se transforma em direito (...). A função de legitimação do poder social, entretanto, pode ser interpretada de maneira mais abrangente, no sentido de que toda pessoa, tendo, num dado momento, uma capacidade de decisão (não apenas as autoridades e os órgãos jurisdicionais, mas também os indivíduos), pode apelar para o direito, a fim de, ali, buscar a aceitação, a legitimidade e o consenso para as suas ações e decisões";

f) *promoção* e *distributiva*: "a *função de promoção* do direito (motivação por meio de recompensas para comportamentos socialmente desejados, brindes, vantagens econômicas, etc.), assim como a *função distributiva* (distribuição de bens econômicos e de vantagens sociais) constituem duas novas funções do direito, que (...) surgiram como funções do direito ligadas ao progresso do estado social ou do estado providencial (...). A função de promoção do direito está estritamente ligada à da regulação dos comportamentos; estes, com efeito, podem ser orientados e regulados de duas maneiras diferentes: seja reprimindo os comportamentos indesejáveis e impedindo coercitivamente sua prática, seja promovendo os comportamentos socialmente desejáveis, favorecendo sua realização".(1)

Realizados estes registros, cumpre observar que o Direito não disciplina a vida social de um modo qualquer, mas o faz com a pretensão de promover a justiça nas relações sociais (justiça social). A vinculação entre direito e justiça é encontrada na Constituição da República de 1988, que, no art. 3º, I, inclui a construção de uma sociedade justa entre os objetivos fundamentais da República, e, no art. 193, aponta a justiça social como objetivo da ordem social. Esta vinculação se justifica plenamente, na medida em que, consoante registra J. Ramiro Podetti, "a justiça é uma aspiração do espírito humano, mas constitui, à sua vez, uma necessidade primordial dos homens".(2)

O Direito persegue a justiça nas relações sociais, no sentido de que assegura a participação de todos nos benefícios do progresso científico, cultural, econômico, político e social. Isso significa que o Poder Legislativo, cuja função é a criação das normas jurídicas que compõem o ordenamento jurídico, deve atuar no sentido da construção de uma *ordem jurídica justa*.

Mas, a exigência de justiça não se restringe à conformação da ordem jurídica. Com efeito, por força do art. 3º, I, da Constituição da República de 1988, todos os poderes do Estado, dentre eles o Poder Judiciário, devem pautar as suas ações pela busca da justiça. Com isso, todos têm direito, não só a uma ordem jurídica justa, como também à justa solução dos conflitos de interesses levados ao Poder Judiciário (*decisão justa*), o que, por sua vez, exige um *processo justo*. Em suma, a ordem jurídica justa, como direito de todos, significa justiça no Direito enquanto norma de conduta e na solução dos conflitos de interesses levados ao Poder Judiciário. Direito, decisão judicial e processo são, neste compasso, instrumentos da justiça e nela encontram a sua legitimação.(3)

1.2. O Direito atua por meio de normas (*normas jurídicas*), cujo conjunto compõe o *ordenamento jurídico.*

Para que produzam efeitos concretos, as normas jurídicas são dotadas de *coercibilidade*, ou seja, da possibilidade de imposição da sua observância pela força. A norma jurídica é, destarte, uma "regra imperativa

(1) *Introdução à análise sociológica dos sistemas jurídicos*, p. 145-156.

(2) *Teoría y tecnica del proceso civil y trilogia estructural de la ciencia del proceso civil*, p. 23.

(3) A solução dos conflitos de interesses pelo Poder Judiciário exige uma legitimação específica, que é a justiça no processo e na decisão nele produzida.

de conduta humana na vida social",[4] ou seja, as normas jurídicas estabelecem um *dever ser* nas relações sociais, que é fundado em valorações prévias.[5]

As normas jurídicas disciplinam as relações sociais visando à produção de determinados resultados,[6] concepção que é realçada pelo art. 5º da Lei de Introdução às Normas do Direito Brasileiro[7] e pelo art. 852-I, § 1º, da CLT.[8] Os resultados desejados com a criação da norma jurídica constituem a sua *finalidade social*.[9]

Para atingir os fins em razão dos quais são criadas, as normas jurídicas, em geral, atribuem *direitos* e impõem *deveres* a eles correlatos, definindo, previamente, as situações fáticas que os fazem surgir. Karl Engish assinala, nesse sentido, que "o centro gravitacional do direito reside nisto: em ele positivamente conferir um direito e impor deveres (...). Sempre ao direito de um corresponde o dever de outro (...). Um dever consiste sempre num dever-ser de certa conduta".[10]

De outro lado, sendo as normas jurídicas criadas para garantir a segurança e justiça nas relações sociais, é intuitiva a necessidade do seu cumprimento.[11] Por esta razão, ao descumprimento das normas jurídicas é vinculada uma *sanção*.[12]

2. *Conflitos de interesses e seus meios de solução*

O ideal é que as normas jurídicas sejam respeitadas espontaneamente.

(4) CAETANO, Marcelo. *Direito constitucional*, p. 200. Ludwig Enneccerus afirma que "o direito rege autarquicamente, isto é, independentemente da vontade dos indivíduos submetidos à norma" (*Tratado de derecho civil. Parte geral*, p. 125).

(5) O Direito, por ser um fenômeno social, reflete os valores fundamentais adotados por determinada sociedade em certo contexto histórico. Estes s valores ingressam na ordem jurídica por meios das regras e, especialmente, dos princípios.

(6) Miguel Reale afirma que a norma jurídica "deve procurar realizar ou amparar um valor, ou impedir a ocorrência de um desvalor. Isso significa que não se legisla sem finalidade e que o Direito é uma realização de fins úteis e necessários à vida, ou por ela reclamados" (*Filosofia do direito*, p. 594).

(7) "Na aplicação da lei, o juiz atenderá aos fins sociais a que ela se dirige e às exigências do bem comum." Trata-se da antiga *Lei de introdução ao Código Civil* (Decreto-lei n. 4.657/42), que teve a sua ementa alterada pela Lei n. 12.376, de 30.12.2010.

(8) "O juiz adotará em cada caso a decisão que reputar mais justa e equânime, atendendo aos fins sociais da lei e às exigências do bem comum." Com a referência a *decisão justa*, este artigo reforça, no processo do trabalho, a conclusão de que as partes do processo judicial têm direito à decisão justa do conflito levado ao Judiciário. O artigo referido, na esteira do art. 3º, I, da Constituição da República, vincula o exercício da atividade jurisdicional à justiça. O CPC de 2015 também reconhece o direito à decisão justa, como se vê do seu art. 6º.

(9) Neste sentido, afirma Karl Engish que "o Direito está sob o signo e o critério da conveniência prática (da adequação a fins). Ele deve conformar (modelar) a vida em comunidade de modo a ajustá-la a certos fins" (*Introdução ao pensamento jurídico*, p. 50).

(10) *Introdução ao pensamento jurídico*, p. 36-37.

(11) As normas jurídicas podem ser consideradas do ponto de vista da: a) *validade*: válida é a norma criada de acordo com as normas que disciplinam a prática de atos normativos. Trata-se, de acordo com Norberto Bobbio, do problema *ontológico* do direito (*Teoria geral do direito*, p. 27); b) *eficácia*: da eficácia se fala em sentido jurídico — capacidade de produzir efeitos jurídicos —, político — realização da finalidade em razão da qual foi estabelecida —, e sociológico — cumprimento pelos seus destinatários ou feita valer no caso de seu descumprimento. De acordo com Norberto Bobbio, "a pesquisa para verificar a eficácia ou a ineficácia de uma norma é uma pesquisa histórico-sociológica (...). Pode-se dizer que o problema da eficácia das regras jurídicas é o problema *fenomenológico* do direito" (*Op. cit.*, p. 27-28); c) *efetividade*: efetiva é a norma que produz os efeitos que dela são esperados — Trata-se da verificação dos efeitos concretos da norma jurídica sobre a realidade social; d) *justiça*: justa é a norma que esteja em conformidade com os valores fundantes e estruturantes do ordenamento jurídico, ou, segundo Norberto Bobbio, que corresponda "aos valores últimos ou finais que inspiram determinado ordenamento" (*Op. cit.*, p. 26). Conforme Norberto Bobbio, "o problema de saber se uma norma é ou não justa é um aspecto do contraste entre mundo ideal e mundo real, entre o que deve ser e o que é: norma justa é aquilo que deve ser; norma injusta é aquilo que não deveria ser. Colocar-se o problema da justiça ou não de uma norma equivale a se colocar o problema da correspondência entre o que é real e o que é ideal. Por isto costuma-se chamar o problema da justiça de problema *deontológico* do direito" (*Op. cit.*, p. 26). O juízo de eficácia e efetividade das normas jurídicas está relacionado com a *concepção instrumental do Direito*, no sentido de que ele persegue fins que "representam os valores para cuja realização o legislador, mais ou menos conscientemente, mais ou menos adequadamente, dirige a própria obra" (BOBBIO, Norberto. *Op. cit.*, p. 26).

(12) Como diante de determinado comportamento a reação pode ser negativa ou positiva, a sanção pode ser negativa ou positiva, isto é, a sanção pode significar punição ao descumprimento da norma (*sanção punitiva*) ou prêmio ao seu cumprimento (*sanção positiva* ou *premial*).

Nem sempre, contudo, as normas jurídicas são espontaneamente respeitadas, o que se dá por diversas razões, dentre as quais, a falta de compromisso com o respeito à ordem jurídica e o desconhecimento das normas regentes de determinada situação concreta ou a sua errônea interpretação, não podendo ser desconsiderada, ainda, a possibilidade de opção deliberada pelo descumprimento da norma, pelo fato de ser considerado mais vantajoso do que o seu cumprimento.

O desrespeito às normas jurídicas gera um conflito entre o titular do direito por elas atribuído e o devedor da conduta nelas imposta, isto é, um conflito entre o titular do interesse prevalente e o titular do interesse subordinado (*conflito de interesses*).[(13)]

O conflito também ocorre, por exemplo, quando se contrapõem o interesse de uma categoria de trabalhadores na melhoria da sua condição social e o interesse dos empregadores na manutenção das condições de trabalho em vigor ou na redução dos direitos até então conferidos aos trabalhadores.[(14)]

Como são resolvidos os conflitos de interesses?

Niceto Alcalá-Zamora y Castillo aduz que a solução dos conflitos de interesses passou por várias fases: "a) uma de autodefesa desenfreada, em que cada qual fazia justiça pelas próprias mãos e na medida ditada pelo seu arbítrio, sem limite que não fosse a força ou a resistência da parte contrária; b) uma segunda, de autotutela refreada pelo sentimento social (...); c) uma terceira, de intervenção da família, tribo ou *sippe*, primeiro voluntária e, depois, forçada, para obter uma solução do tipo autocompositivo entre as partes; d) uma quarta, em que se institui a arbitragem, isto é, um genuíno processo, só que ante juízes privados; e, f) finalmente, um processo jurisdicional público, quando surge uma organização (nem sempre estatal: municípios espanhóis durante a vigência do sistema foral, senhores com poder de administrar justiça, tribunais eclesiásticos de diferentes credos e de distintas épocas, etc.) com força suficiente para decidir imperativamente suprapartes".[(15)]

Para efeito de nossos estudos, são consideradas três das formas de solução dos conflitos adotadas ao longo da evolução da vida em sociedade:

1) *autotutela*: a solução do conflito é imposta por um dos seus sujeitos ao outro, pela força;[(16)]

2) *autocomposição* ou *solução inter partes*: a solução do conflito é realizada pelos titulares dos interesses contrapostos. A autocomposição pode assumir três formas: a) *renúncia* de uma das partes do conflito à pretensão de prevalência do seu interesse sobre o interesse do outro[(17)]; b) *submissão* ou *reconhecimento*, isto é, a renúncia à resistência oposta à pretensão do outro ou o reconhecimento da

(13) Francesco Carnelutti afirma que interesse significa "uma posição do homem, ou mais precisamente: a posição favorável à satisfação de uma necessidade (...). Os meios para a satisfação das necessidades humanas são os bens (...). Sujeito do interesse é o homem e o objeto daquele é o bem" (*Sistema de direito processual civil*, v. I, p. 55). Neste contexto, o conflito de interesses ocorre quando "a situação favorável à satisfação de uma necessidade excluir a situação favorável à satisfação de uma necessidade distinta" (CARNELUTTI, Francisco. *Sistema de direito processual civil*, v. I, p. 60-61). Luis Díez-Picazo aduz que "um conflito de interesses existe sempre que entre duas ou mais pessoas se produz uma situação de tensão ou de incompatibilidade em suas necessidades ou em suas aspirações a respeito de bens vitais que podem satisfazê-las (...). Um conflito existe quando, sobre um mesmo objeto, que é um bem da natureza ou um bem natural, apto para satisfazer necessidades ou aspirações, duas ou mais pessoas ocupam posições e mantêm posturas que são entre si antagônicas ou incompatíveis" (*Experiencias jurídicas y teoría del derecho*, p. 11). Levado diante do Poder Judiciário, o conflito de interesses recebe a denominação de *lide*, *litígio* ou *dissídio*.

(14) Trata-se, nesta hipótese, de um *conflito coletivo de interesses*, ou seja, de conflito que envolve interesses abstratos de pessoas que pertencem a um grupo, categoria ou classe.

(15) *Estudios de teoría general e historia del proceso* (1945-1972), tomo II, p. 142.

(16) Na autotutela, "os conflitos de interesses se resolvem não segundo a 'justiça', à maneira dos critérios legais, mas segundo relações de força" (PISANI, Andrea Proto. *Lezioni di diritto processuale civile*, p. 5). Para Niceto Alcalá-Zamora Castillo, esta forma de solução dos conflitos, "apesar de propiciar a dupla vantagem da rapidez e da economia, perturba a tranquilidade social (...) e pode significar, ademais, o mero triunfo da violência e não da razão, quando prevaleça o ofensor" (*Estudios de teoría general e historia del proceso (1945-1972)*, t. II, p. 142).

(17) Esta forma e autocomposição pressupõe a possibilidade de renúncia ao direito objeto de disputa.

procedência da pretensão do outro; c) *transação*, ou seja, a realização, pelos titulares dos interesses contrapostos, de concessões recíprocas, visando solucionar o conflito.[18]

A autocomposição pode ser judicial (realizada em juízo) ou extrajudicial (levada a efeito sem intervenção do Poder Judiciário) e assistida ou não assistida, conforme as partes contem, ou não, com o auxílio de um terceiro na sua realização, respectivamente.

3) *heterocomposição*: o conflito é solucionado por um terceiro, a ele estranho, que pode ser um árbitro escolhido pelas partes (*solução arbitral*[19]) ou o próprio Estado, no exercício da jurisdição (*solução jurisdicional*).

Parte da doutrina inclui a *mediação* entre as formas de heterocomposição de conflitos, ao passo que o CPC de 2015 a inclui dentre os *métodos de solução consensual de conflitos* (art. 3º, § 2º).[20]

Para Alfredo Montoya Melgar, mediação é o procedimento de solução de conflitos "cuja peculiaridade consiste na intervenção de um terceiro investido de amplos poderes de informação e de proposta, que se consubstanciam na formulação de um projeto de solução que as partes têm liberdade de aceitar e rejeitar".[21]

A heterocomposição tem como característica o fato de ser o conflito de interesses *resolvido* por um terceiro, a ele estranho. O mediador, embora atue no sentido da solução do conflito em relação ao qual é estranho, esclarecendo e aconselhando os titulares dos interesses em conflito e apresentando propostas para a sua solução,[22] não possui poder de decisão. Com isso, não há como incluir a mediação entre as formas

(18) Francesco Carnelutti assevera que "a autocomposição é a expressão do poder reconhecido à vontade dos interessados para a tutela de seus interesses" (*Sistema de direito processual civil*, v. I, p. 269). Segundo Francesco Carnelutti, a renúncia e o reconhecimento são espécies de *autocomposição unilateral*, constituindo a transação um "contrato bilateral, mediante o qual cada um dos contratantes dispõe da própria situação jurídica" (*Sistema de direito processual civil*, v. I, p. 271-272). Transação é o negócio jurídico pelo qual as partes previnem ou resolvem conflitos de interesses mediante concessões recíprocas (art. 840 do Código Civil). A transação não se confunde com a *conciliação*. A transação é a composição amigável na qual o conflito é solucionado por meio de concessões mútuas. A conciliação é a composição amigável que não decorre, necessariamente, de concessões recíprocas, como se dá, por exemplo, quando o credor, sem abrir mão do seu crédito, concede ao devedor um prazo para a sua liquidação.

(19) Para João Alberto de Almeida, arbitragem "é meio de solução de conflitos intersubjetivos, eleito livremente pelas partes, que afasta a atuação da jurisdição, permitindo que a decisão seja tomada por juízes privados, escolhidos pelas mesmas" (*Processo arbitral*, p. 5). A arbitragem pode ser *obrigatória* (a lei impõe aos titulares dos interesses em conflito a sua submissão a um árbitro) ou *voluntária* (submeter o conflito a um árbitro é uma opção dos titulares dos interesses contrapostos).

(20) O art. 3º do CPC de 2015 estabelece que não se excluirá da apreciação jurisdicional ameaça ou lesão a direito (*caput*), mas deixa claro que a solução judicial dos conflitos não é a única forma de solução de conflitos por ele prestigiada, quando admite a arbitragem (§ 1º) e dispõe que o Estado promoverá, sempre que possível, a solução consensual dos conflitos (§ 2º) e que a conciliação, a mediação e outros métodos de solução consensual de conflitos deverão ser estimulados por juízes, advogados, defensores públicos e membros do Ministério Público, inclusive no curso do processo judicial (§ 4º). O art. 3º do CPC de 2015 compõe a *Parte Geral* deste Código. Essa Parte Geral, por força do art. 15 do CPC de 2015, funciona como Parte Geral dos processos eleitorais, trabalhistas ou administrativos. O CPC de 2015 também se refere à mediação no art. 165 ("Os tribunais criarão centros judiciários de solução consensual de conflitos, responsáveis pela realização de sessões e audiência de conciliação e mediação e pelo desenvolvimento de programas destinados a auxiliar, orientar e estimular a autocomposição"). Anote-se que o art. 3º, III, da Instrução Normativa n. 39/2016 do TST prevê não ser aplicável no processo do trabalho parte final do inciso V do art. 139, do CPC de 2015, que atribui ao juiz o dever/poder de promover, a qualquer tempo, a autocomposição, preferencialmente com auxílio de conciliadores e mediadores, o que implica que o juiz não está obrigado a ser valer de conciliadores e mediadores para a autocomposição.

(21) A solução dos conflitos coletivos do trabalho na Espanha. In: *A solução dos conflitos trabalhistas*, p. 76.

(22) O objetivo do mediador é auxiliar as partes a alcançar a solução consensual do conflito. A mediação é, sob este prisma, uma espécie de autocomposição mediada por um terceiro. Note-se que, na arbitragem, a solução do conflito é atribuída a um terceiro, ao passo que, na mediação, a solução do conflito é realizada com a participação de um terceiro, cuja função é ajudar as partes a chegarem a uma solução negociada do conflito, o que implica dizer que a mediação não se confunde com a arbitragem. O CPC de 2015 trata, de forma expressa, da atuação dos mediadores (arts. 165 a 175), prevendo que: a mediação visa auxiliar, orientar e estimular a autocomposição (art. 165); o mediador "atuará preferencialmente nos casos em que houver vínculo anterior entre as partes, auxiliará aos interessados a compreender as questões e interesses em conflito, de modo que eles possam, pelo restabelecimento da comunicação, identificar, por si próprios, soluções consensuais que gerem benefícios mútuos" (art. 165, § 3º); a mediação é informada "pelos princípios da independência, da imparcialidade, da autonomia da vontade, da confidencialidade, da oralidade, da informalidade e da decisão informada" (art. 165, § 4º). o art. 3º, III, da Instru-

de heterocomposição de conflitos de interesse, salvo se for admitido que o simples fato de um terceiro participar da solução do conflito, ainda que somente com poderes de informação e de proposta, é suficiente para caracterizar a heterocomposição.[23] A nosso juízo, a mediação constitui, na linha do CPC de 2015, um *método consensual de solução de conflitos* e não uma forma de autocomposição.

Registre-se que os métodos consensuais de solução de conflitos têm fundamento *funcional* (eficiência e efetividade), *social* (pacificação social) e *político* (participação das titulares do conflito na sua solução) e se caracterizam pelo fato de a solução do conflito ser construída por aqueles que sofrerão os seus efeitos (neles, as partes não atuam como adversárias, mas como corresponsáveis pela construção da solução para o conflito. Essa particularidade os torna distintos dos *métodos adversariais de solução de conflitos*, que são aqueles em que a solução do conflito é realizada por um terceiro, perante o qual as partes se apresentam como adversárias).

3. *Jurisdição, ação e processo: primeiras observações*

A segurança e a justiça nas relações sociais exigem a rápida, econômica, adequada, justa e efetiva solução dos conflitos de interesses nelas surgidas, o que constitui, assim, uma necessidade social.[24]

A autotutela assegura a prevalência do interesse do mais forte, que nem sempre é o que merece proteção à luz do ordenamento jurídico. A autotutela somente é autorizada em situações excepcionais, expressamente estabelecidas pelo ordenamento jurídico, fundadas, muitas vezes, "na urgência do remédio e na impossibilidade de recorrer no momento à autoridade", como é aduzido por Lopes da Costa.[25]

Já a autocomposição é prejudicada pela forte influência das condições econômico-financeiras das partes em conflito, na medida em que a discrepância destas condições pode significar maior necessidade de um sujeito e maior poder de negociação do outro, em prejuízo da justa solução do conflito,[26] além de ser autorizada apenas em relação aos direitos disponíveis.

ção Normativa n. 39/2016 do TST prevê não ser aplicável no processo do trabalho parte final do inciso V do art. 139, do CPC de 2015, que atribui ao juiz o dever/poder de promover, a qualquer tempo, a autocomposição, preferencialmente com auxílio de conciliadores e mediadores, o que implica que o juiz não está obrigado a se valer de conciliadores e mediadores para a autocomposição.

(23) O Decreto n. 1.572/95 regulamenta a mediação na negociação coletiva de natureza trabalhista, estabelecendo que: a) frustrada a negociação direta, as partes poderão escolher, de comum acordo, mediador para composição do conflito (art. 2º) ou solicitar ao Ministério do Trabalho e Emprego a designação de mediador (art. 2º, § 1º), podendo esta solicitação ocorrer também quando a parte se considerar sem as condições adequadas para, em situação de equilíbrio, participar de negociação direta (art. 2º, § 1º); b) o Ministério do Trabalho e Emprego manterá cadastro de profissionais para o exercício da função de mediador para subsidiar a escolha pelas partes, estando a inscrição no cadastro condicionada a requerimento do interessado, cumprindo-lhe comprovar experiência na composição de conflitos de natureza trabalhista e conhecimentos técnicos relativos às questões de natureza trabalhista (art. 4º); c) a indicação de mediador pelo Ministério do Trabalho e Emprego poderá recair em mediador constante de seu cadastro de mediadores, desde que as partes concordem quanto ao pagamento dos honorários por ele propostos por ocasião da indicação ou servidor do seu quadro de funcionários, sem ônus para as partes (art. 2º, § 3º); d) não sendo alcançado entendimento entre as partes na negociação direta ou por intermédio de mediador, lavrar-se-á, de imediato, ata contendo as causas motivadoras do conflito e as reivindicações de natureza econômica (art. 6º). Do tema também trata a Instrução Normativa MTE/SIT n. 16, de 15.10.2013, que dispõe sobre o depósito, registro e arquivo de convenções e acordos coletivos de trabalho nos órgãos do Ministério do Trabalho e Emprego e sobre a solicitação de mediação coletiva de conflitos trabalhistas. Segundo esta Instrução Normativa, poderá ser solicitada mediação de negociação coletiva de natureza trabalhista nos casos de pactuação de instrumento coletivo de trabalho ou de descumprimento de norma contida em instrumento coletivo ou da legislação trabalhista (art. 18), mediante o Sistema MEDIADOR, disponível no endereço eletrônico do MTE na internet.

(24) Segundo Francesco Carnelutti, "posto que unicamente por meio da vida em sociedade os homens podem satisfazer grande parte das suas necessidades, e posto que a guerra entre eles desagrega a sociedade, a composição (solução pacífica) dos conflitos se converte em interesse coletivo (público)" (*Sistema de direito processual civil*, v. I, p. 63).

(25) *Direito processual civil brasileiro*, v. I, p. 6. Citem-se como exemplos de autotutela autorizada pelo nosso ordenamento jurídico a legítima defesa e a greve.

(26) A necessidade de um dos sujeitos em conflito pode conduzi-lo à sujeição ao interesse do outro.

De sua feita, a arbitragem constitui valioso meio de solução dos conflitos de interesses, mas também sofre sensível influência da situação econômico-financeira dos sujeitos do conflito e somente pode ter por objeto direito disponível, o que, inclusive, impede a sua adoção na seara trabalhista em relação à solução de conflitos individuais.

O Estado, além de limitar a possibilidade de autotutela e de arbitragem, chama para si a responsabilidade pela solução dos conflitos surgidos nas relações sociais e pela realização concreta dos direitos assegurados pela ordem jurídica, isto é, a responsabilidade pela *tutela jurisdicional dos direitos*. Ao Estado corresponde a função de estabelecer o direito objetivo, o que faz, principalmente, por meio do Poder Legislativo, e de assegurar a sua atuação nos casos de sua não observância espontânea (art. 5º, XXXV, da Constituição da República[(27)]), sendo esta última função desempenhada pelo Poder Judiciário.[(28)]

O Estado soluciona os conflitos de interesses que lhe são submetidos e confere tutela jurisdicional aos direitos no exercício da *jurisdição*. Jurisdição é, assim, a atividade estatal voltada à solução dos conflitos de interesses[(29)] e à realização concreta dos direitos assegurados pela ordem jurídica. A jurisdição reafirma o caráter vinculativo do ordenamento jurídico, ou seja, "a sua capacidade de operar na realidade da vida histórica de forma determinante e reguladora".[(30)]

Abre-se um parêntese para esclarecer que, na sua evolução histórica, a jurisdição foi vinculada à ideia de *atuação da vontade concreta da lei* (jurisdição como atividade do juiz, a quem caberia apenas confirmar a existência de um direito preexistente), *solução de conflitos de interesses e pacificação social* (jurisdição como atividade do juiz, ao qual caberia confirmar a existência de direito preexistente, visando pôr fim ao conflito e promover a paz social), *realização concreta dos direitos assegurados pela ordem jurídica* (jurisdição como instrumento de tutela de direitos subjetivos preexistentes), *produção participada do direito no caso concreto e sua realização prática* (jurisdição como atividade por meio pelo qual o juiz e as partes definem o direito no caso concreto e o fazem valer, garantindo a sua efetividade) e *instrumento de adequação das estruturas sociais aos valores e às finalidades eleitos como fundamentais pela Constituição* (jurisdição como instrumento de transformação social, a partir do reconhecimento de força normativa à Constituição).

A jurisdição não constitui, contudo, atividade cujo exercício se dê sem a provocação dos titulares dos interesses em conflito, sendo, ao contrário, uma *atividade provocada*, isto é, que somente deixa o estado de inércia em razão da provocação dos titulares dos interesses contrapostos (*nemo iudex sine actore*).

A provocação da jurisdição dá-se pela *ação* dos titulares dos interesses em conflito e esta ação constitui um direito (*direito de ação*[(31)]), que é uma contrapartida à proibição da autotutela.[(32)]

---

(27) "A lei não excluirá da apreciação do Poder Judiciário lesão ou ameaça a direito". Com esta previsão, a Constituição reconhece, expressamente, o direito à tutela jurisdicional dos direitos e atribui ao Poder Judiciário o dever de realizá-la. Observe-se que, como aduz Adolfo di Majo, "entre os deveres do ordenamento está o de promover uma eficaz *tutela dos direitos* que nele são reconhecidos e garantidos" (*La tutela civile dei diritti*, p. 1).

(28) Gian Antonio Micheli afirma que "o conteúdo íntimo da função jurisdicional está na atribuição ao Estado do poder exclusivo de eliminar todo conflito, atual e — dentro de certos limites — potencial, de maneira que os cidadãos não se vejam constrangidos a se enfrentar reciprocamente de modo direto, agravando relações já conturbadas e prejudicando a paz social" (*Derecho procesal civil*, v. I, p. 9).

(29) Cada parte do conflito de interesses apresenta ao juiz o seu modo de ver a realidade. O juiz julga o conflito de interesses na forma representada pelas partes. Daí a afirmação de que o juiz não julga o conflito, mas o litígio, a lide ou o dissídio, isto é, o conflito que lhe é representado pelas partes litigantes na ação e defesa.

(30) HESSE, Konrad. *Escritos de derecho constitucional*, p. 26.

(31) O direito de ação não se resume à provocação da jurisdição ou apresentação em juízo de uma demanda, mas contempla um *complexo de direitos*, tais como o direito de apresentar argumentos e provas em favor do acolhimento de uma pretensão (direito de defesa, em sentido amplo), o direito à paridade de armas e o direito de impugnar, mediante recurso, as decisões judiciais. Este complexo de direitos é composto por direitos de natureza *pré-processual* (direitos que existem antes da propositura da demanda: direito de provocar a jurisdição, por exemplo) e *processual* (direitos a serem exercidos no curso do processo: direito de produzir provas, por exemplo).

(32) Note-se que: a) da lesão de um direito nasce a *pretensão* (art. 196 do Código Civil); b) a pretensão é manifestada em juízo por meio da *demanda* (daí o art. 14, III, do CPC e 1973 e o art. 77, II, do CPC de 2015 imporem às partes o dever de não formular *pretensão* destituída de fundamento); c) a demanda é o instrumento por meio do qual é exercido o *direito de ação* (neste sentido, prevê o art. 99 do Código de Processo Civil Italiano que: "Quem quiser fazer valer um direito em juízo deve propor demanda

Do exercício do *direito de ação* decorre, para o Estado, o dever de desenvolver as atividades necessárias à verificação da procedência da pretensão manifestada por aquele que o provocou e, sendo ela procedente, conferir-lhe a tutela pleiteada. Para tanto, devem ser praticados os atos que a ordem jurídica define como necessários para o cumprindo deste dever, cujo conjunto forma o *processo*.[(33)]

A jurisdição, a ação e o processo são, neste contexto, meios dispostos para a concretização dos direitos assegurados pelo ordenamento jurídico e, com isso, para a defesa do próprio ordenamento jurídico[(34)] e a pacificação social.[(35)]

ao juiz competente"). Nesse compasso, o que se propõe não é a ação, mas a demanda. Na demanda, a parte informa ao juiz a sua pretensão. Objeto de pronúncia do juiz na sentença é a pretensão e não a demanda (a pretensão é que é julgada procedente ou improcedente). No entanto, tanto o legislador (art. 17 do CPC de 2015, por exemplo) quanto a doutrina tratam como equivalentes *propositura de ação* e *propositura de demanda*, observando-se que, no processo do trabalho, é utilizada, no mesmo sentido, a expressão *propositura de reclamação*.

(33) Afirma José Frederico Marques que a jurisdição, a ação e o processo integram a "*resolução processual dos litígios*" e que, em termos amplos, "a palavra *processo* indica uma 'operação destinada a obter a composição de um litígio'. Essa operação se realiza com a atividade jurisdicional, posta em movimento através da *ação* e desenvolvida por meio de um conjunto de atos, que é o processo em sentido estrito" (*Instituições de direito processual civil*, v. I, p. 12-13).

(34) Sob este prisma, a jurisdição, a ação e o processo constituem mecanismos que permitem a atuação do direito objetivo, quando não observado espontaneamente.

(35) Niceto Alcalá-Zamora Castillo assinala que o processo, ao excluir a autodefesa, serve à paz social, mas aspira "coordenar a paz com a justiça" (*Estudios de teoría general e historia del proceso* (1945-1972), t. II, p. 144).

Capítulo 2

Direito Processual do Trabalho

1. Normas de direito material e de direito processual. Relação entre direito material e processo

As considerações constantes do Capítulo anterior permitem uma aproximação do significado do direito processual do trabalho. No presente Capítulo, este significado é mais bem especificado, por meio, especialmente, da definição do seu conceito, das suas fontes e dos seus princípios fundamentais e, ainda, da sua relação com o Direito do Trabalho.

As normas jurídicas são classificadas, considerando o seu conteúdo (objeto de disciplina), em *normas de direito material* (normas que organizam e disciplinam a convivência social, atribuindo, ao fazê-lo, bens da vida àqueles que dela participam) e *normas de direito processual* (normas que organizam e disciplinam a atividade que o Estado desenvolve com o fim de resolver conflitos de interesses e garantir o respeito à ordem jurídica — jurisdição —, a forma de provocação da jurisdição — ação — e o instrumento por meio do qual a jurisdição atua — processo).

Como assinala Aroldo Plínio Gonçalves, as normas de direito material e de direito processual "disciplinam condutas, inserem-se no mesmo ordenamento jurídico e se complementam mutuamente. A distinção entre elas se mantém pelo conteúdo que comportam, e não pela referibilidade a qualquer hierarquia, pois enquanto as normas materiais se destinam a valorar a conduta, qualificando-a como lícita ou ilícita, tendo como matéria as situações jurídicas de que decorrem direitos e deveres (...). As normas de direito processual disciplinam a jurisdição: o exercício da função jurisdicional e o instrumento pelo qual ela se manifesta, o processo".[36]

Aduz Francesco Carnelutti que o fim do direito é a composição dos conflitos de interesses e que a distinção entre normas materiais e processuais decorre da diversidade de suas finalidades, vez que "as normas materiais compõem imediatamente um conflito de interesses, impondo uma obrigação e atribuindo — eventualmente — um direito (subjetivo)", ao passo que as normas processuais "o compõem mediatamente, atribuindo um poder (de compor) e impondo correlatamente uma sujeição".[37]

Afirma Andrea Proto Pisani que "o direito substancial é um complexo de normas destinado a resolver conflitos de interesses contrapostos, determinando os interesses prevalentes, através da previsão de poderes, deveres e faculdades; o direito processual é constituído, ao contrário, de um sistema de normas que disciplinam mais ou menos complexos mecanismos (processuais) destinados a garantir que a norma substancial seja atuada também na hipótese de falta de realização espontânea da parte de quem é obrigado".[38]

---

(36) *Técnica processual e teoria do processo*, p. 41.

(37) *Sistema de direito processual civil*, v. I, p. 110. As tensões geradas pelos conflitos surgidos nas relações sociais também atuam como mola propulsora do desenvolvimento da ordem jurídica.

(38) *Lezioni di diritto processuale civile*, p. 4.

É relevante observar que, como assevera Eduardo Couture, a natureza processual de uma lei "não depende do corpo de disposições em que esteja inserida, mas sim de seu conteúdo próprio. Consiste este na regulamentação de fenômenos estritamente processuais, isto é, na programação do debate judicial, no que se refere ao seu fim, que é a decisão do conflito de interesses".[39]

Recorde-se que as normas jurídicas organizam e disciplinam as relações sociais e a solução dos conflitos de interesses segundo critérios de valoração prática,[40] resultando "de uma complexa operação, pela qual a inteligência confronta fatos da vida com uma tábua de ideais, acerca de como deve ser o comportamento humano".[41] Assim, tanto as normas de direito material quanto as de direito processual não são editadas aleatoriamente. Definido um fim (a solução dos conflitos de interesses e a realização concreta dos direitos assegurados pela ordem jurídica), são estabelecidos os meios adequados à sua realização (jurisdição, ação e processo como instrumentos de tutela de direitos e do Direito).

As normas de direito material e de direito processual estão em íntima conexão.

O direito processual cria, e deve criar, as condições necessárias à realização prática do direito material e tutela da ordem jurídica. O direito processual constitui, portanto, instrumento a serviço do direito material e da ordem jurídica. Trata-se, portanto, de uma relação de meio e fim, que, como toda relação desta natureza, exige uma íntima conexão entre o que se persegue (fim) e os instrumentos dispostos para alcançá-lo (meios).

2. *Direito processual do trabalho: conceito*

O direito processual do trabalho, sendo um ramo do Direito, é composto por um conjunto de normas jurídicas.

As normas jurídicas que compõem o direito processual do trabalho disciplinam a *jurisdição trabalhista* (atividade desenvolvida pelo Estado com o fim de solucionar conflitos de interesses de natureza trabalhista), o *processo do trabalho* (instrumento de atuação da jurisdição trabalhista) e a *ação trabalhista* (direito e forma de provocação da jurisdição trabalhista).

Esta é, no entanto, uma *concepção normativa* do direito processual do trabalho, ou seja, que o toma como um conjunto de normas jurídicas.

O direito processual do trabalho trata da solução judicial dos conflitos de interesses de natureza trabalhista, que são, por força do art. 114, I a IX, da Constituição República, aqueles que decorrem de uma relação de trabalho ou que a ela sejam conexos.

O direito processual do trabalho está diretamente relacionado, na sua gênese e no seu desenvolvimento, com a realização prática do direito do trabalho. Daí a afirmação de Rafael de Pina de que o direito processual do trabalho constitui "o conjunto de normas relativas à aplicação do direito do trabalho por meio do processo".[42]

Neste contexto e adotando uma definição *normativa-funcional* do direito processual do trabalho, pode ser dito que ele é constituído pelo conjunto de normas jurídicas que disciplinam a solução judicial dos conflitos de natureza trabalhista, visando tornar concreto o direito do trabalho não atuado espontaneamente.

O direito processual do trabalho, no entanto, não serve apenas à tutela de direitos, vez que também atua em favor da sociedade, garantindo a efetividade da ordem jurídica.

(39) *Interpretação das leis processuais*, p. 36.

(40) O Direito "exprime um princípio de valoração prática, porque se refere ao operar, às ações" (VECCHIO, Giorgio Del. *Lições de filosofia do direito*, p. 355), o que implica dizer que o Direito possui caráter valorativo e prático. Promover a disciplina das relações sociais pressupõe juízos prévios de valor, ao passo que a realização de determinado resultado prático é o propósito da criação da norma jurídica: o legislador, para valorar os fatos da vida social, parte daquilo que considera ser a *situação ideal*, isto é, de como *devem ser* as relações sociais.

(41) TELLES JUNIOR, Goffredo. *Iniciação na ciência do direito*, p. 25. A definição do que seja valioso ou do que possui valor depende de um juízo prévio, que tem como parâmetro um valor ideal. As normas jurídicas constituem a projeção de juízos de valor.

(42) *Curso de derecho procesal del trabajo*, p. 8.

Com isto e ainda na perspectiva normativa-funcional, é lícito afirmar que o direito processual do trabalho é constituído pelo conjunto de normas jurídicas que disciplinam a solução judicial dos conflitos de natureza trabalhista, visando tornar concreto o direito do trabalho não atuado espontaneamente e garantir a efetividade da ordem jurídica.

O direito processual do trabalho pode ser dividido, considerando a natureza dos conflitos submetidos ao Poder Judiciário e dos direitos neles envolvidos,[43] em *direito processual individual* e *direito processual coletivo*, sendo o primeiro composto pelo conjunto de regras e princípios voltados à disciplina da solução de conflitos de interesses de natureza individual e realização concreta de direitos individuais e, o segundo, pelo conjunto de regras e princípios destinados à disciplina da solução de conflitos de interesses coletivos em sentido amplo ou transindividuais (interesses difusos, coletivos e individuais homogêneos) e realização prática dos direitos trabalhistas coletivos em sentido amplo ou transindividuais.

Registre-se que ao direito processual em geral tem sido conferida uma nova e relevante função, que é a de assegurar a *unidade do ordenamento jurídico*, com a atribuição aos tribunais da condição de cortes de jurisprudência e, aos tribunais superiores, de cortes de precedentes, o que pode ser notado na nova sistemática recursal trabalhista, estabelecida pela Lei n. 13.015/15, e na disciplina conferida pelo CPC de 2015 à fundamentação das decisões judiciais e aos precedentes, por exemplo.

3. *Fontes do direito processual do trabalho. O direito processual comum como fonte do direito processual do trabalho*

Como o direito processual do trabalho é formado por um conjunto de normas jurídicas, torna-se imperioso definir as suas fontes.

3.1. O estudo das fontes do Direito diz respeito aos fatores éticos, econômicos, sociais e políticos que informam a criação de normas jurídicas (*fontes materiais do Direito*) e aos atos ou fatos aos quais o ordenamento jurídico atribui poder para criar normas jurídicas (*fontes formais do Direito*).

Miguel Reale aduz que "toda fonte de direito implica uma estrutura normativa de poder, pois a gênese de qualquer regra de direito (...) só ocorre em virtude da interferência de um centro de poder, o qual, diante de um complexo de fatos e valores, opta por dada solução normativa com características de objetividade".[44]

Norberto Bobbio considera fontes do Direito, do ponto de vista formal, os fatos ou atos "aos quais um determinado ordenamento jurídico atribui a competência ou a capacidade de produzir normas jurídicas (...). Uma norma é válida (isto é, existe juridicamente) se for produzida por uma fonte autorizada, ou, em outros termos, pode remontar a um dos fatos ou atos competentes ou capazes, segundo o ordenamento, de produzir normas jurídicas".[45]

As fontes de direito processual do trabalho serão aqui consideradas apenas no seu sentido formal, ou seja, como correspondentes aos atos ou fatos aos quais o ordenamento jurídico atribui poder para criar normas de direito processual do trabalho.

3.2. As fontes formais do direito são classificadas:

a) segundo a relação entre o detentor do poder de estabelecer normas e os seus destinatários, em *heterônomas* (normas de cuja produção não participam os seus destinatários principais, tais como as leis) e *autônomas* (normas de cuja produção participam os seus destinatários principais, como a convenção coletiva de trabalho);

---

(43) Cumpre esclarecer que, como aduz Riccardo Guastini, no contexto das expressões *separação de poderes, divisão de poderes* e *balanceamento de poderes*, o vocábulo *poder* "se refere às funções do Estado. 'Função' de sua feita denota nada mais do que uma 'atividade'. E uma atividade, a seu turno, nada mais do que uma classe de atos" (*Lezioni di teoria costituzionale*, p. 15-16).

(44) *Lições preliminares de direito*, p. 141.

(45) *O positivismo jurídico*, p. 161.

b) considerando a sua origem, em *normas de produção profissional* (normas estabelecidas por meio da negociação coletiva), de *produção estatal* (normas estabelecidas pelo Estado), de *produção mista* (normas criadas por meio de sentença normativa) e de *produção internacional* (tratados e convenções internacionais).

Da previsão de que nos casos omissos o direito processual comum será fonte subsidiária do direito processual do trabalho (art. 769 da CLT), resulta que as fontes do direito processual do trabalho podem ser *próprias* (a CLT é a fonte, por excelência, do direito processual do trabalho) ou *subsidiárias* (normas estranhas ao direito processual do trabalho, mas que podem ser utilizadas para suprir as suas eventuais omissões), acrescentando-se que, por força do art. 15 do CPC de 2015, este Código também atua como *fonte supletiva* do direito processual do trabalho.

As fontes podem ser, ainda, *consuetudinárias* (usos e costumes), *legislativas* (atos normativos estabelecidos pelo Poder Legislativo) e *jurisdicionais* (jurisprudência como centro de positivação do direito).[46]

3.3. Vale recordar o debate sobre a *unidade* ou *pluralidade* dos núcleos de produção das fontes formais do Direito, na medida em que "A teoria monista, de filiação positivista, capitaneada por Hans Kelsen, sustenta que as fontes formais do Direito derivam de um único centro de positivação, o Estado, caracterizado como o único dotado de coerção/sanção. Já a teoria pluralista não considera válida a tese do exclusivismo estatal, sustentando a clara existência de distintos centros de positivação jurídica ao longo da sociedade civil, como o demonstram, ilustrativamente, o costume e os instrumentos jurídicos da negociação coletiva trabalhista. Para a vertente pluralista, a circunstância de se reconhecer no Estado o centro hegemônico de positivação jurídica não impede a percepção da nítida convivência, no âmbito societário, de outros núcleos de positivação de fontes formais do Direito".[47]

Assim, para a concepção monista, somente o Estado possui poder para criar o Direito, "diretamente através da lei, ou indiretamente através do reconhecimento e controle das normas de formação consuetudinária".[48] O Estado, destarte, monopoliza a produção de normas jurídicas, o que implica identificação do Direito com o direito estatal.

A doutrina monista não encontra eco no direito processual do trabalho, cujas normas afloram de várias fontes, como se verá mais adiante. No direito processual do trabalho vigora, portanto, o pluralismo das fontes, ou, dito de outra forma, a policentricidade das fontes, no sentido de existência de vários centros de criação das normas jurídicas ou de positivação jurídica.

3.4. A fonte primeira do direito processual do trabalho é a Constituição, na medida em que ela contém normas que estabelecem, expressa ou implicitamente, direitos e garantias processuais, de cujo conjunto resulta um modelo bem definido de processo judicial (*devido processo constitucional*).[49]

---

(46) De jurisprudência se fala no sentido de conjunto de decisões dos tribunais e de ciência jurídica. É à jurisprudência no primeiro sentido citado que se faz referência quando são estudadas as fontes do direito.

(47) DELGADO, Mauricio Godinho. *Curso de direito do trabalho*, p. 136.

(48) BOBBIO, Noberto. *O positivismo jurídico*, p. 27.

(49) A existência concreta de um direito pressupõe a possibilidade de seu gozo. Daí a razão pela qual são colocadas, ao lado do direito, as garantias jurídico-processuais voltadas à sua realização concreta, na hipótese de não observância espontânea, o que realça a *dimensão processual do direito*, para a qual chamou a atenção Richard Claud, ao afirmar que "a efetividade ou proteção processual é apenas outro aspecto do conteúdo do Direito" (Comparative human rights: some interstions between lawand social sciences. In: *Comparative human rights*, p. 382), o que já contou, inclusive, com expresso reconhecimento no art. 75 do Código Civil de 1916 (afirmar que a cada direito corresponde uma ação judicial é reconhecer que a proteção jurisdicional do direito constitui um aspecto do próprio direito: direito sem proteção não passa de simples promessa). Anote-se que *garantias* são instrumentos jurídicos dispostos para assegurar o pleno gozo dos direitos em razão dos quais são instituídas e traduzem, elas próprias, verdadeiros direitos (à garantia de acesso à justiça corresponde o direito de ação, por exemplo). A propósito das garantias, colhe-se na doutrina a lição de Luigi Paolo Comoglio, no sentido de que, "em geral, se entende por 'garantia' todo instrumento ou remédio técnico-jurídico que seja capaz de converter um direito puramente 'reconhecido' ou 'atribuído' *in abstrato* pela norma em um direito efetivamente 'protegido' em concreto, e por isso suscetível de plena 'atuação' ou 'reintegração' toda vez que resultar violado" (COMOGLIO. Garantie constituzionali e 'giusto processo' (*modelli a confronto*). *Revista de Processo*, ano 23, n. 90, p. 107-112, abr./jun. 1998). As garantias processuais atribuem significado concreto ao direito material,

Além de ser fonte do direito processual do trabalho, a Constituição constitui outras fontes deste ramo do direito, aduzindo a:

a) *princípios* (art. 5º, § 2º), observando-se que a legislação infraconstitucional também atribui força normativa aos princípios (art. 1º da Lei n. 5.584/70);

b) *tratados* de que o Brasil seja signatário (art. 5º, § 2º), o que é também reconhecido pelo art. 651, § 2º, da CLT e pelo art. 11 da Lei n. 10.593/02, valendo anotar que a expressão *tratado*, que é utilizada no art. 5º, § 2º, da Constituição, *abarca as convenções*(50) e os *acordos regionais e internacionais* de que o Brasil seja parte;(51)

c) *convenções coletivas de trabalho* e *acordos coletivos de trabalho* (art. 7º, XXVI);(52)

d) *sentença normativa* (art. 114, § 2º);(53)

e) *decretos do Presidente da República* (art. 84, IV);

f) *Emendas à Constituição, leis complementares, leis ordinárias, leis delegadas, medidas provisórias, decretos legislativos* e *resoluções* (art. 59);(54)

g) *regimentos internos dos tribunais* (art. 96, I, *a*).

Complementando o rol das fontes do direito processual do trabalho, o art. 8º da CLT faz referência aos *usos* e *costumes* e ao *direito comparado*, ao passo que o art. 769 da CLT(55) inclui o direito processual comum entre as fontes do direito processual do trabalho, o que é realçado pelo art. 15 do CPC de 2015.

Costume é "o uso geral constante e notório, observado na convicção de corresponder a uma necessidade jurídica. Regra de conduta habitualmente obedecida, sua força coativa credencia-o como fonte formal do

---

posto que permitem o seu gozo efetivo, no caso de sua não observância espontânea. Vale também mencionar a lição de Luigi Ferrajoli, segundo o qual as garantias são "técnicas previstas pelo ordenamento jurídico para reduzir a distância estrutural entre normatividade e efetividade, e, portanto, para possibilitar a máxima eficácia dos direitos fundamentais em coerência com sua estipulação constitucional" ou "técnicas idôneas para assegurar (o grau máximo de) efetividade das normas" que reconhecem direitos (El derecho como sistema de garantias. In: *Derecho y garantías:* la ley del más débil, p. 25 e 105). Cumpre mencionar que Luigi Ferrajoli concebe o *direito como sistema de garantias* (*garantismo*), afirmando que, "em comparação com a tradição juspositivista clássica, a razão jurídica actual tem a vantagem derivada dos progressos do constitucionalismo do século passado, que permitem configurar e construir hoje o direito (...) como um *sistema artificial de garantias* constitucionalmente preordenado à tutela dos direitos fundamentais. Esta função de garantia do direito resulta atualmente possível pela específica complexidade de sua estrutura formal, que, nos ordenamentos de Constituição rígida, se caracteriza por uma dupla artificialidade: vale dizer, já não somente pelo caráter positivo das normas produzidas, que é traço específico do *positivismo jurídico*, como também por sua sujeição ao direito, que é o traço específico do *Estado constitucional de direito*, no qual a mesma produção jurídica se encontra disciplinada por normas, tanto formais quanto substanciais, de direito positivo" (El derecho como sistema de garantias. In: *Derecho y garantías:* la ley del más débil, p. 19).

(50) Às quais faz referência, inclusive, o art. 5º, § 3º, da Constituição.

(51) A abertura do ordenamento jurídico nacional ao direito regional, internacional e universal, por força, principalmente, do art. 5º, §§ 2º e 3º, da Constituição, implica reconhecimento de que o ordenamento jurídico nacional não detém o monopólio da regulação das relações jurídicas que ocorrem no território nacional.

(52) A Constituição da República reconhece aos sujeitos coletivos trabalhistas (sindicatos e empresas) o direito de participar da conformação da ordem jurídica, atribuindo às convenções e acordos coletivos de trabalho a natureza de atos-regra, ou seja, manifestações de vontade instituidoras de normas com caráter geral e abstrato (art. 7º, XXVI). No mesmo sentido, a CLT, no art. 611, atribui forma normativa às convenções e acordos coletivos de trabalho. Vale lembrar que, como aduz Angel Latorre, direito é "o conjunto de normas de conduta obrigatórias estabelecidas ou autorizadas pelo próprio Estado e garantidas pelo seu poder" (*Introdução ao direito*, p. 18), inserindo-se as convenções e acordos coletivos do trabalho entre as normas autorizadas e garantidas pelo poder do Estado. Convenções e acordos coletivos de trabalho são frutos da negociação coletiva, que é a forma preferencial de solução dos conflitos coletivos de trabalho e que constituem manifestação do princípio da autonomia privada.

(53) Sentença normativa é a decisão proferida pelos tribunais trabalhistas no julgamento de dissídio coletivo. Da sentença normativa tratamos no Capítulo reservado ao estudo do dissídio coletivo.

(54) A Consolidação das Leis do Trabalho (CLT) é um Decreto-lei (Decreto-lei n. 5.452, de 1º de maio de 1943). A Constituição Federal de 1988 aboliu a figura do Decreto-lei (art. 59), que era uma norma jurídica editada pelo Poder Executivo, e recepcionou como leis os Decretos editados antes de sua promulgação.

(55) O que inclui a Lei n. 6.830/80, por força do art. 889 da CLT.

Direito. Para ser fonte formal do Direito, precisa o costume reunir dois requisitos, um objetivo e outro subjetivo. O elemento objetivo é o uso, 'a observância uniforme da regra pela generalidade dos interessados', durante longo tempo. Necessário para a configuração desse elemento constitutivo material, externo, que o uso seja constante, prolongado e uniforme, generalizado e contínuo. O elemento subjetivo é representado pela convicção geral de que o uso corresponde a uma necessidade jurídica".[(56)]

Os usos resultam da vontade tacitamente manifestada, ao passo que os costumes consistem no uso reiterado, uniforme e prolongado de determinada regra de conduta (elemento objetivo), pela convicção geral de consistir o respeito a esta regra uma obrigação (elemento subjetivo).[(57)]

Arruda Alvim afirma que "o costume, para poder vir a ser juridicamente relevante, tem de contar com dois elementos: um exterior e outro interior. Como elemento exterior, entende-se o fato de que o costume tem que se constituir num hábito, num uso, isto é, tem que se traduzir na vida, através de determinados atos, constante e sistematicamente praticados (...). O elemento interior do costume é de percepção mais ou menos delicada, e é denominada *opinio necesitatis* (correspondência ao porquê do agir habitual, que se expressa na conduta submetida ao costume). A *opinio necesitatis* poderia ser descrita como a correspondência do comportamento exterior a uma convicção individual coincidente com o coletivo, ou seja, que a prática do mesmo decorre e responde a uma necessidade jurídica, tal como se fosse lei escrita".[(58)]

Arruda Alvim acrescenta que "o costume, para ter função jurídica, necessita de mais um requisito: que é a respectiva relevância a ele emprestada pelo Direito positivo, o que exige, para sua aplicação, uma lacuna da lei, a inviabilidade de aplicação analógica da lei e a compatibilidade do costume com o resto do ordenamento jurídico positivo".[(59)]

O art. 8º da CLT autoriza as autoridades judiciárias a solucionar conflitos de natureza trabalhista *de acordo* com o direito comparado.

Com isto, o direito comparado é incluído entre as fontes subsidiárias do direito processual do trabalho, observando-se que a *solução jurisdicional de conflitos de natureza trabalhista*, a que faz referência o art. 8º da CLT, envolve questões processuais e de direito material. A utilização do direito comparado como fonte subsidiária do ordenamento jurídico interno permite a denominada *cross-fertilization* (*fertilização ou polinização cruzada*), isto é, a adoção de decisões de tribunais de um país como fonte de inspiração para a solução de conflitos submetidos à justiça de outro país e a revisão do próprio ordenamento jurídico (um ordenamento jurídico pode absorver as conquistas de outro e se nutrir das suas experiências).

O *direito comparado* a que se refere o art. 8º da CLT não se resume às regras que compõem o ordenamento jurídico de determinados países, compreendendo regras, princípios e a sua significação jurídica definida pelos tribunais do país respectivo, além dos "mecanismos internos de dois direitos, quer dizer, as funções assumidas e os fatores determinantes de criação e de desenvolvimento das normas e das instituições",[(60)] valendo registrar, quanto à consideração dos fatores de criação e de desenvolvimento de normas e instituições, que "os processos de resolução de litígios são, em grande medida, um reflexo da cultura em que estão inseridos; não se trata de um sistema autônomo que seja, predominantemente, o produto de especialistas e *experts* isolados. Mais, eles são instituições através das quais a vida social e cultural é mantida, provocada e alterada, ou como a mesma ideia foi expressa, 'constituída' ou 'construída'. Essas práticas institucionais influenciam importantemente uma sociedade e sua cultura — seus valores, pensamentos, hierarquias sociais e símbolos — tanto quanto essas práticas também refletem a sociedade à sua volta".[(61)]

(56) GOMES, Orlando. *Introdução ao direito civil*, p. 42-43.

(57) Celso Agrícola Barbi, referindo-se ao art. 126 do CPC, afirma que "o costume a que se refere o texto é o denominado *praeter legis*, isto é, que se utiliza em caso de falta de norma legal; o costume *contra legem*, isto é, que se opõe à lei, não pode ser aplicado, porque aquela prevalece enquanto não revogada. E o costume não tem força revogatória" (*Comentários ao Código de Processo Civil*, v. I, p. 317).

(58) *Manual de direito processual civil*, v. 1, p. 164-165.

(59) *Manual de direito processual civil*, v. 1, p. 165.

(60) SERVAIS, Jean-Michel. *Elementos de direito internacional e comparado do trabalho*, p. 20.

(61) CHASE, Oscar G. *Direito, cultura e ritual:* sistemas de resolução de conflitos no contexto da cultura contemporânea, p. 21.

Oscar G. Chase afirma que "qualquer proposta que envolva o empréstimo de procedimentos de outra sociedade incida uma análise cultural", visto que "os procedimentos formais de solução de litígios encontrados em qualquer cultura refletem e expressam sua metafísica e seus valores" e que "por serem públicos, teatrais e repetitivos, também eles são, por sua vez, um dos processos (rituais, se preferirem) pelo qual valores e compreensões sociais são repassados".[(62)]

Anote-se que a jurisprudência, como aduz Cândido Rangel Dinamarco, "não é fonte de direito, tanto quanto o juiz não é legislador e a jurisdição não é atividade criativa de direitos. Um dos mais prestigiosos critérios objetivos para a diferenciação entre a atividade jurisdicional e a legislativa consiste propriamente na referibilidade da primeira a casos concretos, sendo a legislação preordenada à criação de normas gerais e abstratas (MAURO CAPPELLETTI). A essência da função jurisdicional reside na solução de conflitos concretos envolvendo indivíduos ou grupos, não estabelecendo normas gerais e abstratas a serem atuadas por outrem para a solução de conflitos concretos".[(63)] Para José Frederico Marques, ao editar as súmulas, que "contêm o enunciado de uma regra jurídica construída com base em decisões que se apresentam como 'jurisprudência predominante...' (...), os tribunais estão exercendo função normativa, semelhante à do legislador, visto que não estão aplicando *hic et nunc* o direito objetivo, e, sim, promulgando preceitos que neste se enquadrarão como normas a vigorar em casos futuros".[(64)]

Sobre as fontes, afirma Luiz Fux que "a jurisprudência, os costumes ou regras de experiência são fontes de ilustração, sem a coatividade legitimada textualmente pela norma legal e a vinculação encerrada pelas fontes concretas do direito processual. Entretanto, crescente é o poder vinculante da jurisprudência empreendida nas recentes reformas processuais, a ponto de permitir ao relator dos recursos negar ou dar provimento aos mesmos de acordo com o entendimento predominante dos tribunais locais ou superiores".[(65)]

A expressão *fonte de direito* pode ser entendida no sentido de *fonte de criação do direito* e de *fonte de revelação do direito*. A jurisprudência, no sentido de decisões reiteradas dos tribunais, não constitui fonte de *criação*, mas fonte de *revelação* do direito (este mesmo raciocínio alcança a doutrina). No caso da sentença normativa, o que constitui fonte de criação do direito é a decisão do Tribunal (a sentença normativa) e não a jurisprudência propriamente dita.

3.5. O direito processual comum e o Código de Processo Civil constituem fontes do direito processual do trabalho.

Neste sentido, dispõe o art. 769 da CLT que, "nos casos omissos, o direito processual comum será fonte subsidiária do direito processual do trabalho, exceto naquilo em que for incompatível com as normas deste Título",[(66)] ao passo que, consoante o art. 15 do CPC de 2015, "na ausência de normas que regulem processos eleitorais, trabalhistas ou administrativos, as disposições deste Código lhes serão aplicadas supletiva e subsidiariamente".

Por força dos citados comandos legais, o *direito processual comum* constitui fonte *subsidiária* do direito processual do trabalho, ao passo que o CPC atua como sua fonte *subsidiária* e *supletiva*.

Cumpre esclarecer que a fonte atua de forma:

a) *subsidiária* quando o direito processual do trabalho não disciplinar um instituto ou uma situação específica, como é o caso das tutelas de urgência;

---

(62) CHASE, Oscar G. *Direito, cultura e ritual:* sistemas de resolução de conflitos no contexto da cultura contemporânea, p. 76-77.

(63) *Instituições de direito processual civil*, v. I, p. 82.

(64) *Manual de direito processual civil*, v. I, p. 35. As súmulas não criam direitos, mas definem, à luz de casos concretos, os direitos assegurados pela ordem jurídica e os deveres que lhes são correlatos. O mesmo se dá com as súmulas vinculantes editadas pelo Supremo Tribunal Federal, que definem a solução indicada pela Constituição da República para determinada situação concreta. As Súmulas, portanto, apenas revelam o direito.

(65) *Curso de direito processual civil*, p. 18.

(66) A alusão a direito processual *comum*, constante do art. 769 da CLT, torna certo que o direito processual do trabalho é um direito processual *especial*.

b) *supletiva* quando o direito processual do trabalho disciplinar uma situação específica de forma incompleta, do ponto de vista da garantia de acesso à justiça e da adequada, efetiva e tempestiva tutela do direito material invocado pela parte, como ocorre, por exemplo, em relação à execução provisória. A fonte supletiva é aquela que atua na hipótese de *omissão antológica,* situação em que a norma existe, mas está em desacordo com as necessidades e os anseios sociais e com as garantias processuais constitucionais, e *axiológica,* ou seja, situação em que lei existe, mas a sua aplicação resultaria em injustiça ou seria inconveniente.

O art. 769 da CLT torna aberto e flexível o microssistema composto pelas regras e princípios que disciplinam a solução judicial dos conflitos de interesses decorrentes da relação de trabalho e impede que a doutrina e a jurisprudência desempenhem função apenas passiva, na medida em que lhes impõe uma concepção sistemática do direito e a procura, no sistema jurídico, de soluções que conduzam à facilitação do acesso à justiça e aos direitos assegurados pelo sistema jurídico e à promoção e tutela da dignidade humana, isto é, a desempenhar uma *função criativa,* o que constitui, inclusive, exigência da maior complexidade das relações sociais e da necessidade de evitar a cisão entre o Direito e a realidade social.

A abertura do subsistema de direito processual do trabalho não constitui fator de insegurança ou de instabilidade, visto que o diálogo entre os microssistemas do direito deve ser norteado pelos valores consagrados pela Constituição da República (a Constituição confere unidade valorativa ao ordenamento jurídico, promovendo a transposição do ordenamento jurídico — conjunto de normas — ao sistema jurídico — conjunto de normas informadas por valores fundamentais comuns).

Em suma, o art. 769 da CLT e, agora, também o art. 15 do CPC de 2015, implicam, para a doutrina e a jurisprudência, proibição de isolamento e negam ao direito processual do trabalho a pretensão de autossuficiência, observando-se, no entanto, que o direito processual comum é fonte apenas subsidiária e supletiva do direito processual do trabalho, ou seja, as questões surgidas no contexto do processo do trabalho devem ser resolvidas, primeiro, pela aplicação de normas de direito processual do trabalho.

Como as normas jurídicas constituem gênero de que são espécies as regras e os princípios, os arts. 769 da CLT e 15 do CPC de 2015 devem ser entendidos no seguinte sentido: nos casos omissos, o direito processual comum será fonte subsidiária do Direito Processual do Trabalho e, o Código de Processo Civil, sua fonte subsidiária e supletiva, *exceto naquilo em que forem incompatíveis com as suas regras e os seus princípios.*

O CPC de 2015 não revogou, no particular, o art. 769 da CLT.

Primeiro, porque o CPC não regulou inteiramente as formas e as condições para afastar lacunas do direito processual do trabalho. É que o art. 769 da CLT estabelece, como condição para a adoção do direito processual comum como fonte subsidiária do direito processual do trabalho, a realização de um *controle axiológico prévio* ou *controle prévio de aptidão social,* o que decorre da exigência, nele expressa, de compatibilidade entre o direito processual do trabalho e a norma de direito processual comum a ser importada para aplicação no processo do trabalho, *o que não é previsto no art. 15 do CPC de 2015.*[67]

Segundo, porque o art. 769 da CLT define como fonte subsidiária do direito processual do trabalho, o *direito processual comum,* ao passo que o art. 15 do CPC como tal define o *Código de Processo Civil.* Trata-se, portanto, de normas de alcance diferenciado, visto que o *CPC não abarca todo o direito processual civil e, muito menos, todo o direito processual comum,* no qual está incluído o direito processual penal.

(67) O art. 769 da CLT está em sintonia com a advertência de Maria do Rosário Palma Ramalho, no sentido de que "a aplicação das normas civis no domínio laboral não prescinde (...) de um controlo axiológico prévio, destinado a aferir a adequação, *in concreto,* da norma em questão aos valores laborais — é a operação que Gamillscheg designou controle prévio da 'aptidão social' (...) das normas civis na sua aplicação laboral" (*Da autonomia dogmática do direito do trabalho,* p. 998-999), o que alcança as normas processuais. O controle axiológico prévio ou controle prévio de aptidão social, que é expressamente imposto pelo art. 769 da CLT, decorre do caráter especial do direito processual do trabalho e atua como fator de *proteção das opções traduzidas pelas suas regras e princípios.*

Terceiro, porque o direito processual do trabalho é um *direito processual especial*, na medida em que disciplina a solução de conflitos de interesses de natureza especial — conflitos que envolvem a relação de trabalho, notadamente, da relação de trabalho subordinado —, e a norma especial prevalece sobre a geral, o significa que a compatibilidade exigida pelo art. 769 da CLT não é afastada pelo art. 15 do CPC de 2015, sendo digno de nota que o CPC de 2015 estabelece, expressamente, a necessidade de respeito às "disposições especiais dos procedimentos regulados por outras leis" (art. 1.046, § 2º), o que significa que não desconsidera a necessidade de respeito às normas especiais.

Quarto, porque não ocorreu revogação expressa de uma norma (art. 769 da CLT), pela outra (CPC).

A hipótese, portanto, não é de revogação do art. 769 da CLT pelo art. 15 do CPC de 2015, mas de uma relação de *complementariedade* entre eles: o art. 769 da CLT aduz à compatibilidade necessária para a aplicação do direito processual civil como fonte do direito processual do trabalho, o que é estranho ao art. 15 do CPC de 1973; o art. 15 do CPC permite a aplicação do direto processual civil como fonte supletiva do direito processual do trabalho, o que não é previsto, ao menos expressamente, no art. 769 da CLT.

Cumpre registar que o TST, por meio da Instrução Normativa n. 39, de 15 de março de 2015, afirma, expressamente, que o art. 769 da CLT não foi revogado pelo CPC de 2015, como se vê dos seus considerandos, e estabelece, no art. 1º, que "Aplica-se o Código de Processo Civil, subsidiária e supletivamente, ao Processo do Trabalho, em caso de omissão e desde que haja compatibilidade com as normas e princípios do Direito Processual do Trabalho, na forma dos arts. 769 e 889 da CLT e do art. 15 da Lei n. 13.015, de 17.3.2015".

Vale mencionar que esta Instrução Normativa foi editada, segundo ela é consignado, "considerando a imperativa necessidade de o Tribunal Superior do Trabalho posicionar-se, ainda que de forma não exaustiva, sobre as normas do Código Processo Civil de 2015 aplicáveis e não aplicáveis ao Processo do Trabalho", e visando "identificar apenas questões polêmicas e algumas das questões inovatórias relevantes para efeito de aferir a compatibilidade ou não da aplicação subsidiária ou supletiva ao Processo do Trabalho do Código de Processo Civil de 2015" e "transmitir segurança aos jurisdicionados e órgãos da Justiça do Trabalho", bem como "prevenir nulidades processuais em detrimento da deseja celeridade". As posições adotadas pelo TST na citada Instrução Normativa serão assinadas no exame das disposições legais a que ele faz referência.

Ademais, adotando como parâmetro a *doutrina do diálogo das fontes*, é afirmado que, ao invés de fazer com que uma das normas em destaque se sobreponha à outra, devem elas dialogar entre si, para, a partir deste diálogo, ser estabelecida solução que conduza à realização concreta do direito de acesso à justiça e à tutela jurisdicional adequada, efetiva e tempestiva dos direitos assegurados pela ordem jurídica, notadamente dos direitos humanos e fundamentais trabalhistas.

Quando tratamos da aplicação do direito processual comum como fonte do direito processual do trabalho foi feita referência à *omissão ontológica*, e *axiológica*, o que exige um esclarecimento. É que a omissão da lei pode ser: a) *normativa* ou *material* (ausência de lei aplicável ao caso concreto[68]); b) *ontológica* (a lei existe, mas está em desacordo com as necessidades e os anseios sociais e com as garantias processuais constitucionais); e, c) *axiológica* (a lei existe, mas a sua aplicação resultaria em injustiça ou seria inconveniente).

Para determinada vertente doutrinária, construída à luz do art. 769 da CLT, somente a omissão normativa autoriza o recurso ao direito processual comum como fonte subsidiária do direito processual do trabalho.

Sob essa ótica, deve ser recusada a aplicação de normas do direto processual comum quando exista, para a solução do caso concreto, norma expressa no direito processual do trabalho, ainda que ela se apresente, frente à de direito comum, inadequada ao atendimento do anseio social por um processo que conduza à mais adequada, efetiva e rápida tutela do direito lesado ou ameaçado.

Para uma segunda vertente de pensamento, também construída à luz do art. 769 da CLT, o descompasso entre os anseios e as necessidades sociais e a solução adotada pelo direito processual do trabalho para determinada situação concreta permite o recurso ao direito processual comum como sua fonte subsidiária. Sob este prisma, o art. 769 da CLT também comporta a omissão ontológica, cuja existência decorre de um juízo de valor sobre a norma do direito processual do trabalho diante de uma situação concreta.

---

(68) Trata-se da denominada *anomia*, ou seja, ausência de norma regente da situação concreta.

A terceira vertente de pensamento, da mesma forma construída à luz do art. 769 da CLT, advoga que também a omissão axiológica autoriza recorrer ao direito processual comum como fonte subsidiária do direito processual do trabalho.

Para Wolney de Macedo Cordeiro, "a evolução do processo civil e a letargia normativa do direito processual do trabalho demandam a revisão do modelo de aplicação subsidiária das normas de direito comum. Essa alteração do modelo, no entanto, não implica uma alteração legislativa, sendo apenas necessária a atuação proativa do hermeneuta".[69]

De acordo com este doutrinador, "a estrutura normativa das regras de subsidiariedade (...) foi edificada no âmbito de uma postura defensiva do direito processual trabalhista e de um processo mais eficaz para a materialização das garantias do direito material respectivo. Ao se utilizar a expressão 'exceto naquilo em que for incompatível com as normas deste Título' (CLT, art. 769, parte final), buscou o legislador preservar os elementos pontuais de otimização do processo implementados e evitar uma invasão do formalismo típico do direito processual civil", mas "ao longo de décadas de imobilismo do processo laboral, a situação fática sofreu modificações contundentes e, em muitos aspectos, o Código de Processo Civil apresenta uma regulação bem mais benéfica das normas de procedimento. Sendo o objetivo da regulação processual da CLT criar um sistema eficaz e dinâmico para o processo laboral, não é razoável impedir a aplicação das normas de direito processual comum que atinjam esse objetivo perseguido".[70]

Consoante Wolney de Macedo Cordeiro, a atividade do intérprete não pode ser mais norteada pela "simples aferição formal da existência das normas, mas sim pela comparação das normas em relação à concretização da prestação jurisdicional (...). Afigurando-se o processo civil mais apto para disciplinar os conflitos de índole laboral, abre-se a possibilidade de sua aplicação subsidiária ao processo laboral".[71]

De acordo com o Enunciado n. 66 da 1ª Jornada de Direito Material e Processual na Justiça do Trabalho, realizada pela Associação Nacional dos Magistrados da Justiça do Trabalho (ANAMATRA), juntamente com o Tribunal Superior do Trabalho (TST) e com a Escola Nacional de Formação e Aperfeiçoamento de Magistrados (ENAMAT): "Aplicação subsidiária de norma de processo comum ao processo do trabalho. Omissões ontológica e axiológica. Admissibilidade. Diante do atual estágio de desenvolvimento do processo comum e da necessidade de se conferir aplicabilidade à garantia constitucional da duração razoável do processo, os arts. 769 e 889 da CLT comportam interpretação conforme a Constituição Federal, permitindo a aplicação de normas processuais mais adequadas à efetivação do direito. Aplicação dos princípios da instrumentalidade, efetividade e não retrocesso social".

A nosso juízo, verificando o descompasso entre a solução adotada pelo direito processual do trabalho e as necessidades e anseios sociais e, ainda, as garantias processuais constitucionais e visando favorecer o acesso à justiça e a realização concreta dos direitos assegurados pela ordem jurídica, notadamente os de natureza humana e fundamental, o juiz está autorizado a recorrer ao direito processual comum e a adotar a solução por ele indicada para a questão concreta a ser resolvida, o que é reforçado pelo art. 15 do CPC de 2015, que autoriza a aplicação do CPC no processo do trabalho como fonte subsidiária e também supletiva do direito processual do trabalho.

Assim, a omissão de que tratam os arts. 769 da CLT e 15 do CPC de 2015 abarca as situações em que a norma processual do trabalho existe, mas se encontra em descompasso com os anseios e as necessidades sociais e as garantias processuais constitucionais em relação ao pleno exercício do direito de acesso à justiça e aos direitos assegurados pela ordem jurídica ou conduz a resultado contrário a estas necessidades e anseios (omissão ontológica), assim como as situações em que existe a norma mas a sua aplicação conduziria à injustiça ou seria inconveniente, por resultar em prejuízo ao pleno exercício de direito de acesso à justiça e aos direitos assegurados pela ordem jurídica (omissão axiológica).

(69) *Manual de execução trabalhista*, p. 7.
(70) *Manual da execução trabalhista*, p. 9-13.
(71) *Manual da execução trabalhista*, p. 24-29.

O trabalho do intérprete, ao perquirir sobre a omissão, portanto, não se limita à verificação da existência material de uma norma. A omissão do direito processual do trabalho também deve ser verificada a partir da análise crítica das normas que o compõem.

O art. 769 da CLT protege o direito processual do trabalho de soluções que contrariem as suas regras e os seus princípios fundamentais ou desvirtuem a sua aplicação, por meio da exigência de compatibilidade entre a norma a ser importada e as regras e os princípios do direito processual do trabalho.

Na linha protetiva referida, deve ser anotado que os princípios e as regras do direito processual do trabalho podem ser protegidos: a) impedindo a importação do direito processual comum de soluções que os contrariem; e, b) importando do direito processual comum as soluções que contribuam para a realização dos valores que eles consagram e dos fins por eles perseguidos.

Contudo, o art. 769 da CLT não pode ser aplicado de forma a impedir a adoção de solução que assegure o mais amplo acesso à justiça e a adequada, tempestiva e efetiva tutela jurisdicional dos direitos assegurados pela ordem jurídica, em especial os direitos humanos e fundamentais.(72)

A proteção do direito processual do trabalho não pode resultar no seu isolamento, visto que ele constitui um microssistema normativo aberto ao diálogo com outros microssistemas normativos, como o demonstra o art. 769 da CLT, que permite a adoção de outras fontes do direito para a solução de casos concretos surgidos no contexto do processo judicial, o que é também demonstrado pelo art. 889 da CLT, que atribui à lei dos executivos fiscais a condição de fonte subsidiária do direito processual do trabalho. Os arts. 769 e 889 da CLT contêm uma *cláusula geral de reenvio a outras fontes do direito*. Cláusula da mesma natureza é encontrada no art. 5º, § 2º, da Constituição da República, que promove a abertura do sistema jurídico nacional ao direito regional, internacional e universal.(73)

Como assinala Javier Hervada, "não em poucos casos a realidade social é mais evolutiva e progressiva que as leis. Quando isso acontece, aparece a interpretação progressista das leis; estas vão sendo aplicadas de acordo com a evolução da realidade social, permitindo que as mesmas leis sirvam ao bem da sociedade, sem defasagem entre lei e realidade".(74)

É exatamente a *interpretação progressiva* do art. 769 da CLT que permite, por exemplo, satisfazer o direito do exequente na execução provisória, nas hipóteses e observados os limites estabelecidos pelo CPC, isto apesar de o art. 899, *caput*, da CLT determinar, expressamente, que somente é permitida a execução provisória até a penhora. Vale mencionar, ainda, que, apesar de o art. 884, § 1º, da CLT restringir, de forma expressa, o conteúdo possível dos embargos à execução, a doutrina e a jurisprudência admitem a ampliação deste conteúdo pela aplicação subsidiária do CPC no processo do trabalho.

Não se argumente que a solução preconizada conduz ao arbítrio do julgador. Primeiro, porque ele estará, ao recorrer ao direito processual comum, adotando uma solução posta pelo legislador para atender às necessidades e aos anseios sociais por uma justiça mais ágil, célere e efetiva. Segundo, porque, ao determinar que o juiz resolva o litígio de forma mais célere (art. 765), justa e equânime (art. 852-I, § 1º), a CLT dele exige uma atuação criativa, que favoreça o acesso à justiça e a realização da justiça no processo e na decisão do caso concreto, sendo o recurso do direito comum um valioso instrumento para o cumprimento desse mister.

Acrescente-se que o *caput* do art. 7º da Constituição permite a aplicação das normas que favoreçam a melhoria da condição social do trabalhador e, com isso, a aplicação de regras do direito processual comum

---

(72) O ir à justiça possui aspectos psicológicos, na medida em que, muitas vezes, a demanda é proposta apenas para que a pessoa possa ser notada ou para levar o demandado à presença de uma autoridade pública.

(73) As *cláusulas gerais* constituem valiosa técnica para evitar a cisão da ordem jurídica com a realidade social. Por meio delas, é estabelecida uma nova técnica legislativa, que consiste na utilização, na formulação das normas jurídicas, de termos dotados de vagueza semântica (boa-fé e probidade, p. ex.). As cláusulas gerais permitem a definição do conteúdo das normas de acordo com a realidade social, afastando o sistema jurídico do *rigorismo normativo*, que é caracterizado pela disciplina das relações sociais mediantes textos normativos expressos e detalhados, e lhes confere abertura e dinamicidade, no sentido de que não excluem tudo o que não esteja contido nas normas que o compõem e de que podem acompanhar a evolução das relações sociais sem necessidade de intervenção legislativa, respectivamente.

(74) *O que é o direito? A moderna resposta do realismo jurídico*, p. 104.

em detrimento de norma própria do direito processual do trabalho, quando da aplicação daquelas resulte a melhoria da condição social do trabalhador, pela facilitação do seu acesso à justiça e aos direitos decorrentes da relação de trabalho (trata-se, a hipótese, da repercussão, no processo, do *princípio da norma mais favorável*).

O processo será mecanismo de mudança social na medida em que realizar concretamente os direitos assegurados pela ordem jurídica e se apresentar aos olhos dos cidadãos como instrumento adequado a esta realização.

4. Autonomia do direito processual do trabalho

José Augusto Rodrigues Pinto sustenta a autonomia do direito processual do trabalho, afirma que ele se acha "sustentado por princípios peculiares, ainda que harmonizados com os gerais do processo, por ampla construção doutrinária, que se retrata em consistente referência bibliográfica, e por um sistema legal característico, incluindo-se, além do mais, nos currículos de graduação em Direito, na condição de disciplina nuclear. Aduza-se, ainda, a observação de Coqueijo Costa sobre ter 'juiz próprio', ou seja, jurisdição especial".[75]

Para Alberto Truerba Urbina, "o direito processual do trabalho é autônomo pela especialidade de suas instituições, de seus princípios básicos e por sua independência frente a outras disciplinas (...). Sendo o direito do trabalho um ramo jurídico autônomo e parte do Direito Social, também deve ser autônoma a disciplina processual, também social, que organiza os tribunais e procedimentos do trabalho, o qual confirma Mossa, que expõe com acerto: 'não existe direito especial sem juiz próprio, nem matéria jurídica especial sem direito autônomo'".[76]

O direito processual do trabalho é autônomo, na medida em que: a) conta com diplomas legais próprios (*autonomia legislativa*), que formam um corpo normativo organizado em torno de um objeto específico, qual seja, a disciplina da solução dos conflitos de interesses oriundos de relação de trabalho ou a ela conexos e a realização concreta dos direitos assegurados pela ordem jurídica (*autonomia sistemática*[77]); b) possui princípios próprios (*autonomia científica* ou *dogmática*); c) é aplicado por órgãos jurisdicionais especiais (*autonomia jurisdicional*).

Maria do Rosário Palma Ramalho aduz, com inteira razão, que o reconhecimento da autonomia de um ramo de direito não é isento de implicações práticas, na medida em que a autonomia "determina a subordinação das normas do direito comum aos princípios próprios da área jurídica especial, quando se preveja a sua aplicação nesta área",[78] o que, vale o registro, está em perfeita sintonia com o art. 769 da CLT.

Note-se que, assim como o fato de o direito comum ser fonte subsidiária do direito do trabalho (art. 8º, parágrafo único, da CLT) não retira a autonomia deste ramo do Direito, também o fato de o direito processual *comum* ser fonte subsidiária do direito processual do trabalho não é suficiente para a ele negar autonomia, transformando o processo do trabalho em um mero *procedimento especial*.

(75) *Processo trabalhista de conhecimento*, p. 48.

(76) *Nuevo derecho procesal del trabajo*, p. 25. O direito social ocupa a faixa intermediária entre o direito público e o direito privado e tem como característica fundamental o fato de, nele, prevalecerem normas de ordem pública (o que implica dizer que sua aplicação não pode ser afastada pela vontade das partes e que estabelecem direitos irrenunciáveis), que são editadas para a proteção (jurídica) da parte mais fraca em determinadas relações sociais (o trabalhador, por exemplo). Neste sentido, Waldemar Martins Ferreira afirma que "Leis sociais são leis de proteção, destinadas a atender a situações econômicas de classes de pessoas que se encontram no plano comum das mesmas necessidades. Buscam compensar as desigualdades resultadas das forças econômicas que operam na sociedade, sob a égide do capitalismo e do industrialismo tão acentuado nos dias correntes". (*Princípios de legislação social e de direito judiciário do trabalho*, v. I, p. 27).

(77) O processo de autonomização de um ramo de direito pressupõe a precisa individualização do objeto de disciplina das normas que o compõem. Como aduz Maria do Rosário Palma Ramalho, "a autonomização de uma área do direito no universo jurídico é um processo que se inicia com o enquadramento jurídico individualizado dos fenômenos sociológicos de que se ocupam as suas normas, passa pela organização separada e coerente do seu complexo normativo (é a autonomia no plano sistemático), e pode, independentemente da importância da área jurídica em causa, chegar ou não a uma autonomia no plano dogmático ou dos valores" (*Da autonomia dogmática do direito do trabalho*, p. 152).

(78) *Da autonomia dogmática do direito do trabalho*, p. 411-412.

5. Direito processual como direito público. Normas processuais cogentes e dispositivas

As normas jurídicas são classificadas em normas de direito público e normas de direitos privado, segundo nelas prevaleçam a tutela de interesses públicos ou privados, respectivamente.

No direito processual prevalecem normas de ordem pública, ou seja, que tutelam interesses públicos, mas é ele também composto por normas de ordem privada, isto é, que tutelam interesses privados.

Para Cândido Rangel Dinamarco, "são de ordem pública as normas processuais destinadas a assegurar o correto exercício da jurisdição (...). Não o são aquelas que têm em conta os interesses das partes em primeiro plano, sendo relativamente indiferente ao correto exercício da jurisdição a submissão destas ou eventual disposição que venham a fazer em sentido diferente".(79)

Neste compasso, podem ser citadas como normas de ordem pública as que estabelecem a competência em razão da matéria e, de ordem privada, as que autorizam a eleição de foro.

De outro lado, as regras processuais, tomando em consideração a sua imperatividade, são classificadas em normas *dispositivas* e normas *cogentes*, segundo a sua incidência possa, ou não, ser afastada pela vontade dos sujeitos do processo, respectivamente.

Para Giuseppe Chiovenda, "se a atuação da lei é, em si, função do Estado, ao qual interessam sumamente o modo e os efeitos de seu exercício (...), não é menos certo que no andamento do processo e em seu resultado no caso concreto estão principalmente interessadas as partes que aspiram, através da atuação da lei, a um bem da vida. Em consequência, a lei processual atende também à vontade das partes: vale dizer, as normas processuais nem sempre são absolutas ou cogentes, mas eventualmente dispositivas, seja porque, por vezes, a lei pode ter em vista o interesse individual, como no caso em que a derrogação de tais normas se afigure como a renúncia a um benefício, seja porque a lei pode, outras vezes, ter em conta o conhecimento, pelas partes, das circunstâncias concretas da lide para deixá-las regular alguns pontos da relação processual".(80)

Consoante Giuseppe Chiovenda, "verdadeiras normas processuais dispositivas são somente aquelas que — mesmo antes de sua aplicação — admitem em contrário um acordo das partes, obrigatório para o juiz. Assim certas normas sobre a competência, quando prorrogável: como a competência territorial (...). São, ao contrário, por sua natureza, cogentes as normas concernentes à constituição da relação processual (formação e qualidade do juiz; composição do colégio judiciário; capacidade das partes...); as normas reguladoras da atividade do juiz e da atividade das partes com respeito ao juiz (oralidade, publicidade, meios de prova, sentença)".(81)

Também de acordo com Giuseppe Chiovenda, "na dúvida, as normas processuais devem reputar-se cogentes".(82)

6. As funções do direito processual do trabalho. O processo do trabalho e a reconstrução do direito do trabalho

Várias são as funções desempenhadas pelo direito processual do trabalho.

6.1. O direito processual do trabalho possui uma *função social*, qual seja, criar as condições necessárias para a máxima efetividade da jurisdição e do processo do trabalho, por ser esta uma exigência da efetividade do direito do trabalho. Adolfo di Majo alude, inclusive, à existência do *princípio da efetividade*, no sentido de que "a garantia da aplicação do direito não pode não compreender, como seu momento necessário e inevitável, também aquele da tutela dos direitos que o ordenamento atribui".(83)

(79) *Instituições de direito processual civil*, v. 1, p. 69-70.
(80) *Instituições de direito processual civil*, v. 1, p. 99.
(81) *Instituições de direito processual civil*, v. 1, p. 99-100.
(82) *Instituições de direito processual civil, v. 1*, p. 99.
(83) *La tutela civile dei diritti*, p. 4.

Para cumprir esta sua relevante função social, o direito processual do trabalho deve:

a) criar mecanismos que facilitem o acesso à justiça e, por meio deste, o acesso aos direitos assegurados pela ordem jurídica não respeitados espontaneamente;

b) simplificar formas e procedimentos, facilitando a participação das partes no processo;

c) adequar o processo às particularidades e exigências próprias do direito material deduzido em juízo;

d) facilitar a solução do mérito da demanda e a satisfação do direito reconhecido em título executivo em prazo razoável, para que a utilidade, individual e social, do direito assegurado pela ordem jurídica não se perca ou esvazie com o tempo;(84)

e) fazer com que o acesso à justiça e a solução dos conflitos de interesses levados ao Poder Judiciário ocorram com o menor esforço e custo possível;

f) assegurar a máxima eficácia das decisões judiciais.

Tudo isto decorre do fato de o processo do trabalho, realizando concretamente os direitos decorrentes da relação de emprego, dentre os quais vários têm a natureza de *direito fundamental* e de *direito humano*, serve à dignidade humana, bem como à justiça social e à democracia,(85) sendo relevante mencionar que "da justiça de cada um nasce a paz para todos".(86)

Vale recordar que direitos fundamentais são direitos que cujo gozo deve ser assegurado a todos os homens em razão da sua condição humana, positivados na Constituição de determinado Estado, ao passo que direitos humanos são direitos positivados em normas de Direito Internacional e cujo gozo a todos deve ser assegurado em razão da sua condição humana. Os direitos fundamentais e os direitos humanos têm em comum o fato de corresponderem aos homens em razão da sua dignidade, o que significa que têm a dignidade humana como valor de referência e fim a ser alcançado.(87)

Anote-se, ainda, que os direitos fundamentais garantem direitos subjetivos, determinando o "estatuto jurídico dos cidadãos",(88) e constituem fundamento das ordens econômica, jurídica, política e social, condição em que traduzem "decisões valorativas de natureza jurídico-objetiva da Constituição".(89) Como aduz Cristina Queiroz, "os direitos fundamentais não garantem apenas direitos subjetivos, mas também princípios objetivos básicos para a ordem constitucional democrática do Estado".(90)

Os direitos humanos e fundamentais devem ser observados nas relações entre o particular e o Estado (*eficácia vertical*) e entre particulares (*eficácia horizontal*), notadamente naquelas em que um deles estiver em situação de supremacia em relação ao outro, como se dá na relação de emprego (*eficácia diagonal*).

Em razão da sua eficácia na relação de emprego, os direitos humanos e fundamentais trabalhistas atuam como limites aos poderes do empregador, ao capital e à autonomia individual e coletiva, o que tem duplo fundamento, quais sejam, o trabalhador não é despido da sua dignidade humana durante a relação de emprego e a dignidade humana do trabalhador pode ser ameaçada ou agredida sob o pretexto de assegurar o exercício do poder diretivo, garantir a competitividade das empresas e respeito à autonomia individual ou coletiva.(91)

---

(84) Prazo razoável é o prazo proporcional à complexidade da demanda submetida ao Poder Judiciário e dos atos a serem praticados. Ao garantir às partes a razoável duração do processo, o constituinte não só impõe o cumprimento dos prazos preestabelecidos, mas indica que, ao fixar prazos, o legislador e o juiz devem atender à complexidade da demanda e dos atos a serem praticados.

(85) A relação entre processo do trabalho, dignidade humana, justiça social e democracia será examinada mais adiante, quando tratarmos dos princípios do direito processual do trabalho.

(86) Papa João Paulo II, na mensagem para o dia mundial da paz, em 1998.

(87) Robert Alexy afirma que "direitos fundamentais constituem a tentativa de positivar os direitos humanos" (Prefácio. In: *Teoria discursiva do direito*).

(88) *Los derechos fundamentais*, p. 22.

(89) *A eficácia dos direitos fundamentais*, p. 168.

(90) *Direito constitucional:* as instituições do estado democrático e constitucional, p. 366.

(91) Consoante estabelece o art. 5º, § 1º, da Constituição da República, "as normas definidoras de direitos e garantias fundamentais têm aplicação imediata", observando-se que, como adverte Márcio Túlio Viana, "embora essa regra se destine a assegurar

Para José João Abrantes, a imposição dos direitos fundamentais nas relações privadas se "assenta no reconhecimento de uma *dimensão objetiva* dos direitos fundamentais, que deixam de ser tão somente direitos subjetivos de defesa perante os poderes do Estado. Aqueles direitos não são já entendidos apenas num prisma subjetivo, individual, antes representam a máxima expressão de uma *ordem axiológica de valores*, de um *sistema de valores*, em que se assenta a *unidade do ordenamento* e cujo valor fundamental é, em última instância, a *dignidade da pessoa humana*".(92) Como o trabalhador não perde a condição de pessoa ao se vincular por meio de um contrato de trabalho, é natural a exigência de respeito aos direitos que ele possui enquanto pessoa também no contexto da relação de emprego.

6.2. A Justiça do Trabalho foi instituída para solucionar conflitos de interesses entre empregados e empregadores, isto é, conflitos oriundos da relação de emprego.

Fiel a esta finalidade, a Constituição da República de 1988 dispunha, no art. 114, que à Justiça do Trabalho competia o julgamento dos dissídios entre trabalhadores e empregadores e, na forma da lei, de outras controvérsias decorrentes da relação de trabalho.

Contudo, a Emenda Constitucional n. 45, de 8 de dezembro de 2004, conferiu nova redação ao art. 114 da Constituição Federal, atribuindo à Justiça do Trabalho a competência para processar e julgar as ações oriundas da relação de trabalho (inciso I do art. 114).

Em suma, à Justiça do Trabalho foi originalmente atribuída competência para julgar conflitos de interesses decorrentes da *relação de emprego*,(93) mas a Emenda Constitucional citada a ela atribuiu a competência para solucionar conflitos de interesses decorrentes da *relação de trabalho*.

---

a pronta *vigência* dos direitos fundamentais, também revela, por detrás do texto, preocupação com a sua *eficácia*. De fato, seria incoerente o constituinte se concluísse pela necessidade *imediata* de sua norma e, ao mesmo tempo, relegasse a um segundo plano o seu efetivo cumprimento" (*Direito de resistência*, p. 76).

(92) *Contrato de trabalho e direitos fundamentais*, 2005, p. 16. Para esse doutrinador, a liberdade continua a ser o ponto de partida dos direitos fundamentais, "só que entendida agora não como a liberdade do indivíduo isolado, senhor absoluto do seu destino, mas antes como o livre desenvolvimento da personalidade de homens solidários, vivendo em sociedade e responsáveis perante a mesma. Não pode haver liberdade individual sem interdependência e solidariedade. Aquela continua e completa-se com a liberdade dos outros. Por isso os direitos fundamentais garantem a todos os cidadãos um *status socialis* nas suas relações com os outros e, especificamente, contra entidades privadas que constituem verdadeiros *poderes sociais* ou mesmo contra indivíduos que disponham de uma situação real de poder equiparável à supremacia do Estado" (*Op. cit.*, p. 16). Com inteira razão, adverte o doutrinador em destaque que a empresa "não é um mundo à parte, cuja lógica pudesse afastar os princípios fundamentais do ordenamento, centrado na ideia de dignidade da pessoa humana" (*Op. cit.*, p. 18).

(93) Relação de emprego é a relação jurídica que tem por objeto o trabalho humano prestado pessoalmente em favor de outrem, de forma onerosa, não eventual e subordinada, ou, em apertada síntese, a relação de trabalho subordinado. Cumprindo esclarecer que *subordinação* significa a sujeição jurídica do trabalhador ao poder diretivo do empregador, poder que é exercido pela definição do modo pelo qual o trabalho deverá ser realizado (poder regulamentar), fiscalização da realização do trabalho (poder fiscalizador) e punição do trabalhador no caso da não observância do modo de realização do trabalho previamente estabelecido (poder punitivo). Na relação de emprego, o trabalhador coloca sua força de trabalho à disposição do empregador em troca de salário e se submete às suas ordens em relação ao modo pelo qual o trabalho será prestado (trata-se do dever de obediência, isto é, o dever de acatar e cumprir as ordens emanadas do empregador ou de seus prepostos e relacionadas com os serviços a serem prestados). O modo da prestação de trabalho envolve a definição de *quando*, *onde* e *como* ele deverá ser prestado, sujeitando-se o trabalhador a punição (advertência e suspensão) e até a dispensa por justa causa (art. 482 da CLT), no caso do descumprimento das ordens do empregador. Os vários deveres do trabalhador podem ser inferidos a *contrario sensu* das situações em que é lícita a sua dispensa por justa causa, valendo aludir aos deveres de: *assiduidade* (dever de executar de forma regular e continuada e nos locais e horários designados os serviços contratados), *zelo e aplicação* (o trabalhador deve executar com diligência, exatidão — o que implica observância das técnicas respectivas — e empenho as suas funções), *sigilo, urbanidade e respeito pelos superiores, probidade* (o trabalhador deve executar os serviços contratados com honestidade, o que inclui guardar com fidelidade e dar o destino próprio aos valores sob sua responsabilidade, dentre outros. No nosso ordenamento jurídico, o poder diretivo atribui ao empregador a faculdade de manter, ou não, a relação de emprego (disposição do emprego). Contudo, ao exercê-la, o empregador não está desvinculado da necessidade de observar a função social da propriedade (art. 170, III, da Constituição). É necessário assinalar que não existe, para o empregador, o denominado *poder potestativo de dispensa*, conclusão que é autorizada pela Constituição, quando ela: a) reconhece o valor social do trabalho e o inclui entre os fundamentos da República (art. 1º, IV); b) atribui função social à propriedade (art. 5º, XXIII); c) reconhece o direito à proteção da relação de emprego contra a despedida arbitrária ou sem justa causa (art. 7º, I). É arbitrária a dispensa de trabalhadores que não se fundamenta em razões de ordem econômica, disciplinar ou técnica.

A alteração da competência da Justiça do Trabalho não interfere na essência do direito processual do trabalho. O processo do trabalho era e deve continuar sendo instrumento de realização prática e de construção diária do direito do trabalho e será valorizado na medida em que seja capaz de fazê-lo. Por força da competência da Justiça do Trabalho estabelecida pela Emenda Constitucional n. 45/2004, o processo do trabalho assume mais um importante papel e desafio, qual seja, ***o de ser também instrumento de realização prática do direito decorrente da relação de trabalho*** não subordinado.

A alteração da competência da Justiça do Trabalho exige do direito processual do trabalho, que é único (não existe um direito processual do trabalho voltado à solução de conflitos decorrentes da relação de emprego e, outro, à solução de conflitos decorrentes da relação de trabalho não subordinado), o estabelecimento das condições necessárias para a concretização dos direitos decorrentes das *relações de trabalho*.

É importante ressaltar que:

a) a CLT disciplina a relação de emprego (art. 1º).

Com isso, são as regras e princípios que formam o direito do trabalho que guiarão o juiz na solução do mérito dos conflitos decorrentes da relação de emprego, servindo o direito comum como sua fonte subsidiária (art. 8º da CLT), ao passo que, na solução de conflitos oriundos de relação de trabalho não subordinado, o juiz deve aplicar as normas e princípios que regulam a relação jurídica objeto da demanda (art. 593 do Código Civil[94]). O art. 114 da Constituição Federal constitui norma de competência e não estende os direitos decorrentes da relação de emprego aos partícipes de relação de trabalho não subordinado;

b) atribuída à Justiça do Trabalho a competência para julgar dissídios decorrentes de relação de trabalho não subordinado, o juiz deve fazê-lo à luz das regras e princípios que compõem o direito processual do trabalho.

Consoante dispõe o art. 643 da CLT, "Os dissídios oriundos das relações entre empregados e empregadores, bem como os de trabalhadores avulsos e seus tomadores de serviços em atividades reguladas na legislação social, serão dirimidos pela Justiça do Trabalho, de acordo com o presente título e na forma estabelecida pelo processo judiciário do trabalho".[95] O art. 643 da CLT determina, portanto, que se aplique na solução de conflito decorrente de relação de trabalho não subordinado as normas de direito processual do trabalho.

De seu turno, estabelece o art. 1º da Lei n. 5.584/70 que, nos *processos perante a Justiça do Trabalho*, deverão ser observados os princípios nela estabelecidos. *Processos perante a Justiça do Trabalho* ***são aqueles relativos às ações que tenham por objeto conflitos de interesses que se encontrem sob a jurisdição da Justiça do Trabalho e não apenas os que decorrem de relação de emprego, como resulta do art. 114, I, da Constituição Federal.***

Nesse compasso, a natureza da relação jurídica objeto da demanda[96] somente tem influência na definição das normas de direito material a serem aplicadas no exame das pretensões das partes (arts. 1º da CLT e 593 do Código Civil), não repercutindo no método a ser adotado na solução do litígio.

Somente pela solução do dissídio com aplicação das regras e princípios de direito processual do trabalho é que se justificará a atribuição à Justiça do Trabalho de competência para julgar dissídios decorrentes da relação de trabalho não subordinado.

Nova competência foi atribuída à Justiça do Trabalho porque, aos olhos do legislador, ela se encontra mais bem aparelhada para responder à necessidade de adequada, rápida, econômica e efetiva tutela aos direitos decorrentes da relação de trabalho. Sem dúvida, não se trata de escolher entre juízes (todos são operosos e conscientes de seu dever social) ou simplesmente entre uma Justiça e outra, mas de atribuir a competência a uma Justiça especializada no julgamento de demandas oriundas das relações de trabalho e

(94) "A prestação de serviços, que não estiver sujeita às leis trabalhistas ou a lei especial, reger-se-ão pelas disposições desse Capítulo."

(95) A expressão *direito judiciário do trabalho* foi há muito abandonada, em favor de *direito processual do trabalho*.

(96) Ato pelo qual é afirmada em juízo a existência de um direito e requerida a sua confirmação e tutela.

que se manifesta por meio de um processo com características especiais, que, ainda aos olhos do legislador, permitiriam a melhor resposta à demanda relacionada ao trabalho humano.

A Emenda Constitucional n. 45/2004, como o fizera a CLT ao atribuir à Justiça do Trabalho competência para julgar os dissídios decorrentes de contrato de empreitada, estendeu os benefícios próprios do processo do trabalho a outros trabalhadores em condições de hipossuficiência similar à dos trabalhadores empregados, na esperança de que a Justiça do Trabalho seja capaz de fazer valer as situações de vantagem estabelecidas pelo direito material em favor dos que vivem da prestação de serviços em favor de outrem.

Não há como concordar, por tudo isso, com algumas das posições adotadas pelo TST na Instrução Normativa n. 27/2005.

1) dispõe a Instrução Normativa em exame que, "salvo nas lides decorrentes da relação de emprego, é aplicável o princípio da sucumbência recíproca, relativamente às custas" (art. 3º, § 3º). Contudo, o art. 789 da CLT estabelece as regras a serem seguidas nas ações e procedimentos de competência da Justiça do Trabalho e atribui ao *vencido* na demanda (e não aos eventualmente *vencidos*) a responsabilidade pelo pagamento das custas, não permitindo a invocação do CPC para a realização de rateio das custas entre as partes. Na hipótese, sequer existe omissão a ser suprida pela aplicação de normas do direito processual civil, valendo observar que ratear custas é tornar o processo do trabalho mais dispendioso para as partes, o que contraria os seus princípios fundamentais, sendo relevante recordar, ainda, que as custas têm por base de cálculo o valor da condenação, o que significa que são fixadas levando em conta a sucumbência do vencido e implica que este paga as custas *na exata medida da sua sucumbência;*

2) de acordo com o art. 6º da Instrução Normativa em destaque, pode o juiz exigir depósito prévio dos honorários periciais, ressalvadas as lides decorrentes da relação de emprego. A exigência de antecipação de honorários periciais, embora tenha sido apenas facultada ao juiz, dificulta o acesso à justiça, na medida em que o trabalhador dificilmente terá condições de realizá-la. A Instrução Normativa contraria, inclusive, a Orientação Jurisprudencial n. 98 da SDI-2 do TST.[97]

De qualquer forma, não pode ser exigida a antecipação de honorários periciais da parte que estiver amparada pela justiça gratuita.

A aludida Instrução Normativa merece aplausos no que comporta à previsão de que:

a) as ações ajuizadas na Justiça do Trabalho tramitarão pelo rito ordinário ou sumaríssimo, salvo as hipóteses de rito especial fixado em lei (art. 1º).[98]

Nada na Emenda Constitucional n. 45/2004 permite afirmar que tenha sido instituído procedimento específico para os dissídios oriundos da relação de trabalho não subordinado. Ademais, os arts. 643 e 763 da CLT e o art. 1º da Lei n. 5.584/70 tornam certo que os procedimentos a serem observados na sua solução são os estabelecidos na CLT e na legislação processual trabalhista extravagante.

Observe-se, ainda, que o art. 7º da Emenda Constitucional n. 45/2004 deixa claro que a alteração da competência da Justiça do Trabalho tem por objetivos a facilitação do acesso à justiça e a maior celeridade no julgamento das demandas. Destarte, dispondo a CLT e a legislação processual trabalhista extravagante acerca de procedimentos que, sob a ótica do legislador, atendem àquelas exigências, não há justificativa para adotar, para as ações oriundas da relação de trabalho não subordinado, procedimentos estabelecidos pelo CPC.

b) a sistemática recursal a ser observada é a prevista na CLT, no tocante à nomenclatura, à alçada, aos prazos, às competências (art. 2º, *caput*) e ao preparo (art. 2º, parágrafo único).

---

(97) "É ilegal a exigência de depósito prévio para custeio dos honorários periciais, dada a incompatibilidade com o processo do trabalho, sendo cabível mandado de segurança visando à realização da perícia, independentemente do depósito."

(98) A única ressalva, nesse aspecto, diz respeito à ausência de referência ao procedimento sumário (causas de alçada), que se nos afigura injustificável.

No Capítulo VI, que trata dos recursos, a CLT não faz qualquer distinção na sistemática recursal a ser observada a partir da natureza jurídica da relação de direito material objeto da demanda (art. 2º).

c) devem ser aplicadas, quanto às custas e os emolumentos, as disposições da CLT (arts. 3º e 4º).

Referida solução está em perfeita sintonia com o art. 789 da CLT, que disciplina o pagamento de despesas processuais *nas ações e procedimentos de competência da Justiça do Trabalho.*

À guisa de conclusão, é possível afirmar que:

1) sendo a Justiça do Trabalho uma justiça especializada, o instrumento por meio do qual ela atua (o processo) também deve ser especial, para possibilitar a mais rápida, adequada, justa, econômica, simplificada e efetiva tutela do direito material cuja concretização constitui a sua finalidade. A especificidade do processo do trabalho não beneficia apenas empregados e empregadores, mas a todos aqueles cuja demanda por tutela jurisdicional esteja sujeita à jurisdição da Justiça do Trabalho;

2) foi alterada a natureza jurídica das relações de direito material que podem ser objeto de ação perante a Justiça do Trabalho, mas em nada foi afetado o modo pelo qual a Justiça do Trabalho irá resolver os conflitos de interesses que lhe forem submetidos, servindo o CPC, apenas, como sua fonte subsidiária (art. 769 da CLT) e supletiva (art. 15 do CPC de 2015);

3) independentemente da natureza jurídica da relação de direito material objeto da demanda: a reclamação pode ser apresentada verbalmente (art. 840 da CLT); a notificação se faz via postal e sem necessidade de prévia determinação do juiz (art. 841 da CLT); antes de colhida a defesa, deve ser tentada a conciliação (arts. 746 e 846 da CLT); a resposta do reclamado deve ser apresentada, em regra, verbalmente, em audiência, sendo nesta instruída, debatida e julgada a causa (arts. 848, 849, 850 e 857 da CLT); o não comparecimento do reclamante à audiência importa arquivamento da reclamação e o do reclamado, revelia e confissão (art. 844 da CLT); os dissídios individuais cujo valor não ultrapasse, na data do ajuizamento, 40 (quarenta) salários mínimos, ficam sujeitos ao procedimento sumaríssimo (art. 852-A da CLT); a execução de título executivo judicial pode ser iniciada de ofício (art. 878 da CLT), por exemplo.

6.3. O direito processual, inclusive o do trabalho, está em constante evolução.

Vale mencionar, neste sentido, que, de início, foram estabelecidos procedimentos para a solução judicial dos conflitos de interesses, mas sem preocupação com os efeitos da demora nesta solução sobre a utilidade prática do processo.

Como reação aos efeitos da demora da solução dos conflitos de interesses levados ao Poder Judiciário sobre a utilidade prática do processo, foram concebidas as medidas cautelares, ou seja, medidas adotadas para garantir a utilidade prática do processo.

Com o tempo, percebeu-se que o próprio direito deduzido em juízo, em razão, principalmente, da sua natureza, era seriamente afetado pela demora na solução do conflito levado ao Poder Judiciário.

Como reação os efeitos da demora da solução dos conflitos de interesses levados ao Poder Judiciário sobre a efetividade do direito deduzido em juízo, foi concebida a antecipação de tutela, por meio da qual é antecipada no tempo a satisfação do direito deduzido em juízo. A satisfação do direito é realizada no presente e não no futuro, após o trânsito em julgado da decisão.

Atualmente, já é uma realidade a tutela autossatisfativa, traduzida por medidas satisfativas adotadas com caráter satisfativo e irreversível, com esteio em cognição sumária, o que será objeto de exame mais adiante.

Contudo, existe uma outra forma de evolução, que diz respeito às funções do processo do trabalho, como reflexo da jurisdição por meio do processo.

Quem frequenta a Justiça do Trabalho logo percebe que o processo do trabalho atua, basicamente, após a lesão a um direito e visando à sua reparação, situação em que desempenha *função reparatória.*

Não se pode olvidar, ainda, a atuação do processo no sentido de inibir o lícito, ou seja, evitar que ele ocorra ou se repita. Aparece, neste contexto, a *função inibitória* do processo do trabalho.

O processo do trabalho tem sido chamado a desempenhar uma nova função, que é a *função reconstrutiva* da ordem jurídica.

A função reconstrutiva do processo do trabalho se apresenta, principalmente, no enfrentamento de uma das mais caras diretrizes da teoria da flexibilização do direito do trabalho, que é a tentativa de desconstruir o direito do trabalho por meio da negociação coletiva.

É que, com esteio na atribuição aos sindicatos e empresas do poder para, por meio da negociação coletiva, participar da construção do direito do trabalho, o que se verifica, em várias situações, é que ela também tem servido à sua desconstrução (desconstrução negociada do direito do trabalho), operando-se verdadeira apropriação de um dos instrumentos de luta do trabalhador, que é a sua força coletiva, pelo capital.

À negociação coletiva, que tem como função principal a melhoria da condição social dos trabalhadores, têm sido atribuídas novas funções, que são destacadas em relatório coordenado por Alain Supiot, elaborado a partir do exame da legislação, doutrina e jurisprudência europeias e destinado à Comissão das Comunidades Europeias, dentre as quais: a) *função de flexibilização*: a negociação coletiva serve de instrumento voltado à "adaptação das condições de trabalho às necessidades de competitividade e flexibilidade das empresas", apresentando-se como "uma *alternativa* à aplicação da lei"; b) *função de instrumento de gestão da empresa*: a negociação funciona como um "instrumento de colaboração nas mudanças e organização do trabalho".[(99)]

É neste contexto que se manifesta a função reconstrutiva do processo do trabalho, que é desempenhada, especialmente, nas ações declaratórias de nulidade de cláusulas de convenções e acordos coletivos do trabalho e que tem como parâmetro a reafirmação de que o direito do trabalho estabelece condições de trabalho voltadas à promoção e tutela da dignidade humana, servindo esta, portanto, como parâmetro e limite para as decisões tomadas no âmbito da negociação coletiva.

É próprio do direito processual a sua adaptação às novas realidades e exigências sociais, inclusive em relação ao tipo de resposta que pode dar àqueles que recorrem à Justiça do Trabalho. Neste compasso, Augusto Mario Morello chama a atenção para a necessidade de acomodar o direito processual "às novas realidades e exigências da complexa e desafiante litigação da atualidade, que, sem cessar, pressiona o arsenal das técnicas do processo a fim de que, *a outro ritmo, custo e funcionalidade*, alcancem resultados adequados e oportunos".[(100)] A espada, que constitui um dos símbolos da justiça, serve para abrir caminho para novas respostas e soluções, reparatórias, inibitórias e reconstrutivas.

Vários são os exemplos de cláusulas convencionais que desconstroem o direito do trabalho, valendo destacar, a título de exemplos, a fixação em vinte dias úteis do prazo para a homologação da rescisão contratual, na hipótese de haver dispensa do cumprimento do aviso-prévio, e autorização para a compensação de jornada nas atividades insalubres independentemente de licença prévia das autoridades competentes em matéria de higiene do trabalho.

Observe-se que não é negada a possibilidade de transformações no direito do trabalho, em especial porque é próprio do direito a necessidade de sua adaptação à realidade social sobre a qual pretende incidir, mas afirmada a necessidade de serem preservadas as suas linhas mestras, em favor da dignidade humana, da justiça social e da democracia.

O Pacto Internacional sobre Direitos Econômicos, Sociais e Culturais admite a limitação de direitos, mas na medida compatível com a natureza desses direitos e exclusivamente com o objetivo de favorecer o bem-estar geral em uma sociedade democrática (art. 4º), o que pode ser adotado como parâmetro, no sentido de afirmar que:

---

(99) *Au-delà de l'emploi:* transformation du travail et devenirdu droit du travail en Europe, p. 141-146.
(100) Opciones procesuales en supuestos dudosos. In: *Opciones e alternativas en el derecho procesal*, p. 103.

a) direitos fundamentais trabalhistas não podem ser excluídos ou limitados por meio da negociação coletiva (eles sequer podem ser excluídos ou limitados por meio de Emenda à Constituição);

b) qualquer limitação aos direitos trabalhistas pressupõe a demonstração de que ela atende ao bem-estar geral em uma sociedade democrática.

7. *Norma processual no tempo e no espaço*

Criada uma norma processual, cumpre fixar o momento a partir do qual a sua observância passa a ser obrigatória (início de vigência), os seus efeitos sobre os processos findos e em curso (aplicação imediata ou retroatividade) e o término de sua vigência (revogação). Essas são questões relacionadas com a *eficácia temporal das normas processuais*.[(101)]

Em relação à norma processual é também indispensável definir a sua aplicação no espaço, isto é, a sua *eficácia espacial*, que diz respeito ao lugar em que ela pode ser invocada como regente de determinada relação jurídica.

7.1. A propósito da eficácia da lei processual no tempo, cumpre mencionar que a lei processual trabalhista:

a) começa a vigorar em todo o país quarenta e cinco dias depois de sua publicação (*vacatio legis*), salvo se outro prazo for nela estabelecido (art. 1º da Lei de Introdução às Normas do Direito Brasileiro LINDB);[(102)]

b) não se destinando à vigência temporária (prazo de vigência fixado na própria lei), terá vigor até que outra a modifique ou a revogue (art. 2º da LINDB);

c) não perde vigência por desuso ou costume, somente podendo ser modificada ou revogada por outra lei (art. 2º da LINDB).

A eficácia temporal da norma processual suscita algumas questões, indicando a doutrina três critérios para enfrentá-las:

1) unidade processual: o processo, embora constituído por uma série de atos, é uno, devendo ser disciplinado por uma única lei e, em respeito ao princípio da irretroatividade da lei, deve ser regido pela lei antiga;

2) fases processuais: o processo é dividido em fases, devendo ser respeitada a lei vigente quando de cada uma delas;[(103)]

3) isolamento dos atos processuais: o processo é constituído por uma série de atos, devendo cada um deles ser regido pela lei em vigência quando de sua realização.

Galeno Lacerda ensina que "a base fundamental do direito transitório reside na distinção entre efeito retroativo e efeito imediato. Se ela atinge *facta praeterita* é retroativa; se *facta pedentia*, será necessário distinguir entre situações anteriores à mudança da legislação, que não podem ser atingidas sem retroatividade, e situações posteriores, para as quais a lei nova, se aplicável, terá efeito imediato (...) a aplicação imediata será sempre a regra de direito comum (*Rubier*, I/558). A retroatividade, ao contrário, não se presume; decorre de disposição legislativa expressa, exceto no direito penal, onde constitui princípio a retroação da lei mais

(101) A eficácia da norma jurídica pode ser considerada em termos jurídicos (*eficácia jurídica*: possibilidade de aplicação da norma) e sociais (*eficácia social*: aplicação real no caso de não observância — realização coativa — ou cumprimento espontâneo da norma pelos seus destinatários — realização espontânea).

(102) A CLT foi promulgada em 1º de maio de 1943 e somente entrou em vigor em 10 de novembro daquele ano (art. 911 da CLT).

(103) "Fases de um procedimento são segmentos da relação processual em que os diversos atos se aglutinam em razão dos fins e objetivos que os informam" (MARQUES, José Frederico. *Instituições de direito processual civil*, v. III, p. 14).

benéfica (...). Quando a constituição (ou extinção) da situação jurídica se operou pela lei antiga, a ela será estranha a lei nova, salvo disposição retroativa, se permitida pelo sistema jurídico. Quando a constituição estiver pendente, a regra será a aplicação imediata, respeitado o período de vigência da lei anterior. Quanto aos efeitos da situação jurídica constituída, a norma é a que a lei nova não pode, sem retroatividade, atingir os já produzidos sob a lei anterior".[(104)]

Acrescenta Galeno Lacerda que "podemos e devemos considerar a existência de direitos adquiridos processuais, oriundos dos próprios atos ou fatos jurídicos processuais, que emergem, em cada processo, do dinamismo desse relacionamento jurídico. Aliás, o novo Código é expresso, no art. 158, no reconhecimento desses direitos. Existem direitos adquiridos à defesa, à prova, ao recurso, como existem direitos adquiridos ao estado, à posse, ao domínio. Acontece que os direitos subjetivos processuais se configuram no âmbito do direito público e, por isto, sofrem o condicionamento resultante do grau de indisponibilidade dos valores sobre os quais incidem. Em regra, porém, cumpre afirmar que a lei nova não pode atingir situações processuais já constituídas ou extintas sob o império da lei antiga, isto é, não pode ferir os respectivos direitos processuais adquiridos. O princípio constitucional de amparo a esses direitos possui, aqui, também, plena e integral vigência".[(105)]

Note-se que o CPC de 2015 prevê, no art. 14, que "a norma processual não retroagirá e será aplicada imediatamente aos processos em curso, respeitados os atos processuais praticados e as situações jurídicas consolidadas sobre a vigência da norma revogada".

À luz dessas considerações e levando em conta a solução indicada pelo art. 912 da CLT ("Os dispositivos de caráter imperativo terão aplicação imediata às relações iniciadas, mas não consumadas, antes da vigência desta Consolidação"), pode-se afirmar que a norma processual trabalhista:

a) tem aplicação imediata, isto é, aplica-se ao processo em curso (o que significa que estão fora do seu campo de influência os processos extintos antes de sua entrada em vigor);

b) não alcança as situações jurídicas consumadas sob o império da lei anterior (a lei antiga rege os atos praticados e as situações jurídicas consumadas sob o seu império).[(106)]

A CLT, no art. 915, tratando dos efeitos da sua entrada em vigor (o que ocorreu em 10.11.1943) sobre os processos em curso, dispõe que não seriam prejudicados os recursos interpostos com apoio em dispositivos alterados ou cujo prazo de interposição esteja em curso à data da vigência da CLT. Significa dizer que o recurso é regido pela norma vigente na data da prolação da decisão, inclusive quanto ao prazo para a sua interposição.

Por força do art. 915 da CLT:

a) se a lei em vigor na data da publicação da decisão fixa em cinco dias o prazo para impugná-la por meio de recurso e, vencido esse prazo, uma nova lei dilata o prazo para oito dias, prevalece a lei revogada, na medida em que no momento da entrada em vigor da lei nova a parte já deixara operar a preclusão do seu direito de impugnar a decisão por meio de recurso. Como observa Galeno Lacerda, "os prazos já terminados sob a lei antiga não podem, em hipótese alguma, ser reabertos. O efeito já se produziu sob aquela lei";[(107)]

b) se a lei vigente quando da publicação da decisão prevê o prazo de cinco dias para impugnar a decisão por meio de recurso e no curso desse prazo uma nova lei o dilata para oito dias, a lei nova

(104) *O novo direito processual civil e os efeitos pendentes*, p. 12-13.

(105) *O novo direito processual civil e os efeitos pendentes*, p. 13.

(106) Considerado o art. 912 da CLT no que comporta às relações de direito material, o que dele resulta é que os dispositivos de caráter imperativo criados pela Consolidação somente alcançariam as relações de trabalho em curso, não sendo aplicáveis àquelas extintas antes de 10.11.1943, observando-se que, segundo o art. 922, o disposto no art. 301 da CLT somente alcançaria as relações de emprego iniciadas depois da vigência da CLT. O TST consagrou a solução indicada pelo art. 912 da CLT ao tratar dos efeitos da Lei n. 12.506/11, que disciplina o aviso-prévio proporcional ao tempo de serviço: "O direito ao aviso proporcional ao tempo de serviço somente é assegurado nas rescisões de trabalho ocorridas a partir da publicação da Lei n. 12.506, de 13 de outubro de 2011".

(107) *O novo direito processual civil e os efeitos pendentes*, p. 91.

prevalecerá sobre a anterior, de forma que se aplica "o preceito novo somando-se o lapso já fluído sob a lei revogada ao saldo dilatado".[108]

Dispõe o art. 916 da CLT que os prazos de prescrição nela fixados começariam a correr da data da sua entrada em vigência, quando fossem menores do que os previstos pela legislação anterior. Prazo prescricional mais longo, previsto na lei antiga, portanto, não pode ser prejudicado por prazo menos dilatado previsto na lei nova. Isto significa que existe direito adquirido ao prazo prescricional da lei vigente quando do surgimento da pretensão resultante da violação do direito.

7.2. Em relação à eficácia espacial da norma, cumpre esclarecer que a norma de direito processual tem eficácia no território do Estado que a editou (*princípio da territorialidade*). O juiz, como observa Lopes da Costa, "aplica ao processo a lei processual do lugar onde exerce a jurisdição".[109]

Assinala Cândido Rangel Dinamarco que, se destinando "à disciplina de uma função estatal, que é a jurisdição, é natural que a lei processual se imponha exclusivamente no território do Estado que a edita. É inerente à soberania de cada Estado, no contexto internacional, a regência de suas próprias atividades por lei nacional e nunca por lei estrangeira".[110]

Embora adote o princípio da territorialidade, o ordenamento jurídico pátrio admite a incidência de normas estrangeiras no território nacional. Com efeito, de acordo com o art. 13 da Lei de Introdução às Normas do Direito Brasileiro, "a prova dos fatos ocorridos no estrangeiro rege-se pela lei que nele vigorar, quanto ao ônus e aos meios de produzir-se", mas ao juiz brasileiro é vedado admitir "provas que a lei brasileira desconheça".[111]

Para Cândido Rangel Dinamarco, "prevalece a lei processual brasileira para a realização de atos processuais no Brasil, ainda que estrangeiras as partes e mesmo que se trate de julgar sobre fatos ocorridos no exterior ou mediante a imposição de normas estrangeiras de direito material (art. 337 do CPC). Fatos ocorridos no estrangeiro podem ser objeto de julgamento pelo juiz brasileiro, sempre que dotado de competência internacional; no sistema brasileiro, a nacionalidade das partes é irrelevante para a determinação dessa competência (CPC, arts. 88-89)".[112]

O julgamento envolvendo fatos ocorridos no exterior pelos juízes e tribunais do trabalho brasileiros é autorizado pelo art. 651, § 2º, da CLT, que será examinado mais adiante, quanto tratarmos da organização da Justiça do Trabalho.

Consoante a jurisprudência sedimentada pela Súmula n. 207 do TST, "A relação jurídica trabalhista é regida pelas leis vigentes no país da prestação do serviço e não por aquelas do local da contratação". Sob o prisma desta Súmula, apesar de a demanda ser julgada no Brasil, aplicam-se as normas de direito material vigente no local do cumprimento do contrato na definição dos direitos e obrigações de trabalhador contratado no Brasil para trabalhar no exterior.

A situação dos trabalhadores contratados no Brasil ou transferidos para prestar serviços no exterior era disciplinada pela Lei n. 7.064/82, que, conforme previa o seu art. 1º, somente alcançava os empregados de empresas prestadoras de serviços de engenharia, inclusive consultoria, projetos e obras, montagens, gerenciamento e congêneres.

Contudo, a Lei n. 11.962/09 conferiu nova redação ao art. 1º da Lei n. 7.064/82, que passa a dispor que são por ela alcançados os "trabalhadores contratados no Brasil ou transferidos por seus empregadores para prestar serviço no exterior", o que implica dizer que por ela passaram a ser beneficiados todos os trabalhadores brasileiros contratados no Brasil para trabalhar no exterior. Esta alteração legislativa culminou no cancelamento da Súmula n. 207 do TST. É que, conforme o art. 3º-A da Lei n. 7.064/82, "A empresa

(108) LACERDA, Galeno. *O novo direito processual civil e os efeitos pendentes*, p. 91.
(109) *Direito processual civil brasileiro*, v. I, p. 42.
(110) *Instituições de direito processual civil*, v. I, p. 90.
(111) Prova que a lei brasileira *desconheça* é aquela por ela considerada ilícita.
(112) *Instituições de direito processual civil*, v. I, p. 91.

responsável pelo contrato de trabalho do empregado transferido assegurar-lhe-á, independentemente da observância da legislação do local da execução dos serviços: I — os direitos previstos nesta Lei; II — a aplicação da legislação brasileira de proteção ao trabalho, naquilo que não for incompatível com o disposto nesta Lei, quando mais favorável do que a legislação territorial, no conjunto de normas e em relação a cada matéria".

Cumpre mencionar, ainda, que, conforme o art. 9º do Decreto-Lei n. 4.657/42 (Lei de Introdução às Normas do Direito Brasileiro), "Para qualificar e reger as obrigações, aplicar-se-á a lei do país em que se constituírem", o que também não era observado pela Súmula em questão.

Em relação aos atos processuais praticados no exterior com reflexos no Brasil, "o mesmo princípio da territorialidade da lei processual, que impede a imposição desta além-fronteiras, conduz ao reconhecimento da validade desses atos quando obedientes à lei do país em que foram realizados e compatíveis com a ordem pública brasileira".(113)

8. Conflito de normas. Hierarquia das fontes do direito processual do trabalho

Diante do grande número de normas que disciplinam a solução judicial dos conflitos de interesses de natureza trabalhista (chega-se a falar que o Brasil convive com uma espécie de *inflação normativa*), é intuitiva a possibilidade de conflitos entre tais normas.

8.1. O art. 2º da Lei de Introdução às Normas do Direito Brasileiro estabelece vários critérios voltados à solução de conflito entre normas:

a) *hierárquico*: no conflito entre normas de diferentes níveis hierárquicos, prevalece a de nível superior (*lex superior derogat legi inferiori*);

b) *cronológico*: ocorrendo conflito entre normas do mesmo nível hierárquico, a posterior prevalece sobre a anterior (*lex posterior derogat legi priori*);

c) *especialidade*: a norma especial prevalece sobre a geral (*lex specialis derogat legi generali*).

Esses critérios não são, contudo, suficientes para a solução de todos os conflitos entre normas, na medida em que podem ocorrer conflitos na sua própria aplicação (*conflitos* ou *antinomias de segundo grau*). Com efeito, pode ocorrer conflito entre o critério hierárquico e o cronológico (o primeiro critério impõe, no caso concreto, a prevalência da lei superior e, o segundo, a da posterior) e entre o critério hierárquico e o da especialidade (aplicado o primeiro critério, prevalece, no caso concreto, a lei de hierarquia superior, ao passo que, aplicado o da especialidade, prevalecerá a lei especial), por exemplo.

Daí, segundo Maria Helena Diniz, o estabelecimento de *metacritérios de solução de conflitos entre os critérios hierárquico, cronológico e de especialidade*, segundo os quais:

a) conflito entre o critério hierárquico e o cronológico: "o critério cronológico não seria aplicável quando a lei posterior for inferior à anterior, pois de outro modo o critério hierárquico seria inoperante. Prevalecerá, portanto, o critério hierárquico, por ser mais forte do que o cronológico, visto que a competência se apresenta mais sólida do que a sucessão do tempo";

b) conflito entre o critério de especialidade e o cronológico: "a regra da especialidade prevaleceria sobre a cronológica, mas "esse metacritério é parcialmente inefetivo, por ser menos seguro que o anterior, podendo gerar uma antinomia real. A metarregra *lex posterior generalis non derogat priori speciali* não tem valor absoluto, dado que, às vezes, *lex posterior generalis derogat priori speciali*, tendo em vista certas circunstâncias presentes. A preferência entre um critério e outro não é evidente, pois se constata uma oscilação entre eles. Não há uma regra definida; conforme o caso, haverá supremacia ora de um, ora de outro critério";

(113) DINAMARCO, Cândido Rangel. *Instituições de direito processual civil*, v. I, p. 91.

c) conflito entre o critério hierárquico e o de especialidade: "havendo uma norma superior-geral e outra inferior-especial, não será possível estabelecer uma metarregra geral, preferindo o critério hierárquico ao da especialidade, ou vice-versa, sem contrariar a adaptabilidade do direito, consequentemente, instaurar-se-á uma antinomia real. Poder-se-á, então, preferir qualquer dos critérios, não existindo, portanto, qualquer preferência".[114]

Note-se que a solução imposta pela Lei de Introdução às Normas do Direito Brasileiro no tratamento do conflito de normas *é sempre no sentido da prevalência* de uma norma sobre a outra. A solução, no entanto, pode ser outra, qual seja, *não a prevalência, mas a coordenação* entre fontes, na linha do que Erik Jayme denominou *diálogo das fontes*.[115] Sob este prisma, na presença de um conflito entre normas, deve-se aplicá-las de forma simultânea e coordenada, tomando-se como referência o sistema de valores positivados na Constituição.

8.2. O ordenamento jurídico possui uma estrutura hierárquica, no sentido de um sistema de fontes escalonadas em uma estrutura hierárquica.

No entanto, não existe, no direito processual do trabalho, um critério rígido para definir esta hierarquia.

Com efeito, no direito processual do trabalho deve prevalecer a solução que favoreça o acesso à justiça, o julgamento do mérito das demandas e a satisfação de direito consubstanciado em título executivo.[116]

Trata-se da manifestação, no processo, do princípio da melhoria da condição social dos trabalhadores, consagrado no art. 7º, *caput*, da Constituição. O conflito entre fontes do direito processual do trabalho, portanto, se resolve de forma flexível, à luz do caso concreto, na perspectiva da *melhoria da condição processual do trabalhador*.

9. Princípios do direito processual do trabalho

Os princípios ganharam especial relevo com o reconhecimento da sua função normativa e a valorização da sua função orientadora da elaboração, interpretação e aplicação de regras jurídicas, o que, em termos do direito processual, permite falar em um verdadeiro *neoprocessualismo*, que corresponde ao direito processual constituído e orientado por princípios, notadamente constitucionais.

Acrescente que a definição dos princípios do direito processual do trabalho permite apreender a essência deste ramo do direito processual e, com isto, bem aplicá-lo na solução de casos concretos.

Daí a ênfase conferida ao estudo dos princípios do direito processual do trabalho.

Cumpre advertir que, como a excessiva *principialização do ordenamento jurídico* pode conduzir à *banalização dos princípios*, não será realizada a simples teorização sobre os princípios do direito processual do trabalho, mas a verificação de quais são estes princípios a partir do exame das opções expressas ou implicitamente adotadas pelo legislador ao tratar da solução judicial dos conflitos trabalhistas e levando em conta que somente constitui princípio a diretriz dotada de caráter normativo.[117]

Importa esclarecer que, ao apontar os princípios de direito processual do trabalho, não se tem a pretensão de esgotar o tema. Os princípios que mais adiante serão apontados constituem fruto do diálogo

(114) *Lei de introdução às normas do direito brasileiro interpretada*, p. 101.

(115) O "diálogo das fontes" como método da nova teoria geral do direito: um tributo a Erik Jayme. In: *Diálogo das fontes:* do conflito à coordenação de normas do direito brasileiro, p. 18.

(116) Não existe, assim, uma hierarquia fixa e previamente definida das fontes do direito processual do trabalho, mas uma hierarquia móvel, devendo a definição da solução ser prestigiada à luz do caso concreto.

(117) Como aduz Luis Prieto Sanchís, "quanto maior o número de normas que podem ser citadas como expressivas ou confirmativas de certo princípio, maior garantia de que se trata efetivamente de um princípio, pertencente ao direito em questão" (*Apuntes de teoría del derecho*, p. 210-211). Vale observar que o princípio não se confunde com a *técnica*. A técnica, ao contrário do princípio, não define fins a serem alcançados, vez que consiste na predisposição de meios para a obtenção de determinados fins, o que autoriza afirmar que a técnica predispõe meios para alcançar os fins definidos pelos princípios.

com a doutrina e a jurisprudência trabalhistas, iluminado pela tentativa de definir, com a maior precisão possível, aquilo que constitui a essência do direito processual do trabalho no seu estágio atual, com vista a um resultado útil, que é definir parâmetros para a solução de casos concretos.

Dito de outra forma, não se pretende, ao apontar os princípios do direito processual do trabalho, atingir verdades definitivas, notadamente porque, como aduz Jean-Louis Bergel, "o estado do direito num país e num determinado momento é apenas a expressão momentânea das múltiplas soluções possíveis, suscetíveis de serem aplicadas nos inúmeros campos que o direito deve reger. Ele não pode dissociar-se de fenômenos mais amplos, sem ser isolado de suas fontes ou de seu contexto. Depende da história, do meio humano, social, econômico, etc., das escolhas ideológicas", o direito é "uma disciplina dinâmica. Os juristas, partindo das soluções estabelecidas pelos textos, pela tradição judiciária ou pela prática, vinculam-nas a princípios gerais dos quais se podem deduzir depois outras soluções, novas relações jurídicas etc.".(118)

9.1. Conceito de princípios. Funções dos princípios.

As normas jurídicas constituem gênero, do qual são espécies as regras (normas que são regras) e os princípios (normas que são princípios). Assim, os princípios compõem, ao lado das regras, o Direito.

Mas, o que são princípios?

Princípios são diretrizes. Eles apontam uma direção a ser seguida, servindo, neste contexto, de orientação para a conduta humana na vida social. Essa conclusão é autorizada pelas lições de F. de Clemente, que, segundo anota Paulo Bonavides, sustenta ser princípio de direito "o pensamento diretivo que domina e serve de base à formação das disposições singulares de Direito de uma instituição jurídica, de um Código ou de todo um Direito Positivo",(119) Karl Larens, que considera princípios as ideias diretivas de um ordenamento jurídico existente ou possível,(120) Ronald Dworkin, para quem os princípios enunciam "uma razão que conduz o argumento em uma certa direção",(121) e Jan-R. Sieckmann, que assevera serem os princípios "razões para ponderações" ou "razões ponderativas".(122)

Princípios são diretrizes fundadas em valores. Para Karl Larenz, "os princípios contêm prévia decisão sobre os ulteriores valores que há que se encontrar e que se tem de considerar dentro do marco assinalado pela decisão prévia, que deve dar satisfação aos princípios".(123) Segundo Luís Roberto Barroso, os princípios "identificam valores a serem preservados".(124) Já Eduardo Garcia de Enterría e Tomás-Ramon Fernández afirmam que os princípios "expressam os valores materiais básicos de um ordenamento jurídico, aqueles sobre os quais se constituem como tal as convicções ético-jurídicas de uma comunidade".(125)

Princípios são diretrizes fundadas em valores que servem de base ou fundamento de uma coisa. Com efeito, conforme Aristóteles, "princípio significa (...) o ponto a partir do qual é possível que cada coisa seja, do melhor modo, originada (...); aquilo cuja presença determina em primeira instância o surgimento de alguma coisa (...); aquilo a partir de que, ainda que não imanente à coisa, algo nasce e de que o movimento e a transformação procedem primordialmente (...); aquilo, em conformidade com cuja escolha deliberada, o que é movido é movido, e o que é transformado é transformado (...); aquilo a partir de que uma coisa começa a ser compreensível é também chamado de princípio da coisa (...). É, assim, comum a todos os princípios serem o

(118) *Teoria geral do direito, introdução*, p. XVII e XXII.
(119) *Curso de direito constitucional*, p. 256.
(120) *Derecho justo*, p. 33. Também António Cortês atribui aos princípios o sentido de ideias fundamentais, afirmando que "os princípios jurídicos são as ideias fundamentais que justificam, ou permitem justificar, um ou mais preceitos oficialmente aprovados, uma série de decisões dos tribunais ou, até, o sistema jurídico na sua totalidade" (*Jurisprudência dos princípios*, p. 10). Para esse autor, essas ideias "constituem o direito na sua dimensão racional, ética e axiológica" e "permitem afirmar que o Direito não se reduz a um mero somatório de leis ou de fontes de direito em sentido técnico-jurídico" (*Op. cit.*, p. 10).
(121) *Levando os direitos a sério*, p. 41.
(122) *El modelo de los principios del derecho*, p. 13 e 52.
(123) *Derecho justo*, p. 33.
(124) *O direito constitucional e a efetividade de suas normas*, p. 295.
(125) *Curso de derecho administrativo*, t. I, p. 75.

primeiro ponto de partida do qual uma coisa ou é, ou vem a ser ou tornar-se conhecida".[126] Neste mesmo sentido assevera Celso Antônio Bandeira de Mello que princípio é "mandamento nuclear de um sistema, verdadeiro alicerce dele, disposição fundamental que se irradia sobre diferentes normas compondo-lhes o espírito e servindo de critério para sua exata compreensão e inteligência".[127]

Os princípios são informados por valores, mas com estes não se confundem. Antonio Enrique Pérez Luño assevera que "os valores são critérios intelectuais com base nos quais julgamos as condutas e objetos (...). Os valores são 'modos de preferências conscientes generalizantes' (HELLER) por meio dos quais os seres humanos satisfazem suas exigências e necessidades. Toda necessidade supõe uma carência: o homem tem necessidade enquanto carece de determinados bens e sente a exigência de satisfazer estas carências. O que satisfaz uma necessidade humana tem valor (...). Por isto, o valor é uma abstração mental realizada a partir de uma experiência humana concreta' (BOBBIO). Por serem abstrações mentais os valores são um produto do homem, que se configuram a partir do discurso racional intersubjetivo baseado nas necessidades humanas. O valor é uma projeção da consciência do homem na direção do mundo externo, representa preferências que tiram de determinadas condições sociais e históricas e que, portanto, possuem um fundamento racional, empírico e não metafísico".[128]

Destarte, os valores indicam um estado de coisas que é bom ou melhor, isto é, uma qualidade do ser como tal (*caráter axiológico*), ao passo que os princípios estabelecem o que é devido, isto é, um dever-ser (*caráter deontológico*). O caráter determinante de comportamentos, presente nos princípios e ausente nos valores, é que os distingue.

Nesse sentido observa Robert Alexy que, "aquilo que, no modelo de valores, é *prima facie* o melhor é, no modelo de princípios, *prima facie* devido; e aquilo que é, no modelo de valores, definitivamente o melhor é, no modelo de princípios, definitivamente devido. Princípios e valores diferenciam-se, portanto, somente em virtude de seu caráter deontológico, no primeiro caso, e axiológico, no segundo".[129] O princípio é o que se revela a partir dos valores. É por meio dos princípios que os valores ganham objetividade.[130]

Em suma, *princípios são as diretrizes fundamentais do ordenamento jurídico.*[131]

Não se pode olvidar, no entanto, que os princípios desempenham várias funções no ordenamento jurídico.

Com efeito, os princípios possuem função:

a) *normativa*: os princípios orientam, com caráter determinante, a conduta humana na vida social, situação em que atribuem direitos e deveres que lhe são correlatos.

---

(126) *Metafísica, 1012b34 a 1013a18.*

(127) *Elementos de direito administrativo*, p. 299.

(128) *Teoría del derecho:* una concepción de la experiencia jurídica, p. 213. Esse doutrinador aduz, a respeito dos fundamentos dos valores, que convém evitar os extremos do objetivisto e do subjetivismo axiológicos, observando que "os valores que informam o conteúdo do direito não podem ser concebidos como um sistema estático de princípios absolutos situados em uma esfera ideal anterior e independente da experiência, como pretende o *objetivismo*; mas também não podem ser reduzidos ao plano dos desejos ou interesses dos indivíduos, como propugna o *subjetivismo* (...). Frente a estas posturas é preferível adotar um *intersubjetivismo* axiológico, que parte da possibilidade de chegar a estabelecer as condições que permitem à racionalidade prática chegar a um certo consenso aberto e revisível, sobre o fundamento do direito justo", sendo por ele ressaltado, contudo, que "qualquer concepção ou fundamento do direito não pode ser reduzida a uma série de argumentações formais ou procedimentos dialógicos, por melhores que sejam a sua elaboração e depuração discursiva. Nesta esfera, mais do que em qualquer outra, não se pode perder de vista a referência imediata de *humanidade* que constitui a razão de ser de qualquer direito" (*Op. cit.*, p. 213-214). *O direito serve ao homem e este fato condiciona as suas opções axiológicas.*

(129) *Teoria dos direitos fundamentais*, p. 153.

(130) Como aduz Battista Mondin, "os valores assumem para o homem uma importância capital, pois são os valores, isto é, as realidades que são, acima de tudo dignas de estima, que lhe são a orientação, a direção, a meta no definir e realizar o próprio projeto" (*Os valores fundamentais*, p. 21). Este doutrinador chama a atenção para o fato de que "a especificidade e a grandeza do homem estão aqui: em poder dispor, ele mesmo, do próprio projeto e de sua atuação, em ser ele mesmo responsável pelo próprio projeto de humanidade, tanto na definição como na execução" (*Op. cit.*, p. 20). Ao definir aquilo que considera valioso, o homem define o conteúdo de humanidade das relações sociais.

(131) A fundamentalidade dessas diretrizes decorre do fato de definirem a essência do ordenamento jurídico ou de determinado ramo do direito e de servirem de base e justificação para a criação, interpretação e aplicação das regras que o constituem.

A atribuição de função normativa aos princípios resulta no abandono do paradigma positivista (o direito é fundado em juízos sobre fatos[132] e não sobre valores — *teoria formalista do direito*; a lei é a fonte principal do direito — *teoria do normativismo legislativo*; o direito é um sistema sem contradições e lacunas — *teoria da completude do ordenamento jurídico*; os operadores do direito devem obediência estrita ao texto da lei — *teoria da interpretação não criativa do direito*) e na consagração do paradigma pós-positivista (norma jurídica é gênero do qual são espécies regras e princípios; os princípios, assim como as regras, estabelecem um dever-ser e servem de fundamento suficiente para a decisão de casos concretos[133]).

Neste compasso, pode ser dito que os *princípios são diretrizes impositivas de dever-ser* nas relações sociais. Como aduz Humberto Ávila, os princípios "não são apenas valores cuja realização fica na dependência de meras preferências pessoais (...). Os princípios instituem o dever de adotar comportamentos necessários à realização de um estado de coisas ou, inversamente, instituem o dever de efetivação de um estado de coisas pela adoção de comportamentos a ele necessários".[134] No mesmo sentido, assevera Robert Alexy que "tanto regras quanto princípios são normas, porque ambos dizem o que deve ser".[135]

b) *orientadora da constituição e concretização do ordenamento jurídico*: os princípios servem como ponto de partida e fundamento para a criação,[136] interpretação[137] e aplicação de regras jurídicas e, nesta medida, atuam como *instrumento de proteção contra soluções que os contrariam*.[138]

Os princípios dirigem e condicionam a atividade do legislador e do intérprete, o que faz com que o respeito aos princípios legitime a atividade legislativa e judicial.

c) *unificadora*: orientando a constituição do ordenamento jurídico, os princípios lhe conferem unidade valorativa;[139]

d) *integrativa*: os princípios funcionam como instrumento para o preenchimento de lacunas do direito;

e) *justificadora e legitimante*: os princípios justificam opções legislativas e decisões judiciais neles fundamentadas;[140]

f) *constitutiva da justiça*: os princípios constituem valioso instrumento para a realização da justiça no processo (processo justo) e na decisão do caso concreto (decisão justa).

O respeito aos princípios conduz a uma decisão em harmonia com os valores fundamentais da ordem jurídica e contribui para a sua realização concreta,[141] além de servir de parâmetro para aferir a efetividade da ordem jurídica (como os princípios orientam a criação, interpretação e aplicação das regras jurídicas e são informados pelos valores adotados como fundamentais pela sociedade, o seu respeito atua como relevante indicador de efetividade da ordem jurídica).

---

(132) Sob este prisma, o fundamento do Direito, ou seja, a razão da sua obrigatoriedade, está na sua validade formal, isto é, a norma jurídica é de observância obrigatória quando for criada pela autoridade competente e de acordo com as regras que disciplinam a sua criação, independentemente de seu conteúdo. A força vinculante da norma decorre da sua criação procedimentalmente correta, sem qualquer consideração em relação ao seu conteúdo.

(133) Como os princípios são normas jurídicas e expressam valores, o fundamento do Direito também envolve questões ético-filosóficas, isto é, a tomada de posição sobre a realidade. O Direito não pode ser utilizado para impor concepções morais, mas não deixa de ser influenciado pela moral, na medida em que os consensos morais fruto do diálogo democrático se convertem em valores que são incorporados pela ordem jurídica.

(134) *Teoria dos princípios*, p. 79-80. Princípios não são normas programáticas, mas "mandam realizar algo em grau máximo ou ótimo" (SIECKMANN, Jan-R. *El modelo de los principios del derecho*, p. 46).

(135) *Teoria dos direitos fundamentais*, p. 87.

(136) O princípio desempenha *função normogenética* quando atua como fundamento de regras.

(137) Trata-se, agora, da *função interpretativa ou hermenêutica* dos princípios.

(138) Pode-se falar, neste sentido, em *função neutralizadora* dos princípios.

(139) Com razão, aduz Paulo Valério Dal Pai Morais que os princípios conferem "segurança aos sistemas, outorgando-lhes credibilidade, pois, quando adequadamente utilizados, fazem surgir soluções congruentes, que indicarão a existência de unidade, de convergência, ocorrências essas que demonstram que se configura o requisito da organização, base de qualquer sistema que pretenda perdurar" (*Código de defesa do consumidor*: o princípio da vulnerabilidade no contrato, na publicidade, nas demais práticas comerciais: interpretação sistemática do direito, p. 34).

(140) Os princípios conferem sentido ao ordenamento jurídico, com o qual devem estar em sintonia as decisões concretas.

(141) Como assevera Robert Alexy, "a realização gradual dos princípios corresponde à realização gradual dos valores" (*Teoria dos direitos fundamentais*, p. 144).

Note-se que os princípios possuem *funções positivas*, visto que impõem dever ser nas relações sociais e orientam a criação, interpretação e aplicação de regras jurídicas, e *funções negativas*, na medida em que limitam e condicionam a atuação do legislador na criação de regras jurídicas e a dos juízes e das partes na sua interpretação e aplicação. Karl Larens também atribui função positiva e negativa aos princípios, consistindo a primeira "no influxo que exercem nas sucessivas decisões e, deste modo, no conteúdo de regulamentação que tais decisões criam" e, a segunda, "na exclusão dos valores contrapostos e das normas que se fundamentam sobre estes valores".[142]

9.2. Princípios e regras.

Estabelecido o conceito de princípio, cumpre mencionar que eles não se confundem com as regras.

Assevera Ricardo Guastini, tratando da distinção entre regras e princípios, que os juristas contemporâneos consideram princípio toda norma que apresenta como característica o fato de ser uma *norma fundamental* (o que diz respeito à posição dos princípios no sistema jurídico) e *estruturalmente indeterminada* (o que se refere ao conteúdo da norma e/ou a sua estrutura normativa), sendo por ele anotado que:

> 1 — o princípio é uma *norma fundamental* porque: a) "caracteriza o sistema jurídico do qual trata (ou um dos seus setores), no sentido de que constitui um elemento essencial para a identificação da fisionomia do sistema"; b) "dá fundamento axiológico (dá justificação ético-política) a uma pluralidade de outras normas do sistema"; c) não exige "nenhum fundamento, nenhuma justificação ético-política, porque se concebe, na cultura jurídica existente, como uma espécie de 'axioma', isto é, uma norma evidentemente 'justa' ou 'correta'".[143]
>
> 2 — "toda norma jurídica é indeterminada, tem uma textura aberta (*open texture*), mas aqui se trata de uma indeterminação peculiar, que pode assumir duas formas distintas: a) o caráter de 'derrotável' (*defeasible*), b) o caráter genérico. i) *Os princípios como normas 'derrotáveis'*. Uma norma é 'inderrotável' — e então é uma 'regra' — quando estabelece de maneira completa, exaustiva, tanto os fatos na presença dos quais se produz a consequência jurídica que ela própria estabelece, como as exceções na presença das quais a consequência não se produz. Uma norma é, ao contrário, 'derrotável' (*defeasible*) e então é um 'princípio' — quando *não* estabelece exaustivamente os fatos condicionantes, ou bem não enumera todas as exceções (...). ii) *os princípios como normas genéricas*. Uma norma 'precisa' — e portanto uma 'regra' — *é uma norma imediatamente suscetível de aplicação a casos concretos: uma norma que pode utilizar-se como premissa maior no silogismo jurisdicional (...). Uma norma 'genérica'* — e portanto um 'princípio' — *é uma norma que: a) por um lado, exige a formulação de outras normas* — que a 'concretizem', a 'atualizem' ou lhe deem 'execução' — sem as quais não seria apta a resolver casos concretos, mas b) por outro lado, pode atualizar-se, executar-se ou concretizar-se de formas muito diferentes e alternativas".[144]

(142) *Derecho justo*, p. 33. O conteúdo do ordenamento jurídico constitui fruto de valorações, que são pautadas e limitadas pelos fundamentos (dignidade da pessoa humana e valor social do trabalho, por exemplo) e objetivos fundamentais (dentre os quais a construção de uma sociedade livre, justa e solidária e a redução das desigualdades sociais) da República Federativa do Brasil.

(143) *Teoría e ideologia de la interpretación constitucional*, p. 74-75.

(144) *Teoría e ideologia de la interpretación constitucional*, p. 74-77. Ricardo Guastini afirma que "os princípios não são idôneos para funcionar como premissa maior (normativa) do silogismo através do qual os órgãos de aplicação aplicam 'regras'. Os princípios não pertencem à justificação 'interna' — ao silogismo, precisamente — das decisões jurisdicionais e administrativas, mas à sua justificação 'externa', isto é, são utilizados como argumentos para justificar a eleição de certas premissas (em particular: a premissa normativa) do silogismo (...). Para que seja utilizado no raciocínio de um órgão de aplicação, todo princípio exige uma 'concretização': isto é, deve ser 'transformado' em uma regra precisa (relativamente precisa). Praticamente, concretizar um princípio significa determinar as regras 'implícitas' (em sentido amplo) que podem ser dele obtidas e portanto: a) em primeiro lugar, determinar seu âmbito de aplicação, decidir a quais classes de supostos concretos é aplicável; b) em segundo lugar, determinar ao mesmo tempo suas exceções, ou seja, as subclasses de supostos aos quais não é aplicável" (*Teoría e ideologia de la interpretación constitucional*, p. 78).

9.3. As fontes dos princípios.

O estudo dos princípios exige algumas considerações sobre as suas fontes.

Neste sentido, cumpre esclarecer que o princípio pode ser expressamente consagrado uma regra jurídica. Neste caso, o princípio será, ao mesmo tempo, princípio e regra, como se dá, por exemplo, em relação à dignidade humana na Constituição de 1988.

De outro lado, o princípio pode ser extraído:

a) dos valores que informam a criação de uma regra, de determinado conjunto de regras jurídicas ou do próprio ordenamento jurídico (o ordenamento jurídico não se resume a um conjunto de normas sem um mínimo de coerência entre si, podendo dele ser deduzidas diretrizes adotadas como fundamentais). Neste sentido, o princípio se apresenta como resultado de um processo de generalização de diretrizes fundamentais extraídas do ordenamento jurídico;

b) dos valores que inspiram determinada sociedade, tais como a boa-fé, confiança, igualdade, liberdade, prudência, responsabilidade, segurança, solidariedade, tolerância e verdade. Trata-se de valores extraídos dos modos pelos quais os membros de uma comunidade estabelecem as suas relações e resolvem os problemas concretos nelas surgidos, isto é, da *consciência jurídica coletiva*. Esta consciência jurídica coletiva pode ser deduzida do que Karl Larenz denomina"'formas de comportamento social típico', que são atuadas, em geral, pelos membros de um determinado grupo social";[(145)]

c) dos valores fundamentais comuns a todos os povos, consagrados em normas de direito internacional ou universal;

d) de um conjunto de princípios e da combinação de princípios, observando Paulo Ferreira da Cunha, a propósito, que "os princípios que se analisam como decorrência de outros princípios são também princípios a se (e não meros subprincípios)".[(146)]

Em suma, os princípios de um ordenamento jurídico são, em sua maioria, o que Robert Alexy denominou "normas desenvolvidas".[(147)]

9.4. A existência de princípios específicos do direito processual do trabalho. A transcendência econômica, humana, social e política do direito do trabalho e o direito processual do trabalho.

Dir-se-á, contra a afirmação de que o direito processual do trabalho possui seus próprios princípios, que os seus princípios são aqueles consagrados pelo direito processual comum.

No entanto, a ordem jurídica atribui aos trabalhadores vários direitos, dentre os quais muitos têm a natureza de direitos fundamentais (*direitos fundamentais trabalhistas*) e humanos (*direitos humanos trabalhistas*), ou seja, de direitos inerentes à dignidade humana. Os direitos fundamentais e humanos trabalhistas são direitos inerentes à dignidade humana, não no sentido de que o fato de ser o trabalhador um ser humano assegura, por si só, o seu gozo, mas no de que o seu gozo constitui uma exigência da dignidade humana (a titularidade concreta de um direito só se dá com o acesso real aos bens que eles asseguram).

Aos direitos trabalhistas correspondem, em regra, créditos de caráter alimentar, posto que é com a remuneração que recebem pelo seu trabalho que os trabalhadores adquirem os meios necessários ao atendimento de suas necessidades próprias e familiares, inclusive as relacionadas com a sua sobrevivência física.

Direitos fundamentais, direitos humanos e créditos de caráter alimentar exigem uma jurisdição e um processo diferenciados, ou seja, que sejam aptos a assegurar a sua adequada, tempestiva, econômica e efetiva tutela.

---

(145) *Metodologia da ciência do direito*, p. 660.
(146) *Fundamentos da república e dos direitos fundamentais*, p. 83.
(147) *Teoria dos direitos fundamentais*, p. 109.

Não se pode olvidar, ainda, o significado do próprio direito do trabalho, ao qual cumpre ao direito processual do trabalho conferir efetividade.

O direito do trabalho é composto pelo conjunto de normas que disciplinam a relação de emprego, no seu aspecto individual (contrato individual de trabalho e condições de trabalho: direito individual do trabalho) e coletivo (relações coletivas de trabalho: direito coletivo do trabalho), com a finalidade de tutelar e promover a dignidade humana daqueles que dependem da alienação da sua força de trabalho para garantir o atendimento de suas necessidades próprias e familiares e tendo como funções primordiais a realização da justiça social e a construção da democracia.

O estudo do direito processual do trabalho não pode deixar de partir do registro da sua finalidade primeira, que é a de criar o instrumental processual capaz de assegurar a tutela adequada e efetiva dos direitos decorrentes da relação de emprego. O direito processual do trabalho serve ao Direito do Trabalho, na medida em que atua como instrumento de sua realização concreta, quando não atuado espontaneamente.

A íntima conexão entre direito processual do trabalho (meio) e Direito do Trabalho (fim) exige que se estabeleça a relevância da concretização dos direitos decorrentes da relação de emprego.

Neste sentido, não se pode perder de vista a transcendência econômica, humana, social e política do Direito do Trabalho e, com isto, do desrespeito às suas regras e princípios.

O Direito do Trabalho possui:

a) **transcendência econômica**: os direitos que o Direito do Trabalho reconhece aos trabalhadores visam assegurar o acesso aos bens materiais necessários para a sua sobrevivência própria e familiar. A transcendência econômica destes direitos é que conduz ao reconhecimento do seu caráter alimentar e à atribuição de natureza superprivilegiada aos créditos a eles correspondentes (art. 100, § 1º, da Constituição da República e art. 186 do Código Tributário Nacional);

b) **transcendência humana**: a finalidade do Direito do Trabalho é tutelar e promove a dignidade humana daqueles que dependem da alienação da sua força de trabalho e da manutenção do contrato de trabalho para atender às suas necessidades próprias e familiares. O Direito do Trabalho não visa apenas garantir a sobrevivência do trabalhador, vez que busca assegurar o acesso a bens materiais e imateriais indispensáveis para uma vida conforme a dignidade humana, cumprindo esclarecer que, como aduz Joaquim Herrera Flores, "falar de dignidade humana não implica falar de um conceito ideal ou abstrato. A dignidade humana é um fim material. Um objetivo que se concretiza no acesso igualitário e generalizado aos bens que fazem com que a vida seja 'digna' de ser vivida (...). A dignidade consiste na obtenção de acesso igualitário aos bens tanto materiais como imateriais que se foram conseguindo no constante processo de humanização do ser humano (...). Viver com dignidade (...) em termos materiais significa gerar processos igualitários de acesso aos bens materiais e imateriais que conformam o valor da 'dignidade humana'";[148]

c) **transcendência social**: o trabalho humano é um dos fatores de produção de riqueza e da distribuição desta riqueza devem participar, da forma mais equitativa possível, todos aqueles que para ela contribuem. Desse modo, uma das funções primordiais do Direito do Trabalho é a distribuição da riqueza gerada pelo trabalho humano, o que lhe atribui a condição de instrumento de realização da justiça social, entendida esta como garantia de participação de todos nos benefícios do progresso econômico, social e cultural;

d) **transcendência política**: o Direito do Trabalho procura criar as condições econômicas (estabelecimento de condições materiais de liberdade como exigência da possibilidade real de participação - acesso a bens materiais e imateriais que libertem da dependência econômica extrema) e jurídicas

(148) La complejidad de los derechos humanos: bases teóricas para uma definición crítica. *Revista de Filosofia del Derecho Internacional y de la Política Global.* Disponível em: <http:www.juragentium.unifi.it/es/surveys/rights/herrera/indez.htm>. Sob este prisma, ofender a dignidade humana do trabalhador significa a ele negar os bens materiais e imateriais que conformam o valor da dignidade humana.

(estabelecimento de instrumentos de participação e reconhecimento da classe trabalhadora como agente social) necessárias para a participação dos trabalhadores na tomada de decisões de política econômica e social, observando-se que não há como conceber o Direito do Trabalho fora do contexto da ação política, notadamente porque a definição do seu alcance e conteúdo é uma decisão política.[149]

A relação de trabalho traduz a troca de trabalho por salário condicionada pela tutela e promoção da dignidade humana do trabalhador, realização da justiça social e construção da democracia, o que encontra respaldo na Constituição da República de 1988, como resulta do art. 1º, III, IV, que inclui a dignidade humana e o valor social do trabalho dentre os fundamentos da República, art. 1º, parágrafo único, que adota a democracia como regime de governo, art. 3º, I, III e IV, que define a construção de uma sociedade livre, justa e solidária, a erradicação da pobreza, a redução das desigualdades sociais e a promoção do bem de todos como objetivos fundamentais da República, art. 7º, *caput*, que legitima a luta pela melhoria da condição social dos trabalhadores, art. 7º, XXVI, que considera constituir direito dos trabalhadores o reconhecimento das convenções coletivas de trabalho e dos acordos coletivos de trabalho, art. 8º, que assegura a liberdade de associação profissional ou sindical, art. 9º, que reconhece o direito de greve, art. 11, que reconhece o direito ao entendimento direito com os empregadores, art. 170, *caput*, e III, que promove a instrumentalização da atividade econômica à finalidade de assegurar a todos existência digna e atribui função social à propriedade, art. 186, III e IV, que vincula o cumprimento da função social da propriedade ao respeito às disposições que regulam as relações de trabalho e à sua exploração de forma a favorecer o bem-estar dos proprietários e dos trabalhadores, e art. 193, que adota como base da ordem social o primado do trabalho e, como seus objetivos, o bem-estar e a justiça social.

Como o direito material condiciona e subordina o direito processual,[150] *a transcendência econômica, humana, social e política do direito do trabalho se comunica ao direito processual do trabalho.*

É exatamente nesse contexto que foram concebidos o julgamento dos conflitos de interesses entre trabalhadores e empregadores por juízes e tribunais especializados (jurisdição especial) e um mecanismo que lhe permitisse fazê-lo de forma adequada, efetiva, tempestiva e econômica (processo do trabalho como processo especial).

O processo do trabalho surge, assim, como um processo especial, com uma finalidade especial, que é realizar concretamente um direito especial.[151]

(149) Daí a crítica que merece a doutrina segundo a qual é ilícita a greve política, valendo lembrar que, como adverte Joaquim Herrera Flores, "recuperar o político não consiste em entender a política como a busca de um melhor ou pior sistema de governo. Esta perspectiva reduz a ação pública a uma mera gestão de crises. O político é uma atividade compartilhada com outros na hora de criar mundos alternativos ao existente. A dignidade do político não reside unicamente na gestão, mas, também, na criação de condições para o desenvolvimento das potencialidades do ser humano" (La complejidad de los derechos humanos: bases teóricas para uma definición crítica. *Revista de Filosofia del Derecho Internacional y de la Política Global.* Disponível em: <http:www.juragentium.unifi.it/es/surveys/rights/herrera/indez.htm>). Este doutrinador acrescenta que é necessário adquirir o poder político e legislativo necessário para "estabelecer sistema de garantias (econômicas, políticas, sociais e, sobretudo, jurídicas) que comprometam as instituições nacionais e internacionais ao cumprimento do que foi alcançado por meio das lutas pela dignidade humana de todas e de todos" (La complejidad de los derechos humanos: bases teóricas para uma definición crítica. *Revista de Filosofia del Derecho Internacional y de la Política Global.* Disponível em: <http:www.juragentium.unifi.it/es/surveys/rights/herrera/indez.htm>). A ação política, portanto, é indispensável ao Direito do Trabalho enquanto direito voltado à tutela e promoção da dignidade humana.

(150) Esta relação de subordinação e condicionamento entre direito material e processual é reconhecida por Gerard Cornu e Jean Foyer, para os quais, "auxiliar do direito material, o processo deve adaptar-se ao ramo do direito ao qual deve servir, subordinando-se a ele, condicionando-se para ele" (*Procédure civile*, p. 7).

(151) O direito do trabalho é um direito protetor, no sentido de que confere proteção jurídica (proteção por meio do direito) ao trabalhador. A proteção jurídica assegurada pelo direito do trabalho é tornada concreta no processo do trabalho quando os direitos que aquele atribui aos trabalhadores não forem respeitados espontaneamente. Neste sentido, o direito processual do trabalho, que tem o processo do trabalho como objeto de disciplina, é também um direito protetor. O direito processual do trabalho cria as condições necessárias para a realização concreta dos direitos decorrentes da relação de emprego, estando estes voltados, como foi dito, à criação das condições materiais mínimas necessárias a uma vida digna. *O direito do trabalho e o direito processual do trabalho buscam, portanto, realizar concretamente a promoção e tutela da dignidade humana.*

A propósito, ensina Alfredo Montoya Melgar que "a existência de um processo laboral, especializado frente ao processo civil, tem uma explicação histórica, cujo fundamento em boa parte permanece. Desde o final do século XIX, com efeito, do mesmo modo que se propugna um Direito substancial 'novo' frente ao Civil — um Direito 'social', apartado da tradição do individualismo liberal —, com o fim de garantir a efetiva proteção jurídica dos trabalhadores, se defende o estabelecimento de um processo laboral específico, ágil e econômico, livre de complicações, lentidão e custo do processo civil".[152]

Aduz Alberto Truerba Urbina "que o obreiro representa a parte mais fraca e o empregador a mais forte na vida laboral, é uma verdade indiscutível; por isso se justifica a natureza protecionista e reivindicatória da legislação do trabalho. Mas não basta a existência do direito material, protetor e reivindicador dos direitos trabalhistas, para que impere a igualdade nas relações trabalhador-empregador: se requer, à sua vez, normas jurídicas processuais que realizem aqueles direitos. Portanto, conjuntamente com o direito substantivo do trabalho, existe outra disciplina para sua execução: o direito processual do trabalho".[153]

Maria do Rosário Palma Ramalho assevera que, paralelamente ao desenvolvimento do direito do trabalho, "desenvolveram-se também normas processuais que disciplinam a litigância judicial em matéria laboral e cujo conjunto constitui o Direito Processual do Trabalho (...). O Direito Processual do Trabalho desenvolveu-se em prossecução dos mesmos valores que estiveram na base do desenvolvimento do Direito do Trabalho — máxime, o princípio da proteção do trabalhador — e projeta, até hoje, esses valores".[154]

Anote-se que a concepção jurídica individualista tem forte influência no direito processual comum, o que resulta em um processo em que a titularidade do direito de ação é vinculada à titularidade do direito deduzido em juízo (solução que é consagrada no art. 6º do CPC de 1973 — "Ninguém poderá pleitear, em nome próprio, direito alheio, salvo quando autorizado pela lei" — e no art. 18 do CPC de 2015 — "Ninguém poderá pleitear, em nome próprio, direito alheio, salvo quando autorizado pelo ordenamento jurídico"[155]), predomina a palavra escrita, é desestimulado o contato direto e pessoal do juiz com as partes, o procedimento é desenvolvido de forma fragmentária e descontínua, prevalece a igualdade apenas formal entre as partes e é assegurada a livre disposição do direito e do processo.[156]

Gustav Radbruch assevera que é no processo civil que com mais força se destaca a forma individualista de ver o homem e que, "se o Direito é a forma de vida social, o processo civil é a forma dessa forma, a forma levada à máxima potência (...). Um traço que caracteriza o individualismo que governa o processo civil é o rigor com que se aplica o princípio de negociação. Este princípio converte o processo em um livre jogo de forças entre as partes demandantes, como se os litigantes fossem dois jogadores de xadrez de forças equilibradas, dois adversários engenhosos, guiados por um egoísmo bem entendido, situados ambos em um plano de igualdade e que não necessitam para nada da ajuda do juiz".[157]

(152) *Derecho del trabajo*, p. 723-724.

(153) *Nuevo derecho procesal del trabajo*, p. 24-25. Alberto Truerba Urbina atribui ao direito do trabalho a natureza de direito social e aduz que "devemos contemplar o direito processual do trabalho como uma disciplina nova de caráter social, que tem por finalidade a aplicação do direito do trabalho, com o propósito de fazer efetiva a melhoria das condições de vida dos trabalhadores e a salvaguarda de seus direitos e de suas conquistas contratuais", concluindo ser direito processual do trabalho o "conjunto de princípios, instituições e normas que em função protetora, tutelar e reivindicatória realizam ou criam direitos em favor dos que vivem do seu trabalho e dos economicamente frágeis, na via jurisdicional" (*Op. cit.*, p. 28 e 80).

(154) *Direito do trabalho:* parte I — dogmática geral, p. 33.

(155) O art. 6º do CPC de 1973 e o art. 18 do CPC de 2015 são informados pela ideia segundo a qual ao titular do direito é que cabe decidir pela sua fruição, ou não, o que está em sintonia com o princípio dispositivo. Note-se que o art. 6º do CPC de 1973 alude à autorização *por lei* e, o art. 18 do CPC de 2015, à autorização *pelo ordenamento jurídico*, o que se deve ao fato de que o direito não se resume à lei.

(156) Em relação a estes dois últimos aspectos, observa Nicola Picardi que, "segundo uma concepção que remonta à Revolução Francesa, paralelamente ao desaparecimento dos privilégios de classe e de casta, no século XIX, foi se afirmando não só a ideia de uma jurisdição tendencialmente única para a solução de todas as controvérsias, mas também vinculada a um tipo de processo: o processo ordinário" (*Jurisdição e processo*, p. 3-4). A adoção de um procedimento único distanciava o processo do direito material, cujas particularidades eram desconsideradas.

(157) *Introdución a la filosofia del derecho*, p. 158-159.

Daí a necessidade de um processo do trabalho diferenciado em relação ao processo comum, que seja adequado às particularidades do direito material a ser por meio dele concretizado,[158] o que é traduzido pelas diretrizes fundamentais por ele adotadas.

9.5. Princípios do direito processual do trabalho em espécie.

Realizados estes esclarecimentos, cumpre definir os princípios do direito processual do trabalho.

Constituem princípios próprios do direito processual do trabalho:

9.5.1. *Íntima conexão entre direito processual do trabalho e direito do trabalho.*

Trata-se de princípio que resulta da instrumentalidade técnica do processo do trabalho em relação ao direito do trabalho, ou seja, da relação de meio e fim estabelecida entre o direito processual do trabalho e o direito do trabalho, valendo lembrar que, consoante aduz Niceto Alcalá-Zamora y Castilho, a técnica do processo "implica a adequação dos meios predispostos para conseguir os seus fins".[159]

O direito processual do trabalho tem por fim principal a realização concreta do direito do trabalho, consistindo esta realização a sua função social.

Neste compasso, a identificação entre o ser (a realidade fática) e o dever-ser (o que é imposto pelo direito do trabalho) exige uma íntima conexão entre o direito processual do trabalho e o direito do trabalho, o que impõe não só a adaptação do processo do trabalho às particularidades do direito do trabalho,[160] visto que, consoante observa Juliana Cordeiro Faria, "o instrumento processual deve estar em harmonia com o direito material, o que somente se alcança se há ajuste da ação processual às peculiaridades do direito material",[161] como, também, que no processo do trabalho não podem ser desconsiderados os princípios fundamentais do direito do trabalho.

Nesta linha de raciocínio, deve ser lembrado que o aviltamento da dignidade humana, resultante das precárias condições a que eram submetidos os trabalhadores em determinado contexto social, fez surgir, como reação, o direito do trabalho. O direito do trabalho persegue o maior equilíbrio possível e a justiça nas relações de trabalho, em favor da dignidade humana do trabalhador, da justiça social e da democracia. Em sua gênese e essência o direito do trabalho é, portanto, um *direito humanizante.*[162]

---

(158) Para que se possa perceber o espírito do processo judicial concebido à luz das ideias individualistas e liberais, vale a pena transcrever a lição de Mário de La Cueva, no sentido de que "na aplicação do princípio: a lei é igual para todos, os processualistas falam desde tempo imemorial de um princípio que enunciam dizendo: igualdade das partes no processo, mas o axioma se desfez no art. 1.781 do Código Civil da França, aprovado pelo Conselho de Estado na forma seguinte: 'O patrão merecerá crédito em sua palavra, se afirma: o montante dos salários, o pagamento dos do ano vencido; e a existência de antecipações sobre aqueles do ano seguinte'. No curso das sessões do Conselho, explicou Treilhard que 'era necessário aceitar a afirmação do patrão ou a do trabalhador; e o primeiro', aduziu, 'merece mais confiança'. Perguntou Lacuée 'se se escutariam as provas morais; por exemplo, o trabalhador oferece testemunhas em cuja presença o patrão se referiu ao montante dos salários e ao pagamento daqueles vencidos. Na hipótese, se aceitaria sempre a afirmação do patrão?' Ao que respondeu Treilhard dizendo que 'não se poderia considerar provas desta espécie sem abrir as portas à fraude, pois os trabalhadores poderiam servir como testemunhas uns dos outros (*El nuevo derecho mexicano del trabajo*, p. 10).

(159) *Estudios de teoría general e historia del proceso* (1945-1972), t. II, p. 1 42.

(160) A falta de harmonia entre o direito material e o processo gera uma deficiência de proteção, isto é, a ausência de instrumental apto e adequado para tornar concretos os direitos assegurados pela ordem jurídica, observando-se que, para J. J. Gomes Canotilho, "existe um defeito de proteção quando as entidades sobre quem recai um dever de proteção (...) adotam medidas insuficientes para garantir uma proteção constitucionalmente adequada dos direitos fundamentais" (*Direito constitucional e teoria da Constituição*, p. 273).

(161) O chamamento ao processo como técnica de efetividade do seguro de responsabilidade civil. In: *Processo civil* — novas tendências, homenagem ao professor Humberto Theodoro Júnior, p. 457.

(162) Alain Supiot afirma que a história do direito do trabalho se desenvolve em três tempos. "Num primeiro tempo, a Revolução Francesa, assentou as bases jurídicas da economia de mercado e da revolução industrial. Impondo uma concepção do direito de propriedade limpada dos vínculos feudais e emancipando o contrato de locação de serviço dos vínculos corporativos, ela permitiu uma aceleração sem precedentes do maquinismo. Num segundo tempo (...), o maquinismo industrial gerou condições de trabalho perigosas e desumanas. O maquinismo, reduzindo a necessidade de força muscular, tornou possível a exploração do trabalho das mulheres e das crianças; ignorando o cansaço e o ciclo circadiano, os cavalos-vapor permitiram

Por servir à concretização do direito do trabalho, o direito processual do trabalho deve ser também um direito humanizante, no sentido de ter a tutela da pessoa humana como fundamento e finalidade.[163] Dito de outra forma, o direito do trabalho estabelece as condições materiais mínimas necessárias a uma existência digna. O direito processual do trabalho deve criar as condições processuais aptas a assegurar a máxima efetividade possível do direito do trabalho e, com isto, dos direitos que traduzem as condições necessárias a uma vida digna.

Conforme Gustav Radbruch, "com o conceito de direito não está apenas posta a relação entre meio e fim, mas também a ideia de finalidade dos fins, de um fim último".[164] Com isto, estabelece-se a relação entre o direito processual do trabalho e a finalidade do direito do trabalho: o direito processual do trabalho serve ao direito do trabalho e, este, à dignidade humana, à justiça social e à democracia.

Note-se, inclusive, que a Constituição Federal inclui entre as garantias fundamentais o devido processo legal. *Devido* processo legal significa processo que atenda as particularidades do direito deduzido em juízo, o que implica exigência, agora constitucional, de íntima conexão entre direito processual e direito material do trabalho.[165]

É em virtude deste primeiro princípio e para atendê-lo, que o direito processual do trabalho cria procedimento especial para o inquérito para apuração de falta grave[166], autoriza o juiz a conceder medida

---

um prolongamento indefinido da jornada de trabalho (...). Num terceiro tempo, o desenvolvimento do Direito do Trabalho serviu em todos os países industriais para limitar a sujeição do ser humano a suas novas ferramentas. Com a proteção física dos trabalhadores, com a limitação da jornada de trabalho, com a introdução da responsabilidade pelo fato das coisas e com o reconhecimento das primeiras liberdades coletivas, o Direito do Trabalho reduziu a carga mortífera e liberticida do maquinismo industrial e contribuiu para fazer dele um instrumento de 'bem-estar'. Essa história mostra que, se é verdade que o Direito é uma técnica entre outras, não é uma técnica como as outras. Ele permitiu tornar humanamente visível o maquinismo industrial e usar novas técnicas sem ser destruído por elas. Interposto entre o Homem e a máquina, ele serviu para proteger o Homem das fantasias de onipotência geradas pela prepotência das máquinas. Ferramentas interpostas entre o Homem e suas representações, trate-se das representações mentais (a fala) ou materiais (as ferramentas), o Direito cumpre assim sua função dogmática — de interposição e de proibição. Essa função confere-lhe um lugar singular no mundo das técnicas: a de uma técnica de humanização da técnica" (*Homo juridicus:* ensaio sobre a função antropológica do direito, p. 143-144). Atualmente, o direito do trabalho tem sido chamado a se colocar entre as novas técnicas de produção e administração e o homem e entre o homem e a autonomia privada coletiva, vez que algumas normas coletivas têm contribuído para a desconstrução do direito do trabalho, como se dá, por exemplo, com aquelas que autorizam a adoção de intervalo para descanso e refeição — intervalo intrajornada — com duração inferior a uma hora. O direito de participar da conformação da ordem jurídica, que a Constituição assegura aos sindicatos e às empresas, não os autoriza a dispor do próprio direito do trabalho. O fundamento ético do direito do trabalho — defesa da dignidade humana do trabalhador — não pode ceder lugar ao discurso dominante da competitividade, da produtividade e da flexibilidade.

(163) *O direito do trabalho humaniza a relação de emprego*, impondo, como limite aos poderes do empregador, o respeito à dignidade humana do trabalhador. *O direito processual do trabalho humaniza o processo*, impondo o respeito à dignidade humana das partes (é o que faz ao assegurar às partes o direito de serem ouvidas e participarem da formação da decisão para o caso concreto com garantias processuais mínimas), promovendo a sua adequação às necessidades sociais (é o que resulta da adoção de técnicas que facilitam o acesso à justiça e permitem a mais rápida, econômica e efetiva solução do conflito de interesses, da consagração da liberdade das formas e da sua instrumentalidade, com nítida restrição à possibilidade de anulação de atos processuais, apontando no sentido de que o processo não constitui um fim em si mesmo) e aproximando o juiz das partes e as próprias partes entre si (é o que resulta do prestígio conferido à oralidade e à solução negociada dos conflitos, que fazem do processo um constante diálogo entre os seus sujeitos). O caráter humanizante do direito do trabalho e do direto processual do trabalho impõe a prevalência das situações existenciais sobre as patrimoniais, o que permite aplicar no processo do trabalho a norma de direito processual civil que autoriza a satisfação do credor na execução provisória.

(164) *Filosofia do direito*, p. 189.

(165) A expressão *devido processo legal* é desprovida de significado próprio. A Constituição da República estabelece uma especial forma de ser do processo (*processo justo*).

(166) Trata-se de ação a ser aforada pelo empregador, como condição para a dispensa de trabalhador estável acusado da prática de falta grave (arts. 492, 494 e 853 da CLT). Envolvendo esta ação a rescisão de contrato de trabalhador beneficiado pela garantia da permanência no emprego, as partes estão autorizadas a utilizar o depoimento de até seis testemunhas para demonstrar os fatos que sustentam as suas pretensões, isto é, duas vezes mais testemunhas do que no procedimento ordinário e três vezes mais do que no sumaríssimo (arts. 821 e 852-H, § 2º, da CLT). O processo é, nesta hipótese, condicionado e subordinado pelas particularidades do direito nele debatido.

liminar em ação que vise reintegração no emprego de dirigente sindical afastado, suspenso ou dispensado pelo empregador[(167)], e confere maior eficácia à decisão judicial, por meio da autorização para a sua execução de ofício (art. 878 da CLT), da atribuição de efeito apenas devolutivo aos recursos (art. 899 da CLT[(168)]) e do condicionamento da admissão do recurso, no caso de condenação em pecúnia, em dissídios individuais, à realização de depósito recursal (art. 899, § 1º, da CLT), por exemplo. Estas medidas *aproximam o direito processual do direito do trabalho*, vez que colocam como a tônica comum de ambos a garantia dos meios necessários a uma vida verdadeiramente digna.

Abre-se um parêntese para registrar que não são poucos os doutrinadores que criticam o direito processual do trabalho, afirmando que a ele falta precisão técnica. A verdade, contudo, é que o direito processual do trabalho sempre esteve muito mais preocupado com resultados, em razão da natureza do direito que por meio dele deve ser realizado concretamente. No direito processual do trabalho não é negado o valor à técnica. O que prevalece é a ideia de que a técnica não é um fim em si mesma.[(169)]

José Roberto dos Santos Bedaque afirma, aludindo ao processo civil, que "a evolução do direito processual passou por momento metodológico que a doutrina denomina de autonomista e conceitual. Hoje, todavia, consciente da importância de sua ciência, da imprescindibilidade do instrumento para a própria sobrevivência do direito material, necessário que o processualista passe a se preocupar mais com os resultados de sua atividade. Talvez a noção mais importante do direto processual moderno seja a de instrumentalidade, no sentido de que o processo constitui instrumento para a tutela do direito substancial. Está a serviço deste, para garantir a sua efetividade. A consequência dessa premissa é a necessidade de adequação e adaptação do instrumento ao seu objeto. O processo é um instrumento, e, como tal, deve adequar-se ao objeto com que opera"[(170)]. *Talvez não seja exagerado afirmar que o que é perseguido pelo direito processual civil há muito constitui realidade no direito processual do trabalho.*

A íntima conexão entre o direito processual do trabalho e o direito do trabalho *impõe*:

a) ao legislador, a criação de instrumentos aptos à realização da tutela adequada, efetiva, tempestiva, simplificada e econômica dos direitos assegurados pela ordem jurídica;

b) às partes e ao juiz, o respeito aos princípios do direito do trabalho, na perspectiva, de que *o processo do trabalho não pode servir à desconstrução do direito do trabalho;*

c) ao legislador, às partes e ao juiz, a consideração da dimensão humana, econômica, social e política do direito do trabalho e, com isto, também da sua violação.

9.5.2. *Facilitação do acesso à justiça.*

A efetividade dos direitos trabalhistas é indispensável à promoção e tutela da dignidade humana daqueles que dependem da alienação da sua força de trabalho para atender às necessidades próprias e familiares,

(167) Como a garantia de permanência no emprego é limitada no tempo (art. 8º, VIII, da Constituição Federal), pode o juiz deferir liminar em favor do trabalhador, para evitar que a eventual demora no julgamento da ação inviabilize o exercício do mandato sindical e reduza a tutela do trabalhador à indenização compensatória da estabilidade eventualmente não respeitada (art. 659, IX, da CLT). Tem-se, também aqui, um condicionamento e uma subordinação do processo pelas necessidades específicas do direito material.

(168) No direito processual civil a apelação era, em regra, recebida nos efeitos devolutivo e suspensivo (art. 520 do CPC de 1973). Isso significa que a decisão somente teria eficácia imediata se as partes com ela concordarem ou contra ela não apresentarem recurso.

(169) O direito processual do trabalho demonstra, por exemplo, pouca preocupação com os pressupostos processuais e a máxima preocupação com o enfrentamento do mérito da ação, como permite concluir a previsão no sentido de que somente a nulidade em razão do foro será declarada de ofício pelo juiz (art. 795, § 1º, da CLT). As demais nulidades somente serão declaradas mediante oportuno requerimento da parte e demonstração do prejuízo por ela sofrido em razão do ato cuja eficácia é questionada.

(170) *Direito e processo* — influência do direito material sobre o processo, p. 20.

à realização da justiça social e à construção da democracia, o que exige a facilitação do acesso aos meios voltados à sua concretização, observando-se que a real titularidade de direitos pressupõe a possibilidade de acesso aos meios destinados à sua tutela.

Em sintonia com esta realidade, o direito processual do trabalho adota como diretriz fundamental a facilitação do acesso à justiça, observando-se que, como o acesso à justiça não se resume à mera possibilidade de comparecer perante um juiz ou tribunal do trabalho (*acesso formal à justiça*), o direito processual do trabalho procura assegurar às partes a possibilidade de participação, com liberdade e igualdade de condições, da formação do direito no caso concreto (*acesso substancial à justiça*).

Por força e confirmando a existência da diretriz em exame, o direito processual do trabalho: a) autoriza a apresentação de reclamação e de defesa oralmente (arts. 840 e 847 da CLT); b) estabelece que as custas processuais sejam pagas após o trânsito em julgado da decisão ou, no caso de recurso, dentro do prazo recursal (art. 789, § 1º, da CLT[(171)]); c) consagra critério especial na fixação da competência em razão do local (art. 651, *caput*, da CLT[(172)]); d) facilita a produção da prova testemunhal, por meio da dispensa de apresentação do rol de testemunhas (art. 825 da CLT).

A normatividade da diretriz em questão decorre da postura ativa *imposta* ao legislador e ao juiz no sentido de assegurar e facilitar o acesso à justiça, sendo relevante mencionar que a facilidade de acesso à justiça deve ser examinada *in concreto* e não *in abstrato*, ou seja, é no exame do caso concreto que deverá ser definida a solução que favorece o acesso à justiça.

Ainda tendo em vista esta diretriz, vale observar que, enquanto "a Justiça, como outros bens, no sistema *laissez-faire*, só podia ser obtida por aqueles que pudessem enfrentar os seus custos; aqueles que não pudessem fazê-lo eram considerados os únicos responsáveis por sua sorte",[(173)] o direito processual do trabalho reconhece às partes o direito de postular em juízo sem assistência de advogado (art. 791 da CLT[(174)]) e adota a gratuidade como regra, por meio da autorização aos órgãos jurisdicionais para deferir o benefício da justiça gratuita de ofício (art. 790, § 3º, da CLT).[(175)]

---

(171) No CPC de 1973, é previsto que: "salvo as disposições concernentes à justiça gratuita, cabe às partes prover as despesas dos atos que realizam ou requerem no processo, antecipando-lhes o pagamento desde o início até a sentença final; e bem ainda, na execução, até a plena satisfação do direito declarado pela sentença" (art. 19, *caput*), o pagamento das despesas "será feito por ocasião de cada ato processual" (art. 19, § 1º), competindo "ao autor adiantar as despesas relativas a atos, cuja realização o juiz venha determinar de ofício ou a requerimento do Ministério Público (art. 19, § 2º, do CPC). Prevê o CPC de 1973, ainda, que "se cada litigante for em parte vencedor e vencido, serão recíproca e proporcionalmente distribuídas e compensadas entre eles os honorários e as despesas" (art. 21 do CPC). O CPC de 2015 contém disposições similares, como se vê do art. 82, *caput* (que corresponde ao art. 19, *caput*, do CPC de 1973, com a ressalva de que o novo CPC se refere à plena satisfação do direito reconhecido no título), do art. 82, § 1º (que corresponde ao art. 19, § 2º, do CPC de 1973, estando a diferença entre eles na previsão, constante do novo CPC, de que ao autor incumbe adiantar as despesas relativas a atos realizados a requerimento do Ministério Público, mas apenas quando este atuar no processo como fiscal da ordem jurídica), e do art. 86 (que, no entanto, afasta a possibilidade de compensação de honorários advocatícios).

(172) No processo civil, a ação fundada em direito pessoal deve ser proposta, em regra, no foro do domicílio do réu (art. 94 do CPC de 1973 e art. 46 do CPC de 2015). Ao permitir que a demanda seja proposta no local da prestação de serviços (art. 651, *caput*), no domicílio do autor da demanda (art. 651, § 1º), no Brasil, quando se trata de brasileiro contratado no Brasil, por empresa que tenha sede ou filial no Brasil, para trabalhar no exterior (art. 652, § 2º) e criar a opção entre o local da contratação e o da prestação de serviços (art. 651, § 3º), a CLT favorece o acesso à justiça.

(173) Mauro Cappelletti e Bryant Garth (*Acesso à justiça*, p. 9).

(174) No processo civil, a parte será representada em juízo por advogado legalmente habilitado, salvo a hipótese de postulação em causa própria, quando tiver habilitação legal (art. 36 do CPC de 1973 e art. 103 do CPC de 2015). Ao reconhecer às partes capacidade postulatória, o direito processual do trabalho procurou facilitar o acesso à justiça e à defesa dos direitos decorrentes da relação de emprego, confiando que a menor complexidade das demandas trabalhistas reduziria o impacto da ausência de assistência de um advogado. Assim, entre o risco de o trabalhador ter prejudicados os seus direitos, por desconhecê-los ou não ser capaz de realizar a sua adequada defesa em juízo, e o risco de inviabilizar o acesso à justiça, o legislador fez opção pelo primeiro, facilitando o acesso à justiça. O legislador, em suma, realizou um sopesamento de riscos e fez opção por um deles. No presente, no entanto, a maior complexidade das relações e conflitos sociais exige uma nova postura, que aponta no sentido da necessidade de o Estado cumprir de forma adequada o seu dever de conferir assistência judiciária aos necessitados, como previsto constitucionalmente.

(175) Em regra, o trabalhador não pode pagar para litigar e ainda precisa da satisfação de seu crédito para atender às suas necessidades próprias e familiares, razão pela qual não pode suportar a demora na solução do litígio e na satisfação dos créditos que lhe forem reconhecidos.

O direito de acesso à justiça pode ser encarado como "requisito fundamental — o mais básico dos direitos humanos — de um sistema jurídico moderno e igualitário, que pretenda garantir, e não apenas proclamar, os direitos de todos"[(176)] e este fato não passou despercebido ao direito processual do trabalho.

Richar Claud, citado por Mauro Cappelletti e Bryant Garth, chama a atenção para o fato de que "a efetividade ou proteção processual é apenas outro aspecto do conteúdo do direito".[(177)] Com isto, assegurar o acesso à justiça é assegurar o acesso ao próprio direito.

9.5.3. *Simplificação de formas e procedimentos.*

De nenhuma valia é facilitar o acesso à justiça se as formas e procedimentos atuarem como barreiras instransponíveis à defesa em juízo dos direitos assegurados pela ordem jurídica.

Neste compasso, ao lado de facilitar o acesso à justiça, o direito processual do trabalho adota como princípio fundamental a simplificação de formas e procedimentos, o que contribui para a mais adequada, célere, econômica e efetiva solução do conflito de interesses submetido ao Poder Judiciário.

Quanto mais fácil o acesso aos instrumentos de realização concreta dos direitos e mais simplificado o seu manuseio, maior será a efetividade desses direitos e a possibilidade de participação das partes na definição da sua existência (às partes devem ser asseguradas condições que favoreçam a sua real participação na solução dos conflitos que as envolverem — *participação pelo processo* — e na construção da decisão de tal conflito — *participação no processo*).

Conferindo concretude a essa diretriz, o direito processual do trabalho: a) limita os requisitos da petição inicial, facilitando a apresentação das pretensões das partes em juízo (a comparação dos arts. 282 do CPC, 319 do CPC de 2015 e 840, § 1º, da CLT demonstra que a petição inicial conta, no processo do trabalho, com um número mínimo de requisitos, o que, inclusive, dificulta a extinção do processo sem provimento de mérito em razão da inépcia da petição inicial); b) dispensa a apresentação de rol de testemunhas como requisito para a sua oitiva (simplificação do procedimento probatório[(178)]); c) admite simples manifestação de contrariedade (protesto) contra ato judicial que fere interesse da parte como medida suficiente para evitar a preclusão do direito de questioná-lo (art. 795 da CLT); d) vincula o valor das custas processuais ao valor da causa,[(179)] do acordo ou da condenação (art. 789 da CLT[(180)]); e) promove a unificação dos prazos recursais (art. 6º da Lei n. 5.584/70); e f) adota a notificação/citação inicial postal como regra (art. 841 da CLT).[(181)]

A simplificação de formas e procedimentos permite maior flexibilidade ou elasticidade procedimental, no sentido da adaptabilidade do procedimento às exigências do caso a ser julgado.[(182)] Neste sentido, o juiz está autorizado, por exemplo, a definir a forma mais apropriada para a liquidação de título executivo (art. 879, § 2º, da CLT) e a suspender a audiência, no procedimento sumaríssimo, para permitir que o autor da demanda tenha tempo útil para manifestação sobre os documentos apresentados com a defesa (art. 852-H, § 1º, da CLT), por exemplo.[(183)]

(176) Mauro Cappelletti e Bryant Garth (*Acesso à justiça*, p. 11-12).

(177) *Acesso à justiça*, p. 12.

(178) Que é também traduzido pela não exigência de indicação na petição inicial e, com isso, também na defesa, dos meios de prova de que o autor e o réu se valerão para demonstrar a veracidade dos fatos por eles alegados.

(179) O valor da causa não constitui requisito da petição inicial, mas sendo esta omissa a seu respeito, o juiz, antes de passar à instrução do processo, arbitrará o valor respectivo (art. 2º da Lei n. 5.584/70).

(180) As custas processuais relativas ao processo de conhecimento serão de 2% (dois por cento) do valor da causa, do acordo ou da condenação (art. 789 da CLT), o que facilita o seu cálculo.

(181) No processo judicial eletrônico todas as citações/notificações serão realizadas por meio eletrônico.

(182) À simplificação das formas se contrapõe o formalismo, que consiste em conferir à forma valor em si mesmo, desvinculando-a do fim para o qual foi estabelecida.

(183) É abandonada, com isto, a ideia de procedimento invariável e rígido, em favor do atendimento às particularidades do caso concreto.

Diante desta diretriz e tendo em conta a sua força normativa, do legislador e do juiz é *exigido* que não criem embaraços formais ao acesso à justiça e ao exercício, em juízo, dos direitos processuais, assim como à realização concreta de direito consubstanciado em título executivo.

9.5.4. *Celeridade ou proibição de dilações indevidas na tramitação do processo.*

Em todos os ramos do direito processual, é marcante a preocupação com a rápida solução dos conflitos de interesses submetidos ao Poder Judiciário.

Com o direito processual do trabalho não é diferente.

A natureza humana ou fundamental de vários direitos reconhecidos aos trabalhadores e o caráter alimentar de que geralmente se revestem os créditos a eles correspondentes, *impõem* maior celeridade na solução das lides trabalhistas.

O amplo acesso à justiça e a simplificação de formas e procedimentos *exigem, como seu complemento indispensável*, a rapidez na solução dos conflitos de interesses, como forma de *reduzir o tempo entre a lesão ou ameaça a um direito e a sua tutela*, sendo digno de nota que o CPC de 2015 reconhece, expressamente, o direito das partes de obter em prazo razoável a solução integral do mérito, incluída a atividade satisfativa, o que alcança o direito processual do trabalho, por força do art. 15 do CPC de 2015, do art. 765 da CLT e da garantia constitucional de duração razoável do processo (art. 5º, LXXVIII).

A adoção deste princípio pelo direito processual do trabalho é confirmada pela: a) imposição ao juiz do *dever* de velar pela rápida solução dos dissídios (art. 765 da CLT)[184]; b) fixação de prazo máximo para a realização da audiência no procedimento sumaríssimo (art. 852-B, III, da CLT); c) atribuição ao diretor de secretaria da *obrigação* de promover o rápido andamento dos processos, especialmente na fase de execução (art. 712, *f*, da CLT)[185]; d) autorização ao juiz para indeferir provas excessivas, impertinentes ou protelatórias (art. 852-D da CLT); e) estabelecimento da irrecorribilidade das decisões interlocutórias (art. 893, § 1º, da CLT); f) exigência de depósito do valor da condenação para efeito de interposição de recurso no caso de condenação em pecúnia (art. 899, § 1º, da CLT)[186]; e g) *imposição* da distribuição automática do recurso ordinário no procedimento sumaríssimo, com dispensa de revisor e parecer oral do Ministério Público do Trabalho na sessão de julgamento (art. 895, § 1º, II e III, da CLT), por exemplo.

Por força deste princípio, constitui *dever* dos órgãos da Justiça do Trabalho:

1) adotar as medidas necessárias à identificação e ao combate dos fatores geradores de morosidade na tramitação dos processos (definição dos pontos de estrangulamento do procedimento), observando-se que divergências meramente doutrinárias e acadêmicas devem ser abandonadas, em favor da efetividade da tutela jurisdicional, sem prejuízo da ampla defesa e do contraditório;

2) agir, com rigor, contra os abusos do direito de ação;

3) aplicar medidas de aceleração da solução dos conflitos de interesses consagradas pelo direito processual comum.

4) favorecer o acesso às medidas dispostas para o enfrentamento dos riscos decorrentes da demora na concessão de tutela jurisdicional ao direito deduzido em juízo, dentre elas as medidas de urgência de natureza cautelar, antecipatória ou autossatisfativa.[187]

(184) Do dever imposto ao juiz de velar pela rápida tramitação do processo (art. 765 da CLT), decorre, para as partes, o direito à duração razoável do processo, direito que é hoje reconhecido expressamente pela Constituição Federal, com *status* de direito fundamental (art. 5º, LXXVIII).

(185) Medida que se volta contra os denominados *tempos mortos*, que correspondem aos espaços de tempo em que o processo permanece nos arquivos dos juízos, aguardando providências do juiz, das partes ou dos auxiliares da justiça.

(186) A exigência de depósito recursal reforça a eficácia da decisão de primeira instância, serve de desestímulo ao recurso protelatório, evita a banalização dos recursos e facilita a satisfação do credor no caso de ser a decisão confirmada.

(187) As partes possuem não só o direito "de colocar em movimento o processo, com a demanda, mas também de praticar todos

Desta diretriz resulta, para as partes e para o juiz, o *dever* de não descuidar das causas[188] e das consequências[189] da morosidade da justiça, bem como de procura do instrumental adequado para enfrentá-las, assim como de evitar dilações indevidas na tramitação do processo.

No entanto, o *tempo do processo não pode ser diminuído em prejuízo da qualidade da solução do conflito de interesses*. O processo tem um tempo próprio, que é determinado, principalmente, pelas garantias constitucionais das partes (que não podem ser atropeladas em nome da celeridade), e pela busca de uma justa solução para o conflito de interesses. Assim como é inadmissível um processo com duração que não seja razoável, também não se pode concordar com a ideia de processo instantâneo, isento de preocupações com as garantias das partes e a justa solução do conflito de interesses. O processo deve ser célere (*celeridade*), mas também deve se desenvolver em um tempo razoável (*duração razoável do processo*).[190]

9.5.5. *Conciliação.*

O direito processual do trabalho confere valor especial à solução dos conflitos de interesses submetidos ao Poder Judiciário pelas próprias partes.

Neste sentido, o art. 764, *caput* e § 1º, da CLT dispõe que os dissídios individuais e coletivos submetidos à apreciação da Justiça do Trabalho serão sempre sujeitos à conciliação e estabelece que cumpre aos juízes e tribunais do trabalho empregar os seus bons ofícios e persuasão no sentido de uma *solução conciliatória dos conflitos*.[191] No mesmo compasso, a Lei n. 5.584/70 inclui a conciliação dentre os princípios a serem observados no processo do trabalho (arts. 1º e 2º).

A relevância atribuída à conciliação permite afirmar que ela constitui diretriz fundamental do direito processual do trabalho, que, ao prestigiá-la, estabelece uma verdadeira *justiça conciliativa*, o que implica atribuir às partes e ao juiz o *dever* de colaborar na solução negociada do conflito de interesses, resultando daí a força normativa desta diretriz.

A opção pela conciliação é explicada de várias formas:

1) as partes, tendo vivenciado os fatos de que decorre o conflito de interesses que as envolve, estão em melhores condições de encontrar uma solução que as satisfaça;

2) "as soluções de comum acordo entre as partes são muito mais sólidas, firmes, mais duráveis, mais fecundas do que as soluções impostas pela autoridade (...). Se as partes, entre si, contribuem para forjar uma solução, virão a se sentir mais solidárias com ela, e irão procurar cumpri-la com mais entusiasmo, lealdade e fidelidade ao seu espírito. Buscarão que evolua nos moldes previstos e que alcancem os propósitos perseguidos", como é assinalado por Américo Plá Rodriguez;[192]

---

os atos previstos em lei, considerados idôneos para conseguir o fim que cada sujeito pretende alcançar através do processo, isto é, que seja acolhida a própria demanda" (MICHELI, Gian Antonio. *Derecho procesal civil*, v. I, p. 265).

(188) Elevado número de demandas, estrutura deficitária do Poder Judiciário, limitações próprias do ser humano, juiz e servidores, complexidade crescente das demandas judiciais, irracionalidade do sistema recursal e abuso no exercício do direito de ação (o que conduz ao denominado *assédio processual*, que é traduzido pela reiteração, em um mesmo processo, dos atos que traduzem litigância de má-fé), por exemplo.

(189) Dentre os quais o descrédito nas normas que compõem o ordenamento jurídico e no Poder Judiciário, agravamento da situação litigiosa e o sentimento de impunidade como incentivo para o descumprimento das normas que compõem a ordem jurídica.

(190) A duração razoável do processo está relacionada com o menor espaço de tempo possível entre a ameaça ou lesão do direito e a sua tutela (celeridade no procedimento e adoção de medidas de urgência, por exemplo) e a razoabilidade do tempo de que dispõem as partes para a defesa útil dos seus direitos e, o juiz, para a prática dos atos de sua competência.

(191) A referência, no art. 764 da CLT, a *juízes e tribunais* torna certo que a conciliação deverá ser tentada também nos processos de competência originária dos Tribunais, ao passo que, estando a demanda de competência originária das Varas do Trabalho em segunda instância, as partes podem ser convocadas para participar de audiência de conciliação no Tribunal. A conciliação em segunda instância é expressamente prevista no art. 860 da CLT, no que diz respeito aos conflitos coletivos. O fato de ter sido instaurado dissídio coletivo não impede a celebração de convenção ou acordo coletivo de trabalho, sendo que firmada a convenção ou o acordo coletivo de trabalho, o fato deverá ser comunicado ao Tribunal competente para o julgamento do dissídio, para efeito de extinção do processo (não há homologação da convenção ou acordo, mas apenas extinção do processo em razão da sua celebração).

(192) A solução dos conflitos trabalhistas. In: BUEN, Néstor de (coord.). *A solução dos conflitos trabalhistas*, p. 23.

3) a solução *negociada do conflito de interesses é a mais democrática forma de colocar fim ao processo judicial*, vez que permite a participação das partes na construção de solução cujos efeitos serão por elas suportados;

4) a conciliação atende aos princípios da celeridade e da economia e à necessidade de promover a maior aproximação entre as partes, como exigência da necessária humanização do processo.[193]

Não se pode olvidar, contudo, que a conciliação prestigiada pelo direito processual do trabalho não tem como fundamento único a liberdade das partes.[194]

A conciliação não pode servir à desconstrução do direito do trabalho e, com isto, ao desprestígio da ordem jurídica e do Poder Judiciário, da mesma forma que pode ser utilizada para resolver problemas relacionados com a quantidade de demandas submetidas ao Poder Judiciário, ou seja, *o respeito ao direito do trabalho não pode ser submetido à vontade das partes e à funcionalidade e eficiência da Justiça do Trabalho.*

O prestígio à conciliação não autoriza desconsiderar as disparidades concretas dos demandantes, "que podem influenciar a conciliação de três maneiras. Em primeiro lugar, a parte mais pobre pode ter uma menor capacidade para obter e analisar a informação necessária para prever o resultado do juízo e, portanto, pode resultar desvantagem no processo de negociação. Segundo, a parte menos favorecida em termos econômicos pode necessitar do pagamento imediato dos prejuízos, o qual pode induzi-la a conciliar a fim de acelerar este pagamento, em que pese estar ciente de que uma decisão judicial poderia assegurar-lhe uma soma maior. Embora todos os demandantes desejem o pagamento imediato da indenização, um demandante em situação de indigência pode ser explorado por um demandado endinheirado, na medida em que a necessidade do primeiro é de tal magnitude que o segundo pode forçá-lo a aceitar uma soma menor do valor que obteria mediante um julgamento judicial. Em terceiro lugar, a parte mais pobre poderia se ver forçada a conciliar, por não dispor de recursos necessários para custear o processo, para pagar seus próprios gastos (os honorários de seu advogado, por exemplo) ou para cobrir os gastos que a parte contrária pode a ela impor mediante a manipulação de mecanismos processuais tais como a descoberta de provas".[195]

A conciliação é seriamente prejudicada pelo desequilíbrio de poder entre as partes, entendendo por poder, neste contexto, a titularidade de opções (o empregador, em regra, pode optar entre celebrar ou não o acordo, ao passo que não é raro o trabalhador demandar estando desempregado e necessitando da imediata satisfação de seus créditos para sobreviver),[196] bem como pelo fator tempo (o trabalhador, notadamente o desempregado, sofre maior pressão temporal, diante da natureza alimentar de seu crédito) e pelo nível de informação das partes (o que se dá em especial quando o trabalhador exercita o *jus postulandi*), o que não pode ser desconsiderado.

É afirmado, contra a conciliação judicial, que ela implica renúncia de direitos por parte do trabalhador e constitui resultado de coerção, na medida em que "o acordo não pode ser negociado por quem carece de

(193) Consoante ensinam Gerard Cornu e Jean Foyer, a iniciativa da ação é, para as partes, uma prerrogativa e, a sua extinção, uma liberdade (*Procédure civile*, p. 438).

(194) A celebração de acordo é a finalidade da conciliação, mas as partes não estão obrigadas a celebrá-lo. O caráter obrigatório da conciliação está na sua tentativa e não na celebração de acordo. Prestigiando a conciliação, mas chamando a atenção para os seus limites, prevê o princípio n. 24.1 dos Princípios ALI/UNIDROIT do Processual Civil Transnacional que "o tribunal, respeitando a liberdade das partes de prosseguir o litígio, deverá incentivar o acordo entre elas, quando seja razoavelmente possível". Conforme o princípio n. 24.3 dos Princípios ALI/UNIDROIT do Processual Civil Transnacional, as partes "deverão cooperar com qualquer esforço conciliatório razoável". Apesar da referência que merecem tais princípios em razão do prestígio que conferem à conciliação, não se pode olvidar que eles foram adotados, em 2004, pelo American Law Institute (ALI) e o Instituto Internacional para a Unificação do Direito Privado (UNIDROIT) e têm como metas, de acordo com tais entidades, a harmonização internacional do direito processual, em favor da segurança nas transações comerciais internacionais, e a fixação das bases para o estabelecimento de um direito processual universal. Embora o presente trabalho não comporte o estudo mais aprofundado de tais princípios, cumpre vê-los para além de seus alardeados méritos, posto que a segurança jurídica nas relações comerciais internacionais não justifica soluções que neutralizem o caráter vinculativo das normas vigentes no plano nacional e não podem implicar mero expansionismo de determinado sistema jurídico para efeito de criação de ambiente em que os advogados das grandes corporações, já familiarizados com aquele sistema, fiquem mais à vontade para a defesa de seus clientes fora do seu país de origem. Ademais, as bases para um direito processual universal já foram lançadas pelo Direito Internacional dos Direitos Humanos, que estabelece o que pode ser denominado *mínimo existencial processual*.

(195) FISS, Owen. *El derecho como razón pública*, p. 131-132.

(196) Em uma negociação, quanto maior a margem de manobra do empregador, maior é o seu poder, ao passo que, quanto menor a margem de manobra do trabalhador, maior a sua dependência em relação ao empregador.

autoridade para ele".(197) Contudo, não são raras as situações em que o empregador reconhece todos os créditos do trabalhador e realiza o seu pagamento imediato ou em um prazo razoável, ao passo que não pode ser negada legitimidade ao acordo celebrado em razão do risco que o trabalhador corre na demanda, por força da dificuldade de provar os fatos por ele alegados como fundamento de sua pretensão ou em razão de a jurisprudência e a doutrina serem vacilantes em relação ao direito deduzido, por exemplo.

Tratando do momento em que deverá ser tentada a solução negociada do conflito, estabelecem os arts. 846 e 850 da CLT que o juiz deverá proceder à tentativa de solução conciliada do conflito no início e final da audiência, ao passo que o art. 860 da CLT prevê, ao tratar do dissídio coletivo, a realização de uma audiência de conciliação assim que for recebida e protocolada a representação e desde que esta esteja na devida forma. Nota-se, portanto, que a tentativa de conciliação se converte em objetivo explícito da audiência, no dissídio individual e coletivo, observando-se, ainda, que, conforme os arts. 764, § 3º, e 852-E da CLT, às partes *é lícito celebrar acordo em qualquer fase do processo.*

A conciliação é um processo, isto é, um conjunto de atos coordenados e interligados a um fim, que é a solução negociada do conflito levado ao Poder Judiciário. Estes atos consistem em: a) apresentação de propostas pelas partes;(198) b) diálogo sobre as propostas apresentadas, visando à criação de consenso;(199) c) escolha de uma opção de solução; d) lavratura do acordo celebrado. Este processo deve ser desenvolvido por meio de um diálogo respeitoso, transparente e sincero entre as partes e entre estas e o juiz, sendo, para tanto, indispensável promover a separação entre pessoas e conflitos.

A conciliação pode assumir a feição de transação, isto é, de concessões recíprocas dos litigantes, visando colocar fim ao conflito. Com efeito, transação é o negócio jurídico pelo qual as partes previnem ou resolvem conflitos de interesses mediante concessões recíprocas (art. 840 do Código Civil). A transação judicial envolve um ato de vontade das partes, mas, também a intervenção necessária do juiz, ao qual cabe, se for o caso, homologá-la.(200)

A ausência de tentativa de conciliação implica nulidade do processo, desde que comprovado manifesto prejuízo processual às partes (art. 794 da CLT), o que resulta do caráter normativo da diretriz em destaque.

O juiz não é obrigado a homologar acordo celebrado pelas partes, cumprindo-lhe pugnar pelo respeito à lei e aos direitos indisponíveis dos trabalhadores. Com isso, a recusa à homologação de acordo não é passível de ataque por meio de mandado de segurança (Súmula n. 418 do TST).

A CLT, a par de dispor sobre a conciliação a ser realizada no curso do processo (art. 763 da CLT: *conciliação judicial*), estabelece que, em acordo ou convenção coletiva de trabalho, podem ser estabelecidas normas sobre "a conciliação de divergências surgidas entre os convenientes por motivos da aplicação de

---

(197) FISS, Owen. *El derecho como razón pública*, p. 313.

(198) Sabendo que a conciliação será tentada, devem as partes estabelecer com clareza os seus objetivos (aquilo que pretendem), cientificar-se dos seus riscos (fixação dos motivos para a conciliação), criar e avaliar o maior número possível de alternativas de solução para conflito (definição das soluções aceitáveis e do espaço de manobra). No curso da negociação, devem as partes: assumir uma atitude cooperativa (conciliação implica cooperação e não competição), tratando-se como parceiras na busca da solução que as satisfaça, e atuar com sinceridade e transparência.

(199) A partir das propostas das partes e levando em conta o respeito aos ditames da ordem jurídica, o juiz poderá apresentar proposta de solução (com isto, o juiz enriquece o rol de possibilidades de solução negociada), sendo relevante anotar que melhor acordo é aquele em que as partes não se sentem lesadas (o sentimento de estar sendo lesado e tratado de forma injusta prejudica a credibilidade do Poder Judiciário e da conciliação como meio de solução de conflitos).

(200) O parágrafo único do art. 158 do CPC de 1973 (que corresponde ao parágrafo único do art. 200 do CPC de 2015), ao dispor que a desistência somente produz efeitos depois de homologada, não autoriza afirmar que somente a desistência carece de homologação. Neste sentido, como prevê o art. 129 do CPC de 1973, convencendo-se de que autor e réu se serviram do processo para praticar ato simulado ou conseguir fim proibido em lei, o juiz proferirá decisão que obste aos objetivos das partes (o CPC de 2015 contém disposição similar, apenas acrescentando que, neste caso, o juiz aplicará, de ofício, as penalidades da litigância de má-fé), o que significa que ao juiz é lícito negar eficácia não apenas à transação. Acrescente-se que toda conciliação deve ser homologada (art. 832, § 3º, e 863 da CLT), para que tenha valor de sentença, e não somente aquela que resulta de uma transação e, como foi visto, conciliar não é apenas transacionar. Por isto, inclusive, o CPC de 1973 (art. 475-N, III) fala em homologação de *conciliação ou transação* (o CPC de 2015 alude, no art. 515, II, a decisão homologatória de autocomposição judicial), o que não seria necessário se a conciliação fosse sempre resultado de uma transação. Também em segunda instância, eventual acordo deverá ser homologado pelo órgão do Judiciário responsável pelo julgamento do dissídio (em geral sessão especializada em conflitos coletivos), o mesmo ocorrendo no TST (art. 2º, I, *b*, da Lei n. 7.701/88).

seus dispositivos", autoriza empresas e sindicatos a constituírem Comissão de Conciliação Prévia com a atribuição de tentar conciliar os conflitos individuais do trabalho (art. 652-A),[201] e dispõe que a conciliação pode ser realizada perante os Núcleos Intersindicais de Conciliação Trabalhista, aos quais são aplicáveis as disposições legais relativas às Comissões de Conciliação prévia, desde que observados os princípios da paridade e da negociação coletiva na sua criação (art. 852-H da CLT). Estas são formas de conciliação extrajudicial, que estão na linha do movimento da *Alternative Dispute Resolucion* ou *Resolução Alternativa de Conflitos*, isto é, dos mecanismos não judiciais de solução de conflitos de interesses.

Em se tratando de conflito coletivo, a conciliação é realizada por meio da negociação coletiva, procedimento por meio do qual os trabalhadores, representados pelo sindicato da categoria profissional respectiva, e os empregadores, diretamente ou representados pelo sindicato da respectiva categoria econômica, apresentam as suas reivindicações e propostas, visando à celebração de acordo coletivo de trabalho (ajuste entre sindicato de trabalhadores e uma ou mais empresas — art. 611, § 1º, da CLT) ou de convenção coletiva de trabalho (ajuste entre sindicato ou sindicatos de trabalhadores e de empresas — art. 611, *caput*, da CLT).

Na linha da solução negociada dos conflitos de interesses, o Conselho Nacional de Justiça instituiu, por meio da Resolução n. 125, de 29 de novembro de 2010, a "Política Judiciária Nacional de tratamento adequado dos conflitos de interesses", visando assegurar a todos o direito à solução dos conflitos por meios adequados à natureza e peculiaridade, sendo nela estabelecido, por exemplo, que: a) "aos órgãos judiciários incumbe, além da solução adjudicada mediante sentença, oferecer outros mecanismos de soluções de controvérsias, em especial os chamados meios consensuais, como a mediação e a conciliação, bem assim prestar atendimentos e orientações aos cidadãos" (art. 1º, parágrafo único).

Adotando a mesma postura de incentivo à solução negociada dos conflitos, a Lei Complementar n. 123/06, prevê, no art. 75, que "as microempresas e empresas de pequeno porte deverão ser estimuladas a utilizar os institutos de conciliação prévia, mediação e arbitragem para solução dos seus conflitos", ao passo que o parágrafo único do citado art. 75 dispõe que "serão reconhecidos de pleno direito os acordos celebrados no âmbito das comissões de conciliação prévia". Trata-se, assim, de expresso reconhecimento de que existem alternativas à jurisdição (a solução judicial dos conflitos é uma entre as várias formas de sua solução) e de que a sua utilização deve ser estimulada.

Anote-se que o CPC de 2015 dispõe que o Estado promoverá, sempre que possível, a solução consensual dos conflitos (art. 3º, § 2º) e impõe aos juízes, advogados, defensores públicos e membros do Ministério Público o dever de estimular a conciliação, a mediação e outros métodos de solução consensual dos conflitos (art. 3º, § 3º).

9.5.6. *Facilitação da resolução do mérito e da satisfação do direito consubstanciado em título executivo.*

O papel primordial dos órgãos da Justiça do Trabalho é a tutela dos direitos assegurados pela ordem jurídica e, para cumpri-lo, as normas processuais devem ser interpretadas e aplicadas de forma a facilitar a solução do mérito da demanda e a satisfação do direito reconhecido em decisão judicial ou título executivo extrajudicial.

Daí ser o direito processual do trabalho informado pela condução do processo à resolução do mérito da demanda (processo de conhecimento) e à plena satisfação do direito atribuído em sentença judicial ou título executivo extrajudicial (processo de execução).[202]

(201) As empresas e os sindicatos estão autorizados a constituir comissão de conciliação prévia, com representantes dos empregados e dos empregadores, com a atribuição de tentar conciliar os conflitos individuais de trabalho (art. 625-A da CLT). Aceita a conciliação (isto é, celebrado acordo), será lavrado termo assinado pelo empregado, pelo empregador ou seu preposto e pelos membros da comissão (art. 625-F da CLT), que constitui título executivo extrajudicial e terá eficácia liberatória geral, salvo quanto às parcelas expressamente ressalvadas (art. 625-F, parágrafo único, da CLT).

(202) Esta diretriz do direito processual do trabalho é expressamente consagrada no CPC de 2015, que dispõe: "As partes têm direito de obter em prazo razoável a solução integral do mérito, inclusive a atividade satisfativa" (art. 4º); ao juiz incumbe "determinar o suprimento de pressupostos processuais e o saneamento de outros vícios processuais" (art. 139, IX); "Antes de proferir decisão sem resolução de mérito, o juiz deverá conceder à parte oportunidade para, se possível, corrigir o vício que

A adoção desta diretriz é confirmada, por exemplo, pela:

1) limitação do número de requisitos da petição inicial, sendo exigido do autor, em relação à causa de pedir, apenas um breve relato dos fatos de que resulta o dissídio;

2) disciplina que a CLT conferiu às nulidades, sendo nela estabelecido que: *só* haverá nulidade quando resultar dos atos inquinados manifesto prejuízo às partes (art. 794); as nulidades *não serão* declaradas senão mediante provocação das partes, salvo quando decorra de incompetência de foro (art. 795, *caput* e § 1º); a nulidade *não será* pronunciada quando for possível suprir-se a falta ou repetir-se o ato (art. 796, *a*); a nulidade de um ato *não prejudicará* senão os atos posteriores que dele dependam ou que sejam consequência (art. 798). A restrição à anulação de atos processuais atua em favor da solução do mérito da demanda e da satisfação dos direitos do credor.

Desta diretriz decorre, para o juiz, o *dever* de não dificultar o julgamento do mérito da demanda ou a satisfação do credor na execução e de adotar medidas voltadas à sua facilitação, o que implica, para as partes, o *direito* a que não sejam criados obstáculos ao julgamento do mérito ou à satisfação do seu crédito.

9.5.7. *Livre indagação da verdade.*

O direito objetivo, ao se colocar diante dos fatos sociais,[(203)] lhes atribui consequências jurídicas,[(204)] que podem significar a constituição, o impedimento à constituição e a extinção ou modificação de direitos subjetivos.

Destarte, o direito objetivo estabelece uma relação de criação entre fatos e direitos subjetivos: dos fatos nascem, por força do direito objetivo, os direitos subjetivos.[(205)]

Neste contexto, é lícito afirmar que o direito objetivo se realiza nos fatos que disciplina e são estes fatos que, por força do direito objetivo, fazem surgir direitos subjetivos.

Assim, quem requer em juízo a confirmação ou negativa da existência de um direito deve informar ao juiz os fatos que fundamentam a sua pretensão. Por esta razão, na fase processual destinada ao estabelecimento das pretensões das partes (fase postulatória) do autor da demanda é exigida a indicação dos fatos que lhes servem de fundamento (art. 282, III, do CPC de 1973, art. 319 do CPC de 2015 e art. 840, § 1º, da CLT) e do réu a exposição, na contestação, das razões de fato com que impugna o pedido do autor (art. 300 do CPC de 1973 e art. 336 do CPC de 2015). Trata-se do denominado *ônus da alegação ou da fundamentação*,[(206)] do qual decorre que às partes do processo judicial cumpre alegar os fatos nos quais baseiam as suas pretensões.

Contudo, a ocorrência do fato alegado por uma das partes pode ser negada pela parte contrária, o que faz surgir no processo uma *questão de fato*.

A questão de fato surge com a dúvida sobre a ocorrência do fato alegado pela parte como fundamento da sua pretensão e deverá ser resolvida na decisão. A solução das questões de fatos se dá por meio da prova, a ser colhida na fase de instrução processual.

---

conduziria àquela decisão" (art. 317).

(203) Quando se fala em direito objetivo, tem-se em mente o direito interno, regional, internacional e universal, por força do art. 5º, § 2º, da Constituição, lembrando-se que, como adverte J. J. Gomes Canotilho, verdadeiro Estado de Direito é aquele "Estado que respeita e cumpre os direitos do homem consagrados nos grandes pactos internacionais (...), nas grandes declarações internacionais (...) e noutras grandes convenções de direito internacional" (O ônus da prova na jurisdição da liberdade. In: *Estudos sobre direitos fundamentais*, p. 233).

(204) Miguel Reale afirma que "toda norma jurídica assinala uma tomada de posição perante os fatos em função tensional de valores (...). Nenhuma norma surge *ex nihilo*, mas pressupõe sempre uma tomada de posição perante fatos sociais, tendo-se em vista a realização de determinadores valores" (*Teoria tridimensional do direito*, p. 96 e 101).

(205) Ao conferir consequência jurídica aos fatos sociais, as normas jurídicas lhes atribuem a condição de fatos jurídicos, isto é, de acontecimentos de que decorrem consequências jurídicas. Fatos jurídicos, como observa Manuel Galdino da Paixão Júnior, são "fatos da vida que se tornam jurídicos porque o direito passa a regulamentar a ocorrência deles" (*Teoria geral do processo*, p. 244).

(206) Fundamentar é esclarecer a razão de algo.

Na fase de instrução, dá-se a reconstrução dos fatos controversos (reconstrução da cena fática criada pelas alegações das partes), com o objetivo de solucionar o conflito de interesses submetido ao Poder Judiciário(207) e permitir a definição dos direitos e das obrigações dos litigantes. A dúvida sobre a veracidade dos fatos alegados pelas partes é, portanto, resolvida com base em *provas*.

Em suma, na fase de instrução, as partes deverão demonstrar a ocorrência dos fatos que trazem o direito deduzido à vida ou que impedem seu nascimento, o extinguem ou o modificam. Neste sentido, pode ser dito que *as provas constituem verdadeiros instrumentos de luta pelo direito*.

Definidos, na sentença, quais dentre os fatos alegados são considerados verdadeiros, o juiz procederá à sua crítica à luz das regras e dos princípios que compõem a ordem jurídica, para definir os direitos e as obrigações das partes.

Nesse contexto, pode ser dito que, por meio da prova, o direito subjetivo deixa a existência abstrata (atribuição pela norma jurídica) e passa à condição de realidade concreta. Daí a relevância da prova.

Desse modo, no processo os fatos são alegados, provados e valorados juridicamente. Com isso, avançando para um pouco além do que é afirmado por Jeremias Benthan, no sentido de que "a arte do processo não é essencialmente outra coisa que a arte de administrar provas",(208) afirma-se que *a arte do processo consiste na alegação, na prova e na valoração jurídica de fatos*.

O direito subjetivo, como é esclarecido por Piero Calamandrei, nasce em dois momentos distintos, "primeiro em abstrato, como lei, e depois em concreto, como sentença que aplica esta lei".(209) Isso equivale a dizer que o direito nasce com o seu reconhecimento pela ordem jurídica (tutela jurídica do direito), mas, quando for questionada em juízo a sua existência, nasce com a sua confirmação pelos órgãos jurisdicionais (*tutela jurisdicional do direito*).(210)

Em suma, é a prova que permite, a um só tempo, realizar concretamente o direito subjetivo e conferir efetividade ao direito objetivo.

Por tudo isto e considerando que quanto maior o número de fontes de informações sobre os fatos controversos e relevantes para a solução do caso concreto maior a possibilidade de alcançar a verdade e a justiça, o direito processual do trabalho adota como diretriz fundamental a livre indagação da verdade, *assegurando às partes* ampla liberdade em matéria de prova.

De outro lado, como a justa solução dos conflitos e a realização concreta do direito assegurado pela ordem jurídica também interessam à sociedade, ao juiz é também conferida *ampla liberdade* para determinar as diligências necessárias ao esclarecimento dos fatos relevantes para a solução do conflito de interesses (arts. 765 e 852-D da CLT).

Em razão da ampla liberdade da prova assegurada às partes e ao juiz em matéria probatória, o direito processual do trabalho simplifica o procedimento probatório(211) e dispõe que a testemunha suspeita deverá ser ouvida como informante (art. 829 da CLT).

A diretriz em questão demonstra uma clara definição do papel do processo (realizar concretamente o direito assegurado pela ordem jurídica) e da relação do juiz com o direito (o juiz não pode ser indiferente *à alegação de* desrespeito à ordem jurídica(212)).

---

(207) Interesse, como é assinalado por Vicente de Paula Maciel Júnior, é a "manifestação de um sujeito em face de um bem" (*Teoria das ações coletivas*, p. 152).

(208) *Tratado de las pruebas judiciales*, p. 4.

(209) CALAMANDREI, Piero. Proceso y justicia. In: *Studi sul processo civile*, p. 15.

(210) A tutela jurídica de um direito, isto é, o seu reconhecimento pela ordem jurídica, é o ponto de partida para a sua realização concreta, no caso de sua não observância espontânea.

(211) O procedimento probatório é simplificado, por exemplo, com a dispensa de indicação na petição inicial das provas com que o autor pretende demonstrar a verdade dos fatos alegados (arts. 840 e 845 da CLT) e de apresentação de rol prévio como requisito para a oitiva de testemunhas (art. 845 da CLT), ao passo que o amplo acesso à prova decorre, por exemplo, do pagamento dos honorários periciais pela União, no caso de o trabalhador vencido no objeto da perícia ser beneficiado pela justiça gratuita (art. 790-B, da CLT).

(212) Lembre-se que, para a *doutrina procedimentalista*, o juiz tem como função única dirigir o procedimento probatório, para fazer respeitar o devido processo legal, o contraditório e a ampla defesa, sendo a ele vedado determinar a produção de provas, solução que não é prestigiada pelo direito processual do trabalho.

9.5.8. *Justiça do processo e das decisões.*

A justiça é um valor jurídico fundamental, lembrando-se que valores são "critérios intelectuais com base nos quais julgamos condutas e objetos", sendo estes critérios fundados, por sua vez, em experiências humanas concretas, como assinala Antonio Enrique Pérez Luño.(213)

A justiça, no contexto do direito processual do trabalho, diz respeito ao processo (*processo justo*) e à decisão nele construída (*decisão justa*).

O processo deve ser justo e conduzir a uma decisão justa, como autorizam afirmar o art. 5º, XXXV, XXXVII, LIV, LV, LVI e LX, e o art. 93, IX, da Constituição, que estabelecem um *modelo constitucional de processo*, e o art. 3º, I, também da Constituição, que inclui a construção de uma sociedade justa entre os objetivos da República, o que exige justiça na disciplina das relações sociais (*ordem jurídica justa*) e na solução dos conflitos de interesses nela surgidos (*justiça das decisões judiciais*). Estes dispositivos constitucionais impedem que se negue lugar à justiça no contexto do processo judicial, ou dito de outra forma, que seja negada a possibilidade de falar em processo justo ou em decisão justa, visto que colocam a justiça como vetor da ordem jurídica, do processo e da decisão a ser nele construída.

Adotando a diretriz em destaque, dispõe o art. 852-I, § 1º, da CLT, que o juiz deve adotar "em cada caso a decisão que reputar mais justa e equânime, atendendo aos fins sociais da lei e às exigências do bem comum". Também consagra esta diretriz o art. 12, § 1º, da Lei n. 12.392/2011, segundo o qual a decisão que julgar dissídio coletivo deve traduzir, em seu conjunto, a *justa composição do conflito* de interesses das partes e ser adequada aos interesses da coletividade.

Como aduz Jesús González Pérez, "o direito à tutela jurisdicional é o direito de toda pessoa a que se lhe faça justiça",(214) o que implica justiça no processo e na decisão nele produzida.(215)

O CPC de 2015 adotou idêntica postura, estabelecendo que "todos os sujeitos do processo devem cooperar entre si para que se obtenha, em tempo razoável, decisão de mérito justa e efetiva" (art. 6º).

Michele Taruffo afirma que "a dificuldade extrema de reconduzir a justiça da decisão a qualquer critério de justiça substancial induziu a não poucos teóricos do Direito e do processo a renunciar a tal empresa (...). Terminou-se por localizar *no processo* a condição necessária e suficiente para a justiça da decisão. No pressuposto de que não se pode falar de *justiça substancial* da decisão, alguns propõem a noção de justiça procedimental como único critério de valoração. Assim, resultaria justa a decisão que deriva de um 'processo justo'".(216)

O processo justo é uma *condição necessária* para a justiça na decisão judicial, posto que, como adverte Aroldo Plínio Gonçalves, "se a justiça não se apresentar no processo não poderá se apresentar, também, na sentença",(217) mas não é uma *condição suficiente* para que a justiça da decisão seja alcançada.

Contudo, o que significa um processo justo?

Michele Taruffo assevera que existem pelos menos duas noções diferentes de justo processo. Processo justo, para a primeira delas, é aquele em que "são postas em prática todas as garantias processuais fundamentais, e, em particular, aquelas que concernem às partes", enquanto que, para a segunda, "o processo é justo se arquitetado de modo que, além de assegurar que se ponham em prática as garantias, faça com que nele se obtenham decisões justas".(218) Examinando estas duas concepções, afirma esse doutrinador que a

(213) *Teoría del derecho:* una concepción de la experiencia jurídica, p. 213-220.

(214) *El derecho a la tutela jurisdicional*, p. 27.

(215) Quando se fala em decisão justa não se está referindo ao *sentimento de justiça do juiz*. O justo que se persegue no processo é aquele definido a partir das particularidades do caso concreto, dos argumentos e provas constantes dos autos e da sua análise crítica à luz das regras e princípios constitutivos do direito e não o justo que apenas satisfaça um sentimento do juiz. Não se pode olvidar, a propósito, que, como assinala Tomás de Aquino, "é próprio à justiça ordenar o homem no que diz respeito a outrem" (*Suma teológica*, v. 6, p. 46).

(216) Ideas para uma teoría de la decisión justa. In: *Proceso y decisión:* lecciones mexicanas de derecho procesal, p. 233-244.

(217) *Técnica processual e teoria do processo*, p. 107.

(218) *Uma simples verdade:* o juiz e a construção dos fatos, p. 141.

primeira delas "tem a característica de não levar em consideração a natureza e a qualidade da decisão que encerra o procedimento. O processo, por conseguinte, é justo se e desde que seja correto o procedimento em que se articula; o que diz respeito à decisão é, sob esse prisma, irrelevante", ao passo que, em relação à segunda concepção, é por ele afirmado que "dificilmente se poderia considerar justo um processo sistematicamente orientado a produzir decisões injustas, ou para o qual fosse irrelevante que a decisão fosse injusta. Para prevenir tal eventualidade não é suficiente que o processo articule-se em um procedimento correto sob o prisma das garantias. Não vale em verdade, o argumento meramente retórico e conceitualmente circular segundo o qual seriam justas por definição as decisões derivadas desse procedimento".(219)

Michele Taruffo também assevera que "não é possível provocar um colapso à razão e reduzir a justiça da decisão à correção do procedimento de que essa deriva. Se assim fosse, encontrar-nos-íamos mais uma vez diante de uma concepção meramente procedural da justiça, para a qual não teria qualquer valor a qualidade da decisão final. O conceito de decisão justa (...) implica, pelo contrário, que a decisão seja tomada em consideração a si mesma, distinguindo-a do procedimento do qual represente o resultado e a valoração segundo um critério autônomo, independente daquele empregado para a valoração da justiça do procedimento. Em outros termos, a justiça da decisão não deriva exclusivamente da correção do procedimento e nessa não se exaure, dependendo, porém, da subsistência de condições específicas. Essas condições podem ser divididas em três: a) que a decisão seja, com efeito, o resultado de um processo justo, visto que dificilmente se poderia aceitar como justa uma decisão produzida em um processo em que tenham sido violadas garantias fundamentais; b) que tenha sido corretamente interpretada e aplicada a norma utilizada como critério de decisão, visto que não se pode considerar justa uma decisão que (...) não tenha sido tomada em conformidade ao direito, em homenagem ao princípio da legalidade; c) que essa se funde em uma apuração verdadeira dos fatos da causa, visto que (...) nenhuma decisão é justa se se fundar em fatos equivocados".(220)

Esse doutrinador afirma que a aceitação da justiça procedimental como parâmetro *único* para definir a justiça da decisão exige decidir "se estamos dispostos a considerar que a justiça de uma decisão judicial não tem nada a ver com a verificação dos fatos, nem com as provas, nem com a aplicação das normas de Direito substancial".(221)

O processo justo é aquele ao qual se tem acesso fácil(222) e que se desenvolve, também de forma simplificada, publicamente, perante juiz previamente apontado como competente, independente e imparcial, em que seja respeitado o direito das partes ao pleno exercício, com liberdade e em simétrica paridade,(223) do contraditório e da ampla defesa e que seja informado pela finalidade de, em tempo razoável e sem dilações indevidas, com o menor dispêndio econômico possível e de forma fundamentada, concretizar o direito atribuído e garantido pelas normas constitutivas do ordenamento jurídico democraticamente instituído.(224)

(219) *Uma simples verdade:* o juiz e a construção dos fatos, p. 141.

(220) *Uma simples verdade:* o juiz e a construção dos fatos, p. 141-142.

(221) La justicia em el procedimiento. In: *Proceso y decisión:* lecciones mexicanas de derecho procesal, p. 201-224. Vale lembrar a lição de Mauro Cappelletti e Bryant Garth, no sentido de que a expressão acesso à justiça "serve para determinar duas finalidades básicas do sistema jurídico — o sistema pela qual as pessoas podem reivindicar seus direitos e/ou resolver seus litígios sob os auspícios do Estado. Primeiro, o sistema deve ser igualmente acessível a todos; segundo, ele deve produzir resultados que sejam individual e socialmente justos" (*Acesso à justiça*, p. 8). A exigência de que se alcancem resultados justos não permite afirmar que o processo é legitimado apenas pelo seu resultado (*legitimação pelo resultado*), não sendo eticamente sustentável que os fins justificam os meios.

(222) É justo que todos tenham condições de perseguir em juízo a confirmação e satisfação de seus direitos.

(223) Às partes é assegurada liberdade e igual oportunidade para manifestar e fazer valer as suas razões, isto é, liberdade e igualdade no plano da argumentação e da prova. Cumprindo sejam respeitados no seu exercício, no entanto, o devido processo legal, do qual decorrem limites que dizem respeito à prova (que deve ser necessária e útil) e aos prazos (os atos processuais devem ser praticados com observância dos prazos assinalados para a sua prática), apenas para citar alguns exemplos. A igualdade das partes exige do juiz um agir equidistante, no sentido da valorização dos argumentos e provas apresentados por ambas as partes.

(224) Giussepe Tarzia aduz que o processo, para ser justo, deve, antes de tudo, "ser *adequado aos escopos para os quais é destinado*, segundo o *princípio da proporcionalidade*, e não produza efeitos nem insuficientes nem exorbitantes", premissa a partir da qual elenca as garantias do processo justo, quais sejam, a imparcialidade e a terceiridade do juiz, o direito de acesso ao tribunal e o direito de ação, a garantia do juiz natural, o princípio do contraditório, o direito de defesa, a paridade das armas entre as partes, a publicidade em juízo, a garantia da motivação e a duração razoável do processo (*Lineamenti del processo civile di cognizione*, p. 6-15). Nicolò Trocker considera justo o processo "que se desenvolve com respeito aos parâmetros fixados pela

O processo justo não é um fim em si mesmo, mas instrumento para a realização da justiça na solução do conflito de interesses submetido ao Poder Judiciário e pacificação social. O processo não pode, portanto, ser palco para o simples exercício da capacidade de argumentação jurídica,[225] ao passo que o sucesso da parte não pode significar a ruína da ordem jurídica democraticamente instituída. Em uma verdadeira democracia, o direito não é expressão do melhor argumento jurídico, mas fruto da vontade do povo.

Por isso, as partes e o juiz devem pautar a sua conduta pela busca de uma decisão que seja justa, o que não implica renúncia das partes aos seus interesses, mas, como adverte André Comte-Sponville, a sua submissão à justiça,[226] em favor do respeito à ordem jurídica democraticamente instituída,[227] da concretização do Estado Democrático de Direito e da paz.

Destarte, o processo deve ser justo e permitir que seja produzida uma decisão individual e socialmente justa.[228]

O confronto de argumentos e provas tem papel central no processo, mas o processo não se reduz a esse confronto, visto ter por finalidade a justa solução do conflito de interesses, segundo os ditames da ordem jurídica democraticamente instituída. A construção democrática do direito no caso concreto não é um valor em si mesmo, mas serve à concretização dos direitos assegurados pela ordem jurídica. A decisão é legitimada pelo procedimento (que deve ser democrático) e pelo seu conteúdo (coerência com as regras e princípios constitutivos da ordem jurídica e com a realidade fática). A decisão judicial não é legitimada pelo simples fato de corresponder a um ato de autoridade, mas a legitimação deve ser procedimental e material. Do contrário (prevalecendo apenas a legitimação procedimental), corre-se o risco da *desconstrução supostamente democrática da ordem jurídica democraticamente instituída*, com prejuízo à democracia e ao Estado de Direito.

O fato de se exigir justiça na decisão não implica atribuir superpoderes ao juiz. Para a decisão justa, como assinala Owen Fiss, "não é necessário atribuir aos juízes a sabedoria de reis filósofos. A capacidade dos tribunais para dar significado aos valores públicos não se fundamenta em alguma classe de habilidade moral — da qual carecem por completo — mas no processo que opera como limite ao exercício de seus poderes. Uma característica é o diálogo que os juízes estão obrigados a empreender: devem escutar todas as pretensões, ouvir um amplo espectro de interesses, responder e assumir responsabilidade individual pela decisão que adotem. Além disto, o juiz deve ser independente frente aos desejos e preferências dos grupos políticos e das partes participantes do processo. A competência do Judiciário e, por fim, sua legitimidade, dependem do diálogo e da independência, e não da vontade das pessoas de consentir com um resultado específico".[229]

Consoante Michele Taruffo, "não existe um único critério idôneo, que possa constituir o ponto de referência para as valorações atinentes à justiça da decisão judicial. Pelo contrário, parece necessário referir-se a

---

norma constitucional e pelos valores compartilhados pela coletividade. E tal é o processo que se desenvolve diante de um juiz imparcial no contraditório de todos os interessados em um tempo razoável" (Il nuovo articolo 111 dela costituzione e il 'giusto processo' in matéria civile: profili generali. *Rivista Trimestrale di Diritto e Procedura Civile*, ano LV, n. 2, p. 386, jun. 2001). Luigi Paolo Comoglio afirma que constituem o núcleo essencial do processo justo e équo: "1) no sentido puramente 'formal', todos (...) devem ter livre e paritário acesso a qualquer órgão jurisdicional, para invocar a tutela dos próprios direitos ou interesses legitimamente reconhecidos pelo ordenamento; 2) em sentido 'substancial', quaisquer processos ou procedimentos jurisdicionais, nos quais todas as partes envolvidas gozem de iguais direitos de ação e defesa, no pleno e efetivo contraditório entre elas, devem ser tecnicamente idôneos a (...) a exprimir decisões individual e socialmente justas" (*Etica e técnica del 'giusto processo'*, p. 15). O art. 111 da Constituição Italiana, após dispor que a jurisdição é atuada mediante o *justo processo* regulado pela lei, aponta os requisitos de um processo justo: processo desenvolvido em contraditório entre as partes, em condições de paridade, e diante de um juiz equidistante em relação aos interesses em conflito e independente.

(225) A argumentação visa obter, por meio do discurso, a adesão a uma tese ou o convencimento alheio.

(226) *Pequeno tratado das grandes virtudes*, p. 78.

(227) O respeito à ordem jurídica não é dispensado pelo fato de ter sido observado o processo justo na solução do conflito de interesses (do contrário, haveria o retorno à ideia segundo a qual é válido o que for criado com respeito às suas normas de criação). A regra do caso concreto não é legítima pelo simples fato de resultar de um processo justo.

(228) Contraditório, ampla defesa, publicidade, competência, independência e imparcialidade do juiz e motivação das decisões judiciais são instrumentos da justiça.

(229) *El derecho como razón pública*, p. 84

um conjunto de três critérios: somente a partir da sua combinação poderá resultar um esquema de valoração que permita determinar, se a decisão é justa, e também quando o é (...). Os três critérios a que se alude são os seguintes: a) a correção da eleição e da interpretação da regra jurídica aplicável ao caso; b) comprovação confiável dos fatos relevantes do caso; e, c) emprego de procedimento válido e justo para chegar à decisão".[230]

A decisão será justa quando, de forma fundamentada, atribuir às partes aquilo e exatamente aquilo que lhes asseguram as regras e os princípios constitutivos do ordenamento jurídico,[231] nem mais (excesso) nem menos (insuficiência),[232] respeitadas, ainda, as seguintes condições: 1) *congruência*: respeito às pretensões das partes;[233] 2) *clareza* e *precisão*: a decisão não deve gerar incertezas, mas definir, de forma clara a precisa, os direitos e as obrigações dos litigantes;[234] 3) *consistência*: a decisão não deve apresentar contradições;[235] 4) *exaustividade* ou *completude*: as questões relevantes para a decisão da causa devem ser enfrentadas e decididas;[236] 5) *coerência normativa*: harmonia com as normas (regras e princípios) que compõem o ordenamento jurídico;[237] 6) *coerência narrativa*: adstrição aos fatos, circunstâncias e provas constantes dos autos;[238] 7) *coerência com o caso concreto*: a decisão deve respeitar e traduzir as particularidades do caso concreto.[239]

Da diretriz em exame decorrem o *dever* de o juiz proferir decisão justa, o *dever* das partes de colaborar para a produção de uma decisão justa e o *direito* das partes à decisão justa. O CPC de 2015 adotou esta mesma postura, como se vê do seu art. 6º ("Todos os sujeitos do processo devem cooperar entre si para que se obtenha, em tempo razoável, decisão de mérito justa"), o que não era previsto no CPC de 1973 (a CLT já conta com a previsão já referida desde a implantação do procedimento sumaríssimo, ocorrido por meio da Lei n. 9.957/00).

Da diretriz em destaque resulta que a recusa da *concepção estética do processo*, no sentido de processo como arte do debate e do consenso, assim como da ideia segundo a qual ao juiz cumpre, apenas, fazer respeitar a formação democrática do direito no caso concreto, com total indiferença quanto ao respeito à ordem jurídica.

Advirta-se que, assim como ocorre com a verdade, a justiça não será alcançada se as partes e o juiz a ela renunciarem previamente. A jurisdição, a ação e o processo têm por objetivo último o restabelecimento da paz nas relações sociais, por meio da justa solução dos conflitos de interesses delas oriundos. A paz efetiva somente é alcançada por meio da justiça no processo e na solução do litígio, posto que "a paz é fruto da justiça".[240]

---

(230) Ideas para una teoría de la decisión justa. In: *Proceso y decisión:* lecciones mexicanas de derecho procesal, p. 233-244.

(231) A decisão é orientada e limitada pela ordem jurídica. O respeito à ordem jurídica assegura a previsibilidade das decisões judiciais e a estabilidade nas relações sociais. O divórcio entre a decisão judicial e a ordem jurídica conduz ao *relativismo* (prevalência de interesses circunstanciais, em prejuízo dos interesses constitucional ou legalmente protegidos) e ao *decisionismo* (adoção de decisões baseadas em argumentos subjetivos), com irremediável prejuízo à segurança jurídica e ao caráter referencial da ordem jurídica. *A ordem jurídica constitui a medida da decisão judicial justa.*

(232) Aristóteles ensina que "a justiça está relacionada identicamente com o injusto, que é excesso e falta (...). No ato injusto, ter muito pouco é ser tratado injustamente, e ter demais é agir injustamente" (*Ética a Nicômaco*, p. 101). Daí a necessidade de que a decisão confira às partes (a decisão deve ser justa para ambas as partes) aquilo e exatamente aquilo que lhes assegura a ordem jurídica, nem mais, nem menos. Decisão justa é aquela que confere "a cada um o que é seu" (AQUINO, Tomás de. *Suma teológica, v. 6*, p. 74).

(233) É o que o decorre do art. 832 da CLT.

(234) Por força desta exigência, a parte pode opor embargos de declaração, no caso de a decisão apresentar obscuridade (art. 897-A da CLT, art. 535, I, do CPC de 1973 e art. 1022, I, do CPC de 2015).

(235) Em razão desta exigência, a parte pode opor embargos de declaração, na hipótese de a decisão ser contraditória (art. 897-A da CLT e art. 535, I, do CPC art. 1022, I, do CPC de 2015). Aplica-se, aqui, o *princípio da não contradição.*

(236) Daí ser possível à parte interpor embargos de declaração, no caso de omissão sobre questão relevante para a decisão do litígio (art. 897-A da CLT, art. 535, II, do CPC e art. 1022, II, do CPC de 2015).

(237) Esta afirmação é autorizada pelo fato de ser permitido às partes, por exemplo, aforar recurso de revista fundado em violação da lei federal ou afronta à Constituição (art. 896 do CLT).

(238) O juiz apreciará livremente a prova, mas deve ater-se aos fatos e circunstâncias constantes dos autos (art. 131 do CPC de 1973 e art. 371 do CPC de 2015).

(239) É o que autorizam afirmar os arts. 852-I, § 1º, da CLT, 131 do CPC de 1973 e 371 do CPC de 2015.

(240) Tema da campanha da fraternidade de 2009.

9.5.9. *Gestão processual. Convenções processuais.*

A CLT atribui ao juiz o *poder/dever* de gestão processual, dispondo, neste sentido, que o juiz deve: velar pelo rápido andamento do processo (art. 765); definir o alcance da declaração de nulidade de ato processual (art. 797); estabelecer, quando se tratar de decisão que acolha a pretensão da parte, o prazo e as condições para o seu cumprimento (art. 832, § 1º); determinar as provas a serem produzidas, considerando o ônus probatório de cada litigante, e limitar ou excluir provas excessivas, impertinentes ou protelatórias (art. 852-D).

Também aponta neste sentido a exigência, constante do art. 852-I, § 1º, da CLT, do respeito à equidade, no sentido de conformar as decisões judiciais, inclusive relacionadas com o procedimento, à realidade do caso concreto, não podendo ser olvidado que as normas jurídicas, apesar de editadas em determinado contexto histórico, operam para o futuro, devendo, portanto, ser adaptadas à realidade social no momento de sua concreta aplicação. De outro lado, é pelo respeito ao caso concreto que a norma estabelece a sua conexão com a realidade, da qual o julgador não pode se distanciar, por força da autorização para que julgue segundo máximas de experiência — art. 852-D da CLT, por exemplo.[241]

Ao gerir o processo, ao juiz é lícito, respeitando os princípios da ampla defesa e do contraditório, adotar procedimento que atenda à necessidade de mais adequada, justa, tempestiva, econômica, simplificada e efetiva solução da lide, ou seja, a ele é conferida liberdade para realizar a *flexibilização procedimental, adaptando o procedimento às exigências da causa.* É o que se tem, por exemplo, no art. 852-H, § 1º, da CLT, que autoriza o juiz, no procedimento sumaríssimo, a conceder vista de documentos fora de audiência, quando tal medida se faça necessária, bem como no art. 879, § 2º, da CLT, do qual resulta que o juiz definirá a forma do processamento da liquidação da sentença.

No exercício do seu poder/dever de gestão, ao juiz compre assegurar às partes igualdade de tratamento,[242] prevenir ou reprimir qualquer ato contrário à dignidade da justiça e tentar, a qualquer tempo, conciliar as partes.

O poder/dever de gestão processual é preconizado pelo princípio n. 14.1 dos Princípios ALI/UNIDROIT do Processo Civil Transnacional, segundo o qual "o tribunal deverá conduzir o procedimento ativamente, exercendo sua liberdade de atuação para lograr a solução do litígio de maneira justa, eficiente e com rapidez razoável", sendo importante ressaltar, ainda, o princípio n. 11.2 dos citados Princípios, no sentido de que, "na medida em que seja razoavelmente possível, o tribunal deverá conduzir o procedimento consultando as partes" (*gestão participada do processo*).

A CLT se insere, portanto, no contexto do denominado *gerenciamento ou gestão processual,* em razão do qual, de acordo com Érico Andrade, "o juiz assume o papel de gerente do processo para organizar e conduzir a marcha processual, mediante sua adaptação à complexidade da causa: o juiz, de acordo com as

(241) Gustav Radbruch aduz que, segundo Aristóteles, "justiça e equidade não são valores distintos, mas caminhos diferentes para alcançar o valor uno do direito. A justiça vê o caso singular do ponto de vista da norma geral; a equidade busca no caso singular a sua própria lei (...). A equidade é a justiça do caso singular" (*Filosofia do direito*, p. 51). Para Gustav Radbruch, a justiça constitui a "ideia específica do direito", mas o direito nela não se esgota, visto que, "por duas razões, a justiça mostrou-se insuficiente para poder derivar de si, sob o ponto de vista do conteúdo, preceitos jurídicos determinados: a justiça ordena, certamente, tratar aos iguais como iguais, aos desiguais de modo diferente, segundo a medida de desigualdade, mas deixa em aberto ambos os problemas: quem deve ser considerado como igual ou desigual e de que maneira devem ser tratados? A justiça determina tão somente a forma do jurídico. Para se alcançar o conteúdo do direito, deve-ser acrescentar um segundo conceito: a adequação para um fim (...). Quando se coloca o problema dos fins do direito (...), a resposta (...) só pode ser alcançada pela convicção sobre qual o valor (...) a cujo serviço seja o direito destinado e adequado (...). Ao lado da justiça surge como segundo elemento da ideia de direito a *utilidade* ou adequação a um fim (...). O direito enquanto ordenação da vida em comum não pode ficar abandonado às diferenças de opiniões dos indivíduos, pois é necessário haver *uma* ordem acima de tudo e todos. Com isso, apresenta-se uma terceira exigência do direito (...), um terceiro elemento da ideia do direito: a *segurança jurídica.* Esta exige positividade do direito: se não se pode *identificar* o que é justo, então é necessário *estabelecer* o que deve ser jurídico, e de uma posição que esteja em condições de fazer *cumprir* aquilo que foi *estabelecido.* (*Op. cit.*, p. 77-78 e 108).

(242) O que implica possibilidade de alertar as partes da conveniência do patrocínio por advogado, quando a causa o recomendar (aplicação do art. 9º, § 2º, da Lei n. 9.099/95). O ideal é que, contando uma das partes com a assistência de advogado, à outra seja assegurada a assistência judiciária, como ocorre no juizado especial estadual civil (art. 9º, § 1º, da Lei n. 9.099/95).

características de determinado processo, vai realizar a condução da marcha procedimental num contexto em que a atuação judicial possa observar a relação custo/benefício de cada situação litigiosa, a fim de que cada causa mereça atenção de acordo com suas necessidades concretas, para que haja a melhor distribuição possível de recursos judiciais entre todos os processos em curso perante a jurisdição".[243]

Para Érico Andrade, "a gestão ou gerenciamento, ou o assim chamado *case management*, importa na enucleação de três importantes instrumentos para sua concretização: (a) flexibilização processual, com mudança na estruturação dos procedimentos judiciais; (b) criação do calendário do processo; (c) 'contratualização' do processo", sendo por ele esclarecido em relação a cada um destes instrumentos que:

a) *flexibilização procedimental*: o procedimento é definido mediante análise prévia do processo concreto, "para apurar o grau de complexidade do feito, bem como a necessidade de instrução probatória, ou seja, qual o tipo de prova que é necessário produzir no processo para esclarecimento dos fatos. É propriamente a maior ou menor complexidade do litígio que comanda a orientação procedimental", além do que "no curso do processo, se a causa se complicar ou se simplificar, ou seja, se se apurar que o circuito adotado não é adequado, o sistema processual deve permitir a instituição de pontes de passagem de um procedimento a outro (...), a fim de que o procedimento possa ser reorientado para o circuito ou procedimento adequado, sem que tudo tenha de voltar ao começo", e exige "que se deixe de lado a concepção estática de procedimento judicial, previsto abstratamente na lei, e se passe para uma concepção dinâmica do procedimento, a fim de permitir o melhor gerenciamento do processo pelo juiz";

b) *calendário processual*: "cada causa deve receber tratamento individualizado, dentro dos circuitos processuais previstos, de forma flexível, na legislação processual. Com isso, o juiz deve, sob medida, regular os prazos para a prática de atos processuais de determinado processo, atento à natureza de cada causa, ao grau de urgência e à sua complexidade. Com base nestes dados, o juiz, em conjunto com os advogados das partes, fixa o calendário do processo, em que se preveem as datas para prática dos atos processuais de instrução e troca de peças de defesa, bem como da própria decisão (...) o calendário é fixado em cada processo de acordo com as peculiaridades da causa concretamente considerada (...). O calendário (...) é de grande importância como instrumento de gestão processual e para oferecer às partes a previsão inicial da duração do processo (...). O calendário não é fixado unilateralmente pelo juiz, mas com a participação negocial das partes, estabelecendo-se verdadeiro contrato de procedimento. Com isso, permite-se um clima de maior cooperação entre partes e juízo, além de se introduzir a prática negocial ou os acordos procedimentais";[244]

c) *contratualização do processo*: "surge no direito francês a 'contratualização' do processo, de modo a permitir ajustes entre partes e juiz a respeito da forma de condução do processo e fixação dos termos do seu desenvolvimento. Parte-se, nitidamente, para a efetivação do clima de cooperação entre partes e juiz, para a gestão processual (...). Preconiza-se, modernamente, a possibilidade de partes e juiz, em clima de cooperação, ajustarem acordo de natureza nitidamente processual a respeito da condução do processo e do momento da prática de determinados atos processuais (...). Todo esse quadro leva, ao menos em tese, à maior eficácia da ação pública, com a possibilidade de melhor aceitação das decisões judiciais, em razão da abertura democrática que se produz no Judiciário, tornando a justiça mais 'cidadã' e enquadrando a função judiciária no novo modelo de Estado que se desenha neste início de século XXI: o Estado mediador. Ademais, a partir do clima consensual também se combate um dos males modernos do processo, os recursos. Como o ajustamento de pontos importantes no processo se dá por meio de consenso, as partes tendem a não apresentar recursos

(243) As novas perspectivas do gerenciamento e da 'contratualização' do processo. *Revista de Processo*, ano 36, v. 193, p. 167-199, mar. 2011. Note-se que os arts. 765 e 769 da CLT já permitem ao juiz este gerenciamento do processo, para atender à necessidade de assegurar a efetividade do direito do trabalho.

(244) A possibilidade de as partes participarem da definição do calendário processual reforça a sua responsabilidade pela duração razoável do processo. Note-se que o CPC de 2015 estabelece que "todos os sujeitos do processo devem cooperar entre si para que se obtenha, em tempo razoável, decisão de mérito justa e efetiva" (art. 6º), o que implica o reconhecimento, expresso, do dever de cooperação de todos os sujeitos do processo, na medida em que são responsáveis pela decisão justa e efetiva.

contra decisões proferidas em tal contexto (...). O contrato de procedimento coloca, então, a lógica contratual ou negocial (= consensual) no âmbito judicial, modificando a forma de relacionamento entre partes/advogados e juiz, que se afasta do esquema vertical impositivo e passa a ser horizontal, dando lugar a situações procedimentais acordadas, em concreto, num determinado processo, entre partes e juiz".(245)

A gestão do processo impõe ao juiz o dever de interpretar e aplicar as normas no sentido de favorecer o acesso à justiça e ao direito assegurado pela ordem jurídica e respeitar e fazer respeitar o processo justo, na perspectiva da eficiência processual, que, de acordo com Guilherme Guimarães Ludwig, "direciona os órgãos do Poder Judiciário a potencializar, pela via interpretativa e aplicativa, na melhor medida possível de acordo com as circunstâncias fáticas e jurídicas, os procedimentos e técnicas idôneas a obter a solução ótima à consecução do pleno acesso à justiça e a concretização de direitos fundamentais".(246)

Cumpre tecer alguns comentários, ainda que breves, sobre a contratualização do processo consagrada pelo CPC de 2015, por meio da autorização para a celebração de *convenções processuais*.

Antes, porém, cumpre esclarecer que o CPC de 1973 e também a CLT já permitem, embora em termos limitados, a celebração de convenções processuais.

Neste sentido, o CPC de 1973 autoriza as partes a celebrar convenção processual para: reduzir ou prorrogar prazos dilatórios (art. 181); suspender o processo (art. 265, II); adiar audiência designada (art. 453, I); distribuir o ônus da prova (art. 333, parágrafo único).

Já a CLT autoriza as partes a celebrar convenção processual relacionada com as custas processuais (art. 789, § 3º), ou seja, a definir, por meio de convenção, a responsabilidade pelo pagamento das custas, no caso de celebração de acordo.

Acrescente-se que são admitidas convenções que, embora firmadas extrajudicialmente, têm reflexos no processo, como se dá com a eleição de foro (art. 111 do CPC de 1973) e a convenção visando à instauração de dissídio coletivo de natureza econômica (art. 114, § 2º, da Constituição — trata-se de dispositivo de constitucionalidade discutível, mas cuja inconstitucionalidade ainda não foi declarada pelo STF, o que será objeto de análise no Capítulo reservado ao exame do dissídio coletivo).

O CPC de 2015 conferiu amplitude considerável ao poder das partes para celebrar convenções processuais.

De acordo com o art. 190 do CPC de 2015, "versando o processo sobre direitos que admitem autocomposição, é lícito às partes plenamente capazes estipular mudanças no procedimento para ajustá-los às especificidades da causa e convencionar sobre os seus ônus, poderes, faculdades e deveres processuais, antes ou durante o processo". Consoante o parágrafo único do art. 190 do CPC de 2015, "de ofício ou a requerimento, o juiz controlará a validade das convenções previstas neste artigo, recusando-lhe aplicação somente nos casos de nulidade ou de inserção abusiva em contrato de adesão ou em alguma parte se encontre em manifesta situação de vulnerabilidade".

Trata-se, assim, de autorização para a celebração de convenção processual: a) para ajustar o procedimento às especificidades da causa (*hipótese de flexibilização do procedimento*); b) tendo por objeto ônus, direitos, poderes, faculdades e deveres processuais das partes.

A possibilidade de convenção foi *limitada*, porém, aos processos que versem sobre direitos que admitam autocomposição, ao passo que ao juiz compete, de ofício ou a requerimento, realizar o *controle da validade da convenção*, recusando aplicação nos casos de nulidade, de inserção abusiva em contrato de adesão ou em que alguma se encontre em manifesta situação de vulnerabilidade (a convenção, para ser válida, carece, portanto, de homologação judicial).

---

(245) As novas perspectivas do gerenciamento e da 'contratualização' do processo. *Revista de Processo*, ano 36, v. 193, p. 167-199, mar. 2011.

(246) *Processo trabalhista eficiente*, p. 153.

O art. 190 do CPC de 2015 deve ser interpretado em sintonia com o art. 139, segundo o qual o juiz deverá velar pela duração razoável do processo, prevenir ou reprimir qualquer ato contrário à dignidade da justiça e indeferir postulações (mesmo que apresentadas por ambas as partes) protelatórias, com o art. 142, que impõe ao juiz o dever de, convencendo-se, pelas circunstâncias, de que autor e réu se serviram do processo para praticar ato simulado ou conseguir fim vedado por lei, proferir decisão que impeça os objetivos das partes, e, ainda, com o art. 373, § 2º, do qual resulta que não pode ser acatada convenção processual que gere, para qualquer das partes, situação que torne impossível ou excessivamente difícil o cumprimento de ônus ou dever ou o exercício de direito, poder ou faculdade.

Como os direitos decorrentes da relação de emprego admitem autocomposição, como demonstra a ênfase que o direito processual do trabalho confere à conciliação, a princípio, também no processo do trabalho as partes, desde que plenamente capazes, podem celebrar convenção processual estipulando mudanças no procedimento para ajustá-lo às especificidades da causa ou versando sobre seus ônus, poderes, faculdades e deveres processuais. No entanto, como a situação do trabalhador, notadamente desempregado, é de manifesta vulnerabilidade, raramente haverá espaço para a convenção processual nos moldes do art. 190 do CPC de 2015, salvo quando dela resultar favorecimento da defesa dos direitos do trabalhador em juízo.[247]

Em relação ao calendário processual, dispõe o art. 191 do CPC de 2015 que, "*de comum acordo*, o juiz e as partes podem fixar calendário para a prática de atos processuais, quando for o caso", observando-se que "o calendário vincula as partes e o juiz, e os prazos nele previstos somente serão modificados em casos excepcionais, devidamente justificados" (art. 191, § 1º) e que "dispensa-se a intimação das partes para prática de atos processuais ou a realização de audiências cujas datas tiverem sido designadas no calendário" (art. 191, § 2º).

A hipótese é de verdadeira *convenção processual envolvendo as partes e o juiz*, tendo por objeto a fixação de prazos para a prática de atos processuais, que também encontra respaldo no direito processual do trabalho, em especial quando se trate de assegurar, sem prejuízo do contraditório, a rápida solução do mérito ou satisfação do credor. No entanto, também ao estabelecer, em comum acordo com as partes, o calendário processual, o juiz não pode descuidar da situação de manifesta vulnerabilidade do trabalhador, em especial daquele desempregado.

O CPC de 2015 também autoriza as partes a apresentarem ao juiz, para homologação, delimitação consensual das questões de fato sobre as quais recairá a atividade probatória, especificando os meios de prova admitidos, e delimitação das questões de direito relevantes para a decisão do mérito (art. 357, § 2º). De acordo com o art. 357, § 2º, a convenção das partes, se homologada, vincula as partes e o juiz. Assim, as partes podem celebrar convenção processual definindo o *objeto da prova*, os *meios de prova* a serem utilizados, bem como as *questões de direito relevantes para a decisão de mérito*.

Contudo, o art. 357, § 2º, do CPC de 2015 não obriga o juiz a homologar a convenção e nem poderia fazê-lo, seja porque ao juiz, segundo o mesmo CPC, no exercício da gestão processual, cabe determinar as provas necessárias para o julgamento do mérito (art. 370), bem como indeferir, de forma fundamentada, as diligências inúteis ou meramente protelatórias (art. 370, parágrafo primeiro), seja porque o juiz não pode ter a sua atuação limitada a ponto de as partes estabelecerem, *sem possibilidade de sua intervenção*, quais são as questões de direito relevantes para a decisão do mérito. Em tese, trata-se de convenção compatível com o

(247) Não se pode olvidar que o trabalhador depende da celebração do contrato e de sua manutenção para ter acesso aos bens necessários ao atendimento das suas necessidades próprias e familiares, assim como depende da satisfação dos seus créditos, após a rescisão do contrato, para atender a estas mesmas necessidades, o que o torna vulnerável e limita, de forma considerável, a possibilidade de celebração de convenções processuais no processo do trabalho, sendo digno de nota que a contratualização do processo se insere no contexto da *contratualização das relações sociais*, que se sustenta na afirmação de que a vontade das partes é, sempre, o instrumento mais adequado para definir a melhor forma de solução dos conflitos sociais, processo do qual não escapa o próprio direito material do trabalho (lembre-se, a propósito, das várias tentativas de estabelecer a *prevalência do negociado sobre o legislado*). A liberdade frente ao Estado (legislador) não significa liberdade frente ao particular (parte adversa ou empregador) e pode conduzir a um verdadeiro *contrato de submissão*. Neste contexto, as convenções processuais devem ser acolhidas no processo do trabalho se e somente se resultarem na melhoria da condição processual do trabalhador.

processo do trabalho, com a ressalva de que a sua aceitação pressupõe que as partes estejam, concretamente, em condições de definir, de forma segura, o objeto da prova, os meios de prova pertinentes e as questões de direito realmente relevantes para a decisão do mérito, estando a convenção condicionada, ainda, à simetria de informações entre as partes.

Por fim, o art. 471, *caput*, autoriza as partes a, de comum acordo, *escolher o perito*, indicando-o mediante requerimento, *desde que sejam plenamente capazes e a causa possa ser resolvida por autocomposição*, sendo previsto, no art. 471, § 3º, que a *perícia consensual* substituirá, para todos os efeitos, a que seria realizada por perito nomeado pelo juiz (*perícia judicial*).

A escolha do perito mediante consenso das partes já é uma realidade na prática forense. Escolhido o perito pelas partes e sendo ele nomeado para a realização da perícia, não há necessidade de outra perícia, levada a efeito por perito nomeado pelo juiz, o que, no entanto, não significa que o juiz não possa, visando ao esclarecimento dos fatos da causa, em especial quando houver discordância das partes com o laudo apresentado pelos peritos por elas escolhidos, nomear perito de sua confiança para repetir a perícia, observando-se, inclusive, que o art. 480 do CPC de 2015 autoriza o juiz a determinar, de ofício ou a requerimento, a realização de nova perícia, quando a matéria não estiver suficientemente esclarecida. De qualquer forma, existindo nos autos duas perícias, não há prevalência de uma sobre a outra, como deixa claro o art. 480, § 3º, do CPC.

Cumpre mencionar que o CPC de 2015 estabelece, ainda, a *gestão material do processo*, quando dispõe que o juiz, antes de promover a extinção do processo sem provimento de mérito, determine, se possível, a correção do vício respectivo (art. 317) e o suprimento de pressupostos processuais e saneamento de outros vícios processuais (art. 139, IX), o que constitui corolário do dever de colaboração a fim de que seja alcançada a decisão do mérito (art. 6º), o que está em sintonia com o processo do trabalho, que adota como diretriz a facilitação do julgamento do mérito e da satisfação do credor, na execução.

Cumpre registar que a Instrução Normativa n. 39/2016 do TST estabelece, no art. 2º, II, não ser aplicável no processo do trabalho o art. 190 do CPC de 2015, que trata da negociação processual.

9.5.10. *Prioridade da tutela específica sobre a tutela pelo equivalente monetário.*

A tutela jurisdicional de um direito pode assumir duas formas: a) a satisfação do direito tal como assegurado pela ordem jurídica. Trata-se da denominada *tutela específica*, em razão da qual é assegurado o gozo do direito *in natura;* b) a satisfação do direito por meio da compensação financeira pelo seu não gozo *in natura*.

O direito, em especial o de caráter humano ou fundamental, deve ser gozado *in natura* e não pode deixar de sê-lo pela ausência de meios judiciais que permitam a sua adequada satisfação, o que se impõe à observância do juiz, que tem, assim, o *dever de atuação no sentido da concessão de tutela específica aos direitos reconhecidos pela ordem jurídica*.

Aludido princípio realça a importância da tutela inibitória (o juiz deve agir para inibir o ilícito e não apenas para reparar os danos que dele decorram[(248)]) e da tutela de urgência (diante de uma situação de perigo, cumpre sejam adotadas medidas suficientes e adequadas para garantia do gozo do direito tal como assegurado pelo ordenamento jurídico).

O princípio em destaque é confirmado pela autorização para a concessão de medida liminar nas reclamações trabalhistas que visam tornar sem efeito transferência ou à reintegração de dirigente sindical afastado, suspenso ou dispensado (art. 659, IX e X, da CLT), o que significa superação do dogma da impossibilidade de execução respaldada em cognição sumária ou da correlação necessária entre execução forçada e condenação.

---

(248) Vale lembrar, por exemplo, que a Constituição assegura aos trabalhadores, com caráter preferencial em relação à tutela reparatória de danos, o direito à prevenção contra acidentes de trabalho, o que traduz e impõe a valorização da tutela inibitória (art. 7º, XXII e XXVIII).

Em razão desta diretriz: a) a obrigação somente se converterá em perdas e danos se o autor o requerer ou se impossível a tutela específica (aplicação do art. 461, § 1º, do CPC de 1973 e do art. 499 do CPC de 2015); b) ao juiz cumpre, para efetivação da tutela específica, determinar, de ofício ou a requerimento, as medidas necessárias, tais como a imposição de multa por tempo de atraso, busca e apreensão e impedimento de obra nociva (aplicação do art. 461, § 5º, do CPC de 1973 e art. 536, § 1º, do CPC de 2015).(249)

O princípio em questão torna compatíveis com o direito processual do trabalho os arts. 497 a 501 do CPC de 2015, o que é reconhecido pela Instrução Normativa n. 39/2016 (art. 3º, XI).

9.5.11. *Máxima eficácia das decisões judiciais.*

Conferir tutela a um direito não se resume à afirmação formal de sua existência.

Tutelar um direito é reconhecer a sua existência e realizá-lo concretamente, assegurando o seu gozo efetivo.

O que a parte persegue em juízo e a ela deve ser assegurado, quando tenha razão na sua pretensão, não é uma decisão que confirme a existência do direito deduzido, mas a realização concreta do seu direito. Nesse contexto, a tutela jurisdicional será efetiva quando e somente quando o direito assegurado pela ordem jurídica e reconhecido na decisão judicial for plenamente satisfeito.

Como assinala Piero Calamandrei, "a defesa do direito que o Estado realiza através da jurisdição não se esgota nos raciocínios do juiz; a forma de que estes possam tornar-se realidade, é necessário que, por trás da balança do julgador, vigie a espada do executor".(250) Destarte, a tutela jurisdicional de um direito exige que o juiz exerça a sua função considerando as suas duas dimensões, quais sejam, dizer o direito (*jurisdictio*) e impor a sua observância (*imperium*).

Nesse compasso, ao trânsito em julgado da decisão judicial deve se seguir a sua imediata execução, em especial quando se tratar de direito de natureza humana ou fundamental e cuja satisfação tenha estreita relação com a sobrevivência do trabalhador e sua família. O mínimo necessário a uma vida digna estabelecido pelo direito do trabalho deve ser realizado por obra do Estado de forma completa e não apenas pelo seu reconhecimento formal em uma norma jurídica ou decisão judicial.(251)

Daí adotar o direito processual do trabalho como diretriz fundamental a imperatividade da execução de decisão que contempla créditos decorrentes da relação de emprego, com a atribuição aos órgãos da Justiça do Trabalho do poder/dever para, de ofício, promover a execução das suas decisões e impulsionar o processo no sentido da satisfação do direito nelas reconhecido (art. 878 da CLT).(252)

O juiz tem o poder/dever de promover a execução, ou seja, de a ela dar início e de praticar e ordenar que sejam realizados todos os atos necessários para satisfazer o direito reconhecido no título executivo.

---

(249) Consoante decidiu a SDI-I do TST: "De acordo com recentes julgamentos proferidos por esta Subseção Especializada, não há óbice à aplicação de multa diária com o objetivo de compelir o empregador a anotar a CTPS do trabalhador, ainda que o art. 39, § 1º, da CLT estabeleça que, na eventual recusa, tal procedimento possa ser realizado pela Secretaria da Vara do Trabalho. É evidente que a posterior anotação da CTPS pela Secretaria causará embaraços ao trabalhador, dificultando seu futuro acesso ao mercado de trabalho, circunstância que torna inadmissível a recusa do empregador em cumprir a determinação judicial. A imposição de multa diária em face da recusa do empregador de cumprir sua obrigação de anotar a CTPS, no prazo fixado pela sentença, tem fundamento no princípio da proteção ao hipossuficiente no direito constitucional ao trabalho, que reclama máxima efetividade. Nesse contexto, conclui-se constituir a anotação da CTPS pela Secretaria da Vara uma exceção à determinação constante do art. 29 da CLT, não podendo ser interpretada como regra de substituição da obrigação de fazer imposta ao empregador" (TST, SDI-I, E-ED-RR 1987500-94.2006.5.09.0028, Rel. Min. Augusto César Leite de Carvalho).

(250) *Direito processual civil*, v. I, p. 137.

(251) O processo de conhecimento persegue a confirmação da existência do direito afirmado pela parte. Esta confirmação, contudo, nem sempre é suficiente à efetiva satisfação do direito. A satisfação do direito é o que se persegue no processo de execução, que tem na certeza do direito (apurada na fase de conhecimento), o seu ponto de partida. O processo de conhecimento é, em relação à concretização do direito assegurado pela ordem jurídica, complementado pelo processo de execução.

(252) O que também alcança as contribuições previdenciárias, cujo recolhimento interessa ao trabalhador e à própria sociedade (art. 114, VIII, da Constituição).

Ao atribuir ao juiz o poder/dever de promover a execução, a CLT aponta no sentido de que a parte tem direito não apenas à confirmação do direito por ela deduzido, mas também à sua satisfação. A parte tem, em suma, o *direito à tutela jurisdicional plena*, ou seja, aquela por meio da qual o direito é reconhecido e feito valer concretamente pelo Poder Judiciário. Não se pode olvidar que, ao tutelar o direito subjetivo, o juiz tutela o próprio ordenamento jurídico, reafirmando a sua autoridade.(253)

Nota-se, aqui, uma relevante diferença entre o direito processual civil e o direito processual do trabalho, posto que, enquanto neste a execução pode ser promovida de ofício, naquele, apesar de o cumprimento da sentença ser mera fase do processo de conhecimento, o juiz somente pode dar início a esta fase mediante provocação da parte (mesmo sendo a hipótese de mera fase processual, o direito processual civil continua ligado à ideia de inércia da jurisdição, informada, por sua vez, pela ideia de disponibilidade absoluta dos direitos pelo seu titular, o que faz com que se tenha a execução como faculdade do credor, e da concepção da função jurisdicional como sendo direcionada à declaração do direito).(254)

Em razão desta diretriz e considerando que a decisão que não possa ser imediatamente executada carece de eficácia concreta, no direito processual do trabalho os recursos têm, em regra, efeito apenas devolutivo (art. 899 da CLT) e é exigida, no caso de condenação em pecúnia, nos dissídios individuais, a prévia garantia do juízo para a interposição de recurso (art. 899, § 1º, da CLT).

Ganha relevo no processo do trabalho, por força da diretriz em exame, a *formação progressiva da coisa julgada*, que permite a execução definitiva da parte da sentença que não tenha sido impugnada por meio de recurso.(255)

9.5.12. *Despersonalização das obrigações decorrentes da relação de emprego.*

Atribuído ao trabalhador um crédito decorrente da relação de emprego, cumpre fixar a responsabilidade pela sua satisfação.

Dos arts. 2º e 3º da CLT resulta que cabe ao empregador a obrigação de satisfazer os créditos que da relação de emprego resultam para o trabalhador, na condição de contratante e de tomador dos seus serviços.

Nem sempre, contudo, o empregador é o único beneficiário dos serviços prestados pelo trabalhador.

Para a hipótese de pluralidade de beneficiários dos serviços prestados pelo trabalhador, os arts. 2º, § 2º, 10, 448 e 455 da CLT, art. 3º da Lei n. 2.757/56 e o art. 16 da Lei n. 6.019/74 estabelecem a *despersonalização das obrigações decorrentes da relação de emprego*, da qual decorre que *respondem pelos créditos do trabalhador todos os beneficiados pelos seus serviços*.

Com efeito:

a) o art. 2º, § 2º, da CLT estabelece que, "sempre que uma ou mais empresas, tendo, embora, cada uma delas, personalidade jurídica própria, estiverem sob a direção, controle ou administração de outra, constituindo grupo industrial, comercial ou de qualquer outra atividade econômica, serão, para os efeitos da relação de emprego, solidariamente responsáveis a empresa principal e cada uma das subordinadas." Destarte, as empresas que compõem o grupo econômico da empresa empregadora respondem, solidariamente, pela satisfação dos créditos de seus empregados;

b) os arts. 10 e 448 da CLT, que disciplinam a sucessão trabalhista, dispõem, respectivamente, que "qualquer alteração na estrutura jurídica da empresa não afetará os direitos adquiridos por seus empregados" e que "a mudança na propriedade ou estrutura jurídica da empresa não afetará os

(253) Ao atribuir ao juiz o poder/dever de promover a execução de ofício, o direito processual do trabalho procura diminuir o lapso temporal entre o início do processo e a satisfação do direito reconhecido na decisão judicial e, com isso, entre a lesão do direito e a sua tutela.

(254) Ao requerimento do credor faz alusão o art. 475-J do CPC de 1973 no seu *caput* e em seus §§ 3º e 5º. A exigência de requerimento do credor é repetida no art. 523 do CPC de 2015.

(255) A pluralidade de pedidos é uma constante no processo do trabalho, o que faz com que a sentença seja composta por capítulos, ou seja, por decisões sobre pedidos autônomos, podendo a coisa julgada formar-se em relação a cada um deles em momentos distintos, como é reconhecido, inclusive, no item II da Súmula n. 100 do TST.

contratos de trabalho dos respectivos empregados". Desta feita, sucessor e sucedido respondem pelos créditos dos empregados do sucedido;

c) o art. 455 da CLT prevê que, "nos contratos de subempreitada responderá o subempreiteiro pelas obrigações derivadas do contrato de trabalho que celebrar, cabendo, todavia, aos empregados, o direito de reclamação contra o empreiteiro principal pelo inadimplemento daquelas obrigações por parte do primeiro". O empreiteiro principal, nos contratos de subempreitada, responderá pelos créditos dos empregados do subempreiteiro;

d) o art. 3º da Lei n. 2.757/56, tratando dos créditos dos empregados de condomínios residenciais, dispõe que os condôminos responderão, proporcionalmente, pelas obrigações previstas nas leis trabalhistas, inclusive as judiciais e extrajudiciais;

e) o art. 16 da Lei n. 6.019/74 atribui ao tomador dos serviços a responsabilidade pela satisfação dos créditos dos empregados da empresa de trabalho temporário no caso de sua falência, isto é, quando o seu patrimônio não seja suficiente para suportar as suas obrigações trabalhistas.

O princípio que se infere dos arts. 2º, § 2º, 10, 448 e 455 da CLT, do art. 3º da Lei n. 2.757/56 e do art. 16 da Lei n. 6.019/74 permite, por exemplo, atribuir ao tomador dos serviços na terceirização a obrigação de satisfazer os créditos dos empregados das empresas responsáveis pela sua execução, solução consagrada, inclusive, na Súmula n. 331 do TST.

Cumpre lembrar, ainda, da possibilidade de atribuição de responsabilidade: ao sócio, pelos débitos trabalhistas da sociedade, tema que é examinado no Capítulo reservado à execução; aos membros de consórcio de empregadores, pelas obrigações trabalhistas do consórcio (os membros do consórcio podem contar com os serviços dos seus empregados, mas também respondem pela satisfação dos seus créditos, tratando-se a hipótese, portanto, de solidariedade ativa e passiva — art. 25-A da Lei n. 10.256/01); aos municípios, no caso de desmembramento de município (Orientação Jurisprudencial n. 92 da SDI-I do TST).

9.5.13. *Supremacia do interesse público sobre o privado ou da sociabilidade.*

No processo judicial, coexistem o interesse privado de cada das partes a uma decisão favorável à sua pretensão e o interesse público em que o processo conduza à realização concreta do direito assegurado pela ordem jurídica.

O interesse público na realização concreta do direito assegurado pela ordem jurídica tem supremacia sobre o interesse das partes, no sentido de que, respeitando o direito de cada parte de aduzir pretensões,[256] e produzir provas, com liberdade, em simétrica paridade e em contraditório, deve ser prestigiada a solução que esteja em sintonia com as regras e princípios constitutivos da ordem jurídica.

Neste sentido, o art. 850, parágrafo único, da CLT impõe a adoção de decisão que atenda ao cumprimento da lei e ao interesse social, ao passo que o art. 852-I, § 1º, também da CLT, alude à necessidade de serem atendidos na decisão do litígio aos fins sociais da lei e as exigências do bem comum, demonstrando que o processo serve ao direito e não às partes e ao juiz.

9.5.14. *Tutela jurisdicional normativa.*

O Poder Judiciário tem por função a solução de conflitos de interesses e, em regra, resolve os conflitos de interesses fazendo incidir as normas jurídicas criadas pelos vários centros de produção normativa sobre um determinado contexto fático.

Neste compasso, a decisão judicial apenas confirma a obrigatoriedade da norma preexistente.

(256) A argumentação é, no processo, uma operação intelectual que persegue a adesão a uma tese ou o convencimento alheio.

Contudo, uma das fontes do direito do trabalho é negociação coletiva, isto é, a negociação que tem lugar, como prevê a Convenção n. 154 da OIT, "entre um empregador, um grupo de empregadores ou uma ou mais organização de empregadores, de um lado, e uma ou mais organizações de trabalhadores, de outro, para: a) estabelecer termos e condições de trabalho e/ou; b) regular as relações entre empregadores e trabalhadores e/ou; c) regular as relações entre empregadores ou suas organizações e as organizações dos trabalhadores".

A negociação coletiva é, inclusive, o meio preferencial para a solução de conflitos coletivos de interesses, como decorre do art. 114, §§ 1º e 2º, da Constituição.

A solução do conflito coletivo por meio da negociação coletiva pode resultar na celebração de convenção coletiva de trabalho (art. 611 da CLT[257]) ou acordo coletivo de trabalho (art. 611, § 1º, da CLT[258]), que são acordos de caráter normativo, isto é, que estipulam condições de trabalho aplicáveis, obrigatoriamente, às relações individuais de trabalho. Os acordos e as convenções coletivas de trabalho substituem o contrato de trabalho na determinação das condições de trabalho e, com isto, promovem a uniformização das condições de trabalho no contexto de determinada categoria profissional.

Não sendo alcançado êxito na negociação coletiva e não recorrendo as partes à arbitragem, o conflito pode ser submetido ao Poder Judiciário. Com efeito, conforme dispõem o art. 114, e §§ 1º e 2º, da Carta Magna, havendo recusa de qualquer das partes à negociação coletiva ou à arbitragem, a elas é facultado, de comum acordo, ajuizar dissídio coletivo de natureza econômica (dissídio coletivo voltado ao estabelecimento de normas e condições de trabalho).

Submetido o conflito coletivo ao Poder Judiciário, a este caberá solucioná-lo, estabelecendo condições de trabalho a serem observadas no âmbito da representação dos demandantes, tendo a sua decisão caráter normativo (mesmo caráter que possuem o acordo coletivo e a convenção coletiva).

A Constituição Federal confere à Justiça do Trabalho, assim, *poder normativo* (poder para decidir dissídio coletivo de natureza econômica e estabelecer, com força normativa, condições de trabalho, superando o impasse resultante da ausência de solução do conflito coletivo de interesses pelas próprias partes). O reconhecimento de poder normativo à Justiça do Trabalho é uma espécie de delegação legislativa, sendo atribuído à Justiça do Trabalho o poder para criar o direito, no que comporta aos dissídios coletivos de natureza econômica.

Ao dispor que a Justiça do Trabalho *decidirá* o conflito, a Constituição permite afirmar que, ao julgar o dissídio, o Tribunal estabelecerá condições de trabalho com caráter vinculante. A Constituição admite, portanto, a formação judicial do direito, no que comporta aos conflitos coletivos do trabalho.

O poder normativo pode ser considerado em *sentido forte*, para significar o poder para definir condições de trabalho (poder para criação do direito) e em *sentido fraco*, como poder para afirmar a obrigatoriedade de determinadas condições de trabalho. O art. 114, § 2º, da Constituição optou, em relação aos conflitos coletivos, pelo poder normativo em sentido forte.

Em suma, considerando que, ao lado dos conflitos individuais, existem conflitos de natureza coletiva e, ainda, a necessidade de a eles dar solução, o direito processual do trabalho admite a tutela jurisdicional com força normativa (*tutela jurisdicional normativa*), isto é, que se manifesta na forma de criação de normas de observância obrigatória, como decorre do art. 114, §§ 1º e 2º, cuja natureza processual é inegável, na medida em que dispõe sobre a competência da Justiça do Trabalho, e dos arts. 856 a 871 da CLT, que também atribuem poder normativo à Justiça do Trabalho.

Esta diretriz informa, em suma, que a Justiça do Trabalho atua fazendo valer o direito às condições de trabalho previamente estabelecidas ou criando novas condições de trabalho.

---

(257) "Convenção Coletiva de Trabalho é o acordo de caráter normativo pelo qual dois ou mais sindicatos representativos de categorias econômicas e profissionais estipulam condições de trabalho aplicáveis, no âmbito das respectivas representações, às relações individuais de trabalho."

(258) "É facultado aos sindicatos representativos de categorias profissionais celebrar Acordos Coletivos com uma ou mais empresas da correspondente categoria econômica, que estipulem condições de trabalho, aplicáveis no âmbito da empresa ou das empresas acordantes às respectivas relações de trabalho."

9.5.15. *Proibição de retrocesso social e progressividade.*

A Constituição reconhece aos trabalhadores um catálogo de direitos, aos quais atribui, expressamente, o caráter de direitos fundamentais, o que implica estabelecer um patamar incondicional e irrestringível de direitos, que está fora do alcance de ulterior reforma constitucional (o art. 7º contém *cláusula pétrea*, alcançada pela vedação constante do art. 60, § 4º, IV, da Constituição), do legislador ordinário (supremacia da Constituição e limitação da autonomia do legislador) e da negociação coletiva (supremacia da Constituição e limitação da autonomia privada coletiva).

Trata-se, então, de verdadeira *vedação de retrocesso*.

A propósito da proibição de retrocesso, observa Gomes Canotilho que "os direitos sociais e econômicos (ex.: direito dos trabalhadores...), uma vez obtido um determinado grau de realização, passam a constituir, simultaneamente, uma garantia institucional e um direito subjetivo (...). O núcleo essencial dos direitos sociais já realizado e efectivado através de medidas legislativas (...) deve considerar-se constitucionalmente garantido, sendo inconstitucionais quaisquer medidas estaduais que, sem a criação de outros esquemas alternativos ou compensatórios, se traduzam, na prática, numa 'anulação', 'revogação' ou 'aniquilação' pura e simples desse núcleo essencial (...). A liberdade de conformação do legislador e inerente autorreversibilidade têm como limite o núcleo essencial já realizado, sobretudo quando o núcleo essencial se conduz à garantia do mínimo de existência condigna inerente ao respeito pela dignidade humana".[259]

De outro lado, o art. 7º, *caput*, da Constituição, ao estabelecer que os direitos nele reconhecidos não excluem outros que visem à melhoria da condição social dos trabalhadores, não só protege os trabalhadores contra o retrocesso social, como a eles reconhece o *direito à melhoria progressiva de sua condição social* (*princípio da progressividade*) na linha, inclusive, do disposto no art. 26 da Convenção Americana de Direitos Humanos, segundo o qual "Os Estados-partes comprometem-se a adotar as providências, tanto no âmbito interno, como mediante cooperação internacional, especialmente econômica e técnica, a fim de conseguir progressivamente a plena efetividade dos direitos que decorrem das normas econômicas, sociais e sobre educação, ciência e cultura, constantes da Carta da Organização dos Estados Americanos, reformada pelo Protocolo de Buenos Aires, na medida dos recursos disponíveis, por via legislativa ou por outros meios apropriados", assim como seu art. 29, de acordo com o qual nenhuma disposição da Presente Convenção pode ser interpretada no sentido de "a) suprimir o gozo dos direitos e liberdades reconhecidos na Convenção ou limitá-los em maior medida do que a nela prevista (...); c) excluir outros direitos e garantias inerentes ao ser humano ou que decorrem da forma democrática representativa de governo; d) excluir ou limitar o efeito que possam produzir a Declaração Americana dos Direitos e Deveres do Homem e outros atos internacionais da mesma natureza".

O direito à progressiva melhoria da condição social é também reconhecido no art. 5º, § 2º, da Constituição, quando estabelece que os direitos nela previstos não excluem outros decorrentes do regime e dos princípios por ela adotados, ou dos tratados internacionais em que a República Federativa do Brasil seja parte, valendo observar, ainda, que a Constituição adota o *princípio da prevalência dos direitos humanos* (art. 4º, II), o que implica a prevalência dos direitos humanos no confronto entre as normas que compõem o direito do trabalho, ou dito de outra forma e considerando que os direitos humanos são direitos inerentes à dignidade humana, a prevalência das situações existenciais sobre as patrimoniais ou das soluções favoráveis à promoção e tutela da dignidade humana sobre aquelas que respondem às necessidades do capital (*princípio pro homine*).

A vedação de retrocesso e a progressividade se impõe também do Poder Judiciário.

Com efeito, a Constituição, ao atribuir aos tribunais trabalhistas o poder para, decidindo dissídio de natureza econômica, estabelecer normas e condições de trabalho, determina que, no seu exercício, sejam respeitadas as disposições mínimas legais de proteção ao trabalho e as convencionadas anteriormente (art.

(259) *Direito constitucional e teoria da Constituição*, p. 338-340.

114, § 2º).(260) Trata-se, portanto, de um limite jurídico imposto à atuação do Poder Judiciário, do qual resulta uma diretriz fundamental do direito processual do trabalho, qual seja, a vedação de retrocesso na condição social do trabalhador em razão da atuação dos órgãos da Justiça do Trabalho na solução de conflito coletivo de natureza econômica, bem como uma determinação de progressividade, no sentido de que, sendo vedado retroceder, aos tribunais somente resta promover a progressão na melhoria das condições sociais dos trabalhadores.

De outro lado, como a condição social do trabalhador atua também em termos processuais, ao Poder Judiciário é vedado impedir ou criar embaraços ao exercício dos direitos, poderes e faculdades processuais reconhecidos aos trabalhadores (vedação de retrocesso), devendo, ao contrário, atuar no sentido da facilitação do seu exercício (progressividade).

9.5.16. *Tutela coletiva dos direitos decorrentes da relação de emprego.*

Consoante ensinam Mauro Cappelletti e Bryant Garth, "a concepção tradicional do processo civil não deixa espaço para a proteção de direitos difusos. O processo era visto apenas como um assunto entre duas partes, que se destinava à solução de uma controvérsia entre as mesmas partes a respeito de seus próprios interesses individuais. Direitos que pertencessem a um grupo, ao público em geral ou a um segmento do público não se enquadravam bem nesse esquema".(261)

É este o modelo adotado pelo art. 6º do CPC de 1973 e pelo art. 18 do CPC de 2015(262), que atribuem legitimidade considerando a titularidade do direito deduzido e admitem, somente em caráter excepcional, a substituição processual, ou seja, que um terceiro compareça em juízo, em nome próprio, em defesa de direito alheio.

Contudo, por força de várias alterações legislativas, o direito processual brasileiro passou a dispor de mecanismos destinados à tutela de interesses ou direitos metaindividuais (interesses ou direitos difusos, coletivos em sentido estrito e individuais homogêneos(263)), podendo ser citados como exemplos a ação popular(264) e a ação civil pública, com a atribuição de legitimidade, concorrente, para a sua defesa em juízo a uma pluralidade de entes (Ministério Público, organizações sindicais, entidade de classe e associações).

Dessas intervenções resulta a criação de diversos mecanismos de tutela jurisdicional, que são classificados por Teori Albino Zavascki em três grupos: "(a) mecanismos para tutela de direitos subjetivos individuais, subdivididos em (a.1) os destinados a tutelá-los individualmente pelo seu próprio titular (disciplinados, basicamente, no Código de Processo) e (a.2) os destinados a tutelar coletivamente os direitos individuais, em regime de substituição processual (ações civis coletivas, nelas compreendido o mandado de segurança coletivo); (b) mecanismos para tutela de direitos transindividuais, isto é, direitos pertencentes a grupos ou a classes de pessoas indeterminadas (a ação popular e as ações civis públicas, nelas compreendidas a chamada ação de improbidade administrativa); e (c) instrumentos para tutela da ordem jurídica, abstrata-

(260) Por *disposições legais de proteção ao trabalho* devem ser entendidas as disposições constitucionais, infraconstitucionais e constantes dos tratados, convenções e acordos de que o Brasil seja signatário (arts. 651, § 2º, da CLT, 5º, § 2º, da Constituição Federal e 11 da Lei n. 10.593/02). Aos órgãos da Justiça do Trabalho é proibido, em suma, reduzir o patamar mínimo de direitos estabelecidos por meio da Constituição, das leis ordinárias e dos tratados, convenções e acordos de que o Brasil seja signatário, bem como aquele definido a partir da negociação coletiva.

(261) *Acesso à justiça*, p. 49-50.

(262) Ninguém poderá pleitear, em nome próprio, direito alheio, salvo quando autorizado por lei (CPC de 1973) ou pela ordem jurídica (CPC de 2015).

(263) Estas categorias são definidas no Capítulo reservado ao estudo dos institutos fundamentais do direito processual coletivo do trabalho.

(264) A ação popular constitui instrumento por meio da qual o cidadão pode atuar em juízo em defesa de interesse público. Neste sentido, prevê o art. 5º, LXXIII, da Constituição da República, que "Qualquer cidadão é parte legítima para propor ação popular que vise a anular ato lesivo ao patrimônio público ou de entidade de que o Estado participe, à moralidade administrativa, ao meio ambiente e ao patrimônio histórico e cultural, ficando o autor, salvo comprovada má-fé, isento de custas e do ônus da sucumbência".

mente considerada, representados pelos vários mecanismos de controle de constitucionalidade dos preceitos normativos e das omissões legislativas".[265]

Cândido Rangel Dinamarco vê nestas alterações o "sinal da transmigração do individual para o coletivo, que se revela como uma das características mais destacadas das recentes evoluções do direito processual no Brasil".[266]

A transmigração da ação e tutela individual para a ação e tutela coletiva responde à necessidade de ampliação do acesso à justiça, plena satisfação dos direitos reconhecidos e garantidos pela ordem jurídica, adequada tutela dos direitos e interesses metaindividuais, harmonia de julgados sobre as mesmas questões fáticas e de direito e economia processual (pela concentração de várias demandas em uma única ação).

O direito processual do trabalho sempre prestigiou a tutela coletiva dos direitos, como demonstram a autorização para o ajuizamento de dissídio coletivo (art. 616, § 2º, da CLT) e ação de cumprimento (art. 872 da CLT), o que foi reafirmado com a autorização aos sindicatos para a defesa judicial dos interesses da categoria que representam (art. 8º, III, da Constituição Federal) e, ainda, com a atribuição à Justiça do Trabalho da competência para executar as penalidades administrativas aplicadas pelos órgãos de fiscalização das condições de trabalho aos empregadores (aqui está presente o interesse social no respeito à ordem jurídica) e das contribuições previdenciárias (também aqui se apresenta um interesse social, relacionado à capacitação da Previdência Social para atender às demandas por benefícios, em especial dos menos afortunados).

A promoção e a proteção dos direitos assegurados aos trabalhadores *é complementada* pela criação de instrumentos que permitam a sua realização concreta, o que *impõe* o prestígio à ação coletiva (toda espécie de ação capaz de propiciar a adequada e efetiva tutela de direitos coletivos em sentido amplo — direitos difusos, coletivos em sentido estrito e individuais homogêneos) e o reconhecimento às entidades sindicais de legitimidade para agir em juízo na defesa dos direitos coletivos, difusos e individuais homogêneos (direitos individuais que mereçam tratamento coletivo) e o acatamento da ação civil pública com a maior amplitude possível,[267] o mesmo ocorrendo em relação à legitimação das entidades sindicais para a propositura de ações coletivas.[268]

9.5.17. *Proibição de neutralidade.*

A dignidade humana constitui fundamento da República e a sua proteção e promoção constituem dever de todos os poderes do Estado, o que significa que o juiz não pode ser neutro na apuração da alegação de ofensa aos direitos inerentes à dignidade humana, como tais reconhecidos na Constituição da República (direitos fundamentais) e em normas de direito internacional (direitos humanos).

Acrescente-se que a sujeição do juiz à Constituição o transforma em "garante dos direitos fundamentais constitucionalmente estabelecidos", na qual está, inclusive, "o principal fundamento da legitimação da jurisdição".[269]

De outro lado, ao juiz cumpre atuar no sentido de que os princípios fundamentais do direito processual do trabalho produzam efeitos concretos e de que, na medida do possível, cada litigante receba aquilo e exatamente aquilo que lhe atribui a ordem jurídica, nem mais nem menos.

---

(265) *Processo coletivo*, p. 21.

(266) *Instituições de direito processual civil*, v. II, p. 309.

(267) O que facilita a atuação do Ministério Público do Trabalho no sentido da promoção das medidas necessárias à garantia de respeito aos direitos assegurados pela Constituição Federal, contribuindo, assim, para a sua maior efetividade.

(268) Gustav Radbruch adverte que "A 'liberdade de união para preservação e fomento das condições econômicas e de trabalho', a 'liberdade de coalizão' é portanto, para o empregado, o direito mais importante dentre os assegurados pela Constituição (*Introdução à ciência do direito*, p. 100), mas de nada servirá a liberdade de união e coalizão se for tolhida a liberdade de atuação das entidades representativas da classe dos trabalhadores, inclusive em juízo".

(269) FERRAJOLI, Luigi. El derecho como sistema de garantías. In: *Derecho y garantías:* la ley del más débil, p. 25-27.

Esta diretriz é confirmada: pelo poder conferido ao juiz para participar ativamente da instrução do processo; pela exigência de que o juiz atue no sentido da mais rápida solução do conflito de interesses submetido a julgamento; pelo dever atribuído ao juiz de proferir decisão justa e equânime; pela autorização conferida ao juiz para promover, de ofício, a execução das decisões judiciais.

Lembrando que os direitos decorrentes da relação de emprego são, em boa parte, direitos humanos e fundamentais, cumpre mencionar a advertência de Jorge Miranda, no sentido de que juízes e tribunais estão vinculados aos preceitos estes direitos:

> "a) positivamente, na interpretação, na integração e na aplicação de modo a conferir-lhe a máxima efetividade possível, dentro do sistema jurídico;
>
> b) negativamente, na não aplicação dos preceitos legais que os não respeitem."[270]

Como aduz Piero Calamandrei, "o perigo maior que ameaça os juízes em uma democracia, e em geral, a todos os funcionários públicos, é o perigo do hábito, da indiferença burocrática, da irresponsabilidade anônima".[271]

Do juiz não pode ser exigido que tenha a solução dos conflitos decorrentes da relação de emprego como operação meramente técnica e abstrata. Cada demanda trabalhista envolve um embate sobre direitos relacionados com a promoção e tutela da dignidade humana, a realização da justiça social e a construção da democracia e este fato não pode ser desconsiderado pelo juiz, do qual é, sem dúvida, legítimo exigir a imparcialidade, mas ao qual não pode ser imposta a neutralidade.

9.5.18. *Subsidiariedade.*

Do art. 769 da CLT decorre que, nos casos omissos, o direito processual comum será fonte subsidiária do direito processual do trabalho. Trata-se do denominado *princípio da subsidiariedade*, que traduz a possibilidade de solução de questões surgidas no contexto do processo do trabalho com esteio na aplicação de regra ou princípio do direito processual comum.

Destarte, constitui dever do juiz verificar no ordenamento jurídico a resposta para as questões surgidas no contexto do processo do trabalho que conduza à facilitação do acesso à justiça e, por meio dela, aos direitos atribuídos pela ordem jurídica. Apresenta-se, aqui, o *dever* de diálogo entre as fontes do direito, no sentido de definir, no caso concreto, a solução que o ordenamento jurídico (e não este ou aquele ramo do direito processual) aponta como a mais adequada à concretização do direito à efetividade do processo e da jurisdição.

A diretriz em destaque é reforçada pelo CPC de 2015, que, por meio do art. 15, atribui àquele diploma legal a condição de fonte supletiva do direito processual do trabalho, o que implica que ele atuará não apenas como fonte *subsidiária*, mas como fonte *complementar* do direito processual do trabalho. Isto significa que a omissão de que trata o art. 769 da CLT ao estabelecer as condições para recorrer ao direito processual comum para a solução de questões surgidas no contexto do processo judicial, não é apenas a normativa (ausência da norma), como também a ontológica (a norma existe, mas se encontra em descompasso com os anseios e as necessidades sociais em relação ao pleno exercício do direito de acesso à justiça e aos direitos assegurados pela ordem jurídica) e axiológica (a norma existe, mas a sua aplicação implicaria injustiça ou seria inconveniente).

De outro lado, o art. 769 da CLT *impõe* a proteção do direito processual do trabalho de soluções que contrariem as suas regras e os seus princípios ou desvirtuem a sua aplicação, o que pode ocorrer: a) impedindo a importação do direito processual comum de soluções que os contrariem; b) importando do direito

(270) O princípio da eficácia jurídica dos direitos fundamentais. In: *Estudos de direito constitucional:* homenagem ao professor Ricardo Arnaldo Malheiros Fiuza, p. 74.

(271) *Proceso y democracia*, p. 69.

processual comum as soluções que contribuam para a realização dos valores que consagram e dos fins que perseguem. A hipótese estabelecida pelo art. 769 da CLT é de verdadeira *subsidiariedade limitada*, limitação que também alcança a aplicação do CPC como fonte supletiva do direito processual do trabalho.

9.5.19. *Disparidade processual.*

Esta diretriz está diretamente relacionada com o princípio da igualdade, que se encontra positivado no art. 5º, *caput*, da Constituição, no sentido de que os desiguais devem ser tratados de forma desigual, na medida da sua desigualdade.

Com efeito, embora deva ser evitado tratamento diferenciado no que comporta ao exercício de direitos, faculdades e poderes e no cumprimento de deveres e ônus sem justificativa objetiva, razoável e suficiente, também por força do princípio da igualdade, devem ser realizadas correções das desigualdades entre os litigantes.[272]

Esta diretriz aponta no sentido de que o juiz não pode desconsiderar as desigualdades econômicas, sociais e culturais das partes e que estão justificadas diferenciações voltadas à garantia da maior paridade de forças possível entre elas.

Como aduz Piero Perlingieri, "as disparidades de condições econômicas e sociais podem, ou melhor, devem, ser tratadas de forma diversa, isto é, sem paridade (...). Quando existe desigualdade de fato, não existe espaço para o princípio da paridade de tratamento. O princípio da paridade de tratamento pressupõe a paridade de condições".[273]

É neste compasso que se pode falar em *princípio da disparidade processual*, no sentido de diretriz fundamental que *assegura* o tratamento desigual para alcançar a igualdade substancial.

Alberto Trueba Urbina afirma que "tanto as normas substanciais como as processuais são essencialmente protetivas e tutelares dos trabalhadores; a proteção está não somente na ideologia e entranhas de suas disposições, mas nos textos mesmos, pois a norma substancial influencia de tal maneira a processual que ambas se identificam em seu sentido protecionista e tutelar, de maneira que o direito processual do trabalho é protecionista de uma das partes, da parte trabalhadora, quando sua luta aflora nos conflitos do trabalho e estes a levam à jurisdição laboral, não somente para a aplicação do preceito processual, como também para a interpretação tutelar do mesmo em favor dos trabalhadores. Assim se manifesta a função protetiva e tutelar das normas adjetivas do trabalho, originando em sua regulamentação um novo direito processual, que contempla no processo as duas partes em conflito, para efeito de tutelar a mais fraca, que é a trabalhadora, donde emerge o princípio da disparidade processual, para realização plena da tutela em favor dos trabalhadores".[274]

Coqueijo Costa observa que o princípio da igualdade, "básico no processo comum, inverte-se para a desigualdade ou 'desequilíbrio' dos sujeitos processuais na lide trabalhista, 'imposto por razões sociológicas e econômicas de ordem substantiva', pois uma das partes no contrato detém os meios de produção dos quais depende a outra. Trueba Urbina denomina-o 'princípio da disparidade social', que tutela o trabalhador (...). O desequilíbrio dos sujeitos do processo do trabalho impõe a especialização desse processo, como consequência das peculiaridades do conflito individual de trabalho, para corrigir esse desequilíbrio. Daí, os princípios da gratuidade, da inquisitoriedade, da celeridade, da proteção (*in dubio pro operario*), da imediatidade, da oralidade e da simplicidade".[275]

---

(272) Na esteira do que prevê o art. 3º-A do Código de Processo Civil de Portugal, o juiz "deve assegurar, ao longo de todo o processo, um estatuto de igualdade substancial das partes, designadamente no exercício de faculdades, no uso de meios de defesa e na aplicação de sanções ou cominações processuais". No mesmo sentido, o art. 7º do CPC de 2015 dispõe que "é assegurada às partes paridade de tratamento em relação ao exercício de direitos e faculdades processuais, aos meios de defesa, aos ônus, aos deveres e à aplicação de sanções processuais, competindo ao juiz zelar pelo efetivo contraditório".

(273) *Perfis do direito civil:* introdução ao direito civil constitucional, p. 38.

(274) *Nuevo derecho procesal del trabajo*, p. 40-41.

(275) *Princípios de direito processual do trabalho*, p. 16.

Hector Fix-Zamudio chama a atenção para fato de que "um aspecto importante do devido processo é o relativo à *igualdade real das partes, como uma derivação do princípio genérico de igualdade de todas as pessoas perante a lei* (...), princípio que implica a existência de duas partes *equidistantes e contrapostas* (*Equality of arms*), de tal maneira que o princípio do contraditório no processo contemporâneo exige que se confira igualdade de oportunidades aos jurisdicionados para a alegação e defesa de suas pretensões, e (...) requer que se outorguem vantagens e prerrogativas à parte débil para ficar no mesmo nível daquela que se encontra com maiores recursos econômicos e profissionais".[276]

Anote-se que a igualdade de armas "implica obrigação de oferecer a cada parte a possibilidade de apresentar a sua causa, incluindo as suas provas, em condições que não a coloquem em situação de nítida desvantagem em relação ao seu adversário. Com a concretização deste princípio, colocam-se as partes, no processo, em perfeita paridade de condições, desfrutando, portanto, de idênticas possibilidades de obter a justiça que lhes seja devida, impedindo, quanto possível, que a desigualdade jurídica seja frustrada em consequência de uma grave desigualdade de facto (...). As condições singulares dos indivíduos exigem tratamentos diversos, sob pena de se criarem ou potenciarem novas diferenças sociais: o igual deve ser tratado igualmente e o desigual, desigualmente, na medida exata da diferença".[277]

A igualdade das partes no processo não pode significar mera igualdade jurídico-formal, traduzida pelo reconhecimento da igualdade de todos perante a lei. Cumprindo, ao contrário, que se reduza, ao mínimo possível, as desigualdades de fato entre os litigantes. Como adverte Francesco Carnelutti, "a eficácia do contraditório supõe o equilíbrio dos contraditores".[278]

O princípio em destaque ganha relevo pelo fato de ser a paridade de armas um direito processual humano, como permite afirmar o art. 10 da Declaração Universal dos Direitos Humanos ("Toda pessoa tem o direito, *em condições de plena igualdade*, de ser ouvida publicamente e com justiça por um tribunal independente e imparcial, para a determinação de seus direitos e obrigações ou para o exame de qualquer acusação contra ela em matéria penal" — destacamos).

As partes têm, portanto, o direito, humano, ao *processo equitativo*, o qual, segundo a Comissão Europeia dos Direitos do Homem, conforme registrado por José Lebre de Freitas, "implica que a parte possa expor as suas razões ao tribunal em condições não menos favoráveis do que as da parte contrária".[279] Note-se que o art. 10 da Declaração Universal dos Direitos Humanos fala em "plena igualdade", o que significa que não se trata de igualdade apenas formal, mas de igualdade concreta de armas. Na linha da lição de José Lebre de Freitas, para quem "igualdade de armas significa equilíbrio entre as partes na apresentação das respectivas teses, na perspectiva dos meios processuais de que para o efeito dispõem",[280] é afirmado que a igualdade de armas é traduzida pelo real equilíbrio das partes no exercício de direitos, poderes e faculdades e cumprimento de seus ônus e deveres processuais.

Como manifestações concretas desta diretriz, tem-se: o tratamento diferenciado conferido ao trabalhador na fixação da competência, como se vê do art. 651 da CLT (a competência é fixada levando em conta a facilitação do acesso do trabalhador à justiça); o tratamento diferenciado em relação aos efeitos do não comparecimento na audiência, vez que, segundo o art. 844 da CLT, o não comparecimento do réu implica revelia e confissão quanto à matéria de fato e, o do autor, simples arquivamento da reclamação; a possibilidade de o juiz conceder, de ofício, o benefício da justiça gratuita ao trabalhador em estado de miserabilidade; a concessão ao juiz do poder/dever para promover a execução de ofício das suas decisões.

O princípio da disparidade exige, ainda, avaliação diferenciada da prova, na medida da maior dificuldade do trabalhador na sua produção.

---

(276) El debido proceso, los derechos humanos y el poder judicial. In: *Human righths and the judiciary/los derechos humanos y el poder judicial/droits de l'homme et le pouvoir judiciaire* [organization and introduction], p. 115.

(277) BARRETO, Ireneu Cabral. *A convenção europeia dos direitos do homem anotada*, p. 135-136.

(278) *Direito processual civil e penal*, v. II, p. 144.

(279) *Estudos sobre direito civil e processo civil*, v. I, p. 32.

(280) *Estudos sobre direito civil e processo civil*, v. I, p. 32.

Note-se que o direito do trabalho se diferencia do direito civil na medida em que adota como ponto de partida a distinção das condições sociais e econômicas do trabalhador e do empregador, o que também se exige no processo.

9.5.20. *Oralidade.*

A oralidade é traduzida pelo predomínio da palavra falada sobre a escrita como meio de expressão e comunicação entre os sujeitos do processo (oralidade em sentido estrito)[281] e traz em seu bojo a identidade física do juiz (imutabilidade do juiz), a concentração dos atos em audiência e a irrecorribilidade das decisões interlocutórias.

Neste sentido, cumpre recordar a lição de Giuseppe Chiovenda, no sentido de que "a oralidade possui uma série de consequências que são tão importantes quanto a oralidade mesma. Ao dizer 'princípio da oralidade' compreende-se em uma fórmula necessariamente breve e representativa toda aquela série de consequências (...). O princípio da oralidade não pode limitar-se a uma discussão oral na audiência (...). Oralidade (...) significa que o juiz deve conhecer das atividades processuais (alegações, interrogatórios...), não com base em escritos mortos, mas com base na impressão recebida (...). Mas, para que isto possa ocorrer devem ser atendidas algumas condições. Estas conferem ao processo oral a especial figura que é consequência lógica do princípio da oralidade, sem ser designada imediatamente com este nome".[282]

Afirma Giuseppe Chiovenda que o processo oral requer:

1) que o juiz seja o mesmo durante todo o processo, não sendo a oralidade possível "se os atos processuais têm lugar ante pessoas físicas diferentes, posto que a impressão recebida pelo juiz que assiste a um ou mais atos não pode infundir-se em outro que deve julgar";

2) que o processo "seja concentrado em uma audiência ou em poucas audiências próximas, posto que quanto mais próximas da decisão do juiz estiverem as atividades processuais, tanto menor será o perigo de que a impressão adquirida por este se perca e que a sua memória o engane (...). Este princípio da concentração é a consequência principal da oralidade, e a que mais influi na brevidade dos pleitos. Dizer oralidade é o mesmo que dizer concentração (...). No processo oral predomina a audiência ou debate, a cujo término (...) deve seguir imediatamente a sentença";

3) "que a decisão do incidente não seja impugnável separadamente do mérito. A irrecorribilidade das interlocutórias é uma regra que não deve abandonar-se senão em algumas exceções *litis ingressum* impedientes, quando o juiz considera conveniente suspender a continuação do pleito até que se decida sobre o recurso".[283]

Aduz Giuseppe Chiovenda que a oralidade e a concentração são princípios "intrinsicamente ligados a outro grave problema: o concernente aos poderes do juiz. No processo civil moderno, o juiz não pode conservar a atitude passiva que teve no processo de outros tempos. É um princípio do Direito público moderno que o Estado encontra-se interessado no processo civil (...); certamente não no objeto de cada pleito, mas sim em que a justiça em todos os pleitos se realize o mais rapidamente e o melhor possível (...). O juiz, portanto, deve estar munido (...) de uma autoridade de que carecia em outros tempos. Autoridade dirigida a impulsionar cuidadosamente o pleito (...), e a formar uma convicção e a mais justa convicção (...). O exercício destes poderes não é possível a não ser no processo oral, posto que somente este permite o contato contínuo e imediato do juiz com as partes e seus representantes".[284]

À luz de tais ensinamentos, pode ser afirmado que o processo do trabalho é um processo oral, vez que nele:

(281) A hipótese é de predomínio da forma oral (fala) como meio de expressão e comunicação entre os sujeitos do processo, posto que não é excluída a utilização da escrita (o recurso, por exemplo, deve de ser apresentado em petição escrita).

(282) *Princípios de derecho procesal civil*, t. II, p. 136-139.

(283) *Princípios de derecho procesal civil*, t. II, p. 139-140.

(284) *Princípios de derecho procesal civil*, t. II, p. 141-142.

1) predomina a palavra falada (oralidade em sentido estrito);[(285)]

2) os atos processuais fundamentais são concentrados em audiência, na presença das partes;[(286)]

3) a produção da prova é realizada pelo juiz responsável pelo julgamento da demanda;[(287)]

4) as decisões interlocutórias são irrecorríveis.[(288)]

A oralidade constitui um princípio na medida em que *impõe* ao juiz atuação ativa na direção do processo (o que implica maior dinamismo e celeridade processual), o contato direto e pessoal entre o juiz e as partes e as testemunhas e das partes entre si (o que resulta na *humanização do processo*) e o favorecimento da participação das partes na solução do conflito de interesses, por meio da conciliação.[(289)]

Vale esclarecer, em relação à identidade física do juiz, que, com a extinção da representação classista nos órgãos da Justiça do Trabalho e passando o julgamento do dissídio a ser realizado, em Primeira Instância, por um único juiz, o entendimento esposado pelo TST na Súmula n. 136, no sentido da não aplicabilidade do princípio da identidade física no processo do trabalho, já não se sustentava, o que acabou implicando seu cancelamento. O direito processual do trabalho procura estabelecer um real diálogo entre as partes e entre estas e o juiz. Para que esse diálogo produza o resultado que se pretende — conduzir à verdade e à realização da justiça — é imperioso que julgue o dissídio o juiz que colheu a prova em audiência, salvo as hipóteses mencionadas no art. 132 do CPC. O juiz que colhe a prova julga segundo as suas próprias percepções e não com esteio em percepções de um terceiro.[(290)]

9.6. Princípios de direito processual do trabalho segundo a doutrina.

Cumpre registrar, ainda que de forma breve, o posicionamento da doutrina sobre os princípios de direito processual do trabalho.

Wagner Giglio considera próprios e exclusivos do direito processual do trabalho os princípios da proteção ("o caráter tutelar do Direito Material do Trabalho se transmite e vigora também no Direito Processual do Trabalho"), da jurisdição normativa ("significa ele a delegação de poderes ao Poder Judiciário Trabalhista para, utilizando a via processual, criar ou modificar norma jurídica"), da despersonalização do empregador

(285) Basta ver, por exemplo, que a demanda e a defesa podem ser formuladas verbalmente.

(286) Na audiência, frustrada a tentativa de conciliação, o demandado apresentará sua resposta e a causa será instruída, debatida e julgada, admitindo-se o seu fracionamento apenas por motivo de força maior (art. 849 da CLT). No procedimento sumaríssimo, os incidentes e as exceções são decididos na própria audiência (o exame de questões que possam obstar a marcha do processo é realizado em audiência) e o fracionamento desta somente é possível no caso de absoluta necessidade, observando-se, ainda, que, para dificultar o fracionamento da audiência, somente serão intimadas as testemunhas que, comprovadamente convidadas, deixarem de comparecer (arts. 852-G e 852-H, § 1º, da CLT).

(287) Mauro Cappelletti observa que o processo dos últimos séculos da idade medieval era marcado pelo desestímulo a "qualquer relação pessoal, direta e pública, do órgão julgador com as partes, peritos e outras fontes de informação (lugares e coisas)" e "pelo desenvolvimento fragmentário e descontínuo do processo. Na ausência da presença direta do juiz, as partes, ou antes, seus advogados, eram os senhores incontroláveis do desenvolvimento do processo. Abusos e táticas dilatórias eram o normal resultado", acrescentando que "a diluição dos procedimentos civis era ulteriormente agravada por múltiplas impugnações que, sob pena de decadência, deveriam ser sublevadas, imediatamente, contra qualquer tipo de decisão, mesmo parcial, interlocutória ou meramente probatória, com suspensão do processo principal. Além do mais, novos fatos e novas provas, amiúde, eram admissíveis em apelação, o que equivalia a um ulterior estímulo para as impugnações. O resultado usual de um processo civil era, pois, o de uma proliferação de procedimentos acessórios, como o tronco que se expande em numerosos galhos" (*Processo, ideologias e sociedade*, v. I, p. 312-314).

(288) *É o que prevê o art. 893, § 1º, da CLT.*

(289) A concentração dos atos processuais em audiência é uma exigência do predomínio da palavra falada. A irrecorribilidade das decisões interlocutórias é uma exigência da maior concentração dos atos que compõem o procedimento (a não admissibilidade de recurso contra as decisões interlocutórias evita a paralização do processo por força de questionamento da solução conferida a questões incidentais).

(290) A observação do cotidiano da Justiça do Trabalho permite afirmar que, em regra, já era respeitada a identidade física do juiz, posto que normalmente o juiz que colhe a prova oral em audiência é o que profere decisão.

("sob sua inspiração, garante-se o trabalhador contra as alterações na estrutura jurídica ou na propriedade da empresa: são os bens materiais e imateriais componentes do empreendimento que asseguram a satisfação do julgado") e da simplificação processual ("revelado, no nosso direito, pela outorga do *jus postulandi* às partes, pela comunicação postal dos atos processuais, nomeação de perito único, eliminação da fase de avaliação dos bens penhorados etc.)".[291]

Mauro Schiavi aponta como princípios peculiares do direito processual do trabalho:

> "a) protecionismo temperado do trabalhador: que não é próprio do Direito Material do Trabalho, mas sim para facilitar seu acesso à justiça e a uma ordem jurídica justa (...). Não se trata do mesmo princípio da proteção do Direito Material do Trabalho, e sim de uma intensidade protetiva ao trabalhador a fim de lhe assegurar algumas prerrogativas processuais para compensar eventuais entraves que enfrenta ao procurar a Justiça do Trabalho, devido à sua hipossuficiência econômica e, muitas vezes, dificuldade de provar suas alegações, pois, via de regra, os documentos da relação de emprego ficam na posse do empregador (...);
>
> b) informalidade: embora o procedimento seja em certa forma informal, isso não significa que certas formalidades não devam ser observadas, inclusive sobre a documentação do procedimento, pois o procedimento é uma garantia da seriedade do processo;
>
> c) celeridade: embora não seja uma característica exclusiva do Direito Processual do Trabalho, nele tal característica se mostra mais acentuada, uma vez que o trabalhador postula um crédito de natureza alimentar;
>
> d) simplicidade: (...) o Processo do Trabalho é mais simples e menos burocrático que o Processo Civil (...);
>
> e) oralidade: o Processo do Trabalho é essencialmente um procedimento oral. Embora este princípio também faça parte do Direito Processual Comum, no Processo do Trabalho ele se acentua, com a primazia da palavra; concentração dos atos processuais em audiência; maior interatividade entre juiz e partes; irrecorribilidade das decisões interlocutórias e identidade física do juiz (...);
>
> f) majoração dos Poderes do Juiz do Trabalho na direção do processo: o art. 765 da CLT possibilita ao Juiz do Trabalho maiores poderes na direção do processo, podendo *ex officio*, determinar qualquer diligência processual para formular seu convencimento em busca da verdade, inclusive são amplos os poderes instrutórios do Juiz do Trabalho;
>
> Conforme o art. 878 da CLT, a execução da sentença trabalhista poderá ser promovida de ofício pelo Juiz do Trabalho.
>
> g) subsidiariedade: na fase de conhecimento, o art. 769 da CLT, assevera que o Direito Processual comum é fonte do Direito Processual do Trabalho e, na fase de execução, o art. 889 da CLT determina que, nos casos omissos, deverá ser aplicada no Processo do Trabalho a Lei de Execução Fiscal (Lei n. 6.830/80) e, posteriormente, o Código de Processo Civil".[292]

É relevante notar que os princípios apontados pela doutrina nacional não diferem, na sua essência, daqueles arrolados pela doutrina estrangeira.

Com efeito, para Ernesto Krotoschin constituem princípios estruturais do direito processual do trabalho o baixo custo, a conciliação, a aceleração e as faculdades especiais do juiz em matéria de sentença e execução.[293]

Já Alberto Trueba Urbina afirma que o direito processual do trabalho possui seis princípios vetores:

---

(291) *Direito processual do trabalho*, p. 71-74.
(292) *Manual de direito processual do trabalho*, p. 81-84.
(293) *Manual de derecho del trabajo*, p. 342-345.

a) dispositivo: "o processo do trabalho é influenciado pelo princípio dispositivo, que impõe às partes o dever de estimular a atividades das Juntas de Conciliação e Arbitragem, para a satisfação dos interesses jurídicos e econômicos tutelados pelo direito do trabalho. Isto é, se requer o exercício da ação processual que impulsione a função jurisdicional dos tribunais do trabalho. Assim como as partes têm o dever de iniciar o funcionamento do processo, as Juntas de Conciliação e Arbitragem têm limitado o material de conhecimento aos que lhes subministram as próprias partes (...) nas contendas jurídicas, porque nas econômicas gozam de absoluta liberdade, de uma etiqueta em branco para formular o direito aplicável ao caso";

b) informalista: "o direito processual do trabalho não é tão formalista como o direito processual civil. A simplicidade e a singeleza são as características do procedimento (...), para facilitar o acesso do trabalhador aos tribunais laborais";

c) oralidade: "o processo do trabalho (...) é oral e escrito, mas predomina nele a oralidade sobre a escrita, razão pela qual deve ser classificado de oral. O predomínio da palavra é característica essencial da oralidade, imprimida no processo do trabalho; ademais, a lei obriga aos componentes das Juntas de Conciliação e Arbitragem a receber por si as declarações das partes, testemunhas e peritos; etc. e a presenciar todas as diligências de prova, com objetivo de colocar em contato imediato o tribunal com as pessoas que intervenham no processo. Esta é, precisamente, uma consequência da oralidade. Também se realizam no procedimento trabalhista as consequências daquele princípio, como a identidade física da parte dos integrantes das Juntas, a concentração do procedimento, e a irrecorribilidade das interlocutórias (...). O princípio da imediação está estreitamente vinculado com a oralidade, pela 'assunção imediata' das provas pelos membros das Juntas; também o princípio da concentração tem íntima relação com a oralidade, devendo ser o processo do trabalho o modelo típico de procedimento 'concentrado', em atenção à natureza dos conflitos trabalhistas";

d) publicidade: ao público é oferecida "a possibilidade de presenciar o desenvolvimento do processo. Os que presenciam as audiências podem inteirar-se da conduta das partes, das pessoas que intervêm no processo (testemunhas, peritos) e dos membros do tribunal do trabalho. A presença do público nas audiências é muito conveniente para a boa marcha da administração da justiça trabalhista, pois o temor à censura provoca certo controle no comportamento de todas as pessoas que intervêm no processo e influencia a elevação do grau de equanimidade dos juízes do trabalho que para manter sua respeitabilidade devem ser os primeiros aos ditames da lei. Dessa forma, todos tratam de cumprir seus deveres jurídicos para causar boa impressão na opinião pública";

e) concentração: "a concentração no processo do trabalho ocorre claramente dada a natureza peculiar desse processo";

f) livre apreciação das provas: "o sistema da valoração legal ou tarifada dos elementos probatórios é totalmente descartado no processo do trabalho".[294]

9.7. Princípios processuais constitucionais.

A Constituição da República consagra regras e princípios de natureza processual, cujo conjunto compõe o *direito processual constitucional*, instituidor de um verdadeiro *devido processo constitucional*.

A necessária harmonia entre a Constituição e o direito processual do trabalho justifica a referência aos princípios processuais constitucionais, que são estruturantes do processo judicial e constituem a base do ordenamento jurídico em matéria processual. Anote-se que o CPC de 2015 impõe, expressamente, o respeito à Constituição, quando estabelece, no art. 1º, que o processo civil será ordenado, disciplinado e interpretado conforme os valores e as normas fundamentais estabelecidos na Constituição da República, o que alcança o direito processual do trabalho, por força do art. 15 daquele CPC e, ainda, do art. 769 da CLT,

(294) *Nuevo derecho precesal del trabajo*, p. 336-341.

o que autoriza afirmar que o processo do trabalho será ordenado, disciplinado e interpretado conforme os valores e as normas fundamentais estabelecidos na Constituição da República.

A Constituição da República consagra os seguintes princípios processuais:

a) juiz imparcial, natural e independente (art. 5º, XXXVII): todos têm direito ao julgamento de sua demanda por juiz imparcial (o juiz não pode se comportar movido por interesses próprios, devendo agir como terceiro em relação aos interesses em conflito[(295)]), previamente apontado pelo ordenamento jurídico como competente (é vedada a criação de tribunais de exceção) e independente (ao juiz devem ser asseguradas condições necessárias a uma atuação livre de qualquer forma de coação por parte dos poderes Executivo e Legislativo e das instâncias superiores da justiça);[(296)]

b) inafastabilidade do controle judicial ou indeclinabilidade da jurisdição (art. 5º, XXXV): a lei não pode afastar da apreciação do Poder Judiciário a pretensão de proteção a direito atribuído pela ordem jurídica;[(297)]

c) devido processo legal (art. 5º, LIV): a solução do conflito de interesses deve ser realizada de acordo com as normas que regem a jurisdição, o processo e a ação;

d) contraditório (art. 5º, LV): as partes têm o direito de participar, em simétrica paridade, de todo o processo e, especialmente, da construção das decisões judiciais.[(298)]

Não basta a garantia de participação em igualdade de condições. Esta participação tem que ser útil, no sentido de que a parte deve ter real possibilidade de exercer influência na formação da decisão sobre os seus direitos e obrigações, o que tem conduzido, inclusive, à concepção segundo a qual o juiz não pode decidir questão de direito ou de fato que não tenha sido objeto de debate entre as partes. Neste sentido, o princípio do contraditório engloba o *direito de influência* (das partes) e o *dever de debate* (do juiz).

Em relação ao dever de debate, prevê o art. 3º, n. 3, do Código de Processo Civil de Portugal que o juiz deve observar e fazer cumprir, ao longo de todo o processo, o princípio do contraditório e, ainda, que ao juiz não é lícito, "salvo caso de manifesta desnecessidade, decidir questões de direito ou de fato, mesmo que de conhecimento oficioso, sem que as partes tenham tido a possibilidade de sobre elas se pronunciar". O Código de Processo Civil da França adota esta mesma postura, prevendo o seu art. 16 que "o juiz deve, em todas as circunstâncias, observar e fazer observar o princípio do contraditório. Ele não pode considerar,

(295) Enrico Tullio Liebman observa que, para ser imparcial, "o juiz precisa antes de tudo ser terceiro em relação às partes em litígio, estranho às posições e aos seus interesses ('ninguém pode ser juiz em causa própria')" (*Manual de direito processual civil*, v. I, p. 9). Esta é a razão pela qual existem situações em que o juiz é impedido ou suspeito para dirigir o processo e proferir decisão (art. 801 da CLT, arts. 134, 135 e 136 do CPC de 1973 e arts. 144 e 145 do CPC de 2015).

(296) Tais atributos asseguram a confiança da sociedade na justiça.

(297) Deste direito resulta, para o Estado, o dever de não criar embaraços ao acesso à justiça e de tutelar de forma adequada, efetiva e tempestiva os direitos atribuídos pela ordem jurídica.

(298) Piero Calamandrei adverte que "o princípio fundamental do processo, sua força matriz, sua garantia suprema, é o 'princípio do contraditório' (...). As partes são pessoas, isto é, sujeitos de deveres e de direitos que não estão situadas frente ao juiz como súditos, submetidas ao seu poder e obrigados a obedecê-lo passivamente, sim que são cidadãos livres e ativos que têm ante o julgador não só deveres a cumprir como também direitos que devem ser respeitados, pelo que o juiz não deve apresentar-se apenas como autoridade dotada de poderes, mas como um funcionário sujeito a deveres e responsabilidades frente às partes, que têm direito de fazer valer livremente suas razões e de ser escutadas com atenção" (*Proceso y democracia*, p. 130). Aroldo Plínio Gonçalves afirma que "O contraditório é a garantia de participação, em simétrica paridade, das partes, daqueles a quem se destinam os efeitos da sentença, daqueles que são os 'interessados', ou seja, aqueles sujeitos do processo que suportarão os efeitos do provimento e da medida jurisdicional que ele vier a impor" (*Técnica processual e teoria do processo*, p. 102). Para esse doutrinador, contraditório não é "a 'mera participação no processo'. Essa era a ideia originária do contraditório quando a participação era concebida como o auge das garantias processuais. Participação no processo têm todos os sujeitos do processo, caso contrário não seriam 'sujeitos dos atos processuais'. Entretanto, a participação em contraditório se desenvolve 'entre as partes', porque a disputa se passa entre elas, elas são as detentoras de interesses que serão atingidos pelo provimento. O juiz, perante os interesses em jogo, é terceiro (...). O contraditório realizado entre as partes não exclui que o juiz participe atentamente do processo, mas, ao contrário, o exige, porquanto, sendo o contraditório um princípio jurídico, é necessário que o juiz a ele se atenha, adote as providências necessárias para garanti-lo, determine as medidas adequadas para assegurá-lo, para fazê-lo observar, para observá-lo ele mesmo" (*Op. cit.*, p. 103-105).

na sua decisão, as questões, as explicações e os documentos invocados ou produzidos pelas partes, a menos que tenham sido objeto de contraditório. Ele não pode fundamentar sua decisão em questão de direito que suscitou de ofício sem que tenha, previamente, intimado as partes para apresentar suas manifestações". No mesmo compasso, o art. 101 do CPC Italiano estabelece que o juiz deverá ouvir as partes sobre questão que suscitar de ofício, sob pena de nulidade da decisão. Tais códigos, portanto, impõem ao juiz o *dever de provocar o contraditório* (dever de dialogar) sobre as questões que suscitar de ofício, o que evita, inclusive, a denominada *decisão surpresa* ou *decisão de terceira via*.

O CPC de 2015 também veda a decisão surpresa ou de terceira, como se vê dos seus arts. 9º e 10, ambos aplicáveis no processo do trabalho, como é estabelecido pelo art. 4º da Instrução Normativa n. 39/16 do TST, segundo o qual aplicam-se no processo do trabalho as normas do CPC que regulam o princípio do contraditório, em especial os arts. 9º e 10, que vedam a decisão surpresa.

De acordo com o art. 9º do CPC de 2015, não se proferirá decisão contra uma das partes sem que ela seja previamente ouvida, o que não se aplica, no entanto, à tutela provisória de urgência, à hipótese de tutela de evidência prevista no art. 311, incisos I e II, e à sentença prevista no art. 701 (decisão sobre a expedição de mandado de pagamento, de entrega de coisa ou para execução de obrigação de fazer ou de não fazer, na ação monitória). De outro lado, consoante o art. 10 do CPC de 2015, "o juiz não poderá decidir, em grau algum de jurisdição, com base em fundamentos a respeito dos quais não tenha dado às partes oportunidade de se manifestar, ainda que se trate de matéria sobre a qual deva decidir de ofício".

É importante mencionar que, segundo o art. 4º, § 1º, da Instrução Normativa n. 39/16 do TST, "entende-se por 'decisão surpresa' a que, no julgamento final do mérito da causa, em qualquer grau de jurisdição, aplicar fundamento jurídico ou embasar-se em fato não submetido à audiência prévia de uma ou de ambas as partes", ao passo, conforme o seu art. 4º, § 2º, da citada Instrução Normativa, "não se considera 'decisão surpresa' a que, à luz do ordenamento jurídico nacional e dos princípios que informam o Direito Processual do Trabalho, as partes tinham obrigação de prever, concernente às condições de ação, aos pressupostos de admissibilidade de recursos e aos pressupostos processuais, salvo disposição legal expressa em contrário".

e) ampla defesa (art. 5º, LV): às partes deve ser assegurado o acesso a todos os meios de defesa que a ordem jurídica coloca à sua disposição, tais como a provocação da jurisdição, resposta à demanda, prova dos fatos apontados como fundamento das pretensões manifestadas em juízo e impugnação das decisões judiciais por meio de recurso, nos casos e na forma da lei;[299]

f) igualdade (art. 5º, *caput*): na disciplina legal do processo deve ser evitado tratamento diferenciado sem justificativa objetiva, razoável e suficiente, assim como devem ser adotadas técnicas que corrijam desigualdades entre os litigantes, ao passo que no curso do processo concreto as partes têm direito de participar, em simétrica paridade, da construção da decisão judicial a respeito dos seus direitos e deveres (*paridade de armas*) e de receber do juiz igual tratamento (*paridade de tratamento*: aos iguais deve ser dispensado tratamento igual e, aos desiguais, tratamento desigual, na medida da sua desigualdade[300]);

g) proibição da prova ilícita (art. 5º, LVI): são inadmissíveis, no processo, provas obtidas por meios ilícitos. A vedação em exame implica limitação da investigação da verdade no âmbito do processo judicial e dela decorre que a prova obtida por meios ilícitos não pode ingressar no processo (vedação de admissão propriamente dita) e que, tendo a prova ingressado no processo, ao juiz é vedado levá-la em conta na formação do seu convencimento sobre os fatos controversos (vedação de atribuição de valor jurídico à prova obtida por meios ilícitos);

---

(299) De acordo com Enrico Tullio Liebman, "é uma elementar exigência de justiça dar a todas as partes a ocasião e possibilidade de defender-se antes que o juiz pronuncie o seu julgamento" (*Manual de direito processual civil*, v. I, p. 11). A parte pode se defender afirmando a existência ou negando a existência de um direito (defender-se alegando) ou provando a veracidade do fato em que se sustenta a sua afirmação (defender-se provando).

(300) O CPC de 2015 dispõe, no art. 7º, que "é assegurada às partes paridade de tratamento em relação ao exercício de direitos e faculdades processuais, aos meios de defesa, aos ônus, aos deveres e à aplicação de sanções processuais, competindo ao juiz zelar pelo efetivo contraditório". Esse dispositivo, na sua parte final, impõe ao juiz o dever de respeitar e fazer respeitar o contraditório.

h) fundamentação das decisões (art. 93, IX): ao juiz cumpre especificar os motivos ou razões da decisão que proferir, justificando as suas conclusões sobre os fatos narrados pelas partes e as suas consequências à luz do ordenamento jurídico;

i) duplo grau de jurisdição ou recorribilidade das decisões judiciais: possibilidade de, atendidos os pressupostos e limites estabelecidos pelo ordenamento jurídico, requerer o exame da causa por órgão do Poder Judiciário distinto daquele que proferiu a decisão;

j) publicidade (arts. 5º, LX, e 93, IX): os atos processuais serão públicos, salvo quando a lei limite a presença em alguns deles às partes e seus advogados, ou somente a estes, em casos nos quais a preservação do direito à intimidade do interessado no sigilo não prejudique o interesse público à informação. A publicidade assegura a transparência e a possibilidade de controle da atuação do Poder Judiciário, pelas partes e pela sociedade;

l) da celeridade processual (art. 5º, LXXVIII): a todos é assegurado o direito à rápida duração do processo e aos meios que garantam a celeridade de sua tramitação, ou, em outras palavras, à tempestiva resposta ao pedido de tutela jurisdicional.

9.8. Princípios do direito processual civil compatíveis com o direito processual do trabalho.

O fato de contar o direito processual do trabalho com princípios próprios não exclui a possibilidade de serem aplicados no processo do trabalho os princípios de direito processual comum, como autorizam afirmar o art. 769 da CLT e o art. 15 do CPC de 2015, desde que eles estejam em sintonia com as regras e princípios do direito processual do trabalho.

Daí a referência aos princípios do direito processual civil compatíveis com o direito processual do trabalho, ainda que com restrições pontuais:

1) *dispositivo, da demanda ou da inércia da jurisdição*: o juiz somente prestará a tutela jurisdicional a ele requerida. Cabe ao titular do direito pleitear em juízo a sua tutela. Informa este princípio que o processo não pode ser iniciado de ofício, o que se encontra consagrado no art. 262 do CPC de 1973 e no art. 2º do CPC de 2015;[301]

2) *impulso oficial*: o processo começa por iniciativa das partes, mas se desenvolve por impulso oficial, salvo as exceções previstas em lei. Este princípio está consagrado no art. 262 do CPC de 1973 e no art. 2º do CPC de 2015;

3) *indisponibilidade dos procedimentos*: as partes não podem dispor do procedimento estabelecido pela ordem jurídica, ressalvada, no entanto, a possibilidade de celebração de convenções processuais, consoante já registrado;

4) *convertibilidade do procedimento*: quando o tipo de procedimento escolhido pelo autor ou pelas partes não corresponder ao estabelecido pela ordem jurídica, deve ser realizada a conversão ao tipo de procedimento legal, anulando-se os atos que não possam ser aproveitados, devendo praticar-se os que forem necessários, a fim de se observarem, quanto possível, as prescrições legais, cuidando-se, ainda, para que não ocorra prejuízo à defesa de qualquer das partes;

5) *eventualidade* ou *concentração*: as partes devem apresentar, de uma só vez, todas as suas alegações e pretensões, ainda que elas sejam incompatíveis entre si, assim como deve apresentar de uma só vez as suas provas;[302]

(301) Este princípio sofre abrandamento no processo do trabalho, no qual a execução de título judicial pode ser promovida de ofício pelo juiz.

(302) Por força do presente princípio, o réu deve alegar, na contestação, toda a matéria de defesa (art. 300 do CPC de 1973 e art. 336 do CPC de 2015), sendo restritas as alegações passíveis de manifestação depois da apresentação da contestação (art. 303 do CPC de 1973 e art. 342 do CPC de 2015).

6) *liberdade das formas*: os atos processuais não dependem de forma determinada, senão quando a lei expressamente a exigir;

7) *finalidade ou instrumentalidade das formas*: o ato processual é reputado eficaz quando, apesar de praticado do modo distinto do estabelecido pela lei (isto é, com desrespeito à forma previamente estabelecida), atingir a finalidade a que se destina;

8) *economia processual*: o processo deve produzir o maior resultado prático possível com o mínimo emprego de atividade processual (economia de esforços) e de dispêndios econômicos (economia de gastos), cumprindo, ainda, conferir o máximo aproveitamento possível aos atos processuais praticados (neste sentido, prevê o art. 317 do CPC de 2015 que, antes de proferir decisão sem resolução de mérito, o juiz deverá conceder à parte oportunidade para, se possível, corrigir o vício que conduziria àquela decisão);

9) *preclusão*: o processo é dividido em fases, que são compostas por atos processuais específicos. Ultrapassado o momento próprio para a prática de determinado ato processual, a parte perde o direito ou a faculdade de realizá-lo, o mesmo ocorrendo quando pratica aquele ato (o ato já praticado não pode ser repetido, aditado ou alterado) ou pratica ato incompatível com aquele que deveria praticar;[303]

10) *vinculação do juiz aos fatos e circunstâncias dos autos*: o juiz resolverá a lide atendendo aos fatos e circunstâncias dos autos, ainda que não alegados pelas partes, sendo a ele vedado conhecer de questões não suscitadas, a cujo respeito a lei exige a iniciativa das partes;[304]

11) *correspondência ou congruência entre a demanda e o provimento judicial ou da adstrição do juiz ao pedido*: a atuação da jurisdição é limitada pelos pedidos das partes, sendo vedado ao juiz conceder mais (*ultra petita*), menos (*citra petita*) ou coisa diversa (*extra petita*) do que foi objeto de pedido;[305]

12) *livre convencimento*: o juiz apreciará com liberdade a prova produzida em contraditório, mas deverá indicar na decisão os motivos que lhe formaram o convencimento;

13) *imutabilidade da decisão*: publicada a sentença, o juiz não poderá alterá-la, salvo: a) para corrigir, de ofício ou a requerimento da parte, inexatidões materiais, ou lhe retificar erros de cálculo; b) no julgamento de embargos de declaração; e c) quando tiver sido indeferida a petição inicial e o autor apresentar recurso, demonstrando não ser o caso de indeferimento daquela peça processual;

14) *boa-fé e lealdade processual*: as partes e todos aqueles que intervenham no processo devem agir com lealdade e boa-fé;

15) *coatividade ou coercibilidade*: ao juiz é lícito empregar sanções que assegurem a eficácia dos seus mandatos;

---

(303) A preclusão, portanto, pode ser temporal (não realizado o ato no momento próprio, a parte perde o direito ou a faculdade de praticá-lo), consumativa (realizado o ato processual, é defeso à parte repeti-lo, aditá-lo ou alterá-lo) e lógica (a realização de um ato impede a prática de outro que com ele seja incompatível). Para Luiz Machado Guimarães a preclusão processual constitui "expediente técnico, de que se vale o legislador, visando assegurar uma sequência ordenada e lógica das etapas procedimentais, e para resguardar a economia e a boa-fé processuais" (*Estudos de direito processual civil*, p. 25). Cândido Dinamarco aduz que o instituto da preclusão "dá apoio às regras que regem a ordem sequencial de realização dos atos do procedimento e sua distribuição em fases — fazendo-o mediante a imposição de perda de uma faculdade ou de um poder em certas situações. Quando a preclusão ocorre, já não poderá a parte realizar eficazmente o ato a que tinha direito nem exigir do juiz os atos que antes poderia exigir. Com isso, ela é um dos grandes responsáveis pela aceleração processual. Segundo as circunstâncias em que ocorre, a preclusão será: a) temporal, quando decorre do decurso do prazo sem a prática do ato que a parte tinha o poder ou a faculdade de realizar (...); b) lógica, que é a consequência da prática de um ato incompatível com a vontade de exercer a faculdade ou poder (...); c) consumativa, pelo exercício da própria faculdade ou poder" (*Instituições de direito processual civil*, v. II, p. 466-467).

(304) Dispõe o Código de Processo Civil Francês, a este respeito, que "o objeto do litígio é determinado pelas respectivas alegações das partes" (art. 4º) e que "o juiz não pode basear a sua decisão em fatos não mencionados no debate" (art. 7º).

(305) A necessidade de correspondência entre o pedido e o pronunciamento judicial é uma consequência do princípio da demanda.

16) *cooperação*: trata-se de princípio consagrado no art. 6º do CPC de 2015, de acordo com o qual "todos os sujeitos do processo devem cooperar entre si para que se obtenha, em tempo razoável, decisão de mérito justa e efetiva", e cuja adoção estabelece um *modelo cooperativo de processo*.

Ao adotar esse princípio da cooperação, o CPC de 2015 impõe aos sujeitos do processo o *dever de cooperar entre si*, o que implica *cooperação do juiz com as partes, das partes com o juiz* e *das partes entre si*, transformando o processo em uma verdadeira *comunidade de trabalho*, voltado à garantia de uma decisão justa e efetiva.

O dever de cooperação se manifesta nos deveres de diálogo, prevenção, não surpresa, auxílio, contraditório e esclarecimento.

O dever de esclarecimento abarca o esclarecimento dos fatos relevantes para o julgamento do conflito, o que implica, para o juiz, o dever de atuar ativamente na instrução (*dever instrutório* como manifestação da *cooperação instrutória*), no pressuposto, inclusive, de que, quanto mais próxima estiver da realidade dos fatos, mais a decisão se aproximará da justiça.

10. Interpretação do direito processual do trabalho

De início, cumpre recordar a distinção entre *texto normativo* e *norma*. A norma é o *resultado* da interpretação do texto normativo ou, dito de outra forma, o *significado* atribuído ao texto normativo na sua interpretação.

O que constitui objeto de interpretação, portanto, não é a norma, mas o texto normativo. Como assevera Michele Taruffo, "interpretar um preceito quer dizer atribuir-lhe significado".[306] A norma (significado) é o resultado da interpretação do texto normativo.

Neste sentido, afirma Robert Alexy que "uma norma é aquilo que um enunciado normativo expressa".[307] Esta distinção se dá, inclusive, porque a mesma norma pode ser enunciada de diversas formas. A propósito observa Giuseppe Lumia que a norma jurídica se apresenta, "sob o perfil linguístico-formal, como uma proposição, ou seja, como uma sequência de palavras dotadas de significado. Os enunciados distinguem-se das proposições, entendendo-se por enunciado o complexo léxico-sintático dos sinais linguísticos pelos quais é expressa a proposição. Entende-se que a própria proposição pode ser expressa por enunciados diversos (...). Os enunciados 'Paulo ama Maria' e 'Maria é amada por Paulo' têm formas diversas, mas o mesmo significado e, portanto, expressam a mesma proposição".[308]

Para efeito didático, utilizaremos, na esteira da doutrina tradicional, a expressão *interpretação da norma jurídica* para definir o objeto do presente tópico.

Vale mencionar, ainda, que a interpretação não se confunde com a *hermenêutica*. Hermenêutica é a ciência que tem por objetivo a formulação e a sistematização das regras e princípios regentes da interpretação das normas jurídicas.

Neste compasso, tem-se por interpretação o processo intelectivo por meio do qual é estabelecido o significado da norma jurídica.

10.1. Todas as normas jurídicas constituem objeto de interpretação.

Roberto de Ruggiero observa, a propósito, que não é "verdadeiro que a interpretação pressuponha a dificuldade de entender à primeira vista o sentido da lei e se deva excluir quando não exista tal dificuldade. Só aparentemente é que o processo de interpretação não tem lugar para os preceitos não obscuros: nesse caso é menos evidente somente por ser mais rápido e quase instantâneo. Se a aplicação da norma implica

(306) El precedente. In: *Proceso y decisión:* lecciones mexicanas de derecho procesal, p. 130.
(307) *Teoria dos direitos fundamentais*, p. 184.
(308) *Elementos de teoria geral e ideologia do direito*, p. 39-40.

um trabalho da inteligência para a solução ou adaptação do caso particular e concreto na figura do caso geral e abstrato formulado pelo legislador, é impossível tal aplicação sem prévia interpretação"[309] e que o aforismo *in claris non fit interpretatio* "não deve ter hoje outro significado senão este, que quando pelas palavras do preceito não seja dúbia a vontade legislativa, não se deve admitir, sob o pretexto de interpretar a norma, a investigação de um pensamento ou de uma vontade diversa".[310]

No mesmo sentido, registra Michele Taruffo que "nunca há nada que seja verdadeiramente claro. Está claro aquilo que se considera claro; mas isto pressupõe um juízo implícito, que atribua um significado a este enunciado. Então, considerar o enunciado claro se deve ao fato de que ele foi implicitamente interpretado".[311]

Vale observar, inclusive, que não é raro uma palavra possuir vários significados, como se percebe ao consultar um dicionário. Ademais, a afirmação da clareza da norma pressupõe a sua interpretação. Como adverte Francesco Ferrara, "as leis claras oferecem o perigo de serem entendidas apenas no sentido imediato que traduz seus dizeres, enquanto tais normas podem ter um valor mais amplo e profundo que não resulta de suas palavras".[312]

De outro lado, objeto da interpretação não são somente as normas jurídicas editadas pelo Estado, mas toda norma jurídica passível de aplicação ao contexto fático delineado no processo, dentre as quais as convenções coletivas de trabalho, os acordos coletivos de trabalho e os tratados internacionais, por exemplo.

10.2. Em relação aos objetivos da interpretação, os *subjetivistas* sustentam que o intérprete deve identificar na norma jurídica aquilo que o legislador quis ao editá-la, enquanto, para os *objetivistas*, o intérprete deve preocupar-se com a vontade objetiva manifestada na norma interpretada.

Contudo, como assevera Francesco Ferrara, "nos sistemas constitucionais hodiernos não se descobre um legislador em cujo ânimo se possa penetrar ou cuja vontade se possa indagar; na formação da lei cooperam múltiplos fatores, uma pluralidade de pessoas, variamente ordenada, pelo que a rigor a lei é o resultado de uma vontade coletiva, a síntese da vontade de órgãos estatais diversos (...). A interpretação consiste em declarar não o sentido histórico que o legislador materialmente ligou ao princípio, mas o sentido que ali está imanente e vivo. Eis o que, precisamente, se quer exprimir com a fórmula metafórica — vontade da lei. Esta fórmula não pretende significar que a lei tem um querer psicológico, mas apenas que encerra uma vontade objetiva, um querido independente do pensar dos seus autores, e que recebe um sentido próprio, seja em conexão com as outras normas, seja com referência ao escopo que a lei visa alcançar".[313]

10.3. Tendo em conta aquele que a realiza (sujeito da interpretação), a interpretação será:

a) legislativa, pura ou autêntica: interpretação realizada pelo órgão que editou a norma;[314]

b) judicial ou jurisprudencial: interpretação realizada pelos juízes e tribunais;

c) doutrinária ou científica: interpretação levada a efeito pelos juristas e estudiosos do Direito.

---

(309) *Instituições de direito civil*, v. I, p. 178.

(310) *Instituições de direito civil*, v. I, p. 178.

(311) El precedente. In: *Proceso y decisión:* lecciones mexicanas de derecho procesal, p. 130.

(312) *Como aplicar e interpretar as leis*, p. 25.

(313) *Como aplicar e interpretar as leis*, p. 31-32.

(314) Segundo Francesco Carnelutti, "a autenticidade da interpretação consiste exatamente na coincidência, física ou jurídica, entre o autor da declaração e o autor da interpretação" (*Sistema de direito processual civil*, v. 1, p. 176). Caio Mário da Silva Pereira assevera que a interpretação autêntica "realiza-se por via de provimento legislativo. Reconhecendo a ambiguidade ou inobviosidade da norma, o legislador vota uma nova lei, destinada a esclarecer a sua vontade, e, neste caso, a lei interpretativa é considerada como a própria lei interpretada. Não há, aqui, um verdadeiro processo interpretativo, pois que não se trata de dar entendimento à lei para a sua aplicação, senão de fixar o legislador a sua própria vontade, mal concretizada ou imperfeitamente manifestada nos termos em que se vazou, ou de alterar o rumo de aplicação da lei interpretada, acaso em desconformidade com as conveniências sociais ou com os propósitos a que visava ao tempo de sua promulgação" (*Instituições de direito civil*, v. I, p. 126).

Levando em conta os seus resultados, a interpretação pode ser:

a) declarativa: quando o intérprete declara que a expressão linguística da norma corresponde ao seu significado;

b) restritiva: quando da interpretação resulta a conclusão de que a norma exprime mais do que se pretendeu com a sua criação;[315]

c) ampliativa ou extensiva: quando da interpretação decorre a ampliação do campo de incidência da norma, pela conclusão de que ela exprime menos do que se pretendeu com a sua criação.

De acordo com Francesco Ferrara:

1) a interpretação restritiva tem lugar nos seguintes casos: "1º) se o texto, entendido no modo tão geral como está redigido, viria a contradizer outro texto de lei; 2º) se a lei contém em si uma contradição íntima (é o chamado argumento *ad absurdeum*); 3º) se o princípio, aplicado sem restrições, ultrapassa o fim para que foi ordenado";[316]

2) a interpretação extensiva "destina-se a corrigir uma formulação estreita demais. O legislador, exprimindo o seu pensamento, introduz um elemento que designa espécie, quando queria aludir ao gênero, ou formula para um caso singular um conceito que deve valer para toda uma categoria (...). A interpretação extensiva, despojando o conceito das particularidades e circunstâncias especializantes em que se encontra excepcionalmente encerrado, eleva-o a um princípio que abarca toda a generalidade das relações, dando-lhe um âmbito e uma compreensão que, perante a simples formulação terminológica, parecia insuspeitada".[317]

Francesco Ferrara considera a interpretação extensiva "um dos meios mais fecundos para o desenvolvimento dos princípios jurídicos e para o seu reagrupamento em sistema".[318]

10.4. A doutrina costuma fazer alusão aos seguintes métodos de interpretação das normas jurídicas:

a) gramatical: o significado da norma é estabelecido a partir do significado das palavras que a compõem, mediante meios gramaticais e etimológicos.

Riccardo Guastini afirma que a interpretação literal consiste "em atribuir a um enunciado normativo seu significado *prima facie*, ou seja, o mais imediato ou intuitivo, o que corresponde às regras semânticas e sintáticas da língua".[319] Como o Direito se expressa por meio da linguagem, a interpretação gramatical é o ponto de partida do intérprete.

b) lógico: o significado da norma é fixado a partir do seu exame em sua conexão lógica com as demais normas que compõem o ordenamento jurídico, com a finalidade de identificar a razão da sua criação;

c) histórico: a norma deve ter o seu significado estabelecido considerando-se o contexto social e político de sua criação, por ser "produto da experiência histórica. Surge em determinado momento, para determinada necessidade, procurando determinada solução. A história lhe imprime, pois, o seu selo, e o intérprete deve ser fiel a essa inspiração";[320]

(315) Vale recordar, contudo, que *ubi lex non distinguit nec nos distinguere debemus*: "onde a lei não distingue, não deve o intérprete distinguir".

(316) *Como aplicar e interpretar as leis*, p. 43.

(317) *Como aplicar e interpretar as leis*, p. 43-44.

(318) *Como aplicar e interpretar as leis*, p. 44.

(319) *Teoría e ideología de la intepretación constitucional*, p. 67.

(320) COUTURE, Eduardo. *Interpretação das leis processuais*, p. 4. Caio Mário da Silva Pereira afirma que "às vezes aparece a referência à interpretação histórica, como uma espécie de interpretação, ou como um método hermenêutico. Não existe, porém, esta modalidade, muito embora a considerem muitos. O que há é o elemento histórico, invocado para coadjuvar o trabalho do intérprete (...). Sua adoção requer cuidado, mas não é aconselhável o seu desprezo total (...). A origem histórica de uma lei é fator às vezes ponderável na apuração das modificações por que passa a legislação num dado momento, e ajuda a extrair o

d) sistemático: o significado da norma deve ser definido considerando-se o sistema formado pelas normas que constituem o ordenamento jurídico do qual faz parte;[321]

e) teleológico ou finalístico: o significado da norma jurídica deve ser fixado considerando-se a finalidade pela qual foi editada, isto é, ao intérprete cumpre definir os valores e fins subjacentes às normas. Trata-se de meio interpretativo baseado na finalidade para a qual a norma foi estabelecida. "Partindo do duplo pressuposto de que o legislador, como ser razoável, se coloque fins e estabeleça meios idôneos a serem atingidos, uma vez individualizado o fim do legislador, este pode dar aqui esclarecimentos sobre as modalidades de sua consecução, isto é, sobre o conteúdo da leis";[322]

f) comparativo: "deve-se confrontar o texto sujeito a exame com os restantes, da mesma lei ou de outras congêneres, isto é, com as disposições relativas ao assunto, quer se encontre no Direito nacional, quer no estrangeiro."[323]

Discorrendo sobre os métodos de interpretação, Francesco Ferrara aduz que, "uma vez que a lei está expressa em palavras, o intérprete há de começar por extrair o significado verbal que delas resulta, segundo a sua natural conexão e as regras gramaticais (...). As palavras hão de entender-se na sua conexão, isto é, o pensamento da lei deve inferir-se do complexo das palavras usadas e não de fragmentos destacados, deixando-se no escuro uma parte da disposição. Deve-se partir do conceito de que todas as palavras têm no discurso uma função e um sentido próprio, de que neste não há nada de supérfluo ou contraditório, por isso o sentido literal há de surgir da compreensão harmônica de todo o contexto".[324]

Francesco Ferrara acrescenta que, a interpretação lógica "remonta ao espírito da disposição, inferindo-o dos fatores racionais que a inspiraram, da gênese histórica que a prende a leis anteriores, da conexão que a enlaça às outras normas e de todo o sistema. É da ponderação destes diversos fatores que se deduz o valor da norma jurídica".[325]

Aduz Francesco Ferrara ser "preciso que a norma seja entendida no sentido que melhor responda à consecução do resultado que quer obter. Pois que a lei se comporta para que a *ratio iuris*, como o meio para com o fim: quem quer o fim também quer os meios", mas adverte que a verificação do escopo prático da norma não é suficiente para afirmar que "isso constitua o verdadeiro conteúdo da norma. E está aqui a fraqueza do elemento teleológico. Pois os caminhos para se chegar a um certo fim podem ser vários, e deste fim não se deduz qual o caminho preferido; e por outra parte o legislador pode ter se enganado quanto ao meio empregado (...). A *ratio legis* pode mudar com o tempo (...). Pode acontecer que uma lei ditada para um certo fim adquira função e destino diverso. A *ratio legis* é uma força viva móvel que anima a disposição, acompanhando-a em toda a sua vida e desenvolvimento (...). A disposição pode, desta sorte, ganhar com o

---

seu pensamento dominante, ou a fixar a adoção de um novo critério, o abandono de uma corrente doutrinária, a indicação de circunstâncias ligadas à construção do sistema adotado pelo legislador (...). A pesquisa do elemento histórico está, evidentemente, articulada com a consulta dos trabalhos preparatórios (atas das Comissões, Anais do Congresso, resumos das discussões, etc.) de que resultou a votação da lei. Mas estes trabalhos não podem ser considerados como expressão do pensamento do legislador, não só porque refletem a manifestação apenas de alguns membros do Congresso, pois que em regra a maioria vota sem ter participado das discussões, como ainda, não raro, a disposição legal traduz coisa diversa do que havia sido a ideia concebida pelo seu proponente, ou pelo opinante. A exposição de motivos e os trabalhos preparatórios muitas vezes ajudam a compreender o alcance, as razões ou o objetivo da lei, mas nunca poderão ser invocadas como fator preponderante na fixação do seu real conteúdo" (*Instituições de direito civil*, v. I, p. 128-129).

(321) BOBBIO, Norberto. *O positivismo jurídico*, p. 214. Segundo Eduardo Couture, "todo trabalho de interpretação pressupõe trabalho de relacionar a parte com o todo" (*Interpretação das leis processuais*, p. 29). Claus-Wilhem Canaris afirma que o argumento sistemático é "apenas uma forma especial de fundamentação teológica" (*Pensamento sistemático e conceito de sistema na ciência do direito*, p. 153).

(322) BOBBIO, Norberto. *O positivismo jurídico*, p. 214. A propósito, se fala em intepretação segundo a *intenção do legislador* (o que o legislador pretendia dizer — *argumento psicológico*) e segundo o *objetivo do legislador* (o que o legislador pretendia fazer: *argumento teleológico*), como é aduzido por Riccardo Guastini (*Teoría e ideologia de la intepretación constitucional*, p. 69).

(323) MAXIMILIANO, Carlos. *Hermenêutica e aplicação do direito*, p. 132.

(324) *Como aplicar e interpretar as leis*, p. 34.

(325) *Como aplicar e interpretar as leis*, p. 35.

tempo um sentido novo e aplicar-se a novos casos. Sobre este princípio se baseia a chamada interpretação evolutiva".[(326)]

Francesco Ferrara alude ao elemento sistemático, afirmando que "o sentido de uma disposição ressalta nítido e preciso quando é confrontada com outras normas gerais ou supraordenadas, de que constitui uma derivação ou aplicação ou uma exceção, quando dos preceitos singulares se remonta ao ordenamento jurídico no seu todo".[(327)]

Francesco Ferrara realça, por fim, a relevância do elemento histórico na interpretação da norma jurídica, assinalando ser preciso "descobrir sua origem histórica e seguir o seu desenvolvimento e as suas transformações, até o arranjo definitivo do assunto no presente".[(328)]

Konrad Hesse afirma que "a teoria tradicional da interpretação persegue, em comum, revelar a vontade (objetiva) da norma ou a vontade (subjetiva) do legislador mediante a análise do texto, de seu processo de criação, de suas conexões sistemáticas, de seus antecedentes, e, finalmente, do sentido e da finalidade (a 'ratio' e o 'telos') da norma".[(329)]

Konrad Hesse critica a teoria tradicional da interpretação, afirmando que "o objetivo da interpretação somente relativamente pode consistir no descobrimento de uma 'vontade' objetiva ou subjetiva 'preexistente' (...). Onde não se tenha querido nada de modo inequívoco, resulta impossível descobrir uma vontade autêntica (...). Tampouco os distintos 'métodos' da interpretação tomados um por um oferecem orientação suficiente. É frequente que o texto não diga nada que seja inequívoco, sobre o significado da palavra, com o que se apresenta o problema de como determinar este significado: se com apoio na linguagem usual, ou na linguagem jurídica especializada, ou segundo a função que em cada caso assuma o conceito. A interpretação sistemática pode ser manejada de diferentes modos, segundo o que se tenha em conta seja um lugar da lei donde se insere o preceito, ou bem a conexão material. A interpretação teológica é praticamente uma carta branca, pois com a regra de que há estabelecer o sentido de um preceito não se avança nada a respeito da pergunta fundamental, a de como se descobre dito sentido. Finalmente, tampouco é clara a relação dos distintos métodos entre si. Cumpre decidir qual deles há que se seguir em cada caso, ou a qual dos mesmos deve ser conferida preferência, particularmente quando conduzem a resultados diferentes".[(330)]

Konrad Hesse assevera, embora tendo em mente a interpretação constitucional, mas com considerações aplicáveis à interpretação em geral, que a concretização da norma "pressupõe a 'compreensão' do conteúdo da norma a 'concretizar'. A qual não cabe desvincular nem da 'precompreensão' do intérprete nem do problema concreto a resolver (...). O intérprete não pode captar o conteúdo da norma desde um ponto de vista quase arquimédico situado fora da existência histórica, senão unicamente desde a concreta situação histórica em que se encontra, cuja plasmação conforma seus hábitos mentais, condicionando seus conhecimentos e seus pré-juizos. O intérprete compreende o conteúdo da norma a partir de uma pré-compreensão que é a que vai permitir-lhe contemplar a norma a partir de certas expectativas, fazer uma ideia do conjunto e perfilar um primeiro projeto carente ainda de comprovação, correção e revisão através da progressiva aproximação da 'coisa' por parte dos projetos em cada caso revisado (...). Dada esta presença de pré-juízo em toda compreensão, se trata não de limitar-se a executar 'antecipações' da pré-compreensão, sendo pelo contrário consciente das mesmas e explicando-as, respondendo assim ao primeiro mandado de toda interpretação: evitar a arbitrariedade (...). 'Compreender' e, com isso, 'concretizar' somente é possível com respeito a um problema concreto. O intérprete tem de colocar em relação com dito problema a norma que pretende compreender, se quiser determinar o seu conteúdo aqui e agora. Esta determinação, assim como a 'aplicação' da norma ao caso concreto, constituem um processo único e não a aplicação sucessiva de determinados supostos de algo preexistente, geral, em si mesmo compreensível. Não existe interpretação (...) desvinculada dos problemas concretos".[(331)]

---

(326) *Como aplicar e interpretar as leis*, p. 35-36.
(327) *Como aplicar e interpretar as leis*, p. 37.
(328) *Como aplicar e interpretar as leis*, p. 39.
(329) *Escritos de derecho constitucional*, p. 36.
(330) *Escritos de derecho constitucional*, p. 37-38.
(331) *Escritos de derecho constitucional*, p. 40-42.

Em suma, o que Konrad Hesse sustenta é que não existe uma vontade (objetiva[332] ou subjetiva[333]) preestabelecida, que pode ser alcançada por meio dos métodos tradicionais de interpretação, especialmente porque o intérprete já possui uma pré-compreensão da norma e somente pode estabelecer a sua correta compreensão a partir do caso concreto a ser julgado, fatos que, segundo ele, são desconsiderados pela doutrina clássica da interpretação. Contudo, esse autor não nega valor aos métodos de interpretação adotados pela teoria tradicional, afirmando que eles colaboram na fixação "das possíveis variantes de sentido no espaço delimitado" pela norma interpretada.[334]

Cumpre ter presente que, como assevera Karl Larenz, os métodos de interpretação "mais não assinalam que determinados passos ou estágios do processo do pensamento",[335] o que significa que os métodos referidos não se excluem, mas são complementares na busca do significado da norma jurídica.

Ainda sobre a interpretação, vale mencionar a tese da *interpretação alternativa*, de que dá notícia Wolfgang Däubler, para quem:

> "Uma das referências do intérprete alternativo é o estado de direito alcançado. Mas este *status quo* da evolução do direito não é (apenas) visto como resultado da totalidade das leis e de outras normas jurídicas existentes. Para a interpretação concreta do direito interessa em primeiro lugar o que a jurisprudência fez com o material disponível de normas. Quando não existe pronunciamento a respeito de uma certa questão, remete-se à *doutrina predominante* na literatura (...). Em caso de litígio estes se concretizam apenas com aqueles conteúdos que lhes são atribuídos na jurisprudência ou na literatura. A ordem *retocada* desta maneira é o ponto de partida da interpretação alternativa."[336] Sob este prisma, o que é o direito é definido pelas normas e pela jurisprudência e doutrina predominantes, mas o significado das normas jurídicas estabelecido pela jurisprudência ou doutrina predominante não deve ser adotado de forma acrítica.

10.6. Várias escolas apresentam propostas de interpretação das normas jurídicas.

Dentre estas escolas de hermenêutica jurídica, vale mencionar:

a) *hermenêutica tradicional:* segundo Carlos Maximiliano, esse sistema "se obstina em jungir o Direito aos textos rígidos e aplicá-los hoje de acordo com a vontade, verificada ou presumida, de um legislador há muito sepultado" e, "levado ao exagero, deu em resultado o predomínio do método de exegese propriamente dita, o qual consiste em expor a matéria dos Códigos artigo por artigo. Assim se facilitava, em cada espécie, a investigação da vontade do legislador";[337]

b) *da exegese*: esta escola tem como postulados básicos a identificação do direito com a lei ditada pelo Estado, a exigência de interpretação passiva e mecânica da lei pelo juiz, que deveria limitar-se à pesquisa da vontade do legislador, e a suficiência da lei, o que significava que o ordenamento jurídico disciplinava todas as situações da vida, não contendo, com isto, lacunas.

Norberto Bobbio afirma que a escola da exegese surgiu a partir da interpretação do art. 4º do Código de Napoleão ("O juiz que se recusar a julgar sob pretexto do silêncio, da obscuridade ou da insuficiência da lei, poderá ser processado como culpável de justiça denegada"), que caminhou em dois sentidos: o que se pretendeu com a citada disposição legal foi "deixar aberta a possibilidade da livre criação do direito por parte do juiz (...). A *ratio* do art. 4º do Código de Napoleão, na intenção dos seus compiladores, era a de evitar os inconvenientes de uma prática judiciária instaurada durante a Revolução, pela qual os juízes, quando não dispunham de uma norma legislativa precisa, se abstinham de decidir a causa e devolviam os autos ao poder legislativo para obter disposições a propósito"; o aludido texto legal deve

(332) Vontade incorporada à norma jurídica objeto da interpretação.
(333) Vontade do criador da norma (legislador) objeto da interpretação.
(334) *Escritos de derecho constitucional*, p. 43-44.
(335) *Metodologia da ciência do direito*, p. 210.
(336) *Direito do trabalho e sociedade na Alemanha*, p. 103-104.
(337) *Hermenêutica e aplicação do direito*, p. 44 e 45.

ser interpretado "no sentido de que se deveria deduzir da própria lei a norma para resolver quaisquer controvérsias (...). É neste modo de entender o art. 4º que se funda a escola dos intérpretes do Código Civil, conhecida como 'escola da exegese'", que "pretendia fundar a resolução de quaisquer questões na intenção do legislador".[338]

Norberto Bobbio aponta como causas históricas da escola da exegese:

1) o próprio fato da codificação: "existindo um Código, a via mais simples e mais curta consiste em procurar a solução no próprio código, desprezando as outras fontes das quais se poderia deduzir uma norma de decisão (costume, jurisprudência, doutrina, etc.), sendo o manuseio destas fontes mais complexo e difícil do que o do direito codificado";

2) a mentalidade dos juristas: "dominada pelo princípio da autoridade (...) com a codificação, a vontade do legislador é expressa de modo seguro e completo e aos operadores do direito basta aterem-se ao ditado pela autoridade soberana";

3) a doutrina da separação de poderes: "o juiz não podia criar o direito, caso contrário invadiria a esfera de competência do poder legislativo";

4) o princípio da certeza do direito: "a certeza só é garantida quando existe um corpo estável de leis e aqueles que devem resolver se as controvérsias se fundam nas normas nele contidas e não em outros critérios. Caso contrário, a decisão se torna arbitrária e o cidadão não pode mais prever com segurança as consequências das próprias ações";

5) as pressões exercidas pelo regime napoleônico: "sobre os estabelecimentos reorganizados de ensino superior do direito (...), a fim de que fosse ensinado somente o direito positivo e se deixasse de lado as teorias gerais do direito e as concepções jusnaturalistas".[339]

A concepção da escola exegética conduz ao *dogmatismo-formalismo*, que identifica "o fenômeno jurídico exclusivamente no complexo da norma", levando "a uma simplificação irrealística do direito, no que se refere ao seu aspecto normativo" e "a uma não menos irrealística simplificação dos deveres e das responsabilidades dos juristas, juízes, advogados, estudiosos, deveres que segundo aquela impostação, deveriam limitar-se a um mero, asséptico, passivo e mecânico conhecimento e aplicação da norma na vida prática", resultando na "identificação do direito positivo com a justiça, ou seja, (...) uma recusa de avaliar o direito positivo tendo como base os critérios de justiça, sociais, éticos, políticos, econômicos";[340]

c) *histórica*: os adeptos desta escola adotaram uma concepção histórica do direito, segundo a qual o direito é fruto da história, o que significa que é constituído pelas crenças e costumes do povo, não constituindo, portanto, mero fruto do arbítrio do legislador. Não foi abandonada a ideia de respeito à vontade do legislador, tendo esta escola realçado, porém, a história dos textos legais. Na aplicação da norma, de acordo com esta doutrina, o intérprete deveria adaptá-la à realidade social e suas exigências;[341]

d) *livre investigação científica*: sob a ótica desta escola, a lei constitui manifestação da vontade do legislador. Com isto, sendo a lei clara, na sua interpretação deve prevalecer aquela vontade. Operando-se a evolução das relações sociais, o intérprete da lei deve recorrer à analogia e aos costumes para adequá-la às necessidades sociais. Se a analogia e os costumes não são suficientes para a interpretação da lei, o juiz deve promover a investigação científica dos fatos, não podendo, contudo, decidir contra a lei;

(338) *O positivismo jurídico*, p. 73-77.

(339) *O positivismo jurídico*, p. 78-83. *Jusnaturalista* é a denominação conferida aos adeptos da Escola do Direito Natural, que sustentava, em linhas gerais, a existência de normas que se sobrepunham àquelas ditadas pelo legislador (direito positivo). A esta escola se contrapõe a escola histórica alemã, para a qual o direito de um povo é produto de suas tradições (eram chamados pandectistas os adeptos desta escola que estudavam o direito romano aplicado à Alemanha).

(340) CAPPELLETTI, Mário. O acesso à justiça e a função do jurista de nossa época. *Revista de Processo*, n. 61, p. 144, jan./mar. 1991.

(341) O grande mérito da escola histórica do direito foi o reconhecimento e a afirmação da natureza histórico-cultural do direito.

e) *científica francesa*: para esta escola, a norma, embora seja a fonte principal do direito, não é a sua única fonte. Diante de uma lacuna, o juiz poderá lançar mão da analogia e dos costumes e, persistindo a lacuna, criar a norma para o caso concreto a partir da pesquisa científica e dos fatos sociais;

f) *jurisprudência dos valores*: trata-se de escola que sustenta que as questões jurídicas devem ser solucionadas por meio do sopesamento dos valores fundamentais constitutivos do ordenamento jurídico;

g) *jurisprudência dos interesses*: de acordo com os partidários desta escola, sendo o direito expressão de interesses cujo reconhecimento e tutela são postulados pela sociedade, o intérprete não deve se ater à letra da regra jurídica ou à vontade do legislador, mas centrar a sua atenção nos interesses que deram origem ao surgimento da norma, ou seja, na interpretação da regra jurídica deve ser realizada uma investigação histórica dos interesses que causaram o seu surgimento, conferindo-se preferência ao interesse por ela protegido;(342)

h) *jurisprudência sociológica americana*: é sustentado por esta escola que o intérprete deverá escolher entre as soluções possíveis aquela que melhor atenda às necessidades da vida social;

i) *direito livre*: sob o prisma desta escola, o juiz deve procurar o direito na realidade social.

De acordo com Maria Helena Diniz, "Hermann Kantorowicz (...), contestando o primado da lei, considerou como fonte principal do direito as normas jurídicas que brotam, espontaneamente, dos grupos sociais. O direito livre não é direito estatal, contido nas leis, mas aquele que está constituído pelas convicções predominantes que regulam o comportamento, em um certo lugar e tempo, atendendo ao que é justo (...). O juiz deve ouvir o sentimento da comunidade, não podendo decidir, exclusivamente, no direito estatal ou com base em lei. Se o texto legal não oferecer solução, ou se conduzir a uma solução injusta, o magistrado deve ditar a sentença que, segundo sua convicção, o legislador ditaria se tivesse pensado no caso. Se o juiz não puder formar convicção sobre como o legislador resolveria o caso concreto, então o juiz se inspirará no direito livre, ou seja, no sentimento da comunidade, e se ainda não encontrar inspiração nesse sentimento, deverá, então, resolver arbitrariamente".(343)

10.7. Para interpretar as normas que constituem o direito processual do trabalho, o intérprete pode lançar mão dos métodos utilizados para a interpretação das normas jurídicas em geral, servindo-se, inclusive, dos ensinamentos das várias escolas de hermenêutica jurídica, posto que "em toda escola teórica há um fundo de verdade".(344)

Na interpretação da norma de direito processual do trabalho, não se pode olvidar que:

a) a interpretação realizada no contexto do processo judicial tem em vista a solução de casos concretos. Assim, o intérprete deve estabelecer o significado da norma no e para o caso a ser solucionado,(345) visando estabelecer a sua conexão com a realidade social, da qual o julgador não pode se distanciar, como decorre, por exemplo, da autorização para o recurso às máximas de experiência;(346)

(342) Luis Díez-Picazo aduz que, "para a jurisprudência dos interesses, o intérprete não deve tratar de estabelecer deduções lógicas partindo de dogmas jurídicos abstratos, mas decidir o conflito de acordo com aqueles interesses que tenham sido contemplados ou tidos em conta pelo legislador. Se trata então de investigar e de determinar quais são os interesses contemplados pela norma jurídica e de que maneira a norma jurídica resolveu o conflito hipotético instalado entre tais interesses, isto é, que interesse foi preferido e qual foi, ao contrário, sacrificado. O caso concreto deverá ser resolvido sobre a mesma pauta" (*Experiencias jurídicas y teoría del derecho*, p. 285).

(343) *As lacunas no direito*, p. 100.

(344) MAXIMILIANO, Carlos. *Hermenêutica e aplicação do direito*, p. 44.

(345) A interpretação judicial (interpretação realizada no contexto do processo judicial) possui uma fase cognitiva (*interpretação cognitiva*: identificação dos possíveis significados de um texto normativo) e, outra, decisória (*interpretação decisória*: escolha de um significado dentre os diversos significados possíveis de um texto normativo).

(346) Como adverte Piero Calamandrei, o juiz "deve ser fiel intérprete da sociedade em que vive" (*Proceso y democracia*, p. 59). Na Espanha, prevê o art. 3.1 do Código Civil que: "As normas são interpretadas segundo o sentido próprio de suas palavras, em relação com o contexto, os antecedentes históricos e legislativos e a realidade social do tempo em que devem ser aplicadas,

b) a conduta humana é regida pelo ordenamento jurídico e não por determinada norma jurídica ou um conjunto determinado de normas jurídicas, o que impõe que, na interpretação de qualquer norma jurídica, sejam levadas em conta as normas que compõem o ordenamento jurídico em sua totalidade. *A norma jurídica ou um conjunto de normas jurídicas compõe o Direito, mas não contém todo o Direito.*[347]

É indispensável olhar para além da norma em sua singularidade e confrontá-la com as normas que compõem o ordenamento jurídico. Nesse sentido, ensina Karl Larenz que "o intérprete há de ter sempre presente a globalidade dos fins que serve de base a uma regulamentação".[348]

Lembre-se que "o direito não é a norma, mas um conjunto coordenado de normas, sendo evidente que uma norma jurídica não se encontra jamais só, mas está ligada a outras normas com as quais forma um sistema normativo".[349]

Como aduz Eros Roberto Grau, "a interpretação do direito é interpretação do direito, no seu todo, não de textos isolados, desprendidos do direito. Não se interpreta o direito em tiras, aos pedaços. A interpretação do direito impõe ao intérprete, sempre, em qualquer circunstância, o caminhar pelo percurso que se projeta a partir dele — do texto — até a Constituição. Um texto de direito isolado, destacado, desprendido do sistema jurídico, não expressa significado normativo algum".[350]

c) no Estado Democrático de Direito, a norma regente do caso concreto (definição dos direitos e obrigações das partes) deve ser construída com a participação dos destinatários dos seus efeitos. Isso equivale a dizer que a interpretação das normas jurídicas não é atributo exclusivo do juiz e que as partes têm o direito de ofertar ao juiz alternativas para a fixação do significado das normas jurídicas (*pretensões de significado*). O significado das normas jurídicas deve ser construído intersubjetivamente. Embora as partes busquem o sucesso na demanda, a sua participação na fixação do significado das normas jurídicas permite ao juiz examiná-las sob variados ângulos[351] e confere legitimidade à sua decisão;

d) as normas jurídicas devem ser interpretadas em conformidade com a Constituição, isto é, a elas deve ser conferido significado que se harmonize com a Constituição, por ser esta o núcleo básico do ordenamento jurídico, o que, inclusive, é estabelecido no art. 1º do CPC de 2015 ("O processo civil será ordenado, disciplinado e interpretado conforme os valores e as normas fundamentais estabelecidas na Constituição da República Federativa do Brasil, observando-se as disposições deste Código");[352]

---

atendendo fundamentalmente ao espírito e à finalidade daquelas". José Juan Toharia Cortés, comentando o citado artigo, aduz que o Código Civil impõe aos operadores do direito a obrigação "de estar atentos aos signos dos tempos para saber como entender as leis. Vale dizer, a eles impõe a obrigação de uma exegese jurídica 'sociologizada' que possibilite a interpretação das normas desde-o-presente-para-o-presente mais do que desde-o-passado-para-o-presente" (Las profesiones jurídicas: una aproximación sociológica. In: *El oficio de jurista*, p. 1-16).

(347) Como ensina Pietro Perlingieri, "a solução para cada controvérsia não pode mais ser encontrada levando em conta simplesmente o artigo de lei que parece contê-la e resolvê-la, mas antes, à luz do inteiro ordenamento jurídico, e, em particular, de seus princípios fundamentais, considerados como opções de base que o caracterizam" (*Perfis do direito civil*, p. 5).

(348) *Metodologia da ciência do direito*, p. 468.

(349) BOBBIO, Norberto. *Teoria do ordenamento jurídico*, p. 21.

(350) *Ensaio e discurso sobre a interpretação/aplicação do direito*, p. 40.

(351) Em regra, a norma jurídica possibilita uma pluralidade de significados.

(352) A interpretação jurídica atende a determinados paradigmas, isto é, pelas "concepções e convicções que constituem os pontos firmes da ciência em um dado momento" (REALE, Giovanni. *Para uma nova interpretação de Platão*, p. 7). O paradigma jurídico, no sentido de pré-compreensão jurídica presente em determinado contexto social, orienta a interpretação das normas jurídicas. Assim: a) o *paradigma liberal* valoriza as soluções que favoreçam a autonomia individual, a realização dos projetos pessoais de vida de cada um e atribui aos direitos fundamentais a função de limites à interferência do Estado nas relações privadas, o que implica, por exemplo, atribuir à Constituição a função de preservação dos direitos fundamentais (Constituição-garantia; defesa do individualismo); b) o *paradigma comunitarista* privilegia as soluções que constituem fruto da participação dos indivíduos nas questões públicas (soberania popular; autonomia pública), tomando os direitos fundamentais não como garantia de espaço de independência individual, mas como tradução dos valores éticos da comunidade, o que conduz à atribuição à Constituição da condição de programa de ação, definido pelos valores éticos compartilhados pela sociedade (Constituição como ordem concreta de valores; prevalência dos valores da igualdade e da dignidade humana; Constituição-dirigente; soluções em favor do coletivo); c) sob a ótica *crítico-comunicativa*, a diversidade de concepções individuais sobre o bem e a pluralidade de identidades sociais, que impedem o estabelecimento de um sistema compartilhado de valores éticos, devem

e) o significado da norma jurídica deve ser estabelecido em função das condições sociais e políticas que conduziram à sua criação, sob pena, inclusive, de sua desconexão com a realidade social. Dito de outra forma, a norma não pode ser interpretada com abstração das condições concretas de que decorreu a sua criação;

f) ao atribuir à dignidade humana a condição de fundamento da República, a Constituição impõe ao intérprete situar o homem no centro e como finalidade primeira da ordem econômica, jurídica e social, o que impõe uma *interpretação humanista* das normas jurídicas;[353]

g) devendo adotar decisão equânime (art. 852-I, § 1º, da CLT), ao juiz é vedado ater-se apenas ao sentido literal das normas, posto que "a equidade se contrapõe ao processo meramente literal"[354] e que a justiça "exige uma grande 'concretização', quer dizer, uma consideração das circunstâncias individuais da pessoa e da situação";[355]

h) tendo o direito processual do trabalho por função principal realizar concretamente e dar vida ao direito do trabalho, o intérprete das suas normas deve estar atento aos fins perseguidos pelas normas de direito do trabalho, para evitar. O processo deve ser guiado de forma a favorecer a realização dos resultados perseguidos pela norma de direito material regente do caso concreto;

i) a interpretação das regras jurídicas deve ser informada pelos princípios de direito processual do trabalho, para, com isso, realizar os valores e fins que este ramo do Direito pretende concretizados;

j) em se tratando de interpretação de norma constitucional de conteúdo processual, o intérprete deve: i) considerar a Constituição como um todo, procurando harmonizar as suas regras e seus princípios (*princípio da unidade da Constituição*); ii) conferir máxima efetividade possível às normas constitucionais (*princípio da máxima efetividade da Constituição*); e iii) prestigiar a supremacia da Constituição, de forma que as normas ordinárias sejam interpretadas de acordo com as suas regras e seus princípios (*princípio da interpretação das normas jurídicas conforme a Constituição*).

11. Integração do direito processual do trabalho

A integração do direito processual do trabalho está relacionada com as suas eventuais lacunas. Integrar o direito processual do trabalho significa, portanto, afastar, *para a solução do caso concreto*, a sua lacuna.

11.1. Antes de definir as formas de integração do direito processual do trabalho, cumpre saber se a hipótese é de lacuna *da lei* ou do *ordenamento jurídico*.

O art. 8º, *caput*, da CLT alude à hipótese de *ausência de disposições legais* que permitam decidir determinada questão e, ainda, à omissão do *direito do trabalho*. O art. 769 da CLT trata de situação de omissão do

---

se harmonizar e exigem soluções que sejam fruto do consenso dos cidadãos sobre como devem ser regulamentadas as suas relações, sendo a Constituição resultado de procedimento democrático de elaboração (espaço público; autonomia pública) de que participem cidadãos livres e iguais (autonomia privada), o que conduz à afirmação de que a Constituição não constitui uma ordem objetiva de valores, razão pela qual na decisão judicial deve-se perseguir o que é correto segundo normas legitimamente estabelecidas — compreensão deontológica das normas jurídicas — e não o que é bom segundo uma ordem objetiva de valores (compreensão teleológica das normas jurídicas).

(353) A dignidade humana, como fundamento da República, serve de parâmetro interpretativo de todas as normas que compõem o ordenamento jurídico, o que significa, por exemplo, que, na interpretação das normas jurídicas, devem ser prestigiadas as soluções que favoreçam o pleno exercício dos direitos humanos e fundamentais e que, na ocorrência de conflito entre regras ou colisão entre princípios, deve prevalecer aquela ou aquele que seja mais favorável ao ser humano (princípio *pró-homem ou pró-dignidade humana*). A propósito, dispõe o art. 29, *a* e *b*, da Convenção Americana sobre Direitos Humanos que nenhuma das suas disposições pode ser interpretada no sentido de "permitir a qualquer dos Estados-partes, grupo, ou indivíduo, suprimir o gozo e o exercício dos direitos e liberdades reconhecidos na Convenção ou limitá-los em maior medida do que a nela prevista" e de "limitar o gozo e o exercício de qualquer direito ou liberdade que possam ser reconhecidos em virtude de leis de qualquer dos Estados-partes ou em virtude de Convenções em que seja parte um dos referidos Estados", respectivamente.

(354) MAXIMILIANO, Carlos. *Hermenêutica e aplicação do direito*, p. 120.

(355) ENGISH, Karl. *Introdução ao pensamento jurídico*, p. 320.

direito processual do trabalho. Na CLT, portanto, dá-se a lacuna quando não exista *disposição legal* que permita a solução de determinada situação concreta.

A Lei de Introdução às Normas do Direito Brasileiro faz alusão a *omissão da lei* (art. 4º).

O art. 126 do CPC de 1973 atribui ao juiz o *dever de decidir ou de impulsionar o processo*, dispondo que ao juiz é vedado se eximir de sentenciar ou despachar alegando lacuna da *lei*.

O art. 140 do CPC de 2015 impõe ao juiz o *dever de decidir*, estabelecendo que o juiz não se exime de decidir sob alegação de lacuna ou obscuridade do *ordenamento jurídico*.

O que rege a conduta humana é o *Direito* considerado em seu conjunto, ou seja, o ordenamento jurídico.

A lei pode apresentar lacunas, o que não ocorre com o ordenamento jurídico, visto que este "dispõe de garantias/técnicas suficientes para afastar as lacunas da lei. Essa, sim, possui lacunas. Lacuna significa, portanto, a ausência de uma lei que forneça solução para determinado problema jurídico".[(356)] O CPC de 2015 confirma esta assertiva, visto que veda ao juiz se eximir de julgar alegando omissão do *ordenamento jurídico*, o que significa que, havendo ausência, no direito processual do trabalho, de disposição legal que permita solucionar determinada questão de direito, o juiz deverá procurar no ordenamento jurídico a sua solução.

11.2. O legislador brasileiro admite a possibilidade de existência de lacunas na lei, como demonstram os arts. 126 do CPC de 1973, 15 e 140 do CPC de 2015 e 4º da Lei de Introdução às Normas do Direito Brasileiro), ideia que não é estranha ao direito processual do trabalho, que admite, por exemplo, o recurso ao direito processual comum como sua fonte subsidiária (art. 769 da CLT), em clara demonstração da admissão da existência de lacunas no direito processual do trabalho.

11.3. Existem dois mecanismos voltados ao afastamento das lacunas, quais sejam, a *autointegração* e a *heterointegração*.

Na autointegração, recorre-se, para afastar a lacuna, à "fonte dominante do direito: a lei. O procedimento típico é a analogia", ao passo que a heterointegração "é a técnica pela qual a ordem jurídica se completa lançando mão de fontes diversas da norma legal, por exemplo, o costume, a equidade".[(357)]

Para Francesco Carnelutti, "a solução autointegrativa do problema das lacunas corresponde essencialmente a um desígnio de coerência da ordem jurídica inteira, já que o regime dos casos não previstos determina-se conforme a mesma intenção que inspirou a formação da norma expressa",[(358)] o que implica recurso à analogia, ao passo que, segundo esse doutrinador, a heterointegração consiste "na regulação dos casos não previstos, quer conforme ao uso, quer conforme à equidade".[(359)]

11.4. O CPC de 1973 define, como mecanismos a serem utilizados para afastar lacuna da lei, a analogia, os costumes e os princípios gerais de direito (art. 126 do CPC), ao passo que o CPC de 2015 silencia a respeito (art. 140), o que impõe a invocação do art. 4º da Lei de Introdução às Normas do Direito Brasileiro, que também se refere à analogia, aos costumes e aos princípios gerais de direito.

O art. 8º da CLT, que alcança também o direito processual do trabalho, faz referência à jurisprudência, à analogia, aos princípios e normas gerais de direito, aos usos, aos costumes e ao direito comparado, ao passo que o art. 769 da CLT e o art. 15 do CPC de 2015 definem o direito processual comum como mecanismo para afastar lacunas do direito processual do trabalho, acrescentando-se que, em relação ao processo de execução, a CLT aponta a Lei de Executivos Fiscais como fonte do direito processual do trabalho (art. 889). Esta lei compõe o direito processual comum a que alude o art. 769 da CLT.

(356) ALMEIDA, Wânia Guimarães Rabêllo de. *Direito processual metaindividual do trabalho:* a adequada e efetiva tutela jurisdicional dos direitos de dimensão transindividual, p. 220.
(357) *As lacunas no direito*, p. 138.
(358) *Sistema de direito processual civil*, v. I, p. 187.
(359) *Sistema de direito processual civil*, v. I, p. 187.

O art. 8º faz referência à equidade, no sentido de autorizar o juiz a *decidir por equidade* no caso de lacuna do direito, o que significa que não se trata, propriamente, de um mecanismo para afastar lacunas, ou seja, a uma fonte do direito que permite afastar lacuna da lei. O art. 8º da CLT também alude à jurisprudência, mas no sentido de indicar ao juiz que, na ausência da norma, cumpre verificar se já existem decisões judiciais que enfrentaram a mesma situação que se apresenta no processo em curso, o que implica, também aqui, que não se trata, propriamente, de um mecanismo para afastar lacunas.

Destarte, da conjugação dos citados comandos legais decorre que constituem mecanismos para afastar as lacunas do direito processual do trabalho: a) analogia; b) princípios e princípios gerais de direito; c) usos; d) costumes; e) direito comparado; e) direito processual comum.

Para Arruda Alvim, "existe uma hierarquia entre a analogia, o costume e os princípios gerais de direito, no sentido de que não se há, exemplificativamente, de usar um costume se a solução pela analogia for possível. Tanto a Lei de Introdução do Código Civil, em seu art. 4º, quanto o Código (art. 126), referem-se a tais realidades na mesma ordem (...). É razoável que se aplique a analogia, prioritariamente, ao costume, porquanto a analogia é uma solução que decorre do próprio sistema, isto é, trata-se de resolver o problema à luz do que foi querido, embora não explicitamente, pelo próprio legislador. É, em última análise, uma solução mais próxima do Direito escrito e, assim, mais próxima da ideia matriz de todo o nosso sistema, consistente, essencialmente, em que ninguém é obrigado a fazer ou a deixar de fazer alguma coisa, senão em virtude da lei (...). O costume, pois, só será aplicado se impossível a aplicação analógica da lei".[360]

Maria Helena Diniz também admite a existência de hierarquia entre os modos de integração do direito, aduzindo que "o aplicador do direito, ante uma questão dúbia, indaga se há disposição legal expressa e precisa; se não a encontrar, recorre aos preceitos sobre casos similares; se estes não existirem, vai até os costumes, e se tais faltarem, busca os princípios gerais".[361]

O art. 8º da CLT, ao estabelecer que o juiz deverá decidir, *conforme o caso*, de acordo com os meios de integração que declina, deixa claro que o meio de integração deverá ser definido à luz do caso concreto, impondo-se a opção por aquele que possibilite a solução mais rápida, econômica, efetiva, justa e equânime para o caso concreto, o que afasta a existência de hierarquia entre os mecanismos de solução de lacunas.

11.5. Para suprir a lacuna do direito processual do trabalho, o juiz pode recorrer à analogia.

De acordo com Maria Helena Diniz, "na hipótese de lacuna o juiz deverá investigar as normas que contemplem hipótese semelhante ao caso em tela, a realidade social, o sentido dos fatos, indagando dos valores que informam a ordem jurídica, passando de um subsistema a outro (...). Há na analogia uma investigação lógica, no sentido de buscar a verdade de uma igualdade, e teleológica-axiológica, no sentido de representar a justiça na igualdade, tendo em vista a realidade em que o caso *sub judice* se apresenta".[362] Trata-se, portanto, de um processo lógico-valorativo.

Para Norberto Bobbio, "a interpretação analógica se funda num raciocínio por analogia (...). Para que tal raciocínio seja exato, é necessário que haja uma semelhança relevante (...). Tal semelhança existe quando os dois casos apresentam a mesma *ratio legis*, isto é, quando o elemento que induziu o legislador a dar ao primeiro caso uma certa disciplina jurídica se encontra também no segundo (...). A comunhão da *ratio legis* entre os dois casos representa, portanto, no campo do direito, aquela comunhão da razão suficiente que torna legítimo o raciocínio por analogia. Assim, quando num caso não regulado se encontra a mesma *ratio* que funda a disciplina de outro caso, também ao primeiro pode ser estendida essa mesma disciplina".[363]

A analogia não se confunde com a interpretação extensiva, porquanto, "na analogia parte-se de duas situações: uma, regulada por determinada norma; outra, que não foi sequer cogitada pelo legislador. Devido, precisamente, à analogia entre as duas situações, aplica-se, então, a norma às duas, ou seja, à situação

---

(360) *Manual de direito processual civil*, v. 1, p. 161.
(361) *As lacunas no direito*, p. 212.
(362) *As lacunas no direito*, p. 146-147.
(363) *O positivismo jurídico*, p. 215-218.

expressamente prevista e à situação que, embora não prevista, é similar à que o é. Na analogia, pois, há duas situações: a prevista e a que lhe é análoga, ou seja, o fato ou situação análoga. Na interpretação extensiva, o intérprete parte de uma só norma, através da delimitação de seu âmbito, procurando fixar seu significado e abrangência. Assim, uma interpretação é extensiva, quando o legislador disse menos do que tinha a intenção de dizer, ou seja, quando há uma desconformidade entre o pensamento do legislador (o que quer o legislador) e a própria norma, onde o legislador disse menos do que queria ter dito".[364]

Para Celso Agrícola Barbi, "distinguem-se a analogia legal e a jurídica. A primeira ocorre quando o aplicador procura entre as regras da lei as que, pela sua semelhança com o caso a decidir, são as mais adequadas a ele. A segunda se verifica quando a lei não prevê hipótese semelhante àquela a ser decidida, de modo que o aplicador tem de procurar, no direito em geral, normas que se aproximem o mais possível do caso a ser resolvido".[365] A solução de questões concretas a partir do sistema é expressamente autorizada pelo art. 5º, § 2º, da Constituição da República.

11.6. Pode o juiz, para suprir uma lacuna, recorrer aos princípios, dentre os quais os princípios gerais de direito.

Os princípios possuem várias funções no ordenamento jurídico, dentre as quais a integrativa. Os princípios servem, assim, para afastar as lacunas do direito processual do trabalho. Cumpre mencionar que os princípios compõem, ao lado das regras, o ordenamento jurídico. Destarte, quando se fala em lacuna do direito processual do trabalho cumpre ter presente que ele é composto por regras e princípios. Se um princípio é suficiente para a solução do caso concreto, não há que se falar em lacuna. A lacuna estará presente, desse modo, quando não existe um princípio específico que permita a solução do caso concreto.

De outro lado, o juiz pode recorrer, para afastar lacuna, aos princípios gerais de direito.

Caio Mário da Silva Pereira afirma que "fonte subsidiária, ainda, quando as outras mais diretas falham, ou se mostram insuficientes, é a invocação dos princípios gerais de direito, com o qual o aplicador investiga o pensamento mais oculto da cultura jurídica, juntamente com a fixação da orientação geral do ordenamento jurídico, e os traz ao caso concreto. Perquire-se o pensamento filosófico sobranceiro ao sistema, ou as ideias estruturais do regime, e impõe a regra em que dada espécie se contém implícita no organismo jurídico nacional".[366]

Giuseppe Chiovenda indica como exemplos de princípios gerais, no contexto do direito processual, "no sentido de que são comuns a todas as leis modernas": a) igualdade das partes: "como quem reclama justiça, devem as partes colocar-se no processo em absoluta paridade de condições. Isso se manifesta sobretudo no princípio contraditório (...), na repartição do ônus da prova, no princípio de que a prova contrária é um direito, nas normas asseguradoras da defesa e da comunicação recíproca dos documentos, no princípio da aquisição processual, e semelhantes"; b) economia dos processos: "que mais não é que a aplicação do princípio do menor esforço à atividade jurisdicional (...). Importa obter o máximo resultado na atuação da lei com o mínimo emprego possível de atividade jurisdicional".[367]

Do princípio da economia dos processos decorre, segundo Giuseppe Chiovenda, "a solicitude das leis processuais no simplificar e facilitar o curso do processo, que se revela, entre outros: a) nas sanções tendentes a impedir atos inúteis e supérfluos (...); b) nas normas sobre a união de causas conexas (...) e na *perpetuatio iurisdictionis* (...); c) no uso das preclusões (...)".[368]

Antonio Enrique Pérez Luño aduz que:

"a) do ponto de vista *metodológico*, os princípios gerais de direito atuam como *metanormas*, como normas que servem para conhecer, analisar e aplicar o restante das normas jurídicas (...). Os princípios

(364) ALVIM, Arruda. *Manual de direito processual civil*, v. 1, p. 162-163.
(365) *Comentários ao Código de Processo Civil*, v. I, p. 317.
(366) *Instituições de direito civil*, v. I, p. 49.
(367) *Instituições de direito processual civil*, v. I, p. 130-131.
(368) *Instituições de direito processual civil*, v. I, p. 131.

representam ademais a *ratio legis* das normas ao assegurar que estas sejam interpretadas de acordo com seus fins e que se adaptem à realidade social de cada momento histórico;

b) do ponto de vista *ontológico*, os princípios gerais de direito são a *essência* a que o ordenamento remete ao determinar seu sistema de fontes (...);

c) do ponto de vista *axiológico*, os princípios gerais de direito são os *postulados éticos* que devem inspirar todo o ordenamento jurídico."[369]

11.7. Os usos e costumes, o direito comparado, a jurisprudência e o direito processual comum foram examinados quando da definição das fontes do direito processual do trabalho.

11.8. Embora, como foi registrado, a decisão por equidade não se insira, propriamente, entre os mecanismos para afastar lacunas, a sua referência no art. 8º da CLT merece algumas considerações.

Decidir por equidade é estabelecer a norma disciplinadora do caso concreto, agindo o juiz como se fosse legislador.

Não se confundem a decisão por equidade (juízo ou jurisdição de equidade: art. 127 do CPC de 1973 e art. 140 do CPC de 2015) e a decisão equânime. Ao julgar *por equidade*, o juiz age como se fosse legislador, estabelecendo a norma regente do caso concreto. Julgamento equânime é aquele em que o juiz aplica a norma preexistente, adaptando-a às particularidades do caso concreto. A equidade pode ser considerada, aqui, como garantia de justiça no caso concreto, vez que permite ao juiz decidir sem observância da legalidade estrita e da forma que reputar mais conveniente e oportuna para a hipótese sob julgamento (é o que prevê o art. 1.109 do CPC de 1973), ou seja, desconsiderando o formalismo, o rigor e a frieza da norma jurídica. Segundo Aristóteles, o equitativo é o "justo, mas não o justo segundo a lei, e sim um corretivo da justiça legal (...). O equitativo é, por sua natureza, uma correção da lei onde esta é omissa devido à sua generalidade".[370]

No *julgamento equânime*, faz-se a adaptação da norma existente ao caso concreto (equidade como critério de aplicação da lei), ao passo que, no *julgamento por equidade*, o juiz cria, no sentido de revelá-la a partir do sistema jurídico, a norma para o caso concreto. O julgamento equânime é condição para a justiça da decisão. A decisão equânime humaniza o julgamento e o próprio julgador.

Tenha-se presente que, como adverte Maria Helena Diniz, "a equidade não constitui um mero recurso à especulação jurídica; está dentro do direito, uma vez que o direito brota do contexto cultural e visa à consecução de uma ideia; criar o justo equilíbrio entre os interesses da coletividade e dos particulares, ou seja, a realização da justiça (...). A equidade (...) é poder conferido ao magistrado para revelar o direito latente".[371]

12. A efetividade da jurisdição e do processo como direito, humano e fundamental, das partes. Indicadores da efetividade da jurisdição e do processo. Direito de não ser dispensado em razão do exercício do direito à jurisdição e ao processo

Ao lado da titularidade de direitos, coloca-se a titularidade do *direito à sua tutela jurisdicional*, visto que ter direito a determinado bem é estar em condições de se valer de todas as suas possibilidades.[372]

Desta forma, como garantia do gozo pleno e concreto dos direitos atribuídos pela ordem jurídica, a todos é assegurada a tutela jurisdicional destes direitos. Tutela que é realizada por meio da jurisdição e do processo.

(369) *Teoría del derecho:* una concepción de la experiencia jurídica, p. 208-209.

(370) *Ética a Nicômaco*, p. 109.

(371) DINIZ, Maria Helena. *As lacunas no direito*, p. 267.

(372) Como afirmam Mauro Cappelletti e Bryant Garth, "a titularidade de direitos é destituída de sentido, na ausência de mecanismos para sua efetiva reivindicação", o que faz com que o acesso à justiça seja por eles "encarado como o requisito fundamental — o mais básico dos direitos humanos — de um sistema jurídico moderno e igualitário que pretenda garantir, e não apenas proclamar os direitos de todos" (*Acesso à justiça*, p. 12).

A jurisdição e o processo constituem instrumentos (trata-se de *instrumentalidade técnica*) destinados à condução do direito da *positividade abstrata* (atribuição do direito pelo ordenamento jurídico: *tutela jurídica do direito*) à sua *positividade concreta*, no caso do seu não cumprimento espontâneo (garantia de pleno gozo do direito: *tutela jurisdicional do direito*).

Contudo, a hipótese não é de simples reconhecimento do direito à jurisdição e ao processo, mas do reconhecimento de um direito à jurisdição e ao processo com uma especial *qualidade*, que é a *efetividade*. As partes têm direito à jurisdição e ao processo efetivos.

O reconhecimento do direito à efetividade da jurisdição e do processo decorre do fato de que o direito cumpre a sua função social quando e na medida em que, ao lado de atribuir direitos, cria os instrumentos adequados à sua realização concreta.[373] Ademais, como assinala Jesús Gonzáles Pérez, "para manter a justa paz social não basta proclamar a exclusividade da jurisdição. Não basta proibir e punir penalmente o exercício da autodefesa. A justa paz social somente é possível na medida em que o Estado for capaz de criar instrumentos adequados e eficazes para satisfazer as pretensões ante ele formuladas".[374]

Do direito à jurisdição e processo efetivos decorre, para o Estado, o *dever de efetividade*,[375] cujo cumprimento exige, dos órgãos do Poder Judiciário, constante disposição para realizar o conteúdo das normas jurídicas materiais e processuais e, do legislador, a criação de instrumentos que permitam a mais adequada realização daquele conteúdo.

Vale o registro de que o CPC de 2015, que neste particular atua como fonte do direito processual do trabalho, faz expressa alusão à *decisão efetiva*, que é por ele considerada não só um direito das partes, como também um *dever do juiz e das partes* (*dever de cooperação para a prolatação de decisão efetiva*). Neste sentido, dispõe o art. 6º do CPC de 2015 que "todos os sujeitos do processo devem cooperar entre si para que se obtenha, em tempo razoável, decisão de mérito justa e efetiva".

12.1. Estabelecida a existência do direito à efetividade da jurisdição e do processo ou à jurisdição e processo efetivos, cumpre definir a natureza deste direito.

O direito à jurisdição e ao processo tem a estatura de *direito humano processual*.

Com efeito, o Direito Internacional dos Direitos Humanos, ao lado de a todos reconhecer a titularidade de *direitos humanos materiais*, reconhece o direito de acesso à justiça, do qual constitui corolário lógico o *direito à jurisdição e ao processo* (arts. 8º e 10 da Declaração Universal dos Direitos Humanos; arts. 2º, n. 3, *a*, e 14 do Pacto Internacional sobre Direitos Civis e Políticos; arts. 8º e 25 da Convenção Americana sobre Direitos Humanos).

O Direito Internacional dos Direitos Humanos reconhece, portanto, a existência do *direito humano à jurisdição e ao processo*.

Contudo, o Direito Internacional dos Direitos Humanos não se limita a reconhecer o direito à jurisdição e ao processo.

A Declaração Universal dos Direitos Humanos a todos reconhece o direito de receber dos tribunais competentes *recurso efetivo* para os atos que violem os direitos fundamentais reconhecidos pela Constituição ou pela lei (art. 8º). No mesmo compasso, o Pacto Internacional sobre Direitos Civis e Políticos consigna

(373) Como aduz Enrico Tullio Liebman, "a função do direito não é plenamente realizada com a formulação da lei (...). É necessário assegurar, na medida do possível, a sua estrita observância, em nome da liberdade e dos direitos de cada um na ordem objetiva da convivência social. Em outras palavras, é necessário, sempre que falte a observância espontânea, identificar, declarar e dar atuação a estas regras (...). Por isso, há um ramo do direito destinado precisamente à tarefa de garantir a eficácia prática do ordenamento jurídico, mediante a instituição de órgãos públicos com a incumbência de atuar essa garantia, disciplinando as modalidades e formas de sua atividade. Esses são órgãos jurisdicionais e a sua atividade chama-se, desde tempos imemoriais, jurisdição" (*Manuale di diritto processuale civile*, p. 1).

(374) *El derecho a la tutela jurisdicional*, p. 21.

(375) A carência de efetividade da jurisdição e do processo geram insegurança nas relações sociais e descrédito no Poder Judiciário e na ordem jurídica, ao passo que a jurisdição e o processo ganham relevância social na medida de sua efetividade.

o compromisso dos Estados dele signatários de garantir que toda pessoa, cujos direitos e liberdades nele reconhecidos hajam sido violados, possa dispor de um *recurso efetivo*, mesmo que a violência tenha sido perpetrada por pessoas que agiam no exercício de funções oficiais (art. 3, *a*). De seu turno, a Convenção Americana sobre Direitos Humanos prevê, em seu art. 25, que toda pessoa tem direito a um recurso simples e rápido ou a qualquer outro *recurso efetivo*, perante os juízes ou tribunais competentes, que a proteja contra atos que violem seus direitos fundamentais reconhecidos pela Constituição, pela lei ou pela própria Convenção.

O Direito Internacional dos Direitos Humanos, destarte, a todos reconhece o *direito humano à efetividade da jurisdição e do processo*.

A Constituição da República de 1988 também reconhece, *como fundamental*, o direito à efetividade da jurisdição e do processo. Isso porque, proibindo a autodefesa, o Estado atrai para si o dever de tornar concretos os direitos atribuídos pela ordem jurídica, ao qual corresponde o direito à atividade estatal destinada a este fim (direito à jurisdição e ao processo) e a que esta atividade seja capaz de produzir os efeitos que lhe são próprios (direito à efetividade da jurisdição e do processo). De outro lado, ao atribuir às partes o direito ao *devido processo legal*, a Constituição Federal também reconhece o direito à efetividade do processo (art. 5º, LIV), vez que *devido processo* é aquele apto à realização da adequada, justa e efetiva tutela dos direitos atribuídos pela ordem jurídica.

Daí a conclusão de que as partes têm direito, fundamental, à efetividade da jurisdição e do processo.[(376)]

12.2. Afirmada a existência do direito, humano e fundamental, à efetividade da jurisdição e do processo, cumpre precisar o conteúdo deste direito.

É clássica a afirmação de Giuseppe Chiovenda, no sentido de que o processo "deve dar, o quanto possível praticamente, a quem tenha um direito, tudo aquilo e exatamente aquilo que ele tenha direito de conseguir".[(377)] Cândido Rangel Dinamarco sustenta que esta afirmação constitui a síntese do pensamento voltado à efetividade do processo.[(378)]

No mesmo sentido, assevera Andrea Proto Pisani que o processo, "por meio das atividades das partes (exercício da ação) e do juiz (exercício da jurisdição), busca fazer com que o titular da situação de vantagem obtenha os mesmos resultados (ou, sendo estes impossíveis, resultados equivalentes) que obteria através do cumprimento espontâneo da parte dos obrigados".[(379)]

Giuseppe Chiovenda e Andrea Proto Pisani relacionam a efetividade da jurisdição e do processo à sua *capacidade para produzir efeitos concretos* ou ao *resultado que produzem* (conferir à parte aquilo e exatamente aquilo que lhe é reconhecido e garantido pela ordem jurídica). Este ponto de vista é também adotado por José Roberto dos Santos Bedaque, para quem a efetividade do processo significa "aptidão para produzir concretamente os resultados dele esperados" e que processo efetivo é "aquele que, observado o equilíbrio entre os valores segurança e celeridade, proporciona às partes o resultado desejado pelo direito material".[(380)]

José Carlos Barbosa Moreira relaciona, no exame da efetividade da jurisdição e do processo, o processo e o direito material, afirmando que, "querer que o processo seja efetivo é querer que desempenhe com eficiência o papel que lhe compete na economia do ordenamento jurídico. Visto que esse papel é instrumental em relação ao direito substantivo, também se costuma falar da instrumentalidade do processo (...). Qualquer instrumento será bom na medida em que sirva de modo prestimoso à consecução dos fins da obra a que se ordena; em outras palavras, na medida em que seja efetivo. Vale dizer: será efetivo o processo que constitua instrumento eficiente de realização do direito material".[(381)]

---

(376) A Constituição da Espanha assegura, expressamente, o direito à efetividade da jurisdição, conforme se vê do item 1 do seu art. 24: "1. Todas as pessoas têm direito a obter a tutela efetiva dos juízes e tribunais no exercício de seus direitos e interesses legítimos, sem que, em nenhum caso, pode produzir-se ausência de defesa".

(377) *Instituições de direito processual civil*, v. I, p. 67.

(378) *Fundamentos do processo civil moderno*, v. I, p. 593.

(379) *Lezione di diritto processuale civile*, p. 31.

(380) *Efetividade do processo e técnica processual*, p. 32.

(381) *Por um processo socialmente efetivo. Temas de direito processual do trabalho.* Oitava Série, p. 15.

José Carlos Barbosa Moreira aponta cinco condições para que a jurisdição e o processo sejam considerados efetivos:

"a) o processo deve dispor de instrumentos de tutela adequados, na medida do possível, a todos os direitos (e outras posições jurídicas de vantagem) contemplados no ordenamento, quer resultem de expressa previsão normativa, quer se possam inferir do sistema;

b) esses instrumentos devem ser praticamente utilizáveis, ao menos em princípio, sejam quais forem os supostos titulares dos direitos (e das outras posições jurídicas de vantagem) de cuja preservação ou reintegração se cogite, inclusive quando indeterminado ou indeterminável o círculo dos eventuais sujeitos;

c) impende assegurar condições propícias à exata e completa reconstituição dos fatos relevantes, a fim de que o convencimento do julgador corresponda, tanto quanto puder, à realidade;

d) em toda a extensão da possibilidade prática, o resultado do processo há de ser tal que assegure à parte vitoriosa o gozo pleno da específica utilidade a que faz jus segundo o ordenamento;

e) cumpre que se possa atingir semelhante resultado com o mínimo dispêndio de tempo e energias."[382]

Carlos Alberto Alvaro de Oliveira também adota concepção ampla da efetividade da jurisdição e do processo, afirmando que "a desejável efetividade do processo depende no essencial da dimensão dos poderes das partes e dos poderes-deveres do órgão judicial, da conformação e adequação do procedimento, de técnicas mais apropriadas, e das formas de tutela jurisdicional, na medida em que todos esses elementos é que se mostram realmente significativos para uma melhor realização dos valores fundamentais do processo".[383]

Acrescenta Carlos Alberto Alvaro de Oliveira que "a efetividade só se revela virtuosa se não colocar no limbo outros valores importantes do processo, a começar pela justiça, mas não só este. Justiça no processo significa exercício da função jurisdicional de conformidade com os valores e princípios normativos conformadores do processo justo em determinada sociedade (imparcialidade e independência do órgão jurisdicional, contraditório, ampla defesa, igualdade formal e material das partes, juiz natural, motivação, publicidade das audiências, término do processo em prazo razoável, direito à prova) (...). O acesso à justiça (...) deve certamente compreender uma proteção juridicamente eficaz e temporalmente adequada. O que ponho em questão é a eficiência como fim, sem temperamentos, como meta absoluta, desatenta a outros valores e princípios normativos. O ponto importante é que esses ditames axiológicos, além de se afinarem mais com a visão de um Estado democrático e participativo, poderão não só contribuir para a justiça da decisão como até para a própria efetividade. Nessa perspectiva, dois aspectos devem ser destacados: a necessidade de maior informalismo e a acentuação do princípio fundamental da cooperação entre o órgão jurisdicional e as partes".[384]

Ainda consoante Carlos Alberto Alvaro de Oliveira, "a efetividade qualificada, numa perspectiva dinâmica, implica, em primeiro lugar, o direito da parte à possibilidade séria e real de obter do juiz uma decisão de mérito, adaptada à natureza das situações subjetivas tuteláveis, de modo a que seja plenamente satisfeita a 'necessidade de tutela' manifestada na demanda. Para tanto, é altamente desejável que sejam elásticas e diferenciadas as formas de tutela, levando em conta as peculiaridades das crises sofridas pelo direito material e as exigências do caso concreto. Essencial, ainda, que outorguem o máximo de efetividade, desde que preservados outros direitos fundamentais, a exemplo do direito ao processo justo, que é a concretização deontológica do valor segurança no Estado constitucional. Significa isto, não só afastar, na medida do possível, a tipicidade das formas de tutela, como também elastecer o seu leque para abarcar todas as formas de direito material e as crises por ele sofridas (direito individual ou coletivo, condenação,

(382) Efetividade do processo e técnica processual. *Revista Forense comemorativa 100 anos*, t. V, p. 578.

(383) Os direitos fundamentais à efetividade e à segurança em perspectiva dinâmica. In: SALLES, Carlos Alberto (coord.). *As grandes transformações do processo civil brasileiro* — homenagem ao professor Kazuo Watanabe, p. 40.

(384) *Do formalismo no processo civil*, p. 246-247.

constituição, declaração, mandamento e execução), bem como assegurar formas repressivas ou preventivas, com ou sem receio de lesão, de modo a preencher totalmente a exigência de adequação. Também é indispensável que a tutela possa refletir efetivamente no mundo social. Não basta apenas declarar a existência do direito, mas realizá-lo quando necessário".[(385)]

Jurisdição e processos efetivos são aqueles capazes de assegurar à parte aquilo e exatamente aquilo que lhe atribui a ordem jurídica, nem mais nem menos, no sentido da obtenção, pelo titular do direito, do mesmo resultado que alcançaria se o dever a ele correspondente tivesse sido adimplido espontânea e oportunamente (*efetividade como capacidade de produzir determinado resultado*).

No entanto, somente é efetivo o instrumento ao qual se tem fácil acesso e que cujo manuseio seja o mais simples possível, o que significa que a jurisdição e o processo serão efetivos na medida em que forem de fácil e simplificado acesso (*efetividade como facilidade de acesso à justiça e simplicidade na defesa judicial dos direitos*).[(386)]

Não se pode olvidar, ainda, que a todos são assegurados a razoável duração do processo e os meios que garantam a celeridade de sua tramitação (art. 5º, LXXVIII, da Constituição da República), o que autoriza afirmar que a jurisdição e o processo serão efetivos na medida em que o processo tiver duração razoável e não sofrer dilações indevidas (*dimensão temporal da efetividade da jurisdição e do processo*).[(387)]

Cumpre ter presente, de outro lado, que a jurisdição e o processo somente serão efetivos na medida em que corresponderem a um processo justo e equitativo (*efetividade como justiça*[(388)] *e equidade*[(389)] *do processo*).

---

(385) Os direitos fundamentais à efetividade e à segurança em perspectiva dinâmica. In: SALLES, Carlos Alberto (coord.). *As grandes transformações do processo civil brasileiro* — homenagem ao professor Kazuo Watanabe, p. 40-41.

(386) Mauro Cappelletti e Bryant Garth assinalam que, nos estados liberais burgueses, "direito de acesso à proteção judicial significava essencialmente o direito formal do indivíduo agravado de propor ou contestar uma ação. A teoria era a de que, embora o acesso à justiça pudesse ser um 'direito natural', os direitos naturais não necessitavam de uma ação do Estado para sua proteção. Esses direitos eram considerados anteriores ao Estado; sua preservação exigia apenas que o Estado não permitisse que eles fossem infringidos por outros. O Estado, portanto, permanecia passivo, com relação a problemas tais como a aptidão de uma pessoa para reconhecer seus direitos e defendê-los adequadamente na prática. Afastar a 'pobreza no sentido legal' — a incapacidade que muitas pessoas têm de utilizar plenamente a justiça e suas instituições — não era preocupação do Estado. A justiça, como outros bens, no sistema *laissez-faire*, só podia ser obtida por aqueles que pudessem enfrentar seus custos; aqueles que não pudessem fazê-lo eram considerados os únicos responsáveis por sua sorte. O acesso formal, mas não efetivo à justiça, correspondia à igualdade, apenas formal, mas não efetiva" (*Acesso à justiça*, p. 9).

(387) O acesso à justiça será útil quando quem recorre ao Poder Judiciário dele obtém uma resposta no menor espaço de tempo possível.

(388) Érico Andrade assevera que, em razão da renovação constitucional que se seguiu à Segunda Grande Guerra, com a Constituição "abarcando, comandando e coordenando todo o direito", o direito processual "vê seus princípios mais importantes ganharem a constituição (= transformando-se em princípios constitucionais), e a conjugação de todos esses princípios e garantias processuais na Constituição, gera a ideia moderna do 'justo processo', ou seja, deságua na síntese principiológica do 'justo processo', que conjuga, coordenada e harmoniza todo o material processual contido na Constituição" (*O mandado de segurança:* a busca da verdadeira especialidade (proposta de releitura à luz da efetividade do processo), p. 4). Processo justo é aquele desenvolvido publicamente, perante juiz previamente apontado como competente, independente e imparcial, com respeito ao direito das partes ao pleno exercício, com liberdade e em simétrica paridade, do contraditório e da ampla defesa, e informado pela finalidade de, em tempo razoável, sem dilações indevidas, com o menor dispêndio de energia e econômico possíveis e de forma fundamentada, concretizar o direito atribuído pelas regras e princípios constitutivos do ordenamento jurídico. O processo justo é conformado pela Constituição e pela legislação ordinária. Neste sentido, vale lembrar, por exemplo, das *inibições processuais*, gênero de que constituem espécies o impedimento, a suspeição e a abstenção do juiz, cujo objetivo é evitar danos à imparcialidade do juiz ou, dito de outra forma, assegurar a imparcialidade do juiz.

(389) De acordo com a Declaração Universal dos Direitos Humanos, todos têm direito, "em plena igualdade, a que sua causa seja equitativa e publicamente julgada por um tribunal independente e imparcial" (art. 10). As partes têm, portanto, o direito, de estatura de direito humano, ao *processo equitativo*, que segundo a Comissão Europeia dos Direitos do Homem, "implica que a parte possa expor as suas razões ao tribunal em condições não menos favoráveis do que as da parte contrária" (FREITAS, José Lebre de. *Estudos sobre direito civil e processo civil*, v. I, p. 32). O direito ao processo equitativo tem como exigência fundamental a igualdade de armas entre as partes. Note-se que o art. 10 da Declaração Universal dos Direitos Humanos aduz à 'plena igualdade', o que significa que não se trata de igualdade apenas formal, mas de igualdade concreta. Com esteio em José Lebre de Freitas, para quem "igualdade de armas significa equilíbrio entre as partes na apresentação das respectivas teses, na perspectiva dos meios processuais de que para o efeito dispõem (FREITAS, José Lebre de. *Op. cit.*, p. 32), é afirmado que igualdade de armas significa real equilíbrio das partes no exercício de direitos e cumprimento de ônus processuais. A igualdade não

Para que a jurisdição e o processo sejam efetivos é indispensável, ainda, que as decisões judiciais sejam eficazes, ou seja, que o direito nelas afirmado seja tornado realidade. A tensão entre a norma e a realidade não é afastada pela simples afirmação do direito reconhecido na norma e que deve ser tornado realidade, mas, apenas, quando o direito afirmado seja efetivamente gozado (daí prever o CPC de 2015, no art. 4º, que as partes têm direito à atividade satisfativa, a ser realizada em prazo razoável).

Em suma, a efetividade da jurisdição e do processo exige:

1) a facilidade de acesso à justiça;[390]

2) a simplificação de formas e procedimentos;[391]

3) a adequação do processo ao direito material e à necessidade de sua mais rápida e plena realização concreta;[392]

4) um processo desenvolvido publicamente, perante juiz previamente apontado como competente, independente e imparcial, com respeito ao direito das partes ao pleno exercício, com liberdade e em simétrica paridade, do contraditório e da ampla defesa, e informado pela finalidade de, em tempo razoável, sem dilações indevidas, com o menor dispêndio de energia e econômico possíveis e de forma fundamentada, concretizar o direito atribuído pelas regras e princípios constitutivos do ordenamento jurídico, ou seja, um processo justo;

5) a prolação de decisão individual e socialmente justa (a justiça do processo e do seu resultado legitima a decisão sobre o conflito de interesses submetido ao Poder Judiciário — *legitimação procedimental-substancial*);[393]

6) a aptidão para fazer valer o direito reconhecido na decisão judicial (*eficácia das decisões judiciais*);

7) a um sistema recursal racional;[394]

8) a atuação ativa do juiz no sentido do respeito ao processo justo e da produção de uma decisão justa do conflito de interesses submetido ao Poder Judiciário;

9) a valorização das ações coletivas como instrumentos da tutela de direitos de dimensão coletiva.

---

pode ser estabelecida abstratamente (igualdade formal), mas deve ser realizada concretamente em cada processo particular (igualdade substancial). Anote-se que o CPC de 2015, no art. 7º, assegura às partes o direito à paridade de tratamento.

(390) Quando se fala em acesso à justiça, cumpre ter em mente que se trata de *acesso útil à justiça*, o que exige que as partes tenham reais condições de defender os seus direitos em juízo. *A efetividade da jurisdição e do processo existe na exata medida da acessibilidade à justiça.*

(391) Nenhuma será a valia da facilidade de acesso à justiça se as formas e procedimentos forem utilizados como barreiras intransponíveis à defesa e à concretização do direito material deduzido em juízo. Quanto mais fácil e simplificado o acesso aos instrumentos de realização concreta dos direitos atribuídos pela ordem jurídica e mais simplificado o manuseio destes instrumentos, maior será a efetividade daqueles direitos e a possibilidade de participação das partes na definição da sua existência. *O formalismo exacerbado constitui negação do acesso útil à justiça e ao próprio direito.*

(392) Érico Andrade aduz, com razão, que "o processo hoje, permeado pela principiologia constitucional, é um processo atento ao direito material e às suas necessidades, preocupado em prestar tutela efetiva, concreta, a esse mesmo direito material, em tempo razoável, sem perder de vista o contraditório. No âmbito processual, o cenário moderno é evidente: o primeiro esforço doutrinário, a partir de meados do século passado, foi no sentido de estruturar o processo de garantias/princípios constitucionais, situando-o como instrumento do direito material, e instrumento efetivo. Agora, num segundo momento, cristalizadas as garantias constitucionais do processo, na fórmula-síntese do 'justo processo', parte a doutrina, abertamente, para pôr em prática nos processos o cenário constitucional. Noutras palavras, em sede de garantias constitucionais do processo, uma vez cristalizadas na Constituição, se deve partir para sua efetivação, concretização, ou seja, sair do mundo do dever-ser para o mundo do ser; sair do mundo jurídico para o mundo da realidade fática" (*O mandado de segurança:* a busca da verdadeira especialidade (proposta de releitura à luz da efetividade do processo), p. 4). A adequação do processo às particularidades do direito deduzido em juízo é que faz surgir as *várias modalidades de tutela jurisdicional diferenciada*, no sentido de tutela que não é conferida nos moldes clássicos, ou seja, em processo submetido ao procedimento ordinário e com acesso ao direito apenas após o trânsito em julgado da decisão, que é proferida após cognição plena e exauriente.

(393) Da justiça do processo e da decisão tratamos quando examinamos os princípios do direito processual do trabalho, no Capítulo II, ao qual remetemos o leitor.

(394) As decisões judiciais devem ser sujeitas a reexame, mas de forma racional, para evitar a eternização da incerteza quanto ao direito objeto de questionamento.

São estes, a nosso juízo, os *indicadores de efetividade da jurisdição e do processo.*

Os indicadores acima referidos são complementares e interdependentes, observando-se, por exemplo, que a opção pela facilitação do julgamento do mérito não pode significar desconsideração em relação à tempestividade da tutela jurisdicional.

Não se pode olvidar, contudo, que, como adverte Luigi Ferrajoli, "é relativamente fácil delinear um modelo garantista em abstrato e traduzir-lhe os princípios e normas constitucionais dotados de clareza capazes de deslegitimar, com relativa certeza, as normas inferiores que dela se apartam. Mais difícil é modelar as técnicas legislativas e judiciárias idôneas a assegurar efetividade aos princípios constitucionais e aos direitos fundamentais por eles consagrados. A coisa mais difícil, além da elaboração teórica e normativa dos princípios, dos direitos e das garantias jurídicas, é, contudo, defender, atuar e desenvolver na prática o sistema de garantias. Esta não é mais uma questão jurídica, mas uma questão de fatos, que diz respeito às condições externas nas quais evolui a vida do direito: com a lealdade institucional dos poderes públicos, com a maturidade democrática das forças políticas e sociais, com a sua disponibilidade para lutar pelos direitos, em uma palavra, com o sustento prático oferecido pelo sistema normativo das garantias", sendo por ele aventada a possibilidade de ser cultivada a *falácia garantista,* que consiste na "ideia de que bastem as razões de um direito bom, dotado de sistemas avançados e realizáveis de garantias constitucionais, para conter os poderes e para pôr os direitos fundamentais a salvo de suas distorções".[395]

Da mesma forma, pode ser dito que é relativamente fácil delinear um modelo de jurisdição e processo efetivo em abstrato e traduzi-lo em regras e princípios, inclusive, constitucionais. Contudo, extremamente difícil é atuar e desenvolver na prática este modelo. O que não se pode, porém, é cultivar *falácia da efetividade,* que consiste na ideia de que basta um bom modelo de jurisdição e de processo para assegurar a sua efetividade e a dos direitos assegurados pela ordem jurídica.

Em suma:

a) as partes têm direito, humano e fundamental, à efetividade da jurisdição e do processo;

b) o direito à efetividade da jurisdição e do processo se materializa na facilidade de acesso à justiça, na simplificação de formas e procedimentos, na adequação do processo ao direito material, no processo desenvolvido publicamente, perante juiz previamente apontado como competente, independente e imparcial, com respeito ao direito das partes ao pleno exercício, com liberdade e em simétrica paridade, do contraditório e da ampla defesa, e informado pela finalidade de, em tempo razoável, sem dilações indevidas, com o menor dispêndio de energia e econômico possíveis e de forma fundamentada, tornar concreto o direito reconhecido e garantido pelas regras e princípios constitutivos do ordenamento jurídico, na decisão individual e socialmente justa, na máxima eficácia das decisões judiciais, na racionalidade do sistema recursal e na valorização das ações coletivas;

c) ao legislador cumpre criar instrumental técnico-processual adequado ao atendimento das necessidades decorrentes dos *indicadores de efetividade da jurisdição e do processo,* ao passo que aos operadores do direito cabe conformar a sua prática às diretrizes resultantes destes indicadores.

A efetividade da jurisdição e do processo constitui exigência da efetividade da ordem jurídica.

12.3. É de suma importância esclarecer que, do direito à jurisdição e ao processo efetivos decorre o direito do trabalhador de não ser dispensado pelo fato de exercer o direito à jurisdição e ao processo contra o seu empregador.

A Constituição de 1988 reconhece, com o *status* de fundamental, o direito ao trabalho. O direito ao trabalho possui:

a) dimensão individual, que contempla o direito de acesso a um posto de trabalho (art. 6º, *caput*), à educação e formação para o trabalho (arts. 205, 214, IV, e 227, § 3º, I a III), à manutenção do posto de trabalho alcançado (arts. 6º, *caput,* 7º, I, 8º, VIII, e art. 10, II, "b", do ADCT), de não se sujeitar à

(395) *Direito e razão:* teoria do garantismo penal, p. 865-866.

sindicalização como condição para a contratação (art. 8º, V) e à não discriminação (arts. 3º, IV, 5º, XLI, 7º, XX e XXX);

b) dimensão coletiva, que se manifesta pelo direito à adoção de políticas públicas voltadas ao implemento do pleno emprego (arts. 6º e 170, VIII).

Estas manifestações do direito ao trabalho estão consagradas na Constituição de 1988 e são reforçadas pela legislação infraconstitucional, valendo lembrar, por exemplo, da estabilidade no emprego assegurada pelo art. 118 da Lei n. 8.213/91, art. 543, § 3º, da CLT, art. 55 da Lei n. 5.764/71, art. 625-B, § 1º, da CLT, art. 3º, § 9º, da Lei n. 8.036/90, art. 165, parágrafo único, da CLT e pela Lei n. 11.350/06.

O direito ao trabalho é também um direito humano, como tal reconhecido pelo Direito Internacional dos Direitos Humanos, como se vê, por exemplo, do art. XXIII, I, da Declaração Universal dos Direitos Humanos, art. XIV da Declaração Americana dos Direitos e Deveres do Homem, art. 6º do Protocolo Adicional à Convenção Americana sobre Direitos Humanos em Matéria de Direitos Econômicos, Sociais e Culturais (Protocolo de São Salvador) e art. 6º do Pacto Internacional sobre Direitos Econômicos, Sociais e Culturais.

O direito ao trabalho, na sua dimensão individual, é protegido pela *cláusula geral de não discriminação*, que é estabelecida pelos arts. 3º, IV, 5º, VIII, XLI e 7º, XX e XXX, da Constituição da República e pelo art. 1º da Lei n. 9.029/95, da qual resulta ser ilícita qualquer prática discriminatória e limitativa para efeito de acesso à relação de emprego ou para a sua manutenção, por motivo de origem, raça, sexo, cor, idade, estado civil, crença religiosa ou convicção filosófica ou política. Também o Direito Internacional dos Direitos Humanos consagra a referida cláusula, como o demonstram o art. VII da Declaração Universal dos Direitos Humanos, o art. II da Declaração Americana dos Direitos e Deveres do Homem, e o art. 2º, 2, do Pacto Internacional dos Direitos Econômicos, Sociais e Civis.

As normas constitucionais e de direito internacional asseguram um verdadeiro *direito de estar a salvo de qualquer tratamento discriminatório*, como manifestação do *direito à dignidade*, que é reconhecido nos arts. 3º, IV, 5º, *caput* e incisos I, III, V, VI, VIII, X e XII, da Constituição da República, no art. 18 do Estatuto da Criança e do Adolescente (Lei n. 8.069/90) e nos arts. II, VI e XXII da Declaração Universal dos Direitos Humanos.

Embora não haja expressa previsão legal neste sentido, é inegável que também constitui ato discriminatório a dispensa do trabalhador pelo fato de ajuizar demanda contra o seu empregador. Dito de outra forma, a cláusula geral de não discriminação abarca a proibição de dispensa fundada no exercício do direito à jurisdição e ao processo.

No direito espanhol fala-se, a propósito, em *garantia de indenidade*, no sentido de garantia do trabalhador contra represálias do empregador em razão do exercício do direito de ação, o que pode ser traduzido, no direito brasileiro, pelo direito de reintegração no emprego quando a dispensa tiver como fundamento o fato de o trabalhador ter exercido o direito de ação em face do seu empregador. Com efeito, sendo nula a dispensa do trabalhador, as partes devem ser reconduzidas ao estado anterior à sua ocorrência, ou seja, o trabalhador deve ser reintegrado no emprego, com todas as consequências daí advindas (pagamento dos salários e demais benefícios do período de afastamento).[396]

(396) Aplica-se à hipótese a Lei n. 9.029/95, que trata de atos discriminatórios fundados em motivo de sexo, origem, raça, estado civil, situação familiar ou idade, e dispõe, no art. 4º, que o rompimento da relação de emprego por ato discriminatório, além do direito à reparação pelo dano moral, faculta ao empregado optar entre: a) a readmissão com ressarcimento integral de todo o período de afastamento, mediante pagamento das remunerações devidas, corrigidas monetariamente, acrescidas de juros legais; b) a percepção, em dobro, da remuneração do período de afastamento, corrigida monetariamente e acrescida dos juros legais.

CAPÍTULO 3

ORGANIZAÇÃO E FUNCIONAMENTO DA JUSTIÇA DO TRABALHO

1. Órgãos do Poder Judiciário. Conselho Nacional de Justiça

O exercício da jurisdição constitui atribuição do Poder Judiciário.

O Poder Judiciário atua por meio dos seus órgãos, quais sejam: a) Supremo Tribunal Federal;[397] b) Superior Tribunal de Justiça; c) Justiças da União; d) Justiças dos Estados (arts. 92 a 126 da Constituição Federal).

O Supremo Tribunal Federal e os Tribunais Superiores têm sede em Brasília e jurisdição em todo o território nacional (art. 92, § 2º, da Constituição).

A Justiça da União (justiça organizada e mantida pela União) compreende a *Justiça Federal comum* (art. 92, III, e arts. 106 a 110 da Constituição) e as *Justiças Federais especiais*, quais sejam, a trabalhista, a militar e a eleitoral (arts. 111 a 123 da Constituição).

A Emenda Constitucional n. 45/2004 criou o Conselho Nacional de Justiça e o incluiu entre os órgãos do Poder Judiciário (art. 92, I-A da Constituição).

O Conselho Nacional de Justiça tem sede em Brasília e é composto por quinze membros, com mais de trinta e cinco e menos de sessenta e seis anos de idade, com mandato de dois anos, admitida uma recondução (art. 103-B, *caput*, da Constituição Federal). Os membros do Conselho Nacional de Justiça são nomeados pelo Presidente da República, depois de aprovada a escolha pela maioria absoluta do Senado Federal (art. 103-B, § 2º, da Constituição).

---

(397) O Supremo Tribunal Federal: compõe-se de onze Ministros, escolhidos entre brasileiros natos com mais de trinta e cinco e menos de sessenta e cinco anos de idade, de notável saber jurídico e reputação ilibada, nomeados pelo Presidente da República, depois de aprovada a escolha pela maioria absoluta do Senado Federal (arts. 12, § 3º, IV, e 101 da Constituição); funciona em sua plenitude ou dividido em Turmas; tem a competência fixada no art. 102 da Constituição, sendo esta competência, "por qualificar-se como um complexo de atribuições jurisdicionais de extração **essencialmente** constitucional — e ante o regime de direito estrito a que se acha submetida — não comporta a possibilidade de ser estendida a situações que **extravasem** os limites fixados, em *numerus clausus*, pelo rol exaustivo inscrito no art. 102, I, da Constituição da República" (STF, Pet. 1738-AgRG, Rel. Min. Celso Mello, DJe 1º.10.1999). Ao STF compete, precipuamente, a guarda da Constituição, cabendo-lhe, por exemplo: a) processar e julgar, originalmente, a *ação direta de inconstitucionalidade* de lei ou ato normativo federal ou estadual e a *ação declaratória de constitucionalidade* de lei ou ato normativo federal (arts. 102, *caput* e I, *a*, e 103 da Constituição); b) julgar, mediante *recurso extraordinário*, as causas decididas em única ou última instância, quando a decisão recorrida: contrariar dispositivo da Constituição da República, declarar a inconstitucionalidade de tratado ou lei federal, julgar válida lei ou ato de governo local contestado em face da Constituição Federal e julgar válida lei local contestada em face da lei federal (art. 102, III, Constituição); c) julgar reclamação para a preservação de sua competência e garantia da autoridade das suas decisões (art. 102, I, *l*, da Constituição); d) julgar arguição de descumprimento de preceito fundamental decorrente da Constituição (art. 102, § 1º, da Constituição). Somente pelo voto da maioria absoluta de seus membros ou dos membros do respectivo órgão especial poderão os tribunais declarar a inconstitucionalidade de lei ou ato normativo do Poder Público (art. 97 da Constituição — trata-se da denominada *reserva de plenário*).

Compõem o Conselho Nacional de Justiça: o Presidente de Supremo Tribunal Federal; um Ministro do Superior Tribunal de Justiça, indicado pelo respectivo tribunal; um Ministro do Tribunal Superior do Trabalho, indicado pelo respectivo tribunal; um desembargador de Tribunal de Justiça, indicado pelo Supremo Tribunal Federal; um juiz estadual, indicado pelo Supremo Tribunal Federal; um juiz de Tribunal Regional Federal, indicado pelo Superior Tribunal de Justiça; um juiz federal, indicado pelo Superior Tribunal de Justiça; um juiz de Tribunal Regional do Trabalho, indicado pelo Tribunal Superior do Trabalho; um juiz do trabalho, indicado pelo Tribunal Superior do Trabalho; um membro do Ministério Público da União, indicado pelo Procurador-Geral da República; um membro do Ministério Público estadual, escolhido pelo Procurador-Geral da República dentre os nomes indicados pelo órgão competente de cada instituição estadual; dois advogados, indicados pelo Conselho Federal da Ordem dos Advogados do Brasil; dois cidadãos, de notável saber jurídico e reputação ilibada, indicados um pela Câmara dos Deputados e outro pelo Senado Federal (art. 103-B da Constituição).

Ao Conselho Nacional da Justiça compete o controle da atuação administrativa e financeira do Poder Judiciário e do cumprimento dos deveres funcionais dos juízes, cabendo-lhe, além de outras atribuições que lhe forem conferidas pelo Estatuto da Magistratura:[398]

a) zelar pela autonomia do Poder Judiciário e pelo cumprimento do Estatuto da Magistratura, podendo expedir atos regulamentares, no âmbito de sua competência, ou recomendar providências;

b) zelar pela observância do art. 37 da Constituição e apreciar, de ofício ou mediante provocação, a legalidade dos atos administrativos praticados por membros ou órgãos do Poder Judiciário, podendo desconstituí-los, revê-los ou fixar prazo para que se adotem as providências necessárias ao exato cumprimento da lei, sem prejuízo da competência do Tribunal de Contas da União;

c) receber e conhecer das reclamações contra membros ou órgãos do Poder Judiciário, inclusive contra seus serviços auxiliares, serventias ou órgãos prestadores de serviços notariais e de registro que atuem por delegação do poder público ou oficializados, sem prejuízo da competência disciplinar e correicional dos tribunais, podendo avocar processos disciplinares em curso e determinar a remoção, a disponibilidade ou a aposentadoria com subsídios ou proventos proporcionais ao tempo de serviço e aplicar outras sanções administrativas, assegurada a ampla defesa;

d) representar ao Ministério Público, no caso de crime contra a administração pública ou de abuso de autoridade;

e) rever, de ofício ou mediante provocação, os processos disciplinares de juízes e membros de tribunais julgados há pelo menos um ano.

O Ministro do Superior Tribunal de Justiça componente do Conselho exercerá a função de Ministro-Corregedor, competindo-lhe receber as reclamações e as denúncias, de qualquer interessado, relativas aos magistrados e aos serviços judiciários (art. 103-B, § 5º, da Constituição).

Junto ao Conselho Nacional de Justiça oficiarão o Procurador-Geral da República e o Presidente do Conselho Federal da Ordem dos Advogados do Brasil (art. 103-B, § 6º, da Constituição).

A União, inclusive no Distrito Federal e nos Territórios, criará ouvidorias de justiça, competentes para receber reclamações e denúncias de qualquer interessado contra membros ou órgãos do Poder Judiciário, ou contra seus serviços auxiliares, representando diretamente ao Conselho Nacional de Justiça (art. 103-B, § 7º).

2. *Atividade jurisdicional ininterrupta. Distribuição imediata de processos. Publicidade das decisões administrativas. Súmula vinculante. Fundo de garantia das execuções trabalhistas*

A Emenda Constitucional n. 45/2004 estabeleceu várias regras relativas à atuação do Poder Judiciário, dentre as quais as que a seguir serão examinadas, de forma breve.

(398) Ao Conselho cabe o denominado *controle externo do Poder Judiciário*. Este controle não alcança, sob pena de ferir a independência do juiz, o conteúdo das decisões judiciais.

Neste sentido, visando a celeridade na solução dos conflitos de interesses submetidos ao Poder Judiciário, foi estabelecido que a atividade jurisdicional será ininterrupta, sendo vedadas férias coletivas nos juízos e tribunais de segundo grau, funcionando, nos dias em que não houver expediente forense normal, juízes em plantão permanente (art. 93, XII, da Constituição).[399]

Ainda visando à celeridade, mas também impedir o represamento de recursos no setor de distribuição dos tribunais, foi estabelecido que a distribuição dos processos será imediata, em todos os graus de jurisdição (art. 93, XV, da Constituição).

Para permitir o controle da atuação do Poder Judiciário pela sociedade, a Emenda Constitucional dispõe que as decisões administrativas dos tribunais serão motivadas e tomadas em sessão pública, sendo as disciplinares tomadas pelo voto da maioria absoluta (metade mais um) de seus membros (art. 93, X, da Constituição Federal).

Ao Supremo Tribunal Federal foi conferida competência para, de ofício ou por provocação, mediante decisão de dois terços dos seus membros, após reiteradas decisões sobre matéria constitucional, aprovar súmula que, a partir de sua publicação na imprensa oficial, terá efeito vinculante em relação aos demais órgãos do Poder Judiciário e à administração pública direta e indireta, nas esferas federal, estadual e municipal, bem como proceder à sua revisão ou ao seu cancelamento, na forma estabelecida em lei (art. 103-A da Constituição).[400]

A aprovação, revisão ou cancelamento de súmula vinculante poderá ser provocada por todos aqueles que podem propor a ação direta de inconstitucionalidade (art. 103-A, § 2º, da Constituição).[401]

A súmula vinculante terá por objeto a *validade*, a *interpretação* e a *eficácia* de normas determinadas, acerca das quais haja *controvérsia atual* entre órgãos judiciários ou entre esses e a administração pública, que acarrete *grave insegurança jurídica* e *relevante multiplicação de processos sobre questão idêntica* (art. 103-A, § 1º, da Constituição).

Para garantir a autoridade das súmulas vinculantes foi estabelecido que, do ato administrativo ou decisão judicial que contrariar súmula vinculante aplicável ou que indevidamente a aplicar, caberá reclamação ao Supremo Tribunal Federal que, julgando-a procedente, anulará o ato administrativo ou cassará a decisão reclamada, e determinará que outra seja proferida com ou sem aplicação da súmula, conforme o caso (art. 103-A, § 3º, da Constituição).

Por fim e em relação especificamente ao processo do trabalho, estabelece o art. 3º da Emenda Constitucional n. 45/2004, que a lei criará o Fundo de Garantia das Execuções Trabalhistas, integrado pelas multas decorrentes de condenações trabalhistas e administrativas oriundas da fiscalização do trabalho, além de outras receitas. O que se persegue, com a criação do Fundo em destaque, é a satisfação do crédito trabalhista, em face de seu caráter predominantemente alimentar.[402]

(399) O art. 62 da Lei n. 5.010/66 prevê que os dias compreendidos entre 20 de dezembro e 6 de janeiro, inclusive, são *feriados* na Justiça Federal, não se tratando a hipótese, portanto, de *férias coletivas*. O art. 220 do CPC de 2015 estabelece que "suspende-se o curso do prazo processual nos dias compreendidos entre 20 de dezembro e 20 de janeiro, inclusive", acrescentando que, ressalvadas as férias individuais e os feriados instituídos por lei, "os juízes, os membros do Ministério Público, da Defensoria Pública e da Advocacia Pública e os auxiliares da Justiça exercerão as suas atividades durante o período previsto no *caput*" (art. 220, § 1º), mas "durante a suspensão do prazo, não se realizarão audiências nem sessões de julgamento" (art. 220, § 2º). Foi estabelecido, portanto, *recesso forense*, no período de 20 de dezembro a 20 de janeiro, observando-se que não se trata de férias coletivas, visto que os juízes, ressalvadas as férias individuais e os feriados instituídos por lei, exercerão as suas atividades, vedada, somente, a realização de audiências e sessões de julgamento.

(400) O art. 103-A da Constituição, que instituiu a *súmula vinculante*, foi regulamentado pela Lei n. 11.417/06.

(401) Podem propor a ação direta de inconstitucionalidade: o Presidente da República, a Mesa do Senado Federal, a Mesa da Câmara dos Deputados, a Mesa da Assembleia Legislativa ou da Câmara Legislativa do Distrito Federal, o Governador de Estado ou do Distrito Federal, o Procurador-Geral da República, o Conselho Federal da Ordem dos Advogados do Brasil, partido político com representação no Congresso Nacional, confederação sindical ou entidade de classe de âmbito nacional (art. 103, *caput*, da Constituição).

(402) Apesar de terem sido apresentados no Congresso Nacional projetos de lei versando sobre o Fundo, ele ainda não foi criado, o que levou, inclusive, ao ajuizamento, pela Associação Nacional dos Procuradores do Trabalho, de uma ação direta de inconstitucionalidade por omissão (ADO 27), que se encontra pendente de julgamento no STF.

3. Órgãos da Justiça do Trabalho

Antes de examinar a atual composição da Justiça do Trabalho, cumpre discorrer, ainda que de forma breve, sobre a evolução das formas de solução dos conflitos decorrentes da relação de emprego e sobre o surgimento da Justiça do Trabalho no Brasil.

Como os conflitos são inerentes às relações de emprego, é intuitiva a necessidade do estabelecimento de mecanismos voltados à sua solução.

A evolução destes mecanismos passou por três fases principais, que abaixo são mencionadas de forma breve:

a) *privatística*: o Estado permitia a formação, pelos próprios interessados, de *órgãos de conciliação e arbitragem*, destinados à solução de conflitos decorrentes da relação de emprego;

b) *administrativa*: o Estado instituiu *comissões de conciliação*, vinculadas ao Poder Executivo, passando a interferir na solução dos conflitos decorrentes da relação de emprego, mas a sua atuação era conciliatória e provisória, na medida em que a decisão administrativa poderia ser revista pelo Poder Judiciário;

c) *jurisdicional*: a solução dos conflitos decorrentes da relação de emprego é atribuída ao Poder Judiciário, mantida, no entanto, a possibilidade de solução por outros meios, dentre eles a arbitragem (em relação aos conflitos coletivos), o que significa que não foi instituído o monopólio judicial na solução dos conflitos decorrentes da relação de emprego.

Em relação ao surgimento da Justiça do Trabalho no Brasil, vale mencionar que:

1) a Justiça do Trabalho tem como embrião as *Comissões Mistas de Conciliação*, que foram instituídas pelo Decreto n. 21.396, de 12.5.1932, cujo art. 1º estabelece que, "nos municípios ou localidades onde existirem sindicatos ou associações profissionais de empregadores ou empregados, organizados de acordo com a legislação vigente, o Ministério do Trabalho, Indústria e Comércio instituirá Comissões Mistas de Conciliação, às quais incumbirá dirimir os dissídios entre empregadores e empregados". Conforme o art. 2º do citado Decreto, "a Comissão Mista de Conciliação terá o mandato de um ano e será constituída por dois, quatro ou seis vogais, com igual número de suplentes, dos quais a metade representará os empregadores e a outra metade os empregados". Note-se que as Comissões Mistas de Conciliação eram vinculadas ao Ministério do Trabalho, Indústria e Comércio, ou seja, ao Poder Executivo. Estas Comissões funcionavam como órgãos conciliadores em conflitos coletivos.

Também em 1932 foram instituídas, por meio do Decreto n. 22.132, de 25.11.1932, as *Juntas de Conciliação e Julgamento*, vinculadas ao Ministério do Trabalho, Indústria e Comércio e composta por representantes dos empregadores e empregados (art. 3º), para atuar na solução de conflitos individuais, ou, nos conflitos "que não afetem as coletividades a que pertencerem os litigantes", como é previsto no citado Decreto.

2) a Constituição de 1934, no art. 122, instituiu a Justiça do Trabalho, para "dirimir questões entre empregadores e empregados", dispondo, no art. 122, parágrafo único, que a constituição dos *Tribunais do Trabalho* e das *Comissões de Conciliação* "obedecerá sempre ao princípio da eleição dos seus membros, metade pelas associações representativas dos empregados e metade pela dos empregadores, sendo o seu presidente de livre nomeação do Governo, escolhido entre pessoas de experiência e notória capacidade intelectual". Observe-se que, apesar de passar a contar com previsão constitucional, a Justiça do Trabalho não foi integrada ao Poder Judiciário pela Constituição de 1934 (arts. 63 e 122);

3) a Justiça do Trabalho foi novamente mencionada na Constituição de 1937, com competência, segundo o seu art. 139, "para dirimir os conflitos oriundos das relações entre empregadores e empregados, reguladas na legislação social". Neste mesmo dispositivo era previsto que à Justiça do Trabalho seria regulada em lei e a ela não se aplicam as disposições da Constituição relativas à competência, ao recrutamento e às prerrogativas da Justiça comum, o que implicava que não compunha o Poder Judiciário;

4) o Decreto n. 1.237, de 2 de maio de 1939, organizou a Justiça do Trabalho, mas mantém a sua vinculação ao Poder Executivo e a sua composição paritária, definindo como sua competência a solução de "conflitos oriundos das relações entre empregadores e empregados, reguladas na legislação social";

5) o Decreto n. 6.596, de 12 de dezembro de 1940, aprovou o Regulamento da *Justiça do Trabalho* e estabeleceu ser ela composta pelas *Juntas de Conciliação e Julgamento, Conselhos Regionais do Trabalho* e *Conselho Nacional do Trabalho*, sendo mantida a sua vinculação ao Poder Executivo;

6) em 1943, entrou em vigor a CLT, que, na sua redação original, definia como órgãos da Justiça do Trabalho as *Juntas de Conciliação e Julgamento*, os *Conselhos Regionais do Trabalho* e o *Conselho Nacional do Trabalho* (art. 644), mantendo, no entanto, a composição paritária de seus órgãos (arts. 647, 660, 670 e 693);

7) o Decreto n. 9.797/46, de 11 de setembro de 1946, alterou a composição dos órgãos da Justiça do Trabalho, que passou a ser a estabelecida no art. 644, qual seja: *Tribunal Superior do Trabalho, Tribunais Regionais do Trabalho* e *Juntas de Conciliação e Julgamento;*

8) a Constituição de 1946, promulgada em 18.9.1945, integrou a Justiça do Trabalho ao Poder Judiciário (art. 94), definiu como seus órgãos o Tribunal Superior do Trabalho, os Tribunais Regionais do Trabalho e as Juntas de Conciliação e Julgamento (art. 122), todos com composição paritária, e estabeleceu como sua competência "conciliar e julgar os dissídios individuais e coletivos entre empregados e empregadores, e, as demais controvérsias oriundas de relações do trabalho regidas por legislação especial" (art. 123);

9) a Constituição de 1967, como se vê do seu art. 133, também apontava como órgãos da Justiça do Trabalho o Tribunal Superior do Trabalho, os Tribunais Regionais do Trabalho e as Juntas de Conciliação e Julgamento, todos com composição paritária. De acordo com o art. 134 desta Constituição, à Justiça do Trabalho competia "conciliar e julgar os dissídios individuais e coletivos entre empregados e empregadores e as demais controvérsias oriundas de relações de trabalho regidas por lei especial";

10) a Constituição de 1969, no art. 141, definia como órgãos da Justiça do Trabalho o Tribunal Superior do Trabalho, os Tribunais Regionais do Trabalho e as Juntas de Conciliação e Julgamento, preservando, ainda, a sua composição paritária, e atribuiu à Justiça do Trabalho competência para "conciliar e julgar os dissídios individuais e coletivos entre empregados e empregadores e, mediante lei, outras controvérsias oriundas de relação de trabalho";

11) a Constituição de 1988, promulgada em 5.10.1988, manteve a composição paritária dos órgãos da Justiça do Trabalho, como tais definindo o Tribunal Superior do Trabalho, os Tribunais Regionais do Trabalho e as Juntas de Conciliação e Julgamento (art. 111);[(403)]

12) a Emenda Constitucional n. 24, de 9.12.1999 extinguiu a representação classista nos órgãos da Justiça do Trabalho, substituiu as Juntas de Conciliação e Julgamento pelas *Varas do Trabalho* e alterou a competência da Justiça do Trabalho, o que será examinado mais adiante.

A Justiça do Trabalho compõe a Justiça da União (trata-se de Justiça Federal *lato sensu*) e atua por meio de seus órgãos, que funcionarão perfeitamente coordenados, em regime de mútua colaboração, sob a orientação do Presidente do Tribunal Superior do Trabalho (art. 646 da CLT).

Note-se que o art. 111 da Constituição de 1988, com a redação que lhe conferiu a Emenda Constitucional n. 45/2004, define como órgãos da Justiça do Trabalho o Tribunal Superior do Trabalho, os Tribunais Regionais do Trabalho e os *Juízes do Trabalho*. Tratando dos órgãos da Justiça do Trabalho, a CLT (art. 644) faz referência às *Varas do Trabalho* e não a *Juízes do Trabalho*. Diante da prevalência da Constituição sobre a CLT, órgãos da Justiça do Trabalho são os Juízes do Trabalho e não as Varas do Trabalho. São os juízes que exercem a jurisdição, compondo, então, o Poder Judiciário. Neste sentido, o art. 116 da Constituição de 1988 dispõe que, nas Varas do Trabalho, a jurisdição será exercida por um juiz singular.

(403) A competência da Justiça do Trabalho estabelecida pela Constituição de 1988 será examinada em tópico próprio.

Cumpre esclarecer que, consoante prevê o art. 668 da CLT, nas localidades não compreendidas na jurisdição das Varas do Trabalho, os Juízes de Direito atuarão como *órgãos de administração da Justiça do Trabalho*, com a jurisdição que lhes for determinada pela lei de organização judiciária local, observando-se que esta disposição legal foi recepcionada pela Constituição de 1988, que autoriza a lei a atribuir a jurisdição trabalhista, nas comarcas onde não forem instituídas Varas do Trabalho, aos Juízes de Direito (art. 112). Os Juízes de Direito no exercício da jurisdição trabalhista não são órgãos da Justiça do Trabalho, mas órgãos de administração da Justiça do Trabalho.

Contra as decisões dos Juízes de Direito no exercício da jurisdição trabalhista cabe recurso para o Tribunal Regional do Trabalho da respectiva região (art. 112 da Constituição).

4. *Tribunal Superior do Trabalho*

O Tribunal Superior do Trabalho (TST) é a instância suprema da Justiça do Trabalho (art. 690 da CLT) ou o seu órgão de cúpula (art. 1º do Regimento Interno do TST).

4.1. Composição.

O Tribunal Superior do Trabalho é composto por vinte e sete juízes, que recebem o tratamento de *Ministros*, escolhidos dentre brasileiros, com mais de trinta e cinco e menos de sessenta e cinco anos de idade, de notável saber jurídico e reputação ilibada, nomeados pelo Presidente da República, após aprovação pela maioria absoluta do Senado Federal (arts. 111-A da Constituição e 693, *a*, da CLT).[404]

O art. 111-A da Constituição dispõe que os ministros do TST serão escolhidos entre brasileiros. Segundo o art. 12, § 3º, IV, da Constituição, são privativos de brasileiros natos os cargos de Ministro do Supremo Tribunal Federal. Com isto, não foi recepcionado o art. 693, *a*, da CLT, segundo o qual os ministros do TST serão escolhidos entre brasileiros natos.[405]

Dos vinte e sete Ministros do TST:

a) um quinto é escolhido dentre advogados com mais de dez anos de efetiva atividade profissional e membros do Ministério Público do Trabalho com mais de dez anos de efetivo exercício, observado o disposto no art. 94 da Constituição (este dispositivo trata da forma de escolha dos advogados e dos membros do Ministério Público para compor os tribunais, instituindo as denominadas *lista sêxtupla* e *lista tríplice*, que serão mais adiante definidas);

b) os demais são escolhidos dentre juízes dos Tribunais Regionais do Trabalho, integrantes da carreira da magistratura trabalhista (art. 111, I e II, da Constituição Federal). Para preenchimento de vaga de Ministro destinada aos Juízes, o Presidente do TST convocará o Pleno para, pelo voto secreto e em escrutínios sucessivos, escolher, dentre os Juízes da carreira, integrantes dos Tribunais Regionais do Trabalho, os nomes para a formação da *lista tríplice* a ser encaminhada ao Presidente da República (art. 4º do Regimento Interno do TST).[406]

O Presidente do TST, ocorrendo vaga destinada a membro do Ministério Público do Trabalho e da advocacia, dará imediata ciência à Procuradoria-Geral do Trabalho e ao Conselho Federal da Ordem dos Advogados do Brasil, respectivamente, para formação e encaminhamento de *lista sêxtupla* ao TST. O Tribunal Pleno, para o preenchimento das vagas aludidas, escolherá, pelo voto secreto da maioria absoluta de seus

(404) "No mandado de segurança contra a nomeação de magistrado da competência do Presidente da República, este é considerado autoridade coatora, ainda que o fundamento da impetração seja nulidade ocorrida em fase anterior do processo" (Súmula n. 627 do STF).

(405) Como assevera Celso Ribeiro Bastos, comentando o art. 12, § 3º, da Constituição, "as funções, as atividades, os cargos, os empregos privativos de brasileiros natos são só os previstos no artigo em comento ou em outros espalhados pela Constituição" (*Comentários à Constituição do Brasil*, v. II, p. 562).

(406) Os juízes são escolhidos entre os membros pertencentes à carreira da magistratura, não havendo *direito* à promoção por merecimento ou antiguidade.

membros e em escrutínios secretos e sucessivos, os nomes que integrarão a *lista tríplice* a ser encaminhada ao Presidente da República (arts. 111-A, I, e 94 da Constituição e art. 5º do Regimento Interno do TST).

Os Ministros do TST são vitalícios a partir da posse (art. 22 da Lei Complementar n. 35/79).

4.2. Órgãos.

São órgãos do TST: Tribunal Pleno; Órgão Especial; Seção Especializada em Dissídios Coletivos (SDC); Seção Especializada em Dissídios Individuais (SDI), que é dividida em Subseção 1 (SBDI-1 ou SDI-I) e Subseção 2 (SBDI-2 ou SDI-2); Turmas (arts. 58 e 59 do Regimento Interno do TST), nos termos do art. 59 do seu Regimento Interno.

Ao TST compete, privativamente, eleger os seus órgãos diretivos. Entre os Ministros do TST serão eleitos o Presidente, o Vice-Presidente, o Corregedor-Geral e os Presidentes das Turmas, na forma estabelecida no seu Regimento Interno (art. 693, § 1º, da CLT e arts. 29 a 33 do Regimento Interno do TST).

Compete ao Pleno do TST elaborar o seu regimento interno (art. 96, I, *a*, da Constituição Federal).

O TST conta com três comissões permanentes (Comissão de Regimento Interno, Comissão de Documentação e Comissão de Jurisprudência e Precedentes Normativos), como prevê o art. 49 do Regimento Interno do TST.

Junto ao TST funcionam a Escola Nacional de Formação e Aperfeiçoamento de Magistrados do Trabalho — EMAT — e o Conselho Superior da Justiça do Trabalho — CSJT (art. 59, parágrafo único, do Regimento Interno do TST).

À Escola Nacional de Formação e Aperfeiçoamento de Magistrados do Trabalho cabe, dentre outras funções, regulamentar os cursos oficiais para o ingresso e promoção na carreira, na forma dos seus estatutos. Ao Conselho Superior da Justiça do Trabalho cabe exercer a supervisão administrativa, orçamentária, financeira e patrimonial da Justiça do Trabalho, de primeiro e segundo graus.

4.3. Funcionamento.

Ao TST, compete, privativamente, elaborar seu Regimentos Interno, "com observância das normas de processo e das garantias processuais das partes, dispondo sobre a competência e o funcionamento dos respectivos órgãos jurisdicionais e administrativos" (art. 96, I, *a*, da Constituição Federal).

Tratando do seu funcionamento, prevê o Regimento Interno do TST que:

a) o Tribunal funciona em sua plenitude ou dividido em Órgão Especial, Seções e Subseções Especializadas e Turmas (art. 58);

b) para a composição dos órgãos judicantes do Tribunal, respeitados os critérios de antiguidade e os estabelecidos no Regimento Interno, os Ministros poderão escolher a Seção Especializada e a Turma que desejarem integrar, podendo exercer o direito de permuta, salvo os Presidentes de Turma, que, para fazê-lo, deverão previamente renunciar à Presidência do Colegiado (art. 60), registrando-se que cada Ministro comporá apenas uma Seção Especializada (art. 60, parágrafo único);

c) o Ministro empossado integrará os Órgãos do Tribunal onde se deu a vaga ou ocupará aquela resultante da transferência de Ministro, autorizada pelo art. 60 do Regimento (art. 61);

d) o Tribunal Pleno é constituído pelos Ministros do Tribunal (art. 62);

e) para o funcionamento do Tribunal Pleno é exigida a presença de, no mínimo, quatorze Ministros, sendo necessário maioria absoluta quando a deliberação tratar de: I — escolha dos nomes que integrarão a lista destinada ao preenchimento de vaga de Ministro do Tribunal, observado o disposto no art. 4º, § 2º, II, do Regimento; II — aprovação de Emenda Regimental; III — eleição dos Ministros para os cargos de direção do Tribunal; IV — aprovação, revisão ou cancelamento de Súmula ou de

Precedente Normativo; e V — declaração de inconstitucionalidade de lei ou de ato normativo do poder público (art. 60, § 1º). Será tomada por dois terços dos votos dos Ministros do Órgão Especial a deliberação preliminar referente à existência de relevante interesse público que fundamenta a proposta de edição de Súmula, dispensadas as exigências regimentais, nos termos previstos no Regimento (art. 60, § 2º);

f) integram o Órgão Especial o Presidente e o Vice-Presidente do Tribunal, o Corregedor-Geral da Justiça do Trabalho, os sete Ministros mais antigos, incluindo os membros da direção, e sete Ministros eleitos pelo Tribunal Pleno. Os Ministros integrantes do Órgão Especial comporão também outras Seções do Tribunal (art. 63). O quórum para funcionamento do Órgão Especial é de oito Ministros, sendo necessário maioria absoluta quando a deliberação tratar de disponibilidade ou aposentadoria de Magistrado (art. 63, parágrafo único);

g) integram a Seção Especializada em Dissídios Coletivos o Presidente e o Vice-Presidente do Tribunal, o Corregedor-Geral da Justiça do Trabalho e mais seis Ministros (art. 64). O quórum para o funcionamento da Seção Especializada em Dissídios Coletivos é de cinco Ministros (art. 64, parágrafo único);

h) a Seção Especializada em Dissídios Individuais é composta de vinte e um Ministros, sendo: o Presidente e o Vice-Presidente do Tribunal, o Corregedor-Geral da Justiça do Trabalho e mais dezoito Ministros, e funciona em composição plena ou dividida em duas subseções para julgamento dos processos de sua competência (art. 65). O quórum exigido para o funcionamento da Seção de Dissídios Individuais em composição plena é de onze Ministros, mas as deliberações só poderão ocorrer pelo voto da maioria absoluta dos integrantes da Seção (art. 65, § 1º).

Integram a Subseção I Especializada em Dissídios Individuais quatorze Ministros: o Presidente e o Vice-Presidente do Tribunal, o Corregedor-Geral da Justiça do Trabalho e mais onze Ministros, preferencialmente os Presidentes de Turma, sendo exigida a presença de, no mínimo, oito Ministros para o seu funcionamento (art. 65, § 2º).

Haverá pelo menos um e no máximo dois integrantes de cada Turma na composição da Subseção I Especializada em Dissídios Individuais (art. 65, § 3º).

Integram a Subseção II da Seção Especializada em Dissídios Individuais o Presidente e o Vice-Presidente do Tribunal, o Corregedor-Geral da Justiça do Trabalho e mais sete Ministros, sendo exigida a presença de, no mínimo, seis Ministros para o seu funcionamento (art. 65, § 4º).

i) as Turmas (atualmente oito) são constituídas, cada uma, por três Ministros, sendo presididas de acordo com os critérios estabelecidos pelos arts. 79 e 80 do Regimento (art. 66). Para os julgamentos nas Turmas é necessária a presença de três Magistrados (art. 66, parágrafo único).

4.4. Jurisdição do Tribunal e competência de seus órgãos.

O Tribunal Superior do Trabalho tem sede em Brasília e jurisdição em todo o território nacional (arts. 92, § 1º, da Constituição Federal e 690 da CLT).

Consoante esclarece o art. 67 do seu Regimento Interno, ao TST compete processar, conciliar e julgar, na forma da lei, em grau originário (*competência originária*) ou recursal ordinário ou extraordinário (*competência recursal* ou *revisional*), as demandas individuais e os dissídios coletivos que excedam a jurisdição dos Tribunais Regionais, os conflitos de direito sindical, assim como outras controvérsias decorrentes de relação de trabalho, e os litígios relativos ao cumprimento de suas próprias decisões, de laudos arbitrais e de convenções e acordos coletivos de trabalho.

Ao Tribunal Pleno do TST compete, nos termos do art. 68 do seu Regimento Interno:

a) eleger, por escrutínio secreto, o Presidente e o Vice-Presidente do Tribunal Superior do Trabalho, o Corregedor-Geral da Justiça do Trabalho, os sete Ministros para integrar o Órgão Especial, o Diretor, o Vice-Diretor e os membros do Conselho Consultivo da Escola Nacional de Formação e Aperfeiçoamento de Magistrados do Trabalho, os Ministros membros do Conselho Superior da Justiça do Trabalho e respectivos suplentes e os membros do Conselho Nacional de Justiça;

b) dar posse aos membros eleitos para os cargos de direção do Tribunal Superior do Trabalho, aos Ministros nomeados para o Tribunal, aos membros da direção e do Conselho Consultivo da Escola Nacional de Formação e Aperfeiçoamento de Magistrados do Trabalho;

c) escolher os integrantes das listas para preenchimento das vagas de Ministro do Tribunal;

d) deliberar sobre prorrogação do prazo para a posse no cargo de Ministro do Tribunal Superior do Trabalho e o início do exercício;

e) determinar a disponibilidade ou a aposentadoria do Ministro do Tribunal;

f) opinar sobre propostas de alterações da legislação trabalhista, inclusive processual, quando entender que deve manifestar-se oficialmente;

g) aprovar, modificar ou revogar, em caráter de urgência e com preferência na pauta, Súmula da Jurisprudência predominante em Dissídios Individuais e os Precedentes Normativos da Seção Especializada em Dissídios Coletivos;

h) julgar os Incidentes de Uniformização de Jurisprudência;

i) decidir sobre a declaração de inconstitucionalidade de lei ou ato normativo do Poder Público, quando aprovada a arguição pelas Seções Especializadas ou Turmas;

j) aprovar e emendar o Regimento Interno do Tribunal Superior do Trabalho;

k) aprovar o cancelamento e a revisão de orientação jurisprudencial.

Ao Órgão Especial compete, por força do art. 69 do Regimento Interno do TST, em *matéria judiciária*: julgar mandado de segurança impetrado contra atos do Presidente ou de qualquer Ministro do Tribunal, ressalvada a competência das Seções Especializadas; julgar os recursos interpostos contra decisões dos Tribunais Regionais do Trabalho em mandado de segurança de interesse de Juízes e servidores da Justiça do Trabalho; julgar os recursos interpostos contra decisão em matéria de concurso para a Magistratura do Trabalho; julgar os recursos ordinários em agravos regimentais interpostos contra decisões proferidas em reclamações correicionais ou em pedidos de providências que envolvam impugnações de cálculos de precatórios; julgar os recursos ordinários interpostos contra decisões proferidas em mandado de segurança impetrado contra ato do Presidente de Tribunal Regional em sede de precatório; julgar os agravos regimentais interpostos contra decisões proferidas pelo Corregedor-Geral da Justiça do Trabalho; julgar os agravos internos interpostos contra decisões que denegam seguimento a recurso extraordinário por ausência de repercussão geral da questão constitucional debatida; deliberar sobre as demais matérias jurisdicionais não incluídas na competência dos outros Órgãos do Tribunal.

Ao órgão Especial compete, em *matéria administrativa*, por exemplo: proceder à abertura e ao encerramento do semestre judiciário; eleger os membros das Comissões previstas no Regimento Interno; aprovar e emendar o Regimento da Corregedoria-Geral da Justiça do Trabalho, os Estatutos da Escola Nacional de Formação e Aperfeiçoamento de Magistrados do Trabalho e o Regimento Interno do Conselho Superior da Justiça do Trabalho; propor ao Poder Legislativo, após a deliberação do Conselho Superior da Justiça do Trabalho, a criação, extinção ou modificação de Tribunais Regionais do Trabalho e Varas do Trabalho, assim como a alteração de jurisdição e de sede destes; escolher, mediante escrutínio secreto e pelo voto da maioria absoluta dos seus membros, Juízes de Tribunal Regional do Trabalho para substituir temporariamente Ministro do Tribunal Superior do Trabalho; designar as comissões temporárias para exame e elaboração de estudo sobre matéria relevante, respeitada a competência das comissões permanentes; aprovar as instruções de concurso para provimento dos cargos de Juiz do Trabalho Substituto; julgar os recursos de decisões ou atos do Presidente do Tribunal em matéria administrativa; julgar os recursos interpostos contra decisões dos Tribunais Regionais do Trabalho em processo administrativo disciplinar envolvendo magistrado, estritamente para controle da legalidade; julgar os recursos ordinários interpostos contra agravos regimentais em que tenha sido apreciada decisão de Presidente de Tribunal Regional em precatório.

Compete à Seção Especializada em Dissídios Coletivos (SDC), segundo o art. 70 do Regimento Interno do TST:

I — *originariamente*: julgar os dissídios coletivos de natureza econômica e jurídica, de sua competência, ou rever suas próprias sentenças normativas, nos casos previstos em lei; homologar as conciliações firmadas nos dissídios coletivos; julgar as ações anulatórias de acordos e convenções coletivas; julgar as ações rescisórias propostas contra suas sentenças normativas; julgar os agravos regimentais contra despachos ou decisões não definitivas, proferidos pelo Presidente do Tribunal, ou por qualquer dos Ministros integrantes da Seção Especializada em Dissídios Coletivos; julgar os conflitos de competência entre Tribunais Regionais do Trabalho em processos de dissídio coletivo; processar e julgar as medidas cautelares incidentais nos processos de dissídio coletivo; processar e julgar as ações em matéria de greve, quando o conflito exceder a jurisdição de Tribunal Regional do Trabalho.

II — em última instância, julgar: os recursos ordinários interpostos contra as decisões proferidas pelos Tribunais Regionais do Trabalho em dissídios coletivos de natureza econômica ou jurídica; os recursos ordinários interpostos contra decisões proferidas pelos Tribunais Regionais do Trabalho em ações rescisórias e mandados de segurança pertinentes a dissídios coletivos e em ações anulatórias de acordos e convenções coletivas; os embargos infringentes interpostos contra decisão não unânime proferida em processo de dissídio coletivo de sua competência originária, salvo se a decisão embargada estiver em consonância com precedente normativo do Tribunal Superior do Trabalho, ou com Súmula de sua jurisprudência predominante; os agravos de instrumento interpostos contra despacho denegatório de recurso ordinário nos processos de sua competência.

À Seção Especializada em Dissídios Individuais, em composição plena ou dividida em duas Subseções, compete, como prevê o art. 71 do Regimento Interno do TST:

1) em *composição plena*, julgar, em caráter de urgência e com preferência na pauta, os processos nos quais tenha sido estabelecida, na votação, divergência entre as Subseções I e II da Seção Especializada em Dissídios Individuais, quanto à aplicação de dispositivo de lei federal ou da Constituição da República;

2) à *Subseção I*: a) julgar os embargos interpostos contra decisões divergentes das Turmas, ou destas que divirjam de decisão da Seção de Dissídios Individuais, de Orientação Jurisprudencial ou de Súmula; b) julgar os agravos e os agravos regimentais interpostos contra despacho exarado em processos de sua competência;

3) à *Subseção II*:

a) *originariamente*: julgar as ações rescisórias propostas contra as suas decisões, as decisões da Subseção I e decisões das Turmas do Tribunal; julgar os mandados de segurança contra os atos praticados pelo Presidente do Tribunal, ou por qualquer dos Ministros integrantes da Seção Especializada em Dissídios Individuais, nos processos de sua competência; julgar as ações cautelares; julgar os *habeas corpus;*

b) em única instância: julgar os agravos e os agravos regimentais interpostos contra despacho exarado em processos de sua competência; julgar os conflitos de competência entre Tribunais Regionais e os que envolvam Juízes de Direito investidos da jurisdição trabalhista e Varas do Trabalho em processos de dissídios individuais;

c) em última instância: julgar os recursos ordinários interpostos contra decisões dos Tribunais Regionais em processos de dissídio individual de sua competência originária; julgar os agravos de instrumento interpostos contra despacho denegatório de recurso ordinário em processos de sua competência.

Compete a cada uma das Turmas do TST julgar (art. 72 do Regimento Interno): os recursos de revista interpostos contra decisão dos Tribunais Regionais do Trabalho, nos casos previstos em lei; os agravos de instrumento dos despachos de Presidente de Tribunal Regional que denegarem seguimento a recurso de revista; os agravos e os agravos regimentais interpostos contra despacho exarado em processos de sua competência; os recursos ordinários em ação cautelar, quando a competência para julgamento do recurso do processo principal for atribuída à Turma.

Consoante o art. 76 do Regimento Interno do TST, ao Órgão Especial, às Seções Especializadas e às Turmas cabe, ainda, nos processos de sua competência:

I — julgar: a) os embargos de declaração interpostos contra suas decisões; b) as ações cautelares incidentais e preparatórias e as demais arguições; c) os incidentes que lhes forem submetidos; e d) a restauração de autos perdidos, em se tratando de processo de sua competência.

II — homologar as desistências dos recursos, decidir sobre pedido de desistência de ação quanto aos processos incluídos em pauta para julgamento, e homologar os acordos em processos de competência originária do Tribunal;

III — representar à autoridade competente, quando, em autos ou documentos de que conhecer, houver indício de crime de ação pública.

4.5. Atribuições do Presidente, Vice-Presidente e Corregedor.

A Presidência, a Vice-Presidência e a Corregedoria-Geral da Justiça do Trabalho são cargos de direção do TST, preenchidos mediante eleição, em que concorrem os Ministros mais antigos da Corte, em número correspondente ao dos cargos de direção, proibida a reeleição (art. 29 do regimento interno do TST).

O Presidente, o Vice-Presidente e o Corregedor-Geral da Justiça do Trabalho serão eleitos por dois anos, mediante escrutínio secreto e pelo voto da maioria absoluta, em sessão extraordinária do Tribunal Pleno, a realizar-se nos sessenta dias antecedentes ao término dos mandatos anteriores, e tomarão posse em sessão solene, na data marcada pelo Tribunal Pleno (art. 30 do regimento interno do TST).

O Presidente do TST exercerá o cargo com a colaboração do Vice-Presidente, que desempenhará as atribuições a ele delegadas e aquelas previstas nos casos de substituição em razão de férias, ausências e impedimentos eventuais (art. 34 do regimento interno do TST).

As atribuições do Presidente do Tribunal Superior do Trabalho são definidas no art. 35 do seu Regimento Interno, estando dentre elas incluídas:

1 — representar o Tribunal perante os Poderes Públicos e demais autoridades, incumbindo-lhe, no exercício da representação, observar fielmente as diretrizes estabelecidas pelo Órgão Especial;

2 — corresponder-se, em nome do Tribunal, com quaisquer autoridades, observada a hierarquia de funções;

3 — encaminhar ao Presidente da República as listas para preenchimento de vaga de Ministro do Tribunal;

4 — enviar ao Congresso Nacional, após aprovação pelo Órgão Especial, projetos de lei de interesse da Justiça do Trabalho em matéria de sua competência constitucional;

5 — editar, no início das atividades judiciárias de cada ano, o ato de composição do Tribunal e dos órgãos judicantes, cabendo-lhe, ainda, dar-lhe publicidade, quando renovada a direção da Corte, ou alterada sua composição;

6 — zelar pelas prerrogativas e pela imagem pública do Tribunal e dos Ministros e pelo bom funcionamento da Corte e dos órgãos da Justiça do Trabalho, expedindo atos, portarias, ordens e instruções, adotando as providências necessárias ao seu cumprimento;

7 — praticar, *ad referendum* do Tribunal Pleno ou do Órgão Especial, os atos reputados urgentes;

8 — editar os atos indispensáveis à disciplina dos serviços e à polícia do Tribunal, determinando as providências atinentes ao resguardo da disciplina, da ordem e da integridade universal da Corte, na sede ou nas dependências, requisitando, quando necessário, o auxílio de outras autoridades;

9 — manter a ordem nas sessões, podendo mandar retirar os que a perturbarem e os que faltarem com o devido respeito, e mandar prender os desobedientes, fazendo lavrar o respectivo auto;

10 — instaurar inquérito quando caracterizada infração de lei penal na sede ou nas dependências do Tribunal;

11 — comunicar ao órgão competente do Ministério Público a ocorrência de desobediência a ordem emanada do Tribunal ou de seus Ministros, encaminhando os elementos de que dispuser para a propositura de ação penal;

12 — impor penas disciplinares aos servidores, quando essas excederem a alçada do Diretor-Geral da Secretaria do Tribunal Superior do Trabalho;

13 — determinar a distribuição dos processos, segundo as regras regimentais e resoluções administrativas, aos Ministros do Tribunal, e dirimir as controvérsias referentes à distribuição;

14 — despachar as desistências dos recursos e das ações, quando se referirem a processo pendente de distribuição na Corte, bem como os demais incidentes processuais suscitados;

15 — designar as sessões ordinárias e extraordinárias do Tribunal Pleno, do Órgão Especial e das Seções Especializadas, podendo convocar, durante as férias coletivas, com antecedência de quarenta e oito horas, sessões extraordinárias para julgamento de ações de dissídio coletivo, mandado de segurança e ação declaratória alusiva a greve ou a situação de relevante interesse público que requeiram apreciação urgente;

16 — dirigir os trabalhos do Tribunal e presidir as sessões do Tribunal Pleno, do Órgão Especial e das Seções Especializadas;

17 — decidir os efeitos suspensivos, os pedidos de suspensão de segurança e de suspensão de decisão proferida em ação cautelar inominada e em tutela antecipada, assim como despachar os documentos e os expedientes que lhe sejam submetidos, inclusive as cartas previstas em lei;

18 — decidir, durante as férias e feriados, os pedidos de liminar em mandado de segurança, em ação cautelar e sobre outras medidas que reclamem urgência;

19 — delegar ao Vice-Presidente, ao Corregedor-Geral da Justiça do Trabalho ou a Ministros da Corte atribuições as quais esteja impossibilitado de cumprir ou que a conveniência administrativa recomende a delegação;

20 — excepcionalmente, convocar audiência pública, de ofício ou a requerimento de cada uma das Seções Especializadas ou de suas Subseções, pela maioria de seus integrantes, para ouvir o depoimento de pessoas com experiência e autoridade em determinada matéria, sempre que entender necessário o esclarecimento de questões ou circunstâncias de fato, subjacentes a dissídio de grande repercussão social ou econômica, pendente de julgamento no âmbito do Tribunal.

O Presidente do TST poderá conceder efeito suspensivo a recurso ordinário interposto contra decisão normativa da Justiça do Trabalho (art. 9º da Lei n. 7.701/88), podendo conceder ao requerido o prazo de cinco dias, para, querendo, manifestar-se sobre o pedido de efeito suspensivo (Instrução Normativa n. 24/2003 do TST). Pode o Presidente submeter o pedido de concessão de efeito suspensivo ao recurso à apreciação da Seção Especializada em Dissídios Coletivos, desde que repute ser a matéria de alta relevância (Instrução Normativa n. 24/2003 do TST). O Ato n. 168, de 4.4.2016, dispõe sobre os pedidos de mediação e conciliação pré-processual de conflitos coletivos de trabalho.

Ao Presidente do TST é facultada a designação de audiência de conciliação relativamente a pedido de concessão de efeito suspensivo a recurso ordinário interposto contra decisão normativa da Justiça do Trabalho, dela devendo ser notificado o Ministério Público do Trabalho (Instrução Normativa n. 24/2003). O Ato n. 168, de 4.4.2016, dispõe sobre os pedidos de medição e conciliação pré-processual de conflitos coletivos de trabalho.

Diante da independência do Poder Judiciário, assegurada na Constituição Federal, afronta a ordem constitucional a determinação, constante do art. 707, *j*, da CLT, de que o Presidente do Tribunal, até 31 de março de cada ano, apresente ao Ministro do Trabalho relatório das atividades do Tribunal e dos demais órgãos da Justiça do Trabalho.

Compete ao Vice-Presidente, nos termos do art. 36 do Regimento Interno do TST: substituir o Presidente e o Corregedor-Geral da Justiça do Trabalho nas férias, ausências e impedimentos; cumprir as delegações do Presidente; designar e presidir audiências de conciliação e instrução de dissídio coletivo de competência originária do Tribunal; exercer o juízo de admissibilidade dos recursos extraordinários; examinar os incidentes surgidos após a interposição de recurso extraordinário; e apreciar ação cautelar incidental a recurso extraordinário.

O Vice-Presidente participa das sessões dos órgãos judicantes do Tribunal, exceto de Turma, não concorrendo à distribuição de processos (art. 37 do Regimento Interno do TST).

O Corregedor-Geral da Justiça do Trabalho não concorre à distribuição de processos, participando, quando não estiver ausente em função corregedora, das sessões dos órgãos judicantes da Corte, exceto de Turmas, com direito a voto (art. 38 do Regimento Interno do TST) e suas atribuições são definidas no Regimento Interno da Corregedoria-Geral da Justiça do Trabalho, valendo observar que das decisões proferidas pelo Corregedor-Geral da Justiça do Trabalho caberá agravo regimental para o Órgão Especial, incumbindo-lhe determinar sua inclusão em pauta (arts. 39 e 40 do Regimento Interno do TST).

4.6. Súmulas, Precedentes Normativos e Orientações Jurisprudenciais.

O TST, visando uniformizar a sua jurisprudência, pode editar Súmulas, Precedentes Normativos e Orientações Jurisprudenciais.

A jurisprudência predominante do TST é consubstanciada em *Súmulas* (antigos Enunciados), nos termos do art. 160 do seu Regimento Interno.

Os *Precedentes Normativos* e as *Orientações Jurisprudenciais* expressam a jurisprudência prevalecente na Seção Especializada em Dissídios Coletivos e na Seção Especializada em Dissídios Individuais, respectivamente (art. 173 do Regimento Interno).

Também poderão ser estabelecidos *Precedentes* para o Órgão Especial, expressando a jurisprudência nele prevalecente.

Compete ao Pleno do TST a aprovação, modificação ou revogação de Súmulas, Precedentes Normativos e Orientações Jurisprudenciais.

As Súmulas, os Precedentes Normativos e as Orientações Jurisprudenciais conferem previsibilidade às manifestações do órgão de cúpula da Justiça do Trabalho, estabilidade às relações sociais constituídas sob a sua égide e certeza quanto à validade e eficácia dos atos praticados segundo os parâmetros que estabelecem.

5. *Tribunais Regionais do Trabalho*

Os Tribunais Regionais do Trabalho correspondem à segunda instância da Justiça do Trabalho.

5.1. Número e competência em matéria administrativa.

Dispunha o art. 112 da Constituição de 1988 que em cada Estado e no Distrito Federal haveria pelo menos um Tribunal Regional do Trabalho.

O art. 112 da Constituição recebeu nova redação, que lhe foi conferida pela Emenda Constitucional n. 45/2004, passando a tratar da criação de Varas do Trabalho. Com isso, cabe à Lei Complementar resolver sobre o número de Tribunais Regionais do Trabalho, sua sede e jurisdição, por força do que dispõe o art. 12 da Lei Complementar n. 35/79.[407]

Aos Tribunais Regionais do Trabalho compete, como prevê o art. 96, I, *a* a *f*, da Constituição, privativamente:

a) eleger seus órgãos diretivos e elaborar seus regimentos internos, dispondo sobre a competência, composição e forma de funcionamento dos respectivos órgãos jurisdicionais e administrativos;

b) organizar suas secretarias e serviços auxiliares e os dos juízos que lhes forem vinculados, velando pelo exercício da atividade correicional respectiva;

c) prover, na forma prevista na Constituição, os cargos de juiz de carreira da respectiva jurisdição;

d) propor a criação de novas varas judiciárias;

e) prover, por concurso público de provas, ou provas e títulos, obedecido ao disposto no art. 169 da Constituição, os cargos necessários à administração da Justiça, exceto os de confiança, assim definidos em lei;

f) conceder licença, férias e outros afastamentos a seus membros e aos juízes e servidores que lhes forem imediatamente vinculados.

Compete ao Tribunal Regional do Trabalho, no âmbito de sua Região, mediante ato próprio, alterar e estabelecer a jurisdição das Varas do Trabalho, bem como transferir-lhes a sede de um Município para outro, de acordo com a necessidade de agilização da prestação jurisdicional (art. 28 da Lei n. 10.770/03).

5.2. Composição. Promoção de juízes para compor os Tribunais Regionais do Trabalho.

Os Tribunais Regionais do Trabalho compõem-se, de acordo com o art. 115 da Constituição, de, no mínimo, sete juízes, recrutados, quando possível, na respectiva região, e nomeados pelo Presidente da República dentre brasileiros com mais de trinta e menos de sessenta e cinco anos de idade, sendo:

a) um quinto dentre advogados com mais de dez anos de efetiva atividade profissional e membros do Ministério Público do Trabalho com mais de dez anos de efetivo exercício, observado o disposto no art. 94 da Constituição Federal;[408]

b) os demais, mediante promoção de juízes do trabalho, por antiguidade e merecimento, alternadamente.

Na promoção de juízes do trabalho para os Tribunais Regionais do Trabalho, devem ser observadas as seguintes normas (art. 93, II, da Constituição Federal):

a) é obrigatória a promoção do juiz que figure por três vezes consecutivas ou cinco alternadas em lista de merecimento;

b) aferição do merecimento conforme o desempenho e pelos critérios objetivos de produtividade e de presteza no exercício da jurisdição e pela frequência e aproveitamento em cursos oficiais ou reconhecidos de aperfeiçoamento;

c) na apuração de antiguidade, o tribunal somente poderá recusar o juiz mais antigo pelo voto de dois terços de seus membros, conforme procedimento próprio, assegurada ampla defesa, repetindo-se a votação até fixar-se a indicação;

(407) O Estado de São Paulo conta com dois Tribunais Regionais do Trabalho (TRT da 2ª Região e TRT da 15ª Região).

(408) A seção estadual da OAB e a Procuradoria Regional do Trabalho, para efeito de preenchimento de vagas nos Tribunais Regionais do Trabalho, organizam listas contendo seis nomes (lista sêxtupla), dentre os quais o Tribunal escolherá três (lista tríplice), que submeterá ao Presidente da República.

d) não será promovido o juiz que, injustificadamente, retiver autos em seu poder além do prazo legal, não podendo devolvê-los ao cartório sem o devido despacho ou decisão.

A Resolução n. 106, de 6.4.2010, do Conselho Nacional de Justiça dispõe sobre a aferição do merecimento para promoção de magistrados e acesso aos Tribunais de 2º grau, estabelecendo, por exemplo, que:

1) as promoções por merecimento de magistrados em 1º grau e o acesso para o 2º grau serão realizadas em sessão pública, em votação nominal, aberta e fundamentada, observadas as prescrições legais e as normas internas não conflitantes com esta resolução, iniciando-se pelo magistrado votante mais antigo;

2) o magistrado interessado na promoção dirigirá requerimento ao Presidente do Tribunal de 2º grau no prazo de inscrição previsto no edital de abertura do respectivo procedimento;

3) são condições para concorrer à promoção e ao acesso aos tribunais de 2º grau, por merecimento: I — contar o juiz com no mínimo 2 (dois) anos de efetivo exercício, devidamente comprovados, no cargo ou entrância; II — figurar na primeira quinta parte da lista de antiguidade aprovada pelo respectivo Tribunal; III — não retenção injustificada de autos além do prazo legal; IV — não haver o juiz sido punido, nos últimos doze meses, em processo disciplinar, com pena igual ou superior à de censura, observando-se que, não havendo na primeira quinta parte quem tenha os 2 (dois) anos de efetivo exercício ou aceite o lugar vago, poderão concorrer à vaga os magistrados que integram a segunda quinta parte da lista de antiguidade e que atendam aos demais pressupostos, e assim sucessivamente, que a quinta parte da lista de antiguidade deve sofrer arredondamento para o número inteiro superior, caso fracionário o resultado da aplicação do percentual, e que, se algum integrante da quinta parte não manifestar interesse, apenas participam os demais integrantes dela, não sendo admissível sua recomposição;

4) na votação, os membros votantes do Tribunal deverão declarar os fundamentos de sua convicção, com menção individualizada aos critérios utilizados na escolha relativos a: I — desempenho (aspecto qualitativo da prestação jurisdicional); II — produtividade (aspecto quantitativo da prestação jurisdicional); III — presteza no exercício das funções; IV — aperfeiçoamento técnico; V — adequação da conduta ao Código de Ética da Magistratura Nacional (2008);

5) na avaliação da qualidade das decisões proferidas serão levados em consideração: a) a redação; b) a clareza; c) a objetividade; d) a pertinência de doutrina e jurisprudência, quando citadas;[409] e) o respeito às súmulas do Supremo Tribunal Federal e dos Tribunais Superiores;[410]

6) na avaliação da produtividade serão considerados os atos praticados pelo magistrado no exercício profissional, levando-se em conta os seguintes parâmetros:

I — Estrutura de trabalho, tais como: a) compartilhamento das atividades na unidade jurisdicional com outro magistrado (titular, substituto ou auxiliar); b) acervo e fluxo processual existente na unidade jurisdicional; c) cumulação de atividades; d) competência e tipo do juízo; e) estrutura de funcionamento da vara (recursos humanos, tecnologia, instalações físicas, recursos materiais);

II — Volume de produção, mensurado pelo: a) número de audiências realizadas; b) número de conciliações realizadas;[411] c) número de decisões interlocutórias proferidas; d) número de sentenças proferidas, por classe processual e com priorização dos processos mais antigos; e) número de acórdãos e decisões proferidas em substituição ou auxílio no 2º grau, bem como em Turmas Recursais dos Juizados Especiais Cíveis e Criminais; f) o tempo médio do processo na Vara, com a ressalva de que, na avaliação da produtividade deverá ser considerada a média do número de sentenças e

(409) Ao fazer alusão à clareza, objetividade e pertinência de doutrina e jurisprudência citadas, a Resolução estabelece requisitos para as decisões judiciais.

(410) Esta exigência estabelece e reforça a denominada *disciplina judiciária*.

(411) Com isto, a promoção é vinculada à capacidade do juiz de influenciar as partes visando à celebração de acordos.

audiências em comparação com a produtividade média de juízes de unidades similares, utilizando-se, para tanto, dos institutos da mediana e do desvio padrão oriundos da ciência da estatística, privilegiando-se, em todos os casos, os magistrados cujo índice de conciliação seja proporcionalmente superior ao índice de sentenças proferidas dentro da mesma média;

7) a presteza deve ser avaliada nos seguintes aspectos:

I — dedicação, definida a partir de ações como:

a) assiduidade ao expediente forense;

b) pontualidade nas audiências e sessões;

c) gerência administrativa;

d) atuação em unidade jurisdicional definida previamente pelo Tribunal como de difícil provimento;

e) participação efetiva em mutirões, em justiça itinerante e em outras iniciativas institucionais;

f) residência e permanência na comarca;

g) inspeção em serventias judiciais e extrajudiciais e em estabelecimentos prisionais e de internamento de proteção de menores sob sua jurisdição;

h) medidas efetivas de incentivo à conciliação em qualquer fase do processo;

i) inovações procedimentais e tecnológicas para incremento da prestação jurisdicional;

j) publicações, projetos, estudos e procedimentos que tenham contribuído para a organização e a melhoria dos serviços do Poder Judiciário;

k) alinhamento com as metas do Poder Judiciário, traçadas sob a coordenação do Conselho Nacional de Justiça;

II — celeridade na prestação jurisdicional, considerando-se:

a) a observância dos prazos processuais, computando-se o número de processos com prazo vencido e os atrasos injustificáveis;

b) o tempo médio para a prática de atos;

c) o tempo médio de duração do processo na vara, desde a distribuição até a sentença;

d) o tempo médio de duração do processo na vara, desde a sentença até o arquivamento definitivo, desconsiderando-se, nesse caso, o tempo em que o processo esteve em grau de recurso ou suspenso;

e) número de sentenças líquidas prolatadas em processos submetidos ao rito sumário e sumaríssimo e de sentenças prolatadas em audiências.[412]

Ainda consoante Resolução n. 106, de 6.4.2010, do Conselho Nacional de Justiça:

1 — na avaliação do aperfeiçoamento técnico serão considerados: I — a frequência e o aproveitamento em cursos oficiais ou reconhecidos pelas Escolas Nacionais respectivas, observados os cursos e eventos oferecidos em igualdade a todos os magistrados pelos Tribunais e Conselhos do Poder Judiciário, pelas Escolas dos Tribunais, diretamente ou mediante convênio. II — os diplomas, títulos ou certificados de conclusão de cursos jurídicos ou de áreas afins e relacionados com as competências profissionais da magistratura, realizados após o ingresso na carreira. III — ministração de aulas em palestras e cursos promovidos pelos Tribunais ou Conselhos do Poder Judiciário, pelas Escolas da Magistratura ou pelas instituições de ensino conveniadas ao Poder Judiciário;

(412) No processo do trabalho, não há previsão no sentido de que as decisões deverão ser líquidas nos procedimentos sumário e sumaríssimo.

2 — as atividades exercidas por magistrados na direção, coordenação, assessoria e docência em cursos de formação de magistrados nas Escolas Nacionais ou dos Tribunais são consideradas serviço público relevante e, para o efeito do presente artigo, computadas como tempo de formação pelo total de horas efetivamente comprovadas;

3 — na avaliação do merecimento não serão utilizados critérios que venham atentar contra a independência funcional e a liberdade de convencimento do magistrado, tais como índices de reforma de decisões, observando que a disciplina judiciária do magistrado, aplicando a jurisprudência sumulada do Supremo Tribunal Federal e dos Tribunais Superiores, com registro de eventual ressalva de entendimento, constitui elemento a ser valorizado para efeito de merecimento, nos termos do princípio da responsabilidade institucional, insculpido no Código Ibero-Americano de Ética Judicial (2006).[413]

Os juízes dos Tribunais Regionais do Trabalho são vitalícios a partir da posse (art. 22, I, *d*, da Lei Complementar n. 35/79).

Os Tribunais Regionais do Trabalho, nos respectivos regimentos internos, disporão sobre a substituição de seus juízes (art. 118 da Lei Complementar n. 35/75).

O art. 648 da CLT dispõe que são incompatíveis entre si, para os trabalhos na mesma Vara, os parentes consanguíneos e afins até o terceiro grau civil e que a incompatibilidade resolve-se a favor do primeiro vogal designado ou empossado, ou por sorteio, se a designação ou a posse for da mesma data. O art. 671 da CLT dispõe que, para os trabalhos nos tribunais, existe a mesma incompatibilidade prevista no art. 648 da CLT, sendo idêntica a forma de sua resolução. No entanto, o art. 648 da CLT trata da incompatibilidade entre os componentes das Juntas de Conciliação e Julgamento, que foram substituídas pelas Varas do Trabalho, nas quais atua apenas um juiz (art. 116 da Constituição), o que prejudica o art. 671 da CLT. Com isso, na hipótese, deve ser observado o art. 136 do CPC de 1973, segundo o qual quando dois ou mais juízes forem parentes, consanguíneos ou afins, em linha reta e *no segundo grau na linha colateral*, o primeiro juiz que conhecer da causa no tribunal impede que o *outro participe do julgamento*, caso em que o segundo se escusará, remetendo o processo ao seu substituto legal e no CPC de 2015, no qual é disposto que, quando dois ou mais juízes forem parentes, consanguíneos ou afins, em linha reta ou colateral, *até o terceiro grau, inclusive*, o primeiro juiz que conhecer do processo impede que o *outro nele atue*, caso em que o segundo se escusará, remetendo os autos ao seu substituto legal. A finalidade do art. 136 do CPC de 1973 e do art. 147 do CPC de 2015 (aplicáveis no processo do trabalho, por força do art. 769 da CLT, do art. 15 do CPC de 2015 e da revogação dos arts. 648 e 671 da CLT), é impedir que um juiz influencie o outro no julgamento da causa.

5.3. Funcionamento.

Os Tribunais Regionais do Trabalho compõem-se de, no mínimo, sete juízes (art. 115, *caput*, da Constituição), devendo o número de juízes na unidade jurisdicional ser proporcional à efetiva demanda judicial e à respectiva população (art. 93, XIII, da Constituição).

A forma de funcionamento dos Tribunais Regionais depende do número de juízes que o compõem:

a) os Tribunais Regionais do Trabalho compostos por sete ou oito juízes funcionam apenas em sua composição plena, deliberando com a presença, além do Presidente, da metade mais um do número de seus juízes (art. 672 da CLT);

b) os Tribunais Regionais do Trabalho compostos por doze ou mais juízes funcionam em composição plena ou divididos em Turmas;

c) nos Tribunais Regionais do Trabalho com número superior a vinte e cinco julgadores poderá ser constituído órgão especial, com o mínimo de onze e o máximo de vinte e cinco membros, para o exercício das atribuições administrativas e jurisdicionais da competência do tribunal pleno, proven-

(413) O acatamento de Súmulas, portanto, passa a ser critério de apuração do merecimento.

do-se a metade das vagas por antiguidade e, a outra metade, por eleição pelo tribunal pleno (art. 93, XI, da Constituição Federal);

d) os Tribunais Regionais do Trabalho compostos por quatro ou mais Turmas serão obrigatoriamente divididos em Grupos de Turmas (seções especializadas), tendo estes a competência atribuída ao Tribunal Pleno, excluída a apreciação de matéria de natureza administrativa, que continuará reservada ao Tribunal Pleno. O Presidente do Grupo de Turma será um dos seus membros efetivos, eleito entre seus pares, na forma do que dispõe a Lei Orgânica da Magistratura Nacional e o Regimento Interno do Tribunal respectivo. Os Grupos de Turma funcionarão com a presença de, no mínimo, a metade mais um do número de juízes que os compõem (art. 4º da Lei n. 7.119/83);

e) os Tribunais Regionais do Trabalho que funcionarem divididos em Grupos de Turmas deverão promover a especialização de um deles com a competência exclusivamente para a conciliação e o julgamento de dissídios coletivos (art. 6º da Lei n. 7.701/88).[414] O regimento interno do Tribunal disporá sobre a constituição e o funcionamento do Grupo Normativo e dos demais Grupos de Turmas (art. 6º, parágrafo único, da Lei n. 7.701/88).

As Turmas somente poderão deliberar com a presença de pelo menos três juízes (art. 672, § 1º, da CLT).

As decisões dos Tribunais Regionais do Trabalho serão tomadas pelo voto da maioria dos juízes presentes, ressalvada, no Tribunal Pleno, a hipótese de declaração de inconstitucionalidade de lei ou ato do poder público (art. 672, § 2º, da CLT), na medida em que somente pelo voto da maioria absoluta de seus membros ou dos membros do respectivo órgão especial poderão os tribunais declarar a inconstitucionalidade de lei ou ato normativo do poder público (art. 97 da Constituição Federal).

O Presidente do Tribunal Regional do Trabalho, excetuada a hipótese de declaração de inconstitucionalidade de lei ou ato do poder público, somente terá voto de desempate. Nas sessões administrativas, o Presidente votará como os demais juízes, cabendo-lhe o voto de qualidade (art. 672, § 3º, da CLT).

No julgamento de recursos contra a decisão ou despacho do Presidente, do Vice-Presidente ou do Relator, ocorrendo empate, prevalecerá a decisão ou despacho recorrido (art. 672, § 4º, da CLT).

O regimento interno dos Tribunais Regionais do Trabalho deverá dispor sobre a ordem das sessões (art. 673 da CLT), a Súmula da respectiva jurisprudência predominante e o incidente de uniformização (art. 14 da Lei n. 7.701/88).

Os Tribunais Regionais do Trabalho instalarão a *justiça itinerante*, com a realização de audiências e demais funções de atividade jurisdicional nos limites do território da respectiva jurisdição, servindo-se de equipamentos públicos e comunitários (art. 115, § 1º, da Constituição), e poderão funcionar descentralizadamente, constituindo *câmaras regionais*, a fim de assegurar o pleno acesso do jurisdicionado à justiça em todas as fases do processo (art. 115, § 2º, da Constituição).

5.4. Jurisdição e competência jurisdicional.

Para efeito da fixação da jurisdição dos Tribunais Regionais do Trabalho, o território nacional é dividido em *24 regiões*: 1ª Região — Rio de Janeiro; 2ª Região — São Paulo; 3ª Região — Minas Gerais; 4ª Região — Rio Grande do Sul; 5ª Região — Bahia; 6ª Região — Pernambuco; 7ª Região — Ceará; 8ª Região — Pará e Amapá; 9ª Região — Paraná; 10ª Região — Distrito Federal e Tocantins; 11ª Região — Amazonas e Roraima; 12ª Região — Santa Catarina; 13ª Região — Paraíba; 14ª Região — Rondônia e Acre; 15ª Região — São Paulo (área não abrangida pela jurisdição da 2ª Região); 16ª Região — Maranhão; 17ª Região — Espírito Santo; 18ª Região — Goiás; 19ª Região — Alagoas; 20ª Região — Sergipe; 21ª Região — Rio Grande do Norte; 22ª Região — Piauí; 23ª Região — Mato Grosso; 24ª Região — Mato Grosso do Sul (art. 674 da CLT).

(414) Grupo Normativo ou Seção Especializada em Dissídios Coletivos.

A sede dos Tribunais Regionais do Trabalho é fixada no art. 674, parágrafo único, da CLT.

Embora o art. 676 da CLT disponha que o número de regiões, a jurisdição e a categoria dos Tribunais Regionais podem ser alterados pelo Presidente da República, essa competência foi reservada à lei pelo art. 113 da Constituição. O art. 676 da CLT, portanto, não foi recepcionado pela Constituição de 1988, com a qual não se harmoniza.

Os Tribunais Regionais do Trabalho têm a organização e a competência definidas na Constituição, na lei e no seu regimento interno (art. 15 da Lei Complementar n. 35/79).

Consoante prevê o art. 677 da CLT, a *competência territorial* dos Tribunais Regionais é determinada:

a) nos dissídios individuais, na forma indicada no art. 651 e seus parágrafos (textos legais que serão examinados mais adiante, quando for estudada a competência territorial das Varas do Trabalho);
b) nos dissídios coletivos, pelo local onde este ocorrer.

Aos Tribunais Regionais, quando divididos em Turmas, compete, nos termos do art. 678 da CLT:

I — ao *Tribunal Pleno*, especialmente:

a) processar, conciliar e julgar *originalmente* os dissídios coletivos;

b) processar e julgar as revisões de sentenças normativas, a extensão das decisões proferidas em dissídios coletivos e os mandados de segurança;

c) processar e julgar *em última instância*: os recursos das multas impostas pelas Turmas, as ações rescisórias das decisões das Varas do Trabalho, dos Juízes de Direito investidos na jurisdição trabalhista, das Turmas e de seus próprios acórdãos, os conflitos de jurisdição entre as suas Turmas, os juízes de direito investidos na jurisdição trabalhista, as Varas do Trabalho ou entre aqueles e estas;

d) julgar *em única ou última instância*: os processos e os recursos de natureza administrativa atinentes aos seus serviços auxiliares e respectivos servidores, as reclamações contra atos administrativos de seu Presidente ou de qualquer de seus membros, assim como dos Juízes de Varas do Trabalho e dos funcionários destas;

II — *às Turmas: a) julgar os recursos ordinários das decisões definitivas das Varas e Juízes de Direito investidos na jurisdição trabalhista e os agravos de petição e de instrumento, estes de decisões denegatórias de recursos de sua alçada; b) impor multas e demais penalidades relativas a atos de sua competência jurisdicional e julgar os recursos interpostos das decisões das Varas e dos Juízes de Direito investidos na jurisdição trabalhista que as impuserem.*

Aos Tribunais Regionais do Trabalho não divididos em Turmas compete o julgamento das matérias a que se refere o art. 678 da CLT, exceto os recursos das multas impostas pelas Turmas e os conflitos de competência entre Turmas (art. 679 da CLT).

O Pleno, as Turmas e as Seções Especializadas ou os Grupos de Turmas julgam as exceções de suspeição opostas contra os seus membros (art. 680 da CLT).

Das decisões das Turmas não caberá recurso para o Tribunal Pleno, exceto no caso das multas por elas impostas (art. 678, parágrafo único, da CLT).

Compete ao Pleno dos Tribunais Regionais não divididos em Turmas: 1) julgar, originalmente: a) dissídios coletivos, revisões de sentenças normativas e extensão das decisões proferidas em dissídios coletivos; b) mandados de segurança; c) ações rescisórias das decisões das Varas do Trabalho e dos Juízes de Direito investidos na jurisdição trabalhista; e d) *habeas corpus*; 2) julgar, em último grau de jurisdição os conflitos de jurisdição entre Varas do Trabalho e Juízes de Direito investidos na jurisdição trabalhista; 3) julgar, em único ou último grau de jurisdição, os processos de natureza administrativa atinentes aos seus serviços auxiliares e respectivos servidores e reclamações contra atos administrativos de seu Presidente ou de qualquer de seus membros, assim como dos Juízes das Varas do Trabalho e dos funcionários destas.

Aos Tribunais Regionais, ou às suas Turmas, compete: a) determinar às Varas e aos Juízes de Direito investidos da jurisdição trabalhista a realização dos atos processuais e diligências necessárias ao julgamento dos feitos sob sua apreciação; b) fiscalizar o cumprimento de suas próprias decisões; c) declarar a nulidade dos atos praticados com infração às suas decisões; d) julgar as exceções de incompetência que lhes forem opostas; e) requisitar às autoridades competentes as diligências necessárias ao esclarecimento dos feitos sob apreciação, representando contra aquelas que não atenderem a tais requisições; f) exercer, em geral, no interesse da Justiça do Trabalho, as demais atribuições que decorram de sua jurisdição (art. 680 da CLT).

5.5. Presidente, Vice-Presidente, Corregedor e Vice-Corregedor.

O Tribunal Regional do Trabalho elegerá, dentre os seus juízes, o Presidente, o Vice-Presidente, o Corregedor, o Vice-Corregedor e os Presidentes das Turmas, onde as houver (arts. 96, I, *a*, da Constituição Federal e 670, § 7º, da CLT). Da eleição participarão somente os membros efetivos do Tribunal. A eleição, para mandato de dois anos, deve recair sobre os juízes mais antigos, sendo proibida a reeleição (art. 102 da Lei Complementar n. 35/79).

Os Presidentes e Vice-Presidentes dos Tribunais Regionais do Trabalho tomarão posse perante os respectivos Tribunais (art. 681 do TST).

Compete privativamente aos presidentes dos Tribunais Regionais do Trabalho, além das atribuições que forem conferidas na CLT e das decorrentes do seu cargo: dar posse aos presidentes de Varas, aos Juízes Substitutos e funcionários do próprio Tribunal e a eles conceder férias e licenças; presidir as sessões do Tribunal; presidir as audiências de conciliações nos dissídios coletivos; executar suas próprias decisões e as proferidas pelo Tribunal; despachar os recursos interpostos pelas partes; requisitar às autoridades competentes, nos casos de dissídio coletivo, a força necessária, sempre que houver ameaça de perturbação da ordem; distribuir os feitos, designando os juízes que os devem relatar; designar, dentre os funcionários do Tribunal e das Varas existentes em uma mesma localidade, o que deve exercer a função de distribuidor (art. 682 da CLT).

Na falta ou impedimento do Juiz da Vara do Trabalho e do substituto da mesma localidade (quando houver), é facultado ao presidente do Tribunal Regional designar substituto de outra localidade, observada a ordem de antiguidade entre os substitutos desimpedidos (art. 682, § 1º, da CLT).

Na falta ou impedimento dos presidentes dos Tribunais Regionais do Trabalho, e como auxiliares destes, funcionarão seus substitutos (art. 683 da CLT). No caso de férias, por trinta dias, licença, morte ou renúncia do presidente, a convocação de substituto caberá ao presidente do TST (art. 683, § 1º, da CLT). Nos demais casos, mediante convocação do próprio presidente do Tribunal ou comunicação ao secretário deste, o substituto assumirá imediatamente o exercício, ciente o presidente do TST (art. 683, § 2º, da CLT). O Presidente do Tribunal é substituído pelo Vice-Presidente e este e o Corregedor, pelos demais membros, na ordem decrescente de antiguidade (art. 114 da Lei Complementar n. 35/79).

O Presidente do Tribunal, de comum acordo com o Vice-Presidente, poderá delegar-lhe atribuições (art. 125 da Lei Complementar n. 35/79).

São cargos de direção dos Tribunais Regionais do Trabalho o de Presidente e o de Corregedor (arts. 94 e 102 da Lei Complementar n. 35/79). O juiz que exerceu o cargo de direção ou Presidente é inelegível (art. 102 da Lei Complementar n. 35/79), salvo se eleito para completar período de mandato inferior a um ano (art. 102, parágrafo único, da Lei Complementar n. 35/79).

6. Varas do Trabalho

6.1. Composição. Princípio da identidade física do juiz.

As Varas do Trabalho são criadas por lei e nelas a jurisdição será exercida por um juiz singular (arts. 112 e 116 da Constituição), que será seu presidente (art. 647, *a*, da CLT).[415]

Quando ainda existia a representação classista na Justiça do Trabalho, discutia-se sobre a aplicação, no processo do trabalho, do princípio da identidade física do juiz. Segundo esse princípio, que é consagrado expressamente no art. 132 do CPC de 1973, o juiz que concluir a audiência na qual for colhida prova oral deverá julgar a lide, salvo se for transferido, promovido, aposentado ou afastado por qualquer motivo.[416] Esse princípio encontra sustentação na ideia de que o juiz que tem diante de si as partes e colhe a prova oral está em melhores condições para resolver o dissídio e proferir decisão justa.[417]

No TST, prevalecia o entendimento de que o princípio da identidade física do juiz não era aplicável às Juntas de Conciliação e Julgamento (Súmula n. 136 do TST). Substituídas as Juntas de Conciliação e Julgamento pelas Varas do Trabalho, o TST atualizou a redação da Súmula n. 136, afirmando a inaplicabilidade do citado princípio às Varas do Trabalho. No entanto, em setembro de 2012 o TST, revendo a sua jurisprudência dominante, cancelou a citada Súmula, indicando que é aplicável no processo do trabalho o princípio da identidade física do juiz.

O direito processual do trabalho exige um real diálogo entre as partes e o juiz e entre este e as pessoas que tenham que prestar depoimento (testemunhas e peritos) e para que esse diálogo produza o resultado que se pretende — conduzir à verdade e à realização da justiça — *é imperioso que julgue o dissídio o juiz que colheu a prova em audiência, salvo as hipóteses mencionadas no art. 132 do CPC de 1973, que devem ser observadas ainda que não reiteradas no CPC de 2015.*

6.2. Jurisdição e competência.

6.2.1. Jurisdição.

A jurisdição da Vara do Trabalho abrange todo o território da Comarca em que tem sede (art. 650 da CLT).

Compete ao Tribunal Regional do Trabalho, no âmbito de sua Região, mediante ato próprio, alterar e estabelecer a jurisdição das Varas do Trabalho, bem como transferir-lhes a sede de um Município para outro, de acordo com a necessidade de agilização da prestação jurisdicional trabalhista (art. 28 da Lei n. 10.770/03).

6.2.2. Competência em razão do lugar ou territorial.

Ao definir a competência das Varas do Trabalho em razão do lugar, a CLT estabelece uma *regra geral* (art. 651, *caput*) e *três exceções* (art. 651, §§ 1º a 3º).

A competência das Varas do Trabalho em razão do lugar é determinada pela localidade onde o trabalhador, reclamante ou reclamado, prestar serviços ao tomador de seus serviços, ainda que tenha sido contratado noutro local ou no estrangeiro (art. 651, *caput*, da CLT).[418]

O *caput* do art. 651 da CLT define como *foro geral* para as demandas trabalhistas a Vara do Trabalho do local da prestação de serviços, ainda que a contratação do trabalhador tenha ocorrido em outro local,

(415) O art. 647 da CLT, na parte em que se refere a juízes classistas, foi revogado, diante da extinção da representação classista na Justiça do Trabalho.

(416) Incluído o afastamento para gozo de férias.

(417) A desobediência ao princípio da identidade física, quando for obrigatória a sua observância, torna nula a decisão, desde que demonstrado prejuízo para as partes (art. 794 da CLT).

(418) O art. 651 da CLT também deve ser utilizado como parâmetro na fixação da competência para as ações oriundas da relação de trabalho não subordinado, atribuindo aos prestadores de serviços não subordinados as vantagens estabelecidas em lei em favor do empregado, para facilitar o seu acesso à justiça.

mesmo no estrangeiro.[419] Essa regra aplica-se à demanda proposta pelo trabalhador e à demanda contra ele proposta, vez que o art. 651, *caput*, da CLT estabelece regra em favor do *trabalhador*, seja ele autor ou réu na demanda.

Quando for parte no dissídio agente ou viajante comercial (art. 651, § 1º, da CLT): a) a competência será da Vara do Trabalho da localidade em que a empresa tenha agência ou filial à qual esteja o trabalhador vinculado; b) na falta de vinculação do trabalhador a uma determinada agência ou filial da empresa, competente será a Vara da localidade em que tenha domicílio ou da localidade mais próxima de seu domicílio.

Levou-se em conta, para estabelecer essa primeira exceção à regra geral ditada pelo *caput* do art. 651 da CLT, a *natureza das funções do trabalhador*.

A competência das Varas do Trabalho estende-se aos dissídios ocorridos em agência ou filial no estrangeiro, desde que o trabalhador seja brasileiro e não haja convenção internacional dispondo em contrário (art. 651, § 2º, da CLT).

A Justiça do Trabalho foi autorizada, portanto, a julgar demanda envolvendo fatos ocorridos no estrangeiro, desde que:

a) se trate de contratação de brasileiro (nato ou naturalizado) por empresa que tenha agência, filial ou sucursal no Brasil (a expressão "dissídios ocorridos em agência ou filial no estrangeiro" indica que a empresa contratante deve ter sede, agência, filial ou sucursal no Brasil);[420]

b) a prestação de serviços tenha sido contratada no Brasil.

Essa exceção é estabelecida considerando-se a *nacionalidade do trabalhador* e é justificável, posto que exigir que o trabalhador se desloque ao estrangeiro para aforar a sua demanda é o mesmo que impedir o seu acesso à justiça e à defesa dos seus direitos, em face dos elevados custos desse deslocamento. No entanto, pode ser indagado se a ressalva constante da parte final do § 2º do art. 651 da CLT não implica ofensa à garantia constitucional de acesso à justiça. É que, segundo citada ressalva, por meio de convenção internacional poderá ser afastada a jurisdição brasileira, impondo ao trabalhador nacional que recorra a um órgão jurisdicional estrangeiro para efeito de tutela de seus direitos. No mínimo, estar-se-ia, por meio de convenção internacional, dificultando o acesso à justiça, em flagrante contradição com um dos princípios fundamentais do direito processual do trabalho, que é o da facilitação do acesso à justiça.

Note-se que o art. 651, § 2º, da CLT não define o local onde a demanda deve ser proposta, estabelecendo, apenas, ser da Justiça do Trabalho a competência para o seu julgamento. A demanda deverá ser proposta no local da contratação, visto que, sendo afastada a regra geral (local da prestação de serviços), resta o local da contratação como competente para a demanda (aplicação do art. 651, *caput*, da CLT).

A aplicação dessa exceção exige a definição da norma a ser aplicada na definição dos direitos e deveres do empregado e do empregador.

De acordo com a Súmula n. 207 do TST, "a relação jurídica trabalhista é regida pelas leis vigentes no país da prestação do serviço e não por aquelas do local da contratação". Sob o prisma desta Súmula, apesar de a demanda ser julgada no Brasil, aplicam-se, na definição dos direitos e deveres das partes, as normas de direito material vigente no local do cumprimento do contrato. No entanto, a aludida Súmula foi cancelada em abril de 2012.

A propósito, vale anotar que a situação dos trabalhadores contratados no Brasil ou transferidos para prestar serviços no exterior é disciplinada pela Lei n. 7.064/82, que, conforme previa o seu art. 1º, os seus termos somente alcançavam os empregados de empresas prestadoras de serviços de engenharia, inclusive consultoria, projetos e obras, montagens, gerenciamento e congêneres. Contudo, a Lei n. 11.962/09 conferiu nova redação ao art. 1º daquela lei, que passa a dispor que são por ela alcançados os "trabalhadores con-

(419) Local da contratação é aquele em que são fixadas as condições em que o trabalho será prestado, como permite afirmar o art. 435 do Código Civil: "Reputar-se-á celebrado o contrato no lugar em que foi proposto".

(420) É irrelevante, para a determinação da competência, o país da sede do reclamado.

tratados no Brasil ou transferidos por seus empregadores para prestar serviço no exterior", o que implica dizer que por ela passaram a ser beneficiados todos os trabalhadores brasileiros contratados no Brasil para trabalhar no exterior ou transferidos para o exterior. Esta alteração é que levou ao cancelamento da Súmula n. 207 do TST. É que, conforme o art. 3º-A da Lei n. 7.064/82, "A empresa responsável pelo contrato de trabalho do empregado transferido assegurar-lhe-á, independentemente da observância da legislação do local da execução dos serviços: I — os direitos previstos nesta Lei; II — a aplicação da legislação brasileira de proteção ao trabalho, naquilo que não for incompatível com o disposto nesta Lei, quando mais favorável do que a legislação territorial, no conjunto de normas e em relação a cada matéria". Cumpre mencionar, ainda, que, conforme o art. 9º do Decreto-Lei n. 4.657/42 (Lei de Introdução às Normas do Direito Brasileiro), "para qualificar e reger as obrigações, aplicar-se-á a lei do país em que se constituírem".

Registre-se que, se o trabalhador é estrangeiro e prestou serviços no Brasil, a competência para a demanda de que seja parte é fixada de acordo com as regras estabelecidas no *caput* e nos §§ 1º e 3º do art. 651 da CLT.

Por fim, em se tratando de empregador que promova a realização de atividades fora do lugar do contrato de trabalho, é assegurado ao trabalhador ajuizar a demanda no foro da celebração do contrato ou no da prestação dos respectivos serviços (art. 651, § 3º, da CLT). A hipótese é de exceção à regra geral estabelecida a partir da *natureza das atividades do empregador*. Se essa natureza exige a realização de atividades fora do local da contratação, o trabalhador pode optar, para propor a demanda, entre o foro da contratação e o da prestação dos serviços.

A opção de escolha do local do ajuizamento da demanda somente é assegurada ao trabalhador em relação à demanda por ele proposta. No caso de demanda do empregador contra o trabalhador, não há que se falar em opção, devendo a ação ser proposta no foro da contratação, que é o primeiro indicado como competente no art. 651, § 3º, da CLT.

O § 3º do art. 651 parece estar em desarmonia com o seu *caput*, porquanto ambos tratam da mesma situação fática (local da contratação distinto do local da prestação de serviços) e estabelecem regras distintas (segundo o *caput*, a demanda deve ser proposta no foro da prestação de serviços, ao passo que, de acordo com o § 3º, a demanda pode ser proposta tanto no foro da contratação quanto no da prestação de serviços, cabendo ao trabalhador a opção). No entanto, o § 3º do art. 651 da CLT trata da situação do trabalhador que, por exigência da natureza da atividade do empregador, presta serviços em *localidades* diversas daquela em que foi contratado, ou seja, o § 3º do art. 651 da CLT deve ser aplicado especialmente naquelas situações em que não existe, *dada a natureza da atividade do empregador*, um local de trabalho fixo, sendo a solução do *caput* reservada para aquelas situações em que o local de trabalho for único.

A SDI-2 do TST já decidiu que "da normatização inserta no art. 651, § 3º, da CLT infere-se que a competência para o dissídio individual será a da localidade na qual o empregado tenha celebrado o contrato de trabalho ou prestado serviços respectivos, sendo uma faculdade do empregado ajuizar a ação em uma ou outra localidade. Dessa forma, não há qualquer razoabilidade na exigência de o Reclamante retornar ao local onde prestou serviços, quando ele já está de volta a seu domicílio, o qual coincide com o lugar em que foi celebrado o contrato de trabalho. Esse entendimento prestigia os princípios que norteiam o direito trabalhista, em especial, o da proteção ao hipossuficiente, e leva em consideração a dinâmica do processo do trabalho".[421]

O art. 651 da CLT fixa a competência das Varas do Trabalho na intenção de favorecer o acesso do trabalhador à justiça e à defesa dos seus direitos, o que está em sintonia com um dos princípios do direito processual do trabalho, qual seja, o da facilitação do acesso à justiça.

No entanto, o real favorecimento ao trabalhador deve ser examinado *in concreto* e não *in abstrato*, ou seja, é no exame do caso concreto que deverá ser definida a solução que, concretamente, favoreça o acesso do trabalhador à justiça e à defesa dos seus direitos.[422]

---

(421) TST, SDI-2, CC 119.959/04-000-00-00.6, Rel. Min. Emmanoel Pereira, DJU 10.12.2004, p. 837.

(422) Neste compasso, o TST já decidiu que "Em regra, tem-se que a competência para o ajuizamento de reclamação trabalhista é da localidade em que o empregado presta os serviços, consoante o disposto no art. 651, *caput*, da CLT. Todavia, em observân-

6.2.3. Competência em razão da matéria ou material.

Tratando da competência em razão da matéria ou material das Varas do Trabalho, dispõe o art. 652 da CLT que a elas compete:

a) processar e julgar:

I) os dissídios em que se pretenda o reconhecimento da estabilidade no emprego;[(423)] II) os dissídios concernentes a remuneração, férias e indenizações por motivo da rescisão do contrato individual de trabalho; III) os dissídios resultantes de contratos de empreitadas em que o empreiteiro seja operário ou artífice; IV) os demais dissídios concernentes ao contrato individual de trabalho;[(424)] V) as ações entre trabalhadores portuários e os operadores portuários ou o Órgão Gestor de Mão de Obra — OGMO decorrentes da relação de trabalho;

b) processar e julgar os inquéritos para apuração de falta grave;

c) impor multas e demais penalidades relativas aos atos de sua competência.

Do art. 652 da CLT resulta que às Varas do Trabalho compete processar e julgar as ações oriundas de relação de trabalho distintas da relação de emprego (art. 114, I, da Constituição) e as lides conexas à relação de trabalho (art. 114, II a IX, da Constituição), salvo se existir previsão legal expressa atribuindo essa competência a Tribunal Regional do Trabalho ou ao Tribunal Superior do Trabalho. Com efeito, o que decorre do art. 652 da CLT é que, ressalvados os casos de expressa atribuição de competência aos tribunais, as demandas trabalhistas serão conhecidas, primeiro, pelas Varas do Trabalho.

Quanto à imposição de multas e penalidades, cumpre anotar que, consoante o art. 903 da CLT, "As penalidades estabelecidas no Título VIII serão aplicadas pelo Juiz, ou Tribunal, que tiver de conhecer da desobediência, violação ou recusa, falta ou coação, *ex officio*, ou mediante representação de qualquer interessado ou da Procuradoria da Justiça do Trabalho". O Título VIII da CLT citado no art. 903, que engloba os arts. 643 a 762, comina, no Capítulo VII, penalidade para:

a) o *empregador* que: suspender o trabalho dos seus estabelecimentos (art. 722, primeira parte); violar ou se recusar a cumprir decisão proferida em dissídio coletivo (art. 722, parte final); deixar de cumprir decisão passada em julgado sobre a readmissão ou reintegração de empregado (art. 729); impedir ou tentar impedir que empregado seu preste depoimento como testemunha perante órgão da Justiça do Trabalho (art. 729, § 1º); dispensar o empregado pelo fato de haver prestado depoimento como testemunha perante órgão da Justiça do Trabalho (art. 729, § 2º);[(425)]

b) a *pessoa que se recusar a depor como testemunha* perante órgão da Justiça do Trabalho sem motivo justificado (art. 730).

A punição do empregador que deixar de cumprir decisão passada em julgado sobre a readmissão ou reintegração de empregado está em sintonia com o disposto no art. 14, parágrafo único, do CPC de 1973 e no art. 77, IV, do CPC de 2015, que tratam do dever de cumprir com exatidão as decisões judiciais e de não criar embaraços à sua efetivação.

Não se pode deixar de punir o empregador que age contra a efetividade do direito de acesso à justiça, impedindo ou tentando impedir que empregado seu preste depoimento como testemunha perante órgão da Justiça do Trabalho, ou seja, que atua de modo a impedir ou dificultar a prova por parte daquele que recorre ao Judiciário em defesa dos seus direitos.

---

cia às normas protetivas do empregado — princípio basilar do Direito do Trabalho — deve-se privilegiar o juízo da localidade que seja mais acessível ao trabalhador, assegurando-lhe o amplo acesso aos órgãos judiciários, princípio estabelecido no art. 5º, XXXV, da Constituição Federal. Logo, as regras de competência em razão do lugar, no âmbito do processo trabalhista, devem beneficiar o hipossuficiente" (TST, RR 325-36.2012.5.05.0342, Rel. Min. Vieira de Mello Filho).

(423) Estabilidade no emprego significa, do ponto de vista do trabalhador, o direito à manutenção da relação de emprego.

(424) O que inclui as ações declaratórias da existência de relação de emprego.

(425) O art. 729, § 2º, da CLT trata de dispensa discriminatória, o que permite não só a aplicação da penalidade nele cominada como a condenação do empregador ao pagamento de indenização, no caso de dispensar empregado pelo simples fato de ter prestado depoimento como testemunha perante a Justiça do Trabalho.

Também constitui ato atentatório à dignidade da justiça a recusa, imotivada, de depor como testemunha perante órgão da Justiça do Trabalho, o que torna esta recusa passível de punição.

Compete às Varas do Trabalho requisitar às autoridades competentes a realização das diligências necessárias ao esclarecimento dos feitos sob sua apreciação (ofícios a bancos para apurar a existência de créditos em favor do executado, por exemplo.[426]), representando contra aquelas que não atenderem a tais requisições; realizar as diligências e praticar os atos processuais ordenados pelos Tribunais Regionais do Trabalho ou pelo Tribunal Superior do Trabalho; expedir precatórias e cumprir as que lhes forem deprecadas; e exercer, em geral, no interesse da Justiça do Trabalho, quaisquer outras atribuições que decorram da sua jurisdição (art. 653 da CLT).

O art. 652 da CLT, ao tratar da competência material das Varas do Trabalho, também define a sua competência funcional, vez que estabelece as demandas que serão por elas processadas e julgadas originalmente.

7. *Juízes do trabalho. Garantias e deveres dos juízes*

Dentre os órgãos da Justiça do Trabalho estão, de acordo com o art. 111 da Constituição, os juízes do trabalho, que exercerão a jurisdição nas Varas do Trabalho (art. 116 da Constituição).

O ingresso na magistratura do trabalho far-se-á para o cargo de Juiz do Trabalho Substituto, após aprovação em concurso público de provas e títulos (art. 654 da CLT), com participação da Ordem dos Advogados do Brasil em todas as suas fases, exigindo-se do bacharel em direito no mínimo três anos de atividade jurídica[427] e obedecendo-se, nas nomeações, à ordem de classificação (art. 93, I, da Constituição).[428]

As nomeações subsequentes serão realizadas por promoção, por merecimento e antiguidade, alternadamente (art. 654 da CLT).

Os juízes substitutos serão nomeados após aprovação em concurso público realizado perante o Tribunal Regional do Trabalho da região, que será válido por dois anos e prorrogável, a critério do mesmo Tribunal, por igual período, uma só vez, e organizado de acordo com as instruções expedidas pelo TST (art. 654, § 3º, da CLT).

Os candidatos inscritos somente serão admitidos ao concurso após apreciação prévia, pelo Tribunal Regional do Trabalho da respectiva região, dos seguintes requisitos: a) idade maior de vinte e cinco anos e menor de quarenta e cinco anos; b) idoneidade para o exercício das funções (art. 654, § 4º, da CLT).[429]

O preenchimento dos cargos de presidente de Vara do Trabalho, vagos ou criados por lei, será feito dentro de cada região:

a) pela remoção de outro presidente, prevalecendo a antiguidade no cargo, caso haja mais de um pedido, desde que a remoção tenha sido requerida dentro de quinze dias, contados da abertura da vaga, ao Presidente do Tribunal Regional, a quem caberá expedir o respectivo ato;

b) pela promoção de substituto, cuja aceitação será facultativa, obedecido ao critério alternado de antiguidade e merecimento (art. 654, § 5º, da CLT).

Os juízes do trabalho, presidentes de Vara e substitutos, tomarão posse perante o Presidente do Tribunal Regional da respectiva região. Nos Estados que não forem sede de Tribunal Regional, a posse dar-se-á

(426) Consoante decidiu o STJ, "A proteção ao sigilo bancário não consubstancia direito absoluto, cedendo passo quando presentes circunstâncias que denotem a existência de interesse público relevante ou de elementos aptos a indicar a possibilidade de prática delituosa" (STJ, ROMS 14.929, Rel. Min. Felix Fischer, DJU 14.10.2002, p. 240).

(427) *Vide* Resolução n. 11/06 do Conselho Nacional de Justiça.

(428) "Só por lei se pode sujeitar a exame psicotécnico a habilitação de candidato a cargo público" (Súmula n. 686 do STF).

(429) No entanto, "o limite de idade para a inscrição em concurso público só se legitima em face do art. 7º, XXX, da Constituição, quando possa ser justificado pela natureza das atribuições do cargo a ser preenchido" (Súmula n. 683 do STF). Prevalece o entendimento de que 65 anos é a idade limite para inscrição no concurso para ingresso na Magistratura, uma vez que é esse o limite para indicação do Juiz para os Tribunais Superiores.

perante o Presidente do Tribunal de Justiça, que remeterá o termo ao presidente do Tribunal Regional da jurisdição do empossado (art. 654, § 6º, da CLT).

O juiz substituto poderá ser designado para atuar como auxiliar nas Varas do Trabalho (art. 656, *caput*, da CLT), podendo o território da região, para esse fim, ser dividido em zonas, compreendendo a jurisdição de uma ou mais Varas, a juízo do Tribunal do Trabalho respectivo (art. 656, § 1º, da CLT).

O Presidente do Tribunal fará a designação dos juízes substitutos para atuar nas Varas e a sua movimentação entre as diferentes zonas da região, quando criadas (art. 656, §§ 2º e 4º, da CLT).

O juiz presidente de Vara e o juiz substituto são vitalícios após dois anos de exercício (art. 22 da Lei Complementar n. 35/79), mas, mesmo que não tenham adquirido a vitaliciedade, não poderão perder o cargo senão por proposta do Tribunal ou do Órgão Especial competente, adotada pelo voto de dois terços de seus membros efetivos (art. 22, § 1º, da Lei Complementar n. 35/79).

7.1. Garantias e deveres dos juízes.

A ordem jurídica estabelece uma série de garantias em favor do juiz, visando assegurar a sua independência frente aos demais poderes (*independência externa*) e às instâncias superiores (*independência interna*). Estas garantias (*garantias orgânicas*) também operam em favor das partes, na medida que permitem que os seus direitos e obrigações sejam fixados por juiz sujeito apenas à ordem jurídica.

Neste sentido, o art. 95 da Constituição da República dispõe que os juízes gozam das seguintes garantias:

a) *vitaliciedade*, que, no primeiro grau, só será adquirida após dois anos de exercício, dependendo a perda do cargo, nesse período, de deliberação do tribunal a que o juiz estiver vinculado e, nos demais casos, de sentença judicial transitada em julgado;

b) *inamovibilidade*, salvo por motivo de interesse público, por decisão por voto de dois terços do respectivo tribunal, assegurada ampla defesa;

c) *irredutibilidade* de subsídio, ressalvadas as hipóteses expressas em lei.

Os juízes são beneficiados por garantias, mas também possuem deveres. São deveres precípuos dos Presidentes das Varas do Trabalho, além dos que decorram do exercício da função: a) manter perfeita conduta pública e privada; b) abster-se de atender a solicitações ou recomendações relativamente aos feitos que tenham sido ou tenham de ser submetidos à sua apreciação;[430] c) residir dentro dos limites de sua jurisdição, não podendo ausentar-se sem licença do Presidente do Tribunal Regional; e d) despachar e praticar os atos decorrentes de suas funções dentro dos prazos estabelecidos (art. 658 da CLT).

7.2. Atribuições dos juízes.

O art. 659 da CLT dispõe sobre a competência dos Juízes Presidentes das Varas, estabelecendo que a eles compete, além das atribuições que lhes forem conferidas pela CLT e das decorrentes de seu cargo:

a) presidir as audiências da Vara;

b) executar as suas próprias decisões e aquelas cuja execução lhes for deprecada;

c) despachar os recursos interpostos pelas partes;[431]

d) conceder medida liminar, até decisão final do processo, em reclamações trabalhistas que visem tornar sem efeito transferência disciplinada pelos parágrafos do art. 469 da CLT;

(430) As garantias orgânicas asseguram a independência do juiz e este, por sua vez, deve atuar de forma independente, isto é, abster-se de atender a solicitações ou recomendações de quem quer que seja relativamente às demandas que tenham sido ou tenham de ser submetidos à sua apreciação. O juiz está autorizado a desobedecer recomendações relativamente aos feitos que tenham sido ou tenham de ser submetidos à sua apreciação.

(431) A fundamentação da decisão recorrida, a que se refere o art. 659, VI, da CLT, diz respeito aos antigos embargos para a Junta de Conciliação e Julgamento, que já não existem.

e) conceder liminar, até a decisão final do processo, em reclamações trabalhistas que visem reintegrar no emprego dirigente sindical afastado, suspenso ou dispensado pelo empregador.

Estas são atribuições do juiz em exercício na Vara e não do seu Presidente. O texto legal em questão foi editado para definir, quando ainda existiam as Juntas de Conciliação e Julgamento, qual era a competência do seu Presidente.

8. *Juízes de Direito investidos de jurisdição trabalhista*

Nas localidades não compreendidas na jurisdição das Varas do Trabalho, os Juízes de Direito são órgãos da administração da Justiça do Trabalho, com a jurisdição que lhes for determinada pela lei de organização judiciária local (arts. 668 da CLT e 112 da Constituição). A competência dos Juízes de Direito investidos na administração da Justiça do Trabalho é a mesma das Varas do Trabalho (art. 669 da CLT).

A competência é determinada, nas localidades onde houver mais de um Juízo de Direito, entre os Juízes do Cível, por distribuição ou pela divisão judiciária local, na conformidade da lei de organização respectiva (art. 669, § 1º, da CLT). Quando o critério de competência da lei de organização judiciária for diverso do que prevê o art. 669, § 1º, da CLT, será competente o juiz do cível mais antigo (art. 669, § 2º, da CLT).

Estando os Juízes de Direito exercendo a jurisdição trabalhista, das suas decisões cabe recurso para o Tribunal Regional do Trabalho da região respectiva (art. 112 da Constituição).

Com a instalação de Vara do Trabalho na localidade onde a jurisdição trabalhista era atribuída ao Juiz de Direito, extingue-se, automaticamente, a jurisdição trabalhista do Juiz de Direito, mesmo em relação à execução das sentenças por ele proferidas (art. 87 do CPC de 1973 e art. 43 do CPC de 2015).[432]

O Superior do Tribunal de Justiça decidiu, por maioria de votos, que: "Instituída na sede da comarca Junta de Conciliação e Julgamento, sua jurisdição abrange todos os Municípios que integram a mesma comarca, ainda que a lei ordinária, que criou a JCJ, não os tenha expressamente mencionado. Não remanesce jurisdição trabalhista alguma ao Juiz de Direito da comarca onde regularmente funcione órgão da Justiça especializada".[433]

9. *Serviços auxiliares da Justiça*

Os serviços auxiliares têm por função auxiliar os órgãos jurisdicionais na administração da justiça.

Os auxiliares da justiça são sujeitos do processo, mas apenas no sentido de que também praticam atos processuais.

Lopes da Costa afirma que, "além dos auxiliares que cooperam na função jurisdicional, outros existem, como o distribuidor, o contador, o partidor, o depositário público, cujas funções são mais de natureza administrativa" e classifica os auxiliares da justiça em:

"a) permanentes — escrivão, secretário, oficial de justiça, distribuidor, contador, partidor, tesoureiro, depositário público;

b) eventuais — que se subdividem em auxiliares de encargo público e auxiliares extravagantes.

Entre os primeiros, encontram-se: perito, intérprete, administrador, síndico, depositário particular.

Entre os auxiliares extravagantes: os Correios e Telégrafos, a Imprensa (Oficial ou credenciada a publicar o expediente forense), a Força Pública."[434]

(432) Nesse sentido: "Instalada a Junta de Conciliação e Julgamento, cessa a competência do Juiz de Direito em matéria trabalhista, inclusive para a execução das sentenças por ele proferidas" (Súmula n. 10 do STJ).

(433) STJ, CComp 110/MG, Rel. Min. Nilson Naves.

(434) *Manual elementar de direito processual civil*, p. 92.

Dentre os auxiliares da justiça, merecem destaque especial o Diretor de Secretaria e o Oficial de Justiça, "que se podem reputar essenciais no juízo (...). Rigorosamente, nenhum juiz poderia exercer as suas funções, se não tivesse, pelo menos, esses dois auxiliares".[435]

9.1. Serviços auxiliares da Justiça do Trabalho.

A CLT, ao tratar dos serviços auxiliares da Justiça, faz referência a Diretor de Secretaria (arts. 710 e 712), Distribuidor (arts. 713 a 715), Oficial de Justiça (art. 721) e Secretário que funciona junto aos Tribunais (art. 718 da CLT). Contudo, também são auxiliares da Justiça do Trabalho, à luz do art. 139 do CPC de 1973, o perito, o depositário, o administrador e o intérprete, tendo o CPC de 2015 acrescentado a este rol o tradutor, o mediador, o conciliador judicial, o contador e o regulador de avarias (art. 149).

Ao Tribunal Superior do Trabalho e aos Tribunais Regionais do Trabalho compete organizar suas secretarias e serviços auxiliares, provendo, na forma da lei, os cargos necessários à administração da justiça (art. 96, I, *b* e *e*, da Constituição Federal).

9.2. Secretarias das Varas do Trabalho.

Cada Vara do Trabalho terá uma Secretaria, sob a direção de funcionário que o Presidente do Tribunal da região respectiva designar, para exercer a função de Diretor de Secretaria (art. 710 da CLT).

Compete à Secretaria das Varas: a) o recebimento, a autuação, o andamento, a guarda e a conservação dos processos e outros papéis que lhe forem encaminhados; b) a manutenção do protocolo de entrada e saída dos processos e demais papéis; c) o registro das decisões; d) a informação, às partes interessadas e seus procuradores, do andamento dos respectivos processos, cuja consulta lhes facilitará; e) a abertura de vista às partes, nos respectivos processos; f) a contagem das custas e emolumentos; g) o fornecimento de certidões sobre o que constar dos livros ou do arquivo da secretaria; h) a realização das penhoras e demais diligências processuais; i) o desempenho dos demais trabalhos que lhe forem cometidos pelo Presidente da Vara (art. 711 da CLT).

Os auxiliares da justiça têm o dever de imparcialidade, podendo as partes arguir a sua suspeição ou o seu impedimento (art. 138, II e IV, do CPC de 1973 e art. 148, II, do CPC de 2015).

9.3. Diretor de Secretaria.

O Diretor de Secretaria da Vara do Trabalho tem como atribuições principais: a) supervisionar os trabalhos da secretaria, velando pela boa ordem dos serviços; b) cumprir e fazer cumprir as ordens emanadas do juiz titular ou presidente da vara ou das autoridades superiores; c) submeter a despacho e assinatura do presidente o expediente e os papéis que devem ser por ele despachados; d) tomar por termo as reclamações verbais nos casos de dissídio individual; e) promover o rápido andamento dos processos, especialmente na fase de execução, e a pronta realização dos atos e diligências deprecadas pelas autoridades superiores (cumpre ao diretor, em suma, promover o impulso e a movimentação dos processos, notadamente na fase de execução); f) secretariar as audiências da Vara, lavrando as respectivas atas[436]; g) subscrever as certidões e os termos processuais; h) realizar a comunicação processual (notificações, citações, intimações e cartas), nos termos dos arts. 712 e 841 da CLT.

O art. 93, XIV, da Constituição Federal autoriza o juiz a delegar ao Diretor de Secretaria o poder para a prática de atos de mero expediente (atos de impulso do processo, sem conteúdo decisório). No mesmo sentido, dispõem os arts. 162, § 4º, do CPC de 1973 e 203, § 4º, do CPC de 2015 que os atos meramente ordinários, como a juntada e a vista obrigatória, independem de despacho, devendo ser praticados de ofício pelo servidor e revistos pelo juiz quando necessários. Note-se que ao diretor não é atribuído poder para

(435) ALVIM, Arruda. *Manual de direito processual civil*, v. I, p. 276.

(436) Esta função é normalmente delegada a um serventuário da Vara, que assume o encargo de Secretário de Audiência.

despachar, mas para praticar atos de mero expediente, *que independem de despacho*. A atribuição desse poder ao Diretor de Secretaria atende à necessidade de maior rapidez no andamento do processo.

Ao Diretor de Secretaria compete autuar a petição inicial, mencionando o juízo, a natureza do processo, o número de seu registro, os nomes das partes e a data de seu início, procedendo do mesmo modo quanto aos volumes em formação (art. 166 do CPC de 1973 e art. 206 do CPC de 2015).

O Diretor de Secretaria numerará e rubricará todas as folhas dos autos (art. 167 do CPC de 1973 e art. 207 do CPC de 2015) e redigirá, na forma legal, os ofícios, os mandados, as cartas precatórias e demais atos que pertençam ao seu ofício (art. 141, I, do CPC de 1973 e art. 152, I do CPC de 2015).

Os termos relativos ao movimento dos processos constarão de simples notas, datadas e rubricadas pelo Diretor de Secretaria (art. 773 da CLT).

Ao diretor cumpre, no prazo de 48 horas, contado do recebimento ou protocolo da reclamação, remeter a segunda via da petição ou termo a que tiver sido reduzida a reclamação verbal ao reclamado, notificando-o a comparecer à audiência de instrução e julgamento (art. 841 da CLT).[437]

O Diretor de Secretaria é civilmente responsável quando, sem justo motivo, se recusar a cumprir dentro do prazo os atos que lhe impõe a lei, ou os que o juiz a que está subordinado lhe cometer, e, ainda, quando praticar ato nulo com dolo ou culpa (art. 144 do CPC de 1973 e art. 155 do CPC de 2015).

O Diretor de Secretaria "tem uma função interna, pois seu trabalho se desenvolve no cartório, junto ao juiz e às partes".[438]

9.4. Distribuidor.

Nas localidades em que existir mais de uma Vara do Trabalho haverá um Distribuidor (art. 713 da CLT), ao qual compete: a) a distribuição, pela ordem rigorosa de entrada, e sucessivamente a cada Vara, dos feitos que, para esse fim, lhe forem apresentados pelos interessados;[439] b) o fornecimento aos interessados do recibo correspondente a cada feito distribuído; c) a manutenção de dois fichários dos feitos distribuídos, sendo um organizado pelos nomes dos reclamantes e o outro dos reclamados, ambos em ordem alfabética; d) o fornecimento a qualquer pessoa que o solicite, verbalmente ou por certidão, de informações sobre os feitos distribuídos; e e) a baixa na distribuição dos feitos, quando isso lhe for determinado pelos presidentes das Varas ou Juiz substituto em exercício na Vara, formando, com as fichas correspondentes, fichários à parte, cujos dados poderão ser consultados pelos interessados, mas não serão mencionados em certidões (arts. 713 e 714 da CLT).

Os Distribuidores serão designados pelos Presidentes dos Tribunais Regionais do Trabalho, dentre os funcionários das Varas e do Tribunal, existentes na mesma localidade e ao mesmo presidente diretamente subordinados (art. 715 da CLT).

A distribuição pode ser fiscalizada pelas partes ou por seus advogados, assim como pelo membro do Ministério Público e pela Defensoria Pública (art. 256 do CPC de 1973 e art. 189 do CPC de 2015), observando-se que o CPC de 1973 não se refere aos membros do Ministério Público e à Defensoria Pública, aos quais, no entanto, não pode ser negado o direito de fiscalizar a distribuição.

9.5. Oficial de Justiça.

Incumbe aos oficiais de justiça a realização dos atos decorrentes da execução dos julgados das Varas do Trabalho e dos Tribunais Regionais do Trabalho que lhe forem cometidos pelos respectivos Presidentes, dentre os quais, notificação/citação, intimação, atos de constrição (penhora, arresto, sequestro e busca e

(437) No processo judicial eletrônico todas as citações/notificações serão realizadas por meio eletrônico.

(438) ALVIM, Arruda. *Manual de direito processual civil*, v. I, p. 276.

(439) Nos Juízos de Direito investidos na administração da Justiça do Trabalho, quando houver mais de um Cartório, far-se-á entre eles a distribuição alternada e sucessivamente das reclamações (art. 716, parágrafo único, da CLT).

apreensão), prisão, avaliação e demais diligências próprias de seu ofício (condução coercitiva de testemunhas, por exemplo), certificando no mandado o ocorrido e entregando-o, em cartório, logo depois de cumprido (art. 721da CLT, art. 143 do CPC de 1973 e art. 154 do CPC de 2015).

Cada oficial de justiça funcionará perante uma Vara do Trabalho, salvo quando da existência nos Tribunais Regionais do Trabalho de órgão específico, destinado à distribuição de mandados judiciais (art. 721, § 1º, da CLT).

O oficial de justiça tem nove dias para cumprir o ato cuja realização lhe for atribuída (art. 721, § 2º, da CLT), salvo a avaliação, que deve ser realizada no prazo de dez dias (arts. 721, § 3º, e 888 da CLT).

O oficial de justiça se sujeita às penalidades legais no caso de não cumprir o ato no prazo assinalado sem razões que o justifiquem (art. 721, § 1º, da CLT) e é civilmente responsável quando, sem justo motivo, se recusar a cumprir dentro do prazo os atos que lhe impõe a lei, ou os que o juiz a que está subordinado lhe cometer, e, ainda, quando praticar ato nulo com dolo ou culpa (art. 144 do CPC de 1973 e art. 155 do CPC de 2015).

É facultado ao Presidente dos Tribunais Regionais do Trabalho determinar a qualquer oficial de justiça a realização de atos de execução desse Tribunal (art. 721, § 4º, da CLT).

Na falta ou impedimento do oficial de justiça, o Presidente da Vara poderá atribuir a realização do ato a qualquer serventuário (art. 721, § 5º, da CLT). Essa é a figura do *oficial ad hoc*.

O oficial de justiça "tem função precipuamente externa, ou seja, realiza os atos judiciais que tenham que se operar no foro, por determinação do juiz".[(440)]

De acordo com o art. 255 do CPC de 2015, em disposição compatível com o processo do trabalho, nas comarcas contíguas de fácil comunicação e nas que se situem na mesma região metropolitana, o oficial de justiça poderá efetuar, em qualquer delas, citações, intimações, penhoras e quaisquer outros atos executivos. Evita-se, com isto, a expedição de carta precatória.

9.6. Demais auxiliares das Secretarias.

Incumbe aos demais serventuários lotados na Vara do Trabalho a prática dos atos a que se refere o art. 711 da CLT, bem como outros que lhe forem atribuídos pelo juiz.

Os auxiliares da justiça devem respeitar os prazos legalmente estabelecidos, valendo mencionar que, de acordo com o art. 190 do CPC de 1973, o prazo de vinte e quatro horas para remeter os autos conclusos e, de quarenta e oito horas, para executar os atos processuais. Estes prazos foram alterados no CPC de 2015, para um dia e cinco dias, respectivamente (art. 228).

Estes prazos são contados:

a) da data em que houver concluído o ato processual anterior, se lhe foi imposto pela lei;

b) da data em que tiver ciência da ordem, quando determinada pelo juiz (art. 190 do CPC de 1973 e art. 206 do CPC de 2015), observando-se que ao receber os autos, o serventuário certificará o dia e a hora em que teve ciência desta ordem (art. 190, parágrafo único, do CPC de 1973 e art. 228, § 1º, do CPC de 2015).

Cumpre observar que, nos autos eletrônicos, a juntada de petições ou de manifestações em geral ocorrerá de forma automática, independentemente de ato de serventuário da justiça (art. 228, § 2º, do CPC de 2015).

9.7. Perito, depositário, administrador e intérprete.

Perito é a pessoa dotada de conhecimentos técnicos ou científicos, nomeada, pelo juiz, para a realização de exames, vistoria ou avaliação (art. 145 do CPC de 1973 e art. 156 do CPC de 2015).

(440) ALVIM, Arruda. *Manual de direito processual civil*, v. I, p. 276.

O juiz pode nomear depositário ou administrador para a guarda e conservação de bens penhorados, arrestados ou sequestrados (arts. 148 do CPC de 1973 e 159 do CPC de 2015).

O juiz nomeará intérprete, quando necessário para analisar documento de entendimento duvidoso, redigido em língua estrangeira, verter em português as declarações das partes e das testemunhas que não conhecerem o idioma nacional ou traduzir a linguagem mínima dos surdos-mudos que não puderem transmitir a sua vontade por escrito (arts. 151 do CPC de 1973 e 162 do CPC de 2015).

9.8. Secretarias dos Tribunais Regionais do Trabalho.

Cada Tribunal Regional tem uma Secretaria, sob direção do funcionário designado para exercer a função de Secretário (art. 718 da CLT). Compete à Secretaria dos Tribunais, além das atribuições das secretarias das Varas, a conclusão dos processos ao Presidente e sua remessa, depois de despachados, aos respectivos relatores e a organização e manutenção de um fichário de jurisprudência do Tribunal, para consulta dos interessados (arts. 718 e 719 da CLT).

No Regimento Interno dos Tribunais, serão estabelecidos as demais atribuições, o funcionamento e a ordem dos trabalhos de suas secretarias (art. 719, parágrafo único, da CLT).

O Secretário dos Tribunais tem as mesmas atribuições dos Diretores de Secretaria das Varas do Trabalho (art. 720 da CLT).

10. Regimento Interno dos Tribunais

Além da função jurisdicional, exerce o Poder Judiciário função normativa, que assegura "a independência do magistrado ante outros poderes do Estado (...), possibilitando o autogoverno do Judiciário".(441)

A função normativa do Poder Judiciário, relacionada com a organização de seus órgãos jurisdicionais e administrativos, consiste no poder que a Constituição Federal confere aos Tribunais para elaborarem seus regimentos internos.

De acordo com o art. 96, I, *a*, da Constituição Federal, compete privativamente aos tribunais elaborar seus regimentos internos, nos quais poderão dispor sobre a competência e o funcionamento dos respectivos órgãos jurisdicionais e administrativos, respeitando as normas de processo e as garantias processuais das partes. Com isto, não foi recepcionado o art. 913, parágrafo único, da CLT, que confere ao TST competência para interferir na elaboração dos regimentos internos dos Tribunais Regionais do Trabalho.

O Regimento Interno do Tribunal define a seus órgãos e as respectivas funções, competências e composição e as atribuições de seus serviços auxiliares, estabelecendo a sua própria estrutura, bem como organizando suas secretarias e a dos Juízos que lhes forem vinculados, respeitadas "as linhas fundamentais da seção constitucional que a ele diz respeito e tendo em vista o que, complementarmente à Constituição Federal, venha dispor o Estatuto da Magistratura".(442)

(441) ALVIM, Arruda. *Manual de direito processual civil*, v. I, p. 264.
(442) ALVIM, Arruda. *Manual de direito processual civil*, v. I, p. 267-268.

Capítulo 4

Ministério Público do Trabalho

1. *O Ministério Público na Constituição da República de 1988*

Como perante os órgãos da Justiça do Trabalho oficiarão membros do Ministério Público, como parte ou fiscal da ordem jurídica, é de suma relevância o estudo dos aspectos fundamentais relacionados ao Ministério Público, especialmente ao Ministério Público do Trabalho.

O Ministério Público é instituição permanente, essencial à função jurisdicional do Estado, que tem por incumbência a defesa da ordem jurídica, do regime democrático e dos interesses sociais e individuais indisponíveis (art. 127 da Constituição da República e art. 176 do CPC de 2015).

2. *Princípios institucionais*

São princípios institucionais do Ministério Público a *unidade*, a *indivisibilidade* e a *independência funcional* (art. 127, § 1º, da Constituição). Estes princípios dizem respeito à atuação do Ministério Público como instituição.

Ser "*una* e *indivisível* a instituição significa que todos os seus membros fazem parte de uma só corporação e podem ser indiferentemente substituídos um por outro em suas funções, sem que com isso haja alguma alteração subjetiva nos processos em que oficiem (quem está na relação processual é o Ministério Público, não a pessoa física de um promotor ou curador)".[443]

Os membros do Ministério Público não atuam em nome individual, mas como integrantes de uma instituição, que é única. Dessa forma, um membro do Ministério Público pode substituir outro no processo ou em procedimento administrativo sem comprometimento da atuação da instituição. Da indivisibilidade decorre, em suma, que cada membro do Ministério Público atua em nome da instituição em sua totalidade.

Acrescenta Arruda Alvim que o princípio da unidade "informa a atuação dos órgãos do Ministério Público, especialmente do ponto de vista da subordinação. Assim, tem o chefe do Ministério Público o poder de avocar, para si, as funções de seus subordinados (princípio da devolução)".[444]

Ser "independente significa, em primeiro lugar, que cada um de seus membros age segundo sua própria consciência jurídica, com submissão exclusivamente ao direito, sem ingerência do Poder Executivo, nem dos juízes e nem mesmo dos órgãos superiores do próprio Ministério Público (v. Lei n. 8.625, de 12.2.1993, art. 1º, parágrafo único). Por outro lado, a independência do Ministério Público como um todo identifica-se na sua competência para 'propor ao Poder Legislativo a criação e extinção de seus cargos e serviços auxiliares,

---

(443) CINTRA, Antônio Carlos de Araújo; GRINOVER, Ada Pellegrini; DINAMARCO, Cândido Rangel. *Teoria geral do processo*, p. 233.

(444) *Manual de direito processual civil*, v. I, p. 564.

provendo-os por concurso público de provas e títulos' (Const. art. 127, § 2º) e para elaborar 'sua proposta orçamentária dentro dos limites estabelecidos na lei de diretrizes orçamentárias' (art. 127, § 3º)".[445]

3. *Abrangência*

O Ministério Público abrange:

a) o Ministério Público da União, que compreende o Ministério Público Federal, o Ministério Público do Trabalho, o Ministério Público Militar e o Ministério Público do Distrito Federal e Territórios;

b) os Ministérios Públicos dos Estados (art. 128 da Constituição da República).

4. *Chefia do Ministério Público da União*

O Ministério Público da União tem por chefe o Procurador-Geral da República, que é nomeado pelo Presidente da República dentre os integrantes da carreira, maiores de trinta e cinco anos, após a aprovação do seu nome pela maioria absoluta dos membros do Senado Federal, para mandato de dois anos, permitida uma recondução (art. 128, § 1º, da Constituição da República).

A destituição do Procurador-Geral da República por iniciativa do Presidente da República deverá ser precedida de autorização da maioria absoluta do Senado Federal (art. 128, § 2º, da Constituição da República).[446]

O Procurador-Geral da República designará, dentre os integrantes da carreira, maiores de trinta e cinco anos, o Vice-Procurador-Geral da República, que o substituirá em seus impedimentos. No caso de vacância, exercerá o cargo o Vice-Presidente do Conselho Superior do Ministério Público, até o provimento definitivo do cargo (art. 27 da Lei Complementar n. 75/93).

O Procurador-Geral da República tem legitimidade para propor ação de inconstitucionalidade (art. 103, VI, da Constituição da República) e deve ser previamente ouvido nas ações de inconstitucionalidade e em todos os processos de competência do Supremo Tribunal Federal (art. 103, § 1º, da Constituição da República).

5. *Garantias, vedações e deveres dos membros do Ministério Público*

Consoante prevê o art. 128, §§ 5º e 6º, da Constituição da República, leis complementares da União e dos Estados, cuja iniciativa é facultada aos respectivos Procuradores-Gerais, estabelecerão a organização, as atribuições e o estatuto de cada Ministério Público, observadas, relativamente aos seus membros:[447]

I) as seguintes *garantias*: a) vitaliciedade, após dois anos de exercício, não podendo perder o cargo senão por sentença judicial transitada em julgado; b) inamovibilidade, salvo por motivo de interesse público, mediante decisão do órgão colegiado competente do Ministério Público, por voto da maioria absoluta de seus membros, assegurada ampla defesa; c) irredutibilidade de subsídio, fixado na forma estabelecida na Constituição da República;

---

(445) CINTRA, Antônio Carlos de Araújo; GRINOVER, Ada Pellegrini; DINAMARCO, Cândido Rangel. *Teoria geral do processo*, p. 233.

(446) A limitação ao poder de nomeação e destituição assegura a independência do Procurador-Geral da República em relação ao Chefe do Executivo Federal.

(447) A Lei Complementar n. 75, de 20.5.1993, dispõe sobre a organização, as atribuições e o estatuto do Ministério Público da União. A Lei n. 8.625, de 12.2.1993, que instituiu a Lei Orgânica Nacional do Ministério Público, dispõe sobre normas gerais para organização do Ministério Público nos Estados e dá outras providências.

II) as seguintes *vedações*: a) receber, a qualquer título e sob qualquer pretexto, honorários, percentagem ou custas processuais; b) exercer a advocacia; c) participar de sociedade comercial, na forma da lei; d) exercer, ainda que em disponibilidade, qualquer outra função pública, salvo uma de magistério; e) exercer atividade político-partidária; f) receber, a qualquer título ou pretexto, auxílios ou contribuições de pessoas físicas, entidades públicas ou privadas, ressalvadas as exceções previstas em lei; g) exercer a advocacia no juízo ou tribunal do qual se afastou, antes de decorridos três anos do afastamento do cargo por aposentadoria ou exoneração.

Antônio Carlos de Araújo Cintra, Ada Pellegrini Grinover e Cândido Rangel Dinamarco afirmam que, dentre as garantias do Ministério Público como um todo, destacam-se: "a) sua estrutura em carreira; b) sua relativa autonomia administrativa e orçamentária (Const., art. 127, §§ 2º e 3º); c) limitações à liberdade do Chefe do Executivo para nomeação e destituição do Procurador-Geral (Const., art. 128, §§ 1º a 4º); d) exclusividade da ação penal pública e veto à nomeação de promotores *ad hoc* (Const., art. 129, inc. I e § 2º)".[448]

Constituem deveres dos membros do Ministério Público, além de outros previstos em lei, indicar os fundamentos jurídicos de seus pronunciamentos processuais, elaborar relatório em sua manifestação final ou recursal, obedecer aos prazos processuais, assistir aos atos processuais, quando obrigatória ou conveniente a sua presença, declarar-se impedido ou suspeito, nos termos da lei, e tratar com urbanidade as partes, testemunhas, funcionários e auxiliares da justiça (art. 43 da Lei n. 8.625/93).

6. Funções institucionais

As funções institucionais do Ministério Público são definidas no art. 129 da Constituição da República. Estas funções constituem os "encargos que o caracterizam e identificam em face dos demais agentes ou organismos".[449]

Dentre as funções do Ministério Público vale mencionar: promover, privativamente, a ação penal pública, na forma da lei; zelar pelo efetivo respeito dos Poderes Públicos e dos serviços de relevância pública aos direitos assegurados na Constituição, promovendo as medidas necessárias a sua garantia; promover o inquérito civil e a ação civil pública, para a proteção do patrimônio público e social, do meio ambiente[450] e de outros interesses difusos e coletivos; expedir notificações nos procedimentos administrativos de sua competência, requisitando informações e documentos para instruí-los, na forma da lei complementar respectiva (art. 129 da Constituição da República).

Ao Ministério Público é vedada a representação judicial e a consultoria de entidades públicas (art. 129, IX, da Constituição da República). É que ao Ministério Público incumbe a defesa dos interesses da sociedade (*interesses sociais primários*) e não os interesses de entes de direito público (*interesse público secundário*).

(448) *Teoria geral do processo*, p. 234.

(449) CINTRA, Antônio Carlos de Araújo; GRINOVER, Ada Pellegrini; DINAMARCO, Cândido Rangel. *Teoria geral do processo*, p. 233.

(450) O que inclui o meio ambiente do trabalho (art. 200, VIII, da Constituição da República), assim considerado o local onde o trabalhador desenvolve as suas atividades, isto é, o lugar de trabalho, o que compreende, consoante o art. 3º da Convenção n. 155 da OIT, "todos os locais onde os trabalhadores devem permanecer ou para onde têm que se dirigir em razão do seu trabalho, e que se acham sob o controle direito ou indireto do empregador" (o fato de o trabalho ser prestado no domicílio do trabalhador não desconstitui, por si só, a relação de emprego — art. 6º da CLT —, o que implica dizer que, nesta situação, o ambiente de trabalho alcança a residência do trabalhador, por constituir o seu local de trabalho). Cumpre recordar que "todos têm o direito ao meio ambiente ecologicamente equilibrado, bem de uso comum do povo e essencial à sadia qualidade de vida, impondo-se ao Poder Público e à coletividade o dever de defendê-lo e preservá-lo para as presentes e futuras gerações" (art. 225, *caput*, da Constituição da República). Destarte, o trabalhador tem o direito ao meio ambiente equilibrado, no sentido de ambiente de trabalho salubre e que não contenha agentes que coloquem em risco a sua vida e integridade física e psíquica. Anote-se que, "tendo a ação civil pública como causa de pedir disposições trabalhistas e pedidos voltados à preservação do meio ambiente do trabalho e, portanto, aos interesses dos empregados, a competência para julgá-la é da Justiça do Trabalho" (STF, RE 206.220-1/MG, Rel. Min. Marco Aurélio).

7. Ingresso na carreira

O ingresso na carreira do Ministério Público far-se-á mediante concurso público de provas e títulos, assegurada a participação da Ordem dos Advogados do Brasil em sua realização, exigindo-se do bacharel em direito, no mínimo, três anos de atividade jurídica e observando-se, nas nomeações, a ordem de classificação (art. 129, § 3º, da Constituição da República).

8. Poderes e ônus do Ministério Público no processo. Consequências da falta de manifestação do Ministério Público nos processos em que deveria oficiar. Responsabilidade dos membros do Ministério Público

O art. 81 do CPC de 1973 prevê que o Ministério Público exercerá o direito de ação nos casos previstos em lei, cabendo-lhe, no processo, os mesmos poderes e ônus que cabem às partes. O CPC de 2015 estabelece que o Ministério Público exercerá o direito de ação em conformidade com suas atribuições constitucionais (art. 177).

Consoante o art. 178 do CPC de 2015, o Ministério Público será intimado para, no prazo de trinta dias, intervir como fiscal da ordem jurídica nas hipóteses previstas em lei ou na Constituição da República e nos processos que envolvam interesse público ou social, interesse de incapaz e litígios coletivos pela posse de terra rural ou urbana.

Intervindo no processo como fiscal da ordem jurídica, o Ministério Púbico: terá vista dos autos depois das partes, sendo intimado de todos os atos do processo; poderá juntar documentos e certidões e requerer medidas ou diligências necessárias ao descobrimento da verdade (art. 83 do CPC de 1973). Os poderes do Ministério Público no processo são explicitados de forma bem mais abrangente no CPC de 2015. Com efeito, de acordo com o art. 179 do CPC de 2015: a) a intervenção do Ministério Público se dá como fiscal da *ordem jurídica* (e não da lei, como prevê o art. 83 do CPC de 1973); o Ministério Púbico terá vista dos autos depois das partes, sendo intimado de todos os atos do processo, e poderá *produzir provas e requerer as medidas processuais pertinentes* e *recorrer*.[451]

O CPC de 1973 assegura ao Ministério Público o prazo em *quádruplo* para contestar e em *dobro* para recorrer quando a parte for a Fazenda Pública ou o Ministério Público (art. 188). O CPC de 2015 manteve o privilégio do prazo diferenciado, mas em outros termos, prevendo o seu art. 180 que o Ministério Público gozará de prazo em *dobro* para manifestar-se nos autos, contados de sua intimação pessoal.[452]

A CLT e o CPC não repetem a norma constante do art. 576 do Código de Processo Penal ("O Ministério Público não pode desistir de recurso que haja interposto"), razão pela qual, no processo do trabalho, o Ministério Público pode desistir de recurso que haja interposto.

A falta de manifestação do Ministério Público, quando a lei a considerar obrigatória,[453] torna nulo o processo (art. 246, *caput*, do CPC de 1973 e art. 279 do CPC de 2015). Se o processo tiver corrido sem conhecimento do Ministério Público, o juiz o anulará a partir do momento em que o órgão deveria ter sido intimado (art. 246, parágrafo único, do CPC de 1973 e art. 279, § 1º, do CPC de 2015). Do art. 794 da CLT resulta que, no processo do trabalho, só haverá nulidade quando resultar dos atos inquinados manifesto prejuízo para as partes. Sendo assim, mesmo que o Ministério Público não tenha sido intimado a acompanhar o feito, a declaração de nulidade exige demonstração de prejuízo à ordem jurídica. No CPC de 2015,

(451) A legitimidade para apresentar recurso é prevista no CPC de 1973, no art. 499, e reiterada nos arts. 179, II, e 996 do CPC de 2015.

(452) A nosso juízo, como os privilégios relativos aos prazos processuais estabelecidos no Decreto-Lei n. 779/69 não foram estendidos ao Ministério Público, não se aplica no processo do trabalho o disposto no art. 188 do CPC de 1973 e o art. 180 do CPC de 2015. No entanto, prevalece o entendimento de que o CPC de 1973, sendo posterior ao citado Decreto, alcança o processo do trabalho, raciocínio que pode ser estendido ao CPC de 2015.

(453) É o que ocorre, por exemplo, em relação à intervenção do Ministério Público nas ações civis públicas de que não seja parte (art. 5º da Lei n. 7.347/85).

inclusive, é disposto que a nulidade só poderá ser decretada após a intimação do Ministério Público, que se manifestará sobre a existência ou a inexistência de prejuízo.

O CPC de 2015 estabelece que, findo o prazo para manifestação do Ministério Público como fiscal da ordem jurídica sem oferecimento de parecer, o juiz requisitará os autos e dará andamento ao processo (art. 180, § 1º) e que não se aplica o benefício da contagem em dobro do prazo para manifestação nos autos quando a lei estabelecer, de forma expressa, prazo próprio para o Ministério Público (art. 180, § 2º).

O art. 85 do CPC de 1973 prevê que o membro do Ministério Público será *civilmente* responsável quando, no exercício de suas funções, proceder com dolo ou fraude. No CPC de 2015 é estabelecido que o membro do Ministério Público será civil e *regressivamente* responsável quando agir com dolo ou fraude no exercício de suas funções (art. 181).

O membro do Ministério Público está sujeito aos deveres estabelecidos no art. 14 do CPC e no art. 77 do CPC de 2015, mas eventual responsabilidade disciplinar será apurada pelo respectivo órgão de classe, ao qual o juiz oficiará (art. 77, § 6º, do CPC de 2015).

9. Ministério Público do Trabalho

O Ministério Público do Trabalho oficia junto aos órgãos da Justiça do Trabalho, como parte (exercendo o direito de ação) e fiscal da ordem jurídica (art. 83 da Lei Complementar n. 75/93), e, para o exercício de suas funções, reger-se-á pelo que estabelece a CLT e, na falta de disposição expressa, pelas normas que regem o Ministério Público Federal (art. 736, parágrafo único, da CLT).[454]

9.1. Compete ao Ministério Público do Trabalho no exercício de suas atribuições junto aos órgãos da Justiça do Trabalho (arts. 6º e 83 da Lei Complementar n. 75/93):

a) promover as ações que lhe sejam atribuídas pela Constituição e pelas leis trabalhistas;

b) manifestar-se em qualquer fase do processo trabalhista, acolhendo solicitação do juiz ou por sua iniciativa, quando entender existente interesse público que justifique a sua intervenção (o interesse público, que é evidenciado pela natureza da lide ou qualidade da parte, não se confunde com o interesse das pessoas jurídicas de direito público. O Ministério Público está legitimado a agir apenas para a defesa de interesses básicos e fundamentais da sociedade[455]);

c) promover ação civil pública, para: a proteção dos direitos sociais constitucionalmente garantidos; a proteção do patrimônio público e social e do meio ambiente; proteção dos interesses individuais indisponíveis, difusos e coletivos, relativos às comunidades indígenas, à família, à criança, ao adolescente, ao idoso e às minorias;

d) propor as ações cabíveis para declaração de nulidade de cláusula de contratos individuais de trabalho, acordo coletivo de trabalho ou convenção coletiva de trabalho que viole as liberdades individuais ou coletivas ou os direitos individuais indisponíveis dos trabalhadores;[456]

e) propor as ações necessárias à defesa dos direitos e interesses dos menores, incapazes e índios, decorrentes das relações de trabalho;

(454) Anote-se que, "segundo a jurisprudência firmada pelo Supremo Tribunal Federal, 'incumbe ao Procurador-Geral da República exercer as funções do Ministério Público junto ao Supremo Tribunal Federal, nos termos do art. 46 da Lei Complementar n. 75/93', sendo que o 'exercício das atribuições do Ministério Público do Trabalho se circunscreve aos órgãos da Justiça do Trabalho, consoante se infere dos arts. 83, 90, 107 e 110 da Lei Complementar n. 75/93' (Rcl 4453, Pleno, Min. Ellen Gracie, DJe 27.3.2009)" (Rcl 3431 AgR/PA, Tribunal Pleno, Rel. Min. Teori Zavascki, DJe 17.6.2013).

(455) Consoante dispõe o art. 178, parágrafo único, do CPC de 2015, a participação da Fazenda Pública não configura, por si só, hipótese de intervenção do Ministério Público.

(456) A autorização para a propositura da ação anulatória de cláusula de acordo ou convenção coletiva pelo Ministério Público do Trabalho não ofende a liberdade sindical, vez que esta deve ser exercida sem prejuízo da ordem jurídica, do regime democrático e dos interesses sociais e individuais indisponíveis dos trabalhadores.

f) recorrer das decisões proferidas por órgãos da Justiça do Trabalho, quando entender necessário, tanto nos processos em que for parte, como naqueles em que oficiar como fiscal da ordem jurídica, e pedir revisão das Súmulas do TST;

g) funcionar nas sessões dos Tribunais do Trabalho, manifestando-se verbalmente sobre a matéria em debate, sempre que entender necessário, sendo-lhe assegurado o direito de vista dos processos em julgamento, podendo solicitar requisições e diligências que julgar convenientes;

h) instaurar instância em caso de greve, quando a defesa da ordem jurídica ou o interesse público o exigir;[457]

i) promover ou participar da instrução e conciliação em dissídios decorrentes da paralisação de serviços de qualquer natureza, oficiando obrigatoriamente nos processos, manifestando sua concordância ou discordância em eventuais acordos firmados antes da homologação, resguardado o direito de recorrer em caso de violação à lei ou à Constituição Federal;

j) promover mandado de injunção, sempre que a falta de norma reguladora torne inviável o exercício dos direitos e liberdades constitucionais e das prerrogativas inerentes à nacionalidade, à soberania, à cidadania, quando difusos os interesses a serem protegidos;

k) atuar como árbitro, se assim for solicitado pelas partes, nos dissídios de competência da Justiça do Trabalho;[458]

l) requerer as diligências que julgar convenientes para o correto andamento dos processos e para a melhor solução das lides trabalhistas;

m) intervir obrigatoriamente em todos os feitos nos segundo e terceiro graus de jurisdição da Justiça do Trabalho, quando a parte for pessoa jurídica de direito público, Estado estrangeiro ou organismo internacional;

n) propor ação civil coletiva para defesa de interesses individuais homogêneos;

o) promover outras ações necessárias ao exercício de suas funções institucionais, em defesa da ordem jurídica, do regime democrático, e dos interesses sociais e individuais indisponíveis, especialmente à ordem social e ao meio ambiente.

Ao Ministério Público do Trabalho também compete:

1) impetrar mandado de segurança e *habeas corpus*, em qualquer juízo, instância ou tribunal, na defesa dos interesses sociais e individuais indisponíveis afetos à criança e ao adolescente (art. 201, IX, da Lei n. 8.069/90 — Estatuto da Criança e do Adolescente);

2) propor ação civil pública para a tutela de interesses e direitos das pessoas portadoras de deficiência e intervir obrigatoriamente nas ações públicas, coletivas ou individuais, em que se discutam interesses relacionados à deficiência das pessoas (arts. 3º e 5º da Lei n. 7.853/89).

Pode o membro do Ministério Público do Trabalho, quando lhe couber intervir no processo, pleitear a desconsideração da personalidade jurídica (clássica e inversa), nos casos previstos pela ordem jurídica (art. 50 do Código Civil, art. 28 do Código de Defesa do Consumidor e art. 133 do CPC de 2015).

Na jurisprudência colhe-se que:

---

(457) O art. 114, § 3º, da Constituição da República de 1988 alterou a legitimação do Ministério Público do Trabalho em relação à instauração de dissídio, dispondo que, "em casos de greve em atividade essencial, com possibilidade de lesão do interesse público, o Ministério Público do Trabalho poderá ajuizar dissídio coletivo, competindo à Justiça do Trabalho decidir o conflito".

(458) Da arbitragem no âmbito da Justiça do Trabalho tratamos quando do exame das alternativas à jurisdição. Cumpre observar que a arbitragem, ainda que promovida pelo Ministério Público do Trabalho, somente é cabível quando se tratar de conflito coletivo de interesses.

a) o Ministério Público tem legitimidade para recorrer no processo em que oficiou como fiscal da lei, ainda que não haja recurso da parte (Súmula n. 99 do STJ);

b) o Ministério Público não tem legitimidade para recorrer na defesa de interesse patrimonial privado, inclusive de empresas públicas e sociedades de economia mista (Orientação Jurisprudencial n. 237 da SDI-I do TST);

c) ao exarar o parecer na remessa de ofício, na qualidade de *custos legis*, o Ministério Público não tem legitimidade para arguir a prescrição em favor da entidade de direito público, em matéria de direito patrimonial (arts. 194 do CC de 2002 e 219, 5º, CPC) (Orientação Jurisprudencial n. 130 da SDI-I do TST);

d) a discussão sobre a responsabilidade subsidiária de ente público traduz interesse nitidamente individual do órgão, que não se inclui, nem como homogêneo, nem como indisponível. Ao Ministério Público, não é lícito, a pretexto de promover o interesse público, tutelar os interesses de sociedade de economia mista (TST, RR 391818/97.8, Rel. Min. Rider Nogueira, DJU 23.3.2001, p. 723);

e) há interesse do Ministério Público do Trabalho para recorrer contra decisão que declara a existência de vínculo empregatício com sociedade de economia mista ou empresa pública, após a Constituição Federal de 1988, sem a prévia aprovação em concurso público (Orientação Jurisprudencial n. 338 da SDI-I do TST);

f) o Ministério Público do Trabalho pode arguir, em parecer, na primeira vez que tenha de se manifestar no processo, a nulidade do contrato de trabalho em favor de ente público, ainda que a parte não a tenha suscitado, a qual será apreciada, sendo vedada, no entanto, qualquer dilação probatória (Orientação Jurisprudencial n. 350 da SDI-I do TST).

É desnecessária a intervenção do Ministério Público nas execuções fiscais (Súmula n. 189 do STJ) e nas execuções de créditos previdenciários promovidas pela Justiça do Trabalho, prevendo o CPC de 2015, nesse sentido, que "a participação da Fazenda Pública não configura, por si só, hipótese de intervenção do Ministério Público".

Nos dissídios coletivos, o Ministério Público do Trabalho emitirá parecer escrito ou oral (art. 11 da Lei n. 7.701/88). É de oito dias o prazo para a oferta de parecer escrito, quando cabível (art. 5º da Lei n. 5.584/70). No procedimento sumaríssimo, o parecer do Ministério Público do Trabalho será sempre oral, na própria audiência de julgamento, se o procurador o entender necessário (art. 895, § 1º, III, da CLT).

9.2. Conforme prevê o art. 84 da Lei Complementar n. 75/93, incumbe ao Ministério Público do Trabalho, no âmbito das suas atribuições, exercer as suas funções institucionais, especialmente:

a) instaurar inquérito civil e outros procedimentos administrativos, sempre que cabíveis, para assegurar a observância dos direitos sociais dos trabalhadores,[459]

b) requisitar à autoridade administrativa federal competente, dos órgãos de proteção ao trabalho, a instauração de procedimentos administrativos, podendo acompanhá-los e produzir provas;

c) exercer outras atribuições que lhe forem conferidas em lei,[460] desde que compatíveis com sua finalidade.

Para o exercício de suas atribuições, o Ministério Público do Trabalho poderá, nos procedimentos de sua competência: notificar testemunhas e requisitar a sua condução coercitiva, inclusive pela Polícia Civil ou Militar, ressalvadas as prerrogativas previstas em lei (art. 26, I, *a*, da Lei n. 8.625/93 e art. 8º, I, da Lei

(459) A Lei se refere a inquérito e *outros procedimentos administrativos*, definindo, com isso, a natureza do inquérito civil instaurado pelo Ministério Público: procedimento administrativo.

(460) Dentre as quais, requerer a extensão dos efeitos de sentença normativa (art. 869, *d*, da CLT).

Complementar n. 75/93), no caso de ausência injustificada; requisitar informações, exames, perícias e documentos de autoridades da Administração Pública direta ou indireta, requisitar informações e documentos a entidades privadas; realizar inspeções e diligências investigatórias; ter acesso a qualquer local público ou privado, respeitadas as normas constitucionais pertinentes à inviolabilidade do domicílio; expedir notificações e intimações necessárias aos procedimentos e inquéritos que instaurar; requisitar o auxílio de força policial (art. 8º da Lei Complementar n. 75/93).

9.3. O art. 736 da CLT, quando dispõe ser o Ministério Público do Trabalho constituído por agentes diretos do Poder Público, e o art. 737 da CLT, que subordina o Ministério Público do Trabalho a Ministro de Estado, não foram recepcionados pela Constituição Federal, que atribuiu autonomia funcional e administrativa ao Ministério Público.

9.4. Os arts. 746 e 747 da CLT, que tornam obrigatória a manifestação do Ministério Público do Trabalho em todos os processos e questões de competência do TST e dos Tribunais Regionais do Trabalho, foram revogados pelo art. 83 da Lei Complementar n. 75/93.

Com efeito, dos incisos II e XIII do art. 83 da Lei Complementar n. 75/83 resulta que o Ministério Público do Trabalho atuará nos processos: a) acolhendo solicitação do juiz, quando a matéria, por sua relevância, recomendar a sua prévia manifestação; b) por sua iniciativa, quando entender existente interesse público que justifique a sua intervenção; c) obrigatoriamente, em todos os feitos nos segundo e terceiro graus de jurisdição da Justiça do Trabalho, quando a parte for pessoa jurídica de Direito Público, Estado estrangeiro ou organismo internacional.

Da independência funcional assegurada ao Ministério Público decorre que a ele cabe definir os processos em que atuará na defesa do interesse público. Se o juiz concluir pela ausência de interesse público a ser tutelado pelo Ministério Público e recusar a sua participação no processo, cumpre-lhe impugnar a decisão respectiva, pelos meios dispostos pela ordem jurídica.

Arruda Alvim assevera que "haver interesse público faz com que os direitos em jogo se tornem, em maior ou menor grau, indisponíveis" e que "a circunstância de a pessoa jurídica de direito público ser parte na causa não constitui razão suficiente para a obrigatoriedade de intervenção do Ministério Público, se não evidenciada a conotação de interesse público (interesse público que não coincide com aquele subjetivado na pessoa de direito público, mas interesse público que a transcenda e, pois, socialmente relevante). Também descabe a intervenção do *Parquet*, como fiscal da lei, tratando-se de sociedade de economia mista, pois esta só circunstância não significa esteja presente o interesse público".[461]

9.5. O Ministério Público do Trabalho deve ser cientificado, *pessoalmente*, das decisões proferidas nas causas em que tenha intervindo ou emitido parecer escrito (art. 84 da Lei Complementar n. 75/93 e art. 178 do CPC de 2015).

9.6. São órgãos do Ministério Público do Trabalho, segundo o art. 85 da Lei Complementar n. 75/93:

a) o *Procurador-Geral do Trabalho*: trata-se do chefe do Ministério Público do Trabalho, que é nomeado pelo Procurador-Geral da República, dentre integrantes da instituição, com mais de trinta e cinco anos de idade e cinco anos de carreira, integrante de lista tríplice escolhida mediante voto plurinominal, facultativo e secreto, pelo Colégio de Procuradores, para um mandato de dois anos, permitida uma recondução, observando o mesmo processo. Caso não haja número suficiente de candidatos com mais de cinco anos de carreira, poderá concorrer à lista tríplice quem contar com mais de dois anos de carreira (arts. 87 e 88 da Lei Complementar n. 75/93);

(461) *Manual de direito processual civil*, v. I, p. 576 e 578.

O Conselho Superior do Ministério Público do Trabalho, mediante deliberação obtida com base em voto secreto de dois terços dos seus integrantes, pode propor ao Procurador-Geral da República a exoneração do Procurador-Geral do Trabalho antes do término do mandato (arts. 88, parágrafo único, e 98, III, da Lei Complementar n. 75/93).

b) o *Colégio de Procuradores do Trabalho*: o Colégio é presidido pelo Procurador-Geral do Trabalho e integrado por todos os membros da carreira em atividade no Ministério Público do Trabalho, sendo as suas atribuições definidas no art. 94 da Lei Complementar n. 75/95;

c) o *Conselho Superior do Ministério Público do Trabalho*: o Conselho é presidido pelo Procurador-Geral do Trabalho e tem a sua composição e as suas atribuições definidas nos arts. 95 e 98 da Lei Complementar n. 75/95, dentre as quais exercer o poder normativo no âmbito do Ministério Público do Trabalho;

d) a *Câmara de Coordenação e Revisão do Ministério Público do Trabalho*: trata-se de órgão de coordenação, de integração e de revisão do exercício da Instituição, com composição e atribuições fixados nos arts. 101 e 103 da Lei Complementar n. 75/93;

e) a *Corregedoria do Ministério Público do Trabalho*: a Corregedoria constitui o órgão fiscalizador das atividades funcionais e da conduta dos membros do Ministério Público do Trabalho, que é dirigido pelo Corregedor-Geral (art. 105 da Lei Complementar n. 75/93);

f) os *Subprocuradores-Gerais do Trabalho*: os subprocuradores são designados para oficiar junto ao TST e nos ofícios da Câmara de Coordenação e Revisão, cabendo-lhes, privativamente, exercer as funções de Corregedor-Geral do Trabalho e Coordenador da Câmara de Coordenação e Revisão (arts. 107 e 108 da Lei Complementar n. 75/93);

g) os *Procuradores Regionais do Trabalho*: que são designados para oficiar junto aos Tribunais Regionais do Trabalho (art. 110 da Lei Complementar n. 75/93);

h) os *Procuradores do Trabalho*: designados para oficiar junto aos Tribunais Regionais do Trabalho e, na forma das leis processuais, nos litígios trabalhistas que envolvam, especialmente, interesses de menores e incapazes (art. 112 da Lei Complementar n. 75/93). Os Procuradores do Trabalho serão lotados nos ofícios das Procuradorias Regionais do Trabalho nos Estados e no Distrito Federal (art. 113 da Lei Complementar n. 75/93).

A Procuradoria da Justiça do Trabalho compreende uma Procuradoria-Geral, que funcionará junto ao TST, e vinte e quatro Procuradorias Regionais, que funcionarão junto aos Tribunais Regionais do Trabalho (art. 740 da CLT).

A parte final do art. 752 da CLT, que estabelece que a secretaria terá o pessoal designado pelo Ministério do Trabalho, perdeu seu fundamento de validade, diante do art. 127, § 2º, da Constituição da República, que atribuiu independência funcional e administrativa ao Ministério Público, assegurando-lhe o poder de propor ao Poder Legislativo a criação de seus cargos e serviços auxiliares e provê-los por concurso público.

9.7. A carreira do Ministério Público do Trabalho será constituída pelos cargos de Subprocurador-Geral do Trabalho, Procurador-Geral do Trabalho e Procurador do Trabalho e o cargo inicial da carreira é o de Procurador do Trabalho e o último nível o de Subprocurador-Geral do Trabalho (art. 86 da Lei Complementar n. 75/93).

9.8. Nos arts. 82 a 85 do seu Regimento Interno, o TST disciplina a atuação do Ministério Público do Trabalho junto àquele tribunal.

A Consolidação dos Provimentos da Corregedoria-Geral da Justiça do Trabalho, visando uniformizar os procedimentos concernentes à atuação do Ministério Público do Trabalho nos demais órgãos da Justiça do Trabalho, prevê que:

a) os membros do Ministério Público do Trabalho serão cientificados pessoalmente das decisões proferidas pelo Judiciário do Trabalho nas causas em que o órgão haja atuado como parte ou como fiscal da lei (art. 19);

b) as intimações serão pessoais, mediante o envio dos autos às respectivas sedes das procuradorias regionais do trabalho, ou da forma como for ajustado entre o Presidente do Tribunal e o Procurador--Chefe Regional (art. 19, parágrafo único);

c) às Procuradorias Regionais do Trabalho serão enviados processos para parecer nas seguintes hipóteses: I — *obrigatoriamente*, quando for parte pessoa jurídica de direito público, Estado estrangeiro ou organismo internacional; II — *facultativamente*, e de forma seletiva, por iniciativa do relator, quando a matéria, por sua relevância, recomendar a prévia manifestação do Ministério Público; III — *por iniciativa do Ministério Público do Trabalho*, quando este reputar presente interesse público que justifique a sua intervenção; IV — *por determinação legal*, os mandados de segurança, de competência originária ou em grau recursal, as ações civis coletivas, os dissídios coletivos, caso não haja sido emitido parecer na instrução, e os processos em que forem parte indígenas ou respectivas comunidades e organizações (art. 20);

d) os processos nos quais figure como parte pessoa jurídica de direito público, Estado estrangeiro ou organismo internacional serão encaminhados às Procuradorias Regionais do Trabalho imediatamente após os registros de autuação, salvo se houver necessidade de pronta manifestação do desembargador do trabalho relator (art. 20, parágrafo único);

e) é permitida a presença dos membros do Ministério Público do Trabalho em sessão convertida em conselho pelos Tribunais Regionais do Trabalho (art. 21);

f) será assegurado aos membros do Ministério Público do Trabalho assento à direita da presidência no julgamento de qualquer processo, judicial ou administrativo, em curso perante Tribunais Regionais do Trabalho (art. 22), sendo assegurada igual prerrogativa nas audiências das Varas do Trabalho a que comparecer o membro do Ministério Público do Trabalho, na condição de parte ou na de fiscal da lei, desde que haja disponibilidade de espaço ou possibilidade de adaptação das unidades judiciárias (art. 22, parágrafo único).

Quanto a este último aspecto, cumpre registrar que o art. 18, I, *a*, da Lei Complementar n. 75/93 assegura aos membros do Ministério Público a prerrogativa de assento no mesmo plano e imediatamente à direita dos juízes singulares ou presidentes dos órgãos judiciários perante os quais oficiam, ao passo que, por meio da Resolução n. 7/05, o Conselho Superior da Justiça do Trabalho dispõe que a aludida prerrogativa é assegurada a todo membro do Ministério Público do Trabalho que oficiar como *custos legis* ou parte perante órgãos da Justiça do Trabalho (art. 1º) e que, "havendo disponibilidade de espaço físico nas Varas do Trabalho ou a possibilidade de adaptação das unidades, deve ser colocado o assento do Procurador no mesmo plano e à direita do Magistrado" (art. 2º).

A nosso juízo, essa prerrogativa deveria ser limitada às situações em que o Ministério Público funcione como fiscal da ordem jurídica, na medida em que, como parte, a ele não pode ser dispensado tratamento distinto do que é reservado à parte adversa, sob pena de ofensa ao princípio da igualdade, que é consagrado constitucionalmente, isto apesar da reconhecida relevância social da sua atuação em juízo.

CAPÍTULO 5

COMPETÊNCIA DA JUSTIÇA DO TRABALHO

1. *Jurisdição e competência*

Os órgãos do Poder Judiciário são investidos de jurisdição.

A jurisdição é *una*, mas o seu exercício é dividido entre os vários órgãos que compõem o Poder Judiciário.

Esta divisão de trabalho define a medida ou a porção da jurisdição de cada um destes órgãos, ou seja, a sua *competência*. Dito de outra forma, a jurisdição é exercida pelos órgãos do Poder Judiciário dentro de certos limites e estes limites correspondem à sua competência.[462] A competência é, em suma, a medida da jurisdição de cada órgão do Poder Judiciário.[463]

2. *Definição do juízo competente para o caso concreto*

Existe um caminho a ser percorrido na definição do juízo competente para julgar determinada demanda.

Em primeiro lugar, cumpre verificar se a justiça brasileira é competente para o julgamento da demanda, ou, dito de outra forma, se a hipótese se insere na denominada *competência internacional* da justiça brasileira.[464]

Reconhecida a competência da justiça brasileira, cumpre definir a qual dos seus órgãos (Supremo Tribunal Federal, Superior Tribunal de Justiça, Justiça da União e Justiças dos Estados) cumprirá processar

(462) O CPC de 2015 dispõe no art. 86, adotando esta distinção entre jurisdição e competência, que as causas cíveis serão processadas e decididas, ou simplesmente decididas, pelos órgãos jurisdicionais, nos limites de sua competência.

(463) Neste sentido, afirma Francesco Carnelutti que competência é "a extensão de poder que pertence (compete) a cada órgão judicial ou a cada componente do órgão, em comparação com os demais (...). Competência é o poder pertencente ao órgão judicial ou ao oficial considerado no singular. Explica-se assim a diferença entre competência e jurisdição: esta é o poder pertencente não a cada órgão judicial, mas a todos os órgãos em conjunto" (*Sistema de direito processual civil*, v. II, p. 360).

(464) O CPC de 1973 define a competência internacional da justiça brasileira nos arts. 88 a 90, enquanto o CPC de 2015 o faz nos arts. 21 a 25. O art. 88 do CPC de 1973 e o art. 21 do CPC de 2015 apontam hipóteses de *jurisdição concorrente*, ou seja, em que a demanda pode ser proposta no Brasil ou em outro país, estabelecendo que a ação proposta perante tribunal estrangeiro não induz litispendência e não obsta que a autoridade judiciária brasileira conheça da mesma causa e das que lhe sejam conexas, ressalvadas as disposições em contrário de tratados internacionais e acordos bilaterais em vigor no Brasil (art. 90 do CPC de 1973 e art. 24 do CPC de 2015, observando-se que ressalva quanto às disposições de tratados e acordos bilaterais, o que, no entanto, não poderia ser desconsiderado, não foi estabelecida pelo CPC de 2015). Contudo, se já transitou em julgado a decisão proferida na demanda proposta no estrangeiro, as partes podem requerer a sua homologação pelo STJ, mesmo na pendência de idêntica ação no Brasil (art. 105, I, *i*, da Constituição da República e art. 24, parágrafo único, do CPC de 2015). O art. 89 do CPC de 1973 e o art. 23 do CPC de 2015 definem as hipóteses de *jurisdição exclusiva* dos órgãos jurisdicionais brasileiros, o que se dá com esteio no *princípio da efetividade*: a jurisdição brasileira somente abarca a situações em que o Estado brasileiro pode fazer valer as decisões dos seus órgãos jurisdicionais.

e julgar a demanda.[465] Trata-se, neste segundo momento, de definir a justiça competente para processar e julgar a demanda.

Definida a justiça competente, cumpre verificar a qual de seus órgãos caberá julgar a demanda. Como foi assinalado quando do exame da organização e funcionamento da Justiça do Trabalho, cada órgão do Poder Judiciário tem os seus próprios órgãos jurisdicionais: pleno, sessões especializadas e turmas, por exemplo.[466]

Cumpre mencionar que:

a) a Constituição Federal define a competência do Supremo Tribunal Federal (art. 102), do Superior Tribunal de Justiça (ar. 105), da Justiça Federal (arts. 108 e 109[467]) e das Justiças especializadas (Justiça do Trabalho — arts. 114-116; Justiça Eleitoral — arts. 118 a 121; Justiça Militar — arts. 122 a 124) e, ainda, que a competência que não for atribuída à Justiça Federal ou a uma das Justiças especializadas será da Justiça dos Estados;

b) a jurisdição, além de especializada, será penal ou cível (jurisdição cível é aquela que não pertence a uma justiça especializada e que também não é penal).[468]

3. *Critérios de distribuição da competência entre os órgãos jurisdicionais brasileiros. Competência interna e externa*

3.1. A distribuição da competência entre os vários órgãos do Poder Judiciário é realizada a partir de:

1) *critérios objetivos*: a) natureza da relação jurídica litigiosa (*competência em razão da matéria* ou *material*[469]); b) atributos pessoais da parte (*competência em razão da pessoa*[470]);[471]

2) *critério funcional* ou *hierárquico*: funções que o órgão do Poder Judiciário é chamado a exercer em determinado processo (*competência funcional* ou *hierárquica*);[472]

---

(465) Trata-se da fixação da *competência interna*, ou seja, a *justiça* local que deverá processar e decidir a demanda. A *competência interna* está relacionada com a divisão do exercício da jurisdição entre os órgãos da justiça brasileira. O *confronto entre jurisdições* se dá, neste contexto, entre órgãos judiciários internos.

(466) Nesse contexto, reconhecida a competência da Justiça do Trabalho, cabe definir a qual dos seus órgãos (TST, TRT ou Vara do Trabalho) caberá processar e julgar a demanda. Sendo a competência do TST, será necessário definir qual dos seus órgãos é o competente para processar e decidir a demanda. Se a competência recai sobre um TRT, cumpre definir qual dentre eles é competente para o caso concreto (como já visto, o território nacional é dividido em regiões e em cada uma delas atua um TRT); se a competência recai sobre uma Vara do Trabalho, será necessário verificar aquela dentre as várias existentes em cada região é competente para aquele caso concreto.

(467) A Justiça Federal é composta pelos Tribunais Regionais Federais e Juízes Federais.

(468) A jurisdição trabalhista é exercida pela Justiça do Trabalho na conformidade das disposições da Consolidação das Leis do Trabalho (arts. 643 e 763 da CLT), das demais normas de direito processual do trabalho (Lei n. 5.574/80, por exemplo), dos tratados, convenções e acordos internacionais de que o Brasil seja parte (art. 5º, § 2º, da Constituição) e dos valores e normas fundamentais estabelecidos na Constituição da República (art. 1º do CPC de 2015). A jurisdição civil (isto é, que não é trabalhista, eleitoral, militar ou penal) é exercida pela Justiça Federal e pela Justiça dos Estados, na conformidade das disposições do Código de Processo Civil (art. 1º do CPC de 1973 e art. 16 do CPC de 2015). A competência da Justiça Federal é estabelecida considerando as pessoas envolvidas no conflito de interesses (art. 109, I, II e VIII, da Constituição Federal) e em razão da matéria (art. 109, III, V-A, X e XI, da Constituição Federal), cabendo a ela, ainda, a jurisdição penal (art. 109, IV, V, VI, VII, IX e X, da Constituição Federal). Na jurisdição cível, a competência não atribuída à Justiça Federal será da Justiça Estadual, cabendo a esta, ainda, julgar as demandas em relação às quais a Constituição expressamente exclui da competência da Justiça Federal (art. 109, I e § 3º: falência; demandas promovidas contra a Previdência Social visando ao recebimento de benefício relacionado com acidente de trabalho; causas em que for parte instituto de previdência social e segurado, sempre que a comarca não seja sede de Vara do Juízo Federal).

(469) A natureza jurídica da relação objeto de litígio é definida mediante o exame do pedido e da causa de pedir.

(470) É o que ocorre, no processo do trabalho, com o pequeno empreiteiro ou artífice, nas pequenas empreitadas (art. 652, III, da CLT).

(471) No processo civil, existe um terceiro critério objetivo de distribuição da competência, qual seja, o valor da causa (art. 102 do CPC de 1973 e art. 63 do CPC de 2015). A distribuição da competência em razão do valor da causa é matéria pertinente à Lei de Organização Judiciária.

(472) Trata-se de *divisão vertical da competência*, isto é, realizada dentre órgãos superiores e inferiores.

3) *critério territorial*: circunscrição territorial de atuação de cada órgão do Poder Judiciário (*competência territorial* ou *em razão do lugar*).[473]

A distribuição da competência não se faz de modo aleatório, mas de forma a favorecer o acesso à justiça e pelo modo considerado "mais oportuno para o bom andamento da função jurisdicional, sendo por isso inderrogável; somente nos casos em que a lei pretendeu levar em conta o critério de maior comodidade das partes é que podem estas pôr-se de acordo para derrogar a ordem legal".[474]

Para efeito da distribuição da competência, são considerados os elementos identificadores da demanda a ser submetida ao Poder Judiciário (partes, causa de pedir e pedido) e a eventual relação da demanda a ser proposta com demanda anterior (hipóteses de prevenção, por exemplo).

Pelo que foi visto em relação ao processo de definição do juízo competente para processar e julgar determinada demanda, a competência pode ser estabelecida a partir do confronto ente as jurisdições das várias justiças (Justiça do Estado e Justiça do Trabalho, por exemplo) ou entre órgãos de uma mesma justiça (Tribunais Regionais do Trabalho e Varas do Trabalho, por exemplo). Daí afirmar Francesco Carnelutti que a competência será *externa* ou *interna*, respectivamente, "de acordo com que a distribuição do conjunto de litígios aconteça entre diversos órgãos judiciais ou entre diversos componentes do mesmo órgão judicial".[475]

No mesmo sentido, observa Arruda Alvim que, "quando se alude à competência sob o aspecto exterior considera-se um órgão no contexto ou conjunto de funções que ele tem dentro do Poder Judiciário, ou seja, considera os órgãos no confronto de uns com os outros e, em decorrência desse confronto, fica sabendo o que cabe a diversos órgãos, abstratamente competentes, ou a um órgão e não a outros", ao passo que, na competência interna, "não se considera mais o órgão como um todo, no seu confronto com os demais, os quais podem excluir a competência daquele órgão; mas, sim, considera-se o órgão interno dentro de si mesmo".[476]

4. Momento da fixação da competência. A perpetuação da competência

Definida a competência para o caso concreto e distribuída a demanda, pode ocorrer modificação do estado de fato ou de direito presente no momento da distribuição (o trabalhador, pode, por exemplo, alterar o seu domicílio). Diante desta possibilidade, é necessário estabelecer os efeitos de tais modificações sobre a competência.

O direito processual do trabalho não contém norma que defina os efeitos de eventual modificação do estado de fato ou de direito sobre a competência do juízo no qual foi proposta a demanda, impondo-se, para suprir a sua omissão, o recurso ao direito processual civil, como sua fonte subsidiária.

O art. 87 do CPC de 1973 dispõe que "determina-se a competência no momento em que a ação é proposta. São irrelevantes as modificações do estado de fato ou de direito ocorridos posteriormente, salvo quando suprimirem órgão judiciário ou alterarem a competência absoluta em razão da matéria ou da hierarquia".

Tratando da questão, estipula o art. 43 do CPC de 2015 que "determina-se a competência no momento do registro ou da distribuição da petição inicial, sendo irrelevantes as modificações do estado de fato ou de direito ocorridas posteriormente, salvo quando suprimirem o órgão judiciário ou alterarem a competência absoluta".

Assim, a competência é fixada no momento da propositura da demanda (o que coincide, segundo o art. 43 do CPC de 2015, com aquele em que ocorre o registro ou a distribuição da petição inicial) e *não será alterada* em razão de modificação do estado de fato ou de direito a partir do qual foi estabelecida, *salvo*

---

(473) A hipótese é de divisão da competência que leva em conta a porção do território em que o juiz poderá exercer a jurisdição.
(474) LIEBMAN, Enrico Tullio. *Manual de direito processual civil*, v. I, p. 60.
(475) *Sistema de direito processual civil*, v. II, p. 360.
(476) *Manual de direito processual civil*, v. I, p. 316.

quando esta modificação suprimir o órgão judiciário ou alterar a competência em razão da matéria ou da hierarquia (ou a competência absoluta, consoante o art. 43 do CPC de 2015).

Trata-se do denominado princípio da *perpetuatio jurisdicionais*: a competência fixada no momento da propositura da demanda (momento do registro ou da distribuição da petição inicial) se perpetuará, salvo as exceções estabelecidas, expressamente, pela ordem jurídica.

Note-se que o art. 87 do CPC de 1973 e o art. 43 do CPC de 2015 não fazem alusão à competência em razão do lugar. Dessa forma, se a demanda foi proposta no domicílio do reclamante, por força da aplicação do art. 651, § 1º, da CLT, a posterior mudança do trabalhador (que corresponde a uma modificação do estado de fato) não resultará em modificação da competência do juízo em que foi proposta a demanda. Da mesma forma, sendo ajuizada demanda por um agente comercial na localidade em que o empregador tem filial (art. 651, § 1º, da CLT), o fato de o empregador mudar a sua filial para outra localidade não implica modificação na competência do juízo.

A competência também não será modificada quando a demanda for proposta no local da prestação de serviços (art. 651, *caput*, da CLT) e ele passar, posteriormente, a integrar o âmbito de atuação jurisdicional de outra Vara do Trabalho (o que corresponde a uma modificação do estado de direito). É que não se confundem a *supressão* do órgão judiciário com a simples *alteração do âmbito territorial de sua atuação.*

Acrescente-se que as regras de competência relativa são instituídas para a tutela de interesses privados, sendo vedado ao juiz, por consequência, declarar de ofício a sua própria incompetência territorial. Sendo assim, ainda que se admita, para argumentar, que a alteração da competência territorial do órgão judiciário resulta na modificação da competência estabelecida no momento da propositura da ação, ao juiz é vedado declarar de ofício a sua incompetência superveniente ou suscitar conflito de competência.[477]

5. *Fontes das normas sobre a competência da Justiça do Trabalho*

A competência dos órgãos da Justiça do Trabalho é fixada na Constituição da República, na CLT, em normas de direito processual do trabalho não consolidadas, em tratados, convenções e acordos de que o Brasil seja signatário (arts. 651, § 2º, da CLT, 5º, § 2º, da Constituição e art. 11 da Lei n. 10.593/02) e nos Regimentos Internos dos Tribunais (art. 96, I, *a*, da Constituição).[478]

A competência estabelecida pela Constituição não pode ser reduzida pela lei ordinária, mas pode ser por ela ampliada, nos termos do seu art. 114, IX.

6. *Competência exclusiva, concorrente e originária*

Na definição do juízo competente para o caso concreto não se pode olvidar que a competência pode ser:

a) *exclusiva*: o autor deve propor a demanda em determinado juízo;

b) *concorrente por eleição do autor*: para a demanda existem dois ou mais juízos competentes e ao autor é reconhecida a faculdade de escolher aquele em que irá propor a demanda (art. 651, § 3º, da CLT, por exemplo);

c) *concorrente sucessivamente*: para a demanda existem dois juízos competentes, mas o segundo foro previsto em lei é subsidiário;[479]

(477) Quem não pode declarar a sua incompetência em razão do lugar não pode suscitar conflito de competência afirmando que não tem competência territorial para julgar determinada demanda.

(478) No Tribunal Superior do Trabalho e nos Tribunais Regionais do Trabalho, cabe aos respectivos regimentos internos estabelecer a competência dos seus órgãos.

(479) CARNEIRO, Athos Gusmão. *Jurisdição e competência*, p. 92.

d) *originária*: a competência é originária quando a demanda tiver que ser conhecida em primeiro lugar por determinado órgão do Judiciário.

Como regra, a competência originária é atribuída aos órgãos judiciários de primeira instância (Varas do Trabalho), cabendo aos Tribunais Regionais do Trabalho conhecer da demanda apenas na hipótese de interposição de recurso ou de remessa obrigatória, como decorre, por exemplo, do art. 652 da CLT, que trata da competência das Varas do Trabalho em razão da matéria (neste caso, os Tribunais Regionais do Trabalho possuem *competência recursal*, ou seja, somente irão atuar no processo se for interposto recurso contra a decisão de primeira instância). Existem, ainda, situações em que a competência originária será de um Tribunal Regional do Trabalho ou do Tribunal Superior do Trabalho, como foi visto quando tratamos da competência destes órgãos.

7. Competência absoluta e relativa. Incompetência. Prorrogação da competência. Competência para as demandas acessórias

A competência, segundo a disponibilidade das partes e do juiz sobre a sua fixação, será *absoluta* ou *relativa*.[480]

O juízo no qual foi proposta a demanda pode ter a sua competência negada posteriormente, o que implica na afirmação da sua *incompetência*, ou seja, "a inexistência de adequação legítima entre o órgão e a atividade jurisdicional a desenvolver".[481]

Por fim, existem demandas que estão em relação de acessoriedade a outras, o que tem influência na fixação da competência.

Estas questões serão examinadas em seguida.

7.1. A competência é absoluta quando a demanda deve ser necessariamente julgada por determinado juízo.

A competência absoluta não pode ser alterada pelo juiz ou pela vontade das partes (art. 795, § 1º, da CLT, art. 113 do CPC de 1973 e art. 64, § 1º, do CPC de 2015).

Competência absoluta, no processo do trabalho, é a determinada em razão da matéria, das pessoas e da hierarquia (competência funcional).

A norma que fixa a competência em razão da matéria, das pessoas e da função que o órgão jurisdicional desempenhará no processo possui natureza cogente, posto que leva em conta o interesse público no julgamento da demanda por determinado órgão do Poder Judiciário.

A incompetência absoluta:

(480) Para Cândido Rangel Dinamarco, "a distinção entre casos nos quais a competência se determina de modo absolutamente imperativo, sem possibilidade de escolha (normas cogentes, competência absoluta) e casos em que alguma escolha é permitida aos litigantes (normas dispositivas, competência relativa) constitui o resultado equilibrado do confronto entre duas razões políticas divergentes entre si, de muita relevância. A garantia constitucional da liberdade das partes pressiona no sentido de permitir-lhes escolhas capazes de derrogar parcialmente normas determinadoras de competência, em casos concretos. Pressionam em sentido oposto certas razões de ordem pública, transcendentes aos interesses das partes, as quais tendem a preservar a integridade dos preceitos estabelecidos em regras de competência (...). A competência é tratada pelo direito positivo brasileiro como absoluta, quando constitui reflexo de razões ligadas ao correto exercício da jurisdição e bom funcionamento do Poder Judiciário, segundo os critérios que sensibilizaram o constituinte e o legislador (...). A competência recebe a conotação de relativa, quando instituída preponderantemente em consideração aos interesses dos litigantes ou da boa instrução da causa, não por razões de ordem pública" (*Instituições de direito processual civil*, v. I, p. 566-567).

(481) DINAMARCO, Cândido Rangel. *Instituições de direito processual civil*, v. I, p. 445.

a) deve ser declarada de ofício pelo juiz (art. 795, § 1º, da CLT[482], art. 113 do CPC de 1973 e art. 64, § 1º, do CPC de 2015);

b) pode ser alegada pelas partes em qualquer tempo e grau de jurisdição,[483] independentemente de exceção (art. 113 do CPC de 1973, art. 64 do CPC de 2015 e art. 799, § 1º, da CLT).

Pronunciada a incompetência absoluta, os autos devem ser remetidos ao juízo considerado competente (art. 795, § 2º, da CLT).[484] No entanto, se for pronunciada a incompetência apenas em relação a alguns dos pedidos objeto da demanda, não se dará a remessa dos autos a outro juízo, mas a extinção do processo, sem julgamento de mérito, por falta de pressupostos de constituição válida do processo, em relação aos pedidos que devem ser julgados em outro juízo.

O art. 769, § 1º, da CLT dispõe que, reconhecida a incompetência do juízo, serão nulos os *atos decisórios* praticados no juízo considerado incompetente. O CPC de 1973 adota, no art. 113, § 2º, a mesma solução, dispondo que, reconhecida a incompetência absoluta, somente os atos decisórios serão nulos.

O CPC de 2015 adotou uma solução diferenciada, bem mais apropriada, inclusive, ao processo do trabalho.

Com efeito, dispõe o art. 64, § 4º, do CPC de 2015 que, "salvo decisão judicial em sentido contrário, conservar-se-ão os efeitos de decisão proferida pelo juízo incompetente até que outra seja proferida, se for o caso, pelo juízo competente".

Assim, os efeitos dos atos decisórios praticados no juízo incompetente são mantidos até que outra decisão seja proferida, se for o caso, pelo juízo competente. Destarte, o reconhecimento da incompetência absoluta não implica, automaticamente, nulidade dos atos decisórios praticados no juízo incompetente.

Esta solução atende aos princípios da economia processual, que exige o máximo aproveitamento possível dos atos praticados, da celeridade processual, que impõe uma postura que conduza à mais rápida solução do dissídio, e da facilitação do julgamento do mérito ou da satisfação do credor na execução, o que a torna compatível com o direito processual do trabalho.

Contudo, diante da possibilidade de rescisão de decisão de mérito proferida por juiz absolutamente incompetente (art. 836 da CLT, art. 485, II, do CPC de 1973 e art. 966, II, do CPC de 2015), a decisão de mérito proferida por juiz absolutamente incompetente não terá os seus efeitos preservados. Com efeito, não tem sentido manter os efeitos de uma decisão que posteriormente poderá ser rescindida exatamente porque proferida em juízo absolutamente incompetente.

7.2. A competência é relativa quando a demanda pode ser processada e julgada, sem risco de nulidade fundada em incompetência, em juízo diverso daquele que deveria julgá-la.

A competência relativa é fixada atendendo, principalmente, aos interesses das partes, razão pela qual não pode ser declarada de ofício.[485]

Competência relativa, no processo do trabalho, é a fixada em razão do lugar.

---

(482) No art. 795, § 1º, da CLT, *incompetência de foro* não significa incompetência em razão do lugar (que não pode ser declarada de ofício), mas ausência de jurisdição ou incompetência absoluta. Ao declarar a incompetência em razão do foro, o juiz afirmará que o foro escolhido pela parte não é o competente em razão da matéria, da pessoa envolvida ou do órgão judicial que deve oficiar na demanda.

(483) A incompetência absoluta somente pode ser alegada em recurso de revista se tiver sido alegada perante o TRT.

(484) Dá-se, na hipótese, o *transladio judicii* ou a *reassunção da causa*, ou seja, a continuidade do processo em outro juízo, preservando-se os efeitos dos atos processuais praticados.

(485) O fato de a incompetência relativa não ser suscetível de declaração de ofício não impede que o juiz extinga o processo quando perceba que as partes, por conta do seu posicionamento a respeito de determinada questão, acertaram, previamente, que a competência não seria questionada, para efeito de sua prorrogação. Extinguindo o processo, o juiz evita que as partes alcancem fim proibido em lei (a escolha do juiz que deverá examinar a demanda). Na hipótese, o juiz não estará examinando de ofício a sua competência, mas cumprindo o dever que lhe impõem o art. 129 do CPC de 1973 e o art. 142 do CPC de 2015.

Em relação à legitimidade para alegar a incompetência relativa, o CPC de 1973 dispõe que ela deve ser alegada pela parte (art. 112), o que alcança o processo do trabalho, por força do art. 799, § 1º, da CLT. O CPC de 2015 contém uma inovação, vez que permite a arguição da incompetência relativa pelo Ministério Público, nas causas em que atuar (art. 65, parágrafo único), o que também é compatível com o direito processual do trabalho.

O art. 799, § 1º, da CLT define a *exceção* como forma própria para arguir a incompetência relativa, o que está em sintonia com o art. 112 do CPC de 1973, segundo o qual "arguiu-se, por meio de exceção, a incompetência relativa". No entanto, de acordo com o art. 64 do CPC de 2015, "a incompetência, absoluta ou relativa, será alegada como questão preliminar de contestação", ao passo que, segundo o seu art. 65, "prorrogar-se-á a competência relativa se o réu não alegar a incompetência em preliminar de contestação". O CPC de 2015, portanto, simplifica a arguição de incompetência relativa, o que alcança o processo do trabalho, diante, especialmente, da compatibilidade da solução nela adotada com um dos princípios do direito processual do trabalho, qual seja, o da simplificação das formas e procedimentos.

A competência relativa poderá ser modificada pela conexão ou continência, o que será examinado no item seguinte:

7.3. A ausência de alegação da incompetência relativa na forma e no momento apropriados implica *prorrogação* da competência do juízo no qual foi ajuizada a demanda (art. 114 do CPC de 1973 e art. 65 do CPC de 2015). Trata-se de prorrogação legal ou necessária da competência, posto que imposta pela ordem jurídica.

A prorrogação da competência "significa que o juízo, que era de início relativamente incompetente, terá tido, pela omissão de exceção que hipoteticamente teria sido cabível, sua competência prorrogada, com o que desaparece o vício relativo (...). Há, pois, um saneamento, ou superação do vício, justamente pelo fato de que era relativo".[486]

Pela prorrogação, "a competência de um juízo é ampliada, para abranger determinada causa que, pelas regras gerais, nela não estaria incluída".[487]

A prorrogação da competência pode ser, também, *voluntária*, que é o que ocorre na hipótese de eleição de foro, o que será examinado mais adiante.

7.4. A ação acessória será proposta perante o juízo competente para a ação principal (art. 108 do CPC de 1973 e art. 61 do CPC de 2015), sendo o juízo da causa principal também competente para a reconvenção, a ação declaratória incidente, as ações de garantia e outros que respeitam ao terceiro interveniente, como prevê o art. 109 do CPC de 1973.

8. Conexão e continência. Prevenção

A demanda envolve:

a) quem comparece em juízo e afirma ser titular de um direito, que requer seja reconhecido e tutelado (autor/reclamante/demandante) e aquele em face de quem a demanda é proposta (réu/reclamado/demandado);

b) o bem da vida que se pretende alcançar por força da atuação do Poder Judiciário (pedido);

c) as razões pelas quais é apresentada a demanda ao Poder Judiciário e pretendida a confirmação da existência do direito deduzido e a sua tutela (causa de pedir).[488]

(486) ALVIM, Arruda. *Manual de direito processual civil*, v. I, p. 353-354.

(487) CARNEIRO, Athos Gusmão. *Jurisdição e competência*, p. 82.

(488) A causa de pedir envolve o fato do qual decorre o direito deduzido e o fato do qual decorre o interesse de recorrer ao Poder Judiciário.

As partes, o pedido e a causa de pedir identificam a demanda.

Note-se que *demandar* é apresentar uma pretensão ao Poder Judiciário, no exercício do direito de *ação*. No entanto, não é raro encontrar na doutrina e na jurisprudência a utilização das expressões *demanda* e *ação* como sinônimas (note-se, por exemplo, que os arts. 21 e 22 do CPC de 2015 falam em *julgar ação*, enquanto o seu art. 337, § 2º, alude à *identidade de ações*, ao passo que o CPC de 1973 fala em *propositura de ação* — art. 87). Também não é rara a utilização, como sinônimas, das expressões *ação* e *causa* (neste sentido, o CPC de 2015, ao mesmo tempo em que fala em *julgamento de ação*, aduz, na definição da ordem cronológica para o proferimento de decisões, à *causa* que exija urgência no julgamento, isto é, ao *julgamento de causa* — art. 12, IX —, o mesmo ocorrendo quando trata da competência interna, situação em que faz referência ao *julgamento de causas cíveis* — art. 42).

Cumpre notar, no entanto, que *ação* consiste no ato de ir a juízo, o que constitui, inclusive, um direito (*direito de ação*). Quem vai a juízo, portanto, não propõe uma *ação*, mas uma *demanda*. O que constitui objeto de julgamento, portanto, não é a ação, mas a demanda que, por meio do exercício do direito de ação, é submetida ao Poder Judiciário. Destarte, é mais correto, do ponto de vista técnico, afirmar que duas ou mais *demandas* podem ter em comum as partes, o pedido e a causa de pedir ou apenas parte destes seus elementos identificadores.

No que diz respeito especificamente à configuração da conexão e continência (assim como da litispendência), tanto o CPC de 1973 quanto o CPC de 2015 fazem uso da expressão *ação*, no sentido de que entre duas ações pode existir coincidência total ou parcial de seus elementos identificadores. Por esta razão, será adotada, para exame de tais institutos, a expressão *ação* como sinônimo de *demanda*.

8.1. Quando duas ou mais ações/demandas têm em comum o objeto (pedido) *ou* a causa de pedir, dar-se-á o fenômeno da *conexão* (art. 103 do CPC de 1973 e art. 55 do CPC de 2015). Duas ou mais ações/demandas são conexas, portanto, quando lhes for comum o objeto (pedido) *ou* a causa de pedir.

Por outro lado, se a identidade entre duas ou mais ações/demandas se der em relação às partes *e* à causa de pedir, mas o objeto (pedido) de uma abranger, ante a sua amplitude, o das demais, dar-se-á a *continência* (art. 104 do CPC de 1973 e art. 56 do CPC de 2015). Dá-se a continência entre duas ou mais ações/demandas, destarte, sempre que houver entre elas identidade das partes e causa de pedir, mas o objeto (pedido) de uma, por ser mais amplo, abranger o das demais.

O CPC de 1973 estabelece que, verificada a ocorrência de conexão ou continência, o juiz, de ofício ou a requerimento de qualquer das partes, *pode ordenar* a reunião das ações/demandas propostas em separado, a fim de que sejam decididas simultaneamente (art. 105).

Celso Agrícola Barbi, comentando o CPC de 1973, assevera que "a norma do art. 105 é imperativa: havendo conexão, ou continência, entre duas ou mais causas, a competência fica modificada, não sendo dado às partes impedir esse efeito".(489)

O CPC de 1973, ao utilizar a expressão *pode*, não cria uma *faculdade* para o juiz, mas o *autoriza* a reunir processos, modificando, com isto, a competência, nas hipóteses de conexão e continência.

A reunião dos processos é estabelecida em razão do princípio da economia processual e da necessidade de evitar decisões conflitantes ou contraditórias.

O CPC de 2015 determina, de forma expressa, a reunião dos processos de ações/demandas conexas, visando ao proferimento de decisão conjunta, salvo se um deles já houver sido sentenciado (art. 55, § 1º). Quanto a esta última ressalva, vale observar que a reunião dos processos pressupõe a possibilidade de julgamento simultâneo das demandas, ou seja, que ela seja útil.

(489) *Comentários ao Código de Processo Civil*, v. I, p. 284.

O CPC de 2015 vai mais além, determinando a reunião, para julgamento conjunto, dos processos que possam gerar *risco de prolação de decisões conflitantes ou contraditórias* caso decididos separadamente, mesmo sem conexão entre eles (art. 55, § 3º).[490] O CPC de 2015 também inova ao estabelecer a conexão entre a execução de título executivo extrajudicial e a ação de conhecimento relativa ao mesmo ato jurídico e entre execuções fundadas no mesmo título executivo (art. 55, § 2º, I e II). Estas disposições legais são compatíveis com o direito processual do trabalho, notadamente diante da necessidade de evitar decisões conflitantes e contraditórias, ao passo que a reunião de execuções atua em favor do princípio da economia processual e da celeridade processual.

Em relação à reunião dos processos no caso de continência, o CPC de 2015 estabelece que, quando houver continência e a *ação continente* tiver sido proposta anteriormente, no processo relativo à *ação contida* será proferida sentença sem resolução de mérito, caso contrário, as ações serão necessariamente reunidas (art. 57), o que também é compatível com o processo do trabalho, visto que não há necessidade de reunir processo quando um deles pode ser extinto sem prejuízo para as partes.

Vale o registro de que, assim como a ação/demanda, também a lide tem seus elementos identificadores, que são: a) os sujeitos: titulares dos interesses contrapostos; b) o objeto: bem da vida disputado pelos sujeitos; e c) os interesses: razão da pretensão de cada um dos sujeitos.[491]

8.2. Prevenção é a prévia definição do juízo competente para conhecer e julgar determinada demanda.

A prevenção tem caráter imperativo e deve ser observada já na distribuição da demanda.

Se não houver observação da prevenção na distribuição, as partes poderão suscitá-la posteriormente. Contudo, pode o juiz, mesmo que não o requeira qualquer das partes, declarar, de ofício, a sua incompetência por força da prevenção de outro juízo, vez que, como assinala Cândido Rangel Dinamarco, a hipótese é de "competência funcional: o fato de aquele juízo, naquele foro, haver exercido sua função jurisdicional em determinado caso é suficiente para, de modo automático e direto, estabelecer a sua competência para processos futuros, versando a mesma causa (...). Como essa competência é funcional e, portanto, absoluta, cumpre ao juiz, de ofício e a qualquer tempo, dando-se conta do estratagema, pronunciar sua própria incompetência e determinar a remessa dos autos ao juiz prevento".[492]

O CPC de 1973 trata da prevenção no art. 253, segundo o qual "distribuir-se-ão por dependência as causas de qualquer natureza: I — quando se relacionarem, por conexão ou continência, com outra já ajuizada;[493] II — quando, tendo sido extinto o processo, sem julgamento de mérito, for reiterado o pedido, ainda que em litisconsórcio com outros autores ou que sejam parcialmente alterados os réus da demanda; III — quando houver ajuizamento de ações idênticas, ao juízo prevento".

O CPC de 2015 dispõe, no art. 59, que o registro ou a distribuição da petição inicial torna prevento o juízo, e, no art. 286, que "serão distribuídas por dependência as causas de qualquer natureza: I — quando se relacionarem, por conexão ou continência, com outra já ajuizada; II — quando, tendo sido extinto o processo, sem julgamento de mérito, for reiterado o pedido, ainda que em litisconsórcio com outros autores ou que sejam parcialmente alterados os réus da demanda; III — quando houver ajuizamento de ações nos termos do art. 55, § 3º, ao juízo prevento".[494]

---

(490) O CPC alude a *conexão entre processos*, quando está tratando, na verdade, da conexão entre ações/demandas.

(491) Francesco Carnelutti afirma que "o *genus proximum* de lide é o conflito de interesses. Mas nem todo conflito de interesses é uma lide. Para tornar-se tal é necessário que um dos dois interesses aspire a tutela jurídica mediante a pretensão e que o outro resista ou a contraste" (*Studi di diritto processuale*, v. III, p. 27).

(492) A *reforma da reforma*, p. 74.

(493) A reclamação trabalhista proposta pelo trabalhador contra seu empregador torna prevento o juízo para a ação de consignação em pagamento posteriormente aforada pelo empregador contra o mesmo trabalhador. É a denominada *prevenção expansiva*, isto é, que atinge causa distinta da ajuizada. Ainda que se admita que não existe conexão entre estas demandas, sob o prisma do art. 286, III, do CPC de 2015, elas deverão ser reunidas, diante do risco de prolação de decisões conflitantes ou contraditórias caso decididas separadamente.

(494) O art. 286, III, alude à reunião para julgamento conjunto dos processos que possam gerar risco de prolação de decisões conflitantes ou contraditórias caso decididos separadamente, mesmo sem conexão entre eles.

Assim:

a) existindo entre a ação/demanda cujo processo ainda se encontra em curso e a ação/demanda a ser proposta conexão ou continência, a segunda ação/demanda deverá ser distribuída ao juízo da primeira, ressalvada a hipótese do art. 57 do CPC de 2015;

b) sendo extinto o processo sem julgamento de mérito e reiterado o pedido em nova ação/demanda, ainda que proposta em litisconsórcio ou com alteração parcial dos réus, ela deverá ser distribuída ao juízo em que ocorreu a extinção.

Sob o prisma do art. 253, III, do CPC de 1973, no caso de distribuição de ação/demanda idêntica à que constitua objeto de processo em curso, cabe ao juiz em que tramita o processo declarar a ocorrência de litispendência e extinguir o processo relativo à segunda ação/demanda proposta (art. 267, V, do CPC de 1973). A previsão em destaque não foi repetida no CPC de 2015, o que, no entanto, não impede o reconhecimento da prevenção do juízo da primeira ação/demanda no caso de distribuição de ação idêntica (note-se que ao autor da demanda é vedado distribuí-la mais de uma vez, o que, no entanto, não impede que este fato ocorra, o que torna necessário, mesmo sob a égide do CPC de 2015, o reconhecimento de prevenção nesta situação).

Diante da omissão do direito processual do trabalho, no processo do trabalho deve ser aplicado o art. 253, I, II e III, do CPC de 1973 e o art. 286, I, II e III, do CPC de 2015, valendo observar que devem ser distribuídas por dependência as causas de qualquer natureza, quando, tendo sido extinto o processo em razão de arquivamento da reclamação em face da ausência do reclamante à audiência, for reiterado o pedido, ainda que em litisconsórcio com outros autores ou que sejam parcialmente alterados os réus da demanda, uma vez que o arquivamento equivale à extinção do processo sem provimento de mérito (art. 253, II, do CPC de 1973 e art. 287, II, do CPC de 2015).

9. Eleição de foro

O CPC de 1973 autoriza as partes a modificar a competência em razão do lugar e do valor da causa, elegendo o foro onde serão propostas as ações oriundas de direitos e obrigações, ou seja, a eleição de foro (art. 111), sendo nele previsto que a eleição de foro somente produzirá efeito quando constar de contrato escrito e aludir expressamente a determinado negócio jurídico (art. 111, § 1º) e obriga herdeiros e sucessores das partes (art. 111, § 2º).

O CPC de 1973 dispõe, ainda, que a cláusula de eleição de foro, nos contratos de adesão, pode ter sua nulidade declarada de ofício (art. 112, parágrafo único).

O CPC de 2015 também autoriza as partes a modificar a competência em razão do valor e do território, elegendo o foro onde será proposta ação oriunda de direitos e obrigações (art. 63), sendo nele previsto que a eleição de foro só produz efeito quando constar de instrumento escrito e aludir expressamente a determinado negócio jurídico (art. 63, § 1º) e, ainda, que o foro contratual obriga os herdeiros e sucessores das partes (art. 63, § 2º).

O CPC de 2015 dispõe, por fim, que antes da citação, a cláusula de eleição de foro, se abusiva, pode ser reputada ineficaz de ofício pelo juiz, que determinará a remessa dos autos ao juízo do domicílio do réu (art. 63, § 3º) e que, citado, incumbe ao réu alegar a abusividade da cláusula de eleição do foro na contestação, sob pena de preclusão (art. 63, § 4º). Destarte, comparando o CPC de 1973 e o CPC de 2015, o que se constata é que, de acordo com o CPC de 2015, o juiz somente pode declarar de ofício a ineficácia da cláusula de eleição de foro antes da citação do réu, restrição que não consta do CPC de 1973.

A CLT dispõe, quando trata da competência, de normas de ordem pública, que são inderrogáveis pela vontade das partes, por colimarem facilitar o acesso do trabalhador à justiça e à defesa de seus direitos.

Daí ser a eleição de foro incompatível com o processo do trabalho, quando se trate de dissídio decorrente da relação de emprego, porque dela pode resultar prejuízo ao acesso do trabalhador à justiça e à mais rápida e econômica solução do litígio que envolva relação de trabalho. A eleição será possível, no entanto, quando dela resulte, para o trabalhador, facilitação do acesso à justiça e à defesa de seus direitos.

Desse modo, se no contrato de trabalho for fixado o foro para dirimir eventuais litígios dele decorrentes em prejuízo do trabalhador, a cláusula respectiva pode ser anulada de ofício pelo juiz, que declinará a competência para o juízo competente, na forma do art. 651 da CLT, respeitada, no entanto, a restrição constante do art. 63, §§ 3º e 4º, do CPC de 2015, vez que o silêncio do autor autoriza presumir a sua concordância com cláusula de eleição de foro.

A Instrução Normativa n. 39/2016 do TST estabelece, no art. 2º, I, não ser aplicável no processo do trabalho o art. 63 do CPC de 2015, ou seja, a possibilidade de modificação da competência territorial e eleição de foro.

10. Conflitos de competência

Embora a CLT faça alusão a *conflito de jurisdição*, o que ocorre, segundo a própria disciplina que ela confere ao tema, é o *conflito de competência*. Note-se, inclusive, que no art. 804 a CLT faz expressa referência à situação em que dois ou mais órgãos do Poder Judiciário se consideram *competentes* ou *incompetentes*, o que demonstra que está se referindo a *conflito de competência*.

10.1. Dá-se o conflito de competência, nos termos do art. 804 da CLT, quando:

a) dois ou mais órgãos do Poder Judiciário se declaram competentes para solucionar o litígio (*conflito positivo*);

b) dois ou mais órgãos do Poder Judiciário se consideram incompetentes para solucionar o litígio (*conflito negativo*).

Também ocorre o conflito, à luz do art. 115, III, do CPC de 1973 e do art. 66, III, do CPC de 2015, quando entre dois ou mais juízes surge controvérsia acerca da reunião ou separação de processos.

10.2. O conflito de competência pode ocorrer, como prevê o art. 803 da CLT, entre: a) Varas do Trabalho; b) Juízes de Direito investidos na administração da Justiça do Trabalho; c) Tribunais Regionais do Trabalho; d) Juízes e Tribunais do Trabalho e órgãos da Justiça Comum.

O art. 803 da CLT exclui a possibilidade de conflito entre Vara do Trabalho ou Juiz de Direito investido na jurisdição trabalhista e o TRT da Região respectiva ou entre TRT e o TST. Nem poderia ser diferente, posto que a hierarquia exclui o conflito.[495]

Não há conflito de competência se já existe sentença com trânsito em julgado proferida por um dos juízes conflitantes (Súmula n. 59 do STJ).

10.3. O conflito pode ser suscitado por qualquer das partes, pelo Ministério Público do Trabalho ou pelo juiz (art. 805 da CLT, art. 116 do CPC de 1973 e art. 951 do CPC de 2015).

O CPC de 1973 prevê que o Ministério Público será ouvido em todos os conflitos de competência; mas terá a qualidade de parte naqueles que suscitar (art. 116, parágrafo único), ao passo que o CPC de 2015 estabelece que o Ministério Público somente será ouvido nos conflitos de competência relativos aos processos que envolvam interesse público ou social, interesse de incapaz e litígios coletivos pela posse de terra urbana ou rural, mas terá a qualidade de parte naqueles que suscitar (art. 951, parágrafo único). O art. 809, II, da

(495) A propósito: "Não se configura conflito de competência entre Tribunal Regional do Trabalho e Vara do Trabalho a ele vinculada" (Súmula n. 420 do TST).

CLT, determina a oitiva do Ministério Público nos conflitos de competência, sem qualquer ressalva. Tanto o CPC de 1973 quanto o de 2015 são compatíveis com o direito processual do trabalho, inclusive em relação à restrição estabelecida pelo último deles, que é plenamente justificável, na medida em que a intervenção do Ministério Público somente pode ser exigida nas situações em que esta intervenção for expressamente estabelecida pela ordem jurídica.

Não pode suscitar conflito a parte que no processo apresentou exceção de incompetência (art. 806 da CLT).

Ao suscitar o conflito, deverá o suscitante produzir prova de sua existência (arts. 807 da CLT e 118, parágrafo único, do CPC de 1973 e art. 953, parágrafo único, do CPC de 2015).

10.4. O conflito de competência será julgado:

1) pelo Supremo Tribunal Federal, quando se der entre: a) o Superior Tribunal de Justiça e quaisquer Tribunais; b) Tribunais Superiores; c) Tribunais Superiores e qualquer outro Tribunal (art. 102, I, *o*, da Constituição Federal de 1988);[(496)] d) Tribunal Superior da União e magistrado de primeira instância a ele não vinculado (art. 105, I, *d*, da Constituição Federal).[(497)]

2) pelo Superior Tribunal de Justiça, quando ocorrer entre: a) quaisquer Tribunais, ressalvada a competência do STF e do TST (art. 114, V, da Constituição); b) Tribunal e juízes a ele não vinculados, ressalvada a competência do TST;[(498)] c) juízes vinculados a tribunais diversos (art. 105, I, *d*, da Constituição);

3) pelo Tribunal Superior do Trabalho, quando se der entre: a) Tribunais Regionais do Trabalho; b) Varas do Trabalho subordinadas a distintos Tribunais Regionais do Trabalho (arts. 2º, I, *e*, e 3º, II, *b*, da Lei n. 7.701/88, 808, *b*, da CLT e 114, V, da Constituição);

4) pelos Tribunais Regionais do Trabalho, quanto se der entre: a) Varas do Trabalho da respectiva região; b) Juízes de Direito investidos da jurisdição trabalhista da respectiva região; c) Vara do Trabalho e Juiz de Direito investido da jurisdição trabalhista, na respectiva região (art. 808, *a*, da CLT).[(499)]

10.5. Nos conflitos de competência entre as Varas e os Juízos de Direito investidos na jurisdição trabalhista, o juiz ou presidente mandará extrair dos autos as provas do conflito e, com a sua informação, remeterá o processo assim formado ao presidente do Tribunal competente para julgá-lo (art. 809, I, e 810 da CLT).

Nos demais casos:

a) após a distribuição do conflito, o relator determinará a oitiva dos juízes em conflito ou, se um deles for suscitante, apenas do suscitado (art. 809, II, da CLT, art. 119 do CPC de 1973 e art. 954 do CPC de 2015);

b) o relator, de ofício ou a requerimento, poderá, no caso de conflito positivo, determinar o sobrestamento do processo e, nesse caso, bem como no de conflito negativo, designará um dos juízes para

(496) O art. 808, *d*, da CLT não foi recepcionado pela Constituição Federal, em face do que estabelecem os arts. 102, I, *o*, e 105, I, *d*, da Constituição.

(497) Nesse sentido, decidiu o STF que "compete ao Supremo Tribunal Federal conhecer de conflito negativo de competência suscitado por Juiz Federal face ao Tribunal Superior do Trabalho, em reclamação trabalhista contra a União e Estrada de Ferro Paraná Oeste S.A. — FERROESTE" (STF, CC N. 7.149/PR, Rel. Min. Joaquim Barbosa, DJ 28.11.2003, p 11).

(498) Conforme a Súmula n. 236 do STJ: "Não compete ao Superior Tribunal de Justiça dirimir conflitos de competência entre juízes trabalhistas vinculados a Tribunais Regionais do Trabalho diversos".

(499) Nesse sentido, "na lide trabalhista, compete ao Tribunal Regional do Trabalho dirimir conflito de competência verificado, na respectiva região, entre Juiz Estadual e Junta de Conciliação e Julgamento". (Súmula n. 180 do STJ).

resolver, em caráter provisório, as medidas urgentes (art. 809, II, da CLT, art. 120 do CPC de 1973 e art. 955 do CPC de 2015);

c) decorrido o prazo designado pelo relator, será ouvido o Ministério Público do Trabalho, no prazo de cinco dias, ainda que as informações não tenham sido prestadas (art. 809, II, da CLT, art. 121 do CPC de 1973 e art. 956 do CPC de 2015), com a ressalva constante do art. 951, parágrafo único, do CPC de 2015;

d) o relator poderá julgar de plano o conflito de competência quando sua decisão se fundar em Súmula do STF, do TST ou do próprio tribunal ou em tese firmada em julgamento de casos repetitivos ou em incidente de assunção de competência (aplicação do art. 955, parágrafo único, do CPC de 2015, que é compatível com o direito processual do trabalho, especialmente por favorecer o mais rápido julgamento da demanda);

e) não sendo o caso de julgamento imediato, o processo será incluído em pauta para julgamento, na primeira sessão (art. 809 da CLT);

f) proferida a decisão e definido o juízo competente, será a mesma comunicada, imediatamente, às autoridades em conflito, prosseguindo-se o processo no foro competente (art. 809, III, da CLT), devendo o tribunal, ao julgar o conflito, pronunciar-se sobre a validade dos atos do juízo incompetente (art. 122 do CPC de 1973 e art. 957 do CPC de 2015).

No conflito que envolva órgãos fracionários de tribunal, desembargadores e juízes em exercício no tribunal, observar-se-á o que dispuser o seu regimento interno (art. 123 do CPC de 1973 e art. 958 do CPC de 2015).

Sendo competente para julgar o conflito o Supremo Tribunal Federal ou o Superior Tribunal de Justiça, o procedimento a ser seguido no julgamento será o definido no CPC e Regimento Interno do órgão julgador.

11. A competência da Justiça do Trabalho segundo a Constituição da República de 1988, na sua redação original

Antes de definir a competência da Justiça do Trabalho segundo previsto na Constituição de 1988, na sua redação original, cumpre mencionar o que a respeito previam as Constituições anteriores:

a) a Constituição de 1946 estabeleceu como competência da Justiça do Trabalho "conciliar e julgar os dissídios individuais e coletivos entre empregados e empregadores, e, as demais controvérsias oriundas de relações do trabalho regidas por legislação especial" (art. 123);

b) a Constituição de 1967, como se vê do seu art. 133, atribui à Justiça do Trabalho competência para "conciliar e julgar os dissídios individuais e coletivos entre empregados e empregadores e as demais controvérsias oriundas de relações de trabalho regidas por lei especial";

c) a Constituição de 1969, no art. 141, estabeleceu como competência da Justiça do Trabalho "conciliar e julgar os dissídios individuais e coletivos entre empregados e empregadores e, mediante lei, outras controvérsias oriundas de relação de trabalho".

Na sua redação original, o art. 114 da Constituição atribuiu à Justiça do Trabalho competência para "conciliar e julgar os dissídios individuais e coletivos entre trabalhadores e empregadores, abrangidos os entes de direito público externo e da administração pública direta e indireta dos Municípios, do Distrito Federal, dos Estados e da União, e, na forma da lei, outras controvérsias decorrentes da relação de trabalho, bem como os litígios que tenham origem no cumprimento de suas próprias sentenças, inclusive coletivas".[500]

(500) A referência a dissídios entre *trabalhadores* e *empregadores* não é suficiente para afirmar que a competência da Justiça do Trabalho era estabelecida considerando a qualificação jurídica das partes, ou seja, em razão das partes (trabalhador e empregador). A relação que envolve trabalhador e empregador é uma relação de emprego, vez que *empregador* é quem contrata empregado, o que autoriza afirmar que se tratava de competência fixada em razão da matéria.

Assim, segundo o art. 114 da Constituição Federal de 1988, na sua redação original, à Justiça do Trabalho competia conciliar e julgar:

1) dissídios entre empregados e empregadores, ou seja, decorrentes da *relação de emprego*, abrangidos os entes de direito público externo e da administração pública direta e indireta dos Municípios, do Distrito Federal, dos Estados e da União;

2) outras controvérsias decorrentes da *relação de trabalho*, segundo previsto em lei;[(501)]

3) os litígios que tivessem origem no cumprimento de suas próprias sentenças, inclusive coletivas.

Nota-se, assim, que foi mantida, na Constituição de 1988, a competência básica da Justiça do Trabalho, qual seja, conciliar e julgar dissídios decorrentes da relação de emprego.

12. *A competência da Justiça do Trabalho segundo a Constituição da República de 1988, após a Emenda Constitucional n. 45, de 31.12.2004*

A Emenda Constitucional n. 45, de 31.12.2004, conferiu nova redação ao art. 114 da Constituição, atribuindo à Justiça do Trabalho competência para processar e julgar:

I — as ações oriundas das relações de trabalho, abrangidos os entes de direito público externo e da administração pública direta e indireta da União, dos Estados, do Distrito Federal e dos Municípios;

II — as ações que envolvam o exercício do direito de greve;

III — as ações sobre representação sindical, entre sindicatos, entre sindicatos e trabalhadores, e entre sindicatos e empregadores;

IV — os mandados de segurança, *habeas corpus* e *habeas data*, quando o ato questionado envolver matéria sujeita à sua jurisdição;

V — os conflitos de competência entre órgãos com jurisdição trabalhista, ressalvado o disposto no art. 102, I, *o*, da Constituição Federal;

VI — as ações de indenização por dano moral ou patrimonial decorrentes da relação de trabalho;

VII — as ações relativas às penalidades administrativas impostas aos empregadores pelos órgãos de fiscalização das relações de trabalho;

VIII — a execução, de ofício, das contribuições sociais previstas no art. 195, I, *a*, e II, e seus acréscimos legais, decorrentes das sentenças que proferir;

IX — outras controvérsias decorrentes da relação de trabalho, na forma da lei.

Com a nova redação do art. 114 da Constituição, conferida pela Emenda Constitucional n. 45/2004, foi promovida relevante alteração na competência da Justiça do Trabalho.

Com efeito:

a) antes da Emenda Constitucional n. 45/2004, a Justiça do Trabalho tinha como competência básica a conciliação e julgamento dos conflitos de interesses decorrentes da *relação de emprego*[(502)] e somente conciliava e julgava conflitos de interesses oriundos de *relação de trabalho* quando estivesse autorizada, por norma expressa, a fazê-lo, isto é, *em caráter excepcional*;

---

(501) A CLT contempla, no art. 652, duas situações em que o conflito de interesse decorrente de relação de trabalho não subordinado será solucionado pela Justiça do Trabalho: dissídios resultantes de contrato de empreitada em que o empreiteiro seja operário ou artífice e as ações entre trabalhadores portuários e os operadores portuários ou o órgão gestor de mão de obra decorrentes de relação de trabalho.

(502) Relação de emprego é a relação jurídica que tem por objeto o trabalho humano prestado em favor de outrem, de forma pessoal, onerosa, não eventual e subordinada.

b) em razão da citada Emenda Constitucional, a Justiça do Trabalho passou a ter competência para processar e julgar os conflitos de interesses decorrentes da *relação de trabalho*. Desse modo, o que era excepcional, ou seja, o julgamento, pela Justiça do Trabalho, de conflitos decorrentes da relação de trabalho, passou a ser a regra.

A partir da Emenda Constitucional n. 45/2004, em suma, a Justiça do Trabalho passou a ter competência para processar e julgar *os dissídios oriundos de relação que envolve o trabalho humano prestado em favor de outrem*, com as restrições que serão estabelecidas quando da análise do art. 114, I, da Constituição.

Vale anotar que o processo do trabalho, que tinha por finalidade, antes da Emenda Constitucional n. 45/2004, a concretização dos direitos decorrentes da relação de emprego, passou a ter por finalidade a concretização dos direitos resultantes da relação de trabalho, o que, sem dúvida, tem forte influência na sua importância social. Mais do que isto, a valorização da Justiça do Trabalho enriquece o processo do trabalho. Valorizar os meios de concretização dos direitos decorrentes da relação de trabalho é fazer o mesmo em relação ao trabalho e à dignidade humana do trabalhador.[503]

Note-se que o art. 114 da Constituição de 1988, na sua redação original, conferia à Justiça do Trabalho competência para *conciliar* e *julgar* as controvérsias a que fazia alusão. No art. 114 da Constituição com a redação estabelecida pela Emenda Constitucional n. 45/2004 não é feita referência à conciliação. Contudo, tal omissão não é suficiente para afirmar que o direito processual do trabalho deixou de ter a conciliação como uma das suas diretrizes fundamentais. É que o art. 114 da Constituição Federal somente trata da *competência material da Justiça do Trabalho*, o que significa que cabe à lei infraconstitucional definir os procedimentos a serem adotados na solução dos conflitos trabalhistas e a CLT, nos arts. 643, 763 e 764, torna obrigatória a tentativa de conciliação dos conflitos cuja competência para julgamento seja da Justiça do Trabalho.

13. A Competência da Justiça do Trabalho segundo a Emenda Constitucional n. 45/2004

Estabelecido que a Emenda Constitucional n. 45/2004 definiu de forma especial a competência da Justiça do Trabalho, cumpre examinar os seus termos, observando-se que a competência atribuída a Justiça do Trabalho pelo art. 114 da Constituição de 1988 abarca *lides oriundas da relação de trabalho* (inciso I) e *lides conexas à relação de trabalho* (incisos II a VIII).

13.1. Dissídios decorrentes da relação de trabalho.

Dispõe o art. 114, I, da Constituição, que à Justiça do Trabalho compete julgar os dissídios oriundos da *relação de trabalho*.

No entanto, ainda persiste controvérsia, na doutrina e jurisprudência, sobre o significado da expressão *relação de trabalho* utilizada no inciso I do art. 114 da Constituição.

A ausência de um denominador comum sobre o sentido da mencionada expressão decorre, principalmente, das várias formas pelas quais pode ser estabelecida uma relação jurídica tendo por objeto o trabalho humano prestado em favor de outrem.

Com efeito, a prestação de serviços por uma pessoa física a outra pessoa física ou jurídica pode ser contratada na forma prevista na Consolidação das Leis do Trabalho (arts. 2º e 3º — que definem os elementos configuradores da relação de emprego), no Código Civil (empreitada e transporte, por exemplo) e em leis especiais (representação comercial, por exemplo), não se podendo olvidar, ainda, do Código de Defesa do Consumidor, que prevê o estabelecimento de relação de consumo tendo como objeto a prestação de serviços

---

(503) A Constituição Federal valoriza o trabalho humano e não o trabalho humano subordinado. A Emenda n. 45/2004 ampliou a rede de proteção ao trabalho humano, atribuindo o julgamento das lides decorrentes da relação de trabalho a uma justiça especializada, capaz de assegurar-lhe tutela qualificada.

por pessoa física em favor de pessoa física ou jurídica[504], e, também, das várias modalidades de vínculo que a Administração Pública pode estabelecer com as pessoas físicas que lhe prestam serviços.

A respeito do significado da expressão *relação de trabalho*, para efeito de definição do alcance da competência da Justiça do Trabalho, existem, basicamente, quatro soluções indicadas pela doutrina e jurisprudência:

1) relação de trabalho é toda relação jurídica que envolve o trabalho humano prestado por uma pessoa física em favor do outrem, mesmo em razão de uma relação de consumo que tenha por objeto a prestação de serviços por pessoa física[505] e de vínculo estabelecido com a Administração Pública, ainda que estatutário e administrativo;[506]

2) relação de trabalho é toda relação jurídica que tem por objeto o trabalho humano prestado em favor do outrem, excluídas a relação de consumo que tenha por objeto a prestação de serviços por pessoa física e a relação da Administração Pública com os seus servidores, salvo aqueles contratados pelo regime celetista, ou seja, como empregados;

3) relação de trabalho nada mais é do que relação de emprego;[507]

4) relação de trabalho é toda relação jurídica que envolve o trabalho humano prestado em favor de outrem, incluída uma das facetas da relação de consumo, mas excluídas as relações mantidas pela Administração Pública com os seus servidores, salvo quando se trate de regime celetista.[508]

A relação de trabalho e a relação de emprego não se confundem. A relação de trabalho constitui *gênero* do qual a relação de emprego é uma *espécie*.

A relação de emprego é uma relação de trabalho com características próprias. Com efeito, como resulta dos arts. 2º e 3º da CLT, relação de emprego é relação jurídica que tem por objeto o *trabalho humano* prestado em favor de outrem, de forma *pessoal, onerosa, não eventual* e *subordinada*.[509]

---

(504) O Código de Defesa do Consumidor estabelece normas de proteção e defesa do consumidor (art. 1º) e dispõe que consumidor é toda pessoa física ou jurídica que utiliza serviço como destinatário final (art. 2º), fornecedor é toda pessoa física ou jurídica que desenvolve atividade de prestação de serviços (art. 3º) e que serviço é qualquer atividade fornecida ao mercado de consumo, mediante remuneração (art. 3º, § 2º). Desse modo, o trabalho humano pode ser objeto de uma relação de consumo.

(505) Sob esta ótica, compete à Justiça do Trabalho julgar todas as ações que envolvam o trabalho humano prestado em favor de outrem, incluída a relação de consumo. É este o ponto de vista de Mauro Schiavi, para quem a Justiça do Trabalho será competente quando "há prestação pessoal de serviços por uma pessoa natural que coloca seus serviços no mercado de consumo e os executa de forma preponderantemente pessoal, sem vínculo empregatício, mediante remuneração, em prol de um consumidor, pessoa física ou jurídica, que é o destinatário final destes serviços" (*Manual de direito processual do trabalho*. 6 ed. p.174-175). Também o Enunciado n. 64 da 1ª Jornada de Direito Material e Processual na Justiça do Trabalho, realizada pela Associação Nacional dos Magistrados da Justiça do Trabalho (ANAMATRA), juntamente com o Tribunal Superior do Trabalho (TST) e com a Escola Nacional de Formação e Aperfeiçoamento de Magistrados (ENAMAT), sustenta a competência da Justiça do Trabalho quando se trate de relação de consumo envolvendo a prestação de serviços por pessoa física: "COMPETÊNCIA DA JUSTIÇA DO TRABALHO. PRESTAÇÃO DE SERVIÇO POR PESSOA FÍSICA. RELAÇÃO DE CONSUMO SUBJACENTE. IRRELEVÂNCIA. Havendo prestação de serviços por pessoa física a outrem, seja a que título for, há relação de trabalho incidindo a competência da Justiça do Trabalho para os litígios dela oriundos (CF, art. 114, I), não importando qual o direito material que será utilizado na solução da lide (CLT, CDC, CC, etc.)".

(506) A questão relacionada com a Administração Pública será examinada mais adiante.

(507) Sob este prisma, não ocorreu qualquer alteração na competência da Justiça do Trabalho.

(508) Sob o enfoque deste último ponto de vista, a relação de consumo envolve duas relações distintas: a) sob a ótica do tomador dos serviços (consumidor), a contratação de um profissional liberal (prestador do serviço) caracterizaria uma relação de consumo, sendo a Justiça Comum competente para o julgamento das ações dela decorrentes; b) sob do prestador de serviços, a relação por ele estabelecida com o seu tomador constitui uma relação de trabalho, competindo à Justiça do Trabalho julgar as ações dela decorrentes. Neste compasso, os direitos e obrigações resultantes da relação de consumo seriam definidos pela Justiça Comum e, os decorrentes da relação de trabalho, pela Justiça do Trabalho.

(509) Subordinação é a sujeição jurídica do trabalhador ao poder diretivo do empregador, que é exercido na definição do modo pelo qual o trabalho deverá ser realizado (poder regulamentar), na fiscalização da realização do trabalho (poder fiscalizador) e na punição do trabalhador, no caso da não observância do modo de realização do trabalho previamente estabelecido pelo empregador (poder punitivo). Na relação de emprego, o trabalhador coloca sua força de trabalho à disposição do empregador em troca de salário e se submete às suas ordens em relação ao modo pelo qual o trabalho contratado será prestado. O modo da prestação de trabalho envolve a definição de quando, onde e como ele deverá ser prestado, sujeitando-se o trabalhador à

Adotando como parâmetros os elementos configuradores da relação de emprego, definidos nos arts. 2º e 3º da CLT, pode ser dito que a relação de trabalho a que alude o art. 114, I, da Constituição corresponde *ao vínculo jurídico que tem por objeto o trabalho humano prestado em favor de outrem (pessoa física ou jurídica), de forma pessoal, onerosa ou gratuita, eventual ou não eventual e subordinada ou autônoma.*

Desse modo, a Justiça do Trabalho é competente para processar e julgar as ações decorrentes das relações jurídicas que envolvem o trabalho humano prestado em favor de outrem, resultantes, por exemplo, de contratos de: trabalho ou relação de emprego (arts. 2º e 3º da CLT), trabalho autônomo,(510) trabalho avulso,(511) empreitada (arts. 610 a 626 do Código Civil), depósito (arts. 627 a 646 do Código Civil), mandato (arts. 653 a 691 do Código Civil), comissão (arts. 693 a 709 do Código Civil), representação comercial (Lei n. 4.886/65(512)), corretagem (arts. 722 a 729 do Código Civil), transporte (arts. 730 a 736 do Código Civil), estágio (Lei n. 11.788/08) e trabalho voluntário (Lei n. 9.608/98).

No entanto, estão excluídos da competência da Justiça do Trabalho dissídios decorrentes da relação de consumo.

É que a relação de consumo que tenha por objeto a prestação de serviços por pessoa física em favor de outrem não constitui espécie de relação de trabalho, posto que:

a) consumidor é a pessoa física ou jurídica que se serve do trabalho alheio para atender a uma necessidade própria, ou seja, o consumidor utiliza o serviço de outrem como o seu destinatário final, ao passo que, na relação de trabalho, especialmente quando se trata de relação de emprego, tomador de serviços é, principalmente, aquele que se serve do trabalho alheio para atender ao desenvolvimento de sua atividade econômica;

b) a distinção entre relação de trabalho e de consumo é reconhecida pelo próprio legislador, quando dispõe que serviço, como objeto da relação de consumo, é qualquer atividade fornecida ao mercado de consumo, mediante remuneração, "salvo as decorrentes das relações de caráter trabalhista" (art. 3º, § 2º, do Código de Defesa do Consumidor);

c) a Constituição da República assegura, no art. 170, V, proteção especial ao consumidor, ou seja, ao *tomador dos serviços*, ao passo que o direito do trabalho, a ser realizado concretamente por meio do processo de trabalho, tem em vista a proteção da dignidade humana do trabalhador, ou seja, do *prestador dos serviços*, o que impede equiparar consumidor e trabalhador prestador de serviços em favor de outrem. A impossibilidade de equiparação entre consumidor e trabalhador tem reflexos no processo, na medida em que o Código de Defesa do Consumidor estabelece várias situações de vantagem em favor do consumidor (tomador dos serviços), dentre as quais a inversão do ônus da

punição (advertência e suspensão) e até à dispensa (art. 482, letras *e* e *h*, da CLT) no caso do descumprimento das determinações do empregador.

(510) De acordo com o art. 12, V, *h*, da Lei n. 8.212/91, trabalhador autônomo é "a pessoa física que exerce, por conta própria, atividade econômica de natureza urbana, com fins lucrativos ou não". Autônomo é o trabalhador governado, na prestação de serviços a outrem, por suas próprias regras e que assume os riscos de sua atividade. Lembre-se que, de acordo com o art. 2º da CLT, ao empregador cabem os riscos do seu empreendimento. Destarte, a verificação daquele que suporta os riscos da atividade tem influência na definição da natura jurídica da relação estabelecida entre prestador e tomador dos serviços.

(511) Trabalhador avulso é o arregimentado por sindicato ou órgão gestor de mão de obra para a prestação de serviços a um ou mais tomadores de serviços. Ao trabalhador avulso foram estendidos todos os direitos decorrentes da relação de emprego (art. 7º, XXXIV, da Constituição).

(512) Segundo o art. 1º da Lei n. 4.886/65, "exerce a representação comercial a pessoa jurídica ou a pessoa física, sem relação de emprego, que desempenha, em caráter não eventual por conta de uma ou mais pessoas, a mediação para a realização de negócios mercantis, agenciando propostas ou pedidos, para transmiti-los aos representados, praticando ou não atos relacionados com a execução dos negócios". Note que o fato de o art. 39 da citada lei estabelecer que a justiça comum é competente para o julgamento das controvérsias entre representante e representado não impede reconhecer que o julgamento de tais controvérsias cabe à Justiça do Trabalho. É que o art. 39 da Lei n. 4.886/65 não foi recepcionado pela Constituição de 1988, que atribui à Justiça do Trabalho competência para julgar os dissídios decorrentes da relação de trabalho e a representação comercial, quando se trata de representante pessoa física, nada mais é do que uma relação de trabalho. O art. 114, IX, da Constituição, que mais adiante será examinado, não afeta esta conclusão, vez que apenas autoriza o legislador ordinário a acrescentar à competência da Justiça do Trabalho o julgamento de demandas que não possam ser incluídas naqueles previstas nos seus incisos I a VIII.

prova, ao passo que o direito processual do trabalho estabelece várias situações de vantagem em favor do trabalhador (prestador de serviços), como se dá, por exemplo, com as medidas voltadas a favorecer a satisfação do seu crédito (execução de ofício das decisões judiciais e asseguramento de prévia garantia do juízo para efeito de interposição de recurso, nos dissídios individuais);

d) o objeto da relação de consumo é o produto do trabalho, enquanto o objeto da relação de trabalho é a força de trabalho em si mesma;

e) na relação de consumo, o prestador de serviços coloca os seus serviços à disposição do *mercado de consumo* (art. 3º, § 2º, do Código de Defesa do Consumidor) e não de pessoa determinada ou pessoas determinadas perfeitamente identificadas, como ocorre, em regra na relação de trabalho.[513]

Acrescente-se que os prestadores de serviços, notadamente os profissionais liberais, em regra exercem as suas atividades em seu próprio consultório ou escritório, com o concurso de auxiliares e cobrando honorários que incluem não só o valor relativo à sua remuneração, como à dos seus auxiliares e também o custeio dos materiais utilizados na prestação de serviços, cabendo a eles, ainda, os riscos da prestação de serviços, o que os difere do empregado, que é aquele que presta serviços sem uma estrutura organizacional a auxiliá-lo e sem assumir os riscos da prestação de serviços (art. 2º da CLT). E este último trabalhador que o legislador teve em vista quando instituiu a Justiça do Trabalho.

Existe, ainda, uma segunda restrição à interpretação do art. 114, I, da Constituição, que diz respeito à Administração Pública, na medida em que a Justiça do Trabalho não tem competência para julgar demandas propostas contra a Administração Pública por servidor público estatutário e por servidores públicos nomeados para cargo em comissão declarados em lei de livre nomeação e exoneração (salvo quando estes servidores tenham sido nomeados pelo regime celetista). Dito de outra forma, em relação às demandas propostas contra a Administração Pública, a Justiça do Trabalho somente tem competência para as que envolvem:

a) servidores públicos celetistas,

b) empregados públicos;

c) servidores nomeados para cargo em comissão pelo regime celetista;

d) servidores públicos temporários (quanto a estes servidores, no entanto, prevalece o entendimento de que o julgamento das demandas por eles propostas contra a Administração Pública não é da competência da Justiça do Trabalho, solução à qual não aderimos, pelos motivos que mais adiante serão apontados).

A Administração Pública também mantém relações que envolvem o trabalho humano, que lhe é prestado pelos *agentes públicos*.

Consoante os arts. 1º e 2º da Lei n. 8.429/1992, é reputado *agente público* todo aquele que exerce, ainda que transitoriamente ou sem remuneração, por eleição, nomeação, designação, contratação ou qualquer outra forma de investidura ou vínculo, mandato, cargo, emprego ou função na administração direta, indireta ou fundacional de qualquer dos Poderes da União, dos Estados, do Distrito Federal, dos Municípios, de Território, de empresa incorporada ao patrimônio público ou de entidade para cuja criação ou custeio o erário haja concorrido ou concorra com mais de cinquenta por cento do patrimônio ou da receita anual. Agentes

(513) José Affonso Dallegrave Neto observa que "é de consumo a relação entre o paciente e o hospital ou mesmo entre o paciente e o médico (profissional liberal) (...). Ambas as relações jurídicas envolvem prestação de serviços, contudo uma é relação de trabalho típica, cujo litígio será julgado pela Justiça do Trabalho, e a outra é relação de consumo, cuja competência jurisdicional é a Justiça Comum. Na primeira, vigora o princípio da proteção ao trabalhador que presta o seu serviço para viabilizar, incrementar ou agregar valor ao produto final que será, posteriormente, oferecido ao consumidor (usuário). Na relação de consumo, o princípio é a tutela do consumidor que paga o preço de mercado para usufruir o serviço (ou do bem) na qualidade de destinatário final" (A nova competência trabalhista para julgar ações oriundas da relação de trabalho. *Revista do TST*, v. 71, n. 1, p. 240-252, jan. /abr. 2005).

públicos, como registra Marcello Caetano, são "os indivíduos que por qualquer título exercem atividade ao serviço das pessoas coletivas de direito público, sob a direção dos respectivos órgãos".(514)

Integram a categoria dos agentes públicos:

1) *agentes políticos*: chefes do executivo, ministros e secretários estaduais e municipais e membros do Poder Legislativo federal, estadual e municipal. Trata-se de pessoas investidas de função política;

2) *agentes particulares colaboradores*: jurados e convocados para a prestação de serviços durante as eleições, por exemplo;

3) *servidores públicos*: pessoas que exercem, em caráter permanente, função pública, integrando o quadro funcional da administração pública direta, das autarquias e das fundações públicas;

4) *empregados públicos*: empregados de sociedade de economia mista e empresa pública.

O questionamento relativo à competência da Justiça do Trabalho envolve as demandas propostas por *servidores públicos*, ou seja:

a) *servidores públicos estatutários* ou *funcionários públicos*: pessoas cuja relação com a administração pública direta, autarquias e fundações é regida por normas específicas, denominadas *estatutos* (conjunto de normas que regulam a relação jurídica funcional entre a administração pública e o servidor). Daí se falar em *relação estatutária*. Esta relação não é contratual, posto que não é estabelecida por força de contrato celebrado entre administração e servidor;

b) *servidores públicos celetistas*: pessoas que mantêm relação de emprego com a Administração Pública direta, autárquica e fundacional;

c) *servidores públicos nomeados para cargo em comissão* declarados em lei de livre nomeação e exoneração (art. 37, II, da Constituição da República);

d) *servidores públicos temporários*: pessoas contratadas por tempo determinado, para atender necessidade temporária de excepcional interesse público, nos termos do art. 37, IX, da Constituição, sendo a relação entre o servidor e a administração disciplinada por lei específica — daí se falar em sua submissão a um *regime administrativo-especial*.

Dispõe o art. 114, I, da Constituição Federal que à Justiça do Trabalho compete processar e julgar ações oriundas da relação de trabalho, *abrangidos* os entes da administração pública direta da União, dos Estados, do Distrito Federal e dos Municípios.

Do art. 114, I, da Constituição resulta, portanto, que:

a) os dissídios envolvendo servidor público celetista e a Administração Pública, ou seja, que decorrem de *uma relação de emprego*, serão julgados pela Justiça do Trabalho, visto que o fato de uma das partes desta relação ser um ente da Administração Pública não afasta a competência da Justiça do Trabalho. Note-se, neste sentido, que o art. 109, I, da Constituição atribui à Justiça Federal competência para processar e julgar as causas em que a União, entidade autárquica ou empresa pública federal forem interessadas na condição de autoras ou ré, *excetuando, dentre outras, as sujeitas à Justiça do Trabalho*, o que reforça a conclusão de que, se a relação entre a Administração Pública e o trabalhador é de emprego, a competência para julgar os dissídios dela decorrentes é da Justiça do Trabalho;

b) como entre o servidor público estatutário e a Administração Pública é estabelecida uma *relação estatutária* e não uma *relação de trabalho*, não tem a Justiça do Trabalho competência para julgar demanda proposta por servidor público estatutário contra a Administração Pública;

(514) *Manual de direito administrativo*, v. II, p. 641. Marcello Caetano afirma que "as pessoas coletivas de direito público exprimem a sua vontade através de órgãos. Mas estes carecem de ser auxiliados por indivíduos na formação da vontade ou lhes deem execução depois de manifestada, desempenhando as tarefas em que se traduz a atividade dos serviços administrativos: são os agentes" (*Op. cit.*, p. 641).

c) a Justiça do Trabalho não tem competência para julgar ação proposta por servidor público nomeado para cargo em comissão declarado em lei de livre nomeação e exoneração, vez que o vínculo por ele estabelecido com a Administração Pública é administrativo, *ressalvada, porém, a hipótese de o servidor ter sido contratado pelo regime celetista por opção da Administração Pública.*

No entanto, quanto à ação proposta por servidor público nomeado para cargo em comissão declarado em lei de livre nomeação e exoneração sem ser pelo regime celetista, cabe uma ressalva.

É que, sendo questionada a validade da nomeação para cargo em comissão e afirmada a existência de relação de emprego (quando não tenha ocorrido contratação pelo regime celetista), a competência será da Justiça do Trabalho, à qual caberá, nos termos do art. 114, I, da Constituição Federal, resolver sobre a validade da contratação. Sendo a contratação considerada válida, o processo deverá ser extinto sem provimento de mérito, em face da incompetência absoluta da Justiça do Trabalho. Considerando-se inválida a contratação e diante da ausência de concurso público, alternativa não resta senão considerar ter sido firmado contrato de trabalho nos moldes da CLT, dando-se prosseguimento ao julgamento, para exame dos pedidos do trabalhador.

Neste sentido, decidiu o STJ que: "A criação de cargos em comissão, sem o devido respaldo legal, de forma dissimulada e não condizente com a prática administrativa, é, na verdade, uma tentativa de se sobrepor à exigência constitucional de prévia realização de concurso público. O cargo comissionado exercido pelo reclamante não possui qualquer fundamentação legal, implicando nulidade do contrato em questão, desde o princípio. A contratação irregular, em desatenção aos preceitos constitucionais sobre a matéria, atrai a competência da Justiça laboral para conhecer das causas daí decorrentes, tendo em vista a inexistência de relação estatutária".[(515)]

Resta, assim, examinar a situação dos *servidores públicos temporários*, ou seja, das pessoas contratadas por tempo determinado, para atender a necessidade temporária de excepcional interesse público, nos termos do art. 37, IX, da Constituição.

Em relação a estes servidores cumpre, primeiro, definir o alcance da decisão proferida pelo Supremo Tribunal Federal nos autos da Ação Direta de Inconstitucionalidade n. 3.395-6/DF.[(516)]

A Associação dos Juízes Federais do Brasil ajuizou Ação Direta de Inconstitucionalidade, com pedido de liminar, requerendo a declaração "de inconstitucionalidade formal do inciso I do art. 114 da CF/88, inserido pela EC n. 45/2004", ou, sucessivamente, a declaração de inconstitucionalidade do inciso I do art. 114 da CF/88, "para que lhe seja dada interpretação conforme, sem redução de texto, reconhecendo-se a inconstitucionalidade da interpretação que inclua na competência da Justiça do Trabalho a relação da União, Estados, Distrito Federal e Municípios com os seus servidores ocupantes de cargos criados por lei, de provimento efetivo ou em comissão, incluídas as autarquias e fundações públicas dos entes da Federação".

Observe-se, de início, que o pedido da Associação autora da Ação Direta de Inconstitucionalidade tem em vista apenas as ações propostas por servidores ocupantes de cargos criados por lei, de provimento efetivo ou em comissão, contra o Poder Público, isto é, *não foi submetida ao Supremo Tribunal Federal*, na mencionada ação, a questão relativa *aos servidores contratados por prazo determinado para atender à necessidade temporária de excepcional interesse público.*

O Min. Nelson Jobim concedeu a liminar pleiteada pela Associação autora da Ação Direta de Inconstitucionalidade, para suspender toda e qualquer interpretação dada ao inciso I do art. 114 da Constituição Federal de 1988, na redação a ele conferida pela EC n. 45/2004, que inclua na competência da Justiça do Trabalho a apreciação de causas "instauradas entre o Poder Público e seus servidores, a ele vinculados por típica *relação de ordem estatutária* ou *de caráter jurídico-administrativo*".

---

(515) STJ, CC n. 91.483/PB, Rel. Min. Napoleão Nunes Maia.

(516) São nossos os destaques constantes das transcrições que seguem.

A esta liminar tem sido conferida interpretação extensiva, para afirmar que foi vedada a interpretação do inciso I do art. 114 da Constituição Federal de 1988 que inclua na competência da Justiça do Trabalho a apreciação de causas instauradas entre o Poder Público e seus *servidores temporários, contratados para atender a necessidade temporária de excepcional interesse público.*

Este ponto de vista, além de ter implícita a premissa de que o Ministro Nelson Jobim atropelou o devido processo legal e desconsiderou os termos do pedido submetido ao Poder Judiciário, não leva em conta que a liminar deferida foi substituída por decisão final do Pleno do Supremo Tribunal (STF, Pleno, MCADI n. 3.395-6/DF, Rel. Min. César Peluso, DJU 10.11.2006).

Ao julgar o pedido de liminar, o Pleno do Supremo Tribunal Federal decidiu que:

> "INCONSTITUCIONALIDADE. Ação direta. Competência. Justiça do Trabalho. Incompetência reconhecida. Causas entre o Poder Público e seus servidores estatutários. Ações que não se reputam oriundas de relação de trabalho. Critério estrito desta relação. Feitos da competência da Justiça Comum. Interpretação do art. 114, inc. I, da CF, introduzido pela EC n. 45/2004. Precedentes. Liminar deferida para excluir outra interpretação. O disposto no art. 114, I, da Constituição da República, não abrange as causas instauradas entre o Poder Público e o servidor que lhe seja vinculado por *relação jurídico-estatutária."*

O confronto entre a liminar deferida pelo Min. Nelson Jobim e a decisão final do Pleno do Supremo Tribunal Federal deixa clara uma relevante diferença: a expressão *relação de ordem estatutária ou de caráter jurídico-administrativo* (decisão liminar) foi substituída pela expressão *relação jurídico-estatutária* (decisão final).

A interpretação extensiva conferida à liminar deferida pelo Min. Nelson Jobim perdeu, com isto, o seu fundamento, posto que aquela decisão foi substituída pela decisão definitiva, que foi enfática quanto ao seu alcance: *estava proibida a interpretação que incluísse na competência da Justiça do Trabalho as causas instauradas entre o Poder Público e o servidor que lhe seja vinculado por relação jurídico-estatutária.*

Contudo, é necessário ir um pouco mais adiante, vez que os debates que precederam à decisão final do Pleno do Supremo Tribunal Federal são muito esclarecedores.

Ao exarar o seu voto, o Ministro Carlos Britto registrou a sua preocupação quanto ao "alcance material da liminar agora submetida ao nosso referendo, porque o Ministro Nelson Jobim exclui, dando interpretação conforme ao art. 114, I, da Competência da Justiça do Trabalho, toda causa instaurada entre o Poder Público e os seus servidores por típica relação de ordem estatutária ou de caráter jurídico administrativo", indagando se o "ou" utilizado pelo Min. Nelson Jobim "é uma conjunção disjuntiva? Significa uma coisa ou outra?". Em resposta, afirmou o Min. Relator (Cezar Peluso):

> "Dou elemento histórico para ajudá-lo a compreender. Essa expressão foi tirada do voto do eminente Ministro Celso de Mello, intérprete autêntico. A impressão que tive é que, no voto da ADI n. 492, *Vossa Excelência quis dizer relação jurídico-administrativa como sinônimo de relação estatutária."*
>
> Interferiu novamente o Ministro Carlos Britto:
>
> "Exatamente."
>
> Nova intervenção do Ministro Carlos Britto:
>
> *"Porque se for assim, aquelas relações de trabalho instauradas entre o poder público e os servidores temporários..."*
>
> Ao que respondeu, de forma incisiva, o Min. Relator (Cezar Peluso):
>
> *"Fora de dúvida que é da Justiça do Trabalho."*
>
> Nova manifestação do Min. Carlos Britto:

"Agora, porque embora ela se instaure por efeito de um contrato administrativo, não tem caráter estatutário, porque, se o tivesse, também não teria traço de contratualidade.

Se todo cargo provido estatutariamente é de caráter jurídico-administrativo, nem toda relação de trabalho de caráter jurídico-administrativo é estatutária. Então, *quero deixar bem claro que, de forma à parte as investiduras em cargo efetivo ou em cargo em comissão, tudo o mais cai sob a competência da Justiça do Trabalho.*"

Posteriormente, voltou a manifestar-se o Min. Carlos Britto, afirmando:

"Nesta nossa decisão, agora tomada, penso que está claro que *somente se exclui da Justiça do Trabalho a relação propriamente estatutária,* a compreender, exclusivamente, a investidura em comissão e efetivo."

Em suma, a decisão proferida pelo Supremo Tribunal Federal somente diz respeito às causas instauradas entre o Poder Público e o servidor que lhe seja vinculado por relação jurídico-estatutária, *não alcançando as ações ajuizadas por servidores contratados por prazo determinado para atender à necessidade temporária de excepcional interesse público contra o Poder Público.*

Foi por esta razão, inclusive, que o Min. Carlos Britto indeferiu liminar requerida nos autos da Reclamação n. 5.839, fazendo-o nos seguintes termos:

"1. (...) Cuida-se de reclamação, proposta pelo Município de São Félix do Araguaia, contra ato do Juiz do Trabalho daquela localidade, nos autos da Ação Civil Pública n. 491/2007.

2. Sustenta o requerente que o Ministério Público do Trabalho, o Ministério Público mato-grossense e a Defensoria Pública do Estado ajuizaram ação civil pública contra o Município de São Félix do Araguaia e o seu prefeito. Ação que se lastreia na constatação de que o gestor municipal vem, reiteradamente, utilizando-se de contratações temporárias para burlar a existência de concurso público para provimento dos cargos e empregos públicos (...).

6. No caso, não tenho como presentes, de plano, os requisitos necessários à concessão da medida liminar. Assim me posiciono porque, em 27.2.2005, o Min. Nelson Jobim deferiu, *ad referendum*, a medida cautelar na ADI n. 3.395. E o fez para suspender toda e qualquer interpretação do inciso I do art. 114 (na redação da EC n. 45/2004) que insira, na competência da Justiça do Trabalho, a apreciação de causas instauradas entre o Poder Público e seus servidores, a ele vinculados por típica relação de ordem estatutária ou de caráter jurídico-administrativo.

7. Já em 5.4.2006, o Plenário desta Corte Suprema referendou o provimento acautelatório. Na oportunidade, assentou o entendimento de que à Justiça Comum compete processar e julgar as causas instauradas entre a Fazenda Pública e seus servidores estatutários (agentes públicos investidos em cargos efetivos ou em comissão) (...).

8. Pois bem. Sob este visual das coisas, quer-me parecer que o processamento da Ação Civil Pública n. 491/07 na Justiça do Trabalho não contraria o decidido na ADI n. 3.395-MC. Assim me posiciono porque *não se me afigura deter caráter estatutário a relação jurídica mantida entre servidores temporários e o Poder Público*. Tanto assim, que o próprio reclamante, em sua petição de ingresso, fez questão de asseverar que a causa tem como tema de fundo a legalidade e possibilidade de a Administração valer-se, para a contratação de servidores, do regime especial temporário." (o destaque é nosso)

Mais uma vez, portanto, o Supremo Tribunal Federal reconheceu a competência da Justiça do Trabalho para processar e julgar demandas entre a Administração Pública e servidores públicos temporários contratado nos moldes do art. 37, IX, da Constituição.

Não poderia ser diferente, vez que os servidores públicos temporários se vinculam à Administração Pública em *regime administrativo-especial* por meio de *contrato administrativo*, que tem por objeto a prestação pessoal e remunerada de serviços, isto é, com ela estabelecem uma *típica relação de trabalho*. Como entre os servidores públicos temporários e a Administração Pública é estabelecida uma relação de trabalho, não há, por força do art. 114, I, da Constituição, como negar à Justiça do Trabalho a competência para julgar os dissídios que dela decorram.

O próprio Supremo Tribunal Federal decidiu, em sessão plenária, por unanimidade, que:

> "Conflito de competência. Reclamação trabalhista contra Município. Procedência dos pedidos na 1ª e 2ª instâncias. Recurso de Revista provido para declarar a incompetência da Justiça do Trabalho, sob fundamento no sentido de que, na hipótese, o contrato é de natureza eminentemente administrativa. Lei Municipal n. 2378/89. Regime administrativo-especial. *Contrato por tempo determinado para atender a necessidade temporária de excepcional interesse público. Típica demanda trabalhista contra pessoa jurídica de direito público. Competência da Justiça do Trabalho.* Art. 114 da Constituição Federal. Precedentes. Conflito de competência procedente." (STF, CC 7.128-1, Rel. Min. Gilmar Mendes, DJU 1º.4.2005) (o destaque é nosso)

Ocorre, porém, que tem prevalecido jurisprudência outra solução, qual seja:

> "1. A contratação temporária de trabalho, nos termos do art. 37, IX, da CF, tem natureza nitidamente administrativa, excluindo-se a competência da Justiça do Trabalho para a apreciação dos feitos relativos a esse vínculo. 2. A Emenda Constitucional n. 19/98, que permitia a pluralidade de regimes jurídicos pela Administração, foi suspensa, nesse ponto, pelo Supremo Tribunal Federal, impossibilitando a contratação de servidor público pelo regime trabalhista (ADI n. 2.135-MC/DF). 3. O Supremo Tribunal Federal adotou entendimento de que a mera prorrogação do prazo de contratação do servidor temporário não é capaz de transmutar o vínculo administrativo que este mantinha com o Estado em relação de natureza trabalhista." (RE 573.202/AM, Rel. Min. Ricardo Lewandowiski)[517]

Ainda que se admita, para argumentar, que a hipótese não se insere na competência da Justiça do Trabalho, não se pode olvidar que, se for alegada, perante a Justiça do Trabalho, a irregularidade da contratação, a ela caberá decidir sobre ela.

Neste sentido, o STJ já decidiu que:

> "O Superior Tribunal de Justiça firmou entendimento no sentido de que as demandas que envolvam servidor público contratado irregularmente devem ser processadas e julgadas pela Justiça do Trabalho. Hipótese em que, pela extensão duração do vínculo, infere-se que a contratação do demandante foi irregular, uma vez que não foi realizada com vistas ao atendimento de necessidade temporária de excepcional interesse público, nos termos do art. 37, IX, da Constituição Federal."[518]

Mas, quais são os direitos dos servidores públicos temporários?

No caso de contratação regular temporária, os direitos e deveres das partes contratantes serão aqueles previstos na norma que a disciplina. De outro lado, constatada a utilização desta modalidade de contratação como forma de o Poder Público driblar a exigência de concurso público, impõe-se seja assegurado ao servidor temporário o patamar mínimo de direitos estabelecido no art. 7º da Constituição como indispensáveis à promoção e proteção da dignidade humana dos trabalhadores, mas com uma limitação.

Com efeito, embora não seja lícito ao Poder Público tirar proveito de sua própria torpeza, ao trabalhador também não pode ser negada responsabilidade pela irregularidade da qual participou. Assim, além de ser declarada a nulidade da contratação nesta segunda hipótese, os ônus desta declaração devem ser divididos entre as partes, sendo reconhecido ao trabalhador o direito ao recebimento da metade dos créditos que correspondem aos direitos que compõem aquele patamar mínimo. A hipótese não é de transmutação do regime administrativo-especial em vínculo de emprego, mas de estabelecimento dos direitos do trabalhador em razão da irregularidade na contratação temporária.[519]

(517) STJ, AgRG no REsp n. 1.356.972/MG, Rel. Arnaldo Esteves Lima.

(518) STJ, AgRg no CC n. 86.575/MG, Rel. Min. Arnaldo Esteves Lima.

(519) Registre-se que, em postura restritiva, a Súmula n. 363 do TST limita os direitos do trabalhador, no caso de nulidade da

13.2. Ações que envolvem o exercício do direito de greve.

Seguindo adiante na análise do art. 114 da Constituição, dele resulta que compete à Justiça do Trabalho processar e julgar as *ações que envolvam o exercício do direito de greve* (art. 114, II).[520]

Desse modo, à Justiça do Trabalho compete:

a) decidir sobre a legalidade ou abusividade da greve;[521]

b) julgar ações em que se pretenda a determinação de medidas para evitar danos físicos ou patrimoniais aos empregadores e/ou empregados em razão do exercício do direito de greve;

c) julgar *habeas corpus* quando o empregado ou o empregador sofrer ou se achar ameaçado de sofrer violência ou coação em sua liberdade de locomoção em razão do exercício do direito de greve;

d) julgar as ações possessórias decorrentes do exercício do direito de greve.[522]

De acordo com o art. 15 da Lei n. 7.783/89, a responsabilidade pelos atos praticados no curso da greve será apurada, conforme o caso, segundo a legislação trabalhista, civil ou penal.

Se um ato ilícito praticado no curso da greve causa danos ao empregador ou a um ou alguns trabalhadores, a ação visando à sua reparação compete à Justiça do Trabalho, por se tratar de dissídio que envolve o exercício do direito de greve.

Já afirmamos que as ações de terceiros atingidos por eventuais ilícitos cometidos no curso da greve deveriam ser julgadas pela Justiça Comum, vez que, nesse caso, não se teria um litígio conexo à relação de emprego, em que pese o fato de as ações estarem relacionadas ao exercício do direito de greve. No entanto, o STJ decidiu que "a partir da publicação da Emenda Constitucional n. 45/04, a Justiça do Trabalho passou a ser competente para julgar todas as ações fundadas no exercício do direito de greve, inclusive aquelas que tenham por objetivo coibir atos antissindicais e reparar danos sofridos por terceiros afetados por movimentos análogos à greve, conforme exegese da Súmula Vinculante n. 23/STF"[523], o que nos levou a refletir de forma mais detida sobre o tema e a comungar do entendimento adotado pelo STJ, em especial porque o inciso II do art. 114 da Constituição Federal alude às ações que *envolvam o exercício do direito de greve*, o que implica dizer que, tendo a demanda como fundamento o exercício do direito de greve, o seu julgamento compete à Justiça do Trabalho.

Lélio Bentes Correa assevera que se inserem entre as ações que envolvem o exercício do direito de greve "não apenas os Dissídios Coletivos 'de greve' — cuja instauração fica condicionada à manifestação de vontade de ambas as partes em conflito ou à iniciativa do Ministério Público do Trabalho, em casos de greve em atividade essencial, com possibilidade de lesão ao interesse público —, mas outras ações individuais e coletivas relacionadas com o fenômeno paredista. Acresce, portanto, à competência já reconhecida

contratação, à contraprestação pactuada, em relação ao número de horas trabalhadas, respeitado o valor da hora do salário mínimo, aos valores referentes aos depósitos do FGTS.

(520) A greve constitui direito dos trabalhadores e consiste na paralisação coletiva da prestação de serviços. A greve implica direitos e deveres para trabalhadores, empregadores e respectivas entidades sindicais (art. 9º da Constituição e Lei n. 7.783/89).

(521) "A Justiça do Trabalho é competente para declarar a abusividade, ou não, da greve" (Súmula n. 189 do TST).

(522) Segundo o art. 932 do CPC de 1973: "O possuidor direto ou indireto, que tenha justo receio de ser molestado na posse, poderá impetrar ao juiz que o segure da turbação ou esbulho iminente, mediante mandado proibitório, em que se comine ao réu determinada pena pecuniária, caso transgrida o preceito". O art. 567 do CPC de 2015 assegura o mesmo direito, porém, em linguagem mais técnica, dispondo que "o possuidor direto ou indireto que tenha justo receio de ser molestado na posse poderá requerer ao juiz que o segure da turbação ou esbulho iminente, mediante mandado proibitório que se comine ao réu determinada pena pecuniária caso transgrida o preceito". Por meio da Súmula Vinculante n. 23, o STF firmou entendimento de que: "A Justiça do Trabalho é competente para processar e julgar ação possessória ajuizada em decorrência do exercício do direito de greve pelos trabalhadores da iniciativa privada". É relevante mencionar que o interdito proibitório não pode ser utilizado como meio para impedir manifestações e atos de persuasão dos grevistas, vez que a lei a eles assegura, dentre outros direitos, o emprego de meios pacíficos tendentes a persuadir ou aliciar os trabalhadores a aderirem à greve (art. 6º da Lei n. 7.783/90).

(523) STJ, REsp. 207.555-MG, Rel. Min. Ricardo Villas Bôas Cueva.

à Justiça do Trabalho para processar e julgar as ações individuais e coletivas tendentes a proteger direitos difusos, coletivos ou individuais homogêneos que possam restar lesionados ou submetidos ao risco de lesão no transcurso da greve, a competência para outras ações, inclusive de caráter cautelar e inibitório da conduta ilegal de quaisquer das partes em conflito. Dentre estas, destacam-se as ações possessórias, como o interdito proibitório, tendentes a precatar o empregador do risco iminente de turbação ou esbulho, bem como as medidas cautelares tendentes a coibir a prática de atos antissindicais, tais como a substituição não autorizada dos empregados em greve e o emprego de força ou outro meio de coação com o propósito de fazê-los retornar ao trabalho".[524]

A competência para julgar dissídios individuais envolvendo o exercício do direito de greve é das Varas do Trabalho, por se tratar de dissídio de natureza individual conexo à relação de emprego, ressalvado o dissídio de greve e ação declaratória de abusividade de greve, cujo julgamento cabe aos tribunais do trabalho, como decorre do art. 8º da Lei n. 7.783/89, segundo o qual "a Justiça do Trabalho, por iniciativa de qualquer das partes ou do Ministério Público, decidirá sobre a procedência, total ou parcial, ou improcedência das reivindicações, cumprindo ao *Tribunal* publicar, de imediato, o competente acórdão" (destacamos). A propósito, tem-se o Precedente Normativo n. 29 do TST: "Compete aos Tribunais do Trabalho decidir sobre o abuso do direito de greve".

O fato de a Constituição fazer alusão ao *exercício do direito de greve* sem referência à natureza da relação havida entre o trabalhador e o tomador de seus serviços, não autoriza afirmar que à Justiça do Trabalho compete julgar os dissídios decorrentes do exercício do direito de greve pelos funcionários públicos estatutários.

É que o inciso II do art. 114 da Constituição não pode ser interpretado de forma isolada, impondo-se a sua interpretação considerado o art. 114 da Constituição em toda a sua extensão. E o que resulta do art. 114, em especial do seu inciso, I, é que a Constituição exclui da competência da Justiça do Trabalho os dissídios decorrentes da relação entre a Administração Pública e os servidores estatutários, o que alcança aqueles relacionados ao exercício, pelos servidores públicos estatutários, do direito de greve. Note-se, inclusive, que o STF, por meio da Súmula Vinculante n. 23, consagrou o entendimento de que à Justiça do Trabalho compete julgar ação possessória ajuizada em decorrência do exercício do direito de greve apenas *quando se trate de trabalhadores da iniciativa privada*, tornando certo que as ações envolvendo o exercício do direito de greve dos servidores públicos estatutários foge ao campo de competência da Justiça do Trabalho.

13.3. Ações sobre representação sindical.

Dispõe o art. 114, III, que compete à Justiça do Trabalho processar e julgar as *ações sobre representação sindical*, entre sindicatos (*lides intersindicais*), entre sindicatos e trabalhadores e entre sindicatos e empregadores (*lides intrassindicais*).[525]

Trata-se, em suma, da competência para processar e julgar as denominadas *lides sindicais*.

A expressão *ações sobre representação sindical*, constante do art. 114, III, da Constituição, não significa que a competência da Justiça do Trabalho foi limitada às ações envolvendo *disputa intersindical de representatividade*. Tanto isso é verdade, que à Justiça do Trabalho foi conferida competência para julgar as ações envolvendo *entidade sindical e trabalhadores*.

Para definir em que consistem os litígios sobre representação sindical cumpre recorrer ao art. 8º da Constituição e, ainda, à CLT, na parte em que esta trata da organização sindical (arts. 511 a 610).

(524) A reforma constitucional e a Justiça do Trabalho: perspectiva e desafios na concretização do ideal legislativo. In: COUTINHO, Grijalbo Fernandes; FAVA, Marcos Neves (coords.). *Justiça do Trabalho:* competência ampliada, p. 304.

(525) A entidade sindical adquire personalidade jurídica com o registro de seus atos constitutivos em Cartório de Registro de Título e Documentos e Registro Civil de Pessoas Jurídicas. O registro junto ao Ministério do Trabalho e Emprego (art. 8º, I, da Constituição Federal) serve apenas para o controle da unicidade sindical.

As lides sindicais são, neste contexto, as que envolvem a livre associação profissional e sindical,(526) a liberdade de filiar-se ou de manter-se filiado a sindicato, o reconhecimento e a investidura sindical, a administração dos sindicatos, as eleições sindicais,(527) os direitos dos exercentes de atividades ou profissões e dos sindicalizados, a gestão financeira do sindicato e sua fiscalização, o enquadramento sindical, as contribuições sindicais e as infrações às normas que tratam da organização sindical e penalidades respectivas.

Para João Oreste Dalazen, "exemplos emblemáticos de dissídios intersindicais não coletivos são os seguintes: a) os de representatividade; b) os declaratórios de vínculo jurídico-sindical entre sindicato e federação; c) os cautelares, como o que objetiva sustar os efeitos de convenção coletiva do trabalho", aos dissídios intrassindicais ou internos ("os dissídios individuais em que se digladiam um sindicato atuando na tutela de direito pessoal da entidade, e um associado, ou membro da categoria profissional, ou da categoria econômica (...) os casos mais comuns de disputas intersindicais envolventes do sindicato são os seguintes: a) por direitos trabalhistas de dirigente sindical licenciado; b) para anulação de eleição sindical ou de assembleia geral sindical; c) para cobrança de contribuições sindicais") e aos dissídios sobre contribuições.(528)

Manoel Antônio Teixeira Filho aduz que "são da competência da Justiça do Trabalho, dentre outras ações, as que têm por objeto: a) a representação da categoria; b) o recebimento de contribuições sindicais em geral; c) as disputas internas, entre dirigentes sindicais".(529)

O julgamento das lides sindicais cabe às Varas do Trabalho, por se tratar de dissídio individual, devendo a ação ser proposta no foro do lugar onde a entidade sindical demandada tem sede, salvo a hipótese de ação ajuizada pelo ou contra o trabalhador, situação em que a demanda deve ser ajuizada no seu domicílio.

Vale registrar que o STJ decidiu que "o pedido relativo à reparação de danos sofridos pelos autores em razão de omissão do sindicato na proteção de seus direitos deve ser apreciado pela justiça comum".(530) A hipótese, contudo, é de típico litígio entre trabalhador e entidade sindical, relacionado com a defesa, pelo sindicato, dos interesses dos membros da categoria que representa, ou seja, com a *representação sindical em juízo*, o que atrai a competência da Justiça do Trabalho.

O STJ também já decidiu que: "1. Com a promulgação da EC n. 45/2004, ampliou-se a competência da Justiça do Trabalho, em cujas atribuições jurisdicionais inclui-se o poder para processar e julgar a controvérsia pertinente à representação interna de entidades sindicais (sindicatos, federações e confederações). Em decorrência dessa reforma constitucional, cessou a competência da Justiça comum de Estado-membro para processar e julgar as causas referentes aos litígios envolvendo dirigente sindical e a própria entidade

---

(526) Estão incluídas aqui as ações relativas ao exercício das prerrogativas dos sindicatos (art. 513 da CLT) e ao cumprimento de seus deveres (art. 514 da CLT).

(527) A propósito, já foi decidido que, "após a Emenda Constitucional n. 45/04, a Justiça do Trabalho passou a deter competência para processar e julgar não só as ações sobre representação sindical (externa — relativa à legitimidade sindical, e interna — relacionada à escolha dos dirigentes sindicais), como também os feitos intersindicais e os processos que envolvam sindicatos e empregadores ou sindicatos e trabalhadores" (STJ, CC 48.891/PR, Rel. Min. Castro Meira, DJU 1º.8.2005).

(528) A reforma do Judiciário e os novos marcos da competência material da Justiça do Trabalho no Brasil. *Revista do Tribunal Superior do Trabalho*, v. 71, n. 1, p. 57-60, jan./abr. 2005.

(529) *Breves comentários à reforma do poder judiciário*, p. 180. Manoel Antônio Teixeira Filho afirma, ainda, que "quanto à cobrança de contribuições sindicais, em particular, serão realizadas sob a forma de execução de título extrajudicial, consistente em certidões expedidas pelas autoridades do Ministério do Trabalho, concedendo-se à entidade sindical as prerrogativas (...) da Fazenda Pública, excluído o foro especial" (*Breves comentários à reforma do poder judiciário*, p. 180). Contudo, a autonomia sindical, que é assegurada pela Constituição Federal, impede a participação do Ministério do Trabalho na cobrança de contribuição sindical, tendo sido revogado pela Constituição, portanto, o art. 606 da CLT, na parte em que alude à expedição de certidão de crédito expedida pelo Ministério do Trabalho. Visando à satisfação de seu crédito, a entidade sindical deverá ajuizar ação de cobrança e não ação de execução (afastada a exigibilidade de emissão da certidão, desaparece o título executivo de que poderia se valer a entidade sindical, restando-lhe, com isto, pleitear a satisfação de seu crédito mediante ação de cobrança). A cobrança judicial das contribuições pressupõe o atendimento da condição estabelecida pelo art. 605 da CLT. Registre-se que "o descumprimento a destempo da contribuição sindical rural não acarreta a aplicação da multa progressiva prevista no art. 600 da CLT, em decorrência da sua revogação tácita pela Lei n. 8.022, de 12 de abril de 1990" (Súmula n. 432 do TST).

(530) STJ, CC 47.577-RJ, Rel. Min. Fernando Gonçalves.

que ele representa em matérias referentes a questões estatutárias. Precedentes do STF e STJ. 2. As regras de competência previstas no art. 114 da CF/1988 produzem efeitos imediatos, atingindo, inclusive, as demandas em curso. Assim, a competência da Justiça comum remanesce apenas nos casos em que haja sentença de mérito exarada em data anterior à EC n. 45/2004".[531]

13.4. Mandado de segurança, *habeas corpus* e *habeas data*.

Compete à Justiça do Trabalho, nos termos do art. 114, IV, da Constituição, processar e julgar mandado de segurança, *habeas corpus* e *habeas data*, quando o ato questionado envolver matéria de sua competência.

O mandado de segurança, o *habeas corpus* e o *habeas data* compõem, ao lado do mandado de injunção, da ação popular e da ação civil pública, o rol das denominadas *ações constitucionais* e serão examinados mais adiante, no Capítulo reservado ao estudo das ações especiais.

Cumpre adiantar que a atribuição à Justiça do Trabalho de competência para julgar *habeas corpus* não significa reconhecer-lhe competência para processar e julgar ação penal, posto que:

a) o *habeas corpus* constitui remédio constitucional sem natureza penal;

b) por expressa previsão constitucional (art. 109, VI), compete à Justiça Federal processar e julgar os crimes contra a organização do trabalho, o que sinaliza que a Emenda Constitucional n. 45/2004 não atribuiu competência penal à Justiça do Trabalho;

c) ocorrido um crime, mesmo que ele tenha como elemento do seu tipo legal a relação de trabalho ou que envolva as partes, a ação penal eventualmente proposta não é uma ação *decorrente da relação de trabalho*, mas ação decorrente da autorização ao Estado para, por meio da jurisdição, aplicar as penas cominadas em lei para a hipótese de prática de ilícito penal. Com isto, não há como invocar o disposto no art. 114, I, da Constituição para afirmar que a ação penal é uma ação decorrente da relação de trabalho.

A propósito, o STF concedeu liminar nos autos da Ação Direta de Inconstitucionalidade n. 3684/DF, decidindo que:

"COMPETÊNCIA CRIMINAL. Justiça do Trabalho. Ações penais. Processo e julgamento. Jurisdição penal genérica. Inexistência. Interpretação conforme dada ao art. 114, incs. I, IV e IX, da CF, acrescidos pela EC n. 45/2004. Ação direta de inconstitucionalidade. Liminar deferida com efeito *ex tunc*. O disposto no art. 114, incs. I, IV e IX, da Constituição da República, acrescidos pela Emenda Constitucional n. 45, não atribui à Justiça do Trabalho competência para processar e julgar ações penais."[532]

13.5. Conflitos de competência.

Compete à Justiça do Trabalho processar e julgar os conflitos de competência entre órgãos com jurisdição trabalhista, ressalvado o disposto no art. 102, I, *o*, da Constituição Federal (art. 114, V).[533]

13.6. Ações reparatórias de danos.

Compete à Justiça do Trabalho processar e julgar as *ações reparatórias de dano moral e patrimonial* decorrente da relação de trabalho (art. 114, VI).

A obrigação de reparar o dano causado a outrem também se apresenta no contexto da relação de trabalho, como o demonstra o disposto no art. 462, § 1º, da CLT e decorre da *cláusula geral de obrigação de reparar o dano causado a outrem* estabelecida pela Constituição da República de 1988 (art. 5º, V).

(531) STJ, CC n. 124.534/DF, Rel. Min. Luiz Felipe Salomão.
(532) STF, Pleno, ADI-MC 3.684/DF, Rel. Min. Cezar Peluso, DJU 3.8.2007.
(533) O conflito de competência já foi examinado anteriormente.

A hipótese versada no art. 114, VI, da Constituição não é de ação ajuizada *pelo trabalhador* eventualmente lesado por ato do empregador ou de seus prepostos.

Dessa forma, a competência da Justiça do Trabalho para julgar a ação reparatória abarca as situações em que o seu autor seja os herdeiros do trabalhador eventualmente vítima de acidente de trabalho. A propósito, inclusive, tem-se a Súmula n. 392 do TST, "Nos termos do art. 114, inc. VI, da Constituição da República, a Justiça do Trabalho é competente para processar e julgar ações de indenização por dano moral e material, decorrentes da relação de trabalho, inclusive as oriundas de acidente de trabalho e doenças a ele equiparadas, ainda que propostas pelos dependentes ou sucessores do trabalhador falecido".

A questão relacionada à reparação de danos merece algumas considerações adicionais.

13.6.1. A responsabilidade pela reparação de danos causados a outrem envolve várias questões, relacionadas com os seus *fundamentos*, as suas *fontes*, o *momento* do seu surgimento e os *danos indenizáveis*.

A propósito, pode se falar em:

a) *pluralidade de fundamentos da obrigação de reparar o dano causado a outrem.*

Neste sentido, consoante prevê o art. 186 do Código Civil, aquele que, por ação ou omissão voluntária, negligência ou imprudência, causar dano a outrem, ainda que exclusivamente moral, comete ato ilícito, ao passo que, conforme o art. 927 do mesmo Código, aquele que, por ato ilícito, causar dano a outrem, fica obrigado a repará-lo. Trata-se de hipótese de *responsabilidade subjetiva*, ou seja, em que o reconhecimento da obrigação de reparar o dano pressupõe a culpa do agente.

Situações existem, no entanto, em que a obrigação de reparar o dano causado a outrem não depende da culpa. Neste sentido, o art. 927, parágrafo único, do Código Civil prevê que "haverá obrigação de reparar o dano, independentemente de culpa, nos casos especificados em lei, ou quando a atividade normalmente desenvolvida pelo autor do dano implicar, por sua natureza, risco para os direitos de outrem". Esta é uma situação de *responsabilidade objetiva*, isto é, em que o reconhecimento da obrigação de reparar o dano dispensa a culpa do agente ou a prática de ato ilícito.

b) *pluralidade das fontes da responsabilidade civil.*

A responsabilidade civil pode ser *extracontratual*, que é a resultante do descumprimento do dever geral de não causar dano a outrem, e *contratual*, que é a que decorre do inadimplemento de uma obrigação contratualmente assumida.

c) *pluralidade dos momentos do surgimento da obrigação de reparar o dano.*

A responsabilidade pode se manifestar em vários momentos, o que permite falar em responsabilidade pré-contratual, contratual e pós-contratual.

d) *pluralidade dos danos reparáveis.*

A *lógica patrimonialista* da responsabilidade civil — que apenas admitia a reparação de danos patrimoniais — foi substituída por uma *lógica humanista* — que, progressivamente, reconhece a obrigação de reparar também os danos morais e os danos biológicos, para, atualmente, alcançar outras modalidades de danos à pessoa, dentre os quais os denominados *danos existenciais*.

O reconhecimento dessas novas modalidades de danos reparáveis não implica mercantilização da pessoa, mas constitui decorrência do princípio da reparação integral, que também abrange a definição dos danos reparáveis (todos os danos causados a outrem devem ser reparados).

Em relação à pluralidade dos danos reparáveis, vale anotar que a Constituição faz referência apenas aos danos patrimoniais e morais (art. 114, VI). Com isto, a Constituição fica limitada ao *binômio clássico* correspondente aos danos patrimoniais e danos morais. O mesmo ocorre com a CLT, que, embora somente assegure diretamente a reparação de danos patrimoniais (art. 462, § 1º), reconhece, indiretamente, o direito, do trabalhador e do empregador à incolumidade da honra e da boa fama (arts. 482, *j*, e 483, *e*), tornando certo que estes bens — honra e boa fama — são protegidos pela ordem jurídica, o que implica a possibilidade de reparação dos danos que os atinjam, isto é, dos danos morais.

Contudo, a resposta reparatória para as situações lesivas ocorridas no contexto da relação de trabalho não se limita aos danos materiais e morais.

O Código Civil, que constitui fonte subsidiária do Direito do Trabalho (art. 8º, parágrafo único, da CLT), autoriza, no art. 950, o deferimento de indenização quando da *ofensa* resultar *defeito* pelo qual o ofendido não possa exercer o seu ofício ou profissão, ou se lhe diminua a capacidade de trabalho. Trata-se do denominado *dano estético*, que pode ser *qualificado*, quando o defeito impedir o exercício do ofício ou da profissão, diminuir a sua capacidade de trabalho ou aumentar a penosidade do trabalho por ele executado, ou *simples*, na hipótese de o defeito não apresentar estas consequências (o dano estético simples é desvinculado dos aspectos profissionais do ofendido). Em suma, o dano estético é aquele que atinge a integridade física da vítima e a sua reparação é expressamente determinada pelo Código Civil, que constitui fonte subsidiária do Direito do Trabalho, o que implica que também no contexto da relação de trabalho deve ser indenizado o dano estético, seja ele qualificado ou não.

O dano estético (*dano ao corpo*) é uma espécie de *dano biológico* (dano à integridade psicofísica da pessoa). O dano biológico compreende o *dano à saúde*, entendida esta, em sintonia com a Organização Mundial da Saúde (OMS), como "estado de completo bem-estar físico, mental e social e não somente ausência de afecções e enfermidades", observando-se que o corpo e a saúde são bens em si mesmos e, como tais, passíveis de dano autônomo. Com isto, no contexto da relação de trabalho pode se apresentar o dano à saúde, que também é passível de indenização.

Desse modo, é possível afirmar que são reparáveis, no contexto da relação de emprego, os danos patrimoniais, morais, estéticos e biológicos (dano ao corpo e dano à saúde), que se referem à lesão da pessoa na sua dimensão patrimonial, moral e psicofísica, respectivamente.

No entanto, os danos reparáveis no contexto da relação de emprego não são apenas os patrimoniais, morais e biológicos, não se exaurindo a evolução da doutrina da responsabilidade civil a substituir a bipartição clássica (dano patrimonial e moral) pela sua tripartição (dano patrimonial, moral e biológico).

Paolo Cendon e Patrizia Ziviz chamam a atenção para a "exigência de incrementar as margens de tutela quando é a pessoa que resulta afetada pelo ilícito", o que conduz à necessidade de "alterar a estruturação da resposta reparatória e articular a mesma de maneira mais completa e analítica do que consente o binômio clássico dano patrimonial/dano moral".[534]

A necessidade de uma nova estruturação da resposta reparatória dos danos causados à pessoa resulta da complexidade do ser humano, que é corpo físico, sentimentos, esperanças, ser familiar e social e liberdade.

A *pluralidade das dimensões do ser humano* conduz à pluralidade dos danos que a ele podem ser impostos e, com isto, à *pluralidade dos danos reparáveis*. Aliás, a CLT, embora de forma acanhada, deixa transparecer a preocupação com o trabalhador para além da sua situação contratual, quando prevê, no art. 483, *e*, a possibilidade de rescisão indireta do contrato de trabalho no caso de *dano à pessoa do trabalhador*. A pessoa do trabalhador possui várias dimensões.

É neste contexto que a doutrina e a jurisprudência, nacionais e estrangeiras, aludem a uma nova categoria de dano reparável, qual seja, o *dano existencial*.

A possibilidade de reparação do dano existencial decorre do reconhecimento de serem a *qualidade da existência* e a *liberdade* bens em si mesmos, passíveis de dano e, com isto, de reparação autônoma. Destarte, na definição dos danos reparáveis, à dimensão patrimonial, moral e biológica da pessoa se soma a sua *dimensão existencial*, como exigência da tutela das diversas formas de expressão e manifestação da pessoa humana.

(534) *Il ressarcimento del danno esistenziale*, p. 3-4.

Manuel A. Carneiro da Frada observa que a expressão dano existencial é larga e imprecisa, mas a considera "sugestiva e cheia de valor simbólico. Pois invoca a dimensão individual da vida, aquilo que a torna feliz e conseguida na sua realidade singular, total, pelo menos no plano do que os meios e os fins do Direito, sempre limitados, podem oferecer e garantir (...). Como quer que seja de valorar, o dano existencial manifesta e culmina uma tendência de aplaudir".[535]

Paolo Cendon e Patrizia Ziviz afirmam que o dano existencial corresponde "à soma de todos os impedimentos que à vítima são impostos com respeito à atividade que contribui para a sua própria realização individual" e abarca as situações em que o desenvolvimento da personalidade é "obstaculizado pela necessidade, para a pessoa, de desenvolver atividade limitativa da própria esfera pessoal, que incide de maneira negativa sobre a sua dimensão existencial" e que "o dano existencial é suscetível de manifestar-se — em substância — sob dupla veste: de uma parte, tem-se em consideração a atividade que a vítima desenvolvia e não poderá mais desenvolver, ou à qual poderá dedicar-se — sob o plano quantitativo ou qualitativo — de maneira mais limitada; de outra parte, é levada em conta a ocupação, gravosa sob o plano pessoal, que o ofendido deve assumir contra a sua vontade".[536]

Carlos Fernández Sessarego, distinguindo o dano existencial do dano moral, aduz que o dano moral é um dano específico, "que compromete basicamente a esfera afetiva ou sentimental da pessoa, causando-lhe uma perturbação, uma dor, um sofrimento", mas assinala que "não podemos perder de vista que o ser humano pode experimentar dor ou sofrimento como resultado de outros tipos de lesões a outros aspectos da multifacetária personalidade humana, que não é, precisamente, aquela esfera afetiva ou sentimental (...). Dor e sofrimento são 'consequências' da lesão a determinado aspecto da pessoa. Aos juristas (...) ocorreu chamar 'moral' dor ou sofrimento derivado da lesão a uma particular esfera do ser humano como é a afetiva ou sentimental (...). É possível referir a dano subjetivo, que é o que afeta os seres humanos, e ao dano objetivo, que é o que incide sobre os objetos que integram o patrimônio das pessoas (...). O dano subjetivo ou dano à pessoa é aquele cujos efeitos recaem sobre o ser humano considerado em si mesmo, enquanto sujeito de direito, desde a concepção até o final da vida. Em razão da complexidade do ser humano, os danos podem afetar alguma ou algumas de suas múltiplas manifestações ou 'maneira de ser'. Como o ser humano é uma unidade psicossomática, sustentada na liberdade, os danos que se lhe causam podem incidir sobre seu corpo, em sentido estrito, ou sua psique ou afetar sua própria liberdade".[537]

Para Carlos Fernández Sessarego, "há um dano que frequentemente é ignorado ou esquecido por quem não consegue descobrir ou conceber a qualidade ontológica do ser humano como ser livre e temporal, que se propõe fins, os mesmos que estão contidos em seu 'projeto de vida' (...). A liberdade constitui o ser mesmo do homem. Esta liberdade é o que o diferencia, radicalmente, dos demais seres da natureza e lhes outorga dignidade. Se trata de uma potencialidade que nos permite decidir, eleger, entre muitas possibilidades de vida, isso que, precisamente, chamamos projeto de vida (...). O dano ao projeto de vida acarreta como consequência um colapso psicossomático de tal magnitude para o sujeito — para certo sujeito — que afeta sua liberdade, que o frustra. O impacto psicossomático deve ser de uma envergadura tal que o sujeito experimente um 'vazio existencial' (...). O vazio existencial é o resultado da perda de sentido que sofre a existência humana como consequência de um dano a seu projeto de vida (...). O dano ao projeto de vida compromete, séria e profundamente, a liberdade do sujeito de ser 'ele mesmo' e não 'outro' (...). O dano ao projeto de vida (...) incide sobre a liberdade do sujeito a realizar-se segundo sua própria decisão (...). É um dano de tal magnitude que afeta, portanto, a maneira em que o sujeito decidiu viver, que tranca o destino da pessoa, que a faz perder o sentido mesmo de sua existência".[538]

---

(535) Nos 40 anos do Código Civil Português: tutela da personalidade e dano existencial. In: CAMPOS, Diogo Leite; MENDES, Gilmar Ferreira; MARTINS, Ives Gandra da Silva (coords.). *Estudos em homenagem ao professor Arnoldo Wald:* a evolução do direito no século XXI. Coimbra: Almedina, 2007. p. 371-394.

(536) *Il ressarcimento del danno esistenziale*, p. 46.

(537) El daño al projecto de vida. *Derecho PUC — Revista da Faculdade de Direito da Pontifícia Universidade Católica*, n. 50, Lima, dez. 1966.

(538) El daño al projecto de vida. *Derecho PUC — Revista da Faculdade de Direito da Pontifícia Universidade Católica*, n. 50, Lima, dez. 1966.

Manuel A. Carneiro da Frada assevera que "não pode ser suficiente que o Direito se contente com a proclamação genérica de um conjunto de exigências que, em abstrato, a tutela da personalidade postula para quem quer que seja, de uma forma igualitária. Importa que ele se decida a descer totalmente à realidade da pessoa concreta, a encarne plenamente naquilo que a identifica e que permite por isso também distingui-la das demais; que, em suma, não deixe de fora nada de decisão que pertença à sua esfera 'existencial' e que é por natureza diferente de pessoa para pessoa", sendo por ele acrescentado que o dano existencial "exprime, antes de mais, a pretensão de identificar um nível de proteção, não tanto de classificar e tipificar um prejuízo no confronto com outros, quanto de identificar um nível de proteção da pessoa".[539]

Manoel A. Carneiro da Frada adverte, com razão, que "seria totalmente precipitado negar os 'danos existenciais' a pretexto de que a proteção cresceria desmesuradamente e sem controle, como lembra um conhecido argumento contra o excessivo exacerbar da responsabilidade civil", mas reconhece, também com razão, a necessidade de definir "os bens e interesses das pessoas cobertos pelos 'danos existenciais'", sendo por ele acrescentado que "a temática dos danos existenciais (...) convoca o problema da determinação daquilo que é objeto da tutela da personalidade" e, ainda, que o dano existencial não se relaciona com os danos à integridade física ou à saúde da pessoa, mas se situa "no plano dinâmico da vida da pessoa (...). O que os danos existenciais cobrem são, afinal, perturbações de vida".[540]

O dano existencial, para Paolo Cendon e Patrizia Ziviz, diz respeito "a todos os comprometimentos das atividades realizáveis pela pessoa".[541]

Manoel A. Carneiro da Frada aduz que não se trata "tanto de proteger a liberdade de realização futura ou hipotética do sujeito, mas de compreender adequadamente o constrangimento e a perda de qualidade da sua existência presente. A situação atual não é deplorada pelo sujeito apenas porque desprovida de liberdade (futura) de orientar a vida num certo sentido. Ela é sentida pelo sujeito como lesão das condições da sua vida, refletida no presente (...). Na temática dos danos existenciais, o que se torna, portanto, relevante é a circunstância concreta e atual da vida da pessoa. Não está em jogo a mera restrição da autonomia de determinação da vida (...). A eliminação da liberdade de conformação futura da vida não é valorada *qua tale*. O que integra o dano existencial é a abalação da liberdade de 'continuar o passado feliz e tranquilo'. Em suma: nos danos existenciais, está tipicamente em jogo um *status quo*, não a preclusão de um *status ad quem*".[542]

René Chapus considera o dano existencial como "alteração anormal do curso da existência da vítima, em suas ocupações, em seus hábitos ou em seus projetos".[543]

Assim, duas são as posturas doutrinárias a respeito dos danos existenciais, uma focada no futuro — dano existencial como dano à liberdade de estabelecimento de realização de um projeto de vida — e, a outra, no presente — dano existencial é o dano à qualidade da existência.

Estas duas posturas podem, no entanto, ser compatibilizadas.

O *dano existencial é o dano à qualidade da existência e/ou à liberdade da pessoa humana, na perspectiva da manutenção das suas condições de vida e da eleição e execução de um projeto de vida*, restando afetada, nas duas perspectivas, o direito de a pessoa *desenvolver livremente a sua personalidade*, observando-se que o ser é "um fazer-se a si mesmo dentro da temporalidade e da vida", isto é "um constante projetar", como aduz Carlos

(539) Nos 40 anos do Código Civil português: tutela da personalidade e dano existencial. In: CAMPOS, Diogo Leite; MENDES, Gilmar Ferreira; MARTINS, Ives Gandra da Silva (coords.). *Estudos em homenagem ao professor Arnoldo Wald:* a evolução do direito no século XXI. Coimbra: Almedina, 2007. p. 371-394.

(540) Nos 40 anos do Código Civil português: tutela da personalidade e dano existencial. In: CAMPOS, Diogo Leite; MENDES, Gilmar Ferreira; MARTINS, Ives Gandra da Silva (coords.). *Estudos em homenagem ao professor Arnoldo Wald:* a evolução do direito no século XXI. Coimbra: Almedina, 2007. p. 371-394.

(541) *Il ressarcimento del danno esistenziale*, p. 93.

(542) Nos 40 anos do Código Civil português: tutela da personalidade e dano existencial. In: CAMPOS, Diogo Leite; MENDES, Gilmar Ferreira; MARTINS, Ives Gandra da Silva (coords.). *Estudos em homenagem ao professor Arnoldo Wald:* a evolução do direito no século XXI. Coimbra: Almedina, 2007. p. 371-394.

(543) *Responsabilité publique et responsabilité privée. Les influences reciproques des jurisprudences administrative et judicial*, p. 414.

Fernández Sessarego[544] e que, como assinala Jean-Paul Sartre, "o homem é livre, o homem é liberdade (...). O homem não é nada mais que seu projeto, ele não existe senão na medida em que se realiza".[545]

Com isto, há dano existencial, por exemplo, quando do trabalhador é exigido, *concomitantemente*, labor em jornada superior a dez horas diárias (labor para além do limite admitido, *em caráter excepcional*, pelo ordenamento jurídico), sem descanso semanal (o ordenamento jurídico determina a remuneração em dobro do repouso trabalhado, reforçando a exigência de sua concessão e assinalando a sua *relevância individual e social*) e o gozo de férias anuais (cuja exigência de concessão é também reforçada pela ordem jurídica, com a previsão de pagamento em dobro quando concedidas fora do prazo apropriado, diante de sua *relevância individual e social*). Nesta situação, é prejudicada a qualidade de vida do trabalhador, que não pode eleger livremente a forma de dispor do seu tempo, em prejuízo do seu convívio familiar e social, com reflexos no futuro, visto que ele sequer tem condições de se dedicar à sua qualificação profissional.

Não se pode olvidar, ainda, que o *trabalhador difere das máquinas* e, por essa razão, há limitação legal da sua jornada diária e semanal de trabalho e o reconhecimento do direito ao descanso semanal e anual remunerados. Assim como há o direito à duração razoável do processo, há também o *direito à duração razoável da jornada de trabalho*, como é reconhecido no art. 24 da Declaração Universal dos Direitos Humanos e art. 7º, *d, caput*, do Pacto Internacional sobre Direitos Econômicos, Sociais e Culturais.

Vale acrescentar que a redução da jornada de trabalho e o exercício da liberdade de dispor do tempo livre constituem uma condição necessária para o exercício dos direitos, de *status* humano, de manifestar uma religião, de reunião, à instrução e de participar da vida cultural da comunidade (arts. 18, 20, 26 e 27 da Declaração Universal dos Direitos Humanos) e, desta feita, para o desenvolvimento integral da pessoa, em harmonia com a sua dignidade humana.

Os atos do empregador não podem ser considerados apenas enquanto relacionados com o trabalhador no desempenho de suas funções (condições e ambiente de trabalho), mas devem ser também considerados em relação ao trabalhador como pessoa que tem direito a uma vida de qualidade e de projetar a sua vida e de viver de acordo com este projeto.

O fundamento jurídico para o reconhecimento da obrigação de reparar o dano existencial é constituído pelos:

a) arts. 187, 927 e 950 do Código Civil, dos quais resulta que devem ser reparados todos os danos à pessoa, considerando-se a pessoa na totalidade das suas dimensões;

b) arts. 5º, *caput*, III, IV, VI, VIII, IX, X e XIII, e 225 da Constituição, dos quais se extrai o reconhecimento do direito à livre manifestação da personalidade e à qualidade de vida;

c) arts. 3º e 25 da Declaração Universal dos Direitos Humanos e arts. 1º, 11 e 14 da Declaração Americana dos Direitos e Deveres do Homem, segundo os quais a liberdade e a qualidade de vida constituem direitos humanos;

d) art. 22 da Declaração Universal dos Direitos Humanos, que reconhece o direito ao livre desenvolvimento da personalidade;

e) art. 24 da Declaração Universal dos Direitos Humanos, que reconhece o direito de toda pessoa ao descanso e ao lazer e, "sobretudo, a uma limitação razoável das horas de trabalho e a férias remuneradas periódicas", observando que a Declaração, com expressão *sobretudo*, ressalta a importância da limitação razoável das horas de trabalho;

f) arts. 14 e 15 da Declaração Americana dos Direitos e Deveres do Homem, que aludem, respectivamente, ao direito do trabalhador de "seguir livremente a sua vocação" e de "aproveitar utilmente o seu tempo livre em benefício do seu melhoramento espiritual, cultural e físico";[546]

(544) El daño al projecto de vida. *Derecho PUC — Revista da Faculdade de Direito da Pontifícia Universidade Católica*, n. 50, Lima, dez. 1966.

(545) *O existencialismo é um humanismo*, p. 33, 42 e 59.

(546) O Brasil aderiu ao sistema interamericano de direitos humanos por meio do Decreto Legislativo n. 27/98 e do Decreto n. 678/92, relativos à aprovação e promulgação da Convenção Americana sobre Direitos Humanos (pacto de San José da Costa Rica), respectivamente.

g) Protocolo Adicional à Convenção Americana sobre Direitos Humanos em Matéria de Direitos Econômicos, Sociais e Culturais (Protocolo São Salvador — 1988), no qual os Estados seus signatários, dentre eles o Brasil, reconhecem *o direito de todo trabalhador seguir a sua vocação e dedicar-se à atividade que melhor atenda a suas expectativas*.[547]

Por fim, cumpre mencionar que existe, na doutrina e na jurisprudência, referência a outras duas supostas categorias de danos reparáveis.

Neste sentido, Antônio Junqueira de Azevedo alude ao *dano social*, que corresponde às "lesões à sociedade, no seu nível de vida tanto por rebaixamento de seu patrimônio moral — principalmente a respeito da segurança — quanto por diminuição de sua qualidade de vida".[548] A hipótese, para usar a linguagem do Código de Defesa do Consumidor, corresponde ao *dano moral difuso* (que afeta toda a sociedade) e ao *dano moral coletivo*. Não se trata, no entanto, de uma nova tipologia de dano indenizável, posto que ainda estamos na órbita do *dano moral*, agora difuso e coletivo.

De outro lado, notadamente nos Estados Unidos da América, faz-se a distinção entre *danos compensatórios* e *danos punitivos* (*punitive demages*). A respeito, afirma Toni M. Fine que "um autor pode buscar danos punitivos ou exemplares, além da indenização por danos compensatórios. Os danos punitivos, como o próprio nome sugere, visam punir o autor do ilícito (...). O seu objetivo não é compensar a parte requerente por uma perda ou dano (...)", sendo por ela esclarecido, no entanto, que "as condenações com base em danos punitivos não são concedidas com grande frequência nos Estados Unidos, e valores muito altos são bastante raros (...). O direito varia de estado para estado, mas a grande maioria das jurisdições exige que o requerente prove que o requerido atuou com intenção criminosa ou algum outro critério rigoroso. Danos punitivos em geral são concedidos apenas em casos nos quais tenham ocorrido danos físicos graves ou a morte. Esses danos são algumas vezes previstos em lei, como nos casos de violações à lei federal de concorrências (antitruste), para os quais altas indenizações são concedidas".[549] A hipótese não é, contudo, de uma nova *espécie de dano reparável*, mas da *resposta* possível a um dano causado a outrem: ao agente pode ser imposto um "dano" reparatório (o agente sofre o gravame de reparar o dano causado a outrem) e um "dano" punitivo (o agente sofre uma punição por ter causado um dano a outrem).

Vale mencionar que, conforme Toni M. Fine, a "Suprema Corte tem começado a reconhecer limites constitucionais à concessão de danos punitivos. Em casos relativamente recentes, ela tem afirmado que danos punitivos excessivos podem resultar na privação do devido processo (*due process*), desfavorecendo o autor do ilícito, e que eles devem ser mensurados com relação: 1) à reprovabilidade da conduta errada do malfeitor; 2) à extensão de qualquer indenizatória compensatória; 3) ao tamanho da multa criminal que deverá ser imposta no caso da violação envolvida", mas assinala que estes danos apresentam como benefícios, na medida em que: "1) os danos punitivos encorajam comportamentos mais seguros e socialmente aceitáveis; 2) os danos servem como um incentivo para partes privadas e advogados perseguirem casos de flagrante transgressão que dariam origem a tal dano; 3) os danos punitivos servem para expressar uma forte reprovação social da conduta em questão" e são criticados porque o sistema de danos punitivos: "1) são considerados tão incertos que a simples possibilidade de sua concessão pode desencorajar comportamentos socialmente úteis por parte de atores corporativos; 2) os seus custos são repassados aos consumidores, através do aumento de preços de mercadorias e serviços, enquanto o autor da ação obtém um lucro inesperado;

(547) A permeabilidade do ordenamento jurídico brasileiro às normas de direito internacional, dentre as quais as que foram referidas, é afirmada e realçada no art. 5º, § 2º, da Constituição da República, na sua atual redação. Ela é realçada porque admite-se a incorporação ao ordenamento jurídico brasileiro de normas de direito internacional com *status* de norma constitucional (*constitucionalização dos tratados e convenções internacionais*), o que vai além da simples atribuição de eficácia jurídica a tais normas (*internalização dos tratados e convenções internacionais*). Tal fato traduz o reconhecimento de um verdadeiro *poder constituinte supranacional*, que, embora não tenha poderes para, por si só, criar normas internacionais que internamente possuam *status* constitucional, participa da criação de normas constitucionais, quando elas forem adotadas internamente com esta estatura. Com efeito, neste caso há um processo complexo de criação da norma constitucional, com participação de entes externos e internos (é o que ocorreu com a Convenção sobre Direitos das Pessoas com Deficiência e seu protocolo facultativo, de março de 2007, por força do Decreto n. 186/08).

(548) Por uma nova categoria de danos na responsabilidade civil: o dano social. In: *Novos estudos e pareceres de direito privado*, p. 377-384.

(549) *Introdução ao sistema jurídico anglo-americano*, p. 120-121.

3) podem agraciar pessoas e encorajar pedidos sem nenhum fundamento, na busca de acordos rápidos e lucrativos oferecidos pelos requeridos".[(550)]

13.6.2. Após os registros em questão, cumpre realizar duas observações sobre os danos morais:

a) também no processo do trabalho deve ser observado o *princípio da indenizabilidade irrestrita do dano moral* (este princípio veda qualquer restrição prévia ao valor reparatório do dano moral), tanto no seu aspecto subjetivo (dor, sofrimento, vexame, humilhação, constrangimento, mágoa ou tristeza que cause tensão, frustração ou angústia à pessoa ou desequilíbrio do seu bem-estar físico, psíquico e social) quanto na sua dimensão objetiva (depreciação da imagem social do ofendido, por exemplo);

b) sobre o valor da indenização por danos morais incidem correção monetária e juros.

Consoante a Súmula n. 439 do TST, "nas condenações por danos morais, a atualização monetária é devida a partir da data da decisão de arbitramento ou de alteração de valor. Os juros incidem desde o ajuizamento da ação, nos termos do art. 883 da CLT". No entanto, este critério, em relação à correção monetária, deverá prevalecer apenas na hipótese de o valor da indenização ser fixado considerando a data do proferimento da decisão. Se a indenização é fixada considerando o momento da ocorrência do ato lesivo ou a data da distribuição da ação, o termo inicial da contagem da correção monetária será a data do evento ou da distribuição da ação, respectivamente. Por esta razão, na decisão condenatória deve ser esclarecido qual foi o momento levado em conta para o arbitramento da indenização e, com isto, do início da contagem da correção monetária.

c) a indenização por danos morais tem função compensatória (em relação ao ofendido) e dissuasória (em relação ao ofensor), o que significa que deve compensar o ofendido (a quem deve ser assegurada uma sensação agradável para compensar a sensação de dor) e, ao mesmo tempo, desencorajar novas condutas ofensivas (função preventiva).[(551)]

13.7. Ações relativas a penalidades administrativas.

Compete à Justiça do Trabalho processar e julgar as *ações relativas às penalidades administrativas impostas aos empregadores pelos órgãos de fiscalização das relações de trabalho* (art. 114, VII, da Constituição Federal).

Antes de examinar o inciso VII do art. 114 da Constituição, cumpre tecer alguns comentários sobre a fiscalização das relações de trabalho.

13.7.1. As normas que regem a relação de emprego são criadas para produzir efeitos concretos. Por essa razão, ao lado de editar tais normas e de autorizar a sua edição por sindicados e empresas, o Estado fiscaliza o seu cumprimento e, verificando o seu descumprimento, aplica as penalidades previamente estabelecidas em lei para a hipótese (art. 21, XXIV, da Constituição). A fiscalização reforça a efetividade das normas que regem a relação de emprego.

---

(550) *Introdução ao sistema jurídico anglo-americano*, p. 121.

(551) Os danos morais são compensados pela satisfação proporcionada pelo dinheiro. Com efeito, consoante assevera Manuel A. Domingues de Andrade, "a indemnização por danos morais não é propriamente uma indemnização (não se torna indemne o ofendido, isto é, não o coloca, embora de modo inespecífico, na situação em que estaria se não tivesse sido lesado), não é uma autêntica restituição por equivalente, pois não há verdadeira equivalência entre o dano moral (dor física ou moral sofrida), dada a sua natureza não patrimonial (econômica), e uma quantia em dinheiro. O dano moral não comporta, no rigor dos termos, uma expressão ou representação pecuniária. Trata-se antes duma reparação, ou melhor ainda, duma compensação ao ofendido. A ideia geral em que se funda esta indemnização é a seguinte: os danos morais (dores, mágoas, desgostos) ocasionados por facto ilícito podem ser compensados, isto é, contrabalançados pelas satisfações (até da ordem mais finamente espiritual, incluindo o prazer altruístico de fazer o bem) que o dinheiro pode proporcionar ao danificado (*Teoria da relação jurídica*, v. II, p. 4). No entanto, optou-se, para efeitos didáticos, pela utilização das expressões "indenização por danos morais" como sinônimo de "compensação de danos morais", pelo fato de a primeira delas já ter sido consagrada pela doutrina e jurisprudência.

A fiscalização tem por finalidade "assegurar, em todo o território nacional, a aplicação das disposições legais, incluindo as convenções internacionais ratificadas, os atos e decisões das autoridades competentes e as convenções, acordos e contratos coletivos de trabalho, no que concerne à proteção dos trabalhadores no exercício da atividade laboral (art. 1º do Regimento da Inspeção do Trabalho — Decreto n. 4.552/02).[552]

A fiscalização do cumprimento das normas disciplinadoras da relação de emprego é regida pelo Título VII da CLT (art. 6º, § 2º, da Lei n. 7.855/89), Convenção n. 81 da OIT, Regulamento da Inspeção do Trabalho (Decreto n. 4.552/02), Lei n. 10.593/02 e Lei n. 9.784/99 e compete ao Ministério do Trabalho e Emprego, por meio das Superintendências Regionais do Trabalho, segundo normas editadas pela Secretaria de Inspeção do Trabalho, órgão do Ministério do Trabalho e Emprego (a Secretaria tem entre seus órgãos o Departamento de Fiscalização do Trabalho[553] e o Departamento de Segurança e Saúde do Trabalho[554]).

Nas Superintendências Regionais do Trabalho, a fiscalização é realizada pelos Auditores Fiscais do Trabalho, aos quais compete, nos termos dos arts. 10 e 11 da Lei n. 10.593/02: a) verificar o cumprimento de disposições legais e regulamentares, inclusive relacionadas à segurança e à medicina do trabalho, os registros em Carteira de Trabalho e Previdência Social, os recolhimentos do Fundo de Garantia do Tempo de Serviço, o cumprimento de acordos, convenções e contratos coletivos de trabalho e o respeito aos acordos, tratados e convenções internacionais dos quais o Brasil seja signatário; b) lavrar auto de apreensão e guarda de documentos, materiais, livros e assemelhados, para verificação da existência de fraude e irregularidades, bem como o exame da contabilidade das empresas.

Salvo as situações em que é obrigatória a dupla visita, que são definidas nos arts. 627 e 627-A da CLT, e de ação fiscal visando à orientação sobre o cumprimento das leis de proteção ao trabalho (art. 627-A), a toda verificação em que o Auditor concluir pela existência de violação de preceito legal deve corresponder, sob pena de responsabilidade administrativa, a lavratura de *auto de infração* (art. 628 da CLT),[555] em duas vias, uma das quais será entregue ao infrator, contra recibo, ou ao mesmo enviada, dentro de dez dias da lavratura, em registro postal, com franquia e recibo de volta (art. 629 da CLT).[556]

Lavrado o auto de infração, o empregador terá dez dias para apresentar sua defesa, contados da sua notificação (art. 629, § 3º, da CLT), podendo requerer a oitiva de testemunhas e diligências que lhe parecerem necessárias à elucidação dos fatos, cabendo à autoridade julgar a necessidade de tais provas (art. 632 da CLT).

---

(552) Na fiscalização da aplicação das disposições legais que disciplinam a relação de emprego, os órgãos de fiscalização têm o poder para decidir se estão, ou não, presentes os elementos configuradores da relação de emprego. Do contrário, eles somente poderiam atuar após o reconhecimento judicial da existência da relação de emprego ou na hipótese deste reconhecimento partir do próprio empregador, o que reduz, de forma injustificável, o seu âmbito de atuação. Note-se, inclusive, que o art. 11, I e II, da Lei n. 593/02 inclui dentre as atribuições dos Auditores Fiscais a verificação "dos registros em Carteira de Trabalho e Previdência Social — CTPS, visando à redução dos índices de informalidade". Ora, verificar o cumprimento das disposições legais que disciplinam a relação de emprego e os registros em CTPS significa exatamente verificar se, presentes os elementos configuradores da relação de emprego, foi a sua existência anotada naquele documento. Para afirmar a ocorrência de desrespeito à legislação trabalhista, notadamente no que concerne à anotação da CTPS, é indispensável estabelecer, previamente, se elas incidem em determinada relação de trabalho, o que implica dizer, se se trata, ou não, de uma relação de emprego, sendo relevante mencionar que a conclusão em um ou outro sentido pode ser discutida em juízo, ou seja, não tem cunho de definitividade. Como aduz Alfredo Montoya Melgar, "a negativa de admitir que os órgãos da Administração emitam pronunciamentos (ainda que de caráter prévio ou incidental para adotar decisões sancionadoras) referentes ao contrato de trabalho, parte da negativa de que tais órgãos possam realizar qualificações jurídicas em tal matéria, qualificações que só caberiam à Jurisdição (...). Contudo, é evidente que toda sanção laboral pressupõe necessariamente uma série de qualificações estritamente jurídicas; ainda que (...) se outorgue maior ou menor valor probatório a tais qualificações, não significa que o Inspetor não possa ou deva fazê-las como *prius* indispensável de sua ação fiscalizadora." (Inspección de trabajo y efetividade de los derechos laborales. In: *Derecho y proceso:* estúdios jurídicos en honor del prof. A. Martinez Bernal, p. 553-568).

(553) Com competência para planejar, coordenar e normatizar as atividades de fiscalização do cumprimento das normas regentes da relação de emprego.

(554) Órgão competente para planejar, coordenar e normatizar as atividades de fiscalização do cumprimento das normas de saúde e segurança do trabalho.

(555) A Portaria n. 148/96 define os elementos obrigatórios do auto de infração.

(556) Também em relação à ação fiscal deve ser observada a vedação ao *bis in idem*, ou seja, não pode a mesma irregularidade dar ensejo a duas ou mais punições.

A imposição das multas incumbe às autoridades regionais competentes em matéria do trabalho (Superintendentes Regionais do Trabalho — art. 634 da CLT)[557], devendo a decisão respectiva ser fundamentada (art. 635, parágrafo único, da CLT).[558]

A notificação da imposição de multa fixará o prazo de dez dias para que o infrator recolha o valor respectivo, sob pena de execução (art. 636, § 3º, da CLT), sendo esse valor reduzido a 50% se o infrator, renunciando ao recurso, efetuar o seu recolhimento no prazo assinalado na notificação (art. 636, § 6º, da CLT).

Da decisão que impuser multa por infração das leis e disposições reguladoras do trabalho, e não havendo forma especial de processo, caberá recurso (arts. 635 da CLT e 59 da Lei n. 9.784/99), no prazo de dez dias, contados do recebimento da notificação, perante a autoridade que houver imposto a multa, que, depois de informar (isto é, de apresentar as razões da imposição da multa) e se não reconsiderar sua decisão, encaminhará o recurso à instância superior (arts. 636 da CLT e 56, § 1º, da Lei n. 9.784/99).[559] No recurso, o interessado pode juntar os documentos que reputar convenientes (art. 60 da Lei n. 9.784/99).[560]

Estabelecem os arts. 636, § 1º, da CLT e 56, § 2º, da Lei n. 9.784/99 que o recurso somente será recebido ser for comprovado o depósito da multa, ao passo que, não sendo provido o recurso, o depósito realizado quando de sua interposição se converterá em pagamento (art. 639 da CLT). Contudo, o STF, por maioria, decidiu que é inconstitucional a exigência de depósito prévio como condição de admissibilidade de recurso na esfera administrativa, por ofensa ao art. 5º, LV, da Constituição Federal, que assegura aos litigantes, em processo judicial ou administrativo, o contraditório e a ampla defesa, com os meios e recursos a ela inerentes, bem como ao art. 5º, XXXIX, *a*, da Carta Magna, que garante o direito de petição, gênero no qual o pleito administrativo está inserido, independentemente do pagamento de taxas (STF, RE 388.359, Rel. Min. Marco Aurélio, julg. 28.3.2007). A propósito, o TST editou a Súmula n. 424: "O § 1º do art. 643 da CLT, que estabelece a exigência de prova do depósito prévio do valor da multa cominada em razão de autuação administrativa como pressuposto de admissibilidade de recurso administrativo, não foi recepcionado pela Constituição Federal de 1988, ante a sua incompatibilidade com o inciso LV do art. 5º".

Não comparecendo o infrator, ou seja, se não for apresentada defesa, far-se-á a competente inscrição em livro especial, sendo extraída cópia autêntica dessa inscrição e enviada às autoridades competentes para a respectiva cobrança judicial, valendo tal instrumento como título de dívida líquida e certa (art. 641 da CLT).

O processo administrativo no âmbito da Administração Federal é disciplinado pela Lei n. 9.784/99, que dispõe que:

a) a Administração Pública obedecerá, dentre outros, os princípios da legalidade, finalidade, motivação, razoabilidade, proporcionalidade, moralidade, ampla defesa, contraditório, segurança jurídica, interesse público e confiança (art. 2º);[561]

---

(557) Se a multa envolver o FGTS, a sua imposição compete ao Gerente de Atendimento das Relações de Emprego (art. 56 do Decreto n. 99.684/90).

(558) Subsiste séria controvérsia sobre a competência da Justiça do Trabalho para aplicar multas administrativas. A 4ª Turma do TRT da 3ª Região decidiu a propósito, que: "a Justiça do Trabalho, na forma do art. 114 da CF, é competente para aplicar multas da alçada da autoridade administrativa, quando a violação de normas trabalhistas estiver provada nos autos. Nos dissídios entre empregados e empregadores compreende-se também a competência para aplicação de multas (CLT, art. 652, 'd'). Se é da competência da Justiça do Trabalho decidir sobre o direito trabalhista, é claro que ela é também competente, por natural ilação, para aplicar a multa que derive do direito reconhecido em sua sentença, pois se trata de um dissídio típico entre empregado e empregador, derivado da relação de trabalho. Apenas se diferencia do dissídio comumente decidido num aspecto: em vez de ter uma função ressarcitória, a multa possui finalidade punitiva. Esta função é na prática tão importante quanto a condenação patrimonial, para a garantia do ordenamento jurídico" (4ª Turma do TRT da 3ª Região, RO 511/05, Rel. Juiz Antônio Álvares da Silva, DJMG 15.10.2005).

(559) Segundo o art. 35 da Portaria n. 148/96, o julgamento do recurso é da competência do Departamento de Fiscalização do Trabalho (no caso de infração à legislação trabalhista) ou do Departamento de Segurança e Saúde do Trabalho (na hipótese de infração a regras de segurança e medicina do trabalho).

(560) Salvo disposição legal em contrário, o recurso não tem efeito suspensivo, mas, havendo justo receio de prejuízo de difícil ou incerta reparação decorrente da execução, a autoridade recorrida ou a imediatamente superior poderá, de ofício ou a requerimento, dar efeito suspensivo ao recurso (art. 61 da Lei n. 9.784/99).

(561) A Lei n. 9.784/99 consagra, expressamente, os princípios da razoabilidade, proporcionalidade, segurança jurídica e confiança.

b) o processo administrativo é regido por critérios de atuação conforme a lei e o Direito,[562] atuação segundo padrões éticos e probidade, decoro e boa-fé, indicação dos pressupostos de fato e de direito que determinam a decisão, observância das formalidades essenciais à garantia dos direitos dos administrados, garantia dos direito à comunicação, à apresentação de alegações finais, à produção de provas e à interposição de recursos, nos processos de que possam resultar sanções e nas situações de litígio (art. 2º).

13.7.2. À Justiça do Trabalho foi atribuída a competência para processar e julgar as *ações relativas* à aplicação de penalidades administrativas impostas aos empregadores pelos órgãos de fiscalização das relações de trabalho.

Trata-se, assim, de ações que envolvem penalidades aplicadas em razão do *descumprimento das normas regentes da relação de emprego*. Dessa forma, à Justiça do Trabalho não compete o julgamento das ações que envolvem penalidades aplicadas por conselhos fiscalizadores de atividades profissionais. Neste sentido é a Súmula n. 66 do STJ: "Compete à justiça federal processar e julgar execução fiscal promovida por conselho de fiscalização profissional".

O art. 114, VII, da Constituição alude a *ações* relativas às penalidades administrativas impostas aos empregadores pelos órgãos de fiscalização das relações de trabalho. Essas ações são tanto as promovidas para a cobrança do crédito resultante da aplicação de penalidade ao empregador, quanto as ajuizadas pelo empregador em face da fiscalização e aplicação de penalidade, quais sejam:

a) execução;[563]

b) ação declaratória de inexistência de débito fiscal;

c) ação anulatória de auto de infração;[564]

d) ação anulatória da inscrição da penalidade administrativa em dívida ativa;[565]

e) mandado de segurança, no caso de violação de direito líquido e certo praticada pelos órgãos de fiscalização das relações de trabalho;

f) *habeas corpus*, na eventualidade de ofensa à liberdade de locomoção do empregador ou de seus representantes legais;

g) ação de repetição de indébito aforada pelo empregador contra a União;[566]

g) consignação em pagamento, na hipótese de recusa de recebimento ou de subordinação deste ao pagamento de outra penalidade ou à satisfação de exigências administrativas sem fundamento legal (aplicação do art. 164 da Lei n. 5.172/66).

(562) A referência à *lei* e ao *direito* decorre do fato de as relações sociais serem regidas pela ordem jurídica e não por uma só lei ou um conjunto de leis.

(563) As multas decorrentes do descumprimento da legislação trabalhista não têm natureza tributária. Sua natureza é de penalidade administrativa. Com isto, aplica-se na espécie o disposto no art. 1º da Lei n. 9.873/99, que fixa em cinco anos o prazo para o exercício da pretensão executiva relativa às multas aplicadas em razão do descumprimento da legislação trabalhista, contado da data do ato que deu ensejo à punição do empregador, ou, no caso de infração permanente ou continuada, do dia em que tiver cessado. Esta previsão deve ser entendida no sentido de que: se os órgãos de fiscalização têm ciência do ato ensejador da punição e não aplicam a penalidade respectiva, permanecendo inertes por mais de cinco anos, dá-se a prescrição da pretensão punitiva. Por outro lado, se é instaurado procedimento administrativo para apurar a ocorrência de ato ensejador de punição, a prescrição somente é contada a partir do momento em que ocorre a inscrição do crédito em dívida ativa. Passados cinco anos da inscrição do crédito em dívida ativa, dá-se a prescrição da pretensão executiva, observando-se que não há que se falar em prescrição da pretensão executiva antes de o credor ter em suas mãos título passível de execução.

(564) Com prazo prescricional de cinco anos (Decreto n. 20.910/32).

(565) Com prazo prescricional de cinco anos (Decreto n. 20.910/32).

(566) Com prazo decadencial de cinco anos. Ultrapassado o prazo em que a ação poderia ser ajuizada, extingue-se o próprio direito à repetição de indébito.

As ações aforadas pelo empregador em face da fiscalização ou aplicação de penalidades são da competência das Varas do Trabalho (ressalvada a hipótese de disposição legal atribuindo a competência para seu julgamento a órgão colegiado da Justiça do Trabalho).

Prevê o art. 38 da Lei n. 6.830/80 que "a discussão judicial da Dívida Ativa da Fazenda só é admissível em execução, na forma desta Lei, salvo as hipóteses de mandado de segurança, ação de repetição de indébito ou ação anulatória do ato declarativo da dívida, esta precedida do depósito preparatório do valor do débito, corrigido monetariamente e acrescido de juros de mora e demais encargos". No entanto, consoante decidiu o STF, o depósito prévio previsto no art. 38 da Lei n. 6.830/80 somente é exigido "se o sujeito passivo pretender inibir a Fazenda Pública de propor a execução fiscal".[567]

A exigência do depósito prévio para a propositura da ação anulatória do ato declarativo da dívida resulta da presunção de legalidade dos atos administrativos e da certeza e liquidez da dívida ativa regularmente inscrita (art. 3º da Lei n. 6.830/80). Diante de tal presunção, é lícita a exigência dessa garantia quando se pretenda inibir a propositura da ação executiva, evitando essa exigência, inclusive, que a ação anulatória seja utilizada como um substitutivo dos embargos, como forma de fuga à prévia garantia do juízo.[568] Note-se, ainda, que a exigência do depósito decorre daquilo que pretende o autor da demanda, que é inibir a ação executiva. Não se trata, portanto, de exigência de depósito para inibir o acesso à justiça.

Na execução da certidão de dívida ativa concernente a penalidade administrativa imposta aos empregadores pelos órgãos de fiscalização das relações de trabalho deve ser observado o procedimento estabelecido pela CLT (Título X, Capítulo V), aplicando-se a Lei n. 6.830/80 apenas na hipótese de omissão do direito processual do trabalho e da compatibilidade da regra nela estabelecida com as regras e princípios que constituem o direito processual do trabalho (art. 899 da CLT), posto que:

1) conforme o art. 643 da CLT, os dissídios sob jurisdição da Justiça do Trabalho serão dirimidos de acordo com os procedimentos estabelecidos pelo direito processual do trabalho, o que permite afirmar que a execução da certidão de dívida ativa relativa a penalidade administrativa imposta aos empregadores pelos órgãos de fiscalização das relações de trabalho, como dissídio sob jurisdição da Justiça do Trabalho, seguirá o procedimento estabelecido pelo direito processual do trabalho;

2) o art. 889 da CLT inclui a Lei de Executivos Fiscais entre as *fontes subsidiárias* do direito processual do trabalho, o que significa que somente está autorizado o recurso a ela depois de esgotada a possibilidade de solução do caso concreto à luz das regras e princípios próprios do direito processual do trabalho;

3) o art. 642 estabelece que "a cobrança judicial das multas administrativas impostas pelas autoridades administrativas do trabalho obedecerá ao disposto na legislação aplicável à cobrança da dívida ativa da União", mas veio à luz quando a Justiça do Trabalho não tinha competência para a execução de tais multas (a competência para a execução somente foi reconhecida pela Emenda Constitucional n. 45/2004). Com isso, o art. 642 da CLT não trata da execução a ser processada perante a Justiça do Trabalho (o art. 642 da CLT não poderia dispor de procedimento a ser observado na execução de crédito fiscal pela Justiça do Trabalho, posto que esta não tinha, quando da entrada em vigor da CLT, a competência para processá-la). O art. 642 da CLT trata do procedimento a ser observado no juízo competente, que, com a Emenda Constitucional n. 45/2004, passou a ser a Justiça do Trabalho.

A Instrução Normativa n. 27/2005 do TST não trata da questão, vez que o seu art. 1º somente faz alusão aos procedimentos ordinário e sumaríssimo, que são próprios do processo de conhecimento. Ademais, a aplicação parcial da Lei n. 6.830/80 conduziria à insegurança jurídica, em especial porque não se poderia afirmar com segurança quais as fases da execução seriam por ela regidas e aquelas que obedeceriam ao disposto na CLT. A unicidade de procedimentos contribui para a maior celeridade do processo e, com isto,

---

(567) STF, RE 105.552-9, Rel. Min. Djaci Falcão, DJU 30.8.1985.

(568) Segundo o art. 1º da Instrução Normativa n. 34/09 do TST, "o depósito prévio para ajuizamento da ação anulatória de débito fiscal, resultante de penalidade administrativa imposta por autoridade do Ministério Público e Emprego, será efetuado em guia definida em Instrução Normativa específica da Secretaria da Receita Federal do Brasil, presentemente objeto do anexo I da Instrução Normativa n. 421/2004-SRF".

para a satisfação do credor (é por esta razão que a execução das contribuições previdenciárias, que também constitui crédito da União, segue o rito da execução dos créditos trabalhistas).[569]

O processo de execução será suspenso enquanto não for localizado o devedor ou encontrados bens sobre os quais possa recair a penhora, não correndo, nesses casos, a prescrição (art. 40 da Lei n. 6.830/80). Suspenso o processo, será aberta vista dos autos à Fazenda Pública (art. 40, § 1º, da Lei n. 6.830/80). Decorrido o prazo máximo de um ano, sem que seja localizado o devedor ou encontrados bens penhoráveis, o juiz ordenará o arquivamento do processo (art. 40, § 2º, da Lei n. 6.830/80). Encontrados que sejam, a qualquer tempo, o devedor ou os bens, serão desarquivados os autos do processo para prosseguimento da execução (art. 40, § 3º, da Lei n. 6.830/80). Se da decisão que ordenar o arquivamento tiver decorrido o prazo prescricional (que, na hipótese, é quinquenal), o juiz, depois de ouvida a Fazenda Pública, poderá, de ofício, reconhecer a prescrição intercorrente e decretá-la de imediato (art. 40, § 4º, da Lei n. 6.830/80), estando dispensada a oitiva da Fazenda Pública quando se trate de crédito inferior ao mínimo fixado por ato do Ministro da Fazenda (art. 40, § 5º).

Anote-se que:

a) prescrição é extinção da pretensão em razão da omissão no seu oportuno exercício. Não há que se falar em omissão quando a paralisação do processo não pode ser imputada ao credor. Este fato leva à conclusão de que o texto legal em exame não trata da prescrição propriamente dita. O fato de o devedor não ser encontrado ou de não serem encontrados bens penhoráveis não se equipara à omissão do credor no exercício de sua pretensão. O que o legislador fez foi assimilar a não localização do devedor ou de seus bens à omissão do credor na promoção do regular desenvolvimento do processo (pode-se falar, assim, em *prescrição por assimilação*). Se o Estado, *com todos os meios de que dispõe*, não for capaz de, na execução fiscal, encontrar o devedor ou bens passíveis de penhora, outra não pode ser a solução senão a extinção da sua pretensão executiva;

b) a hipótese não é de extinção da execução pelo fato de não ter sido localizado o devedor ou encontrados bens passíveis de penhora, mas de extinção da pretensão executiva da Fazenda Pública;

c) de acordo com o *caput* do art. 40, não correrá prescrição quando se dê a suspensão do curso do processo, ao passo que, consoante o § 2º do citado texto normativo, o prazo relativo à prescrição intercorrente terá início após ultrapassado o prazo de um ano da suspensão do processo. O prazo prescricional, portanto, não tem início com a intimação da Fazenda Pública de que trata o art. 40, § 4º.

A oitiva da Fazenda Pública, inclusive, nem sempre é necessária (art. 40, § 5º). Note-se, inclusive, que, se se considerar que é da intimação da Fazenda Pública que será contado o prazo prescricional, estar-se-ia estabelecendo uma injustificável discriminação em favor do devedor de crédito de menor monta, na medida em que, em relação a ele, como não há necessidade daquela intimação, o processo iria se eternizar (sem intimação, não seria possível declarar a ocorrência da prescrição), ao passo que, quanto ao devedor de crédito de maior expressão econômica, com a intimação da Fazenda, teria início o prazo relativo à prescrição intercorrente.

A propósito, tem-se a Súmula n. 314 do STJ, no sentido de que, "em execução fiscal, não localizados bens penhoráveis, suspende-se o processo por um ano, findo o qual se inicia o prazo da prescrição quinquenal intercorrente", ao passo que, examinando este tema, a 7ª Turma do TST decidiu, quanto ao marco inicial do prazo prescricional, que:

"AGRAVO DE INSTRUMENTO EM RECURSO DE REVISTA — EXECUÇÃO FISCAL — MULTA ADMINISTRATIVA — PRESCRIÇÃO INTERCORRENTE. A decisão regional encontra-se consonante com o atual entendimento da Súmula n. 314 do Superior Tribunal de Justiça, no sentido de que o

(569) Para Mauro Schiavi, a execução de certidão da dívida ativa decorrente de penalidades administrativas impostas aos empregadores será executada "segundo a Lei n. 6.830/80. Por se tratar de ação de rito especial, o Juiz do Trabalho não aplicará a CLT" (*Manual de direito processual do trabalho*, p. 224).

prazo da prescrição intercorrente nas execuções fiscais inicia-se após o interregno da suspensão do processo por um ano. Não há como entender como marco inicial da contagem do prazo prescricional a intimação pessoal do representante judicial da Fazenda Nacional sobre o arquivamento dos autos, porque a lei de execução fiscal não exige tal formalidade, bastando que o feito se encontre suspenso por um ano."[570]

A prescrição intercorrente em questão somente alcança as execuções fiscais. Neste sentido, decidiu a 6ª Turma do TST que:

> "RECURSO DE REVISTA. EXECUÇÃO. PRESCRIÇÃO INTERCORRENTE. INAPLICABILIDADE AO PROCESSO DO TRABALHO. O entendimento prevalente nesta Corte é o de que a execução trabalhista, por comportar o impulso oficial (art. 878 da CLT), e pelo fato de existir a coisa julgada material, com potencial para surtir plenamente os seus efeitos jurídicos (art. 5º, XXXVI, da Constituição c/c art. 467 do CPC), não comporta a prescrição intercorrente, ressalvada a hipótese de processo de execução fiscal (art. 889 da CLT e art. 1º da Lei n. 9.873/1999 c/c o art. 40, §§ 4º e 5º, da Lei n. 6.830/1980). Daí decorre o entendimento extraído da Súmula n. 114 do TST."[571]

A comprovada inclusão do débito executado em parcelamento instituído pelas Leis ns. 10.522/02, 10.684/03 e Medida Provisória n. 303/06 enseja a suspensão da execução, até o pagamento do débito parcelado, com a continuidade da execução no caso de não serem cumpridas as obrigações assumidas pelo devedor. Com isto, não só serão aproveitados os atos processuais praticados até o momento da suspensão do processo, como será evitado o ajuizamento de nova execução na hipótese de inadimplência do devedor. Sendo a suspensão do processo admitida no caso de não localização do devedor ou de bens passíveis de penhora (art. 40 da Lei n. 6.830/80), não se justifica negar esta mesma possibilidade na hipótese de o devedor confessar a dívida e acertar com o credor o seu pagamento de forma parcelada.

Como a dívida pode ser objeto de parcelamento extrajudicial (Leis n. 10.522/02, 10.684/03 e Medida Provisória n. 303/06), nada impede que seja designada audiência de tentativa de conciliação, na qual este parcelamento poderá ser negociado, ainda que para ser formalizado administrativamente, com posterior comprovação nos autos.

Consoante prevê o art. 28, *caput* e parágrafo único, da Lei n. 6.830/80, aplicável subsidiariamente no processo do trabalho (art. 899 da CLT), o juiz, a requerimento das partes, poderá, por conveniência da unidade da garantia da execução, ordenar a reunião de processos contra o mesmo devedor, sendo os processos distribuídos ao juízo da primeira distribuição.

Cumpre observar que a fiscalização procedida pelos órgãos de fiscalização das relações de trabalho não tem caráter unicamente repressor ou punitivo.

Primeiro, porque deve ser respeitado o critério de dupla visita nas situações previstas no art. 627 da CLT (nelas, o empregador deve ser instruído quanto ao cumprimento de novas leis, regulamentos e instruções ministeriais, o mesmo ocorrendo na hipótese de primeira inspeção do estabelecimento ou local de trabalho recentemente inaugurados ou empreendidos).[572] Segundo, porque pode ser instaurado procedimento especial para a ação fiscal, objetivando a orientação sobre o cumprimento das leis de proteção ao trabalho,

(570) TST, AIRR — 105200-06.2007.5.22.0004, Relator Ministro: Luiz Philippe Vieira de Mello Filho, 7ª Turma, DEJT 13.6.2014.

(571) TST, RR — 78200-20.2000.5.15.0053, Relator Ministro: Augusto César Leite de Carvalho, 6ª Turma, DEJT 30.5.2014. A prescrição intercorrente será examinada quando tratarmos da prescrição no processo do trabalho. Vale mencionar, no entanto, que, na execução de crédito decorrente de relação de trabalho, o credor, que geralmente é o trabalhador desempregado, não dispõe dos meios de que o Estado pode lançar mão para efeito de satisfação de seu crédito, razão pela qual não podem ser equiparados o Estado-credor e o trabalhador-credor, para efeito de aplicação, em relação ao crédito trabalhista, do disposto no art. 40 da Lei n. 6.830/80.

(572) Os arts. 23 e 24 do Regulamento de Inspeção do Trabalho disciplinam a dupla visita e a exigem também quando se trate de estabelecimento ou local de trabalho com até dez trabalhadores, salvo quando for constatada infração por falta de registro de empregado ou de anotação da CTPS, bem como na ocorrência de reincidência, fraude, resistência ou embaraço à fiscalização, e quando se tratar de microempresa e empresa de pequeno porte. A ausência de respeito ao critério da dupla visita torna nulo o auto de infração eventualmente lavrado.

bem como a prevenção e o saneamento de infrações à legislação, mediante Termo de Compromisso, na forma a ser disciplinada no Regulamento da Inspeção do Trabalho (art. 627-A, da CLT, acrescentado pela Medida Provisória n. 2.164-41/2001). Terceiro, porque aos Auditores compete ministrar orientações e dar informações e conselhos técnicos aos trabalhadores e às pessoas sujeitas à inspeção do trabalho, atendidos os critérios de oportunidade e conveniência, sendo seu dever orientar e advertir as pessoas sujeitas à inspeção do trabalho e aos trabalhadores quanto ao cumprimento da legislação trabalhista (Regulamento da Inspeção do Trabalho — Decreto n. 4.552/02, arts. 18 e 23).

Sendo o caso de instrução ao empregador, o Auditor deverá anotar no livro de inspeção do trabalho as irregularidades verificadas, as exigências feitas e o prazo para o seu atendimento (art. 628, § 2º, da CLT).

13.8. Execução de contribuições previdenciárias.

À Justiça do Trabalho compete *a execução, de ofício, das contribuições previdenciárias* previstas no art. 195, I, *a*, e II, e seus acréscimos legais, decorrentes das sentenças que proferir (art. 114, VIII).(573)

Destarte, se a decisão proferida pela Justiça do Trabalho, julgando o dissídio ou homologando acordo celebrado pelas partes, reconhecer a ocorrência de fato gerador de contribuição previdenciária, a execução do crédito respectivo será realizada, de ofício, pela Justiça do Trabalho.

Registre-se que a fiscalização dos recolhimentos previdenciários e sua eventual cobrança competem à Secretaria da Receita Federal do Brasil (art. 2º da Lei n. 11.457/2007), ao passo que compete à Procuradoria-Geral da Fazenda Nacional representar judicialmente a União nos processos da Justiça do Trabalho relacionados com a cobrança de contribuições previdenciárias (art. 16, § 3º, I e II, da Lei n. 11.457/2007).

13.9. Outras controvérsias decorrentes da relação de trabalho.

Nos termos do inciso IX do art. 114 da Constituição, a lei pode atribuir à Justiça do Trabalho competência para julgar *outras controvérsias decorrentes da relação de trabalho.*

A competência da Justiça do Trabalho, portanto, pode ser alterada pelo legislador ordinário.

Para muitos doutrinadores, a aludida disposição é inútil, posto que todos os dissídios decorrentes da relação de trabalho já estão inseridos na competência da Justiça do Trabalho, por força do inciso I do art. 114 da Constituição Federal.

Contudo, o art. 114, IX, não é isento de utilidade. Aludido comando constitucional tem como consequência primeira a recepção de normas que atribuam à Justiça do Trabalho a competência para o julgamento de dissídios que não envolvam diretamente a relação de emprego, como faz a Lei n. 8.984/95, que reconhece competência à Justiça do Trabalho para conciliar e julgar os dissídios que tenham origem no cumprimento de convenções coletivas do trabalho ou acordos coletivos do trabalho quando ocorram entre sindicatos ou entre sindicatos e empregador, e, o que é mais relevante, permite que a competência da Justiça do Trabalho seja alterada sem necessidade de reforma constitucional, nela incluindo outros dissídios que, embora não sejam *oriundos* da relação de trabalho (inciso I), dela *decorram* (inciso IX).(574)

Como aduz Reginaldo Melhado, "enquanto o inciso I do art. 114 menciona as ações oriundas da relação de trabalho, o inciso IX incorpora controvérsias decorrentes dela (...). Vale dizer: no inciso está a relação de trabalho ontologicamente considerada; ela própria no seu estado natural. O substrato é o próprio trabalho. Já no inciso IX há menção à controvérsia decorrente dela, numa posição mediata e indireta, que dependeria de lei formal para extensão de competência. São decorrentes da relação de trabalho, por exemplo, os litígios previdenciários (aqueles em que se discutem benefícios da Previdência Social) ou as ações incidentais na

(573) Do tema trataremos no Capítulo reservado à execução.

(574) Os dissídios *oriundos* da relação de trabalho já estão contemplados no inciso I, mas o legislador ordinário pode atribuir à Justiça do Trabalho a competência para processar e julgar outros dissídios conexos à relação de trabalho (que não são *oriundos*, mas apenas *decorrem* da relação de trabalho).

execução trabalhista, como os embargos de terceiro e os embargos à arrematação. Eles provêm da relação de trabalho, mas só por lei especial a competência para o julgamento desses conflitos pode ser atribuída à Justiça do Trabalho. No caso das ações previdenciárias, como sabemos, o sistema assinala a competência da justiça comum federal (à estadual, excepcionalmente...). Já em relação às ações incidentais à execução trabalhista o ordenamento optou por definir a competência como sendo da Justiça do Trabalho".(575)

13.10. Litígios que tenham origem no cumprimento de suas decisões.

Quanto à competência da Justiça do Trabalho para os litígios que tenham origem no cumprimento das suas decisões, questão que ainda aguarda exame pelo Congresso Nacional, é intuitivo que a Justiça que profere a decisão é a competente para julgar os dissídios que tenham origem no seu cumprimento, sendo dispensável qualquer norma expressa neste sentido. Note-se, inclusive, que a Constituição atribui à Justiça do Trabalho competência para a execução das contribuições previdenciárias decorrentes das decisões que proferir, deixando claro, portanto, que à Justiça do Trabalho compete executar suas próprias decisões e resolver os conflitos que tenham origem no seu cumprimento.

13.11. Dissídio coletivo.

De acordo com o art. 114, § 2º, da Constituição Federal, na redação anterior à Emenda Constitucional n. 45/2004, no caso de conflito coletivo de trabalho, "recusando-se qualquer das partes à negociação ou à arbitragem, *é facultado aos respectivos sindicatos ajuizar dissídio coletivo*, podendo a Justiça do Trabalho estabelecer normas e condições, respeitadas as disposições convencionais e legais mínimas de proteção ao trabalho".

A Emenda Constitucional n. 45/2004 conferiu nova redação ao art. 114, § 2º, da Constituição Federal, que passou a prever, ainda em relação aos dissídios coletivos de trabalho, que: "recusando-se qualquer das partes à negociação ou à arbitragem, *é facultado às mesmas, de comum acordo, ajuizar dissídio coletivo de natureza econômica*, podendo a Justiça do Trabalho decidir o conflito, respeitadas as disposições mínimas legais de proteção ao trabalho, bem como as convencionadas anteriormente".

À Justiça do Trabalho, portanto, compete processar e julgar dissídios de natureza econômica, tema do qual tratamos no Capítulo reservado ao dissídio coletivo, ao qual remetemos o leitor.

13.12. Questões intertemporais.

Com a entrada em vigor da Emenda Constitucional n. 45/2004, veio à luz a questão relacionada com as ações em curso na Justiça Comum ou na Justiça Federal cuja competência passou a ser da Justiça do Trabalho.

A Emenda Constitucional n. 45/2004 alterou a competência material da Justiça do Trabalho. Com isto, por força do art. 87 do CPC de 1973 e art. 43 do CPC de 2015, à Justiça do Trabalho deveriam ser remetidas as causas em curso na Justiça Comum e na Justiça Federal cujo julgamento foi a ela atribuído.(576)

Todavia, o plenário do STF, no julgamento do Conflito de Competência n. 7.204-1/MG, em que atuou como relator o Min. Carlos Brito, decidiu que o marco temporal da alteração da competência da Justiça do Trabalho é o advento da EC n. 45/2004, de forma que a alteração da competência alcançava os processos em curso (que deveriam, então, ser remetidos à Justiça do Trabalho), ressalvadas aqueles em que já havia julgamento do mérito.

O STF também decidiu que "a alteração superveniente de competência, ainda que ditada por norma constitucional, não afeta a validade da sentença anteriormente proferida. Válida a sentença anterior à eli-

(575) Competência da Justiça do Trabalho. In: CHAVES, Luciano Atayde (coord.). *Curso de processo do trabalho*, p. 177.

(576) Consoante foi anotado quando tratamos da aplicação da lei processual no tempo, a lei processual nova não atinge os atos processuais praticados sob a égide da legislação anterior (ela não tem efeitos retroativos). Isso significa dizer que o fato de o processo ser transferido para a Justiça do Trabalho não invalida os atos processuais praticados no juízo que antes da Emenda Constitucional n. 45/2004 era competente para julgar a demanda.

minação da competência do juiz que a prolatou, subsiste a competência recursal do tribunal respectivo" (CC n. 6.967-7, Rel. Min. Sepúlveda Pertence).

Em suma, a nova competência da Justiça do Trabalho alcança os processos em curso no momento da entrada em vigor da Emenda Constitucional n. 45/2004, sem prejuízo da validade e da eficácia dos atos até então praticados,[577] mas os processos em que já tenha sido proferida sentença de mérito na Justiça Comum ou Federal devem permanecer no juízo em que foram distribuídos (neste caso, os recursos serão julgados na Justiça Comum ou Federal, respectivamente).

14. *Imunidade de jurisdição em matéria trabalhista*

O Estado, em razão de sua soberania, não pode ser submetido às leis de outro Estado e, com isso, à sua jurisdição.[578] Imunidade de jurisdição é a não sujeição de um Estado à jurisdição de outro.

Para Athos Gusmão Carneiro, "o exercício da jurisdição encontra limites no princípio da efetividade: o juiz brasileiro somente atua, relativamente àquelas causas de alguma forma vinculadas a país estrangeiro, se houver possibilidade de tornar efetiva, de realmente fazer cumprir sua sentença".[579]

Não existe imunidade de jurisdição em matéria trabalhista, vez que o art. 114, I, da Constituição Federal atribui à Justiça do Trabalho competência para processar e julgar os dissídios oriundos das relações do trabalho, dentre elas a de emprego, envolvendo entes de direito público externo, indicando que esses entes estão sujeitos à legislação trabalhista brasileira e, com isso, à jurisdição brasileira. Essa solução se justifica, posto que contratando empregado o ente de direito público externo age como particular, situação em que não é beneficiado por tratamento especial. A propósito, inclusive, decidiu o STF que: "não há imunidade de jurisdição para Estado estrangeiro, em causa de natureza trabalhista".[580]

Ao lado da imunidade de jurisdição, se coloca a imunidade de execução, que somente pode ser afastada, de acordo com o art. 34, 4, da Convenção de Viena, por renúncia expressa quanto às medidas de execução da sentença. Assim, mesmo reconhecida competência da Justiça do Trabalho para a solução do dissídio, a execução estará condicionada à expressa renúncia do ente de direito público externo à imunidade de jurisdição em relação a atos de execução. Ausente a renúncia, a satisfação do crédito reconhecido pelo Poder Judiciário dar-se-á pela via diplomática.[581]

A Constituição Federal de 1988, ao afastar a imunidade de jurisdição em matéria trabalhista, apenas consagra a evolução do direito internacional público.

Não se olvide, contudo, que, como José Francisco Rezek adverte, "a execução forçada da eventual sentença condenatória, entretanto, só é possível na medida em que o Estado estrangeiro tenha, no âmbito espacial de nossa jurisdição, bens estranhos à sua própria representação diplomática ou consular — visto que estes se encontram protegidos contra a penhora ou medida congênere pela inviolabilidade que lhes

(577) O STJ editou a Súmula n. 367, no sentido de que "A competência estabelecida pela EC n. 45/2004 não alcança os processos já sentenciados".

(578) A Convenção de Viena, de 1961, sobre relações diplomáticas (aprovada pelo Brasil por meio do Decreto Legislativo n. 103/64), assegura imunidade de jurisdição aos membros de missão diplomática (que não se confundem com os consulados, que têm representação apenas comercial) e a estende aos agentes diplomáticos (embaixadores, legados, núncios, enviados, ministros e encarregados de negócios). Aos Estados são equiparados, para efeito de imunidade de jurisdição, os organismos internacionais com personalidade jurídica (ONU, OIT, OMS, FMI, OEA etc.). Os organismos internacionais sem personalidade jurídica (OPEP e OLP, por exemplo) não gozam de imunidade de jurisdição.

(579) *Jurisdição e competência*, p. 59.

(580) STF, AC 9.696-3-SP, Rel. Min. Sydney Sanches, *LTr* 55-01/45.

(581) Mauro Schiavi adota ponto de vista diverso, aduzindo que "a Constituição não restringe, no inciso I, a competência da Justiça do Trabalho para processar e julgar as demandas oriundas da relação de trabalho que envolvem as pessoas jurídicas de direito público externo. Se há competência para processar, também haverá para executar a decisão. De que adiante a Justiça do Trabalho poder condenar se não puder executar. Ou a demanda trabalhista se processa por inteiro, ou então a Justiça do Trabalho somente atuará pela metade. No nosso sentir, quando um ente de direito público externo contrata um empregado brasileiro, dentro do território brasileiro, pelo regime da CLT, despe-se do poder de império para se equiparar ao empregador privado" (*Manual de direito processual do trabalho*. 6. ed. p. 227).

asseguram as Convenções de Viena de 1961 e 1963, estas seguramente não derrogadas por qualquer outra norma ulterior".[582]

Para Wagner Giglio, o art. 114 da Constituição "visou precipuamente eliminar a controvérsia sobre a 'competência para declarar a competência' (ou incompetência) para dirimir litígios de que são partes entes de direito público externo: cabe à Justiça do Trabalho, e não mais à Justiça Federal, essa competência 'preliminar', nos processos trabalhistas. Esse é o sentido do art. 114 da Constituição Federal".[583] Note-se, contudo, que a Constituição Federal atribui à Justiça do Trabalho competência para processar e julgar as ações envolvendo entes de direito público externo e não apenas para dizer sobre a competência para julgá-las.

A propósito do tema, a SDI-I do TST editou a Orientação Jurisprudencial n. 416, *in verbis*: "As organizações ou organismos internacionais gozam de imunidade absoluta de jurisdição quando amparados por norma internacional incorporada ao ordenamento jurídico brasileiro, não se lhes aplicando a regra de Direito Consuetudinário relativa à natureza dos atos praticados. Excepcionalmente, prevalecerá a jurisdição brasileira na hipótese de renúncia expressa à cláusula de imunidade jurisdicional". Note-se que a hipótese é de organização ou organismo com imunidade assegurada por norma internacional incorporada ao ordenamento jurídico brasileiro.

15. Competência internacional da justiça do trabalho

A fixação da competência obedece à ideia de soberania, de forma que "o Estado-juiz não pode transpor as fronteiras de seus limites espaciais. Sob esse ângulo fixa-se (...) a competência internacional".[584]

Ísis de Almeida afirma que a competência internacional "define a legitimidade da atividade jurisdicional de um Estado soberano em relação a uma questão em que surgem fatos com ocorrência em dois ou mais Estados".[585]

Da competência internacional da Justiça do Trabalho trata o art. 651, § 2º, da CLT, dispondo que a competência das Varas do Trabalho estabelecida no art. 651 estende-se aos dissídios ocorridos em agência ou filial no estrangeiro, desde que o empregado seja brasileiro e não haja convenção internacional dispondo o contrário. Trata-se, como resulta da alusão a *empregado*, de regra relativa a dissídios decorrentes da relação de emprego.

A competência internacional da Justiça do Trabalho quanto às ações oriundas de relação de trabalho distinta da relação de emprego é definida a partir do que estabelece o art. 88 do CPC de 1973 e art. 21 do CPC de 2015: é competente a autoridade judiciária brasileira quando: a) o réu, qualquer que seja a sua nacionalidade, estiver domiciliado no Brasil; b) no Brasil tiver que ser cumprida a obrigação; e c) a ação se originar de fato ocorrido ou de ato praticado no Brasil.

16. Competência material

A competência em razão da matéria ou material é fixada tendo em conta a natureza da relação jurídica litigiosa, que é definida pelo pedido e a causa de pedir.

(582) *Direito internacional público*, p. 179-180.

(583) *Direito processual do trabalho*, p. 33-34. De acordo com Wagner Giglio, a ação contra ente de direito público externo deve ser proposta perante a Primeira Instância da Justiça do Trabalho e "citado o ente de direto público externo, quatro são as reações possíveis, a saber: a) não comparece à audiência; b) comparece e se concilia; c) comparece e argui a imunidade de jurisdição; d) comparece e renuncia à imunidade. No primeiro caso, a imunidade de jurisdição deve ser declarada *ex officio*, porque não há renúncia tácita. No segundo, a conciliação é válida, mas não cumprida espontaneamente só poderá ser executada se houver renúncia expressa à imunidade de execução. No terceiro caso, deve ser proclamada a imunidade de jurisdição e arquivado o processo. E no último caso, deve o feito ser instruído e julgado como qualquer outro" (*Direito processual do trabalho*, p. 34).

(584) FUZ, Luiz. *Curso de direito processual civil*, p. 84.

(585) *Manual de direito processual do trabalho*, v. I, p. 222.

A competência material da Justiça do Trabalho é estabelecida no art. 114 da Constituição.

Para José Augusto Rodrigues Pinto, "antes da Emenda, o art. 114 da Constituição determinava a competência dos juízes e tribunais pela matéria da relação jurídica dos atores do capital e do trabalho, nos planos individual e coletivo (...). O novo critério resultou no deslocamento do eixo da determinação da competência, que passou da matéria (relação de emprego) para a pessoa (do trabalhador) (...). A relação de trabalho é de conteúdo (matéria) cível, até de modo prevalente, pois de todos os contratos de atividade, somente o de emprego é trabalhista. Entretanto, todos eles têm por sujeito a pessoa do trabalhador, não mais apenas a do empregado, o que mostra a realidade de que o novo critério de determinação da competência passou a ter seu centro, seu eixo, na pessoa do trabalhador, o que atrai para si toda matéria de suas relações possíveis, seja ela trabalhista (quando o trabalhador é empregado) ou cível (quando o trabalhador não é empregado). Portanto, é no trabalhador que está centrada a determinação".(586)

O art. 114 da Constituição Federal trata da competência *em razão da matéria* da Justiça do Trabalho (é o que se dá, por exemplo, com a ação envolvendo o exercício do direito de greve e representação sindical), valendo lembrar que, como leciona Enrico Tullio Liebman, quando "determinada causa é subtraída ao juiz ordinário para ser submetida ao conhecimento de juiz especial, estamos substancialmente diante de uma repartição de tarefas entre diversos órgãos do Estado, isto é, de uma distribuição de competência por matéria".(587) Nesse compasso, sendo a Justiça do Trabalho uma justiça especial, a competência que lhe atribui a Constituição Federal refere-se à matéria que por ela deve ser decidida (dissídios decorrentes da relação de trabalho e conexos à relação de trabalho).

Acrescente-se que a Constituição Federal, ao dispor, no inciso IV do art. 114, que a Justiça do Trabalho tem competência para julgar mandados de segurança, *habeas corpus* e *habeas data* quando o ato questionado envolver *matéria* sujeita à sua jurisdição, deixa claro que está tratando de competência em razão da matéria.

Consoante anota Celso Agrícola Barbi, "a finalidade da competência em razão da matéria é especializar os juízes, propiciando, assim, meios para o aprimoramento do trabalho da magistratura",(588) finalidade que é atendida pelo art. 114 da Constituição Federal, que cria uma justiça especializada no julgamento de dissídios decorrentes da relação de trabalho ou a ela conexos.

17. *Competência em razão das pessoas*

A competência em razão das pessoas é fixada tendo em vista atributo pessoal da parte.

É dessa competência que trata o art. 652, III, da CLT, quando se refere aos dissídios resultantes de contratos de empreitada em que o empreiteiro seja operário ou artífice. O mesmo ocorre em relação aos arts. 652, V, e 653 da CLT, atribuindo às Varas do Trabalho competência para conciliar e julgar as ações entre trabalhadores portuários e os operadores portuários ou o órgão Gestor de Mão de Obra decorrentes da relação de trabalho e as ações do trabalhador avulso contra o seu tomador de serviços.

Nestas hipóteses, o legislador ordinário atribuiu à Justiça do Trabalho competência para julgar dissídios decorrentes de relação de trabalho distinta da relação de emprego, levando em conta atributos pessoais do trabalhador abrangido pelas disposições consolidadas referidas. Trata-se, assim, de competência em razão das pessoas.

Entretanto, por força da Emenda Constitucional n. 45/2004, o julgamento dos dissídios decorrentes de relação de trabalho não subordinado referidos no art. 652 da CLT já não se faz em razão das pessoas neles envolvidas, mas da própria natureza da relação (relação de trabalho). Trata-se, agora, de competência estabelecida em razão da natureza jurídica da relação litigiosa, ou seja, da matéria.

(586) A Emenda Constitucional n. 45/04 e a Justiça do Trabalho: reflexos, inovações e impactos. In: COUTINHO, Grijalbo Fernandes; FAVA, Marcos Neves (coords.). *Justiça do Trabalho:* competência ampliada, p. 230.

(587) *Manual de direito processual civil*, v. I, p. 15.

(588) *Comentários ao Código de Processo Civil*, v. I, p. 293.

18. Competência funcional ou em razão da hierarquia

O ordenamento jurídico define a função que os órgãos do Poder Judiciário desempenharão em um mesmo processo, fixando, com isto, a competência funcional ou em razão da hierarquia de cada um deles.

Nesse sentido, existem demandas que deverão, necessariamente, ser processadas e julgadas por uma Vara do Trabalho. Neste caso, a Vara do Trabalho terá *competência originária* para julgar a demanda, ao passo que os demais órgãos do Poder Judiciário sobre ela somente poderão se manifestar se for apresentado recurso contra a decisão proferida no âmbito da Vara do Trabalho (os demais órgãos do Poder Judiciário têm, em relação à demanda distribuída a uma Vara do Trabalho, *competência revisional* ou *competência recursal*). Situações existem em que a demanda deverá ser apresentada diretamente a um Tribunal Regional do Trabalho, atuando o Tribunal Superior do Trabalho como instância revisional ou recursal, ao passo que também existem situações em que a ação deverá ser dirigida diretamente ao Tribunal Superior do Trabalho.

À luz desse critério é que foi distribuída a competência entre as Varas do Trabalho (art. 652 da CLT), os Tribunais Regionais do Trabalho (arts. 678 e 679 da CLT) e o Tribunal Superior do Trabalho (art. 702 da CLT e Lei n. 7.701/88), observando-se que, pelo que se extrai do art. 652 da CLT, como regra as demandas trabalhistas devem ser processadas e julgadas originalmente pelas Varas do Trabalho.

19. Competência em razão do lugar ou territorial. Fixação da competência por distribuição

Para fins de repartição da competência entre os órgãos do Judiciário Trabalhista, o território nacional foi dividido em circunscrições maiores, que recebem a denominação de *regiões*. As regiões, por sua vez, são divididas em circunscrições menores, denominadas *comarcas* (art. 650 da CLT). Com isto, resta definido o âmbito territorial ou os limites geográficos de atuação de cada órgão do Poder Judiciário, ou seja, a sua competência territorial ou em razão do local.

A competência territorial das Varas é fixada no art. 651 da CLT, que foi examinado no Capítulo relativo à organização e funcionamento da Justiça do Trabalho, no qual foi assinalado que existe um *foro geral* (local da prestação de serviços) e vários *foros especiais* (situações previstas nos três parágrafos do art. 651 da CLT),[589] ao passo que a competência territorial dos Tribunais Regionais do Trabalho é estabelecida no art. 674 da CLT e, a do TST, nos art. 92, parágrafo único, da Constituição e 690 da CLT.

Havendo, na mesma comarca, mais de uma Vara do Trabalho ou Juiz de Direito investido na jurisdição trabalhista competentes para processar e julgar o dissídio, a competência é fixada pela distribuição (arts. 669, § 1º, e 783 da CLT). A distribuição define, entre juízos dotados de igual competência, aquele que deverá processar e julgar determinada demanda (define-se, assim, dentro do *foro competente*, ou seja, aquele que será o *juízo competente* para processar e julgar a demanda).

20. Competência da justiça do trabalho: questões tópicas

Várias são as questões relacionadas com a competência da Justiça do Trabalho que ainda suscitam debates doutrinários e divergências jurisprudenciais.

A seguir serão examinadas algumas destas questões.

20.1. Indenização de danos decorrentes de acidente de trabalho. Competência e prescrição.

As dúvidas que existiam a respeito da competência para o julgamento da ação de reparação de danos resultantes de acidente de trabalho desapareceram com a Emenda Constitucional n. 45/2004.

---

(589) No processo civil, como decore dos arts. 94 a 101 do CPC, também existe um foro geral (foro do domicílio do demandado) e foros especiais (fixados em razão da matéria e das partes, por exemplo).

Por força dessa Emenda, foi atribuída à Justiça do Trabalho competência para julgar as ações oriundas da relação de trabalho, sem ressalva quanto ao fato de terem por objeto pedido de reparação de dano resultante de acidente de trabalho (inciso I), assim como as ações de indenização por dano moral e patrimonial decorrentes da relação de trabalho, também sem ressalva quanto à origem do dano (inciso VII).

De outro lado, ao autorizar o juiz ou Tribunal do Trabalho a recorrer ao direito comum para decidir conflito entre empregado e empregador, o art. 8º da CLT torna lícito afirmar que o fato de a demanda ser decidida com esteio em norma ou princípio do direito comum não afasta, por si só, a competência da Justiça do Trabalho. A natureza do litígio entre empregado e empregador não é fixada pela norma a ser utilizada na sua solução, mas pelo pedido e pela causa de pedir. Assim, o fato de a pretensão ser examinada à luz do princípio da responsabilidade civil não afasta a competência da Justiça do Trabalho, em especial porque o princípio da responsabilidade civil, além de se irradiar por todo o ordenamento jurídico, recebeu na Constituição Federal de 1988 (art. 5º, V e X) o *status* de princípio constitucional, alcançando, por isso, também a relação entre empregado e empregador, conforme deixa claro, inclusive, o art. 7º, XXVIII.

Não se pode olvidar, ainda, que o direito à reparação de danos resultantes do acidente de trabalho foi incluído pela Constituição Federal de 1988 (art. 7º, XXVIII) dentre os direitos decorrentes da relação de emprego. Tendo a ação de reparação de danos decorrentes de acidente de trabalho por objeto um direito decorrente da relação de emprego, o seu julgamento compete à Justiça do Trabalho, por força do art. 114, I, da Constituição Federal.

Merece destaque a Súmula n. 736 do STF ("Compete à Justiça do Trabalho julgar as ações que tenham como causa de pedir o descumprimento de normas trabalhistas relativas à segurança, higiene e saúde dos trabalhadores"[590]). À luz da referida Súmula, se do descumprimento das normas relativas à segurança, higiene e saúde resulta um acidente de trabalho, não há como negar à Justiça do Trabalho a competência para julgar o pedido de sua reparação (a causa de pedir seria o descumprimento daquelas normas e suas consequências para o trabalhador). Do contrário, na Justiça do Trabalho, seria examinada a alegação de descumprimento das normas relativas à segurança, higiene e saúde do trabalhador e, no cível, os efeitos desse descumprimento, o que se nos afigura insustentável.

Em março de 2005, o STF decidiu, por maioria de votos (8 a 2), ao julgar o Recurso Extraordinário n. 438.639, que compete à Justiça comum, mesmo após a Emenda Constitucional n. 45/2004, o julgamento de ação reparatória de dano decorrente de acidente de trabalho. Prevaleceu nesse julgamento a tese de que o princípio da unidade de convicção impedia que sobre a ocorrência do acidente se manifestassem, ainda que para efeitos diversos, a Justiça Estadual e a Justiça do Trabalho. Em nova decisão, agora unânime, de 29.6.2005, proferida nos autos do Conflito de Competência n. 7.207-1, o STF adotou o entendimento de que é da Justiça do Trabalho a competência para processar e julgar as ações de reparação de danos decorrentes de acidente de trabalho.

Contudo, posteriormente, o STF editou a Súmula Vinculante n. 22, prevendo que: "A Justiça do Trabalho é competente para processar e julgar ações de indenização por danos morais e patrimoniais decorrentes de acidente de trabalho propostas por empregado contra empregador, inclusive aquelas que ainda não possuíam sentença de mérito em primeiro grau quando da promulgação da Emenda Constitucional n. 45/2004".

No que comporta à prescrição da pretensão de reparação de danos decorrentes de acidente de trabalho, três são as correntes de pensamento encontradas na doutrina e na jurisprudência:

a) o direito à reparação de danos é de natureza civil, o que atrai a aplicação do disposto no art. 206, § 3º, V, do Código Civil, sendo a prescrição da pretensão de reparação de danos de três anos;

b) sendo a reparação de danos de natureza civil e não existindo norma expressa disciplinando o prazo prescricional para a manifestação da pretensão de reparação de danos decorrentes de acidente de trabalho, deve ser observado o prazo legal supletivo estabelecido do art. 205 do Código Civil, que é de dez anos;

(590) Diante dos termos da aludida Súmula, não há como negar à Justiça do Trabalho competência para julgar ações visando à proteção do meio ambiente do trabalho.

c) trata-se, a reparação de danos oriundos de acidente de trabalho, de direito resultante da relação de emprego, estando a pretensão a ela relativa sujeita ao prazo prescricional estabelecido no art. 7º, XXIX, da Constituição.

A Constituição assegura aos trabalhadores o direito à reparação de danos decorrentes de acidente de trabalho (art. 7º, XXVIII). Trata-se, assim, de direito que decorre da relação de emprego.

Isso significa que a prescrição relativa à pretensão de reparação de danos oriundos de acidente de trabalho está sujeita aos prazos prescricionais estabelecidos no art. 7º, XXIX, da Constituição.

Neste contexto, a pretensão deve ser manifestada em juízo no prazo de dois anos, contados da extinção do contrato de trabalho, isto no caso de o trabalhador já ter ciência inequívoca, neste momento, dos efeitos do acidente sobre a sua saúde e capacidade laborativa (aplicação da Súmula n. 278 do STJ: "o termo inicial do prazo prescricional, na ação de indenização, é a data em que o segurado teve ciência inequívoca da incapacidade laboral"). O prazo prescricional é contado a partir do momento em que o titular do direito tem ciência de sua violação; a violação do direito faz surgir a pretensão, a ser manifestada em juízo por meio da ação. Daí ser dito em doutrina que a prescrição pressupõe o nascimento da ação ou *actio nata* (ação nascida). À luz deste mesmo raciocínio, se o trabalhador somente toma ciência inequívoca da doença profissional e suas consequências após a extinção da relação de emprego, a prescrição somente é contada a partir da ciência da doença e suas consequências, momento em que o trabalhador toma ciência da lesão ao seu direito.

Nesse compasso, aplicada à hipótese, por analogia, o disposto no art. 26 do Código de Defesa do Consumidor, tem-se que:

a) no caso de acidente de trabalho com consequências aparentes ou de fácil constatação, o prazo prescricional (bienal) é contado da data do acidente, sendo ressalvado, no entanto, que a demanda pode ser proposta até dois anos contados da extinção da relação de emprego (art. 7º, XXIX, da Constituição);

b) quando se tratar de dano oculto, ou seja, de doença ocupacional desconhecida pelo trabalhador, o prazo prescricional (bienal) é contado da data da ciência inequívoca da doença e suas consequências, o que se dá quando, por meio de perícia médica ou exame médico conclusivo, é detectada a doença e são definidas as suas consequências para a saúde e a capacidade laborativa do trabalhador (art. 196 do Código Civil e Súmula n. 278 do STJ);

c) no caso de prescrição quinquenal, se o acidente de trabalho e a consolidação das suas consequências ocorrem após os cinco anos que antecederam a propositura da ação, a pretensão do trabalhador terá sido alcançada pela prescrição, ao passo que, se o acidente ocorreu após os cinco anos que antecederem a propositura da ação, mas as suas consequências perduram no tempo (danos contínuos) e se inserem dentro destes cinco anos, a ação pode ser proposta até dois anos da extinção do contrato de trabalho (nesta hipótese, as consequências do acidente e, portanto, a responsabilidade reparatória, persistem no tempo, de forma que a qualquer momento, desde que respeitado o biênio, o trabalhador pode pleitear a reparação).

A respeito da natureza do dano — contínuo ou instantâneo, vale a pena mencionar o que se segue.

Na hipótese de *danos contínuos*, ou seja, de ato lesivo praticado mais de cinco anos antes da propositura da demanda, mas com efeitos que se repetem nos cinco anos anteriores à propositura da ação, o marco prescricional não se confunde com aquele da prática do ato ilícito. A pretensão reparatória é, de certa forma, também contínua, ou seja, ela surge a cada momento em que se apresenta o dano resultante do ato lesivo e em cada um deles tem início o prazo prescricional. No caso de danos contínuos, o termo inicial da prescrição é a data da verificação do dano (e não do ato lesivo), vez que, a cada manifestação sua, nasce a pretensão reparatória. Em suma, ainda que o ato lesivo tenha sido praticado mais de cinco anos antes da propositura da ação, se os seus efeitos são sentidos dentro destes últimos cinco anos, não se dá a extinção da pretensão, pela prescrição, pelo fato de terem transcorrido mais de cinco anos ente a prática do ilícito e a propositura da ação.

Esta solução se encontra sintonia, inclusive, com várias Súmulas editadas pelo TST, merecendo referência, a título de exemplo, a Súmula n. 6, IX, segundo a qual, na ação de equiparação salarial (art. 461

da CLT), a prescrição é parcial e só alcança as diferenças salariais vencidas no período de cinco anos que precedeu o ajuizamento.

Desse modo, se o direito à equiparação salarial surge mais de cinco anos antes da propositura da ação, mas a diferença salarial se reproduz a cada mês, a prescrição é parcial, ou seja, subsiste o direito à diferença salarial relativa aos últimos cinco anos, contados da propositura da demanda. Esta Súmula, portanto, aponta no sentido de que, se a lesão sofrida pelo trabalhador é contínua, a prescrição é apenas parcial, atingindo somente os danos verificados fora dos cinco anos que antecederem à propositura da ação.

No caso de dano instantâneo a solução é distinta, vez que o prazo prescricional é contado da data do ato de que decorre a pretensão reparatória.

Quanto à incidência do art. 7º, XXIX, da Constituição em relação à pretensão reparatória de danos decorrentes de acidente de trabalho, vale observar que ela somente poderá ser afastada na hipótese de ação proposta perante a Justiça Comum antes da Emenda Constitucional n. 45/2004 em que tenha sido declinada a competência para a Justiça do Trabalho. Neste caso, a prescrição a ser observada é a civil (prescrição da pretensão reparatória manifestada perante a Justiça Comum), em respeito à boa-fé do autor da demanda, diante da séria controvérsia doutrinária e jurisprudencial sobre a justiça competente para julgar ação reparatória de danos decorrentes de acidente de trabalho.

No caso de morte do trabalhador (ora) vítima de acidente de trabalho, a ação pode ser proposta pelo espólio ou pela(o) viúva(o) e/ou filhos(as) do trabalhador(ora).(591) Em ambas as hipóteses, a ação terá como causa, ainda que remota, uma relação de emprego e um acidente de trabalho (que somente ocorre na relação de emprego), o que atrai a competência da Justiça do Trabalho, por força do art. 114, I e VI, da Constituição Federal, sendo relevante mencionar que o inciso VI do art. 114 trata da competência em razão da matéria e não em razão das pessoas (o que significa que a competência da Justiça do Trabalho não foi limitada às ações ajuizadas por trabalhador vítima de acidente de trabalho contra o tomador dos seus serviços).

Enfrentando a questão, decidiu o STF que a competência da Justiça do Trabalho "remanesce ainda quando a ação é ajuizada ou assumida pelos dependentes do trabalhador falecido, pois a causa do pedido de indenização continua sendo o acidente sofrido pelo trabalhador"(592) e que "é irrelevante para a definição da competência jurisdicional da Justiça do Trabalho que a ação de indenização não tenha sido proposta pelo empregado, mas por seus sucessores".(593)

A propósito, inclusive, tem-se a Súmula n. 392 do TST, "Nos termos do art. 114, inc. VI, da Constituição da República, a Justiça do Trabalho é competente para processar e julgar ações de indenização por dano moral e material, decorrentes da relação de trabalho, inclusive as oriundas de acidente de trabalho e doenças a ele equiparadas, ainda que propostas pelos dependentes ou sucessores do trabalhador falecido".

O STJ também já decidiu que: "1. Trabalhador de empresa que presta serviços ao DER/RJ sofreu acidente fatal na condução de caminhão pertencente ao referido ente estatal. 2. Os herdeiros do *de cujus* não ajuizaram a demanda indenizatória contra o empregador, mas somente contra o DER/RJ, ao fundamento de que o caminhão estava mal conservado. 3. Se o acidente ocorreu durante o desempenho da atividade laboral, não é razoável examinar o fato à margem do subjacente vínculo trabalhista. 4. A jurisprudência desta Corte assevera que o julgamento de demanda de indenização por danos morais e patrimoniais decorrentes de acidente de trabalho, ainda que ajuizada pelos herdeiros do *de cujus*, é da competência da Justiça do Trabalho".(594)

(591) De acordo com o art. 1º da Lei n. 6.858/80, "Os valores devidos pelos empregadores aos empregados e os montantes das contas individuais do Fundo de Garantia do Tempo de Serviço e do Fundo de Participação PIS-PASEP, não recebidos em vida pelos respectivos titulares, serão pagos, em quotas iguais, aos dependentes habilitados perante a Previdência Social ou na forma da legislação específica dos servidores civis e militares, e, na sua falta, aos sucessores previstos na lei civil, indicados em alvará judicial, independentemente de inventário ou arrolamento", ao passo que, de acordo com o § 1º do citado comando legal, "As quotas atribuídas a menores ficarão depositadas em caderneta de poupança, rendendo juros e correção monetária, e só serão disponíveis após o menor completar 18 (dezoito) anos, salvo autorização do juiz para aquisição de imóvel destinado à residência do menor e de sua família ou para dispêndio necessário à subsistência e educação do menor".

(592) STF, Ag. Reg. RE n. 503.043-1, Rel. Min. Carlos Ayres Brito, j. 26.4.2007.

(593) STF, Rex n. 482.797-2, Rel. Min. Ricardo Lewandowski, julg. 13.5.2008.

(594) STJ, CC 123.122/RJ, Rel. Min. Sérgio KuKina.

20.2. Responsabilidade pré e pós-contratual.

A responsabilidade reparatória pode ser pré-contratual, contratual e pós-contratual, dependendo do momento em que surge o dano indenizável. Interessa, aqui, apenas, a responsabilidade pré-contratual e pós-contratual, isto é, a responsabilidade pela reparação de dano decorrente de ação ou omissão verificada na fase antecedente (fase pré-contratual) ou na fase que sucede a execução do contrato (fase pós-contratual), respectivamente.

O período pré-contratual tem início com a proposta do contrato (art. 427 do Código Civil: "a proposta do contrato obriga o proponente, se o contrário não resultar dos termos dela, da natureza do negócio, ou das circunstâncias do caso") e finda com a aceitação, pelos contraentes, dos termos propostos (consenso sobre os termos do contrato ou aceitação da proposta do contrato), acrescentando-se que, segundo o art. 435 do Código Civil, "reputar-se-á celebrado o contrato no lugar em que foi proposto".

O fundamento para o reconhecimento da responsabilidade pré-contratual pode ser encontrado, de acordo com Judith Martins-Costa, na combinação "entre as regras do art. 389 (que trata da indenização pela inexecução de obrigações, não as restringindo às obrigações *contratuais*); art. 186 (cláusula geral de ilicitude subjetiva); art. 187 (que comina de ilicitude ato manifestamente contrário à boa-fé); art. 422 (impositivo do dever de conduta segundo a boa-fé desde a conclusão do contrato, abrangendo a fase em que *nasce a conclusão*, portanto, a fase das tratativas); e o art. 927 (norma impositiva da obrigação de indenizar, reenviando aos pressupostos dos arts. 186 e 187)".[595]

Judith Martins-Costa afirma que, na conduta pré-negocial, o dever de indenizar se caracteriza "quando houver violação do princípio da boa-fé por ter sido *injustamente* despertada a confiança da outra parte em que o contrato seria concluído (...). Aliás, pode ocorrer inclusive a responsabilidade pela 'perda de uma chance' (*perte d'une chance*)".[596]

(595) Um aspecto da obrigação de indenizar: notas para uma sistematização dos deveres pré-negociais de proteção no direito civil brasileiro. In: *A evolução do direito no século XXI:* estudos em homenagem ao prof. Arnold Wald. Coimbra: Almedina, 2007. p. 301-355. Para essa doutrinadora, na fase pré-contratual, "os danos decorrem da circunstância de os envolvidos se terem aproximado em virtude de um escopo determinado, a saber: averiguar a possibilidade e/ou conveniência de pactuarem um negócio jurídico, normalmente um contrato, portanto se expondo a certos riscos, tanto na sua pessoa quanto no seu patrimônio. Sendo essa a razão da aproximação entre os interessados, fácil é perceber que entre ambos não existe apenas uma relação ocasional e fortuita, como a relação que liga as pessoas por conta da ocorrência de um dano derivado de um delito civil imputável a uma delas. Tendo visado contratar estavam impulsionados por certas *expectativas*, derivadas do escopo comum e da especial proximidade no arco dos contatos sociais que passaram a manter. Essa expectativa é, minimamente, a de que as negociações sejam sérias e consequentes, marcadas pela lealdade e probidade que é a pauta por excelência do agir civil (*civiliter agere*) delas não resultando danos injustos à sua pessoa e ao seu patrimônio (...). Sendo funções primárias do Direito garantir expectativas e direcionar condutas, o Ordenamento assegura 'a confiança fundada nas condutas comunicativas das pessoas responsáveis', fundada na própria '*credibilidade* que estas condutas reivindicam'. Por isso, o Ordenamento protege certas 'situações de confiança' para efeito de indenizar os danos produzidos em razão da confiança *injustamente iludida*". (*Op. cit.*, p. 301-355). Acrescenta essa doutrinadora que o "dever de agir segundo a probidade e a boa-fé não significa, de modo algum, que haja um dever jurídico geral de adoção de comportamentos conformes à expectativa que os sujeitos geram por suas condutas (...). O que há, em certas circunstâncias, é, por força da boa-fé objetiva em sua conexão com as situações de confiança, o nascimento de deveres tendentes a evitar nos parceiros pré-negociais *representações injustificadas* — e injustificadas em razão da especial posição assumida pelos sujeitos — bem como a *prevenir danos* ocasionáveis pela especial aproximação que os interessados mantiveram. Os negociantes, conquanto ainda não vinculados por *deveres de prestação*, se devem, reciprocamente, o resguardo contra danos resultantes de uma violação dos deveres de proteção derivados do imperativo de agir segundo a boa-fé (art. 422) no período das tratativas (...). Esses deveres, podendo nascer *antes* dos deveres de prestação, exprimem a necessidade de tomar em consideração os interesses justificados da contraparte e de adotar o comportamento que se espera de um parceiro honesto e leal de modo a fundamentar uma 'ordem especial de proteção' dos bens pessoais e patrimoniais das partes contratantes" e que a responsabilidade extracontratual tem dentre as suas espécies "a responsabilidade pré-negocial, caracterizada pelo momento da produção do dano e pela especificidade do dever violado (infração danosa imputável a deveres de proteção pré-negocial" (*Op. cit.*, p. 301-355).

(596) *Op. cit.*, p. 301-355. Judith Martins-Costa aduz que "não incorre em violação dos deveres de boa-fé nas relações pré-contratuais aquele que advertir a contraparte, com a devida antecedência, de que a celebração do contrato constitui uma mera eventualidade e der por findas as relações pré-contratuais ao verificar a inconveniência de concluí-lo, mormente quando o objeto contratual, por sua complexidade, exige estudos cautelosos e demorados. Também assim aquele que desiste das negociações, ainda que avançadas, porque tem motivo razoável para não contratar ('justa causa para a frustração negocial'), como quem descobre que sobre o imóvel em negociação pende servidão de passagem (...). A regra, portanto, consiste na licitude da ruptura, pois, não havendo dever de contratar (por isso mesmo estando os interessados 'em negociações') é evidente que a mera cessão daquelas, como *resultado possível* das tratativas preliminares, não conduz ao dever de indenizar: nesse caso não haverá como falar em violação de dever jurídico porque o dever não estaria sequer configurado" e que "fora de dúvida

Lembrando que, como dispõe o art. 442 do Código Civil, "os contraentes são obrigados a guardar, assim na conclusão do contrato, como em sua execução, os princípios da probidade e boa-fé", e aplicando no pré-contrato trabalhista o disposto nos arts. 30, 48 e 84 do CDC, pode ser afirmado que as declarações de vontade constantes de escritos particulares (o que anúncios publicitários por meio de folhetos ou publicados em jornais), recibos e pré-contratos vinculam o proponente e integram o contrato que vier a ser celebrado, com a ressalva de que, enquanto nas relações de consumo é estabelecido, expressamente, o dever de contratar (arts. 35 e 84 do CDC), na seara trabalhista, a recusa de contratar resolve-se em perdas e danos.

Como ensina Sílvio de Salvo Venosa, "quem se recusa a contratar, pura e simplesmente, ou quem, injustificadamente, desiste de contratar após iniciar eficientes tratativas, pode ser obrigado a indenizar".[597] A ninguém pode ser imposta a obrigação de contratar determinado trabalhador. No entanto, na fase pré-contratual, as partes devem agir com probidade e boa-fé. Com isto, aquele que, sem justo motivo, isto é, de forma arbitrária, rompe as negociações, responde pelos danos sofridos pela outra parte.

Nesse compasso, as despesas realizadas quando das negociações preliminares e os prejuízos advindos da frustração da fundada confiança na celebração do contrato (perda da oportunidade de contratar com outrem, por exemplo) devem ser indenizados por aquele que não agiu com boa-fé.

De outro lado, mesmo depois de rescindido o contrato, permanecem para as partes a obrigação de probidade e boa-fé e, com isso, o dever de indenizar os prejuízos que causar à outra em razão do descumprimento dessa obrigação (*princípio das pós-eficácia das obrigações*).

Sílvio de Salvo Venosa assinala que a "responsabilidade pós-contratual ou *culpa pos factum finitum* decorre primordialmente do complexo geral da boa-fé objetiva em torno dos negócios jurídicos. Trata-se de um dever acessório de conduta dos contratantes, depois do término das relações contratuais".[598]

A dúvida surge quanto ao juízo competente para a ação visando à reparação desses danos (responsabilidade pré-contratual e pós-contratual).

O STJ já decidiu que "a ação que visa à reparação de danos materiais e morais em razão de alegada rescisão de pré-contrato de trabalho deve ser processada e julgada pela Justiça Especial".[599]

Com efeito, se o trabalhador, confiando na promessa de contratação, se deslocar de sua residência até a localidade onde a empresa tem sede para a formalização do contrato (arcando com os custos de seu deslocamento) e esta não se der por culpa do pretenso contratante, a sua indenização deverá ser pleiteada perante a Justiça do Trabalho, vez que os gastos foram realizados em razão de uma relação de trabalho, ainda que a ser concretizada.[600]

A ação de reparação deve ser proposta no prazo de dois anos (art. 7º, XXIX, da Constituição Federal), contados da recusa de celebração do contrato.

A Justiça do Trabalho também tem competência para julgar os dissídios trabalhistas decorrentes de atos praticados pelo empregador após a extinção do contrato, desde que relacionados ao vínculo extinto, como é o caso de pedido de indenização resultante de falsas informações prestadas pelo empregador sobre

que a cessão de negociações ainda incipientes, ou ainda extremamente difusas não leva ao dever de indenizar por 'ruptura injustificada' (...). Não devemos esquecer que é do interesse da ordem jurídica 'preservar' um espaço de liberdade para que os sujeitos possam avaliar os seus interesses, e tomar autonomamente a decisão de contratar'. Para alcançar o dever de indenizar pela ruptura das tratativas é necessário, portanto, um rigoroso juízo sobre as circunstâncias do caso, alicerçado em dados concretos e inequívocos acerca da legitimidade da expectativa suscitada na outra parte negociadora de que o contrato seria concluído" (*Op. cit.*, p. 301-355).

(597) *Direito civil*, v. 2, p. 511. Se a hipótese é de recusa de contratar, somente pode ser responsabilizado, como adverte Sílvio de Salvo Venosa, aquele que "estava em condições de contratar e não o fez", ao passo que, na desistência de contratar (rompimento das negociações preliminares), "há necessidade de que o estágio das preliminares da contratação já tenha imbuído o espírito dos postulantes da verdadeira existência do futuro contrato" (*Direito civil*, v. 2, p. 513).

(598) *Direito civil*, v. 2, p. 516.

(599) STJ, CC 31.702, Rel. Min. Ari Pergendler, DJU 11.10.2002, p. 185.

(600) Nesse sentido: "A Justiça do Trabalho é competente para apreciar e decidir pedido de reparação de dano causado pelo descumprimento de promessa de celebrar contrato de trabalho, por tratar-se de controvérsia decorrente de uma relação de trabalho prometida e que não teria se consumado por culpa exclusiva de uma das partes" (4ª T. do TRT da 3ª Região, RO 17739/00, Rel. Juiz Luiz Octávio Linhares Renault, DJMG 25.11.2000, p. 22).

ex-empregado, com a finalidade de dificultar o seu reingresso no mercado de trabalho, por se tratar de dissídio decorrente de uma relação de emprego, ainda que pretérita. A ação de reparação deve ser proposta no prazo de dois anos (art. 7º, XXIX, da Constituição), contados do ato danoso.

20.3. Ação regressiva proposta pelo empregador contra empregado no caso de assédio sexual ou moral. Demanda entre trabalhador assediante e assediado.

O empregador condenado a indenizar empregado vítima de assédio sexual ou moral praticado por outro empregado no local de trabalho pode contra este propor ação regressiva, visando ao ressarcimento dos valores pagos a título de indenização por danos morais, como permite afirmar o art. 934 do Código Civil, segundo o qual, "aquele que ressarcir o dano causado por outrem pode reaver o que houver pago daquele por quem pagou, salvo se o causador do dano for descendente seu, absoluta ou relativamente incapaz".

À Justiça do Trabalho compete processar e julgar dissídios oriundos da relação de trabalho, o que inclui ação regressiva promovida por empregador contra empregado com base no art. 934 do Código Civil, tendo em vista o disposto no art. 114, I e VI, da Constituição.

Assim, o empregador que for condenado a indenizar empregada vítima de assédio sexual ou moral praticado por seu superior hierárquico pode contra este promover, perante a Justiça do Trabalho, ação regressiva.

Na hipótese de assédio sexual ou moral acima ventilada, é possível vislumbrar a possibilidade de a vítima optar pela propositura de ação contra o seu empregador e, também, contra o assediante.

Nesta segunda situação (ação do assediado contra o assediante), ter-se-ia um litígio entre empregados oriundo da relação de trabalho, competindo à Justiça do Trabalho o seu julgamento (art. 114, I, da Constituição).

20.4. Ação regressiva promovida pela Previdência Social.

Dispõe o art. 120 da Lei n. 8.213/91 que "nos casos de negligência quanto às normas padrão de segurança e higiene do trabalho indicadas para a proteção individual e coletiva, a Previdência poderá propor ação regressiva contra os responsáveis".

Trata-se, portanto, de ação a ser proposta pela Previdência Social quando for ela obrigada a pagar contribuições previdenciárias ao trabalhador vítima de acidente de trabalho resultante de negligência (na verdade, a hipótese não é apenas de negligência, posto que também alcança as situações de imprudência e de dolo) do empregador quanto às normas padrão de segurança e higiene do trabalho indicadas para a proteção individual e coletiva.

A hipótese é de dissídio de natureza previdenciária (dissídio entre empregador e a Previdência Privada), que está fora do alcance da competência da Justiça do Trabalho. O julgamento da ação regressiva em questão cabe à Justiça Federal (art. 109, I, da Constituição da República).

20.5. Assédio sexual praticado contra empregada doméstica por convidado ou pessoa da família do empregador.

A natureza jurídica da relação litigiosa é definida pelo pedido e causa de pedir.

Dessa forma, a ação ajuizada por empregada doméstica que sofreu, no local de trabalho, assédio sexual praticado por convidado ou pessoa da família do empregador que não resida no local tem por fundamento a relação de emprego (a causa de pedir será o dano sofrido no local de trabalho e o descumprimento, pelo empregador, do dever de garantir ao trabalhador ambiente de trabalho que preserve a sua integridade física e moral), inserindo-se, com isto, na competência da Justiça do Trabalho.

É neste sentido, inclusive, decisão proferida pelo STJ nos autos do CC 110.924/SP: "compete (...) à Justiça Trabalhista processar e julgar ações de compensação por danos decorrentes de assédio sexual praticado contra empregado doméstico em seu ambiente de trabalho, ainda que por parte de familiar que nesse não residia, mas que praticou o dano somente porque a ele teve livre acesso".

20.6. Ação envolvendo contrato de mútuo celebrado em decorrência da relação de emprego.

Consoante decidiu o STJ, "compete à Justiça do Trabalho processar e julgar ação de execução por quantia certa, proposta por empregador em face de seu ex-empregado, na qual sejam cobrados valores relativos a contrato de mútuo celebrado entre as partes para o então trabalhador adquirir veículo automotor particular destinado ao exercício das atividades laborais. A competência para julgamento de demanda levada a juízo é fixada em razão da natureza da causa, que é definida pelo pedido e pela causa de pedir deduzidos. Na hipótese descrita, a execução possui como causa de pedir um contrato de mútuo firmado dentro da própria relação de trabalho e em função dela. Dessa forma, cuidando-se de lide envolvendo pacto acessório ao contrato de trabalho, é manifesta a competência da Justiça Trabalhista".[601]

20.7. Furto de veículo do trabalhador no estabelecimento do empregador.

O empregador que coloca à disposição do trabalhador local onde possa estacionar o seu veículo durante a jornada de trabalho assume a responsabilidade pela sua guarda.

Dessa forma, eventual ação de indenização por danos resultando do furto do veículo no local estacionado se insere na competência da Justiça do Trabalho, vez que a causa de pedir da ação será o descumprimento do dever de diligência do empregador em relação à guarda de bens do trabalhador colocados sob sua responsabilidade.

(601) STJ, CC 124.894-SP, Rel. Min. Raul Araújo, julgado em 10.4.2013.

Capítulo 6

Jurisdição e Ação

1. *Jurisdição*

1.1. Conceito.

O Estado, ao proibir a autotutela, chama para si a responsabilidade pela solução de conflitos de interesses surgidos no contexto das relações sociais e realização concreta dos direitos atribuídos pela ordem jurídica não satisfeitos espontaneamente, o que faz no exercício da jurisdição.

Como observa Piero Calamandrei, "o Estado, ao estabelecer as leis, não se limita a dirigir por meio delas mandatos que afetem o comportamento alheio (que poderiam se reduzir a platônicas enunciações de desejos), senão que se compromete a atuar empregando a força, para fazê-las valer. As mesmas não são somente uma exortação direcionada àqueles que devem observá-las, senão uma ameaça de repressão para os que não a observam e uma promessa de ajuda para aqueles que agem em conformidade com as mesmas: um programa de força que o Estado se propõe a colocar em prática no futuro, para evitar que o direito seja inobservado. Nisto consiste a coercibilidade das leis: em que as mesmas estão garantidas pela força do Estado. Se a atividade daqueles aos quais se direcionam as leis não está (...) conforme o mandato, intervirá a atividade sucedânea do Estado que, ao estabelecê-las, se constitui em assegurar a sua observância. Esta posterior atividade do Estado, direcionada a colocar em prática a coação ameaçada e fazer efetiva a assistência prometida pelas leis, é a jurisdição".(602)

Giuseppe Chiovenda considera jurisdição a "função do Estado que tem por escopo a atuação da vontade concreta da lei por meio da substituição, pela atividade dos órgãos públicos, da atividade de particulares ou de outros órgãos públicos, já no afirmar a existência da vontade da lei, já no torná-la, praticamente, efetiva".(603)

Humberto Theodoro Júnior afirma que a jurisdição é "a função do Estado de declarar e realizar, de forma prática, a vontade da lei diante de uma situação jurídica controvertida".(604)

Para Antônio Carlos de Araújo Cintra, Ada Pellegrini Grinover e Cândido Rangel Dinamarco, a jurisdição apresenta-se, dependendo do prisma em que é considerada, como poder, função ou atividade. "Como poder, é manifestação do poder estatal, conceituado como capacidade de decidir imperativamente e impor decisões. Como função, expressa o encargo que têm os órgãos estatais de promover a pacificação dos conflitos interindividuais, mediante a realização do direito justo e através do processo. E como atividade ela é o complexo de atos do juiz no processo, exercendo o poder e cumprindo a função que a lei lhe compete".(605)

(602) *Direito processual civil*, v. I, p. 106. Piero Calamandrei, jurisdição é "o poder ou função (chamada jurisdicional ou judicial) que o Estado, quando administra justiça, exerce no processo por meio de seus órgãos jurisdicionais" (*Op. cit.*, p. 96).

(603) *Instituições de direito processual civil*, v. II, p. 8.

(604) *Curso de direito processual civil*, v. I, p. 40.

(605) *Teoria geral do processo*, p. 149. Riccardo Guastini assinala que "em um primeiro sentido 'poder' se refere às funções do Estado. 'Função', por sua vez denota nada mais do que uma 'atividade'. E uma atividade, por sua vez, não é outra coisa do que

No mesmo sentido, observa Celso Neves que a jurisdição é "admitida, no plano constitucional, como Poder do Estado, a que corresponde Função do Poder Judiciário que se traduz em atividades do juiz no âmbito do processo".[(606)]

A propósito da jurisdição como função vinculada pelas normas e princípios constitucionais, cumpre mencionar que, como assinala Aroldo Plínio Gonçalves, "o poder legitimamente constituído se exerce nos limites da lei, e a função jurisdicional, que traz implícito o poder uno e indivisível do Estado, que fala pela nação, se exerce em conformidade com as normas que disciplinam a jurisdição (...). A função jurisdicional, no Estado contemporâneo, não é apenas expressão de um poder, mas é atividade dirigida e disciplinada pela norma jurídica".[(607)]

Em suma, a jurisdição é uma atividade provocada, isto é, dependente da atividade das partes em conflito, vinculada pelas regras e princípios do direito processual internacional (devido processo internacional), pelas regras e princípios constitucionais (devido processo constitucional) e pela legislação infraconstitucional (devido processo legal) e destinada à tutela dos direitos atribuídos pela ordem jurídica, cumprindo esclarecer que o ordenamento jurídico brasileiro é composto por normas jurídicas criadas pelo Poder Legislativo (direito legislado) e normas jurídicas estabelecidas por outras fontes, às quais a ordem jurídica atribui poder normativo, tais como a sentença normativa e a negociação coletiva, por exemplo. Por isso, no exercício da função jurisdicional, o Estado promove a aplicação aos casos concretos das normas que formam o ordenamento jurídico.

O Estado, ao proibir a autodefesa, assume o dever de solucionar os conflitos de interesses, tornar efetiva a ordem jurídica, por meio da tutela dos direitos por ela reconhecidos. Daí se falar em jurisdição como *dever* de solucionar o conflito de interesses submetido ao Poder Judiciário e realizar praticamente o direito atribuído pela ordem jurídica.

1.2. Finalidades.

Piero Calamandrei assinala que "a atividade jurisdicional não é exercida sem finalidade: não se julga em abstrato, intransitivamente, mas se julga porque, frente a quem se deva julgar, está delineado, como objeto concreto do julgamento, uma controvérsia a ser definida, um litígio a ser dirimido, uma demanda a ser aceita ou recusada, um tema a ser indagado, um problema a ser resolvido" e acrescenta que "a finalidade última para a qual tende a garantia jurisdicional é a de operar na vida das relações humanas no sentido de conseguir, prescindindo da vontade do obrigado, o mesmo resultado prático (ou um resultado equivalente) que teria sido obtido (...) se a norma jurídica tivesse sido observada voluntariamente".[(608)]

Para Giuseppe Chiovenda, a "norma encerrada na lei representa uma vontade geral, abstrata, hipotética, condicionada à verificação de determinados fatos (...). Cada vez que se verifica o fato ou o grupo de fatos previstos pela norma, forma-se uma vontade concreta da lei, ao tempo em que da vontade geral e abstrata nasce uma vontade particular que tende a atuar no caso determinado (...) a vontade concreta da lei tende a realizar-se, em primeiro lugar, mediante a prestação a que uma pessoa é obrigada em relação a outra (...). Quando, pois, a vontade concreta da lei deveria efetuar-se, em primeiro lugar, mediante o preenchimento da obrigação, se esta falha, substituir-se-lhe-á a realização mediante o processo (...). O processo (...) serve justamente (...) não mais para tornar concreta a vontade da lei, pois essa vontade já se formou como vontade concreta anteriormente ao processo, mas a certificar qual seja a vontade concreta da lei afirmada pelo autor, a qual, se existente, é efetivada com o recebimento da demanda, ou em caso contrário a *vontade* negativa da lei, efetivada com a recusa".[(609)]

---

uma classe de atos" e que "em um segundo sentido, 'poder' se refere aos órgãos do Estado que exercitam as diversas funções" (*Interpretación, estado y constituición*, p. 117-118). Assim, a doutrina da *separação de poderes* do Estado diz respeito à divisão das suas *funções* entre os poderes Executivo, Legislativo e Judiciário.

(606) *Estrutura fundamental do processo civil*, p. 3.

(607) *Técnica processual e teoria do processo*, p. 41-43.

(608) *Direito processual civil*, v. I, p. 93 e 115.

(609) *Instituições de direito processual civil*, v. 1, p. 18-19.

Aroldo Plínio Gonçalves assevera que "a jurisdição se organiza para a proteção de direitos e das liberdades, assegurados pela ordem jurídica, contra o ilícito, e ilícito, em qualquer campo do Direito, é a inobservância da conduta normativamente valorada como devida".[610]

Humberto Theodoro Júnior sustenta que, "dando ao direito do caso concreto a certeza que é condição da verdadeira justiça e realizando a justa composição do litígio, promove, a jurisdição, o restabelecimento da ordem jurídica, mediante eliminação do conflito de interesses que ameace a paz social".[611]

No *exercício da atividade* jurisdicional, o Estado não cria o direito. Como assinala Giuseppe D'eufemia, "a função jurisdicional tem o escopo de manter e atuar o direito que a função legislativa tenha produzido (...). A atividade jurisdicional tem sempre e exclusivamente o escopo de atuar e tutelar o ordenamento jurídico".[612] Nesse mesmo sentido assevera Santi Romano que "a jurisdição distingue-se da legislação; enquanto esta constitui o ordenamento jurídico, aquela o tutela e efetiva".[613]

É importante anotar que "uma ordem jurídica que renuncie, em princípio, à exequibilidade, renuncia a si própria; põe a sua observância ao dispor do interessado".[614] A efetividade da ordem jurídica é condição para a sua existência real. Nesse contexto, por meio da jurisdição, o Estado tutela e torna real a autoridade da ordem jurídica.

Em resumo, constituem finalidade da jurisdição a solução dos conflitos de interesses submetidos ao Poder Judiciário e a tutela dos direitos assegurados pela ordem jurídica, conclusão que é autorizada pela Constituição da República. Com efeito, ao estabelecer que ninguém será privado da sua liberdade ou de seus bens sem o devido processo legal (art. 5º, LIV) e que a lei não excluirá da apreciação do Poder Judiciário a lesão ou ameaça a direito (art. 5º, XXXV), a Constituição define a finalidade da jurisdição: solucionar conflitos de interesses e tutelar os direitos assegurados pela ordem jurídica.

O direito adquire realidade com o seu gozo efetivo. Assim, a tutela jurisdicional do direito participa da sua própria essência. Dito de outra forma, "a essência do direito consiste na sua efetivação prática", como ensina Rudolf Von Ihering.[615] Servir à realização prática do direito é participar de sua essência.

1.3. Características.

A atividade jurisdicional é dotada de características próprias, que a diferenciam das demais atividades estatais.

A jurisdição constitui atividade:

a) *provocada pela atividade das partes*: o juiz somente prestará a tutela jurisdicional que lhe for requerida, o que significa que não pode exercer a jurisdição ou atuar a lei de ofício (*ne procedat iudex ex officio*);[616]

b) *limitada pela atividade dos titulares dos interesses em conflito*: o juiz atuará, na solução do conflito que lhe for submetido, isto é, nos limites impostos pelas alegações e pelos pedidos das partes;[617]

---

(610) *Técnica processual e teoria do processo*, p. 45-46.

(611) *Curso de direito processual civil*, v. I, p. 42.

(612) *Elementi de diritto constituzionali*, p. 76.

(613) *Princípios de direito constitucional geral*, p. 380.

(614) JAUERNIG, Othmar. *Direito processual civil*, p. 35.

(615) *A luta pelo direito*, p. 62.

(616) Essa regra é consagrada nos arts. 2º e 126 do CPC de 1973 e no art. 141 do CPC de 2015. Para Antônio Carlos de Araújo Cintra, Ada Pellegrini Grinover e Cândido Rangel Dinamarco, "o exercício espontâneo da atividade jurisdicional acabaria contraproducente, pois a finalidade que informa toda atividade jurídica do Estado é a pacificação social e isso viria em muitos casos a fomentar conflitos e discórdias, lançando desavenças onde elas não existiam antes (...). A experiência ensina que quando o próprio juiz toma a iniciativa do processo ele se liga psicologicamente de tal maneira à ideia contida no ato de iniciativa, que dificilmente teria condições para julgar imparcialmente (...) assim como os direitos subjetivos são em princípio disponíveis, podendo ser exercidos ou não, também o acesso aos órgãos da jurisdição fica entregue ao poder dispositivo do interessado" (*Teoria geral do processo*, p. 152-153).

(617) O pedido constitui condição e limite para a atuação do juiz. Piero Calamandrei ensina que o processo "é essencialmente um processo em virtude de demanda (...). Um processo no qual o órgão judicial não leva em consideração a realidade social para

c) *exercida em sintonia com o processo justo*: a jurisdição é colocada em movimento pela demanda e constitui atividade desenvolvida com respeito às regras e princípios internacionais, constitucionais e legais estruturantes do processo judicial;[(618)]

d) *condicionada pelo ordenamento jurídico*: a decisão judicial deve estar em sintonia com as regras e princípios regentes da relação jurídica litigiosa;[(619)]

e) *substitutiva*: o autor noticia ao juiz, por meio da petição inicial, determinado conflito de interesses e apresenta a sua proposta de solução para ele. O réu, na contestação, apresenta ao juiz a sua proposta de solução para o conflito noticiado na petição inicial. O juiz estabelece, na decisão, a solução para o conflito, substituindo a solução por ele ditada àquelas propostas das partes;[(620)]

f) *definitiva*: para que a substituição da atividade privada pela pública "ocorra com eficácia imutável (...), necessário se faz que uma qualidade seja agregada a essa atividade substitutiva, ou seja, precisamente, que se some à autoridade da solução a qualidade de imutabilidade da própria sentença, na sua parte decisória (...) o que caracteriza, na quase totalidade dos casos, verdadeiramente essa função da sentença — enquanto síntese da atividade jurisdicional, e tendo em vista a parte dispositiva da sentença — é a autoridade de coisa julgada";[(621)]

g) *desinteressada*: o juiz deve ser imparcial na condução do processo e solução do conflito de interesses que lhe for submetido, agindo como terceiro em relação aos interesses em conflito;

h) *indeclinável*: o juiz não pode se recusar a resolver o conflito de interesses que lhe for submetido.

A jurisdição, como função estatal, é una, mas o seu exercício é distribuído entre os vários órgãos do Poder Judiciário.

Para Humberto Theodoro Júnior, a jurisdição é atividade estatal secundária, "porque, através dela, o Estado realiza coativamente uma atividade que deveria ter sido primeiramente exercida, de maneira pacífica e espontânea, pelos próprios sujeitos da relação jurídica submetida à decisão", esclarecendo que nisso

---

conhecê-la ou para modificá-la, nem seus aspectos jurídicos, senão dentro dos limites da proposta que lhe é apresentada pelo sujeito que exercita a ação (...). O juiz, posto em movimento pelo órgão agente, não pode levar em consideração, como matéria de sua investigação, mais do que aquele perfil da realidade sobre a qual o autor (ou, em contradição a ele, o demandado) chama sua atenção" (*Direito processual civil*, v. I, p. 190). A imposição de limites à jurisdição é demonstrada pelo art. 128 do CPC ("O juiz decidirá a lide nos limites em que foi proposta, sendo-lhe defeso conhecer de questões, não suscitadas, a cujo respeito a lei exige iniciativa das partes") e art. 460 do CPC de 1973 ("É defeso ao juiz proferir sentença, a favor do autor, de natureza diversa da pedida, bem como condenar o réu em quantidade superior ou em objeto diverso do que lhe foi demandado"), sendo estas mesmas restrições consagradas no CPC de 2015, como se vê do seu art. 141 ("O juiz decidirá o mérito nos limites propostos pelas partes, sendo-lhe vedado conhecer de questão não suscitada a cujo respeito a lei exige iniciativa da parte" e no seu art. 492 ("É defeso ao juiz proferir sentença de natureza diversa da pedida, bem como condenar a parte em quantidade superior ou em objeto diverso do que lhe foi demandado"). Estes limites devem ser observados no processo do trabalho por força do art. 769 da CLT, do art. 15 do CPC de 2015 e do art. 832 da CLT, que, ao exigir que conste da decisão o resumo do *pedido* e da *defesa*, torna claro que eles limitam a atuação do juiz.

(618) No sentido literal, a expressão *devido processo legal* significa processo desenvolvido segundo as regras preestabelecidas pela lei. Contudo, a Constitucionalização do processo (não apenas pela inclusão de normas de natureza processual na Constituição, mas, principalmente, pela imposição de interpretação e aplicação das normas infraconstitucionais à luz das regras e princípios constitucionais) conduz à concepção mais ampla de devido processo legal, atribuindo-lhe o sentido de processo desenvolvido segundo e de conformidade com a Constituição. Conjugada a Constituição com as normas de Direito Internacional dos Direitos Humanos de que o Brasil é signatário, na parte em que trata do processo, chega-se à conclusão que mesmo a Constituição não pode disciplinar o processo de uma forma qualquer, devendo, ao contrário, fazê-lo com a respeito a garantias processuais asseguradas pelo Direito Internacional dos Direitos Humanos. Neste contexto, *devido processo legal* significa *processo justo*, como tal conformado pelo Direito Internacional dos Direitos Humanos, pela Constituição e pela legislação infraconstitucional.

(619) Trata-se de limitação quanto ao conteúdo da decisão judicial.

(620) Manuel Galdino da Paixão Júnior assinala que, "quando autor e réu, reclamante e reclamado, impetrante e impetrado, lançam arrazoados, produzem provas, põem-se à espera de um provimento que, declarando o direito naquele caso examinado, venha substituir um dos entendimentos deles que está conflito" (*Teoria geral do processo*, p. 24-25).

(621) ALVIM, Arruda. *Manual de direito processual civil*, v. I, p. 196. A decisão judicial torna-se, desde que cumpridas algumas condições, imutável e indiscutível, dentro do processo em que foi proferida (*coisa julgada formal*) e fora do processo em que foi prolatada (*coisa julgada material*).

consiste "o caráter substitutivo que se reconhece à jurisdição, já que a conformidade da conduta prática com os ditames das normas de fundo é dever que originalmente toca aos próprios sujeitos das relações matérias", instrumental, "porque, não tendo outro objetivo principal, senão o de dar atuação prática às regras do direito, nada mais é a jurisdição do que um instrumento de que o próprio direito dispõe para impor-se à obediência dos cidadãos", declarativa ou executiva, na medida em que "a jurisdição não é fonte de direito, isto é, não tende à formulação de normas abstratas de direito, ou não cria nem restringe, substancialmente, direito para as partes que dela se valem. O órgão jurisdicional é, na verdade, convocado para remover a incerteza ou para reparar a transgressão, mediante um juízo que se preste a reafirmar e restabelecer o império do direito, quer declarando qual seja a regra do caso concreto, quer aplicando as ulteriores medidas de reparação ou de sanção previstas pelo direito. Exercita, de tal sorte, a jurisdição, vontades concretas da lei nascidas anteriormente ao pedido de tutela jurídica estatal feito pela parte no processo, o que lhe confere o caráter de atividade 'declarativa' ou 'executiva', tão somente".(622)

A jurisdição será *especial* quando o julgamento de determinadas causas for atribuído a órgãos específicos, como ocorre em relação à Justiça do Trabalho. "As justiças especiais têm competência especificamente determinada e prevista na Constituição, enquanto a Justiça ordinária tem competência residual: o que não for da competência dos órgãos das Justiças especiais será de competência da Justiça ordinária".(623)

A jurisdição será *de direito*, quando ao juiz for imposto decidir o conflito de interesses com respeito ao critério da legalidade estrita, e *de equidade*, quando o juiz houver de decidir sem observar o critério da legalidade estrita, adotando a solução que reputar mais conveniente ou oportuna para a realização prática do direito deduzido em juízo.

1.4. Jurisdição na execução.

A jurisdição não é exercida apenas para efeito de confirmação do direito afirmado pela parte. Ela também comporta a execução do título em que o direito é confirmado. Com isso, não há como negar que, ao praticar atos executivos, o Estado o faz no exercício da jurisdição.

1.5. Princípios.

Antônio Carlos de Araújo Cintra, Ada Pelegrini Grinover e Cândido Rangel Dinamarco assinalam que a jurisdição é informada pelos princípios da:

a) *investidura*: "a jurisdição só será exercida por quem tenha sido regularmente investido na autoridade de juiz";

b) *aderência ao território*: "os magistrados só têm autoridade nos limites territoriais do Estado (...). Cada juiz só exerce a sua autoridade nos limites do território sujeito por lei à sua jurisdição";

c) *indelegabilidade*: "é vedado a qualquer dos Poderes delegar atribuições. A Constituição fixa o conteúdo das atribuições do Poder Judiciário e não pode a lei, nem pode muito menos alguma deliberação dos próprios membros deste, alterar a distribuição feita naquele nível jurídico-positivo superior. Além disso, no âmbito do próprio Poder Judiciário não pode juiz algum, segundo seu próprio critério e talvez atendendo à sua própria conveniência, delegar funções a outro órgão. É que cada magistrado, exercendo a função jurisdicional, não o faz em nome próprio e muito menos por um direito próprio: ele é, aí, um agente do Estado (age em nome deste)";

d) *inevitabilidade*: "a autoridade dos órgãos jurisdicionais, sendo uma emanação do próprio poder estatal soberano, impõe-se por si mesma, independentemente da vontade das partes ou de eventual pacto para aceitarem os resultados do processo; a situação de ambas as partes perante o Estado-juiz (e particularmente a do réu) é de sujeição, que independe de sua vontade e consiste na impossibilidade de evitar que sobre elas e sobre sua esfera de direitos se exerça a autoridade estatal";

(622) *Curso de direito processual civil*, v. I, p. 41.
(623) MARQUES, José Frederico. *Manual de direito processual civil*, v. I, p. 95.

e) *inafastabilidade do controle jurisdicional*: "garante a todos o acesso ao Poder Judiciário, o qual não pode deixar de atender a quem venha a juízo deduzir uma pretensão fundada em direito e pedir solução para ela";

f) *juiz natural*: "ninguém pode ser privado do julgamento por juiz independente e imparcial, indicado pelas normas constitucionais e legais".[624]

Humberto Theodoro Júnior afirma que três são os princípios fundamentais que informam a substância ou essência da jurisdição: "a) o princípio do juiz natural: só pode exercer a jurisdição aquele órgão a que a Constituição atribui o poder jurisdicional. Toda origem, expressa ou implícita, do poder jurisdicional só pode emanar da Constituição, de modo que não é dado ao legislador ordinário criar juízes ou tribunais de exceção, para julgamento de certas causas, nem tampouco dar aos organismos judiciários estruturação diversa daquela prevista na constituição"; "b) a jurisdição é improrrogável: os limites do poder jurisdicional, para cada justiça especial e, por exclusão, da justiça comum, são os traçados pela Constituição. Não é permitido ao legislador ordinário alterá-los, nem para reduzi-los nem para ampliá-los"; "c) a jurisdição é indeclinável: o órgão constitucionalmente investido do poder de jurisdição tem a obrigação de prestar a tutela jurisdicional e não a simples faculdade. Não pode recusar-se a ela, quando legitimamente provocado, nem pode delegar a outros órgãos o seu exercício".[625]

Santi Romano aponta como princípios reguladores da atividade jurisdicional:

> "1) o poder jurisdicional é um poder essencialmente vinculado no seu conteúdo: isto no sentido de que não tem fins autônomos, diversos dos propostos pelo poder Legislativo, de maneira que a lei não é apenas limite, como ocorre com o poder Executivo, mas é, no que concerne à sua aplicação e efetivação, o único e exclusivo objeto para o qual aquele poder deve seu exercício (...);
>
> 2) o poder jurisdicional é igualmente vinculado no sentido de que o seu exercício apresenta-se, pelo menos em regra, não como uma faculdade, mas como uma obrigação. Esta obrigação assume, sobretudo, caráter interno e concerne às relações das autoridades jurisdicionais entre si ou com outros, mas está correlacionada com os poderes dos particulares, que, quando exercidos, provocam o exercício da jurisdição (...);
>
> 3) o poder jurisdicional não implica o seu exercício para atender um interesse representado especificamente pela autoridade à qual aquele poder é atribuído; daí a regra de que o seu exercício não é espontâneo, mas deve ser provocado (...);
>
> 4) o princípio geral é, portanto, que o exercício da função jurisdicional desenvolva-se com o pedido daqueles que têm interesse ou do que é designado pela lei para fazer valer aqueles interesses públicos, isto é, o Ministério Público (...);
>
> 5) vários e de diversa natureza são os atos jurisdicionais. Entre eles o mais característico, porque é o ato final do processo, ao qual todos os demais tendem, é a decisão ou sentença, a qual, quando passa em julgado, tem valor definitivo e absoluto, no sentido de que estabelece obrigatoriamente o direito para o caso concreto a que se refere."[626]

Manuel Galdino da Paixão Júnior, após afirmar que natureza jurídica significa "a essência do instituto ante a ciência do direito", sustenta que "tanto o Poder Executivo como o Poder Legislativo, um e outro, cumprem sua missão constitucional expedindo atos. Atos jurídicos. Por isso, destoante não pode ser a natureza das respostas que o Poder Judiciário formaliza, reagindo ao ato de provocação que lhe é dirigido pelo jurisdicionado, sob o pálio da ação. Jurisdição é o ato de vontade e exteriorização da vontade estatal (...). É o Estado que, por sua manifestação de vontade (ato), a um só tempo, volitivo, de inteligência e lógico, aplica a norma objetiva a casos concretos a ele submetidos (...). Manifestação inequívoca do poder soberano do Estado, a jurisdição é ato jurídico de dizer o direito".[627]

(624) *Teoria geral do processo*, p. 155-158.
(625) *Curso de direito processual civil*, v. I, p. 43.
(626) *Princípios de direito constitucional geral*, p. 384-387.
(627) *Curso de direito processual civil*, v. I, p. 33-39.

Sobre a natureza jurídica da jurisdição também é dito que se trata de atividade estatal voltada à tutela do direito subjetivo e, ainda, que ela constitui atividade estatal destinada à atuação concreta do direito objetivo.

1.6. Jurisdição voluntária.

A jurisdição diz-se *contenciosa* ("é a jurisdição propriamente dita, isto é, aquela função que o Estado desempenha na pacificação ou composição dos conflitos"[(628)]) e *voluntária* ("ao Poder Judiciário são, também, atribuídas certas funções em que predomina o caráter administrativo e que são desempenhadas sem o pressuposto do litígio. Trata-se da chamada jurisdição voluntária, em que o juiz apenas realiza gestão pública em torno de interesses privados, como se dá nas nomeações de tutores, nas alienações de bens de incapazes, na extinção de usufruto ou do fideicomisso etc. Aqui não há lide nem partes, mas apenas um negócio processual, envolvendo juiz e interessados (...), a interferência do juiz é de natureza constitutiva ou integrativa, com o objetivo de tornar eficaz o negócio desejado pelos interessados"[(629)]).

No exercício da jurisdição voluntária, o juiz não soluciona conflitos de interesses, posto que apenas exerce atividade integrativa do negócio jurídico estabelecido pelas partes. Nela, não há um processo, mas procedimentos, e, ainda, não há que se falar em partes, mas apenas em interessados.

Trata-se, a jurisdição voluntária ou graciosa, da administração pública de interesses privados.

A jurisdição voluntária é disciplinada nos arts. 1.103 a 1.210 do CPC de 1973 e arts. 719 a 764 do CPC de 2015.

1.7. Mecanismos alternativos de solução de conflitos de interesses: arbitragem e Comissões de Conciliação Prévia.

A solução dos conflitos de interesses é uma necessidade social. Tal fato justifica a busca de meios aptos à sua realização de forma mais rápida, econômica, adequada, justa e efetiva.

Apesar da instituição de procedimentos mais céleres, concentrados e informais, a via jurisdicional não tem sido capaz de atender aos anseios sociais, vez que "o processo utilizado não reflete o contido nos seus próprios princípios informativos básicos, quais sejam, o princípio lógico, o jurídico, o político e o econômico (...). Tudo isto torna o processo um caminho longo, caro, desgastante e angustiante, levando as pessoas a desacreditarem na Justiça. Agravando a situação, inegável é o fato de que as pessoas têm submetido um número cada vez maior de casos, de complexidade aguda e diferenciada, à apreciação do Poder Judiciário, cuja estrutura não tem condições de receber, processar e nem dar uma solução eficaz", consoante assinala João Alberto de Almeida.[(630)]

Daí o incentivo aos equivalentes jurisdicionais,[(631)] que são expedientes extrajudiciais destinados à solução de conflitos de interesses. Entre eles destacam-se a arbitragem (obrigatória ou facultativa[(632)]) e as Comissões de Conciliação Prévia. Trata-se de alternativas à jurisdição, vez que esses expedientes dispensam a decisão judicial para a solução do conflito de interesses.[(633)]

---

(628) THEODORO JÚNIOR, Humberto. *Curso de direito processual civil*, v. I, p. 44.

(629) THEODORO JÚNIOR, Humberto. *Curso de direito processual civil*, v. I, p. 44.

(630) *Processo arbitral*, p. 1-2.

(631) A lei reconhece a alguns mecanismos "a idoneidade para alcançar a mesma finalidade a que tende a jurisdição. Nisto consiste o conceito de equivalente jurisdicional" (CARNELUTTI, Francesco. *Sistema de direito processual civil*, v. I, p. 253).

(632) De acordo com o art. 3º, § 1º, do CPC de 2015, "é permitida a arbitragem, na forma da lei", tema que examinaremos em tópico próprio, ao passo que, conforme o art. 3º, §§ 2º e 3º, deste mesmo Código, "o Estado promoverá, sempre que possível, a solução consensual dos conflitos" e "a conciliação, a mediação e outros métodos de solução consensual de conflitos deverão ser estimulados por juízes, advogados, defensores públicos e membros do Ministério Público, inclusive no curso do processo judicial", respectivamente.

(633) A hipótese é de alternativas à *jurisdição* e não ao *caráter vinculante do direito do trabalho*. Em favor do recurso aos métodos alternativos de solução de conflitos são apontados: a) descongestionamento do Poder Judiciário; b) redução de gastos e de tempo na solução de conflitos; c) participação das partes na solução do conflito; d) maior efetividade da solução construída pelas partes.

Note-se que o CPC de 2015 no art. 3º, estabelece que não se excluirá da apreciação jurisdicional ameaça ou lesão a direito (*caput*), mas deixa claro que a solução judicial dos conflitos não é a única forma de solução por ele prestigiada, isto ao dispor que é permitida a arbitragem (§ 1º), e, ainda, dispõe que o Estado promoverá, sempre que possível, a solução consensual dos conflitos (§ 2º) e que a conciliação, a mediação e outros métodos de solução consensual de conflitos deverão ser estimulados por juízes, advogados, defensores públicos e membros do Ministério Público, inclusive no curso do processo judicial (§ 4º). O CPC de 2015, portanto, prestigia expressamente os meios alternativos de solução de conflitos, dentre os quais a arbitragem e os métodos de solução consensual de conflitos, valendo observar que, no art. 3º, III, da Instrução Normativa n. 39/2016, o TST afirma não ser aplicável no processo do trabalho parte final do inciso V do art. 139 do CPC de 2015, que atribui ao juiz o dever/poder de promover, a qualquer tempo, a autocomposição, preferencialmente com auxílio de conciliadores e mediadores.

1.7.1. A arbitragem é disciplinada pela Lei n. 9.307/96, que define seu caráter facultativo (art. 1º), limita seu alcance (solução de conflitos de interesses envolvendo direitos patrimoniais disponíveis — art. 1º), disciplina a forma de nomeação dos árbitros (arts. 13 a 18), confere ao árbitro a condição de juiz de fato e de direito e estabelece que a sentença por ele proferida (sentença arbitral) não fica sujeita a recurso ou a homologação pelo Poder Judiciário (art. 18).

Na arbitragem, a solução do conflito é confiada a um terceiro (árbitro), que o fará, por meio do laudo arbitral.

Em favor da arbitragem, são apontados, como aduz Miguel Carlos Teixeira Patrício, "a) a maior especialização dos juízes; b) a maior rapidez nas decisões; c) os menores custos para as partes; d) a maior privacidade (se assim for possível e desejado); e 5) as menores hipóteses de erro judicial".[634]

A arbitragem é uma das formas de solução dos conflitos coletivos do trabalho, de caráter facultativo, como prevê o art. 114, §§ 1º e 2º, da Constituição.

Não se trata, porém, de instrumento a ser utilizado, ainda que de forma facultativa, na solução de conflitos individuais do trabalho, posto que:

a) os direitos reconhecidos aos trabalhadores, notadamente os de natureza fundamental (estabelecidos nos arts. 7º, 8º e 9º da Constituição, por exemplo), são indisponíveis;

b) a arbitragem pressupõe igualdade substancial das partes em conflito, para que possam, em igualdade de condições, escolher os árbitros e os critérios a serem observados na sua solução, o que não ocorre nos dissídios individuais do trabalho, em especial quando surgidos, como é a regra, após a dispensa do trabalhador e estando este desempregado;[635]

c) a realização dos princípios próprios do direito do trabalho se dá com mais vigor no âmbito de uma justiça especializada e de acordo com normas e princípios voltados a assegurar uma decisão justa para os conflitos trabalhistas.

Vale lembrar, ainda, que a arbitragem exige das partes consideráveis dispêndios econômicos, com o pagamento dos honorários do árbitro, ao passo que, como regra, os trabalhadores são isentos de pagamento de custas e emolumentos no processo do trabalho.

1.7.2. Prestigiando a autocomposição e atendendo à Recomendação n. 92, de 1951, da OIT, a Lei n. 9.958/2000 acrescentou os arts. 625-A, 625-B, 625-C, 625-D, 625-E, 625-F, 625-G e 625-H à CLT, autorizando empresas e sindicatos a instituir Comissões de Conciliação Prévia, com representação dos empregadores e empregados, com a atribuição de tentar conciliar os conflitos individuais do trabalho.

(634) *Análise económica da litigância*, p. 139.

(635) Por dispensa do trabalhador tem-se a cessação unilateral do contrato de trabalho por ato do empregador. O art. 7º, I, da Constituição condiciona a dispensa do trabalhador ao pagamento de indenização no importe correspondente a 40% do FGTS depositado na sua conta vinculada no curso da relação de emprego. Não se trata, no entanto, do regime da *livre dispensa indenizada*, visto que os poderes empregatícios devem ser exercidos com respeito à função social da empresa.

Trata-se, portanto, de uma alternativa à jurisdição, de instituição facultativa. Como alternativa à jurisdição, as Comissões de Conciliação Prévia devem perseguir solução que resolva o conflito de forma rápida, econômica, adequada, justa e efetiva.(636)

A solução do conflito perante a Comissão de Conciliação Prévia somente é lícita em relação a direitos disponíveis (art. 841 do Código Civil)(637) e constitui método autocompositivo de conflitos, já que a decisão final cabe aos seus sujeitos, que, no contexto da Comissão, são aconselhados e instigados à solução negociada pelos seus integrantes (que funcionam, então, como mediadores(638)).

As Comissões de Conciliação Prévia têm como características: a) instituição facultativa por empresas e sindicatos (não há obrigatoriedade de criação da Comissão); b) composição paritária, com representantes dos empregadores e trabalhadores (da tentativa de negociação devem participar representantes dos trabalhadores e do empregador); e c) função preventiva e conciliadora de conflitos individuais de trabalho.

A criação da Comissão, na qual devem ser observadas as regras estabelecidas nos arts. 625-B e 625-C, que tratam da sua composição, é uma faculdade das empresas e sindicatos.

De acordo com o disposto no art. 625-D da CLT, sendo criada a Comissão na localidade da prestação de serviços, qualquer demanda de natureza trabalhista será a ela submetida.(639) A criação da Comissão é facultativa, mas, sendo ela criada, as demandas trabalhistas a ela deverão, considerando o estabelecido no art. 625-D da CLT, ser submetidas. A provocação da Comissão não é facultativa, mas obrigatória.

Por força do art. 625-D da CLT, cuja constitucionalidade será mais adiante examinada, não sendo comprovada em juízo a prévia tentativa de solução negociada do conflito perante a Comissão de Conciliação Prévia instalada na localidade da prestação de serviços (o trabalhador não está obrigado a se deslocar do local da prestação de serviços até a localidade onde o seu empregador tem sede para nesta acionar Comissão que tenha sido nela instituída — art. 625-D da CLT), o processo será extinto sem provimento de mérito, por ausência de interesse processual (sendo possível a solução do conflito perante a Comissão de Conciliação Prévia, é desnecessária a intervenção do Poder Judiciário(640)), salvo se for comprovado motivo relevante que impossibilitou a provocação da Comissão de Conciliação Prévia (art. 625-D, § 3º).(641)

Discute-se, contudo, a constitucionalidade da exigência de submissão das demandas trabalhistas às Comissões de Conciliação Prévia.

A nosso juízo, essa exigência não constitui obstáculo ao acesso ao Poder Judiciário, vez que:

a) não sendo alcançada a solução conciliada da demanda, o trabalhador ou a empresa poderá buscar a tutela de seus direitos, sem qualquer entrave, junto ao Poder Judiciário;

b) o termo de conciliação firmado perante a Comissão de Conciliação Prévia não tem eficácia liberatória em relação às parcelas expressamente ressalvadas, ou seja, naquilo que não for satisfeito, o trabalhador poderá recorrer, também sem qualquer entrave, ao Poder Judiciário;

---

(636) Como adverte Francesco Carnelutti, "a conciliação não deve pretender colocar as partes de acordo a qualquer custo, mas somente sugerir os termos de uma composição equitativa" (*Instituciones del proceso*, v. I, p. 114).

(637) Direitos indisponíveis, como a assinatura da CTPS, não podem ser objeto de transação perante Comissão de Conciliação Prévia.

(638) A mediação não se confunde com a arbitragem, vez que os mediadores não têm poderes decisórios, preservando as partes do conflito a autonomia plena quanto à fixação dos termos do eventual ajuste. A mediação, consoante Américo Plá Rodriguez, é a "ajuda que o terceiro presta às partes divergentes para que estas se ponham de acordo. Trata-se, geralmente, de peritos ou entendidos na matéria, que examinam o conflito proposto e informam sobre suas causas, efeitos e soluções. Frequentemente os mediadores formulam uma recomendação para ser submetida às partes em conflito" (A solução dos conflitos trabalhistas. In: *A solução dos conflitos trabalhistas*, p. 21).

(639) Existindo na mesma localidade e para a mesma categoria duas Comissões de Conciliação Prévia, o trabalhador e a empresa poderão optar por uma delas para apresentar suas pretensões (art. 625-D, § 4º). Será competente para examinar as pretensões do trabalhador ou da empresa, nessa hipótese, a Comissão de Conciliação Prévia provocada em primeiro lugar (art. 625-D, § 4º).

(640) Não há que se falar em ausência de previsão legal para a extinção do processo, posto que já é estabelecido em lei que o processo deverá ser extinto quando o juiz verificar a ausência de qualquer das condições de ação (art. 267, VI, do CPC).

(641) Antes de extinguir, o juiz deverá promover a tentativa de conciliação. Se for celebrada a conciliação, não se justifica a extinção do processo.

c) não sendo realizada a sessão de tentativa de conciliação no prazo de dez dias, a partir da provocação da Comissão, será fornecida ao trabalhador e ao empregador uma declaração de conciliação frustrada, facultando-lhes o acesso ao Poder Judiciário, o que deixa claro que a intenção do legislador não foi impedir ou dificultar o acesso ao Poder Judiciário, o que se infere, inclusive, da fixação de prazo exíguo para o exame do dissídio pela Comissão (art. 625-F da CLT);

d) quando for criada com participação dos sindicatos, a Comissão traduz a intenção das empresas e trabalhadores de resolver por si sós os seus conflitos, o que em nada fere a Constituição Federal, em especial porque, não sendo o conflito solucionado, poderão as partes recorrer, sem entraves, ao Judiciário.

Para Ada Pellegrini Grinover, "nenhuma inconstitucionalidade pode ser vislumbrada na instituição de uma tentativa obrigatória de conciliação prévia ao processo (...). É certo que a Constituição Federal assegura a inafastabilidade do controle jurisdicional no inc. XXXV do art. 5º, mas é igualmente certo que o exercício do direito da ação não é absoluto,[642] sujeitando-se às condições (as condições de ação), a serem estabelecidas pelo legislador. Essas condições — desde que razoáveis, dentro do critério substancial das garantias do devido processo legal — são legítimas (...). É exatamente na categoria do interesse de agir que se inserem as técnicas pelas quais o legislador pode exigir para o ajuizamento da ação, o esgotamento prévio das vias administrativas, desde que o faça em termos razoáveis (...) não haverá necessidade de recorrer às vias jurisdicionais enquanto caminhos alternativos forem ainda capazes de levar à solução espontânea do conflito de interesses".[643]

Em decisão proferida no dia 13.5.2009, o STF deferiu liminar nos autos das ADI n. 2.139 MC/DF e ADI n. 2.160 MC/DF, afirmando, por maioria de votos, que a exigência de submissão das demandas trabalhistas às Comissões de Conciliação Prévia constitui séria restrição ao direito de acesso à justiça, razão pela qual, conferindo interpretação ao art. 625-D da CLT, concluiu que o recurso à Comissão é facultativo e não obrigatório.

Sendo acionada a Comissão e celebrada a conciliação, será lavrado termo assinado pelo trabalhador, empregador ou seu preposto e pelos membros da Comissão, fornecendo-se cópia às partes (art. 625-E da CLT). O termo de conciliação constitui título executivo extrajudicial, sendo a Justiça do Trabalho competente para executá-lo (art. 876 da CLT) e terá eficácia liberatória geral, exceto quanto às parcelas expressamente ressalvadas (art. 625-E, parágrafo único, da CLT).[644]

A transação, produzindo efeito de coisa julgada, impede a discussão judicial acerca das pretensões objeto do dissídio submetido à Comissão, salvo a hipótese de vício de consentimento na sua celebração (art. 849 do Código Civil).

Para evitar danos aos direitos do trabalhador pelo fato de recorrer à Comissão, foi estabelecido que a provocação da Comissão suspende o prazo prescricional (a prescrição relativa ao direito de recorrer ao Judiciário, ou seja, a prescrição bienal), que recomeçará a fluir, pelo que lhe resta, a partir da data da tentativa frustrada de conciliação ou do esgotamento do prazo de dez dias para a realização da sessão (art. 625-G da CLT).

A solução negociada dos conflitos individuais também pode ser realizada perante Núcleos Intersindicais de Conciliação Trabalhista, aos quais se aplicam, no que couber, as disposições legais relativas às Comissões de Conciliação Prévia, desde que observados os princípios da paridade e da negociação coletiva na sua constituição (art. 625-H da CLT).

(642) "Absoluto" é a propriedade de ser incondicionado, de valer por si mesmo.

(643) *O processo em evolução*, p. 94-95.

(644) A ausência de ressalva expressa implica presunção de quitação de todos os créditos (parcelas e valores) decorrentes da relação de emprego. A quitação sem ressalvas, portanto, não se restringe às parcelas e valores objeto do acordo, solução que se distancia da adotada pelo direito civil, no qual, por força do art. 843 do Código Civil, a transação interpreta-se restritivamente. Vale anotar que o STF decidiu, *com repercussão geral*, que "a transação extrajudicial que importa rescisão do contrato de trabalho, em razão de adesão voluntária do empregado a plano de dispensa incentivada, enseja quitação ampla e irrestrita de todas as parcelas objeto do contrato de emprego, caso essa condição tenha constado expressamente do acordo coletivo que aprovou o plano, bem como dos demais instrumentos celebrados com o empregado" (STF RE 590.415-SC, Rel. Min. Roberto Barroso).

A Comissão de Conciliação Prévia não substitui o sindicato na homologação das rescisões (art. 477, § 1º, da CLT). A conciliação de litígio individual do trabalho, que a lei permite que seja realizada perante Comissão de Conciliação Prévia, não se confunde com a homologação de acerto rescisório.

2. *Ação*

2.1. Ação e direito de ação. O nascimento do direito de ação.

O Estado institui o ordenamento jurídico (criando normas ou atribuindo força vinculante a normas criadas sem a sua participação, como se dá, por exemplo, em relação à convenção coletiva e ao acordo coletivo de trabalho) e, para garantia da sua efetividade, assume o dever de tornar concreto o direito por ele atribuído, por meio do Poder Judiciário, quando não respeitado espontaneamente.

O titular do direito atribuído por determinada norma jurídica conta, então, com a garantia da atuação do Estado para fazê-lo concreto (*direito à jurisdição* ou *direito à tutela jurisdicional dos direitos*).

A jurisdição é uma atividade provocada, ou seja, o juiz somente prestará a tutela jurisdicional quando ela for requerida.

A provocação da jurisdição dá-se pela *ação* (atividade) daquele que afirma ser titular de um direito lesado ou ameaçado de lesão. A ação é, como assinala Manuel Galdino da Paixão Júnior, "a iniciativa de ir a juízo".[645]

A ação, como provocação da jurisdição, é um direito (*direito de ação*).

O direito de ação constitui decorrência e complemento fundamental do direito à jurisdição. O direito de ação, como aduz Luigi Monacciani, constitui "instrumento precípuo e chave do mecanismo" da tutela jurisdicional dos direitos.[646]

O direito de ação constitui, ainda, decorrência fundamental da garantia estatal da efetividade do ordenamento jurídico[647] e contrapartida à proibição da autodefesa. Com efeito, como assevera Piero Calamandrei, "formando a base dos conceitos de jurisdição e de ação se encontra, no Estado moderno, a premissa fundamental da proibição da autodefesa: direito subjetivo significa interesse protegido pela força do Estado, não direito de empregar a força privada em defesa do interesse individual (...). Mas a proibição da autodefesa não pode ser, na prática, operativa, senão quando, quase como compensação de tal proibição, o Estado ofereça para reagir contra o atropelo meios mais fortes e eficazes que a força privada (...). O Estado, ao mesmo tempo que proíbe aos cidadãos fazer justiça por si mesmos, põe à sua disposição, em garantia de seus direitos, a própria justiça apoiada numa força superior à dos indivíduos contendentes".[648]

O direito de ação, como direito de provocar a jurisdição em busca da confirmação e tutela de um direito, é reconhecido pelo art. 5º, XXXV, da Constituição de 1988 e o seu exercício independe de qualquer juízo de valor sobre a existência do direito material deduzido pela parte. Como aduz José Marcos Rodrigues Vieira, "o que dá origem à ação em juízo é o sentimento do direito, a reação subjetiva que se passa naquele que se supõe prejudicado ou receia que venha a sê-lo. A procedência da ação nada mais é do que a afirmação da razoabilidade do direito que o autor acredita ter, nada mais é senão a pertinência subjetiva e objetiva do pedido deduzido em juízo".[649]

---

(645) *Teoria geral do processo*, p. 71.

(646) *Azione e legitimazione*, p. 7.

(647) Efetivo é o ordenamento jurídico que tem correspondência na realidade social, seja porque as normas que o compõem são cumpridas espontaneamente, seja porque estas normas são feitas valer por medidas para tanto adequadas.

(648) *Direito processual civil*, v. I, p. 180, 182, 183 e 185.

(649) *Da ação civil*, p. 60.

Tem direito de ação, no sentido constitucional (*ação constitucional*), todo aquele que afirma ser titular de um direito material violado ou ameaçado. Trata-se de direito incondicionado e incondicionável[(650)], de ir a juízo, de provocar a jurisdição visando à tutela de direito de que se afirma ser titular.

Ao lado da ação constitucional, coloca-se a *ação processual*, que cabe àqueles que têm direito ao julgamento do mérito da pretensão manifestada em juízo, por atenderem determinadas condições (condições de ação como requisitos constitutivos do direito de ação). Direito de ação, no sentido *processual*, é o direito ao proferimento de uma decisão sobre o mérito da demanda submetida ao Poder Judiciário. Sob este enfoque, o direito de ação está relacionado com o próprio resultado da atividade jurisdicional colocada em movimento pelo seu exercício (exame do mérito).

A doutrina fala, ainda, em *ação material*, como direito daquele que tem um direito material a ser tutelado. Direito de ação, sob este prisma, é o direito à sentença favorável ou ao acolhimento da pretensão manifestada em juízo. Sob este enfoque, o direito de ação está relacionado com o próprio resultado da atividade jurisdicional colocada em movimento pelo seu exercício, mas em um sentido ainda mais radical, posto que implica direito ao reconhecimento do direito material deduzido em juízo.

2.2. A bilateralidade da ação.

Autor e réu, comparecendo em juízo, espontaneamente ou mediante provocação, respectivamente, o fazem no exercício do direito de ação, vez que ambos têm direito ao pronunciamento sobre a pretensão que submetem ao juiz. O autor apresenta pretensão de natureza positiva — reconhecimento e satisfação do direito deduzido — e o demandado, pretensão de natureza negativa — negativa de reconhecimento e satisfação do direito deduzido pelo autor.

Autor e réu, reclamante e reclamado, são, portanto, titulares do direito de ação, entendido este no sentido de direito à provocação do Judiciário para o exame de uma pretensão.

Como assevera Piero Calamandrei, "a ação, entendida como atividade dirigida a estimular a jurisdição e a invocar do juiz uma providência jurisdicional conforme a proposta do reclamante, apresenta também (independentemente da teoria que se aceite sobre sua natureza jurídica...) outro caráter empírico, que é o da bilateralidade".[(651)]

Para Piero Calamandrei, "a jurisdição (...) tenta sempre restabelecer a observância do direito a respeito de quem deveria voluntariamente observá-lo, e de obter — A ação como tendente a uma providência a respeito de outra pessoa — com a sujeição o que não foi obtido pela vontade (...). A ação se apresenta, então, em todo caso, como a petição que uma pessoa faz ao órgão jurisdicional de uma providência destinada a atuar na esfera jurídica de outra pessoa (...). No processo moderno existe sempre, frente a uma das partes que pede a providência, ao menos outra parte em relação à qual a providência se pede. Mas esta característica bilateralidade do processo não é, em substância, mais do que uma consequência da bilateralidade da ação, a qual tenta sempre obter do Estado uma providência que ponha em obra uma sujeição, e pressupõe, por conseguinte, em todo caso, que frente a quem pede a sujeição de outro (autor no processo civil, acusador no processo penal), encontra-se alguém que deve ser sujeitado (demandado no processo civil, imputado no processo penal)".[(652)]

Segundo Piero Calamandrei, "assim como não basta a simples petição de providência para fazer que a providência solicitada se conceda, senão que é necessário, pelo contrário, que, caso a caso, os órgãos judiciais verifiquem em concreto as condições de direito e de fato às quais a lei subordina a concessão, a parte contra a qual deveria operar a sujeição é sempre admitida (pelo princípio da contradição...) para fazer (...) valer diante do juiz todas as razões de direito e de fato que possam servir para demonstrar a falta de fundamento da demanda e para fazê-la rejeitar. O órgão judicial pode, desta maneira, ser encontrado (é o normal na fase de cognição, mas pode se verificar também na fase executiva, em caso de oposição por parte da pessoa

(650) A única condição para a ação constitucional é a afirmação da lesão ou ameaça a um direito.
(651) *Direito processual civil*, v. I, p. 192.
(652) *Direito processual civil*, v. I, p. 192.

que deveria sofrer a execução (...) não somente (...) frente à petição do autor, mas, ao mesmo tempo, frente à contraproposta formulada pelo demandado, que o estimula a rejeitar a petição contrária".[653]

Conclui Piero Calamandrei que, "desta maneira, a ação, como atividade dirigida a apresentar ao juiz uma proposta de providência, não é somente própria do autor; também o demandado, mesmo quando se limite a pedir a rejeição da demanda contrária, vem, em substância, solicitar ao juiz que pronuncie uma sentença de declaração negativa de mera certeza, isto é, uma providência diferente da pedida pelo autor, e favorável a ele como demandado".[654]

2.3. O conceito do direito de ação na doutrina.

Leonardo Greco afirma que a ação é apontada pela doutrina como:

a) *direito cívico*: "direito de acesso aos órgãos jurisdicionais, conferido indistintamente a todos os sujeitos de direito de obter um pronunciamento do Poder Judiciário a respeito de qualquer postulação", que seria absoluto, no sentido de ser conferido "a qualquer pessoa independentemente do conteúdo da sua postulação", ao qual corresponde o "dever irrecusável de resposta do Estado-juiz";

b) *pretensão à tutela jurisdicional do direito material, como direito concreto, como garantia, a também chamada ação de direito material*: "a ação integra o direito à jurisdição, mas não o esgota, porque este é igualmente conferido a quem não é titular do direito material. Entretanto, como garantia da eficácia concreta do direito material, a ação é ela própria um direito fundamental sem o qual nenhum valor teriam todos os demais, que restariam meras proclamações vazias e sem consequências práticas";

c) *direito ao processo justo*: "o direito ao meio através do qual se exercitará a jurisdição, o direito de postular o exercício da jurisdição por meio de um processo revestido de todas as garantias, no qual possa o autor apresentar todas as alegações e provas necessárias à demonstração da procedência do seu pedido";

d) *demanda*: ação como "conjunto de elementos propostos pelo autor que delimitam o objeto litigioso, a *res in judicium deducta*, tanto objetiva quanto subjetivamente. Não há jurisdição sem ação. Cabe ao autor fixar quem são as partes, qual é o pedido e qual é a causa de pedir, enfim, sobre que questões da relação jurídica de direito material incidirá o provimento jurisdicional";

e) *direito à jurisdição*: "ação é o direito à prestação jurisdicional sobre o direito material (...). Direito subjetivo público, autônomo e abstrato, de exigir do Estado a prestação jurisdicional sobre uma demanda de direito material. A existência da ação como direito à jurisdição nasce da afirmação de um direito material que preencha as chamadas condições de ação (...). A ação como direito à jurisdição não se confunde com o direito de petição, porque este é o direito a qualquer resposta, enquanto aquela é o direito a uma prestação incidente sobre o mérito, sobre a relação jurídica de direito material. Tampouco se confunde com a ação de direito material, porque a esta tem direito apenas quem seja titular do direito material ao bem da vida pleiteado, enquanto aquela cabe a quem simplesmente alegue ser titular do direito material, mesmo que ao final não o seja, porque é direito à jurisdição sobre o direito material, tanto em benefício quanto em prejuízo do autor, que nasce da afirmação de uma situação fático-jurídica hipoteticamente agasalhada pelo ordenamento jurídico".[655]

Celso Neves afirma que a ação constitui "direito público subjetivo de exigir do Estado a prestação da tutela jurídica processual, tendente à realização imediata do direito positivo e mediata do direito subjetivo, àquele correspondente".[656]

Para Enrico Tullio Liebman, o direito de ação "é um direito subjetivo diferente daquele do direito substancial, porque dirigido ao Estado, sem se destinar à obtenção de uma prestação deste. É, antes disso,

(653) *Direito processual civil*, v. I, p. 192-193.
(654) *Direito processual civil*, v. I, p. 193.
(655) *A teoria da ação no processo civil*, p. 9-13.
(656) *Comentários ao Código de Processo Civil*, v. VII, Prolegômenos, XVII.

um direito de iniciativa e de impulso, direito particular de pôr em movimento o exercício de uma função pública, através da qual se espera obter a tutela de suas pretensões".[657]

Giuseppe Chiovenda vê na ação o "poder jurídico de realizar a condição para a atuação da vontade da lei".[658]

Eduardo Couture sustenta que a ação é o "poder jurídico que tem todo sujeito de direito de recorrer aos órgãos jurisdicionais para reclamar a satisfação de uma pretensão".[659]

Alfredo Rocco afirma que o direito de ação consiste no direito de "obter a intervenção do Estado para a eliminação dos obstáculos que a incerteza ou a inobservância da norma põe à realização dos interesses tutelados".[660]

2.4. Direito de ação e tutela jurisdicional dos direitos.

O Estado, visando garantir as condições necessárias para a convivência social, promove a sua disciplina, por meio de normas de conduta de caráter imperativo. Com este mesmo objetivo, o Estado reconhece a quem se sinta lesado ou ameaçado em seus direitos, a faculdade de a ele recorrer, visando à sua tutela. A realização desta tutela constitui poder e dever do Poder Judiciário. Daí se falar em *direito à tutela jurisdicional dos direitos*, no sentido de direito à proteção, ser realizada pelo Poder Judiciário, no exercício da jurisdição, dos direitos atribuídos pela ordem jurídica.

Como os órgãos do Poder Judiciário não agem de ofício, é o exercício do direto de ação que cria a condição necessária para a atuação do Poder Judiciário e a concessão de tutela jurisdicional ao direito material deduzido em juízo.

Destarte, não se confundem direito de ação e direito à tutela jurisdicional. O direito de ação é reconhecido a todo aquele que acredita ser titular de um direito. A concessão da tutela jurisdicional à parte depende da veracidade dos fatos em que sustenta a sua pretensão e da adequação das consequências jurídicas por ela pretendidas com a ordem jurídica. A tutela jurisdicional não recai sobre o direito afirmado, mas sobre o direito cuja existência é confirmada em juízo.

Direito de ação é o direito a uma resposta ao pedido de providência apresentado em juízo (*direito à prestação jurisdicional*).[661] A concessão de tutela jurisdicional perseguida é, portanto, uma possibilidade criada pelo exercício do direito de ação.

Provocado pela ação, o órgão do Judiciário tem o dever de se manifestar sobre a demanda, mas, também o poder de a solucionar. Desta forma, garantir o direito de ação não é assegurar determinado resultado da atividade jurisdicional. Como assinala Luigi Monacciani, o direito de ação consiste no "direito de estimular o órgão público ao exercício da função jurisdicional, constrangendo-o a agir, mas não o direito de vincular o resultado de tal atividade".[662]

Tanto o autor da demanda quanto o demandado têm direito à prestação jurisdicional, isto é, à apreciação de sua pretensão (confirmação do direito deduzido, do ponto de vista do autor, e negativa da existência do direito deduzido, sob a ótica do demandado).

Demandar é comparecer em juízo e requerer a confirmação e tutela de um direito. A demanda tem por conteúdo a pretensão (confirmação da existência e tutela do direito afirmado, do ponto de vista do autor; negativa da existência do direito afirmado pelo autor, sob a ótica do réu). Neste contexto, *demanda* consiste

(657) *Manual de direito processual civil*, v. I, p. 152.
(658) *Ensayos de derecho procesal civil*, v. I, p. 6.
(659) *Fundamentos del derecho procesal civil*, p. 57.
(660) *La sentencia civil*, p. 12 e 108.
(661) A Constituição da República dispõe, no art. 5º, XXXV, que "a lei não excluirá da apreciação do Poder Judiciário lesão ou ameaça a direito". Assim, quem recorre ao Poder Judiciário tem direito à "apreciação" de sua pretensão. O direito a esta apreciação corresponde ao direito à prestação jurisdicional.
(662) *Azione e legitimazione*, p. 69.

no ato de comparecer em juízo e pedir o acolhimento de uma pretensão. Assim, não se confundem a demanda (ato de pedir em juízo a tutela de um direito) e o seu conteúdo (a pretensão manifestada por quem comparece em juízo ou a pretensão manifestada por meio da demanda). Cândido Rangel Dinamarco fala, a propósito, em demanda na acepção formal, isto é, como "ato com que se apresenta a pretensão ao juiz" e substancial, no sentido de "pretensão apresentada ao juiz".(663)

O CPC de 1973 faz uso da locução *demanda* em sentido substancial quando alude, no art. 70, III, à possibilidade de a parte *perder a demanda*. Perder a demanda significa, no art. 70, III, ser vencido em uma *pretensão*.

A tutela jurisdicional de um direito pode ocorrer de várias formas: declarando a sua existência ou inexistência (*tutela de conhecimento*), satisfazendo o direito cuja existência já foi reconhecida (*tutela de execução*) e adotando medidas necessárias à garantia da utilidade prática do processo (*tutela provisória de urgência cautelar*), por exemplo.

Não se pode perder de vista, no entanto, a advertência de Cândido Rangel Dinamarco, de que "tutela jurídica, no sentido mais amplo, é a proteção que o Estado confere ao homem para a consecução de situações consideradas eticamente desejáveis segundo os valores vigentes na sociedade — seja em relação aos bens, seja em relação a outros membros do convívio", sendo por ele acrescentado que "a história das nações e do direito mostra que a ordem jurídica substancial procura ser o espelho dos valores vigentes em cada tempo e lugar: a evolução das escalas axiológicas repercute no ordenamento jurídico mediante o modo como define e dimensiona os direitos, poderes e faculdades, equilibrando-os com obrigações, ônus e deveres. A propensão de cada um a obter situações sempre favoráveis (com a realização de seus interesses) é contida e disciplinada segundo os pressupostos éticos e axiológicos acatados pelo Estado. E isso se dá, em primeiro lugar, no plano dos enunciados abstratos da lei material. Definidas estas regras de convivência, cogita-se depois dos meios pelos quais o próprio Direito cuida de dar efetividade à ordem assim estabelecida", sendo por ele concluído que estes fatos permitem enquadrar a tutela jurisdicional "no sistema de proteção ao homem".(664)

Esta advertência exige recordar que o direito material do trabalho protege o homem que sobrevive da alienação da sua força de trabalho, em defesa da sua dignidade humana, e busca a realização da justiça social e a construção da democracia. Ao tornar concreto o direito material do trabalho, o processo do trabalho atua em prol da dignidade humana, da justiça social e da democracia. Daí a íntima relação entre processo do trabalho, dignidade humana, justiça social e democracia. *Processo não é simples técnica de solução de conflitos: ele visa à tutela de homens.*

2.5. Teorias sobre a natureza jurídica da ação.

As teorias sobre a natureza jurídica da ação tratam da relação entre o direito material e o pedido de sua tutela jurisdicional, visando estabelecer se a ação constitui, ou não, um direito distinto do direito material cuja tutela por meio dela é pleiteada.

Abre-se um parêntese para esclarecer que a evolução do direito processual como ciência está diretamente relacionada com o debate sobre a natureza jurídica da ação. A negativa de autonomia à ação implica inexistência do direito processual (esta situação, que é caracterizada pelo sincretismo jurídico — ausência de distinção entre o plano material e o processual do ordenamento jurídico —, prevaleceu de meados do século XVIII até meados do Século XIX). É com a doutrina da ação como direito autônomo em relação ao direito material que surge o direito processual como ciência (a afirmação da autonomia da ação frente ao direito material conduz à afirmação da autonomia da relação jurídica processual frente à relação jurídica material, sendo destacada a diferença entre os seus sujeitos, pressupostos e objeto, com a consequente divisão do ordenamento jurídico em dois planos: processual e material). A ciência processual foi marcada, no primeiro momento, pelo conceitualismo, mas evoluiu, no final do século XIX, para uma vertente instrumentalista, segundo o qual a processo não é um fim em si mesmo, mas instrumento a serviço da ordem jurídica.

(663) *Instituições de direito processual civil*, v. II, p. 108.
(664) *Fundamentos do processo civil moderno*, v. I, 365 e 366.

2.5.1. Teoria civilista, privatista, unitária ou imanentista.

De acordo com a teoria civilista, privatista, unitária ou imanentista, a ação é apenas um aspecto do direito material, não sendo, portanto, um direito daquele distinto. Sob a ótica da teoria em destaque, não há ação sem direito e não há direito sem ação.

Discorrendo sobre esta teoria, afirma Piero Calamandrei que "os civilistas (...) tomaram como ponto de partida (...) o esquema típico da relação privada da obrigação. O direito subjetivo do credor se dirige, em primeiro lugar, à prestação do devedor, mas se o devedor não cumpre, então o credor pode, recorrendo àquela garantia jurisdicional que está implícita no direito subjetivo, dirigir-se ao Estado a fim de obter, através da condenação do não cumpridor, aquela mesma satisfação do próprio interesse individual. A ação, entendida como direito de obter do devedor, mediante a sujeição imposta pelo Estado, o equivalente da prestação devida, não é uma coisa que esteja fora do direito subjetivo, senão que é somente um aspecto ou momento do mesmo direito subjetivo, um poder imanente a ele de reação contra o agravo (...). A ação, por conseguinte, como poder de provocar a sujeição do devedor, não existe como direito separado, mas constitui um dos modos como pode ser exercitado o direito subjetivo privado".[(665)]

O direito material comporta, de acordo com esta teoria, o direito ao cumprimento da obrigação que lhe é correlata e o poder de exigir em juízo este cumprimento. Dessa forma, o direito de ação não é um direito autônomo em relação ao direito material, sendo apenas um dos seus aspectos. Trata-se de direito dirigido contra o devedor e não contra o Estado, por ser o direito de ação mero aspecto do direito material.

2.5.2. Teoria da ação como direito autônomo.

De acordo com a teoria da ação como direito autônomo, o direito de ação não se confunde com o direito material, sendo autônomo em relação a ele.

A teoria de ação como direito autônomo desdobra-se em duas: a) ação como direito autônomo e concreto (teoria concretista); e b) ação como direito autônomo e abstrato (teoria abstratista).

Para a teoria da ação como direito concreto, a ação constitui direito autônomo em relação ao direito material, mas somente tem direito de ação quem tem direito a uma decisão favorável.[(666)] Tem direito de ação, portanto, quem tem razão em sua pretensão.

Adolfo Wach, um dos defensores dessa doutrina, citado por Lopes da Costa, afirma que "a ação (*Rechtsschutzanspruch* — pretensão à tutela judiciária) compete apenas a quem tenha um interesse na proteção de um direito, não um interesse imaginário, mas um interesse real, provado no processo".[(667)]

Segundo a teoria do direito abstrato, o direito de ação, autônomo em relação ao direito material, é o direito ao exame da pretensão levada a juízo, que não depende da existência do direito material invocado. Trata-se do direito a uma decisão sobre a pretensão e não de direito a uma decisão favorável.

2.5.3. Teoria de Giuseppe Chiovenda.

Giuseppe Chiovenda define a natureza jurídica do direito de ação a partir da distinção entre direitos potestativos ou formativos e direitos a uma prestação, afirmando que os direitos potestativos "são direitos tendentes à modificação do estado jurídico existente (...). Esta categoria de direitos (...) carece completamente daquilo que é característico dos direitos a uma prestação, ou seja, precisamente a obrigação de uma pessoa de realizar uma prestação (...). Os direitos potestativos, por sua própria natureza (...), não se dirigem contra

(665) *Direito processual civil*, v. I, p. 195.

(666) Sob esse enfoque, "o direito de ação é atividade praticada por quem merece a proteção judicial, por quem vai receber a tutela; direito de ação para o concretista é, pois, direito à tutela" (PAIXÃO JÚNIOR, Manuel Galdino da. *Teoria geral do processo*, p. 90). Humberto Theodoro Júnior afirma que a ação, para os concretistas, "é direito público voltado contra o Estado, de obter uma proteção jurídica para o direito subjetivo material" (*Curso de direito processual civil*, v. I, p. 61).

(667) *Direito processual civil brasileiro*, v. I, p. 61.

uma obrigação, mas se exaurem no poder jurídico de produzir um efeito jurídico, e se exercitam com uma simples declaração de vontade, com ou sem o concurso da sentença judicial".[668]

Ainda consoante Giuseppe Chiovenda, "ação é um dos direitos que podem fluir da lesão de um direito; e eis como aquela se apresenta na maioria dos casos: como direito por meio do qual, omitida a realização de uma vontade concreta da lei mediante a prestação do devedor, se obtém a realização daquela vontade por outra via, a saber, mediante o processo (...). A ação é um poder de realização da vontade concreta da lei, que prescinde da vontade e da prestação do réu (...). Normalmente, a atuação da lei depende de uma condição, a saber, da manifestação de vontade de um indivíduo; e diz-se que esse indivíduo tem ação, querendo dizer-se que tem o poder jurídico de provocar, com seu pedido, a atuação da vontade da lei. A ação é, portanto, o poder jurídico de dar vida à condição para a atuação da vontade da lei (...). A ação é um poder que nos assiste em face do adversário em relação a quem se produz o efeito jurídico da atuação da lei. O adversário não é obrigado a coisa nenhuma diante desse poder: simplesmente lhe está sujeito. Com o seu próprio exercício exaure-se a ação, sem que o adversário nada possa fazer, quer para impedi-la, quer para satisfazê-la (...). O direito de ação aspira conseguir o bem garantido pela lei, por todos os meios possíveis; o processo, no qual se devem tentar esses outros meios possíveis, não se destina a obter o adimplemento da obrigação, mas, sim, o conseguimento do bem garantido pela lei com os meios possíveis alheios à obrigação, que se revelou instrumento insuficiente".[669]

Ação, para Giuseppe Chiovenda, é direito potestativo, derivado da violação do direito material.

Giuseppe Chiovenda, por ter a ação como direito à sentença favorável, é incluído pela doutrina entre os concretistas.

2.5.4. Teoria de Enrico Tullio Liebman.

Segundo Enrico Tullio Liebman, "das várias teorias que concebem a ação como um direito autônomo, destacam-se, de um lado, as que lhe atribuem caráter concreto, porque a definem como o direito a conseguir uma sentença favorável, e as que lhe atribuem caráter abstrato, porque a definem como o direito de provocar a atividade dos órgãos jurisdicionais e de conseguir uma decisão qualquer, sem nenhuma condição prévia, subjetiva ou objetiva. Entre essas duas correntes cabe uma posição intermédia (...). A ação, como direito de provocar o exercício da jurisdição, significa o direito de provocar o julgamento do pedido, a decisão da lide. É abstrata, porque tendo por conteúdo o julgamento do pedido, inclui ambas as hipóteses em que este for julgado procedente ou improcedente, mas é subjetiva e objetivamente determinada, porque é condicionada à existência dos requisitos definidos como condições de ação".[670]

Para Enrico Tullio Liebman, "o poder de agir em juízo é reconhecido a todos e vimos também a razão dessa ilimitada abertura: uma garantia constitucionalmente instituída, que é reflexo *ex parte subiecti* da instituição dos tribunais pelo Estado; eles têm a tarefa de dar justiça a quem a pedir e por isso uma das regras fundamentais do nosso ordenamento constitucional assegura a todos a possibilidade de levar-lhes a sua pretensão a obtê-la, com isso fazendo que o juiz venha a examinar o seu caso. Segundo uma opinião muito

(668) *Instituições de direito processual civil*, v. 1, p. 26, 30 e 36. O direito a uma prestação consiste no poder de exigir de outrem determinada conduta, consistente em fazer, não fazer ou dar. Ao direito a uma prestação corresponde um dever, que pode ser cumprido ou não (o não cumprimento deste dever implica lesão ao direito correspondente, o que atrai as sanções estabelecidas pela ordem jurídica e autoriza o titular do direito a ingressar em juízo visando à sua satisfação). O direito potestativo é o poder de, pela simples manifestação de vontade do seu titular, criar, alterar ou extinguir situação jurídica. O direito potestativo ou formativo é exercido pela manifestação de vontade do seu titular e a ele não corresponde o dever de conduta de outrem; dele resulta a sujeição de outrem à nova situação jurídica estabelecida pela manifestação de vontade do seu titular (quem é afetado pelo exercício do direito potestativo contra este exercício nada pode fazer, o que implica que se trata de direito que não pode ser violado). Citem-se, como exemplos de direitos potestativos, o direito de o mandante revogar o mandato e o do mandatário de a ele renunciar (art. 682, I, do Código Civil). Para Giuseppe Chiovenda, direito formativo ou potestativo é o "poder de influir, mediante declaração de vontade, sobre a condição jurídica de outro, sem o concurso da vontade deste" (*Instituições de direito processual civil*, v. I, p. 30).

(669) *Instituições de direito processual civil*, v. I, p. 37 a 43.

(670) *O despacho saneador e o julgamento do mérito*, p. 42-43.

conhecida, esse poder pertence à categoria dos direitos cívicos; ele é absolutamente genérico e indeterminado, inexaurível e inconsumível, não se ligando a qualquer situação concreta. Coisa diferente é a ação, o direito subjetivo sobre o qual está construído todo o sistema do processo (...). O direito de agir em juízo é realmente atribuído para a tutela dos próprios direitos e interesses legítimos e isso significa que não pertenceria a quem postulasse tutela para direitos alheios. Eis uma primeira identificação que serve para individualizar a pessoa que, caso por caso, pode efetivamente agir em juízo: é o que se chama legitimação para a ação. Em segundo lugar, como o direito de agir é concedido para a tutela de um direito ou interesse legítimo, é claro que existe apenas quando há necessidade dessa tutela, ou seja, quando o direito ou interesse legítimo não foi satisfeito como era devido, ou quando foi contestado, reduzido à incerteza ou gravemente ameaçado. Individualiza-se, com isso, a situação objetiva que justifica a propositura de uma ação: é o que se chama interesse de agir".[671]

Segundo Enrico Tullio Liebman, entre os que têm o poder de agir em juízo, "se encontram também aqueles que não tanto podem propor uma demanda qualquer, mas são titulares de um verdadeiro direito que, com referência a uma situação determinada e concreta, visa a obter um pronunciamento sobre essa demanda, para que ela seja julgada procedente ou improcedente, sendo com isso concedida ou negada a tutela pedida. Esse direito é precisamente a ação, que tem por garantia constitucional o genérico poder de agir, mas que em si mesma nada tem de genérico: ao contrário, guarda relação com uma situação concreta, decorrente de uma alegada lesão a direito ou a interesse legítimo do seu titular e identifica-se (...) por três elementos bem precisos: os sujeitos (autor e réu), a *causa petendi* (*i. e.*, o direito ou relação jurídica indicada como fundamento do pedido) e finalmente o *petitum* (que é o concreto provimento judicial postulado para a tutela do direito lesado ou ameaçado)".[672]

Ainda consoante Enrico Tullio Liebman, "quando, em determinado caso, faltam as condições de ação ou mesma uma delas (interesse de agir e legitimação para agir), dizemos que ocorre carência de ação, devendo o juiz negar o julgamento de mérito e então declarar inadmissível o pedido".[673]

Direito de ação, na teoria de Enrico Tullio Liebman, é o *direito ao julgamento do mérito da demanda submetida ao Poder Judiciário*, que se apresenta quando forem atendidas determinadas condições (condições de ação).

Note-se que Liebman e Calamandrei concordam em que existe o direito abstrato de provocar a jurisdição (*ação em sentido constitucional*) e o direito concreto de ação (*ação processual*), sendo que, para Liebman, tem direito concreto de ação quem tem direito ao julgamento de mérito, ao passo que, para Calamandrei, na esteira de Chiovenda, tem direito concreto de ação quem tem direito a uma sentença favorável. Os dois são, cada um a seu modo, concretistas.

2.5.5. As condições de ação no CPC de 1973.

Prevê o CPC de 1973 que o processo será extinto sem resolução de mérito quando não concorrer qualquer das *condições de ação*, como a possibilidade jurídica, a legitimidade das partes e o interesse processual (art. 267, VI).[674]

(671) *Manual de direito processual*, v. I, p. 149-151.
(672) *Manual de direito processual*, v. I, p. 151.
(673) *Manual de direito processual*, v. I, p. 151.
(674) O CPC de 1973, como resulta do art. 301, adota a denominada *teoria do trinômio*, segundo a qual o processo envolve três questões: pressupostos processuais, condições de ação e mérito (o que significa que, antes de examinar o mérito, o juiz deverá verificar se o processo foi validamente instaurado e se desenvolveu de forma regular e, posteriormente, se as partes são legítimas, se existe interesse de agir e se o pedido é juridicamente possível. Esta mesma teoria foi adotada no CPC de 2015, que, no art. 337, estabelece ordem idêntica à definida no art. 301 do CPC de 1973). No entanto, estas questões podem ser reduzidas, sem qualquer prejuízo à boa técnica processual, a apenas duas: *requisitos para o exame da pretensão da parte ou para o julgamento do mérito da demanda* (questões processuais: que englobam os pressupostos processuais e as condições de ação) e *requisitos para o acolhimento da pretensão da parte* (questão de mérito). Reforça este entendimento o fato de que, embora se fale em condições *de ação*, o simples exercício do direito de ação é idôneo, por si só, para dar início ao processo (tanto isto é verdade, que, reconhecendo o juiz o não atendimento de qualquer das condições de ação, o processo será extinto). O processo surge, portanto, com o exercício do direito de ação, por meio da apresentação da demanda em juízo. Destarte, instaurado o processo, cumpre verificar se estão presentes as condições necessárias para o exame do mérito.

No modelo adotado pelo CPC de 1973, considerado à luz dos arts. 267, VI, e 301, X, constituem condições de ação a possibilidade jurídica, a legitimidade das partes[675] e o interesse processual[676] e o seu não atendimento implica *carência de ação*.

As condições de ação constituem, sob este prisma, *requisitos constitutivos do direito de ação no sentido processual* (o direito de ação constitui, portanto, direito ao julgamento do mérito da demanda).

Para Humberto Theodoro Júnior, o CPC de 1973 adotou a teoria eclética, de forma que "o direito de ação, entendido como poder jurídico de obter uma 'sentença de mérito', isto é, sentença que componha definitivamente o conflito de interesses de pretensão resistida, subordina-se à verificação dos seguintes requisitos, denominados condições de ação: 1ª) possibilidade jurídica do pedido; 2ª) interesse de agir; 3ª) legitimidade das partes.[677]

Celso Agrícola Barbi, fazendo alusão aos arts. 3º e 267, VI, do CPC de 1973, aduz que "pode parecer que, com esses dispositivos, tenha a lei adotado integralmente a teoria do ilustre mestre italiano (LIEBMAN). Todavia, numerosas disposições do Código contrariam essa conclusão (...) ao tratar dos procedimentos especiais, o Código é expresso em só conceder ação àqueles que realmente tenham o direito que alegam na inicial. Assim é que o art. 924 concede ação de prestação de contas 'a quem tiver o direito de exigi-las ou a obrigação de prestá-las'; o art. 926 concede ação de manutenção e de reintegração de posse ao 'possuidor direto ou indireto, que tenha justo receio de ser molestado na posse'; o art. 934 dá ação de nunciação de obra nova 'ao proprietário ou possuidor', 'ao condômino' etc. Em todos esses casos, verifica-se que a lei confere ação a quem tem um direito, e não a quem simplesmente se afirme titular de um direito. Além disso, no mesmo citado Livro IV, que contém os Procedimentos Especiais, fala-se em 'Ação de Consignação em Pagamento' (arts. 890 a 900), 'Ação de Depósito' (arts. 910 a 906), 'Ações Possessórias' (arts. 920 a 933), etc. Ora, se ação é um direito contra o Estado, para julgamento do mérito, ela não é de 'Consignação', ou de 'Depósito', ou 'Possessória'".[678]

Também Aroldo Plínio Gonçalves sustenta que o CPC de 1973 não adotou nem a teoria de Liebman nem a de Chiovenda, afirmando que as condições fixadas no art. 3º do CPC "são condições que só poderiam ser apreciadas após a instalação do processo, e assim só poderiam se tornar questões intraprocessuais. A instauração do processo não depende delas (...). O direito de submeter o ilícito, porque lesão a direito é ilícito, à apreciação do Judiciário não se condicionou aos direitos substanciais. Quando o item VI do art. 267, do Código de Processo Civil, fala em condições de ação, fala, consequentemente, em condições que, como se disse, só podem ser verificadas dentro do processo. Os procedimentos especiais dos arts. 914, 926, 934, reservam determinadas ações a quem detém qualidade jurídica específica, um *status* decorrente de uma determinada situação jurídica (...). Pelas disposições destes artigos não se pode pré-definir a sentença".[679]

A nosso juízo, no art. 267, VI, e art. 301, X, do CPC de 1973 foi adotada a doutrina de Liebman, valendo observar que, consoante assevera Manuel Galdino da Paixão Júnior, nos casos em que o CPC usa o vocábulo "ação" seguido do título jurídico da pretensão do autor, "ação significa rito processual, procedimento a ser obedecido no processo que será ou já foi instaurado".[680]

Ainda consoante Manuel Galdino da Paixão Júnior, "não há engano, propriamente dito, em expressões como 'condições de ação'. Existe é uma bem fundada opção teórica a respeito da natureza do direito de ação. É a teoria eclética, dentro da qual esses conceitos todos foram concebidos pelo Mestre Liebman (...). É, no ecletismo, que se torna possível entender a coerência de expressões como condições e carência de ação, fazendo coro com o dualismo público e com as correntes abstrata e concreta".[681]

(675) Condição de ação que diz respeito à titularidade do direito de ação.
(676) Condição de ação relacionada com a necessidade e utilidade da atuação do Poder Judiciário.
(677) *Tutela jurisdicional de urgência*, p. 44.
(678) *Comentários ao Código de Processo Civil*, v. I, p. 20.
(679) *Técnica processual e teoria do processo*, p. 122-123.
(680) *Teoria geral do processo*, p. 64.
(681) *Teoria geral do processo*, p. 224-225.

Mais adiante retornaremos ao exame das condições de ação, adiantando, apenas, que o CPC de 2015, no art. 17, reitera a exigência de interesse e legitimidade para postular em juízo, não inclui a possibilidade jurídica do pedido entre as condições de ação, conforme seu art. 485, VI, e abandona a teoria de Liebman, vez que deixa de fazer referência à carência de ação.

2.6. Pretensão e lide.

De acordo com o art. 189 do Código Civil, violado o direito, nasce para o seu titular a *pretensão*.

De pretensão se fala no sentido de (a) *poder de exigir* de outrem um fazer, não fazer ou dar,[682] (b) *exigência*, endereçada a outrem, de fazer, não fazer ou dar,[683] ou (c) *direito de exigir* de outrem um fazer, não fazer ou dar.[684]

Pretensão é o poder de exigir legitimamente de outrem um fazer, não fazer ou dar. É por esta razão que, violado o direito, surge, para o seu titular, a pretensão, isto é, o poder de exigir o respeito ao direito que lhe atribui a ordem jurídica.

Assinala Francesco Carnelutti que manifestada a pretensão, "o titular do interesse oposto se decida à sua subordinação. Em tal caso, a pretensão é bastante para determinar a solução pacífica do conflito", mas é possível que "à pretensão de um dos titulares em conflito se opõe a resistência do titular do outro. Quando isto acontecer, o conflito de interesses se converte em litígio. Chamo litígio ao conflito de interesses qualificado pela pretensão de um dos interessados e pela resistência do outro".[685] Lide ou dissídio, é, assim, o conflito de interesses qualificado por uma pretensão à qual se opõe resistência.[686]

De outro lado, como prevê o art. 468 do CPC de 1973, a sentença proferida no processo tem força de lei nos limites da lide e das questões decididas. Assim, a lide a ser examinada e julgada é aquela submetida ao Poder Judiciário. Com isso, lide, ou litígio, é o conflito de interesses concretamente submetido ao Poder Judiciário. O juiz julga o conflito de interesses que deu ensejo à propositura da ação e instauração do processo nos limites em que ele lhe foi submetido, ou, dito de outro modo, na forma em que é representado pelas partes (cada parte fornece ao juiz a sua representação do conflito de interesses pré-processual[687]). O mesmo raciocínio se aplica sob a ótica do CPC de 2015, que dispõe, no art. 141, que o juiz decidirá o mérito nos limites propostos pelas partes, sendo-lhe vedado conhecer de questões não suscitadas a cujo respeito a lei exige a iniciativa da parte (trata-se, assim, da consagração do *princípio da demanda*), e, no art. 503, que a decisão que julgar total ou parcialmente o mérito tem força de lei nos limites da *questão principal expressamente decidida*. Note-se que o CPC de 2015, no art. 503, se refere ao *julgamento do mérito*, enquanto o CPC de 1973 se refere a *julgamento da lide*, observando-se que, no CPC de 1973, lide e mérito são por vezes utilizados como sinônimos.

Anote-se que nem sempre a pretensão à tutela jurisdicional resulta de um conflito de interesses, como se dá, por exemplo, na hipótese em que a manifestação judicial é necessária para a eficácia da manifestação de vontade das partes, como ocorre na separação judicial consensual.

2.7. Classificação das ações.

A partir da natureza do provimento requerido ou do tipo de tutela jurisdicional pleiteada pelo autor da demanda, as ações são classificadas em: a) *ação de conhecimento*: ação que objetiva verificar a existência do

(682) Este é o ponto de vista de Pontes de Miranda: "a pretensão é o poder de exigir alguma prestação" (*Comentários ao Código de Processo Civil*, v. I, p. 42).

(683) Neste sentido, Francesco Carnelutti sustenta que um conflito intersubjetivo de interesses "pode dar lugar a uma atitude da vontade de um dos dois sujeitos, concretizada na exigência da subordinação do interesse alheio ao interesse próprio. Esta exigência é o que se chama pretensão" (*Sistema de direito processual civil*, v. I, p. 93).

(684) De acordo com o § 194, I, do Código Civil alemão, pretensão é o direito de exigir de outrem um fazer ou um não fazer.

(685) *Sistema de direito processual civil*, v. I, p. 93.

(686) A lide tem como elementos: os sujeitos (as partes do conflito de interesses), o objeto (o bem jurídico sobre o qual versa o conflito) e a pretensão (a exigência de subordinação do interesse alheio ao interesse próprio).

(687) Não é raro, ainda, os advogados das partes e o próprio juiz potencializarem este conflito.

direito afirmado pelo autor da demanda;[688] b) *ação executiva*: ação voltada à satisfação do direito cuja existência tenha sido confirmada em decisão judicial ou em título executivo extrajudicial;[689] c) *ação cautelar*: ação que visa à determinação de medida que assegure a utilidade prática do processo, ou, dito de outra forma, que garanta a realização futura do direito cujo reconhecimento ou satisfação é ou será pleiteada em juízo.[690]

Esta forma de classificar as ações conduz à correspondente classificação dos processos em processo de conhecimento, de execução e cautelar, respectivamente.

As ações de conhecimento se dividem em:

a) *ação declaratória ou de mera declaração*: aquela em que o interesse do autor é limitado à declaração da existência (ação declaratória positiva) ou da inexistência (ação declaratória negativa) de relação jurídica ou da autenticidade ou falsidade de documento;[691]

b) *ação condenatória*: "a que busca não apenas a declaração do direito subjetivo material do autor, mas também a formulação de um comando que imponha uma prestação a ser cumprida pelo réu (sanção). Tende à formação de um título executivo";[692]

c) *ação constitutiva*: a que persegue sentença que, "além da declaração do direito da parte, cria, modifica ou extingue um estado ou relação jurídica material".[693]

Cumpre recordar que, como assinala Piero Calamandrei, o demandado, ao aduzir a sua defesa, apresenta ao juiz pedido de prolação de sentença declaratória negativa (declaração de inexistência da obrigação de sujeição à pretensão do autor).[694]

Aduzem Antônio Carlos de Araújo Cintra, Ada Pellegrini Grinover e Cândido Rangel Dinamarco que:

> "Ao lado da tripartição tradicional, um número cada vez maior de autores coloca a *ação mandamental*, tendente a obter uma ordem judicial (mandado) dirigido a outro órgão do Estado ou a particulares (essa hipótese vem hoje consagrada pelo art. 461, § 5º, do Código de Processo Civil e a ela se refere o inciso V de seu art. 14, o qual fala expressamente em *provimentos mandamentais*). É o caso da sentença que concede mandado de segurança, ou da proferida contra oficial do registro público para retificação de nome, ou para cumprimento específico das obrigações de fazer ou não fazer. Para descumprimento da ordem emanada pela sentença mandamental, o ordenamento prevê sanções de natureza material e processual, chegando até a eventual configuração do crime de desobediência (...). Fala-se também na ação executiva *lato sensu*, para designar a ação que tende a uma sentença de mérito, que em substância é uma condenação e vale como título executivo, mas é também provida

---

(688) Segundo Humberto Theodoro Júnior, a ação de conhecimento, "que provoca a instauração de um processo de conhecimento, busca o pronunciamento de uma sentença que declare entre os contendores quem tem razão e quem não a tem, o que se realiza mediante determinação da regra jurídica concreta que discipline o caso que formou o objeto do processo" (*Curso de direito processual civil*, v. I, p. 71).

(689) Para João Batista Lopes, a diferença entre o processo de conhecimento e o de execução é que aquele é destinado a "resolver a lide" e este à "concretização do direito definido no título" (*Ação declaratória*, p. 33). Francesco Carnelutti afirma que no processo de conhecimento o juiz atua para conhecer a realidade e, no de execução, para transformá-la (*Sistema de direito processual civil*, v. II, p. 23).

(690) No CPC de 2015 já não existe processo cautelar como processo autônomo, embora tenha sido mantido o reconhecimento do direito à tutela cautelar. Com isto, sob o prisma do CPC de 2015 já não se pode falar em ação cautelar como ação que faz surgir um processo cautelar.

(691) "Mediante força declaratória, objetiva o demandante extirpar incerteza. Deseja tornar indiscutível, no presente e futuro, graças à autoridade da coisa julgada, a existência ou inexistência de relação jurídica, a autenticidade ou a falsidade do documento" (ASSIS, Araken de. *Manual da execução*, p. 72).

(692) THEODORO JÚNIOR, Humberto. *Curso de direito processual civil*, v. I, p. 71. Na ação condenatória, o autor não se limita "a pedir a declaração de mera certeza, mas demanda algo mais: precisamente o meio de restabelecer efetivamente o equilíbrio jurídico violado, com a remoção das consequências da violação do direito afirmado" (MICHELI, Gian Antonio. *Derecho procesal civil*, v. I, 55).

(693) THEODORO JÚNIOR, Humberto. *Curso de direito processual civil*, v. I, p. 71. Na ação constitutiva, o que se pretende é obter, por meio da sentença, a constituição, a modificação ou a extinção de determinada relação jurídica.

(694) *Direito processual civil*, v. I, p. 193.

de uma especial eficácia consistente em legitimar a execução sem necessidade de novo processo — por ex., nas ações possessórias, nas ações de despejo".[(695)]

Para Pontes de Miranda "a ação de *habeas corpus* é a mais relevante ação mandamental, por sua ligação direta ao ser humano".[(696)]

Ovídio Baptista da Silva afirma que "a ação mandamental tem por fim obter, como eficácia preponderante da respectiva sentença de procedência, que o juiz emita uma ordem a ser observada pelo demandado, em vez de limitar-se a condená-lo a fazer ou não fazer alguma coisa. É da essência, portanto, da ação mandamental que a sentença que reconheça a procedência contenha uma ordem para que se expeça um mandado. Daí a designação de sentença mandamental. Nesse tipo de sentença, o juiz ordena, e não simplesmente condena. E nisso reside, precisamente, o elemento eficácia que a faz diferente das sentenças próprias do processo de conhecimento".[(697)]

Luiz Fux assevera que "a característica da ação mandamental é a realizabilidade prática do direito litigioso no procedimento de cognição mediante execução ou ordem (...). A mandamentabilidade está na 'preponderância da ordem sobre o julgamento', isto é, a declaração do direito precede, mas a eficácia que se busca é a ordenatória e não a condenatória (...). Outra característica dessa mandamentabilidade é sua 'atuação' do provimento *simpliciter et de plano*, ora por obra do próprio Estado, ora pelo cumprimento por parte do demandado, que não pode escusar-se de adimplir ao comando sob pena de desobediência".[(698)]

Chamam-se *ações executivas lato sensu* aquelas que "conduzem a uma sentença que contém, em si mesma, a eficácia executória, tornando dispensável o processo de execução (ex.: ação de despejo, ação de reintegração de posse). Nessa espécie de ação, mesclam-se cognição e execução, de sorte que a concretização da sentença não requer nova citação do réu".[(699)]

No exercício da jurisdição, o juiz formula a norma que deve disciplinar a relação jurídica litigiosa (processo de conhecimento ou de cognição) e promove a atuação prática dessa mesma norma (processo de execução).

Tradicionalmente, estas duas atividades (formular a norma e atuá-la concretamente) são realizadas em processos autônomos e distintos (processo de conhecimento e processo de execução, respectivamente). Nesse sistema, a sentença condenatória impõe uma obrigação cujo cumprimento somente poderá ser exigido por meio de uma nova ação (ação executiva), na qual é requerida ao juiz a prática de atos que conformem o mundo fático ao que foi decidido. O resultado prático do processo de conhecimento (isto é, a adequação do mundo material ao comando contido na sentença) fica, portanto, na dependência de um novo processo (de execução), instaurado a pedido do credor.

A formulação e a atuação da norma concreta regente da relação jurídica litigiosa foram concentradas no mesmo processo pela Lei n. 11.232/2005, que acrescenta ao CPC de 1973 o art. 475-I, dispondo que "o cumprimento da sentença far-se-á conforme os arts. 461 e 461-A desta lei, ou tratando-se de obrigação por quantia certa, por execução, nos termos dos demais artigos deste Capítulo". Foi estabelecida, assim, a *fase de cumprimento da sentença*, em relação à obrigação por quantia certa, como fase do processo de conhecimento, com a consequente dispensa da instauração do processo de execução para que se possa desenvolver a atividade do juiz voltada para a atuação prática da norma regente do caso *sub judice*, ou seja, para a prática de atos executivos (atos que têm por finalidade transformar a realidade sensível, com o intuito de assegurar ao credor resultado equivalente ao que alcançaria se tivesse sido cumprida espontaneamente a obrigação do devedor).

(695) *Teoria geral do processo*, p. 326-327.
(696) *Tratado das ações*, t. VI — Ações Mandamentais, p. 3, 9 e 15.
(697) *Curso de direito processual civil*, v. II, p. 336 e 337.
(698) *Curso de direito processual civil*, p. 48.
(699) LOPES, João Batista. *Ação declaratória*, p. 35.

Esta mesma solução foi consagrada pelo Código de Processo Civil de 2015, como se vê do seu art. 513 ("O cumprimento da sentença será feito segundo as regras deste Título, observando-se, no que couber e conforme a natureza da obrigação, o disposto no Livro II da Parte Especial deste Código").

A sentença condenatória passa, nesse novo sistema, a ser dotada de executividade imediata, no sentido de permitir a prática de atos de execução sem a instauração de uma nova relação jurídica processual.[700]

Antecipou-se a satisfação do direito merecedor de tutela jurisdicional para o processo de conhecimento, prestigiando a maior utilidade do processo e da própria ordem jurídica.

A Lei n. 11.232/2005 e o CPC de 2015 adotam uma *visão unitária do processo*, incluindo atos de cumprimento da sentença na mesma relação processual em que foi proferida. O processo de conhecimento e o processo de execução de *dois processos* distintos passam a constituir *duas fases distintas de um único processo*, o que exige, no direito processual civil, um novo conceito de processo de conhecimento. Com efeito, se antes era correto afirmar que o processo de conhecimento estava voltado para definir a norma regente da relação jurídica *sub judice*, para cuja atuação concreta era necessária uma nova ação (ação executiva), agora é mais apropriado afirmar que o processo de conhecimento tem por finalidade definir e atuar praticamente a norma concreta regente da relação jurídica litigiosa.

Em suma, o que se pretende, com o abandono da clássica divisão entre o processo de conhecimento e o de execução, é acelerar a produção da correlação necessária entre o conteúdo do provimento jurisdicional e a realidade fática.[701]

2.8. Ação declaratória.

2.8.1. Conceito e admissibilidade no processo do trabalho.

A *ação declaratória* tem por finalidade a declaração da existência ou inexistência de uma relação jurídica ou da autenticidade ou falsidade de documento (art. 4º do CPC de 1973 e art. 19 do CPC de 2015, observando-se que este dispositivo legal acrescenta a possibilidade do ajuizamento de ação declaratória visando *à declaração do modo de ser de uma relação jurídica*), ou, de acordo com Celso Agrícola Barbi, a "declaração oficial de certeza, que somente a sentença judicial pode oferecer, e que se reforça pela eficácia de coisa julgada, que também só existe nas sentenças".[702]

A ação declaratória é admissível no processo do trabalho, sendo proposta com frequência para obter a declaração de existência de relação de emprego. É da ação declaratória que trata, inclusive, o parágrafo primeiro do art. 11 da CLT.

A ação pode ter por objeto a declaração de autenticidade ou falsidade de documento, podendo essa falsidade ser material ou ideológica (parte da doutrina afirma que a falsidade ideológica, por envolver manifestação de vontade, autoriza o ajuizamento de ação constitutiva e não de ação declaratória).

Celso Agrícola Barbi aduz que "a falsidade é material, quando o documento foi feito com falsa assinatura, ou imitação da letra de outrem, ou, ainda, quando, sendo originalmente feito pelo autor, foi alterado por acréscimo, supressão ou substituição de palavras, frases, ou outros sinais gráficos. Nesses casos, a falsidade está no próprio escrito. A falsidade é intelectual, se a materialidade do documento é perfeita, mas a declaração que dele deveria constar foi alterada, como quando o notário, fazendo testamento, escreve coisa diversa do que foi ditado, ou constata, como verdadeiros, fatos que se passaram diferentemente em sua presença. A verificação, por via civil, da falsidade material de documentos, públicos ou privados, é geral-

(700) A condenação adquire contornos de uma verdadeira *ordem de cumprimento do preceito constante da sentença*.

(701) Quando do exame da execução, no Capítulo a ela reservado, será demonstrado que o processo do trabalho sempre foi sincrético.

(702) BARBI, Celso Agrícola. *Comentários ao Código de Processo Civil*, v. I, p. 37. Para José Batista Lopes, "é certo que, em rigor técnico, todas as ações são declaratórias, porque o elemento declaração está presente, qualquer que seja a forma de tutela jurídica. Mas tal denominação foi reservada para designar as ações que, segundo a doutrina dominante, seriam meramente declaratórias, isto é, aquelas que não possuem senão o elemento de declaração" (*Ação declaratória*, p. 38).

mente admitida. Discutida, no entanto, é a possibilidade da mesma via para declarar a falsidade intelectual do documento particular".[703]

Para Celso Agrícola Barbi, é discutida a possibilidade da ação declaratória de falsidade ideológica, "mas Tuozzi demonstrou, com acerto, a possibilidade, exemplificando com o caso de alguém que, ditando uma obrigação, escreva, diversamente aquilo que foi dito e, depois, obtenha a firma do obrigado sem que este, por ter ouvido a leitura, cuidasse de reler o escrito. Nesse caso, haverá um escrito particular intelectualmente falso. Acrescente-se que o art. 299 do Código Penal admite expressamente a falsidade intelectual em documento particular".[704] Arruda Alvim afirma que a falsidade cuja declaração pode ser pleiteada na ação declaratória "é a material; não se trata, em hipótese alguma, de falsidade intelectual ou ideológica, pois, neste caso, terá havido uma manifestação de vontade, embora eivada de vício. Mas, nestas hipóteses, não se trata de invalidar materialmente o documento, por falso, mas evidenciar que não há correspondência entre a vontade e o seu retrato".[705]

2.8.2. Natureza jurídica e objeto da ação declaratória.

João Batista Lopes aduz que a respeito da ação declaratória são difundidas as teorias "do 'remédio preventivo de litígios' e do 'direito potestativo'. Para a primeira teoria, a ação declaratória destina-se a evitar litígios, a prevenir a violação de direitos. Tal concepção, porém, é afastada pela doutrina mais autorizada. Em verdade, também na ação declaratória existe litígio, uma vez que o autor e o réu sustentam posições conflitantes (...) para Chiovenda, partidário da teoria da ação como direito concreto, a ação declaratória, como a constitutiva e a condenatória, espécies do gênero ação, são direitos potestativos. Segundo ele, toda ação é um direito autônomo (não se confunde com o direito subjetivo) dirigido contra o adversário (e não contra o Estado), caracterizando o poder de dar vida à condição para a atuação da vontade da lei. A ação, segundo ele, é um direito potestativo (...). Predomina, porém, na doutrina brasileira, a concepção da ação como direito abstrato (direito à tutela jurídica, favorável ou desfavorável) (...). A essa formulação não foge a ação declaratória, simples espécie do gênero ação. O que particularmente define a ação declaratória e a extrema das outras ações de conhecimento é que, nela, a pretensão do autor se exaure na simples declaração da existência, ou inexistência, de uma relação jurídica ou da autenticidade ou falsidade de um documento".[706]

Objeto da ação declaratória, à luz do art. 4º do CPC de 1973 e do art. 19 do CPC de 2015, é a existência, inexistência (ou modo de ser — hipótese acrescentada pelo CPC de 2015) de uma relação jurídica ou a autenticidade ou falsidade de documento. Os arts. 4º do CPC de 1973 e 19 do CPC de 2015, ao aludir à declaração de existência, inexistência ou modo de ser da *relação jurídica*, afastam a possibilidade de ajuizamento de ação declaratória para a solução de questão abstrata, de fato ou de direito.

A relação jurídica processual se forma com a citação do demandado. Com isto, é admissível a ação declaratória de nulidade da sentença em razão da ausência ou nulidade da citação (neste caso, a ação visa à declaração da inexistência da relação jurídica de natureza processual).

2.8.3. Pressupostos de admissão da ação declaratória. Ação declaratória e violação do direito. Cumulação da ação declaratória com outras ações. Reconvenção na ação declaratória.

Celso Agrícola Barbi assevera que a admissão da ação declaratória pressupõe incerteza objetiva e atual sobre a existência de relação jurídica ou autenticidade de documento e que haja um dano (material ou moral) no caso de o autor não promovê-la.[707]

No entanto, como aduz João Batista Lopes, "Se é verdade que, em muitos casos, o ajuizamento da ação declaratória decorre da incerteza ou da dúvida do autor sobre a existência, ou não, de relação jurídica (...).

(703) *Comentários ao Código de Processo Civil*, v. I, p. 43.
(704) *Comentários ao Código de Processo Civil*, v. I, p. 43.
(705) *Manual de direito processual civil*, v. I, p. 458.
(706) *Ação declaratória*, p. 50-52.
(707) *Comentários ao Código de Processo Civil*, v. I, p. 38.

Hipóteses há, e numerosas, em que tal não se verifica. Por exemplo: jamais tomei emprestado dinheiro de 'A' e, por isso, não tenho dúvidas quanto à inexistência de qualquer relação jurídica; como estou, porém, sendo por ele molestado, vou a juízo e peço que seja por sentença declarada a inexistência de qualquer dívida".[708]

Acrescenta João Batista Lopes que "a ação declaratória não visa, na verdade, a desfazer dúvida ou incerteza sobre a existência ou inexistência de relação jurídica, mas objetiva o valor segurança, emergente da coisa julgada. De qualquer modo, a doutrina é uniforme no sentido de que, para a obtenção da tutela declaratória, não é suficiente a mera afirmação da existência (ou inexistência) do direito, exigindo-se a indicação de situação concreta que revele a necessidade dessa tutela".[709] Note-se, neste sentido, que o trabalhador, mesmo ciente da existência da relação de emprego, pode propor ação visando à declaração judicial neste sentido, quando o tomador de seus serviços se negar a anotar a sua CTPS. O que se exige na ação declaratória é a existência de real necessidade de atuação do Poder Judiciário para o estabelecimento de segurança jurídica (que decorre da coisa julgada) em relação à existência ou inexistência de relação jurídica ou a autenticidade ou falsidade de documento.

É admissível a ação declaratória visando a interpretação de cláusula contratual, na medida em que esta interpretação define a situação jurídica das partes, ou o seu *modo de ser*, na dicção do art. 19 do CPC de 2015.

A ação declaratória é admissível mesmo que tenha ocorrido a violação do direito (art. 4º, parágrafo único, do CPC de 1973 e art. 20 do CPC de 2015) e pode ser cumulada com outras ações, inclusive com a condenatória, como se dá com a cumulação de ação declaratória de existência de relação de emprego com a ação condenatória tendo por objeto o pagamento de verbas rescisórias decorrentes da sua rescisão.

Não existe impedimento para a apresentação de reconvenção na ação declaratória. Como aduz Arruda Alvim, a ação declaratória "é uma ação igual às outras, desde que tenha, ou venha a ter, procedimento ordinário ou sumário, por obra da contestação, e inexista, legalmente, qualquer restrição a respeito (...) a reconvenção pode, inclusive, não ser meramente declaratória (...) podendo ser de outra classe".[710] Note-se que o juiz pode julgar improcedente o pedido de declaração de existência de relação jurídica por falta de prova de seus elementos constitutivos sem afirmar que ela não existe. Assim, pode o réu requerer, em reconvenção, a declaração de inexistência da relação jurídica afirmada pelo autor, posto que a simples improcedência do pedido do autor não implica atender necessariamente a sua pretensão de ver declarada a inexistência da relação jurídica noticiada pelo autor. A admissibilidade de reconvenção na ação declaratória é reconhecida pelo STF, na Súmula n. 258.

2.8.4. Natureza da sentença declaratória. Coisa julgada da sentença declaratória.

Na sentença declaratória é preponderante o elemento *declaração.*

A sentença declaratória alcança a mesma eficácia de coisa julgada relativa à sentença condenatória ou constitutiva, valendo observar que, consoante assinala Celso Agrícola Barbi, negar a possibilidade de a sentença declaratória alcançar a eficácia de coisa julgada "importaria em retirar todo o valor ao instituto e em reduzir esse tipo de sentença a simples parecer. Sendo uma sentença igual às demais espécies, sob esse ponto de vista, também se lhe aplicam os preceitos relativos aos limites subjetivos e objetivos da coisa julgada" e ressalta que "na ação declaratória que tem por objeto a falsidade documental, o juiz decidirá sobre a coisa, a qualidade fundamental do documento. A finalidade da ação não é determinar quais os direitos ou obrigações que o documento traz às partes da demanda, mas sim determinar uma qualidade, nada mais. A verificação dos efeitos da obrigação contida no documento, em relação às partes, terá de ser objeto de outra ação. Por esses motivos, concluímos pela afirmação de que a decisão, que declarar a falsidade do documento, ou reconhecer a sua veracidade, tem efeito de coisa julgada *erga omnes* e não apenas entre as partes da demanda".[711]

(708) *Ação declaratória,* p. 58.
(709) *Ação declaratória,* p. 59.
(710) *Manual de direito processual civil,* v. I, p. 456.
(711) *Comentários ao Código de Processo Civil,* v. I, p. 49-50.

2.8.5. Ação declaratória e prescrição.

Conforme Giuseppe Chiovenda, a prescrição "objetiva pôr termo à incerteza dos direitos, consolidando com o decurso do tempo um estado de fato contrário ao direito e tornando-o jurídico, ou sanando um estado jurídico defeituoso (...) há, todavia, ações imprescritíveis (...). Assim a ação para reclamar estado legítimo (CC, art. 177), e em geral as ações de mera declaração, porquanto não se destinam a fazer cessar um estado de fato contrário ao direito, em sentido próprio, mas declarar qual é o estado de fato conforme o direito, fazendo cessar a propósito o estado de incerteza".[712]

Na ação declaratória, não é manifestada uma pretensão no sentido de exigência de um fazer ou não fazer de outrem. Ausente essa pretensão, não se pode falar em sua extinção pela prescrição. Na ação declaratória, existe uma pretensão processual, ao passo que prescrição diz respeito à pretensão material.

Com isso, a pretensão à declaração da existência ou inexistência de uma relação jurídica pode ser exercida a qualquer tempo. Dessa forma, mesmo que tenham transcorrido mais de dois anos do término da relação de emprego, é lícito ao trabalhador propor ação visando à declaração de sua existência, sendo alcançados pela prescrição apenas os efeitos pecuniários daquela relação, conforme autoriza afirmar, inclusive, o § 1º do art. 11 da CLT, que dispõe que o prazo prescricional estabelecido em seu item I "não se aplica às ações que tenham por objeto anotações para fins de prova junto à Previdência Social".

2.8.6. Ação declaratória incidental.

Dispõe o art. 469, III, do CPC de 1973, que não faz coisa julgada a apreciação de questão prejudicial decidida incidentalmente no processo.

No entanto, a solução da questão prejudicial pode tornar-se imutável e indiscutível, desde que uma das partes requeira que o juiz a decida por sentença, consoante prevê o art. 470 do CPC de 1973.

O requerimento da parte para que o juiz decida por sentença a questão prejudicial faz-se por meio da *ação declaratória incidental* (ação declaratória incidente à ação principal), que é disciplinada pelo art. 5º do CPC de 1973, que assim dispõe: "Se, no curso do processo, se tornar litigiosa relação jurídica de cuja existência ou inexistência depender o julgamento da lide, qualquer das partes poderá requerer que o juiz a declare por sentença".

A propósito ensina Celso Agrícola Barbi que, "no curso de uma causa, muitas vezes o Juiz tem de examinar vários pontos, que são premissa necessária para a decisão final sobre o pedido do autor. Esses pontos são preliminares, ou prejudiciais, à questão principal. Quando surge entre as partes controvérsia sobre esses pontos, transformam-se eles em questões preliminares, ou questões prejudiciais (...). Como regra geral, o Juiz, nesse caso, deve apenas conhecer da questão prejudicial, mas não pode decidir sobre ela; mesmo porque ela não é objeto da causa, não há pedido de decisão sobre ela. Sendo a atividade do juiz acerca dessa questão apenas de conhecimento, e não de decisão, a conclusão a que ele chegar (...) não terá eficácia de coisa julgada (...). Para que a conclusão do Juiz sobre a questão examinada como prejudicial tenha força de coisa julgada, é necessário que ela seja tomada como decisão e não apenas como atividade de simples conhecimento *incidenter tantum*. Para isto é mister um pedido, que transforme a discussão sobre essa questão em verdadeira causa, ou ação, de modo que o Juiz possa também decidir (...). Se for pedido esse julgamento (...) no mesmo processo (...) ter-se-á inserido neste uma ação declaratória incidente, ou declaração incidente".[713]

A propositura de ação declaratória incidental pressupõe: a) uma lide pendente; b) que a solução da questão objeto do pedido declaratório constitua pressuposto necessário para o julgamento da lide (deve tratar-se, portanto, de *questão prejudicial*); c) a existência de controvérsia sobre a existência ou inexistência da relação jurídica; d) a possibilidade de constituir esta questão objeto de ação autônoma (arts. 5º e 470 do CPC de 1973).

(712) *Instituições de direito processual civil*, v. I, p. 49-50.
(713) *Ação declaratória*, p. 202-203.

Celso Agrícola Barbi assevera que "é no princípio da economia do processo que se localiza a finalidade principal da declaração incidente. Com ela se evita, pela formação da coisa julgada sobre a questão prejudicial, que esta venha a ser objeto de nova discussão, provas e decisão, em demandas futuras entre as mesmas partes, e que tenham como objeto, ou como prejudicial, a mesma questão incidente. Com seu uso evita-se também o risco de decisões contrárias sobre a mesma questão nas sucessivas demandas, o que, se não é vedado, pelo menos não é desejável, porque acarreta desprestígio para a Justiça".[714]

Esses mesmos motivos autorizam admitir a declaratória incidental no processo do trabalho, valendo mencionar que a solução da "'questão' em si nada acresce à matéria lógica do processo, visto que apenas se faz desenvolver um ponto prejudicial já pertinente à causa e intensificar o exame a que o juiz teria de submetê-lo em qualquer hipótese", consoante leciona Giuseppe Chiovenda.[715] Destarte, se a questão deve ser decidida pelo juiz, em nada prejudica o processo o requerimento que ele o faça por sentença, para que a sua decisão possa transitar em julgado. Assim, se o reclamante afirma a condição de sucessora da empresa demandada (arts. 10 e 448 da CLT), pode esta ou o reclamante pleitear que, sobre a existência de sucessão, seja proferida sentença incidente, o mesmo ocorrendo quando é alegada a existência de grupo econômico e são incluídas na posição passiva todas as empresas que o compõem (art. 2º, § 2º, da CLT).

No entanto, o CPC de 2015 dispensa a ação declaratória incidental como condição para que a decisão de questão prejudicial seja alcançada pela coisa julgada, como se vê do seu art. 503, §§ 1º e 2º.

Com efeito, de acordo com o art. 503, §§ 1º e 2º, do CPC de 2015, a resolução de questão prejudicial decidida, expressa ou incidentalmente, no processo produz coisa julgada, desde que:

a) dessa resolução depender o julgamento do mérito;

b) a seu respeito tiver havido contraditório prévio e efetivo, não se aplicando no caso de revelia;

c) o juízo tiver competência em razão da matéria e da pessoa para resolvê-la como questão principal;

d) no processo não haja restrição probatória ou limitações à cognição que impedem o aprofundamento da análise da questão prejudicial.

Com a entrada em vigor do CPC de 2015, também no processo do trabalho será dispensado o ajuizamento de ação declaratória incidental para efeito de a decisão de questão prejudicial alcançar a qualidade de coisa julgada, por se tratar de medida de simplificação de formas e procedimentos e de economia processual.[716]

2.8.7. Legitimidade para a ação declaratória incidental.

Somente as partes têm legitimidade para requerer a declaração incidental, como resulta dos arts. 5º e 470 do CPC de 1973.

2.8.8. Oportunidade para a propositura da ação declaratória incidental.

O reclamante deve apresentar pedido de declaração incidente na própria audiência, após a defesa e antes do início da instrução, ao passo que o reclamado deve fazê-lo no prazo da defesa, quando se tratar de motivo a ela preexistente, ou após a defesa, mas na própria audiência e antes do início da instrução, por motivo que lhe for superveniente.

2.9. As condições da ação na doutrina clássica.

(714) *Ação declaratória*, p. 207.

(715) *Instituições de direito processual civil*, v. I, p. 481.

(716) O CPC de 2015 certamente sofreu influência do direito processual do trabalho em relação à simplificação de formas e procedimentos, vez que, em mais de uma oportunidade, adotou solução que implica simplificação procedimental, como se dá em relação à ação declaratória incidental, à dispensa da oposição de exceção para a alegação de incompetência em razão do juízo e a autorização para impugnar o valor da causa na própria contestação.

2.9.1. Estabelece o art. 267, VI, do CPC de 1973 que o processo será extinto sem resolução de mérito quando não concorrer qualquer das condições de ação, como a possibilidade jurídica, a legitimidade das partes e o interesse processual. O CPC de 2015 dispõe, no art. 485, VI, que o juiz não resolverá o mérito quanto verificar ausência de legitimidade ou de interesse processual.

De outro lado, de acordo com o art. 301, X, do CPC de 1973, compete ao réu, antes de discutir o mérito, alegar *carência de ação*, ao passo que o CPC de 2015 não faz alusão à *carência de ação* ao dispor sobre as situações em que o juiz não resolverá o mérito (art. 485) e sobre o conteúdo da contestação (no art. 337 é estabelecido que ao réu incumbe, antes de discutir o mérito, alegar ausência de legitimidade e de interesse processual e não carência de ação).

Sob o prisma do CPC de 1973, somente existirá direito de ação se a parte tiver direito ao julgamento do mérito. O direito de ação se confunde, portanto, com o direito ao julgamento do mérito. Daí se falar em carência de ação na hipótese de não ter sido atendida uma condição de ação. Esta solução foi abandonada pelo CPC de 2015, ou seja, nele o direito de ação não significa direito ao julgamento do mérito. O direito de ação no CPC de 2015 constitui o direito de provocar a jurisdição.(717)

As condições de ação foram adotadas no CPC de 1973 como *técnica de depuração do processo*, no sentido de evitar a prática de atos inúteis, com a concessão ao juiz de poder para extinguir o processo, sem resolução do mérito, quando verificar a impossibilidade jurídica do pedido, a ilegitimidade das partes ou a ausência de interesse processual.

Neste sentido, assevera Enrico Tullio Liebman que "razões várias tornam, pois, conveniente assegurar, tanto quanto possível, que não se dê início ao conhecimento do mérito da controvérsia senão depois de abrir e desembaraçar por meio da depuração, do saneamento do processo, isto é, pela eliminação de todas as falhas, defeitos ou dúvidas que podem invalidá-lo".(718)

Note-se que, embora não faça alusão a condições de ação e à carência de ação, o CPC de 2015, impede o juiz de solucionar o mérito quando verificar a ausência de legitimidade e/ou de interesse processual.(719) Destarte, o juiz continua obrigado a examinar, previamente, a possibilidade de se manifestar sobre o mérito, com a ressalva de que ele também não está dispensado de examinar a possibilidade jurídica do pedido, mas o fará não previamente ao julgamento do mérito, mas ao procedê-lo (a possibilidade jurídica do pedido é, no CPC de 2015, questão a ser enfrentada no julgamento do mérito).

O exame do interesse de agir pressupõe o da legitimidade das partes, ao passo que, somente quando estiverem presentes a legitimidade e o interesse de agir é que será examinada a possibilidade jurídica da providência pleiteada. Destarte, as condições de ação deverão ser examinadas na seguinte ordem: legitimidade das partes, interesse de agir e possibilidade jurídica, com a ressalva de que, no CPC de 2015, a declaração de impossibilidade jurídica do pedido implica solução do mérito.

---

(717) Os procedimentos estabelecidos pelo direito processual do trabalho demonstram que ele adota esta mesma postura. Com efeito, ao estabelecer que na audiência, que será única, o réu apresentará contestação e a causa será instruída, debatida e julgada, o direito processual do trabalho deixa claro que, provocada a jurisdição, a parte tem direito a uma decisão, seja ela de mérito ou não. Somente pela aplicação subsidiária do CPC de 1973 no processo do trabalho é que neste se falava carência de ação.

(718) *O despacho saneador e o julgamento do mérito*, p. 22.

(719) A propósito observa José Roberto dos Santos Bedaque que "entre as muitas regras relacionadas à técnica processual no Direito Brasileiro estão aquelas sobre as condições de ação. Para que o processo possa prosseguir até o julgamento do mérito devem estar presentes determinados requisitos que revelem, em tese, a aptidão do instrumento ao objetivo desejado. Se, por alguma razão extraída de elementos da própria situação substancial deduzida na inicial pelo autor, verificar-se de plano que aquele processo não poderá proporcionar resultado útil — entendido este como a solução da crise do direito material -, melhor extingui-lo o quanto antes, evitando perda de tempo e desperdício de energia (...). A garantia constitucional não impede o controle da utilidade do processo pelo juiz, que deve, à luz dos dados concretos a ele apresentados pelo autor, verificar desde logo se a tutela jurisdicional pleiteada pode ser em tese concedida. Tal possibilidade é plenamente justificável, não por razões econômicas, mas também éticas. O exercício, pelo juiz, dessa atividade de controle da utilidade do processo no caso concreto, representada pela verificação sobre a admissibilidade do exame da situação da vida, além de evitar despesas desnecessárias ao Estado e ao réu, impede que este último seja indevidamente submetido ao procedimento judicial". (*Efetividade do processo e técnica processual*, p. 236 e 241).

2.9.2. Legitimidade. Situação legitimante. Legitimidade ordinária e extraordinária.

Para propor ou contestar demanda (art. 3º do CPC de 1973) ou postular em juízo (art. 17 do CPC de 2015), é necessário ter *legitimidade.*

Para Enrico Tullio Liebman a "legitimação para agir (*legitimatio ad causam*) é a titularidade (ativa e passiva) da ação" (...). A legitimação (...) indica, pois, para cada processo (...), as partes legítimas, isto é, as pessoas que devem estar presentes para que o juiz possa julgar sobre determinado objeto".[720] A legitimação é bilateral, no sentido de que diz respeito tanto ao autor quanto ao réu (*bilateralidade da legitimação*).

Cândido Rangel Dinamarco alude à legitimação como "qualidade para estar em juízo, como demandante ou demandado, em relação a determinado conflito trazido ao exame do juiz", que depende, segundo ele, "de uma necessária *relação entre o sujeito e a causa* e traduz-se na relevância que o resultado virá a ter sobre sua esfera de direitos, seja para favorecê-la ou para restringi-la. Sempre que a procedência de uma demanda seja apta a melhorar o patrimônio ou a vida do autor, ele será parte legítima; sempre que ela for apta a atuar sobre a vida ou o patrimônio do réu, também esse será parte legítima. Daí conceituar-se essa condição da ação como relação de *legítima adequação entre o sujeito e a causa*".[721] Destarte, a legitimação deve ser aferida a partir da definição daqueles que sofrerão os efeitos da decisão judicial sobre o conflito submetido ao Poder Judiciário.

A definição das partes legítimas para a uma demanda específica implica a "inserção do sujeito em uma situação jurídica, mais ou menos plena, que representa a situação legitimante, sem a qual o ato não poderá ser eficazmente praticado".[722]

Para aferir a legitimidade cumpre, portanto, verificar a presença, em relação ao autor e ao réu, de uma *situação legitimante*, sendo esta, segundo Elio Fazzalari, "a situação com base na qual se determina qual é o sujeito que, concretamente, pode e deve cumprir um certo ato".[723]

Luigi Monacciani afirma que a legitimidade "se configura como uma potencialidade ou atitude subjetiva, por força da qual o sujeito, estando inserido em uma situação jurídica precedente, está em condições de obter de certo ato ou negócio uma situação jurídica ulterior. Na legitimidade, portanto, essa peculiar atitude do sujeito se coloca como uma ponte entre duas situações jurídicas: uma precedente, que constitui a fonte de legitimação, e que nós chamamos de situação legitimante; outra sucessiva, que o sujeito vê produzida depois em cumprimento do ato, e que chamamos situação legitimada".[724] Esse doutrinador é adepto, portanto, da *teoria da relação prodrômica.*

Já Franscesco Carnelutti distingue a legitimidade de direito da legitimidade de fato, sustentando que, "para a última não é necessário que o sujeito do ato seja sujeito de uma situação material; basta que lhe pertença uma situação material, que embora não o seja, tenha, contudo, a aparência de ser dotada dos elementos de que a sua juridicidade depende".[725] Trata-se da *teoria da legitimidade como aparência jurídica*, que é definida com esteio na afirmação de titularidade do direito deduzido ou da presença da situação legitimante.

Na doutrina brasileira prevalece o entendimento de que, consoante José Carlos Barbosa Moreira, "denomina-se legitimação a coincidência entre a situação jurídica de uma pessoa, tal como resulta da postulação formulada perante o órgão judicial, e a situação legitimante prevista na lei para a posição processual que a essa pessoa se atribui, ou que ela mesma pretende assumir. Diz-se que determinado processo se constitui entre partes legítimas quando as situações jurídicas das partes, sempre consideradas *in statu assertionis* — isto é, independentemente da sua efetiva ocorrência, que só no curso do próprio processo se apurará — coincidem com as respectivas situações legitimantes".[726]

---

(720) *Manual de direito processual civil*, v. I, p. 159 e 157.
(721) *Instituições de direito processual civil*, v. II, p. 312.
(722) MONACCIANI, Luigi. *Azioni e legitimazione*, p. 127.
(723) *Instituições de direito processual civil*, p. 369.
(724) *Azioni e legittimazione*, p. 151-152.
(725) *Teoria geral do direito*, p. 373.
(726) Apontamentos para um estudo sistemático da legitimação extraordinária. *Revista dos Tribunais*, ano 58, v. 404, p. 13-18, jun. 1969. A *teoria da asserção* é questionada por Cândido Rangel Dinamarco, para quem "não basta que o demandante descreva

Tratando da legitimação para a demanda, dispõe o CPC, no art. 6º, que: "ninguém poderá pleitear, em nome próprio, direito alheio, salvo quando autorizado por lei".

Com isto, em regra: a) titular do direito de ação é o titular do direito deduzido em juízo (legitimação ativa); b) titular do direito de defesa é o devedor da conduta a que corresponde o direito deduzido (legitimidade passiva).

Como foi dito anteriormente, a legitimação é definida a partir da definição daqueles que sofrerão os efeitos da decisão a ser proferida no processo.(727) Neste contexto, para exame da legitimidade, parte-se do pressuposto de que são verdadeiros os fatos alegados pelo autor da demanda e, com isto, da procedência de sua pretensão, para definir aqueles que sofrerão os efeitos da decisão e, portanto, que têm legitimidade ativa e passiva.

As condições de ação podem estar presentes no momento da propositura da ação e ausentes no momento do julgamento, situação em que ocorre o denominando *desaparecimento intercorrente da condição de ação*. Ainda que no momento da propositura da ação estejam presentes as condições de ação, o seu desaparecimento posterior não impede a extinção do processo sem provimento de mérito.

No entanto, ainda de acordo com os arts. 6º do CPC de 1973 e 18 do CPC de 2015, pode o ordenamento jurídico autorizar quem não seja titular do direito deduzido a pleitear em juízo, em nome próprio, a sua tutela. Trata-se, como assevera José Carlos Barbosa Moreira, de situações excepcionais, fundadas "quase sempre na existência de um vínculo entre as duas situações, considerado suficientemente intenso, pelo legislador, para justificar o fato de autorizar-se alguém, que nem sequer se afigura como titular da *res in iudicium dedecta*, a exigir do juiz um pronunciamento sobre direito ou estado alheio".(728)

Por esta razão é que se fala em *legitimação ordinária* (legitimação reconhecida ao titular do direito afirmado ou devedor da conduta a ele relacionada) e *legitimação extraordinária* (legitimação atribuída, pela lei, a quem não seja titular do direito controvertido a requerer em juízo, em nome próprio, a sua tutela). Como aduz Vitor Salino de Moura Eça, "embora o comando legal preveja a necessidade de autorização legislativa para a substituição processual, não há obrigatoriedade que essa autorização seja *expressa*, como ocorre no Direito Processual italiano (...), onde o advérbio, *expressamente*, consta da norma. Com efeito, a norma brasileira visa apenas a vedar a *substituição processual voluntária*, ou seja, aquela derivada de ato volitivo entre o substituído e o substituto".(729)

A legitimidade extraordinária é *autônoma*, quando, de acordo com José Carlos Barbosa Moreira, o legitimado para a ação pode "atuar em Juízo com total independência em relação à pessoa que ordinariamente seria legitimada".(730)

---

formalmente uma situação em que estejam presentes as condições de ação. É preciso que elas existam realmente. Uma condição de ação é sempre uma *condição de ação* e por falta dela o processo deve ser extinto sem julgamento de mérito, quer o autor já descreva uma situação em que ela falte, quer dissimule a situação e só mais tarde os fatos revelem ao juiz a realidade" (*Instituições de direito processual civil*, v. II, p. 323). O processo deve ser extinto na hipótese de ser detectada a ilegitimidade. Contudo, para o exame desta condição de ação não há como desconsiderar, ao menos antes de colhida a prova, o que foi afirmado pelo demandante ao ajuizar a demanda ou, dito de outra forma, o modo como a demanda foi proposta.

(727) Neste sentido, estabelece o CPC de Portugal, no seu art. 26, que "1 — O autor é parte legítima quando tem interesse direto em demandar; o réu é parte legítima quando tem interesse direto em contradizer. 2 — O interesse em demandar exprime-se pela utilidade derivada da procedência da ação; o interesse em contradizer, pelo prejuízo que dessa procedência advenha. 3 — Na falta de indicação da lei em contrário, são considerados titulares do interesse relevante para o efeito de legitimidade os sujeitos da relação controvertida tal como é configurada pelo autor".

(728) Apontamentos para um estudo sistemático da legitimação extraordinária. *Revista dos Tribunais*, ano 58, v. 404, p. 13-18, jun. 1969.

(729) Substituição processual sindical no processo do trabalho. In: MONTESSO, Cláudio José; FREITAS, Marco Antônio de; STERN, Maria de Fátima Coelho Borges (coords.). *Direitos sociais na Constituição de 1988:* uma análise crítica vinte anos depois. São Paulo: LTr, 2008. p. 456-471.

(730) Apontamentos para um estudo sistemático da legitimação extraordinária. *Revista dos Tribunais*, ano 58, v. 404, p. 13-18, jun. 1969.

De outro lado, ainda consoante José Carlos Barbosa Moreira, casos existem em que somente os legitimados ordinários podem ajuizar a demanda ou dela se defender,[731] mas, instaurado o processo, "reconhece-se aos titulares de situações subjetivas diversas a possibilidade de participarem dele, assumindo posições acessórias, ao lado do autor ou do réu. Este tipo de legitimação extraordinária, a que se pode chamar subordinada, tem eficácia menos ampla que a anterior (autônoma): não habilita o respectivo titular nem a demandar nem a ser demandado quanto à situação litigiosa, mas unicamente a deduzi-la, ativa ou passivamente, junto com o legitimado ordinário, em processo já instaurado por este ou em face daquele, e no qual aquele se limita a intervir", sendo por ele acrescentado que pode ocorrer que a legitimação seja exclusiva do legitimado extraordinário, ficando impedido o titular do direito deduzido de pleitear a sua tutela (legitimação extraordinária exclusiva) ou que a atribuição de legitimidade a quem não seja o titular do direito não exclua a legitimidade deste para ajuizar ação em sua defesa (legitimação extraordinária concorrente).[732]

Conforme José Carlos Barbosa Moreira, "a ocorrência das hipóteses de legitimação extraordinária autônoma dá ensejo à manifestação de fenômeno aparentemente esdrúxulo, consistente na formação do processo em que o contraditório se reputa regularmente estabelecido entre pessoas que, de um ou de ambos os lados, embora atuando em nome próprio, não são titulares da *res iudicium deducta*. Esse fenômeno tem sido estudado pela doutrina sob o *nomem juris* de substituição processual. No rigor da lógica, a denominação parece unicamente adequada aos casos de legitimação extraordinária autônoma: só nesses, com efeito, é que a lei na verdade substitui o legitimado ordinário pelo legitimado extraordinário, se por substituir se entende retirar alguma coisa ou pessoa de determinado lugar para aí colocar outra. Fora deles, pode até acontecer que, no mesmo processo, figurem simultaneamente, em posições equivalentes, o legitimado ordinário e o extraordinário", concluindo que "há óbvio paradoxo em considerar", nesta situação, que ocorra a substituição de uma pessoa por outra, o que não impede, no entanto, que a expressão substituição processual seja utilizada para abarcar ambas as situações.[733]

Para Elio Fazzalari, a substituição processual se dá quando "um estranho não só está habilitado a provocar o provimento jurisdicional sobre outras posições jurídicas, como também pode fazê-lo sem que participem do juízo os destinatários do provimento (...). O fenômeno em discurso — pelo qual a legitimação extraordinária pode ser exercitada em lugar da ordinária (do destinatário dos efeitos do provimento), sem a participação do destinatário no processo — constitui a verdadeira e 'própria' substituição processual'. Nesse caso é que o legitimado em via extraordinária ('substituto') pode realmente fazer, ao longo de todo o processo, as vezes do destinatário dos efeitos do provimento ('substituído'). A este último é, entretanto, consentido participar do processo como interveniente adesivo".[734]

Enrico Allorio afirma que constituem situações de legitimidade extraordinária a substituição processual, a intervenção por adesão e o litisconsórcio necessário.[735] Assim, a substituição processual, a intervenção por adesão e o litisconsórcio necessário constituem espécies do gênero legitimação extraordinária.

Em suma, a legitimação extraordinária pode ser: a) *autônoma*: o autor da demanda ou o demandado age com total independência em relação ao titular do direito deduzido, o que significa que o processo é validamente instaurado sem a presença do legitimado ordinário, hipótese que corresponde à substituição processual; b) *subordinada*: o legitimado extraordinário intervém em processo que somente pode ser instaurado pelos legitimados ordinários.[736] A legitimação extraordinária autônoma pode ser: a) *exclusiva*: a demanda somente pode ser ajuizada ou contestada pelo legitimado extraordinário, podendo o titular do direito intervir no processo, mas na condição de assistente; b) *concorrente*: a legitimação extraordinária não exclui a possibilidade de a demanda ser proposta ou contestada pelo legitimado ordinário.

(731) A legitimidade é exclusiva sempre que somente determinada pessoa pode comparecer em juízo para proceder à defesa de um direito.

(732) Apontamentos para um estudo sistemático da legitimação extraordinária. *Revista dos Tribunais*, ano 58, v. 404, p. 13-18, jun. 1969.

(733) Apontamentos para um estudo sistemático da legitimação extraordinária. *Revista dos Tribunais*, ano 58, v. 404, p. 13-18, jun. 1969.

(734) *Instituições de direito processual civil*, p. 402-403.

(735) *Problemas de derecho procesal*, t. II, p. 254.

(736) *É o que ocorre na assistência litisconsorcial (art. 50 do CPC).*

2.9.3. Interesse de agir.

Consoante os arts. 3º do CPC de 1973 e 17 do CPC de 2015, para propor ou contestar demanda é necessário ter *interesse*. A ausência de interesse de agir conduz à extinção do processo sem provimento do mérito.[737]

O interesse de agir é demonstrado pela *necessidade* de recorrer ao processo como instrumento de tutela jurisdicional do direito deduzido e pela *adequação* do provimento requerido à tutela pretendida.[738]

Neste sentido, esclarece Giuseppe Chiovenda que o interesse processual "não consiste unicamente no interesse de conseguir o bem garantido pela lei (...), mas também no interesse de consegui-lo por obra dos órgãos jurisdicionais. Pode-se, em consequência, ter um direito e não ter ainda ação ('o interesse é a medida das ações' — *point d'intérêt point d'acion*). De modo geral, é possível afirmar que o interesse de agir consiste nisto, em que sem a intervenção dos órgãos jurisdicionais, o autor sofreria um dano injusto".[739]

Luigi Monacciani aduz que o interesse de agir "representa a utilidade (...) ou a necessidade (...) atual, concreta e específica do acertamento do mérito", que "não compreende unicamente a (proposição da) demanda, mas também (o momento conclusivo do) provimento (de mérito)".[740]

O interesse de agir relaciona-se com o direito material (no aspecto necessidade de recorrer ao Poder Judiciário para a sua defesa) e com o processo (no que diz respeito ao meio escolhido pela parte visando à defesa do direito material — adequação do processo, enquanto instrumento, para a tutela reclamada).

A existência de interesse de agir deve ser examinada à luz da instrumentalidade do processo. Sendo o processo um instrumento destinado à realização concreta do direito material, haverá interesse de agir sempre que sem a intervenção do Poder Judiciário for impossível o gozo de direito assegurado pela ordem jurídica e que o provimento requerido seja apto à garantia deste gozo.

2.9.4. Possibilidade jurídica.

Por meio da ação e da defesa o autor e o demandado apresentam ao juiz os seus pedidos (confirmação do direito afirmado e declaração de inexistência do direito afirmado, respectivamente).

O juiz examinará os pedidos das partes à luz das normas que constituem o ordenamento jurídico.

O pedido da parte somente poderá ser atendido quando for compatível com o ordenamento jurídico, isto é, juridicamente possível.

Haverá impossibilidade jurídica quando o acolhimento do pedido da parte for, expressa ou implicitamente, vedado pelo ordenamento jurídico.

Como aduz Enrico Tullio Liebman, possibilidade jurídica é a "possibilidade para o juiz, na ordem jurídica à qual pertence, de pronunciar a espécie de decisão pedida pelo autor".[741]

Lopes da Costa aduz que "a possibilidade jurídica se refere à existência, no ordenamento jurídico, no plano ideal e abstrato, de providência como a que se pede no caso em julgamento. Indica que não se pode

(737) Cândido Rangel Dinamarco afirma que "em rigorosa técnica processual, a *legitimidade ad causam* insere-se no âmbito do interesse de agir porque a sua falta traduz-se em ausência da utilidade do provimento jurisdicional (...). A ilegitimidade *ad causam* é, assim, um destaque negativo do requisito de interesse de agir, cuja concreta ocorrência determina *a priori* a inexistência deste (...). A legitimidade é apenas um dos requisitos sem os quais não há o interesse de agir. Existem várias disposições de lei que, ao cuidarem da legitimidade ativa ou passiva para uma série de demandas específicas, empregam o vocábulo interessado e não legitimado. Essa aparente desordem na escolha da palavra adequada é, na realidade, reflexo da dificuldade que existe para distinguir de modo radical os conceitos de legitimidade *ad causam* e interesse de agir. É justamente por ser aquela um destaque desta, que o legislador, sem perceber, disse *interessados* quando queria aludir aos *legitimados*" (*Instituições de direito processual civil*, v. II, p. 314-315).

(738) O processo somente deve ser extinto por inadequação da medida requerida quando não for possível adequar o provimento a ser proferido à realidade do caso concreto.

(739) *Instituições de direito processual civil*, v. 1, p. 226.

(740) *Azione e legittimazioni*, p. 81-82.

(741) *O despacho saneador e o julgamento do mérito*, p. 39.

invocar a tutela jurisdicional através de pedido não contemplado abstratamente no ordenamento jurídico ou proibido por este".(742)

Piero Calamandrei afirma que a possibilidade jurídica "consiste numa certa situação objetiva — relação entre fato específico e normas — de coincidência (ou excepcionalmente, de não coincidência), que deve se verificar na realidade entre os fatos concretamente ocorridos e os fatos considerados como possíveis pela norma jurídica; numa certa situação objetiva de coincidência, poderia se dizer também, entre o fato específico e um fato específico legal".(743)

Anota Humberto Theodoro Júnior que "predomina na doutrina o exame da possibilidade jurídica sob o ângulo de adequação do pedido ao direto material a que eventualmente correspondesse a pretensão do autor. Juridicamente impossível seria, assim, o pedido que não encontrasse amparo no direito material positivo", mas "o cotejo do pedido com o direito material só pode levar a uma solução de mérito, ou seja, à sua improcedência, caso conflite com o ordenamento jurídico (...) diante dessa aguda objeção, impõe-se restringir a possibilidade jurídica do pedido ao seu aspecto processual, pois só assim estaremos diante de uma verdadeira condição de ação, como requisito prévio de admissibilidade do exame de mérito".(744)

Acrescenta Humberto Theodoro Júnior que o autor apresenta ao Judiciário dois pedidos: "1º, o pedido imediato, contra o Estado, que se refere à tutela jurisdicional; e 2º, o pedido mediato, contra o réu, que se refere à providência de direito material (...) a possibilidade jurídica, então, deve ser localizada no pedido imediato, isto é, na permissão, ou não, do direito positivo a que se instaure a relação processual em torno da pretensão do autor", concluindo que a distinção entre a impossibilidade jurídica do pedido imediato e do pedido mediato é agasalhada pelo art. 295, parágrafo único, do CPC, vez que "o inciso II do referido dispositivo considera inepta a petição inicial quando 'da narração dos fatos não decorrer logicamente a conclusão' (impossibilidade de direito material, ou do pedido mediato). Já o inciso III do mesmo parágrafo declara também a inépcia da inicial quando 'o pedido for juridicamente impossível' (impossibilidade de direito instrumental, ou do pedido imediato). Fosse, portanto, a impossibilidade jurídica (condição de ação) relacionada às regras de direito material, não teria sentido a duplicidade de disposições do artigo comentado, já que a do n. II estaria obrigatoriamente compreendida na do n. III".(745)

No exame da possibilidade jurídica, o juiz deverá considerar como verdadeiros os atos alegados pela parte, para verificar se a providência com base neles pleiteada encontra respaldo na ordem jurídica.

Contudo, afirmar a impossibilidade jurídica de um pedido é considerá-lo improcedente (o pedido é improcedente em razão da impossibilidade jurídica do seu acolhimento), sendo a decisão, portanto, de mérito. Por essa razão, a moderna doutrina processual exclui a possibilidade jurídica do pedido do rol das condições de ação, o que foi acolhido pelo CPC de 2015, que não inclui a possibilidade jurídica do pedido entre as condições de ação, conforme seu art. 485, VI.

2.9.5. O exame do atendimento das condições de ação (ou da existência de legitimidade e de interesse processual, segundo o CPC de 2015) deve ser realizado de ofício (art. 301, § 4º, do CPC de 1973 e art. 337, § 4º, do CPC de 2015).

2.10. *Uma nova proposta em relação à possibilidade jurídica do pedido (considerando a sua inclusão entre as condições de ação pelo CPC de 1973), legitimidade das partes e interesse processual. Legitimidade para agir, interesse de agir e possibilidade jurídica "in abstrato" e "in concreto".*

Segundo o art. 295, I, II e III e parágrafo único, III, do CPC de 1973, a petição inicial será liminarmente indeferida quando a parte for manifestamente ilegítima, faltar ao autor interesse processual ou o pedido for

(742) *Manual elementar de direito processual civil*, p. 35.
(743) *Direito processual civil*, v. I, p. 208.
(744) *Curso de direito processual civil*, v. I, p. 64.
(745) *Curso de direito processual civil*, v. I, p. 65.

juridicamente impossível. Neste momento, a legitimidade das partes, o interesse processual e a possibilidade jurídica do pedido atuam como verdadeiros *requisitos de regularidade da petição inicial* e o não atendimento de qualquer um deles impõe o indeferimento da petição inicial, com a consequente extinção do processo sem resolução do mérito, com esteio no art. 267, I, do CPC de 1973. A petição inicial é indeferida porque não é idônea para a formação da relação jurídica processual.

Por outro lado, da conjugação dos arts. 267, VI e 301, X, do CPC de 1973 resulta que a legitimidade das partes, o interesse processual e a possibilidade jurídica do pedido também constituem *requisitos constitutivos do direito de ação material* (direito de ação como direito ao julgamento do mérito da demanda) e o não atendimento de qualquer uma delas implica *carência de ação*, o que conduz à extinção do processo com esteio no art. 267, VI, do CPC de 1973. Neste caso, a petição permitiu a formação da relação jurídico processual, mas não autoriza o exame do mérito da demanda.

Em suma, para evitar a prática de atos inúteis, o CPC de 1973 autoriza o juiz:

a) a indeferir a petição inicial, quando constatar, *pela sua leitura e admitindo a veracidade dos fatos nela narrados,*[746] a ilegitimidade, a ausência de interesse processual ou a impossibilidade jurídica do pedido, extinguindo o processo sem resolução do mérito, com esteio no art. 267, I, do CPC;

b) não se convencendo, *pela leitura da petição inicial,* que as partes são legítimas, o autor tem interesse processual e o pedido é juridicamente impossível, o juiz deverá ordenar a citação do demandado, o qual poderá alegar, na sua contestação, a carência de ação. Neste caso, verificando, *no confronto da petição inicial com a defesa e antes de dar início à instrução,* a ilegitimidade das partes, a falta de interesse processual ou a impossibilidade jurídica do pedido, o juiz deverá extinguir o processo, sem resolução de mérito, com esteio no art. 267, VI, do CPC.[747]

Destarte, a legitimidade das partes, o interesse processual e a possibilidade jurídica do pedido, *dependendo da fase processual e dos elementos a partir dos quais for detectada a sua ausência,* terão a natureza de requisitos de regularidade da petição inicial ou da constituição do direito de ação (no sentido processual).

No entanto, o CPC de 1973 permite afirmar que será de mérito a decisão em que o juiz, *ultrapassada a fase de instrução do processo e fundando sua convicção nas provas existentes nos autos,* concluir pela ilegitimidade das partes, ausência de interesse processual ou impossibilidade jurídica do pedido. Nesse caso, o exame da legitimidade das partes, do interesse processual e da possibilidade jurídica do pedido não é realizado *in abstrato*, mas *in concreto*, isto é, à luz das alegações das provas.

Quando o exame da petição inicial não levar ao seu indeferimento da petição inicial e se do seu confronto com a contestação não resultar a constatação da carência de ação, será inaugurada uma nova fase processual, qual seja, a instrução do processo, à qual se seguirá uma nova fase, que é a do julgamento da demanda. Nesta última fase, concluindo o juiz, em razão da prova existente dos autos, pela ilegitimidade das partes, ausência de interesse processual ou impossibilidade jurídica do pedido, *a decisão deverá ser de improcedência do pedido.*

Nesta última situação, o juiz julgará improcedente o pedido se:

a) o autor não for titular do direito deduzido ou o réu for o devedor da conduta que o autor pretendeu que lhe fosse imposta;

b) não existe necessidade de intervenção do Poder Judiciário para o reconhecimento e satisfação do direito deduzido ou a providência judicial pleiteada não é adequada a esta satisfação;

c) o seu acolhimento não é autorizado pelo ordenamento jurídico.

(746) Ao examinar a petição inicial, o juiz deverá, na vigência do CPC de 1973, considerar verdadeiros os fatos alegados pelo autor e indagar, a partir deles, se as partes são legítimas, o autor tem interesse processual e o pedido é juridicamente possível. Concluindo que as partes são ilegítimas, o autor não tem interesse processual ou o pedido é juridicamente impossível, o juiz deverá indeferir a petição inicial. Sob a égide do CPC de 2015, o exame se limita à verificação da presença de legitimidade e interesse processual.

(747) A petição inicial, tendo permitido a citação do demandado e exigido a sua defesa, será considerada regular, operando-se a extinção do processo em razão da carência da ação.

O CPC concebeu um *modelo ideal*, em que o juiz iria indeferir a petição inicial quando do seu exame resultasse a conclusão de impossibilidade jurídica do pedido, ilegitimidade das partes ou ausência de interesse processual, ou declararia a carência de ação se a esta mesma conclusão chegasse a partir do confronto da petição inicial com a defesa do demandado.

Este é apenas um ideal do legislador, posto que nem sempre o juiz procede desta forma.

Como as condições de ação (no sentido de requisitos constitutivos do direito de ação processual) são concebidas para evitar a prática de atos inúteis, este mesmo objetivo autoriza afirmar que, depois da instrução do processo, deve ser proferida *decisão de mérito*, evitando-se, assim, seja considerada inútil toda a instrução processual.

O processo é composto por uma série de fases, que, uma vez vencidas, não podem ser retomadas. Destarte, se somente foi possível chegar à conclusão no sentido da ilegitimidade das partes, ausência de interesse processual ou da impossibilidade jurídica depois da instrução do processo e à luz da prova existente nos autos, ter-se-á alcançado a fase do julgamento do mérito. A *teoria da asserção* tem sentido para a hipótese de exame em tese da viabilidade do acolhimento da pretensão do autor da demanda. Se o exame da pretensão é realizado em concreto (à luz das provas constantes dos autos), a decisão será de mérito.

Assim, a fase processual em que for constatada a ilegitimidade, a ausência de interesse processual ou a impossibilidade jurídica e os elementos a partir dos quais se deu esta constatação é que definem a natureza da decisão proferida.

O CPC de 1973 prevê: a) no art. 128, que o juiz julgará a *lide* nos limites em que foi proposta (isto é, nos limites da pretensão, que é traduzida pelo *pedido*); b) no art. 269, que haverá *julgamento de mérito* quando o juiz acolher ou rejeitar o pedido do autor ou o réu reconhecer a procedência do *pedido*; c) no art. 459, que o juiz proferirá a sentença, acolhendo ou rejeitando, no todo ou em parte, o *pedido* formulado pelo autor e, nos casos de extinção do processo sem julgamento do mérito, decidirá de forma concisa; e d) no art. 460, que a sentença que julgar total ou parcialmente a lide, tem força nos limites da lide e das questões decididas. Os artigos mencionados apontam no sentido de que julgar o mérito é solucionar a lide, por meio do julgamento do pedido.(748)

No entanto, o CPC também estabelece, no art. 269, que o mérito é julgado quando as partes transigirem (inciso III) ou o juiz pronunciar a prescrição (inciso IV), situações em que não há pronunciamento do juiz sobre o pedido. Isso equivale a dizer que nem toda decisão de mérito implica decisão sobre pedido.(749) Existe no CPC de 1973, então, o que Cândido Rangel Dinamarco denomina *falsas sentenças de mérito* ou *sentenças de mérito por assimilação*,(750) isto é, sentenças em que o juiz decidirá a lide sem enfrentar o mérito da demanda e, com isto, julgar o pedido.

A assimilação realizada pelo CPC de 1973 pode ser estendida à hipótese em que o juiz, *depois da instrução do processo e formando a sua convicção à luz das provas existentes nos autos*, concluir que as partes são ilegítimas, falta ao autor interesse processual ou o pedido é juridicamente impossível. Neste caso, a decisão será assimilada à decisão de mérito, posto que a lide levada ao Judiciário terá sido decidida.

Aludida decisão produzirá coisa julgada material. Com efeito, como aduz Enrico Tullio Liebman, "constitui objeto do processo só aquela parte do conflito de interesses a respeito da qual pediram as partes uma decisão".(751) Nesse contexto, sendo afirmada, após a fase de julgamento e com esteio nas provas existentes nos autos, a ilegitimidade das partes, a falta de interesse processual ou a impossibilidade jurídica do pedido, a decisão produzirá coisa julgada material *em relação à lide solucionada*. A decisão que decide a lide nos limites em que foi submetida ao Poder Judiciário é uma decisão de mérito e, portanto, apta a produzir coisa julgada material.

(748) O CPC de 2015 dispõe que o juiz decidirá o mérito nos limites do pedido (art. 141) e que a decisão que julgar total ou parcialmente o mérito tem força de lei nos limites da questão principal expressamente decidida (art. 503), também apontando no sentido de que julgar o mérito é solucionar a lide, por meio do julgamento do pedido.

(749) O CPC de 2015 contém disposição no mesmo sentido, como se vê do art. 487, III e IV.

(750) *Instituições de direito processual civil*, v. II, p. 489-490.

(751) *O despacho saneador e o julgamento do mérito*, p. 32 e 35.

Uma *nova lide* poderá ser levada ao Poder Judiciário, em relação ao mesmo bem da vida disputado, *desde que pela parte legítima e que tenha efetivo interesse de agir*. O mesmo pode ser dito em relação à impossibilidade jurídica do pedido, quando, por força de alteração legislativa, o pedido passar a contar respaldo no ordenamento jurídico.

É certo que deve ser evitada, o máximo possível, a prática de atos inúteis. Contudo, é também certo que aos atos praticados deve ser conferido o máximo de efeito possível. Com isso, se a petição inicial permitiu a instauração da relação jurídica processual, se o confronto entre a petição inicial e a defesa não autoriza a declaração de carência de ação e se o juiz, ao final, profere decisão fundada nas provas existentes nos autos, esta decisão, para que seja conferida a máxima efetividade aos atos praticados, deve ser considerada de mérito, apta, portanto, a produzir coisa julgada material.

Esta proposta é compatível com o CPC de 2015, que também autoriza o indeferimento da petição inicial e a consequente extinção do processo no caso de ilegitimidade e ausência de interesse de agir apurados antes da citação (art. 330, I e II) e prevê que não haverá julgamento de mérito quando o juiz verificar a ausência de ilegitimidade e de interesse processual (art. 485, VI), ressalvado, apenas, o fato de que, nele, o exame da possibilidade jurídica do pedido já foi transferido para o julgamento do mérito.

2.11. Identificação de ações/demandas. Conexão, continência e litispendência.

A demanda envolve:

a) quem comparece em juízo e afirma ser titular de um direito, que requer seja reconhecido e tutelado (autor/reclamante/demandante);

b) aquele em face de quem a demanda apresentada (réu/reclamado/demandado);

c) o bem da vida que se pretende alcançar por força da atuação do Poder Judiciário (pedido);

d) as razões pelas quais é apresentada a demanda ao Poder Judiciário e pretendida a confirmação da existência do direito deduzido e a sua tutela (causa de pedir).[752]

As partes, o pedido e a causa de pedir identificam a demanda.

Note-se que *demandar* é apresentar uma pretensão ao Poder Judiciário, no exercício do direito de *ação*. Por essa razão, não é raro encontrar na doutrina e na jurisprudência a utilização das expressões *demanda* e *ação* como sinônimas (note-se, por exemplo, que os arts. 21 e 22 do CPC de 2015 falam em *julgar ação*, enquanto o art. 337, § 2º, do CPC de 2015 alude à *identidade de ações*; o CPC de 1973 fala, por exemplo, em *propositura de ação* — art. 87). Também não é rara a utilização, como sinônimas, das expressões *ação* e *causa* (neste sentido, o CPC de 2015, ao mesmo tempo em que fala em *julgamento de ação*, aduz, na definição da ordem cronológica para o proferimento de decisões, à *causa* que exija urgência no julgamento, isto é, ao *julgamento de causa* — art. 12, IX —, o mesmo ocorrendo quando trata da competência interna, situação em que faz referência ao *julgamento de causas cíveis* — art. 42).

Cumpre notar, no entanto, que *ação* consiste no ato de ir a juízo, o que constitui, inclusive, um direito (*direito de ação*). Quem vai a juízo, portanto, não propõe uma *ação*, mas uma *demanda*. O que constitui objeto de julgamento, portanto, não é a ação, mas a demanda que por meio do exercício do direito de ação é submetida ao Poder Judiciário. Destarte, é mais correto, do ponto de vista técnico, afirmar que duas ou mais *demandas* podem ter em comum as partes, o pedido e a causa de pedir ou apenas parte destes seus elementos identificadores.[753]

No que diz respeito especificamente à configuração da litispendência, conexão e continência, tanto o CPC de 1973 quanto o CPC de 2015 fazem uso da expressa *ação*, no sentido que entre duas ações pode existir

(752) Cumpre distinguir entre *causa de pedir ativa* ou *remota* (fato do qual decorre o direito deduzido) e *causa de pedir passiva* ou *próxima* ou *causa da demanda* (fato do qual decorre o interesse de recorrer ao Poder Judiciário — lesão ou ameaça ao direito deduzido).

(753) Como adverte Giuseppe Chiovenda, "a ação se exerce com a demanda", de forma que "identificação das ações significa identificação das demandas" (*Instituições de direito processual civil*, v. I, p. 427).

coincidência total ou parcial de seus elementos identificadores. Por esta razão, será adotada, para exame de tais institutos, a expressão *ação* como sinônima de *demanda*.

2.11.1. Como foi registrado, as partes, a causa de pedir e o pedido (objeto) individualizam a ação/demanda (*teoria da tríplice identidade*). Nesse sentido, estabelecem o art. 301, § 2º, do CPC de 1973 e o art. 337, § 2º, do CPC de 2015 que uma ação é idêntica à outra quando tem as mesmas partes, a mesma causa de pedir e o mesmo pedido.

As partes constituem o elemento subjetivo da ação/demanda e, a causa de pedir e o pedido, os seus elementos objetivos. Como assinala Giuseppe Chiovenda, a causa de pedir e o pedido identificam o bem da vida de que trata a demanda e, as partes, a pertinência subjetiva ou passiva deste bem.(754)

Parte é aquele que propõe a ação/demanda (autor/reclamante) e aquele em face de quem é proposta a ação/demanda (réu/reclamado).

A identidade da pessoa física que ajuíza duas ações/demandas nem sempre conduz à identidade das ações/demandas. Com efeito, como observa Enrico Tullio Liebman, para a verificação da identidade de duas ou mais causas "não é só a identidade física da pessoa que interessa para esse fim, mas também a qualidade na qual a pessoa é concretamente considerada".(755) Destarte, segundo assevera Humberto Theodoro Júnior, se em um processo "o litigante obrou em nome de outro (como representante legal ou mandatário) e noutro em nome próprio, é claro que incorre a identidade de partes".(756)

O autor deve indicar na petição inicial a causa de pedir (*causa petendi*), isto é, os fatos constitutivos do direito que pretende reconhecido e tutelado e os fatos que justificam o recurso ao Poder Judiciário.

Conforme aduz Humberto Theodoro Júnior, a causa de pedir "não é a norma legal invocada pela parte, mas o fato jurídico que ampara a pretensão deduzida em juízo. Todo direito nasce do fato, ou seja, do fato a que a ordem jurídica atribui um determinado efeito. A causa de pedir, que identifica uma causa, situa-se no elemento fático e em sua qualificação jurídica. Ao fato em si mesmo dá-se a denominação de 'causa remota' do pedido; e à sua repercussão jurídica, a de causa, 'causa próxima' do pedido".(757)

No mesmo sentido, observa Giuseppe Chiovenda, que "individua-se e identifica-se a ação por meio dos elementos de fato que tornaram concreta a vontade da lei, e não pela norma abstrata de lei. Por consequência, a simples mudança do ponto de vista jurídico (ou seja, a invocação duma norma diferente no caso de que um fato possa incidir em diferentes normas da lei) não importa diversidade de ações".(758)

A identidade entre duas ações/demandas pressupõe a identidade dos fatos constitutivos do direito deduzido e dos fatos dos quais decorre o interesse de recorrer ao Poder Judiciário.

O pedido indica o tipo de providência jurisdicional requerida (*pedido imediato*) e o bem da vida ou bem jurídico que o autor pretende alcançar por força da decisão judicial (*pedido mediato*). A propósito, assevera Enrico Tullio Liebman que o pedido "deve ser individualizado tanto com base no tipo de provimento que se pede (objeto imediato: por ex., condenação, sequestro), como no bem jurídico a que o provimento deve referir-se (objeto mediato: por exemplo, o fundo corneliano ou a soma em dinheiro)".(759)

Giuseppe Chiovenda aduz que "a indicação da *causa petendi* deve servir, em concurso com a do objeto, para identificar o bem da vida que é objeto da contestação. Visto que toda demanda afirma a existência duma vontade concreta de lei que garante um bem (...), se a coisa julgada é o reconhecimento ou o desconhecimento desse bem, lógico é que se deva falar em demanda diversa quando diverso seja o bem contestado".(760)

(754) *Instituições de direito processual civil*, v. I, p. 430.
(755) *Manual de direito processual civil*, v. I, p. 193.
(756) *Curso de direito processual civil*, v. I, p. 73.
(757) *Curso de direito processual civil*, v. I, p. 74.
(758) *Instituições de direito processual civil*, v. I, p. 433. Por esta razão, o juiz está adstrito aos fatos alegados pelas partes e não à qualificação jurídica que lhes for atribuída por elas.
(759) *Manual de direito processual civil*, v. I, p. 195.
(760) *Instituições de direito processual civil*, v. I, p. 435.

2.11.2. Quando duas ou mais ações/demandas têm em comum o objeto (pedido) *ou* a causa de pedir, dar-se-á o fenômeno da *conexão* (art. 103 do CPC de 1973 e art. 55 do CPC de 2015). Duas ou mais ações/demandas são conexas, portanto, quando lhes for comum o objeto (pedido) ou a causa de pedir.

Por outro lado, se a identidade entre duas ou mais ações/demandas se der em relação às partes *e* à causa de pedir, mas o *objeto* (*pedido*) de uma abranger, ante a sua amplitude, o das demais, dar-se-á a *continência* (art. 104 do CPC de 1973 e art. 56 do CPC de 2015).

Dá-se a continência entre duas ou mais ***ações/demandas***, destarte, sempre que houver entre elas identidade das partes e causa de pedir, mas o objeto (pedido) de uma, por ser mais amplo, abrange o das demais (art. 104 do CPC), observando-se, que na hipótese, a diferença entre o objeto (pedido) das ações/demandas é, segundo Celso Agrícola Barbi, quantitativa, ou seja, o objeto (pedido) de uma ação/demanda é, quantitativamente, é, mais amplo do que o das demais.(761)

O CPC de 1973 estabelece que, verificada a ocorrência de conexão ou continência, o juiz, de ofício ou a requerimento de qualquer das partes, *pode ordenar* a reunião das ações/demandas propostas em separado, a fim de que sejam decididas simultaneamente (art. 105 do CPC).

Celso Agrícola Barbi, comentando o CPC de 1973, assevera que "a norma do art. 105 é imperativa: havendo conexão, ou continência, entre duas ou mais causas, a competência fica modificada, não sendo dado às partes impedir esse efeito".(762)

Para Arruda Alvim, "mais operativo e funcional é reconhecer-se certa margem de liberdade ao juiz para que decida, de uma ou de outra forma, diante das circunstâncias caracterizadoras de cada caso concreto. Essa liberdade, todavia, e por certo, não deverá conduzir à não junção dos processos, quando for intensa a conexão (por exemplo, identidade de pedidos e *causa petendi*) e quando houver real utilidade na junção de ambas as causas, e quando estejam aproximadamente no mesmo momento ou estágio processual. Inversamente, existirá, em maior latitude, esta liberdade quando for mais tênue a conexão e quanto menor a utilidade perceptível de se reunirem as ações".(763)

A reunião dos processos é imperativa, visto que é estabelecida em razão do princípio da economia processual e da necessidade de evitar decisões conflitantes ou contraditórias.

O CPC de 2015 determina, de forma expressa, a reunião dos processos de ações/demandas conexas, visando o proferimento de decisão conjunta, salvo se um deles já houver sido sentenciado (art. 55, § 1º). Quanto a esta última ressalva, vale observar que a reunião dos processos pressupõe a possibilidade de seu julgamento simultâneo, o que exige que ela seja útil do ponto de vista prático.

Vai mais além, determinando a reunião, para julgamento conjunto, dos processos que possam gerar risco de prolação de decisões conflitantes ou contraditórias caso decididos separadamente, mesmo sem conexão entre eles (art. 55, § 3º).(764)

O CPC de 2015 inova, ao estabelecer a conexão entre a execução de título executivo extrajudicial e a ação de conhecimento relativa ao mesmo ato jurídico e entre execuções fundadas no mesmo título executivo (art. 55, § 2º, I e II).

Em relação à reunião dos processos no caso de continência, o CPC de 2015 estabelece que, quando houver continência e a ação continente tiver sido proposta anteriormente, no processo relativo à ação contida será proferida sentença sem resolução de mérito, caso contrário, as ações serão necessariamente reunidas (art. 57).

2.11.3. Segundo o art. 301, § 1º, do CPC de 1973, "verifica-se a litispendência ou a coisa julgada quando se reproduz ação anteriormente ajuizada". Dispõe o art. 301, § 2º, do CPC de 1973 que "uma ação é idêntica

(761) *Comentários ao Código de Processo Civil*, v. I, p. 285.

(762) *Comentários ao Código de Processo Civil*, v. I, p. 284.

(763) *Manual de direito processual civil*, v. I, p. 403-404.

(764) Note-se que o CPC, no texto normativo em destaque, alude a *conexão entre processos*, quando está tratando, na verdade, da conexão entre ações/demandas.

à outra quando tem as mesmas partes, a mesma causa de pedir e o mesmo pedido". Por fim, prevê o art. 301, § 3º, do CPC de 1973 que "há litispendência, quando se repete ação, que está em curso".

O CPC de 2015 caminha no mesmo sentido, prevendo: no art. 337, § 1º, que "verifica-se a litispendência ou a coisa julgada quando se reproduz ação anteriormente ajuizada"; no art. 337, § 2º, que "uma ação é idêntica à outra quando tem as mesmas partes, a mesma causa de pedir e o mesmo pedido"; no art. 337, § 3º, do CPC que "há litispendência, quando se repete ação que está em curso".

Contudo, não é a reprodução de demanda anteriormente ajuizada que caracteriza a litispendência. *Litispendência é caracteriza pela existência de uma ação/demanda pendente de julgamento* e *não pela reprodução de demanda em curso.*

A reprodução de demanda anteriormente ajuizada implicará *declaração de existência de litispendência,* isto é, de uma demanda pendente versando sobre a mesma pretensão, o que terá como consequência a extinção do processo instaurado por força da segunda ação/demanda ajuizada. Em suma, *a litispendência surge com a propositura da ação/demanda e não com a sua reprodução.*

Destarte, o art. 301, §§ 1º a 3º, do CPC de 1973 e o art. 337, §§ 1º a 3º, do CPC de 2015 apenas definem a situação em que deverá ser declarada a ocorrência de litispendência: a litispendência deverá ser declarada quando for reproduzida ação/demanda anteriormente ajuizada e ainda pendente de julgamento.

Neste sentido, estabelecem o art. 219 do CPC de 1973 e o art. 240 do CPC de 2015 que a citação válida induz litispendência, o que, no processo do trabalho, significa que é com a distribuição da ação/demanda que surge a litispendência.

Como esclarece Cândido Rangel Dinamarco, "Formado, o processo considera-se existente e, portanto, pendente. *Pendente* é algo que já foi constituído e ainda existe, não foi extinto. Processo pendente é *processo em curso.* Ele se considera pendente desde o momento em que a petição inicial foi entregue ao Poder Judiciário (formação) até quando se exaurir por completo a fase executiva (...). O estado de pendência do processo chama-se *litispendência.* (...). Como entre os efeitos da existência do processo pendente está o de impedir a instauração válida e eficaz de outro processo para o julgamento de demanda idêntica (...), tem-se a ilusão de que *litispendência* seja esse impedimento — *i. e.*, o impedimento de outro processo válido, com a mesma demanda. Na verdade, litispendência é o estado do processo que pende, não esse seu *efeito*".[(765)] Da mesma forma, não se pode confundir a litispendência com as *condições necessárias para a extinção do processo sem provimento de mérito em razão de estar pendente de julgamento uma demanda idêntica.* A declaração da existência de litispendência, como fundamento da extinção do processo sem provimento de mérito, é que pressupõe a coexistência de duas ações idênticas. Como aduz Calmon de Passos, "se há processo em curso, cujo objeto (mérito) é idêntico ao que se pretende formalizar, diz-se que há litispendência, no sentido de que a lide, objeto do novo processo, já é lide de outro processo ainda em curso (pendente)".[(766)] Portanto, é a propositura da ação que faz surgir a litispendência. É o estado de pendência da lide (litispendência) que impede o ajuizamento de demanda idêntica. Pontes de Miranda ensina, comentando o art. 219 do CPC de 1973, que "a litispendência é efeito da citação (...). Efeito da citação consiste em fazer pendente a lide (...). A exceção de litispendência é apenas algum dos efeitos da existência da litispendência".[(767)] A litispendência, portanto, não é efeito da reprodução de demanda idêntica. A reprodução de demanda idêntica apenas permite ao réu apresentar exceção de litispendência e ao juiz afirmar, para extinguir o processo sem provimento de mérito, que a lide objeto da segunda demanda proposta já constitui uma lide pendente. Em feliz síntese, aduz José Frederico Marques que "é fenômeno resultante da apresentação de uma lide em juízo. Com a propositura da ação, o litígio adquire tonalidade processual e, em torno da área demarcada pelo pedido do autor, forma-se a *litispendência*".[(768)]

(765) *Instituições de direito processual civil,* v. II, p. 50-51.
(766) *Comentários ao Código de Processo Civil,* v. III, p. 295.
(767) *Comentários ao Código de Processo Civil,* t. III, p. 236.
(768) *Instituições de direito processual civil,* v. III, p. 212.

Manuel Galdino da Paixão Júnior bem esclarece a questão: "na etimologia está o melhor conceito jurídico, com o qual é possível superar o engano em que o legislador incorreu no art. 301, § 1º, do Código de Processo Civil, ao dizer que a litispendência se verifica 'quando se reproduz ação anteriormente ajuizada'. Não. Litispendência é a pendência do processo, é a constituição do vínculo processual, que os arts. 219 e 617 do Código de Processo Civil informam dar-se por efeito da citação válida. Com a 'reprodução', a que o primeiro texto do processo de conhecimento citado se refere, o que ocorre é a oportunidade para alegar a verificação da litispendência, como defesa de natureza processual: ausência de um dos pressupostos para o desenvolvimento da relação processual".[769]

A reprodução da demanda idêntica é vedada para evitar que os órgãos do Poder Judiciário desenvolvam dupla atividade relativamente a uma mesma ação/demanda e impedir decisões divergentes ou contraditórias sobre a mesma ação/demanda, além de prestigiar o princípio da economia processual.

Em relação ao autor, os efeitos da litispendência decorrem da propositura da demanda. Quanto ao réu, os efeitos da litispendência somente são produzidos com a sua notificação/citação válida.

2.12. Cumulações de demandas.

A CLT (art. 842) autoriza a cumulação de duas ou mais demandas no mesmo processo, quando: a) os reclamantes forem empregados da mesma empresa ou estabelecimento; e b) haja identidade de matéria (direitos e obrigações derivados do mesmo fundamento de fato e de direito).

A cumulação de demandas também pode ocorrer nas situações previstas no art. 46 do CPC de 1973, segundo o qual duas ou mais pessoas podem litigar, no mesmo processo, em conjunto, ativa ou passivamente, quando: I — entre as partes houver comunhão de direitos ou de obrigações relativamente à lide ("desde que o direito seja um só ou uma só a obrigação e haja pluralidade subjetiva, existe comunhão"[770]); II — os direitos ou as obrigações derivarem do mesmo fundamento de fato ou de direito ("causas originárias do mesmo fato (*idem factum*), e não de fatos iguais (*factum simile*) (...). Temos como exemplo, várias vítimas de um acidente rodoviário (...). Os fundamentos de direito referidos no item II equivalem à expressão título, isto é, à fonte de onde deriva o direito ou a obrigação"[771]); III — entre as causas houver conexão pelo objeto (bem jurídico que se pretende obter ou proteger com a ação) ou pela causa de pedir (fundamentos do pedido); IV — ocorrer afinidade de questões por um ponto comum de fato ou de direito (*litisconsórcio impróprio*).

No CPC de 2015, o art. 113 dispõe que duas ou mais pessoas podem litigar, no mesmo processo, em conjunto, ativa ou passivamente, quando: I — entre elas houver comunhão de direitos ou de obrigações relativamente à lide; II — entre as causas houver conexão pelo pedido ou pela causa de pedir; III — ocorrer afinidade de questões por ponto comum de fato ou de direito. Foi excluída, portanto, a possibilidade de cumulação no caso de os direitos e obrigações derivarem do mesmo fundamento de fato ou de direito.

A cumulação de demandas forma as denominadas *ações plúrimas*, às quais faz expressa referência o art. 843 da CLT, e pressupõe que para elas seja competente o mesmo juiz, seja adequado o mesmo procedimento e tenham o mesmo pedido imediato (tipo de tutela jurisdicional pleiteada).

A hipótese não é de cumulação de pedidos, isto é, de cumulação em uma mesma demanda de vários pedidos do autor contra o mesmo réu, mas de cumulação de duas ou mais demandas no mesmo processo.

Aplica-se à hipótese o disposto no art. 46, parágrafo único, do CPC de 1973, o que significa que o juiz pode limitar o litisconsórcio facultativo quanto ao número de litigantes, quando este comprometer a rápida solução do litígio ou dificultar a defesa, ou o art. 113, § 1º, do CPC de 2015, segundo o qual o juiz poderá limitar o litisconsórcio facultativo quanto ao número de litigantes na fase de conhecimento, na liquidação, de sentença ou na execução, quando este comprometer a rápida solução do litígio ou dificultar a defesa ou o cumprimento da sentença.[772]

(769) *Teoria geral do processo*, p. 222-223.
(770) MIRANDA, Pontes de. *Comentários ao Código de Processo Civil*, v. II, p. 22.
(771) BARBI, Celso Agrícola. *Comentários ao Código de Processo Civil*, v. I, p. 160.
(772) Do litisconsórcio tratamos no Capítulo VIII, ao qual remetemos o leitor.

2.13. Estabilização da demanda.

A teor do art. 264 do CPC de 1973, "feita a citação, é defeso ao autor modificar o pedido ou a causa de pedir sem o consentimento do réu, mantendo-se as mesmas partes, salvo as substituições permitidas em lei". Segundo o art. 294 do CPC de 1973, antes da citação, o demandante poderá aditar o pedido, ou seja, acrescentar pedidos à demanda proposta.

O CPC de 2015 faz referência ao aditamento do pedido e à alteração do pedido e da causa de pedir (art. 329), dispondo que eles podem ocorrer:

a) até a citação, *independentemente de consentimento do réu;*

b) até o saneamento do processo, *com o consentimento do réu*, assegurado o contraditório e a produção de prova suplementar.[773]

O CPC de 1973 e o CPC de 2015 tratam, nos citados comandos legais, da estabilização da demanda nos seus aspectos objetivos (que dizem respeito ao pedido — bem jurídico pretendido — e à causa de pedir — fatos em que se sustenta o pedido) e subjetivos (relacionados com as partes).

No processo do trabalho, a *estabilização, objetiva e subjetiva,* da demanda se dá, a princípio, com o recebimento da defesa do réu em audiência. Com isso, antes do recebimento da defesa, podem ocorrer aditamento do pedido ou alteração do pedido e da causa de pedir sem necessidade de concordância do réu.

No entanto, também no processo do trabalho, após o recebimento da defesa, mas desde que antes do saneamento do processo, o autor poderá aditar o pedido ou alterar o pedido ou a causa de pedir com consentimento do réu, assegurado o contraditório mediante a possibilidade de manifestação deste no prazo mínimo de 5 dias (aplicação do art. 841 da CLT), facultado o requerimento de prova suplementar, por aplicação do art. 329, II, do CPC de 2015, que favorecer o julgamento do conflito de interesse em toda a sua extensão e a economia processual, por evitar o ajuizamento de nova demanda.

No caso de revelia, o autor poderá aditar o pedido ou alterar o pedido ou a causa de pedir, mas deve ser promovida nova notificação do réu (art. 321 do CPC de 1973). O CPC de 2015 não contém disposição similar, mas também sob a sua égide a revelia não dispensa nova citação no caso de ser aditado o pedido ou alterado o pedido ou a causa de pedir, em respeito ao contraditório.

(773) O CPC de 1973 veda, expressamente, o aditamento, a alteração do pedido e da causa de pedir após o saneamento do processo (art. 264, parágrafo único). O CPC de 2015 não contém vedação expressa neste sentido, limitando-se a estabelecer que o autor poderá, até o saneamento, aditar ou alterar o pedido e a causa de pedir, com o consentimento do réu (art. 329, II), o que abre ensejo a duas interpretações: o art. 329 fixa como termo final para o aditamento ou alteração do pedido ou causa de pedir o saneamento do processo; incide, na hipótese, o art. 190, ou seja, podem as partes, por meio de convenção processual, dispor em sentido contrário, admitindo o aditamento ou a alteração da causa de pedir ou do pedido até o proferimento da sentença.

Capítulo 7

Processo e Procedimento

1. Processo

1.1. Conceito.

Processo é método, estabelecido e estruturado pela ordem jurídica, destinado à solução, pelo Poder Judiciário, de conflitos de interesses a ele submetidos e à realização concreta dos direitos atribuídos por esta mesma ordem jurídica (*processo em sentido estático*), ou, dito de outra forma, método que seguem os órgãos do Poder Judiciário "para definir a existência do direito da pessoa que demanda, frente ao Estado, a ser tutelada juridicamente, e para outorgar esta tutela no caso de existência de tal direito".[774]

Para a solução do conflito de interesses e a realização concreta dos direitos "é necessário que se cumpram numerosos atos que se sucedem num período de tempo mais ou menos longo, o conjunto dos quais, considerados como uma unidade em vista do fim que os reúne, constitui empiricamente o processo em sentido judicial".[775]

Processo, sob esse enfoque, é uma série de atos, praticados pelos seus sujeitos (partes e juiz), auxiliares da justiça e terceiros que eventualmente intervenham no processo, interdependentes,[776] ordenados em fases sucessivas e coordenados ao objetivo de solucionar o conflito de interesses submetido ao Poder Judiciário e realizar concretamente o direito atribuído pela ordem jurídica (*processo no sentido dinâmico*). Como aduz Gian Antonio Micheli, o processo, considerado em sua dinâmica, é uma série de atos, "unificada — estrutural e funcionalmente — pela unicidade do fim que a lei atribui ao conjunto destes atos, que é precisamente a atuação, em concreto, de uma certa forma de tutela jurisdicional".[777]

Aroldo Plínio Gonçalves, a partir das lições de Elio Fazzalari, sustenta que o processo é uma espécie do gênero do procedimento, isto é, da "atividade preparatória de um determinado ato estatal, atividade regulada por uma estrutura normativa, composta de uma sequência de normas, de atos e posições subjetivas, que se desenvolve em uma dinâmica específica, na preparação de um provimento", sendo provimento "um ato do Estado, de caráter imperativo, produzido pelos seus órgãos no âmbito de sua competência, seja um ato administrativo, um ato legislativo ou um ato jurisdicional".[778]

Para Aroldo Plínio Gonçalves, "o processo começa a se definir pela participação dos interessados no provimento na fase que o prepara, ou seja, no procedimento. Mas essa definição se concluirá pela apreensão

(774) GOLDSCHMIDT, James. *Derecho procesal civil*, p. 1. Trata-se, portanto, de método de tutela jurisdicional de direitos.
(775) CALAMANDREI, Piero. *Direito processual civil*, v. I, p. 254.
(776) Cada ato se apresenta como consequência daquele que o precede e como condição necessária para aquele que o sucede. Como aduz Lopes da Costa, cada ato "cria a condição necessária à origem do seguinte: os fatos narrados pelo autor provocam a negação do réu ou a indicação de fatos contrários; a contestação exige a prova; esta dá lugar à sentença; a decisão abre caminho aos recursos" (*Direito processual civil brasileiro*, v. I, p. 4).
(777) *Derecho procesal civil*, v. I, p.6.
(778) *Técnica processual e teoria do processo*, p. 87.

da específica estrutura legal que inclui essa participação, da qual se extrairá o predicado que identifica o processo, que é o ponto de sua distinção: a participação dos interessados, em contraditório entre eles (...). Há processo sempre onde houver o procedimento realizando-se em contraditório entre os interessados, e a essência deste está na 'simétrica paridade' da participação, nos que preparam o provimento, daqueles que nele são interessados porque, como seus destinatários, sofrerão os seus efeitos".(779) Processo, sob este prisma, é o procedimento realizado em contraditório. Segundo Elio Fazzalari, "o 'processo' é uma espécie, porque é o procedimento no qual é consentida a participação dos destinatários dos efeitos do ato final — interesses e contrainteresses — para 'dizer e contradizer' sob plano de simétrica paridade. A distinção consiste, portanto, no 'contraditório' normativamente contemplado".(780)

1.2. Objeto e finalidades.

Não existe consenso na doutrina sobre o objeto do processo.

Para Giuseppe Chiovenda, o "objeto do processo é a vontade concreta de lei, cuja afirmação e atuação se reclamam, assim como o próprio poder de reclamar-lhe a atuação, isto é, a ação".(781)

Hélio Tornaghi afirma que "objeto direto do processo é a ação e indireto a matéria nele discutida pelas partes e decidida pelo juiz, a *res in iudicium deducta*, a relação de direito material carecedora de ser declarada, constituída ou satisfeita".(782)

Humberto Theodoro Júnior sustenta que objeto do processo "é o pedido que a parte formula acerca da (...) relação jurídica de direito material".(783)

Conforme Antônio Carlos de Araújo Cintra, Ada Pellegrini Grinover e Cândido Rangel Dinamarco, "objeto do processo é o mérito da causa, que coincide com a pretensão trazida pelo demandante para ser apreciada pelo juiz — ou seja, a exigência de subordinação do interesse alheio ao próprio".(784)

Jaime Guasp afirma que o objeto do processo "não é uma norma jurídica, um direito subjetivo ou um conflito de interesses, mas a declaração de vontade de uma parte formulada perante o órgão jurisdicional para dele obter uma determinada atuação".(785)

O processo é instaurado em razão da pretensão manifestada ao Poder Judiciário pelo autor da demanda e para possibilitar o seu exame. Sendo assim, constituem objeto do processo todas as questões a serem decididas pelo juiz em razão da pretensão a ele manifestada, dentre as quais as suscitadas pelo réu. Nesse sentido, aduz Sydney Sanches que objeto do processo são "todas as questões de fato, ou de direito, relacionadas ou não, com o mérito, com o início, o desenvolvimento e o fim do processo. Objeto do processo, por conseguinte, é toda a matéria, de fato, ou de direito, relacionada a pressupostos processuais (...), às condições de ação (...) e ao próprio mérito (...), que devem ser examinadas pelo juiz, provocado pelas partes ou *ex officio*, seja como simples operação de conhecimento (*cognitio*), seja como julgamento propriamente dito (*judicium*), seja em caráter incidental, seja em caráter principal".(786)

Como aduz Eduardo Couture, "a ideia de processo (...) é necessariamente teleológica, pois só se explica por seu fim".(787)

---

(779) *Técnica processual e teoria do processo*, p. 96-98.

(780) Il giusto processo e i 'procedimenti speciali' civile. *Rivista Trimestrale de Diritto e Procedura Civile*, ano LVII, n. 1, Milão: Giuffrè, p. 2, mar. 2003. O doutrinador em destaque fala em *consentimento* para a participação das partes na construção do provimento. A participação em questão é consentida na medida em que o fato de o réu não comparecer em juízo para promover a sua defesa não permite falar em inexistência de processo por ausência de contraditório efetivo. O contraditório exige a possibilidade concreta e útil de participar do processo.

(781) *Instituições de direito processual civil*, v. I, p. 71.

(782) *Comentários ao código de processo penal*, v. I, t. I, p. 14-15.

(783) *Curso de direito processual civil*, v. I, p. 49.

(784) *Teoria geral do processo*, p. 312.

(785) Significación del processo del trabajo en la teoría general del derecho procesal. In: *Estudios jurídicos*. Madrid: Civitas, 1996. p. 529-544.

(786) Objeto do processo e objeto litigioso do processo. *Revista de Processo*, ano IV, n. 13, p. 45, jan./mar. 1979.

(787) *Fundamentos del derecho procesal civil*, p. 145.

No entanto, não existe consenso entre os doutrinadores em relação aos fins do processo, sendo dito que ele tem por fim a defesa dos direitos subjetivos ameaçados ou lesados (*concepção subjetivista*), a defesa da ordem jurídica ou do direito material (*concepção objetivista*), a solução de conflitos de interesses e a satisfação de pretensões.

Giuseppe Chiovenda afirma que a finalidade do processo é a atuação da vontade concreta da lei.(788) Ugo Rocco sustenta que a finalidade do processo é "a atuação do direito material".(789) Francesco Carnelutti aduz que a finalidade do processo é a justa composição da lide.(790) Antunes Varela, J. Miguel Bezerra e Sampaio e Nora afirmam que o "fim essencial do processo é a tutela dos direitos subjetivos, que acessória ou reflexamente reverte na defesa do direito objectivo".(791)

Lopes da Costa sustenta esta equação, sustentando que a finalidade do processo não é a proteção dos direitos subjetivos, mas a defesa do direito objetivo, sendo por ele afirmado que a defesa dos direitos subjetivos constitui o resultado da garantia de eficácia da lei.(792) Jaime Guasp afirma que, "para que um processo exista enquanto tal, não basta que exista a não atuação do direito ou conflitos não resolvidos, sendo necessário que alguém reclame ao órgão jurisdicional por tal atuação ou por tal conflito (...). A verdadeira característica definidora do processo se encontra na sua função de satisfação de pretensões".(793)

Aroldo Plínio Gonçalves anota que "o processo como procedimento que se realiza em contraditório entre as partes para a formação do provimento jurisdicional, tem, no correto desenvolvimento das atividades preparatórias da sentença, a sua primeira finalidade (...). A finalidade do processo jurisdicional é, portanto, a preparação do provimento jurisdicional, mas a própria estrutura do processo, como procedimento desenvolvido em contraditório entre as partes, dá a dimensão dessa preparação: a participação das partes, seus destinatários, aqueles que terão os seus efeitos incidindo sobre a esfera de seus direitos (...). A primeira proteção que o ordenamento jurídico necessita oferecer aos jurisdicionados é a proteção do seu direito de, quando o destinatário dos efeitos da sentença, participar dos atos que o preparam, concorrendo para sua formação, em igualdade de oportunidades. O processo terá a finalidade de proteger os direitos substanciais, os direitos subjetivos lesados ou ameaçados, se a sua existência se confirmar, no *iter* que prepara a formação da sentença".(794)

Humberto Theodoro Júnior afirma que, na sua fase moderna ou científica, o processo "passou a ser visto como instrumento de pacificação social e de realização da vontade da lei e apenas secundariamente como remédio tutelar dos interesses particulares".(795)

Pontes de Miranda afirma que "a finalidade preponderante, hoje, do processo é realizar o Direito, o direito objetivo, e não só, menos ainda precipuamente, os direitos subjetivos".(796)

Cândido Rangel Dinamarco afirma que "a utilidade prática que se deseja do processo é a efetiva satisfação de pretensões apoiadas pelo direito"(797) e aduz que o exame do sistema processual pelo seu ângulo externo conduz à conclusão de que "o processo não é um modo de exercício de direitos pelo autor, mas um instrumento do Estado para o exercício de uma sua função, a jurisdição" e que "a defesa de direitos subjetivos não constitui o escopo do processo".(798)

---

(788) *Instituições de direito processual civil*, v. I, p. 18-19.
(789) *Trattato di diritto processuale civile*, v. II, p. 295.
(790) *Instituições do processo civil*, v. I, p. 22, 27-28.
(791) *Manual de direito processual civil*, p. 9, nota 3.
(792) *Direito processual civil brasileiro*, v. I, p. 6-7.
(793) Significación del proceso del trabajo en la teoría general del derecho procesal. In: *Estudios jurídicos*. Madrid: Civitas, 1996. p. 529-544. Sob este prisma, Jaime Guasp afirma que o processo do trabalho é "a instituição jurídica que se destina à satisfação de pretensões de caráter laboral" (*Op. cit.*, p. 537).
(794) *Técnica processual e teoria do processo*, p. 148-151.
(795) *Curso de direito processual civil*, v. I, p. 15.
(796) *Comentários ao Código de Processo Civil*, t. I, p. 77.
(797) *Fundamentos do processo civil moderno*, v. I, p. 356. Esse autor sustenta, para criticar a afirmação de que a finalidade do processo é a tutela de direitos subjetivos, que "há casos em que a jurisdição se exerce sem que haja sequer o pedido de tutela a algum direito (ação declaratória negativa)" e de exercício da jurisdição sem "tutelar direito algum (demanda improcedente)" (*Op. cit.*, p. 356).
(798) *Fundamentos do processo civil moderno*, v. I, p. 352-354.

Cândido Rangel Dinamarco também assevera que na secunda metade do século XIX é abandonada a "visão pandectista do processo" — processo como modo de exercício de direitos —, sendo atribuídas novas funções ao processo, destacando o ponto de vista de Chiovenda — a finalidade do processo é a atuação da vontade concreta da lei — e de Carnelutti — a finalidade do processo é a justa composição da lide -, e afirma que "a doutrina moderna repudia também essas propostas, que são estritamente jurídicas, e vai às realidades metajurídicas da Nação e do Estado em busca do verdadeiro escopo do processo: foi assim que se chegou à afirmação da pacificação com justiça como escopo social magno do processo, ao lado de outros escopos sociais, políticos e mesmo jurídicos".[799]

Ainda consoante Cândido Rangel Dinamarco, "tradicionalmente e até tempos bem recentes, acreditava-se que o sistema processual tivesse finalidade puramente jurídica, sendo ele, em resumo, um instrumento a serviço do direito material. Confrontavam-se a propósito duas conhecidíssimas posições metodológicas que fizeram escola na primeira metade deste século. Uma delas sustentava que a jurisdição tem o escopo de atuar a vontade concreta da lei, ou seja, ela seria exercida com o objetivo único de propiciar a realização prática dos direitos nos casos trazidos a juízo, não competindo ao juiz a criação de normas jurídico-substanciais (CHIOVENDA). A outra dessas doutrinas sustentava que a norma de regência de cada conflito só se considera perfeita e acabada por obra da sentença, sendo o direito material insuficiente para a composição da lide; consequentemente, o escopo do processo seria a justa composição da lide (CARNELUTTI)."[800]

Cândido Rangel Dinamarco aduz que "são introspectivas as colocações que consistem na visão do sistema processual em si mesmo, visão interna e panprocessualista, que no fundo pressupõe o processo como fim em si mesmo e não chega sequer a questionar a sua função perante a ordem jurídica substancial"[801], assevera que "o mal maior de todas estas ideias introspectivas reside no seu panprocessualismo, sendo posições inteiramente desligas de qualquer conotação instrumental. Elas se prestam à mais integral neutralidade ideológica do direito processual e desconsideram por completo a inserção do juiz na sociedade",[802] e conclui que a jurisdição possui escopo:

a) *social*: pacificação social, por meio da eliminação dos conflitos com justiça (pacificação social com justiça), e educação (conscientização dos membros da sociedade sobre os seus direitos, para o exercício de seus direitos e respeito aos direitos alheios);

b) *político*: preservar a autoridade do Estado (estabilidade das instituições políticas) e do ordenamento jurídico, realçar os valores da cidadania (criação e estímulo aos remédios destinados à participação dos cidadãos na vida e destino do Estado, sendo esta participação um dos esteios do Estado Democrático; exemplo de remédio com esta finalidade é a ação popular) e preservação da liberdade contra os desmandos do Estado;

c) *jurídico*: atuação da vontade concreta da ordem jurídica.[803]

---

(799) *Fundamentos do processo civil moderno*, v. I, 335.

(800) *Instituições de direito processual civil*, v. I, p. 129.

(801) *A instrumentalidade do processo*, p. 210.

(802) *A instrumentalidade do processo*, p. 212.

(803) *Instituições de direito processual civil*, v. I, p. 131-140. Esse doutrinador assinala que as vertentes segundo as quais o processo visa à justa composição da lide (CARNELUTTI) e à atuação da vontade concreta da lei (CHIOVENDA) "estão indissoluvelmente associadas à teoria unitária ou à dualista do ordenamento jurídico" e que "é absolutamente imprescindível ao processualista moderno a tomada de posição entre a visão do direito material como sistema suficiente em si mesmo para a criação de direitos e obrigações logo ao suceder de fatos relevantes (teoria dualista do ordenamento jurídico, ou *declarativa*) e a tese de que ele não tem toda essa aptidão, participando o processo do *iter* criativo (teoria unitária, ou *constitutiva*)", posto que a sua escolha irá definir a função que atribui ao processo perante direito material (*A instrumentalidade do processo*, p. 209 e 223). Cumpre esclarecer que, para a teoria *dualista do ordenamento jurídico ou declarativa*, são distintas as atividades do legislador e do juiz, visto que este apenas reconhece o direito nascido da incidência da norma abstrata e geral (estabelecida pelo legislador) sobre os fatos sociais nela descritos (o nascimento do direito precede o processo). Consoante a teoria *unitária do ordenamento jurídico ou constitutiva*, o direito nasce no processo, por meio da sentença (antes da sentença existem apenas interesses em conflito; o direito resulta da soma da atividade do legislador e do juiz, sendo constituído, portanto, de forma gradual; sob este prisma, a jurisdição possui eficácia produtiva do direito). É relevante observar que a lei não se confunde com o Direito. Assim, a afirmação de que a decisão judicial traduz a vontade concreta *da lei* deve ser entendida no sentido de que a decisão judicial traduz a vontade concreta *do Direito*.

Carlos Alberto Alvaro de Oliveira aduz que "a noção de fim entrelaça-se, necessariamente, com o valor ou valores a serem idealmente atingidos por meio do processo", aponta como valores mais importantes do processo "o valor justiça, valor da paz social, valor segurança e valor efetividade" e acrescenta que "o *valor justiça*, espelhando a finalidade jurídica do processo, encontra-se intimamente relacionado com a atuação concreta do direito material, entendido este, em sentido amplo, como todas as situações subjetivas de vantagem conferidas pela ordem jurídica aos sujeitos do direito (...). O *valor segurança* (...) reclama respeito ao direito objetivo, como um todo, matéria que concerne aos escopos políticos do processo. Considera-se aqui não o resultado do exercício da jurisdição em cada caso concreto, mas a soma de todos os casos submetidos ao poder jurisdicional de determinado Estado (...). O valor *paz social* insta a que se tente eliminar com presteza o conflito, mediante o emprego de meios reconhecidamente idôneos (...). O *valor efetividade* (...) ganha cada vez mais lugar de destaque nas preocupações da doutrina. Semelhante inclinação, nascida das reais necessidades da sociedade atual, além de se espraiar horizontalmente, alargando o objeto da tutela jurisdicional, colabora ao tempo para a criação de outros meios jurisdicionais, mais eficientes, eficazes e congruentes com o resguardo da pretensão aforada. Cuida-se de corrente sociocultural bem mais afinada para a realização efetiva dos direitos".[804]

Carlos Alberto Alvaro de Oliveira assevera que "a concepção do processo apenas ou no essencial como instituto de tutela jurídica de direitos subjetivos privados (...) tende a considerá-lo como um livre jogo de forças, uma luta privada entre duas partes, a que se concede ampla liberdade de disposição processual, com maior passividade do juiz, nos interesses individuais, estranhos ao Estado brigam por sua realização e em que a maior habilidade, cautela e esperteza torcem o resultado vitorioso, sem que a sociedade demonstre interesse especial pelo desenlace processual. Se, pelo contrário, são considerados também os escopos sociais e políticos do processo, privilegia-se o seu resultado social, e maior força deverá ser outorgada à atividade do órgão jurisdicional, não só para buscar a rápida solução do litígio, como também para que passe a combater os eventuais desvios provocados pelas partes. A natureza do processo apresenta-se, nesse contexto, não mais como uma luta das partes sob os olhos do tribunal, mas como '*uma comunidade de trabalho*' entre o tribunal e as partes, com o fito de possibilitar ao juiz a decisão justa e verdadeira, restabelecer a paz jurídica entre as partes e assim defender os interesses maiores da sociedade".[805]

As partes apresentam ao juiz, na ação e defesa, as suas pretensões (que são traduzidas pelos seus pedidos: confirmação do direito deduzido, por parte do autor da demanda; negativa da existência do direito deduzido, quanto ao réu) e é sobre elas que haverá manifestação do Poder Judiciário. É em razão do pedido de tutela jurisdicional e para a ele dar resposta que se põe em movimento a jurisdição. Sob este prisma, a finalidade jurídica do processo é a solução do conflito de interesses submetido ao Poder Judiciário (o processo é instaurado em razão deste conflito e para solucioná-lo: *processo como instrumento de solução de conflitos de interesses*).

O processo é instaurado em razão do conflito de interesses e para fazer valer aquele que, segundo a ordem jurídica, deve prevalecer. Assim, a realização prática do direito atribuído pela ordem jurídica, quando confirmada a sua existência pela decisão judicial, é também uma finalidade jurídica do processo (*processo como instrumento de efetividade do direito subjetivo e do direito material*).

O processo possibilita, ainda, a reafirmação da autoridade da ordem jurídica e, com isto, o restabelecimento das condições necessárias para a coexistência social (*processo como instrumento de segurança e pacificação social*), sendo relevante mencionar que as decisões reiteradas do Poder Judiciário servem de parâmetro paras as relações sociais, na medida em que os seus efeitos são também educativos (*efeitos educativos da jurisprudência*).

1.3. Tipos de processo.

A partir da natureza da tutela jurisdicional pretendida pelo autor da demanda, o processo é classificado em:

(804) *Do formalismo no processo civil*, p. 65-71.
(805) *Do formalismo no processo civil*, p. 71-72.

a) *processo de conhecimento*: processo instaurado em razão e para dar resposta a pedido de declaração da vontade concreta da ordem jurídica para o caso concreto. O que se pede e espera do Poder Judiciário, no processo de conhecimento, é a eliminação da incerteza quanto à existência do direito objeto de disputa e a consequente definição da situação jurídica das partes em conflito;

c) *processo de execução*: processo instaurado para a satisfação do direito reconhecido em título executivo judicial ou extrajudicial;[806]

c) *processo cautelar*: processo instaurado com a finalidade de adoção de medida que assegure a utilidade prática do processo, ameaçada pela demora na solução definitiva do conflito de interesses nele noticiado.[807]

Esta classificação é adotada pelo CPC de 1973, que dedica o Livro I ao processo de conhecimento, o Livro II, ao processo de execução e, o Livro III, ao processo cautelar, e está diretamente relacionada com os *tipos de tutela* que o Estado coloca à disposição das partes (tutela de cognição, tutela de execução e tutela cautelar), às quais correspondem o provimento de cognição (acertamento da situação jurídica das partes), executivo (satisfação do credor) e cautelar (adoção de medida que assegure a utilidade prática do processo), respectivamente.

Para Francesco Carnelutti, a distinção entre processo de conhecimento e processo de execução "fundamenta-se na diferença entre lide de pretensão discutida e lide de pretensão insatisfeita; para compor o primeiro tipo de lide basta que se saiba se o direito corresponde ou não à pretensão; para compor a lide do segundo tipo, é necessário, entretanto, que se elimine a lesão da pretensão, isto é, que se satisfaça o interesse correspondente".[808] O processo de conhecimento persegue a certeza sobre o direito objeto de controvérsia, enquanto o processo de execução tem como pressuposto esta certeza, que é atestada pelo título executivo, e visa conformar a realidade segundo esta certeza. O processo cautelar tem natureza instrumental (que deixou de existir com o CPC de 2015), na medida em que visa garantir a utilidade do processo de conhecimento e do processo de execução (a utilidade prática do processo é assegurada pelas *medidas cautelares*).

O processo de conhecimento pode ser meramente declaratório (aquele em que se busca apenas a declaração de existência ou inexistência de relação jurídica ou da autenticidade ou falsidade de documento[809]), condenatório (nele é perseguida uma sentença que imponha à parte contrária uma obrigação de dar, fazer ou não fazer[810]) e constitutivo (o que tende a um provimento jurisdicional que constitua, modifique ou extinga uma relação jurídica).[811] Daí se falar em *processo declaratório, condenatório* e *constitutivo*, respectivamente.

(806) Como ensina Humberto Theodoro Júnior, quando "há certeza prévia do direito do credor e a lide se resume na insatisfação do crédito, o processo limita-se a tomar conhecimento liminar da existência do título do credor, para, em seguida, utilizar a coação estatal sobre o patrimônio do devedor, e, independentemente da vontade deste, realizar a prestação a que tem direito o primeiro. Trata-se do processo de execução" (*Curso de direito processual civil*, v. I, 53).

(807) Esta denominação não sobrevive ao CPC de 2015, a partir do qual deixa de existir o processo cautelar como processo autônomo, embora ainda seja assegurada a tutela cautelar.

(808) *Instituciones del proceso civil*, v. I, p. 60.

(809) Nessa modalidade de processo, "a jurisdição se revolve na verificação dos dados de direito e de fato relevantes para uma relação jurídica, ou seja, dos preceitos e dos fatos dos quais depende sua existência ou inexistência; conforme o resultado dessa verificação, o juiz declara que a situação existe ou não existe (...). A declaração de certeza consiste, pois, na declaração imperativa de que ocorreu um fato ao qual a norma jurídica vincula um efeito jurídico" (CARNELUTTI, Francesco. *Instituciones del proceso civil*, v. I, p. 68).

(810) Processo condenatório, para Aldo Attardi, é o voltado a "uma pronúncia que reconheça a existência do direito subjetivo deduzido e atribua ao titular do direito o poder de proceder a execução forçada" (*Diritto processuale civile*, v. I, p. 97).

(811) A propósito ensina Luiz Fux que "o processo de conhecimento conduzente à sentença admite espécies, conforme o conteúdo da resposta judicial de procedência. Assim é que os processos de conhecimento podem ser 'declaratórios', 'condenatórios', 'constitutivos' ou 'mandamentais' (...). O juízo 'declaratório' é aquele donde provém uma sentença que declara a existência ou inexistência de uma relação jurídica, com a força do ato de autoridade (...). A sentença de procedência de natureza constitutiva, derivada de tutela da mesma qualidade, faz exsurgir no mundo do direito um estado jurídico novo, consistente na formação, na modificação ou na extinção de uma relação jurídica (...). A tutela condenatória, diferentemente da declaratória, não incide apenas sobre o preceito, senão sobre a sanção da norma. A referida espécie pertine ao fenômeno 'lide de pretensão resistida' que engloba não só os casos em que a contestação do direito exige a intervenção judicial para exarar a certeza jurídica necessária, como também as hipóteses de violação efetiva do direito subjetivo, quando então o restabelecimento do estado anterior, pela incidência da sanção, faz-se por obra do Estado-juiz (...). A sentença particulariza e especifica a sanção impu-

A visão unitária do processo, adotada no direito processual civil por força das alterações resultantes da Lei n. 11.232/2005, permite afirmar que o processo de conhecimento, naquele ramo do direito processual, tem por finalidade definir e atuar praticamente a norma concreta regente da relação jurídica litigiosa. A permissão para a execução do título no processo em que foi criado valoriza o denominado *processo civil de resultados*.

Registre-se o ponto de vista de Piero Calamandrei, no sentido de que a classificação da ação de acordo com a natureza da providência jurisdicional pretendida e do processo consoante o fim que as partes pretendem atingir "resolve-se na realidade em uma classificação dos vários tipos de procedimento, dos quais os vários tipos de ação ou de processo não são mais do que um acessório e uma permissão".[812]

1.4. Natureza jurídica.

Eduardo Couture assevera que "o estudo da natureza jurídica do processo civil consiste, antes de tudo, em determinar se este fenômeno faz parte de alguma das figuras conhecidas do direito ou se pelo contrário constitui por si só uma categoria especial".[813]

Várias são as teorias acerca da natureza jurídica do processo.

1.4.1. Processo como contrato.

O processo, segundo essa teoria, tem a natureza jurídica de contrato, posto que "as partes se submetem voluntariamente ao processo e aos seus resultados, através de verdadeiro negócio jurídico de direito privado (a litiscontestação)".[814]

Eduardo J. Couture afirma que esta concepção constitui resultado de duas inclinações do espírito do Século XVIII, quais sejam, "a primeira delas, consequência do neoclassicismo, consistia em relacionar os fenômenos modernos aos da antiguidade. A ideia do processo como contrato (...) era uma ideia rigorosamente romana. Como se sabe, o processo romano primitivo foi uma espécie de arbitragem privada (...). A outra propensão do Século XVIII foi a de examinar os fenômenos jurídicos e sociais debaixo do prisma dos contratos".[815]

Manuel Galdino da Paixão Júnior ensina que essa teoria parte da constatação de que o processo romano primitivo era uma espécie de arbitragem privada. "O autor, fazendo-se acompanhado do réu, comparecia perante o pretor e apresentavam a lide (...). Ficava, na oportunidade, escolhido pelas partes o Juiz, e elas se comprometiam a acatar o conteúdo da sentença futura (...). Perante o pretor, a causa ficava posta em juízo: *res in judicio deducta est*. Aí estava a *litiscontestatio*. O contrato pelo qual as partes se comprometiam a *accipere judicium*".[816]

De acordo com essa doutrina, "a relação que liga o autor e o demandado, que se segue chamando, ainda que nada tenha já de tal, *litis contestatio*, é de ordem contratual, e ambos se encontram vinculados com o mesmo laço que une os contratantes (...). A doutrina contratualista do processo deriva de certos conceitos tomados do direito romano (...). Tanto na primeira como na segunda etapa daquele, a *litis contestatio* supõe, de forma expressa ou implícita, um acordo de vontades".[817]

---

tável ao violador, com a característica maior de colocar o Estado à disposição do lesado para, em atividade complementar à cognição, tornar realidade 'o preceito sancionatório' (...). As ações mandamentais são as ações em que o comando judicial, à mercê de apresentar o conteúdo das demais, encerra uma ordem que é efetivada 'na mesma relação processual' de onde emergiu o mandamento" (*Curso de direito processual civil*, p. 42, 45-47).

(812) *Introdução ao estudo sistemático dos procedimentos cautelares*, p. 17.

(813) *Fundamentos del derecho procesal civil*, p. 124.

(814) CINTRA, Antônio Carlos de Araújo; GRINOVER, Ada Pellegrini; DINAMARCO, Cândido Rangel. *Teoria geral do processo*, p. 279.

(815) *Introdução ao estudo do processo civil*, p. 40.

(816) *Teoria geral do processo*, p. 138-139.

(817) COUTURE, Eduardo. *Fundamentos del derecho procesal civil*, p. 125-127.

1.4.2. Processo como quase-contrato.

De acordo com essa teoria, as únicas fontes das obrigações são o contrato, o delito e o quase-delito e, como o processo não é um contrato, um delito ou quase-delito, resta-lhe a condição de quase-contrato.

A propósito, ensina Eduardo Couture que, para os defensores desta doutrina, "é preciso ver na *litis contestatio,* ato bilateral em sua forma, o fato generalizador de uma obrigação bilateral em si mesma. Como ela não apresenta nem o caráter de um contrato, posto que o consentimento das partes não é inteiramente livre, nem o de um delito ou de quase-delito, posto que os litigantes não fazem mais do que usar de seu direito, longe de violar o de outros, os autores alemães, valendo-se do texto da lei 3, *ff. de pecúlio,* reconheceram o caráter de quase-contrato (...). A concepção do juízo como quase-contrato procede por eliminação, partindo da base de que o juízo não é contrato, nem delito, nem quase-delito. Analisadas as fontes das obrigações, se aceita, por eliminação, a menos imperfeita".[818]

1.4.3. Processo como relação jurídica.

Como assinala Manuel A. Domingues de Andrade, relação jurídica é a "relação da vida social disciplinada pelo Direito, mediante a atribuição a uma pessoa (em sentido jurídico) de um direito subjetivo e a correspondente imposição a outra pessoa de um dever ou de uma sujeição".[819]

É acrescentado por Manuel A. Domingues de Andrade que direito subjetivo é a "faculdade ou o poder atribuído a uma pessoa de exigir ou pretender de outra um determinado comportamento positivo (fazer) ou negativo (não fazer), ou de por um ato da sua vontade — com ou sem formalidades —, só de per si ou integrado depois por um ato de autoridade pública (decisão judicial) produzir determinados efeitos jurídicos que se impõem inevitavelmente a outra pessoa (adversário ou contraparte) (...). A situação da pessoa contra quem se dirige o poder jurídico do titular do direito subjetivo constitui o dever jurídico, no primeiro caso (quando se trate do poder de exigir ou pretender), e tem o nome de sujeição, no outro caso (quando se trate do poder de produzir um efeito jurídico)".[820]

Adepto da teoria do processo como relação jurídica, afirma Giuseppe Chiovenda que "o processo (...) é uma relação jurídica. Antes que se possa julgar um pedido de atuação da lei, há que examiná-lo; isso produz um estado de pendência, no qual se ignora se o pedido é fundado ou não, mas se envida o necessário para sabê-lo. Durante esse estado de pendência, portanto, as partes (autor e réu) devem ser colocadas em situação de fazer valer suas possíveis razões: competem-lhes deveres e direitos. Daí a ideia singelíssima, e não obstante, fundamental (...): o processo civil contém uma relação jurídica."[821]

De acordo com Humberto Theodoro Júnior, "a concepção que permitiu a elaboração científica do direito processual moderno foi, inquestionavelmente, a do processo como relação jurídica de direito público, distinta da relação de direito material, que constitui o seu objeto, e que continua sendo a que, para fins didáticos, melhor serve à compreensão do processo como instrumento de atuação do Estado na composição dos litígios".[822]

A propósito registra Eduardo Couture que "a doutrina dominante concebe o processo como uma relação jurídica. O processo é relação jurídica, se diz, enquanto vários sujeitos, investidos de poderes determinados pela lei, atuam em vista da obtenção de um fim. Os sujeitos são o autor, o demandado e o juiz; seus poderes são as faculdades que a lei confere para a realização do processo; sua esfera de atuação é a jurisdição; o fim é a solução do conflito de interesses".[823]

Criticando a teoria da relação jurídica, aduz Aroldo Plínio Gonçalves que "não há como admitir que, no processo, uma das partes possa exigir de outra o cumprimento de qualquer conduta, por um vínculo

(818) *Fundamentos del derecho procesal civil,* p. 130-131.
(819) *Teoria geral da relação jurídica,* v. I, p. 2.
(820) *Teoria geral da relação jurídica,* v. I, p. 3.
(821) *Instituições de direito civil,* v. I, p. 77-78.
(822) *Curso de direito processual civil,* v. I, p. 51.
(823) *Fundamentos del derecho procesal civil,* p. 132.

entre sujeito ativo e sujeito passivo (...). No exercício de faculdades ou poderes, nos atos processuais, a parte sequer se dirige à outra, mas sim ao juiz, que conduz o processo. E, do juiz, as partes não exigem conduta ou atos (...). Não há relação jurídica entre o juiz e a parte, ou ambas as partes, porque ele não pode exigir delas qualquer conduta, ou a prática de qualquer ato, podendo, qualquer das partes, resolver suas faculdades, poderes e deveres em ônus, ao suportar as consequências desfavoráveis que possam advir de sua opinião".[(824)]

Note-se, porém, que, considerando o processo sob a ótica das partes, não pode ser negado que elas podem exigir do juiz determinada conduta, como, por exemplo, o respeito ao contraditório e à ampla defesa (ao direito ao contraditório e à ampla defesa corresponde o dever de respeitá-los e fazer respeitar), o que permite falar em existência de uma relação jurídica, embora sem desconhecer que a parte tem liberdade para exercer, ou não, um direito ou faculdade, e de se desincumbir de determinado ônus, o que não as isenta, no entanto, da obrigatoriedade de acatamento das decisões judiciais transitadas em julgado, por exemplo. É evidente que não se trata de sujeição das partes ao juiz, mas a de sujeição de ambos (partes e juiz) ao devido processo legal e à decisão final sobre o conflito de interesses (a coisa julgada se impõe às partes e ao juiz, visto que este não pode decidir o que já foi decidido — art. 836 da CLT).

Ademais, como observa Eduardo Couture, "quando em linguagem do direito, se fala em relação jurídica, não se tende senão a assinalar o vínculo ou liame que une entre si os sujeitos do processo e seus poderes e deveres a respeito dos diversos atos processuais. A relação jurídica processual é um aspecto do direito como relação. É particular condição que assume o direito na zona restrita do processo. Se fala, então, de relação jurídica processual em sentido apontado de ordenação da conduta dos sujeitos do processo em suas conexões recíprocas, ao acúmulo de poderes e faculdades em que se acham uns a respeito dos outros".[(825)]

1.4.4. Processo como situação jurídica.

James Goldschmidt considera o processo uma situação jurídica. Para ele, os vínculos jurídicos que nascem entre as partes do processo "não são propriamente 'relações jurídicas' (consideração 'estática' do Direito), isto é, não são faculdades nem deveres no sentido de poderes sobre imperativos ou mandamentos, senão 'situações jurídicas' (consideração dinâmica do Direito), quer dizer, situações de expectativas, esperanças da conduta judicial que há de produzir-se e, em última análise, da decisão judicial futura; numa palavra: expectativas, possibilidades e ônus. Somente aquelas são direitos em sentido processual — o mesmo direito à tutela jurídica (ação processual) não é, deste ponto de vista, mais do que uma expectativa juridicamente fundada —, e os últimos — os ônus —, 'imperativos do próprio interesse', ocupam no processo o lugar das obrigações".[(826)]

Sob a ótica dessa teoria, "não existem deveres entre os sujeitos do processo. Há encargos das partes e deveres funcionais do Juiz, donde a ausência de relação. As normas indicadas como padrão para a análise do Juiz, para os indivíduos, 'coloca-os em situação de expectativa de uma sentença favorável ou perspectiva de uma sentença desfavorável'".[(827)]

Para esta doutrina, segundo Eduardo Couture, o processo não é uma relação, mas uma situação, "isto é, o estado de uma parte do ponto de vista da sentença judicial".[(828)]

À luz desta doutrina, ainda consoante Eduardo Couture, "o juiz sentencia não porque isto constitua um direito das partes, sim porque é para ele um dever funcional de caráter administrativo e político; as partes não estão ligadas entre si, sim que existem apenas estados de sujeição delas à ordem jurídica em seu conjunto de possibilidades, de expectativas e de ônus. E isto não configura uma relação, mas uma situação, ou seja, como já foi dito, ao estado de uma pessoa frente à sentença judicial".[(829)]

(824) *Técnica processual e teoria do processo*, p. 83-84.
(825) *Fundamentos del derecho procesal civil*, p. 133-134.
(826) *Derecho procesal civil*, p. 8.
(827) PAIXÃO JÚNIOR, Manuel Galdino da. *Teoria geral do processo*, p. 143.
(828) *Fundamentos del derecho procesal civil*, p. 136.
(829) *Fundamentos del derecho procesal civil*, p. 137-138.

Para Aroldo Plínio Gonçalves, "a teoria das situações jurídicas se estruturou não como vínculo jurídico entre dois sujeitos, com o poder de exigibilidade de um sobre a conduta do outro. A situação jurídica forma-se por fato jurídico ou ato jurídico, produzido segundo a lei que governa a sua constituição. E, uma vez constituída, é ela o complexo de direitos e deveres de uma pessoa, direitos e deveres que não se confinam mais no plano abstrato e genérico da norma, mas que se realiza na situação de um determinado sujeito (...). A teoria das situações jurídicas nasceu para superar a doutrina da relação jurídica e para fornecer um critério 'mais objetivo' para se falar em direitos, não em 'direitos objetivos', no direito como norma, mas em direitos constituídos para determinado sujeito, que assume sua titularidade (...). A teoria das situações jurídicas não pretendeu eliminar a noção do direito que decorre da norma para um determinado titular. Pretendeu, sim, assentá-lo em outras bases, defini-lo em outros termos, porque a reflexão jurídica demonstrou que o direito qualificado de subjetivo, ou com qualquer terminologia alternativa, poderia ser visto como uma faculdade ou como poder de agir, mas não poderia ser concebido como um 'poder sobre a conduta alheia'".[830]

Acrescenta Aroldo Plínio Gonçalves que "o despertar da doutrina para a fragilidade do conceito de relação jurídica, como vínculo entre sujeitos, vínculo de exigibilidade, não teve como consequência necessária (...) a destruição da concepção de direitos decorrentes da norma, mas a modificação de seus fundamentos e a sua visualização sob novo prisma. O direito que decorre da norma passou a ser visto não mais como um poder sobre outrem, mas uma posição de vantagem de um sujeito 'em relação a um bem', posição que não se funda em relação de vontades dominantes e vontades subjugadas, mas na existência de uma situação jurídica, em que se pode considerar a posição subjetiva, a posição do sujeito em relação à norma que a disciplina".[831]

De acordo com Aroldo Plínio Gonçalves, "a teoria da situação jurídica evoluiu de sua consideração como complexo de normas para uma situação constituída por fatos e atos que a lei reconhece como idôneos para sua formação. O 'direito subjetivo', ou qualquer outra denominação que se dê ao direito que decorre da norma, direito renovado em seus fundamentos sob a concepção de uma posição jurídica de vantagem do sujeito em relação a um bem, surge não do nada, evidentemente, mas quando é produzido um fato jurídico (genericamente considerado) que cria as condições para seu surgimento (...). Se se quiser manter a clássica terminologia dos direitos 'subjetivos', sob o novo fundamento, são eles posições jurídicas do sujeito, de vantagem em relação a um bem. Essas posições jurídicas não se formam do nada, mas são posições derivadas da situação jurídica, que também não se formam do nada, mas do ato (ou fato) a que a lei confere força para tanto. São, portanto, posições apreendidas quando se confronta o ato do sujeito com a qualificação que a norma lhe confere, como poder ou faculdade (...). Quando se fala em dever e na posição subjetiva a

(830) *Técnica processual e teoria do processo*, p. 74-76.

(831) *Técnica processual e teoria do processo*, p. 79. Sobre a teoria da situação jurídica, vale anotar a lição de Giuseppe Lumia, no sentido de que "a situação jurídica é a posição que todo sujeito ocupa no contexto da relação jurídica (...). Isto permite distinguir situações jurídicas em dois tipos fundamentais: as que impõem obrigações e as que atribuem poderes. As primeiras chamam-se situações jurídicas passivas; as segundas, situações jurídicas ativas. Dado que ao poder de um corresponde o dever do outro, a relação jurídica surge como a correlação de duas situações jurídicas de sentidos opostos e de igual conteúdo" (*Elementos de teoria e ideologia do direito*, p. 104-105). Para esse doutrinador, quando uma norma de comportamento impõe uma obrigação a um sujeito em relação ao outro, este assume a condição de titular de pretensão (o que significa que "pode pretender legitimamente do primeiro o adimplemento da sua obrigação"), de forma que "à pretensão de um sujeito (situação jurídica ativa) corresponde uma obrigação do outro sujeito (situação jurídica passiva)', ao passo que, "se o sujeito A não pode pretender do sujeito B um determinado comportamento, significa que B tem a faculdade, segundo a sua vontade, de ter ou não aquele comportamento. *À ausência de pretensão do sujeito A corresponde uma ausência de obrigação, ou seja, uma faculdade do sujeito B*", sendo por ele acrescentado, tendo em conta agora, não as situações que resultam das normas de comportamento, mas daquelas que decorrem de normas de competência (normas que tratam da criação de normas ou aplicação de sanções), "se a vontade de um sujeito é vinculante para outro sujeito, isto é, se o primeiro, com uma manifestação de vontade sua pode, por assim dizer 'ditar a lei', ou seja, criar, modificar, transferir ou extinguir relações jurídicas que se remetem ao segundo, diz-se que o segundo está sujeito a um poder do primeiro. O poder e a sujeição também têm entre si uma relação de correlação, no sentido de que ao poder de um sujeito (situação jurídica ativa) corresponde a sujeição do outro (situação jurídica passiva), mas "mediante a operação lógica de negação desse terceiro para, obter-se um quarto (...). Se o sujeito A não tem qualquer poder sobre o sujeito B no que diz respeito a uma determinada relação, quer dizer que B é imune ao dever de suportar a vontade de A. À ausência de poder do sujeito A corresponde uma imunidade do sujeito B". (*Elementos de teoria geral e ideologia do direito*, p. 104-107). Pretensão e obrigação, faculdade e ausência de pretensão, poder e sujeição, imunidade e ausência de poder constituem, portanto, situações jurídicas elementares decorrentes das relações jurídicas.

ele concernente, não se está referindo a uma conduta subjugada a outrem, mas a uma conduta que deve ser observada, porque qualificada, pelos cânones normativos, como devida (...). O direito que decorre da situação jurídica é sempre uma faculdade ou um poder. O dever que dela decorre não traz grandes problemas de classificação, pois todo dever significa observância de uma conduta estabelecida pela norma, segundo a valoração dos atos pelo ordenamento jurídico".[832]

1.4.5. Processo como instituição. Teoria institucionalista.

Para Néstor de Buen a concepção institucional do processo "se funda, em substância, na consideração de que os direitos e deveres processuais geram não uma só relação jurídica, mas uma multiplicidade delas, que 'deve reduzir-se a uma unidade superior, que não se obtém com a mera fórmula da relação jurídica complexa (...). Tal unidade (...) lhe proporciona satisfatoriamente a figura da instituição (...). 'Instituição — nos diz Guasp — é um conjunto de atividades relacionadas entre si por vínculo de uma ideia comum e objetiva a que aderem, seja ou não essa sua finalidade individual, as diversas vontades particulares dos sujeitos de quem procede àquela atividade'. Supõe dois elementos fundamentais: a ideia objetiva ou comum e as vontades particulares que a ela aderem".[833]

Conclui Néstor de Buen que "o processo é, em consequência, uma verdadeira instituição. A ideia comum e objetiva que a preside é a satisfação de uma pretensão. A ela aderem as vontades de quem participa do processo, ainda quando cada um o faça com interesse distinto".[834]

1.4.6. Processo como fato jurídico.

Para Manuel Galdino da Paixão Júnior, "ajuizado o processo, e porque o foi, começam a nascer relações jurídicas: ônus, deveres funcionais, obrigações e direitos. Esta eficácia geradora é própria dele. A ocorrência de um ato ou fato provoca a oportunidade para o aparecimento de outro. Percebe-se, no entanto, que a força geradora não é o processo, provém dele (...). Com o início do processo, nasce uma realidade nova que a soldadura dos atos e fatos, que foram privados da identidade anterior para se fazerem engrenagens, unidas pelos 'laços' chamados relações, formaram as relações jurídicas. Elas existem nos processos, têm por função unir as pessoas entre si ou as coisas a pessoas (...). Os laços que unem as peças são algo diferente delas, em si mesmo consideradas".[835]

Manuel Galdino da Paixão Júnior aduz que "o processo é o ajuntamento de tudo, dos atos e das relações que os une e que se produzem no seio dele, fatos que ocorrem dentro dele ou fora com repercussões internas, as situações em que se envolvem os sujeitos; é toda essa massa manipulada e conservada viva durante a litispendência".[836]

(832) *Técnica processual e teoria do processo*, p. 79-80. Consoante Aroldo Plínio Gonçalves, "Faculdades e poderes não significam faculdades e poderes de um titular de direitos sobre atos de outras pessoas, mas são prerrogativas que derivam da norma (...). Uma faculdade é a posição de vantagem do sujeito em relação a um bem e realiza-se pelo simples ato (conduta) sem necessidade de prévias declarações de vontade, sendo que esta constitui a consciente determinação para o ato. Na faculdade, essa determinação não necessita ser explicitada, manifesta-se naturalmente na conduta. Um poder que decorre da norma é a posição de vantagem do sujeito em relação a um bem, que se realiza pela declaração de vontade do agente, ou seja, quando é condição do ato a manifestação, a exteriorização da consciente determinação que o produziu (...). A norma jurídica, do ponto de vista de sua estrutura lógica, é contemplada não apenas como 'cânone de valoração de uma conduta', isto é, como regra vinculante e exclusiva que expressa os valores da sociedade, mas também em relação à conduta por ela descrita, a que se liga a valoração normativa. Sendo o ato sinônimo de conduta (que tem no comportamento o seu conteúdo), dessa valoração resulta a qualificação do ato como lícito (o uso do próprio bem), ou como devido à posição do sujeito em relação à norma permite falar em posição subjetiva, ou posição jurídica subjetiva, e qualificar a conduta como faculdade ou poder, se é valorada como lícita, e como dever, se é valorada como devida. Da posição do sujeito em relação ao objeto do comportamento descrito na norma, Fazzalari extrai o conceito de direito subjetivo, não como um poder sobre a conduta alheia, ou de direito à prestação decorrente da relação jurídica, mas como uma posição de vantagem do sujeito assegurada pela norma, posição que se apreende pelo 'objeto do comportamento' descrito na norma relacionado ao sujeito" (*Op. cit.*, p. 81, 90-91).

(833) *Derecho procesal del trabajo*, p. 24.

(834) *Derecho procesal del trabajo*, p. 24-25.

(835) *Teoria geral do processo*, p. 146-147.

(836) *Teoria geral do processo*, p. 147.

Conclui Manuel Galdino da Paixão Júnior que "o processo tem a natureza de um fato jurídico (...). O processo são atos e fatos que se sucedem, devidamente marcados em dispositivo especial de lei, todos ligados pela identidade do objeto (...). O processo é como a audiência: um fato jurídico complexo (...). É fato jurídico (ocorrências disciplinadas por normas jurídicas), público (por meio dele o Estado instrumentaliza a jurisdição), complexo (composto de inúmeros acontecimentos e fatos de direito material), autônomo (independente das relações e fatos de direito material) e, finalmente, unitário (os atos e fatos que o compõem prendem-se pelo escopo comum que almejam) (...). Assim é o processo: produz fatos e relações, e ele próprio é um fato complexo, que envolve vários".(837)

1.4.7. Cândido Rangel Dinamarco aduz que:

> "A teoria do processo como relação jurídica (...) jamais explicou como poderia o processo ser *só uma relação processual*, sem incluir em si mesmo um *procedimento*" mas "teve o mérito de suplantar a arcaica visão do processo como pura sequência de atos — ou seja, como mero procedimento, sem cogitações de um específico vínculo direto entre seus sujeitos — mas por sua vez acabou suplantada pela percepção de que *procedimento e relação processual coexistem no conceito e na realidade do processo*, sem que este pudesse ser o que é se lhe faltasse um desses dois elementos".

São rejeitadas na doutrina moderna todas as muitas teorias que ao longo da história das instituições processuais procuraram explicar a natureza jurídica e a conceituação do processo. Mesmo a do processo como *situação jurídica*, muito respeitada em razão da autoridade e mérito de quem a formulou (James Goldschmidt), acabou por mostrar-se destoante da realidade. Houve também as teorias do processo como *instituição*, como *entidade complexa* ou como *quase-contrato*. No Brasil, foi muito louvada, mas não teve seguidores de renome a *teoria ontológica do processo*, de João Mendes Júnior. De todos os modos pelos quais se encarou o processo, a teoria que se encontra sepultada em caráter mais categórico e definitivo é a do processo como contrato — herança de tempos muito antigos e absolutamente incompatível com as balizas do Estado moderno e do seu poder inevitável, cuja atuação independe do concurso da vontade das pessoas ou grupos sujeitos a ele. A *relação jurídica processual*, sem os aportes modernos responsáveis por sua conciliação com o procedimento, também seria incapaz de dar resposta convincente à questão da natureza jurídica do processo.(838)

Para esse doutrinador, "como método de trabalho, processo tem o desenho de uma *série de atos interligados e coordenados ao objetivo de produzir a tutela jurisdicional justa, a serem realizados no exercício de poderes ou deveres ou em cumprimento a deveres ou ônus*. Os atos interligados, em seu conjunto, são o *procedimento*. O conjunto de situações jurídicas ativas e passivas que autorizam ou exigem a realização de atos é a *relação jurídica* (poderes, faculdades, deveres e ônus). E o processo, no modelo traçado pela Constituição e pela lei, é uma *entidade complexa*, integrada por esses dois elementos associados — *procedimento e relação jurídica processual*. Cada ato do procedimento pode ser realizado porque o sujeito que quer realizá-lo tem a faculdade ou o poder de fazê-lo; ou deve ser realizado porque ele tem um dever ou um ônus. O conceito de processo, segundo os modelos impostos por superiores razões políticas, não se exaure no procedimento nem coincide com o de relação processual. Processo é, ao mesmo tempo, uma relação entre atos e uma relação entre sujeitos (LIEBMAN)".(839)

1.5. O processo e sua divisão.

Para José Frederico Marques, "como o processo é instrumento de que se serve, para seu exercício, a função jurisdicional, relativamente a cada uma das jurisdições há o respectivo processo com igual nome.

(837) *Teoria geral do processo*, p. 147-151.

(838) *Instituições de direito processual civil*, v. II, p. 27-28.

(839) *Instituições de direito processual civil*, v. II, p. 25-26. Cândido Rangel Dinamarco esclarece que "São *situações processuais ativas* as que permitem realizar atos processuais segundo a deliberação ou interesse do titular, ou exigir de outro sujeito processual a prática de algum ato. Dizem-se *passivas* as situações jurídicas que impelem o sujeito a um ato (deveres e ônus) ou lhes impõem a aceitação de um ato alheio. As situações ativas do Estado-juiz remontam à *autoridade* que ele exerce sobre as partes. A síntese das situações passivas destas é representada pela *sujeição* à autoridade do juiz" (*Op. cit.*, p. 26).

Daí resulta haver as seguintes espécies de processo: a) processo militar; b) processo eleitoral; c) processo do trabalho; d) processo político; e) processo administrativo; f) processo penal; e g) processo civil".[(840)]

1.6. Relação jurídica processual. Sujeitos, objeto e características da relação jurídica processual.

Humberto Theodoro Júnior ensina que "relação jurídica é o vínculo estabelecido entre pessoas, provocado por um fato que produz mudança de situação, regido por norma jurídica. O processo é uma relação jurídica, pois apresenta tanto o seu elemento material (o vínculo entre as partes e o juiz) como o formal (regulamentação pela norma jurídica), produzindo uma nova situação para os que nele se envolvem (...). Para saber se o pedido do autor é fundado ou não, o juiz se baseia nas alegações e nos elementos de convicção que as partes lhe fornecem no curso do processo. Há, pois, com relação ao desenvolvimento e solução do processo, deveres e direitos, tanto da parte dos litigantes como do juiz, enquanto a causa está pendente em juízo. Daí a conclusão de que o processo, como causa geradora desses ônus, faculdades, direitos e deveres entre seus participantes, sob regulamentação e imposição legal, é, sem dúvida, uma relação jurídica".[(841)]

A pendência do processo dá lugar a uma relação jurídica (*relação jurídica processual*) da qual decorrem direitos, poderes e faculdades (*situações processuais ativas*), assim como deveres e ônus (*situações processuais passivas*).

Sujeitos do processo ou da relação jurídica processual são as partes e o juiz (*judicium es actum trium personarum: judicis, actoris et rei*).

Os sujeitos do processo nem sempre são os sujeitos da relação jurídica litigiosa, como ocorre na substituição processual, na qual o substituto (sujeito do processo) age em juízo em nome próprio, mas perseguindo a tutela de direito alheio (direito do sujeito da relação jurídica litigiosa).

A relação jurídica processual tem como objeto, segundo Antônio Carlos de Araújo Cintra, Ada Pellegrini Grinover e Cândido Rangel Dinamarco, o "serviço jurisdicional que o Estado tem o dever de prestar, consumando-se mediante o provimento final em cada processo".[(842)]

Acrescentam Antônio Carlos de Araújo Cintra, Ada Pellegrini Grinover e Cândido Rangel Dinamarco que a relação jurídica processual tem como características a complexidade ("a relação jurídica processual, como já se viu, apresenta-se como a soma de uma série de relações jurídicas ativas e passivas, derivando daí o seu caráter complexo"), a progressividade (no processo "ocorrem atos e fatos jurídicos que conduzem de uma posição jurídica a outra, ao longo de todo o arco do procedimento"), a unidade ("todos os atos do processo e todas essas posições jurídicas são coordenadas a um objetivo comum, que é a emissão de um ato estatal imperativo (o provimento jurisdicional")), o caráter tríplice (por ter três sujeitos), a natureza pública ("a relação processual é de direito público, ainda que seja privada a relação substancial controvertida") e a autonomia ("a relação jurídica processual independe, para ter validade, da existência da relação de direito substancial controvertida").[(843)]

1.7. Pressupostos processuais.

1.7.1. Os pressupostos processuais estão relacionados com a distinção entre relação jurídica de direito material e relação jurídica processual e dizem respeito a essa última.

Trata-se de pressupostos para a constituição válida e o regular desenvolvimento da relação jurídica processual.

1.7.2. Os pressupostos processuais dizem respeito à constituição da relação jurídica processual (*pressupostos de existência*) e ao seu desenvolvimento (*pressupostos de desenvolvimento*).

(840) *Manual de direito processual civil*, v. I, p. 3.
(841) *Curso de direito processual civil*, v. I, p. 338.
(842) *Teoria geral do processo*, p. 312.
(843) *Teoria geral do processo*, p. 314-315.

Pressupostos processuais de existência da relação jurídica processual são: a) existência de uma demanda; b) investidura jurisdicional ou jurisdição (o processo deve ser dirigido por um órgão do Poder Judiciário); c) citação/notificação do demandado; d) capacidade postulatória (a parte deve postular em juízo por meio de advogado, salvo quando a ela é atribuída capacidade postulatória).

Constituem pressupostos processuais de desenvolvimento: a) regularidade da petição inicial; b) competência do juízo e imparcialidade do juiz; c) capacidade das partes (capacidade de estar em juízo ou *legitimatio ad processum*(844)); d) ausência de perempção; e) não ocorrência de litispendência; f) inexistência de coisa julgada; g) ausência de convenção de arbitragem; h) falta de caução ou de outra prestação que a lei exige como preliminar.(845)

Vale mencionar que, para Cândido Rangel Dinamarco, com exceção da propositura da demanda e da investidura jurisdicional do órgão a quem ela é endereçada (que, para ele, seriam os pressupostos de existência do processo), os demais pressupostos processuais "não são uma condição de existência do processo, mas de sua viabilidade como meio preparatório da tutela jurisdicional. Eles se inserem entre os requisitos de admissibilidade do provimento jurisdicional postulado, cuja falta impede que tal provimento seja emitido".(846)

Os pressupostos processuais são *subjetivos* e *objetivos*.

Os pressupostos processuais *subjetivos* relacionam-se com o juiz (investidura e imparcialidade) e as partes (capacidade de ser parte, capacidade de estar em juízo e capacidade postulatória), ao passo que são *objetivos* os demais pressupostos acima referidos.

1.7.3. O juiz apreciará de ofício o atendimento dos pressupostos processuais, em qualquer tempo e grau de jurisdição, *enquanto não proferida a sentença de mérito* (art. 267, § 3º, do CPC de 1973) ou *enquanto não ocorrer o trânsito em julgado* (art. 485, § 3º, do CPC de 2015).(847) Pode o Tribunal a quem couber reexaminar a causa, no julgamento de recurso, verificar, de ofício, o atendimento dos pressupostos processuais.

17.4. Os pressupostos processuais dizem respeito ao processo ou à relação jurídica processual, enquanto as condições de ação estão relacionadas, no CPC de 1973, com o próprio direito material deduzido em juízo (o CPC de 2015 já não alude às condições de ação).

Cumpre observar, contudo, que:

a) os pressupostos processuais constituem, ao lado das condições de ação (ou, no CPC de 2015, o exame da legitimidade e do interesse processual), *técnica de depuração do processo*, que deve ser vista em sintonia com a finalidade do processo, que é a solução do litígio e a realização concreta do direito assegurado pela ordem jurídica. Assim, embora o não atendimento dos pressupostos processuais conduza, do ponto de vista estritamente legal, à extinção do processo sem provimento de mérito, verificando vício na constituição ou no desenvolvimento da relação jurídica processual, o juiz deve adotar as medidas necessárias ao seu afastamento, permitindo, com isso, que o processo alcance a sua finalidade (daí prever o art. 139, IV, do CPC de 2015 que ao juiz incumbe determinar o suprimento de pressupostos processuais).

b) os pressupostos processuais e as condições de ação (no CPC de 1973) e a legitimidade e o interesse processual (no CPC de 2015) constituem *pressupostos de admissibilidade do julgamento do mérito da demanda* e como tais devem ser considerados. Com isso, a *teoria do trinômio* (haverá no processo juízo sobre pressupostos processuais, condições de ação e mérito) deve ser substituída pela teoria

(844) A *legitimatio ad processum* não se confunde com a *legitimatio ad causam*. A primeira, diz respeito à capacidade de estar em juízo e, a segunda, à legitimação para determinada demanda.

(845) A litispendência, coisa julgada, convenção de arbitragem e falta de caução ou de outra prestação que a lei exige como preliminar são *pressupostos processuais negativos*.

(846) *Instituições de direito processual civil*, v. II, p. 55 e 59.

(847) A validade da constituição e a regularidade do desenvolvimento da relação jurídica processual é uma exigência de ordem pública, o que autoriza o juiz a verificar de ofício o atendimento dos pressupostos processuais.

do binômio (no processo ocorrerá juízo sobre a admissibilidade do julgamento do mérito e sobre o mérito), com a redução dos pressupostos processuais e das condições de ação a uma categoria única (*pressupostos de admissibilidade do julgamento do mérito da demanda*).

Note-se, inclusive, que esta redução já ocorre em relação aos pressupostos de admissibilidade do recurso, vez que estes pressupostos (categoria única) incluem tanto a legitimidade e o interesse processual, como a regularidade formal do recurso e o seu preparo, por exemplo, isto é, situações que dizem respeito às condições de ação (recursal) e aos pressupostos a serem atendidos para o exame do mérito do recurso. No CPC de 2015, tendo deixado de existir, como categoria autônoma, as condições de ação, cai por terra a teoria do trinômio, embora tal fato não dispense o juiz de, antes de examinar o mérito, examinar a presença de legitimidade e interesse processual.

1.8. Formação e desenvolvimento do processo. Efeitos da propositura da demanda.

1.8.1. O processo começa por iniciativa da parte (*princípio da demanda, da iniciativa da parte ou da inércia da jurisdição*) e se desenvolve por impulso oficial (*princípio do impulso oficial*), salvo as exceções previstas em lei, a teor dos arts. 765 da CLT, 4º da Lei n. 5.584/70, 262 do CPC de 1973 e 2º do CPC de 2015.

Note-se que o art. 262 do CPC de 1973 faz referência ao *processo civil*, enquanto o CPC de 2015, no art. 2º, alude ao *processo*, o que se justifica pelo fato de este Código ter criado uma Parte Geral aplicável tanto ao processo civil quanto aos processos judiciais eleitorais e trabalhistas (art. 15 do CPC de 2015).

A jurisdição é uma atividade estatal provocada, razão pela qual o processo só começa por iniciativa da parte. A iniciativa da parte consiste na propositura da demanda, no exercício do direito de ação. O exercício do direito de ação, por meio da propositura da demanda, coloca a jurisdição em movimento e este movimento constitui uma responsabilidade do juiz.(848)

A demanda considera-se proposta (a) assim que é apresentada na Secretaria da Vara do Trabalho ou do juízo Cível competente, nas localidades em que houver apenas uma Vara do Trabalho ou apenas um Juiz de Direito competente, ou (b) quando for distribuída, nas localidades em que houver mais de uma Vara do Trabalho ou mais de um Juiz de Direito competente (arts. 837 e 838 da CLT, art. 263 do CPC de 1973 e art. 312 do CPC de 2015). Este é o *momento da propositura da demanda*.(849)

1.8.2. Formado o processo, é intuitiva a necessidade de serem evitadas modificações posteriores, ou, dito de outra forma, que a demanda se estabilize.

A teor do art. 264 do CPC de 1973, "feita a citação, é defeso ao autor modificar o pedido ou a causa de pedir sem o consentimento do réu, mantendo-se as mesmas partes, salvo as substituições permitidas em lei". Segundo o art. 294 do CPC de 1973, antes da citação, o demandante poderá aditar o pedido, ou seja, acrescentar pedidos à demanda proposta.

O CPC de 2015 faz referência ao aditamento do pedido e à alteração do pedido e da causa de pedir (art. 329), dispondo que eles podem ocorrer:

a) até a citação, *independentemente de consentimento do réu*;

b) até o saneamento do processo, *com o consentimento do réu*, assegurado o contraditório e a produção de prova suplementar.(850)

---

(848) Às partes compete o *impulso inicial* — propositura da demanda — e, ao juiz, o *impulso sucessivo ou subsequente* (proposta a demanda, o juiz tem o dever de impulsionar o processo em razão dela constituído— art. 765 da CLT).

(849) No processo do trabalho, a citação/notificação do demandado é realizada pelo diretor de secretaria, assim que a petição inicial é recebida, independentemente de despacho do juiz (art. 841 da CLT), razão pela qual a demanda considera-se proposta no momento da sua apresentação em juízo.

(850) O CPC de 1973 veda, expressamente, o aditamento, a alteração do pedido e da causa de pedir após o saneamento do processo (art. 264, parágrafo único). O CPC de 2015 não contém vedação expressa neste sentido, limitando-se a estabelecer que o autor poderá, até o saneamento, aditar ou alterar o pedido e a causa de pedir, com o consentimento do réu (art. 329, II), o que

O CPC de 1973 e o CPC de 2015 tratam, nos citados comandos legais, da estabilização da demanda nos seus aspectos objetivos (que dizem respeito ao pedido — bem jurídico pretendido — e à causa de pedir — fatos em que se sustenta o pedido) e subjetivos (relacionados com as partes).

No processo do trabalho, a estabilização, objetiva e subjetiva, da demanda se dá, a princípio, com o recebimento da defesa do réu em audiência. Com isso, antes do recebimento da defesa, podem ocorrer aditamento do pedido ou alteração do pedido e da causa de pedir sem necessidade de concordância do réu.

No entanto, também no processo do trabalho, após o recebimento da defesa, mas desde que antes do saneamento do processo, o autor poderá aditar o pedido ou alterar o pedido ou a causa de pedir com consentimento do réu, assegurado o contraditório mediante a possibilidade de manifestação deste no prazo mínimo de 5 dias (aplicação do art. 841 da CLT), facultado o requerimento de prova suplementar, por aplicação do art. 329, II, do CPC de 2015, o que favorece o julgamento do conflito de interesse em toda a sua extensão e a economia processual, por evitar o ajuizamento de nova demanda.

No caso de revelia, o autor poderá aditar o pedido ou alterar o pedido ou a causa de pedir, mas deve ser promovida nova notificação do réu (art. 321 do CPC de 1973). O CPC de 2015 não contém disposição similar, mas também sob a sua égide a revelia não dispensa nova citação no caso de ser aditado o pedido ou alterado o pedido ou a causa de pedir, em respeito ao contraditório.

1.8.3. A propositura da demanda produz efeitos para as partes e para terceiros.

Segundo Cândido Rangel Dinamarco, os efeitos da propositura da ação "têm natureza substancial ou processual, conforme atinjam diretamente os sujeitos e bens em suas relações na vida comum ou consistem na constituição de alguma situação processual nova — quer relativa ao processo pendente, quer consistente em alguma limitação quanto a outro processo (...). São efeitos processuais da litispendência perante as partes (a) o veto à repropositura de demanda idêntica ('litispendência'), (b) a prevenção do juízo e perpetuação da competência, (c) a suspensão de outro processo, instaurado para julgamento de causa prejudicada pela do processo pendente e (d) a estabilização da demanda. São seus efeitos substanciais perante as partes (a) litigiosidade da coisa, (b) a interrupção da prescrição do direito subjetivo que o autor vem a juízo alegar e defender e (c) a constituição do devedor em mora relativamente à obrigação exigida na demanda".[851]

A propositura da demanda tem efeitos também para terceiros, consistentes na responsabilidade patrimonial e na admissibilidade de intervenção no processo. De acordo com Cândido Rangel Dinamarco, "a responsabilidade patrimonial do terceiro — ou seja, a possibilidade de bens de sua titularidade serem utilizados para a satisfação do direito de uma das partes, apesar de serem seus — ocorre (a) quando adquire a própria coisa litigiosa ou (b) quando, na pendência do processo *inter alios*, ele adquire bens que poderiam ser penhorados e alienados para a realização do dinheiro devido ao credor, reduzindo o devedor à insolvência ou agravando-se esta. A lei considera em fraude à execução os atos de alienação ou oneração de bens pelo devedor durante a litispendência, quando ele, ao fazê-lo, desfalca de tal modo seu patrimônio que ali não reste o suficiente para a satisfação do direito em litígio — ou quando, já não tendo bens suficientes, com a alienação ou oneração dos que tem, ele agrava o desequilíbrio patrimonial (insolvência). Em casos como esses, não obstante o bem passe regularmente ao patrimônio do terceiro, mesmo assim responderá e poderá vir a ser penhorado e afinal levado a hasta pública".[852]

1.8.4. O CPC de 1973 trata dos efeitos da propositura da ação no art. 219, segundo o qual a citação válida:

a) torna prevento o juízo, induz litispendência e faz litigiosa a coisa;

abre ensejo a duas interpretações: o art. 329 fixa como termo final para o aditamento ou alteração do pedido ou causa de pedir o saneamento do processo; incide, na hipótese, o art. 190, ou seja, podem as partes, por meio de convenção processual, dispor em sentido contrário, admitindo o aditamento ou a alteração da causa de pedir ou do pedido até o proferimento da sentença.

(851) *Instituições de direito processual civil,* v. II, p. 55 e 57.

(852) *Instituições de direito processual civil,* v. II, p. 57-58.

b) ainda quando ordenada por juiz incompetente, a citação válida constitui o devedor em mora e interrompe a prescrição, retroagindo a interrupção da prescrição à data da propositura da demanda, desde que a parte promova a citação nos dez dias subsequentes ao despacho que a ordenar, não ficando a parte prejudicada, no entanto, pela demora imputável ao serviço judiciário na realização da citação, ao passo que, não sendo a citação efetuada no prazo assinalado, opera-se a interrupção na data da citação do réu.

O CPC de 2015 também fixa os efeitos da propositura da ação, dispondo:

a) no art. 59, que o registro ou a distribuição da petição inicial torna prevento o juízo (e não citação válida, como estabelece o CPC de 1973);

b) no art. 240, *caput*, que a citação válida, ainda quando ordenada por juízo incompetente, induz litispendência, torna litigiosa a coisa e constitui em mora o devedor, ressalvado o disposto nos arts. 397 e 398 do Código Civil;

c) no art. 240, § 1º, que a interrupção da prescrição, operada pelo despacho que ordenar a citação (e não pela citação válida, como previsto no CPC de 1973), ainda que proferido por juízo incompetente, retroagirá à data da propositura da ação;

d) no art. 240, § 2º, que incumbe ao autor, no prazo de dez dias, as providências necessárias para viabilizar a citação, sob pena de não se aplicar o disposto no § 1º;

e) no art. 240, § 3º, que a parte não será prejudicada pela demora imputável exclusivamente ao serviço judiciário;

f) no art. 240, § 4º, que o efeito retroativo a que se refere o § 1º aplica-se à decadência e aos demais prazos extintivos previstos em lei.(853)

No processo do trabalho, a demanda considera-se proposta assim que é apresentada na Secretaria da Vara do Trabalho ou escrivão do Cível ou que for distribuída, nas localidades em que houver mais de uma Vara do Trabalho ou Juiz de Direito investido na jurisdição trabalhista. É neste momento, portanto, que são produzidos os efeitos a que se referem o CPC de 1973 e o CPC de 2015, observando-se, no entanto, que a citação/notificação é ato de responsabilidade do diretor de secretaria e não da parte (art. 841 da CLT).

Em relação aos citados efeitos, vale observar que:

1) a propositura da ação interrompe a prescrição, evitando, com isto, a extinção da pretensão;(854)

2) a propositura da demanda torna prevento o juízo, o que atrai a aplicação do art. 253 do CPC de 1973 e do art. 286 CPC de 2015, examinados no Capítulo que tem por objeto a competência da Justiça do Trabalho;

3) a propositura da demanda induz litispendência, instituto também examinado quando se tratou da identificação das demandas.

Proposta a demanda, dá-se a instauração do processo. A partir deste momento, tem-se a litispendência, isto é, uma demanda pendente de julgamento ou a pendência de uma demanda.

O fato de a propositura da demanda induzir litispendência significa que o seu autor está proibido de ajuizar novamente esta mesma demanda e que o juiz está obrigado a extinguir, sem provimento de mérito, o processo relativo à segunda demanda eventualmente ajuizada pelo autor desconsiderando esta proibição.

A reprodução da demanda idêntica é vedada para evitar que os órgãos do Poder Judiciário desenvolvam dupla atividade relativamente a uma mesma demanda e impedir decisões divergentes sobre a mesma demanda, além de prestigiar o princípio da economia processual.

(853) Note-se que, com esta previsão, o CPC admite a interrupção de prazo decadencial.

(854) O tema será examinado mais detidamente no item seguinte.

Em relação ao autor, os efeitos da litispendência decorrem da propositura da demanda. Quanto ao réu, os efeitos da litispendência somente são produzidos com a sua notificação/citação válida. No processo civil, o réu, antes de citado, pode propor contra o autor demanda tendo a mesma relação jurídica como objeto, devendo prosseguir o processo em que primeiro ocorrer a citação válida. No processo do trabalho, o que interessa é a propositura da demanda, que em si mesma faz surgir os efeitos da litispendência, de forma que, propondo também o reclamado uma demanda contra o reclamante, deverá prosseguir a demanda do reclamante (se proposta primeiro), mesmo que o reclamante seja citado na ação do reclamado antes que este seja citado na demanda proposta por aquele.

4) a propositura da demanda torna litigiosa a coisa.

A propositura da demanda torna litigioso o bem jurídico disputado pelas partes ou litigiosa a relação jurídica objeto da demanda.

Proposta a demanda e, com isto, tornada litigiosa a coisa, comete atentado a parte que, no curso do processo, viola penhora, arresto, sequestro ou imissão na posse, prossegue em obra embargada ou pratica qualquer inovação ilegal no estado de fato (art. 879 do CPC de 1973, art. 77, VI, do CPC de 2015), ao passo que ficam sujeitos à execução os bens alienados ou gravados com ônus real em fraude à execução.

5) a propositura da demanda constitui o devedor em mora.

Nas hipóteses em que a mora não se encontra constituída previamente, a propositura da demanda constitui o devedor em mora (arts. 397 e 398 do Código Civil).

O devedor em mora responde pela atualização monetária da dívida em dinheiro e pelos juros (art. 395 do Código Civil).

A correção monetária é contada a partir do vencimento da obrigação (art. 39 da Lei n. 8.177/91). Os juros (1% ao mês), são calculados *pro rata die* e contados a partir da propositura da demanda.(855) Os juros incidem sobre o principal atualizado (Súmula n. 200 do TST). A correção monetária e os juros são devidos ainda que não tenham sido pleiteados ou não constem do título executivo (Súmula n. 211 do TST e art. 39 da Lei n. 8.177/91).(856)

1.9. A prescrição trabalhista.

1.9.1. Aspectos gerais.

A ordem jurídica atribui direitos e garante a sua realização coativa, por meio dos órgãos jurisdicionais, na hipótese da sua não observância espontânea. Contudo, esta mesma ordem jurídica estabelece limites temporais para a apresentação ao Poder Judiciário do pedido de tutela dos direitos que atribui.

(855) A obrigação de pagar salário considera-se vencida no primeiro dia útil do mês subsequente ao trabalhado (art. 459, *caput*, da CLT) e é exigível a partir do quinto dia útil daquele mês (art. 459, parágrafo único, da CLT). O art. 459 da CLT estabelece uma tolerância, em favor do empregador, facultando o pagamento do salário após o seu vencimento. Por conta de tal tolerância, na vigência do contrato, o crédito de natureza salarial deve ser corrigido a partir do quinto dia útil do mês subsequente ao trabalhado (conta-se a correção monetária, na vigência do contrato, a partir do momento em que o crédito pode ser exigido). Após a extinção do contrato de trabalho e sendo imposta ao empregador, por decisão judicial, a obrigação de saldar créditos de natureza salarial, opera-se a transferência da fonte normativa que norteia o cálculo da correção monetária, deixando a questão de ser disciplinada pelo art. 459 da CLT para ser resolvida à luz do art. 39 da Lei n. 8.177/91, que trata da liquidação de créditos de natureza trabalhista devidos por força de decisão judicial. Segundo o art. 39 da Lei n. 8.177/91, os débitos trabalhistas de natureza salarial serão corrigidos a partir do seu vencimento. O vencimento da obrigação de pagar crédito salarial se dá, como visto anteriormente, no primeiro dia útil do mês seguinte ao trabalhado. Assim, a correção monetária, com a extinção do contrato, passa a ser contada a partir do vencimento da obrigação, isto é, a partir do primeiro dia útil do mês seguinte ao trabalhado (é nesse sentido, inclusive, a Súmula n. 381 do TST: "O pagamento de salário até o 5º dia do mês subsequente ao vencido não estão sujeitos à correção monetária. Se essa data limite for ultrapassada, incidirá o índice da correção monetária do mês subsequente ao da prestação de serviços, a partir do dia 1º"). O crédito resultante da relação de trabalho distinta da de emprego deve ser corrigido a partir do vencimento da obrigação do devedor (art. 1º, § 1º, da Lei n. 6.899/81).

(856) Por força do que estabelece a Lei n. 8.177/91, já não prevalece a Súmula n. 24 do STF: "Os juros de mora, na reclamação trabalhista, são contados desde a notificação inicial".

Neste sentido, prevê o art. 189 do Código Civil, que "violado o direito, nasce para o titular a pretensão, a qual se extingue pela prescrição, nos prazos a que aludem os arts. 205 e 206". Assim, da violação do direito nasce a pretensão, isto é, o poder de exigir de outrem o cumprimento de uma obrigação ou uma prestação, que é extinta pela prescrição.

Prescrição é, portanto, a perda de eficácia da pretensão não manifestada em juízo no prazo próprio. A prescrição constitui efeito da omissão do titular de uma pretensão no seu exercício durante o período de tempo definido pela ordem jurídica (*prazo prescricional*).

De acordo com Roberto de Ruggiero, "o conceito romano da prescrição era o de que ela atingia a *actio*, isto é, o meio processual mediante o qual se fazia valer o direito".[857] O Código Civil de 2002 adotou, no art. 189, uma nova postura, vez que, segundo ele, a prescrição recai sobre a pretensão. A prescrição não atinge o direito de ação, que é assegurado constitucionalmente sem qualquer limite temporal para o seu exercício. Note-se, inclusive, que a declaração de ocorrência de prescrição implica resolução do mérito da demanda, o que não ocorreria se a hipótese fosse de extinção do direito de ação (se o direito de ação fosse extinto, não seria possível provimento sobre o mérito). A prescrição atinge o direito material na sua dimensão processual, isto é, na eficácia da pretensão à sua tutela jurisdicional.[858]

Neste sentido, o fato de estar prescrita a pretensão de cobrança de determinada dívida não impede que o credor ajuíze demanda visando ao seu pagamento. Neste caso, o juiz, reconhecendo a ocorrência da prescrição, não afirmará, na decisão, que a demanda não poderia ter sido proposta, vez que o titular do crédito não deixa de ter direito de acesso à justiça pelo fato de a sua pretensão estar prescrita. Isto significa que a prescrição não alcança o direito de ação. De outro lado, o devedor que paga dívida cuja pretensão de pagamento já esteja prescrita não pode pleitear em juízo a repetição do que pagou, o que decorre do fato de o crédito (direito) não ser atingido pela prescrição (o devedor não pode requerer a restituição do que pagou porque o crédito subsiste, isto é, não foi extinto pela prescrição). Em suma, o credor não é impedido de manifestar em juízo uma pretensão ineficaz e, se o fizer, o juiz irá declarar prescrita a sua pretensão, não no sentido de que ela não existe, mas no de que perdeu a sua eficácia.

Quanto aos fundamentos da prescrição, Manuel A. Domingues de Andrade afirma que, "segundo a doutrina dominante, o fundamento específico da prescrição reside na negligência do titular do direito em exercitá-lo durante o período de tempo indicado em lei. Negligência que faz presumir ter ele querido renunciar ao direito, ou pelo menos o torna (o titular) indigno de proteção jurídica. Tal o fundamento específico da prescrição, no sentido de ser de acordo com ele que a lei organiza e modela a respectiva disciplina. Outras razões, porém, se costumam invocar, num plano secundário, para justificação do instituto da prescricional: 1) uma consideração de certeza e segurança jurídica, a qual exige que as situações de facto que se constituíram e prolongaram por muito tempo, sobre a base delas se criando expectativas e se organizando planos de vida, se mantenham, não podendo ser atacadas por antijurídicas. 2) proteger os obrigados, especialmente os devedores, contra as dificuldades de prova a que estariam expostos no caso de o credor exigir o que já haja, porventura, recebido. O devedor pode realmente ter pago sem exigir recibo, ou pode tê-lo perdido. 3) exercer uma pressão ou estímulo educativo sobre os titulares dos direitos no sentido de não descurarem o seu exercício ou efetivação, quando não queiram abdicar deles".[859]

Como observa Manuel A. Domingues de Andrade, "em rigor, o instituto da prescrição não é justo, mas coonesta-se com razões de conveniência ou oportunidade".[860]

---

(857) *Instituições de direito civil*, v. I, p. 416-417.

(858) Vitor Salino de Moura Eça afirma, com esteio em Pontes de Miranda, que a prescrição não "elimina no todo ou em parte, o direito, a pretensão, ou a ação, ou outra exceção, e só lhes retira a eficácia, para encobrir, até onde vá a do direito, pretensão ou ação, de que emana. Não torna teoricamente ineficaz o direito, a pretensão, ou a ação, ou exceção, contra que se dirige, apenas os torna ineficazes, porque, encoberta, a sua eficácia não pode contra ocorrer, temporal ou definitivamente. Essa noção técnica de encobrimento evita a negação do direito, da pretensão, da ação, ou da exceção, e da própria eficácia deles" (*A prescrição intercorrente no processo do trabalho*, p. 23-24).

(859) *Teoria da relação jurídica*, v. II, p. 445-446.

(860) *Teoria da relação jurídica*, v. II, p. 446.

A ocorrência da prescrição pressupõe: a) pretensão exercitável (*actio nata*)[861]; b) inércia do titular da pretensão durante o lapso de tempo fixado em lei; c) ausência de causa impeditiva, suspensiva ou interruptiva da prescrição; d) prescritibilidade da pretensão.

1.9.2. Contagem do prazo prescricional bienal.

A prescrição da pretensão que tenha por objeto créditos decorrentes da relação de emprego é disciplinada nos arts. 7º, XXIX, da Constituição e 11 da CLT, que reconhecem aos trabalhadores, urbanos e rurais, o direito de "ação, quanto a créditos resultantes das relações de trabalho, com prazo prescricional de cinco anos, até o limite de dois anos após a extinção do contrato de trabalho".[862]

Note-se que o que constitui direito do trabalhador não é a extinção da sua pretensão. O direito que lhe é assegurado é a manutenção da eficácia da sua pretensão (poder de exigir do empregador uma obrigação ou prestação) durante determinado espaço de tempo (até dois anos contados da extinção do contrato de trabalho).

Destarte, a pretensão nasce com a lesão do direito (*actio nata*) e pode ser manifestada em juízo até dois anos após a extinção do contrato de trabalho, mas com efeitos limitados aos cinco anos anteriores à propositura da demanda. Extinto o contrato de trabalho, começa a fluir a prescrição denominada bienal (o termo inicial do prazo prescricional é a extinção do contrato de trabalho) e, ajuizada a demanda, os seus efeitos retroagirão aos cinco anos antecedentes (*prescrição quinquenal*).

Para definir a data da extinção do contrato e, com isso, do termo inicial da contagem do prazo prescricional, é necessário ter em mente o art. 489 da CLT, segundo o qual, dado o aviso-prévio, a rescisão torna-se efetiva depois de expirado o respectivo prazo. Isso significa dizer que o aviso-prévio, indenizado ou trabalhado, integra o tempo de serviço também para efeito de contagem do prazo prescricional, conforme, inclusive, entendimento consagrado pela Orientação Jurisprudencial n. 83 da SDI-I do TST ("a prescrição começa a fluir no final da data do término do aviso-prévio").

O tema não comportava maiores questionamentos até que veio à luz a Lei n. 12.504/11, que disciplinou o art. 7º, XXI, da Constituição.

A CLT, no art. 487, fixa o aviso-prévio em oito dias, quando o salário for pago por semana ou tempo inferior, e em trinta dias, quando o salário for pago por quinzena ou por mês ou o trabalhador contar com mais de doze meses de serviço na mesma empresa.

O art. 7º, XXI, da Constituição reconhece *aos trabalhadores* o direito ao aviso-prévio proporcional ao tempo de serviço, sendo no mínimo de trinta dias, nos termos da lei. A citada norma constitucional foi regulamentada pela Lei n. 12.506/11, cujo art. 1º dispõe, no seu *caput*, que o aviso-prévio de que trata a CLT será concedido na proporção de trinta dias *aos empregados* que contem com até um ano de serviço na mesma empresa, e, no seu parágrafo único, que ao aviso-prévio de trinta dias serão acrescidos três dias por ano de serviço prestado na empresa, até o máximo de sessenta dias, perfazendo um total de até noventa dias.

Destarte, por força do art. 7º, XXI, da Constituição, o aviso-prévio devido aos trabalhadores passou a ser proporcional ao tempo de serviço, sendo de, no mínimo, trinta dias, perdendo o fundamento de validade o inciso I do art. 487 da CLT, que prevê aviso-prévio com tempo inferior a trinta dias. De outro lado, em razão da Lei n. 12.505/11, o aviso-prévio devido aos trabalhadores passou a sofrer um acréscimo de três dias por ano de serviço prestado na empresa, até o máximo de sessenta dias.

---

(861) A violação do direito faz surgir a pretensão, que pode ser manifestada em juízo por meio do exercício do direito de ação. Daí ser dito, em doutrina, que a ocorrência da prescrição pressupõe o nascimento da ação ou a *actio nata* (ação nascida). Na verdade, a ocorrência da prescrição pressupõe o nascimento da pretensão, o qual ocorre com a violação do direito. A ordem jurídica, em suma, estabelece um prazo para a manifestação da pretensão em juízo, fixando como seu termo inicial o nascimento da pretensão.

(862) Não subsiste, por força do art. 7º, XXIX, da Constituição da República, a distinção entre trabalhador urbano e rural constante do art. 11 da CLT.

De início, cumpre anotar que o art. 7º, XXI, aduz a um direito dos trabalhadores, ao passo que a Lei n. 12.506/11 faz expressa referência ao aviso-prévio como direito dos empregados.

Destarte, em relação ao aviso-prévio como direito do empregador (art. 487, *caput*), prevalece o prazo de trinta dias, estabelecido no art. 487, II, da CLT, enquanto que o aviso-prévio como direito do trabalhador passou a ter a sua duração mínima de trinta dias (art. 7º, XXI), à qual são acrescidos três dias por ano de serviço na mesma empresa, até o limite de sessenta dias (art. 1º, *caput* e parágrafo único, da Lei n. 12.506/11). A proporcionalidade do aviso-prévio em relação ao tempo de serviço constitui, portanto, um direito de titularidade exclusiva do trabalhador, de forma que o empregador é titular do direito ao aviso-prévio nos moldes estabelecidos na CLT, inclusive no que comporta ao desconto do aviso-prévio no caso de sua não concessão por parte do trabalhador (art. 487, § 2º, da CLT), sob pena, inclusive, de não só penalizar o trabalhador com mais tempo de serviço (quanto maior o tempo de serviço, maior seria o desconto no caso de não concessão do aviso-prévio), como também de afetar a sua liberdade de trabalho (no caso de aviso-prévio com duração de noventa dias, o trabalhador seria obrigado, se houvesse exigência de seu cumprimento e não estivesse ele disposto a arcar com o desconto respectivo, a continuar vinculado ao empregador por noventa dias após informá-lo da decisão de colocar fim à relação de emprego).

O acréscimo na duração do aviso-prévio tem a natureza de compensação pecuniária, ou seja, representa um acréscimo no valor do aviso-prévio, como medida voltada a dificultar a dispensa do trabalhador, o que significa que o citado acréscimo não será considerado para a definição do termo final do contrato. Isso significa que, em relação à prescrição, permanece o prazo de trinta dias, que é comum ao empregado e ao empregador, fixado no art. 487, II, da CLT.[863]

Aplica-se a regra prevista no *caput* do art. 132 do Código Civil de 2002 na contagem do prazo do aviso-prévio, ou seja, exclui-se o dia do começo e inclui-se o do vencimento (Súmula n. 380 do TST). Essa mesma regra deve ser aplicada na contagem do prazo prescricional, ou seja, exclui-se o dia do começo e inclui-se o do vencimento.

Em relação ao avulso, a SDI-I do TST editou a Orientação Jurisprudencial n. 384, prevendo que: "É aplicável a prescrição bienal prevista no art. 7º, XXIX, da Constituição de 1988 ao trabalhador avulso, tendo como marco inicial a cessão do trabalho ultimado para cada tomador de serviço".

O art. 7º, XXIX, da Constituição da República, ao estabelecer que o termo inicial da prescrição bienal é a extinção do contrato de trabalho, permite afirmar que não corre prazo prescricional durante a execução do contrato de trabalho.[864]

1.9.3. Prescrição quinquenal. Prescrição relativa à pretensão de recebimento de FGTS não depositado.

O art. 7º, XXIX, da Constituição reconhece ao trabalhador o direito de ação, "com prazo prescricional de cinco anos (...), até o limite de dois anos após a extinção do contrato de trabalho".

Assim, o trabalhador dispõe de dois anos (prescrição bienal), para pleitear em juízo parcelas relativas aos últimos cinco anos do contrato (prescrição quinquenal).

(863) Pela mesma razão, na CTPS do trabalhador deverá ser anotado o término do aviso-prévio ao termo do prazo de trinta dias; na exigência de cumprimento do aviso-prévio, deverá ser observado o prazo de trinta dias, mantendo-se, destarte, a previsão constante do art. 488 da CLT, ou seja, o horário normal de trabalho do empregado, durante o prazo do aviso (trinta dias), e se a rescisão tiver sido promovida pelo empregador, será reduzido de duas horas diárias sem prejuízo do salário integral, sendo facultado ao empregado trabalhar sem redução das duas horas diárias, caso em que poderá faltar ao serviço, sem prejuízo do salário integral, por um período de sete dias.

(864) Esta solução é professada por Márcio Túlio Viana, segundo o qual a prescrição somente deve ser aplicada após a edição da Lei Complementar referida no art. 7º, I, da Constituição da República, com a instituição de alguma segurança no emprego, sob pena de prejuízo ao acesso à justiça, prestígio ao enriquecimento sem causa, sendo por ele invocado o art. 197, II, do Código Civil, que afirma ser aplicável em razão de o trabalhador depender da vontade do empregador para alcançar os meios necessários à sua sobrevivência (Os paradoxos da prescrição: quando o trabalhador se faz cúmplice involuntário da perda de direitos. In: *Direito do trabalho & trabalho sem direitos*, p. 321-334).

Prevalece na doutrina e na jurisprudência o entendimento de que a prescrição quinquenal abrange os cinco anos anteriores ao ajuizamento da reclamação (Súmula n. 308, I, do TST). É alegado, em favor desta solução, que a omissão na manifestação em juízo da pretensão somente deixa de existir com a propositura da ação, o que autoriza contar a prescrição quinquenal a partir deste momento.

Contudo, o art. 7º, XXIX, da Constituição Federal assegura o direito de ação em relação a fatos ocorridos nos últimos cinco anos da relação de emprego, exigindo, tão somente, que a reclamação seja promovida dentro do biênio que se seguir à extinção do contrato de trabalho. Com isto, proposta a ação no biênio que se seguir à extinção do contrato, estão assegurados os direitos decorrentes de fatos ocorridos nos últimos cinco anos da relação de emprego. Esta solução é mais favorável ao trabalhador e deve prevalecer, por força do art. 7º, *caput*, da Constituição da República, sendo relevante mencionar que deve ser interpretada restritivamente toda regra que limita o acesso à justiça ou cuja aplicação resulte na negativa de acesso a direitos fundamentais aos quais correspondam créditos de natureza alimentar.

Por fim, menção especial merece a demanda tendo por objeto o FGTS não depositado no curso da relação de emprego.

A respeito, o TST editou a Súmula n. 362, no sentido de ser trintenária a prescrição da pretensão fundada no não recolhimento do FGTS, respeitado o prazo de dois anos após o término do contrato de trabalho.

Trata-se de entendimento fundado no disposto no art. 23, § 5º, da Lei n. 8.036/90 e art. 55 do Decreto n. 99.684/90, que estabelecem o "privilégio do FGTS à prescrição trintenária", valendo observar que, embora estes dispositivos legais façam referência ao processo de fiscalização, autuação e imposição de multa, não se poderia negar ao credor do FGTS (beneficiado pela fiscalização, autuação e imposição de multa) o mesmo benefício relativamente ao prazo prescricional.

Registre-se que, por meio da Súmula n. 95, editada quando estava em vigor a Lei n. 5.107/66, o TST já havia afirmado ser trintenária a prescrição relativa à pretensão de recebimento do FGTS, o que fez por considerar que o FGTS possuía natureza previdenciária, o que atraía a aplicação do art. 20 da Lei n. 5.107/66, que estendia à cobrança judicial do FGTS os privilégios da cobrança das contribuições previdenciárias, dentre os quais a prescrição trintenária estabelecida pelo art. 144 da Lei n. 3.807/60. A Súmula n. 362 do TST, portanto, manteve o entendimento consagrado na Súmula n. 95, mas com esteio nos arts. 23, § 5º, da Lei n. 8.036/90 e 55 do Decreto n. 99.684/90.

O STF também afirmava que a hipótese era de prescrição trintenária, sob o argumento de que o fim estritamente social do FGTS autorizava a aplicação, na fixação do prazo prescricional, do disposto no art. 144 da Lei Orgânica da Previdência Social, que estabelecia o prazo prescricional trintenário (STF, RE 116.761, 1ª Turma, Rel. Min. Moreira Alves, *DJU* 2.4.1993)

No entanto, o STF, em decisão proferida em 13.11.2014 nos autos do Recurso Extraordinário com Agravo 709.212, do qual foi Relator o Ministro Gilmar Mendes, declarou a inconstitucionalidade do art. 23, § 5º, da Lei n. 8.036/90 e do art. 55 do Decreto n. 99.684/90, por ofensa ao art. 7º, XXIX, da Constituição e em decorrência da irrazoabilidade do prazo trintenário.

Prevaleceu no STF o entendimento de que o FGTS constitui direito de índole trabalhista, o que faz com que a prescrição seja a estabelecida no art. 7º, XXIX, da Constituição, isto é, quinquenal.

No entanto, foram modulados os efeitos da decisão, à qual foi atribuído efeito *ex nunc*, visando preservar as relações jurídicas a ela anteriores, ficando estabelecido que, "para aqueles cujo termo inicial da prescrição ocorra após a data do presente julgamento, aplica-se, desde logo, o prazo de cinco anos (...). Para os casos em que o prazo prescricional já esteja em curso, aplica-se o que ocorrer primeiro: 30 anos, contados do termo inicial, ou 5 anos, a partir desta decisão. Assim, se, na presente data, já tenha transcorrido 27 anos do prazo prescricional, bastarão mais 3 anos para que se opere a prescrição (...). Por outro lado, se na data desta decisão tiverem decorrido 23 anos do prazo prescricional, ao caso, se aplicará o prazo de cinco anos, a contar do presente julgamento".

Em suma, por força da modulação estabelecida pelo STF:

a) se o termo inicial da prescrição, isto é, a lesão do direito, ocorrer após 13.11.2014, aplica-se o prazo quinquenal;

b) se o prazo prescricional já estava em curso em 13.11.2014, ou seja, a lesão do direito é anterior a 13.11.2014, aplica-se o que ocorrer primeiro: trinta anos, contados da lesão do direito, ou cinco anos, contados a partir de 13.11.2014, valendo observar que a violação ao direito ao FGTS ocorre a cada mês de depósito não realizado, o que implica dizer que o prazo prescricional deve ser contado de forma individualizada, ou seja, a partir de cada mês de depósito não realizado.

1.9.4. Prescrição da pretensão quanto aos créditos decorrentes da relação de trabalho não subordinado.

Quanto às pretensões fundadas em relação de trabalho não subordinado, devem ser observados os prazos prescricionais fixados no Código Civil, visto que o art. 7º, XXIX, da Constituição e o art. 11 da CLT tratam da extinção de pretensões fundadas em relação de emprego.

Reforça este entendimento o fato de a prescrição constituir tema afeto ao direito material (a prescrição atua sobre a pretensão — poder de exigir de outrem uma prestação), o que significa que, para definir os prazos em exame, cumpre ter presente as normas de direito material regentes da relação jurídica litigiosa.[865]

O fato de o art. 7º, XXIX, da Constituição da República utilizar a expressão relação de trabalho não interfere nesta conclusão, na medida em que tal inciso deve ser interpretado levando em conta o contexto em que está inserido, ou seja, em artigo que trata dos direitos decorrentes da relação de emprego.

a) Prescrição nos contratos rurais.

A Emenda Constitucional n. 28, de 26.5.2000, alterou a redação do art. 7º, XXIX, da Constituição Federal e afastou a distinção que existia entre os prazos prescricionais relativos à pretensão do trabalhador urbano e à do trabalhador rural. Antes da Emenda Constitucional n. 28/2000, ao trabalhador rural era assegurado o direito de manifestar sua pretensão em juízo até dois anos após a extinção do contrato, sem referência à prescrição quinquenal.

Após a Emenda Constitucional n. 28/2000, os trabalhadores rurais passaram a ter direito de ação com prazo prescricional relativo à sua pretensão de cinco anos, até o limite de dois anos após a extinção do contrato de trabalho.

Cumpre observar que: a) Emenda Constitucional n. 28/2000 não alcança as demandas ajuizadas antes de sua publicação; b) extinto o contrato de trabalho antes da Emenda Constitucional n. 28/2000, a prescrição a ser observada é a estabelecida naquele momento; c) firmado o contrato de trabalho antes da Emenda, mas sendo ele extinto após a sua entrada em vigor, a prescrição será a estabelecida na Emenda.

A propósito foi editada a Orientação Jurisprudencial n. 271 da SDI-I do TST, no sentido de que "o prazo prescricional da pretensão do rurícola, cujo contrato de emprego já se extinguiu ao sobrevir a Emenda Constitucional n. 28, de 26.5.2000, tenha sido ou não ajuizada a ação trabalhista, prossegue regido pela lei vigente ao tempo da extinção do contrato de emprego".

A nosso juízo, a Emenda em destaque é inconstitucional, na medida em que os direitos constantes do art. 7º da Constituição, diante de sua natureza de direitos fundamentais, não podem ser afetados por emenda à Constituição (art. 60, § 4º, IV, da Constituição).

1.9.5. Prescrição da pretensão do trabalhador doméstico.

A Lei n. 5.859/72, que dispõe sobre a profissão de empregado doméstico, não trata da prescrição, o mesmo ocorrendo com o Decreto n. 71.885/73, que a regulamentou.

(865) O CPC inclui a prescrição entre as causas de extinção da *obrigação*, como se vê do seu art. 741, VI. Isto significa que, ocorrida a prescrição, o devedor já não poderá ser *compelido a cumprir a sua obrigação*, o que decorre da perda de eficácia da pretensão do credor.

A CLT estabelece que os seus preceitos, salvo quando houver expressa disposição em contrário, não se aplicam aos empregados domésticos (art. 7º, *a*), ao passo que o Decreto n. 71.885/73 dispõe que, excetuado o capítulo referente às férias, não se aplicam aos empregados domésticos as demais disposições da CLT.

No entanto, a pretensão quanto a créditos decorrentes do trabalho doméstico se sujeita a um prazo, e, com isso, à prescrição.

Porém, qual será esse prazo?

Alguns doutrinadores sustentam que, não sendo possível o recurso à CLT e à Constituição Federal para efeito de definição do prazo prescricional relativo às pretensões fundadas no contrato de trabalho doméstico, deve ser aplicado, com esta finalidade, o disposto no art. 205 do Código Civil, de forma que o prazo prescricional seria de dez anos, contados da lesão ao direito.

Outros doutrinadores sustentam que deve ser observado o art. 101 do Decreto n. 1.237/39, que, tratando da Justiça do Trabalho, estabeleceu, ao cuidar da prescrição, que, não havendo disposição especial em contrário, prescreve em dois anos qualquer reclamação perante a Justiça do Trabalho, argumentando-se que aludido Decreto não foi revogado pela CLT, posto que esta somente trata da prescrição da pretensão dos trabalhadores cujos contratos de trabalho são por ela regulados, o que implica que ela não alcança a relação de trabalho doméstico, que é objeto de norma especial, significando que continua em vigor, em relação aos domésticos, o Decreto n. 1.237/39.

Uma terceira vertente doutrinária sustenta que a questão deve ser resolvida pela aplicação à relação de trabalho doméstico do disposto no art. 7º, XXIX, da Constituição da República, que serve de parâmetro normativo genérico de todo o direito do trabalho.

Prevalece, na doutrina e na jurisprudência, o entendimento de que o Decreto n. 1.237/39 foi revogado pela CLT, aplicando-se ao doméstico o prazo prescricional fixado no art. 7º, XXIX, da Constituição Federal. Para Mauricio Godinho Delgado, que se filia a esse último entendimento, "a omissão do inciso XXIX no parágrafo único do art. 7º constitucional não tem o conteúdo normativo sugerido por certas correntes minoritárias, dado que o referido parágrafo único arrola direitos, ao passo que a prescrição é critério de supressão de tais direitos. Logo, não caberia mesmo, tecnicamente, lançar-se a figura prescricional no dispositivo que pretendia alargar os direitos da categoria dos domésticos (...). A norma do inciso XXIX erige-se como regra geral trabalhista concernente à prescrição, aplicável a qualquer situação fático-jurídica própria ao Direito do Trabalho — inclusive a situação do doméstico".[(866)]

A nosso juízo, diante da omissão das normas que tratam do labor doméstico e considerando que para suprir as lacunas da lei, primeiro cumpre recorrer à analogia, dever-se-ia fixar o prazo prescricional para a pretensão do doméstico de conformidade com o disposto no art. 7º, XXIX, da Constituição, ou seja, o doméstico dispõe do direito de ação, com prazo prescricional de cinco anos, até o limite de dois anos, após a extinção do contrato de trabalho. O art. 7º, *a*, da CLT não constitui barreira instransponível a essa solução, porquanto o que por ele se pretendeu foi evitar que direitos assegurados aos urbanos fossem estendidos aos domésticos sem expressa previsão legal e a prescrição, como foi dito anteriormente, não é um direito em sentido estrito (ela somente é direito no sentido de manutenção da eficácia da pretensão por determinado espaço de tempo).

No entanto, a questão foi resolvida de forma definitiva pela Lei Complementar n. 150/15, cujo art. 43 dispõe que "o direito de ação quanto a créditos resultantes das relações de trabalho prescreve em 5 (cinco) anos até o limite de dois anos após a extinção do contrato de trabalho".

1.9.6. Prescrição da pretensão de reconhecimento da relação de emprego.

Do *caput* do art. 11 da CLT e do art. 7º, XXIX, da Constituição Federal, extrai-se que somente é extinta pela prescrição a pretensão relativa a créditos resultantes da relação de emprego. Com isso, a pretensão de

(866) *Curso de direito do trabalho*, p. 263. Repita-se que a prescrição não constitui direito. Direito dos trabalhadores é a subsistência da eficácia da sua pretensão nos espaços temporais definidos no art. 7º, XXIX, da Constituição da República.

declaração de existência de relação de emprego é imprescritível, solução que é reforçada pelo § 1º do art. 11 da CLT, segundo o qual não se aplica o disposto no seu *caput* às ações que tenham por objeto anotações em CTPS (o que pressupõe a declaração de existência de relação de emprego) para fins de prova junto à Previdência Social.

Desta e de outras pretensões imprescritíveis tratamos quando examinamos a prescrição no processo coletivo, no Capítulo reservado ao direito processual coletivo do trabalho, ao qual remetemos o leitor.

1.9.7. Interrupção da prescrição pela propositura da demanda/ação/reclamação trabalhista: alcance.

A propositura da reclamação trabalhista interrompe a prescrição (o prazo interrompido começa a correr de novo, em sua inteireza, depois de vencido o obstáculo ao seu curso normal[867]).

Mesmo que a demanda venha a ser arquivada em razão da ausência do seu autor na audiência designada (art. 844 da CLT), a prescrição ter-se-á por interrompida (Súmula n. 268 do TST). É que a interrupção da prescrição é uma decorrência da propositura da demanda.

Como dispõe o art. 202, parágrafo único, do Código Civil, a prescrição interrompida recomeça a correr da data do ato que a interrompeu ou do último ato do processo para a interromper. Assim, sendo arquivada a reclamação, o prazo prescricional recomeça a correr da data do arquivamento (antes do arquivamento, a lide ainda se encontra pendente, subsistindo a causa de interrupção da prescrição).

No entanto, de acordo com a Súmula n. 268 do TST, a interrupção da prescrição por força da reclamação arquivada somente alcança os "pedidos idênticos", ou seja, os pedidos objeto da reclamação arquivada. Sob essa ótica, a inércia do titular da pretensão somente deixou de existir, por força do ajuizamento da reclamação, em relação àquilo que foi objeto de pedido. Contudo, o ajuizamento da reclamação torna litigiosa a relação jurídica havida entre as partes. É por isso, inclusive, que, celebrado acordo com quitação pelo extinto contrato de trabalho, consideram-se quitados todos os direitos que poderiam resultar para o reclamante daquele contrato (Orientação Jurisprudencial n. 132 da SDI-2 do TST). Recorde-se, ainda, que, celebrado acordo perante Comissão de Conciliação Prévia, a quitação conferida pelo trabalhador ao empregador terá eficácia liberatória geral, salvo quanto às parcelas ressalvadas expressamente (art. 625-E da CLT), exatamente porque com a submissão do dissídio à Comissão toda a relação jurídica se tornou controvertida. A solução quanto à interrupção da prescrição por força da ação, ainda que o processo seja arquivado, não pode ser diferente da que se confere aos efeitos do acordo judicial ou extrajudicial, não se justificando, a nosso juízo, a restrição constante da Súmula n. 268 do TST.

Como a interrupção da prescrição alcança, a nosso ver, todos os créditos que poderiam ser objeto da ação, o trabalhador que ajuizou reclamação no último dia do prazo prescricional pode aditar a petição inicial no dia seguinte ao da propositura da ação, sem que se possa falar, em relação ao seu novo pedido, em prescrição.[868]

O protesto judicial interrompe a prescrição. Contudo, não é aplicável no processo do trabalho o CPC (de 1973 e de 2015), quando impõe ao autor da ação o ônus de promover a citação do réu. No processo do trabalho, a citação do réu é promovida pelo diretor de secretaria (art. 841 da CLT).

(867) A distinção entre interrupção e suspensão dos prazos foi examinada no Capítulo relativo aos atos processuais, ao qual remetemos o leitor.

(868) José Augusto Rodrigues Pinto adota entendimento diverso, afirmando que, "se, na data da propositura, estivesse o autor à beira da consumação do prazo prescricional, a data do ajuizamento seria marco interruptivo de sua contagem, o que não ocorreria se, em ação distinta, tivesse de ser formulado o pedido antes omitido. Nesse caso, a admissão do aditamento importaria em severa violação do direito processual do réu, frustrado na arguição da prescrição pela interrupção de sua contagem com a ação proposta, da qual o aditamento constituiria parte integrante (...). A posição conclusiva que assumimos diante da problemática do aditamento no dissídio do trabalho é de que, uma vez proposto antes da formulação da defesa, ouça o juiz o réu, quanto à sua aceitação. Se não houver oposição ou esta não se fundar em prejuízo concreto para seu direito processual de defesa, deverá admiti-lo. Mas, opondo-se o réu, com demonstração da existência desse prejuízo (que só nos ocorre em referência à prescrição), deve o juiz do trabalho rejeitá-lo, remetendo o autor para ação distinta" (*Processo trabalhista de conhecimento*, p. 378-379).

A propositura de ação coletiva versando sobre direitos individuais homogêneos também interrompe a prescrição em relação aos beneficiados pela sentença proferida naquela ação.

Neste sentido:

"RECURSO DE REVISTA. 1. PRESCRIÇÃO. MARCO INICIAL. TRÂNSITO EM JULGADO DA AÇÃO CIVIL PÚBLICA ANTERIORMENTE AJUIZADA PELO MINISTÉRIO PÚBLICO DO TRABALHO EM QUE SE POSTULOU O RECONHECIMENTO DO VÍNCULO EMPREGATÍCIO. As parcelas pleiteadas na reclamação trabalhista decorrem do vínculo empregatício reconhecido na ação civil pública proposta pelo Ministério Público do Trabalho. Assim, o prazo prescricional para o ajuizamento da presente ação condenatória se inicia com o trânsito em julgado da ação promovida pelo MPT, ajuizada quando ainda em curso o pacto laboral. Incide na hipótese o entendimento consubstanciado na Orientação Jurisprudencial n. 401 da SDI-I desta Corte, segundo a qual — O marco inicial da contagem do prazo prescricional para o ajuizamento de ação condenatória, quando advém a dispensa do empregado no curso de ação declaratória que possua a mesma causa de pedir remota, é o trânsito em julgado da decisão proferida na ação declaratória e não a data da extinção do contrato de trabalho."[869]

Cumpre registrar, que, segundo jurisprudência predominante, a interrupção da prescrição em razão de ajuizamento da demanda somente alcança a prescrição bienal (sob este prisma, somente a prescrição que diz respeito ao ato de ir a juízo é que é alcançado pela prescrição, não operando a prescrição em relação aos efeitos temporais deste ato). Contudo, o TST já decidiu que:

"RECURSO DE REVISTA. ADMISSIBILIDADE. PRESCRIÇÃO QUINQUENAL. MARCO INICIAL. AJUIZAMENTO DE AÇÃO ANTERIOR. INTERRUPÇÃO DA PRESCRIÇÃO BIENAL. O entendimento consubstanciado nesta Corte, nos termos da Súmula n. 268, é no sentido de que a ação trabalhista, ainda que arquivada, interrompe a prescrição em relação aos pedidos idênticos, sendo que tal interrupção alcança tanto a prescrição bienal quanto a quinquenal. Para tanto, o marco da contagem retroativa do quinquênio, para a verificação das parcelas prescritas, é o ajuizamento da primeira ação, sob pena de não se considerar interrompida a prescrição".[870]

"PRESCRIÇÃO QUINQUENAL. MARCO INICIAL. RECLAMAÇÃO AJUIZADA ANTERIORMENTE E QUE INTERROMPEU A PRESCRIÇÃO BIENAL. Considerando as determinações contidas nos arts. 219 do CPC e 202 do Código Civil, é imperioso concluir que o ajuizamento de reclamação trabalhista, mesmo que arquivada, interrompe a prescrição bienal e a quinquenal. Aliás, outro não é o entendimento contido na Súmula 268 desta Corte, mesmo não se referindo expressamente a ambos os prazos prescricionais. Assim, a prescrição quinquenal interrompida recomeça a correr da data do ato que a interrompeu, razão por que o prazo de que trata o art. 7º, inc. XXIX, da Constituição da República deve ser reiniciado na data do ajuizamento da primeira reclamação."[871]

"A Subseção I Especializada em Dissídios Individuais, ao apreciar o tema em destaque, firmou entendimento no sentido de que a reclamação trabalhista, ainda que arquivada, interrompe o prazo prescricional, seja ele bienal ou quinquenal, nos termos preconizados pela Súmula n. 268 do TST. Nesse sentido, a "prescrição quinquenal interrompida recomeça a correr da data do ato que a interrompeu, razão por que o prazo de que trata o art. 7º, inc. XXIX, da Constituição da República deve ser reiniciado na data do ajuizamento da primeira reclamação." (Processo: E-RR-64500-03.2005.5.17.0002, Relator Ministro: João Batista Brito Pereira, SBDI-1/TST, Publicação: DEJT 25.5.2012)[872]

O art. 202 do Código Civil, que trata da interrupção da prescrição, deve ser aplicado considerando-se uma particularidade do direito do trabalho, qual seja, a existência de duas espécies de prescrição (bienal e quinquenal). Nesse contexto, o que é interrompido pela propositura da demanda é a prescrição (gênero), o que alcança as suas duas espécies (prescrição bienal e quinquenal).

(869) RR-1031-89.2010.5.04.0221, Rel. Min. Dora Maria da Costa, DEJT 22.11.2013.
(870) TST- RR — 406-57.2010.5.02.0012, Rel. Min. Emmanoel Pereira, DEJT 19.4.2013.
(871) TST-E-RR-64500-03.2005.5.17.0002, Ac. SBDI-1, Rel. Min. João Batista Brito Pereira, DEJT 25.5.2012.
(872) TST, RR 732-60.2011.5.05.0121, 4ª Turma, Rel. Des. Convocado: José Ribamar Oliveira Lima Júnior, DEJT 28.8.2015.

1.9.8. Aplicação do art. 202, *caput*, do Código Civil no processo do trabalho.

Conforme o art. 202, *caput*, do Código Civil, a interrupção da prescrição somente poderá ocorrer uma vez (singularidade da interrupção da prescrição).(873)

A tendência observada na doutrina é a da admissão da aplicação do aludido texto normativo no processo do trabalho.(874)

O art. 202, *caput*, do Código Civil é incompatível com o direito processual do trabalho, no que se refere à ação oriunda da relação de emprego. É que a CLT comina pena específica para a hipótese de dois arquivamentos da reclamação, qual seja, a perda do direito de acionar a Justiça do Trabalho por seis meses (art. 732 da CLT), impedindo, com isso, a invocação do disposto no citado comando legal no processo do trabalho, sob pena de duplo gravame em razão do mesmo fato. Ademais, o processo do trabalho versa, em regra, sobre crédito de natureza alimentar, isto é, relacionado com a sobrevivência do trabalhador e sua família, fato que com ele torna incompatível o comando legal em questão.

Aplica-se o art. 202, *caput*, do Código Civil no processo do trabalho, no entanto, quando se trate de ações oriundas de relação de trabalho distinta da relação de emprego, cuja prescrição é disciplinada pelo Código Civil.

1.9.9. Alteração do prazo prescricional pelas partes.

Os prazos prescricionais não podem ser alterados pelas partes (art. 192 do Código Civil), o que decorre do fato de a prescrição se fundar no interesse social de garantir a segurança nas relações jurídicas.

1.9.10. Declaração de prescrição de ofício.

O art. 219, § 5º, do CPC de 1973 estabelecia, na sua redação original, que: "Não se tratando de direitos patrimoniais, o juiz poderá, de ofício, conhecer da prescrição e decretá-la de imediato". O art. 194 do Código Civil de 2002 dispunha que "O juiz não pode suprir, de ofício, a alegação de prescrição, salvo se favorecer o absolutamente incapaz". Neste contexto, a prescrição somente poderia ser reconhecida quando fosse invocada pelo demandado, tendo, por isso, natureza de exceção material substancial, solução que, por expressa previsão legal, não alcançava a prescrição que favorecesse o absolutamente incapaz.

Essa solução era também adotada no processo do trabalho.(875)

Contudo, a Lei n. 11.280/06 revogou o art. 194 do Código Civil (art. 11) e alterou a redação do § 5º do art. 219 do CPC, que passou a prever: "O juiz pronunciará, de ofício, a prescrição". Ao juiz, portanto, foi conferido poder para pronunciar a prescrição mesmo sem provocação, isto é, de ofício.

A natureza da prescrição foi, com isto, transmutada, de exceção material substancial para a de simples objeção, em favor da mais rápida solução dos conflitos de interesses submetidos ao Poder Judiciário e liberação do devedor da sua obrigação em razão da inércia do credor na oportuna exigência do seu cumprimento.(876) A questão relacionada com o respeito ao prazo estabelecido em lei para o oportuno exercício do direito de ação passou a ser, assim, de ordem pública.

(873) Segundo Renan Lotufo, o art. 202 do Código Civil "visa preservar o credor diligente no que respeita a seus direitos (...). Inova o dispositivo ao estipular que a interrupção da prescrição somente poderá ocorrer uma única vez. Esta formulação visou eliminar possível dúvida decorrente da não especificação no texto do art. 172 do Código de 1916" (*Código Civil comentado*, v. I, p. 542).

(874) Para Taísa Maria Macena de Lima, "a interrupção da prescrição somente poderá ocorrer uma vez, consoante o art. 202, *caput*, do CC/2002. Desse modo, a partir do segundo arquivamento ou desistência, não há mais que se cogitar de interrupção do prazo prescricional" (Atos e negócios jurídicos no Código Civil brasileiro de 2002. In: LAGE, Emerson José Alves; LOPES, Mônica Sette (coords.). *Novo Código Civil e seus desdobramentos no direito do trabalho*, p. 69).

(875) Neste sentido, decidiu o STF que "a prescrição, em sede trabalhista, para ser declarada não dispensa a provocação da parte" (Rex n. 111.191/87, 2ª T., Rel. Min. Francisco Rezek, DJU 22.5.1987).

(876) A distinção entre exceção e objeção está relacionada com a possibilidade de o juiz se pronunciar sobre determinada questão de ofício (objeção) ou somente mediante provocação da parte (exceção). Antes da alteração do art. 219, § 5º, do CPC, a prescrição constituía uma exceção (somente poderia ser pronunciada de ofício), mas, depois da aludida alteração, passou a ser uma objeção (o juiz foi autorizado a pronunciá-la de ofício), o que, sem dúvida, aproximou a prescrição da decadência, vez que esta pode ser pronunciada de ofício. Prescrição e decadência passaram, por opção legislativa, a ostentar a mesma natureza (objeção), embora tenham efeitos diversos, como se verá mais adiante.

Não se pode olvidar, contudo, que foi mantida a possibilidade de renúncia à prescrição (art. 191 do Código Civil). Do devedor, portanto, não foi retirada a possibilidade de renunciar à prescrição. Com isso, antes de ser pronunciada a prescrição de ofício, deverá ser conferida ao demandado oportunidade de a ela renunciar. Do contrário, estar-se-ia impedindo o exercício de faculdade que a ordem jurídica reconhece, expressamente, ao demandado. Ofenderá a liberdade do demandado a pronúncia de prescrição sem que se lhe seja concedida a oportunidade de renúncia em favor do julgamento do pedido objeto da demanda (ao renunciar à prescrição, o demandado faz opção pela segurança gerada pela decisão sobre o pedido, em desfavor da que resulta da declaração de prescrição). Afastar a possibilidade de renúncia é contrariar o disposto no art. 191 do Código Civil e, com isso, o art. 5º, II, da Constituição Federal (do qual resulta que ao réu não pode ser imposto um fazer — conformar-se com a declaração da prescrição — contrário ao que determina a ordem jurídica — o réu pode optar pelo julgamento do pedido).

De outro lado, antes de se pronunciar a prescrição, ao autor deve ser conferida oportunidade para demonstrar a sua suspensão ou interrupção, sob pena de violar o seu direito, constitucionalmente reconhecido, à ampla defesa e ao contraditório (para evitar surpresas, o autor deve informar na petição inicial a ocorrência de causa suspensiva ou de interrupção da prescrição).[877]

Prevê o art. 3º, n. 3, do Código de Processo Civil de Portugal que ao juiz não é lícito, "salvo caso de manifesta desnecessidade, decidir questões de direito ou de fato, mesmo que de conhecimento oficioso, sem que as partes tenham tido a possibilidade de sobre elas se pronunciar".[878] No mesmo sentido, o Código de Processo Civil da França dispõe, no art. 16, que: "O juiz deve, em todas as circunstâncias, observar e fazer observar o princípio do contraditório. Ele não pode considerar, na sua decisão, as questões, as explicações e os documentos invocados ou produzidos pelas partes a menos que tenham sido objeto de contraditório. Ele não pode fundamentar sua decisão em questão de direito que suscitou de ofício sem que tenha, previamente, intimado as partes para apresentar suas observações".[879]

É no mesmo sentido o art. 10 do CPC de 2015: "O juiz não pode decidir, em grau algum de jurisdição, com base em fundamento a respeito do qual não se tenha dado às partes oportunidade de se manifestar, ainda que se trate de matéria sobre a qual deva decidir de ofício", prevendo o art. 487, parágrafo único, do CPC de 2015, ainda, que "ressalvada a hipótese do § 1º do art. 332, a prescrição e a decadência não serão reconhecidas sem que antes seja dada às partes oportunidade de manifestar-se", observando-se que o art. 332, § 1º, trata da hipótese de improcedência liminar do pedido (assim, o juiz somente poderá declarar a prescrição — e a decadência — sem conferir às partes oportunidade de manifestação quando se tratar de improcedência liminar do pedido, nos moldes do art. 332 do CPC de 2015). Aliás, o CPC de 2015, ao tratar da prescrição intercorrente, admite a sua declaração de ofício, mas apenas depois que forem ouvidas as partes (art. 921, § 5º).

As soluções colhidas no direito comparado, com autorização no art. 8º da CLT e no CPC de 2015 (arts. 10 e 487, parágrafo único) alcançam a declaração da prescrição de ofício, o que é reforçado pelo fato de ser esta declaração um pronunciamento sobre o mérito, observando-se que o art. 487, parágrafo único, do CPC de 2015, deixa claro que, ressalvada a hipótese de julgamento imediato da demanda, as partes devem ser ouvidas sobre a eventual prescrição da pretensão objeto da demanda.

A parte tem o direito de influenciar na formação do conteúdo das decisões judiciais, o que exige que a ela seja concedida oportunidade de se manifestar sobre as questões de fato ou de direito suscitadas de

(877) Com acerto, portanto, decidiu a 8ª Turma do TST que "a declaração da prescrição de ofício, pelo julgador, sem permitir ao reclamante qualquer possibilidade de manifestação, ocasiona ofensa aos princípios do contraditório e da ampla defesa insertos no inciso LV do art. 5º da Constituição de 1988, tendo em vista impedir a parte de demonstrar possíveis ocorrências legais que impeçam a incidência da prescrição pronunciada" (TST, RR 1080/2007, Rel. Min. Dora Maria da Costa, DEJT 20.2.2009).

(878) A referência à manifesta necessidade invoca a ideia de *contraditório útil*.

(879) Cândido Rangel Dinamarco afirma, tratando do dever de o juiz dialogar com as partes, que a riqueza do art. 16 do Código de Processo Civil francês "tem levado a doutrina a erigi-la também em mandamento universal, inerente à garantia constitucional do contraditório e ao correto exercício da jurisdição" (*Fundamentos do processo civil moderno*, v. I, p. 528). O dever de diálogo está presente, de forma marcante, no processo do trabalho, que não apenas impõe a tentativa de conciliação no início e final da audiência (arts. 846 e 850 da CLT), como impõe ao juiz o dever de, em qualquer fase do processo, esclarecer as partes sobre as vantagens da conciliação, usando os meios adequados de persuasão para a solução conciliatória do litígio (art. 852-H da CLT).

ofício pelo juiz. O poder para conhecer determinadas matérias de ofício não dispensa o juiz do dever de permitir que sobre elas se manifestem as partes, sob pena de negar-lhes o direito de influência na formação da decisão e, com isso, de ofensa ao contraditório.

O caráter dialético do processo, que tem no contraditório a sua expressão máxima, não se apresenta apenas na possibilidade de manifestação sobre argumentos e provas da parte contrária (debate entre as partes), posto que também exige o debate entre o juiz e as partes sobre tudo aquilo que possa ter influência na construção da decisão no caso concreto, o que inclui as matérias passíveis de serem conhecidas de ofício. No Estado Democrático de Direito, toda pessoa tem direito de participar na formação das decisões que a afetarão, o que, em termos de processo judicial, significa que as partes têm direito de participar da construção das decisões pelas quais serão afetadas. O contraditório não se resume à informação sobre atos da parte contrária e à possibilidade de sobre eles se manifestar e de a eles reagir, exigindo, ao contrário, informação e possibilidade de manifestação e reação também em relação a atos do próprio juiz (tanto assim, que a parte pode impugnar as decisões judiciais por meio de recurso). Destarte, toda questão surgida no processo, ainda que relacionada com matéria que o juiz pode conhecer de ofício, deve ser submetida ao debate entre as partes e entre estas e o juiz, evitando-se, com isto, surpresa para as partes (decisão surpresa).[880]

Também no processo do trabalho, desde que respeitada a liberdade de renúncia do demandado e garantida a oportunidade de manifestação das partes (o que será reforçado pelo art. 487, parágrafo único do CPC de 2015, a partir do início da sua vigência), a prescrição pode ser pronunciada de ofício, na medida em que:

a) o direito processual do trabalho não define as condições em que a prescrição poderá ser pronunciada, o que permite o recurso ao CPC como fonte subsidiária do direito do trabalho (art. 769 da CLT);

b) apesar de ser a proteção do trabalhador uma diretriz fundamental do direito do trabalho, do caráter predominantemente alimentar dos créditos decorrentes da relação de emprego e do fato de o *caput* do art. 7º da Constituição Federal apontar como norte a busca da melhoria da condição social

(880) Sobre o contraditório, observa Cândido Rangel Dinamarco que a garantia do contraditório "significa em primeiro lugar que a lei deve instituir meios para a participação dos litigantes no processo e que o juiz deve franquear-lhes esses meios. Mas significa também que o próprio juiz deve participar da preparação do julgamento a ser feito, exercendo ele próprio o contraditório. A garantia resolve-se, portanto, em um direito das partes e deveres do juiz (...). A participação a ser franqueada aos litigantes é uma expressão da ideia, plantada no mundo político, de que o exercício do poder só se legitima quando preparado por atos idôneos segundo a Constituição e a lei, com a participação dos sujeitos interessados. Tem-se por ponto de partida a essencial distinção entre *atos de poder*, que atingirão a esfera jurídica de pessoas diferentes de quem os realiza, e *atos da vontade*, ou negócios jurídicos, que se destinam à autorregulação de interesses (autonomia da vontade). A força vinculante destes tem origem e legitimidade na vontade livremente manifestada. A daqueles, na participação dos destinatários segundo regras pertinentes. Tal é a derivação da conhecida tese da *legitimação pelo procedimento*, lançada em sede de sociologia política e de valia também em relação a todas as áreas de exercício do poder (NIKLAS LUHMANN). Na verdade, o que legitima os atos de poder não é a mera e formal observância dos procedimentos, mas a *participação* que mediante o correto cumprimento das normas processuais tenha sido possível aos destinatários. Melhor falar, portanto, em *legitimidade pelo contraditório e pelo devido processo legal* (...). Para cumprir a exigência constitucional do contraditório, todo modelo procedimental descrito em lei contém, e todos os procedimentos que concretamente se instauram devem conter, momentos para que cada uma das partes *peça, alegue* e *prove*. O autor alega e pede na demanda inicial; instituído o processo mediante o ajuizamento desta, o réu é admitido a *pedir* logo de início, podendo alegar fundamentos de defesa e postular a improcedência da demanda ou a extinção do processo (...). Ambas as partes são admitidas a *produzir provas* dos fatos alegados (...). Ao pedir, cada um dos litigantes, *alega*, isto é, traz fundamentos destinados a convencer o juiz (...). Todo procedimento no processo cognitivo apresenta momentos destinados à dedução de *pedidos* (fase postulatória) e outros à produção de provas e alegações (fase instrutória). Essa é a dinâmica do *pedir-alegar-provar*, em que se resolve o contraditório posto à disposição das partes. Essa participação torna-se criticamente necessária para a defesa dos direitos em juízo quando surge algum ato contrário ao interesse do sujeito. Diz-se então que o contraditório se exerce mediante *reação* aos atos desfavoráveis, venham eles da parte contrária ou do juiz. Reage-se à demanda inicial, contestando; à sentença adversa, recorrendo (...). Por outro lado, a efetividade das oportunidades para participar depende sempre do conhecimento que a parte tenha do ato a ser atacado (...). Atenta a esse quadro de participação dos litigantes, a doutrina vem há tempo identificando o contraditório no binômio *informação-reação* (...). A garantia do contraditório endereça-se também ao juiz, como imperativo de sua função no processo e não mera faculdade (o juiz não tem *faculdades* no processo, senão deveres e poderes) (...). A participação que a garantia do contraditório impõe ao juiz consiste em atos de *direção*, de *prova* e de *diálogo*. A lei impõe ao juiz, entre seus deveres fundamentais no processo, o de participar efetivamente. Tal é a perspectiva do *ativismo judicial*" (*Fundamentos do processo civil moderno*, v. I, p. 517-524).

do trabalhador, a própria Constituição Federal, no art. 7º, XXIX, torna certo que a omissão do trabalhador na oportuna manifestação em juízo de sua pretensão não é isenta de efeitos e que, embora os direitos do trabalhador sejam irrenunciáveis, a pretensão que decorre de sua violação é prescritível;

c) a rápida solução do conflito de interesses submetido ao Judiciário constitui diretriz fundamental do direito processual do trabalho, que, inclusive, impõe ao juiz o dever de atuar neste sentido (art. 765 da CLT);

d) do art. 7º, XXIX, da Constituição Federal infere-se que a proteção do trabalhador e a melhoria da sua condição social possuem um limitador temporal e dependem de sua própria iniciativa no sentido de ter os seus direitos realizados concretamente;

e) o juiz, ao decretar a prescrição, não está criando um fato novo, mas apenas reconhecendo fato já ocorrido, qual seja, a inércia do trabalhador no exercício do seu direito de ação.

Contudo, no processo do trabalho, o juiz tem contato com a petição inicial em audiência, normalmente na presença do demandado já portando a sua defesa. Isso significa que somente na hipótese de o demandado deixar de alegar a prescrição (o que é raro) ou de revelia é que se poderá ventilar a possibilidade de pronúncia da prescrição de ofício. Repita-se que antes de decretar a prescrição o juiz deve ouvir as partes, pelos motivos já expostos.

Encontra-se na doutrina afirmação de incompatibilidade do art. 219, § 5º, do CPC de 1973 com o direito processual do trabalho, sustentando que o art. 7º, *caput*, da Constituição da República impõe a busca da melhoria da condição social do trabalhador, com a qual é incompatível a declaração da prescrição de suas pretensões de ofício, e que ao juiz cumpre atuar no sentido de tornar concreto o direito material do trabalho, sendo a ele vedado, por consequência, declarar de ofício a prescrição das pretensões nele fundadas.

Mauro Schiavi está dentre aqueles que professam que o juiz do trabalho não deve pronunciar a prescrição de ofício, argumentando que:

> "(...) a prescrição tem natureza híbrida, pois se entrelaça tanto no direito material como no processual do trabalho. Embora, hoje, o conceito de prescrição esteja vinculado à extinção de uma pretensão, tal efeito provoca a inexigibilidade do direito, acarretando a extinção do processo com resolução do mérito.
>
> Em tendo o instituto contornos de Direito Material, a interpretação da prescrição no Direito Material do Trabalho não pode estar divorciada dos princípios do Direito Material do Trabalho, dos quais se destacam os da proteção e irrenunciabilidade de direitos.
>
> Ensina Américo Plá Rodriguez que o fundamento do princípio protetor 'está ligado à própria razão de ser do Direito do Trabalho (...)'.
>
> Quanto à irrenunciabilidade de direitos, este princípio impede que o trabalhador abandone um direito, de forma definitiva, que já está incorporado ao seu patrimônio jurídico.
>
> Deve ser destacado que o Processo do Trabalho e o judiciário trabalhista têm por finalidade e função institucional dar efetividade a direitos trabalhistas e garantir a dignidade da pessoa humana, bem como facilitar o acesso do trabalhador à Justiça do Trabalho. Estes fatores que são a razão da existência da Justiça do Trabalho impedem que a prescrição seja pronunciada de ofício pelo Juiz do Trabalho."[881]

Esse autor acrescenta que "o reconhecimento da prescrição, de ofício, pelo Juiz do Trabalho, não propicia a melhoria da condição social do trabalhador, prevista no *caput* do art. 7º da CF. Vale lembrar, que a prescrição é um direito social da classe trabalhadora previsto no inciso XXIX do art. 7º da Constituição Federal (...). Além dos argumentos principiológicos acima mencionados, há um dispositivo previsto na CLT que pode impedir o alento subsidiário do § 5º do art. 219, do CPC. Trata-se do § 1º do art. 884 da CLT que tem a seguinte redação: 'a matéria de defesa será restrita às alegações de cumprimento da decisão ou do

(881) *Manual de direito processual do trabalho*, p. 374.

acordo, quitação ou prescrição da dívida'. Embora o referido dispositivo trate dos embargos à execução e à fase de execução, pode ser transportado para a fase de conhecimento por meio de interpretação analógica e se afirmar, no Processo de conhecimento, por força do citado dispositivo consolidado, que a prescrição depende de iniciativa do demandado, não havendo lacuna na legislação, o que impediria a aplicação do § 5º do art. 219 do CPC. Por derradeiro, ao aplicar a lei, o Juiz deve atender aos fins sociais a que ela se destina e às exigências do bem comum (...). Ainda que se possa sustentar que há compatibilidade entre o § 5º do art. 219 do CPC e o Direito Processual do Trabalho, acreditamos que o Juiz do Trabalho possa deixar de aplicá-lo, por ser socialmente inadequado e injusto, considerando-se os princípios do Direito Material e Processual do Trabalho".[882]

A SDI-I do TST já se pronunciou sobre a questão e o fez no sentido de que:

> "A prescrição é instituto de direito material, cuja aplicação na esfera trabalhista está condicionada às condições estabelecidas no art. 8º e parágrafo único da CLT. A disposição contida no art. 219, § 5º, do CPC, ao determinar a decretação de ofício da prescrição, não se compatibiliza com os princípios que regem o Direito do Trabalho, notadamente o da proteção, que busca reequilibrar a disparidade de forças entre reclamante e reclamada".[883]

1.9.11. Suspensão, interrupção e renúncia da prescrição.

Como estabelecem os arts. 197 e 198 do Código Civil, não corre prescrição: entre cônjuges, na constância da sociedade conjugal; entre ascendentes e descendentes, durante o poder familiar; entre tutelados ou curatelados e seus tutores ou curadores, durante a tutela ou curatela; contra os ausentes do país em serviço público da União, dos Estados ou dos Municípios; contra os que se acharem servindo nas Forças Armadas, em tempo de guerra. Também não corre prescrição contra os menores de 18 anos (art. 440 da CLT).

O art. 199 do Código Civil estabelece que não corre prescrição (a) pendendo condição resolutiva, (b) não estando vencido o prazo e (c) pendendo ação de evicção.

De outro lado, consoante o art. 200 do Código Civil, quando a ação se originar de fato que deve ser apurado no juízo criminal, não correrá prescrição antes da respectiva decisão definitiva. Trata-se da situação em que a pretensão indenizatória pressupõe o trânsito em julgado de decisão proferida no juízo criminal.

O prazo prescricional é suspenso a partir da provocação da Comissão de Conciliação Prévia, recomeçando a fluir, pelo que lhe resta, a partir da tentativa frustrada de conciliação ou esgotamento do prazo fixado em lei para a realização da sessão de tentativa de conciliação (art. 625-G da CLT).

A suspensão da prescrição em favor de um dos credores solidários só aproveita os outros se a obrigação for indivisível (art. 201 do Código Civil).

Também ocorre a suspensão da prescrição quando o processo é suspenso pelo fato de não ter sido encontrado o devedor ou bens penhoráveis (art. 40 da Lei dos Executivos Fiscais e art. 921, § 1º, do CPC de 2015).

A prescrição é interrompida: pelo ajuizamento da demanda; por protesto[884]; por qualquer ato judicial que constitua em mora o devedor; por qualquer ato inequívoco, ainda que extrajudicial, que importe reconhecimento do direito pelo devedor (art. 202 do Código Civil). Os casos de interrupção da prescrição são taxativos, não comportando o art. 202 do Código Civil interpretação extensiva.

(882) *Manual de direito processual do trabalho*, p. 375.

(883) TST, SDI-I, E-RR 10900-71.2008.5.04.0019, Rel. Min. Luiz Philippe Vieira de Mello Filho, DEJT 21.2.2014.

(884) A interrupção da prescrição pelo protesto judicial é admitida pela Orientação Jurisprudencial n. 392 da SDI-I do TST, cuja redação, a partir do CPC de 2015 passou a ser a seguinte: "O protesto judicial é medida aplicável no processo do trabalho, por força do art. 769 e do art. 311 do CPC de 2015. O ajuizamento da ação, por si só, interrompe o prazo prescricional, em razão da aplicabilidade do § 2º do art. 240 do CPC de 2015 (§ 2º do art. 219 do CPC de 1973), incompatível com o disposto no art. 841 da CLT".

Na suspensão, o prazo prescricional já iniciado é paralisado, reiniciando-se seu curso depois de vencido o obstáculo à sua continuidade, sem desprezar o espaço de tempo já transcorrido.

Na interrupção, o curso do prazo prescricional já iniciado é paralisado e, vencido o obstáculo ao seu curso normal, este é retomado, desconsiderando-se o espaço de tempo transcorrido até o momento da interrupção. Como observa Roberto de Ruggiero, "interrupção não é apenas o fato de se sustar o decurso da prescrição, mas sim um fato que destrói a eficácia do tempo que já decorreu, tornando impossível que termine a prescrição começada. Pode iniciar-se um novo período de prescrição, quando tenha terminado o poder de interrupção desse fato, mas é uma prescrição nova a que começa e é necessário que daí por diante decorra inteiramente o tempo exigido pela lei, sendo de todo inútil o decurso anterior, que não pode, como sucede na suspensão, somar-se ao novo período".[885]

Tratando a distinção entre a suspensão e a interrupção da prescrição, afirma Câmara Leal que: "a) o fundamento da suspensão é a impossibilidade ou dificuldade, reconhecida pela lei, para o exercício da ação, de modo que a inércia do titular não pode ser atribuída à negligência; e o fundamento da interrupção é o exercício do direito, posto judicialmente em atividade, cessando, assim, a inércia do titular; b) a suspensão paralisa, apenas, o curso da prescrição, de modo que, cessada a causa que a determinou, o seu curso anterior prossegue, ao passo que a interrupção faz cessar o curso já iniciado e em andamento, não o paralisando, apenas, de maneira que, cessada a causa interruptiva, o seu curso anterior não prossegue, mas se inicia de novo, começando a correr novamente a prescrição; c) as causas suspensivas independem da vontade das partes, são fatos objetivos que ocorrem sem que essas tenham para isso cooperado; as causas interruptivas, pelo contrário, dependem da vontade das partes, são fatos subjetivos, provocados e determinados, diretamente, por essas".[886]

A prescrição pode ser interrompida por qualquer interessado, inclusive pelo sindicato em favor da categoria que representa (art. 203 do Código Civil), mas a interrupção por um credor não aproveita aos outros, da mesma forma que a interrupção operada contra um codevedor, ou seu herdeiro, não prejudica os demais coobrigados (art. 204 do Código Civil). A interrupção da prescrição em relação a um devedor solidário envolve os demais e seus herdeiros (art. 204, § 1º, do Código Civil).

O art. 202 do Código Civil, que aqui é considerado apenas nas situações que podem alcançar crédito decorrente da relação de trabalho, alude à interrupção da prescrição em razão de ato do credor e do devedor (reconhecimento inequívoco do direito do credor, como se dá, por exemplo, com o ajuizamento de ação de consignação em pagamento contemplando todo o crédito).[887]

A prescrição interrompida recomeça a correr da data do ato que a interrompeu, ou do último ato do processo para a interromper (art. 202, parágrafo único, do Código Civil).

Da interrupção da prescrição em razão do ajuizamento de demanda tratamos no item 1.9.7, ao qual remetemos o leitor.

O impedimento e a suspensão decorrem das condições objetivas estabelecidas em lei, enquanto as causas de interrupção se relacionam com a atuação do credor (ou por quem pode atuar em seu favor) ou do devedor, constituindo, portanto, fatos subjetivos. As causas impeditivas impedem o início do curso do prazo prescricional (trata-se de causa preexistente ao início da contagem do prazo prescricional), as causas suspensivas suspendem o curso do prazo prescricional e as causas interruptivas interrompem o curso do prazo prescricional (na suspensão e interrupção, os fatos que a elas dão causa são supervenientes ao início do curso do prazo prescricional).

A prescrição constitui um benefício em favor do devedor. Com isto, o devedor pode, tendo se consumado a prescrição, a ela renunciar (art. 191 do Código Civil). A renúncia deve recair sobre prescrição já

(885) *Instituições de direito civil*, v, I, p. 426.

(886) *Da prescrição e da decadência*, p. 172-173,

(887) Quando a prescrição já se consumou e o devedor reconhece o direito do credor, a hipótese não será de interrupção da prescrição. A interrupção da prescrição ocorre quando, iniciado o curso do prazo respectivo, ocorre fato que, segundo a ordem jurídica, impede a sua continuidade. Neste sentido, afirma Câmara Leal que "interrupção da prescrição é a cessação de seu curso em andamento, em virtude de alguma das causas a que a lei atribui esse efeito" (*Da prescrição e da decadência*, p. 172).

consumada, ou seja, não se pode renunciar à prescrição antes que tenha transcorrido o prazo prescricional, e pode ser expressa (é expressa a renúncia constante de ato declaratório do devedor) ou tácita (é tácita a renúncia no caso de comportamento do devedor incompatível com a extinção do poder do credor de exigir a prestação).

1.9.12. Prescrição da pretensão relativa à concessão de férias ou ao seu pagamento. Prescrição relativa ao 13º salário.

Consoante dispõe o art. 149 da CLT, o termo inicial da prescrição da ação em que se objetiva a concessão de férias ou o pagamento da respectiva remuneração é contado do término do período concessivo. Tal fato se dá porque a pretensão relativa às férias somente pode ser exercida a partir do vencimento do seu período concessivo. Antes do vencimento do período concessivo, não existe pretensão exercitável, o que impede falar em prescrição.

O mesmo raciocínio aplicável às férias alcança o 13º salário, que somente pode ser exigido a partir do dia imediatamente posterior ao dia em que o empregador deveria ter efetuado o seu pagamento.

A prescrição quinquenal somente alcança as férias e o 13º salário cujo momento inicial de exigibilidade antecede os últimos cinco anos, contados da propositura da ação.

1.9.13. Momento adequado para a alegação da prescrição.

Ao réu é lícito alegar a prescrição na instância ordinária (Súmula n. 153 do TST[888]). Esse ponto de vista encontra respaldo no art. 303, III, do CPC de 1973, no art. 342, III, do CPC de 2015, segundo os quais é lícito ao réu deduzir, após a contestação, alegação que, por expressa autorização legal, possa ser formulada em qualquer tempo e grau de jurisdição, e no art. 193 do Código Civil, que autoriza a alegação de prescrição em qualquer grau de jurisdição.

Assim, o réu pode alegar a prescrição na contestação, nas alegações finais, no recurso ordinário e nas contrarrazões ao recurso ordinário aforado pelo reclamante. Contudo, devendo a prescrição ser alegada na instância ordinária, não se admite a sua alegação em memoriais e sustentação oral aduzidos perante o Tribunal ao qual o processo é remetido em razão de recurso da parte vencida.

1.9.14. Quem pode alegar a prescrição.

A prescrição pode ser alegada pela parte a quem aproveita (art. 193 do Código Civil), assim como pelo Ministério Público em favor de entidade de direito público quando atua na qualidade de *custos legis*, porquanto trata-se, por força da Lei n. 11.277/2006, de questão que o juiz pode conhecer de ofício (deve ser revista, portanto, a Orientação Jurisprudencial n. 130 da SDI-I do TST, que nega ao Ministério Público a legitimidade para alegar a prescrição nesta hipótese).

1.9.15. Prescrição intercorrente.

Da previsão constante do art. 202, parágrafo único, do Código Civil, no sentido de que a prescrição interrompida recomeça a correr da data do ato que a interrompeu, ou do último ato do processo que a interrompeu,[889] resulta que a prescrição pode ocorrer no curso do processo, o que é reforçado pelo art. 40 da Lei dos Executivos Fiscais e art. 921 do CPC de 2015, que se referem, expressamente, à prescrição intercorrente.

O CPC de 1973 não trata de forma expressa da prescrição intercorrente, ao passo que o CPC de 2015 prevê a extinção da execução pela prescrição intercorrente (art. 924, V). De acordo com o art. 921 do CPC

(888) *"Não se conhece de prescrição não arguida na instância ordinária."*

(889) O artigo fala em *processo* que interrompeu a prescrição, mas não é o processo que interrompe a prescrição, mas a propositura da demanda, ato que faz surgir o processo. Com isso, por último ato do processo que a interrompeu deve-se entender último ato praticado no processo surgido com a propositura da demanda que levou à interrupção da prescrição.

de 2015:

a) suspende-se a execução quando o executado não possuir bens penhoráveis (art. 921, III);

b) na hipótese de suspensão da execução em razão de o executado não possuir bens penhoráveis, a execução será suspensa por um ano, durante o qual se suspenderá a prescrição (art. 921, § 1º);

c) decorrido o prazo máximo de um ano sem que seja localizado o executado ou sejam encontrados bens penhoráveis, o juiz ordenará o arquivamento dos autos (art. 921, § 2º);

d) os autos serão desarquivados para prosseguimento da execução se a qualquer tempo forem encontrados bens penhoráveis (art. 921, § 3º);

e) decorrido o prazo de um ano da suspensão da execução (e não do arquivamento do processo) sem manifestação do exequente, começa a correr o prazo de prescrição intercorrente (art. 921, § 4º);

f) o juiz, depois de ouvidas as partes, no prazo de 15 dias, poderá, de ofício, reconhecer a prescrição intercorrente e extinguir o processo (art. 921, § 5º).

Prescrição intercorrente é, destarte, a extinção da pretensão como consequência da omissão da parte no impulso do processo, a ser alegada, como aduz Vitor Salino de Moura Eça, "após o implemento temporal decorrente da inércia da parte que, intimada, não praticou atos processuais de sua exclusiva alçada".[890]

Contudo, não existe consenso sobre a possibilidade de se falar em prescrição intercorrente no processo do trabalho. Baste ver, neste sentido, que o STF, na Súmula n. 327, adotou o entendimento de que "o direito trabalhista admite a prescrição intercorrente", enquanto o TST, na Súmula n. 114, optou por afirmar que "é inaplicável na Justiça do Trabalho a prescrição intercorrente".

Para Aroldo Plínio Gonçalves, "com a Súmula 114, quis o Excelso Pretório Trabalhista dizer que, uma vez proposta uma Reclamação, não se pode decretar prescrição, se os autos ficarem paralisados em Juízo, em Cartório ou na Secretaria, por período superior a 2 (dois) anos".[891]

Aroldo Plínio Gonçalves afirma que "os defensores da prescrição intercorrente no processo do trabalho se apegam aos arts. 172, I, e 173 do Código Civil, prevendo o primeiro que a prescrição era interrompida pela citação feita ao devedor, ainda que ordenada por juiz incompetente e, o segundo, que a prescrição interrompida recomeça a correr da data do ato que a interrompeu, ou do último do processo para a interromper, respectivamente", e conclui que "atualmente, porém, as coisas não se passam mais como outrora: interrompida pela citação do devedor, a prescrição só recomeça a correr depois de passar em julgado a sentença. Os arts. 172, I e IV, e 173 do Código Civil inseriam-se e adequavam-se, com perfeição, a outro sistema processual, isto é, ao do Regulamento n. 737, de 1850, ou aos Códigos Estaduais em que a 'instância se interrompia' pela inatividade das partes que poderiam 'espreguiçar-se por longo tempo'; em que 'renovava-se a instância' e em que 'suspensão e renovação poderiam suceder-se, indefinidamente, alternando-se'".[892]

Para Aroldo Plínio Gonçalves, "com o advento do Código de Processo Civil nacional de 1939 (...), principalmente consagrando (...) o impulso processual de ofício, surgiu a necessidade de uma imediata e radical transformação. A instância, palavra então sinônima de relação processual, não mais se suspendia pela 'inatividade das partes'. O impulso processual passou a ser do Juiz, independentemente de pedido dos litigantes (...). A partir do Cód. de Proc. Civil de 1939, proposta ou 'instalada a ação', enquanto existente a 'instância' ou relação processual (que não mais se suspendia pelo tempo decorrido em razão da inatividade da parte), não haveria mais falar em 'prescrição' (...). Este instituto que implica algo mais que a perda da ação tem finalidade essencialmente prática, imposta pela 'paz social' em favor da tranquilidade da ordem jurídica. Esta exige que o devedor satisfaça aquilo a que se obrigou e defere ao sujeito ativo valer-se dos

(890) *A prescrição intercorrente no processo do trabalho*, p. 27. Para esse doutrinador, prescrição intercorrente "é a que se verifica durante a realização do processo, seja na fase de conhecimento (...), seja na fase executória, por abandono de quem deduz a pretensão ou a executa, sem que sua inércia possa ser suprida pelo julgador". (*Op. cit.*, p. 48).

(891) *A prescrição no processo do trabalho*, p. 62.

(892) *A prescrição no processo do trabalho*, p. 63-64.

meios sancionatórios contra quem quer que vulnera o seu direito. Entretanto, se este permanece inerte, por longo tempo, deixando que se constitua uma situação contrária a seu direito, aceitar que mais tarde reviva o passado, seria deixar em perpétua incerteza a vida social (...). Todavia, se agiu, interrompida fica a prescrição que só recomeça a correr depois de passar em julgado a sentença, não sendo mais permitido, desde então, falar-se em 'prescrição intercorrente'".[893]

Aroldo Plínio Gonçalves assinala, ainda, que "o Cód. de Proc. Civil de 1939, com o impulso processual de ofício pelo juiz (...), baniu a figura da 'prescrição intercorrente' (...). De igual modelo, e até mais explícito, o Cód. de Proc. Civil, de 1973, repete a orientação do direito anterior, ao dizer, no art. 125, I, que o Juiz velará pela rápida solução do litígio e no art. 262 — a grande pedra de toque — está que 'o processo civil começa por iniciativa da parte, mas se desenvolve por impulso oficial'. É, contudo, desnecessária a invocação de dispositivos processuais civis, diante do que, no mesmo sentido, determina norma específica do Processo do Trabalho. O art. 765 da CLT, encampou o mesmo princípio do impulso oficial (...). Aí, a regra consolidada a anunciar que não cabe também no Processo do Trabalho a 'prescrição intercorrente': os juízes 'velarão pelo andamento rápido das causas' e a paralisação jamais pode ser atribuída à parte".[894]

Para Mauricio Godinho Delgado, "há uma situação que torna viável, do ponto de vista jurídico, a decretação da prescrição na fase executória do processo do trabalho — situação que permite harmonizar, assim, os dois verbetes de súmula acima especificados (Súmula n. 327, STF, e Enunciado n. 114, TST). Trata-se da omissão reiterada do exequente no processo, em que ele abandona, de fato, a execução, por um prazo superior a dois anos, deixando de praticar, por exclusiva omissão sua, atos que tornam fisicamente possível a continuidade do processo. Nesse específico caso, arguida a prescrição, na forma do art. 884, § 1º, CLT, pode ela ser acatada pelo juiz executor".[895]

A CLT admite a alegação de prescrição na execução, dispondo que ao executado é lícito alegar, em embargos, a prescrição da dívida (art. 884, § 1º, CLT). Esta previsão autoriza concluir que ao executado é lícito alegar, nos embargos, a prescrição da pretensão executiva não manifestada em juízo no tempo próprio. A hipótese, portanto, não é de prescrição intercorrente.

Examinando o art. 884, § 1º, CLT em conjunto com o art. 40, § 4º, da Lei n. 6.830/80, conclui-se que, nos embargos à execução, pode ser alegada a prescrição intercorrente quando se tratar de execução de crédito da Fazenda Pública (a prescrição pode ser declarada até mesmo de ofício, diante do que estabelece o art. 40, § 4º, da Lei n. 6.830/80).

Assim, na execução de crédito da Fazenda Pública promovida pela Justiça do Trabalho, a pretensão executiva pode ser extinta pela prescrição intercorrente. Com isto, não sendo localizado o devedor ou bens passíveis de penhora, o processo será suspenso, não correndo, nesses casos, a prescrição (art. 40 da Lei n. 6.830/80). Suspenso o processo, será aberta vista dos autos à Fazenda Pública (art. 40, § 1º, da Lei n. 6.830/80). Decorrido o prazo máximo de um ano (contado do momento da suspensão do processo), sem que seja localizado o devedor ou encontrados bens penhoráveis, o juiz ordenará o arquivamento do processo (art. 40, § 2º, da Lei n. 6.830/80). Se da decisão que ordenar o arquivamento tiver decorrido o prazo prescricional, o juiz, depois de ouvida a Fazenda Pública, poderá, de ofício, reconhecer a prescrição intercorrente e decretá-la de imediato (art. 40, § 4º, da Lei n. 6.830/80).

Contudo, o mesmo não ocorre na execução de dívida de natureza trabalhista. O direito processual do trabalho não contém norma que discipline a prescrição intercorrente e a Lei n. 6.830/80 somente diz respeito a crédito da Fazenda Pública. É certo que o Código Civil (que constitui fonte subsidiária do direito do trabalho, por força do art. 8º, parágrafo único, da CLT) estabelece, no art. 202, parágrafo único, que a prescrição interrompida pela propositura da ação recomeça a correr da data do último ato do processo, admitindo, então, a prescrição no curso do processo, isto é, a prescrição intercorrente. Ao juiz do trabalho foi imposto o dever de zelar pela mais rápida solução do litígio (art. 765 da CLT), o que se explica pelo fato de

(893) *A prescrição no processo do trabalho*, p. 64-65.
(894) *A prescrição no processo do trabalho*, p. 65-66.
(895) *Curso de direito do trabalho*, p. 275-276.

a mais rápida solução do litígio interessar à própria sociedade e em razão da natureza predominantemente alimentar do crédito decorrente da relação de emprego. Com isso, cumpre ao juiz suprir eventual omissão da parte no impulso do processo, o que impede falar em prescrição intercorrente no processo do trabalho.

Vitor Salino de Moura Eça, depois de afirmar que a "prescrição intercorrente é um instituto de direito processual, que importa na ineficácia do exercício da pretensão em decorrência da inatividade do demandante em efetivar atos processuais de sua alçada exclusiva, por prazo superior ao que lhe foi consagrado para deduzir a pretensão em juízo", sustenta, com esteio no art. 40 da Lei n. 6.830/80, na Emenda Constitucional n. 45/2004, no art. 219, § 5º, do CPC e no art. 5º, LXXVIII, da Constituição Federal, que, "mesmo nos casos em que o trabalhador, em demanda típica, estiver sujeito ao fim do exercício de sua pretensão ou título executivo, pela prescrição, ainda assim, se intimado a pronunciamento, deixar escapar tal oportunidade, após o lapso temporal assinalado, deverá ver extinto o processo no qual deixou de manejar seu interesse, nas hipóteses cujo impulso não possa suprir. Várias são as ocasiões nas quais pode ocorrer. É assim com o devedor numa Execução Fiscal, quando a demanda voltar seu vetor executivo contra o trabalhador ou prestador de serviços, ou mesmo para beneficiar o empregador ou tomador de serviços, quando este demandar contra o Poder Executivo, como num mandado de segurança ou numa anulatória de infração lavrada pela União Federal. Não é só, afinal, não é justo que o credor sujeite o devedor eternamente ao seu jugo, impedindo que o tempo que a tudo consome exerça sua força numa situação jurídica processual".[(896)]

Esse doutrinador aduz que "a prescrição intercorrente não pode ser considerada em matéria processual do trabalho num setor e desertar noutro. Assim, não pode ser aplicada pelo Supremo Tribunal Federal, como base na Súmula n. 327, e ser desconsiderada no Tribunal Superior do Trabalho, com fincas na Súmula n. 114, deste último. Igualmente, jamais pode ser o caso de sua aceitação nas demandas que envolvem executivos fiscais e não ser nas demais. Além disso, gerar a inconsistência aqui tratada, atenta contra as garantias processuais constitucionais. Ademais, sequer no campo do direito positivo há guarita para tanto, pois o art. 889/CLT, que autoriza expressamente a utilização da LEF nas execuções processadas perante a Justiça do Trabalho, não faz qualquer restrição nas hipóteses de aplicabilidade".[(897)]

A nosso juízo, o art. 40, § 4º, da Lei n. 6.830/80 não pode ser aplicado fora da hipótese de que trata (execução de crédito da Fazenda Pública), vez que não se pode afirmar a omissão do credor e, com isto, a ocorrência da prescrição, quando o devedor ou seus bens penhoráveis não sejam encontrados. Prescrição é extinção da pretensão em razão da omissão no seu exercício e omissão não há quando a paralisação do processo não pode ser imputada ao credor. Ademais, o texto legal em exame não trata propriamente de prescrição, posto que esta atinge a pretensão cujo titular seja omisso no seu exercício e o fato de o devedor não ser encontrado ou de não serem encontrados bens penhoráveis não se equipara à omissão do credor no exercício de sua pretensão. O que o legislador fez foi criar uma nova modalidade de extinção da execução de créditos da Fazenda Pública, denominando-a prescrição intercorrente. Trata-se, assim, de uma assimilação da não localização do devedor e de seus bens ou de sua incapacidade de fornecer os dados necessários à localização do devedor ou de bens passíveis de penhora à omissão do credor na promoção do regular desenvolvimento do processo, mas apenas para efeito de possibilitar a extinção da execução fiscal (pode-se falar, assim, em prescrição por assimilação).

Se o Estado, com todos os meios de que dispõe, não for capaz de, na execução fiscal, fornecer dados sobre o paradeiro do devedor ou sobre o seu patrimônio, outra não pode ser a solução senão a extinção da execução. Na execução de crédito trabalhista, o credor, que geralmente é o trabalhador, não dispõe dos meios de que o Estado pode lançar mão para efeito de satisfação de seu crédito, razão pela qual não podem ser equiparados o Estado-credor e o trabalhador-credor, para efeito de aplicação, em relação ao crédito trabalhista, do disposto no art. 40, § 4º, da Lei n. 6.830/80. Acrescente-se que o art. 40, § 4º, da Lei n. 6.830/80 estabelece uma restrição ao direito da atuação do Estado-juiz para a satisfação de direitos assegurados à ordem jurídica. Como as regras restritivas devem ser interpretadas restritivamente, a citada norma jurídica não pode ser aplicada fora da hipótese nela tratada.

---

(896) *A prescrição intercorrente no processo do trabalho*, p. 43, 157-160.
(897) *A prescrição intercorrente no processo do trabalho*, p. 112.

A necessidade de estabilidade nas relações sociais e de segurança jurídica não se sobrepõe à necessidade de plena satisfação de créditos de caráter predominantemente alimentar.

Mesmo o fato de o CPC de 2015 permitir a extinção da execução em razão de prescrição intercorrente não afeta a nossa conclusão, na medida em que persiste a incompatibilidade deste instituto com o direito processual do trabalho.

Em suma, a prescrição intercorrente somente pode ser decretada, no processo do trabalho, na execução de créditos da Fazenda Pública.

Cumpre recordar que a prescrição executiva, como é reconhecida pela Súmula n. 150 do STF, prescreve no mesmo prazo em que prescreve a pretensão ao reconhecimento do direito. Com isto, sendo admitida a aplicação da prescrição intercorrente em caráter amplo no processo do trabalho, não se pode olvidar que, antes de sua pronúncia, o credor deverá ser prévia e pessoalmente intimado para a prática do ato que lhe compete, no prazo que lhe for assinalado (note-se que, mesmo o art. 40, § 4º, da Lei n. 6.830/80, torna necessária a prévia oitiva do credor antes do decreto da prescrição). Destarte, se da decisão que ordenar o arquivamento do processo tiver decorrido o prazo de dois anos, o juiz, depois de intimada pessoalmente a parte para impulsionar o processo, poderá, de ofício ou a requerimento do devedor, reconhecer a prescrição intercorrente e decretá-la de imediato, se a parte se mantiver inerte.

1.9.16. Prescrição da pretensão reparatória de danos. Dano instantâneo e dano continuado.

A prescrição relativa à pretensão de indenização de danos é regida, no caso de relação de emprego, pelo art. 7º, XXIX, da Constituição.

A pretensão reparatória de danos fundada em relação de trabalho distinta da de emprego tem a sua prescrição fixada no Código Civil.

A prescrição tem como termo inicial a extinção da relação de trabalho, mas a eficácia da pretensão somente alcança os cinco anos anteriores à propositura da ação (jurisprudência predominante).

Contudo, o dano pode ser continuado ou instantâneo.

No caso de dano continuado, ou seja, de dano que se prolonga no tempo, a eficácia da pretensão também se prolonga no tempo. Com isso, enquanto persistirem os efeitos do ato danoso, persistirá a eficácia da pretensão à sua reparação (aplica-se, aqui, o mesmo raciocínio que conduz à afirmação da prescrição apenas parcial quando se trate de equiparação salarial e desvio funcional — Súmula n. 6, IX, do TST e Súmula n. 275, I, do TST). Destarte, se o ato lesivo ocorreu mais de cinco anos antes da propositura da ação, mas os seus efeitos alcançam os cinco anos anteriores à propositura da ação, não há que se falar em prescrição da pretensão reparatória. No caso dos danos contínuos, a pretensão reparatória é, de certa forma, também contínua, ou seja, ela surge a cada momento em que se apresenta o dano resultante do ato lesivo e em cada um deles tem início o prazo prescricional.

De outro lado, se o ato lesivo causa dano instantâneo e ambos ocorrem mais de cinco anos antes da propositura da ação, prescrita está a pretensão reparatória.

1.9.17. Aposentadoria por invalidez e prescrição.

A prescrição bienal tem como termo inicial a rescisão do contrato de trabalho. A aposentadoria por invalidez suspende o contrato de trabalho (art. 475 da CLT). Com isso, não corre prescrição bienal em relação à ação de que dispõe o trabalhador aposentado por invalidez.

Essa conclusão é autorizada, ainda, pelo art. 199, I, do Código Civil, do qual se infere que não corre prescrição durante a suspensão do contrato de trabalho.

De acordo com a Orientação Jurisprudencial n. 375 da SDI-I do TST, "a suspensão do contrato de trabalho, em virtude da percepção do auxílio-doença ou da aposentadoria por invalidez, não impede a fluência da prescrição quinquenal, ressalvada a hipótese de absoluta impossibilidade de acesso ao Judiciário". No entanto, a prescrição trabalhista possui duas espécies (bienal e quinquenal) e ambas são alcançadas pelos fatos impeditivos de sua fluência.

1.9.18. Uniformizando a sua jurisprudência, o TST editou várias súmulas e orientações jurisprudências tratando da prescrição, sendo valiosa a alusão a algumas delas.

Consoante a Súmula n 156 do TST, "Da extinção do último contrato começa a fluir o prazo prescricional do direito de ação em que se objetiva a soma de períodos descontínuos de trabalho". Destarte, sendo celebrados dois ou mais contratos, havendo pedido de reconhecimento de existência de contrato único (unicidade contratual), considerar-se-á a rescisão do último contrato de trabalho como termo inicial da prescrição bienal.

A prescrição da pretensão relativa às parcelas remuneratórias alcança o respectivo recolhimento da contribuição para o FGTS (Súmula n. 206 do TST).[898]

Na ação de equiparação salarial (art. 461 da CLT), a prescrição é parcial, e só alcança as diferenças salariais vencidas no período de cinco anos que precedeu o ajuizamento (Súmula n. 6, IX, do TST). Na ação que objetive corrigir desvio funcional, a prescrição só alcança as diferenças salariais vencidas no período de cinco anos que precedeu o ajuizamento (Súmula n. 275, I, do TST). Nessas duas situações, o prejuízo do trabalhador se apresenta mensalmente e não apenas no momento em que se verifica a identidade de função ou o desvio funcional.

Em se tratando de pedido de reenquadramento, a prescrição é total, contada da data do enquadramento do empregado (Súmula n. 275, II, do TST).

Tratando-se de ação que envolva pedido de prestações sucessivas decorrentes de alteração do pactuado, a prescrição é total, exceto quando o direito à parcela também esteja assegurado por preceito de lei (Súmula n. 294 do TST).[899]

A norma constitucional que ampliou a prescrição da ação trabalhista para cinco anos é de aplicação imediata e não atinge pretensões já alcançadas pela prescrição bienal quando da promulgação da Constituição de 1988 (Súmula n. 308, II, do TST).

Tratando-se de pedido de complemento de aposentadoria oriunda de norma regulamentar e jamais pago ao ex-empregado, a prescrição aplicável é a total, começando a fluir o biênio a partir da aposentadoria (Súmula n. 326 do TST). A pretensão à diferença de complemento de aposentadoria se sujeita à prescrição parcial e quinquenal, salvo se o pretenso direito decorrer de verbas não recebidas no curso da relação de emprego e já alcançadas pela prescrição, à época da propositura da ação (Súmula n. 327 do TST).

---

(898) O acessório (reflexos de parcela remuneratória no FGTS) segue a sorte do principal (parcela remuneratória não paga no curso da relação de emprego).

(899) É ilícita a alteração contratual lesiva ao trabalhador (art. 468 da CLT). Se esta alteração ocorreu mais de cinco anos antes da propositura da reclamação trabalhista, duas possibilidades existem em relação à prescrição, segundo a Súmula em destaque: a) se foi suprimida ou reduzida vantagem assegurada por preceito de lei, a prescrição será parcial (o trabalhador receberá o valor correspondente à vantagem suprimida ou reduzida relativamente aos cinco anos anteriores à propositura da reclamação); b) se a supressão ou redução alcançou vantagem não assegurada por preceito de lei, a prescrição será total (o trabalhador nada receberá). Note-se, contudo, que o art. 468 da CLT considera ilícita a alteração das condições de trabalho que sejam lesivas ao trabalhador, sem fazer qualquer distinção em relação à origem do benefício suprimido ou objeto de redução, o que significa que a ilicitude não se dá apenas quando a alteração alcança benefício estabelecido por preceito de lei. Destarte, o citado artigo não permite falar em direitos de indisponibilidade absoluta (direitos assegurados por preceito de lei, cujo desrespeito implicaria ilicitude de maior relevância) e de indisponibilidade relativa (direitos não assegurados por preceito de lei, cujo desrespeito implicaria ilicitude de menor relevância) e, com isto, estabelecer, quanto aos atos ilícitos praticados pelo empregador, prazos prescricionais diferenciados. A solução adotada pela Súmula desconsidera, ainda, o fato de o trabalhador, com receio de perder o emprego, somente recorrer à justiça depois da rescisão do contrato de trabalho. Com isto, o trabalhador acaba penalizado em razão de seu receio, cuja razoabilidade não pode ser negada. Ademais, não se pode, ainda que a pretexto de tratar de prazo prescricional, estabelecer gradação de valor entre os direitos decorrentes da relação de emprego, em especial em um modelo jurídico que prestigia a fixação de condições de trabalho por meio da negociação coletiva (art.114, §§ 1º e 2º, da Constituição Federal).

A transferência do regime jurídico de celetista para estatutário implica extinção do contrato de trabalho, fluindo o prazo prescricional a partir da mudança de regime (Súmula n. 382 do TST).

A supressão das comissões, ou a alteração quanto à forma ou ao percentual, em prejuízo do empregado, é suscetível de operar a prescrição total da ação, nos termos da Súmula n. 294 do TST, em virtude de cuidar-se de parcela não assegurada por preceito de lei (Orientação Jurisprudencial n. 175 da SDI-I do TST).

1.9.19. Decadência e prescrição.

Há quem negue qualquer distinção entre decadência e prescrição. Neste sentido, aduz Aroldo Plínio Gonçalves que "não existe diferença ontológica entre PRESCRIÇÃO e DECADÊNCIA. E modernamente é de todo vazio de significado afirmar-se que na PRESCRIÇÃO haveria a perda da ação e na DECADÊNCIA, a perda do direito. A questão é de pura política legislativa: quando o legislador quis que o prazo não se interrompesse nem se suspendesse, disse que se tratava de DECADÊNCIA; quando, ao contrário, faculta que o prazo possa ser interrompido ou suspenso, disse tratar-se de PRESCRIÇÃO. A eleição é do legislador que ora impõe prazos fatais e peremptórios, ora permite a suspensão e interrupção. Nisto, só nisto, a distinção".[900]

No entanto, prevalece na doutrina a concepção segundo a qual não se confundem a decadência e a prescrição.

Não existe, no entanto, consenso doutrinário sobre o melhor critério para a distinção entre estes dois institutos.

Para efeito desta distinção, é afirmado que:

1) a prescrição atinge a pretensão, enquanto a decadência atinge o direito;

2) a prescrição pode ser interrompida ou suspensa (arts. 197 e 202 do Código Civil), o que não ocorre com a decadência, cujo prazo corre continuamente, sem interrupção ou suspensão, salvo expressa previsão legal em contrário (art. 207 do Código Civil);[901]

3) o benefício representado pela prescrição pode ser objeto de renúncia, tácita ou expressa (art. 191 do Código Civil), ao passo que é nula a renúncia à decadência fixada em lei (art. 209 do Código Civil);

4) a decadência corresponde, normalmente, a direitos potestativos — em que há, portanto, uma faculdade aberta ao agente para produzir efeitos jurídicos válidos, segundo sua estrita vontade. Já a prescrição corresponde a direitos reais e pessoais, que envolvem, assim, uma prestação e, em consequência, uma obrigação da contraparte.[902]

5) na decadência são simultâneos o nascimento do direito e da ação; a mesma simultaneidade verifica-se quanto à sua própria extinção. No instituto da prescrição, ao contrário, a ação nasce depois do direito, após a sua violação, perecendo sem que ele se extinga.[903]

Da lesão de um direito surge, para o seu titular, a pretensão. Esta pretensão é extinta quando não manifestada no tempo próprio. Assim, a prescrição está relacionada com o não exercício no prazo próprio de uma pretensão, surgida da violação de um direito a uma prestação. De seu turno, a decadência diz

(900) *A prescrição no processo do trabalho*, p. 18, nota de rodapé.

(901) O CPC de 2015 dispõe, no art. 240 que o despacho do juiz que ordena a citação interrompe a prescrição (§ 1º) e que a interrupção retroagirá à data da propositura da ação, se a citação ocorrer no prazo de dez dias (§ 1º). O CPC de 2015 também prevê que o efeito retroativo da interrupção estabelecido no § 1º do art. 240 "aplica-se à decadência". A hipótese, no entanto, não é de *suspensão da decadência*, na medida em que, sendo proposta a ação no prazo próprio não ocorrerá a extinção do direito (fica afastada, assim, a decadência). O que retroage é o efeito da propositura da ação, ou seja, ela evita a extinção do direito considerando-se como momento próprio para verificar se este fato a data do despacho que ordenou a citação. Desse modo, se foi proposta a ação (o que em tese afasta a decadência, mas a citação ocorreu fora do prazo legal, para efeito de verificação da extinção, ou não, do direito, deverá ser observada a data da citação e não a do despacho que a ordenou).

(902) DELGADO, Maurício Godinho. *Curso de direito do trabalho*, p. 247.

(903) DELGADO, Maurício Godinho. *Curso de direito do trabalho*, p. 248.

respeito ao direito, que é extinto pelo decurso do tempo. A inércia constitui, portanto, a causa da prescrição e da decadência, mas elas recaem sobre objetos distintos, quais sejam, a pretensão e o direito, respectivamente.

Câmara Leal afirma que "prescrição é a extinção de uma ação ajuizável, em virtude da inércia do seu titular durante certo lapso de tempo, na ausência de causas preclusivas de seu curso. Aí estão, a dar-lhe corpo e individualidade, seus diversos elementos integrantes: objeto, causa eficiente, fator operante, fator neutralizante e efeito. Seu objeto: a ação ajuizável; seu fator operante: o tempo; seu fator neutralizante: as causas legais preclusivas de seu curso; seu efeito: extinguir as ações".[904]

Para Câmara Leal a decadência é a "extinção do direito pela inércia do seu titular, quando sua eficácia foi, de origem, subordinada à condição de seu exercício dentro de um prazo prefixado, e este se esgotou sem que esse exercício se tivesse verificado".[905]

Tratando da distinção entre prescrição e decadência, Câmara Leal aponta três traços distintivos entre elas: a) objeto: "a decadência extingue, diretamente, o direito e, com ele, a ação que o protege; a prescrição extingue, diretamente, a ação e, com ela, o direito que protege (...). A decadência é causa direta e imediata de extinção de direitos; a prescrição só os extingue mediata e diretamente"; b) momento do início: "se a decadência começa a correr, como prazo extintivo, desde o momento em que o direito nasce, a prescrição não tem o seu início com o nascimento do direito, mas só começa a correr desde o momento em que o direito é violado, ameaçado ou desrespeitado, porque nesse momento é que nasce a ação, contra a qual a prescrição se dirige"; c) diversidade de natureza do direito que se extingue: "a decadência supõe um direito que, embora nascido, não se tornou efetivo pela falta de exercício; ao passo que a prescrição supõe um direito nascido e efetivo, mas que pereceu pela falta de proteção da ação, contra a violação sofrida".[906]

Dá-se a prescrição quando é fixado prazo para a manifestação de uma pretensão, surgida com a violação do direito, em juízo (trata-se, portanto, de prazo para a defesa judicial de direito violado), ao passo que de decadência se trata quando é fixado prazo para o exercício de um direito (não é fixado prazo para a defesa do direito, mas para o seu próprio exercício).

Por fim, com esteio na distinção, para a qual chamou a atenção Giuseppe Chiovenda, entre direito à prestação e direito potestativo, é afirmado que a prescrição somente alcança o direito à prestação. Para Giuseppe Chiovenda, os direitos pertencem a duas categorias, quais sejam, "direitos tendentes a um bem da vida a conseguir-se, antes de tudo, mediante a prestação positiva ou negativa de outros (direitos a uma prestação)" e "direitos tendentes à modificação do estado jurídico existente (direitos potestativos)", sendo por ele aduzido que os direitos potestativos carecem "daquilo que é característico dos direitos a uma prestação, ou seja, precisamente a obrigação de uma pessoa de realizar uma prestação. Em muitos casos, a lei concede a alguém o poder de influir, com sua manifestação de vontade, sobre a condição jurídica de outro, sem o concurso da vontade desde: a) ou fazendo cessar um direito ou um estado jurídico existente; b) ou produzindo um novo direito, ou estado ou efeito jurídico" e que o poder conferido ao titular do direito é exercitado e atua "mediante simples declaração de vontade, mas, em alguns casos, com a necessária intervenção do juiz (sentença constitutiva ...)" e tende "à produção de um efeito jurídico a favor de um sujeito e a cargo de outro, o qual nada deve fazer, mas nem por isso pode esquivar-se àquele efeito, permanecendo sujeito à produção. A sujeição é um estado jurídico que dispensa o concurso da vontade do sujeito, ou qualquer atitude dele".[907]

Consoante Giuseppe Chiovenda, "os direitos potestativos, por sua própria natureza, já que não se dirigem contra uma obrigação, mas se exaurem no poder jurídico de produzir um efeito jurídico, e se exercitam com uma simples declaração de vontade, com ou sem o concurso da sentença judicial, não podem ser lesados por ninguém".[908]

(904) *Da prescrição e da decadência*, p. 12. Causas preclusivas da prescrição são, segundo esse doutrinador, "as diversas circunstâncias que, por determinação da lei, impedem que a prescrição tenha início, ou a suspendem temporariamente" (*Op. cit.*, p. 28).

(905) *Da prescrição e da decadência*, p. 101.

(906) *Da prescrição e da decadência*, p. 100-101.

(907) *Instituições de direito processual civil*, v. I, p. 31.

(908) *Instituições de direito processual civil*, v. I, p. 36.

Como a prescrição pressupõe lesão ao direito (da qual decorre a pretensão) e os denominados direitos potestativos, consistentes no poder de intervir na esfera jurídica de outrem, não podem ser lesados (a eles não corresponde uma prestação), é afirmado serem eles imprescritíveis, embora possam ser alcançados pela decadência.[909]

6) Prescrição e preclusão temporal.

A preclusão pode resultar do transcurso do prazo para a prática do ato processual (preclusão temporal), da prática do ato processual que se pretende praticar (preclusão consumativa) e da prática de ato processual incompatível com o que se pretende praticar (preclusão lógica).

A preclusão temporal não se confunde com a prescrição, vez que esta atinge a pretensão surgida da violação do direito e, aquela, o direito de praticar determinado ato processual.

1.9.20. Prescrição e perempção.

A prescrição não se confunde com a perempção.

Perempção é a perda do direito de demandar perante a Justiça do Trabalho, isto é, do direito de ação, pelo fato de o titular da pretensão ter dado causa ao arquivamento de duas reclamações por ele propostas em razão do não comparecimento nas audiências designadas (arts. 731 e 732 da CLT). Trata-se, no entanto, de perempção temporal, visto que, como se vê dos arts. 731 e 732 da CLT, o autor das reclamações arquivadas fica impedido de ajuizar nova demanda pelo prazo de seis meses.

Vale anotar, para deixar claro em que consiste a perempção que, ajuizada a demanda e sendo designada audiência, nela deverão estar presentes o autor e o réu (art. 843 da CLT), sob pena de arquivamento do processo respectivo, no caso de ausência do autor (art. 844), ao passo que o arquivamento do processo não impede a repetição da demanda (aplicação do art. 268, *caput*, do CPC de 1973 e do art. 486 do CPC de 2015).

Diante da possibilidade da repetição da demanda, não há como negar a possibilidade de novo arquivamento em razão da ausência do autor na audiência designada. Neste caso é que ocorrerá a perempção, ou seja, o autor perderá o direito de ação, durante seis meses, por ter dado causa a dois arquivamentos de demandas por ele propostas.

A perempção decorre do abandono da causa em duas oportunidades, sendo este abandono traduzido pelo não comparecimento nas audiências designadas nos processos respetivos.

Em suma, a perempção atinge o direito de ação, ao passo que a prescrição atinge a pretensão surgida da violação do direito.

Acolhendo a alegação de perempção, o juiz extinguirá o processo, sem provimento de mérito (art. 267, V, do CPC de 1973 e art. 485, V, do CPC de 2015) e, ainda, que, no direito processual civil, há previsão no sentido de que o autor que der causa, por três vezes, à extinção do processo em razão do abandono da causa por mais de trinta dias (art. 268, parágrafo único, do CPC de 1973), não poderá intentar nova ação contra o réu com o mesmo objeto, ficando-lhe ressalvada, entretanto, a possibilidade de alegar em defesa o seu direito (art. 268, parágrafo único, do CPC de 1973).[910]

(909) Cite-se, como exemplo, o direito de ajuizar inquérito para apuração de falta grave visando à dispensa de trabalhador estável. Se o trabalhador for previamente suspenso pelo empregador, terá este o prazo de trinta dias para ajuizar o inquérito, sob pena de decadência do seu direito de dispensa do trabalhador. Este é um direito potestativo, visto que o seu exercício não visa ao cumprimento de uma prestação, positiva ou negativa, de outrem. O seu exercício depende exclusivamente da vontade do empregador, o que impede falar em sua violação. A prescrição, em suma, somente alcança o direito à prestação, posto que somente em relação a ele é que se pode falar em lesão e é esta lesão que faz surgir a pretensão, que pode ser extinta pela prescrição.

(910) O CPC de 2015 contém disposição no mesmo sentido, como se vê do art. 486, § 3º: "Se o autor der causa, por 3 (três) vezes, a sentença fundada em abandono da causa, não poderá propor nova ação contra o réu com o mesmo objeto, ficando-lhe ressalvada, entretanto, a possibilidade de alegar em defesa o seu direito".

No direito processual civil, no entanto, o autor é impedido de ajuizar demanda com o mesmo objeto, ao passo que, no direito processual do trabalho, o autor é impedido de demandar perante a Justiça do Trabalho, o que alcança, então, o objeto da demanda arquivada e qualquer outra pretensão que o autor daquela demanda tivesse contra o demandado. A penalidade estabelecida pela CLT é, no entanto, mais branda, posto que não há a perda definitiva do direito de ação.

Cumpre esclarecer, no entanto, que a CLT não prevê penalidade similar à disposta no art. 268, parágrafo único, do CPC de 1973 e 486, § 3º, do CPC de 2015, tendo se limitado a impor a perda temporária do direito de ação e, ainda assim, somente nas hipóteses dos arts. 731 e 732, o que impede a aplicação do disposto no art. 268, parágrafo único, do CPC de 1973 e do art. 486, § 3º, do CPC de 2015 no processo do trabalho, notadamente diante do dever de agir de ofício que é imposto ao juiz pelo art. 765 da CLT.

1.10. Suspensão do processo.

Instaurado o processo, situações existem que impedem, temporariamente, o seu curso normal, isto é, que dão ensejo à sua suspensão. Suspensão do processo é, portanto, a paralisação temporária do seu curso.(911)

A suspensão do processo pode ser *necessária* (suspensão imposta pela ordem jurídica) ou *voluntária* (suspensão convencionada pelas partes).

A CLT prevê a suspensão do processo por força da oposição de exceção de suspeição ou incompetência em razão do lugar (art. 799) e em razão de motivo relevante (art. 844, parágrafo único).

Contudo, o processo também será suspenso em razão de:

1) morte ou perda de capacidade processual de qualquer das partes, de seu representante legal ou de seu procurador (art. 265, I, do CPC de 1973 e art. 313, I, do CPC de 2015);

2) convenção das partes (art. 265, II, do CPC de 1973 e art. 313, II, do CPC de 2015);(912)

3) oposição de exceção de impedimento ou suspeição (art. 265, III, do CPC de 1973 e art. 313, III, do CPC de 2015);

4) a sentença de mérito: a) depender do julgamento de outra causa ou da declaração da existência ou inexistência da relação jurídica que constitua o objeto principal de outro processo pendente; e b) tiver que ser proferida após verificado determinado fato ou produção de certa prova, requisitada a outro juízo (art. 265, IV, do CPC de 1973 e art. 313, V, *a*, *b* e *c* do CPC de 2015). Trata-se de suspensão do processo por *prejudicialidade*;(913)

---

(911) Fala-se a propósito em crise do processo, no sentido de fato ou acontecimento que causa a paralização temporária do seu curso.

(912) Sob a égide do CPC de 1973, a suspensão não poderá exceder o prazo de seis meses e, findo este prazo, o juiz ordenará o prosseguimento do processo (art. 265, § 3º). O CPC de 2015 manteve a previsão de suspensão por até seis meses no caso de convenção das partes e prevê a possibilidade de suspensão por até um ano na hipótese de a decisão depender do julgamento de outra causa ou da declaração de existência ou de inexistência de relação jurídica que constitua objeto principal de outro processo pendente ou tiver que ser proferida somente após a verificação de determinado fato ou a produção de certa prova, requisitada a outro juízo (art. 313, § 4º). O processo de execução pode ser suspenso por convenção das partes durante o prazo concedido ao executado para cumprir a sua obrigação, podendo este prazo ser superior a seis meses (art. 792 do CPC de 1973 e art. 922 do CPC de 2015).

(913) A *suspensão por prejudicialidade* não poderá exceder um ano. Findo este prazo, o juiz mandará prosseguir o processo (art. 265, § 3º, do CPC de 1973 e art. 313, §§ 4º e 5º, do CPC de 2015). Neste caso, o juiz proferirá decisão resolvendo a questão prejudicial de forma incidental ou não aguardará a verificação do fato (que considerará inexistente) ou a produção da prova requerida a outro juízo (o julgamento será realizado à luz da prova constante dos autos). Cumpre observar que a relação de prejudicialidade pode envolver questões e demandas. Em um mesmo processo, pode a decisão de uma questão ter como pressuposto lógico a decisão de outra questão (prejudicialidade entre questões). Ocorrerá a relação de prejudicialidade entre demandas quando o julgamento de uma demanda depender do julgamento de outra (o julgamento da demanda que envolve pedido de pagamento de verbas rescisórias tem como prejudicial o julgamento da demanda em que é requerido o reconhecimento da relação de emprego, quando tais pedidos forem objeto de ações distintas). A prejudicial pode ser interna (questão prejudicial a ser resolvida pelo próprio juiz da causa) e externa (questão prejudicial a ser resolvida em outro juízo). A prejudicial pode ser heterogênea (a questão será resolvida à luz de normas distintas daquelas que serão aplicadas no

5) motivo de força maior (art. 265, V, do CPC de 1973 e art. 313, VI, do CPC de 2015), art. 265, III, do CPC de 1973 e art. 313, III, do CPC de 2015;

6) admissão de incidente de resolução de demandas repetitivas (hipótese acrescentada pelo CPC de 2015 — art. 313, IV).

O art. 265, VI, do CPC de 1973 e o art. 313, VIII, do CPC de 2015 aduzem à suspensão do processo nos demais casos que o CPC regular, o que ocorre, por exemplo, quando o juiz verificar a incapacidade processual ou a irregularidade da representação das partes (art. 13 do CPC de 1973 e art. 76 do CPC de 2015).

Durante a suspensão do processo é defeso praticar qualquer ato processual, podendo o juiz, no entanto, determinar a realização de atos urgentes, a fim de evitar dano irreparável (art. 266 do CPC de 1973 e art. 314 do CPC de 2015, observando-se que o CPC de 2015 exclui a possibilidade de, no caso de impedimento ou suspeição, o juiz determinar a realização de qualquer ato processual).

1.11. Extinção do processo.

O processo tem dentre as suas finalidades solucionar o conflito de interesses submetido ao Poder Judiciário. Destarte, ocorrerá a extinção normal do processo quando for solucionado o conflito de interesses que deu causa à sua formação, ao passo que dar-se-á a sua extinção anormal quando este conflito não for solucionado.

Dito de outra maneira, o processo pode ser extinto: a) com a resolução do mérito (extinção normal, por sentença definitiva); ou b) sem a resolução do mérito (extinção anormal, por sentença terminativa).[914]

Haverá a resolução do mérito, nos termos do art. 269 do CPC de 1973, quando: a) o juiz acolher ou rejeitar o pedido do autor da demanda; b) o demandado reconhecer a procedência do pedido; c) as partes transigirem; d) o juiz pronunciar a decadência ou a prescrição; e) o autor renunciar ao direito sobre que se funda a ação.

No CPC de 2015, é previsto, no art. 487, que haverá resolução do mérito quando o juiz: 1) acolher ou rejeitar o pedido formulado na ação ou na reconvenção; 2) decidir, de ofício ou a requerimento, sobre a ocorrência de decadência ou prescrição; 3) homologar: a) o reconhecimento da procedência do pedido formulado na ação ou na reconvenção; b) a transação; c) a renúncia formulada na ação ou na reconvenção.

De acordo com o art. 267 do CPC de 1973, o processo será extinto sem resolução de mérito quando: a) o juiz indeferir a petição inicial; b) ficar parado durante mais de um ano por negligência das partes;[915] c) por não promover os atos e diligências que lhe competir, o autor abandonar a causa por mais de trinta dias; d) se verificar a ausência de pressupostos de constituição e de desenvolvimento válido e regular do processo; e) for acolhida a alegação de perempção, litispendência ou de coisa julgada; f) não concorrer qualquer das condições de ação; g) pela convenção de arbitragem; h) o autor desistir da ação; i) a ação for considerada intransmissível por disposição legal; j) ocorrer confusão entre autor e réu (nesse caso, deixará de existir um conflito intersubjetivo de interesses a ser solucionado pelo Poder Judiciário).

O art. 485 do CPC de 2015 dispõe que o juiz não resolverá o mérito quando: a) indeferir a petição inicial; b) o processo ficar parado durante mais de um ano por negligência das partes; c) por não promover os atos e as diligências que lhe incumbir, o autor abandonar a causa por mais de 30 dias; d) verificar a ausência de pressuposto de constituição e de desenvolvimento válido e regular do processo; e) reconhecer a existência de perempção, litispendência e coisa julgada; f) verificar ausência de legitimidade ou de interesse proces-

processo em que é suscitada, isto é, pertencentes a outro ramo do direito. A existência de crime, resolvida no juízo penal, pode ter efeitos no juízo trabalhista, como se viu quando tratamos dos efeitos da decisão criminal no processo do trabalho) e homogênea (a questão ou a causa será resolvida pela aplicação das mesmas normas que serão aplicadas no processo em que é suscitada. A questão prejudicial e o mérito serão resolvidos à luz de regras que pertencem ao mesmo ramo do Direito).

(914) O CPC define as situações em que ocorrera *resolução* do mérito e não *julgamento* do mérito, o que é o mais adequado, na medida em que não existe julgamento propriamente dito nas situações previstas no art. 269, II, III e V do CPC de 1973 e art. 485, II, III e V, do CPC de 2015.

(915) A extinção somente ocorrerá quando não for possível ao juiz impulsionar o processo.

sual; g) acolher alegação de existência de convenção de arbitragem ou quando o juízo arbitral reconhecer sua competência; h) homologar a desistência da ação; i) em caso de morte da parte a ação for considerada intransmissível por disposição legal; j) nos demais casos previstos no CPC.

O art. 267 do CPC de 1973 e o art. 485 do CPC de 2015 aludem à extinção sem provimento de mérito nos demais casos prescritos no CPC, valendo mencionar, como exemplo, a extinção do processo no caso de o juiz convencer-se de que as partes dele se serviram para praticar ato simulado ou conseguir fim proibido por lei (art. 129 do CPC de 1973 e art. 142 do CPC de 2915, como se na hipótese de lide simulada).

O processo também será extinto sem resolução do mérito quando: 1) o reclamante não comparecer à secretaria da Vara para reduzir a termo a reclamação verbal (art. 731 da CLT); 2) a reclamação for arquivada em razão da ausência do reclamante na audiência (art. 844 da CLT) ou pelo não atendimento dos requisitos próprios da petição inicial do processo sujeito ao procedimento sumaríssimo (art. 852-B, § 1º, da CLT); 3) o reclamante ajuizar a reclamação dentro dos seis meses que se seguirem ao segundo arquivamento da reclamação em razão de sua ausência na audiência (art. 732 da CLT).

O CPC de 1973, no art. 267, II e III, e o CPC de 2015, no art. 485, II e III, dispõem que o processo será extinto sem julgamento do mérito quando ficar parado por mais de um ano por negligência das partes ou, por não promover os atos e diligências que lhe competirem, o autor abandonar a causa por mais de trinta dias. Nessas duas situações, a extinção do processo pressupõe a intimação pessoal da parte para dar prosseguimento ao processo, no prazo de 48 horas, com comunicação expressa da pena de extinção no caso de permanecer inerte (art. 267, § 1º, do CPC de 1973 e art. 485, § 1º) e, ainda, expresso pedido do réu (o réu pode ter interesse no julgamento do pedido do autor).(916)

O caráter alimentar de que se reveste ordinariamente o crédito decorrente da relação de trabalho, em especial da de emprego, impõe a adoção com restrição do disposto no art. 267, II e III, do CPC de 1973 e no art. 485, II e III, do CPC de 2015 no processo do trabalho, conclusão que é autorizada pelo fato de o poder de iniciativa do juiz no processo do trabalho ser bem mais acentuado que no processo civil (basta ver que o juiz do trabalho pode promover de ofício a execução de título executivo judicial, o que não ocorre no processo civil), de o direito processual do trabalho prestigiar a solução efetiva do conflito de interesses submetido ao Poder Judiciário (o que impõe que seja recebida com reserva toda solução que resulte na extinção do processo sem exame do mérito) e de serem poucos os atos processuais cuja realização depende unicamente da atuação das partes.

Não se pode olvidar, por fim, que, nas hipóteses do art. 267, II e III, do CPC de 1973 e do art. 485, II e III, do CPC de 2015, o que ocorre é verdadeira presunção de desistência da pretensão manifestada na demanda. Essa presunção é incompatível com créditos que têm, em regra, natureza alimentar, relacionando-se, portanto, com a sobrevivência do trabalhador e sua família.

Contudo, a inércia do autor não ficará impune. Primeiro, porque o retardamento da solução do conflito opera contra o próprio autor, que, se for efetivamente titular de um crédito, terá sua satisfação protelada. Segundo, porque o autor poderá ser punido, se ficar demonstrado que opõe resistência injustificável ao andamento do processo (arts. 17, IV, e 18 do CPC de 1973 e arts. 80, IV, e 81 do CPC de 2015).

O art. 268, parágrafo único, do CPC de 1973 e o art. 486, § 3º, do CPC de 2015 estabelecem que, se o autor der causa, por três vezes, à extinção do processo, por abandono da causa, não poderá intentar nova ação contra o réu, com o mesmo objeto, ficando-lhe ressalvada, entretanto, a possibilidade de alegar em defesa o seu direito. Trata-se da perempção, que é a perda do direito de ação. A CLT não prevê penalidade similar à disposta no art. 268, parágrafo único, do CPC de 1973 e no art. 486, § 3º, do CPC de 2015, tendo se limitado a impor a perda temporária do direito de ação, nas hipóteses dos arts. 731 e 732, o que impede a aplicação do disposto no art. 268, parágrafo único, do CPC de 1973 e no art. 486, § 3º, do CPC de 2015 no processo do trabalho, em especial diante do dever de agir de ofício imposto ao juiz pelo art. 765 da CLT.

---

(916) Nesse sentido: "a extinção do processo, por abandono da causa pelo autor, depende de requerimento do réu" (Súmula n. 240 do STJ).

O CPC de 2015, prestigiando o julgamento do mérito da demanda, dispõe que: "as partes têm direito de obter em prazo razoável a solução integral do mérito, inclusive a atividade satisfativa" (art. 4º); ao juiz incumbe "determinar o suprimento de pressupostos processuais e o saneamento de outros vícios processuais" (art. 139, IX); e, que, "antes de proferir decisão sem resolução de mérito, o juiz deverá conceder à parte oportunidade para, se possível, corrigir o vício que conduziria àquela decisão" (art. 317). Trata-se de disposições compatíveis com o direito processual do trabalho, no qual também é prestigiada a solução do mérito, como foi visto quando do exame de seus princípios fundamentais.

1.12. Processo e procedimento.

Processo é método de solução de conflitos de interesses e de tutela jurisdicional dos direitos atribuídos pela ordem jurídica. O procedimento diz respeito aos atos a serem praticados para que o processo produza os fins a que se destina, o que inclui o modo e a ordem sequencial de sua prática.

Tratando da distinção entre processo e procedimento, aduz Aroldo Plínio Gonçalves que "a linha doutrinária que separa o procedimento do processo firmou-se sobre o critério teleológico, pelo qual se atribui finalidades ao processo e se considera o procedimento delas destituído. Nela, o procedimento é 'puramente formal', algo que tanto pode ser uma técnica, como os atos de uma técnica, como a ordenação de uma técnica, enfim, separa-se do processo como ideia impregnada de finalidades por ser estranho a qualquer teleologia".(917)

Afirma Aroldo Plínio Gonçalves que a distinção baseada em critério teleológico perdurou por muito tempo, "até que começou a despontar, dentro da doutrina, uma outra proposta", esclarecendo que se pode "encontrar em Redenti um esforço bem conduzido em direção a essa nova visualização do procedimento e do processo, e em Fazzalari, o sistema aperfeiçoado dessa nova postura".(918)

Esclarece Aroldo Plínio Gonçalves que, "pelo critério lógico, as características do procedimento e do processo não devem ser investigadas em razão de elementos finalísticos, mas devem ser buscadas dentro do próprio sistema jurídico que os disciplina. E o sistema normativo revela que, antes que 'distinção', há entre eles uma relação de inclusão, porque o processo é uma espécie do gênero procedimento, e, se pode ser dele separado é por uma diferença específica, uma propriedade que possui e que o torna, então, distinto, na mesma escala em que pode haver distinção entre gênero e espécie".(919)

Conclui Aroldo Plínio Gonçalves que "a diferença específica entre o procedimento geral, que pode ou não se desenvolver como processo, e o procedimento que é processo, é a presença neste do elemento que o especifica: o contraditório. O processo é um procedimento, mas não qualquer procedimento; é o procedimento de que participam aqueles que são interessados no ato final, de caráter imperativo, por ele preparado, mas não apenas participam; participam de uma forma especial, em contraditório entre eles, porque seus interesses em relação ao ato final são opostos".(920)

Elio Fazzalari, que serve de inspiração para Aroldo Plínio Gonçalves, parte do conceito de procedimento recolhido da doutrina administrativista (procedimento é a atividade preparatória de um ato estatal imperativo), nega ao processo a natureza de relação jurídica e afirma ser o processo espécie do gênero "procedimento". Para Elio Fazzalari, processo é o procedimento de que participam, em contraditório entre si, os destinatários do provimento nele preparado.

Consoante Elio Fazzalari, "o direito público não se limita a disciplinar o ato, por assim dizer, final, isto é, não se limita a disciplinar uma determinada *fattispecie*, à qual estão interligados determinados 'efeitos' (...), mas também disciplina toda uma série de atividades preparatórias daquele ato (isso porque se exige a possibilidade de poder conhecer e controlar o meio pelo qual o órgão público tenha se decidido a realizá-lo). Frequentemente, em algumas áreas principalmente, o ordenamento exige que sejam protagonistas do ato que está sendo preparado os sujeitos em cuja esfera jurídica o ato é destinado a desenvolver eficácia, em

(917) *Técnica processual e teoria do processo*, p. 53-54.
(918) *Técnica processual e teoria do processo*, p. 53.
(919) *Técnica processual e teoria do processo*, p. 56.
(920) *Técnica processual e teoria do processo*, p. 57-58.

contraditório entre eles (referimo-nos aos sujeitos que, se vai ser emanada pelo juiz uma sentença civil de condenação, serão, respectivamente, o condenado e o beneficiário da condenação), além da participação dos autores, aqueles que vão editar o ato final (...). Se, numa primeira abordagem, indicamos como 'provimentos' os atos com os quais os órgãos do Estado (...) emanam, cada um no âmbito da própria competência, disposições imperativas, e como 'procedimento' a sequência de atividades que precede o provimento, o prepara e é concluída com ele; se acolhemos essas primeiras sumárias noções, estamos em condições de constatar que, em regra, o provimento de um órgão do Estado constitui, justamente, a conclusão de um procedimento, o ato final do mesmo: no sentido que a lei não reconhece ao provimento validade e/ou eficácia, se ele não foi, entre outras coisas, precedido da série de atividades preparatórias pela própria lei estabelecida. Se, pois, no procedimento de formação do provimento, ou seja, se nas atividades preparatórias por meio das quais se realizam os pressupostos do provimento, são chamados a participar, em uma ou mais fases, os 'interessados', em contraditório, colhemos a essência do 'processo': que é, exatamente, um procedimento do qual, além do autor do ato final, participam, em contraditório entre si, os destinatários dos efeitos de tal ato".[921]

Para Elio Fazzalari, portanto, processo é subespécie do gênero procedimento: processo é procedimento realizado em contraditório.

Para Cândido Rangel Dinamarco, "o procedimento é o elemento visível do processo. Nele reside a caminhada avante que caracteriza o próprio processo (*procedere* é caminhar adiante). As normas que o regem estabelecem quais atos devem ser realizados para que o processo seja apto a produzir o resultado desejado, descrevem a forma que cada um deles deve revestir-se, estabelecem a ordem sequencial de sua realização", ao passo que as situações jurídicas ativas "constituem a alma do processo, cujo corpo físico é o procedimento".[922]

O doutrinador em destaque acrescenta que a garantia constitucional do contraditório "é a suprema razão política pela qual todos os sujeitos do processo são, em certas situações, autorizados a realizar determinados atos (situações jurídicas ativas) e, em outras, induzidos pela ordem jurídica a realizá-los (situações jurídicas passivas). Contraditório é participação e sua garantia resolve-se na dupla exigência de franquear aos litigantes as oportunidades adequadas para participar e de participar ativamente o juiz também. Essas duas ordens de exigência constitucional são instrumentalizadas pelas leis do processo mediante (a) oferta de situações jurídicas ativas aos litigantes, para que possam participar, (b) imposição de situações passivas que as induzem a realizar determinados atos sob pena de suportarem consequências não desejadas, (c) imposição de deveres ao próprio Estado-juiz (situações passivas), inclusive o de observar e fazer observar as faculdades e os poderes daqueles, e (d) outorgam situações ativas ao juiz, consistentes em poderes a serem exercidos para a boa condução do processo e oferta de efetiva tutela jurisdicional àquele que tiver direito a ela" (...). A disciplina legal das situações ativas e passivas que integram a relação jurídica processual é o reflexo infraconstitucional da garantia constitucional do contraditório. Atribuir situações ativas e passivas aos litigantes é instrumentalizar no plano jurídico a dupla exigência posta em nível político, de modo que um modelo legal portador de adequada disciplina dessas situações é um modelo respeitoso a essa garantia. Visto o processo assim, acaba sendo indiferente afirmar que ele, como entidade complexa, compõe-se de procedimento e relação processual (LIEBMAN) ou que ele é simplesmente um procedimento em contraditório (FAZZALARI).[923]

2. *Procedimento*

2.1. Aspectos gerais.

(921) *Instituições de direito processual*, p. 31-33.

(922) *Instituições de direito processual civil*, v. II, p. 26-27.

(923) *Instituições de direito processual civil*, v. II, p. 28. Para Cândido Rangel Dinamarco, Fazzalari substituiu a relação jurídica processual pelo contraditório na definição dos elementos que compõem a entidade complexa que é o processo, o que implica afirmar que processo é a integração entre procedimento e contraditório, mas observa que "os dois elementos coexistem e não passam de dois aspectos de uma realidade só", mas reconhece que a doutrina de Fazzalari tem o mérito de ter alertado para a integração do *contraditio* no conceito de processo (*Op. cit.*, p. 30-31).

A atividade jurisdicional tem por finalidade a solução de conflitos de interesses submetidos à apreciação do Poder Judiciário e à concretização dos direitos atribuídos pela ordem jurídica, o que se dá por meio de ato processual de caráter imperativo, que é o provimento (sentença ou acórdão).

O provimento, enquanto ato processual, é o resultado de outros atos processuais, dele preparatórios, praticados pelas partes, juiz e auxiliares da justiça, segundo as normas jurídicas que os disciplinam.

Os atos processuais são praticados de determinado modo, que é previamente definido pela ordem jurídica, ou dito de outra forma, segundo determinado procedimento.

O procedimento constitui o modo de proceder para a solução judicial de conflitos de interesses e realização concreta dos direitos atribuídos pela ordem jurídica.

Este modo de proceder, que é juridicamente regulado, varia de acordo com o tipo de providência pleiteada ao Poder Judiciário (existem procedimentos próprios para o processo de conhecimento e de execução, por exemplo), o equivalente monetário da pretensão manifestada pelo autor (valor dos pedidos) e a natureza e necessidades do direito objeto de disputa (procedimentos especiais).

De acordo com Aroldo Plínio Gonçalves: "O procedimento não é atividade que se esgota no cumprimento de um único ato, mas requer toda uma série de atos e uma série de normas que os disciplinam, em conexão entre elas, regendo a sequência de seu desenvolvimento. Por isso se fala em procedimento como sequência de normas, de atos e de posições subjetivas (...). No procedimento, os atos e as posições subjetivas são normativamente previstos e se conectam de forma especial para tornar possível o advento do ato final, por ele preparado. Não só o ato final, em sua existência, mas a própria validade desse ato e, consequentemente, sua eficácia, dependerão do correto desenvolvimento do procedimento".[(924)]

Piero Calamandrei adverte que "as atividades que conduzem ao pronunciamento da providência jurisdicional não podem ser realizadas no modo e na ordem que a juízo discricional dos interessados pode parecer mais apropriada ao caso singular, senão que devem, para poder ter eficácia, ser realizados no modo e com a ordem que a lei (isto é, o direito processual) tenha estabelecido de uma vez por todas".[(925)]

Ainda segundo esse doutrinador, "todas as vezes que para chegar a um ato de declaração de vontade do Estado (seja uma lei, um decreto ou uma sentença) se acha preestabelecido, por disposição expressa de caráter instrumental, a forma e a ordem cronológica das diversas atividades que devem ser realizadas pelas pessoas que cooperam na criação do ato final, a sucessão dialética destas operações, juridicamente reguladas em vista deste fim, constitui o 'procedimento'".[(926)]

Na linha do que foi dito, cabe à lei estabelecer os atos que compõem a atividade preparatória do provimento, assim como a forma, o tempo, o lugar, o prazo e a ordem cronológica com que devem ser praticados, ou seja, o modo de proceder em juízo visando à solução de conflitos de interesses e realização concreta dos direitos atribuídos pela ordem jurídica.

O erro na forma do processo (procedimento) acarreta a anulação dos atos que não possam ser aproveitados, devendo praticar-se os que forem necessários, a fim de se observarem, quanto possível, as prescrições legais (art. 250 do CPC de 1973 e art. 283 do CPC de 2015).

2.2. Caracteres do procedimento. Caracteres dos procedimentos trabalhistas.

O procedimento é composto por uma cadeia de atos processuais, interdependentes e coordenados ao fim de solucionar o conflito de interesses submetido ao Poder Judiciário e realizar concretamente o direito cuja existência for reconhecia.

Para Piero Calamandrei, "segundo que nos atos processuais que constituem a série, predomine, como meio de expressão e de comunicação entre as várias pessoas que participam no processo, a palavra falada ou a escrita, o procedimento se qualifica como oral ou escrito; a qualificação — escrita e oralidade — se deriva, do predomínio de um caráter sobre o outro, não existindo, na prática, nas legislações modernas, um

(924) *Técnica processual e teoria do processo*, p. 93.
(925) *Direito processual civil*, v. I, p. 252-256.
(926) *Proceso y democracia*, p. 43.

procedimento que seja absolutamente oral (...) nem um procedimento escrito que não deixe algum lugar à oralidade".[927]

Consoante Piero Calamandrei, "os caracteres da mediação ou imediação (...) derivam das relações de tempo e de lugar segundo as quais se agrupam no processo as atividades dos distintos sujeitos do mesmo. Pode ocorrer que as atividades — mediação e imediação — processuais das partes e do juiz se desenvolvam simultaneamente e especialmente, entre presentes, de modo que cada um deles perceba diretamente com os próprios sentidos o que fazem ou dizem os outros, e neste caso se diz que as atividades se desenvolvem segundo o sistema da imediação; pode ocorrer, pelo contrário, que as atividades dos distintos sujeitos se desenvolvam em lugares e tempos diferentes, de modo que as comunicações entre os mesmos devam ser efetuadas, como ocorre entre ausentes, não à base da imediata percepção, senão à base de relações alheias: neste caso se fala em mediação (...). Imediação significa presença simultânea dos vários sujeitos do processo no mesmo lugar, e, por conseguinte, possibilidade entre eles de se trocar oralmente suas comunicações; vice-versa, ali onde as comunicações tenham lugar por escrito, esta é a forma típica das relações entre ausentes, isto é, da mediação".[928]

Piero Calamandrei afirma que "a concentração é o caráter que o procedimento assume quando os atos processuais que compõem a série se aproximam no (...) espaço e tempo, de modo que se sucedem com ininterrupta continuidade; caráter oposto que se pode chamar de descentralização ou de fracionamento, é aquele pelo qual entre um ato processual e outro, ou entre grupos deles, podem passar longos intervalos de tempo, de modo que o processo pareça descontínuo (...). Um processo se dirá que é tanto concentrado quanto mais breves os termos interpostos entre as várias fases, ou entre os atos que constituem cada fase".[929]

Piero Calamandrei aduz que "se fala de preclusão e de elasticidade, como um dos caracteres gerais do procedimento, segundo que a ordem de precedência dos vários atos processuais — preclusão e elasticidade — se prescreva de um determinado modo preciso e rígido (de maneira que, se um certo ato não se realiza no momento ou dentro da fase prescrita, a parte decai do poder de realizá-lo) ou se deixa à parte que deve levá-lo a cabo uma certa liberdade para escolher o momento mais oportuno sem indicação de termos peremptórios de decadência (e em relação ao sistema da preclusão está o princípio de eventualidade...)".[930]

Finaliza Piero Calamandrei, assinalando que "a oralidade vai ordinariamente unida à imediação, à concentração, à publicidade e à elasticidade do procedimento; e, pelo contrário, num procedimento baseado no sistema de escrita, se encontram, de ordinário, unidos os caracteres da mediação e da preclusão".[931]

Os procedimentos instituídos pelo direito processual do trabalho possuem como características: a) o predomínio da palavra falada; b) a concentração dos atos processuais em audiência, preferencialmente única, na qual devem estar presentes o demandante e o demandado;[932] c) imediatidade: a concentração dos atos processuais, inclusive os probatórios, em audiência, conduz à assunção da prova pelo juiz responsável pelo julgamento da demanda; d) a irrecorribilidade das decisões interlocutórias; e) o estabelecimento de fases preclusivas nítidas.

(927) *Direito processual civil*, v. I, p. 262.
(928) *Direito processual civil*, v. I, p. 263.
(929) *Direito processual civil*, v. I, p. 264.
(930) *Direito processual civil*, v. I, p. 265.
(931) *Direito processual civil*, v. I, p. 265-266.
(932) A concentração dos atos em audiência impõe ao juiz atuação ativa na direção do processo, permite o contato direto e pessoal do juiz com partes, testemunhas e perito e das partes entre si, favorece a participação das partes na solução do conflito de interesses e resulta no maior dinamismo e celeridade do procedimento.

CAPÍTULO 8

PARTES E PROCURADORES. CUSTAS E HONORÁRIOS, PERICIAIS E ADVOCATÍCIOS

1. Partes

No processo atuam as partes, o juiz e os auxiliares da justiça.

Dessa forma, devem ser examinadas as várias questões que envolvem as partes no processo do trabalho.

1.1. Conceito.

O processo, considerado em sua dinâmica, é constituído por uma série de atos, que são praticados pelas partes, pelo juiz, pelos auxiliares da justiça e, eventualmente, por terceiros.

As partes são os *sujeitos interessados* ou *parciais* do processo, no sentido de que têm interesse na solução da demanda e sofrerão os efeitos da decisão que for proferida com esta finalidade.

Vejamos o conceito de parte fornecido pela doutrina.

Para Giuseppe Chiovenda parte é "aquele que demanda em seu nome (ou em cujo nome é demandada) a atuação duma vontade da lei e aquele em face de quem essa atuação é demandada".[933]

Othmar Jauernig afirma que "parte é quem procura para si próprio proteção jurídica perante o tribunal e contra quem a proteção jurídica é pedida, através de uma sentença assente nos nomes de ambas, com efeitos pró e contra elas".[934]

Para Humberto Theodoro Júnior, "melhor, por ser mais abrangente, é, nesta ordem de ideias, o conceito de parte que o tipifica como o de litigante, ou seja, como todo aquele que integra a disputa travada no processo, levando a controvérsia à apreciação judicial. Assim, para Liebman, 'são partes do processo os sujeitos do contraditório instituído perante o juiz (os sujeitos do processo diversos do juiz, para as quais este deve proferir o seu provimento)'. Parte, portanto, em sentido processual, é o sujeito que intervém no contraditório ou que se expõe às suas consequências dentro da relação processual".[935]

Francesco Carnelutti considera as partes no sentido material e processual, afirmando que partes "são os sujeitos da lide ou do negócio (...). A parte sujeito da lide ou do negócio passa a ser também sujeito do processo, no sentido de que é uma das pessoas que fazem o processo (...). A palavra 'parte' tem, portanto, um significado duplo (...). O sujeito da lide é denominado parte no sentido material; e o sujeito do processo é chamado de parte no sentido processual".[936]

(933) *Instituições de direito processual civil*, v. II, p. 278.
(934) *Direito processual civil*, p. 98.
(935) *Curso de direito processual civil*, v. I, p. 86.
(936) *Instituciones del proceso civil*, v. I, p. 174-175.

À luz de tais lições, é dito que parte, no sentido processual, é aquele que comparece em juízo e pleiteia o reconhecimento e tutela jurisdicional de um direito (autor/demandante/reclamante) e aquele em face de quem o reconhecimento e a tutela do direito deduzido são requeridos (réu/demandado/reclamado).

1.2. Capacidade processual. *Jus postulandi*. A limitação do *jus postulandi* pela jurisprudência e a proteção da confiança.

O estudo das partes traz à baila a questão relativa à capacidade processual, que diz respeito à:

a) *capacidade de ser parte*: capacidade para ser sujeito de uma relação jurídica processual;[937]

b) *capacidade de estar em juízo*: capacidade para realizar atos processuais eficazes, isto é, aptos a produzir efeitos jurídicos;

c) *capacidade postulatória*: capacidade para praticar atos processuais pessoalmente ou para agir pessoalmente em juízo.

Tem capacidade para ser parte toda pessoa, física ou jurídica, detentora da personalidade, ou seja, que seja capaz de direitos e obrigações (art. 1º do Código Civil[938]).

Possui capacidade de estar em juízo ou *legitimatio ad processum* a pessoa que estiver no exercício dos seus direitos, ou seja, que tenha capacidade para, por si, exercitar os seus direitos ou assumir obrigações (art. 7º do CPC de 1973 e art. 70 do CPC de 2015).[939]

Como decorre do art. 8º do CPC de 1973 e do art. 71 do CPC de 2015, aquele que não se encontrar no exercício de seus direitos, embora possa ser parte, deverá ser representado ou assistido em juízo por outrem, conforme o grau da sua incapacidade. A incapacidade é, portanto, suprida pela representação ou assistência, conforme o caso.

Da capacidade de estar em juízo tratam os arts. 792 e 793 da CLT, dos quais resulta que podem ser parte os menores e os maiores de 18 anos, mas somente estes têm capacidade de estar em juízo.

De acordo com o art. 792 da CLT, os maiores de 18 anos poderão pleitear perante a Justiça do Trabalho sem a assistência de seus pais ou tutores. Os maiores de 18 anos têm, portanto, capacidade de estar em juízo, podendo, com isso, praticar atos processuais eficazes. Os maiores de dezoito anos têm, em suma, capacidade de ser parte e de estar em juízo.[940]

Tratando da forma de suprir a incapacidade de estar em juízo, dispõe o art. 793 da CLT que a reclamação do menor de dezoito anos será feita por seus representantes legais e, na falta destes, pelo Ministério Público do Trabalho, pelo sindicato, pelo Ministério Público estadual ou curador nomeado em juízo. O menor de dezoito anos tem capacidade de ser parte, mas não tem capacidade para estar em juízo, sendo esta incapacidade suprida na forma do art. 793 da CLT.

O menor de 18 anos deverá ser *representado* na propositura da ação por seus representantes legais e, na falta destes, pelo Ministério Público do Trabalho, pelo sindicato, pelo Ministério Público estadual ou cura-

(937) Araken de Assis afirma que a capacidade de ser parte ou a personalidade processual corresponde "à aptidão genérica e abstrata para figurar em qualquer processo" (Substituição processual. *Revista Dialética de Direito Processual*, n. 9, p. 9, dez. 2003).

(938) "Toda pessoa é capaz de direitos e deveres na ordem civil." Destarte, toda pessoa é dotada de personalidade jurídica, ou seja, de aptidão para adquirir direitos e contrair obrigações.

(939) A capacidade pode ser de direito ou de gozo (aptidão abstrata para gozar direitos) e de fato (aptidão para gozar por si mesmo, isto é, sem necessidade de assistência ou de representação, os seus direitos). A *legitimatio ad processum* constitui pressuposto de eficácia de atos praticados no contexto do processo judicial, valendo lembrar que a *legitimatio ad causam* constitui pressuposto do julgamento do mérito da demanda.

(940) O art. 792 da CLT reconhece capacidade de estar em juízo às mulheres casadas, afirmando que elas podem pleitear perante a Justiça do Trabalho sem assistência de seus maridos. Tal fato decorre de fato de o Código Civil de 1916, vigente no momento em que a CLT entrou em vigor, atribuir à mulher casada a condição de relativamente incapaz (art. 6º, II). Posteriormente, a Lei n. 4.121/62 afastou da mulher casada a condição de relativamente incapaz, o que fez com que restasse revogado o art. 792 da CLT, na parte em que faz alusão à mulher casada.

dor nomeado em juízo, nessa ordem. É que, devendo a reclamação *ser feita* pelo representante do menor e, na sua falta, pela Procuradoria da Justiça do Trabalho, pelo sindicato, pelo Ministério Público estadual ou curador nomeado em juízo, a hipótese não é de simples assistência, mas de representação.

A opção pela representação constitui medida de proteção ao menor de 18 anos que tiver que recorrer ao Judiciário para a defesa de seus direitos (é acentuada na CLT a preocupação com o trabalhador menor, valendo mencionar que é facultado ao seu responsável legal pleitear a extinção do contrato de trabalho quando o serviço lhe possa acarretar prejuízos de ordem física ou moral — art. 408 da CLT — e que dele são afastados os efeitos da prescrição — art. 440 da CLT). Observe-se, ainda, que a CLT e o Código Civil dispensam tratamento diferenciado à questão da capacidade, valendo lembrar, inclusive, que até bem pouco tempo a maioridade civil somente era alcançada aos 21 anos, ao passo que a trabalhista era alcançada aos 18 anos.

Contudo, como a CLT dispensa a *assistência* ao trabalhador maior de 18 anos, prevalece na doutrina o entendimento de que o menor de 18 anos deverá ser *assistido* na apresentação da reclamação em juízo, isto é, em relação a ele é exigida a assistência do seu representante e, na sua falta, da Procuradoria da Justiça do Trabalho, do sindicato, do Ministério Público estadual ou de curador nomeado em juízo.

De outro lado, segundo o parágrafo único do art. 5º do Código Civil, cessará a incapacidade dos menores: a) pela concessão dos pais, ou de um deles na falta do outro, mediante instrumento público, independentemente de homologação judicial, ou por sentença do juiz, ouvido o tutor, se o menor tiver dezesseis anos completos; b) pelo casamento; c) pelo exercício de emprego público efetivo; d) pela colação de grau em curso de ensino superior; e) pelo estabelecimento civil ou comercial, ou pela existência de relação de emprego, desde que, em função deles, o menor com dezesseis anos completos tenha economia própria.

No entanto, a CLT confere à cessação da incapacidade disciplina distinta da que lhe atribui o Código Civil, vez que dos seus arts. 792 e 793 resulta que a menoridade somente cessa quando o trabalhador alcança a idade de dezoito anos. A hipótese não é de omissão da legislação trabalhista, a ser suprida pelo recurso ao direito comum, mas de definição, pela CLT, da maioridade como única forma de cessar a incapacidade do menor. Assim, o fato de o trabalhador celebrar contrato de trabalho não faz cessar a sua incapacidade. Do contrário, não seria necessária a previsão constante do art. 793 da CLT, uma vez que, estabelecida a relação de emprego, cessaria automaticamente a incapacidade do menor.

Destarte, a cessação da incapacidade para os menores de dezoito anos, nas hipóteses previstas no art. 5º, parágrafo único, do Código Civil, diz respeito aos atos da vida civil, não surtindo efeitos no processo do trabalho.

Da *capacidade postulatória* (capacidade para postular pessoalmente em juízo) trata o art. 791 da CLT, estabelecendo que os empregados e os empregadores poderão *reclamar pessoalmente* perante a Justiça do Trabalho e acompanhar o processo até o final, dispondo no mesmo sentido o art. 839 da CLT, segundo o qual a reclamação poderá ser apresentada "pelos empregados e empregadores, pessoalmente, ou por seus representantes (...)". Empregados e empregadores têm, no processo do trabalho, capacidade postulatória ou *jus postulandi*.

A recepção do art. 791 da CLT pela Constituição Federal de 1988 foi colocada em dúvida, vez que a Carta Magna, no art. 133, considera o advogado essencial à administração da justiça. O argumento de extinção do *jus postulandi* na Justiça do Trabalho foi reforçado pela Lei n. 8.906/94, que, em seu art. 1º, dispõe ser privativo de advogado a postulação a qualquer órgão do Poder Judiciário. No entanto, no julgamento do HC 67.390-2, o STF afirmou que a Constituição Federal não retirou o fundamento de validade das normas especiais que autorizam a prática de atos processuais pelas partes perante a Justiça do Trabalho. Subsiste, então, o *jus postulandi* ou capacidade postulatória perante os órgãos da Justiça do Trabalho, como forma de facilitar e tornar menos dispendiosa a defesa em juízo dos direitos decorrentes da relação de trabalho.[941]

(941) O ideal é que todos tenham acesso a um advogado, privado ou público. Nesse sentido, a Constituição Federal dispõe que o Estado prestará assistência jurídica integral e gratuita aos que comprovarem insuficiência de recursos (art. 5º, LXXIV). A assis-

Embora o art. 791 da CLT faça referência a *empregados* e *empregadores*, também as partes na relação de trabalho não subordinado cujas demandas sejam apresentadas à Justiça do Trabalho têm capacidade postulatória. Uma nova leitura do art. 791 da CLT é imposta pela ampliação da competência da Justiça do Trabalho, por força da nova redação do art. 114 da Constituição Federal e responde à necessidade de conferir a ***máxima*** efetividade ao benefício que o legislador quis conferir aos que buscam socorro no Judiciário Trabalhista.

O art. 791 da CLT não limita o *jus postulandi* à fase de conhecimento ou à primeira e segunda instância. Primeiro, porque nada contém nesse sentido. Segundo, porque a expressão *até o final* é indicativa de que, até que o direito que se pretende reconhecido seja tornado concreto ou definitivamente negado a parte pode atuar pessoalmente no processo (acompanhar a reclamação até o final significa fazê-lo até o último ato praticado no processo).

No entanto, o TST, por meio da Súmula n. 425, restringiu o alcance do *jus postulandi*, ao adotar o entendimento de que "o *jus postulandi* das partes, estabelecido no art. 791 da CLT, limita-se às Varas do Trabalho e aos Tribunais Regionais do Trabalho, não alcançando a ação rescisória, a ação cautelar, o mandado de segurança e os recursos de competência do Tribunal Superior do Trabalho".

Esta nova posição adotada pelo TST traz à baila, inclusive, a questão relativa à retroatividade das orientações jurisprudenciais dos tribunais superiores.

A mutação das normas jurídicas é inerente à constante evolução da sociedade, diante do caráter cultural e histórico do Direito. A necessidade de adequação das normas jurídicas, na sua interpretação e aplicação, às exigências sociais conduz a mutações no modo de compreendê-las. Assim, a sociedade, o Direito e a compreensão que se tem do Direito estão em constante mutação.

Não pode ser desconsiderado, no entanto, que as normas jurídicas e as orientações jurisprudenciais dos tribunais superiores servem de parâmetro para a conduta dos que participam da vida social, criando legítimas expectativas de validade e eficácia dos atos praticados. Este fato exige que se preservem as situações jurídicas constituídas sob a égide da lei vigente ao tempo de sua constituição ou com base na orientação jurisprudencial então prevalecente. A evolução da sociedade, as mutações legislativas e a alteração no modo de compreender as normas jurídicas não podem ser evitadas, mas devem ter um limite temporal, no sentido de não alcançar fatos pretéritos.

O estabelecimento de limites temporais às mutações legislativas jurisprudenciais é uma exigência da segurança jurídica e da proteção da confiança, que constituem postulados básicos do Estado Democrático de Direito. Sem segurança jurídica e proteção da confiança gerada pela norma jurídica e pelas orientações jurisprudenciais dos tribunais superiores a vida social não é possível.

A lei nova deve respeitar o direito adquirido, ato jurídico perfeito, a coisa julgada[942] e as situações jurídicas constituídas sob a égide da lei vigente ao tempo de sua constituição,[943] assim como devem ser preservados os atos processuais praticados e as situações jurídicas constituídas com base em orientação jurisprudencial[944] que vem a sofrer brusca mudança. Aplica-se, em ambas as hipóteses, o princípio *tempus regit actum*.

tência jurídica favorece o acesso à justiça e aos direitos assegurados pela ordem jurídica. Contudo, o Estado não tem cumprido o dever que lhe é imposto pela Constituição Federal. Assim, entre o risco de o trabalhador ter prejudicados os seus direitos, por desconhecê-los ou não ser capaz de realizar a sua adequada defesa, e o risco de inviabilizar o acesso à justiça, em razão da deficiência da assistência jurídica prestada pelo Estado e a incapacidade financeira de o trabalhador contratar um advogado privado, o legislador fez opção pela facilitação do acesso à justiça.

(942) Atento a esse fato, dispõe o art. 5º, XXXVI, da Constituição Federal, que "A lei não prejudicará o direito adquirido, o ato jurídico perfeito e a coisa julgada".

(943) No direito do trabalho, o respeito às situações constituídas antes da mudança legislativa é imposto pelo art. 912 da CLT, que dispõe: "Os dispositivos de caráter imperativo terão aplicação imediata às relações iniciadas, mas não consumadas, antes da vigência desta Consolidação".

(944) Por orientação jurisprudencial tem-se, aqui, a jurisprudência predominante nos tribunais superiores.

A efetividade da ordem jurídica é essencial ao verdadeiro Estado Democrático de Direito e exige a facilitação do acesso aos meios de realização concreta do direito ameaçado ou lesado. Visando facilitar o acesso à justiça, dispõe o art. 791 da CLT que empregados e empregadores poderão reclamar pessoalmente perante a Justiça do Trabalho e acompanhar o processo até o final. No processo do trabalho, portanto, as partes podem demandar pessoalmente, isto é, sem a assistência de advogado. Trata-se, a dispensa da contratação de advogado, de técnica adotada, com a edição da CLT, para facilitar o acesso à justiça (o fato de o *jus postulandi* ter sido reconhecido quando a Justiça do Trabalho não compunha o Poder Judiciário não invalida a conclusão de que o seu reconhecimento pela CLT tem em vista também a facilitação do acesso à justiça e aos direitos decorrentes da relação de emprego).

Contudo, como foi dito, o TST, por meio da Súmula n. 425, afirmou não ser admissível o *jus postulandi* em ações e recursos de sua competência.

O *jus postulandi* foi, então, limitado aos órgãos de primeiro e segundo graus da jurisdição trabalhista (Varas do Trabalho e Tribunais Regionais do Trabalho, respectivamente).

Cumpre verificar, contudo, se a nova orientação jurisprudencial do TST alcança os recursos interpostos antes da sua adoção.

Para desenvolvimento de nosso argumento, releva definir o papel das orientações jurisprudenciais emanadas dos tribunais superiores.

Paulo de Barros Carvalho, ao prefaciar obra de Misabel Abreu Machado Derzi (*Modificações da jurisprudência no direito tributário*. São Paulo: Noeses, 2009), afirma que, ao uniformizar a interpretação das leis, os tribunais superiores põem em prática as funções de: "(i) estabilizar o sistema, especificando o fato e a conduta regrados pela norma; (ii) realizar a segurança jurídica, instaurando como previsível o conteúdo da coatividade normativa; (iii) promover a orientação jurisprudencial, para indicar a referida compreensão aos tribunais judiciários de inferior hierarquia, bem como aos magistrados que viessem a prolatar decisões sobre a matéria, ou seja, estabilizando a jurisprudência segundo a diretriz que os Tribunais Superiores consolidaram; (iv) operar no sentido da simplificação da atividade processual, pois ao julgar de idêntica forma os casos semelhantes, acelera o processo decisório e garante a igualdade na prestação jurisdicional, além de reduzir, sensivelmente, o volume de processos existentes a respeito daquele objeto; e, por fim, a (v) previsibilidade decisória, porquanto em decorrência da uniformização dos julgados, alimenta-se a expectativa dos destinatários quanto ao desfecho das causas, tornando previsíveis os resultados".

Por outro lado, consoante assevera Julio B. J. Maier, "a única forma de programar a ação futura é referi-la antecipadamente a normas e regras abstratas de comportamento, qualquer que seja a sua fonte: o direito escrito ou consuetudinário, os precedentes judiciais como fundamento normativo em que se apoiam as decisões dos juízes".[945]

Sob o prisma das aludidas lições doutrinárias, as orientações jurisprudenciais dos tribunais superiores servem de parâmetro para decisões judiciais relativas a casos semelhantes e para as ações futuras dos que participam das relações sociais, além de: assegurar a previsibilidade das decisões judiciais; garantir a estabilidade às relações sociais constituídas sob a sua égide; criar expectativa legítima de validade e eficácia dos atos praticados com esteio no paradigma que estabelecem e na conformação das decisões dos tribunais superiores às suas orientações jurisprudenciais; favorecer a realização prática do princípio da igualdade de todos perante a lei.

Manuel António de Castro Portugal Carneiro da Frada, depois de afirmar que a dogmática "visa principalmente à interpretação das normas do direito vigente e a operacionalização dos princípios jurídicos respectivos", a ela atribui as seguintes funções:

a) estabilização: "pois permite uma certa fixação de soluções e, deste modo, um efeito multiplicador de decisão. Consegue-se dessa forma uma redução do risco de respostas não coincidentes

(945) *Función normativa de la nulidad*, p. 91.

para hipóteses semelhantes, conferindo realização ao princípio da igualdade de tratamento que é imposição da justiça";

b) simplificação: "na medida em que, no âmbito do discurso jurídico, a dogmática possibilita reduzir as alternativas de decisão, evitando processos argumentativos longos e de acentuada, senão inacabável, complexidade. Ela torna disponíveis, no *iter* da decisão, asserções que não precisam, em princípio, de ser por sua vez questionadas e exaustivamente reexaminadas";(946)

c) técnico-construtiva: "pela qual discrimina, classifica, conceptualista, enuncia, confronta todo o 'material normativo', pondo em evidência os princípios que subjazem às diversas regulamentações legais, o seu jogo recíproco, as lacunas existentes";

d) controle da consistência das diversas decisões jurídicas: "os modelos de solução dos casos concretos proporcionados pela dogmática, na medida em que espelham a articulação íntima das normas e princípios do direito vigente, se impõem de algum modo ao julgador, como uma instância de racionalidade que este acaba por ter que respeitar se quiser manter-se fiel ao próprio sistema jurídico";

e) heurística e de progresso: "por meio da dogmática, o 'material normativo' é refletido e, ao sê-lo, distanciado do imediatismo da sua manifestação primária e colocado em contexto mais geral. Tal permite a libertação de 'sinergias de pensamento'; tornam-se possíveis novas interpretações e ponderações mais profundas, o que enriquece os conhecimentos iniciais de que se partira e viabiliza formulação de modelos de decisão para situações de facto inicialmente não contempladas".(947)

Para Manuel António de Castro Portugal Carneiro da Frada, a dogmática responde ao problema "de saber o que é concretamente 'de direito'".(948)

As funções que Manuel António de Castro Portugal Carneiro da Frada confere à dogmática também podem ser atribuídas às orientações jurisprudenciais dos tribunais superiores, posto que estas: reduzem o risco de decisões contraditórias sobre hipóteses semelhantes, em favor da realização do princípio da igualdade de todos perante as leis (*estabilização*); possibilitam a redução das alternativas de decisão e fornecem asserções que não precisam, em princípio, ser questionadas e exaustivamente justificadas (*simplificação*); colocam em evidência os princípios que informam o ordenamento jurídico (*técnico-construtiva*); esclarecem a articulação íntima das regras e princípios constitutivos da ordem jurídica, eliminando alternativas com elas incompatíveis (*controle da consistência das decisões jurídicas*); conduzindo à reflexão sobre regras e princípios, tornam possíveis novas interpretações e ponderações mais profundas (*heurística e de progresso*).

As orientações jurisprudenciais definem o que é concretamente de direito e criam expectativas legítimas de validade e eficácia de determinado ato jurídico, inclusive processual, e de que os tribunais se atenham às suas orientações jurisprudenciais. Em relação a esta expectativa, esclarece Karl Larenz que, como "existe uma grande probabilidade no plano dos fatos de que os tribunais inferiores sigam os precedentes dos tribunais superiores e estes geralmente se atenham à sua jurisprudência, os consultores jurídicos das partes litigantes, das empresas e das associações contam com isto e nisto confiam",(949) o mesmo podendo ser afirmado em relação às partes. Daí ser possível a conclusão de que é legítima a confiança depositada no respeito aos precedentes jurisprudenciais dos tribunais superiores.

Voltemos à situação concreta colocada em destaque para exame da proteção da confiança diante das mutações jurisprudenciais.

Segundo o art. 791 da CLT, empregados e empregadores poderão reclamar pessoalmente perante a Justiça do Trabalho e acompanhar o processo até o final.

---

(946) André-Jean Arnaud e María José Fariñas Dulce afirmam que o papel da dogmática jurídica é "o de interpretar o direito em vigor, a fim de permitir sua completa aplicação, ao mesmo tempo em que constrói um sistema conceitual o mais coerente e completo possível. Seu objeto jurídico de estudo é o conjunto das normas jurídicas formalmente válidas; sua meta é sistematizar e estruturar o conteúdo conceitual desse conjunto por meio de conceitos jurídicos" (*Introdução à análise sociológica dos sistemas jurídicos*, p. 15).

(947) *Teoria da confiança e responsabilidade civil*, p. 28-29.

(948) *Teoria da confiança e responsabilidade civil*, p. 30.

(949) *Metodologia da ciência do direito*, p. 611.

O TST adotou, por meio da Súmula n. 425, uma postura restritiva em relação ao alcance do *jus postulandi*.

Qual era a situação anterior a esta nova Súmula?

Das decisões abaixo apontadas resulta que a restrição adotada pelo TST difere da orientação jurisprudencial que até então vinha sendo por ele adotada:

a) "O art. 133 da Constituição Federal consagrou um princípio programático ao estabelecer que o advogado *é* essencial à administração da Justiça. Dentre a essencialidade da participação do advogado está a possibilidade de ele fazer parte dos concursos públicos para ingresso na magistratura, compondo as bancas examinadoras, a de participar da composição dos tribunais com acesso pelo quinto constitucional e, também, como detentor do *jus postulandi*. Não há, no entanto, monopólio do *jus postulandi*, nem consagração disso pela Constituição Federal, haja vista o *habeas corpus*, manteve-se a possibilidade de ser ele impetrado sem a assistência do advogado. Na Justiça do Trabalho houve a recepção do art. 791 da CLT pelo atual texto constitucional, e o fato de assegurar a empregado a possibilidade de estar em juízo postulando a sua pretensão não desnatura a essencialidade do advogado na administração da justiça" (RR 13/1994-002-22-00.0, 6ª Turma, Rel. Min. Aloysio Corrêa da Veiga, julg. 11.6.2008, DJ 13.6.2008; RR 577.312/99.3);

b) "(...) na Justiça do Trabalho continua em pleno vigor o *jus postulandi* das partes (ADin 1.127-8)" (RR 681/2005-137-15-00.1, 7ª Turma, Rel. Min. Pedro Paulo Manus, julg. 11.6.2008. DJU 13.6.2008);

c) "Quanto ao art. 133 da Constituição da República não revogou o *jus postulandi* das partes na Justiça do Trabalho conforme jurisprudência consagrada na Súmula n. 329/TST" (RR 881/1996-001-17.00-3, 3ª Turma, Rel. Min. Carlos Alberto Reis de Paula, julg. 5.5.2004. DJU 4.6.2004);

d) "O art. 133 da Constituição Federal não acabou com o *jus postulandi* na Justiça do Trabalho" (RR 401947/1997.6, 2ª Turma, Rel. Min. Vantuil Abdala. Jul. 21.02.01. *DJ* 23.2.2001; RR 393518/1997.4);

e) "(...) o art. 133 da CF, por si só, não extinguiu o *jus postulandi*, carecendo de legislação complementar" (RR 483263/1998, 2ª Turma, Rel. Min. José Alberto Rossi, jul. 7.4.1999. DJU 23.4.1999);

f) "A jurisprudência sumulada do Eg. Tribunal Superior do Trabalho rejeita pleito de honorários advocatícios da sucumbência (Súmulas ns. 219 e 329/TST), uma vez que subsiste a capacidade postulatória das partes no âmbito do processo trabalhista, como regra" (RR 319350.1996-9, 1ª Turma, Rel. Min. João Oreste Dalazen. Julg. 10.8.1999. DJU 8.10.1999).

O Relator desta última decisão, embora tenha ressalvado o seu ponto de vista, afirmando que "sempre entendi que o art. 133 da Constituição Federal de 1988, ao tornar o advogado 'indispensável à administração da justiça', derrogou o art. 791 da CLT, extinguindo a capacidade postulatória das partes no processo trabalho", anota que, "o Colendo Supremo Tribunal Federal, em ação direta de inconstitucionalidade, sustou liminarmente a eficácia do inciso I, art. 1º da Lei n. 8.906, de 4.7.1994, em posição indicativa de que persiste a capacidade postulatória das partes no processo do trabalho. Não bastasse isso, a jurisprudência sumulada do Eg. Tribunal Superior do Trabalho abraça a orientação de que não procede o pleito de honorários advocatícios da sucumbência (Súmulas ns. 219 e 329/TST). Alicerça-se em que subsiste a capacidade postulatória das partes no âmbito do processo trabalhista, como regra. Nesta perspectiva, há que sobrepairar tal diretriz jurisprudencial uniforme da Corte, seja por disciplina judiciária à vista da finalidade institucional do órgão, seja porque mais conveniente à estabilidade e segurança das relações jurídico-trabalhistas."

Estes registros definem o entendimento predominante no TST antes da edição da Súmula acima referida, sendo de se observar que em nenhuma das decisões transcritas o *jus postulandi* foi limitado à atuação das partes junto às Varas do Trabalho e os Tribunais Regionais do Trabalho, o que implica dizer que as partes poderiam interpor recurso junto ao TST ou a ele dirigido, por exemplo.

Acrescente-se que existem duas Súmulas do TST (ns. 219 e 329) que, embora tratando da possibilidade de condenação da parte sucumbente ao pagamento de honorários advocatícios, têm como fundamento o reconhecimento do *jus postulandi* às partes no processo do trabalho, como é, inclusive, registrado em decisão da 1ª Turma do TST abaixo transcrita:

> "O *jus postulandi*, previsto no art. 791, é princípio pacífico do processo trabalhista, que torna facultativa a presença do advogado, assim, não sendo obrigatória sua presença, o princípio da sucumbência passa a ser irrelevante. Portanto, o pagamento de honorários advocatícios na Justiça do Trabalho continua regido pelas disposições específicas da Lei n. 5.584/70, interpretadas pelos Enunciados ns. 219 e 329" (RR 701658/2000.4. Rel. Min. Ronaldo Lopes Leal. Julg. 5.9.2001. DJU 5.10.2001).
>
> Nota-se, assim, que a nova orientação jurisprudencial do TST, traduzida pela Súmula n. 425, promoveu uma ruptura com o paradigma até então adotado por aquele tribunal.
>
> Esta nova orientação jurisprudencial do TST alcança os recursos interpostos sob a égide do paradigma anterior?
>
> Em tese, não se pode falar em proibição de irretroatividade da jurisprudência, vez que as decisões judiciais incidem sobre fatos pretéritos.
>
> Contudo, não se pode desconsiderar a confiança gerada pelos paradigmas resultantes das orientações jurisprudenciais dos tribunais superiores.
>
> Não se trata de impedir alterações nas orientações jurisprudenciais dos tribunais superiores, mas de proteger a confiança gerada pela orientação jurisprudencial bruscamente abandonada.
>
> Como aduz Manuel António de Castro Portugal Carneiro da Frada, a 'juridificação' das condutas humanas 'não elimina a confiança. A normatização e a inerente 'rigidificação' das expectativas não logram expulsá-la nem a torna despicienda. Ela continua a exercer uma presença básica e imprescindível na vida social, pois de outro modo não se encetaria relacionamento humano algum (...). Na verdade, cabe a qualquer ordem jurídica a missão indeclinável de garantir a confiança dos sujeitos, porque ela constitui um pressuposto fundamental de qualquer coexistência ou cooperação pacífica, isto é, da paz social'."[950]

Por outro lado, consoante assevera Misabel Abreu Machado Derzi, "as modificações da jurisprudência não podem configurar surpreendentes 'reviravoltas' judiciais, sem que o juiz atenue os efeitos da mudança, protegendo a confiança e a boa-fé daqueles que tinham pautado seu comportamento de acordo com os comandos judiciais (jurisprudência) superados",[951] o que ainda mais se justifica quando se trate de preservar o direito de acesso à justiça, que constitui um direito humano (direito assegurado pelas normas de direitos internacionais como inerente à condição de pessoa — arts. 8º e 10 da Declaração Universal dos Direitos Humanos, arts. 2º, n. 3, a, e 14 do Pacto Internacional sobre Direitos Civis e Políticos e arts. 8º e 25 da Convenção Americana sobre Direitos Humanos) e fundamental (direito humano constitucionalizado — art. 5º, XXXVI, da Constituição da República).

Ademais, o nosso sistema prestigia, cada vez mais, os precedentes jurisprudenciais, reforçando o papel das orientações jurisprudenciais dos tribunais superiores, confiante em que representam a acertada definição do que seja concretamente de direito. A confiança assumida pelo ordenamento jurídico também alcança os participantes da vida social e os litigantes, nos quais os precedentes geram a legítima expectativa de validade e eficácia dos atos praticados segundo o modelo que estabelecem.

O direito à proteção da confiança em face de alteração da orientação jurisprudencial dos tribunais superiores é reconhecido pelo CPC de 2015 (art. 926, § 4º[952]) e pelo Supremo Tribunal Federal, que assim já decidiu:

---

(950) *Teoria da confiança e responsabilidade civil*, p. 19.

(951) *Modificação da jurisprudência no direito tributário*, p. XXVI.

(952) "A modificação de enunciado de súmula, de jurisprudência pacificada ou de tese adotada em julgamento de casos repetitivos observará a necessidade de fundamentação adequada e específica, considerando os princípios da segurança jurídica, da proteção da confiança e da isonomia."

"(...). Os precedentes firmados pelo Supremo Tribunal Federal desempenham múltiplas e relevantes funções no sistema jurídico, pois lhes cabe conferir previsibilidade às futuras decisões judiciais em matérias por eles abrangidas, atribuir estabilidade às relações jurídicas constituídas sob a égide e em decorrência deles, gerar certeza quanto à validade dos efeitos decorrentes dos atos praticados de acordo com esses mesmos precedentes e preservar, assim, em respeito à ética do Direito, a confiança dos cidadãos nas ações do Estado — Os postulados da segurança jurídica e da proteção da confiança, enquanto expressões do Estado Democrático de Direito, mostram-se impregnados de elevado conteúdo ético, social e jurídico, projetando-se sobre as relações jurídicas, inclusive as de direito público, sempre que se registre alteração substancial de diretrizes hermenêuticas, impondo-se à observância de qualquer dos Poderes do Estado e, desse modo, permitindo preservar situações já consolidadas no passado e anteriores aos marcos temporais definidos pelo próprio tribunal." (STF, RE 592148 ED/MG, Rel. Min. Celso de Mello, DJe 171, public. 11.9.2009)[953]

Lembre-se, ainda, que, no controle concentrado de constitucionalidade das leis e atos normativos, ao STF é lícito, consoante prevê o art. 27 da Lei n. 9.868/99, tendo em vista razões de segurança jurídica ou de excepcional interesse social: (a) declarar a inconstitucionalidade a partir do trânsito em julgado da decisão (declaração de inconstitucionalidade com eficácia *ex nunc*); (b) declarar a inconstitucionalidade com a suspensão dos efeitos da decisão pelo espaço de tempo fixado na decisão (declaração de inconstitucionalidade com eficácia para o futuro — a lei continuará a ser aplicada durante o prazo estabelecido na decisão); (c) declarar a inconstitucionalidade sem a pronúncia da nulidade, permitindo a suspensão da aplicação da lei e dos processos em curso até que o legislador, dentro de prazo razoável, venha a se manifestar sobre a inconstitucionalidade; ou, (d) declarar a inconstitucionalidade dotada de efeito retroativo (declaração de eficácia *ex tunc*, isto é, a partir da edição da lei), com a preservação, em sendo o caso, de determinadas situações. O STF, portanto, poderá realizar um juízo de valor sobre fatos do passado, modulando os efeitos de suas decisões, o que deixa claro que é possível a uma decisão judicial, ainda que aplicada a fatos pretéritos, produzir efeitos apenas para o futuro.

Contudo, como adverte Karl Larenz, "nem toda a confiança merece proteção, mas só aquela que parece estar justificada pelas circunstâncias (...). A proteção da confiança (...) não pode ser tida em conta quando a confiança numa determinada situação jurídica não esteja objetivamente justificada. Por isso, a confiança não é digna de proteção 'se o cidadão, de acordo com a situação jurídica no momento com o qual a lei relaciona a entrada em vigor da consequência jurídica, tinha de contar com esta regulação', se o Direito até então vigente 'é obscuro ou confuso' ou se a lei, até então aparentemente vigente e na qual o cidadão acreditava poder confiar, não era válida".[954]

Misabel Machado Derzi sustenta "a inafastabilidade da irretroatividade das decisões judiciais, a aplicabilidade da proteção da confiança e da boa-fé, sob pena de se destruir a força dos precedentes e de não se conseguir criar a mínima expectativa normativa", desde que cumpridas determinadas condições objetivas e ocorra modificação de uma jurisprudência já consolidada, apontando, com isto, aquele que tende serem os pressupostos para proteção da confiança no caso de alteração da jurisprudência.[955]

A confiança gerada pelas orientações jurisprudenciais merece proteção, desde que objetivamente justificada e que ocorra mutação repentina na jurisprudência.

Tais condições são atendidas em relação à nova interpretação que o TST conferiu ao art. 791 da CLT.

Primeiro, em razão da literalidade do art. 791 da CLT, que faz referência ao acompanhamento do processo até o final, e o final de um processo coincide com o último ato nele praticado (a hipótese não é, portanto, de lei obscura ou confusa ou de regra inválida).

(953) Em outra oportunidade, o STF afirmou que o princípio da confiança constitui elemento do princípio da segurança jurídica (STF, MS 24268/MG, Rel. Min. Ellen Gracie, DJU 17.9.2004).
(954) *Metodologia da ciência do direito*, p. 603-604.
(955) *Modificações jurisprudenciais no direito tributário*, p. 317.

Segundo, porque o TST possui duas Súmulas assentadas no reconhecimento do *jus postulandi* das partes no processo do trabalho (e não apenas diante de alguns órgãos do Poder Judiciário trabalhista), além de terem as suas turmas proferido várias decisões no mesmo sentido, como acima foi demonstrado.

A hipótese é de alteração repentina da jurisprudência do TST, posto que as duas Súmulas mencionadas e as decisões transcritas deixam claro que prevalecia naquele tribunal, há vários anos, o reconhecimento do *jus postulandi*, reconhecimento que foi reafirmado, mais de uma vez, depois da Constituição Federal de 1988, quando foi questionada a sobrevivência do *jus postulandi*, ainda como demonstram as decisões acima noticiadas.

De que forma pode ser protegida a confiança da parte que interpôs recurso no TST ou a ele endereçado com a firme convicção de que ele seria admitido?

A resposta é fornecida por Manuel António de Castro Portugal Carneiro da Frada: "atribuindo à situação de confiança ocorrida os efeitos equivalentes ao objeto da representação, como se ele tivesse realmente ocorrido".[956] Isto significa, na situação em exame, admitir o recurso firmado pela parte, desde que a sua interposição tenha ocorrido antes da nova orientação jurisprudencial do Pleno do TST.

Em conclusão: existindo conflito temporal de orientações jurisprudenciais, deve ser negada retroatividade à nova orientação jurisprudencial do TST, traduzida pela sua Súmula n. 425, em respeito aos postulados da segurança jurídica e da proteção da confiança, desde que se trate de alteração repentina da jurisprudência e de confiança objetivamente justificada.

Não se pode olvidar, de outro lado, que a capacidade postulatória reconhecida no art. 791 da CLT é restrita ao âmbito da Justiça do Trabalho. Assim, eventual recurso endereçado ao STF deve ser firmado por advogado, ainda que se trate de demanda trabalhista submetida àquele tribunal em grau de recurso.

1.3. Representação das partes em juízo.

O art. 12 do CPC de 1973 e o art. 75 do CPC de 2015, ambos aplicáveis no processo do trabalho (art. 769 da CLT e art. 15 do CPC de 2015), enumeram "várias figuras que têm capacidade de ser parte e prescreve sua representação em juízo, isto é, como se faz sua legitimação para o processo".[957]

Com isso, são representados em juízo, por exemplo: a) a União, pela Advocacia Geral da União, diretamente ou mediante órgão vinculado (hipótese estabelecida pelo CPC de 2015); b) os Estados e o Distrito Federal, por seus procuradores; c) o Município, por prefeito ou procurador; d) a massa falida, pelo síndico (CPC de 1973) ou administrador judicial (CPC de 2015); e) o espólio, pelo inventariante; f) as pessoas jurídicas, por quem os respectivos estatutos designarem, ou, não havendo essa designação, por seus diretores; g) as sociedades e as associações irregulares e outros entes sem personalidade jurídica, pela pessoa a quem couber a administração de seus bens (as sociedades sem personalidade jurídica, quando demandadas, não poderão opor a irregularidade de sua constituição — art. 12, § 2º, do CPC e art. 75, § 2º, do CPC de 2015).[958]

A sociedade em liquidação é representada em juízo pelo liquidante e a sociedade dissolvida, por seus sócios.

---

(956) *Teoria da confiança e responsabilidade civil*, p. 41.

(957) BARBI, Celso Agrícola. *Comentários ao Código de Processo Civil*, v. I, p. 89. Celso Agrícola Barbi considera "da maior importância fixar essa representação, não só para saber quem ingressa em juízo representando as partes aí enumeradas, mas também para saber a quem deve ser feita a citação, nas ações propostas contra ela" (*Op. cit.*, p. 89).

(958) Celso Agrícola Barbi afirma que "a capacidade de ser parte liga-se à existência de personalidade jurídica. Mas, por questão de conveniência, a lei processual pode atribuir aquela capacidade a figuras que não têm essa personalidade (...) têm capacidade de ser parte a sociedade de fato (...) apesar de não lhe reconhecer personalidade jurídica, o direito cogita dos efeitos práticos de sua existência material (...). Forma-se uma comunhão, cujos bens respondem pelas obrigações" (*Comentários ao Código de Processo Civil*, v. I, p. 85-86).

A Assembleia Legislativa e a Câmara Municipal somente têm capacidade para ser parte quando agem na defesa de interesses institucionais próprios e vinculados à sua independência e funcionamento. Fora dessas hipóteses, a legitimidade será do Estado ou do Município respectivo.

Segundo Cândido Rangel Dinamarco, constitui erro "falar em representante de firma individual. O direito comum desconhece essa figura, que tem pertinência exclusivamente à disciplina tributária das atividades de empresários em nome individual. Quem exerce o comércio em nome individual é sempre a pessoa física. Parte é esta, porque a firma individual não é pessoa jurídica, não tem personalidade perante o direito (capacidade de adquirir direitos, ser titular de bens ou contrair obrigações) (CC, arts. 2º, 12 e 18) e, consequentemente, não tem capacidade de ser parte".[959]

1.4. Incapacidade processual e irregularidade de representação: consequências.

Verificada a incapacidade processual ou a irregularidade da representação da parte, o juiz suspenderá o processo e designará prazo razoável para que seja sanado o vício (art. 13 do CPC de 1973 e art. 76 do CPC de 2015).

Não sendo sanado o vício, *caso o processo esteja na instância originária* (situação prevista no art. 76 do CPC de 2015):

a) o processo será extinto, se a providência cabia ao autor (o CPC de 1973 determina a *anulação* do processo, mas o que se dá, como prevê o CPC de 2015, é a sua extinção sem provimento de mérito, diante da ausência de pressuposto de sua constituição válida e regular);

b) o réu será considerado revel e confesso em relação aos fatos narrados na petição inicial (embora o CPC de 2015 somente faça alusão à revelia, o art. 844 da CLT também determina a aplicação da pena de confissão);

c) o terceiro será excluído do processo.

Prevalece, na doutrina e na jurisprudência, o entendimento de que o art. 13 do CPC de 1973 não se aplica na fase recursal, na qual eventual irregularidade de representação já não poderá ser sanada.[960]

O CPC de 2015 contém inovação a respeito da questão, dispondo, no art. 76, § 2º, que, descumprida a determinação de regularização da capacidade ou da representação processual *em fase recursal perante tribunal de justiça, tribunal regional federal ou tribunal superior*, o relator: 1) não conhecerá do recurso, se a providência couber ao recorrente; 2) determinará o desentranhamento das contrarrazões, se a providência couber ao recorrido.

O fato de o preposto (representante do reclamado ou demandado na audiência) comparecer em juízo sem carta de preposição não autoriza ser o reclamado considerado revel e confesso, devendo ser estabelecido prazo para a regularização da representação (aplicação do art. 13 do CPC de 1973 e do art. 76 do CPC de 2015). Devendo a causa ser decidida preferencialmente em audiência única e no menor espaço de tempo possível, o juiz pode conceder ao reclamado prazo para a regularização da sua representação sem interromper a audiência. Nesse caso, regularizada a representação no prazo assinalado, nenhum prejuízo haverá à marcha do processo. Se não for regulariza a representação no prazo assinalado, o juiz desconsiderará a defesa e as provas produzidas pelo reclamado, reputando-o ausente e, com isso, revel e confesso. Essa solução encontra justificativa no fato de que a celeridade na composição do litígio sobrepõe-se ao risco da prática de atos inúteis.

(959) *Instituição de direito processual civil*, v. II, p. 115.

(960) Súmula n. 383 do TST: "I — É inadmissível, em instância recursal, o oferecimento tardio de procuração, nos termos do art. 37 do CPC, ainda que mediante protesto por posterior juntada, já que a interposição de recurso não pode ser reputada ato urgente. II — Inadmissível na fase recursal a regularização da representação processual, na forma do art. 13 do CPC, cuja aplicação se restringe ao Juízo de 1º grau".

1.5. Representação das partes por advogado. Honorários advocatícios sucumbenciais e contratuais.

1.5.1. No processo do trabalho, por força dos arts. 791 e 839, *a*, da CLT, não há necessidade de as partes serem representadas em juízo por advogado, sendo a elas reconhecido o *jus postulandi*, ou seja, a capacidade de requerer pessoalmente em juízo (*capacidade postulatória*). A representação por advogado é, portanto, facultativa, respeitada a limitação imposta pela Súmula n. 425 do TST, relativamente aos processos de sua competência originária e aos recursos que lhe sejam endereçados.

O art. 791, § 1º, da CLT dispõe que, nos dissídios individuais, os empregados e empregadores poderão fazer-se representar por intermédio de sindicato, advogado, solicitador (estagiário) ou provisionado (prático em direito) inscrito na OAB.

No entanto, de acordo com o art. 1º da Lei n. 8.906/94, a postulação a qualquer órgão do Poder Judiciário é atividade privativa de advogado. Dessa forma, fica afastada a possibilidade de postulação por provisionado, ao passo que o estagiário de advocacia regularmente inscrito somente pode postular em juízo em conjunto com advogado e sob responsabilidade deste (art. 3º, § 2º, da Lei n. 8.906/94).

De acordo com o art. 791, § 2º, da CLT, nos dissídios coletivos é facultada aos interessados a assistência por advogado.

1.5.2. O advogado somente será admitido a procurar em juízo se exibir instrumento de mandato, isto é, procuração, salvo para evitar preclusão, decadência ou prescrição, ou praticar ato considerado urgente, situação em que, independente de caução exibir a procuração no prazo de 15 dias, prorrogável por igual período por despacho do juiz, sendo que o ato não ratificado será considerado ineficaz relativamente àquele em cujo nome foi praticado[961] (art. 37 do CPC de 1973 e art. 104 do CPC de 2015), observando-se que a constituição de procurador com poderes para o foro em geral poderá ser efetivada mediante simples registro em ata de audiência, a requerimento verbal do advogado interessado, com anuência da parte representada (art. 791, § 3º, da CLT).[962]

Anote-se que a interposição de recurso não é ato passível de enquadramento entre os atos reputados urgentes para fins do art. 37, parágrafo único, do CPC (Súmula n. 383, I, do TST).

A petição inicial desacompanhada de procuração não será distribuída, salvo: se o autor, estando habilitado a fazê-lo, postular em causa própria; a hipótese se inserir em uma das situações previstas no art. 37 do CPC de 1973 ou no art. 104 do CPC de 2015; se a parte estiver representada pela Defensoria Pública (hipótese acrescentada pelo CPC de 2025); se a representação decorrer diretamente de norma prevista na Constituição Federal ou lei (hipótese acrescentada pelo CPC de 2015), como estabelecem o art. 254 do CPC de 1973 e os arts. 106 e 287 do CPC de 2015.

São inexistentes os atos praticados por advogado que tenha sido eliminado dos quadros da OAB ou sofrido pena de suspensão (art. 37, § 1º, da Lei n. 8.906/94).

A representação judicial das autarquias e fundações públicas por seus procuradores ou advogados, ocupantes de cargos efetivos dos respectivos quadros, independe da apresentação de instrumento de procuração (art. 9º da Lei n. 9.469/97 e art. 287, parágrafo único, do CPC de 2015).[963]

---

(961) "O não cumprimento das determinações dos §§ 1º e 2º do art. 5º da Lei n. 8.906, de 4.7.1994, e do art. 37, parágrafo único, do Código de Processo Civil importa o não conhecimento de recurso, por inexistente, exceto na hipótese de mandato tácito" (Súmula n. 164 do TST). Esta Súmula, ao aludir à inexistência do ato, está em sintonia com o art. 37, parágrafo único, do CPC de 1973, que também alude à inexistência. No entanto, a hipótese não é de inexistência, vez que o ato foi praticado, mas de ineficácia, como prevê o art. 104, § 2º, do CPC de 2015.

(962) Art. 653 do Código Civil: "Opera-se o mandato quando alguém recebe de outrem poderes para, em seu nome, praticar atos ou administrar interesses. A procuração é o instrumento do mandato".

(963) De acordo com a Súmula n. 436 do TST: "I — A União, Estados, Municípios e Distrito Federal, suas autarquias e fundações públicas, quando representadas em juízo, ativa e passivamente, por seus procuradores, estão dispensadas da juntada de instrumento de mandato e de comprovação de nomeação. II. Para efeito do item anterior, é essencial que o signatário ao menos declare-se exercente do cargo de procurador, não bastando a indicação do número de inscrição na Ordem dos Advogados do Brasil", o que é confirmado pelo art. 287 do CPC de 2015.

A existência de procuração nos autos principais dispensa a juntada de nova procuração nos autos dos incidentes autuados em apenso (art. 254, II, do CPC de 1973[964]). No entanto, tendo em vista a possibilidade de remessa dos autos do incidente ao tribunal desacompanhado dos autos principais, é aconselhável a juntada de procuração também nos autos do incidente, para evitar questionamento a respeito da regularidade da representação da parte.

É válido o instrumento de mandato (procuração) juntado aos autos em cópia autenticada. É dispensado o reconhecimento de firma na procuração (*ad judicia* e *et extra*) e no substabelecimento (art. 38 do CPC de 1973 e art. 105 do CPC de 2015).

A procuração geral para o foro (*ad judicia*), outorgada por instrumento público ou particular assinado pela parte, habilita o advogado a praticar todos os atos do processo, exceto receber notificação ou citação, confessar, reconhecer a procedência do pedido, transigir, desistir, renunciar ao direito sobre que se funda a ação, receber e dar quitação e firmar compromisso, para os quais se exigem poderes especiais (*procuração et extra*).[965] O CPC de 2015 passou a exigir poderes especiais para assinar declaração de hipossuficiência econômica (art. 105).

O mandato pode ser expresso ou tácito, verbal ou escrito (art. 656 do Código Civil). Confere mandato tácito a parte que comparece em audiência acompanhada de advogado. A presença da parte e do advogado permite presumir a outorga de poderes para a representação em juízo. Para a configuração do mandato tácito exige-se que advogado e a parte participem, concomitantemente, da audiência (a simples prática de atos processuais por advogado não configura o mandato tácito).[966]

O mandato tácito equivale à procuração geral para o foro (procuração *ad judicia*), habilitando o advogado a praticar todos os atos do processo, salvo receber citação inicial, confessar, reconhecer a procedência do pedido, transigir, desistir, renunciar ao direito sobre que se funda a ação, receber, dar quitação e firmar compromisso, em relação aos quais se exige concessão de poderes especiais expressos (art. 38 do CPC).

De acordo com a Súmula n. 395, III, do TST, são válidos os atos praticados pelo substabelecido, ainda, que não haja, no mandato, poderes expressos para substabelecer (art. 667, e parágrafos, do Código Civil de 2002). No entanto, configura-se a irregularidade de representação se o substabelecimento é anterior à outorga passada ao substabelecente (Súmula n. 395, IV, do TST).[967]

O mandato tácito não admite substabelecimento. A validade do substabelecimento pressupõe a existência de instrumento de mandato nos autos.[968]

É válida a procuração geral para o foro outorgada por instrumento particular pelo representante de menor impúbere, em nome deste.

Não exige a lei que a procuração seja acompanhada do estatuto ou contrato social da empresa outorgante. Somente havendo dúvida razoável por parte do juiz ou impugnação da parte contrária é que deve a empresa ser intimada para trazer aos autos seu estatuto ou contrato social (art. 13 do CPC).[969]

(964) Previsão não repetida no CPC de 2015.

(965) Para a reconvenção, que é ação do réu contra o autor, ter-se-á de apresentar nova procuração, salvo se na que tiver sido outorgada ao advogado para a defesa do demandado constar o poder para ajuizar reconvenção.

(966) A propósito decidiu o STF que "o chamado (impropriamente) mandato tácito, admitido na Justiça do Trabalho, pressupõe o comparecimento da parte à audiência e a notícia, na ata respectiva, de que esteve assistida por profissional da advocacia devidamente identificado. A assinatura de peças avulsas não o caracteriza" (STF, Agravo regimental em Agravo de Instrumento n. 163287-0/MG, Rel. Min. Néri da Silveira, DJU 4.8.1995).

(967) Não produz efeitos jurídicos o recurso subscrito por advogado, antes do advento da Lei n. 8.952/94, com poderes conferidos em substabelecimento em que não consta o reconhecimento de firma do outorgante (Orientação Jurisprudencial n. 75 da SDI-I do TST).

(968) "É invalido o substabelecimento de advogado investido de mandato tácito" (Orientação Jurisprudencial n. 200 da SDI-I do TST).

(969) Consoante a Orientação Jurisprudencial n. 255 da SDI-1 do TST: "O art. 12, VI, do CPC, não determina a exibição dos estatutos da empresa em juízo como condição de validade do instrumento de mandato outorgado ao seu procurador, salvo se houver impugnação da parte contrária". Esta Orientação Jurisprudencial foi atualizada com a entrada em vigor do CPC de 2015 e passa a prever que "O art. 75, inciso VIII, do CPC de 2015 (art. 12, VI, do CPC), não determina a exibição dos estatutos

O mandato cessa pela sua revogação (art. 682, I, do Código Civil). A revogação do mandato constitui direito do mandante e pode ser expressa ou tácita. Dá-se a revogação tácita quando são outorgados a outro mandatário idênticos poderes para a prática do mesmo negócio, como autoriza afirmar o art. 687 do Código Civil ("Tanto que for comunicada ao mandatário a nomeação de outro, para o mesmo negócio, considerar-se-á revogado o mandato anterior"). Destarte, a juntada de nova procuração aos autos, sem ressalva de poderes conferidos ao antigo patrono, implica revogação tácita do mandato anterior, consoante é afirmado na Orientação Jurisprudencial n. 349 da SDI-I do TST. O mesmo ocorre com a prática de ato processual pessoalmente pela parte sem a ressalva da continuidade da atuação no processo do advogado por ele constituído. De outro lado, a juntada de substabelecimento sem reserva de poderes equivale à renúncia dos poderes recebidos e substabelecidos, o que também constitui forma de extinção do mandato (art. 682, I, do Código Civil).

O mandato pode ser conferido a um ou mais advogados. Neste caso, todos os advogados constituídos estão habilitados a praticar atos no processo.

Sendo vários os advogados da parte, é válida a intimação realizada a apenas um deles. No entanto, "havendo pedido expresso de que as intimações e publicações sejam realizadas exclusivamente em nome de determinado advogado, a comunicação em nome de outro profissional constituído nos autos é nula, salvo se constatada a inexistência de prejuízo" (Súmula n. 426 do TST), o que também é previsto no art. 272, § 5º, do CPC de 2015, embora sem alusão à ressalva quanto ao prejuízo.[970] A exigência de prejuízo, para efeito de decretação de nulidade da intimação, decorre do disposto no art. 794 da CLT, segundo o qual, no processo do trabalho, somente haverá nulidade quando do ato inquinado resultar manifesto prejuízo às partes. A possibilidade de declaração, ou não, da nulidade da intimação é verificada, portanto, a partir dos seus efeitos. Dito de outra forma, o exame da necessidade de declarar a nulidade da intimação é realizado *in concreto* e não *in abstrato*. Assim, se a intimação não foi endereçada ao advogado indicado para recebê-la, mas cumpriu a sua finalidade, qual seja, dar conhecimento à parte ou aos seus procuradores do ato praticado ou a ser praticado, não há que se falar em nulidade. O CPC de 2015, tratando da questão, dispõe que "sob pena de nulidade, é indispensável que da publicação constem os nomes das partes (sem abreviaturas)

---

da empresa em juízo como condição de validade do instrumento de mandato outorgado ao seu procurador, salvo se houver impugnação da parte contrária". A Corregedoria-Geral do TST, por meio do Provimento n. 5/02, com o fim de possibilitar o cumprimento das obrigações para com a Receita Federal e o INSS, o levantamento de depósitos do FGTS, a "penhora *on line*" e o preenchimento da guia de depósito judicial, recomenda aos juízes que exijam da pessoa jurídica de direito privado o número do CNPJ e do CEI (Cadastro Específico do INSS), bem como cópia do contrato social ou da última alteração feita no contrato original, constando o número do CPF dos proprietários e dos sócios da empresa, estabelecendo que, na falta dos dados indicados, o juiz deverá garantir à parte prazo para apresentar os referidos documentos, sem prejuízo da continuidade da audiência. De acordo com a Súmula n. 456 do TST, "É inválido o instrumento de mandato firmado em nome de pessoa jurídica que não contenha, pelo menos, o nome do outorgante e do signatário da procuração, pois estes dados constituem elementos que a individualizam". Por outro lado, a SDI-I decidiu que "No instrumento de mandato a qualificação do outorgante quanto pessoa jurídica revela-se ato complexo, abrangendo não só a identificação dessa, mas também a de seu representante legal, até porque é esse que de fato vai realizar a outorga de poderes em nome daquela. Assim, sendo, a ausência de identificação do representante legal torna inválida a procuração, na forma do art. 654, § 1º, do Código Civil. Ademais, não socorre à parte o fato de constar o nome da subscritora do recurso na ata de audiência, se já havia anteriormente juntado mandato expresso, ainda que irregular, porque nesse caso não se caracteriza a hipótese de mandato tácito" (TST, SDI-I E-ED-AIRR 1845/2004-075-15-40, Rel. Min. Rider de Brito, DJU 3.12.2007). A perfeita identificação do subscritor da procuração a torna válida, vez que permite verificar, a partir do exame dos atos constitutivos da empresa, se ele possui poderes para tanto. Ademais, o mandato tácito supre eventual irregularidade do mandato expresso, como permitem afirmar os princípios da facilitação do acesso à justiça, da simplificação das formas e procedimentos e do favorecimento ao julgamento do mérito da pretensão das partes. Note-se que até mesmo a ausência de notificação inicial é suprida pelo comparecimento da parte em audiência (art. 214, § 1º, do CPC de 1973 e art. 239, § 1º, do CPC de 2015). Como, para a validade do processo, é indispensável a notificação inicial do demandado e a ausência da notificação inicial pode ser suprida pelo seu comparecimento em audiência, da mesma forma, eventual irregularidade do mandato expresso pode ser suprida pelo comparecimento da parte em audiência acompanhada por seu procurador (mandato tácito). Se o mandato tácito pode suprir a ausência do mandato expresso, parece inegável que eventual falha do mandato expresso pode ser suprida pelo tácito (quem pode o mais, pode o menos).

(970) Consoante decidiu o Supremo Tribunal Federal, "Se os recorrentes estão representados nos autos por diversos advogados e inexiste especificação quanto ao responsável pelas intimações, para a validade dessas basta que da publicação conste o nome de qualquer deles, indistintamente". (STF, RMS 22.068-0-DF, Rel. Min. Ilmar Galvão, DJU 6.9.1996, p. 31869).

e de seus advogados (nome completo), com o respectivo número de inscrição na Ordem dos Advogados do Brasil, ou, se assim requerido, da sociedade de advogados (art. 272, §§ 2º, 3º e 4º).

Anote-se que, conforme o art. 16 da Instrução Normativa n. 39/2016 do TST, "para efeito de aplicação do § 5º do art. 272 do CPC, não é causa de nulidade processual a intimação realizada na pessoa de advogado regularmente habilitado nos autos, ainda que conste pedido expresso para que as comunicações dos atos processuais sejam feitas em nome de outro advogado, se o profissional indicado não se encontra previamente cadastrado no Sistema de Processo Judicial Eletrônico, impedindo a serventia judicial de atender ao requerimento de envio da intimação direcionada. A decretação de nulidade não pode ser acolhida em favor da parte que lhe deu causa (CPC, art. 276)".

A procuração (instrumento do mandato) deve conter a indicação do local onde foi passada, a qualificação do outorgante e do outorgado, a data e o objetivo da outorga com a designação e a extensão dos poderes conferidos (art. 654 do Código Civil), nada impedindo que, ao definir o objetivo da outorga e extensão dos poderes conferidos, seja estabelecido prazo da representação, como permite afirmar o art. 682, IV, do Código Civil, que inclui o término do prazo entre os motivos da extinção do mandato. Por consequência, decorrido o prazo do mandato, consideram-se inexistentes os atos posteriores praticados pelo advogado (extinto o mandato, o advogado já não está autorizado a praticar atos processuais em nome do mandante).

No entanto, não há como negar ser válido mandato com prazo determinado que estabeleça a prevalência dos poderes para atuar até o final da demanda (Súmula n. 395, I, do TST). Opera-se, neste caso, a prévia prorrogação do prazo do mandato.

Diante da existência de previsão, no mandato, fixando termo para sua juntada, o instrumento de mandato só tem validade se anexado ao processo dentro do aludido prazo (Súmula n. 395, II, do TST).

Cumpre observar que, de acordo com a Orientação Jurisprudencial n. 371 da SDI-1 do TST, na sua redação anterior ao CPC de 2015, "não caracteriza a irregularidade de representação a ausência da data da outorga de poderes, pois, o mandato judicial, ao contrário do mandato civil, não é condição de validade do negócio jurídico. Assim, a data a ser considerada é aquela em que o instrumento for juntado aos autos, conforme preceitua o art. 370, IV, do CPC. Inaplicável o art. 654, § 1º, do Código Civil". Com a entrada em vigor do CPC de 2015, a Orientação Jurisprudencial n. 371 da SDI-I do TST passou a prever que "não caracteriza a irregularidade de representação a ausência da data da outorga de poderes, pois, no mandato judicial, ao contrário do mandato civil, não é condição de validade do negócio jurídico. Assim, a data a ser considerada é aquela em que o instrumento for juntado aos autos, conforme preceitua o art. 409, IV, do CPC de 2015 (art. 370, IV, do CPC). Inaplicável o art. 654, § 1º, do Código Civil".

Ao advogado cumpre informar, na petição inicial ou na contestação, o endereço em que receberá intimação e comunicar qualquer mudança de endereço (art. 39 do CPC de 1973 e art. 106 do CPC de 2015). Se o advogado deixa de comunicar a mudança de endereço ocorrida no curso do processo, considerar-se-á válida a intimação enviada para o seu endereço constante dos autos (art. 39, parágrafo único, do CPC de 1973, art. 106, § 2º, do CPC de 2015 e art. 852-B, § 2º, da CLT).

A parte pode revogar o mandato outorgado ao seu advogado (art. 682, I, do Código Civil, art. 45 do CPC de 1973 e art. 111 do CPC de 2015). Não se exige, por força do *jus postulandi* assegurado às partes, que no ato da revogação do mandato outro advogado seja constituído. Se novo advogado não for constituído, presume-se a opção da parte pelo exercício do *jus postulandi*.

O advogado poderá renunciar ao mandato, provando que cientificou o mandante da renúncia a fim de que este nomeie, se assim o desejar, outro advogado (art. 45 do CPC de 1973 e art. 112 do CPC de 2015).[971] Durante os dez dias seguintes à renúncia, o advogado continuará a representar o mandante, desde que necessário para lhe evitar prejuízo (art. 45 do CPC de 1973 e art. 112, § 1º, do CPC de 2015). Essa representação cessará se a parte constituir, antes do transcurso dos dez dias seguintes à renúncia, outro procurador (art. 5º, § 3º, da Lei n. 8.906/94).

---

(971) A comunicação é dispensada quando a procuração houver sido outorgada a vários advogados e a parte continuar representada por outro.

A falta de comunicação do advogado à OAB para exercício profissional em seção diversa daquela na qual tem inscrição não importa nulidade dos atos praticados, constituindo apenas infração disciplinar, que cabe àquela instituição analisar (Orientação Jurisprudencial n. 7 da SDI-I do TST).

De acordo com a Orientação Jurisprudencial n. 374 da SDI-I do TST, "É regular a representação processual do subscritor do agravo de instrumento ou do recurso de revista que detém mandato com poderes de representação limitados ao âmbito do Tribunal Regional do Trabalho, pois, embora a apreciação desse recurso seja realizada pelo Tribunal Superior do Trabalho, a sua interposição é ato praticado perante o Tribunal Regional do Trabalho, circunstância que legitima a atuação do advogado no feito".

1.5.3. A possibilidade de condenação do vencido ao pagamento de honorários advocatícios sucumbenciais e contratuais. Montante e critério de cálculo dos honorários advocatícios sucumbenciais.

O exercício do direito de acesso à justiça implica custos, dentre os quais os relativos aos honorários do advogado que representar a parte no processo. De outro lado, o inadimplemento de uma obrigação ou a mora no seu cumprimento gera o dever de indenizar as perdas e danos dele decorrentes, abrangendo a indenização os honorários advocatícios (arts. 395 e 389 do CC).

Como dos advogados que militam na Justiça do Trabalho não pode ser exigida a renúncia à remuneração dos seus serviços, vedando o art. 658 do CC, inclusive, a presunção de gratuidade do mandato quando o seu objeto corresponder ao daqueles que o mandatário trata por ofício ou profissão lucrativa, e o inadimplemento de obrigação resultante da relação de trabalho gera o dever de indenizar as perdas e danos dele decorrentes(972), a problemática da responsabilidade pelos honorários advocatícios tem reflexos no processo do trabalho.

O CPC trata de honorários advocatícios devidos **em razão da necessidade de recorrer ao processo para a satisfação de direitos não atuados espontaneamente**, estabelecendo, no art. 20 do CPC de 1973 e art. 85 do CPC de 2015, que a sentença condenará o vencido a pagar ao vencedor os honorários advocatícios.(973)

A condenação ao pagamento destes honorários advocatícios decorre do fato sucumbência, o que se dá porque, consoante Giuseppe Chiovenda, a atuação da lei não pode representar "diminuição patrimonial para a parte em favor da qual é realizada",(974) o que conduz à conclusão de que **os custos do processo devem ser suportados pela parte responsável pelo ajuizamento da demanda**.

No entanto, a sucumbência, no sentido de derrota na demanda, não é condição indispensável para que a parte seja condenada ao pagamento de honorários advocatícios.(975) O *princípio da sucumbência* (a parte vencida deve suportar os custos do processo) é uma manifestação do *princípio da causalidade* (a parte que deu causa ao processo deve suportar os seus custos). A sucumbência constitui, portanto, apenas um indicativo da responsabilidade pelo ajuizamento da demanda.

Assim, no processo civil, considerado a questão à luz do art. 20 do CPC de 1973 e do art. 85 do CPC de 2015, quem deu causa ao ajuizamento da demanda deve suportar os custos do processo, dentre os quais os relativos aos honorários advocatícios.

(972) Aplicação do art. 389 do CC na solução de conflitos oriundos da relação de emprego, com autorização do art. 8º, parágrafo único, da CLT.

(973) O art. 21 trata da sucumbência recíproca (*caput*) e da sucumbência mínima (parágrafo único).

(974) *Principios de derecho procesal civil*, v. II, p. 433. Cumpre recordar que, segundo esse doutrinador, "para a consecução ou o melhor gozo possível de um bem garantido pela lei é necessária a sua atuação mediante os órgãos do Estado; isto dá lugar a um processo (...). No processo desenvolve-se uma função pública e esta é a atuação da lei, ou seja, do direito objetivo (*Principios de derecho procesal civil*, v. I, p. 93-95). O doutrinador em destaque esclarece que esta concepção do processo está estreitamente relacionada com a sua maneira de ver a ação, ou seja, como "meio de obter no processo a atuação da lei". Para, ele, "se o direito subjetivo não é senão a expectativa de um bem garantida pelo Estado, o titular do direito que se dirige ao Estado (...) pede (...) a atuação desta garantia, que é a lei" (*Principios de derecho procesal civil*, v. I, p. 95 e nota 2 desta mesma página). Daí a afirmação de que a atuação da lei não deve representar diminuição patrimonial para a parte em favor da qual é realizada.

(975) Solução neste sentido é adotada na Súmula n. 303 do STJ: "Em embargos de terceiro, quem deu causa à constrição indevida deve arcar com os honorários advocatícios". É também por força do princípio da causalidade que o art. 789-A da CLT impõe ao executado a obrigação de pagar as custas relativas ao processo de execução.

Estes são os *honorários advocatícios sucumbenciais*, denominação que é aqui adotada, mas entendendo-se por sucumbente a parte que deve suportar os ônus do processo, por ter dado causa ao ajuizamento da demanda.[976]

O Código Civil disciplina as consequências do inadimplemento das obrigações nos arts. 389 a 420 e define, no primeiro destes diplomas legais, a regra básica regente da matéria nos seguintes termos: "Não cumprida a obrigação, responde o devedor por perdas e danos, mais juros e atualização monetária segundo índices oficiais regularmente estabelecidos, e honorários de advogado".

O Código Civil também dispõe que se considera em mora o devedor que não efetuar o pagamento no tempo, lugar e forma devidos (art. 394) e que "responde o devedor pelos prejuízos a que a sua mora der causa, mais juros e atualização dos valores monetários segundo índices oficiais regularmente estabelecidos, e honorários de advogado" (art. 395).

O Código Civil ainda estabelece, no art. 404, que "as perdas e danos, nas obrigações de pagamento em dinheiro, serão pagas com atualização monetária segundo índices oficiais regularmente estabelecidos, abrangendo juros, custas e honorários de advogado, sem prejuízo da pena convencional".

Destarte, ao não cumprimento da obrigação e à ausência de cumprimento da obrigação no tempo, lugar e forma devidos é relacionada uma *pena de natureza civil*, qual seja o dever de indenizar o credor pelas perdas e danos por ele sofridas, o que abrange os honorários que pagou ao advogado que o representou no processo. Trata-se, assim, de responsabilidade contratual, cuja configuração pressupõe uma relação jurídica válida previamente estabelecida, obrigação inadimplida por ato imputável ao devedor e o dano decorrente do inadimplemento da obrigação (no caso de contratação de advogado, o dano corresponde ao valor que a parte comprovadamente pagou a título de honorários[977]).

A hipótese não é de honorários advocatícios devidos em razão do processo e da responsabilidade pelo ajuizamento da demanda (*honorários advocatícios sucumbenciais*), mas de indenização de perdas e danos resultantes do inadimplemento de obrigação ou da mora no seu cumprimento, isto é, de *honorários advocatícios indenizatórios*, observando-se que *não se confundem* honorários advocatícios sucumbenciais e honorários advocatícios indenizatórios, vez que:

a) a condenação no pagamento de honorários advocatícios sucumbenciais decorre da aplicação do princípio da causalidade: quem deu causa ao ajuizamento da demanda responde pelos custos do processo respectivo, dentre os quais os relativos aos honorários advocatícios. Trata-se, portanto, da obrigação de remunerar os serviços do advogado que representou a parte em juízo, isto é, de **obrigação que surge em razão da responsabilidade pelo ajuizamento de uma concreta demanda**;

b) a condenação no pagamento de honorários advocatícios indenizatórios decorre da aplicação do princípio da responsabilidade contratual: o inadimplemento e a mora no cumprimento de uma obrigação geram para o devedor o dever de indenizar os danos sofridos pelo credor, o que abrange os honorários advocatícios. A hipótese é de **dever que surge antes e independentemente de qualquer processo**: o inadimplemento ou a mora faz surgir o dever de indenizar, ou, dito de outra forma, o descumprimento do dever positivo de adimplir constitui, em si mesmo, fonte do dever de indenizar, no caso de ser proposta demanda visando à satisfação do direito não atuado espontaneamente ou oportunamente. Trata-se, assim, de **obrigação pré-processual**, que tem origem no direito material e não se relaciona com os deveres das partes em um concreto processo (o art. 20, que trata dos honorários de sucumbência, está localizado no Capítulo II do CPC, que disciplina os deveres das partes

(976) Registre-se que "Os honorários sucumbenciais, quando omitidos em decisão transitada em julgado, não podem ser cobrados em execução ou em ação própria" (Súmula n. 453 do STJ). Destarte, a definição do responsável pelo ajuizamento da ação e a sua condenação no pagamento dos honorários advocatícios sucumbenciais deverão constar de forma expressa da decisão.

(977) A prova do pagamento dos honorários advocatícios é indispensável, visto que a hipótese é de indenização de danos materiais e somente podem ser indenizados danos comprovadamente sofridos.

do processo judicial, o que significa que o pagamento dos honorários advocatícios sucumbenciais é um **dever que surge no e em razão do processo)**;[978]

c) **os honorários advocatícios sucumbenciais pertencem ao advogado** (art. 22 da Lei n. 8.906/94[979]) e a condenação ao seu pagamento não depende de pedido (art. 20 do CPC de 1973 e art. 85 do CPC de 2015, a sentença condenará o vencido a pagar ao vencedor os honorários advocatícios);

d) por força da sua natureza indenizatória, **os honorários advocatícios indenizatórios pertencem à parte**. A natureza indenizatória desses honorários impede o seu deferimento de ofício, cabendo ao autor da demanda, portanto, requerer a condenação da parte contrária ao seu pagamento. O juiz não pode deferir indenização que não foi requerida;[980]

e) é lícita a cumulação da condenação ao pagamento de honorários advocatícios sucumbenciais e honorários advocatícios indenizatórios, por força da diversidade dos seus fundamentos (responsabilidade pelo ajuizamento da demanda e responsabilidade contratual, respectivamente) e destinatários (advogado e parte, respectivamente).[981]

A possibilidade de condenação do vencido ao pagamento de honorários atua sobre a vontade do devedor, contribuindo para a efetividade dos direitos (honorários advocatícios sucumbenciais e indenizatórios) e a coibição ou o desestímulo à litigância abusiva (honorários advocatícios sucumbenciais).

1.5.3.1. Cumpre, então, examinar a possibilidade de condenação ao pagamento de *honorários advocatícios sucumbenciais* no processo do trabalho.

Antes de fazê-lo, cumpre registrar que:

a) o CPC vigente quando da edição da CLT (CPC de 1939) previa que: "Responderá por perdas e danos a parte que intentar demanda por espírito de emulação, mero capricho ou erro grosseiro" (art. 3º); "Sem prejuízo do disposto no art. 3º, a parte vencida, "que tiver alterado, intencionalmente, a verdade ou se houve conduzido de modo temerário no curso da lide, será condenada a reembolsar à vencedora as custas do processo e os honorários de advogado" (art. 63[982]); "Quando a ação resultar de dolo ou culpa, contratual ou extracontratual, a sentença que a julgar procedente condenará o réu ao pagamento de honorários de advogado da parte contrária" (art. 64[983]); "Vencedor na causa o beneficiado (pela justiça gratuita), os honorários de seu advogado, as custas contadas em favor dos serventuários da justiça, bem como taxas e selos judiciários, serão pagos pelo vencido" (art. 76[984]). Destarte, à luz do CPC de 1939, os honorários poderiam ser deferidos em *três situações*: demanda intentada por espírito de emulação, mero capricho ou erro grosseiro da parte, demanda resultante de dolo ou culpa do réu e demanda em que o vencedor fosse beneficiado pela justiça gratuita;

b) em 1950, veio à luz a Lei n. 1.060, que estabelece normas para a concessão de assistência judiciária aos hipossuficientes econômicos e dispõe que ela será prestada pelos poderes públicos federal e

(978) Assim como ocorre com os honorários sucumbenciais, os honorários contratuais omitidos em decisão transitada em julgado não podem ser cobrados em execução ou em ação própria. A sentença deverá definir, expressamente, a extensão do dano a ser reparado e a reparação devida, estabelecendo as parcelas que compõem a condenação.

(979) O CPC, ao estabelecer os critérios de fixação dos honorários, também deixa claro que eles pertencem ao advogado.

(980) A atuação do Poder Judiciário é autorizada e, ao mesmo tempo, limitada pelo pedido do autor da demanda.

(981) O art. 22 da Lei n. 8.906/94 (Estatuto da OAB) estabelece que a prestação de serviço profissional assegura aos advogados o direito aos honorários convencionados e aos de sucumbência. Destarte, o advogado receberá *da parte* que representou no processo os honorários contratados e da *parte contrária vencida* os honorários de sucumbência. Isso não significa que o vencido pode ser condenado a pagar diretamente ao advogado honorários contratuais e de sucumbência. O vencido poderá ser condenado a ressarcir à *parte vencedora* as despesas realizadas com a contratação de advogado (honorários advocatícios indenizatórios) e a pagar *ao advogado* do vencedor os honorários advocatícios sucumbenciais.

(982) A condenação ao pagamento de honorários possui, nesta hipótese, natureza punitiva e pode alcançar qualquer das partes.

(983) Persiste a natureza punitiva da condenação ao pagamento de honorários, mas esta somente pode ser imposta ao réu.

(984) Neste artigo foi consagrado o *princípio da causalidade*, ainda que apenas nos casos em que o vencedor fosse beneficiado pela justiça gratuita.

estadual (art. 1º), inclusive quando se tratar de demanda apresentada perante a Justiça do Trabalho (art. 2º), e que os honorários de advogado serão pagos pelo vencido, quando o beneficiário de assistência judiciária for vencedor na causa (art. 11).[985]

Note-se que a Lei n. 1.060/50 somente trata de **uma das situações em que, segundo o CPC de 1939, poderia ocorrer a condenação ao pagamento de honorários advocatícios sucumbenciais**, qual seja, a demanda em que o vencedor fosse beneficiado pela justiça gratuita, e não revoga, tácita ou expressamente, os arts. 63 e 64 do CPC (tanto isto é verdade, que em 1965, por meio da Lei n. 4.632, foi alterada a redação do art. 64 do CPC, como se verá mais adiante).

Destarte, a condenação ao pagamento de honorários advocatícios sucumbenciais continuava a ser possível apenas nas **três situações originalmente estabelecidas pelo CPC de 1939**, com a ressalva de que, em se tratando de demanda em que o vencedor contasse com a assistência judiciária, a condenação dar-se-ia com esteio na Lei n. 1.060/60.

c) em 1965, a Lei n. 4.632 alterou o art. 64 do CPC, que passou a prever que a sentença condenaria o vencido a pagar honorários ao advogado do vencedor. Foi adotado como regra geral, portanto, o princípio da causalidade, perdendo a condenação ao pagamento dos honorários a natureza punitiva. Destarte, a condenação ao pagamento de honorários advocatícios sucumbenciais passou a ser possível em **duas situações**: ao responsável pelo ajuizamento da demanda, com esteio no art. 64 do CPC, e ao vencido, nas demandas em que a parte vencedora contasse com assistência judiciária, com autorização na Lei n. 1.060/50.

É este o contexto em que surge a Lei n. 5.584/70, que dispõe sobre normas de direito processual do trabalho, altera dispositivos da CLT e disciplina a concessão de assistência judiciária na Justiça do Trabalho.

Cumpre mencionar, de início, que o art. 14 da Lei n. 5.584/70 dispõe que a assistência sindical será prestada ao trabalhador que perceba salário igual ou inferior ao dobro do mínimo legal ou comprove que a sua situação econômica não lhe permite demandar sem prejuízo do sustento próprio ou da família, ao passo que o art. 790, § 3º, da CLT, com a redação que lhe conferiu a Lei n. 10.537/02, dispõe que o benefício da justiça gratuita poderá ser deferido àquele que perceba salário igual ou inferior ao dobro do mínimo legal ou declare, sob as penas da lei, que a sua situação econômica não lhe permite demandar sem prejuízo do sustento próprio ou de sua família. Ocorreu, assim, revogação parcial da Lei n. 5.584/70 pela Lei n. 10.537/02, visto que a prestação de assistência judiciária sindical dispensa a prova da situação econômica do trabalhador, sendo bastante, para tanto, simples declaração de pobreza firmada pelo trabalhador (a Lei n. 10.537/02 apenas adaptou a CLT ao que passou a dispor a Lei n. 1.060/50 a partir da Lei n. 7.510/86, que autoriza o deferimento de justiça gratuita mediante simples afirmação, na própria inicial, de que a parte não está em condições de arcar com os custos do processo sem prejuízo próprio ou de sua família).[986]

Também é importante mencionar que não se pode confundir assistência judiciária (assistência técnica gratuita) e justiça gratuita (isenção do pagamento de custas, emolumentos e honorários de advogado e perito, por exemplo). Assistência técnica gratuita (assistência judiciária em sentido estrito) e a justiça gratuita compõem a assistência judiciária em sentido amplo. Do contrário, não teria sentido a alusão, no art. 1º da Lei n. 1.060/50, à *assistência* a ser concedida por entes públicos, visto que, se a assistência judiciária significasse a mera isenção de dispêndios econômicos (justiça gratuita), bastaria ser dito que desta gozaria a parte que se encontrasse em estado de insuficiência econômica. Acrescente-se que aos sindicatos foi imposta, pela Lei n. 5.584/70, a obrigação de prestar *assistência judiciária*, o que só pode significar prestar assistência técnica, visto que os sindicatos não podem conceder isenções relativas a créditos de terceiros (Estado, peritos e advogado, por exemplo). Da distinção referida resulta, inclusive, que a parte pode renunciar à assistência

(985) Consoante o § 1º do art. 11, "Os honorários do advogado serão arbitrados pelo juiz até o máximo de 15% (quinze por cento) sobre o líquido apurado na execução da sentença".

(986) A propósito: "Atendidos os requisitos da Lei n. 5.584/1970 (art. 14, § 2º), para a concessão da assistência judiciária, basta a simples afirmação do declarante ou de seu advogado, na petição inicial, para considerar configurada a sua situação econômica (art. 4º, § 1º, da Lei n. 7.501/1986, que deu nova redação à Lei n. 1.060/1950)" (Orientação Jurisprudencial n. 304 da SDI-I do TST).

técnica gratuita e apenas usufruir da justiça gratuita (a contratação de advogado não afasta o direito à justiça gratuita, como agora é previsto, expressamente, no art. 99, § 4º, do CPC de 2015).

Observe-se, ainda, que a Lei n. 1.060/50 atribuía aos poderes públicos federal e estadual a obrigação de conceder assistência judiciária aos necessitados que recorressem à justiça do trabalho, mas a Lei n. 5.584/70 transferiu esta responsabilidade para os sindicatos profissionais. Estabeleceu-se, desta forma, uma espécie de monopólio, em favor dos sindicatos, na prestação de assistência judiciária aos trabalhadores em estado de insuficiência econômica. Contudo, a Constituição da República de 1988 atribui esta responsabilidade também ao Estado (art. 5º, LXXIV). Com isso, os sindicatos já não detêm o monopólio da assistência judiciária devida aos trabalhadores necessitados que recorrerem ao Judiciário Trabalhista.

Realizados estes registros e esclarecendo que o fato de o CPC de 2015 revogar os arts. 3º e 11 da Lei n. 1.060 não prejudica os argumentos acima, que procuram definir as razões pelas quais a doutrina e a jurisprudência restringem a possibilidade de condenação ao pagamento de honorários advocatícios no processo do trabalho.

Após estes registros, cumpre examinar a Lei n. 5.584/70, que compõe o direito processual do trabalho e faz expressa referência aos honorários advocatícios sucumbenciais.

Quando da edição da Lei n. 5.584/70, a disciplina dos honorários advocatícios sucumbenciais no processo civil era realizada pelo CPC (demandas em geral) e pela Lei n. 1.060/50 (demandas em que o vencedor fosse beneficiado pela justiça gratuita).

A Lei n. 5.584/70 transferiu a responsabilidade pela assistência judiciária tratada na Lei n. 1.060/50, no caso de demanda perante a Justiça do Trabalho, para o sindicato profissional a que pertencer o trabalhador (art. 14) e **dispôs sobre os honorários advocatícios sucumbenciais previstos na Lei n. 1.060/50** (honorários a serem pagos pelo vencido **no caso de contar o vencedor com assistência judiciária em razão da sua situação econômica**), afirmando que eles seriam revertidos ao sindicato assistente (art. 16).(987)

Toda a problemática dos **honorários advocatícios sucumbenciais** no processo do trabalho surge na definição do alcance da Lei n. 5.584/70.

Nesta definição, prevaleceu, na doutrina e na jurisprudência, o ponto de vista segundo o qual a Lei n. 5.584/70 **somente autoriza** a condenação do vencido ao pagamento de honorários advocatícios quando o trabalhador vencedor contar com assistência judiciária prestada por sindicato em razão da sua situação econômica.

Sob este prisma, a Lei n. 5.584/70 não considerou a evolução ocorrida no direito processual civil, vez que o CPC, àquela altura, autorizava a condenação do vencido a pagar honorários de advogado **ainda que o vencedor não contasse com o benefício da assistência judiciária** (art. 64, com a redação conferida pela Lei n. 4.632/65), com esteio no princípio da causalidade.

Para os defensores deste ponto de vista, a opção pelo não acolhimento da solução adotada pelo CPC (com a alteração nele introduzida pela Lei n. 4.632/65) no processo do trabalho resultou do fato de ter a CLT assegurado às partes o direito de postular pessoalmente perante a Justiça do Trabalho (art. 791), o que afastava a possibilidade de condenação fundada em simples sucumbência. O raciocínio é, aparentemente, simples: se não existe a necessidade de contratar advogado para postular perante a Justiça do Trabalho, não há que se falar em condenação ao pagamento de honorários advocatícios sucumbenciais (sendo a contratação de advogado uma faculdade, quem por ela opta responde pelos custos respectivos). Sob esta ótica, as situações que, em razão da sua maior complexidade, demandavam a contratação de advogado não seriam relevantes a ponto de justificar a adoção da solução prestigiada pelo direito processual comum.(988)

(987) "Os honorários do advogado pagos pelo vencido, reverterão em favor do Sindicato assistente". Como os honorários advocatícios a que se refere a Lei n. 5.584/70 são revertidos ao sindicato assistente do trabalhador, a doutrina e a jurisprudência a eles conferem a denominação *honorários advocatícios assistenciais*.

(988) Este mesmo raciocínio alcança os honorários advocatícios indenizatórios: não havendo necessidade de contratação de advogado, os gastos respectivos não podem ser transferidos ao devedor.

Façamos um relato e uma análise crítica da postura do TST em relação ao tema.

A CLT, fonte por excelência do direito processual do trabalho, foi editada em 1943 e não dispôs sobre os honorários advocatícios sucumbenciais. À época, estava em vigor o CPC de 1939, autorizando a condenação ao pagamento de honorários advocatícios da parte vencida que tivesse alterado, intencionalmente, a verdade ou se conduzido de modo temerário no curso da lide, do *réu, na hipótese de a ação ter resultado de dolo ou culpa e do vencido,* quando o vencedor fosse beneficiado pela justiça gratuita.

Em 1950 veio à luz a Lei n. 1.060, disciplinando a concessão de assistência judiciária, inclusive no que comporta a demandas ajuizadas perante a Justiça do Trabalho, e estabelecendo que o vencido seria condenado ao pagamento dos honorários advocatícios quando o beneficiário da justiça gratuita fosse vencedor da causa.

Como a Lei n. 1.060/50 faz alusão às demandas ajuizadas perante a Justiça do Trabalho e à condenação do vencido ao pagamento de honorários advocatícios, **a jurisprudência trabalhista passou a admitir a condenação do vencido no pagamento de honorários advocatícios quando fossem atendidos os requisitos dispostos pela Lei n. 1.060/50**: assistência judiciária prestada ao vencedor pelos poderes públicos e insuficiência econômica do vencedor.

Contudo, em 1965 foi alterada a redação do art. 64 do CPC, com a adoção do princípio da causalidade como regra geral.

Examinando os efeitos da alteração do art. 64 do CPC de 1939 no processo do trabalho, o TST editou, **em 1968**, a sua primeira Súmula versando sobre os honorários advocatícios (n. 11), segundo a qual "*é* inaplicável na Justiça do Trabalho o disposto no art. 64 do Código de Processo Civil, sendo os honorários de advogado somente devidos nos termos do preceituado na Lei n. 1.060, de 1950".

Em 1970, veio à luz a Lei n. 5.584, que dispõe sobre normas de direito processual do trabalho e disciplina a concessão de assistência judiciária na Justiça do Trabalho. Esta lei transferiu a obrigação de prestar assistência jurídica aos trabalhadores necessitados, quando se tratasse de demanda proposta perante a Justiça do Trabalho, para os sindicatos e a estes assegurou o direito ao recebimento de honorários advocatícios, no caso de o trabalhador vencedor na demanda se encontrar em estado de insuficiência econômica, o que o torna beneficiário da justiça gratuita.

O TST editou, em 1985, a Súmula n. 219, *in verbis*: "I — Na Justiça do Trabalho, a condenação em honorários advocatícios, nunca superiores a 15% (quinze por cento), não decorre pura e simplesmente da sucumbência, devendo a parte estar assistida por Sindicato da categoria profissional e comprovar a percepção de salário inferior ao dobro do mínimo legal ou encontrar-se em situação econômica que não lhe permita demandar sem prejuízo do próprio sustento ou da respectiva família".

Como os sindicatos poderiam atuar em juízo também como substituto processual (art. 872, parágrafo único, da CLT, por exemplo), em 1985 o TST editou a Súmula n. 220, prevendo que: "Atendidos os requisitos da Lei n. 5.584/1970, são devidos honorários advocatícios, ainda que o sindicato figure como substituto processual".[989]

A posição restritiva adotada pelo TST na Súmula n. 219 foi reforçada pela Orientação Jurisprudencial n. 27, da sua SDI-II, editada em setembro de 2000, *in verbis*: "Incabível condenação em honorários advocatícios em ação rescisória no processo trabalhista, salvo se preenchidos os requisitos da Lei n. 5.584/70". Em 2003, a SDI-I do TST editou, adotando postura também restritiva, a Orientação Jurisprudencial n. 305, no sentido de que: "Na Justiça do Trabalho, o deferimento de honorários advocatícios se sujeita à constatação da ocorrência concomitante de dois requisitos: o benefício da justiça gratuita e a assistência por sindicado".

Em razão da alteração da competência da Justiça do Trabalho, estabelecida pela Emenda Constitucional n. 45/2004, em 2005 o TST editou a Instrução Normativa n. 27/2005, estabelecendo que, "exceto nas lides decorrentes da relação de emprego, os honorários advocatícios são devidos pela mera sucumbência" (art.

(989) Em 1993, o TST editou a Súmula n. 310, cujo item VIII previa que "quando o sindicato for o autor da ação na condição de substituto processual, não serão devidos honorários advocatícios". Essa Súmula foi cancelada em 2003.

5º). De acordo com a citada Instrução Normativa: a) no caso de demanda decorrente do vínculo de emprego, a condenação ao pagamento de honorários advocatícios não decorre pura e simplesmente da sucumbência, devendo a parte vencedora estar assistida por sindicato da categoria profissional e comprovar a percepção de salário inferior ao dobro do mínimo legal, ou que a sua situação econômica não lhe permita demandar sem prejuízo do próprio sustento ou da família; e, b) na hipótese de ação decorrente da relação de trabalho não subordinado, a condenação ao pagamento de honorários advocatícios decorre de simples sucumbência.

Em novembro de 2008, a Orientação Jurisprudencial n. 27 da SDI-II foi incorporada à Súmula n. 219 do TST, passando esta a ter a seguinte redação: "I — Na Justiça do Trabalho, a condenação em honorários advocatícios, nunca superiores a 15% (quinze por cento), não decorre pura e simplesmente da sucumbência, devendo a parte estar assistida por Sindicato da categoria profissional e comprovar a percepção de salário inferior ao dobro do mínimo legal ou encontrar-se em situação econômica que não lhe permita demandar sem prejuízo do próprio sustento ou da respectiva família. II — É incabível a condenação ao pagamento de honorários advocatícios em ação rescisória no processo trabalhista, salvo se preenchidos os requisitos da Lei n. 5.584/70".

Em maio de 2011, o TST conferiu nova redação à Súmula n. 219, que passou a prever:

> "I — Na Justiça do Trabalho, a condenação em honorários advocatícios, nunca superiores a 15% (quinze por cento), não decorre pura e simplesmente da sucumbência, devendo a parte estar assistida por Sindicato da categoria profissional e comprovar a percepção de salário inferior ao dobro do mínimo legal ou encontrar-se em situação econômica que não lhe permita demandar sem prejuízo do próprio sustento ou da respectiva família. II — É cabível a condenação ao pagamento de honorários advocatícios em ação rescisória no processo trabalhista. III — São devidos os honorários advocatícios nas causas em que o ente sindical figure como substituto processual e nas lides que não derivem da relação de emprego."

Em 15 de março de 2015, o TST conferiu nova redação à Sumula do TST, que passa a prever:

> "I — Na Justiça do Trabalho, a condenação em honorários advocatícios, nunca superiores a 15% (quinze por cento), não decorre pura e simplesmente da sucumbência, devendo a parte, concomitantemente: a) estar assistida por sindicato da categoria profissional; b) comprovar a percepção de salário inferior ao dobro do mínimo ou encontrar-se em situação econômica que não lhe permita demandar sem prejuízo do próprio sustento ou da respectiva família. II — É cabível a condenação ao pagamento de honorários advocatícios em ação rescisória no processo trabalhista. III — São devidos os honorários advocatícios nas causas em que o ente sindical figure como substituto processual e nas lides que não derivem da relação de emprego. IV — Na ação rescisória e nas lides que não derivem da relação de emprego, a responsabilidade pelo pagamento dos honorários advocatícios da sucumbência submete-se à disciplina do Código de Processo Civil (arts. 85, 86, 87 e 90). V — Em caso de assistência judiciária sindical ou de substituição processual sindical, excetuados os processos em que a Fazenda Pública for parte, os honorários advocatícios são devidos entre o mínimo de dez e o máximo de vinte por cento sobre o valor da condenação, do proveito econômico obtido ou, não sendo possível mensurá-lo, sobre o valor atualizado da causa (CPC de 2015, art. 85, § 2º). VI — Nas causas em que a Fazenda Pública for parte, aplicar-se-ão os percentuais específicos de honorários advocatícios contemplados no Código de Processo Civil."

À luz da Súmula n. 219 do TST, na sua atual redação, a parte vencida pode ser condenada ao pagamento de **honorários advocatícios sucumbenciais** na hipótese de:

a) assistência sindical e miserabilidade do trabalhador;

b) ação rescisória;

c) demanda em que o ente sindical figure como substituto processual;

d) demanda que não derive da relação de emprego.

Em 1º.2.2013, a SDI-I do TST editou a Orientação Jurisprudencial n. 421, *in verbis*: "A condenação em honorários advocatícios nos autos de ação de indenização por danos morais e materiais decorrentes de acidente de trabalho ou de doença profissional, remetida à Justiça do Trabalho após ajuizamento na Justiça comum, antes da vigência da Emenda Constitucional n. 45/2004, decorre da mera sucumbência, nos termos do art. 20 do CPC, não se sujeitando aos requisitos da Lei n. 5.584/1970". Vale mencionar que esta Orientação Jurisprudencial teve a sua redação atualizada em razão da entrada em vigor do CPC de 2015 e passa a prever que "A condenação em honorários advocatícios nos autos de ação de indenização por danos morais e materiais decorrentes de acidente de trabalho ou de doença profissional, remetida à Justiça do Trabalho após ajuizamento na Justiça comum, antes da vigência da Emenda Constitucional n. 45/2004, decorre da mera sucumbência, nos termos do art. 85 do CPC de 2015 (art. 20 do CPC de 1973), não se sujeitando aos requisitos da Lei n. 5.584/1970".

No entanto, às situações mencionadas na Súmula n. 219 do TST pode ser acrescentada outra, que é traduzida pelos **casos de litigância de má-fé**.

A Lei n. 9.099/95, que dispõe sobre os Juizados Especiais Cíveis e Criminais e consagra, em grande parte, princípios regentes do direito processual do trabalho, dentre os quais o da facilitação de acesso à justiça, por meio do reconhecimento às partes do direito de postular pessoalmente perante os órgãos do Poder Judiciário, embora determine que a sentença de primeiro grau não condenará o vencido em custas e honorários de advogado, **ressalvou os casos de litigância de má-fé** (art. 55[990]). O CPC de 1973 também autoriza a condenação da parte no pagamento de honorários advocatícios no caso de litigância de má-fé, como se vê do seu art. 18, com a redação que lhe conferiu a Lei n. 8.952/94, tendo sido esta disposição repetida no CPC de 2015 (art. 81).

Adotando, com esteio no art. 769 da CLT e no art. 15 do CPC de 2015, a solução prestigiada pela Lei n. 9.099/95 e pelo CPC no processo do trabalho, pode ser afirmado que a sentença condenará o vencido nos casos de litigância de má-fé. O direito processual do trabalho é omisso em relação às hipóteses e consequências da litigância de má-fé, ao passo que não se pode negar serem com ele compatíveis as normas que delas tratam, especialmente porque ao juiz cumpre adotar as medidas que assegurem a mais rápida solução da lide, o que inclui o combate à litigância de má-fé (art. 765 da CLT), observando-se que o fato de a CLT não disciplinar de forma expressa o abuso do direito no contexto do processo não pode ser interpretado como permissão para a sua prática. Daí a possibilidade de utilização da Lei n. 9.099/95 e do CPC (art. 18) como fontes subsidiárias do direito processual do trabalho.

Existe, ainda, outra hipótese em que se impõe a condenação do vencido ao pagamento de honorários advocatícios sucumbenciais.

Com efeito, a restrição à condenação do vencido ao pagamento de honorários advocatícios sucumbenciais no processo do trabalho tem estreita relação com o direito de postular pessoalmente perante os órgãos da Justiça do Trabalho que é reconhecido aos empregados e empregadores. Sob este enfoque, sendo a contratação de advogado uma faculdade da parte, os ônus desta contratação devem ser por ela suportados.

Contudo, por meio da Súmula n. 425, o TST adotou o entendimento de que o *jus postulandi* "limita-se às Varas do Trabalho e aos Tribunais Regionais do Trabalho, não alcançando a ação rescisória, a ação cautelar, o mandado de segurança e os recursos de competência do Tribunal Superior do Trabalho".

Portanto, a contratação de advogado, nas situações previstas na Súmula n. 425 do TST (ação rescisória, ação cautelar, mandado de segurança e recursos de competência do TST), **passou a ser obrigatória** e não mais facultativa.

Esta nova realidade não pode ser desprezada, valendo observar que, como adverte Piero Perlingieri, "não basta o conhecimento das leis, a interpretação da disposição legislativa, nem reconstruir os institutos, os conceitos e então o sistema; é necessário confrontar o sistema com o fato, a realidade social, os problemas concretos".[991]

(990) "A sentença de primeiro grau não condenará o vencido em custas e honorários de advogado, ressalvados os casos de litigância de má-fé..."

(991) *O direito civil na legalidade constitucional*, p. 6.

A nova realidade, a partir da Súmula n. 425 do TST, é esta: existem situações em que demandar perante a Justiça do Trabalho exige a contratação de advogado. Se a contratação de advogado passou, nestes casos, a ser obrigatória, já não subsiste, quanto a eles, o argumento de que o reconhecimento do *jus postulandi* afasta a possibilidade de condenação ao pagamento de honorários advocatícios sucumbenciais. Em resumo, na esteira da jurisprudência sumulada do TST, se não existe necessidade de contratação de advogado para postular perante a Justiça do Trabalho, não há que se falar em condenação ao pagamento de honorários advocatícios sucumbenciais. Porém, no momento em que esta necessidade passa a existir, ainda segundo a jurisprudência sumulada do TST, a condenação ao pagamento de honorários advocatícios se impõe (sob pena de transferir para o vencedor os custos do processo a que deu causa o vencido, o que contraria a CLT, que em vários momentos prestigia o princípio da causalidade).[992]

Lado outro, assim como o exercício de um direito oriundo da relação de trabalho não subordinado não respeitado espontaneamente não pode representar perda patrimonial para o seu titular (é o que se infere da Súmula n. 219, III, do TST, que autoriza a condenação do vencido no pagamento de honorários advocatícios, com esteio na simples sucumbência, quando se trate de dissídio que não seja oriundo da relação de emprego), o mesmo pode ser dito quanto aos direitos resultantes da relação de emprego, em especial quando a eles corresponderem créditos de caráter alimentar. Vale mencionar, a propósito, que a Constituição da República de 1988 coloca a dignidade da pessoa humana (a pessoa como valor em si) no vértice do sistema constitucional (art. 1º), indicando que devem ser estabelecidas e colocadas em prática medidas que resultem na plena satisfação dos direitos inerentes à dignidade humana (direitos humanos e fundamentais), dentre os quais os relacionados com o vínculo de emprego (direitos humanos e fundamentais trabalhistas).

Destarte, quando, por força da Súmula n. 425 do TST, for obrigatória a contratação de advogado, o vencido deverá ser condenado a pagar honorários advocatícios sucumbenciais ao vencedor. Isso porque a hipótese já não é de gasto facultativo, mas de gasto indispensável ao exercício do direito assegurado pela ordem jurídica.

Existe, por fim, mais uma situação em que é lícita a condenação no pagamento de **honorários advocatícios sucumbenciais** no processo do trabalho.

A Súmula n. 425 do TST deixa claro que as situações de maior complexidade (ação rescisória e recurso de natureza extraordinária, por exemplo) exigem a representação da parte por advogado, o que está em sintonia com a concepção dinâmica do contraditório, entendido como real possibilidade de influência na formação do provimento jurisdicional. Nesta mesma linha de raciocínio, quando a demanda envolver questões de maior complexidade, tornando necessária a contratação de advogado, também é cabível a condenação do vencido no pagamento de honorários advocatícios sucumbenciais.

Destarte, às hipóteses elencadas na Súmula n. 425 do TST podem também ser acrescentadas as situações de:

1) *complexidade decorrente do objeto da demanda*. Citem-se, como exemplos, as ações que envolvem a estabilidade no emprego (a maior complexidade destas ações é expressamente reconhecida, por força da criação de uma ação específica para a hipótese de dispensa de trabalhador estável, qual seja o inquérito para apuração de falta grave, com aumento expressivo, inclusive, do número de testemunhas que podem sem indicadas à oitiva pelas partes) e questões constitucionais;

2) *complexidade resultante da repercussão da demanda*. As ações acidentárias, por exemplo, envolvem interesses dos trabalhadores, dos empregadores e da sociedade. Também não se pode negar a especial repercussão das ações coletivas (a dimensão coletiva dos interesses em conflito fez surgir o direito processual coletivo, com a criação de um instrumental técnico diferenciado, exatamente em razão daquele fato, o que demonstra a sua maior complexidade);

(992) A CLT, ao atribuir ao vencido a obrigação de pagar custas no processo de conhecimento (art. 789, § 1º) e impor ao executado a obrigação de pagar as custas devidas na execução (art. 789-A), deixa claro que os custos do processo devem ser suportados pela parte que lhe deu causa. O próprio TST prestigia o princípio da causalidade na Súmula n. 219, III, do TST, quando autoriza, com base na simples sucumbência, a condenação do vencido no pagamento de honorários advocatícios nas demandas que não sejam oriundas da relação de emprego.

3) *complexidade resultante do equivalente monetário da pretensão posta em juízo* (critério que é adotado pelo legislador, ao criar o procedimento sumário e o procedimento sumaríssimo). A Lei n. 9.099/95 dispensa a contratação de advogado nas causas de valor até vinte salários mínimos (art. 9º), o que pode ser aplicado no processo do trabalho levando em conta, no entanto, o valor fixado para o sumaríssimo, ou seja, quarenta salários mínimos (art. 852-A da CLT).

Daí ser afirmado que, no processo do trabalho, a sentença condenará o vencido no pagamento de honorários advocatícios nas hipóteses estabelecidas na Súmula n. 219 do TST, nos casos de litigância de má-fé e nas hipóteses em que seja necessária a representação por advogado, assim entendidas as situações definidas na Súmula n. 425 do TST e as demandas que envolvem questões de maior complexidade.

Cumpre observar que a maior complexidade das demandas trabalhistas, decorrente da maior complexidade das relações sociais, faz com que a regra já não seja a opção do trabalhador pelo exercício do *jus postulandi*, o que impede que a possibilidade de a parte pleitear pessoalmente perante a Justiça do Trabalho seja adotada como parâmetro para a definição das situações em que ao vencido pode ser imposta a obrigação de pagar honorários sucumbenciais, observando-se que a CLT, como já foi visto, adota o princípio da causalidade e que a possibilidade da postulação pessoal não pode implicar transferência para o vencedor, notadamente quando se trata do trabalhador (por força do caráter predominantemente alimentar dos seus créditos), dos custos decorrentes do ilícito praticado pelo vencido.

O *jus postulandi* tem por objetivo assegurar a plena fruição da garantia constitucional de acesso à justiça, mediante a redução do custo financeiro do processo. Com isso, atribuir ao trabalhador necessitado, por exemplo, o custo financeiro do processo é atentar contra esta garantia constitucional, transformando o *jus postulandi* em um ônus (o seu exercício atrai a responsabilidade pelos custos do processo). Ademais, como os custos do processo constituem sério entrave ao acesso à justiça, transferi-lo ao trabalhador necessitado é atentar contra a efetiva fruição desta garantia constitucional. A CLT procura facilitar o acesso à justiça impondo a gratuidade como regra (art. 790, § 3º), o que demonstra a intenção de afastar, em especial do trabalhador, os custos financeiros da demanda. À facilidade de acesso à justiça (decorrente do *jus postulandi*) a resposta não pode ser, portanto, a criação de dificuldades a este acesso, na forma de atribuição ao trabalhador da responsabilidade pelos custos financeiros do processo.

1.5.3.2. Passa-se, agora ao exame da possibilidade de condenação do vencido no pagamento de **honorários advocatícios contratuais**.

Estes honorários são disciplinados pelo direito material, em razão da sua **natureza indenizatória** (trata-se de um componente da indenização das perdas e danos sofridos pelo credor), fato que conduz à conclusão de que **não se pode alegar que a Lei n. 5.584/70 impede o deferimento destes honorários**. A referida lei disciplina o *processo* e os honorários indenizatórios são objeto de disciplina pelo *direito material*.

A questão há de ser resolvida, portanto, à luz do direito material do trabalho, complementado e aperfeiçoado pela aplicação subsidiária do direito comum (art. 8º, parágrafo único, da CLT).

O direito do trabalho comina, para o descumprimento de obrigações decorrentes da relação de emprego, penas pecuniárias de natureza administrativa (arts. 52 a 55, 435 e 626 da CLT) e penas pecuniárias que revertem em favor do trabalhador (arts. 467 e 477 da CLT, respectivamente) e impõe obrigação de pagar indenização na hipótese de descumprimento do dever de não colocar fim à relação de emprego (art. 496 da CLT), em clara demonstração de preocupação com a efetividade das normas que disciplinam a relação de emprego e dos direitos por elas assegurados, o que permite afirmar que são compatíveis com o direito do trabalho as regras estabelecidas pelo Código Civil que procuram reforçar a efetividade das normas e dos direitos por elas reconhecidos.

Com isso, também no direito do trabalho o inadimplemento ou a mora do devedor gera a obrigação, pré-processual, de indenizar e a indenização compreende os honorários de advogado.

O Enunciado n. 53 da 1ª Jornada de Direito Material e Processual na Justiça do Trabalho, realizada pela Associação Nacional dos Magistrados da Justiça do Trabalho (ANAMATRA), juntamente com o Tribunal

Superior do Trabalho (TST) e com a Escola Nacional de Formação e Aperfeiçoamento de Magistrados (ENAMAT), prevê que "os arts. 348 e 404 do Código Civil autorizam o Juiz do Trabalho a condenar o vencido em honorários contratuais de advogado, a fim de assegurar ao vencedor inteira reparação do dano".[993]

É importante mencionar que o direito à reparação integral é assegurado pela Constituição Federal (art. 5º, V e X, da Constituição da República) e os artigos do Código Civil acima referidos apenas especificam as condições em que a reparação se fará de forma integral. A hipótese, portanto, é de **direito assegurado pela Constituição**, com a qual devem estar em sintonia as decisões do Poder Judiciário. Ademais, o princípio da restituição integral se justifica mais ainda quando se trate de créditos de caráter alimentar e oriundos de direitos de natureza fundamental e humana, como ocorre com vários direitos decorrentes da relação de emprego.

1.5.3.4. A questão relacionada com os honorários advocatícios no processo do trabalho transcende o debate apenas jurídico.

Imagine-se, por exemplo, que uma pessoa contrate com uma instituição financeira o empréstimo de quantia em dinheiro, a ser paga em determinada data, com correção monetária e juros.

Não sendo cumprida a obrigação, o credor poderá ajuizar ação de cobrança contra o devedor perante a Justiça Comum, pleiteando a sua condenação no pagamento: a) da quantia emprestada, acrescida de correção monetária e juros; b) dos honorários advocatícios sucumbenciais; c) dos honorários pagos ao advogado contratado para a propositura da demanda (honorários advocatícios contratuais).

Comprovados a existência do contrato de mútuo e o descumprimento da obrigação nele assumida pelo devedor, o juiz acolherá os pedidos do demandante e condenará o demandado no pagamento da quantia emprestada, corrigida e acrescida de juros, de honorários sucumbenciais, a serem revertidos ao advogado que patrocinou a defesa do autor da demanda e de indenização por perdas e danos, no valor correspondente aos honorários contratuais, isto é, aos honorários que o autor da demanda comprovar ter pago ao advogado que o assistiu na demanda e, ainda, das custas processuais.

Imagine-se, agora, um empregador que deixe de pagar salários devidos ao seu empregado. Neste caso, comprovada a mora no pagamento do salário, o juiz estará autorizado a condenar o demandado no pagamento dos salários devidos, corrigidos e acrescidos de juros, além das custas processuais, ao passo que, segundo a doutrina e a jurisprudência predominantes, o demandado não poderá ser condenado a pagar honorários advocatícios sucumbenciais e contratuais.

Comparadas as duas situações, chega-se à conclusão de que a resposta da ordem jurídica ao descumprimento das duas obrigações é sensivelmente distinta: descumprir um contrato de mútuo é mais dispendioso do que descumprir o contrato de emprego naquilo que ele tem de mais elementar, que é a obrigação de o empregador pagar os salários devidos pelos serviços prestados pelo seu empregado. Esta distinção é ainda mais grave porque, em razão dela, os ônus do descumprimento das obrigações trabalhistas são transferidos, em boa parte, para o trabalhador (para receber os seus salários, o trabalhador terá que desembolsar parte razoável do valor respectivo, para pagar os honorários advocatícios devidos ao advogado que contratou).

Dito de outra forma, a solução para a situação colocada em destaque, segundo a doutrina e a jurisprudência predominantes, aponta no sentido de que deixar de cumprir uma obrigação de natureza patrimonial é mais grave do que deixar de cumprir uma obrigação de natureza existencial (é com os frutos do seu traba-

---

(993) Nestas Jornadas também foi adotado Enunciado relativamente aos honorários advocatícios sucumbenciais, qual seja o de n. 79, *in verbis*: I — Honorários de sucumbência na Justiça do Trabalho. As partes, em reclamatória trabalhista e nas demais ações da competência da Justiça do Trabalho, na forma da lei, têm direito a demandar em juízo através de procurador de sua livre escolha, forte no princípio da isonomia (art. 5º, *caput*, da Constituição da República Federativa do Brasil) sendo, em tal caso, devidos os honorários de sucumbência, exceto quando a parte sucumbente estiver ao abrigo do benefício da justiça gratuita. II — Os processos recebidos pela Justiça do Trabalho decorrentes da Emenda Constitucional n. 45, oriundos da Justiça Comum, que nesta esfera da Justiça tramitavam sob a égide da Lei n. 9.099/95, não se sujeitam na primeira instância aos honorários advocatícios, por força do art. 55 da Lei n. 9.099/95 a que estavam submetidas as partes quando da propositura da ação.

lho que o trabalhador assegura o seu sustento, próprio e familiar), valendo lembrar, ainda, que os direitos decorrentes da relação de emprego são, em grande medida, direitos fundamentais, ou seja, direitos inerentes à dignidade humana, o que implica dizer que lesar direitos fundamentais e humanos é mais grave do que deixar de cumprir um contrato bancário de empréstimo.

1.5.3.5. No entanto, o TST já firmou entendimento contra a condenação ao pagamento de honorários advocatícios contratuais no processo do trabalho.

1.5.3.6. Prevalecia o entendimento de que os honorários advocatícios sucumbenciais, quando devidos, serão arbitrados pelo juiz, até o máximo de 15% (quinze por cento) do valor líquido apurado na execução da sentença, por força do disposto no art. 11 da Lei n. 1.060/50. No entanto, este dispositivo legal foi revogado pelo CPC de 2015. Assim, com a entrada em vigor do CPC de 2015, os honorários devem ser arbitrados considerando o que este texto normativo estabelece.

Neste sentido, a Súmula n. 219 do TST, com a redação que lhe conferiu a Resolução n. 204, de 15 de março de 2015, prevê que:

> "IV — Na ação rescisória e nas lides que não derivem da relação de emprego, a responsabilidade pelo pagamento dos honorários advocatícios da sucumbência submete-se à disciplina do Código de Processo Civil (arts. 85, 86, 87 e 90). V — Em caso de assistência judiciária sindical ou de substituição processual sindical, excetuados os processos em que a Fazenda Pública for parte, os honorários advocatícios são devidos entre o mínimo de dez e o máximo de vinte por cento sobre o valor da condenação, do proveito econômico obtido ou, não sendo possível mensurá-lo, sobre o valor atualizado da causa (CPC de 2015, art. 85, § 2º). VI — Nas causas em que a Fazenda Pública for parte, aplicar-se-ão os percentuais específicos de honorários advocatícios contemplados no Código de Processo Civil."

De outro lado, por força da Orientação Jurisprudencial n. 348 da SDI-I do TST, os honorários devem incidir sobre o valor líquido da condenação, apurado em liquidação, sem a dedução dos descontos fiscais e previdenciários.

2. *Deveres das partes, dos procuradores e de todos aqueles que de qualquer forma participam do processo. Litigância de má-fé*

Agir em juízo, de forma espontânea ou provocada ou no cumprimento de obrigação legal, atrai, para quem o faz, uma série de deveres.

Esses deveres encontram a sua justificação no fato de que a todos cumpre colaborar para que o processo alcance a finalidade a que se destina, que é tornar concreto o direito assegurado pela ordem jurídica, de forma rápida, econômica, justa e efetiva.

De acordo com o art. 14 do CPC de 1973, são deveres das partes e de todos aqueles que de qualquer forma participam do processo: 1 — expor os fatos em juízo conforme a verdade (dever de veracidade);[994] II — proceder com lealdade e boa-fé (dever de lealdade e boa-fé); III — não formular pretensões, nem alegar defesa, cientes de que são destituídas de fundamento (dever de não formular pretensão ou alegar defesa destituída de fundamentos fáticos e/ou jurídicos);[995] IV — não produzir provas, nem praticar atos inúteis ou desnecessários à declaração ou defesa de direito (dever de colaboração com a celeridade do processo); V

(994) O dever de veracidade alcança todas as condutas sociais e não existe razão para dispensar as partes do processo judicial de seu cumprimento.

(995) O só fato de ser uma pretensão reputada destituída de fundamento não implica descumprimento do dever em questão. Este estará sendo descumprido quando a pretensão for manifestada em juízo mesmo estando a parte ciente de que carece de um mínimo de fundamento (fático ou jurídico).

— cumprir com exatidão os provimentos mandamentais e não criar embaraços à efetivação de provimentos judiciais, de natureza antecipatória ou final (dever de colaboração com a efetividade da tutela jurisdicional).

O CPC de 2015 impõe a todo aquele que de qualquer forma participe do processo o dever de comportar-se de acordo com a boa-fé (art. 5º) e estabelece, no art. 77, que, além de outros previstos naquele Código, são deveres das partes, de seus procuradores e de todos aqueles que de qualquer forma participam do processo:

a) expor os fatos em juízo conforme a verdade;

b) não formular pretensão ou de apresentar defesa quando cientes de que são destituídas de fundamento;

c) não produzir provas e não praticar atos inúteis ou desnecessários à declaração ou à defesa de direito;

d) cumprir com exatidão as decisões jurisdicionais, de natureza provisória ou final, e não criar embaraços à sua efetivação;

e) declinar, no primeiro momento que lhes couber falar nos autos, o endereço residencial ou profissional onde receberão intimações, atualizando esta informação sempre que ocorrer qualquer modificação temporária ou definitiva;

f) não praticar inovação ilegal no estado de fato de bem ou direito litigioso.

Sujeitos dos deveres dispostos no art. 14 do CPC de 1973 e no art. 77 do CPC de 2015 são as partes e todos aqueles que de alguma forma participam do processo, citando-se, como exemplos, o assistente e o arrematante.

Prevê o art. 14, parágrafo único, do CPC de 1973 que, ressalvados os advogados, que se sujeitam exclusivamente aos estatutos da OAB,[996] a violação do dever de cumprir com exatidão os provimentos mandamentais e não criar embaraços à efetivação de provimentos judiciais, de natureza antecipatória ou final, constitui ato atentatório ao exercício da jurisdição, podendo o juiz, sem prejuízo das sanções criminais,[997] civis e processuais cabíveis, aplicar ao responsável multa em montante a ser fixado de acordo com a gravidade da conduta e não superior a vinte por cento do valor da causa. Não sendo paga no prazo estabelecido, contado do trânsito em julgado da decisão final da causa, a multa será inscrita como dívida ativa da União ou do Estado.

Trata-se de medida de caráter punitivo, a ser aplicada quando for praticado ato atentatório à dignidade da justiça, traduzido pelo descumprimento dos provimentos mandamentais e criação de embaraços à efetivação de provimentos judiciais, de natureza antecipatória ou final. O objetivo desta medida é forçar o cumprimento dos provimentos judiciais e combater o menosprezo às decisões judiciais. O credor da multa é a União (daí a sua distinção em relação às medidas de coerção, que consistem na aplicação de sanção pecuniária, que reverte em favor do credor). A medida combate, portanto, aquilo que nos países do *common law* é denominado *contempt of court*.

O CPC de 2015 dispõe, no art. 77, § 1º, que a não observância do dever de cumprir com exatidão as decisões judiciais e de não criar embaraços à sua efetivação, bem como do dever de não praticar inovação ilegal no estado de fato ou de direito litigioso, autoriza o juiz a advertir a quais das pessoas alcançadas pelo art. 77 (partes, de seus procuradores e de todos aqueles que de qualquer forma participam do processo) que sua conduta poderá ser punida como ato atentatório à dignidade da justiça. O descumprimento destes deveres, de acordo com CPC de 2015 (art. 77, §§ 2º a 5º) autoriza o juiz, sem prejuízo das sanções criminais, civis e processuais, aplicar ao responsável multa de até vinte por cento do valor da causa ou do salário mínimo, quando o valor da causa for irrisório ou inestimável, de acordo com a gravidade da conduta.

(996) O art. 2º do Código de Ética e Disciplina da OAB trata dos deveres do advogado. De acordo com o art. 32, parágrafo único, da Lei n. 8.906/94, "em caso de lide temerária, o advogado será solidariamente responsável com seu cliente, desse que coligado com este para lesar a parte contrária, o que será apurado em ação própria".

(997) As sanções criminais devem ser aplicadas no juízo próprio, em processo instaurado para esse fim.

A multa, quando não paga, será inscrita em dívida ativa da União ou do Estado, após o trânsito em julgado da decisão que a fixou, realizando-se a sua execução segundo o procedimento da execução fiscal, revertendo-se o valor respectivo ao fundo de que trata o art. 97 do CPC (*fundo de modernização do Poder Judiciário*), nos termos do art. 77, § 3º, do CPC de 2015.

A multa de que trata o art. 77, § 2º, do CPC de 2015 pode ser cumulada com as multas previstas nos arts. 523, § 1º (multa a ser paga quando não for cumprida a obrigação de forma voluntária) e 536, § 1º (multa fixada visando ao cumprimento de obrigação de fazer ou de não fazer).

O CPC de 1973 também estabelece que a violação do dever de cumprir com exatidão as decisões judiciais e de não criar embaraços à sua efetivação constitui ato atentatório ao exercício da justiça, o que atrai para a parte sanções criminais (trata-se de crime de desobediência), civis (reparação de danos) e processuais (multa cominada à litigância de má-fé, que reverte em favor da parte contrária e multa estabelecida no art. 14, parágrafo único, em favor da União).

O CPC de 1973 e o de 2015 cobram postura ética das partes e de todos aqueles que participam do processo (procuradores, membros do Ministério Público, auxiliares da justiça, por exemplo), consagrando o denominado *principio da probidade processual* e realçando o caráter público do processo.

O direito processual do trabalho não trata dos deveres das partes, razão pela qual o CPC atua como sua fonte subsidiária e supletiva neste particular (art. 769 da CLT e art. 15 do CPC de 2015).

De acordo com o art. 77, § 6º, do CPC de 2015, aos advogados, públicos e privados, e aos membros da Defensoria e do Ministério Público não se aplica o disposto nos §§ 2º a 5º (que fixam a multa a ser aplicada no caso de descumprimento dos deveres de cumprir com exatidão as decisões judiciais e de não criar embaraços à sua efetivação, bem como do dever de não praticar inovação ilegal no estado de fato ou de direito litigioso), devendo eventual responsabilidade disciplinar ser apurada pelo respectivo órgão de classe ou corregedoria, ao qual o juiz oficiará.

Ainda de acordo com o CPC de 2015: violado o dever de não praticar inovação ilegal no estado de fato de bem ou direito litigioso, o juiz determinará o restabelecimento do estado anterior, podendo, ainda, proibir a parte de falar nos autos até a purgação do atentado, sem prejuízo da aplicação da multa prevista no art. 77, § 2º (art. 77, § 7º);[998] o representante judicial da parte não pode ser compelido a cumprir decisão em seu lugar (art. 77, § 8º).

De outro lado, o CPC de 2015 dispõe ser vedado às *partes*, seus *procuradores*, aos *juízes*, aos *membros do Ministério Público* e da *Defensoria Pública* e a *qualquer outra pessoa que participe do processo* empregar expressões ofensivas nos escritos apresentados, sendo também estabelecido que, quando as expressões ou condutas ofensivas forem manifestadas oral ou presencialmente, o juiz advertirá o ofensor de que não as deve usar ou repetir, sob pena de lhe ser cassada a palavra (art. 78, § 1º) e que, de ofício ou a requerimento do ofendido, o juiz determinará que as expressões ofensivas sejam riscadas, e, a requerimento do ofendido, determinará a expedição de inteiro teor das expressões ofensivas e a colocará à disposição da parte interessada (art. 78, § 2º). No CPC de 1973 é estabelecido, na mesma direção, ser vedado às *partes* e seus *advogados* empregar *expressões injuriosas* nos escritos apresentados no processo, cabendo ao juiz, de ofício ou a requerimento do ofendido, mandar riscá-las (art. 15, *caput* e parágrafo único).

Não se pode olvidar que, também e em especial no processo do trabalho, como prevê o princípio n. 11.2 dos *Princípios ALI/UNIDROIT do Processo Civil Transnacional*, "as partes dividem com o tribunal a responsabilidade de promover uma justa, eficaz e razoavelmente rápida solução do processo", tendo o CPC de 2015 estabelecido, neste sentido, que "todos os sujeitos do processo devem cooperar entre si para que se obtenha, em tempo razoável, decisão de mérito justa e efetiva" (art. 6º).

Responde por perdas e danos aquele que litigar de má-fé como autor, réu ou interveniente (art. 16 do CPC de 1973 e art. 79 do CPC de 2015).

(998) Trata-se da figura do *atentado*.

Responder por perdas e danos é estar obrigado a reparar os danos causados a outrem.

Considera-se litigante de má-fé aquele que (art. 17 do CPC de 1973 e art. 80 do CPC de 2015):

I — deduzir pretensão ou defesa contra texto expresso de lei (literalidade da lei) ou fato incontroverso (fato cuja existência e veracidade não tenham sido colocadas em dúvida);

II — alterar a verdade dos fatos;

III — usar do processo para conseguir objetivo ilegal;

IV — opuser resistência injustificada ao andamento do processo;

V — proceder de modo temerário em qualquer incidente ou ato do processo;

VI — provocar incidente manifestamente infundado;

VII — interpuser recurso com intuito manifestamente protelatório.

A litigância de má-fé constitui espécie do gênero abuso do direito de ação.[(999)]

A sanção à litigância de má-fé consiste, de acordo com o art. 18 do CPC de 1973 e art. 81 do CPC de 2015, no pagamento de multa e indenização, em favor da parte contrária.

O CPC de 1973 estabelece que o valor da multa devida por litigância de má-fé não pode exceder a um por cento do valor da causa, ao passo que o CPC de 2015 estabelece que ele deverá ser superior a um por cento e inferior a dez por cento do valor da causa, ressalvada a hipótese de ser o valor da causa irrisório ou inestimável, quando a multa poderá ser fixada em até dez vezes o valor do salário mínimo (art. 81, § 2º).

A indenização dos prejuízos experimentados pela parte contrária (prejuízos apurados no próprio processo em que se deu a litigância de má-fé) fixado pelo juiz ou, caso não seja possível mensurá-la, liquidados por arbitramento ou pelo procedimento comum, nos mesmos autos (art. 81, § 3º, do CPC de 2015), observando-se que o CPC de 1973 limitava a indenização a quantia não superior a vinte por cento sobre o valor da causa (art. 18, § 2º, do CPC).

A sanção em destaque pode ser aplicada de ofício ou a requerimento, ainda conforme o art. 18 do CPC de 1973 e art. 81 do CPC de 2015. A autorização para a aplicação da sanção de ofício decorre do fato de constituir a litigância de má-fé atentado à dignidade da justiça.

Deparando-se com uma das situações arroladas no art. 17 do CPC ou art. 80 do CPC de 2015, o juiz ou tribunal do trabalho, com autorização do art. 769 da CLT e art. 15 do CPC de 2015 e cumprindo o dever de velar pela rápida solução do litígio (art. 765 da CLT), deve impor ao litigante de má-fé a obrigação de pagar multa e indenização à parte contrária, nos moldes do CPC.

3. *Custas e emolumentos. Justiça gratuita. Honorários periciais*

Às partes compete arcar com os custos do processo, o que comporta despesas processuais (custas, emolumentos e honorários periciais) e honorários advocatícios.

1. Custas são taxas pagas ao Estado em razão do exercício da atividade jurisdicional. Emolumentos são taxas relativas a serviços não judiciais prestados pelos órgãos auxiliares da Justiça do Trabalho, tais como fotocópia e autenticação de peças, emissão de carta de sentença e certidões. Os honorários periciais remuneram o perito nomeado para a produção da prova pericial.

As custas são devidas nos dissídios individuais e coletivos, nas ações e procedimentos de competência da Justiça do Trabalho e nas demandas propostas perante a Justiça comum no exercício da jurisdição trabalhista (art. 789 da CLT).[(1000)]

(999) Desse tema tratamos em nosso *Abuso do direito de ação no processo do trabalho*. Belo Horizonte: Inédita, 2000.

(1000) O pagamento das custas e dos emolumentos é disciplinado pela Instrução Normativa n. 20/2002, do TST e deve ser realizado, exclusivamente, mediante Guia de Recolhimento da União (GRU).

As custas, emolumentos e honorários periciais serão examinados a seguir, considerando três aspectos: o seu valor, a responsabilidade pelo seu pagamento e o momento próprio para a realização do seu pagamento.

2. No processo de conhecimento, o valor das custas é estabelecido pelo art. 789 da CLT.

De acordo com o aludido texto legal, as custas incidirão à base de 2%, observando o mínimo de R$ 10,64, e serão calculadas: a) quando houver acordo ou condenação, sobre o respectivo valor; b) quando houver extinção do processo sem julgamento do mérito ou o pedido for julgado totalmente improcedente, sobre o valor da causa; c) no caso de procedência do pedido formulado em ação declaratória e em ação constitutiva, sobre o valor da causa; d) quando o valor da causa for indeterminado, sobre o que o juiz fixar. Note-se que é mantido o valor do percentual das custas e modificada apenas a sua base de incidência.

No caso de condenação ilíquida, o juiz arbitrará o valor respectivo (o juiz fixará o denominado *valor da condenação*), sobre o qual incidirá o percentual relativo às custas processuais (art. 789, § 2º, da CLT).[1001]

3. As custas serão pagas, no processo de conhecimento:

a) pelo vencido (art. 789, § 1º, da CLT).

Como as custas são pagas pelo *vencido* (vencida é a parte sucumbente, ainda que parcialmente), não é lícito o seu rateio entre as partes, na hipótese de procedência parcial dos pedidos objeto da demanda. O art. 789, *caput*, I e § 1º, da CLT não faz distinção entre ação decorrente de relação de emprego e ação oriunda de relação de trabalho não subordinado, o que torna ilícito a esta conferir tratamento diferenciado quanto ao regime às custas.

Dispõe a Instrução Normativa n. 27/2005 do TST que, "salvo nas lides decorrentes da relação de emprego, é aplicável o princípio da sucumbência recíproca, relativamente às custas" (art. 3º, § 3º). No entanto, o art. 789 da CLT estabelece as regras a serem seguidas nas ações e procedimentos de competência da Justiça do Trabalho e atribui ao vencido na demanda (e não aos eventualmente vencidos) a responsabilidade pelo pagamento das custas, não permitindo a invocação do CPC para a realização de rateio das custas entre as partes. Na hipótese, sequer existe omissão a ser suprida pela aplicação de normas do direito processual civil, valendo observar que admitir o rateio de custas é tornar o processo do trabalho mais dispendioso para as partes, o que contraria os seus princípios fundamentais, sendo relevante recordar, ainda, que as custas têm por base de cálculo o valor da condenação, o que significa que elas são fixadas levando-se em conta a sucumbência do vencido.

b) pela parte nele indicada como responsável pelo seu pagamento no acordo eventualmente celebrado (art. 789, § 3º, da CLT);[1002]

c) pelas partes, sendo omisso o acordo quanto à responsabilidade pelo pagamento das custas (art. 789, § 3º, da CLT e art. 90, § 2º, do CPC de 2015).

Como a CLT não dispensa o pagamento de custas no caso de celebração de acordo, não há como invocar o disposto no art. 90, § 3º, do CPC de 2015, para dispensar o pagamento de custas quando o acordo for celebrado antes da sentença.

Estando o trabalhador assistido por sindicato e não lhe sendo concedido o benefício da justiça gratuita, o sindicato responderá solidariamente pelo pagamento das custas por aquele devidas (art. 790, § 1º, da CLT).

4. No processo de conhecimento, as custas devem ser pagas após o trânsito em julgado da decisão, salvo na hipótese de interposição de recurso, caso em que deverão ser pagas e comprovado o recolhimento dentro do prazo recursal (art. 789, § 1º, da CLT), sob pena de deserção.[1003]

(1001) O valor da condenação deve estar o mais próximo possível do equivalente monetário das obrigações impostas ao demandado, constituindo a sua exagerada elevação sério entrave ao acesso ao duplo grau de jurisdição.

(1002) Cumpre às partes, no acordo, estabelecerem sobre a responsabilidade pelo pagamento das custas.

(1003) A Súmula n. 53 do TST prevê que "o prazo para o pagamento das custas, no caso de recurso, é contado da intimação do cálculo". No entanto, em regra as custas têm o seu valor fixado na própria decisão, o que dispensa a posterior realização de cálculo.

O pagamento das custas e a comprovação de sua realização, no caso de recurso, devem ocorrer no prazo recursal. O fato de a parte antecipar a oposição do recurso não impede que pague as custas e comprove o seu pagamento até o último dia do prazo recursal. Essa solução decorre da previsão de que as custas serão pagas e o seu pagamento deverá ser comprovado no *prazo recursal* e não juntamente com a interposição do recurso, como ocorre no processo civil (art. 511 do CPC de 1973 e art. 1.007 do CPC de 2015).

O simples pagamento das custas no prazo recursal não afasta a deserção do recurso. No prazo recursal, a parte deve pagar as custas e comprovar o seu pagamento.

5. São devidas custas no processo de execução (art. 789-A da CLT) e na liquidação (art. 789-A, IX, da CLT), nos valores fixados originalmente nos itens I a IX do art. 789-A da CLT e, posteriormente, na Instrução Normativa n. 20, de 7.11.2002 do TST.

Na execução, as custas serão pagas pelo executado (art. 789-A da CLT).

As custas *são pagas ao final, ou seja,* juntamente com o pagamento do crédito do trabalhador e o crédito previdenciário (art. 789-A da CLT).[1004]

6. Nos dissídios coletivos, as partes vencidas responderão solidariamente pelo pagamento das custas, que são calculadas sobre o valor arbitrado na decisão, ou pelo Presidente do Tribunal (art. 789, § 4º, da CLT).

7. Os emolumentos serão pagos, observando os valores fixados no art. 789-B, pelo requerente do ato que dá ensejo ao seu débito (art. 789-B da CLT).

Os emolumentos são pagos observando a tabela fixada no art. 789-B da CLT e devidos em razão de autenticação de traslado de peças mediante cópia reprográfica apresentada pelas partes, fotocópia de peças, autenticação de peças, expedição de cartas de sentença, de adjudicação, de remissão e de arrematação e pela expedição de certidões.

Os emolumentos serão pagos no ato do requerimento da prática do ato que dá ensejo à sua cobrança.

O órgão judicial que presta o serviço é o único responsável pela exigência de comprovação do pagamento dos emolumentos respectivos (Instrução Normativa n. 1/02, item VI, do TST).

8. Cabe ao Tribunal Superior do Trabalho, por meio de instrução, estabelecer a forma de pagamento das custas e emolumentos (art. 790 da CLT).[1005]

9. A parte estará desobrigada de pagar custas e emolumentos quando lhe for concedido o benefício da justiça gratuita ou isenção legal (art. 790-A da CLT), devendo ser respeitadas, ainda, as hipóteses de isenção do seu pagamento, que a seguir serão examinadas.

Justiça gratuita é o benefício que o Estado confere a todo aquele que não se encontre em condições de pagar as despesas do processo sem prejuízo do sustento próprio ou de sua família e que consiste na isenção do pagamento de custas, emolumentos, despesas com publicações indispensáveis no jornal encarregado da divulgação dos atos oficiais, indenizações devidas a testemunhas, honorários de advogado e perito e depósitos previstos em lei para a interposição de recurso, ajuizamento de ação e demais atos processuais inerentes ao exercício da ampla defesa e do contraditório (art. 3º da Lei n. 1.060/50). Observe-se que, com a entrada em vigor do CPC de 2015, estará revogado o art. 3º da Lei n. 1.050/50 (art. 1.072, III), o que implica que a justiça gratuita passa a ser regida pelo CPC (arts. 98 a 102), que atuará como fonte subsidiária e supletiva do direito processual do trabalho, na parte em que for compatível com as suas regras e princípios.

Consoante o art. 98 do CPC de 2015 a pessoa natural ou jurídica com insuficiência de recursos para pagar as custas, as despesas processuais e os honorários advocatícios têm direito à gratuidade da justiça,

(1004) A previsão de que as custas serão pagas ao final deixa claro que não haverá antecipação de custas no processo de execução, como, ademais, também ocorre no processo de conhecimento. A não exigência de custas prévias facilita o acesso à justiça e à defesa dos direitos decorrentes da relação de trabalho. No processo civil, as custas, salvo a hipótese de gratuidade da justiça, deverão ser antecipadas, inclusive no processo de conhecimento (art. 19 do CPC de 1973 e art. 82 do CPC de 2015).

(1005) O procedimento para o recolhimento de custas e emolumentos devidos à União no âmbito da Justiça do Trabalho foi disciplinado pelo TST, por meio da Instrução Normativa n. 20, de 7.11.2002.

na forma da lei, a qual compreende: taxas ou custas judiciais, selos postais, despesas com publicação na imprensa oficial, dispensando-se a publicação em outros meios, indenização devida a testemunha que, quando empregada, receberá do empregador salário integral, como se em serviço estivesse, honorários do advogado e do perito e a remuneração do intérprete ou tradutor, depósitos previstos em lei para a interposição de recurso, para propositura de ação e para a prática de outros atos processuais inerentes ao exercício da ampla defesa e do contraditório, emolumentos devidos a notários ou registradores em decorrência da prática de registro, averbação ou qualquer outro ato notarial necessário à efetivação de decisão judicial ou à continuidade do processo judicial no qual o benefício tenha sido concedido.

O art. 98 do CPC de 2015 prevê que a concessão da justiça gratuita não afasta o dever de o beneficiário pagar, ao final, as multas processuais que lhe sejam impostas, o que é compatível com o direito processual do trabalho, na medida em que a insuficiência de recursos não isenta a parte, inclusive o trabalhador, de não litigar de má-fé.

O juiz é autorizado, pelo art. 98, § 5º, do CPC de 2015, a limitar gratuidade em relação a alguns ou a todos os atos processuais, o que não é compatível com o direito processual do trabalho, no qual a gratuidade alcança todos os atos processuais.

No art. 98, § 5º, o CPC de 2015 autoriza o juiz a reduzir o percentual de despesas processuais ou parcelar o valor que o beneficiário tiver que adiantar no curso do procedimento, bem como a parcelar o valor das despesas processuais o que também não é compatível com o direito processual do trabalho, que estabelece, de forma expressa, o valor das custas e não exige a sua antecipação.

A justiça gratuita constitui mecanismo voltado à facilitação do acesso à justiça.

A propósito da justiça gratuita, dispõe o art. 790, § 3º, da CLT que é facultado aos juízes, órgãos julgadores e presidente dos Tribunais do Trabalho de qualquer instância conceder, a requerimento ou de ofício, o benefício da justiça gratuita, inclusive quanto a traslados e instrumentos, àqueles que perceberem salário igual ou inferior ao dobro do salário mínimo, ou declararem, sob as penas da lei, que não estão em condições de pagar as custas do processo sem prejuízo do sustento próprio ou de sua família. Provada a insuficiência de recursos, a parte tem direito ao benefício da justiça gratuita, não sendo seu deferimento uma faculdade do juiz.

O pedido de gratuidade da justiça pode ser apresentado na petição inicial, na contestação, na petição para ingresso de terceiro e em recurso (art. 99, *caput*, do CPC de 2015), observando que no caso de o pedido ser apresentado em recurso, a parte está dispensada de comprovar o recolhimento do preparo até a decisão do relator, ao qual cabe apreciar o requerimento preliminarmente ao julgamento do recurso e, se indeferi-lo, fixar prazo para realização do recolhimento (art. 99, § 7º e art. 101, §§ 1º e 2º, do CPC de 2015). Observe-se que, confirmada a denegação ou a revogação do benefício, o recurso não será considerado deserto, salvo se a parte não proceder ao recolhimento das custas no prazo que lhe for assinalado pelo relator ou pelo colegiado (art. 101, § 2º, do CPC de 2015).

O pedido de justiça gratuita pode ser impugnado na contestação, na réplica, nas contrarrazões de recursos e, nos casos de pedido superveniente ou formulado por terceiro, por meio de petição simples, a ser apresentada no prazo de quinze dias, nos autos do próprio processo, sem suspender o seu curso (art. 100 do CPC de 2015).

No processo do trabalho, ao contrário do que ocorre no processo civil (art. 101 do CPC de 2015), não cabe recurso contra o indeferimento do pedido de justiça gratuita (art. 893, § 1º), ressalvando, apenas, que, tanto no processo do trabalho quanto no processo civil, se o indeferimento se der em sentença, o tema poderá ser versado no recurso contra ela apresentado (art. 893, § 1º, da CLT e art. 101 do CPC de 2015).

A prova de recebimento de salário igual ou inferior ao dobro do salário mínimo pode ser realizada por qualquer meio, entre os quais as anotações constantes da CTPS do trabalhador.

A declaração da parte, de que não está em condições de pagar às custas do processo sem prejuízo do sustento próprio ou de sua família, é o bastante para o deferimento da justiça gratuita. A aludida declaração goza de presunção de veracidade, cabendo à parte contrária comprovar a sua não correspondência com a realidade (art. 99, § 3º, do CPC de 2015 e Orientação Jurisprudencial n. 304 da SDI-I do TST).

O juiz somente poderá indeferir o pedido se houver nos autos elementos que evidenciem a falta dos pressupostos legais para a sua concessão, devendo, antes de indeferir o pedido, determinar à parte a comprovação dos referidos pressupostos (art. 99, § 2º, do CPC de 2015).

A declaração destinada a fazer prova de pobreza pode ser firmada pela parte ou seu procurador e constar da própria petição inicial, dispensando a declaração de pobreza firmada por procurador poderes especiais (Orientação Jurisprudencial n. 331 da SDI-I do TST), o que, no entanto, é alterado pelo CPC de 2015, que exige poderes especiais para firmar tal declaração (art. 105).

Sendo requisitos do deferimento da justiça gratuita o recebimento de salário igual ou inferior ao dobro do salário mínimo ou a declaração de ausência de condições de pagar às custas do processo sem prejuízo do sustento próprio ou de sua família, não é lícito condicioná-lo à não assistência da parte por advogado. Note-se, inclusive, que a declaração de pobreza para fins de requerimento de justiça gratuita pode ser assinada por procurador, o que significa que o fato de o trabalhador contratar advogado não o impede, por si só, de ter acesso ao benefício da justiça gratuita. O CPC de 2015 prevê, expressamente, que a assistência do requerente por advogado particular não impede a concessão de gratuidade da justiça (art. 99, § 4º, do CPC de 2015).

Sob o argumento de que, consoante o *caput* do art. 2º da Lei n. 1.060/50, "gozarão dos benefícios desta Lei os nacionais ou estrangeiros residentes no país, que necessitarem recorrer à Justiça penal, civil, militar ou do trabalho" e, ainda, de que o art. 5º, LXXIV, da Constituição Federal, ao instituir o benefício da assistência jurídica integral e gratuita, não distingue o seu beneficiário (não o limitando à pessoa física), é afirmada a possibilidade de concessão do benefício da justiça gratuita a pessoa jurídica que demonstre a impossibilidade de arcar com as despesas do processo sem prejudicar a sua sobrevivência.[1006]

Note-se, no entanto, que, além do parágrafo único do art. 2º da Lei n. 1.060/50 estabelecer, esclarecendo o alcance do *caput* deste artigo, que "considera-se necessitado, para os fins legais, todo aquele cuja situação econômica não lhe permita pagar as custas do processo e os honorários de advogado, sem prejuízo do sustento próprio e familiar", o que implica que se trata de benefício reservado à pessoa física, o direito processual do trabalho também assegura este benefício a quem recebe salário igual ou inferior ao dobro do salário mínimo (somente o trabalhador recebe salários), ou aquele que declare, sob as penas da lei, não estar em condições de pagar as custas do processo sem prejuízo do sustento próprio ou de sua família (somente a pessoa física arca com o sustento próprio ou de sua família), o que significa dizer que a justiça gratuita foi reservada às pessoas físicas (trabalhador ou empregador pessoa física). Contudo, o Conselho Superior da Justiça do Trabalho, na Resolução n. 35/2007, admite a concessão da justiça gratuita a empregador pessoa jurídica, desde que seja comprovada a situação de carência que inviabilize a assunção dos ônus decorrentes da demanda judicial (art. 2º). No entanto, o CPC de 2015 afasta qualquer dúvida a respeito, estabelecendo que o benefício da justiça gratuita pode ser deferido a pessoa jurídica (art. 98).

10. São isentos do pagamento de custas, além dos beneficiários da justiça gratuita, a União, os Estados, o Distrito Federal, os Municípios e respectivas autarquias e fundações que não explorem atividade econômica e o Ministério Público (art. 790-A da CLT).

De acordo com o disposto com art. 39, *caput* e parágrafo único, da Lei n. 6.830/80, a Fazenda Pública não está sujeita ao pagamento de custas e emolumentos na execução de seus créditos inscritos em dívida pública, o que não a dispensa, no entanto, da obrigação de ressarcir as despesas feitas pela contrária, quando aquela for vencida na demanda.

Este benefício foi estendido às entidades sindicais pelo art. 606, § 1º, da CLT, em relação às ações de cobrança das contribuições sindicais. Sob este prisma, nas ações ajuizadas para os fins de cobrança de con-

(1006) Neste sentido, tem-se a Súmula n. 481 do STJ: "Faz jus ao benefício da justiça gratuita a pessoa jurídica com ou sem fins lucrativos que demonstrar sua impossibilidade de arcar com os encargos processuais".

tribuições sindicais, as entidades sindicais não estão sujeitas ao pagamento de custas e emolumentos, mas, assim como a Fazenda Pública, não estão isentas da obrigação de ressarcir as despesas feitas pela parte contrária, quando vencida na demanda. No entanto, o art. 606 da CLT foi editado em momento em que os sindicatos estavam atrelados ao Estado. Este fato justifica a previsão constante do citado comando legal. Com a Constituição de 1988, operou-se a total desvinculação dos sindicatos do Estado. Com isso, o art. 606 da CLT perdeu o seu fundamento de validade. Por consequência, o sindicato já não é beneficiado, em juízo, pelos mesmos privilégios da Fazenda Pública.[1007]

A isenção do pagamento de custas não alcança as entidades fiscalizadoras do exercício funcional e não exime as pessoas jurídicas dela beneficiárias da obrigação de reembolso das despesas judiciais realizadas pela parte vencedora (art. 790-A, parágrafo único, da CLT).

11. No caso de não pagamento das custas, far-se-á a sua execução, de ofício, pela Justiça do Trabalho, na forma estabelecida para a execução do crédito trabalhista (art. 790, § 2º, da CLT).

12. Determinada a realização de perícia, será nomeado perito.

O perito receberá, a título de remuneração pelos serviços prestados como auxiliar da justiça, honorários periciais, em valor arbitrado pelo juiz, considerando-se a complexidade da matéria, o grau de zelo profissional, o lugar e o tempo exigidos para a prestação do serviço e as peculiaridades regionais.

No processo de conhecimento a responsabilidade pelo pagamento dos honorários periciais é da parte sucumbente na pretensão objeto da perícia (art. 790-B da CLT). Pagará os honorários a parte vencida na pretensão que deu ensejo à realização da prova pericial e não a parte vencida na demanda considerada em seu todo.

A parte beneficiada pela justiça gratuita está dispensada do pagamento de honorários periciais quando for vencida na pretensão relacionada à realização da prova pericial. Contudo, esse fato não significa que o perito nada receberá pelo seu trabalho. À União incumbe a prestação de assistência judiciária integral e gratuita aos que comprovem insuficiência de recursos (art. 5º, LXXIV, da Constituição), nela estando incluída a garantia das condições necessárias para a defesa dos direitos do necessitado em juízo.

Consoante a Súmula n. 457 do TST, "a União é responsável pelo pagamento dos honorários de perito quando a parte sucumbente no objeto da perícia for beneficiária da assistência judiciária gratuita, observado o procedimento disposto nos arts. 1º, 2º e 5º da Resolução n. 66/2010 do Conselho Superior da Justiça do Trabalho — CSJT".

De acordo com a Resolução n. 66/2010 do Conselho Superior da Justiça do Trabalho, os Tribunais Regionais deverão destinar recursos orçamentários para o pagamento de honorários periciais, sempre que à parte sucumbente na pretensão objeto da perícia for concedido o benefício da justiça gratuita (art. 1º, I), o mesmo ocorrendo em relação a tradutores e intérpretes.[1008]

A aludida Resolução estabelece os requisitos a serem atendidos para o pagamento de honorários pela União, as condições em que poderá haver antecipação parcial dos honorários, os critérios a serem observados na fixação dos honorários, o valor máximo dos honorários, o critério de atualização do valor por ela fixado e a forma do pagamento dos honorários. Nela é estabelecido, ainda, que "nas ações contendo pedido de adicional de insalubridade, de periculosidade, de indenização por acidente do trabalho ou qualquer outro atinente à segurança e saúde do trabalhador, o juiz poderá determinar a notificação da empresa reclamada

(1007) No caso de ser constatada a ausência de pagamento de contribuição sindical, as entidades sindicais podem ajuizar, perante a Justiça do Trabalho, ação de cobrança do seu crédito. O art. 606 da CLT foi revogado pela Constituição Federal, na parte em que se refere à a intervenção do Ministério do Trabalho para efeito desta cobrança. De outro lado, o art. 606, § 2º, da CLT aduz a execução de certidão expedida pelo Ministério do Trabalho, o que não subsiste, pela revogação referida. A cobrança judicial das contribuições pressupõe o atendimento da condição estabelecida pelo art. 605 da CLT, qual seja, a publicação de editais concernentes ao recolhimento da contribuição sindical, durante três dias, nos jornais de maior circulação local e até dez dias da data fixada para depósito bancário.

(1008) O mesmo deve ocorrer em relação aos honorários devidos a tradutores e intérpretes, com o pagamento dos honorários após atestada a prestação dos serviços pelo juízo processante, de acordo com Tabela estabelecida por esta mesma Resolução (art. 1º, II).

a trazer aos autos cópias do LTCAT (Laudo Técnico de Condições Ambientais de Trabalho), PCMSO (Programa de Controle Médico de Saúde Ocupacional) e PPRA (Programa de Controle Médico de Prevenção de Riscos Ambientais), e de laudo pericial da atividade ou local de trabalho, passível de utilização como prova emprestada, referentes ao período em que o reclamante prestou serviços na empresa" (art. 10).[1009]

Contudo, sendo o trabalhador vencedor em parte substancial de seus pedidos, tornando-se, em razão do crédito respectivo, capaz de responder pelo pagamento dos honorários periciais, o benefício da justiça gratuita a ele deve ser negado, impondo-se-lhe a obrigação de pagar os honorários periciais, que devem ser descontados do seu crédito, ao final.

No processo de execução, os honorários periciais devem ser suportados pelo executado. Com efeito, ao atribuir ao executado a obrigação de pagar as custas devidas na execução (art. 789-A da CLT), o legislador deixa claro que o executado deve suportar os ônus da execução, o que inclui os honorários relativos à perícia necessária à liquidação do crédito executado (foi prestigiado, assim, o *princípio da causalidade*). Deve ser ressalvada, contudo, a hipótese de má-fé do credor que, por exemplo, apresenta cálculos de liquidação com flagrante desrespeito à coisa julgada, dando causa, com isto, à realização de perícia contábil. Constatada a má-fé do credor, a ele devem ser atribuídos os ônus da prova pericial.

De acordo com o art. 6º da Instrução Normativa n. 27/2005 do TST, pode o juiz exigir depósito prévio dos honorários periciais, ressalvadas as lides decorrentes da relação de emprego. A exigência de antecipação de honorários periciais, embora tenha sido apenas facultada ao juiz, dificulta o acesso à justiça, na medida em que o trabalhador dificilmente terá condições de realizá-la. A Instrução Normativa contraria, inclusive, a Orientação Jurisprudencial n. 98 da SDI-2 do TST.[1010] De qualquer forma, não pode ser exigida a antecipação de honorários periciais da parte que estiver amparada pela justiça gratuita.

4. *Substituição processual. Atuação judicial dos sindicatos*

4.1. Legitimidade ordinária ou extraordinária.

Dispõem os arts. 6º do CPC de 1973 e 18 do CPC de 2015 que ninguém pode pleitear, em nome próprio, direito alheio, salvo quando autorizado pelo ordenamento jurídico.

Destarte, como regra, somente o titular do direito lesado ou ameaçado está autorizado a pleitear em juízo a sua tutela. Contudo, pode o ordenamento jurídico autorizar quem não seja o titular do direito lesado ou ameaçado a pleitear em juízo, em nome próprio, a sua tutela. Destarte, titular do direito de ação é aquele que participa da relação jurídica litigiosa (esta é a denominada legitimidade *ordinária*), sendo exceção a propositura da ação por quem não seja parte na relação jurídica litigiosa ou titular do direito objeto de controvérsia (tem-se, aqui, a denominada, *legitimação extraordinária* ou *anômala*).

5.2. O substituto processual como parte. A participação do substituído no processo. Desistência, transação e renúncia por parte do substituído.

Dá-se a substituição processual quando alguém, autorizado pelo ordenamento jurídico, pleiteia em juízo, em nome próprio, a tutela de direito alheio.

Substituto processual é aquele que, autorizado pela ordem jurídica, pleiteia em juízo, em nome próprio, a tutela de direito alheio. Substituído é o titular do direito cuja tutela jurisdicional é pleiteada por outrem.

(1009) Consta da Resolução em questão que "a concessão de justiça gratuita a empregador, pessoa física, dependerá da comprovação de situação de carência que inviabilize a assunção dos ônus decorrentes da demanda judicial" (art. 2º).

(1010) "É ilegal a exigência de depósito prévio para custeio dos honorários periciais, dada a incompatibilidade com o processo do trabalho, sendo cabível mandado de segurança visando à realização da perícia, independentemente do depósito".

O substituto processual pleiteia a tutela de direito alheio, mas o faz em nome próprio, sendo, portanto, parte na relação jurídica processual.[1011] O fato de o substituto ser parte distingue a substituição processual da representação, vez que, na representação, parte é o representado e não o seu representante (na ação proposta pelo representante legal do menor, parte é o menor, e não o seu representante).

Consoante o art. 18, parágrafo único do CPC de 2015, "havendo substituição processual, o substituído poderá intervir como assistente litisconsorcial".

Ao substituto processual não é lícito confessar ou celebrar acordo, salvo se o fizer com expressa aquiescência do titular do direito deduzido.

Neste sentido, afirma Humberto Theodoro Júnior, que os poderes do substituto processual, enquanto parte, "são amplos, no que diz respeito aos atos e faculdades processuais, mas não compreendem, obviamente, os atos de disposição do próprio direito material do substituído, confissão, transação, reconhecimento do pedido etc.".[1012]

De outro lado, deve ser negada eficácia à transação celebrada pelo titular do direito deduzido em juízo que não contar com a aquiescência expressa do substituto processual. Assim, a transação do titular do direito deverá, para ter eficácia, contar com a aquiescência do autor da ação, ao qual caberá, à luz do caso concreto, verificar a sua razoabilidade. Porém, a aquiescência do autor da ação (substitutivo) poderá ser suprida quando o juiz considerar, pelas circunstâncias do caso concreto, ser injustificada a recusa de sua concessão, como autoriza afirmar o art. 5º, § 3º, da Lei da Ação Civil Pública (Lei n. 7.347/85), aplicável à hipótese por analogia. Com efeito, segundo este comando legal, o legitimado para a ação coletiva pode dela desistir, desde que a desistência seja fundada (*princípio da indisponibilidade da ação coletiva*). Adotando como parâmetro a aludida previsão legal, pode ser afirmado que a aquiescência do legitimado poderá ser suprida quando for infundada a recusa na sua concessão. Com isso, fica preservada a autonomia do trabalhador frente ao sindicato.

A substituição processual tem como um dos seus fundamentos a necessidade de conferir a máxima concretude possível aos direitos assegurados pela ordem jurídica, não podendo ter o seu alcance limitado pela vontade individual do trabalhador, em especial quando a confissão ou a transação envolver trabalhador que ainda é empregado do demandado. Também constitui fundamento da substituição processual a necessidade de evitar que o respeito aos direitos assegurados pela ordem jurídica deixe de ser reclamado por receio dos trabalhadores, ainda empregados, de perder o emprego. Esta finalidade da substituição será seriamente prejudicada se for admitida a transação do substituído independentemente da aquiescência do substituto.

4.3. Substituição e interesse de agir do substituto.

Para propor a ação, o substituto deve ter interesse na tutela do direito deduzido em juízo (conclusão autorizada pelos arts. 3º do CPC de 1973 e 17 do CPC de 2015).

Como aduz Enrico Tullio Liebman, "o substituto exerce em nome próprio uma ação que, embora pertença a outrem segundo as regras ordinárias, é conferida ou estendida excepcionalmente a ele através da legitimação extraordinária; isto se dá em atenção a um seu especial interesse pessoal, que pode ser qualificado como interesse legítimo reconhecido pela lei através da permissão, que lhe dá, de agir em juízo para a tutela de um direito alheio. Também o substituto processual age, pois, por um interesse legítimo próprio".[1013]

(1011) Sendo parte no processo, o substituto responde pelos ônus respectivos, dentre eles o pagamento das custas processuais, já tendo sido decidido, a propósito, que "não se admite o deferimento da assistência judiciária ao sindicato tão somente pela legitimação extraordinária, sendo necessária a demonstração cabal de insuficiência econômica" (TST, SDI-1, E-ED-RR 111200-71.2005.5.05.0131. Rel. Min. Aloysio Corrêa da Veiga, DEJT 10.10.2014). Note-se que, na substituição processual, a miserabilidade a ser comprovada é do substituto processual e não dos substituídos, visto que, havendo condenação no pagamento de custas, a responsabilidade pela sua realização é do substituto.

(1012) *Curso de direito processual civil*, v. I, p. 69.

(1013) *Manual de direito processual civil*, v. I, p. 160.

Cândido Rangel Dinamarco observa que "o substituto processual é o destinatário de algum benefício indireto associado à iniciativa que tomar — porque, sem esse benefício e, portanto, sem poder esperar qualquer utilidade do provimento que pede, não haveria por que instituir sua legitimidade *ad causum*".[1014]

4.4. Atuação judicial dos sindicatos.

Várias são as formas de atuação judicial dos sindicatos na defesa dos interesses e direitos da categoria que representa e também dos membros desta categoria.

Com efeito:

a) a Constituição estabelece, no art. 8º, III, que aos sindicatos cabe a defesa dos direitos e interesses coletivos ou individuais da categoria, inclusive em questões judiciais;

b) a Constituição prevê, no art. 114, § 2º, que os sindicatos podem ajuizar dissídio coletivo de natureza econômica;

c) conforme dispõe o art. 513 da CLT, constitui prerrogativa dos sindicatos representar, perante as autoridades judiciárias, os interesses gerais da respectiva categoria ou profissão liberal ou os interesses individuais dos associados relativos à atividade ou profissão exercida;

d) o art. 514, *b*, da CLT inclui entre os deveres dos sindicatos a manutenção de assistência judiciária para os associados, estabelecendo o art. 14 da Lei n. 5.584/70 que, na Justiça do Trabalho, a assistência judiciária a que se refere a Lei n. 1.060/50 será prestada pelo sindicato profissional a que pertencer o trabalhador;

e) aos sindicatos é atribuída, pelo art. 82, IV, do Código de Defesa do Consumidor, legitimidade para ajuizar ação visando à tutela de interesses ou direitos difusos, coletivos ou individuais homogêneos.

Destarte, pode o sindicato:

1) prestar assistência judiciária aos membros da categoria que representa no ajuizamento da ação individual e durante todos os trâmites do processo respectivo (trata-se, portanto, de ação ajuizada pelo trabalhador, ao qual o sindicato presta assistência jurídica), valendo observar que, enquanto CLT faz referência à defesa judicial de interesses e direitos de *associados*, a Constituição da República atribui aos sindicatos a prerrogativa de defender em juízo os interesses da *categoria*, ou seja, dos seus associados ou não (o sindicato representa a categoria e não apenas os seus associados);

2) ajuizar dissídio coletivo, sendo relevante mencionar que, embora a Constituição da República somente faça alusão aos dissídios coletivos de natureza econômica, os sindicatos podem ajuizar todas as espécies de dissídio coletivo a que se refere a CLT (dissídio de interpretação e revisão, por exemplo);

3) ajuizar ações coletivas visando à defesa de direitos e interesses coletivos decorrentes da relação de emprego, cumprindo esclarecer que os direitos e interesses coletivos constituem gênero, de que são espécies, segundo resulta do art. 81, parágrafo único, do Código de Defesa do Consumidor: a) direito e interesse difuso: direito e interesse transindividual, de natureza indivisível, de que sejam titulares pessoas indeterminadas ligadas por circunstâncias de fato; b) direito e interesse coletivo: direito e interesse transindividual, de natureza indivisível, de que seja titular grupo, categoria ou classe de pessoas ligadas entre si ou com a parte contrária por uma relação jurídica-base (*direitos coletivos em sentido estrito*); c) direitos e interesses individuais homogêneos: direitos e interesses de natureza divisível, de que sejam titulares pessoas determinadas, decorrentes de origem comum.

A atuação judicial dos sindicatos na defesa de direitos e interesses coletivos em sentido amplo é também autorizada pela Lei da Ação Civil Pública (Lei n. 7.347/85, arts. 5º e 21).

(1014) *Instituições de direito processual civil*, v. II, p. 309.

Em relação à defesa judicial dos direitos individuais homogêneos, a autorização para a atuação dos sindicatos também está no art. 513 da CLT, que inclui dentre as prerrogativas dos sindicatos a representação, perante autoridades judiciárias, dos interesses individuais dos seus associados, ao passo que a Constituição Federal atribui aos sindicatos legitimidade para promover a defesa judicial dos direitos e interesses individuais da categoria (art. 8º, III).

Os direitos e interesses individuais homogêneos, como indica a sua própria denominação, são individuais, mas, por decorrerem de origem comum, admitem defesa por meio de ação coletiva. A hipótese, portanto, é de direitos e interesses individuais que, em razão de sua origem comum, são coletivizados para efeito de sua defesa em juízo. A identidade da origem dos direitos ou interesses lhes confere relevância social e autoriza a sua tutela jurisdicional coletiva. A tutela jurisdicional coletiva de interesses e direitos individuais não constitui exigência da natureza do direito, mas uma opção política.

Quanto aos direitos e interesses individuais dos membros da categoria, cumpre fazer algumas distinções:

1) o sindicato pode prestar assistência judiciária ao trabalhador que resolver demandar com o seu empregador, caso em que a opção pelo ajuizamento da ação cabe ao trabalhador e não ao sindicato;

2) o sindicato está autorizado a ajuizar ação coletiva independentemente de autorização dos trabalhadores quando se trate de direitos individuais homogêneos. Neste caso, a autorização para a atuação do sindicato é realizada diretamente pela ordem jurídica — art. 8º, III, da Constituição da República e art. 82, IV, do Código de Defesa do Consumidor;

3) a ação coletiva é uma *ação de grupo*, o que significa que não pode ser ajuizada para a tutela de apenas uma pessoa. Esta conclusão é extraída do art. 103 do Código de Defesa do Consumidor, que aduz à coisa julgada *erga omnes*, que beneficia *todas as vítimas* e seus sucessores, e, também, do art. 91 deste mesmo diploma legal, que faz referência à propositura de ação reparatória no interesse *das vítimas* ou seus *sucessores*);[1015]

4) o sindicato não está autorizado a ajuizar, como substituto processual, ação visando à defesa de direitos ou interesses individuais heterogêneos, isto é, de direitos ou interesses individuais, de natureza divisível, de que sejam titulares pessoas determinadas e que não decorrem de origem comum.

Aos titulares de direitos e interesses individuais heterogêneos é que cabe decidir sobre a oportunidade e a conveniência da propositura de demanda contra o seu empregador. Acolhendo este ponto de vista, decidiu a terceira Turma do TST:

"O sindicato tem legitimidade para substituição processual restrita a ações que visem à defesa de direitos e interesses coletivos ou individuais homogêneos da categoria, não de direitos individuais heterogêneos, situação em debate."[1016]

Também é este o entendimento da oitava Turma do TST, como se vê das decisões abaixo transcritas:

"A jurisprudência desta Corte é pacífica no sentido de reconhecer, após o pronunciamento do STF a respeito do art. 8º, III, da CF, que o sindicato profissional detém legitimidade para ajuizar, como substituto processual, ação pleiteando a tutela de direitos e interesses individuais homogêneos, provenientes de causa comum, que atingem o universo dos trabalhadores substituídos. Todavia esta não é a hipótese em exame, tendo em vista que o acórdão recorrido foi taxativo ao asseverar que a discussão se trava em torno de direitos individuais heterogêneos, em que resta ausente a identidade de realidade fática entre os substituídos."[1017]

(1015) A ação coletiva visa à tutela judicial de interesses e direitos de dimensão coletiva, no sentido de que pertencem à coletividade (interesses e direitos difusos), a grupo, categoria ou classe de pessoas (interesses e direitos coletivos em sentido estrito) ou a pessoas determinadas atingidas pelo mesmo ato ilícito (interesses e direitos individuais homogêneos). Com isto, não há que se falar em *ação coletiva* quando se trate de ação promovida em favor de apenas uma pessoa.

(1016) TST, 3ª T., AIRR 102/2006-042-15-40.3, Rel. Min. Alberto Luiz Bresciani de Fortam Pereira, DEJT 14.8.2009.

(1017) TST, 8ª T., AIRR 702/2007-011-06-40.3, Rel. Min. Dora Maria da Costa, DJU 7.11.2008.

O STJ, por sua quarta Turma, consagrou este mesmo entendimento, decidindo que:

> "Consoante precedentes desta Corte, os sindicatos só possuem legitimidade para demandar em juízo a tutela de direitos subjetivos individuais de seus filiados, como substituto processual, quando se cuidar de direitos homogêneos que tenham relação com seus fins institucionais, havendo previsão estatutária para tanto."(1018)

Este posicionamento não implica mero retorno aos entendimentos consubstanciados na Súmula n. 310 do TST (que foi cancelada em 2003), segundo a qual o art. 8º, III, da Constituição da República não assegura a substituição processual pelo sindicato (item I), sendo esta cabível nas situações expressamente previstas em lei (item II). Trata-se, apenas, de estabelecer o real alcance da possibilidade de substituição processual, que é ampla e irrestrita, mas somente quando se trate de direitos de dimensão coletiva.

É importante observar que é no exame da situação concreta que poderá ser verificado se um direito individual é homogêneo ou heterogêneo, o que implica que se trata de questão de mérito e não relacionada às condições de ação. Aplica-se, aqui, a teoria da asserção, ou seja, deve ser presumida verdadeira a alegação de que os direitos individuais deduzidos são de origem comum, para efeito de verificação das condições de ação, em especial, da legitimidade das partes.

O art. 8º, III, da Constituição não atribuiu aos sindicatos o poder para agir sem aquiescência do trabalhador quando se trate de direito individual heterogêneo.

O que se percebe, em suma, é que é vasto o campo de atuação do sindicato, observando-se que, de acordo com o art. 83 do Código de Defesa do Consumidor, para a defesa dos direitos e interesses coletivos em sentido amplo, o sindicato pode propor qualquer tipo de ação que reputar adequado, estando aí incluídos a ação civil pública e a ação civil coletiva, por exemplo.

Vale mencionar que o STF vem reafirmando ser ampla a legitimação que a Constituição da República confere aos sindicados para a defesa de interesses da categoria que representa. Neste sentido:

> "AGRAVO REGIMENTAL NO AGRAVO DE INSTRUMENTO. SINDICATO. SUBSTITUIÇÃO PROCESSUAL. ART. 8º, III, DA CR/88. OFENSA REFLEXA. INVIABILIDADE EM RECURSO EXTRAORDINÁRIO. 1. O Supremo Tribunal Federal fixou entendimento no sentido de que o preceito do inciso III do art. 8º da Constituição do Brasil assegura a ampla legitimidade ativa *ad causam* dos sindicatos para a intervenção no processo como substitutos das categorias que representam. Precedentes. 2. As alegações de desrespeito aos postulados da legalidade, do devido processo legal, da motivação dos atos decisórios, do contraditório, dos limites da coisa julgada e da prestação jurisdicional, se dependentes de reexame prévio de normas inferiores, podem configurar, quando muito, situações de ofensa meramente reflexa ao texto da Constituição. 3. Agravo regimental a que se nega provimento."(1019)

> "CONSTITUCIONAL. SUBSTITUIÇÃO PROCESSUAL. SINDICATO. ART. 8º, III, DA CF/88. PRECEDENTE DO PLENÁRIO. I — O Plenário do Supremo Tribunal Federal deu interpretação ao art. 8º, III, da Constituição, e decidiu que os sindicatos têm legitimidade processual para atuar na defesa de todos e quaisquer direitos subjetivos individuais e coletivos dos integrantes da categoria por ele representada. II — Agravo regimental improvido."(1020)

> "PROCESSO CIVIL. SINDICATO. ART. 8º, III, DA CONSTITUIÇÃO FEDERAL. LEGITIMIDADE. SUBSTITUIÇÃO PROCESSUAL. DEFESA DE DIREITOS E INTERESSES COLETIVOS OU INDIVIDUAIS. RECURSO CONHECIDO E PROVIDO. O art. 8º, III, da Constituição Federal estabelece a legitimidade extraordinária dos sindicatos para defender em juízo os direitos e interesses coletivos ou individuais dos integrantes da categoria que representam. Essa legitimidade extraordinária é ampla, abrangendo a liquidação e a execução dos créditos reconhecidos aos trabalhadores. Por se tratar de

(1018) STJ, 4ª T., REsp 617194/RJ, Rel. Min. Luiz Felipe Salomão, DJe 26.10.2009.
(1019) STF, AI-AgR 672406/BA, 2.ª Turma, Rel. Min. Eros Grau, DJ 7.12.2007.
(1020) STF, AI-AgR 422148/MG, 1.ª Turma, Rel. Min. Ricardo Lewandowski, DJ 14.11.2007.

típica hipótese de substituição processual, é desnecessária qualquer autorização dos substituídos. Recurso conhecido e provido."[1021]

É relevante mencionar que, quanto à caracterização dos direitos individuais homogêneos, como decidiu a SDI-I do TST, "a homogeneidade diz respeito ao direito, e não à sua quantificação ou forma de apuração, nos termos do art. 81, III, da Lei n. 8.078/90" (TST-E-RR-43200-50.2006.5.04.0571, DJET 24.2.2012).

Note-se que (a) a assistência jurídica prestada pelo sindicato favorece o efetivo acesso à justiça e aos direitos assegurados pela ordem jurídica, mas a iniciativa de comparecer em juízo é do membro da categoria, tendo o sindicato, portanto, atuação apenas subsidiária e de apoio técnico, ao passo que (b) a instauração de dissídio coletivo atende ao anseio da categoria pela melhoria da sua condição social, sendo também uma valiosa forma de atuação dos sindicatos, mas, com a exigência de comum acordo para a instauração do dissídio coletivo de natureza econômica, o número de dissídios promovidos pelos sindicatos diminuiu sensivelmente. Tais fatos exigem um maior comprometimento dos sindicatos com as ações coletivas.

No processo civil, vem sendo prestigiada a migração do individual para o coletivo ou da tutela individual para a tutela coletiva, em resposta, principalmente, à necessidade de ampliação do acesso à justiça e de tornar efetivos os direitos atribuídos pela ordem jurídica. A migração do individual para o coletivo ou da tutela individual para a tutela coletiva é incentivada, no processo do trabalho, pelo art. 8º, III, da Constituição, que, ao dispor que ao sindicato cabe a defesa dos direitos e interesses coletivos ou individuais da categoria em questões judiciais, produz uma ruptura do processo do trabalho com o modelo fixado pelo art. 3º do CPC de 1973 e art. 18 do CPC de 2015, legitimando a ação sindical no sentido da garantia da efetividade dos direitos reconhecidos ao trabalhador pelo ordenamento jurídico. O interesse maior passa a ser, de acordo com o indicativo que se colhe na Carta da República, a concretização dos direitos que a ordem jurídica reconhece aos trabalhadores. Ao lado da ação individual é colocada, como garantia da efetividade dos direitos, a ação coletiva, capitaneada também pelos sindicados.

Mas, o sindicato não é autorizado a agir por acaso. O sindicato é autorizado a agir e deve fazê-lo em razão da relevância social da satisfação dos direitos trabalhistas em uma sociedade que se pretende seja justa, livre e solidária.

Vale mencionar que a SDI-I do TST já decidiu, tratando da amplitude da legitimidade ativa dos sindicatos, que:

> "O entendimento da SDI-I, órgão uniformizador de jurisprudência *interna corporis* desta Corte Superior, é de que o art. 8º, III, da Constituição Federal assegura aos sindicatos a possibilidade de substituição processual ampla e irrestrita, para agir no interesse de toda a categoria. Assim, o sindicato, na qualidade de substituto processual, detém legitimidade para ajuizar ação, pleiteando a tutela de direitos e interesses individuais homogêneos, provenientes de causa comum ou de política da empresa, que atingem o universo dos trabalhadores substituídos, tais como discussão da natureza jurídica do auxílio-alimentação e seu pagamento aos aposentados." (TST, RR — 85900-53.2008.5.12.0052 Rel. Min. Dora Maria da Costa, 8ª Turma, DJe 15.2.2013)

4.4.2. A cobrança de honorários advocatícios pelo sindicato em relação aos membros da categoria que representa.

Atuando como assistente do trabalhador que propõe demanda individual, o sindicato é beneficiado pela condenação do empregador vencido no pagamento de honorários advocatícios (arts. 14 e 16 da Lei n. 5.584/70), não podendo, por esta razão, cobrar honorários advocatícios do trabalhador, para si ou para advogados que tenha contratado para a prestação da assistência, posto que o sindicato tem o dever de manter serviços de assistência judiciária para os associados (art. 514, *b*, da CLT), acrescentando-se que os membros da categoria representada pelo sindicato participam do custeio dos serviços por ele prestados, por meio do pagamento de contribuição sindical e, no caso dos associados, de contribuições estabelecidas nos estatutos

(1021) STF, RE 193503/SP, Tribunal Pleno, Relator p/ acórdão: Min. Joaquim Barbosa, DJ 24.8.2007.

sindicais ou assembleias gerais (art. 8º, IV, da Constituição e art. 548, *a* e *b*, da CLT), ou seja, os membros da categoria, associados e não associados, já custeiam os serviços jurídicos prestados pelo sindicato. Note-se que, segundo dispõe o art. 18 da Lei n. 5.584/70, a assistência judiciária pelo sindicato é devida aos trabalhadores associados e não associados.

Quando atuar como autor em ação coletiva, o sindicato não pode cobrar honorários advocatícios, em favor próprio ou de advogados que tenha contratado, dos membros da categoria beneficiados pela ação, vez que ele já recebe contribuições de seus associados e não associados e que, ao definir o patrimônio das associações sindicais, a CLT não alude a eventuais honorários advocatícios que o sindicato venha a cobrar de seus associados ou dos membros da categoria não associados (art. 548 da CLT), o que significa que esta verba não pode ser cobrada pelo sindicato dos membros da categoria. A cobrança de honorários somente será possível, nesta hipótese, se houver prévia e pessoal concordância de cada um dos membros da categoria com o seu pagamento e o valor respectivo. Não se trata de autorização da assembleia, posto que cada trabalhador deve ter oportunidade de se manifestar sobre o ônus da propositura da ação (pagamento de honorários advocatícios e montante respectivo) e não pode ser surpreendido pela cobrança de honorários advocatícios e o valor respectivo, notadamente se fixados em percentual superior ao previsto no art. 11, § 1º, da Lei n. 1.060/60.

A propósito decidiu o STJ que:

> "No âmbito da atuação do Sindicato para defesa dos direitos e interesses de seus associados, há profunda diferença entre as ações individuais propostas, nas quais a entidade, se solicitada, limita-se a assistir o trabalhador no exercício de sua pretensão, e as ações coletivas, propostas pelo Sindicato muitas vezes sem o conhecimento dos trabalhadores, na qualidade de substituto processual.
>
> Para as ações individuais, o Sindicato, em princípio, tem direito de ser remunerado pelos serviços prestados, seja pelo réu, quando presentes as condições e requisitos fixados pela Súmula n. 219/TST, seja pelo trabalhador, dependendo do que dispuser a respeito eventual contrato firmado ou a convenção coletiva de trabalho. Para as ações coletivas, contudo, não há prévio consentimento do trabalhador para atuação do Sindicato, de modo que não há prévia anuência do titular do direito quanto a eventual remuneração que o Sindicato pretenda receber.
>
> Não havendo prévio consenso entre Sindicato e trabalhador, é indevida a retenção, promovida de mão própria, de parcela do crédito executado pela entidade como substituta processual do obreiro. Se o Sindicato entende ter qualquer valor a receber, compete-lhe exercer tal pretensão mediante a propositura de ação adequada. Nessa ação, facultar-se-á aos trabalhadores manifestar oposição sustentando e provando sua condição de miserabilidade, nos termos do art. 14, § 1º, da Lei n. 5.584/70."[1022]

Anote-se que, no caso de ação coletiva ajuizada em favor de membros da categoria, o sindicato somente pode cobrar honorários advocatícios, para si ou para outrem, se for autorizado a fazê-lo, individual e pessoalmente pelo trabalhador beneficiado pela ação.

4.5. Substituição processual e legitimação para a ação rescisória.

Proposta ação rescisória em face de decisão proferida em ação na qual o sindicato atuou como substituto processual, o réu naquela ação será o sindicato e não cada um dos substituídos. É isso que resulta do art. 487, I, do CPC de 1973 e do art. 967, I, do CPC de 2015, dos quais resulta que réu na ação rescisória será a parte vencedora no processo principal.

Nesse sentido é a Súmula n. 406, II, do TST: "O sindicato, substituto processual e autor da reclamação trabalhista, em cujos autos fora proferida a decisão rescindida, possui legitimidade para figurar como réu na ação rescisória, sendo descabida a exigência de citação de todos os empregados substituídos, porquanto inexiste litisconsórcio passivo necessário." Proceder a defesa em juízo de direito alheio não é apenas ajuizar

(1022) STJ, Terceira Turma, Resp. 931.036-RS, Rel. Min. Nancy Andrighi, DJ 2.12.2009.

ação com o objetivo de sua confirmação e satisfação. A defesa de um direito também se dá por meio da contestação da pretensão à negativa de sua existência.

4.6. Substituição processual e interrupção da prescrição.

Considerando o disposto no art. 202 do Código Civil, segundo o qual a prescrição é interrompida por qualquer ato judicial que constitua o devedor em mora, é de se admitir que a ação proposta por sindicato agindo na qualidade de substituto processual interrompe a prescrição em relação à pretensão dos substituídos.

Com isso, é evitado que, para escapar dos efeitos da prescrição, o trabalhador seja obrigado a propor ação individual, esvaziando, com isso, o sentido da substituição processual pelo sindicato de sua categoria profissional. Acrescente-se que, ao propor a ação, o sindicato o faz em favor de toda a categoria, sendo esta beneficiada, portanto, pelos efeitos do ato praticado pelo sindicato, dentre os quais a interrupção da prescrição.

Por meio da ação proposta pelo sindicato, a pretensão à tutela do direito é manifestada em juízo, o que afasta a possibilidade de afirmar que ela deixou de ser objeto de ação judicial no momento oportuno: a pretensão foi oportunamente manifestada, ainda que por um terceiro para tanto legitimado.

Na SDI-I do TST prevalece o entendimento de que "a ação promovida por sindicato, na qualidade de substituto processual, interrompe a prescrição, ainda que tenha sido considerado parte ilegítima *ad causam*" (Orientação Jurisprudencial n. 359).

A solução adotada pela Orientação Jurisprudencial n. 359 da SDI-I do TST ganha reforço pelo fato de que, como decidiu o STJ, nos autos do Resp. 1055419/AP, do qual foi relatora a Ministra Laurita Vaz: "1. O ordenamento jurídico pátrio, a teor dos arts. 103, § 2º, e 104, da Lei n. 8.078/90 — Código de Defesa do Consumidor —, impele o Substituído a permanecer inerte até a conclusão do processo coletivo, na medida em que a ele impõe o risco de sofrer os efeitos da sentença da improcedência da ação coletiva — quando nela ingressar como litisconsorte —; e de não se beneficiar da sentença de procedência — quando demandante individual. 2. Diante desse contexto, a citação válida no processo coletivo, ainda que este venha ser julgado extinto sem resolução do mérito em face da ilegitimidade do Substituto Processual, configura causa interruptiva do prazo prescricional para propositura da ação individual".

Note-se, inclusive, que negar à propositura da ação coletiva efeito interruptivo da prescrição obrigaria cada um dos substituídos a propor ação individual, o que opera contra as ações coletivas enquanto instrumento de economia processual (por reduzir o número de demandas voltadas à tutela do mesmo direito) e aumentaria o já elevado número de demandas a serem enfrentadas pelo Poder Judiciário, em prejuízo da celeridade processual. Assim, os membros do grupo podem esperar pelo final do processo coletivo para, se for o caso, ajuizar ação individual, sem risco de ver declarada prescrita a sua pretensão.

Cumpre observar que, nos termos da Orientação Jurisprudencial n. 359 da SDI-I do TST e da decisão do STJ acima referida, ainda que o sindicato seja declarado parte ilegítima a prescrição estará interrompida, o que decorre do fato de que, como assinala Teori Albino Zavascki, "não se pode desconsiderar que os prazos prescricionais são estabelecidos com vista a atingir pessoas inertes, omissas, desinteressadas em procurar a tutela jurisdicional dos seus direitos. Ora, isso não se pode presumir na situação aventada (afirmação da ilegitimidade ativa do autor da ação coletiva) (...). Assim, deve-se optar por solução que preserve o princípio da boa-fé que milita em favor dos titulares do direito: a de considerar interrompida a prescrição em favor dos substituídos mesmo que o substituto processual venha a ser declarado ilegítimo".[1023] Aliás, o que interrompe a prescrição é *a propositura da ação*, independentemente do conteúdo da decisão em razão dela proferida.

(1023) *Processo coletivo:* tutela dos direitos coletivos e tutela coletiva de direitos, p. 188. Esse doutrinador esclarece que, interrompida, em razão da ação coletiva, a prescrição para as ações individuais "retoma o curso com o trânsito em julgado da sentença que a encerra, seja ela terminativa, seja de mérito. É indispensável, portanto, embora a lei não o preveja explicitamente, a divulgação do encerramento do processo, o que se fará pelos mesmos meios e modos adotados para anunciar o seu ajuizamento" (art. 94 da Lei n. 8.078/90) (*Op. cit.*, p. 189).

5.7. Relação entre ação coletiva promovida pelo sindicato e ação individual ajuizada pelo trabalhador: litispendência e coisa julgada.

Estas questões são examinadas no Capítulo reservado ao direito processual coletivo do trabalho, ao qual remetemos o leitor.

5. Sucessão processual. Particularidades das ações reparatórias de danos

No curso do processo, somente é lícita a sucessão voluntária das partes nos casos expressos em lei (art. 41 do CPC de 1973 e art. 108 do CPC de 2015).

A sucessão processual pode ocorrer:

a) no caso de alienação da coisa ou do direito, pelo adquirente ou cessionário, se com ela concordar a parte contrária (art. 42, *caput* e § 1º, do CPC de 1973 e art. 109, § 1º, do CPC de 2015), observando-se que o adquirente ou cessionário pode intervir no processo como assistente litisconsorcial do alienante ou cedente (art. 42, § 2º, do CPC de 1973 e art. 109, § 1º, do CPC de 2015) e, ainda, que se estendem os efeitos da sentença proferida entre as partes originárias ao adquirente ou cessionário (art. 42, § 3º, do CPC de 1973 e art. 109, § 3º, do CPC de 2015);

b) no caso de morte de qualquer das partes, pelo espólio ou pelos seus sucessores (art. 43 do CPC de 1973 e art. 110 do CPC de 2015).

No caso de morte de qualquer das partes, admite-se a simples habilitação dos seus herdeiros quando não exista patrimônio suscetível de abertura de inventário.

A ação que tenha por objeto pedido de reparação de danos merece algumas considerações:

a) tendo sido proposta perante a Justiça do Trabalho ação de indenização por danos patrimoniais ou morais e falecendo o seu autor, dá-se a sucessão da parte pelo espólio ou sucessores, seguindo a ação seu curso normal. A propósito: "Se a indenização se faz mediante pagamento em dinheiro, aquele que suportou os danos tinha direito de recebê-la e isto constitui crédito que integrava seu patrimônio, transmitindo-se a seus sucessores. Possibilidade de os herdeiros prosseguirem com a ação já intentada por aquele que sofreu os danos";[1024]

b) se a ação visando à reparação de danos materiais não foi proposta em vida do lesado, o espólio e os sucessores têm legitimidade para a sua propositura, vez que o direito de exigir a reparação transmite-se com a herança (art. 943 do Código Civil);

c) no caso de dano moral, se a morte daquele que sofreu o dano, se dá antes da propositura da ação, pode esta ser promovida pelo espólio ou sucessores, posto que a compensação do dano moral se dá em dinheiro e este integra o patrimônio do *de cujus*, valendo anotar que o art. 943 do Código Civil não ressalva o direito de exigir a reparação de danos morais quando estabelece que o direito de exigir a reparação de danos transmite-se aos herdeiros.

O sucessor recebe o processo no estado em que se encontra e se submete aos efeitos dos atos já praticados.

A substituição é possível, no processo do trabalho, quando se verifique:

1) a morte de qualquer das partes, dando-se a substituição pelo seu espólio ou seus sucessores;

b) a extinção da empresa, sendo esta substituída por seus ex-sócios;

c) a sucessão trabalhista (arts. 10 e 448 da CLT), em que o sucedido será substituído pelo sucessor.

A substituição do alienante ou cedente ao adquirente ou cessionário da coisa ou do direito litigioso esbarra na competência da Justiça do Trabalho, que se limita aos litígios decorrentes da relação de trabalho.

(1024) STJ, Resp. 219.619, Rel. Min. Eduardo Ribeiro, DJU 3.4.2000, p. 147.

Não se confundem *substituição* processual e *sucessão* processual. Na substituição processual, uma pessoa, por força de autorização do ordenamento jurídico, propõe demanda, em nome próprio, em defesa de direito alheio. Na sucessão processual, uma pessoa assume o lugar de outra no curso do processo.

6. Representação processual: formas de suprir a incapacidade

As pessoas que não se encontrarem no exercício de seus direitos, embora tenham capacidade de ser parte, não a têm para estar em juízo, devendo ser representadas ou assistidas em juízo.

A representação e a assistência são formas de suprir a incapacidade de estar em juízo (art. 8º do CPC de 1973 e art. 71 do CPC de 2015).

A representação ocorre na hipótese de incapacidade absoluta. O representante age em nome do representado. No processo em que se dá a representação parte é o representado e não o representante.

Na assistência ocorre quando a incapacidade é apenas relativa. Nela, os atos processuais são praticados pelo assistido, mas com a assistência do assistente.

7. Litisconsórcio

A CLT admite que a ação seja proposta por dois ou mais trabalhadores contra o mesmo empregador (art. 842) e por um ou mais trabalhadores contra o subempreiteiro e empreiteiro principal, no contrato de subempreitada, ou seja, contra dois ou mais tomadores de serviços (art. 455), permitindo, com isso, a pluralidade de partes na posição ativa e/ou passiva da demanda.

Essa pluralidade de pessoas em uma ou em ambas as posições da relação jurídica processual é que se denomina litisconsórcio.

Dá-se o litisconsórcio, portanto, quando duas ou mais pessoas litigam, no mesmo processo, em conjunto, ativa e/ou passivamente.

7.1. O litisconsórcio, considerando a posição em que se verifica a pluralidade de pessoas, será: a) ativo: quando duas ou mais pessoas litigam, no mesmo processo, em conjunto, como reclamantes; b) passivo: quando duas ou mais pessoas litigam, no mesmo processo, em conjunto, como reclamados; c) misto, recíproco ou bilateral: quando duas ou mais pessoas litigam, no mesmo processo, em conjunto, como reclamantes e reclamados.

Do ponto de vista do momento em que é formado, o litisconsórcio será: a) inicial ou originário: a demanda é proposta por dois ou mais reclamantes contra um ou mais reclamados, surgindo o litisconsórcio com a propositura da ação; b) ulterior ou posterior: a pluralidade de partes surge no curso do processo (o litisconsórcio pode se formar pelo ingresso no processo dos sucessores da parte e, na execução, quando forem chamados a responder pelo crédito reclamado todos aqueles contra os quais a execução pode ser endereçada, como as empresas do grupo econômico do empregador, por exemplo).

Levando em conta a influência da vontade das partes na sua formação, o litisconsórcio será: a) necessário ou indispensável: "aquele que não pode ser dispensado, mesmo que todos os interessados estejam de acordo"; b) facultativo: "o que depende da vontade das partes para sua formação; divide-se em duas espécies: o irrecusável e o recusável. O irrecusável se dá quando, requerido pelo autor, ou autores, os réus, ou réu, não podem recusá-lo. O recusável é aquele que, requerido pelo autor, ou autores, pode, todavia, sua formação ser recusada pelo réu, ou os réus".[1025]

O art. 455 da CLT contempla hipótese de litisconsórcio facultativo irrecusável, vez que a formação do litisconsórcio é uma faculdade do trabalhador e não pode ser recusada pelos reclamados.

(1025) BARBI, Celso Agrícola. *Comentários ao Código de Processo Civil*, v. I, p. 156.

Afirma Celso Agrícola Barbi que o litisconsórcio facultativo recusável "era claramente reconhecido no Código de 1939, cujo art. 88 dizia ser ele recusável, quando fundado na afinidade de questões por um ponto comum de fato ou de direito (...). Nosso atual Código, todavia, além de não repetir, em forma expressa, o caráter recusável do litisconsórcio fundado na afinidade de questões por um ponto comum de fato ou de direito, deixou também de repetir a norma do mencionado art. 116 do Código de 1939. Pontes de Miranda considera recusável o litisconsórcio nesse caso. Arruda Alvim, Sérgio Ferraz e Clito Fornaciari Júnior entendem que ele é sempre irrecusável. A nosso ver, apesar da omissão da lei, deve entender que o réu pode impugnar o litisconsórcio fundado no item IV, demonstrando a inferioridade em que ficará para a defesa, porque essa situação viola o princípio da igualdade das partes".[(1026)]

7.2. O art. 46 do CPC de 1973 e o art. 113 do CPC de 2015 definem as situações em que é permitida a formação do litisconsorte. Segundo estes dispositivos legais duas ou mais pessoas podem litigar em litisconsórcio quando:

a) entre elas houver comunhão de direitos ou de obrigações relativamente à lide;

b) entre as causas houver conexão pelo objeto (bem jurídico que se pretende obter ou proteger com a ação) ou pela causa de pedir (fundamentos do pedido);

c) ocorrer afinidade de questões por um ponto comum de fato ou de direito (trata-se do denominado *litisconsórcio impróprio*).

Embora o art. 842 da CLT admita o litisconsórcio ativo, ou seja, a denominada *ação plúrima*, somente quando haja identidade de matéria (direitos e obrigações derivados do mesmo fundamento de fato e de direito), no processo do trabalho é também possível o litisconsórcio nas demais situações previstas no CPC.

8.3. O art. 47 do CPC de 1973 prevê que há litisconsórcio necessário "quando, por disposição de lei ou pela natureza da relação jurídica, o juiz tiver de decidir a lide de modo uniforme para todas as partes".

No entanto, não se confundem *litisconsórcio necessário* e *litisconsórcio unitário*. O litisconsórcio pode ser necessário e unitário (*litisconsórcio necessário unitário*) ou apenas necessário (*litisconsórcio necessário simples*).

Neste sentido, assinala Humberto Theodoro Júnior que "o Código definiu o litisconsórcio necessário conforme apenas as características do litisconsórcio unitário. Acontece que o litisconsórcio unitário nem sempre é necessário (...). Por outro lado, há casos em que o litisconsórcio é necessário e o resultado da causa não é, obrigatoriamente, o mesmo para todos os participantes do processo".[(1027)]

Na mesma toada, aduz Pontes de Miranda que "o litisconsórcio unitário, isto é, aquele em que o julgamento há de ser igual para todos (portanto, um só), quase sempre é necessário (art. 47), mas pode ocorrer que haja unitariedade sem haver necessariedade. Pense-se na hipótese de uma lei ter violado a Constituição e ofender duas ou mais pessoas, que queiram propor ação de nulidade da lei. O litisconsórcio, aí, pode ser facultativo".[(1028)]

O CPC de 2015 atende a este fato, dispondo, no art. 116, que o litisconsórcio será unitário quando, pela natureza da relação jurídica, o juiz tiver de decidir o mérito de modo uniforme para todos os litisconsortes.

Neste contexto, haverá *litisconsórcio unitário* quando se trate, por exemplo, de ação anulatória de cláusula de convenção coletiva de trabalho ajuizada pelo Ministério Público do Trabalho, situação em que os sindicatos acordantes deverão compor o polo passivo da demanda, na medida em que a convenção não poderá ser nula para um deles e eficaz para o outro.

8.4. Nos casos de litisconsórcio passivo necessário, o juiz determinará ao autor que requeira a citação de todos que devam ser litisconsortes, dentro do prazo que assinalar, sob pena de ser extinto o processo (art. 47, parágrafo único, do CPC de 1973 e art. 114, parágrafo único, do CPC de 2015).

(1026) *Comentários ao Código de Processo Civil*, v. I, p. 158-159.

(1027) *Curso de direito processual civil*, v. I, p. 125.

(1028) *Comentários ao Código de Processo Civil*, v. II, p. 16.

Humberto Theodoro Júnior admite a ocorrência de litisconsórcio necessário ativo, afirmando que "em nosso sistema legal, o litisconsórcio ativo necessário é sempre fruto de exigência da lei, isto é, decorre de hipótese em que o legislador obriga os vários demandantes a propor a causa em conjunto (...). Somente ao litisconsórcio passivo é que se aplica a segunda parte do art. 47 (necessidade de decisão uniforme para todas as partes), tanto que o dispositivo legal conclui com a afirmação de que, em tal hipótese, 'a eficácia da sentença dependerá da citação de todos os litisconsortes'".[1029]

Cândido Rangel Dinamarco assevera que "a facultatividade do litisconsórcio constitui regra geral, porque corresponde ao princípio da *liberdade das partes*, não sendo lícito impor sua implantação quando a lei não a exige (Const., art. 5º, inc. II), e porque a necessariedade importa restrição ao *direito de ação*, também constitucionalmente assegurado", que "a necessariedade se resolve em uma *legitimidade necessariamente conjunta* (...); e o *caráter excepcional* do litisconsórcio deve conduzir a evitar interpretações que atribuam arbitrariamente a necessidade a casos não estritamente cobertos pelas duas hipóteses do art. 47 do Código de Processo Civil" e que "o litisconsórcio só será necessário (a) quando a causa versar um *objeto incindível*, conforme disposição genérica contida no art. 47 do Código de Processo Civil ou (b) quando assim a lei o estabelecer de modo específico".[1030]

Ainda segundo esse doutrinador, "se o litisconsórcio necessário passivo já é excepcional no sistema, de excepcionalidade ainda maior reveste-se a necessidade em relação ao polo ativo da relação processo. As dificuldades para implementá-lo são mais graves e podem revelar-se até mesmo insuperáveis, o que se dará sempre que um colegitimado se negue a participar da demanda. Como ninguém pode ser obrigado a demandar contra sua própria vontade (...), em casos assim o autor ficará em um impasse sem solução e não poderá obter a tutela jurisdicional pretendida (...). Por essa razão, a admissibilidade do litisconsórcio ativo confina-se no campo rigorosamente restrito das situações em que, *segundo o direito material*, cada um dos colegitimados tenha o poder de opor-se aos resultados desejados pelos outros".[1031] Em suma, esse doutrinador admite o litisconsórcio ativo necessário, mas em caráter excepcionalíssimo.

No caso de litisconsórcio ativo necessário, o juiz deverá conferir prazo ao autor para que providencie a adesão de todos aqueles que devem integrar o processo, sob pena de extinção do processo.

7.5. O CPC de 1973 dispõe que, no litisconsórcio passivo necessário, a *eficácia* da sentença depende da citação de todos que deveriam ter integrado o processo (art. 47).

O CPC de 2015 faz uma distinção, estabelecendo que a sentença de mérito, quando proferida sem a integração do contraditório (ausência de formação do litisconsorte), será *nula*, se a decisão deveria ser uniforme em relação a todos que deveriam ter integrado o processo, ou *ineficaz*, nos outros casos, apenas para os que não foram citados (art. 115).

7.6. O juiz poderá limitar o *litisconsórcio facultativo*, de ofício ou a requerimento, quanto ao número de litigantes, na fase de conhecimento, na liquidação de sentença ou na execução, quando este comprometer a rápida solução do litígio ou dificultar a defesa ou cumprimento da sentença (arts. 46, parágrafo único, do CPC de 1973, art. 113, § 1º, do CPC de 2015 e 765 da CLT).

O CPC de 1973 somente autoriza de forma expressa a limitação do litisconsórcio na fase de conhecimento, mas o CPC de 2015 a admite na liquidação, na fase de cumprimento e na execução.

O litisconsórcio que envolve grande número de litigantes é denominado *litisconsórcio multitudinário*.

O pedido de limitação do litisconsórcio interrompe o prazo para manifestação ou resposta, que recomeçará da intimação da decisão que o solucionar (art. 46, parágrafo único, do CPC de 1973 e art. 114, § 2º, do CPC de 2015).

(1029) *Curso de direito processual civil*, v. I, p. 125.
(1030) *Instituições de direito processual civil*, v. II, p. 460-464.
(1031) *Instituições de direito processual civil*, v. II, p. 460-464.

Limitado o litisconsórcio, deve ser ordenado o desmembramento do processo, em tantos quantos sejam os processos reputados necessários pelo juiz, procedendo-se a distribuição daqueles que resultarem do desmembramento, sem prejuízo aos demandantes, em especial quanto à interrupção da prescrição por força do ajuizamento da reclamação.

7.7. Havendo dúvida quanto à legitimidade passiva, admite-se a formação do litisconsórcio denominado alternativo, como se dá na ação de consignação em pagamento.

7.8. O litisconsórcio é extinto pela limitação da posição ativa e/ou passiva a apenas uma pessoa.

Haverá redução do litisconsórcio quando se verifica diminuição no número de pessoas que formavam a posição ativa e/ou passiva da relação processual.

7.9. O art. 48 do CPC de 1973 prevê que, *salvo disposição legal em contrário*, os litisconsortes serão considerados, em suas relações com a parte adversa, como litigantes distintos, de forma que os atos e omissões de um *não prejudicarão nem beneficiarão os demais*.

Trata-se do *princípio da independência dos litisconsortes*, que é também consagrado pelo CPC de 2015, embora em outros termos. Com efeito, de acordo com o art. 117 do CPC de 2015, os litisconsortes serão considerados, em suas relações com a parte adversa, como litigantes distintos, *exceto no litisconsórcio unitário*, caso em que os atos e omissões de um não prejudicarão os outros, *mas os poderão beneficiar*.

A confissão judicial de um litisconsorte não prejudica os demais (art. 350 do CPC de 1973 e art. 391 do CPC de 2015). Esta restrição somente alcança a confissão, visto que as provas apresentadas por quaisquer litisconsortes podem beneficiar ou prejudicar os demais.

No procedimento sumaríssimo e ordinário, cada litisconsorte pode indicar à oitiva duas ou três testemunhas, respectivamente. A existência do litisconsórcio não influi no número de testemunhas que podem ser ouvidas.

O recurso interposto por um dos litisconsortes a todos aproveita, salvo se distintos ou opostos os seus interesses (art. 509 do CPC de 1973 e art. 1.005 do CPC de 2015), ao passo que, havendo solidariedade passiva, o recurso interposto por um devedor aproveitará os demais, quando as defesas opostas ao credor lhes forem comuns (art. 509, parágrafo único, do CPC de 1973 e art. 1.005, parágrafo único, do CPC de 2015).

O recorrente poderá, a qualquer tempo, sem a anuência do recorrido ou dos litisconsortes, desistir do recurso (art. 501 do CPC de 1973 e art. 998 do CPC de 2015). A renúncia à faculdade de recorrer também independe de aceitação da outra parte ou dos litisconsortes (art. 502 do CPC de 1973 e art. 999 do CPC de 2015).

Conforme a Orientação Jurisprudencial n. 190 da SDI-I do TST, "havendo condenação solidária de duas ou mais empresas, o depósito recursal efetuado por uma delas aproveita as demais, quando a empresa que efetuou o depósito não pleiteia sua exclusão da lide". A nosso ver, no entanto, podendo a execução se voltar contra todos os reclamados (como consequência da solidariedade), todos devem efetuar o depósito recursal para recorrer.

Se a condenação dos litisconsortes é apenas subsidiária, todos devem, ao recorrer, efetuar o depósito recursal, sob pena de deserção do recurso daquele que não o fizer.

Para Celso Agrícola Barbi, a independência dos litisconsortes "é aplicável especialmente aos casos de litisconsórcio simples, porque neste é inegável a autonomia da atividade de cada um. Como ele é, comumente, mera acumulação de ações, que poderiam ser propostas em processos separados, é natural que os atos e as omissões de um litisconsorte só produzam consequências para quem os praticou, ou deixou de praticar (...). Mas, quando se trate de litisconsorte unitário (...) o princípio geral tem pouca aplicação, porque as normas devem ser interpretadas tendo em vista que a decisão deve ser proferida de modo uniforme em relação a todos os litisconsortes. Por isto, os atos que beneficiam a um litisconsorte beneficiarão também os demais. Há mesmo normas expressas em alguns assuntos, como a contestação, que, feita por um, favorece os demais — art. 320, item I; o recurso, que aproveita os demais, na forma do art. 520 (...). Todavia, os atos e omissões que possam prejudicar a um dos litisconsortes não prejudicarão os demais. Se assim não fosse, estaríamos dando a um litisconsorte o poder de fazer perecer o direito dos demais".[1032]

Comentando o art. 48 do CPC, afirma Pontes de Miranda que "a parte adversa fica em frente a cada um dos litigantes como se fora sujeito distinto da relação jurídico processual. *E. g.*, a confissão de um não prejudica os outros, nem o reconhecimento pela parte contrária, de circunstância especial a um deles, aproveita os outros. Se um deles não foi intimado e os outros o foram, recorrendo da sentença, o que não foi intimado pode, a todo tempo, recorrer. A penalidade aplicável a um não se estende aos outros, nem tem consequências quanto a esses outros. Quando um deles ou mesmo todos abandonam a causa por mais de trinta dias, deixando de promover atos e diligências que cumpriam a todos, contra os restantes, ou restante, não pode o réu pedir a extinção do processo", e ressalta que "o art. 48 de modo nenhum se aplica em caso de litisconsórcio unitário".[1033]

Em razão da autonomia dos litisconsortes, a presença de um dos reclamantes na audiência não impede o arquivamento da reclamação em relação aos ausentes. Pelo mesmo motivo, a presença de um dos litisconsortes passivos não afasta a revelia e a confissão dos ausentes, mas a ausência de um dos litisconsortes passivos não produz confissão quando um dos presentes contestar os fatos em que se funda a ação (art. 320, I, do CPC de 1973 e art. 345, I, do CPC de 2015).[1034]

7.10. Cada litisconsorte tem o direito de promover o andamento do processo e todos devem ser intimados dos respectivos atos (art. 49 do CPC de 1973 e art. 118 do CPC de 2015). Princípio da livre promoção no andamento do processo ou da autonomia dos litisconsortes para os atos processuais.

7.11. Pontes de Miranda ensina que "cabe litisconsórcio em quaisquer ações, ou processos em que possam ocorrer pressupostos para a litisconsorciação. Inclusive nas ações possessórias, nas ações de execução de sentença ou de título extrajudicial, e nas ações rescisórias" e que "pode haver litisconsórcio em reconvenção, que ação é, quer ativo quer passivo, e em embargos do devedor, ou em embargos de terceiro. Se há dois ou mais réus e um reconvém ou alguns reconvêm, tanto pode haver litisconsórcio passivo, no tocante às contestações, como nas reconvenções".[1035]

8. Intervenção de terceiro

Do processo devem participar apenas as suas partes, ou seja, aqueles que sofrerão os efeitos da decisão que vier a ser proferida.

Contudo, em algumas situações, previamente definidas em lei, admite-se que um terceiro, ou seja, quem não é parte na demanda, intervenha em processo em curso. A essa intervenção é que se denominada *intervenção de terceiro*.

O CPC de 1973 define como formas de intervenção de terceiro: a) oposição; b) nomeação à autoria; c) denunciação da lide; e f) chamamento ao processo.

(1032) *Comentários ao Código de Processo Civil*, v. II, p. 170.
(1033) *Comentários ao Código de Processo Civil*, v. II, p. 48.
(1034) A defesa de um dos litisconsortes impede a confissão naquilo em que efetivamente aproveitar o litisconsorte ausente, independentemente da natureza do litisconsórcio. Assim, os fatos não contestados pelo litisconsorte presente serão considerados verdadeiros em relação ao ausente.
(1035) *Comentários ao Código de Processo Civil*, v. I, p. 16 e 23.

O CPC de 2015 também alude à oposição (nos art. 682 a 686, que compõem o Título dos procedimentos especiais), denunciação da lide (art. 125) e ao chamamento ao processo (art. 130), mas trata do que o CPC de 1973 denomina *nomeação à autoria* ao disciplinar a defesa do réu (arts. 338 e 339).

A assistência é uma forma de intervenção de terceiro, posto que o fato de alguém estranho ao processo nele intervir, ainda que para assistir a uma parte, é uma forma de intervenção de terceiro em processo em curso. Por esta razão, o CPC de 2015 inclui a assistência entre as formas de intervenção de terceiro.

Lembre-se, ainda, do recurso de terceiro prejudicado, que é também forma de intervenção no processo de pessoa a ele estranha (art. 499 da CPC de 1973 e art. 996 do CPC de 2015), sendo relevante mencionar, ainda, o *amicus curiae* (*amigo do juízo*), que intervém no processo para oferecer subsídios ao juízo. O *amicus curiae* atua em nome e em favor da coletividade e visa ao proferimento de uma decisão justa.

8.1. Classificação.

A intervenção de terceiro pode ser *espontânea ou voluntária* (a iniciativa da intervenção é do terceiro, como ocorre na assistência e oposição) ou *provocada* (a intervenção do terceiro é provocada por uma das partes, como se dá na denunciação da lide).

O terceiro pode intervir no processo para cooperar com uma das partes, como ocorre na assistência (intervenção *ad coadjuvando*), ou para excluir uma ou ambas as partes da relação processual (oposição e nomeação à autoria), hipótese em que é denominada *ad excludendum*.

8.2. Intervenção de terceiros na CLT. Formas de intervenção de terceiro disciplinadas no CPC e sua compatibilidade com o processo do trabalho.

8.2.1. A CLT trata da intervenção de terceiro no art. 486, ao disciplinar os efeitos do denominado *factum principis*.

De acordo com o art. 486, *caput*, da CLT, ocorrendo paralisação temporária ou definitiva do trabalho, motivada por ato de autoridade municipal, estadual ou federal, ou pela promulgação de lei ou resolução que impossibilite a continuação da atividade, prevalecerá o pagamento da indenização devida ao trabalhador, que, no entanto, ficará a cargo do governo responsável.

Segundo o art. 486, § 1º, da CLT, sempre que o empregador invocar em sua defesa a responsabilidade de ente governamental, o tribunal notificará a pessoa de direito público apontada como responsável pela paralisação do trabalho, para que, no prazo de 30 dias, alegue o que entender de direito, passando a figurar no processo como chamada à autoria. Para invocar a responsabilidade de terceiro em seu favor, o empregador deve instruir a sua defesa com documento hábil, sendo garantida ao reclamante a oportunidade de manifestação sobre a sua alegação, no prazo de três dias (art. 486, § 2º, da CLT).

A hipótese, então, é a de paralisação temporária ou definitiva das atividades do empregador, motivada por ato de autoridade municipal, estadual ou federal, ou pela promulgação de lei ou resolução que impossibilite a sua continuação.

No entanto, o art. 486, § 3º, da CLT dispõe que, verificada a autoridade responsável, o juiz dar-se-á por incompetente. Com isso, à Justiça do Trabalho caberá, apenas, verificar a procedência da alegação do empregador quanto à responsabilidade pela paralisação do trabalho. No juízo reputado competente pela Justiça do Trabalho é que seria julgada a demanda do trabalhador contra o empregador e deste contra o ente público. Essa solução afronta, sem dúvida, o art. 114, I, da Constituição Federal. Com efeito, por força do art. 114, I, da Constituição Federal, compete à Justiça do Trabalho conciliar e julgar os dissídios entre empregados e empregadores, o que impede transferir para a justiça a competência para examinar os pedidos do trabalhador diante de seu empregador.

A nosso juízo, sendo vencido na demanda contra ele proposta pelo trabalhador na Justiça do Trabalho, o empregador deverá aforar, no juízo próprio, ação de regresso contra o ente público responsável pela paralisação de suas atividades, servindo-se do art. 486 da CLT como norma reconhecedora da responsabilidade objetiva daquele ente pelo seu ressarcimento.

8.2.2. É pacífica na doutrina a compatibilidade da assistência e do recurso de terceiro prejudicado com o processo do trabalho.

Em relação às demais formas de intervenção de terceiro, se apresentam na doutrina duas vertentes de pensamento: a) com a ampliação da competência da Justiça do Trabalho, agora não mais centrada nas ações oriundas da relação de emprego, deixa de existir restrição à admissão da intervenção de terceiro no processo do trabalho; e b) a competência da Justiça do Trabalho, mesmo ampliada, não torna admissível de forma irrestrita a intervenção de terceiro no processo do trabalho.

Essas doutrinas consideram a possibilidade de intervenção de terceiro no processo do trabalho apenas sob o enfoque da competência e, professando a primeira delas, observa José Roberto Freire Pimenta que a possibilidade de intervenção de terceiro no processo do trabalho é "uma das mais relevantes consequências processuais acarretadas pela recente ampliação de competência da Justiça do Trabalho (alcançando, inclusive, os processos que tenham por objeto principal as lides decorrentes da relação de emprego, mas que, acessoriamente, atraiam a participação de terceiros, na defesa de seus próprios direitos e interesses (...)). A superação do originalmente intransponível obstáculo para a admissão da maior parte das hipóteses de intervenção de terceiro no processo do trabalho (sua competência ordinária antes restrita às lides decorrentes da relação de emprego), permitirá a esses institutos processuais desempenharem, na esfera da Justiça do Trabalho, a mesma função essencial que visam desempenhar no plano do processo civil: permitir que, num único processo, de uma só vez ou ao menos em caráter sucessivo, seja ampliada subjetivamente a relação jurídica processual a fim de que sejam solucionadas todas as demais lides advindas de um mesmo conflito subjetivo de interesses, evitando a duplicação ou multiplicação de processos e a desarmonia entre julgados, mas principalmente atendendo ao princípio da economia processual".[1036]

Realmente, a alteração da competência da Justiça do Trabalho favorece a intervenção de terceiro no processo do trabalho. No entanto, esta intervenção não pode ser admitida sem ressalvas, posto que deve estar em sintonia com os princípios do direito processual do trabalho, em especial a celeridade processual e a maior eficácia possível das decisões proferidas pela Justiça do Trabalho.

Tendo o processo do trabalho como objeto preponderante a satisfação de créditos de natureza alimentar, nele, deve-se pugnar pela solução mais rápida do dissídio entre trabalhador e tomador de seus serviços. A ampliação subjetiva da relação jurídica processual resulta na ampliação das questões de fatos e de direito a serem dirimidas, em prejuízo à mais rápida solução do dissídio entre prestador e tomador de serviços, o que também se apresenta como barreira à livre admissão da intervenção de terceiros no processo do trabalho, cuja finalidade social é a realização prática do direito do trabalho ou das normas que disciplinam a relação entre trabalhador e tomador de serviços.

No exame de cada uma das modalidades de intervenção de terceiro previstas no CPC, retornaremos a essa questão.

8.3. Assistência.

Dá-se a assistência quando, na pendência de uma causa entre duas ou mais pessoas, o terceiro, que tiver interesse jurídico em que a sentença seja favorável a uma delas, intervém no processo, para assisti-la (art. 50 do CPC de 1973 e art. 119 do CPC de 2015).

(1036) A nova competência da Justiça do Trabalho para lides não decorrentes da relação de emprego: aspectos processuais e procedimentais. In: COUTINHO, Grijalbo Fernandes; FAVA, Marcos Neves (coord.). *Justiça do Trabalho:* competência ampliada, p. 272 e 274.

A assistência pressupõe a pendência de uma causa e o interesse jurídico (e não apenas econômico[(1037)]) de um terceiro em que a sentença seja favorável à parte com a qual pretende colaborar.

Celso Agrícola Barbi observa que o interesse será jurídico quando entre o direito em litígio e o direito que o terceiro quer proteger com a vitória da parte assistida "houver uma relação de conexão ou de dependência, de modo que a solução do litígio pode influir, favorável ou desfavoravelmente, sobre a posição jurídica do terceiro".[(1038)] Para Pontes de Miranda, "o que é preciso é que a sentença preferida entre as partes atinja ou possa atingir direito, pretensão, ou ação, ou exceção, do terceiro".[(1039)]

A assistência é admitida em qualquer procedimento e em todos os graus de jurisdição, recebendo o assistente o processo no estado em que se encontre, isto é, sem possibilidade de repetição de atos já praticados (art. 50, parágrafo único, do CPC de 1973 e art. 119, parágrafo único, do CPC de 2015).

Como a finalidade do assistente é o julgamento favorável a uma das partes, não cabe assistência na execução, salvo se forem opostos embargos à execução.

O assistente não pode apresentar reconvenção, mas, segundo Pontes de Miranda, pode arguir a incompetência absoluta, o impedimento ou a suspeição, salvo se o assistido for o autor.[(1040)] A incompetência em razão do lugar, se não alegada pela parte, não pode ser suscitada pelo seu assistente, visto que isso implicaria atuação do assistente em desfavor dos interesses do assistido que reputou conveniente a não arguição da incompetência.

Pontes de Miranda afirma que o "depoimento pessoal do assistente, inclusive confissão, não produz efeitos contra o assistido, que o nega (se com ele concorda, tal concordância é confissão). Mesmo no caso de assistência considerada litisconsorcial (art. 54), não se pode ter a confissão do assistente como de eficácia contra o assistido, porque, mesmo no litisconsórcio típico, a confissão judicial faz prova contra o confidente, não prejudicando, todavia, os litisconsortes (art. 350)".[(1041)]

A assistência é simples, adesiva ou anexa "quando não está em litígio direito do terceiro, mas ele tem interesse na vitória do assistido, porque ela pode beneficiar outro direito do assistente" e qualificada ou litisconsorcial, "quando a intervenção do terceiro se justifica porque o direito em litígio é do assistido, mas também do assistente, o qual teria legitimação para discuti-lo sozinho".[(1042)]

Como hipótese de assistência simples tem-se aquela que é prestada ao empregador por empresa que com ele compõe grupo econômico (art. 2º, § 2º, da CLT).

Em relação à assistência simples cumpre observar:

a) o assistente atuará como auxiliar da parte principal, exercerá os mesmos poderes e sujeitar-se-á aos mesmos ônus processuais que o assistido (art. 52 do CPC de 1973 e art. 121 do CPC de 2015), observando-se que, sendo revel ou, de qualquer outro modo, omisso o assistido, o assistente será considerado seu substituto processual (art. 52, parágrafo único, do CPC de 1973 e art. 121, parágrafo único, do CPC de 2015);

b) a assistência não obsta que a parte principal reconheça a procedência do pedido, desista da ação, renuncie ao direito sobre o que se funda a ação ou transija sobre direitos controvertidos (art. 53 do CPC de 1973 e art. 122 do CPC de 2015);

c) transitada em julgado a sentença, o assistente não poderá, em processo posterior, discutir a justiça da decisão (*princípio da incontrovertibilidade*), salvo se alegar e provar que: a) pelo estado em que

(1037) A propósito: "A intervenção assistencial, simples ou adesiva, só é admissível se demonstrado o interesse jurídico e não o meramente econômico" (Súmula n. 82 do TST).

(1038) *Comentários ao Código de Processo Civil*, v. I, p. 174.

(1039) *Comentários ao Código de Processo Civil*, v. II, p. 58.

(1040) *Comentários ao Código de Processo Civil*, v. II, p. 62.

(1041) *Comentários ao Código de Processo Civil*, v. II, p. 63.

(1042) BARBI, Celso Agrícola. *Comentários ao Código de Processo Civil*, v. I, p. 172-173.

recebeu o processo, ou pelas declarações e pelos atos do assistido, foi impedido de produzir provas suscetíveis de influir na sentença; b) desconhecia a existência de alegações ou provas das quais o assistido, por dolo ou culpa grave, não se valeu (art. 55 do CPC de 1973 e art. 123 do CPC de 2015).

Considera-se litisconsorte da parte principal o assistente toda vez que a sentença houver de influir na relação jurídica entre ele e o adversário do assistido (art. 54 do CPC de 1973 e art. 124 do CPC de 2015). Esta é a hipótese da *assistência litisconsorcial* ou *qualificada*, na qual, "apesar de ser considerado litisconsorte, na realidade o assistente não se torna parte, no sentido completo da palavra. Mas, dada a natureza especial do seu interesse na causa, lhe são reconhecidos poderes muito mais amplos do que os conferidos ao assistente simples; pode ele, pois, praticar todos os atos necessários à defesa do direito, como apresentar provas, fazer alegações e impugnações, recorrer etc. (...). Pelos motivos já expostos, pode ele até mesmo praticar atos em oposição aos do assistido, como recorrer, quando este renuncia ao recurso etc. Pela mesma razão, não se lhe aplicam as regras do art. 53, que são específicas da assistência simples (...) o assistente qualificado somente não é considerado parte porque não pode fazer pedido, mas é considerado litisconsorte, isto é, parte, em tudo o que se refira à defesa do direito e tem, para isto, os mesmos poderes do assistido. Nesses casos, a assistência assume características de litisconsórcio unitário".[(1043)]

Dá-se a assistência litisconsorcial quando o trabalhador atua como assistente na ação coletiva proposta pelo sindicato na defesa de direito individual homogêneo e quando o sócio assiste à sociedade em demanda contra esta proposta.

Como a assistência pressupõe interesse, jurídico, do terceiro no resultado da demanda, o assistente não pode depor como testemunha no processo em que se dá a sua intervenção.

A assistência deve ser requerida ao juiz da causa, em petição escrita, na qual deve ser demonstrado o interesse jurídico na intervenção (se o processo estiver em grau de recurso, o pedido deve ser apresentado ao seu relator) e sobre o pedido serão ouvidas as partes, no prazo de cinco dias (art. 51 do CPC de 1973 e art. 120 do CPC de 2015).

O art. 51 do CPC de 1973 e o art. 120 do CPC de 2015 estabelecem que o pedido não impugnado será deferido, prevendo o CPC de 2015, no entanto, que o pedido não será deferido quando for o caso de sua rejeição liminar, o que se justifica, na medida em que "o juiz só o fará se se convencer de que é caso de assistência, indeferindo-o se não o for. Isto porque, interessando também ao Estado o rápido e correto desenvolvimento do processo, cabe ao juiz indeferir intervenção que seja contrária a ele e que possa tumultuar o andamento do processo".[(1044)]

Se qualquer das partes alegar que falece ao assistente interesse jurídica para intervir, o juiz decidirá o incidente, sem suspensão do processo (art. 51 do CPC de 1973 e art. 120 do CPC de 2015), observando que no CPC de 1973 é previsto que o juiz, havendo impugnação, ordenará o desentranhamento da petição e da impugnação, a fim de serem autuados em apenso, autorizará a produção de provas e decidirá, em cinco dias, o incidente (art. 51, I a III, do CPC), o que deixou de ser previsto no CPC de 2015, em medida que atende ao princípio da simplificação das formas e procedimentos, consagrado pelo direito processual do trabalho, observando-se, inclusive, que, no procedimento sumaríssimo, o pedido de assistência deve ser decidido na própria audiência (art. 852-G da CLT).

Por não interferir na celeridade que se pretende no processo do trabalho e não resultar em ampliação do objeto da demanda, a assistência, simples e litisconsorcial, é com ele compatível, como é afirmado, inclusive, na Súmula n. 82 do TST.[(1045)]

Admite-se a assistência no dissídio coletivo, na hipótese do art. 624 da CLT, que dispõe que a vigência de cláusula de aumento ou reajuste salarial, que implique elevação de tarifas ou de preços sujeitos à fixação

(1043) BARBI, Celso Agrícola. *Comentários ao Código de Processo Civil*, v. I, p. 180.

(1044) BARBI, Celso Agrícola. *Comentários ao Código de Processo Civil*, v. I, p. 176.

(1045) "A intervenção assistencial, simples ou adesiva, só é admissível se demonstrado o interesse jurídico e não meramente econômico."

por autoridade pública ou repartição governamental, dependerá de prévia audiência dessa autoridade ou repartição e sua expressa declaração no tocante à possibilidade de elevação da tarifa ou do preço e quanto ao valor dessa elevação. Assim, a autoridade pública pode participar do processo como assistente do suscitado, em razão dos reflexos de eventual reajuste salarial em preços e tarifas públicas.

8.5. Oposição.

Quem pretender, no todo ou em parte, a coisa ou o direito sobre que controvertem autor e réu, poderá, até ser proferida a sentença, oferecer oposição contra ambos (art. 56 do CPC de 1973 e art. 682 do CPC de 2015).

A oposição é a ação do terceiro que pretende, no todo (oposição total) ou em parte (oposição parcial), a coisa ou o direito sobre que controvertem as partes de uma relação jurídica processual em curso. O terceiro visa, com a oposição, defender o que afirma ser seu e que está sendo disputado em ação de que não participa.

Para Celso Agrícola Barbi, "se a ação em curso era condenatória, o opoente estará propondo contra o autor daquela uma ação declaratória positiva e, contra o réu, uma ação condenatória. Se a primeira ação era declaratória, o opoente estará propondo ação declaratória positiva contra os sujeitos daquela, porque pretende que se declare seu o direito que os outros discutiam".[(1046)]

Celso Agrícola Barbi observa que o art. 56 do CPC (cuja redação é a mesma do art. 682 do CPC de 2015) "usa inadequadamente a expressão 'direito sobre que controvertem autor e réu', porque não há necessidade de controvérsia".[(1047)] Para admissão da oposição basta a existência de processo pendente.

Consoante Humberto Theodoro Júnior, "vem a nova ação juntar-se à que estava proposta, não para simplesmente cumular um outro pedido, mas para opor um pedido que tem por escopo precisamente excluir o pedido pendente. A reunião das duas ações, destarte, decorre da conexão oriunda do objeto comum".[(1048)]

8.5.1. Embora o CPC estabeleça que a oposição pode ser manifestada até a prolação da sentença, não existe consenso na doutrina sobre esta questão.

Celso Agrícola Barbi sustenta que a oposição, na fase de conhecimento, tem cabimento até o momento da publicação da decisão.[(1049)] Humberto Theodoro Júnior assevera que "o limite temporal de admissibilidade da oposição é o trânsito em julgado da sentença da causa principal (...). Se o Código permite expressamente que a oposição tenha curso autônomo, e possa ser julgada 'sem prejuízo da causa principal' (art. 60), nenhum óbice existe ao seu ajuizamento depois de proferida a sentença de primeiro grau de jurisdição, mas antes do seu trânsito em julgado".[(1050)] Segundo Humberto Theodoro Júnior, estando "o processo principal em grau de recurso, perante Tribunal Superior, a oposição deverá ser proposta no juízo de primeiro grau".[(1051)]

O CPC permite o oferecimento da oposição até ser proferida sentença. Com isso, publicada a sentença, não poderá ser ofertada a oposição. Nessa hipótese, caberá apenas recurso daquele que pretendia oferecer a oposição, como terceiro interessado.

Pontes de Miranda admite a oposição na execução de título extrajudicial, afirmando que "ao devedor, se o título é extrajudicial, é lícito deduzir nos seus embargos tudo 'que lhe seria lícito deduzir como defesa no processo de conhecimento' (art. 745). A ação executiva de título extrajudicial apenas, com a mesclagem, adiantou a execução. Se o juiz acolhe qualquer das alegações concernentes ao processo de conhecimento, foi a ação de cognição que julgou, de modo que se apaga a execução adotada (...). Não cabe se a ação pendente é ação de execução de sentença".[(1052)]

(1046) *Comentários ao Código de Processo Civil*, v. I, p. 186.
(1047) *Comentários ao Código de Processo Civil*, v. I, p. 185.
(1048) *Curso de direito processual civil*, v. I, p. 134.
(1049) *Comentários ao Código de Processo Civil*, v. I, p. 186.
(1050) *Curso de direito processual civil*, v. I, p. 135 e nota n. 29.
(1051) *Curso de direito processual civil*, v. I, p. 107.
(1052) *Comentários ao Código de Processo Civil*, v. II, p. 88 e 111.

Também Celso Agrícola Barbi admite a oposição na execução, "até o proferimento da sentença, se tiverem sido opostos embargos, ou no prazo para a oposição de embargos, se estes não tiverem sido opostos, sendo admissível apenas na execução fundada em título extrajudicial, visto que ela só pode ser ofertada enquanto não proferida sentença (...). Prevalece, todavia, a restrição, quando a execução se basear em sentença, notadamente porque, segundo o art. 56, ela só pode ser proposta enquanto não proferida a sentença".[1053]

Segundo Celso Agrícola Barbi, depois de apresentada a oposição, outra pessoa, estranha aos dois processos já formados, pode "também pretender ingressar com sua oposição, se entender que lhe cabe a coisa ou direito em litígio".[1054]

8.5.2. O opoente deduzirá o seu pedido observando os requisitos exigidos para a propositura da ação (art. 57 do CPC de 1973 e art. 683 do CPC de 2015).

Sendo ação, a oposição está sujeita à distribuição, que se fará por dependência, vez que ao juiz da causa principal compete processá-la e julgá-la (art. 57 do CPC de 1973 e art. 683, parágrafo único, do CPC de 2015).

8.5.3. Distribuída a oposição, os opostos serão citados, na pessoa de seus respectivos advogados, para contestar o pedido no prazo comum de 15 dias (art. 57 do CPC de 1973 e art. 683, parágrafo único, do CPC de 2015).

8.5.4. Se um dos opostos reconhecer a procedência do pedido, contra o outro prosseguirá o opoente (art. 58 do CPC de 1973 e art. 684 do CPC de 2015).

8.5.5. Admitido o seu processamento, a oposição será apensada aos autos e tramitará simultaneamente à ação originária, sendo ambas julgadas pela mesma sentença (art. 59 do CPC de 1973 e art. 685 do CPC de 2015).

Se a oposição for proposta após o início da audiência de instrução, o juiz suspenderá o curso do processo, ao fim da produção da prova, salvo se concluir que a unidade de instrução atende ao princípio da duração razoável do processo (art. 60 do CPC de 1973 e art. 685 do CPC de 2015).

8.5.6. Cabendo ao juiz decidir simultaneamente a ação e a oposição, desta conhecerá em primeiro lugar (art. 61 do CPC e art. 688 do CPC de 2015).

8.5.7. Amauri Mascaro Nascimento admite a oposição no processo do trabalho, afirmando que, "se empregado e empregador discutem direitos sobre invenção de empregado no curso do contrato de trabalho, terceiro que se julga com direito sobre a invenção pode ingressar no processo. Há oposição nos dissídios coletivos. O sindicato que tem a representatividade da categoria ingressa no processo em que é solicitante outro sindicato, para excluí-lo da relação processual, pendente impugnação apresentada ao Ministério Público do Trabalho ou na justiça comum".[1055]

Wagner Giglio afirma que existem outras hipóteses em que "a admissão dessa figura seria possível, como na ação para obter promoção, baseada em quadro de carreira, em que o opoente argumentasse ser seu, e não do reclamante, o direito de obter a promoção contestada pelo empregador".[1056]

Manoel Antônio Teixeira Filho admite a oposição na hipótese em que um trabalhador ajuíza, contra seu empregador, ação pleiteando a devolução de mostruário de que fazia uso, como vendedor, e um outro

(1053) *Comentários ao Código de Processo Civil*, v. I, p. 186.
(1054) *Comentários ao Código de Processo Civil*, v. I, p. 186-187.
(1055) *Curso de direito processual do trabalho*, p. 356.
(1056) *Direito processual do trabalho*, p. 129.

trabalhador comparece em juízo e afirma ser seu o mostruário, acrescentando que se o empregador reconhecer a procedência da alegação do opoente, a Justiça do Trabalho tem competência para julgar a demanda entre os dois trabalhadores, visto que decorrente de uma relação de trabalho.[(1057)]

A oposição é cabível, por exemplo, quando um sindicato ajuíza ação pleiteando o recebimento de contribuição sindical e outro sindicato apresenta oposição, afirmando que a contribuição sindical lhe deve ser revertida, por ser o legítimo representante da categoria a que pertence o trabalhador. Nesse caso, se o empregador concorda com o pedido do opoente, ter-se-á instaurada uma lide entre sindicatos, cujo julgamento compete à Justiça do Trabalho.

Admitida a oposição no processo do trabalho: a) a citação será endereçada aos opostos, via postal, na medida em que, no processo do trabalho, não se admite citação realizada na pessoa do advogado da parte; b) seguirá a oposição, quando oferecida após a abertura da audiência, o rito próprio da ação principal.

Não se olvide que, sendo a oposição uma ação do terceiro contra o autor e o réu, a sua admissão pressupõe a competência do juízo da causa principal para julgá-la.

8.6. Nomeação à autoria.

Trata-se de modalidade de intervenção de terceiro admitida pelo CPC de 1973, mas que, no CPC de 2015 deixa de existir como instituto autônomo.

Neste sentido, dispõe o CPC de 2015 que:

a) se o réu alegar ser parte ilegítima ou não ser responsável pelo prejuízo invocado, o juiz facultará ao autor, em 15 dias, a alteração da petição inicial para substituição do réu (art. 338), sendo que, realizada a substituição, o autor reembolsará as despesas e pagará os honorários advocatícios do réu excluído (art. 338, parágrafo único);

b) quando alegar sua ilegitimidade, incumbe ao réu indicar o sujeito passivo da relação jurídica discutida sempre que tiver conhecimento, sob pena de arcar com as despesas processuais e de indenizar o autor pelos prejuízos decorrentes da falta de indicação (art. 339);

c) o autor, ao aceitar a indicação, procederá, no prazo de 15 dias, à alteração da petição inicial para a substituição, observando-se o parágrafo único do art. 338 (art. 339, § 1º). No prazo de 15 dias, o autor pode optar por alterar a petição inicial para incluir, como litisconsorte ativo, o sujeito indicado pelo réu (art. 339, § 2º).

Estas medidas substituem a *nomeação à autoria*, que é prevista no CPC de 1973 (arts. 62 e 69) e deixa de existir no CPC de 2015.

Para Cândido Rangel Dinamarco, "a utilidade da nomeação à autoria consiste em antecipar soluções para a questão da legitimidade passiva mediante um incidente razoavelmente simples em que o autor, alertado, tem oportunidade de retificar a mira da demanda proposta".[(1058)] O CPC facilita, ainda mais, a solução envolvendo a legitimidade.

A seguir será examinada, de forma breve, a nomeação à autoria na forma disciplinada pelo CPC de 1973. Consoante o CPC de 1973:

1) aquele que detiver a coisa em nome alheio, sendo-lhe demandada em nome próprio, deverá nomear à autoria o proprietário ou o possuidor (art. 62 do CPC).

A nomeação à autoria é, portanto, o "incidente pelo qual o mero detentor, quando demandado, indica aquele que é o proprietário da coisa litigiosa, visando a transferir-lhe a posição de réu".[(1059)]

(1057) *Breves comentários à reforma do Poder Judiciário*, p. 151-152.
(1058) *Instituições de direito processual civil*, v. II, p. 394.
(1059) THEODORO JÚNIOR, Humberto. *Curso de direito processual civil*, v. I, p. 139.

A nomeação é cabível em qualquer ação na qual o autor pretenda reaver a coisa que se encontre sob o poder do réu.

Celso Agrícola Barbi afirma que deve ser admitida a nomeação também pelo possuidor direto, mas sem a aplicação da penalidade do art. 69 do CPC, vez que a ele não pode ser imposta penalidade não prevista em lei.[1060]

Humberto Theodoro Júnior aduz que, na hipótese prevista no art. 62, "o Código cuida apenas do mero detentor, isto é, do servidor da posse de outrem, daquele que exerce um poder de fato sobre a coisa, mas em proveito alheio. Ocorre nas situações de dependência hierárquica, como a do empregado, do mandatário, do agente ou do preposto. Correspondem aos casos previstos no art. 1.198 do Código Civil de 2002 (...), em cujos termos não se considera possuidor 'aquele que, achando-se em relação de dependência para com outro, conserva a posse em nome deste e em cumprimento de ordens e instruções suas'".[1061]

A nomeação à autoria também deve ser promovida na ação de indenização intentada pelo proprietário ou pelo titular de um direito sobre a coisa, toda vez que o responsável pelos prejuízos alegar que praticou o ato por ordem, ou em cumprimento de instruções de terceiro (art. 63 do CPC).

O CPC de 2015 determina ao réu, e não apenas o possuidor ou aquele que responda a ação de indenização, que, alegando ilegitimidade, indique o sujeito passivo da relação jurídica discutida sempre que tiver conhecimento.

> 2) a nomeação à autoria não é facultativa, mas um dever do demandado, cujo descumprimento resultará na obrigação de reparar por perdas e danos (art. 69 do CPC). O CPC também prevê a responsabilidade do réu pela indenizar o autor pelos prejuízos decorrentes da falta de indicação do sujeito passivo da relação jurídica discutida (art. 339);
>
> 3) a nomeação à autoria pressupõe o ajuizamento de demanda contra o nomeante e deverá ser requerida, justificadamente (o réu deverá informar o motivo da nomeação e indicar quem seja o proprietário ou o possuidor da coisa), no prazo para a defesa, devendo o juiz suspender o processo e mandar ouvir o autor, no prazo de cinco dias (art. 64 do CPC).

O réu pode apresentar simultaneamente a contestação e a nomeação à autoria, mas aquela somente será apreciada se a nomeação não for aceita.

Aceitando o nomeado a nomeação, ao autor cumprirá promover-lhe a citação; recusando o nomeado a nomeação, esta ficará sem efeito (art. 65 do CPC).

Se o nomeado reconhecer a qualidade que lhe foi atribuída, contra ele correrá o processo (o nomeante é excluído da lide, dando-se o que se denomina "extromissão da parte"); se a negar, o processo continuará apenas contra o nomeante (art. 66 do CPC).

Quando o autor recusar o nomeado, ou este negar a qualidade que lhe é atribuída, assinar-se-á ao nomeante novo prazo para contestar (art. 67 do CPC), salvo se a defesa tiver sido apresentada concomitantemente com a nomeação.

Presume-se aceita a nomeação se o autor nada requereu no prazo em que lhe competia manifestar e se o nomeado não comparecer, ou, comparecendo, nada alegar (art. 68 do CPC). No art. 68 do CPC, a "expressão legal 'comparecer' significa contestar".[1062]

De acordo com Celso Agrícola Barbi, a sentença tem força de coisa julgada contra o nomeado que recusou sem razão a nomeação, podendo a sentença contra ele ser executada.[1063]

(1060) *Comentários ao Código de Processo Civil*, v. I, p. 193 e 194.
(1061) *Curso de direito processual civil*, v. I, p. 139.
(1062) BARBI, Celso Agrícola. *Comentários ao Código de Processo Civil*, v. I, p. 197.
(1063) *Comentários ao Código de Processo Civil*, v. I, p. 199.

No CPC é previsto que o autor, ao aceitar a indicação, procederá, no prazo de 15 dias, à alteração da petição inicial para a substituição, observando-se o parágrafo único do art. 338 (art. 339, § 1º). No prazo de 15 dias, o autor pode optar por alterar a petição inicial para incluir, como litisconsorte ativo, o sujeito indicado pelo réu (art. 339, § 2º).

Para Amauri Mascaro Nascimento, "penhorados os bens em decorrência de execução trabalhista, cabe a nomeação à autoria do proprietário ou possuidor, pelo simples detentor".[1064]

Os bens do devedor podem ser penhorados mesmo que se encontrem em mãos de terceiro (se o bem for do executado, desnecessária é a nomeação à autoria, devendo aquele que a detém indicar ao oficial de justiça o nome do possuidor ou proprietário, para efeito de sua intimação da penhora). De outro lado, se o bem penhorado é de terceiro, a este caberá aforar embargos de terceiro e não figurar no processo como parte. Note-se, por fim, que a penhora não se confunde com a ação em que se pretenda reaver a coisa ocupada, não estando presente, então, a condição exigida pelo CPC para a nomeação à autoria.

O debate sobre a nomeação à autoria no processo do trabalho perde a razão de ser com a entrada em vigor do CPC de 2015, mas a medida nele prevista está em harmonia com a simplificação das formas e procedimentos, que constitui um princípio do direito processual do trabalho.

Desse modo, o trabalhador que alegar que praticou o ato que causou prejuízo ao autor da demanda por ordem de seu empregador, deverá, na própria contestação, se alegar ilegitimidade, indicar o sujeito passivo da relação jurídica discutida, caso em que:

a) o juiz facultará ao autor, no prazo que assinalar, a alteração da petição inicial para substituição do réu.

Trata-se de medida que facilita o julgamento do mérito e atende aos princípios da economia e celeridade.

No entanto, diante do fato de o direito processual do trabalho adotar a gratuidade como regra, na intenção de facilitar o acesso à justiça, com ele não é compatível a previsão no sentido de pagamento de custas, honorários e indenização de prejuízos decorrentes da falta de indicação, vez que, nele, predomina a ideia de gratuidade da justiça;

b) o autor, ao aceitar a indicação, procederá, no prazo de 15 dias, à alteração da petição inicial para a substituição (art. 339, § 1º). No prazo de 15 dias, o autor pode optar por alterar a petição inicial para incluir, como litisconsorte ativo, o sujeito indicado pelo réu (art. 339, § 2º).

8.7. Denunciação da lide.

A denunciação da lide é a ação que o réu propõe contra:

a) o alienante imediato, no processo relativo à coisa cujo domínio foi transferido à denunciante, a fim de que possa exercer o direito que da evicção lhe resulta (arts. 447 a 457 do Código Civil);

b) àquele que estiver obrigado, por lei ou pelo contrato, a indenizar, em ação regressiva, o prejuízo do que for vencido no processo.

O CPC de 1973 contempla a possibilidade de denunciação da lide ao proprietário ou possuidor indireto, quando, por força de obrigação ou direito, em casos como o do usufrutuário, do credor pignoratício, do locatário, o réu, citado em nome próprio, exerça posse direta da coisa demandada, o que deixou de ser previsto no CPC de 2015 (art. 70 do CPC de 1973 e art. 125 do CPC de 2015).

A denunciação da lide constitui, portanto, a propositura de uma ação de regresso, proposta por qualquer das partes do processo contra terceiro.

8.7.1. A denunciação da lide atende à economia processual, por permitir que no mesmo processo sejam resolvidos dois conflitos de interesses: a) conflito entre autor e réu; b) conflito entre o denunciante e o denunciado.

(1064) *Curso de direito processual do trabalho*, p. 356.

Cândido Rangel Dinamarco afirma que a denunciação da lide também tem como razão de ser a necessidade de "harmonia de julgados, pois evita o duplo sucumbimento daquele que, vencido em uma causa, correria o risco de receber depois outra sentença desfavorável na ação de garantia, declarando o juiz a inexistência da obrigação que lhe fora imposta antes".[1065]

8.7.2. O art. 70, I, do CPC de 1973 e o art. 128, I, do CPC de 2015, dispõem que a denunciação deve ser realizada para que o denunciante *possa exercer os direitos que da evicção lhe resultam*. Esta expressão aponta no sentido de que, nesta hipótese, a denunciação é uma condição para o exercício dos direitos resultantes da evicção.

No entanto, o CPC de 2015, ao contrário do que ocorria com o de 1973, prevê que o direito regressivo será exercido por ação autônoma quando a denunciação da lide for indeferida, deixar de ser promovida ou não for permitida (art. 126, § 1º, do CPC de 2015), o que afasta a obrigatoriedade da denunciação.

8.7.3. A disciplina da denunciação da lide no CPC (1973 e 2015) deixa claro ser ela exclusiva no processo de conhecimento, o que decorre, por exemplo, da previsão de que a denunciação será requerida na petição inicial, se o denunciante for o autor, ou na contestação, se o denunciante for o réu (art. 71 do CPC de 1973 e art. 126 do CPC de 2015).

O CPC de 2015 admite uma única *denunciação sucessiva*, promovida pelo denunciado, contra seu sucessor imediato na cadeia dominial ou quem seja responsável por indenizá-lo, sendo vedado ao denunciado sucessivo promover nova denunciação, hipótese em que eventual direito de regresso será exercido por ação autônoma (art. 125, § 2º, do CPC de 2015).

8.7.4. A citação do demandado será requerida na petição inicial, se o denunciado for o autor, ou na contestação, se o denunciante for o réu (art. 71 do CPC de 1973 e art. 126 do CPC de 2015).

8.7.5. Feita a denunciação pelo autor, o denunciado poderá assumir a posição de litisconsorte do denunciante e acrescentar novos argumentos à petição inicial, procedendo-se em seguida a citação do réu (art. 74 do CPC de 1973 e feita a denunciação pelo autor, o denunciado, comparecendo, assumirá a posição de litisconsorte do denunciante e poderá aditar a inicial, procedendo-se em seguida a citação do réu (art. 74 do CPC de 1973 e art. 127 do CPC de 2015).

8.7.6. Feita a denunciação pelo réu:

a) se o denunciado contestar o pedido formulado pelo autor, o processo prosseguirá tendo, na ação principal, em litisconsórcio, denunciante e denunciado (art. 75, I, do CPC de 1973 e art. 128, I, do CPC de 2015);

b) se o denunciado for revel, o denunciante pode deixar de prosseguir com sua defesa, eventualmente oferecida, e abster-se de recorrer, restringindo sua atuação à ação regressiva (art. 128, II, do CPC de 2015), observando-se que o CPC de 1973 prevê que, no caso de revelia ou em que o denunciado comparece apenas para negar a qualidade que lhe for atribuída, *cumprirá* ao denunciante prosseguir na defesa até o final (art. 75, II), mas, como aduz Celso Agrícola Barbi, "a lei, no caso da confissão do denunciado, não impõe ao denunciante o dever de prosseguir na defesa, limitando-se a conceder uma faculdade, ele é livre para não continuar a resistir e mesmo para se conformar com a confissão",[1066] o que foi tornado claro pelo CPC de 1973;

c) se o denunciado confessa os fatos alegados pelo autor na ação principal, o denunciante poderá prosseguir com sua defesa ou aderindo a tal reconhecimento, pedir apenas a procedência da ação de regresso (art. 75, III, do CPC de 1973 e art. 128, III, do CPC de 2015);

(1065) *Instituições de direito processual civil*, v. II, p. 396.
(1066) *Comentários ao Código de Processo Civil*, v. I, p. 211.

d) procedente o pedido da ação principal, pode o autor, se for o caso, requerer o cumprimento da sentença também contra o denunciado, nos limites da condenação deste na ação regressiva (art. 128, parágrafo único, do CPC de 2015).

8.7.7. Se o denunciante foi vencido na ação principal, o juiz passará ao julgamento da denunciação da lide (art. 75 do CPC de 1973 e art. 129 do CPC de 2015).

8.7.8. Se o denunciante for vencedor, a ação de denunciação não terá o seu pedido examinado, sem prejuízo da condenação do denunciante ao pagamento de verbas de sucumbência em favor do denunciado (art. 76 do CPC de 1973 e art. 129, parágrafo único, do CPC de 2015).

8.7.9. Para Amauri Mascaro Nascimento, "se o processo trabalhista é movido contra empresa sucedida, esta tem que denunciar à lide a empresa sucessora, que responde pelos ônus trabalhistas em decorrência da sucessão (...). A denunciação da lide, quando cabível no processo trabalhista, só pode ser concebida como medida de defesa em juízo, daí porque aqueles que a concebem como meio de ataque para que o denunciante possa, nela, obter a condenação do denunciado certamente encontrarão enormes dificuldades em admiti-la na Justiça do Trabalho, porque é pacífico que esta, certamente, não pode impor condenações ao denunciado para indenizar o denunciante. Assim, a admissibilidade no processo trabalhista só pode ser concebida à luz da concepção de defesa, para permitir ao juiz no processo, com a presença do denunciado, melhor conferir, de modo mais sólido e claro, o problema que foi proposto pelo denunciante. A regressividade é aspecto do qual evidentemente a Justiça do Trabalho não pode cogitar, mas a responsabilidade do reclamado, que seria o denunciante, ou a exclusão dessa responsabilidade diante da posição, na relação jurídica de direito material, do que seria o denunciado, a Justiça do Trabalho sempre estará apreciando, ainda que suponha rejeitada a denunciação da lide, que não o faz".(1067)

De acordo com José Augusto Rodrigues Pinto, a denunciação fundada na responsabilidade de indenizar (inciso III do art. 70 do CPC) "cabe e é até recomendável, para satisfação do princípio da celeridade processual, mas sob forma voluntária. Entendemos assim porque, ferindo-se a discussão sobre a obrigação trabalhista e o ressarcimento civil em esferas jurisdicionais distintas, torna-se impróprio o dever de resguardar o direito de regressão que, de acordo com a previsão da lei processual comum, dará à sentença que for proferida a condição de título executório em favor do evicto (CLT, art. 76)".(1068)

Wilson de Souza Campos Batalha afirma que a denunciação da lide é possível na hipótese prevista no art. 486 da CLT, acrescentando que "atualmente, cabe à Justiça do Trabalho decidir acerca da responsabilidade da União, dos Estados, dos Territórios e dos Municípios, julgando a causa e condenando os responsáveis sem qualquer discriminação".(1069)

O que se infere da disciplina da denunciação da lide no CPC, contudo, é que ela não é mero meio de defesa, mas ação do denunciante contra o denunciado, vez que exige do juiz a declaração dos direitos do denunciante em relação ao denunciado, valendo sua decisão, inclusive, como título executivo.(1070) Sendo

(1067) *Curso de direito processual do trabalho*, p. 356.

(1068) *Processo trabalhista de conhecimento*, p. 276.

(1069) *Tratado de direito judiciário do trabalho*, v. I, p. 594-596.

(1070) Para Aroldo Plínio Gonçalves, "o legislador brasileiro de 1973 quis que a denunciação da lide, com o disposto no art. 76 e no art. 70, item III em especial, do Cód. de Proc. Civil, implicasse sempre na propositura condicionada da ação de regresso, não havendo lugar para a discussão, como no Direito italiano, em que se admite, em doutrina, se possa pedir ao Juiz tão só declare a existência ou inexistência da relação de garantia (...). No sistema brasileiro, portanto, a denunciação da lide — chamamento em garantia (ou à autoria) — exprime a propositura antecipada e condicionada de uma ação de provimento condenatório — de regresso — do denunciante contra o denunciado em face do denunciado que será decidida na mesma sentença em que for a ação originária em que, em geral (embora não necessariamente e nem sempre), o denunciante é réu (arts. 70 e 76 do Cód. de Proc. Civil). Sua posição é de defesa em face do autor da ação 'principal' e de ataque diante do denunciado, chamado ao processo para, eventualmente, responder pelas consequências da possível sucumbência (...). O Código de 1973, apesar das aparências, não estabeleceu que o denunciado tenha uma obrigação de defesa do denunciante" (*Da denunciação da lide*, p. 133 a 171).

a denunciação da lide uma ação (de regresso) do denunciante contra o denunciado, sua admissão pressupõe a competência do juiz da lide principal para julgá-la.

A limitação da competência da Justiça do Trabalho opera contra a denunciação da lide no processo do trabalho, além do que ela afronta a celeridade que lhe é própria, notadamente por admitir denunciação sucessiva.

A economia processual que se afirma decorrer da denunciação não se verificará no processo do trabalho, na medida em que a satisfação do crédito do trabalhador estará condicionada à solução de um novo litígio (entre denunciante e denunciado). Economia ter-se-ia apenas para o reclamado-denunciante, uma vez que na própria ação em que fosse demandado poderia demandar aquele que estivesse obrigado a indenizá-lo, mas o trabalhador, titular, na maioria das vezes, de crédito de natureza alimentar, seria prejudicado, por força da cumulação, no mesmo processo, de duas ações, em prejuízo à rápida solução da por ele proposta. A denunciação, portanto, protegeria o denunciante e desprotegeria o trabalhador, o que a torna incompatível com o processo do trabalho, que tem como princípio fundamental a mais célere e rápida solução do conflito de interesse entre trabalhador e tomador de seus serviços, como forma de garantia de efetivo acesso à justiça.

A incompatibilidade da denunciação da lide com o processo do trabalho chegou a ser afirmada em Orientação Jurisprudencial da SDI-I do TST (n. 227), que, porém, foi cancelada, em uma demonstração de que o TST tende a adotar entendimento diverso.

O dissídio entre sucessor e sucedido, mencionado pela doutrina, diz respeito aos efeitos, entre as partes nele envolvidas, de uma operação meramente comercial, não se tratando, portanto, de dissídio decorrente da relação de trabalho. Note-se, inclusive, que os arts. 10 e 448 da CLT tratam das consequências da sucessão na relação empregado-empregador, ou seja, em nenhum momento refere-se ao vínculo entre sucessor e sucedido e, com isso, não atribuem natureza trabalhista ao eventual litígio entre eles.

Nem se diga que a denunciação favorece o trabalhador, por implicar maior garantia à satisfação de seu crédito, porquanto o denunciado não pode ser condenado a satisfazer o crédito do trabalhador (a denunciação é ação regressiva que tem por escopo a condenação do denunciado a pagar indenização ao denunciante).

Vale mencionar que o art. 88 do CDC veda a denunciação da lide no processo coletivo, demonstrando que devem ser evitados expedientes que possam prejudicar a mais rápida solução da lide que envolve o autor e o réu, o demonstra que o próprio legislador manifesta preocupação com a possibilidade de a intervenção de terceiro operar em favor daquele que necessita de pronta proteção.

A denunciação poderá ser admitida, sem violar a competência da Justiça do Trabalho, quando o trabalhador afora ação contra seu empregador pleiteando a devolução de valores descontados a título de contribuição federativa e o empregador denuncia à lide o sindicato beneficiado pelo desconto, para que, se for condenado a devolver os valores descontados, seja ressarcido pelo sindicato.

Estabelece o art. 934 do Código Civil que "aquele que ressarcir o dano causado por outrem pode reaver o que houver pagou daquele por quem pagou, salvo se o causador do dano for descendente seu, absoluta ou relativamente incapaz". Assim, se o empregador é condenado a indenizar empregada vítima de assédio sexual praticado por seu superior hierárquico, pode aquele promover, perante a Justiça do Trabalho, ação regressiva contra o responsável pelo assédio. Destarte, na ação promovida pela empregada contra o empregador cabe denunciação da lide, visando à condenação do empregado responsável pelo abuso sexual a indenizar o empregador pelo que ele pagar a título de indenização à vítima do assédio.

8.8. Chamamento ao processo.

É admissível o chamamento ao processo:

a) do afiançado, na ação em que o fiador for réu;

b) dos demais fiadores, na ação proposta contra um ou alguns deles;

c) dos demais devedores solidários, quando o credor exigir de um ou de alguns o pagamento da dívida comum (art. 77 do CPC de 1973 e art. 130 do CPC de 2015).

Consiste o chamamento ao processo, destarte, na faculdade, concedida ao devedor ou fiador que está sendo demandado para o pagamento de determinada dívida, de chamar ao processo outros devedores ou fiadores, respectivamente.

Conforme Cândido Rangel Dinamarco, chamamento ao processo "é o ato com que o réu pede a integração de terceiro ao processo para que, no caso de ser julgada procedente a demanda inicial do autor, também aquele seja condenado e a sentença valha como título executivo em face dele".(1071)

A finalidade do chamamento "é favorecer o devedor que está sendo acionado, porque amplia a demanda, para permitir a condenação também dos demais devedores, além de lhe fornecer, no mesmo processo, título executivo judicial para cobrar deles aquilo que pagar".(1072)

O que se pretende, ao permitir o chamamento ao processo, é que neste seja proferida sentença única, que, se condenatória, valerá como título executivo para o devedor que satisfizer a dívida. Chama-se alguém ao processo antes da condenação para que, se ela sobrevier, a sentença passe a valer como título executivo para o devedor que pagar a dívida, em relação ao devedor principal ou aos demais devedores. Note-se, inclusive, que o chamamento deve ser realizado na *contestação*. O chamamento, portanto, somente pode ocorrer no processo de conhecimento.

Acrescente-se que, de acordo com Cândido Rangel Dinamarco, o chamamento ao processo "só se admite em causas onde o pedido inicial tenha por objeto dinheiro ou coisas determinadas pelo gênero e quantidade, porque é exclusivamente em relação a essas obrigações que se pode pensar na possibilidade de reembolso integral ou parcial em benefício do chamador (art. 80)".(1073)

A citação daqueles que devam figurar em litisconsórcio passivo será requerida pelo réu na contestação e deve ser promovida no prazo de trinta dias, sob pena de ficar sem efeito o chamamento (art. 78 do CPC de 1973 e art. 131 do CPC de 2015).

A sentença de procedência valerá como título executivo, em favor do que satisfizer a dívida, a fim de que possa exigi-la, por inteiro, do devedor principal, ou de cada um dos codevedores, a sua quota, na proporção que lhe tocar (art. 80 do CPC e art. 132, do CPC de 2015).

Assim, a sentença conterá "duas, em um só ato formal. Uma delas condenará os devedores a pagar ao autor da ação principal; a outra é também condenatória e decidirá quanto às relações entre os codevedores e entre estes e o devedor principal".(1074)

Para Amauri Mascaro Nascimento, "o chamamento ao processo presta-se, no processo trabalhista, para a integração de todos os devedores solidários, quando o credor exige, de um ou alguns deles, parcial ou totalmente, a dívida comum. Se o pedreiro demanda contra o empreiteiro secundário, cabe o chamamento ao processo do empreiteiro principal".(1075)

José Augusto Rodrigues Pinto afirma que "das hipóteses de cabimento elencadas na lei processual supletiva só se coaduna com o Dissídio Individual do Trabalho a do art. 77, III, relacionada com a solidariedade passiva em sentido amplo, a exemplo das ações de empregado contra empreiteiro, que chama ao processo o empreiteiro principal (CLT, art. 455)".(1076)

Entretanto, como anota Celso Agrícola Barbi, "do ponto de vista do credor, o chamamento é desvantajoso, porque estende o processo a devedores com que ele não quis demandar, além de retardar o andamento da causa com as discussões que podem surgir entre os codevedores, e que são sem interesse para o credor.

(1071) *Instituições de direito processual civil*, v. II, p. 409.
(1072) BARBI, Celso Agrícola. *Comentários ao Código de Processo Civil*, v. I, p. 215.
(1073) *Instituições de direito processual civil*, v. II, p. 411.
(1074) BARBI, Celso Agrícola. *Comentários ao Código de Processo Civil*, v. I, p. 223.
(1075) *Curso de direito processual do trabalho*, p. 356.
(1076) *Processo trabalhista de conhecimento*, p. 277.

Por esses motivos, o instituto enfraquece o direito de crédito, ao complicar e retardar os meios para sua exigência em juízo".[1077] O chamamento à lide somente dificulta o atendimento das pretensões do trabalhador. Esse fato justifica, por si só, a não admissão do chamamento no processo do trabalho.

Como esclarece Celso Agrícola Barbi, o réu propõe contra o chamado ao processo "verdadeira ação condenatória de futuro e condicional, para lhe permitir cobrar deles as cotas-parte, se pagar a dívida".[1078] Para essa ação condenatória falta competência à Justiça do Trabalho (o litígio entre réu e chamado à lide não decorre de uma relação de trabalho).[1079]

Ainda de acordo com Celso Agrícola Barbi, o chamamento ao processo constitui "exceção ao princípio tradicional (...) de que ninguém deve ser coagido a pleitear direito em juízo".[1080] Toda exceção deve ser expressa, em especial quando se trate de processo que em geral envolve quem só tem a força de trabalho como fonte de subsistência, o que equivale dizer que o chamamento seria possível se autorizado pelo direito processual do trabalho, o que não ocorre.

(1077) *Comentários ao Código de Processo Civil*, v. I, p. 215.
(1078) *Comentários ao Código de Processo Civil*, v. I, p. 220.
(1079) A intervenção de terceiro pressupõe que o juiz da causa principal seja competente para as ações de garantia e outras que respeitem ao terceiro interveniente.
(1080) *Comentários ao Código de Processo Civil*, v. I, p. 216.

Capítulo 9

Atos Processuais

1. *Ato processual*

O processo, considerado em sua dinâmica, é composto por uma série de atos, que são praticados pelas partes, pelo juiz, pelos auxiliares da justiça e, eventualmente, por terceiros. Tais são os *atos processuais*.

Os atos processuais são praticados no exercício de direitos, poderes, faculdades e no cumprimento de deveres ou ônus e têm em comum o objetivo final, que é a solução do conflito de interesses submetido ao Poder Judiciário e a realização concreta dos direitos atribuídos pela ordem jurídica.

De acordo com a *teoria da inclusão*, atos processuais são atos praticados no processo. Nesse sentido, observa Pontes de Miranda que "o que vai ser processual realizar-se-á dentro do processo".[1081]

Contudo, como existem atos praticados fora do processo que nele têm influência, como se dá, por exemplo, com a eleição de foro (escolha, pelas partes, do juízo em que a ação deverá ser proposta), é afirmado, pela *teoria da relevância*, que atos processuais são aqueles que têm relevância no processo, tenham sido ou não praticados nele. Neste último sentido, afirma Francesco Carnelutti que "a processualidade do ato não se deve ao seu cumprimento no processo, mas ao seu valor para o processo. Assim ocorre que um ato realizado fora do processo pode ser processual (por exemplo, o compromisso ou a convenção relativa à competência)".[1082] A concepção mais ampla do ato processual é também assumida por Giuseppe Chiovenda, para quem atos processuais "são os que têm importância jurídica em respeito à relação processual, isto é, os atos que têm por consequência imediata a constituição, a conservação, o desenvolvimento, a modificação ou a definição de uma relação processual".[1083]

2. *Fatos processuais*

Fatos processuais são acontecimentos naturais que produzem efeitos no processo. Constitui exemplo de fato processual a morte da parte, que tem como consequência a suspensão do processo.

3. *Agentes dos atos processuais*

Os atos processuais são praticados pelas partes, pelo juiz, pelos auxiliares da justiça e por terceiros que eventualmente participem do processo.

(1081) *Comentários ao Código de Processo Civil*, v. III, p. 13.
(1082) *Instituciones del proceso civil*, v. I, p. 425.
(1083) *Instituições de direito processual civil*, v. III, p. 20.

4. *Classificação dos atos processuais*

Os atos processuais podem ser classificados sob diversos prismas.

Quanto àquele que o pratica, os atos processuais são classificados em atos do juiz, atos das partes, atos dos auxiliares da justiça e atos de terceiros. Essa é uma classificação subjetiva dos atos processuais.

Os atos processuais, considerados sob o ponto de vista de função ou conteúdo, fazem surgir o processo (*atos de iniciativa*), definem as pretensões das partes (*atos postulatórios*), preparam a decisão sobre o conflito de interesses submetido ao Poder Judiciário (*atos de saneamento* e *probatórios*), decidem o conflito de interesses (*atos decisórios*) e conformam a realidade concreta ao conteúdo do título executivo (*atos executivos*). Sob este mesmo enfoque, Humberto Theodoro Júnior classifica os atos processuais em atos: a) *de iniciativa*: "os que se destinam a instaurar a relação processual (a petição inicial)"; b) *de desenvolvimento*: "os que movimentam o processo, compreendendo atos de instrução (provas e alegações) e de ordenação (impulso, direção, formação)"; c) *de conclusão*: "atos decisórios do juiz ou dispositivos das partes, como a renúncia, a transação e a desistência".[1084]

Quanto ao meio de expressão, o ato processual pode ser *oral* (reclamação verbal, por exemplo) e *escrito* (apresentação de recurso, por exemplo).

Quanto à forma em sentido estrito, isto é, a maneira como devem se exteriorizar, os atos processuais são classificados em: a) *atos de forma livre* ou *não vinculada* (atos para cuja prática não se exige forma predeterminada); e, b) *atos solenes* ou *de forma vinculada* (atos para cuja prática exige-se o atendimento de uma forma previamente determinada em lei).

Por fim, são simples os atos "que se realizam mediante uma conduta só, em si mesma suficiente para produzir o efeito jurídico programado (...). São complexos os conglomerados de atos de diversos sujeitos processuais, como as audiências e as sessões".[1085]

5. *Atos processuais ilícitos*

São ilícitos os atos processuais praticados para causar dano à parte contrária ou à marcha do processo.

Para Cândido Rangel Dinamarco, "ainda quando formalmente perfeito, padece de vício essencial o ato realizado com a intenção de — ou de modo a — causar algum dano (...). Mesmo sem ser nulo no sentido da técnica processual, o ato lesivo pode ser antijurídico (...). Assim são entendidas, em primeiro lugar, as disposições do Código de Processo Civil relativas à litigância de má-fé, ao atentado à dignidade da justiça e às consequências de ambos (...). Outras ilicitudes menores descreve o Código de Processo Civil, todas elas geradoras de consequências tipicamente processuais ou de responsabilidade civil, ou ambas. Pertencem a essa classe (a) a retenção indevida dos autos pelo advogado (...), b) a aposição de cotas marginas ou interlineares em peças dos autos (...), c) as negligências ou dolo do perito (...), d) as negligências ou o dolo do juiz (...), e) as negligências do escrivão ou do oficial de justiça".[1086]

6. *Atos das partes. Negócios processuais*

Parte é aquele que comparece em juízo e pleiteia o reconhecimento e tutela de um direito próprio ou alheio (autor/reclamante) e aquele em face de quem o pedido de tutela é apresentado (réu/ reclamado).

Atos das partes são, portanto, os atos praticados pelo autor/reclamante ou réu/reclamado.

(1084) *Curso de direito processual civil*, v. I, p. 199.
(1085) DINAMARCO, Cândido Rangel. *Instituição de direito processual civil*, v. II, p. 477.
(1086) *Instituição de direito processual civil*, v. II, p. 479-480.

Os atos das partes podem consistir em declarações unilaterais ou bilaterais de vontade e produzem imediatamente a constituição, a modificação ou a extinção de direitos processuais, como é previsto no art. 158 do CPC de 1973 e no art. 200 do CPC de 2015.

Os atos das partes são praticados no exercício de direitos, poderes, faculdades e no cumprimento de deveres ou ônus.

Também a inatividade da parte produz a constituição, a modificação ou a extinção de direitos processuais. Com efeito, o não exercício de um direito ou de uma faculdade não implica, para a parte, sujeição a uma sanção, mas ela sofrerá os efeitos da sua inércia. Neste sentido, vale anotar que o fato de não ser suscitada a incompetência em razão do lugar no momento próprio prorroga a competência do juízo para o qual a causa foi distribuída, ao passo que, não sendo apresentado recurso no prazo legal, está preclusa a faculdade de impugnar a decisão judicial mediante recurso.

O dever diz respeito a um ato a ser praticado sob pena de sanção, como se dá nas situações previstas, por exemplo, no art. 14 do CPC de 1973 e no art. 77 do CPC de 2015.

De outro lado, o ônus está relacionado com a possibilidade de alcançar uma situação favorável no processo, o que implica dizer que atende ao interesse da própria parte, sendo relevante registrar que a parte não tem obrigação de cumprir o seu ônus, mas a faculdade de fazê-lo. Assim, o autor que não produz prova do fato constitutivo do seu direito corre o risco de ser vencido na demanda.

Segundo Pontes de Miranda, "atos processuais das partes são atividades (atos e omissões) que, satisfazendo pressupostos e irradiando efeitos, estabelecem o processo, portanto a relação jurídica processual (autor, juiz) e sua angularização (juiz, réu). São atos jurídicos, em que há vontade dos que os praticam, ainda se negativos. Caracteriza-os, em relação aos atos jurídicos de direito material, serem, em geral, unilaterais (princípio da unilateralidade dos atos processuais das partes). Dirigem-se ao juiz; de regra, praticam-se em juízo, o mais das vezes no debate oral; não permitem determinações inexatas (condições e termos), nem são anuláveis ou impugnáveis por vício de vontade (erro, dolo, coação, simulação); são interpretados em seu conteúdo pelo juiz; não têm efeitos nem consequências fora do processo".[1087]

Segundo o art. 158 do CPC de 1973 e o art. 200 do CPC de 2015, os atos das partes produzem, *imediatamente*, a constituição, a modificação ou a extinção de direitos processuais.

No entanto, alguns atos das partes somente produzem efeitos após a sua homologação por sentença. Neste sentido, o art. 158, parágrafo único, do CPC de 1973 e o art. 200, parágrafo único, do CPC de 2015 dispõem que a desistência da ação só produzirá efeitos depois de homologada por sentença. Vale lembrar, ainda, do acordo celebrado pelas partes, que também depende de homologação para que produza efeitos.

Destarte, pode-se falar em *atos de efeitos imediatos* (atos que produzem efeitos independentemente de homologação) e *atos de efeitos mediatos* (atos cujos efeitos dependem de homologação).

As partes podem exigir recibo de petições, arrazoados, papéis e documentos que entregarem na secretaria (art. 160 do CPC de 1973 e art. 201 do CPC de 2015).

Cândido Rangel Dinamarco classifica os atos das partes:

a) quanto ao conteúdo ou modo de proceder, em postulatórios ou materiais;[1088]

b) quanto à natureza do provimento postulado ao juiz, em pedidos ou requerimentos;[1089]

(1087) *Comentários ao Código de Processo Civil*, v. III, p. 4.

(1088) "A parte realiza atos materiais, que não são expressão de uma vontade ou pretensão, mas resolvem-se em condutas mediante as quais cumprem exigências da lei ou do juiz. Tais são os comparecimentos perante o juiz, a prestação de depoimento, a entrega de bens em execução, a submissão destes ou do próprio corpo a exame periciais, o recolhimento de custas processuais etc." (DINAMARCO, *Cândido Rangel. Instituições de direito processual civil*, v. II, p. 482-483)

(1089) As demandas endereçadas ao juiz pelas partes são de duas ordens: "a) pedidos, quando consistem em postular a própria tutela jurisdicional (demanda inicial, contestação, reconvenção etc.); b) requerimentos, destinados à obtenção de alguma medida preparatória favorável (requerimentos relativos à prova, à intimação de alguma pessoa etc.)" (DINAMARCO, *Cândido Rangel. Instituições de direito processual civil*, v. II, p. 482).

c) quanto à natureza dos efeitos visados, em constitutivos, modificativos ou extintivos;

d) quanto às consequências de sua omissão, em indispensáveis ou convenientes;[1090]

e) quanto à autoria material, atos pessoais ou de advogado;

f) quanto à participação dos litigantes em sua realização, unilaterais ou consensuais;

g) quanto ao modo como incidirão nas situações jurídico-processuais dos litigantes, em causativos ou indutivos ("existem atos processuais de parte que por si sós dão causa a uma situação jurídica nova, sem a dependência de futuros julgamentos. Assim são os atos dispositivos em geral, como a desistência da apelação interposta ou a renúncia ao direito de recorrer (...) cada um deles suficiente em si mesmo para produzir desde logo o efeito que lhe é próprio (...). Em sentido conceitualmente oposto aos atos causativos estão os indutivos, que por si sós não produzem o resultado desejado, mas simplesmente endereçam-se à sua obtenção, sendo alguns deles indispensáveis. Eles induzem, não causam o resultado proposto pelo agente. Tal é a demanda inicial, em relação ao objetivo de obter a tutela jurisdicional").[1091]

Humberto Theodoro Júnior alude aos atos de obtenção, que são atos por meio dos quais a parte procura "obter do órgão jurisdicional a satisfação de uma pretensão manifestada nos autos", e atos dispositivos, que correspondem aos atos que "têm por objetivo criar, modificar ou extinguir situações processuais".[1092]

É vedado lançar nos autos cotas marginais ou interlineares, as quais o juiz mandará riscar, impondo a quem as escrever multa correspondente à metade do salário mínimo (art. 161 do CPC de 1973 e art. 202 do CPC de 2015).

7. *Atos do juiz*

O juiz pratica vários atos no processo, de conteúdos diversos.

7.1. O art. 162 do CPC de 1973 dispõe que os atos do juiz consistirão em *sentenças, decisões interlocutórias* e *despachos*.

No entanto, existem atos do juiz que não constituem sentença, decisão interlocutória ou despacho, bastando lembrar, por exemplo, do interrogatório das partes e de testemunhas, que constituem *atos de instrução.*

Sentenças, decisões interlocutórias e despachos constituem atos que exigem uma tomada de posição do juiz quanto aos pedidos a ele submetidos (sentença), aos incidentes processuais suscitados pelas partes (decisão interlocutória) ou ao impulso do processo (despacho). Estes atos contêm, assim, um *pronunciamento* do juiz, de natureza decisória (sentença e decisão interlocutória) ou não (despacho).

Por esta razão, o CPC de 2015, no art. 203, dispõe que os *pronunciamentos do juiz* consistirão em sentenças, decisões interlocutórias e despachos.

Os pronunciamentos do juiz são classificados, no CPC (1973 e 2015), a partir de seu conteúdo (pronunciamento com conteúdo decisório — sentença e decisão interlocutória — e pronunciamento sem conteúdo decisório — despacho). Essa classificação é acolhida pela CLT, que se refere a *decisões definitivas* (no sentido de decisões que julgam o mérito ou põem fim ao processo sem julgamento de mérito — arts. 832 e 893, *caput*

(1090) Os atos são indispensáveis quando "sem eles a parte não pode obter as vantagens que são capazes de propiciar", ao passo que atos convenientes "são aqueles destinados a provocar um resultado que de todo modo o juiz teria o dever de produzir – com ou sem a realização do ato de parte. Assim são os comparecimentos espontâneos, o requerimento de designação de audiência, a alegação de direito federal (*jura novit curia*), a arguição de incompetência absoluta ou de impedimentos do juiz etc. A doutrina chama-os também de atos neutros" (DINAMARCO, Cândido Rangel. *Instituições de direito processual civil*, v. II, p. 483).

(1091) *Instituições de direito processual civil*, v. II, p. 484-485.

(1092) *Curso de direito processual civil*, v. I, p. 258.

e § 1º), *decisões interlocutórias* (atos por meio das quais são resolvidos os *incidentes do processo* — art. 893, § 1º), e *despachos* (art. 712, *c*, por exemplo).

7.2. De acordo com o art. 162, § 1º, do CPC de 1973, sentença é o ato do juiz que *implica alguma das situações previstas nos arts. 267 e 269*, observando-se que o art. 267 trata das situações em que não haverá resolução de mérito e, o art. 269, daquelas em que haverá resolução do mérito. Note-se que o CPC de 1973 também dispõe que a extinção da decisão somente produz efeito quando declarada por sentença. A execução é extinta, portanto, por meio de sentença. Contudo, o conceito adotado no art. 162, § 1º, não contempla esta sentença.

O CPC de 2015, de acordo com o art. 203, § 1º, define sentença como o *pronunciamento por meio do qual o juiz, com fundamento nos arts. 485* (situações em que o juiz não resolverá o mérito) *e 487* (hipóteses em que o juiz resolverá o mérito), *põe fim à fase cognitiva do procedimento comum, ou por meio do qual o juiz extingue a execução.*

O ofício jurisdicional do juiz não se cumpre e acaba com a publicação da sentença. Com efeito, o juiz cumpre e acaba o seu ofício jurisdicional quando for satisfeito, de forma efetiva, o direito reconhecido na sentença, for negado de forma definitiva o direito deduzido pelo autor ou o processo for definitivamente extinto.[1093] Daí a impropriedade de se falar em sentença como *ato que põe fim ao processo*.[1094]

A sentença põe fim a uma fase do processo, lembrando que, proferida sentença, a parte pode apresentar recurso, iniciando-se uma nova fase do processo, qual seja, a fase recursal.

Assim, *sentença é o pronunciamento por meio do qual o juiz põe fim a uma das fases do procedimento, resolvendo ou não o mérito, ou extingue o processo de execução.*

É de suma importância identificar com precisão os pronunciamentos do juiz que constituem sentença, tendo em vista que não cabe recurso contra despacho e, como regra, a decisão interlocutória é irrecorrível de imediato (art. 893, *caput* e § 1º, da CLT).

Note-se que, embora não se trate de pronunciamento do juiz que põe fim a uma fase do procedimento ou à execução, o CPC de 2015 atribui a denominação de sentença também à decisão por meio da qual é julgado antecipadamente o pedido, nas hipóteses do art. 355.

7.3. Decisão interlocutória, de acordo com o art. 162, § 2º, do CPC de 1973, é o ato pelo qual "o juiz, no curso do processo, resolve questão incidente" ou, na dicção da CLT, o ato por meio do qual o juiz resolve *incidentes do processo* (art. 893, § 1º).

O CPC de 2015 dispõe que decisão interlocutória é "todo pronunciamento judicial de natureza decisória que não se enquadre no § 1º" (art. 203, § 2º), o que significa que, para o novo CPC, interlocutória é toda decisão que não seja sentença.

7.4. Despachos são atos de impulso processual praticados pelo juiz, ou, consoante prevê o art. 162, § 3º, do CPC de 1973, "todos os demais atos do juiz praticados no processo, de ofício ou a requerimento da parte, a cujo respeito a lei não estabelece outra forma", ou, ainda, nos termos do art. 203, § 3º, do CPC de 2015, "todos os demais pronunciamentos do juiz praticados no processo, de ofício ou a requerimento da parte".

7.5. Os despachos, decisões interlocutórias e sentenças serão redigidos, datados e assinados pelo juiz.

As decisões interlocutórias e sentenças proferidas em audiência serão registradas na ata, que deve ser revista e assinada pelo juiz, inclusive eletronicamente (art. 164 do CPC de 1973, art. 205 do CPC de 2015 e art. 851 da CLT).

(1093) A afirmativa de que o ofício jurisdicional do juiz se cumpre e acaba com a publicação da sentença está relacionada com a concepção segundo a qual a tutela jurisdicional é representada pela sentença.

(1094) Proferida a sentença, contra ela pode ser apresentado recurso, fazendo com que o processo seja remetido à instância superior, o que demonstra que a sentença não põe fim ao processo. A sentença, portanto, põe fim a uma fase do processo.

8. Atos dos auxiliares da justiça

Ao lado dos órgãos jurisdicionais, conta a Justiça do Trabalho com órgãos auxiliares, que também praticam atos processuais (atos de documentação, movimentação e de execução).[(1095)]

A atuação dos auxiliares da justiça foi examinada quando tratamos da organização e funcionamento da Justiça do Trabalho.

Entre esses auxiliares merece destaque o Diretor de Secretaria, a quem compete:

a) autuar a petição inicial, mencionando o juízo, a natureza do feito, o número de seu registro, os nomes das partes e a data do seu início, procedendo do mesmo modo em relação aos volumes que se forem formando (art. 166 do CPC de 1973 e art. 206 do CPC de 2015);[(1096)]

b) tomar por termo as reclamações verbais (art. 712, *e*, da CLT), isto nos tribunais que não contam com serviço de atermação;

c) promover o rápido andamento dos processos, especialmente na fase de execução, realizar os atos e diligências deprecadas pelas autoridades superiores (art. 712, *f*, da CLT);

d) secretariar as audiências, lavrando as respectivas atas (art. 712, *g*, da CLT);

e) subscrever as certidões e termos processuais (art. 712, *h*, da CLT);

f) dar aos litigantes a ciência das reclamações e demais atos processuais de que devam ter conhecimento, assinando as respectivas notificações (arts. 712, *j*, e 841 da CLT);[(1097)]

g) redigir os ofícios, mandados, cartas precatórias e mais atos que pertencem ao seu ofício (art. 141, I, do CPC de 1973 e art. 152 do CPC de 2015).

Cabe ao Diretor de Secretaria praticar os atos meramente ordinatórios, sem conteúdo decisório, como a juntada e a vista obrigatória (arts. 93, XIV, da Constituição, 162, § 4º, do CPC de 1973 e 203, § 4º, do CPC de 2015). Como já foi assinalado, não se trata da atribuição ao Diretor de Secretaria do poder para despachar. A ele cabe, apenas, praticar determinados atos independentemente de despacho.

Cada Tribunal Regional terá uma Secretaria, sob direção de um Secretário, com as mesmas atribuições do Diretor de Secretaria, além de outras que lhe forem fixadas no regimento interno do Tribunal (arts. 718 e 720 da CLT).

Vale reiterar que, nas localidades em que existir mais de uma Vara do Trabalho haverá um Distribuidor (art. 713 da CLT), a quem compete a distribuição, pela ordem rigorosa de entrada, e sucessivamente a cada vara, dos feitos que, para esse fim, lhe forem apresentados pelos interessados (art. 714, *a*, da CLT) e a baixa na distribuição dos feitos, quando isso lhe for determinado pelos Presidentes das Varas (art. 714, *e*, da CLT).

Também merecem destaque os Oficiais de Justiça, aos quais incumbe, por exemplo, a realização dos atos decorrentes da execução dos julgados das Varas e dos Tribunais Regionais do Trabalho (art. 721 da CLT).

9. Termos processuais

Termo processual é "o escrito no processo, pelo qual se exprime e se conserva o ato. Os atos, ocorridos, como são, na dimensão do tempo, passam; os termos têm a função de fixá-los pela escrita em linguagem articulada".[(1098)]

(1095) Dos auxiliares da justiça tratamos no Capítulo relativo à organização da Justiça do Trabalho.

(1096) Estas providências somente dizem respeito aos processos físicos.

(1097) As notificações são assinadas pelo Diretor de Secretaria (art. 841 da CLT). O juiz assina os mandados expedidos pela Vara do Trabalho.

(1098) MIRANDA, Pontes de. *Comentários ao Código de Processo Civil*, v. III, p. 18.

Os termos constarão de simples notas, datadas e rubricadas pelo Diretor de Secretaria (art. 773 da CLT) e poderão ser escritos à tinta, datilografados ou a carimbo (art. 771 da CLT).

Os atos e termos processuais, juntamente com os documentos e outros papéis, formarão os autos do processo (art. 777 da CLT).

10. Comunicação dos atos processuais. Cooperação e auxílio

A publicidade dos atos processuais e o direito à ampla defesa e ao contraditório exigem que as partes sejam comunicadas dos atos processuais praticados ou a serem praticados no processo.

A comunicação processual "é a transmissão de informações sobre os atos do processo às pessoas sobre cujas esferas de direito atuarão os efeitos deste, eventualmente acompanhadas do comando a ter uma conduta positiva ou abstenção", sendo "essencial à efetividade do princípio do contraditório, figurando como instrumento técnico-processual da ciência dos atos do processo, que é inerente a este".[(1099)]

A comunicação do ato processual "é real quando a ciência é dada diretamente à pessoa interessada; presumida, quando feita através de um órgão ou um terceiro que se presume faça chegar a ocorrência ao conhecimento do interessado. São reais as intimações feitas pelo escrivão ou pelo Oficial de Justiça, bem como as efetuadas através de correspondência postal; e presumidas aquelas feitas por edital ou com hora certa e, ainda, pela imprensa".[(1100)]

10.1. Ao tratar da forma da comunicação dos atos processuais, a CLT faz alusão à *notificação* das reclamações e demais atos processuais aos litigantes (arts. 712, *i*, 867 e 886, § 1º), à *notificação* e *citação* do reclamado, dando-lhe ciência da reclamação e, ao mesmo tempo, convocando-o para comparecer à audiência de instrução e julgamento ou apresentar defesa (arts. 841 e 852-B, II), à *notificação* do reclamante da audiência designada (art. 841, § 2º), à *intimação* da União das decisões homologatórias de acordo (art. 832, § 4º), à *notificação* ou *intimação* da testemunha (art. 825). Note que a CLT utiliza como sinônimas as expressões *citação* e *notificação* e, às vezes, *notificação* e *intimação*.

Na CLT, portanto, são formas de comunicação de atos processuais: a) notificação; b) citação; c) intimação.

O CPC de 1973 considera citação o ato pelo qual se *chama a juízo o réu ou interessado a fim de se defender* (art. 213), enquanto o CPC de 2015, de uma forma bem mais abrangente, como tal considera o ato pelo qual são *convocados* o réu, o executado ou o interessado *para integrar a relação processual* (art. 239).

No CPC, intimação é o ato pelo qual se dá ciência a alguém dos atos e termos do processo (arts. 234 do CPC de 1973 e 269 do CPC de 2015)[(1101)], sentido que também tem no processo do trabalho (arts. 712, *i*, e 825 da CLT).

Adotaremos, para efeitos didáticos, a classificação do CPC, tomando como sinônimas as expressões "notificação" e "citação", para significar o ato por meio do qual o réu/reclamado é cientificado da demanda contra ele proposta e convocado para comparecer à audiência de instrução e julgamento, na qual poderá apresentar a sua defesa, ou chamado para apresentar a sua defesa (isto quando não for designada audiência), e por intimação, o ato pelo qual se dá ciência a alguém dos atos e termos do processo.

10.2. É pela notificação/citação que o reclamado toma ciência da: a) demanda contra ele proposta; b) audiência na qual deverá comparecer; c) oportunidade para apresentação de sua defesa.

(1099) DINAMARCO, Cândido Rangel. *Instituições de direito processual civil*, v. II, p. 502. Do princípio do contraditório decorre, para as partes, o direito de receber adequada e oportuna informação sobre os atos processuais praticados ou a serem praticados, o direito de defesa (apresentação de argumentos e provas) e o direito de influência na formação da decisão.

(1100) THEODORO JÚNIOR, Humberto. *Curso de direito processual civil*, v. I, p. 292.

(1101) "O pronome alguém, contido no art. 234, indica não somente as partes, mas também os auxiliares da justiça e terceiros que de alguma forma devam realizar atos no processo" (DINAMARCO, Cândido Rangel. *Instituições de direito processual civil*, v. II, p. 508).

De acordo com o art. 214 do CPC de 1973, para a validade do processo, é indispensável a citação do reclamado. No CPC de 2015 é estabelecido que, para a validade do processo, é indispensável a citação do réu ou do executado, ressalvadas as hipóteses de indeferimento da petição inicial ou de improcedência liminar do pedido (art. 239).[1102]

Contudo, o comparecimento espontâneo do réu supre a falta da citação (se o réu comparece, não há necessidade de nova citação).

Se o réu comparece apenas para arguir a nulidade e sendo esta decretada, considerar-se-á feita a citação *na data em que ele ou seu advogado for intimado da decisão* (art. 214, §§ 1º e 2º, do CPC de 1973) ou *na data do comparecimento do réu* (art. 239, § 1º, do CPC de 2015). No processo do trabalho, em regra a defesa é apresentada em audiência. Se o reclamado comparece na audiência apenas para alegar a nulidade da citação e sendo a sua alegação acolhida, será designada nova audiência, com respeito ao prazo estabelecido no art. 841 da CLT. No entanto, o reclamado pode comparecer na audiência designada e apresentar contestação, restando suprida, também neste caso, a falta de citação.

A ausência de notificação do reclamado constitui vício que pode ser alegado até mesmo na execução (arts. 475-L, I, e 741, I, do CPC de 1973 e arts. 525, § 1º, I, e 535, I, do CPC de 2015).

Como regra, a notificação é realizada por correio (art. 841, § 1º, da CLT[1103]), não exigindo a CLT, como fazem os arts. 223, § 2º, do CPC de 1973 e 248, § 1º, do CPC de 2015, que ela seja realizada por meio de correspondência com aviso de recebimento a ser juntado aos autos.[1104] O aviso de recebimento é, no entanto, fator de segurança quanto à efetividade da notificação e permite definir o exato momento da sua realização, o que possibilita verificar, inclusive, o cumprimento do prazo estabelecido no art. 841 da CLT.

A notificação é realizada pelo Diretor de Secretaria, sem prévio despacho do juiz (art. 841 da CLT). Não adotou a CLT, portanto, o *sistema de mediação*, "segundo o qual entre o ato de propositura da demanda e a comunicação desta ao demandado insere-se o Estado-juiz, já como sujeito processual e na direção do processo", tendo sido feita opção pelo sistema da imediação, no qual "inexiste a figura do juiz nessa fase introdutória do procedimento".[1105]

O Diretor de Secretaria, para notificar o reclamado, deverá colocar em envelope com timbre impresso do juízo ou tribunal, bem como da secretaria, cópia da petição inicial, cientificando-o de que deverá comparecer à audiência designada (com indicação de dia, hora e local de sua realização), na qual poderá apresentar sua defesa à reclamação, advertindo-o de que a sua ausência implicará revelia e confissão em relação aos fatos narrados na inicial (art. 841 da CLT, art. 233 do CPC de 1973 e art. 248 do CPC de 2015). Também deverá constar da notificação a informação quanto ao procedimento impresso ao processo, por conta, principalmente, da limitação do número de testemunhas no procedimento sumaríssimo.[1106]

Para a validade da notificação postal, basta a sua entrega no local onde se encontre o reclamado (residência ou local de trabalho, por exemplo), não se exigindo que seja feita a ele pessoalmente.

O CPC de 1973 exige a citação feita pessoalmente ao réu, ao seu representante legal ou ao procurador legalmente autorizado (art. 215).[1107] O CPC de 2015 também exige a citação pessoal, mas admite a sua rea-

(1102) Sendo reclamados a pessoa jurídica e o seu representante legal, a notificação deste supre eventual vício da notificação endereçada àquela. É que a ciência da reclamação e da data de comparecimento em juízo pelo representante legal da pessoa jurídica torna lícito presumir a sua ciência também pela pessoa jurídica.

(1103) Por força do art. 222 do CPC de 1973 e art. 222 do CPC de 2015, aplicáveis ao processo de trabalho, não será realizada a citação por correio quando for reclamado pessoa incapaz, quando for reclamada pessoa de direito público e quando o reclamado residir em local não atendido pela entrega domiciliar de correspondência (neste caso, a notificação deve ser realizada por oficial de justiça), acrescentando o art. 222 do CPC, neste aspecto não aplicável no processo do trabalho, que a citação não será realizada pelo correio quando autor, justificadamente, a requerer de outra forma, diante do caráter imperativo do art. 841 da CLT.

(1104) De acordo com a Súmula n. 429 do STJ: "A citação postal, quando autorizada por lei, exige o aviso de recebimento".

(1105) DINAMARCO, Cândido Rangel. *Instituições de direito processual civil*, v. II, p. 505.

(1106) No processo judicial eletrônico todas as citações/notificações serão realizadas por meio eletrônico.

(1107) A doutrina e a jurisprudência têm admitido a validade da citação realizada em pessoa que se apresenta como representante da pessoa jurídica demandada (*teoria da aparência*).

lização na pessoa do representante legal ou do procurador do réu, executado ou do interessado (art. 242, *caput*) e, ainda, na ausência do citando, na pessoa de seu mandatário, administrador, preposto ou gerente, quando a ação se originar de atos por eles praticados (art. 242, § 1º). No processo do trabalho somente é exigida a citação pessoal na execução. Note-se, ainda, que, em relação à citação pelo correio, o CPC de 1973 exige a sua entrega ao citando, mas admite que, no caso de ser o réu pessoa jurídica, a sua entrega a pessoa com poderes de gerência geral ou administração. O CPC de 2015 exige, no art. 248, § 1º, que a carta seja entregue ao citando, o que não se harmoniza com o seu art. 242, que considera válida a citação realizada na pessoa do representante legal ou do procurador do réu, executado ou do interessado. No processo do trabalho, como dito, para a validade da notificação postal basta a sua entrega no local onde se encontre o reclamado, não se exigindo que seja feita a ele pessoalmente.

Presume-se recebida a notificação 48 (quarenta e oito) horas depois de sua postagem. O seu não recebimento ou a sua entrega após o decurso desse prazo constitui ônus de prova do destinatário (Súmula n. 16 do TST). Essa presunção decorre do fato de ter a Empresa de Correios e Telégrafos 48 (quarenta e oito) horas para devolver a notificação não entregue ao seu destinatário (art. 774, parágrafo único, da CLT). Não sendo a notificação devolvida no aludido prazo, presume-se a sua entrega ao destinatário.

É lícita a notificação postal do reclamado que tenha residência ou domicílio em Comarca diversa daquela em que a Vara do Trabalho tenha jurisdição, como medida de celeridade e economia processual e por aplicação dos arts. 222 e 223 do CPC de 1973 e arts. 247, 248 e 155 do CPC de 2015.(1108) Nesse caso, é aconselhável a notificação por meio de carta registrada, com aviso de recebimento, em face da impossibilidade de aplicar a presunção de que trata a Súmula n. 16 do TST, diante do maior tempo que demanda a notificação fora da sede do juízo.

A citação/notificação também pode ser realizada por oficial de justiça, edital e meio eletrônico (art. 221 do CPC de 1973, art. 246 do CPC de 2015, art. 841, § 1º, da CLT e Lei n. 11.419/06), valendo anotar que, de acordo com o art. 246, III, do CPC de 2015, a citação/notificação também pode ser realizada pelo Diretor de Secretaria, no caso de o citando comparecer em cartório, o que está em sintonia com os princípios da economia e da celeridade processual, o que contribui para a economia e celeridade processual e, assim, torna esta medida compatível com o direito processual do trabalho.

De acordo com o art. 246, §§ 1º e 2º, do CPC de 2015, com exceção das microempresas e das empresas de pequeno porte, as empresas públicas e privadas são obrigadas a manter cadastro nos sistemas de processo em autos eletrônicos, para efeito de recebimento de citações e intimações, as quais serão efetuadas preferencialmente por esse meio, exigência que também aplica-se à União, aos Estados, ao Distrito Federal, aos Municípios e às entidades da administração indireta, cumprindo sejam observados, para o cadastramento, o disposto nos arts. 1.050 e 1.051 do CPC de 2015, valendo anotar que, consoante resulta destes últimos dispositivos legais, o cadastramento deverá ser realizado perante o juízo onde as empresas públicas e privadas tenham sede ou filial, o que, aplicado ao processo do trabalho, implica, por força do art. 651 da CLT, exigência de cadastramento também nos locais de contratação e de prestação de serviços.

A citação/notificação pode ser realizada em qualquer lugar em que se encontre o reclamado, o executado ou o interessado (art. 216 do CPC de 1973 e art. 243 do CPC de 2015).

Contudo, não se fará a citação/notificação, salvo para evitar o perecimento do direito: a) a quem estiver assistindo a qualquer ato religioso; b) ao cônjuge ou a qualquer parente do morto, consanguíneo ou afim, em linha reta, ou na linha colateral em segundo grau, no dia do falecimento e nos sete dias seguintes (o CPC de 2015 inclui o companheiro no rol dos que não podem ser citados nesta situação); c) aos noivos, nos três dias seguintes ao casamento; d) aos doentes, enquanto grave o estado de saúde (art. 217 do CPC de 1973 e art. 244 do CPC de 2015).

(1108) Nesse sentido: "A citação postal para outra comarca é lícita, por interpretação ampliativa do art. 223 do CPC" (CARRION, Valentin. *Comentários à Consolidação das Leis do Trabalho*, p. 656). No mesmo sentido, afirma Wagner Giglio que "mesmo residindo o reclamado no País, mas fora da jurisdição territorial da Vara do Trabalho ou Juízo de Direito que recebeu a reclamação, deverá ser citado através do correio, conforme a regra do art. 222 do CPC" (*Direito processual do trabalho*, p. 173).

Também não se fará citação/notificação quando se verificar que o réu é demente (ou mentalmente incapaz, na dicção do CPC de 2015) ou está impossibilitado de recebê-la (art. 218 do CPC de 1973 e art. 245 do CPC de 2015), devendo, neste caso, o oficial de justiça descrever e certificar minuciosamente a ocorrência (art. 218, § 1º, do CPC de 1973 e art. 245, § 1º, do CPC de 2015). O CPC de 1973 prevê que o juiz nomeará um médico, a fim de examinar o citando (art. 218, § 1º), o que não é repetido no CPC de 2015 (art. 245, § 1º). No CPC de 1973 e no CPC de 2015 é previsto que, reconhecida a impossibilidade noticiada pelo oficial, o juiz nomeará curador ao citando (art. 218, § 2º, do CPC de 1973 e art. 245, § 2º, do CPC de 2015), cabendo ao curador, receber a citação e proceder à defesa dos interesses do réu (art. 218, § 3º, do CPC de 1973 e art. 245, § 5º, do CPC de 2015).

De acordo com o art. 255 do CPC de 2015, em disposição compatível com o processo do trabalho, nas comarcas contíguas de fácil comunicação e nas que se situem na mesma região metropolitana, o oficial de justiça poderá efetuar, em qualquer delas, citações, intimações, penhoras e quaisquer outros atos executivos. Evita-se, com isto, a expedição de carta precatória.

Segundo o art. 841, § 1º, da CLT, se o reclamado criar embaraços ao recebimento da notificação ou não for encontrado, far-se-á a sua notificação por meio de edital, o que não se aplica ao procedimento sumaríssimo, por força do disposto no art. 852-B, II, da CLT. Contudo, não vemos dificuldades em considerar realizada a notificação cujo recebimento tenha sido recusado, vez que a recusa permite presumir o conhecimento do teor da correspondência endereçada ao reclamado (em regra, somente é recusado aquilo que não interessa ao destinatário receber, o que demonstra ciência do conteúdo do que é recusado).[1109]

A citação por edital também será realizada: a) quando desconhecido ou incerto o réu; b) quando ignorado, incerto ou inacessível o lugar em que se encontra o réu; c) nos casos expressos em lei (art. 231 do CPC de 1973 e art. 256 do CPC de 2015).[1110]

São requisitos da notificação por edital, conforme o art. 841, § 1º, da CLT, o art. 232 do CPC de 1973 e o art. 257 do CPC de 2015:

a) a afirmação do autor, ou a certidão do oficial de justiça, informando as circunstâncias que autorizam (o réu é desconhecido ou incerto ou é ignorado, incerto ou inacessível o lugar em que se encontra o réu);

b) a afixação do edital na sede do juízo, certificada pelo Diretor de Secretaria;

c) publicação do edital uma vez no órgão oficial ou que publicar o expediente forense, ou, na falta, afixado na sede da Vara ou juízo, observado o prazo mínimo de 20 (vinte) dias entre a publicação e a realização da audiência (o CPC de 2015 altera a publicação, determinando que ela seja realizada na rede mundial de computadores, no sítio do respectivo tribunal e na plataforma de editais do Conselho Nacional de Justiça, que deve ser certificado nos autos, o que não alcança o processo do trabalho, que contém norma expressa a respeito, que, inclusive, torna a citação por edital bem mais simplificada (art. 841, § 1º, da CLT));

d) a determinação, pelo juiz, do prazo que variará de vinte a sessenta dias, correndo da data da publicação única ou, havendo mais de uma, da primeira;

e) a transcrição, no edital, dos pedidos do autor, a data, hora e local da realização da audiência;

f) a advertência de que o não comparecimento na audiência implicará revelia e confissão quanto à matéria de fato.

(1109) A propósito: "(...) é válida a intimação recusada pelo destinatário" (TRT da 1ª Região, AP 3647/98, Rel. Juíza Doris Castro Neves, DJRJ 5.5.1999, p. 114).

(1110) Considera-se inacessível, para efeito de notificação por edital, o país que recusar o cumprimento de carta rogatória (art. 231, § 1º, do CPC de 1973 e art. 232, § 1º, do CPC de 2015). No caso de ser inacessível o lugar em que se encontrar o citando, a notícia de sua citação será divulgada também pelo rádio, se na comarca houver emissora de radiodifusão (art. 231, § 2º, do CPC de 1973 e art. 231, § 2º, do CPC de 2015).

O art. 841, § 1º, da CLT impede a *citação por hora certa* no processo do trabalho, vez que impõe a notificação por edital quando o reclamado criar embaraço ao recebimento da notificação ou não for encontrado.[(1111)]

A notificação pode ser realizada por oficial de justiça, quando: a) frustrada a citação pelo correio; b) o réu for pessoa de direito público; c) nos processos de execução; d) o réu residir em local não atendido pela entrega domiciliar de correspondência (art. 224 do CPC de 1973 e art. 249 do CPC de 2015). Para tanto, deverá ser expedido *mandado de citação*, cujo conteúdo é definido no art. 225 do CPC de 1973 e art. 250 do CPC de 2015.[(1112)]

Dispõe o art. 841 da CLT que a audiência para a qual é citado o réu deve ser realizada na primeira data desimpedida, *mas depois de cinco dias da realização da citação*. O prazo será de vinte dias quando se tratar de ação proposta contra a União, Estados, Municípios, autarquias ou fundações de direito público que não explorem atividade econômica (art. 1º, II, do Decreto-lei n. 779/69), salvo após a entrada em vigor do CPC de 2015, momento a partir do qual o prazo é contado em dobro (art. 183).[(1113)]

O prazo de cinco dias, fixado no art. 841 da CLT é estabelecido em favor do reclamado, ao qual é assegurado um espaço de tempo mínimo para que possa preparar a sua defesa. A ampla defesa assegurada constitucionalmente às partes (art. 5º, LV, da Constituição) inclui o direito a um prazo razoável para a preparação da resposta à demanda, acrescentando-se ser este um direito a todos reconhecido, inclusive, pelo Pacto Internacional sobre Direitos Civis e Políticos (art. 14, III, *b*). Anote-se, que prevê a Instrução Normativa n. 39/2016 do TST (no art. 2º, V), não é aplicável no processo do trabalho o art. 335 do CPC de 2015, que fixa o prazo de quinze dias para o reclamado apresentar sua resposta à demanda, vez que ela deverá ser apresentada em audiência.

O desrespeito ao prazo estabelecido no art. 841 da CLT constitui cerceamento do direito de defesa do reclamado. Contudo, se o réu comparece à audiência, apresenta defesa e não comprova qualquer prejuízo resultante do desrespeito ao prazo estabelecido pelo art. 841 da CLT ou art. 1º, II, do Decreto-lei n. 779/69 fica suprida a irregularidade da citação (art. 794 da CLT).

(1111) De acordo com o CPC de 1973: quando, *por três vezes*, o oficial de justiça houver procurado o réu em seu domicílio ou residência, sem o encontrar, deverá, havendo suspeita de ocultação, intimar a qualquer pessoa da família, ou em sua falta a qualquer vizinho, que, no dia imediato, voltará, a fim de efetuar a citação, na hora que designar (art. 227); no dia e hora designados, o oficial de justiça, independentemente de novo despacho, comparecerá ao domicílio ou residência do citado, a fim de realizar a diligência (art. 228, *caput*); se o citando não estiver presente, o oficial de justiça procurará informar-se das razões da ausência, dando por feita a citação ainda que o citando se tenha ocultado em outra comarca (art. 228, § 1º); da certidão da ocorrência, o oficial de justiça deixará a contrafé com pessoa da família ou com qualquer vizinho, conforme o caso, declarando-lhe o nome (art. 228, § 2º); feita a citação por hora certa, o escrivão enviará ao réu por carta, telegrama ou radiograma, dando-lhe de tudo ciência (art. 229). O CPC de 2015 prevê que: quando, *por duas vezes*, o oficial de justiça houver procurado o réu em seu domicílio ou residência, sem o encontrar, deverá, havendo suspeita de ocultação, intimar a qualquer pessoa da família, ou em sua falta a qualquer vizinho, que, no dia imediato, voltará, a fim de efetuar a citação, na hora que designar (art. 252), *sendo nele previsto que será a válida a notificação, nos condomínios edilícios ou nos loteamentos com controle de acesso, feita a funcionário da portaria responsável pelo recebimento de correspondência* (art. 252, parágrafo único); no dia e hora designados, o oficial de justiça, independentemente de novo despacho, comparecerá ao domicílio ou residência do citado, a fim de realizar a diligência (art. 253, *caput*); se o citando não estiver presente, o oficial de justiça procurará informar-se das razões da ausência, dando por feita a citação ainda que o citando se tenha ocultado em outra comarca, *seção ou subseção* (art. 253, § 1º); *a citação com hora certa será efetivada mesmo que a pessoa da família ou o vizinho que houver sido intimado esteja ausente, ou se, embora presente, a pessoa da família ou o vizinho se recusar a receber o mandado* (art. 253, § 2º); da certidão da ocorrência, o oficial de justiça deixará a contrafé com pessoa da família ou com qualquer vizinho, conforme o caso, declarando-lhe o nome (art. 253, § 3º); *o oficial fará constar do mandato a advertência de que será nomeado curador especial se houver revelia* (art. 253, § 4º); feita a citação por hora certa, o escrivão ou chefe de secretaria enviará ao réu, executado ou interessado, no prazo de dez dias, contado da data da juntada do mandado aos autos, carta, telegrama ou correspondência eletrônica, dando-lhe de tudo ciência (art. 254).

(1112) O mandado deverá conter, por exemplo, os nomes das partes; a finalidade da citação; a advertência de que o não comparecimento na audiência designada ou não apresentação da contestação no prazo assinalado implicará revelia e confissão; o dia, a hora e o lugar do comparecimento, se for o caso.

(1113) Vale lembrar que "Os privilégios e isenções no foro da Justiça do Trabalho não abrangem as sociedades de economia mista, ainda que gozassem desses benefícios anteriormente ao Decreto-lei n. 779, de 21.8.1969" (Súmula n. 170 do TST).

10.4. Intimação é a forma de comunicação processual por meio do qual se dá ciência a alguém dos atos e termos do processo.

Quando não realizada por meios eletrônicos, consideram-se feitas as intimações pela só publicação dos atos no órgão oficial (arts. 236 e 273 do CPC de 1973 e art. 272 do CPC de 2015).

As intimações são realizadas às partes e aos advogados, com o respectivo número de inscrição na Ordem dos Advogados do Brasil ou, se assim for requerido, da sociedade de advogados (art. 236, § 1º, do CPC de 1973 e art. 272, § 2º, do CPC de 2015), observando-se, contudo, que eventual nulidade somente será decretada se for alegada na primeira oportunidade que a parte tiver para falar nos autos ou em audiência e for demonstrado prejuízo à sua defesa (arts. 794 e 795 da CLT).

As intimações também podem ser realizadas pelo correio e por oficial de justiça (art. 239 do CPC de 1973 e art. 275 do CPC de 2015).

Por força da aplicação no processo do trabalho do disposto no parágrafo único do art. 238 do CPC de 1975 e do art. 274 do CPC de 2015, "presumem-se válidas as comunicações e intimações dirigidas ao endereço constante dos autos, ainda que não recebidas pessoalmente pelo interessado, se a modificação temporária ou definitiva não tiver sido devidamente comunicada ao juízo, fluindo o prazo a partir da juntada aos autos do comprovante de entrega da correspondência no primitivo endereço".

As partes serão intimadas por correio das decisões proferidas em dissídio coletivo, sendo as decisões publicadas no jornal oficial para ciência dos demais interessados (art. 867 da CLT). Os prazos contra revel que não tenha patrono nos autos fluirão da data da publicação do ato decisório no órgão oficial (art. 322 do CPC de 1973 e art. 346 do CPC de 2015), com exceção da sentença, da qual deverá ser sempre intimado (art. 852 da CLT).

A intimação dos membros do Ministério Público do Trabalho deve ser feita pessoalmente.

10.5. Requerida ou determinada a execução, o juiz ou o presidente do Tribunal mandará expedir mandado de citação do executado, a fim de que cumpra a decisão ou o acordo no prazo, pelo modo e sob as cominações estabelecidas ou, em se tratando de pagamento em dinheiro, inclusive de contribuições sociais devidas à União, para que pague em 48 (quarenta e oito horas), ou garanta a execução, sob pena de penhora (art. 880 da CLT).

O mandado de citação deverá conter a conclusão da decisão exequenda ou o termo de acordo não cumprido (art. 880, § 1º, da CLT) e, no caso de título extrajudicial, ser instruído com cópia do título executivo respectivo e do demonstrativo atualizado do crédito, quando se tratar de execução por quantia certa (art. 614, I e II, do CPC de 1973 e art. 798 do CPC de 2015).

A citação será realizada pessoalmente ao executado, por oficial de justiça (art. 880, *caput* e §§ 2º e 3º, da CLT).

Se o executado, procurado por 2 (duas) vezes no espaço de 48 (quarenta e oito) horas, não for encontrado, far-se-á a citação por edital, publicado no jornal oficial ou, na sua falta, afixado na sede da Vara ou Juízo, durante 5 (cinco) dias (art. 880, § 3º, da CLT).

A citação do executado no processo sujeito ao procedimento sumaríssimo pode ser realizada via edital, posto que nele somente é vedada a sua notificação inicial por esse meio (art. 852-B, II, da CLT).

No processo civil, no que comporta ao cumprimento da sentença, é previsto que o devedor será *intimado* para cumprir a sentença (art. 475-J, § 1º, do CPC de 1973 e art. 513, § 2º, do CPC de 2015). No entanto, no processo do trabalho há norma determinando, expressamente, a *citação pessoal do executado* (art. 880 da CLT), o que impede recorrer ao CPC como fonte subsidiária do direito processual do trabalho, no aspecto em destaque.

10.6. Os atos processuais serão cumpridos por ordem judicial ou requisitados por carta, conforme hajam de realizar-se dentro ou fora dos limites territoriais da comarca (arts. 200 e 201 do CPC de 1973 e arts. 236 e 237 do CPC de 2015).

Será expedida:

a) *carta de ordem*, pelo tribunal, endereçada a juízo a ele vinculado, se o ato houver de se realizar fora dos limites territoriais da sua sede;

b) *carta rogatória*, para que órgão jurisdicional estrangeiro pratique ato de cooperação jurídica internacional, relativo a processo em curso perante órgão jurisdicional brasileiro;

c) *carta precatória*, para que órgão jurisdicional brasileiro pratique ou determine o cumprimento, na área de sua competência territorial, de ato relativo a pedido de cooperação formulado por órgão jurisdicional de competência territorial diversa.

São requisitos da carta de ordem, rogatória e precatória: a indicação dos juízes de origem e de cumprimento do ato; o inteiro teor da petição, do despacho judicial e do instrumento do mandado conferido por advogado; a menção do ato processual, que lhe constitui objeto; o encerramento com a assinatura do juiz (arts. 202 e 203 do CPC de 1973 e art. 260 do CPC de 2015).

As cartas deverão, preferencialmente, ser expedidas por meio eletrônico (art. 202, § 3º, do CPC de 1973 e art. 263 do CPC de 2015).

Em todas as cartas, o juiz fixará o prazo para cumprimento, atendendo à facilidade das comunicações e à natureza da diligência (art. 203 do CPC de 1973 e art. 261 do CPC de 2015).

A carta tem caráter itinerante, podendo, antes ou depois de lhe ser ordenado o cumprimento, ser apresentada a juízo diverso do que dela constar, a fim de se praticar o ato (art. 204 do CPC de 1973 e art. 262 do CPC de 2015).

Havendo urgência, transmitir-se-ão a carta de ordem e a carta rogatória por telegrama, radiograma ou telefone (art. 205 do CPC de 1973 e art. 264 do CPC de 2015), devendo dela constar, em resumo substancial, os requisitos que dela deveriam constar não fosse transmitida de outra forma, bem como a declaração, pela agência expedidora, de estar reconhecida a firma do juiz (arts. 205 e 206 do CPC de 1973 e art. 264 do CPC de 2015).

O juiz recusará o cumprimento da carta precatória, devolvendo-a, com despacho motivado, quando: não estiver revestida dos requisitos legais; faltar ao juiz competência, em razão da matéria ou da hierarquia; o juiz tiver dúvida acerca de sua autenticidade (art. 209 do CPC de 1973 e art. 267 do CPC de 2015).[1114]

A carta rogatória obedecerá, quanto à sua admissibilidade e modo de cumprimento, ao disposto na convenção internacional; à falta desta, será remetida à autoridade judiciária estrangeira, por via diplomática, depois de traduzida para a língua do país em que há de praticar-se o ato (art. 210 do CPC de 1973).

Cumprida a carta, será devolvida ao juízo de origem, no prazo de dez dias, independentemente de traslado (art. 212 do CPC de 1973 e art. 268 do CPC de 2015), observando-se que, no processo do trabalho, as custas são pagas ao final.

A carta precatória e a carta rogatória suspenderão o processo, quando a sentença de mérito tiver que ser proferida no caso previsto na alínea *b* do inciso IV do art. 265 desta Lei, quando, tendo sido requeridas somente após a verificação de determinado fato, ou de produzida certa prova, requisitada a outro juízo, quando, tendo sido requeridas antes da decisão de saneamento, a prova nelas solicitada apresentar-se imprescindível (art. 338 do CPC de 1973 e art. 377 do CPC de 2015).

A carta precatória e a carta rogatória não devolvidas no prazo ou concedidas sem efeito suspensivo, poderão ser juntadas aos autos a qualquer momento (art. 338, parágrafo único, do CPC de 1973 e art. 377, parágrafo único, do CPC de 2015).

(1114) Não é lícito recusar o cumprimento da carta precatória expedida para a oitiva de testemunhas, sob o argumento de que deveriam instruir a carta precatória cópias dos depoimentos prestados pelas partes, uma vez que o objeto da demanda é definido pela inicial e contestação e que cabe ao juiz da causa resolver sobre a oportunidade e conveniência de colher os depoimentos das partes.

10.7. A cooperação jurídica internacional, o auxílio direto e a carta rogatória são disciplinados nos arts. 26 a 36 do CPC de 2015 e, a cooperação nacional, nos seus arts. 67 a 69, observando-se que:

a) a *cooperação internacional* terá por objeto: citação, intimação e notificação judicial e extrajudicial; colheita de prova e obtenção de informações; homologação e cumprimento de decisão; concessão de medida judicial de urgência; assistência jurídica internacional; qualquer outra medida judicial ou extrajudicial não proibida pela lei brasileira;

b) cabe *auxílio direto* quando a medida não decorrer diretamente de decisão de autoridade jurisdicional estrangeira a ser submetida a juízo de delibação no Brasil e pode ter por objeto: obtenção e prestação de informações sobre o ordenamento jurídico e sobre processos administrativos ou jurisdicionais findos ou em curso; colheita de provas, salvo se a medida for adotada em processos, em curso no estrangeiro, de competência exclusiva da autoridade judiciária brasileira; qualquer outra medida judicial ou extrajudicial não proibida pela lei brasileira.

c) em relação à *cooperação nacional*: aos órgãos do Poder Judicial, estadual ou federal, especializados ou comuns, em todas as instâncias e graus de jurisdição, inclusive aos tribunais superiores, incumbe o *dever de recíproca cooperação*, por meio de seus magistrados e servidores; os juízes poderão formular entre si pedidos de cooperação para a prática de qualquer ato processual; o pedido de cooperação deve ser prontamente atendido, prescinde de específica e pode ser executado como, por exemplo, reunião ou apensamento de processos, prestação de informações; atos concertados entre os juízes (dentre os quais a centralização de processos repetitivos e a execução de decisão judicial).

11. Forma dos atos processuais

O ato processual será regular e produzirá os efeitos que lhe são próprios, isto é, será eficaz, quando atender a determinados requisitos formais, isto é, quando for praticado de determinada forma.

A forma possui, em relação aos atos processuais, sentido estrito e amplo. A forma em sentido estrito corresponde à feição exterior dos atos processuais ou à maneira como devem se exteriorizar. A forma em sentido amplo abrange a feição exterior do ato processual e as condições relacionadas com modo de expressão (língua), lugar, tempo e prazo para a sua prática, isto é, ao *como, onde* e *quando* deve ser praticado para que seja eficaz.[1115]

Os atos e os termos processuais não dependem de forma determinada senão quando a lei expressamente a exigir, considerando-se válidos os que, realizados de outro modo, lhe preencham a finalidade essencial (art. 154 do CPC de 1973 e art. 188 do CPC de 2015).

(1115) As condições relacionadas com o meio de expressão, o lugar, o tempo e o prazo constituem *formalidades* cujo atendimento é pressuposto da eficácia do ato, compondo, destarte, o denominado *formalismo processual*. Neste sentido, afirma Carlos Alberto Alvaro de Oliveira que as condições relacionadas ao meio de expressão, lugar e tempo (nele incluído o prazo) "a rigor não são intrínsecas ao ato, logo são circunstâncias, que, por delimitarem os poderes dos sujeitos processuais e organizarem o processo, integram o formalismo processual, mas não a forma em sentido estrito" (*Do formalismo no processo civil*, p. 5). Contudo, como aduz Carlos Alberto Alvaro de Oliveira, o formalismo processual abrange "a totalidade formal do processo, compreendendo não só a forma, ou as formalidades, mas especialmente a delimitação dos *poderes, faculdades* e *deveres* dos sujeitos processuais, coordenação de sua atividade, ordenação do procedimento e organizações do processo, com vistas a que sejam atingidas suas finalidades primordiais" (*Op cit.*, p. 6-7). Esse doutrinador afirma que o formalismo "atua como garantia de liberdade contra o arbítrio dos órgãos que exercem o poder do Estado" e controla "os eventuais excessos de uma parte em face da outra, atuando por conseguinte como poderoso fator de igualação (pelo menos formal) dos contentores entre si", oferecendo, portanto, duas faces: "no *plano normativo*, impõe uma equilibrada distribuição de poderes entre as partes, sob pena de tornar-se o contraditório uma sombra vã; no *plano do fato*, ou seja, do desenvolvimento concreto do procedimento, reclama o exercício de poderes pelo sujeito, de modo que sempre fique garantido o exercício dos poderes do outro. O justo equilíbrio presta-se, portanto, para atribuir às partes, na mesma medida, poderes, faculdades e deveres, de modo a que não seja idealmente diversa sua possível influência no desenvolvimento do procedimento e na atividade cognitiva do juiz, faceta assaz importante da própria garantia fundamental do contraditório (*Op. cit.*, p. 8-9).

Quando a lei prescrever determinada forma *sob pena de nulidade*, a decretação desta não pode ser requerida pela parte que lhe deu causa (art. 243 do CPC de 1973 e art. 276 do CPC de 2015).

De outro lado, quando a lei prescrever determinada forma, *sem cominação de nulidade*, o juiz considerará válido o ato se, realizado de outro modo, lhe alcançar a finalidade (art. 244 do CPC de 1973 e art. 277 do CPC de 2015).

Sendo assim:

a) os atos processuais não dependem de forma determinada, senão quando a lei expressamente a exigir (*princípio da liberdade das formas* ou *da forma livre*);

b) reputam válidos os atos que, mesmo realizados sem observância da forma prescrita em lei, lhes preencham a finalidade (*princípio da instrumentalidade das formas*).

Dos dispositivos legais citados resulta, ainda, que existem atos processuais que:

1) não dependem de forma determinada (*atos de forma livre*);

2) devem obedecer a uma forma determinada, sob pena de nulidade (*atos de forma vinculada ou ato solene*).

A liberdade das formas constitui característica marcante do processo do trabalho, bastando ver, por exemplo, que a nulidade do ato somente será declarada quando do ato viciado resultar manifesto prejuízo às partes, o que significa que, alcançada a finalidade essencial do ato, nenhuma nulidade será declarada (art. 794 da CLT). Com isso, são compatíveis com o direito processual do trabalho os dispositivos do CPC (de 1973 e de 2015) acima referidos.

No entanto, apesar da liberdade das formas, o ato deve conter o mínimo indispensável à sua compreensão. Destarte, em cada caso concreto, deve-se encontrar o ponto de equilíbrio entre as exigências formais e a liberdade das formas, valendo acrescentar que liberdade das formas diz respeito à forma em sentido estrito e não dispensa o cumprimento das exigências relativas a termos adequados, lugar, tempo e prazo para a prática dos atos processuais.

12. Publicidade dos atos processuais

A Constituição de 1988 impõe a publicidade dos atos processuais, estabelecendo que "a lei só poderá restringir a publicidade dos atos processuais quando a defesa da intimidade das partes ou o interesse social o exigirem" (art. 5º, LX) e que "todos os julgamentos do Poder Judiciário serão públicos, e fundamentadas todas as suas decisões, sob pena de nulidade, podendo ser limitada a presença, em determinados atos, às próprias partes e a seus advogados, ou somente a estes, em casos nos quais a preservação do direito à intimidade do interessado no sigilo não prejudique o interesse público à informação" (no art. 93, IX).

A CLT dispõe que: a) "os atos processuais serão públicos salvo quando o contrário determinar o interesse social" (art. 770); b) as "as audiências dos órgãos da Justiça do Trabalho serão públicas" (art. 813)"; c) "as partes, ou seus procuradores, poderão consultar, com ampla liberdade, os processos nos cartórios ou secretarias" (art. 779); d) "sem prejuízo dos prazos previstos neste Capítulo, terão as partes vistas dos autos em cartório ou secretaria" (art. 901[1116]); e) as partes, ou seus procuradores e também terceiros interessados, poderão requerer certidão dos processos, em curso ou arquivados (arts. 714, *d* e *e*, e 781 da CLT).

A publicidade se apresenta, portanto, sob três aspectos:

a) as audiências, inclusive de julgamento, serão públicas;

(1116) Dos arts. 779 e 901 da CLT resulta que a consulta aos autos em cartório ou secretaria não está condicionada à prévia abertura de vista às partes.

b) as partes, seus procuradores e terceiros interessados podem consultar livremente os processos em secretaria;

c) as partes, seus procuradores e terceiros interessados podem solicitar certidões dos processos em curso ou extintos e de feitos distribuídos ou baixados.

A publicidade do processo assegura a transparência do processo e permite a fiscalização dos atos do Poder Judiciário pela sociedade.

Nos casos em que for restringida a publicidade dos atos processuais o processo correrá em *segredo de justiça* (art. 781, parágrafo único, da CLT), hipótese em que o direito de consultar os autos e de pedir certidão de seus atos é restrito às partes e seus procuradores, mas o terceiro que demonstrar interesse jurídico pode requerer ao juiz certidão do dispositivo da sentença (art. 155, parágrafo único, do CPC de 1973 e art. 189, § 2º, do CPC de 2015), ao passo que a audiência é realizada a portas fechadas (art. 444 do CPC de 1973 e art. 189, I, do CPC de 2015), estando a presença restrita às partes e seus procuradores, ao juiz, aos auxiliares da justiça e ao Ministério Público, quando este oficiar no processo, no caso de o processo correr em segredo de justiça, o que se dá, por exemplo, quando o exigir o interesse público ou constem dos autos dados protegidos pelo direito constitucional à intimidade.

O segredo de justiça pode se referir a todo o processo ou a algum ato processual ou mesmo documento que dos autos conste (é o que costuma ocorrer em relação às declarações de rendimentos e extratos bancários juntados aos autos para fazer a prova da propriedade de bens passíveis de penhora ou de pagamentos realizados via depósito em conta bancária).

Por força do disposto no art. 714, *e*, da CLT, somente quando for determinado pelo juiz é que o Distribuidor poderá expedir certidão relativa a processos baixados.

As certidões dos processos que correm em segredo de justiça, ainda que requeridas pelas partes, dependem de despacho do juiz (art. 781, parágrafo único, da CLT).

A garantia de publicidade do ato não impede que o juiz, no exercício do seu poder de polícia, ordene que se retirem da sala da audiência os assistentes que se comportarem inconvenientemente ou que perturbarem a prática do ato, podendo requisitar, se necessário, força policial (art. 445 do CPC de 1973, art. 189, § 2º, do CPC de 2015, art. 360 do CPC de 2015 e art. 816 da CLT).

13. Meios de expressão dos atos processuais

Em todos os atos e termos processuais, é obrigatório o uso do vernáculo, isto é, da língua portuguesa (art. 156 do CPC de 1973, art. 192 do CPC de 2015 e art. 819 da CLT).

O documento redigido em língua estrangeira somente poderá ser juntado aos autos quando acompanhado de versão para a língua portuguesa tramitada pela via diplomática ou pela autoridade central, ou formada por tradutor juramentado (art. 157 do CPC de 1973 e art. 192 do CPC de 2015).

Não existindo tradutor juramentado na sede do juízo, a parte pode requerer a juntada do documento redigido em língua estrangeira e requerer a nomeação de tradutor *ad hoc* (art. 151, I, do CPC de 1973 e art. 162, I, do CPC de 2015).

14. Modos de expressão. Utilização de sistema de transmissão de dados e imagens tipo* fac-símile *ou outro similar para a prática de atos processuais que dependam de petição escrita. Sistema integrado de protocolização e fluxo de documentos eletrônicos da justiça do trabalho* (e-doc). *Processo judicial eletrônico (PJe)

Os atos processuais podem ser praticados de várias formas.

14.1. Os atos processuais poderão ser praticados *oralmente* (reclamação verbal e requerimento de oitiva de testemunhas apresentado em audiência, por exemplo) ou *por escrito* (interposição de recurso, *v.g.*). Os atos praticados oralmente serão reduzidos a termo ou registrados em ata de audiência, para efeito de sua documentação.

14.2. Os atos e termos processuais serão escritos à tinta, datilografados ou a carimbo (art. 771 da CLT) e total ou parcialmente digitais, de forma a permitir que sejam produzidos, comunicados, armazenados e validados por meio eletrônico, na forma da lei (art. 154, § 2º, do CPC de 1973 e art. 193 do CPC de 2015).

Quando se tratar de processo total ou parcialmente eletrônico, os atos processuais praticados na presença do juiz poderão ser produzidos e armazenados de modo integralmente digital em arquivo eletrônico inviolável, mediante registro do termo que será assinado digitalmente pelo juiz e pelo diretor de secretaria, bem como pelos advogados das partes, observando-se que eventuais contradições na transcrição deverão ser suscitadas oralmente no momento da realização do ato, sob pena de preclusão, devendo o juiz decidir de plano, registrando-se a alegação e a decisão no termo (art. 169, §§ 2º e 3º, do CPC de 1973 e art. 209, §§ 2º e 3º, do CPC de 2015).

Os atos e termos do processo serão assinados pelas pessoas que nele intervierem (art. 772 da CLT e art. 209 do CPC de 2015).(1117) Havendo recusa em assinar o ato, o Diretor certificará, nos autos, a ocorrência (art. 169 do CPC de 1973 e art. 209 do CPC de 2015). Se a recusa ocorrer em audiência, o fato deve ser registrado na ata respectiva. Se a pessoa que tiver que assinar o ato não puder fazê-lo, a assinatura se fará a rogo, na presença de duas testemunhas, sempre que não houver procurador legalmente habilitado (art. 772 da CLT).

Não se admitem nos atos e termos processuais espaços em branco, entrelinhas, emendas ou rasuras, salvo se aquelas forem inutilizadas e estas expressamente ressalvadas (art. 171 do CPC). É vedado, ainda, o uso de abreviaturas (art. 169, parágrafo único, do CPC).

14.3. A Lei n. 9.800/99 autoriza a utilização de sistema de transmissão de dados e imagens tipo *fac-símile* ou outro similar para a prática de atos processuais que dependam de petição escrita, dispondo que:

a) a utilização de sistema de transmissão de dados e imagens não prejudica o cumprimento dos prazos, devendo os originais ser entregues em juízo, necessariamente, até 5 (cinco) dias da data do seu término, ao passo que nos atos não sujeitos a prazo os originais deverão ser entregues até 5 (cinco) dias da data da recepção do material (art. 2º, parágrafo único, da Lei n. 9.800/99);(1118)

b) o juiz poderá praticar atos de sua competência à vista de transmissão efetuada na forma da lei (evita-se, com isto, prejuízo à marcha processual);

c) quem fizer uso do sistema de transmissão torna-se responsável pela qualidade e fidelidade do material transmitido e por sua entrega ao órgão judiciário, podendo, sem prejuízo de outras sanções,

(1117) A assinatura confere autenticidade ao ato.

(1118) De acordo com a Súmula n. 387 do TST, na sua redação original: "I — A Lei n. 9.800/1999 é aplicável somente a recursos interpostos após o início de sua vigência. II — a contagem do quinquídio para apresentação dos originais de recurso interposto por intermédio de *fac-símile* começa a fluir do dia subsequente ao término do prazo recursal, nos termos do art. 2º da Lei n. 9.800/1999, e não do dia seguinte à interposição do recurso, se esta se deu antes do término final do prazo. III — não se tratando, a juntada dos originais de ato que dependa de notificação, pois a parte, ao interpor o recurso, já tem ciência de seu ônus processual, não se aplica a regra do art. 184 do CPC, quanto ao *dies a quo*, podendo coincidir com sábado, domingo ou feriado. IV — A autorização para utilização do *fac-símile*, constante da Lei n. 9.800/1999, somente alcança as hipóteses em que o documento é dirigido diretamente ao órgão jurisdicional, não se aplicando à transmissão ocorrida entre particulares". A redação da citada Súmula foi alterada em 19.4.2016, passando a prever, *in verbis:* I — A Lei n. 9.800, de 26.5.1999, é aplicável somente a recursos interpostos após o início de sua vigência. II — A contagem do quinquídio para apresentação dos originais de recurso interposto por intermédio de *fac-símile* começa a fluir do dia subsequente ao término do prazo recursal, nos termos do art. 2º da Lei n. 9.800, de 26.5.1999, e não do dia seguinte à interposição do recurso, se esta se deu antes do término final do prazo. III — Não se tratando a juntada dos originais de ato que dependa de notificação, pois a parte, ao interpor o recurso, já tem ciência de seu ônus processual, não se aplica a regra do art. 224 do CPC de 2015 (art. 184 do CPC de 1973) quanto ao *dies a quo*, podendo coincidir com sábado, domingo ou feriado. IV — A autorização para utilização do *fac-símile*, constante do art. 1º da Lei n. 9.800, de 26.5.1999, somente alcança as hipóteses em que o documento é dirigido diretamente ao órgão jurisdicional, não se aplicando à transmissão ocorrida entre particulares. A Súmula foi apenas atualizada, em razão da entrada em vigor do CPC de 2015.

ser considerado litigante de má-fé, se não houver perfeita concordância entre a peça remetida pelo *fac-símile* e o original entregue em juízo;

d) a autorização para a utilização de sistema de transmissão de dados e imagens tipo *fac-símile* ou outro similar para a prática de atos processuais não obriga a que os órgãos judiciários disponham de equipamentos para a sua recepção.

Humberto Theodoro Júnior admite "que o *fac-símile* não seja diretamente recebido pelo órgão judicial, mas por agência oficial de telecomunicações ou por outro intermediário, os quais farão a mensagem chegar ao seu destino final. A Lei n. 9.800/99, aliás, não condiciona sua observância ao fato de existir nos órgãos judiciais equipamento de recepção (art. 5º). Nesses casos, a aferição da tempestividade do ato se dará não pela transmissão da mensagem, mas pela sua efetiva entrega à secretaria do juízo".[1119] A nosso juízo, a utilização de sistema de transmissão de dados e imagens tipo *fac-símile* ou outro similar somente é viável se o órgão jurisdicional contar com equipamento de recepção, por força do que estabelece o art. 5º da Lei n. 9.800/99.

A Lei n. 9.800/99 somente é aplicável aos atos praticados após o início de sua vigência, isto é, 26.5.1999 (art. 6º da Lei n. 9.800/99).

14.4. Por meio da Instrução Normativa n. 28/2005, o TST institui o Sistema Integrado de Protocolização e Fluxo de Documentos Eletrônicos da Justiça do Trabalho, denominado "*e-DOC*", que permite às partes, advogados e peritos, utilizar a Internet para a prática de atos processuais dependentes de petição escrita, com o intuito de criar facilidade de acesso e economia de tempo e de custo aos jurisdicionados no âmbito da Justiça do Trabalho.

O *e-DOC* é um serviço de uso facultativo, disponível nas páginas do TST e dos TRTs, na Internet (art. 1º da Instrução Normativa n. 28/2005), sendo vedado o seu uso para envio de petições destinadas ao STF (art. 2º da Instrução Normativa n. 28/2005).

O envio de petição por intermédio do *e-DOC* dispensa a apresentação posterior dos originais ou de fotocópias autenticadas (art. 3º da Instrução Normativa n. 28/2005).

O acesso ao *e-DOC* depende da utilização, pelo usuário, da sua identidade digital, a ser adquirida perante qualquer autoridade certificadora credenciada pela ICP — Brasil, e de seu efetivo cadastramento perante os órgãos da Justiça do Trabalho (art. 4º da Instrução Normativa n. 28/2005).

No momento do recebimento da petição, será expedido recibo ao remetente, que servirá como comprovante da sua entrega (art. 5º da Instrução Normativa n. 28/2005).

São de exclusiva responsabilidade do usuário: a) o sigilo da assinatura digital, não sendo oponível, em qualquer hipótese, alegação de seu uso indevido; b) a equivalência entre os dados informados para o envio (número do processo e unidade judiciária) e os constantes da petição remetida; c) as condições das linhas de comunicação e acesso ao seu provedor da Internet; d) a edição da petição em conformidade com as restrições impostas pelo serviço, no que se refere à formatação e tamanho do arquivo enviado; e e) o acompanhamento da divulgação dos períodos em que o serviço não estiver disponível em decorrência de manutenção no *site* do Tribunal (art. 7º da Instrução Normativa n. 28/2005).

O usuário deve observar o horário de funcionamento das unidades judiciárias responsáveis pela recepção das petições transmitidas por intermédio do *e-DOC*, devendo atentar para as diferenças de fuso horário existentes no país (art. 8º, parágrafo único, da Instrução Normativa n. 28/2005), sendo consideradas recebidas no expediente subsequente as petições transmitidas fora dos horários de atendimento ao público, definidos em regulamento de cada Tribunal (art. 8º, § 1º, da Instrução Normativa n. 28/2005).

14.5. De acordo com o art. 154, § 1º, do CPC de 1973, acrescentado pela Lei n. 11.419/2006[1120], "os tribunais, no âmbito da respectiva jurisdição, poderão disciplinar a prática e a comunicação oficial dos atos

(1119) *Curso de direito processual civil*, v. I, p. 254.

(1120) Vários dispositivos desta lei foram reproduzidos no CPC de 2015.

processuais por meios eletrônicos, atendidos os requisitos de autenticidade, integridade, validade jurídica e interoperabilidade da Infraestrutura de Chaves Públicas Brasileira – ICP – Brasil". Por meio deste dispositivo foi autorizada a implantação do o denominado *processo judicial eletrônico* (PJe).

A Lei n. 11.419/2006 estabelece que:

I) considera-se: a) meio eletrônico qualquer forma de armazenamento ou tráfego de documentos e arquivos judiciais; b) transmissão eletrônica toda forma de comunicação a distância com a utilização de redes de comunicação, preferencialmente a rede mundial de computadores; c) assinatura eletrônica, como forma de identificação inequívoca do signatário, a assinatura digital baseada em certificado digital emitida por autoridade certificante e mediante cadastro de usuário no Poder Judiciário, conforme disciplinado pelos órgãos respectivos (art. 1º).

II) o envio de petições e de recursos e a prática de atos processuais em geral por meio eletrônico serão admitidos mediante uso de assinatura eletrônica, sendo obrigatório o credenciamento prévio no Poder Judiciário, mediante procedimento no qual esteja assegurada a adequada identificação presencial do interessado, sendo ao credenciado atribuído registro e meio de acesso ao sistema, de modo que preserve o sigilo, a identificação e a autenticidade de suas comunicações, podendo ser criado um cadastro único para o credenciamento (art. 2º);

III) consideram-se realizados os atos processuais por meio eletrônico no dia e hora do seu envio ao sistema do Poder Judiciário, do que deverá ser fornecido protocolo eletrônico, sendo consideradas tempestivas as transmissões até as 24 horas do último dia do prazo, quando a petição eletrônica for enviada para atender prazo processual (art. 3º);

IV) os Tribunais poderão criar Diário da Justiça eletrônico, disponibilizando em sítio da rede mundial de computadores, para publicação de atos processuais e administrativos próprios e dos órgãos a eles subordinados, bem como comunicações em geral (art. 4º);[1121]

V) as intimações serão feitas por meio eletrônico em portal próprio aos que se cadastrarem, dispensando-se a publicação no órgão oficial, inclusive eletrônico, considerando-se realizada a intimação no dia em que o intimado efetivar a consulta eletrônica ao teor da intimação, certificando-se nos autos a sua realização, sendo que, no caso de consulta em dia não útil, a intimação será considerada como realizada no primeiro dia útil seguinte, ao passo que a consulta deverá ser realizada no prazo de dez dias corridos, contados da data do envio da intimação, sob pena de considerar-se a intimação automaticamente realizada na data do término desse prazo (art. 5º);

VI) as citações poderão ser realizadas por meio eletrônico, desde que a íntegra dos autos seja acessível ao citado (art. 6º);[1122]

VII) as cartas precatórias, rogatórias, de ordem e, de um modo geral, todas as comunicações que transitem entre órgãos do Poder Judiciário, bem como entre os deste e os dos demais Poderes, serão feitas preferencialmente por meio eletrônico (art. 7º);[1123]

VIII) os órgãos do Poder Judiciário poderão desenvolver sistemas eletrônicos de processamento de ações judiciais por meio de autos total ou parcialmente digitais, utilizando, preferencialmente, a

(1121) A publicação no Diário da Justiça eletrônico substitui qualquer outro meio de publicação oficial, para quaisquer efeitos legais, à exceção dos casos que, por força de lei, exigem intimação ou vista pessoal (art. 4º, § 2º, da Lei n.11.419/06). Tratando da contagem dos prazos na hipótese de intimação por meio do Diário da Justiça eletrônico, prevê a Lei n. 11.419/06, que "considera-se como data da publicação o primeiro dia útil seguinte ao da disponibilidade da informação no Diário da Justiça eletrônico" (art. 4º, § 3º) e, ainda, que "Os prazos processuais terão início no primeiro dia útil que se seguir ao considerado como data da publicação" (art.4º, § 4º). Na intimação por meio eletrônico, há, portanto, o dia em que a informação é disponibilizada no Diário da Justiça eletrônico (*data da divulgação*) e o dia em que a parte será considerada intimada (*dia da intimação*: primeiro dia útil seguinte ao da disponibilização da notícia no DJe).

(1122) O CPC de 2015 dispõe, no art. 246, V, que a citação pode ser realizada por meio eletrônico.

(1123) O art. 263 do CPC de 2015 dispõe que as cartas deverão, preferencialmente, ser expedidas por meio eletrônico, caso em que a assinatura do juiz deverá ser eletrônica, na forma da lei.

rede mundial de computadores e acesso por meio de redes internas e externas, sendo todos os atos processuais do processo eletrônico assinados eletronicamente (art. 8º);

IX) no processo eletrônico, as citações, intimações e notificações, inclusive da Fazenda Pública, serão feitas por meio eletrônico (art. 9º);[1124]

X) a distribuição de petição inicial e a juntada da contestação, dos recursos e das petições em geral, todos em formato digital, nos autos de processo eletrônico, podem ser feitas diretamente pelos advogados públicos e privados, sem necessidade de intervenção do cartório ou secretaria judicial, situação em que a autuação deverá se dar de forma automática, fornecendo-se recibo eletrônico do protocolo (art. 10);[1125]

XI) quando o ato processual tiver que ser praticado em determinado prazo, por meio de petição eletrônica, serão considerados tempestivos os efetivados até as 24 horas do último dia. Contudo, se o sistema do Poder Judiciário se tornar indisponível por motivo técnico, o prazo fica automaticamente prorrogado para o primeiro dia útil seguinte à resolução do problema (art. 10);[1126]

XII) os documentos produzidos eletronicamente e juntados aos processos eletrônicos com garantia da origem e de seu signatário serão considerados originais para todos os efeitos legais (art. 11);

XIII) os extratos digitais e os documentos digitalizados e juntados têm a mesma força probante dos originais, ressalvada a alegação motivada e fundamentada de adulteração antes ou durante o processo de digitalização, sendo a arguição de falsidade do documento original processada eletronicamente na forma da lei processual em vigor (art. 11);

XIV) a conservação dos autos do processo poderá ser efetuada total ou parcialmente por meio eletrônico, devendo os autos dos processos eletrônicos ser protegidos por meio de sistemas de segurança de acesso e armazenamento em meio que garanta a preservação e integridade dos dados, sendo dispensada a formação de autos suplementares (art. 12);

XV) os autos de processos eletrônicos que tiverem de ser remetidos a outro juízo ou instância superior que não disponham de sistema compatível deverão ser impressos em papel, autuados na forma dos arts. 166 a 168 do CPC (art. 12);

XVI) o magistrado poderá determinar que sejam realizados por meio eletrônico a exibição ou o envio de dados e dos documentos necessários à instrução do processo (art. 13);

XVII) salvo impossibilidade que comprometa o acesso à justiça, a parte deverá informar, ao distribuir a petição inicial de qualquer ação judicial, o número no cadastro de pessoas físicas ou jurídicas, conforme o caso, perante a Secretaria da Receita Federal (art. 15).

O CPC de 2015 prevê que: os tribunais divulgarão as informações constantes de seu sistema de automação em página própria da rede mundial de computadores, gozando a divulgação de presunção de veracidade e confiabilidade (art. 197); nos casos de problema técnico do sistema de erro ou omissão do auxiliar da justiça responsável pelo registro dos andamentos, poderá ser configurada a justa causa para a não realização do ato no prazo próprio (197, parágrafo único); as unidades do Poder Judiciário deverão manter gratuitamente, à disposição dos interessados, equipamentos necessários à prática de atos processuais e à

(1124) O art. 193 do CPC de 2015 estabelece que os atos processuais podem ser total ou parcialmente digitais, de forma a permitir que sejam produzidos, comunicados, armazenados e validados por meios eletrônicos, na forma da lei. O CPC de 2015 autoriza a prática de atos por meio de videoconferência ou outro recurso tecnológico de transmissão de sons e imagens em tempo real (art. 236, § 3º), observando-se que, de acordo com o art. 194 do CPC de 2015, os sistemas de automação processual respeitarão a publicidade dos atos, o acesso e a participação das partes e de seus procuradores, inclusive nas audiência e sessões de julgamento, observadas as garantias da disponibilidade, independência da plataforma computacional, acessibilidade e interoperabilidade dos sistemas, serviços, dados e informações que o Poder Judiciário administre no exercício de suas funções.

(1125) O processo judicial eletrônico conduz à *unidade de lugar* (o ato processual pode, em regra, ser praticado de qualquer lugar do globo terrestre) e *unidade de tempo* (o sistema é pensado para funcionar continuamente) e *dispensa de intermediação do juiz e dos auxiliares da justiça* para a autuação das petições e documentos, que passa a ser automática.

(1126) Foi criada, destarte, mais uma situação em que o prazo processual será prorrogado.

consulta e ao acesso ao sistema e aos documentos dele constantes (art. 198), sendo permitida a prática de atos por meio não eletrônico no local onde não estiverem disponíveis tais equipamentos (art. 198, parágrafo único).

De outro lado, de acordo com o art. 199 do CPC de 2015, as unidades do Poder Judiciário assegurarão às pessoas com deficiência a acessibilidade aos seus sítios na rede mundial de computadores, ao meio eletrônico para a prática de atos judicias, à comunicação eletrônica dos atos processuais e à assinatura eletrônica.

O Conselho Superior da Justiça do Trabalho (CSJT) instituiu o Sistema Processo Judicial Eletrônico da Justiça do Trabalho (PJe-JT) por meio da Resolução n. 94, de 23 de março de 2012.

De acordo com referida Resolução, já com a redação que lhe foi conferida pela Resolução n. 120, de 21 de fevereiro de 2013, também do CSJT:

1) a tramitação do processo judicial no âmbito da Justiça do Trabalho, a prática de atos processuais e sua representação por meio eletrônico serão realizados exclusivamente por intermédio do Sistema Processo Judicial Eletrônico — PJe-JT, a ser implantado de forma gradual (art. 1º, *caput* e § 1º);

2) o PJe-JT compreenderá o controle do sistema judicial trabalhista nos seguintes aspectos: I — o controle da tramitação do processo; II — a padronização de todos os dados e informações compreendidas pelo processo judicial; III — a produção, registro e publicidade dos atos processuais; IV — o fornecimento de dados essenciais à gestão das informações necessárias aos diversos órgãos de supervisão, controle e uso do sistema judiciário trabalhista (art. 2º);

3) considera-se: I — assinatura digital: assinatura em meio eletrônico, que permite aferir a origem e a integridade do documento, baseada em certificado digital, padrão ICP-BRASIL, tipo A-3 ou A-4, emitido por Autoridade Certificadora Credenciada, na forma de lei específica; II — autos do processo eletrônico ou autos digitais: conjunto de documentos digitais correspondentes a todos os atos, termos e informações do processo; III — digitalização: processo de conversão de um documento originalmente confeccionado em papel para o formato digital por meio de dispositivo apropriado, como um *scanner*; IV — documento digital: documento codificado em dígitos binários, acessível por meio de sistema computacional; V — meio eletrônico: qualquer forma de armazenamento ou tráfego de documentos e arquivos digitais; VI — transmissão eletrônica: toda forma de comunicação a distância com a utilização de redes de comunicação, preferencialmente a rede mundial de computadores; VII — usuários internos: magistrados e servidores da Justiça do Trabalho, bem como outros a que se reconhecer acesso às funcionalidades internas do sistema de processamento em meio eletrônico (estagiários, prestadores de serviço, etc.); VIII— usuários externos: todos os demais usuários, incluídos partes, advogados, membros do Ministério Público, peritos e leiloeiros (art. 3º), registrando-se que os usuários terão acesso às funcionalidades do PJe-JT de acordo com o perfil que lhes for atribuído no sistema e definidas em ato da Presidência do CSJT, observada a natureza de sua atuação na relação jurídico-processual (art. 3º, § 1º) e que a criação de novos perfis de usuários no sistema, inclusive pelos Tribunais Regionais do Trabalho, somente poderá ocorrer mediante prévia e expressa autorização da Presidência do Conselho Superior da Justiça do Trabalho, ouvida a Gerência Técnica do PJe-JT (art. 3º, § 2º);

4) os atos processuais terão registro, visualização, tramitação e controle exclusivamente em meio eletrônico e serão assinados digitalmente, contendo elementos que permitam identificar o usuário responsável pela sua prática (art. 4º), observando-se que a cópia de documento extraída dos autos digitais deverá conter elementos que permitam verificar a sua autenticidade no endereço referente à consulta pública do PJe-JT, cujo acesso também será disponibilizado nos sítios do Conselho Superior da Justiça do Trabalho, do Tribunal Superior do Trabalho e dos Tribunais Regionais do Trabalho na Rede Mundial de Computadores (art. 4º, § 1º) e que o usuário é responsável pela exatidão das informações prestadas, quando de seu credenciamento, assim como pela guarda, sigilo e utilização da assinatura eletrônica, não sendo oponível, em qualquer hipótese, alegação de uso indevido, nos termos da Medida Provisória n. 2.200-2, de 24 de agosto de 2001 (art. 4º, § 2º);

5) para acesso ao PJe-JT, é obrigatória a utilização de assinatura digital (art. 5º), mas, no caso de ato urgente em que o usuário externo não possua certificado digital para o peticionamento, ou em se tratando da hipótese prevista no art. 791 da CLT[1127], a prática será viabilizada por intermédio de servidor da unidade judiciária destinatária da petição ou do setor responsável pela redução a termo e digitalização de peças processuais (art. 5º, parágrafo único);

6) para o uso da assinatura digital, o credenciamento dar-se-á pela simples identificação do usuário por meio de seu certificado digital e remessa do formulário eletrônico, devidamente preenchido, disponibilizado no portal de acesso ao PJe-JT (art. 6º), observando-se que alterações de dados cadastrais poderão ser feitas pelos usuários, a qualquer momento, na seção respectiva do portal de acesso ao PJe-JT (art. 6º, § 1º), que o credenciamento implica a aceitação das normas estabelecidas nesta Resolução, assim como nas demais normas que vierem a regulamentar o uso do processo eletrônico no âmbito dos Tribunais e a responsabilidade do credenciado pelo uso indevido da assinatura digital (art. 6º, § 2º) e que o credenciamento de advogados na forma prevista neste artigo não dispensa a juntada de mandato, para fins do disposto no art. 37 do CPC (art. 6º, § 3º);[1128]

7) o PJe-JT estará disponível 24 horas por dia, ininterruptamente, ressalvados os períodos de manutenção do sistema (art. 7º), sendo que se considera indisponibilidade dos sistemas de tramitação eletrônica de processos a falta de oferta ao público externo de qualquer um dos seguintes serviços: 1 — consulta aos autos digitais; 2 — transmissão eletrônica de atos processuais; 3 — citações, intimações ou notificações eletrônicas (art. 8º), ao passo que as falhas de transmissão de dados entre as estações de trabalho do público externo e a rede de comunicação pública, assim como a impossibilidade técnica que decorra de falhas nos equipamentos ou programas dos usuários, não caracterizam indisponibilidade (art. 8º, § 1º), sendo responsabilidade do usuário: a) o acesso ao seu provedor da internet e a configuração do computador utilizado nas transmissões eletrônicas; b) o acompanhamento do regular recebimento das petições e documentos transmitidos eletronicamente (art. 8º, § 2º);

8) a indisponibilidade do sistema será aferida pelos Tribunais Regionais do Trabalho e registrada em relatório de interrupções de funcionamento e divulgada ao público na rede mundial de computadores nos endereços eletrônicos respectivos e reproduzida pelo Conselho Superior da Justiça do Trabalho (art. 9º), devendo o relatório conter data, horário e minuto do início da indisponibilidade, data, hora e minuto de término da indisponibilidade e serviços que ficaram indisponíveis (art. 9º, parágrafo único);

9) os prazos que se vencerem no dia da ocorrência de indisponibilidade de quaisquer dos serviços referidos no art. 8º da Resolução serão automaticamente prorrogados para o dia útil seguinte à retomada de funcionamento, quando: I — a indisponibilidade for superior a 60 minutos, ininterruptos ou não, se ocorrida entre 6h00 e 23h00; e II — ocorrer indisponibilidade entre 23h01 e 24h00, observando-se que as indisponibilidades ocorridas entre 00h00 e 6h00 dos dias de expediente forense e as ocorridas em feriados e finais de semana, a qualquer hora, não produzirão o efeito do *caput* (prorrogação do prazo) e que os prazos fixados em hora serão prorrogados na mesma proporção das indisponibilidades ocorridas no intervalo entre 6h00 e 23h00, sendo que, nesse caso, o reinício da contagem do prazo em horas ocorrerá a partir da plena ciência das partes ou dos interessados quanto ao restabelecimento dos serviços que estavam indisponíveis (art. 10, *caput* e §§ 1º e 2º);

10) a indisponibilidade previamente programada produzirá as consequências definidas pela autoridade que a determinar e será ostensivamente comunicada ao público externo com, pelo menos, 48 (quarenta e oito) horas de antecedência (art. 11);

11) o sistema receberá arquivos com tamanho máximo de 1,5 *megabytes* e apenas nos seguintes formatos: I — arquivos de texto, no formato PDF (*portable document format*), com resolução máxima de 300 dpi, formatação A4 e orientação tipo "retrato"; II — arquivos de áudio, no formato MPEG-1

(1127) Trata-se de hipótese de prática de atos processuais pela própria parte, no exercício do *jus postulandi*.

(1128) Mesmo no processo judicial eletrônico, sem instrumento de mandato, o advogado não será admitido a atuar em juízo.

ou MP3 (*Moving Picture Experts Group*); III — arquivos de áudio e vídeo (AV), no formato MPEG-4 (*Moving Picture Experts Group*); IV — arquivos de imagem, no formato JPEG (*Joint Photographic Expertes Group*), com resolução máxima de 300 dpi (art. 12), observando-se que partes ou terceiros interessados desassistidos de advogados poderão apresentar peças processuais e documentos em papel, segundo as regras ordinárias, nos locais competentes para o recebimento, cabendo à Unidade Judiciária digitalizá-los e inseri-los no processo, o mesmo podendo ocorrer em relação aos advogados, em casos urgentes, devidamente comprovados, em que não for possível a prática de atos diretamente pelo sistema, ou em qualquer outra hipótese de justo impedimento de acesso, a critério do magistrado (art. 12, §§ 1º e 2º), ao passo que o sistema de armazenamento dos documentos digitais deverá conter funcionalidades que permitam identificar o usuário que promover exclusão, inclusão ou alteração de dados, arquivos baixados, bem como o momento de sua ocorrência (art. 12, § 3º);

12) a exclusão de peças e documentos no sistema é atribuição típica dos magistrados de primeiro e segundo graus, sendo vedada a sua delegação ou atribuição de funcionalidade semelhante a servidores (art. 12, § 4º);

13) a parte ou o advogado poderá juntar quantos arquivos se fizerem necessários à ampla e integral defesa de seus interesses, desde que cada um desses arquivos observe o limite de tamanho máximo fixado no *caput* do art. 12 (art. 12, § 5º);

14) os documentos produzidos eletronicamente, os extratos digitais e os documentos digitalizados e juntados aos autos pelos órgãos da Justiça do Trabalho e seus auxiliares, pelos membros do Ministério Público, pelas procuradorias e por advogados públicos e privados têm a mesma força probante dos originais, ressalvada a alegação motivada e fundamentada de adulteração (art. 13);

15) incumbirá à parte zelar pela qualidade dos documentos juntados por qualquer meio, especialmente quanto à sua legibilidade, para o que se recomenda não utilizar papel reciclado, em virtude de dificultar a respectiva visualização posterior (art. 13, § 1º), observando-se que os originais dos documentos digitalizados, mencionados no *caput* deste artigo, deverão ser preservados pelo seu detentor até o trânsito em julgado da sentença ou, quando admitida, até o final do prazo para propositura de ação rescisória e que a arguição de falsidade do documento original será processada eletronicamente na forma da lei processual em vigor (art. 13, §§ 2º e 3º);

16) os documentos cuja digitalização mostre-se tecnicamente inviável devido ao grande volume ou por motivo de ilegibilidade deverão ser apresentados em secretaria no prazo de 10 (dez) dias contados do envio de petição eletrônica comunicando o fato. Após o trânsito em julgado, os referidos documentos serão devolvidos, incumbindo-se à parte preservá-los até o final do prazo para propositura de ação rescisória, quando admitida (art. 13, § 4º);

17) excetuando-se os documentos referidos no art. 13, todos os demais documentos apresentados deverão ser retirados pelos interessados, no prazo de 30 dias, para os efeitos do art. 11, § 3º, da Lei n. 11.419/2006. Findo esse prazo, a Unidade Judiciária correspondente poderá inutilizar os documentos mantidos sob sua guarda em meio impresso (art. 14);

18) os documentos que forem juntados eletronicamente em autos digitais e reputados manifestamente impertinentes pelo Juízo terão sua visualização tornada indisponível por expressa determinação judicial (art. 15);

19) os documentos digitalizados e anexados às petições eletrônicas serão adequadamente classificados e organizados de forma a facilitar o exame dos autos eletrônicos, podendo o juiz determinar a sua reorganização e classificação, caso não atenda ao disposto neste artigo. A falta de cumprimento desta determinação ensejará a exclusão dos documentos do feito e, em se tratando de petição inicial, será observada a regra prevista no art. 284 e parágrafo único do CPC (art. 16, *caput* e parágrafo único);

20) os Tribunais Regionais do Trabalho manterão instalados equipamentos à disposição das partes, advogados e interessados para consulta ao conteúdo dos autos digitais e envio de peças processuais e documentos em meio eletrônico (art. 17);

21) no processo eletrônico, todas as citações, intimações e notificações, inclusive da Fazenda Pública, far-se-ão por meio eletrônico. As citações, intimações, notificações e remessas que viabilizem o acesso à íntegra do processo correspondente serão consideradas vista pessoal do interessado para todos os efeitos legais. Quando, por motivo técnico, for inviável o uso do meio eletrônico para a realização de citação, intimação ou notificação, esses atos processuais poderão ser praticados segundo as regras ordinárias, digitalizando-se o documento físico, que permanecerá na secretaria da unidade judiciária até o trânsito em julgado da sentença ou, quando admitida, até o final do prazo para propositura de ação rescisória, findo o qual será destruído, caso a parte interessada, devidamente intimada, não o receber. As intimações endereçadas aos advogados nos módulos de primeiro e segundo graus far-se-ão, em regra, diretamente pelo sistema, à exceção da ciência da inclusão do processo em pauta de órgão julgador colegiado e de acórdãos publicados, as quais serão realizadas por meio de publicação no Diário Eletrônico da Justiça do Trabalho (art. 18, *caput* e §§ 1º a 3º);

22) no instrumento de notificação ou citação constará indicação da forma de acesso ao inteiro teor da petição inicial no endereço referente à consulta pública do PJe-JT, cujo acesso também será disponibilizado nos sítios do Conselho Superior da Justiça do Trabalho e dos Tribunais Regionais do Trabalho na Rede Mundial de Computadores (art. 19);

23) para efeito da contagem do prazo de 10 (dez) dias corridos de que trata o art. 5º, § 3º, da Lei n. 11.419/2006, nos sistemas de tramitação eletrônica de processos: I — o dia inicial da contagem é o dia seguinte ao da disponibilização do ato de comunicação no sistema, independentemente de esse dia ser, ou não, de expediente no órgão comunicante; II — o dia da consumação da intimação ou comunicação é o décimo dia a partir do dia inicial, caso seja de expediente judiciário, ou o primeiro dia útil seguinte, conforme previsto no art. 5º, § 2º, da Lei n. 11.419/2006. A intercorrência de feriado, interrupção de expediente ou suspensão de prazo entre o dia inicial e o dia final do prazo para conclusão da comunicação não terá nenhum efeito sobre sua contagem, excetuada a hipótese do inciso II (art. 20, *caput* e parágrafo único);

24) o cadastramento do processo, a distribuição da petição inicial e a juntada da contestação, dos recursos e das petições em geral, todos em formato digital, nos autos de processo eletrônico devem ser feitos diretamente pelos advogados públicos e privados, sem necessidade da intervenção da secretaria judicial, situação em que a autuação ocorrerá de forma automática, fornecendo-se o recibo eletrônico de protocolo (art. 21);

25) a petição inicial conterá, além dos requisitos referidos no art. 840, § 1º, da CLT, a indicação do CPF ou CNPJ da parte autora (art. 21, § 1º);

26) o sistema fornecerá, imediatamente após o envio da petição inicial, juntamente com a comprovação de recebimento, informações sobre o número atribuído ao processo, o Órgão Julgador para o qual foi distribuída a ação e, se for o caso, a data da audiência inicial, designada automaticamente e da qual será o autor imediatamente intimado (art. 21, § 2º);

27) em se tratando de processos recebidos em autos físicos nas unidades judiciárias que utilizam exclusivamente o PJe-JT, o magistrado deverá conceder prazo razoável para que a parte que se encontre assistida por advogado adote as providências necessárias à regular tramitação do feito no meio eletrônico, inclusive o seu prévio credenciamento no sistema, caso ainda não haja ocorrido, sob pena de extinção do processo, sem resolução do mérito, nos termos do art. 267, III, do CPC (art. 21, § 4º), observando-se que estas providências ficarão a cargo da Secretaria da Vara do Trabalho, na hipótese de a parte encontrar-se desassistida por advogado, na forma do art. 791 da CLT (art. 21, § 5º);

28) a distribuição em primeiro e segundo graus de jurisdição será necessariamente automática e realizada pelo sistema logo após o protocolamento da petição inicial (art. 21, § 6º);

29) o sistema fornecerá indicação de possível prevenção com processos já distribuídos, com base nos parâmetros definidos pelos Comitês Gestores Nacionais do PJe do Conselho Nacional de Justiça e do Conselho Superior da Justiça do Trabalho, e o magistrado, sempre que acolher tal indicativo,

em decisão fundamentada, determinará a redistribuição imediata dos autos para o juízo tido por competente (art. 21, § 7º);

30) em qualquer hipótese, não é possível a inclusão de funcionalidades no sistema para exclusão de magistrados de determinada distribuição em razão de alegação prévia de impedimento e/ou suspeição, mas poderá ser criada funcionalidade que indique a ocorrência de possível suspeição/ impedimento, sem que tal alerta influencie ou afaste a livre distribuição do feito. O magistrado, sempre que acolher tal indicativo, proferirá decisão fundamentada (art. 21, §§ 8º e 9º);

31) os advogados devidamente credenciados deverão encaminhar eletronicamente as contestações e documentos, com opção de sigilo, quando for o caso, até antes da realização da audiência, sem prescindir de sua presença àquele ato processual. Fica facultada a apresentação de defesa oral, pelo tempo de até 20 minutos, conforme o disposto no art. 847 da CLT (art. 22, *caput* e parágrafo único);[1129]

32) a comprovação da entrega de expedientes por oficiais de justiça será feita por certidão circunstanciada acerca do cumprimento da diligência, dispensando-se a juntada aos autos de contrafé digitalizada e subscrita pelos destinatários (art. 23);

33) as atas e termos de audiência serão assinados digitalmente apenas pelo juiz, assim como o documento digital, no caso de audiências gravadas em áudio e vídeo, os quais passarão a integrar os autos digitais, mediante registro em termo. Nos tribunais, as atas de sessões, quando necessárias para registros passíveis de publicidade, deverão ser lavradas pela secretaria e aprovadas pela Presidência do respectivo órgão colegiado, com envio posterior para publicação no Diário Eletrônico da Justiça do Trabalho — DEJT, sem obrigatoriedade de integrar os autos digitais dos processos analisados na referida assentada (arts. 24 e 24-A);

34) os atos processuais praticados por usuários externos considerar-se-ão realizados na data e horário do seu recebimento no PJe-JT. A postulação encaminhada considerar-se-á tempestiva quando recebida, integralmente, até as vinte e quatro horas do dia em que se encerra o prazo processual, considerado o horário da sede do respectivo Tribunal em que se situa o órgão destinatário (art. 25, *caput* e § 1º);

35) a suspensão dos prazos processuais não impedirá o encaminhamento de petições e a movimentação de processos eletrônicos, podendo a apreciação dos pedidos decorrentes desses prazos ocorrer, a critério do juiz, após o término do prazo de suspensão, ressalvados os casos de urgência (art. 25, § 2º);

36) o sistema fornecerá ao usuário externo recibo eletrônico da prática do ato processual contendo o número do protocolo gerado pelo sistema, a data e o horário da prática do ato, a identificação do processo, o nome do remetente e/ou do usuário que assinou eletronicamente o documento e, se houver, o assunto, o órgão destinatário da petição e as particularidades de cada arquivo eletrônico, conforme informados pelo remetente (art. 25, § 3º);

37) será de integral responsabilidade do remetente a equivalência entre os dados informados para o envio e os constantes da petição remetida (art. 25, § 4º);

38) não serão considerados, para fins de tempestividade, o horário inicial de conexão do usuário à internet, o horário de acesso do usuário ao sítio eletrônico do Tribunal ou ao PJe-JT, tampouco os horários registrados pelos equipamentos do remetente (art. 25, § 5º);

39) a não obtenção de acesso ao PJe-JT e eventual defeito de transmissão ou recepção de dados não imputáveis à indisponibilidade ou impossibilidade técnica do sistema não servirão de escusa para o descumprimento de prazo processual (art. 25, § 6º);

40) a partir da implantação do PJe na segunda instância das Regiões da Justiça do Trabalho, será dispensada a formação de autos suplementares em casos como de agravos de instrumento, precatórios, agravos regimentais e execução provisória (art. 26);

(1129) A possibilidade de apresentação de defesa oral torna certo que o prazo para resposta do reclamado expira na audiência. Com isto, o momento da estabilização da demanda continua sendo o do recebimento da defesa.

41) caberá ao relator solicitar a inclusão do processo em pauta, observado, no caso de ações rescisórias, o interstício mínimo de 15 (quinze) dias entre a data da solicitação e a data da pauta de julgamento designada. Observadas as hipóteses de cabimento, de direito a voto do relator, de competência para julgamento e direito a sustentação oral definidas nos respectivos regimentos internos dos Tribunais Regionais do Trabalho, os agravos regimentais interpostos no âmbito do PJe-JT observarão o seguinte procedimento: I — o agravo regimental será interposto, no prazo de 8 (oito) dias, mediante petição incidental, sem necessidade de preenchimento de dados cadastrais de autuação e por meio da funcionalidade do editor de texto disponível na aba "detalhes do processo"; II — o agravo será submetido à apreciação do desembargador prolator do despacho ou decisão agravada, no prazo de 48 (quarenta e oito) horas; III — mantida a decisão, o agravo será submetido, em mesa, para julgamento pelo órgão do Tribunal competente para o julgamento do pedido ou recurso, na primeira sessão ordinária que se seguir ao seu recebimento; IV — caso vencido o desembargador prolator do despacho ou decisão agravada, lavrará o acórdão o magistrado que primeiro votou na tese vencedora, o qual será habilitado no sistema como "redator" pelo secretário da sessão; V – no caso de provimento do agravo regimental interposto na forma do art. 557, § 1º, do CPC, o julgamento do recurso terá seguimento em outra sessão, após, se for o caso, manifestação do Ministério Público do Trabalho (arts. 27 e 27A);

42) a consulta ao inteiro teor dos documentos juntados ao PJe-JT somente estará disponível pela rede mundial de computadores, nos termos da Lei n. 11.419/2006 e da Resolução n. 121, de 5 de outubro de 2010, do Conselho Nacional de Justiça — CNJ, para as respectivas partes processuais, advogados em geral, Ministério Público e para os magistrados, sem prejuízo da possibilidade de visualização nas Secretarias dos Órgãos Julgadores, à exceção daqueles que tramitarem em sigilo ou segredo de justiça. Parágrafo único. Para a consulta será exigido o credenciamento no sistema (art. 28);

43) o uso inadequado do sistema que cause prejuízo às partes ou à atividade jurisdicional poderá importar, após determinação da autoridade judiciária competente, no bloqueio provisório do cadastro do usuário, relativamente ao processo em que se deu o evento, ou mesmo ao sistema, dependendo da gravidade do fato, sem prejuízo de outras medidas processuais e legais, observadas as prerrogativas legais, no caso de magistrados, advogados e membros do Ministério Público (art. 29);

44) as cartas precatórias expedidas para as unidades judiciárias nas quais tenha sido implantado o PJe-JT tramitarão também em meio eletrônico e quando da devolução ao juízo deprecante será encaminhada certidão constando o seu cumprimento com a materialização apenas de peças essenciais à compreensão dos atos realizados (art. 45).

O TST, por meio da Instrução Normativa n. 30/2007, regulamentou a Lei n. 11.419/2006, disciplinando o uso de meios eletrônicos na tramitação de processos judiciais, comunicação de atos e transmissão de peças processuais na Justiça do Trabalho.

Segundo a Instrução Normativa n. 30/2007, com a redação que lhe conferiu a Resolução n. 192/2013 do TST:

1 — Os Tribunais Regionais do Trabalho disponibilizarão em suas dependências e nas Varas do Trabalho, para os usuários dos serviços de peticionamento eletrônico, que necessitarem equipamentos de acesso à rede mundial de computadores e de digitalização do processo, para a distribuição de peças processuais (art. 2º);[1130]

2 — No âmbito da Justiça do Trabalho, o envio de petições, de recursos e a prática de atos processuais em geral por meio eletrônico serão admitidos mediante uso de assinatura eletrônica (art. 3º);

3 — A assinatura eletrônica, no âmbito da Justiça do Trabalho, será admitida sob as seguintes modalidades: a) assinatura digital, baseada em certificado digital emitido pelo ICP — Brasil, com uso de cartão e senha; b) assinatura cadastrada, obtida perante o Tribunal Superior do Trabalho ou Tribunais Regionais do Trabalho, com fornecimento de *login* e senha (art. 4º);

(1130) A informatização do processo não pode implicar entraves ao acesso à justiça.

4 — Para o uso de qualquer das duas modalidades de assinatura eletrônica, o usuário deverá se credenciar previamente perante o Tribunal Superior do Trabalho ou o Tribunal Regional do Trabalho com jurisdição sobre a cidade em que tenha domicílio, mediante o preenchimento de formulário eletrônico, disponibilizado no Portal da Justiça do Trabalho (Portal — JT) (art. 4º, § 1º);

5 — No caso de assinatura digital, em que a identificação presencial já se realizou perante a Autoridade Certificadora, o credenciamento se dará pela simples identificação do usuário por meio de seu certificado digital e remessa do formulário devidamente preenchido. No caso da assinatura cadastrada, o interessado deverá comparecer, pessoalmente, perante o órgão do Tribunal no qual deseje cadastrar sua assinatura eletrônica, munido do formulário devidamente preenchido, obtendo senhas e informações para a operacionalização de sua assinatura eletrônica (art. 4º, §§ 2º e 3º);

6 — Ao credenciado será atribuído registro e meio de acesso ao sistema, de modo a preservar o sigilo (mediante criptografia de senha), a identificação e a autenticidade de suas comunicações (art. 4º, § 4º);

7 — A prática de atos processuais por meio eletrônico pelas partes, advogados e peritos será feita, na Justiça do Trabalho, através do Sistema Integrado de Protocolização e Fluxo de Documentos Eletrônicos (*e-DOC*) (art. 5º);

8 — O sistema *e-DOC* é um serviço de uso facultativo, disponibilizado no Portal-JT, na Internet (art. 5º, § 1º), sendo, no entanto, vedado o uso do *e-DOC* para o envio de petições destinadas ao Supremo Tribunal Federal (art. 5º, §§ 1º e 2º);

9 — O sistema do *e-DOC* deverá buscar identificar, dentro do possível, os casos de ocorrência de prevenção, litispendência e coisa julgada (art. 5º, § 3º);

10 — A parte desassistida de advogado que desejar utilizar o sistema do *e-DOC* deverá se cadastrar, antes, nos termos desta Instrução Normativa (art. 5º, § 4º);

11 — As petições, acompanhadas ou não de anexos, apenas serão aceitas em formato PDF, no tamanho máximo, por operação, de 2 *megabytes* (art. 6º), não sendo admitido o fracionamento de petição, tampouco dos documentos que a acompanham, para fins de transmissão (art. 6º, parágrafo único);

12 — O envio da petição por intermédio do *e-DOC* dispensa a apresentação posterior dos originais ou de fotocópias autenticadas, inclusive aqueles destinados à comprovação de pressupostos de admissibilidade do recurso (art. 7º);

13 — O acesso ao *e-DOC* depende da utilização, pelo usuário, da sua assinatura eletrônica (art. 8º);

14 — Salvo impossibilidade que comprometa o acesso à justiça, a parte deverá informar, ao distribuir a petição inicial de qualquer ação judicial em meio eletrônico, o número no cadastro de pessoas físicas ou jurídicas, conforme o caso, perante a Secretaria da Receita Federal (art. 8º, parágrafo único);

15 — O Sistema Integrado de Protocolização e Fluxo de Documentos Eletrônicos (*e-DOC*), no momento do recebimento da petição, expedirá recibo ao remetente, que servirá como comprovante de entrega da petição e dos documentos que a acompanharam (art. 9º), constando de recibo, dentre outros dados, a data e o horário do recebimento da petição no Tribunal, fornecidos pelo Observatório Nacional (art. 9º, § 1º, IV), sendo que a qualquer momento o usuário poderá consultar no *e-DOC* as petições e documentos enviados e respectivos recibos;

16 — Incumbe aos Tribunais, por intermédio das respectivas unidades administrativas responsáveis pela recepção das petições transmitidas pelo *e-DOC*: a) imprimir as petições e seus documentos, caso existentes, anexando-lhes o comprovante de recepção gerado pelo Sistema, enquanto não generalizada a virtualização do processo, que dispensará os autos físicos;[1131] b) verificar, diariamente, no sistema informatizado, a existência de petições eletrônicas pendentes de processamento (art. 10);

(1131) Dessa forma, os custos da impressão de petições são transferidos para a União e a Secretaria das Varas do Trabalho são obrigadas a destacar um dos seus funcionários para a impressão de petições e documentos recepcionados.

17 — São de exclusiva responsabilidade dos usuários: a) o sigilo da assinatura digital, não sendo oponível, em qualquer hipótese, alegação de seu uso indevido; b) a equivalência entre os dados informados para o envio (número do processo e unidade judiciária) e os constantes da petição remetida; c) as condições das linhas de comunicação e acesso ao seu provedor da Internet; d) a edição da petição e anexos em conformidade com as restrições impostas pelo serviço, no que se refere à formatação e tamanho do arquivo enviado; e) o acompanhamento da divulgação dos períodos em que o serviço não estiver disponível em decorrência de manutenção no sítio do Tribunal (art. 11);

18 — A não obtenção, pelo usuário, de acesso ao Sistema, além de eventuais defeitos de transmissão ou recepção de dados, não serve de escusa para o descumprimento dos prazos legais (art. 10, § 1º);

19 — Deverão os Tribunais informar, nos respectivos sítios, os períodos em que, eventualmente, o sistema esteve indisponível (art. 10, § 2º);

20 — Consideram-se realizados os atos processuais por meio eletrônico no dia e hora do seu recebimento pelo sistema do *e-DOC* (art. 12);

21 — Quando a petição eletrônica for enviada para atender prazo processual, serão consideradas tempestivas as transmitidas até as 24 (vinte e quatro) horas do seu último dia (art. 12, § 1º);

22 — Incumbe ao usuário observar o horário estabelecido como base para recebimento, como sendo o do Observatório Nacional, devendo atentar para as diferenças de fuso horário existente no país (art. 12, § 2º);

23 — Não serão considerados, para efeito de tempestividade, o horário da conexão do usuário à Internet, o horário do acesso ao sítio do Tribunal, tampouco os horários consignados nos equipamentos do remetente e da unidade destinatária, mas o de recebimento no órgão da Justiça do Trabalho (art. 12, § 3º);

24 — O uso inadequado do *e-DOC* que venha a causar prejuízo às partes ou à atividade jurisdicional importa bloqueio do cadastramento do usuário, a ser determinado pela autoridade judiciária competente (art. 13);

25 — O Portal da Justiça do Trabalho (Portal — JT) é o sítio corporativo da instituição, abrangendo todos os Tribunais trabalhistas do país, gerenciado pelo Conselho Superior da Justiça do Trabalho e operado pelo Tribunal Superior do Trabalho e pelos Tribunais Regionais do Trabalho, incluindo, entre outras funcionalidades, o Diário da Justiça do Trabalho Eletrônico (DJT), para publicação de atos judiciais e administrativos dos Tribunais e Varas do Trabalho (art. 14);

26 — A publicação eletrônica no DJT substitui qualquer outro meio e publicação oficial, para quaisquer efeitos legais, à exceção dos casos que, por lei, exigem intimação ou vista pessoal (art. 15);

27 — Os atos processuais praticados pelos magistrados trabalhistas a serem publicados no DJT serão assinados digitalmente no momento de sua prolação (art. 15, § 1º);

28 — Considera-se como data da publicação o primeiro dia útil seguinte ao da disponibilização da informação no DJT (art. 15, § 2º);

29 — Os prazos processuais terão início no primeiro dia útil que seguir ao considerado como data da publicação (art. 15, § 3º);

30 — As intimações serão feitas por meio eletrônico no Portal — JT aos que se credenciarem na forma desta Instrução Normativa, dispensando-se a publicação no órgão oficial, inclusive eletrônico, considerando-se realizada a intimação no dia em que o intimando efetivar a consulta eletrônica ao teor da intimação, certificando-se nos autos a sua realização, mas, nos casos em que a consulta se dê em dia não útil, a intimação será considerada como realizada no primeiro dia útil seguinte, observando-se que a consulta referida deverá ser feita em até 10 (dez) dias corridos contados da data do envio da intimação, sob pena de considerar-se a intimação automaticamente realizada na data do término desse prazo (art. 16, §§ 1º, 2º e 3º);

31 — A intimação na forma do art. 16 somente será realizada nos processos em que todas as partes estejam credenciadas na forma desta Instrução Normativa, de modo a uniformizar a contagem dos prazos processuais (art. 16, § 4º);

32 — Nos casos urgentes em que a intimação feita na forma do art. 16 possa causar prejuízo a quaisquer das partes ou nos casos em que for evidenciada qualquer tentativa de burla ao sistema, o ato processual deverá ser realizado por outro meio que atinja a sua finalidade, conforme determinado pelo juiz (art. 16, § 5º);

33 — As intimações feitas na forma deste artigo, inclusive da Fazenda Pública, serão consideradas pessoais para todos os efeitos legais (art. 16, § 6º);

34 — Observadas as formas e as cautelas deste artigo, as citações, inclusive da Fazenda Pública, poderão ser feitas por meio eletrônico, desde que a íntegra dos autos seja acessível ao citando (art. 16, § 7º);

35 — As cartas precatórias, rogatórias e de ordem, no âmbito da Justiça do Trabalho, serão transmitidas exclusivamente de forma eletrônica, através do Sistema de Carta Eletrônica (CE), com dispensa da remessa física de documentos (art. 17);

36 — A utilização do Sistema de Carta Eletrônica fora do âmbito da Justiça do Trabalho dependerá da aceitação pelos demais órgãos do Poder Judiciário (art. 17, § 1º);

37 — Eventuais falhas na transmissão eletrônica dos dados não desobriga os magistrados e serventuários do cumprimento dos prazos legais, cabendo, nesses casos, a utilização de outros meios previstos em lei para a remessa das cartas (art. 17, § 2º);

38 — As petições e demais documentos referentes às cartas precatórias, rogatórias e de ordem, não apresentados pelas partes em meio eletrônico, serão digitalizados e inseridos no Sistema de Carta Eletrônica (art. 18);

39 — Os documentos em meio físico, em poder do Juízo deprecado, deverão ser adequadamente organizados e arquivados, obedecidos os critérios estabelecidos na Lei n. 8.159, de 8 de janeiro de 1991, e no Decreto n. 4.073, de 3 de janeiro de 2002 (art. 19);

40 — Poderá o Juízo deprecante, em casos excepcionais, solicitar o documento físico em poder do Juízo deprecado (art. 19, parágrafo único);

41 — Serão certificados nos autos principais todos os fatos relevantes relativos ao andamento da carta, obtidos junto ao sistema Carta Eletrônica (CE), com impressão e juntada apenas dos documentos essenciais à instrução do feito, nos casos de autos em papel (art. 20);

42 — Na Justiça do Trabalho, os atos processuais do processo eletrônico serão assinados eletronicamente (art. 22);

43 — No processo eletrônico, todas as citações, intimações e notificações, inclusive da Fazenda Pública, serão feitas por meio eletrônico (art. 23);

44 — As citações, intimações, notificações e remessas que viabilizem o acesso à íntegra do processo correspondente serão consideradas vista pessoal do interessado para todos os efeitos legais (art. 23, § 1º), mas, quando, por motivo técnico, for inviável o uso do meio eletrônico para a realização de citação, intimação ou notificação, esses atos processuais poderão ser praticados segundo as regras ordinárias, digitalizando-se o documento físico, que deverá ser posteriormente destruído (art. 23, §§ 1º e 2º);

45 — A distribuição da petição inicial e a juntada da contestação, dos recursos e das petições em geral, todos em formato digital, nos autos de processo eletrônico, podem ser feitas diretamente pelos advogados públicos e privados, sem necessidade da intervenção do cartório ou secretaria judicial, situação em que a autuação deverá se dar de forma automática, fornecendo-se o recibo eletrônico de protocolo (art. 24);

46 — Quando o ato processual tiver que ser praticado em determinado prazo, por meio de petição eletrônica, serão considerados tempestivos os efetivados até as 24 (vinte e quatro) horas do último dia, mas, se o serviço respectivo do Portal – JT se tornar indisponível por motivo técnico que impeça a prática do ato no termo final do prazo, este fica automaticamente prorrogado para o primeiro dia útil seguinte à resolução do problema (art. 24, §§ 1º e 2º);

47 — Os documentos produzidos eletronicamente e juntados aos processos eletrônicos com garantia da origem e de seu signatário, na forma estabelecida nesta Instrução Normativa, serão considerados originais para todos os efeitos legais (art. 25);

48 — Os extratos digitais e os documentos digitalizados e juntados aos autos pelos órgãos da Justiça do Trabalho e seus auxiliares, pelo Ministério Público e seus auxiliares, pelas procuradorias, pelas autoridades policiais, pelas repartições públicas em geral e por advogados públicos e privados têm a mesma força probante dos originais, ressalvada a alegação motivada e fundamentada de adulteração antes ou durante o processo de digitalização, sendo que a arguição de falsidade do documento original será processada eletronicamente na forma da lei processual em vigor (art. 25, §§ 1º e 2º);

49 — Os originais dos documentos digitalizados, mencionados no § 1º do art. 25, deverão ser preservados pelo seu detentor até o trânsito em julgado da sentença ou, quando admitida, até o final do prazo para interposição de ação rescisória (art. 25, § 3º);

50 — Os documentos cuja digitalização seja tecnicamente inviável devido ao grande volume ou por motivo de ilegibilidade deverão ser apresentados ao cartório ou secretaria no prazo de 10 (dez) dias contados do envio de petição eletrônica comunicando o fato, os quais serão devolvidos à parte após o trânsito em julgado (art. 25, § 4º);

51 — Os documentos digitalizados juntados em processo eletrônico somente estarão disponíveis para acesso por meio da rede externa para suas respectivas partes processuais e para o Ministério Público, respeitado o disposto em lei para as situações de sigilo e de segredo de justiça (art. 25, § 5º);

52 — Os autos de processos eletrônicos que tiverem de ser remetidos a outro juízo ou instância superior que não disponham de sistema compatível deverão ser impressos em papel e autuados na forma dos arts. 166 a 168 do CPC (art. 26, § 2º);

53 — O magistrado poderá determinar que sejam realizados por meio eletrônico a exibição e o envio de dados e de documentos necessários à instrução do processo (art. 27).

15. Lugar dos atos processuais

Os atos processuais realizar-se-ão de ordinário na sede do juízo ou tribunal em que tramita o processo (arts. 217 do CPC de 2015 e 813 da CLT), observando-se, contudo, as particularidades do processo judicial eletrônico já mencionadas (item 15.6 *supra*).

Nesse sentido, por exemplo, a distribuição da petição inicial e a juntada de contestação, recursos e petições em geral em formato digital devem ser feitos diretamente pelos advogados, sem necessidade da intervenção da secretaria judicial, situação em que a autuação ocorrerá de forma automática. O ato processual, portanto, pode ser praticado a instância e não necessariamente na sede do juízo ou tribunal.

Os atos processuais podem ser praticados fora da sede do juízo em razão de deferência, interesse da justiça (inspeção judicial *in loco*), da natureza do ato ou de obstáculo arguido pelo interessado e acolhido pelo juiz, como é o caso de enfermidade que impede o deslocamento da testemunha até a sede do juízo (art. 176 do CPC de 1973, art. 217 do CPC de 2015 e art. 813 da CLT), e, ainda, quando seja de sua própria natureza a realização fora da sede do juízo, como se dá, por exemplo, com as perícias voltadas ao exame das condições de trabalho para efeito de verificação de labor em condições insalubres ou perigosas.

Os art. 411 do CPC de 1973 e o art. 454 do CPC de 2015 definem as pessoas que serão ouvidas, na qualidade de testemunhas, em sua residência ou onde exercerem a função.

As audiências serão realizadas na sede do juízo ou tribunal em dias úteis previamente fixados. Em casos excepcionais, poderá ser designado outro local para a sua realização, mediante edital afixado na sede do juízo ou tribunal, com a antecedência mínima de 24 horas (art. 813, parágrafo único, da CLT).

16. Tempo dos atos processuais

Também relacionado com a regularidade do ato processual está o fator *tempo,* ou seja, os dias e, dentro deles, o espaço temporal em que os atos podem ser praticados. Trata-se, em suma, do momento próprio para a prática do ato processual.

Os atos processuais serão realizados em dias úteis, das 6 às 20 horas (art. 770 da CLT).

Dias úteis, para efeitos processuais, são aqueles em que "o juízo ou o tribunal funcionar normalmente", isto é, em que há expediente forense.[1132] Além dos declarados em lei, são feriados, para efeito forense, os sábados, os domingos e os dias em que não haja expediente forense (art. 175 do CPC de 2015 e art. 216 do CPC de 2015).

Embora o art. 770 da CLT estabeleça que os atos processuais realizar-se-ão das 6 às 20 horas, não se pode olvidar que, de acordo com o art. 172, § 3º, do CPC de 1973 e art. 212, § 3º, do CPC de 2015, quando o ato tiver que ser praticado por meio de petição em autos não eletrônicos, essa deverá ser protocolada no horário de funcionamento do fórum ou tribunal, conforme o disposto na lei de organização judiciária, o que alcança o processo do trabalho. Em relação a tais atos não é observado, então, o horário das 6 às 20 horas (que serve de limite ao expediente dos órgãos judiciais), mas o expediente do juízo em que a petição deve ser apresentada.

Como ensina Humberto Theodoro Júnior, "o horário útil para protocolar petições *não é o genérico do caput* do art. 172, onde se prevê a eventualidade de atos processuais até às 20 horas. Quando o recurso ou outro ato depender de protocolo, o que fixa o momento final de sua possibilidade é o término do expediente assinalado pela lei de organização judiciária".[1133]

Para Moniz de Aragão, "assim como se pode falar em dia civil (de 0 às 24 horas), e dia processual (das 6 às 18 horas), também se podem, neste, identificar dois horários relevantes para o procedimento: o dos atos externos que se realizam fora do edifício-sede do juízo, e o dos internos, que nele têm lugar. O primeiro é disciplinado pelo Código, o segundo, pelas leis de organização judiciária, quando fixam o expediente forense, ou pelo regimento dos tribunais, ao regularem seu horário".[1134]

Alguns doutrinadores afirmam que o art. 172, § 3º, do CPC (atual art. 212, § 3º, do CPC de 2015) não se aplica no processo do trabalho, ante a referência que nele se faz à lei de organização judiciária local, podendo a petição ser apresentada ao protocolo de 6 às 20 horas. De se lembrar, no entanto, que aos tribunais compete organizar seus serviços auxiliares, fixando, com isso, o seu expediente (art. 96 da Constituição Federal). Dessa forma, deve ser observado, no processo do trabalho, o que dispõe o regimento interno dos tribunais sobre o expediente dos órgãos jurisdicionais, sendo nele aplicável, com esse particular, o disposto no art. 212, § 3º, do CPC de 2015.[1135]

As citações, intimações e penhoras poderão realizar-se no período de férias forenses, onde as houver, e nos feriados ou dias úteis fora do horário estabelecido no art. 212, independentemente de autorização

---

(1132) ARAGÃO, Moniz de. *Comentários ao Código de Processo Civil,* v. II, p. 95.
(1133) *Curso de direito processual civil,* v. I, p. 272.
(1134) *Comentários ao Código de Processo Civil,* v. II, p. 73.
(1135) Do contrário, inclusive, a parte praticaria o ato quando lhe aprouvesse, vez que o seu prazo seria prorrogado, dia após dia, para o dia seguinte, em face do encerramento do expediente do juízo às 18 horas, por força de previsão nesse sentido constante de regimento interno do tribunal da região respectiva ou do TST.

judicial, observado o disposto no art. 5º, XI, da Constituição (art. 172, § 2º, do CPC de 1973, art. 212, § 2º, do CPC de 2015 e arts. 765 e 770, parágrafo único, da CLT).

Os atos a serem realizados fora do edifício-sede do juízo (atos externos) podem ser praticados das 6 às 20 horas independentemente de autorização do juiz (art. 770 da CLT). Serão concluídos depois das vinte horas os atos iniciados antes, quando o adiamento prejudicar a diligência ou causar grave dano (art. 172, § 1º, do CPC de 1973 e art. 212, § 1º, do CPC de 2015).

As Varas do Trabalho localizadas no interior do Estado podem receber e protocolar documentos, de natureza judiciária ou administrativa, destinados a outras Varas ou ao TRT da região respectiva (sistema denominado "protocolo integrado"). Mesmo utilizando o protocolo integrado, a parte deve respeitar o horário de expediente do juízo ao qual se destina o documento.

As audiências serão realizadas em dias úteis previamente fixados, entre 8 e 18 horas, não podendo ultrapassar cinco horas seguidas, salvo quando houver matéria de urgência (art. 813, § 2º, da CLT). Serão concluídas depois das 18 horas as audiências iniciadas antes, quando o adiamento prejudicar a sua realização ou causar grave dano (art. 212, § 1º, do CPC de 2015).

A prática eletrônica de ato processual pode ocorrer em qualquer horário até as 24 horas do último dia do prazo (art. 213 do CPC de 2015). O horário vigente no juízo perante o qual o ato deve ser praticado será considerado para fins de atendimento do prazo (art. 213, parágrafo único, do CPC de 2015). Devem ser observadas, em relação ao fator tempo, as particularidades do processo judicial eletrônico, acima mencionadas (item 15.6 *supra*).

Durante as férias forenses e nos feriados, não se praticarão atos processuais, exceto citações, intimações, penhoras e tutelas de urgência (art. 173 do CPC de 1973 e art. 214 do CPC de 2015).

Processar-se-ão durante as férias forenses, onde as houver, e não se suspendem pela superveniência delas: a) os procedimentos necessários à conservação de direitos, quando puderem ser prejudicados pelo adiamento; b) os processos que a lei determinar (art. 174 do CPC de 1973 e art. 215 do CPC de 2015).

17. Prazos processuais

Os atos processuais serão realizados nos prazos prescritos em lei, ao passo em que existem espaços de tempo em que está vedada a prática de atos processuais.

Prazos são os espaços de tempo de que dispõem o juiz, as partes, os auxiliares da justiça e terceiros para praticar um ato processual ou em que está proibida a prática de determinado de ato processual.

O prazo é delimitado por dois momentos: o *termo inicial* e o *termo final* (art. 218, § 4º, do CPC de 2015).

Decorrido o prazo, extingue-se o direito de praticar o ato processual (dá-se, na hipótese, a preclusão temporal — art. 183 do CPC de 1973 e art. 223 do CPC de 2015).

17.1. A fixação de prazos para a prática dos atos processuais está relacionada com a necessidade de garantir a mais rápida solução do conflito de interesses submetido ao Poder Judiciário e a realização concreta dos direitos assegurados pela ordem jurídica.

17.2. O prazo pode ser determinado:

a) pela lei (art. 177 do CPC de 1973, art. 218 do CPC de 2015 e art. 775 da CLT);

b) pelo juiz quando a lei for omissa, o juiz determinará os prazos, tendo em vista a complexidade do ato (art. 177 do CPC de 1973, art. 218, § 1º, do CPC de 2015 e art. 775 da CLT);

c) pelas partes (art. 181 do CPC de 1973).

O prazo pode, então, ser fixado pela lei (*prazo legal*), pelo juiz (*prazo judicial*) e pelas partes (*prazo convencional*).

Quando a lei ou o juiz não determinar o prazo, será ele de cinco dias para a prática do ato processual a cargo da parte. Trata-se do denominado *prazo legal subsidiário*. De outro lado, não fixando a lei ou o juiz o prazo, as intimações somente obrigarão a comparecimento após decorridos 48 horas (arts. 185 e 192 do CPC de 1973, art. 218, §§ 2º e 3º do CPC de 2015). Trata-se do denominado *prazo legal subsidiário*.

Em relação aos seus destinatários, o prazo será *particular* (prazo destinado a uma das partes) ou *comum* (prazo destinado a ambas as partes), *próprio* (prazo destinado às partes) e *impróprio* (prazo destinado ao juiz e aos auxiliares da justiça).

O prazo é *ativo* ou *passivo*, sendo *ativo* "aquele em que se deva praticar o ato" e *passivo* "aquele que medeia entre o prazo assinalado à prática do ato e um termo inicial, por isso também chamado prazo indeterminado. Dessa natureza é o prazo do edital de citação inicial. Seus dias não são destinados à prática de um ato, mas somente à ciência do réu quanto ao ato de citação".[1136]

Prazo passivo é, no processo do trabalho, o prazo de cinco dias estabelecido no art. 841 da CLT (prazo mínimo entre a notificação do reclamado e a audiência de instrução e julgamento da demanda).

Para Cândido Rangel Dinamarco, "na maioria dos casos a lei estabelece que determinado ato do processo seja realizado antes de decorrido certo tempo a partir do momento em que o ato antecedente foi realizado; outras vezes, que ele não seja realizado antes que certa quantidade de tempo já se tenha passado. Os primeiros, que constituem rotina na vida dos sujeitos do processo, são prazos máximos; os segundos, mínimos".[1137]

Ainda de acordo com Cândido Rangel Dinamarco, "as limitações temporais contidas nas normas que estabelecem os prazos são responsáveis pela determinação do ritmo em que se desenvolve a dinâmica do processo. Este é por definição um caminhar avante e não deve estar sujeito a demoras ou esperas indeterminadas – daí a existência de prazos máximos, que são, também, por isso mesmo, chamados prazos aceleratórios (...). Mas o processo é também um método organizado para a defesa de direitos e não deve caminhar sem que as partes tenham tido reais oportunidades de se manifestar – e daí a imposição de prazos antes dos quais um ato não pode realizar-se (...). São prazos dilatórios todos esses que visam a refrear a dinâmica do procedimento, fazendo com que se dilate a duração do processo em nome da efetividade da defesa dos direitos".[1138]

Os prazos estabelecidos em lei são *endoprocessuais*, isto é, "referem-se a fatos componentes de um só e mesmo processo e ditam distâncias temporais entre atos de um só procedimento (prazo para contestar, para arrolar testemunhas, para recorrer etc.). Mas há também prazos que, embora digam respeito ao sistema processual e estejam disciplinados na lei do processo, fluem fora deste e às vezes até antes que algum processo se instaure. É tipicamente *extraprocessual* o prazo de dois anos para propor a rescisória (esse prazo flui entre dois processos e não no interior de um deles). Também extraprocessual é o prazo de cento e vinte dias para mandado de segurança".[1139]

José Augusto Rodrigues Pinto classifica os prazos, quanto aos seus efeitos, em prazos *preclusivos* e *cominatórios*, sendo "preclusivo o efeito, quando o ato deva ser praticado dentro do espaço de tempo fixado para isto, o que dá à preclusão, no caso, o caráter temporal. É cominatório, quando a omissão da prática do ato, no prazo estabelecido, importar numa cominação contrária ao omisso".[1140]

(1136) COSTA, Lopes da. *Manual de direito processual civil*, p. 138.
(1137) *Instituições de direito processual civil*, v. II, p. 546.
(1138) *Instituições de direito processual civil*, v. II, p. 547.
(1139) DINAMARCO, Cândido Rangel. *Instituições de direito processual civil*, v. II, p. 552.
(1140) *Processo trabalhista de conhecimento*, p. 164.

17.3. A teoria dos prazos processuais é informada por alguns princípios.

Assim, é que:

a) o prazo assinalado, pela lei ou pelo juiz, deve ser suficiente para a prática do ato processual (*princípio da suficiência, utilidade, idoneidade ou razoabilidade do prazo*).[1141] Nesse compasso, dispõe o art. 775 da CLT que o juiz pode prorrogar o prazo pelo tempo estritamente necessário para a prática do ato,[1142] observando-se que ao juiz é vedado reduzir prazo peremptório sem anuência das partes (art. 222, § 1º, do CPC de 2015).

b) as partes devem receber o mesmo tratamento na fixação de prazo para a prática de ato processual, na verificação do seu cumprimento e em relação à fixação dos efeitos do seu eventual descumprimento (*princípio da paridade de tratamento*);

c) os prazos devem ser breves, para que a solução da lide se dê o mais rápido possível e sem dilações indevidas (*princípio da brevidade dos prazos*);

d) os prazos são contínuos, isto é, uma vez iniciado, não são interrompidos nos feriados (*princípio da continuidade dos prazos* — art. 775 da CLT e art. 178 do CPC de 1973).

Em relação à continuidade cumpre observar que, consoante o art. 219, *caput* e parágrafo único, do CPC de 2015, na contagem de *prazos processuais* em dias, estabelecidos por lei ou pelo juiz, computar-se-ão somente os *dias úteis*.

Esta disposição legal não é aplicável no processo do trabalho, visto que: a) não há omissão do direito processual a respeito do tema, na medida em que, de acordo com o art. 775 da CLT, os prazos são contínuos, o que significa que o prazo não se interrompe nos feriados e dias em que não há expediente forense; b) o direito processual do trabalho adota uma postura bem diferenciada em relação aos prazos processuais, para efeito de celeridade processual, citando-se, por exemplo, que, no direito processual comum, o prazo para a interposição de recurso é, em regra, de 15 dias, ao passo que, no direito processual do trabalho, tal prazo é de 8 dias; c) a contagem do prazo em dias úteis não ser harmoniza com a celeridade que o direito processual do trabalho imprime ao processo; d) embora não se possa desconsiderar a necessidade de assegurar a qualidade de vida dos advogados, não se pode perder de vista o caráter alimentar de que se reveste o crédito decorrente da relação de trabalho, o que exige a maior celeridade possível do processo.

A Instrução Normativa n. 39/2016 do TST estabelece, no art. 2º, III, não ser aplicável no processo do trabalho o art. 219 do CPC de 2015.

e) os prazos não podem ser alterados pelas partes ou pelo juiz, seja para prorrogá-los, seja para reduzi-los, salvo expressa autorização da lei (*princípio da inalterabilidade dos prazos*);

f) os prazos terminam fatalmente no seu termo final, independentemente de declaração judicial (*princípio da peremptoriedade dos prazos* — art. 775 da CLT);

g) decorrido o prazo, extingue-se, independentemente de declaração judicial, o direito de praticar o ato processual (*princípio da preclusão* — art. 183 do CPC de 1973, art. 223 do CPC de 2015 e 775 da CLT).

17.4. Alteração dos prazos pelas partes e pelo juiz.

Os prazos são classificados, quanto à possibilidade de sua alteração, em *peremptórios* e *dispositivos*. *Prazos peremptórios* ou legais absolutos são aqueles que não podem ser reduzidos ou prorrogados pelas partes, enquanto dilatórios são os prazos passíveis de redução ou prorrogação pelas partes e pelo juiz.

O prazo, de qualquer natureza, pode ser prorrogado pelo juiz ou tribunal pelo tempo estritamente necessário, ou em virtude de força maior, devidamente comprovada (art. 775 da CLT).

(1141) Consoante o princípio n. 3 dos Princípios ALI/UNIDROIT do Processo Civil Transnacional, deve ser assegurada "oportunidade razoável para que os litigantes façam valer ou defendam seus direitos".

(1142) *Não basta ser concedido um prazo para a prática de um ato. O prazo deve ser suficiente para a prática do ato.*

O CPC de 1973 prevê que é defeso às partes, ainda que todas estejam de acordo, reduzir ou prorrogar prazos peremptórios, mas o juiz poderá, nas comarcas onde for difícil o transporte, prorrogar quaisquer prazos, mas nunca por mais de sessenta dias (art. 182).

O CPC de 2015, de sua feita, autoriza o juiz a prorrogar prazos, na comarca, seção ou subseção, onde for difícil o transporte, por até dois meses, estabelecendo que, no caso de calamidade pública, o prazo de dois meses pode ser excedido (art. 222, *caput* e § 2º), e veda ao juiz a redução de prazo peremptório sem anuência das partes. Tais disposições legais são compatíveis com o direito processual do trabalho, diante do que estabelece o art. 775 da CLT.

17.5. Suspensão dos prazos: férias e recesso forense.

O art. 179 do CPC de 2015 dispõe que a superveniência de férias suspenderá o curso do prazo e que, o que lhe sobejar, recomeçará a correr do primeiro dia útil seguinte ao termo das férias.

Já o CPC de 2015 estabelece que o curso do prazo processual será suspenso nos dias compreendidos entre 20 de dezembro e 20 de janeiro, inclusive (art. 220, *caput*), período no qual também não serão realizadas audiências ou sessões de julgamento (art. 220, § 2º, do CPC).

O CPC de 2015 também prevê que, ressalvadas as férias individuais e os feriados instituídos por lei, os juízes, os membros do Ministério Público, da Defensoria Pública e da Advocacia Pública e os auxiliares da justiça exercerão as suas atribuições durante o período compreendido entre 20 de dezembro e 20 de janeiro, inclusive (art. 220, § 1º, do CPC de 2015). A suspensão, portanto, é apenas dos prazos processuais e não da atividade jurisdicional, o que atende ao disposto no art. 93, XII, da Constituição de 1988, segundo o qual a atividade jurisdicional será ininterrupta.

Até o advento do CPC de 2015, o recesso da Justiça do Trabalho era o estabelecido no art. 62, I, da Lei n. 5.010/66, segundo o qual, além dos fixados em lei, serão feriados na Justiça Federal, inclusive nos Tribunais Superiores, "os dias compreendidos entre 20 de dezembro e 6 de janeiro, inclusive".

Com a entrada em vigor do CPC de 2015, o recesso da Justiça do Trabalho passa a ser aquele estabelecido no seu art. 220, *caput* (entre 20 de dezembro e 20 de janeiro, inclusive), período no qual também não serão realizadas audiência ou sessões de julgamento (art. 220, § 2º, do CPC), mas em que, ressalvas as férias individuais e os feriados instituídos por lei, os juízes, os membros do Ministério Público, da Defensoria Pública e da Advocacia Pública e os auxiliares da justiça exercerão as suas atribuições, o que significa que durante o recesso serão suspensos os prazos processuais e que não haverá suspensão da atividade jurisdicional, o que atende ao disposto no art. 93, XII, da Constituição de 1988, segundo o qual a atividade jurisdicional será ininterrupta.

Cumpre mencionar que a Lei n. 5.010/66 somente diz respeito à Justiça Federal *strito sensu*, como resta claro, por exemplo, da definição, nela contida, da jurisdição da Justiça Federal (art. 10) e era aplicada na Justiça do Trabalho em razão da omissão do direito processual do trabalho. A omissão permanece, mas o CPC de 2015, por meio do art. 15, estabelece que esta omissão deverá ser afastada pela aplicação das suas disposições. Com isso, o art. 220, *caput*, do CPC de 2015 passa ser aplicado no processo do trabalho, no que se refere à definição do recesso da Justiça do Trabalho.

Cumpre registrar que suscita debates na doutrina, a natureza jurídica do recesso da Justiça do Trabalho, de 20 de dezembro até 6 de janeiro, estabelecido no art. 62 da Lei n. 5.010/66 (Lei que foi tacitamente revogada pelo CPC de 2015, por força do seu art. 220).

Anote-se que o art. 62 da Lei n. 5.010/66 define os dias deste período como sendo de *feriados*. Predomina no TST o entendimento de que a superveniência do recesso da Justiça do Trabalho suspenderá o curso do prazo. Nesse sentido: "O recesso forense e as férias coletivas dos Ministros do Tribunal Superior do Trabalho suspendem os prazos recursais" (Súmula n. 262, II, do TST). Sendo assim, o prazo terá seu curso paralisado pela superveniência do recesso, reiniciando-se, pelo que lhe faltava, no primeiro dia útil após o final do recesso. O CPC de 2015 estabelece a suspensão dos prazos no período compreendido entre 20 de dezembro e 20 de janeiro, inclusive (art. 220), definindo, com isto, a duração do recesso a ser observado após a sua entrada em vigor e, ainda, a sua consequência, que é a suspensão dos prazos.

17.6. Contagem do prazo.

O prazo é delimitado por um termo inicial e um termo final. O primeiro define o momento a partir do qual o ato deverá, poderá ou não poderá ser praticado[(1143)] e, o último, o momento a partir do qual o ato já não poderá ser praticado de forma eficaz.

De acordo com o art. 774 da CLT, salvo disposição em contrário, os prazos contam-se, conforme o caso, a partir da data em que for feita pessoalmente, ou for recebida a notificação, daquele em que for publicado o edital no jornal oficial ou no que publicar o expediente da Justiça do Trabalho, ou, ainda, daquele em que foi afixado o edital na sede do Juízo ou Tribunal.

Esta solução é também adotada no direito processual civil, como se vê do art. 184 do CPC de 1973 ("Salvo disposição em contrário, computar-se-ão os prazos, excluindo o dia do começo e incluindo o do vencimento") e do art. 230 do CPC de 2015, segundo o qual o prazo para a parte, o procurador, a Advocacia Pública, a Defensoria Pública e o Ministério Público será contado da citação, da intimação ou da notificação.

O CPC de 2015 também prevê que a retirada dos autos do cartório ou da secretaria em carga pelo advogado, por pessoa credenciada a pedido do advogado ou da sociedade de advogados, pela advocacia pública, pela defensoria pública ou pelo Ministério Público implicará intimação de qualquer decisão contida no processo retirado, ainda que pendente de publicação (art. 272, §§ 6º e 7º).[(1144)]

Acrescente-se que é considerada como data de publicação o primeiro dia útil seguinte ao da disponibilidade da informação no Diário de Justiça eletrônico (art. 224, § 2º, do CPC de 2015). Trata-se de uma especificidade do processo judicial eletrônico, no qual existe o *dia da disponibilidade da informação no Diário de Justiça eletrônico* e o *dia do começo do prazo* (primeiro dia útil seguinte ao da disponibilidade).

Os prazos começam, portanto, na data da notificação, citação ou intimação daquele a quem ele se dirige, isto é, da ciência do dever, da oportunidade ou da proibição da prática do ato. A notificação, citação ou intimação corresponde ao *dia do começo do prazo*. A propósito, dispõe o art. 231 do CPC de 2015 que, salvo disposição em sentido diverso, considerar-se-á *dia do começo do prazo*:

a) a data da juntada aos autos do aviso de recebimento, quando a citação ou a intimação for pelo correio (o que não se aplica no processo do trabalho, por força do art. 774 da CLT, segundo o qual dia do começo do prazo é o próprio dia da notificação, citação ou intimação);

b) a data da juntada aos autos do mandato cumprido, quando a citação ou a intimação for por oficial de justiça (o que também não se aplica no processo do trabalho, ainda por força do art. 774 da CLT);

c) a data de ocorrência da citação ou da intimação, quando ela se der por ato do escrivão ou do chefe de secretaria (esta é a regra em relação ao dia do começo do prazo no processo do trabalho, mesmo que a notificação, citação ou intimação não seja realizada pelo Diretor de Secretaria, tendo em vista o disposto no art. 774 da CLT);

d) o dia útil seguinte ao da dilação assinalada pelo juiz, quando a citação ou intimação for por edital; o dia útil seguinte à consulta ao teor da citação ou da intimação ou ao término do prazo para que a consulta se dê, quando a citação ou intimação for eletrônica;

e) a data de juntada do comunicado de que trata o art. 232, ou, não havendo esse, a data de juntada da carta aos autos de origem devidamente cumprida, quando a citação ou intimação se realizar em cumprimento de carta (o que também não se aplica no processo do trabalho, ainda por força do art. 774 da CLT);

(1143) *A prática de um ato processual pode ser determinada, facultada ou proibida.*

(1144) A retirada dos autos de cartório equivale, portanto, à intimação da parte, contando-se, a partir daí (data da carga), o prazo, o que é compatível com o direito processual do trabalho.

f) a data de publicação, quando se der pelo Diário da Justiça impresso ou eletrônico; o dia da carga, quando a intimação se der por meio da retirada dos autos, em carga, do cartório ou da secretaria (trata-se de solução já estabelecida pelo art. 272, §§ 6º e 7º).

Quando houver mais de um intimado, o prazo para cada um é contado individualmente (art. 231, § 2º, do CPC de 2015).

Nos termos do art. 272, § 8º, do CPC de 2015, havendo nulidade na intimação, a parte deve argui-la em capítulo preliminar do próprio ato que lhe caiba praticar, o qual será tido por tempestivo se o vício for reconhecido (tal solução está em sintonia com o art. 795 da CLT, aplicando-se, portanto, no processo do trabalho). Contudo, de acordo com o art. 272, § 9º, do CPC de 2015, não sendo possível a prática imediata do ato diante da necessidade de acesso prévio aos autos, a parte limitar-se-á a arguir a nulidade da intimação, caso em que o prazo será contado da intimação da decisão que a reconheça (neste caso, a parte deverá, na primeira oportunidade que tiver para falar nos autos, requerer a restituição do prazo).

Como estabelece o art. 775 da CLT, os prazos serão contados *com a exclusão do dia do começo* e *inclusão do dia do vencimento*.[1145] No mesmo compasso, estabelecem o art. 184 do CPC de 1973 e o art. 224 do CPC de 2015 que, salvo disposição em contrário, os prazos serão contados excluindo-se o *dia do começo* e incluindo o dia do vencimento (*termo final*).

Isso significa dizer que o prazo começa a ser contado a partir do primeiro dia útil seguinte ao da notificação, citação ou intimação.[1146]

Assim, quando a intimação, a citação ou notificação ou a publicação ocorrer na sexta-feira, o prazo será contado da segunda-feira imediata, inclusive, salvo se não houver expediente, caso em que fluirá do dia útil que se seguir (Súmula n. 1 do TST).

Os prazos fixados por hora ou minutos contar-se-ão de minuto a minuto (art. 132, § 4º, do Código Civil). No prazo por minuto ou hora, "o início do prazo se dá no preciso instante em que é concedida a palavra ou procedida a intimação; mas, o final varia. Tratando-se de prazo de minutos, encerrar-se-á quando preenchidos os destinados à prática do ato. Para tanto se somam os prazos aos da hora em que teve ele início (por exemplo: 14:22 + 15' = 14:37) (...). Se o prazo é de horas, começando em um dia para findar em outro, o início será o momento da intimação (que deve ser claramente atestado por quem a procedeu) e o término ocorrerá à mesma hora do dia em que deva encerrar-se".[1147]

Cândido Rangel Dinamarco assevera que "a óbvia razão de ser dos prazos breves, fixados em horas, é a urgência maior que há para a prática de certos atos – pagamento, nomeação de bens à penhora, movimentação de autos pelo escrivão etc. (...). Justamente por causa dessa brevidade e da urgência desejada, tais prazos contam-se minuto a minuto, ou seja: a contagem tem início no preciso momento em que o ato antecedente acontece (intimação etc.), para que o prazo termine precisamente quando o ponteiro maior do relógio houver completado o número previsto de voltas".[1148]

Os prazos de meses e anos expiram-se no dia de igual número do de início, ou no dia imediato, se faltar exata correspondência (art. 132, § 3º, do Código Civil). Moniz Aragão anota que "em se tratando de prazo de ano, será contado do dia em que teve início ao dia correspondente no mesmo mês do ano seguinte ou daquele em que dever findar, quando seja de mais de um ano. Em ambos os casos, se no mês correspondente não houver o dia em que o prazo se iniciara, o término ocorrerá no primeiro dia útil subsequente".[1149]

(1145) Como na contagem do prazo deve ser excluído o *dia do seu começo*, com este não se confunde o dia início da contagem do prazo, ou seja, o *termo inicial do prazo*.

(1146) O prazo flui (começa) a partir da data da notificação, citação ou intimação (art. 774 da CLT), mas é contado ou computado a partir do primeiro dia útil seguinte àquela data.

(1147) ARAGÃO, Moniz de. *Comentários ao Código de Processo Civil*, v. II, p. 112.

(1148) *Instituições de direito processual civil*, v. II, p. 563. Não há, nesse caso, dada a urgência na realização do ato, exclusão do dia do começo na contagem do prazo. Confundem-se, então, o dia do começo e o dia do início da contagem do prazo.

(1149) *Comentários ao Código de Processo Civil*, v. II, p. 113.

Como ensina Moniz de Aragão, se a intimação do prazo em horas se der pelo órgão oficial e este "circular às primeiras horas da manhã, as intimações nele publicadas reputar-se-ão feitas à hora da abertura do expediente vespertino do próprio dia em que o jornal for divulgado; circulando à última hora da manhã ou no período da tarde, a intimação se reputará feita no dia imediato à hora do início do expediente matutino, se houver, ou vespertino, se este for o único (...). O encerramento, no entanto, dar-se-á sempre no último minuto da hora final do expediente do derradeiro dia do prazo".[1150]

Como o prazo começa no momento em que se tem ciência do ato a praticar, ou seja, a partir da sua notificação, citação ou intimação, é de suma importância a fixação do momento daquela ciência.

As notificações, citações e intimações consideram-se realizadas no primeiro dia útil seguinte, se tiverem ocorrido em dia em que não tenha havido expediente forense (art. 240, parágrafo único, do CPC de 1973 e art. 224, § 1º, do CPC de 2015). Dessa feita, intimada, citada ou notificada a parte no sábado (que não é considerado dia útil), o começo do prazo se dará no primeiro dia útil imediato e a sua contagem terá início a partir do subsequente (Súmula n. 262, I, do TST).

Consoante assinala Moniz de Aragão, "normalmente caminha-se para diante, pois o legislador fixa o momento inicial do prazo e este ruma para o seu final. Mas, excepcionalmente, esse critério se inverte e o prazo se conta a partir do momento que aparenta ser o início, quando, na verdade, é o de seu encerramento. É o que se dá em diversos exemplos (arts. 407, 433 e 435, parágrafo único), dos quais será usado o do depósito em cartório do rol das testemunhas, que deverá ocorrer até o máximo de cinco dias antes da audiência de instrução e julgamento, caso em que se procede à contagem, tomando como ponto de partida o dia e hora designados para a realização da audiência e se regride, a fim de localizar o momento em que expirará o prazo para o depósito do rol. Marcha-se para trás. Fixado esse instante, aí estará o limite para a prática do ato".[1151] Na contagem regressiva, portanto, o prazo é contado a partir do momento que aparenta ser o de seu termo final, a partir do qual marcha-se para trás, até chegar ao limite máximo para a prática do ato.

É tempestivo o ato praticado antes do termo inicial do prazo (art. 218, § 4º, do CPC de 2015). Se a parte se antecipa ao termo inicial do seu prazo, o ato por ela praticado é considerado tempestivo. O TST, por meio da Súmula n. 434, I, do TST, adotou o entendimento de que "é extemporâneo recurso interposto antes do publicado do acórdão impugnado", o que não está em sintonia com o disposto no art. 218, § 4º, do CPC de 2015, que é compatível com o direito processual do trabalho. A publicação tem por objetivo dar ciência às partes da decisão. Se esta ciência precede a publicação, o prazo recursal tem início no momento da sua ocorrência, ou seja, o prazo recursal conta-se da *inequívoca ciência da decisão.*

17.7. Prorrogação do prazo.

Prorrogação do prazo é a transferência do seu termo final para dia distinto daquele em que ocorreria normalmente.

Os dias do começo e do vencimento do prazo serão protraídos para o primeiro dia útil seguinte, se coincidirem com o dia em que o expediente for encerrado antes ou iniciado depois da hora normal ou houver indisponibilidade da comunicação eletrônica (art. 184, § 1º, do CPC de 1973 e art. 224, § 1º, do CPC de 2015), o mesmo ocorrendo com os prazos que vencerem aos sábados, domingos e feriados (art. 775, parágrafo único, da CLT), isto sem qualquer distinção quanto à sua natureza (se decadencial ou prescricional).

Com isso, mesmo os prazos prescricionais e decadenciais que vencerem aos sábados, domingos, feriados (assim como em dia em que for determinado o fechamento da sede do juízo ou em dia em que o expediente forense for encerrado antes da hora normal) terminarão no primeiro dia útil seguinte ao do vencimento.[1152]

(1150) *Comentários ao Código de Processo Civil*, v. II, p. 91.

(1151) *Comentários ao Código de Processo Civil*, v. II, p. 92.

(1152) Logo, se o biênio que se seguir à extinção do contrato de trabalho findar no sábado, a ação pode ser proposta na segunda-feira seguinte, sem que se possa falar em prescrição do direito de ação; da mesma forma, vencendo no domingo o prazo de dois anos para ajuizar a ação rescisória, esta poderá ser ajuizada na segunda-feira seguinte, sem que se concretize a decadência do direito de promovê-la.

Solução diferente implicaria, inclusive, redução do prazo que a lei assegura à parte para a prática do ato (tome-se o exemplo do prazo decadencial de trinta dias para ajuizar inquérito para apuração de falta grave que vencer no sábado que anteceder o carnaval. Se não houver a prorrogação, a parte terá que praticar o ato na sexta-feira, sendo o seu prazo reduzido em cinco dias, posto que só há expediente na Justiça do Trabalho após a quarta-feira de cinzas).

Nos termos da Súmula n. 385 do TST: "I — Incumbe à parte o ônus de provar, quando da interposição do recurso, a existência de feriado local ou de dia útil em que não haja expediente forense que justifique a prorrogação do prazo recursal. II — Na hipótese de feriado forense, incumbirá à autoridade que proferir a decisão de admissibilidade certificar o expediente nos autos. III — Na hipótese do inciso II, admite-se a reconsideração da análise da tempestividade do recurso, mediante prova documental superveniente, em Agravo Regimental, Agravo de Instrumento ou Embargos de Declaração".

No processo judicial eletrônico, os prazos que vencerem no dia da ocorrência de indisponibilidade de quaisquer dos serviços serão automaticamente prorrogados para o dia útil seguinte à retomada de funcionamento, quando: I — a indisponibilidade for superior a 60 minutos, ininterruptos ou não, se ocorrida entre 6h00 e 23h00; e II — ocorrer indisponibilidade entre 23h01 e 24h00, observando-se que as indisponibilidades ocorridas entre 00h00 e 6h00 dos dias de expediente forense e as ocorridas em feriados e finais de semana, a qualquer hora, não produzirão o efeito referido e que os prazos fixados em hora serão prorrogados na mesma proporção das indisponibilidades ocorridas no intervalo entre 6h00 e 23h00, sendo que, nesse caso, o reinício da contagem do prazo em horas ocorrerá a partir da plena ciência das partes ou dos interessados quanto ao restabelecimento dos serviços que estavam indisponíveis (art. 8º da Resolução n. 94, de 23 de março de 2012).

17.8. Suspensão dos prazos.

O curso do prazo pode ser suspenso ou interrompido, nas hipóteses previstas em lei.

Na *suspensão*, a contagem do prazo é paralisada e, afastado o impedimento ao seu curso normal, a sua contagem é reiniciada, sem desprezar o tempo transcorrido até o momento da suspensão. Neste sentido, prevê o art. 221 do CPC de 2015 o prazo suspenso será restituído por tempo igual ao que faltava para sua complementação.

Suspende-se o curso do prazo no caso de:

a) por obstáculo criado pela parte contrária (art. 180 do CPC de 1973 e art. 221 do CPC de 2015);[1153]

b) morte ou perda da capacidade processual de qualquer das partes, de seu representante legal ou de seu procurador, registrando-se que, se a parte é assistida por mais de um advogado, o falecimento de um deles não suspende o curso do prazo (art. 180 do CPC de 1973 e art. 221 do CPC de 2015);

c) convenção das partes;

d) arguição de impedimento ou suspeição do juiz;

e) admissão de incidente de resolução de demandas repetitivas;

f) a sentença de mérito depender do julgamento de outra causa ou da declaração de existência ou de inexistência de relação jurídica que constitua o objeto principal de outro processo pendente ou tiver de ser proferida somente após a verificação de determinado fato ou a produção de certa prova, requisitada a outro juízo;

g) por motivo de força maior; quando se discutir questão decorrente de acidentes e fatos da navegação de competência do Tribunal Marítimo; nos demais previstos em lei;

(1153) A parte que retira os autos de secretaria do juízo no curso de prazo comum (prazo estabelecido para ambas as partes) cria embaraço à outra, por exemplo.

h) durante a execução de programa instituído pelo Poder Judiciário para promover a autocomposição (art. 221, parágrafo único, do CPC de 2015).

O art. 625-G da CLT estabelece a suspensão do prazo prescricional a partir da provocação da Comissão de Conciliação Prévia para a tentativa de solução negociada dos dissídios individuais.

No processo judicial eletrônico, a suspensão dos prazos processuais não impedirá o encaminhamento de petições e a movimentação do processo, podendo a apreciação dos pedidos decorrentes desses prazos ocorrerem, a critério do juiz, após o término do prazo de suspensão, ressalvados os casos de urgência.

17.9. Interrupção do prazo.

O prazo pode ser suspendo e também interrompido.

Na *interrupção*, a contagem do prazo é paralisada e, afastado o impedimento ao seu curso normal, a sua contagem é reiniciada, sendo desprezado o tempo transcorrido até o momento da interrupção.

Como exemplo de interrupção do prazo tem-se a oposição tempestiva de embargos de declaração. Assim, dispondo a parte de oito dias para apresentar recurso ordinário contra a decisão proferida em primeira instância, se, passados três dias, forem interpostos embargos de declaração, o prazo de oito dias é interrompido e, julgados os embargos, a parte tem oito dias para interpor o recurso ordinário (se a hipótese fosse de suspensão, a parte contaria com apenas cinco dias para apresentar o recurso ordinário).

A interrupção do prazo é uma decorrência da interposição dos embargos. Com isto, o fato de serem desprovidos os embargos não interfere neste seu efeito, qual seja, a interrupção do prazo para a interposição de qualquer outro recurso. Dito de outra forma, ainda que o julgador conclua pela inexistência de vício a ser sanado por meio dos embargos de declaração, o prazo para a interposição de qualquer outro recurso estará interrompido desde a sua interposição.

Lembre-se, ainda, da interrupção do prazo prescricional decorrente do ajuizamento de reclamação trabalhista e das várias situações de interrupção estabelecidas pelo art. 202 do Código Civil, observando-se que a prescrição interrompida recomeçará a correr da data do ato que a interrompeu, ou do último ato do processo que a interromper (art. 202, parágrafo único, do Código Civil).

17.10. Renúncia ao prazo.

A parte pode renunciar ao prazo estabelecido exclusivamente em seu favor, desde que o faça de maneira expressa (art. 186 do CPC de 1973 e art. 225 do CPC de 2015). São requisitos da renúncia "que o direito seja disponível e a parte capaz de transigir. Além disso, deve tratar-se de prazo estabelecido no exclusivo interesse do renunciante".[1154]

17.11. Efeitos do descumprimento do prazo.

Os atos processuais realizar-se-ão nos prazos prescritos em lei, pelo juiz ou pelas próprias partes.

Para produzir os efeitos que lhe são próprios, o ato processual deve ser praticado no prazo prescrito para a sua realização, isto é, ser tempestivo.

Decorrido o prazo, extingue-se, independentemente de declaração judicial, o direito de praticar o ato processual (art. 183 do CPC de 1973 e art. 223 do CPC de 2015). Vencido o prazo para a prática do ato, opera-se a *preclusão temporal*, que consiste na perda do direito de praticar o ato processual não praticado no prazo assinalado.

No entanto, não ocorrerá a preclusão se a parte provar que não realizou o ato no prazo assinalado por justa causa, considerando-se como tal o evento alheio à vontade da parte que a impediu de praticar o

(1154) ARAGÃO, Moniz de. *Comentários ao Código de Processo Civil*, v. II, p. 119.

ato por si ou por mandatário (art. 183 do CPC de 1973 e art. 223 do CPC de 2015). A justa causa deve ser comprovada na primeira oportunidade que a parte tiver para falar nos autos. Provada a justa causa, o juiz fixará o prazo para a prática do ato (art. 183, § 2º, do CPC de 1973 e art. 218, § 2º, do CPC de 2015).

Segundo Cândido Rangel Dinamarco, "são geralmente preclusivos os prazos aceleratórios de que dispõem as partes para a realização dos atos de seu interesse. Não cumprido o ato no tempo preestabelecido, o fenômeno da preclusão temporal impede que elas possam realizá-lo depois e obter os resultados desejados (...). Nem todos os prazos fixados para as partes são sempre preclusivos. Não o são, em primeiro lugar, aqueles destinados ao cumprimento de um dever, ou seja, de um imperativo de conduta no interesse da justiça ou da parte contrária (...). Também não são preclusivos certos prazos, posto que fixados em relação a atos de interesse da própria parte, sempre que do atraso não resulte retardamento na marcha do procedimento nem prejuízo ao adversário (...). Dizem-se próprios os prazos preclusivos. Impróprios, os não preclusivos".[(1155)]

Note-se que em algumas situações o desrespeito ao prazo não dispensa a parte da obrigação de praticá-lo. É o que se dá, por exemplo, quando é celebrado acordo e as partes estipulam prazo para pagamento de determinada quantia em dinheiro. Descumprido este prazo, a parte continua obrigada a realizar o pagamento, acrescendo-se ao valor devido o importe correspondente à multa eventualmente estabelecida.

Cabe ao Diretor de Secretaria certificar o vencimento dos prazos (art. 776 da CLT), mas sua omissão não afasta a preclusão (art. 183 do CPC de 1973 e art. 223 do CPC de 2015).

A preclusão (temporal) é perda do direito de praticar o ato no prazo assinalado quando esse prazo é descumprido. O juiz e o auxiliar da justiça têm o *dever* de praticar o ato no prazo assinalado. Destarte, os prazos estabelecidos para o juiz e auxiliares da Justiça (prazos impróprios) não são preclusivos. Mesmo vencido o prazo, o ato processual deve ser praticado pelo juiz ou auxiliar da Justiça.

O ato praticado fora do prazo assinalado para a sua prática (ato intempestivo) não gera efeitos, observando-se, contudo, que será considerado tempestivo o ato praticado antes do termo inicial do prazo (art. 218, § 4º, do CPC de 2015).

17.12. Prazo especial para litisconsortes.

O art. 191 do CPC de 1973 dispõe que, quando os litisconsortes tiverem diferentes procuradores, ser-lhes-ão contados em dobro os prazos para contestar, para recorrer e, de modo geral, para falar nos autos.

De acordo com o art. 229 do CPC de 2015, quando os litisconsortes tiverem diferentes procuradores, de escritórios de advocacia distintos, ser-lhes-ão contados em dobro os prazos para as suas manifestações, em qualquer juízo ou tribunal, independentemente de requerimento, mas cessa a contagem do prazo em dobro se, havendo apenas dois réus, é oferecida defesa por apenas um deles (art. 229, § 1º, do CPC de 2015). É também previsto no CPC de 2015 que o benefício da contagem em dobro do prazo não se aplica aos processos em autos eletrônicos (art. 229, § 2º).

A regra em questão é aplicável quando se tratar de ato a ser praticado por dois ou mais litisconsortes, não se aplica no caso de revelia e de comparecimento de apenas um litisconsorte (a contagem especial pressupõe a atuação no processo de mais de um procurador) e não cria benefício que pode ser cumulado com outros já assegurados à parte, como o prazo diferenciado para a Fazenda Pública.

No entanto, o legislador, quando quis estabelecer privilégio de prazo no processo do trabalho, o fez de forma expressa e ainda o limitou à defesa e ao recurso (Decreto-lei n. 779/69). Isso significa dizer que não existe omissão do direito processual do trabalho a ser suprida pela aplicação do CPC (de 1973 e de 2015).

Ademais, a celeridade própria do processo do trabalho, em especial quando se trata de processo sujeito ao procedimento sumaríssimo, impede que nele seja aplicado o art. 191 do CPC de 1973 ou o art. 229 do CPC de 2015. Com efeito, contando os litisconsortes com distintos procuradores, os prazos processuais seriam elastecidos de forma substancial, retardando seriamente o julgamento definitivo do dissídio, quando o processo do trabalho tem como marca característica a celeridade na solução do dissídio (art. 765 da CLT).

(1155) *Instituições de direito processual civil*, v. II, p. 548-550.

A SDI-I do TST editou, a propósito, a Orientação Jurisprudencial n. 310, consagrando o entendimento de que: "A regra contida no art. 191 do CPC é inaplicável ao processo do trabalho, em face de sua incompatibilidade com o princípio da celeridade inerente ao processo trabalhista". Com a entrada em vigor do CPC de 2015, esta Orientação Jurisprudencial teve a sua redação alterada, passando a prever que "Inaplicável no processo do trabalho a norma contida no art. 229, *caput* e §§ 1º e 2º, do CPC de 2015 (art. 191 do CPC), em razão da incompatibilidade com a celeridade que lhe é inerente".

17.13. Privilégios legais em relação aos prazos.

Nos processos perante a Justiça do Trabalho, constituem privilégio da União, dos Estados, do Distrito Federal, dos Municípios e das autarquias ou fundações de direito público federais, estaduais ou municipais que não explorem atividade econômica o prazo em *quádruplo* para contestar e em *dobro* para recorrer (Decreto-lei n. 779/69).

A primeira observação que se impõe é que, por se tratar de um privilégio, o prazo especial deve ser restrito à defesa e ao recurso, não alcançando o prazo para embargar a execução ou apresentar contrarrazões de recurso, por exemplo. Em relação aos embargos à execução, cumpre mencionar que o Decreto-lei n. 779/69 faz expressa referência ao prazo do art. 841 da CLT (que alude à defesa do reclamado, a ser apresentada em audiência), o que significa que a intenção do legislador foi restringir o benefício ao prazo de resposta da Fazenda Pública à demanda.

O fato de o art. 900 da CLT estabelecer que o prazo para contrarrazões é igual ao prazo para apresentação do recurso não autoriza afirmar que o prazo para contra-arrazoar recurso da União, dos Estados, do Distrito Federal, dos Municípios e das autarquias ou fundações de direito público federais, estaduais ou municipais que não explorem atividade econômica será contado em dobro. Do contrário, estar-se-ia interpretando a norma de exceção de forma ampliativa e operando contra a celeridade que se pretende que seja marcante no processo do trabalho.

O prazo em dobro para a Fazenda Pública recorrer alcança os embargos de declaração em face de sua natureza recursal. A propósito: "É em dobro o prazo para a interposição de embargos declaratórios por Pessoa Jurídica de Direito Público" (Orientação Jurisprudencial n. 192 da SDI-I do TST).

Com a entrada em vigor do CPC de 2015, o benefício da Fazenda Pública é alterado, na medida em que o seu art. 183 assegura à Fazenda Pública o prazo *em dobro* para todas as suas manifestações processuais, cuja contagem terá início a partir da intimação pessoal. Aplica-se, aqui, a regra no sentido de que a norma posterior revoga a anterior.

O art. 188 do CPC de 1973 e o art. 180 do CPC de 2015 asseguram ao Ministério Público prazo em dobro para se manifestar. Parte da doutrina afirma que, não tendo o direito processual do trabalho tratado do prazo destinado à prática de atos pelo Ministério Público do Trabalho, o CPC serve, nesse particular, como fonte subsidiária do direito processual do trabalho. A nosso juízo, não se trata de omissão, mas de opção do legislador pelo estabelecimento de privilégios relativamente aos prazos apenas em favor da Fazenda Pública.[1156]

(1156) Em sentido contrário: "EMBARGOS — TEMPESTIVIDADE — MINISTÉRIO PÚBLICO — PRAZO EM DOBRO PARA RECORRER — APLICAÇÃO DO ART. 188 DO CPC AO PROCESSO DO TRABALHO. O Ministério Público do Trabalho goza do prazo em dobro, de que trata o art. 188 do CPC, sempre que recorrer nos autos judiciais. A prerrogativa prevista na referida disposição legal decorre das relevantes atribuições outorgadas pelo texto constitucional e legislação específica ao Ministério Público, quer quando atua como parte, quer quando recorre na defesa da ordem jurídica ou do interesse público. Não há uma hierarquia entre os direitos e interesses tutelados pelo Órgão Ministerial que justifique a interpretação restritiva do mencionado preceito legal, devendo-se entender "parte" em sentido lato, ou seja, aquela que apresenta a contestação ou o recurso, pouco importando a sua qualificação nos autos. O Decreto-Lei n. 779/69 também não inibe a incidência da disposição contida no art. 188 do CPC na esfera trabalhista, pois o art. 769 da CLT somente veda a aplicação subsidiária do direito processual comum quando este for incompatível com as normas processuais específicas da nossa legislação. Esta, no entanto, não é a hipótese dos autos, pois o art. 1º do aludido Decreto-Lei somente dispõe sobre os privilégios da União, Estados, Distrito Federal, Municípios e das autarquias ou fundações de direito público federais, estaduais ou municipais que não explorem

17.14. Prazos para o juiz e auxiliares da Justiça. Verificação dos prazos.

O juiz e os membros dos tribunais devem praticar os atos que lhes competem nos prazos assinalados na lei.

De acordo com os arts. 189 e 199 do CPC de 1973, o juiz ou membro de tribunal proferirá: a) os despachos, no prazo de dois dias; b) as decisões, no prazo de dez dias. Já no CPC de 2015 é previsto, no art. 226, que: 1) os despachos serão proferidos no prazo de cinco dias; 2) as decisões interlocutórias serão proferidas no prazo de dez dias; 3) as sentenças serão proferidas no prazo de trinta dias. Diante da omissão do direito processual do trabalho, estes dispositivos são aplicados no processo do trabalho.

No entanto, o prazo para julgamento dos embargos à execução e de impugnação do credor à sentença de liquidação é de cinco dias (art. 885 da CLT), não se aplicando à hipótese o prazo estipulado no CPC, posto que não existe omissão da CLT a ser suprida em relação ao prazo em questão.

Havendo motivo justificado, pode o juiz ou membro de tribunal exceder, por igual tempo, os prazos a que está submetido (arts. 187 e 199 do CPC de 1973 e art. 227 do CPC de 2015).

Os auxiliares da justiça devem respeitar os prazos legalmente estabelecidos, valendo mencionar que, de acordo com o art. 190 do CPC de 1973, o prazo é de vinte e quatro horas para remeter os autos conclusos e de quarenta e oito horas para executar os atos processuais. Estes prazos foram alterados no CPC de 2015, para *um dia* e *cinco dias*, respectivamente (art. 228). Diante da omissão do direito processual do trabalho, estes dispositivos são aplicados no processo do trabalho, ressalvado o prazo de notificação, a ser cumprido pelo Diretor de Secretaria, que é expressamente estabelecido no art. 841 da CLT.

Estes prazos são contados:

a) da data em que houver concluído o ato processual anterior, se lhe foi imposto pela lei;

b) da data em que tiver ciência da ordem, quando determinada pelo juiz (art. 190 do CPC de 1973 e art. 206 do CPC de 2015), observando-se que ao receber os autos, o serventuário certificará o dia e hora em que foi ciente desta ordem (art. 190, parágrafo único, do CPC de 1973 e art. 228, § 1º, do CPC de 2015).

Cumpre observar que, nos autos eletrônicos, a juntada de petições ou de manifestações em geral ocorrerá de forma automática, independentemente de ato de serventuário da justiça (art. 228, § 2º, do CPC de 2015).

Compete ao juiz ou membro de tribunal verificar se o serventuário excedeu, sem motivo legítimo, os prazos estabelecidos em lei (arts. 193 e 199 do CPC de 1973 e art. 233 do CPC de 2015). Verificado o descumprimento de prazos pelo serventuário, o juiz ou membro de tribunal ordenará a instauração de processo administrativo, na forma da lei (art. 194 do CPC de 1973 e art. 233, § 1º, do CPC de 2015). É lícito a qualquer das partes, o Ministério Público ou a Defensoria Pública poderá representar ao juiz ou membro de tribunal contra o serventuário que injustificadamente exceder os prazos previstos em lei (art. 233, § 2º, do CPC de 2015).

Os advogados públicos ou privados, o defensor público e o membro do Ministério Público devem restituir os autos no prazo do ato a ser praticado (arts. 195 e 197 do CPC de 1973 e art. 234 do CPC de 2015).

É lícito a qualquer interessado exigir os autos do advogado que exceder prazo legal (art. 196 do CPC de 1973 e art. 234, § 1º, do CPC de 2015).

Nota-se, em relação ao descumprimento de prazos por advogados públicos ou privados, defensor público ou membro do Ministério Público, sensível diferença entre o CPC de 1973 e o CPC de 2015.

Com efeito:

---

atividade econômica, não alcançando o Ministério Público, que possui legislação específica regulando a matéria. Recurso de embargos conhecido, por tempestivo." (TST, Processo: ED-RR — 575237-87.1999.5.01.5555, Redator Ministro: Luiz Philippe Vieira de Mello Filho, Subseção I Especializada em Dissídios Individuais, DJ 9.11.2007).

a) de acordo com o art. 195 do CPC, se o advogado ou o representante da Fazenda Pública não devolver os autos no prazo legal, o juiz mandará riscar o que neles houver escrito e desentranhar as alegações e documentos que apresentar; conforme o art. 196, o advogado ou o representante da Fazenda Pública que, intimado, não devolver os autos dentro de vinte quatro horas perderá o direito à vista fora de cartório e incorrerá em multa, correspondente à metade do salário mínimo vigente na sede do juízo; segundo o art. 196, parágrafo único, do CPC de 1973, apurada a falta, o juiz comunicará o fato à seção local da Ordem dos Advogados do Brasil, para procedimento disciplinar e imposição da multa.

b) no CPC de 2015 é previsto que: se, intimado, o advogado não devolver os autos no prazo de três dias, perderá o direito de vista fora de cartório e incorrerá em multa correspondente à metade do salário mínimo (art. 234, § 2º, do CPC de 2015); verificada a falta, o juiz comunicará o fato à seção local da OAB, para procedimento disciplinar e imposição de multa (art. 234, § 2º, do CPC de 2015); se a situação envolver membro do Ministério Público, da Defensoria Pública ou da Advocacia Pública, a multa, se for o caso, será aplicada ao agente público responsável pelo ato (art. 234, § 2º, do CPC de 2015).

Assim, deixou de existir a previsão relativa à ordem para riscar o que neles houver escrito e desentranhar as alegações e documentos que apresentar, o que, no entanto, não impede que se desconsiderem alegações e documentos apresentados fora do prazo legal.

A multa prevista no CPC tem como destinatária, no caso da Justiça do Trabalho, a União.

Também em relação ao juiz ocorreram relevantes alterações no CPC.

O CPC de 1973 estabelece que as partes e o Ministério Público poderão representar ao *Presidente do Tribunal* contra o juiz que exceder os prazos que lhe são assinalados pela lei, processando-se a representação na forma definida no regimento interno do tribunal a que estiver vinculado o juiz (art. 198, *caput* e parágrafo único, do CPC).

No CPC de 2015 é previsto que: qualquer das partes, o Ministério Público ou a Defensoria Pública poderá representar ao *corregedor do Tribunal* ou ao *Conselho Nacional de Justiça* contra o juiz ou relator que injustificadamente exceder os prazos previstos em lei, regulamento ou regimento interno (art. 235); distribuída a representação ao órgão competente e ouvido previamente o juiz, não sendo caso de arquivamento liminar, será instaurado procedimento para apuração da responsabilidade, com intimação do representado por meio eletrônico para, querendo, apresentar justificativa no prazo de 15 dias (art. 235, § 1º); sem prejuízo das sanções administrativas cabíveis, em até 48 horas após a apresentação ou não da justificativa do atraso, se for o caso, o corregedor do tribunal ou relator no Conselho Nacional de Justiça determinará a intimação do representado por meio eletrônico para que, em dez dias, pratique o ato (art. 235, § 2º); mantida a inércia, os autos serão remetidos ao substituto legal do juiz ou do relator contra o qual se representou para decisão em dez dias (art. 235, § 3º), o que alcança o processo do trabalho.

O descumprimento de prazo pela parte gera efeitos processuais (preclusão). O descumprimento dos prazos pelo juiz e auxiliares da justiça atrai a aplicação de penalidades disciplinares, não gerando efeitos processuais. Não há, quanto ao juiz e às partes, preclusão, posto que o juiz e os auxiliares não têm direito ou faculdade de praticar o ato no prazo prescrito, mas o dever de fazê-lo.

Não será promovido o juiz que, injustificadamente, retiver autos em seu poder além do prazo legal (art. 93, II, *e*, da Constituição Federal).

CAPÍTULO 10

DAS NULIDADES

1. Nulidade. Conceito

O ato processual, para que produza os efeitos jurídicos a que se destina, isto é, para que seja eficaz, deve atender a determinadas condições. O não atendimento destas condições implica nulidade do ato processual.

Nulidade é, dessa forma, a consequência da não observância, na prática de um ato processual, das condições de sua eficácia. Esta consequência, ou seja, a nulidade, consiste na negativa de eficácia do ato processual.

Observe-se que a nulidade não é o defeito contido no ato processual, mas a consequência desse defeito. Nesse sentido, assinala Aroldo Plínio Gonçalves que "nulidade é consequência jurídica prevista para o ato praticado em desconformidade com a lei que o rege, que consiste na supressão dos efeitos jurídicos que ele se destina a produzir".(1157)

Ainda segundo Aroldo Plínio Gonçalves, a nulidade, "como consequência jurídica, integra a categoria das sanções (...). A sanção é uma consequência jurídica aplicável ao ato praticado com inobservância da lei, ou sem os requisitos que ela exige".(1158)

Também Hugo Alsina aduz que "a nulidade é a sanção pela qual a lei priva um ato de seus efeitos normais quando em sua execução não se observam as normas prescritas para a mesma".(1159)

2. Defeitos sanáveis e não sanáveis. Nulidade relativa e absoluta

As consequências que a lei atribui ao defeito apresentado pelo ato variam de acordo com a sua gravidade. Assim é que se fala em nulidade absoluta e nulidade relativa, para significar a existência de defeito insanável e defeito sanável, respectivamente.(1160)

Na nulidade absoluta, o defeito do ato é de maior gravidade, o que leva a lei a considerá-lo insanável, impondo a anulação do ato. A nulidade absoluta pode ser declarada de ofício ou a requerimento das partes, sendo vedado ao juiz, de ofício ou a requerimento das partes, ratificar o ato.

Na nulidade relativa, o defeito do ato é de menor gravidade, permitindo a lei que seja ele sanado. A nulidade relativa não pode ser declarada de ofício, devendo ser suscitada pelas partes.

(1157) *Nulidades no processo*, p. 12.
(1158) *Nulidades no processo*, p. 16 e 18.
(1159) *Las nulidades en el proceso civil*, p. 11.
(1160) Aroldo Plínio Gonçalves ensina que "o que é sanável é a irregularidade, o vício, o defeito, a imperfeição, e não a nulidade. Esta, como consequência jurídica, será aplicável ou não aplicável, pronunciável ou não pronunciável, declarável ou não declarável, decretável ou não decretável, enfim, será acolhida ou afastada pelo juiz, mas nunca sanável ou insanável" (*Nulidades no processo*, p. 17).

Como esclarece Galeno Lacerda, as nulidades "se distinguem em razão da natureza da norma violada, em seu aspecto teleológico. Se nela prevalecerem fins ditados pelo interesse público, a violação provoca a nulidade absoluta, insanável, do ato. Vício dessa natureza deve ser declarado de ofício, e qualquer das partes o pode invocar. Quando, porém, a norma desrespeitada tutelar, de preferência, o interesse das partes, o vício do ato é sanável".[1161] Em suma, o vício será sanável ou insanável segundo a natureza da norma (de ordem pública ou dispositiva) que estabeleceu a condição que não foi observada na prática do ato processual.

Na doutrina, colhe-se a afirmação de que a declaração de nulidade absoluta produz efeitos *ex tunc*, alcançando o ato no momento de sua prática, e que a declaração de nulidade relativa produz efeitos *ex nunc*, ou seja, o ato produz efeitos até a declaração de nulidade. Aroldo Plínio Gonçalves adverte, no entanto, que, "no processo, o efeito *ex tunc* produzido pela decisão judicial é evidente, pois se o ato tem efeitos até que seja declarado nulo, ou anulado, o que é a mesma coisa, estes se extinguem a partir do momento em que o ato passou a integrar a cadeia do procedimento".[1162]

3. *Ato processual inexistente*

Do ato processual pode-se falar em nulidade e inexistência.

Como adverte Francesco Carnelutti, "nulidade não é negação da existência física do ato, e sim da sua eficácia jurídica".[1163]

O ato processual nulo existe como ato, mas não produz os efeitos que lhe são próprios, enquanto o ato processual inexistente não existe enquanto ato.

Para Aroldo Plínio Gonçalves, "o ato pode ser inexistente pela ausência de sua própria constituição material ou por defeito essencial de sua formação, ou de sua situação no processo. A inexistência do ato pode ser concebida no plano fático e no plano jurídico, referindo-se a atos que não se materializaram e assim inexistiram no plano dos fatos, ou àqueles que se constituíram sem requisito essencial previsto na norma processual".[1164]

A existência de um ato jurídico segundo Cândido Rangel Dinamarco, "depende invariavelmente, da presença de seus elementos essenciais (...) sem os quais ele não é o que talvez aparente ser (...). Diz-se juridicamente inexistente o ato processual quando lhe falta algum dos requisitos mínimos caracterizadores do tipo que ele aparenta reproduzir. Sem a presença cumulativa de todos esses mínimos, ele jamais poderá chegar ao resultado proposto".[1165]

Em uma demanda, de acordo com Cândido Rangel Dinamarco, "o mínimo formal é a existência de pedido, sem o qual inexiste um objeto sobre o qual decidir (objeto do processo...); na sentença, é o *decisum*, como expressão da vontade do Estado-juiz em relação à situação da vida em litígio (...). O mínimo subjetivo é a condição de advogado na pessoa que elabora a demanda (...), ou a de juiz em quem profere sentença. O mínimo voluntário transparece na assinatura do instrumento do ato. O mínimo objetivo é a possibilidade material e jurídica de realizar os resultados propostos no ato processual".[1166]

Constituem exemplos de atos processuais inexistentes:

a) a sentença não assinada pelo juiz ou proferida por quem não seja juiz;

b) o ato praticado por quem não seja o procurador da parte (pode o advogado, em nome da parte, intentar ação, a fim de evitar decadência, ou prescrição, bem como intervir no processo, para praticar atos reputados urgentes, devendo, no entanto, exibir o mandato no prazo de quinze dias, sob pena

(1161) *Despacho saneador*, p. 72-73.
(1162) *Nulidades no processo*, p. 91.
(1163) *Sistema de direito processual civil*, v. I, p. 131.
(1164) *Nulidades no processo*, p. 71. A inexistência do ato pode ser material (o ato processual não foi praticado) ou jurídica (o ato é praticado, mas a ele falta elemento constitutivo mínimo).
(1165) *Instituições de direito processual civil*, v. II, p. 601.
(1166) *Instituições de direito processual civil*, v. II, p. 601.

de serem havidos como inexistentes os atos não ratificados no prazo — art. 37, *caput* e parágrafo único, do CPC de 1973[(1167)];[(1168)]

c) o recurso assinado por advogado excluído dos quadros da OAB;

d) o recurso de revista subscrito por advogado sem procuração nos autos, assim como as contrarrazões a recurso de revista subscritas por advogado sem procuração nos autos (aplicação da Súmula n. 115 do STJ), salvo a hipótese de mandato tácito.

4. *Ato processual irregular*

Atos processuais irregulares são os que apresentam defeitos aos quais a lei não relaciona qualquer consequência, por não resultarem em qualquer prejuízo ao processo (princípio da insignificância).

5. *Nulidade de pleno direito, cominada e não cominada*

Não existe nulidade de pleno direito no processo, no sentido de negativa de efeitos a determinado ato processual independentemente de declaração judicial. Um ato processual não é ineficaz apenas porque contém um vício, ou seja, o vício não gera, por si só, a ineficácia do ato.

A afirmação da ocorrência de nulidade de pleno direito, segundo Aroldo Plínio Gonçalves, "choca-se contra o próprio conceito de sanção, que, no Direito, é juridicamente organizada, importando, esta organização, na legitimação do órgão que deve aplicá-la e no correto procedimento de sua aplicação (...). Admiti-la é o mesmo que admitir que o ato se valora a si mesmo, e que a partir dessa valoração desencadeia automaticamente o efeito de se autoanular (...). O vício deve ser apreciado por quem detém competência para aferir a validade do ato, para que a nulidade possa ser declarada (...). Qualquer ato existente no processo só se torna ineficaz para operar os efeitos a que estava destinado depois que a decisão judicial sobre ele faz incidir a sanção de nulidade".[(1169)]

A nulidade pode ser cominada (a nulidade do ato que contenha determinado vício é expressamente estabelecida pela ordem jurídica) ou não cominada (o ato é nulo em razão de determinado vício, embora esta nulidade não tenha sido expressamente prevista pela ordem jurídica).

6. *A disciplina das nulidades na CLT*

6.1. O exame da disciplina conferida às nulidades pela CLT permite duas conclusões prévias:

1) não existe nulidade de pleno direito no processo do trabalho, o que significa que a negativa de eficácia ao ato processual depende da declaração judicial de sua nulidade. Esta conclusão decorre da referência, nos arts. 795, 796 e 797, à declaração e à pronúncia da nulidade;

(1167) O tema é tratado, no CPC de 2015, no art. 104, *caput*: "O advogado não será admitido a postular em juízo sem procuração, salvo para evitar preclusão, decadência ou prescrição, ou para praticar ato considerado urgente". Note-se que o CPC de 1973 não autoriza o advogado a postular sem preocupação para evitar *preclusão*, o que é admitido no CPC de 2015. Consoante o § 1º do art. 104 do CPC de 2015, "Nas hipóteses previstas no *caput*, o advogado deverá, independentemente de caução, exibir a procuração no prazo de 15 (quinze) dias, prorrogável por igual período por despacho do juiz". No entanto, enquanto o CPC de 1973 considera *inexistente* o ato não ratificado no prazo, o art. 104, § 3º, do CPC de 2015 estabelece, que o ato não ratificado no prazo será considerado *ineficaz* "relativamente àquele em cujo nome foi praticado, respondendo o advogado por despesas e perdas e danos". Sob a ótica do CPC de 2015, o ato existe, mas não produz efeitos.

(1168) "O não cumprimento das determinações dos §§ 1º e 2º do art. 5º da Lei n. 8.906, de 4.7.1994 e do art. 37, parágrafo único, do Código de Processo Civil importa o não conhecimento de recurso, por inexistente, exceto na hipótese de mandato tácito" (Súmula n. 164 do TST).

(1169) *Nulidades no processo*, p. 81-82.

2) o direito processual do trabalho restringe a possibilidade de declaração de nulidade dos atos processuais, o que se deve ao fato de prestigiar o princípio da economia processual, o qual exige o máximo aproveitamento dos atos processuais, e adotar como princípio fundamental a facilitação da solução do mérito da demanda e da satisfação do direito consubstanciado em título executivo.

6.2. Da disciplina que a CLT reservou às nulidades resulta, ainda, que:

a) somente haverá nulidade quando dos atos inquinados (viciados) resultar manifesto prejuízo às partes (art. 794 da CLT). Isso significa que não há nulidade sem prejuízo (princípio do prejuízo ou da transcendência).

Se o ato contém um vício, mas deste vício não resulta prejuízo, a nulidade não será declarada.

A propósito, anotam Gerard Cornu e Jean Foyer que "um vício de forma não é sancionado por ele mesmo, mas pelo prejuízo que dele resulta (...). Não há nulidade sem prejuízo".(1170)

Para Aroldo Plínio Gonçalves, "a finalidade do ato processual é de construir o procedimento válido para que possa ser, validamente, emanado o provimento (...). O prejuízo é a desfiguração da finalidade do processo, como procedimento que prepara o provimento em contraditório entre as partes (...). A nulidade do ato processual pode ser declarada quando o vício que o macula prejudica o processo como procedimento participado, quando prejudica a atuação da parte. Se não causa prejuízo, o vício do ato é tolerado (...). A finalidade do ato processual (...) não é de prover interesses da parte, mas de concorrer para a construção do procedimento válido, que permita a emanação do provimento pelo Estado, através da sentença do juiz (...). Tanto nos casos de nulidade cominada como nos de nulidade não cominada, pode-se afirmar que não há nulidade sem prejuízo (...). Para que seja pronunciada, há de haver prejuízo processual, prejuízo para a própria regularidade do processo, que se caracteriza pela observância do modelo legal dos atos que necessariamente devem integrá-lo".(1171)

b) a nulidade somente será declarada mediante provocação das partes, salvo quando decorra de incompetência de foro (art. 795, *caput* e § 1º, da CLT).

Como regra, portanto, a nulidade não é declarada senão a requerimento da parte que se sente prejudicada pelo vício contido no ato, ou seja, não é declarada de ofício.

Contudo, a nulidade deverá ser declarada de ofício quando se tratar de nulidade fundada em incompetência de foro (art. 795, § 1º, da CLT).

Note-se que, como a incompetência em razão do lugar não pode ser declarada de ofício (art. 799 da CLT), o art. 795, § 1º, da CLT não trata da incompetência em razão do lugar. Por essa razão, deve-se entender por incompetência de foro, no art. 795, § 1º, da CLT, a incompetência em razão da matéria, da pessoa e funcional (arts. 111 e 113 do CPC de 1973 e arts. 62 e 63 do CPC de 2015). Somente a incompetência absoluta (competência fixada em razão da matéria, da pessoa e da função) pode ser declarada de ofício pelo juiz.

Em suma, como é estabelecido pelo art. 245, parágrafo único, do CPC de 1973 e no art. 278, parágrafo único, do CPC de 2015, a exigência de alegação da parte não se aplica às nulidades que o juiz deva declarar de ofício, o que, sob a ótica do art. 795, § 1º, da CLT, se aplica às hipóteses de incompetência absoluta.

Reconhecida a incompetência absoluta, serão considerados nulos apenas os atos decisórios (art. 795, § 1º, da CLT), devendo o juiz ou tribunal determinar a remessa do processo à autoridade competente (art. 795, § 2º, da CLT). Dá-se, na hipótese, o *transladio judicii* ou a reassunção da causa, ou seja, a continuidade do processo em outro juízo, preservando-se os efeitos dos atos processuais praticados.

(1170) *Procédure civile*, p. 371.
(1171) *Nulidades no processo*, p. 58-64.

O art. 769, § 1º, da CLT dispõe que, reconhecida a incompetência do juízo, serão nulos os atos decisórios. Sob este prisma, reconhecida a incompetência, serão nulos todos os atos decisórios praticados no juízo considerado incompetente. O CPC de 1973 adota, no art. 113, § 2º, a mesma solução, dispondo que, reconhecida a incompetência absoluta, somente os atos decisórios serão nulos.

O CPC de 2015 adotou uma solução diferenciada.

Com efeito, dispõe o art. 64, § 4º, do CPC/2015 que, "salvo decisão judicial em sentido contrário, conservar-se-ão os efeitos de decisão proferida pelo juízo incompetente até que outra seja proferida, se for o caso, pelo juízo competente".

Assim, os efeitos dos atos decisórios praticados no juízo incompetente são mantidos até que outra decisão seja proferida, se for o caso, pelo juízo competente. Destarte, o reconhecimento da incompetência absoluta não implica, automaticamente, nulidade dos atos decisórios praticados no juízo incompetente.

Esta solução atende aos princípios da economia processual, que exige o máximo aproveitamento possível dos atos praticados, da celeridade processual, que impõe uma postura que conduza à mais rápida solução do dissídio, e da facilitação do julgamento do mérito ou da satisfação do credor na execução, o que a torna compatível com o direito processual do trabalho.

A CLT alude, no art. 795, § 1º, à nulidade de atos decisórios, ao passo que o CPC faz referência, no art. 64, § 4º, à preservação dos efeitos de decisão proferida. O CPC autoriza a rescisão de sentença de mérito proferida por juiz absolutamente incompetente (art. 485, II, do CPC de 1973 e art. 966, II, do CPC de 2015). Da conjugação destes dispositivos legais resulta que somente a decisão de mérito proferida por juiz absolutamente incompetente é que não será preservada até que outra seja proferida por juiz competente.[1172]

c) a nulidade somente será declarada se tiver sido oportunamente suscitada pela parte a quem aproveita a sua declaração (princípio da alegação oportuna da nulidade).

A parte deverá arguir a nulidade na primeira vez em que tiver de falar em audiência ou nos autos, sob pena de preclusão, isto é, da perda do direito de questionar a eficácia do ato apontado como viciado (art. 795, *caput*, da CLT). A ausência de oportuna arguição da nulidade do ato resulta na sua convalidação.

Contudo, a convalidação do ato não atinge a nulidade que deve ser decretada de ofício e não ocorre se for provado legítimo impedimento para a oportuna arguição da nulidade (art. 795, § 1º, da CLT, art. 245, parágrafo único, do CPC de 1973, art. 278, parágrafo único, do CPC de 2015).

Cumpre à parte questionar a eficácia do ato que reputar prejudicial à defesa de seus direitos assim que dele tomar ciência. Essa manifestação dá-se por meio do denominado *protesto*. O protesto representa a manifestação de contrariedade da parte com o ato processual e evita a preclusão do direito de questioná-lo em eventual recurso contra a decisão definitiva.

A parte tem direito ao registro do protesto na ata de audiência, diante da sua relevância para a defesa dos seus direitos (art. 852-F da CLT e art. 360, V, do CPC de 2015).

d) a nulidade não será declarada quando for possível suprir a falta do ato ou repeti-lo (art. 796, *a*, da CLT).

Sendo possível suprir a falta do ato ou repeti-lo (sem os vícios anteriores), a nulidade não será declarada (princípio da sanabilidade).

À hipótese deve ser aplicado o disposto no art. 794 da CLT, ou seja, o ato não será repetido nem a sua falta será suprida quando não prejudicar a parte, o que, inclusive, é expressamente previsto no art. 249, § 1º, do CPC de 1973 e no art. 282, § 1º, do CPC de 2015.

e) a nulidade não será declarada quando for arguida por quem lhe tiver dado causa (art. 796, *b*, da CLT).

(1172) Ao autorizar a rescisão nesta situação, o CPC deixa claro que se trata de vício insanável, que pode ser suscitado, inclusive, depois de a decisão passar em julgado.

Quem deu causa à nulidade do ato não pode alegá-la em seu proveito, vez que ninguém pode ser beneficiado por sua própria torpeza.

f) o juiz ou Tribunal que pronunciar a nulidade declarará os atos a que ela se estende (art. 797 da CLT), ou seja, definirá os efeitos da declaração de nulidade de um ato em relação aos atos que lhe sejam posteriores.

Segundo dispõe o art. 798 da CLT, a nulidade do ato não prejudicará senão os posteriores que dele dependam ou sejam consequência (efeito expansivo das nulidades ou princípio da contaminação).

Em regra, portanto, a nulidade de um ato (nulidade própria) não prejudica os atos que lhe sejam posteriores. O ato posterior será prejudicado quando a sua eficácia depender da eficácia do ato anulado (ato dependente) ou for ele consequência do ato declarado nulo (ato dependente).

Na hipótese de ser negada a eficácia de ato dependente ou consequente daquele anulado, ocorre a denominada nulidade decorrente ou derivada.

6.3. A disciplina das nulidades no direito processual do trabalho é complementada pela aplicação do CPC como sua fonte subsidiária, de forma que:

a) a nulidade de uma parte do ato não prejudicará as outras, que dela sejam independentes (art. 248 do CPC de 1973 e art. 281 do CPC de 2015). Essa é uma regra de confinamento dos efeitos da declaração de nulidade;[(1173)]

b) os atos processuais não dependem de forma determinada senão quando a lei expressamente a exigir, reputando-se válidos os que, realizados de outra forma, preenchem-lhe a finalidade precípua (arts. 154 e 244 do CPC de 1973 e arts. 188 e 277 do CPC de 2015: princípio da instrumentalidade das formas);[(1174)]

c) quando puder julgar o mérito a favor da parte a quem aproveita a declaração de nulidade, o juiz não a pronunciará nem mandará repetir o ato, ou suprir-lhe a falta (art. 249, § 2º, do CPC de 1973 e art. 282, § 2º, do CPC de 2015).

Pode-se falar, aqui, em princípio da utilidade da declaração de nulidade do ato processual (à parte é mais útil o julgamento do mérito em seu favor do que o decreto de nulidade do ato processual). A nulidade deve ser declarada somente quando beneficiar a parte em proveito da qual poderia ser declarada. Essa solução permite que o processo cumpra a sua função primordial, que é solucionar, no menor espaço de tempo possível, o conflito de interesses submetido ao Poder Judiciário.

d) estando pendentes de recurso e sendo constatada a existência de vício sanável, o tribunal poderá determinar a realização ou renovação do ato processual, no próprio tribunal em primeiro grau (art. 515, § 4º, do CPC de 1973 e art. 938, § 1º, do CPC de 2015). Realizado ou renovado o ato processual, prosseguir-se-á no processamento e julgamento do recurso.[(1175)]

(1173) Esta regra tem aplicação no caso de atos complexos. A notificação/citação, por exemplo, compõe-se de três partes: ciência da propositura da demanda, ciência do conteúdo da demanda proposta (que resulta da entrega, ao demandado, de cópia da petição inicial) e ciência da audiência em que deverá ocorrer o comparecimento e, não sendo celebrado acordo, apresentada a defesa. Se o demandado toma ciência, pela notificação/citação, da demanda e comparece à audiência, o fato de não ter sido a ele enviada cópia da petição inicial, não implicará a nulidade da notificação/citação. Nessa hipótese, ao demandado deve ser fornecida cópia daquela peça, designando-se outro dia para prosseguimento da audiência, para tentativa de acordo e apresentação de defesa, dando-se, assim, aproveitamento à parte do ato de citação/notificação.

(1174) Se a não observância da forma estabelecida em lei não impede que o ato produza o efeito a que se destina produzir, a nulidade não será declarada. Essa mesma conclusão é autorizada pelos arts. 769 e 794 da CLT, vez que, se o ato alcançou a sua finalidade, fica afastada a possibilidade de se falar em prejuízo e, com isso, em decreto de nulidade do ato. Como aduz Francesco Carnelutti, "se um ato tem de ser efetuado de determinada maneira sob pena de nulidade, isso acontece porque se reputa que, se realizado de outro modo, não é idôneo para a finalidade, e sua nulidade jurídica não deverá ser mais do que o reflexo de sua eficácia prática" (*Sistema de direito processual civil*, v. I, p. 418). Logo, se o ato, apesar de viciado, produz o efeito que lhe é próprio (possui eficácia prática), nenhuma nulidade deverá ser declarada.

(1175) Se o Tribunal constata, por exemplo, que não foi concedida à parte oportunidade para apresentar contrarrazões ao recurso

Dessa forma, estando o processo em grau de recurso (TRT e TST) e sendo constatada a presença de um vício sanável, o processo não retornará à instância de origem, devendo o tribunal determinar a realização ou renovação do ato processual.

Trata-se de medida de economia processual, que favorece a mais rápida solução do dissídio e exame do mérito.

e) de acordo com o art. 246 do CPC de 1973, é nulo o processo, quando o Ministério Público não for intimado a acompanhar o feito em que deveria intervir e, se o processo tiver ocorrido, sem conhecimento do Ministério Público, o juiz o anulará a partir do momento em que o órgão deveria ter sido intimado. O CPC de 2015 contém disposições no mesmo sentido (art. 279, *caput* e § 1º), mas acrescenta que a nulidade só pode ser declarada após a intimação do Ministério Público, que se manifestará sobre a existência ou inexistência de prejuízo (art. 279, § 2º), o que está em perfeita sintonia com o art. 794 da CLT, segundo o qual, sem prejuízo não haverá declaração de nulidade.

7. Nulidade do processo

A nulidade pode afetar um ou mais atos processuais ou todo o processo.

Nesse sentido, dispõem o art. 246 do CPC de 1973 e o art. 279 do CPC de 2015 que é nulo o processo, quando o Ministério Público não for intimado a acompanhar o feito em que deva intervir.

Como aduz Aroldo Plínio Gonçalves, "a nulidade do processo pode ser motivada pela ausência de ato exigido na cadeia do procedimento, cuja falta não possa ser suprida (...), ou podendo, não o seja (...). A nulidade do processo, seja pela extensão que adquire a declaração de nulidade dos atos praticados, seja pela ausência de ato que deveria ser praticado, só pode ser decretada a partir do ato posterior à petição inicial. Uma vez que o Judiciário foi provocado, assim como não pode ocorrer o simples *non liquet*, o Estado não pode se omitir de julgar, apreciando ou não o mérito. O processo pode ser extinto sem a apreciação do mérito, como a inicial pode ser rejeitada por inepta, mas a extinção do processo e a inépcia da inicial não se confundem com a nulidade".[1176]

8. Nulidade da sentença

A nulidade pode alcançar todos os atos processuais, inclusive os praticados pelo juiz, dentre os quais a sentença.

A sentença pode ser anulada em razão da declaração de nulidade de ato do qual sua prolação dependia ou do qual era consequência (art. 798 da CLT) e, ainda, em razão da não observância, na sua prolação, dos seus requisitos formais (art. 832 da CLT), por exemplo.

9. Coisa julgada e nulidade

Observa Aroldo Plínio Gonçalves que "não é correto afirmar que a 'sentença nula' passou em julgado. Se a nulidade não foi declarada, a sentença não foi por ela atingida. Não há sentença nula senão quando sua nulidade é decretada por decisão judicial".[1177]

Segundo Cândido Rangel Dinamarco, "toda e qualquer nulidade fica afastada, mesmo as absolutas e ainda que se trate de nulidade da sentença (falta de motivação, etc.), quando ocorre o trânsito em julgado:

---

da parte contrária, nada justifica devolver o processo à Primeira Instância para que esta falha seja suprida, devendo o Tribunal conceder vista ao recorrido para as suas contrarrazões, suprindo, com isto, aquele vício.

(1176) *Nulidades no processo*, p. 41.

(1177) *Nulidades no processo*, p. 107.

sendo uma sanatória geral das nulidades a coisa julgada tem eficácia preclusiva que impede novos pronunciamentos dos juízes acerca das questões inerentes ao processo e a alegação de novas razões por qualquer das partes (arts. 471 e 474). Alguns vícios reputados excepcionalmente graves pela lei poderão ainda ser alegados pela via da ação rescisória, mas, não proposta esta no biênio (arts. 485 e 495) ou julgada improcedente, o convalescimento é definitivo e com isso desaparece a possibilidade de impugnar o ato, ainda que viciado de nulidade absoluta".[1178]

10. Erro de procedimento

O princípio da legalidade das formas, segundo o qual cabe à lei definir a forma dos atos processuais, quando for ela uma condição de sua eficácia, alcança o próprio procedimento. Daí a alusão, no art. 250 do CPC de 1973 e no art. 283 do CPC de 2015, a erro de forma do processo.

Dá-se o erro de procedimento quando ao processo é impresso procedimento distinto daquele que a ele reserva a lei (procedimento legal). É o que ocorre, por exemplo, quando o dissídio é submetido ao procedimento ordinário, quando deveria ser submetido ao procedimento sumaríssimo.

O erro do procedimento implica anulação dos atos que não possam ser aproveitados, devendo praticar-se os que forem necessários, a fim de que se observe o procedimento legal (art. 250, *caput* e parágrafo único, do CPC de 1973 e art. 283, *caput* e parágrafo único, do CPC de 2015).

Dar-se-á o aproveitamento dos atos processuais por medida de economia processual, mas desde que não resulte prejuízo à defesa de qualquer das partes (art. 250, parágrafo único, do CPC de 1973 e art. 283, parágrafo único, do CPC de 2015). Não é razoável extinguir o processo por erro de procedimento quando, sem prejuízo à defesa de qualquer das partes, puderem ser aproveitados os atos já praticados, o que contribui, inclusive, para a mais rápida solução do conflito de interesses levado ao Judiciário.

Prejuízo à defesa haverá, por exemplo, na conversão do rito ordinário em rito sumaríssimo na fase recursal, ante a restrição ao recurso de revista neste procedimento. Da mesma forma, a conversão do rito sumaríssimo em ordinário na audiência pode resultar em prejuízo à defesa, posto que haverá restrição ao número de testemunhas a serem ouvidas (sendo assim, nessa hipótese, o juiz deverá converter o procedimento, para aproveitar os atos já praticados — distribuição e notificação do reclamado —, mas designará nova audiência, para que as partes possam adequar a sua prova ao novo procedimento impresso ao processo).

(1178) *Instituições de direito processual civil*, v. II, p. 602. Os artigos do CPC de 1973 mencionados correspondem aos arts. 505, 496, 966 e 975 do CPC de 2015.

Capítulo 11

Procedimento Ordinário

1. Notas introdutórias

A solução dos conflitos de interesses submetidos ao Poder Judiciário é realizada de acordo com *procedimentos* previamente estabelecidos pela ordem jurídica. Com efeito, a ordem jurídica estabelece os atos que compõem a atividade preparatória da decisão sobre os conflitos de interesses levados ao Poder Judiciário, assim como a forma, o tempo, o lugar, o prazo e a ordem cronológica com que devem ser praticados, ou seja, os modos de proceder ou agir em juízo (*procedimentos*).

Ao estabelecer os procedimentos, o legislador cria verdadeiros roteiros/itinerários a serem seguidos pelas partes, juiz e auxiliares da justiça na solução judicial dos conflitos de interesses.

2. Procedimentos estabelecidos pelo direito processual do trabalho. Dissídios individuais e coletivos. Disciplina legal dos procedimentos trabalhistas. Elementos estruturais e fases dos procedimentos trabalhistas

O direito processual do trabalho estabelece o *procedimento comum*, que é dividido em procedimento *ordinário, sumaríssimo* e *sumário, procedimentos especiais*[1179] e procedimentos a serem observados no julgamento de dissídios coletivos e na execução.

Em relação aos dissídios coletivos, vale anotar que à Justiça do Trabalho compete, conforme dispõem os arts. 643 e 763 da CLT e 114 da Constituição, processar e julgar *dissídios* oriundos da relação de trabalho e estes dissídios podem ser *individuais* ou *coletivos*.

Arnaldo Süssekind ensina que os dissídios individuais "têm por objeto interesses concretos de determinadas pessoas, não se alterando quando reunirem uma pluralidade de partes. O que importa, quer no dissídio individual simples, quer no dissídio individual plúrimo, é que as partes, devidamente identificadas, questionem sobre a existência ou a violação de um direito anteriormente estipulado em norma jurídica ou cláusula contratual. Já os dissídios coletivos têm por objeto interesses abstratos de pessoas indeterminadas que, no momento do conflito, integram o grupo representado na contenda ou que venham a integrá-lo na vigência do instrumento jurídico que o solucionar".[1180]

(1179) Vários procedimentos estabelecidos pelo direito processual comum são aplicáveis na solução de dissídios que decorrem da relação de emprego, respeitadas, no entanto, as particularidades do direito processual do trabalho, como será visto no Capítulo reservado aos procedimentos especiais.

(1180) Tribunais do trabalho no direito comparado e no Brasil. *Revista LTr* 63-11/1447.

José Augusto Rodrigues Pinto aduz que, no dissídio individual, "o interesse controvertido é de um empregado e um empregador, dizendo respeito somente a eles a solução da controvérsia. Por isso, os sujeitos da relação processual, no dissídio individual, são empregado e empregador, convindo advertir que essa individualidade se conserva inalterada mesmo no chamado dissídio individual plúrimo, em que há pluralidade de sujeitos com singularidade de interesse, fundindo-se a relação processual em virtude da comunhão do interesse que caracteriza o litisconsórcio, ativo ou passivo", ao passo que, no dissídio coletivo, "o interesse é 'transindividual', vale dizer, transcende a esfera de interesses de um empregado ou de um empregador, para situar-se na dos grupos homogêneos que eles formam, por profissão ou por atividade econômica, sob a designação de categoria. Em razão disso, mudam também os sujeitos da relação processual, que passam a ser as associações sindicais representativas das categorias".[1181]

Cada procedimento disciplinado pelo direito processual do trabalho é regido pelas disposições que lhe são próprias, mas nos procedimentos sumaríssimo, sumário e especiais são aplicadas, subsidiariamente, as disposições relativas ao procedimento ordinário. Por esta razão, a CLT trata de forma mais pormenorizada do procedimento ordinário e estabelece, em normas específicas, um modo de proceder diferenciado em determinadas fases dos demais procedimentos.

O direito processual do trabalho adota, como critério para definir o procedimento a ser adotado para decidir o conflito de interesses: a *expressão econômica das pretensões do autor* (arts. 852-A da CLT e 2º da Lei n. 5.584/70), no que se refere aos procedimentos sumaríssimo e sumário; a natureza do direito deduzido ou da relação jurídica litigiosa, nos procedimentos especiais; a *natureza da tutela pretendida*, no dissídio coletivo; a *natureza da obrigação* cujo cumprimento é pleiteado em juízo, na execução.

Os procedimentos estabelecidos pelo direito processual do trabalho possuem como *elementos estruturais* a demanda, a notificação/citação do demandado, a tentativa de conciliação, a resposta do demandado, a instrução e o julgamento, que são distribuídos em três fases, quais sejam, *postulatória*,[1182] *instrutória*[1183] e *decisória*.[1184] Essas fases são definidas segundo o tipo de atividade predominante em cada uma delas.

A seguir será examinado o procedimento ordinário, a partir do seu momento inicial.

3. *Reclamação trabalhista*

A jurisdição é uma atividade provocada. Com isto, quem pretender a tutela de um direito deve provocar a jurisdição, por meio do exercício do direito de ação.

A pretensão do autor da demanda deverá ser manifestada perante um dos órgãos da Justiça do Trabalho, o que se dá por meio do que a CLT denomina *reclamação* (arts. 837, 840 e 841 da CLT). Em suma, quem pretende a tutela jurisdicional de direito decorrente da relação de trabalho deve ajuizar uma *reclamação*, no exercício do direito de ação.

A expressão *reclamação* está relacionada com o fato de a Justiça do Trabalho ter sido criada como órgão que não pertencia ao Poder Judiciário, o que implicava dizer que perante ela não era exercido o direto de ação, mas o direito de *reclamação*.

Nesse compasso, aquele que apresenta em juízo a reclamação recebe a denominação de *reclamante*, ao passo que é denominado *reclamado* aquele em face de quem o pedido de tutela é apresentado, o que corresponde ao *autor* e *réu*, *demandante* e *demandado*, respectivamente.

(1181) *Processo trabalhista de conhecimento*, p. 334.

(1182) É nesta fase que se situa o primeiro ato do procedimento, qual seja, a propositura da demanda, por meio da qual o autor formula as suas pretensões, o réu é citado e tem a oportunidade para apresentar a sua resposta à demanda. A fase postulatória dura, assim, da propositura da ação até a resposta do réu.

(1183) Essa fase é destinada à produção de prova dos fatos alegados pelo autor e réu como fundamento de suas pretensões.

(1184) Trata-se de fase destinada ao julgamento das pretensões das partes.

4. *Daqueles que podem apresentar a reclamação em juízo.* *Jus postulandi*

Dispõe o art. 791 da CLT que os empregados e empregadores poderão reclamar pessoalmente perante a Justiça do Trabalho e acompanhar a reclamação até o final.[(1185)]

De outro lado, o art. 839 da CLT estabelece que a reclamação poderá ser proposta: a) pelos empregados e empregadores, pessoalmente ou por seus procuradores; b) pelos sindicatos de classe; c) pelo Ministério Público do Trabalho.

Ao rol constante do art. 839 da CLT deve ser acrescentada a Defensoria Pública da União, à qual cabe, segundo consta do art. 3º-A da Lei Complementar n. 80/1994, incluído pela Lei Complementar n. 132/2009, dentre outras funções, exercer a defesa dos direitos e interesses individuais, difusos, coletivos e individuais homogêneos e promover a mais ampla defesa dos direitos fundamentais dos necessitados, abrangendo seus direitos individuais, coletivos, sociais, econômicos, culturais e ambientais.

Consoante previsto nos arts. 791 e 839 da CLT, os empregados e empregadores poderão reclamar *pessoalmente* perante a Justiça do Trabalho e acompanhar a reclamação até o final. Destarte, às partes é reconhecido o *jus postulandi*, ou seja, o direito de postular pessoalmente perante os órgãos da Justiça do Trabalho.

Desse modo, a assistência de advogado na postulação perante os órgãos da Justiça do Trabalho é uma *faculdade das partes*.[(1186)]

No entanto, o TST, por meio da Súmula n. 425, restringiu o alcance do *jus postulandi*, ao adotar o entendimento de que "o *jus postulandi* das partes, estabelecido no art.791 da CLT, limita-se às Varas do Trabalho e aos Tribunais Regionais do Trabalho, não alcançando a ação rescisória, a ação cautelar, o mandado de segurança e os recursos de competência do Tribunal Superior do Trabalho". Trata-se, no entanto, de solução discutível, na medida em que o art. 791 da CLT assegura às partes o direito de demandar pessoalmente e acompanhar a reclamação *até o final*, o que indica que elas podem atuar pessoalmente perante qualquer órgão da Justiça do Trabalho, dentre eles o TST.

5. *Protocolo, distribuição e registro da reclamação*

A CLT prevê que:

a) nas localidades em que houver apenas uma Vara ou um escrivão do cível, a reclamação será apresentada diretamente à secretaria da Vara ou ao cartório do Juízo (art. 837 da CLT);[(1187)]

b) nas localidades em que houver mais de uma Vara ou mais de um Juízo, a reclamação será, preliminarmente, sujeita à distribuição (art. 838 da CLT).

Neste contexto, considera-se proposta a demanda assim que a petição inicial é apresentada na Secretaria da Vara ou do Juízo competente (art. 837 da CLT) ou distribuída (art. 838 da CLT).

A distribuição é o ato pelo qual é fixada a competência para conciliar e julgar o dissídio, quando para fazê-lo forem competentes mais de uma Vara do Trabalho ou Juiz de Direito investido da jurisdição trabalhista.

A distribuição será feita entre as Varas do Trabalho ou Juízo (art. 669, § 1º, da CLT) pela ordem rigorosa da apresentação das demandas ao distribuidor, quando houver (art. 783 da CLT), de forma sucessiva a cada

(1185) A partir do momento em que à Justiça do Trabalho foi atribuída competência para julgar os dissídios decorrentes da relação de trabalho (art. 114, I, da Constituição), os benefícios processuais antes reconhecidos aos empregados e empregadores passaram a alcançar todos aqueles que recorrerem à Justiça do Trabalho em busca da tutela dos direitos decorrentes da relação de trabalho não subordinado.

(1186) Deste tema tratamos quando examinamos a capacidade das partes.

(1187) A parte deverá, para tanto, protocolar a sua petição inicial na Secretaria ou Vara ou do Juízo ou no setor de protocolo respectivo, se for o caso.

Vara ou Juiz de Direito (art. 714, I, da CLT, art. 252 do CPC de 1973 e art. 285 do CPC de 2015), podendo ser fiscalizada pela parte ou por seu procurador, Ministério Público do Trabalho e Defensoria Pública (art. 256 do CPC de 1973 e art. 289 do CPC de 2015).

O distribuidor fornecerá recibo da distribuição ao interessado, dele constando o nome do reclamante e do reclamado, a data da distribuição, o objeto da reclamação (pedido do reclamante), a Vara ou Juízo a que coube a distribuição (art. 785 da CLT), além da data e do horário da realização da audiência, se for o caso de sua designação.

A reclamação verbal será distribuída antes de ser reduzida a termo (art. 786 da CLT). Distribuída a reclamação, o reclamante deverá comparecer na secretaria ou cartório, para reduzi-la a termo, sob pena de perda, pelo prazo de seis meses, do direito de reclamar perante a Justiça do Trabalho (arts. 786, parágrafo único, e 731 da CLT).[1188] Trata-se de *perempção temporária*, que impede o reclamante de reclamar perante a Justiça do Trabalho, contra o mesmo reclamado (repetindo os mesmos pedidos ou não) ou qualquer outro tomador de seus serviços, durante seis meses.[1189]

Dá-se a distribuição também nos tribunais, quando neles existam mais de um órgão (turmas, por exemplo) com competência para conhecer demanda de sua competência originária.

Todos os processos estão sujeitos a registro, que será realizado em livro próprio, rubricado em todas as folhas pelo distribuidor (art. 784 da CLT).

6. Reclamação escrita e verbal

A reclamação pode ser apresentada ao órgão da Justiça do Trabalho de forma escrita ou verbal (art. 840 da CLT).

Podendo a reclamação ser verbal, o autor da demanda pode comparecer em juízo e, verbalmente, dar notícia de sua pretensão a um auxiliar da justiça (denominado *atermador*), que a reduzirá a termo.

A autorização para a reclamação verbal atende à necessidade de facilitar o acesso à Justiça do Trabalho e, com isso, à defesa em juízo dos direitos decorrentes da relação de trabalho. Em algumas hipóteses, no entanto, a lei exige que a reclamação seja escrita, como se dá, por exemplo, com o inquérito para apuração de falta grave (art. 853 da CLT).

7. Petição inicial: requisitos, emenda, complemento, indeferimento e inépcia. Pedido: espécies, aditamento, alteração, interpretação e cumulação

A jurisdição constitui atividade estatal provocada. A provocação da jurisdição se dá pela demanda, isto é, pelo ato de pedir em juízo a tutela de um direito.

O pedido de tutela de um direito pode ser apresentado por meio de petição escrita ou verbalmente. Neste sentido, o art. 840 da CLT dispõe que a reclamação poderá ser escrita ou verbal, observando-se que, como resulta dos arts. 731 e 786 da CLT, a reclamação verbal será reduzida a termo (*termo de reclamação verbal*).

Dispondo o art. 840, § 2º, da CLT que, no termo da reclamação verbal, devem ser observadas, no que couberem, as exigências relativas à reclamação escrita, é lícito falar, no processo do trabalho, em petição inicial *stricto sensu* (reclamação escrita) e petição inicial *lato sensu* (termo a que é reduzida a reclamação verbal). Por esta razão, é adotada a expressão *petição inicial* para designar tanto a petição escrita quanto o termo de reclamação verbal.

(1188) A pena em questão será aplicada quando não for demonstrado justo motivo para o não comparecimento do reclamante no prazo estabelecido no art. 786, parágrafo único, da CLT.

(1189) Trata-se de previsão de constitucionalidade discutível, vez que, ainda que temporariamente, é impedido o acesso à justiça.

A petição por meio da qual é provocada a jurisdição em busca de tutela de direito é denominada *inicial* porque é a sua apresentação em juízo que dá causa à instauração do processo.

7.1. Para que a pretensão do autor do pedido de tutela jurisdicional de direito possa ser examinada, a petição inicial deve atender a determinados requisitos.

Definindo estes requisitos, dispõe o art. 840, § 1º, da CLT, que da petição inicial devem constar:

a) a designação do presidente da Vara do Trabalho, Juiz de Direito investido da jurisdição trabalhista ou Presidente do Tribunal ao qual é endereçada a demanda;

b) a qualificação do reclamante e do reclamado;

c) breve exposição dos fatos de que resulte o dissídio;

d) o pedido;

e) data e assinatura do reclamante, seu representante ou advogado.[(1190)]

Destarte, a petição inicial deverá:

a) indicar o juízo a que é dirigida;[(1191)]

b) nominar e qualificar as partes. Trata-se da identificação das partes, a partir dos dados relevantes para o processo (nomes, prenomes, estado civil, profissão, domicílio e residência do reclamante e do reclamado), observando-se que, segundo o art. 15 da Lei n. 11.419/2006, salvo impossibilidade que comprometa o acesso à justiça, o autor deverá informar na inicial o número no cadastro de pessoas físicas ou jurídicas perante a Secretaria da Receita Federal (CPF e CNPJ, respectivamente), e, ainda, que é também aconselhável indicar na inicial o número da CTPS do trabalhador;[(1192)]

c) indicar os fatos de que decorre o litígio (causa de pedir). O autor deve indicar na petição inicial: os fatos que fazem surgir o direito cuja existência pretende seja confirmada (*fatos jurídicos*); os fatos que, embora não tenham influência na constituição do direito deduzido, demonstram a ocorrência dos fatos de que tal direito decorre (*fatos simples*); os fatos que justificam o pedido de tutela jurisdicional. Todos esses fatos devem ser narrados de forma breve, clara e de modo que permita a precisa definição da pretensão do autor e deles deve decorrer, como consequência lógica, o pedido.

A CLT não exige, como faz o art. 282 do CPC de 1973 e o art. 319 do CPC de 2015, que a petição inicial indique os *fundamentos jurídicos do pedido*, ou seja, que ela contenha a demonstração de que a ordem jurídica relaciona aos fatos narrados a consequência jurídica perseguida na demanda, observando-se que a circunstância de o autor da demanda incluir os fatos narrados em determinada categoria jurídica não impede que o juiz acolha o seu pedido com outro fundamento jurídico, vez que o juiz somente está vinculado aos fatos alegados e aos pedidos apresentados pelo autor (*teoria da substanciação*).

Como adverte Cândido Rangel Dinamarco, em lição que é também pertinente com o direito processual do trabalho, a doutrina processual brasileira "aceita com segura tranquilidade a teoria da substanciação, com a generalizada convicção de que, da causa de pedir posta na demanda inicial, somente a narrativa dos fatos concorre para delimitar o âmbito da tutela jurisdicional possível, sendo autorizado o juiz a dar aos fatos narrados qualificação jurídica diferente da proposta pelo autor — diferentemente do que se pensa nos

(1190) No direito processual civil, os requisitos da petição inicial são definidos no art. 282 do CPC de 1973 e art. 319 do CPC de 2015.

(1191) Não se trata de indicar o nome da autoridade judiciária, mas do seu cargo (Juiz da Vara do Trabalho de Belo Horizonte ou Presidente do Tribunal Regional do Trabalho da Terceira Região, por exemplo). Como consta do CPC de 2015, a petição indicará o *juízo* a que é dirigida (art. 319, I).

(1192) O CPC de 1973 dispõe que a petição indicará os nomes, prenomes, estado civil, profissão, domicílio e residência do autor e do réu (art. 282, II). O CPC de 2015 determina que da petição inicial constem os nomes, os prenomes, o estado civil, a *existência de união estável*, a profissão, o *CPF* ou o *CNPJ*, o *endereço eletrônico*, o domicílio e a residência do autor e do réu, o que é compatível com o processo do trabalho, no qual também é exigida a mais completa possível individualização das partes.

países europeus, em que prevalece o sistema da individualização (vinculação pelos fundamentos jurídico--materiais e não pelas circunstâncias de fatos)".[1193]

A propósito destas doutrinas, afirma Humberto Theodoro Júnior que, "para os que seguem a individuação, basta ao autor apontar genericamente o título com que age em juízo, como, por exemplo, o de proprietário, o de locatário, o de credor, etc. Já para a substanciação, adotada por nossa lei processual civil, o exercício do direito de ação deve se fazer à base da *causa petendi* que compreenda o fato ou o complexo de fatos de onde se extraiu a conclusão a que chegou o pedido formulado na petição inicial. A descrição do fato gerador do direito subjetivo passa, então, ao primeiro plano, como requisito que, indispensavelmente, tem de ser identificado desde logo. Não basta, por isso, dizer-se proprietário ou credor, pois será imprescindível descrever todos os fatos de onde adveio a propriedade ou o crédito".[1194]

d) indicar o pedido com as suas especificações;[1195]

e) conter a assinatura do reclamante ou do seu representante e, quando for o caso, do seu advogado.

O art. 319 do CPC de 2015 dispõe que a petição indicará a opção do autor pela realização ou não da audiência de conciliação ou de mediação (art. 319, VII), o que não alcança o processo do trabalho, na medida em que a tentativa de conciliação constitui exigência legal (art. 764 da CLT). Ademais, o art. 319 do CPC de 2015 está em contradição com o art. 3º daquele diploma legal, segundo o qual a conciliação, a mediação e outros métodos de solução consensual de conflitos deverão ser estimulados por juízes, advogados, defensores e membros do Ministério Público, o que significa que a tentativa de conciliação em audiência não fica à disposição do autor da demanda. Vale registrar que a Instrução Normativa n. 39/2016 do TST estabelece, no art. 2º, IV, não ser aplicável no processo do trabalho o art. 334 do CPC de 2015 e, no art. 3º, III, não é aplicável no processo do trabalho parte final do inciso V do art. 139 do CPC de 2015, que atribui ao juiz o dever/poder de promover, a qualquer tempo, a autocomposição, preferencialmente com auxílio de conciliadores e mediadores, o que implica que o juiz não está obrigado a ser valer de conciliadores e mediadores para a autocomposição.

Prevê o art. 787 da CLT que a petição inicial deverá ser instruída com os *documentos em que se fundar a reclamação*, o que é reforçado pelo art. 845 da CLT, segundo o qual na audiência poderão ser ouvidas testemunhas e apresentadas as *demais provas*.

O CPC faz distinção entre *documentos indispensáveis à propositura da ação* (art. 283 do CPC de 1973 e art. 320 do CPC de 2015) e *documentos destinados à prova das alegações das partes* (art. 396 do CPC de 1973 e art. 434 do CPC de 2015), o que se aplica no processo do trabalho, vez que existem documentos sem os quais a demanda sequer pode ser ajuizada, ou seja, que são indispensáveis para a propositura da demanda, como se dá, por exemplo, com a prova escrita sem eficácia de título executivo no ajuizamento de ação monitória (art. 1.102-A do CPC de 1973 e art. 700 do CPC de 2015) e com o título executivo, na execução fundada em título executivo extrajudicial (art. 876 da CLT).

A distinção entre *documentos destinados à prova dos fatos alegados* e *documentos indispensáveis à propositura da ação é importante,* visto que o juiz somente está autorizado a deferir prazo para apresentação dos documentos que deveriam acompanhar a inicial quando eles sejam indispensáveis à propositura da ação (art. 284 do CPC de 1973 e art. 321 do CPC de 2015 e Súmula n. 263 do TST, na sua atual redação, *in verbis:* salvo a hipótese do art. 330 do CPC de 2015 (art. 295 do CPC de 1973), o indeferimento da petição inicial, por encontrar-se desacompanhada de documento indispensável à propositura da ação ou não preencher outro requisito legal, somente é cabível se, após intimada para suprir a irregularidade em quinze dias, mediante indicação precisa do que deve ser corrigido ou complementado, a parte não o fizer). Assim, no processo civil e no processo do trabalho, a ausência da juntada, com a petição inicial, de documentos que sejam apenas

(1193) *Instituições de direito processual civil*, v. I, p. 175.
(1194) THEODORO JÚNIOR, Humberto. *Curso de direito processual civil*, v. I, p. 399.
(1195) As particularidades do pedido serão examinadas mais adiante.

necessários à prova dos fatos alegados implica preclusão do direito à sua apresentação. No entanto, estando o documento necessário à prova dos fatos alegados pelo autor em poder do demandado ou de terceiro, o juiz pode determinar a sua exibição em juízo (arts. 359 e 399 do CPC de 1973 e arts. 400 e 438 do CPC de 2015).

A CLT não inclui o valor da causa dentre os requisitos da petição inicial (art. 840, § 1º, da CLT), mas o art. 2º, *caput*, da Lei n. 5.584/70 estabelece que, antes de passar à instrução, o juiz deverá fixar o valor da causa para determinação da alçada, se este for indeterminado na petição inicial. Assim, o valor da causa não constitui requisito da petição inicial, posto que, do contrário, sendo omissa a petição inicial quanto a ele, o juiz teria de assinalar prazo para a sua emenda, sob pena de seu indeferimento.

Como o juiz deverá, sendo omissa a petição inicial, arbitrar o valor da causa, resta concluir que a toda causa deverá ser atribuído valor, pela parte ou pelo juiz.

Para atribuir valor à causa no processo do trabalho a parte e o juiz devem recorrer aos critérios definidos nos arts. 259 e 260 do CPC de 1973 e art. 292 do CPC de 2015, diante da omissão da CLT e da Lei n. 5.584/70 a respeito do tema, com a ressalva de que, nos procedimentos sumaríssimo e sumário, o valor da causa corresponderá à soma do valor correspondente a cada um dos pedidos do autor.

O CPC de 2015 inova a matéria, determinando que na ação indenizatória, inclusive a fundada em dano moral, o valor da causa corresponderá ao valor pretendido (art. 292, VI). Anote-se que o art. 3º, IV, da Instrução Normativa n. 39/2016 do TST prevê ser aplicável no processo do trabalho o art. 292, VI, do CPC de 2015.

O valor atribuído à causa pelo autor na petição inicial pode ser impugnado pelo réu, na contestação, como preliminar, ou oralmente em audiência (aplicação do art. 261 do CPC de 1973 e dos arts. 293 e 336, III, do CPC de 2015). A impugnação deverá ser julgada em audiência, antes do início da instrução (art. 2º, *caput*, da Lei n. 5.584/70), após a oitiva da parte contrária.

Quando o juiz fixar o valor da causa, em razão de ser omissa a petição inicial a seu respeito ou no julgamento de impugnação apresentada pelo demandado ao valor arbitrado à causa na petição inicial, qualquer das partes poderá, ao aduzir razões finais, impugná-lo. Se o valor for mantido, as partes poderão pedir sua revisão, em 48 horas, ao Presidente do Tribunal a que esteja vinculado o juiz, a quem caberá decidi-lo, em igual prazo (art. 2º, § 2º, da Lei n. 5.584/70).[1196]

O pedido de revisão do valor da causa não tem efeito suspensivo e deverá ser fundamentado, conter a indicação do valor que se entende correto e ser instruído com cópia da petição inicial, da contestação e da ata de audiência em que foi arbitrado o valor da causa (art. 2º, § 2º, da Lei n. 5.584/70).

O *caput* do art. 2º da Lei n. 5.584/70 estabelece que o juiz fixará o valor da causa *quando este for indeterminado no pedido*. Com isso, não é lícita a alteração do valor da causa de ofício, conclusão a que se chega, ainda, pela aplicação subsidiária do art. 261, parágrafo único, do CPC de 1973, o qual dispõe que, não havendo impugnação, presume-se aceito o valor atribuído à causa na petição inicial. Essa mesma conclusão é autorizada pela Súmula n. 71 do TST: "A alçada é fixada pelo valor dado à causa na data de seu ajuizamento, desde que não impugnado, sendo inalterável no curso do processo".

No entanto, o CPC de 2015 autoriza o juiz a corrigir, de ofício ou por arbitramento, o valor da causa, quando verificar que não corresponde ao conteúdo patrimonial em discussão ou ao proveito econômico perseguido pelo autor (art. 292, § 3º), o que, diante do disposto no *caput* do art. 2º da Lei n. 5.584/70, que exige omissão da petição inicial para que o juiz possa arbitrar o valor da causa, não é aplicável no processo do trabalho. Não é este, no entanto, o ponto de vista adotado pelo TST, vez que o art. 3º, V, da Instrução Normativa n. 39/2016 do TST prevê ser aplicável no processo do trabalho o art. 292, § 3º, do CPC de 2015.

Nas ações de competência originária do Tribunal, compete ao relator decidir sobre a impugnação do valor da causa, cabendo ao órgão colegiado resolver sobre eventual pedido de revisão.

(1196) Se o juiz não fixar em audiência o valor da causa e somente o fizer na sentença, poderá a parte suscitar a questão no recurso que aforar contra aquela decisão.

De outro lado, ao contrário do que ocorre no processo civil, no processo do trabalho não constitui requisito da petição inicial a indicação dos meios de prova de que o autor pretende se valer para demonstrar a veracidade dos fatos alegados como fundamento de sua pretensão (art. 282, VI, do CPC de 1973 e art. 319, VI, do CPC de 2015). É o que resulta não só do art. 840, § 1º, da CLT, que não faz referência à indicação dos meios de provas, como, também, do art. 852-H da CLT, segundo o qual as provas serão produzidas *ainda que não requeridas previamente*.

Por fim, no processo do trabalho não há necessidade de o autor requerer, na petição inicial, a citação/notificação do réu, por se tratar de ato cuja prática a CLT impõe ao Diretor de Secretaria, independentemente de prévia determinação do juiz (art. 841).

7.2. Emenda e complemento da petição inicial.

Recebida a petição inicial, o juiz deverá verificar o atendimento dos seus requisitos.

Nesta verificação, o juiz pode constatar que a petição inicial não preenche os requisitos definidos nos arts. 840, § 1º, e 787 da CLT[1197] ou que, apesar de preencher estes requisitos, apresenta defeitos e irregularidades capazes de dificultar o julgamento do mérito (art. 284 do CPC).[1198]

Em qualquer destas situações, o juiz deverá determinar que o autor emende ou complete a petição inicial, no prazo que assinalar,[1199] sob pena do seu indeferimento (art. 284, *caput* e parágrafo único, do CPC de 1973 e art. 321 do CPC de 2015).[1200]

A determinação para que o autor emende ou complete a petição inicial atende ao princípio da economia processual, que aponta no sentido de que devem ser aproveitados ao máximo os atos processuais praticados e autoriza o juiz a ordenar o saneamento da petição inicial antes do seu indeferimento, e, ainda, ao princípio da celeridade, que exige o afastamento dos óbices à mais rápida solução do mérito da demanda.

O CPC de 2015 dispõe que, ao determinar a emenda da petição inicial, o juiz deverá indicar com precisão o que deve ser corrigido ou completado (art. 321). Tal dispositivo legal indica que o juiz deve colaborar com o autor, indicando, com precisão, aquilo que na petição inicial deve ser corrigido ou complementado (trata-se, assim, de aplicação do *princípio da cooperação*). Este dispositivo legal é compatível com o processo do trabalho, notadamente diante da adoção, pelo direito processual do trabalho, do princípio da facilitação do julgamento do mérito da demanda.

Neste sentido, o TST conferiu nova redação à sua Súmula n. 263, *in verbis:* salvo a hipótese do art. 330 do CPC de 2015 (art. 295 do CPC de 1973), o indeferimento da petição inicial, por encontrar-se desacompanhada de documento indispensável à propositura da ação ou não preencher outro requisito legal, somente é cabível se, após intimada para suprir a irregularidade em quinze dias, mediante indicação precisa do que deve ser corrigido ou complementado, a parte não o fizer). Note-se que o TST não só admite a aplicação do art. 321 do CPC de 2015 no processo do trabalho, como também admite que o prazo para emenda seja aquele estabelecido pelo CPC de 2015, ou seja, quinze dias, prazo, no entanto, que é incompatível com a celeridade própria do processo do trabalho, bastando ver que ele é igual ao prazo de designação de audiência no procedimento sumaríssimo e corresponde a quase o dobro para recurso no processo do trabalho.

(1197) É o que se dá, por exemplo, quando for verificada a ausência de pedido relacionado aos fatos narrados na petição inicial ou esta não é instruída com documento indispensável à propositura da ação.

(1198) É o caso, por exemplo, da falta de clareza ou obscuridade na exposição dos fatos que justificam a propositura da demanda e de precisa determinação da pretensão do autor, por se tratar de vícios que impedem não só a definição daquilo que deverá ser objeto de manifestação judicial, como também impedem ou dificultam a defesa do demandado.

(1199) A emenda ou complemento da petição inicial pode ocorrer na própria audiência. Neste caso, o réu pode adequar a sua defesa na própria audiência ou requerer a designação de audiência para que possa apresentar a sua defesa, que será desde logo fixada.

(1200) O art. 284 do CPC de 1973 e o art. 321 do CPC de 2015 aludem a *defeito* e *irregularidade*. Calmon de Passos observa que "o defeito se prende ao modo de enunciar e a irregularidade ao modo de dispor. Enunciar e dispor tanto os fundamentos de fato e de direito do pedido, quanto o próprio pedido, ou algum requisito da petição inicial que a eles se vincule de tal modo que possa refletir, quando deficiente, sobre o julgamento do mérito, dificultando-o" (*Comentários ao Código de Processo Civil*, v. III, p. 266).

A emenda da petição inicial pode ser determinada antes e após a citação do réu. No primeiro caso, emendada a petição inicial, o réu será citado para apresentar resposta, devendo ser a ele enviada cópia da petição inicial e da sua emenda. No caso de a emenda ser determinada após realizada a citação, mas antes da apresentação da resposta, ao réu deverá ser concedida oportunidade para adaptar a sua resposta à demanda. O CPC de 2015 admite o aditamento ou a alteração do pedido e da causa de pedir até o saneamento do processo, desde que com o consentimento do réu, assegurando-lhe, no entanto, o direito de manifestação e de produção de prova suplementar (art. 329, II), o que é compatível com o processo do trabalho, por facilitar o julgamento do mérito da demanda.

7.3. Indeferimento da petição inicial. Inépcia da petição inicial.

Antes de examinar as situações em que a petição inicial deverá ser indeferida, cumpre ter presente que:

a) as formas processuais não constituem um fim em si mesmas, o que significa que o fim não poder ser sacrificado em favor do meio (*princípio da instrumentalidade das formas*).

Destarte, no exame da petição inicial cumpre ter presente que deverá ser considerada válida aquela que, em que pese não corresponder exatamente ao modelo previamente definido pela ordem jurídica, lhe alcançar a finalidade (art. 794 da CLT, arts. 154 e 244 do CPC de 1973 e arts. 188 e 277 do CPC de 2015). Cumpre anotar que no CPC de 1973 é previsto, no art. 244, que, quando a lei prescrever determinada forma, *sem cominação de nulidade*, o juiz considerará válido o ato se, realizado de outro modo, lhe alcançar a finalidade, ao passo que o CPC de 2015 dispõe, no art. 277, que, quando a lei prescrever determinada forma, o juiz considerará válido o ato se, realizado de outro modo, lhe alcançar a finalidade, ou seja, de acordo com o CPC de 2015, mesmo que exista cominação de nulidade, o juiz poderá considerar válido o ato que, realizado de outro modo, lhe alcançar a finalidade, o que, de resto, já ocorre sob a égide do CPC de 1973 em relação à citação, por força do art. 214, § 1º.

b) o processo é concebido para a solução de conflitos de interesses submetidos ao Poder Judiciário e deve, na medida do possível, ser conduzido neste sentido;

c) deve ser conferido o máximo aproveitamento possível aos atos processuais praticados, como medida de economia processual e para a mais rápida solução dos conflitos de interesses submetidos ao Poder Judiciário, diretriz que é adotada pelo CPC de 2015, quando dispõe que: "as partes têm direito de obter em prazo razoável a solução integral do mérito, inclusive a atividade satisfativa" (art. 4º); ao juiz incumbe "determinar o suprimento de pressupostos processuais e o saneamento de outros vícios processuais" (art. 139, IX); "antes de proferir decisão sem resolução de mérito, o juiz deverá conceder à parte oportunidade para, se possível, corrigir o vício que conduziria àquela decisão" (art. 317).

Consoante já foi registrado e resulta do art. 284 do CPC de 1973 e do art. 321 do CPC de 2015, ambos aplicáveis no processo do trabalho, apresentando a petição inicial defeitos e irregularidades *capazes de dificultar o julgamento do mérito*, o juiz deverá determinar a sua emenda ou complemento. Neste caso, a petição inicial somente será indeferida se o autor não a emendar ou complementar no prazo para tanto assinalado.

No entanto, se a petição inicial apresenta defeitos e irregularidades que *impedem o julgamento do mérito da demanda*, isto é, defeitos e irregularidades *insanáveis*, o juiz deverá indeferi-la de pronto, isto é, sem conceder ao autor prazo para que a emende ou complemente. O imediato indeferimento da petição inicial atende, neste caso, ao princípio da economia processual, vez que evita a prática de atos processuais que ao final seriam inúteis, ante a presença, na petição inicial, de defeitos e irregularidades insanáveis.

O imediato indeferimento da petição inicial atende, neste caso, ao princípio da economia processual, vez que evita a prática de atos processuais que ao final seriam inúteis, ante a presença, na petição inicial, de defeitos e irregularidades insanáveis.

Cumpre, no entanto, definir o que se deve entender por defeitos e irregularidades insanáveis.

O art. 295 do CPC de 1973 e o art. 330 do CPC de 2015 dispõem que a petição inicial será indeferida quando:

a) for inepta;

b) a parte for manifestamente ilegítima;[1201]

c) o autor carecer de interesse processual;[1202]

d) o juiz verificar, desde logo, a decadência ou prescrição (previsão não repetida no art. 330 do CPC de 2015);[1203]

e) o tipo de procedimento, escolhido pelo autor, não corresponder à natureza da causa ou ao valor da ação; caso em que só não será indeferida se puder adaptar-se ao tipo de procedimento legal (art. 250, parágrafo único, do CPC de 1973 e art. 283, *caput*, do CPC de 2015);[1204]

f) não forem atendidas as prescrições dos arts. 39, parágrafo único,[1205] primeira parte, e 284 do CPC de 1973 ou dos arts. 106 e 321 do CPC de 2015.[1206]

Tais dispositivos legais não definem as situações em que os defeitos e irregularidades serão considerados insanáveis. Anote-se, nesse sentido, que o art. 295, VI, do CPC de 1973 e o art. 330, IV, do CPC de 2015 impõem o indeferimento da petição inicial quando o autor deixar de emendá-la ou complementá-la no prazo assinalado pelo juiz, o que indica que eles não estão tratando de situação em que ao juiz não seria lícito determinar a emenda ou o complemento da petição inicial.

De outro lado, conforme o parágrafo único do art. 295 do CPC de 1973 e o art. 330, § 1º, do CPC de 2015, a petição inicial é inepta se: a) lhe faltar pedido ou causa de pedir;[1207] b) da narração dos fatos não decorrer logicamente o pedido;[1208] c) o pedido for juridicamente impossível (previsão não repetida no art. 330 do

(1201) Para postular em juízo é necessário ter legitimidade (art. 3º do CPC de 1973 e art. 17 do CPC de 2015). Se a falta de legitimidade para propor a ação ou contestá-la é manifesta, a petição inicial deve ser indeferida de pronto.

(1202) Para postular em juízo é necessário ter interesse (art. 3º do CPC de 1973 e art. 17 do CPC de 2015).

(1203) O art. 269, IV, do CPC de 1973 e o art. 487, II, de 2015 dispõem que haverá resolução de mérito quando o juiz pronunciar a decadência ou a prescrição. Com isto, o art. 295, IV, do CPC de 1973, que impõe o indeferimento da petição inicial quando o juiz verificar desde logo a ocorrência de prescrição ou decadência, se refere à hipótese de *o exame da petição inicial* tornar manifesta a decadência ou a prescrição (o CPC de 2015 não repete esta disposição, indicando que o acolhimento da alegação de prescrição ou decadência implica resolução do mérito). A opção do legislador de 1973 é questionável, na medida em que não atende à segurança jurídica que se persegue com a decadência e a prescrição, visto que, por força do art. 268 do CPC de 1973, o autor poderá intentar a ação de novo. Ao que parece, a intenção do legislador foi evitar conferir efeito definitivo à decisão proferida a partir do exame da petição inicial, solução, no entanto, abandonada pelo CPC de 2015.

(1204) A ordem jurídica estabelece várias formas de proceder em juízo para a solução dos conflitos de interesses, isto é, vários tipos de procedimento. Quando o tipo de procedimento escolhido pelo autor não corresponder ao procedimento próprio para a ação proposta, a petição inicial será indeferida, ressalvada a possibilidade de adaptar o procedimento ao tipo legal.

(1205) O art. 39, I, do CPC de 1973 determina que o advogado ou a parte que postular em causa própria declare, na petição inicial ou contestação, o endereço em que receberá intimação. De acordo com o parágrafo único do art. 39 do CPC de 1973, sendo omissa a petição inicial em relação ao endereço para intimações, o juiz ordenará a sua emenda, em 48 horas. Não cumprida esta determinação, a petição inicial deverá ser indeferida. No CPC de 2015, é previsto que compete ao advogado declarar, na petição inicial ou na contestação, o seu endereço, o seu número de inscrição na OAB e o nome da sociedade de advogados da qual participa, para o recebimento de intimações (art. 106, I), sendo estabelecido, no parágrafo único do art. 106 do CPC de 2015, que, descumprida esta determinação, o juiz ordenará que a omissão seja suprida no prazo de cinco dias, antes de determinar a citação do réu, sob pena de indeferimento da petição inicial.

(1206) Será indeferida a petição inicial não emendada ou complementada no prazo assinalado ao autor para fazê-lo. Esta é medida que se impõe, visto que, não sendo afastado o vício, outra solução não resta, senão o indeferimento da petição inicial.

(1207) Ao propor a ação, o autor deve narrar os fatos dos quais decorre o direito cuja existência pretende ver reconhecida e apresentar o pedido neles fundado. A ausência destes dois elementos na petição inicial impossibilita o exercício da função jurisdicional, em especial porque o juiz está vinculado aos pedidos que lhe forem apresentados. Acrescente-se que sem a precisa definição do pedido e da causa de pedir resta impossibilitado o exercício, por parte do réu, do direito de defesa.

(1208) Entre a causa de pedir e o pedido deve existir um encadeamento lógico. A falta de sintonia entre eles torna a petição inicial inepta. Na petição inicial o autor deve expor as razões de fato de que decorre, como consequência lógica, o seu pedido (a conclusão).

CPC de 2015);[1209] d) contiver pedidos incompatíveis entre si; e) o pedido for indeterminado, ressalvadas as hipóteses legais em que se permite o pedido genérico (hipótese acrescentada pelo CPC de 2015).

Ocorre que as situações em que a petição inicial é considerada inepta não traduzem, necessariamente defeitos e irregularidades insanáveis.

Neste sentido, a falta de pedido ou de causa de pedir não é suficiente para o imediato indeferimento da petição inicial, visto que os princípios da economia processual e da celeridade processual impõem o máximo aproveitamento possível dos atos processuais praticados, razão pela qual nada impede que o juiz defira ao autor prazo para emendar ou complementar a petição inicial, para indicar a causa de pedir ou os seus pedidos.

O mesmo raciocínio se aplica à incompatibilidade de pedidos, notando-se, por exemplo, que, alertado sobre a irregularidade, o autor pode desistir de um dos seus pedidos, seguindo o processo o seu curso normal.

Assim, resta concluir que a petição inicial apresenta defeitos e irregularidades insanáveis quando:

a) a parte for *manifestamente* ilegítima;

b) o autor carecer de interesse processual;

c) o juiz verificar, desde logo, a decadência ou a prescrição;

d) o pedido for juridicamente impossível (o que já não é previsto no CPC de 2015).

A hipossuficiência do trabalhador e o reconhecimento do *jus postulandi* não impedem o indeferimento da petição inicial, mas exigem menor rigor na aferição do preenchimento dos seus requisitos, para permitir a mais rápida solução do litígio.

De qualquer forma, contra o indeferimento da petição inicial o autor poderá apresentar recurso, sendo facultado ao juiz reformar a sua decisão, no prazo de 48 (quarenta e oito) horas, nos termos do art. 296 do CPC de 1973 (O CPC de 2015 mantém a possibilidade de retratação do juiz, fixando, no entanto, o prazo de cinco dias para que ele possa fazê-lo — art. 331).

Prevê o CPC de 1973 que, *não sendo reformada a decisão*, isto é, não havendo retratação, os autos serão imediatamente remetidos ao tribunal competente para julgar o recurso, o que significa que não haverá intimação do réu para apresentar contrarrazões ao recurso (art. 295, parágrafo único), ao passo que, no CPC de 2015 é previsto que, não havendo retratação, o juiz mandará citar o réu para responder ao recurso (art. 331, § 1º).[1210] Reformada a decisão, o processo retornará à primeira instância e seguirá o seu curso, com a citação do réu para resposta.

7.4. Pedido.

7.4.1. Noções gerais.

Na petição inicial, o autor deverá indicar o pedido (art. 840, § 1º, da CLT).

(1209) O CPC de 1973 considera a impossibilidade jurídica do pedido como caso de inépcia da petição inicial, o que tem como consequência o indeferimento da petição (art. 295, parágrafo único, inciso III), e, também, como condição de ação (ação no sentido de direito ao julgamento do mérito da demanda), cujo não atendimento implica carência de ação e extinção do processo sem provimento de mérito (art. 267, VI). O indeferimento da petição inicial ocorrerá quando do seu exame resultar manifesto que a providência pretendida pelo autor é vedada, expressa ou implicitamente, pelo ordenamento jurídico. Fora desta hipótese, a decisão será declaratória de carência de ação. O CPC de 2015 não inclui a possibilidade jurídica do pedido entre as condições de ação, conforme seu art. 485, VI.

(1210) O CPC de 2015 acrescenta que: sendo a sentença reformada pelo tribunal, o prazo para a contestação começará a correr da intimação do retorno nos autos (art. 331, § 2º — esta disposição justifica a alusão, no *caput* deste artigo, à *citação* para responder o recurso, vez que, reformada a decisão, o réu já terá sido citado, o que permite dar início à contagem do prazo para a resposta à demanda a partir da intimação de retorno dos autos); não interposta a apelação, o réu será intimado do trânsito em julgado da sentença (art. 331, § 3º — fato que permite ao réu tomar ciência da demanda contra ele proposta).

O pedido se subdivide em *pedido imediato* (a espécie de provimento jurisdicional pretendido: condenatório ou declaratório, por exemplo) e *pedido mediato* (o bem jurídico que o autor pretende proteger ou obter por força da decisão judicial, observando-se que bens jurídicos são "as coisas ou valores necessários ou úteis à sobrevivência do homem, bem como a seu aprimoramento"[(1211)]).

O pedido, assim como a petição inicial, possui requisitos. Com efeito, o pedido, além de consistir decorrência lógica dos fatos narrados na petição inicial (art. 295, parágrafo único, inciso II, do CPC de 1973 e art. 330, § 1º, III, do CPC de 2015), deve ser *conclusivo*, isto é, *certo* e *determinado* (art. 852-B da CLT, art. 286 do CPC e arts. 322 e 324 do CPC de 2015).

O art. 852-B, I, da CLT e o art. 286 do CPC de 1973 aludem a pedido certo ou determinado, mas, como adverte Calmon de Passos, o pedido "deve ser certo e determinado. Não se cuida de uma alternativa (...), pois ambas as qualidades lhe são imprescindíveis. A inicial (...), é o projeto da sentença que se pretende obter. E na inicial o pedido é o projeto da conclusão que se deseja alcançar com a sentença do magistrado. Sendo impossível a efetividade do comando quando ele é impreciso relativamente ao que ordena, é impossível igualmente o pedido que não oferece, à futura sentença, os elementos indispensáveis para que o comando dela emergente seja certo e determinado. Determinar um pedido é extremá-lo de outros. Pedido determinado é o que externa uma pretensão que visa a um bem jurídico perfeitamente caracterizado. Pedido certo é o que deixa claro e fora de dúvida o que se pretende, quer no tocante à sua qualidade, quer no referente à sua extensão e qualidade. A certeza e a determinação, portanto, são qualidades que não se excluem, mas se somam".[(1212)] O CPC de 2015 corrigiu a falha do CPC anterior, impondo que o pedido seja certo (art. 322) e determinado (art. 324).

Para Humberto Theodoro Júnior, "entende-se por certo o pedido expresso, pois não se admite que possa o pedido do autor ficar apenas implícito. Já a determinação se refere aos limites da pretensão. O autor deve ser claro, preciso, naquilo que espera obter da prestação jurisdicional".[(1213)]

No procedimento sumaríssimo, o pedido, além de certo e determinado, deverá ser liquidado pelo autor (art. 852-H, I, da CLT), o que será objeto de exame quanto tratarmos daquele procedimento.

7.4.2. Pedido alternativo. Pedido sucessivo/subsidiário. Pedido genérico. Pedido cominatório. Pedido implícito.

O pedido será *alternativo* quando, pela natureza da obrigação, o devedor puder cumprir a prestação de mais de um modo (art. 288 do CPC de 1973 e art. 325 do CPC de 2015).

A obrigação pode ser *cumulativa* (existem duas ou mais prestações cumulativamente exigíveis do devedor) ou *alternativa* (existem duas ou mais prestações, mas o devedor estará liberado se cumprir apenas uma delas). O art. 288 do CPC de 1973 e o art. 325 do CPC de 2015 tratam da hipótese de obrigação alternativa (arts. 252 e seguintes do Código Civil). Assim, dá-se o pedido alternativo quando o autor pleiteia uma ou outra prestação que seja suficiente para a satisfação da sua pretensão, como se dá, por exemplo, quando é requerida a declaração de nulidade da dispensa, por ser o trabalhador estável, e requerida a reintegração no emprego ou o pagamento de indenização substitutiva da estabilidade não respeitada.

A escolha da forma de cumprimento da obrigação pode caber ao credor ou ao devedor. Se ao autor, ele poderá apontar, na petição inicial, a forma pela qual a obrigação deverá ser cumprida. Cabendo ao devedor a escolha do modo de cumprir a obrigação, o juiz lhe assegurará o direito de cumprir a prestação de um ou de outro modo, ainda que o autor não tenha formulado pedido alternativo (art. 288, parágrafo único, do CPC de 1973 e art. 325, parágrafo único, do CPC de 2015).

(1211) THEODORO JÚNIOR, Humberto. *Curso de direito processual civil*, v. I, p. 39.
(1212) *Comentários ao Código de Processo Civil*, v. III, p. 203.
(1213) THEODORO JÚNIOR, Humberto. *Curso de direito processual civil*, v. I, p. 410. Mais à frente será visto que existem situações em que o pedido é considerado implícito.

O art. 289 do CPC de 1973 dispõe ser lícito ao autor "formular mais de um pedido em ordem sucessiva, a fim de que o juiz conheça do posterior, em não podendo acolher o anterior". Trata-se, agora, da apresentação, pelo autor, de mais de um pedido, em ordem sucessiva (*pedido sucessivo*), para que o juiz, não podendo acolher um deles (*pedido principal*), examine o outro (*pedido subsidiário*). O CPC de 2015, no art. 326, considera lícito ao autor formular mais de um pedido em ordem *subsidiária*, a fim de que o juiz conheça do posterior, em não podendo acolher o anterior, o que está em sintonia com o art. 259, IV, do CPC de 1973, que se refere a pedido *principal* e *subsidiário*, o que indica que, mesmo nele, quando se fala em pedido sucessivo, o que se tem em mente é o pedido subsidiário.

Neste contexto, pode o autor, no caso de terceirização, requerer o reconhecimento de relação de emprego com o tomador de seus serviços (pedido principal) e, se não for atendido o seu pedido de reconhecimento de relação de emprego, o reconhecimento de que tem direito aos mesmos benefícios que a tomadora de seus serviços reverte aos seus empregados que desempenham idênticas funções (pedido subsidiário).

Como dito acima, o pedido deve ser *determinado*, ou seja, nele deve ser individualizado o bem da vida perseguido pelo autor.

Ao autor é lícito apresentar *pedido genérico*, isto é, *indeterminado*, nas situações previstas no art. 286 do CPC de 1973, quais sejam:

a) nas ações universais, se não puder o autor individuar na petição inicial os bens demandados (bens universais são aqueles que se encontram agregados a um todo, como a herança, por exemplo);[1214]

b) quando não for possível determinar, de modo definitivo, as consequências do ato ou fato ilícito;[1215]

c) quando a determinação do valor da condenação depender de ato que deva ser praticado pelo réu.

O CPC de 2015 trata da questão no art. 324, dispondo que é lícito formular pedido genérico: nas ações universais, se não puder o autor individuar os bens demandados; quando não for possível determinar, de modo definitivo, as consequências do ato ou fato ilícito; quando a determinação do objeto ou do valor da condenação depender de ato que deva ser praticado pelo réu. Assim, a única diferença entre o CPC de 1973 e o CPC de 2015 é que este permite o pedido genérico quando a determinação do *objeto* depender de ato que deva ser praticado pelo réu.

Assim, *pedido genérico* é *pedido indeterminado*, observando-se que a generalidade ou indeterminação diz respeito ao bem da vida perseguido pelo autor, isto é, somente ao pedido mediato (o pedido imediato deverá ser determinado).

A admissibilidade do pedido genérico ou indeterminado está condicionada à impossibilidade, no momento da propositura da demanda, de precisa quantificação dos bens postulados pelo autor.

Humberto Theodoro Júnior adverte que a indeterminação não pode ser total ou absoluta, aduzindo que, "na sua generalidade, o pedido há de ser certo e determinado. Não se pode, por exemplo, pedir a condenação a qualquer prestação. O autor terá, assim, de pedir a condenação à entrega de certas coisas indicadas pelo gênero ou o pagamento de indenização de valor ainda não determinado. A indeterminação ficará restrita à quantidade ou qualidade das coisas ou importâncias pleiteadas. Nunca poderá, portanto, haver indeterminação do gênero da prestação pretendida".[1216]

Como assevera Cândido Rangel Dinamarco, "pedido genérico, ou ilíquido, não se confunde com pedido vago nem com o condicional. Genérico é aquele que, sem chegar à perfeita especificação do direito afirmado e da natureza e quantidade dos bens pretendidos (certeza e liquidez), aproxima-se razoavelmente a esse *optimum*, deixando em aberto somente a definição quantitativa. Contém a afirmação da efetiva existência do

(1214) *Vide* arts. 89 a 91 do Código Civil.

(1215) Admite-se, assim, o pedido de indenização por danos morais e materiais sem prévia definição do valor pretendido.

(1216) THEODORO JÚNIOR, Humberto. *Curso de direito processual civil*, v. I, p. 411.

direito e deixa postos desde logo os elementos ou critérios dos quais por algum modo se extrairá o montante da obrigação (em dinheiro, em coisas quantificáveis em geral)".[1217]

Prevê o art. 287 do CPC de 1973 que o autor, pedindo a condenação do réu a abster-se da prática de algum ato, a tolerar alguma atividade, ou a prestar um fato que não possa ser realizado por terceiro (obrigação infungível), pode requerer a cominação de pena pecuniária para o caso de descumprimento da sentença ou da decisão antecipatória de tutela (*pedido cominatório*). A pena pecuniária (*astreinte*) funciona como meio de coação, que atua sobre a vontade do devedor e visa constrangê-lo a cumprir espontaneamente a obrigação que lhe for imposta.

A obrigação pode consistir em pagamento de prestações periódicas (trata-se de hipótese de obrigação de trato sucessivo). Neste caso, o autor pode pleitear, na petição inicial, as prestações vencidas e vincendas (art. 260 do CPC de 1973 e art. 292 do CPC de 2015).

No entanto, considerar-se-ão incluídas no pedido, independentemente de declaração expressa do autor, as prestações que o réu deixar de pagar ou consignar no curso do processo (art. 290 do CPC de 1973 e art. 323 do CPC de 2015). Trata-se do denominado *pedido implícito*. Pedido implícito é aquele que não precisa constar expressamente da petição inicial para que seja atendido, por resultar da própria natureza da relação jurídica litigiosa, como se dá nas obrigações de trato sucessivo, ou da lei, como ocorre em relação aos juros legais (art. 293 do CPC de 1973) ou com os juros legais, a correção monetária e as verbas de sucumbência, inclusive os honorários advocatícios (art. 322, § 1º, do CPC de 2015 e art. 1º da Lei n. 6.889/81).

7.4.3. Aditamento e alteração do pedido e da causa de pedir

Ao autor é lícito aditar o pedido ou a causa de pedir, ou seja, acrescentar à petição inicial pedido ou causa de pedir que ela não continha originalmente. De outro lado, ao autor é lícito alterar o pedido e a causa de pedir. Note-se que, no aditamento, há acréscimo e, na alteração, modificação do pedido ou da causa de pedir.

A autorização para o aditamento e a alteração do pedido ou da causa de pedir atende ao princípio da economia processual, posto que evita a propositura de uma nova ação contra o mesmo réu, apenas para acrescentar pedido ou causa de pedir estranho à demanda já proposta ou para modificar pedido ou causa de pedir já apresentado.

O CPC de 1973 alude ao aditamento do pedido, estabelecendo que ele pode ocorrer antes da citação (art. 294), e também *à alteração do pedido e da causa de pedir no caso de revelia*, dispondo que, realizada a alteração, deve ser promovida nova citação do revel (art. 321).

Ainda de acordo com o CPC de 1973, feita a citação, é defeso ao autor modificar o pedido ou a causa de pedir, sem consentimento do réu, mantendo-se as mesmas partes, salvo as substituições permitidas em lei (art. 264, *caput*), sendo nele estabelecido, ainda, que a alteração do pedido ou da causa de pedir em nenhuma hipótese será permitida após o saneamento do processo (art. 264, parágrafo único).

O CPC de 2015 faz referência ao aditamento do pedido e à alteração do pedido e da causa de pedir (art. 329), dispondo que eles podem ocorrer:

a) até a citação, *independentemente de consentimento do réu*;

b) até o saneamento do processo, *com o consentimento do réu*, assegurado o contraditório e a produção de prova suplementar.[1218]

(1217) *Instituições de direito processual civil*, v. II, p. 129.

(1218) O CPC de 1973 veda, expressamente, o aditamento ou alteração do pedido ou da causa de pedir após o saneamento do processo (art. 264, parágrafo único).O CPC de 2015 não contém vedação expressa neste sentido, limitando-se a estabelecer que o autor poderá, até o saneamento, aditar ou alterar o pedido e a causa de pedir, com o consentimento do réu (art. 329, II), o que abre ensejo a duas interpretações: o art. 329 fixa como termo final para o aditamento ou alteração do pedido ou causa de

O CPC de 1973 e o CPC de 2015 tratam, nos citados comandos legais, da estabilização da demanda.

No processo do trabalho, a *estabilização, objetiva e subjetiva, da demanda* se dá, a princípio, com o recebimento da defesa do réu em audiência. Com isso, antes do recebimento da defesa, podem ocorrer aditamento do pedido ou alteração do pedido e da causa de pedir sem necessidade de concordância do réu.

No entanto, também no processo do trabalho, após o recebimento da defesa, mas desde que antes do saneamento do processo, o autor poderá aditar o pedido ou alterar o pedido ou a causa de pedir com consentimento do réu, assegurado o contraditório mediante a possibilidade de manifestação deste no prazo mínimo de 5 dias (aplicação do art. 841 da CLT), facultado o requerimento de prova suplementar (aplicação do art. 329, II, do CPC de 2015).

No caso de revelia, o autor poderá aditar o pedido ou alterar o pedido ou a causa de pedir, mas deve ser promovida nova notificação do réu (art. 321 do CPC de 1973). O CPC de 2015 não contém disposição similar, mas também sob a sua *égide* a revelia não dispensa nova citação no caso de ser aditado o pedido ou alterado o pedido ou a causa de pedir, em respeito ao contraditório.

7.4.4. Interpretação do pedido.

No CPC de 1973 é previsto que os pedidos são interpretados restritivamente, compreendendo-se, entretanto, no principal, os juros legais (art. 293).

Já no CPC de 2015 é estabelecido que estão compreendidos no principal os juros legais, a correção monetária e as verbas de sucumbência, inclusive os honorários advocatícios (art. 322, § 1º) e, ainda, que a interpretação do pedido considerará o conjunto da postulação e observará o princípio da boa-fé (art. 322, § 2º). O pedido, portanto, continua a ser interpretado restritivamente, mas neles estão compreendidos no principal, ainda que não especificados, os juros legais, a correção monetária e as verbas de sucumbência, inclusive os honorários advocatícios. A novidade estabelecida pelo CPC de 2015 consiste, assim, no estabelecimento de duas regras de interpretação: na interpretação do pedido deverá ser considerado o conjunto da postulação (na interpretação deve ser levado em conta o *conjunto da postulação,* ou seja, os pedidos considerados em seu conjunto e não apenas individualmente) e observado o princípio da boa-fé.

Anote-se que, como assevera Calmon de Passos, "interpretar restritivamente o pedido é tirar dele tudo quanto nele se contém e só o que nele se contém, sem que se possa ampliá-lo por força de interpretação extensiva ou por consideração outra qualquer de caráter hermenêutico. Compreendido no pedido só o que expressamente nele estiver contido, não o que, virtualmente nele poderia estar contido".[1219]

Tanto o CPC de 1973 (art. 293) quanto o CPC de 2015 (art. 322, §§ 1º e 2º) são compatíveis com o processo do trabalho, em especial o CPC de 2015, em razão do reconhecimento às partes do *jus postulandi,* do princípio da simplificação das formas e do procedimento e do princípio da facilitação do julgamento do mérito da demanda.

7.4.5. Cumulação de pedidos.

A petição inicial pode conter apenas um pedido (*unicidade de pedido*) ou dois ou mais pedidos (*pluralidade de pedidos*). Nessa segunda situação é que ocorre o fenômeno da cumulação de pedidos.

A cumulação de pedidos pressupõe o atendimento de determinados requisitos.

São requisitos de admissibilidade da cumulação que se trate de pedidos apresentados contra o mesmo réu (conexão subjetiva — art. 292, *caput,* do CPC de 1973 e art. 327, *caput,* do CPC de 2015) e, ainda, que:

a) os pedidos sejam compatíveis entre si (*compatibilidade dos pedidos*: os pedidos não podem ser contraditórios entre si: art. 292, § 1º, I, do CPC de 1973 e art. 327, § 1º, I, do CPC de 2015); b) seja competente

---

pedir o saneamento do processo; incide, na hipótese, o art. 190, ou seja, podem as partes, por meio de convenção processual, dispor em sentido contrário, admitindo o aditamento ou a alteração até o proferimento da sentença.

(1219) *Comentários ao Código de Processo Civil,* v. III, p. 236-237.

para conhecer deles o mesmo juiz (*unicidade da competência*: art. 292, § 1º, II, do CPC de 1973 e art. 327, § 1º, II, do CPC de 2015); e, c) seja adequado para todos os pedidos o tipo de procedimento (*uniformidade do procedimento*: art. 292, § 1º, III, do CPC de 1973 e art. 327, § 1º, III, do CPC de 2015).

A autorização para a cumulação de pedidos atende ao princípio da economia processual, na medida em que dispensa a propositura de várias ações envolvendo as mesmas partes e até os mesmos fatos.

Quando para cada pedido corresponder tipo diverso de procedimento, admitir-se-á a cumulação de pedidos se o autor empregar o procedimento ordinário (art. 292, § 2º, do CPC de 1973). Ao autor cabe, sob este prisma, decidir entre os benefícios de um procedimento mais célere para determinado pedido e a cumulação de pedidos, ainda que em procedimento mais moroso. No entanto, o CPC de 2015 vai um pouco mais adiante, posto que, além de admitir a opção do autor pelo *procedimento comum*, estabelece que este fato se dará sem prejuízo do emprego de técnicas processuais diferenciadas previstas nos procedimentos especiais a que se sujeitam ou mais pedidos cumulados, que não forem incompatíveis com as disposições sobre o procedimento comum (art. 327, § 2º).

A cumulação poderá ser *simples* (o acolhimento de um dos pedidos não depende do acolhimento de outro) e *sucessiva* (o acolhimento de um pedido depende do acolhimento de outro).

De acordo com Calmon de Passos, cumulação de pedidos é a "formulação de mais de um pedido de natureza substancial contra o mesmo réu. Cuida-se da chamada conexão subjetiva, que autoriza a cumulação objetiva. Se as causas têm em comum as partes, elas se relacionam (são conexas) subjetivamente e à conexão subjetiva corresponde a cumulação objetiva (cumulação de pedidos)", que pode ser simples (quando "os pedidos nada têm de comum entre si, a não ser os sujeitos"), sucessiva ("aquela em que um pedido é prejudicial de outro, vale dizer, o segundo pedido somente será apreciado quando procedente o primeiro") ou alternativa ("mais de um pedido é formulado, entretanto, apenas um entre eles poderá ser tutelado, e a tutela de um exclui e impossibilita a tutela dos demais").[1220]

Humberto Theodoro Júnior faz referência à cumulação: a) eventual ou subsidiária: tratada no art. 289 do CPC (pedidos sucessivos); b) simples: o acolhimento ou rejeição de um pedido não afeta o outro pedido; c) sucessiva: o acolhimento de um pedido pressupõe o do pedido anterior; d) incidental: resultante do pedido de declaração incidental (art. 5º do CPC).[1221]

8. Aplicação do art. 268 do CPC de 1973 e do art. 486 do CPC de 2015 no processo do trabalho

Dispõe o art. 268, *caput*, do CPC de 1973 que, salvo a hipótese de perempção, litispendência e coisa julgada, a extinção do processo não obsta a que o autor intente de novo a ação, mas a petição inicial somente será despachada se for comprovado o pagamento ou depósito das custas e dos honorários de advogado.

No CPC de 2015 é previsto que: o pronunciamento que não resolve o mérito não obsta que a parte proponha de novo a ação (art. 486, *caput*); nos casos de extinção em razão de litispendência, indeferimento da petição inicial, ausência de pressuposto de constituição e de desenvolvimento válido e regular do processo, ausência de legitimidade ou de interesse processual e acolhimento de alegação de existência de convenção de arbitragem ou quando o juiz arbitral reconhecer a sua competência, a propositura da nova ação depende da correção do vício que levou à sentença sem resolução do mérito (art. 486, § 1º); a petição inicial não será despachada sem a prova do pagamento ou do depósito das custas e dos honorários de advogado (art. 486, § 2º).

Também no processo do trabalho, a extinção do processo não obsta a que o autor intente de novo a ação, desde que corrigido o vício que levou à extinção do processo sem provimento de mérito.

(1220) *Comentários ao Código de Processo Civil*, v. III, p. 228-230.
(1221) *Curso de direito processual civil*, v. I, p. 415.

No entanto, o princípio da facilitação do acesso à justiça torna incompatível com o processo do trabalho a exigência, para efeito de despacho da petição inicial, da comprovação do pagamento de custas e dos honorários de advogado relativos à demanda anterior.

De outro lado, consoante o parágrafo único do art. 268 do CPC de 1973 e art. 486, § 3º, do CPC de 2015, o autor que der causa, por três vezes, à extinção do processo em razão da não promoção dos atos e diligências que lhe competir (*abandono da causa*), não poderá intentar nova ação contra o réu com o mesmo objeto, ressalvada, entretanto, a possibilidade de alegar em defesa o seu direito. Todavia, no processo do trabalho a perempção é apenas temporária (arts. 731 e 732 da CLT). Assim, ultrapassado o espaço de tempo em que a parte está impedida de ajuizar demanda perante a Justiça do Trabalho, poderá ele retornar ao Judiciário com a mesma pretensão.

9. Notificação do réu/reclamado

Distribuída a demanda, a petição inicial e os documentos que a acompanham são remetidos à Vara do Trabalho ou Juízo competente, acompanhada do registro de distribuição (art. 788 da CLT), no qual serão autuados (formam-se, nesse momento, os *autos do processo*).

Procedida a autuação, o Diretor da Secretaria da Vara do Trabalho ou do Juízo, dentro de quarenta e oito horas, remeterá a segunda via da petição inicial ao reclamado, *notificando-o* ao mesmo tempo para comparecer à audiência de instrução e julgamento (art. 841 da CLT).

A *notificação* é, assim, o ato por meio do qual o reclamado é cientificado da demanda contra ele proposta (*ciência da demanda*[1222]) e chamado a comparecer a uma audiência, na qual será tentada a conciliação, produzida defesa,[1223] instruída, debatida e julgada a causa (*convocação para comparecimento*). Na hipótese de não ser designada audiência, o reclamado deve ser notificado para apresentar defesa no prazo assinalado pelo juiz.

Com a notificação, forma-se a relação jurídica processual (com a distribuição da demanda tem início a formação desta relação, que se conclui com a notificação do demandado) e ao demandado é assegurada a oportunidade de resposta. Por essa razão, para a validade do processo é indispensável a notificação inicial do reclamado (art. 214 do CPC de 1973 e art. 239 do CPC de 2015[1224]).

Comparecendo o reclamado apenas para arguir a nulidade da notificação e sendo esta decretada, considerar-se-á feita a notificação na data em que o reclamado for intimado da decisão respectiva (art. 241, §§ 1º e 2º, do CPC de 1973 e art. 239, § 1º, do CPC de 2015). Acrescenta o CPC de 2015 que, rejeitada a alegação de nulidade, o réu será considerado revel (art. 239, § 2º, I).

A notificação de pessoa jurídica com estabelecimentos em várias localidades pode ser enviada para o estabelecimento a que estava vinculado o autor da demanda.[1225]

Da notificação deverá constar a advertência de que a defesa poderá ser apresentada na audiência e de que o não comparecimento à audiência implicará revelia e confissão em relação aos fatos narrados na inicial (art. 844 da CLT).[1226] Se não for o caso de designação de audiência, o reclamado deverá ser notificado para

(1222) Daí a necessidade de remessa da segunda via da petição inicial ao reclamado.

(1223) Proposta a demanda, ao demandado deve ser conferida oportunidade para se defender. Daí a indispensabilidade da sua notificação. É com a notificação do demandado que se constitui a relação jurídica processual. Recorde-se que, segundo dispõe o art. 5º, LV, da Constituição da República, "Aos litigantes, em processo judicial ou administrativo, e aos acusados em geral são assegurados o contraditório e ampla defesa, com os meios e recursos a ela inerentes". A ciência da demanda pelo réu é condição necessária para que ele possa exercer o seu direito ao contraditório e à ampla defesa.

(1224) No art. 239 do CPC de 2015 são ressalvadas as hipóteses de indeferimento da petição e de improcedência liminar do pedido. Nestas situações, portanto, a ausência de citação não torna nulo o processo.

(1225) Sendo reclamados a pessoa jurídica e o seu representante legal, a notificação deste supre eventual vício da notificação endereçada àquela. É que a ciência da reclamação e da data de comparecimento em juízo pelo representante legal da pessoa jurídica torna lícito concluir pela sua ciência também pela pessoa jurídica.

(1226) O CPC de 1973 exige que o réu seja cientificado de que a ausência de contestação implicaria a presunção de veracidade dos fatos alegados pelo autor (art. 285), o que é repetido no art. 250, II, do CPC de 2015, o que também é aplicável no processo do trabalho.

apresentar defesa no prazo assinalado pelo juiz, com a advertência de que não sendo contestada a ação se presumirão aceitos, como verdadeiros, os fatos articulados pelo autor.

O CPC considera citação o ato pelo qual se chama a juízo o réu ou interessado a fim de se defender (art. 213). A notificação no processo do trabalho é endereçada ao reclamado dando-lhe ciência da reclamação e convocando-o para comparecer à audiência, na qual poderá ser apresentada defesa (art. 841 da CLT). No art. 852-B, a CLT fala em citação do reclamado, tomando como sinônimas as expressões citação e notificação.

A ausência de notificação do reclamado constitui vício que pode ser alegado até mesmo na execução (arts. 247, 475-L, I, e 741, I, do CPC de 1973 e arts. 280, 525, § 1º, I, e 535, I, do CPC de 2015).

A notificação pode ser realizada pelo correio, por oficial de justiça, por edital e por meio eletrônico (art. 221 do CPC, art. 841, § 1º, da CLT e Lei n. 11.419/06) e, também, pelo escrivão ou chefe de secretaria, se o citando comparecer em cartório (art. 246, III, do CPC de 2015).

Como regra, a notificação será feita pelo correio (art. 841, § 1º, da CLT[1227]), aplicando-se no processo do trabalho o disposto no art. 223, § 2º, do CPC de 1973, ou seja, a notificação deve ser realizada por meio de correspondência com aviso de recebimento, a ser juntado aos autos.[1228] O aviso de recebimento atua como fator de segurança quanto à efetividade da notificação e permite definir o exato momento da sua realização, o que possibilita verificar, inclusive, o cumprimento do prazo estabelecido no art. 841 da CLT.

A notificação é realizada pelo Diretor de Secretaria, sem prévio despacho do juiz (art. 841 da CLT). Não adotou a CLT o sistema de mediação, "segundo o qual entre o ato de propositura da demanda e a comunicação desta ao demandado insere-se o Estado-juiz, já como sujeito processual e na direção do processo", tendo sido feita opção pelo sistema da imediação, no qual "inexiste a figura do juiz nessa fase introdutória do procedimento".[1229]

Para notificar o reclamado, o Diretor de Secretaria deverá colocar em envelope com timbre impresso do juízo ou tribunal, bem como da secretaria, cópia da petição inicial, cientificando-o de que deverá comparecer à audiência designada (com indicação de dia, hora e local de sua realização), na qual poderá apresentar sua defesa à reclamação, advertindo-o de que a sua ausência implicará revelia e confissão em relação aos fatos narrados na inicial. Deverá constar da notificação a informação quanto ao procedimento impresso ao processo, por conta, principalmente, da limitação do número de testemunhas no procedimento sumaríssimo.

Para a validade da notificação postal, basta a sua entrega no endereço do reclamado (inclusive ao porteiro do prédio de edifício residencial ou comercial). Não se exige, portanto, a notificação pessoal do reclamado. No processo civil, a citação deve ser feita pessoalmente ao réu, ao seu representante legal ou ao procurador do réu (art. 215 do CPC de 1973 e art. 242 do CPC de 2015)[1230], o que somente é exigido, no processo do trabalho, em relação ao processo de execução, como se verá mais adiante.

A notificação pode ser realizada em qualquer lugar em que se encontre o reclamado (art. 216 do CPC de 1973 e art. 243 do CPC de 2015). Contudo, não se fará a citação, salvo para evitar o perecimento do direito: a) de quem estiver participando de ato de culto religioso; b) de cônjuge ou a qualquer parente do morto, consanguíneo ou afim, em linha reta, ou na linha colateral em segundo grau, no dia do falecimento e nos sete dias seguintes; c) aos noivos, nos três primeiros dias de bodas (três primeiro dias seguintes ao casamento); d) aos doentes, enquanto grave o estado de saúde (art. 217 do CPC de 1973 e art. 244 do CPC de 2015).

(1227) Por força do art. 222, *b*, *c*, *d* e *e*, do CPC de 1973 e do art. 247, II, III, IV, do CPC de 2015, não será realizada a citação por correio quando: for reclamada pessoa incapaz; for reclamada pessoa de direito público; nos processos de execução; o reclamado residir em local não atendido pela entrega domiciliar de correspondência (neste caso, a notificação deve ser realizada por oficial de justiça), o que é compatível com o direito processual do trabalho. No entanto, não é compatível com o direito processual do trabalho a previsão de que a citação não será realizada pelo correio quando o autor a requerer de outra forma (art. 222, *f*, do CPC de 1973 e art. 247, V, do CPC de 2015), por força da previsão constante do art. 841 da CLT.

(1228) De acordo com a Súmula n. 429 do STJ: "A citação postal, quando autorizada por lei, exige o aviso de recebimento".

(1229) DINAMARCO, Cândido Rangel. *Instituições de direito processual civil*, v. II, p. 505.

(1230) A doutrina e a jurisprudência têm admitido a validade da citação realizada em pessoa que age como representante da pessoa jurídica demandada (*teoria da aparência*).

No caso de ser constatado que o réu é mentalmente incapaz ou está impossibilitado de receber a citação, o CPC de 1973 (art. 218) e o CPC de 2015 (art. 245) estabelecem que o juiz nomeará curador ao citando, a quem caberá receber a citação e promover a defesa do réu. No processo do trabalho, aplica-se o disposto no art. 793, ou seja, a defesa caberá aos representantes legais do reclamado (que deverá ser citado para tanto) e, na falta destes, pelo Ministério Público do Trabalho, pelo sindicato, pelo Ministério Público estadual ou curador nomeado (que deverão ser intimados para proceder à defesa do reclamado).

Presume-se recebida a notificação 48 (quarenta e oito) horas depois de sua postagem. O seu não recebimento ou a sua entrega após o decurso desse prazo constitui ônus de prova do destinatário (Súmula n. 16 do TST). Essa presunção decorre do fato de ter a Empresa de Correio e Telégrafos 48 (quarenta e oito) horas para devolver a notificação não entregue ao seu destinatário (art. 774, parágrafo único, da CLT). Não sendo a notificação devolvida no aludido prazo, presume-se a sua entrega ao destinatário.

É lícita a notificação postal do reclamado que tenha residência ou domicílio em Comarca diversa daquela em que a Vara do Trabalho tenha jurisdição, como medida de celeridade e economia processual. Nesse caso, não é aplicada a presunção de que trata a Súmula n. 16 do TST, diante do maior tempo que demanda a notificação fora da sede do juízo.

Segundo o art. 841, § 1º, da CLT, se o reclamado criar embaraços ao recebimento da notificação ou não for encontrado, far-se-á a sua notificação por meio de edital, inserto no jornal oficial ou no que publicar o expediente forense, ou, na falta, afixado na sede da Vara ou juízo, o que não se aplica ao procedimento sumaríssimo, por força do disposto no art. 852-B, II, da CLT. Contudo, não vemos dificuldades em considerar realizada a notificação cujo recebimento tenha sido recusado, vez que a recusa permite presumir o conhecimento do teor da correspondência endereçada ao reclamado (em regra, somente é recusado aquilo que não interessa ao destinatário receber, o que demonstra ciência do conteúdo do que é recusado).(1231)

A notificação será realizada por oficial de justiça quando o reclamado residir em local não atendido pela entrega domiciliar de correspondência ou houver dificuldade na sua notificação postal.

A notificação por edital será realizada quando for desconhecido ou incerto o réu ou ignorado, incerto ou inacessível o lugar em que se encontrar o citando e nos casos expressos em lei (art. 231 do CPC de 1973 e art. 256 do CPC de 2015)(1232). A citação é realizada por comunicado (edital) incerto no jornal oficial ou no que publicar o expediente forense, ou, na falta, afixado na sede da Vara ou Juízo (art. 841, § 1º, da CLT).

São requisitos da notificação por edital a afirmação do reclamante ou a certidão do oficial de justiça informando as circunstâncias autorizadoras, a publicação do edital no jornal oficial ou no que publicar o expediente forense, ou, afixado na sede da Vara ou juízo, observado o prazo mínimo de 20 (vinte) dias entre a publicação e a realização da audiência (arts. 841, § 1º, da CLT e 232 do CPC de 1973 e art. 257 do CPC de 2015(1233)). No processo civil, ao réu citado por edital será nomeado curador (art. 9º, I, do CPC de 1973), hipótese não contemplada pelo direito processual do trabalho (arts. 843 e 844 da CLT).

O edital de notificação deve conter a transcrição dos pedidos do reclamante, a data e hora da realização da audiência e a advertência de que o não comparecimento na audiência implicará revelia e confissão quanto à matéria de fato.

No processo civil, quando, *por três vezes*, o oficial de justiça houver procurado o réu em seu domicílio ou residência, sem o encontrar, deverá, havendo suspeita de ocultação, intimar a qualquer pessoa da família,

(1231) A propósito: "(...) é válida a intimação recusada pelo destinatário" (TRT da 1ª Região, AP 3647/98, Rel. Juíza Dóris Castro Neves, DJRJ 5.5.1999, p. 114).

(1232) Considera-se inacessível, para efeito de notificação por edital, o país que recusar o cumprimento de carta rogatória (art. 231, § 1º, do CPC de 1973 e art. 256, § 1º, do CPC de 2015). No caso de ser inacessível o lugar em que se encontrar o réu, a notícia de sua citação será divulgada pelo rádio, se na comarca houver emissora de radiodifusão (art. 231, § 2º, do CPC de 1973 e art. 256, § 2º, do CPC de 2015). O CPC de 2015 também prevê que o réu será considerado em local ignorado ou incerto se infrutíferas as tentativas de sua localização, inclusive mediante requisição pelo juízo de informações sobre seu endereço nos cadastros de órgãos públicos ou de concessionárias de serviços públicos (art. 256, § 3º).

(1233) Como a CLT aponta de forma expressa os requisitos para a realização da citação por edital, no processo do trabalho não é exigida a publicação do edital na rede mundial de computadores, no sítio do respectivo tribunal e na plataforma de editais do Conselho Nacional de Justiça, que deve ser certificada nos autos (art. 257, II, do CPC de 2015).

ou em sua falta a qualquer vizinho, que, no dia imediato, voltará, a fim de efetuar a citação, na hora que designar (art. 227 do CPC de 1973[1234]).

No dia e hora designados, o oficial de justiça, independentemente de novo despacho, comparecerá ao domicílio ou residência do citado, a fim de realizar a diligência (art. 228 do CPC de 1973 e art. 253 do CPC de 2015). Se o citando não estiver presente, o oficial de justiça procurará informar-se das razões da ausência, dando por feita a citação ainda que o citando se tenha ocultado em outra comarca (art. 228, § 1º, do CPC de 1973 e art. 253, § 1º, do CPC de 2015[1235]).

Da certidão da ocorrência, o oficial de justiça deixará a contrafé com pessoa da família ou com qualquer vizinho, conforme o caso, declarando-lhe o nome (art. 228, § 2º, do CPC de 1973 e art. 253, § 3º, do CPC de 2015). Feita a citação por hora certa, o escrivão enviará ao réu por carta, telegrama ou radiograma, dando-lhe de tudo ciência (art. 229 do CPC de 1973[1236]). Ao réu, se revel, será nomeado curador (art. 9º, II, do CPC). O art. 841, § 1º, da CLT impede a notificação por hora certa no processo do trabalho, vez que impõe a notificação por edital quando o reclamado criar embaraço ao recebimento da notificação ou não for encontrado.

A citação por edital na execução fiscal é cabível quando frustradas as demais modalidades (Súmula n. 414 do STJ).

A notificação poderá ser realizada por meio eletrônico, isto é, por "qualquer forma de armazenamento ou tráfego de documentos e arquivos digitados" (art. 1º, § 2º, I, da Lei n. 11.419/06), desde que a íntegra dos autos seja acessível ao notificando (art. 6º da Lei n. 11.419/06[1237]). As notificações que viabilizem o acesso à íntegra do processo correspondente serão consideradas vista pessoal do interessado para todos os efeitos legais (art. 9º, § 1º, da Lei n. 11.419/06).

Dispõe o art. 841 da CLT que a audiência para a qual é notificado o reclamado deve ser realizada na primeira data desimpedida, mas depois de cinco dias da realização da notificação. O prazo será de vinte dias quando se tratar de reclamação proposta contra a União, Estados, Municípios, autarquias ou fundações de direito público que não explorem atividade econômica (art. 1º, II, do Decreto-lei n. 779/69).[1238]

O prazo de cinco dias, fixado no art. 841 da CLT, é estabelecido em favor do reclamado, para que possa preparar a sua resposta à reclamação. Esta conclusão que é autorizada pelo Decreto-lei n. 779/69, quando estabelece que os entes de direito público interno têm como privilégio o "quádruplo do prazo fixado no art. 841, *in fine*, da CLT". É que, se não fosse de defesa o prazo em questão, não seria necessário o tratamento especial reservado aos entes de direito público interno em relação ao espaço de tempo entre a notificação e a realização da audiência em que a defesa pode ser apresentada.

O reclamado necessita de um prazo mínimo para a elaboração de sua defesa e esse prazo lhe é assegurado pelo art. 841 da CLT. A ampla defesa assegurada constitucionalmente às partes (art. 5º, LV, da Constituição Federal) inclui o direito a um prazo razoável para a preparação da resposta à demanda, acrescentando-se ser este um direito a todos reconhecido, inclusive, pelo Pacto Internacional sobre Direitos Civis e Políticos (art. 14, III, *b*). O desrespeito ao prazo estabelecido no art. 841 da CLT constitui cerceamento do direito de defesa do reclamado.

(1234) O CPC de 2015 contém disposição similar, mas com a redução de três para duas as vezes que o oficial deverá procurar o réu (art. 252). No CPC de 2015 é acrescentado, contudo, que, nos condomínios edifícios ou nos loteamentos com controle de acesso, será válida a intimação a que se refere o *caput* do art. 252 (intimação de pessoa da família ou vizinho) feita a funcionário responsável pelo recebimento de correspondência (art. 252, parágrafo único), bem como que, o oficial fará constar do mandado a advertência de que será nomeado curador especial se houver revelia (art. 253, § 4º).

(1235) A citação com hora certa será realizada mesmo que a pessoa da família ou o vizinho que houver sido intimado esteja ausente, ou se, embora presente, a pessoa da família ou o vizinho se recusar a receber o mandado (art. 253, § 2º, do CPC de 2015).

(1236) Prevê o art. 254 do CPC de 2015 que, feita a citação por hora certa, o escrivão ou chefe de secretaria remeterá ao réu, no prazo de dez dias, contado da juntada do mandado aos autos, carta, telegrama ou correspondência eletrônica, dando-lhe de tudo ciência.

(1237) A citação por meio eletrônico não pode implicar prejuízo para o exercício do direito de defesa.

(1238) Vale lembrar que "Os privilégios e isenções no foro da Justiça do Trabalho não abrangem as sociedades de economia mista, ainda que gozassem desses benefícios anteriormente ao Decreto-lei n. 779, de 21.8.1969" (Súmula n. 170 do TST).

Se o reclamado comparece à audiência, apresenta defesa e não comprova qualquer prejuízo resultante do desrespeito ao prazo de cinco dias estabelecido pelo art. 841 da CLT, fica suprida a irregularidade da notificação (art. 794 da CLT).

10. Audiência. Aspectos gerais

Na audiência deverão estar presentes o reclamante e o reclamado, independentemente do comparecimento de seus representantes, salvo nos casos de reclamações plúrimas (litisconsórcio ativo) ou ações de cumprimento (ação que tem por objeto o cumprimento de sentença normativa), quando os trabalhadores poderão ser representados pelo sindicato de sua categoria profissional (art. 843 da CLT).

Contudo, se por doença ou qualquer outro motivo ponderoso (relevante), devidamente comprovado, não for possível ao empregado comparecer pessoalmente, poderá fazer-se representar por outro empregado, que pertença à mesma profissão, ou pelo seu sindicato (art. 843, § 2º, da CLT). A substituição é permitida, segundo a doutrina predominante, apenas para evitar o arquivamento da reclamação, visto que o trabalhador substituto ou o representante do sindicato não poderá prestar depoimento ou celebrar acordo em nome do substituído.

Cumpre observar, no entanto, que o fato de uma das partes estar impedida de comparecer à audiência já é suficiente, por si só, para o seu adiamento, de forma que a autorização do art. 843, § 2º, da CLT deve ser admitida em termos amplos e não somente para impedir o arquivamento. Note-se, inclusive, que se fosse a substituição admitida apenas para impedir o arquivamento, não teria sido exigida a representação especial, ou seja, por outro empregado da mesma profissão ou pelo sindicato. Com essa solução, é prestigiada a celeridade na tramitação do processo. Somente quando for requerido o depoimento pessoal do autor da demanda é que a audiência deverá ser adiada. O prejuízo à conciliação é compensado pela mais rápida solução do conflito de interesses.

Como o art. 843, § 2º, da CLT alude a *empregado* e *sindicato*, no caso de a relação litigiosa não ser de emprego, a audiência deverá ser adiada se for comprovada a impossibilidade de comparecimento do reclamante.

Aberta a audiência e estando presentes as partes, o juiz proporá a conciliação (art. 846 da CLT). Se houver acordo, será lavrado termo, assinado pelo juiz e pelos litigantes, consignando-se o prazo e demais condições para o seu cumprimento (art. 846, § 1º, da CLT). Às partes é lícito estabelecer, ao celebrar acordo, que aquela que não o cumprir ficará obrigada a satisfazer integralmente o pedido ou pagar uma indenização convencionada, sem prejuízo do cumprimento do acordo (art. 846, § 2º).[1239]

Registre-se que:

a) "a decisão ou acordo judicial subjacente à reclamação trabalhista, cuja tramitação deixa nítida a simulação do litígio para fraudar a lei e prejudicar terceiros enseja ação rescisória, com lastro em colusão. No juízo rescisório, o processo simulado deve ser extinto" (Orientação Jurisprudencial n. 94 da SDI-2 do TST);

b) "acordo celebrado — homologado judicialmente — em que o empregado dá plena e ampla quitação, sem qualquer ressalva, alcança não só o objeto da inicial, como também todas as demais parcelas referentes ao extinto contrato de trabalho, violando a coisa julgada, a propositura de nova reclamação trabalhista" (Orientação Jurisprudencial n. 132 da SDI-2 do TST);

c) "(...) a homologação de acordo constitui faculdade do juiz, inexistindo direito líquido e certo tutelável pela via do mandado de segurança" (Súmula n. 418 do TST).

(1239) O termo de acordo deverá conter a indicação da natureza jurídica das parcelas pagas e a definição da responsabilidade de cada parte pelo recolhimento previdenciário respectivo (art. 832, § 3º, da CLT). A não indicação da natureza jurídica da parcela implicará incidência das contribuições sobre o valor total das parcelas pagas (art. 43 da Lei n. 8.212/91).

Não havendo acordo, o reclamado terá vinte minutos para apresentar a sua resposta à demanda (art. 847 da CLT).[1240]

No processo judicial eletrônico, a juntada de contestação poderá ser realizada diretamente pelo advogado, sem necessidade de intervenção da secretaria judicial, situação em que a autuação deverá se dar de forma automática, fornecendo-se recibo eletrônico de protocolo (art. 10 da Lei n. 11.419/06).

Colhida a resposta e ouvido o autor sobre os documentos apresentados e não sendo o caso de ser conferida oportunidade para o autor responder exceção e/ou reconvenção (arts. 848 e 849 da CLT), o juiz indagará às partes sobre as provas que pretendem produzir, procedendo, imediatamente, o exame da admissibilidade das que lhe forem propostas.

As provas admitidas serão produzidas na própria audiência, ou, se se tratar de perícia, o juiz nomeará perito, fixando prazo para a apresentação do laudo, interrompendo a audiência (não é aconselhável colher a prova testemunhal antes da realização da perícia, posto que podem surgir no laudo questões que careçam de esclarecimento por meio de prova testemunhal).

Encerrada a instrução, às partes é facultada a apresentação de alegações finais.[1241]

Aduzidas as razões finais, ou ultrapassado o prazo respectivo, o juiz renovará a proposta de conciliação (art. 850 da CLT).

Não sendo realizada a conciliação, o juiz proferirá decisão (arts. 831, *caput*, da CLT[1242]), na própria audiência (art. 849 da CLT[1243]) ou no prazo de dez dias (art. 189 do CPC) ou de trinta dias (art. 226, III, do CPC de 2015).

Em suma, na audiência será promovida a tentativa de conciliação, colhida a resposta do reclamado, instruída e debatida a causa e, eventualmente, proferida decisão. Por esta razão, "os trâmites de instrução e julgamento da reclamação serão resumidos em ata, de que constará, na íntegra, a decisão" (art. 851 da CLT).

Nos processos de exclusiva alçada das Varas (procedimento sumário — Lei n. 5.584/70), será dispensável, a juízo do presidente, o resumo dos depoimentos, devendo constar da ata a sua conclusão quanto à matéria de fato.

A ata será, pelo presidente ou juiz, juntada ao processo, devidamente assinada, no prazo improrrogável de 48 horas, contado da audiência de julgamento (art. 851, § 2º, da CLT).

A audiência deverá ser realizada na primeira data desimpedida, mas depois de cinco dias, contados da notificação do reclamado (art. 841 da CLT).

No procedimento sumaríssimo, que será examinado mais adiante, a audiência deve ser realizada no prazo máximo de 15 dias, contados da distribuição ou apresentação da reclamação em juízo (art. 852-B, III, da CLT). Em relação ao procedimento ordinário, não foi estabelecido um prazo máximo para a realização da audiência. O juiz deve estar atento, no entanto, para o direito das partes à solução do conflito em prazo razoável e, ainda, para o caráter predominantemente alimentar dos créditos decorrentes da relação de emprego, não se podendo olvidar, contudo, os limites impostos pela estrutura das Varas do Trabalho.

11. Presença do reclamante na audiência. Arquivamento da reclamação

Na audiência deverão estar presentes o reclamante e o reclamado (art. 843 da CLT). Nas ações plúrimas (litisconsórcio ativo) e de cumprimento (ação que tem por objeto o cumprimento de sentença normativa), o trabalhador poderá ser representado pelo Sindicato de sua categoria profissional (art. 843 da CLT).

(1240) A resposta poderá ser apresentada oralmente (situação em que será registrada em ata) ou por escrito.

(1241) Nas alegações, as partes podem realizar a crítica da prova produzida na audiência. As alegações devem ser transcritas na ata de audiência. A oralidade das alegações diz respeito à forma de sua apresentação.

(1242) "A decisão será proferida depois de rejeitada pelas partes a proposta de conciliação".

(1243) "A audiência de julgamento será contínua; mas, se não foi possível, por motivo de força maior, concluí-la no mesmo dia, o juiz ou presidente marcará a sua continuação para a primeira desimpedida, independentemente de nova notificação".

Como o art. 843, § 2º, da CLT alude a *empregado* e *sindicato*, no caso de a relação litigiosa não ser de emprego, a audiência deverá ser adiada se for comprovada a impossibilidade de comparecimento do reclamante.

A ausência do reclamante ou seu representante na audiência implica *arquivamento da reclamação* (art. 844 da CLT). O arquivamento da reclamação equivale à extinção do processo sem resolução do mérito.

Mesmo que a demanda não envolva relação de emprego, a ausência do reclamante implicará arquivamento da reclamação. Com efeito, o fato de a demanda não decorrer da relação de emprego não autoriza desconsiderar o disposto no art. 844 da CLT, em face do que estabelecem os arts. 643 e 763 da CLT.

O autor que der causa a dois arquivamentos em razão do não comparecimento à audiência perderá, por seis meses, o direito de reclamar perante a Justiça do Trabalho (art. 732 da CLT). O autor, no caso de dois arquivamentos, fica impedido, por seis meses, de reclamar perante a Justiça do Trabalho contra qualquer tomador de seus serviços. A lei impede a reclamação perante a Justiça do Trabalho e não apenas a ação contra o mesmo demandado nas reclamações arquivadas (trata-se de norma de constitucionalidade discutível, por impedir o acesso à justiça, ainda que temporariamente).

O art. 732 da CLT refere-se a dois arquivamentos *em razão da ausência do reclamante à audiência*. Logo, a pena cominada no art. 732 da CLT não se aplica ao arquivamento fundado no art. 852-B, § 1º, da CLT (arquivamento da reclamação sujeita ao procedimento sumaríssimo por irregularidade da petição inicial). A norma que limita o acesso ao Judiciário deve ser interpretada restritivamente, o que impede aplicar a penalidade do art. 732 na hipótese de arquivamento em razão da não observância dos requisitos próprios da petição inicial no processo sujeito ao procedimento sumaríssimo.

Se as partes comparecem e a audiência é interrompida após o recebimento da contestação, com designação de nova data para a instrução da causa, a ausência do reclamante não importa arquivamento da reclamação (Súmula n. 9 do TST).[1244] Nesse caso, o reclamante será considerado confesso quanto à matéria de fato alegada na contestação, desde que tenha sido intimado para prestar depoimento na data designada para a instrução. Se a ausência nesta segunda oportunidade for do reclamado, não haverá revelia, mas confissão em relação aos fatos alegados na petição inicial, nos moldes da Súmula n. 74, I, do TST.[1245]

12. Presença do reclamado. Revelia e confissão

Por força do direito de defesa e ao contraditório, que são constitucionalmente assegurados (art. 5º, LV, da Constituição), proposta a reclamação, o reclamado dela será notificado/citado.

No processo do trabalho, em regra, o reclamado é cientificado da demanda contra ele proposta e, ao mesmo tempo, da realização de uma audiência em que deverá estar presente (art. 841 da CLT).

Ao reclamado não é imposto o comparecimento à audiência ou a apresentação de resposta, mas conferida a oportunidade para comparecer à audiência, apresentar resposta e participar do processo em que será examinada a existência do direito deduzido pelo autor da demanda. Assim, notificado, o reclamado pode assumir várias posturas: a) não comparecer à audiência ou não apresentar contestação no prazo que lhe for assinalado (no caso de não ter sido designada audiência); b) comparecer à audiência designada e reconhecer a precedência do pedido ou celebrar acordo; c) comparecer à audiência e apresentar contestação.

No momento interessa a primeira das atitudes que pode ser adotada pelo reclamado: não comparecer à audiência ou não apresentar contestação.

Segundo prevê o art. 844 da CLT, o não comparecimento do reclamado à audiência designada importa *revelia* e *confissão* quanto à matéria de fato.

(1244) A audiência, ainda que fracionada, é considerada única.

(1245) "Aplica-se a confissão à parte que, expressamente intimada com aquela cominação, não comparecer à audiência em prosseguimento, na qual deveria depor".

Assim, o reclamado ausente na audiência será considerado revel e confesso em relação aos fatos afirmados pelo reclamante como fundamento de seus pedidos, salvo se comprovado motivo relevante para a ausência (art. 844, parágrafo único, da CLT).[1246]

Na hipótese de não ser designada audiência, o reclamado será notificado/citado para apresentar resposta no prazo que lhe for assinalado. Neste caso, o reclamado será considerado revel e confesso se deixar de apresentar contestação à demanda no prazo assinalado (art. 319 do CPC de 1973 e art. 344 do CPC de 2015).

O reconhecimento da revelia e a produção do seu *efeito material* (presunção de veracidade dos fatos alegados pelo autor da demanda) não dependem de pedido da parte contrária, posto que se trata de sanção que a lei impõe ao reclamado.

Por força do art. 322 do CPC de 1973 e do art. 346 do CPC de 2015, sendo o reclamado revel, contra ele correrão os prazos independentemente de sua intimação (neste caso, os prazos fluirão da data da publicação do ato decisório no órgão oficial), salvo quando for assistido por advogado, situação em que deverá ser intimado de todos os atos decisórios na pessoa de seu patrono (a dispensa de intimação correspondente ao *efeito processual da revelia*). A dispensa de intimação do revel é compatível com o processo do trabalho, no qual, no entanto, o revel deverá ser intimado da decisão do litígio, ainda que não tenha patrono constituído nos autos, por força do art. 852 da CLT, salvo a hipótese de sua publicação no órgão oficial (neste caso, a publicação vale como intimação).

Ao revel não é vedado intervir no processo. Consoante dispõe o parágrafo único do art. 322 do CPC de 1973 e o parágrafo único do art. 340 do CPC de 2015, o revel poderá intervir no processo em qualquer fase, recebendo-o no estado em que se encontrar. Assim, após a sua intimação da decisão (arts. 834 e 852 da CLT), o revel pode intervir no processo, apresentando recurso.

A revelia não será declarada quando o reclamado esteja impossibilitado de comparecer à audiência.[1247]

Em relação à presunção de veracidade dos fatos alegados pelo autor da demanda, anota Pontes de Miranda, que "o princípio de marcação revisível das afirmações não contestadas (1) exclui (2) o princípio da marcação (definitiva) das afirmações não contestadas, que transforma em confissão toda falta de contestação, e (3) o princípio da indiferença às contraposições de conhecimento, segundo a qual não se leva em conta o negar como elemento de inversão do ônus de provar, nem o não negar como elemento de confirmação (ainda que revisível). Aquele (2) impõe ao juiz sistema semelhante ao da prova legal, baseado no ônus de afirmar, exagerada até esse ponto; esse (3) abstrairia, baseado no ônus de afirmar e das contra-afirmações (negações), salvo como indicações do que se vai provar. Àquela tese e a essa antítese sucede a síntese, que é princípio (1) da marcação revisível. No sistema do Código de Processo Civil de 1973, o fato alegado por uma parte e não negado pela outra é tido como verdadeiro. Adotou-se, portanto, não mais o princípio da marcação revisível das proposições não contestadas, mas sim o da marcação irrevisível, mesmo se há incompatibilidade com as outras provas, marcação que inibe a produção de provas em contraste com o que foi marcado pela falta de afirmação contrária".[1248]

O demandado ausente à audiência em que deveria apresentar defesa é revel, ainda que presente seu advogado munido de procuração (Súmula n. 122 do TST, primeira parte). A presença do advogado não supre a ausência da parte que representa no processo.

O TST já decidiu que "a presença do advogado na audiência inaugural, com a procuração escrita, demonstra o ânimo de defesa, o que afasta a revelia aplicada à parte ausente, mas não a confissão quanto à matéria de fato".[1249] Cumpre observar, contudo, que o art. 844 da CLT considera revel o reclamado

(1246) A apresentação de justificativa para a ausência pode ser apresentada antes do julgamento, situação em que, como prevê o art. 844, parágrafo único, sendo aceita a justificativa, será designada nova audiência.

(1247) A revelia pode ser elidida "mediante a apresentação de atestado médico, que deverá declarar, expressamente, a impossibilidade de locomoção do empregador ou do seu preposto no dia da audiência" (Súmula n. 122 do TST, segunda parte).

(1248) *Comentários ao Código de Processo Civil*, t. IV, p. 193 e 196.

(1249) TST, RR 96.894/93.2, Rel. Min. Vantuil Abdala.

ausente, ou seja, a revelia é consequência do não comparecimento à audiência. O *ânimo de defesa*, destarte, não é suficiente para afastar a revelia e os seus efeitos. Basta que o reclamado esteja ausente para que seja considerado revel.

O julgamento do reclamado à revelia não fere o direito de defesa ou ao contraditório, visto que o princípio da bilateralidade da audiência, que também rege o processo do trabalho, é satisfeito com a notificação ao reclamado, dando-lhe ciência da reclamação contra ele proposta e da oportunidade que lhe é assegurada para defesa.

Como não existe em nosso ordenamento jurídico norma dispensando a pessoa jurídica de direito público da obrigação de comparecer em juízo, a sua ausência à audiência importará revelia.[1250]

A revelia decorrente da ausência na audiência impede que o reclamado produza provas, mesmo que o seu advogado esteja presente em audiência, vez que, segundo se infere dos arts. 843, 847 e 848 da CLT, a produção de provas pela parte pressupõe a sua presença em audiência, salvo nos casos de reclamação plúrima ou de ações de cumprimento, quando os empregados poderão fazer-se representar pelo sindicato de sua categoria. A CLT considera confessos os fatos não contestados, adotando o *princípio da marcação irrevisível das alegações não contestadas*, o que significa impedimento de produção de prova pelo revel.

A revelia (situação de fato) e a presunção de veracidade dos fatos narrados na petição inicial (efeito material da revelia) *não implicam automático julgamento do mérito em favor do reclamante*. Primeiro, porque é necessário verificar se o fato alegado e confessado é suficiente, à luz do ordenamento jurídico, para ensejar a consequência jurídica pretendida pelo reclamante. Segundo, porque a confissão do reclamado não dispensa o juiz do dever de apreciar as demais provas que se encontram nos autos. A presunção de veracidade dos fatos alegados é apenas relativa (*juris tantum*), cedendo lugar a outros elementos de convicção constantes dos autos, por força do princípio do livre convencimento do juiz.

Apesar da revelia e da confissão, conforme entendimento consagrado pela Súmula n. 74, II, do TST: "A prova pré-constituída nos autos pode ser levada em conta para confronto com a confissão ficta (art. 400, I, CPC[1251]), não implicando cerceamento de defesa o indeferimento de provas posteriores". O CPC de 2015 prevê, neste sentido, que a revelia não produz confissão quando os fatos alegados pelo autor estiverem em contradição com a prova constante dos autos. O TST, inclusive, atualizou o item II da Súmula n. 74, que passa a prever que "A prova pré-constituída nos autos pode ser levada em conta para confronto com a confissão ficta (arts. 442 e 443 do CPC de 2015 — art. 400, I, CPC), não implicando cerceamento de defesa o indeferimento de provas posteriores".

Consoante a Súmula n. 74, III, do TST, "a vedação à produção posterior pela parte contrária somente a ela se aplica, não afetando o exercício, pelo magistrado, do poder/dever de conduzir o processo". Este item da Súmula n. 74 também foi alterado, passando a prever que "a vedação à produção posterior pela parte confessa somente a ela se aplica, não afetando o exercício, pelo magistrado, do poder/dever de conduzir o processo". Este item da Súmula n. 74 também foi alterado, passando a prever que "O fato de uma parte ser confessa não impede, portanto, que o juiz determine a produção de provas, de ofício ou a requerimento da parte contrária".

A revelia não resultará em confissão quanto aos fatos alegados quando (art. 320 do CPC de 1973 e art. 345 do CPC de 2015):

(1250) "Pessoa jurídica de direito público sujeita-se à revelia prevista no art. 844 da CLT" (Orientação Jurisprudencial n. 152 da SDI-I do TST).

(1251) A hipótese é de prova *já existente nos autos*. A confissão ficta constitui apenas mais um elemento de convicção em que a decisão judicial pode se fundar. Daí a necessidade de seu confronto com os demais elementos de convicção existentes nos autos. De outro lado, apesar do que consta da parte final do item II da Súmula n. 74, o cerceamento do direito à prova poderá restar configurado. É o que se dá, por exemplo, quando a prova testemunhal que o autor da demanda pretendia produzir for indeferida e a sua pretensão for julgada improcedente, sob o argumento de que a força probante dos elementos de convicção existente nos autos não foi desconstituída por prova em sentido contrário, negando-se à confissão ficta força suficiente para tanto. Assim, é à luz do caso concreto e da verificação de efetivo prejuízo para a parte, em razão do indeferimento da prova, que poderá ser verificado se ocorreu, ou não, cerceamento do direito de defesa.

a) houver pluralidade de réus e algum deles contestar a ação (a confissão somente não ocorrerá quando os fatos alegados pelo autor forem impugnados especificadamente pelo litisconsorte presente);[(1252)]

b) o litígio versar sobre direitos indisponíveis;[(1253)]

c) a petição inicial não estiver acompanhada do *instrumento público* que a lei considere indispensável à prova do fato alegado pelo autor como constitutivo do seu direito (art. 320 do CPC de 1973), observando-se que, no CPC de 2015, é previsto que a revelia não implica presunção de veracidade quando a petição inicial não estiver acompanhada do *instrumento* que a lei considere indispensável à prova do fato alegado pelo autor como constitutivo do seu direito, ou seja, já não é exigido que se trate de documento público.

O CPC de 2015 acrescentou duas novas situações em que, apesar da revelia, não ocorrerá presunção de veracidade dos fatos alegados pelo autor, quais sejam, *quando as alegações de fato formuladas pelo autor forem inverossímeis*[(1254)] ou *estiverem em contraposição com a prova constante dos autos* (esta segunda situação já se encontra pacificada por jurisprudência consolidada do TST).

As hipóteses em que não se aplicará o efeito material da revelia (confissão quanto aos fatos alegados) são estabelecidas em rol taxativo, tanto pelo CPC de 1973 quanto pelo de 2015, valendo anotar que não se confundem com estas hipóteses aquelas em que a confissão não decorre da revelia ou da ausência de contestação, mas da ausência de impugnação especificada dos fatos alegados pelo autor (art. 302 do CPC de 1973 e art. 341 do CPC de 2015).

13. Preposto

A CLT exige a presença do demandado na audiência (art. 843 da CLT), mas o autoriza fazer-se representar pelo gerente ou outro *preposto* que tenha conhecimento dos fatos (art. 843, § 1º, da CLT). Esta autorização tem em vista a facilitação do comparecimento do demandado em juízo.

Embora autorize a representação do demandado pelo preposto, a CLT estabelece uma primeira exigência para que se dê esta representação: o preposto deverá ter conhecimento dos fatos da causa.

Esta exigência tem tripla explicação:

a) na audiência deverá ser tentada a conciliação e esta será seriamente prejudicada se o preposto desconhecer os fatos da causa. A facilitação do comparecimento do demandado em juízo não pode prejudicar a conciliação, que é o meio de solução dos dissídios trabalhistas ao qual a CLT conferiu maior prestígio;

b) o desconhecimento dos fatos pelo preposto inviabiliza o esclarecimento do juiz sobre os fatos da causa. A facilitação do comparecimento do demandado em juízo não pode prejudicar o esclarecimento do juiz sobre os fatos da causa, lembrando que, quanto mais próxima da realidade, mais justa será a decisão e que "ninguém se exime do dever de colaborar com o Poder Judiciário para o descobrimento da verdade" (art. 339 do CPC de 1973 e art. 378 do CPC de 2015);

c) como as declarações do preposto obrigam o demandado, não há como admitir a sua representação em juízo por pessoa que desconhece os fatos da causa.

(1252) Parte da doutrina afirma que essa exceção somente incide na hipótese de litisconsórcio unitário, restrição, no entanto, que não encontra respaldo no texto legal em exame, que não faz qualquer alusão ao tipo de litisconsórcio a que se refere.

(1253) A indisponibilidade do direito faz com que o legislador se acautele, evitando que o processo seja utilizado como meio para o titular do direito dele dispor. O efeito da revelia alcança as demandas propostas contra o Estado, quando verse sobre contrato de direito privado, ou seja, a presunção de veracidade somente não ocorrerá quando a demanda verse sobre contrato genuinamente administrativo.

(1254) Fato inverossímil é o fato contrário ao que normalmente acontece. Esta previsão é compatível com o direito processual do trabalho, no qual o fato inverossímil deve ser provado pela parte que o alega.

A Lei Complementar n. 123, de 14.12.2006, que instituiu o Estatuto Nacional da Microempresa e da Empresa de Pequeno Porte, ao estabelecer que a microempresa e a empresa de pequeno porte podem fazer-se substituir ou representar perante a Justiça do Trabalho "por terceiros que conheçam dos fatos" (art. 54), reforça a exigência constante do art. 843, § 1º, da CLT.

O não atendimento desta exigência implica, para o demandado, confissão em relação aos fatos alegados pelo autor da demanda na petição inicial.

Neste sentido, a 4ª Turma do TST, decidiu que: "AGRAVO DE INSTRUMENTO. RECURSO DE REVISTA. PREPOSTO. DESCONHECIMENTO DOS FATOS. CONFISSÃO FICTA. Quando o empregador se utiliza do permissivo previsto no art. 843, § 1º, **da CLT, fazendo-se representar em juízo por preposto, está ciente de que o representante deve ter conhecimento dos fatos. Sabe-se, ainda, que, nos termos da mencionada norma** celetária, as obrigações do preposto obrigarão o preponente. Logo, se o preposto indicado pela empresa declara não ter conhecimento do fato alegado pelo Reclamante, que, nos presentes autos, trata-se da prestação de serviços nas dependências da segunda Reclamada, tratando-se de fato controvertido e, por isso, dependente de produção probatória, atrai os efeitos da *confissão ficta*, que, corretamente foi aplicada ao caso".[1255]

Em suma, a representação em juízo por preposto que desconhece os fatos da causa equivale à recusa a depor, o que autoriza aplicar a pena de confissão ao réu, nos termos do art. 343, § 1º, do CPC de 1973 e do art. 381, § 1º, do CPC de 2015.

Contudo, o preposto deverá ser empregado do demandado?

A expressão *gerente*, utilizada no art. 843, § 1º, da CLT, demonstra que sim, visto que a função de gerente é típica de empregado.

No TST prevalecia o entendimento de que o preposto deveria ser empregado do demandado, exceto nas reclamações contra empregador doméstico, consoante consta da sua Súmula n. 377, na sua redação original ("Exceto quanto à reclamação de empregado doméstico, o preposto deve ser necessariamente empregado do reclamado. Inteligência do art. 843, § 1º, da CLT").

Todavia, a Lei Complementar n. 123/2006, tratando do acesso das microempresas e das empresas de pequeno porte à justiça, dispõe que a elas é facultado fazer-se substituir ou representar perante a Justiça do Trabalho por terceiros que conheçam os fatos, "ainda que não possuam vínculo trabalhista ou societário" (art. 54). Assim, por meio da referida lei, foi expressamente dispensada a condição de empregado do preposto das microempresas e empresas de pequeno porte.

Ainda por força da Lei Complementar n. 123/2006, foi conferida nova redação à Súmula n. 377 do TST, *in verbis*: "Exceto quanto à reclamação de empregado doméstico, ou contra micro ou pequeno empresário, o preposto deve ser necessariamente empregado do reclamado. Inteligência do art. 843, § 1º, da CLT e do art. 54 da Lei Complementar n. 123, de 14 de dezembro de 2006".

Destarte, o preposto deverá ser empregado do demandado, salvo quando se trate de demanda ajuizada contra empregador doméstico, microempresa ou empresa de pequeno porte.

No caso de não ser o preposto empregado do demandado, salvo as exceções citadas, o demandado será considerado revel e confesso quanto aos fatos alegados na petição inicial (quando a irregularidade de representação ocorrer na audiência inaugural) ou confesso (quando a irregularidade de representação for verificada na audiência designada para a instrução do processo), visto que a hipótese equivale à ausência do demandado na audiência (art. 844 da CLT).

A propósito, decidiu a 8ª Turma do TST que: "I — AGRAVO DE INSTRUMENTO EM RECURSO DE REVISTA — PREPOSTO. EXIGÊNCIA DA CONDIÇÃO DE EMPREGADO. SÚMULA N. 377 DO TST. Constatada possível contrariedade à Súmula n. 377 do TST, merece provimento o Agravo de Instrumento para determinar o processamento do Recurso de Revista. II — RECURSO DE REVISTA — PREPOSTO. EXIGÊNCIA DA CONDIÇÃO DE EMPREGADO. SÚMULA N. 377 DO TST. Nos termos da Súmula n.

(1255) TST, AIRR 391004720075010071 39100-47.2007.5.01.0071, Rel. Min. Maria de Assis Calsing, DEJT 4.11.2011.

377 do TST, o preposto, exceto quanto à reclamação de empregado doméstico ou contra micro ou pequeno empresário — hipóteses não aventadas no acórdão regional — deve ser necessariamente empregado do reclamado. Não sendo o preposto empregado, conforme consignado no acórdão regional, não se pode afastar a revelia e a confissão quanto à matéria de fato, nos termos do art. 844 da CLT".[1256]

Observe-se que a Lei Complementar n. 123/2006, ao estabelecer que o preposto da microempresa ou empresa de pequeno porte não necessita ser seu empregado, reforça o entendimento de que a CLT exige esta condição do preposto. Com efeito, se não houvesse esta exigência, a previsão constante do art. 54 da citada Lei Complementar seria de todo inútil.

A exigência de ser o preposto empregado do reclamado, salvo as exceções referidas, somente se aplica às hipóteses de dissídio fundado em relação de emprego. Nos dissídios decorrentes da relação de trabalho não subordinado apenas se exige que o preposto tenha ciência dos fatos da causa.

O art. 843, § 2º, da CLT autoriza o *empregador* a fazer-se substituir por preposto. Como o empregador pode ser pessoa física e jurídica, não é lícito restringir a possibilidade de substituição por preposto ao empregador pessoa jurídica.

O preposto deve comparecer à audiência munido de documento que o habilite a representar o reclamado (*carta de preposição*). Comparecendo o preposto sem a carta de preposição, o juiz deverá conceder prazo razoável para a regularização da representação, sob pena de decretar a revelia do demandado (aplicação do art. 13 do CPC). O prazo deve ser concedido sem suspensão do processo, para evitar prejuízo à rápida solução do dissídio.

A revelia será decretada *a posteriori*, se a carta de preposição não for apresentada no prazo assinalado ao demandado, desconsiderando-se a contestação apresentada e a prova por ele eventualmente produzida. Evita-se, assim, que o demandado utilize o expediente de fazer-se representar por preposto não munido de carta de preposição para forçar o adiamento da audiência.

O fato de a lei não exigir a apresentação da carta de preposição não a dispensa, vez que é intuitivo que aquele que comparece em juízo em nome de outrem deve provar que está autorizado a fazê-lo.

As empresas que formam grupo econômico podem ser representadas em juízo por apenas um preposto, empregado de qualquer uma delas. Neste sentido, decidiu a 3ª Turma do TST: " (...). 2. PREPOSTO. GRUPO ECONÔMICO. Por integrarem o mesmo grupo econômico, as reclamadas podem se fazer representar em juízo por um só preposto, desde que seja empregado de uma delas e tenha conhecimento dos fatos controvertidos na demanda".[1257]

Cumpre mencionar que, de acordo com o disposto no art. 2º da Lei n. 2.757/56, são considerados representantes dos empregadores nas reclamações trabalhistas os síndicos eleitos entre os condôminos.[1258] No entanto, consoante decidiu a 3ª Turma do TST: "RECURSO DE REVISTA. EMPREGADO DE ADMINISTRADORA DE CONDOMÍNIO. CONDIÇÃO DE PREPOSTO. IRREGULARIDADE DE REPRESENTAÇÃO. CONFISSÃO E REVELIA. APLICAÇÃO DA SÚMULA N. 377/TST. É possível a representação do condomínio em juízo por empregado de empresa que o administra. Precedentes. Incólumes a Súmula n. 377/TST e o art. 843, § 1º da CLT. Esta Corte Superior tem mitigado a exigência de ser o preposto empregado, tanto que alterou a redação da Súmula n. 377 (Resolução n. 146/2008) adicionando mais uma exceção (micro e pequeno empresário) à situação do empregador doméstico".[1259]

Como os menores de dezoito anos não têm capacidade para estar em juízo (art. 793 da CLT), não é lícito ao empregador se fazer representar em audiência por preposto menor de dezoito anos.

(1256) TST, RR 77540-50.2001.5.09.0023, Rel. Min. Márcio Eurico Vitral Amaro, 8ª Turma, DEJT 3.11.2009.
(1257) TST, AIRR 31800-78.2009.5.02.0251, Rel. Min. Alberto Luiz Bresciani de Fontan Pereira, 3ª Turma, DEJT 22.6.2012.
(1258) Os condôminos respondem, proporcionalmente, pelas obrigações trabalhistas do condomínio (art. 3º da Lei n. 2.757/56).
(1259) TST, RR — 69100-81.2006.5.15.0004, Rel. Min. Horácio Raymundo de Senna Pires, 3ª Turma, DEJT 30.4.2010.

14. Conciliação

Verificada a presença das partes, o juiz promoverá a tentativa de conciliação.

Manuel Alonso Olea afirma que "a disciplina do processo de trabalho descansa sobre a noção de que o processo é uma forma lenta e custosa de dirimir conflitos e sobre a ideia, ainda mais importante que a anterior (...), de que uma solução pactuada ou convencionada entre as partes, quando vem adornada com as devidas garantias, é preferível à solução posta por um terceiro. Daí que o ordenamento articula: 1º Atividades pré-processuais que tendem a evitar um processo futuro possível ulterior (...); 2º Atividades processuais estritas, com a mesma finalidade. Tal é a natureza do ato de conciliação ante o Magistrado".[1260]

A solução negociada do conflito de interesses é a mais democrática forma de pôr fim ao processo judicial, visto que, por meio dela, as próprias partes estabelecem os termos para a sua solução, além de atender aos princípios da celeridade, da economia e da eficácia da decisão.

Por essa razão, o processo do trabalho adota como diretriz básica a tentativa de solução negociada do conflito submetido ao Judiciário, impondo ao juiz que convide as partes à negociação no início e final da instrução do processo e o autoriza a fazê-lo em qualquer fase processual (arts. 764 e 852-E da CLT).

As partes, por estarem mais próximas da realidade dos fatos em que sustentam as suas posições, estão em melhores condições de encontrar uma solução que a ambas satisfaça, além do que a parte que conscientemente cede um pouco em suas pretensões se sentirá mais confortável com a solução do conflito do que aquela que tem essa solução imposta por um terceiro (o juiz).

A conciliação a que nos referimos não é, certamente, a que serve à desconstrução do direito do trabalho e, com isso, ao desprestígio do Judiciário trabalhista. A conciliação não é um fim em si mesma e não deve ser fruto da necessidade de sobrevivência do trabalhador desempregado, devendo representar solução que possibilite tornar concreto o direito atribuído *às partes pela ordem jurídica democraticamente instituída.*

O fato de o art. 114 da Constituição Federal, com a redação que lhe conferiu a Emenda Constitucional n. 45/2004, não se referir, como ocorria antes desta Emenda Constitucional, *à conciliação, não dispensa o juiz de tentar a solução negociada do dissídio. O art. 114 da Constituição somente trata da competência da Justiça do Trabalho. O procedimento a ser adotado na solução dos dissídios trabalhistas é definido pela CLT e esta, no art. 764, torna obrigatória a tentativa de conciliação nos dissídios submetidos à apreciação da Justiça do Trabalho.*

Conciliação é o procedimento voltado à solução negociada do conflito de interesses submetido ao Poder Judiciário, isto é, à celebração de acordo.

A conciliação é, normalmente, fruto de transação (concessões recíprocas realizadas pelas partes). No entanto, é possível que na conciliação não ocorra qualquer concessão de uma das partes, o que significa que *conciliar não é, necessariamente, transigir*.

No procedimento de conciliação, o juiz ou tribunal esclarecerá as partes sobre as vantagens da solução negociada do conflito e empregará os seus bons ofícios e os meios adequados de persuasão para a solução conciliatória do litígio (arts. 764, § 2º, e 852-E da CLT).[1261]

A conciliação deve ser tentada assim que for iniciada a audiência (art. 846 da CLT), podendo o juiz renovar a tentativa de conciliação em qualquer fase da audiência (art. 652-E da CLT).[1262] Depois de instruída e debatida a causa, nova tentativa de conciliação deverá ser promovida pelo juiz (art. 850 da CLT).

(1260) *Derecho procesal del trabajo*, p. 39.

(1261) Não se pode confundir o uso dos meios adequados de persuasão com o prejulgamento da causa ou a imposição do acordo. *Persuadir é ponderar e não prejulgar ou ordenar.* Persuadir é procurar a adesão do outro, por meio de argumentos, sem menosprezar os seus pontos de vista. Como, para influenciar alguém é necessário conhecê-lo, o juiz deve apresentar a sua proposta de acordo somente depois de ouvir atentamente as partes, para definir, com a maior precisão possível, os seus anseios e objetivos. Conhecer aquele que se pretende influenciar facilita o trabalho de escolha dos argumentos a serem utilizados para o seu convencimento. Para conhecer os anseios e objetivos das partes, o juiz deve fazer com que eles deixem a posição de simples defesa intransigente de posições preestabelecidas e se comprometam com a busca sincera e honesta para uma solução para o conflito que as envolve.

(1262) Apesar de a CLT autorizar a tentativa de conciliação em qualquer fase da audiência no procedimento sumaríssimo, o juiz pode proceder do mesmo modo em qualquer procedimento.

A ausência de tentativa de conciliação implica nulidade do processo, desde que comprovado manifesto prejuízo às partes (art. 794 da CLT), o qual é de difícil configuração, vez que às partes é lícito celebrar acordo a qualquer tempo, mesmo sem a provocação do juiz (art. 764, § 3º, da CLT).

A conciliação persegue o acordo.

Celebrado acordo, isto é, sendo exitoso o procedimento de conciliação, será aquele submetido à homologação pelo juiz (arts. 331, § 1º, do CPC de 1973 e art. 331, § 1º, do CPC de 2015).

O acordo homologado será reduzido a termo, assinado pelo juiz, litigantes e seus procuradores, consignando-se o prazo e demais condições para seu cumprimento, podendo ser estipulada multa moratória para o caso de seu não cumprimento (o pagamento da multa, no caso de mora, não prejudica a exigibilidade do cumprimento do acordo).

O juiz não é obrigado a homologar acordo celebrado pelas partes, cumprindo-lhe pugnar pelo respeito à lei e aos direitos indisponíveis dos trabalhadores. Com isso, a recusa à homologação de acordo não é passível de ataque por meio de mandado de segurança (Súmula n. 418 do TST).

15. Desistência da reclamação

O reclamante pode desistir da demanda por ele proposta, dispensando o Poder Judiciário de examinar a pretensão por meio dela manifestado em juízo. Homologada a desistência, o processo será extinto sem provimento de mérito (art. 267, VIII, do CPC de 1973 e art. 485, VIII, do CPC de 2015).

Cumpre verificar, no entanto, se a desistência da demanda deve contar, necessariamente, com a concordância do reclamado.

O direito processual do trabalho não trata da questão, sendo, portanto, omisso em relação a ela, o que torna necessário recorrer ao direito processual comum como sua fonte subsidiária.

Nesse compasso, dispõe o art. 267, § 4º, do CPC de 1973 que, *depois de decorrido o prazo para a resposta*, o autor não poderá, sem o consentimento do réu, desistir da ação. Já o art. 485, § 4º, do CPC de 2015 estabelece que, oferecida a contestação, o autor não poderá, sem o consentimento do réu, desistir da ação. Houve, assim, alteração do momento final para a dispensa da oitiva do réu sobre a desistência da ação.

No processo do trabalho, a contestação é apresentada em audiência, depois da tentativa de conciliação. Sendo assim, a desistência manifestada até o recebimento da contestação não carece de concordância do reclamado. Em suma, no processo do trabalho sempre foi adotada a solução agora acolhida pelo CPC de 2015, ou seja, oferecida a contestação, o autor não poderá, sem aquiescência do réu, desistir da ação.

Nesse compasso, oferecida a contestação, a desistência somente será possível se contar com a concordância do reclamado.

Quando as partes, após a oferta da contestação, celebram acordo extrajudicial e requerem a extinção do processo, não se dá a desistência da ação, mas a perda do seu objeto, fato que impõe a extinção do processo sem provimento de mérito.

No processo judicial eletrônico, por força do art. 22 da Resolução n. 94 do CSJT, de 23 de março de 2012, a contestação deve ser encaminhada eletronicamente, com opção de sigilo, quando for o caso, até antes da realização da audiência. Contudo, o parágrafo único do citado artigo permite a apresentação de defesa oral pelo tempo de vinte minutos, em audiência, o que indica que a contestação é efetivamente ofertada em audiência. Com isso, também no processo judicial eletrônico é possível a desistência da ação sem a aquiescência do demandado durante a audiência, desde que antes do recebimento da contestação.

De outro lado, a desistência pode ser apresentada até a sentença, como agora prevê o art. 485, § 5º, do CPC de 2015.

16. Resposta do reclamado

16.1. Resposta do reclamado: aspectos gerais, defesa processual e de mérito.

As regras e os princípios constitucionais relacionados com o exercício da função jurisdicional estabelecem um modelo de processo (*devido processo constitucional*) em que é assegurado o direito ao contraditório e à ampla defesa (art. 5º, XXXV e LV, da Constituição). Daí a razão pela qual, proposta a demanda, o réu deverá ser citado/notificado para que possa se defender (art. 841 da CLT).

Anote-se que, "o réu, ao exercer sua defesa, está atuando um direito processual subjetivo que não difere, substancialmente, do direito de ação. Tanto isto é exato, que o réu pode praticar atos processuais como o de recorrer, o de pedir provas, requerer diligências etc. (...). A única diferença entre os dois direitos é a de simples posição. O autor ataca e o réu reage. O primeiro deduz uma pretensão e o segundo a resistência a esta oferecida. Todavia, o objeto de ambos é a tutela jurisdicional do Estado em relação aos respectivos interesses".[1263]

Em resposta à demanda, o reclamado pode apresentar contestação, exceção e reconvenção.

A CLT faz expressa referência à defesa (art. 847), no sentido de contestação, e à exceção (art. 799), mas hoje é pacífica a admissibilidade da reconvenção no processo do trabalho, ao menos no que se refere ao procedimento ordinário.

A resposta do reclamado, quanto à sua forma, pode ser escrita ou verbal (hipótese em que será transcrita na ata de audiência em que for apresentada).

A resposta do reclamado deverá ser apresentada em audiência, depois da tentativa de conciliação (art. 847 da CLT), ou no prazo assinalado para a sua apresentação, nos procedimentos em que não há previsão de realização de audiência, ressalvado o processo judicial, em que deverá ser encaminhada antes da audiência, embora, como visto acima, ela também possa ser apresentada oralmente na audiência. Anote-se que, como prevê a Instrução Normativa n. 39/2016 do TST (no art. 2º, V), não é aplicável no processo do trabalho o art. 335 do CPC de 2015, que fixa o prazo de quinze dias para o reclamado apresentar sua resposta à demanda, vez que ela deverá ser apresentada em audiência, salvo a hipótese de não designação de audiência.

A contestação pode ter conteúdos diversos, isto é, diferentes *matérias de defesa*, como resulta da interpretação do art. 301 do CPC de 1973 e do art. 336 do CPC de 2015. É que estão envolvidas no processo duas relações jurídicas distintas, quais sejam, a *relação processual* e a *relação de direito material litigiosa*, o que faz com que a defesa possa versar sobre a relação processual (*defesa processual*) e a relação de direito material (*defesa de mérito*).

A *defesa processual* diz respeito ao processo (atendimento dos pressupostos processuais e nulidades processuais) ou à ação (presença das condições de ação). Destarte, defesa processual é aquela na qual o réu afirma a existência de impedimento ao julgamento do mérito da demanda, em razão do não atendimento dos pressupostos processuais e/ou das condições de ação e da existência de nulidade.

A defesa processual pode conter alegação cujo acolhimento leva à extinção do processo sem resolução do mérito (*defesa processual própria ou peremptória*: litispendência, inépcia da petição inicial, coisa julgada, por exemplo) ou ao retardamento da resolução do mérito (*defesa processual imprópria ou dilatória*: incompetência absoluta, nulidade da citação e defeito de representação, por exemplo).

A *defesa de mérito* diz respeito ao pedido do autor da demanda. Nela, o réu contesta diretamente o pedido do autor, negando a ocorrência dos fatos narrados na petição inicial ou a eles negando força suficiente para produzir a consequência jurídica que lhe é atribuída pelo autor (*defesa direta de mérito*) ou afirmando a ocorrência de fato impeditivo, extintivo ou modificativo do direito deduzido pelo autor (*defesa indireta de mérito* ou *exceção de mérito*).

(1263) MARQUES, José Frederico. *Instituições de direito processual civil*, v. III, p. 113 e 122.

Na defesa, *não haverá* pedido de reconhecimento de ser o réu titular de determinado direito, salvo quando se trate de *ações dúplices* (ações possessórias, por exemplo), acrescentando-se que, no processo civil, o réu pode apresentar pedido na defesa no procedimento sumário (art. 278, § 1º, do CPC de 1973) e *pedido contraposto* (art. 31 da Lei n. 9.099/95). Fora destas das situações, que não são compatíveis com o processo do trabalho, salvo a que se refere às ações dúplices, o pedido do réu será declaratório da existência de impedimento de julgamento de mérito ou de inexistência do direito deduzido.

Tratando da defesa do réu, assevera Andrea Proto Pisani que a estratégia defensiva do réu pode consistir:

a) em uma atitude de 'mera defesa': "o réu se limita a contestar a existência dos fatos constitutivos postos pelo autor como fundamento da sua demanda (...). Situação análoga se por acaso o réu, mesmo não contestando os fatos constitutivos, se defende só 'em direito' contestando que a hipótese concreta deduzida pelo autor seja subsumível sob qualquer norma jurídica;

b) segunda atitude defensiva do réu (que, se por acaso não estiver em contraditoriedade de ordem lógica, pode concorrer com a primeira) pode consistir na proposição de 'exceção de mérito', isto é, no deduzir em juízo a relevância de fatos impeditivos, modificativos e extintivos do (ou também de diretos incompatíveis com ele) direito deduzido em juízo pelo autor (...);

c) a terceira atitude defensiva do réu consiste em propor demanda reconvencional incompatível com o acolhimento da demanda original do autor (...). A única particularidade da demanda reconvencional é dada pela circunstância de que essa é proposta no curso de um processo já instaurado e de que o autor na reconvenção é o réu originário no processo (...). É oportuno advertir que o réu pode propor não só demanda reconvencional defensiva enquanto incompatível com o acolhimento da demanda do autor, mas também demanda reconvencional sem ter função defensiva (...);

d) é, em fim, de acenar com a possibilidade de o réu chamar à causa terceiro."[1264]

16.2. Contestação.

16.2.1. A contestação contém a resistência do autor à demanda do réu.

Na contestação, considerada esta em relação à sua estrutura, devem constar:

a) o juiz ou tribunal a que é dirigida;

b) os nomes das partes e a qualificação correta do réu, quando incorretamente indicada na petição inicial;

c) o número do processo em que é apresentada;

d) breve relato dos fatos em que se funda a resistência à pretensão do autor ou, dito de outra forma, as razões de fato (e, eventualmente, de direito) pelas quais o réu impugna o pedido do autor;

e) o pedido do réu (declaração da impossibilidade de julgamento do mérito e/ou de inexistência do direito deduzido) ou pedido de tutela jurisdicional de direito, nas ações dúplices;

f) a assinatura do reclamado, do seu preposto ou do seu advogado (arts. 36 e 37 do CPC).[1265]

A assinatura da ata que registra a apresentação da contestação supre a ausência de assinatura na peça respectiva.

A contestação deve ser apresentada verbalmente ou em petição escrita, dirigida ao juiz da causa (art. 847 da CLT, arts. 297 e 299 do CPC de 1973 e art. 355 do CPC de 2015), não sendo compatível com o direito

(1264) *Lezioni di diritto processuale civile*, p. 56-57.

(1265) Se não for apresentado mandato outorgado pela parte ao advogado, a contestação será considerada inexistente (art. 37, parágrafo único, do CPC de 1973) ou ineficaz (art. 104, § 2º, do CPC de 2015). Verificada a irregularidade de representação do réu, o juiz marcará prazo razoável para ser sanado o defeito, reputando-se revel e confesso o réu se não for cumprida a determinação no prazo estabelecido (art. 13 do CPC de 1973, art. 76 do CPC de 2015, art. 844 da CLT).

processual do trabalho a previsão, constante do art. 340 do CPC de 2015, no sentido de que havendo alegação de incompetência, absoluta ou relativa, a contestação poderá ser apresentada no foro do domicílio do réu, visto que, em regra, a contestação deve ser apresentada em audiência, na qual deverão estar presentes o autor e o réu (art. 843 da CLT). Em suma, no processo do trabalho, o réu não é dispensado de comparecer na audiência, ainda que seja para alegar incompetência, notadamente porque, no sumaríssimo, a sua alegação será examinada na própria audiência (art. 852-G da CLT).[(1266)]

O autor deve apresentar, na petição inicial, os seus pedidos, bem com os respectivos fundamentos. O réu, na contestação, deve expor as razões pelas quais impugna os pedidos do autor e apresentar o seu próprio pedido (declaração de impossibilidade de exame do mérito ou de inexistência do direito afirmado pelo autor[(1267)]) e/ou pedido de tutela de direito de que afirma ser titular, no caso das ações dúplices.

Na contestação, o réu deve alegar toda a matéria de defesa (*princípio da eventualidade e da concentração*), seja porque assim o determinam o art. 300 do CPC de 1973 e o art. 336 do CPC de 2015, que são aplicáveis no processo do trabalho, seja porque, consoante dispõem o art. 303 do CPC de 1973 e o art. 342 do CPC de 2015, que são também aplicáveis no processo do trabalho, depois da contestação, só é lícito deduzir novas alegações relativas a direito superveniente[(1268)] ou fato superveniente (situação acrescida pelo art. 342 do CPC de 2015), competir ao juiz conhecer delas de ofício ou por expressa autorização legal puderem ser formuladas em qualquer tempo e grau de jurisdição.

De acordo com o art. 474 do CPC de 1973 e art. 508 do CPC de 2015, transitada em julgado a sentença de mérito, reputar-se-ão deduzidas e repelidas todas as alegações e defesas que a parte poderia opor ao acolhimento e à rejeição do pedido.

Antes de discutir o mérito (*defesa de mérito*), o réu poderá sustentar, na contestação, o não atendimento dos pressupostos processuais e/ou das condições de ação (*defesa processual*).

Neste sentido, dispõem os arts. 301 do CPC de 1973 e 337 do CPC de 2015 que compete ao réu, *antes de discutir o mérito*, alegar:

I) inexistência ou nulidade da citação;

II) incompetência absoluta[(1269)] e relativa;[(1270)]

III) inépcia da petição inicial;[(1271)]

IV) perempção;[(1272)]

V) litispendência;

VI) coisa julgada;[(1273)]

VII) conexão;

(1266) José Frederico Marques observa que a contestação, "sob o ponto de vista processual, é o *nomem juris* da dedução da resistência em juízo, e sob o prisma procedimental, o instrumento formal de defesa do réu (...). A contestação, em seu significado processual, se apresenta como a antítese do pedido" (*Instituições de direito processual civil*, v. III, p. 133).

(1267) Não se trata de pedido de confirmação de um direito alegado em juízo (este pedido é apresentado pelo autor), mas de pedido *declaratório negativo*: impossibilidade de julgar o mérito ou inexistência do direito deduzido pelo autor.

(1268) Direito superveniente é o constituído em razão de fato ocorrido depois da contestação.

(1269) A competência é absoluta ou relativa, segundo a disponibilidade das partes e do juiz sobre a sua fixação.

(1270) No CPC de 1973, é previsto que a incompetência relativa deve ser alegada por meio de exceção. O CPC dispensa a apresentação de exceção para efeito de alegação da incompetência relativa, o que simplifica o procedimento. Esta simplificação de procedimento é compatível com o direito processual do trabalho, vez que este tem entre os seus princípios exatamente a simplificação de formas e procedimentos.

(1271) Da inépcia tratamos quando do exame da petição inicial.

(1272) Aquele que, tendo apresentado reclamação verbal, não comparece para assiná-la no prazo de cinco dias, contados daquela apresentação, assim como aquele que der causa a dois arquivamentos do processo em razão da ausência à audiência designada, perde o direito de demandar perante a Justiça do Trabalho durante seis meses. Tem-se, aqui, a denominada *perempção*, que é a perda do direito de ação, no sentido de direito de provocar a jurisdição em busca da tutela de um direito. Esta penalidade é de constitucionalidade discutível, por implicar negativa, ainda que temporária, de acesso à justiça.

(1273) Há coisa julgada, quando se repete ação que já foi decidida por sentença de que não cabia recurso. Coisa julgada é a imutabilidade e indiscutibilidade de que se reveste a decisão não mais sujeita a impugnação por meio de recurso ordinário ou extraordinário. Trata-se, portanto, de uma qualidade da decisão, que é alcançada no momento em que ela se torna irrecorrível.

VIII) incapacidade da parte, defeito de representação ou falta de autorização para a propositura da ação;[1274]

IX) convenção de arbitragem;[1275]

X) carência de ação;[1276]

XI) falta de caução ou outra prestação que a lei exige como preliminar;[1277]

XII) incorreção do valor da causa (trata-se de inovação do CPC de 2015, que dispensa a apresentação de impugnação ao valor da causa em peça autônoma. No processo do trabalho, sempre foi admitida a impugnação do valor da causa na própria contestação);

XIII) indevida concessão do benefício de gratuidade de justiça (tem-se, aqui, mais uma inovação do CPC de 2015. No processo do trabalho, sempre foi admitido o questionamento do deferimento da justiça gratuita na própria contestação);

O CPC de 2015 contém outras inovações dignas de registro, quais sejam:

a) se o réu alegar ser parte ilegítima ou não ser responsável pelo prejuízo invocado, o juiz facultará ao autor, em 15 dias, a alteração da petição inicial para substituição do réu (art. 338), sendo que, realizada a substituição, o autor reembolsará as despesas e pagará os honorários advocatícios do réu excluído (art. 338, parágrafo único). A primeira disposição é compatível com o direito processual do trabalho, vez que facilita o julgamento do mérito e atende aos princípios da economia e celeridade. No entanto, diante do fato de o direito processual do trabalho adotar a gratuidade como regra, na intenção de facilitar o acesso à justiça, com ele *não é compatível a previsão constante do parágrafo único do art. 338* de 2015;

b) quando alegar sua ilegitimidade, incumbe ao réu indicar o sujeito passivo da relação jurídica discutida sempre que tiver conhecimento, sob pena de arcar com as despesas processuais e de indenizar o autor pelos prejuízos decorrentes da falta de indicação (art. 339). O autor, ao aceitar a indicação, procederá, no prazo de 15 dias, à alteração da petição inicial para a substituição, observando-se o parágrafo único do art. 338 (art. 339, § 1º). No prazo de 15 dias, o autor pode optar por alterar a petição inicial para incluir, como litisconsorte ativo, o sujeito indicado pelo réu (art. 339, § 2º). Esta medida substitui a *nomeação à autoria*, que é prevista no CPC de 1973 (arts. 62 e 69) e deixa de existir no CPC de 2015. Trata-se de medida de simplificação procedimental compatível com o direito processual do trabalho, exceto em relação a reembolso de despesas e pagamento de honorários advocatícios.

Acrescente-se que, antes de enfrentar o mérito, o réu também poderá alegar a existência de vício que conduza à nulidade do processo ou de atos processuais sem os quais o processo não pode se desenvolver regularmente.

(1274) A capacidade da parte diz respeito à *capacidade de ser parte* (aptidão para figurar no processo ou ser sujeito de relação processual), *de estar em juízo* (capacidade de realizar atos processuais dotados de eficácia) e à capacidade para praticar pessoalmente atos processuais (*capacidade postulatória)*.

(1275) A exigência de alegação, na contestação, de convenção de arbitragem, foi acrescentada pelo CPC de 2015. Anote-se que, nos termos dos arts. 1º e 3º da Lei n. 9.307/96, às partes é lícito submeter a solução de seus litígios relativos a direitos patrimoniais disponíveis ao juízo arbitral, mediante convenção de arbitragem, assim entendida a cláusula compromissória e compromisso arbitral. Em sua contestação, o réu pode alegar a pactuação da prévia submissão do conflito de interesses objeto da ação ao juízo arbitral, observando-se, no entanto, que a arbitragem somente é aplicável no processo do trabalho quando se trate de dissídio coletivo.

(1276) Da carência de ação trataremos mais adiante. O CPC de 2015 não alude à carência de ação, mas à ausência de legitimidade ou interesse processual.

(1277) O juiz pode conhecer de ofício da matéria enumerada no art. 301 do CPC, salvo a convenção de arbitragem (art. 301, § 4º, do CPC de 1973) ou a convenção de arbitragem e a incompetência relativa (art. 337, § 5º), observando-se que, de acordo com o art. 337, § 6º, do CPC de 2015, a ausência da alegação de arbitragem implica aceitação da jurisdição estatal e renúncia ao juízo arbitral.

De outro lado, por força do art. 302 do CPC de 1973 e do art. 341 do CPC de 2015, cabe ao réu manifestar-se precisamente sobre todos os fatos narrados na petição inicial, presumindo-se verdadeiros aqueles que não forem impugnados (*ônus da impugnação especificada dos fatos* ou *proibição da contestação por negativa geral*).(1278)

No entanto, a presunção de veracidade dos fatos não especificados é *juris tantum*, isto é, pode ser afastada por prova em sentido contrário existente nos autos (a presunção de veracidade dos fatos alegados pelo autor não dispensa o juiz do dever de apreciar as demais provas que se encontram nos autos, como permitem afirmar os arts. 277, § 2º, e 400, I, do CPC de 1973 e o art. 443, I, do CPC de 2015).

Impor ao réu o ônus da impugnação especificada implica dele exigir que se manifeste sobre os fatos alegados pelo autor, apresentando as razões pelas quais nega a sua ocorrência, assim como as razões pelas quais opõe a estes fatos a ocorrência de fato impeditivo, extintivo ou modificativo.

A ausência de impugnação especificada não implica presunção de veracidade dos fatos alegados pelo autor quando:

a) não for admissível, a seu respeito, a confissão;(1279)

b) a petição inicial não estiver acompanhada do instrumento público que a lei considera da substância do ato;(1280)

c) estiverem em contradição com a defesa, considerada em seu conjunto(1281) (art. 302 do CPC de 1973), ao passo que não são alcançados pelo ônus da impugnação especificada ou pela proibição de contestação por negativa geral o advogado dativo, o curador especial e o órgão do Ministério Público (art. 302, parágrafo único, do CPC de 1973(1282)). O CPC de 2015 dispõe no mesmo sentido, com a ressalva de que afasta os efeitos da falta de impugnação especificada quando a petição inicial não estiver acompanhada do *instrumento* que a lei considera da substância do ato e não, como conta o art. 302, II, do CPC de 1973, quando ela não estiver acompanhada do *instrumento público* que a lei considera da substância do ato (art. 341, II, do CPC de 2015).(1283)

Por fim, consoante dispõe o art. 767 da CLT, a compensação e a retenção só poderão ser arguidas como matéria de defesa, o que é reafirmado na Súmula n. 48 do TST. Da compensação trata o art. 368 do Código Civil, *in verbis*: "Se duas pessoas forem ao mesmo tempo credor e devedor uma da outra, as duas obrigações extinguem-se, até onde se compensarem". De acordo com a Súmula n. 18 do TST, "a compensação, na Justiça do Trabalho, está restrita a dívidas de natureza trabalhista", o que se explica pelo fato de a compensação somente alcançar obrigações da mesma natureza. A compensação pressupõe obrigação líquida e certa. Sendo "ilíquida a dívida do autor, ou ainda incerta, o réu precisará exigi-la em reconvenção para que se apure o *an debeatur* e o *quantum debeatur*, operando-se a compensação ulteriormente na fase executória, desde que acolhido o pedido reconvencional".(1284)

Ao contrário da compensação, que deve ser alegada em defesa, o juiz pode determinar de ofício a *dedução de valores*, com esteio nos princípios do *non bis in idem* e da vedação de enriquecimento ilícito.

(1278) A hipótese não é de confissão, que corresponde à admissão pela parte da verdade de um fato contrário ao seu interesse e favorável ao adversário (art. 348 do CPC de 1973 e art. 389 do CPC de 2015).

(1279) São insuscetíveis de confissão os fatos relativos a direitos indisponíveis, ou seja, direitos irrenunciáveis ou inalienáveis (art. 351 do CPC de 1973 e art. 392 do CPC de 2015), assim como não se admite confissão efetuada por quem não é capaz de dispor de seus direitos (art. 213 do Código Civil).

(1280) De acordo com o art. 366 do CPC de 1973 e o art. 406 do CPC de 2015, quando a lei exigir, como da substância do ato, o instrumento público, nenhuma outra prova, por mais especial que seja, pode suprir a sua falta. O que dispõem o CPC de 1973 e o CPC de 2015 é que, não tendo sido apresentada *prova documental substancial* do fato alegado, ou seja, aquela sem a qual o fato não chega a se constituir, não haverá presunção de veracidade decorrente da ausência de impugnação especificada.

(1281) Se a impugnação de determinado fato resulta implícita da impugnação de outro fato alegado pelo autor, este segundo fato não tem a sua veracidade presumida.

(1282) O que se explica pelo caráter episódico do contato de tais entes com a parte.

(1283) O ônus da impugnação especificada alcança o autor quando a ele for conferida oportunidade para se manifestar sobre fato impeditivo, extintivo ou modificativo alegado pelo réu em sua contestação (art. 326 do CPC de 1973 e art. 350 do CPC de 2015), por força do princípio da igualdade das partes.

(1284) MARQUES, José Frederico. *Instituições de direito processual civil*, v. III, p. 169.

Os institutos não se confundem: a compensação pressupõe o reconhecimento judicial de que o autor é credor do réu e de que este é credor daquele e que as duas obrigações possuem a mesma natureza (coexistência de duas obrigações da mesma natureza). Na dedução, não é afirmada a existência de duas obrigações, mas, apenas que o autor é credor do réu e que daquele crédito deve ser deduzido o que foi pago sob o mesmo título. A compensação constitui matéria de defesa porque a determinação da sua realização pressupõe o reconhecimento, na decisão judicial, da coexistência de duas obrigações, o que somente pode ocorrer a pedido das partes (arts. 2º, 128 e 460 do CPC de 1973, arts. 141 e 492 do CPC de 2015 e art. 832 da CLT).

O que se dá com mais frequência no processo do trabalho é a dedução de valores (dedução do crédito do trabalhador dos valores que a ele foram pagos sob o mesmo título) e não a compensação propriamente dita (que ocorre, por exemplo, quando ao trabalhador é reconhecido o direito ao recebimento de diferenças salariais e, ao empregador, o de ser ressarcido por danos dolosamente causados pelo trabalhador).[1285]

16.2.2. O art. 325 do CPC de 1973 dispõe que, contestando o réu o direito que constitui fundamento do pedido, o autor poderá requerer, no prazo de dez dias, que sobre ele o juiz profira sentença incidente, *se da declaração da sua existência ou inexistência depender, no todo ou em parte, o julgamento da lide.*

A hipótese diz respeito a *direito que constitui fundamento do pedido*. Se da existência deste direito depender, no todo ou em parte, o julgamento da lide, o autor pode pedir que sobre ele seja proferida sentença (*pedido de declaração incidente*, cujo exame será realizado por *sentença incidente*, com força de coisa julgada, nos termos do art. 470 do CPC de 1973).

16.3. Exceções.

16.3.1. Exceção e objeção. Exceção de incompetência, suspeição e impedimento.

No prazo de que dispõe para apresentar resposta à demanda, o réu pode apresentar exceção.

A palavra *exceção* é utilizada em vários sentidos:

a) defesa processual, defesa de mérito e alegação de incompetência do juízo e de impedimento ou suspeição do juiz;

b) defesa processual, defesa indireta de mérito e alegação de incompetência do juízo e de impedimento ou suspeição do juiz;

c) defesa processual e defesa indireta de mérito;

d) defesa processual;

e) instrumento por meio do qual pode ser alegada a incompetência do juízo e impedimento ou a suspeição do juiz.

Note-se, neste sentido, que a CLT atribui à exceção o significado de meio pelo qual o réu pode arguir incompetência do juízo em razão do lugar e suspeição do juiz (arts. 799 e 847) e dispõe que as *demais exceções* deverão ser alegadas como *matéria de defesa* (art. 799, § 1º, da CLT).

Faz-se, ainda, a distinção entre *exceção* e *objeção*, sendo afirmado, neste sentido, que exceção é a defesa indireta de mérito (fatos extintivos, modificativos do direito deduzido pelo autor) que o juiz somente pode conhecer quando alegada pelo réu, ao passo que objeção é a defesa indireta de mérito que o juiz pode conhecer de ofício *(é o caso da prescrição, no processo civil e, para parte da doutrina, também no processo do trabalho)*.

(1285) Assim como é vedado o enriquecimento ilícito, também não há que se admitir o *empobrecimento ilícito*, ou seja, o empobrecimento injusto resultante de ato de outrem.

Devis Echandía afirma que "por *defesa em sentido geral* deve entender-se todo meio de oposição à demanda, à imputação ou ao processo, tanto os que se referem à pretensão como ao procedimento e qualquer que seja seu conteúdo e seus efeitos; para distinguir logo entre *defesa em sentido estrito*, *exceções* e *impedimentos processuais* (...). A defesa em sentido estrito existe (...) quando o demandado se limita a negar o direito pretendido pelo autor, ou os fatos constitutivos em que este se apoia, ou sua exigibilidade ou eficácia no processo (...). A *exceção* existe quando o demandado alega fatos impeditivos do nascimento do direito pretendido pelo autor, ou extintivos ou modificativos do mesmo, ou simplesmente dilatórios que impedem que naquele momento e em tal processo se reconheça a exigibilidade ou efetividade do direito (...). Os *impedimentos processuais* se referem aos simples defeitos de procedimento, à falta de pressupostos processual de ação ou prévio do processo ou do procedimento".[1286]

O que interessa no momento é a exceção no sentido de instrumento pelo qual pode o réu arguir incompetência do juízo e a suspeição ou impedimento do juiz.

Também o autor pode apresentar exceção, vez que a ele não pode ser negado o direito ao julgamento realizado por juiz competente e imparcial.

A exceção pode ser apresentada em qualquer tempo, ou grau de jurisdição, na primeira oportunidade que a parte tiver que falar em audiência ou nos autos, depois da ciência do fato que ocasionou a incompetência, o impedimento ou a suspeição.

Recebida a exceção, o processo ficará suspenso,[1287] até o seu definitivo julgamento (art. 799 da CLT).

16.3.2. Exceção de incompetência.

No prazo para a resposta à demanda, o réu pode apresentar exceção de incompetência relativa do juízo (arts. 799 da CLT e 112 do CPC de 1973).

O excipiente arguirá a incompetência do juízo verbalmente ou em petição fundamentada e devidamente instruída, indicando o juízo para o qual declina (art. 307 do CPC de 1973). O não atendimento desses requisitos autoriza o imediato indeferimento da petição da exceção (art. 310 do CPC de 1973). [1288]

A petição de exceção também será indeferida quando for manifestamente improcedente a alegação do excipiente (art. 310 do CPC de 1973), o mesmo podendo ocorrer na hipótese de intempestividade da manifestação da parte.

Não sendo o caso de indeferimento da petição de exceção, abrir-se-á vista dos autos, pelo prazo de vinte e quatro horas, improrrogáveis, ao excepto, devendo a decisão ser proferida na primeira audiência ou sessão seguinte (art. 800 da CLT).

Havendo necessidade de prova testemunhal, o juiz designará audiência de instrução, decidindo em dez dias (art. 309 do CPC de 1973).

Acolhida a exceção, os autos devem ser remetidos ao juízo competente (art. 311 do CPC de 1973). Julgada improcedente a exceção, o processo retomará o seu curso normal.

A Lei n. 11.280/2006 acrescentou parágrafo único ao art. 305, prevendo que: "Na exceção de incompetência (art. 112 desta Lei), a petição pode ser protocolizada no juízo de domicílio do réu, com requerimento

---

(1286) *Teoría general del proceso*, p. 231-232. Esse doutrinador afirma que "a doutrina europeia moderna, seguindo a concepção romana, inclui como característica especial da exceção a circunstância de que o juiz não pode declará-la de ofício, mesmo que ela se encontre provada no processo, por requerer sempre o pedido do demandado" e aduz que "a necessidade de alegar sempre a exceção é uma característica do conceito civilista do processo, que o considera comum em uma contenda de interesses particulares; mas hoje se estima que na justa solução do litígio há um interesse público" (*Op. cit.*, p. 232).

(1287) A suspensão do processo significa a impossibilidade da prática de atos processuais, salvo de atos urgentes e que visem evitar dano irreparável (art. 266 do CPC).

(1288) Note que não é a petição que deve ser fundamentada, mas a alegação de incompetência do juízo.

de sua imediata remessa ao juiz que determinou a citação". O que se pretende é facilitar a apresentação de exceção de incompetência em razão do local, permitindo que o réu a faça no juízo do seu domicílio. Essa permissão se dá pelo fato de a ação fundada em direito sobre bens móveis ser proposta, em regra, no foro do domicílio do réu (art. 94 do CPC de 1973).

A autorização para o réu apresentar a exceção de incompetência no foro de seu domicílio é incompatível com o processo do trabalho, vez que, neste, o reclamado deve apresentar a exceção em audiência, no juízo da causa, por força do que estabelece o art. 847 da CLT (aludido dispositivo impede, inclusive, que se fale em omissão do direito processual do trabalho a ser suprida pelo recurso ao direito processual civil como sua fonte subsidiária). No procedimento sumaríssimo, inclusive, a exceção deverá ser instruída e julgada na própria audiência em que for suscitada (art. 852-G da CLT). A apresentação de exceção no foro do domicílio do réu contrariaria, ainda, a celeridade que se exige no seu julgamento também no procedimento ordinário (o art. 800 da CLT dispõe que apresentada a exceção, abrir-se-á vista dos autos ao exceto, por 24 horas, improrrogáveis, devendo a decisão ser proferida na primeira audiência ou sessão que se seguir).

Contra a decisão que julga a exceção de incompetência não cabe recurso, salvo se terminativa do feito, podendo, no entanto, a parte alegá-la novamente no recurso que couber da decisão definitiva (art. 799, § 2º, da CLT). Com esteio neste dispositivo legal, é admitido recurso quando a decisão acolhe a exceção e ordena a remessa dos autos para Tribunal Regional distinto daquele a que se vincula o juízo excepcionado (Súmula n. 214 do TST). Nesse caso, a decisão é considerada definitiva na jurisdição do juízo em que ocorreu o acolhimento da exceção, sendo a admissão do recurso uma exigência da facilitação do acesso à justiça (entre a celeridade, que se pretende com a vedação de recurso contra decisão interlocutória, e a facilitação do acesso à justiça, a jurisprudência se posicionou em favor desta).

O CPC de 2015 inovou a questão, estabelecendo que a exceção de incompetência relativa pode ser apresentada na própria contestação, como preliminar (art. 337, II), o que é compatível com o processo do trabalho, como já foi registrado quando tratamos do conteúdo da contestação.

16.3.3. Exceção de impedimento e suspeição do juiz.

No prazo para resposta, o réu pode apresentar exceção de impedimento ou suspeição do juiz (art. 799 da CLT). Nesse caso, não é questionada a competência do *juízo*, mas a possibilidade da condução do processo por determinado *juiz*.

Embora a CLT somente faça expressa referência à exceção de suspeição (art. 799), a parte também pode opor exceção de impedimento, pelo fato de ser constitucionalmente assegurado às partes do processo judicial o direito ao julgamento da sua pretensão por juiz imparcial.

Como a exceção suspende o processo até a sua decisão (art. 799 da CLT), a contestação e a reconvenção somente deverão ser recebidas após o seu julgamento. A contestação e a reconvenção somente podem ser recebidas por juiz competente e imparcial. Contudo, como a contestação, a reconvenção e a exceção devem ser apresentadas no prazo para resposta, juntamente com a exceção o réu deve apresentar contestação e reconvenção, sendo o recebimento destas peças postergado para momento posterior.

A exceção não é exclusiva do réu. A exceção também pode ser apresentada pelo autor, como resulta, por exemplo, do art. 799, § 2º, da CLT, que faz alusão à repetição de sua alegação pelas *partes* no recurso cabível contra a decisão definitiva. Ademais, o direito ao julgamento proferido por juiz competente e imparcial não é exclusivo do réu.

A questão relativa ao impedimento e à suspeição do juiz traz à baila o debate sobre a *imparcialidade* do juiz.

A *Declaração Universal dos Direitos Humanos* dispõe que "toda pessoa tem direito, em condições de plena igualdade, de ser ouvida publicamente e com justiça por um tribunal independente e *imparcial*, para a determinação de seus direitos e obrigações ou para o exame de qualquer acusação criminal contra ela" (art. 10º), estabelecendo o art. 14 do *Pacto Internacional sobre Direitos Civis e Políticos* que "todas as pessoas são iguais perante os Tribunais e as Cortes de Justiça. Toda pessoa tem direito a ser ouvida publicamente e com as devidas garantias por um Tribunal competente, independente e *imparcial*, estabelecido por lei, na apuração de qualquer acusação de caráter penal formulada contra ela ou na determinação de seus direitos e obrigações de caráter civil". No mesmo sentido, prevê o art. 8º da *Convenção Americana sobre Direitos Humanos* (*Pacto de São José da Costa Rica*), que "toda pessoa tem direito de ser ouvida, com as devidas garantias e dentro de um prazo razoável, por um juiz ou Tribunal competente, independente e *imparcial*, estabelecido anteriormente por lei, na apuração de qualquer acusação penal formulada contra ela, ou na determinação de seus direitos e obrigações de caráter civil, trabalhista, fiscal ou de qualquer outra natureza".[1289]

Destarte, o direito ao julgamento da demanda por um juiz imparcial compõe o rol dos *direitos humanos processuais*, assim entendidos "os direitos que cabem a todos os homens no contexto do processual judicial, em razão da sua condição humana, e que constituem pressupostos elementares da igualdade, da liberdade e da dignidade humana, como tais reconhecidos pelo Direito Internacional dos Direitos do Homem".[1290]

A Constituição da República não se refere expressamente à imparcialidade, mas contém vários dispositivos que asseguram às partes o direito à definição de seus direitos e obrigações por um juiz imparcial. Neste sentido, a Constituição estabelece as garantias de vitaliciedade, inamovibilidade e irredutibilidade de subsídios (art. 95), impõe vedações ao juiz (art. 95, parágrafo único) e proíbe a criação de juízos e tribunais de exceção (art. 5º, XXXVII). A legislação infraconstitucional define as situações em que ao juiz é defeso exercer as suas funções no processo ou em que é reputada fundada a sua suspeição, além de impor ao juiz o dever de assegurar às partes igualdade de tratamento, o que significa que também assegura às partes o direito a um julgamento realizado por juiz imparcial.

Juiz imparcial é aquele que dirige o processo e profere decisões livre da influência dos interesses das partes litigantes e sem prevenção a favor ou contra qualquer delas. Como aduz Piero Calamandrei, "O juiz é um terceiro estranho à contenda que não compartilha os interesses ou as paixões das partes que combatem entre si, que do exterior examina o litígio com serenidade e desapego; é um terceiro *inter partes*, ou melhor ainda, *supra partes*".[1291] Para Francesco Carnelutti, "a idoneidade do juiz depende, mais do que de suas qualidades, de uma posição sua diante das partes. Tal posição, que recebe o nome de *imparcialidade*, se resolve em uma *equidistância das partes*".[1292]

O CPC de 1973 define, nos arts. 134 e 136, as situações em que é defeso ao juiz exercer as suas funções no processo (*hipóteses de impedimento*),[1293] e, no art. 135, as situações em que se reputa fundada a suspeição

(1289) Os destaques são nossos.

(1290) ALMEIDA, Cleber Lúcio de. *Elementos da teoria geral da prova:* a prova como direito humano e fundamental das partes do processo judicial, p. 155.

(1291) *Proceso y democraria*, p. 53.

(1292) *Direito processual civil e penal*, v. I, p. 115.

(1293) Segundo o art. 134 do CPC de 1973 e o art. 144 do CPC de 2015, é vedado ao juiz, em razão do seu impedimento, exercer as suas funções no processo: I) de que é parte (situação prevista no art. 144, IV, do CPC de 2015); II) em que interveio como mandatário da parte, oficiou como perito, funcionou como órgão do Ministério Público, ou prestou depoimento como testemunha; III) que conheceu em outro grau de jurisdição, tendo-lhe proferido sentença ou decisão; IV) quando nele estiver postulando, como advogado da parte, defensor público ou membro do Ministério Público (o CPC de 1973 só se refere ao advogado, mas não se pode negar o impedimento também nas outras situações elencadas no CPC de 2015), o seu cônjuge, companheiro (situação acrescida pelo CPC de 2015) ou qualquer parente, consanguíneo ou afim, em linha reta; ou na linha colateral até o segundo grau (terceiro grau, no CPC de 2015); V) quando for cônjuge, companheiro (situação acrescida pelo CPC de 2015), parente, consanguíneo ou afim, de alguma das partes, em linha reta ou, na colateral, até o terceiro grau; VI) quando sócio ou membro de direção ou de administração de pessoa jurídica parte no processo (o CPC de 1973 aduz ao juiz como órgão de direção de pessoa jurídica, ao passo que o CPC de 2015 alude à sua condição de sócio de pessoa jurídica); VII) quando herdeiro presuntivo, donatário ou empregador de qualquer das partes (no CPC de 1973, esta é uma situação de suspeição). O art. 136 do CPC de 1973 dispõe que, quando dois ou mais juízes forem parentes, consanguíneos ou afins, em linha reta ou no *segundo grau* na linha colateral, o primeiro que conhecer da causa no tribunal, *impede que o outro participe do julgamento*; caso em que o segundo se escusará, remetendo o processo ao seu substituto legal. O CPC de 2015 trata da matéria no art. 147, dispondo que quando dois ou mais juízes forem parentes, consanguíneos ou afins, em linha reta ou colateral, *até o terceiro grau*, o primeiro que conhecer do processo *impede que o outro nele atue*; caso em que o segundo se escusará, remetendo o processo ao seu substituto legal.

do juiz (*hipóteses de suspeição*).[1294] O CPC de 2015 trata da matéria no art. 144 (*situações de impedimento*) e no art. 145 (*situações de suspeição*).

Celso Agrícola Barbi observa que "o impedimento constitui uma proibição, dirigida ao juiz, de funcionar nas causas em que acontecem as circunstâncias enumeradas no citado art. 134. Caracteriza-se porque a lei considera tão relevantes esses motivos que o defeito do processo sobrevive ao trânsito em julgado da sentença proferida por juiz impedido, como se vê no art. 485, item II, que admite a ação rescisória contra ela. A suspeição, diferentemente, se configura por circunstâncias em que o juiz tem o dever de se afastar da causa. Não o fazendo, a parte pode impugnar a sua atuação. Mas se o juiz não se considera suspeito, e a parte não alegar, no prazo e forma legais, a suspeição, o defeito deixa de produzir qualquer consequência jurídica no processo; os atos e a sentença serão válidos. É como se o defeito não tivesse existido ou ficasse sanado".[1295]

Celso Agrícola Barbi afirma que "os casos de impedimento constantes do art. 134 contêm verdadeira presunção *juris et de jure* de parcialidade. São todos eles fundados em fatos objetivos, de fácil comprovação, não dependendo do sentimento real do juiz em relação aos participantes do processo, nem de ter ele interesse efetivo no seu desfecho (...). A ocorrência dos casos em que se configure o impedimento acarreta verdadeira presunção de parcialidade e torna rescindível a sentença proferida pelo juiz que, a despeito da vedação, julgou a ação".

Celso Agrícola Barbi acrescenta que, "na suspeição, *há também presunção absoluta de parcialidade, porque o juiz*, se estiver em qualquer das situações previstas no art. 135, deverá abster-se de funcionar no processo. E, se não se abstiver, a parte poderá promover o afastamento, provando a existência de um daqueles motivos. Mas se o juiz, nos casos do art. 135, não se abstiver, nem for impugnada sua presença na forma e tempo devidos, o defeito processual desaparecerá, deixará de produzir qualquer efeito negativo na validade da relação jurídica processual".[1296]

O juiz pode declarar-se suspeito por motivo de foro íntimo (art. 135, parágrafo único, do CPC de 1973 e art. 145, § 1º, do CPC de 2015).[1297]

A CLT trata da questão no art. 801, dispondo que o juiz é obrigado a dar-se por suspeito e pode ser recusado pelos motivos que estabelece, em relação à pessoa dos litigantes, quais sejam: a) inimizade pessoal; b) amizade íntima;[1298] c) parentesco por consanguinidade ou afinidade até o terceiro grau civil; d) interesse particular na causa.

Embora o art. 801 da CLT limite as situações que considera de "suspeição", também no processo do trabalho devem ser observadas as situações de suspeição e impedimento previstas no CPC não contempladas pela CLT,[1299] ao passo que ao juiz do trabalho não pode ser negada a possibilidade de declarar-se suspeito por motivo de foro íntimo, sem necessidade de apresentar a sua motivação.[1300]

(1294) De acordo com o art. 135 do CPC de 1973 e o art. 145 do CPC de 2015, reputa-se fundada a suspeição de parcialidade do juiz ou, dito de outra forma, há suspeição, quando: 1) amigo íntimo ou inimigo capital de qualquer das partes; 2) qualquer das partes for sua credora ou devedora, de seu cônjuge, companheiro (situação acrescentada pelo CPC de 2015) ou de parente destes, em linha reta ou na colateral até o terceiro grau; 3) herdeiro presuntivo, donatário ou empregador de alguma das partes (no CPC de 2015, esta hipótese é de impedimento); 4) receber dádivas (presentes, segundo o CPC de 2015) de pessoas que tiverem interesse na causa antes ou depois de iniciado o processo; aconselhar alguma das partes acerca do objeto da causa ou que subministrar meios para atender às despesas do litígio; 5) interessado no julgamento do processo em favor de uma das partes.

(1295) *Comentários ao Código de Processo Civil*, v. I, p. 334-335.

(1296) *Comentários ao Código de Processo Civil*, v. I, p. 335 e 341.

(1297) O juiz não é obrigado a declarar as razões de sua suspeição, ainda que instado a respeito pelo Tribunal ao qual se encontra subordinado, como prevê, expressamente, o art. 145, § 1º, do CPC de 2015.

(1298) A CLT faz referência à amizade ou inimizade do juiz em relação à pessoa dos *litigantes*. Assim, eventual amizade íntima ou inimizade do juiz em relação a advogado da parte não é, legalmente, causa de suspeição. Isso não impede, contudo, que o juiz se dê por suspeito em face de tal fato, por motivo de foro íntimo.

(1299) Note-se que, embora faça alusão à "suspeição", o art. 801 da CLT, ao estabelecer que o juiz é obrigado a se dar por suspeito, estabelece verdadeiras hipóteses de impedimento.

(1300) O impedimento e a suspeição constituem, ao lado da declaração de suspeição de ofício, espécies do gênero *inibições processuais*. As inibições processuais possuem caráter preventivo, na medida em que visam afastar do processo juiz cuja imparcialidade se encontra em risco. A natureza preventiva das inibições processuais é reconhecida por Francesco Carnelutti, quando

A exceção, que pode ser escrita ou verbal, deve ser apresentada no prazo para a resposta do reclamado ou na primeira oportunidade em que à parte couber falar nos autos ou em audiência (arts. 801, parágrafo único, e 848 da CLT). Se escrita, a exceção deve ser apresentada em peça apartada, mas no processo do trabalho, ao contrário do que ocorre no processo civil, a exceção não é autuada em autos apartados, mas apenas anexada aos autos.

Se o recusante/excipiente houver praticado algum ato pelo qual haja consentido na pessoa do juiz, não mais poderá apresentar exceção de suspeição, salvo sobrevindo novo motivo, ao passo que a exceção de suspeição também não será admitida, se do processo constar que o recusante/excipiente deixou de alegá-la anteriormente, quando já a conhecia, ou que, depois de conhecida, aceitou o juiz recusado, ou, finalmente, se procurou de propósito o motivo de que ele se originou (art. 801, parágrafo único, da CLT).

A parte deve especificar na petição de exceção o fundamento da recusa do juiz, podendo instruí-la com documentos em que se fundar a alegação e com rol de testemunhas (art. 312 do CPC de 1973 e art. 146 do CPC de 2015), sob pena de pronto indeferimento da petição da exceção.

De acordo com o art. 802 da CLT, não sendo reconhecida a suspeição ou acolhido o impedimento, o juiz ou Tribunal designará audiência, a ser realizada dentro de 48 horas, para a instrução e julgamento da exceção.

A redação do art. 802 da CLT leva a crer que o próprio juiz recusado instruirá e julgará a exceção. Relevante notar, no entanto, que o art. 802, § 1º, da CLT faz alusão à convocação do suplente do membro suspeito, ao passo que o *caput* do art. 802 se refere a vogal, o que demonstra que a CLT, no art. 802, trata de julgamento da exceção pelas antigas Juntas de Conciliação e Julgamento. Tendo sido extintas as Juntas de Conciliação e Julgamento e considerando que ninguém pode ser juiz de sua própria parcialidade, a exceção deve ser instruída e julgada pelo Tribunal ao qual se encontra vinculado o juiz recusado. Aplica-se no processo do trabalho, assim, o disposto nos arts. 313 e 314 do CPC de 1973 e arts. 146, §§ 1º a 7º, do CPC de 2015.

Desse modo, recebida a exceção, o juiz:

a) se reconhecer o impedimento ou a suspeição, ordenará a remessa dos autos ao seu substituto legal;

b) se não reconhecer o impedimento ou a suspeição, apresentará as razões, em dez dias, acompanhadas dos documentos e rol de testemunhas, se houver,[(1301)] e ordenará a remessa incidente ao tribunal; o relator deverá declarar os efeitos em que o incidente é recebido; verificando ser improcedente a alegação, o tribunal rejeitá-la-á; acolhida a alegação, o tribunal remeterá os autos ao substituto

---

afirma que a hipótese é de medida de caráter "*preventivo*, e não de *repreensão*, no sentido de que se não se fizer valer motivo de suspeição, não se originará a nulidade do ato realizado pelo juiz, o qual teria podido ser rejeitado e não o foi" (*Sistema de direito processual civil*, IV, p. 229). Segundo Eduardo J. Couture, as inibições constituem pressupostos processuais subjetivos, na medida em que "a ausência de motivos de inibição constitui um pressuposto de capacidade subjetiva dos agentes da jurisdição. Podemos falar, em consequência, da capacidade subjetiva do magistrado, vale dizer, de sua absoluta idoneidade pessoal, despida de toda suspeita ou receio" (*Estudios de derecho procesal civil*, v. III, p. 124). Esse doutrinador afirma que "as partes têm direito a ser julgadas por magistrados de tal maneira idôneos na ordem pessoal, que não pode surgir nelas nenhum fundado receio acerca da sua equanimidade no instante da decisão" (*Op. cit.*, p. 132) e que "o *impedimento* é motivo grave de inibição: configura uma circunstância que obsta de modo absoluto o conhecimento de um assunto determinado, por parte do juiz. Nem mediante acordo é possível que examine a demanda um juiz impedido (...). A *recusa* configura causa leve de inibição; não se trata de implicância, isto é, de incapacidade absoluta, já que, se a parte prejudicada com o motivo de suspeita aceita a intervenção do magistrado, este deve seguir conhecimento da demanda (...). A *abstenção* não configura uma causa de inabilidade, nem sequer um motivo de suspeita. É uma situação de consciência que autoriza o juiz a ser dispensado da intervenção na demanda. É um direito do tipo administrativo que têm todos os funcionários públicos, e que consiste, substancialmente, em libertá-los do conflito moral que representa ter que decidir demandas nos quais razões de decoro ou de delicadeza os façam crer em um estado particular de violência moral" (*Op. cit.*, p. 133-134).

(1301) Na exceção de impedimento ou suspeição, o contraditório é estabelecido entre a parte e o juiz, o que impede, a princípio, o seu julgamento pelo próprio juiz (*ninguém pode ser juiz da própria imparcialidade*). De acordo com Cândido Rangel Dinamarco, "é inadmissível o indeferimento da exceção de suspeito ou de impedimento pelo juiz, quer liminarmente ou depois, porque a competência para qualquer julgamento referente a ela é exclusivamente do tribunal; e porque, como parte, ele é naturalmente impedido de julgar de sua própria imparcialidade para o processo" (*Instituições de direito processual civil*, v. III, p. 492). Contudo, quando for manifestamente infundada a alegação de suspeição, ao juiz é lícito rejeitá-la de plano, cabendo à parte, em eventual recurso contra a decisão final, requerer que sobre ela se manifeste a instância superior.

legal, que deverá incluir o processo em pauta no prazo de dez dias (art. 13, parágrafo único, da Consolidação dos Provimentos da Corregedoria-Geral da Justiça do Trabalho); acolhida a exceção, o tribunal fixará o momento a partir do qual o juiz não poderia ter atuado e decretará a nulidade dos atos por ele praticados, se a sua prática ocorreu quando já presente o motivo de impedimento ou de suspeição.

Não há lugar, no processo do trabalho, para a condenação do juiz no pagamento de custas, mesmo que se trate de impedimento ou de suspeição manifesta, como dispõem os arts. 314 do CPC de 1973 e 146, § 5º, do CPC de 2015, vez que a CLT não prevê essa possibilidade. Na hipótese de impedimento ou suspeição de juiz de Tribunal Regional do Trabalho, o processo será mantido em pauta e convocar-se-á outro magistrado para compor o quórum do julgamento (art. 14 da Consolidação dos Provimentos da Corregedoria-Geral da Justiça do Trabalho).

Quando a exceção for oposta no Tribunal, o seu processamento ocorrerá na forma estabelecida pelo respectivo regimento interno.

A suspeição do Juiz de Direito investido de jurisdição trabalhista será processada na forma da organização judiciária local (art. 802, § 2º, da CLT).

Da decisão sobre exceção de impedimento e suspeição não caberá recurso, podendo, no entanto, as partes alegá-las no recurso que couber da decisão definitiva (art. 799, § 2º, da CLT).

Aplicam-se os motivos de impedimento e de suspeição (art. 138 do CPC de 1973 e art. 148 do CPC de 2015):

a) ao membro do Ministério Público;

b) aos auxiliares da justiça;

c) aos demais sujeitos imparciais do processo, dentre eles o perito e o intérprete. A exceção deve ser apresentada na primeira oportunidade em que couber à parte falar nos autos ou em audiência, devidamente instruída, sob pena de preclusão. O juiz, sem suspender o processo, ouvirá o arguido no prazo de cinco dias, facultando-lhe a produção de prova, e em seguida proferirá decisão.

16.4. Reconvenção.

No prazo para resposta, o réu poderá oferecer reconvenção.

Reconvenção é ação do réu (*reconvinte*) contra o autor (*reconvindo*), proposta no mesmo processo em que aquele é demandado por este. Na reconvenção, o réu apresenta pretensão própria, ou seja, formula pedido de tutela jurisdicional de direito de que afirma ser titular.

A admissão da reconvenção pressupõe:

a) um processo pendente (art. 315 do CPC de 1973 e art. 343, *caput*, do CPC de 2015);

b) a sua apresentação no prazo de defesa (art. 297 do CPC de 1973) ou na própria contestação (art. 343 do CPC de 2015[1302]);

c) a sua conexão com a ação principal ou com o fundamento da defesa (art. 315 do CPC de 1973 e art. 343, *caput*, do CPC de 2015);

d) que o juiz seja competente para conhecer da ação e da reconvenção (art. 292, § 1º, II, do CPC de 1973 e art. 327, § 1º, II, do CPC de 2015);

e) a identidade de procedimentos a serem observados nas duas demandas (art. 292, § 1º, III, do CPC de 1973 e art. 327, § 1º, III, do CPC de 2015).

(1302) A previsão no sentido de que a reconvenção pode ser apresentada na contestação é compatível com o processo do trabalho, no qual prevalece a simplificação das formas e procedimentos.

O fato de a CLT apenas se referir à defesa do reclamado (art. 847 da CLT) e de ter o processo do trabalho como objeto, em regra, crédito de natureza salarial, não impede, por si só, a admissão da reconvenção. A admissão da reconvenção contribui para a economia processual, resolvendo-se em processo único todos os litígios envolvendo uma mesma relação jurídica.

A contestação e a reconvenção, se escritas, deverão ser oferecidas em peças autônomas (art. 299 do CPC), o que deixa de ser exigido pelo CPC de 2015, segundo o qual a reconvenção deve ser apresentada na contestação (daí se falar, na doutrina, não em reconvenção, mas em *pedido reconvencional*).[1303] No entanto, o CPC de 2015 admite a apresentação de reconvenção em peça autônoma, ao admitir que o réu apresente reconvenção independentemente de oferecer contestação (art. 315, § 6º).

Oferecida a reconvenção, o réu (reconvindo) será dela cientificado para contestá-la (ou respondê-la, segundo o CPC de 2015). O reconvindo pode optar por contestar (ou responder) a reconvenção na própria audiência em que dele foi cientificado, seguindo-se a instrução da reclamação e da reconvenção.[1304]

A ação e a reconvenção serão objeto de instrução e julgamento únicos, o que era previsto no art. 318 do CPC de 1973 e é compatível com o CPC de 2015, notadamente porque este determina a apresentação da reconvenção na própria contestação. No entanto, os julgamentos podem ocorrer em momentos distintos, como ocorre, por exemplo, quando exista motivo para extinguir *a ação original sem provimento de mérito, hipótese em que o processo deve prosseguir em relação à reconvenção.*

Contra a decisão proferida no julgamento da ação e da reconvenção poderá ser apresentado recurso único, no qual devem ser destacadas as impugnações relativas ao julgamento da ação e ao julgamento da reconvenção. Havendo julgamentos distintos, deverão ser apresentados recursos autônomos.

A desistência da ação ou a existência de qualquer causa que impeça o julgamento do mérito não obsta o prosseguimento do processo quanto à reconvenção (art. 317 do CPC de 1973 e art. 343, § 2º, do CPC de 2015), o que tem por razão de ser o fato de ser a reconvenção independente em relação à demanda principal. Por conta desta independência, o fato de ser julgado improcedente o pedido manifestado pelo autor em sua demanda não prejudica, necessariamente, a demanda manifestada pelo réu por meio da reconvenção. A reconvenção será prejudicada quando o exame da pretensão do réu depender do acolhimento da pretensão do autor, isto é, quando houver relação de prejudicialidade entre uma e outra.

Cada parte pode se valer de duas testemunhas, no procedimento sumaríssimo, e de três testemunhas, no procedimento ordinário, para a prova dos fatos alegados em seu favor. Assim, o autor da ação original dispõe de até duas ou três testemunhas para provar os fatos alegados na petição inicial e de duas ou três testemunhas para fazer prova dos fatos alegados na contestação apresentada à reconvenção, no procedimento sumaríssimo e ordinário, respectivamente, o mesmo ocorrendo com o réu que apresenta a reconvenção.

Se o reconvindo não comparece à audiência designada em razão da apresentação da reconvenção, dar-se-á a revelia e confissão quanto aos fatos alegados na reconvenção (art. 844 da CLT) e confissão, em relação aos fatos alegados na contestação à reclamação original (Súmula n. 74 do TST).

De acordo com o art. 315, parágrafo único, do CPC de 1973, não pode o reclamado, em seu próprio nome, reconvir ao reclamante quando este demandar em nome de outrem, como se dá na substituição processual, ou seja, qualquer pretensão do reclamado contra os substituídos deve ser objeto de ação autônoma. No entanto, segundo o art. 343, § 5º, do CPC de 2015, se o autor atua como substituto processual, o reconvinte deverá afirmar ser titular de direito em face do substituído (ou seja, ele deve fundamentar o seu pedido em face do substituído) e a reconvenção deverá ser proposta em face do autor, também na qualidade de substituto.

(1303) Mesmo na vigência do CPC de 1973, é admitido o oferecimento de contestação e de reconvenção em peça única (*reconvenção como capítulo da contestação*), desde que nela esteja bem definido o que constitui contestação e reconvenção. Da mesma forma, o fato de a reconvenção ser apresentada em peça autônoma, sob a égide do CPC de 2015, não impedirá o seu recebimento.

(1304) Se a contestação e a reconvenção forem apresentadas fora de audiência, o reconvindo deverá ser notificado, via postal, para apresentar a sua defesa. Se a apresentação se der em audiência, nela o reconvindo será cientificado da oportunidade para apresentar a sua defesa. No primeiro caso, o CPC de 2015 admite simples intimação do autor, na pessoa do seu advogado (art. 343, § 1º).

Conforme o art. 315 do CPC de 1973, as partes da reconvenção devem ser as mesmas da ação, o que implica impossibilidade de inserir um terceiro na demanda, como litisconsorte ativo ou passivo. O CPC de 2015 adota solução diversa, permitindo que a reconvenção seja proposta contra o autor e terceiro e que ela seja proposta pelo réu em litisconsórcio com terceiro (art. 343, § 3º), o que atende aos princípios da economia processual, para evitar o ajuizamento de ação autônoma contra um terceiro e a sua posterior reunião com a reconvenção e a ação original.

Calmon de Passos assinala que existem duas correntes de pensamento sobre a admissibilidade de reconvenção de reconvenção, uma afirmando que "a) o autor deve culpar-se a si mesmo por não haver proposto contra o réu, desde logo, cumulando-as, todas as ações que tinha contra ele, não sendo razoável se aproveite da reconvenção deste para remediar a sua incúria, por via de reconvenção à reconvenção; b) permitir-se a reconvenção do autor à reconvenção do réu será complicar demasiadamente o processo, tornando-o interminável; c) exigindo o Código se formule reconvenção com contestação, implicitamente está a dizer que somente o réu, que é quem contesta, pode reconvir" e a outra a admitindo, sob o argumento de que "a) o autor ignorava que o réu iria reconvir; e por outro lado o seu interesse pode ter surgido justamente em razão da reconvenção; mas, ainda que o soubesse, a cumulação dos pedidos não é dever de ordem substancial nem de natureza processual; b) as ações entre só duas partes são em número finitivo e logo se exaurem; inclusive a exigência de um nexo entre a ação e a reconvenção ainda opera como fato limitativo de maior eficácia; c) a impugnação da reconvenção contestação é (hoje, inclusive, é assim denominada), sob qualquer aspecto, que seja examinada. E esta nos parece a posição correta".[1305]

O art. 316 do CPC de 1973 dispondo que, apresentada a reconvenção, o autor deverá ser intimado para *contestá-la*, afastada a possibilidade de reconvenção de reconvenção. Com isso, qualquer pedido do reconvindo contra o reconvinte deve ser objeto de ação própria. No CPC de 2015, porém, é previsto que o reconvindo será intimado para apresentar resposta, o que aponta no sentido de admissão de reconvenção de reconvenção.

A ação e a reconvenção constituem ações autônomas, o que implica que as custas devem ser fixadas em relação a cada uma delas.

A compensação, como já foi dito, deve ser alegada como matéria de defesa (art. 767 da CLT).[1306]

É admissível a reconvenção em ação declaratória (Súmula n. 258 do STF). É que a reconvenção não pressupõe, por ausência de previsão legal nesse sentido, a natureza condenatória da ação principal.

Para Calmon de Passos, a reconvenção somente é admissível em ação rescisória "se de rescisória também se cuidar. Seria inviável outro qualquer pedido, porque incompetente o Tribunal para dele conhecer originalmente, e porque diverso o procedimento a ser adotado para esse pedido, dado a especificidade do previsto para a rescisória".[1307]

Admite-se a reconvenção no inquérito para apuração de falta grave, salvo tendo por objeto pedido de reintegração e pagamento de salários do período de suspensão, visto que tais providências decorrem do simples reconhecimento da inexistência de falta grave (art. 495 da CLT).

É lícita a reconvenção em ação de consignação em pagamento. Assim, se a consignação tem por objeto, por exemplo, o pagamento de salários e férias vencidas, sob o argumento de justa causa, o trabalhador pode apresentar reconvenção, pleiteando parcelas devidas por força da dispensa imotivada. Observe-se que o art. 899 do CPC diz respeito ao valor das parcelas ofertadas e não a outras parcelas que seriam devidas pelo tomador dos serviços ao seu prestador, não impedindo reconvenção na ação de consignação em pagamento.[1308]

(1305) *Comentários ao Código de Processo Civil*, v. III, p. 347-348.

(1306) Anote-se que o art. 477, § 5º, da CLT trata da limitação da compensação de créditos no acerto rescisório e não da que pode ser determinada pelo juiz na sentença.

(1307) *Comentários ao Código de Processo Civil*, v. III, p. 347.

(1308) Alguns doutrinadores afirmam, no entanto, que o procedimento especial da consignação em pagamento impede que nela seja admitida a reconvenção.

O réu não é obrigado a apresentar reconvenção, podendo optar pela propositura de ação autônoma. Contudo, a conexão da reconvenção com a ação principal torna o juízo desta prevento para aquela.

A reconvenção somente pode ser apresentada quando for conexa com a ação principal ou com o fundamento da defesa, ao passo que o *pedido contraposto* somente pode ser apresentado se baseado nos mesmos fatos alegados pelo autor na petição inicial. Na reconvenção, são cumuladas *duas lides* no mesmo processo, a serem julgadas na mesma sentença, enquanto, no pedido contraposto, *a lide é única* e não há elastecimento do objeto de cognição, na medida em que ele deve ser fundamentado nos fatos alegados pelo autor na inicial. No pedido contraposto, os fatos são os mesmos, mas o juiz, em sentença única, examinará os pedidos, do autor e do réu, que tenham sido neles fundados. De seu turno, nas *ações dúplices em sentido amplo,* é a própria natureza da relação jurídica contenciosa ou a lei que permite, no julgamento do pedido do autor, assegurar ao réu um bem da vida.

16.5. Tutela do demandado.

O direito à tutela jurisdicional não é exclusivo do autor da demanda. A Constituição da República assegura a quem se sente lesado ou ameaçado o poder jurídico de recorrer ao Poder Judiciário, visando à sua tutela, mas também o demandado tem direito a esta mesma tutela. O processo é instaurado em razão da demanda do autor, mas não em seu favor.

O demandado *é tutelado:*

a) quando o processo é extinto sem provimento de mérito;

b) com a declaração de inexistência da relação jurídica que o autor pretendia ver declarada existente ou de existência da relação jurídica que o autor pretendia ver declarada inexistente;

c) com a declaração de autenticidade do documento que o autor pretendia ver declarado falso ou da falsidade de documento que o autor pretendia ver declarado autêntico;[1309]

d) com a declaração de inexistência do direito cuja existência o autor pretendia ver confirmada e, com isto, do dever a ele correspondente (julgando improcedente o pedido de horas extras, o juiz nega estar o réu obrigado a efetuar o pagamento de horas extras, por ex.). Ainda que julgado procedente o pedido do autor, o réu é tutelado quando é imposta restrição ao alcance da obrigação a ele imposta, quando se dá com o acolhimento da alegação de prescrição quinquenal ou da existência de créditos a serem compensados, por exemplo;

e) quando são julgados procedentes os pedidos objeto de reconvenção;

f) quando, sendo *lícito* ao réu apresentar, na contestação, pedido de natureza substancial contra o autor, estes pedidos são julgados procedentes (*pedido contraposto*, que substitui, por medida de simplificação procedimental e economia processual, a *demanda contraposta* representada pela reconvenção[1310]). Neste caso, a tutela do réu dar-se-á por meio da confirmação do direito por ele deduzido na contestação. Trata-se, aqui, das denominadas *ações dúplices em sentido estrito*, ou seja, das ações em que ao réu é lícito apresentar pedidos de natureza material contra o autor na própria contestação, ou seja, independentemente de propositura de reconvenção;[1311]

(1309) Nas situações das alíneas *a* e *b*, a certeza jurídica perseguida pelo autor por meio do ajuizamento de ação declaratória é estabelecida em favor do réu.

(1310) Neste sentido, o art. 278, § 1º, do CPC de 1973 dispõe que é lícito ao réu, na contestação, formular pedido em seu favor, desde que fundado nos mesmos fatos referidos na petição inicial. No mesmo sentido, prevê o art. 31 da Lei n. 9.099/95 que não se admitirá, nos juizados especiais estaduais, a reconvenção e que é lícito ao réu, na contestação, formular pedido contraposto em seu favor, desde que fundado nos mesmos fatos que constituem o objeto da controvérsia. Nestas hipóteses, o réu também exercita o seu direito de ação, ainda de forma simplificada, ou seja, sem a apresentação de reconvenção, o que implica, inclusive, que o não atendimento dos pedidos do autor não prejudica o exame dos pedidos do réu.

(1311) Apresentado pedido contraposto, o autor poderá apresentar a sua resposta na própria audiência ou requerer a designação de nova data, que será desde logo fixada (art. 31, parágrafo único, da Lei n. 9.099/95).

g) quando, pela natureza da relação jurídica litigiosa ou por expressa previsão legal, o juiz, ao julgar a demanda, pode atribuir um bem da vida ao réu independentemente de reconvenção ou de pedido contraposto, como se dá, por exemplo, na ação de consignação em pagamento, em que, reconhecendo a *insuficiência do depósito realizado pelo autor, o juiz determinará o montante devido, valendo a decisão como título executivo,* facultado ao credor promover-lhe a execução nos mesmos autos (art. 899, § 2º, do CPC de 1973, por exemplo), na ação de prestação de contas, em que pode ser declarada a existência de saldo credor em favor do réu, valendo a decisão como título executivo e nos dissídios coletivos de natureza econômica, em que for estabelecida condição de trabalho proposta pelo demandado em sua contestação. Trata-se, agora, de *ação dúplice em sentido amplo*, ou seja, no sentido de ação em que ao réu pode ser reconhecido determinado direito independentemente de demanda contraposta ou de pedido contraposto. Nestes casos, a simples contestação da demanda é suficiente para assegurar ao réu determinado bem da vida, visto que os litigantes figuram concomitantemente nos polos ativo e passivo da demanda (a diferença entre a ação dúplice em sentido estrito — pedido contraposto — e a ação dúplice em sentido amplo reside no fato de que, no primeiro, o fato de o réu apresentar pedido contra autor não o situa no polo passivo da demanda, observando-se, ainda, que o pedido contraposto está condicionado à sua fundamentação nos mesmos fatos em que se baseia o pedido do autor[1312]).

17. *Providências preliminares, julgamento conforme o estado do processo e saneamento do processo*

O CPC de 1973 e o CPC de 2015, sob o título *julgamento conforme o estado do processo* (arts. 329 a 331 do CPC de 1973 e arts. 354 a 357 do CPC de 2015), tratam de atos a serem praticados após as *providências preliminares*, que têm lugar depois de findo o prazo para a contestação (art. 323 do CPC de 1973 e art. 347 do CPC de 2015).

Cumpre tecer algumas considerações sobre estes dispositivos, em especial sobre a sua aplicabilidade no processo do trabalho.

As providências preliminares consistem em:

a) determinação ao autor para que especifique as provas que pretenda produzir, na hipótese de ausência de contestação da ação e não incidência dos efeitos da revelia (art. 324 do CPC de 1973 e art. 348 do CPC de 2015[1313]);

b) concessão ao autor de prazo para manifestação sobre fatos impeditivos, modificativos ou extintivos do direito por ele deduzido alegados na contestação, facultando-lhe a produção de prova (art. 326 do CPC de 1973 e art. 350 do CPC de 2015[1314]);

c) oitiva do autor sobre as preliminares suscitadas pelo réu, permitindo-lhe a produção de prova (art. 327, primeira parte, do CPC de 1973 e art. 351, primeira parte, do CPC de 2015[1315]);

(1312) Estas distinções, ao lado do fato de o pedido contraposto ser uma opção do réu (o réu somente terá assegurado em seu favor um bem da vida se assim o requerer na contestação), fazem com que parte da doutrina reservem a qualificação de ações dúplices ao que aqui é denominado *ação dúplice em sentido amplo*.

(1313) O art. 324 do CPC de 1973 dispõe que, se o réu não contestar a ação, o juiz, verificando que não ocorreu o efeito da revelia, mandará que o autor especifique *as provas que pretende produzir na audiência*, enquanto o art. 348 do CPC de 2015 dispõe, que, se o réu não contestar a ação, o juiz, verificando a inocorrência do efeito da revelia, ordenará que o autor especifique *as provas que pretenda produzir, se ainda não as tiver indicado.* O CPC de 2015 mostra mais coerência neste particular, visto que nem toda prova é produzida em audiência, como se dá com a pericial (daí se nele estabelecido que o autor deverá ser intimado para indicar as provas que pretenda produzir e não as provas que pretenda produzir em audiência, como consta do CPC de 1973) e que, se as provas já tiverem sido indicadas, não há necessidade de intimação ao autor que as especifique, o que atende aos princípios da economia processual e da celeridade.

(1314) O art. 326 do CPC de 1973 alude à oposição de "impeditivo, modificativo ou extintivo do direito do autor", enquanto o art. 350 faz referência, de forma mais correta, a "fato impeditivo, modificativo ou extintivo do direito do autor". No art. 326 do CPC é assegurada ao autor a produção de *prova documental*, ao passo que, no art. 350 do CPC de 2015, ao autor é assegurada a produção de *prova*, o que está em sintonia com o fato de que as partes podem se valer de todos os meios admitidos, ainda que não especificados em lei, para a prova dos fatos que alegam em seu favor (art. 369 do CPC de 2015). O prazo de 10 dias para manifestação do autor, previsto no art. 326 do CPC de 1973, foi estendido para 15 dias no CPC de 2015.

(1315) O prazo de manifestação foi alterado, no CPC de 2015, de 10 para 15 dias. No CPC de 1973, é assegurada ao autor a produção de *prova documental* e, no de 2015, a *produção de prova*, o que está em sintonia com o fato de que as partes podem se valer

d) determinação para a correção de irregularidades e vícios sanáveis (art. 327, parte final, do CPC de 1973 e art. 351, segunda parte, do CPC de 2015);

e) determinação às partes para que especifiquem as provas que pretendem produzir, no caso de ter sido contestada a demanda (art. 324 do CPC de 1973 e art. 348 do CPC de 2015).(1316)

Cumpridas as providências preliminares ou não havendo necessidade delas, abrem-se para o juiz várias alternativas de *julgamento conforme o estado do processo* (art. 328 do CPC de 1973 e art. 353 do CPC de 2015), quais sejam:

1) *extinção do processo*, se ocorrer qualquer das hipóteses previstas nos arts. 267 e 269, II a V, do CPC (art. 329 do CPC de 1973) ou nos arts. 485 e 487, II e III (art. 354 do CPC de 2015), observando-se que, no CPC de 2015, segundo o seu art. 354, a decisão de extinção pode dizer respeito a apenas parcela do processo, caso em que será impugnável por agravo de instrumento(1317);

2) *conhecimento direto do pedido*, quando a questão de mérito for unicamente de direito, ou, sendo de direito e de fato, não houver necessidade de produzir prova em audiência, e, ainda, quando ocorrer a revelia (art. 330 do CPC de 1973) ou, nos termos do art. 355 do CPC de 2015, *julgamento antecipado do mérito*, quando não houver necessidade de produção de outras provas ou o réu for revel e ocorrer o efeito previsto no art. 344 (presunção de veracidade dos fatos alegados) e não houver requerimento de prova, na forma do art. 349 (ao revel é lícita a produção de provas, contrapostas às alegações do autor, desde que se faça representar nos autos a tempo de praticar os atos processuais indispensáveis a essa produção), ou, ainda de acordo com o CPC de 2015 (art. 356);

3) *julgamento antecipado parcial do mérito* (possibilidade inaugurada pelo CPC de 2015): o que ocorrerá quando um ou mais dos pedidos formulados ou parcelas deles mostrar-se incontroverso(1318) ou o mérito estiver em condições de imediato julgamento, nos termos do art. 355 (o julgamento antecipado do mérito é autorizado quando não houver necessidade de produção de outras provas ou o réu for revel e ocorrer presunção de veracidade dos fatos alegados pelo autor e não houver requerimento de prova na forma do art. 349 (hipóteses em que ao revel é lícito produzir prova, como foi dito acima);(1319)

4) *realização de audiência preliminar* (previsão constante do CPC de 1973 e não repetida no CPC de 2015): não sendo o caso de extinção do processo sem provimento de mérito ou de julgamento antecipado da lide e versando a causa sobre direitos que admitam transação, o juiz designará audiência preliminar, para realização da tentativa de conciliação (art. 331 do CPC de 1973).

De outro lado, não sendo o caso de julgamento conforme o estado do processo, o juiz deverá, *de acordo com o art. 331 do CPC de 1973*, sanear o processo, fixando os pontos controvertidos sobre os quais versará

---

de todos os meios admitidos, ainda que não especificados em lei, para a prova dos fatos que alegam em seu favor (art. 369 do CPC de 2015).

(1316) Em mais de uma oportunidade o CPC de 1973 e o de 2015 aludem à *contestação da ação* (art. 324 e art. 348, respectivamente, por exemplo). No entanto, o réu não contesta a *ação*, mas a pretensão do autor, manifestada no exercício do direito de ação.

(1317) As hipóteses que autorizam a extinção do processo são: no CPC de 1973, as situações em que o processo deve ser extinto sem provimento de mérito (art. 267), transação das partes, pronúncia de decadência ou prescrição e renúncia à pretensão por parte do autor (art. 269, II a V); no CPC de 2015, as situações em que o processo deve ser extinto sem provimento de mérito (art. 485), pronúncia de decadência ou prescrição, reconhecimento da procedência do pedido pelo réu, transação e renúncia à pretensão manifestada pelo autor (art. 487, II e III).

(1318) No CPC de 1973, a hipótese era de *antecipação de tutela*, por meio de decisão que poderia ser revogada ou alterada a qualquer tempo (art. 273, §§ 4º e 6º). No CPC de 2015, trata-se de *julgamento antecipado parcial do mérito*, o que afasta a possibilidade de se falar em revogação ou modificação da decisão pelo juiz que a proferiu. Contra a decisão que julga antecipadamente o mérito cabe recurso ordinário, por se tratar de decisão definitiva (Instrução Normativa n. 39/16 do TST, art. 5º).

(1319) O CPC de 2015, autorizando *julgamento antecipado parcial do mérito*, se distancia do *princípio da unidade do julgamento*. De acordo com o art. 356 do CPC de 2015: a decisão que julgar parcialmente o mérito poderá reconhecer a existência de obrigação líquida ou ilíquida (§ 1º); a parte poderá liquidar ou executar, desde logo, a obrigação reconhecida na decisão que julgar parcialmente o mérito, independentemente de caução, ainda que haja recurso contra essa interposto (§ 2º), sendo que, se houver trânsito em julgado da decisão, a execução será definitiva (§ 3º); a liquidação e o cumprimento da decisão que julgar parcialmente o mérito poderão ser processados em autos suplementares, a requerimento da parte ou a critério do juiz (§ 4º); a decisão que contém o julgamento antecipado parcial do mérito é impugnável por agravo de instrumento (§ 5º).

a prova, decidindo as questões processuais pendentes e determinando as provas a serem produzidas e designará audiência de instrução e julgamento, se necessário, proferindo, para tanto, *decisão saneadora*, de natureza interlocutória (arts. 331, §§ 2º e 3º, e 451 do CPC de 1973).

Nos termos do art. 357 do CPC de 2015, não sendo o caso de julgamento conforme o estado do processo, o juiz, em *decisão de saneamento e de organização do processo*, resolverá as questões processuais pendentes, se houver, delimitará as questões de fato sobre as quais recairá a atividade probatória, especificando os meios de prova admitidos, definirá a distribuição do ônus da prova,[1320] delimitará as questões de direitos relevantes para a decisão de mérito[1321] e designará, se necessário, audiência de instrução e julgamento. No saneamento, o juiz prepara o processo para a instrução.

Ainda de acordo com o art. 357 do de 2015:

a) realizado o saneamento, as partes têm o *direito de pedir esclarecimento ou solicitar ajustes*, no prazo comum de cinco dias, findo o qual a decisão se torna estável (§ 1º);

b) as partes podem apresentar ao juiz, *para homologação, delimitação consensual* das questões de fato sobre as quais recairá a atividade probatória, dos meios de prova a serem utilizados, dos ônus da prova de cada parte e das questões de direito relevantes para a decisão do mérito (§ 2º), observando-se que a *convenção processual* homologada vinculará as partes e o juiz;[1322]

c) se a causa apresentar *complexidade em matéria de fato ou de direito*, deverá o juiz designar audiência para que o saneamento seja feito *em cooperação com as partes*, oportunidade em que o juiz, se for o caso, convidará as partes a integrar e esclarecer suas alegações (§ 3º);[1323]

d) determinada a produção de prova testemunhal, o juiz fixará o prazo comum não superior a 15 dias para que as partes apresentem rol de testemunhas (§ 4º), observando-se que, se for designada audiência para que as partes participem, em cooperação, do saneamento do processo, elas deverão levar para esta audiência o rol de testemunhas (§ 5º);

e) o número de testemunhas arroladas não poderá ser superior a 10, sendo 3, no máximo, para cada fato (§ 6º);

f) o juiz poderá limitar o número de testemunhas levando em conta a complexidade da causa e dos fatos individualmente considerados (§ 7º);[1324]

g) caso tenha sido determinada a produção de prova pericial, o juiz deverá observar o disposto no art. 456 e seguintes e, se possível, estabelecer, desde logo, calendário para a sua realização (§ 8º);[1325]

h) as pautas deverão ser preparadas com intervalo de uma hora entre as audiências (§ 9º).

Realizados estes registros, cumpre definir em que medida o CPC de 1973 e o CPC de 2015, considerando os comandos legais acima examinados, são aplicáveis no processo do trabalho.

Neste sentido, cumpre observar que no processo do trabalho:

(1320) Neste contexto, a distribuição do ônus da prova deixará de ser um critério de julgamento, vez que deverá anteceder a fase de instrução.

(1321) Antes de dar início à instrução, o juiz, saneando e organizando o processo, deverá delimitar as questões de direito relevantes para a decisão de mérito.

(1322) Trata-se de hipótese de *convenção processual* versando sobre o *objeto da prova*, os *meios de prova*, a distribuição do ônus de prova e as *questões de direito relevantes para a decisão do mérito*. Assim, as partes podem colaborar com o juiz, apresentando a ele propostas sobre os citados temas.

(1323) Nas causas que apresentarem complexidade em matéria de fato ou de direito, o juiz fica obrigado a proceder ao saneamento e organização do processo em colaboração com as partes (trata-se de consagração do princípio da cooperação, aplicado, no particular, às causas que apresentem complexidade em matéria de fato ou de direito). Ao juiz é lícito, mesmo não havendo complexidade em matéria de fato ou de direito, realizar o saneamento e a organização do processo em cooperação com as partes.

(1324) A menor complexidade da causa ou dos fatos individualmente considerados autoriza o juiz a delimitar o número de testemunhas fixado no art. 357, § 6º.

(1325) Os arts. 456 a 480 tratam do procedimento a ser seguido na produção de prova pericial. O *calendário para a produção da prova* diz respeito à fixação do prazo para entrega do laudo, definição dos prazos para manifestação das partes após a apresentação do laudo, por exemplo.

1) se o réu não comparecer na audiência designada ou não contestar a demanda no prazo assinalado, o juiz, verificando que não ocorreu o efeito da revelia, ou seja, impossibilidade de considerar verdadeiros os fatos alegados pelo autor, determinará que este especifique as provas que pretende produzir, se ele não as tiver indicado anteriormente (como regra, é na audiência que o juiz indagará o autor sobre as provas que pretende produzir);

2) o autor não será ouvido sobre fato impeditivo, modificativo ou extintivo do direito por ele deduzido alegado pelo réu na contestação;[(1326)]

3) o autor não será ouvido sobre as preliminares suscitadas na contestação, exceção feita à alegação de incompetência em razão do lugar;[(1327)]

4) o juiz deverá ordenar a correção das irregularidades e vícios sanáveis, no prazo que assinalar;

5) apresentada contestação, o juiz indagará as partes sobre as provas que pretendem produzir (o que equivale à determinação de especificação das provas), o que normalmente ocorre em audiência, sendo que, se a defesa for apresentada fora de audiência, o juiz designará a audiência de instrução, na qual indagará as partes sobre as provas que pretendem produzir;

6) a tentativa de conciliação tem início antes da apresentação da contestação (art. 846 da CLT) e, em regra, como à apresentação da contestação se segue a instrução (art. 848 da CLT), é na sentença que o juiz verificará se a hipótese é de extinção do processo sem provimento de mérito ou de ocorrência de prescrição ou decadência, o que não impede que ele, *sendo patente* a presença de fato que impõe a extinção do processo ou a pronúncia de prescrição ou decadência, considere encerrada a instrução e profira decisão;

7) se a renúncia à pretensão ou o reconhecimento da procedência do pedido ocorre em audiência, nada impede que o juiz profira, desde logo, a sentença;

8) a decisão que extingue o processo sem provimento de mérito ou por força de transação, declara a ocorrência de prescrição ou prescrição ou homologa renúncia do autor ou o reconhecimento da procedência do pedido pode dizer respeito a apenas uma parcela do processo;

9) contra a decisão que extingue o processo cabe recurso ordinário (art. 895 da CLT);

10) o juiz poderá encerrar a instrução e proferir sentença quando a questão de mérito for unicamente de direito, ou, sendo de direito e de fato, não houver necessidade de produzir prova, ou tenha ocorrido a revelia (art. 330 do CPC de 1973) ou, nos termos do art. 355 do CPC de 2015, *julgará antecipadamente o pedido*, quando não houver necessidade de produção de outras provas ou o réu for revel e ocorrer o efeito previsto no art. 344 do CPC de 2015 (presunção de veracidade dos fatos alegados), com a ressalva de que, não comparecendo o réu na audiência, a presença de seu advogado não é o suficiente para que àquele seja lícito produzir provas. Os atos processuais probatórios, como decorre da interpretação dos arts. 843, 847 e 848 da CLT, devem ser praticados em audiência e na presença das partes, salvo nos casos de reclamações plúrimas ou ações de cumprimento, quando os empregados poderão fazer-se representar pelo sindicato de sua categoria. A CLT considera confessos os fatos não contestados, adotando o *princípio da marcação irrevisível das alegações não contestadas*, o que significa impedimento de produção de prova pelo revel.

11) o juiz proferirá *julgamento antecipado parcial do mérito*, quando um ou mais dos pedidos formulados ou parcelas deles mostrar-se incontroverso ou o mérito estiver em condições de imediato julgamento, nos termos do art. 355 do CPC de 2015 (o julgamento antecipado do mérito é autorizado quando não houver necessidade de produção de outras provas ou o réu for revel e ocorrer presunção de veracidade dos fatos alegados pelo autor, sendo a decisão impugnável por recurso ordinário);

(1326) Com efeito, de acordo com o art. 848 da CLT, terminada a defesa, seguir-se-á a instrução.

(1327) É que, conforme o art. 848 da CLT, terminada a defesa, seguir-se-á a instrução. No caso de ser admitida, com esteio na aplicação, no processo do trabalho, do art. 337, II, segundo o qual é na contestação que deverá ser alegada a incompetência em razão do lugar, sobre a alegação do réu deverá ser ouvido o autor, na própria audiência, quando for o caso, por força do art. 800 da CLT, que impõe a oitiva do autor sobre a alegação de incompetência em razão do lugar.

12) não sendo o caso de julgamento conforme o estado do processo, o juiz deverá, em decisão de saneamento e de organização do processo, resolver as questões processuais pendentes;

13) o juiz *poderá*, em decisão de saneamento e de organização do processo, fixar os pontos controvertidos sobre os quais versará a prova, mas *deverá*, em decisão da mesma natureza, definir as provas a serem produzidas e os meios de prova admitidos (aplicação dos arts. 331, §§ 2º e 3º, e 451 do CPC de 1973), ou, entrando em vigor o CPC de 2015, também em decisão de saneamento e de organização do processo, o juiz *poderá* delimitar as questões de fato sobre as quais recairá a prova, definir o ônus de prova de cada parte e delimitar as questões de direito relevantes para a decisão do mérito, mas deverá, em decisão da mesma natureza, especificar os meios de prova admitidos.

No processo do trabalho, a decisão de saneamento e de organização é, via de regra, proferida em audiência, de forma oral, ao passo que, nele, como a defesa é colhida em audiência e após ela tem início a instrução, normalmente não há como o juiz fixar, de imediato, os pontos controvertidos sobre os quais recairá a prova e definir as questões de direito relevantes para o julgamento do mérito. Por esta razão, como regra, somente após a instrução e no momento do julgamento que o juiz verificará quais são os fatos controversos e analisará a prova que a seu respeito tenham as partes produzido. No entanto, nada impede que o juiz proceda, antes de dar início à instrução, à fixação dos pontos controvertidos sobre os quais recairá a prova.

14) realizado o saneamento, as partes têm o direito de pedir esclarecimento ou solicitar ajustes, na primeira oportunidade que tiverem para falar no processo, registrando protesto contra o não acolhimento de seus pedidos versando sobre a prova, sob pena de preclusão (art. 795 da CLT);

15) as partes podem apresentar ao juiz delimitação consensual das questões de fato sobre as quais recairá a atividade probatória, dos meios de prova a serem utilizados, dos ônus da prova de cada parte e das questões de direito relevantes para a decisão do mérito, o que, se aceito, vinculará as partes e o juiz, *com a ressalva de que o juiz não pode deixar de levar em conta a disparidade das partes, notadamente em relação ao seu nível de instrução e capacidade de aquilatar o alcance de sua convenção;*

16) se a causa apresentar *complexidade em matéria de fato ou de direito, poderá* o juiz designar audiência para que o saneamento seja feito em cooperação com as partes, oportunidade em que o juiz, se for o caso, convidará as partes a integrar e esclarecer suas alegações. O direito processual do trabalho não prevê a realização de audiência com a finalidade em destaque, estabelecendo, ao contrário, que a audiência será única (art. 849 da CLT). No entanto, nada impede que o juiz, na própria audiência designada, realize o saneamento do processo em cooperação com as partes;

17) as testemunhas comparecerão à audiência independentemente de intimação, o que dispensa a apresentação de rol de testemunhas (art. 825 da CLT);

18) o número de testemunhas a serem ouvidas é disciplinado, de forma expressa, pela CLT (art. 821, por exemplo), não sendo lícito ao juiz limitar este número, notadamente porque ele já é bem inferior ao que prevê o CPC, ressalvada, no entanto, a possibilidade de indeferir prova excessiva;

19) caso tenha sido determinada a produção de prova pericial, o juiz deverá observar o procedimento a ela correspondente e, se possível, estabelecer, desde logo, calendário para a sua realização;

20) não é compatível com o processo do trabalho a previsão no sentido de que as pautas deverão ser preparadas com intervalo de uma hora entre as audiências. Aliás, considerando que são realizadas 10, 11, 12, 13, 15 e até mais audiências por dia, quando atua na Vara apenas um juízo, e até o dobro destes números, quando na Vara atuam dois juízes, fixar em uma hora o intervalo entre as audiências é impraticável, não podendo ser olvidado que, se for imposto este limite, com a consequente diminuição do número de audiências diariamente realizadas, estar-se-ia afrontando, seriamente, o direito à duração razoável do processo.

Vale registrar que a Instrução Normativa n. 39/2016 do TST estabelece, no art. 2º, IV, não ser aplicável no processo do trabalho o art. 334 do CPC de 2015, que trata da designação de audiência de conciliação ou de mediação.

18. Instrução da causa

A fase de instrução é aquela destinada *à produção d*e prova dos fatos alegados na petição inicial e na contestação.

Do tema tratamos no Capítulo reservado ao exame das provas no processo do trabalho, ao qual remetemos o leitor.

Cumpre registrar, no entanto, que as provas serão produzidas na seguinte ordem:

a) o juiz tomará os depoimentos do reclamante e do reclamado, de ofício ou a requerimento;

b) serão inquiridas as testemunhas do reclamante e, posteriormente, as do reclamado;

c) o perito e os assistentes técnicos responderão aos quesitos de esclarecimentos requeridos em prazo que permita o seu comparecimento (cabe ao juiz decidir sobre a necessidade de oitiva do perito e dos assistentes em audiência). Não se pode olvidar, no entanto, a possibilidade de produção antecipada de prova, o que também é objeto de exame no Capítulo reservado ao estudo das provas no processo do trabalho.

Findo o seu depoimento, poderá a parte retirar-se, prosseguindo-se a instrução com o seu representante (art. 848, § 1º, da CLT).

Havendo necessidade de produção de prova pericial, a audiência deverá ser aditada depois do recebimento da resposta do reclamado, para que seja colhida a prova oral após a produção daquela prova.[1328]

19. Razões finais

Encerrada a instrução, poderão as partes aduzir razões finais, no prazo não excedente de dez minutos para cada uma (art. 850 da CLT). A fase de razões finais é destinada ao debate da causa pelas partes, comportando, por exemplo, *a crítica* à prova produzida na audiência.

A apresentação de razões finais é uma faculdade das partes. Com isso, a ausência das razões finais não torna nulo o processo.

Estabelecida, expressamente, a oralidade das razões finais, não é lícita a sua conversão em memoriais escritos. A concentração e a oralidade dos atos, que caracterizam os procedimentos trabalhistas, são incompatíveis com a substituição de debates orais por memoriais, vez que dela resultaria a protelação do julgamento do dissídio.

A oralidade das alegações finais diz respeito à *forma de sua manifestação* e não significa que elas não devam ser registradas na ata de audiência. O registro em ata das alegações finais é um direito da parte. Ademais, dispensar este registro é exigir que o juiz se recorde de todas as alegações orais apresentadas nas audiências que encerrar, o que fere o razoável.

20. Conciliação e julgamento

Aduzidas as razões finais ou ultrapassado o prazo para a sua apresentação, o juiz renovará a proposta de conciliação (art. 850 da CLT).

Não sendo realizada a conciliação, o juiz proferirá decisão (arts. 831, *caput*, da CLT), na própria audiência de instrução e julgamento (arts. 849 e 852 da CLT), no prazo de dez dias (art. 189 do CPC de 1973) ou no prazo de trinta dias (art. 226, III, do CPC de 2015).

(1328) Questões relevantes sobre as condições de trabalho do autor da demanda podem tornar necessária a oitiva de testemunhas, por exemplo.

Capítulo 12

Procedimento Sumaríssimo e Sumário

1. Procedimento sumaríssimo

1.1. Objetivos e diretrizes básicas do procedimento sumaríssimo.

A ordem jurídica estabelece os atos que compõem a atividade preparatória da decisão sobre o conflito levado ao Poder Judiciário, assim como a forma, o tempo, o lugar, o prazo e a ordem cronológica com que devem ser praticados, ou seja, o modo de proceder ou agir em juízo (*procedimento*).

Ao estabelecer os procedimentos, o legislador cria verdadeiros roteiros/itinerários a serem seguidos para a adequada, célere, econômica, eficaz e simplificada solução dos conflitos de interesses submetidos ao Poder Judiciário.

Neste contexto é que, para tornar adequada, célere, econômica, eficaz e simplificada a solução dos conflitos trabalhistas de menor expressão econômica, a Lei n. 9.957, de 12.1.2000, instituiu o *procedimento sumaríssimo*, no qual são prestigiadas a *celeridade* (como decorre da fixação de prazo máximo para a realização da audiência, por exemplo) e a *oralidade* (predomínio da palavra falada e maior concentração da causa em audiência, por exemplo).(1329)

1.2. Causas sujeitas ao procedimento sumaríssimo.

Segundo dispõe o art. 852-A da CLT, os dissídios individuais cujo valor não exceda a quarenta vezes o valor do salário mínimo vigente na data do ajuizamento da ação ficam submetidos ao procedimento sumaríssimo.

Trata-se, portanto, de procedimento a ser aplicado na solução de dissídios individuais cujo valor não exceda, na data da distribuição da ação, a quarenta vezes o salário mínimo.

Contudo, não se aplica o procedimento sumaríssimo, de acordo com o parágrafo único do art. 852-A da CLT, às demandas em que figure como parte a Administração Pública direta, autárquica e fundacional.(1330)

De outro lado, o art. 852-B, II, da CLT estabelece que não se fará citação por edital no procedimento sumaríssimo. Isto significa que também estão excluídas do procedimento sumaríssimo as demandas em que haja necessidade de citação inicial do réu por edital.

Ao procedimento sumaríssimo ficam submetidos, então, os dissídios individuais cujo valor não exceda, na data do ajuizamento da ação, a quarenta salários mínimos(1331), salvo se dele for parte a Administração

(1329) Para Giuseppe Chiovenda, "dizer processo sumário é dizer processo oral; dizer processo oral é designar a audiência como campo de atuação das partes e do juiz" (Procedimento oral. In: *Processo oral*, p. 47).

(1330) Não estão excluídas do procedimento sumaríssimo as demandas em que seja parte sociedade de economia mista e empresa pública.

(1331) A alteração do valor do salário mínimo após o ajuizamento da ação não interfere no procedimento a ser adotado no processo.

Pública direta, autárquica ou fundacional ou houver necessidade de notificação inicial do reclamado por edital.

O art. 852-A da CLT adota como parâmetros para a definição dos dissídios submetidos ao procedimento sumaríssimo a sua natureza jurídica (*dissídio individual*) e a expressão econômica da pretensão do autor (*valor igual ou inferior a quarenta salários mínimos na data da distribuição da ação*) e não contém qualquer ressalva quanto à natureza da tutela jurisdicional pretendida pelo autor da demanda, o que conduz à conclusão de que, desde que sejam respeitadas as condições estabelecidas no art. 852-A da CLT e não se enquadre a demanda naquelas hipóteses em que a lei afasta o procedimento sumaríssimo, deve ser este observado na ação declaratória, constitutiva, condenatória e mandamental.

Registre-se que, no inquérito para apuração de falta grave, tendo em vista a natureza da pretensão do empregador (extinção de uma relação de emprego cuja continuidade é imposta pela lei), foi privilegiada a maior segurança (perseguida com a elevação do número de testemunhas), ao passo que, no procedimento sumaríssimo, é conferida ênfase especial à rapidez na solução do dissídio (que se pretende com a redução do número de testemunhas e a restrição ao duplo grau de jurisdição, por exemplo). Com isto, é inviável imprimir ao inquérito para apuração de falta grave o procedimento sumaríssimo.

1.3. Critérios para definição dos dissídios a serem submetidos ao procedimento sumaríssimo.

O legislador submeteu ao procedimento sumaríssimo os conflitos individuais de menor expressão econômica, assim considerando aqueles cujo valor não exceda, na data do ajuizamento da ação, a quarenta vezes o salário mínimo, isto é, cujo valor seja igual ou inferior a quarenta salários mínimos.

As demandas de menor expressão econômica em regra envolvem os trabalhadores menos afortunados, exigindo, com isso, o seu julgamento de forma adequada, mais simplificada, econômica, rápida e eficaz. O que informou o legislador na definição dos processos sujeitos ao procedimento sumaríssimo foi, assim, a maior necessidade do trabalhador, acrescentando que, normalmente, as demandas de menor expressão econômica apresentam menor complexidade.

O art. 7º, IV, da Constituição veda a vinculação do salário mínimo aos preços e ganhos decorrentes da prestação pessoal de serviços, com a finalidade de impedir a sua utilização como fator de indexação, não impossibilitando a adoção do salário mínimo como parâmetro para fixação do procedimento a ser observado no processo do trabalho, na linha, inclusive, da Súmula n. 356 do TST: "O art. 2º, § 4º, da Lei n. 5.584/70 foi recepcionado pela Constituição da República de 1988, sendo lícita a fixação do valor da alçada com base no salário mínimo".

1.4. Disciplina legal.

O procedimento sumaríssimo é disciplinado pelas normas que lhe são próprias e, subsidiariamente, pelas disposições gerais estabelecidas pela CLT ao tratar do procedimento ordinário. Com isso, no procedimento sumaríssimo, a ação pode ser verbal ou escrita (art. 840 da CLT), as partes podem postular pessoalmente (art. 791 da CLT) e deve ser respeitado o prazo de cinco dias entre a citação do réu e a realização de audiência de instrução e julgamento (art. 841 da CLT), por exemplo.

Na hipótese de omissão do direito processual do trabalho, o juiz poderá, para a solução do caso concreto, recorrer ao direito processual comum, notadamente à Lei n. 9.099/95, que dispõe sobre os Juizados Especiais Cíveis e Criminais e que tem como fonte de inspiração o próprio direito processual do trabalho.

1.5. Indisponibilidade do rito. Conversão do procedimento.

O art. 852-A da CLT, ao dispor que os dissídios individuais cujo valor não exceda a quarenta vezes o valor do salário mínimo na data da distribuição da demanda *ficam submetidos* ao procedimento sumaríssimo, torna certo que o autor, ainda que conte com a concordância do réu, não pode escolher o rito a ser impresso à causa, submetendo ao procedimento ordinário causa em que a lei manda observar o procedimento sumaríssimo.

A lei que instituiu o procedimento é, portanto, uma norma de ordem pública, posto voltada ao atendimento do interesse público na solução mais adequada, célere, econômica, eficaz e simplificada das demandas de menor expressão econômica. Dito de outra forma, o procedimento sumaríssimo é de observância obrigatória, não sendo, então, uma opção que o legislador colocou à disposição das partes.

Cumpre ao juiz, nesse compasso e também em respeito ao princípio da economia processual, que impõe o máximo aproveitamento possível dos atos processuais, converter para o rito sumaríssimo a demanda ajuizada pelo rito ordinário quando deveria sê-lo pelo sumaríssimo e vice-versa.

Verificado o erro na escolha do procedimento, não se justifica a imediata extinção do processo, devendo o juiz promover a conversão do rito, com autorização no art. 250 do CPC de 1973 ou art. 283 do CPC de 2015[1332], ambos aplicáveis no processo do trabalho, diante da necessidade da mais rápida solução dos dissídios de natureza trabalhista.

Contudo, o juiz deve cuidar para que a alteração do rito não implique prejuízo à defesa das partes.

1.6. Rito sumaríssimo e renúncia de direitos.

A lei que dispõe sobre os Juizados Especiais Cíveis e Criminais (Lei n. 9.099/95) prevê que a opção pelo procedimento nela previsto importa renúncia ao crédito excedente ao limite de quarenta vezes o salário mínimo, excetuada a hipótese de conciliação (art. 3º, § 3º).

Contudo, não é lícito recorrer à Lei n. 9.099/95 para afirmar que o ajuizamento de reclamação pelo rito sumaríssimo implica renúncia ao crédito excedente ao limite de quarenta salários mínimos.

Primeiro, porque a hipótese não é de omissão do direito processual do trabalho, mas de não estabelecimento da renúncia como consequência do fato de o trabalhador ajuizar ação pelo rito sumaríssimo. Segundo, porque a renúncia de direitos em razão do procedimento a ser impresso ao processo somente seria possível se estabelecida expressamente em lei, seja para evitar surpresa para o trabalhador, seja pelo fato de serem os direitos decorrentes da relação de emprego irrenunciáveis, como regra. Terceiro, porque a Lei n. 9.099/95, no art. 3º, § 2º, exclui da competência dos Juizados Especiais Cíveis e Criminais as causas de natureza alimentar. Com isso, o mencionado comando legal não pode ser aplicado em causas que tenham por objeto créditos de natureza trabalhista, que são, predominantemente, de caráter alimentar.

Assim, o fato de o trabalhador propor a demanda pelo rito sumaríssimo não impede que proponha nova demanda tendo por objeto outras pretensões decorrentes da mesma relação jurídica, o mesmo ocorrendo se, na liquidação dos seus créditos, o valor respectivo exceder de quarenta salários mínimos (o valor apontado na inicial para os pedidos não vincula o juiz, notadamente porque apurados sem o respeito ao contraditório).

1.7. Rito sumaríssimo e dissídios de alçada (procedimento sumário).

De acordo com os arts. 2º, §§ 3º e 4º, e 4º da Lei n. 5.584/70, nos dissídios individuais cujo valor da causa não exceda de duas vezes o salário mínimo (ou seja, cujo valor seja igual ou inferior a dois salários mínimos) vigente na data do ajuizamento da ação, será dispensável o resumo dos depoimentos, devendo constar da ata de audiência a conclusão da Vara quanto à matéria de fato, e o recurso somente pode versar sobre matéria constitucional.

A Lei n. 5.584/70 institui as denominadas *causas de alçada* ou o procedimento sumário.

(1332) "O erro de forma do processo acarreta unicamente a anulação dos atos que não possam ser aproveitados, devendo ser praticados os que forem necessários a fim de se observarem as prescrições legais."

A Lei n. 9.957/2000, que institui o procedimento sumaríssimo, não revogou a Lei n. 5.584/70, fazendo desaparecer o procedimento sumário, na medida em que:

a) a Lei n. 9.957/2000 não revogou expressamente a Lei n. 5.584/70;

b) o procedimento sumaríssimo tem por finalidade tornar mais célere a solução dos dissídios cujo valor não exceda a quarenta salários mínimos na data da distribuição da ação, ao passo que a Lei n. 5.584/70 estabelece medidas que tornam *ainda mais célere* a solução dos dissídios cujo valor não exceda a dois salários mínimos na data da distribuição da ação.

1.8. Requisitos da petição inicial. Emenda e complemento da petição inicial. Citação do réu.

No procedimento sumaríssimo devem ser observadas as regras de caráter geral constantes da CLT. Dessa forma, a petição inicial deve atender, também no procedimento sumaríssimo, ao que estabelece o art. 840, § 1º, da CLT.

Contudo, o art. 852-B da CLT acrescentou *dois requisitos* a serem atendidos na petição inicial da ação sujeita ao procedimento sumaríssimo, exigindo que dela constem:

a) correta indicação do nome e endereço do réu (exigência relacionada com a proibição de notificação/citação por edital, estabelecida no art. 852-B, II, da CLT);[(1333)]

b) pedido certo e determinado, com indicação do valor correspondente (exigência que se aplica a todos os pedidos, inclusive os declaratórios)[(1334)].

Dispõe o art. 852-B, § 1º, da CLT que o não atendimento dos dois requisitos próprios da petição inicial da ação sujeita ao procedimento sumaríssimo *importará* no arquivamento da reclamação.

A utilização, no art. 852-B, § 1º, da CLT, da expressão *importará no arquivamento*, leva a crer que no procedimento sumaríssimo não é possível a emenda ou complemento da inicial. Argumenta-se, em favor desse ponto de vista, que o procedimento sumaríssimo tem por escopo a solução da demanda em audiência única, o que impede a emenda ou complemento da petição inicial. Sob essa ótica, o não atendimento dos requisitos dispostos no art. 852-B, § 1º, da CLT constitui vício insanável.

Cumpre observar, contudo, que a pena de arquivamento foi cominada para a hipótese de a petição inicial não conter pedido certo e determinado com indicação do valor respectivo e/ou correto nome e endereço do reclamado, não podendo ser estendida para a hipótese de não atendimento dos requisitos do art. 840, § 1º, da CLT. Portanto, ao juiz é lícito, com autorização no art. 284 do CPC de 1973 ou no art. 321 do CPC de 2015,[(1335)] determinar que o reclamante emende ou complemente a petição inicial no procedimento sumaríssimo, quando ela não atenda aos requisitos do art. 840, § 1º, da CLT ou apresente vício que dificulte o julgamento do mérito.

Como a petição inicial pode ser emendada ou complementada quando não atenda aos requisitos do art. 840, § 1º, da CLT, não há motivo para não admitir a emenda ou complemento também quando não tenham sido atendidos os requisitos dispostos no art. 852-B, I e II, da CLT.

Ademais, o art. 852-A, § 1º, da CLT deve ser interpretado em sintonia com uma especial particularidade do processo do trabalho, que é a facilitação do julgamento do mérito da causa, para a qual contribui

(1333) Somente é vedada a notificação inicial por edital. Desse modo, nada impede que o juiz, confirmado em audiência o endereço constante da inicial, ordene a notificação do reclamado por oficial de justiça. O CPC de 2015 dispõe, inclusive, que a falta de informações sobre a correta identificação do réu ou sobre a sua residência ou domicílio não autoriza o indeferimento da petição inicial quando, apesar dela, for possível a citação do réu (art. 319, § 2º). Trata-se, assim, da aplicação dos princípios da instrumentalidade das formas e da facilitação do acesso à justiça, também consagrados pelo direito processual do trabalho.

(1334) Em relação a esses pedidos, o reclamante deve estimar o valor de sua pretensão, para que o juiz possa verificar a pertinência do rito que se pretende imprimir ao processo.

(1335) "O juiz, ao verificar que a petição inicial não preenche os requisitos dos arts. 319 e 320 ou que apresenta defeitos e irregularidades capazes de dificultar o julgamento de mérito, determinará que o autor, no prazo de 15 (quinze) dias, a emende ou a complete, indicando com precisão o que deve ser corrigido ou completado".

a determinação de emenda ou complemento da petição antes de indeferi-la. Registre-se que o CPC de 2015 aponta no sentido de que deve ser prestigiada a solução do mérito, quando prevê que ao juiz incumbe "determinar o suprimento de pressupostos processuais e o saneamento de outros vícios processuais" (art. 139, IX) e que, "antes de proferir decisão sem resolução de mérito, o juiz deverá conceder à parte oportunidade para, se possível, corrigir o vício que conduziria àquela decisão" (art. 317), o que alcança o processo do trabalho (art. 769 da CLT e art. 15 do CPC de 2015).

A admissibilidade da emenda ou complemento da petição inicial, no sumaríssimo, é autorizada, ainda, pelo princípio da economia processual, na medida em que possibilita o aproveitamento dos atos já praticados.

É necessário recordar, ainda, que o processo e as normas processuais são concebidos como instrumentos para possibilitar a rápida solução do conflito de interesses e que, com isso, deve ser evitada, o máximo possível, a extinção do processo sem provimento de mérito.

Anote-se que o máximo aproveitamento dos atos processuais praticados, que é imposto pela CLT quando trata das nulidades, e pelo CPC de 2015, quando dispõe que "as partes têm direito de obter em prazo razoável a solução integral do mérito, inclusive a atividade satisfativa" (art. 4º), deve ser a tônica em todo o processo do trabalho. Destarte, também no sumaríssimo devem ser adotadas soluções que permitam aproveitar os atos processuais praticados, dentre elas a autorização para a emenda ou complemento da petição inicial, observando-se que às vezes o autor deixa de apontar o valor de apenas um de seus pedidos, não se justificando o arquivamento da reclamação por conta dessa sua omissão, quando, na própria audiência e sem qualquer prejuízo ao andamento do processo, sua omissão pode ser corrigida.

As normas relativas ao procedimento sumaríssimo foram editadas para permitir a mais rápida solução do litígio e não podem ser interpretadas para dificultá-la.

Em conclusão, é possível a emenda ou complemento da petição inicial no procedimento sumaríssimo.

No processo sujeito ao procedimento sumaríssimo, é vedada a citação inicial do réu por edital (art. 852-B, II, da CLT), sendo a opção ao embaraço criado pelo réu a notificação por oficial de justiça (arts. 221, II, do CPC de 1973 ou 246, II, do CPC de 2015), para evitar que o réu dificulte a notificação para fugir das limitações de prova e recursais próprias desse procedimento.

A indicação, na petição inicial, do valor dos pedidos diz respeito somente à demanda sujeita ao procedimento sumaríssimo, não podendo ser exigido nos processos não submetidos a esse procedimento. Por essa razão, não é lícito exigir do reclamante, nas demandas não sujeitas ao procedimento sumaríssimo, a indicação do valor correspondente aos seus pedidos.

1.9. Litisconsórcio.

Dá-se o litisconsórcio quando duas ou mais pessoas litigam, no mesmo processo, em conjunto, ativa e/ou passivamente.

Não existe impedimento para o litisconsórcio (ativo, passivo ou misto) no procedimento sumaríssimo.

Apesar de não ser vedado o litisconsórcio, o juiz deverá limitá-lo, quando for comprometida a rápida solução da lide ou houver dificuldade à defesa (arts. 46, parágrafo único, do CPC de 1973, e 113, § 1º, do CPC de 2015[(1336)]).

Cada litisconsorte deve indicar na inicial o valor correspondente aos seus pedidos.

Para verificar se a demanda envolve valor igual ou inferior a quarenta salários mínimos, deve ser levada em conta, no litisconsórcio, a soma dos valores dos pedidos de cada litisconsorte, vez que o art. 852-A da CLT se refere a *dissídio* e, no litisconsórcio, o *dissídio* é único, apesar da pluralidade de partes.

(1336) "O juiz poderá limitar o litisconsórcio facultativo quanto ao número de litigantes na fase de conhecimento, na liquidação de sentença ou na execução, quando este comprometer a rápida solução do litígio ou dificultar a defesa ou o cumprimento da sentença."

1.10. Prazo para designação da audiência.

Na tentativa de acelerar o procedimento, o legislador estabelece um prazo máximo para a realização da audiência no procedimento sumaríssimo.

Com efeito, segundo o art. 852-B, III, da CLT, a audiência para apreciação da demanda sujeita ao procedimento sumaríssimo deverá ser realizada no prazo máximo de quinze dias do seu ajuizamento, podendo constar de pauta especial, se necessário.

No sumaríssimo existe, portanto, um *prazo mínimo*, que é de cinco dias, em face do que estabelece o art. 841 da CLT (que é aplicável no procedimento sumaríssimo), e um *prazo máximo* para a realização da audiência (quinze dias, contados da distribuição da ação).

Caso seja a audiência interrompida, o seu prosseguimento e a solução do dissídio deverão ocorrer no prazo máximo de trinta dias, salvo motivo relevante justificado nos autos pelo juiz da causa (art. 852-H, § 7º, da CLT), observando-se que o prazo de 30 dias deve ser contado da data da propositura da ação e não da data em que a audiência foi interrompida.

Vale recordar que, no processo do trabalho, a audiência é única e contínua, ainda que se desdobre em mais de uma etapa. Dessa forma, as fases que forem ultrapassadas não se repetem na segunda etapa da audiência, caso tenha sido esta interrompida.

O art. 852-H, § 7º, da CLT, ao aduzir à interrupção da audiência, torna certo que ela não será necessariamente realizada em momento único. Cabe ao juiz, como autoriza afirmar o art. 852-H, § 1º, da CLT, no exercício do poder de gestão processual, verificar a conveniência de realizar a audiência em dois momentos distintos, valendo lembrar que a solução mais simplificada, econômica e rápida dos conflitos trabalhistas não pode ser realizada à custa do prejuízo do direito ao processo justo e à justa solução deste mesmo conflito. Como estabelece o art. 852-I, § 1º, da CLT, o juiz adotará a decisão mais justa, o que se aplica às decisões a serem tomadas na direção do processo: o juiz tem o dever de adotar soluções que também favoreçam a justiça procedimental.

1.11. Valor do pedido e da causa.

O autor deverá indicar na petição inicial o valor correspondente a cada um de seus pedidos, ainda que de natureza apenas declaratória.

Desse modo, o valor da causa corresponderá, no procedimento sumaríssimo, à soma dos valores dos pedidos do autor da demanda.

Se o autor deixar de indicar na petição inicial o valor da causa, o juiz o fixará, respeitando o valor atribuído aos pedidos do autor (art. 1º da Lei n. 5.584/70).

Embora possa alterar o valor da causa no julgamento de eventual impugnação do reclamado, ao juiz é defeso alterar o valor que o autor atribuiu aos seus pedidos, a não ser na hipótese de flagrante descompasso entre o que se pede e o valor atribuído ao pedido, segundo dados fornecidos pelo autor na petição inicial. Contudo, convencendo-se o juiz, ao final, que o autor atribuiu valor à sua pretensão com o intuito único de fixar o rito da demanda, deverá puni-lo por litigância de má-fé.

1.12. Intervenção de terceiros.

Dá-se a intervenção de terceiro, quando uma pessoa estranha ao processo em curso nele intervém.

É restrita, como foi visto no Capítulo VIII, a possibilidade de intervenção de terceiro no processo do trabalho, por força, principalmente, da limitação da competência da Justiça do Trabalho, imposta pelo art. 114 da Constituição.

Com isso e aplicando no processo do trabalho o disposto no art. 280 do CPC de 1973[(1337)], no procedimento sumaríssimo não cabe a intervenção de terceiros, salvo a assistência e o recurso de terceiro prejudicado.

A intervenção de terceiros opera contra a celeridade acentuada própria do procedimento sumaríssimo, justificando, assim, a limitação à sua admissibilidade.

Não se pode olvidar, ainda, que o procedimento sumaríssimo é reservado às demandas que são, em regra, de menor complexidade e a intervenção de terceiro, salvo as hipóteses acima referidas, torna a causa mais complexa.

1.13. Intimação das partes e advogados. Informação acerca da mudança de endereço no curso do processo.

De acordo com o art. 852-B, § 2º, da CLT, cumpre às partes e aos seus procuradores informarem, na petição inicial e contestação, o endereço para o qual devem ser enviadas as suas intimações e as mudanças de endereço ocorridas no curso do processo.

Se as partes e seus procuradores não informarem eventual alteração de endereço ocorrida no curso da ação, considera-se válida a intimação enviada para o endereço constante da petição inicial ou da contestação (art. 852-B, § 2º, da CLT). Essa mesma solução deve ser adotada nos demais procedimentos, por força, inclusive, do disposto no art. 238, parágrafo único, do CPC de 1973 ou no art. 274, parágrafo único do CPC de 2015[(1338)], também aplicáveis no processo do trabalho, em razão de sua compatibilidade com o direito processual do trabalho.

1.14. O juiz no procedimento sumaríssimo.

O art. 765 da CLT estabelece que os juízes e tribunais terão ampla liberdade na direção do processo e velarão pelo andamento rápido das causas, podendo determinar qualquer diligência necessária ao esclarecimento delas.

O art. 852-D da CLT reafirma e reforça a liberdade dos juízes no que comporta ao procedimento probatório, estabelecendo que eles dirigirão o processo com liberdade para determinar as provas a serem produzidas (o juiz deverá participar, ativamente, da instrução do processo, determinando a realização das provas que reputar necessárias para o esclarecimento dos fatos relevantes para a solução do conflito de interesses), podem limitar ou excluir as provas que forem consideradas excessivas, impertinentes ou protelatórias (somente deve ser produzida prova útil e necessária à defesa ou declaração de direito), têm liberdade para apreciar as provas produzidas e devem, na apreciação da prova, dar especial valor às regras de experiência comum ou técnica.

Se no processo ordinário o juiz tem liberdade para verificar a necessidade e utilidade da prova cuja produção é pretendida pelas partes e determinar as diligências necessárias à instrução do processo (art. 765 da CLT, art. 130 do CPC de 1973 e art. 370 do CPC de 2015[(1339)]), no procedimento sumaríssimo essa liberdade é mais acentuada, para que a solução do litígio se dê de forma ainda mais célere.

A maior liberdade do juiz implica maior responsabilidade. Com isso, no sumaríssimo, o juiz, na medida em que recebe maior liberdade na fase instrutória, também recebe uma carga especial de responsabilidade, em razão da qual cumpre-lhe agir em sintonia com os resultados perseguidos com a criação do sumarís-

(1337) O procedimento sumário foi suprimido no CPC de 2015. Com isso, a invocação do citado legal somente é possível enquanto vigente o CPC de 1973.

(1338) "Presumem-se válidas as intimações dirigidas ao endereço constante dos autos, ainda que não recebidas pessoalmente pelo interessado, se a modificação temporária ou definitiva não tiver sido devidamente comunicada ao juízo, fluindo os prazos a partir da juntada aos autos do comprovante de entrega da correspondência no primitivo endereço."

(1339) "Caberá ao juiz, de ofício ou a requerimento da parte, determinar as provas necessárias ao julgamento do mérito." Verifica-se que o art. 370 do CPC de 2015 prevê a determinação das provas necessárias ao julgamento do mérito, enquanto o art. 130 do CPC de 1973 dispõe sobre a determinação "das provas necessárias à instrução do processo" e que são indeferidas as "diligências inúteis ou meramente protelatórias".

simo, devendo estar atento à necessidade de impedir a produção de provas excessivas, impertinentes ou protelatórias.

Também no sumaríssimo o juiz deve fundamentar sua atuação no diálogo e respeito às partes, procurando visualizar no geral o que é essencial e fazer aflorar ou permitir que aflore a verdade, que é condição necessária para a solução justa do dissídio.

1.15. Arquivamento, revelia e confissão no procedimento sumaríssimo.

Também no procedimento sumaríssimo, deverão estar presentes na audiência o reclamante e o reclamado, independentemente do comparecimento de seus representantes, salvo as exceções previstas em lei (art. 843, *caput* e §§ 1º e 2º, da CLT).

O não comparecimento do reclamante à audiência importará arquivamento da reclamação, e o do reclamado, revelia e confissão quanto a matéria de fato, consoante prevê o art. 844 da CLT, também aplicável no procedimento sumaríssimo.

Contudo, no procedimento sumaríssimo, a ação também pode ser arquivada em razão do não atendimento, na petição inicial, dos requisitos de que trata o art. 852-B, I e II, da CLT (indicação de valor a cada pedido e de nome e endereço corretos do reclamado), consoante prevê o art. 852-B, § 1º, da CLT.

O arquivamento da reclamação pelo não atendimento, na petição inicial, dos requisitos do art. 852-B, I e II, da CLT, não pode se somar a um arquivamento decorrente do não comparecimento do reclamante à audiência para aplicação da penalidade prevista no art. 732 da CLT. É que esse comando legal se refere, expressamente, ao art. 844 da CLT, ou seja, comina sanção somente para o arquivamento resultante do não comparecimento do reclamante à audiência, sendo certo que as regras que impõem sanção devem ser interpretadas restritivamente.

1.16. Conciliação.

Aberta a audiência, o juiz esclarecerá às partes presentes sobre as vantagens da conciliação e usará dos meios adequados de persuasão para a solução conciliada do litígio (art. 852-E da CLT). Assim, a tentativa de conciliação é obrigatória também no procedimento sumaríssimo, o que resulta, inclusive, da regra geral ditada pelo art. 764 da CLT.

Havendo acordo, será lavrado termo, que valerá como decisão irrecorrível, salvo para a Previdência Social, quanto às contribuições previdenciárias (art. 831, parágrafo único, da CLT). É tamanha a importância conferida pelo direito processual do trabalho à conciliação, que, segundo prevê o art. 831, parágrafo único, da CLT, o termo de acordo valerá como decisão irrecorrível, salvo para a Previdência Social quanto às contribuições que lhe forem devidas. Isso significa que as partes sequer podem impugnar o termo de acordo mediante recurso, somente podendo fazê-lo por meio de ação rescisória.

O juiz poderá propor a conciliação em qualquer fase da audiência (art. 852-E da CLT), ao passo que é lícito às partes celebrar acordo mesmo depois de encerrado o juízo conciliatório (art. 764, § 3º, da CLT).

1.17. Registro de atos.

Na ata de audiência, devem ser registrados, resumidamente, os atos *essenciais*, as afirmações *fundamentais* das partes e as informações úteis à solução da causa trazidas pela prova testemunhal (art. 852-F da CLT).

A essencialidade do ato a ser registrado e a importância e utilidade das afirmações das partes e das informações das testemunhas devem ser consideradas em relação ao processo e também sob a ótica das partes.

Assim como deve ser imparcial na oitiva das partes e testemunhas, conduzindo as suas inquirições livre de prejulgamentos (o juiz deve se limitar a ouvir as testemunhas e as partes sem proceder a qualquer julgamento, vez que este é um ato a ser praticado após a instrução do processo), o juiz deve sê-lo no registro dos atos essenciais e afirmações das partes e testemunhas.

1.18. Resposta do réu. Ação declaratória incidental.

A lei que institui o procedimento sumaríssimo não tratou da resposta do reclamado à reclamação, impondo, apenas, o imediato julgamento das exceções que possam interferir no andamento da audiência e do processo (art. 852-G da CLT).

Contudo, além de exceções (de incompetência em razão do lugar,[1340] suspeição e impedimento do juiz), o reclamado poderá, no procedimento sumaríssimo, apresentar, como resposta à reclamação, contestação e reconvenção.

A resposta do reclamado deverá ser apresentada em audiência (art. 847 da CLT), oralmente (hipótese em que será transcrita na ata da audiência) ou na forma escrita.

O procedimento sumaríssimo deve permitir a mais rápida solução de determinada relação jurídica litigiosa. Com isso, nele deve ser admitida a reconvenção. Contudo, se o valor dos pedidos objeto da reconvenção for superior a quarenta salários mínimos, deve o reclamado ajuizar ação autônoma contra o reclamante, posto que a admissibilidade da reconvenção pressupõe identidade de ritos entre a ação inicial e a ação do réu contra o autor no mesmo processo.

Parte da doutrina sustenta ser a reconvenção incompatível com a celeridade própria do procedimento sumaríssimo, no qual seria admitido, com esteio na aplicação dos arts. 31 da Lei n. 9.099/95 e 278, § 1º, do CPC de 1973, somente o denominado "pedido contraposto" (pedido do reclamado contra o reclamante apresentado na própria contestação), desde que seja observado o limite de quarenta salários mínimos e que o pedido do reclamado seja fundado nos mesmos fatos referidos na petição inicial.

Note-se, porém, que, sendo apresentado pedido contraposto, ao reclamante deverá ser concedida oportunidade de resposta, em audiência ou em nova data, que será desde logo fixada (art. 31, parágrafo único, da Lei n. 9.099/95). O pedido contraposto, portanto, não implica, necessariamente, julgamento da demanda em audiência única, ou seja, o efeito do pedido contraposto é, na prática, o mesmo da reconvenção, o que autoriza afirmar que ao vedar a reconvenção a Lei n. 9.099/95, obedecendo aos critérios da simplicidade e informalidade, apenas dispensa a apresentação da ação do réu contra o autor (reconvenção, então) em peça autônoma, admitindo a apresentação de seus pedidos na própria contestação. O pedido contraposto tem natureza reconvencional, embora seja dispensada a sua apresentação em peça apartada e sua admissibilidade seja mais restrita se comparada com a reconvenção (para a reconvenção se exige conexão da ação com a ação principal ou com o fundamento da defesa, ao passo que o pedido contraposto deve estar fundado nos mesmos fatos narrados na petição inicial).

Cumpre recordar, ainda, que a natureza dúplice de uma ação somente pode ser conferida pela lei, de forma expressa, o que impede o recurso à Lei n. 9.099/95 para admitir o pedido contraposto no processo do trabalho.

Para alguns doutrinadores, sequer o pedido contraposto seria possível, vez que sua aceitação implicaria prejuízo à celeridade que a lei imprimiu ao procedimento sumaríssimo.

O art. 280, I, do CPC de 1973[1341], que veda a declaratória incidental no procedimento sumário, é compatível com o procedimento sumaríssimo trabalhista.[1342]

(1340) Recorde-se que o CPC de 2015 dispensa a apresentação de exceção para suscitar a incompetência em razão do lugar, o que alcança o processo do trabalho.

(1341) O CPC de 2015 suprimiu o procedimento sumário, o que significa que a afirmação em destaque somente é válida enquanto vigente o CPC de 1973.

(1342) Para Humberto Theodoro Júnior, a vedação do art. 280, I, do CPC de 1973 implica, inclusive, impedimento de ajuizamento de incidente de falsidade, que "nada mais é do que uma modalidade de ação declaratória incidental. Não quer dizer que a parte não possa questionar a veracidade do documento produzido pelo adversário, mas terá que fazê-lo como simples medida de defesa, dentro da instrução da causa, sem ampliar a extensão do objeto litigioso e sem provocar a sua suspensão" (*Curso de direito processual civil*, v. I, p. 392).

1.19. Incidentes e exceções.

No procedimento sumaríssimo, são concentrados na audiência o debate e a decisão dos incidentes e exceções suscitados pelas partes. Neste sentido, dispõe o art. 852-G da CLT que serão decididos de plano (isto é, na audiência de instrução e julgamento) todos os incidentes que podem interferir no prosseguimento da audiência e do processo (o juiz realizará, na audiência, verdadeiro saneamento do processo).(1343)

Para o procedimento sumaríssimo foi estabelecida, então, uma regra especial, qual seja, a solução dos incidentes e exceções em audiência, o que não alcança a exceção de suspeição e impedimento, que não podem ser julgadas pelo juiz da causa.

Quando o imediato julgamento do incidente ou da exceção trouxer prejuízo às partes, o juiz não deverá resolvê-lo de plano. O reclamado que apresentar exceção de incompetência ou suscitar um incidente deverá estar preparado para apresentar em audiência a prova de suas alegações, o que já não se pode exigir do reclamante, que muitas vezes suscita o incidente diante da prova contra ele produzida ou é surpreendido pela exceção ou incidente suscitado pelo reclamado em sua resposta à reclamação, não se lhe podendo exigir que esteja preparado para se defender na própria audiência.

Entre os incidentes que o juiz deve resolver de pronto, encontram-se a impugnação do valor da causa e os relativos ao tipo de procedimento a ser impresso ao processo.

1.20. Produção de prova.

Apresentada a resposta do reclamado, terá início a instrução do processo, ou seja, a fase processual destinada à produção da prova dos fatos alegados na petição inicial e contestação e que restaram controversos (art. 848 da CLT).

No procedimento sumaríssimo, conforme dispõe o art. 852-H, *caput*, da CLT, todas as provas serão produzidas em audiência, ainda que não requeridas previamente. Com essa medida, dá-se a concentração da causa em audiência.

O art. 852-H da CLT não dispensa o reclamante de instruir a petição inicial com os documentos comprobatórios dos fatos que alega, por força da regra geral estabelecida no art. 787 da CLT, lembrando-se, ainda, que ela deverá ser instruída com os documentos indispensáveis à propositura da ação (art. 283 do CPC de 1973 e art. 320 do CPC de 2015).

Quando forem apresentados documentos em audiência, pelo reclamante (quando o juiz permitir que ele o faça) ou reclamado (junto com a contestação), à parte contrária deverá ser conferida a oportunidade para impugná-los (art. 398 do CPC de 1973 e art. 437, § 1º, do CPC de 2015(1344)).

Os documentos deverão ser impugnados em audiência, salvo absoluta impossibilidade, a critério do juiz (art. 852-H, § 1º, da CLT), hipótese em que deverá ser concedido à parte prazo razoável para a impugnação fora da audiência, sendo a continuidade desta designada para outra data.(1345) No caso de impugnação dos documentos em audiência, o juiz deve estabelecer o tempo de que a parte dispõe para fazê-lo, levando em conta o seu volume e a complexidade da causa (esse tempo não pode ultrapassar vinte minutos, para não

---

(1343) Aduz José Frederico Marques que "sob o nome *incidente* compreendem-se certos episódios que ocorrem no processo e que se destinam a preparar a decisão final. O *incidente*, como fala Carnelutti, são as questões que surgem (*incidunt*) entre o pedido e a decisão, para que o juiz as resolva antes de decidir a lide. Trata-se de controvérsias *acessórias*, como diz Betti, ao lado ou no âmbito do litígio *principal*, e que se coordenam com o fim último do processo. Se a questão *incidental* é simples e se resolve *de plano*, não chega a formar-se um verdadeiro procedimento dentro da relação processual. Casos se apresentam, no entanto, em que vários são os atos para a solução do incidente, conjugando-se todos eles em razão dessa finalidade e dando origem, assim, a verdadeiro procedimento assessório, a que se denomina *procedimento incidental*". (*Instituições de direito processual civil*, v. III, p. 17).

(1344) "Sempre que uma das partes requerer a juntada de documentos aos autos, o juiz ouvirá, a seu respeito, a outra parte, que disporá do prazo de 15 (quinze) dias para adotar qualquer das posturas indicados no art. 436."

(1345) A audiência não pode ser adiada para atender a mera comodidade no exame dos documentos apresentados pelas partes.

ser superior ao tempo que o reclamado tem para apresentar sua resposta à reclamação, consoante prevê o art. 847 da CLT).

Os documentos apresentados com a petição inicial devem ser impugnados na contestação, sob pena de preclusão do direito à sua impugnação.

No processo do trabalho, por força da aplicação subsidiária do art. 332 do CPC de 1973 ou art. 369 do CPC de 2015, as partes podem utilizar todos os meios legais, bem como os moralmente legítimos, para demonstrar a veracidade dos fatos que alegam como fundamento de suas pretensões, visando *influir eficazmente na convicção do juiz*.

Com isto, as partes podem, para provar os fatos por elas alegados, fazer uso inclusive da prova testemunhal.

Contudo, enquanto no procedimento ordinário cada parte pode indicar para oitiva até três testemunhas (art. 821 da CLT), no procedimento sumaríssimo este número é reduzido para dois, ou seja, nele, cada parte poderá indicar para oitiva no máximo duas testemunhas (art. 852-H, § 2º, da CLT). O que se pretende, com a redução do número de testemunhas, é acelerar o procedimento e, com isto, permitir a mais rápida solução do conflito de interesses submetido ao Poder Judiciário.[1346]

A limitação ao número de testemunhas decorre e é justificada pela menor complexidade de que normalmente se revestem os dissídios cujo valor não exceda a quarenta salários mínimos e da maior celeridade que se pretende na sua solução. Acrescente-se que a prova testemunhal é apenas um dos meios de que podem se valer as partes para a prova de fatos alegados na ação ou na defesa.

Havendo litisconsórcio, cada litisconsorte poderá indicar à oitiva até duas testemunhas. Isso porque, salvo disposição expressa em contrário, que não existe na hipótese, os litisconsortes são considerados, em suas relações com a parte adversa, como litigantes distintos (art. 48 do CPC de 1973 e art. 117 do CPC de 2015).

As testemunhas comparecerão à audiência independentemente de intimação, isto é, levadas pelas partes (art. 852-H, § 2º, da CLT).[1347] A intimação da testemunha eventualmente ausente pressupõe o atendimento de uma condição especial, qual seja, a prova de que ela foi convidada ao comparecimento pela parte interessada na sua oitiva. Neste sentido, prevê o art. 852-H, § 3º, da CLT que só será deferida intimação de testemunha que, comprovadamente convidada, deixar de comparecer. O convite à testemunha pode ser comprovado por qualquer meio, sendo os mais eficazes a carta com aviso de recebimento e o recibo lançado em comunicado da data, horário e local da audiência para a qual a testemunha é convidada. Contudo, o juiz pode adiar a audiência para a intimação da testemunha ausente à luz da simples afirmação do reclamante de que o convite foi realizado, indagando à testemunha, na audiência de prosseguimento, sobre o convite e os motivos do não comparecimento. Convencido de que a testemunha não foi convidada, o juiz indeferirá a sua oitiva.

O requerimento de intimação da testemunha pode ser apresentado antes da audiência, para evitar o seu fracionamento, sempre que a parte estiver de posse de prova da recusa de comparecimento e reputar indispensável a sua oitiva. O requerimento deverá ser apresentado à Secretaria no mínimo cinco dias antes da audiência (aplicação do art. 34, § 1º, da Lei n. 9.099/95).

A testemunha que não atender à intimação para comparecimento poderá ser imediatamente conduzida.[1348]

A prova testemunhal deve ser produzida perante o juiz da causa (art. 852-H da CLT), não sendo incompatível com o procedimento sumaríssimo, contudo, a oitiva de testemunha por meio de carta precatória. A

(1346) Neste número não estão incluídas as *testemunhas referidas* que o juiz repute conveniente ouvir e as pessoas ouvidas como *informantes*.

(1347) Esta medida agiliza o processo e contribui para a maior celeridade na solução dos conflitos de interesses.

(1348) Cabe à parte verificar a conveniência de ouvir testemunha conduzida por oficial de justiça. Se a parte reputar inconveniente a oitiva da testemunha, o juiz poderá deferir a sua substituição por outra, esteja ela presente ou não, evitando-se, com isso, cerceamento do direito de defesa.

testemunha a ser ouvida por carta não será intimada, devendo a parte providenciar o seu comparecimento na audiência a ser realizada no juízo deprecado. Somente haverá intimação da testemunha que deixar de comparecer (art. 852-H, § 2º, da CLT).

Também no procedimento sumaríssimo é lícita a produção de prova pericial. Nele, como dispõe o art. 852-H, § 4º, da CLT, a prova pericial será deferida quando a prova do fato, em razão da sua natureza, o exigir ou for legalmente imposta.

Para estabelecimento das hipóteses de admissão da prova pericial, cumpre recorrer aos arts. 420, parágrafo único, I a III, do CPC de 1973 e 464, § 1º, I a III, do CPC de 2015, segundo os quais a prova pericial será indeferida quando: a) a prova do fato não depender de conhecimento especial de técnico; b) for desnecessária em vista de outras provas produzidas; c) a verificação for impraticável.

Deferindo a produção da prova pericial, o juiz nomeará perito e fixará o objeto da prova e o prazo para a sua realização (art. 852-H, § 4º, da CLT).

Por força da aplicação subsidiária do art. 431-A do CPC de 1973 ou do art. 474 do CPC de 2015, as partes deverão ser cientificadas, pelo perito, da data e local designados para a produção da prova.

As partes podem apresentar quesitos[1349] e indicar assistente técnico, no prazo de cinco dias, segundo o art. 421, § 1º, I e II, do CPC de 1973, e, no prazo de quinze dias, nos termos do art. 465, § 1º, II e III, do CPC de 2015. As partes serão intimadas a manifestar-se sobre o laudo elaborado pelo perito[1350], no prazo comum de cinco dias (art. 852-H, § 6º).[1351] A concessão de prazo comum para manifestação sobre o laudo responde à necessidade de maior celeridade na solução do litígio. Contudo, ao juiz é lícito, diante da complexidade da perícia, conceder às partes prazo sucessivo para manifestação sobre o laudo.

1.21. Sentença.

Encerrada a instrução e aduzidas as razões finais (o fato de os arts. 852-G e 852-H da CLT não aludirem às alegações finais não afasta a aplicação do disposto no art. 850, que é regra de caráter geral aplicável ao procedimento sumaríssimo), o juiz renovará a proposta de conciliação.

Essa segunda tentativa de conciliação é imposta pelo art. 850 da CLT, cuja aplicação no procedimento sumaríssimo não é afastada pelo fato de o art. 852-E da CLT a ela não se referir (o art. 850 da CLT trata da tentativa obrigatória de conciliação, ao passo que o art. 852-E, em sua parte final, se refere à faculdade de ser tentada a conciliação em qualquer fase da audiência).

Frustrada a tentativa de conciliação, o juiz proferirá decisão. Neste sentido, estabelece o art. 831, *caput*, da CLT que "a decisão será proferida depois de rejeitada pelas partes a proposta de conciliação". O juiz poderá proferir decisão na própria audiência (arts. 849 e 852 da CLT), no prazo de dez dias (art. 189 do CPC de 1973) ou de trinta dias (art. 226, III, do CPC de 2015).

A decisão conterá o resumo dos fatos relevantes ocorridos em audiência e os elementos de convicção do juiz, sendo dispensado o relatório (art. 852-I da CLT). A sentença deve atender ao disposto no art. 832 da

---

(1349) "Quesitos são as questões, perguntas, interrogações, problemas técnicos que uma das partes, algum interessado no processo, ou o próprio juiz, quando intervém de ofício, formula, para que sejam respondidos, ou resolvidos, de modo que sirvam à instrução e ao esclarecimento do feito" (MIRANDA, Pontes de. *Comentários ao Código de Processo Civil*, v. III, p. 69).

(1350) "Laudo é toda resposta ou conjunto de respostas a quesitos, explícitos ou implícitos, desde que dadas em virtude de função, e não do interesse individual, nem de função judicial pura" (MIRANDA, Pontes de. *Comentários ao Código de Processo Civil*, v. III, p. 69).

(1351) No caso de prazo comum, os procuradores poderão retirar os autos de cartório somente em conjunto ou mediante prévio ajuste por petição nos autos. No entanto, o procurador da parte pode retirar os autos de cartório pelo prazo de *uma hora*, independentemente de ajuste, para a obtenção de cópias (art. 40, § 2º, do CPC de 1973). O CPC de 2015 mantém a permissão para os procuradores retirarem aos autos de cartório em conjunto ou mediante ajuste (art. 107, § 2º), mas dispõe que, sendo o prazo comum, é lícito ao procurador retirar os autos para a obtenção de cópia, pelo prazo de *duas a seis horas*, independentemente de ajuste e sem prejuízo da continuidade do prazo e, ainda, que o procurador que não devolver os autos retirados de cartório para obtenção de cópias dentro do prazo perderá o direito de retirá-los de cartório novamente com esta finalidade, salvo se o seu prazo houver sido prorrogado pelo juiz (art. 107, §§ 2º e 3º).

CLT, sendo dispensado, apenas, o resumo do pedido e da defesa (a identificação das partes e do processo em que é proferida a decisão é indispensável).

O juiz deverá adotar a decisão que reputar mais justa e equânime, atendendo aos fins sociais da lei e às exigências do bem comum (art. 852-I, § 1º, da CLT).[(1352)]

A justa decisão da lide deve ser perseguida em todo processo, independentemente do tipo de procedimento. O 852-I, § 1º, da CLT apenas reforça a necessidade de decisão justa no procedimento sumaríssimo.

A decisão deverá ser equânime, ou seja, respeitar a particularidade do caso concreto.

O juiz não foi autorizado, pelo art. 852-I, § 1º, da CLT, a julgar por equidade, sendo-lhe exigido o julgamento equânime, isto é, livre do critério da legalidade estrita e que respeite as particularidades do caso concreto e contenha interpretação criativa e renovadora da lei.

A propósito, afirma Márcio Túlio Viana que a equidade, no art. 852-I, § 1º, da CLT, "não é a que supre a falta da norma, como dispõe o art. 8º da CLT, nem dispensa a atuação da norma, como no juízo arbitral, mas a que toma a norma em suas mãos e — como o artista faz com a argila — corrige as suas distorções, suaviza a sua rigidez e modela os seus contornos, segundo os valores de cada tempo e lugar. Em outras palavras, não se decidirá por equidade, mas com equidade".[(1353)]

Não há justiça na aplicação estrita das normas jurídicas. A justiça tem como condição o respeito às especificidades da relação jurídica de direito material objeto do dissídio e às condições dos seus sujeitos. A equidade é um imperativo da própria justiça.

A decisão deve ser equânime, para que seja justa.

Como observa Soares Martinez, "é sabido como a aplicação estrita do direito, alheia às situações concretas, reais, faz resvalar os julgadores, através de uma justiça meramente formal e despersonalizada, para clamorosas injustiças. Essa é a razão pela qual já Aristóteles apontou a equidade como superior à justiça (...). A equidade não envolve qualquer derrogação da justiça. Apenas um seu aperfeiçoamento. Dir-se-á mesmo que a equidade melhor se aproximará de um ideal de justiça do que a aplicação estrita da norma. Esta, geral e abstrata, por definição, prevê uma generalidade de casos, abstraindo de quaisquer situações concretas. À equidade cabe ajustar-se, sem quebra da regra, da norma, da justiça, à realidade *sub judice*".[(1354)]

É importante observar que o juiz deverá adotar decisão que reputar mais justa e equânime, mas não está desobrigado de respeitar o ordenamento jurídico, como infere-se do art. 852-I, § 1º, da CLT, que impõe o respeito à finalidade social da lei.

O art. 852-I, § 1º, da CLT impede a mecanização da atividade jurisdicional, impondo ao juiz a adoção da justiça e da equidade como critérios de atuação, não apenas no proferimento da decisão, mas durante todo o procedimento (não se trata, portanto, apenas de decidir com justiça e equidade). De outro lado, a disposição em análise deixa claro que a busca pela justiça não pode ser sacrificada em nome da simplificação, da celeridade e da economia processual.

1.22. Recursos.

A sistemática recursal adotada pelo direito processual do trabalho será examinada mais adiante, em Capítulo próprio.

Cumpre, entretanto, tecer algumas considerações sobre os recursos no procedimento sumaríssimo, o que se fará, de forma breve, em seguida.

Estando insatisfeita com a decisão proferida pelo juiz, a parte pode impugná-la, contra ela apresentando recurso.

(1352) Disposição no mesmo sentido consta da Lei n. 9.099/95, que trata dos Juizados Especiais Cíveis e Criminais (art. 6º).

(1353) O novo rito, artigo por artigo: possibilidades e desafio. In: VIANA, Márcio Túlio; RENAULT, Luiz Otávio Linhares (coords.). *Procedimento sumaríssimo*: teoria e prática, p. 170-171.

(1354) *Filosofia do direito*, p. 269-270.

No procedimento sumaríssimo, as partes podem se valer de todos os recursos admissíveis no processo do trabalho, que mais adiante serão examinados. Nele, no entanto, o processamento do recurso ordinário recebeu tratamento especial, na tentativa de acelerar o pronunciamento do tribunal competente para o seu julgamento, ao passo que foram limitadas as possibilidades de acesso ao Tribunal Superior do Trabalho por meio do recurso de revista.

O que se tem de específico no procedimento sumaríssimo é que:

I) recurso ordinário:

a) será imediatamente distribuído, uma vez recebido no tribunal, devendo o relator liberá-lo no prazo máximo de dez dias, e a Secretaria do Tribunal ou Turma colocá-lo imediatamente em pauta para julgamento, sem revisor (art. 895, § 1º, II, da CLT); b) terá parecer oral do representante do Ministério Público presente à sessão de julgamento, se este entender necessário o parecer, com registro na certidão (art. 895, § 1º, III, da CLT); c) terá acórdão consistente unicamente na certidão de julgamento, com a indicação suficiente do processo e parte dispositiva, e das razões de decidir do voto prevalente. Se a sentença for confirmada pelos próprios fundamentos, a certidão de julgamento, registrando tal circunstância, servirá de acórdão (art. 895, § 1º, IV, da CLT);[1355]

II) os Tribunais Regionais divididos em Turmas poderão designar uma Turma para o julgamento dos recursos ordinários interpostos das sentenças prolatadas nas demandas sujeitas ao procedimento sumaríssimo (art. 895, § 2º, da CLT);

III) o recurso de revista somente será admitido por contrariedade a súmula de jurisprudência uniforme do TST[1356] ou a Súmula vinculante do STF e por violação direta da Constituição Federal (art. 896, § 9º, da CLT).

Admite-se o recurso adesivo no procedimento sumaríssimo, visto que não existe incompatibilidade entre eles, notadamente porque, apresentado recurso por uma das partes, o processo necessariamente será enviado à instância superior, o que significa que o recurso adesivo não interfere na celeridade do processo.

1.23. Ação rescisória.

A Lei n. 9.099/95, que disciplina os Juizados Especiais Cíveis e Criminais, segundo a qual não se admitirá a ação rescisória no procedimento que institui (art. 95), não é aplicável no processo do trabalho.

O art. 836 da CLT dispõe ser admitida a ação rescisória no processo do trabalho, sem qualquer ressalva em relação ao procedimento sumaríssimo, sendo digno de nota que sequer nas causas de alçada é vedada a ação rescisória (Súmula n. 365 do TST).

(1355) Não há, neste caso, afronta à exigência constitucional de fundamentação da decisão. Os fundamentos do Tribunal serão os mesmos da decisão de Primeira Instância (o Tribunal adota como seus os fundamentos da decisão confirmada). A hipótese é de motivação *per relationem* (motivação por referência a outra peça processual). Consoante decidiu o STF: *HABEAS CORPUS* — PRETENDIDO RECONHECIMENTO DE NEGATIVA DE AUTORIA — INDAGAÇÃO PROBATÓRIA EM TORNO DOS ELEMENTOS INSTRUTÓRIOS — INVIABILIDADE NA VIA SUMARÍSSIMA DO *HABEAS CORPUS* — ACÓRDÃO QUE SE REPORTA À SENTENÇA DE PRIMEIRA INSTÂNCIA, ÀS CONTRARRAZÕES DO PROMOTOR DE JUSTIÇA E AO PARECER DO MINISTÉRIO PÚBLICO DE SEGUNDA INSTÂNCIA — MOTIVAÇÃO *PER RELATIONEM* — FUNDAMENTAÇÃO VÁLIDA — PEDIDO INDEFERIDO. — O *habeas corpus* não constitui meio juridicamente idôneo à análise e reexame de provas produzidas no processo penal condenatório, especialmente quando se busca sustentar, na via sumaríssima desse *writ* constitucional, a ausência de autoria do fato delituoso. O acórdão, ao fazer remissão aos fundamentos de ordem fático-jurídica mencionados na sentença de primeira instância, nas contrarrazões do Promotor de Justiça e no parecer do Ministério Público de segunda instância (motivação *per relationem*) — e ao invocá-los como expressa razão de decidir — revela-se fiel à exigência jurídico-constitucional de motivação que se impõe, ao Poder Judiciário, na formulação de seus atos decisórios. (STF-HC 69425/SP, Primeira Turma, Relator Ministro Celso de Mello, DJ 20.10.2006 — destacamos).

(1356) A nosso juízo, diante da necessidade de uniformização da jurisprudência, também a divergência com Orientação Jurisprudencial da SDI-I do TST autoriza a admissão do recurso de revista. No entanto, por meio da Súmula n. 442, o TST adotou o entendimento de que "nas causas sujeitas ao procedimento sumaríssimo, a admissibilidade de recurso de revista está limitada à demonstração de violação direta a dispositivo da Constituição Federal ou contrariedade a Súmula do Tribunal Superior do Trabalho, não se admitindo o recurso por contrariedade a Orientação Jurisprudencial deste Tribunal (Livro II, Título II, Capítulo III, do RITST), ante a ausência de previsão no art. 896, § 6º, da CLT".

1.24. Execução.

Regem a execução da sentença proferida no procedimento sumaríssimo os arts. 876 a 892 da CLT, não lhe tendo sido reservado pela lei tratamento diferenciado.

Contudo, o juiz deverá atentar para a necessidade da mais rápida e eficaz satisfação do credor, por serem esses os objetivos do procedimento sumaríssimo, e, assim como nos demais procedimentos, "despojar-se de todo formalismo legal e interpretar a lei com um sentido profundamente humano".[(1357)]

2. *Procedimento sumário*

O procedimento sumário corresponde às denominadas *causas de alçada*, isto é, as causas cujo valor não ultrapasse, na data da distribuição, o correspondente a dois salários mínimos.

De acordo com o art. 2º, § 3º, da Lei n. 5.584/70, quando o valor fixado para a causa, nos dissídios individuais, não exceder a dois salários mínimos (isto é, quando o valor da causa for igual ou inferior a dois salários mínimos), será (a) dispensável o resumo dos depoimentos, devendo constar da ata a conclusão do juiz quanto à matéria de fato (prestigia-se, assim, a oralidade e a simplificação do procedimento) e (b), salvo se versarem sobre matéria constitucional, nenhum recurso caberá das sentenças (é restrito, então, o acesso ao duplo grau de jurisdição). Trata-se, portanto, de procedimento em que o registro dos atos é realizado de forma mais simplificada e os recursos somente podem versar sobre matéria constitucional, tudo isso na tentativa de tornar a solução do conflito de interesses mais célere e efetiva.

Assim, ficam sujeitos ao procedimento sumário os dissídios individuais cujo valor não ultrapasse, na data da distribuição da ação, o equivalente a dois salários mínimos.

Aplicam-se ao procedimento sumário as normas gerais estabelecidas pela CLT (possibilidade de reclamação verbal, *jus postulandi* etc.) e, naquilo que forem com ele compatíveis, as normas relativas ao procedimento sumaríssimo (a maior celeridade imprimida pela lei ao procedimento sumaríssimo o torna modelo ideal a ser observado no procedimento sumário. Com isso, no procedimento sumário, cada parte pode indicar para oitiva até duas testemunhas, por exemplo).

Dispõe o art. 2º, § 4º, da Lei n. 5.584/70, que, salvo se versarem sobre matéria constitucional, nenhum recurso caberá das sentenças proferidas nas causas de alçada.

A propósito da interpretação dessa disposição legal, existem duas vertentes de pensamento na doutrina:

a) é admissível apenas o recurso extraordinário nas causas de alçada;

b) são admissíveis nas causas de alçada todos os recursos admitidos no processo do trabalho, com a ressalva de que eles somente poderão versar sobre matéria constitucional.

A nosso juízo, a ressalva da lei diz respeito apenas à matéria que pode ser versada no recurso (o recurso somente pode versar matéria constitucional e, portanto, de direito), não tendo sido estabelecido que contra a sentença caberá apenas recurso extraordinário para o STF.[(1358)]

Não se aplica a alçada em ação rescisória e em mandado de segurança (Súmula n. 10 do TST).

(1357) LOPES, Armando Porras. *Derecho procesal del trabajo*, p. 24.

(1358) A propósito, afirma Wagner Giglio que "não padece dúvida quanto ao cabimento de todos os recursos previstos no art. 893 da CLT, além do recurso extraordinário, se houver discussão de matéria constitucional" (*Direito processual do trabalho*, p. 339). Em sentido contrário, afirma Antônio Álvares da Silva que o procedimento da Lei n. 5.584/70 "é o mais sumário e radical de todos, pois só admite o recurso extraordinário". (*Procedimento sumaríssimo na Justiça do Trabalho*, p. 62).

Capítulo 13

Das Audiências

1. *Essencialidade para o processo*

A oralidade que predomina no processo do trabalho exige a concentração dos atos processuais em audiência, tornando-a, com isso, essencial.

É na audiência que será tentada a solução conciliada do conflito, o reclamado apresentará a sua resposta à reclamação, o processo será instruído, a causa será debatida pelas partes e, nela, o juiz poderá proferir decisão. Suprimir a audiência significa afastar o contato direto do juiz com as partes e as testemunhas e das partes entre si, desvirtuando, portanto, o modelo de processo adotado pelo direito processual do trabalho.

2. *Princípios que informam a audiência*

A audiência é regida pelos seguintes princípios:

a) *publicidade*: as audiências serão, em regra, públicas (arts. 770 e 813 da CLT e art. 93, IX, da Constituição);

b) *presença obrigatória das partes*: a audiência é realizada com a presença das partes, salvo as exceções dispostas em lei (art. 843 da CLT);

c) *concentração*: os atos processuais são concentrados na audiência, na qual será realizada a tentativa de conciliação, colhida a defesa, instruído o processo, discutida a causa e prolatada decisão. No sumaríssimo, como já foi assinalado, os incidentes são resolvidos de imediato, em audiência;

d) *oralidade*: a defesa é, via de regra, oral, os depoimentos serão orais, assim como orais serão as razões finais (arts. 847, 820 e 850 da CLT);[1359]

e) *imediatidade*: na audiência o juiz entra em contato direto com as partes, testemunhas e, eventualmente, com o perito (arts. 843, 820 e 827 da CLT).

A audiência será una e contínua. A audiência será "una, não só no sentido de que é uma única, mas também no de que, embora compreendendo múltiplos atos de diversas naturezas, em si constitui uma unidade (...) será contínua, de forma que se inicie e se encerre, sempre que possível, num só dia, não se concedendo ao juiz o poder de dividi-la, a seu arbítrio, em sessões diversas, em dias e horas diferentes".[1360]

(1359) A oralidade diz respeito à forma de apresentação das alegações finais — elas devem ser apresentadas oralmente e não por escrito. Isso não significa que elas não devam ser transcritas na ata de audiência, em especial porque do juiz não pode ser exigido que se recorde de todas as alegações eventualmente apresentadas durante as várias audiências de instrução que costumam ser realizadas no mesmo dia, ao passo que as partes têm direito ao registro dos atos praticados em audiência na ata respectiva.

(1360) SANTOS, Moacyr Amaral. *Comentários ao Código de Processo Civil*, v. IV, p. 382.

Não sendo possível, por motivo de força maior, concluir a audiência no mesmo dia, o juiz marcará a sua continuação para a primeira data desimpedida, independentemente de nova notificação (art. 849 da CLT). No procedimento sumaríssimo, interrompida a audiência, sua continuação dar-se-á no prazo máximo de quinze dias, salvo motivo relevante, justificado nos autos pelo juiz (art. 852-H, § 7º, da CLT).

3. Designação da audiência. Organização da pauta de audiências. Prioridades

A designação da audiência não exige despacho do juiz, salvo nos dissídios coletivos, nos quais o Presidente do Tribunal, estando em ordem a petição inicial, designará a audiência dentro do prazo de dez dias (arts. 841 e 860 da CLT).

No dissídio individual, a audiência é designada no ato da distribuição ou apresentação da reclamação na Vara do Trabalho, de acordo com os dias e horários previamente disponibilizados pelo seu juiz presidente.

Reclamante e reclamado serão cientificados do dia e hora da realização da audiência. O primeiro, no ato da distribuição ou apresentação da reclamação na Vara do Trabalho (art. 788 da CLT) e o segundo, quando de sua notificação (art. 841 da CLT). No dissídio coletivo, as partes são intimadas da designação da audiência via postal.

Ao juiz compete definir a pauta diária de audiência, o que deve fazer de forma razoável e sem prejuízo da celeridade processual.

O CPC de 2015 dispõe, no art. 357, § 9º, que "as pautas deverão ser preparadas com intervalo mínimo de 1 (uma) hora". Esta disposição é incompatível com o processo do trabalho. Nas Varas do Trabalho são realizadas doze, treze, quatorze, quinze e até mais audiências por dia, quando nela atua apenas um juiz, ou o dobro deste número, quando na mesma Vara atuam dois juízes. Se as audiências forem designadas com intervalo de uma hora, será impossível a um mesmo juiz realizar mais do que oito audiências por dia, com gravíssima afronta à celeridade processual.

Por força da aplicação subsidiária do CPC no processo do trabalho, o processo em que figure como parte ou interessado pessoa com idade igual ou superior a 60 (sessenta) anos ou portadora de doença grave, assim compreendida qualquer das enumeradas no art. 6º, XIV, da Lei n. 7.713/88, terá prioridade de tramitação em todas as instâncias (art. 1.211-A do CPC de 1973 e art. 1.048 do CPC de 2015).

A preferência depende de pedido da parte interessada (art. 1.211-B do CPC de 1973 e art. 1.048, § 1º, do CPC de 2015), à qual caberá a prova de sua condição.

Deferida a prioridade, os autos receberão identificação própria que evidencie o regime de tramitação prioritária (art. 1.211-B, § 1º, do CPC de 1973 e art. 1.048, § 2º, do CPC de 2015).

Concedida a prioridade, essa não cessará com a morte do beneficiado, estendendo-se em favor do cônjuge supérstite, companheiro ou companheira, em união estável (art. 1.211-C do CPC de 1973 e art. 1.048, § 3º, do CPC de 2015).

4. Lugar e limites temporais para a realização da audiência

As audiências serão realizadas na sede do juízo ou Tribunal em dias úteis previamente fixados, entre 8 (oito) e 18 (dezoito) horas, não podendo ultrapassar 5 (cinco) horas seguidas, salvo quando houver matéria urgente (art. 813 da CLT). O desrespeito a esses limites temporais somente possibilitará a anulação do processo se houver prejuízo às partes e for a nulidade suscitada na primeira oportunidade que a parte tiver para se manifestar no processo ou em audiência (arts. 794 e 795 da CLT).

Em casos especiais, poderá ser designado outro local para a realização das audiências, mediante edital afixado na sede do juízo ou Tribunal, com antecedência mínima de 24 (vinte e quatro) horas (art. 813, § 1º, da CLT).

Sempre que for necessário, poderão ser convocadas audiências extraordinárias, observando-se, na sua convocação, a antecedência mínima de 24 horas (art. 813, § 2º, da CLT).

5. Documentação. Gravação pelas partes

Os trâmites da instrução e julgamento da reclamação serão resumidos em ata, da qual constará, na íntegra, a decisão que for proferida em audiência (art. 851 da CLT).

Cabe ao Diretor da Secretaria secretariar as audiências da Vara, lavrando as atas respectivas (arts. 712, *g*, e 814, § 1º, da CLT). O Diretor de Secretaria pode designar funcionário da Vara para funcionar na audiência (é o denominado "datilógrafo ou secretário de audiência").

O registro das audiências será feito em livro próprio, constando de cada registro os processos apreciados e a respectiva solução, bem como as eventuais ocorrências (art. 817 da CLT).

Do registro das audiências poderão ser fornecidas certidões às pessoas que as requererem (art. 817 da CLT).

Na ata de audiência, serão registrados os atos essenciais, as afirmações fundamentais das partes e as informações úteis à solução da causa trazidas pelas testemunhas e pelos peritos, se houver (art. 851 da CLT). No procedimento sumaríssimo, o registro dos atos essenciais e das afirmações fundamentais das partes e informações úteis das demais pessoas ouvidas far-se-á de forma resumida (art. 852-F da CLT). No procedimento sumário, é dispensado o resumo dos depoimentos, devendo constar da ata a conclusão do juiz sobre a matéria de fato (arts. 2º, § 3º, da Lei n. 5.584/70 e 851, § 1º, da CLT).

A audiência poderá ser integralmente gravada em imagem e em áudio, em meio digital ou analógico, desde que assegure o rápido acesso das partes e dos órgãos julgadores, observada a legislação específica (art. 367, § 5º, do CPC de 2015).

A gravação da audiência também pode ser realizada diretamente por qualquer das partes, independentemente de autorização judicial (art. 367, § 6º, do CPC de 2015). O fato de ser desnecessária a autorização judicial não dispensa a parte de comunicar ao juiz e à parte contrária a sua intenção de gravar a audiência.

6. Abertura. Tolerância de atrasos do juiz e das partes

À hora marcada, o juiz ou Presidente declarará aberta a audiência, sendo feita pelo Diretor de Secretaria, ou funcionário designado para secretariar as audiências o pregão das partes, advogados constituídos, testemunhas e demais pessoas que devam comparecer (art. 815 da CLT).

A chamada das partes, advogados constituídos, testemunhas e demais pessoas que devam comparecer (pregão — art. 450 do CPC de 1973 e art. 358 do CPC de 2015) é formalidade essencial e sua ausência implica nulidade (salvo se, apesar de sua não realização, as partes e seus advogados comparecerem à audiência).

Se, até 15 (quinze) minutos após a hora marcada, o juiz ou Presidente não houver comparecido, os presentes poderão retirar-se, devendo o ocorrido constar do livro de registro das audiências (art. 815 da CLT).

Prevalece no TST, como se verifica na Orientação Jurisprudencial n. 245 da SDI-I, o entendimento de que "inexiste previsão legal tolerando atraso no horário de comparecimento da parte à audiência".

Nada impede, no entanto, que o juiz tolere pequenos atrasos, que não comprometam seriamente a realização das audiências designadas para o mesmo dia. Observe-se, inclusive, que existe lacuna da lei em relação à eventual tolerância de atrasos das partes e, diante de uma lacuna, o juiz pode lançar mão da analogia para a solução da situação concreta a ser resolvida, o que permite aplicar ao atraso da parte o disposto no art. 815 da CLT. Não sendo admitida esta opção, é lícito aplicar à hipótese, por analogia, o disposto no art. 58, § 1º, da CLT, para considerar justificável atraso que não ultrapasse de cinco minutos. Este artigo permite afirmar que atraso de até cinco minutos não é sério o suficiente para ensejar arquivamento da reclamação (atraso do reclamante), a revelia e confissão (atraso do reclamado), ou a confissão (atraso da parte que deveria comparecer na audiência de prosseguimento, em que deveria prestar depoimento).

A Instrução Normativa n. 39/2016 do TST estabelece, no art. 2º, VI, que não é aplicável no processo do trabalho o art. 362, III, do CPC de 2015, que dispor que a audiência será adiada por atraso injustificado de seu início em tempo superior a trinta minutos do horário marcado.

7. O juiz na audiência

Compete ao juiz dirigir os trabalhados da audiência (art. 765 da CLT).

O juiz exerce o poder de polícia em audiência, competindo-lhe manter a ordem e o decoro na audiência, ordenar que se retirem da sala da audiência os que se comportarem inconvenientemente e requisitar, quando necessária, a força policial (arts. 816 da CLT, 445 do CPC de 1973 e 360 do CPC de 2015).

O art. 350, V, do CPC de 2015 impõe o registro na ata, com exatidão, de todos os requerimentos apresentados em audiência, o que, no processo do trabalho, alcança os protestos das partes, lembrando que na ata do juiz deverá registrar os *atos essenciais* (art. 852-F da CLT e o protesto *é essencial* para evitar a preclusão (art. 795 da CLT).

8. Prazo para realização. Adiamento e interrupção

Embora não negue ao juiz a liberdade para organizar a pauta de audiência, o direito processual do trabalho, visando atender ao princípio da celeridade, fixa prazo que deve ser por ele respeitado.

Nesse sentido:

a) no dissídio individual, deve ser respeitado o prazo mínimo de cinco dias entre a notificação do reclamado e a audiência (art. 841 da CLT);

b) no dissídio coletivo, a audiência de conciliação será realizada dentro do prazo de dez dias (art. 860 da CLT);

c) no procedimento sumaríssimo, a audiência deverá ser realizada no prazo máximo de 15 dias (art. 852-B, III, da CLT), além do que, sendo interrompida a audiência, o seu prosseguimento e a solução do processo deverão ocorrer no prazo máximo de trinta dias, salvo motivo relevante justificado nos autos pelo juiz da causa (art. 852-H, § 7º, da CLT).

A audiência poderá ser adiada por convenção das partes, caso em que só será admissível uma vez, ou quando não possam comparecer, por motivo justificado, o perito, as partes, as testemunhas ou advogados, devendo o impedimento ser provado até a abertura da audiência (art. 453 do CPC de 1973, art. 362 do CPC de 2015 e art. 844, parágrafo único, da CLT).[1361]

A Instrução Normativa n. 39/2016 do TST dispõe, no art. 2º, VI, que não é aplicável no processo do trabalho o art. 362, III, do CPC de 2015, que estabelece o adiamento da audiência no caso de atraso injustificado de seu início em tempo superior a trinta minutos do horário marcado.

Havendo motivo relevante, a audiência poderá ser interrompida (art. 844, parágrafo único, da CLT). No procedimento sumaríssimo, o prosseguimento da audiência, no caso de sua interrupção, dar-se-á no

(1361) O impedimento de comparecimento deve ser provado até a abertura da audiência, salvo se resultar de fato ocorrido quando o reclamante, o reclamado ou seu preposto e/ou advogado estiverem se dirigindo à sede do juízo, hipótese em que o fato pode ser provado até o proferimento da decisão. Se a decisão já foi prolatada, a parte deverá apresentar recurso e demonstrar o impedimento de comparecimento na audiência, solicitando a anulação do processo e a repetição daquele ato.

prazo máximo de trinta dias, salvo motivo relevante justificado nos autos pelo juiz da causa (art. 852-H, § 7º, da CLT).

Sendo reconhecido às partes o *jus postulandi*, a ausência do advogado não autoriza a dispensa da produção das provas requeridas pela parte por ele assistida, não sendo compatível com o processo do trabalho o art. 453, § 2º, do CPC de 1973 e o art. 362, § 2º, do CPC de 2015. Destarte, constatada a ausência injustificada do advogado, a audiência será realizada, produzindo-se as provas indicadas por ambas as partes.

9. Comparecimento das partes

Na audiência deverão estar presentes o reclamante e o reclamado, independentemente do comparecimento de seus representantes, salvo nos casos de reclamatórias plúrimas ou ações de cumprimento, quando os empregados poderão fazer-se representar pelo sindicato de sua categoria (art. 843 da CLT).

Se por doença ou qualquer outro motivo poderoso ou relevante, devidamente comprovado, não for possível ao empregado comparecer pessoalmente, poderá fazer-se representar por outro empregado que pertença à mesma profissão ou pelo sindicato (art. 843, § 2º, da CLT).

É facultado ao reclamado fazer-se substituir pelo gerente, ou qualquer outro preposto que tenha conhecimento dos fatos, e cujas declarações obrigarão o preponente (art. 843, § 1º, da CLT).

O tema foi tratado no Capítulo reservado ao estudo do procedimento ordinário, no qual foram estabelecidas, inclusive, as consequências da ausência das partes e as exigências relacionadas à representação do reclamado por preposto.

10. Conciliação

Antes de colhida a resposta do reclamado, o juiz proporá a conciliação (arts. 764, 846, 852-E e 860 da CLT), esclarecendo as partes sobre as suas vantagens e usando os meios adequados de persuasão para que seja ela alcançada (arts. 764, § 1º, e 852-E da CLT).

A proposta de conciliação poderá ser renovada pelo juiz em qualquer fase da audiência e deverá ser apresentada, necessariamente, após as razões finais (art. 850 da CLT).

A ausência de tentativa de conciliação, no início da audiência e/ou após as alegações finais, é causa de nulidade do processo.[1362] A nulidade somente será declarada, no entanto, se for demonstrado manifesto prejuízo para as partes e se for alegada na primeira oportunidade em que a parte tiver para se manifestar nos autos ou na audiência, em especial porque mesmo não sendo instaurado o juízo conciliatório as partes podem, a qualquer tempo, celebrar acordo (arts. 764, § 3º, 794 e 795 da CLT). Litiga de má-fé a parte que alega a nulidade do processo por falta de tentativa de conciliação e, acolhida a sua alegação, declara, em audiência designada após a anulação do processo, não ter interesse na solução negociada do litígio.

11. Julgamento **prima facie** *no CPC e no processo do trabalho*

De acordo com o art. 285-A do CPC de 1973:

> "Quando a matéria controvertida for unicamente de direito e no juízo já houver sido proferida sentença de total improcedência em outros casos idênticos, poderá ser dispensada a citação e proferida sentença, reproduzindo-se o teor da anteriormente prolatada.

(1362) Dispõe o art. 359 do CPC de 2015 que: "Instalada a audiência, o juiz tentará conciliar as partes, independentemente do emprego anterior de outros métodos de solução consensual de conflitos, como a mediação e a arbitragem".

§ 1º Se o autor apelar, é facultado ao juiz decidir, no prazo de 5 (cinco) dias, não manter a sentença e determinar o prosseguimento da ação.

§ 2º Caso seja mantida a sentença, será ordenada a citação do réu para responder ao recurso."

Assim, por força do art. 285-A do CPC de 1973, sendo a matéria versada na ação apenas de direito[1363] e no juízo já houverem sido proferidas sentenças de total improcedência em casos idênticos, o juiz, independentemente da citação do réu, poderá proferir sentença de mérito, repetindo o teor das anteriormente prolatadas (sentença de improcedência). A doutrina se refere, ao examinar o texto em questão, à figura da *sentença emprestada* ou *sentença paradigma*.

Trata-se de hipótese de julgamento de *improcedência liminar do pedido*, que é cabível nas *demandas repetitivas*.

O juiz foi autorizado, pelo art. 285-A do CPC de 1973, a realizar um *controle prévio da procedência do pedido* do autor ou a proceder ao que vem sendo denominado *julgamento antecipadíssimo* ou julgamento *prima facie*.

A autorização em exame encontra fundamento: na necessidade de assegurar a duração razoável do processo (se casos idênticos já foram julgados, a determinação constitucional de duração razoável do processo impõe o pronto julgamento da causa) e evita a prática de atos processuais inúteis; na segurança jurídica e no princípio da igualdade, que não são prestigiados pela previsibilidade decorrente da uniformidade de tratamento para casos idênticos.

Como a parte que tem razão é sempre prejudicada pelo trâmite do processo, é razoável o pronto julgamento no caso de questão unicamente de direito repetindo decisões de improcedência já proferidas no mesmo juízo em demandas que apresentem o mesmo pedido e a mesma causa de pedir.

O julgamento *prima facie* é admitido na hipótese de improcedência do pedido manifestado em juízo e não implica prejuízo ao direito de defesa do réu, na medida em que, não havendo recurso, a decisão transitará em julgado (mesmo não sendo ouvido, o réu sairá vencedor na demanda), ao passo que, se o autor recorrer e a decisão for cassada, o juiz ordenará o prosseguimento da ação, com a citação do réu, enquanto que, sendo mantida a sentença, será ordenada a citação do réu para responder ao recurso, ou seja, no caso de prosseguimento da ação, terá ele oportunidade de manifestação.

No julgamento *prima facie*, o contraditório é apenas diferido e nele não há prejuízo ao réu, posto que a hipótese será de julgamento de improcedência do pedido contra ele apresentado em juízo. O direito de defesa não é um fim em si mesmo, mas tem como fundamento a oportunidade de resposta ao pedido apresentado em juízo e de atuar no sentido de formar a convicção do juiz sobre a demanda a ele submetida. Se o pedido é liminarmente rejeitado, desnecessária se torna a defesa. O que se fez, portanto, foi alterar o modelo originalmente adotado pelo CPC de 1973, que não admitia, em regra, o julgamento de mérito antes da apresentação da defesa, para passar a admiti-lo quando a defesa se mostre totalmente desnecessária, em nome da mais rápida solução do litígio e para evitar a prática de atos inúteis.

O julgamento *prima facie*, na forma do art. 285-A do CPC de 1973, pressupõe a existência de número razoável de casos idênticos já julgados no juízo em que foi proposta a ação, com decisões confirmadas ou não impugnadas por recurso, e a identidade de pedido e de causa de pedir entre as causas julgadas e aquela a ser julgada.

Observe-se que, havendo recurso e sendo mantida a decisão, o juiz ordenará a citação do réu para apresentar contrarrazões ao recurso. Como se trata, nessa hipótese, de *citação*[1364] e o processo não retornará à Primeira Instância para novo julgamento, haja vista já ter sido proferida decisão de mérito, o réu deverá apresentar, em suas contrarrazões, sua resposta à pretensão do autor, podendo, portanto, acrescentar

(1363) A lei se refere a *matéria controvertida*, mas a controvérsia somente surge com a apresentação da contestação por parte do réu. A matéria versada na ação é que deverá ser de direito (ou seja, consistir na definição da norma jurídica aplicável ao caso concreto ou na correta interpretação da norma cuja aplicação ao caso concreto seja incontroversa).

(1364) Pela citação, o réu é chamado a juízo para apresentar sua resposta à demanda.

argumentos aos que foram utilizados como fundamento da decisão. Eventual pretensão do réu contra o autor deve ser objeto de ação autônoma, ficando prejudicada a possibilidade de reconvenção nos autos do mesmo processo.

Poder-se-ia sustentar a inconstitucionalidade da aludida previsão legal, sob o argumento de que ela impede o efetivo acesso à justiça, em razão do proferimento de decisão de mérito com esteio na afirmação de existência de ações idênticas já julgadas no mesmo juízo. Ocorre que a parte pode apresentar recurso contra a decisão e o juiz pode cassá-la, ao passo que, sendo a decisão mantida, ainda resta a possibilidade de sua reforma pelo tribunal. Sequer se pode afirmar que o réu também tem negado o acesso à justiça, sob o argumento de que as suas razões contrárias ao acolhimento da pretensão do autor somente serão examinadas em Segunda Instância, visto que o pronunciamento de Primeiro Grau, por ser de total improcedência, já contém as razões que desautorizam o acolhimento do pedido do autor.

O CPC de 2015 trata da questão no art. 332, segundo o qual, nas causas que dispensam a fase instrutória (*já não se exige, portanto, que se trate de causa em que a matéria controvertida seja unicamente de direito*), o juiz, independentemente da citação do réu, julgará liminarmente improcedente o pedido que contrariar:

a) enunciado de súmula do STF ou do STJ (no caso do processo do trabalho, enunciado ou súmula do STF e do TST);

b) acórdão proferido pelo STF ou STJ (TST, no processo do trabalho) em julgamento de recursos repetitivos;

c) entendimento firmado em incidente de resolução de demandas repetitivas ou de assunção de competência;

d) enunciado de súmula de tribunal de justiça sobre direito local (situação estranha ao processo do trabalho);

e) se o juiz verificar, desde logo, a ocorrência de decadência ou prescrição.

Nota-se, assim, *que já não se trata de julgamento de causas repetitivas*, como ocorria sob a égide do CPC de 1973, mas de existência de precedentes contrários (incisos I, II e IV do art. 332 do CPC de 2015) ou de jurisprudência contrária (inciso III do art. 332 do CPC de 2015) ao pedido do autor.

A Instrução Normativa n. 39/2016 do TST estabelece, no art. 7º, que é aplicável no processo do trabalho, com as adaptações necessárias à legislação processual trabalhista, o art. 332 do CPC de 2015, cumprindo ao juiz julgar liminarmente improcedente o pedido que contrariar: a) enunciado de súmula do STF ou do TST; b) acórdão proferido pelo STF ou pelo TST em julgamento de recursos repetitivos; c) entendimento firmado em incidente de resolução de demandas repetitivas ou de assunção de competência; d) enunciado de súmula de TRT sobre direito local, convenção coletiva de trabalho, sentença normativa ou regulamento empresarial de observância obrigatória em área territorial que não exceda à jurisdição do respectivo tribunal. A Instrução Normativa n. 39/2016 do TST dispõe, no art. 7º, parágrafo único, que o juiz poderá julgar liminarmente improcedente o pedido se verificar, desde logo, a ocorrência de decadência.

O CPC de 2015 prevê que, não havendo recurso, o réu será intimado do trânsito em julgado da decisão (art. 332, § 2º), e que, sendo interposta a apelação, o juiz poderá retratar-se em cinco dias (art. 332, § 3º), sendo que, se houver retratação, o juiz determinará o prosseguimento do processo, com a citação do réu, e, se não houver retratação, determinará a citação do réu para apresentar contrarrazões, no prazo de 15 dias (art. 332, § 4º). O art. 485, § 7º, do CPC de 2015 estabelece que, no caso de decisão que não examina o mérito, o juiz poderá interposta apelação, retratar-se e o art. 3º, VIII, da Instrução Normativa n. 39/2016 do TST prevê ser aplicável no processo do trabalho o art. 485, § 7º, do CPC de 2015, o que, evidentemente, só se aplica ao recurso ordinário.

A hipótese continua sendo de *julgamento antecipadíssimo* ou julgamento *prima facie*, embora por outros motivos, sendo pertinentes os argumentos acima apontados em favor da constitucionalidade desta medida.

O direito processual do trabalho não contém disposição similar, sendo, portanto, omisso a respeito. Também no processo do trabalho deve ser prestigiada a mais rápida solução do dissídio e evitada a prática de atos inúteis, o que significa dizer que a norma em destaque é com ele compatível.

Cumpre observar, contudo, que a CLT impõe a prévia tentativa de conciliação, o que significa que o julgamento da lide somente poderá ocorrer em audiência, depois de verificada a presença do reclamante (a ausência do reclamante implicará arquivamento da reclamação) e tentada a conciliação (por força da obrigatoriedade da tentativa de conciliação no processo do trabalho), isso nos casos de ter sido designada audiência (não sendo designada audiência, o juiz poderá proferir o julgamento de imediato). Note-se que, estando o reclamado presente na audiência que houver sido designada, o juiz poderá colher a contestação, encerrar a instrução e proferir julgamento, fugindo dos embates que a questão ainda suscita (inconstitucionalidade da medida, por exemplo).

Proferido o julgamento *prima facie*, se o autor apresentar recurso (o recurso cabível é o ordinário), é facultado ao juiz decidir, no prazo de 5 (cinco) dias, cassar a sentença e determinar o prosseguimento do processo, com a designação de audiência para colher a defesa e instruir o processo. Caso seja mantida a sentença, deverá ser ordenada a intimação do reclamado para responder ao recurso, no prazo de oito dias, remetendo-se os autos, posteriormente, à instância superior.

12. Resposta do reclamado

Frustrada a tentativa de conciliação, o reclamado terá vinte minutos para aduzir a sua resposta, escrita ou oral (art. 848 da CLT).

Havendo litisconsórcio passivo, cada um deles terá o prazo de vinte minutos para aduzir sua resposta.

13. Instrução do processo

Finda a resposta, dar-se-á início à instrução do processo, ou seja, a fase destinada à produção da prova dos fatos alegados na petição inicial e na contestação.

14. Razões finais

Encerrada a instrução, poderão as partes aduzir razões finais, em prazo que não exceda dez minutos para cada uma (art. 850 da CLT).

A fase de razões finais é destinada ao debate da causa pelas partes.

A apresentação de razões finais é uma faculdade da parte. Com isso, a ausência das razões finais não invalida o processo.

Estabelecida, expressamente, a oralidade das razões finais, não é lícita a sua conversão em memoriais escritos. A concentração e a oralidade dos atos, que caracterizam os procedimentos trabalhistas, são incompatíveis com a substituição de debates orais por memoriais, uma vez que dela resultaria a protelação do julgamento do dissídio.

A oralidade diz respeito à forma de manifestação das alegações finais e não que elas não devam ser registradas na ata de audiência. O registro em ata das alegações finais é um direito da parte. Não é razoável, ademais, exigir que o juiz se recorde de todas as alegações finais apresentadas nas audiências que realizar.

15. Conciliação e julgamento

Aduzidas as razões finais, o juiz renovará a proposta de conciliação.

Não sendo realizada a conciliação, o juiz proferirá decisão (arts. 831 e 849 da CLT). A decisão pode ser proferida em audiência ou no prazo de dez dias (art. 189 do CPC de 1973) ou de trinta dias (art. 226, III, do CPC de 2015), sendo que, nesse caso, o juiz poderá designar dia e hora para a publicação da decisão, situação em que as partes se consideram intimadas da decisão na data e horários designados (Súmula n. 197 do TST).

CAPÍTULO 14

DAS PROVAS

1. *Conceito*

Ao vocábulo prova são conferidos vários sentidos.

Com efeito, à prova é conferido o sentido de: a) instrumentos por meio dos quais são introduzidos no processo elementos de convicção destinados à demonstração da veracidade dos fatos controversos (*prova como meio*); b) atividade desenvolvida pelas partes e pelo juiz voltada à demonstração/verificação da veracidade dos fatos controversos (*prova como atividade*); e c) convencimento do juiz, formado a partir dos elementos de convicção existentes nos autos, sobre a veracidade dos fatos controversos (*prova como resultado*).

A *visão integral da prova* exige que se combine com estes três sentidos (prova como meio, atividade e resultado) ainda um quarto, qual seja, a finalidade da prova.

Neste contexto, prova, *em sentido integral*, é a demonstração da veracidade dos fatos alegados como fundamento da pretensão manifestada em juízo, que é realizada com os meios admitidos pela ordem jurídica e com o objetivo de convencer o juiz daquela ocorrência ou veracidade e fornecer-lhe elementos suficientes para confirmar ou negar a existência do direito objeto de controvérsia.

2. *Finalidades da prova. Prova e verdade. Destinatários da prova*

O exame da prova envolve, em um primeiro momento, a definição da sua finalidade, da sua relação com a verdade e dos seus destinatários.

2.1. Para as partes, a finalidade da prova é convencer o juiz da veracidade dos fatos alegados na ação ou na defesa (*finalidade imediata*) e tornar possível o acolhimento da sua pretensão (*finalidade mediata*).

Do ponto de vista do juiz, a prova tem como finalidade esclarecer os fatos da causa (*finalidade imediata*) e viabilizar a prolação de decisão o mais próximo possível da realidade (*finalidade mediata*).

A prova possui, ainda, finalidade social, na medida em que:

a) possibilita a confirmação e a realização concreta do direito objeto de disputa, contribuindo, com isso, para a efetividade da ordem jurídica;

b) viabiliza a participação das partes na construção da decisão no caso concreto e, dessa forma, na definição de seus direitos e obrigações, o que constitui uma exigência do Estado Democrático de Direito;

c) operando em favor da realização concreta dos direitos assegurados pela ordem jurídica, favorece a proteção e a promoção da dignidade humana quando se tratar de disputa que envolva direitos humanos e fundamentais, não podendo ser olvidado que a dignidade humana exige o respeito aos direitos humanos e fundamentais de que as partes são titulares no processo (*dignidade humana no processo*) e a realização concreta dos direitos materiais que lhe são inerentes (*dignidade humana por meio do processo*), bem como a realização da justiça social e construção da democracia.

2.2. A existência da relação entre prova e verdade é assumida pelo CPC de 1973, vez que: o art. 282, VI, dispõe que o autor deverá indicar na petição inicial as provas com as quais pretende demonstrar a *verdade* dos fatos alegados; o art. 332 faz referência aos meios de que dispõem as partes para provar a *verdade* dos fatos alegados como fundamento de suas pretensões; o art. 334, IV, dispensa a prova do fato favorecido por presunção legal de *veracidade*.

Esta postura é também assumida pelo CPC de 2015, como se vê do seu art. 319, VI (que corresponde ao art. 282, VI, do CPC de 1973), art. 369 (que corresponde ao art. 332 do CPC de 1973, com a ressalva de que o CPC de 2015 assegura às partes, além do direito de empregar todos os meios legais, bem como os moralmente legítimos, ainda que não especificados neste Código, o direito de *influir na convicção do juiz*) e art. 374, IV (que corresponde ao art. 334, IV, do CPC de 1973).

Sob a ótica do CPC (de 1973 e de 2015), portanto, a prova tem por finalidade demonstrar a verdade dos fatos alegados pelas partes, existindo, destarte, uma *relação funcional* entre prova e verdade.

Considerando ser a verdade a finalidade da prova, Lourival Vilela Viana aduz que "a descoberta da verdade é o escopo fundamental da prova".[(1365)]

A existência de relação entre prova e verdade é, no entanto, negada por boa parte da doutrina. Assevera Jordi Ferrer Beltrán que, para desvinculá-las, é afirmado que "a finalidade da prova é a fixação formal dos fatos por parte do juiz, independentemente de sua relação com o ocorrido",[(1366)] que "a prova é o conjunto das operações por meio das quais se procura obter o convencimento do juiz a respeito de fatos processuais determinados"[(1367)] e que "prova é 'a atividade processual que tende a alcançar a certeza do julgador a respeito dos fatos alegados pelas partes'".[(1368)]

É também afirmado, no exame da relação entre prova e verdade, que a prova tem por finalidade alcançar a *verdade formal, jurídica* ou *processual*. Admite-se, sob este prisma, a existência de relação funcional entre prova e verdade, mas com a adoção de uma concepção de verdade própria para o processo.

Sob o prisma desta última vertente de pensamento, por uma questão prática — necessidade de solucionar o conflito de interesses submetido ao Poder Judiciário em um prazo razoável[(1369)] —, o juiz é autorizado

(1365) *A liberdade de prova em matéria penal*, p. 43.

(1366) *Prueba y verdad en el derecho*, p. 65. Adotando a primeira destas soluções, afirma Francesco Carnelutti que o sistema de limites impostos à prova tem séria influência sobre o seu resultado e impede seja ela considerada um meio para o conhecimento da verdade, o que o conduz à sua afirmação de que a prova tem por finalidade a fixação formal dos fatos (*La prueba civil*, p. 25). Segundo Francesco Carnelutti, "basta um *limite mínimo* para a liberdade de busca do juiz, para que o processo de busca da realidade degenere em processo formal de fixação (...). Quando a busca da verdade material está limitada de tal modo que esta não pode ser conhecida em todo caso e com qualquer meio, o resultado, seja mais ou menos rigoroso, o limite é sempre o de que não se trata de uma busca da verdade material, mas de um processo de fixação formal dos fatos" (*Op. cit.*, p. 25).

(1367) *Prueba y verdad en el derecho*, p. 66. Sobre esta solução, observa Jordi Ferrer Beltrán que, "se se sustenta que a finalidade da prova como atividade é alcançar a convicção do julgador acerca dos fatos, esta finalidade será atendida independentemente do sentido em que se produza aquela convicção, de se está ou não de acordo com os fatos realmente acontecidos e inclusive de se é ou não a conclusão que cabia obter à luz dos elementos probatórios presentes no processo. Por outra parte, se se concebe a noção de fato provado (isto é, a prova como resultado probatório) de forma equivalente, cabe dizer que um fato está provado quando o juiz se ache convencido de sua ocorrência. Neste caso, tampouco se deixa algum espaço para o erro: se o juiz alcança a convicção, o fato está provado. Em caso contrário, não o está. E isto depende unicamente do aspecto subjetivo psicológico do juiz (...). Assim, se confunde a noção de prova com a atitude proposicional do juiz acerca dos enunciados que se declaram provados. E se vincula, ademais, a prova com a crença (a convicção), de modo que não se pode dar conta de um importante número de casos, nos quais por razões muitos diversas o juiz se vê obrigado a declarar fatos provados com independência (e até contra) de suas crenças acerca dos fatos do caso" (*Op. cit.*, p. 66-67).

(1368) *Prueba y verdad en el derecho*, p. 67. Esta solução é criticada por Jordi Ferrer Beltrán, sob o argumento de que não está claro "quais são os limites entre a noção de convicção e a de certeza neste contexto. De qualquer forma, parece que também a noção de certeza possui um caráter eminentemente subjetivo, de modo que se apresentariam de novo os mesmos problemas assinalados para as concepções anteriores" (*Op. cit.*, p. 67-68).

(1369) Não se trata de conferir prevalência ao fator tempo (*tempo do processo*) no seu confronto com o resultado da atuação do juiz (*solução justa do conflito*), mas de harmonizá-los (a decisão deve ser rápida e justa).

a julgar de acordo com a verdade formal, jurídica ou processual, isto é, com *a verdade estabelecida com base nos elementos de convicção existentes nos autos*.

A distinção entre verdade material e verdade formal é alvo de crítica pela doutrina. Neste sentido, aduzem Luiz Guilherme Marinoni e Sérgio Cruz Arenhart que falar "em verdade formal (especialmente em oposição à verdade substancial) implica reconhecer que a decisão judicial não é calcada na verdade, mas numa não verdade. Supõe-se que exista uma verdade mais perfeita (a verdade substancial), mas que, para a decisão no processo civil, deve o juiz contentar-se com aquela imperfeita, e, não condizente com a verdade. A ideia de verdade formal é absolutamente inconsistente e, por essa mesma razão, foi (tende a ser cada vez mais), paulatinamente, perdendo seu prestígio no seio do processo civil. A doutrina mais moderna nenhuma referência mais faz a esse conceito, que não apresenta qualquer utilidade prática, sendo mero argumento retórico a sustentar a posição de inércia do juiz na reconstrução dos fatos e a frequente dissonância do produto obtido no processo com a realidade fática".[1370]

A nosso juízo, a finalidade da prova é a verdade, tendo-se por verdade a correspondência entre o fato alegado e a realidade.

É que:

a) a verdade não pode, como adverte Michele Taruffo, deixar de ser situada "entre os objetivos institucionais do processo, dado que sem esta hipótese é quase impossível explicar racionalmente em que consiste a justiça da decisão";[1371]

b) a verdade constitui pressuposto de uma decisão justa, observando-se que a justa decisão dos conflitos de interesse é um direito das partes e anseio da sociedade;[1372]

c) a dificuldade de alcançar a verdade não significa que ela não exista e não é suficiente para que as partes e o juiz deixem de assumi-la como parâmetro de atuação e finalidade do processo;

d) a verdade não será alcançada quando a ela as partes e o juiz renunciarem previamente;

e) é em favor da verdade que é assegurada às partes ampla liberdade em matéria de prova.

Em suma, o processo é e deve ser orientado para a busca da verdade.

Mas, o que é a verdade no processo?

Como aduz Piero Calamandrei, o máximo de aproximação possível da verdade "varia caso a caso, segundo os meios de prova de que o julgador pode se servir para chegar à decisão".[1373]

De outro lado, consoante adverte Moacyr Amaral Santos, para chegar à convicção necessária à afirmação da veracidade de um fato, "o espírito deve ponderar detidamente todos os motivos mais de uma vez, estabelecendo juízo sucessivo, antes de proferir juízo definitivo".[1374]

Recordem-se, ainda, dos ensinamentos, de Nicola Framarino Dei Malatesta, para quem, para obter convencimento seguro, "devem ser considerados e apreciados mais de uma vez os motivos que produziram a certeza, a fim de que esta, se não desaparecer, se confirme. Neste assentimento seguro e definitivo da vontade, que, iluminada pela razão, rechaça definitivamente as possibilidades contrárias, é que fazemos consistir o convencimento racional (...). A certeza é a afirmação preliminar da verdade no sentido de que a

(1370) *Prova*, p. 32-33.

(1371) *La prueba de los hechos*, p. 168. Michele Taruffo sustenta que "o contexto processual exige a busca da verdade dos fatos como condições de veracidade, validez e aceitabilidade da decisão que constitui o resultado final do processo" (Conocimiento científico y critérios de la prova judicial. In: *Conocimiento, prueba, pretensión e oralidad*, p. 33).

(1372) A propósito observa Piero Calamandrei que "o escopo do processo não é somente a procura da verdade. O escopo do processo é algo mais amplo: é a justiça, da qual o acertamento da verdade é somente uma premissa" (Proceso e justicia. In: *Studi sul processo civile*, p. 15). Gustavo Zagrebelsky aduz que "há três coisas que regem o mundo: a justiça, a verdade e a paz (...). As três coisas são em realidade uma só: a justiça. De fato, apoiando-se a justiça na verdade, ao que se chega é à paz" (*La exigencia de justicia*, p. 17). Em suma, a verdade conduz à justiça e, esta, à paz.

(1373) Verità e verosimiglianza nel processo civile. In: *Studi sul processo civile*, p. 113.

(1374) *Prova judiciária no cível e comercial*, v. I, p. 15.

noção ideológica se apresenta como verdadeira; o convencimento é a posterior afirmação de que possuímos certeza, de que entendemos que ela é legítima, e de que o espírito não admite dúvidas quanto a esta verdade (...). O convencimento racional não é senão um juízo posterior que determina e aperfeiçoa o primeiro, que constitui a certeza, pois a certeza é a opinião da verdade, o convencimento, por sua vez, é a opinião da legitimidade da certeza".[1375]

Acrescente-se, novamente com esteio em Piero Calamandrei, que a valoração das provas deve ser realizada com o auxílio das máximas de experiência. Com efeito, de acordo com Piero Calamandrei, o juízo de verossimilhança se baseia, "em concreto, sobre uma máxima de experiência que informa a frequência com que se produz na realidade fatos do tipo daquele alegado".[1376]

Anote-se que a utilização das máximas de experiência como critério de valoração da prova é expressamente autorizado pelo art. 335 do CPC de 1973, pelo art. 375 do CPC de 2015 e pelo art. 852-D da CLT ("O juiz dirigirá o processo com liberdade para determinar as provas a serem produzidas, considerando o ônus probatório de cada litigante, podendo limitar ou excluir as que considerar excessivas, impertinentes ou protelatórias, bem como apreciá-las e dar especial valor às regras de experiência comum ou técnica").

Com isso, o grau de verossimilhança, ou a menor ou maior aparência de verdade, irá variar segundo a menor ou maior sintonia entre a hipótese fornecida pela prova existente no processo e o que normalmente ocorre em situações similares, o que significa que a *máxima de experiência pode confirmar ou negar a hipótese* construída com base na prova existente no processo.[1377]

Nessa ordem de ideias, para formar o seu convencimento sobre a veracidade dos fatos controversos, o juiz deverá:

a) ponderar crítica e sucessivamente os elementos de convicção existentes nos autos;

b) confrontar a sua hipótese sobre os fatos controversos com a solução apontada pelas máximas de experiência.

Cumpre acrescentar que não se pode perder de vista que, como assevera Nicola Framarino del Malatesta, o convencimento do juiz deve ser natural, ou seja, formado a partir do seu contato direto com os meios de prova, e construído livre de prévia fixação legal do valor das provas e, ainda, não resultar do temperamento, dos hábitos, das inclinações e dos preconceitos e prejuízos do juiz.[1378]

Conclui Nicola Framarino del Malatesta que "o convencimento não deve estar fundado em apreciações subjetivas do juiz, mas deve ser tal que, se os fatos e provas submetidos a seu conhecimento forem apresentados ao juízo desinteressado de qualquer outro cidadão racional, deveriam produzir, também neste, a mesma convicção que produziram no juiz. Esse requisito, que creio muito importante, é o que eu chamo *caráter social do convencimento*".[1379]

Consideradas estas premissas, conclui-se que um fato pode ser afirmado verdadeiro quando os elementos de convicção existente no processo, depois de valorados individual e conjuntamente e submetidos à crítica sucessiva iluminada pelas máximas de experiência, forem suficientes para justificar a conclusão neste sentido, não apenas para o juiz (*convencimento subjetivo*), como também para qualquer pessoa razoável (*sociabilidade do convencimento*).

Neste compasso, é lícito concluir que a prova de um fato será suficiente para permitir a afirmação de sua veracidade quando justificar a eleição de uma dentre as hipóteses possíveis em torno da veracidade de determinado fato.[1380] *Não se trata*, no entanto, de suficiência fundamentada na mera soma dos elementos

---

(1375) Lógica de las pruebas en matéria criminal, v. I, p. 51-52.

(1376) Veritá e verosimiglianza nel processo civile. In: *Studi sul processo civile*, p. 120.

(1377) O fato de estar o juiz autorizado a recorrer às máximas de experiência não significa que possa utilizar a sua ciência privada para formar o seu convencimento sobre a veracidade dos fatos controversos.

(1378) *A lógica das provas em matéria criminal*, v. I, p. 53-55.

(1379) *A lógica das provas em matéria criminal*, v. I, p. 55-56.

(1380) Dá-se no processo um *confronto de hipóteses* sobre a realidade, de forma que, como é assinalado por Michele Taruffo, "o problema do juízo de fato pode e deve ser formulado como o problema de eleição de uma hipótese entre as diversas alter-

de convicção existentes no processo (*abordagem quantitativa da prova*), mas na qualidade de tais elementos (*abordagem qualitativa da prova*), assim como não se trata de suficiência do ponto de vista exclusivo do juiz, na medida em que um fato poderá ser considerado verdadeiro quando existirem razões suficientes para crer que a maioria das pessoas adotaria em relação à sua veracidade a mesma conclusão do juiz (*razões transubjetivas*).[1381]

Nota-se, a partir do que foi dito, que a suficiência da prova não é definida abstratamente, mas à luz do caso concreto e dos elementos de convicção existentes nos autos.[1382]

É importante mencionar, contudo, a advertência de Michele Taruffo, no sentido de que "a verdade é por definição aquilo que se consegue com o uso correto do 'melhor' instrumento processual".[1383]

O modo de implementar juridicamente mecanismos que facilitem a apuração da verdade é o princípio do contraditório, "que permite controle probatório de quatro tipos: 1) um controle sobre a correta aplicação das regras epistemológicas e jurídicas sobre a admissão da prova (i. e., o princípio da admissão de toda prova relevante e as exceções estabelecidas por regras de exclusão jurídica); 2) a produção da prova de forma contraditória, isto é, permitindo a intervenção das partes na mesma; 3) a possibilidade de produzir provas contrárias às oferecidas pela outra parte processual, de modo que permita vencê-las e/ou corroborar uma hipótese fática distinta e incompatível; 4) a possibilidade de propor provas de segunda ordem (ou prova sobre prova) que afastem a confiabilidade de provas oferecidas pela outra parte".[1384]

Quanto maior a liberdade das partes na produção e crítica da prova produzida, maior será a possibilidade de se alcançar a verdade. Destarte, o juiz deve adotar como padrão de procedimento em relação à prova o constante, respeitoso e sério diálogo com as partes, em especial porque, quanto mais pontos de vista sobre uma mesma questão for capaz de recolher, maior a possibilidade de alcançar a verdade.

Por outro lado, quanto mais aberto à crítica e quanto mais assumir atitude crítica em relação às suas primeiras impressões sobre a realidade dos fatos (*conjecturas* ou *hipóteses fáticas*), mais o juiz estará capacitado para alcançar a verdade.

2.3. Considerando-se que a prova tem por finalidade convencer o juiz da veracidade dos fatos controversos e relevantes para o julgamento do litígio, é intuitiva a afirmação de que o destinatário da prova é o juiz. Sem dúvida, sendo responsável pela solução do litígio e pela definição dos direitos e obrigações das partes, o juiz é o destinatário primeiro da prova.[1385]

As partes também são destinatárias da prova, na medida em que têm direito a uma decisão fundada na prova constante dos autos.

As provas têm entre os seus destinatários a própria sociedade. No controle da atividade estatal, inclusive jurisdicional, a sociedade tem o direito de conhecer os motivos (provas, inclusive) pelos quais em seu nome foi proferida determinada decisão.

---

nativas possíveis" (Conocimiento científico y critérios de la prueba judicial. In: *Conocimiento, prueba, pretensión e oralidade*, p. 21). Os elementos de convicção existentes nos autos devem permitir o estabelecimento de uma hipótese consistente sobre a realidade fática.

(1381) Raymond Boudon denomina razões transubjetivas as "razões que têm a capacidade de ser endossadas por um conjunto de pessoas" (*O justo e o verdadeiro:* estudos sobre a objetividade dos valores e do conhecimento, p. 51).

(1382) O resultado da valoração da prova, como ensina Jordi Ferrer Beltrán, "é sempre contextual, isto é, referida a determinado conjunto de elementos de juízo" (*La valoración racional de la prueba*, p. 45).

(1383) *El proceso civil adversarial en la experiencia americana*, p. 42-43.

(1384) BELTRAN, Jordi Ferrer. *La valoración racional de la prueba*, p. 86-88.

(1385) Não se trata do juiz que primeiro conhecerá da demanda. *Juiz*, como destinatário da prova, é todo julgador que for chamado a examinar a demanda. Este fato faz com que não se tenha por definitiva a valoração da prova realizada pelo juiz de primeira instância. É certo que o contato do juiz de primeira instância com as fontes da prova lhe atribui um papel de destaque na valoração dos elementos de convicção delas extraídas, mas isto não exclui a possibilidade de esta valoração ser questionada pelas partes e, eventualmente, substituída por outra que venha a ser adotada em segunda instância. O princípio da imediação não pode ser levado ao extremo de impedir nova valoração da prova ou o controle da decisão judicial pelas instâncias superiores.

A prova, portanto, tem função endoprocessual (em relação ao juiz e às partes) e extraprocessual (em relação à sociedade).

Quando se fala nas partes como destinatários da prova não se pode perder de vista que, conforme adverte Santiago Sentis Melendo, "a prova não pode ser de uma parte nem para uma parte; nem tampouco para o julgador. A prova é para o processo. Aqui também estamos ante o conceito de disposição: poderá uma parte dispor de uma prova; mas no momento em que produziu esta prova, o processo a terá adquirido; não existe prova de uma parte e de outra (...). O princípio da aquisição quer dizer precisamente que as provas são adquiridas para o processo".[1386] Este ponto de vista deve ser considerado à luz da perspectiva sob a qual o autor define o destinatário da prova: a possibilidade das partes e do juiz de dispor da prova produzida. Sem dúvida, a parte que produziu a prova não pode dela dispor porque se sentiu por ela prejudicada. Da mesma forma, o juiz não pode desconsiderar a prova que a parte produziu contra os seus próprios interesses. É neste sentido que se pode falar em aquisição da prova pelo processo (o princípio da aquisição da prova pelo processo foi expressamente consagrado no art. 371 do CPC de 2015, *in verbis*: "o juiz apreciará a prova constante dos autos, independentemente do sujeito que a tiver produzido, e indicará na decisão as razões da formação do seu convencimento").

3. *Objeto da prova. Objeto abstrato e concreto da prova. Prova do direito. Prova de fato negativo*

Objeto da prova são os fatos alegados em juízo pelas partes. Com efeito, são *fatos* que fazem surgir o direto, assim como são fatos que impedem o surgimento do direito, o modificam ou o extinguem, o que faz com que a prova recaia sobre fatos.

Alguns fatos alegados pelas partes não carecem de prova para serem tomados como verdadeiros pelo juiz ao proferir decisão, o que permite falar em *objeto abstrato da prova* (a totalidade dos fatos alegados pelas partes) e em *objeto concreto da prova* (fatos alegados de cuja veracidade o juiz deve ser convencido).

Definindo o objeto concreto da prova, dispõem o art. 334 do CPC de 1973 e o art. 374 do CPC de 2015 que não dependem de prova os fatos:

a) notórios;[1387]

b) afirmados por uma parte e confessados pela outra;

c) admitidos no processo como incontroversos;[1388]

d) em cujo favor milita presunção legal de existência ou veracidade.

A notoriedade, a confissão, a ausência de controvérsia e a presunção legal de existência ou de veracidade funcionam como *excludentes da necessidade da prova.*

Na definição do objeto concreto da prova não se pode deixar de considerar que a falta de impugnação, por parte do réu, dos fatos alegados não implica confissão quando: não for admissível, a seu respeito, a

(1386) *La prueba,* p. 20. O juiz deve julgar com base na prova constante dos autos, tenha ela sido produzida ou não pela parte que tinha o ônus de sua produção. Assim, a prova produzida por uma parte aproveita à outra.

(1387) Como assinala Pontes de Miranda, "o *notorium facti* resulta de fato que é conhecido de todos os que fazem parte de determinado círculo social, de modo que não há dúvida a respeito de tal fato (...). Dizem-se notórios os fatos 'conhecidos', sem ser pela prova feita, não porque estejam na ciência privada do juiz, porém como fato que ele deva conhecer (...). Sendo notórios, o juiz tem o dever de os conhecer e de aplicar o art. 334" (*Comentários ao Código de Processo Civil,* v. IV, p. 274-275).

(1388) A prova deve recair sobre fatos controversos, posto ser ela produzida para afastar a dúvida sobre a veracidade de fatos que fundamentam as pretensões das partes (a dúvida exige a prova e é por ela afastada). Segundo Cândido Rangel Dinamarco, "a necessidade da prova é gerada pela controvérsia sobre fatos. Controvérsia é choque de razões, alegações ou fundamentos divergentes, que se excluem (...). A controvérsia gera a questão, definida como dúvida sobre um ponto, ou como ponto controvertido" (*Instituições de direito processual civil,* v. III, p. 59). Não se confundem fato incontroverso e fato confessado. Fato incontroverso é aquele cuja ocorrência não é colocada em dúvida. Fato confessado é aquele cuja ocorrência é afirmada por uma parte e admitida pela outra. A confissão faz prova, isto é, serve como elemento de convicção, contra o confidente, ao passo que a ausência de controvérsia dispensa a prova do fato alegado.

confissão; a petição inicial não estiver acompanhada de instrumento público que a lei considerar da substância do ato; os fatos alegados estiverem em contradição com a defesa considerada em seu conjunto (art. 302 do CPC de 1973 e art. 341 do CPC de 2015, observando-se que o CPC de 1973 afasta a presunção de veracidade do fato não impugnado quando a petição inicial não estiver acompanhada de *instrumento público* que a lei considerar da substância do ato, ao passo que o CPC de 2015 fala, apenas, em instrumento que a lei considerar da substância do ato, ou seja, ele não exige que se trate de instrumento público). Assim, fatos existem que devem ser provados, ainda que entre as partes não exista controvérsia sobre a sua veracidade. Trata-se de fatos que a ordem jurídica impõe sejam tratados como controversos.[1389]

Acrescente-se que a definição do objeto concreto da prova não se dá apenas à luz do art. 334 do CPC de 1973 e do art. 374 do CPC de 2015, vez que a prova deve recair sobre fatos:

a) alegados pelas partes;

b) relevantes para a solução do conflito de interesses;

c) pertinentes, ou seja, que tenham relação, direta ou indireta, com o objeto da demanda;

d) possíveis de prova: o fato a ser provado deve ser possível, como também deve ser possível ou praticável a demonstração da sua veracidade;

e) determinados ou precisos: devem ser objeto da prova fatos com características suficientes para individualizá-los e distingui-los de outros fatos.[1390]

Em regra, a prova deve recair sobre os *fatos* alegados pelas partes, vez que o direito (a norma jurídica ou o direito em sentido objetivo) deve ser conhecido pelo juiz (*jura novit curia*). Por essa razão, a existência da norma jurídica que fundamenta a pretensão da parte não carece de prova, podendo o juiz, quanto a ela, utilizar os seus conhecimentos privados.

Entretanto, a parte que alegar direito municipal, estadual, estrangeiro ou consuetudinário[1391] provar-lhe-á a existência, o teor e a vigência, se assim determinar o juiz (art. 337 do CPC de 1973 e art. 376 do CPC de 2015). A parte, portanto, somente está dispensada de provar a existência da norma de direito federal, devendo, portanto, provar a existência, o teor e a vigência de direito municipal, estadual, estrangeiro ou consuetudinário em que fundamentar a sua pretensão quando o juiz determine que o faça.

A hipótese não é de prova dos fatos de que decorre o direito deduzido, mas da existência, teor e vigência da norma jurídica que se pretende aplicada para efeito de reconhecimento do direito afirmado.

Moacyr Amaral Santos ensina que "a máxima de que a negativa não se pode provar enfraqueceu-se sobremaneira à observação de ser verdadeira apenas em relação às negativas indefinidas. Essas, com efeito, são de prova impraticável, tão somente por serem indefinidas".[1392]

(1389) Segundo o art. 302, III, do CPC de 1973 e o art. 341, III, do CPC de 2015, devem ser objeto de prova os fatos que estiverem em *contradição com a defesa, considerada em seu conjunto*. A *defesa* a que se referem os citados comandos legais deve ser entendida no sentido de *resposta do réu*, o que inclui a contestação, a reconvenção e a exceção. Neste sentido, afirma Cândido Rangel Dinamarco que, "não só na contestação pode ser criada controvérsia em torno dos fatos alegados na petição inicial. Ainda que não haja contestado ou omita a impugnação dos fatos na contestação que ofereceu, o réu terá criado controvérsia se em reconvenção trouxe versão diferente (...) ou se tiver feito na exceção de incompetência ou de suspeição ou impedimento do juiz. Tanto a reconvenção quanto a exceção fazem parte do mesmo processo em que a contestação foi ou seria apresentada — e, por estarem inseridas no seio de um só e mesmo processo, elas são aptas a gerar controvérsia em torno de fatos e consequentemente necessidade de provar" (*Instituições de direito processual civil*, v. III, p. 61).

(1390) Da relevância e pertinência tratamos no item relativo ao procedimento probatório, ao qual remetemos o leitor.

(1391) Consuetudinário ou costumeiro "é o direito que se irradia de repetição de atitudes humanas que o meio social faz regras jurídicas" (MIRANDA, Pontes de. *Comentários ao Código de Processo Civil*, t. IV, p. 286). Lembre-se que os usos e costumes constituem fonte formal do direito (art. 8º da CLT). Os usos resultam da vontade tacitamente manifestada, ao passo que os costumes consistem no uso reiterado, uniforme e prolongado de determinada regra de conduta (elemento objetivo), pela convicção geral de consistir o respeito a esta regra uma obrigação (elemento subjetivo). Os usos e costumes podem ser provados por todos os meios de prova admitidos em direito, observando-se, quanto aos costumes comerciais, que eles podem ser provados por certidão da junta comercial.

(1392) *Comentários ao Código de Processo Civil*, v. IV, p. 23.

Antônio Carlos de Araújo Cintra aduz que "o fato negativo também pode ser objeto de prova, desde que singular ou determinado, ou seja, identificado por sua posição no tempo, espaço etc.".[1393]

4. Classificação das provas. Natureza jurídica das normas relativas às provas

A prova pode ser classificada sob vários enfoques.

As provas, quanto ao seu objeto, são *diretas* ou *históricas* (provas que recaem diretamente sobre o fato alegado) e *indiretas* ou *críticas* (provas que recaem sobre fato de cuja existência se pode inferir a ocorrência, ou não, do fato alegado).[1394]

Levando-se em conta as suas fontes, a prova é classificada em *pessoal* (prova correspondente à afirmação de um ser humano sobre determinado fato) e *real* (prova resultante do exame de uma coisa).

Sob a ótica da forma de sua produção, as provas serão *orais* (inquirição das partes e testemunhas), *materiais* (exame pericial) e *documentais* (exibição ou juntada de documentos).

Quanto ao momento de sua preparação, a prova é *pré-constituída* (prova preparada antes do processo e que poderá ser utilizada, no futuro, em eventual demanda que tenha por objeto os fatos a que diz respeito) e *causal, constituenda* ou *simples* (prova preparada no curso e por conta de determinado processo).

Para a demonstração da verdade dos fatos que alegam, as partes podem se servir de meios legais de prova (meio de prova previsto e disciplinado pela lei — *prova típica*) e de meios moralmente legítimos, ainda que não especificados em lei (meio de prova não previsto e disciplinado pela lei — *prova atípica*), asseverando Antônio Carlos de Araújo Cintra que "a legitimidade moral exigida pela lei se manifesta pelo respeito à dignidade humana e pela adequação do meio de prova ao padrão ético vigente, incluindo-se nessa adequação a idoneidade para fundamentar racionalmente seus resultados" e que a previsão de que a parte pode valer-se de meios de prova não dispostos em lei, desde que moralmente admissíveis, "tem por objetivo evitar a arbitrária exclusão do processo (...) de qualquer instrumento que, embora não previsto pelo legislador, seja idôneo para demonstrar ou para apurar a veracidade de alegações de fatos relevantes para a justa decisão da causa".[1395] Constituem exemplo de provas atípicas as verificações realizadas no bojo das diligências levadas a efeito por oficial de justiça e a prova estatística.[1396]

Eduardo Couture se refere à *prova admissível* e *inadmissível*, afirmando que "de prova admissível e inadmissível se fala para referir-se à idoneidade ou falta de idoneidade de um meio de prova determinado para demonstrar um fato. Não se trata do objeto da prova, sim dos meios aptos para produzi-la".[1397] A prova é admissível, sob esta ótica, quando o meio que a parte pretende utilizar para demonstrar a ocorrência de determinado fato seja idôneo a esta demonstração.

Não existe consenso na doutrina sobre a natureza jurídica das normas que têm a prova por objeto de disciplina.

A propósito são várias as vertentes de pensamento extraídas da doutrina: a) *vertente materialista*: as normas que disciplinam as provas pertencem ao direito material; b) *vertente processualista*: as normas disciplinadoras das provas pertencem ao direito processual; c) *vertente mista*: as normas reguladoras das provas pertencem ao direito material e ao direito processual; d) *natureza especial*: as normas sobre as provas têm natureza especial.

(1393) *Comentários ao Código de Processo Civil*, v. IV, p. 6.

(1394) Se o trabalhador alega trabalhar de 8:00 às 20:00 horas e pede horas extras em razão do trabalho após as 18:00 horas, o empregador pode provar a frequência à escola a partir das 18:00. A prova de frequência à escola a partir das 18:00 horas permite concluir que não havia trabalho até 20:00 horas.

(1395) *Comentários ao Código de Processo Civil*, v. IV, p. 17-18.

(1396) A prova por estatística é de grande utilidade na apuração da responsabilidade da empresa por danos decorrentes de acidentes de trabalho, vez que permite averiguar a sua postura em relação à prevenção de acidentes, por exemplo.

(1397) *Fundamentos del derecho procesal civil*, p. 238.

5. Meios de prova

De início, convém distinguir *fonte* e *meio* de prova. Tome-se como exemplo a prova testemunhal. Testemunha é a pessoa física estranha ao processo que comparece em juízo para prestar informações sobre fatos de que tem conhecimento. A testemunha é uma fonte de prova (fonte de onde o juiz irá colher os elementos necessários à formação do seu convencimento sobre os fatos controversos). O depoimento da testemunha constitui meio de prova (instrumento ou a técnica utilizada pelo juiz para retirar da fonte da prova informações sobre os fatos controversos). O mesmo raciocínio se aplica à prova pericial. A coisa ou pessoa objeto de exame por parte do perito constitui a fonte da prova e, o laudo por ele elaborado, o meio de prova.

As coisas (documentos, por exemplo[1398]) e as pessoas (testemunhas, por exemplo) são as fontes de onde podem ser retirados elementos de convicção sobre a veracidade dos fatos controversos e relevantes para o julgamento do litígio.

5.1. Meios de prova.

Provar um fato é demonstrar a sua veracidade. A demonstração da veracidade dos fatos alegados em juízo é realizada por meios legais ou moralmente legítimos (art. 332 do CPC de 1973 e art. 369 do CPC de 2015).

Meio de prova é o instrumento, ou técnica, por meio do qual são adquiridos pelo processo ou para ele são transportados os elementos voltados a formar a convicção do juiz sobre a veracidade dos fatos controversos.

A definição do regime jurídico da prova exige que se trate dos meios de prova admissíveis, sendo possível, a respeito, três soluções fundamentais:

a) *tipicidade dos meios de prova*: os meios de prova são expressos e taxativamente indicados pelo ordenamento jurídico;

b) *liberdade dos meios de prova*: a ordem jurídica não define os meios de prova admitidos, devendo ser verificado, caso a caso, o meio mais idôneo para a demonstração da veracidade do fato controverso;

c) *sistema misto*: a ordem jurídica aponta, com caráter exemplificativo, os meios de prova admissíveis (prova típica), sem impedir, contudo, a utilização de meios nela não previstos *(prova atípica)*.

Esta última solução é adotada pelo ordenamento jurídico pátrio, como se vê do art. 332 do CPC de 1973 e do art. 369 do CPC de 2015, ambos aplicáveis no processo do trabalho, visto que o direito processual do trabalho é omisso a respeito deste tema.

Com isto, para a demonstração da verdade dos fatos que alegam, as partes podem se servir de meios legais de prova (meio de prova previsto e disciplinado pela lei — prova típica) e de meios moralmente legítimos, ainda que não especificados em lei (meio de prova não previsto e disciplinado pela lei — prova atípica).

Anote-se que:

a) o Código Civil de 2002 aponta como meios de prova: confissão,[1399] documento, testemunha, presunção e perícia (art. 221);

(1398) Antunes Varela, J. Miguel Bezerra e Sampaio e Nora aduzem que, para efeitos processuais, documento, no sentido estrito, "é apenas o escrito que exprime uma declaração de ciência (como a correspondência epistolar, o relatório de um laboratório, o documento de quitação) ou uma declaração de vontade (como a escritura de compra e venda, o testamento cerrado ou público, o escrito de promessa de compra e venda, etc.)", ao passo que no sentido lato de documento "cabem, além dos escritos declarativos, os objetos materiais de outra natureza (como os discos, as fotografias, as películas cinematográficas, os planos urbanísticos, os marcos divisórios, as plantas topográficas, as árvores genealógicas, os desenhos, os esboços, os projetos e anteprojetos de obras materiais e outros elementos semelhantes) capazes de configurarem por outra forma, que não a comunicação verbal, um fato, uma coisa ou pessoa" (*Manual de direito processual civil*, p. 506).

(1399) A rigor, meio de prova é o depoimento da parte, e não a confissão nele contida. Na confissão, a fonte da prova é a parte e, o meio de prova, o seu depoimento.

b) o CPC faz alusão aos seguintes meios de prova: depoimento das partes (art. 342 do CPC de 1973 e art. 385 do CPC de 2015), confissão (art. 348 do CPC de 1973 e art. 389 do CPC de 2015), documentos (art. 364 do CPC de 1973 e art. 405 do CPC de 2015), depoimento de testemunhas (art. 400 do CPC de 1973 e art. 442 do CPC de 2015), laudo pericial (art. 420 do CPC de 1973 e art. 464 do CPC de 2015) e inspeção judicial (art. 440 do CPC de 1973 e art. 481 do CPC de 2015[1400]);

c) a CLT aponta como meios de prova: depoimento das partes e de testemunhas (art. 819), laudo pericial (arts. 827 e 852-H) e documentos (arts. 787 e 830).

Estes meios de prova serão examinados mais adiante.

6. *Prova ilícita*

Segundo a Constituição da República (art. 5º, LVI), são inadmissíveis no processo as provas obtidas por meios ilícitos.

A vedação da prova ilícita implica limitação da investigação da verdade no âmbito do processo judicial e dela decorre que a prova obtida por meios ilícitos não pode ingressar no processo (*vedação de admissão da prova ilícita propriamente dita*) e que, tendo ela ingressado no processo, ao juiz é vedado levá-la em conta na formação de seu convencimento sobre os fatos controversos (*vedação de atribuição de valor jurídico à prova obtida por meios ilícitos*).

Para Cândido Rangel Dinamarco, "provas ilícitas são as demonstrações de fatos obtidos por modos contrários ao direito, quer no tocante às fontes de prova, quer no tocante aos meios probatórios. A prova será ilícita — ou seja, antijurídica e, portanto, ineficaz a demonstração feita — quando o acesso à fonte probatória tiver sido obtido por meio ilegal ou quando a utilização da fonte se fizer de modos ilegais. Ilicitude da prova, destarte, é a ilicitude na obtenção das fontes ou ilicitude na aplicação dos meios".[1401]

Cumpre distinguir a *prova ilícita* da *prova ilegítima*. Como aduz Ada Pellegrini Grinover, "a prova ilícita (obtida por meios ilícitos) enquadra-se na categoria da prova vedada. A prova é vedada sempre que for contrária a uma específica normal legal, ou a um princípio do direito positivo. Mas a vedação pode ser estabelecida quer pela lei processual, quer pela norma material (...); pode, ainda, ser expressa ou pode implicitamente ser deduzida dos princípios gerais. No campo das proibições da prova, a tônica é dada pela natureza processual ou substancial da vedação (...). A distinção é relevante; a violação do impedimento configura, em ambos os casos, uma ilegalidade; mas enquanto no primeiro caso haverá um ato 'ilegítimo', no segundo caso haverá um ato 'ilícito' (...). A prova é ilegal toda vez que caracterize violação de normas legais ou de princípios gerais do ordenamento, de natureza processual ou material. Quando a proibição for colocada por uma lei processual, a prova (*rectius*, o meio de prova) será ilegítima (ou ilegitimamente produzida); quando, pelo contrário, a proibição for de natureza material, a prova (*rectius*, os elementos de prova) será ilicitamente obtida".[1402]

Em suma, a prova ilícita e a prova ilegítima constituem espécies do gênero *prova vedada*. A prova será ilícita quando for desrespeitada, na sua produção, norma de direito material e, ilegítima, quando o desrespeito se der a uma norma de direitos processual.

Prova ilícita é aquela obtida com a ofensa a direito de natureza humana ou fundamental e, com isto, à dignidade humana.

(1400) A prova por inspeção consiste na percepção dos fatos controversos diretamente pelo juiz, como resultado de exame de coisas ou pessoas. A fonte de prova contém informação à qual se tem acesso através do meio de prova. Com isso, a inspeção judicial, por permitir colher na fonte de prova (pessoa ou coisa) os elementos necessários ao conhecimento da realidade dos fatos, constitui um meio de prova.

(1401) *Instituições de direito processual civil*, v. III, p. 48.

(1402) *O processo em evolução*, p. 47-48.

A expressa vedação da prova ilícita é explicada pelo fato de o constituinte realçar o respeito à dignidade humana no contexto do processo judicial.

Não se olvide a existência de conceito mais amplo de prova ilícita, como o consagrado, por exemplo, no art. 155 do Código de Processo Penal: "São consideradas inadmissíveis, devendo ser desentranhadas do processo, as provas ilícitas, assim entendidas as obtidas em violação a normas constitucionais e legais".[1403] A vedação estabelecida pelo Código de Processo Penal abrange tanto as provas ilícitas (no sentido de provas obtidas com violação de normas de direito material, constitucionais ou legais) quanto as provas ilegítimas (prova obtida com infração de normas de direitos processual, constitucionais ou não). O Código de Processo Penal estabelece, portanto, uma vedação mais ampla do que a adotada pela Constituição.

Cumpre mencionar, por fim, que a vedação da prova ilícita já foi, no Brasil, considerada absoluta, com esteio, principalmente, na doutrina norte-americana,[1404] mas tem sido flexibilizada, com base na aplicação do princípio da proporcionalidade.

Entre os que sustentam a necessidade desta flexibilização, está Cândido Rangel Dinamarco, para quem a opção radical pela ineficácia da prova ilícita "transgride princípios constitucionais do processo ao exigir que o juiz finja não conhecer de fatos seguramente comprovados, só por causa da origem da prova: a parte, que nem sempre será o sujeito responsável pela ilicitude (mais ainda que o fosse), suportará invariavelmente essa restrição ao seu direito à prova, ao julgamento segundo a verdade e à tutela jurisdicional a que eventualmente tivesse direito. Mas o Supremo Tribunal Federal vai além, ao adotar integralmente a conhecida teoria dos frutos da árvore contaminada e assim tachar de ineficazes as fontes de prova obtidas por meio ilícito e também os meios probatórios realizados em desdobramento de informações obtidas ilicitamente. Essa extremada radicalização compromete o acesso à justiça e constitui grave ressalva à promessa constitucional de tutela jurisdicional a quem tiver razão (...). Melhor seria seguir a moderna tendência da Suprema Corte norte-americana, que desde o ano de 2006 aceita as provas ilícitas por derivação em casos nos quais estejam em jogo valores de elevada dignidade constitucional (princípios da proporcionalidade...)".[1405]

A prova obtida por meios ilícitos poderá ser admitida quando não exista à disposição da parte outro meio apto à demonstração da verdade do fato alegado e a negativa de sua admissibilidade prestigie a prática de ilícito e cause dano maior do que o resultante de sua admissibilidade. Neste sentido, não é razoável, por exemplo, exigir que alguém sofra uma agressão à sua honra sem possibilidade de reparação, pela impossibilidade da sua prova, para resguardar a inviolabilidade da intimidade do seu agressor, quando a agressão se dê longe dos olhos de outras pessoas, mas tiver sido objeto de filmagem ou gravação fonográfica ou televisiva oculta. Nesse caso, inclusive, poder-se-ia dizer que aquele que ofende alguém de modo a dificultar a prova da ofensa abusa da proteção que a ordem jurídica a ele assegura, praticando, com isso, um ilícito. Na apreciação da admissibilidade da prova obtida por meios ilícitos pode ser levada em conta, inclusive, a ideia que informa o instituto do estado de necessidade, que permite, em determinadas situações, o sacrifício de um interesse ou direito em favor da prevalência de outro (art. 24 do Código Penal).

Registre-se que o STF decidiu, nos autos do Segundo Ag.Reg. no AI n. 602.724-PR, em que foi Relator o Min. Teori Zavascki, que "1. É pacífico na jurisprudência do STF o entendimento de que não há ilicitude em gravação telefônica realizada por um dos interlocutores sem o conhecimento do outro, podendo ela

(1403) Prevê o § 1º do art. 155 do Código de Processo Penal: "São também inadmissíveis as provas derivadas das ilícitas, salvo quando não evidenciado o nexo de causalidade entre umas e outras, quando as derivadas puderem ser obtidas por uma fonte independente das primeiras". De acordo com o § 2º do art. 155 do Código de Processo Penal: "Considera-se fonte independente aquela que por si só, seguindo os trâmites típicos e de praxe, próprias da investigação criminal, seria capaz de conduzir ao fato objeto da prova".

(1404) A Primeira Turma do Supremo Tribunal Federal, no julgamento, proferido em 30.10.2001, do *Habeas Corpus* n. 80.949-9, de que foi relator o Ministro Sepúlveda Pertence, decidiu que: "Da explícita proscrição da prova ilícita, sem distinções quanto ao crime objeto do processo (CF, art. 5º, LVI), resulta a prevalência da garantia nela estabelecida sobre o interesse na busca, a qualquer custo, da verdade real no processo; consequente impertinência de apelar-se ao princípio da proporcionalidade — à luz de teorias estrangeiras inadequadas à ordem constitucional brasileira — para sobrepor, à vedação constitucional da prova ilícita, considerações sobre a gravidade da infração penal objeto da investigação ou da imputação".

(1405) *Instituições de direito processual civil*, v. III, p. 50.

ser utilizada como prova em processo judicial. 2. O STF, em caso análogo, decidiu que é admissível o uso, como meio de prova, de gravação ambiental realizada por um dos interlocutores sem o conhecimento do outro (RE 583937 QO-RG, Relator 0Min. Cezar Peluso, DJe de 18.12.2009)".

7. Direito à prova

As partes do processo judicial são titulares de direitos processuais, isto é, de direitos a serem exercidos no e por meio do processo, dentre os quais está o direito à prova.[1406]

O CPC de 2015 reconhece, expressamente, o direito à prova, como se vê do seu art. 319, *in verbis*: "As partes têm o direito de empregar todos os meios legais, bem como os moralmente legítimos, ainda que não especificados neste Código, para provar a verdade dos fatos em que se funda o pedido ou a defesa e influir eficazmente na convicção do juiz".

8. Procedimento probatório. Lugar e momento para a produção da prova. Cerceamento do direito à prova

A produção da prova comporta vários atos, cujo conjunto forma o procedimento probatório. As normas que disciplinam o procedimento probatório estabelecem o modo de proceder em juízo para a eficaz demonstração da veracidade dos fatos controversos.

O procedimento probatório é dividido em várias fases, quais sejam:

I) *proposição/postulação da prova:* as partes indicam ao juiz os meios de prova com que pretendem demonstrar a veracidade dos fatos alegados como fundamentos das suas pretensões ou a ele apresentam a prova pré-constituída. Como regra, é na audiência, depois de frustrada a tentativa de conciliação e produzida a defesa, que as partes irão especificar, oralmente, as provas que pretendem produzir (arts. 846, 847 e 848 da CLT);

II) *exame de admissibilidade da prova*: indicadas, pelas partes, as provas que pretendem produzir[1407], ao juiz compete proceder ao exame de sua admissibilidade, definindo aquelas que serão produzidas.

Para tanto, o juiz deverá examinar: 1) a proposição da prova como ato processual: verificação das condições de eficácia da proposição da prova enquanto ato processual, o que implica exame do lugar, tempo e prazo da proposição da prova;[1408] 2) a licitude do meio de prova proposto; 3) a idoneidade ou utilidade da prova: verificação da idoneidade ou aptidão do meio de prova proposto para demonstrar a veracidade dos fatos controversos; 4) a necessidade da prova que as partes pretendem produzir.

O exame da necessidade da prova envolve a indagação sobre:

a) a prévia alegação do fato que se pretende provar: somente os fatos alegados pelas partes podem ser objeto de prova;

b) a pertinência da prova: exame da pertinência do fato que se pretende provar com o objeto da demanda. Não podem ser objeto de prova os fatos impertinentes, isto é, que não tenham relação, direta ou indireta, com o objeto da demanda;[1409]

(1406) Um exame mais aprofundado do tema pode ser encontrado no nosso *Elementos da teoria geral da prova:* a prova como direito humano e fundamental das partes do processo judicial. São Paulo: LTr, 2013.

(1407) Às partes é lícito indicar as provas a serem produzidas e o resultado que pretendem alcançar com cada meio de prova proposto. A indicação dos resultados perseguidos facilita o exame da admissibilidade da prova.

(1408) Atos probatórios são atos processuais. Nessa condição, estão sujeitos aos requisitos de eficácia dos atos processuais em geral. Como assinala José Frederico Marques, "os atos probatórios estão subordinados, primeiramente, à disciplina geral dos atos processuais. Em seguida há as regras próprias do procedimento probatório em geral, e, por fim, os preceitos particulares de cada um dos meios de prova" (*Instituições de direito processual civil*, v. III, p. 386).

(1409) Ensina Eduardo Couture que "prova pertinente é aquela que versa sobre as proposições e fatos que são verdadeiramente objeto de prova. Prova impertinente é, ao contrário, aquela que não versa sobre as proposições e fatos que são objeto de de-

c) a relevância jurídica da prova: verificação da relevância do fato a ser provado para a constituição, impedimento à constituição, modificação ou extinção do direito objeto de disputa ou relevância do resultado da prova para a solução da lide. Não podem ser objeto de prova os fatos irrelevantes, isto é, fatos que, embora tenham relação com a demanda, não têm efetiva influência no julgamento da pretensão das partes.(1410) O juiz deve, ao examinar a admissibilidade de uma prova e valorar a sua relevância, verificar se "a demonstração daquele fato tem influência sobre a formação da sua convicção para a decisão da causa; em outros termos, se aquela prova é relevante para a decisão (...). Este juízo instrumental (...) implica valoração antecipada, provisória, de quais seriam os efeitos da prova, tendo em conta prováveis diversos resultados, derivados da prova mesma";(1411)

d) a incidência de regra de exclusão da prova: presença de uma das situações indicadas no art. 334 do CPC de 1973 ou no art. 374 do CPC de 2015;(1412)

e) a existência de limites legais estabelecidos em relação à fonte de prova de que a parte pretende se valer;(1413)

f) a possibilidade da prova: o fato a ser provado deve ser possível, como também deve ser praticável a demonstração de sua veracidade.(1414)

No exame da admissibilidade da prova cumpre ter presente que deve ser incorporado ao processo o maior número possível de elementos de convicção sobre os fatos relevantes para o julgamento da demanda. Isso significa que, no juízo antecipado e hipotético sobre o resultado da prova, que é realizado no exame da sua admissibilidade, deve-se presumir que a prova, se produzida, contribuirá para a definição dos direitos e obrigações das partes (*relevância material da prova*), não podendo ser desconsiderado que, quanto mais elementos de convicção existirem no processo, mais justificada e, com isto, legitimada, estará a decisão produzida (*relevância procedimental da prova*).

III) *produção da prova*: admitida a prova proposta pela parte, passa-se à sua produção, isto é, à incorporação ao processo dos elementos de convicção fornecidos pelas fontes de prova;(1415)

IV) *valoração da prova*: definição da eficácia da prova produzida na formação do convencimento sobre a ocorrência dos fatos controversos.

---

monstração. Uma prova sobre um fato não articulado na demanda (...) ou na contestação (...) é prova impertinente." (*Fundamentos del derecho procesal civil*, p. 238). A CLT contém regra expressa sobre a vedação da prova impertinente, consoante se vê do seu art. 852-C, que confere ao juiz o poder para indeferir a prova impertinente.

(1410) Jordi Ferrer Beltrán, depois de chamar a atenção para o estudo dos *filtros para a admissão da prova*, afirma que o primeiro deles, de natureza epistemológica, "prescreve a admissão de toda prova que aporte informação relevante sobre os fatos que se julgam (...). Uma prova é relevante se fornece apoio ou refutação de alguma das hipóteses fáticas do caso à luz dos princípios gerais da lógica e da ciência (...). Um elemento de juízo é relevante para a decisão sobre a prova de um enunciado fático se e somente se permite fundar nele (por si só ou conjuntamente com outros elementos) uma conclusão sobre a verdade do enunciado fático a provar" (*La valoración racional de la prueba*, p. 42 e 71).

(1411) *Derecho procesal civil*, v. II, p. 90-91. É de suma importância a participação das partes no exame da relevância da prova, vez que aquilo que aos olhos do juiz não tem relevância, pode, para a parte, ser de suma relevância. Não se pode olvidar, ainda, que o juiz de primeira instância pode não ser o único a examinar a demanda e aquilo que lhe parece irrelevante pode ser considerado indispensável para outro julgador. Com isso, além de ouvir as partes, o juiz deve ter em conta a possibilidade de reexame da relevância da prova na instância superior, o que aconselha adotar como premissa que toda prova proposta é relevante. Do ponto de vista da economia processual, mais vale produzir uma prova irrelevante do que não produzir determinada prova e, posteriormente, anular o processo, para que ela seja produzida.

(1412) Como aduz Paolo Tonini, "a prova não deve ser supérflua, ou seja, não deve servir para a obtenção de um resultado conhecido já adquirido" (*A prova no processo penal italiano*, p. 61).

(1413) O ordenamento pátrio limita a prova testemunhal, estabelecendo o número de testemunhas de que a parte pode lançar mão, por exemplo.

(1414) Os progressos da ciência têm reduzido, em grande escala, as situações de impossibilidade de produzir prova de determinados fatos.

(1415) As provas serão produzidas de forma contraditória, isto é, com oportunidade de participação das partes. A Constituição, reconhecendo o direito à publicidade dos atos processuais e o direito ao contraditório, também reconhece o direito de as partes participarem da produção da prova. A CLT é expressa a respeito, quando, por exemplo, assegura à parte o direito de inquirir a parte contrária e as testemunhas (art. 820).

O juiz deverá valorar a prova, isto é, definir o seu valor na formação do seu juízo sobre os fatos controversos, para, com isso, estabelecer a verdade sobre eles.

A valoração da prova não é ato exclusivo do juiz. As partes também participam na valoração da prova, posto que, produzida a prova e encerrada a fase probatória, elas podem, em alegações finais, proceder à sua análise crítica, fornecendo ao juiz argumentos para a sua valoração.

É importante mencionar a existência de regras especiais relativas a determinadas provas, no que comporta ao procedimento probatório:

a) a prova pré-constituída é produzida antes do processo e a este incorporada;[1416]

b) a prova pode ser produzida por determinação judicial, seguindo-se a esta determinação a sua produção;[1417]

c) a prova pode ser produzida antecipadamente, isto é, antes da instauração do processo ou, no curso deste, fora do momento próprio para a sua produção;

d) a prova pode ser produzida em juízo diverso do da causa, mediante carta precatória, de ordem ou rogatória. É a denominada *prova de fora da terra;*

e) os documentos comprobatórios dos fatos alegados pelo autor devem acompanhar a petição inicial (art. 787 da CLT), ao passo que o reclamado deve instruir a contestação com os documentos necessários à prova dos fatos que alega (arts. 396 do CPC e 845 da CLT).

A ausência do advogado na audiência designada para a instrução do processo não impede que a parte a quem ele deveria prestar assistência produza a prova dos fatos alegados na petição inicial ou na defesa, tendo em vista o *jus postulandi* reconhecido às partes no processo do trabalho. Não são compatíveis com o processo do trabalho, destarte, o art. 453, § 2º, do CPC de 1973 e o art. 362, § 2º, do CPC de 2015.

Dá-se o *cerceamento do direito à prova* quando a parte é impedida de exercer ou tem dificultado o exercício do direito à prova. O direito à prova se manifesta em qualquer das fases do procedimento probatório, o que implica a possibilidade de ocorrência, em qualquer delas, do seu cerceamento. Assim, o cerceamento pode ocorrer, por exemplo, quando o juiz: impede que parte indique as provas que pretende produzir; indefere perguntas endereçadas pelas partes às testemunhas (aplica-se no processo do trabalho o art. 459 do CPC de 2015, na parte em que indica as situações em que podem ser indeferidas perguntas às testemunhas); deixa de valorar a prova produzida pela prova (é cerceado o direito à prova quando a prova é produzida mas deixa de ser valorada: não se trata de valoração com a qual não concorda a parte, mas de ausência de valoração da prova).

9. Iniciativa da prova

O processo é instaurado e se desenvolve por meio da atividade das partes e do juiz. Uma das atividades essenciais ao processo diz respeito ao estabelecimento da verdade sobre os fatos alegados pelas partes como fundamento de suas pretensões, o que se faz por meio da prova. Daí a necessidade de definir o papel das partes e do juiz em matéria probatória.

(1416) Incorporação que não é definitiva, vez que caberá ao juiz verificar a admissibilidade da prova, podendo ser determinado, por exemplo, o desentranhamento de documentos apresentados fora do momento próprio.

(1417) Como as partes têm direito de participar de todas as fases do procedimento probatório, podem elas questionar a admissibilidade da prova a ser produzida por determinação judicial. Como assevera Érico Andrade, "a garantia do contraditório, se se pretende efetiva, deve abarcar também, amplamente, a atuação do juiz. Com isso, se o juiz pretende usar seu poder para conhecer de ofício de determinadas situações jurídicas ou questões de direito ou mesmo determinar algum tipo de prova, deve, primeiramente, apontá-la no processo para que as partes possam se manifestar. É a extensão da garantia do contraditório para uma espécie de garantia de não surpresa das partes, a fim de que não sejam surpreendidas por atuação de ofício do juiz sem que pudessem, antes, ter tido oportunidade de se manifestar sobre o tema" (*O mandado de segurança:* a busca da verdadeira especialidade (proposta de releitura à luz da efetividade do processo), p. 144).

Para esta questão, a doutrina apresenta três soluções, traduzidas pelos sistemas dispositivo, inquisitivo e misto.[1418]

Pelo *sistema dispositivo*, a iniciativa da prova é atribuída com exclusividade às partes, cumprindo ao juiz proferir julgamento segundo o que for por elas provado (*secundum probata partium, iudex iudicare debet*).[1419] Trata-se de sistema inspirado na concepção individualista e liberal do processo, fundado na ideia de que, tendo liberdade para dispor do direito material objeto de disputa, as partes também são livres para dispor da prova a ser produzida. Este modelo transporta para o processo duas ideias próprias do liberalismo, quais sejam, a valoração do indivíduo e o Estado mínimo, sendo o processo encarado na perspectiva das partes, que dele se servem para, livremente, dar solução aos seus conflitos de interesses.

Para os defensores deste sistema, o confronto entre as partes garante maior eficiência na demonstração da verdade dos fatos controversos, cabendo ao juiz aplicar ao resultado do debate entre as partes a solução indicada pela ordem jurídica, ao passo que é "justo e oportuno que o juiz seja neutro e passivo (...), porque, do contrário, estaria em perigo a sua imparcialidade e da mesma forma a garantia de igualdade das partes do ponto de vista do devido processo legal".[1420]

Pelo *sistema inquisitivo*, cabe às partes definir o objeto do processo, mas ao juiz é conferido o dever de promover a produção das provas necessárias à apuração da verdade sobre os fatos controversos. Dá-se, neste modelo, a *publicização do processo*, que é encarado na perspectiva da sociedade, o que conduz à atribuição de maior relevo ao interesse público na descoberta da verdade e na solução do conflito de interesses submetido ao Poder Judiciário.

Em favor deste sistema é afirmado que, quanto maior o poder conferido ao juiz em matéria probatória, maior a possibilidade de alcançar a verdade e a justiça, diante do interesse de cada parte no acolhimento de sua própria pretensão e, com isto, de sua parcialidade.[1421]

Observa Mauro Cappelletti que o sistema inquisitivo possui inspiração "publicista, no qual o juiz tem poderes de impulso processual ainda que não possa intervir, sem embargo, sobre o objeto deduzido em juízo, que permanece submetido à vontade exclusiva e monopolística das partes".[1422]

No *sistema misto*, a iniciativa da prova é atribuída às partes, mas ao juiz é conferido o poder para determinar as provas necessárias ao esclarecimento da verdade dos fatos controversos. Trata-se de modelo que se pode dizer *dispositivo/inquisitivo*, vez que contém elementos dispositivos e inquisitoriais.

Como é observado por Giuseppe Chiovenda, "abstratamente se pode conceber o juiz como investido de todos os poderes necessários para descobrir a verdade (princípio inquisitivo) ou como constantemente

(1418) O debate sobre o papel do juiz no processo constitui verdadeiro subproduto do debate sobre a finalidade da jurisdição e do processo, que, por sua vez, se insere na problemática da relação entre indivíduo e Estado.

(1419) Como anota Roland Arazi, "o sistema dispositivo confere maiores faculdades às partes, em suas regras fundamentais: a) o juiz não pode iniciar o juízo de ofício; b) não pode ter em conta fatos nem meios de prova que não tenham sido apresentados pelas partes; c) deve ter por certos os fatos sobre os quais as partes estiverem de acordo; e, d) a sentença não pode condenar a mais, nem a outra coisa que a pedida na demanda" (*La prueba en el proceso civil*, p. 22). Este sistema probatório corresponde ao *sistema processual privatístico*: o processo é o mecanismo que a ordem jurídica coloca à disposição das partes para a solução dos seus conflitos de interesses, cabendo-lhes a instauração e o impulso do processo, a produção da prova e a definição dos pedidos a serem examinados, dos limites da atuação do Poder Judiciário.

(1420) TARUFFO, Michele. *El proceso civil adversarial en la experiencia americana*, p. 3.

(1421) Consoante Roland Arazi, "no sistema inquisitivo, o juiz tem que investigar — sem outra limitação que a imposta pela lei — a verdade material, prescindindo das atividades das partes; não só pode iniciar de ofício o juízo, como está autorizado a buscar os fatos, descobrindo-os através dos que já conhece e utilizando qualquer meio tendente à averiguação da verdade. O juiz deve esquadrinhar e considerar fatos que não lhe tenham apresentado os litigantes, e não pode admitir como certos, sem inquisições, os fatos em cuja verdade convieram estes" (*La prueba en el proceso civil*, p. 22). Trata-se de sistema probatório que corresponde ao *sistema processual publicista*: o processo é mecanismo de solução de conflitos de interesses e também de concretização dos direitos assegurados pela ordem jurídica, sendo esta concretização um interesse da sociedade, que é representada, no processo, pelo juiz, o que resulta na maior atribuição de poderes ao juiz no impulso do processo e na produção da prova. Note-se que, mesmo neste sistema, é o pedido de tutela jurisdicional apresentado pelo autor da demanda que autoriza a intervenção do juiz para a solução do conflito de interesses, assim como as partes, por meio da ação e da defesa, limitam o alcance da intervenção na solução do conflito de interesses.

(1422) Iniciativas probatórias do juiz. In: *Oralidad e pruebas en el processo civil*, p. 130.

sujeito à iniciativa da parte (princípio dispositivo); na prática, nenhum destes princípios se acha completo e consequentemente aplicado, mas se harmonizam em distinta proporção, segundo os lugares e as épocas".[(1423)]

Não existe, portanto, um modelo rigorosamente dispositivo ou inquisitivo. Os modelos tendem a combinar elementos dispositivos e inquisitivos, em proporções definidas consoante os contextos histórico-social e histórico-político em que são estabelecidos.[(1424)]

A nosso juízo:

a) a relação entre poderes instrutórios do juiz e a liberdade probatória das partes não é de exclusão, mas de complementariedade;

b) a definição do papel do juiz na instrução do processo não tem como opções únicas o *privativismo processual radical*[(1425)] e o *publicismo processual radical;*[(1426)]

c) o juiz tem o direito de se esclarecer, de forma mais completa possível, sobre os fatos da causa;

d) tendo o dever de proceder decisão justa (art. 852-I, § 1º, da CLT), o juiz também o tem de atuar ativamente na instrução.

Proceder o juiz à busca da verdade e das condições necessárias para proferir uma decisão justa não é, por si, sinal de autoritarismo, ao passo que adotar uma visão publicista do processo não significa, por si só, sujeitar as partes ao arbítrio do juiz. A intervenção do juiz na produção da prova não tem por consequência necessária a negativa às partes da condição de sujeitos ativos do processo e, com isso, de titulares do direito de participar de forma útil da definição de seus direitos e obrigações. O poder do juiz e a liberdade das partes devem conviver harmoniosa e equilibradamente, estabelecendo entre eles uma relação de complementariedade, no sentido da maior aproximação possível da verdade.[(1427)] Para que isso aconteça, é indispensável reconhecer às partes o direito de participar, de forma efetiva, da formação do provimento para o caso concreto, como forma de equilibrar as forças atuantes no processo (partes e juiz) e de permitir o controle dos atos do juiz na condução do processo.[(1428)]

No processo, ao lado do interesse privado das partes está o interesse público no respeito à ordem jurídica democraticamente instituída, como fator de segurança e estabilidade nas relações sociais e de justiça social. A sociedade, embora não tenha interesse no litígio, tem interesse na sua solução.[(1429)] Por conta desse interesse, ao juiz deve ser conferida liberdade para determinar as diligências necessárias ao esclarecimento dos fatos relevantes para a solução do conflito de interesses a ser julgado. Com isto, o interesse privado (das partes) e o interesse público (da sociedade) devem ser harmonizados, na busca da realização concreta do direito assegurado pela ordem jurídica democraticamente instituída. Às partes cabe a iniciativa da ação e da defesa, mas o juiz deve participar ativamente da produção das provas necessárias ao esclarecimento dos fatos da causa, tendo como norte o cumprimento da promessa constitucional de tutela efetiva dos direitos assegurados pela ordem jurídica.

(1423) *Principios de derecho procesal civil*, t. II, p. 189.

(1424) A extensão dos poderes instrutórios do juiz serve de parâmetro para estabelecer se em um sistema prevalece o caráter dispositivo ou inquisitorial.

(1425) Centralidade das partes no processo; vinculação do respeito à ordem jurídica à vontade soberana das partes; processo como negócio entre as partes; liberdade das partes como valor predominante e excludente; justiça da decisão como decorrência da justiça do processo; desvinculação entre prova e verdade.

(1426) Centralidade do juiz no processo; prevalência do interesse público na realização dos valores que informam a ordem jurídica.

(1427) Em suma, entre o poder instrutório do juiz e a liberdade probatória das partes deve ser estabelecida uma relação equilibrada, respeitosa e construtiva.

(1428) A participação das partes em todas as fases do processo legitima a decisão ao final produzida e permite que elas controlem a sua produção. Registre-se que "o *proprium* da participação está no conhecer e no intervir e portanto, antes de tudo, no fazer parte do momento decisório, no fazer-se objeto e sujeito da decisão" (VIGORITI, Vicenzo. *Interessi collettive e processo:* a legittimazione *ad agire*, p. 5). Esse doutrinador assinala, no entanto, que "o decidir é participar, mas também o controlar o é" (*Op. cit.*, p. 5).

(1429) Como adverte Francesco Carnelutti, "a composição da lide não é um fim em si mesmo, e sim um meio para a proveitosa convivência social" (*Sistema de direito processual civil*, v. I, p. 371).

O juiz que se municia de meios para a decisão justa do dissídio não pode ser considerado parcial[(1430)] ou autoritário. As partes agem em defesa de seus interesses. O juiz agirá na busca de uma justa decisão e da realização prática do direito assegurado às partes pelo ordenamento jurídico democraticamente instituído.

O processo serve às partes e à ordem jurídica, fato que autoriza o juiz a atuar no sentido de que venha aos autos o maior número de elementos de convicção sobre os fatos controversos.[(1431)]

Ademais, ao juiz não pode ser negada a possibilidade de atuar no sentido de julgar acertadamente e dele não pode ser exigida indiferença em relação ao direito deduzido, em especial os de natureza humana e fundamental.

A atuação do juiz no sentido da maior aproximação possível da realidade não tem caráter apenas subsidiário. Em conjunto com as partes e respeitando o seu direito de participar, da forma mais ampla possível, da formação do seu convencimento sobre a realidade dos fatos controversos, o juiz deve atuar no sentido de conhecer a verdade sobre os fatos controversos e relevantes para a solução da lide, como medida necessária para a justa solução do conflito de interesses.

Na definição do papel das partes e do juiz na instrução probatória, devem ser combinadas a *teoria da justiça procedimental* — a justiça da decisão está relacionada com o procedimento de sua construção — e a da *justiça material processual* — a justiça da decisão está em relação direta com o seu conteúdo —,[(1432)] o que exige ampla liberdade para as partes e o juiz na busca de elementos que permitam a maior aproximação possível da realidade dos fatos da causa. É indispensável, ainda, estabelecer o maior equilíbrio possível entre o *juiz garantidor da regularidade do procedimento* e o *juiz garantidor dos direitos* ("garantir os direitos significa assegurar sua realização concreta, sobretudo no plano dos efeitos da decisão, dos instrumentos executivos e da disponibilidade dos remédios adequados às exigências reais subjacentes à *litis*"[(1433)]). O juiz deve atuar como garantidor do respeito ao devido processo legal e em defesa da ordem jurídica, mas sem desconsiderar o direito das partes de participar, com reais possibilidades de êxito, da formação do seu convencimento sobre a realidade dos fatos da causa.[(1434)]

Considerando a classificação dos sistemas sobre a iniciativa da prova em sistemas dispositivo, inquisitivo e misto, pode ser dito que o sistema adotado pelo ordenamento jurídico pátrio se insere no sistema misto.

Com efeito, segundo o art. 130 do CPC de 1973, "caberá ao juiz, de ofício ou requerimento da parte, determinar as provas necessárias à instrução do processo, indeferindo as diligências inúteis ou meramente protelatórias", o que é reiterado no CPC de 2015, de acordo com o seu art. 370, *in verbis*: "Caberá ao juiz, de ofício ou a requerimento da parte, determinar as provas necessárias ao julgamento do mérito", observando-se que o CPC de 2015 é tecnicamente mais correto, visto que a prova visa fornecer elementos para

---

(1430) A propósito afirma Érico Andrade que "o ativismo judicial, ou o aumento do papel do juiz na condução do processo e no campo probatório, não significa, por si só, atentado ao princípio da imparcialidade. O princípio da imparcialidade pode ser eventualmente atingido se, no caso concreto, o juiz usar seus poderes para favorecer um litigante em desfavor do outro" (*O mandado de segurança:* a busca da verdadeira especialidade (proposta de releitura à luz da efetividade do processo), p. 136).

(1431) A função do juiz não pode limitar-se à fiscalização do respeito ao procedimento probatório estabelecido pela ordem jurídica (devido processo legal), ao passo que a ele atribuir iniciativa probatória não é render graças ao subjetivismo, mas reconhecer que o processo tem uma relevante função social, que é a concretização do direito material. Entre a *concepção retórica do processo* (o processo deve ser orientado "para permitir a melhor expressão dos argumentos das partes; segundo esta concepção, considera-se desejável que ganhe a ação a parte que apresentar os melhores argumentos, o que pode não coincidir com a parte que tenha razão") e a *concepção heurística do processo* (o processo deve "ser construído para possibilitar a descoberta da verdade dos fatos; de acordo com esta concepção, o processo só deve ser ganho pela parte que tiver a verdade do seu lado, ou seja, pela parte que tem razão"), segundo classificação de Miguel Teixeira de Sousa (Um novo processo civil português: à la recherche du temps perdu? *Revista de Processo*, p. 212), há de se preferir a heurística, sem, contudo, negar o direito de ampla e útil participação das partes na construção do provimento e, com isso, na definição de seus direitos e de suas obrigações.

(1432) A decisão deve ser justificada e legitimada pelo procedimento de sua construção e pelo seu conteúdo.

(1433) TARUFFO, Michele. *El proceso civil adversarial en la experiência americana*, p. 167.

(1434) Não se pode perder de vista que, como adverte Piero Calamandrei, "se os poderes do órgão jurisdicional não encontrassem um limite na iniciativa das partes, o processo mesmo tenderia a dissolver-se em ilimitado arbítrio do juiz, e todo direito dos cidadãos desapareceria em uma mera sujeição à autoridade" (*Instituciones de derecho procesal civil*, v. I, p. 395).

o julgamento do mérito e não apenas para a instrução do processo.[1435] *A opção pelo sistema misto é reforçada pelo* art. 342 do CPC de 1973 e pelo art. 343 do CPC de 2015, que conferem ao juiz o poder para interrogar as partes, bem como pelo art. 418, I, do CPC de 1973 e pelo art. 461, I, do CPC de 2015, segundo os quais o juiz pode ordenar, de ofício, a inquirição de testemunhas referidas nas declarações da parte ou das testemunhas. Por fim, de acordo com o art. 440 do CPC de 1973 e o art. 481 do CPC de 2015, o juiz pode, de ofício, inspecionar pessoas ou coisas, a fim de se esclarecer sobre fato que interesse à decisão da causa.

Já a CLT reconhece ao juiz poder para "determinar qualquer diligência necessária ao esclarecimento" da causa (art. 765), arguir os peritos e assistentes técnicos (art. 827), interrogar as partes (art. 848) e determinar a realização das diligências que entender necessárias (art. 864). A CLT prevê, ainda, que o juiz dirigirá o processo com liberdade para "determinar as provas a serem produzidas" (art. 852-D).

Assim, tanto o CPC quanto a CLT conferem ao juiz o poder para determinar, de ofício, a produção de prova, sem que isso implique negar às partes o direito de produzir prova dos fatos que alegam como fundamento de suas pretensões.

10. Produção antecipada de prova

A prova é produzida, em regra, no curso do processo, em audiência.

Admite-se, no entanto, a produção da prova antes da instauração do processo ou, já tendo sido este instaurado, antes da audiência, ou seja, de forma antecipada.

A produção antecipada da prova pode, assim, ser requerida de forma antecedente (a prova é produzida antes da instauração do processo principal) ou incidental (a prova é produzida no curso do processo, mas antes do momento em que normalmente seria produzida).

Note-se que, nesta perspectiva, a produção antecipada da prova tem sempre em vista um processo judicial, a ser instaurado ou já instaurado, como resulta, inclusive, dos arts. 847 e 849 do CPC de 1973.

No entanto, a antecipação de prova recebeu, no CPC de 2015, tratamento diferenciado, criando-se, um verdadeiro *procedimento probatório autônomo* ou *independente*, que tem como corolário o reconhecimento do *direito autônomo à prova*, no sentido de direito cujo exercício não se vincula necessariamente a um processo judicial.

Nesse sentido, dispõe o art. 381, I, II e III, do CPC de 2015 que a prova poderá ser produzida de forma antecipada quando:

a) haja fundado receio de que venha a tornar-se impossível ou muito difícil a verificação de certos fatos na pendência da ação;

b) a prova a ser produzida seja suscetível de viabilizar a autocomposição ou outro meio adequado de solução de conflito;

c) o prévio conhecimento dos fatos possa justificar ou evitar o ajuizamento de ação.

Destarte, foi mantida a configuração tradicional da antecipação da prova (art. 381, I), mas estabelecidas duas outras situações, em que a prova não é produzida para efeito de ser utilizada em um determinado processo (art. 381, II e III).

O requerente da medida deverá justificar sumariamente a necessidade da antecipação e mencionar com precisão os fatos sobre os quais há de recair a prova (art. 848 do CPC de 1973), ou, nos termos do art. 382 do CPC de 2015, apresentar as razões que justificam a necessidade de antecipação da prova e mencionar com precisão os fatos sobre os quais a prova há de recair.

(1435) O poder conferido ao juiz não é ilimitado, vez que a ele somente é dado determinar a produção de provas que sejam *necessárias*, sendo-lhe vedado ordenar a produção de prova inútil ou que somente protele o proferimento de decisão de mérito.

De acordo com o art. 802 do CPC, o requerido será citado para, no prazo de cinco dias, contestar o pedido. Já o CPC de 2015 prevê que o juiz determinará, de ofício ou a requerimento da parte, a citação dos interessados na produção da prova ou no fato a ser provado, salvo se inexistente caráter contencioso (art. 382 do CPC de 2015), sendo nele estabelecido, no entanto, que não se admitirá defesa na produção antecipada de prova (art. 383, § 4º).

O CPC de 2015 foi ainda mais adiante, estabelecendo que os interessados poderão requerer a produção de qualquer prova no mesmo procedimento, desde que relacionada ao mesmo fato, salvo se a produção conjunta acarretar excessiva demora (art. 382, § 3º).

O art. 846 do CPC de 1973 dispõe que é passível de produção antecipada: a) a prova pericial; b) o interrogatório da parte; e, c) a inquirição de testemunhas. Contudo, a doutrina admite a produção antecipada de outras provas, citando-se, como exemplo, Humberto Theodoro Júnior, para quem o juiz, exercendo seu poder geral de cautela, pode admitir "medidas similares com relação a outros meios de convencimento, como, por exemplo, a inspeção judicial (art. 440)".[(1436)]

O CPC de 2015, além de não faz referência à prova que pode ser produzida de forma antecipada, dispõe, no art. 382, § 3º, que os interessados podem requerer a produção de *qualquer prova no mesmo procedimento*. Com isto, qualquer prova pode ser produzida de forma antecipada.

De acordo com o art. 847 do CPC de 1973, será antecipado o interrogatório da parte ou a inquirição de testemunha: a) se tiver que se ausentar; b) se, por motivo de idade ou moléstia grave, houver justo receio de que, ao tempo da prova, já não exista, ou esteja impossibilitado de depor, ao passo que a prova pericial será antecipada quando haja fundado receio de que venha a tornar-se impossível ou muito difícil a verificação de certos fatos na pendência da ação (art. 849).

No CPC de 2015, como se vê do art. 381, I, II e III, permanece a previsão no sentido de que a prova pode ser produzida antecipada quando haja fundado receio de que venha a tornar-se impossível ou muito difícil a verificação de certos fatos na pendência da ação, mas foram criadas duas novas situações, quais sejam, a produção da prova suscetível de viabilizar a autocomposição ou outro meio adequado de solução de conflito e a produção da prova quando o prévio conhecimento dos fatos possa justificar ou evitar o ajuizamento de ação. Note-se que, nestas duas últimas situações não ocorre, necessariamente, antecipação da produção da prova, mas, isto sim, produção da prova com objetivo bem determinado: viabilizar a autocomposição ou outro meio adequado de solução de conflito ou o prévio conhecimento dos fatos possa justificar ou evitar o ajuizamento de ação.

Em se tratando de interrogatório da parte ou inquirição de testemunhas, será designada audiência para tal fim, intimando-se as partes do processo principal (arts. 848 e 802 do CPC) ou os interessados na produção da prova ou fato a ser provado, salvo se inexistente caráter contencioso (art. 382, § 1º, do CPC de 2015).

Para a produção da prova pericial, o requerente e o demandado (ou os interessados quando se tratar de antecipação realizada sob o prisma do CPC de 2015), o juiz nomeará perito, fixará prazo para entrega do laudo pericial e ordenará a intimação do requerido (ou dos interessados) para apresentar quesitos e indicar assistente técnico. Apresentado o laudo, as partes (e os interessados) deverão ser intimadas para se manifestar, podendo, se desejarem, apresentar pedido de esclarecimentos.

Produzida a prova, os autos permanecerão em cartório, para extração de cópias e certidões pelos interessados (art. 851 do CPC de 1973 e art. 383 do CPC de 2015).

O CPC de 2015 fixa o prazo — um mês —, de permanência dos autos em cartório (art. 383) e estabelece que, findo este prazo, os autos serão entregues ao promovente da medida (art. 383, parágrafo único).

Este tema será tratado no Capítulo reservado ao estudo das medidas de urgência, ao qual remetemos o leitor.

(1436) *Processo cautelar*, p. 344-345.

11. Produção da prova em audiência. Revelia e prova

Como regra, as provas são produzidas em audiência. Essa é uma decorrência da oralidade e da concentração de atos em audiência, que caracterizam os procedimentos disciplinados pelo direito processual do trabalho.

A produção da prova em audiência permite o contato do juiz com as partes, testemunhas e, eventualmente, peritos, observando-se que, como assinala Pedro Batista Martins, é "incontestável que o juiz que recolheu impressões diretas das testemunhas e peritos e que ouviu pessoalmente o depoimento das partes tem mais probabilidade de acertar que qualquer outro, que apenas conheça os fatos através da leitura dos autos".[1437]

Na audiência serão ouvidas as partes e as testemunhas (art. 848, §§ 1º e 2º, da CLT). Também em audiência serão ouvidos o perito e os técnicos, se a sua oitiva for necessária para a instrução do processo (arts. 827 e 848, § 2º, da CLT).

A CLT não exige que o juiz fixe, ao iniciar a instrução, os pontos controvertidos sobre os quais incidirá a prova, embora nada impede que o faça.

O direito processual comum adota uma postura diferenciada.

O CPC de 1973 estabelece que o juiz deverá, ao iniciar a instrução, ouvidas as partes, fixar os pontos controvertidos sobre os quais incidirá a prova (art. 451).

O CPC de 2015 dispõe que:

a) no saneamento e organização do processo, o juiz deverá delimitar as questões de fato sobre as quais recairá a atividade probatória (art. 357, II);

b) as partes podem apresentar ao juiz, para homologação, delimitação consensual das questões de fato sobre as quais recairá a atividade probatória, a qual, se homologada, vinculará as partes e o juiz (art. 357, § 2º).

Esta previsão foi objeto de exame quando tratamos das convenções processuais, no segundo Capítulo, valendo repetir que o art. 357, § 2º, do CPC de 2015 não obriga o juiz a homologar a convenção e nem poderia fazê-lo, seja porque ao juiz, segundo o mesmo CPC, no exercício da gestão processual, cabe determinar as provas necessárias para o julgamento do mérito (art. 370), bem como indeferir, de forma fundamentada, as diligências inúteis ou meramente protelatórias (art. 370, parágrafo primeiro), seja porque o juiz não pode ter a sua atuação limitada a ponto de as partes estabelecerem, sem possibilidade de sua intervenção, quais são as questões de direito relevantes para a decisão do mérito. Em tese, trata-se de convenção compatível com o processo do trabalho, com a ressalva de que a sua aceitação pressupõe que as partes estejam, concretamente, em condições de definir, de forma segura, o objeto da prova, os meios de prova pertinentes e as questões de direito realmente relevantes para a decisão do mérito, estando a convenção condicionada, ainda, à simetria de informações entre as partes.

O juiz providenciará para que a parte que ainda não depôs não assista ao depoimento da outra (art. 344, parágrafo único, do CPC de 1973 e art. 385, § 2º, do CPC de 2015)[1438] e, ainda, para que o depoimento de uma testemunha não seja ouvido pelas demais testemunhas que tenham que depor no processo (art. 824 da CLT).

O juiz deverá inquirir as testemunhas separada e sucessivamente (art. 413 do CPC de 2015, art. 456 do CPC de 2015 e art. 824 da CLT). Não é lícita, assim, a oitiva conjunta das testemunhas indicadas pelas partes, em uma espécie de *acareação prévia*.

(1437) *Comentários ao Código de Processo Civil*, v. III, t. I, p. 209.

(1438) A esse tema retornaremos mais adiante, quando tratarmos do depoimento pessoal.

Pode o juiz, a qualquer momento da audiência, interrogar as partes para se esclarecer sobre fatos da causa, sendo-lhe lícito, ainda, mesmo após o encerramento da instrução, designar audiência com essa finalidade.

O réu que não comparecer na audiência em que deveria apresentar defesa é, por expressa previsão legal, considerado revel e confesso em relação aos fatos narrados na inicial, sendo-lhe vedada, portanto, a produção de prova, no caso de estar presente o seu advogado. Em suma, a presença do advogado do reclamado na audiência não é suficiente para que o juiz acolha o seu pedido de produção de provas (Súmula n. 74, II, do TST).

A prova existente nos autos, no entanto, deverá ser confrontada com a confissão ficta aplicada ao réu ausente (art. 400, I, do CPC de 1973 e art. 443, I, do CPC de 2015). A confissão faz prova dos fatos alegados, mas não exclui o dever de o juiz examinar todas as provas existentes nos autos. Assim, o fato não contestado será admitido como verídico, se o contrário não resultar do conjunto das provas existentes nos autos.

12. *Prova emprestada*

A prova é produzida, via de regra, perante o juiz da causa.

Contudo, a prova pode ser tomada emprestada do processo em que foi produzida, para participar da formação do convencimento do juiz que dirige o processo para o qual é transportada.

Prova emprestada é, assim, aquela tomada emprestada de um outro processo (em curso ou já findo), para fazer prova no processo para o qual é transportada documentalmente.

A possibilidade de utilizar em um processo a prova produzida em outro processo decorre da *eficácia extraprocessual da prova*.

Ada Pellegrini Grinover aponta como requisitos de admissibilidade da prova emprestada "a de ter sido produzida em processo formado entre as mesmas partes (...), que o contraditório no processo originário tenha sido instituído perante o mesmo juiz, que também será o juiz da segunda causa (...). Somente a presença concomitante do juiz e das partes pode dar validade à prova. Principalmente quando se trate de prova oral (interrogatório, depoimentos testemunhais), em que o princípio da imediação torna indispensável que o juiz da causa tenha contato direto com as provas, para poder valorá-las devidamente" e assevera que a prova produzida fora do contraditório instituído entre as partes e sem a presença do juiz da causa é "ilegítima, por ter sido produzida sem a presença das partes e do juiz da causa, vulnerando, por isso, as garantias do contraditório e do juiz natural (art. 5º, LV e LIII, CF) e a própria cláusula do devido processo legal (art. 5º, LIV, CF)".[(1439)]

Para evitar excessiva limitação do uso da prova emprestada no processo do trabalho e considerando que a prova é fator de segurança para o juiz e de justiça da decisão, os requisitos para a aceitação da prova emprestada devem ser limitados a dois: a) identidade de fatos; e b) regularidade da produção da prova (produção em contraditório regular entre as partes do processo em que foi produzida).

A prova emprestada pode ser produzida por uma das partes (trata-se de um dos elementos de convicção de que a parte pode dispor para demonstrar a veracidade dos fatos que alega como fundamento de sua pretensão), de comum acordo entre partes ou por determinação judicial (a prova permite, a um só tempo, realizar concretamente o direito subjetivo e conferir efetividade ao direito objetivo, isto no âmbito do processo judicial. Com isto e considerando que quanto maior o número de fontes de informações sobre os fatos controversos e relevantes para a solução do caso concreto maior a possibilidade de se alcançar a verdade e a justiça, o direito processual do trabalho adota como diretriz fundamental a livre indagação da verdade, assegurando às partes e ao juiz ampla liberdade em matéria de prova).

(1439) *O processo em evolução*, p. 62-63.

Quando se tratar de prova emprestada produzida por uma das partes, a outra deve ser intimada para manifestação, devendo ambas as partes serem intimadas com esta finalidade quando a prova for produzida por determinação judicial.

A utilização de prova emprestada por uma parte não depende da concordância da outra, salvo quando o que se pretende é que ela substitua a prova que seria produzida no processo para o qual é transportada documentalmente, hipótese em que, como o que se pretende é evitar a produção de outras provas neste processo, a parte contrária deverá ser ouvida sobre esta pretensão.

Ao determinar a produção da prova emprestada, o juiz cumpre o dever de velar pelo rápido andamento das causas e pela justa solução do litígio e exerce o poder de determinar as diligências necessárias ao esclarecimento da causa. Destarte, quando se tratar de prova emprestada produzida pelo juiz, não há que se falar em prévia concordância das partes, ficando ressalvado, no entanto, o direito de as partes se manifestarem sobre esta prova e de produzir a prova dos fatos que alegam em seu favor. Destarte, haverá cerceamento do direito à prova quando o juiz determinar a produção de prova emprestada e negar às partes o direito de produzir prova dos fatos que alegam em seu favor.

O juiz da causa é livre para apreciar a prova emprestada, não estando vinculado ao valor que lhe foi conferido no processo em que foi produzida.

O CPC de 2015 autoriza, expressamente, o uso da prova emprestada, como se vê do seu art. 372 ("O juiz poderá admitir a utilização de prova produzida em outro processo, atribuindo-lhe o valor que considerar adequado, observado o contraditório"). Como o direito processual do trabalho não trata da questão, o art. 372 do CPC de 2015 serve, no particular, como sua fonte subsidiária.

13. Avaliação da prova. Hierarquia dos meios de prova. Modelos ou critérios de constatação

Para proferir decisão e definir os direitos e deveres dos litigantes, o juiz deverá estabelecer a verdade sobre os fatos controversos, realizando, para tanto, a avaliação ou valoração da prova existente nos autos.

Na valoração da prova, o juiz fixa a sua aptidão para formar a sua convicção acerca da veracidade dos fatos controversos.[1440]

Três são os sistemas ou critérios de avaliação da prova que tiveram maior relevo ao longo da história. Estes critérios variam segundo a maior ou menor liberdade conferida ao juiz na avaliação da prova.

Sistema da prova legal ou *prova tarifada*: a lei atribui, prévia e exaustivamente, valor a cada prova, estabelecendo quando um fato poderá ser considerado verdadeiro pelo juiz. Ao juiz é negada, portanto, qualquer liberdade em relação à valoração da prova.[1441]

(1440) Heberto Amílcar Baños afirma que "a valoração da prova (...) consiste na operação intelectual realizada pelo julgador e destinada a extrair daquela um juízo concreto e afirmativo sobre a verdade ou falsidade dos fatos relevantes controvertidos na lide. Esta atividade consiste em ponderar (ou contrastar) o mérito de cada meio de prova e determinar seus resultados úteis para a decisão da causa." (*La apreciación de la prueba en el proceso laboral*, p. 103).

(1441) Consoante ensina Pedro Batista Martins, "partindo do pressuposto de que tanto mais perfeita será a lei quanto menor for a parcela de arbítrio deixado ao juiz (...), o legislador, em regra, fixava abstratamente o valor que o juiz deveria dar às diversas provas. Servindo-se da observação e da experiência, o legislador conclui que certas provas eram menos falíveis que outras e, generalizando, estabeleceu gradações de valor, conferindo a uma maior soma de credibilidade que a outras. O valor da prova passou, assim, a ser tarifado em lei. Havia provas pleníssimas, plenas, semiplenas etc." (*Comentários ao Código de Processo Civil*, v. III, t. I, p. 209-210). De acordo com Mauro Cappelletti, no sistema das provas legais, "a valoração das provas está estabelecida pela lei de maneira abstrata e matemática. Uma só testemunha não fazia prova — *testis unus testis nullus* —, com uma só exceção, o Papa. O testemunho não contraditado de duas pessoas, ou então, tratando-se de *testis de auditu*, de cinco ou sete pessoas, fazia prova plena, vinculante para o tribunal. O testemunho das mulheres, a prescindir do seu número, era inadmissível ou valorado como prova insuficiente, necessitando ser integrado pelo testemunho de pelos menos um homem. Na hierarquia dos valores testemunhais, o nobre prevalecia sobre aquele 'não nobre', o eclesiástico sobre o leigo, o rico sobre o pobre, o velho sobre o jovem, o cristão sobre o hebreu. Qualquer prova era predeterminada em proporções aritméticas: *probatio plena*, *probatio simiplena*, um quarto ou uma oitiva de prova. O juiz, em suma, deveria contar a prova, mais propriamente que pesá-la (...). O número, o sexo, a idade, o estado social e econômico, a religião e outros similares, eram os elementos que 'faziam' a verdade, não a veracidade ou malícia aferidas e valoradas no caso concreto" (*Processo, ideologia e sociedade*, v. I, p. 313-314).

Sistema da livre apreciação da prova ou *íntima convicção*: "por esse sistema, o juiz torna-se, afinal, dono do processo, podendo julgar a causa como entender (...), sem dar os motivos de sua convicção. Basta a decisão pura e simples. Pode adquirir o conhecimento dos fatos com a prova dos autos, fora da prova dos autos e até mesmo contra a prova dos autos. Bastam as suas impressões pessoais, não se achando adstrito a regra alguma a não ser ao foro de sua consciência de julgador". Ao juiz é conferida ampla liberdade na avaliação da prova da prova existente nos autos e também poder para julgar de acordo com os seus conhecimentos pessoais.(1442)

Sistema da persuasão racional ou convencimento motivado: o juiz tem liberdade para apreciar as provas produzidas em contraditório,(1443) não estando obrigado a decidir com observância de valor previamente estabelecido para cada prova, mas deverá indicar na decisão os motivos de seu convencimento.(1444)

No processo do trabalho, o juiz tem liberdade para apreciar a prova, atendendo aos fatos e circunstâncias dos autos, mas deverá indicar na decisão as razões da formação do seu convencimento (arts. 832 e 852-D da CLT, tendo sido nele adotado, então, o sistema da persuasão racional ou do convencimento motivado, como também ocorre no direito processual comum (art. 131 do CPC de 1973 e art. 371 do CPC de 2015).

Liberdade na apreciação da prova não é sinônimo de arbítrio. Ao juiz cumpre, ao valorar a prova, respeitar as leis da natureza e da ciência, assim como as regras de experiência comum e técnica, ressalvada, quanto a estas, o exame pericial (arts. 852-D da CLT, 335 do CPC de 1973 e 375 do CPC de 2015).

Humberto Theodoro Júnior adverte que "embora seja livre o exame da prova, não há arbitrariedade, porque a conclusão deve ligar-se logicamente à apreciação jurídica daquilo que restou demonstrado nos autos. E o juiz não pode fugir dos meios científicos que regulam as provas e sua produção, nem tampouco às regras da lógica e da experiência".(1445) No mesmo sentido, Moacyr Amaral Santos afirma que "a liberdade que se concede ao juiz na apreciação da prova não é mero arbítrio, senão critério de atuação ajustado aos deveres profissionais. Há liberdade no sentido de que o juiz aprecie as provas livremente, uma vez que na apreciação não se afaste dos fatos estabelecidos, das provas colhidas, das regras científicas — regras jurídicas, regras de lógica, regras de experiência. A convicção fica, assim, condicionada: a) aos fatos nos quais se funda a relação jurídica controvertida; b) às provas desses fatos, colhidas no processo; c) às regras legais e às máximas da experiência; é por isso que é condicionada; d) deverá ser motivada".(1446)

O juiz deve, ao apreciar a prova, dar especial valor às regras de experiência comum e técnica, ressalvado, quanto a estas, o exame pericial (art. 852-D da CLT, art. 335 do CPC de 1973 e art. 375 do CPC de 2015). Isso significa dizer que o juiz deve respeitar os meios científicos que regulam a prova e sua produção e conferir especial valor aos juízos formados a partir da observação do que ordinariamente acontece, isto é, às regras reveladas pela experiência, bem como as regras técnicas de conhecimento geral, ressalvada, quanto a estas, o exame pericial (as regras de experiência técnica não substituem a prova pericial).(1447)

Ao avaliar a prova, deve o juiz:

a) definir o objeto da prova, isto é, as dúvidas a serem resolvidas por meio da prova;

(1442) Gabriel José Rodrigues de Rezende Filho (*Curso de direito processual civil*, v. II, p. 230). No sistema da prova legal, ao juiz é negada qualquer liberdade na apreciação da prova, ao passo que, no da livre apreciação da prova ou íntima convicção, a ele é atribuída plena liberdade na apreciação da prova.

(1443) Neste sentido, prevê o art. 155 do Código de Processo Penal que "o juiz formará a sua convicção pela livre apreciação da prova produzida em contraditório judicial".

(1444) Esse sistema procura o meio termo entre os sistemas anteriores, libertando o juiz de critérios rígidos e inflexíveis na apreciação da prova, mas dele exigindo a formação de seu convencimento à luz das provas existentes nos autos e a motivação de sua decisão. A não submissão do juiz a regras jurídicas que predeterminam o valor da prova não o dispensa de proceder a uma valoração racional e lógica da prova.

(1445) *Curso de direito processual civil*, v. I, p. 476.

(1446) *Comentários ao Código de Processo Civil*, v. IV, p. 13-14.

(1447) O CPC de 1973 dispõe que, *na falta de normas jurídicas particulares*, o juiz aplicará as regras de experiência comum e técnica. Esta ressalva — falta de normas jurídicas particulares — deixou de existir no CPC de 2015, o que implica que a aplicação de tais regras deixa de estar condicionada à ausência de norma jurídica particular.

b) formular uma hipótese a partir do exame das provas existentes nos autos;

c) confrontar esta hipótese com eventuais hipóteses alternativas fornecidas pelos mesmos meios de convicção, segundo o alegado pelas partes;

d) estabelecida uma hipótese definitiva, realizar o seu exame à luz das regras de experiência comum e técnica.[1448]

Na avaliação da prova, o juiz formula uma hipótese psicológica ou conjectura provisória (aquilo de que está convencido a partir do primeiro exame da prova) e a submete à prova (confronto com outras hipóteses possíveis). Para fugir do subjetivismo, é necessário tornar a decisão compreensível para todos e passível de crítica intersubjetiva, daí a necessidade de fundamentação da decisão. Adota-se, a propósito, o ponto de vista de Karl Popper, no sentido de que objetivo é aquilo passível de "controle racional mútuo, por via da discussão crítica".[1449]

Cada parte apresenta ao juiz a sua representação da realidade. O juiz, examinando e valorando a prova, fixará, de forma fundamentada e respeitando os elementos de convicção existentes nos autos, a representação da realidade que servirá de fundamento para a definição dos direitos e deveres das partes.

O direito processual do trabalho, embora consagre o sistema da persuasão racional, faz concessões ao sistema da prova legal, restringindo os meios de prova de determinados fatos, como ocorre, por exemplo, com a prova documental em relação ao pagamento de salários e da jornada de trabalho (quando a empresa possua determinado número de empregados).

O que se persegue, nesses casos, é o maior grau de certeza e segurança na reconstrução de determinados fatos, operando-se, segundo Antônio Carlos de Araújo Cintra, "uma antecipada avaliação negativa da prova feita pelo próprio legislador",[1450] e, de certa forma, o estabelecimento de hierarquia entre os meios de prova em relação a determinados fatos.

Heberto Amílcar Baños vê nessas exigências probatórias a intenção de "assegurar ao trabalhador o benefício da dúvida pela aplicação do brocardo *in dubio pro operario*".[1451]

Quando todos os elementos de convicção existentes nos autos conduzem a uma única e segura conclusão sobre a veracidade dos fatos controversos, o juiz os terá como verdadeiros.

Contudo, é possível que os elementos de convicção não conduzam a uma conclusão única, ocorrendo o denominado *conflito de provas*.

Nesse caso, o juiz poderá, para orientá-lo em relação aos graus de suficiência da prova para a formação da sua convicção (que são fixados considerando-se as necessidades do direito material objeto da controvérsia e as dificuldades probatórias no caso concreto), adotar um *modelo* ou *critério de constatação* (no mesmo sentido a doutrina também se refere a *módulo* ou *padrão de prova*).

A propósito afirma Marina Gascón Abellán que, sob a perspectiva epistemológica, a racionalidade exige um grau de probabilidade mínima, que constitui, fora do âmbito penal, a *probabilidade prevalente*, segundo a qual "uma hipótese sobre um fato resultará aceitável ou provada quando seja mais provável do que qualquer outra das hipóteses alternativas sobre o mesmo fato manejadas ou conseguidas no processo e sempre que dita hipótese resulte 'mais provável que não', vale dizer, mais provável que sua correlativa hipótese negativa".[1452]

Aduz Marina Gascón Abellán que a construção de um módulo ou padrão da prova depende não apenas de questões de racionalidade, como também de uma opção político-valorativa, "sobre a intensidade com

(1448) As regras de experiência servem, neste momento, como método de confirmação ou negação de uma hipótese. Elas atuam como verdadeiras presunções das quais o juiz pode lançar mão.

(1449) *A lógica da pesquisa científica*, p. 46.

(1450) *Comentários ao Código de Processo Civil*, v. IV, p. 10.

(1451) *La apreciación de la prueba en el proceso laboral*, p. 121-122.

(1452) Sobre la posibilidad de formular estándares de prueba objetivos. In: *Proceso, prueba y estándar*, p. 19.

que devem ser garantidos os direitos ou interesses afetados pelos erros possíveis". Segundo Marina Gascón Abellán, existem em uma decisão probatória dois erros possíveis: "aceitar como verdadeiro (ou dar por provado) o que é falso" e "não aceitar como verdadeiro (ou dar por não provado) o que *é verdadeiro*". Conclui essa doutrinadora que, "dependendo da importância que se conceda aos direitos ou interesses afetados por cada tipo de erro, o padrão será mais ou menos tolerante com esse tipo de erro, e em consequência mais ou menos exigente" e que "um padrão específico se constrói decidindo qual dos erros possíveis se considera preferível ou mais assumível (o de aceitar como verdadeiro o que é falso ou o de não aceitar como verdadeiro o que é verdadeiro) e em que grau estamos dispostos a assumi-lo. E esta é, em última instância, uma eleição política ou valorativa".(1453)

No processo do trabalho, é adotado, como regra, o *módulo ou padrão da prova prevalente* ao qual faz referência Marina Gascón Abellán, sendo próprio do processo penal o *módulo ou padrão da prova acima da dúvida razoável*, em razão da presunção de inocência estabelecida pelo art. 5º, LVII, da Constituição, o que significa que, no processo penal, para considerar um fato como verdadeiro a prova existente nos autos deve excluir qualquer possibilidade de conclusão diversa.

O meio-termo entre os módulos ou padrões da prova prevalente e da prova acima da dúvida razoável é ocupado pelo *módulo ou padrão da prova clara e convincente*, segundo o qual, para afirmar a veracidade de um fato, exige-se um *grau de probabilidade superior àquele fundado na preponderância das provas*, mas *inferior ao fundado na prova acima da dúvida razoável*. É este o módulo ou padrão intermediário que deve ser adotado, como assinala Danilo Knijnik, nas demandas "cujos valores transcendem à dimensão meramente patrimonial", como se dá, segundo ele, nos casos "em que há alegação de fraude — da qual possa redundar reflexos penais — ou cujos interesses sejam de tal envergadura para as partes (destituição de pátrio poder, anulação de testamento), ou, ainda, que tenham até um certo caráter penal (*v. g.*, improbidade administrativa)".(1454) O *módulo* ou padrão intermediário deve ser adotado nas situações em que a decisão terá efeitos que não são apenas patrimoniais, como se dá, por exemplo, com a imputação ao trabalhador de prática de ato que autoriza a sua dispensa por justa causa.

14. Princípios pertinentes às provas

A teoria da prova é regida por vários princípios, quais sejam:

a) *legalidade da prova*: a verdade dos fatos deve ser demonstrada por meios lícitos e moralmente legítimos e, ainda, no lugar, pelo modo, no tempo e no prazo definidos em lei para fazê-lo;

b) *contraditório*: a parte tem direito de participar de todas as fases do procedimento, com possibilidade concreta de influenciar o juiz na formação do seu convencimento sobre a verdade a respeito dos fatos controversos e, com isso, na construção do conteúdo das decisões judiciais;(1455)

c) *aquisição da prova pelo processo ou comunhão da prova*: a prova participará da formação do convencimento do juiz independentemente da parte que a tenha produzido, mesmo que seja a parte por ela prejudicada. O juiz formará a sua convicção a partir da verdade demonstrada nos autos, sem se indagar sobre a parte responsável pela demonstração (trata-se de princípio expressamente adotado pelo CPC de 2015, como se vê do seu art. 371);

d) *unidade*: a prova deve ser apreciada em seu conjunto, cumprindo ao juiz apontar na decisão os motivos que o levaram a conferir valor a um meio de prova e negá-lo a outro;

(1453) Sobre la posibilidad de formular estándares de prueba objetivos. In: *Proceso, prueba y estándar*, p. 19-21.

(1454) *A prova nos juízos cível, penal e tributário*, p. 38.

(1455) Segundo Gabriel José Rodrigues de Rezende Filho, qualquer meio de prova "admite sempre prova em contrário, pois é do confronto das provas que há de surgir a verdade" (*Curso de direito processual civil*, v. II, p. 183).

e) *igualdade ou paridade de tratamento*: as partes devem receber igual tratamento na instrução do processo e, para que possam participar efetivamente da construção da decisão no caso concreto, a elas deve ser assegurada igualdade de armas (meios de defesa);

f) *imediação*: as provas orais devem ser produzidas, em regra, na presença do juiz, possibilitando o seu contato com as partes e testemunhas (arts. 848 e 852-H da CLT);[(1456)]

g) *necessidade*: somente deve ser produzida a prova necessária à declaração ou defesa de direito (art. 852-D da CLT);[(1457)]

h) *idoneidade*: o meio de prova deve ser idôneo à demonstração da verdade do fato alegado (o meio de prova proposto pela parte ao juiz deve ser apto a alcançar o fim por ela perseguido);

i) *lealdade ou probidade da prova*: na indicação da prova a ser produzida e na produção da que tenha sido admitida, as partes devem se portar com lealdade e boa-fé, colaborando na busca da verdade;

j) *adstrição do juiz à prova que se encontrar nos autos*: o juiz deverá formar seu convencimento à luz da prova existente nos autos (é na prova existente nos autos que o juiz deverá fundamentar sua decisão).

k) *liberdade*: as partes têm liberdade para indicar ao juiz os meios de prova com que pretendem demonstrar a verdade dos fatos alegados, produzir a prova de suas alegações, criticar a prova produzida pela parte contrária ou por determinação do juiz, ao passo que o juiz tem liberdade para determinar a realização das diligências necessárias à instrução do processo e apreciar as provas constantes dos autos.[(1458)]

Contudo, a liberdade somente será efetiva quando estiverem presentes condições mínimas necessárias para o seu exercício. Destarte, o juiz deve criar as condições necessárias para que as partes exerçam com liberdade o seu direito à prova.

15. Ônus de prova

15.1. Ônus da afirmação e ônus de prova.

O autor e o réu devem apontar na petição inicial e na contestação, respectivamente, os fatos que fundamentam as suas pretensões. Trata-se do denominado *ônus da alegação ou fundamentação*.

Às partes, todavia, não basta a alegação de fatos, cumprindo-lhes demonstrar a sua ocorrência, vez que somente o fato provado pode servir de fundamento da decisão. Cabe às partes o ônus de produzir prova dos fatos que apontam como fundamento de suas pretensões. Trata-se, agora, do *ônus da prova*.

As partes têm o ônus, e não a obrigação, de provar os fatos que alegam como fundamento de suas pretensões. A prova deve ser produzida não porque a parte esteja obrigada à sua produção, mas porque, se não o fizer, corre o risco de não ter acolhida a sua pretensão. Dito de outra forma, a parte não tem a obrigação de produzir prova, mas a necessidade de fazê-lo, visto que a ausência da prova poderá comprometer o seu êxito na demanda.

(1456) Como a testemunha não é obrigada ao deslocamento até a sede do juízo quando reside na jurisdição de outra Vara do Trabalho, deve ser expedida carta precatória para sua oitiva.

(1457) Por força desse princípio, havendo meios alternativos para a demonstração de um fato, deve-se optar por aquele que responda à necessidade da mais rápida solução do dissídio.

(1458) Santiago Sentis Melendo afirma que "a prova é liberdade (...). Sem liberdade não há prova, poderá haver (...) sucedâneos de provas, não verdadeiras provas (...). Se a prova é verificação (...), quem poderá verificar sem sentir-se em absoluta liberdade para fazê-lo? Se o que se verifica são afirmações — quem pode formulá-las sem gozar desta liberdade que ao juiz é necessário para verificá-las? É possível que sejam necessárias averiguações e, também para isto, precisará o cidadão, ou a autoridade, de toda a liberdade (...). Só com liberdade, o litigante poderá carrear todas as fontes e o juiz poderá fazer uso de todos os meios" (Natureza da prova. *Revista Forense* n. 246, p. 92-100).

Para deixar clara a distinção entre ônus e obrigação, vale lembrar que aquele que cumpre uma obrigação o faz para atender ao interesse de outrem, ao passo que a parte produz a prova dos fatos que alega para atender ao seu próprio interesse. Acrescente-se que o cumprimento de uma obrigação pode ser exigido por aquele a quem o seu cumprimento aproveita, mas uma parte não pode exigir da outra a prova dos fatos que alega em seu favor.

Hernando Devis Echandía aponta seis diferenças entre obrigação e ônus: "a) a obrigação ou o dever são relações jurídicas passivas, e o ônus é uma relação ativa, como o direito e o poder; b) na obrigação ou no dever existe um vínculo jurídico entre o sujeito passivo e outra pessoa ou o Estado, o qual não existe no ônus; c) na obrigação ou no dever é limitada a liberdade do sujeito passivo, enquanto no ônus conserva completa liberdade de ordenar sua conduta; d) na obrigação ou no dever existe um direito (privado ou público) de outra pessoa a exigir seu cumprimento, coisa que não sucede no ônus; e) o descumprimento da obrigação ou do dever é um ilícito que ocasiona sanção, enquanto a inobservância do ônus é lícita, e, portanto, não é sancionável; f) o cumprimento de uma obrigação ou dever beneficia sempre a outra pessoa ou a coletividade, ao passo que a observância do ônus somente beneficia o sujeito dela; por isto pode dizer-se que aqueles satisfazem um interesse alheio e esta somente um interesse próprio (sem que deixe de existir no primeiro caso um interesse próprio em libertar-se da obrigação ou dever, isto é, em adquirir a liberdade)".[(1459)]

James Goldschmidt assevera que ônus são "situações de necessidade de realizar determinado ato para evitar que sobrevenha um prejuízo processual. Em outras palavras, se trata de 'imperativos do próprio interesse'. Os ônus processuais se encontram em estreita relação com as 'possibilidades' processuais, posto que toda 'possibilidade' impõe às partes o ônus de ser diligente para evitar sua perda".[(1460)]

A parte que tem o ônus de provar determinado fato suporta o risco da insuficiência da prova ou da incerteza sobre a sua veracidade. Daí afirmar Leonardo Prieto Castro que a teoria do ônus da prova é "a teoria das consequências da falta de prova".[(1461)]

De ônus se fala em sentido objetivo e subjetivo. O ônus subjetivo ou formal da prova diz respeito à definição da parte a quem compete a prova de determinado fato. Fala-se em ônus objetivo da prova tanto no sentido de que o juiz deverá proferir julgamento considerando as provas existentes nos autos, independentemente da parte que as tenha produzido, como no de definição da parte que sofrerá as consequências da ausência da prova de determinado fato.

15.2. Distribuição do ônus da prova. Distribuição dinâmica do ônus da prova.

Distribuir o ônus da prova significa definir a que parte cumpre a prova dos fatos controversos, a qual, por consequência, sofrerá os efeitos de sua insuficiência.[(1462)]

As regras de distribuição do ônus da prova desempenham no processo duas funções: 1) *critério de julgamento*, na medida em que indicam ao juiz o conteúdo da decisão na hipótese de insuficiência da prova de fato controverso e relevante para a decisão da lide (ônus objetivo). O juiz não pode deixar de proferir decisão sob o argumento de que não se encontram suficientemente provados os fatos controversos; 2) *orientação para as partes*, na medida em que definem a parte à qual cumpre produzir a prova de determinado fato e suportará o risco da sua insuficiência.

Várias são as soluções indicadas pela doutrina para efeito de fixação do critério que deve nortear a distribuição do ônus da prova entre as partes. Dentre elas merecem referência: a) cada parte deve provar os fatos que constituem o pressuposto de incidência da norma jurídica que invoca em seu favor (*teoria das*

(1459) *Compendio de la prueba judicial*, t. I, p. 194-195.
(1460) *Derecho procesal civil*, p. 203.
(1461) *Derecho procesal civil*, t. I, p. 314.
(1462) São equivalentes, quantos aos seus efeitos, a impossibilidade de formação de segura convicção sobre a veracidade dos fatos com esteio nos elementos de convicção existentes nos autos (insuficiência da prova) e a ausência nos autos de elementos de convicção sobre o fato controverso (ausência da prova).

normas); b) a prova do fato cabe à parte que o alega; c) quem tem o ônus de alegar um fato também o tem de prová-lo; d) quem tem interesse em afirmar o fato tem o ônus de prová-lo; e) a prova deve ser produzida pela parte que tem interesse em que o juiz tome o fato controverso por verdadeiro; f) a prova do fato cabe à parte que estiver em melhores condições de produzi-la.

A fixação do ônus das partes tem estreita relação com a própria possibilidade de acesso ao direito controvertido.[1463] Por esta razão, vem ganhando força a doutrina da *distribuição dinâmica ou flexível do ônus da prova*. Sob a ótica desta doutrina, a distribuição do ônus da prova deve deixar de se basear na natureza do fato controverso (*distribuição estática do ônus da prova*), para ser realizada de forma dinâmica, à luz do caso concreto, sendo o ônus da prova atribuído à parte que estiver em melhores condições técnicas, profissionais ou econômicas de produzi-la.[1464]

A doutrina da distribuição dinâmica ou flexível do ônus da prova encontra respaldo na necessidade de assegurar às partes litigantes paridade concreta de armas, observando que esta paridade, além de ser um direito reconhecido expressamente pela Declaração Universal dos Direitos Humanos (art. 10), constitui uma exigência da *democracia processual*. Lembre-se que, como aduz Ireneu Cabral Barreto, um processo justo "exige, como elemento conatural, que cada parte tenha possibilidades razoáveis de defender os seus interesses numa posição não inferior à da parte contrária; ou, de outro modo, a parte deve deter a garantia de apresentar o seu caso perante o tribunal em condições que não a coloquem em substancial desvantagem face ao seu oponente".[1465]

Ademais, a participação na construção dos provimentos jurisdicionais "é problema que se coloca entre iguais, não só juridicamente, mas também e, sobretudo, cultural e economicamente",[1466] com o que o reconhecimento do direito à participação das partes na formação do provimento pressupõe igualdade concreta de armas na produção de provas.

A adoção desta doutrina encontra respaldo no art. 5º, *caput*, da Constituição, no art. 125, I, do CPC de 1973 e art. 139, I, do CPC de 2015, que impõem ao juiz o dever de assegurar às partes igualdade de tratamento, nos arts. 14, I, e 17, II, do CPC de 1973 e arts. 71, I e 80, II, do CPC de 2015, que impõe às partes o dever de veracidade, no art. 339 do CPC de 1973 e no art. 378 do CPC de 2015, que estabelecem para as partes o dever de colaborar com o Poder Judiciário para o descobrimento da verdade.

A doutrina em destaque foi expressamente adotada no CPC de 2015, como se vê do seu art. 373, que, em um primeiro momento, mantém as regras constantes do art. 333, I, II e III, do CPC de 1973, para, em seguida, dispor que, "nos casos previstos em lei ou diante da peculiaridade da causa relacionada à impossibilidade ou excessiva dificuldade de cumprir o encargo nos termos do *caput* ou à maior facilidade de obtenção da prova do fato contrário, poderá o juiz atribuir o ônus da prova de modo diverso, desde que o

(1463) A fixação do ônus da prova deve ser realizada de forma a criar real possibilidade de acesso ao direito.

(1464) Conforme assevera Mauro Cappelletti, com esteio em Piero Calamandrei, "para que exista um processo justo, não basta que diante de um juiz imparcial 'estejam duas partes em contraditório, de modo que o juiz possa ouvir as razões de ambas; mas ocorre, antes disso, que estas duas partes se encontrem entre si em condições de paridade, não meramente jurídica (que pode querer dizer meramente teórica), mas que exista entre esses uma efetiva paridade prática, que quer dizer paridade técnica e também econômica'" (As ideologias no direito processual. *Processo, ideologias e sociedade*, v. II, p. 58).

(1465) *A convenção europeia dos direitos do homem anotada*, p. 133. Luigi Paolo Comoglio assevera que, com respeito ao processo justo, é possível falar em ética e técnica, estando a técnica relacionada com a solução do problema dos "modos pelos quais a garantia do 'contraditório' incida sobre a estrutura dos diversos procedimentos e sobre a 'paridade' efetiva das partes, a forma e a medida pelas quais as garantias da 'terceiridade' e da 'imparcialidade' refletem sobre os poderes do juiz e sobre o seu exercício, quer dizer os modos pelos quais a exigência de 'justiça" do 'processo' condiciona os comportamentos de todos os sujeitos processuais, nas suas recíprocas relações. Ela é referida, em conclusão, à análise dos diversos pressupostos ou requisitos, sobre os quais se baseia, no quadro destas garantias, a configuração de um verdadeiro e próprio modelo de processo justo ou équo, exaustivo e autossuficiente, que assegure aqueles parâmetros constantes de justiça procedimental, para quaisquer manifestações do poder judicial" (*Etica e tecnica del "giusto processo"*, p. 2-3). Para esse doutrinador, "no sacrossanto respeito à pessoa e aos seus direitos essenciais se traduz, em última análise, a ética (ou, se se preferir, a *deontologia*) do processo *justo*" (*Op. cit*., p. 7).

(1466) VIGORITI, Vicenzo. *Interessi collettivi e processo*, p. 6.

faça por decisão fundamentada, caso em que deverá dar à parte a oportunidade de se desincumbir do ônus que lhe foi atribuído", valendo anotar que o art. 3º, VII, da Instrução Normativa n. 39/2016 do TST prevê ser aplicável no processo do trabalho o art. 373, §§ 1º e 2º, do CPC de 2015.

Em suma, poderá o juiz, *atendendo às peculiaridades da causa* relacionadas à impossibilidade ou excessiva dificuldade de cumprir o ônus da prova fixado a partir da natureza do fato controverso ou à maior facilidade de obtenção da prova do fato contrário, poderá o juiz, *em decisão fundamentada*, atribuir o ônus da prova de modo diverso, caso em que *deverá dar à parte a oportunidade de se desincumbir do ônus que lhe foi atribuído* (esta exigência torna certo que a distribuição do ônus da prova de forma distinta da estabelecida a partir da natureza do fato precede a instrução, o que impede que a parte seja surpreendida com a afirmação de que não se desincumbiu do ônus probatório que lhe cabia).

Além de exigir decisão fundamentada e adotar medida que impede a surpresa das partes, o CPC de 2015 acrescenta que a distribuição dinâmica do ônus da prova não pode gerar situação em que a desincumbência do encargo pela parte seja impossível ou excessivamente difícil (art. 373, § 2º).

O CPC de 1973 permite às partes celebrar convenção sobre o ônus da prova, mas a considera nula quando: recaia sobre direito indisponível da parte; torne excessivamente difícil a uma parte o exercício do seu direito (art. 333, parágrafo único), o que é repetido no CPC de 2015 (art. 373, § 3º), com a ressalva de que, no CPC de 2015 é autorizada a celebração de convenção sobre o ônus da prova antes e durante o processo.

A distribuição dinâmica do ônus da prova é compatível com o processo do trabalho, notadamente porque a diferença de poder que se verifica no curso da relação de emprego também se manifesta no curso do processo, observando-se, porém, as mesmas limitações estabelecidas pelo art. 373 do CPC de 2015.

A convenção versando sobre os ônus da prova já é autorizada pelo art. 190 do CPC de 2015, segundo o qual, "versando o processo sobre direitos que admitem autocomposição, é lícito às partes plenamente capazes estipular mudanças no procedimento para ajustá-lo às especificidades da causa e convencionar sobre os seus ônus, poderes, faculdades e deveres processuais, antes ou durante o processo". Consoante o parágrafo único do art. 190 do CPC de 2015, "de ofício ou a requerimento, o juiz controlará a validade das convenções previstas neste artigo, recusando-lhe aplicação somente nos casos de nulidade ou de inserção abusiva em contrato de adesão ou em alguma parte se encontre em manifesta situação de vulnerabilidade". O art. 373 do CPC de 2015 apenas confirma a possibilidade de celebração de conven*ção versando sobre o ônus da prova, mas estabelece limites ao seu conteúdo.*

A possibilidade de convenção foi limitada, porém, aos processos que versem sobre direitos que admitam autocomposição, ao passo que ao juiz compete, de ofício ou a requerimento, realizar o controle da validade da convenção, recusando aplicação nos casos de nulidade, de inserção abusiva em contrato de adesão ou em que alguma se encontre em manifesta situação de vulnerabilidade (a convenção, para ser válida carece, portanto, de homologação judicial), o que deve ser observado na aplicação do art. 373, § 3º.

Os arts. 190 e 373, § 3º, do CPC de 2015 devem ser interpretados em sintonia com o art. 139, segundo o qual o juiz o deverá velar pela duração razoável do processo, prevenir ou reprimir qualquer ato contrário à dignidade da justiça e indeferir postulações (mesmo que apresentadas por ambas as partes) protelatórias, e com o art. 142, que impõe ao juiz o dever de, convencendo-se, pelas circunstâncias, de que autor e réu se serviram do processo para praticar ato simulado ou conseguir fim vedado por lei, proferir decisão que impeça os objetivos das partes.

Como os direitos decorrentes da relação de emprego admitem autocomposição, como demonstra a ênfase que o direito processual do trabalho confere à conciliação, a princípio, também no processo do trabalho as partes, desde que plenamente capazes, podem celebrar convenção processual estipulando mudanças no procedimento para ajustá-lo às especificidades da causa ou versando sobre seus ônus, poderes, faculdades e deveres processuais. No entanto, como a situação do trabalhador, notadamente desempregado, é de manifesta vulnerabilidade, raramente haverá espaço para a convenção processual nos moldes dos arts. 190 e 373, § 3º, do CPC de 2015, salvo quando dela resultar favorecimento da defesa dos direitos do trabalhador em juízo.

A Instrução Normativa n. 39/2016 do TST dispõe, no art. 2º, VII, que não é aplicável no processo do trabalho o art. 373, §§ 3º e 4º, do CPC de 2015, que trata da distribuição diversa do ônus da prova por convenção das partes.

15.3. Ônus da prova no processo civil e no processo do trabalho.

No processo civil, de acordo com o art. 333, I, II e III, do CPC de 1973 e o art. 373, I, II e III, do CPC de 2015, o ônus da prova incumbe: ao autor, quanto ao fato constitutivo de seu direito, e, ao réu, quanto à existência de fato impeditivo, modificativo ou extintivo do direito deduzido pelo autor. O ônus da prova é distribuído, portanto, levando em conta a natureza do fato controverso, o que o vincula às consequências jurídicas que a lei atribui ao fato controverso.

Do art. 333 do CPC de 1973 e do art. 373 do CPC de 2015 resulta que a insuficiência da prova do fato constitutivo do direito controvertido resolve-se em prejuízo do autor (porque impede a produção da consequência por ele perseguida no processo — a confirmação do direito deduzido), ao passo que a dúvida quanto à ocorrência de fato impeditivo, modificativo ou extintivo daquele direito resulta em prejuízo do réu (posto que impede a produção da consequência jurídica por ele buscada — a negativa de existência do direito deduzido pelo autor).

Esta regra não tem, contudo, caráter absoluto, posto que convive com as hipóteses de dispensa da prova constantes do art. 334 do CPC de 1973 e art. 374 do CPC de 2015 e com o princípio da aquisição da prova. Isso significa que o art. 333 do CPC de 1973 ou o art. 374 do CPC de 2015 irá incidir no caso de ser necessária a prova do fato alegado pela parte e de esta prova não ter sido produzida pela parte contrária ou por determinação judicial.[1467] Vale lembrar, ainda, a possibilidade de inversão do ônus da prova, que mais adiante será objeto de consideração.

Recorde-se, ainda, que o CPC de 2015 adotou, como se vê do seu art. 373, a doutrina da distribuição *dinâmica do ônus da prova.*

No processo do trabalho, estabelece o art. 818 da CLT que a prova das alegações incumbe à parte que as fizer.[1468]

Sem dúvidas, cada parte deve provar a veracidade do fato que alega como fundamento de sua pretensão. Sob este prisma, o art. 818 da CLT não merece reparos. Contudo, verificada a insuficiência da prova de fato controverso e relevante para o julgamento da demanda, que critério deve nortear o juiz do trabalho na decisão do conflito de interesses? É nesse ponto que se apresenta a deficiência do art. 818 da CLT, a ser suprida pelo recurso ao art. 333, I, II e III, do CPC de 1973 ou ao art. 373, I, II e III, do CPC de 2015 para definir a parte que sofrerá os efeitos da insuficiência da prova daquele fato.

O art. 333, I, II e III, do CPC de 1973 e o art. 373, I, II e III, do CPC de 2015 complementam o disposto no art. 818 da CLT quanto ao critério de julgamento a ser adotado pelo juiz que se deparar com a insuficiência da prova de fato controverso e relevante para o julgamento da demanda.

Não se pode olvidar, contudo, a desigualdade de forças, decorrente de desigualdades socioeconômicas, entre as partes do processo do trabalho, que, embora não conduza, necessariamente, ao abandono da possibilidade de recurso ao CPC como fonte subsidiária do direito processual do trabalho, deve ter os seus efeitos afastados ou reduzidos por outros meios, a serem aplicados previamente, quais sejam: a) aplicação

(1467) É o que também ocorre no processo do trabalho, por força da aplicação subsidiária do art. 334 do CPC de 1973 e do art. 374 do CPC de 2015 e da observância, também nele, do princípio da aquisição da prova (art. 371 do CPC de 2015).

(1468) O art. 852-D da CLT ("O juiz dirigirá o processo com liberdade para determinar as provas a serem produzidas, considerando o ônus probatório de cada litigante, podendo limitar ou excluir as que considerar excessivas, impertinentes ou protelatórias, bem como para apreciá-las e dar especial valor às regras de experiência comum ou técnica") faz alusão ao ônus probatório de cada litigante, mas não contém regra de distribuição do ônus da prova, fixando, apenas, uma regra de procedimento endereçada ao juiz, a quem cumpre determinar as provas a serem produzidas observando a legitimidade da parte que requer a sua produção.

de presunções favoráveis ao trabalhador, estabelecidas com base nos princípios de direito do trabalho,[1469] na obrigação legal de o empregador pré-constituir a prova de determinados fatos e em máximas ou regras de experiência comum e técnica, com a consequente inversão do ônus da prova; e b) valoração diferenciada da prova produzida pelo trabalhador.[1470]

Considerando a incidência dos princípios de direito do trabalho, a obrigação legal de constituição da prova documental e as máximas de experiência, pode ser dito, com Carlos Alberto Reis de Paula, que a inversão do ônus da prova constitui uma peculiaridade do direito processual do trabalho.[1471]

Cumpre esclarecer que o direito do trabalho é fruto da reação contra as condições de trabalho a que foram submetidos os trabalhadores no contexto do individualismo e do liberalismo econômico e político e tem por finalidade a promoção e tutela da sua dignidade humana e como funções básicas a realização da justiça social e construção da democracia, o que faz com que adote como diretriz fundamental a proteção do trabalhador (princípio protetor).[1472] Dessa essencial diretriz do direito do trabalho resultam várias outras, que são dela derivadas ou representam a sua concretização.

Neste sentido, vale lembrar:

a) o trabalhador tem na sua força de trabalho a fonte de sua subsistência própria e familiar, sendo essencial para a sua garantia a configuração e permanência da relação de emprego. Por essa razão, o direito do trabalho adota como princípios a presunção de existência da relação de emprego na presença de trabalho humano prestado em favor de outrem, a presunção de ter sido o contrato de trabalho firmado por prazo indeterminado ou a presunção de indeterminação do contrato de trabalho,[1473] a criação de dificuldades para a extinção da relação de emprego (favorecimento da manutenção da relação de emprego[1474]) e a presunção de que o trabalhador não deu causa ao rompimento da relação de emprego (presunção de continuidade da relação de emprego e de sua extinção de forma menos gravosa para o trabalhador);

b) o trabalhador não pode renunciar aos direitos que a ordem jurídica estabelece em seu favor, notadamente os de natureza humana e fundamental, o que autoriza presumir a ocorrência de vício de vontade em qualquer ato praticado pelo trabalhador do qual resulte prejuízo ao acesso aos direitos que lhe asseguram a ordem jurídica (irrenunciabilidade dos direitos trabalhistas);[1475]

c) a realidade se sobrepõe sobre a forma: as condições de trabalho observadas ao longo do contrato se sobrepõem sobre o que foi formalmente estipulado (primazia da realidade sobre a forma ou contrato realidade);

d) a condição mais benéfica estabelecida pelo empregador incorpora-se ao contrato de trabalho, com força de direito adquirido para o trabalhador (condição mais benéfica).

Estes e outros princípios do direito do trabalho resultam, no processo, em inversão do ônus da prova, em favor do trabalhador.

(1469) Trata-se da projeção no processo do trabalho dos princípios de direito do trabalho.

(1470) Ao juiz compete assegurar às partes igualdade de tratamento, o que significa que deve tratar as partes na medida das suas forças. Neste contexto, é lícito valorar as provas considerando-se a maior ou menor dificuldade da parte na sua produção.

(1471) *A especificidade do ônus da prova no processo do trabalho*, p. 113.

(1472) Não se trata de mero assistencialismo, mas da adoção de medidas que limitam o poder do empregador, na tentativa de criar as condições que assegurem ao trabalhador uma vida livre e digna.

(1473) A contratação por prazo determinado somente é lícita em uma das situações previamente definidas em lei, cuja prova constitui ônus do empregador.

(1474) Neste sentido, a Constituição de 1988, ao lado de incluir o valor social do trabalho entre os fundamentos da República (art. 1º, IV), assegura ao trabalhador o direito à relação de emprego protegida contra dispensa arbitrária ou sem justa causa (art. 7º, I).

(1475) O trabalhador não pode renunciar à sua dignidade humana e, com isso, aos direitos a ela inerentes.

De outro lado, a CLT impõe ao empregador a pré-constituição da prova documental dos seguintes fatos: a) pagamento de salário (art. 464); b) celebração de acordo para prorrogação de jornada de trabalho (art. 59, § 1º); c) prorrogação do contrato a termo (arts. 447, 451 e 452); d) jornada de trabalho (art. 74, § 2º); e) labor externo incompatível com a fixação de horário de trabalho (art. 62, I); f) concessão de férias (art. 135); g) pedido de demissão (art. 477, § 1º); e h) quitação de verbas rescisórias (art. 477, §§ 1º e 2º).

A obrigação de pré-constituição da prova é imposta não apenas para maior segurança do trabalhador, como também pelo fato de o empregador, em vista do art. 2º da CLT, deter o poder diretivo, ao qual o trabalhador está subordinado. Em vista desse binômio poder diretivo-subordinação, a legislação trabalhista impõe ao empregador, em várias oportunidades, a obrigação de pré-constituição da prova da observância da ordem jurídica. Cumprindo as suas obrigações trabalhistas, do empregador é exigido que documente este fato, constituindo, com isto, a sua prova documental. A ausência da pré-constituição da prova, quando esta tiver sido exigida pelo legislador, autoriza estabelecer em favor do trabalhador presunção de veracidade dos fatos por ele alegados.[1476]

A inversão do ônus da prova também pode resultar da aplicação de máximas ou regras de experiência comum ou técnica. Com efeito, a partir de regra resultante da observância do que geralmente ocorre em situações similares e de regras técnicas de conhecimento geral, o juiz pode atribuir o ônus da prova à parte que dele estaria isenta se incidisse a regra geral de distribuição do ônus da prova.

Recorde-se, ainda, da possibilidade de distribuição dinâmica do ônus da prova, como foi exposto no item anterior.

Acrescente que a prova produzida pelo trabalhador deve receber valoração diferenciada, não apenas em razão da sua maior dificuldade de acesso às fontes e aos meios de prova e na produção da prova, como também para facilitar o acesso aos direitos humanos e fundamentais trabalhistas.[1477] A diferença de forças entre as partes é compensada pela diferença na valoração da prova por elas produzida, ao passo que a natureza do direito exige do juiz maior liberdade na valoração da prova quando se trate de criar as condições necessárias à sua satisfação. Isso não significa, contudo, que ao empregador deve ser negado o direito à valoração da prova que produzir, mas, apenas, que as provas devem ser valoradas considerando a maior dificuldade para sua produção e a própria natureza do direito objeto de controvérsia. Também na valoração da prova é essencial recorrer às regras de experiência, vez que a conclusão no sentido da ocorrência ou não de determinado fato pode ser reforçada pela constatação do que geralmente se dá em situações similares.

15.4. Momento da incidência das regras de distribuição do ônus da prova.

A doutrina suscita em relação às regras de distribuição do ônus da prova a seguinte questão: qual é o momento em que estas regras deverão incidir?

Para essa indagação são apresentadas duas respostas: a) as regras de distribuição do ônus da prova indicam ao juiz o conteúdo da decisão no caso de insuficiência de prova, constituindo, com isso, uma regra

---

(1476) É o que ocorre, por exemplo, por meio da Súmula n. 338 do TST: "I — É ônus do empregador que conta com mais de 10 (dez) empregados o registro da jornada de trabalho na forma do art. 74, § 2º, da CLT. A não apresentação injustificada dos controles de frequência gera presunção relativa de veracidade da jornada de trabalho, a qual pode ser elidida por prova em contrário. II — A presunção de veracidade da jornada de trabalho, ainda que prevista em instrumento normativo, pode ser elidida por prova em contrário. III — Os cartões de ponto que demonstram horários de entrada e saída uniformes são inválidos como meio de prova, invertendo-se o ônus da prova, relativo às horas extras, que passa a ser do empregador, prevalecendo o horário da inicial se dele não se desincumbir." Nas demandas envolvendo pedido de horas extras, é comum o empregador afirmar que, requerendo a apresentação dos controles de frequência, o trabalhador lhes confere autoridade (trata-se do denominado *espírito de réplica*, que consiste na utilização contra a parte contrária do que foi por ela afirmado no processo).

(1477) A Constituição da República de 1988, além de incluir a dignidade da pessoa humana e os valores sociais do trabalho entre os fundamentos da República (art. 1º) e de definir a construção de uma sociedade livre, justa e solidária como objetivo do Estado (art. 3º), atribui aos trabalhadores um rol de direitos (arts. 7º, 8º e 9º), aos quais reconhece a natureza de direitos fundamentais. É que os arts. 7º, 8º e 9º estão localizados no Título que a Constituição reservou aos direitos e garantias fundamentais, afastando qualquer dúvida sobre a natureza dos direitos neles contemplados.

de julgamento, a ser aplicada no momento da decisão;[1478] e b) as partes, em respeito ao contraditório e à ampla defesa, devem ser cientificadas de seu ônus de prova antes do início da instrução do processo.

O ato de julgar, no que comporta ao problema do ônus da prova, apresenta um roteiro que pode ser assim descrito:

1) o juiz deve formar a sua convicção com base na prova constante dos autos. Existindo nos autos elementos suficientes para formar convicção sobre a ocorrência ou não dos fatos controversos, transportados aos autos pelas partes[1479] ou por determinação judicial, não haverá necessidade de indagar sobre o ônus da prova das partes;

2) para afastar eventual dúvida sobre a veracidade de determinado fato, o juiz poderá, para valorar os elementos de convicção existentes nos autos, recorrer às regras de experiência comum ou técnica;

3) diante da insuficiência da prova, o juiz deverá indagar se incide, na hipótese, regra de inversão legal do ônus da prova. Incidindo regra de inversão do ônus da prova, fixará o ônus de prova de cada parte, definindo-se, com isso, o critério que informará a decisão, o mesmo deve ocorrer quando o juiz previamente aplicou a distribuição dinâmica do ônus da prova;[1480]

4) não sendo a hipótese de inversão do ônus da prova legal, o juiz adotará como critério de julgamento a regra geral de distribuição do ônus da prova estabelecida pelo art. 333, I, II e III, do CPC de 1973 ou art. 373, I, II e III, do CPC de 2015.

Verifica-se, assim, que as regras de distribuição do ônus da prova constituem o último meio de que o juiz deverá lançar mão na solução da demanda. Neste contexto, o momento próprio para a incidência das regras de distribuição do ônus da prova é o da decisão.

15.5. Inversão do ônus da prova.

A distribuição entre as partes do ônus da prova responde a uma necessidade prática, qual seja, evitar o *non liquet*, com o fornecimento ao juiz de um critério de julgamento ao qual recorrer na hipótese de dúvida invencível sobre a veracidade de fatos controversos relevantes para a solução do litígio.

As regras de distribuição do ônus da prova, todavia, perdem relevância com a adoção do princípio da aquisição da prova, no sentido de que o juiz formará a sua convicção sobre a veracidade dos fatos controversos à luz da prova existente nos autos, independentemente da parte que a produziu (art. 371 do CPC de 2015), com a consequente redução do risco decorrente da incapacidade ou impossibilidade da parte de produzir prova do fato que alega como fundamento de sua pretensão, e, também, em razão da atribuição de poderes instrutórios ao juiz.[1481]

De outro lado, em determinadas situações é possível abandonar a regra legal de distribuição do ônus da prova, atribuindo este ônus à parte que, segundo aquela regra, dele estava dispensada. Opera-se, assim, a denominada *inversão do ônus da prova*.

(1478) A propósito, afirma James Goldschmidt que "o juiz não necessita resolver a questão acerca da parte à qual incumbe o ônus da prova até o momento de pronunciar a sentença" (*Derecho procesal civil*, p. 255). Leo Rosenberg aduz, no mesmo sentido, que "deve decidir-se sobre o ônus da prova somente ao final do processo, depois de examinadas as circunstâncias de fatos não discutidas e depois da produção da prova" (*La carga de la prueba*, p. 17).

(1479) Incide aqui o princípio da aquisição processual: a prova participará da formação do convencimento do juiz independentemente da parte que a produziu.

(1480) Para parte da doutrina, a inversão do ônus da prova não constitui uma regra de julgamento, mas de procedimento, o que implica dizer que deve ser realizada durante a instrução, para evitar surpresa para a parte sobre a qual recaiu o ônus. Este ponto de vista encontra respaldo no novo CPC, quando se trate de alteração, pelo juiz, da regra geral relativa ao ônus da prova com esteio no art. 373, § 1º, como é nele expressamente previsto: o juiz deverá assegurar à parte oportunidade para se desincumbir do seu ônus de prova.

(1481) Da iniciativa probatória do juiz trataremos mais adiante.

A inversão do ônus da prova pode ocorrer por determinação legal, pelo juiz ou por convenção das partes.

Constituem exemplos de inversão legal do ônus da prova as constantes do art. 877 do Código Civil ("aquele que voluntariamente pagou o indevido incumbe a prova de tê-lo feito por erro") e do art. 389, I, do CPC de 1973 e 429, I, do CPC de 2015 (incumbe o ônus da prova, quando "se tratar de falsidade de documento, à parte que a arguir").[1482]

A inversão pode ocorrer, ainda, pelo estabelecimento legal de presunção de veracidade de determinados fatos, como ocorre, por exemplo, nos arts. 322 do Código Civil ("Quando o pagamento for em quotas periódicas, a quitação da última estabelece, até prova em contrário, a presunção de estarem solvidas as anteriores"), 319 do CPC de 1973 e 344 do CPC de 2015 (se o réu não contestar a ação, serão consideradas verdadeiras as alegações formuladas pelo autor), 368 do CPC de 1973 e 408 do CPC de 2015 (as declarações constantes do documento particular escrito e assinado ou somente assinado presumem-se verdadeiras em relação ao signatário) e, ainda, no art. 456, parágrafo único, da CLT ("à falta de prova ou inexistindo cláusula expressa a tal respeito, entender-se-á que o empregado se obrigou a todo e qualquer serviço compatível com a sua condição pessoal").[1483]

A inversão do ônus da prova será judicial quando o juiz presumir a veracidade dos fatos controversos. Essa presunção pode ser formulada com base nos princípios de direito do trabalho, na exigência de pré-constituição da prova por parte do empregador e em uma máxima ou regra de experiência. No processo civil, a inversão judicial do ônus da prova pode ser formulada com base em máxima de experiência, com autorização, por exemplo, no art. 6º, VIII, do Código de Defesa do Consumidor, segundo o qual constitui direito básico do consumidor a "facilitação da defesa de seus direitos, inclusive com a inversão do ônus da prova, a seu favor, quando, a critério do juiz, for verossímil a alegação ou quando for ele hipossuficiente, segundo as regras ordinárias de experiência". Ao consumidor foi, portanto, reconhecido o direito à facilitação da defesa dos seus direitos em juízo, sendo a inversão do ônus da prova uma das técnicas eleitas pelo legislador para essa facilitação.

A inversão legal e judicial do ônus da prova tem em vista favorecer a realização concreta dos direitos assegurados pela ordem jurídica, adotando-se como critério, para tanto a premissa de que a prova deve ser produzida pela parte que estiver em melhores condições de fazê-lo.[1484] O risco da insuficiência da prova pende, com a inversão do ônus de sua produção, para a parte que estava em melhores condições de produzi-la.[1485]

A inversão convencional do ônus da prova está também autorizada como já foi visto anteriormente.

16. *Dos deveres das partes em matéria probatória*

Compete às partes: a) comparecer em juízo, respondendo ao que lhes for interrogado; b) colaborar com o juízo na realização de inspeção judicial que for considerada necessária; e c) praticar o ato que lhes for determinado (art. 340 do CPC de 1973 e art. 379 do CPC de 2015).

(1482) Dá-se, nesta hipótese, a inversão legal direta do ônus da prova.

(1483) Trata-se, agora, de inversão legal indireta do ônus da prova.

(1484) Mesmo quando se trate de inversão da prova baseada na obrigação de pré-constituição da prova, o que se tem é a definição da parte que está em melhores condições de demonstrar a ocorrência, ou não, de determinado fato. Assim, o empregador que concede e paga férias tem o direito de exigir do empregado a quitação respectiva, estando, por isso, em melhores condições de comprovar tais fatos, por exemplo.

(1485) É no momento da decisão que será definida a parte a que caberia demonstrar a ocorrência dos fatos controversos e sofrerá o prejuízo resultante da ausência desta demonstração. Com isso, a inversão ocorrerá na decisão, se e quando o juiz se deparar com dúvida invencível sobre a veracidade de determinado fato controverso e relevante para a decisão do litígio. Solução diversa desconsidera o dever de colaboração das partes na busca da verdade e tem como pressuposto a ideia de que elas não têm condições de aquilatar quem está em melhores condições de produzir prova dos fatos controversos. A parte que estiver em melhores condições de produzir a prova de determinado fato deve fazê-lo, independentemente de determinação do juiz neste sentido. No entanto, o legislador estabeleceu que, quando se tratar de inversão judicial, à parte deve ser conferida oportunidade para se desincumbir de seu ônus (art. 373, § 1º, do CPC de 2015).

Às partes compete, ainda, agir com lealdade e boa-fé (art. 14, II, do CPC de 1973 e art. 5º do CPC de 2015) e não produzir provas inúteis ou desnecessárias à declaração ou defesa do direito (art. 14, IV, do CPC de 1973 e art. 77, III, do CPC de 2015).

O art. 379 do CPC de 2015 reconhece à parte o *direito de não produzir prova contra si própria*. Esta previsão deve ser interpretada em sintonia com o art. 388, I, do mesmo CPC, que assegura às partes o direito de não depor sobre fatos criminosos que lhe forem imputados, e com o art. 8º, 2, *g*, do Pacto de São José da Costa Rica, segundo o qual a pessoa acusada de delito tem o direito de não ser obrigada a depor contra si mesma ou confessar-se culpada, bem como com o art. 5º, LXIII, da Constituição, que reconhece o direito do preso de permanecer calado. Assim, o direito de não produzir prova contra si mesmo está relacionado com a prática de infração penal.

17. *Interrogatório e depoimento pessoal*

17.1. Depois da apresentação da resposta pelo demandado, terá início a instrução do processo, podendo o juiz, *ex officio*, interrogar os litigantes sobre os fatos da causa (art. 848 da CLT).

A CLT, ao estabelecer, no art. 848, que o juiz *poderá* interrogar as partes, deixa claro que o interrogatório é uma faculdade do juiz.[1486]

Além de interrogar a parte, o juiz pode colher o seu depoimento pessoal, de ofício ou a requerimento da parte contrária (arts. 342 e 343 do CPC de 1973 e arts. 385 do CPC de 2015), registrando-se que:

a) o interrogatório e o depoimento pessoal têm finalidades diversas. O interrogatório tem por objetivo esclarecer o juiz sobre os fatos da causa, ao passo que o depoimento da parte visa provocar a sua confissão;[1487]

b) o interrogatório é ato do juiz e não existe a possibilidade de reinquirição da parte que está sendo interrogada pela parte contrária, enquanto no depoimento pessoal a parte que está sendo ouvida pode ser reinquirida pela outra (art. 848, *caput* e parágrafos, e art. 820 da CLT);

c) o interrogatório é facultado ao juiz, não constituindo cerceamento do direito de defesa o seu indeferimento, enquanto, sendo o depoimento da parte instrumento por meio do qual a parte contrária pode alcançar a confissão da parte depoente, o seu indeferimento pode resultar em cerceamento do direito de defesa (o depoimento da parte não é mera faculdade do juiz, mas direito da parte contrária, como se infere dos arts. 332 e 343 do CPC de 1973 e arts. 369 e 385 do CPC de 2015);[1488]

d) o juiz pode, de ofício, em qualquer estado do processo, determinar o comparecimento pessoal das partes, a fim de interrogá-las (art. 342 do CPC de 1973 e art. 385 do CPC de 2015), ao passo que o depoimento pessoal é colhido apenas uma vez, no início da instrução.

17.2. A oitiva da parte em depoimento pessoal segue um procedimento próprio:

a) as partes prestam depoimento perante o juiz da causa. A parte, ainda que resida fora da jurisdição da Vara, está obrigada a comparecer perante o juízo da causa para prestar depoimento (art. 843 da CLT);

(1486) Não se pode olvidar, contudo, que ouvir a parte permite que ela tenha efetivamente um lugar no processo e, no caso de pessoa física, que resgate a sua identidade ao se colocar diante dos fatos controvertidos.

(1487) Como observa Moacyr Amaral Santos, "o depoimento vale, principalmente, pela confissão que dele resultar. Essa é a sua finalidade primeira e característica. E tanto assim o é que, no direito pátrio, a parte é intimada para o depoimento, quer quando requerido pelo adversário, quer quando ordenado de ofício pelo juiz, com a declaração no mandado de que 'se presumirão confessados os atos contra ele alegados caso não compareça ou, comparecendo, se recuse a depor' (art. 343, § 1º)" (*Comentários ao Código de Processo Civil*, v. IV, p. 66).

(1488) A parte tem direito ao meio de prova que pode conduzir à confissão — depoimento pessoal —, vez que, alcançada a confissão, estará ela dispensada da produção de qualquer outro meio de prova. Sendo assim, somente quando for desnecessário à luz de outras provas existentes nos autos é que o depoimento da parte poderá ser indeferido.

b) o depoimento, realizado *ex officio* ou a requerimento da parte contrária,[(1489)] tem lugar após a apresentação da resposta do réu (art. 848 da CLT), salvo a hipótese de produção antecipada de prova;

c) as partes são inquiridas pelo juiz, em audiência, podendo ser reinquiridas, por seu intermédio, *pela parte contrária* (art. 820 da CLT), observando-se que o art. 385, § 3º, do CPC de 2015 autoriza o depoimento da parte que residir em comarca, seção ou subseção judiciária diversa daquela onde tramita o processo poderá ser colhido por meio de videoconferência ou outro recurso tecnológico de transmissão de sons e imagens em tempo real, o que poderá ocorrer, inclusive, durante a realização da audiência de instrução e julgamento, o que não alcança o processo do trabalho, diante da exigência de comparecimento das partes à audiência;

d) o depoimento da parte que não souber falar a língua nacional, ou quando se tratar de surdo-mudo ou surdo que não saiba escrever, será feito por meio de intérprete nomeado pelo juiz ou presidente (art. 819, *caput* e § 1º, da CLT). Os honorários do intérprete devem ser pagos pela parte a quem interessa o depoimento (art. 820, § 3º, da CLT), ressalvada a hipótese de ter sido a ela concedido o benefício da justiça gratuita;

e) a parte deve responder pessoalmente sobre os fatos articulados, não podendo servir-se de escritos anteriormente preparados, permitindo-lhe o juiz, todavia, consulta a notas breves, desde que objetivem complementar esclarecimentos, nos termos do art. 346 do CPC de 1973 e do art. 387 do CPC de 2015.

Quando o juiz suspender a audiência depois da apresentação da resposta pelo demandado e designar outra data para a instrução do processo, será considerada confessa a parte que deixar de comparecer à audiência de instrução, desde que tenha sido intimada para comparecer com a expressa cominação da pena de confissão para a hipótese de ausência (Súmula n. 74, I, do TST[(1490)]).[(1491)]

O art. 344, parágrafo único, do CPC de 1973 e o art. 385, § 2º, do CPC de 2015 dispõem que a parte que ainda vai depor não pode assistir ao depoimento da parte que está depondo, disposição que não é repetida na CLT, que prevê, apenas, que o juiz cuidará para que a testemunha que ainda vai depor não ouça o depoimento da que está depondo (art. 824 da CLT).

O art. 344, parágrafo único, do CPC de 1973 e o art. 385, § 3º, do CPC de 2015 são compatíveis com o direito processual do trabalho, ainda que as partes estejam exercendo o *jus postulandi*, por se tratar de medida que tem por finalidade, consoante leciona Moacyr Amaral Santos, "salvaguardar a originalidade e a veracidade dos depoimentos",[(1492)] cuidado que também se deve tomar no processo do trabalho. Optando pelo exercício do *jus postulandi*, a parte renuncia à oportunidade de reinquirir a parte contrária durante o seu depoimento.

Quando a parte, sem motivo justificado, deixar de responder ao que lhe for perguntado ou empregar evasivas, o juiz, considerando as demais circunstâncias e os elementos de prova, declarará, *na sentença*, que houve recusa de depor e aplicar à parte a pena de confissão (art. 345 do CPC de 1973 e art. 386 do CPC de 2015).

No caso de o juiz indeferir alguma das perguntas que a parte pretender submeter à parte que está prestando depoimento, a pergunta indeferida deverá ser transcrita na ata da audiência, se assim o requerer a parte (art. 416, § 2º, do CPC de 1973 e art. 459, § 3º, do CPC de 2015). A transcrição da pergunta indeferida,

(1489) A parte não pode requerer ao juiz o seu próprio depoimento pessoal. O depoimento pessoal, como dito, tem por escopo provocar a confissão da parte contrária (art. 385 do CPS de 2015).

(1490) Súmula n. 74 do TST: "I — Aplica-se a confissão à parte que, expressamente intimada com aquela cominação, não comparecer à audiência em prosseguimento, na qual deveria depor. II — A prova pré-constituída nos autos pode ser levada em conta para confronto com a confissão ficta (art. 400, I, CPC), não implicando cerceamento de defesa o indeferimento de provas posteriores. III — A vedação à produção de prova posterior pela parte confessa somente a ela se aplica, não afetando o exercício, pelo magistrado, do poder/dever de conduzir o processo".

(1491) A parte não está sujeita à condução coercitiva, medida que só se aplica às testemunhas.

(1492) *Comentários ao Código de Processo Civil*, v. IV, p. 291.

quando requerida, é um direito da parte. Indeferida a transcrição, a parte deverá manifestar seu protesto, para que possa suscitar, em eventual recurso, o cerceamento do seu direito de defesa.[(1493)]

18. Confissão

18.1. Conceito.

O art. 348 do CPC prevê que "há confissão quando a parte admite a verdade de fato, contrário ao seu interesse e favorável ao adversário".

O CPC de 2015 dispõe, no art. 389, que "há confissão, judicial ou extrajudicial, quando a parte admite a verdade de fato contrário ao seu interesse e favorável ao do adversário".

Moacyr Amaral Santos chama a atenção para o fato de que não se confundem a *confissão* com a *admissão da verdade do fato*, acrescentando que "na confissão se contém sempre uma declaração, não mera admissão" e que, na confissão, "uma das partes declara expressamente serem verdadeiros os fatos, ou alguns dos fatos, alegados pelo adversário".[(1494)]

Diante desta distinção, é lícito concluir que confissão é a declaração de uma das partes, que confirma a veracidade dos fatos alegados pela parte contrária.

18.2. Classificação.

A confissão pode ser *judicial* (realizada em juízo) ou *extrajudicial* (realizada fora do juízo) e, ainda, *espontânea* ou *provocada*.

A confissão provocada constará do termo de depoimento pessoal (art. 349, parágrafo único, do CPC de 1973 e art. 390, § 2º, do CPC de 2015). A confissão provocada é a que resulta do depoimento pessoal prestado pela parte.

A confissão extrajudicial feita por escrito à parte ou a quem a represente tem a mesma eficácia probatória da judicial; feita a terceiro, ou constando de testamento, será livremente apreciada pelo juiz (art. 353 do CPC de 1973 e art. 394 do CPC de 2015).

A confissão extrajudicial, quando feita oralmente, só terá eficácia nos casos em que a lei não exija prova literal (art. 353, parágrafo único, do CPC de 1973 e art. 394 do CPC de 2015).

A confissão extrajudicial deve ser recebida com reservas, em especial quando manifestada no curso da relação de emprego, diante do estado de sujeição do trabalhador ao empregador, por ser este o senhor da continuidade daquela relação.

A confissão judicial será *real*, quando se tratar de declaração expressa de veracidade de um fato, ou *presumida* ou *ficta*, quando resultar do comportamento da parte (a ausência do reclamado à audiência em que deveria prestar depoimento e a falta de impugnação especificada do fato alegado na petição inicial implica confissão, por exemplo).

A confissão será "simples, qualificada ou complexa, conforme se restrinja a declarar a existência do fato, aduza-lhe qualidade ou circunstância modificativa, ou, ainda, acrescente ao fato confessado um outro que lhe modifique ou invalide os efeitos".[(1495)]

(1493) Com a adoção da gravação das audiências, basta à parte registrar o seu protesto, visto que a pergunta indeferida já estará registrada.

(1494) *Comentários ao Código de Processo Civil*, v. IV, p. 101 e 98.

(1495) RODRIGUES PINTO, José Augusto. *Processo trabalhista de conhecimento*, p. 475.

18.3. Efeitos. Requisitos.

A confissão faz prova contra o confidente e dispensa a prova do fato confessado pela parte que o alega (art. 334, II, do CPC de 1973 e art. 374, II, do CPC de 2015).

Contudo, não é eficaz "a confissão para contrastar os efeitos da coisa julgada nem se presta para combater presunções legais absolutas",(1496) ao passo que não vale como confissão a declaração de veracidade de fatos relativos a direitos indisponíveis (art. 351 do CPC de 1973 e arts. 392 do CPC de 2015), na medida em que ela tem efeito concreto de renúncia.

A confissão pressupõe capacidade para confessar. Com efeito, consoante dispõe o art. 213 do Código Civil, não tem eficácia a confissão que provém de quem não é capaz de dispor do direito decorrente dos fatos confessados. Como anota Moacyr Amaral Santos, "quem confessa pratica atos de natureza a serem emparelhados a atos de verdadeira disposição. Resulta daí que o sujeito da confissão deverá ser capaz de obrigar-se (...). Consistindo a confissão no reconhecimento de fatos desfavoráveis ao confidente e favoráveis ao adversário, dela decorrem efeitos equivalentes à renúncia. Do reconhecimento da verdade de um fato poderá resultar, para o confidente, a renúncia de um direito. Tem-se, daí, que a confissão deve emanar de pessoa capaz de obrigar-se. Ou, mais simplesmente, deve o confidente ser juridicamente capaz. Daí a inadmissibilidade da confissão do incapaz, ainda que relativamente".(1497)

Nesse compasso, o reclamante ou reclamado menor de 18 anos não pode confessar, por força dos arts. 792 e 793 da CLT, dos quais infere-se que a plena capacidade trabalhista somente é alcançada aos 18 anos.

18.4. Irretratabilidade e anulação da confissão.

A confissão é irretratável, ou seja, o confidente não pode voltar atrás na sua declaração.

A confissão é irrevogável, mas pode ser anulada quando decorrer de erro de fato ou coação, por meio de ação anulatória (se pendente o processo em que foi feita), ou por *ação rescisória* (depois de transitada a sentença da qual constituir o único fundamento), consoante prevê o art. 352 do CPC de 1973 e resulta da interpretação do art. 393 do CPC de 2015.

Acolhido o pedido de anulação da confissão, o processo não deverá ser anulado, devendo ser negado valor à confissão, proferindo-se nova decisão, salvo se diante da confissão as partes foram impedidas de produzir provas, hipótese em que a instrução deverá ser reaberta.

18.5. Indivisibilidade da confissão.

A confissão é, de regra, indivisível, não podendo a parte que a quiser invocar como prova aceitá-la no tópico que a beneficiar e rejeitá-la no que lhe for desfavorável, porém, cingir-se-á quando o confidente a ela aduzir fatos novos, capazes de constituir fundamento de defesa de direito material ou de reconvenção (art. 354 do CPC de 1973 e art. 395 do CPC de 2015).

Assim, como observa Moacyr Amaral Santos, "a confissão não pode ser aceita em parte e rejeitada em parte; não pode cindir-se, de forma que seja aceita na parte que beneficia o adversário do confidente e repelida na parte que o prejudicar. Dizer que a confissão é indivisível corresponde a dizer que a parte das declarações do confidente contrária a ele não terá eficácia de prova (...) sem que, concomitantemente, se atribua à parte que lhe é favorável igual eficácia" e acrescenta que foi aceita pelo legislador "a doutrina de que as declarações, na confissão, devem ser consideradas como um todo incindível. A vontade do confidente não emerge senão do conjunto de suas declarações; se a confissão se dividisse, se se pretendesse acolhê-la em parte e repeli-la gratuitamente quanto ao seu restante, se chegaria a manifesta injustiça: atribuir-se-ia a quem confessou afirmação diversa e talvez oposta à que realmente disse ou quis dizer".(1498)

(1496) SANTOS, Moacyr Amaral. *Comentários ao Código de Processo Civil*, v. IV, p. 108.

(1497) *Comentários ao Código de Processo Civil*, v. IV, p. 98, 100 e 101.

(1498) *Comentários ao Código de Processo Civil*, v. IV, p. 118-119.

A confissão será divisível, contudo, quando o confidente lhe aduzir fatos novos, suscetíveis de constituir fundamento de defesa de direito material ou de reconvenção, afirmando Moacyr Amaral Santos que "fatos novos significam fatos ainda não pertencentes à causa; a palavra 'suscetíveis' quer dizer 'capazes de'. De tal modo, desde que os aditamentos ao fato confessado consistam em fatos ainda não pertencentes à causa, capazes de constituir fundamento de defesa de direito material ou de reconvenção, as declarações do confidente são cindíveis, para valer contra o confidente na parte que lhe é desfavorável".[1499]

18.6. Confissão como prova ou meio de prova.

O art. 212 do Código Civil inclui a confissão entre os meios de prova, ao passo que o CPC e a CLT indicam que meio de prova é o depoimento da parte e não a confissão por meio dele alcançada.

Como aduz Moacyr Amaral Santos, "instrumento de provocação da confissão, em si mesmo, o depoimento pessoal não é prova, sim e apenas meio de prova. Prova será a confissão dele resultante".[1500]

19. Prova testemunhal

19.1. Generalidades.

A prova testemunhal é a obtida por meio de depoimento (*testemunho*) de pessoa estranha ao processo sobre os fatos da causa (*testemunha*). Testemunha é a pessoa física estranha ao processo, que comparece em juízo para prestar informações sobre fatos de que tem conhecimento direto (fatos que chegaram ao seu conhecimento por meio dos seus sentidos) ou indireto (fatos de que teve ciência por meio do relato alheio).

Observa Antônio Carlos de Araújo Cintra que as testemunhas deverão depor sobre fatos "cujo conhecimento tenham adquirido *ex propriis sensibus*. Isto significa (...) que, em regra, a testemunha deve ter conhecimento direto e imediato daqueles fatos, por terem acontecido na sua presença (...). A prova testemunhal por ouvir dizer (*ex auditu*) não é expressamente vedada pelo Código de Processo Civil, mas é de escasso valor probatório, a ser apreciado com prudência pelo juiz".[1501] No entanto, é de nenhum valor o testemunho em que é apenas relatado aquilo que a própria parte informou à testemunha.

A prova testemunhal é sempre admissível no processo do trabalho,[1502] mas o juiz indeferirá a inquirição de testemunhas sobre fatos: já provados por documento ou confissão da parte; que só por documentos ou por exame pericial puderem ser provados (art. 400 do CPC de 1973 e art. 443 do CPC de 2015). Note-se que, no primeiro caso, a prova será desnecessária e, no segundo, inadequada para a prova do fato.

Nos casos em a lei exigir prova escrita da obrigação, é admissível a prova testemunhal quando: a) houver começo de prova por escrito, emanado da parte contra quem se pretende produzir a prova[1503]; b) o credor não pode ou não podia, moral ou materialmente, obter a prova escrita da obrigação, em casos como o de parentesco, de depósito necessário ou de hospedagem em hotel (art. 402 do CPC de 1973 e arts. 444 e 445 do CPC de 2015, observando-se que, neste, é incluída a possibilidade de prova testemunhal quando o credor não pode ou não podia, moral ou materialmente, obter a prova escrita da obrigação em razão das práticas comerciais do local onde contraída a obrigação).

É lícito à parte provar com testemunhas: a) nos contratos simulados, a divergência entre a vontade real e a vontade declarada; b) nos contratos em geral, os vícios de consentimento (art. 404 do CPC de 1973 e art. 446 do CPC de 2015).

(1499) *Comentários ao Código de Processo Civil*, v. IV, p. 119.
(1500) *Comentários ao Código de Processo Civil*, v. IV, p. 65.
(1501) *Comentários ao Código de Processo Civil*, v. IV, p. 155.
(1502) A CLT não contempla exceções à admissibilidade da prova testemunhal.
(1503) *Começo de prova por escrito* é a "prova incompleta, ou seja, incapaz de, por si só, convencer da veracidade de uma afirmação de fato feita no processo, mas apta a torná-la verossimilhante" (CINTRA, Antônio Carlos de Araújo. *Comentários ao Código de Processo Civil*, v. IV, p. 162).

A testemunha tem o dever de: a) comparecer em juízo (podendo, no caso de não comparecimento injustificado, ser conduzida coercitivamente e sofrer penalidade pecuniária — art. 825, parágrafo único, da CLT); b) prestar depoimento, informando ao juiz sobre os fatos e circunstâncias de que tem conhecimento (art. 730 da CLT, art. 341, I, do CPC de 1973 e art. 380, I, do CPC de 2015); c) dizer a verdade (arts. 339 e 415 do CPC de 1973, arts. 378 e 458 do CPC de 2015 e art. 828 da CLT).

O depoimento prestado em juízo é considerado serviço público. As testemunhas não poderão sofrer qualquer desconto pelas faltas ao serviço ocasionadas pelo seu comparecimento para depor, quando devidamente arroladas, convocadas ou convidadas (arts. 822 e 852-H, § 2º, da CLT).

19.2. Pessoas que podem depor como testemunha.

19.2.1. Todas as pessoas podem, a princípio, depor como testemunha.

Neste sentido, dispõem o art. 405 do CPC de 1973 e o art. 447 do CPC de 2015 que podem depor como testemunhas todas as pessoas, exceto as incapazes, impedidas ou suspeitas, o que também decorre do art. 829 da CLT, segundo o qual a pessoa que for (a) parente até o terceiro grau civil, (b) amigo íntimo ou (c) inimigo de qualquer das partes não prestará compromisso e seu depoimento valerá como informação (sob a ótica do art. 829 da CLT, presente uma das situações nele estabelecidas, a pessoa será ouvida, mas apenas como informante).

19.2.2. O CPC trata daqueles que podem ser testemunhas de forma mais minuciosa e serve, no particular, como fonte subsidiária e supletiva do direito processual do trabalho (art. 769 da CLT e art. 15 do CPC de 2015).

De acordo com o CPC, não podem depor como testemunha:

1) as pessoas *incapazes*: a) o interdito por enfermidade ou deficiência mental; b) o que, acometido por enfermidade ou retardamento mental, ao tempo em que ocorreram os fatos, não podia discerni-los, ou, ao tempo em que deve depor, não está habilitado a transmitir as percepções; c) o que tiver menos de 16 anos; d) o cego e o mudo, quando a ciência do fato depender dos sentidos que lhes faltam (art. 405, § 1º, I, II, III e V, do CPC de 1973 e art. 447, § 1º, I, II, III e IV, do CPC de 2015);

2) as pessoas *impedidas*: a) o cônjuge, o companheiro, o ascendente e o descendente em qualquer grau e o colateral, até o terceiro grau, de algumas das partes, por consanguinidade ou afinidade, salvo se o exigir o interesse público ou, tratando-se de causa relativa ao estado da pessoa, não se puder obter de outro modo a prova, que o juiz repute necessária ao julgamento do mérito; b) o que é parte na causa; c) o que intervém em nome de uma parte, como o tutor na causa do menor, o representante legal da pessoa jurídica, o juiz, o advogado e outros que assistam ou tenham assistido as partes (art. 405, § 2º, I, II, e III, do CPC de 1973 e art. 447, § 2º, I, II, e III, do CPC de 2015, valendo observar que o CPC de 2015 considera impedido, além do cônjuge, o companheiro — art. 447, § 2º, I);

3) as pessoas *suspeitas*: a) o inimigo da parte ou o seu amigo íntimo; b) o que tiver interesse no litigio (art. 405, § 3º, I, II, III e IV, do CPC de 1973 e art. 447, § 3º, I e II, do CPC de 2015).

O art. 405 do CPC de 1973 incluía entre os suspeitos o condenado por crime de falso testemunho, havendo transitado em julgado a sentença, o que não foi repetido no CPC de 2015.[1504] O CPC de 1973 também

(1504) A pessoa pode obter a reabilitação (arts. 93 a 95 do Código Penal) e o seu deferimento faz desaparecer a suspeição estabelecida pelo CPC de 1973, em especial porque não pode ser negado ao condenado já reabilitado o *direito ao esquecimento* ou o *direito de ser deixado em paz*. O direito ao esquecimento constitui, consoante François Ost, "uma das facetas do direito a respeito da vida privada. Uma vez que, personagem pública ou não, fomos lançados diante da cena e colocados sob os projetores da atualidade — muitas vezes é preciso dizer, uma atualidade penal -, temos o direito, depois de determinado tempo, a sermos deixados em paz e recair no anonimato, do qual jamais queríamos ter saído" (*O tempo do direito*, p. 161). Esse doutrinador cita decisão de um Tribunal francês, no sentido de que "qualquer pessoa que se tenha envolvido em acontecimentos públicos pode, com o passar do tempo, reivindicar o direito ao esquecimento; a lembrança destes acontecimentos e do papel que ela possa ter desempenhado é ilegítima se não for fundada nas necessidades da história ou se for de natureza a ferir a sua sen-

considerava suspeito o que, por seus costumes, não for digno de fé, o que também não foi repetido no CPC de 2015.[1505]

O CPC de 1973 e o CPC de 2015 dispõem, portanto, sobre a *incapacidade para testemunhar*,[1506] a *incompatibilidade* de determinadas pessoas com a função de testemunha (impedimento[1507]) e a *credibilidade* da pessoa apresentada em juízo como testemunha (suspeição[1508]), observando-se que a CLT estabelece, no art. 829, uma hipótese de impedimento (parente até o terceiro grau civil) e duas de suspeição (amizade íntima e inimizade).

Consoante o art. 228 do Código Civil, não podem ser admitidos como testemunha: I) os menores de 16 anos; II) aqueles que, acometidos por enfermidade ou retardamento mental, não tiverem discernimento para a prática de atos da vida civil; III) os cegos e surdos, quando a ciência do fato que se quer provar dependa dos sentidos que lhes faltam; IV) os interessados no litígio, o amigo íntimo ou o inimigo capital das partes; e V) os cônjuges, os ascendentes, os descendentes e os colaterais, até o terceiro grau de algumas das partes, por consanguinidade ou afinidade.

Para parte da doutrina, o art. 405 do CPC de 1973 foi revogado pelo art. 228 do Código Civil de 2002, posição à qual aderimos na edição precedente, mas que é agora revista. Embora as regras estabelecidas pelo Código Civil digam respeito às *testemunhas instrumentárias*, qual seja, às pessoas que podem ser chamadas a confirmar determinados negócios jurídicos, nada impede a sua observância também no processo (isto é, também em relação às *testemunhas judiciárias*), em especial porque as situações nele descritas são praticamente as mesmas constantes do art. 405 do CPC de 1973 e do art. 447 do CPC de 2015. Trata-se, portanto, de normas complementares, que podem ser harmonizadas no contexto do processo judicial, notadamente quando favoreçam a prova dos fatos alegados em juízo (aplica-se aqui a doutrina do *diálogo das fontes*).

Segundo o art. 405, § 4º, do CPC de 1973, a pessoa impedida ou suspeita poderá ser ouvida, desde que estritamente necessário, mas o seu depoimento será prestado independentemente de compromisso, cabendo ao juiz atribuir ao seu depoimento o valor que possa merecer. No mesmo sentido, o CPC de 2015 dispõe, no art. 447, §§ 4º e 5º, que, sendo necessário, pode o juiz admitir o depoimento de testemunhas menores (o que não era previsto no CPC de 1973), impedidas ou suspeitas e seus depoimentos serão prestados independentemente de compromisso, cabendo ao juiz atribuir-lhe o valor que possam merecer.

Assim, a vedação à oitiva de pessoas impedidas, suspeitas e até incapazes (o menor de 16 anos, segundo o CPC de 2015), não é absoluta, visto que, sendo estritamente necessário (CPC de 1973) ou necessário (CPC de 2015), o juiz poderá colher o seu depoimento, ainda que como informação.

Note-se, porém, que, enquanto o CPC atribui ao juiz o poder de decisão sobre a oitiva de testemunha menor, impedida ou suspeita (ao juiz caberá verificar a necessidade da oitiva), a CLT, no art. 829, prevê que o impedido ou suspeito não prestará compromisso e seu depoimento valerá como informação, o que significa que ele será ouvido, ou seja, que a parte tem direito à sua oitiva.

As restrições estabelecidas pelo CPC e pelo Código Civil não repetidas no art. 829 da CLT devem ser observadas no processo do trabalho, com a ressalva de que o art. 829 da CLT, ao dispor que "a testemunha

---

sibilidade; visto que o direito ao esquecimento, que se impõe a todos, inclusive aos jornalistas, deve igualmente beneficiar a todos, inclusive aos condenados que pagaram sua dívida para com a sociedade e tentam reinserir-se nela" (*Op. cit.*, p. 161). O direito ao esquecimento também se manifesta em relação a eventuais penalidades sofridas pelo trabalhador, na medida em que, transcorrido um considerável espaço de tempo, esta penalidade e os fatos que a ensejaram não podem ser colocados em cena novamente, a pretexto de justificar uma punição agora mais grave. O reconhecimento de perdão tático funciona, nesta hipótese, como uma espécie de direito ao esquecimento.

(1505) Anote-se que a opção sexual não pode ser adotada como fundamento para impedir a oitiva como testemunha, como permitem afirmar os arts. 1º, III, e 5º, X, da Constituição da República, o mesmo ocorrendo em relação à prática da prostituição (Cfr. STJ, REsp. 154.857, DJU 26.10.1998).

(1506) Incapacidade é a inaptidão para exercer a função de testemunha.

(1507) A pessoa é capaz, mas a sua posição em relação às partes a torna incompatível com o exercício da função de testemunha. O CPC estabelece as situações em que, sob a ótica do legislador, falta imparcialidade à pessoa indicada como testemunha.

(1508) A pessoa é capaz e não é impedida, mas a sua credibilidade é afetada em razão da sua relação com as partes ou o objeto do litígio. O CPC indica situações de possível parcialidade da pessoa apresentada em juízo como testemunha.

que for parente até o terceiro grau civil, amigo íntimo ou inimigo capital de qualquer das partes, não prestará compromisso e seu depoimento valerá como simples informação", deixa claro que a testemunha impedida ou suspeita será ouvida, ainda que como informante. Isso se dá em razão da necessidade de permitir que venham aos autos todos os elementos que possam conduzir à verificação da veracidade dos fatos alegados e da dificuldade de o trabalhador fazer prova dos fatos que alega em seu favor (a oitiva da pessoa impedida, suspeita ou incapaz facilita a demonstração da veracidade dos fatos controversos).[1509]

Dentre as situações previstas no CPC e no Código Civil merece destaque especial a do menor de 16 anos, que é considerado incapaz.

Examinando a questão sob a ótica do processo civil, Antônio Carlos de Araújo Cintra afirma que "há base experimental para a opção da lei, autorizando Enrico Altavilla a escrever que, por volta dos 16 anos, o adolescente 'adquire capacidade intelectual bastante para ser tão atendível como qualquer outra testemunha, se pusermos de parte a sugestionabilidade, que se mantém fortemente ativa, mesmo para além dessa idade'. Por outro lado, a regra legal dispensa o juiz do difícil e incerto exame da aptidão da eventual testemunha, em cada caso, para depor de maneira confiável".[1510]

Já afirmamos que, no processo do trabalho, o menor de 18 anos (e não de 16 anos) não pode exercer a função de testemunha, vez que o menor de 18 anos não tem capacidade para estar em juízo (art. 793 da CLT), o que autoriza afirmar que é também incapaz para atuar como testemunha,[1511] ao passo que o art. 828 da CLT, ao dispor que toda testemunha ficará sujeita, em caso de falsidade, às leis penais, indica que somente os maiores de 18 anos, isto é, os penalmente imputáveis (art. 27 do Código Penal), é que podem exercer a função de testemunha.

Cumpre observar, no entanto, que o CPC somente considera incapaz o menor de 16 anos. Isso significa que, no processo civil, o menor de 16 a 18 anos, embora penalmente inimputável, não está impedido de depor como testemunha, o que implica que a capacidade para exercer a função de testemunha não foi condicionada à imputabilidade penal.

Como no processo do trabalho é adotada diretriz no sentido de que aos autos do processo devem ser carreados todos os elementos de convicção disponíveis (*é o que autoriza afirmar o art. 829 da CLT*), nele deve ser adotada a mesma postura assumida pelo CPC: a inimputabilidade penal não impede, por si só, o exercício da função de testemunha, o que permite que atuem como testemunha os maiores de 16 anos e menores de 18 anos, ainda que a maioridade penal somente seja atingida aos 18 anos (só a partir deste momento é que a testemunha estará sujeita à pena pelo crime de falso testemunho).

Neste contexto, revendo ponto de vista anterior, é afirmado que somente estão impedidos de atuar como testemunha os menores de 16 anos (o que não impede, ainda em razão do art. 829 da CLT e também do art. 447, § 4º, do CPC de 2015, a sua oitiva como informante, notadamente porque não existe razão para negar de forma peremptória a credibilidade do menor de 16 anos. A sua credibilidade deverá ser avaliada pelo juiz, caso a caso).[1512]

Cumpre observar, ainda, que:

a) o fato de a pessoa apresentada em juízo como testemunha estar demandando com uma das partes do processo não é suficiente para considerá-la suspeita, mesmo que o demandante tenha sido testemunha no processo instaurado pela pessoa que agora se apresenta como testemunha.

(1509) O art. 228, parágrafo único, do Código Civil dispõe que, para a prova de fatos que só elas conheçam, pode o juiz admitir o depoimento das pessoas incapazes, impedidas e suspeitas. Aplicada esta solução no processo do trabalho, o juiz deverá admitir o depoimento de pessoas incapazes, impedidas ou suspeitas quando se tratar da prova de fatos que somente elas conheçam. O seu depoimento será, contudo, colhido como informação (art. 829 da CLT), observando que a CLT já autoriza a oitiva de pessoa suspeita ou impedida (art. 829 da CLT).

(1510) *Comentários ao Código de Processo Civil*, v. IV, p. 169-170.

(1511) Quem não tem capacidade para praticar atos processuais não pode atuar como testemunha.

(1512) O depoimento do menor pode ser admitido quando se trate de demandas relativas ao seu próprio interesse, consoante prevê o art. 28, § 1º, do Estatuto da Criança e do Adolescente.

O direito de ação é assegurado na Constituição de 1988 como direito fundamental (art. 5º, XXXV), o que significa que ter uma pessoa como suspeita apenas porque recorreu ao Poder Judiciário é afrontar o seu direito de ação e, com isto, contrariar a Constituição Federal.

Acrescente-se que a simples existência de uma demanda envolvendo aquele que é apresentado como testemunha e uma das partes de processo judicial em curso não gera, por si só, ausência de isenção de ânimo da testemunha ou caracteriza *troca de favores* quando a pessoa que se apresenta como testemunha contou com o depoimento do demandante nos autos do processo em que figura como parte. A *troca de favores* deve ser demonstrada pela parte que a alega, em especial quando a alegação tem como fundamento único o fato de ter a pessoa comparecido em juízo para exigir o respeito aos seus pretensos direitos.

Ademais, a CLT e o CPC (de 1973 e de 2015) não consideram o exercício do direito de ação como fato gerador de desconfiança da pessoa que se apresenta em juízo como testemunha. Não existe qualquer justificativa para que o contrário ocorra no direito processual do trabalho, especialmente diante da maior dificuldade de o trabalhador fazer prova dos fatos que alega em seu favor, sendo digno de nota, ainda, que não raro o trabalhador somente tem como meio de prova o depoimento dos seus colegas de trabalho, inclusive daqueles que também demandam contra o mesmo empregador. Ademais, o empregador que desrespeitasse o direito de todos os seus empregados seria beneficiado se aqueles trabalhadores que contra ele ajuizarem demanda *não puderem prestar depoimento como testemunha em demandas contra ele ajuizadas*, o que resultaria, ao final, em desprestígio da ordem jurídica e do próprio Estado Democrático de Direito (não há verdadeiro Estado de Direito onde os direitos, notadamente os fundamentais, carecem de efetividade).

Se for admitido que a pessoa que ajuíza ação contra uma das partes do processo não tem isenção de ânimo para nele prestar depoimento como testemunha, ter-se-á que adotar o mesmo critério em relação à testemunha que ainda é empregado de uma das partes. Significa que teria que ser admitida a existência de *troca de favores* toda vez que o empregador levasse a juízo um empregado para prestar depoimento como testemunha, visto que este, com medo de perder o emprego ou a confiança do empregador, não teria isenção de ânimo e tenderia a favorecer o seu empregador.[1513]

O Tribunal Superior do Trabalho já se posicionou sobre o tema, editando a Súmula n. 357, *in verbis*: "Não torna suspeita a testemunha o simples fato de estar litigando ou de ter litigado contra o mesmo empregador".

Em suma, a hipótese não pode ser considerada como caracterizadora de suspeição, cumprindo ao juiz conferir ao depoimento da testemunha que litiga contra uma das partes o valor que reputar com ele compatível.

b) o interesse na demanda não pode ser presumido, devendo ser demonstrado pela parte que o alega contra a pessoa chamada a prestar depoimento como testemunha. A hipótese não é de interesse abstrato ou hipotético, mas que deve ser concreto e individualizado. Interessada é a pessoa que pode ter a sua esfera jurídica afetada pela decisão a ser proferida no julgamento da lide;[1514]

c) o preposto, representando a parte em audiência, não pode ser ouvido como testemunha no mesmo processo em que se dá a representação. Contudo, nada impede que aquele que atuou como preposto em um processo preste depoimento como testemunha em outro processo, em favor do mesmo empregador, posto que a representação da parte pelo preposto apenas produz efeitos no processo em que ocorreu;

d) o simples fato de a testemunha ter sido colega de trabalho do reclamante não caracteriza, por si só, amizade íntima, ao passo que, para configuração da inimizade, "não basta a simples malque-

(1513) Tramita no Congresso o Projeto de Lei n. 4.331, de 2004, que atribui ao art. 829 da CLT a seguinte redação: "A testemunha que for parente até o terceiro grau civil, amigo íntimo ou inimigo de qualquer das partes, ou for parte em ação judicial, com o mesmo objeto ou a mesma causa de pedir, em face de qualquer delas, não prestará compromisso, e seu depoimento valerá como simples informação".

(1514) Citem-se, como exemplo de interessado, os sócios da pessoa jurídica demandada ou de pessoa jurídica que compõe o grupo econômico da pessoa jurídica demandada.

rença, a mera animosidade para resultar a suspeição. Preciso é que haja motivos fortes, presumindo inequívoca paixão, que perturba a consciência daquele que vai depor".[1515]

Ísis de Almeida indica como parentesco que gera impedimento:

"1º *grau* — Pai e filho — Genro e nora — Sogro e sogra — Padrasto e madrasta — Enteados — Pais e filhos adotivos.

2º *grau* — Avós e netos e cônjuges destes — Irmãos, inclusive os meios-irmãos — Cunhados — Filhos dos enteados.

3º *grau* — Bisavós e bisnetos — Tios e sobrinhos."[1516]

19.3. Produção da prova testemunhal.

As testemunhas depõem na audiência de instrução e julgamento, perante o juiz da causa, nos termos dos arts. 410 do CPC de 1973 e art. 453 do CPC de 2015, salvo as que prestaram depoimento antecipadamente, as que são inquiridas por carta e as que gozam do benefício de serem ouvidas em sua residência ou onde exercem suas funções, como será visto mais adiante.

O CPC de 2015 permite a inquirição da testemunha que residir em comarca, seção ou subseção judiciária diversa daquela onde tramita por meio de videoconferência ou outro recurso tecnológico de transmissão e recepção de sons e imagens em tempo real, o que poderá ocorrer, inclusive, durante a audiência de instrução e julgamento, estabelecendo, ainda, que os juízes deverão manter o equipamento para a transmissão e recepção de sons e imagens que permitam a inquirição nos moldes acima (art. 453, §§ 1º e 2º). Trata-se de inovação aplicável no processo do trabalho, em especial por tornar o processo mais rápido e menos dispendioso.

As testemunhas serão inquiridas independentemente de terem sido arroladas ou intimadas previamente (arts. 825, 845 e 852-H, § 2º, da CLT). Por essa razão, a parte está dispensada de depositar na secretaria do juízo o rol de testemunhas (relação e qualificação das testemunhas, na forma do art. 407 do CPC de 1973 ou do art. 450 do CPC de 2015).[1517]

No procedimento ordinário e nos procedimentos especiais, as testemunhas que deixarem de comparecer serão intimadas se assim o requerer a parte (a intimação se faz via postal ou, quando necessário, por meio de oficial de justiça), ficando sujeitas a condução coercitiva (acompanhamento por oficial de justiça) e a pagamento de multa, caso, sem motivo justificado, não atendam à intimação (art. 824, parágrafo único, da CLT). Nos procedimentos sumaríssimo e sumário, as testemunhas ausentes somente serão intimadas quando a parte comprovar o seu convite para comparecer, podendo o juiz ordenar a sua imediata condução coercitiva, quando a medida for praticável (art. 852-H, § 3º, da CLT).

A parte pode comprometer-se a levar a testemunha à audiência, independentemente de intimação, presumindo-se, caso não compareça, que desistiu de ouvi-la (art. 412, § 1º, do CPC de 1973 e art. 455, § 2º, do CPC de 2015). A presunção referida não se aplica em caso de impossibilidade, devidamente comprovada, de comparecimento da testemunha.

No processo civil, sob a égide do CPC de 2015, cabe ao advogado da parte informar ou intimar a testemunha por ele arrolada do dia, da hora e do local da audiência designada, dispensando-lhe a intimação do juízo (art. 455), o que já ocorre no processo do trabalho, em que a testemunha comparece independentemente

(1515) SANTOS, Moacyr Amaral. *Comentários ao Código de Processo Civil*, v. IV, p. 272.

(1516) *Manual de direito processual do trabalho*, v. II, p. 197.

(1517) No processo civil, incumbe à parte depositar em cartório o rol de testemunhas, qualificando-as (art. 407 do CPC de 1973 e art. 450 do CPC de 2015). De acordo com o art. 407 do CPC de 1973, o rol deve ser apresentado no prazo assinalado pelo juiz ou, omitindo-se o juiz, até dez dias antes da audiência. No CPC de 2015 é previsto que o rol de testemunhas deverá ser apresentado na audiência de saneamento ou, se o saneamento se der por decisão, no prazo comum de quinze dias (art. 357, §§ 4º e 5º). Além de a CLT dispensar a apresentação de rol de testemunhas, o prazo fixado no art. 407 do CPC de 1973 (dez dias) e no CPC de 2015 (quinze dias) é incompatível com o processo do trabalho, visto que entre a notificação do demandado e a realização de audiência pode decorrer prazo inferior a dez dias (art. 841 da CLT).

de intimação, o que significa que ela deverá ser informada pela parte ou seu advogado do dia, da hora e do local da audiência. No entanto, no processo do trabalho, a hipótese não é de *intimação* da testemunha, mas como estabelece o art. 852-H, § 3º, da CLT, de *convite* à testemunha.[1518]

A testemunha funcionário civil ou militar que tiver de depor em hora de serviço será requisitada ao chefe da repartição para comparecer à audiência marcada (art. 823 da CLT).

São inquiridos em sua residência ou onde exercem suas funções, por gozarem de prerrogativa especial, em razão de seus cargos, funções ou mandatos:

I) o presidente e o vice-presidente da República;

II) os ministros de Estado;

III) os ministros do Supremo Tribunal Federal, do Superior Tribunal de Justiça, do Superior Tribunal Militar, do Tribunal Superior Eleitoral, do Tribunal Superior do Trabalho e do Tribunal de Contas da União e os *Conselheiros do Conselho Nacional de Justiça;*

IV) o procurador-geral da República e os *conselheiros do Conselho Nacional do Ministério Público;*

V) os senadores e deputados federais;

VI) os governadores dos Estados e do Distrito Federal;

VII) os deputados estaduais e os *deputados distritais;*

VIII) os desembargadores dos Tribunais de Justiça, dos *Tribunais Regionais Federais*, dos Tribunais Regionais do Trabalho e dos Tribunais Regionais Eleitorais e os conselheiros dos Tribunais de Contas dos Estados e do Distrito Federal;

IX) o embaixador de país que, por lei ou tratado, concede idêntica prerrogativa a agente diplomático do Brasil;

X) o prefeito;

XI) o procurador-geral de justiça;

XII) o advogado-geral da União, o procurador-geral do Estado, o procurador-geral do município, o defensor público-geral federal e o defensor-geral do Estado (art. 411 do CPC de 1973 e art. 454 do CPC de 2015).[1519]

O juiz solicitará à autoridade que prestará depoimento que indique dia, hora e local para o depoimento, presencialmente, remetendo-lhe cópia da petição inicial ou da defesa oferecida pela parte que a indicou como testemunha (art. 411, parágrafo único, do CPC de 1973 e art. 454, § 1º, do CPC de 2015). O CPC de 2015 acrescenta que "passado um mês sem manifestação da autoridade, o juiz designará dia, hora e local para o depoimento, preferencialmente na sede do juízo e que o juiz também designará dia, hora e local para o depoimento, quando a autoridade não comparecer, injustificadamente, à sessão agendada para a colheita de seu testemunho no dia, hora e local por ela mesma indicados (art. 454, §§ 2º e 3º), o que é compatível com o direito processual do trabalho".

As testemunhas serão inquiridas pelo juiz, podendo ser reinquiridas, por seu intermédio, a requerimento das partes, seus representantes ou advogados (art. 820 da CLT) e do membro do Ministério Público do Trabalho que funcione no processo como fiscal da lei. Por força do art. 820 da CLT, não é aplicável no processo do trabalho a previsão, constante da primeira parte do art. 459 do CPC, *caput*, de 2015, no sentido de que as perguntas serão formuladas diretamente pelas partes à testemunha, o que é reconhecido no art.

(1518) Nota-se, aqui, mais um reflexo do direito processual do trabalho no direito processual comum, vez que este passa a adotar uma solução há muito consagrada no direito processual do trabalho, que é a oitiva de testemunha independentemente de intimação judicial.

(1519) O rol apresentado contempla as autoridades incluídas pelo CPC de 2015, que são as destacadas por meio de itálico, observando-se que foi excluída, no CPC de 2015, a referência ao Presidente do Senado e da Câmara, posto que elas já estavam contempladas, no próprio CPC de 1973, e continuam contempladas (no CPC de 2015), com a alusão a deputados e senadores.

11 da Instrução Normativa n. 39/2016 do TST. A segunda parte do art. 459, *caput*, do CPC de 2015, segundo o qual o juiz não admitirá as perguntas que puderem induzir a resposta, não tiverem relação com as questões de fato objeto da atividade probatória ou importarem repetição de outra respondida é aplicável no processo do trabalho.

19.4. Qualificação e contradita da testemunha. Dispensa do depoimento.

A testemunha será qualificada, indicando o nome, a nacionalidade, a profissão, a idade, a residência e, quando empregada, o tempo de serviço prestado ao empregador (art. 828 da CLT).

A testemunha será advertida do seu dever de dizer a verdade sobre o que lhe for perguntado e de que incorre em sanção penal quem faz afirmação falsa, cala ou oculta a verdade, após o que prestará o compromisso de dizer a verdade do que souber e lhe for perguntado (art. 415, *caput* e parágrafo único, do CPC de 1973, art. 458, *caput* e parágrafo único, do CPC de 2015 e art. 828 da CLT).

O fato de a testemunha comparecer à audiência sem documento de identidade não impede a sua oitiva. Se a identidade da testemunha for contestada, o juiz poderá colher o seu depoimento e ordenar que compareça posteriormente à secretaria do juízo, portando documento de identidade, sob pena de desconsiderar o seu depoimento como elemento de convicção a ser considerado no julgamento da demanda.

É lícito à parte contraditar a testemunha, arguindo-lhe a incapacidade, o impedimento ou a suspeição (art. 414, § 1º, do CPC de 1973 e art. 457, § 1º, do CPC de 2015). Contradita é a impugnação da testemunha, em razão de incapacidade, impedimento ou suspeição.

A contradita à testemunha deverá ser apresentada oralmente, assim que for concluída a sua qualificação, sob pena de preclusão.

Se a testemunha negar o fato alegado na contradita, a parte poderá prová-lo, com documentos ou testemunhas, na própria audiência (art. 414, § 1º, do CPC de 1973 e art. 457, § 1º, do CPC de 2015).[1520]

O juiz instruirá e julgará a contradita na própria audiência, deferindo, ou não, a oitiva da testemunha.

A parte que se sentir prejudicada pela decisão sobre a contradita deve registrar o seu protesto, para que possa voltar ao tema em eventual recurso contra a decisão definitiva (arts. 795 e 893, § 1º, da CLT).

Se a contradita for acolhida, a testemunha será dispensada de prestar depoimento, sendo facultado à parte substituí-la por outra, desde que a testemunha substituta esteja presente. A testemunha cuja contradita for acolhida será ouvida como informante (art. 829 da CLT).

A testemunha poderá requerer ao juiz que a dispense de depor, alegando que não está obrigada a depor sobre fatos (a) que lhe acarretem grave dano, bem como ao seu cônjuge ou companheiro e aos seus parentes consanguíneos ou afins, em linha reta ou colateral, até o terceiro grau ou (b) a cujo respeito, por estado ou profissão, deva guardar sigilo. Sobre o pedido de escusa o juiz decidirá de plano (arts. 406 e 414, § 2º, do CPC de 1973 e arts. 448 e 457, § 3º, do CPC de 2015).

19.5. Oitiva das testemunhas. Registro dos depoimentos.

O juiz inquirirá as testemunhas, separada e sucessivamente, sobre os fatos articulados; primeiro as do reclamante e depois as do reclamado (art. 413 do CPC de 1973 e art. 456 do CPC de 2015),[1521] providen-

---

(1520) Para provar os fatos que fundamentam a contradita, a parte pode se valer de documentos e do depoimento de duas ou três testemunhas, no procedimento sumaríssimo e ordinário, respectivamente.

(1521) Antônio Carlos de Araújo Cintra afirma que a ordem estabelecida pelo art. 413 do CPC "se inspira na regra segundo a qual *actor non probante, reus absolvitur*. Assim, se após a oitiva das testemunhas do autor o juiz concluir que este não conseguiu provar os fatos constitutivos de seu direito, em princípio nem haveria porque se inquirirem as testemunhas do réu. Mas é sabido que no tocante à prova as situações do autor e réu frequentemente se invertem, incumbindo ao réu a prova dos fatos impeditivos, modificativos ou extintivos do direito do autor e cabendo a este produzir a correspondente contraprova. Nesses casos, parece que seria mais adequado inverter a ordem de inquirição das testemunhas, começando com as do réu e prosse-

ciando para que o depoimento de uma testemunha não seja ouvido pelas demais que tenham de depor no processo (art. 824 da CLT).

O juiz interrogará a testemunha sobre os fatos articulados, cabendo, primeiro à parte, que a indicou à oitiva, e depois à parte contrária, formular perguntas tendentes a esclarecer ou complementar o depoimento (art. 416 do CPC de 1973), observando-se que, por força do art. 820 da CLT, segundo o qual as testemunhas serão inquiridas pelo juiz, não é aplicável no processo do trabalho a previsão, constante da primeira parte do art. 459, *caput*, do CPC de 2015, no sentido de que as perguntas serão formuladas diretamente pelas partes à testemunha.

No caso de indeferimento de pergunta da parte endereçada à testemunha, poderá aquela requerer a sua transcrição na ata de audiência (art. 416, § 2º, do CPC de 1973 e art. 459, § 3º, do CPC de 2015), apresentando protesto se o juiz indeferir o seu requerimento, para evitar a preclusão do direito de questionar o acerto do indeferimento.

As testemunhas deverão ser tratadas com urbanidade, não lhes fazendo perguntas ou considerações impertinentes, capciosas ou vexatórias (art. 416, § 1º, do CPC de 1973 e art. 459, § 2º, do CPC de 1015). O CPC de 1973 somente se referia às partes ao estabelecer o dever de tratar as testemunhas com urbanidade. No entanto, este mesmo dever alcança o juiz (como prevê o CPC de 2015) e o membro do Ministério Público.

O depoimento, datilografado, digitado ou registrado por taquigrafia, estenotipia ou outro método de documentação, será assinado pelo juiz, pelo depoente e pelos procuradores, facultando-se às partes a gravação (art. 417 do CPC de 1973 e art. 460, *caput* e § 1º, do CPC de 2015).

O CPC de 1973 prevê que o depoimento será passado para a versão datilográfica quando houver recurso da sentença ou noutros casos, quando o juiz determinar, de ofício ou a requerimento (art. 417, § 1º), ao passo que, de acordo com o art. 460, § 2º, do CPC de 2015, se houver recurso em processo em autos não eletrônicos, o depoimento somente será digitado quando for impossível o envio de sua documentação eletrônica.

No processual judicial eletrônico deverá ser observado o disposto nos §§ 2º e 3º do art. 169 do CPC de 1973 e §§ 1º e 2º do art. 209 do CPC de 2015, ou seja, os atos processuais praticados na presença do juiz poderão ser produzidos e armazenados de modo integralmente digital em arquivo eletrônico inviolável, mediante registro do termo que será assinado digitalmente pelo juiz e pelo diretor de secretaria, bem como pelos advogados das partes.

Na ata de audiência devem ser registradas, resumidamente, as informações úteis à solução da causa trazidas pela prova testemunhal (art. 852-F da CLT), observando-se que, nas ações de alçada (rito sumário), é dispensado o registro do resumo do depoimento em ata, devendo desta constar apenas as conclusões do juiz quanto à matéria de fato (art. 2º, § 3º, da Lei n. 5.574/70).

Para efeito de registro do depoimento, o juiz ouvirá o relato da testemunha sobre os fatos a respeito dos quais foi inquirida e ditará para o auxiliar da justiça que secretariar a audiência, resumidamente, as informações que reputar úteis para solução do conflito de interesses, sendo lícito às partes suscitar eventuais contradições no registro do depoimento oralmente no momento da realização do ato, sob pena de preclusão, devendo o juiz decidir de plano, registrando-se a alegação e a decisão no termo (aplicação do disposto nos §§ 2º e 3º do art. 169 do CPC de 1973 e §§ 1º e 2º do art. 209 do CPC de 2015).

Considerando que a percepção do juiz sobre a realidade pode ser influenciada pelos seus sentimentos, expectativas, emoções e estado físico e psíquico, vem sendo sustentada a necessidade de efetuar o registro audiovisual dos depoimentos, como forma, inclusive, de permitir que, em segunda instância, os julgadores possam formar a sua convicção sobre os fatos narrados considerando o tom de voz, os vacilos, a segurança/insegurança, a presteza na resposta da testemunha.

---

guindo com as do autor" (*Comentários ao Código de Processo Civil*, v. IV, p. 191). O CPC de 2015 autoriza o juiz a alterar a ordem estabelecida no *caput* do art. 456 se as partes concordarem (art. 456, parágrafo único, do CPC de 2015).

19.6. Do número de testemunhas a serem ouvidas.

A CLT é expressa quanto ao número de testemunhas que cada parte pode indicar para prestar depoimento:

a) no procedimento sumaríssimo e no sumário (no qual são aplicadas as regras relativas ao procedimento sumaríssimo), cada parte poderá indicar até duas testemunhas (art. 852-H, § 2º);

b) no procedimento ordinário e nos procedimentos especiais, cada parte poderá indicar para a oitiva até três testemunhas (art. 821);[1522]

c) no inquérito para apuração de falta grave, cada parte poderá indicar até seis testemunhas (art. 821).

A redução do número de testemunhas, nos procedimentos sumaríssimo e sumário, responde à necessidade de maior celeridade na solução do litígio.

No sumaríssimo, a CLT assegura a cada parte o direito de indicar à oitiva até duas testemunhas (arts. 821 e 852-H, § 2º). Dessa forma, no caso de litisconsórcio, cada litisconsorte poderá indicar à oitiva até duas testemunhas, visto que os litisconsortes são considerados, em sua relação com a parte adversa, como litigantes distintos (art. 48 do CPC de 1973 e art. 117 do CPC de 2015), fato que autoriza concluir que a opção pelo litisconsórcio ativo não implica renúncia à oitiva do número de testemunhas fixado na CLT para cada procedimento. Limitar as testemunhas no litisconsórcio é impedir que ele se verifique, posto que os trabalhadores tenderiam à ação individual. A solução, indicada pela própria lei, é limitar o litisconsórcio que possa prejudicar a instrução do processo (art. 46, parágrafo único, do CPC de 1973 e art. 113, § 1º, do CPC de 2015). Note-se, inclusive, que, no litisconsórcio passivo, os litisconsortes podem ter interesses distintos, o que conduz à conclusão de que o número de testemunha deve ser estabelecido considerando o número de litisconsortes, seja ele ativo ou passivo.

Para Mozart Victor Russomano, "a acumulação de ações em um só processo não pode prejudicar o uso do número legal das testemunhas. Quando no processo existem vários litigantes, cada um pode ter conveniência em provar fatos distintos".[1523]

Concordamos com Mozart Victor Russomano, em especial porque a presunção de renúncia à prova contraria o princípio da facilitação do acesso à justiça, além de não contar com previsão legal.

Sendo vários os reclamantes, com pedidos distintos, ao reclamado deve ser assegurada a oitiva do número de testemunhas fixado em lei em relação a cada um dos reclamantes, limitado esse número, no entanto, a dez, aplicando-se à hipótese o disposto no art. 407, parágrafo único, do CPC de 1973, durante a sua vigência.

Consoante registra Antônio Carlos de Araújo Cintra, "no número limitado de testemunhas não se incluem aquelas destinadas à instrução de incidentes procedimentais".[1524]

As testemunhas devem ser ouvidas na mesma audiência, para evitar cisão da prova. A cisão da prova testemunhal ofende a previsão legal de que a testemunha que ainda não depôs não pode tomar conhecimento do depoimento da que já depôs e permite à parte que ainda não teve ouvidas as suas testemunhas adequar a sua prova ao que foi dito pelas testemunhas ouvidas. No caso de carta precatória, a cisão é, no entanto, inevitável.

19.7. Testemunha referida. Acareação de testemunhas. Testemunha instrumentária.

O juiz ouvirá as testemunhas indicadas pelas partes até o limite imposto pela lei (*testemunhas numerárias*).

(1522) As regras relativas ao procedimento ordinário são aplicáveis, supletivamente, nos procedimentos especiais.
(1523) *Comentários à CLT*, v. II, p. 895.
(1524) *Comentários ao Código de Processo Civil*, v. IV, p. 180.

No entanto, o juiz pode ordenar, de ofício ou a requerimento da parte, a inquirição de testemunhas referidas nas declarações da parte ou das testemunhas (art. 418, I, do CPC de 1973 e art. 461, I, do CPC de 2015).

Testemunhas referidas são "as pessoas às quais o depoente alude como sabedoras do fato sobre o qual depõe ou como corroboradoras de suas afirmações, como também em cujas informações se fundam as declarações da referente".[1525]

A oitiva de testemunha referida é uma faculdade do juiz, visto que a parte somente tem direito à oitiva das testemunhas numerárias.

O juiz pode ordenar, de ofício ou a requerimento da parte, a acareação de duas ou mais testemunhas ou de alguma delas com a parte, quando, sobre fato determinado que possa influir na decisão da causa, divergirem as suas declarações (art. 418 do CPC de 1973 e art. 461, II, do CPC de 2015).

Deferida a acareação, o juiz reunirá, em audiência, face a face, as testemunhas ou a testemunha e a parte para que esclareçam a divergência verificada ou modifiquem as suas declarações anteriores.

Não se admite acareação de partes.

19.8. Substituição de testemunhas.

Poderá ser substituída a testemunha que: falecer; por enfermidade, não estiver em condições de depor; tendo mudado de residência ou de local de trabalho, não for encontrada (art. 408 do CPC de 1973 e art. 451 do CPC de 2015, ressaltando-se que, no CPC de 2015 é feita referência *à não localização da testemunha que houver mudado de local de trabalho,* o que não era previsto no CPC de 1973).

Como o direito processual do trabalho não trata da matéria, também é admitida, no processo do trabalho, por força do disposto no art. 769 da CLT e no art. 15 do CPC de 2015, a substituição de testemunha nas hipóteses estabelecidas pelo CPC.

19.9. Indivisibilidade dos testemunhos.

As declarações das testemunhas "têm de ser tomadas e devem ser apreciadas em um todo único, em torno do fato que se pretende provar (...). Uma testemunha não pode ser inquirida apenas sobre fatos que beneficiam a parte que a trouxe a juízo (...). Da mesma forma se procederá no julgamento".[1526]

20. *Prova documental*

20.1. Conceito de documento. Classificação dos documentos.

A verdade do fato controvertido pode ser demonstrada em juízo por meio de documentos.

Aduz José Frederico Marques que "a palavra *documento* em sentido amplo é 'qualquer coisa que represente um fato', segundo conceito de Carnelutti. Em sentido estrito, porém, 'o documento se define pelo fato de a representação se fazer pela escrita, por sinais da palavra falada, nas escritas fonéticas, como é a nossa' (....). O documento é *prova histórica real,'* visto que representa fatos e acontecimentos pretéritos em um objeto físico, servindo assim de instrução de convicção".[1527]

Para Cândido Rangel Dinamarco, "documento, como fonte de prova, é todo ser composto de uma ou mais superfícies portadoras de símbolos capazes de transmitir ideias e demonstrar a ocorrência de fatos (...).

(1525) SANTOS, Moacyr Amaral. *Comentários ao Código de Processo Civil,* v. IV, p. 302.
(1526) ALMEIDA, Ísis de. *Manual de direito processual do trabalho,* v. II, p. 211.
(1527) *Instituições de direito processual civil, v. III, p. 393.*

Os seres que trazem em si esses símbolos transmissores de comunicação visual, sonora ou mesmo sensitiva (vibrações), são ordinariamente coisas e, mais corriqueiramente, papéis; mas também uma pessoa pode ser tomada como tal, sempre que traga em si a inscrição ou gravação de símbolos, como é o caso das tatuagens que eventualmente demonstrem a ocorrência de fatos".[(1528)]

Luiz Prieto-Castro y Ferrándiz assevera que "documento é todo material que encerre uma representação de um pensamento, ainda que não seja escrito".[(1529)]

Observa Antônio Carlos de Araújo Cintra que, "no documento, distinguem-se, de um lado, seu suporte material (por exemplo, o papel, o filme fotográfico, a fita sonora etc.) e, de outro lado, seu conteúdo representativo (por exemplo, a escrita nele constante, a imagem fotográfica, o som reproduzido etc.). E a representação nele contida pode ser direta (por exemplo, a representação da imagem fotográfica) ou indireta (por exemplo, a representação da escrita que representa palavras que, por sua vez, representam fatos). Esse conteúdo representativo do documento pode ser fonte de prova no processo, sujeitando-se à percepção sensorial do juiz".[(1530)]

José Frederico Marques afirma que o documento, considerando a sua função, pode ser dispositivo, constitutivo ou probatório, aduzindo que "se ele serve como instrumento indispensável para a existência e transmissibilidade de um negócio jurídico (*v. gracia*, a cambial), diz-se que o documento é *dispositivo*; se ele se reveste da qualidade de elemento genético indispensável para a formação do ato jurídico, considerando-se como elemento deste (*ad solemnitatem*), tal como se dá na escritura pública na transmissão imobiliária, diz-se que o documento é *constitutivo*; se ele tem apenas a função processual de instruir e provar um negócio e as relações deste derivadas (*ad probationem*), diz-se que o documento é *probatório*".[(1531)]

Levando em conta a sua autoria ou procedência, o documento será *público* ("se formado por quem esteja no exercício de uma função pública que o autorize a formá-lo"), *privado* ou *particular* ("se formado por um particular, ou mesmo por oficial público, mas que não aja nessa qualidade"), *autógrafo* ("quando se dá a coincidência entre o autor do documento e o autor do fato documentado, tal como ocorre de ordinário com os escritos particulares") ou *heterógrafo* ("quando o autor do documento é terceiro em relação ao autor do fato documentado)."[(1532)]

Quanto ao modo de sua formação (ou a sua natureza), os documentos são *escritos* ("os documentos normais, particularmente regulados pela lei"), *gráficos* ("quando a ideia ou o fato é representado por sinais gráficos, diversos da escrita: desenhos, pinturas, plantas, cartas topográficas etc.") ou *diretos* ("quando o fato representado se transmite diretamente para a coisa representativa — fotografia, fonografia, cinematografia — e que se distinguem dos documentos escritos ou gráficos, ditos indiretos, para os quais o fato representado se transmite através do sujeito do fato representado").[(1533)]

Com relação "à natureza da declaração representada, os documentos podem ser narrativos, se a declaração é de ciência, ou negociais, se a declaração é de vontade, constitutiva, modificativa ou extintiva de direitos. Os documentos negociais, por sua vez, podem ser necessários, o que ocorre toda vez que a escrita for exigida por lei, para que o negócio tenha validade jurídica".[(1534)]

O documento pode ser apresentado no original e na forma de cópia (art. 830 da CLT). "Original é o documento em sua forma genuína, o escrito em que, de origem, se lançou o ato. Cópia é a reprodução do documento original. É a coisa representativa do original. As cópias estão compreendidas nas seguintes espécies: a) traslado; b) certidão; c) pública-forma; d) registro; e) extrato; f) cópias comuns."[(1535)]

(1528) *Instituições de direito processual civil*, v. III, p. 564.
(1529) *Derecho procesal civil*, v. I, p. 155.
(1530) *Comentários ao Código de Processo Civil*, v. IV, p. 94.
(1531) *Instituições de direito processual civil*, v. III, p. 397.
(1532) SANTOS, Moacyr Amaral. *Comentários ao Código de Processo Civil*, v. IV, p. 145.
(1533) SANTOS, Moacyr Amaral. *Comentários ao Código de Processo Civil*, v. IV, p. 146.
(1534) CINTRA, Antônio Carlos de Araújo. *Comentários ao Código de Processo Civil*, v. IV, p. 96.
(1535) SANTOS, Moacyr Amaral. *Comentários ao Código de Processo Civil*, v. IV, p. 153.

Traslado "é a cópia textual e autêntica, feita por oficial público competente, do que está escrito no livro de notas. É a reprodução textual e autêntica do documento público"; certidões são "cópias dos livros de notas ou outros, ou de autos judiciais, extraídas pelos tabeliães, escrivães ou funcionários autorizados. Mas, enquanto os traslados constituem uma nova via, verdadeira duplicata do documento original, a certidão é a asseveração autêntica, feita por oficial público e com as formalidades legais, do documento constante de suas notas, livros ou autos judiciais"[(1536)]; pública-forma "é cópia de papel avulso, extraída por oficial público".[(1537)]

A função probatória do documento é principal ou acessória. "É principal quando a lei considera o documento escrito 'como prova da relação, com exclusão de outras (*ad probationem*) (...). É acessória quando o documento escrito 'constitui simples prova concorrente como qualquer outra e sem excluir nenhuma'".[(1538)]

O CPC de 2015 alude ao documento eletrônico, como se vê dos arts. 439 a 441, estabelecendo, por exemplo, que a utilização de documento eletrônico no processo convencional dependerá de sua conversão à forma impressa e da verificação de sua autenticidade, na forma da lei.

20.2. Produção da prova documental. Manifestação da parte contrária. Juntada de documentos na fase recursal. Requisição de documentos pelo juiz.

O momento próprio para a produção da prova documental depende da função do documento no processo.

Neste sentido, o CPC faz distinção entre *documentos indispensáveis à propositura da ação* (art. 283 do CPC de 1973 e art. 320 do CPC de 2015) e *documentos destinados à prova das alegações das partes* (art. 396 do CPC de 1973 e art. 434 do CPC de 2015), o que se aplica no processo do trabalho, vez que existem documentos sem os quais a ação sequer pode ser ajuizada, como se dá, por exemplo, com a prova escrita sem eficácia de título executivo que autoriza o ajuizamento de ação monitória (art. 1.102-A do CPC de 1973 e art. 700 do CPCP de 2015) e com o título executivo, na execução fundada em título executivo extrajudicial (art. 876 da CLT).

O CPC autoriza o juiz a deferir ao autor prazo para apresentação de *documento indispensável à propositura da ação* que não instruiu a petição inicial (art. 284 do CPC de 1973 e art. 321 do CPC de 2015), o que também é aplicável no processo do trabalho, ao passo que, no processo civil e do trabalho, a ausência da juntada, com a petição inicial, de *documento necessário à prova dos fatos alegados* implica preclusão do direito à sua apresentação.

Assim, ao autor incumbe instruir a petição inicial com os documentos indispensáveis à propositura da ação e aqueles necessários à prova dos fatos que alega como fundamento de sua pretensão, como prevê o art. 787 da CLT, enquanto o reclamado deverá instruir a defesa com os documentos destinados a provar as suas alegações (art. 396 do CPC de 1973, art. 434 do CPC de 2015 e art. 845 da CLT).

Contudo, às partes é lícito, em qualquer tempo, juntar documentos, desde que destinados a fazer prova de fatos ocorridos depois da distribuição da ação ou da apresentação da contestação ou para contrapô-los aos que forem produzidos nos autos (art. 397 do CPC de 1973 e art. 435 do CPC de 2015[(1539)]).[(1540)]

(1536) Antônio Carlos de Araújo Cintra observa que "certidões são documentos públicos que atestem a existência ou o teor de outro documento ou registro público constante de livros ou de autos" (*Comentários ao Código de Processo Civil*, v. IV, p. 102).

(1537) SANTOS, Moacyr Amaral. *Comentários ao Código de Processo Civil*, v. IV, p. 154.

(1538) MARQUES, José Frederico. *Instituições de direito processual civil*, v. III, p. 356.

(1539) "É lícito às partes, em qualquer tempo, juntar aos autos documentos novos, quando destinados a fazer prova de fatos ocorridos depois dos articulados, ou para contrapô-los aos que foram produzidos nos autos".

(1540) Segundo Moacyr Amaral Santos, "a regra é que os documentos sejam oferecidos com a inicial ou a resposta (art. 396). A regra, entretanto, comporta exceções (...). Duas dessas exceções são agasalhadas no art. 397 (...) todo e qualquer documento pode instruir as alegações das partes, desde que oferecido com elas ou contra elas, e vise a comprovar fatos novos, isto é, ainda não expostos, e que, tendo relação com o feito e não importando em alteração da litispendência, constituam novos argumentos capazes de forçar uma decisão justa (...). Ao documento, oferecido por uma das partes ou por qualquer outra razão junto aos autos, sempre será lícito opor-se outro documento, capaz de invalidá-lo, contrariá-lo ou esclarecê-lo" (*Comentários ao Código de Processo Civil*, v. IV, p. 229-230).

A juntada de documento na fase recursal só é admitida: a) quando provado o justo impedimento para sua oportuna apresentação; ou b) o documento se referir a fato posterior à sentença (Súmula n. 8 do TST, art. 397 do CPC de 1973 e art. 435 do CPC de 2015). Trata-se da juntada de documento novo, ou seja, de documento cuja existência a parte ignorava ou de que a parte não pôde fazer uso (art. 485, VII, do CPC de 1973 e art. 966, VII, do CPC de 2015) ou que diz respeito a fato posterior à sentença.

A juntada de documentos depois da distribuição da ação ou da apresentação da contestação ou do proferimento de decisão diz respeito a documentos que tenham efetiva relação com a demanda e cujo conteúdo possa influir no seu julgamento, como autorizam afirmar os arts. 462 e 485, VII, do CPC de 1973 e os arts. 493 e 966, VII, do CPC de 2015, não podendo ser olvidado, ainda, que a sua juntada não pode resultar em inovação processual.

Sempre que uma parte requerer a juntada de documentos, o juiz ouvirá, a seu respeito, a outra, no prazo de cinco dias ou no que lhe assinar (art. 398 do CPC de 1973, art. 437, § 1º, do CPC de 2015 e art. 852-H, § 1º, da CLT). A falta de concessão de oportunidade para se manifestar sobre o documento juntado poderá implicar nulidade se dela resultar prejuízo para a parte contra quem o documento foi produzido (o que ocorrerá quando o documento for relevante para a decisão do litígio e nela tenha sido considerado). Se o documento for juntado aos autos por determinação judicial, as partes deverão ser ouvidas a seu respeito.

Compete à parte contra quem foi produzido documento particular alegar, no prazo que lhe for concedido para manifestação, se lhe admite ou não a autenticidade de assinatura e a veracidade do conteúdo, presumindo-se, com o silêncio, que o tem por verdadeiro (art. 372 do CPC de 1973 e art. 412 do CPC de 2015).

Cessa a fé do documento particular quando: for impugnada a sua autenticidade e enquanto não se comprovar sua veracidade; assinado em branco, for impugnado o seu conteúdo, por preenchimento abusivo (art. 388 do CPC de 1973 e art. 428 do CPC de 2015).

O juiz requisitará às repartições públicas, em qualquer tempo e grau de jurisdição, as certidões necessárias à prova das alegações das partes e os procedimentos administrativos, nas causas em que forem interessados a União, o Estado, o Município ou entidades da administração indireta (art. 399 do CPC de 1973 e art. 438 do CPC de 2015). Recebidos os autos, o juiz mandará extrair, no prazo máximo e improrrogável de trinta dias, certidões ou reproduções fotográficas das peças indicadas pelas partes ou de ofício; findo o prazo, devolverá os autos à repartição de origem (art. 399, § 1º, do CPC de 1973 e art. 399, § 1º, do CPC de 2015, registrando-se que no CPC de 1973 é fixado em trinta dias o prazo para a extração de certidões ou reproduções fotográficas, prazo que, no CPC de 2015, passou a ser de um mês).

As repartições públicas poderão fornecer todos os documentos em meio eletrônico, certificando, pelo mesmo meio, que se trata de extrato fiel do que consta em seu banco de dados de documentos digitalizados (art. 399, § 2º, do CPC de 1973 e art. 438, § 2º, do CPC de 2015).

A requisição de documentos a repartições públicas a requerimento da parte somente é admissível na hipótese de a repartição pública respectiva criar embaraços ao fornecimento das certidões ou de cópia de autos diretamente à parte.

20.3. Produção de prova documental pelo revel.

A defesa e a produção de prova somente são possíveis ao reclamado presente à audiência. Sendo o reclamado revel, os documentos acaso exibidos por advogado presente na audiência não podem ser recebidos e, se recebidos, não poderão ser considerados na formação da convicção do juiz sobre os fatos da causa (aplicação da Súmula n. 74, II, do TST).

20.4. Força probante ou eficácia probatória dos documentos.

Consoante foi registrado, cessa a fé do documento particular quando: for impugnada a sua autenticidade e enquanto não se comprovar sua veracidade; assinado em branco, for impugnado o seu conteúdo, por preenchimento abusivo (art. 388 do CPC de 1973 e art. 428 do CPC de 2015). Dar-se-á abuso quando aquele que recebeu documento assinado com texto não escrito no todo ou em parte formá-lo ou completá-lo por si ou por meio de outrem, violando o pacto feito como signatário (art. 388, parágrafo único, do CPC de 1973 e art. 428, parágrafo único, do CPC de 2015).

De outro lado, cessa a fé de documento público ou particular sendo-lhe declarada judicialmente a falsidade (art. 387 do CPC de 1973 e art. 427 do CPC de 2015).

A falsidade consiste em formar documento não verdadeiro ou alterar documento verdadeiro (art. 487, parágrafo único, do CPC de 1973 e art. 427, parágrafo único, do CPC de 2015).[1541]

A CLT somente trata da eficácia probatória dos documentos no art. 830, estabelecendo, no *caput* e parágrafo único, respectivamente, que "o documento em cópia oferecida para prova poderá ser declarado autêntico pelo próprio advogado, sob sua responsabilidade pessoal" e que, "impugnada a autenticidade da cópia, a parte que a produziu será intimada para apresentar cópia devidamente autenticada ou o original, cabendo ao serventuário competente proceder à conferência e certificar a conformidade entre esses documentos".

Assim:

a) a cópia de documento declarada autêntica pelo advogado tem o mesmo valor probante do documento original ou autenticado;

b) sendo impugnada a autenticidade da cópia, a parte que a apresentou em juízo será intimada para apresentar, no prazo que lhe for assinado, cópia devidamente autenticada ou o original, cabendo ao serventuário competente proceder à conferência e certificar a conformidade entre esses documentos.

A autenticidade do documento deverá ser questionada na primeira oportunidade que a parte tiver para sobre ele se manifestar, sob pena de preclusão do direito de proceder à sua impugnação.

A prerrogativa de declarar a autenticidade do documento foi reconhecida ao advogado e não à parte.

A autenticação de cópias pelo advogado, que é também prevista no art. 365, IV, do CPC de 1973 e art. 425, IV, do CPC de 2015, cria uma presunção de autenticidade das cópias reprográficas. Trata-se, contudo, de presunção relativa, que pode ser objeto de prova em sentido contrário.

Consoante a Orientação Jurisprudencial n. 36 da SDI-I do TST: "o instrumento normativo em cópia não autenticada possui valor probante, desde que não haja impugnação ao seu conteúdo, eis que se trata de documento comum às partes".

Registre-se que "são válidos os documentos apresentados por pessoa jurídica de direito público em fotocópias não autenticadas posteriormente à edição da Medida Provisória n. 1.360/96 e suas reedições" (Orientação Jurisprudencial n. 134 da SDI-I do TST). Essa Orientação Jurisprudencial está de acordo com o art. 24 da Lei n. 10.522/2002, que dispõe que as pessoas jurídicas de direito público são dispensadas de autenticar as cópias reprográficas de quaisquer documentos que apresentem em juízo.

O documento público faz prova de sua formação e dos fatos que o escrivão, o tabelião ou o funcionário declarar que ocorreram em sua presença (art. 364 do CPC de 1973 e art. 405 do CPC de 2015). O documento público goza de presunção de veracidade, "desde que tenha aparência regular. *Scripta publica probant se ipsa.* Essa é a afirmação da lei quando diz que o documento público faz prova de sua formação".[1542] A presunção, na hipótese, é relativa, admitindo-se prova em contrário, como resulta do art. 387 do CPC de 1973 e art. 427 do CPC de 2015.

Fazem a mesma prova que os originais:

(1541) Mais adiante será examinado o incidente de falsidade.

(1542) CINTRA, José Carlos de Araújo. *Comentários ao Código de Processo Civil*, v. IV, p. 99.

a) as certidões textuais de quaisquer peças dos autos, do protocolo das audiências, ou de outro livro a cargo do escrivão, sendo extraídos por ele, ou sob sua vigilância e por ele subscritas;

b) os traslados e as certidões extraídas por oficial público de instrumentos ou documentos lançados em suas notas;

c) as reproduções de documentos públicos, desde que autenticadas por oficial público ou conferidas em cartório com os respectivos originais;

d) as cópias reprográficas de peças do próprio processo judicial declaradas autênticas pelo advogado, sob sua responsabilidade pessoal, se não lhes for impugnada a autenticidade;

e) os extratos digitais de bancos de dados públicos ou privados, desde que atestado pelo seu emitente, sob as penas da lei, que as informações conferem com o que consta na origem;

f) as reproduções digitalizadas de qualquer documento público ou particular, quando juntados aos autos pelos órgãos da justiça e seus auxiliares, pelo Ministério Público e seus auxiliares, pela defensoria pública e seus auxiliares, pelas procuradorias, pelas repartições públicas em geral e por advogados, ressalvada a alegação motivada e fundamentada de adulteração (art. 365 do CPC de 1973, art. 425 do CPC de 2015 — que acrescentou a *defensoria pública e seus auxiliares* — e arts. 216 e 217 do Código Civil).

Os traslados e as certidões considerar-se-ão instrumentos públicos se os originais se houverem produzido em juízo como prova de algum ato (art. 218 do Código Civil).

Quando a lei exigir como sendo da substância do ato instrumento público, nenhuma outra prova, por mais especial que seja, pode suprir-lhe a falta (arts. 302, II, e 366 do CPC de 1973 e arts. 341, II, e 406 do CPC de 2015).

O documento, feito por oficial público incompetente, ou sem a observância das formalidades legais, sendo subscrito pelas partes, tem a mesma eficácia probatória do documento particular (art. 367 do CPC de 1973 e art. 407 do CPC de 2015).[1543]

As declarações constantes de documento particular, escrito e assinado ou somente assinado, presumem-se verdadeiras em relação ao signatário (arts. 368 do CPC de 1973, 408 do CPC de 1015 e 219 do Código Civil). A presunção de ter o signatário emitido as declarações constantes do documento é *juris tantum*, isto é, admite prova em contrário.

Quando contiver declaração de ciência relativa a determinado fato, o documento particular prova a ciência, mas não o fato em si, incumbindo o ônus de prová-lo ao interessado em sua veracidade (art. 368, parágrafo único, do CPC de 1973 e art. 408, parágrafo único, do CPC de 2015).

Considera-se autêntico o documento quando: o tabelião reconhecer a firma do signatário; a autoria estiver identificada por qualquer outro meio legal de certificação, inclusive eletrônica, nos termos da lei (art. 369 do CPC de 1973 e art. 511 do CPC de 2015, observando-se que a segunda situação referida foi incluída pelo CPC de 2015, ao passo que este não exige, como o faz o CPC de 1973, que o tabelião que autenticar o documento declare que a assinatura foi aposta na sua presença). Autenticidade é a "certeza de que o documento provém do autor nele indicado".[1544] Francesco Carnelutti afirma que a autenticidade é a correspondência entre o autor aparente e o autor real do documento.[1545]

(1543) "São fatores de validade do documento público a competência do oficial que o elaborou e a observância das formalidades legais pertinentes" (CINTRA, Antônio Carlos de Araújo. *Comentários ao Código de Processo Civil*, v. IV, p. 105). Para Antônio Carlos de Araújo Cintra, sendo o documento subscrito pelas partes, tem-se "a hipótese de conversão formal (...): atribui-se ao documento público defeituoso a mesma eficácia probatória do documento particular. Consiste a conversão na requalificação jurídica do ato, de modo que do inválido se retira o válido" (*Op. cit.*, p. 105).

(1544) SANTOS, Moacyr Amaral. *Comentários ao Código de Processo Civil*, v. IV, p. 147.

(1545) *La prueba civil*, p. 169.

Considera-se autor do documento particular: aquele que o fez e assinou; aquele por conta de quem foi feito, estando assinado; aquele que, mandando compô-lo, não o firmou, porque, conforme a experiência comum, não se costuma assinar, como livros comerciais e assentos domésticos (art. 371 do CPC de 1973 e art. 410 do CPC de 2015).

O documento particular, admitido expressa ou tacitamente é indivisível, sendo vedado à parte que pretende utilizar-se dele aceitar os fatos que lhe são favoráveis e recusar os que são contrários ao seu interesse, salvo se provar que estes não ocorreram (art. 373, parágrafo único, do CPC de 1973 e art. 412, parágrafo único, do CPC de 2015).

O telegrama, o radiograma ou qualquer outro meio de comunicação têm a mesma força probatória do documento particular, se o original constante da estação expedidora foi assinado pelo remetente (art. 374 do CPC de 1973 e art. 413 do CPC de 2015). O telegrama, quando lhe for contestada a autenticidade, faz prova mediante conferência com o original assinado (art. 222 do Código Civil).

As cartas e os registros domésticos provam contra quem os escreveu quando: a) enunciam o recebimento de um crédito; b) contêm anotação que visa a suprir a falta de título em favor de quem é apontado como credor; c) expressam conhecimento de fatos para os quais não se exija determinada prova (art. 376 do CPC de 1973 e art. 415 do CPC de 2015).

A nota escrita pelo credor em qualquer parte de documento representativo de obrigação, ainda que não assinada, faz prova em benefício do devedor (art. 377 do CPC de 1973 e art. 416 do CPC de 2015).

Os livros empresariais provam contra o seu autor, sendo lícito ao empresário, todavia, demonstrar por todos os meios permitidos em direito, que os lançamentos não correspondem à verdade dos fatos (art. 378 do CPC de 1973 e art. 417 do CPC de 2015). A escrituração contábil é indivisível e, se dos fatos que resultam dos lançamentos uns são favoráveis ao interesse do autor e outros lhe são desfavoráveis, ambos serão considerados em conjunto, como unidade (art. 380 do CPC de 1973 e art. 419 do CPC de 2015).

Qualquer reprodução mecânica, como a fotográfica, a cinematográfica, a fonográfica ou de outra espécie, tem aptidão para fazer prova dos fatos ou das coisas representadas, se a sua conformidade com o documento original não for impugnada por aquele contra quem for produzida (art. 383 do CPC de 1973 e art. 422 do CPC de 2015). Impugnada a autenticidade da reprodução mecânica, o juiz ordenará a realização de exame pericial (art. 383, parágrafo único, do CPC de 1973, o que não foi repetido no CPC de 2015).

As reproduções dos documentos particulares, fotográficas ou obtidas por outros processos de repetição, valem como certidões sempre que o escrivão ou chefe de secretaria certificar sua conformidade com o original (art. 384 do CPC de 1973 e art. 423 do CPC de 2015).

A cópia de documento particular tem o mesmo valor probante que o original, cabendo ao Diretor de Secretaria, intimadas as partes, proceder à conferência e certificar a conformidade entre a cópia e o original (art. 385 do CPC de 1973 e art. 424 do CPC de 2015). Quando se tratar de fotografia, esta terá de ser acompanhada do respectivo original. Se a prova for uma fotografia publicada em jornal, exigir-se-ão o original e o negativo (art. 385 do CPC, o que não foi repetido no CPC de 2015).

O juiz apreciará fundamentadamente a fé que deva merecer o documento, quando em ponto substancial e sem ressalva, contiver entrelinhas, emenda, borrão ou cancelamento (art. 386 do CPC de 1973 e art. 426 do CPC de 2015).

20.5. Exibição de documentos.

20.5.1. O juiz pode, de ofício ou mediante provocação, ordenar que a parte exiba (mostre, exponha) documento que se encontre em seu poder, desde que necessário o seu exame para a solução do dissídio (art. 355 do CPC de 1973 e art. 396 do CPC de 2015). A exibição constitui *procedimento probatório incidental*.

A "exibição consiste na simples apresentação do documento ou coisa para inspeção e, eventualmente, perícia; mas não importa na entrega definitiva da coisa ou documento, que permanece na posse de quem o tinha em seu poder. Tratando-se de documento, sua estada em cartório deve durar o tempo necessário, fixado pelo juiz, para que seja examinado por este e pelas partes e para que dele se extraia a suma que interessar ao litígio, ou reprodução autenticada que fique nos autos (aplicam-se, por analogia, as regras dos artigos 382 e 399 do CPC) (...). Uma vez utilizado o documento, registrando-se nos autos o seu conteúdo, bem como, através de laudo pericial, os elementos indicativos de sua autenticidade ou não, faz-se, de regra, a sua devolução a quem o exibiu".[1546]

O pedido de exibição formulado pela parte conterá: a individualização, tão completa quanto possível, do documento, a finalidade da prova, com a indicação dos fatos que se relacionarem com o documento; a finalidade da prova, indicando os fatos que se relacionam com o documento; as circunstâncias em que se funda o requerente para afirmar que o documento existe e que ele se acha em poder da parte contrária (art. 356 do CPC de 1973 e art. 397 do CPC de 2015).

O autor poderá solicitar a exibição de documentos na petição inicial ou após tomar conhecimento do teor da resposta do reclamado (nessa hipótese, o pedido será apresentado, verbalmente, em audiência, ou no prazo assinalado pelo juiz para manifestação sobre a defesa e os documentos que a instruírem). Ao réu cumpre requerer a exibição de documento na contestação. A exibição pode ser solicitada, ainda, após a oitiva das partes e mesmo de testemunhas, para fazer contraprova de fatos afirmados nos depoimentos.

O requerido dará a sua resposta ao requerimento de exibição de documentos na própria audiência (na qual a causa é concentrada, no processo do trabalho) ou no prazo que lhe for assinalado, podendo negar a existência do documento, afirmar a sua perda ou perecimento, ou sustentar a inutilidade ou desnecessidade da sua exibição (aplicação do art. 357 do CPC de 1973 e art. 398, parágrafo único, do CPC de 2015, com respeito às especificidades do processo do trabalho). Se o pedido de exibição constar da petição inicial, o reclamado deverá respondê-lo na contestação.

Se o documento é exibido, "encerra-se o incidente com a inspeção do documento ou coisa pelo juiz e pelas partes, para a extração de suma ou reprodução autenticada que fique nos autos ou mesmo com a realização de perícia, quando necessário".[1547]

Na sua resposta, o requerido pode afirmar que não possui o documento, hipótese em que o juiz permitirá que o requerente prove que a declaração não corresponde à verdade (art. 357 do CPC de 1973 e art. 398, parágrafo único, do CPC de 2015).

O juiz não admitirá a recusa de exibição se: o requerido tiver obrigação legal de exibir; o requerido tiver aludido ao documento, no processo, com o intuito de constituir prova; o documento, por seu conteúdo, for comum às partes (art. 358 do CPC de 1973 e art. 399 do CPC de 2015).

Ao decidir o pedido, isto é, ao proferir sentença, o juiz admitirá como verdadeiros os fatos que, por meio do documento, a parte pretendia provar se: o requerido não efetuar a exibição, nem fizer nenhuma declaração na oportunidade que lhe tiver sido reservada para fazê-lo; a recusa for havida por ilegítima (art. 359 do CPC de 1973 e art. 400 do CPC de 2015), estabelecendo o CPC de 2015 que, se necessário, o juiz poderá adotar medidas indutivas, coercitivas, mandamentais ou sub-rogatórias para que o documento seja exibido (art. 400, parágrafo único, do CPC de 2015).

Para que os fatos que se pretendia demonstrar com a exibição do documento ou coisa sejam considerados verdadeiros, o requerido deve ser intimado para apresentar resposta ou realizar a exibição com a expressa cominação dessa penalidade.

20.5.2. Se o documento estiver em poder de terceiro, o juiz mandará citá-lo para responder em dez dias (art. 360 do CPC de 1973) ou de quinze dias (art. 401 do CPC de 2015).

Ao exigir a citação do terceiro e prever a prolação de sentença (no caso de recusa de exibição), o CPC deixa claro que nessa hipótese o requerimento de exibição corresponde a uma *ação incidental de exibição.*

(1546) CINTRA, Antônio Carlos de Araújo. *Comentários ao Código de Processo Civil,* v. IV, p. 79-80.
(1547) CINTRA, Antônio Carlos de Araújo. *Comentários ao Código de Processo Civil,* v. IV, p. 85.

Se o terceiro nega a obrigação de exibir ou a posse do documento, o juiz designará audiência especial, tomando-lhe o depoimento, bem como o das partes e, se necessário, o de testemunhas, e em seguida proferirá sentença (art. 361 do CPC de 1973 e art. 402 do CPC de 2015).

Se o terceiro, sem justo motivo, se recusar a efetuar a exibição, o juiz ordenar-lhe-á que processa ao respectivo depósito em cartório ou em outro lugar designado, no prazo de cinco dias, impondo ao requerente que o ressarça das despesas que tiver (art. 362 do CPC de 1973 e art. 403 do CPC de 2015).

Se o terceiro descumprir a ordem, o juiz ordenará a expedição de mandado de apreensão, requisitando, se necessário, força policial, sem prejuízo da responsabilidade por crime de desobediência, pagamento de multa e outras medidas indutivas, coercitivas, mandamentais ou sub-rogatórias necessárias para assegurar a efetivação da decisão (art. 362 do CPC de 1973 e art. 403 do CPC de 2015).

20.5.3. A parte e o terceiro podem se escusar de exibir o documento se: a) concernente a negócios da própria vida da família; b) sua apresentação puder violar dever de honra; c) sua publicidade redundar em desonra à parte ou ao terceiro, bem como a seus parentes consanguíneos ou afins até o terceiro grau; ou lhes representar perigo de ação penal; d) sua exibição acarretar a divulgação de fatos a cujo respeito, por estado ou profissão, devem guardar segredo; e) subsistirem outros motivos graves que, segundo o prudente arbítrio do juiz, justifiquem a recusa da exibição; houver dispositivo legal que justifique a recusa de exibição (art. 363 do CPC de 1973 e art. 404 do CPC de 2015). Nas hipóteses dos itens "a" a "e" *supra*, se os motivos da recusa disserem respeito só a uma parte do conteúdo do documento, a parte ou o terceiro exibirá a outra em cartório, para dela ser extraída cópia reprográfica, de tudo sendo lavrado autocircunstanciado (art. 363, parágrafo único, do CPC de 1973 e art. 404, parágrafo único, do CPC de 2015).

20.5.4. Incidente de falsidade.

Cessa a fé de documento público ou particular sendo-lhe declarada judicialmente a falsidade (art. 387 do CPC de 1973 e art. 427 do CPC de 2015).

A falsidade consiste em formar documento não verdadeiro ou alterar documento verdadeiro (art. 487, parágrafo único, do CPC de 1973 e art. 427, parágrafo único, do CPC de 2015).

Para Moacyr Amaral Santos "a alteração da verdade pode operar-se de três modos, ou seja, sob a forma material, sob a forma pessoal ou sob a forma ideológica. E aí estão as três espécies de falsidade: falsidade material, quando a falsidade consiste na confecção de documento falso, ou na adulteração, supressão ou ocultamento de documento verdadeiro, ou, ainda, no uso de documento falso; falsidade pessoal, quando diz respeito às pessoas participantes do documento; falsidade ideológica ou intelectual, quando respeita ao conteúdo do documento. Acontece que a alteração da verdade no tocante às pessoas participantes do documento também se dá por forma material ou de maneira ideológica ou moral. Assim, pode-se aceitar a lição da maioria dos escritores ao distinguirem duas espécies de falsidade: a material e a ideológica. É a divisão clássica".[(1548)]

Moacyr Amaral Santos afirma que a falsidade ideológica ocorre quando "em um documento, materialmente verdadeiro, são expostos fatos ou declarações desconformes com a verdade"[(1549)] e que nela "é atingida a substância do ato, sem alteração de sua forma".[(1550)]

Segundo Moacyr Amaral Santos, o art. 387 do CPC de 1973 (que corresponde ao art. 427 do CPC de 2015) contempla a falsidade material e a ideológica, visto que "documento não verdadeiro, que está na letra do Código, o é tanto quando a inverdade se contém no próprio documento, como coisa (falsidade material), como quando a inverdade se encontra na sua qualidade específica de representar fatos ou manifestações de vontade, isto é, no seu conteúdo. Neste caso, o documento será ideologicamente falso".[(1551)]

(1548) *Comentários ao Código de Processo Civil*, v. IV, p. 206.
(1549) *Comentários ao Código de Processo Civil*, v. IV, p. 207.
(1550) *Comentários ao Código de Processo Civil*, v. IV, p. 207.
(1551) *Comentários ao Código de Processo Civil*, v. IV, p. 210.

Já Antônio Carlos de Araújo Cintra sustenta que "a falsidade do documento como coisa é designada como falsidade material e se manifesta no contraste entre a sua aparência e a realidade. Esta falsidade resulta da contrafação ou alteração do documento. Entende-se por contrafação a formação de um documento, de tal modo que aparente feito por quem não é seu autor ou data ou lugar diferente do verdadeiro. E a alteração do documento é a mudança feita em documento já formado, fazendo-o aparentar algo que não corresponda à verdade (...). Fala-se em falsidade ideológica com respeito ao documento que contenha declaração de ciência (...). O conteúdo da declaração de vontade, por seu lado, não é suscetível de se qualificar como falso ou verdadeiro, colocando-se, a seu respeito, as questões atinentes à correspondência entre a declaração e a real intenção de quem a emite, ou seja, principalmente, a simulação (...). O incidente de falsidade se destina a apurar a falsidade material do documento (...). A falsidade material está no plano da admissibilidade do documento como prova, de modo que, verificada a sua falsidade material, o documento sequer é apreciado no seu conteúdo (...). Na declaração de vontade, o contraste entre a vontade declarada e a vontade real é uma simulação, não uma falsidade documental: a seu respeito fala-se em validade ou invalidade, mas não em autenticidade ou falsidade".[1552]

Incumbe o ônus da prova quando: a) se tratar de falsidade de documento, à parte que a arguir; e b) se tratar de impugnação de autenticidade, *à parte que produziu o documento* (arts. 389 e 388 do CPC de 1973 e art. 429 do CPC de 2015).

De acordo com Cândido Rangel Dinamarco, "é ônus do arguente a prova da falsidade material do próprio documento ou das declarações que ele traz, na medida em que estas se presumam verdadeiras (art. 389, inc. I, c/c arts. 368 e 370); é de quem houver produzido o documento em juízo o ônus de provar a autenticidade da assinatura (art. 389, inc. II)".[1553]

Como observa Antônio Carlos de Araújo Cintra, "a contestação da assinatura por quem a teria aposto ao documento particular contém, é claro, implícita, a arguição de falsidade material do documento".[1554]

O incidente de falsidade deve ser suscitado na contestação (se o suscitante for o reclamado e o documento instruir a petição inicial) ou no prazo concedido para manifestação sobre os documentos apresentados com a contestação (quando o suscitante for o reclamante), ou no prazo para manifestação concedido à parte contra quem foi produzido o documento não apresentado com a inicial ou a contestação (art. 390 do CPC de 1973 e art. 430 do CPC de 2015).

A parte que arguir a falsidade de documento deverá expor os motivos em que se funda a sua pretensão e os meios com que provará o alegado (art. 391 do CPC de 1973 e 431 do CPC de 2015).

O incidente somente pode ser suscitado pela parte contra quem o documento foi produzido (art. 390 do CPC de 1973 e art. 430 do CPC de 2015) e nele figurará como requerido a parte que produziu o documento.

O incidente de falsidade de documento constitui ação declaratória incidental (ação declaratória incidental de falsidade), cuja finalidade é a declaração da falsidade do documento (a não correspondência do documento com a verdade), para retirar-lhe a eficácia probatória. No incidente, não há exame do mérito da demanda, mas apenas manifestação sobre a falsidade ou autenticidade de determinado documento. O CPC de 2015 dispõe que, uma vez arguida, a falsidade será resolvida como questão incidental, salvo se a parte requerer que o juiz a decida como questão principal, nos termos do art. 19, II (art. 430, parágrafo único), observando-se que o art. 19, II, do CPC de 2015 estabelece que o interesse do autor pode limitar-se à declaração de autenticidade ou falsidade de documento.

O requerido será intimado para, em dez dias (art. 392 do CPC de 1973) ou de quinze dias (art. 432 do CPC de 2015), se manifestar.

(1552) *Comentários ao Código de Processo Civil*, v. IV, p. 132 e 139.
(1553) *Instituições de direito processual civil*, v. III, p. 580.
(1554) *Comentários ao Código de Processo Civil*, v. IV, p. 133.

Depois de ouvida a outra parte, o juiz determinará a realização de exame pericial, salvo se a parte que produziu o documento concordar em retirá-lo (art. 392, *caput* e parágrafo único, do CPC de 1973 e art. 432 do CPC de 2015), observando-se que o CPC de 1973 estabelece que não será produzida prova pericial se a parte que produziu o documento concordar em retirá-lo e a outra parte aquiescer com o seu desentranhamento, tendo o CPC de 2015 silenciado quanto a esta última exigência.[1555]

De acordo com o CPC de 1973: o incidente suscitado antes de encerrada a instrução correrá nos próprios autos principais (art. 391); depois de encerrada a instrução, o incidente correrá em apenso aos autos principais; no tribunal processa-se perante o relator (art. 393). O CPC de 2015 apenas estabelece que, uma vez arguida, a falsidade será resolvida como questão incidental, salvo se a parte requerer que o juiz a decida como questão principal, nos termos do art. 19, II (art. 430, parágrafo único).

O processo será suspenso logo que for suscitado o incidente de falsidade (art. 394 do CPC de 1973; esta suspensão não é estabelecida pelo CPC de 2015), salvo no procedimento sumaríssimo, em que os incidentes serão resolvidos em audiência, nos termos do art. 852-G da CLT (exceto se houver necessidade de produção de prova pericial ou a pronta instrução do incidente puder resultar em prejuízo para as partes).

Encerrada a instrução do incidente, o juiz proferirá sentença, declarando a falsidade ou autenticidade do documento (art. 395 do CPC de 1973 e art. 433 do CPC de 2015). Contra essa decisão, que é interlocutória, não cabe recurso, podendo a parte retornar ao tema no recurso aviado contra a decisão definitiva.[1556] A decisão será passível de recurso, no entanto, quando o incidente for julgado na sentença como questão principal (arts. 430, parágrafo único, e 433 do CPC de 2015).

O art. 433 do CPC de 2015 estabelece que a declaração sobre a falsidade do documento, quando suscitada como questão principal, constará da parte dispositiva da sentença e sobre ela incidirá também a autoridade da coisa julgada, o que, no CPC de 1973, poderia ocorrer na hipótese do seu art. 470, segundo o qual faz coisa julgada a resolução de questão prejudicial, se a parte o requerer, o juiz for competente em razão da matéria e constituir pressuposto necessário para o julgamento da lide.

Para Antônio Carlos de Araújo Cintra, "a improcedência da arguição de falsidade não importa necessariamente na declaração de autenticidade do documento. Esse é o entendimento da doutrina (...). Todavia, como ensina Moacyr Amaral Santos, o Código 'atribui a tal sentença a natureza e função declarativa positiva de autenticidade (...). Essa parece a orientação acertada, coerente com a regra de que não se admite, no processo civil, em princípio, a improcedência por insuficiência de prova, como sentença suscetível de produzir coisa julgada material. Se assim não fosse, criar-se-ia situação extremamente delicada nos casos de insuficiência de prova da falsidade, uma vez que o documento não declarado falso, nem autêntico, ficaria num limbo processual, dado que o falso deve ser excluído do conjunto probatório e o autêntico deve ser nele mantido, com o valor que a lei lhe atribui".[1557]

O incidente de falsidade deve ser rejeitado de plano quando a eventual falsidade do documento não tiver influência no julgamento da demanda (arts. 765 e 852-D da CLT).

20.6. Fatos a serem provados por documentos.

A CLT impõe ao empregador a pré-constituição da prova documental de: a) pagamento de salário (art. 464); b) celebração de acordo para prorrogação de jornada de trabalho (art. 59, § 1º); c) prorrogação do contrato a termo (arts. 447, 451 e 452); d) jornada de trabalho (art. 74, § 2º); e) labor externo incompatível com a fixação de horário de trabalho (art. 62, I); f) concessão de férias (art. 135); g) pedido de demissão (art.

(1555) A referência à prova pericial não impede que as partes façam uso de outros meios de prova para demonstrar a veracidade de suas alegações.

(1556) A natureza interlocutória da decisão que julga o incidente é afirmada por Cândido Rangel Dinamarco, para quem "a arguição de falsidade documental caracteriza-se sempre como mero incidente e, em hipótese alguma, como processo novo (...). Quando o incidente termina, torna-se ao procedimento principal (...). Consequentemente, é sempre interlocutória a decisão que decide o incidente" (*Instituições de direito processual civil*, v. III, p. 581).

(1557) *Comentários ao Código de Processo Civil*, v. IV, p. 146.

477, § 1º); e h) quitação de verbas rescisórias (art. 477, §§ 1º e 2º), definindo, com isso, os fatos cuja prova se faz, em regra, por documentos.

A ausência da pré-constituição da prova, quando esta tiver sido exigida pelo legislador, autoriza admitir como verdadeiros os fatos alegados pelo trabalhador, tratando-se, no entanto, de presunção de caráter apenas relativo, ou seja, que pode ser afastada por prova em sentido contrário.

Neste sentido, segundo a Súmula n. 338 do TST: "I — É ônus do empregador que conta com mais de 10 (dez) empregados o registro da jornada de trabalho na forma do art. 74, § 2º, da CLT. A não apresentação injustificada dos controles de frequência gera presunção relativa de veracidade da jornada de trabalho, a qual pode ser elidida por prova em contrário. II — A presunção de veracidade da jornada de trabalho, ainda que prevista em instrumento normativo, pode ser elidida por prova em contrário. III — Os cartões de ponto que demonstram horários de entrada e saída uniformes são inválidos como meio de prova, invertendo-se o ônus da prova, relativo às horas extras, que passa a ser do empregador, prevalecendo o horário da inicial se dele não se desincumbir".

21. Prova pericial

21.1. Notas introdutórias.

A prova de um fato pode demandar conhecimento especial de técnico (é o que ocorre, por exemplo, com a apuração de trabalho em condições insalubres). Nesse caso, o juiz deverá nomear profissional detentor de conhecimentos técnicos especiais (perito) para a apuração da veracidade do fato controverso.

A prova pericial consiste em exame, vistoria ou avaliação (art. 420 do CPC de 1973 e art. 464 do CPC de 2015).(1558)

21.2. Hipóteses em que será produzida a prova pericial.

A prova pericial será produzida quando for exigida pela lei (é o que se dá com a apuração do trabalho em condições insalubres e perigosas — art. 195 da CLT) ou a prova do fato depender de conhecimento especial de técnico (art. 852-H, § 4º, da CLT, art. 420, parágrafo único, I, do CPC de 1973 e art. 464, § 1º, I, do CPC de 2015). Essas são as hipóteses de *perícia legal* ou *obrigatória*.

A perícia pode ser determinada fora dessas hipóteses quando for necessária para o esclarecimento dos fatos da causa (*perícia facultativa*). É o que se dá, por exemplo, com a apuração de diferença de comissões a ser verificada a partir do exame de notas fiscais e comprovantes de pagamentos realizados ao trabalhador.

21.3. Indeferimento da prova pericial.

A prova pericial não será realizada quando (art. 420, parágrafo único, do CPC de 1973 e art. 464, § 1º, do CPC de 2015): a) a prova do fato não depender de conhecimento especial de técnico; b) for desnecessária em vista de outras provas produzidas; c) a verificação for impraticável.

O juiz poderá dispensar a prova pericial quando as partes, na petição inicial e/ou na contestação, apresentarem sobre as questões de fato pareceres técnicos ou documentos elucidativos que considerar suficientes para prova do fato alegado, mesmo quando se trate de perícia cuja realização constitua exigência legal (arts. 427 do CPC de 1973, 472 do CPC de 2015 e arts. 765 e 852-D da CLT), valendo acrescentar que "o

(1558) Consoante Moacyr Amaral Santos, "Por exame pericial, no sentido estrito, ou simplesmente exame, se entende a inspeção, por meio de perito, sobre pessoa, coisas, móveis e semoventes, para verificação de fatos ou circunstâncias que interessam à causa. Vistoria é a mesma inspeção relativamente a imóveis (...). Dá-se o nome de avaliação à mesma estimação do valor, em moeda, de coisas, direitos ou obrigações" (*Comentários ao Código de Processo Civil*, v. IV, p. 310-311).

pagamento de adicional de periculosidade efetuado por mera liberalidade da empresa, ainda que de forma proporcional ao tempo de exposição ao risco ou em percentual inferior ao máximo legalmente previsto, dispensa a realização da prova técnica exigida pelo art. 195 da CLT, pois torna incontroversa a existência do trabalho em condições perigosas" (Súmula n. 453 do TST).

O CPC de 1973 prevê que, se a natureza do fato o permitir, a perícia poderá consistir apenas na inquirição pelo juiz do perito e dos assistentes a respeito das coisas que houverem informalmente examinado ou avaliado (art. 421, § 2º). Já o CPC de 2015 dispõe que o juiz, de ofício ou a requerimento das partes, poderá, *em substituição à perícia*, determinar a produção de *prova técnica simplificada*, quando o ponto controvertido for de menor gravidade, consistindo a prova técnica simplificada na inquirição de especialista, pelo juiz, sobre o ponto controvertido da causa que demande especial conhecimento científico ou técnico (art. 464, §§ 2º e 3º, do CPC de 2015), o que é compatível com o direito processual do trabalho, por contribuir para a mais rápida solução do litígio e a economia processual.

Durante a arguição, o especialista, que deverá ter formação acadêmica específica na área objeto de seu depoimento, poderá valer-se de qualquer recurso tecnológico de transmissão de sons e imagens com o fim de esclarecer os pontos controversos da causa (art. 464, § 4º, do CPC de 2015).

A realização da perícia impede a solução da demanda em audiência única, retardando o julgamento definitivo do litígio, e torna o processo mais oneroso, devendo ser determinada apenas quando indispensável para a apuração de fatos que sejam relevantes para o julgamento da lide.

Nas ações contendo pedido de adicional de insalubridade, de periculosidade, de indenização por acidente do trabalho ou qualquer outro atinente à segurança e saúde do trabalhador, o juiz poderá determinar a notificação da empresa reclamada para trazer aos autos cópias do LTCAT (Laudo Técnico de Condições Ambientais do Trabalho), PCMSO (Programa de Controle Médico de Saúde Ocupacional) e PPRA (Programa de Prevenção e Riscos Ambientais), além de laudo pericial da atividade ou local de trabalho passível de utilização como prova emprestada, referentes ao período que o reclamante prestou serviços na empresa (art. 10 da Resolução n. 66/2010 do Conselho Superior da Justiça do Trabalho).

21.4. Nomeação de perito. Apresentação de quesitos e indicação de assistente técnico.

Ao determinar a realização de prova pericial, o juiz nomeará perito especializado no objeto da perícia, fixando prazo para a entrega do laudo (arts. 421 e 433 do CPC de 1973, arts. 156 e 465 do CPC de 2015, art. 852-H, § 4º, da CLT e art. 3º da Lei n. 5.584/70).

O perito deve ser escolhido entre profissionais legalmente habilitados e órgãos técnicos ou científicos devidamente inscritos em cadastro mantido pelo tribunal ao qual o juiz está vinculado (art. 145, § 1º, do CPC de 1973 e art. 156, § 1º, do CPC de 2015). Os peritos comprovarão sua especialidade na matéria sobre a qual deverão opinar, mediante certidão do órgão profissional em que estiverem escritos (art. 145, § 2º, do CPC de 1973 e art. 156, § 2º, do CPC de 2015).[1559]

Na localidade onde não houver inscrito no cadastro disponibilizado pelo tribunal, a nomeação do perito é de livre escolha pelo juiz e deverá recair em profissional ou órgão técnico ou científico comprovadamente detentor do conhecimento necessário para a realização da perícia (art. 145, § 3º, do CPC de 1973 e art. 156, § 5º, do CPC de 2015).

O CPC de 2015 estabelece que, ciente da sua nomeação, o perito deverá, em cinco dias, apresentar: proposta de honorários; currículo, com comprovação de sua especialização; contatos profissionais, em especial o endereço eletrônico, para onde serão dirigidas as intimações pessoais (art. 465, § 2º). No entanto, no caso

(1559) O CPC de 2015 cria, para os tribunais, o dever de criar um cadastro de peritos e órgãos técnicos ou científicos, o que não existia no CPC de 1973. No entanto, segundo o art. 7º da Resolução n. 35/2007 do Conselho Superior da Justiça do Trabalho, os Tribunais Regionais do Trabalho poderão manter sistema de credenciamento de peritos para fins de designação, preferencialmente, de profissionais inscritos nos órgãos de classe competentes e que comprovem sua especialidade na matéria sobre a qual deverão opinar, a ser atestada por meio de certidão do órgão profissional a que estiverem vinculados, o que agora passa a contar com previsão legal, observando-se que a criação do cadastro deixa de ser uma faculdade dos tribunais.

de perito já cadastrado, não se justifica a apresentação de currículo e contatos profissionais. A questão dos honorários será apreciada mais adiante.

Intimadas da designação do perito, as partes podem indicar *assistente técnico* e apresentar *quesitos* (art. 3º, parágrafo único, da Lei n. 5.584/70) e arguir impedimento ou suspeição do perito (art. 421, § 1º, do CPC de 1973 e art. 465, § 1º, do CPC de 2015), observando-se que o CPC de 1973 fixa em cinco dias o prazo de manifestação das partes e, o CPC de 2015, em quinze dias, mas deve prevalecer no processo do trabalho, o prazo de cinco dias, que é o previsto para manifestação sobre o laudo pericial (art. 852-H, § 6º, da CLT).

O laudo do assistente deve ser apresentado no mesmo prazo assinado para que o perito do juízo apresente o seu laudo, sob pena de ser desentranhado dos autos (art. 3º, parágrafo único, da Lei n. 5.584/70).

Quesitos são as indagações para as quais as partes requerem resposta ao perito.

O juiz deverá indeferir os quesitos impertinentes e poderá formular os quesitos que entender necessários ao esclarecimento da causa (art. 426 do CPC de 1973 e art. 470 do CPC de 2015).

O perito nomeado cumprirá seu encargo independentemente de termo de compromisso (art. 422 do CPC de 1973 e art. 466 do CPC de 2015) e poderá escusar-se ou ser recusado por impedimento ou suspeição (art. 423 do CPC de 1973 e art. 467 do CPC de 2015).

Os assistentes técnicos são de confiança da parte, não se sujeitando a impedimento ou suspeição (art. 422 do CPC de 1973 e art. 466, § 1º, do CPC de 2015).[1560]

A indicação do perito assistente "é faculdade da parte, a qual deverá responder pelos respectivos honorários, ainda que vencedora no objeto da perícia" (Súmula n. 341 do TST).

O perito pode ser substituído quando: faltar-lhe conhecimento técnico ou científico; sem motivo legítimo, deixar de cumprir o encargo no prazo que lhe foi assinalado (art. 424 do CPC de 1973 e art. 468 do CPC de 2015). A simples discordância da parte com o resultado da perícia não autoriza a destituição do perito.

Se o perito deixar de cumprir o encargo no prazo que lhe foi assinado, o juiz comunicará a ocorrência à corporação profissional respectiva, podendo, ainda, impor multa ao perito, fixada tendo por base o valor da causa e o possível prejuízo decorrente do atraso no processo (art. 424, parágrafo único, do CPC de 1973 e art. 468, § 1º, do CPC de 2015).

Quando a perícia tiver de realizar-se por carta, poder-se-á proceder à nomeação do perito e à indicação de assistentes técnicos no juízo ao qual se requisitar a perícia (art. 428 do CPC de 1973 e art. 465, § 6º, do CPC de 2015).

Para o desempenho de suas funções, podem o perito e os assistentes técnicos utilizar-se de todos os meios necessários, ouvindo testemunhas, obtendo informações, solicitando documentos que estejam em poder da parte ou em repartições públicas, bem como instruir o laudo com plantas, desenhos, fotografias e outras quaisquer peças (art. 429 do CPC de 1973 e art. 473, § 3º, do CPC de 2015).

Se a perícia for complexa ou abranger mais de uma área de conhecimento especializado, o juiz poderá nomear mais de um perito, e as partes, indicar mais de um assistente técnico (art. 431-B do CPC de 1973 e art. 475 do CPC de 2015).

O art. 471, *caput*, autoriza as partes a, de comum acordo, *escolher o perito*, indicando-o mediante requerimento, *desde que sejam plenamente capazes e a causa possa ser resolvida por autocomposição*, sendo previsto, no art. 471, § 3º, que a *perícia consensual* substituirá, para todos os efeitos, a que seria realizada por perito nomeado pelo juiz (*perícia judicial*). Do tema tratamos quando examinamos as convenções processuais, no estudo dos princípios do direito processual do trabalho.

(1560) O assistente técnico, sendo da confiança das partes e não se sujeitando a impedimento ou a suspeição, funciona como informante das partes, perdendo, com isto, a condição de auxiliar da justiça.

21.5. Cientificação das partes sobre o local e data da realização da perícia.

As partes deverão ser cientificadas da data e do local designados pelo juiz ou indicado pelo perito para ter início a produção da prova (art. 431-A do CPC de 1973 e art. 474 do CPC de 2015). Contudo, se a parte não for informada da data e local da realização da perícia, somente haverá nulidade se for demonstrado manifesto prejuízo ao seu direito de defesa (art. 794 da CLT).

21.6. Laudo pericial. Manifestação sobre o laudo pericial. Pedido de esclarecimentos.

O laudo deverá conter: a exposição do objeto da perícia; a análise técnica ou científica realizada pelo perito; a indicação do método utilizado, esclarecendo e demonstrando ser predominantemente aceito pelos especialistas da área do conhecimento do qual se originou; resposta conclusiva a todos os quesitos apresentados pelo juiz, pelas partes e pelo órgão do Ministério Público (art. 473 do CPC de 2015).

Apresentado o laudo pelo perito, as partes serão intimadas para manifestar-se no prazo de cinco dias (art. 852-H, § 6º, da CLT).

Podem as partes apresentar, na manifestação sobre o laudo, *pedido de esclarecimento* a ser respondido pelo perito, com a finalidade de corrigir omissões ou inexatidão dos resultados a que a perícia conduziu. Ao perito incumbe esclarecer ponto: a) sobre o qual exista divergência ou dúvida de qualquer das partes, do juiz ou do órgão do Ministério Público; b) divergente do apresentado no parecer do assistente técnico da parte.

Persistindo a necessidade de esclarecimento, a parte requererá ao juiz que mande intimar o perito ou o assistente técnico a comparecer em audiência de instrução e julgamento, formulando, desde logo, as perguntas, sob forma de quesitos (art. 477, §§ 2º e 3º, do CPC de 2015).

21.7. Valor probante da perícia. Segunda perícia.

Dispõe o art. 436 do CPC de 1973 que o juiz não está adstrito ao laudo pericial, podendo formar a sua convicção com outros elementos ou fatos provados nos autos.

O CPC de 2015 estabelece que o juiz apreciará a prova pericial de acordo com o disposto no art. 371, indicando na sentença os motivos que o levaram a considerar ou desconsiderar as conclusões do laudo, levando em conta o método utilizado pelo perito.[1561]

Não estando o juiz adstrito ao laudo pericial, às partes não pode ser negado o direito de produzir prova contrária ao que afirmou o perito, em relação aos elementos fáticos (as conclusões do perito em regra se sustentam em premissas fáticas — as condições de trabalho no pedido de adicional de insalubridade ou periculosidade, por exemplo) e também à subsunção dos elementos fáticos ao ordenamento jurídico (elementos técnicos propriamente ditos — qualificação legal das condições de trabalho, por exemplo). As condições fáticas definidas pelo perito podem ser objeto de prova testemunhal, ao passo que a sua qualificação legal pode ser questionada por meio da juntada de pareceres técnicos ou outros laudos periciais,[1562] por exemplo. Trata-se da *contraprova pericial*.

Aliás, de nada adianta afirmar que o juiz não está adstrito ao laudo pericial e pode formar a sua convicção à luz de outras provas se às partes for negado o direito de produzir estas provas. Resta concluir, assim, que o art. 436 do CPC de 1973 se dirige ao juiz — reafirmando a sua liberdade na apreciação da prova, mesmo que de natureza técnica — e também às partes — assegurando-lhes o direito de fornecer ao juiz elementos de convicção que autorizem desconsiderar, total ou parcialmente, o laudo pericial. Aliás, o exercício, pelo juiz, da liberdade de apreciação da prova pressupõe que ela se encontre nos autos. O mesmo raciocínio alcança o art. 479 do CPC de 2015.

(1561) Vincular o juiz às conclusões do perito equivaleria a transferir para o perito o poder de definir os direitos e as obrigações das partes.

(1562) Trata-se de prova emprestada, cujo uso independe de concordância da parte contrária, por se tratar de apenas mais um dos elementos de convicção de que as partes podem lançar mão. Só haverá necessidade de concordância com a produção de prova emprestada quando a parte pretender a substituição da prova a ser produzida no processo pela produzida em outro processo.

De outro lado, ao juiz é lícito determinar, de ofício ou a requerimento da parte, a realização de nova perícia, quando a matéria não estiver suficientemente esclarecida (art. 437 do CPC de 1973 e art. 480 do CPC de 2015). A segunda perícia tem por objeto os mesmos fatos sobre os quais recaiu a primeira e destina-se a corrigir eventual omissão ou inexatidão dos resultados a que conduziu (art. 438 do CPC de 1973 e art. 480, § 1º, do CPC de 2015) e rege-se pelas disposições estabelecidas para a primeira (art. 439 do CPC de 1973 e art. 480, § 2º, do CPC de 2015), o que implica que as partes podem indicar assistentes técnicos e apresentar quesitos específicos para esta perícia ou, em relação aos quesitos ou reiterar aqueles apresentados por ocasião da primeira perícia.

A segunda perícia não substitui a primeira, cabendo ao juiz apreciar livremente o valor de uma e de outra (art. 439, parágrafo único, do CPC de 1973 e art. 480, § 3º, do CPC de 2015), aplicando-se, ainda nesta oportunidade, o disposto no art. 436 do CPC.

Cabe ao juiz avaliar a necessidade da segunda perícia, não sendo a sua decisão passível de recurso. Contra a decisão do juiz deve ser manifestado protesto, para que possa ser questionada em futuro recurso interposto contra a decisão definitiva.

21.8. Honorários periciais. Responsabilidade pelo pagamento dos honorários periciais.

O perito, pelo trabalho prestado como auxiliar da justiça, receberá honorários (*honorários periciais*) no valor arbitrado pelo juiz, considerando a complexidade da matéria, o grau de zelo profissional, o lugar e o tempo exigidos para a prestação do serviço e as peculiaridades regionais.

O CPC de 2015 dispõe, no art. 465, § 2º, que o perito, tomando ciência da sua nomeação, deverá apresentar sua proposta de honorários. No entanto, no processo do trabalho, como regra, a proposta é apresentada no laudo pericial, o que implica que as partes poderão sobre ela se manifestar no prazo que lhe for conferido para se manifestar sobre o laudo pericial, o que resulta em maior celeridade processual.

De outro lado, o CPC de 2015 prevê que o juiz poderá autorizar o pagamento de até cinquenta por cento dos honorários arbitrados a favor do perito no início dos trabalhos, o que não é compatível com o direito processual do trabalho, no qual não há antecipação, pelas partes, do pagamento de despesas processuais, dentre elas os honorários periciais.

A responsabilidade pelo pagamento dos honorários periciais é, no processo de conhecimento, da parte sucumbente na pretensão objeto da perícia (art. 790-B da CLT).

A parte beneficiada pela justiça gratuita está dispensada do pagamento de honorários periciais quando for vencida na pretensão relacionada à realização da prova pericial. Contudo, esse fato não significa que o perito nada receberá pelo seu trabalho.[1563] À União incumbe a prestação de assistência judiciária integral e gratuita aos que comprovem insuficiência de recursos (art. 5º, LXXIV, da Constituição Federal), nela estando incluída a garantia das condições necessárias para a defesa dos direitos do necessitado em juízo.

Por isso, segundo prevê a Resolução n. 66/2010 do Conselho Superior da Justiça do Trabalho, os Tribunais Regionais deverão destinar recursos orçamentários para o pagamento de honorários periciais, sempre que à parte sucumbente na pretensão objeto da perícia for concedido o benefício da justiça gratuita (art. 1º, I), o mesmo ocorrendo em relação a tradutores e intérpretes.[1564] Se houver antecipação dos honorários e o trabalhador beneficiado pela justiça gratuita for vencido no objeto da perícia, caberá à União restituir ao vencedor o valor respectivo, sob pena de transferência para o demandado de obrigação expressamente imposta à União pela Constituição da República e, ainda, de contrariedade aos termos da Súmula n. 457 do TST.[1565]

(1563) Houvesse o art. 790-B da CLT atribuído ao perito o encargo de trabalhar sem nada receber pelo seu trabalho, a sua inconstitucionalidade seria inegável. Aludido texto legal deve ser interpretado em sintonia com o disposto no art. 5º, LXXIV, da Constituição Federal, que assegura a remuneração do serviço do perito, pela União.

(1564) O mesmo deve ocorrer em relação aos honorários devidos a tradutores e intérpretes, com o pagamento dos honorários após atestada a prestação dos serviços pelo juízo processante, de acordo com Tabela estabelecida por esta mesma Resolução (art. 1º, II).

(1565) Neste sentido: "RECURSO DE REVISTA. HONORÁRIOS PERICIAIS. RECLAMANTE SUCUMBENTE NA PRETENSÃO

A aludida Resolução estabelece os requisitos a serem atendidos para o pagamento de honorários pela União, as condições em que poderá haver antecipação parcial dos honorários, os critérios a serem observados na fixação dos honorários, o valor máximo dos honorários, o critério de atualização do valor por ela fixado e a forma do pagamento dos honorários.[(1566)]

Os honorários periciais, quando forem devidos pela parte não beneficiada pela justiça gratuita, podem ser executados nos próprios autos do processo em que forem arbitrados.

Contudo, sendo o trabalhador vencedor em parte substancial de seus pedidos, tornando-se, em razão do crédito respectivo, capaz de responder pelo pagamento dos honorários periciais, o benefício da justiça gratuita a ele deve ser negado, impondo-se-lhe a obrigação de pagar os honorários periciais, que devem ser descontados do seu crédito, ao final.

22. *Inspeção judicial*

O juiz, de ofício ou a requerimento da parte, pode, em qualquer fase do processo, inspecionar pessoas ou coisas, a fim de se esclarecer sobre fato que interesse à decisão da causa (art. 440 do CPC de 1973 e art. 481 do CPC de 2015).

Na inspeção, o juiz examina, pessoal e diretamente, pessoas e coisas a fim de se esclarecer sobre fatos que interessem à decisão da causa.

Antônio Carlos de Araújo Cintra afirma que a inspeção judicial constitui meio de prova, "uma vez que serve para fornecer ao juiz elementos destinados à reprodução mental dos fatos da causa".[(1567)]

Ao realizar a inspeção direta, o juiz pode ser assistido por um ou mais peritos (art. 441 do CPC de 1973 e art. 482 do CPC de 2015).

O juiz irá ao local onde se encontre a pessoa ou coisa quando: a) julgar necessário para a melhor verificação ou interpretação dos fatos que deve observar; b) a coisa não puder ser apresentada em juízo, sem consideráveis despesas ou graves dificuldades; c) determinar a reconstituição dos fatos (art. 442 do CPC de 1973 e art. 482 do CPC de 2015).[(1568)]

As partes têm sempre direito a assistir à inspeção, prestando esclarecimentos e fazendo observações que reputem de interesse para a causa (art. 442, parágrafo único, do CPC de 1973 e art. 482, parágrafo único, do CPC de 2015). Por esta razão, as partes devem ser intimadas do dia, hora e local da inspeção judicial.

Concluída a inspeção, o juiz mandará lavrar auto circunstanciado, mencionando nele tudo quanto for útil ao julgamento da causa, podendo ser o auto instruído com desenho, gráfico ou fotografia (art. 443,

---

OBJETO DA PERÍCIA. BENEFICIÁRIO DA JUSTIÇA GRATUITA. ADIANTAMENTO DA DESPESA PELA RECLAMADA. RESTITUIÇÃO. Na hipótese, observa-se que o reclamante é beneficiário da justiça gratuita de modo que, à luz do disposto no arts. 3º, V, da Lei n. 1.060/50 e 790-B da CLT, não responde pelo pagamento dos honorários periciais, ainda que sucumbente na pretensão objeto da perícia. Em tal caso, nos termos da Resolução n. 66/2010 do CSJT, a responsabilidade pelo pagamento dos honorários periciais recai sobre a União. Diante disso, considerando-se que já foi efetivado o adiantamento dos honorários periciais pela reclamada, e sendo esta vencedora na pretensão objeto da perícia, deve-lhe ser deferido o reembolso do valor antecipado, a ser pago na forma da Resolução n. 66/2010 do CSJT, a cargo da União" (TST, RR 9955240-81.2006.5.09.0655, Rel. Min. Delaíde Miranda Arantes, 7ª Turma, DEJT 6.9.2013).

(1566) Consta da Resolução em questão que "a concessão de justiça gratuita a empregador, pessoa física, dependerá da comprovação de situação de carência que inviabilize a assunção dos ônus decorrentes da demanda judicial" (art. 2º).

(1567) *Comentários ao Código de Processo Civil*, v. IV, p. 240.

(1568) "Em princípio, o deslocamento do juiz para inspecionar pessoas ou coisas se faz nos limites do foro de sua competência. Não parece desarrazoado admitir que o juiz proceda a inspeção em comarcas contíguas, de fácil comunicação, e nas que se situem na mesma região metropolitana, pois se a lei permite que nelas o oficial de justiça dê cumprimento a suas ordens, sem precisão de precatória, fica patente que essa limitação territorial não é absoluta e, assim, não deve impedir a inspeção judicial, de forma absoluta. Acresce que a inspeção judicial por interposta pessoa, inclusive por via de carta, parece inviável, por ser incompatível com sua natureza" (CINTRA, Antônio Carlos de Araújo. *Comentários ao Código de Processo Civil*, v. IV, p. 246).

caput e parágrafo único, do CPC de 1973 e art. 484, *caput* e parágrafo único, do CPC de 2015). É por meio do autocircunstanciado que a inspeção ingressa no processo.

23. *Presunções*

O juiz deve ser convencido da veracidade do fato alegado pelas partes.

A convicção do juiz pode resultar da demonstração da veracidade do fato controverso (*fato diretamente relevante*) ou de um outro fato (*fato indiretamente relevante* ou *indício*), a partir do qual é possível inferir (*presumir*) a veracidade do fato controverso.

Para Cândido Rangel Dinamarco, "presunção é um processo racional do intelecto, pelo qual do conhecimento de um fato infere-se com razoável probabilidade a existência de outro ou o estado de uma pessoa ou coisa (...) o momento inicial desse processo psicológico é o conhecimento de um fato-base, ou indício revelador da presença de outro fato. Seu momento final, ou seu resultado, é a aceitação de um outro fato, sem dele ter um conhecimento direto".[(1569)]

O art. 238 do CPP dispõe que "considera-se indício a circunstância conhecida e provada que, tendo relação com o fato, autorize, por indução[(1570)], concluir-se a existência de outra ou outras circunstâncias".

Segundo Moacyr Amaral Santos, "o fato desconhecido é havido como provado pela lei, que também tem como reconhecido e preestabelecido o nexo de causalidade, mas isto e aquilo somente se verificam quando quem invoca a presunção faça prova do fato da qual ela emana, isto é, o fato conhecido. No primeiro caso, temos a prova direta, no segundo a indireta".[(1571)]

Presunções são as ilações da lei[(1572)] ou do julgador[(1573)], a partir das quais se parte de fato conhecido (indício[(1574)]) para afirmar a ocorrência de fato desconhecido, que têm por base lições da experiência. Trata-se, assim, de um processo mental, por meio do qual, partindo-se de um fato conhecido, chega-se ao conhecimento de um fato desconhecido.

A presunção legal pode ser absoluta ou relativa. Presunção legal absoluta (*juris et de jure*) é a que não admite prova em contrário; legal relativa (*juris tantum*), a que admite prova em contrário. Cândido Rangel Dinamarco afirma que "presumir significa apenas confiar razoavelmente na probabilidade de que se mantenha constante a relação entre o fato-base e o presumido, sendo esta probabilidade havida por suficiente para neutralizar maiores temores de erro (...). O legislador toma cuidados ao estabelecer suas presunções, segundo os variáveis graus de probabilidade em que se apoia ao legislar. Onde sente que é maior a probabilidade de uma relação constante, ele estabelece as chamadas presunções absolutas que chegam ao ponto de se configurar autênticas ficções legais insuscetíveis de questionamento mesmo diante da demonstração de uma realidade contrária — é o caso da chamada presunção de conhecimento da lei, imposta pelo art. 3º da Lei de Introdução ao Código Civil. A presunção é relativa quanto menor o grau de probabilidade e, portanto, maior o risco; nesses casos presume-se o fato mas admite-se a prova da negativa ou de um fato neutralizador".[(1575)]

(1569) *Instituições de direito processual civil*, v. III, p. 113.

(1570) Raciocínio indutivo: parte-se do singular/particular para chegar ao geral. Raciocínio dedutivo: parte-se do geral para chegar ao singular/particular.

(1571) *Comentários ao Código de Processo Civil*, v. IV, p. 240-241.

(1572) Presunção legal: a lei atribui a um fato força probante em relação a outro fato.

(1573) Presunção simples ou judicial: ilações que o juiz retira de fato conhecido para formar a sua convicção sobre o fato desconhecido.

(1574) Indícios, para Friedrich Stein, "são fatos conhecidos, vale dizer, acontecimentos ou circunstâncias, a partir dos quais e por meio da experiência, se pode conhecer outros fatos que estão fora do processo e constituem o objeto da prova" (*El conocimiento privado del juez*, p. 41-42). Os indícios considerados globalmente (*constelação de indícios*) podem conduzir ao seguro convencimento do juiz e, com isto, fundamentar a sua decisão.

(1575) *Instituições de direito processual civil*, v. III, p. 115-116.

As presunções têm forte incidência no direito processual do trabalho, notadamente porque os princípios de direito do trabalho[(1576)] e as normas que impõem a pré-constituição da prova por parte do empregador[(1577)] resultam no estabelecimento de presunções favoráveis ao trabalhador e, com isso, na inversão do ônus da prova.[(1578)]

As presunções também podem resultar da aplicação de uma máxima de experiência comum, administradas pela observância do que ordinariamente acontece. Assim, residindo o trabalhador distante do local de trabalho, pode ser presumido que não renuncia ao benefício do vale-transporte, arcando com o custo do seu deslocamento até o seu local de trabalho, por exemplo. A presunção, nessa hipótese, não se apoia nas circunstâncias de um caso concreto, mas naquilo que ordinariamente acontece.

Por fim, a presunção pode resultar da *verossimilhança objetiva da alegação* do trabalhador estabelecida pelo legislador, como se dá, por exemplo, em relação à equiparação salarial: segundo o art. 461 da CLT, comprovada a identidade de função, presume-se o tratamento discriminatório em matéria salarial, cabendo ao empregador comprovar que a diferença salarial é justificada.

Hipótese de presunção absoluta, segundo Ísis de Almeida, era a estabelecida no art. 446 da CLT: "presume-se autorizado o trabalho da mulher casada e do menor de 21 anos e maior de 18", sendo relativa a presunção ditada pelo art. 477 da CLT: "Na falta de acordo ou prova sobre condição essencial ao contrato verbal, esta se presume existente, como se a tivessem estatuído os interessados, na conformidade dos preceitos jurídicos adequados à sua legitimidade".[(1579)]

O estabelecimento de uma presunção tem como efeito concreto a inversão do ônus da prova: o fato presumido será considerado verdadeiro até que o contrário seja demonstrado pela parte por ela prejudicada.

As presunções permitem equilibrar as forças dos litigantes na produção da prova e favorecem a satisfação dos direitos humanos e fundamentais trabalhistas.

O Código Civil (art. 212, IV) inclui a presunção entre os meios de prova. A presunção é processo mental, em razão do qual, partindo de um fato conhecido, se chega à ciência de um fato desconhecido. Nesse compasso, não há que se falar em presunção como meio de prova, ao menos no sentido de instrumento cuja apreciação sensível permite alcançar motivos para formar a convicção sobre a verdade do fato controverso. A propósito observa José Carlos Barbosa Moreira que a presunção "não constitui, a rigor, meio de prova, ao menos no sentido que se dá tradicionalmente a semelhante locução quando se afirma que é meio de prova, *v. g.*, um documento ou o depoimento de uma testemunha. O processo mental que, a partir da afirmação do fato x, permite ao juiz concluir pela afirmação também do fato y, não se afigura assimilável à atitude da instrução, em que se visa a colher elementos para a formação do convencimento judicial. Quando o juiz passa da premissa à conclusão, por meio do raciocínio, 'se ocorreu x, deve ter ocorrido y, nada de novo surge no plano material, concreto, sensível: a novidade emerge exclusivamente em nível intelectual, *in mente iudicis*. Seria de todo impróprio dizer que, nesse momento, se adquire mais uma prova: o que se adquire é um novo conhecimento, coisa bem diferente".[(1580)]

No entanto, a presunção vem sendo considerada um meio de prova, na medida em que permite ao juiz conhecer a realidade fática (fato desconhecido), mediante raciocínio que parte de um indício (fato conhecido) e que se assenta na conexão entre estes mesmos fatos.[(1581)]

(1576) A presunção de continuidade da relação de emprego transfere para o empregador o ônus de provar que foi do trabalhador a iniciativa ou a responsabilidade pela rescisão do contrato de trabalho, por exemplo.

(1577) A ausência de Constituição da prova documental sobre a jornada de trabalho autoriza presumir a veracidade da jornada de trabalho alegada pelo autor como fundamento do pedido de horas extras.

(1578) As presunções relativas constituem regras de distribuição do ônus da prova.

(1579) *Manual de direito processual do trabalho*, v. II, p. 172. O art. 446 da CLT foi revogado pela Lei n. 7.855/89.

(1580) *Temas de direito processual civil*. Primeira Série, p. 59.

(1581) Trata-se da denominada *prova crítica* ou *indireta*, isto é, da prova que não recai diretamente sobre o fato controverso, mas sobre outro fato, a partir do qual é possível concluir pela ocorrência ou não do fato controverso. A prova crítica difere da *prova histórica* ou *direta*, que têm por objeto o próprio fato controverso.

24. *Regras ou máximas de experiência comum e técnica*

Estabelece o art. 852-D da CLT que o juiz dirigirá processo com liberdade para apreciar as provas e dar especial valor às regras de experiência comum ou técnica.

Regras ou máximas de experiência comum são as regras reveladas pela experiência resultante da observação do que ordinariamente acontece em determinadas circunstâncias, isto é, regras extraídas de situações similares às retratadas no processo. As regras de experiência são informadas pelo que Karl Larenz denomina "formas de comportamento social típico".[1582]

De acordo com Friedrich Stein, regras de experiência "são definições ou juízos hipotéticos de conteúdo geral desvinculados dos fatos concretos que são julgados no processo, precedentes da experiência, mas independentes dos casos particulares de cuja observância foram induzidos e que, acima destes fatos, pretendem ter validade para outros novos".[1583]

Antônio Carlos de Araújo Cintra ensina que a experiência comum a que se refere a lei "é a experiência de vida, no seu sentido mais amplo, ou seja, o conhecimento adquirido pela prática e pela observação no quotidiano, e a experiência técnica é o conhecimento técnico ou especializado que se adquire pelo estudo das ciências" e afirma que a regra de experiência "tem natureza normativa, em posição equivalente às normas jurídicas que estabelecem presunção relativa, produzindo presunções que, igualmente, dispensam a parte por elas favorecida, do respectivo ônus da prova, embora autorizem a prova em contrário".[1584]

Regra de experiência técnica é a regra técnica de conhecimento geral.

Consoante já foi assinalado, na avaliação da prova o juiz formula uma hipótese psicológica ou conjectura provisória (aquilo de que está convencido a partir do primeiro exame da prova) e a submete à prova (confronto com outras hipóteses possíveis, dentre as quais as que resultam das regras ou máximas de experiência). Esta é uma das funções das regras ou máximas de experiência.

No entanto, as regras e máximas de experiência também atuam no estabelecimento da verdade dos fatos controversos, apresentando-se, assim, a sua segunda função.

Com efeito, embora as regras de experiência não constituam meio de prova, elas servem de instrumento para firmar convicção sobre a existência ou inexistência de fato relevante da causa (ao aplicar as máximas de experiência, o juiz utiliza o método dedutivo de investigação, partindo do geral para o particular).

Com a aplicação de uma regra de experiência, o juiz considerará comprovado o fato que "corresponde, segundo as circunstâncias constatadas, ao 'processamento típico do evento' e não se comprovou qualquer circunstância que sugira aqui a possibilidade de um distinto, quer dizer, não típico, processamento do evento. O 'processamento típico do evento' dedu-lo o tribunal de 'máximas de experiência' que, por seu lado, podem ser obtidas da 'experiência geral da vida'".[1585]

Ao autorizar o juiz a julgar segundo regras de experiência, o ordenamento jurídico dele exige constante preocupação com a realidade social que o cerca, ao passo que, atuando regras de experiência, o juiz se coloca em conexão com esta realidade.

(1582) *Metodologia da ciência do direito*, p. 660.
(1583) *El conocimiento privado del juez*, p. 27.
(1584) *Comentários ao Código de Processo Civil*, v. IV, p. 31-32.
(1585) LARENZ, Karl. *Metodologia da ciência do direito*, p. 661.

Capítulo 15

Sentença e Coisa Julgada

1. *Sentença*

No presente Capítulo é examinada, em primeiro lugar, a sentença, nos seus vários aspectos, dentre os quais o seu conceito, o seu conteúdo e os seus requisitos.

1.1. Conceito.

O juiz pratica vários atos no processo.

O art. 162 do CPC de 1973 dispõe que os atos do juiz consistirão em *sentenças, decisões interlocutórias* e *despachos*.

No entanto, existem atos do juiz que não constituem sentença, decisão interlocutória ou despacho, bastando lembrar, por exemplo, do interrogatório de testemunhas, que constitui *ato de instrução*.

Sentenças, decisões interlocutórias e despachos constituem atos que exigem uma tomada de posição do juiz quanto às pretensões a ele submetidas (sentença), aos incidentes processuais suscitados pelas partes (decisão interlocutória) ou ao impulso do processo (despacho). Estes atos contêm um *pronunciamento* do juiz, de natureza decisória (sentença e decisão interlocutória) ou não (despacho).

Por essa razão, o CPC de 2015, no art. 203, dispõe que os *pronunciamentos* do juiz consistirão em sentenças, decisões interlocutórias e despachos.

Os pronunciamentos do juiz são classificados no CPC (1973 e 2015) a partir de seu conteúdo (pronunciamentos com conteúdo decisório — sentença e decisão interlocutória — e pronunciamento sem conteúdo decisório — despacho). Essa classificação é acolhida pela CLT, que se refere a *decisões definitivas* (arts. 832 e 893, *caput* e § 1º), *decisões interlocutórias* (art. 893, § 1º) e *despachos* (art. 712, *c*, por exemplo).

De acordo com o art. 162, § 1º, do CPC de 1973, sentença é o ato do juiz que *implica alguma das situações previstas nos arts. 267 e 269*, observando-se que o art. 267 trata das situações em que não haverá resolução de mérito e o art. 269 daquelas em que haverá resolução do mérito.

O CPC de 1973 também dispõe que a extinção da execução somente produz efeito quando declarada por sentença, o que significa que a execução é extinta por meio de *sentença*. Contudo, o conceito adotado no art. 162, § 1º, do CPC de 1973 não contempla esta modalidade de sentença.

O CPC de 2015, de acordo com o art. 203, § 1º, define sentença como o *pronunciamento por meio do qual o juiz, com fundamento nos arts. 485* (situações em que o juiz não resolverá o mérito) *e 487* (hipóteses em que o juiz resolverá o mérito), *põe fim à fase cognitiva do procedimento comum, ou por meio do qual o juiz extingue a execução.*

A sentença põe fim a uma fase do processo, vez que, proferida a sentença, as partes podem apresentar recurso, iniciando-se uma nova fase do processo, qual seja, a fase recursal. De outro lado, é por meio da sentença que o juiz extingue a execução.

Assim, *sentença é o pronunciamento por meio do qual o juiz põe fim a uma das fases do procedimento, resolvendo ou não o mérito, ou extingue o processo de execução.*

Note-se que, embora não se trate propriamente de pronunciamento do juiz que põe fim a uma fase do procedimento, o CPC de 2015 atribui a denominação de *sentença* também ao ato por meio do qual o juiz julga antecipadamente parte do mérito, nas hipóteses do art. 356, ou seja, quando um ou mais dos pedidos formulados ou parcela deles mostrar-se incontroverso ou estiver em condições de imediato julgamento, nos termos do art. 355.

A sentença é, destarte, o ato processual que contém a manifestação do Poder Judiciário sobre as pretensões que lhe são submetidas pelas partes, no exercício do direito de ação e de defesa.(1586) A sentença contém, portanto, a resposta do Poder Judiciário às pretensões que lhe são apresentadas pelas partes, podendo esta resposta se dar na forma de julgamento antecipado parcial do mérito. A sentença constitui, ainda, ato processual por meio do qual o juiz extingue a execução.

Anote-se que, como aduz Eduardo Couture, "como ato, a sentença é aquela que emana dos agentes da jurisdição e mediante a qual decidem a causa ou pontos submetidos ao seu conhecimento. Como documento, a sentença é a peça escrita, emanada do juiz, que contém o texto da decisão emitida".(1587)

Humberto Theodoro Júnior assevera que a sentença "contém um ato de inteligência, um ato lógico (um silogismo: premissa maior: a lei; premissa menor: os fatos; conclusão: acolhimento ou rejeição do pedido), mas nela também se encontra, e muito especialmente, um ato de vontade. Isto porque a sentença sempre conclui com uma ordem, uma decisão, um 'comando' (...). Funciona o juiz (...) como porta-voz da vontade concreta da lei frente ao conflito de interesses retratado no processo. Proferindo a sentença, o Estado-juiz emite uma ordem, que Carnelutti chama 'comando', e impregna a decisão do caráter de ato de vontade, vontade manifestada pelo julgador como órgão do Estado, diante daquilo que a lei exprime".(1588)

A sentença não cria direitos e obrigações, mas define as consequências jurídicas estabelecidas pela ordem jurídica para determinados fatos (a constituição, o impedimento à constituição, a extinção ou a modificação de direitos). O caráter criativo da sentença está na adequação das normas gerais e abstratas que compõem a ordem jurídica às particularidades do caso concreto.(1589)

1.2. Pronunciamento judicial decisório que não resolve o mérito da demanda.

O ideal é que o juiz resolva o mérito da demanda, definindo os direitos e as obrigações das partes. Tanto isto é verdade que, de acordo com o art. 488 do CPC de 2015, "desde que possível, o juiz resolverá o mérito sempre que a decisão for favorável à parte a quem aproveitaria o pronunciamento nos termos do art. 485", ou seja, pronunciamento sem exame do mérito, o que alcança o direito processual do trabalho que, como já foi visto, tem entre os seus princípios o favorecimento ao julgamento do mérito da demanda.

Situações existem, no entanto, que impedem a resolução do mérito da demanda por parte do juiz.

Com efeito, não haverá resolução do mérito, de acordo com o art. 267 do CPC de 1973, quando:

(1586) Recebe a denominação de acórdão o julgamento proferido pelos tribunais (art. 163 do CPC).

(1587) *Fundamentos del derecho procesal civil*, p. 277.

(1588) *Curso de direito processual civil*, v. III, p. 453.

(1589) Como se verá mais adiante, a sentença que julga dissídio coletivo de natureza econômica possui natureza normativa (daí se falar em *sentença normativa*), o que implica que cria direitos e as obrigações que lhes sejam correspondentes.

a) o juiz indeferir a petição inicial;[(1590)]

b) o processo ficar parado durante mais de um ano por negligência das partes (a negativa da resolução do mérito sob esse fundamento somente poderá ocorrer se o ato ou diligência exigido do autor for relevante para o julgamento do mérito, o réu requerer a extinção do processo e depois que o autor, intimado pessoalmente, não suprir a falta em 48 horas ou no prazo estipulado pelo juiz — art. 267, § 1º, do CPC de 1973);

c) por não promover atos e diligências que lhe competir, o autor abandonar a causa por mais de trinta dias (a negativa da resolução do mérito sob esse fundamento pressupõe requerimento do réu, que o ato ou diligência seja relevante para o julgamento da lide e a prévia intimação pessoal do autor para suprir a falta em 48 horas ou no prazo que lhe for assinalado pelo juiz — art. 267, § 1º, do CPC);

d) for verificada a ausência de pressupostos de constituição e de desenvolvimento válido e regular do processo;

e) o juiz acolher a alegação de perempção, litispendência ou coisa julgada;

f) não concorrer qualquer das condições de ação;

g) o autor desistir da ação;

h) a ação for considerada intransmissível por disposição legal;

i) ocorrer confusão entre autor e réu.

De outro lado, não haverá resolução de mérito, *de acordo com o art. 485 do CPC de 2015*, quando:

a) indeferir a petição inicial;

b) o processo ficar parado durante mais de um ano por negligência das partes (a negativa da resolução do mérito sob esse fundamento depende, como ocorre também sob a égide do CPC de 1973, da relevância do ato ou diligência exigido do autor para o julgamento do mérito, de requerimento do réu e da prévia intimação do autor para suprir a falta em *cinco dias* (o prazo foi elastecido pelo CPC de 2015) ou no prazo estipulado pelo juiz — art. 485, § 1º);

c) por não promover os atos e as diligências que lhe incumbir, o autor abandonar a causa por mais de trinta dias (a negativa da resolução do mérito sob esse fundamento pressupõe requerimento do réu, que o ato ou a diligência seja relevante para o julgamento da lide e a prévia intimação pessoal do autor para suprir a falta em cinco dias ou no prazo que lhe for assinalado pelo juiz — art. 485, § 1º);

d) verificar a ausência de pressupostos de constituição e de desenvolvimento válido e regular do processo;

e) reconhecer a existência de perempção, de litispendência ou de coisa julgada;[(1591)]

f) verificar a ausência de legitimidade ou de interesse processual;

g) acolher a alegação de existência de convenção de arbitragem ou o juiz arbitral reconhecer sua competência;

h) homologar a desistência da ação;

i) em caso de morte da parte, a ação for considerada intransmissível por disposição legal;

j) nos demais casos previstos no Código de Processo Civil.

(1590) A jurisdição é uma atividade provocada. Antes de examinar o mérito, ao juiz cumpre verificar a regularidade da provocação da jurisdição e processo instaurado por força desta provocação.

(1591) O CPC de 1973 fala em acolhimento de alegação do réu, o que não se justifica, na medida em que o juiz pode reconhecer a existência de perempção, de litispendência ou de coisa julgada de ofício.

Também não haverá resolução do mérito quando a reclamação for arquivada em razão da ausência do reclamante na audiência ou do não atendimento dos requisitos próprios da petição inicial no processo sujeito ao procedimento sumaríssimo (arts. 844 e 852-B, § 1º, da CLT).

Nas hipóteses referidas, o juiz declara existir impedimento à resolução do mérito. Assim, a sentença será declaratória de impossibilidade de resolução do mérito.

O CPC de 1973 dispõe que, não havendo resolução do mérito, o autor poderá ajuizar de novo a ação, salvo se tiver sido reconhecida a existência de perempção, de litispendência ou de coisa julgada (art. 268 do CPC), o que é aplicável no processo do trabalho, exceto em relação ao condicionamento do processamento da nova ação à comprovação do pagamento das custas e honorários advocatícios relativas à primeira ação, vez que o direito processual do trabalho adota, como princípio, a facilitação do acesso à justiça, o que é prejudicado pela citada exigência.

O CPC de 2015 estabelece, no art. 486, que o pronunciamento judicial que não revolve o mérito não obsta que a parte proponha de novo a ação, acrescentando, ainda, que no caso de extinção em razão da litispendência e indeferimento da petição inicial, ausência de pressuposto processual, inexistência de legitimidade, inexistência de interesse processual e convenção de arbitragem, a propositura de nova ação depende da correção do vício que levou à sentença sem resolução do mérito (art. 486, *caput* e § 1º).[1592] Pelo que resulta da interpretação deste dispositivo legal, a ação somente não poderá ser novamente proposta no caso de perempção e coisa julgada. O CPC de 2015 também condiciona o processamento da segunda ação ao pagamento ou depósito das custas e dos honorários de advogado (art. 486, § 2º), exigência que não é compatível com o direito processual do trabalho, pelos motivos já expostos.

No processo do trabalho, a perempção é apenas temporária (arts. 731 e 732 da CLT). Assim, ultrapassado o espaço de tempo em que a parte está impedida de ajuizar demanda perante a Justiça do Trabalho, poderá ela retornar ao Judiciário com a mesma pretensão.

1.3. Pronunciamento judicial decisório que resolve o mérito da demanda.

Haverá resolução do mérito, de acordo com o art. 269 do CPC de 1973, quando: o juiz acolher ou rejeitar o pedido do autor;[1593] o réu reconhecer a procedência do pedido; as partes transigirem; o juiz pronunciar a decadência ou prescrição; o autor renunciar ao direito sobre que se funda a ação.

No CPC de 2015 é estabelecido, no art. 487, que haverá resolução do mérito quando o juiz:

a) acolher ou rejeitar o pedido formulado na ação ou na reconvenção;[1594]

b) decidir, de ofício ou a requerimento, sobre a ocorrência de decadência ou prescrição;[1595]

c) homologar: o reconhecimento da procedência do pedido formulado na ação ou na reconvenção; transação;[1596] renúncia à pretensão formulada na ação ou na reconvenção.

1.4. Classificação da sentença.

Considerando o seu conteúdo, a sentença pode ser *terminativa* ou *definitiva*. A sentença que declara a impossibilidade de resolução do mérito diz-se *terminativa*.[1597] A sentença que julga o mérito da demanda é

(1592) A exigência de afastamento do vício que levou ao proferimento de decisão declaratória da impossibilidade de jugar o mérito não é expressa no CPC de 1973, mas deve também ser exigida durante a sua égide.

(1593) A sentença que afirma não existir a relação de emprego alegada na petição inicial é de mérito e não declaratória de impossibilidade de resolução do mérito em razão de ilegitimidade ativa, vez que, nela, a pretensão de declaração de existência da relação de emprego é julgada. Do contrário, ter-se-á que admitir que somente pode pleitear o reconhecimento da relação de emprego aquele que seja empregado, ou seja, que somente tem ação quem tem direito.

(1594) A reconvenção é uma ação. Logo, no seu julgamento é proferida sentença.

(1595) A autorização para a declaração da ocorrência de prescrição de ofício consta do art. 219, § 5º, do CPC de 1973. Este tema foi examinado quando tratamos da prescrição trabalhista.

(1596) Nem todo acordo corresponde a uma transação. Por essa razão, haverá provimento do mérito também quando for homologado acordo (art. 831, parágrafo único, da CLT).

(1597) Esta sentença é também denominada *sentença processual*.

denominada *definitiva* (a sentença *define* a vontade da lei para o caso concreto ou, dito de outra forma, *define* o direito e as obrigações das partes).

Contudo, essa classificação não é válida para a interpretação do art. 893, § 1º, da CLT, que, indicando os atos sujeitos a recurso no processo do trabalho, faz referência à *decisão definitiva* apenas para extremá-la daquela que resolve no curso do processo questão incidente, isto é, da *decisão interlocutória*.

Cândido Rangel Dinamarco afirma que existem "quatro espécies de sentença no processo civil brasileiro: a) as que, examinando a causa, concluem pela procedência, improcedência ou procedência parcial da demanda, sendo, pois, sentenças de mérito (arts. 459 e 469, inc. I); b) as que se pronunciam sobre decadência, que o Código quis colocar como tema de mérito; c) as que se limitam a homologar o reconhecimento do pedido, a transação ou a renúncia ao direito; d) as terminativas, que extinguem o processo sem julgar-lhe o mérito. As três primeiras hipóteses são reunidas pelo Código de Processo Civil em uma categoria só (sentenças de mérito)".(1598)

Cândido Rangel Dinamarco denomina *sentença de mérito por assimilação* aquela em que o juiz homologa atos de disposição de direitos pelas partes (reconhecimento do pedido, transação ou renúncia), sendo por ele acrescentado que "homologar não é decidir a causa, mas conferir efeito de ato jurisdicional a um ato de outra natureza. Quando as partes realizam um desses atos de disposição, elas estão criando um regramento para seus interesses, não o juiz".(1599) O CPC de 1973 define as situações em que ocorrerá a *resolução* do mérito e não o seu *julgamento*, o que é mais adequado, na medida em que não existe julgamento propriamente dito quando a sentença é meramente homologatória.

Tendo em vista o tipo de tutela pretendida pelo autor, as sentenças são classificadas em declaratórias, constitutivas e condenatórias (*classificação trinária*). A sentença será: *declaratória* quando apenas declara a existência ou inexistência da relação jurídica ou a autenticidade ou falsidade de documento, por exemplo; *constitutiva*, quando cria, modifica ou extingue uma relação jurídica; *condenatória*, quando impõe uma obrigação ao reclamado, formando título executivo.

A esse rol são acrescidas as *sentenças mandamentais* e *executivas "lato sensu"*, o que conduz à *classificação quinaria das sentenças. Sentença mandamental* é aquela em que o juiz emite uma ordem a ser cumprida pelo demandado, sob pena de multa, que lhe é transmitida mediante um mandado. Exemplo típico de sentença mandamental é a proferida em mandado de segurança (quando a segurança é concedida). *Sentença executiva lato sensu* é aquela que impõe uma obrigação cujo cumprimento pode ser exigido independentemente da instauração de processo de execução. É o que se dá, por exemplo, com a sentença que determina a reintegração do trabalhador no emprego.

Luiz Guilherme Marinoni assevera que "a sentença mandamental manda que se cumpra a prestação mediante o emprego de coerção indireta. Na ação condenatória são apenas criados os pressupostos para a execução forçada. Na sentença mandamental há ordem para que se cumpra; há um 'mandado' (...). Na sentença mandamental (...) há ordem de adimplemento que não é mera ordem, mas ordem atrelada à coerção indireta. A sentença que ordena mediante o emprego de coerção indireta já usa a força do Estado, ao passo que a sentença que condena apenas abre oportunidade para o uso da força (...). A essência da mandamentalidade está no mandamento, vale dizer, na ordem imposta mediante emprego de coerção (...). O provimento condenatório condena ao adimplemento, criando o pressuposto para a execução forçada, ao passo que o provimento mandamental ordena sob pena de multa (ou sob pena de prisão) (...). O que define a mandamentabilidade é a possibilidade de se requerer ordem sob pena de multa ou sob pena de prisão".(1600)

Acrescenta esse doutrinador que "a sentença executiva, como o próprio nome sugere, executa, não se limitando a criar o pressuposto para a execução (...). A sentença que decreta a reintegração de posse faz mais do que condenar; ela decreta a reintegração de posse. A sentença é executiva porque, uma vez proferida, autoriza a prática de atos executivos para a integral tutela do direito, sendo desnecessária a propositura de ação de execução pelo vencedor (...). Na hipótese de sentença executiva, a sentença não se limita a criar os

(1598) *Instituições de direito processual civil*, v. III, p. 653.
(1599) *Instituições de direito processual civil*, v. II, p. 489-490.
(1600) *Tutela inibitória*, p. 397-398.

pressupostos para que o vencedor possa propor a ação executiva, mas desde logo autoriza a prática do ato necessário para que o direito seja efetivamente tutelado".[1601]

Pontes de Miranda afirma que a sentença, quanto ao seu alcance, será: "a) sentença sobre o mérito, ou de mérito, ou sobre o fundo, e b) sentença sobre processualidade (sentenças que não julgam o mérito). Há sentença sobre o mérito quando se decide sobre a *res deducta*, sobre a relação jurídica que se controverte, sobre o objeto do pedido (...). Há sentença sobre o processual (...) quando só se decide quanto a algum ato jurídico processual, ou pontos de direito processual, ou sobre a própria relação processual, sem se atingir a relação controvertida".[1602]

O art. 325 do CPC de 1973 alude à *sentença incidente*, dispondo que, "contestando o réu o direito que constitui fundamento do pedido, o autor poderá requerer, no prazo de 10 dias, que sobre ele o juiz profira sentença incidente, se da declaração da existência ou da inexistência do direito depender, no todo ou em parte, o julgamento da lide". Note-se que o CPC de 2015 não repete esta disposição, mas, ao tratar da arguição de falsidade, estabelece que ela será resolvida como *questão incidental* ou *questão principal* (art. 430, parágrafo único) e deixa claro que o ato que a resolver será declaratório (art. 433), o que indica que, quando a falsidade for suscitada como questão incidental, será proferida sentença declaratória incidental ou sentença incidente.

1.5. Elementos essenciais.

A sentença, *quanto ao meio de expressão e aos termos adequados*, é um ato processual escrito em língua portuguesa (a sentença proferida oralmente em audiência deverá ser transcrita na ata respectiva) e, *quanto à forma em sentido estrito* (revestimento externo), um ato solene ou de forma vinculada.

A sentença deverá conter, de acordo com o art. 832 da CLT:

a) o nome das partes;

b) o resumo do pedido e da defesa: o resumo do pedido e da defesa consiste no *relatório*,[1603] no qual, além de resumir o pedido e a defesa, o juiz deverá registrar as principais ocorrências havidas no curso do processo (art. 458, I, do CPC de 1973 e art. 489, I, do CPC de 2015), observando-se que, nos processos sujeitos ao procedimento sumaríssimo, é dispensado o relatório (art. 852-I da CLT);[1604]

c) a apreciação da prova: o juiz deverá realizar o exame crítico das provas existentes dos autos, visando estabelecer a verdade dos fatos que servirá de fundamento da sentença (art. 469, II, do CPC de 1973 e art. 504, II, do CPC de 2015);

d) os fundamentos: nos fundamentos, o juiz resolverá as questões (pontos controvertidos) suscitadas pelas partes ou que deva enfrentar de ofício, definindo a norma abstrata que incide sobre os fatos considerados verdadeiros (norma correspondente ao suporte fático delineado pela prova) e a norma para o caso concreto (as consequências jurídicas decorrentes da incidência da norma abstrata sobre o suporte fático ou qualificação jurídica dos fatos).[1605]

(1601) *Tutela inibitória*, p. 401.

(1602) *Comentários ao Código de Processo Civil*, v. V, p. 58-59.

(1603) Embora o art. 832 da CLT não faça referência ao relatório, é dele que trata quando exige que da decisão conste o resumo do pedido e da defesa, conclusão que é reforçada pela previsão de que na sentença proferida em processo sujeito ao procedimento sumaríssimo é dispensado o *relatório* (art. 852-I da CLT).

(1604) O relatório contém, de forma resumida, a tese do autor e a antítese do réu, que conduzirão à síntese representada pela sentença.

(1605) Andrea Proto Pisani afirma que "a atividade lógico-cognitiva do juiz concerne: a) à individualização e à interpretação da hipótese legal abstrata sobre a qual se sustenta o direito deduzido em juízo pelo autor: é a *quaestio iuris*; b) ao acertamento da existência ou não do fato principal apontado como fato constitutivo, modificativo, impeditivo ou extintivo aos fins do direito deduzido: é a *quaestio facti*" (*Lezioni di diritto processuale civile*, p. 402). Aldo Attardi aduz que na atividade do juiz distinguem-se "um juízo de direito e um juízo de fato: o primeiro relativo à norma a aplicar-se aos fatos deduzidos no processo; o segundo sobre a existência dos fatos mesmos" (*Diritto processuale civile*, v. I, p. 89).

e) a conclusão ou o dispositivo: na conclusão ou no dispositivo, o juiz apontará a sua decisão sobre a demanda, respondendo ao pedido de tutela jurisdicional a ele submetido, a partir das razões apontadas na fundamentação (a conclusão e a fundamentação devem, portanto, estar em perfeita sintonia).

A conclusão ou o dispositivo constitui a "resposta do Estado-juiz à demanda do autor, seja para negar o direito deste ao provimento de mérito (sentenças terminativas), seja para conceder-lhe o provimento conforme o pedido (procedência de demanda), seja para impor-lhe um provimento de conteúdo adverso (improcedência), seja ainda para acolher em parte o pedido, rejeitando-o no mais (procedência parcial)".[(1606)]

O dispositivo "pode ser: a) direto, quando especifica a prestação imposta ao vencido (...); b) indireto, quando o juiz apenas se reporta ao pedido do autor para julgá-lo procedente ou improcedente".[(1607)]

O art. 832 da CLT estabelece os *elementos essenciais da sentença* e, ao fazê-lo, distingue a *análise da prova* e os *fundamentos*, o que não se justifica, na medida em que é nos fundamentos que o juiz resolverá as questões de fato suscitadas pelas partes, o que pressupõe a análise da prova.

Ainda de acordo com o art. 832 da CLT, a decisão deverá conter a definição:

1) do prazo e das condições para o cumprimento das obrigações impostas ao vencido, no caso de procedência do pedido (§ 1º);[(1608)]

2) das custas a serem pagas pela parte vencida (§ 2º);[(1609)]

3) da natureza jurídica das parcelas constantes da condenação e do limite de responsabilidade de cada parte pelo recolhimento da contribuição previdenciária sobre elas incidente (§ 3º).[(1610)]

A ausência, na sentença, de qualquer dos seus elementos essenciais, implica sua nulidade.

1.6. Requisitos internos da sentença.

A sentença deve atender a determinados *requisitos internos*, quais sejam:

a) *congruência:* o juiz deverá decidir a lide nos limites em que foi proposta (art. 832 da CLT, arts. 2º, 128 e 460 do CPC de 1973 e arts. 141 e 492 do CPC de 2015);

b) *clareza* e *precisão*: a decisão não deve gerar incertezas, mas definir com clareza e precisão os direitos e as obrigações das partes;[(1611)]

c) *exaustividade* ou *completude:* todas as questões relevantes suscitadas pelas partes que sejam relevantes para a solução da lide devem ser enfrentadas e decididas;[(1612)]

d) *coerência normativa:* a decisão deve respeitar as normas (regras e princípios) que compõem o ordenamento jurídico;[(1613)]

(1606) DINAMARCO, *Cândido Rangel. Instituições de direito processual civil*, v. III, p. 661-662.

(1607) THEODORO JÚNIOR, Humberto. *Curso de direito processual civil*, v. I, p. 568.

(1608) Impondo uma obrigação ao réu, o juiz fixará o prazo e as condições para o seu cumprimento.

(1609) No caso de condenação, deverá a esta ser atribuído valor (valor da condenação), para efeito de cálculo das custas e de definição do valor do depósito recursal.

(1610) O mesmo procedimento deve ser adotado na decisão homologatória de acordo.

(1611) Daí a razão pela qual as partes podem opor embargos de declaração no caso de a decisão ser contraditória ou obscura (art. 897-A da CLT, art. 535, I, do CPC de 1973 e art. 1.022, I, do CPC de 2015);

(1612) Por essa razão, as partes podem interpor embargos de declaração, no caso de omissão sobre ponto relevante para a decisão do litígio (art. 897-A da CLT e arts. 535, II, do CPC de 1973 e 1.022, II, do CPC de 2015). Anote-se que é corrente a afirmação de que o juiz não está obrigado a enfrentar todas as alegações das partes. Esta afirmação deve ser entendida no sentido de que o acolhimento de uma pretensão em razão de determinada alegação dispensa o exame das demais alegações em que se funda aquela pretensão. Ao juiz, como resulta do art. 515, § 2º, do CPC de 1973, é vedado deixar de examinar questões que tenham relevância para a solução do dissídio.

(1613) Por conta desta exigência, é lícita a interposição de recurso de revista no caso de violação literal de dispositivo de lei e contrariedade direta e frontal à Constituição da República, por exemplo (art. 896 da CLT). O respeito ao direito despersonaliza o

e) *coerência narrativa*: o juiz deverá fundamentar a sua decisão na prova constante dos autos (art. 832 da CLT, art. 131 do CPC de 1973 e art. 371 do CPC de 2015);[1614]

f) *adequação ao caso concreto:* na decisão devem ser respeitadas as especificidades do caso concreto (art. 852-I, § 1º, da CLT, arts. 131 do CPC de 1973 e 371 do CPC de 2015);[1615]

g) *coerência interpretativa*: este requisito tem relação com o *ideal de unanimidade* na definição judicial do significado das normas jurídicas e traduz a ideia segundo a qual o que é o direito em determinado momento é também definido pelos tribunais superiores.

Esta exigência se manifesta, por exemplo, na autorização para a interposição de recurso de revista na hipótese de divergência na interpretação da lei federal (art. 896, *a*, da CLT)[1616] e ganha especial relevo no CPC de 2015, com a determinação no sentido de que os tribunais devem uniformizar sua jurisprudência e mantê-la estável, íntegra e coerente (art. 926) e de que os juízes e os tribunais observarão: as decisões do STF em controle concentrado de constitucionalidade; os enunciados de súmula vinculante; os acórdãos em incidente de assunção de competência ou de resolução de demandas repetitivas e em julgamento de recursos extraordinário e especial repetitivos;[1617] os enunciados das súmulas do STF em matéria constitucional e do STJ em matéria infraconstitucional;[1618] as orientações do plenário ou do órgão especial aos quais estiverem vinculados (art. 927), observando-se que, segundo a Instrução Normativa n. 39/16 do TST, são aplicáveis no processo do trabalho os arts. 926 a 928 do CPC de 2015.

O respeito a estes requisitos garante a objetividade das decisões judiciais ou, dito de outra forma, opera contra o subjetivismo no julgamento dos conflitos submetidos ao Poder Judiciário.

Carlos Alberto da Mota Pinto adverte, tratando das decisões judiciais, que "o direito visa, na sua função de meio de disciplina social, realizar determinados valores, fundamentalmente a *certeza* dessa disciplina e a *segurança* da vida dos homens, por um lado, e 'retidão' ou 'razoabilidade' das soluções, por outro lado, abrangendo com estes termos (retidão, razoabilidade) a *justiça*, a *utilidade*, a *oportunidade* e a *exiguibilidade prática* (...). A realização dos referidos valores jurídicos, e, até, o respeito pelo legislador democraticamente eleito, reclamam *a verificação da máxima objetividade possível na aplicação do direito*. A existência de uma disciplina normativa — *de um dado momento objetivo* — anterior e exterior ao julgamento dos casos concretos é postulada, desde logo, pelos valores da *certeza e da segurança*, que implicam em larga medida *a calculabilidade do direito e a máxima garantia possível contra decisões judiciais imprevistas*. Não se esgota, porém, na busca necessária da certeza e da segurança a justificação da norma jurídica como um dado objetivo, que há de ser *ponto de partida* do juiz na sua valoração da situação concreta e *limite de legalidade* da solução que ele encontrou. Servir-se-á assim também, em muitos casos, a *retidão ou razoabilidade* das soluções, desde logo, porque nem sempre a entidade julgadora poderá abarcar, em sua exata extensão e valor, as razões de oportunidade ou conveniência prática que legitimam uma solução, nem aliás lhe cabe, constitucionalmente, definir o planeamento da vida e da ação coletivas".[1619]

---

julgamento. Sob este prisma, a fonte do direito é a norma jurídica e não o juiz.

(1614) Neil MacCormick aduz que a exigência de coerência normativa e narrativa "impõe um limite significativo sobre o que é aceitável como argumento para fundamentar conclusões jurídicas" (*Retórica e o estado de direito*, p. 330).

(1615) Este requisito remete à exigência de equidade. Ao juiz, como aduz Luigi Ferrajoli, é atribuído o poder de *conotação* ou de *compreensão equitativa*, o que não é estranho ao modelo processual garantista, com o qual não é incompatível, segundo esse doutrinador, "a presença de momentos valorativos" (*Direito e razão:* teoria do garantismo penal, p. 43).

(1616) A coerência interpretativa opera em favor da certeza e segurança quanto aos direitos e obrigações no contexto das relações sociais, valendo lembrar que, como assevera Luigi Ferrajoli, a interpretação "nunca é uma atividade exclusivamente recognitiva, mas é sempre fruto de uma escolha prática a respeito de hipóteses interpretativas alternativas" (*Direito e razão:* teoria do garantismo penal, p. 42).

(1617) Ao recurso especial corresponde, no processo do trabalho, o recurso de revista, com a ressalva de que o recurso de revista pode versar matéria constitucional.

(1618) No processo do trabalho, esta exigência diz respeito aos enunciados das súmulas do TST.

(1619) *Teoria geral do direito civil*, p. 26-27.

A par de atender a estes requisitos internos, o juiz não pode olvidar, ao proferir sentença, a sua função de garantidor do respeito à ordem jurídica.[1620]

1.7. Sentença como silogismo. Ordem a ser seguida, na sentença, para a solução das questões de fato e de direito suscitadas no processo. Fundamentação das decisões judiciais.

O ato de julgar é um ato complexo, valendo fazer referência, ainda que breve, ao silogismo como cerne do raciocínio judicial, à ordem a ser seguida na solução das questões de fato e de direito relevantes para o julgamento da demanda e a fundamentação das decisões judiciais.

1.7.1. A sentença, como juízo sobre o conflito de interesses submetido ao Poder Judiciário, é, em certa medida, redutível a um silogismo, que tem como *premissa maior* a norma jurídica, como *premissa menor* os fatos cuja veracidade tenha sido apurada no processo e, como *conclusão*, o resultado da aplicação da norma ao caso concreto e que traduzirá o direito no caso concreto.

A necessidade de definir intersubjetivamente o significado da norma jurídica, as dificuldades de apuração da veracidade dos fatos controversos, o recurso à jurisprudência e a circunstância de o fato participar da definição do significado da norma e vice-versa (*definição recíproca de significado*[1621]) não autorizam afirmar, de forma peremptória, que a sentença não contém, como cerne do raciocínio do juiz, um silogismo.

Com efeito, depois de ser definido o significado da norma (de forma intersubjetiva, levando em conta a jurisprudência e respeitando as particularidades fáticas do caso concreto) e estabelecida a verdade dos fatos controversos (a partir da prova existente dos autos, submetida à crítica pelas partes e pelo juiz), ter-se-ão duas premissas: o significado da norma jurídica e os fatos considerados verdadeiros.

Da crítica dos fatos provados à luz da norma jurídica resultará, como conclusão, a decisão do caso concreto.

É verdade que geralmente a sentença não alude à norma, passando do fato (trabalho em jornada superior à contratada, por exemplo) para a sua consequência jurídica (reconhecimento do direito ao recebimento de horas extras), mas isto não significa que aquele fato não foi qualificado juridicamente pelo juiz (a remuneração é deferida porque, à luz do ordenamento jurídico, o trabalho extraordinário deve ser remunerado pelo empregador).

Contudo, não se pode olvidar que, como aduz Riccardo Guastini, o silogismo "é somente o cerne do raciocínio judicial. As duas premissas constituem justificação da decisão (a chamada justificação 'interna'), porém habitualmente, também a escolha das premissas exige, por sua vez, justificação (a chamada justificação 'externa' ou metajustificação). A escolha das premissas, de fato, não é coisa óbvia: é o resultado de uma dupla série de decisões preliminares. Uma primeira série de decisões é necessária para estabelecer a premissa maior: estas decisões atendem à interpretação das fontes de direito e, eventualmente, dos precedentes. Uma segunda série de decisões é necessária para estabelecer a premissa menor: estas decisões atendem à avaliação da prova (...). Portanto, a decisão judicial requer a prévia solução de duas séries distintas de problemas: questão de direito (interpretação das fontes) e questões de fato (verificação dos fatos)".[1622]

(1620) Luigi Ferrajoli alude às garantias como mecanismos "direcionados a assegurar a máxima correspondência entre normatividade e efetividade da tutela dos direitos" (*Direito e razão:* teoria do garantismo penal, p. 21) e afirma que o *garantismo* nasceu como resposta ao desenvolvimento crescente desta diversidade (*Op. cit.*, p. 785). Para Luigi Ferrajoli, "a função garantista do direito em geral consiste na *minimização do poder*" e "a técnica desta minimização é aquela (...) da igual garantia e maximização dos direitos fundamentais, e da correlativa limitação e funcionalidade das situações jurídicas de poder (...). As leis emanadas sob a tutela de tais direitos limitam mais os poderes dos sujeitos mais fortes, em garantia das liberdades ou das expectativas dos sujeitos mais fracos. Assim, as leis da tutela do trabalho limitam os poderes dos patrões, ampliando correlativamente a liberdade e os direitos dos trabalhadores (...). A função garantista do direito consiste, em suma, na limitação dos poderes e correspondente aumento da liberdade."(*Op. cit.*, p. 857-858).

(1621) Riccardo Guastini aduz que a interpretação judicial dos textos normativos "é uma interpretação 'orientada para os fatos', já que o raciocínio judicial é sempre impulsionado por um preciso caso particular concreto: os juízes não se perguntam qual é o significado de um texto normativo 'em abstrato', mas se perguntam se um dado caso particular cai, ou não, dentro do campo de aplicação de uma certa norma" (*Das fontes às normas*, p. 74).

(1622) *Das fontes às normas*, p. 68-68.

1.7.2. Do exame dos arts. 267 e 269 do CPC de 1973 e dos arts. 485 e 487 do CPC de 2015 resulta que, na sentença, pode ser declarada a impossibilidade de resolução do mérito (situações apontadas pelo art. 267 do CPC de 1973 e pelo art. 485 do CPC de 2015) ou julgado o mérito (hipóteses do art. 269 e do art. 487 do CPC de 2015).

Dessa forma, o juiz deverá, ao proferir julgamento:

a) examinar a viabilidade de enfrentar o mérito;

b) não sendo o caso de declarar a impossibilidade de examinar o mérito, proferir decisão sobre ele.

De outro lado, o art. 301 do CPC de 1973 e o art. 337 do CPC de 2015, ao definir as matérias de defesa que o réu deve alegar antes de discutir o mérito, tornam certo que existem questões que devem ser solucionadas *previamente,* ou seja, antes do enfrentamento do mérito.

Não se pode olvidar, ainda, a existência de *questões prejudiciais,* isto é, de questões que devem ser enfrentadas antes do julgamento do mérito, *pelo fato de sobre ele terem influência.* À questão prejudicial fazem expressa referência aos arts. 469, III, e 470 do CPC de 1973 e o art. 503, § 1º, do CPC de 2015. Destarte, se o pedido do autor tem como fundamento a existência de determinado direito e a existência deste direito é questionada pelo réu, o exame da existência do direito que serve de fundamento ao pedido do autor deve ocorrer antes que se examine este pedido (o julgamento do mérito, neste caso, depende do exame da existência do direito que o autor afirma e o réu nega existir).

Existem, portanto, *questões prévias,* gênero do qual são espécies as *questões preliminares* e as *questões prejudiciais.*

A distinção entre estas duas espécies de questões prévias reside no fato de que o acolhimento da preliminar *impede* o provimento sobre o mérito, ao passo que o acolhimento da prejudicial *não impede,* mas apenas *prejudica* o exame do mérito.[1623]

Para Calmon de Passos, "*questão* é toda controvérsia que se constitui no bojo de um processo. Controvérsia a respeito de fato (questão de fato) ou relativa a direito (questão de direito) (...). Algumas destas questões de direito são chamadas *questões prévias,* porque sua decisão precede, sempre, a decisão sobre o mérito propriamente dito. Essas questões prévias, por sua vez, ou são *preliminares* ou são *prejudiciais.* Caracteriza-se como preliminar aquela que, uma vez acolhida, *obsta* prossiga o juiz na sua tarefa de julgar. Cessa, com a acolhida, o seu ofício. Exemplo: a legitimidade da parte, a prescrição. Já a prejudicial, acolhida ou não, *impõe* prossiga o juiz na sua tarefa de julgar, porque o que tenha concluído quanto a essa questão prévia influenciará o julgamento da questão prejudicada, sempre necessário. A decisão de prejudicial não obsta, como acontece com a preliminar. Ela influi, dá sentido e dá conteúdo à decisão da chamada questão prejudicada. Essa questão prejudicial (de mérito) diz o CPC (art. 469, III), será decidida incidentalmente, sem força de coisa julgada. Caso pretendam as partes que ela seja decidida *principaliter,* vale dizer, com força de coisa julgada, devem ser objeto de uma demanda incidental".[1624]

Vale anotar que Calmon de Passos inclui a prescrição entre as preliminares, considerando que o seu reconhecimento impede o julgamento de mérito. No entanto, o CPC dispõe que haverá resolução de mérito quando o juiz pronunciar a prescrição ou a decadência (art. 269, IV, do CPC de 1973 e art. 487, II, do CPC de 2015), o que permite afirmar que elas constituem *preliminares de mérito,* no sentido de que o juiz examinará, antes de julgar o mérito propriamente dito (os pedidos do autor), os efeitos do tempo sobre a pretensão de satisfação do direito objeto de disputa (prescrição) e sobre a subsistência do próprio direito (decadência). Com efeito, antes de examinar o pedido de confirmação da existência do direito ao recebimento de horas extras, por ex., o juiz deverá examinar a eficácia da pretensão à satisfação deste direito (prescrição), ao passo que, se o trabalhador é suspenso e o empregador propõe o inquérito para apuração de falta grave após

(1623) A questão é dita *prejudicial* porque prejudica (no sentido de que *condiciona ou influencia*) a decisão de outra questão (*questão prejudicada* ou *subordinada*).

(1624) *Comentários ao Código de Processo Civil,* v. III, p. 437-438.

ultrapassado o prazo de trinta dias, o juiz não examinará a ocorrência da falta grave e de seus efeitos sobre a relação de emprego, mas afirmará a extinção do direito à dispensa do trabalhador, ou seja, a decadência.

Realizados estes registros, cumpre observar que o art. 832 da CLT também fornece parâmetros para a definição da ordem a ser seguida no exame das questões suscitadas pelas partes, vez que dele resulta que o juiz deverá:

1) resumir o pedido e a defesa, o que corresponde à *fixação e individualização do objeto do conflito de interesses a ser solucionado;*

2) examinar as provas produzidas pelas partes e indicar a sua conclusão sobre a veracidade dos fatos alegados (*solução das questões de fato*);

3) fixar as consequências que o ordenamento jurídico atribui aos fatos provados (*solução das questões de direito*);

4) dar resposta às pretensões das partes (*conclusão* ou *dispositivo*).

Cumpre acrescentar que:

a) entre duas questões, de fato ou de direito, primeiro deve ser resolvida aquela cuja solução constitua pressuposto lógico do exame da outra;

b) no exame dos pedidos considerados uns em relação aos outros também existe uma ordem a ser observada. Assim é que, se for requerida a declaração de existência de relação de emprego e a condenação do reclamado ao pagamento de parcelas rescisórias, primeiro o juiz deverá verificar a existência da relação de emprego para, acolhendo a pretensão declaratória, examinar o pedido de pagamento de verbas rescisórias. Da mesma forma, no caso de terceirização de serviços, se houver pedido de condenação do empregador ao pagamento de determinadas parcelas e de reconhecimento da responsabilidade do tomador dos serviços pelo pagamento destas parcelas, primeiro deve ser examinada a existência dos créditos deduzidos e, somente depois, a responsabilidade pela sua satisfação, o mesmo ocorrendo quando se trate de impor responsabilidade a empresas do mesmo grupo econômico, ou seja, primeiro, deve ser verificada a existência de crédito e, posteriormente, definida a responsabilidade pela sua satisfação (esta ordem é fornecida, inclusive, pelo art. 832, § 3º, da CLT, do qual resulta que, definida a existência de crédito de natureza salarial, ou seja, sobre o qual incidem contribuições previdenciárias, o juiz deverá definir a responsabilidade pelo seu recolhimento).

De outro lado, embora os arts. 267 e 301 do CPC e também os arts. 485 e 337 do CPC de 2015 não a indiquem expressamente, deles resulta a seguinte *ordem de enfrentamento das questões preliminares*:

1) existência ou nulidade da citação (*pressuposto processual de existência da relação jurídica processual*);

2) competência do juízo, regularidade da petição inicial, capacidade da parte, regularidade da representação da parte e perempção (*pressupostos processuais de validade da relação jurídica processual*);[1625]

3) situação estranha ao processo que impede o julgamento do mérito, tais como litispendência e coisa julgada (*pressupostos processuais negativos*);

4) o atendimento das condições de ação (CPC de 1973) e verificação da existência de legitimidade e de interesse processual (CPC de 2015).

Ultrapassado o exame das preliminares (questões de natureza processual), serão examinadas as questões prejudiciais e o mérito, *nesta ordem*.

(1625) O juiz somente pode se manifestar sobre o mérito quando a relação jurídica processual houver sido regularmente constituída com a citação do demandado. Calmon de Passos adota posicionamento diverso, afirmando que "só o juiz competente pode se pronunciar sobre a validade ou invalidade da citação (...). Só o juiz competente pode se pronunciar sobre a validade ou invalidade da relação processual e sobre a validade ou invalidade de qualquer ato do processo" (*Comentários ao Código de Processo Civil*, v. III, p. 288 e 291).

Ao julgar o mérito, o juiz deve examinar a ocorrência do fato constitutivo, impeditivo, extintivo e modificativo do direito deduzido, *nesta ordem*.[1626]

Como aduz Devis Echandía, "para que um direito nasça, se requer tanto a presença de fatos constitutivos como a ausência de fatos impeditivos e para que subsista, é necessário que concorram fatos extintivos", ao passo que "pode ocorrer que o demandado alegue somente que a pretensão apresenta certa modalidade menos prejudicial para ele, como uma distinta qualidade do contrato ou da obrigação que, se lhe imputada, vale dizer que persiga modificá-la, mas não desconhecê-la ou extingui-la. Outras vezes o demandado afirma a existência de fatos que não se opõem ao nascimento do direito nem produzem a sua extinção, mas que se limitam a paralisar seu exercício por algum tempo".[1627]

1.7.3. A Constituição dispõe, no art. 93, IX, que as decisões proferidas pelos órgãos do Poder Judiciário serão fundamentadas, sob pena de nulidade.

Isto significa que as partes têm o *direito à fundamentação das decisões judiciais*.

Além de expressamente reconhecido no art. 93, IX, da Constituição, o direito à fundamentação das decisões judiciais constitui um corolário do direito ao devido processo constitucional e legal e uma manifestação do Estado Democrático de Direito, compondo, ainda, o complexo de direitos que conformam o *processo justo*.[1628]

A hipótese é de *direito fundamental processual*, que decorre dos princípios de direito processual adotados pela Constituição (art. 5º, § 2º, da Constituição), e, ainda, de *direito humano processual*, como tal reconhecido, por exemplo, no art. X da Declaração Universal dos Direitos Humanos, dispositivo no qual a fundamentação apresenta-se como corolário do direito ao justo processo e uma das formas de sua manifestação, que é a publicidade do processo judicial, entendida a publicidade no seu sentido mais amplo, ou seja, para também englobar a ciência das razões de decidir na fixação dos direitos e deveres das partes.[1629]

Ao direito das partes à fundamentação das decisões judiciais corresponde, para o juiz, o *dever de proferir decisões fundamentadas*. A fundamentação das decisões judiciais participa da legitimação da atuação do Poder Judiciário e serve de remédio contra decisões judiciais arbitrárias.

Estabelecida a existência do direito à fundamentação e do dever de fundamentar, cumpre definir as funções da fundamentação, como condição para precisar o conteúdo do direito e do dever já assinalados.

A fundamentação das decisões possui:

a) função *endoprocessual*, na medida em que é a ciência das razões de decidir que permite às partes e às instâncias superiores exercer o controle das decisões judiciais (a fundamentação é que torna possível o *controle interno das decisões judiciais*);

b) *função extraprocessual*, posto que a fundamentação garante a possibilidade de controle da atividade jurisdicional pela sociedade (a fundamentação permite o *controle externo das decisões judiciais*);

(1626) Convencido de que não foi produzida prova do fato gerador do direito afirmado pelo autor, o juiz está dispensado de verificar a existência dos fatos impeditivos, modificativos ou extintivos que tenham sido afirmados pelo réu na defesa.

(1627) *Teoría generale del proceso*, p. 230.

(1628) Entende-se por *processo justo* aquele ao qual se tem acesso fácil e simplificado e que se desenvolve, também de forma simplificada, publicamente, perante juiz previamente apontado como competente, independente e imparcial, em que sejam respeitados o direito das partes ao pleno exercício, com liberdade e em simétrica paridade, do contraditório e da ampla defesa e que seja informado pela finalidade de, em tempo razoável e sem dilações indevidas, com o menor dispêndio econômico possível e de forma fundamentada, concretizar o direito atribuído e garantido pelas normas constitutivas do ordenamento jurídico democraticamente instituído.

(1629) Estabelece o art. X da Declaração Universal dos Direitos Humanos que "Toda pessoa tem direito, em plena igualdade, a uma audiência justa e pública por parte de um Tribunal independente e imparcial, para decidir sobre seus direitos e deveres ou o fundamento de qualquer acusação criminal contra ela". O direito à fundamentação das decisões judiciais compõe o *mínimo existencial processual* estabelecido pelas normas de Direito Internacional dos Direitos Humanos e pela Constituição. O conceito e o conteúdo do *mínimo existencial processual* foram examinados com mais profundidade em nosso *Elementos da teoria geral da prova:* a prova como direito humano e fundamental das partes do processo judicial. São Paulo: LTr, 2013.

c) função a um só tempo *endo e extraprocessual*, que é a de contribuir para a formação da jurisprudência e dos precedentes, e, com isto, para a definição do que constitui direito em determinadas situações fático-jurídicas, condição em que atua como orientação para as relações sociais. Esta função é realçada pelo CPC de 2015, que atribui especial atenção aos precedentes.(1630)

A Constituição impõe a fundamentação das decisões judicias, mas não define o alcance e o significado dos fundamentos.

A CLT também inclui a fundamentação entre os requisitos essenciais da decisão judicial (art. 832, *caput*).

Na busca de parâmetros fornecidos pelo direito processual do trabalho para aferir o cumprimento do mandamento constitucional de fundamentação das decisões judiciais, nos deparamos com o art. 897-A da CLT, que, admitindo a interposição de embargos de declaração na hipótese de obscuridade, contradição ou omissão, fornece um valioso indicativo do conteúdo necessário da fundamentação: ela deve ser *clara* e *precisa*, isto é, definir, com clareza e precisão, as razões que levaram ao estabelecimento dos direitos e das obrigações das partes, e, ainda, ser *completa*, no sentido de não ser omissa em relação a ponto ou questão sobre o qual deveria pronunciar-se o juiz diante da sua relevância sobre a solução da demanda.

A completude da fundamentação é também estabelecida pelo art. 852-I da CLT, segundo o qual a sentença mencionará os *elementos de convicção do juiz*, o que significa que devem ser apontadas na decisão *todas* as razões de decidir do juiz, o que constitui, inclusive, uma exigência da publicidade dos atos processuais decisórios. Assim, a completude da fundamentação significa a ausência de omissão quanto a ponto ou questão relevante para a decisão do conflito de interesses submetido ao Poder Judiciário e o esclarecimento de todas as razões de decidir do juiz.

A esta altura, pode ser afirmado que, no processo do trabalho, a fundamentação deverá conter as razões de decidir em relação às questões de fato e de direito, suscitadas pelas partes ou apreciáveis de ofício, e que estas razões de decidir devem ser *claras, precisas* e *completas*.

A CLT dá um passo adiante, quando, no art. 895, § 1º, IV, estabelece que o acórdão, no caso de a sentença proferida no procedimento sumaríssimo ser confirmada, consistirá unicamente na certidão de julgamento, com a indicação *suficiente* das razões de decidir do voto prevalente.

Destarte, a CLT exige a *suficiência* da fundamentação. Portanto, a fundamentação deve conter, *de forma suficiente*, as razões de decidir do juiz.

No entanto, não se pode olvidar que o direito processual do trabalho prima pela *concisão*, como o demonstram, na CLT, o art. 840, § 1º (segundo o qual a petição inicial deverá conter um *breve* relato dos fatos de que resulte), o art. 852-I (que dispensa o relatório nas sentenças proferidas no procedimento sumaríssimo) e o art. 895, § 1º, IV (que estabelece, em relação ao julgamento de recurso ordinário concernente ao procedimento sumaríssimo, que, se a sentença for confirmada pelos seus próprios fundamentos, a certidão de julgamento, registrando tal circunstância, servirá de acórdão), por exemplo.(1631)

(1630) Não se confundem *jurisprudência, súmula* e *precedentes*. A jurisprudência é formada, nos tribunais, por meio de reiteradas decisões em um mesmo sentido. A *súmula* contém o enunciado correspondente à jurisprudência predominante no tribunal que a edita. O *precedente* corresponde aos fundamentos, fáticos e jurídicos, determinantes da decisão. Os tribunais devem uniformizar a sua jurisprudência, cujo enunciado pode ser traduzido em uma súmula. No entanto, apenas os tribunais superiores criam precedentes. Registre-se, ainda, que o art. 927, III, do CPC de 2015 estabeleceu uma espécie de *jurisprudência vinculante*, que é a traduzida pelos acórdãos proferidos em incidente de assunção de competência, incidente de resolução de demandas repetitivas e julgamento de recursos repetitivos. O art. 927, III, do CPC de 2015 torna obrigatório o respeito aos precedentes surgidos das técnicas adotadas pelo CPC para a sua criação, quais sejam, incidente de assunção de competência, incidente de resolução de demandas repetitivas e julgamento de recursos repetitivos.

(1631) O CPC de 1973, no art. 165, estabelece que as decisões interlocutórias serão fundamentadas, ainda que de modo *conciso*, o que não foi repetido no CPC de 2015, que, ao contrário, define o conteúdo e alcance da fundamentação de forma única, ou seja, que alcançam tanto a sentença quanto a decisão interlocutória (art. 489, § 1º). O direito processual do trabalho, como foi acima demonstrado, prima pela concisão dos atos processuais. Assim, enquanto no CPC de 2015 é exigida *fundamentação exaustiva*, no direito processual do trabalho o que se exige é *fundamentação suficiente* e *concisa*.

Nesta perspectiva, é lícito concluir que, no processo do trabalho, a fundamentação deve conter, *de forma clara, precisa, completa, suficiente e concisa*, as razões de decidir do juiz sobre as questões, de fato e de direito, enfrentadas na decisão.

Existe outro parâmetro para aferir a suficiência da fundamentação das decisões proferidas pelos órgãos da Justiça do Trabalho, que é inferida do art. 794 da CLT, segundo o qual, nos processos sujeitos à apreciação da Justiça do Trabalho, só haverá nulidade quando resultar dos atos inquinados *manifesto prejuízo às partes litigantes*. Sob este prisma e considerando as suas funções acima definidas, a fundamentação será *suficiente* quando permitir o *controle interno e externo da decisão*. Não se olvide que não há nulidade quando o ato processual, em que pese não atender a todos os seus requisitos de eficácia jurídica, atende à finalidade a que se destina (*princípio da instrumentalidade das formas*).

De outro lado, cumpre recordar que, no direito processual do trabalho, eventual contrariedade a súmula, jurisprudência ou precedente não é causa de nulidade, como deixa claro o art. 896, alínea *a* e § 10, da CLT, quando autoriza a interposição de recurso de revista na hipótese de contrariedade a súmula, *inclusive vinculante*, e divergência jurisprudencial.

Importa acrescentar, por fim, a exigência de *adequação da decisão ao caso concreto*, constante do art. 852-I, § 1º, da CLT, que deixa clara a restrição do direito processual do trabalho às *decisões genéricas*.

Como assinala Michele Taruffo, o respeito aos precedentes e à jurisprudência está inserido no debate entre o *universalismo jurídico*, fundado "essencialmente sobre a ideia de que existem regras gerais destinadas a serem aplicadas de forma uniforme pelos tribunais, e que a respectiva decisão se justifica apenas se o caso particular que é objeto da decisão pode ser 'subsumido' em uma norma geral que deve se aplicar do mesmo modo em todos os casos iguais ou semelhantes" e que "se refere à justiça como a correta interpretação dos dispositivos normativos, ou seja, aquela que se poderia chamar 'justiça da norma' identificada de modo autoritativo, possivelmente vinculante, com as formulações gerais, da parte dos órgãos de vértice do sistema judiciário", e o *particularismo jurídico*, segundo o qual a decisão não é "fruto da aplicação mecânica das normas gerais, e, ao invés, a aplicação da norma não pode ser feita sem a referência à complexidade do caso particular sobre o qual se refere a decisão" e que se refere à "'justiça da decisão', relativa ao singular caso concreto, ou seja, à justiça substancial em que o juiz relaciona as normas às situações reais e efetivas, vistas em todos os seus aspectos relevantes, que são objeto de decisão".[1632]

Sob este prisma, o direito processual do trabalho, considerando a exigência de adequação da decisão ao caso concreto, optou pelo *particularismo jurídico*.

Em suma, a CLT exige que a fundamentação seja *clara, precisa, completa, suficiente, concisa* e *adequada ao caso concreto*, considera insuficiente a fundamentação que cause manifesto prejuízo à possibilidade do controle interno e externo da decisão judicial e afasta a possibilidade de equiparar o fato de o juiz deixar de aplicar súmula, jurisprudência ou procedente à ausência de fundamentação. Destarte, *não há* omissão do direito processual do trabalho, quanto aos parâmetros para aferir o cumprimento do mandamento constitucional de fundamentação das decisões judiciais.

Vale abrir um parêntese para esclarecer o conteúdo e alcance da fundamentação das decisões judiciais no direito processual civil.

O CPC de 1973 trata dos requisitos essenciais da sentença no art. 458, incluindo dentre eles os fundamentos, esclarecendo que, neles, o juiz analisará as questões de fato e de direito, o que é repetido no art. 489, II, do CPC de 2015.

O CPC de 2015 reitera, expressamente, a exigência de fundamentação das decisões judicias (art. 11: "Todos os julgamentos dos órgãos do Poder Judiciário serão públicos, e fundamentadas todas as decisões, sob pena de nulidade") e indica que ela deve ser clara e precisa (art. 298).

(1632) As funções da uniformidade e justiça das cortes supremas, palestra proferida no *I Colóquio Brasil-Itália de Direito Processual Civil*, realizado em São Paulo em agosto de 2014.

O CPC (de 1973 e de 2015), ao tratar dos embargos de declaração, também define as situações de deficiência de fundamentação, apontando no sentido de que ela deve ser, além de clara, precisa e completa.

No entanto, o CPC de 2015 foi muito além, estabelecendo, no art. 489, § 1º, as situações de *ausência de fundamentação*, cuja consequência é a nulidade da decisão.

Com efeito, dispõe o art. 489, § 1º, do CPC de 2015 que *não se considera fundamentada* a decisão judicial, seja ela interlocutória, sentença ou acórdão, que:

I — se limitar à indicação, à reprodução ou à paráfrase de ato normativo, sem explicar sua relação com a causa ou a questão decidida. Cumpre ao juiz, sob este prisma, proceder à individualização dos atos normativos aplicados na solução das questões de fato e de direito enfrentadas na decisão, ou, dito de outra forma, demonstrar a pertinência dos atos normativos invocados na decisão com a causa ou a questão decidida;

II — empregar conceitos jurídicos indeterminados sem explicar o motivo concreto de sua incidência no caso;

III — invocar motivos que se prestariam a justificar qualquer outra decisão. Do juiz é exigido que adote razões de decidir (motivos) que atendam às especificidades do caso concreto;

IV — não enfrentar todos os argumentos deduzidos no processo capazes de, em tese, infirmar a conclusão adotada pelo julgador. Sob este enfoque, cabe ao juiz enfrentar todos os argumentos deduzidos pelas partes, inclusive aqueles que, ainda que somente em tese, serviriam para infirmar as suas conclusões (este inciso diz respeito à fundamentação na hipótese de criação de precedentes);

V — se limitar a invocar precedente ou enunciado de súmula, sem identificar seus fundamentos determinantes nem demonstrar que o caso sob julgamento se ajusta àqueles fundamentos (este inciso diz respeito à fundamentação na hipótese de decisão fundada em precedentes ou súmula). Ao invocar um precedente ou súmula como razão de decidir, o juiz deve identificar os seus fundamentos fáticos e jurídicos determinantes e demonstrar a sua pertinência ao caso concreto, ou, dito de outra forma, demonstrar *a inexistência de distinção* entre aqueles fundamentos e o caso concreto (art. 489, § 2º, do CPC de 2015);[1633]

VI — deixar de seguir enunciado de súmula, jurisprudência ou precedente invocado pela parte sem demonstrar a existência de distinção no caso em julgamento ou a superação do entendimento. Ao juiz é vedado deixar de seguir súmula, jurisprudência ou precedente invocado pelas partes sem demostrar a *existência de distinção* entre os seus fundamentados determinantes e o caso concreto (*distinguishing*) ou a sua *superação* (*overruling*), assim como deixar de se manifestar tese firmada em julgamento de casos repetitivos ou em incidente de assunção de competência aplicável ao caso em julgamento (art. 1.022, parágrafo único, I, do CPC de 2015).[1634]

(1633) Por força desta previsão legal, os tribunais devem apontar nas suas decisões, preferencialmente nas respectivas ementas, os fundamentos fáticos e jurídicos determinantes de suas decisões, o que decorre do fato de a fundamentação estar diretamente relacionada, no CPC de 2015, com a criação de precedentes, o que significa que a fundamentação se dirige à definição da norma para o caso concreto e, ainda, para a criação de uma orientação paras a decisão de casos futuros.

(1634) A *jurisprudência* referida no citado comando legal é aquela representada pelos acórdãos proferidos em incidente de assunção de competência ou de resolução de demandas repetitivas e em julgamento de recursos repetitivos e não a *jurisprudência* traduzida por decisões reiteradas de um tribunal no mesmo sentido, como permite afirmar o art. 927, III, do CPC de 2015, que ordena a observância daquele e não desta. Anote-se que: a) o *incidente de assunção de competência* é regulado pelo art. 947 do CPC de 2015, sendo admissível quando o julgamento de recurso, de remessa necessária ou de processo de competência originária envolver relevante questão de direito, com grande repercussão social, sem repetição em múltiplos processos e, por força da sua instauração, o recurso será julgado pelo órgão colegiado que o regimento interno do tribunal definir, vinculando o acórdão proferido todos os juízes e órgãos fracionários, exceto se houver revisão de tese (este incidente já era previsto no CPC de 1973, como se vê do seu art. 555, § 1º); b) o *incidente de julgamento de demandas repetitivas* é disciplinado nos arts. 976 a 987 do CPC de 2015 e constitui procedimento de julgamento de causas repetitivas de competência dos tribunais (não dos tribunais superiores, como decorre do art. 976, § 4º, de acordo com o qual o incidente não será instaurado quando um dos *tribunais superiores* já tiver afetado recurso para definição de tese sobre a questão de direito material ou processual repetitiva). Neste caso, o órgão colegiado incumbido de julgar o incidente e de fixar a tese jurídica julgará igualmente o re-

Nota-se, assim, que, tanto no direito processual do trabalho quanto no direito processual civil, a fundamentação deve ser clara, precisa e completa e ser adequada ao caso concreto, mas o primeiro faz opção pela *fundamentação suficiente* e *concisa*, enquanto o segundo exige a *fundamentação exaustiva*.

À luz do que foi dito e considerando que o art. 769 da CLT não foi revogado pelo art. 15 do CPC de 2015 e que estes dois dispositivos legais são *complementares*, é lícito concluir que:

a) as decisões proferidas pelos órgãos da Justiça do Trabalho devem ser fundamentadas, visto que também no contexto do processo do trabalho a fundamentação das decisões constitui direito das partes e dever do juiz;

b) a CLT estabelece que a fundamentação deve ser *clara, precisa, completa, suficiente, concisa* e *adequada ao caso concreto*, considera insuficiente somente a fundamentação que cause manifesto prejuízo à possibilidade de controle interno e externo das decisões judiciais e afasta a possibilidade de equiparar o fato de o juiz deixar de aplicar súmula, jurisprudência ou procedente à ausência de fundamentação.

Não há omissão do direito processual do trabalho, no que comporta ao alcance e significado da fundamentação, a ser suprida por meio do recurso ao art. 489, § 1º, da CLT. No entanto, este fato não significa que o direito processual do trabalho e o direito processual civil não podem dialogar entre si, visando encontrar o ponto de equilíbrio entre a *fundamentação suficiente* e *concisa*, imposta pelo direito processual do trabalho, e a *fundamentação exaustiva*, exigida pelo direito processual civil.

De qualquer forma, cumpre observar que:

a) não há necessidade de explicar a pertinência do ato normativo invocado na decisão como razão de decidir com o caso concreto quando ela não houver sido objeto de controvérsia entre as partes;

b) o juiz não está obrigado a mencionar, a cada questão de direito enfrentada, os atos normativos em que sustenta a sua decisão, valendo lembrar, por exemplo, a hipótese de decisão em que, reconhecida a identidade de função e a ausência de fatos impeditivos, extintivos ou modificativos do direito à equiparação salarial, o autor tem reconhecido o direito às diferenças salariais por ele pleiteadas, situação em que não há necessidade de expressa referência ao art. 461 da CLT como ato normativo que autoriza a conclusão do juiz;

c) não havendo controvérsia sobre o sentido do conceito jurídico indeterminado invocado no debate entre as partes e na decisão, não há necessidade de explicitá-lo na decisão;

d) desde que a decisão seja adequada ao caso concreto, não há nulidade pelo fato da possibilidade de as razões de decidir nela invocadas serem passíveis de utilização em demandas similares. Aliás, a valorização dos precedentes demonstra que uma mesma razão de decidir pode ser utilizada em vários processos, desde que eles versem sobre a mesma situação fática e jurídica;

e) ao juiz é lícito enfrentar apenas os *argumentos principais* (argumentos capazes de, por si só, determinar o acolhimento ou a rejeição de uma pretensão), não sendo razoável examinar argumentos que

curso, a remessa obrigatória ou o processo de competência originária de onde se originou o incidente. Julgado o incidente, a tese jurídica será aplicada a todos os processos individuais ou coletivos que versem sobre idêntica questão de direito e que tramitem na área de jurisdição do respectivo tribunal e aos casos futuros que versem idêntica questão de direito e que venham a tramitar no território de competência do tribunal, salvo se ocorrer a sua revisão; c) do *julgamento de recursos repetitivos* tratam os arts. 1.036 a 1.041 do CPC de 2015, sendo relevante observar que: a) decididos os recursos afetados, os órgãos colegiados declararão prejudicados os demais recursos versando sobre idêntica controvérsia ou os decidirão aplicando a tese firmada; b) publicado o acórdão paradigma, o presidente ou vice-presidente do tribunal de origem negará seguimento aos recursos sobrestados na origem, se o acórdão recorrido coincidir com a orientação do tribunal superior; c) o órgão colegiado que proferiu o acórdão recorrido, na origem, reexaminará o processo de competência originária, a remessa obrigatória ou o recurso anteriormente julgado, se o acórdão recorrido contrariar a orientação do tribunal superior; d) os processos suspensos em primeiro e segundo graus de jurisdição retomarão o curso para julgamento e aplicação da tese firmada no tribunal superior (o julgamento de recursos repetitivos já era previsto no CPC de 1973, como se vê do seu art. 543-B). Estes incidentes e o julgamento de recursos repetitivos constituem *técnicas de criação de precedentes*. Observe que, segundo a Instrução Normativa n. 39/16 do TST, são aplicáveis no processo do trabalho os arts. 926 a 928 do CPC de 2015 (art. 3º, XXV).

apenas em tese permitiram infirmar a conclusão adotada quando outros existem que, *concretamente*, são suficientes para justificá-la;[1635]

f) a referência a precedentes e súmulas de domínio comum dispensa a identificação, na decisão, dos seus fundamentos determinantes, notadamente quando aqueles forem autoexplicativos ou não exista controvérsia entre as partes sobre a pertinência de seus fundamentos determinantes com o caso concreto;

g) a imposição da obrigação de respeito a *súmula, jurisprudência* ou *precedente* invocado pela parte afronta a Constituição da República, que somente atribuiu caráter vinculante a determinadas súmulas do STF (*súmula vinculante*), cuja edição atende, inclusive, a rígidos requisitos (art. 103-A da Constituição da República).[1636] Ademais, se as partes já debateram sobre a súmula, jurisprudência ou precedente invocado por uma delas ou levado ao debate pelo juiz, a este é lícito, optando pela sua aplicação, apenas indicá-lo na decisão;[1637]

h) o art. 927, § 1º, do CPC de 2015 determina a observância dos arts. 10 e 489, § 1º, somente quando os juízes e tribunais decidirem com base no art. 927.

De qualquer forma, não podem ser confundidas *ausência de fundamentação* com *fundamentação não convincente*, vez que o direito à fundamentação das decisões judicias não comporta o direito ao seu acerto e, notadamente no direito processual do trabalho, com *fundamentação concisa*, ou seja, fundamentação em que, embora de forma concisa, sejam enfrentadas todas as questões relevantes para a resolução do conflito de interesses submetido ao Poder Judiciário.

O formalismo exagerado em relação às exigências apontadas no art. 489, § 1º, do CPC de 2015 pode conduzir ao formalismo, também exagerado, na exigência de cumprimento, pelas partes, dos itens I, II, V e VI do art. 489, § 1º, do CPC de 2015, em prejuízo aos princípios da facilitação do acesso à justiça, da simplificação de formas e procedimentos e do favorecimento do julgamento do mérito da demanda ou da satisfação do crédito objeto da execução.

A afirmação da suficiência do direito processual do trabalho em relação à fundamentação das decisões judiciais não implica relegar a segundo plano o diálogo entre as partes e entre estas e o juiz, o que não impede considerar que o diálogo não vale por si mesmo, mas em razão da sua seriedade e transparência e da sua contribuição para a participação útil das partes na construção da decisão a cujos efeitos estarão

(1635) Aliás, o CPC de 2015 deixa claro, no art. 1.013, §§ 1º e 2º, que *não há nulidade* quando o juiz não examina todas as questões suscitadas e discutidas no processo ou todos os fundamentos do pedido e da defesa. Se a hipótese fosse de nulidade, ao tribunal caberia anular a decisão e determinar o seu retorno à instância de origem. É relevante anotar, inclusive, que, nas hipóteses dos §§ 1º e 2º do art. 1.013 do CPC de 2015, sequer há necessidade de interposição de recurso (independente ou adesivo) pela parte vencedora, como condição do exame de questão ou fundamento não examinado pela instância superior, posto que a hipótese é de devolução automática (*ex vi legis*) do seu exame a esta instância. Somente quando determinado pedido não foi examinado é que há necessidade de apresentação de recurso pelo vencedor (a devolução automática acima referida diz respeito a questão e fundamento não enfrentado).

(1636) De acordo com o art. 489, § 1º, VI, do CPC de 2015, o juiz somente está autorizado a deixar de seguir súmula, jurisprudência ou precedente quando demonstrar a existência de *distinção* com o caso concreto ou a *superação* do entendimento pelo tribunal que o adotou ou por tribunal superior (somente quem cria o precedente pode superá-lo, a partir, inclusive, de fundamentação adequada e específica, consoante o art. 927, § 4º, do CPC de 2015), o que está em sintonia com o art. 927, também do CPC de 2013, segundo o qual os *juízes* e *tribunais observarão*: a) decisões do STF em controle concentrado de constitucionalidade. Note-se que as decisões proferidas pelo STF em controle concentrado de constitucionalidade possuem eficácia contra todos e efeito vinculante relativamente *aos demais órgãos do Poder Judiciário*, nos termos do art. 102, § 2º, da Constituição da República, o que significa que o inciso I do art. 927 do CPC de 2015 somente pode estar se referindo aos precedentes representados pelos fundamentos, fáticos e jurídicos, determinantes da decisão — *ratio decidendi* ou *holding* — proferida pelo STF ao realizar o controle concentrado de constitucionalidade. Estes precedentes passam a vincular, por força do art. 927, I, também o STF, o que é reforçado pelo inciso V do mesmo dispositivo legal; a) súmulas vinculantes; b) acórdãos em Incidentes de Assunção de Competência (IAC) ou de Incidente de Resolução de Demandas Repetitivas (IRDR) e em julgamento de recursos extraordinário e especial repetitivos; c) súmulas do STF e matéria constitucional e do STJ em matéria infraconstitucional; d) orientação do plenário ou do órgão especial aos quais estiverem vinculados, o que, pelas razões já expostas, é de constitucionalidade discutível.

(1637) Note-se que o texto legal em destaque alude, genericamente, à *jurisprudência*, sem esclarecer se se trata da jurisprudência que se manifesta na forma do art. 927 do CPC de 2015.

sujeitas e a plena realização do direito a uma tutela adequada, efetiva e tempestiva, notadamente quando se trate da realização prática de direitos humanos e fundamentais. Também no processo do trabalho não pode ser desconsiderada a necessidade de diálogo com a sociedade, notadamente porque a decisão de um caso concreto pode resultar na criação de precedentes a serem observados em casos futuros (esta possibilidade exige a mais ampla participação de terceiros no processo, o que justifica, inclusive, a publicidade de que trata o art. 927, § 2º, do CPC de 2015).

Cumpre registrar que o art. 3º, IX, da Instrução Normativa n. 39/2016 do TST prevê ser aplicável no processo do trabalho o art. 485, § 7º do CPC de 2015, o que, evidentemente, só se aplica ao recurso ordinário. Esta Instrução dispõe, no art. 15, que o atendimento da exigência legal de fundamentação das decisões judiciais no processo do trabalho observará o seguinte:

"I — por força dos arts. 332 e 927 do CPC, adaptados ao processo do trabalho, para efeito dos incisos V e VI do § 1º do art. 498 considera-se 'precedente' apenas:

a) acórdão proferido pelo Supremo Tribunal Federal ou pelo Tribunal Superior do Trabalho em julgamento de recursos repetitivos (CLT, art. 896-B; CPC, art. 1046, § 4º);

b) entendimento firmado em incidente de resolução de demandas repetitivas ou de assunção de competência;

c) decisão do Supremo Tribunal Federal em controle concentrado de constitucionalidade;

d) tese jurídica prevalecente em Tribunal Regional do Trabalho e não conflitante com súmula ou orientação jurisprudencial do Tribunal Superior do Trabalho (CLT, art. 896, § 6º);

e) decisão do plenário, do órgão especial ou da seção especializada competente para uniformizar a jurisprudência do tribunal a que o juiz estiver vinculado ou do Tribunal Superior do Trabalho.

II — para os fins do art. 489, § 1º, incisos V e VI, do CPC, considerar-se-ão unicamente os precedentes referidos no item anterior, súmula do Supremo Tribunal Federal, orientação jurisprudencial e súmula do Tribunal Superior do Trabalho, súmula do Tribunal Regional do Trabalho não conflitante com súmula ou orientação jurisprudencial do TST, que contenham explícita referência aos fundamentos determinantes da decisão (*ratio decidendi*).

III — não ofende o art. 489, § 1º, inciso IV do CPC a decisão que deixar de apreciar questão cujo exame haja fixado prejudicado em razão da análise anterior de questão subordinante.

IV — o art. 489, § 1º, IV, do CPC não obriga o juiz ou o Tribunal a enfrentar os fundamentos jurídicos invocados pela parte, quando já tenham sido examinados na formação dos precedentes obrigatórios ou nos fundamentos determinantes de enunciado de súmula.

V — decisão que aplica tese jurídica firmada em precedente, nos termos do item I, não precisa enfrentar os fundamentos já analisados na decisão paradigma, sendo suficiente, para fins do atendimento das exigências constantes no art. 489, § 1º, do CPC, a correlação fática e jurídica entre o caso concreto e aquele apreciado no incidente de solução concentrada.

VI — é ônus da parte, para os fins do disposto no art. 489, § 1º, V e VI, do CPC, identificar os fundamentos determinantes ou demonstrar a existência de distinção no caso em que julgamento ou a superação do entendimento, sempre que invocar precedente ou enunciado de súmula."

1.8. Limites à manifestação do juiz. Tutela específica de obrigação de fazer e de não fazer. Fatos supervenientes.

1.8.1. A jurisdição é uma atividade provocada (o juiz somente prestará a tutela jurisdicional requerida, não podendo exercer a jurisdição ou atuar a lei de ofício: sem autor não há juiz) e limitada (o juiz prestará a tutela jurisdicional nos limites em que foi pleiteada).

Com isso: a) nenhum juiz prestará a tutela jurisdicional senão quando a parte ou o interessado a requerer, nos casos e forma legal (art. 2º do CPC de 1973 e art. 141 do CPC de 2015); b) a lide deverá ser decidida nos limites em que foi proposta, sendo vedado ao juiz conhecer de questões não suscitadas a cujo respeito a lei exige a iniciativa da parte (art. 128 do CPC de 1973, art. 141 do CPC de 2015 e art. 832 da CLT); c) é defeso ao juiz proferir sentença, a favor do autor, de natureza diversa da pedida, bem como condenar o réu em quantidade superior ou em objeto diverso do que lhe foi demandado (art. 460 do CPC de 1973, art. 492 do CPC de 2015 e art. 832 da CLT).[1638]

Em feliz síntese, afirma Humberto Theodoro Júnior que "o pedido é a condição e o limite da prestação jurisdicional, de maneira que a sentença, como resposta ao pedido, não pode ficar aquém das questões por ele suscitadas (decisão *citra petita*) nem se situar fora delas (decisão *extra petita*), nem tampouco ir além delas (decisão *ultra petita*)".[1639]

1.8.2. Estabelece o art. 461, *caput*, do CPC de 1973, que, "na ação que tenha por objeto o cumprimento de obrigação de fazer ou não fazer, o juiz concederá a tutela específica da obrigação ou, se procedente o pedido, determinará providências que assegurem o resultado prático equivalente ao do adimplemento".

No mesmo sentido, dispõe o art. 497 do CPC de 2015 que, "na ação que tenha por objeto a prestação de fazer ou de não fazer, o juiz, se procedente o pedido, concederá a tutela específica ou determinará providências que assegurem a obtenção de tutela pelo resultado equivalente".[1640]

O CPC de 2015 acrescenta que, para a concessão da tutela específica destinada a inibir a prática, a reiteração ou a continuação, ou a sua remoção, é irrelevante a demonstração da ocorrência de dano ou da existência de dolo ou culpa (art. 497, parágrafo único). Este disposto acaba definindo as condições para o deferimento da denominada *tutela inibitória*.

De outro lado, de acordo com o art. 461, § 1º, do CPC de 1973, "a obrigação somente se converterá em perdas e danos se o autor o requerer ou se impossível a tutela específica ou a obtenção do resultado prático equivalente". No CPC de 2015, o art. 499 prevê que "a obrigação somente será convertida em perdas e danos se o autor o requerer ou se impossível a tutela específica ou a obtenção de tutela pelo resultado prático equivalente". Com isto, fica clara a *excepcionalidade da conversão da obrigação em perdas e danos*.

O pagamento da indenização por perdas e danos, se for o caso, não isenta o devedor da obrigação de pagar a multa fixada para compelir o réu a cumprir a sua obrigação (art. 461, § 2º, do CPC de 1973 e arts. 500 e 537 do CPC de 2015). O pagamento da indenização, portanto, não isenta o réu do dever de pagar a multa estabelecida. A finalidade da multa é constranger o devedor a cumprir a sua obrigação. Se a obrigação não é cumprida, o réu deverá pagar a indenização das perdas e danos e a multa estipulada. Anote-se que no CPC de 1973 é feita referência, no art. 461, § 2º, à ausência de prejuízo da *multa*, ao passo que, no CPC de 2015 (art. 500), é previsto que não haverá prejuízo da *multa fixada periodicamente*, o que decorre do fato de o CPC de 2015 autorizar a imposição de multa fixa, periódica ou progressiva (art. 537).

A referência à *multa* decorre da autorização, conferida ao juiz, para determinar, de ofício ou a requerimento do credor, das medidas adequadas a assegurar a tutela específica da obrigação ou o resultado prático equivalente ao do adimplemento. Dentre estas medidas está a imposição de multa (art. 461, § 5º, do CPC de 1973).

(1638) Prevalece, no processo do trabalho, o princípio dispositivo, o que significa que: a instauração do processo depende da iniciativa de uma das partes do conflito de interesses; as partes é que indicarão os fatos que formarão o objeto do litígio, definindo, com isto, o conteúdo da decisão judicial; as partes podem pôr fim ao processo, por meio de transação, por exemplo.

(1639) *Curso de direito processual civil*, v. I, p. 574.

(1640) A comparação entre os dois textos normativos deixa claro que não ocorreu alteração substancial na disciplina da questão. As distinções são apenas de redação: o CPC de 1973 faz referência a *ação que tenha por objeto o cumprimento de obrigação de fazer ou não fazer*, ao passo que o CPC de 2015 alude a *ação que tenha por objeto a prestação de fazer ou de não fazer*; o CPC de 1973 dispõe que o juiz determinará providências que *assegurem o resultado prático equivalente ao adimplemento*, que corresponde, no CPC de 2015, *a providências que assegurem a obtenção de tutela pelo resultado equivalente*. Anote-se que a Instrução Normativa n. 39/2016 do TST prevê, no art. 3º, XI, que é aplicável no processo do trabalho os arts. 497 a 501 do CPC de 2015.

O juiz poderá, de ofício ou a requerimento, modificar o valor ou a periodicidade da multa vincenda, caso verifique que se tornou insuficiente ou excessiva (art. 461, § 6º, do CPC de 1973 e art. 537, § 1º, I, do CPC de 2015). O CPC de 2015 também autoriza a revisão do valor da multa no caso de o obrigado demonstrar cumprimento parcial superveniente da obrigação ou justa causa para o descumprimento (art. 537, § 1º, II, do CPC de 2015).

A multa pode ser aplicada na fase de conhecimento, em tutela provisória ou na sentença, ou na fase de execução (art. 644 do CPC de 1973 e art. 537 do CPC de 2015). A multa é devida desde o dia em que se configure o descumprimento da decisão e incidirá enquanto não for cumprida a decisão que a tiver cominado (art. 537, § 4º, do CPC de 2015). A decisão que fixa a multa é passível de cumprimento provisório, devendo ela ser depositada em juízo, permitido o levantamento após o trânsito em julgado da sentença favorável à parte (art. 537, § 3º, do CPC de 2015).

1.8.3. No curso do processo podem ocorrer fatos que tenham influência no julgamento da lide.

Atento a esta possibilidade, dispõe o art. 462 do CPC de 1973 que, "se, depois da propositura da ação, algum fato constitutivo, modificativo ou extintivo do direito influir no julgamento da lide, caberá ao juiz tomá-lo em consideração, de ofício ou a requerimento da parte, no momento de proferir a sentença". O CPC de 2015 estabelece, no art. 493, que, "se, depois da propositura da ação, algum fato constitutivo, modificativo ou extintivo do direito influir no julgamento da lide, caberá ao juiz tomá-lo em consideração, de ofício ou a requerimento da parte, no momento de proferir a decisão".

Trata-se, portanto, de fatos ocorridos depois da propositura da ação que tenham influência no julgamento da lide, na medida em que constituem, modificam ou extinguem o direito objeto de disputa.

Neste sentido, se um fato superveniente à propositura da ação tornar inexistente o interesse de agir (*ausência superveniente de interesse de agir*), o juiz não resolverá o mérito (o interesse de agir deve subsistir até o momento do julgamento da demanda).

Registre-se que, por força dos princípios do contraditório e da ampla defesa, não podem ser levados em conta na decisão fatos supervenientes sobre as quais as partes não tiveram oportunidade de se manifestar, o que é expresso no CPC de 2015, consoante consta do art. 493, § 1º.

A propósito, tem-se a Súmula n. 394 do TST, na sua atual redação: "O art. 493 do CPC de 2015 (art. 462 do CPC de 1973), que admite a invocação de ato constitutivo, modificativo ou extintivo do direito, superveniente à propositura da ação, é aplicável de ofício aos processos em curso em qualquer instância trabalhista. Cumpre ao juiz ou tribunal ouvir as partes sobre o fato novo antes de decidir".

1.9. Intimação das partes.

A sentença será proferida na própria audiência (arts. 849, 850 e 852 da CLT) ou no prazo de dez dias (arts. 189 e 456 do CPC de 1973[(1641)]). Com a entrada em vigor do CPC de 2015, o prazo para o proferimento da sentença passa a ser de 30 dias (art. 366).

Proferida a decisão em audiência, as partes presentes serão dela intimadas (arts. 834 e 852 da CLT).

Se o juiz encerra a instrução e designa audiência para a publicação da decisão (integração da decisão aos autos), as partes, se presentes, serão intimadas da decisão nessa audiência (arts. 834 e 852 da CLT), ao passo que as partes ausentes se consideram intimadas na data da audiência (Súmula n. 197 do TST).

Quando a sentença for proferida fora da audiência sem prévia intimação das partes em relação à data de sua publicação, as partes deverão ser intimadas via postal (art. 774 da CLT).

Segundo o art. 851, § 2º, da CLT, proferida a sentença em audiência, a ata respectiva poderá ser juntada aos autos em 48 horas, hipótese em que o prazo recursal é contado a partir da data da audiência. Contudo,

---

(1641) "Encerrado o debate ou oferecidos os memoriais, o juiz proferirá a sentença desde logo ou no prazo de dez dias."

quando a ata contendo a sentença é juntada aos autos depois de ultrapassado o prazo de 48 horas, as partes devem ser intimadas da decisão, via postal, contando-se o prazo recursal dessa intimação (Súmula n. 30 do TST).[1642]

1.10. Alteração da decisão pelo juiz após a sua publicação.

Publicada a sentença, o juiz somente poderá alterá-la:

a) para corrigir-lhe, de ofício ou a requerimento, inexatidões materiais ou erros de cálculo (arts. 833 e 897-A, § 1º, da CLT, art. 463, I, do CPC de 1973 e art. 494, I, do CPC de 2015);

b) no julgamento de embargos de declaração (art. 897-A da CLT, art. 463, II, do CPC de 1973 e art. 494, II, do CPC de 2015);

c) quando tiver sido indeferida a petição inicial e o autor apresentar recurso ordinário em que demonstre não ser o caso de indeferimento da petição inicial (arts. 296 do CPC de 1973 e 331 do CPC de 2015). Esta última possibilidade atende ao princípio da economia processual, vez que evita a remessa dos autos à superior instância quando o juiz for convencido de que a petição inicial não deveria ter sido indeferida;

d) quando na decisão não for examinado o mérito e o juiz retratar-se por força da interposição de recurso ordinário. Anote-se que o art. 3º, VIII, da Instrução Normativa n. 39/2016 do TST prevê ser aplicável no processo do trabalho o art. 485, § 7º, do CPC de 2015, o que, evidentemente, só se aplica ao recurso ordinário. Trata-se de medida que está em sintonia com a celeridade, a economia processual e o favorecimento do julgamento do mérito.

A CLT e o CPC estabelecem, nos citados textos normativos, exceções ao *princípio da invariabilidade da sentença publicada.*

1.1. Hipoteca judiciária.

Dispõe o art. 466, *caput*, do CPC de 1973 que "a sentença que condenar o réu no pagamento de uma prestação, consistente em dinheiro ou em coisa, valerá como título constitutivo de hipoteca judiciária, cuja inscrição será ordenada pelo juiz na forma prescrita na Lei de Registros Públicos". Já o art. 495 do CPC de 2015 estabelece que "a decisão que condenar o réu no pagamento de uma prestação consistente em dinheiro ou a que determinar a conversão de prestação de fazer, de não fazer ou de dar coisa em prestação pecuniária valerão como título constitutivo de hipoteca judiciária".

De acordo com o parágrafo único do art. 466 do CPC de 1973 e o art. 495, § 1º, do CPC de 2015, a decisão *produz a hipoteca judiciária.*

A hipoteca é, assim, de *efeito secundário* ou *anexo* da sentença condenatória,[1643] que lhe é atribuído pela própria lei, isto é, que se produzirá independentemente de pedido da parte ou da vontade do juiz.

Prevê o art. 466, parágrafo único, do CPC de 1973, que a sentença condenatória produz a hipoteca judiciária: a) embora a condenação seja genérica; b) pendente arresto de bens do devedor; c) ainda quando o credor possa promover a execução provisória da sentença. No CPC de 2015 é previsto, no art. 495, § 1º, que a decisão produz a hipoteca judiciária: a) embora a condenação seja genérica; b) ainda que o credor possa promover a execução provisória da sentença ou esteja pendente arresto de bem do devedor; c) mesmo que impugnada por recurso dotado de efeito suspensivo.

(1642) A situação prevista no art. 851, § 1º, da CLT e objeto da Súmula n. 30 do TST dificilmente ocorrerá na prática, posto que normalmente a ata de audiência é imediatamente juntada aos autos. Observe-se que, mesmo que a ata seja juntada em 48 horas, contadas da audiência, as partes podem ser prejudicadas, notadamente na interposição de embargos de declaração. Com efeito, sendo o prazo para apresentar embargos de declaração de apenas cinco dias, as partes somente teriam acesso à ata contendo a decisão 48 horas após a realização da audiência, o que significa que teriam menor espaço de tempo para examinar a decisão e verificar a existência de vício que exija a interposição daquele recurso.

(1643) A sentença tem como efeitos principais a condenação, a declaração ou a Constituição.

Pontes de Miranda, após afirmar que a hipoteca é *efeito anexo da sentença* e que sua inscrição constitui dever do juiz, esclarece que ela "é *plus* — cria o vínculo real, de modo que, na execução imediata ou mediata, está o vencedor munido de direito de sequela, que não tinha. Daí resulta que os bens gravados por ela podem ser executados como se a dívida fosse de coisa certa, ainda se em poder de terceiro, que os haja adquirido sem fraude à execução. Não há boa-fé em tal aquisição, porque a hipoteca judiciária opera como qualquer outra hipoteca. Nada tem tal direito com o de se buscar à execução o bem alienado em fraude de execução; a hipoteca judiciária grava o bem desde que se registrou e independentemente de haver execução, que se fraude (...). Fundamento da hipoteca judiciária, no direito brasileiro, é permitir-se que o vencedor da ação não vá, desde logo, às medidas constritivas cautelares ou de execução (arresto, penhora), alargamento os credores do condenado ou diminuindo-lhes, com tais medidas judiciais, o crédito. Aguarda-se melhor momento para a execução. Por outro lado, pode munir de garantia o vencedor, antes de se julgar em último grau a ação, e o arresto não impediria que o condenado contraísse outras dívidas. Ressalta, assim, a função econômica e jurídica da hipoteca judiciária".[1644]

O CPC de 1973 prevê que a inscrição da hipoteca *será ordenada* pelo juiz na forma prevista na Lei de Registros Públicos (art. 466).

O CPC de 2015 tratou desta questão de forma mais detalhada, estabelecendo, no art. 495, §§ 2º a 5º, que:

a) a hipoteca judiciária poderá ser realizada mediante a apresentação de cópia da sentença perante o cartório de registro imobiliário, *independentemente de ordem judicial, de declaração expressa do juiz* ou *de demonstração de urgência;*

b) no prazo de até 15 dias, contados da data da realização da hipoteca, a parte informá-la-á ao juízo da causa, que determinará a intimação da outra parte para que tome ciência do ato;

c) a hipoteca judiciária, uma vez constituída, implicará, para o credor hipotecário, o direito de preferência, quanto ao pagamento, em relação a outros credores, observada a prioridade no registro;

d) sobrevindo a reforma ou a invalidação da decisão que impôs o pagamento de quantia, a parte responderá, independentemente de culpa, pelos danos que a outra parte tiver sofrido em razão da constituição da garantia, devendo o valor da indenização ser liquidado e executado nos próprios autos.

O direito processual do trabalho tem como princípios fundamentais a facilitação da satisfação do direito assegurado em título executivo e a máxima eficácia das decisões judiciais, sendo relevante mencionar, ainda, que a execução trabalhista envolve, como regra, créditos de natureza alimentar, o que torna o art. 466, *caput* e parágrafo único, do CPC de 1973 e o art. 495, § 1º, do CPC de 2015 compatíveis com o direito processual do trabalho, o que foi reconhecido no art. 17 da Instrução Normativa n. 16/2016 do TST, consoante o seu art. 17, *in verbis:* "sem prejuízo da inclusão do devedor no Banco Nacional de Devedores Trabalhistas (CLT, art. 642-A), aplicam-se à execução trabalhista as normas dos arts. 495, 517 e 782, §§ 3º, 4º e 5º do CPC, que tratam respectivamente da hipoteca judiciária, do protesto de decisão judicial e da inclusão do nome do executado em cadastros de inadimplentes".

A hipoteca judiciária tem a função de garantir a satisfação do credor. Contudo, se a satisfação do crédito já foi integralmente garantida pelo depósito recursal, não há que se falar em hipoteca, sob pena de exigir do devedor dupla garantia em relação à mesma obrigação.

1.12. Cumprimento do acordo ou decisão. Do cumprimento de sentença.

No acordo e na decisão que concluir pela procedência do pedido deverão constar o prazo e as condições para o seu cumprimento (arts. 832, § 1º, e 846, §§ 1º e 2º, da CLT).

(1644) *Comentários ao Código de Processo Civil*, v. V, p. 88-89.

O cumprimento do acordo ou da decisão far-se-á no prazo e condições estabelecidos (art. 835 da CLT), considerando-se em mora o devedor que não cumprir a sua obrigação no tempo, lugar e forma estabelecidos (art. 394 do Código Civil). No acordo as partes podem estabelecer que aquela que deixar de cumpri-lo ficará obrigada a satisfazer integralmente o pedido ou pagar uma indenização convencionada, sem prejuízo do cumprimento do acordo (art. 846, § 2º, da CLT).

O CPC de 2015 dispõe sobre o julgamento das ações relativas à prestação de fazer, de não fazer e de entregar coisa nos arts. 497 a 501 e, sobre o cumprimento de sentença que reconheça a exigibilidade de obrigação de fazer, de não fazer e de entregar coisa, nos arts. 536 a 538. Optou-se por examinar estes temas no Capítulo reservado à execução, pela sua estreita relação com a satisfação de crédito reconhecido em decisão judicial.

2. *A legitimidade das decisões judiciais no Estado Democrático de Direito*

O Estado Democrático de Direito resulta da conjugação dos princípios do *Estado de Direito* (submissão do Estado ao ordenamento jurídico, como garantia de realização dos direitos por ele reconhecidos, especialmente os de natureza fundamental) e da *democracia* (direito do povo à sua autodeterminação — ordem jurídica como resultado de decisões livremente tomadas pelo povo[1645]) como princípios estruturantes da ordem jurídica.[1646]

O Estado Democrático de Direito tem como característica essencial a criação das normas jurídicas pelos seus destinatários, isto é, a construção participada da ordem jurídica. Nesse sentido, estabelece o art. 1º, parágrafo único, da Constituição de 1988 que todo poder emana do povo. Entende-se por poder a possibilidade de definir "normas de conduta dos indivíduos nas suas relações entre si ou com a coletividade (...) e em determinar a ação do grupo, nas relações com outras coletividades e com os próprios membros".[1647]

Contudo, no verdadeiro Estado Democrático de Direito não é suficiente a construção participada das normas jurídicas (*democracia no processo legislativo*). Nele, o processo judicial, como instrumento voltado à realização concreta dos direitos assegurados pela ordem jurídica, deve estar em sintonia com os princípios adotados constitucionalmente, dos quais decorre o direito fundamental de participação na tomada de decisões. Por essa razão, também a norma jurídica concreta — a norma regente do caso submetido ao Poder Judiciário ou o direito no caso concreto — deve ser construída com a participação dos destinatários dos seus efeitos — construção participada da decisão judicial ou do direito no caso concreto (*democracia no processual* ou *processo democrático*).

A *participação* das partes na formação do direito no caso concreto opera em favor da consolidação do Estado Democrático de Direito, vez que ser senhor do próprio destino é participar não só da criação, mas também da aplicação das normas jurídicas aos casos concretos.

Por outro lado, ao assegurar o amplo acesso à justiça, o contraditório, a ampla defesa, o direito à prova, o julgamento público e realizado por juiz competente, independente e imparcial, e tornar obrigatória a fundamentação das decisões judiciais, a Constituição de 1988 atribuiu ao processo um perfil que assegura

(1645) A democracia, segundo Ernest Wolfgang Böckenförde, "responde à pergunta de quem é portador e titular do poder que exerce o domínio estatal (...); e, portanto, se refere à formação, à legitimação e ao controle dos órgãos que exercem o poder organizado do Estado e que levam a cabo as tarefas a ele atribuídas. É assim um princípio configurador do caráter orgânico e formal" (*Estudios sobre el estado de derecho y la democracia*, p. 119).

(1646) "A democracia baseia-se primacialmente na ideia de que cada povo é senhor de seu próprio destino" (PAUPERIO, Artur Machado. *Teoria do estado democrático*, p. 29). Como assinala Ernst Wolfgang Böchenförde, a democracia "está vinculada ao princípio da soberania popular. Seu conteúdo é o de que o poder do Estado há de articular-se de tal forma que tanto sua organização como seu exercício derivem sempre da vontade do povo ou possam ser atribuídos a ele". (*Estudios sobre el estado de derecho y la democracia*, p. 47).

(1647) CAETANO, Marcelo. *Direito constitucional*, v. I, p. 18.

e exige a participação dos destinatários dos efeitos da decisão judicial na sua formação. A Constituição cria, portanto, um processo com estrutura nitidamente participativa e dialógica, o que constitui exigência da *cidadania processual das partes*.

Francesco Carnelutti refere-se à construção participada da decisão judicial, afirmando que, no processo, o contato entre as partes se resume a um diálogo, com caráter histórico (reconstituição dos fatos envolvidos na lide) e crítico (confronto entre fatos e direito), por meio do qual as partes colaboram com o juiz na procura de "elementos da decisão, isto é, as razões e as provas",[(1648)] e acrescenta que "a ação não corresponde a uma parte, e sim a cada uma das duas partes. Sua bilateralidade é de sua utilidade. A atividade de cada parte no processo favorece a finalidade deste, sempre que se integrar e retificar por meio do contraditório (...). Em virtude do sentido contrário dos interesses dos litigantes, a bilateralidade da ação se desenvolve, pois, como contradição recíproca; por isso, o contraditório corresponde a um dos princípios fundamentais do processo civil".[(1649)]

Enrico Redenti chama a atenção para o fato de que as partes têm "legítimo interesse de obter uma decisão e de influenciar (oficialmente, lealmente, abertamente), com o aporte ou com a oferta de contribuições tanto temáticas quanto informativas, demonstrativas, críticas ou polêmicas, a formação de seu conteúdo" e de que o "contraste dialético ou dialógico que deriva do contraditório" fornece ao juiz imparcial e prudente "os elementos necessários e suficientes (do ponto de vista da lei) sobre o tema e sobre o modo de decidir (...) com resultantes de relativa justiça".[(1650)]

A parte tem o direito de influenciar na formação do conteúdo das decisões judiciais, o que exige que a ela seja concedida a oportunidade de se manifestar não apenas sobre argumentos e provas produzidos pela parte contrária, como também sobre as questões de fato ou de direito suscitadas de ofício pelo juiz (o que é expressamente reconhecido pelo CPC de 2015, nos arts. 9º e 332).

Destarte, o poder para conhecer determinadas matérias de ofício não dispensa o juiz do dever de permitir que sobre elas se manifestem as partes, sob pena de negar-lhes o direito de influência na formação da decisão e, com isso, de ofensa ao contraditório.

O caráter dialético do processo não se manifesta apenas na possibilidade de manifestação sobre argumentos e provas da parte contrária (debate entre as partes), posto que também exige o debate entre o juiz e as partes sobre tudo aquilo que possa ter influência na construção da decisão no caso concreto, o que inclui as matérias passíveis de serem conhecidas de ofício. O contraditório não se resume, portanto, à informação sobre atos da parte contrária e à possibilidade de sobre eles se manifestar e de a eles reagir, exigindo, ao contrário, informação e possibilidade de manifestação e reação também em relação a atos do próprio juiz (tanto assim, que a parte pode impugnar as decisões judiciais por meio de recurso).

Destarte, toda questão surgida no processo, ainda que relacionada com matéria que o juiz pode conhecer de ofício, deve ser submetida ao debate entre as partes e entre estas e o juiz, evitando-se, com isto, surpresa para as partes (*decisão surpresa*). Anote-se que o CPC de 2015 veda a decisão surpresa ou de terceira, como se vê dos seus arts. 9º e 10, ambos aplicáveis no processo do trabalho, como é estabelecido pelo art. 4º da Instrução Normativa n. 39/16 do TST, segundo o qual aplicam-se no processo do trabalho as normas do CPC que regulam o princípio do contraditório, em especial os arts. 9º e 10, que vedam a decisão surpresa.

De acordo com o art. 9º do CPC de 2015, não se proferirá decisão contra uma das partes sem que ela seja previamente ouvida, o que não se aplica, no entanto, à tutela provisória de urgência, à hipótese de tutela de evidência prevista no art. 311, incisos I e II, e à sentença prevista no art. 701 (decisão sobre a expedição de mandado de pagamento, de entrega de coisa ou para execução de obrigação de fazer ou de não fazer, na ação monitória). De outro lado, consoante o art. 10 do CPC de 2015, "o juiz não poderá decidir, em grau

(1648) *Sistema de direito processual civil*, v. IV, p. 114-166.

(1649) *Sistema de direito processual civil*, v. II, p. 91-92. Francesco Carnelutti considera processo "o conjunto de atos dirigidos à formação ou à aplicação dos mandatos jurídicos, cujo caráter consiste na colaboração para tal fim das pessoas interessadas (partes...) com uma ou mais pessoas desinteressadas" (*Instituciones del proceso civil*, v. I, p. 21-22).

(1650) *Diritto processuale civile*, p. 25-26.

algum de jurisdição, com base em fundamentos a respeito dos quais não tenha dado às partes oportunidade de se manifestar, ainda que se trate de matéria sobre a qual deva decidir de ofício".

É importante mencionar que, segundo o art. 4º, § 1º, da Instrução Normativa n. 39/16 do TST, "entende-se por 'decisão surpresa' a que, no julgamento final do mérito da causa, em qualquer grau de jurisdição, aplicar fundamento jurídico ou embasar-se em fato não submetido à audiência prévia de uma ou de ambas as partes", ao passo, conforme o seu art. 4º, § 2º, da citada Instrução Normativa, "não se considera 'decisão surpresa' a que, à luz do ordenamento jurídico nacional e dos princípios que informam o Direito Processual do Trabalho, as partes tinham obrigação de prever, concernente às condições de ação, aos pressupostos de admissibilidade de recursos e aos pressupostos processuais, salvo disposição legal expressa em contrário".

Realçando o caráter dialético do processo, Elio Fazzalari afirma ser ele "um procedimento ao qual, além do autor do ato final, participam, em contraditório entre si, os 'interessados', isto é, os destinatários dos efeitos de tal ato".[1651]

2.1. O constante e efetivo diálogo entre os sujeitos do processo é que torna possível a construção participada do direito no caso concreto, valendo acrescentar que, quanto mais são confrontados argumentos e provas, mais são eliminados erros e se aproxima da verdade[1652] e da justiça, e que o respeito ao direito à participação na construção participada do direito no caso concreto representa, para as partes, garantia contra o arbítrio do julgador.[1653]

Dialogar não significa, contudo, simples disposição para propor ao outro determinada solução para o caso concreto. *Dialogar* é estar aberto às razões dos outros sujeitos do diálogo (dialogar é saber ouvir). Os argumentos dos sujeitos do processo devem ser expostos à crítica em condições de liberdade e igualdade.

Dialogar é, por outro lado, respeitar as regras do debate. A dialética processual deve ser realizada com observância dos limites impostos à atuação do Poder Judiciário pelo pedido formulado pelo autor da demanda, das regras que disciplinam a forma, o lugar, o tempo e o prazo para a prática dos atos processuais (o respeito ao procedimento estabelecido constitui fator de segurança das partes) e das restrições decorrentes da vinculação necessária do provimento judicial ao ordenamento jurídico.

Como ensina Menelick de Carvalho Netto, "no paradigma do Estado Democrático de Direito, é de se requerer do Judiciário que tome decisões que, ao retrabalharem construtivamente os princípios e regras constitutivos do Direito vigente, satisfaçam, a um só tempo, a exigência de dar curso e reforçar a crença tanto na legalidade, entendida como segurança jurídica, como certeza do Direito, quanto ao sentimento de justiça realizada, que deflui da adequabilidade da decisão às particularidades do caso concreto".[1654]

A construção participada da decisão judicial não dispensa, mas exige, o respeito ao ordenamento jurídico, como fator de segurança jurídica, entendida esta por Karl Larenz como "certeza de que se pode contar com regras de direito, com sua igual aplicação, e em determinados supostos criados ou qualificados pelo Direito".[1655] A participação das partes na construção da decisão judicial resulta exatamente da necessidade de evitar decisões divorciadas da ordem jurídica.

(1651) *Instituições de direito processual*, p. 33.

(1652) Jürgen Habermas afirma que a argumentação "permanece o único meio disponível para se certificar da verdade" e "serve à busca cooperativa da verdade" (*Verdade e justificação*, p. 48-49 e 250). Sustenta este doutrinador que, "embora saibamos, em atitude reflexiva, que todo saber é falível (...), não podemos viver no cotidiano unicamente com hipóteses, ou seja, de modo totalmente falibista" (*Op. cit.*, 250).

(1653) Artur Machado Pauperio assinala que "a estrutura constitucional democrática assegura ainda a garantia dos governados contra o arbítrio governamental" (*Teoria do estado democrático*, p. 30), lição a partir da qual é possível inferir que a estrutura democrática do processo serve às partes como garantia contra o arbítrio do juiz.

(1654) A hermenêutica constitucional sob o paradigma do estado democrático de direito. In: *Jurisdição e hermenêutica constitucional*, p. 38.

(1655) *Derecho justo* — fundamentos de ética jurídica, p. 46.

2.2. A formação participada do direito no caso concreto envolve a reconstrução argumentativa da situação fática submetida ao Judiciário e a definição, também argumentativa, da norma jurídica adequada ao seu regramento.(1656) Pedido e resposta, prova e contraprova, tudo isso conduz, gradativamente, à reconstrução da situação fática objeto da demanda e à definição da norma adequada a regê-la.

Quanto ao primeiro aspecto — reconstrução da situação fática — cumpre recordar que, como assinala Antônio Dellepiane, "antes de cogitar qual a lei aplicável ao caso sujeito à decisão (...) necessita o juiz, imperiosamente, haver estabelecido o caso *sub judice*, isto é, haver reconstruído o fato sobre que versa o litígio ou o processo".(1657) As partes e o juiz devem participar ativamente da reconstrução dos fatos sobre os quais versa o litígio, como premissa para a definição de sua significação jurídica.

A verdade, como ensina Luiz Alfredo Garcia-Roza, "é um enigma a ser decifrado".(1658) A solução desse enigma emergirá do constante e sincero diálogo entre os sujeitos do processo, valendo anotar que, embora sejam muitas as dificuldades para se chegar à verdade, ela nunca será alcançada se houver prévia renúncia a ela.

Após a reconstrução da situação fática objeto do litígio, cumpre realizar a sua crítica à luz do direito. Nessa fase, o juiz e as partem devem, de acordo com Elio Fazzalari, "individuar e interpretar a norma jurídica substancial — a que a lei processual remete como medida de juízo —, aplicá-la aos fatos verificados e deduzir as consequências (no processo de cognição civil: existência ou inexistência do direito, do dever, etc.)".(1659) Participar da formação da decisão judicial é, portanto, participar da formação do significado das normas jurídicas, isto é, da sua interpretação. Essa participação na interpretação legitima a atribuição de significado à norma constante da decisão e a torna mais objetiva, vez que construída a partir de diversos pontos de vista (as normas jurídicas quase sempre permitem interpretações distintas, muitas das vezes todas elas defensáveis, além do que, no ato de interpretar têm forte influência as pré-compreensões dos intérpretes).

2.3. Sem liberdade não há processo.

A iniciativa de provocar a jurisdição, isto é, de agir em juízo, é uma prerrogativa da parte (as partes têm liberdade para ajuizar, ou não, a demanda). As partes têm liberdade para delimitar o conteúdo da manifestação judicial (a ação autoriza a atuação do Poder Judiciário, mas, em conjunto com a defesa, limita o seu alcance).

A liberdade do juiz é condição necessária para a rápida, adequada, econômica, justa e efetiva decisão do conflito de interesses. O diálogo entre os sujeitos do processo, que caracteriza o processo democrático, é que torna possível a construção participada do direito no caso concreto.(1660)

Esse diálogo, para ser verdadeiro, exige liberdade, sendo essa uma condição da própria democracia e para o exercício de qualquer direito (a democracia, como assinala Ernest Wolfgang Böckenförde, "contém em si a ideia de liberdade"(1661)).

No Estado Democrático de Direito, a definição da norma jurídica adequada ao regramento do caso a ser julgado exige e significa liberdade, do juiz e das partes na avaliação crítica das normas e princípios, com especial atenção para as particularidades do caso a ser julgado. As garantias processuais atribuídas constitucionalmente ao juiz e às partes, em especial quanto a estas, o juiz natural, imparcial e independente, o contraditório, a ampla defesa, a isonomia e a fundamentação das decisões judiciais, criam o ambiente propício ao pleno exercício da liberdade, que é pressuposto da democracia na construção do direito no caso concreto.

(1656) Argumentar significa, segundo Karl Larens, "fornecer fundamentos, que permitam a uma afirmação apresentar-se como justificada" (*Metodologia da ciência do direito*, p. 212).
(1657) *A nova teoria da prova*, p. 28.
(1658) *Palavra e verdade na filosofia antiga e na psicanálise*, p. 8.
(1659) *Instituições de direito processual*, p. 462.
(1660) A decisão não pode ser produto da vontade individual do juiz.
(1661) *Estudios sobre el estado de derecho y la democracia*, p. 76.

Partes e juízes são livres na medida em que estão submetidos apenas às regras prévia e democraticamente estabelecidas. É a liberdade que permite a ação criativa e inovadora do juiz e das partes na busca de solução para a lide. Por isso, *processo é liberdade.*[1662]

Contudo, o verdadeiro diálogo entre os sujeitos do processo pressupõe, além de liberdade, condições de igualdade.

O diálogo, para ser verdadeiramente livre, deve ser realizado entre iguais. A igualdade é pressuposto da liberdade.

O processo democrático exige igualdade na liberdade. Por essa razão, *processo é igualdade*. Igualdade nos recursos e meios para apresentação e fundamentação de argumentos e provas (*igualdade de armas*).

O tratamento igual das partes pelo julgador possibilita a formação de um juízo imparcial a respeito das pretensões manifestadas no processo. Tratar igualmente as partes (em relação ao juiz) e à parte contrária (no que diz respeito à relação entre as partes) é estar aberto aos seus argumentos e críticas para, com elas e considerando a sua ótica sobre as questões de fato e de direito, alcançar a norma adequada para o caso submetido à apreciação do Poder Judiciário (o confronto de argumentos e provas favorece a eliminação de erros na reconstrução da situação fática submetida ao Judiciário e definição da norma jurídica adequada à sua disciplina). Para garantia da efetiva igualdade, o ordenamento jurídico (decisão democraticamente tomada) deve atuar positivamente para evitar que a igualdade não passe de mera ficção, estabelecendo, por exemplo, inversão do ônus de prova, como se fez em favor do consumidor, sempre que forem atendidas determinadas condições previamente estabelecidas (criação das condições materiais para a igualdade real).

O direito para o caso concreto deverá resultar do leal e responsável confronto de argumentos entre os sujeitos do processo sobre a situação de fato e a norma jurídica adequada à sua disciplina. Ao juiz e às partes cumpre respeitar e fazer respeitar o devido processo legal (como condição de possibilidade de uma decisão legítima) e o ordenamento jurídico democraticamente instituído (como condição de possibilidade de formação de uma decisão de conteúdo legítimo).

Das partes e do juiz exige-se, em suma, abertura ao confronto de argumentos e provas, sensibilidade às particularidades do caso submetido ao Poder Judiciário e constante avaliação crítica das suas próprias razões. É de suma relevância, em relação ao juiz, o fiel cumprimento da obrigação de motivação das decisões.[1663] A motivação tem "uma função de legitimação da decisão enquanto mostra que essa respeita os critérios que guiam o ordenamento e governam a atividade do juiz" e consiste em "um discurso justificativo no qual o juiz enuncia e desenvolve as boas razões que fundamentam a legitimidade e a racionalidade da decisão".[1664] As partes e o juiz devem compartilhar a formação da decisão para o caso concreto e a responsabilidade pelo seu conteúdo. Portanto, *processo é responsabilidade*.

2.4. A decisão judicial é legitimada pelo fato de ser resultado do confronto de argumentos e provas, realizado em procedimento caracterizado pela observância do devido processo legal, com respeito ao pleno

(1662) Sobre a liberdade das partes anota Francesco Carnelutti que "as partes devem ter liberdade para contrapor razão a razão e prova a prova (...). A partes são livres para decidir o que consideram inconveniente para tutela do seu interesse" (*Sistema de direito processual civil*, v. IV, p. 174-175).

(1663) A motivação, conforme aduz Michele Taruffo, "deve ser concebida como uma condição imprescindível do correto exercício da função jurisdicional e como um princípio fundamental de garantia dos cidadãos" e tem função endoprocessual, "conexa diretamente a impugnação da sentença (...) porque a motivação é útil à parte que intenta impugnar a sentença, porque o conhecimento dos motivos da decisão facilita a individualização dos erros cometidos pelo juiz ou de qualquer modo os aspectos criticáveis da decisão mesma" e extraprocessual, consistindo essa função "essencialmente no fato de que a motivação é destinada a tornar possível um controle externo (já não limitado ao contexto do singular processo no qual a sentença foi pronunciada, e não limitado às partes e ao juízo de impugnação) sobre razões que fundaram a decisão judiciária", sentido em que a obrigação de motivação apresenta-se como "expressão importante (...) da concepção democrática do poder, e em particular do Poder Judiciário, por força da qual uma condição essencial para o correto e legítimo exercício do poder consiste exatamente na necessidade de que os órgãos que o exercitam se submetam a um controle externo" (La motivazione della sentenza. In: MARINONI, Luiz Guilherme (coord.). *Estudos de direito processual civil em homenagem ao prof. Egas Dirceu Moniz de Aragão*. p. 166-168).

(1664) TARUFFO, Michele. *Estudos de direito processual civil em homenagem ao prof. Egas Dirceu Moniz de Aragão*, p. 168 e 170.

exercício, em simétrica paridade, do contraditório e da ampla defesa, ou seja, pela sua formação discursiva e democrática.[1665]

No entanto, a observância do devido processo legal (*legitimação formal, pelo procedimento* ou *procedimental*) não é assegurada como fim em si mesmo, mas como meio para a realização da justiça no caso concreto, sendo essa, inclusive, uma exigência do art. 3º, I, da Constituição, que impõe a realização da justiça nas relações sociais, atribuindo aos sujeitos do processo a tarefa de encontrar a decisão justa para o caso a ser julgado. O processo justo é um valioso meio para se alcançar a justiça na solução da lide.

O diálogo entre os sujeitos do processo será fator de legitimação da decisão judicial quando e na medida em que permitir chegar à justiça no caso concreto, segundo os ditames das regras e princípios constitutivos do direito vigente (o respeito ao direito vigente constitui fator de segurança para as partes e permite a previsibilidade da decisão, no sentido de sua sintonia com a ordem jurídica posta).

O processo não pode servir à desconstrução da ordem jurídica democraticamente instituída, sendo relevante recordar que, por meio da jurisdição, como assevera Elio Fazzalari, "O Estado tutela um interesse público fundamental, que é o de assegurar a observância das leis e de tutelar os direitos".[1666] Visa o processo impor a observância da ordem jurídica (*segurança por meio do direito*), o que significa que o discurso das partes e a decisão do juiz trabalham com normas previamente postas (*segurança do direito*) e no sentido de sua realização concreta.[1667]

A decisão judicial não pode traduzir apenas a posição daquele que tem o melhor argumento, apenas por estar assistido por um mestre na arte do discurso (o discurso não pode funcionar como instrumento de coação[1668]). A decisão judicial perde legitimidade na medida em que se distancia do justo legal, isto é, do que é estabelecido pelas regras e princípios constitutivos do direito vigente. A justiça do resultado (*decisão justa*) depende da justiça do meio (*processo justo*), mas o processo justo não faz surgir, por si só e de forma natural, a decisão justa.

Piero Calamandrei adverte que "se queremos considerar novamente o processo como instrumento de razão e não como estéril e árido jogo de força e habilidade, é necessário estarmos convencidos de que o processo é acima de tudo um método de cognição, isto é, de conhecimento da verdade, e de que os meios probatórios que nós estudamos estão verdadeiramente dirigidos e podem verdadeiramente servir para alcançar e para fixar a verdade; não as verdades últimas e supremas que fogem aos homens pequenos, senão a verdade humilde e diária, aquela a respeito da qual se discute nos debates judiciais, aquela que os homens normais e honestos, segundo a comum prudência e segundo a boa-fé, chamam e têm chamado sempre a verdade (...). Mas a finalidade do processo não é somente a busca da verdade: a finalidade do processo é algo mais, é a justiça, da qual a determinação da verdade é somente uma premissa".[1669]

Das partes não se pede que renunciem aos seus interesses, mas, como adverte André Comte-Sponville, que os submetam à justiça,[1670] em favor do respeito à ordem jurídica democraticamente instituída. A consolidação do Estado Democrático de Direito pressupõe o respeito ao direito vigente, naquilo em que atribui

(1665) A legitimidade da decisão está relacionada com o fundamento do seu caráter vinculante para as partes.

(1666) *Instituições de direito processual*, p. 29.

(1667) Isso não significa que as normas não possam ser criticadas. A crítica às normas contribui para o aperfeiçoamento do ordenamento jurídico. No entanto, reconhecer o direito ao contraditório não é legitimar a criação do direito pelo juiz ou pelas partes (a criação do direito pelas partes, segundo os seus próprios interesses, é operar contra o Estado Democrático de Direito). Como ensina F. C. Santiago Dantas, "o trabalho do jurista — *não o trabalho de quem cultiva a Filosofia, mas a Dogmática do Direito* — começa na aplicação da norma jurídica, de modo que já pressupõe um Direito elaborado. As normas jurídicas são os fenômenos de que se ocupa esta ciência, onde o problema não consiste em escolher o Direito que deveria ser, mas em saber o Direito que é" (Nova dogmática jurídica. *Revista de Direito Bancário, do Mercado de Capitais e da Arbitragem,* ano 5, n. 18, p. 245, out./dez. 2002).

(1668) No atual estágio da humanidade, não se admite a solução de conflitos pela força, seja ela física ou não. O melhor argumento, como parâmetro para definição do direito no caso concreto, será aquele construído segundo o processo justo, que esteja em sintonia com as regras e princípios que compõem a ordem jurídica democraticamente instituída e que se paute pela verdade.

(1669) *Direito processual civil*, v. III, p. 184-185.

(1670) *Pequeno tratado das grandes virtudes*, p. 78.

direitos, mas também quando impõe deveres, dentre eles, o de perseguir a justiça no caso concreto.[1671] A necessidade de respeito à ordem jurídica levou o legislador a impor às partes uma série de deveres e, ao juiz, o dever de evitar que o processo seja utilizado como meio para alcançar fim proibido por lei.

O Estado de Direito impõe o respeito aos direitos e liberdades individuais e à ordem jurídica democraticamente instituída, não podendo o processo ser utilizado como instrumento para legitimar a ofensa à ordem jurídica, ainda que esta ofensa decorra de consenso entre as partes (a democracia no processo judicial é uma garantia da efetividade da norma que seja fruto da democracia no processo legislativo e não pode servir de instrumento de sua desvalorização, sendo o interesse de todos submetido a interesse individual das partes[1672]).

Deve ser objeto de tutela somente a pretensão legítima segundo a ordem jurídica democraticamente instituída, visto que só assim se estará contribuindo para a concretização do Estado Democrático de Direito.

A decisão judicial é legitimada pelo processo de sua construção (*legitimação procedimental*) e seu conteúdo (*legitimação substancial*).

Trata-se, portanto, de ato estatal que exige *legitimação procedimental-substancial*. O direito do caso concreto é construído no processo, mas esta construção é limitada pelo ordenamento jurídico, como fator de segurança para as próprias partes e em respeito à ordem jurídica democraticamente instituída. Em suma, à legitimação da decisão pelo procedimento de sua construção deve se somar a sua legitimação pelo seu conteúdo (procedimento e conteúdo são estruturas de legitimação complementares).

Justa é a decisão que confere a cada parte aquilo e exatamente aquilo que lhes assegura a ordem jurídica, nem mais, nem menos (a cada um segundo o seu mérito, sendo este mérito estabelecido à luz do ordenamento jurídico e das particularidades do caso concreto).[1673]

Quando se fala em conferir à *parte* aquilo que lhe assegura a ordem jurídica, não se está pensando apenas na tutela de direitos individuais. A expressão *parte* também alcança o titular do direito objeto da tutela jurisdicional no contexto das ações coletivas.

A busca da justiça no caso concreto humaniza a dialética processual e a coloca em sintonia com o Estado Democrático de Direito.

2.5. Em suma, legítima será a decisão judicial resultante do confronto de argumentos e provas realizado em processo justo e que, orientada por regras e princípios constitutivos da ordem jurídica democraticamente instituída e pelas particularidades do caso concreto, confira, fundamentadamente, a cada parte o que é seu, nem mais nem menos.

3. Coisa julgada

As partes comparecem em juízo visando à obtenção de *certeza* e *segurança* quanto à existência do direito objeto de disputa, à existência, inexistência ou modo de ser de uma relação jurídica ou à autenticidade ou falsidade de documento.

A certeza e a segurança perseguidas pelas partes somente serão alcançadas se a decisão judicial se tornar imune a modificações e a impugnações. A modificabilidade e a discutibilidade irrestritas da decisão

(1671) O processo verdadeiramente democrático é aquele em que se respeita a Constituição, valendo lembrar a lição de Artur Machado Pauperio no sentido de que "o Estado democrático é, por excelência, um Estado Constitucional, limitado, portanto, pelo sistema normativo de uma Constituição, centro e base de toda a ordem jurídica" (*Teoria do estado democrático*, p. 29).

(1672) O contrário seria admitir a desconstrução "democrática" da democracia.

(1673) A propósito da necessidade de respeito às particularidades do caso concreto, editou o STF a Sumula Vinculante n. 1, estabelecendo que "ofende a garantia constitucional do ato jurídico perfeito a decisão que, sem ponderar as circunstâncias do caso concreto, desconsidera a validez e a eficácia de acordo constante de termo de adesão instituído pela Lei Complementar n. 110/2001".

judicial perpetuariam a incerteza das partes, gerando insegurança jurídica. A estabilidade das decisões judiciais, resultante de sua imutabilidade e indiscutibilidade, constitui, destarte, fator de segurança jurídica.

A imutabilidade e a indiscutibilidade da decisão também garantem a utilidade da atividade jurisdicional do Estado. É inútil a decisão judicial passível de questionamentos e alterações ilimitados. A estabilidade das decisões judiciais, sob este prisma, confere utilidade à atividade jurisdicional.

Por essas razões, a Constituição de 1988 estabelece a proibição de retroatividade da lei para atingir a coisa julgada (art. 5º, XXXVI).(1674)

No mesmo compasso, o art. 836 da CLT dispõe ser vedado aos órgãos da Justiça do Trabalho conhecer de questões já decididas, excetuados os casos expressamente previstos na CLT e a ação rescisória.(1675)

O CPC de 1973, de sua feita, prevê que a sentença que julgar total ou parcialmente a lide tem força de lei nos limites da lide e das questões decididas (art. 468) e que nenhum juiz decidirá novamente as questões já decididas, salvo as hipóteses previstas em lei (art. 471).

Já o CPC de 2015 estabelece que a decisão que julgar total ou parcialmente o mérito tem força de lei nos limites da questão principal expressamente decidida (art. 503)(1676) e que nenhum juiz decidirá novamente as questões já decididas relativas à mesma lide, salvo as exceções estabelecidas em lei (art. 503).

3.1. Conceito.

O ordenamento jurídico, buscando a certeza e a segurança nas relações sociais e garantir a utilidade da atividade jurisdicional, atribui à decisão judicial uma especial *qualidade*, qual seja, a imutabilidade e a indiscutibilidade. Esta qualidade é o que se denomina *coisa julgada*.

Neste sentido, o CPC de 1973 dispõe que "denomina-se coisa julgada material a eficácia que torna imutável e indiscutível a sentença, não mais sujeita a recurso ordinário ou extraordinário" (art. 467), ao passo que o CPC de 2015 estabelece que "denomina-se coisa material a autoridade que torna imutável e indiscutível a decisão de mérito não mais sujeita a recurso" (art. 502).

O que torna a decisão imutável e indiscutível é o fato de não mais estar sujeita a recurso, sendo desnecessário estabelecer que se trata, especificamente, de recurso especial ou extraordinário. De outro lado, passada em julgado, a decisão adquire uma *autoridade especial*, qual seja, a imutabilidade e a indiscutibilidade.

A decisão adquire a *qualidade* de imutável e indiscutível, isto é, passa em julgado, quando se torna irrecorrível, o que pode ocorrer por ter: a) se esgotado o prazo para a interposição de recurso (situação em que ocorre a preclusão do direito de interpor recurso, o que gera, como consequência, o trânsito em julgado da decisão); b) a parte aceitado expressa ou tacitamente a decisão ou desistido do recurso interposto; c) sido julgado o recurso interposto; e ser d) a decisão irrecorrível (como se dá com a decisão homologatória de acordo, em relação às partes).(1677)

Passada em julgado a decisão, torna-se definitivo o seu conteúdo, o que implica proibição de proposição de demanda idêntica àquela decidida ou de ataque ulterior tendente a obter o reexame da questão

(1674) O art. 5º, XXXVI, da Constituição reconhece o *direito fundamental à segurança jurídica* e uma das manifestações deste direito se dá pela imposição de respeito à coisa julgada.

(1675) A ação rescisória, como se verá mais adiante, constitui o meio próprio para a impugnação da decisão de mérito transitada em julgado, que é admissível desde que se apresente ao menos uma das situações previamente estabelecidas em lei como autorizadoras dessa impugnação. Além dos casos previstos na CLT e a ação rescisória, o juiz examinará questões já decididas, relativas à mesma lide, quando, tratando-se de relação jurídica continuativa, sobrevier modificação no estado de fato ou de direito, caso em que poderá a parte pedir a revisão do que foi estatuído na sentença e nos demais casos previstos em lei, como dispõem o art. 471 do CPC de 1973 e o art. 505 do CPC de 2015 (o art. 471 do CPC de 1973 se refere a *relação jurídica continuada* e, o art. 505 do CPC de 2015, a *relação jurídica de trato continuado*. Trata-se, apenas, de aprimoramento da técnica, sem alteração de conteúdo.

(1676) Algumas questões podem ser decididas de forma apenas incidental, como se dá, por exemplo, com a arguição de falsidade de documento (art. 430, parágrafo único, do CPC de 2015), por exemplo.

(1677) Para permitir o controle da justiça e validade das decisões judiciais, foram concebidos os recursos. Contudo, exigências práticas — certeza, segurança jurídica e utilidade da atividade jurisdicional — fazem com que sejam impostos limites à possibilidade de impugnação das decisões judiciais por meio de recurso.

(*indiscutibilidade*)[(1678)] e de proferimento de nova decisão sobre ela (*imutabilidade*).[(1679)] A imutabilidade e a indiscutibilidade, como qualidades da decisão, dizem respeito ao seu conteúdo (*a definição da norma regente do caso concreto* ou *dos direitos ou obrigações das partes*) e não aos seus efeitos (*consequências sobre a realidade concreta*[(1680)]).

Eventual nulidade da sentença não impede o seu trânsito em julgado. Como assinala Francesco Carnelutti, "o advento da coisa julgada (*passagio in giudicato*) põe a sentença acobertada da nulidade ou, em outras palavras, a convalida. Eis aqui porque a validade da sentença não pode ser considerada como um pressuposto da coisa julgada".[(1681)]

Tanto a CLT quanto o CPC (de 1973 e de 2015) estabelecem que nenhum juiz decidirá novamente as questões já decididas, *salvo as hipóteses previstas em lei*. Desse modo, a decisão passada em julgado não está definitivamente imune à impugnação. O que o trânsito em julgado da decisão impede é a sua impugnação por meio de *recurso*. Assim é que, cumpridos determinados requisitos, a decisão passada em julgada pode ser impugnada por meio de ação rescisória (art. 836 da CLT, art. 485 do CPC de 1973 e art. 966 do CPC de 2015[(1682)]). A *intangibilidade da coisa julgada* não é, portanto, absoluta, cedendo lugar naqueles casos em que a decisão esteja eivada de vício que o legislador reputou sério o suficiente para autorizar a sua desconstituição.

Cumpre esclarecer que prevalece na doutrina a concepção segundo a qual coisa julgada é uma qualidade da sentença.

Este é o ponto de vista de Enrico Tullio Liebman, para quem "a sentença vale como comando (...), no sentido de que contém a formulação autoritativa de uma vontade de conteúdo imperativo (...). A autoridade da coisa julgada (...) se pode definir (...) como a imutabilidade do comando emergente de uma sentença (...). A autoridade da coisa julgada não é o efeito da sentença, mas uma qualidade, um modo de ser e de manifestar-se dos seus efeitos".[(1683)]

Humberto Theodoro Júnior assevera que a coisa julgada é "qualidade da sentença, assumida em determinado momento processual. Não é efeito da sentença, mas a qualidade dela representada pela 'imutabilidade' do julgado e de seus efeitos".[(1684)]

Eduardo Couture aduz que "a coisa julgada é uma forma de autoridade. Como tal, é uma qualidade, uma inerência (...). Autoridade da coisa julgada é, pois, qualidade, atributo próprio da decisão que promana de um órgão jurisdicional quando tenha adquirido caráter definitivo".

A imutabilidade e indiscutibilidade da decisão não decorrem dela própria, mas são a ela conferidas pela ordem jurídica. Assim, a coisa julgada não constitui *efeito* da decisão, mas uma *qualidade* a ela atribuída.

3.2. Funções

A coisa julgada define, com força de lei, a situação jurídica das partes e confere utilidade à decisão do Poder Judiciário (*funções positivas*) e veda a propositura de demanda idêntica à já julgada e nova decisão sobre as questões decididas (*função negativa*).[(1685)]

(1678) Por essa razão, deparando-se com demanda idêntica àquela já julgada, o juiz deverá declarar a impossibilidade de exame do mérito (art. 267, V, do CPC de 1973 e art. 485, V, do CPC de 2015).

(1679) Daí estabelecer o art. 836 da CLT que é vedado aos órgãos da Justiça do Trabalho conhecer de questões já decididas, salvo as hipóteses previstas em lei, observando-se que a coisa julgada somente alcança as questões principais decididas (arts. 469, III, e 470 do CPC de 1973 e art. 503 do CPC de 2015).

(1680) O credor pode renunciar à satisfação do crédito a ele reconhecido (efeito da sentença), sem que isto altere o que foi afirmado na decisão judicial (a existência do crédito).

(1681) *Sistema de direito processual civil*, v. I, p. 419.

(1682) Ação rescisória é a ação por meio da qual se pede a desconstituição de decisão transitada em julgado. A ação rescisória constitui meio de impugnação das decisões judiciais, que não se confunde com o recurso. O recurso constitui meio de impugnação da decisão nos próprios autos em que foi proferida e tem por objetivo impedir que ela passe em julgado. A ação rescisória constitui ação autônoma de impugnação à decisão (seu ajuizamento faz surgir uma nova relação jurídica processual), que tem como pressuposto o trânsito em julgado da decisão impugnada.

(1683) *Eficácia e autoridade da coisa julgada e outros escritos sobre a coisa julgada*, p. 51, 54 e 56. A doutrina de Enrico Tullio Liebman se contrapõe àquela que afirma ser a coisa julgada efeito da decisão.

(1684) *Curso de direito processual civil*, v. I, p. 474 e 479.

(1685) Declarada, em decisão passada em julgado, a existência de relação de emprego, em nova ação em que se pede, por exem-

3.3. Fundamentos.

À coisa julgada são atribuídos fundamentos políticos e jurídicos.

Aduz Giuseppe Chiovenda que a coisa julgada "não tem em si nada de absoluto nem de necessário. Só por meras razões de oportunidade e utilidade social se introduz nos distintos direitos um limite à discutibilidade do decidido".[1686]

Francesco Carnelutti aduz que "a imutabilidade da decisão, se bem que satisfaça a certeza, encontra-se em conflito com a necessidade de justiça, porque por mais cuidado que se tenha, a decisão pode não ser justa (...). A solução consiste em que, para satisfazer a necessidade de justiça, a lei consinta até um determinado momento que a decisão mude, mas depois, e a fim de satisfazer a necessidade de certeza, feche a possibilidade de mudança (...). Desse modo não se resolve, mas sim se supera, o problema da justiça da decisão: chega um momento em que não mais se duvida da justiça desta".[1687]

Desse modo, a coisa julgada é uma opção política, fundada em razões de oportunidade e utilidade social.

De outro lado, várias são as teorias sobre os fundamentos jurídicos da autoridade da coisa julgada, dentre as quais Moacyr Amaral dos Santos ressalta:

a) *teoria da presunção de verdade*: "presume-se que a sentença tenha chegado à verdade, que contenha a verdade";[1688]

b) *teoria da ficção da verdade*: "como também a sentença injusta faz coisa julgada e, por isso, aquilo que a sentença injusta declara não pode mais deixar de ser reconhecido como verdade, não só pelas partes, como também por qualquer juiz, no mesmo ou em outro processo, na sentença nada mais há do que uma ficção da verdade";[1689]

c) *teoria da força legal, substancial, da sentença*: "toda sentença cria direito, é constitutiva de direito (...). O fundamento da coisa julgada está no direito novo, por força da lei criado pela sentença. A sentença, pelo seu trânsito em julgado, atribui ao direito novo (direito substancial), por ela criado, força de lei";[1690]

d) *teoria da eficácia da declaração*: "na parte declaratória da sentença reside a autoridade da coisa julgada. Esta se fundamenta na eficácia da declaração de certeza. A declaração de certeza produz a eficácia de impor às partes, bem como ao juiz que proferiu a sentença e aos demais juízes, a observância da declaração. A declaração produz, assim, fenômeno processual de duplo aspecto: por um lado, atribui às partes o direito de exigir de uma e de outra a sua observância, e, por outro, atribui a todos os juízes a obrigação de respeitarem-na. A coisa julgada, assim, se fundamenta na eficácia da declaração, e, pois, corresponde ao fenômeno processual pelo qual a sentença se torna indiscutível, incontestável não só para as partes como também para todos os juízes";

e) *teoria da extinção da obrigação jurisdicional*: "ao direito de ação corresponde a obrigação jurisdicional: provocado pelo interessado (direito de ação), fica o Estado na obrigação jurisdicional de declarar o direito (...). Satisfeita a obrigação jurisdicional do Estado, extingue-se o direito de ação, que lhe é correlato. A sentença pressupõe, portanto, extinção da jurisdição e do direito de ação na espécie. Extintos o direito de ação e a obrigação jurisdicional, a relação de direito material decidida não pode mais ser novamente discutida e decidida";[1691]

---

plo, verbas rescisórias em razão da extinção daquela relação, a existência de relação de emprego é indiscutível, ou seja, deve ser tomada pelo juiz como indiscutível.

(1686) *Principios de derecho procesal civil*, t. II, p. 441-442.

(1687) *Sistema de direito processual civil*, v. I, p. 446-447.

(1688) Sob o prisma desta doutrina (coisa julgada como presunção), da sentença nasce uma presunção legal de verdade, residindo nesta presunção o fundamento da autoridade da coisa julgada.

(1689) À luz deste entendimento (coisa julgada como ficção), da sentença nasce uma ficção de verdade.

(1690) Neste sentido, afirma Enrico Allorio que a coisa julgada "é a eficácia normativa do acertamento jurisdicional" e que "se foi decidido é direito" (*La cosa giudicata rispetto ai terzi*, p. 3-4).

(1691) Esta é a teoria adotada por Ugo Rocco, para quem "a sentença final de mérito tornada inimpugnável indica necessariamente o ponto em que o Estado exauriu o seu ofício (...) e em que é liberado da obrigação jurisdicional (...). E nesta função extintiva da ação e do processo civil por força da sentença final de mérito inimpugnável, encontra o seu jurídico fundamento,

f) *teoria da vontade do Estado*: existe "na sentença um raciocínio lógico, mas também uma ordem ou conclusão, um comando. Por isso se diz que a sentença é um ato de inteligência e de vontade (...). Por provir do Estado, a conclusão se transforma num comando com força obrigatória. É o Estado que dá à sentença a força obrigatória, não encontrável no parecer do jurisconsulto. A sentença tem força obrigatória por nela intervir a vontade do Estado (...). Não só a força obrigatória da sentença provém do Estado. Também a sua imutabilidade, indiscutibilidade. O Estado determina que, com a preclusão dos prazos para os recursos, a sentença se faz imutável (coisa julgada formal) e, em decorrência, indiscutível, obrigatória não só às partes como também em relação a todos os juízes (coisa julgada material)";

g) *teoria de Carnelutti*: "a sentença contém imperatividade por consistir um ato estatal. E é na imperatividade do comando da sentença que está a coisa julgada (...). O comando da sentença, pressupondo o da lei, não é paralelo a esta, mas um comando suplementar. Este comando, que se traduz numa declaração de certeza, contém imperatividade, por emanar do juiz, por consistir um ato estatal. A coisa julgada está na imperatividade da declaração de certeza, na imperatividade do comando".[(1692)]

Eduardo Couture também faz alusão às várias doutrinas sobre o fundamento jurídico da coisa julgada, afirmando que "a doutrina da ficção de verdade (Savigny) buscou para a coisa julgada uma justificação de caráter político, apoiada na necessidade de prestigiar definitivamente a autoridade da jurisdição. Mas a interpretação é excessiva, porquanto desconsidera a grande quantidade de casos nos quais a sentença não constitui uma ficção da verdade, mas a verdade real. O excesso é mais tênue na doutrina da presunção de verdade (Photier), que através da colocação especial que a coisa julgada adquire no Código de Napoleão, entre as presunções legais, havia de fazer um largo percurso histórico prolongado até os nossos dias (...). Derivando mais ou menos diretamente da teoria da ficção ou da teoria da presunção de verdade, aparecem outras interpretações: se sustenta, por um lado, que a coisa julgada não é senão a consequência lógica de uma necessidade de certeza nas relações jurídicas (Arturo Rocco); por outro, que é uma derivação do chamado contrato judicial (Endemannn); por outro, que vale e se explica como declaração autêntica de direitos subjetivos (Pagenstecher); ou como uma efetiva tutela dos direitos privados (Hellwig), por outro lado se apresenta como uma servidão passiva (Invrea); ou como posse aparente do direito (Kruckman)".[(1693)]

Eduardo Couture, examinando as relações entre coisa julgada e processo, coisa julgada e jurisdição e entre coisa julgada e direito, afirma que "a coisa julgada é o fim do processo (...). Sem processo não há coisa julgada; mas sem coisa julgada não há processo chegado a seu fim (...). A coisa julgada é atributo da jurisdição. Nenhuma outra atividade do ordenamento jurídico tem a virtude de reunir os caracteres acima mencionados: a irreversibilidade, a imutabilidade e a coercibilidade. Nem a legislação nem a administração podem expedir atos com estas características, já que, por sua própria natureza, as leis se derrogam por outras leis e os atos administrativos se revogam ou modificam por outros atos (...). Sem coisa julgada não existe jurisdição (...). A coisa julgada integra a ordem jurídica, em sentido normativo, em grau de generalidade decrescente. A Constituição se desenvolve na legislação; a legislação se desenvolve na coisa julgada. Esta é, como já foi dito, não só a lei do caso concreto, mas a justiça prometida na Constituição. O direito da coisa julgada (...) não é um direito meramente declarado. Sempre existe, entre o direito da lei e o direito da sentença, um conjunto de diferenças que fazem deste uma coisa distinta daquele. Não só a certeza, que é por si só um *quid novum* com respeito à lei, sim também a particularidade da decisão proferida, a qual exclui, por si só, todas as outras interpretações e aplicações possíveis que o juiz poderia ter feito e não fez. O direito da coisa julgada é um direito alcançado através do processo. Isto quer dizer, na experiência jurídica, logrado através de uma larga série de vicissitudes nas quais pode naufragar o direito aparentemente mais seguro e triunfar o direito aparentemente menos seguro (...). A coisa julgada (...) assegura a *lex continuitatis* do direito".[(1694)]

---

a sua justificação o instituto da coisa julgada, que representa exatamente o momento extintivo da ação civil" (*Trattato di diritto processuale civile*, v. II, p. 307).

(1692) *Comentários ao Código de Processo Civil*, v. IV, p. 426-434.

(1693) *Fundamentos del derecho procesal civil*, p. 408-409.

(1694) *Fundamentos del derecho procesal civil*, p. 411-413.

3.4. Coisa julgada formal e material.

A coisa julgada se diz:

a) *formal*: imutabilidade e indiscutibilidade da decisão no processo em que foi proferida (*efeitos endoprocessuais da coisa julgada*);[(1695)]

b) *material ou substancial*: imutabilidade e indiscutibilidade da decisão no processo em que foi proferida e em qualquer outro processo (*efeitos extraprocessuais da coisa julgada*).[(1696)]

Todas as decisões, sejam terminativas ou definitivas, são idôneas a produzir coisa julgada formal. Contudo, somente as decisões de mérito é que têm aptidão para alcançar a autoridade de coisa julgada material.

Moacyr Amaral Santos aduz que "da coisa julgada formal resulta a imutabilidade da sentença, no mesmo processo em que foi proferida, porque a sentença se tornou ou é inimpugnável. Por isto também se diz que a coisa julgada formal é a inimpugnabilidade da sentença no processo em que foi proferida. Dá-se a máxima preclusão: não é mais possível a reforma da sentença no processo em que foi proferida".[(1697)]

Ainda segundo Moacyr Amaral Santos, à inimpugnabilidade da decisão no processo em que foi proferida se acrescenta uma outra qualidade, que lhe confere autoridade além daquele processo, de forma que "o comando emergente da sentença se reflete fora do processo em que foi proferida, pela imutabilidade de seus efeitos. A vontade da lei, que se contém no comando emergente da sentença, e que corresponde à expressão da vontade do Estado de regular concreta e definitivamente o caso decidido, se tornou indiscutível, imutável no mesmo ou em outro processo. O comando emergente da sentença, tornando imutável, adquire autoridade de coisa julgada, a impedir que a relação de direito material decidida, entre as mesmas partes, seja examinada e decidida no mesmo processo ou em outro processo, pelo mesmo ou outro juiz ou tribunal. Assim, se fala em coisa julgada material ou substancial, como autoridade da coisa julgada. Nesse sentido o art. 468: 'A sentença que julgar total ou parcialmente a lide tem força de lei nos limites da lide e das questões decididas'".[(1698)]

A produção da coisa julgada material pressupõe: a) decisão de mérito;[(1699)] b) cognição exauriente;[(1700)] c) coisa julgada formal (impossibilidade de modificar e impugnar a decisão no processo em que foi proferida).

3.5. Exceção de coisa julgada.

Dispõe o art. 301 do CPC de 1973 que compete ao réu, antes de discutir o mérito, alegar coisa julgada (inciso VI). O CPC de 2015 dispõe, no art. 337, VII, que incumbe ao réu, ante de discutir o mérito, alegar coisa julgada. Trata-se da denominada *exceção de coisa julgada*.

(1695) A coisa julgada formal vincula o juiz (inalterabilidade da decisão) e as partes (indiscutibilidade da decisão).

(1696) A decisão projeta os seus efeitos para fora daquele processo, impedindo que as partes ajuízem ação visando discutir a situação jurídica já definida naquela decisão ou voltem a discutir esta situação e que qualquer outro órgão do Poder Judiciário a reexamine e altere. Luiz Machado Guimarães afirma que a coisa julgada material produz *efeitos processuais* ("o seu efeito preclusivo panprocessual") e *materiais* ("a norma concreta por ela constituída vale como preceito para as partes)" (*Estudos de direito processual civil*, p. 27).

(1697) *Comentários ao Código de Processo Civil*, v. IV, p. 424.

(1698) *Comentários ao Código de Processo Civil*, v. IV, p. 424-425.

(1699) É neste sentido o art. 502 do CPC de 2015, que relaciona a coisa julgada material à decisão de mérito.

(1700) Para proferir decisão, o juiz deve conhecer as razões e provas das partes. A decisão proferida ao final do processo constitui resultado da atividade que o juiz desenvolve para chegar a este conhecimento (*cognição*). Esta atividade consiste na análise e valoração das alegações das partes e das provas constantes dos autos. A cognição é considerada sob a ótica *horizontal (é perquirida, neste plano, a extensão ou amplitude da cognição, para definir as questões que podem ser objeto de exame; a cognição, sob este enfoque, pode ser plena ou limitada) e vertical* (indaga-se, agora, o seu grau de profundidade do exame das questões; a cognição poderá ser, sob este prisma, exauriente ou sumária). A produção da coisa julgada material, em razão dos seus efeitos — imutabilidade e indiscutibilidade do comando contido na decisão — pressupõe a cognição exauriente, isto é, realizada com a maior profundidade possível, em relação às alegações das partes e às provas. A cognição exauriente permite maior segurança em relação ao acerto da decisão (por meio da cognição exauriente é alcançado um maior grau de certeza, enquanto a cognição sumária produz apenas a verossimilhança). Note-se que o juiz pode, por exemplo, deferir antecipação de tutela ou medida cautelar com base em exame superficial das alegações e provas do autor da demanda (cognição sumária ou menos profunda), mas justamente por isto a sua decisão pode ser revista, inclusive por ele próprio. Lembre-se, ainda, do mandado de segurança, em que é exigida prova pré-constituída, o que implica limitação à cognição do juiz. Cabe ao legislador definir a extensão e a profundidade da cognição e as situações em que a decisão produzirá coisa julgada material.

Note-se que, de acordo com o CPC de 1973 (art. 301, § 3º) e o 2015 (art. 337, § 3º), há coisa julgada quando se repete ação que já foi julgada por decisão transitada em julgado.

Reconhecendo a existência de coisa julgada, o juiz não resolverá o mérito (art. 267, V, do CPC de 1973 e art. 485, V, do CPC de 2015).

A falta de apresentação de exceção de coisa julgada não impede o juiz de afirmar a sua ocorrência. Neste sentido, o art. 267, § 3º, do CPC de 1973 estabelece que o juiz conhecerá de ofício a coisa julgada, em qualquer tempo e grau de jurisdição, *enquanto não proferir sentença de mérito*. No CPC de 2015 é previsto que o juiz conhecerá de ofício a coisa julgada, em qualquer tempo e grau de jurisdição, enquanto *não ocorrer o trânsito em julgado* (art. 485, § 3º).

No CPC de 1973 é previsto que o réu que não alegar a coisa julgada na primeira oportunidade em que lhe caiba falar nos autos responderá pelas custas do retardamento (art. 267, V e § 3º), o que não foi repetido no CPC de 2015.

3.6. Coisa julgada e coisa soberanamente julgada.

A decisão de mérito transitada em julgado pode ser impugnada por meio de ação própria (ação rescisória — art. 836 da CLT), no prazo de dois anos, contados do trânsito em julgado (art. 495 do CPC de 1973 e art. 975 do CPC de 2015).

Daí falar-se em *coisa julgada* e *coisa soberanamente julgada*, para significar a coisa julgada ainda passível de ataque por meio da ação rescisória e a coisa julgada não mais passível de ataque por meio da ação rescisória, respectivamente.

3.7. Limites da coisa julgada.

A coisa julgada possui limites subjetivos, objetivos e temporais.

3.7.1. Os limites subjetivos dizem respeito às *pessoas* alcançadas pela coisa julgada, ou seja, pela imutabilidade e indiscutibilidade da decisão.

Dos limites subjetivos da coisa julgada trata o art. 472 do CPC de 1973, dispondo que a sentença faz coisa julgada às partes entre as quais é dada, *não beneficiando nem prejudicando terceiros*.

No CPC de 2015, os limites subjetivos da coisa julgada são definidos no art. 506, de acordo com o qual a sentença faz coisa julgada às partes entre as quais é dada, *não prejudicando terceiros*.

Terceiros são pessoas estranhas ao processo em que a decisão foi proferida.

A decisão não pode prejudicar aqueles que não participaram do processo.

De outro lado, a decisão, ao contrário do que estabelece o art. 472 do CPC de 1973, pode beneficiar terceiros, como ocorre nas ações coletivas, nas quais a coisa julgada alcança, para beneficiar, pessoas estranhas ao processo, como se verá no Capítulo reservado ao estudo do direito processual coletivo do trabalho.

Diante desse fato, a coisa julgada será, de acordo com a extensão dos seus limites subjetivos:

a) *inter partes*: a coisa julgada somente alcança as partes, não prejudicando terceiros;

b) *ultra partes*: a coisa julgada vai além das partes, beneficiando pessoas que compõem um grupo, categoria ou classe de pessoas;

c) *erga omnes*: a coisa julgada vai além das partes, beneficiando toda a coletividade ou todas as pessoas que se encontram em determinada situação fática.

Cumpre acrescentar que:

a) transitada em julgado a decisão no processo em que interveio como assistente, o terceiro não poderá, em processo posterior, discutir a justiça da decisão, salvo nas hipóteses expressamente previstas em lei (art. 55 do CPC de 1973 e art. 123 do CPC de 2015);

b) o sucessor na coisa litigiosa submete-se à coisa julgada (art. 42 do CPC de 1973 e art. 109, § 3º, do CPC de 2015);

c) o julgamento contrário a um dos credores solidários não atinge os demais; o julgamento favorável aproveita-lhes, a menos que se funde em exceção pessoal ao credor que o obteve (art. 224 do Código Civil);

d) o sucessor, na sucessão trabalhista, não é terceiro, vez que a sucessão o vincula à relação jurídica litigiosa, sendo alcançado, portanto, pela coisa julgada (arts. 10 e 448 da CLT);

e) as empresas que formam grupo econômico com a parte, na condição de devedoras solidárias, são alcançada pela coisa julgada (art. 2º, § 2º, da CLT).

3.7.2. Os limites objetivos dizem respeito às *questões* e *partes da decisão* alcançadas pela coisa julgada, ou seja, pela imutabilidade e indiscutibilidade da decisão.

Em relação às *questões* alcançadas pela coisa julgada, estabelece o art. 468 do CPC de 1973 que "a sentença, que julgar total ou parcialmente a lide, tem força de lei nos limites da lide e das questões decididas". De acordo com o art. 469, III, do CPC de 1973, não faz coisa julgada a apreciação da questão prejudicial, decidida incidentalmente no processo. Contudo, como prevê o art. 470 do CPC de 1973, "faz, todavia, coisa julgada a resolução de questão prejudicial, se a parte o requerer (arts. 5º e 325), o juiz for competente em razão da matéria e constituir pressuposto necessário para o julgamento da lide".

O CPC de 2015 trata do tema no art. 503, segundo o qual "a decisão, que julgar total ou parcialmente o mérito, tem força de lei nos limites da questão principal expressamente decidida". A referência a *questão principal expressamente decidida* deixa claro que, assim como dispõe o art. 469, III, do CPC de 1973, não faz coisa julgada a apreciação da questão prejudicial, decidida incidentalmente no processo.

O art. 503 do CPC de 2015 dispõe que:

a) "o disposto no *caput* aplica-se à resolução de questão prejudicial, decidida expressa e incidentalmente no processo, se: dessa resolução depender o julgamento do mérito; a seu respeito tiver havido contraditório prévio e efetivo, não se aplicando no caso de revelia; o juízo tiver competência em razão da matéria e da pessoa para resolvê-la como questão principal" (§ 1º);

b) "a hipótese do § 1º não se aplica se no processo houver restrições probatórias ou limitações à cognição que impeçam o aprofundamento da análise da questão prejudicial" (§ 2º).[1701]

O CPC de 2015 prestigia, no art. 503, a doutrina de Francesco Carnelutti, segundo a qual os limites da coisa julgada são definidos pelas questões decididas.[1702]

(1701) O CPC de 2015 dispensa a propositura de *ação declaratória incidental* para que a coisa julgada alcance a decisão sobre questão prejudicial. Para tanto, basta, como decorre do disposto no art. 430, parágrafo único, do CPC de 2015, simples *requerimento da parte*, no sentido de que o juiz decida a questão prejudicial como questão principal. Nota-se aqui uma influência do direito processual do trabalho no direito processual civil, vez que dispensa da ação declaratória incidental responde à necessidade de facilitação das formas e dos procedimentos.

(1702) Com efeito, para Francesco Carnelutti, "o juízo pronunciado pelo juiz intervém para resolver a dissensão entre as partes: a hipótese do litígio de pretensão discutida, que requer a jurisdição, identifica-se precisamente pelas questões (...). A decisão é, pois, resolução de questões" (*Sistema de direito processual civil*, v. I, p. 407). De acordo com esse doutrinador, a demanda das partes é de grande valor para a interpretação da sentença e delimitação do conteúdo do julgamento, mas este valor "é puramente interpretativo e não terminativo do conteúdo da sentença, já que assim como não existe julgamento quando, em que pese ter mediado a demanda, o juiz tenha se omitido de julgar, existe, pelo contrário, o julgamento quando, mesmo sem demanda, o juiz tenha excedido ao julgar. O teor da demanda apenas assume eficácia decisiva quando o texto da sentença oferece dúvidas" (*Op. cit.*, p. 409).

À luz do art. 503 do CPC de 2015, as questões que não tenham sido expressamente decididas não são alcançadas pela coisa julgada, operando-se a seu respeito, no entanto, a preclusão, como decorre do art. 508 daquele CPC ("Transitada em julgado a decisão de mérito, considerar-se-ão deduzidas e repelidas todas as alegações e as defesas que a parte poderia opor tanto ao acolhimento quanto à rejeição do pedido").

Quanto às partes da decisão alcançadas pela coisa julgada, de acordo com os arts. 469 e 470 do CPC de 1973, não fazem coisa julgada:

a) os motivos, ainda que importantes para determinar o alcance da parte dispositiva da sentença;[1703]

b) a verdade dos fatos, estabelecida como fundamento da sentença;[1704]

c) a apreciação de questão prejudicial, decidida incidentalmente no processo, salvo se a parte o requerer (arts. 5º e 325), o juiz for competente em razão da matéria e constitui pressuposto necessário para o julgamento da lide.

Já no art. 504 do CPC de 2015 é estabelecido que não fazem coisa julgada: a) os motivos, ainda que importantes para determinar o alcance da parte dispositiva da sentença; b) a verdade dos fatos, estabelecida como fundamento da sentença.

Com isto, somente o dispositivo ou a conclusão da decisão, que contém a definição do direito no caso concreto ou a resposta do Poder Judiciário às pretensões das partes, é que faz coisa julgada.

Anote-se que, para Giuseppe Chiovenda, a "exclusão dos motivos da sentença pela coisa julgada não deve entender-se em sentido formalístico, que passe como coisa julgada somente o que está escrito na parte dispositiva da sentença. Pelo contrário, para determinar o alcance da coisa julgada é necessário, geralmente, remontar-se aos motivos para poder identificar a ação com a busca da *causa petendi*. Ademais, os motivos podem ter importância em vários casos. Assim, quando excepcionalmente a lei disponha que se investiguem as razões pelas quais se decidiu, para ver se a sentença deve afetar ou não distintas das partes do processo; tal é o caso do vendedor não chamado ao processo pelo comprador; a lei o permite provar que havia motivos suficientes para poder rechaçar a demanda, e isto com o fim de excluir a ação de garantia (art. 1.497, Cód. Civil.)".[1705]

Cumpre mencionar, por fim, que não fazem coisa julgada:

a) despachos;

b) as decisões interlocutórias (decisões por meio das quais são decididas, no curso do processo, questões incidentais);[1706]

c) as sentenças inexistentes.

As sentenças terminativas produzem coisa julgada apenas formal, diante da possibilidade de o autor ajuizar novamente a ação.

A sentença homologatória de acordo vale, para as partes, como decisão irrecorrível, produzindo, então, coisa julgada material (art. 831, parágrafo único, da CLT).

3.7.4. Ao juiz é vedado proferir decisão a respeito de questões já decididas relativas à mesma lide (art. 836 da CLT, art. 471, *caput*, do CPC de 1973 e art. 505, *caput*, do CPC de 2015). Trata-se da *eficácia negativa* da coisa julgada.

No entanto, o nosso ordenamento jurídico estabelece exceções para esta regra.

Neste sentido, dispõe o art. 471 do CPC de 1973 que ao juiz é lícito decidir novamente as questões decididas, relativas à mesma lide: a) na hipótese de relação jurídica continuativa, em que sobreveio modifi-

(1703) Motivos são os argumentos que sustentam o acolhimento ou a rejeição de uma pretensão.

(1704) Em processo posterior, o juiz não é obrigado a considerar verdadeiros os fatos assim considerados no processo anterior.

(1705) *Principios de derecho procesal civil*, t. II, p. 454.

(1706) A decisão interlocutória pode ser impugnada quando da apresentação de recurso contra a decisão definitiva (art. 893, § 1º, da CLT).

cação no estado de fato ou de direito e for a ele requerida a revisão do que foi estatuído na sentença; b) nos demais casos previstos em lei.

O CPC de 2015 trata da matéria no art. 505, segundo o qual nenhum juiz decidirá novamente as questões já decididas relativas à mesma lide, salvo:

a) se, tratando-se de relação de trato continuado, sobreveio modificação no estado de fato ou de direito, caso em que a parte pode pedir a revisão do que foi estatuído na sentença;

b) nos demais casos previstos em lei (oposição de embargos de declaração e ajuizamento de ação rescisória, por exemplo).

Assim, à luz do art. 471, I, do CPC de 1973 e do art. 505, I, do CPC de 2015, a decisão condenatória ao pagamento de adicional de insalubridade ou de periculosidade proferida no curso da relação de emprego pode ser revista quando as condições de trabalho são alteradas, com o afastamento do agente insalubre ou do risco a que estava exposto o trabalhador (art. 194 da CLT). A hipótese é de relação jurídica continuativa ou de trato continuado (o adicional é devido mensalmente, enquanto persistirem as mesmas condições) e de alteração no estado de fato presente no momento do proferimento da decisão condenatória.[1707]

O mesmo raciocínio é aplicável na hipótese de alteração do estado de fato decorrente do fornecimento de equipamento de proteção coletivo ou individual que elimine a insalubridade. Esta é, inclusive, a situação referida na Súmula n. 80 do TST: "A eliminação da insalubridade mediante fornecimento de aparelhos protetores aprovados pelo órgão competente do Poder Executivo excluirá a percepção do respectivo adicional".

A decisão condenatória também poderá ser revista, sem ofensa à coisa julgada, quando as atividades do trabalhador sejam, por norma posterior, afastadas do rol das atividades insalubres ou perigosas (trata-se de hipótese de modificação no estado de direito).[1708]

Em qualquer destas três situações, o empregador poderá ajuizar, visando à revisão do que foi estatuído na sentença, ação revisional, cumprindo-lhe comprovar a alteração do estado de fato ou de direito em que se fundamentou a sua condenação. A possibilidade de revisão das decisões judiciais é expressamente admitida pelo art. 873 da CLT.

Pontes de Miranda, que prefere falar em *ação de modificação*, sustenta que ela tem a natureza de ação mandamental, posto que do seu julgamento, se acolhida a pretensão de modificação, resulta um "mandamento contra a eficácia da sentença".[1709]

A decisão que acolhe o pedido de revisão produzirá efeitos a partir do ajuizamento da demanda, momento em que a coisa torna-se novamente litigiosa. Mas, para evitar futura alegação de mora, no caso de improcedência da pretensão revisional, o empregador pode requerer o depósito em juízo da quantia devida a partir da propositura da demanda, no caso de ter a ação como objeto a condenação ao pagamento de adicional de insalubridade, por exemplo.

Observe-se que o art. 471 do CPC de 1973 e o art. 505 do CPC de 2015 não vedam a revisão da decisão proferida em ação revisional. Ação revisional posterior, no entanto, deve se fundar em nova alteração do estado de fato ou de direito, subsequente ao proferimento da decisão revisional da decisão original.

3.8. Eficácia preclusiva da coisa julgada material.

O art. 474 do CPC de 1973 dispõe que, "passada em julgado a sentença de mérito, reputar-se-ão deduzidas e repelidas todas as alegações e defesas, que a parte poderia opor assim ao acolhimento como à rejeição do pedido", o que, no CPC de 2015, é tratado no art. 508, *in verbis*: "Transitada em julgado a decisão de mérito, reputar-se-ão deduzidas e repelidas todas as alegações e as defesas que a parte poderia opor tanto ao acolhimento como à rejeição do pedido".

(1707) A hipótese não é de revisão da decisão a partir do reexame das mesmas condições fáticas levadas a julgamento. A decisão fundada nestas condições não pode ser revista, por estar acobertada pela coisa julgada.

(1708) *Não constitui alteração do estado de direito a alteração na jurisprudência predominante nos tribunais superiores.*

(1709) *Comentários ao Código de Processo Civil*, t. V, p. 153.

Destarte, passada em julgado a decisão, reputam-se decididas e repelidas também as alegações e defesas que as partes poderiam opor (isto é, o que poderia ter sido deduzido como fundamento da ação e da defesa). Isto equivale a dizer que é vedado, depois do trânsito em julgado da decisão, discutir e apreciar alegações e defesas que poderiam ter influência na solução da demanda e que deixaram de ser apresentadas no curso do processo.

Para Luiz Machado Guimarães "não somente as questões efetivamente suscitadas ('o deduzido'), como também as que poderiam ter sido deduzidas ('o deduzível'), são atingidas pelo efeito preclusivo da coisa julgada, se bem que não adquirem elas próprias e *per se* a autoridade de coisa julgada. Não é, portanto, a coisa julgada, por si mesma, que cobre o 'deduzível'; é o efeito preclusivo da coisa julgada que atinge, resguardando a imutabilidade do julgado".[1710]

3.9. Coisa julgada criminal e seus efeitos no processo do trabalho.

Discute-se, na doutrina, sobre os efeitos da coisa julgada criminal no processo do trabalho.

Antes de examinar a questão, cumpre observar que a CLT dispõe que, havendo condenação criminal o empregado poderá ser dispensado por justa causa, salvo se tiver ocorrido suspensão da execução da pena (art. 482, *d*), tratando, então, da impossibilidade de continuidade da prestação de serviços em razão da condenação criminal sem suspensão da execução da pena e não dos efeitos da coisa julgada criminal no processo do trabalho.

Segundo o art. 482, *d*, da CLT, sendo inviável a continuidade da relação, o empregador está autorizado a dispensar o trabalhador por justa causa.

De outro lado, se apesar da condenação for possível a continuidade da prestação de serviços, o empregador não poderá dispensar o trabalhador por justa causa com esteio no art. 482, *d*, da CLT (a dispensa por outro motivo, evidenciado pela condenação criminal, não está afastada, sendo vedada apenas a dispensa com fundamento no art. 482, *d*, da CLT).

Quando se fala em efeitos da coisa julgada criminal no processo do trabalho, portanto, não se alude à situação prevista no art. 482, *d*, da CLT.

O art. 935 do Código Civil dispõe que "a responsabilidade civil é independente da criminal, não se podendo questionar mais sobre a existência do fato, ou sobre quem seja o seu autor, quando estas questões se acharem decididas no juízo criminal".

Esta solução é compatível com o processo do trabalho, de forma que se pode afirmar que a responsabilidade trabalhista é independente da criminal, mas não se pode questionar sobre a existência do fato, ou sobre quem seja o seu autor, quando estas questões se acharem decididas no juízo criminal. Trata-se de hipótese de *prejudicialidade heterogênea,* tema estudado quando tratamos da suspensão do processo.

Assim, a sentença criminal transitada em julgado que afirma a materialidade do crime e define a sua autoria vincula a Justiça do Trabalho. É neste sentido, inclusive, a decisão proferida pela SDI-1 do TST: "1. Consoante disposto no art. 935 do Código Civil, os efeitos da condenação criminal irradiam-se para a esfera trabalhista, concernentes à apuração da autoria e da materialidade do delito. 2. Reconhecidas na esfera criminal a autoria e a materialidade do crime de apropriação indébita, mediante sentença condenatória transitada em julgado, não cabe à Justiça do Trabalho, ao examinar o mesmo fato, afastar a configuração de infração grave trabalhista — ato de improbidade — para efeito de caracterização de justa causa motivadora a dispensa do empregado".[1711]

Por outro lado:

a) a sentença criminal que nega a existência do fato criminoso e a sua autoria vincula a Justiça do Trabalho;

(1710) *Estudos de direito processual civil*, p. 23.

(1711) TST, E-RR n. 330500-07.2005.5.12.0045, SDI-1, Rel. Min. João Orestes Dalazen.

b) sendo o acusado absolvido por ausência de ilícito criminal, cabe à Justiça do Trabalho resolver sobre a existência de ilícito trabalhista, vez que os requisitos para a caracterização do ilícito trabalhista são distintos dos exigidos para a configuração do ilícito criminal;

c) a sentença criminal que reconhece ter sido o ato praticado em estado de necessidade, legítima defesa, estrito cumprimento do dever legal ou no exercício regular de direito vincula a Justiça do Trabalho;

d) a sentença criminal que julga extinta a punibilidade não impede o reconhecimento de responsabilidade trabalhista.

Como a sentença criminal pode ter efeitos no juízo trabalhista, ao juiz é lícito, com autorização no art. 110 do CPC de 1973 ou no art. 315 do CPC de 2015, suspender o processo até que se pronuncie a justiça criminal.

3.10. Coisa julgada inconstitucional. Relativização da coisa julgada.

Coisa julgada é a qualidade — imutabilidade e indiscutibilidade — adquirida pela decisão judicial a partir do momento em que deixa de ser passível de impugnação por meio de recurso.

Contudo, a intangibilidade da coisa julgada não é absoluta, bastando lembrar, neste sentido, que a decisão passada em julgado pode ser impugnada por meio de ação rescisória (art. 485 do CPC de 1973, art. 966 do CPC de 2015 e art. 836 da CLT).

Não é só.

Também o Poder Judiciário deve respeitar a Constituição ao julgar os conflitos de interesses que lhe sejam submetidos. A decisão judicial somente será válida e eficaz e alcançará autoridade de coisa julgada quando estiver em sintonia com a Constituição. Nesse sentido, prevê o art. 475-L, § 1º, do CPC de 1973 que é inexigível o título judicial fundado em lei ou ato normativo declarados inconstitucionais pelo Supremo Tribunal Federal, ou fundado em aplicação ou interpretação da lei ou ato normativo tidas pelo Supremo Tribunal Federal como incompatível com a Constituição Federal.

No mesmo compasso, o art. 525, § 12, do CPC de 2015 dispõe que será inexigível a obrigação reconhecida em título executivo fundado em lei ou ato normativo considerado inconstitucional pelo Supremo Tribunal Federal, ou fundado em aplicação ou interpretação da lei ou do ato normativo tido pelo Supremo Tribunal Federal como incompatível com a Constituição Federal, em controle de constitucionalidade concentrado e difuso.

A possibilidade de negar à decisão inconstitucional a força de coisa julgada é o que vem sendo denominado *relativização ou flexibilização da coisa julgada*.

A relativização ou flexibilização da coisa julgada coloca em confronto a segurança jurídica (gerada pela coisa julgada) e a justiça do pronunciamento judicial. Contudo, não se pode olvidar que a maior segurança que se pode alcançar é a existência e efetividade de uma Constituição democraticamente instituída.

A inconstitucionalidade da decisão transitada em julgado pode ser suscitada por meio de ação rescisória e de ação declaratória de nulidade (a declaração de inconstitucionalidade da lei ou ato normativo equivale à declaração de sua nulidade e, como o acessório segue a sorte do principal, declarada nula a lei ou ato normativo, nula será a decisão neles fundada).

A relativização da coisa julgada exige, porém, cautelas, seja diante do grande número de recursos de que as partes já dispõem para impugnar as decisões judiciais, seja pela possibilidade de impugnação da decisão judicial após o seu trânsito em julgado, por meio da ação rescisória, seja porque a sua admissão sem limites cria instabilidade nas relações jurídicas. Não se pode olvidar, ainda, que agride a segurança jurídica e a própria ideia de justiça a possibilidade de desconsideração ilimitada da coisa julgada.

A pretensão declaratória de inconstitucionalidade da decisão transitada em julgado não é extinta pela prescrição (a pretensão declaratória é imprescritível), mas os seus efeitos pecuniários estão sujeitos a prescrição (em eventual ação de repetição de indébito somente podem ser deferidos os créditos relativos aos cinco anos anteriores à propositura da ação).

A propósito da relativização da coisa julgada afirma Araken de Assis que "a indiscutibilidade do provimento judicial, que é o objeto da eficácia de coisa julgada, homenageia a segurança jurídica (...). No entanto, a segurança jurídica é valor constitucional que entrou em flagrante declínio e retrocesso (...). Tornou-se corriqueiro afirmar que a eficácia da coisa julgada cederá passo, independentemente do emprego da ação rescisória ou da observância do prazo estabelecido no art. 485, em algumas hipóteses. A título de exemplo, citam-se as sentenças de mérito, cujo comando seja de cumprimento materialmente impossível, e as sentenças proferidas em hipotético desacordo com valores humanos, éticos e políticos da Constituição, postos ao lado da coisa julgada no rol dos direitos fundamentais (...). Aberta a janela, sob o pretexto de observar equivalentes princípios da Carta Política, comprometidos pela indiscutibilidade do provimento judicial, não se revela difícil prever que todas as portas se escancararão às iniciativas do vencido. O vírus do relativismo contaminará, fatalmente, todo o sistema jurídico. Nenhum veto, *a priori*, barrará o vencido de desafiar e afrontar o resultado precedente de qualquer processo, invocando hipotética ofensa deste ou daquele valor da Constituição. A simples possibilidade de êxito do intento revisionista, sem as peias da rescisória, multiplicará os litígios, nos quais o órgão judiciário de primeiro grau decidirá, preliminarmente, se obedece, ou não, ao pronunciamento transitado em julgado do seu Tribunal e até, conforme o caso, do Supremo Tribunal Federal. Tudo, naturalmente, justificado pelo respeito obsequioso à Constituição e baseado na volúvel livre convicção do magistrado inferior. Por tal motivo, mostra-se flagrante o risco de se perder qualquer noção de segurança e de hierarquia judiciária. Ademais, os litígios jamais acabarão, renovando-se, a todo instante, sob o pretexto de ofensa a este ou aquele princípio constitucional".[1712]

Cumpre recordar que o nosso ordenamento jurídico adota uma forma mista de controle jurisdicional da constitucionalidade das leis e atos normativos (controle que tem por finalidade defesa da Constituição e de sua supremacia), sendo combinados:

a) o *controle difuso:* na decisão do caso concreto qualquer juiz ou tribunal pode examinar a constitucionalidade da lei;

b) o *controle concentrado*: que é realizado pelo STF.[1713]

No controle concentrado a constitucionalidade das leis e atos normativos é examinada em tese, independentemente de um caso concreto, tendo a decisão de inconstitucionalidade efeitos retroativos (*ex tunc*) e *erga omnes* (art. 28 da Lei n. 9.868/99).

No controle concentrado, ao STF é lícito, consoante prevê o art. 27 da Lei n. 9.868/99, tendo em vista razões de segurança jurídica ou de excepcional interesse social:

a) declarar a inconstitucionalidade a partir do trânsito em julgado da decisão (declaração de inconstitucionalidade com eficácia *ex nunc*);

b) declarar a inconstitucionalidade com a suspensão dos efeitos da decisão pelo espaço de tempo fixado na decisão (declaração de inconstitucionalidade com eficácia para o futuro — a lei continuará a ser aplicada durante o prazo estabelecido na decisão);

c) declarar a inconstitucionalidade sem a pronúncia da nulidade, permitindo a suspensão da aplicação da lei e dos processos em curso até que o legislador, dentro de prazo razoável, venha a se manifestar sobre a inconstitucionalidade;

d) declarar a inconstitucionalidade dotada de efeito retroativo (declaração de eficácia *ex tunc*, isto é, a partir da edição da lei), com a preservação, em sendo o caso, de determinadas situações.

Ao STF é permitido, portanto, modular os efeitos da declaração de inconstitucionalidade da lei ou ato normativo.

(1712) Eficácia da coisa julgada inconstitucional. In: DIDIER JR., Fredie (org.). *Relativização da coisa julgada*, p. 36-38.

(1713) A inconstitucionalidade pode ser formal (criação da lei em desacordo com o procedimento definido na Constituição) e material (oposição entre o conteúdo da lei e a Constituição).

Capítulo 16

Recursos. Correição Parcial

I. Recursos

1. Conceito e natureza jurídica. Limites à possibilidade de impugnação das decisões judiciais por meio de recurso

O processo é constituído por uma série de atos, voltados à solução dos conflitos de interesses submetidos à apreciação do Poder Judiciário e à realização concreta dos direitos assegurados pela ordem jurídica. Dentre estes atos, vários constituem pronunciamentos do juiz com conteúdo decisório, isto é, decisões judiciais.

As decisões judiciais podem ser impugnadas pelas partes, por meio de recurso, nos casos e formas legais.

Recurso é, portanto, o mecanismo que o ordenamento jurídico coloca à disposição das partes para a impugnação das decisões judiciais no processo em que foram proferidas.(1714)

O direito à impugnação das decisões judiciais por meio de recurso está relacionado à falibilidade do ser humano, que torna possível a ocorrência de erro do juiz na apreciação da prova e/ou na interpretação e aplicação das normas jurídicas ao caso concreto, à possibilidade de má-fé do julgador e à presumida maior capacidade de julgamento de órgão colegiado composto por juízes escolhidos por merecimento e antiguidade. Estes são os *fundamentos jurídicos* do reconhecimento do direito à interposição de recurso, aos quais é acrescentado o seu *fundamento psicológico*, qual seja, a tendência humana de não se conformar com apenas um pronunciamento sobre determinada questão, notadamente quando desfavorável.

Os recursos também contribuem para estabelecer a jurisprudência dos tribunais superiores, cuja importância resulta das funções que ela desempenha, quais sejam:

a) redução do risco de decisões contraditórias sobre situações idênticas, o que contribui para a realização do princípio da igualdade, bem como garantia da segurança e certeza quanto ao significado das normas jurídicas e da previsibilidade das decisões futuras, ou seja, o recurso atende à necessidade de celeridade com isonomia e segurança jurídica (função de *estabilização*);

b) redução das alternativas de decisão e fornecimento de asserções que não precisam, em princípio, ser questionadas e exaustivamente justificadas (função de *simplificação*);

(1714) A decisão também pode ser impugnada pelo Ministério Público do Trabalho e por terceiro (art. 499 do CPC de 1973 e art. 996 do CPC de 2015), ao passo que situações existem em que a submissão da decisão à instância superior é imposta pela própria ordem jurídica (hipóteses em que é exigida a denominada *remessa necessária*). Estas questões são examinadas mais adiante, ao tratarmos da legitimidade para interpor recurso.

c) esclarecimento dos princípios que informam o ordenamento jurídico (função *técnico-construtiva*);

d) definição da articulação entre as regras e os princípios constitutivos da ordem jurídica, com a eliminação de alternativas com eles incompatíveis (função de *controle da consistência das decisões jurídicas*);

e) redução do número de demandas, como resultado do prévio conhecimento das decisões judiciais proferidas à luz de determinadas situações (função *preventiva de litígios*);

f) favorecimento da reflexão sobre regras e princípios constitutivos do ordenamento jurídico, tornando possíveis novas interpretações e ponderações mais profundas (função *heurística e de progresso*).

O CPC de 2015 estabelece, inclusive, que os tribunais devem uniformizar sua jurisprudência e mantê-la *estável*, *integral* e *coerente* (art. 926, *caput*), assim como editar enunciados de súmula correspondentes à sua jurisprudência dominante (art. 926, § 1º), observando-se que, segundo a Instrução Normativa n. 39/16 do TST, são aplicáveis no processo do trabalho os arts. 926 a 928 do CPC de 2015 (art. 3º, XXIII).

O CPC de 2015, também valorizando a jurisprudência, dispõe, no art. 927, que os juízes e os tribunais observarão os enunciados de súmula vinculante, os enunciados das súmulas do STF em matéria constitucional e os enunciados de súmulas do TST (adaptação da disposição em destaque ao processo do trabalho).[(1715)]

Registre-se, ainda, que cabe *reclamação* da parte interessada ou do Ministério Público para: preservar a competência do tribunal; garantir a autoridade das decisões do tribunal; garantir a observância de enunciado de súmula vinculante e decisão do STF em controle concentrado de constitucionalidade e garantir a observância de acórdão proferido em julgamento de incidente de resolução de demandas repetitivas ou de incidente de assunção de competência (art. 988 do CPC de 2015, com a redação que lhe conferiu a Lei n. 13.256/16) e, ainda, que, julgando procedente a reclamação, o tribunal cassará a decisão exorbitante de seu julgado ou determinará medida adequada à solução da demanda (art. 992 do CPC de 2015) observando-se que, segundo a Instrução Normativa n. 39/2016, são aplicáveis no processo do trabalho os arts. 988 a 993 do CPC de 2015 (art. 3º, XXVII), que tratam da reclamação.[(1716)]

Vale observar que: a) a reclamação pode ser apresentada perante qualquer tribunal, ou seja, pode ser apresentada também contra juiz de primeira instância; b) a parte deve apresentar a reclamação e, ao mesmo tempo, o recurso cabível contra a decisão judicial que deu ensejo à reclamação, haja vista a previsão no sentido de que o relator poderá, se necessário, suspender o processo ou o ato impugnado para evitar dano irreparável, o que indica que a reclamação não tem efeito suspensivo (a reclamação, portanto, não substitui o recurso); c) julgando procedente a reclamação, o tribunal cassará a decisão exorbitante de seu julgamento ou determinará medida adequada à solução da controvérsia; d) é inadmissível reclamação proposta após o trânsito em julgado da decisão reclamada (a reclamação não pode ser utilizada para substituir recurso não interposto no momento próprio); e) proposta para garantir a observância de acórdão de recurso extraordinário com repercussão geral reconhecida ou de acórdão proferido em recurso extraordinário ou de revista repetitivos, quando não esgotadas as instâncias ordinárias; f) o CPC de 2015 não prevê a possibilidade de atacar a decisão proferida na reclamação por meio de recurso (arts. 988, §§ 1º e 5º, art. 989, II, e 992 do CPC de 2015, adaptados ao processo do trabalho).

(1715) Contudo, este dispositivo legal é de constitucionalidade discutível, na medida em que a Constituição da República somente estabelece a obrigatoriedade de respeito às súmulas vinculantes dos STF (art. 103-A), valendo observar, no entanto, que na Reclamação n. 1.880-6/SP, o STF considerou constitucional a obrigatoriedade de respeito à jurisprudência estabelecida por meio da legislação infraconstitucional.

(1716) Fecha-se, assim, o cerco ao juiz de primeira instância, que estará, *irremediavelmente*, vinculado às decisões dos tribunais (que seriam portadoras da *solução adequada* para o caso concreto, segundo o art. 992 do CPC), observando-se que o respeito às decisões dos tribunais constitui também critério a ser observado na promoção dos juízes, como foi registrado no Capítulo reservado à organização da Justiça do Trabalho. O CPC de 2015 adota, portanto, uma postura bem clara: *direito é aquilo que os tribunais afirmam ser o direito*. Vale lembrar que a Constituição somente admite a reclamação em relação às decisões do STF, o que significa que o CPC de 2015, sob o argumento de que é necessária a *tutela da competência e das decisões dos tribunais*, estabelece o respeito irrestrito *aos procedentes e à jurisprudência* (a reclamação é, portanto, um instrumento do regime de precedentes adotado pelo CPC de 2015, observando-se que ela não visa atender a interesse das partes, mas fazer prevalecer os precedentes judiciais).

O recurso não constitui ação autônoma, mas inaugura, no processo em que for interposto, uma nova fase do procedimento, qual seja, a fase recursal.

O recurso constitui, para a parte, um ônus, posto que a sua não interposição no momento oportuno implica preclusão do direito de impugnação da decisão por meio de recurso, acrescentando-se que, não sendo interposto recurso, a decisão que por meio dele poderia ser impugnada passará em julgado.

Ao lado da necessidade de permitir a impugnação das decisões judiciais se coloca a de proporcionar a mais rápida solução dos conflitos de interesses submetidos ao Poder Judiciário e, visando ao equilíbrio entre estas exigências, o ordenamento jurídico estabelece mecanismos para a impugnação dos pronunciamentos judiciais e, ao mesmo tempo, limita as possibilidades de sua utilização, o que faz estabelecendo:

a) os pronunciamentos judiciais passíveis de recursos;

b) os recursos cabíveis;

c) os efeitos dos recursos;

d) os pressupostos a serem atendidos para a admissão dos recursos;

e) as questões que poderão ser suscitadas nos recursos.

O recurso é apenas um dos mecanismos por meio dos quais podem as partes impugnar os atos judiciais. Assim é que, em determinadas situações, a parte pode impugnar o ato judicial por meio de ação rescisória, correição parcial, mandado de segurança e *habeas corpus*, institutos que serão examinados mais adiante. Estes mecanismos integram o rol dos denominados *sucedâneos recursais*, isto é, mecanismos que, em que pese não constituírem recurso, se prestam à impugnação de atos judiciais.

Ao rol de sucedâneos recursais podem ser acrescentados os *embargos de terceiro* (ação autônoma que visa desconstituir ordem judicial de apreensão de bens) e a *remessa necessária* (determinação para que o próprio juiz submeta a sua decisão à instância superior).

2. *Classificação*

Os recursos podem ser classificados sob diversos enfoques.

Com efeito:

a) considerando o fim colimado pelo recorrente, o recurso será *de esclarecimento* ou de *integração* (o recurso visa afastar da decisão erro, obscuridade, contradição ou omissão), *de invalidação* (o recurso busca a anulação da decisão) e *de reforma* (o recurso tem por objetivo a reforma, total ou parcial, da decisão);

b) levando em conta o juízo que o julgará, o recurso será *não devolutivo* ou *iterativo* (o recurso é julgado pelo juiz ou tribunal que proferiu a decisão impugnada), *devolutivo* ou *reiterativo* (o recurso transfere o exame da causa a órgão jurisdicional distinto daquele que proferiu a decisão impugnada) ou *misto* (o recurso permite o reexame da causa pelo órgão jurisdicional que proferiu a decisão e por outro órgão jurisdicional);

c) de acordo com o momento e motivo de sua interposição, o recurso será *principal* ou *adesivo*. É principal ou independente o recurso interposto no prazo que as partes dispõem para impugnar a decisão. É adesivo o recurso interposto no prazo que a parte tem para apresentar contrarrazões ao recurso da parte adversa (art. 500 do CPC de 1973 e art. 997 do CPC de 2015);

d) sob o prisma do seu conteúdo, o recurso será *total*, quando forem impugnadas todas as soluções conferidas às questões enfrentadas na decisão, e *parcial*, quando apenas parte das soluções adotadas for impugnada;

e) tomando em consideração os seus efeitos sobre a eficácia executiva da decisão, o recurso é *suspensivo* (o recurso impede a execução da decisão, suspendendo a sua força executiva) ou *não suspensivo* (o recurso não impede a execução da decisão, vez que não suspende a sua força executiva);

f) tendo em conta a sua finalidade imediata, o recurso será de *natureza ordinária* (recurso que tem por objetivo primeiro a tutela dos direitos subjetivos das partes[(1717)]) ou de *natureza extraordinária* (recurso que se volta, primeiro, à tutela do direito objetivo, e, indiretamente, à tutela dos direitos das partes[(1718)]). Têm natureza extraordinária, no processo do trabalho, o recurso de revista e o recurso de embargos.

José Carlos Barbosa Moreira alude aos *recursos de fundamentação livre* e aos *recursos de fundamentação vinculada*, afirmando que, "em certos casos, abstém-se a lei de fixar os limites a essa crítica, permitindo ao recorrente invocar quaisquer erros; noutros, ao contrário, cuida de discriminar o tipo (ou os tipos) de erro denunciável por meio do recurso, de tal sorte que a crítica do recorrente só assumirá relevância na medida em que afirme a existência de erro suscetível de enquadramento na discriminação legal. Daí a distinção que se pode estabelecer entre recursos de fundamentação livre e de fundamentação vinculada (...). Nos recursos de fundamentação vinculada, o recorrente precisa invocar o erro indicado como relevante (ou algum deles, se há mais de um), para que o recurso caiba, e precisa demonstrar-lhe a efetiva ocorrência na espécie (...). A tipicidade do erro é, pois, pressuposto do cabimento do recurso".[(1719)]

3. *Atos sujeitos a recurso. Protesto*

Os pronunciamentos do juiz no processo do trabalho consistem em sentenças, decisões interlocutórias e despachos (art. 893 da CLT).[(1720)]

O art. 893, *caput*, da CLT estabelece que contra as *decisões* proferidas no processo do trabalho são cabíveis os recursos que menciona. Assim, entre os pronunciamentos do juiz no processo, somente as *decisões* são passíveis de recurso, o que significa que não cabe recurso contra despachos.

De outro lado, como as decisões podem ser *interlocutórias* ou *definitivas*, o art. 893, § 1º, da CLT dispõe que não cabe recurso contra decisões interlocutórias, permitindo-se a apreciação do seu mérito somente por força de eventual recurso apresentado contra a decisão definitiva. Assim, as decisões interlocutórias não são passíveis de impugnação imediata, ou seja, são irrecorríveis, o que é reconhecido pela Instrução Normativa n. 39/2016, do TST, como se vê do seu art. 1º, § 2º.

Em suma, no processo do trabalho:

a) somente estão sujeitas a recurso as decisões definitivas;[(1721)]

b) dos despachos não cabe recurso;[(1722)]

c) as decisões interlocutórias são irrecorríveis de imediato.[(1723)]

(1717) O recurso de natureza ordinária pode versar sobre questão de fato e de direito e, para a sua apresentação, basta o inconformismo da parte com a decisão proferida.

(1718) O recurso extraordinário somente pode versar sobre questão de direito e não pode se basear no simples inconformismo da parte com a decisão proferida, devendo estar demonstrada uma das hipóteses de sua admissibilidade.

(1719) *Comentários ao Código de Processo Civil*, v. V, p. 253.

(1720) A decisão proferida pelos tribunais recebe a denominação de *acórdão* (art. 163 do CPC de 1973 e art. 204 do CPC de 2015). A decisão proferida pelos tribunais no julgamento do recurso substitui a decisão recorrida no que tiver sido objeto de impugnação (art. 512 do CPC de 1973 e art. 1.008 do CPC de 2015).

(1721) Definitivas, no art. 893, § 1º, da CLT, são as decisões não interlocutórias, isto é, decisões nas quais é resolvido o mérito da demanda (decisão definitiva propriamente dita) ou afirmada a impedimento à resolução do mérito (decisão terminativa).

(1722) Despachos são pronunciamentos que o juiz pratica, de ofício ou a requerimento da parte, para impulsionar o processo.

(1723) Nota-se aqui a influência do direito processual do trabalho sobre o direito processual civil. Com efeito, o CPC de 2015 afastou a *recorribilidade ampla das decisões interlocutórias*, que era consagrada no CPC de 1973 (art. 522). O CPC de 2015, no art. 1.105, definiu, expressamente, as decisões interlocutórias passíveis de recurso, quais sejam, aquelas que versem sobre: tutelas provisórias; mérito do processo; rejeição da alegação de convenção de arbitragem; incidente de desconsideração de persona-

Na lição de Francesco Carnelutti, ao admitir a impugnação da decisão interlocutória quando da apresentação de recurso contra a decisão definitiva, o ordenamento jurídico desloca o *dies a quo* do prazo para a sua impugnação, no sentido de que ela pode "ser impugnada no prazo útil para a impugnação da sentença definitiva".(1724) Sob este prisma, não há necessidade de manifestação de protesto contra a decisão interlocutória, visto que o protesto visa evitar a preclusão do direito de praticar determinado ato e não há preclusão quando a própria lei estabelece que a decisão interlocutória somente pode ser atacada quando da impugnação da decisão definitiva.

No entanto, a decisão interlocutória pode ser *simples* (decisão interlocutória sem efeito de decisão definitiva) ou ser *dotada de efeitos de decisão definitiva* (decisão interlocutória que torna impossível, de fato e de direito, o prosseguimento do processo(1725)). A decisão interlocutória com efeitos definitivos é passível de recurso imediato, como ocorre quando o juiz extingue a execução na fase de liquidação por força da constatação de inexistência de crédito a ser satisfeito(1726) ou for inadmitido o recurso interposto pela parte. Esta última hipótese não é de simples despacho, mas de *decisão* sobre a admissibilidade do recurso interposto, o que a torna passível de recurso, notadamente porque, não sendo admitido o recurso, sequer haverá possibilidade de questionar esta decisão em outro momento, acrescentando-se que, não sendo admitido o recurso, a decisão impugnada passará em julgado, extinguindo-se, com isso, a fase de conhecimento. A hipótese, portanto, é de decisão interlocutória com efeitos definitivos.

Existem três situações em que é admitido recurso contra decisão interlocutória, que são apontadas na Súmula n. 214 do TST. De acordo com a citada Súmula, cabe recurso contra decisão interlocutória:

a) proferida por Tribunal Regional do Trabalho em contrariedade a Súmula ou Orientação Jurisprudencial do TST;(1727)

b) suscetível de impugnação mediante recurso para o mesmo tribunal que a proferiu;(1728)

c) que acolhe exceção de incompetência em razão do local e determina a remessa dos autos para Tribunal distinto daquele a que se vincula o juízo excepcionado.(1729)

Anote-se que o CPC de 2015, além de limitar as situações em que a decisão interlocutória comporta recurso imediato (art. 1.015), também prevê a possibilidade de as questões resolvidas na fase de conhecimento

---

lidade jurídica, rejeição do pedido de gratuidade da justiça ou acolhimento do pedido de sua revogação; exibição ou posse de documentou ou coisa; exclusão de litisconsorte; rejeição do pedido de limitação do litisconsórcio; admissão ou inadmissão de intervenção de terceiro; concessão, modificação ou revogação do efeito suspensivo aos embargos à execução; redistribuição do ônus da prova nos termos do art. 373, § 1º; outros casos expressamente previstos em lei. Ao afastar a recorribilidade ampla das decisões interlocutórias o CPC de 2015 prestigia a oralidade.

(1724) *Instituciones del proceso civil*, v. II, p. 207.

(1725) COUTURE, Eduardo J. *Fundamentos del derecho procesal civil*, p. 302.

(1726) É o que ocorre quando forem horas extras registradas em cartões de ponto e for determinada a compensação dos valores pagos sob esse título, transferindo-se para a liquidação a apuração do crédito do trabalhador e na liquidação for constatado que todas as horas extras registradas se encontram pagas (dá, na hipótese, uma execução negativa).

(1727) Contrariando a decisão proferida por TRT em Súmula ou uma Orientação Jurisprudencial do TST, não se justifica aguardar a decisão definitiva para submeter a decisão ao TST. A celeridade perseguida com a vedação de recurso imediato contra decisão interlocutória cede lugar à necessidade ditada pela economia processual.

(1728) Podendo a decisão interlocutória ser submetida a reexame no próprio tribunal que a proferiu, não se justifica aguardar a decisão definitiva para que seja realizado este reexame. É o que se dá, por exemplo, quando uma Turma do TST, divergindo de decisão da SDI, afasta a prescrição acolhida e determina o retorno dos autos à instância de origem para julgamento das pretensões da parte. Neste caso, pode ser interposto recurso de embargos para a SDI, diante da divergência verificada.

(1729) Para evitar a criação de dificuldade ao acesso à justiça, decorrente da necessidade de o autor da demanda deslocar-se até outra região, mesmo ainda não sendo definitiva a decisão sobre o juízo competente para processá-la e julgá-la. Esta solução se afasta da ideia de celeridade, que informa a vedação de recurso contra decisão interlocutória, prestigiando a facilitação do acesso à justiça. Destarte, o autor da demanda, vencido originalmente na questão relacionada com a competência, somente será obrigado a se deslocar para outra região depois de aquela questão ser submetida ao duplo grau de jurisdição. À decisão sobre a exceção de incompetência que ordena a remessa dos autos para Tribunal distinto daquele a que se vincula o juízo excepcionado foi conferida a natureza de definitiva, no sentido de que é terminativa do feito naquele juízo (art. 799, § 2º, da CLT), aplicando-se o mesmo raciocínio quando, apesar de não se tratar de remessa dos autos para outra região, o acolhimento da exceção exigir deslocamento por grande distância, ainda que dentro da mesma região.

serem objeto de questionamento no recurso interposto contra a decisão final, na hipótese de a decisão a seu respeito não comportar agravo de instrumento (art. 1.009, § 1º).

Como contra despacho não cabe recurso, a parte, para evitar a preclusão do direito de questioná-lo, deve contra ele manifestar o seu *protesto*, na primeira oportunidade que tiver que falar em audiência ou nos autos (art. 795, *caput*, da CLT).

O protesto, que pode ser escrito ou verbal, não tem natureza recursal, mas contém a manifestação de contrariedade da parte em relação a determinado ato judicial, cujo objetivo é evitar a preclusão do direito de questioná-lo no recurso eventualmente interposto contra a decisão final.(1730)

O protesto deve ser registrado na ata de audiência, quando nela for manifestado oralmente. Este registro constitui direito da parte, posto que é aplicável no processo do trabalho o disposto no art. 360, V, do CPC de 2015, segundo o qual ao juiz incumbe registrar em ata, com exatidão, todos os requerimentos apresentados em audiência, valendo acrescentar que o art. 852-F da CLT determina o registro na ata de audiência dos *atos essenciais*, o que alcança o protesto, que é essencial para a parte evitar a preclusão do direito de impugnar determinado ato judicial, por força do art. 895, *caput*, da CLT.(1731)

4. Recursos admissíveis

Definidos os atos judiciais passíveis de recurso, cumpre esclarecer quais são os recursos admissíveis no processo do trabalho.

Segundo o art. 893 da CLT, no processo do trabalho são admissíveis os seguintes recursos: a) embargos;(1732) b) recurso ordinário; c) recurso de revista; e d) agravo.(1733)

Contudo, os recursos mencionados no art. 893 da CLT não são os únicos admissíveis no processo do trabalho.

Com efeito, contra as decisões proferidas pela Justiça do Trabalho também são admissíveis: recurso extraordinário (arts. 102, III, da Constituição Federal e 899, § 1º, da CLT); embargos de declaração (art. 897-A da CLT); pedido de revisão do valor da causa (art. 2º, § 1º, da Lei n. 5.584/70); recurso ordinário endereçado ao STF (art. 102, II, alínea *a*, da Constituição da República).

O recurso adesivo (art. 500 do CPC de 1973 e art. 997 do CPC de 2015), cuja admissibilidade no processo do trabalho será posteriormente examinada, não é uma nova modalidade de recurso, mas *forma de interposição do recurso* (trata-se de interposição de forma adesiva ao recurso da outra parte).

5. Efeitos dos recursos

Efeitos dos recursos são as consequências jurídicas da sua interposição.

A interposição do recurso impede o trânsito em julgado da decisão, naquilo que houver sido objeto de impugnação (*efeito impeditivo ou obstativo do trânsito em julgado da decisão*),(1734) devolve ao Tribunal ou ao mesmo juiz que proferiu a decisão o conhecimento da causa (*efeito devolutivo*)(1735) e pode resultar na suspensão da eficácia executiva da decisão (*efeito suspensivo*).

(1730) O protesto é uma criação do uso forense e substitui, no processo do trabalho, o agravo de instrumento (arts. 496, II, e 522 do CPC de 1973) ou o agravo (arts. 994, II e 1.015 do CPC de 2015). O protesto, não possuindo natureza recursal, dispensa fundamentação da parte e não comporta contrarrazões.

(1731) A essencialidade dos atos a serem registrados na ata deve levar em conta também o interesse das partes.

(1732) A hipótese não de embargos de declaração, mas de recurso a ser interposto no TST, como se verá mais adiante.

(1733) Várias são as espécies de agravos cabíveis no processo do trabalho, quais sejam, agravo de instrumento, agravo de petição, agravo interno e agravo regimental. Com isso, no inciso IV do art. 893 da CLT deveria ter constado *agravos* e não *agravo*.

(1734) A parte da decisão não impugnada por meio do recurso passa em julgado e pode ser executada definitivamente.

(1735) Fala-se em *efeito devolutivo em profundidade* para significar a amplitude da devolução do conhecimento da causa à instância superior em razão da interposição do recurso. O Tribunal pode examinar todas as questões surgidas na demanda (*efeito devolutivo pleno*) ou apenas algumas das questões surgidas no curso da demanda (*efeito devolutivo limitado*).

Os recursos trabalhistas, além de impedir o trânsito em julgado da decisão, têm efeito meramente devolutivo, salvo as exceções previstas em lei, sendo permitida a execução provisória até a penhora (arts. 876 e 899 da CLT).[1736]

O direito processual do trabalho adota, como regra, o *princípio da executividade imediata das decisões* judiciais, visando garantir a tempestividade e a eficácia da tutela jurisdicional conferida à parte.[1737]

Como em regra o recurso somente tem efeito devolutivo, o juiz não está obrigado a apontar, no despacho que examina a sua admissibilidade, o efeito em que o recebe ou os motivos pelos quais o recebe apenas no efeito devolutivo. A concessão de efeito suspensivo ao recurso, quando isto seja possível, é que deve ser fundamentada.

De acordo com Nelson Nery Júnior, "a aptidão para provocar o reexame da decisão impugnada por meio de recurso já é suficiente para caracterizar o efeito devolutivo do recurso. Não há necessidade de que o órgão destinatário seja diverso daquele que proferiu o ato impugnado. Assim, mesmo os embargos de declaração e os embargos infringentes do art. 34 da LEF, dirigidos ao mesmo órgão de que proveio a decisão recorrida, têm efeito devolutivo".[1738] Para José Carlos Barbosa Moreira, "chama-se devolutivo ao efeito do recurso consistente em transferir ao órgão *ad quem* o conhecimento da matéria julgada em grau inferior de jurisdição (...). Há devolução sempre que se transfere ao órgão *ad quem* algo que fora submetido ao órgão *a quo* (...). Quando a lei, a título de exceção, atribui competência ao próprio órgão *a quo* para reexaminar a matéria impugnada, o efeito devolutivo ou não existe (como nos embargos de declaração), ou fica diferido, produzindo-se unicamente após o juízo de retratação: assim no agravo de instrumento (art. 523, § 2º...)".[1739]

(1736) Nota-se, também aqui, a influência do direito processual do trabalho sobre o direito processual civil, vez que o CPC de 2015, prestigiando o *princípio da executividade imediata das decisões judiciais* ou *da eficácia imediata da sentença*, limita os efeitos dos recursos, estabelecendo, no art. 995, que os recursos não impedem a eficácia da decisão, salvo disposição legal ou decisão em sentido inverso, valendo lembrar que o CPC de 1973 apenas dispõe que o recurso extraordinário e o recurso especial não impedem a execução da sentença (art. 497). No entanto, segundo o art. 1.012 do CPC de 2015, a apelação terá efeito suspensivo, exceto nas situações que define e em outras hipóteses previstas em lei. No processo do trabalho também o recurso ordinário apresentado contra decisão proferida pela primeira instância da Justiça do Trabalho terá efeito somente devolutivo, por força do art. 899 da CLT. É interessante notar que o CPC admite que os efeitos materiais da sentença sejam produzidos antes mesmo do seu proferimento, na hipótese de antecipação de tutela, ao mesmo tempo em que estabelece que a sentença terá sua eficácia prejudicada pela sua impugnação mediante apelação, o que faz com que uma decisão interlocutória tenha mais força de que uma decisão definitiva. Dentre as situações em que é estabelecido o cumprimento imediato está a de sentença que extingue sem resolução de mérito ou julga improcedentes os embargos do executado, confirma, concede ou revoga tutela provisória (art. 1.012, § 1º, III, IV e V, do CPC de 2015).

(1737) Em relação ao recurso extraordinário e ao recurso de revista, o pedido de concessão de efeito suspensivo poderá ser formulado por requerimento dirigido: a) ao tribunal superior respectivo, no período compreendido entre a publicação da decisão de admissão do recurso e sua distribuição, ficando o relator designado para seu exame prevendo para julgá-lo; b) ao relator, se já distribuído o recurso; ao presidente ou vice-presidente do tribunal recorrido, no período compreendido entre a interposição do recurso e a publicação da decisão de admissão do recurso, assim como no caso de o recurso ter sido sobrestado, nos termos do art. 1.037 (art. 1.029, § 5º, do CPC de 2015, com a redação que lhe conferiu a Lei n. 13.256/16). O art. 1.037 do CPC de 2015 trata da suspensão dos recursos pendentes de julgamento no caso de recursos repetitivos. Como o pedido do recorrente não envolve os *efeitos materiais do provimento futuro*, ou seja, da decisão a ser proferida no julgamento do recurso, mas, apenas, suspender a eficácia da decisão recorrida, para evitar risco à utilidade do próprio recurso, a hipótese não é de *antecipação de tutela recursal*, mas de cautelar recursal. A hipótese é de pedido manifestado no curso do processo, ou seja, incidental, o que dispensa o ajuizamento de ação cautelar por parte do recorrido. Observe-se que, no caso de recurso ordinário ainda não endereçado ao tribunal, o pedido de medida cautelar deve ser apresentado ao presidente do tribunal competente para o seu julgamento, no período compreendido entre a interposição do recurso e sua distribuição, ou ao relator, se o recurso ordinário já tiver sido distribuído (art. 1.012, § 3º, I e II, do CPC de 2015). É interessante notar que o CPC de 2015 define como pressuposto para a suspensão da eficácia da decisão a probabilidade de provimento do recurso ou, se, sendo relevante a fundamentação, houver risco de dano grave *ou* de difícil reparação, *isto para o caso de apelação* (art. 1.012, § 4º), ao passo que, *tratando dos recursos em geral*, define como pressuposto para a suspensão da eficácia da decisão o risco de *dano grave, de difícil ou impossível reparação, e a demonstração da probabilidade do provimento do recurso* (art. 995, parágrafo único).

(1738) *Teoria geral dos recursos*, p. 370. Por essa razão, é mais apropriado falar em efeito devolutivo como a devolução ao Poder Judiciário do reexame da causa.

(1739) *Comentários ao Código de Processo Civil*, v. V, p. 259-260. É dotado de *efeito devolutivo regressivo* o recurso que devolve o julgamento da causa ao mesmo juiz que proferiu a decisão impugnada.

Aduz Nelson Nery Júnior ao *efeito translativo*, afirmando que há casos "em que o sistema processual autoriza o órgão *ad quem* a julgar fora do que consta das razões e contrarrazões do recurso, ocasião em que não se pode falar em julgamento *extra*, *ultra* ou *infra petita*. Isto ocorre normalmente com as *questões de ordem pública*, que devem ser conhecidas de ofício pelo juiz e a cujo respeito não opera a preclusão".[1740]

Nelson Nery Júnior acrescenta o efeito:

1) substitutivo: "a decisão a respeito do mérito do recurso substitui integralmente a decisão recorrida (...). Conhecido o recurso, pelo juízo de admissibilidade positivo, passando-se ao exame do mérito recursal, haverá efeito substitutivo do recurso quando: a) em qualquer hipótese (*error in judicando* ou *in procedendo*) for negado provimento ao recurso; b) em caso de *error in judicando*, for dado provimento ao recurso";[1741]

2) expansivo: "Há efeito expansivo objetivo interno quando o tribunal, ao apreciar a apelação interposta contra sentença de mérito, por exemplo, dá-lhe provimento e acolhe preliminar de litispendência. Essa decisão sobre questão preliminar estende-se por toda a sentença, invalidando-a (...). Quando, em suma, o efeito expansivo se dá relativamente ao mesmo ato impugnado, diz-se que é interno. Verifica-se o efeito expansivo objetivo externo, quando é provido recurso de agravo de instrumento (...). Provido o agravo pelo tribunal *ad quem*, todos os atos processuais praticados depois de sua interposição, que com a nova decisão sejam incompatíveis, são, *ipso facto*, considerados sem efeito, devendo ser renovados. O mesmo se pode dizer quanto aos atos praticados no curso de execução provisória da sentença, caso seja provido o recurso recebido apenas no efeito devolutivo (art. 587, CPC), atos esses que ficam sem efeito conforme expressa determinação do art. 588, n. III, do CPC. Quando o efeito expansivo se dá relativamente a outros atos praticados no processo, e não apenas ao mesmo ato impugnado, diz-se que se trata de efeito expansivo externo. O objeto da extensão dos efeitos do julgamento do recurso pode ocorrer do ponto de vista subjetivo (...) é o caso, por exemplo, do recurso interposto por um dos litisconsortes sob o regime da unitariedade. O art. 509 do CPC diz que o recurso de um dos litisconsortes aproveita aos demais, salvo quando distintos ou opostos seus interesses".[1742]

6. Forma de interposição e fundamentação do recurso. Juntada de documentos na fase recursal. Contrarrazões ao recurso

6.1. O art. 899 da CLT dispõe que o recurso será interposto por *simples petição*, o que equivale a dizer que o recurso deve ser interposto por petição escrita, não sendo admitido o recurso verbal, ao contrário do que ocorre com a reclamação (art. 840 da CLT).

Na petição de recurso o recorrente deverá:

a) identificar as partes[1743] e o processo no qual o recurso é apresentado;[1744]

(1740) *Teoria geral dos recursos*, p. 482-483. Trata-se, no entanto, do próprio efeito devolutivo do recurso, em razão do qual o Tribunal pode reexaminar a causa, não apenas no que tiver sido objeto de impugnação do recorrente, mas também em relação às questões que podem ser conhecidas de ofício (art. 267, § 3º, do CPC de 1973 e art. 485, § 3º, do CPC de 2015), assim como em relação às questões que o tribunal está autorizado a examinar apesar de não terem sido decididas em primeira instância (art. 515, § 1º, do CPC de 1973 e art. 1.013, § 1º, do CPC de 2015).

(1741) *Teoria geral dos recursos*, p. 421. A interposição do recurso permite a substituição da decisão da lide por outra. Como anota Giuseppe Chiovenda, quando no julgamento do recurso se profere "uma nova sentença de mérito que confirma ou reforma a primeira, deve aquela considerar-se como a única estatuição da autoridade jurisdicional quanto ao mérito da controvérsia" (*Instituições de direito processual civil*, v. III, p. 269).

(1742) *Teoria geral dos recursos*, p. 510-514. Opera-se o efeito expansivo do recurso aforado contra sentença proferida em dissídio coletivo (sentença normativa) em relação à ação de cumprimento que a tenha como fundamento. Desse modo, se for anulada a sentença normativa, restará prejudicada a ação de cumprimento nela fundamentada.

(1743) Havendo vários recorrentes ou recorridos, admite-se que da peça recursal conste o nome de apenas um deles seguido da expressão "e outros".

(1744) O erro na indicação do número do processo não é suficiente para impedir a admissão do recurso, desde que corretamente identificados as partes e o juízo no qual se recorre.

b) indicar os fundamentos da pretensão de esclarecimento, anulação ou reforma da decisão impugnada (*razões do recurso*);

c) apresentar pedido de proferimento de nova decisão.

Em relação aos recursos de natureza extraordinária, o recorrente também deverá demonstrar, em preliminar, a presença de uma de suas hipóteses de admissibilidade.

A parte não está dispensada de fundamentar o recurso, posto que:

1) em relação a alguns recursos, a CLT exige, expressamente, que o recorrente aponte as razões do seu inconformismo e demonstre estarem presentes as condições necessárias para a sua admissão, como se dá com o recurso de revista, por exemplo;

2) como o recurso devolve ao Tribunal o conhecimento da *matéria impugnada*, a parte deve apontar no recurso as questões que pretende ver reexaminadas;

3) dispõe a CLT que, interposto o recurso, o recorrido deverá ser intimado para oferecer suas razões (art. 900). As razões do recorrido são as contrarrazões às *razões do recorrente;*

4) o art. 899 da CLT, quando alude à interposição do recurso por *simples petição*, apenas trata da *forma de interposição do recurso*, não dispensando a sua fundamentação.

Em relação aos recursos nos dissídios coletivos, o Precedente Normativo n. 37 do TST prevê que, "nos processos de dissídio coletivo só serão julgadas as cláusulas fundamentadas na representação, em caso de ação originária, ou no recurso". No dissídio coletivo, portanto, o recurso também deve ser motivado.

Recorde-se, inclusive, que o juiz, ao proferir decisão, apreciará a prova dos fatos alegados pelas partes, definirá fatos provados e fará incidir sobre estes fatos a norma abstrata que os disciplina, isto é, definirá as consequências jurídicas decorrentes da incidência da norma abstrata sobre o suporte fático resultante da prova constante dos autos. Ao impugnar a decisão, a parte poderá questionar o acerto do juiz em relação à definição dos fatos provados e das suas consequências jurídicas, mas, deverá demonstrar que o juiz não agiu com acerto ao valorar a prova e, com isso, na definição dos fatos provados, e/ou ao definir a norma regente do caso concreto.

Em suma, a parte deverá apontar no seu recurso as razões que entende suficientes para a declaração, anulação ou reforma da decisão, o que exige que ataque, na sua peça recursal, as razões que sustentam a decisão impugnada.

O TST adotou, em relação aos recursos que lhe sejam endereçados, o entendimento de que não se conhece de recurso "se as razões do recorrente não impugnam os fundamentos da decisão recorrida, nos termos em que proferida" (Súmula n. 422, I), o que não se aplica "em relação à motivação secundária e impertinente, consubstanciada em despacho de admissibilidade de recurso ou em decisão monocrática" (Súmula n. 422, II), mas ressaltou que é "inaplicável a exigência do item I relativamente ao recurso ordinário da competência de Tribunal Regional do Trabalho, exceto em caso de recurso cuja motivação é inteiramente dissociada dos fundamentos" (Súmula n. 422, III), indicando que não se exige a fundamentação do recurso ordinário da competência de TRT.[(1745)]

Esta Súmula se distancia do disposto no art. 514, III, do CPC de 1973 e no art. 1.010 do CPC de 2015, segundo os quais a apelação conterá a exposição do fato e do direito (CPC de 1973) ou as razões do pedido de reforma ou de decretação de nulidade (CPC de 2015), acrescentando-se que o art. 932, III, do CPC de 2015 prevê que ao relator incumbe não conhecer de recurso que não tenha impugnado especificamente os fundamentos da decisão recorrida.

(1745) Esta Súmula foi alterada em junho de 2015 e anteriormente somente previa que "não se conhece de recurso para o TST, pela ausência de requisito de admissibilidade inscrito no art. 515, II, do CPC, quando as razões do recorrente não impugnam os fundamentos da decisão recorrida, nos termos em que fora proposta".

6.2. Na fase recursal, somente é admitida a juntada de documento quando for comprovado o justo impedimento para a sua oportuna apresentação ou ele se referir a fato posterior à sentença (Súmula n. 8 do TST). Sendo juntado documento na fase recursal, à parte contrária deve ser conferida oportunidade para manifestação (art. 398 do CPC de 1973 e art. 437, § 1º, do CPC de 2015).

6.3. Interposto o recurso, o recorrido deverá ser intimado para oferecer contrarrazões, em prazo igual ao que tiver o recorrente para apresentar recurso (art. 900 da CLT).

A apresentação de contrarrazões constitui uma faculdade do recorrido, o que significa que a possibilidade de alcançar êxito na fase recursal não depende da apresentação de contrarrazões ao recurso da parte contrária.

Como prevê o art. 1.009, § 1º, do CPC de 2015, as questões resolvidas na fase de conhecimento, se a decisão a seu respeito não comportar agravo de instrumento, não são cobertas pela preclusão e devem ser suscitadas em preliminar de apelação, eventualmente interposta contra a decisão final, *ou nas contrarrazões*. Trata-se, assim, da possibilidade de o recorrido apresentar *pedido recursal*, versando sobre decisão interlocutória proferida no curso do processo.

O disposto no art. 1.009, § 1º, do CPC de 2015 é compatível com o direito processual do trabalho, no que comporta ao recurso ordinário. É que o direito processual do trabalho também afasta a preclusão em relação às decisões interlocutórias (art. 893, § 1º, da CLT) e adota, como princípio, a simplificação das formas e procedimentos. Com isso, o recorrente poderá, em preliminar, impugnar as decisões interlocutórias proferidas no curso do processo, ao passo que o recorrido poderá fazer o mesmo nas contrarrazões (o que significa que, para impugnar tais decisões, o recorrido não precisa interpor recurso).

Se o recorrido apresenta, nas contrarrazões, pedido recursal, o recorrente deverá ser intimado para apresentar contrarrazões a este pedido (art. 1009, § 2º, do CPC de 2015).

7. De quem pode subscrever petição de recurso

Reconhecido às partes o *jus postulandi* (capacidade de postular pessoalmente em juízo — art. 791 da CLT), não há como a elas negar a possibilidade de subscrever petição de recurso, observando-se, no entanto, que o TST, por meio da Súmula n. 425, restringiu o alcance do *jus postulandi* à postulação perante as Varas do Trabalho e os Tribunais Regionais do Trabalho.

Também pode firmar o recurso o advogado que assiste a parte, mas considera-se ineficaz o recurso subscrito com advogado sem procuração nos autos, salvo a hipótese de mandato tácito.

O preposto somente representa a parte em audiência (art. 843, *caput* e § 1º, da CLT), razão pela qual não pode subscrever petição de recurso.

8. Da lei que rege o recurso

O recurso é regido pela lei vigente na data em que é publicada a decisão (art. 915 da CLT), visto que é neste momento que surge o direito à sua impugnação.[1746] Com isso, a lei nova não afeta o direito ao recurso que a lei vigente na data da publicação da decisão colocava à disposição da parte.

Todavia, "quanto ao procedimento cabível, inclusive para o julgamento do recurso, não há dúvidas de que se subordina, desde a respectiva entrada em vigor, às prescrições da lei nova. Aqui, o princípio aplicável é, pura e simplesmente, o da imediata incidência".[1747]

(1746) A questão foi enfrentada quando tratamos da aplicação da norma processual no tempo.

(1747) MOREIRA, José Carlos Barbosa. *Comentários ao Código de Processo Civil*, v. V, p. 270.

9. Princípios informadores do sistema recursal

O sistema recursal é regido por vários princípios, quais sejam:

a) *duplo grau de jurisdição*: pode a demanda, sendo atendidos determinados pressupostos e respeitados os limites impostos pela ordem jurídica, ser submetida a dois órgãos jurisdicionais distintos;

b) *legalidade* ou *taxatividade*: a parte somente pode utilizar os recursos que a ordem jurídica coloca à sua disposição;[(1748)]

c) *unirrecorribilidade, singularidade* ou *unicidade*: não é admitida a interposição simultânea de mais de um recurso contra a mesma decisão;[(1749)]

d) *fungibilidade* ou *conversibilidade*: um recurso pode ser admitido por outro quando não ocorra má-fé ou erro grosseiro na sua interposição e tenham sido atendidos os pressupostos de admissibilidade do recurso adequado para a hipótese;[(1750)]

e) *irrecorribilidade imediata das decisões interlocutórias*: as decisões interlocutórias não são passíveis de recurso imediato e somente podem ser atacadas no recurso apresentado contra a decisão definitiva (art. 893, § 1º, da CLT), exceto nas situações previstas na Súmula n. 214 do TST, o que é reconhecido pela Instrução Normativa n. 39/2016 do TST, como se vê do seu art. 1º, § 2º;[(1751)]

f) *sucumbência* ou *da lesividade*: somente a parte vencida ou o terceiro prejudicado pela decisão pode recorrer (art. 499 do CPC de 1973 e art. 996 do CPC de 2015);[(1752)]

g) *vedação de reformatio in pejus:* o tribunal não pode agravar a situação da parte no julgamento do recurso por ela interposto;[(1753)]

h) *personalidade*: salvo norma expressa em sentido contrário, apenas o recorrente é beneficiado pelo julgamento do recurso por ele interposto;[(1754)]

i) *dialeticidade*: o pedido de declaração, anulação ou reforma da decisão deve ser fundamentado, isto é, a parte deve apontar no recurso as razões do seu inconformismo com a decisão e que justificam a anulação, a reforma ou a declaração da decisão;[(1755)]

(1748) Para Nelson Nery Júnior, esse princípio significa que são considerados recursos "aqueles designados, em *numerus clausus*, pela lei federal" (*Teoria geral dos recursos*, p. 48).

(1749) Segundo Wagner Giglio, "a única possibilidade de cabimento de dois recursos contra a mesma decisão poderia ocorrer tão somente em hipótese baseada na Lei n. 5.584/70: se o valor dado à causa pelo juiz for superior ao de dois salários mínimos e, impugnado em razões finais, for mantido, seriam cabíveis, contra a decisão final, tanto o pedido de revisão quanto o recurso ordinário" (*Direito processual do trabalho*, p. 417). Para Wagner Giglio, apresentado pedido de revisão do valor da causa e recurso ordinário, "a solução será aplicar o art. 498 do CPC, por analogia, ao que parece. Dessa forma, ficaria suspenso o processamento do recurso ordinário até o processamento do pedido de revisão, mesmo porque, provido este para que o valor da causa seja fixado em quantia inferior a dois salários mínimos, ficaria automaticamente reconhecido o trânsito em julgado da decisão de primeiro grau, contra a qual não caberia recurso ordinário ou outro recurso qualquer" (*Op. cit.*, p. 413). Não reputamos admissível a suspensão do processo, posto que o pedido de revisão não tem efeito suspensivo e deve ser julgado em 48 horas, contadas de sua apresentação no Tribunal. Se o valor da causa for reduzido para valor inferior a dois salários mínimos ou for o valor impugnado menor que dois salários mínimos mantido, o recurso ordinário ter-se-á por prejudicado.

(1750) A este tema retornaremos mais adiante.

(1751) A vedação de recurso contra as decisões interlocutórias tem por escopo imprimir maior celeridade ao processo e, com isso, à solução definitiva da lide.

(1752) O Ministério Público também possui legitimidade para apresentar recurso, atuando como parte ou fiscal da ordem jurídica. Quando o Ministério Público do Trabalho não é parte, a lesividade que o autoriza a apresentar recurso está na ofensa à ordem jurídica.

(1753) Esta vedação é expressamente consagrada no art. 617 do Código de Processo Penal, *in verbis*: "o Tribunal, câmara ou turma atenderá nas suas decisões ao disposto nos art. 383, art. 386 e art. 387, no que for aplicável, não podendo, porém, ser agravada a pena, quando somente o réu houver apelado da sentença". Trata-se do denominado *efeito prodrômico da sentença*, que implica vedação da sua *reformatio in pejus* em relação à parte recorrente.

(1754) Como foi visto quando do exame dos efeitos dos recursos, situações existem em que o resultado do julgamento beneficia mesmo aquele que não apresentou recurso, como ocorre, por exemplo, em relação ao recurso interposto por um dos litisconsortes, quando não sejam distintos ou opostos seus interesses (arts. 509 do CPC de 1973 e 1.005 do CPC de 2015).

(1755) A questão foi enfrentada quando do exame da forma de interposição e fundamentação do recurso.

j) *efeito meramente devolutivo dos recursos*: em regra, os recursos têm efeito apenas devolutivo;

k) *concentração*: a petição de interposição do recurso deve ser acompanhada pelas razões do inconformismo da parte em relação à decisão impugnada, não sendo permitido interpor o recurso e, posteriormente, apresentar as razões respectivas.

10. Pressupostos de admissibilidade do recurso

10.1. Conceito. Súmula impeditiva de recurso.

A pretensão manifestada no recurso somente será examinada se forem atendidos determinados pressupostos, denominados *pressupostos de admissibilidade do recurso*.

Pressupostos de admissibilidade do recurso são os requisitos a serem atendidos para que possa ser examinado o seu mérito.

A necessidade da verificação do atendimento destes pressupostos faz com que o recurso passe por dois momentos de julgamento, correspondentes ao *juízo de admissibilidade* e ao *juízo de mérito*.

O juízo de admissibilidade, isto é, o exame do atendimento dos pressupostos de admissibilidade do recurso, é duplo.

Com efeito, o atendimento dos pressupostos recursais é examinado no *juízo a quo* (juízo no qual é proferida a decisão impugnada por meio de recurso) e no *juízo ad quem* (juízo competente para o julgamento do recurso), não estando este vinculado à decisão daquele (o recurso admitido em Primeira Instância pode ter sua admissão negada na Instância Superior), o que significa que o juízo de admissibilidade realizado no juízo no qual se recorre seja provisório.[1756]

A duplicidade do exame de admissibilidade do recurso é consagrada pelo CPC de 1973, em relação à apelação (art. 517, § 2º), ao recurso especial e ao recurso extraordinário (art. 542, § 1º). O CPC de 2015 dispunha, na sua redação original, que, findo o prazo para contrarrazões à apelação, ao recurso especial ou ao recurso extraordinário, os autos deveriam ser remetidos ao tribunal competente para o seu julgamento, *independentemente do juízo de admissibilidade* (art. 1.010, § 3º, e art. 1030, *caput* e § 1º), afastando, dessa forma, a duplicidade do juízo de admissibilidade. No entanto, a Lei n. 13.256/16 restabeleceu o juízo de admissibilidade no tribunal de origem em relação ao recurso especial e ao recurso extraordinário, o que fez conferindo nova redação ao art. 1.030 do CPC de 2015. Contudo, a citada lei não alterou a redação do art. 1.010, § 3º, mantendo, com isso, a negativa ao juiz da competência para deixar de conhecer o recurso de apelação.

O art. 1.010, § 3º, do CPC de 2015 não é aplicável no processo do trabalho, no qual é prevista a realização do juízo de admissibilidade do recurso ordinário, como resulta da interpretação do art. 897, alínea *b*, da CLT, que faz alusão à denegação de *recursos*, significando que também o recurso ordinário está sujeito ao duplo juízo de admissibilidade.

Ademais, é discutível o acerto da solução adotada pelo CPC de 2015, ferindo o razoável, por exemplo, determinar a remessa dos autos para a segunda instância quando seja patente a intempestividade do recurso ou a sua deserção.

A Instrução Normativa n. 39/2016 do TST dispõe, no art. 2º, IX, que não é aplicável no processo do trabalho o art. 1.010, § 3º, do CPC de 2015.

Contra a admissão do recurso (juízo de admissibilidade positivo) não cabe recurso. Contra a não admissão do recurso (trancamento do recurso ou juízo de admissibilidade negativo), cabe agravo de instrumento (art. 897, *b*, da CLT). Repita-se que esta segunda hipótese não é de simples despacho, mas de *decisão* sobre a

(1756) Ao tribunal compete apreciar de ofício os requisitos de admissibilidade do recurso.

admissibilidade do recurso interposto, o que a torna passível de recurso, notadamente porque, não sendo admitido o recurso, sequer haveria possibilidade para questionar esta decisão em outro momento, como ocorre com as decisões interlocutórias em geral (art. 893, § 1º, da CLT), o que implica dizer que se trata de uma decisão interlocutória com efeitos definitivos no que se refere à fase recursal.

A Súmula n. 285 do TST previa que o fato de o juízo primeiro de admissibilidade do recurso de revista entendê-lo cabível apenas quanto a parte das matérias nele veiculadas não impede a sua apreciação integral pela turma do Tribunal Superior do Trabalho, sendo imprópria a interposição de agravo de instrumento quando às matérias em relação às quais o recurso não foi admitido. Esta Súmula foi cancelada em 15 de março de 2015, por meio da Resolução n. 205, que edita a Instrução Normativa n. 40, que entrará em vigor em 15 de abril de 2016 (os efeitos da Instrução foram, portanto, modulado):

> 1) admitido apenas parcialmente o recurso de revista, constitui ônus da parte impugnar, mediante agravo de instrumento, o capítulo denegatório da decisão, sob pena de preclusão, o que deverá ser observado a partir de 15 de abril de 2015;
>
> 2) se houve omissão no juízo de admissibilidade do recurso de revista quanto a um ou mais temas, é ônus da parte interpor embargos de declaração para o órgão prolator da decisão embargada supri-la (CPC, art. 1.024, § 2º), sob pena de preclusão (com isto, resta cancelada a Orientação Jurisprudencial n. 377 da SDI-1 do TST, segundo a qual não cabe embargos contra decisão de admissibilidade do recurso de revista);
>
> 3) incorre em nulidade a decisão regional que se abstiver de exercer controle de admissibilidade sobre qualquer tema objeto de recurso de revista, não obstante interpostos embargos de declaração (CF/88, art. 93, inciso IX e § 1º do art. 489 do CPC de 2015), mas, sem prejuízo da nulidade, a recusa do Presidente do Tribunal Regional do Trabalho a emitir juízo de admissibilidade sobre qualquer tema equivale a decisão denegatória. É ônus da parte, assim, após a intimação da decisão dos embargos de declaração, impugná-la mediante agravo de instrumento (CLT, art. 896, § 12), sob pena de preclusão;
>
> 4) faculta-se ao ministro Relator, por decisão irrecorrível (CLT, art. 896, § 5º, por analogia), determinar a restituição do agravo de instrumento ao Presidente do Tribunal do Trabalho de origem para que complemente o juízo de admissibilidade, desde que interpostos embargos de declaração;
>
> 5) após a vigência do CPC de 2015, subsiste o Incidente de Uniformização de Jurisprudência da CLT (art. 896, §§ 3º, 4º e 6º), observado o procedimento previsto no regimento interno do Tribunal Regional do Trabalho.

Anote-se que, consoante o art. 12 da Instrução Normativa n. 39/2016, "aplica-se ao Processo do Trabalho o parágrafo único do art. 1.034 do CPC. Assim, admitido o recurso de revista por um fundamento, devolve-se ao Tribunal Superior do Trabalho o conhecimento dos demais fundamentos, para a solução apenas do capítulo impugnado".

O CPC de 1973, ao dispor, no art. 518, § 1º, que o juiz não receberá o recurso de apelação quando a sentença estiver em conformidade com súmula do STJ ou do STF, criou a denominada *súmula impeditiva de recurso.*

Diante da omissão do direito processual do trabalho, nele poderia ser aplicado o disposto no art. 518, § 1º, do CPC de 1973, em relação ao recurso ordinário. Dessa forma, poderia o juiz negar seguimento ao recurso ordinário quando a sentença impugnada estiver em sintonia com Súmula do TST ou do STF.

Esta medida não atentava contra o livre convencimento do juiz, na medida em que a hipótese versa exatamente sobre a não admissão de recurso contra a decisão por ele proferida. Não existem dados empíricos que permitam afirmar que, com esta medida, o juiz tenderia a adequar as suas decisões às súmulas dos tribunais superiores. O que a medida em questão tem de negativo é a criação, ainda que indireta, de maior dificuldade para a alteração da jurisprudência dos tribunais superiores, o que, no entanto, tem seu efeito minorado em face da possibilidade de ataque ao não recebimento do recurso por meio de agravo de instrumento. Acrescente-se que nada impede que o juiz conheça do recurso quando verificar que, apesar da existência da súmula de tribunal superior, a questão ainda comporta divergências no próprio tribunal que editou a súmula ou em outros tribunais. Ademais, ante a possibilidade de submeter a questão ao tribunal, por meio de agravo de instrumento, está preservado o direito ao duplo grau de jurisdição.

No entanto, o CPC de 2015 não contém disposição no mesmo sentido, o que decorre do fato de ter transferido o exame da admissibilidade da apelação para a segunda instância (art. 1.010, § 3º), o que, como foi visto, não é compatível com o direito processual do trabalho.

10.2. Pressupostos recursais intrínsecos e extrínsecos.

A parte, para ter o seu recurso admitido, deve atender aos pressupostos recursais:

a) *intrínsecos*: pressupostos relacionados com a existência do direito de recorrer (legitimidade, interesse, cabimento do recurso e inexistência de fato impeditivo ou extintivo do direito de recorrer);

b) *extrínsecos*: pressupostos que dizem respeito ao procedimento recursal ou o modo de exercer o direito de recorrer (tempestividade, regularidade formal e de representação, preparo e prequestionamento nos recursos de natureza extraordinária).

10.3. Pressupostos recursais subjetivos e objetivos.

Os pressupostos de admissibilidade dos recursos são *subjetivos* e *objetivos*.

Os pressupostos subjetivos, isto é, relacionados com aquele que pretende recorrer, são a legitimidade e o interesse para recorrer.

10.3.1. A legitimidade consiste na titularidade do poder de recorrer.

Possuem legitimidade para recorrer, a teor do art. 499, *caput* e § 2º, do CPC de 1973 e do art. 996 do CPC de 2015, ambos aplicáveis no processo do trabalho, as partes,[(1757)] o terceiro prejudicado[(1758)] e o Ministério Público do Trabalho.[(1759)]

O litisconsorte, sendo parte do processo, pode apresentar recurso. O recurso interposto por um dos litisconsortes a todos aproveita, salvo se distintos ou opostos os seus interesses (art. 509 do CPC de 1973 e art. 1.005 do CPC de 2015).

A União tem legitimidade para recorrer em relação às contribuições previdenciárias, como se verá quando tratarmos da sua participação no processo.

O art. 898 da CLT atribui ao Presidente do Tribunal legitimidade para recorrer contra as decisões proferidas em dissídio coletivo que afetam empresa de serviço público ou, em qualquer caso, contra as proferidas em processo de revisão de sentenças normativas, criando uma espécie de remessa obrigatória no dissídio coletivo. O art. 8º da Lei n. 5.584/70 reconhece à União legitimidade para recorrer contra decisões proferidas em dissídio coletivo. A legitimidade recursal do Presidente do Tribunal e da União é, no entanto, questionável, posto que compete ao Ministério Público do Trabalho atuar no dissídio coletivo como fiscal da ordem jurídica e em defesa do interesse público, inclusive apresentando recurso, quando reputar cabível.

(1757) O substituto processual, como parte que é, tem legitimidade para recorrer. O substituído pode ingressar no processo como assistente, em razão de seu interesse no resultado do julgamento do dissídio. Esse mesmo interesse o legitima para apresentar recurso.

(1758) Cumpre ao terceiro demonstrar a possibilidade de a decisão sobre a relação jurídica submetida à apreciação judicial atingir direito de que se afirme titular ou que possa discutir em juízo como substituto processual (art. 996, parágrafo único, do CPC de 2015), ou, na dicção do art. 499, § 1º, do CPC de 1973, o nexo de interdependência entre o seu interesse de intervir e a relação jurídica submetida à apreciação judicial.

(1759) O CPC de 1973 atribui ao Ministério Público a condição de *fiscal da lei* (art. 83), ao passo que o CPC de 2015 o considera *fiscal da ordem jurídica* (art. 179), o que não merece reparos, visto que o que rege a conduta humana é toda a ordem jurídica e não apenas a lei, o que significa dizer que a atuação do Ministério Público se dá em defesa da ordem jurídica e não da lei.

No caso de ser proferida decisão contra a União, Estado, Distrito Federal, Município e as respectivas autarquias e fundações de direito público que não explorem atividade econômica, o juiz deverá remeter os autos à Instância Superior para o reexame da causa (art. 1º, V, do Decreto-lei n. 779/69).

Trata-se da denominada *remessa necessária*.

O CPC de 1973 e o CPC de 2015, por serem posteriores ao Decreto-Lei n. 779/69, alteram as suas disposições, impondo limites à remessa necessária. Além de serem posteriores ao Decreto-Lei n. 779/69, o CPC de 1973 e o CPC de 2015 contribuem para a mais rápida satisfação do crédito, o que os torna compatíveis com o direito processual do trabalho.

Neste sentido, consoante prevê o art. 475, *caput* e § 2º, do CPC de 1973, está sujeita ao duplo grau de jurisdição, não produzindo efeito senão depois de confirmada pelo tribunal, a sentença proferida contra a União, o Estado, o Distrito Federal, o Município, e as suas respectivas autarquias e fundações de direito público, bem como a sentença que julgar procedentes, no todo ou em parte, os embargos à execução de dívida ativa da Fazenda Pública, *salvo quando a condenação, ou o direito controvertido*, for de valor certo *não excedente a 60 salários mínimos*. Acrescenta o art. 475, § 2º, do CPC de 1973, que não haverá remessa obrigatória quando a sentença estiver fundada em jurisprudência do plenário do STF ou em súmula deste tribunal ou do tribunal superior competente.

Já o CPC de 2015, no art. 496, dispõe que está sujeita ao duplo grau de jurisdição, não produzindo efeito senão depois de confirmada pelo tribunal, a sentença proferida contra a União, o Estado, o Distrito Federal, o Município, e suas respectivas autarquias e fundações de direito público, bem como a sentença que julgar procedentes, no todo ou em parte, os embargos à execução fiscal, salvo quando a condenação ou o proveito econômico obtido na causa for de valor certo e líquido *inferior a 1.000 salários mínimos* para a União e respectivas autarquias e fundações de direito público, *500 salários mínimos* para os Estados, o Distrito Federal, as respectivas autarquias e fundações de direito público e os Municípios que constituam capitais dos Estados e *100 salários mínimos* para todos os demais municípios e respectivas autarquias e fundações.

O CPC de 2015 também prevê que não haverá remessa necessária quando a sentença estiver fundada em súmula de tribunal superior, acórdão proferido pelo STF ou pelo TST (adaptação ao direito processual do trabalho) em julgamento de recursos repetitivos, entendimento firmado em incidente de resolução de demandas repetitivas ou de assunção de competência ou em entendimento coincidente com orientação vinculante firmada no âmbito administrativo do próprio ente público, consolidada em manifestação, parecer ou súmula administrativa (art. 496, § 4º).

O fato de ser estabelecida a remessa necessária não implica atribuir ao juiz legitimidade para recorrer.(1760)

A propósito da remessa obrigatória, o TST editou a Súmula n. 303, consagrando o entendimento de que: "I — Em dissídio individual, está sujeita ao duplo grau de jurisdição, mesmo na vigência da CF/1988, decisão contrária à Fazenda Pública, salvo: a) quando a condenação não ultrapassar o valor correspondente a sessenta salários mínimos; b) quando a decisão estiver em consonância com decisão plenária do Supremo Tribunal Federal ou com súmula ou orientação jurisprudencial do Tribunal Superior do Trabalho; II — Em ação rescisória, a decisão proferida pelo juízo de primeiro grau está sujeita ao duplo grau de jurisdição obrigatório quando desfavorável ao ente público, exceto nas hipóteses das alíneas 'a' e 'b' do inciso anterior; III — em mandado de segurança, somente cabe remessa *ex officio* se na relação processual figurar pessoa jurídica de direito público como parte prejudicada pela concessão da ordem. Tal situação não ocorre na hipótese de figurar no feito como impetrante e terceiro interessado pessoa de direito privado, ressalvada a hipótese de matéria administrativa".(1761) Registre-se que a Instrução Normativa n. 39/16 do TST estabelece, no art. 3º, § 3º, X, que é aplicável no processo do trabalho o disposto no art. 496 e parágrafos do CPC de 2015.

(1760) No caso de remessa obrigatória, não interposto o recurso ordinário no prazo legal, o juiz ordenará a remessa dos autos ao tribunal e, se não o fizer, o presidente do respectivo tribunal avocá-lo-á (art. 475, § 1º, do CPC de 1973 e art. 496, § 1º, do CPC de 2015).

(1761) Os limites à remessa obrigatória estabelecidos nesta Súmula deverão ser adaptados ao CPC de 2015.

A remessa necessária, segundo o Decreto-lei n. 779/69 e o CPC (1973 e 2015), somente alcança as *sentenças* proferidas pela primeira instância da Justiça do Trabalho. Logo, se a Fazenda Pública for vencida em segunda instância, ainda que tenha sido vencedora na primeira, não há lugar para recurso de revista de ofício. A remessa necessária visa assegurar o exame da causa em duas instâncias, o que já ocorre quando a decisão de primeira instância é submetida à segunda em razão do recurso da parte.

O terceiro, isto é, quem não é parte no processo, somente pode recorrer se demonstrar o nexo de interdependência entre o seu interesse jurídico de intervir e a relação jurídica submetida à apreciação judicial (art. 499, § 1º, do CPC de 1973). O CPC de 2015 é bem mais claro, dispondo que cumpre ao terceiro demonstrar a possibilidade de a decisão sobre a relação jurídica submetida à apreciação judicial atingir direito de que afirme ser titular ou que possa discutir em juízo como substituto processual (art. 996, parágrafo único).

Como esclarece Humberto Theodoro Júnior, o prazo para recurso do terceiro "é o mesmo da parte a que ele assiste, muito embora não tenha o assistente, *in casu*, recebido qualquer intimação da decisão. O *dies a quo*, portanto, fixa-se pela data da intimação da parte assistida".[1762]

O perito tem interesse jurídico no não aviltamento do valor do seu trabalho, fato que o legitima a recorrer no processo do trabalho, como terceiro prejudicado, quando não forem fixados na decisão os honorários periciais que lhe forem devidos ou forem estes fixados em valor ínfimo, não sendo razoável que dele seja exigido que ajuíze ação autônoma visando questionar o valor atribuído aos seus honorários.

O arrematante tem legitimidade e interesse jurídico para, como terceiro prejudicado, apresentar recurso relativo à arrematação.

O Ministério Público tem legitimidade para recorrer, ainda que tenha atuado no processo apenas como fiscal da ordem jurídica. A apresentação de recurso pelo Ministério Público que atue como fiscal da ordem jurídica não depende da anuência do vencido (o Ministério Público tem autonomia processual). O Ministério Público tem legitimidade para recorrer no processo em que oficiou como fiscal da ordem jurídica, ainda que não haja recurso da parte (Súmula n. 99 do STJ). Contudo, mesmo em matéria recursal, ao Ministério Público é defeso exercer a representação judicial de entidades públicas (art. 129, IX, da Constituição Federal), não lhe sendo lícito recorrer para suprir falha da defesa daquelas entidades, inclusive porque a fiscalização do cumprimento da lei, que cabe ao Ministério Público, deve se dar dentro dos limites da lide e não para inová-la.[1763]

10.3.2. Assim como para propor ação, também para recorrer é necessário ter interesse.

Neste sentido, o art. 499 do CPC de 1973 e o art. 996 do CPC de 2015 dispõem que somente a parte *vencida* pode impugnar a decisão por meio de recurso.

No exame deste pressuposto cumpre levar em conta a *utilidade do recurso*: haverá interesse para recorrer sempre que do julgamento do recurso puder resultar para a parte uma situação jurídica mais vantajosa do que aquela estabelecida pela decisão recorrida.

Como é asseverado por José Carlos Barbosa Moreira, "a noção de interesse, no processo, repousa sempre (...) no binômio utilidade + necessidade: utilidade da providência judicial pleiteada, necessidade da via que se escolhe para obter essa providência. O interesse de recorrer, assim, resulta da conjugação desses dois fatores: de um lado, é preciso que o recorrente possa esperar, da interposição do recurso, a consecução de um resultado a que corresponda situação mais vantajosa, do ponto de vista prático, do que o emergente da decisão recorrida; de outro lado, que lhe seja necessário usar o recurso para alcançar tal vantagem".[1764]

(1762) *Curso de direito processual civil*, v. I, p. 638.

(1763) Ao exarar parecer na remessa de ofício, na qualidade de *custos legis*, o Ministério Público não tem legitimidade para arguir a prescrição em favor de entidade de direito público, em matéria de direito patrimonial (arts. 194 do CC de 2002 e 219, § 5º, do CPC) (Orientação Jurisprudencial n. 130 da SDI-I do TST).

(1764) *Comentários ao Código de Processo Civil*, v. V, p. 297.

Se ambas as partes foram vencidas, ambas têm interesse para recorrer.

É asseverado por Nelson Nery Júnior que, "ainda que o réu haja arguido a carência da ação na contestação, tem ele interesse em interpor recurso de apelação objetivando obter uma sentença de improcedência. Pelo princípio da eventualidade, o réu deve, na contestação, alegar toda a matéria de defesa, sob pena de preclusão (CPC, arts. 300 e 303). Essas alegações deverão ser feitas por ele, independentemente de serem ou não compatíveis umas com as outras, ou de se excluírem reciprocamente. Isto não quer dizer que o réu teria sido atendido em todo o seu requerimento, se o juiz acolhesse apenas uma das defesas por ele apresentadas. É o que os alemães chamam *haupt-und hilfsantrag* (requerimento principal e requerimento auxiliar) (...). Prestigiosa doutrina critica essa opinião, afirmando que, segundo o direito positivo brasileiro, não seria admissível ao réu interpor recurso de apelação de sentença de extinção do processo sem provimento de mérito, para pleitear a improcedência, pois haveria supressão de instância (...). De outra parte, se a sentença julgou improcedente o pedido do autor, o réu não terá interesse em recorrer para pleitear a extinção do processo pela carência, pois a improcedência é o máximo que poderia obter do processo. E obteve".[1765]

10.3.3. Os pressupostos recursais objetivos, isto é, os pressupostos que se relacionam com o processo, são:

a) *cabimento*: o recurso apresentado pela parte deve ser *cabível* (a decisão impugnada deve ser recorrível ou passível de recurso) e *adequado* (deve ser interposto o recurso que a lei considera próprio para impugnar aquele tipo de ato judicial). Trata-se, portanto, de pressuposto de admissibilidade que comporta exame sob dois ângulos: a recorribilidade do ato judicial e a adequação do recurso interposto pela parte.[1766]

O CPC de 1973, assim como o de 2015, não repetiu o art. 810 do CPC de 1939, que permitia a conversão de um recurso em outro quando ocorresse equívoco da parte na escolha do recurso a ser aforado e não se verificasse erro grosseiro (*princípio da fungibilidade dos recursos*). O aludido princípio foi acolhido pelo art. 579 do Código de Processo Penal, que assim dispõe: "Salvo a hipótese de má-fé, a parte não será prejudicada pela interposição de um recurso por outro."

No entanto, o CPC de 2015 admite a fungibilidade entre o recurso especial e o recurso extraordinário, como se vê do seu art. 1.033, o que pode ser aplicado em relação aos outros recursos.

Diante do informalismo próprio do processo do trabalho, nele deve ser observado o aludido princípio, em especial em face do reconhecimento do *jus postulandi* às partes, mas desde que: a) não haja má-fé; b) não seja a hipótese de erro grosseiro; e c) tenham sido atendidos os pressupostos de admissibilidade do recurso próprio,[1767] dentre eles o respeito ao prazo recursal (não pode ser admitido um recurso por outro quando o recurso cabível tinha prazo menor para interposição e esse prazo não foi observado).[1768]

A compatibilidade do princípio da fungibilidade dos recursos com o processo do trabalho é admitida pelo TST, como se verifica na Orientação Jurisprudencial n. 74 da SDI-2: "Embargos de declaração inter-

---

(1765) *Teoria geral dos recursos*, p. 318-321.

(1766) Observa Nelson Nery Júnior que "o recurso precisa estar previsto na lei processual contra determinada decisão judicial, e, ainda, que seja o adequado para aquela espécie. Estes dois fatos, a recorribilidade, de um lado, e a adequação, de outro, compõem o requisito do cabimento para a admissibilidade do recurso" (*Teoria geral dos recursos*, p. 275).

(1767) Nelson Nery Júnior aponta como requisitos a serem preenchidos para que se possa aplicar o princípio da fungibilidade a existência de dúvida objetiva sobre qual o recurso correto a ser interposto, esclarecendo que "essa dúvida pode ser de três ordens: a) o próprio código designa uma decisão interlocutória como sentença ou vice-versa, fazendo-o obscura ou impropriamente; b) a doutrina e/ou a jurisprudência divergem quanto à classificação de determinados atos judiciais e, consequentemente, quanto à adequação do respectivo recurso para atacá-los; c) o juiz profere um pronunciamento em lugar de outro", e, ainda, inexistência de erro grosseiro na interposição do recurso, afirmando, a respeito, que "configura erro grosseiro a interposição do recurso errado, quando o correto se encontra indicado expressamente no texto da lei" (*Teoria geral dos recursos*, p. 119-140). Ao tema retornaremos mais adiante.

(1768) O respeito ao prazo do recurso próprio é indispensável, porquanto não nos parece viável afastar o efeito da preclusão já ocorrida. Não é este o entendimento de Nelson Nery Júnior, para quem "em havendo os pressupostos para a aferição da dúvida objetiva, ou, da inexistência do erro grosseiro, o prazo se nos afigura irrelevante. O recorrente deve, isto sim, observar o prazo do recurso efetivamente interposto, havido por ele como correto para a espécie (...). O referido princípio, admitido implicitamente pelo sistema processual vigente, dá azo a uma exceção relativamente à preclusão" (*Teoria geral dos recursos*, p. 140-143).

postos contra decisão monocrática, que deu provimento a recurso ordinário, nos termos do art. 557, § 1º-A, do CPC. Segundo o art. 535 do Código de Processo Civil, cabem embargos declaratórios apenas para sanar obscuridade, contradição ou omissão 'na sentença ou no acórdão'. Assim, a interposição de embargos de declaração contra decisão monocrática que denega seguimento ou dá provimento a recurso fere o princípio da adequação recursal. Todavia, constando-se a inequívoca intenção de reforma da decisão embargada, os embargos declaratórios devem ser conhecidos como agravo (art. 557, § 1º, CPC), ante o princípio da fungibilidade (art. 579 do CPP). Precedentes do E. STF."

b) *tempestividade*: o recurso deve ser tempestivo, ou seja, interposto no prazo que a lei fixa para a impugnação das decisões judiciais.

É de 8 (oito) dias o prazo para interpor e contra-arrazoar recursos no processo do trabalho (art. 6º da Lei n. 5.584/70), salvo a hipótese de norma legal fixar outro prazo (os embargos de declaração, por exemplo, devem ser interpostos no prazo de cinco dias, como dispõe o art. 897-A da CLT), o que é reafirmado pela Instrução Normativa n. 39/2016 do TST, como se vê do seu art. 1º, § 2º.

O CPC de 2015 dispõe, no art. 219, que, na contagem dos prazos processuais em dias, computar-se-ão apenas dos *dias úteis*.

A Lei n. 5.584/70 fixa em *oito dias* o prazo para a oposição de recursos, ao passo que o art. 897-A estabelece que os embargos devem ser aforados em *cinco dias*. Dessa forma, não cabe invocar, no processo do trabalho, o disposto no art. 219 do CPC de 2015, seja porque não há omissão do direito processual do trabalho no particular, seja porque a contagem dos prazos recursais em dias úteis não se harmoniza com a celeridade que o direito processual do trabalho imprime ao processo, valendo lembrar que, enquanto o CPC de 1973 e o CPC de 2015 fixam em quinze dias o prazo para a interposição de recurso (art. 508 e art. 1.003, § 5º, respectivamente), o direito processual do trabalho o fixa em oito dias, o que demonstra a adoção de uma diretriz diferenciada em relação aos prazos processuais, o que reforça a conclusão da incompatibilidade do art. 219 do CPC de 2015 com o direito processual do trabalho. A Instrução Normativa n. 39/2016 do TST estabelece, no art. 2º, III, que não é aplicável no processo do trabalho o art. 219 do CPC de 2015.

O prazo para a interposição de recurso é contado:

1) da leitura da decisão em audiência, quando nesta for proferida a decisão (arts. 774 e 834 da CLT);[1769]

2) da intimação das partes, quando a decisão não for proferida em audiência (art. 774 da CLT);

3) da publicação do dispositivo do acórdão no órgão oficial (art. 774 da CLT).

Em suma, o prazo para a interposição do recurso tem início na data da intimação da decisão, valendo lembrar que na contagem do prazo exclui-se o dia do começo (art. 775 da CLT).[1770]

Na contagem do prazo recursal devem ser respeitadas as regras relativas à contagem dos prazos em geral, inclusive quanto às situações de prorrogação, valendo observar que "I — Incumbe à parte o ônus de provar, quando da interposição do recurso, a existência de feriado local ou de dia útil em que não haja expediente forense que justifique a prorrogação do prazo recursal. II — Na hipótese de feriado forense, incumbirá à autoridade que proferir a decisão de admissibilidade certificar o expediente nos autos. III — Na hipótese do inciso II, admite-se a reconsideração da análise da tempestividade do recurso, mediante prova documental superveniente, em Agravo Regimental, Agravo de Instrumento ou Embargos de Declaração" (Súmula n. 385 do TST).

A União, os Estados, o Distrito Federal, os Municípios e as autarquias ou fundações de direito público federais, estaduais ou municipais que não explorem atividade econômica têm prazo em dobro para recorrer

(1769) O prazo para recurso da parte que, intimada, não comparecer à audiência designada para a prolação da sentença conta-se de sua publicação (Súmula n. 197 do TST).

(1770) O art. 506, III, do CPC de 1973 dispõe que o prazo para a interposição do recurso contar-se-á da data da publicação do dispositivo do acórdão no órgão oficial. O CPC de 2015 estabelece que o prazo recursal é contado da data em que os advogados, a sociedade de advogados, a Advocacia Pública, a Defensoria Pública ou o Ministério Público são intimados da decisão (1.003).

(art. 1º, III, do Decreto-lei n. 779/69), o mesmo ocorrendo, de acordo com a doutrina dominante, em relação ao Ministério Público, por aplicação do art. 188 do CPC de 1973 e art. 180 do CPC de 2015.(1771) As sociedades de economia mista e empresas públicas que explorem atividade econômica não têm o privilégio do prazo em dobro para recorrer (o Decreto-lei n. 779/69, por criar privilégios processuais, deve ser interpretado restritivamente).

Consoante já foi registrado quando do exame dos prazos em geral, não se aplica no processo do trabalho o art. 191 do CPC de 1973 ou o art. 229 do CPC de 2015, que tratam dos prazos na hipótese de existência de litisconsórcio.

O TST, por meio da Súmula n. 434, I, do TST, adotou o entendimento de que "é extemporâneo recurso interposto antes da publicado do acórdão impugnado", o que não está em sintonia com o disposto no art. 218, § 4º, do CPC de 2015, cuja compatibilidade com o direito processual do trabalho foi demonstrada quando do exame dos prazos em geral. Vale anotar que a publicação tem por objetivo dar ciência às partes da decisão. Se esta ciência precede a publicação, o prazo recursal tem início no momento da sua ocorrência, ou seja, o prazo recursal conta-se da *inequívoca ciência da decisão*.

De outro lado, ainda de acordo com a jurisprudência do TST, "a interrupção do prazo recursal em razão da interposição de embargos de declaração pela parte adversa não acarreta qualquer prejuízo àquele que apresentou seu recurso tempestivamente" (Súmula n. 434, II, do TST), o que encontra respaldo nos §§ 4º e 5º do art. 1.024 do CPC de 2015.(1772)

O recorrente comprovará a ocorrência de feriado local no ato de interposição de recurso, ou seja, se o vencimento do prazo recursal coincide com feriado local, cabe ao recorrente comprovar este fato (Súmula n. 385 do TST e art. 1.003, § 6º, do CPC de 2015), o que já decorre do disposto nos arts. 337 do CPC de 1973 e 376 do CPC de 2015, que alude à prova do direito local.

Se, durante o prazo para a interposição do recurso, sobrevier o falecimento da parte ou de seu advogado ou ocorrer motivo de força maior que suspenda o curso do processo, será tal prazo restituído em proveito da parte, do herdeiro ou do sucessor, contra quem começará a correr novamente depois da intimação (art. 507 do CPC de 1973 e art. 1.004 do CPC de 2015).

Para a aferição da tempestividade do recurso remetido pelo correio, será considerada como data da interposição a data da postagem (art. 1.003, § 4º, do CPC de 2015).

c) *regularidade de representação*: salvo a hipótese de mandato tácito, o recurso firmado por advogado somente será recebido se presente nos autos instrumento de mandato outorgado pela parte.

Prevalece, na doutrina e jurisprudência, o entendimento de que o art. 13 do CPC de 1973, que impõe o deferimento de oportunidade para afastar a irregularidade de representação, não se aplica na fase recursal.(1773)

Contudo, o CPC de 2015 contém inovação a respeito da questão, dispondo, no art. 76, § 2º, que, descumprida a determinação de regularização da capacidade ou da representação processual *em fase recursal perante tribunal de justiça, tribunal regional federal ou tribunal superior*, o relator: 1) não conhecerá do recurso, se a providência couber ao recorrente; 2) determinará o desentranhamento das contrarrazões, se a providência couber ao recorrido. A Instrução Normativa n. 39/2016 do TST dispõe, no art. 3º, I, que é aplicável no processo do trabalho o art. 76, §§ 1º e 2º, do CPC de 2015.

d) *preparo*: trata-se de pressuposto de admissibilidade relacionado com os encargos financeiros relativos ao recurso.

(1771) Os privilégios em matéria de prazos foram estudados quando tratamos dos prazos processuais, no Capítulo relativo aos atos processuais.

(1772) Estes dispositivos legais serão examinados quando tratarmos dos embargos de declaração.

(1773) Súmula n. 383 do TST: "I — É inadmissível, em instância recursal, o oferecimento tardio de procuração, nos termos do art. 37 do CPC, ainda que mediante protesto por posterior juntada, já que a interposição de recurso não pode ser reputada ato urgente. II — Inadmissível na fase recursal a regularização da representação processual, na forma do art. 13 do CPC, cuja aplicação se restringe ao Juízo de 1º grau".

Tais encargos são de duas espécies:

1) *custas*: a admissão do recurso pressupõe o recolhimento das custas cujo pagamento tenha sido imposto ao vencido.(1774)

As custas serão pagas e seu pagamento deverá ser comprovado dentro do prazo recursal (art. 789, § 1º, da CLT). Não se aplica ao processo do trabalho, que disciplina de forma expressa a questão, o art. 511 do CPC de 1973 e o art. 1.007 do CPC de 2015, que impõem a comprovação do pagamento das custas *no ato da interposição do recurso*.

São isentos do pagamento das custas, além dos beneficiários da justiça gratuita, a União, os Estados, o Distrito Federal, os Municípios e respectivas autarquias e fundações públicas federais, estaduais ou municipais que não explorem atividade econômica e o Ministério Público do Trabalho (art. 790-A, *caput*, I e II, da CLT). Note-se que o CPC de 2015 não faz referência, no art. 7º, § 1º, às fundações públicas, o que significa que elas não estão dispensadas do preparo, o que é aplicável no processo do trabalho, notadamente porque, nele, o preparo alcança o depósito recursal, que tem como um dos seus objetivos acelerar a satisfação do credor. No entanto, o art. 10, da Instrução Normativa n. 39/2016 do TST somente considera aplicáveis no processo do trabalho os §§ 2º e 7º do art. 1.007 do CPC de 2015.

As sociedades de economia mista não estão dispensadas do pagamento das custas do recurso (Súmula n. 170 do TST).

A massa falida está dispensada do pagamento das custas para apresentar recurso (Súmula n. 86 do TST), o que já não ocorre com as empresas em liquidação extrajudicial (Súmula n. 86 do TST).

A consequência da falta de pagamento das custas é a deserção do recurso.

Provando a parte justo impedimento para a realização do preparo, o juiz relevará a pena de deserção, fixando prazo para que a parte o efetue, cabendo ao tribunal, no entanto, apreciar a legitimidade da decisão (art. 519, *caput* e parágrafo único, do CPC de 1973 e art. 1.007, § 6º, do CPC de 2015). Estas disposições legais são compatíveis com o processo do trabalho, vez que, também nele, se houver justo impedimento para a realização do preparo, a pena de deserção deverá ser relevada, conferindo-se à parte o prazo de cinco dias para efetuar o depósito. No entanto, o art. 10, da Instrução Normativa n. 39/2016 do TST somente considera aplicáveis no processo do trabalho os §§ 2º e 7º do art. 1.007 do CPC de 2015.

O CPC de 2015 dispõe que a *insuficiência* no valor do preparo implicará deserção se o recorrente, intimado na pessoa do seu advogado, não vier a supri-lo no prazo de cinco dias (art. 1.007, § 2º).

O CPC de 2015 também estabelece, no art. 1.007, § 4º, que o recorrente que não comprovar, no ato da interposição do recurso, o recolhimento do preparo (a hipótese é de *não comprovação da realização do preparo no momento oportuno*), será intimado, na pessoa do seu advogado, para realizar o recolhimento *em dobro*, sob pena de deserção.

O TST tem sido bastante exigente no que concerne ao preparo. Neste sentido, por exemplo, segundo a Orientação Jurisprudencial n. 140 da SDI-I do TST, "ocorre a deserção do recurso pelo recolhimento insuficiente das custas e do depósito recursal, ainda que a diferença em relação ao *quantum* devido seja ínfima, referente a centavos".(1775)

(1774) O julgador deverá fixar na decisão o valor das custas a serem pagas pelo vencido, em sintonia com as regras estabelecidas no art. 789 da CLT. Eventual erro de cálculo cometido pelo juiz na fixação do valor das custas deve ser suscitado pelas partes em embargos de declaração. Contudo, se a parte confia nos cálculos do julgador e recolhe as custas fixadas na decisão, ao seu recurso não pode ser negada admissão. Nesta hipótese, o Tribunal deverá conceder prazo à parte para regularizar o preparo (depositando a diferença apurada) antes de considerar deserto o seu recurso. É certo que a parte não conferiu os cálculos constantes da decisão, mas também é certo que ela não pode ser responsabilizada por eventual erro de cálculo do julgador.

(1775) Esta Orientação Jurisprudencial compõe, ao lado de outras posturas restritivas adotadas pelo TST, o que se convencionou chamar *jurisprudência defensiva*, que é traduzida pelo rigor excessivo no exame dos pressupostos de admissibilidade dos recursos endereçados aos tribunais superiores, visando *defendê-los* do número excessivo de recursos, e não merece aplausos, na medida em que não se justifica deixar de admitir um recurso em razão de diferença ínfima entre o valor depositado e aquele que deveria ser depositado a título de depósito recursal ou custas. A jurisprudência defensiva conduz à *inércia jurisprudencial*, visto que dificulta a revisão das soluções adotadas pelos tribunais superiores.

Note-se que esta Orientação Jurisprudencial convive com o art. 511, § 2º, do CPC de 1973, segundo o qual a insuficiência do valor do preparo implicará deserção do recurso, se o recorrente, intimado, não vier a supri-lo no prazo de cinco dias.

Com isto, o art. 1.007, § 2º, do CPC de 2015, que repete o art. 511, § 2º, do CPC de 1973, não é aplicável no processo do trabalho, o que se deve ao fato de o valor do depósito recursal ser de domínio público, ao passo que o valor das custas é, via de regra, fixado na decisão.

Acrescente-se que o direito processual do trabalho assegura ao recorrente a possibilidade de comprovar a realização do preparo *dentro do prazo recursal*, ou seja, já estabelece condições mais favoráveis para a realização e comprovação do preparo.

Anote-se, ainda, que, de acordo com o art. 7º da Lei n. 5.584/70, a comprovação do depósito recursal "terá que ser feita dentro do prazo para a interposição do recurso, sob pena de ser este considerado deserto". Desse modo, existe no direito processual do trabalho norma expressa sobre *o momento próprio para a comprovação do depósito recursal* e a *penalidade a ser aplicada no caso de não ser ele respeitado*, o que impede recorrer ao art. 1.007, § 4º, do CPC de 2015 como sua fonte subsidiária.

No entanto, art. 10, da Instrução Normativa n. 39/2016 do TST dispõe ser aplicável no processo do trabalho o § 2º do art. 1.007 do CPC de 2015, mas ressalva que a insuficiência no valor do preparo do recurso, no processo do trabalho, concerne unicamente às custas processuais, não ao depósito recursal.

Não é qualquer diferença de depósito recursal que autoriza a aplicação da pena de deserção.

Com efeito, aplicando à hipótese, por analogia, o disposto no art. 789, *caput*, pode ser desconsiderada diferença inferior a R$ 10,64, por se tratar de valor que o próprio legislador considera passível de ser desconsideração, além do que depósito com diferença inferior a R$ 10,64 não é suficiente para afirmar que a finalidade da exigência de depósito recursal — garantia do juízo — não foi alcançada.

Anote-se que, segundo o art. 1.029 do CPC de 2015, o Supremo Tribunal Federal poderá desconsiderar vício formal de recurso tempestivo ou determinar a sua correção, desde que não o repute grave, o que é aplicável a todos os recursos. Este dispositivo legal serve de parâmetro para a definição das consequências da insuficiência do preparo. Com efeito, segundo ele, somente na hipótese de não se tratar de *vício grave* é que o tribunal deverá determinar a correção de eventuais vícios detectados no preparo do recurso.

Observe-se que, se se entender aplicável no processo do trabalho o disposto no art. 1.007, § 4º, deverá ser exigido do recorrente o *recolhimento em dobro* das custas e do depósito recursal.

De qualquer forma, consoante o art. 1.007, § 5º, do CPC de 2015, é vedada complementação se houver insuficiência parcial do preparo no recolhimento realizado por determinação judicial na forma do art. 1.007, § 4º.

Ainda no CPC de 2015, tem-se o art. 1.007, § 7º, segundo o qual o *equívoco no preenchimento de guia de custas* não implicará deserção, cabendo ao relator, na hipótese de dúvida quando ao recolhimento, intimar o recorrente para sanar o vício no prazo de cinco dias.(1776) O disposto no art. 1.007, § 7º, do CPC de 2015 é compatível com o direito processual do trabalho, no qual, se a hipótese for de dúvida a respeito da regularidade do preparo, nada impede que o relator conceda à parte oportunidade para saná-la, valendo lembrar que o direito processual do trabalho adota como princípio a facilitação do julgamento do mérito, o que alcança o mérito do recurso.

O carimbo do banco recebedor na guia de comprovação do recolhimento das custas supre a ausência de autenticação mecânica (Orientação Jurisprudencial n. 33 da SDI-I do TST).

(1776) É interessante notar que o CPC de 2015 às vezes *adota* soluções consagradas pelo direito processual do trabalho e, por vezes, *reage* às soluções adotadas pela jurisprudência do TST sobre a regularidade do preparo do recurso. É o que ocorre com o art. 1.007, § 7º, que se coloca contra jurisprudência do TST, que tem afirmado a deserção quando ocorra equívoco no preenchimento das guias relativas ao preparo recursal.

As custas devem ser pagas pelo recorrente *dentro do prazo recursal* (art. 789, § 1º, da CLT). Se o vencido/recorrente pagar as custas e ocorrer inversão do ônus de sucumbência em segundo grau (reformada decisão, com inversão do ônus da sucumbência), sem acréscimo ou atualização do valor das custas, a parte vencida neste segundo julgamento (vencedor em primeira instância e vencido em segunda) não está obrigada a pagar custas para recorrer, cumprindo-lhe, ao final, ressarcir a quantia à parte que recolheu as custas (Orientação Jurisprudencial n. 186 da SDI-I do TST).(1777)

De outro lado, a parte vencedora na primeira instância, se vencida na segunda, está obrigada, independentemente de intimação, a pagar às custas fixadas na sentença originária, das quais ficara isenta a parte então vencida (Súmula n. 25 do TST).

De acordo com a Orientação Jurisprudencial n. 104 da SDI-I do TST, não caracteriza a deserção a hipótese em que, embora em segunda instância tenha sido acrescido o valor da condenação, não houve fixação ou cálculo do valor devido a título de custas e tampouco intimação da parte para o preparo do recurso, devendo, pois, às custas ser pagas no final. A nosso juízo, tendo ocorrido alteração na condenação e sendo omissa a decisão quanto às custas, a parte deve aforar embargos declaratórios, para que a omissão seja suprida, evitando, com isso, o debate sobre a deserção do seu recurso pela ausência do depósito do acréscimo das custas, em especial porque é discutível o acerto da Orientação Jurisprudencial acima referida, vez que, fixado o novo valor da condenação, as custas estarão automaticamente fixadas (as custas incidem à base de dois por cento do valor da condenação — art. 789, I, da CLT).

2) *depósito recursal*: nos dissídios individuais em que houver condenação a pagamento em pecúnia, constitui pressuposto de admissibilidade do recurso o depósito do valor da condenação, nos limites e termos da legislação vigente (art. 899, § 1º, da CLT e item I da Instrução Normativa n. 3/93).(1778)

O depósito recursal deve ser examinado sob vários aspectos, quais sejam:

a) razões da exigência.

A exigência do depósito recursal tem por objetivos:

1) desencorajar a interposição de recursos, especialmente protelatórios;

2) facilitar a satisfação do crédito reconhecido em decisão judicial, na medida em que, sendo ela confirmada no julgamento do recurso, o credor terá meios para a mais rápida satisfação do seu crédito (com efeito, transitada em julgado a decisão proferida no julgamento do recurso, o juiz, por simples despacho, autorizará o levantamento do depósito recursal, até o limite do crédito do autor da demanda — art. 899, § 1º, da CLT);

3) dividir entre as partes os *danos marginais* decorrentes da duração do processo.

A exigência de depósito recursal não afronta o princípio do duplo grau de jurisdição ou desrespeita o direito de acesso à justiça, vez que apenas condiciona a admissão do recurso à prévia garantia da satisfação do crédito reconhecido à parte vencedora, o que é justificado pelo caráter alimentar e privilegiado dos créditos decorrentes da relação de emprego. O legislador, ponderando a maior dificuldade de acesso ao duplo grau de jurisdição e a mais rápida satisfação dos créditos decorrentes da relação de emprego, optou pelo que considerou ser um mal menor, qual seja, condicionar o acesso ao duplo grau de jurisdição à prévia segurança do juízo.

b) recursos cuja interposição pressupõe a realização do depósito recursal.

O depósito recursal é exigido na interposição de recurso ordinário, de revista, de embargos para a SDI-1 do TST, extraordinário e agravo de instrumento aforado em face da não admissão de recurso de re-

(1777) Se houver acréscimo do valor das custas no julgamento do recurso, o vencido deverá pagar a diferença respectiva, sob pena de deserção de seu recurso.

(1778) Não havendo condenação a pagamento em pecúnia, descabe o depósito prévio de que tratam os §§ 1º e 2º do art. 899 da CLT (Súmula n. 161 do TST). O depósito recursal visa assegurar a satisfação de crédito pecuniário reconhecido em decisão judicial.

vista (arts. 897, § 5º, e 899, § 7º, da CLT e item II da Instrução Normativa n. 3/93, observando-se a exceção estabelecida pelo art. 899, § 8º, da CLT).

O depósito recursal é também devido na ação rescisória. Assim, se a ação rescisória é julgada procedente e proferida nova decisão sobre a demanda, com a imposição de condenação de pecúnia, o recurso ordinário interposto deverá ser preparado, cabendo à parte vencida efetuar o depósito recursal, no limite e nos termos da legislação vigente, sob pena de deserção (Súmula n. 99 do TST).

O recurso adesivo está sujeito ao depósito recursal, na medida em que a ele aplicam-se as mesmas regras do recurso independente quanto às condições de admissibilidade e preparo (art. 500, parágrafo único, do CPC de 1973, art. 997, § 2º, do CPC de 2015 e item X da Instrução Normativa n. 3/93 do TST).

c) valor do depósito recursal.

O depósito corresponderá ao valor da condenação, até o limite fixado em lei (art. 7º da Lei n. 5.584/70, art. 899, §§ 1º, 2º e 6º, da CLT, art. 40 da Lei n. 8.177/91 e Súmula n. 128 do TST).

Os valores alusivos aos limites de depósito recursal serão reajustados bimestralmente pela variação acumulada do INPC do IBGE dos dois meses imediatamente anteriores, e serão calculados e publicados no Diário Eletrônico da Justiça do Trabalho, por ato do Presidente do Tribunal Superior do Trabalho, tornando-se obrigatória a sua observância a partir do quinto dia seguinte ao da publicação (art. 40, § 4º, da Lei n. 8.177/91 e item VI da Instrução Normativa n. 3/93 do TST).

É devido o depósito a cada novo recurso interposto até que seja alcançado o valor da condenação (arts. 899, §§ 1º a 6º, da CLT e 40 da Lei n. 8.177/91). Consoante a Súmula n. 128, I, do TST: "É ônus da parte recorrente efetuar o depósito legal, integralmente, em relação a cada novo recurso interposto, sob pena de deserção. Atingido o valor da condenação, nenhum depósito mais é exigido para qualquer recurso." No mesmo sentido, dispõe o item II, letra *b*, da Instrução Normativa n. 3/93 do TST que "depositado o valor total da condenação, nenhum depósito será exigido nos recursos das decisões posteriores, salvo se o valor da condenação vier a ser ampliado" (o depósito recursal tem como limite o valor da condenação, cuja execução visa garantir).[(1779)]

Se o valor constante do primeiro depósito, efetuado no limite legal, é inferior ao da condenação, será devida, no recurso posterior, a complementação do depósito, observado o valor nominal remanescente da condenação e/ou os limites legais para cada novo recurso (item II, letra *c*, da Instrução Normativa n. 3/93 do TST).

Havendo acréscimo ou redução da condenação em grau recursal, o juízo prolator da decisão arbitrará novo valor à condenação, quer para a exigibilidade de depósito ou complementação do já depositado, para o caso de recurso subsequente, quer para liberação do valor excedente decorrente da redução da condenação (item II, *d*, da Instrução Normativa n. 3/93 do TST).[(1780)]

O valor da condenação, para efeito de depósito recursal, não abrange honorários advocatícios e/ou periciais e penalidades pecuniárias aplicadas à parte (multa e indenização por embargos declaratórios, por exemplo), salvo, quanto às penalidades, se o valor respectivo foi expressamente acrescentado ao da condenação.

d) momento para a realização e comprovação do depósito recursal.

A realização do depósito recursal e a sua comprovação devem ser feitas no prazo para a interposição do recurso (art. 7º da Lei n. 5.584/70).[(1781)]

(1779) Atribuindo ao depósito recursal a natureza de garantia da execução, o TST consagrou o entendimento de que "Garantido o juízo, na fase executória, a exigência de depósito para recorrer de qualquer decisão viola os incisos II e LV do art. 5º da CF/1988. Havendo, porém, elevação do valor do débito, exige-se a complementação da garantia do juízo" (Súmula n. 128, II, do TST). É neste mesmo sentido o item *c* da Instrução Normativa n. 3/93, do TST. Dá-se o aumento do débito, por exemplo, no caso de ser imposta ao executado a obrigação de pagar multa em razão da prática de ato atentatório à dignidade da justiça.

(1780) Nos termos da letra *h* do item II da Instrução Normativa n. 3/93, "com o trânsito em julgado da decisão que absolveu o demandado da condenação, ser-lhe-á autorizado o levantamento do valor depositado e seus acréscimos".

(1781) O depósito recursal deve ser feito e comprovado no prazo alusivo ao recurso, sendo que a interposição antecipada deste não prejudica a dilação legal (Súmula n. 245 do TST). Não foi adotada pelo direito processual do trabalho a regra do *depósito imediato*.

A pena para a ausência de depósito recursal é a deserção do recurso (art. 7º da Lei n. 5.584/70).

Segundo prevê o item VIII da Instrução Normativa n. 3/93 do TST, o depósito "será de responsabilidade da parte quanto à exatidão dos valores depositados e deverá ser comprovado, nos autos, pelo recorrente, no prazo do recurso a que se refere, independentemente da sua antecipada interposição, observado o limite do valor vigente na data da efetivação do depósito, bem como o contido no item VI, salvo no que se refere à comprovação do depósito recursal em agravo de instrumento, que observará o disposto no art. 899, § 7º, da CLT, com a redação da Lei n. 12.275/2010".

A Lei n. 12.275/10 acrescentou ao art. 899 da CLT o § 7º, que assim dispõe: "No ato de interposição do agravo de instrumento, o depósito recursal corresponderá a 50% (cinquenta por cento) do valor do depósito do recurso ao qual se pretende destrancar". Esta lei altera a sistemática recursal trabalhista, vez que o depósito recursal somente era exigível quando da interposição de recurso contra decisão condenatória passível de execução. Trata-se de um acréscimo de depósito recursal, que reforça, ainda mais, a eficácia das decisões proferidas pela Justiça do Trabalho. Permanece, no entanto, o limite máximo do depósito recursal, que é o valor da condenação.(1782)

A Lei n. 13.015/14 acrescentou ao art. 899 da CLT o § 8º, afastando a exigência de depósito recursal quando se trate de agravo que tenha por finalidade destrancar recurso de revista que se insurge contra decisão que contraria a jurisprudência uniforme do TST, consubstanciada nas suas súmulas ou em orientação jurisprudencial.

Encontra-se na doutrina afirmação no sentido de que a Lei n. 12.275/10 alterou a sistemática recursal trabalhista, em relação ao agravo de instrumento, exigindo a comprovação do depósito recursal no momento da interposição do recurso.

No entanto, no processo do trabalho, o preparo do recurso deve ser realizado *no prazo recursal*, como decorre do disposto no art. 789, § 1º, da CLT e no art. 7º da Lei n. 5.584/70. Como isso, a expressão *no ato de interposição do agravo de instrumento*, constante do art. 899, § 7º, para se adequar à sistemática trabalhista, deve ser entendida no sentido de que o depósito deve ser realizado no momento processual em que é exigida a sua comprovação, ou seja, dentro do prazo recursal.

Consoante já foi registrado, quando do exame do preparo enquanto pressuposto de admissibilidade do recurso, não são aplicáveis no processo do trabalho os §§ 2º e 4º do art. 1.007 do CPC de 2015.

e) forma de realização do depósito recursal.

O depósito recursal deve ser realizado em conta vinculada do FGTS, por meio da Guia de Recolhimento do FGTS e Informações à Previdência Social (GFIP), nos termos dos §§ 4º e 5º do art. 899 da CLT, salvo a hipótese de relação de trabalho não submetida ao regime do FGTS, na qual o depósito pode ser realizado na Guia para Depósito Judicial Trabalhista (Súmula n. 426 do TST). De acordo com o item I da Instrução Normativa n. 26/2004 do TST, o depósito recursal poderá ser efetuado mediante a utilização da Guia de Recolhimento do FGTS e Informações à Previdência Social — GFIP, gerada pelo aplicativo da Caixa Econômica Federal — CEF — denominado "Sistema Empresa de Recolhimento do FGTS e Informações à Previdência Social — SEIP" (GFIP gerada eletronicamente), ou por intermédio da GFIP avulsa, disponível no comércio e no *site* da CEF. Acrescenta aludida Instrução Normativa que o empregador que fizer uso da GFIP gerada eletronicamente poderá efetuar o depósito judicial via *internet banking* ou diretamente em qualquer agência da CEF ou dos bancos conveniados.

Ainda segundo a Instrução Normativa em destaque, a comprovação do depósito recursal será realizada da seguinte forma:

1) no caso de pagamento efetuado em agência da CEF ou dos bancos conveniados, mediante a juntada aos autos da guia GFIP devidamente autenticada;

(1782) Deste complemento trataremos quando do exame do agravo de instrumento.

2) na hipótese de recolhimento via internet, com a apresentação do "comprovante de recolhimento/ FGTS — via *internet banking*", bem como da Guia de Recolhimentos para Fins de Recurso junto à Justiça do Trabalho.

Nos dissídios individuais singulares, o depósito será efetuado pelo recorrente, mediante a utilização das guias correspondentes, na conta do empregado no FGTS, em conformidade com os §§ 4º e 5º do art. 899 da CLT, ou fora dela, desde que feito na sede do juízo e permaneça à disposição deste, mediante guia de depósito judicial extraída pela Secretaria Judiciária (item II, letra *e*, da Instrução Normativa n. 3/1993). Nas reclamações plúrimas e nas em que houver substituição processual, será arbitrado o valor total da condenação, para o atendimento da exigência legal do depósito recursal, a ser realizado mediante guia de depósito judicial extraída pela Secretaria Judiciária do órgão em que se encontra o processo (item II, letra *f*, da Instrução Normativa n. 3/1993).

Consoante a Instrução Normativa n. 18/1999 do TST, é válida, para a comprovação do depósito recursal, a guia em que constem pelo menos os nomes do Recorrente e do Recorrido, o número do processo, a designação do juízo por onde tramita o feito e a explicitação do valor depositado, desde que autenticada pelo banco recebedor.

O credenciamento dos Bancos para o fim de recebimento de depósito recursal é fato notório, independendo de prova (Súmula n. 217 do TST).

f) dispensa de depósito recursal. Deposito recursal na condenação solidária e subsidiária.

Estão dispensados do depósito recursal os entes de direito público externo e as pessoas de direito público contempladas no Decreto-lei n. 779/69, assim como a massa falida e a herança jacente, nos termos do item X da Instrução Normativa n. 3/1993, do TST e Súmula n. 86 do TST.[(1783)]

Não estão dispensadas do depósito recursal as sociedades de economia mista e empresas públicas que explorem atividade econômica (art. 173, § 1º e II, da Constituição Federal e Súmula n. 170 do TST).[(1784)]

Havendo condenação *solidária* de duas ou mais empresas, o depósito recursal efetuado por uma delas aproveita as demais, quando a empresa que efetuou o depósito não pleiteia sua exclusão da lide (Súmula n. 128, III, do TST e art. 509, *caput* e parágrafo único, do CPC de 1973 e art. 1.005, parágrafo único, do CPC de 2015). Se for requerida a exclusão da lide da empresa que realizou o depósito recursal, este não aproveitará aos demais vencidos, na medida em que sendo acolhido o pedido de exclusão, o valor depositado deverá ser devolvido ao depositando, restando a execução carente de garantia.

No caso de condenação *subsidiária*, cada recorrente deverá efetuar o depósito recursal, sob pena de deserção de seu recurso, vez que o recurso de um devedor só aproveita os outros devedores quando as defesas opostas ao credor forem as mesmas, o que não ocorre na condenação subsidiária, em que os devedores são chamados a juízo por fundamentos distintos. Anote-se que o art. 509, parágrafo único, do CPC de 1973 e o art. 1.005, parágrafo único, do CPC de 2015 somente se referem à solidariedade, não alcançando, portanto, a hipótese de subsidiariedade.

Registre-se que, "a expedição de Mandado de Citação Penhora e Avaliação em fase definitiva ou provisória de execução deverá levar em conta a dedução dos valores já depositados nos autos, em especial o depósito recursal" (item II, letra *g*, da Instrução Normativa n. 3/93 do TST). Na verdade, como dispõe o art. 899, § 1º, da CLT, transitada em julgado a decisão, será ordenado, por simples despacho, o imediato levantamento da importância depositada pelo credor.[(1785)]

(1783) "Não ocorre deserção de recurso da massa falida por falta de pagamento das custas ou de depósito do valor da condenação. Esse privilégio, todavia, não se aplica à empresa em liquidação extrajudicial" (Súmula n. 86 do TST).

(1784) "Os privilégios e isenções no foro da Justiça do Trabalho não abrangem as sociedades de economia mista, ainda que gozassem desses benefícios anteriormente ao Decreto-lei n. 779, de 21.8.1969".

(1785) O art. 899, § 1º, da CLT, autorizando a liberação da quantia depositada para efeito de recurso assim que a decisão condenatória passar em julgado, vai além da ideia de depósito recursal como garantia do juízo (o depósito, portanto, tem a natureza de garantia do juízo, mas vai além desta natureza, na medida em que, passada em julgado a decisão, o valor respectivo é liberado por simples despacho, até o limite do crédito). Note-se que é autorizada a liberação imediata da importância depositada (o

g) alteração do valor do depósito recursal no curso do prazo recursal.

Na hipótese de alteração do valor do depósito recursal no curso do prazo recursal a regularidade do depósito deve ser aferida na data da sua realização, sendo este, inclusive, o posicionamento adotado pelo TST ao editar a Instrução Normativa n. 3/93, consoante se vê do seu item VIII.

h) justiça gratuita e depósito recursal.

Segundo resulta do art. 3º da Lei n. 1.050/60, com a redação que lhe conferiu a Lei Complementar n. 132/09, a justiça gratuita compreende taxas, selos, emolumentos, custas, despesas com publicações indispensáveis em jornal encarregado da divulgação dos atos oficiais, indenizações devidas às testemunhas, honorários advocatícios, honorários periciais e "depósitos previstos em lei para interposição de recurso, ajuizamento de ação e demais atos processuais inerentes ao exercício da ampla defesa e do contraditório".

O CPC de 2015, consoante o seu art. 1.072, III, revogou o art. 3º da Lei n. 1.060/60.

De outro lado, no art. 98 do CPC de 2015, a gratuidade da justiça compreende " os depósitos previstos em lei para interposição de recurso, para propositura de ação e para a prática de outros atos processuais inerentes ao exercício da ampla defesa e do contraditório".

O item X da Instrução Normativa n. 3/93 do TST dispõe não ser exigível depósito recursal da parte que, comprovando insuficiência de recursos, receber assistência judiciária integral e gratuita do Estado, posição que é reforçada pelo inciso VI do art. 2º da Lei n. 1.060/50.

A nosso juízo, a expressão "depósitos previstos em lei para interposição de recurso", constante do art. 3º da Lei n. 1.060/50 e do art. 98, VIII, não alcança o depósito recursal, vez que este não é apenas *um depósito previsto para a interposição de recurso*, posto que possui, também a natureza de *garantia prévia do juízo*, sendo exigido, inclusive, para acelerar a satisfação de créditos de natureza salarial.

Tanto isto é verdade, que, transitada em julgado a decisão, o valor do depósito deverá ser liberado ao credor, mediante simples despacho, ou seja, de ofício (art. 899, § 1º, da CLT).

De qualquer forma, se for dispensado o depósito recursal para a parte beneficiada pela gratuidade da justiça, poderá o credor requerer a execução provisória da sentença, visando à penhora de bens que possam garantir a satisfação do seu crédito.

Vale ressaltar que, no caso de pessoa jurídica, o benefício da justiça gratuita somente pode ser deferido se ela comprovar a sua incapacidade para arcar com os custos do processo, dentre eles aquele relativo ao depósito recursal.[1786]

i) depósito recursal no caso de ser o trabalhador vencido.

Tendo em vista a referência, no art. 899, § 4º, da CLT, ao depósito na *conta vinculada do trabalhador*, prevalece o entendimento de que o depósito recursal somente é exigido do empregador ou tomador de serviços (sob essa ótica, o trabalhador, condenado a pagar determinada importância ao empregador ou tomador de seus serviços, está dispensado da realização do depósito recursal).

A opção do legislador se explica, visto que o trabalhador não tem, via de regra, condições de arcar com a prévia garantia do juízo, de forma que dele não se exige, para recorrer, o depósito recursal, sob pena

que afasta a necessidade de sua conversão em penhora; fosse necessária esta conversão, a liberação não seria imediata), em favor do vencedor (como a liberação se faz em favor do vencedor e não do exequente — designação da parte na execução — o despacho que a ordena pode anteceder a própria execução). Com isso, transitada em julgado a decisão condenatória e sendo ela líquida, o depósito recursal deverá ser imediatamente liberado em favor do vencedor, sendo iniciada a execução apenas na hipótese de não ser o valor depositado suficiente para a satisfação do crédito a ele reconhecido. Não sendo a decisão líquida, a liberação dos valores ao credor deverá ocorrer depois da liquidação.

(1786) Sendo deferido o benefício da justiça gratuita e liberada a parte de realizar o depósito recursal, poderá o Tribunal *a quo*, a quem cabe a última palavra em relação ao atendimento dos pressupostos de admissibilidade do recurso, cassar a decisão e determinar a realização do depósito, no prazo que assinalar, sob pena de deserção do recurso (a concessão de prazo à parte é medida que se impõe, em razão da necessidade de preservar a segurança jurídica daquele que tem em seu favor uma decisão judicial e, ainda, a confiança nas decisões judiciais). A manifestação do Tribunal independe de recurso da parte contrária, vez que o atendimento dos pressupostos processuais é matéria de ordem pública, podendo, com isso, ser enfrentada de ofício.

de inviabilizar o seu acesso ao duplo grau de jurisdição, ao passo que a intenção do legislador, ao instituir o depósito recursal, é assegurar a mais rápida satisfação do crédito reconhecido ao trabalhador, diante do seu caráter predominantemente alimentar e privilegiado.

j) depósito recursal e demandas decorrentes de relação de trabalho não subordinado.

Da natureza de garantia do juízo do depósito recursal decorre a exigência de sua realização também nas lides decorrentes de relação de trabalho não subordinado. O depósito é exigido nos dissídios individuais sob jurisdição da Justiça do Trabalho e não apenas nos dissídios decorrentes da relação de emprego. Ademais, também nas ações decorrentes de relação de trabalho não subordinado deve ser desencorajada a interposição de recursos, especialmente os protelatórios, facilitada a satisfação do crédito reconhecido na decisão judicial e divididos entre as partes os danos marginais decorrentes da duração do processo.

k) depósito recursal e recurso em dissídio coletivo.

O depósito recursal visa garantir a execução e a sentença coletiva não é objeto de execução, mas de ação de cumprimento (art. 872 da CLT). Com isso, não é exigido depósito recursal para a interposição de recurso contra a decisão proferida em dissídio coletivo.

l) *regularidade formal*: este pressuposto está relacionado com o atendimento de exigências formais relacionadas com a interposição do recurso.

Na petição de recurso, o recorrente deverá: identificar as partes e o processo no qual o recurso é apresentado; indicar os fundamentos da pretensão de esclarecimento, anulação ou reforma da decisão impugnada (*razões do recurso*); apresentar pedido de proferimento de nova decisão.

Estes requisitos formais foram examinados quando tratamos da forma de interposição do recurso e sua fundamentação.

O não atendimento destes requisitos implica inépcia da petição recursal.

Também relacionada com a regularidade formal, está a exigência de o instrumento de agravo de instruído com determinadas peças, como se verá no exame do agravo de instrumento.

A petição de interposição do recurso e as razões do recurso devem ser assinadas pela parte ou por seu advogado. Petição de recurso não assinada equivale a ato processual inexistente. Contudo, estando a petição de interposição do recurso ou a que contenha as razões recursais assinada, a falta de assinatura daquela é suprida pela assinatura desta e vice-versa, vez que tais peças se complementam (Orientação Jurisprudencial n. 120 da SDI-I do TST). O recebimento do recurso, nessas hipóteses, se dá porque ao assinar uma das peças (de interposição ou as razões do recurso) a parte torna inequívoco o desejo de ver reexaminada a causa.

A petição de interposição do recurso deverá ser protocolada na secretaria do juízo, podendo as partes, como já foi visto, valer-se, para a apresentação de petição de recurso, de sistema de transmissão de dados e imagens tipo *fac-símile* (Lei n. 9.800/99) e do denominado "e-DOC" (criado pela Instrução Normativa n. 28/2005 do TST).

Anote-se que, segundo o art. 1.029 do CPC de 2015, o Supremo Tribunal Federal poderá desconsiderar vício formal de recurso tempestivo ou determinar a sua correção, desde que não o repute grave, o que será examinado quando tratarmos do recurso de revista.

f) *ausência de fato extinto* ou *impeditivo do direito de recorrer*: extinguem o direito de recorrer a renúncia ao direito de recorrer e a aceitação da decisão, por exemplo, ao passo que impede o exercício do direito de recorrer a ausência de depósito da multa exigível para a interposição do recurso.

Trata-se de *pressuposto negativo*, na medida em diz respeito a algo que deve estar ausente para que o recurso possa ser admitido.

g) *prequestionamento*. Trata-se de pressuposto de admissibilidade dos recursos de natureza extraordinária, ainda que a matéria seja de incompetência absoluta (Orientação Jurisprudencial n. 62 da SDI-I do TST).

Consoante a Súmula n. 297 do TST: "I — diz-se prequestionada a matéria ou questão quando na decisão impugnada haja sido adotada, explicitamente, tese a respeito. II — incumbe à parte interessada, desde que a matéria haja sido invocada no recurso principal,[1787] opor embargos declaratórios objetivando o pronunciamento sobre o tema, sob pena de preclusão. III — considera-se prequestionada a questão jurídica invocada no recurso principal sobre a qual se omite o Tribunal de pronunciar tese, não obstante opostos embargos de declaração" (opostos embargos de declaração, a omissão do Tribunal, a par de resultar em negativa de prestação jurisdicional, não pode prejudicar a parte, de forma que o caminho natural seria anular a decisão e ordenar o retorno dos autos ao Tribunal para que a omissão seja suprimida, mas, por economia processual, a matéria será tida por prequestionada, permitindo o imediato julgamento do recurso e a mais rápida solução do dissídio).

10.4. Ordem dos processos no tribunal. Atribuições do relator. Incidente de Uniformização de Jurisprudência (IUJ).

10.4.1. Recebido o recurso no tribunal, proceder-se-á ao seu registro no protocolo (art. 93, XV, da Constituição da República, arts. 547 do CPC de 1973 e 929 do CPC de 2015).

Após o seu registro, o recurso será distribuído, de acordo com o regimento interno do tribunal respectivo, observando-se, na distribuição, a publicidade, a alternância e o sorteio (art. 548 do CPC de 1973) ou a alternatividade, o sorteio eletrônico e a publicidade (art. 930 do CPC de 2015).

O primeiro recurso protocolado no tribunal tornará prevento o relator para eventual recurso subsequente interposto no mesmo processo ou em processo conexo (art. 930, parágrafo único, do CPC de 2015).

Distribuído o recurso, os autos são remetidos ao relator, que, em trinta dias, depois de elaborar o voto, restitui-los-á, com relatório, à secretaria (art. 549 do CPC de 1973 e art. 931 do CPC de 2015), observando-se, no entanto, que o relator poderá decidir monocraticamente, como se verá mais adiante.

Em seguida, os autos serão apresentados ao presidente do órgão colegiado, que designará dia para julgamento, procedendo-se à publicação da pauta no órgão oficial (art. 552 do CPC de 1973 e art. 934 do CPC de 2015).

Entre a data da publicação da pauta e a da sessão de julgamento decorrerá, pelo menos, o prazo de 48 horas (CPC de 1973) ou de cinco dias (CPC de 2015), incluindo-se em nova pauta os processos que não tenham sido julgados, salvo aqueles cujo julgamento tiver sido expressamente adiado para a primeira sessão seguinte (art. 552, § 1º, do CPC de 1973 e art. 935 do CPC de 2015).

Às partes será permitida vista dos autos em cartório após a publicação da pauta (art. 935, § 1º, do CPC de 2015).

Na sessão de julgamento, depois de feita a exposição da causa pelo relator, o presidente dará a palavra, sucessivamente, ao recorrente, ao recorrido e, nos casos de sua intervenção, ao membro do Ministério Público, pelo prazo improrrogável de quinze minutos para cada um, a fim de sustentarem as suas razões, nas hipóteses de recurso ordinário, recurso de revista, embargos, recurso extraordinário, agravo de petição, ação rescisória, mandado de segurança, reclamação, agravo de instrumento, agravo interno no processo de competência originária quando se tratar de decisão de relator que o extinguir e outras hipóteses previstas em lei ou no regimento interno do tribunal (art. 554 do CPC de 1973 e art. 937 do CPC de 2015, adaptados ao processo do trabalho).[1788]

(1787) Os embargos de declaração não podem ser utilizados para inovar a lide.

(1788) Os regimentos internos dos tribunais normalmente definem os recursos e ações que admitem sustentação oral na sessão de julgamento, valendo anotar que, por força do art. 937 do CPC de 2015, tais regimentos deverão ser alterados, para fixar em quinze minutos o tempo de que dispõe a parte para apresentar a sua sustentação oral.

É permitida a sustentação oral por videoconferência ou outro recurso tecnológico de transmissão de sons e imagens em tempo real, desde que o requeira no dia anterior ao da sessão (art. 937, 4º, do CPC de 2015).[1789]

O relator ou outro juiz que não se considerar habilitado a proferir imediatamente seu voto poderá solicitar vista do processo pelo prazo máximo de dez dias, após o qual o recurso será reincluído em pauta para julgamento na sessão seguinte à data da devolução (art. 555, § 2º, do CPC de 1973 e art. 940 do CPC de 2015), observando-se que, segundo a Instrução Normativa n. 39/16 do TST, são aplicáveis no processo do trabalho os arts. 926 a 928 do CPC de 2015 (art. 3º, XXIV).

Se os autos não forem devolvidos tempestivamente ou se não for solicitada pelo juiz prorrogação de prazo de máximo dez dias, o presidente do órgão requisitará o processo e realizará o julgamento na sessão ordinária subsequente, com publicação da pauta em que for incluído (art. 555, § 3º, do CPC de 1973 e art. 940, § 1º, do CPC de 2015). Quando os autos forem requisitados pelo presidente, se aquele que fez o pedido de vista ainda não se sentir habilitado a votar, o presidente convocará substituto para proferir voto, na forma estabelecida no regimento interno (art. 940, § 2º, do CPC de 2015).

Acrescente-se que:

a) a questão preliminar suscitada no julgamento será decidida antes do mérito, deste não se conhecendo caso seja incompatível com a decisão (art. 560 do CPC de 1973 e art. 938 do CPC de 2015);

b) constatada a ocorrência de vício sanável, inclusive aquela que possa ser reconhecida de ofício, o relator determinará a realização ou a renovação do ato processual no próprio tribunal ou em primeiro grau, intimadas as partes. Cumprida a diligência, o relator, sempre que possível, prosseguirá no julgamento do recurso (art. 560, parágrafo único, do CPC de 1973 e art. 938, §§ 1º e 2º, do CPC de 2015);

c) reconhecida a necessidade de produção de provas, o relator ou o órgão competente para o julgamento do recurso converterá o julgamento em diligência, que se realizará no tribunal ou em primeiro grau, decidindo-se o recurso após a conclusão da instrução (art. 938, §§ 3º e 4º, do CPC de 2015), cumprindo observar que o art. 10, da Instrução Normativa n. 39/2016 do TST dispõe ser aplicável no processo do trabalho o art. 938, §§ 1º a 4º, do CPC de 2015;

d) se a liminar for rejeitada ou se a apreciação do mérito for com ela compatível, seguir-se-á a discussão e o julgamento da matéria principal, sobre a qual deverão se pronunciar os juízes vencidos na preliminar (art. 561 do CPC de 1973 e art. 939 do CPC de 2015);

e) o agravo de instrumento será julgado antes do recurso ordinário interposto no mesmo processo (art. 946 do CPC de 2015), observando-se que, se ambos os recursos forem julgados na mesma sessão, terá preferência o agravo de instrumento (art. 946, parágrafo único, do CPC de 2015).

Ressalvadas as preferências legais e regimentais, os recursos, a remessa necessária e os processos de competência originária serão julgados na seguinte ordem: aqueles em que houver sustentação oral, observada a ordem de requerimento; os requerimentos de preferência apresentados até o início da sessão; aqueles cujo julgamento tenha sido iniciado na sessão anterior (art. 562 do CPC de 1973 e art. 936 do CPC de 2015).

Proferidos os votos, o presidente anunciará o resultado do julgamento, designando para redigir o acórdão o relator ou, se este for vencido, o autor do primeiro voto vencedor (art. 556 do CPC de 1973 e art. 941 do CPC de 2015).[1790]

O voto poderá ser alterado até o momento da proclamação do resultado pelo presidente, salvo aqueles proferidos por juiz afastado ou substituído (art. 941, § 1º, do CPC de 2015).[1791]

(1789) Trata-se da denominada *sustentação oral a distância*.

(1790) No caso de ser vencido o relator, o juiz que proferiu o voto vencedor atuará como *redator*. O CPC de 2015 dispõe, no art. 941, § 3º, que o voto vencido será necessariamente declarado e considerando parte integrante do acórdão para todos os efeitos legais, inclusive de prequestionamento, o que prejudica a Súmula n. 320 do STJ, segundo a qual a questão federal somente ventilada no voto vencido não atende ao requisito do prequestionamento.

(1791) Desta disposição legal resulta que o julgamento só se encerra no momento da proclamação do resultado pelo presidente do órgão fracionário.

No julgamento de recurso ordinário, agravo de instrumento e agravo de petição a decisão será tomada, no órgão colegiado, pelo voto de três juízes (art. 941, § 2º, do CPC de 2015, adaptado ao processo do trabalho).

Os votos, os acórdãos e os demais atos processuais podem ser registrados em documento eletrônico, inviolável e assinados eletronicamente, na forma da lei, devendo ser impressos para juntada aos autos do processo quando este não for eletrônico (art. 943, § 1º, do CPC de 2015).

Todo acórdão conterá ementa (art. 563 do CPC de 1973 e art. 943, § 1º, do CPC de 2015).

Lavrado o acórdão, sua ementa será publicada no órgão oficial no prazo de dez dias (art. 564 do CPC de 1973 e art. 943, § 2º, do CPC de 2015).

Certificado o trânsito em julgado, com menção expressa da data de sua ocorrência, o escrivão ou o chefe de secretaria, independentemente de despacho, providenciará a baixa dos autos ao juízo de origem, no prazo de cinco dias (art. 510 do CPC de 1973 e art. 1.006 do CPC de 2015).[1792]

O art. 945 do CPC de 2015 estabelecia que, a critério do órgão julgador, o julgamento dos recursos e dos processos de competência originária que não admitem sustentação oral poderia realizar-se por meio eletrônico. No entanto, a Lei n. 13.256/16 revogou o art. 945 do CPC de 2015, como se vê do seu art. 3º.

O art. 12 do CPC de 2015 estabelecia que os juízes e tribunais deveriam obedecer à ordem cronológica de conclusão para proferir sentença ou acórdão, ao passo que o art. 153 daquele diploma legal dispunha que o escrivão ou chefe de secretaria atenderia à ordem cronológica de recebimento para publicação e efetivação de pronunciamentos judiciais. Contudo, a Lei n. 13.256/16 alterou a redação de tais dispositivos, estabelecendo que os juízes e tribunais atenderão, *preferencialmente*, a ordem cronológica de conclusão para proferir sentença ou acórdão e que o escrivão ou chefe de secretaria atenderá, *preferencialmente*, à ordem cronológica de recebimento para publicação e efetivação de pronunciamentos judiciais. Embora fundamentados na busca de respeito à duração razoável do processo e da garantia de impessoalidade e de igualdade, os dispositivos legais em questão, na sua redação original, acabavam impedindo que o juiz ou o tribunal, sem desconsiderar aqueles valores, adotasse ordem diferenciada, em favor da racionalização dos serviços judiciários.

10.4.2 Como regra, o recurso é julgado por órgão colegiado, como decorre, por exemplo, dos arts. 672, 678, 680 e 690 da CLT, dos arts. 1º a 6º da Lei n. 7.701/88, dos arts. 555 e 556 do CPC de 1973 e do art. 941, § 2º, do CPC de 2015, o que resulta da própria estrutura dos tribunais.

No entanto, o legislador vem afastando o sistema recursal, comum e trabalhista, desta regra, autorizando o relator a atuar como uma espécie de *porta-voz do colegiado*. Com isto, a *decisão colegiada* vem sendo substituída por *decisão monocrática* proferida pelo relator do recurso.

Neste sentido:

1 — o CPC de 1973 autoriza o relator a indeferir por despacho o *agravo de instrumento manifestamente improcedente* (art. 557, redação originária);

2 — a Lei n. 9.139/95, alterou a redação do art. 557 do CPC de 1973, que passou a autorizar o relator a *negar seguimento a recurso manifestamente inadmissível,*[1793] *improcedente,*[1794] *prejudicado*[1795] *ou contrário*

(1792) O CPC de 2015 passou a exigir que da certidão conste, de forma expressa, a data do trânsito em julgado da decisão.

(1793) O recurso será inadmissível, na esteira do antigo art. 896, § 5º, da CLT, nas hipóteses de intempestividade, deserção, falta de alçada (nas causas de alçada, isto é, nos processos sujeitos ao procedimento sumário, o recurso somente pode versar matéria constitucional) e irregularidade de representação.

(1794) "'Improcedente' é o recurso quando o recorrente carece de razão de mérito, isto é, quando infundados os motivos por que impugna a decisão recorrida" (MOREIRA, José Carlos Barbosa. *Comentários ao Código de Processo Civil*, v. V, p. 684).

(1795) Recurso prejudicado é aquele afetado por decisão ou fato posterior à sua interposição. Para José Carlos Barbosa Moreira, o recurso é prejudicado "quando a impugnação perde o objeto, e por conseguinte cai no vazio o pedido de reforma ou anulação, *v. g.*, se o juiz *a quo* reforma *in totum* a decisão agravada, prejudicado fica o agravo (cf. art. 529)" (*Comentários ao Código de Processo Civil*, v. V, p. 684-685).

à súmula do respectivo tribunal ou tribunal superior, estabelecendo-se, no entanto, a possibilidade de apresentação de agravo ao órgão competente para o julgamento do recurso;

3 — a Lei n. 9.756/98 alterou novamente a redação do art. 557 do CPC, mantendo a autorização do relator para negar seguimento a recurso e a previsão da possibilidade de recurso para o órgão colegiado, mas *acrescentou a autorização para que o relator dê provimento ao recurso.*

Com efeito, de acordo com o art. 557 do CPC, na redação que lhe conferiu a Lei n. 9.756/98, o relator:

a) *negará seguimento* a recurso manifestamente inadmissível, improcedente, prejudicado ou em confronto com jurisprudência dominante do respectivo tribunal, do STF, ou de Tribunal Superior;

b) *poderá dar provimento* ao recurso, na hipótese de a decisão recorrida estar em manifesto confronto com súmula ou com jurisprudência dominante do STF ou de tribunal superior;

4 — o CPC de 2015 dispõe, no art. 932, que incumbe ao relator:

a) *não conhecer* de recurso inadmissível, prejudicado ou que não tenha impugnado especificamente os fundamentos da decisão recorrida, depois de facultada a apresentação de contrarrazões;

b) *negar provimento* a recurso que for contrário a: i) súmula do STF, do TST ou do próprio tribunal; ii) acórdão do STF ou do TST em julgamento de recursos repetitivos; iii) entendimento firmado em incidente de resolução de demandas repetitivas ou assunção de competência;

c) depois de facultada a apresentação de contrarrazões, *dar provimento* a recurso, se a decisão recorrida for contrária a: i) súmula do STF, do STJ ou do próprio tribunal; ii) a acórdão do STF ou do TST em julgamento de recursos repetitivos; iii) entendimento firmado em incidente de resolução de demandas repetitivas ou assunção de competência.

O direito processual do trabalho adotou postura idêntica.

Com efeito, a Lei n. 7.701/88 conferiu nova redação ao art. 896, § 5º, da CLT, estabelecendo que, "estando a decisão recorrida em consonância com enunciado da Súmula da Jurisprudência do Tribunal Superior do Trabalho, poderá o Ministro Relator, indicando-o, negar seguimento ao Recurso de Revista, aos Embargos, ou ao Agravo de Instrumento. Será denegado seguimento ao Recurso nas hipóteses de intempestividade, deserção, falta de alçada e ilegitimidade de representação, cabendo a interposição de agravo". Note-se, porém, que a CLT limitou estes novos poderes aos ministros relatores de recurso de revista, embargos e agravo de instrumento, isto é, a recursos a serem julgados pelo TST.

Diante desta limitação, a aplicação do art. 557 do CPC de 1973 no processo do trabalho em relação a todos os recursos passou a ser admitida pela doutrina e jurisprudência, sendo consagrada, ainda, pelo Item III da Instrução Normativa n. 17/1999 do TST, com a redação que lhe conferiu a Resolução n. 184/2012, e na Súmula n. 435 do TST, segundo a qual, na sua redação original, "Aplica-se subsidiariamente ao processo do trabalho o art. 557 do CPC de 1973", e, na sua redação atual, "Aplica-se subsidiariamente ao processo do trabalho o art. 932 do CPC de 2015 (art. 557 do CPC de 1973)".

Porém, a Lei n. 13.015/14 acrescentou o § 3º ao art. 894 da CLT, que trata dos embargos, estabelecendo situações em que o relator a ele *denegará seguimento*, ao passo que a citada lei conferiu nova redação ao art. 896, § 5º, da CLT, que passa a dispor sobre o incidente de uniformização de jurisprudência e não mais sobre os poderes do relator.

Destarte, o relator denegará seguimento aos embargos, segundo o art. 894, § 3º, da CLT: "a) se a decisão recorrida estiver em consonância com súmula da jurisprudência do Tribunal Superior do Trabalho ou do Supremo Tribunal Federal, ou com iterativa, notória e atual jurisprudência do Tribunal Superior do

Trabalho, cumprindo-lhe indicá-la;(1796) b) nas hipóteses de intempestividade, deserção, irregularidade de representação ou de ausência de qualquer outro pressuposto extrínseco de admissibilidade".

Em relação aos demais recursos, aplicam-se as disposições constantes do art. 515 do CPC de 1973 ou do art. 932 do CPC de 2015, por força do art. 769 da CLT e do art. 15 do CPC de 2015, dado que estes dispositivos legais estão em sintonia com os princípios da celeridade e da economia processual, que impõem seja abreviado o julgamento de recursos inadmissíveis e contrários a súmula do STF, do TST ou do próprio tribunal, a acórdão do STF ou do TST em julgamento de recursos repetitivos ou a entendimento firmado em incidente de resolução de demandas repetitivas ou assunção de competência.

A atribuição dos poderes acima referidos ao relator, tanto na CLT quanto no CPC, é de verdadeira *delegação legislativa de poder*, com objetivo de desafogar as pautas de julgamento dos tribunais, reduzir o tempo de julgamento dos recursos, valorizar os precedentes jurisdicionais e atender ao princípio da economia processual.

Não há, na delegação de poder ao relator, ofensa ao *princípio da colegialidade*. Neste sentido, o STF decidiu que "nem se alegue que esta orientação implicaria transgressão ao princípio da colegialidade, eis que o postulado em questão sempre restará preservado ante a submissão da decisão singular ao controle recursal dos órgãos colegiados no âmbito do STF, consoante esta Corte tem reiteradamente proclamado".(1797)

Na Súmula n. 421, na sua redação original, o TST adotou o entendimento de que: "I — tendo o despacho monocrático de provimento ou denegação de recurso, previsto no art. 557 do CPC, conteúdo decisório definitivo e conclusivo da lide, comporta ser esclarecido pela via dos embargos declaratórios, em decisão declaratória, também monocrática, quando se pretende tão somente suprir omissão e não, modificação do julgado.(1798) II — postulando o embargante efeito modificativo, os embargos declaratórios deverão ser submetidos ao pronunciamento do Colegiado, convertidos em agravo, em face dos princípios da fungibilidade e celeridade processual".(1799) Esta Súmula teve a sua redação alterada em 19.4.2016 e passa a prever que: "I – Cabem embargos de declaração de decisão monocrática do relator prevista no art. 932 do CPC de 2015 (art. 557 do CPC de 1973), se a parte pretende tão somente juízo integrativo retificador da decisão e, não, modificação do julgado. II – Se a parte postular a revisão do mérito da decisão monocrática, cumpre ao relator converter os embargos de declaração em agravo, em face dos princípios da fungibilidade e celeridade processual, submetendo-o ao pronunciamento do Colegiado, após a intimação do recorrente para, no prazo de 5 (cinco) dias, complementar as razões recursais, de modo a ajustá-las às exigências do art. 1.021, § 1º, do CPC de 2015".

A SDI-2 do TST havia se manifestado sobre a constitucionalidade do art. 557 do CPC, por meio da Orientação Jurisprudencial n. 73: "Não há como se cogitar da inconstitucionalidade do art. 557 do CPC, meramente pelo fato de a decisão ser exarada pelo Relator, sem a participação do Colegiado, porquanto o princípio da publicidade insculpido no inciso IX do art. 93 da CF/88 não está jungido ao julgamento pelo colegiado e sim o acesso ao processo pelas partes, seus advogados ou terceiros interessados, direito preser-

(1796) A Lei n. 13.015/14 reforça a competência do TST em relação à uniformização de jurisprudência, que é exercida por meio das súmulas e orientações jurisprudenciais. A uniformização de jurisprudência também pode ocorrer no julgamento de incidente de uniformização de jurisprudência. A Lei n. 13.015/14 foi mais longe, vez que determinou aos Tribunais Regionais do Trabalho que uniformizem a sua jurisprudência (art. 896, § 3º, da CLT, com a redação que lhe conferiu a Lei n. 13.015/14). Na mesma linha da uniformização da jurisprudência está a técnica dos recursos de revista repetitivos, cujo julgamento pode ser afetado à SDI ou ao Pleno do TST, desde que haja relevância da matéria ou entendimento divergente entre os Ministros da SDI ou das Turmas do TST (art. 896-C da CLT, com a redação que lhe conferiu a Lei n. 13.015/14). Os dispositivos legais referidos serão objeto de exame mais adiante.

(1797) STF, AgRg no AgIn n. 159.892/SP, Rel. Min. Celso Melo.

(1798) Este ponto de vista não merece reparos, posto que a decisão do relator substitui a que seria proferida pelo colegiado. Sendo a decisão do colegiado passível de embargos, o mesmo se dá em relação à decisão do relator que a substitui.

(1799) Se o embargante foi vencido em questões distintas daquelas objeto dos embargos de declaração, cumpre conferir-lhe oportunidade para complementar o seu recurso, sob pena de a conversão dos embargos em agravo prejudicá-lo na defesa de seus direitos, como foi reconhecido pelo TST ao conferir nova redação à sua Súmula n. 421.

vado pela Lei n. 9.756/98, ficando, outrossim, assegurado o acesso ao Colegiado através de agravo".[1800] A possibilidade de revisão colegiada da decisão do relator afasta a inconstitucionalidade do art. 557 do CPC de 1973, do art. 932 do CPC de 2015 e do art. 894, § 3º, da CLT.[1801]

Da decisão do relator, proferida com esteio no art. 557 do CPC, no art. 932 do CPC de 2015 ou no art. 894, § 3º, da CLT, caberá agravo, ao órgão colegiado competente para o julgamento do recurso e, se não houve retratação, o relator apresentará o processo em mesa, proferindo voto; provido o agravo, o recurso terá seguimento (art. 557, § 1º, do CPC de 1973, art. 1.021 do CPC de 2015 e art. 894, § 4º, da CLT).[1802] Trata-se do denominado *agravo interno ou inominado*, que será examinado mais adiante, observando que, quando manifestamente inadmissível ou infundado o agravo, o tribunal condenará o agravante a pagar ao agravado multa entre 1% (um por cento) e 10% (dez por cento) do valor corrigido da causa, ficando a interposição de qualquer outro recurso condicionada ao depósito do respectivo valor (art. 557, § 2º, do CPC de 1973). O CPC de 2015 estabelece, no art. 1.021, § 4º, que: "quando o agravo for declarado manifestamente inadmissível ou improcedente em votação unânime, o órgão colegiado, em decisão fundamentada, condenará o agravante a pagar ao agravado multa fixada entre um e cinco por cento do valor atualizado da causa e no art. 1.021, § 5º, que a interposição de qualquer outro recurso está condicionada ao depósito prévio do valor da multa prevista no § 4º, à exceção da Fazenda Pública e do beneficiário da gratuidade da justiça".

Ao relator também incumbe, segundo prevê o art. 932, incisos I, II, VI, VII e VIII, do CPC de 2015:

a) dirigir e ordenar o processo no tribunal, inclusive em relação à produção de prova;

b) quando for o caso, homologar autocomposição das partes;

c) apreciar pedido de tutela provisória nos recursos e nos processos de competência originária do tribunal;

d) decidir incidente de desconsideração da personalidade jurídica, quando este for instaurado originalmente perante o tribunal;

e) determinar a intimação do Ministério Público, quando for o caso;

f) exercer outras atribuições estabelecidas no regimento interno do tribunal.

Observe-se que o relator, se constatar a ocorrência de fato superveniente à decisão recorrida ou a existência de questão apreciável de ofício, ainda que não examinada que devam ser considerados no julgamento do recurso, intimará as partes para que se manifestem no prazo de cinco dias (art. 933 do CPC de 2015), cumprindo registrar que:

1) se a constatação ocorrer durante a sessão de julgamento, esse será imediatamente suspendo a fim de que as partes se manifestem especificamente (art. 933, § 1º, do CPC de 2015);

2) se a constatação se der em vista dos autos, deverá o juiz que a solicitou encaminhá-los ao relator, que tomará as providências previstas no *caput* do art. 933 e, em seguida, solicitará a inclusão do feito em pauta para prosseguimento do julgamento, com submissão integral da nova questão aos julgadores (art. 933, § 2º, do CPC de 2015).

(1800) Segundo a Instrução Normativa n. 17/1999 do TST, com a redação que lhe conferiu a Resolução n. 131/2005, aplicam-se ao processo do trabalho o *caput* e os §§ 1º e 2º do art. 557 CPC. A Orientação Jurisprudencial referida foi convertida em Súmula, com a seguinte redação: "Aplica-se subsidiariamente no processo do trabalho o art. 557 do Código de Processo Civil"..

(1801) O fato de ser estabelecido, pela Constituição da República, que os julgamentos serão públicos e que nos tribunais serão compostos por órgãos colegiados não torna inconstitucional o art. 557 do CPC de 1973 ou o art. 932 do CPC de 2015. Também os julgamentos realizados nas Varas do Trabalho serão públicos e nem por isso o juiz está impedido de proferir decisão fora da audiência de instrução e julgamento, ao passo que a composição colegiada dos tribunais não constitui, por si só, garantia de decisão necessariamente colegiada. Ademais, a celeridade e efetividade da prestação jurisdicional, que se pretende alcançar com a atribuição de maiores poderes aos relatores, também constituem garantias constitucionais, além do que persiste a possibilidade de revisão colegiada da decisão do relator. O Pleno do STF já decidiu, inclusive, que "tem legitimidade constitucional disposição regimental que confere ao relator competência para arquivar ou negar seguimento a pedido ou recurso, desde que as decisões possam ser submetidas ao controle do colegiado" (Pleno do STF, Ag. 151.354-3-MG, Ag. Edcl — Ed., Rel. Min. Néri da Silveira, DJU 16.4.1999, p. 9).

(1802) Se não for apresentado agravo, a decisão do relator transitará em julgado, restando apenas a ação rescisória como forma de sua impugnação.

Em suma, o *fato ou direito superveniente* deve ser considerado no julgamento, impondo-se, no entanto, o cumprimento do dever de diálogo, por meio da intimação das partes a fim de que se manifestem especificamente, o que resulta, inclusive, do disposto nos arts. 9º e 10 do CPC de 2015, ambos aplicáveis no processo do trabalho, como é estabelecido pelo art. 4º da Instrução Normativa n. 39/16 do TST, segundo o qual aplicam-se no processo do trabalho as normas do CPC que regulam o princípio do contraditório, em especial os arts. 9º e 10, que vedam a decisão surpresa.

De outro lado, consoante o parágrafo único do art. 932 do CPC de 2015, antes de considerar inadmissível o recurso, o relator concederá o prazo de cinco dias ao recorrente para que seja sanado vício ou complementada a documentação exigível, o que é aplicável no processo do trabalho, como prevê o art. 10, da Instrução Normativa n. 39/2016 do TST.

10.4.3. Dispõe o art. 896, § 3º, da CLT, na redação que lhe conferiu a Lei n. 13.015/14, que "os Tribunais Regionais do Trabalho procederão, obrigatoriamente, à uniformização de sua jurisprudência e aplicarão, nas causas da competência da Justiça do Trabalho, no que couber, o incidente de uniformização de jurisprudência previsto nos termos do Capítulo I do Título IX do Livro I da Lei n. 5.869, de 11 de janeiro de 1973 (Código de Processo Civil)".[(1803)]

O incidente de uniformização de jurisprudência (IUJ) é disciplinado nos §§ 4º, 5º e 6º do art. 896 da CLT, dos quais resulta que:

1) ao constatar, de ofício ou mediante provocação de qualquer das partes ou do Ministério Público do Trabalho, a existência de decisões atuais e conflitantes no âmbito do mesmo Tribunal Regional do Trabalho sobre o tema objeto de recurso de revista, o TST *determinará* o retorno dos autos ao tribunal de origem, a fim de que proceda à uniformização da jurisprudência (art. 896, § 4º). Igual providência *deverá* ser determinada pelo Presidente do TRT, ao emitir juízo de admissibilidade sobre o recurso de revista, ou pelo Ministro Relator, mediante *decisão irrecorrível* (art. 896, § 5º);[(1804)]

2) após o julgamento do incidente de uniformização de jurisprudência, "unicamente a súmula regional ou a tese jurídica prevalecente no Tribunal Regional do Trabalho e não conflitante com súmula ou orientação jurisprudencial do Tribunal Superior do Trabalho servirá de paradigma para viabilizar o conhecimento do recurso de revista, por divergência" (art. 896, § 6º).

A instauração do incidente pressupõe: a) recurso de revista pendente de julgamento ou de exame de admissibilidade; b) existência de decisões atuais e conflitantes no âmbito do mesmo Tribunal Regional do Trabalho sobre o tema objeto do recurso de revista.

No incidente de uniformização de jurisprudência não há julgamento de um caso concreto, mas pronunciamento do tribunal acerca da interpretação do direito, isto é, sobre o significado de determinado texto normativo.

Instaurado o incidente a pedido da parte, sobre este será ouvido o Ministério Público do Trabalho.

Resolvido o incidente, será editada súmula sobre a matéria ou definida a tese jurídica prevalecente no tribunal, observando-se o que estabelecer o regimento interno do tribunal respectivo a respeito do quórum para edição de súmula.

Consoante dispõe o art. 3º do Ato n. 491/SEGJUD.GP, de 23.9.2014, praticado pela Presidência do TST e referendado pela Resolução Administrativa n. 1.699/2014 do seu Órgão Especial, "persistindo decisão conflitante com a jurisprudência já uniformizada do Tribunal Regional do Trabalho de origem, deverão os

---

(1803) O CPC de 1973 trata da uniformização da jurisprudência nos arts. 476 a 479. O CPC de 2015 impõe aos tribunais a uniformização de sua jurisprudência, que deve ser mantida estável, íntegra e coerente (art. 926) e estabelece que, na forma estabelecida e segundo os pressupostos fixados no regimento interno, os tribunais editarão enunciados de súmula correspondentes a sua jurisprudência dominante (art. 926, § 1º).

(1804) Observe-se que não foi estabelecida uma *faculdade* para o TST ou para o Presidente do TRT. A determinação de instauração do incidente de uniformização de jurisprudência foi imposta pela ordem jurídica.

autos retornar à instância *a quo* para sua adequação à súmula regional ou à tese jurídica prevalecente no Tribunal Regional do Trabalho, desde que não conflitante com súmula ou orientação jurisprudencial do Tribunal Superior do Trabalho".

Foi estabelecido, portanto, um verdadeiro *juízo de retratação*.

Assim, uniformizada a jurisprudência no âmbito do TRT e persistindo decisão conflitante (conflito entre a decisão e a súmula ou tese jurídica prevalecente estabelecida em incidente de uniformização de jurisprudência), os autos *deverão* retornar ao órgão julgador, para a adequação da sua decisão ao que foi decidido no incidente, desde que a decisão proferida no incidente não seja conflitante com súmula ou orientação jurisprudencial do Tribunal Superior do Trabalho.

O TST editou a Instrução Normativa n. 37/2015, regulamentando o procedimento do incidente de uniformização de jurisprudência. De acordo com a citada Instrução Normativa:

a) "Para efeito do Incidente de Uniformização de Jurisprudência previsto nos §§ 4º e 5º do art. 896 da CLT, com a redação da Lei n. 13.015/14, considerar-se-á dissenso jurisprudencial sobre idêntica questão jurídica no âmbito do mesmo Tribunal Regional do Trabalho: I — a discrepância subsistente de julgados entre órgãos fracionários da Corte, ainda que não uniformizada a matéria; II — a divergência subsistente de julgados entre órgão fracionário e o Tribunal Pleno ou o Órgão Especial em decisão uniformizadora, sumulada ou não, ainda que anterior à Lei n. 13.015/14" (art. 1º);

b) "O Ministro Relator no Tribunal Superior Trabalho, ao decidir, monocraticamente, de ofício ou mediante provocação, pela suscitação de Incidente de Uniformização de Jurisprudência (IUJ) no âmbito de Tribunal Regional do Trabalho, no caso do art. 896, § 4º, da CLT, além do sobrestamento do julgamento do recurso do caso concreto: I — determinará a devolução dos autos à Corte de origem, ainda que já suscitado IUJ sobre a mesma matéria no mesmo Tribunal em outro processo; II — expedirá imediatamente ofício ao Presidente do Tribunal Superior do Trabalho para que este dê ciência ao Presidente do Tribunal Regional do Trabalho, para os efeitos do art. 6º, bem assim aos demais Ministros da Corte; III — expedirá ofício ao Ministro Presidente da Comissão de Jurisprudência e de Precedentes Normativos do TST em que lhe dará ciência da decisão e informará: o Tribunal Regional do Trabalho, o número do processo, a classe e o tema objeto de IUJ; IV — determinará a publicação da decisão no DEJT" (art. 2º);

c) "Os Ministros da Corte, cientes do ofício expedido pelo Ministro Presidente do Tribunal Superior do Trabalho comunicando a suscitação de IUJ, suspenderão o julgamento de outros recursos de revista de sua relatoria, oriundos do mesmo Tribunal Regional do Trabalho, que versem sobre idêntica questão jurídica, e determinarão a devolução dos autos ao respectivo TRT, mediante decisão fundamentada, desde que tempestivo o recurso de revista, observadas as formalidades dos incisos II e III" (art. 2º, § 1º);

d) "O IUJ somente será suscitado nos recursos de revista, inclusive aqueles oriundos dos agravos de instrumento providos" (art. 2º, § 2º);

e) "O Presidente ou o Vice-Presidente do Tribunal Regional do Trabalho, ciente do ofício da Presidência do Tribunal Superior do Trabalho aludido no art. 2º, inciso II, antes de emitir juízo de admissibilidade em recurso de revista, deverá suscitar Incidente de Uniformização de Jurisprudência em todos os outros processos que tratam da mesma matéria, enquanto não uniformizada a jurisprudência interna, e sobrestar a remessa ao TST dos respectivos autos até o julgamento do IUJ referente ao caso concreto e a reapreciação da questão no órgão fracionário prolator do acórdão originário recorrido" (art. 5º);

f) "Julgado o Incidente de Uniformização de Jurisprudência, o Presidente do Tribunal Regional do Trabalho comunicará imediatamente a decisão ao Presidente do Tribunal Superior do Trabalho para ulterior ciência e providências de registro da Comissão de Jurisprudência e de Precedentes Normativos" (art. 6º).

A leitura do art. 896 da CLT, na redação que lhe conferiu a Lei n. 13.015/14, demonstra que ele se insere no movimento de valorização dos precedentes e da jurisprudência consolidada pelos tribunais.

Com efeito, o nosso sistema jurídico vem prestigiando, cada vez mais, os precedentes e a jurisprudência, como demonstram, por exemplo, no CPC de 1973, os arts. 475, § 3º (que dispensa a remessa obrigatória quando a sentença estiver fundada em jurisprudência do plenário do STF ou em Súmula deste Tribunal ou Tribunal superior competente), 476 (que cria o incidente de uniformização de jurisprudência[1805]) e 518, § 1º (que cria a Súmula impeditiva de recursos), bem como o art. 102, I, l, da Constituição Federal (que permite reclamação para garantia da autoridade das decisões do STF). Anote-se que também o CPC de 2015 afasta a remessa obrigatória quando a sentença estiver fundada em súmula de tribunal superior, acórdão proferido pelo STF ou pelo STJ em julgamento de recursos repetitivos, entendimento firmado em incidente de demandas repetitivas ou de assunção de competência (art. 496, § 4º).

O tema merece algumas reflexões.

Os precedentes e a jurisprudência estabelecidos pelos tribunais desempenham várias funções na ordem jurídica e social, que já foram assinaladas, dentre as quais a exigência de segurança e certeza quanto ao significado das normas jurídicas, garantia de igualdade entre as pessoas, previsibilidade das decisões futuras e economia processual.

Michele Taruffo chama a atenção, no entanto, para o fato de que o sistema jurídico possui uma *dimensão dinâmica* ou *diacrônica*, que "pressupõe que no sistema existem incertezas e variações, diferenças e mudanças",[1806] o que implica que não pode ser afastada a possibilidade de modificação da jurisprudência e, ainda, recusada a sua análise crítica. Desse modo, o art. 926 do CPC de 2015, segundo o qual os tribunais devem manter sua jurisprudência e mantê-la estável, não pode ser tomado como uma barreira instransponível à revisão da jurisprudência.

Michele Taruffo assinala que a uniformização da jurisprudência é normalmente atribuída aos tribunais superiores, o que, segundo ele, corresponde ao *mito das cortes supremas*, que são colocadas "no centro do sistema jurídico e no ápice da estrutura judiciária, e se tende a pensar que nelas se concentra o aspecto mais relevante da administração da justiça", o que implica reforço da "posição de vértice de tais órgãos" e corresponde "ao modelo clássico da burocracia centralizada, na qual o poder aumenta e se concentra à medida em que sobe de baixo para cima, e se torna máximo quando se chega ao vértice".[1807] É exatamente o mito das cortes supremas que informa o CPC de 2015, que, no entanto, vai muito além, ao estabelecer o dever de respeito não só às súmulas vinculantes, como, também, a orientação do plenário ou do órgão especial aos quais estiverem vinculados (art. 927, V), o que, como já foi assinalado, é de constitucionalidade discutível, na medida em que a Constituição da República somente estabelece a obrigatoriedade de respeito às súmulas vinculantes dos STF (art. 103-A).

É assinalado por Michele Taruffo que o respeito aos precedentes e à jurisprudência está inserido no debate entre o *universalismo jurídico*, fundado "essencialmente sobre a ideia de que existem regras gerais destinadas a serem aplicadas de forma uniforme pelos tribunais, e que a respectiva decisão se justifica apenas se o caso particular que é objeto da decisão pode ser 'subsumido' em uma norma geral que deve se aplicar do mesmo modo em todos os casos iguais ou semelhantes" e que "se refere à justiça como a correta interpretação dos dispositivos normativos, ou seja, aquela que se poderia chamar 'justiça da norma' identificada de modo autoritativo, possivelmente vinculante, com as formulações gerais, da parte dos órgãos de vértice do sistema judiciário", e o *particularismo jurídico*, segundo o qual a decisão não é "fruto da aplicação mecânica das normas gerais, e, ao invés, a aplicação da norma não pode ser feita sem a referência à complexidade do caso particular sobre o qual se refere a decisão" e que se refere à "'justiça da decisão', relativa ao singular

(1805) Com a uniformização da jurisprudência, o que se pretende é que casos semelhantes sejam julgados da mesma forma (do contrário, não haveria razão para este incidente).

(1806) As funções da uniformidade e justiça das cortes supremas, palestra proferida no *I Colóquio Brasil-Itália de Direito Processual Civil*, realizado em São Paulo em agosto de 2014.

(1807) As funções da uniformidade e justiça das cortes supremas, palestra proferida no *I Colóquio Brasil-Itália de Direito Processual Civil*, realizado em São Paulo em agosto de 2014.

caso concreto, ou seja, à justiça substancial em que o juiz relaciona as normas às situações reais e efetivas, vistas em todos os seus aspectos relevantes, que são objeto de decisão".[1808]

Para Michele Taruffo, "a decisão judicial não constitui na mera enunciação de regras (ou máximas) apresentadas como a única interpretação abstratamente correta, uniforme e vinculante, da disposição normativa, posto que (...) é o intérprete que escolhe e determina o seu significado", sendo necessário, ainda, "reconhecer que pode haver suas razões para decidir casos semelhantes de formas diversas: posto que não existem dois fatos iguais, é sobretudo sobre as diferenças, ou seja, sobre as *particularidades*, que se deve fundar a interpretação da norma que deve ser aplicada ao caso específico", na medida em que "é a referência aos fatos daquele caso que guia a interpretação da norma", inclusive porque, "é analisando os fatos e estabelecendo uma analogia suficiente entre os fatos do caso precedente e os fatos do caso sucessivo que o juiz do segundo caso decide acerca da aplicabilidade da *ratio decidendi* que constituo procedente", o que equivale a dizer que, "em essência, é o fato que determina a interpretação da regra de direito que a ele deve ser aplicada", ou seja, "é sobre as particularidades, então, que se modela a interpretação da norma".[1809]

Michele Taruffo assevera que a decisão deve "se colocar no espaço intermediário entre os dois extremos que constituem o universalismo abstrato e o particularismo absoluto" e, tendo em conta o fato de que "não existe uma 'regra áurea' que determine o ideal ponto de equilíbrio entre os dois paradigmas, se pode apenas observar que cada decisão pode ser colocada em qualquer ponto do *continuum* assim determinado, e portanto poderá aproximar-se mais do paradigma universalista ou do paradigma particularista, ou de outra maneira realizar uma combinação oportuna entre os dois paradigmas", mas "se pode ainda imaginar uma situação ideal em que a corte suprema, como depositária e intérprete do universalista, seja todavia sensível às exigências de justiça que nasça das situações concretas que são objeto de decisão, e formulem a própria interpretação — destinada a ser aplicada de modo uniforme — tendo o mais em conta possível as circunstâncias relevantes dessas situações, sobretudo nas rápidas mudanças das condições econômicas, sociais e políticas, em que surgem as controvérsias. Reciprocamente, os juízes dos casos concretos singulares não devem adotar atitudes de particularismo absoluto, ao invés, devem referir-se às indicações interpretativas porventura das cortes supremas, ao menos desde que essas interpretações forneçam regras de julgamento capazes de realizar a justiça no caso concreto".[1810]

Michele Taruffo conclui que dependerá das "escolhas políticas formuladas em cada sistema jurídico se a prevalência é atribuída à justiça formal universalista antes que à justiça substancial particularista, ou se se realiza a combinação ideal (...) entre as duas formas de justiça".[1811]

Cumpre observar que o direito processual do trabalho não dispensa o respeito ao caso concreto, como se vê do art. 852-I da CLT, que impõe o proferimento justo e équo, e do art. 873, também da CLT, que, ao permitir a revisão das sentenças normativas, dispõe que ela está autorizada quando houver modificação das circunstâncias que a elas deram ensejo, de modo que tais condições sejam tornadas injustas ou inaplicáveis, aproximando-se, assim, do particularismo jurídico, ao mesmo tempo que prestigia os precedentes e a jurisprudência predominante nos tribunais superiores, o que implica valorização do universalismo jurídico.

11. Recurso adesivo

Proferida a decisão e havendo sucumbência recíproca, ambas as partes poderão interpor recurso de forma independente, no prazo e com observância das exigências legais.

(1808) As funções da uniformidade e justiça das cortes supremas, palestra proferida no *I Colóquio Brasil-Itália de Direito Processual Civil*, realizado em São Paulo em agosto de 2014.

(1809) As funções da uniformidade e justiça das cortes supremas, palestra proferida no *I Colóquio Brasil-Itália de Direito Processual Civil*, realizado em São Paulo em agosto de 2014.

(1810) As funções da uniformidade e justiça das cortes supremas, palestra proferida no *I Colóquio Brasil-Itália de Direito Processual Civil*, realizado em São Paulo em agosto de 2014.

(1811) As funções da uniformidade e justiça das cortes supremas, palestra proferida no *I Colóquio Brasil-Itália de Direito Processual Civil*, realizado em São Paulo em agosto de 2014.

José Carlos Barbosa Moreira, discorrendo sobre o recurso adesivo, assevera que "podia acontecer que alguma das partes, embora não totalmente satisfeita, se sentisse inclinada, por qualquer razão, a conformar-se com o julgamento (...). Se, entretanto, não interpusesse o recurso no prazo comum, sujeitava-se a ver prosseguir o feito, apesar disso, em virtude da interposição pela parte contrária, talvez no último dia do prazo (...). Na prática, o que sucedia as mais das vezes era a interposição, por ambos os litigantes, de recursos que, no fundo, nenhum faria questão fechada de interpor. Cada qual estaria disposto a permanecer omisso e a permitir que a decisão passasse em julgado, mas sob a condição de que o outro observasse comportamento idêntico (...). O regime legal anterior favorecia o prolongamento do processo, talvez desnecessário e nem sequer verdadeiramente querido pelas partes".[1812]

Acrescenta José Carlos Barbosa Moreira que "o Código de 1973 introduziu nessa disciplina oportuna inovação (...). A parte que estiver inclinada a conformar-se com o julgamento, mas apenas sob a condição de que também o adversário se abstenha de recorrer, pode aguardar sem sobressalto o decurso do prazo comum (...). Se (...) a outra parte interpuser recurso, e o processo houver que subir, por isso, ao grau superior de jurisdição, abre-se ainda ao litigante que de início se conservava inerte, e a despeito de já esgotado aquele prazo, a possibilidade de tentar obter do órgão *ad quem* pronunciamento que melhore a sua situação própria. Assim, se evita a interposição precipitada do recurso pelo parcialmente 'vencido', graças à certeza, que se lhe proporciona, de que terá, caso queira, nova oportunidade de impugnar a decisão no que lhe interesse".[1813]

A inovação noticiada por José Carlos Barbosa Moreira está no art. 500, *caput*, do CPC de 1973[1814] e é repetida no art. 997, *caput*[1815] e § 1º,[1816] do CPC de 2015. Trata-se da autorização para a parte vencida parcialmente interpor recurso no prazo para apresentar contrarrazões ao recurso da parte contrária, isto é, de forma adesiva. Este é o denominado *recurso adesivo*.

O recurso adesivo:

a) deve ser interposto no prazo[1817] para apresentação de contrarrazões ao recurso independente (art. 500, I, do CPC de 1973 e art. 997, § 2º, I, do CPC de 2015);[1818]

b) fica subordinado ao recurso independente (art. 500, *caput*, do CPC de 1973 e art. 997, § 2º do CPC de 2015), de forma que não será conhecido se houver desistência do recurso principal ou for ele declarado inadmissível (art. 500, III, do CPC de 1973 e art. 997, § 2º, III, do CPC de 2015);

c) será dirigido ao órgão perante o qual foi interposto o recurso independente (art. 500, I, do CPC de 1973 e art. 997, § 2º, I, do CPC de 2015);

d) pressupõe a ausência de recurso independente da parte: a apresentação de recurso autônomo impede o recurso adesivo da mesma parte, vez que não pode este ser utilizado para suprir eventual omissão da parte em seu recurso autônomo e que ocorre na hipótese a preclusão consumativa. Pelo mesmo motivo, não cabe recurso adesivo de recurso adesivo;

e) sujeita-se às mesmas regras do recurso independente, quanto aos requisitos de admissibilidade e julgamento no tribunal, salvo disposição legal diversa (art. 500, *caput*, do CPC de 1973 e art. 997, § 2º, do CPC de 2015).

(1812) *Comentários ao Código de Processo Civil*, v. V, p. 306-307.

(1813) *Comentários ao Código de Processo Civil*, v. V, p. 308.

(1814) "Cada parte interporá o recurso, independentemente, no prazo e observadas as exigências legais. Sendo, porém, vencidos o autor e o réu, ao recurso interposto por qualquer deles poderá aderir a outra parte. O recurso adesivo fica subordinado ao recurso principal e se refere pelas disposições seguintes (...)".

(1815) "Cada parte interporá o recurso, independentemente, no prazo e com observância das exigências legais".

(1816) "Sendo vencidos autor e réu, ao recurso interposto por qualquer deles poderá aderir o outro".

(1817) Aplica-se ao recurso adesivo o privilégio do prazo recursal dobrado, assegurado à Fazenda Pública (STF, RE 196.430-8, Rel. Min. Sepúlveda Pertence, DJU 21.11.97, p. 60600).

(1818) A apresentação de contrarrazões ao recurso principal não é condição de admissibilidade do recurso adesivo.

O recurso adesivo é admissível no caso de interposição de recurso ordinário, agravo de petição, recurso de revista, embargos e recurso extraordinário (Súmula n. 283 do TST, primeira parte, art. 500, II, do CPC de 1973 e art. 997, § 2º, II, do CPC de 2015).

A parte deve interpor o recurso adesivo no prazo das contrarrazões, em peça autônoma. No entanto, o princípio da simplificação das formas e dos procedimentos autoriza conhecer o recurso adesivo constante de forma destacada das contrarrazões.

Requisito da admissão do recurso adesivo é a sucumbência de ambas as partes. Com isso, não é necessário que a matéria veiculada no recurso adesivo se relacione com a do recurso interposto pela parte contrária (Súmula n. 283 do TST, segunda parte).

Para José Carlos Barbosa Moreira, "não há recurso adesivo de terceiro interessado, nem do Ministério Público nos processos onde não ocupava, no momento da decisão, a posição de parte. Tampouco se pode aderir a recurso de terceiro prejudicado, nem a recurso interposto pelo Ministério Público, se este até então não era parte, mas apenas fiscal da lei: O dispositivo fala em terem ficado 'vencidos autor e réu', e, a seguir, em adesão da outra parte ao 'recurso interposto por qualquer deles'".[1819] Recurso adesivo é recurso da *parte* em face do recurso da *parte contrária*.

Não cabe recurso adesivo na remessa necessária. O recurso adesivo é admitido quando haja recurso da *parte adversa*, ou seja, *recurso voluntário*. Note-se, inclusive, que, sendo o caso de remessa necessária, a parte já sabe, de antemão, que o tribunal reexaminará a causa, não se justificando, com isso, a não interposição de recurso independente.

Interposto o recurso adesivo, à parte contrária deve ser concedido prazo para contrarrazões (art. 900 da CLT).

O recurso principal e o recurso adesivo serão julgados em sessão única, primeiro o recurso principal e, posteriormente, o recurso adesivo. O recurso adesivo somente será julgado se o recurso principal for admitido.

A parte que interpõe recurso independente ou autônomo de forma intempestiva ou que é declarado deserto não pode interpor recurso adesivo, em face do princípio da unirrecorribilidade e da preclusão consumativa (decorrente da impugnação da decisão pelo recurso independente).

O recurso adesivo não constitui uma nova modalidade de recurso, posto que se trata de uma forma de interposição do recurso, ou seja, interposição de forma adesiva ao recurso da parte contrária.

12. Desistência do recurso. Renúncia ao direito de recorrer. Aceitação da decisão

O recurso pode ser objeto de desistência, assim como a parte pode renunciar ao direito de recorrer ou aceitar a decisão.

12.1. O recorrente poderá, a qualquer tempo, sem a anuência do recorrido ou dos litisconsortes, desistir do recurso (art. 501 do CPC de 1973 e art. 998 do CPC de 2015).[1820]

A desistência:

a) pode ser total (abranger todas as matérias objeto do recurso) ou parcial (atingir apenas parte das matérias suscitadas no recurso);

b) pressupõe recurso já interposto (só se pode desistir do recurso já interposto);

c) pode ser expressa ou tácita (que ocorre quando a parte demonstra desinteresse no julgamento do recurso);

(1819) *Comentários ao Código de Processo Civil*, v. V, p. 318.

(1820) Em relação ao litisconsórcio, vale anotar que a dispensa de aquiescência só se aplica ao litisconsórcio simples (art. 117 do CPC de 2015).

d) a desistência pode se dar a qualquer tempo, mas desde que antes do julgamento do recurso (a desistência pode ser manifestada até mesmo em sustentação oral, durante a sessão de julgamento).

A desistência independe de homologação judicial, produzindo efeitos desde logo (art. 158 do CPC de 1973 e art. 200 do CPC de 2015), sendo, por isso, irretratável.

A desistência do recurso não impede a análise de questão cuja repercussão geral já tenha sido reconhecida e daquele objeto de julgamento de recursos extraordinários ou de revista repetitivos (art. 998, parágrafo único, adaptado ao processo do trabalho). No entanto, a decisão proferida não alcançará a parte que desistiu do seu recurso, funcionando apenas como precedente.

12.2. A parte poderá renunciar ao direito de recorrer e sua renúncia independe da aceitação da outra parte (art. 502 do CPC de 1973 e art. 998 do CPC de 2015).

A renúncia ao direito de recorrer se dá antes da interposição do recurso e pode ser expressa ou tácita (o ato de não recorrer importa renúncia tácita ao direito respectivo) e consiste na manifestação ou demonstração da vontade de não interpor recurso.

A renúncia ao direito de recorrer impede que a parte apresente recurso (a hipótese é de preclusão lógica).

A renúncia ao recurso produz efeitos imediatos, o que significa que não depende de homologação judicial para que seja eficaz (art. 158 do CPC de 1973 e art. 200 do CPC de 2015).

A renúncia do direito de recorrer por um dos litisconsortes não prejudica o direito de recorrer dos demais litisconsortes (art. 48 do CPC de 1973 e art. 117 do CPC de 2015).

12.3. A parte pode aceitar expressa ou tacitamente a decisão e, se o fizer, não poderá contra ela interpor recurso (art. 503 do CPC de 1973 e art. 1.000 do CPC de 2015). A aceitação da decisão constitui fato impeditivo do direito de recorrer.

Dá-se a aceitação expressa da decisão quando a parte manifesta a sua concordância com os seus termos. Considera-se aceitação tácita a prática, sem reserva nenhuma, de um ato incompatível com a vontade de recorrer (art. 503, parágrafo único, do CPC de 1973 e art. 1.000, parágrafo único, do CPC de 2015), como se dá, por exemplo, com o depósito, em favor do vencedor, do valor da condenação.

A parte que aceitar a decisão não poderá recorrer. Isto significa que a aceitação da decisão deve ser anterior à interposição do recurso. Dessa forma, se o recurso é interposto e a parte cumpre a decisão, a hipótese não será de aceitação da decisão, mas de desistência do recurso interposto.

A aceitação da decisão pode ser total ou parcial e não depende, para ser eficaz, de homologação judicial (art. 158 do CPC de 1973 e art. 200 do CPC de 2015).

13. Reformatio in pejus

Dá-se a *reformatio in pejus* quando o tribunal, julgando o recurso da parte, profere decisão a ela mais desfavorável do que a decisão recorrida. A *reformatio in pejus* significa, portanto, a reforma da decisão para pior, do ponto de vista do recorrente.

Na medida em que condiciona a concessão da tutela jurisdicional ao pedido das partes, o ordenamento jurídico brasileiro proíbe a *reformatio in pejus*. Essa proibição decorre, ainda, do fato de que o recurso somente devolve ao Tribunal a matéria objeto de impugnação, o que significa que passa em julgado a parte da decisão não impugnada.

A vedação de *reformatio in pejus* não se aplica às questões que podem ser examinadas de ofício (questões de ordem pública), em relação às quais prevalece o interesse público na sua solução pelo Poder Judiciário.

14. Litisconsórcio e recurso

De acordo com o art. 509 do CPC de 1973, "o recurso interposto por um dos litisconsortes a todos aproveita, salvo se distintos ou opostos os seus interesses", dispondo o art. 1.005 do CPC de 2015, ao tratar da matéria, que "o recurso interposto por um dos litisconsortes a todos aproveita, salvo se distintos ou opostos os seus interesses".

Dá-se, na hipótese, a *extensão subjetiva dos efeitos do recurso.*

José Carlos Barbosa Moreira assevera que a extensão subjetiva dos efeitos do recurso interposto por um dos litisconsortes somente se dá no litisconsórcio unitário, vez que "a extensão dos efeitos do recurso aos colitigantes omissos não tem senão uma razão de ser, que é precisamente a de impedir a quebra da uniformidade na disciplina da situação litigiosa (...). A situação jurídica litigiosa submetida à apreciação judicial tem de receber disciplina uniforme (...). Tal é o problema do regime especial característico do litisconsórcio unitário".[1821]

Acrescenta esse doutrinador que o recurso do litisconsorte é eficaz em relação aos demais:

"a) quando a impugnação verse matéria pertinente ao mérito da causa (...);

b) quando a impugnação verse matéria que, estranha ao mérito, se sujeita, contudo, excepcionalmente, ao regime especial do litisconsórcio, por sua repercussão na disciplina da situação litigiosa."[1822]

No caso de solidariedade passiva, o recurso interposto por um devedor aproveitará aos outros quando as defesas opostas ao credor lhes forem comuns (art. 509, parágrafo único, do CPC de 1973 e art. 1.005, parágrafo único, do CPC de 2015).

Quando houver litisconsórcio entre a empresa prestadora de serviços e a sua tomadora, na denominada *terceirização de serviços*, a legitimidade recursal do tomador dos serviços não é limitada à existência de sua responsabilidade pelos eventuais créditos reconhecidos ao autor da demanda, sendo a ele lícito discutir a própria existência desses créditos. Com isso, o fato de o empregador não recorrer ou mesmo ser revel não impede que o tomador dos serviços apresente recurso atacando o reconhecimento de direitos ao autor da demanda.[1823]

15. Embargos de declaração

A decisão judicial deve enfrentar as questões relevantes para a solução da lide, conter afirmações compatíveis entre si e ser clara e precisa.

Não atendendo a decisão a estas condições, pode a parte impugná-la por meio de embargos de declaração.

15.1. Hipóteses de admissibilidade.

Dispõe o art. 897-A da CLT que "caberão embargos de declaração da sentença ou acórdão, no prazo de cinco dias, devendo seu julgamento ocorrer na primeira audiência ou sessão subsequente à sua apresentação, registrada na certidão, admitindo efeito modificativo da decisão nos casos de omissão e contradição no julgado e manifesto equívoco no exame dos pressupostos extrínsecos do recurso".

(1821) *Comentários ao Código de Processo Civil*, v. V, p. 377-381.

(1822) *Comentários ao Código de Processo Civil*, v. V, p. 383.

(1823) A terceirização (metáfora geométrica usada pela doutrina e jurisprudência para caracterizar a situação em exame) é a relação jurídica que envolve três intervenientes, quais sejam, o trabalhador (terceirizado), a empresa que se obriga perante outra a executar um determinado serviço (prestadora de serviços, beneficiária indireta do trabalho do seu empregado) e a empresa tomadora de serviços (beneficiária direta do trabalho prestado pelo trabalhador).

O CPC de 1973 estabelece que cabem embargos quando houver, na sentença ou acórdão, obscuridade ou contradição, for omitido ponto sobre o qual deveria pronunciar-se o juiz ou tribunal (art. 535).

O art. 1.022 do CPC de 2015 prevê que cabem embargos de declaração contra qualquer decisão judicial para: esclarecer obscuridade ou eliminar contradição; suprir omissão sobre ponto ou questão sobre a qual deveria se pronunciar o juiz de ofício ou a requerimento; corrigir erro material.

A CLT também alude à correção, por meio de embargos, de erros materiais, dispondo, no 897-A, § 1º, que "os erros materiais poderão ser corrigidos de ofício ou a requerimento de qualquer das partes".

Também é admitida a interposição dos embargos de declaração para prequestionar questão a ser suscitada em recurso de natureza extraordinária (o prequestionamento tem por objetivo explicitar o posicionamento do tribunal a respeito da aplicação ao caso concreto das normas jurídicas cuja violação ou interpretação divergente a parte pretende alegar como fundamento de seu recurso).[1824]

Em suma, cabem embargos de declaração para:

a) esclarecer obscuridade ou eliminar contradição;[1825]

b) suprir omissão de ponto ou questão sobre a qual deveria se manifestar o juiz ou tribunal de ofício ou a requerimento;[1826]

c) eliminar manifesto equívoco no exame dos pressupostos extrínsecos de admissibilidade o recurso;

d) eliminar erro material;

e) explicitar o posicionamento do tribunal a respeito da aplicação ao caso concreto das normas jurídicas cuja violação ou interpretação divergente a parte pretende alegar como fundamento de recurso de natureza extraordinária.

Como consta do art. 9º da Instrução Normativa n. 39/2016 do TST, o cabimento dos embargos de declaração no processo do trabalho rege-se pelo art. 897-A da CLT e, supletivamente, pelo Código de Processo Civil, excetuada a garantia de prazo em dobro para litisconsortes.

15.2. Prazo e forma de interposição. Competência para julgamento. Prazo para julgamento.

Os embargos devem ser opostos no prazo de cinco dias (art. 897-A da CLT), em petição escrita, dirigida ao juiz ou relator da decisão impugnada,[1827] com indicação do erro, obscuridade, contradição ou omissão (art. 1.023 do CPC de 2015).

Os embargos não estão sujeitos a preparo (art. 536 do CPC de 1973 e art. 1.023 do CPC de 2015) e a eles não se aplica o pressuposto da sucumbência, vez que também a parte vencedora pode aforá-los.

Compete ao juiz ou tribunal que proferiu a decisão embargada julgar os embargos de declaração contra ela interpostos.

O juiz julgará os embargos em cinco dias (art. 537 do CPC de 1973 e art. 1.024 do CPC de 2015). Nos tribunais, o relator apresentará os embargos em mesa na sessão subsequente à sua interposição, proferindo voto, e, não havendo julgamento nessa sessão, será o recurso incluído em pauta automaticamente (art. 537

(1824) Não se exige o prequestionamento quando se trate de decisão a ser atacada por meio de recurso de natureza ordinária.

(1825) *Obscuridade* é a falta de clareza da decisão, que impede a sua exata compreensão. *Contradição* é a incompatibilidade entre afirmações constantes da decisão.

(1826) Dá-se a *omissão* quando o juiz ou tribunal deixa de manifestar-se sobre ponto ou questão *relevante* para a solução do conflito de interesses e sobre a qual deveria manifestar-se. De acordo com o art. 1.022, parágrafo único, do CPC de 2015, considera-se omissa a decisão que: "I — deixe de se manifestar sobre tese firmada em julgamento de casos repetitivos ou em incidente de assunção de competência aplicável ao caso sob julgamento; II — incorra em qualquer das condutas descritas no art. 489, § 1º" (o art. 489, § 1º, do CPC de 2015 trata da fundamentação das decisões judiciais e foi examinado no Capítulo reservado à sentença e à coisa julgada).

(1827) Exigindo a CLT a interposição do recurso por petição escrita, não há como admitir no processo do trabalho embargos de declaração manifestados oralmente, previstos no art. 49 da Lei n. 9.099/95.

do CPC de 1973 e art. 1.024, § 1º, do CPC de 2015).

Quando os embargos forem opostos contra decisão de relator ou outra decisão unipessoal proferida em tribunal, o órgão prolator da decisão embargada decidi-lo-á monocraticamente (art. 1.024, § 2º,do CPC de 2015).

O órgão julgador conhecerá dos embargos como agravo interno se entender ser este o recurso cabível, desde que determine previamente a intimação do recorrente para, em cinco dias, complementar as razões recursais, de modo a ajustá-las às exigências do art. 1.021, § 1º (art. 1.024, § 3º, do CPC de 2015).[(1828)]

De outro lado, como prevê o art. 1.024, § 4º, do CPC de 2015, caso o acolhimento dos embargos implique modificação da decisão embargada, o embargado que já tiver interposto outro recurso contra a decisão original tem direito de complementar ou alterar suas razões, nos exatos limites da modificação, no prazo recursal, contado da intimação da decisão de embargos, o que é aplicável no processo do trabalho, posto que omisso a respeito o direito processual do trabalho. Contudo, o complemento ou a alteração das razões do recurso não pode implicar inovação processual, devendo ser respeitados os exatos limites da modificação.

Dispõe o art. 1.024, § 5º, do CPC de 2015 que, se os embargos forem rejeitados ou não alterarem a conclusão do julgamento anterior, o recurso interposto pela outra parte antes da publicação do julgamento dos embargos será processado e julgado *independentemente de ratificação*. Esta disposição afasta a dúvida sobre a necessidade de ratificação do recurso apresentado antes da interposição dos embargos. A solução adotada pelo CPC de 2015 é aplicável no processo do trabalho, diante da omissão do direito processual do trabalho.

Aos embargos de declaração deve ser *negada admissão*, quanto não forem atendidos os pressupostos de admissibilidade, ou *negado provimento*, quando for improcedente a pretensão declaratória nele manifestada. O cabimento do recurso diz respeito à possibilidade de sua interposição e não à procedência do que nele é requerido pela parte.[(1829)]

15.3. Natureza jurídica e conceito.

A CLT trata dos embargos declaratórios no Capítulo em que disciplina os recursos e, expressamente, admite que a ele seja conferido efeito modificativo, isto é, efeito próprio dos recursos (art. 897-A). No sistema adotado pela CLT, portanto, os embargos de declaração têm natureza recursal. O mesmo ocorre no CPC de 1973 (art. 496, IV) e no CPC de 2015 (art. 994, IV), que incluem os embargos declaratórios entre os recursos.

Como os embargos de declaração possuem natureza de recurso, é contado em dobro o prazo para a sua interposição pelas pessoas jurídicas de direito público, em razão do que estabelece o Decreto n. 779/69 (Orientação Jurisprudencial n. 192 da SDI-I do TST).

15.4. Efeito modificativo ou infringente do julgamento dos embargos de declaração. Contrarrazões aos embargos de declaração. *Reformatio in pejus* nos embargos de declaração.

Em regra, ao dar provimento aos embargos, o juiz ou tribunal apenas afasta o vício contido na decisão embargada, sem alterar o resultado do julgamento.

Contudo, ao dar provimento aos embargos, pode o juiz ou tribunal alterar a decisão embargada, conferindo ao julgamento dos embargos efeito *modificativo* ou *infringente* (art. 897-A, § 2º, da CLT[(1830)] e Súmula n. 278 do TST[(1831)]).

(1828) A conversão, portanto, não pode implicar prejuízo para a parte, o que é perfeitamente compatível com o direito processual do trabalho.

(1829) O *cabimento* do recurso não se confunde com a *procedência da pretensão* da parte recorrente. Com isto, o fato de não ser procedente a alegação contida no recurso não implica seu não cabimento.

(1830) "Eventual efeito modificativo dos embargos de declaração somente poderá ocorrer em virtude da correção de vício na decisão embargada e desde que ouvida a parte contrária, no prazo de 5 (cinco) dias".

(1831) "A natureza da omissão suprida pelo julgamento dos embargos declaratórios pode ocasionar efeito modificativo no julgado".

Diante dessa possibilidade, o juiz ou tribunal deverá determinar a intimação do embargado para, querendo, manifestar-se, no prazo de cinco dias, sobre os embargos opostos, caso seu eventual acolhimento implique a modificação da decisão embargada (art. 897-A, § 2º, da CLT, art. 1.023, § 2º, do CPC de 2015 e Orientação Jurisprudencial n. 142, I, da SDI-1 do TST).

Não se aplica aos embargos de declaração a vedação da *reformatio in pejus*, que somente alcança o julgamento realizado por órgão distinto daquele que proferiu a decisão impugnada.

15.5. Embargos com função de prequestionamento.

A oposição de embargos de declaração é indispensável quando o tribunal deixar de adotar posição a respeito de questão ou matéria que a parte pretende suscitar em recurso de natureza extraordinária. Esses são os *embargos declaratórios com função de prequestionamento.*

Os embargos com função de prequestionamento passam a contar com expressa previsão legal, como decorre do art. 1.025 do CPC de 2015 ("Consideram-se incluídos no acórdão os elementos que o embargante suscitou, para fins de prequestionamento, ainda que os embargos de declaração sejam inadmitidos ou rejeitados, caso o tribunal superior considere existente erro, omissão, contradição ou obscuridade").

A propósito, vale lembrar, a Súmula n. 184 do TST, segundo a qual "ocorre preclusão se não forem opostos embargos declaratórios para suprir omissão apontada em recurso de revista ou de embargos", bem como a Súmula n. 356 do STF: "O ponto omisso da decisão, sobre o qual não foram opostos embargos declaratórios, não pode ser objeto de recurso extraordinário, por faltar o requisito do prequestionamento".

De outro lado, segundo a Súmula n. 297 do TST: "I. Diz-se prequestionada a matéria ou questão quando na decisão impugnada haja sido adotada, explicitamente, tese a respeito. II. Incumbe à parte interessada, desde que a matéria tenha sido invocada no recurso principal, opor embargos declaratórios, objetivando o pronunciamento sobre o tema, sob pena de preclusão. III. Considera-se prequestionada a questão jurídica invocada no recurso principal sobre a qual se omite o Tribunal de pronunciar tese, não obstante embargos de declaração". Este último item da Súmula n. 297 está em sintonia com o art. 1.025 do CPC de 2015.

Acrescente-se que, consoante o art. 9º, parágrafo único, da Instrução Normativa n. 39/2016 do TST, a omissão para fins de prequestionamento ficto a que alude o art. 1.025 do CPC de 2015 dá-se no caso de o TRT, mesmo instado mediante embargos de declaração, recusar-se a emitir tese sobre questão jurídica pertinente, na forma da Súmula n. 297, item III, do TST.

15.6. Manifestações judiciais sujeitas a embargos de declaração.

A CLT, no art. 897-A, dispõe que cabem embargos da *sentença* ou *acórdão*, o que também ocorre no CPC de 1973 (art. 535, I). O CPC de 2015 dispõe que cabem embargos contra *qualquer decisão judicial* (art. 1.022), o que inclui as decisões interlocutórias.

Na Súmula n. 421, o TST adotou o entendimento de que: "I — tendo o despacho monocrático de provimento ou denegação de recurso, previsto no art. 557 do CPC, conteúdo decisório definitivo e conclusivo da lide, comporta ser esclarecido pela via dos embargos declaratórios, em decisão declaratória, também monocrática, quando se pretende tão somente suprir omissão e não modificação do julgado.[1832] II — postulando o embargante efeito modificativo, os embargos declaratórios deverão ser submetidos ao pronunciamento do Colegiado, convertidos em agravo, em face dos princípios da fungibilidade e celeridade processual".[1833] Esta Súmula teve a sua redação alterada em 19.4.2016 e passa a prever que: "I — Cabem embargos de declaração de decisão monocrática do relator prevista no art. 932 do CPC de 2015 (art. 557 do CPC de 1973), se a parte pretende tão somente juízo integrativo retificador da decisão e, não, modificação do julgado. II — Se

(1832) Este ponto de vista não merece reparos, posto que a decisão do relator substitui a que seria proferida pelo colegiado. Sendo a decisão do colegiado passível de embargos, o mesmo se dá em relação à decisão do relator que a substitui.

(1833) Nesta conversão deve ser respeitado o disposto no art. 1024, § 3º, do CPC de 2015.

a parte postular a revisão do mérito da decisão monocrática, cumpre ao relator converter os embargos de declaração em agravo, em face dos princípios da fungibilidade e celeridade processual, submetendo-o ao pronunciamento do Colegiado, após a intimação do recorrente para, no prazo de 5 (cinco) dias, complementar as razões recursais, de modo a ajustá-las às exigências do art. 1.021, § 1º, do CPC de 2015".

Aduz José Carlos Barbosa Moreira que "qualquer decisão judicial comporta embargos de declaração; é inconcebível que fiquem sem remédio a obscuridade, a contradição ou a omissão existente no pronunciamento, não raro a comprometer até a possibilidade prática de cumpri-lo. Não tem a mínima relevância que se trate de decisão de grau inferior ou superior; proferida em processo de cognição (de procedimento comum ou especial), de execução ou cautelar. Tampouco importa que a decisão seja definitiva ou não, final ou interlocutória. Ainda quando o texto legal, *expressis verbis*, a qualifique como "irrecorrível", há de entender-se que o faz com a ressalva implícita concernente aos embargos de declaração".[1834] Sob este prisma, os embargos podem ser opostos contra sentença, acórdãos e decisões interlocutórias, como decorre do art. 1.022 do CPC de 2015.

No entanto, até mesmo os despachos podem ser objeto de embargos, quando apresentem vícios que possam dificultar a boa marca processual. Assim, qualquer pronunciamento judicial é passível de impugnação por meio de embargos de declaração.

15.7. Reiteração de embargos.

Publicada a decisão de julgamento dos embargos, novos embargos podem ser opostos, desde que tenham por objeto eventual vício verificado nesse julgamento. Os embargos não podem ser reiterados com fundamento em vício contido na decisão originária.

15.8. Interrupção do prazo recursal pelos embargos de declaração.

Os embargos de declaração interrompem o prazo para a interposição de outros recursos, por qualquer das partes, salvo quando intempestivos, irregular a representação da parte ou ausente a sua assinatura (art. 897-A, § 3º, da CLT). A ressalva em relação à intempestividade, irregularidade da representação da parte ou ausência da assinatura torna certo que somente os embargos conhecidos interrompem o prazo para a interposição de outros recursos.

Os embargos interrompem o prazo para a interposição de *outros recursos*. Sendo assim, os embargos de declaração "não interrompem o prazo para a oposição de embargos declaratórios à decisão embargada pela parte contrária".[1835]

A eventual improcedência dos embargos de declaração não lhes retira eficácia em relação à interrupção do prazo para a apresentação de outros recursos. A interrupção do prazo é consequência da interposição dos embargos de declaração e não de sua procedência. Sequer a natureza protelatória dos embargos de declaração impede a produção deste seu efeito — interrupção do prazo recursal. Para a interposição de embargos protelatórios a resposta do legislador é outra, qual seja, a condenação do embargante a pagar multa em favor do embargado (art. 538, parágrafo único, do CPC de 1973 e art. 1.026, § 2º, do CPC de 2015).

15.9. A interposição de embargos de declaração e o princípio da unirrecorribilidade.

Considerando que somente é possível interpor um recurso contra determinada decisão (*princípio da unirrecorribilidade*) e que a interposição de recurso produz efeitos imediatos (art. 158 do CPC de 1973 e art. 200 do CPC de 2015), interpostos embargos de declaração, a parte que o fez não pode interpor recurso ordinário antes do seu julgamento, diante da ocorrência, na hipótese, de preclusão consumativa. Ademais, antes do julgamento dos embargos a parte sequer tem interesse para apresentar recurso ordinário, diante, inclusive, da possibilidade de concessão de efeitos modificativos ao julgamento dos embargos (art. 897-A da CLT).

(1834) *Comentários ao Código de Processo Civil*, v. V, p. 544-545.

(1835) STF, RE 209.288-6, Rel. Min. Ilmar Galvão, DJU 20.11.1998, p. 10.

O fato de a parte interpor recurso ordinário antes do julgamento dos embargos opostos pela parte contrária não torna extemporâneo o seu recurso, prevendo o CPC de 2015, inclusive, que, se o acolhimento dos embargos implicar modificação da decisão embargada, o embargado que já tiver oposto outro recurso contra a decisão originária tem direito de complementar ou alterar suas razões, nos exatos limites da modificação (art. 1.024, § 4º).

Por outro lado, em razão do princípio da unirrecorribilidade, a parte que apresentar recurso ordinário contra a decisão não poderá contra ela interpor embargos de declaração, salvo se desistir do recurso ordinário. Se não houver desistência do recurso ordinário, os embargos devem ser rejeitados, visto que, com a interposição do recurso ordinário, a parte exerceu o direito de impugnar a decisão, operando-se, na hipótese, a preclusão consumativa.

15.10. Embargos de declaração protelatórios.

Os embargos de declaração serão protelatórios quando forem interpostos para retardar o trânsito em julgado da decisão ou o regular andamento do processo e, com isso, impedir a solução definitiva do litígio.

O CPC de 1973 dispõe que, "quando manifestamente protelatórios os embargos, o juiz ou tribunal, declarando que o são, condenará o embargante a pagar ao embargado multa não excedente a 1% (um por cento) sobre o valor da causa. Na reiteração de embargos protelatórios, a multa é elevada a até 10% (dez por cento), ficando condicionada a interposição de qualquer outro recurso ao depósito do valor respectivo (art. 538, parágrafo único)".

O CPC de 2015 estabelece que, "quando manifestamente protelatórios os embargos de declaração, o juiz ou o tribunal, em decisão fundamentada, condenará o embargante a pagar ao embargado multa não excedente a dois por cento do valor atualizado da causa" (art. 1.026, § 2º), e que, "na reiteração de embargos manifestamente protelatórios, a multa será elevada a até dez por cento sobre o valor atualizado da causa, e a interposição de qualquer recurso ficará condicionada ao depósito prévio do valor da multa, à exceção da Fazenda Pública e do beneficiário de gratuidade da justiça, que a recolherão ao final" (art. 1.026, § 3º).

O CPC de 2015 acrescenta que "não serão admitidos novos embargos de declaração quando os dois anteriores houverem sido considerados protelatórios" (art. 1.026, § 4º).

Não é lícito cumular, para punir a interposição de embargos declaratórios protelatórios, a sanção prevista no art. 538, parágrafo único do CPC de 1973 ou no art. 1.026, § 2º, do CPC de 2015 com aquela estabelecida no art. 18 do CPC de 1973 e no art. 81 do CPC de 2015, respectivamente (punição relativa à litigância de má-fé). Os arts. 538, parágrafo único, do CPC de 1973 e o art. 1.026, § 2º, do CPC de 2015 estabelecem uma punição específica para a hipótese de embargos declaratórios, que se sobrepõe à punição genérica prevista no art. 18 do CPC de 1973 e no art. 80 do CPC de 2015, valendo lembrar que um mesmo ato ilícito não pode ser punido duas vezes.[1836]

No CPC de 1973 é previsto que, na reiteração de embargos manifestamente protelatórios, *a multa* será elevada a até dez por cento sobre o valor atualizado da causa, ficando condicionada a interposição de qualquer recurso ao depósito prévio do valor respectivo. O art. 1.026, § 3º, do CPC de 2015 dispõe que, no caso de reiteração de embargos protelatórios *a multa* será elevada até 10% do valor da causa. A multa, portanto, é única, e para a interposição de qualquer outro recurso deve ser depositado o seu valor total, isto é, o valor originário somado ao acréscimo pela reiteração de embargos protelatórios.

A aplicação da multa por embargos protelatórios deve ser fundamentada, cumprindo ao juiz ou tribunal indicar na sua decisão os motivos pelos quais considera manifestamente protelatórios os embargos protelatórios, valendo lembrar que embargos de declaração manifestados com notório propósito de prequestionamento não têm caráter protelatório (Súmula n. 98 do STJ).

(1836) Em sentido contrário: "A interposição de recurso meramente protelatório caracteriza litigância de má-fé, nos termos dos incisos VI e VII do art. 17, do CPC, e em se tratando de embargos de declaração, cumula-se a essa punição a multa prevista no art. 538, parágrafo único, do CPC. Punições que se cumulam por terem natureza diversa" (4ª T. do TRT da 3ª Região, RO 01122.2004.013-03-00-5, Rel. Juiz Antônio Álvares da Silva, DJMG 11.6.2005, p. 8).

Os embargos, mesmo que protelatórios, interrompem o prazo para apresentação de outro recurso, posto que a sanção para a interposição de embargos protelatórios é de natureza pecuniária.

A CLT não trata dos embargos protelatórios, o que permite recorrer ao CPC como sua fonte subsidiária (art. 769 da CLT) ou subsidiária e supletiva (art. 15 do CPC de 2015), notadamente porque, cumprindo ao juiz velar pela rápida solução do litígio (art. 765 da CLT), a ele não pode ser negada a possibilidade de atuar contra condutas protelatórias. Ademais, o processo, inclusive do trabalho, é meio de solução do conflito de interesse e não de sua perpetuação.

O fato de a parte ter sido beneficiada pela justiça gratuita não a isenta da obrigação de pagar a multa por embargos protelatórios. Ademais, o benefício da justiça gratuita não abrange as multas de natureza processual impostas à parte. O CPC de 2015 aponta neste sentido, com a ressalva de que é nele estabelecido que a multa, quando aplicada à parte beneficiada pela justiça gratuita, será paga no final, o que implica que o seu depósito não constitui pressuposto de admissibilidade de recurso por ela interposto.

16. Recurso ordinário

O recurso ordinário é disciplinado no art. 895, alíneas *a* e *b*, da CLT.

16.1. De acordo com o art. 895 da CLT, cabe recurso ordinário para a instância superior:

a) das decisões definitivas ou terminativas das Varas do Trabalho e Juízos de Direito investidos de jurisdição trabalhista;

b) das decisões definitivas ou terminativas dos Tribunais Regionais, em processos de sua competência originária, nos dissídios individuais e nos dissídios coletivos.(1837)

No recurso ordinário também podem ser impugnadas as decisões proferidas na solução de incidentes no curso do processo (decisões interlocutórias), nos termos do art. 893, § 1º, da CLT. Sob este prisma, o recurso ordinário também serve para impugnar decisões interlocutórias resolvidas na fase de conhecimento.

No mesmo sentido, o art. 1.009, § 1º, do CPC de 2015 estabelece que as questões resolvidas na fase de conhecimento, se a decisão a seu respeito não comportar agravo de instrumento, não são cobertas pela preclusão e devem ser suscitadas em preliminar de apelação, eventualmente interposta contra a decisão final, ou nas contrarrazões.

Note-se que o CPC de 2015 permite, como se vê da parte final do § 1º do art. 1.009, que as questões resolvidas na fase de conhecimento sejam suscitadas em contrarrazões, ficando, assim, dispensada a interposição de recurso adesivo para pleitear o seu reexame, o que é compatível com o direito processual do trabalho, que prestigia a simplificação de formas e procedimentos e a celeridade processual.

Se as questões resolvidas na fase de conhecimento forem suscitadas em contrarrazões, o recorrente deverá ser intimado para manifestar-se a respeito delas (art. 1.009, § 2º, do CPC de 2015). No processo do trabalho esta manifestação deverá ocorrer no prazo de oito dias.

No recurso ordinário podem ser suscitadas as questões resolvidas na fase de conhecimento ainda que elas integrem capítulo da sentença (art. 1.009, § 3º). O art. 1.009, § 3º, do CPC de 2015 remete ao art. 1.015 de mesmo Código, no qual são apontadas as decisões interlocutórias que comportam agravo de instrumento.

Também cabe recurso ordinário das decisões proferidas pelos Tribunais Regionais em processos administrativos, mas apenas para exame da legalidade do ato (Súmula n. 321 do TST).

O recurso ordinário será *voluntário* (quando for interposto pela parte vencida) ou *obrigatório* (no caso de remessa necessária).(1838)

(1837) Daí a razão pela qual das decisões proferidas por TRT em ação rescisória e mandado de segurança cabe recurso ordinário (Súmulas ns. 158 e 201 do TST).

(1838) Sendo o caso de remessa necessária, deverá o juiz, na conclusão da decisão, ordenar que, depois de vencido o prazo para o recurso voluntário, os autos sejam remetidos à instância superior.

O recurso ordinário será julgado:

a) pelas turmas dos Tribunais Regionais do Trabalho, quando for interposto contra as decisões definitivas ou terminativas das Varas do Trabalho ou Juízos de Direito investidos de jurisdição trabalhista (art. 678, II, alínea *a*, da CLT);

b) pela SDI-2 do TST, no caso de recurso interposto contra decisão dos Tribunais Regionais em processos de dissídio individual de sua competência originária (art. 3º, III, *a*, da Lei n. 7.701/88 e art. 71 do Regimento Interno do TST);

c) pela SDC do TST, quando for interposto contra as decisões proferidas pelos Tribunais Regionais do Trabalho em dissídios coletivos de natureza econômica ou jurídica, decisões proferidas pelos Tribunais Regionais do Trabalho em ações rescisórias e mandados de segurança pertinentes a dissídios coletivos e em ações anulatórias de acordos e convenções coletivas (art. 2º, II, alínea *b*, da Lei n. 7.701/88 e art. 70 do Regimento Interno do TST).

16.2. O recurso ordinário deverá ser apresentado em petição escrita, no prazo de oito dias (art. 895, alíneas *a* e *b*, da CLT).

A petição recursal deverá conter: a) os nomes e a qualificação das partes (a qualificação pode ser remissiva à petição inicial ou à contestação); b) a exposição do fato e do direito; c) as razões do pedido de reforma ou de decretação de nulidade; d) o pedido de nova decisão (art. 514 do CPC de 1973 e art. 1.010 do CPC de 2.015).

Nas razões do pedido de reforma da decisão recorrida, o recorrente deverá impugnar, de forma específica, os fundamentos da decisão atacada.

16.3. O julgamento proferido pelo tribunal substituirá a decisão impugnada no que tiver sido objeto de recurso (art. 512 do CPC de 1973 e art. 1.008 do CPC de 2015).

16.4. Como o direito processual do trabalho é omisso em relação à extensão do efeito devolutivo do recurso ordinário, para a sua definição, quando se trate de recurso interposto contra decisão proferida na primeira instância da Justiça do Trabalho, deve-se utilizar o CPC, na parte em que trata da apelação, como sua fonte subsidiária (art. 769 da CLT) ou subsidiária e supletiva (art. 15 do CPC de 2015).

O recurso ordinário devolverá ao tribunal o conhecimento da *matéria impugnada* (art. 515, *caput*, do CPC de 1973 e art. 1.013, *caput*, do CPC de 2015 e art. 3º, XXVIII da Instrução Normativa n. 39/16 do TST). Assim, também prevalece na fase recursal o princípio da disponibilidade, o que significa que o tribunal julgará o recurso naquilo que for objeto de impugnação.

Contudo, serão objeto de apreciação e julgamento pelo tribunal todas as *questões suscitadas e discutidas no processo*, ainda que não tenham sido julgadas por inteiro (art. 515, § 1º, do CPC de 1973) ou ainda que não tenham sido solucionadas, desde que relacionadas ao capítulo impugnado (art. 1.009, § 1º, do CPC de 2015). Todas as questões, de fato e de direito, suscitadas e discutidas no processo podem ser enfrentadas pelo Tribunal, ainda que a sentença não as tenha julgado por inteiro ou que o juiz não as tenha solucionado, desde que, como torna claro o art. 1.009, § 1º, do CPC de 2015, elas sejam relativas ao capítulo impugnado.

De outro lado, quando o pedido ou a defesa tiver mais de um fundamento e o juiz acolher um deles, o recurso ordinário devolverá ao tribunal o conhecimento dos demais (art. 515, § 2º, do CPC de 1973 e art. 1.009, § 2º, do CPC de 2015). Destarte, o recurso ordinário devolverá ao tribunal o conhecimento dos *fundamentos do pedido ou da defesa* não examinados na decisão impugnada.

O art. 515, § 3º, do CPC de 1973 dispõe que, *nos casos de extinção do processo sem provimento de mérito*, o tribunal pode julgar desde logo a lide, *se a causa versar questão exclusivamente de direito e estiver em condições de imediato julgamento.*

Já o art. 1.013, § 3º, do CPC de 2015 estabelece que, *se o processo estiver em condições de imediato julgamento*, o tribunal deve decidir desde logo o mérito quando:

a) reformar a decisão fundada no art. 485 (*este dispositivo legal trata das hipóteses em que o juiz não resolverá o mérito*);

b) decretar a nulidade da decisão que não seja congruente com os limites do pedido ou da causa de pedir;[1839]

c) constatar omissão no exame de um dos pedidos, hipótese em que poderá julgá-lo;

d) decretar a nulidade de sentença por falta de fundamentação.

Discorrendo sobre o efeito devolutivo da apelação, José Carlos Barbosa Moreira esclarece que "a exata configuração do efeito devolutivo é problema que se desdobra em dois: o primeiro concerne à *extensão* do efeito, o segundo à sua *profundidade*. Delimitar a extensão do efeito devolutivo é precisar *o que* se submete, por força do recurso, ao julgamento do órgão *ad quem*; medir-lhe a profundidade é determinar *com que matéria* há de trabalhar o órgão *ad quem* para julgar. A decisão apelada tem o seu *objeto*: pode haver julgado o mérito da causa (sentença definitiva) ou matéria preliminar ao exame do mérito (sentença terminativa). É necessário verificar se a decisão do tribunal cobrirá ou não área igual à coberta pelo juiz *a quo*. Enca-ra-se aqui o problema, por assim dizer, em perspectiva *horizontal*. Por outro lado, a decisão apelada tem os seus *fundamentos*: o órgão de primeiro grau, para decidir, precisou naturalmente enfrentar e resolver questões, isto é, pontos duvidosos de fato e de direito, suscitados pelas partes ou apreciadas *ex officio*. Cumpre averiguar se todas essas questões, ou nem todas, devem ser reexaminadas pelo tribunal, para proceder, por sua vez, ao julgamento; ou ainda se, porventura, hão de ser examinadas questões que o órgão *a quo*, embora pudesse ou devesse apreciar, de fato *não* apreciou. Focaliza-se aqui o problema em perspectiva *vertical*."[1840]

É importante observar que:

1) os §§ 1º e 2º do art. 515 do CPC de 1973 e os §§ 1º e 2º do art. 1.013 do CPC de 2015 tratam do efeito devolutivo do recurso apresentado contra sentença que examina o mérito da demanda, estabelecendo que o recurso devolve ao tribunal o conhecimento de todas as *questões suscitadas e discutidas no processo*, ainda que a sentença não as tenha julgado por inteiro (CPC de 1973), ou que ainda não tenham sido solucionadas (CPC de 2015), e dos *fundamentos do pedido ou da defesa* não examinados, na hipótese de o pedido ou a contestação contar com mais de um fundamento e o juiz acolher apenas um deles), desde que tais questões e fundamentos digam respeito ao capítulo impugnado;

2) no § 3º do art. 515, o CPC de 1973 define o efeito devolutivo do recurso apresentado contra sentença que extingue o processo sem julgamento do mérito, dispondo que o recurso devolverá ao tribunal o conhecimento do mérito da demanda, desde que a causa verse sobre questão exclusivamente de direito e esteja em condições de imediato julgamento (trata-se da denominada *causa madura*). O § 3º do art. 515 do CPC de 1973 dispõe, portanto, sobre uma situação particular, qual seja, em primeira instância *não foi examinado o mérito e o tribunal está autorizado a julgá-lo*, desde que sejam atendidas as condições nele dispostas;

3) o art. 1.013, § 3º, do CPC de 2015 altera a sistemática estabelecida pelo art. 515, § 3º, dispondo que, *se o processo estiver em condições de imediato julgamento* (trata-se, ainda, aqui, da denominada *causa madura*), o tribunal *deve* decidir desde logo o mérito quando: a) reformar sentença em que não tenha sido decidido o mérito;[1841] b) decretar a *nulidade da decisão por não ser ela congruente com os limites do pedido ou da causa de pedir*;[1842] c) constatar a *omissão no exame de um dos pedidos*, hipótese em que poderá julgá-lo; d) decretar a *nulidade* da sentença por falta de fundamentação;

(1839) Diante da necessidade de conferir o máximo aproveitamento dos atos processuais, a nulidade somente deverá ser decretada se não for possível afastar da decisão o excesso nela contido.

(1840) *Comentários ao Código de Processo Civil*, v. V, p. 430.

(1841) Note-se que o CPC de 2015 não exige que a causa verse sobre questão de direito.

(1842) O tribunal deverá proferir decisão respeitando os limites impostos pelo pedido ou pela causa de pedir.

4) de acordo com o art. 1.013, § 4º, do CPC de 2015, quando reformar sentença que reconheça a decadência ou a prescrição, o tribunal, *se possível*, julgará o mérito, examinando as demais questões, sem determinar o retorno do processo ao juízo de primeiro grau;

5) a sistemática adotada pelo CPC de 1973 e, notadamente, pelo CPC de 2015, deixa claro que não ocorre supressão de instância pelo fato de o tribunal julgar: *questões* que não tenham sido solucionadas; *fundamentos* do pedido ou da defesa não examinados; o *mérito*, no caso de extinção de processo sem resolução do mérito, de reforma de sentença que tenha reconhecido a decadência ou a prescrição e de decreto de sentença por falta de fundamentação; *pedido* não julgado (o TST, na Súmula n. 393, na sua redação original, adotou o entendimento de que "o efeito devolutivo em profundidade do recurso ordinário, que se extrai do § 1º do art. 515 do CPC, transfere ao Tribunal a apreciação dos fundamentos da inicial ou da defesa, não examinados pela sentença, ainda que não renovados em contrarrazões. Não se aplica, todavia, ao caso de pedido não apreciado na sentença, salvo a hipótese contida no § 3º do art. 515 do CPC". Esta Súmula teve a sua redação alterada em 19.4.2016 e passa a prever que "I — O efeito devolutivo em profundidade do recurso ordinário, que se extrai do § 1º do art. 1.013 do CPC de 2015 (art. 515 do CPC de 1973), transfere ao Tribunal a apreciação dos fundamentos da inicial ou da defesa, não examinados pela sentença, ainda que não renovados em contrarrazões, desde que relativos ao capítulo impugnado. II — Se o processo estiver em condições, o tribunal, ao julgar o recurso, deverá decidir desde logo o mérito da causa, nos termos o § 3º do art. 1.013 do CPC de 2015, inclusive quando constatar a omissão da sentença no exame de um dos pedidos");

Nas situações estabelecidas pelo art. 515, § 2º, do CPC de 1973 e pelo art. 1.013, §§ 3º e 4º, do CPC de 2015, ao tribunal é atribuída, expressamente, a condição de *instância originária* para solucionar as questões não enfrentadas em primeira instância, examinar fundamentos não examinados em primeira instância ou julgar o mérito da demanda, respectivamente. Destarte, a submissão do conflito de interesses a um segundo exame não é a única função do recurso ordinário, ao passo que o princípio de duplo grau de jurisdição, exatamente por não ser ilimitado, permite uma segunda leitura, ou seja, ser considerado como correspondente à *possibilidade de submeter ao tribunal tudo aquilo que foi e que poderia ter sido examinado em primeira instância* (questões, fundamentos, pedidos e o próprio mérito).

6) o tribunal, quando examina questões suscitadas e discutidas, conhece de fundamentos do pedido e da defesa não examinados, julga o mérito ou pedido, complementa a atuação do juiz de primeira instância;

7) como aduz Nelson Nery Junior, não há inconstitucionalidade por ofensa ao duplo grau de jurisdição no art. 515, § 3º, do CPC de 1973, "porque a lei processual pode conferir competência originária aos tribunais",[(1843)] aplicando-se o mesmo fundamento em relação às situações de que trata o art. 1.013, §§ 3º e 4º, do CPC de 2015. No mesmo sentido, observa Andrea Proto Pisani que, em uma série importante de hipóteses, o tribunal realiza "exames não efetuados (ou efetuados de forma inválida) pelo juiz de primeiro grau", situação em que atua como "juízo de primeiro e único grau".[(1844)]

Como asseveram Luigi Paolo Comoglio, Corrado Ferri e Michele Taruffo, "a análise do direito positivo também coloca em relevo algumas hipóteses nas quais o apelo não atua a regra do duplo grau de jurisdição, mas se limita a assegurar um juízo em único grau. Se trata de situações nas quais ao juízo do apelo cumpre

(1843) *Teoria geral dos recursos*, p. 434.

(1844) *Lezioni di diritto processuale civile*, p. 492. Andrea Proto Pisani afirma que, como o tribunal pode decidir questão não decidida em primeira instância, o princípio do duplo grau de jurisdição não atua de modo pleno, mas apenas tendencialmente, o que significa que o princípio do ordenamento italiano, que estabelece esta possibilidade, "não é o duplo grau de jurisdição, mas a apelatividade da sentença de primeiro grau" (*Op. cit.*, p. 492). Como o nosso ordenamento também autoriza o tribunal a julgar questões não decididas, pedido não julgado e até mérito, o mesmo raciocínio é a ele pertinente: o recurso ordinário não serve apenas ao duplo grau de jurisdição, vez que, em algumas situações, o seu efeito é permitir o julgamento, pelo tribunal, do que ainda não foi julgado, como instância primeira é, às vezes, única (quando se trate de questões de fato, que não podem ser suscitadas no recurso de revista).

julgar também uma só parte do material controverso (demanda ou questões) que o primeiro juiz não tenha decidido".[(1845)]

A invocação de ofensa ao princípio do duplo grau de jurisdição pelo fato de o tribunal complementar a atuação do juiz de primeira instância tem como premissa a existência do direito, ilimitado, ao exame da causa em duas instâncias (duplo grau de jurisdição em sentido amplo), direito que, no entanto, não é assegurado com esta dimensão.

O direito ao duplo grau de jurisdição é assegurado, indiretamente, pela Constituição, mas deverá ser exercido nos moldes estabelecidos pela ordem jurídica, isto é, respeitados os limites por ela impostos. A própria Constituição, inclusive, contém dispositivo do qual resulta que a causa poderá ser julgada em instância única (art. 102, alíneas *b* e *d*, por exemplo).

No art. 515 do CPC de 1973 e no art. 1.013 do CPC de 2015, o legislador, no confronto entre o acesso ao duplo grau de jurisdição (no sentido amplo acima referido) e os princípios da celeridade e economia processual, optou pela observância destes princípios.

Como aduz Nelson Nery Junior, "a possibilidade de o tribunal conhecer das questões discutidas e debatidas no processo, ainda que a sentença não as tenha apreciado por inteiro (CPC, art. 515, § 1º), e também de todos os fundamentos da ação ou da defesa (CPC, art. 515, § 2º)" configura exceção à regra da limitação do efeito devolutivo pelo objeto de impugnação do recorrente, visto que "caracteriza uma espécie de benefício comum. Esse caráter *bilateral* do efeito devolutivo, entretanto, não autoriza o julgamento com reforma para pior relativamente ao recorrente, mas, ao contrário, encontra na *reformatio in pejus* o verdadeiro limite para a incidência do efeito devolutivo".[(1846)]

Registre-se que o art. 515, § 3º, do CPC de 1973 dispõe que o tribunal *poderá* julgar desde logo a lide nas situações que estabelece. Aqui, portanto, foi estabelecida uma mera possibilidade para o tribunal. O CPC de 2015 estabelece, no art. 1.013, § 3º, que se o processo estiver em condições de imediato julgamento, o tribunal *deve* decidir desde logo o mérito. A hipótese, portanto, deixou de ser uma mera possibilidade.

Por todas estas razões, havendo na petição inicial cumulação do pedido de declaração de existência da relação de emprego com o de pagamento de parcelas decorrentes dessa relação, reformando a decisão de primeira instância quanto à existência da relação de emprego (*pedido condicionante* ou *subordinante*), o tribunal deverá julgar de imediato os pedidos de pagamento de parcelas devidas por força do reconhecimento da relação de emprego (*pedidos condicionados* ou *subordinados*).

Observe-se que, se houve julgamento do mérito em primeira instância, é razoável concluir que já não existem outras provas a serem produzidas. Se existem provas a serem produzidas e o pedido neste sentido foi indeferido, a hipótese será de anulação do processo, em razão do cerceamento do direito à prova, se houver pedido neste sentido.

Na situação em destaque, isto é, de reconhecimento de existência de relação de emprego somente em segunda instância, o tribunal está, expressamente, autorizado a decidir questões suscitadas e discutidas não decididas (art. 515, § 1º, do CPC de 1973 e art. 1.013, § 1º, do CPC de 2015), e apreciar fundamentos do pedido ou da defesa não enfrentados (art. 515, § 2º, do CPC de 1973 e 1.013, § 2º, do CPC de 2015).

No exame de questões não decididas ou de fundamentos não enfrentados, o tribunal poderá examinar a prova existente nos autos, vez que nada há no art. 515, §§ 1º, 2º e 3º, do CPC de 1973 ou no art. 1.013, §§ 1º, 2º, 3º e 4º, do CPC de 2015 que o impeça de fazê-lo. Com isso, somente se havia necessidade de produzir provas e a sua produção foi indeferida, é que o tribunal deverá devolver o processo à primeira instância, em razão do cerceamento do direito à prova, desde que este fato tenha sido alegado pelo recorrente.

De outro lado, ocorrendo cumulação de pedidos, o provimento do recurso quanto ao *pedido principal* (na hipótese de pedidos sucessivos) ou ao pedido *condicionante ou subordinante* (o exame de um pedido

(1845) *Lezioni sul processo civile*, v. I, p. 612.

(1846) *Teoria geral dos recursos*, p. 430-431.

pressupõe o prévio exame de outro, como se dá, por exemplo, no pedido de pagamento de parcelas decorrentes da relação de emprego em relação ao pedido de reconhecimento de existência desta relação), obrigará o tribunal a julgar o *pedido sucessivo, condicionado ou subordinado*, visto que este pedido, como aduz Araken de Assis, "integra a 'questão' suscitada e discutida no processo, a despeito de o órgão *a quo* não tê-la julgado por inteiro: a rejeição do pedido condicionante, na verdade, exonerou o juiz do dever de apreciá-la, porque não incumbe julgar um dos pedidos hipoteticamente. Por esse motivo, a apelação quanto à questão condicionante remete a condicionada ao conhecimento do tribunal, originalmente, conforme dispõe o art. 515, § 1º".(1847)

Anote-se que o art. 515, § 3º, do CPC de 1973 diz respeito à extinção do processo sem exame do mérito e não à hipótese de ocorrência de julgamento do mérito em primeira instância, o que impede a sua invocação para afirmar que o tribunal, mesmo tendo ocorrido julgamento do mérito em primeira instância, somente está autorizado a reexaminar o mérito se a questão for unicamente de direito, visto que esta restrição somente é aplicável quando em primeira instância o mérito não foi examinado, sendo razoável exigir-se, apenas, que a causa esteja madura, mas no sentido de não ter o tribunal constatado a ocorrência do cerceamento do direito à prova, alegado oportunamente pelas partes, o que é deixado claro pelo art. 1.013, § 3º, do CPC de 2015, que já não exige, para que o juiz possa decidir o mérito, que a causa verse questão exclusivamente de direito.

Vale mencionar que:

a) conforme a 3ª Turma do TST, o imediato julgamento da demanda "longe de encerrar supressão de instância ou gerar prejuízo aos litigantes, mostra-se compatível com o dever legal de solucionar conflitos com celeridade e economia (CPC, art. 125 c/c o art. 5º, LXXVIII, da CF), também harmonizando-se ao devido processo legal (CF, art. 5º, LIV c/c o art. 515, § 3º, CPC)" (TST, RR 31000-57.2003.5.01.0261);

b) para a 4ª Turma do TST, "1. O § 3º do art. 515 do Código de Processo Civil consagra a teria da causa madura, que possibilita o julgamento do mérito pelo Tribunal sempre que a questão seja de direito ou, se de fato e de direito, a causa estiver preparada para esse fim. 2. Tal preceito visa a evitar o retorno dos autos ao juízo de primeiro grau nas hipóteses em que a prolação de sentença implicaria apenas o prolongamento desnecessário da duração do processo, que, como cediço, atualmente encontra proteção expressa na Constituição Federal (art. 5º, LXXVIII). 3. Ao reformar a sentença de improcedência e reconhecer o vínculo empregatício diretamente com a tomadora dos serviços, afastada a ilicitude da terceirização, o Tribunal Regional do Trabalho, no julgamento do recurso ordinário, pode perfeitamente apreciar desde logo os pedidos daí decorrentes, inclusive condenação solidária e diferenças salariais" (TST, RR 691-90.2011.5.3.0140);(1848)

c) a 5ª Turma do TST decidiu que "o art. 515, § 3º, do Código de Processo Civil consagra a teria da causa madura, que possibilita o julgamento do mérito pelo Colegiado *ad quem* sempre que a questão for somente de direito ou, quando de direito e de fato, a causa estiver preparada para esse fim, ainda que o juízo primário não tenha se pronunciado sobre o mérito da causa (TST, RR 1732-12.2010.5.03.0081)";

d) consoante a 6ª Turma do TST, não ocorre supressão de instância nem violação direta e literal do art. 5º, incisos XXXV e LV da Constituição Federal, quando o Eg. Tribunal Regional reconhece o vínculo empregatício entre as partes e analisa o restante do mérito. Para apreciação do mérito da lide só é necessário que a causa esteja madura, prescindindo de duplo exame sobre a mesma questão. Muito embora o § 3º do art. 5º do Código de Processo Civil trate apenas do efeito translativo nas hipóteses de extinção do processo sem julgamento de mérito, o entendimento se aplica aos casos em que há julgamento de mérito (TST, RR 1686-2001.040.01.00).

(1847) *Manual dos recursos*, p. 430.

(1848) Nesta decisão é invocado o art. 515, § 3º, do CPC de 1973, mas, tendo ocorrido o exame do mérito em primeira instância (existência da relação de emprego), incide na hipótese o art. 515, § 1º, do CPC.

Cumpre registrar que, segundo a Orientação Jurisprudencial n. 79 da SDI-2 do TST, "não ofende o princípio do duplo grau de jurisdição a decisão do TST que, após afastar a decadência em sede de recurso ordinário, aprecia desde logo a lide, se a causa versar questão exclusivamente de direito e estiver em condições de imediato julgamento".

Anote-se, ainda quanto ao efeito devolutivo do recurso ordinário, que as questões de fato não propostas no juízo inferior poderão ser suscitadas no recurso ordinário, se a parte provar que deixou de fazê-lo por motivo de força maior (art. 517 do CPC de 1973 e art. 1.014 do CPC de 2015). Esta autorização confirma o que foi acima dito, ou seja, que existem situações que o tribunal apreciará e julgará como instância originária questão de fato não solucionada em primeira instância.

16.5. O recurso deve ser apresentado em petição escrita (art. 899, *caput*, da CLT), dirigida ao juízo em que foi proferida a decisão, no prazo de oito dias (art. 6º da Lei n. 5.584/70).

16.6. Apresentado o recurso, será examinado o atendimento de seus pressupostos de admissibilidade. No caso de ser admitido o recurso, ao recorrido será concedido prazo para contrarrazões, em oito dias (art. 900 da CLT).

Colhidas as contrarrazões ou vencido o prazo para a sua apresentação, os autos do processo devem ser remetidos ao Tribunal *ad quem*, para julgamento do recurso, na forma estabelecida no regimento interno respectivo.

16.7. Nos dissídios sujeitos ao procedimento sumaríssimo, o recurso ordinário (art. 895, § 1º, da CLT):

a) será imediatamente distribuído, uma vez recebido no Tribunal, devendo o relator liberá-lo no prazo máximo de dez dias e a Secretaria do Tribunal ou Turma colocá-lo imediatamente em pauta para julgamento, sem revisor (no procedimento ordinário, antes de ser colocado em pauta, o recurso vai à revisão);

b) terá parecer oral do representante do Ministério Público presente à sessão de julgamento, se este entender necessária a sua manifestação, com registro na certidão;

c) terá acórdão consistente unicamente na certidão de julgamento, com a indicação suficiente do processo e parte dispositiva, e das razões de decidir do voto prevalente. Se a sentença for confirmada pelos próprios fundamentos, a certidão de julgamento, registrando tal circunstância, servirá de acórdão.

Os Tribunais Regionais divididos em turmas poderão designar turma para o julgamento dos recursos ordinários interpostos das sentenças prolatadas nas demandas sujeitas ao procedimento sumaríssimo (art. 895, § 2º, da CLT).

17. *Recurso de revista*

Dentre os recursos admissíveis no processo do trabalho está o recurso de revista (art. 893, III, da CLT), que serve à impugnação de decisões proferidas pelos Tribunais Regionais do Trabalho em dissídios individuais, em execução, inclusive em processo incidente de embargos de terceiro e em execuções fiscais, assim como na solução de controvérsias envolvendo a certidão negativa de débitos trabalhistas.

17.1. Hipóteses de admissibilidade.

As hipóteses de admissibilidade do recurso de revista estão estabelecidas no art. 896, *caput*, alíneas *a*, *b*, *c*, e §§ 2º, 9º e 10, da CLT.

De acordo com os citados comandos legais, o recurso de revista é admissível no caso de:

1) decisões proferidas por TRT no julgamento de recurso ordinário, em dissídio individual, que:

a) derem ao mesmo dispositivo de lei federal *interpretação diversa* da que lhe houver dado *outro Tribunal Regional*[(1849)] ou *a Seção de Dissídios Individuais do TST*[(1850)] ou *contrariarem* súmula de jurisprudência uniforme do TST ou súmula vinculante do STF;[(1851)]

b) derem ao mesmo dispositivo da lei estadual, convenção coletiva de trabalho, acordo coletivo de trabalho, sentença normativa ou regulamento empresarial de observância obrigatória em área territorial que exceda a jurisdição do Tribunal Regional prolator da decisão recorrida, *interpretação divergente* da que lhe houver sido conferida por outro Tribunal Regional, a SDI do TST, súmula da jurisprudência uniforme do TST ou súmula vinculante do STF; [(1852)]

c) forem proferidas com *violação literal* de disposição de lei federal[(1853)] ou com *afronta direta e literal* à Constituição Federal.

2) decisões proferidas por TRT em execução de sentença, inclusive em processo incidente de embargos de terceiro, na hipótese de *afronta direta e literal* a norma da Constituição Federal;

3) decisões proferidas por TRT nas execuções fiscais e nas controvérsias envolvendo a certidão negativa de débitos trabalhistas, na hipótese de *violação* da lei federal, *divergência jurisprudencial* e *ofensa* à Constituição da República.

O art. 896, § 6º, da CLT (redação anterior à edição da Lei n. 13.015/14), estabelecia que, nas causas sujeitas ao procedimento sumaríssimo, o recurso de revista somente seria admitido na hipótese de contrariedade a Súmula de jurisprudência uniforme do Tribunal Superior do Trabalho e de violação direta da Constituição da República. A Lei n. 13.015/14 mantém, agora no § 9º, do art. 896, a restrição à admissibilidade ao recurso de revista nas causas sujeitas ao procedimento sumaríssimo, mas acrescenta a admissibilidade do recurso no caso de contrariedade a súmula vinculante do STF. Assim, no procedimento sumaríssimo, o recurso de revista passa a ser admitido em três situações: contrariedade a súmula do TST, contrariedade a súmula vinculante do STF e violação direta da Constituição Federal. Em relação ao regime anterior, portanto, houve o acréscimo de mais uma hipótese de admissibilidade, ou seja, o recurso passa a ser admissível também quando ocorrer contrariedade a súmula vinculante do STF. Impõe-se, portanto, a revisão da Súmula n. 442 do TST, segundo a qual: "nas causas sujeitas ao procedimento sumaríssimo, a admissibilidade de recurso de revista está limitada à demonstração de violação direta a dispositivo da Constituição Federal ou contrariedade a Súmula do Tribunal Superior do Trabalho, não se admitindo o recurso por contrariedade a Orientação Jurisprudencial deste Tribunal (Livro II, Título II, Capítulo III, do RITST), ante a ausência de previsão no art. 896, § 6º, da CLT".

17.2. Forma e prazo para interposição. Requisitos formais do recurso de revista. Exame de admissibilidade.

(1849) Cabe às turmas do TST, no julgamento do recurso de revista, unificar a jurisprudência dos Tribunais Regionais do Trabalho. Com isto, não é servível ao conhecimento de recurso de revista aresto oriundo de mesmo Tribunal Regional do Trabalho, salvo se o recurso houver sido interposto anteriormente à vigência da Lei n. 9.756/98 (Orientação Jurisprudencial n. 111 da SDI-I do TST).

(1850) Assim, não é admissível recurso de revista fundado em divergência da decisão impugnada com decisão de turma do TST.

(1851) A alínea *a* do art. 896 da CLT dispõe que cabe recurso de revista quando a decisão der ao mesmo dispositivo de lei federal interpretação diversa da que houver sido dada por outro tribunal, *no seu pleno ou turma*. No entanto, após a instauração e o julgamento de incidente de uniformização de jurisprudência tendo por objeto a interpretação de determinada lei federal, o recurso de revista somente será admitido se houver divergência entre a decisão impugnada e a súmula ou a tese jurídica prevalecente estabelecida no julgamento daquele incidente (art. 895, §§ 3º e 6º, da CLT).

(1852) Após a instauração e o julgamento de incidente de uniformização de jurisprudência tendo por objeto a interpretação de convenção coletiva de trabalho, acordo coletivo de trabalho, sentença normativa ou regulamento empresarial de observância obrigatória em área territorial que exceda a jurisdição do Tribunal Regional prolator da decisão recorrida, o recurso de revista somente será admitido se houver divergência entre a decisão impugnada e a súmula ou a tese jurídica prevalecente estabelecida no julgamento daquele incidente (art. 895, §§ 3º e 6º).

(1853) Segundo Wagner Giglio, "a infração à lei deve ser clara, evidente, flagrante: mera interpretação do texto legal, ou sua má compreensão, não abrem margem ao conhecimento do recurso de revista pela letra *c* do art. 896" (*Direito processual do trabalho*, p. 442). A razoável interpretação de preceito legal não dá ensejo à admissibilidade do recurso de revista por violação à lei.

O recurso de revista deve ser aforado por meio de petição escrita (art. 899, *caput*, da CLT), dirigida ao Presidente do Tribunal em que foi proferida a decisão impugnada, no prazo de oito dias (art. 6º da Lei n. 5.584/70).

Constitui ônus da parte, sob pena de não conhecimento do recurso de revista, consoante o art. 896, § 1º-A da CLT:

> I — indicar o trecho da decisão recorrida que consubstancia o prequestionamento da controvérsia objeto do recurso de revista;
>
> II — indicar, de forma explícita e fundamentada, contrariedade a dispositivo de lei, súmula ou orientação jurisprudencial do Tribunal Superior do Trabalho que conflite com a decisão regional;
>
> III — expor as razões do pedido de reforma, impugnando todos os fundamentos jurídicos da decisão recorrida, inclusive mediante demonstração analítica de cada dispositivo de lei, da Constituição Federal, de súmula ou orientação jurisprudencial cuja contrariedade aponte.

O art. 896, § 1º-A, da CLT define os *requisitos formais do recurso de revista*, observando-se, no entanto, que não há no art. 891, *a*, da CLT previsão de cabimento do recurso de revista no caso de contrariedade a orientação jurisprudencial do TST. Com isto, a referência a orientação jurisprudencial do TST deve ser entendida no sentido de que, no caso de alegação de *divergência com decisões da SDI consagrada em orientação jurisprudencial*, o recorrente deverá indicá-la de forma explícita e fundamentar a alegação de divergência.

Também tratando dos requisitos formais da peça recursal, estabelece o art. 896, § 8º, da CLT que, "quando o recurso fundar-se em dissenso de julgados, incumbe ao recorrente o ônus de produzir prova da divergência jurisprudencial, mediante certidão, cópia ou citação do repertório de jurisprudência, oficial ou credenciado, inclusive em mídia eletrônica, em que houver sido publicada a decisão divergente, ou ainda pela reprodução de julgado disponível na internet, com indicação da respectiva fonte, mencionando, em qualquer caso, as circunstâncias que identificam ou assemelham os casos confrontados". Este dispositivo legal consagra o entendimento jurisprudencial consagrado por meio da Súmula n. 337 do TST.[1854]

Assim, o recorrente, no caso de ser o recurso fundamentado em divergência jurisprudencial, deverá demonstrar a *identidade* das questões tratadas na decisão impugnada e na decisão paradigma e a *divergência* na solução para elas adotada.

Em sintonia com os princípios da instrumentalidade das formas e do favorecimento do julgamento do mérito, dispõe o art. 896, § 11, da CLT, tratando-se de recurso de revista, que, "quando o recurso tempestivo contiver defeito formal que não se repute grave, o Tribunal Superior do Trabalho poderá desconsiderar o vício ou mandar saná-lo, julgando o mérito". O CPC de 2015 dispõe, no mesmo compasso, que o STF poderá desconsiderar vício formal de recurso tempestivo ou determinar sua correção, desde que não o repute grave (art. 1.029, § 3º). Por força

(1854) Segundo esta Súmula n. 337 do TST: "I — Para comprovação da divergência jurisprudencial é necessário que o recorrente: "a) junte certidão ou cópia autenticada do acórdão paradigma ou cite a fonte oficial ou repertório autorizado em que foi publicado; b) transcreva, nas razões recursais, as ementas e/ou trechos dos acórdãos trazidos à configuração do dissídio, demonstrando o conflito de teses que justifique o conhecimento do recurso, ainda que os acórdãos já se encontrem nos autos ou venham a ser juntados com o recurso. II — A concessão de registro de publicação como repertório autorizado de jurisprudência do TST torna válidas todas as suas edições anteriores. III — A mera indicação da data de publicação, em fonte oficial, de aresto paradigma é inválida para comprovação de divergência jurisprudencial, nos termos do item I, 'a', desta súmula, quando a parte pretender demonstrar o conflito de teses mediante a transcrição de trechos que integram a fundamentação do acórdão divergente, uma vez que só publicam o dispositivo ou a ementa dos acórdãos. IV — É válida para a comprovação da divergência jurisprudencial justificadora do recurso a indicação de aresto extraído de repertório oficial na internet, desde que o recorrente: a) transcreva o trecho divergente; b) aponte o sítio de onde foi extraído; e c) decline o número do processo, o órgão prolator e a data da respectiva publicação no Diário Eletrônico da Justiça do Trabalho". De outro lado, conforme o art. 4º do Ato n. 491/SEGJUD. GP, de 23.9.2014, praticado pela Presidência do TST e referendado pela Resolução Administrativa n. 1.699/2014 do seu Órgão Especial, "a comprovação da existência de súmula regional ou da tese jurídica prevalecente no Tribunal Regional do Trabalho e não conflitante com súmula ou orientação jurisprudencial do Tribunal Superior do Trabalho servirá para os efeitos do art. 896, *a*, da CLT, desde que regularmente demonstrada sua fonte de publicação", prevendo o art. 5º do citado Ato que "No caso de decisão regional em consonância com súmula ou orientação jurisprudencial do Tribunal Superior do Trabalho, o Relator denegará seguimento ao recurso".

do que estabelece o art. 794 da CLT, pode ser dito que vicio grave é aquele que causa manifesto prejuízo às partes.[1855]

De acordo com o art. 896, § 7º, da CLT, "a divergência apta a ensejar o recurso de revista deve ser atual, não se considerando como tal a ultrapassada por súmula do Tribunal Superior do Trabalho ou do Supremo Tribunal Federal, ou superada por iterativa e notória jurisprudência do Tribunal Superior do Trabalho".

Ao Presidente ou Vice-Presidente do Tribunal caberá, em decisão fundamentada, proceder ao exame de admissibilidade do recurso de revista (art. 891, § 1º, da CLT).

Da decisão denegatória do recurso de revista cabe agravo (art. 897, *b*, da CLT).

17.3. Súmulas e Orientações Jurisprudenciais a propósito do recurso de revista.

Várias questões relacionadas com o recurso de revista foram objeto de enfrentamento em Súmulas e Orientações Jurisprudenciais, valendo a referência a algumas delas.

Somente a divergência jurisprudencial atual autoriza a admissão do recurso. Não é atual a divergência ultrapassada por súmula ou superada por iterativa e notória jurisprudência do Tribunal Superior do Trabalho (Súmula n. 333 do TST).

A divergência jurisprudencial, para autorizar a admissão do recurso de revista, deve ser específica, revelando a existência de teses diversas na interpretação de um mesmo dispositivo legal, embora idênticos os fatos que as ensejaram (Súmula n. 296, I, do TST).

Se a decisão recorrida adotou diversos fundamentos no exame de determinado pedido, para que se configure a divergência jurisprudencial é necessário que a decisão apresentada para a sua demonstração (decisão paradigma) abranja todos eles. Neste sentido, é a Súmula n. 23 do TST: "Não se conhece de recurso de revista ou de embargos, se a decisão recorrida resolver determinado item do pedido por diversos fundamentos e a jurisprudência transcrita não abranger todos eles".

Para admissão do recurso de revista, por qualquer de seus fundamentos, é indispensável que a matéria submetida ao TST tenha sido enfrentada pelo TRT, isto é, que tenha sido prequestionada (Súmula n. 297 do TST), mesmo que se trate de incompetência absoluta (Orientação Jurisprudencial n. 62 da SDI-I do TST). Para fins de prequestionamento, há necessidade de que haja, no acórdão, de maneira clara, elementos que levem à conclusão de que o Tribunal adotou uma tese contrária à lei ou à Súmula suscitada no recurso (Orientação Jurisprudencial n. 256 da SDI-I do TST). Acrescente-se que "a invocação expressa no recurso de revista dos preceitos legais ou constitucionais tidos como violados não significa exigir da parte a utilização das expressões 'contrariar', 'ferir', 'violar', etc.'" (Orientação Jurisprudencial n. 257 da SDI-I do TST).

Havendo tese explícita sobre a matéria na decisão recorrida, é desnecessário que ela contenha, para atender ao requisito de prequestionamento, referência expressa ao dispositivo legal tido como violado ou interpretado de forma divergente (Orientação Jurisprudencial n. 118 da SDI-I do TST).

Se a violação à lei ocorrer na própria decisão impugnada, como na hipótese de negativa de prestação jurisdicional, é inexigível o prequestionamento (Orientação Jurisprudencial n. 119 da SDI-I do TST).

Se a decisão do regional apenas adota os fundamentos da decisão de Primeira Instância, cumpre à parte apresentar embargos de declaração para prequestionar a matéria a ser submetida ao TST (Orientação Jurisprudencial n. 151 da SDI-I do TST).

O conhecimento do recurso de revista, quanto à preliminar de nulidade por negativa de prestação jurisdicional, supõe indicação de violação do art. 832 da CLT, do art. 458 do CPC ou do art. 93, IX, da CF/1988 (Orientação Jurisprudencial n. 115 da SDI-I do TST).

(1855) Note-se que a desconsideração do vício formal ou a determinação para a sua correção somente foram previstos para o recurso de revista e o recurso extraordinário.

Segundo a Súmula n. 221 do TST: "A admissibilidade do recurso de revista por violação tem como pressuposto a indicação expressa do dispositivo de lei ou da Constituição tido como violado".

17.4. Contrarrazões ao recurso de revista.

O recurso de revista deve ser apresentado ao Presidente do Tribunal em que foi proferida a decisão impugnada, ao qual caberá examinar a sua admissibilidade, podendo, em decisão fundamentada, recebê-lo ou denegá-lo (art. 896, § 1º, da CLT).

No caso de o recurso ser admitido, o recorrido será intimado para apresentar as suas contrarrazões, em oito dias (art. 900 da CLT).

Ultrapassado o prazo para contrarrazões, o recurso é enviado ao TST.

17.5. Procedimento na fase recursal: aspectos gerais.

Recebido o recurso no TST, proceder-se-á a sua imediata distribuição (art. 93, XV, da Constituição da República) ao órgão competente para o seu julgamento, ou seja, a uma das turmas daquele tribunal.[1856]

O art. 896, § 5º, da CLT (redação anterior à edição da Lei n. 13.105/14) previa que, "estando a decisão recorrida em consonância com enunciado da Súmula da Jurisprudência dos Tribunais Superior do Trabalho, poderá o Ministro Relator, indicando-o, negar seguimento ao Recurso de Revista, aos Embargos, ou ao Agravo de Instrumento. Será denegado seguimento ao Recurso nas hipóteses de intempestividade, deserção, falta de alçada e ilegitimidade de representação, cabendo a interposição de Agravo".

A Lei n. 13.015/14 conferiu nova redação ao § 5º do art. 896, que passa a tratar do incidente de uniformização de jurisprudência. Com isto, para definir os poderes do relator é necessário recorrer ao direito processual civil como fonte subsidiária (art. 796 da CLT) ou fonte subsidiária e supletiva (art. 15 do CPC de 2015) do direito processual do trabalho.

O art. 1.029, § 2º, do CPC de 2015 previa que, quando o recurso estivesse fundado em dissídio jurisprudencial, era vedado ao tribunal inadmiti-lo com base em fundamento genérico de que as circunstâncias fáticas são diferentes, sem demonstrar a existência da distinção. Contudo, este dispositivo legal foi revogado pela Lei n. 13.256/16.

17.6. Transcendência como requisito de admissibilidade do recurso de revista.

Mesmo que se apresente uma das situações que, segundo o art. 896 da CLT, permitem a admissão do recurso de revista, este somente será admitido quando a parte demonstrar que a matéria tem reflexos de natureza econômica, política, social ou jurídica (art. 896-A da CLT). Assim, no TST o recurso somente será admitido *quando houver interesse público na manifestação do TST sobre as matérias suscitadas no recurso de revista*. Por isso, o TST deverá examinar, previamente, se a causa oferece transcendência com relação aos reflexos gerais de natureza econômica, política, social ou jurídica (art. 896-A da CLT).[1857]

A transcendência não é mais uma hipótese de admissão do recurso de revista, mas uma condição para a admissão do recurso de revista fundado em uma das situações indicadas pelo art. 896 da CLT.

O TST regulamentará, em seu regimento interno, o processamento da transcendência do recurso de revista, assegurando a apreciação em sessão pública, com direito a sustentação oral e fundamentação da decisão (art. 2º da Medida Provisória n. 2.226/2001).[1858]

(1856) Às turmas do TST compete julgar os recursos de revista interpostos contra decisões dos Tribunais Regionais do Trabalho, o agravo de instrumento interposto contra a não admissão de recurso de revista e os embargos de declaração opostos contra as suas decisões (art. 5º, letra *a*, da Lei n. 7.701/88, art. 896 da CLT e art. 74 do Regimento Interno do TST).

(1857) O exame da transcendência será realizado pelo TST e não no juízo em que foi proferida a decisão recorrida.

(1858) Até o momento, o processamento da transcendência não foi regulamentado pelo TST.

A norma que exige a demonstração da transcendência como condição para a admissibilidade do recurso não tem efeitos retroativos, atingindo apenas os recursos interpostos após a regulamentação que o TST conferir à questão em seu regimento interno.

17.7. Recurso de revista e reexame de fatos e provas.

O recurso de revista tem por objetivo preservar a autoridade e a unidade de interpretação da Constituição Federal, da lei federal e de dispositivo da lei estadual, convenção coletiva, acordo coletivo, sentença normativa ou regulamento de empresa de observância obrigatória em área territorial que exceda a jurisdição de um Tribunal Regional do Trabalho. Por essa razão, o efeito devolutivo do recurso de revista é limitado às questões de direito, isto é, às questões que são de interesse geral e não apenas relativas ao caso concreto.[1859]

Com isso, não se admite o recurso de revista para reexame de fatos e provas (Súmula n. 126 do TST). No exame dos fatos e provas, é soberana a decisão do Tribunal Regional do Trabalho, o que significa que o quadro fático é fixado, de forma definitiva, nas instâncias ordinárias.

17.8. Incidente de Julgamento de Recursos de Revista e de Embargos Repetitivos. Incidente de Resolução de Demandas Repetitivas

17.8.1. Até o advento da Lei n. 13.015/14, por força da aplicação, no processo do trabalho, do disposto no art. 543-C, *caput* e parágrafos, do CPC de 1973:

a) havendo multiplicidade de recursos com fundamento em idêntica questão de direito, caberia ao presidente do tribunal de origem admitir um ou mais recursos representativos da controvérsia, os quais seriam encaminhados ao TST, ficando suspensos os demais recursos de revista até o pronunciamento definitivo do TST;

b) não sendo adotada pelo presidente do tribunal a aludida providência, o relator no TST, ao identificar que sobre a controvérsia já existia jurisprudência predominante ou que a matéria já estava afeta ao colegiado, poderia determinar a suspensão, nos TRTs, dos recursos nos quais a controvérsia estivesse estabelecida;

c) o relator, conforme dispusesse o Regimento Interno do TST, poderia, considerando a relevância da matéria, admitir manifestação de pessoas, órgãos ou entidades com interesse na controvérsia;

d) recebida a manifestação de pessoas, órgãos ou entidades com interesse na controvérsia, teria vista o Ministério Público do Trabalho;

e) transcorrido o prazo para manifestação do Ministério Público do Trabalho, o processo seria incluído em pauta, devendo ser julgado com preferência sobre os demais feitos, ressalvados os pedidos de *habeas corpus*;

f) publicado o acórdão do TST, os recursos de revista sobrestados no TRT de origem: 1) teriam seguimento denegado na hipótese de o acórdão recorrido coincidir com a orientação do TST; 2) seriam novamente examinados pelo tribunal de origem na hipótese de o acórdão recorrido divergir

(1859) As questões de fato dizem respeito à fixação da existência material dos fatos alegados pelas partes e com ela não se confunde a qualificação jurídica do fato tido na decisão como provado, que constitui questão de direito. Dito de outra forma, a afirmação da ocorrência, ou não, de um fato não pode ser questionada junto ao TST, por meio de recurso de revista, ao passo que constitui questão de direito a que diz respeito à consequência jurídica atribuída ao fato tido por provado na decisão impugnada. A propósito observa Karl Larenz que a questão de fato é "relativa ao que efetivamente ocorreu", ao passo que a direito diz respeito a "como se há de qualificar o ocorrido em conformidade com os critérios da ordem jurídica" (*Metodologia da ciência do direito*, p. 433).

da orientação do TST,[1860] sendo que, mantida a decisão divergente pelo tribunal de origem, far-se-á o exame de admissibilidade do recurso de revista;

g) caberia ao TST e aos TRTs regulamentar, no âmbito de suas competências, os procedimentos relativos ao processamento e julgamento do recurso de revista nos casos previstos no art. 543-C do CPC.

No entanto, o julgamento de recursos repetitivos, na forma adotada pelo art. 543-C do CPC de 1973, que é também consagrada no art. 1.036 do CPC de 2015, foi incorporada à CLT pela Lei n. 13.015/14, que acrescentou à CLT os arts. 896-B e 896-C, dispondo que:

"Art. 896-B. Aplicam-se ao recurso de revista, no que couber, as normas da Lei n. 5.869, de 11 de janeiro de 1973 (Código de Processo Civil), relativas ao julgamento dos recursos extraordinário e especial repetitivos."[1861]

"Art. 896-C. Quando houver multiplicidade de recursos de revista fundados em idêntica questão de direito, a questão poderá ser afetada à Seção Especializada em Dissídios Individuais ou ao Tribunal Pleno, por decisão da maioria simples de seus membros, mediante requerimento de um dos Ministros que compõem a Seção Especializada, considerando a relevância da matéria ou a existência de entendimentos divergentes entre os Ministros dessa Seção ou das Turmas do Tribunal.

§ 1º O Presidente da Turma ou da Seção Especializada, por indicação dos relatores, afetará um ou mais recursos representativos da controvérsia para julgamento pela Seção Especializada em Dissídios Individuais ou pelo Tribunal Pleno, sob o rito dos recursos repetitivos.[1862]

§ 2º O Presidente da Turma ou da Seção Especializada que afetar processo para julgamento sob o rito dos recursos repetitivos deverá expedir comunicação aos demais Presidentes de Turma ou de Seção Especializada, que poderão afetar outros processos sobre a questão para julgamento conjunto, a fim de conferir ao órgão julgador visão global da questão.

§ 3º O Presidente do Tribunal Superior do Trabalho oficiará os Presidentes dos Tribunais Regionais do Trabalho para que suspendam os recursos interpostos em casos idênticos aos afetados como recursos repetitivos, até o pronunciamento definitivo do Tribunal Superior do Trabalho.

§ 4º Caberá ao Presidente do Tribunal de origem admitir um ou mais recursos representativos da controvérsia, os quais serão encaminhados ao Tribunal Superior do Trabalho, ficando suspensos os demais recursos de revista até o pronunciamento definitivo do Tribunal Superior do Trabalho.

§ 5º O relator no Tribunal Superior do Trabalho poderá determinar a suspensão dos recursos de revista ou de embargos que tenham como objeto controvérsia idêntica à do recurso afetado como repetitivo.

§ 6º O recurso repetitivo será distribuído a um dos Ministros membros da Seção Especializada ou do Tribunal Pleno e a um Ministro revisor.

§ 7º O relator poderá solicitar, aos Tribunais Regionais do Trabalho, informações a respeito da controvérsia, a serem prestadas no prazo de 15 (quinze) dias.

§ 8º O relator poderá admitir manifestação de pessoa, órgão ou entidade com interesse na controvérsia, inclusive como assistente simples, na forma da Lei n. 5.869, de 11 de janeiro de 1973 (Código de Processo Civil), ou seja, do *amicus curiae,* do qual trataremos mais adiante.

(1860) Se a decisão do TRT divergir da decisão do TST, o TRT deverá reexaminar o recurso, proferindo novo julgamento, que substituirá o anterior.

(1861) Com a entrada em vigor do CPC de 2015, ele é que servirá de fonte subsidiária do direito processual do trabalho.

(1862) Em regra, o recurso de revista é julgado por uma das turmas do TST (art. 896, *caput*, da CLT). No entanto, no caso de multiplicidade de recursos de revista fundados em idêntica questão de direito, a questão pode ser afetada à SDI ou ao Pleno do TST. Trata-se da denominada *assunção de competência*, aplicável ao rito dos recursos repetitivos, por força da relevância da matéria ou da existência de entendimentos divergentes entre os Ministros da SDI ou das Turmas do Tribunal.

§ 9º Recebidas as informações e, se for o caso, após cumprido o disposto no § 7º deste artigo, terá vista o Ministério Público pelo prazo de 15 (quinze) dias.

§ 10. Transcorrido o prazo para o Ministério Público e remetida cópia do relatório aos demais Ministros, o processo será incluído em pauta na Seção Especializada ou no Tribunal Pleno, devendo ser julgado com preferência sobre os demais feitos.

§ 11. Publicado o acórdão do Tribunal Superior do Trabalho, os recursos de revista sobrestados na origem: I — terão seguimento denegado na hipótese de o acórdão recorrido coincidir com a orientação a respeito da matéria no Tribunal Superior do Trabalho; ou II — serão novamente examinados pelo Tribunal de origem na hipótese de o acórdão recorrido divergir da orientação do Tribunal Superior do Trabalho a respeito da matéria.

§ 12. Na hipótese prevista no inciso II do § 11 deste artigo, mantida a decisão divergente pelo Tribunal de origem, far-se-á o exame de admissibilidade do recurso de revista.

§ 13. Caso a questão afetada e julgada sob o rito dos recursos repetitivos também contenha questão constitucional, a decisão proferida pelo Tribunal Pleno não obstará o conhecimento de eventuais recursos extraordinários sobre a questão constitucional.[(1863)]

§ 14. Aos recursos extraordinários interpostos perante o Tribunal Superior do Trabalho será aplicado o procedimento previsto no art. 543-B da Lei n. 5.869, de 11 de janeiro de 1973 (Código de Processo Civil), cabendo ao Presidente do Tribunal Superior do Trabalho selecionar um ou mais recursos representativos da controvérsia e encaminhá-los ao Supremo Tribunal Federal, sobrestando os demais até o pronunciamento definitivo da Corte, na forma do § 1º do art. 543-B da Lei n. 5.869, de 11 de janeiro de 1973 (Código de Processo Civil).

§ 15. O Presidente do Tribunal Superior do Trabalho poderá oficiar os Tribunais Regionais do Trabalho e os Presidentes das Turmas e da Seção Especializada do Tribunal para que suspendam os processos idênticos aos selecionados como recursos representativos da controvérsia e encaminhados ao Supremo Tribunal Federal, até o seu pronunciamento definitivo.

§ 16. A decisão firmada em recurso repetitivo não será aplicada aos casos em que se demonstrar que a situação de fato ou de direito é distinta das presentes no processo julgado sob o rito dos recursos repetitivos.

§ 17. Caberá revisão da decisão firmada em julgamento de recursos repetitivos quando se alterar a situação econômica, social ou jurídica, caso em que será respeitada a segurança jurídica das relações firmadas sob a égide da decisão anterior, podendo o Tribunal Superior do Trabalho modular os efeitos da decisão que a tenha alterado."

A Instrução Normativa n. 39/2016 do TST dispõe, no art. 3º, I, que é aplicável no processo do trabalho o art. 138 do CPC de 2015, que permite ao juiz ou ao relator, *considerando a relevância jurídica da matéria*, a *especificidade do tema objeto da demanda* ou a *repercussão social da controvérsia* (a atuação do terceiro — *amicus curiae* ou *amigo da corte* — somente é possível quando a matéria, o tema ou a controvérsia ultrapasse o interesse individual das partes ou, na dicção do art. 1.035, § 1º, do CPC de 2015, os interesses subjetivos da causa), por decisão irrecorrível, de ofício ou a requerimento das partes ou de quem pretenda manifestar-se, solicitar ou admitir a participação de pessoa natural ou jurídica, órgão ou entidade especializada, com representação adequada, no prazo de quinze dias de sua intimação.

Até o CPC de 2015, somente era admitir a intervenção de terceiro na qualidade de *amicus curiae* em determinados incidentes e em determinadas ações, sempre junto aos tribunais, mas o seu art. 138 a admite em caráter geral e inclusive em primeira instância, o que merece aplausos, na medida em que a intervenção do *amicus curiae*: favorece a construção da decisão para o caso concreto e a uniformização da jurisprudência a partir do diálogo do juiz com as partes e com a sociedade; serve de mecanismo de controle da atividade

(1863) Ao STF cabe a última palavra em matéria constitucional.

jurisdicional; conduz à isonomia de tratamento; pode resultar na maior aceitação da decisão; contribuição para a maior qualidade das decisões judiciais (como consequência do enriquecimento do debate); constitui fator de legitimação democrática e social destas decisões, o que tem reflexos na sua aceitação e, com isto, no papel que as decisões judiciais desempenham como parâmetro de ação social.

O *amicus curiae* pode intervir, no processo do trabalho:

a) no Incidente de julgamento de recursos de revista e de embargos repetitivos (art. 896-C, § 8º, da CLT);

b) no Incidente de Relevância (art. 896, § 13, da CLT);

c) no Incidente de Resolução de Demandas Repetitivas: os arts. 976 a 987 do CPC de 2015, que estabelecem o Incidente de Resolução de Demandas Repetitivas, são compatíveis com o direito processual do trabalho, notadamente porque este admite incidente similar, qual seja, o julgamento de recursos de revista repetitivos;

d) no caso de relevância da matéria, especificidade do tema objeto da demanda ou de repercussão social da controvérsia (art. 138 do CPC de 2015).

O *amicus curiae* é um terceiro que intervém no processo, para colaborar com o juiz.

Esta intervenção pode ocorrer por meio da apresentação de memoriais, laudos e pareceres técnicos, documentos, proposição para oitiva de peritos e comissão de peritos, sustentação oral em sessão de julgamento e manifestação em audiência pública. Quanto à produção de provas, segundo o art. 983, § 1º, do CPC de 2015, que trata do incidente de resolução de demandas repetitivas, o relator ouvirá os demais interessados, inclusive órgãos e entidades com interesse na controvérsia, que, no prazo de quinze dias, **poderão requerer a juntada de documentos**, o que implica autorização para o *amicus curiae* produzir provas, ao passo que o art. 123, I, do CPC de 2015 ao aduzir às **provas** que o *amicus curiae* foi impedido de produzir, deixa claro que ele pode produzir provas.

A CLT, ao tratar do incidente de julgamento de recursos repetitivos, permite que o *amicus curiae* atue inclusive como assistente simples (art. 896-C, § 8º, da CLT), ou seja, admite duas espécies de intervenção do *amicus curiae* neste incidente:

a) o terceiro intervém para **auxiliar uma das partes** (assistência simples);

b) o terceiro intervém em **defesa dos interesses gerais da coletividade ou de uma classe, categoria ou grupo de pessoas**.

Como auxiliar da parte principal, o *amicus curiae*:

1) exerce no processo os mesmos poderes da parte principal, o que indica que pode produzir provas e apresentar recurso (art. 121 do CPC de 2015);

2) podendo recorrer da decisão, também pode pedir a sua revisão (art. 895-C, § 17, da CLT).

Nas demais formas de intervenção, consoante resulta do art. 138 do CPC de 2015, o *amicus curiae* não está autorizado a interpor recurso, salvo embargos declaratórios e recurso contra a decisão que julga o incidente de resolução de demandas repetitivas.

O art. 138 do CPC de 2015 dispõe que o juiz cabe definir os poderes do *amicus curiae*. Ao fazê-lo, o juiz deve levar em conta que a hipótese não é de permissão para a intervenção apenas formal. Ao *amicus curiae* deve ser assegurada oportunidade para colaborar de forma útil com o juiz.

Assim, a decisão proferida no julgamento de recursos repetitivos poderá ser revista pelo TST, quando se alterar a situação econômica, social ou jurídica, caso em que será respeitada a segurança jurídica das relações firmadas sob a égide da decisão anterior, podendo o Tribunal Superior do Trabalho modular os efeitos da decisão que a tenha alterado (ao TST é reconhecido poder antes reservado apenas ao STF, qual seja, o de modular os efeitos das suas decisões).

Ao afirmar que o terceiro pode atuar "inclusive como assistente simples", o art. 896-C, § 8º, da CLT admite duas espécies de intervenção: a) o terceiro intervém para auxiliar uma das partes (assistência simples); b) o terceiro intervém em defesa dos interesses gerais da coletividade ou de uma classe, categoria ou grupo de pessoas.

A participação de pessoa, órgão ou entidade com interesse na controvérsia (art. 896-C, § 8º), contribui para a qualidade das decisões judiciais, como consequência do enriquecimento do debate que as precede, realiza o contraditório de forma mais ampla, tornando público o debate entre as partes do caso piloto, e constitui fator de legitimação democrática e social destas decisões, o que tem reflexos na sua aceitação social e, com isto, no papel que as decisões judiciais desempenham como parâmetro de ação social.

A intervenção de terceiro no processo deve ser permitida quando se trate de matéria cuja relevância ultrapasse o interesse individual das partes, ou seja, tenha repercussão social, e haja efetiva possibilidade de enriquecimento do debate a respeito do objeto do processo, anotando-se que é permitida a *manifestação* de terceiros, o que implica que a eles não é dado produzir provas, mas apenas se manifestar sobre a questão de direito objeto dos recursos repetitivos.

É irrecorrível o despacho do relator que submete a matéria objeto de recursos repetitivos ao debate público (aplicação, como fonte subsidiária, do disposto no art. 7º da Lei n. 9.896/99, no art. 482, § 3º, do CPC de 1973 e no art. 950, § 3º, do CPC de 2015). A intervenção na forma de assistência habilita o *amicus curiae* a apresentar recurso (art. 52 do CPC de 1973 e art. 121 do CPC de 2013), observando-se, no entanto, que ele não é alcançado pela coisa julgada, na medida em que não tem interesse seu envolvido na causa.

A Resolução OE/TST, de 10 de novembro de 2015, do Órgão Especial do TST editou a Instrução Normativa n. 38/2015, que regulamenta o procedimento do Incidente de Julgamento de Recursos de Revista e de Embargos à SDI-1 repetitivos e revogou os arts. 7º a 22 do Ato. n. 491/SEGJUD.GP, de 23 de setembro de 2015, dispondo que:

1) as normas do CPC relativas ao julgamento dos recursos extraordinário e especial repetitivos aplicam-se, no que couber, ao recurso de revista e ao recurso de embargos repetitivos (art. 1º);

2) havendo multiplicidade de recursos de revista ou de embargos para a SDI-1 fundados em idêntica questão de direito, a questão poderá ser afetada a essa Subseção ou ao Tribunal Pleno, por decisão da maioria simples de seus membros, mediante requerimento de um dos Ministros que a compõem, considerando a relevância da matéria ou a existência de entendimentos divergentes entre os Ministros dessa Subseção ou das Turmas do Tribunal (art. 2º);

3) o requerimento fundamentado de um dos Ministros da SDI-1 de afetação da questão a ser julgada em incidente de recursos repetitivos deverá indicar um ou mais recursos de revista ou de embargos representativos da controvérsia e ser formulado por escrito diretamente ao Presidente da SDI-1 ou, oralmente, em questão preliminar suscitada quando do julgamento de processo incluído na pauta de julgamentos da Subseção (art. 2º, § 1º);

3) de forma concorrente, quando a Turma do Tribunal Superior do Trabalho entender necessária a adoção do procedimento de julgamento de recursos de revista repetitivos, seu Presidente deverá submeter ao Presidente da SDI-1 a proposta de afetação do recurso de revista, para os efeitos dos arts. 896-B e 896-C da CLT (art. 2º, § 2º);

4) o Presidente da Subseção submeterá a proposta de afetação ao colegiado, se formulada por escrito, no prazo máximo de 30 dias de seu recebimento, ou de imediato, se suscitada em questão preliminar, quando do julgamento de determinado processo pela SDI-1, após o que: I — acolhida a proposta, por maioria simples, o colegiado também decidirá se a questão será analisada pela própria SDI-1 ou pelo Tribunal Pleno; II — acolhida a proposta, a desistência da ação ou do recurso não impede a análise da questão objeto de julgamento de recursos repetitivos; III — na hipótese do inciso I, o processo será distribuído a um relator e a um revisor do órgão jurisdicional correspondente, para sua tramitação nos termos do art. 896-C da CLT; IV — rejeitada a proposta, se for o caso, os autos

serão devolvidos ao órgão julgador respectivo, para que o julgamento do recurso prossiga regularmente (art. 2º, § 3º);

5) não será admitida sustentação oral versando, de forma específica, sobre a proposta de afetação (art. 2º, § 4º);

6) a critério do Presidente da Subseção, as propostas de afetação formuladas por escrito por um dos Ministros da SDI-1 ou pelo Presidente de Turma do Tribunal Superior do Trabalho poderão ser apreciadas pela SDI-1 por meio eletrônico, nos termos e para os efeitos do § 3º (art. 2º, § 1º), I, deste artigo, do que serão as partes cientificadas pelo Diário da Justiça (art. 2º, § 5º);

7) caso surja alguma divergência entre os integrantes do colegiado durante o julgamento eletrônico, este ficará imediatamente suspenso, devendo a proposta de afetação ser apreciada em sessão presencial (art. 2º, § 6º);

8) o Presidente da SDI-1 que afetar processo para julgamento sob o rito dos recursos repetitivos deverá expedir comunicação aos demais Presidentes de Turma, que poderão afetar outros processos sobre a questão para julgamento conjunto, a fim de conferir ao órgão julgador visão global da questão (art. 3º);

9) somente poderão ser afetados recursos representativos da controvérsia que sejam admissíveis e que, a critério do relator do incidente de julgamento dos recursos repetitivos, contenham abrangente argumentação e discussão a respeito da questão a ser decidida, sendo que o relator desse incidente não fica vinculado às propostas de afetação de que trata o art. 3º, podendo recusá-las por desatenderem aos requisitos previstos no *caput* deste artigo e, ainda, selecionar outros recursos representativos da controvérsia (art. 4, *caput* e parágrafo único);

10) selecionados os recursos, o relator, na SDI-1 ou no Tribunal Pleno, constatada a presença do pressuposto do *caput* do art. 896-C da CLT, proferirá decisão de afetação, sempre fundamentada, na qual: I — identificará com precisão a questão a ser submetida a julgamento; II — poderá determinar a suspensão dos recursos de revista ou de embargos de que trata o § 5º do art. 896-C da CLT; III — poderá solicitar aos Tribunais Regionais do Trabalho informações a respeito da controvérsia, a serem prestadas no prazo de 15 (quinze) dias, e requisitar aos Presidentes ou Vice-Presidentes dos Tribunais Regionais do Trabalho a remessa de até dois recursos de revista representativos da controvérsia; IV — concederá o prazo de 15 (quinze) dias para a manifestação escrita das pessoas, órgãos ou entidades interessados na controvérsia, que poderão ser admitidos como *amicus curiae;* V — informará aos demais Ministros sobre a decisão de afetação; VI — poderá conceder vista ao Ministério Público e às partes, nos termos e para os efeitos do § 9º do art. 896-C da CLT (art. 5º);

11) o Presidente do TST oficiará os Presidentes dos Tribunais Regionais do Trabalho, com cópia da decisão de afetação, para que suspendam os recursos de revista interpostos em casos idênticos aos afetados como recursos repetitivos e ainda não encaminhados a este Tribunal, bem como os recursos ordinários interpostos contra as sentenças proferidas em casos idênticos aos afetados como recursos repetitivos, até o pronunciamento definitivo do TST (art. 6º);

12) caberá ainda ao Presidente do Tribunal de origem, caso receba a requisição de que trata o inciso III do art. 5º desta Instrução Normativa, admitir até dois recursos representativos da controvérsia, os quais serão encaminhados ao Tribunal Superior do Trabalho (art. 7º);

13) se, após receber os recursos de revista selecionados pelo Presidente ou Vice-Presidente do Tribunal Regional do Trabalho, não se proceder à sua afetação, o relator, no Tribunal Superior do Trabalho, comunicará o fato ao Presidente ou Vice-Presidente que os houver enviado, para que seja revogada a decisão de suspensão referida no art. 896-C, § 4º, da CLT (art. 8º);

14) as partes deverão ser intimadas da decisão de suspensão de seu processo, a ser proferida pelo respectivo relator (art. 9º, *caput*);

15) a parte poderá requerer o prosseguimento de seu processo se demonstrar a intempestividade do recurso nele interposto ou a existência de distinção entre a questão de direito a ser decidida no seu processo e aquela a ser julgada sob o rito dos recursos repetitivos. O requerimento da parte será dirigido: I — ao juiz, se o processo sobrestado estiver em primeiro grau; II — ao relator, se o processo sobrestado estiver no tribunal de origem; III — ao relator do acórdão recorrido, se for sobrestado recurso de revista no tribunal de origem; IV — ao relator, no Tribunal Superior do Trabalho, do recurso de revista ou de embargos cujo processamento houver sido sobrestado. A outra parte deverá ser ouvida sobre o requerimento, no prazo de cinco dias. Reconhecida a distinção no caso: I — dos incisos I, II e IV, o próprio juiz ou relator dará prosseguimento ao processo; II — do inciso III, o relator comunicará a decisão ao presidente ou ao vice-presidente que houver determinado o sobrestamento, para que este dê normal prosseguimento ao processo. A decisão que resolver o requerimento a que se refere o § 1º é irrecorrível de imediato, nos termos do art. 893, § 1º, da CLT (art. 9º, §§ 1º, 2º e 3º);

16) para instruir o procedimento, pode o relator fixar data para, em audiência pública, ouvir depoimentos de pessoas com experiência e conhecimento na matéria, sempre que entender necessário o esclarecimento de questões ou circunstâncias de fato subjacentes à controvérsia objeto do incidente de recursos repetitivos. O relator poderá também admitir, tanto na audiência pública quanto no curso do procedimento, a manifestação, como *amicus curiae*, de pessoas, órgãos ou entidades com interesse na controvérsia, considerando a relevância da matéria e assegurando o contraditório e a isonomia de tratamento. A manifestação de que trata o § 1º somente será admitida até a inclusão do processo em pauta (art. 10);

17) os recursos afetados deverão ser julgados no prazo de um ano e terão preferência sobre os demais feitos. Na hipótese de não ocorrer o julgamento no prazo de um ano a contar da publicação da decisão de que trata o art. 5º desta Instrução Normativa, cessam automaticamente, em todo o território nacional, a afetação e a suspensão dos processos, que retomarão seu curso normal. Ocorrendo a hipótese do § 1º, é permitida, nos termos e para os efeitos do art. 2º desta Instrução Normativa e do art. 896-C da CLT, a formulação de outra proposta de afetação de processos representativos da controvérsia para instauração e julgamento de recursos repetitivos para ser apreciada e decidida pela SDI-1 deste Tribunal (art. 11, *caput* e §§ 1º e 2º);

18) o conteúdo do acórdão paradigma abrangerá a análise de todos os fundamentos da tese jurídica discutida, favoráveis ou contrários. É vedado ao órgão colegiado decidir, para os fins do art. 896-C da CLT, questão não delimitada na decisão de afetação (art. 12, *caput* e parágrafo único);

19) decidido o recurso representativo da controvérsia, os órgãos jurisdicionais respectivos declararão prejudicados os demais recursos versando sobre idêntica controvérsia ou os decidirão, aplicando a tese firmada. Quando os recursos requisitados do Tribunal Regional do Trabalho contiverem outras questões além daquela que é objeto da afetação, caberá ao órgão jurisdicional competente, em acórdão específico para cada processo, decidir esta em primeiro lugar e depois as demais (art. 13, *caput* e parágrafo único);

20) publicado o acórdão paradigma: I — o Presidente ou Vice-Presidente do Tribunal de origem negará seguimento aos recursos de revista sobrestados na origem, se o acórdão recorrido coincidir com a orientação do Tribunal Superior do Trabalho; II — o órgão que proferiu o acórdão recorrido, na origem, reexaminará o processo de competência originária ou o recurso anteriormente julgado, na hipótese de o acórdão recorrido contrariar a orientação do Tribunal Superior do Trabalho; III — os processos porventura suspensos em primeiro e segundo graus de jurisdição retomarão o curso para julgamento e aplicação da tese firmada pelo Tribunal Superior do Trabalho (art. 14);

21) para fundamentar a decisão de manutenção do entendimento, o órgão que proferiu o acórdão recorrido deverá demonstrar a existência de distinção, por se tratar de caso particularizado por hipótese fática distinta ou questão jurídica não examinada, a impor solução diversa. Neste caso, o recurso de revista será submetido a novo exame de sua admissibilidade pelo Presidente ou Vice-Presidente do Tribunal Regional, retomando o processo o seu curso normal. Realizado o juízo de retratação, com

alteração do acórdão divergente, o Tribunal de origem, se for o caso, decidirá as demais questões ainda não decididas, cujo enfrentamento se tornou necessário em decorrência da alteração. Quando for alterado o acórdão divergente na forma do § 1º e o recurso anteriormente interposto versar sobre outras questões, o Presidente ou Vice-Presidente do Tribunal Regional, independentemente de ratificação do recurso, procederá a novo juízo de admissibilidade, retomando o processo o seu curso normal (art. 15, *caput* e §§ 1º e 2º);

21) a parte poderá desistir da ação em curso no primeiro grau de jurisdição, antes de proferida a sentença, se a questão nela discutida for idêntica à resolvida pelo recurso representativo da controvérsia. Se a desistência ocorrer antes de oferecida a defesa, a parte, se for o caso, ficará dispensada do pagamento de custas e de honorários de advogado. A desistência apresentada nos termos deste artigo independe de consentimento do reclamado, ainda que apresentada contestação (art. 16, *caput* e §§ 1º e 2º);

22) caberá revisão da decisão firmada em julgamento de recursos repetitivos quando se alterar a situação econômica, social ou jurídica, caso em que será respeitada a segurança jurídica das relações firmadas sob a égide da decisão anterior, podendo o Tribunal Superior do Trabalho modular os efeitos da decisão que a tenha alterado (art. 17);

23) caso a questão afetada e julgada sob o rito dos recursos repetitivos também contenha questão constitucional, a decisão proferida pelo Tribunal Pleno não obstará o conhecimento de eventuais recursos extraordinários sobre a questão constitucional (art. 18);

24) aos recursos extraordinários interpostos perante o Tribunal Superior do Trabalho será aplicado o procedimento previsto no CPC para o julgamento dos recursos extraordinários repetitivos, cabendo ao Presidente do Tribunal Superior do Trabalho selecionar um ou mais recursos representativos da controvérsia e encaminhá-los ao Supremo Tribunal Federal, sobrestando os demais até o pronunciamento definitivo da Corte, na forma ali prevista (art. 19);

25) quando o julgamento dos embargos à SDI-1 envolver relevante questão de direito, com grande repercussão social, sem repetição em múltiplos processos mas a respeito da qual seja conveniente a prevenção ou a composição de divergência entre as turmas ou os demais órgãos fracionários do Tribunal Superior do Trabalho, poderá a SDI-1, por iniciativa de um de seus membros e após a aprovação da maioria de seus integrantes, afetar o seu julgamento ao Tribunal Pleno. Aplica-se a este incidente, no que couber, o que esta Instrução Normativa dispõe sobre o incidente de julgamento de recursos repetitivos (art. 20);

26) o TST deverá manter e dar publicidade às questões de direito objeto dos recursos repetitivos já julgados, pendentes de julgamento ou já reputadas sem relevância, bem como daquelas objeto das decisões proferidas por sua composição plenária, nos termos do § 13 do art. 896 da CLT e art. 20 desta Instrução Normativa. As decisões, organizadas por questão jurídica julgada, serão divulgadas, preferencialmente, na rede mundial de computadores e constarão do Banco Nacional de Jurisprudência Uniformizadora — BANJUR, instituído pelo art. 7º da Instrução Normativa n. 37/2015, aprovada pela Resolução n. 195, de 2.3.2015, do Tribunal Superior do Trabalho (art. 21, *caput* e parágrafo único).

17.9.2. O CPC de 2015 instituiu o Incidente de Resolução de Demandas Repetitivas (IRDR) como se vê dos seus arts. 976 a 987.

Os dispositivos legais que estabelecem o incidente em destaque são compatíveis com o direito processual do trabalho, que, expressamente, admite incidente similar, qual seja, o julgamento de recursos de revista repetitivos (a aplicação dos arts. 967 a 987 do CPC de 2015 no processo do trabalho é reconhecido no art. 8º da Instrução Normativa n. 39/2016 do TST). Ademais, também no processo do trabalho devem ser prestigiados os princípios da isonomia e da segurança jurídica, valendo acrescentar que o incidente também contribui para a economia processual (por meio de uma única decisão é estabelecida a tese jurídica relativa à questão de direito debatida em uma multiplicidade de processos), o que é também caro ao direito processual do trabalho. Deve ser ressaltado, no entanto, que o incidente só pode ser instaurado quando o processo versar sobre uma única pretensão. Com efeito, ainda que vários processos versem sobre a mesma questão de direito, não há como admitir o incidente se o processo versar sobre outras pretensões, sob pena de prejuízo à mais rápida decisão a respeito das pretensões que envolvem a questão comum a vários processos.

O incidente de resolução de demandas repetitivas será instaurado quando houver, *simultaneamente*:

a) efetiva *repetição de processos*[1864] que contenham controvérsia sobre a *mesma questão unicamente de direito*;[1865]

b) *risco de ofensa à isonomia e à segurança jurídica*[1866] (art. 976, I e II).

É incabível o incidente quando um dos tribunais superiores (STF ou TST, no caso do processo do trabalho), no âmbito de sua respectiva competência, já tiver afetado recurso para definição da tese sobre questão de direito material ou processual respectiva (art. 976, § 4º).[1867]

O pedido de instauração do incidente será dirigido ao presidente do tribunal e pode ser apresentada: o juiz ou relator, por ofício; as partes, por petição; o Ministério Público;[1868] a Defensoria Pública (art. 977).[1869]

O incidente será julgado pelo órgão indicado pelo regimento interno dentre aqueles responsáveis pela uniformização de jurisprudência do tribunal (art. 978, *caput*), cabendo-lhe, ainda, o julgamento do recurso, a remessa necessária ou o processo de competência originária onde se originou o incidente (art. 978, parágrafo único).[1870]

Após a distribuição, será realizado o juízo de admissibilidade (arts. 981 e 982 do CPC de 2015 e art. 8º, § 1º, da Instrução Normativa n. 39/16 do TST) e, admitido o incidente, o relator: suspenderá os processos pendentes, individuais ou coletivos, que tramitam na região, no tocante ao tema objeto de incidente, sem prejuízo da instrução integral das causas e do julgamento dos eventuais pedidos distintos e cumulativos igualmente deduzidos em tais processos, inclusive, se for o caso, do julgamento antecipado do mérito;[1871] poderá requisitar informações aos órgãos em cujo juízo tramita processo no qual se discute o objeto do incidente, que as prestarão no prazo de 15 dias; intimará o Ministério Público para, querendo, manifestar-se no prazo de quinze dias.

O relator ouvirá as partes e os demais interessados, inclusive órgãos e entidades com interesse na controvérsia, que, no prazo de quinze dias, poderão requerer a juntada de documentos, bem como as diligências necessárias à elucidação da questão de direito controvertida e, em seguida, manifestar-se-á o Ministério Público, no mesmo prazo (art. 983). Pode o relator, inclusive, designar audiência pública para ouvir depoimentos de pessoas com experiência e conhecimento da matéria (art. 983, § 1º).

(1864) A utilização da expressão *efetiva repetição de processos* torna claro que não se trata da mera *possibilidade de repetição de processos*.

(1865) A questão de direito pode versar sobre *direito material* ou *direito processual* (art. 976, § 4º).

(1866) A hipótese é de risco à isonomia *e* à segurança jurídica e não de risco a uma *ou* à outra.

(1867) Se já existe afetação de recurso repetitivo versando sobre a mesma questão de direito, não se justifica a instauração do incidente.

(1868) Se não for o requerente, o Ministério Público intervirá obrigatoriamente no incidente e deverá assumir sua titularidade em caso de desistência ou de abandono (art. 976, § 2º).

(1869) Como o incidente pode ser requerido por juiz, não há necessidade, para a sua instauração, de que já exista no tribunal competente para o julgamento, processo versando sobre a mesma questão de direito.

(1870) O art. 978, parágrafo único, estabelece mais uma hipótese de *prevenção de competência*.

(1871) Visando à garantia da segurança jurídica, as partes, o Ministério Público ou a Defensoria Pública poderão requerer ao tribunal competente para conhecer de recurso extraordinário ou de revista (no caso do processo do trabalho) a suspensão de todos os processos individuais ou coletivos em curso no território nacional que versem sobre a questão objeto do incidente já instaurado (art. 982, §§ 3º e 4º), cessando a suspensão, no entanto, se não for interposto recurso de revista ou recurso extraordinário contar a decisão proferida no incidente (art. 982, §§ 5º).

No julgamento do incidente serão analisados todos os fundamentos suscitados concernentes à tese jurídica discutida, sejam favoráveis ou desfavoráveis (art. 984, § 1º).

Julgado o incidente, a tese jurídica *será aplicada*: a *todos os processos* individuais ou coletivos que versem idêntica questão de direito e que tramitem na área de jurisdição do respectivo tribunal;(1872) aos *casos futuros* que versem idêntica questão de direito e que venham a tramitar no território de competência do tribunal, salvo revisão na forma do art. 986 (art. 985).(1873)

A revisão da tese jurídica firmada no incidente é realizada pelo tribunal, de ofício ou a requerimento dos legitimados para suscitar o incidente (art. 986).

Do julgamento do mérito do incidente caberá revista (art. 987, *caput*, do CPC de 2015 e art. 8º, § 2º, da Instrução Normativa n. 39/2016 do TST), observando-se que o recurso tem efeito suspensivo, presumindo-se a repercussão geral de questão eventualmente discutida (art. 987, § 1º) e que, ao apreciar o mérito do recurso, a tese jurídica adotada pelo STF ou TST (no processo do trabalho) será aplicada no território nacional a todos os processos individuais ou coletivos que versem sobre idêntica questão de direito (art. 987, § 2º, do CPC de 2015 e art. 8º, § 3º, da Instrução Normativa n. 39/2016 do TST).

18. Embargos

Dispõe o art. 893, I, da CLT que das decisões proferidas pelos órgãos da Justiça do Trabalho são admissíveis *embargos*.

Trata-se, como se vê do art. 894 da CLT, de recurso a ser aforado contra decisão proferida no âmbito do TST.

18.1. Os embargos podem ser interpostos nas situações definidas no art. 894 da CLT.

Assim, cabem embargos:

> I — de decisão não unânime de julgamento que conciliar, julgar ou homologar conciliação em dissídios coletivos que excedam a competência territorial dos Tribunais Regionais do Trabalho e estender ou rever as sentenças normativas do Tribunal Superior do Trabalho, nos casos previstos em lei.
>
> A hipótese é dos denominados *embargos infringentes*, admissíveis contra decisões proferidas pela SDC do TST.
>
> II — das decisões das Turmas que divergirem entre si ou das decisões proferidas pela Seção de Dissídios Individuais, ou contrárias a súmula ou orientação jurisprudencial do Tribunal Superior do Trabalho ou súmula vinculante do Supremo Tribunal Federal.

A hipótese é dos denominados *embargos de divergência*, admissíveis contra decisões proferidas pelas Turmas do TST e endereçados à SDI-1 do TST.

A Lei n. 13.015/14 acrescentou o § 2º ao art. 894 da CLT, *in verbis*: "A divergência apta a ensejar os embargos deve ser atual, não se considerando tal a ultrapassada por súmula do Tribunal Superior do Trabalho ou do Supremo Tribunal Federal, ou superada por iterativa e notória jurisprudência do Tribunal Superior do Trabalho". Esta disposição legal apenas consagra o entendimento já sedimentado pelo TST por meio da Súmula n. 333.(1874)

O art. 894, § 3º, I e II, da CLT autoriza o relator a denegar seguimento aos embargos quando a "decisão estiver em consonância com súmula do Tribunal Superior do Trabalho ou do Supremo Tribunal Federal, ou

(1872) Assim, em cada processo deverá ser proferida decisão, aplicando a tese jurídica fixada na decisão que julgar o incidente.

(1873) A expressão *será aplicada* fixa o caráter vinculante da decisão, o que é reforçado pelo art. 927, III, do CPC de 2015.

(1874) Não ensejam recurso de embargos decisões superadas por iterativa, notória e atual jurisprudência do TST.

com iterativa, notória e atual jurisprudência do Tribunal Superior do Trabalho, cumprindo-lhe indicá-la" e "nas hipóteses de intempestividade, deserção, irregularidade de representação ou de ausência de qualquer outro pressuposto extrínseco de admissibilidade".

Da decisão denegatória dos embargos caberá agravo no prazo de oito dias (art. 894, § 4º).[(1875)]

O art. 896, § 5º, da CLT, na redação anterior à que lhe foi conferida pela Lei n. 13.015/14, já autorizava o relator a negar seguimento aos embargos nas hipóteses de intempestividade, deserção, falta de alçada e ilegitimidade de representação e também previa que contra a decisão do relator caberia agravo. A Lei n. 13.015/14, portanto, apenas repete, de forma tecnicamente mais correta, o que constava do art. 896, § 5º, da CLT (mais técnica, porque a representação pode ser *irregular* e não *ilegítima*).

18.2. Preparo dos embargos.

No prazo para interposição dos embargos, o recorrente deve efetuar o depósito do valor das custas, ao passo que, no mesmo prazo, o recorrente também deve realizar o depósito recursal, no caso de embargos de divergência interpostos em dissídio individual em que haja condenação em pecúnia.

18.3. Embargos infringentes.

Ao TST compete, por meio da SDC, conciliar, julgar ou homologar conciliação em dissídios coletivos que excedam a competência territorial dos Tribunais Regionais do Trabalho e estender ou rever suas próprias decisões normativas, nos casos previstos em lei, como estabelece o art. 2º, I, *a*, da Lei n. 7.701/88 e prevê o Regimento do TST quando trata da competência da SDC.

Cabem embargos, na SDC, da *decisão não unânime* de julgamento que conciliar, julgar ou homologar conciliação em dissídios coletivos de competência originária do TST e estender ou rever as sentenças normativas do TST. Assim, se não houver unanimidade no julgamento proferido pela SDC nas situações em questão, pode a parte interpor embargos, para a própria SDC.

Os embargos infringentes servem, portanto, para a impugnação de decisões não unânimes proferidas pela SDC do TST nas situações previstas no art. 894, I, *a*, da CLT.

Os embargos devem ser interpostos no prazo de oito dias, contados da publicação do acórdão ou de sua conclusão no órgão oficial (art. 894 da CLT e art. 356 do Regimento Interno do TST).

Protocolizada a petição de embargos, será aberta vista à parte contrária, para impugnação e, decorrido o prazo, o processo será distribuído (art. 6º da Resolução Administrativa n. 667/99, que suprimiu os arts. 342, § 4º, 343 e 344 do Regimento Interno do TST).

Não sendo o caso de denegação dos embargos (art. 894, § 3º, da CLT e art. 2º do Ato n. 491/SEGJUD. GP, de 23.9.2014 — TST/SEGJUD/GP), com o visto do relator, o processo será encaminhado à Secretaria do Colegiado, para a designação de revisor (art. 361 do Regimento Interno do TST).

Após o visto do relator e revisor, os embargos serão incluídos em pauta para julgamento (art. 362 do Regimento Interno do TST).

18.4. Embargos de divergência.

Os embargos eram admitidos, de acordo com o art. 894, II, da CLT, na redação anterior à edição da Lei n. 13.015/14, contra decisões das turmas que divergirem entre si (*divergência entre Turmas do TST*)[(1876)] ou das

(1875) Conforme o art. 2º do Ato n. 491/SEGJUD.GP, de 23.09.14 — TST/SEGJUD/GP, "sem prejuízo da competência do Ministro Relator do recurso de embargos prevista no § 3º do art. 894 da CLT, o Presidente da Turma, na forma do Regimento Interno do Tribunal Superior do Trabalho, denegar-lhe-á seguimento nas hipóteses ali previstas e quando a divergência apresentada não se revelar atual, nos termos dos § 2º do mesmo dispositivo legal". Por meio deste ato, portanto, os poderes do relator foram estendidos ao presidente da turma, tendo sido acrescentada, ainda, a possibilidade de o presidente da turma denegar seguimento ao recurso no caso de a divergência alegada não se revelar atual. É discutível a legalidade deste dispositivo legal, na medida em que a delegação dos poderes do colegiado ao presidente da turma somente poderia ocorrer por dispositivo legal.

(1876) Não cabem embargos quando se verifica divergência na mesma turma do TST. À SDI cabe, no julgamento dos embargos, uniformizar a jurisprudência das turmas.

decisões proferidas pela SDI (*divergência entre Turma e a SDI do TST*), salvo se a decisão recorrida estivesse em consonância com súmula ou orientação jurisprudencial do TST ou súmula do STF.[1877]

A Lei n. 13.015/14 alterou a redação do inciso II do art. 894 da CLT, que passa a prever serem cabíveis embargos: "das decisões das Turmas que divergirem entre si ou das decisões proferidas pela Seção de Dissídios Individuais, ou contrárias a súmula ou orientação jurisprudencial do Tribunal Superior do Trabalho ou súmula vinculante do Supremo Tribunal Federal", tendo a ressalva constante da parte final do art. 894, II, na redação anterior passado a constar do art. 894, § 3º, I, da CLT.

Com isto, após a edição da Lei n. 13.015/14, os embargos visam afastar *divergência entre Turmas* e *divergência entre Turmas e a Seção de Dissídios Individuais* e *contrariedade* de decisão de turma a súmula ou orientação jurisprudencial do Tribunal Superior do Trabalho ou a súmula vinculante do Supremo Tribunal Federal.[1878]

Anote-se que a divergência jurisprudencial ensejadora da admissibilidade do prosseguimento e do conhecimento do recurso há de ser específica, revelando a existência de teses diversas na interpretação de um mesmo dispositivo legal, embora idênticos os fatos que as ensejaram (Súmula n. 296, I, do TST).

Nos termos da Súmula n. 353 do TST, na sua redação original:

Não cabem embargos para a SDI-1 de decisão de turma proferida em agravo, salvo:

"a) da decisão que não conhece de agravo de instrumento ou de agravo pela ausência de pressupostos extrínsecos;

b) da decisão que nega provimento a agravo contra decisão monocrática do Relator, em que se proclamou a ausência de pressupostos extrínsecos de agravo de instrumento;

c) para revisão dos pressupostos extrínsecos de admissibilidade do recurso de revista, cuja ausência haja sido declarada originalmente pela turma no julgamento do agravo;

d) para impugnar o conhecimento de agravo de instrumento;

e) para impugnar a imposição de multas previstas no art. 538, parágrafo único, do CPC de 1973 ou no art. 557, § 2º, do CPC;

f) contra decisão de turma proferida em agravo em recurso de revista, nos termos do art. 894, II, da CLT."

Esta Súmula teve a sua redação alterada em 19.4.2016, passando a prever, *in verbis:* "Não cabem embargos para a Seção de Dissídios Individuais de decisão de turma proferida em agravo, salvo: a) da decisão que não conhece de agravo de instrumento ou de agravo pela ausência de pressupostos extrínsecos; b) da decisão que nega provimento a agravo contra decisão monocrática do Relator, em que se proclamou a ausência de pressupostos extrínsecos de agravo de instrumento; c) para revisão dos pressupostos extrínsecos de admissibilidade do recurso de revista, cuja ausência haja sido declarada originalmente pela Turma no julgamento do agravo; d) para impugnar o conhecimento de agravo de instrumento; e) para impugnar a imposição de multas previstas nos arts. 1.021, § 4º, do CPC de 2015 ou art. 1.026, § 2º, do CPC de 2015 (art. 538, parágrafo único, do CPC de 1973 ou art. 557, § 2º, do CPC de 1973); f) contra decisão de Turma proferida em agravo em recurso de revista, nos termos do art. 894, II, da CLT". Houve, assim, a atualização da Súmula, tendo em vista a entrada em vigor do CPC de 2015.

Acórdãos oriundos da mesma turma, embora divergentes, não fundamentam divergência jurisprudencial de que trata a alínea *b*, do art. 894 da Consolidação das Leis do Trabalho para embargos à Seção Especializada em Dissídios Individuais (Orientação Jurisprudencial n. 95 da SDI-I do TST).

(1877) Esta ressalva, que passou a ser prevista no art. 894, § 3º, I, da CLT, se justifica, na medida em que, já tendo sido pacificada a questão, por meio de Orientação Jurisprudencial ou Súmula, não há necessidade de recorrer à SDI-I, cujo papel é exatamente pacificar a jurisprudência no âmbito do TST.

(1878) À luz do disposto no art. 894, II, da CLT, cabem embargos fundados na divergência entre Turma e decisões proferidas pela SDI. Destarte, não há como negar a admissibilidade de embargos por divergência da Turma com iterativa e notória jurisprudência da SDI.

Consoante a Orientação Jurisprudencial n. 378 da SDI-I do TST, na redação anterior à entrada em vigor do CPC de 2015, "não encontra amparo no art. 894 da CLT, quer na redação anterior quer na redação posterior à Lei n. 11.496, de 22.6.2007, recurso de embargos interposto à decisão monocrática exarada nos moldes dos arts. 557 do CPC e 896, § 5º, da CLT, pois o comando legal restringe seu cabimento à pretensão de reforma de decisão colegiada proferida por Turma do Tribunal Superior do Trabalho". Por força do CPC de 2015, esta Orientação Jurisprudencial foi atualizada, passando a prever que "não encontra amparo no art. 894 da CLT, quer na redação anterior quer na redação posterior à Lei n. 11.496, de 22.6.2007, recurso de embargos interposto à decisão monocrática exarada nos moldes do art. 932 do CPC de 2015 (art. 557 do CPC de 1973), pois o comando legal restringe seu cabimento à pretensão de reforma de decisão colegiada proferida por Turma do Tribunal Superior do Trabalho".

Não se admitem embargos para reexame de fatos e provas (Súmula n. 126 do TST), por se tratar de recurso de natureza extraordinária.

Os embargos devem ser opostos em oito dias, contados da publicação da decisão (art. 6º da Lei n. 5.584/70 e art. 342 do Regimento Interno do TST).

Protocolizada a petição dos embargos, será aberta vista dos autos à parte contrária para contrarrazões e, decorrido o prazo, o processo será distribuído (art. 6º da Resolução Administrativa n. 667/99, que suprimiu os arts. 342, § 4º, 343 e 344 do Regimento Interno do TST).

Com o visto do relator e não sendo denegado seguimento ao recurso, o processo será encaminhado ao revisor, sendo, posteriormente, incluído em pauta para julgamento (arts. 347 e 348 do Regimento Interno do TST).

Não existe vinculação entre o despacho proferido pelo relator — admitindo o recurso — e a decisão do colegiado, ao qual é lícito negar admissão ao recurso.

Registre-se, ainda, que,

1) "em causas sujeitas ao procedimento sumaríssimo, em que pese a limitação imposta no art. 896, § 6º, da CLT à interposição de recurso de revista, admitem-se os embargos interpostos na vigência da Lei n. 11.496, de 22.6.2007, que conferiu nova redação ao art. 494 da CLT, quando demonstrada a divergência jurisprudencial entre Turmas do TST, fundada em interpretações diversas acerca da aplicação de mesmo dispositivo constitucional ou de matéria sumulada" (Súmula n. 458 do TST);

2) "Para a admissibilidade e conhecimento de embargos, interpostos antes da vigência da Lei n. 11.496, de 22.6.2007, contra decisão mediante a qual não foi conhecido o recurso de revista pela análise dos pressupostos intrínsecos, necessário que a parte embargante aponte expressamente a violação ao art. 896 da CLT" (Orientação Jurisprudencial Transitória n. 78 da SDI-1 do TST);

3) "A SDI, ao conhecer dos embargos, interpostos antes da vigência da Lei n. 11.496, de 22.6.2007, por violação do art. 896 — por má aplicação de súmula ou orientação jurisprudencial pela Turma —, julgará desde logo o mérito, caso conclua que a revista merecia conhecimento e que a matéria de fundo se encontra pacificada neste Tribunal" (Orientação Jurisprudencial Transitória n. 79 da SDI-1 do TST).

19. Agravo de instrumento

Agravo de instrumento é o recurso destinado à impugnação de decisão que denegar a interposição de recurso, nos termos do art. 897, *b*, da CLT. Trata-se, portanto, de recurso a ser interposto quando for denegado seguimento a recurso, ou seja, de juízo de admissibilidade negativo.

O agravo de instrumento, inclusive o interposto contra decisão que não recebe agravo de petição (art. 897, § 2º, da CLT), tem efeito apenas devolutivo, mas o relator, atendidos os pressupostos respectivos, pode a ele conferir efeito suspensivo ou mesmo deferir, em antecipação de tutela, total ou parcialmente, a pretensão recursal (art. 527, III, do CPC de 1973 e art. 1.019, I, do CPC de 2015).[1879]

O agravo de instrumento será julgado pelo tribunal que seria competente para conhecer o recurso cuja interposição foi denegada (art. 897, § 4º, da CLT).

O agravo deve ser interposto por meio de petição escrita, dirigido à autoridade judiciária prolatora da decisão agravada, na qual o recorrente deve fundamentar a impugnação da decisão agravada e pedir o proferimento de nova decisão, no prazo de oito dias (art. 897 da CLT). Na petição de interposição deve constar a indicação do nome e do endereço dos advogados constantes do processo (art. 524, III, do CPC de 1973 e art. 1.016, IV, do CPC de 2015).

O agravo não está sujeito ao pagamento de custas (item XI da Instrução Normativa n. 16/99 do TST) e à realização de depósito recursal.

O agravado será intimado para oferecer resposta ao agravo e ao recurso principal, instruindo-a com as peças que considerar necessárias ao julgamento de ambos os recursos (art. 897, § 6º, da CLT). A intimação será para oferecer resposta também ao recurso principal (recurso que teve o seguimento denegado), na medida em que, provido o agravo, "a turma deliberará sobre o julgamento do recurso principal, observando-se, se for o caso, daí em diante, o procedimento relativo a esse recurso (art. 897, § 7º, da CLT)".

De acordo com o art. 897, § 5º, da CLT, sob pena de não conhecimento, as partes promoverão a formação do instrumento do agravo de modo a possibilitar, caso provido, o imediato julgamento do recurso denegado, instruindo a petição de interposição:

1) *obrigatoriamente*, com cópias da decisão agravada, da certidão da respectiva intimação, das procurações outorgadas aos advogados do agravante e do agravado, da petição inicial, da contestação, da decisão originária, do depósito recursal referente ao recurso que se pretende destrancar, da comprovação do recolhimento das custas e do depósito recursal a que se refere o § 7º do art. 899 da CLT;[1880]

b) *facultativamente*, com outras peças que o agravante reputar úteis ao deslinde da matéria de mérito controvertida.[1881]

Se o recurso for interposto por sistema de transmissão de dados tipo fac-simile ou similar, as peças devem ser juntadas no momento de protocolo da petição original (art. 1.017, § 4º, do CPC de 2015), ao passo que, sendo eletrônicos os autos do processo, dispensam-se as peças consideradas obrigatórias e facultativas, estando o agravante autorizado, no entanto, a anexar outros documentos que entender úteis para a compreensão da controvérsia (art. 1.017, § 5º, do CPC de 2015).

A Instrução Normativa n. 16/99 do TST, alterada pela Resolução n. 113/2002, disciplina o procedimento do agravo de instrumento, estabelecendo que:

a) limitado o seu cabimento, no processo do trabalho, aos despachos que denegarem a interposição de recurso (art. 897, *b*, da CLT), o agravo de instrumento será dirigido à autoridade judiciária prolatora do despacho agravado, no prazo de oito dias de sua intimação, e processado em autos apartados; contudo, o agravo será processado nos autos principais:

(1879) Parte da doutrina afirma que a CLT define expressamente os efeitos dos recursos e não contempla a possibilidade da concessão de efeito suspensivo ao agravo de instrumento. Não se pode olvidar, no entanto, que o poder de cautela do juiz também pode ser exercido na fase recursal, permitindo a concessão de medida cautelar na forma de efeito suspensivo ao agravo de instrumento.

(1880) Também deve ser apresentada, obrigatoriamente, cópia da petição que ensejou a decisão agravada (aplicação do art. 1.017, I, do CPC de 2015).

(1881) O julgamento imediato do recurso contribui para a celeridade processual e atende ao princípio da economia processual. Embora o art. 897, § 5º, da CLT, não faça expressa alusão, quando trata das peças que devem instruir o instrumento, à cópia do recurso trancado, das contrarrazões respectivas e da certidão de intimação da decisão impugnada por meio do recurso trancado, estas peças são indispensáveis para o imediato julgamento do recurso denegado. Dessa forma, a ausência de tais peças impede o conhecimento do agravo de instrumento.

1) se o pedido houver sido julgado totalmente improcedente;

2) se houver recurso de ambas as partes e denegação de um ou de ambos;

3) mediante postulação do agravante no prazo recursal, caso em que, havendo interesse do credor, será extraída carta de sentença, às expensas do recorrente, sob pena de não conhecimento do agravo. Na hipótese prevista do número 3 *supra*, havendo o interesse do credor na extração da carta de sentença deverá requerê-la no prazo de apresentação das contrarrazões ao agravo, sob pena de, postulando posteriormente, ser extraída às próprias expensas;

b) o agravo não será conhecido se o instrumento não contiver as peças necessárias para o julgamento do recurso denegado, incluindo a cópia do respectivo arrazoado e da comprovação da satisfação de todos os pressupostos extrínsecos do recurso principal;[(1882)]

c) o agravo de instrumento, protocolizado e autuado, será concluso ao juiz prolator do despacho agravado, para reforma ou confirmação da decisão impugnada, observando-se a competência estabelecida nos arts. 659, VI, e 682, IX, da CLT;

d) mantida a decisão agravada, será intimado o agravado para apresentar contrarrazões relativamente ao agravo e, simultaneamente, ao recurso principal, juntando as peças que entender necessárias para o julgamento de ambos, encaminhando-se, após, os autos do agravo ao juízo competente;[(1883)]

e) provido o agravo, o órgão julgador deliberará quanto ao julgamento do recurso destrancado, observando-se, daí em diante, o procedimento relativo a tal recurso, com a designação de relator e de revisor, se for o caso;[(1884)]

f) cumpre às partes providenciar a correta formação do instrumento, não sendo possível converter o processo em diligência para a apresentação das peças não apresentadas no momento próprio;

g) as peças trasladadas conterão informações que identifiquem o processo do qual foram extraídas, autenticadas uma a uma, no anverso ou verso. Tais peças poderão ser declaradas autênticas pelo próprio advogado, sob sua responsabilidade. Não será válida a cópia de despacho ou decisão que não contenha a assinatura do juiz prolator, nem as certidões subscritas por serventuário sem as informações acima exigidas.

As peças que instruírem a petição de interposição do recurso não precisam ser autenticadas, bastando que o recorrente ou seu advogado declare na petição de interposição do recurso que elas correspondem à cópia fiel das peças processuais respectivas.

No ato de interposição do agravo de instrumento, "o depósito recursal corresponderá a 50% (cinquenta por cento) do valor do depósito do recurso ao qual se pretende destrancar" (art. 899, § 7º, da CLT, acrescentado pela Lei n. 12.275/10). Assim, ao interpor agravo de instrumento contra o despacho por meio do qual for negada admissão ao recurso, a parte deverá realizar depósito (depósito recursal) do importe correspondente a 50% do valor depositado para efeito de sua interposição (50% do valor do depósito realizado no ato de interposição do recurso principal). Trata-se, assim, de um *complemento do depósito recursal*.

A Lei n. 13.015/14, que acrescentou à CLT o art. 899, § 8º, afastou a exigência de complemento de

---

(1882) O CPC de 2015, em sintonia com o *dever de cooperação* que atribui às partes e ao juiz (art. 6º), estabelece que, na falta de qualquer peça ou no caso de algum vício que comprometa a admissibilidade do agravo, deve o relator, antes de considerar rejeitar o agravo, conceder ao agravante o prazo de cinco dias para sanar o vício ou complementar a documentação exigível (art. 1.017, § 3º), o que é compatível com o direito processual do trabalho, que prestigia o julgamento do mérito, com a ressalva, no entanto, de que o art. 1.017, § 3º, deve ser interpretado em sintonia com o art. 1.029, § 3º, que dispensa esta providência quando se tratar de vício que o tribunal repute grave.

(1883) Estabelece o art. 1.019, I, do CPC de 2015 que, recebido o agravo de instrumento no tribunal e distribuído imediatamente, se não for o caso de seu não conhecimento ou julgamento imediato, o relator poderá atribuir efeito suspensivo ao recurso ou deferir, em antecipação de tutela, a pretensão recursal, o que somente pode ocorre, no entanto, a requerimento do agravante.

(1884) Esta disposição repete o que consta do art. 897, § 7º, da CLT.

depósito recursal quando se trate de agravo que tenha por finalidade destrancar recurso de revista que se insurge contra decisão contraria à jurisprudência uniforme do TST, consubstanciada em suas súmulas ou orientações jurisprudenciais.

Já sustentamos que o acréscimo de depósito recursal a ser realizado por ocasião do agravo de instrumento somente se referia ao recurso aforado contra a não admissão do recurso de revista. No entanto, o exame mais detido da questão nos conduz à revisão deste ponto de vista. Com efeito, o art. 899, § 7º, da CLT não restringe a exigência do acréscimo em questão à hipótese de agravo de instrumento voltado ao destrancamento do recurso de revista, ao passo que o art. 899, § 8º, ao estabelecer ressalva exclusivamente em relação ao recurso de revista, deixa claro que no ato de interposição de agravo interposto contra decisões que deneguem outros recursos deve ser realizado o acréscimo do depósito recursal, no caso de ser ele devido no ato de interposição do recurso principal.

No julgamento do agravo de instrumento, ao afastar o óbice apontado pelo TRT para o processamento do recurso de revista, pode o TST prosseguir no exame dos demais pressupostos extrínsecos e intrínsecos do recurso de revista, mesmo que não apreciados pelo TRT (Orientação Jurisprudencial n. 282 da SDI-I do TST).

O agravo de instrumento submete-se ao juízo de retratação, que consiste na possibilidade de o juiz reconsiderar a decisão impugnada (art. 523, § 2º, do CPC de 1973 e art. 1.042, § 4º, do CPC de 2015).

O processo do trabalho não contempla o agravo retido, escrito ou oral, que era previsto no CPC de 1973 (art. 522), mas que desapareceu no CPC de 2015 (este Código afasta a recorribilidade ampla das decisões interlocutórias, como se vê do seu art. 1.015, observando-se que as questões resolvidas por meio de decisão interlocutória podem ser suscitadas no recurso contra a decisão final, nos termos do art. 1.009, § 1º, do CPC de 2015). O protesto não se confunde com o agravo retido, por não ter natureza recursal, vez que, por meio dele, a parte apenas evita a preclusão da oportunidade de impugnar, em *recurso futuro*, determinado ato judicial.

O juiz que proferiu a decisão impugnada somente poderá negar seguimento ao agravo de instrumento nas hipóteses de manifesta intempestividade (como o ato intempestivo não produz efeitos, não pode ter seguimento agravo intempestivo), de o recurso ter sido firmado por quem não seja procurador da parte (a ausência de procuração implica ineficácia do ato processual — interposição do recurso) e de a petição respectiva não ter sido assinada (a hipótese será de ato inexistente).

De acordo com a Orientação Jurisprudencial n. 377 da SDI-I do TST, "não cabem embargos de declaração interpostos contra decisão de admissibilidade do recurso de revista, não tendo o efeito de interromper qualquer prazo recursal", o que é de acerto discutível, visto que o despacho pode conter, por exemplo, manifesto equívoco no exame dos pressupostos extrínsecos do recurso, o que permite a interposição de embargos de declaração (art. 897-A da CLT), valendo lembrar que o despacho denegatório da admissibilidade de recurso não constitui simples despacho, mas verdadeira *decisão*, o que o torna passível de recurso, notadamente porque, não sendo admitido o recurso, sequer haveria possibilidade para questionar esta decisão em outro momento, além do que, não sendo admitido o recurso, a decisão impugnada passará em julgado, o que implica dizer que se trata de uma decisão interlocutória definitiva. Esta Orientação Jurisprudencial foi cancelada, por meio da Instrução Normativa n. 40, de 15.3.2015.

O agravo de instrumento deve ser julgado em prazo não superior a um mês (art. 1.020 do CPC de 2015), o que alcança o processo do trabalho.

20. Recursos para o Supremo Tribunal Federal

As decisões proferidas pela Justiça do Trabalho não estão isentas de exame pelo Supremo Tribunal Federal.

Daí a referência, ainda que breve, aos recursos passíveis de interposição perante o STF.

20.1. Recurso extraordinário. Repercussão geral. Recursos extraordinários repetitivos.

Também no processo do trabalho é admissível o recurso extraordinário, nas hipóteses definidas no art. 102, III, da Constituição da República, segundo o qual compete ao Supremo Tribunal, precipuamente, a guarda da Constituição, cabendo-lhe julgar, mediante recurso extraordinário, as causas decididas em única ou última instância, quando a decisão recorrida:

1) contrariar dispositivo da Constituição Federal;

2) declarar a inconstitucionalidade de tratado ou lei federal;

3) julgar válida lei ou ato de governo local contestado em face da Constituição Federal;

4) julgar válida lei local contestada em face da lei federal.

O recurso deve ser interposto no prazo de 15 dias (art. 508 do CPC de 1973 e art. 1.003, § 5º, do CPC de 2014[1885]), perante o presidente ou o vice-presidente do tribunal em que foi proferida a decisão impugnada e na petição respectiva devem constar, como estabelecem o art. 541 do CPC de 1973 e o art. 1.029 do CPC de 2015:

a) a exposição do fato e do direito;

b) a demonstração do cabimento do recurso interposto;

c) as razões do pedido de reforma da decisão recorrida.

O recorrente deverá demonstrar, em preliminar do recurso, para apreciação exclusiva do STF, a existência de repercussão geral das questões constitucionais discutidas no processo (art. 543-A, § 2º, do CPC de 1973 e art. 1.035, § 2º, do CPC de 2015).[1886]

O recurso extraordinário somente é cabível quando forem esgotadas as vias ordinárias (se ainda são cabíveis recursos de natureza ordinária, estes devem ser interpostos antes da interposição do recurso extraordinário).

Estando o *jus postulandi* reconhecido às partes no processo do trabalho limitado à prática de atos processuais perante órgãos da Justiça do Trabalho (art. 791 da CLT), a petição do recurso extraordinário deverá ser firmada por advogado legalmente habilitado.

Nos dissídios individuais, havendo condenação em pecúnia, constitui pressuposto de admissibilidade do recurso extraordinário a realização do depósito recursal (art. 899, §1º, da CLT).

Recebida a petição do recurso extraordinário pela secretaria do Tribunal, o recorrido será intimado para apresentar contrarrazões no prazo de 15 dias (arts. 542 e 508 do CPC de 1973 e art. 1.030 do CPC de 2015).

O CPC de 1973 prevê que, findo o prazo de contrarrazões, serão os autos conclusos para admissão ou não do recurso, no prazo de quinze dias, em decisão fundamentada (art. 542, § 1º).

O CPC de 2015, na sua redação original, inovou a matéria, estabelecendo que, findo o prazo para contrarrazões, os autos serão remetidos ao respectivo tribunal superior, independentemente de juízo de admissibilidade (art. 1.030, *caput*, e parágrafo único). Assim, o juízo de admissibilidade passou a ser de competência exclusiva do STF, ressalvadas as hipóteses do art. 1.035 (sobrestado o recurso por força de exame de repercussão geral e negada a repercussão, o presidente ou vice-presidente do tribunal de origem negará seguimento aos recursos sobrestados) e do art. 1.040 (no incidente de julgamento de recursos repetitivos, publicado o acórdão, o presidente ou vice-presidente do tribunal de origem negará seguimento aos recursos sobrestados).

(1885) O art. 6º da Lei n. 5.584/70 diz respeito aos recursos cuja interposição é disciplinada pelo direito processual do trabalho e não alcança o recurso extraordinário.

(1886) Deste tema trataremos mais adiante.

No entanto, a Lei n. 13.256/16 conferiu nova redação ao art. 1.030 do CPC de 2015, que passa a dispor que, findo o prazo de contrarrazões, os autos serão conclusos ao presidente ou vice-presidente do tribunal recorrido, que deverá:

" I — negar seguimento:

a) a recurso extraordinário que discuta questão constitucional à qual o Supremo Tribunal Federal não tenha conhecido a existência de repercussão geral ou a recurso extraordinário contra acórdão que esteja em conformidade com entendimento do Supremo Tribunal Federal exarado no regime de repercussão geral;

b) a recurso extraordinário ou a recurso especial interposto contra acórdão que esteja em conformidade com entendimento do Supremo Tribunal Federal ou do Superior Tribunal de Justiça, respectivamente, exarado no regime de recursos repetitivos;

II — encaminhar o processo ao órgão julgador para realização do juízo de retratação, se o acórdão recorrido divergir do entendimento do Supremo Tribunal Federal ou do Superior Tribunal de Justiça exarado, conforme o caso, nos regimes de repercussão geral ou de recursos repetitivos;

III — Sobrestar o recurso que versar sobre controvérsia de caráter repetitivo ainda não decidida pelo Supremo Tribunal Federal ou pelo Superior Tribunal de Justiça, conforme se trata de matéria constitucional ou infraconstitucional;

IV — Selecionar o recurso como representativo de controvérsia constitucional ou infraconstitucional, nos termos do § 6º do art. 1.036;

V — Realizar o juízo de admissibilidade e, se positivo, remeter o feito ao Supremo Tribunal Federal ou ao Superior Tribunal de Justiça, desde que:

a) o recurso ainda não tenha sido submetido ao regime de repercussão gral ou de julgamento de recursos repetitivos;

b) o recurso tenha sido selecionado como representativo de controvérsia; ou

c) o tribunal recorrido tenha refutado o juízo de retratação.

§ 1º Da decisão de inadmissibilidade proferida com fundamento no inciso V caberá agravo ao tribunal superior, nos termos do art. 1.042.

§ 2º Da decisão proferida com fundamento nos incisos I e III caberá agravo interno, nos termos do art. 1.021."

O CPC de 1973 estabelece que o recurso extraordinário será recebido no efeito devolutivo (arts. 497 e 542, § 2º). O art. 995 do CPC de 2015 dispõe que os recursos não impedem a eficácia da decisão, salvo disposição legal ou decisão judicial em sentido diverso. Vale mencionar que "não há direito líquido e certo à execução definitiva na pendência de Recurso Extraordinário, ou de Agravo de Instrumento visando a destrancá-lo" (Orientação Jurisprudencial n. 56 da SDI-2 do TST), ou seja, a execução é possível, mas apenas a título provisório.

Se o Supremo Tribunal Federal considerar como reflexa a ofensa à Constituição afirmada no recurso extraordinário, por pressupor a revisão da interpretação de lei federal ou de tratado, remetê-lo-á ao Superior Tribunal de Justiça para julgamento como recurso especial (art. 1.033 do CPC de 2015).[1887]

Admitido o recurso extraordinário, o Supremo Tribunal Federal julgará o processo, aplicando o direito, observando-se que admitido o recurso por um fundamento, devolve-se ao tribunal superior o conhecimento dos demais fundamentos para a solução do capítulo impugnado (art. 1.034, *caput* e parágrafo único, do CPC de 2015), que é aplicável no processo do trabalho, em relação ao recurso de revista, consoante o art. 12 da

(1887) É estabelecida, portanto, a aplicação do princípio da fungibilidade em relação ao recurso extraordinário e ao recurso especial.

Instrução Normativa n. 39/2016, segundo o qual "aplica-se ao Processo do Trabalho o parágrafo único do art. 1.034 do CPC. Assim, admitido o recurso de revista por um fundamento, devolve-se ao Tribunal Superior do Trabalho o conhecimento dos demais fundamentos, para a solução apenas do capítulo impugnado".

O STF, em decisão irrecorrível, não conhecerá do recurso extraordinário, quando a questão constitucional nele versada não tiver repercussão geral (art. 543-A do CPC de 1973 e art. 1.035 do CPC de 2015).

Em relação à repercussão geral, observe-se que:

a) para efeito de repercussão geral, será considerada a existência de questões relevantes do ponto de vista econômico, político, social ou jurídico, que ultrapassem os interesses subjetivos do processo (art. 543-A, § 1º, do CPC de 1973 e art. 1.035, § 1º, do CPC de 2015);

b) o recorrente deverá demonstrar a existência de repercussão geral para apreciação exclusiva pelo Supremo Tribunal Federal (art. 543-A, § 2º, do CPC de 1973 e art. 1.035, § 2º);[1888]

c) o CPC de 1973 dispõe que haverá repercussão geral sempre que o recurso impugnar acórdão que contrarie súmula ou jurisprudência dominante do Supremo Tribunal Federal (art. 543-A, § 3º);

d) o CPC de 2015, na sua redação original, previa que haveria repercussão geral sempre que o recurso impugnar acórdão que: contrariasse súmula ou jurisprudência dominante do Supremo Tribunal Federal; tivesse sido proferido em julgamento de recursos repetitivos; tivesse reconhecido a inconstitucionalidade de tratado ou de lei federal, nos termos do art. 97 da Constituição Federal (art. 1.035, § 3º, I, II e III);

e) a Lei n. 13.256/16 revogou o inciso II do art. 1.035, § 3º, do CPC de 2015, excluindo a caracterização da repercussão geral na hipótese de o recurso impugnar acórdão que tenha sido proferido em julgamento de recursos repetitivos. Com isso, sob a ótica do CPC de 2015, somente haverá repercussão geral quando o recurso impugnar acórdão que: 1) contrarie súmula ou jurisprudência dominante do Supremo Tribunal Federal; 2) tenha reconhecido a inconstitucionalidade de tratado ou de lei federal, nos termos do art. 97 da Constituição Federal;

f) de acordo com o § 4º do art. 543-A do CPC de 1973, se a Turma decidir pela existência da repercussão geral por, no mínimo, quatro votos, ficará dispensada a remessa do recurso ao plenário.[1889] Esta previsão não foi repetida no CPC de 2015;

g) o CPC de 1973 dispõe que, negada a existência de repercussão geral, a decisão valerá para todos os recursos sobre matéria idêntica, que serão indeferidos liminarmente, salvo revisão da tese, tudo nos termos do Regimento Interno do STF (art. 543-A, § 5º), ao passo que o CPC de 2015 prevê, no art. 1.035, § 8º, que, "negada a repercussão geral, o presidente ou vice-presidente do tribunal de origem negará seguimento aos recursos extraordinários, sobrestados na origem, que versem matéria idêntica" — a decisão que nega a repercussão geral, portanto, tem *efeitos panprocessuais*, posto que alcança todos os recursos sobrestados na origem que versem sobre a mesma matéria);

h) o relator poderá admitir, na análise da repercussão geral, a manifestação de terceiros subscrita por procurador habilitado, nos termos do Regimento Interno do STF (art. 543-A, § 6º, do CPC e art. 1.035, § 4º, do CPC de 2015). Esta decisão é irrecorrível, nos termos do art. 138 do CPC de 2015, que diz respeito ao denominado *amicus curiae*;

i) a súmula da decisão sobre a repercussão geral constará de ato, que será publicado no Diário Oficial e valerá como acórdão (art. 543-A, § 7º, do CPC de 1973 e art. 1.035, § 11, do CPC de 2015);

(1888) O CPC de 1973 estabelece que a demonstração da existência de repercussão geral deverá ser realizada em preliminar do recurso, o que não foi repetido no CPC de 2015. No entanto, mesmo diante do silêncio do CPC de 2015, a demonstração em destaque deverá ser realizada em preliminar do recurso, visto que ela será examinada antes do enfrentamento do seu mérito.

(1889) Compete ao Pleno do STF não conhecer de recurso no caso de a questão constitucional não ter repercussão geral, por decisão de pelo menos oito dos seus ministros (art.102, § 3º, da Constituição Federal).

j) reconhecida a repercussão geral, o relator no Supremo Tribunal Federal determinará a suspensão do processamento de todos os recursos pendentes, individuais ou coletivos, que versem sobre a questão e tramitem no território nacional (art. 1.035, § 5º, do CPC de 2015);

k) o interessado pode requerer, ao presidente ou vice-presidente do tribunal de origem, que exclua da decisão de sobrestamento e inadmita recurso extraordinário que tenha sido interposto intempestivamente, tendo o recorrente o prazo de cinco dias para se manifestar sobre esse requerimento (art. 1.035, § 6º, do CPC de 2015), prevendo o CPC de 2015, na sua redação original, que cabe recurso contra o indeferimento deste requerimento (art. 1.035, § 7º), o que foi alterado pela Lei n. 13.256/16, segundo qual caberá agravo interno contra a decisão que indeferir o requerimento previsto no art. 1.035, § 6º e, ainda, contra a decisão que aplicar entendimento firmado em regime de repercussão geral ou em julgamento de recursos repetitivos (art. 1.035, § 7º);

l) o recurso que tiver a repercussão geral reconhecida deverá ser julgado no prazo de um ano e terá preferência sobre os demais feitos, ressalvados os que envolvam réu preso e os pedidos de *habeas corpus* (art. 1.035, § 9º);

m) o CPC de 2015 previa, na sua redação original, que, não ocorrendo o julgamento no prazo de um ano a contar do reconhecimento da repercussão geral, cessa, em todo o território nacional, a suspensão dos processos, que retornarão ao seu curso normal (art. 1.035, § 10), mas este parágrafo foi revogado pela Lei n. 13.256/16.

Acrescente-se que:

1) o CPC de 1973 prevê que, negada a existência de repercussão geral, a decisão valerá para todos os recursos sobre matéria idêntica, que serão indeferidos liminarmente, salvo revisão da tese, tudo nos termos do Regimento Interno do Supremo Tribunal Federal (art. 543-A, § 5º) e os recursos sobrestados considerar-se-ão automaticamente não admitidos (art. 543-B, § 2º);

2) já o CPC de 2015 dispõe que, negada a repercussão geral, o presidente ou vice-presidente de origem negará seguimento aos recursos extraordinários sobrestados na origem que versem sobre matéria idêntica (art. 1.035, § 8º, do CPC de 2015) e que, sendo negada a existência de repercussão geral no recurso extraordinário afetado, serão considerados automaticamente inadmitidos os recursos extraordinários cuja processamento tenha sido sobrestado (art. 1.039, parágrafo único, do CPC de 2015);

3) "julgado o mérito do recurso extraordinário, os recursos sobrestados serão apreciados pelos Tribunais, Turmas de Uniformização ou Turmas Recursais, que poderão declará-los prejudicados ou retratar-se" (art. 543-B, § 3º, do CPC de 1973) ou "decididos os recursos afetados, os órgãos colegiados declararão prejudicados os demais recursos versando sobre idêntica controvérsia ou os decidirão aplicando a tese firmada" (art. 1.039 do CPC de 2015).[1890]

O art. 1.042 do CPC de 2015, na sua redação original, previa que cabe agravo contra decisão do presidente ou vice-presidente que:

a) indeferir pedido formulado com base no art. 1.035, § 6º, ou no art. 1.036, § 2º, de inadmissão de recurso extraordinário impetrado (art. 1.042, I);

b) inadmitir, com base no art. 1.040, inciso I, recurso extraordinário sob de que o acórdão recorrido coincide com orientação do tribunal superior (art. 1.042, II);

c) inadmitir recurso extraordinário, com base no art. 1.035, § 8º, ou no art. 1.039, parágrafo único, sob o fundamento de que o Supremo Tribunal reconheceu a inexistência de repercussão geral da questão constitucional discutida (art. 1.042, III).

(1890) Anote-se que, consoante decidiu o STF nos autos do AI 760.358-QO, Rel. Min. Gilmar Mendes, "não é cabível agravo de instrumento da decisão do tribunal de origem que, em cumprimento do disposto no § 3º do art. 543-B, do CPC, aplica decisão de mérito do STF em questão de repercussão geral".

A Lei n. 13.256/16 alterou a redação do *caput* do art. 1.042 do CPC de 2015 e revogou os seus incisos I a III. De acordo com o *caput* do art. 1.042, na sua nova redação, cabe agravo contra decisão do presidente ou do vice-presidente do tribunal recorrido que inadmitir recurso extraordinário, salvo quando fundada na aplicação de entendimento firmado em regime de repercussão geral ou em julgamento de recursos repetitivos.

O § 1º, I e II, do art. 1.042 do CPC de 2015 dispunha, na sua redação original, que, sob pena de não conhecimento do agravo, incumbiria ao agravante demonstrar, de forma expressa: a intempestividade do recurso extraordinário sobrestado, quando o recurso fundar-se na hipótese do inciso I do art. 140; a existência de distinção entre o caso em análise e o precedente invocado, quando a inadmissão do recuso extraordinário fundar-se em julgamento de recurso repetitivo por tribunal superior ou em decisão anterior do Supremo Tribunal Federal de inexistência de repercussão geral da questão constitucional discutida. Alteradas, pela Lei n. 13.256/16, as situações em que é possível a interposição de recurso, foi por ela revogado o § 1º do art. 1.042 do CPC de 2015.

De outro lado, de acordo com o § 2º do art. 1.042 do CPC de 2015, na sua redação original, a petição do agravo seria dirigida ao presidente ou vice-presidente do tribunal de origem e independe de pagamento de custas e despesas postais. A Lei n. 13.256/16 alterou a redação deste dispositivo legal, que passa a prever: a petição do agravo será dirigida ao presidente ou vice-presidente do tribunal de origem e independe de pagamento de custas e despesas postais, aplicando-se a ela o regime de repercussão geral e de recursos repetitivos, inclusive quanto à possibilidade de sobrestamento e do juízo de retratação.

O agravo contra a inadmissão do recurso extraordinário deve ser apresentado no prazo de dez dias (art. 522 do CPC de 1973) ou de quinze dias (art. 1.003 do CPC de 2015).

A interposição de agravo não obsta o andamento do processo, ressalvada a possibilidade de o relator suspender o cumprimento da decisão, nas hipóteses do art. 558 do CPC (art. 497 do CPC de 1973 e art. 1.012, § 4º, do CPC de 2015).

O agravado terá o prazo de dez (art. 527, V, do CPC de 1973) ou quinze (art. 1.042, § 3º, do CPC de 2015) dias para contrarrazões.

Após o prazo para a resposta do agravado, não havendo retratação, o agravo será remetido ao Supremo Tribunal Federal (art. 544, § 3º, do CPC de 1973 e art. 1.042, § 4º, do CPC de 2015).

O agravo será julgado, conforme o caso, juntamente com o recurso extraordinário, assegurada, neste caso, sustentação oral, observando-se, ainda, o disposto no regimento interno do Supremo Tribunal Federal (art. 1.042, § 5º, do CPC de 2015).

À luz do CPC de 1973, poderá o relator: 1) não conhecer do agravo manifestamente inadmissível ou que não tenha atacado especificadamente os fundamentos da decisão do agravado; 2) conhecer do agravo para: a) negar-lhe provimento, se correta a decisão que não admitiu o recurso; b) negar seguimento ao recurso manifestamente inadmissível, prejudicado ou em confronto com súmula ou jurisprudência dominante do Supremo Tribunal Federal; c) dar provimento ao recurso, se o acórdão recorrido estiver em confronto com súmula ou jurisprudência dominante do Supremo Tribunal Federal (art. 544, § 4º), valendo observar que "Da decisão do relator que não conhecer do agravo, negar-lhe provimento ou decidir, desde logo, o recurso não admitido na origem, caberá agravo, no prazo de cinco dias, ao órgão competente, observado o disposto nos §§ 1º e 2º do art. 557" (art. 545).

O CPC de 2015, no art. 932, autoriza o relator a não conhecer de recurso inadmissível, prejudicado ou que não tenha impugnado especificamente os fundamentos da decisão recorrida e a negar provimento a recurso que for contrário a: Súmula do STF, do STJ ou do próprio tribunal; acórdão do STF ou pelo STJ em julgamento de recursos repetitivos; entendimento firmado em incidente de resolução de demandas repetitivas ou de assunção de competência. Esta previsão alcança o processo do trabalho, com a ressalva de que, nele, as súmulas e decisões do STJ são substituídos pelas súmulas e decisões do TST.

A admissão do recurso extraordinário pressupõe o prequestionamento da questão constitucional ou federal que constitui seu objeto (o tema deverá ter sido enfrentado na decisão impugnada por meio do recurso extraordinário). Por isso, o ponto omisso da decisão, sobre a qual não foram opostos embargos declaratórios, não pode ser objeto de recurso extraordinário por faltar o requisito do prequestionamento (Súmula n. 356 do STF).

Quando houver multiplicidade de recursos extraordinários com fundamento em idêntica questão de direito (*recursos extraordinários repetitivos*), haverá afetação para julgamento de acordo com as disposições do CPC, observado o disposto no Regimento Interno do Supremo Tribunal Federal (art. 543-B do CPC de 1973 e art. 1.036 do CPC de 2015).

Neste caso:

a) de acordo com o CPC de 1973, "caberá ao Tribunal de origem selecionar um ou mais recursos representativos da controvérsia e encaminhá-los ao Supremo Tribunal Federal, sobrestando os demais até o pronunciamento definitivo da Corte" (art. 543-B, § 1º), ao passo que, segundo o CPC de 2015, o presidente ou o vice-presidente do tribunal selecionará dois ou mais recursos representativos da controvérsia, que serão encaminhados ao Supremo Tribunal Federal para fins de afetação, determinando a suspensão do trâmite de todos os processos pendentes, individuais ou coletivos, que tramitem no Estado ou na região, conforme o caso (art. 1.036, § 1º);[(1891)]

b) o interessado pode requerer, ao presidente ou vice-presidente, que exclua da decisão de sobrestamento e inadmita o recurso extraordinário que tenha sido interposto intempestivamente, tendo o recorrente o prazo de cinco dias para manifestar-se sobre esse requerimento (art. 1.036, § 2º, do CPC de 2015), prevendo o CPC de 2015 na sua redação original que do indeferimento do requerimento cabe agravo (art. 1.036, § 3º), ao passo que a Lei n. 13.256/16 alterou esta disposição, para estabelecer que contra o indeferimento do requerimento cabe apenas agravo interno;

c) a escolha feita no tribunal de origem não vincula o relator do tribunal superior, que poderá selecionar outros recursos representativos da controvérsia (art. 1.036, § 4º, do CPC de 2015);

d) o relator em tribunal superior poderá também selecionar dois ou mais recursos repetitivos representativos da controvérsia para julgamento da questão de direito independentemente da iniciativa do presidente ou do vice-presidente do tribunal de origem (art. 1.036, § 5º, do CPC de 2015);

e) somente podem ser selecionados recursos admissíveis que contenham abrangente argumentação e discussão a respeito da questão a ser decidida (art. 1.036, § 6º, do CPC de 2015);

f) selecionados os recursos, o relator, no tribunal superior, constatando a presença do pressuposto do *caput* do art. 1.036 (existência de recursos repetitivos), preferirá *decisão de afetação*, na qual: identificará com precisão a questão a ser submetida a julgamento;[(1892)] determinará a suspensão do processamento de todos os processos pendentes, individuais ou coletivos, que versem sobre a questão e tramitem no território nacional; poderá requisitar aos presidentes e vice-presidentes dos tribunais a remessa de um recurso representativo da controvérsia (art. 1.037 do CPC de 2015);[(1893)]

g) se, após receber os recursos selecionados pelo presidente ou vice-presidente, não se proceder à afetação, o relator, no tribunal superior, comunicará o fato ao presidente ou ao vice-presidente que os houver enviado, para que seja revogada a decisão de suspensão referida no art. 1.036, § 1º (art. 1.037, § 1º, do CPC de 2015);

(1891) A seleção terá como base a homogeneidade da questão constitucional objeto de controvérsia. A suspensão dos processos é medida legalmente imposta ao tribunal de origem (trata-se, portanto, de suspensão obrigatória).

(1892) De acordo com o § 2º do art. 1.037, "é vedado ao órgão colegiado decidir, para os fins do art. 1.040, questão não delimitada na decisão a que se refere o inciso I do *caput*" (art. 1.037, § 2º), ou seja, o colegiado somente poderá decidir sobre a questão submetida a julgamento definida na decisão de afetação. No entanto, o § 2º do art. 1.037 do CPC de 2015 foi revogado pela Lei n. 13.256/16, como se vê do seu art. 3º, II.

(1893) Nesta terceira hipótese — requisição de remessa de processos -, se os recursos requisitados contiverem outras questões além daquela que é objeto da afetação, caberá ao tribunal decidir esta em primeiro lugar e depois as demais, em acórdão específico para cada processo (art. 1.037, § 7º, do CPC de 2015).

h) havendo afetação, será prevento o relator que primeiro tiver proferido a decisão de afetação (art. 1.037, § 3º, do CPC de 2015);

i) os recursos afetados deverão ser julgados no prazo de um ano e terão preferência sobre os demais feitos, ressalvados os que envolvem réu preso e os pedidos de *habeas corpus* (art. 1.037, § 4º, do CPC de 2015) e, não ocorrendo o julgamento no prazo de um ano a contar da publicação da decisão de afetação, cessam automaticamente, em todo o território nacional, a afetação e a suspensão dos processos, que retomarão seu curso normal (art. 1.037, § 5º, do CPC de 2015), mas, nesta hipótese, poderá o relator do respectivo tribunal superior afetar dois ou mais recursos representativos da controvérsia na forma do art. 1.036 (art. 1.037, § 6º, do CPC de 2015);[(1894)]

j) as partes deverão ser intimadas da suspensão do seu processo (art. 1.037, § 8º, do CPC de 2015);

k) demonstrando distinção entre a questão a ser decidida no processo e aquela a ser julgada no recurso extraordinário afetado, a parte poderá requerer o prosseguimento do seu processo, devendo o seu requerimento ser dirigido ao juiz, se o processo sobrestado estiver em primeiro grau; ao relator, se o processo sobrestado estiver no tribunal de origem; ao relator do acórdão recorrido, se for sobrestado recurso extraordinário no tribunal de origem; ao relator, no tribunal superior, de recurso extraordinário cujo processamento houver sido sobrestado (art. 1.037, §§ 9º e 10º, do CPC de 2015). A outra parte deverá ser ouvida sobre o requerimento, no prazo de cinco dias (art. 1.037, § 11, do CPC de 2015). Da decisão que resolver o requerimento caber agravo de instrumento, se o processo estiver em primeiro grau, ou agravo interno, se a decisão for de relator (art. 1.037, § 13, do CPC de 2015);

l) reconhecida a distinção no caso: dos incisos I, II e IV do § 10, o relator dará prosseguimento ao processo; do inciso III do § 10, o relator comunicará a decisão ao presidente ou vice-presidente que houver determinado o sobrestamento, para que o recurso extraordinário seja encaminhado ao respectivo tribunal superior (art. 1.037, § 12, do CPC de 2015);

m) o relator poderá: solicitar ou admitir manifestação de pessoas, órgãos ou entidades com interesse na controvérsia, considerando a relevância da matéria e consoante dispuser o regimento interno (art. 543-C, § 4º, do CPC de 1973 e art. 1.038, I, do CPC de 2015); fixar data para, em audiência pública, ouvir depoimentos de pessoas com experiência e conhecimento na matéria, com a finalidade de instruir o procedimento (art. 1.038, II, do CPC de 2015); requisitar informações aos tribunais inferiores a respeito da controvérsia e, cumprida a diligência, informará o Ministério Público para manifestar-se (art. 543-C do CPC de 1973 e art. 1.038, III, do CPC de 2015), devendo as informações serem prestadas no prazo de quinze dias, mesmo prazo que deverá ser concedido ao Ministério Público para manifestar-se (art. 1.038, § 1º, do CPC de 2015);

n) transcorrido o prazo para o Ministério Público e remetida cópia aos demais ministros, haverá inclusão em pauta, devendo o julgamento ocorrer com preferência sobre os demais feitos, ressalvados os que envolvam réu preso e os pedidos de *habeas corpus* (art. 1.038, § 2º, do CPC de 2015);

o) na sua redação original, o § 3º do art. 1.038 do CPC de 2015 previa que o conteúdo do acórdão abrangerá a análise de *todos os fundamentos da tese jurídica discutida, favoráveis ou contrários*, mas a Lei n. 13.256/16 alterou esta disposição legal, estabelecendo que o conteúdo do acórdão abrangerá *os fundamentos relevantes da tese jurídica discutida* (art. 1.038, § 3º, do CPC de 2015).[(1895)]

Acrescente-se que:

1) decididos os recursos afetados, os órgãos colegiados declararão prejudicados os demais recursos versando sobre idêntica controvérsia ou os decidirão aplicando a tese firmada (art. 543-B, § 3º do CPC de 1973 e art. 1.039, *caput*, do CPC de 2015), sendo que, negada a existência de repercussão geral no recurso extraordinário afetado, serão considerados automaticamente inadmitidos os recursos

(1894) Contudo, o § 5º do art. 1.037 foi revogado pela Lei n. 13.256/16, como se vê do seu art. 3º, II.

(1895) Foi dispensada, portanto, a manifestação sobre todos os fundamentos da tese jurídica discutida.

extraordinários cujo processamento tenha sido sobrestado (art. 543-B, § 2º, do CPC de 1973 e art. 1.039, parágrafo único, do CPC de 2015);

2) publicado o acórdão paradigma:

a) o presidente ou vice-presidente do tribunal de origem negará seguimento aos recursos extraordinários sobrestados na origem, se o acórdão coincidir com a orientação do tribunal superior (art. 543-C, § 7º, do CPC de 1973 e art. 1040, I, do CPC de 2015);

b) o órgão que proferiu o acórdão recorrido, na origem, reexaminará o processo de competência originária, a remessa necessária ou o recurso anteriormente julgado, se o acórdão recorrido contrariar a orientação do tribunal superior (art. 543-C, § 7º, do CPC de 1973 e art. 1.040, II, do CPC de 2015);[(1896)]

c) nos processos suspensos em primeiro e segundo graus de jurisdição retomarão o curso para julgamento e aplicação da tese firmada pelo tribunal superior (art. 1040, III, do CPC de 2015);

d) a parte poderá desistir da ação em curso no primeiro grau de jurisdição, antes de proferida a sentença, se a questão nela discutida for idêntica à resolvida pelo recurso representativo da controvérsia, não dependendo a desistência de consentimento do réu, ainda que já tenha sido apresentada contestação, sendo que, se a desistência ocorrer antes de oferecida a contestação, a parte ficará isenta do pagamento de custas e de honorários de sucumbência (art. 1.040, §§ 1º, 2º e 3º, do CPC de 2015);[(1897)]

e) mantido o acórdão divergente do tribunal de origem, o recurso extraordinário será remetido ao tribunal superior (art. 543-C, § 8º, do CPC de 1973 e art. 1.041 do CPC de 2015);

f) realizado o juízo de retratação, com alteração do acórdão divergente, o tribunal de origem, se for o caso, decidirá as demais questões ainda não decididas cujo enfrentamento se tornou necessário em decorrência da alteração (art. 1.041, § 1º, do CPC de 2015).

20.2. Recurso ordinário constitucional.

O art. 102, II, *a*, da Constituição da República atribuiu ao Supremo Tribunal Federal a competência para julgar, em *recurso ordinário*, o *habeas corpus*, o mandado de segurança, o *habeas data* e o mandado de injunção decididos em única instância pelos Tribunais Superiores (dentre os quais se encontra o TST), quando denegatória a decisão.

Igual previsão consta do art. 539, I, do CPC de 1973 e do art. 1.027, § 1º, do CPC de 2015, que, no entanto, não fazem referência ao *habeas corpus*.

Trata-se de recurso admitido para assegurar o duplo grau de jurisdição quando se trate de decisão denegatória proferida em *habeas corpus*, mandado de segurança, *habeas data* e mandado de injunção por Tribunal Superior decidindo em única instância.

Por força do art. 540 do CPC de 1973 e do art. 1.028 do CPC de 2015, ao recurso ordinário aplicam-se as regras relativas à apelação, as disposições gerais sobre recursos constantes do CPC e o regimento interno do STF.

(1896) Nesta hipótese, de acordo com o § 2º do art. 1.041 do CPC de 2015, na sua redação original, se o recurso versar sobre outras questões, caberá ao presidente do tribunal, depois do reexame pelo órgão de origem e independentemente de ratificação do recurso ou de juízo de admissibilidade, determinar a remessa do recurso ao tribunal superior para julgamento das demais questões. Contudo, este dispositivo legal teve a sua redação alterada pela Lei n. 13.256/16, e passou a dispor que, se o recurso versar sobre outras questões, caberá ao presidente do tribunal, depois do reexame pelo órgão de origem e independentemente de ratificação do recurso, sendo positivo o juízo de admissibilidade, determinar a remessa do recurso ao tribunal superior para julgamento das demais questões. A alteração era necessária, visto que o juízo de admissibilidade foi restabelecido, como se vê do art. 1.030 do CPC de 2015 na redação que lhe conferiu a referida lei.

(1897) Foi estabelecida, portanto, uma hipótese de desistência da ação que independe de concordância do réu que já tenha apresentado contestação, assim como criado um incentivo para a desistência da ação, na forma de isenção do pagamento de custas e de honorários de sucumbência.

20.3. Embargos de divergência em recurso extraordinário.

É cabível recurso de embargos de divergência contra decisão de turma do STF nas hipóteses estabelecidas no art. 546, do CPC de 1973 e no art. 1.043 do CPC de 2015.

Os embargos devem ser interpostos no prazo de 15 dias (art. 508 do CPC de 1973 e art. 1.003, § 5º, do CPC de 2015), visam a uniformização da jurisprudência em relação à interpretação de dispositivo constitucional (de direito material ou processual — art. 1.043, § 2º, do CPC de 2015) e o seu julgamento cabe ao Pleno do STF.

O recurso não será admitido quando houver jurisprudência firme do plenário no mesmo sentido da decisão embargada (Súmula n. 247 do STF).

A petição recursal é endereçada ao relator da decisão impugnada, as razões do recurso são endereçadas ao pleno do STF e o seu julgamento dar-se-á na forma estabelecida pelo Regimento Interno daquele tribunal.

De acordo com o art. 546 do CPC de 1973, é embargável a decisão de turma que: em recurso extraordinário, divergir de julgamento de outra turma ou do plenário.

O art. 1.043 do CPC de 2015, na sua redação originária, previa que é embargável o acórdão de órgão fracionário que:

a) em recurso extraordinário, divergir do julgamento de qualquer outro órgão do mesmo tribunal, sendo os acórdãos, embargado e paradigma, de mérito (art. 1.043, I);

b) em recurso extraordinário, divergir do julgamento de qualquer outro órgão do mesmo tribunal, sendo os acórdãos, embargado e paradigma, relativos ao juízo de admissibilidade (art. 1.043, II);

c) em recurso extraordinário, divergir do julgamento de qualquer outro órgão do mesmo tribunal, sendo um acórdão de mérito e outro que não tenha conhecido do recurso, embora tenha sido apreciada a controvérsia (art. 1.043, III);

d) nos processos de competência originária, divergir do julgamento de qualquer outro órgão do mesmo tribunal (art. 1.043, III).

Contudo, a Lei n. 13.256/16 revogou os incisos II e IV do *caput* do art. 1.043 do CPC de 2015, ou seja, os embargos somente são admissíveis quando o acórdão: 1) em recurso extraordinário, divergir do julgamento de qualquer outro órgão do mesmo tribunal, sendo os acórdãos, embargado e paradigma, de mérito (art. 1.043, I); 2) em recurso extraordinário, divergir do julgamento de qualquer outro órgão do mesmo tribunal, sendo um acórdão de mérito e outro que não tenha conhecido do recurso, embora tenha sido apreciada a controvérsia (art. 1.043, III).

Acrescente-se que cabem embargos quando o acórdão paradigma for da mesma turma que proferiu a decisão embargada, desde que sua composição tenha sofrido alteração em mais da metade de seus membros (art. 1.043, § 3º).

O art. 1.043, § 5º, do CPC de 2015 previa ser vedado ao tribunal inadmitir o recurso com base em fundamento genérico de que as circunstâncias fáticas são diferentes, sem demonstrar a existência da distinção. Contudo, este dispositivo legal foi revogado pela Lei n. 13.256/16 (art. 3º, II).

21. *Agravo de petição*

Agravo de petição é o recurso cabível contra as decisões definitivas proferidas na execução (art. 897, *a*, da CLT), inclusive nas causas de alçada, desde que o recurso verse sobre matéria constitucional.

Destarte, cabe agravo de petição contra decisão que julga embargos à execução, embargos de terceiro, embargos à arrematação e impugnação do credor à sentença de liquidação, por exemplo.

O agravo deve ser interposto no prazo de oito dias, observando-se que, nos termos da Súmula n. 283 do TST, é admissível agravo de petição adesivo.

O agravo de petição somente será recebido quando o agravante delimitar, justificadamente, as matérias e os valores impugnados, permitida a execução imediata da parte remanescente até o final, nos próprios autos ou por carta de sentença (art. 897, § 1º, da CLT).[1898]

Recebido o recurso, ao agravado será conferida oportunidade para contrarrazões.

O agravo será julgado pelo próprio Tribunal, salvo se se tratar de decisão de Juiz do Trabalho de Primeira Instância ou de Juiz de Direito investido na jurisdição trabalhista, situação em que o julgamento compete ao Tribunal Regional do Trabalho da região respectiva, a quem serão remetidas as peças necessárias para o exame da matéria controvertida, em autos apartados, ou nos próprios autos, se tiver sido determinada a extração de sentença (art. 897, § 3º, da CLT).

Quando o agravo de petição versar apenas sobre as contribuições previdenciárias, o juiz ordenará a extração de cópias das peças necessárias, que serão autuadas em apartado e remetidas à instância superior para apreciação, após contraminuta (art. 897, § 8º, da CLT). Tomada esta providência, a execução das demais parcelas do crédito retomará o seu curso normal.

Como as custas na execução são pagas ao final (art. 789-A da CLT), não se exige recolhimento de custas como condição para a admissão do agravo de petição.

A sentença de liquidação somente pode ser atacada nos embargos do devedor ou impugnação do credor (art. 884, § 3º, da CLT), salvo se por ela a execução for extinta. Podendo a sentença de liquidação ser atacada em embargos ou impugnação, contra ela não cabe agravo de petição (a liquidação não constitui um novo processo, mas incidente que prepara o título executivo judicial para a execução, não sendo a decisão que a julga, com isso, definitiva).

Contra a decisão que julga não provados os artigos de liquidação, não cabe agravo de petição, visto que os artigos podem ser renovados, sendo lícito ao credor prová-los por outros meios.

22. *Agravo regimental*

Agravo regimental é recurso criado e disciplinado pelos regimentos internos dos tribunais do trabalho, em situações para as quais a lei não estabelece recurso próprio.

Parte da doutrina afirma que somente a lei pode criar recursos, o que impede atribuir a natureza de recurso ao agravo criado pelos tribunais em seus regimentos internos. Sob esse prisma, o agravo tem a natureza de pedido de reconsideração da decisão por meio dele impugnada. No entanto, o agravo regimental tem natureza recursal, posto que, assim como os recursos em geral, serve à impugnação de decisões judiciais nos próprios autos em que foi proferida e é criado em razão de autorização legal conferida aos tribunais.

A CLT faz expressa referência ao agravo regimental, afirmando ser ele cabível das decisões do corregedor nas reclamações correcionais (art. 709, § 1º, da CLT). O art. 1.070 do CPC de 2015 também se refere ao agravo regimental, fixando em quinze dias "o prazo para interposição de qualquer agravo previsto em lei ou regimento interno de tribunal, contra decisão de relator ou outra decisão unipessoal proferida em tribunal", o que implica reconhecimento da natureza recursal desta espécie de agravo.

No seu regimento interno, o tribunal instituidor do agravo deverá indicar as hipóteses de seu cabimento e os pressupostos de sua admissibilidade, observando-se, quanto ao prazo, que a Lei n. 5.584/70 fixa o prazo recursal a ser observado no processo do trabalho (oito dias), o que afasta a possibilidade de aplicação, em relação ao agravo regimental, do prazo estabelecido no art. 1.070 do CPC de 2015.

(1898) "Devendo o agravo de petição delimitar justificadamente a matéria e os valores objeto de discordância, não fere direito líquido e certo o prosseguimento da execução quanto aos tópicos e valores não especificados no agravo" (Súmula n. 416 do TST).

Diante da natureza recursal do agravo, à parte recorrida deve ser concedida a oportunidade para contrarrazões (art. 900 da CLT).

Ainda como decorrência de sua natureza recursal, o prazo para agravo regimental é contado em dobro para a Fazenda Pública (Súmula n. 116 do STJ).

O agravo regimental é processado nos autos principais, isto é, sem formação de instrumento (Orientação Jurisprudencial n. 132 da SDI-I do TST).

Nos Tribunais Regionais, o agravo regimental é geralmente apontado como recurso cabível contra despacho do relator que indefere a petição inicial de mandado de segurança e de ação rescisória ou que concede ou denega liminar, por exemplo.

23. *Agravo interno*

A formação colegiada dos tribunais aponta no sentido de que os recursos a eles endereçados serão julgados por um órgão colegiado.

Sob esse prisma, ao relator cabe elaborar o seu voto para julgamento do recurso pelo órgão colegiado.

No entanto, consoante já foi registrado, os poderes do relator vêm sendo ampliados, recebendo ele autorização para proferir decisão que originalmente deveria ser proferida pelo órgão colegiado respectivo, como se vê nos arts. 545 e 557 do CPC de 1973, nos arts. 932, III a V, e 1.011, I, do CPC de 2015 e no art. 894, § 3º, da CLT.

Por força da ampliação dos poderes do relator, foi necessário criar um recurso por meio do qual qualquer das partes pudesse impugnar a decisão por ele proferida em substituição ao órgão colegiado respectivo, isto em respeito ao contraditório e ao amplo direito de defesa. Surge, assim, o *agravo interno*, como meio próprio para a impugnação de decisão do relator proferida em substituição à decisão do órgão colegiado respectivo.

O agravo é dito interno porque é dirigido ao próprio tribunal no qual foi proferida a decisão impugnada. Por meio dele, a questão decidida pelo relator é submetida ao colegiado de que faz parte.

Na petição do agravo interno, o recorrente impugnará especificadamente os fundamentos da decisão agravada (art. 1.021, § 1º, do CPC de 2015). Evitam-se, com esta exigência, os *recursos padronizados*, dissociados do caso concreto.

O agravo deve ser dirigido ao relator, que intimará o agravado para manifestar-se no prazo de oito dias (art. 6º da Lei n. 5.584/70, art. 900 da CLT e art. 3º, XXIX, da Instrução Normativa n. 39/16 do TST), ao final do qual, não havendo retratação, o relator levá-lo-á a julgamento pelo órgão colegiado, com inclusão em pauta (art. 557, § 1º, do CPC de 1973, art. 1.021, § 2º, do CPC de 2015 e art. 894, § 4º, da CLT).

Ao relator é vedado limitar-se à reprodução dos fundamentos da decisão agravada para julgar improcedente o agravo interno (art. 1.021, § 1º, do CPC de 2015). Trata-se, aqui, de afastar a possibilidade de *decisões padronizadas*.

Prevê o art. 557, § 2º, do CPC de 1973 que, *quando for manifestamente inadmissível ou infundado o agravo*, o tribunal condenará o agravante a pagar ao agravado multa entre 1% (um por cento) e 10% (dez por cento) do valor corrigido da causa, ficando a interposição de qualquer recurso condicionada ao depósito do respectivo valor, o que é aplicável no processo do trabalho, salvo quando a parte for beneficiária da justiça gratuita (Instrução Normativa n. 17/1999 do TST, com a redação que lhe conferiu a Resolução n. 131/2005).

O CPC de 2015 estabelece que, no art. 1.021, § 4º, quando o agravo *for declarado manifestamente inadmissível ou improcedente em votação unânime*, o órgão colegiado, em decisão fundamentada, condenará o agravante a pagar ao agravado multa fixada entre um e cinco por cento do valor atualizado da causa, e no art. 1.021, § 5º, que a interposição de qualquer outro recurso está condicionada ao depósito prévio do valor da multa prevista no § 4º, à exceção da Fazenda Pública e do beneficiário da gratuidade da justiça.

A punição em questão tem por objetivo evitar e punir a interposição de recursos protelatórios, o que a torna compatível com o direito processual do trabalho.

Note-se que o CPC de 2015 reduziu o valor da multa (de um a dez por cento para de um a cinco por cento) e exige decisão unânime do colegiado para a sua aplicação, tendo sido nele acrescentado que a interposição de qualquer outro recurso pela Fazenda Pública ou pela parte beneficiária da gratuidade da justiça não está sujeita ao depósito da multa, o que, em relação ao beneficiário da gratuidade da justiça, já era previsto na Instrução Normativa n. 17/1999 do TST, com a redação que lhe conferiu a Resolução n. 131/2005.

Por força dos arts. 6º, da Lei 5.584/70 e 894, § 4º, da CLT, o prazo para a interposição do agravo interno é de oito dias, que é, inclusive, o prazo para a interposição dos demais agravos cabíveis no processo do trabalho, não se aplicando no processo de trabalho, em razão da ausência de omissão do direito processual do trabalho, o disposto no art. 1.070 do CPC de 2015, que fixa em quinze dias "o prazo para interposição de qualquer agravo previsto em lei ou regimento interno de tribunal, contra decisão de relator ou outra decisão unipessoal proferida em tribunal".

24. Pedido de revisão do valor da causa

A CLT não faz referência ao valor da causa quando define os requisitos da petição inicial (art. 840, § 1º), mas o art. 2º, *caput*, da Lei n. 5.584/70 estabelece que, antes de passar à instrução da causa, o juiz deverá fixar o valor da causa para determinação da alçada, se este for indeterminado na petição inicial.

De outro lado, o valor atribuído à causa pelo autor na petição inicial pode ser impugnado pelo réu, na contestação, como preliminar, ou, oralmente em audiência (art. 261 do CPC de 1973 ou art. 293 do CPC de 2015), observando-se que, no CPC de 2015, a impugnação passa a ser objeto da contestação, na qual deverá ser apresentada como preliminar. A parte contrária deve ser ouvida sobre a impugnação ao valor que atribuiu à causa.

Quando o juiz fixar o valor da causa, no caso de julgamento de impugnação apresentada pelo demandado ou em razão da omissão da petição inicial a seu respeito, a parte que se sentir prejudicada poderá, ao aduzir razões finais, impugná-lo. Se o valor atribuído à causa for mantido pelo juiz, a parte poderá, em 48 horas, pedir *revisão da decisão*, ao Presidente do Tribunal a que esteja vinculado o juiz (art. 2º, § 1º, da Lei n. 5.584/70).

O pedido de revisão do valor da causa não tem efeito suspensivo e deverá ser fundamentado, apontando a parte o valor que entende pertinente, e instruído com cópia da petição inicial, da contestação e da ata de audiência em que foi arbitrado o valor da causa.[1899]

O pedido de *revisão do valor da causa* ou *recurso de revisão* destina-se, portanto, à impugnação da decisão por meio da qual o juiz fixa o valor da causa.

Recebido o recurso, deverá ser concedida à parte contrária oportunidade para contrarrazões, pelo prazo de 48 horas (art. 900 da CLT).

O Presidente do Tribunal competente para o julgamento deverá fazê-lo em 48 horas, a partir do seu recebimento (art. 2º, § 2º, da Lei n. 5.584/70), sendo a sua decisão irrecorrível (não é estabelecida na lei a possibilidade de impugnação da decisão do Presidente do Tribunal).

Nas ações de competência originária de tribunal, caberá ao relator decidir sobre a impugnação do valor da causa, competindo ao órgão colegiado resolver sobre eventual pedido de revisão.

Apresentada impugnação ao valor da causa pelo réu, o juiz deverá julgá-la em audiência, antes da instrução, ou, sendo o caso de impugnação ao valor da causa fixado pelo juiz, no caso de omissão da petição inicial, o seu julgamento também deverá ocorrer em audiência, antes de proferida sentença.

(1899) Esta exigência decorre do fato de o recurso ser processado por instrumento.

Se o juiz somente julgar a impugnação na sentença, à parte é lícito suscitar a questão no recurso que aforar contra a sentença, em preliminar.

Vale recordar que nas causas cujo valor não exceder de duas vezes o salário mínimo somente será admitido recurso que verse sobre matéria constitucional. Desse modo, se o valor atribuído à causa é superior a dois salários mínimos e o juiz não decide impugnação a ele apresentada em audiência, eventual decisão proferida pelo tribunal reduzindo o valor para importe inferior a dois salários mínimos não prejudica o recurso das partes. Com efeito, as partes não podem ser surpreendidas pela redução do valor da causa realizada apenas no julgamento do recurso apresentado contra a sentença.

II. Correição parcial ou reclamação correcional

No curso do processo o juiz pode cometer erro de julgamento (*error in iudicando*: erro na solução das questões de fato e de direito suscitadas pelas partes) e erro de procedimento (*error in procedendo*).

O recurso constitui o meio próprio para impugnar ato judicial que contenha erro de julgamento.

A correição parcial ou reclamação correcional é o instrumento de que dispõem as partes para impugnar ato judicial que consubstancie erro de procedimento, ou seja, ação, omissão, abuso ou ato contrário à boa ordem processual que causa ou possa causar prejuízo para as partes, que não seja passível de impugnação por meio de recurso (art. 790, II, da CLT).

A correição parcial ou reclamação correcional não é recurso, mas medida de caráter administrativo, que tem por objetivo corrigir erro de procedimento praticado pelo juiz.[1900] Não tendo a correição parcial natureza recursal, o prazo para a sua apresentação não é contado em dobro para a Fazenda Pública.

A CLT faz expressa referência à correção parcial ou reclamação correcional no art. 709, II, dispondo, ao tratar da competência dos órgãos do Tribunal Superior do Trabalho, que compete ao corregedor decidir reclamações contra atos atentatórios da boa ordem processual praticados pelos tribunais regionais e seus presidentes, observando-se que cabe ao corregedor dos tribunais regionais do trabalho processar e decidir as correições apresentadas contra atos praticados pelos juízes de primeira instância.

A petição da correição parcial deverá conter a qualificação do autor, a indicação da autoridade que praticou o ato impugnado, cópia ou certidão do ato impugnado, comprovante de intimação do ato impugnado, os fatos e fundamentos jurídicos do pedido, o pedido e a indicação das provas que o interessado pretende produzir.

A petição será indeferida quando não preencher os requisitos que lhe são próprios, for firmada por advogado e este não a instruir com o respectivo mandato e não for o caso de correição parcial.

Sendo relevantes os fundamentos apresentados para a correição parcial ou podendo do ato impugnado resultar a ineficácia da medida requerida, o juiz-corregedor poderá deferir medida liminar eventualmente pleiteada pelo requerente.

Estando a inicial em ordem, o corregedor ordenará a notificação da autoridade responsável pelo ato impugnado, para que se manifeste no prazo a ele assinalado.

Colhida a manifestação da autoridade, a correição será instruída e julgada.

Da decisão do juiz-corregedor, cabe agravo regimental, no prazo de cinco dias, para o Tribunal Pleno (art. 709, § 2º, da CLT).

Não cabe recurso ordinário contra decisão em agravo regimental interposto em reclamação correcional (Orientação Jurisprudencial n. 5 do Tribunal Pleno do TST).

(1900) Não existe consenso na doutrina sobre a natureza jurídica da correição parcial. Alguns doutrinadores atribuem à correição a natureza de procedimento administrativo, de caráter disciplinar, outros sustentam que ela constitui ação mandamental incidental, por implicar, se acolhida, na expedição de um mandado de correição, outros advogam que se trata de um sucedâneo do recurso e outros, que constitui direito de petição contra ilegalidade ou abuso de poder.

Capítulo 17

Ação Rescisória

1. Noções gerais

A decisão de mérito passada em julgado é indiscutível e imutável (art. 836 da CLT, art. 467 do CPC de 1973 e art. 468 do CPC de 2015). Isso significa que a decisão de mérito transitada em julgado vincula as partes e os órgãos do Poder Judiciário.

No entanto, situações existem em que a decisão de mérito passada em julgado pode ser impugnada e rescindida. Nesse sentido, dispõe o art. 836 da CLT que é vedado aos órgãos da Justiça do Trabalho conhecer de questões já decididas, excetuados os casos expressamente previstos na CLT e a ação rescisória.

Ação rescisória é, nesse compasso, a ação por meio da qual é impugnada decisão de mérito transitada em julgado, nos casos e na forma estabelecidos pelo CPC. Trata-se, portanto, de ação que visa a desconstituir a coisa julgada e, em alguns casos, como se verá mais adiante, também o proferimento de novo julgamento da demanda.

A ação rescisória não se confunde com o recurso. Assim como o recurso, a ação rescisória constitui meio de impugnação das decisões judiciais. No entanto, o recurso constitui meio de impugnação da decisão, de mérito ou não, nos próprios autos em que foi proferida e a sua interposição impede que a decisão passe em julgado, enquanto a ação rescisória constitui ação autônoma de impugnação da decisão de mérito já transitada em julgado.

Luiz Guilherme Marinoni, Sérgio Cruz Arenhart e Daniel Mitidiero afirmam que a ação rescisória "é um instrumento para a tutela do direito ao processo justo e à decisão justa".[1901]

A ação rescisória, de acordo com o art. 836 da CLT, é admitida, no processo do trabalho, na forma do disposto no CPC, ou seja, dos arts. 485 a 495 do CPC de 1973 ou dos arts. 966 a 975 do CPC de 2015.

2. Objeto da rescisão

Nem toda decisão judicial pode ser impugnada por meio de ação rescisória.

Com efeito, segundo o art. 485 do CPC de 1973 e o art. 966 do CPC de 2015, a ação rescisória visa à desconstituição de *decisão de mérito transitada em julgado.*

Cumpre recordar que:

a) à luz do art. 269 do CPC de 1973, haverá resolução do mérito quando: o juiz acolher ou rejeitar o pedido do autor; o réu reconhecer a procedência do pedido; as partes transigirem; o juiz pronunciar a decadência ou a prescrição; o autor renunciar ao direito sobre que se funda a ação;

(1901) *Novo Código de Processo Civil comentado*, p. 900.

b) conforme o art. 485 do CPC de 2015, haverá resolução de mérito quando o juiz: acolher ou rejeitar o pedido formulado na ação ou na reconvenção; decidir, de ofício ou a requerimento, sobre a ocorrência de decadência ou prescrição; homologar o reconhecimento da procedência do pedido formulado na ação ou na reconvenção, a transação ou a renúncia à pretensão formulada na ação ou na reconvenção.[1902]

O CPC de 2015 acrescenta que será rescindível a decisão transitada em julgado que, *embora não seja de mérito*, impeça nova propositura da demanda ou a admissibilidade do recurso correspondente (art. 966, § 2º). Nesse compasso, se na decisão é afirmada, por exemplo, a ocorrência de coisa julgada, o que, nos termos do art. 486, § 1º, do CPC de 2015, impede nova discussão sobre o tema em outra demanda, contra ela pode ser apresentada ação rescisória, ao passo que, se, também erroneamente, é negada admissão a recurso, contra esta decisão cabe ação rescisória.

Cumpre observar que uma questão processual pode ser objeto de rescisória, desde que consista em pressuposto de validade de uma sentença de mérito (Súmula n. 412 do TST).

De outro lado, a decisão recorrida que, em agravo regimental, aprecia a matéria na fundamentação, sob o enfoque das Súmulas ns. 83 do TST e 343 do STF, constitui decisão de mérito, ainda que haja resultado no indeferimento da petição inicial e na extinção do processo sem julgamento de mérito. Sujeita-se, assim, à reforma pelo TST, a decisão do Tribunal que, invocando controvérsia na interpretação da lei, indefere a petição inicial de ação rescisória (Súmula n. 411 do TST).

Consoante a Súmula n. 192, itens I e II, do TST, se neste Tribunal não houver o conhecimento de recurso de revista ou de embargos, a competência para julgar ação que vise a rescindir a decisão de mérito é do Tribunal Regional do Trabalho (na hipótese, não houve proferimento de decisão de mérito no âmbito do TST). No entanto, quando no TST é negado conhecimento a recurso de embargos ou de revista, analisando arguição de violação de dispositivo de lei material ou decidindo em consonância com súmula de direito material ou com iterativa, notória e atual jurisprudência de direito material da Seção de Dissídios Individuais, cabe ação rescisória da competência do TST (nesta hipótese, foi proferida decisão de mérito no âmbito do TST).

Se a decisão for impugnada por meio de recurso e este for conhecido e julgado, dá-se a substituição daquela decisão pela que julga o recurso (art. 512 do CPC de 1973 e art. 1.008 do CPC de 2015). A rescisória, nesse caso, deve ser manejada contra esta segunda decisão e não contra a primeira. A propósito afirma Pontes de Miranda que "desde que algum juízo coletivo conheceu de recurso, a rescindibilidade é quanto à sua decisão. Se dele não conheceu, o que pode ser rescindível é a sentença ou o acórdão de que se recorreu".[1903] Nesse sentido, "a decisão de mérito confirmada ou reformada por outra de mérito, de Corte superior, em grau ordinário ou extraordinário, foi por esta substituída (CPC, art. 512) e não pode por isso ser objeto de rescisão. Sê-lo-á a decisão substitutiva, nunca a substituída".[1904] Daí o inciso III da Súmula n. 192 do TST: "Em face do disposto no art. 512 do CPC, é juridicamente impossível o pedido explícito de desconstituição de sentença quando substituída por acórdão de Tribunal Regional ou superveniente sentença homologatória de acordo que puser fim ao litígio".

De outro lado, "é manifesta a impossibilidade jurídica do pedido de rescisão de julgado proferido em agravo de instrumento que, limitando-se a aferir eventual desacerto do juízo negativo de admissibilidade do recurso de revista, não substitui o acórdão regional, na forma do art. 512 do CPC" (Súmula n. 192, IV,

---

(1902) Note-se que o CPC de 2015 considera hipóteses de *resolução de mérito* tanto aquelas em que há *julgamento* do mérito (o juiz acolhe ou rejeita o pedido formulado na ação ou na reconvenção ou decide, de ofício ou a requerimento, sobre a ocorrência de decadência ou prescrição) como aquelas em que a atuação do juiz é meramente *homologatória* (homologação de reconhecimento da procedência do pedido formulado na ação ou na reconvenção, de transação e de renúncia à pretensão formulada na ação ou na reconvenção). Nas situações em que apenas são homologados atos das partes haverá *resolução do mérito*, mas não *julgamento do mérito*.

(1903) *Comentários ao Código de Processo Civil*, v. VI, p. 192.

(1904) COSTA, Coqueijo. *Ação rescisória*, p. 30.

do TST). O mérito de demanda, nesta hipótese, foi resolvido na decisão proferida pelo TRT e é esta decisão que deve ser atacada por meio de ação rescisória.

Acrescente-se que "a decisão proferida pela SDI, em sede de agravo regimental, calcada na Súmula n. 333, substitui acórdão de Turma do TST, porque emite juízo de mérito, comportando, em tese, o corte rescisório" (Súmula n. 192, V, do TST).

Anote-se que, "revelando-se a sentença *citra petita*, o vício processual vulnera os arts. 141 e 492 do CPC de 2015 (arts. 128 e 460 do CPC de 1973), tornando-a passível de desconstituição, ainda que não opostos embargos de declaração" (Orientação Jurisprudencial n. 41 da SDI-2 do TST, com a redação atualizada em razão da entrada em vigor do CPC de 2015).

Consoante a Súmula n. 413 do TST, não cabe ação rescisória por violação do art. 896, *a*, da CLT contra decisão que não conhece de recurso de revista, com base em divergência jurisprudencial, pois não se trata de sentença de mérito. Esta Súmula foi cancelada em 19.4.2016.

A ação rescisória pode ser aforada com o objetivo de desconstituir decisão proferida no julgamento de outra ação rescisória (*rescisória de rescisória*), desde que tenha como objeto a decisão proferida no julgamento da rescisória anteriormente aforada e não a decisão que por ela foi atacada.(1905)

Desde que seja de mérito, a decisão proferida na execução, inclusive no julgamento de embargos à execução ou de impugnação do credor à sentença de liquidação, é passível de rescisão, observando-se que, de acordo com a Súmula n. 399, II, do TST, "a decisão homologatória de cálculos apenas comporta rescisão quando enfrentar as questões envolvidas na elaboração da conta de liquidação, quer solvendo a controvérsia das partes, quer explicitando, de ofício, os motivos pelos quais acolheu os cálculos oferecidos por uma das partes ou pelo setor de cálculos, e não contestados pela outra".

Cumpre observar que "Embora não haja atividade cognitiva, a decisão que declara extinta a execução, nos termos do art. 924, incisos I a IV c/c art. 925 do CPC de 2015 (arts. 794 c/c 795 do CPC de 1973), extingue a relação processual e a obrigacional, sendo passível de corte rescisório" (Orientação Jurisprudencial n. 107 da SDI-2 do TST).

3. *Admissibilidade da ação rescisória no processo do trabalho. Depósito prévio exigido do autor da ação rescisória*

O art. 836 da CLT afasta qualquer dúvida a respeito da admissibilidade da ação rescisória no processo do trabalho, inclusive no procedimento sumaríssimo e sumário (causas de alçada).(1906)

De acordo com o art. 836 da CLT, a ação rescisória será admitida na forma do disposto no CPC.

O CPC de 1973 dispõe que o autor da ação rescisória deverá depositar a importância de 5% sobre o valor da causa, a título de multa, caso a ação seja, por unanimidade de votos, declarada inadmissível ou impro-

(1905) A Súmula n. 400 do TST, em sua redação original, prevê que: "Em se tratando de rescisória de rescisória, o vício apontado deve nascer na decisão rescindenda, não se admitindo a rediscussão do acerto do julgamento da rescisória anterior. Assim, não se admite rescisória calcada no inciso V do art. 485 do CPC, para discussão, por má aplicação dos mesmos dispositivos de lei, tidos por violados na rescisória anterior, bem como para arguição de questões inerentes à ação rescisória primitiva". Em 19.4.2016 esta Súmula recebeu nova redação, passando a prever que: "Em se tratando de rescisória, o vício apontado deve nascer na decisão rescindenda, não se admitindo a rediscussão do acerto do julgamento da rescisória anterior. Assim, não se admite rescisória calcada no inciso V do art. 966 do CPC de 2015 (art. 485 do CPC de 1973) para discussão, por má aplicação da mesma norma jurídica, tida por violada na rescisória anterior, bem como para arguição de questões inerentes à ação rescisória primitiva". O STF já decidiu que: "O sistema brasileiro admite o ajuizamento de nova ação rescisória promovida com o objetivo de desconstituir decisão proferida no julgamento de outra ação rescisória. A via excepcional da rescisão do julgamento, contudo, não pode ser utilizada com o propósito de reintroduzir, no âmbito de nova ação rescisória, a mesma discussão já apreciada, definitivamente, em anterior processo rescisório" (STF-Pleno, AR 1.279.8-PR. Edcl., Rel. Min. Celso de Mello, DJU 13.9.2002, p. 63).

(1906) O art. 836 da CLT nada contém que impeça a ação rescisória contra decisão proferida em processo sujeito ao procedimento sumaríssimo ou sumário.

cedente (art. 488, II), ao passo que o CPC de 2015 estabelece que deve o autor da ação rescisória depositar a importância de 5% sobre o valor da causa, que se converterá em multa caso a ação seja, por unanimidade de votos, declarada inadmissível ou improcedente.

A CLT, de sua feita, prevê que o autor da ação rescisória deverá realizar o depósito prévio no valor equivalente a 20% (vinte por cento) do valor da causa, salvo prova de miserabilidade jurídica do autor, ou seja, que o autor que perceba salário igual ou inferior ao dobro do salário mínimo ou declare sob as penas da lei, que não está em condições de pagar as custas do processo sem prejuízo do sustento próprio ou de sua família (art. 6º da Instrução Normativa n. 31 do TST, de 27.9.2007[1907]).

Também estão dispensados do depósito a União, os Estados, o Distrito Federal, Os Municípios e suas respectivas autarquias e fundações de direito público, o Ministério Público e a Defensoria Pública (art. 968, § 1º, do CPC de 2015).

O objetivo da exigência do depósito prévio é, tanto no processo civil quanto no processo do trabalho, evitar ou desestimular o ajuizamento de ação rescisória.

No CPC de 2015 foi estabelecido um limite para o depósito em questão. Com efeito, de acordo com o art. 968, § 2º, o depósito exigido do autor da ação rescisória não será superior a 1.000 salários mínimos. Como a CLT é omissa em relação ao limite do depósito a ser realizado pelo autor da ação rescisória, é aplicável no processo do trabalho o art. 968, § 2º, do CPC de 2015, no que comporta ao limite por ele estabelecido, observando-se que, segundo a Instrução Normativa n. 39/16 do TST, são aplicáveis no processo do trabalho os arts. 966 a 975 do CPC de 2015 (art. 3º, XXIV).

Quando a pretensão do autor da ação rescisória, rescindirá a sentença rescindenda e proferirá, se for o caso, novo julgamento.

No entanto, quando a pretensão for, por unanimidade, julgada inadmissível ou improcedente, a importância do depósito reverterá a favor do réu, caso em que o depósito assume caráter punitivo.

4. Pressupostos da ação rescisória

São pressupostos específicos da ação rescisória:

a) o trânsito em julgado de decisão de mérito;

b) a presença de uma ou mais *hipóteses de rescindibilidade* indicadas, taxativamente, no art. 485 do CPC ou no art. 966 do CPC de 2015.[1908]

Somente pode ser objeto de ação rescisória a decisão transitada em julgado, isto é, decisão contra a qual não seja possível a oposição de recurso (art. 467 do CPC de 1973 e art. 502 do CPC de 2015).

Se a decisão ainda é passível de recurso, falta à parte interesse para ajuizar a ação rescisória.[1909]

(1907) Esta Instrução Normativa estendeu o benefício consistente na dispensa do depósito prévio à massa falida.

(1908) Na rescisória devem ser atendidos os pressupostos processuais e para a sua propositura é necessário ter interesse e legitimidade. O interesse processual resulta da existência de uma decisão passada em julgado e a presença de uma das hipóteses de rescindividade previstas em lei.

(1909) "I — É indispensável ao processamento da demanda rescisória a prova do trânsito em julgado da decisão rescindenda. II — Verificando o relator que a parte interessada não juntou à inicial o documento comprobatório, abrirá prazo de dez dias para que o faça, sob pena de indeferimento. III — A comprovação do trânsito em julgado da decisão rescindenda é pressuposto processual indispensável ao tempo do ajuizamento da ação rescisória. Eventual trânsito em julgado posterior ao ajuizamento da ação rescisória não reabilita a ação proposta, na medida em que o ordenamento jurídico não contempla a ação rescisória preventiva. IV — O pretenso vício de intimação, posterior à decisão que se pretende rescindir, se efetivamente ocorrido, não permite a formação da coisa julgada material. Assim, a ação rescisória deve ser julgada extinta, sem julgamento do mérito, por carência de ação, por inexistir decisão transitada em julgado a ser rescindida" (Súmula n. 299 do TST).

Por essa razão, o autor deve instruir a petição inicial com a prova do trânsito em julgado da decisão rescindenda.

No entanto, aplica-se à hipótese o art. 284 do CPC de 1973 ou o art. 321 do CPC de 2015, de forma que, deixando a parte de comprovar o trânsito em julgado da decisão impugnada, a ela deverá ser concedido o prazo razoável para fazê-lo, sob pena de indeferimento da inicial.

Não cabe ação rescisória para a desconstituição de sentença não transitada em julgado porque ainda não submetida à remessa necessária, na forma do Decreto n. 779/69. Nesta hipótese, "determina-se que se oficie ao presidente do TRT para que proceda à avocatória do processo principal para o reexame da sentença rescindenda" (Orientação Jurisprudencial n. 21 da SDI-2 do TST).

Pressuposto para a ação rescisória é o trânsito em julgado da decisão, qualquer que seja a sua causa. Assim, o fato de a decisão não ter sido impugnada por meio de recurso não impede a sua impugnação por ação rescisória.[1910] Também não impede a ação rescisória, segundo José Carlos Barbosa Moreira, "a circunstância de haver-se aquiescido à decisão rescindenda, renunciado ao poder de recorrer ou desistido de recurso acaso interposto, tampouco a de ter este ficado deserto".[1911]

5. *Prazo para propositura da ação rescisória*

Dispõe o art. 495 do CPC de 1973 que o direito de propor ação rescisória se extingue em dois anos, contados do trânsito em julgado da decisão. Segundo o art. 975 do CPC de 2015, o direito à rescisão se extingue em dois anos, contados do trânsito em julgado da última decisão proferida no processo. O art. 975 do CPC de 2015 não merece ressalva, visto que, expirado o prazo de dois anos, é extinto não o direito de propor a ação rescisória, mas o direito à rescisão.

A hipótese é de prazo decadencial, vez que será extinto, pelo transcurso do prazo assinalado no art. 495 do CPC de 1973 e no art. 975 do CPC de 2015, o direito à rescisão da decisão.

Conta-se o prazo para a propositura da ação rescisória do trânsito em julgado da última decisão proferida no processo, o que se explica pelo fato de a ação rescisória visar à rescisão de decisão transitada em julgado, lembrando-se que se dá o trânsito em julgado, nos termos do art. 467 do CPC de 1973 e do art. 502 do CPC de 2015, quando a decisão se tornar irrecorrível.

O TST trata da contagem do prazo para ajuizamento da ação rescisória na Súmula n. 100, na qual é dito que:

> a) "O prazo de decadência, na ação rescisória, conta-se do dia imediatamente subsequente ao trânsito em julgado da última decisão proferida na causa, seja de mérito ou não" (Súmula n. 100, I, do TST).[1912]

É com o trânsito em julgado da última decisão proferida no processo, seja ela de mérito ou não, que tem início o prazo para a propositura de ação rescisória. A hipótese diz respeito ao interesse de agir: enquanto for possível alterar a decisão no próprio processo em que foi proferida, não tem lugar a ação rescisória.

> b) "Havendo recurso parcial no processo principal, o trânsito em julgado dá-se em momentos e em tribunais diferentes, contando-se o prazo decadencial para a ação rescisória do trânsito em julgado de cada decisão, salvo se o recurso tratar de preliminar ou prejudicial que possa tornar insubsistente a decisão recorrida, hipótese em que flui a decadência, a partir do trânsito em julgado da decisão que julgar o recurso parcial" (Súmula n. 100, II).

(1910) "Admite-se ação rescisória contra sentença transitada em julgado, ainda que contra ela não se tenham esgotado todos os recursos" (Súmula n. 514 do STF).

(1911) *Comentários ao Código de Processo Civil*, v. V, p. 117.

(1912) Esta solução se encontra em perfeita sintonia com o art. 975 do CPC de 2015.

Versa a hipótese sobre a *formação progressiva da coisa julgada*. Se a coisa julgada vai se formando progressivamente, em momentos e em tribunais diversos, o prazo para a propositura da ação rescisória tem início em momentos diversos. Dá-se a formação progressiva da coisa julgada quando o recurso interposto versa apenas sobre parte das questões enfrentadas na decisão (recurso parcial). Neste caso, a decisão faz coisa julgada imediatamente, em relação às questões não atacadas mediante o recurso interposto. Quanto à matéria objeto do recurso, a coisa julgada será produzida posteriormente.

Esta regra somente não será aplicada quando o recurso parcial tratar de preliminar ou prejudicial que possa tornar insubsistente a decisão recorrida, hipótese em que flui o prazo a partir do trânsito em julgado da decisão que julgar o recurso. Ainda aqui, a hipótese diz respeito ao interesse de agir: enquanto for possível alterar a decisão no próprio processo em que foi proferida, não tem lugar a ação rescisória.

c) "Salvo se houver dúvida razoável, a interposição de recurso intempestivo ou a interposição de recurso incabível não protrai o termo inicial do prazo decadencial" (Súmula n. 100, III).

O ato processual intempestivo (ato praticado fora do prazo próprio) não gera efeitos. Por esta razão, o recurso intempestivo não tem influência na fixação do termo inicial do prazo para propositura da ação rescisória. No caso de recurso intempestivo, a coisa julgada formou-se no último dia do prazo recursal.

Da mesma forma, a apresentação de recurso incabível, o que se dá quando a decisão não era passível de recurso ou o recurso aforado não era o adequado, não tem influência na fixação do termo inicial para a propositura da ação rescisória.

No entanto, se havia dúvida razoável sobre o prazo para interposição do recurso ou sobre cabimento do recurso, o prazo para a ação rescisória será contado a partir do trânsito em julgado da decisão que o julgar.

Anote-se que, "o não conhecimento do recurso por deserção não antecipa o *dies a quo* do prazo decadencial para o ajuizamento da ação rescisória, atraindo, na contagem do prazo, a aplicação da Súmula n. 100 do TST". (Orientação Jurisprudencial n. 80 da SDI-2 do TST). Destarte, se o recurso interposto for declarado deserto, o prazo decadencial para a ação rescisória conta-se do trânsito em julgado da decisão sobre a deserção (aplicação do item I da Súmula n. 100 do TST).

d) "O juízo rescindente não está adstrito à certidão de trânsito em julgado juntada com a ação rescisória, podendo formar convicção através de outros elementos dos autos quanto à antecipação ou postergação do *dies a quo* do prazo decadencial" (Súmula n. 100, IV).

A certidão de trânsito em julgado juntada com a petição inicial da ação rescisória não vincula o juízo competente para o seu julgamento, podendo ele, no controle da tempestividade do ajuizamento da ação, formar a sua convicção sobre o momento exato da formação da coisa julgada com base em outros elementos existentes nos autos.

e) "O acordo homologado judicialmente tem força de decisão irrecorrível, na forma do art. 831 da CLT. Assim sendo, o termo conciliatório transita em julgado na data da sua homologação judicial".

Dispõe o art. 831, parágrafo único, da CLT, que o termo de conciliação valerá como decisão irrecorrível, salvo para a União quanto às contribuições previdenciárias que forem devidas. De outro lado, haverá resolução do mérito quando as partes transigirem (art. 269, III, do CPC de 1973) ou o juiz homologar transação (art.487, III, *b*, do CPC de 2015). A decisão homologatória de acordo vale como decisão de mérito transitada em julgado. Isso significa que ela somente pode ser atacada mediante ação rescisória (é neste sentido, inclusive, a Súmula n. 259 do TST).

De outro lado, como o termo de conciliação vale como decisão irrecorrível, é no momento da homologação do acordo que ocorre o trânsito em julgado da decisão.

f) "Na hipótese de colusão das partes, o prazo decadencial da ação rescisória somente começa a fluir para o Ministério Público, que não interveio no processo principal, a partir do momento em que tem ciência da fraude" (Súmula n. 100, VI).[1913]

(1913) O CPC de 2015 estabelece, no art. 975, § 3º, que, nas hipóteses de simulação ou de colusão das partes, o prazo começa a contar, para o terceiro prejudicado e para o Ministério Público, que não interveio no processo, a partir do momento em que têm ciência da simulação ou da colusão.

A decisão de mérito resultante de colusão entre as partes pode ser atacada mediante ação rescisória proposta pelo Ministério Público do Trabalho. Neste caso, se o Ministério Público do Trabalho interveio no processo em que a decisão foi proferida, o prazo para a ação rescisória é contado do trânsito em julgado da decisão. Contudo, se o Ministério Público do Trabalho não interveio no processo em que a decisão foi proferida, o prazo para a ação rescisória é contado a partir da ciência, por parte dele, da fraude.

g) "Não ofende o princípio do duplo grau de jurisdição a decisão do TST que, após afastar a decadência em sede de recurso ordinário, aprecia desde logo a lide, se a causa versar questão exclusivamente de direito e estiver em condições de imediato julgamento" (Súmula n. 100, VII).[1914]

h) "A exceção de incompetência, ainda que oposta no prazo recursal, sem ter sido aviado o recurso próprio, não tem o condão de afastar a consumação da coisa julgada e, assim, postergar o termo inicial do prazo decadencial para a ação rescisória" (Súmula n. 100, VIII).

O fato de ser oposta exceção de incompetência dentro do prazo recursal não impede o trânsito em julgado da decisão e, destarte, a fluência do prazo para o ajuizamento da ação rescisória. Portanto, para evitar o trânsito em julgado, a parte deve aforar recurso e opor a exceção.

i) "Prorroga-se até o primeiro dia útil, imediatamente subsequente, o prazo decadencial para ajuizamento de ação rescisória quando expira em feriado, sábado, domingo ou em dia em que não houver expediente forense. Aplicação do art. 775 da CLT" (Súmula n. 100, IX).

O prazo decadencial, assim como os prazos em geral, é prorrogado quando expirar em feriado, sábado, domingo ou em dia em que não houver expediente forense (art. 775, parágrafo único, da CLT), vez que a parte tem direito de dispor de todo o prazo que lhe assegura a lei para propor a referida ação. Com isto, dela não pode ser exigido que antecipe a prática de um ato processual quando o prazo para a sua prática vencer em feriado, sábado, domingo ou em dia em que não houver expediente forense. José Carlos Barbosa Moreira professa entendimento diverso, sustentando que "sendo de decadência, o prazo do art. 495 não (...) se desloca o termo final para o primeiro dia útil, se o *dies ad quem* é sábado ou domingo",[1915] o que se explica pelo fato de ser por ele afirmado que o transcurso do prazo não estingue o direito de ação, mas o direito à rescisão da sentença, o que significa que "o fenômeno passa-se no plano material, não no plano processual, como de resto deixa entrever o próprio Código, quando estatui que a pronúncia de decadência implica 'resolução de mérito'".[1916] Sob este prisma, não se aplica à hipótese a norma de direito processual relativa à prorrogação de prazos.[1917]

j) "Conta-se o prazo decadencial da ação rescisória, após o decurso do prazo legal previsto para a interposição do recurso extraordinário, apenas quando esgotadas todas as vias ordinárias" (Súmula n. 100, X).

A ação rescisória pode ser ajuizada "ainda que contra ela não se tenham esgotados todos os recursos" (Súmula n. 514 do STF). No entanto, o prazo para ajuizamento da ação rescisória terá início após o julgamento do recurso extraordinário somente quando tiverem sido esgotadas todas as vias ordinárias.

Se a ação rescisória for fundada em prova nova (art. 485, VII, do CPC de 1973 e art. 966, VII, do CPC de 2015), o termo inicial do prazo será a data de descoberta da prova nova, observado o prazo máximo de cinco anos, contado do trânsito em julgado da última decisão proferida no processo (art. 975, § 2º, do CPC de 2015).

(1914) Este item não diz respeito diretamente à contagem do prazo para a propositura da ação rescisória, mas, isto sim, da extensão do efeito devolutivo do recurso de revista.

(1915) *Comentários ao Código de Processo Civil,* v. V, p. 221.

(1916) *Comentários ao Código de Processo Civil,* v. V, p. 220-221.

(1917) Observe-se que o art. 207 do C. Civil somente estabelece que os prazos decadenciais não se suspendem ou interrompem, não aludindo, portanto, à possibilidade de sua prorrogação. De outro lado, o art. 975, § 1º, do CPC de 2015 admite, expressamente, a possibilidade de prorrogação do prazo que expirar durante férias forenses, feriados ou em dia em que não houver expediente forense.

Anote-se que, de acordo com a Orientação Jurisprudencial n. 12 da SDI-2 do TST, já com a sua redação atualizada, "I — A vigência da Medida Provisória n. 1.577/97 e suas reedições implicou o elastecimento do prazo decadencial para o ajuizamento da ação rescisória a favor dos entes de direito público, autarquias e fundações públicas. Se o biênio decadencial do art. 495 do CPC de 1973 findou após a entrada em vigor da Medida Provisória n. 1.577/97 e até sua suspensão pelo STF em sede liminar de ação direta de inconstitucionalidade (ADIn n. 1.753-2), tem-se como aplicável o prazo decadencial elastecido à rescisória. II — A regra ampliativa do prazo decadencial para a propositura de ação rescisória em favor de pessoa jurídica de direito público não se aplica se, ao tempo em que sobreveio a Medida Provisória n. 1.577/97, já se exaurira o biênio do art. 495 do CPC de 1973. Preservação do direito adquirido da parte à decadência já consumada sob a égide da lei velha".

6. Requisitos da petição inicial. Valor da causa

A petição inicial da ação rescisória deve:

a) atender os requisitos dos arts. 282 do CPC ou 319 do CPC de 2015, como decorre do disposto no art. 836 da CLT;

b) ser instruída com cópia da decisão rescindenda e prova do seu trânsito em julgado;

c) ser instruída com prova do depósito do valor correspondente a 20% do valor da causa, quando for este exigível (art. 836 da CLT).[1918]

A petição inicial será indeferida quando não for efetuado o depósito exigido pelo art. 836 da CLT (art. 968, § 3º, do CPC de 2015).

O autor deve apontar na petição inicial o inciso do art. 485 do CPC de 1973 ou do art. 966 do CPC de 2015 em que se fundamenta a sua pretensão. Não obstante, consoante a Súmula n. 408 do TST, na sua redação original, "não padece de inépcia a petição inicial de ação rescisória apenas porque omite a subsunção do fundamento da rescindibilidade no art. 485 do CPC ou o capitula erroneamente em um de seus incisos. Contanto que não se afaste dos fatos e fundamentos invocados como causa de pedir, ao Tribunal é lícito emprestar-lhes a adequada qualificação jurídica (*iura novit curia*). No entanto, fundando-se a ação rescisória na alegação de violação de literal disposição de lei, é indispensável a expressa indicação, na petição inicial da ação rescisória, do dispositivo legal violado, por se tratar de causa de pedir da rescisória, não se aplicando, no caso, o princípio *iura novit curia*", o que, na essência, foi mantido na sua atual redação, *in verbis:* "não padece de inépcia a petição inicial de ação rescisória apenas porque omite a subsunção do fundamento da rescindibilidade no art. 966 do CPC de 2015 (art. 485 do CPC de 1973) ou o capitula erroneamente em um de seus incisos. Contanto que não se afaste dos fatos e fundamentos invocados como causa de pedir, ao Tribunal é lícito emprestar-lhes a adequada qualificação jurídica (*iura novit curia*). No entanto, fundando-se a ação rescisória no art. 966, inciso IV, do CPC de 2015 (art. 485 do CPC de 1973), é indispensável expressa indicação, na petição inicial da ação rescisória, da norma jurídica manifestamente violada (dispositivo legal violado no CPC de 1973), por se tratar de causa de pedir da rescisória, não se aplicando, no caso, o princípio *iura novit curia*".

De acordo com o art. 2º da Instrução Normativa n. 31 do TST, o valor da causa da ação rescisória que visa desconstituir decisão da fase de conhecimento corresponderá:

a) no caso de improcedência, ao valor dado à causa do processo originário ou aquele que for fixado pelo juiz, devidamente reajustado até a data do ajuizamento da ação rescisória, pela variação cumulada do INPC divulgada pelo IBGE;

b) no caso de procedência, total ou parcial, ao respectivo valor da condenação, devidamente reajustado até a data do ajuizamento da ação rescisória, pela variação cumulada do INPC divulgada pelo IBGE.

(1918) Este tema foi examinado no item 3 do presente Capítulo.

Nos termos do art. 3º da Instrução Normativa n. 31 do TST, o valor da causa da ação rescisória que visa desconstituir decisão da fase de execução corresponderá ao valor apurado na liquidação.

Não se aplica a alçada em ação rescisória (Súmula n. 365 do TST), ou seja, o fato de o valor da causa ser inferior a dois salários mínimos na data da propositura da ação em que foi proferida a decisão não impede a sua impugnação por meio de ação rescisória.

A Orientação Jurisprudencial n. 155 da SDI-2 do TST considerava ser defeso ao juiz alterar de ofício o valor da causa, mas foi cancelada em 12.4.1015, com esteio no art. 292, § 3º, do CPC de 2015, que autoriza o juiz a alterar de ofício o valor da causa.

Anote-se que "é admissível o ajuizamento de uma única ação rescisória contendo mais de um pedido, em ordem sucessiva, de rescisão da sentença e do acórdão. Sendo inviável a tutela jurisdicional de um deles, o julgador está obrigado a apreciar os demais, sob pena de negativa de prestação jurisdicional (Orientação Jurisprudencial n. 78 da SDI-2 do TST)".

Consoante a Orientação Jurisprudencial n. 84 da SDI-2 do TST, "a decisão rescindenda e/ou a certidão do seu trânsito em julgado devidamente autenticadas, à exceção de cópias reprográficas apresentadas por pessoa jurídica de direito público, a teor do art. 24 da Lei n. 10.522/2002, são peças essenciais para o julgamento da ação rescisória. Em fase recursal, verificada a ausência de qualquer delas, cumpre ao relator do recurso ordinário arguir, de ofício, a extinção do processo, sem julgamento do mérito, por falta de pressuposto de constituição e desenvolvimento válido do feito".

7. Legitimidade ativa e passiva na ação rescisória

Tem legitimidade para propor a ação rescisória: a) quem for parte no processo ou o seu sucessor a título universal ou singular; b) o terceiro juridicamente interessado; c) o Ministério Público (art. 487 do CPC de 1973 e art. 967 do CPC de 2015).

No CPC de 1973 e de 2015 o Ministério Público é autorizado a propor ação rescisória se não foi ouvido no processo, em que lhe era obrigatória a intervenção (art. 487, III, *a*, e art. 967, III, *a*; respectivamente).

O CPC de 1973 atribui legitimidade ao Ministério Público para propor a ação rescisória quando a decisão rescindenda resultar de *colusão* das partes, a fim de fraudar a lei. Já o CPC de 2015 confere ao Ministério Público legitimidade para propor a ação rescisória quando a decisão resultar de *simulação* ou *colusão* entre as partes, a fim de fraudar a lei.[1919]

O CPC de 2015 acrescenta que o Ministério Público tem legitimidade para propor ação rescisória "em outros casos em que se impunha sua atuação (art. 967, III, *c*) e que, nas hipóteses do art. 178, ou seja, nas situações em que é obrigatória a participação do Ministério Público como fiscal da ordem jurídica, será ele intimado para intervir como fiscal da ordem jurídica quando não for parte (art. 967, parágrafo único)".

A posição passiva da ação rescisória será ocupada pela parte contrária no processo em que foi proferida a decisão impugnada. Assim, se o autor da ação original é também o autor da ação rescisória, o réu naquela será o réu nesta, por exemplo. Devem figurar na posição passiva da ação rescisória proposta pelo Ministério Público ou terceiro interessado as partes no processo em que foi proferida a decisão rescindenda.

De outro lado, "o litisconsórcio, na ação rescisória, é necessário em relação à posição passiva da demanda, porque supõe uma comunidade de direitos ou de obrigações que não admite solução díspar para

(1919) Segundo a Súmula n. 407 do TST, na sua redação original: "A legitimidade *ad causam* do Ministério Público para propor ação rescisória, ainda que não tenha sido parte no processo que deu origem à decisão rescindenda, não está limitada às alíneas *a* e *b* do inciso III do art. 487 do CPC, uma vez que traduzem hipóteses meramente exemplificativas". A partir de 19.4.2016, esta Súmula passa a prever que: "A legitimidade *ad causam* do Ministério Público para propor ação rescisória, ainda que não tenha sido parte no processo que deu origem à decisão rescindenda, não está limitada às alíneas *a, b* e *c* do inciso III do CPC de 2015 (art. 487, alíneas *a, b* e *c* do CPC de 1973), uma vez que traduzem hipóteses meramente exemplificativas".

os litisconsortes, em face da indivisibilidade do objeto. Já em relação à posição ativa, o litisconsórcio é facultativo, uma vez que a aglutinação de autores se faz por conveniência e não pela necessidade decorrente da natureza do litígio, pois não se pode condicionar o exercício do direito individual de um dos litisconsortes no processo originário à anuência dos demais para retomar a lide" (Súmula n. 406, I, do TST).

O sindicato que atuou como substituto processual possui legitimidade para figurar como réu na ação rescisória, sendo descabida a exigência de citação de todos os empregados substituídos, porquanto inexistente litisconsórcio passivo necessário (Súmula n. 406, II, do TST). A ausência de litisconsórcio não impede que os substituídos intervenham no processo como assistentes, valendo anotar que a participação do substituído no processo é expressamente autorizada pelo art. 18, parágrafo único, do CPC de 2015.[(1920)]

Coqueijo Costa afirma que "à parte Bueno Vidigal equipara o sub-rogado, o cessionário e qualquer sucessor a título universal ou singular. Pode ser também o litisconsorte ou o assistente. O que não se dispensa é a exigência de que fosse parte no momento em que foi prolatada a decisão rescindenda (...). Também o revel se legitima ativamente para a rescisória, bem assim o sucessor no plano do direito material, seja na pendência do processo anterior ou após. Excepciona-se, ao ver de Barbosa Moreira, a rescisória fundada em confissão emanada de erro, dolo ou coação: aqui a legitimidade é só do confidente".[(1921)]

Para Coqueijo Costa, "tendo havido litisconsórcio plural na ação original e um dos litisconsortes vencidos proposto ação rescisória que venha a ser julgada procedente, deve-se considerar que, sendo os litisconsortes (não unitários) em suas relações com a parte adversa, litigantes distintos e seus atos e omissões não prejudicando nem beneficiando outros, a desconstituição da sentença terá eficácia apenas em relação ao litisconsorte na rescisória — autor ou réu (CPC, art. 48) — pois esta, como ação, instaura outra relação processual, que nasce fora da relação processual da ação originária anterior já extinta (...). Se houve litisconsórcio unitário ou necessário na ação originária, a conclusão é diversa (...). Se houve litisconsórcio unitário passivo na ação originária, a desconstituição da coisa julgada obtida por um dos litisconsortes em ação rescisória aproveitará os demais. Se o litisconsórcio era necessário, o mesmo sucederá desde que todos os litisconsortes hajam sido citados na ação rescisória".[(1922)]

8. *Competência*

A competência para julgamento da ação rescisória é reservada aos tribunais.

Compete aos Tribunais Regionais do Trabalho julgar as ações rescisórias das decisões das Varas do Trabalho, dos juízes do trabalho investidos na jurisdição trabalhista, das suas Turmas e de seus próprios acórdãos (arts. 678, I, *c* e 2, da CLT).

No TST, compete:

a) à SDC julgar ação rescisória contra as suas sentenças normativas (art. 2º, I, *c*, da Lei n. 7.701/88);

b) à SDI-2, julgar a ação rescisória contra suas próprias decisões e as decisões das turmas do TST (arts. 3º, I, *a*, da Lei n. 7.701/88 e 8º da Resolução Administrativa n. 743/2000).

Consoante a Orientação Jurisprudencial n. 70 da SDI-2 do TST, sendo manifesta a incompetência funcional do TST para a desconstituição da decisão apontada na ação rescisória como rescindenda, extingue-se o processo, sem provimento de mérito, por impossibilidade jurídica do pedido. O CPC de 2015 estabelece que, reconhecida a incompetência do tribunal para julgar a ação rescisória, o autor será intimado para emendar a petição inicial, a fim de adequar o objeto da ação rescisória, quando a decisão rescindenda não tiver apreciado o mérito e não se enquadrar na situação prevista no art. 966, § 2º (hipótese de rescisão de decisão que, embora não seja de mérito, impeça nova propositura de demanda ou admissibilidade do recurso correspondente), ou tenha sido substituída por decisão posterior, ao passo que, após a emenda da

(1920) "Havendo substituição processual, o substituído poderá intervir como assistente litisconsorcial."

(1921) *Ação rescisória*, p. 88.

(1922) Ação rescisória, p. 88-89.

petição inicial, será permitido ao réu complementar os fundamentos de defesa, e, em seguida, os autos serão remetidos ao tribunal competente (art. 968, §§ 5º e 6º).

9. *Procedimento. Defesa do réu. Instrução e julgamento*

Não sendo o caso de indeferimento da petição inicial, o relator mandará citar o réu, assinalando o prazo, não inferior a quinze dias nem superior a trinta dias, para apresentar resposta (art. 491 do CPC de 1973 e art. 970 do CPC de 2015).

No prazo de resposta, o réu pode apresentar contestação, exceção[(1923)] e reconvenção (é cabível a reconvenção quando tenha sido apresentado pedido de prolação de nova decisão).

Na contagem do prazo para a apresentação da resposta, deve ser observado o que estabelece o art. 774 da CLT, não se aplicando o disposto no art. 231 do CPC de 2015 (Orientação Jurisprudencial n. 146 da SDI-2 do TST).

Findo o prazo concedido ao réu, com ou sem apresentação de resposta, os autos vão à conclusão, cabendo ao relator determinar, conforme o caso, as diligências que reputar necessárias para a instrução do processo.

Na ação rescisória, o que se ataca é a sentença, ato oficial do Estado acobertado pelo manto da coisa julgada. Assim sendo, e considerando que a coisa julgada envolve questão de ordem pública, a revelia não produz confissão na ação rescisória (Súmula n. 398 do TST).

O CPC de 2015 autoriza o julgamento liminar de improcedência (art. 968, § 4º), ou seja, não havendo necessidade de produção de prova, o juiz, independentemente de citação do réu, julgará liminarmente improcedente o pedido que contrariar enunciado de súmula do STF ou do TST, acórdão proferido pelo STF ou pelo TST em julgamento de recursos repetitivos, entendimento firmado em incidente de resolução de demandas repetitivas ou de assunção de competência (art. 332 do CPC), com adaptação do processo do trabalho: no processo do trabalho devem ser respeitadas súmulas do TST e as decisões por ele proferidas em julgamento de recursos repetitivos. O juiz também poderá julgar liminarmente improcedente o pedido se verificar, desde logo, a ocorrência de decadência (art. 332, § 1º, do CPC de 2015).

Como assinala Humberto Theodoro Júnior, "sendo a coisa julgada questão de ordem pública, a revelia do demandado em ação rescisória é inoperante e não dispensa o autor do ônus de provar o fato em que se baseia sua pretensão (art. 320, II). É que o objeto imediato da ação rescisória não é propriamente a lide outrora existente entre as partes e que já foi composta pela sentença rescindenda. O que se ataca na ação rescisória é a sentença, ato oficial do Estado, e que se acha sob o manto da *res iudicata*. Apenas mediatamente, isto é, por reflexo, é que será atingida a situação jurídica das partes emergentes da antiga lide. Sobre o objeto imediato da ação rescisória inexiste disponibilidade das partes. Logo, não pode haver confissão, transação ou disposição de qualquer outra forma. Pela mesma razão, não é admissível o reconhecimento da procedência do pedido rescisório pelo réu, com as consequências a que alude o art. 269, n. II, posto que o ato de vontade incidiria sobre bem jurídico indisponível".[(1924)]

O CPC de 1973 prevê que, se os fatos alegados pelas partes dependerem de prova, o relator delegará competência ao juiz de primeira instância em que deva ser produzida, fixando prazo de *quarenta e cinco dias* para a devolução dos autos (art. 492). O CPC de 2015 dispõe, no art. 970, que o relator, havendo necessidade de prova poderá delegar a competência ao órgão que proferiu a decisão rescindenda, fixando o prazo de *um a três meses* para a devolução dos autos.

Concluída a instrução, será aberta vista ao autor e ao réu, sucessivamente, pelo prazo de dez dias (art. 493 do CPC de 1973 e art. 973 do CPC de 2015).

(1923) O CPC de 2015, consoante foi registrado quando tratamos da resposta do réu, dispensa a oposição de exceção para questionar a competência relativa do juízo.

(1924) *Curso de direito processual civil*, v. I, p. 786.

Findo o prazo para razões finais, será ouvido o Ministério Público do Trabalho, salvo se ele for o autor da ação rescisória.

Em seguida, será proferido o julgamento pelo órgão competente, atendendo ao que for estabelecido no regimento interno do tribunal sobre o processamento da ação rescisória (art. 493 do CPC de 1973 e art. 973, parágrafo único, do CPC de 2015).

10. Hipóteses de cabimento ou de rescindibilidade

As situações que autorizam a ação rescisória, isto é, as hipóteses de admissibilidade ou de rescindibilidade, são as enumeradas, taxativamente, no art. 485 do CPC de 1973 e no art. 966 do CPC de 2015, "sendo impossível cogitar-se da analogia para criarem-se novas hipóteses de ataque à *res iudicata*".[(1925)]

Cumpre observar que, como aduz Coqueijo Costa, "a lei que regula o cabimento da ação rescisória é a do tempo da propositura (...), mas as hipóteses de rescisão são as que eram previstas na lei do processo da época em que se formou a *res iudicata*".[(1926)] José Carlos Barbosa Moreira professa o mesmo entendimento, afirmando que é no momento do trânsito em julgado "que nasce o direito à rescisão, e obviamente só pode nascer se o sistema jurídico prevê, como fundamento bastante, o fato invocado".[(1927)]

Consoante prevê o art. 485 do CPC de 1973, a decisão de mérito transitada em julgado pode ser rescindida quando: a) se verificar que foi dada por prevaricação, concussão ou corrupção do juiz; b) proferida por juiz impedido ou absolutamente incompetente; c) resultar de dolo da parte vencedora em detrimento da parte vencida, ou de colusão entre as partes, a fim de fraudar a lei; d) ofender a coisa julgada; e) violar literal disposição de lei; f) se fundar em prova, cuja falsidade tenha sido apurada em processo criminal ou seja provada na própria ação rescisória; g) depois da sentença, o autor obtiver documento novo cuja existência ignorava, ou de que não pôde fazer uso, capaz, por si só, de assegurar-lhe pronunciamento favorável; h) houver fundamento para invalidar confissão, desistência ou transação, em que se baseou a sentença; e i) fundada em erro de fato, resultante de atos ou de documentos da causa.

O CPC de 2015 trata da questão no art. 966, segundo o qual a sentença de mérito, transitada em julgado, pode ser rescindida quando: a) se verificar que foi proferida por força de prevaricação, concussão ou corrupção do juiz; b) for proferida por juiz impedido ou por *juízo absolutamente incompetente*; c) resultar de dolo ou coação da parte vencedora em detrimento da parte vencida, ou, ainda, de *simulação ou colusão entre as partes*, a fim de fraudar a lei; d) ofender a coisa julgada; e) *violar manifestamente norma jurídica*; f) for fundada em prova cuja falsidade tenha sido apurada em processo criminal ou venha a ser demonstrada na própria ação rescisória; g) obtiver o autor, *posteriormente ao trânsito em julgado, prova nova* cuja existência ignorava ou de que não pôde fazer uso, capaz, por si só de lhe assegurar pronunciamento favorável; h) for fundada em erro de fato *verificável no exame dos autos*.[(1928)]

A Lei n. 13.256/16 acrescentou ao art. 966 dois parágrafos, estabelecendo que cabe ação rescisória com fundamento no inciso V, ou seja, por violação manifesta a norma jurídica, "contra decisão baseada em enunciado de súmula ou acórdão proferido em julgamento de casos repetitivos que não tenha considerado a existência de distinção entre a questão decidida no processo e o padrão decisório que lhe deu fundamento" (§ 5º) e que, "quando a ação rescisória fundar-se na hipótese do § 5º deste artigo, caberá ao autor, sob pena de inépcia, demonstrar, fundamentadamente, tratar-se de situação particularizada por hipótese fática distinta ou de questão jurídica não examinada, a impor outra solução jurídica".

(1925) THEODORO JÚNIOR, Humberto. *Curso de direito processual civil*, v. I, p. 772.
(1926) Ação rescisória, p. 16.
(1927) *Comentários ao Código de Processo Civil*, v. V, p. 155.
(1928) Foram colocados em destaque as alterações realizadas pelo CPC de 2015, valendo observar que nele não é prevista a possibilidade de ajuizamento de ação rescisória no caso de haver fundamento para invalidar confissão, desistência ou transação, em que se baseou a sentença. A Súmula n. 404 do TST, segundo a qual o art. 485, III, do CPC de 1973, ao tratar do fundamento para invalidar a confissão como hipótese de rescindibilidade da decisão judicial, refere-se à confissão real, fruto de erro, dolo ou coação, e não à confissão ficta resultante da revelia, foi cancelada em 19.4.2016.

10.1. Prevaricação, concussão ou corrupção do juiz.

A sentença de mérito pode ser rescindida quando se verificar que foi proferida por força de prevaricação, concussão ou corrupção do juiz.

Os conceitos de prevaricação, concussão e corrupção devem ser estabelecidos a partir do que a respeito dispõe a legislação penal, na medida em que prevaricação, concussão ou corrupção constituem tipos penais.

Neste sentido, aduz José Carlos Barbosa Moreira que a interpretação do inciso I do art. 485 (o que alcança o art. 966, I, do CPC de 2015, dada a identidade de conteúdo) "deve ater-se aos conceitos penalísticos de prevaricação, concussão e corrupção passiva. É necessário, para que seja rescindível a sentença, que o comportamento do juiz corresponda a um desses tipos penais".(1929)

Consoante prevê o art. 319 do Código Penal, dá-se prevaricação quando é proferida decisão contra disposição expressa de lei para satisfazer interesse ou sentimento pessoal do juiz. O interesse previsto no dispositivo legal mencionado pode ser, por exemplo, material, econômico ou político.

A boa ou má interpretação da lei não tipifica a prevaricação, sendo necessária, para a rescisão da decisão, prova inequívoca de que a decisão foi proferida contra disposição expressa da lei para satisfazer interesse ou sentimento pessoal do juiz.

Concussão é a exigência, para si ou para outrem, direta ou indiretamente, no exercício da sua função, de vantagem indevida (art. 316 do Código Penal).

Para a configuração da concussão basta a exigência da vantagem (de qualquer natureza), não sendo necessário que ela seja alcançada pelo juiz.

Dá-se a corrupção quando o juiz solicitar ou receber, para si ou para outrem, direta ou indiretamente, no exercício de sua função, vantagem indevida, ou aceitar promessa de tal vantagem (art. 317 do Código Penal). Trata-se, portanto, de corrupção passiva.

Para Pontes de Miranda, no caso de prevaricação, concussão ou corrupção, além da rescisão da decisão, o processo deve ser anulado a partir da sua instrução, visto que "toda a fase de busca e apuração da verdade estará irremediavelmente contaminada da nódoa de suspeita de irregularidade ou parcialidade".(1930)

A rescisão da sentença com esteio no art. 485, I, do CPC de 1973 ou no art. 966, I, do CPC de 2015 não depende da prévia condenação criminal do juiz que proferiu a decisão rescindenda ou a instauração de ação penal visando à sua punição. Isso significa que o vício que macula a sentença pode ser provado na própria ação rescisória.

José Carlos Barbosa Moreira esclarece que, sendo a denúncia apresentada contra o juiz, "depois de encerrado o processo da rescisória, em princípio nenhuma repercussão terá um sobre o outro: qualquer que haja sido o resultado no pleito civil, de modo algum vinculará o juiz penal; por outro lado, a eventual absolvição do réu em sede criminal não tornará *ipso facto* rescindível a decisão que tiver julgado procedente o pedido de rescisão da sentença, como a eventual condenação não tornará *ipso facto* rescindível a decisão que o tiver julgado improcedente. Haverá mera contradição lógica entre os dois julgamentos (...). Caso o processo penal já se haja encerrado antes de pedir-se a rescisão, a sentença no crime, transita em julgado, vincula em certa medida o órgão julgador da rescisória. Se se condenou o magistrado pelo delito, não pode o tribunal cível rejeitar o pedido de rescisão afirmando a inexistência da infração criminal. Se se absolveu o magistrado, variará a solução conforme se tenha ou não negado, no juízo penal, a existência material do fato; na primeira hipótese — não, porém, na segunda —, fica pré-excluída a possibilidade de acolher-se o pedido de rescisória".(1931)

(1929) *Comentários ao Código de Processo Civil*, v. V, p. 121.
(1930) THEODORO JÚNIOR, Humberto. *Comentários ao Código de Processo Civil*, v. I, p. 773.
(1931) *Comentários ao Código de Processo Civil*, v. V, p. 121.

Vale observar que, "se a decisão rescindenda emanou de órgão colegiado, para a admissibilidade da rescisória basta que se alegue (e para a procedência, que tenha havido) prevaricação, concussão ou corrupção passiva de um dos membros do colégio, cujo voto haja concorrido para a formação da maioria, ou eventualmente da unanimidade no julgamento. Não é suficiente, a nosso ver, que o juiz infrator tenha participado do julgamento: se ele foi vencido, não teve consequência alguma, devendo aplicar-se aqui, *a fortiori*, o princípio geral de que não há nulidade sem prejuízo. Tampouco é necessário, por outro lado, que o voto do juiz infrator haja sido numericamente decisivo para a apuração do resultado: ainda que o desfecho houvesse de permanecer o mesmo, feita a abstração desse voto, subsiste sempre a possibilidade de ter ele influenciado outros membros do órgão, de modo que todo o julgamento fica, por assim dizer, contaminado pelo vício".(1932)

Quando tramitarem concomitantemente a ação rescisória e a ação penal pode o juiz, com esteio no art. 110 do CPC de 1973 ou no art. 315 do CPC de 2015, suspender a ação rescisória até o pronunciamento do juízo criminal sobre o crime imputado ao juiz. A hipótese é de faculdade do juiz, posto que a rescisão da decisão não depende da prévia condenação criminal do juiz.(1933)

10.2. Impedimento do juiz.

Nos casos de impedimento, que são definidos nos arts. 134 e 136 do CPC de 1973, arts. 144 e 147 do CPC de 2015 e no art. 801 da CLT, o juiz está proibido de atuar no processo e o desrespeito a essa proibição permite a rescisão da decisão por ele proferida (art. 485, II, do CPC de 1973 e art. 966, II, do CPC de 2015).

A hipótese é de decisão proferida por juiz *impedido*. Dessa forma, a sentença proferida pelo juiz apenas *suspeito* não é rescindível.

O impedimento do juiz que autoriza a rescisão da decisão é aquele existente no momento em que ele proferiu a decisão. Nesse sentido, afirma Coqueijo Costa que "impõe-se que o impedimento seja aquele que existia quando se proferiu a sentença, e não o antecedente ou superveniente a ela".(1934)

10.3. Incompetência absoluta do juízo.

A incompetência do juízo pode ser relativa ou absoluta.

A sentença proferida por juízo absolutamente incompetente é passível de rescisão (art. 485, II, do CPC e art. 966, II, do CPC de 2015).

O CPC de 1973 fala, no art. 485, II, em *juiz* incompetente. No entanto, a incompetência não se refere à *pessoa* do juiz, como ocorre na suspeição e no impedimento, mas ao *juízo* em que a demanda foi julgada, como consta do art. 966, II, do CPC de 2015.

A admissão da ação rescisória não depende de ter sido alegada a incompetência no processo em que foi proferida a decisão rescindenda.(1935) Neste sentido, tem-se a Orientação Jurisprudencial n. 124 da SDI-2 do TST, *in verbis:* "Na hipótese em que a ação rescisória tem como causa de rescindibilidade o inciso II do art. 966 do CPC de 2015 (inciso II do art. 485 do CPC de 1973), a arguição de incompetência absoluta prescinde de prequestionamento".

A incompetência relativa não autoriza a rescisória, visto que a sua não alegação no momento oportuno importa prorrogação da competência do juízo no qual a demanda foi processada e decidida (art. 114 do CPC de 1973 e art. 65 do CPC de 2015).

(1932) MOREIRA, José Carlos Barbosa. *Comentários ao Código de Processo Civil*, v. V, p. 122.

(1933) Os efeitos da coisa julgada produzida no processo criminal no processo do trabalho foram examinados no Capítulo reservado à sentença e à coisa julgada.

(1934) Ação rescisória, p. 43.

(1935) Pontes de Miranda ensina que "ainda que se haja deixado de alegar, dentro do prazo, no processo, a prevaricação, a concussão ou a corrupção, ou o impedimento, há rescindibilidade da sentença, e o mesmo se passa quanto à exceção de incompetência absoluta: como exceção, a atacabilidade preclui; como causa de rescisão, persiste, somente precluindo após dois anos" (*Comentários ao Código de Processo Civil*, v. VI, p. 206).

10.4. Dolo ou coação da parte vencedora em detrimento da parte vencida.

O CPC de 1973 autoriza a rescisão da decisão resultante de *dolo* da parte vencedora em detrimento da parte vencida (art. 485, III).

O CPC de 2015 autoriza a rescisão no caso de a decisão resultar de *dolo* ou *coação* da parte vencedora em detrimento da parte vencida (art. 966, III).

As partes devem comportar-se de acordo com a boa-fé (art. 5º do CPC de 2015), não praticar ato que tipifique a litigância de má-fé (art. 17 do CPC de 1973 e art. 80 do CPC de 2015) e respeitar a liberdade da parte contrária de se comportar segundo o que melhor atenda aos seus interesses.

O dolo consiste no descumprimento do dever de boa-fé ou na litigância de má-fé. Trata-se da utilização de manobras ou artifícios com o propósito de ludibriar a parte contrária e causar prejuízo à sua defesa.

Coação é qualquer ameaça física ou moral, que visa constranger a parte a fazer ou deixar de fazer alguma coisa. Como resulta do art. 151 do Código Civil, a coação, para viciar a declaração de vontade, há de ser tal que incuta à parte contrária fundado temor de dano iminente e considerável à sua pessoa, à sua família, ou aos seus bens.

José Carlos Barbosa Moreira afirma que ocorre este motivo de rescisão quando a parte vencedora, faltando ao dever de lealdade e boa-fé, "haja impedido ou dificultado a atuação processual do adversário, ou influenciado o juízo do magistrado, em ordem a afastá-lo da verdade" e que não basta, para caracterizar o dolo, "a simples afirmação de fato inverídico, sem má-fé, nem o silêncio acerca de fato desfavorável relevante, nem a abstenção de produzir a prova capaz de beneficiar a parte contrária. Tampouco é suficiente que se haja tirado proveito, com habilidade, de alguma situação de inferioridade em que se tenha visto o adversário, quanto às suas possibilidades de defesa, por motivos estranhos à vontade do litigante vitorioso (...). Não se enquadra nesta figura a produção de prova que o vencedor sabia falsa, ou o comportamento que haja determinado a falsidade da prova (...). Se a falsa prova constituiu fundamento da decisão, caberá a rescisória com apoio no inciso VI, que dispensa indagação de ordem subjetiva, e, portanto, prescinde de dolo".[(1936)]

Consoante a Súmula n. 403, I, do TST, não caracteriza dolo processual o simples fato de a parte vencedora haver silenciado a respeito de fatos contrários a ela, porque o procedimento, por si só, não constitui ardil do qual resulte cerceamento de defesa e, em consequência, desvie o juiz de uma sentença não condizente com a verdade. Sob este prisma, o *dolo omissivo* não autoriza a ação rescisória. No entanto, de acordo com o art. 147 do Código Civil, nos negócios bilaterais, o silêncio intencional de uma das partes a respeito de fato ou qualidade que a outra parte haja ignorado, constitui omissão dolosa, provando-se que sem ela o negócio não se teria celebrado, o que significa que o descumprimento do dever de lealdade e de transparência pode ensejar a rescisão da decisão.

Segundo José Carlos Barbosa Moreira, "é necessário o nexo de causalidade entre o dolo e o pronunciamento do órgão judicial. O resultado do processo precisa ter sido o que foi em razão do comportamento doloso (*verbis*, 'quando resultar do dolo). Em outras palavras: exige-se que, sem este, a decisão houvesse de ser diversa" e que "ao dolo da parte equipara-se o do seu representante legal, e bem assim o do advogado, através do qual o litigante atua normalmente em juízo".[(1937)] O mesmo raciocínio é aplicável à hipótese de coação, ou seja, é necessário o nexo de causalidade entre a coação e o pronunciamento do órgão judicial.

Em suma, para a rescisão da decisão, é necessário que o dolo ou a coação seja a razão determinante da decisão.

O que autoriza a rescisão da decisão é o dolo, ou a coação, ocorrido durante a tramitação do processo, ou seja, o *dolo processual* ou a *coação processual*.

(1936) *Comentários ao Código de Processo Civil*, v. V, p. 124-125.
(1937) *Comentários ao Código de Processo Civil*, v. V, p. 125.

10.5. Simulação ou colusão entre as partes a fim de fraudar a lei.

Convencendo-se, pelas circunstâncias da causa, de que o autor e o réu se servem do processo para conseguir fim proibido por lei, o juiz proferirá sentença que obste os objetivos das partes (art. 129 do CPC de 1973 e art. 142 do CPC de 2015).

Se o juiz não percebe que o autor e o réu se servem do processo para conseguir fim proibido por lei, a decisão por ele proferida pode ser rescindida (art. 485, III, do CPC de 1973 e art. 966, III, do CPC de 2015).

À luz do art. 485, III, CPC de 1973, a decisão pode ser rescindida quando resultar de colusão entre as partes, a fim de fraudar a lei. Já o CPC de 2015 autoriza a ação rescisória no caso de colusão e de simulação das partes a fim de fraudar a lei, observando-se que "age com fraude à lei quem frustra o alcance da lei, visando a obter aquilo que a legislação proíbe".[(1938)]

Verificada a colusão ou simulação, a decisão deve ser rescindida e o processo original extinto. O processo deve ser extinto porque as partes não pretendem a solução de um conflito de interesses, mas, isto sim, fraudar a lei.[(1939)]

Para Pontes de Miranda, "se houve conluio, ajuste, entre as partes, inclusive o Ministério Público (...), ou entendimento entre elas para *fraus legis*, há rescindibilidade da sentença (...). O elemento *fraus legis* é essencial; mas há fraude à lei mesmo se a combinação dolosa foi a respeito de fatos que seriam elemento de suporte fático de alguma regra jurídica".[(1940)]

De acordo com a Orientação Jurisprudencial n. 158 da SDI-1 do TST, "a declaração de nulidade da decisão homologatória de acordo, em razão da colusão entre as partes (art. 485, III, do CPC), é sanção suficiente em relação ao procedimento adotado, não havendo que ser aplicada a multa por litigância de má-fé". A nosso juízo, é discutível o acerto desta Orientação Jurisprudencial, na medida em que uma coisa é impedir que as partes alcancem o fim desejado e, outra, punir a sua conduta.

10.6. Ofensa à coisa julgada.

A decisão que soluciona lide já julgada fora das hipóteses autorizadas em lei ofende a coisa julgada, sendo, por tal razão, passível de rescisão (art. 485, IV, do CPC de 1973 e art. 966, IV, do CPC de 2015).

A rescisão com esteio na ofensa à coisa julgada pressupõe uma sentença passada em julgado e uma segunda decisão, sobre a mesma lide, também passada em julgado (lembre-se que a ação rescisória pressupõe o trânsito em julgado da decisão rescindenda).

Como observa Humberto Theodoro Júnior, "a rejeição da exceção de coisa julgada no curso da ação originária, bem como a ciência da parte vencida da existência de anterior sentença e a omissão de arguir a competente exceção não são obstáculos ao manejo da ação rescisória".[(1941)]

Registre-se que, "para viabilizar a desconstituição do julgado pela causa de rescindibilidade do inciso V do art. 966 do CPC de 2015 (inciso IV do art. 485 do CPC de 1973), é necessário que a decisão rescindenda tenha enfrentado as questões ventiladas na ação rescisória, sob pena de inviabilizar o cotejo com o título executivo judicial tido por desrespeitado, de modo a se poder concluir pela ofensa à coisa julgada" (Orientação Jurisprudencial n. 101 da SDI-2 do TST).

(1938) MARINONI, Luiz Guilherme Sérgio; ARENHART, Cruz; MITIDIERO, Daniel. *Novo Código de Processo Civil comentado*, p. 902.

(1939) De acordo com a Orientação Jurisprudencial n. 94 da SDI-2 do TST, "a decisão ou acordo judicial subjacente à reclamação, cuja tramitação deixa nítida a simulação do litígio para fraudar a lei e prejudicar terceiro, enseja ação rescisória, com lastro na colusão. No juízo rescisório, o processo deve ser extinto". Por força do art. 966, III, do CPC de 2015, a rescisória poderá ser fundada na própria simulação.

(1940) *Comentários ao Código de Processo Civil*, v. VI, p. 210.

(1941) *Curso de direito processual civil*, v. I, p. 775.

Havendo, sobre a mesma lide, duas decisões passadas em julgado, prevalecerá a segunda delas, até que ela venha a ser rescindida. Ultrapassado o prazo para a propositura da ação rescisória, a segunda decisão se tornará definitiva, em prejuízo da primeira decisão proferida.

Cumpre mencionar que, consoante a Orientação Jurisprudencial n. 157 da SDI-II do TST, na sua redação atual, "a ofensa à coisa julgada de que trata o inciso IV do art. 966 do CPC de 2015 (inciso IV do art. 485 do CPC de 1973) refere-se apenas a relações processuais distintas. A invocação de desrespeito à coisa julgada formada no processo de conhecimento, na correspondente fase de execução, somente é possível com base na violação do art. 5º, XXXVI, da Constituição da República".

10.7. Violação de literal disposição de lei ou violação manifesta de norma jurídica.

O CPC de 1973 autoriza a rescisão de decisão que *violar literal disposição de lei* (art. 485, V, do CPC). Já o CPC de 2015 autoriza a rescisão da decisão que *violar manifestamente norma jurídica* (art. 966, V).

O CPC de 2015 altera os contornos da ação rescisória, seja porque existem normas jurídicas que não constituem lei, como se dá, por exemplo, com o tratado de que o Brasil seja signatário, seja porque norma jurídica constitui gênero de que constituem espécies regras e princípios (desse modo, à luz do CPC de 2015, é possível a ação rescisória fundada na violação manifesta de um princípio jurídico).

Como observa Pontes de Miranda, "o direito, e não a lei como texto, é o que se teme seja ofendido (...). Viola-se o direito, deixando-se de aplicar princípios que dele fazem parte, escritos ou não, ou aplicando-se outro que lhes seja contraditório, modificativo ou excludente".[1942]

Para José Carlos Barbosa Moreira, *lei,* no art. 485, V, do CPC de 1973 compreende "a Constituição, a lei complementar, ordinária ou delegada, a medida provisória, o decreto legislativo, a resolução (Carta da República, art. 59), o decreto emanado do Executivo, o ato normativo baixado por órgão do Poder Judiciário (*v. g.*, regimento interno...). Inexiste qualquer diferença, a este respeito, entre normas jurídicas editadas pela União, por Estado-membro ou por Município. Também a violação de norma jurídica estrangeira torna rescindível a sentença, na hipótese de ter-se de aplicar à espécie o direito de outro país (...). É irrelevante que se viole o direito material ou o direito processual; será rescindível, *v. g.*, a sentença que, ao arrepio do preceito insculpido no art. 128, julgue *ultra petita* ou *extra petita*".[1943]

Estas lições doutrinárias justificam a opção do legislador de 2015 pela exigência de violação de *norma jurídica*.

A Orientação Jurisprudencial n. 25 da SDI-II do TST, que é no sentido de que não procede o pedido de rescisão fundado no art. 485, V, do CPC de 1973, quando é apontada contrariedade à norma de convenção coletiva de trabalho, acordo coletivo de trabalho, portaria do Poder Executivo, regulamento e súmula ou orientação jurisprudencial de tribunal, deve ser revista em parte, posto que convenção coletiva, acordo coletivo e portaria do Ministério do Trabalho e Emprego constituem *normas jurídicas* e, enquanto tais, fontes do Direito do Trabalho. Pela mesma razão, é admissível a ação rescisória quando é violada a sentença normativa, diante de sua força normativa.

Deve ser indicado na inicial da ação rescisória, sob pena de seu indeferimento, por inépcia, o texto da lei que se afirma ter sido violado na decisão rescindenda.[1944]

À luz do CPC de 1973, é afirmado que a violação de literal disposição de lei, para autorizar a rescisão, há de ser induvidosa e literal. O CPC de 2015 exige que se trate de violação manifesta de norma jurídica, ou seja, que se trate de violação induvidosa. A injustiça da sentença, a má apreciação da prova ou a errônea interpretação da lei não autoriza a ação rescisória.

(1942) *Comentários ao Código de Processo Civil*, v. VI, p. 218 e 227.

(1943) *Comentários ao Código de Processo Civil*, v. V, p. 130-131.

(1944) José Carlos Barbosa Moreira aduz que "o autor precisa indicar, na inicial, a norma a seu ver infringida, embora se deva prescindir, desde que claramente identificável o conteúdo, da referência ao número de artigo ou parágrafo, e *a fortiori* relevar o eventual equívoco na menção" (*Comentários ao Código de Processo Civil*, v. V, p. 132).

De acordo com a Súmula n. 298 do TST: "I — A conclusão acerca da ocorrência de violação literal a disposição de lei pressupõe pronunciamento explícito, na sentença rescindenda, sobre a matéria veiculada; II — o prequestionamento explícito exigido em ação rescisória diz respeito à matéria e ao enfoque específico da tese debatida na ação, e não, necessariamente, ao dispositivo legal tido por violado. Basta que o conteúdo da norma reputada como violada tenha sido abordado na decisão rescindenda para que se considere preenchido o prequestionamento; III — para efeito de ação rescisória, considera-se prequestionada explicitamente a matéria tratada na sentença quando, examinando remessa de ofício, o Tribunal simplesmente a confirma; IV — a sentença meramente homologatória, que silencia sobre os motivos de convencimento do juiz, não se mostra rescindível, por ausência de pronunciamento explícito; V — não é absoluta a exigência de pronunciamento explícito na ação rescisória, ainda que esta tenha por fundamento violação de dispositivo de lei. Assim, prescindível o pronunciamento explícito quando o vício nasce no próprio julgamento, como se dá com a sentença '*extra, citra* e *ultra petita*'".

Como assinala José Carlos Barbosa Moreira, "não é indispensável que se haja invocado em termos expressos, no feito anterior, a norma supostamente violada. O órgão que proferiu a decisão rescindenda tinha de aplicar à espécie o direito pertinente, ainda que no silêncio das partes (*iura novit curia*)".[(1945)]

Para Humberto Theodoro Júnior, "não é necessário que a sentença tenha cogitado da existência de uma regra legal e em seguida se recusado a aplicá-la. Nem se exige que a regra legal tenha sido discutida, de forma expressa, implícita ou explicitamente. 'A sentença que ofende a literal disposição de lei é aquela que, implícita ou explicitamente, conceitua os fatos enquadrando-os a uma figura jurídica que não lhe é adequada'. De tal arte, doutrina e jurisprudência estão acordes em que 'viola-se a lei não apenas quando se afirma que a mesma não está em vigor, mas também quando se decide em sentido diametralmente oposto ao que nela está posto, não só quando há afronta direta ao preceito, mas também quando ocorre exegese induvidosamente errônea'".[(1946)]

Não procede pedido de rescisão fundado em violação literal de lei se a decisão rescindenda estiver baseada em texto legal infraconstitucional de interpretação controvertida nos tribunais (Súmula n. 83, I, do TST e Súmula n. 343 do STF). Neste contexto, havendo divergência na jurisprudência sobre o sentido e alcance de uma norma infraconstitucional, fica afastada a possibilidade de se falar em sua violação quando é adotada qualquer dessas interpretações.

Contudo, o que é controverso pode deixar de sê-lo e o marco divisor de águas quanto a ser, ou não, controvertida a interpretação de um dispositivo legal é a data da inclusão da matéria discutida em Orientação Jurisprudencial do TST (Súmula n. 83, II, do TST).

Se o STF define a interpretação que deve ser conferida a um texto constitucional, cabe rescisória contra a decisão que afronte essa orientação. Nesse sentido, "Declaração de inconstitucionalidade, pelo STF, de preceito legal no que se louva o acórdão rescindendo. Cabível a desconstituição, pela via rescisória, de decisão que deixa de aplicar uma lei por considerá-la inconstitucional ou a aplica por tê-la de acordo com a Carta Magna".[(1947)]

De acordo com a Orientação Jurisprudencial n. 97 da SDI-2 do TST: "Os princípios da legalidade, do devido processo legal, do contraditório e da ampla defesa não servem de fundamento para a desconstituição de decisão judicial transitada em julgado, quando se apresentem sob a forma de pedido genérico e desfundamentado, acompanhando dispositivos legais que tratam especificamente da matéria debatida, estes sim, passíveis de fundamentarem a análise do pleito rescisório".

A ação rescisória fundada em violação de lei não admite reexame de fatos e provas do processo original (Súmula n. 410 do TST).

(1945) *Comentários ao Código de Processo Civil*, v. V, p. 132.
(1946) *Curso de direito processo civil*, v. I, p. 776.
(1947) STJ, AR 976-CE, Rel. Min. José Arnaldo, DJU 15.5.2000, p. 118.

10.8. Prova falsa.

A decisão pode ser rescindida quando for fundada em prova cuja falsidade tenha sido apurada em processo criminal ou venha a ser demonstrada na própria ação rescisória (art. 485, VI, do CPC de 1973 e art. 966, VI, do CPC de 2015).

Pontes de Miranda afirma que a rescisão da sentença com fundamento na falsidade da prova pressupõe: "I) que se apresente na petição inicial da ação rescisória a sentença criminal sobre a falsidade (art. 283), ou que se faça a prova inequívoca na própria ação rescisória; II) que só na prova falsa ou, pelo menos, nela, sem ser possível eliminá-la, permanecendo a sentença, se haja apoiado a decisão".[(1948)]

A falsidade da prova pode ser apurada em processo criminal (a sentença criminal transitada em julgado autoriza a rescisória) ou demonstrada nos próprios autos da ação rescisória (a sentença criminal não é pressuposto para a ação rescisória). Contudo, "não constitui fundamento bastante da rescisão a prévia declaração da falsidade do documento em sentença cível, seja proferida em processo autônomo de ação declaratória (art. 4º, n. II), seja em processo incidente de falsidade arguido no curso de outro feito, sobre o mesmo documento em que se houver fundado a decisão rescindenda (...). Embora seja óbvio que a sentença cível representará normalmente poderosíssimo elemento de convicção, o órgão julgador da rescisória conserva integral liberdade de apreciação, e não fica excluída, em tese, a possibilidade de rejeitar o pedido por não se haver convencido da falsidade".[(1949)]

José Carlos Barbosa Moreira observa que "o Código de 1939, art. 798, n. II, exigia que a prova falsa houvesse constituído o 'principal fundamento' da sentença rescindenda. Contenta-se o dispositivo ora analisado com o fato de a sentença fundar-se na prova falsa. O que importa é averiguar se a conclusão a que chegou o órgão judicante, ao sentenciar, se sustentaria ou não sem a base que lhe ministrava a prova falsa. A sentença não será rescindível se havia outro fundamento bastante para a conclusão".[(1950)]

A rescisão da sentença em razão da falsidade da prova não implica, necessariamente, no posterior julgamento da demanda originária em favor da parte vencedora na ação rescisória. Com efeito, o juiz pode chegar à mesma conclusão com base em outros elementos de convicção existentes nos autos.

Coqueijo Costa aduz que "a prova pode ser de natureza vária — inclusive a confissão falsa — a falsidade pode ser a material ou a ideológica, e não se impõe haja sido suscitada a falsidade no processo da sentença rescindenda. Mas, se foi processado o incidente e conclui pela autenticidade de documento, fica excluída a rescisória de sentença cujo mérito se funde no referido documento".[(1951)]

Quanto à presunção, segundo José Carlos Barbosa Moreira, "é concebível, sem dúvida, que se argua (...) a falsidade da prova, e eventualmente se pleiteie a rescisão da sentença; mas falsa terá sido, em todo o caso, a prova do fato tomado como premissa (indício), e não a presunção, em si mesma. O simples erro lógico do juiz, no curso do raciocínio, não configuraria motivo de rescindibilidade".[(1952)]

10.9. Documento novo. Prova nova.

De acordo com o CPC de 1973, a decisão poderá ser rescindida quando, *depois de seu proferimento*, o autor obtiver *documento novo*, cuja existência ignorava, ou de que não pôde fazer uso, capaz, por si só, de lhe assegurar pronunciamento favorável (art. 485, VII).

No CPC de 2015, a rescisória é admitida quando obtiver o autor, *posteriormente ao trânsito em julgado da decisão, prova nova* cuja existência ignorava ou de que não pôde fazer uso, capaz, por si só, de lhe assegurar pronunciamento favorável (art. 966, VII).

(1948) *Comentários ao Código de Processo Civil*, v. VI, p. 238.
(1949) MOREIRA, José Carlos Barbosa. *Comentários ao Código de Processo Civil*, v. V, p. 135.
(1950) *Comentários ao Código de Processo Civil*, v. V, p. 133.
(1951) *Ação rescisória*, p. 64.
(1952) *Comentários ao Código de Processo Civil*, v. V, p. 134.

A ação rescisória com esteio em documento novo ou prova nova não é assegurada apenas ao autor da demanda em que foi proferida a decisão rescindenda. "Autor", no inciso VII do art. 485 do CPC de 1973 e no art. 966, V, do CPC de 2015, é o *autor da ação rescisória*, podendo ser ele também o réu na ação em que foi proferida a decisão rescindenda.

Por *documento novo* ou *prova nova* deve ser entendido o documento ou a prova que existia no momento em que foi proferida a decisão rescindenda. Trata-se, portanto, de documento ou prova cuja ciência é nova. Nesse sentido, é a Súmula n. 402 do TST: "Documento novo é cronologicamente velho, já existente ao tempo da decisão rescindenda, mas ignorado pelo interessado ou de impossível utilização à época, no processo." O mesmo raciocínio é aplicado à prova nova de que trata o art. 966, VII, do CPC de 2015, ou seja, prova nova é a prova cronologicamente velha, já existente ao tempo do trânsito em julgado da decisão rescindenda, mas ignorada pela parte ou de impossível utilização naquele momento.

A *novidade* da prova, portanto, não diz respeito à sua constituição, mas à época de sua produção no processo.

Ainda de acordo com a Súmula n. 402 do TST, "não é documento novo apto a viabilizar a desconstituição de julgado: a) a sentença normativa proferida ou transitada em julgado posteriormente à sentença rescindenda; b) a sentença normativa preexistente à sentença rescindenda, mas não exibida no processo principal, em virtude de negligência da parte, quando podia e deveria louvar-se de documento já existente e não ignorado quando emitida a decisão rescindenda".

José Carlos Barbosa Moreira afirma que a cláusula "depois da sentença", constante do art. 485, VII, significa "'depois do último momento em que teria sido lícito à parte utilizar o documento no feito onde se proferiu a decisão rescindenda'".(1953) O CPC de 2015 exige que se trate de prova obtida *após o trânsito em julgado da decisão*.

O documento novo ou a prova nova somente autoriza a rescisão se for capaz, por si só, de alterar o resultado do julgamento. Por outro lado, consoante lição de Humberto Theodoro Júnior, "apenas a prova (documento) é que deve ser nova, não os fatos probandos (...). São pressupostos desse permissivo de rescisória: a) ignorância da existência do documento antes da sentença; ou impossibilidade de sua utilização em tempo hábil, como no caso de retenção por terceiro, extravio etc.; e b) a relevância do documento para motivar, por si só, conclusão diversa daquela a que chegou a sentença, favorecendo o vencido, total ou parcialmente. Logo, não será lícito pretender completar a força de convencimento do documento novo com outras provas cuja produção se intente realizar, originalmente, nos autos da rescisória".(1954)

10.10. Invalidade da confissão, desistência ou transação em que se baseou a sentença.

Trata-se de situação prevista no CPC de 1973, que não foi repetida no CPC de 2015.

O CPC de 1973 estabelece que a decisão poderá ser rescindida quando houver fundamento para invalidar confissão, desistência ou transação em que se baseou (art. 485, VIII).

Para o acolhimento da pretensão rescisória com esteio no art. 485, III, do CPC de 1973, não é suficiente que a confissão, a desistência ou a transação seja passível de invalidação, sendo indispensável que nela a decisão tenha se baseado, observando-se, ainda, que a prévia invalidação da confissão, desistência ou transação em que se baseou a sentença não constitui condição para a rescisória.

10.11. Erro de fato.

A decisão poderá ser rescindida quando fundada em erro de fato (art. 485, IX, do CPC de 1973 e art. 966, VIII, do CPC de 2015).

(1953) *Comentários ao Código de Processo Civil*, v. V, p. 139.
(1954) *Curso de direito processual civil*, v. I, p. 778.

Para a rescisão da decisão sob este fundamento é indispensável a existência de nexo de causalidade entre o erro de fato e o conteúdo da decisão, sendo necessário, ainda, que o erro resulte de atos ou de documentos da causa (CPC de 1973) ou seja verificável do exame dos autos (CPC de 2015).

Segundo o art. 485, §§ 1º e 2º, do CPC de 1973 há erro quando a decisão rescindenda admitir um fato inexistente ou quando considerar inexistente um fato efetivamente ocorrido, sendo indispensável, para a admissão da rescisória, que não tenha havido controvérsia, nem pronunciamento judicial sobre o fato.

O CPC de 2015 dispõe, no art. 966, § 1º, que há erro de fato quando a decisão rescindenda admitir fato inexistente ou quando considerar inexistente fato efetivamente ocorrido, sendo indispensável, para a admissão da rescisória, que o fato não represente ponto controvertido sobre o qual o juiz deveria ter se pronunciado.[1955]

Em suma, a decisão será rescindida quando o juiz profere decisão fundada em erro de fato, o que se dá quando o juiz baseia a sua decisão em fato que não ocorreu ou considera inexistente fato efetivamente ocorrido.

De acordo com José Carlos Barbosa Moreira, constituem pressupostos para que o erro de fato possibilite a rescisão: "a) que a sentença nele seja fundada, isto é, que sem ele a conclusão do juiz houvesse de ser diferente; b) que o erro seja apurável mediante o simples exame dos documentos e mais peças dos autos, não se admitindo de modo algum, na rescisória, a produção de quaisquer provas tendentes a demonstrar que não existia o fato admitido pelo juiz, ou que ocorrera o fato por ele considerado inexistente; c) que 'não tenha havido controvérsia' sobre o fato (§ 2º); d) que sobre ele tampouco tenha havido 'pronunciamento judicial' (§ 2º)".[1956]

O CPC de 1973 estabelece ser indispensável, para admitir a rescisória, *que não tenha havido controvérsia nem pronunciamento judicial sobre o fato.*[1957] O CPC de 2015, de sua feita, aduz à necessidade de que o fato *não represente ponto controvertido sobre o qual o juiz deveria ter se pronunciado.* A solução é a mesma, embora colocada em termos diversos: se houve controvérsia ou manifestação judicial sobre o fato não é admitida a ação rescisória sob este fundamento.

A injustiça da decisão, a má apreciação da prova ou o erro no julgamento não ensejam a rescisória com esteio na alegação de erro de fato, advertindo Humberto Theodoro Júnior que o permissivo deve ser interpretado restritivamente, "tendo em vista que a rescisória não é remédio para verificação do acerto ou da injustiça da decisão judicial, nem tampouco meio de reconstituição de fatos ou provas deficientemente expostos e apreciados em processo findo".[1958] Dessa forma, se o juiz, avaliando a prova, conclui pela existência de fato que não ocorreu ou pela inexistência de fato que efetivamente ocorreu, o erro de avaliação por ele cometido não autoriza o ajuizamento da ação rescisória.

Para José Carlos Barbosa Moreira, não configura erro de fato "o engano na qualificação jurídica; por exemplo, a errônea consideração de determinado contrato como se fosse de comodato, em vez de locação, não correspondente ao tipo legal; é preciso que o erro incida sobre o fato em si, sobre a ocorrência ou não do acontecimento. Tampouco se enquadra na moldura do art. 485, § 1º, o mero erro aritmético, suscetível de correção a qualquer tempo, sem necessidade de ação rescisória".[1959]

Consoante José Carlos Barbosa Moreira, "o que precisa haver é a incompatibilidade lógica entre a conclusão enunciada no dispositivo da sentença e a existência ou inexistência do fato, uma ou outra provada nos autos, mas porventura não colhida pela percepção do juiz, que, ao decidir, pura e simplesmente saltou sobre o ponto sem feri-lo. Se, ao contrário, o órgão jurisdicional, errando na apreciação da prova, disse que decidia como decidiu porque o fato ocorrera (apesar de provada nos autos a não ocorrência), ou porque o

---

(1955) Note-se que o CPC de 1973 a erro *resultante de atos ou de documentos da causa*, ao passo que o CPC de 2015 faz referência a erro *verificável do exame dos autos*. O que se exige, nos dois comandos legais, é que o erro seja verificável a partir do exame dos autos, ou seja, que não haja necessidade de produção de qualquer outra prova.

(1956) *Comentários ao Código de Processo Civil*, v. V, p. 148-149.

(1957) Controvérsia é o debate sobre a existência do fato.

(1958) *Curso de direito processual civil*, v. I, p. 779.

(1959) *Comentários ao Código de Processo Civil*, v. V, p. 148.

fato ocorrera (apesar de provada a não ocorrência), não se configura o caso do inciso IX. A sentença, conquanto injusta, não será rescindível. O pensamento da lei é o de que só se justifica a abertura de via para a rescisão quando seja razoável presumir que, se houvesse atentado na prova, o juiz não teria julgado no sentido em que julgou. Não, porém, quando haja ele julgado em tal ou qual sentido por ter apreciado mal a prova em que atentou".(1960)

Cumpre observar que é cabível a rescisória para corrigir contradição entre a parte dispositiva do acórdão rescindendo e a sua fundamentação, por erro de fato na retratação do que foi decidido (Orientação Jurisprudencial n. 103 da SDI-2 do TST) e, ainda, que "A caracterização do erro de fato como causa de rescindibilidade de decisão judicial transitada em julgado supõe a afirmação categórica e indiscutida de um fato, na decisão rescindenda, que não corresponde à realidade dos autos. O fato afirmado pelo julgador, que pode ensejar a ação rescisória calcada no inciso VIII do art. 966 do CPC de 2015 (inciso IX do art. 485 do CPC de 1973), é apenas aquele que se coloca como premissa fática indiscutida de um silogismo argumentativo, não aquele que se apresenta ao final desse mesmo silogismo, como conclusão decorrente das premissas que especificam as provas oferecidas, para se concluir pela existência do fato. Esta última hipótese é afastada pelo § 1º do art. 966 do CPC de 2015 (§ 2º do art. 485 do CPC de 1973), ao exigir que não haja havido controvérsia sobre o fato e pronunciamento judicial esmiuçando as provas" (Orientação Jurisprudencial n. 136 da SDI-2 do TST).

10.12. Consoante já foi registrado, a Lei n. 13.256/16 acrescentou ao art. 966 dois parágrafos, estabelecendo que cabe ação rescisória com fundamento no inciso V, ou seja, *por violação manifesta a norma jurídica*, "contra decisão baseada em enunciado de súmula ou acórdão proferido em julgamento de casos repetitivos que não tenha considerado a existência de distinção entre a questão decidida no processo e o padrão decisório que lhe deu fundamento" (§ 5º) e que, "quando a ação rescisória fundar-se na hipótese do § 5º deste artigo, caberá ao autor, sob pena de inépcia, demonstrar, fundamentadamente, tratar-se de situação particularizada por hipótese fática distinta ou de questão jurídica não examinada, a impor outra solução jurídica".

11. Decisão na ação rescisória. Cumulação do pedido de rescisão com o de novo julgamento da causa. Restituição de parcelas já pagas por força da decisão rescindenda

A decisão proferida no julgamento da ação rescisória constitui um ato complexo, no qual tem lugar:

a) o exame da admissibilidade da ação rescisória;

b) a apreciação do mérito da pretensão do autor, o que pode resultar na rescisão, ou não, da decisão rescindenda.

Em algumas situações, a decisão conterá ainda uma terceira etapa, com o proferimento de nova decisão sobre a matéria que constituiu objeto da decisão rescindenda.

Com efeito, situações existem em que a simples desconstituição da decisão impugnada é o bastante para satisfazer o interesse do autor, como se dá, por exemplo, na ação rescisória em que se pede a rescisão de decisão proferida com ofensa à coisa julgada. Nesse caso, a rescisão da decisão restabelece a coisa julgada que havia sido desrespeitada, prevalecendo, como solução definitiva do dissídio, a primeira decisão proferida (as partes retornam ao estado anterior à segunda decisão proferida sobre o mesmo litígio).

Contudo, em outras situações, rescindida a decisão rescindenda, outra decisão deve ser proferida, com novo julgamento da causa, como se dá com a rescisória em que é acolhida a alegação de erro de fato.

Por essa razão, inclusive, o autor da ação rescisória deve cumular ao pedido de rescisão o de novo julgamento da causa, como é previsto no art. 488, I, do CPC de 1973 e art. 968, I, do CPC de 2015. O pedido de novo julgamento, quando for o caso, é indispensável à própria regularidade da petição inicial.

(1960) *Comentários ao Código de Processo Civil*, v. V, p. 151-152.

Na ação rescisória não estão impedidos de atuar os juízes que participaram do julgamento rescindendo (Súmula n. 252 do STF), mas a escolha do relator recairá, sempre que possível, em juiz que dele não haja participado (art. 971, parágrafo único, do CPC de 2015).

De acordo com a Orientação Jurisprudencial n. 28 da SDI-2 do TST, se, por força da sentença rescindida, os valores nela apontados como devidos chegaram a ser pagos, somente em ação autônoma é que poderá ser pleiteada a sua restituição, não sendo viável em sede da ação rescisória pleitear a condenação à devolução de tais parcelas. Contudo, tal Orientação Jurisprudencial foi cancelada em sessão realizada pelo Pleno do TST em 17.11.2008. Por força do princípio da economia processual, os valores pagos podem ser cobrados nos próprios autos da ação rescisória, mas a parte, para tanto, deverá apresentar pedidos de rescisão e de restituição de indébito, de forma cumulada.

12. *Recursos*

A ação rescisória é julgada por TRT ou pelo TST.

Da decisão proferida por TRT em ação rescisória cabe recurso ordinário para o TST, no prazo de oito dias (art. 895, II, da CLT e Súmula n. 158 do TST).

No TST:

a) compete à Seção Especializada em Dissídios Coletivos (SDC) julgar as ações rescisórias propostas contra as suas sentenças normativas e julgar os recursos ordinários interpostos contra decisões proferidas pelos Tribunais Regionais do Trabalho em ações rescisórias;

b) à Seção Especializada em Dissídios Individuais (*Subseção II*) julgar as ações rescisórias propostas contra as suas decisões, as decisões da Subseção I e decisões das Turmas do Tribunal e julgar os recursos ordinários interpostos contra decisões dos Tribunais Regionais em processos de dissídio individual de sua competência originária (o que inclui as ações rescisórias).

Ao recorrer de decisão condenatória em ação rescisória, é ônus do empregador vencido, efetuar no prazo, nos limites e nos termos da legislação vigente, sob pena de deserção, o depósito recursal (Súmula n. 99 do TST).

13. *Efeitos da propositura da ação rescisória sobre a execução da decisão rescindenda*

A propositura da ação rescisória não impede a execução da decisão rescindenda (art. 489 do CPC de 1973 e art. 969 do CPC de 2015).

No entanto, atendidos os respectivos requisitos pode ser concedida medida cautelar ou antecipação de tutela (art. 489 do CPC de 1973) ou tutela provisória (art. 969 do CPC de 2015), suspendendo a execução da decisão rescindenda até o julgamento da ação rescisória.[1961]

Se a propositura da ação rescisória não prejudica a execução, o mesmo não se pode dizer de seu julgamento, ainda que a decisão respectiva não tenha passado em julgado.

(1961) A Súmula n. 405 do TST, na sua redação original, previa que "I — Em face do que dispõe a MP n. 1.084-22/00 e reedições e o art. 273, § 7º é cabível o pedido liminar formulado na petição inicial da ação rescisória ou na fase recursal, visando a suspender a execução da sentença rescindenda e nega a possibilidade de antecipação de tutela na ação rescisória. II — O pedido de antecipação de tutela, formulado nas mesmas condições, será recebido como medida acautelatória em ação rescisória, por não se admitir tutela antecipada em sede de ação rescisória". Em 19.4.2016, esta Súmula recebeu nova redação e passou a prever que: "Em face d a MP n. 1.084-22/2000 e art. 969 do CPC de 2015, é cabível o pedido de tutela provisória formulada na petição inicial de ação rescisória ou na fase recursal, visando a suspender a execução da decisão rescindenda".

A execução pressupõe título exigível. Isso significa que somente pode manejar ação executiva quem esteja de posse de título executivo judicial exigível. Sendo o título executivo desconstituído por decisão proferida em ação rescisória, é razoável suspender o curso da execução até o trânsito em julgado ou reforma dessa decisão. Note-se, inclusive, que o art. 489 do CPC de 1973, assim como o art. 969 do CPC de 2015, impede a suspensão da execução tendo em vista o *ajuizamento da ação rescisória,* mas não a veda quando a ação rescisória for julgada procedente, ainda que por sentença não passada em julgado.

14. *Ação anulatória*

O CPC de 1973 dispõe que os atos judiciais que não dependem de sentença, ou em que esta seja meramente homologatória, podem ser rescindidos, como os atos jurídicos em geral, nos termos da lei civil (art. 486 do CPC).

Portanto, o art. 486 do CPC de 1973 se refere a *atos praticados pelas partes* em juízo. Estes atos é que não dependem de sentença para produzir efeitos ou dependem de homologação por sentença para produzir efeitos. Em suma, a ação anulatória referida no art. 486 do CPC de 1973 diz respeito a ato das partes.

O CPC de 2015 dispõe, no art. 966, § 4º, que os atos judiciais de disposição de direitos, praticados pelas partes ou por outros participantes do processo, e homologados pelo juízo, bem como os atos homologatórios praticados no curso da execução, estão sujeitos à anulação nos termos da lei.

Destarte, mesmo no CPC de 2015, a ação anulatória visa desconstituir atos praticados pelas partes ou por outros participantes do processo e não o ato do juiz consistente na sua homologação. Nesse sentido, aduzem Luiz Guilherme Marinoni, Sérgio Cruz Arenhart e Daniel Mitidiero que a ação rescisória não se confunde com a ação anulatória de ato das partes praticado no processo, prevista no art. 966, § 4º, do CPC: a ação anulatória de ato processual tem por finalidade desconstituir atos processuais das partes".[(1962)]

Da ação anulatória em questão tratamos no Capítulo reservado ao exame das ações especiais, ao qual remetemos o leitor.

15. *Sentença homologatória de acordo e ação rescisória*

A decisão homologatória de acordo vale, para as partes, como decisão de mérito transitada em julgado, o que a torna passível de impugnação mediante ação rescisória (art. 831, parágrafo único, da CLT e Súmula n. 259 do TST).

(1962) *Novo Código de Processo Civil comentado*, p. 900.

Capítulo 18

Dissídio Coletivo. Ação de Cumprimento

1. Conflitos coletivos de interesses

Os conflitos de natureza trabalhista podem envolver interesses concretos de pessoas determinadas (*conflitos individuais do trabalho*) e interesses abstratos de grupo, categoria ou classe de pessoas (*conflitos coletivos do trabalho*).

O conflito individual envolve pessoas determinadas (empregado e empregador) e tem por objeto interesses destas pessoas (interesse individual), ao passo que o conflito coletivo envolve entes coletivos (sindicatos e empresa ou empresas) e diz respeito a interesses abstratos de grupo, categoria ou classe de pessoas (interesse de grupo).

2. Formas de solução dos conflitos coletivos de interesses de natureza trabalhista

Os conflitos individuais são resolvidos extrajudicialmente (por meio das Comissões de Conciliação Prévia, por exemplo) ou judicialmente (à Justiça do Trabalho compete conciliar e julgar os conflitos individuais do trabalho).

Do art. 114, §§ 1º, 2º e 3º, da Constituição Federal é extraído que o conflito coletivo pode ser resolvido por meio de:

a) negociação coletiva (autocomposição dos interesses coletivos, pelo exercício da autonomia coletiva);

b) arbitragem;

c) dissídio coletivo (solução de conflito por meio da jurisdição).

O art. 114, §§ 1º, 2º e 3º, da Constituição Federal estabelece a *ordem preferencial* dos meios de solução dos conflitos coletivos do trabalho. Desse modo, o dissídio somente poderá ser suscitado quando não for alcançado o consenso na negociação coletiva e as partes não optaram pela arbitragem.

Negociação coletiva é, segundo prevê a Convenção n. 154 da OIT, a negociação que tem lugar "entre um empregador, um grupo de empregadores ou uma ou mais organização de empregadores, de um lado, e uma ou mais organizações de trabalhadores, de outro, para: a) estabelecer termos e condições de trabalho e/ou; b) regular as relações entre empregadores e trabalhadores e/ou; c) regular as relações entre empregadores ou suas organizações e as organizações dos trabalhadores".

A negociação coletiva é estimulada pela OIT. Nesse sentido, estabelece o art. 4º da Convenção n. 98 "que deverão ser tomadas, se necessário for, medidas apropriadas às condições nacionais para fomentar e promover o pleno desenvolvimento e utilização de meios de negociação voluntária entre empregadores ou organizações de empregadores e organizações de trabalhadores, com o objetivo de regular, por meio de convenções, os termos e condições de emprego".

A solução do conflito coletivo por meio da negociação coletiva pode resultar na celebração de uma convenção coletiva de trabalho (art. 611 da CLT[(1963)]) ou de um acordo coletivo de trabalho (art. 611, § 1º, da CLT[(1964)]).

A parte do conflito (entidade sindical ou empresa) que se considerar sem as condições adequadas para, em situação de equilíbrio, participar da negociação coletiva direta, poderá solicitar ao Ministério do Trabalho e Emprego a designação de um mediador (art. 11, § 2º, da Lei n. 10.192/2001). O mediador terá trinta dias para a conclusão do processo de negociação, salvo acordo expresso com as partes interessadas (art. 11, § 3º, da Lei n. 10.192/2001). Não sendo alcançado o entendimento entre as partes, ou recusando-se qualquer delas à mediação, lavrar-se-á ata contendo as causas motivadoras do conflito e as reivindicações de natureza econômica, devendo a ata instruir a representação para o ajuizamento do dissídio coletivo (art. 11, § 4º, da Lei n. 10.192/2001).[(1965)]

Frustrada a negociação coletiva, as partes poderão eleger árbitros para a solução do conflito coletivo de interesses (art. 114, § 1º, da Constituição Federal).

A arbitragem é disciplinada pela Lei n. 9.307/96, que limita o seu alcance (solução de conflitos de interesses envolvendo direitos patrimoniais disponíveis), disciplina a forma de nomeação dos árbitros, confere ao árbitro a condição de juiz de fato e de direito e estabelece que a sentença por ele proferida (sentença arbitral) não fica sujeita a recurso ou a homologação pelo Poder Judiciário.

A arbitragem constitui técnica de solução extrajudicial de conflito de interesses, caracterizada pelo fato de as partes em conflito atribuírem a um terceiro o poder de decisão. A arbitragem pode ser imposta às partes (*arbitragem obrigatória*) ou ser apenas facultada a elas (*arbitragem facultativa*). Segundo o art. 114, § 1º, da Constituição Federal, a arbitragem nos conflitos coletivos é facultativa. A arbitragem pode ser privada (o árbitro não exerce função pública) ou pública (neste sentido, segundo o art. 83 da Lei Complementar n. 75/93, o Ministério Público do Trabalho pode atuar como árbitro, se assim for solicitado pelas partes envolvidas no conflito coletivo de interesses).

Não sendo alcançado êxito na negociação coletiva e não tendo as partes recorrido à arbitragem, o conflito pode ser resolvido com a intervenção do Poder Judiciário.

Com efeito, segundo o art. 114, § 2º, da Constituição, havendo recusa de qualquer das partes à negociação coletiva ou à arbitragem, a elas é facultado, de comum acordo, requerer a instauração de dissídio coletivo de natureza econômica. Às partes do conflito, portanto, é reconhecido o direito de recorrer ao Poder Judiciário, visando à sua solução.

Dissídio coletivo é, assim, o método de solução, pelo Poder Judiciário, dos conflitos coletivos de interesses não solucionados diretamente pelas partes ou pela via da arbitragem.

(1963) "Convenção Coletiva de Trabalho é o acordo de caráter normativo pelo qual dois ou mais sindicatos representativos de categorias econômicas e profissionais estipulam condições de trabalho aplicáveis, no âmbito das respectivas representações, às relações individuais de trabalho."

(1964) "É facultado aos sindicatos representativos de categorias profissionais celebrar Acordos Coletivos com uma ou mais empresas da correspondente categoria econômica, que estipulem condições de trabalho, aplicáveis no âmbito da empresa ou das empresas acordantes às respectivas relações de trabalho."

(1965) Alfredo Montoya Melgar, consoante já foi dito, inclui a mediação entre os procedimentos jurídicos de solução de conflitos, afirmando que ela consiste no "procedimento de solução de conflitos coletivos de trabalho cuja peculiaridade consiste na intervenção de um terceiro investido de amplos poderes de informação e de proposta, que se consubstanciam na formulação de um projeto de solução que as partes têm liberdade de aceitar e rejeitar" (A solução dos conflitos coletivos do trabalho na Espanha. In: *A solução dos conflitos trabalhistas na Espanha*, p. 76).

3. Classificação dos dissídios coletivos

O dissídio coletivo pode ser suscitado com diversas finalidades, o que significa que pode ser:

a) de natureza econômica: dissídio instaurado para estabelecer normas e condições de trabalho;

b) de natureza jurídica: dissídio instaurado para a interpretação de cláusulas de sentença normativa, instrumento de negociação coletiva (acordos e convenções coletivas de trabalho), disposições legais particulares de categoria profissional ou econômica e de atos normativos editados pela empresa (regulamento de pessoal e plano de cargos e salários, por exemplo);

c) de revisão: dissídio instaurado para rever normas e condições coletivas de trabalho estabelecidas por meio de sentença normativa que tenham se tornado injustas ou impraticáveis pela modificação das circunstâncias em que foram ditadas;

d) de greve: dissídio instaurado em caso de greve deflagrada pelos trabalhadores;

e) de extensão: dissídio que tem por objetivo estender as novas condições de trabalho estabelecidas em sentença normativa a todos os empregados da mesma categoria profissional.

4. Poder normativo da Justiça do Trabalho

A negociação coletiva pode resultar na celebração de uma convenção coletiva de trabalho ou de um acordo coletivo de trabalho.

A convenção e o acordo coletivo de trabalho são ajustes de *caráter normativo*, na medida em que estipulam condições de trabalho a serem obrigatoriamente observadas no âmbito das representações dos sindicatos acordantes ou do sindicato e da (s) empresa(s) acordante (s), respectivamente. O caráter normativo da convenção e do acordo coletivo de trabalho é expressamente reconhecido pelo art. 611 da CLT e, também, pelo art. 7º, XXVI, da Constituição Federal.

Consoante o art. 114, § 2º, da Constituição Federal, recusando-se qualquer das partes à negociação coletiva e à arbitragem, a elas é facultado, de comum acordo, o ajuizamento do dissídio coletivo, podendo a Justiça do Trabalho *decidir o conflito*, respeitadas as disposições mínimas legais de proteção ao trabalho, bem como as convencionadas anteriormente.

Assim, sendo o conflito coletivo de interesses submetido ao Poder Judiciário, a este caberá, para solucioná-lo, estabelecer condições de trabalho, com *caráter normativo*. A decisão judicial relativa ao conflito coletivo de interesses substitui a convenção e o acordo no que diz respeito ao estabelecimento de condições de trabalho e deles herda o caráter normativo. Isso significa dizer que a Constituição Federal confere à Justiça do Trabalho *poder normativo*.

Poder normativo é o poder que a Constituição Federal confere aos Tribunais do Trabalho para, no julgamento de dissídio coletivo de natureza econômica, estabelecer normas e condições de trabalho.

O poder normativo da Justiça do Trabalho tem como fundamento a necessidade de solucionar os conflitos coletivos de trabalho e promover a pacificação nas relações entre capital e trabalho, mas é criticado, sob o argumento de que desprestigia o entendimento direto entre empregados e empregadores, constitui indevida ingerência do Estado na relação entre capital e trabalho e funciona como instrumento de controle do Estado sobre o movimento sindical, o que impede o seu amadurecimento e crescimento.

É afirmado por alguns doutrinadores que já não subsiste o poder normativo da Justiça do Trabalho, que teria sido substituído por simples arbitragem oficial facultativa, sendo afirmado, neste sentido, que a exigência de concordância das partes para a instauração do dissídio deixa claro que não trata, o ato de suscitá-lo, do ajuizamento de uma ação, mas de pedido, de ambas as partes, da intervenção do Estado, não como julgador, mas como árbitro. Para outra vertente doutrinária, apenas no caso de greve em serviço essencial com risco para o interesse público, em que o Ministério Público do Trabalho está legitimado a instaurar o dissídio, é que o Poder Judiciário poderá proferir sentença estabelecendo normas e condições de trabalho, exercendo, com isso, poder normativo.

Arnaldo Süssekind nega a extinção do poder normativo, afirmando que a sentença "poderá criar ou rever regras e condições do trabalho, desde que o pedido integre a lide, respeitadas as disposições mínimas de proteção ao trabalho previstas em lei ou instrumento da negociação coletiva".[1966]

Ao dispor que a Justiça do Trabalho *decidirá o conflito respeitando as disposições mínimas legais de proteção ao trabalhador, bem como as convencionadas anteriormente*, o art. 114, § 2º, da Constituição Federal permite afirmar que, ao julgar o dissídio coletivo, o Tribunal estabelecerá normas e condições de trabalho com caráter normativo, exercendo, portanto, poder normativo. Aliás, é na fixação de normas e condições de trabalho que o Poder Judiciário poderá observar os limites impostos pela negociação coletiva anterior e pela ordem jurídica.

O poder normativo da Justiça do Trabalho não opera contra o movimento sindical e o entendimento direto entre trabalhadores e empregadores, vez que é apenas uma das formas de solução dos conflitos coletivos de interesses, que, inclusive, somente pode ser posta em movimento no caso de ser frustrada a negociação coletiva e de as partes não recorrerem à arbitragem.

5. A prévia negociação coletiva como condição para a instauração do dissídio coletivo. A exigência de comum acordo para a instauração do dissídio coletivo de natureza econômica

Para que possa ser instaurado o dissídio coletivo com a finalidade de estabelecer normas e condições de trabalho (dissídio coletivo de natureza econômica), é indispensável a prévia tentativa de negociação coletiva, como decorre do art. 114, § 2º, da Constituição Federal e prevê o art. 616, § 4º, da CLT ("Nenhum processo de dissídio coletivo de natureza econômica será admitido sem antes se esgotarem as medidas relativas à formalização da Convenção ou Acordo correspondente").

Desse modo, não sendo comprovada a prévia tentativa de negociação coletiva, o processo coletivo deverá ser extinto, sem provimento de mérito, por carecer o suscitante de interesse de agir (somente depois de frustrada a negociação coletiva é que surge o interesse na intervenção do Poder Judiciário para a solução do conflito).

A instauração do dissídio coletivo de natureza econômica pressupõe, ainda, a ausência de acordo coletivo, convenção coletiva ou sentença normativa em vigor (art. 14, parágrafo único, da Lei n. 7.783/89 e art. 616, § 3º, da CLT). O dissídio coletivo é instaurado para a instituição de normas e condições de trabalho, que, se existentes, dispensam a intervenção do Poder Judiciário.

Contudo, não é necessária a prévia negociação coletiva para a instauração do dissídio de natureza jurídica (Orientação Jurisprudencial n. 6 da SDC do TST), de revisão e de extensão.

De acordo com o art. 114, § 2º, da Constituição da República, "recusando-se qualquer das partes à negociação coletiva ou à arbitragem, é facultado às mesmas, de comum acordo, ajuizar dissídio coletivo de natureza econômica, podendo a Justiça do Trabalho decidir o conflito, respeitadas as disposições mínimas legais de proteção ao trabalho, bem como as convencionadas anteriormente".

A instauração do dissídio coletivo de natureza econômica pressupõe, sob o prisma do art. 114, § 2º, da Constituição, *comum acordo* entre partes em conflito. O comum acordo constitui um pressuposto de constituição e desenvolvimento válido e regular do processo, cujo não atendimento implica extinção do processo, sem provimento de mérito.

É sustentado na doutrina que, em razão da exigência do comum acordo para a instauração do dissídio, à Justiça do Trabalho foi reservado o papel de árbitro, tendo sido estabelecida, pela Constituição, destarte, arbitragem pública facultativa voltada à solução de conflitos coletivos de natureza econômica.

(1966) As relações individuais e coletivas de trabalho na reforma do poder judiciário. *Revista do Tribunal Superior do Trabalho*, v. 71, n. 1, p. 28, jan./abr. 2005.

Nesse sentido, afirma José Luciano de Castilho Pereira que "o Dissídio Coletivo somente poderá ser instaurado por acordo, expresso ou tácito, das partes. Sendo assim, fica mais clara ainda a natureza singular do Dissídio Coletivo. Não se trata simplesmente de uma ação judicial, na qual é deduzida uma pretensão resistida, pedindo-se ao juiz que decida o pedido como formulado, obrigando a parte contrária a cumprir a sentença judicial. Na hipótese de típica ação judicial, a sentença está sujeita a recurso para outras instâncias. Se a Constituição afirma que o Dissídio somente se instaura por pedido das partes, estamos mais próximos de uma arbitragem pública do que de um dissídio judicial típico. As partes, de comum acordo, pedem ao Tribunal que decida a controvérsia que não conseguiram e que diga onde está o desacordo entre elas. A solução encontrada estará sujeita a recurso? Com as premissas colocadas, parece-me que não".(1967)

Embora não negue a sobrevivência do poder normativo da Justiça do Trabalho, Antônio Álvares da Silva sustenta que a exigência de prévio acordo para a instauração do dissídio "é o lado altamente positivo da reforma. Já que não foi vontade do legislador extinguir o dissídio coletivo, pelo menos teve o bom-senso de limitá-lo. Agora, será condição de ação coletiva que seu ajuizamento se faça mediante acordo. Isso significa que, isoladamente, nenhum sindicato pode mais propô-la, obrigando a outra parte a se submeter a uma sentença normativa (...). Em se tratando de conflito coletivo, a intervenção do Estado deve ser a mínima possível, pois está em jogo a liberdade sindical (...). O legislador agiu corretamente. O que se deseja, nos conflitos coletivos, é a autocomposição. Nele, a intervenção do Estado é inadmissível e impensável perante o moderno sindicalismo".(1968)

A exigência de comum acordo para a instauração do dissídio coletivo de natureza econômica dificulta o acesso à justiça, o que a torna inconstitucional, visto que:

a) o art. 5º, XXXV, da Constituição Federal impede a exclusão de lesão ou ameaça a direito da apreciação do Poder Judiciário, assegurando, com isso, o direito de ação, com o caráter de direito fundamental;

b) o art. 60, § 4º, IV, da Constituição Federal dispõe que não será objeto de deliberação a proposta de emenda tendente a abolir os direitos e garantias fundamentais, contendo o art. 5º, XXXV, da Carta Magna verdadeira cláusula pétrea,(1969) que não poderia ser desrespeitada pela Emenda Constitucional n. 45/2004;

c) a exigência de comum acordo para a instauração do dissídio coletivo de natureza econômica contraria o art. 8º, III, da Constituição Federal, na medida em que impede o sindicato de defender judicialmente os interesses da categoria que representa;

d) fere o razoável atribuir a um dos titulares dos interesses contrapostos o poder de decidir sobre o acesso do outro ao Poder Judiciário. Se o acesso à justiça para a solução de um conflito de interesses depende do arbítrio de uma das partes deste conflito, não existe um concreto direito de acesso à justiça;

e) o acesso à justiça para a solução de conflitos coletivos de interesses já é limitado pela exigência de prévia negociação coletiva, não se justificando a criação de mais uma restrição para ele.

A valorização da negociação coletiva e a atribuição aos sindicatos e empresas da responsabilidade pela solução dos conflitos coletivos não pode significar violência ao direito, fundamental, de recorrer ao Poder Judiciário.

Vale acrescentar que o direito de ação é um direito de *status* humano e o Brasil adota como princípio da prevalência dos direitos humanos, o que inclui os direitos humanos processuais (art. 4º da Constituição da República).

(1967) A reforma do poder judiciário — o dissídio coletivo direito de greve. In: COUTINHO, Grijalbo Fernandes de; FAVA, Marcos Neves (coord.). *Justiça do Trabalho:* competência ampliada, p. 256.

(1968) *Dissídio coletivo e a Emenda Constitucional n. 45/2004*, p. 36-37.

(1969) Certos direitos e garantias foram colocados pelo constituinte originário fora do poder de reforma do constituinte derivado (o poder constituinte impõe limites ao poder por ele constituído). Esses direitos e garantias passam a constituir verdadeiras *cláusulas pétreas.*

Para que se dê aproveitamento ao disposto no art. 114, § 2º, da Constituição Federal, a alusão a prévio acordo deve ser entendida como uma *faculdade* conferida às partes, ou seja, frustrada a negociação coletiva, as partes poderão, de comum acordo, recorrer ao Poder Judiciário para a solução do conflito. Entretanto, não havendo comum acordo quanto ao recurso ao Poder Judiciário, qualquer das partes, diante do direito de ação que a Constituição lhe atribui, pode instaurar o dissídio coletivo de natureza econômica.

É afirmado, para sustentar a constitucionalidade da exigência de comum acordo para a instauração do dissídio coletivo de natureza econômica, que o art. 5º, XXXV, da Constituição Federal assegura o recurso ao Poder Judiciário apenas contra a ameaça ou lesão a *direito preexistente* e no dissídio coletivo é perseguido o estabelecimento de *normas e condições de trabalho*. No entanto, a tutela jurisdicional pode ter por objeto tanto um interesse quanto um direito. Basta ver, por exemplo, que às organizações sindicais é atribuída, pela Constituição, legitimidade para exercer a defesa dos direitos e *interesses* coletivos ou individuais da categoria, inclusive em questões judiciais (art. 8º, III).

No entanto, prevalece no TST o entendimento de que é constitucional a exigência de comum acordo para a instauração do conflito coletivo de natureza econômica.

Neste sentido, decidiu a SDC do TST que:

> "A seção Especializada em Dissídios Coletivos deste Tribunal Superior do Trabalho firmou jurisprudência no sentido de que a nova redação do § 2º do art. 114 da Constituição Federal estabeleceu o pressuposto processual intransponível do mútuo consenso entre as partes para o ajuizamento do dissídio coletivo de natureza econômica."[(1970)]

A SDC do TST admite, no entanto, a denominada *concordância tácita com a instauração do dissídio*, quando decide que "o comum acordo, pressuposto específico para ajuizamento do dissídio coletivo, exigência trazida pela Emenda Constitucional n. 45/04 ao art. 114, § 2º, da CF, embora idealmente devesse ser materializado sob forma de petição conjunta da representação, é interpretado de maneira mais flexível pela Justiça do Trabalho, no sentido de se admitir a concordância tácita na instauração da instância, desde que não haja oposição expressa do suscitado, na contestação".[(1971)]

A SDC do TST também já decidiu que a exigência de comum acordo só se aplica ao *dissídio de natureza econômica puro*, não alcançando o *dissídio mito*, ou seja, dissídio de greve com discussão de natureza econômica (TST, RO 7425-82.2012.5.02.0000, DJe 20.6.2014).

O estabelecimento da exigência de comum acordo para a instauração do dissídio de natureza econômica atendeu a uma Recomendação do Comitê de Liberdade Sindical da OIT, expedida em razão de denúncia apresentada àquele Comitê pela CUT — Central Única de Trabalhadores — em 17.5.1995, em razão da posição adotada pelo TST em relação às greves dos empregados da Petrobras deflagradas em 27.9.1994 e 3.5.1995 (O TST declarou a ilegalidade da greve deflagrada em setembro de 1994 e, abusiva, a deflagrada em maio de 1995, tendo, quando examinou a primeira delas, retirado dos trabalhadores conquistas alcançadas anteriormente por meio da negociação coletiva).[(1972)]

O Comitê recomendou ao governo brasileiro a adoção de medidas voltadas à "modificação da legislação com o objetivo de que o submetimento dos conflitos coletivos de interesses às autoridades judiciárias somente seja possível de comum acordo entre as partes", que garantissem "que os convênios coletivos entre empresas e sindicatos sejam respeitados" e que incentivassem "os interlocutores sociais a resolver os conflitos coletivos por meio da negociação coletiva", o que resultou nos §§ 1º, 2º e 3º, do art. 114 da Constituição Federal.

(1970) TST, SDC, RODC 6956-70.2011.5.02.0000, Rel. Min. Mauricio Godinho Delgado, DEJT 21.2.2014.
(1971) TST, SDC, RODC 701/2005-000-15-00, Rel. Min. Dora Maria da Costa, DJ 2.5.2008.
(1972) A denúncia recebeu o n. 1839.

6. *Sentença normativa. Âmbito de aplicação da sentença normativa*

No julgamento do dissídio coletivo de natureza econômica, a Justiça do Trabalho profere sentença normativa, estabelecendo condições de trabalho. A sentença normativa constitui um ato-regra, no sentido de ato que estabelece regras de caráter abstrato e geral.

As condições de trabalho fixadas na sentença normativa alcançam os contratos de trabalho em execução na data da instauração do conflito e os que forem celebrados durante a sua vigência, no âmbito das representações do suscitante e do suscitado (efeito *erga omnes* da sentença normativa).

7. *Limites do poder normativo. Conteúdo da sentença normativa*

7.1. O poder normativo da Justiça do Trabalho tem limites expressamente estabelecidos pela ordem jurídica (limites expressos) e que dela são inferidos (limites implícitos), de natureza processual e substancial.

Em relação aos limites processuais, vale mencionar que o fato de ter sido atribuído poder normativo à Justiça do Trabalho não afasta dos tribunais trabalhistas o dever de solucionar o conflito nos limites em que foi proposto, sendo-lhe defeso conhecer de questões não suscitadas, a cujo respeito a lei exige a iniciativa das partes, proferir sentença de natureza diversa da pedida, bem como impor obrigação em quantidade superior ou objeto diverso do que lhe foi demandado. Em suma, a jurisdição normativa está limitada pela demanda submetida ao Poder Judiciário.

A primeira limitação de natureza substancial ao poder normativo decorre da necessidade de respeito à Constituição Federal, à legislação infraconstitucional e aos tratados e convenções de que o Brasil seja signatário.

Por outro lado, na sentença normativa não podem os tribunais trabalhistas:

1) negar ou reduzir os benefícios que a lei assegura aos trabalhadores (esse limite é estabelecido expressamente pelo art. 114, § 2º, da Constituição Federal, que impõe o respeito às disposições mínimas legais de proteção ao trabalho);[1973]

2) tratar de questões cuja disciplina tenha sido reservada à lei ou à negociação coletiva (como ocorre com a redução de salário e da jornada de trabalho, por exemplo).

Acrescente-se que:

a) quando a lei faculta ao empregador a concessão de determinado benefício, a sua concessão não pode ser imposta por meio de decisão normativa. É o que ocorre com a ajuda alimentação, por exemplo;[1974]

b) "ao julgar ou homologar ação coletiva ou acordo nela havido, o Tribunal Superior do Trabalho exerce o poder normativo constitucional, não podendo criar ou homologar condições de trabalho que o Supremo Tribunal Federal julgue iterativamente inconstitucionais" (Súmula n. 190 do TST);

c) a garantia mínima estabelecida na lei em favor do trabalhador, como é a hipótese do adicional de horas extras, pode ser ampliada pela sentença normativa, desde que seja respeitada a capacidade econômico-financeira das empresas e a situação do seu setor de atividade. Assim, o limite mínimo

---

(1973) Consoante decidiu o STF, "aos acordos e convenções coletivas de trabalho, assim como às sentenças normativas, não é lícito estabelecer limitações a direito constitucional dos trabalhadores, que nem à lei se permite" (STF, RE 234.186-3-SP, Rel. Min. Sepúlveda Pertence, DJ 31.8.2001).

(1974) "A matéria encontra-se disciplinada pela Lei n. 6.321/76, regulamentada pelo Decreto n. 5/91 e pela Portaria Interministerial MTPS/MS n. 1/92. A adesão da empregadora ao Programa de Alimentação do Trabalhador é facultativa, valendo salientar que, não obstante o relevante alcance social traduzido na melhoria do estado nutricional dos trabalhadores, o estabelecimento do benefício, porque onera os custos empresariais, não se compraz com a via heterônoma eleita" (TST, ES 647.698/00.1, Rel. Min. Wagner Pimenta, DJU 9.5.2000, p. 449).

do poder normativo é a garantia mínima estabelecida em lei em favor do trabalhador, ao passo que seu limite máximo é a capacidade econômica de as empresas suportarem os custos dos benefícios (considerados em seu conjunto), devendo ser estabelecido, na sentença normativa, um ponto de equilíbrio entre a melhoria da condição social do trabalhador e a capacidade econômica da empresa, critério que é indicado pelos arts. 766 e 873 da CLT.

7.2. Do art. 114, § 2º, da Constituição Federal resulta que, ao estipular normas e condições de trabalho, a Justiça do Trabalho deverá respeitar as disposições convencionais mínimas de proteção ao trabalho, indicando que os benefícios alcançados por meio da negociação coletiva somente por meio dela podem ser afastados, o que implica a adoção de uma verdadeira *cláusula de vedação de retrocesso*.(1975)

A vedação à redução ou extinção de vantagens alcançadas por meio da negociação coletiva é criticada, sob o argumento de que:

a) a entidade sindical profissional que se encontre diante da possibilidade de abrir mão de algum benefício alcançado em negociação coletiva anterior optaria, para manter o benefício, pela transferência da solução do conflito para o Poder Judiciário, em desprestígio da negociação coletiva;

b) dela resulta a incorporação definitiva ao contrato de trabalho dos benefícios alcançados pelos trabalhadores, o que também contribui para o desprestígio da negociação coletiva em relação à categoria econômica.

Em favor da preservação das garantias convencionais mínimas no julgamento do dissídio coletivo, pode ser dito que:

a) o benefício alcançado pela negociação coletiva somente por meio dela pode ser afastado, presumindo-se que as condições estabelecidas constituem o mínimo que as empresas estão em condições de suportar (o benefício somente poderá ser afastado pela sentença se o empregador demonstrar que não tem condições de suportar os seus custos sem prejuízo da sobrevivência de seu empreendimento);

b) a sentença normativa é passível de revisão, havendo, então, a possibilidade de afastar as condições injustas ou impraticáveis (art. 873 da CLT);

c) a atuação do Poder Judiciário na solução do dissídio beneficia as categorias profissionais sem reais condições de negociar de forma equilibrada com a respectiva categoria econômica, servindo, então, de salvaguarda dos benefícios já alcançados por meio da negociação coletiva;

d) o Poder Judiciário deve ter em conta a melhoria das condições sociais do trabalho, conforme parâmetro estabelecido no *caput* do art. 7º da Constituição Federal, o que o impede de negar ao trabalhador as garantias mínimas alcançadas pela negociação coletiva.

A propósito dos limites do poder normativo da Justiça do Trabalho, o STF decidiu que as decisões normativas da Justiça do Trabalho, "a despeito de configurarem fonte de direito objetivo, revestem o caráter de regras subsidiárias, somente susceptíveis de operar no vazio legislativo, e sujeitas à supremacia da lei formal".(1976)

Importante limite ao poder normativo da Justiça do Trabalho é estabelecido pelo art. 13 da Lei n. 10.192/2001, que veda a estipulação ou fixação de cláusula de reajuste ou correção salarial automática vinculada a índice de preços. Essa medida tem por objetivo impedir a indexação de salários. A aludida lei exige, ainda, que a concessão de aumento salarial a título de produtividade esteja amparada em indicadores objetivos (art. 13, § 2º).

(1975) Para José Luciano de Castilho Pereira, "a sentença normativa respeitará o que foi convencionado. Logo, manifesta é a ultratividade. E se se pretende apenas manter o que existe, pretensão que a empresa não concorda, a norma valerá até a decisão final da Justiça do Trabalho, conclusão que decorre da norma constitucional, que, portanto, não recepcionou, também sob este ângulo, a citada norma do art. 616 da CLT (...). Não pode a sentença normativa reduzir vantagens conquistadas pela categoria na negociação anterior" (A reforma do poder judiciário — o dissídio coletivo direito de greve. In: COUTINHO, Grijalbo Fernandes de; FAVA, Marcos Neves (coords.). *Justiça do Trabalho:* competência ampliada, p. 255).

(1976) STF, RE 19.7911.9-PE, Rel. Min. Octávio Gallotti, DJU 7.11.1997.

A Lei n. 10.192/2001 não veda a estipulação ou fixação de cláusula de reajuste ou correção salarial, proibindo, apenas, a fixação de cláusula de reajuste ou correção salarial automática vinculada a índice de preços. Nem poderia ser diferente, seja porque a Constituição Federal não proíbe a estipulação de cláusula prevendo a concessão de reajuste ou correção salarial, seja porque negar a possibilidade de estipulação de aumento ou reajuste implicaria reduzir, substancialmente, o poder normativo da Justiça do Trabalho, posto que a cláusula salarial é vital a qualquer relação de emprego. Acrescente-se que o art. 766 da CLT, que é regra aplicável a todos os procedimentos, prevê a possibilidade de fixação de salário pelo Judiciário. O que se exige do Judiciário é a fixação de reajuste ou correção salarial amparada em indicadores objetivos e que a sua decisão traduza, em seu conjunto (ou seja, considerando-se também os demais benefícios concedidos aos trabalhadores), a justa composição do conflito de interesses das partes e guarde adequação com o interesse da coletividade.

Anote-se que prevalecia no TST o entendimento de que as condições de trabalho fixadas por força de convenção ou acordo coletivo somente vigoravam durante o seu prazo de vigência, não integrando de forma definitiva os contratos individuais de trabalho, ressalvando-se o período compreendido entre 23.12.1992 e 28.7.1995, em que vigorou a Lei n. 8.542, revogada pela Medida Provisória n. 1.709, convertida na Lei n. 10.192, de 14.02.2001. Esta posição, no entanto, foi alterada por meio da atribuição de nova redação à Súmula n. 277 do TST, o que ocorreu em setembro de 2012.[(1977)]

No entanto, cumpre mencionar que o STF já decidiu que "as condições estabelecidas por convenções coletivas de trabalho ou sentenças normativas prevalecem durante o prazo de sua vigência, não cabendo alegar-se cláusula preexistente".[(1978)]

7.3. A sentença normativa pode estabelecer condições de caráter econômico (cláusula normativa de conteúdo econômico[(1979)]) e social (cláusula normativa de conteúdo social[(1980)]), além de direitos e obrigações para os dissidentes (cláusula normativa de conteúdo obrigacional[(1981)]).[(1982)]

8. Competência

O dissídio coletivo é instaurado mediante petição escrita dirigida ao Presidente do Tribunal (art. 856 da CLT).

Com isso, somente os tribunais do trabalho (TRT e TST) têm competência para julgar dissídios coletivos do trabalho. O julgamento dos dissídios coletivos está incluído na competência funcional dos tribunais do trabalho.

A competência para julgar dissídios coletivos é distribuída entre os tribunais trabalhistas levando em conta a *extensão territorial do conflito de interesses* a ser solucionado, conforme permitem afirmar o art. 677 da CLT e o art. 2º, I, *a*, da Lei n. 7.701/88 (combinam-se, então, os critérios funcional e territorial para estabelecimento da competência para o caso concreto. Daí se falar em *competência funcional territorial*).

(1977) "As cláusulas normativas dos acordos coletivos ou convenções coletivas de trabalho integram os contratos individuais e somente poderão ser modificadas ou suprimidas mediante negociação coletiva de trabalho."

(1978) STF, AI 150.475-8-RJ, Rel. Min. Ilmar Galvão.

(1979) Esta é a natureza da cláusula que trata de reajustes ou aumentos salariais e de adicional de horas extras, por exemplo.

(1980) Tratando de higiene e segurança do trabalho, por exemplo.

(1981) Criação de contribuição sindical, por exemplo.

(1982) A propósito, ensina Raimundo Simão de Melo que "o conteúdo clássico do poder normativo da Justiça do Trabalho decorre de dois tipos de cláusulas, comumente estabelecidas nas sentenças normativas: são as cláusulas normativas e as cláusulas obrigacionais. As cláusulas normativas são de caráter econômico e social e se convertem em direitos inerentes aos contratos individuais de trabalho; servem para fixar e regular as condições de trabalho (...). As cláusulas obrigacionais são aquelas que estabelecem direitos e obrigações entre as partes convenientes" (*Dissídio coletivo do trabalho*, p. 33-34).

Aos Tribunais Regionais do Trabalho compete resolver os dissídios de âmbito regional, ou seja, os dissídios cujos efeitos sejam restritos ao território sob sua jurisdição (art. 677 da CLT), exceto em relação ao Estado de São Paulo, que é dividido em duas Regiões (2ª e 15ª), no qual, consoante dispõe o art. 12 da Lei n. 7.520/86, cabe ao TRT da 2ª Região julgar os dissídios que afetem a jurisdição dos dois Tribunais e, ao TRT da 15ª Região, julgar os dissídios cujos efeitos sejam restritos à sua jurisdição.

Ao Tribunal Superior do Trabalho compete conciliar e julgar os conflitos coletivos que abrangem mais de um Estado da Federação, ou seja, que excedam a jurisdição dos Tribunais Regionais do Trabalho (art. 2º, I, *a*, da Lei n. 7.701/88).[1983]

9. Legitimidade para requerer a instauração do dissídio

Para suscitar o dissídio coletivo é necessário ter legitimidade (art. 3º do CPC de 1973 e art. 17 do CPC de 2015).

9.1. O art. 857 da CLT estabelece que a representação para instaurar a instância em dissídio coletivo constitui prerrogativa das associações sindicais, excluídas as hipóteses aludidas no art. 856, quando ocorrer suspensão do trabalho.

O dissídio coletivo, portanto, pode ser instaurado pelas entidades sindicais.

A legitimidade de entidade sindical para a instauração de instância contra determinada empresa está condicionada à prévia autorização dos trabalhadores da suscitada diretamente envolvidos (Orientação Jurisprudencial n. 19 da SDC do TST).[1984] De outro lado, a representação sindical abrange toda a categoria não comportando separação fundada na maior ou menor dimensão de cada ramo ou empresa (Orientação Jurisprudencial n. 23 da SDC do TST).

O art. 856 da CLT atribui legitimidade ao Presidente do Tribunal para instaurar o dissídio, quando ocorrer suspensão do trabalho. Contudo, este dispositivo legal perdeu o seu fundamento de validade, vez que o art. 114, §§ 2º e 3º, não autoriza o Presidente dos tribunais trabalhistas a instaurar o dissídio de ofício.

Também o Ministério Público do Trabalho tem legitimidade para instaurar o dissídio coletivo, mas apenas em caso de greve em atividade essencial, com possibilidade de lesão do interesse público, consoante resulta do art. 114, § 3º, da Constituição da República.

A Instrução Normativa 4/93, item IV, do TST reconhece legitimidade para o ajuizamento do dissídio coletivo aos empregadores, "quando não haja entidade sindical representativa ou os interesses em conflito sejam particularizados". O dissídio é forma de solução do conflito coletivo de interesses. Destarte, se a empresa negocia diretamente com o sindicato representativo da categoria de seus empregados e não se chega um consenso na negociação, à empresa não pode ser negada legitimidade para recorrer ao Poder Judiciário, valendo observar que o art. 114, § 2º, permite a instauração de dissídio pelas *partes* no conflito e a empresa pode ser uma das suas partes, quando negocia diretamente com o sindicato.

Quando não houver sindicato representativo da categoria econômica ou profissional, poderá o dissídio ser instaurado por iniciativa das federações correspondentes, e, na falta delas, pelas confederações respectivas, no âmbito de sua representação (art. 857, parágrafo único, da CLT).

O fato de ser reconhecida ao Ministério Público do Trabalho a legitimidade para ajuizar o dissídio de greve não significa que somente ele poderá fazê-lo. A legitimidade das partes para suscitar o dissí-

(1983) "Os Tribunais Regionais do Trabalho são incompetentes para processar e julgar Dissídios Coletivos em que sejam partes o Banco do Brasil S/A e Entidades Sindicais dos Bancários" (Precedente Normativo n. 10 da SDC do TST).

(1984) A SDC do TST adotou o entendimento de que "a presença de um único trabalhador de determinada empresa, desde que empregado da entidade suscitada, em segunda assembleia, seria suficiente para o atendimento ao disposto na OJ n. 19/SDC" (SDC, RO 50775.5.02.0000, Rel. Min. Mauricio Godinho Delgado, DJET 18.12.2015).

dio no caso de greve, reconhecida no art. 8º da Lei n. 7.783/89, subsiste. Não se pode olvidar, inclusive, que a Constituição Federal atribui à Justiça do Trabalho a competência para julgar as ações que envolvam o exercício do direito de greve (art. 114, III) e dentre elas está aquela em que o empregador ou o sindicato da sua categoria econômica requeira em juízo a declaração de ilegalidade da greve deflagrada por seus empregados.(1985)

10. Requisitos da petição inicial do dissídio coletivo

O dissídio será instaurado mediante petição escrita, endereça ao presidente do Tribunal competente para o seu julgamento (art. 856 da CLT).

A petição inicial de dissídio coletivo deverá conter:

a) indicação do Tribunal a que é dirigida;

b) designação e qualificação das entidades suscitantes;

c) a indicação da delimitação territorial de representação das entidades sindicais e das categorias profissionais e econômicas envolvidas no conflito coletivo, além do *quorum* estatutário para deliberação da assembleia;

d) a exposição das causas motivadoras do conflito coletivo ou da greve, se houver, e indicação das pretensões coletivas, aprovadas em assembleia da categoria profissional, quando for parte entidade sindical de trabalhadores de primeiro grau, ou pelo conselho de representantes, quando for suscitante entidade sindical de segundo grau ou de grau superior, bem como as bases de conciliação.

Os pedidos devem ser apresentados em forma clausulada e acompanhados de uma síntese dos fundamentos a justificá-los (art. 12 da Lei n. 10.192/2001).(1986)

Devem instruir a petição inicial de instauração do dissídio coletivo:

a) as correspondências, registros e atas referentes à negociação coletiva tentada diretamente ou mediante a intermediação do órgão competente do Ministério do Trabalho ou do Ministério Público do Trabalho;

b) cópia autenticada da sentença normativa anterior, do instrumento normativo do acordo ou convenção coletiva, ou, ainda, do laudo ou sentença arbitral, caso exista;

c) cópia do edital de convocação da categoria para a assembleia e a respectiva (Orientação Jurisprudencial n. 29 da SDC do TST);(1987)

d) cópia autenticada do livro ou da lista de presença dos associados que participaram da assembleia deliberativa, ou outros documentos hábeis à comprovação de sua representatividade.

O sindicato somente pode instaurar o dissídio nos limites da autorização que lhe for outorgada pela assembleia (art. 859 da CLT). Daí a necessidade de registro na ata da assembleia da pauta de reivindicações aprovada pela categoria.(1988)

Anote-se que não havia consenso sobre o *quorum* mínimo para aprovar, em assembleia, as reivindicações da categoria profissional.

(1985) Observe-se que "a Justiça do Trabalho é competente para declarar a abusividade, ou não, da greve" (Súmula n. 189 do TST).

(1986) Constitui "pressuposto indispensável à Constituição válida e regular da ação coletiva a apresentação em forma clausulada e fundamentada das reivindicações da categoria, conforme orientação do item VI, letra *e*, da IN n. 4/93" (Orientação Jurisprudencial n. 32 da SDC do TST). De outra forma, "Nos processos de dissídio coletivo só serão julgadas as cláusulas fundamentadas na representação, em caso de ação originária, ou no recurso" (Precedente Normativo n. 37 da SDC do TST).

(1987) "Se os estatutos da entidade sindical contam com norma específica que estabeleça prazo mínimo entre a data de publicação do edital convocatório e a realização da assembleia correspondente, então a validade desta última depende da observância desse interregno" (Orientação Jurisprudencial n. 35 da SDC do TST).

(1988) "A ata da assembleia de trabalhadores que legitima a atuação da entidade sindical deve registrar, obrigatoriamente, a pauta de reivindicações, produto da vontade expressa da categoria" (Orientação Jurisprudencial n. 8 da SDC do TST).

O art. 859 da CLT dispõe que a representação dos sindicatos para instauração do dissídio de natureza econômica fica subordinada à aprovação de assembleia, da qual participem os *associados interessados na solução do dissídio coletivo*, em primeira convocação, *por maioria de 2/3 (dois terços) dos mesmos*, ou, em segunda convocação, *por 2/3 (dois terços) dos presentes*. Já o art. 612 define o *quorum* necessário para a celebração de acordo ou convenção coletiva, fixando-o em *2/3 (dois terços) dos associados da entidade*, se se tratar de convenção, ou *dos interessados*, no caso de acordo e, em segunda, de *1/3 (um terço) dos mesmos*. A SDC do TST, por meio da Orientação Jurisprudencial n. 13, adotou o entendimento de que, "mesmo após a promulgação da Constituição Federal de 1988, subordina-se a validade da assembleia de trabalhadores que legitima a atuação da entidade sindical respectiva em favor de seus interessados à observância do *quorum* estabelecido no art. 612 da CLT". No entanto, esta Orientação Jurisprudencial foi cancelada em 9.10.2003, o que implicou reconhecer que o *quorum* a ser observado para a instauração do dissídio coletivo é o estabelecido no art. 859 da CLT.(1989)

Existem a propósito dois pontos de vista:

a) a validade da assembleia que legitima a atuação do sindicato está subordinada à observância do *quorum* fixado no art. 859 da CLT, que prevalece sobre o previsto em seus estatutos;

b) a Constituição Federal veda a interferência do Estado na organização sindical e assegura ao sindicato a defesa dos direitos e interesses coletivos ou individuais da categoria, devendo prevalecer, para instauração do dissídio, o quorum fixado em seu Estatuto.

A representatividade sindical, quando se trate de recorrer ao Poder Judiciário, deve ser apurada segundo parâmetros legais e não apenas estatutários, em face de seus efeitos em relação aos interesses de toda a categoria profissional e também de terceiros (categoria econômica ou empresa suscitada).

Frustrada a negociação coletiva de que tenha participado mediador, deverá a petição inicial ser instruída com ata, lavrada pelo mediador, contendo as causas motivadoras do conflito e as reivindicações de natureza econômica (art. 11, § 4º, da Lei n. 10.192/2001).

11. *Procedimento no dissídio coletivo de natureza econômica*

Protocolizada e autuada a petição inicial com os documentos que a acompanham, os autos serão conclusos ao Juiz Presidente do Tribunal ou ao Juiz competente na forma do Regimento Interno do tribunal respectivo.

Se a petição inicial não preencher os requisitos exigidos em lei ou apresentar defeitos ou irregularidades capazes de dificultar a sua apreciação, ou ainda se estiver desacompanhada dos documentos indispensáveis à propositura da ação, deverá ser determinado ao suscitante que a emende ou complete, no prazo máximo de dez dias, sob pena de indeferimento.

Estando a petição inicial na devida forma, o Presidente ou juiz competente designará audiência de conciliação, dentro do prazo de dez dias, determinando a notificação dos dissidentes, observando-se o prazo mínimo de cinco dias estabelecido no art. 841 da CLT (art. 860 da CLT).

As partes poderão postular por intermédio de advogado e se fazer representar em audiência por preposto (art. 21, § 3º, da Lei n. 9.307/96 e art. 861 da CLT).

Comparecendo as partes à audiência, o presidente do Tribunal ou juiz que a estiver presidindo as convidará para se pronunciarem sobre as bases da conciliação. Caso não sejam aceitas as bases propostas, o Presidente ou juiz que estiver presidindo a audiência submeterá aos interessados a solução que lhe pareça adequada para resolver o dissídio (art. 862 da CLT).

(1989) Neste sentido: "Esta Corte, ao cancelar a Orientação Jurisprudencial n. 13 da SDC (24.11.2003), minimizou o requisito relativo ao quórum do ajuizamento de dissídio coletivo, na esteira do art. 859 da CLT, que admite a aprovação da pauta de reivindicações e autoriza a propositura do dissídio coletivo pelo menos dos 2/3 dos associados presentes, em primeira convocação, e por 2/3 dos presentes em segunda convocação, não mais se submetendo, portanto, ao quórum estabelecido no art. 612 da CLT" (TST-ED-RO 214800-22.2008.5.01.000, Min. Dora Maria da Costa).

Do art. 864 da CLT, infere-se que o não comparecimento das partes à audiência de conciliação não impede o julgamento do dissídio. A ausência das partes apenas prejudicará a tentativa de solução negociada do dissídio. Note-se que, ao disciplinar o processo coletivo, a CLT não repete a regra constante do seu art. 844. Com isso, o não comparecimento das partes não implica arquivamento (no caso de ausência do suscitante) ou revelia e confissão (quando se trate de ausência do suscitado).

Havendo acordo na audiência de conciliação, o Presidente ou Juiz o submeterá à homologação do Tribunal na primeira sessão (art. 863 da CLT).(1990)

O acordo homologado vale como decisão irrecorrível para as partes, mas pode ser impugnado, por meio de recurso, pelo Ministério Público do Trabalho, no caso de violação à lei ou à Constituição Federal (art. 898 da CLT e art. 7º da Lei n. 7.701/88).

Não havendo acordo, o Tribunal poderá determinar a realização de perícia ou outras provas que reputar necessárias, de ofício ou a requerimento das partes (art. 22 da Lei n. 9.307/96 e art. 864 da CLT).

A CLT não faz alusão à defesa do requerido, estabelecendo, apenas, que o suscitado oferecerá, na audiência, sua proposta de conciliação (art. 862). Contudo, do art. 5º, LV, da Constituição Federal se infere que ninguém será julgado sem ser ouvido, ao passo que o art. 12 da Lei n. 10.192/2001 estabelece que as partes deverão apresentar, fundamentadamente, suas propostas finais, que serão objeto de conciliação ou deliberação do Tribunal na sentença normativa, indicando que o suscitado deverá ter oportunidade para apresentar a sua defesa. As propostas do suscitado constituem a sua defesa diante das pretensões do suscitante.(1991)

Da defesa do suscitado, deve constar a sua proposta de conciliação, fundamentada nas circunstâncias fáticas e jurídicas que recomendariam sua adoção, destacando, em relação às cláusulas que importarem em elevações salariais, as condições financeiras da(s) empresa(s), bem assim a situação econômica do respectivo setor de atividade (art. 317 do Regimento Interno do TST).(1992)

O Ministério Público do Trabalho poderá apresentar parecer oral, na hipótese de conciliação, ou após o encerramento da instrução, o qual será reduzido a termo, ou na sessão de julgamento do dissídio, transcrito em síntese na certidão, ou, ainda, escrito, no prazo de dez dias, mediante remessa dos autos pelo relator (art. 318 do RITST).

Noticiando os autos a paralisação dos trabalhos em decorrência de greve em serviços ou atividades, o Presidente do Tribunal poderá expedir ato dispondo sobre o atendimento das necessidades inadiáveis da comunidade (art. 322 do RITST). Dispõe o art. 11 da Lei n. 7.783/89 que "nos serviços ou atividades essenciais, os sindicatos, os empregadores e os trabalhadores ficam obrigados, de comum acordo, a garantir, durante a greve, a prestação dos serviços indispensáveis ao atendimento das necessidades inadiáveis da comunidade". O art. 12 da Lei n. 7.783/89 estabelece que "no caso de inobservância do disposto no artigo anterior, o Poder Público assegurará a prestação dos serviços indispensáveis".

Sempre que no curso do dissídio houver ameaça de perturbação da ordem, o Presidente requisitará à autoridade competente as providências que se tornarem necessárias (art. 865 da CLT).

Quando o dissídio ocorrer fora da sede do Tribunal, poderá o Presidente delegar à autoridade local a tentativa de conciliação e instrução. Se não houver acordo, a autoridade delegada encaminhará o processo ao Tribunal, fazendo exposição circunstanciada dos fatos e indicando a solução que lhe parecer conveniente (art. 866 da CLT). A delegação, na hipótese, é apenas para a tentativa de conciliação e realização de diligências e não para julgamento do dissídio, que é de competência exclusiva dos Tribunais.

(1990) Segundo a Orientação Jurisprudencial n. 34 da SDC do TST, "*é* desnecessária a homologação, por Tribunal Trabalhista, do acordo extrajudicial celebrado, sendo suficiente, para que surta efeitos, sua formalização perante o Ministério do Trabalho (art. 614 da CLT e art. 7º, inciso XXVI, da Constituição Federal)".

(1991) Constitui praxe a prévia designação de audiência de conciliação e a apresentação da defesa somente se restar frustrada a tentativa de conciliação.

(1992) O dissídio coletivo tem natureza dúplice, permitindo que o suscitado apresente suas propostas na própria contestação, o que torna dispensável a reconvenção (na contestação, o demandado requer sejam estabelecidas as condições de trabalho na forma por ele proposta).

Produzidas as provas reputadas necessárias, o Tribunal proferirá sentença normativa.

A decisão deverá ser fundamentada (art. 14, § 1º, da Lei n. 10.192/2001), dispondo o Juiz relator ou o redator designado de dez dias para redigir o acórdão (art. 7º, § 1º, da Lei n. 7.701/88).

Na sentença, serão objeto de deliberação pelo Tribunal as cláusulas apresentadas pelas partes, o que implica dizer que o julgamento far-se-á cláusula por cláusula (art. 12 da Lei n. 10.192/2001).

A decisão deverá conter o relatório (com registro do nome das partes e resumo do litígio), os fundamentos da decisão (nos quais serão analisadas as questões de fato e de direito, mencionando-se, expressamente, se o julgamento se deu por equidade), e o dispositivo (em que serão resolvidas as questões suscitadas pelas partes e será estabelecido o prazo para o cumprimento da decisão), devendo nela ser estabelecida a responsabilidade pelas custas e verbas decorrentes de litigância de má-fé, se for o caso (arts. 26 e 27 da Lei n. 9.307/96).

No dissídio coletivo as partes vencidas responderão solidariamente pelo pagamento das custas, calculadas sobre o valor arbitrado na decisão, ou pelo Presidente do Tribunal (art. 789, § 4º, da CLT).

A decisão do dissídio coletivo deve traduzir, em seu conjunto, a justa composição do conflito de interesses das partes e ser adequada aos interesses da coletividade (art. 12, § 1º, da Lei n. 10.192/2001).[1993]

A decisão deve ser publicada no prazo de quinze dias (art. 12, § 2º, da Lei n. 10.192/2001) e dele serão intimadas as partes, ou seus representantes legais, via postal (art. 867 da CLT).

12. Vigência da sentença normativa

A sentença normativa vigorará a partir (art. 867, parágrafo único, da CLT):

a) da data de sua publicação, quando o dissídio for ajuizado após o prazo do art. 616, § 3º, da CLT;[1994]

b) da data da instauração do dissídio, quando não existir acordo, convenção ou sentença normativa em vigor;

c) do dia imediato ao término da vigência do acordo, convenção ou sentença normativa, quando for ajuizado o dissídio no prazo do art. 616, § 3º, da CLT.

O art. 616, § 3º, da CLT estabelece que "havendo convenção, acordo ou sentença normativa em vigor, o dissídio coletivo deverá ser instaurado dentro dos 60 (sessenta) dias anteriores ao respectivo termo final, para que o novo instrumento possa ter vigência no dia imediato a esse termo".

Havendo impossibilidade real de encerramento da negociação coletiva em curso antes do prazo estabelecido no art. 616, § 3º, da CLT, a entidade sindical interessada poderá formular protesto judicial, em petição dirigida ao Presidente do Tribunal, a fim de preservar a data-base, isto é, para garantir a vigência da sentença normativa a partir do dia imediato ao termo final da convenção, acordo ou sentença normativa em vigor.

O prazo de vigência da sentença normativa, que nela deverá ser fixado, não poderá ser superior a quatro anos (aplicação do art. 868, parágrafo único, da CLT). De acordo com o Precedente Normativo n. 120 da SDC do TST, "a sentença normativa vigora, desde seu termo inicial até que sentença normativa, convenção coletiva de trabalho ou acordo coletivo de trabalho superveniente produza a sua revogação, expressa ou tácita, respeitado, porém, o prazo máximo legal de quatro anos de vigência".

(1993) No julgamento do dissídio, devem ser consideradas as repercussões, diretas e indiretas, de todas as cláusulas da sentença normativa sobre a saúde econômico-financeira da(s) empresa(s), para preservar a sua capacidade de sobrevivência e desenvolvimento e, com isso, de manter e gerar empregos, o que também interessa aos trabalhadores e à própria coletividade.

(1994) As partes do conflito podem preservar, mediante acordo, a data-base, garantindo, assim, os efeitos retroativos da sentença normativa.

13. Recursos contra a sentença normativa. Medida cautelar para suspender a eficácia de sentença normativa. Coisa julgada no dissídio coletivo

Os dissídios coletivos são julgados pelos Tribunais Regionais do Trabalho ou pelo Tribunal Superior do Trabalho.

Das decisões proferidas pelos Tribunais Regionais do Trabalho no julgamento de dissídio coletivo cabe recurso ordinário, no prazo de oito dias (art. 895, *b*, da CLT),[1995] a ser julgado pela Seção de Dissídios Coletivos do TST (art. 2º, II, *a*, da Lei n. 7.701/88).

Cabe à Seção de Dissídios Coletivos do TST julgar os dissídios de competência originária do TST (art. 2º, I, *a*, da Lei n. 7.701/88) e contra a decisão por ela proferida cabem embargos, na situação estabelecida no art. 894, I, *a*, da CLT.[1996]

A interposição de recurso contra sentença normativa dispensa o depósito recursal, vez que ela não é objeto de execução que necessite ser garantida, mas exige o pagamento das custas processuais (art. 789, § 4º, da CLT).

O recurso interposto contra sentença normativa tem efeito apenas devolutivo (art. 899 da CLT, art. 9º da Lei n. 7.701/88 e art. 14 da Lei n. 10.192/01), mas o Presidente do TST poderá conceder efeito suspensivo ao recurso aforado contra decisão normativa (art. 14 da Lei n. 10.192/01), impedindo o ajuizamento da ação de cumprimento ou limitando o seu alcance.

Somente durante a vigência da Lei n. 7.788/89, que foi revogada pela Lei n. 8.030/90 (art. 14), é que foi vedada a concessão de efeito suspensivo ao recurso aforado contra sentença normativa.

Apresentado o pedido de concessão de efeito suspensivo ao recurso interposto contra a decisão normativa, pode o Presidente do Tribunal conceder ao requerido o prazo de cinco dias para, querendo, manifestar-se (Instrução Normativa n. 24/2003 do TST[1997]), bem como submeter o pedido à apreciação da Seção Especializada em Dissídio Coletivos, desde que repute ser a matéria de alta relevância (Instrução Normativa n. 24/2003). Ao Presidente do TST é facultada a designação de audiência de conciliação relativamente a pedido de concessão de efeito suspensivo a recurso ordinário interposto à decisão normativa da Justiça do Trabalho, dela devendo ser notificado o Ministério Público do Trabalho (Instrução Normativa n. 24/2003 do TST).

Admite-se o recurso adesivo no dissídio coletivo (Súmula n. 283 do TST).

Interposto o recurso ordinário contra decisão proferida por TRT no julgamento de dissídio coletivo, da sua interposição deve ser intimado o Ministério Público do Trabalho (art. 7º, § 4º, da Lei n. 7.701/88).

A decisão proferida no julgamento de dissídio coletivo produz coisa julgada formal e material e os seus efeitos alcançam todos os membros da categoria em relação aos quais o dissídio é instaurado. Tais efeitos são, no entanto, limitados ao período de vigência da sentença normativa.

A possibilidade de revisão da sentença normativa (art. 873 da CLT) não é suficiente para afirmar que ela somente produz coisa julgada formal.

No dissídio de revisão, o Poder Judiciário é chamado a se manifestar sobre uma nova realidade fática, não constituindo a sua decisão, no sentido do estabelecimento de novas condições de trabalho, ofensa à coisa julgada (a decisão proferida com esteio nos fatos que se apresentam no momento do julgamento é imutável). No dissídio de revisão uma nova lide é julgada. A eficácia da decisão revisional opera para o futuro, isto é, a partir da propositura da ação.

(1995) Não sendo o acórdão publicado nos vinte dias subsequentes ao julgamento, poderá qualquer dos litigantes ou o Ministério Público interpor recurso ordinário, fundado na certidão de julgamento. Publicado o acórdão, reabrir-se-á o prazo para o aditamento do recurso interposto (art. 7º, § 2º, da Lei n. 7.701/88). Publicado o acórdão, quando as partes serão consideradas intimadas, seguir-se-á o procedimento recursal como previsto em lei (art. 7º, § 4º, da Lei n. 7.701/88).

(1996) Estes embargos foram examinados no Capítulo reservado ao estudo dos recursos.

(1997) O recorrente deve aforar ação cautelar com o intuito de obter efeito suspensivo ao recurso.

14. Extensão da sentença normativa

Em caso de dissídio coletivo que tenha por motivo novas condições de trabalho, no qual figure como parte apenas uma fração de empregados de uma empresa, poderá o tribunal competente, na própria decisão, estender tais condições de trabalho, se julgar justo e conveniente, aos demais empregados da empresa que forem da mesma profissão dos dissidentes (art. 868 da CLT).

Em suma, se o dissídio coletivo de natureza econômica é aforado em favor de uma fração de empregados de uma empresa, poderá o tribunal (a iniciativa da extensão cabe somente ao tribunal), na própria sentença (para a extensão não é instaurado um novo processo), estender as condições de trabalho nela fixadas, se julgar justo e conveniente (cabe ao tribunal examinar a justiça e conveniência da extensão, estando dispensado, inclusive, de ouvir o Ministério Público do Trabalho), aos demais empregados da empresa que forem da mesma profissão dos dissidentes.[1998]

A extensão garante a uniformidade de condições de trabalho entre os empregados da empresa que forem da mesma profissão dos dissidentes.

O tribunal fixará a data em que a sentença deve entrar em execução, bem como o prazo de sua vigência, que não poderá ser superior a quatro anos (art. 868, parágrafo único, da CLT).

De outro lado, a decisão sobre novas condições de trabalho poderá ser estendida a todos os empregados da mesma categoria profissional compreendida na jurisdição do tribunal (art. 869 da CLT): a) por solicitação de um ou mais empregadores, ou de qualquer sindicato destes; b) por solicitação de um ou mais sindicatos de empregados; c) *ex officio*, pelo tribunal que houver proferido a decisão; d) por solicitação do Ministério Público do Trabalho.

Nessa modalidade de extensão, os beneficiados são os empregados da mesma categoria profissional compreendida na jurisdição do tribunal. A extensão garante a uniformidade de condições de trabalho de todos os membros da mesma categoria profissional compreendida na jurisdição do tribunal.

Para que se proceda a extensão com esteio no art. 869 da CLT, é preciso que 3/4 (três quartos) dos empregadores e 3/4 (três quartos) dos empregados, ou os respectivos sindicatos, com ela concordem (art. 870, § 1º, da CLT).

O tribunal marcará prazo, não inferior a trinta nem superior a sessenta dias, a fim de que os interessados se manifestem (art. 870, § 1º, da CLT), devendo ser também ouvido o Ministério Público do Trabalho (art. 870, § 2º, da CLT).

Ouvidos os interessados e o Ministério Público do Trabalho, o processo será submetido a julgamento (art. 870, § 2º, da CLT).

O tribunal marcará a data em que a extensão deve entrar em vigor (art. 871 da CLT).

À SDC do TST cabe estender suas decisões normativas (art. 2º, I, da Lei n. 7.701/88).

15. Dissídio de revisão ou modificativo

Dissídio de revisão ou modificativo é o que tem por objetivo a revisão da sentença normativa, com o fim de alterar as normas e condições de trabalho nela estabelecidas que tenham se tornado injustas ou inaplicáveis. A revisão tem por objeto a sentença proferida em dissídio coletivo de natureza econômica.

A revisão da sentença normativa tem lugar quando (art. 873 da CLT):

(1998) "É inviável aplicar as condições de acordo homologado nos autos de dissídio coletivo extensivamente, às partes que não o subscreveram, exceto se observado o procedimento previsto nos arts. 868 e seguintes da CLT" (Orientação Jurisprudencial n. 2 da SDC do TST).

a) tiver transcorrido mais de um ano da sua vigência;[1999]

b) se modificarem as circunstâncias que deram ensejo ao proferimento da decisão normativa, tornando as normas e condições de trabalho nela estabelecidas injustas ou inaplicáveis.

A revisão da sentença normativa pressupõe a ocorrência de fato novo ou acontecimento imprevisto que torne excessivamente oneroso para a empresa o cumprimento das obrigações que lhe foram impostas pela sentença (aplicação, por analogia, do disposto no art. 14, parágrafo único, da Lei n. 7.783/89).

A revisão da sentença poderá ser realizada por iniciativa do Ministério Público do Trabalho, das associações sindicais ou de empregador ou empregadores interessados no seu cumprimento (art. 874 da CLT).[2000] Como o Presidente do Tribunal não possui legitimidade para instaurar dissídio coletivo, ele não pode instaurar de ofício dissídio de revisão.

Quando a revisão for promovida por iniciativa do Ministério Público do Trabalho, as associações sindicais e o empregador ou empregadores interessados serão ouvidos no prazo de trinta dias. Quando for promovida por uma das partes interessadas, serão as outras ouvidas também no prazo de trinta dias (art. 874, parágrafo único, da CLT) e, ainda, o Ministério Público do Trabalho (arts. 875 da CLT e 2º, I, *a*, da Lei n. 7.701/88).

Compete ao Tribunal que tiver proferido a sentença a sua revisão (arts. 875 da CLT e 2º, I, *a*, da Lei n. 7.701/88).

O procedimento do dissídio de revisão é o mesmo do dissídio de natureza econômica, devendo o suscitante apresentar suas propostas de revisão de forma clausulada e justificada, sobre os quais deve ser ouvido o suscitado.

Pode o Tribunal, sendo necessário, determinar as diligências necessárias para o esclarecimento da causa (art. 864 da CLT).

A decisão de revisão terá eficácia a partir da propositura da instauração do dissídio.

16. *Dissídio de natureza jurídica ou de interpretação*

O dissídio de natureza jurídica ou de interpretação é aquele instaurado para a interpretação de cláusulas de sentenças normativas, acordo coletivo de trabalho, convenção coletiva de trabalho, disposições legais particulares de categoria profissional ou econômica e atos normativos editados pelo empregador.

Não se presta o dissídio coletivo de natureza jurídica à interpretação de normas de caráter genérico (Orientação Jurisprudencial n. 7 da SDC do TST).

O objetivo dessa modalidade de dissídio é a fixação do sentido e alcance de cláusulas de sentenças normativas, acordo coletivo de trabalho, convenção coletiva de trabalho, disposições legais particulares de categoria profissional ou econômica e atos normativos editados pelo empregador, e não a criação de novas normas.

O julgamento do dissídio compete ao Tribunal que proferiu a sentença normativa a ser interpretada ou que tenha competência para examinar a aplicação de acordo coletivo de trabalho, convenção coletiva de trabalho, disposições legais particulares de categoria profissional ou econômica e atos normativos que se pretenda interpretar. Ao julgar o dissídio, o Tribunal profere *sentença interpretativa*, no sentido de sentença que, diante da controvérsia sobre o significado de determinada norma, estabelece aquele que deve prevalecer.

(1999) A ação deve ser proposta após um ano da vigência da sentença, mas dentro de sua vigência. A revisão tem por objeto, portanto, sentença vigente.

(2000) Se for reconhecida a constitucionalidade da exigência prévia de acordo para a instauração do dissídio, não há como deixar de aplicá-la ao dissídio de revisão, que também tem por objetivo a fixação de novas condições de trabalho, em substituição às estabelecidas anteriormente.

17. Dissídio de greve

Greve é a suspensão coletiva, temporária, pacífica, total ou parcial, de prestação pessoal de serviços a empregador (art. 2º da Lei n. 7.783/89). A greve constitui instrumento de pressão e convencimento, utilizado pelos trabalhadores para forçar o empregador a dar início à negociação coletiva ou, no curso da negociação, a aceitar as suas reivindicações.

A greve é um direito dos trabalhadores, cabendo-lhes decidir sobre a oportunidade de exercê-lo e sobre os interesses que devam por meio dele defender (art. 9º da Constituição Federal).[2001] Anote-se que "é vedada a paralisação das atividades por iniciativa do empregador, com o objetivo de frustrar negociação ou dificultar o atendimento das reivindicações dos respectivos empregados" (art. 17 da Lei n. 7.783/89).[2002]

A cessação coletiva do trabalho é facultada depois de frustrada a negociação coletiva ou verificada a impossibilidade de recurso à arbitragem (art. 3º da Lei n. 7.783/89).[2003]

Para efeito de deflagração da greve, o sindicato deverá convocar, na forma estabelecida no seu estatuto, assembleia geral, que definirá as reivindicações da categoria e deliberará sobre a paralisação (art. 4º da Lei n. 7.783/89).[2004]

De acordo com a Orientação Jurisprudencial n. 10 da SDC do TST, "é incompatível com a declaração de abusividade de movimento grevista o estabelecimento de quaisquer vantagens ou garantias a seus partícipes, que assumiram os riscos inerentes à utilização do instrumento de pressão máximo".

Cumpre observar, no entanto, que o fato de ser abusivo o movimento paredista (que é simples meio de pressão) não retira dos trabalhadores o direito ao exame das suas pretensões (ou, dito de outra forma, não torna ilegítimas suas reivindicações).

Ademais, de acordo com o art. 8º da Lei n. 7.783/89, a Justiça do Trabalho, por iniciativa de qualquer das partes ou do Ministério Público (em caso de greve em atividade essencial, com possibilidade de lesão do interesse público — art. 114, § 3º, da Constituição Federal), decidirá sobre a procedência, total ou parcial, ou improcedência das reivindicações dos trabalhadores, cumprindo ao Tribunal publicar, de imediato, o competente acórdão.

Com isto, o art. 8º da Lei n. 7.783/89 impõe ao Tribunal a manifestação sobre os pedidos, para dizê-los procedentes ou improcedentes, o que significa que a não abusividade da greve não é condição para o exame do mérito do dissídio.[2005]

Observadas as regras legais relativas à paralisação coletiva do trabalho, a participação em greve suspende o contrato individual de trabalho, devendo as relações obrigacionais durante o período ser regidas pelo acordo, convenção, laudo arbitral ou sentença normativa (art. 7º da Lei n. 7.783/89).

Constitui abuso do direito de greve, a inobservância das normas contidas na Lei n. 7.783/89, bem como a manutenção da paralisação após a celebração de acordo, convenção ou decisão da Justiça do Trabalho

(2001) O art. 9º da Constituição da República alude à defesa de *interesses*, o que reforça a conclusão de que aos sindicatos cabe a defesa de direitos e interesses da categoria que representa e, com isto, a conclusão de que não procede a afirmação de que não há inconstitucionalidade na exigência de comum acordo para a instauração de dissídio coletivo de natureza econômica porque a Constituição somente assegura o acesso à justiça para a defesa de *direitos*.

(2002) "É abusiva a greve que se realiza em setores que a lei define como sendo essenciais à comunidade, se não é assegurado o atendimento básico das necessidades inadiáveis dos usuários do serviço, na forma prevista na Lei n. 7.783/89."

(2003) "É abusiva a greve levada a efeito sem que as partes hajam tentado, direta e pacificamente, solucionar o conflito que lhe constitui objeto" (Orientação Jurisprudencial n. 11 da SDC do TST).

(2004) "O estatuto da entidade sindical deverá disciplinar a convocação da assembleia e fixar o *quorum* para a deliberação, tanto para a deflagração quanto da cessação da greve" (art. 4º, § 1º, da Lei n. 7.783/89).

(2005) Para Raimundo Simão de Melo, "é imprescindível que o tribunal aprecie cada pedido formulado pelos interessados, independentemente de a greve ser declarada abusiva ou não. A declaração de abusividade não pode prejudicar a análise das reivindicações, que são o fundamento do conflito coletivo, sob pena de acirrar mais ainda os ânimos das partes envolvidas no litígio" (*Dissídio coletivo do trabalho*, p. 125).

(art. 14 da Lei n. 7.783/89).[2006] A greve é instrumento de pressão e convencimento de que os trabalhadores podem fazer uso para forçar o empregador a negociar ou atender às suas reivindicações. Solucionado o conflito de interesses (por meio da negociação coletiva ou pelo Judiciário), a greve deixa de ser justificada.

Na vigência de acordo, convenção ou sentença normativa, não constitui abuso do exercício do direito de greve a paralisação que tenha por objetivo exigir o cumprimento da cláusula ou condição ou que seja motivada pela superveniência do fato novo ou acontecimento imprevisto que modifique substancialmente a relação de trabalho (art. 14, parágrafo único, da Lei n. 7.783/89). Fora dessas hipóteses, constitui abuso do direito de greve a paralisação durante a vigência de acordo, convenção ou sentença normativa.

18. Ação de cumprimento

18.1. Ação de cumprimento: conceito e natureza jurídica.

Na sentença proferida em dissídio coletivo de natureza econômica não há condenação, a não ser em relação a custas e eventuais multas impostas às partes, mas o estabelecimento de normas e condições de trabalho.

A sentença normativa, não tendo natureza condenatória, não é executada, mas o seu cumprimento pode ser pleiteado perante o Judiciário, por meio de *ação de cumprimento.*

Dito de outra forma, não sendo cumpridas as normas e condições de trabalho estipuladas na sentença normativa (ou acordo homologado em juízo), poderão os empregados ou seus sindicatos apresentar reclamação à Vara ou Juiz de Direito investido na jurisdição trabalhista, recebendo essa reclamação (que é um dissídio individual) a denominação de *ação de cumprimento* (arts. 7º, § 6º, da Lei n. 7.701/88 e 872, parágrafo único, da CLT).

A ação de cumprimento é o meio próprio para pleitear em juízo o cumprimento da sentença normativa. Trata-se, assim, de uma ação condenatória, isto é, ação em que se pede a condenação do demandado a cumprir o que foi estabelecido na sentença normativa.

18.2. Objeto da ação de cumprimento. Defesa do reclamado.

De acordo com o art. 872 da CLT, deixando os empregadores de satisfazer o pagamento de salários na conformidade da decisão normativa proferida, pode ser ajuizada ação de cumprimento.

Embora o art. 872 da CLT faça alusão ao pagamento de *salários*, a ação de cumprimento pode ter por objeto todas as obrigações impostas ao empregador na sentença normativa. Essa conclusão é autorizada, inclusive, pelo art. 7º, § 6º, da Lei n. 7.701/88, que dispõe que *a sentença normativa* será objeto de ação de cumprimento, ou seja, objeto de cumprimento é a sentença e não somente as suas disposições que versem sobre salários.

Sendo um direito assegurado em sentença normativa, não há necessidade de nova ação para o seu reconhecimento.[2007]

A defesa na ação de cumprimento somente não pode versar sobre matéria de fato e de direito apreciada na decisão normativa (art. 872, parágrafo único, da CLT). A decisão a ser cumprida não poderá ser modificada na ação de cumprimento. O juiz se limitará, na ação de cumprimento, a verificar se estão presentes os fatos aos quais a sentença normativa relacionou as consequências que o reclamante pretende que sejam produzidas.

(2006) De acordo com a Orientação Jurisprudencial n. 12 da SDC do TST, *"não se legitima o sindicato profissional a requerer judicialmente a qualificação legal de movimento paredista que ele próprio fomentou"*. Contudo, esta Orientação Jurisprudencial foi cancelada em abril de 2010.

(2007) "Falta interesse de agir para a ação individual, singular ou plúrima, quando o direito já foi reconhecido através de decisão normativa, cabendo, no caso, a ação de cumprimento" (Orientação Jurisprudencial n. 188 da SDI-I do TST).

O art. 5º do Decreto-lei n. 15/69 permite ao empregador arguir, na contestação da ação de cumprimento, a sua incapacidade para arcar com o reajuste salarial ou com novas condições de trabalho (admite-se, então, uma espécie de *revisão incidental à ação de cumprimento*). Com efeito, segundo citado comando legal:

"Art. 5º O acordo coletivo de trabalho ou a decisão da Justiça do Trabalho que tenha reajustado ou aumentado salários não será aplicado, no todo ou em parte, à Empresa que demonstrar, perante a mesma Justiça, a incapacidade econômica ou financeira de atender ao aumento de despesa decorrente.

§ 1º O requerimento da Empresa à Justiça do Trabalho suspenderá a aplicação do acordo ou da decisão referida no *caput* deste artigo, até a decisão final daquela Justiça.

§ 2º A Empresa que invocar incapacidade econômica ou financeira para pagar o aumento de salário referido no *caput* deste artigo não poderá, enquanto não aplicar a acordo coletivo ou decisão da Justiça do Trabalho:

a) distribuir lucros ou dividendos a titulares, sócios ou acionistas;

b) atribuir gratificações a diretores e gerentes ou aumentar os honorários destes."

Na contestação, pode ser alegada compensação do que já houver sido pago ao trabalhador por força da sentença normativa ou em respeito a instrumento coletivo aplicado após o seu período de vigência (art. 767 da CLT).

18.3. Legitimidade para a ação de cumprimento.

A ação de cumprimento pode ser proposta pelo trabalhador (em ação individual ou plúrima) ou pelo sindicato representativo de sua categoria profissional, como substituto processual (art. 872, parágrafo único, da CLT).(2008) A legitimidade para a ação de cumprimento é, portanto, concorrente.

A ação de cumprimento deve ser aforada em face do empregador de quem se pretende o cumprimento da sentença normativa.

18.4. Requisitos da petição inicial.

A petição inicial da ação de cumprimento, além de atender ao disposto no art. 840, § 1º, da CLT, deverá ser instruída com certidão da sentença normativa. Se a petição inicial não tiver sido instruída com a certidão, o juiz deverá conceder prazo para que o autor a apresente, no prazo que lhe for assinalado, sob pena de indeferimento da inicial.

18.5. Competência.

Por se tratar de dissídio individual, compete às Varas do Trabalho ou a Juiz de Direito investido na jurisdição trabalhista conhecer e julgar a ação de cumprimento, ainda que o dissídio tenha sido julgado por TRT ou pelo TST (art. 872, parágrafo único, da CLT).

18.6. Momento próprio para o ajuizamento da ação.

O recurso interposto contra sentença normativa tem efeito apenas devolutivo (art. 899 da CLT, art. 9º da Lei n. 7.701/88 e art. 14 da Lei n. 10.192/01).

Isto significa que a sentença normativa poderá ser objeto de pedido de cumprimento na pendência de recurso interposto pela parte vencida e, ainda, que o ajuizamento da ação de cumprimento dispensa o trânsito em julgado da decisão normativa, como é afirmado na Súmula n. 246 do TST.

(2008) "A federação não tem legitimidade para ajuizar a ação de cumprimento prevista no art. 872, parágrafo único, da CLT na qualidade de substituto processual da categoria profissional inorganizada" (Súmula n. 359 do TST).

A conclusão consagrada pela Súmula n. 246 do TST é confirmada pelos arts. 7º, § 6º, 9º e 10 da Lei n. 7.701/88, segundo os quais a ação de cumprimento pode ser proposta: a) a partir do 20º dia subsequente ao julgamento proferido pelo TRT, com esteio no acórdão ou certidão de julgamento (art. 7º, § 6º, da Lei n. 7.701/88); b) a partir da publicação da certidão de julgamento, nos dissídios coletivos de natureza econômica ou jurídica de competência originária da SDC do TST (art. 10 da Lei n. 7.701/88).

18.7. Prescrição da pretensão de cumprimento.

O TST, por meio da Súmula n. 350, consagrou o entendimento de que o prazo prescricional para a ação de cumprimento começa a fluir a partir da data de seu trânsito em julgado.

A ação de cumprimento da sentença normativa pode ser proposta independentemente de seu trânsito em julgado, mas o prazo prescricional para a sua propositura somente tem início com o seu trânsito em julgado. É a partir do trânsito em julgado da sentença normativa que a parte pode ser considerada omissa no exercício da pretensão ao seu cumprimento.

A ação de cumprimento pode ser promovida até dois anos do trânsito em julgado da decisão, devendo ser respeitado, em sendo o caso, o prazo de cinco anos, contado da propositura da ação (art. 7º, XXIX, da Constituição Federal).

A hipótese é de prescrição para a propositura de ação de cumprimento, isto é, desta ação em particular. Se, por exemplo, o trabalhador continua prestando serviços para o empregador por mais de dois anos depois do trânsito em julgado da sentença normativa e for dispensado, na reclamação trabalhista por ele eventualmente aforada podem ser pleiteados os benefícios a ele assegurados na sentença normativa, ainda que ultrapassados mais de dois anos do termo final de sua vigência. Nessa hipótese, a única prescrição a incidir será a quinquenal.

18.8. Substituição processual na ação de cumprimento

O sindicato pode propor ação de cumprimento, como substituto processual, em favor da categoria que representa.

Podendo o sindicato suscitar o dissídio em favor de toda a categoria, não há razão para negar-lhe legitimidade para propor ação visando ao cumprimento do que foi decidido também em favor de toda a categoria. Acrescente-se que o art. 8º, III, da Constituição Federal dispõe que ao sindicato cabe a defesa dos interesses da categoria, legitimando a substituição processual em favor de toda a categoria.

A referência a associados, no art. 872, parágrafo único, da CLT, não limita a substituição pelo sindicato aos seus associados. O art. 872 da CLT apenas torna claro que o sindicato não depende de autorização de seus associados para a propositura da ação de cumprimento. A autorização para suscitar o dissídio já habilita o sindicato a requerer o cumprimento da decisão nele proferida.

18.9. Ação de cumprimento e anulação ou reforma da sentença normativa em que ela se apoia. Coisa julgada na ação de cumprimento

A propositura da ação de cumprimento dispensa o trânsito em julgado da decisão normativa que se pretende cumprida.

Sendo assim, a ação de cumprimento pode ser ajuizada na pendência de recurso aforado contra a decisão normativa.

É possível, portanto, que ao ajuizamento da ação de cumprimento sobrevenha a anulação ou a reforma total da sentença normativa, sendo afastada do empregador a obrigação a ele imposta naquela sentença.

Neste caso, a ação de cumprimento perderá o seu objeto, impondo-se a extinção do processo a ela relativo, ainda que já tenha sido iniciada a execução da decisão nela proferida.

A subsistência da ação de cumprimento e a da execução da decisão nela proferida têm como pressuposto a subsistência da obrigação a ser cumprida pelo empregador. Nesse compasso, a coisa julgada produzida na ação de cumprimento tem os seus efeitos dependentes da decisão final proferida no julgamento de recurso aforado contra a sentença normativa em que se sustenta. A coisa julgada na ação de cumprimento é formal e material, mas, no caso de ser interposto recurso contra a sentença normativa, a produção de coisa julgada material depende da confirmação daquela sentença.

A propósito tem-se a Orientação Jurisprudencial n. 277 da SDI-I do TST:

> "A coisa julgada produzida na ação de cumprimento é atípica, pois dependente de condição resolutiva, ou seja, da não modificação da decisão normativa por eventual recurso. Assim, modificada a sentença normativa pelo TST, com a consequente extinção do processo, sem julgamento do mérito, deve-se extinguir a execução em andamento, uma vez que a norma sobre a qual se apoia o título exequendo deixou de existir no mundo jurídico."

De outro lado, de acordo com a Súmula n. 397 do TST, "não procede ação rescisória calcada em ofensa à coisa julgada perpetrada por decisão proferida em ação de cumprimento, em face de a sentença normativa, na qual se louvava, ter sido modificada em grau de recurso, porque em dissídio coletivo somente se consubstancia coisa julgada formal. Assim, os meios processuais aptos a atacarem a execução da cláusula reformada são a exceção de pré-executividade e o mandado de segurança, no caso de descumprimento do art. 572 do CPC". Com a entrada em vigor do CPC de 2015, esta Súmula recebeu a seguinte redação: "Não procede ação rescisória calcada em ofensa à coisa julgada perpetrada por decisão proferida em ação de cumprimento, em face de a sentença normativa, na qual se louvava, ter sido modificada em grau de recurso, porque em dissídio coletivo somente se consubstancia coisa julgada formal. Assim, os meios processuais aptos a atacarem a execução da cláusula reformada são a exceção de pré-executividade e o mandado de segurança, no caso de descumprimento do art. 514 do CPC de 2015 (art. 572 do CPC)".

Na ação de cumprimento, a decisão produz coisa julgada material, mas a sua eficácia concreta depende da confirmação da decisão normativa em que ela se baseia, no caso de ter sido contra ela aforado recurso.

A primeira turma do STF já decidiu, inclusive, que: "Execução de ação de cumprimento fundada em sentença normativa. Dissídio coletivo extinto. Perda de objeto da ação. 1. A superveniente extinção do processo de dissídio coletivo, sem julgamento do mérito, implica a perda de eficácia da sentença normativa, tornando insubsistente o prosseguimento da ação de cumprimento. 2. Não existência de ofensa à coisa julgada".[(2009)]

18.10. Procedimento.

A ação de cumprimento, como ação de conhecimento na qual se persegue uma sentença condenatória, seguirá o rito sumário, ordinário ou sumaríssimo, conforme o valor da pretensão nela manifestada.

18.11. Ação de cumprimento de acordo coletivo e convenção coletiva do trabalho.

O art. 1º da Lei n. 8.984/95 confere à Justiça do Trabalho competência para conciliar e julgar os dissídios que tenham origem no cumprimento de convenção e acordo coletivo do trabalho. De acordo com a Súmula n. 286 do TST, "a legitimidade do sindicato para propor ação de cumprimento estende-se também à observância de acordo ou de convenção coletivos". Sob a ótica dessa Súmula, cabe ação de cumprimento de acordo ou de convenção coletiva de trabalho.

A hipótese não é, propriamente, de uma ação de cumprimento, vez que esta tem como objeto da sentença normativa. O que resulta do art. 1º da Lei n. 8.984/95 é que a Justiça do Trabalho tem competência para julgar ação em que seja pleiteado o cumprimento de acordo ou convenção coletiva do trabalho.

(2009) STF, RE 394051 AgR/SP, Rel. Min. Dias Toffoli, DJe 15.4.2014.

Capítulo 19

Processo de Execução

1. Notas introdutórias

Todo direito é atribuído com a pretensão de seu gozo concreto pelo seu titular.

Mas, o fato de a ordem jurídica atribuir a alguém a titularidade de um direito não é suficiente, por si só, para garantir o seu gozo concreto.

Por essa razão é também atribuído o direito de recorrer ao Poder Judiciário para fazer valer concretamente os direitos assegurados pela ordem jurídica, isto é, o *direito à tutela jurisdicional dos direitos*.

Porém, mesmo o fato de uma decisão judicial confirmar a titularidade de um direito e impor o cumprimento da obrigação a ele correlata não assegura, por si só, o seu gozo concreto. Desse modo, não sendo o direito cuja existência é confirmada em juízo satisfeito espontaneamente, será promovida a *execução* da decisão judicial respectiva.

Porém, a execução não tem como objeto apenas as decisões judiciais, isto é, *título executivo judicial*. Com efeito, como anota José Carlos Barbosa Moreira, "a lei confere eficácia executiva a certos títulos, considerando que neles já se acha concretizada a norma jurídica disciplinadora das relações entre as partes, com suficiente certeza para que o credor se tenha habilitado a pleitear, desde logo, a realização dos atos materiais tendentes a efetivá-la".[2010] Assim, a execução também pode ser lastreada em ato ou fato ao qual a lei atribui força executiva, ou seja, em *título executivo extrajudicial*.

Cumpre anotar que no processo de conhecimento o autor *afirma* ser titular de um direito e requer a sua *confirmação*. No processo de conhecimento, portanto, o que se persegue é a confirmação da existência do direito afirmado pelo autor, ou seja, a *certeza sobre o direito*. No processo de execução, o que se busca é a *satisfação* do direito reconhecido em título executivo judicial ou extrajudicial, ou seja, na execução, parte-se da certeza do direito para a sua *satisfação*. Desse modo, no processo de conhecimento são praticados atos que visam confirmar a existência do direito afirmado pela parte (*atos de conhecimento*), ao passo que, no processo de execução, são praticados os atos voltados à satisfação do direito (*atos de execução* ou *atos de satisfação*).

É importante ressaltar que a execução não pode ser dissociada da necessidade da maior efetividade possível das normas que compõem o Direito do Trabalho, cuja autoridade decorre da sua relação com a criação das condições materiais mínimas indispensáveis a uma vida digna, à realização da justiça social e à construção da democracia. O processo do trabalho e, com isso, a execução trabalhista, servem à dignidade humana, à justiça social e à democracia.

(2010) *O novo processo civil brasileiro*, p. 186.

2. Meios de execução. Execução específica e subsidiária

Várias são as técnicas utilizadas pelo ordenamento jurídico para assegurar o gozo dos direitos por ela atribuídos. Dentre estas técnicas estão os *meios de coação* (meios que atuam sobre a vontade do devedor, visando compeli-lo a cumprir a sua obrigação, dentre os quais a multa pecuniária[2011] e a prisão) e os *meios de sub-rogação* (atos praticados pelo Poder Judiciário com a finalidade de, com ou sem o concurso da vontade do executado, satisfazer o exequente). Daí se falar em *execução por coerção* e em *execução por expropriação.*

Neste sentido, afirma Humberto Theodoro Júnior que, "para fazer valer a ordem jurídica, o Estado utiliza meios de coação e meios de sub-rogação. No primeiro caso, temos a multa e a prisão, que são sanções de caráter intimativo e de força indireta para assegurar a observância das regras de direito (...). Os meios de coação não integram o quadro das medidas executivas propriamente ditas, muito embora uma parte da doutrina costume apelidá-las de execução indireta. No segundo caso — meios de sub-rogação — temos a atuação do Estado, como substituto do devedor, procurando, 'sem ou contra a vontade deste, dar satisfação ao credor, isto é, conseguir-lhe o benefício que para ele representaria o cumprimento da obrigação, ou um benefício equivalente' (...). O conceito de execução forçada deve ser reservado para exprimir o fenômeno da atuação da sanção por emprego de meios de sub-rogação".[2012]

A satisfação do credor por meio do processo executivo pode ocorrer de duas maneiras: "a) realizando o órgão executivo a prestação devida, como no caso de entrega de coisa certa, quando seja possível encontrar o próprio bem devido no patrimônio do devedor; ou b) expropriando, o Estado, bens do devedor inadimplente para propiciar ao credor um valor equivalente à prestação a que tenha direito. A primeira hipótese denomina-se execução específica e a segunda, execução da obrigação subsidiária".[2013]

3. Autonomia do processo de execução de título executivo judicial. Processo sincrético

A indagação sobre a autonomia do processo de execução de título executivo judicial envolve o exame da sua relação com o processo de conhecimento.

No exercício da jurisdição, o juiz formula, com a participação das partes, a norma que deve disciplinar a relação jurídica litigiosa (*processo de conhecimento ou de cognição*) e promove a atuação prática dessa norma para satisfazer o direito nela reconhecido (*processo de execução*).

Tradicionalmente, estas duas atividades (formular e atuar a norma regente do caso concreto) são realizadas em processos autônomos e distintos (processo de conhecimento e processo de execução, respectivamente). Nesse sistema, a sentença impõe uma obrigação cujo cumprimento somente poderá ser exigido por meio de uma nova ação (ação executiva), na qual é requerida ao juiz a prática de atos que conformem o mundo fático ao que foi decidido (atos de execução). O resultado prático do processo de conhecimento (adequação do mundo material ao comando contido na sentença) fica, portanto, na dependência de um novo processo (processo de execução).

O CPC de 1973 adotou, em um primeiro momento, esta postura clássica, como demonstram o art. 162, § 1º, que definia sentença como ato pelo qual o juiz põe termo ao processo, decidindo ou não o mérito da causa, e o art. 463, segundo o qual, ao publicar a sentença, o juiz cumpre e acaba o ofício jurisdicional. Com isso, o cumprimento do que havia sido decidido exigia um novo e autônomo processo, qual seja, o processo de execução. Note-se que, sob este prisma, a tutela jurisdicional se esgota na confirmação da existência do direito de que a parte afirma ser titular.

A Lei n. 11.232/05 alterou a redação do art. 162, § 1º, do CPC de 1973, que passou a dispor que sentença "é o ato do juiz que implica algumas das situações previstas nos arts. 267 e 269 desta Lei" (estes artigos tratam das situações em que haverá e não haverá resolução mérito, respectivamente), e excluiu do art. 463

(2011) Trata-se das denominadas *astreintes.*
(2012) *Processo de execução,* p. 46.
(2013) THEODORO JÚNIOR, Humberto. *Processo de execução,* p. 35.

a referência a cumprimento e término do ofício jurisdicional em razão da publicação da sentença. Dessa forma, a sentença deixou de constituir ato por meio do qual é extinto o processo e que representa o cumprimento e o término do ofício jurisdicional, o que é repetido pelo CPC de 2015, segundo o qual, ressalvadas as disposições expressas dos procedimentos especiais, sentença é pronunciamento por meio do qual o juiz, com fundamento nos arts. 485 e 487, põe fim à fase cognitiva do procedimento ou extingue a execução (art. 203, § 1º).[2014]

De outro lado, ao CPC de 1973 foram acrescentados, pela Lei n. 11.232/05, os arts. 475-I a 475-R, criando a *fase de cumprimento da sentença impositiva da obrigação por quantia certa,* em substituição à execução por quantia certa como processo distinto e autônomo. Isso significa que, com a Lei n. 11.232/05, o CPC de 1973 abandonou a postura clássica originalmente assumida, isto é, o reconhecimento da autonomia do processo de execução, em favor do denominado *sincretismo processual,* no qual os atos de conhecimento e de execução são praticados no mesmo processo, o que foi mantido pelo CPC de 2015, como se vê dos seus arts. 513 a 538.

Em suma, no direito processual civil, a formulação e a atuação concreta da norma regente da relação jurídica litigiosa submetida à apreciação do Poder Judiciário foram concentradas em um único processo, criando-se, *no processo de conhecimento,* a fase de cumprimento da decisão, com a consequente dispensa da instauração do processo de execução para que o juiz possa desenvolver atividades voltadas para a atuação prática da norma regente do caso *sub judice,* ou seja, para praticar atos executivos.

A eliminação da separação entre processo de conhecimento e processo de execução é inspirada pelos princípios da duração razoável do processo, da efetividade das decisões judiciais e da economia processual, valendo acrescentar que, quem recorre ao Poder Judiciário não persegue apenas uma decisão que confirme a titularidade de um direito, mas os efeitos concretos da intervenção do Poder Judiciário, ou seja, o gozo concreto do direito assegurado pela ordem jurídica e cuja existência é confirmada pela decisão judicial.

A Lei n. 11.232/2005 e o CPC de 2015, portanto, anteciparam a satisfação do direito merecedor de tutela jurisdicional para o processo de conhecimento, adotando uma visão unitária do processo. Desse modo, o conhecimento e a execução passam a constituir *fases distintas de uma mesma relação processual,* o que resulta no *sincretismo processual,* que é traduzido pela prática de atos de conhecimento e de execução *no mesmo processo (processo de conhecimento),* com a consequente eliminação do processo autônomo de execução de sentença, isto quando se trate de sentença condenatória ao pagamento de quantia certa.

Anote-se que, como a execução passou a ser realizada no processo de conhecimento, para este a Lei n. 11.232/2005 e o CPC de 2015 transferiram a liquidação da sentença. Desse modo, a liquidação, de ação incidental voltada para preparar a sentença para a execução, assume o papel de procedimento incidental destinado à preparação da sentença para o seu cumprimento. Além disso, a defesa do devedor passou a ser manifestada por meio de *impugnação,* desaparecendo a figura dos embargos à execução, isto, como foi dito, no que se refere à execução de sentença condenatória ao pagamento de quantia certa.

Segundo a sistemática adotada pelo CPC (1973 e 2015), tratando-se de decisão que imponha a obrigação de pagar quantia certa, o seu cumprimento far-se-á por execução, não como processo autônomo, mas como uma das fases do processo de conhecimento. Por consequência, a *execução* enquanto conjunto de atos praticados com o objetivo de satisfazer o crédito reconhecido em decisão judicial persiste, mas deixa de existir *processo de execução* como processo autônomo.

No direito processual do trabalho subsiste a execução de título executivo judicial como processo autônomo, ainda quando se trate de sentença condenatória ao pagamento de quantia certa, como resulta do art. 880 da CLT.

Com efeito, conforme prevê o art. 880 da CLT, "requerida ou determinada a execução, o juiz ou presidente do Tribunal mandará expedir mandado de citação ao executado, a fim de que cumpra a decisão

---

(2014) A ressalva em relação aos procedimentos especiais decorre do fato de que, em alguns deles, a sentença não põe fim à fase cognitiva do procedimento, como se dá, por exemplo, com a sentença que reconhece, na ação de exigir contas, a obrigação de prestar contas.

ou o acordo no prazo, pelo modo e sob as cominações estabelecidas ou, em se tratando de pagamento em dinheiro, incluídas as contribuições sociais devidas, para que pague em quarenta e oito horas, ou garanta a execução, sob pena de penhora". A exigência de *citação* do devedor torna certo que, no processo do trabalho, não há que se falar em execução como mera fase do processo de conhecimento.

O direito processual do trabalho adota, no entanto, um *sistema híbrido*, no qual convivem o processo de execução como processo autônomo e o sistema da *executiu per officium iudis*, visto que ao juiz é atribuído o poder para promover a execução de ofício (arts. 878 e 880 da CLT).

Em resumo, a fase de cumprimento da decisão, criada pelo direito processual civil (Lei n. 11.232/05 e CPC de 2015), não alcança o direito processual do trabalho.

Entretanto, o sincretismo adotado pelo direito processual civil é muito acanhado, vez que, embora tenha sido substituída a execução de decisão impositiva da obrigação por quantia certa por uma simples fase processual, esta fase somente tem início a requerimento do credor (art. 475-J, § 5º, do CPC de 1973 e art. 513, § 1º, do CPC de 2015). Assim, uma simples *fase* de cumprimento somente terá início se o credor o requerer, o que é explicado pela *concepção individualista* que informa o CPC, fundada na ideia de liberdade do credor para dispor do seu crédito.

No processo do trabalho, o sincretismo, embora não adotado expressamente, é muito mais acentuado, na medida em que, nele, a execução pode ser promovida de ofício pelo juiz, ou seja, apesar de ter sido mantida a autonomia do processo de execução, a sua instauração não depende de pedido do credor. E isto se dá porque tutelar um direito não é apenas confirmar a sua existência, mas assegurar o seu gozo concreto.

O direito processual civil, em suma, adota o *sincretismo abstrato*, ao passo que o direito processual do trabalho faz opção por um *sincretismo concreto*.

4. *Princípios informativos da execução*

A execução é conformada pelos mesmos princípios que regem o direito processual do trabalho, o que exige, por exemplo, a simplificação das formas e dos procedimentos, a facilitação da satisfação do credor e a maior celeridade possível, notadamente porque, como ensina Enrico Tullio Liebman, "qualquer demora no desenvolvimento da execução reverte em prejuízo à amplitude de seu resultado".[2015]

Contudo, a execução possui os seus próprios princípios.

Nesse sentido, a execução:

a) é *real*: os atos executivos incidem sobre o patrimônio e não sobre a pessoa do executado, ou seja, a responsabilidade do executado é patrimonial e não pessoal;

b) é *parcial*: os atos executivos devem afetar o patrimônio do devedor na exata medida daquilo que seja necessário para a satisfação do exequente, o que resulta na vedação de excesso de penhora;

c) deve ser *útil* ao credor: os atos executivos devem contribuir para a satisfação do crédito objeto da execução e não podem ser utilizados para causar danos desnecessários ao executado;

d) deve ser *econômica*: a execução deve ser realizada de forma mais econômica possível, ou seja, com o menor número de atos e o menor dispêndio econômico possíveis;

e) deve ser *específica*: a execução deve propiciar ao exequente aquilo que obteria se a obrigação fosse cumprida espontaneamente;

f) *corre às expensas do executado*: os custos da execução devem ser suportados pelo executado, na medida em que quem deu causa à demanda deve responder pelos custos respectivos;

g) é *limitada* pela necessidade de desrespeito à dignidade humana do executado;

(2015) *Embargos do executado*, p. 131.

h) é realizada em benefício de créditos *de caráter superprivilegiado*: a satisfação dos créditos decorrentes da relação de emprego prefere à de qualquer outro.

Araken de Assis faz alusão aos princípios *do título* (a ação executiva "sempre se baseará em título executivo"), *da responsabilidade* (de ordinário, a execução recairá sobre os bens do executado, que respondem pelo cumprimento de suas obrigações (...), *do resultado* ("a execução se realiza no interesse do credor. Toda execução deve ser específica. É tão bem sucedida, de fato, quando entrega ao credor, exatamente, o objeto da prestação inadimplida e seus consectários"),[2016] e *da adequação* ("a relação entre meio executório e o bem, objeto da prestação, se governa pelo princípio da adequação. Em síntese, aplicar-se-á, na execução, a via executiva idônea para atingir o bem, quando por mais de um modo pode ser efetuada").[2017]

Na execução deve ser observado o *princípio da proporcionalidade* ou *da proibição de excesso*, de forma que a medida executiva adotada deve ser: a) apropriada à satisfação do credor (*subprincípio da idoneidade ou adequação*); b) necessária à luz do caso concreto, deve ser escolhido o meio de satisfação do credor que seja o menos gravoso possível para o devedor (*subprincípio da exigibilidade ou da necessidade*);[2018] c) proporcional ao fim que se pretende alcançar, o que impõe sopesar as vantagens e as desvantagens da medida executiva a ser adotada em relação ao fim que se pretende alcançar (*subprincípio da proporcionalidade em sentido estrito*).

Abre-se um parêntese para esclarecer que o caráter superprivilegiado dos créditos trabalhistas está relacionado com uma das suas funções básicas, que é a de servir de meio de sobrevivência do trabalhador e de sua família, ou seja, com a sua natureza alimentar, e é reconhecido pelo: 1) art. 100, §§ 1º e 2º, da Constituição Federal, segundo o qual os créditos de natureza alimentar pela Fazenda Pública serão pagos com preferência sobre todos os demais créditos, exceto aqueles cujos titulares tenham sessenta anos de idade ou mais na data de expedição do precatório, ou sejam portadores de doença grave; b) art. 186 do Código Tributário Nacional, que reconhece a preferência do crédito trabalhista em relação ao tributário, que, por sua vez, prefere a qualquer outro, seja qual for a sua natureza ou tempo de constituição; c) art. 449, § 1º, da CLT, de acordo com o qual, na falência, constituirão crédito privilegiado a totalidade dos salários devidos ao empregado, com a limitação estabelecida, no entanto, pelo art. 83, I, da Lei n. 11.101/05.[2019]

De acordo com o art. 961 do Código Civil, o crédito real prefere ao pessoal de qualquer espécie; o crédito pessoal privilegiado, ao simples; e o privilégio especial, ao simples. No entanto, esta ordem é alterada quando se trata de créditos que a ordem jurídica considera de satisfação prioritária (*créditos superprivilegiados*), dentre os quais os créditos de natureza salarial, cuja satisfação prefere a de qualquer outro crédito, inclusive o crédito com garantia real, seja porque a Constituição e o Código Tributário Nacional prevalecem sobre o Código Civil, seja porque as normas que estabelecem preferência em favor dos créditos trabalhistas são normas especiais e estas também se sobrepõem ao Código Civil.

A propósito da questão, observam Gustavo Tepedino, Heloisa Barboza e Maria Celina Bodim de Moraes, comentando os arts. 961 e 965 do Código Civil, que "não foi certamente a intenção do CC revogar as leis extravagantes que concedem preferências aos créditos fiscais, trabalhistas e sociais. Tais preferências devem ser conservadas mesmo em face do rol constante do novo art. 965. Recomenda-se ao intérprete que recorra ao princípio da especialidade das leis, de modo a concluir pela prevalência da legislação extravagante sobre as disposições genéricas do CC, mesmo sendo este diploma legal mais recente (...). Respeitando-se o disposto na legislação extravagante, no atual direito brasileiro vige a seguinte classificação de créditos: i)

(2016) O art. 612 do CPC de 1973 e o art. 797 do CPC de 2015 estabelecem que, ressalvado o caso de insolvência do devedor, em que tem lugar o concurso universal, realiza-se a execução no interesse do credor.

(2017) *Manual da execução*, p. 91.

(2018) O CPC de 2015 consagra este princípio, quando, por exemplo, estabelece que o juiz pode ordenar a penhora de frutos e rendimentos de coisa móvel ou imóvel se a "considerar mais eficiente para o recebimento do crédito e menos gravosa para o executado" (art. 867).

(2019) Este dispositivo legal estabelece a classificação dos créditos e coloca em primeiro lugar na ordem a ser seguida na sua satisfação, "os créditos derivados da legislação do trabalho, limitados a 150 (cento e cinquenta) salários mínimos por credor, e os decorrentes de acidente de trabalho". No entanto, esta limitação é inconstitucional, vez que fere o disposto no art. 100, § 1º, do Constituição Federal e, ainda, contraria o Código Tribunal Nacional, que, por ser uma lei complementar, se sobrepõe à lei ordinária.

créditos resultantes de salários e indenizações trabalhistas (CLT, art. 449, e nova Lei de Falências, art. 83, I); ii) créditos tributários da União, Estados e Municípios (CTN, arts. 186 e 187); iii) créditos parafiscais, como contribuições do INSS, SESC, SESI, SENAE, SENAC, PIS, FGTS, etc., que, de acordo com a orientação jurisprudencial consagrada, se equiparam aos créditos tributários (...); iv) créditos com garantia real (CC, art. 961 e nova Lei de Falências, art. 83, II); v) créditos com privilégio especial sobre determinados bens (CC, arts. 961 e 964, e nova Lei de Falências, art. 83, IV); vi) créditos com privilégio geral (CC, arts. 961 e 965, e nova Lei de Falências, art. 83, V); e vii) créditos simples ou quirografários".[2020]

Cumpre acrescentar que atuar no sentido de garantir a efetividade dos direitos trabalhistas, notadamente daqueles reconhecidos em título executivo, é agir em favor da dignidade humana dos seus titulares, da realização da justiça social e da construção da democracia, o que decorre da vinculação do direito do trabalho com a dignidade humana, a justiça social e a democracia.

Não é demais lembrar que o *protecionismo humanizante* que caracteriza o direito do trabalho é atacado de várias formas, dentre as quais:

a) retrocesso no nível de proteção, por meio da desregulamentação e/ou flexibilidade de normas protetivas, visando atender necessidades do mercado, o que conduz ao aparecimento do denominado *direito do trabalho da emergência*";[2021]

b) incremento do trabalho autônomo, com a consequente redução do universo dos trabalhadores beneficiados pela rede de proteção estabelecida pelo direito do trabalho;

c) substituição da universalização da proteção assegurada pelo direito do trabalho aos que vivem da venda de sua força de trabalho pela diferenciação e individualização das condições de trabalho, por meio do prestígio aos acordos coletivos de trabalho, em detrimento das convenções coletivas de trabalho e do estabelecimento da prevalência do negociado sobre o legislado;

d) atribuição ao trabalho humano prestado em favor de outrem da condição de mercadoria, em razão da sua desvinculação da condição humana do seu prestador;

e) não observância da legislação trabalhista;

f) descumprimento ou retardamento do cumprimento de decisões judiciais condenatórias ou homologatórias de acordos.

A resposta a este último modo de ataque ao direito do trabalho é uma execução simplificada, econômica e rápida.

5. *Pressupostos específicos da execução. Liquidação do título executivo*

O art. 876 da CLT, os arts. 580 e 586 do CPC de 1973 e os arts. 783 e 786 do CPC de 2015 autorizam afirmar que constituem requisitos para realizar qualquer execução:

a) título de obrigação líquida, certa e exigível (*pressuposto jurídico da execução*);

b) o inadimplemento ou não cumprimento espontâneo da obrigação consubstanciada em título executivo (*pressuposto fático da execução*).

Como aduz Cândido Rangel Dinamarco, estes dois requisitos indicam a presença de interesse de agir, visto que "sem inadimplemento nenhuma tutela jurisdicional teria razão de ser e sem título executivo a tutela executiva não é adequada".[2022]

(2020) *Código Civil interpretado conforme a Constituição da república*, v. II, p. 904/905.

(2021) A desregulamentação e a flexibilização atingem o direito do trabalho em uma das suas funções primordiais, que é a progressividade na melhoria da condição social dos trabalhadores (art.7º, *caput*, da Constituição da República).

(2022) *Instituições de direito processual civil*, v. IV, p. 85-86.

5.1. Título executivo. A necessária liquidez, certeza e exigibilidade da obrigação consubstanciada no título executivo. Títulos executivos trabalhistas.

A execução trabalhista tem por base um título executivo.

Para Giuseppe Chiovenda, o título executivo é "o pressuposto ou condição geral de qualquer execução".[2023]

Cândido Rangel Dinamarco assevera que título executivo "é um ato ou fato jurídico indicado em lei como portador do efeito de tornar adequada a tutela executiva em relação ao preciso direito a que se refere",[2024] sendo por ele acrescentado que "é a probabilidade da existência do crédito o fator que orienta o legislador a qualificar um ato ou fato jurídico como executivo".[2025]

Araken de Assis afirma que a exigência do título "se justifica ante a necessidade de que a invasão da esfera jurídica do executado repouse em direito provável. A exibição do título representa a forte razão que autoriza a penetração do patrimônio".[2026]

Os títulos executivos são *judiciais* e *extrajudiciais*. São judiciais os títulos executivos criados em juízo. Os títulos executivos extrajudiciais "são fruto, essencialmente, da atividade negocial das pessoas capazes, naturais ou jurídicas. O judicial, em sua singularidade formal (a sentença), é fruto, essencialmente, da atividade jurisdicional do Estado (...). A execução (inclusive trabalhista) irá fundamentar-se numa dessas duas espécies de títulos, cuja distinção primária é revelada pela origem ou formulação: o título judicial e os títulos extrajudiciais".[2027]

O título executivo autoriza e fixa os limites da execução.

A execução somente poderá ser instaurada na presença de obrigação líquida, certa e exigível consubstanciada em título executivo (art. 879 da CLT, art. 586 do CPC de 1973 e art. 783 do CPC de 2015), valendo observar que a certeza, a liquidez e a exigibilidade são atributos da *obrigação* consubstanciada no título e não do título em si.

Cândido Rangel Dinamarco afirma que uma obrigação é certa quando estão "perfeitamente identificados e individualizados seus elementos constitutivos subjetivos e objetivos, ou seja, (a) quanto aos sujeitos ativos e passivos da relação jurídico-material, (b) quanto à natureza do seu objeto e quanto à identificação e individualização deste (...). Uma obrigação é líquida (a) quando já se encontra perfeitamente determinada a quantidade dos bens que lhe constituem o objeto ou (b) quando esta quantidade é determinável mediante a realização de meros cálculos aritméticos, sempre sem necessidade de buscar elementos ou provas necessárias ao conhecimento do *quantum*".[2028]

Do art. 394 do Código Civil é extraído que a obrigação é exigível no tempo, no lugar e na forma que a lei ou a convenção estabelecer, observando-se que as dívidas em dinheiro deverão ser pagas no vencimento (art. 315 do Código Civil).

Compete à lei definir os títulos com força executiva, visto que não há título executivo sem lei anterior que o defina (*princípio da tipicidade dos títulos executivos*).

De acordo com o art. 876 da CLT, podem ser executados pela Justiça do Trabalho:

a) *títulos executivos judiciais*: decisões transitadas em julgado, decisões das quais não tenha havido recurso com efeito suspensivo e acordo judicial homologado;[2029]

(2023) *Instituições de direito processual civil*, v. I, p. 375.
(2024) *Instituições de direito processual civil*, v. I, p. 191.
(2025) *Instituições de direito processual civil*, v. I, p. 210.
(2026) *Comentários ao Código de Processo Civil*, v. VI, p. 133.
(2027) RODRIGUES PINTO, José Augusto. *Execução trabalhista*, p. 23 e 25.
(2028) *Instituições de direito processual civil*, v. IV, p. 229-231.
(2029) O acordo judicial homologado equivale à decisão de mérito transitada em julgado (art. 831, parágrafo único, da CLT).

b) *títulos executivos extrajudiciais*: termo de ajuste de conduta firmado perante o Ministério Público do Trabalho,[2030] termo de conciliação firmado perante as Comissões de Conciliação Prévia e termo de conciliação firmado perante o Núcleo Intersindical de Conciliação Trabalhista.[2031]

Acrescente-se a esse rol a *certidão de dívida ativa* resultante da aplicação de multas por órgão de fiscalização das relações de trabalho, por força do art. 114, VII, da Constituição da República, que atribui à Justiça do Trabalho competência para as ações, dentre elas a de execução, relativas às penalidades administrativas impostas aos empregadores pelos órgãos de fiscalização das relações de trabalho.

Diante do que dispõe o art. 114, I, da Constituição da República, se um título executivo é formado em razão de uma relação de trabalho, à Justiça do Trabalho competirá a sua execução, visto que a competência executiva da Justiça do Trabalho estará presente toda vez que ela tiver competência para o processo de conhecimento relativo à matéria (aplicação do art. 877-A da CLT). Neste caso, deverá ser aplicado subsidiariamente no processo do trabalho o disposto no art. 585 do CPC de 1973 ou no art. 784 do CPC de 2015, para efeito de definição dos atos e fatos que constituem títulos executivos.

5.2. Liquidação do título executivo judicial

A execução pressupõe obrigação líquida, isto é, obrigação cujo valor ou objeto esteja perfeitamente determinado.

Sendo ilíquida a obrigação, ordenar-se-á, previamente, a sua liquidação (art. 879 da CLT e art. 509 do CPC de 2015). Na liquidação, é determinado o valor da obrigação imposta na decisão ou individualizado o seu objeto. A liquidação constitui, portanto, um procedimento preparatório da execução, visto que ela prepara o título para a execução.

O CPC de 1973 prevê que, "quando a sentença não determinar o valor devido, proceder-se-á à sua liquidação" (art. 475-A), ao passo que o CPC de 2015 dispõe, no art. 509, que, "quando a sentença condenar ao pagamento de quantia ilíquida, proceder-se-á à sua liquidação, a requerimento do credor ou do devedor". No processo civil, desse modo, a realização da liquidação depende de requerimento do credor ou do devedor. No processo do trabalho, estando o juiz autorizado a promover a execução de ofício, pode ele determinar, também de ofício, a realização da liquidação, observando-se, ainda, que o art. 879 da CLT não condiciona a realização da liquidação a requerimento do credor ou devedor, ao contrário do que ocorre no art. 475-A do CPC de 1973 e no art. 509 do CPC de 2015.

Liquidada a obrigação, o juiz e o credor estão autorizados a promover a execução, ao passo que ao devedor fica possibilitado o cumprimento da sua obrigação.

Objeto de liquidação é apenas o título executivo judicial (art. 879 da CLT). A execução de título executivo extrajudicial pressupõe a liquidez do título, competindo ao credor instruir a petição inicial com o demonstrativo do débito atualizado até a data da propositura da ação, quando se tratar de execução por quantia certa (art. 614, II, do CPC de 1973 e art. 798, I, *a*, do CPC de 2015).[2032]

Existindo na sentença uma parte líquida e outra ilíquida, ao credor é lícito promover simultaneamente a execução daquela e a liquidação desta (art. 475-I, § 2º, do CPC de 1973 e art. 509, § 1º, do CPC de 2015).

(2030) Termo de ajuste de conduta (TAC) é o termo firmado pelo empregador e o Ministério Público do Trabalho, por meio do qual o empregador assume o compromisso de ajustar a sua conduta às exigências do ordenamento jurídico. O termo de ajuste de conduta é passível de execução em relação à multa moratória nele prevista, ainda que destinada ao Fundo de Amparo ao Trabalhador, vez que, quem tem competência para executar a obrigação principal, a possui para executar a obrigação acessória, além do que o art. 876 da CLT define o termo de ajuste de conduta como título executivo passível de execução perante a Justiça do Trabalho sem ressalvar eventual multa moratória nele estabelecida.

(2031) A execução do termo de conciliação firmado perante Núcleo Intersindical de Conciliação Trabalhista é autorizada pelo art. 625-H da CLT, que ordena a aplicação a tal Núcleo das disposições relativas às Comissões de Conciliação Prévia. Com isso, têm a mesma força executiva o termo firmado perante Núcleo Intersindical de Conciliação Trabalhista e o termo firmado perante Comissão de Conciliação Prévia.

(2032) Como assinala Araken de Assis, o título extrajudicial ou "é líquido, e, portanto, título executivo, ou não é líquido, e, neste caso, refoge ao figurino do título previsto no art. 585" (*Comentários ao Código de Processo Civil*, v. VI, p. 21).

Na liquidação é vedado discutir de novo a lide ou modificar a sentença que a julgou (art. 879, § 1º, da CLT). A CLT consagra, então, o *princípio da fidelidade ao título executivo*, o que também ocorre no processo civil (art. 475-G do CPC de 1973 e art. 509, § 4º, do CPC de 2015).

A liquidação abrangerá as contribuições previdenciárias devidas (art. 879, §§ 1º-A e 1º-B, da CLT). Essa exigência decorre do fato de ter a Justiça do Trabalho competência para executar, de ofício, os créditos previdenciários decorrentes das decisões que proferir.(2033)

Sobre o crédito a ser liquidado incidirão correção monetária, contada a partir do vencimento da obrigação (art. 39 da Lei n. 8.177/91)(2034), e juros, à taxa de 1% ao mês, calculados *pro rata die* e contados a partir da propositura da ação. Os juros incidem sobre o principal atualizado (Súmula n. 200 do TST). A correção monetária e os juros são devidos ainda que omissa a petição inicial ou o título executivo (Súmula n. 211 do TST e art. 39 da Lei n. 8.177/91).

A liquidação será realizada por cálculo, arbitramento ou artigos.

Dar-se-á liquidação:

a) *por cálculo*, quando a apuração do crédito depender apenas de cálculo aritmético (art. 879, §§ 1º-A, 1º-B e 2º, da CLT);(2035)

b) *por arbitramento*, quando esta forma de liquidação for determinada pela sentença, convencionada pelas partes ou decorrer da própria natureza do objeto da liquidação (art. 475-C do CPC de 1973 e art. 509, I, do CPC de 2015);

c) *por artigos*, quando, para determinar o valor da condenação, houver necessidade de alegar e provar fato novo (art. 475-E do CPC de 1973), observando-se que fato novo é o fato relacionado à quantificação do crédito reconhecido na sentença e não à sua existência. O CPC de 2015 não faz alusão à liquidação por artigos, optando pela referência à realização da *liquidação pelo procedimento comum*, quando houver necessidade de alegar e provar fatos novos (art. 509, II, e 511), o que, no entanto, não impede falar, mesmo com a sua entrada em vigor, em liquidação por artigos.

A liquidação será julgada por sentença (art. 884, § 3º, da CLT).

Como prevê o art. 512 do CPC de 2015, a liquidação poderá ser realizada na pendência de recurso, processando-se em autos apartados, no juízo de origem, cumprindo ao liquidante instruir o pedido com cópias das peças processuais pertinentes, o que também é previsto no CPC de 1973 (art. 475-A, § 2º).

A liquidação de créditos trabalhistas é normalmente realizada por cálculos, vez que, via de regra, a fixação do valor da condenação depende apenas de cálculos aritméticos.

(2033) A execução de contribuições previdenciárias será examinada mais adiante.

(2034) A obrigação de pagar salário considera-se vencida no primeiro dia útil do mês subsequente ao trabalhado (art. 459, *caput*, da CLT) e é exigível a partir do quinto dia útil daquele mês (art. 459, parágrafo único, da CLT). O art. 459 da CLT estabelece uma tolerância, em favor do empregador, facultando o pagamento do salário após o seu vencimento. Por conta de tal tolerância, na vigência do contrato, o crédito de natureza salarial deve ser corrigido a partir do quinto dia útil do mês subsequente ao trabalhado (conta-se a correção monetária, na vigência do contrato, a partir do momento em que o crédito poderia ser exigido). Após a extinção do contrato de trabalho e sendo imposta ao empregador, por decisão judicial, a obrigação de saldar créditos de natureza salarial, opera-se a transferência da fonte normativa que norteia o cálculo da correção monetária, deixando a questão de ser disciplinada pelo art. 459 da CLT para ser resolvida à luz do art. 39 da Lei n. 8.177/91, que trata da liquidação de créditos de natureza trabalhista devidos por força de decisão judicial. Segundo o art. 39 da Lei n. 8.177/91, os débitos trabalhistas de natureza salarial serão corrigidos a partir do seu vencimento. O vencimento da obrigação de pagar crédito salarial se dá, como visto anteriormente, no primeiro dia útil do mês seguinte ao trabalhado. Assim, a correção monetária, com a extinção do contrato, passa a ser contada a partir do vencimento da obrigação, isto é, a partir do primeiro dia útil do mês seguinte ao trabalhado (é nesse sentido, inclusive, a Súmula n. 381 do TST: "O pagamento de salário até o 5º dia do mês subsequente ao vencido não está sujeito à correção monetária. Se essa data limite for ultrapassada, incidirá o índice da correção monetária do mês subsequente ao da prestação de serviços, a partir do dia 1º). O crédito resultante da relação de trabalho distinta da de emprego deve ser corrigido a partir do vencimento da obrigação do devedor (art. 1º, § 1º, da Lei n. 6.899/81)".

(2035) Dispõe o art. 409, § 2º, do CPC de 2015 que, quando a determinação do valor da condenação depender apenas de cálculo aritmético, o credor poderá promover, desde logo, o cumprimento da sentença.

Determinada a realização da liquidação por cálculos, as partes deverão ser intimadas para apresentar os seus cálculos, neles incluindo a contribuição previdenciária incidente (art. 879, § 1º-B, da CLT). Havendo litisconsórcio, todos os litisconsortes deverão ser intimados para apresentar os seus cálculos.

Elaborada a conta, o juiz *poderá* abrir às partes prazo sucessivo de dez dias para impugnação fundamentada, com a indicação dos itens e valores objeto da discordância, sob pena de preclusão (art. 879, § 2º, da CLT). Esta faculdade reconhecida ao juiz não ofende o direito ao contraditório e à ampla defesa, vez que os cálculos poderão ser questionados em embargos à execução ou impugnação do credor.[2036]

A concessão de vista dos cálculos elaborados é uma faculdade do juiz. Se não conceder vista às partes para manifestação, o juiz julgará os cálculos, proferindo sentença de liquidação, que poderá ser impugnada pelas partes nos embargos à execução ou impugnação do credor.

As partes, quando lhes for concedida oportunidade para se manifestar sobre os cálculos, deverão fazê-lo de forma fundamentada, indicando os itens e valores objeto de sua discordância, sob pena de preclusão, ou seja, da perda do direito de impugnar os cálculos em embargos à execução ou impugnação do credor. No entanto, somente se pode falar em preclusão do direito de impugnar os cálculos quando às partes houver sido concedido prazo para manifestação e se na intimação para fazê-lo tiver constado, expressamente, a cominação dessa penalidade.

A preclusão do direito de atacar os cálculos de liquidação pode resultar da falta de impugnação oportuna ou da impugnação não fundamentada, vez que apresentar impugnação não fundamentada é o mesmo que não a apresentar.

Da conta e liquidação elaborada pelas partes ou pelos órgãos auxiliares da Justiça do Trabalho, será intimada, via postal, a União, por intermédio do órgão competente, para manifestação, no prazo de dez dias, também sob pena de preclusão (art. 879, § 3º, da CLT).

A impugnação da União deverá ser fundamentada, com indicação dos itens e valores objeto da sua discordância, e somente pode ter por objeto as contribuições previdenciárias resultantes da sentença.

Colhida a manifestação da União ou mantendo-se essa silente, o juiz proferirá sentença de liquidação, fixando o valor do crédito.

Antes de proferir sentença de liquidação, poderá o juiz determinar a realização de perícia, quando a complexidade dos cálculos o exigir. Neste sentido, prevê o art. 879, § 6º, da CLT que, "tratando-se de cálculos de liquidação complexos, o juiz poderá nomear perito para a elaboração e fixará, depois da conclusão do trabalho, o valor dos respectivos honorários com observância, entre outros, dos critérios de razoabilidade e proporcionalidade".[2037]

A sentença de liquidação pode ser atacada pelas partes nos embargos à execução e na impugnação do credor. Com isto, não cabe recurso contra a sentença de liquidação, visto ter ela natureza interlocutória, observando-se, ainda, que, sendo lícito às partes atacar a sentença de liquidação nos embargos e na impugnação do credor, sequer existe interesse para impugná-la mediante recurso.[2038]

É lícita a execução imediata e até a satisfação do credor da parte da sentença de liquidação não impugnada no agravo de petição aforado pelo executado (agravo de petição é o recurso cabível contra a decisão que julga os embargos à execução e a impugnação do credor), nos próprios autos ou por carta de sentença (art. 897, § 1º, da CLT).

A liquidação pode ser realizada por arbitramento.

(2036) Os embargos e a impugnação do credor serão examinados mais adiante.

(2037) Esta disposição legal consagra a aplicação dos princípios da razoabilidade e da proporcionalidade na execução trabalhista.

(2038) O TST, por meio da Súmula n. 399, item II, admite a interposição de ação rescisória contra a sentença homologatória de cálculos que "enfrentar as questões envolvidas na elaboração da conta de liquidação, quer solvendo a controvérsia das partes quer explicitando, de ofício, os motivos pelos quais acolheu os cálculos oferecidos por uma das partes ou pelo setor de cálculos, e não contestados pela outra".

No CPC de 1973 é previsto, no art. 475-D, que, requerida a liquidação por arbitramento, o juiz nomeará perito e fixará o prazo para entrega do laudo.

O CPC de 2015 altera a sistemática da liquidação por arbitramento, sendo nele previsto que o juiz intimará as partes para a apresentação de pareceres ou documentos elucidativos, no prazo que fixar, e, caso não possa decidir de plano, nomeará perito, observando-se, no que couber, o procedimento da prova pericial (art. 510). Assim, antes da nomeação de perito, as partes serão intimadas para apresentar pareceres ou documentos elucidativos (trata-se de produção de prova documental na fase de execução, mas apenas no que comporta à fixação do valor do crédito) e, somente se o juiz não puder decidir de plano é que será nomeado perito.

Apresentado o laudo pericial, as partes e a União poderão manifestar-se no prazo assinalado pelo juiz. Após a manifestação das partes e da União ou vencido o prazo a elas concedido para manifestação, o juiz proferirá sentença ou designará audiência de instrução e julgamento, se for necessária a produção de prova oral.

Por fim, a liquidação pode ser realizada por *artigos* ou pelo *procedimento comum.*

Far-se-á liquidação por artigos quando, para determinar o valor da condenação, houver necessidade de alegar e provar fatos novos, isto é, de fatos necessários para a definição do valor do crédito reconhecido na sentença.[(2039)]

Na liquidação por artigos, será observado o procedimento impresso ao processo na fase de conhecimento (art. 475-F do CPC de 1973 e art. 509, II, do CPC de 2015, com a adaptação necessária ao processo do trabalho).

Apresentados os artigos de liquidação (fatos a serem provados para a fixação do valor da condenação), o executado será intimado para apresentar a sua contestação (a ausência de contestação não induz revelia ou confissão, vez que a revelia e a confissão decorrem da ausência física na audiência na qual o reclamado deve comparecer para apresentar sua resposta à reclamação; na liquidação, dá-se a intimação para apresentar contestação aos artigos de liquidação, que deverão ser provados pelo credor, quer tenham sido impugnados ou não[(2040)]). O CPC de 2015 prevê a intimação da parte na pessoa do advogado ou da sociedade de advogados a que estiver vinculado (art. 511), o que é compatível com o direito processual do trabalho, posto que constitui fator de aceleração do processo, ressalvando-se, apenas, que o prazo de manifestação deverá ser de cinco dias e não de quinze dias como previsto no CPC (deve ser observado o mesmo prazo para apresentar e impugnar os embargos à execução, que, no processo do trabalho, é de cinco dias, como consta do art. 884 da CLT).

Impugnados os artigos, dar-se-á início à instrução e nesta as partes podem se valer de todos os meios legais, bem como os moralmente legítimos, ainda que não especificados em lei, para a prova dos fatos necessários à fixação do valor da condenação.[(2041)]

(2039) O art. 879 da CLT, ao estabelecer que, sendo ilíquida a sentença, ordenar-se-á sua liquidação, permite afirmar que também a liquidação por artigos poderá ser iniciada de ofício. Ademais, se pode promover a execução de ofício, é lícito ao juiz ordenar que se inicie o procedimento necessário à sua realização. Assim, diante do silêncio do credor em relação à liquidação, o juiz deverá intimá-lo para apresentar os artigos de liquidação, dando início a essa fase preparatória da execução. Contudo, se ainda assim o credor permanece em silêncio, o processo deverá ser suspenso, salvo se for possível, à luz dos elementos existentes nos autos, proceder-se a liquidação por arbitramento, lembrando que "a liquidação por forma diversa da estabelecida na sentença não ofende a coisa julgada" (Súmula n. 344 do STJ). Mauro Schiavi afirma, fazendo alusão à liquidação em geral, que "o Juiz do Trabalho somente deve tomar a postura de liquidar a sentença de ofício em casos excepcionais, nas hipóteses em que o trabalhador estiver sem advogado, valendo-se o *jus postulandi*, ou quando o reclamante tiver advogado, mas este, justificadamente, não puder realizá-la" e acrescenta que "a prescrição intercorrente se aplica no Processo do trabalho exatamente na fase em que o autor é intimado para apresentar cálculos e se mantém inerte pelo prazo de dois anos" (*Manual de direito processual do trabalho*. 10. ed. p. 1024 e 1027).

(2040) Mauro Schiavi aduz, adotando o mesmo entendimento, que cabe ao autor fazer prova do fato, ainda que o réu não tenha contestado (*Manual de direito processual do trabalho*. 10. ed. p. 1031).

(2041) A prova, como registra Wagner Giglio, terá "por objetivo especificar os dados e fatos que possibilitem a fixação das verbas já contidas na condenação, pois na liquidação não se poderá modificar ou inovar a sentença exequenda, nem discutir matéria pertinente à causa principal" (*Direito processual do trabalho*, p. 480).

Encerrada a instrução, o juiz proferirá sentença de liquidação. Sendo considerados provados os artigos, as partes devem ser intimadas para apresentar seus cálculos (inclusive relativos às contribuições previdenciárias devidas), prosseguindo-se a liquidação na forma do art. 879, §§ 1º a 3º, da CLT.[2042]

Os artigos de liquidação que forem julgados improcedentes por falta ou insuficiência de provas podem ser renovados pelo credor, o que decorre da necessidade de tornar concreto o direito reconhecido no título executivo e de evitar a eternização das demandas.

5.3. Inadimplência do devedor como pressuposto da execução.

O segundo pressuposto específico da execução é o inadimplemento do devedor.

O crédito resultante do título somente pode ser executado quando ocorrer a inadimplência do devedor no cumprimento de sua obrigação (art. 876 da CLT, art. 580 do CPC de 1973 e art. 786 do CPC de 2015).

É inadimplente o devedor que não satisfaz obrigação líquida, certa e exigível consubstanciada em título executivo no lugar, no tempo e pelo modo devidos.

Anote-se que o credor "não poderá iniciar a execução, ou nela prosseguir, se o devedor cumprir a obrigação, mas poderá recusar o recebimento da prestação se ela não corresponder ao direito ou à obrigação estabelecidos no título executivo, caso em que poderá requerer ao juiz a execução forçada, ressalvado ao devedor o direito de embargá-la" (art. 788 do CPC de 2015, contendo o CPC de 1973 disposição no mesmo sentido, qual seja, o art. 581).

Prevê o CPC de 1973 que, "em todos os casos em que é defeso a um contratante, antes de cumprida a sua obrigação, exigir o implemento da do outro, não se procederá à execução, se o devedor se propõe a satisfazer a prestação, com meios considerados idôneos pelo juiz, mediante a contraprestação pelo credor, e este, sem justo motivo, recusar a oferta" (art. 582), ao passo que o CPC de 2015 passou a dispor que, "se o devedor não for obrigado a satisfazer a sua prestação senão mediante a contraprestação do credor, este deverá provar que a adimpliu ao requerer a execução, sob pena de extinção do processo" (art. 787), mas "o executado poderá eximir-se da obrigação depositando em juízo a prestação ou coisa, caso em que o juiz não permitirá que o credor a receba sem cumprir a contraprestação que lhe tocar" (art. 787, parágrafo único).

6. Protesto de título executivo judicial

Consoante o art. 1º da Lei n. 9.492/97, protesto "é o ato formal e solene pelo qual se prova a inadimplência e o descumprimento de obrigação originada em títulos ou outros documentos de dívida".

O protesto serve, portanto, para a comprovação da inadimplência e do descumprimento de obrigação consubstanciada em títulos ou *outros documentos de dívida*, o que inclui as decisões judiciais, em razão da sua condição de título executivo.

Desse modo, também as decisões judiciais poderão ser levadas a protesto, conclusão que é confirmada pelo art. 94, I, da Lei n. 11.101/05, que faz referência a dívida líquida materializada em *título executivo protestado*, isto sem qualquer ressalva quanto à natureza do título, o que significa que ele pode ser judicial ou extrajudicial.[2043]

(2042) De acordo com Wagner Giglio, "feita a prova de quanto baste à fixação do valor da condenação, o juiz, fundamentando a decisão, dará por provados os artigos e ordenará, na mesma ocasião, a remessa dos autos ao contador, para cálculo dos juros da mora e da correção monetária, uma vez que essa decisão só poderá ser impugnada no mesmo prazo dos embargos à execução. Somente após o retorno dos autos do contador as partes serão intimadas para que se pronunciem, no prazo de cinco dias, exclusivamente sobre o cálculo" (*Direito processual do trabalho*, p. 480-481).

(2043) A propósito decidiu o STJ que: "1. O protesto comprova o inadimplemento. Funciona, por isso, como poderoso instrumento a serviço do credor, pois alerta o devedor para cumprir sua obrigação. 2. O protesto é devido sempre que a obrigação estampada no título é líquida, certa e exigível. 3. Sentença condenatória transitada em julgado, é título representativo de dívida — tanto quanto qualquer título de crédito. 4. É possível o protesto de título de sentença condenatória, transitada em julgado, que represente obrigação pecuniária líquida, certa e exigível. 5. Quem não cumpre espontaneamente a decisão judicial não

O art. 517 do CPC de 2015 também autoriza o protesto de decisão judicial, ao dispor que a decisão judicial transitada em julgado poderá ser levada a protesto depois de transcorrido o prazo para pagamento voluntário.

O protesto de título executivo judicial pressupõe a exigibilidade da obrigação nele consubstanciada. Dessa forma, somente a decisão transitada em julgado pode ser levada a protesto. De outro lado, somente pode ser realizado o protesto após a citação do devedor para realizar o pagamento ou garantir a execução e transcorrido o prazo para a sua realização.

Para efeito de realização do protesto, deverá ser expedida *certidão de crédito judicial*, da qual devem constar: nome e qualificação do exequente e do executado; número do processo em que foi reconhecido o crédito; valor da dívida (principal, correção monetária e juros), das custas e honorários advocatícios e periciais eventualmente devidos; local para pagamento; data de decurso do prazo para pagamento voluntário.

Compete ao Tabelião de Protesto de Títulos a protocolização, a intimação, o acolhimento da devolução ou do aceite, o recebimento do pagamento do título e de outros documentos de dívida, bem como lavrar o protesto e acatar a desistência do credor em relação ao mesmo, proceder às averbações, prestar informações e fornecer certidões relativas a todos os atos praticados (art. 3º da Lei n. 9.492/97), observando-se que, onde houver mais de um Tabelião de Protesto e Títulos, os títulos e documentos estarão sujeitos a prévia distribuição (art. 7º da Lei n. 9.492/97).

Entregue a certidão de crédito judicial no cartório, o pagamento antes do registro do protesto nele deverá ser realizado (arts. 3º e 19 da Lei n. 9.492/97). Registrado o protesto, qualquer pagamento deverá ser realizado diretamente no juízo da execução.

Protocolizada a certidão de crédito judicial, o Tabelião de Protesto expedirá a intimação ao devedor, na forma disciplinada no art. 14, *caput* e § 1º, da Lei n. 9.492/97. O protesto será registrado dentro de três dias úteis contados da protocolização do título (art. 12 da Lei n. 9.492/97).

Esgotado o prazo estabelecido no art. 12 da Lei n. 9.492/97, será tirado o protesto por falta de pagamento (art. 21 da Lei n. 9.492/97).

O protesto não depende de autorização judicial, podendo ser realizado pelo próprio credor, mediante certidão de crédito judicial.(2044) Contudo, somente por mandado do juízo da execução pode ser sustado ou cancelado o protesto (art. 16 da Lei n. 9.492/97 e art. 517, § 4º, do CPC de 2015), observando-se que o executado que tiver proposto ação rescisória para impugnar a decisão exequenda pode requerer, às suas expensas e sob sua responsabilidade, a anotação da propositura da ação à margem do título protestado (art. 517, § 3º, do CPC de 2015). A sustação ou o cancelamento será comunicado ao cartório de protesto mediante ofício (art. 517, § 3º, do CPC de 2015).

O deferimento de recuperação judicial não impede o protesto (art. 24 da Lei n. 9.492/97).

Pelos atos que praticarem, os Tabeliões de Protesto perceberão emolumentos, a título de remuneração, observados os valores fixados na forma da lei estatual e de seus decretos regulamentadores, salvo quando o serviço for estatizado (art. 37 da Lei n. 9.492/97), podendo ser exigido depósito prévio dos emolumentos e demais despesas devidas (art. 37, § 1º, da Lei n. 9.492/97), observando-se, no entanto, que a gratuidade da justiça compreende os emolumentos devidos a notários ou registradores em decorrência da prática de registro, averbação ou qualquer outro ato notarial necessária à efetivação de decisão judicial ou à continuidade de processo judicial no qual o benefício tenha sido deferido (art. 98, § 1º, IX, do CPC de 2015).

No Estado de Minas Gerais, a Lei n. 19.971/11 dispõe, no art. 13, que "os valores devidos pelos registros de penhora e de protesto decorrentes de ordem judicial serão pagos, na execução trabalhista, ao final, pelo executado, de acordo com os valores vigentes à época do pagamento".(2045)

---

pode reclamar porque a respectiva sentença foi levada a protesto" (STJ, 3ª Turma, REsp. 75085-RS, Rel. Min. Humberto Gomes de Barros, DJe 16.6.2009).

(2044) O juiz, estando autorizado a promover a execução de ofício, também pode determinar a realização do protesto de ofício, visto se tratar, o protesto, de mais um instrumento estabelecido pela ordem jurídica em favor da eficácia das decisões judiciais.

(2045) Esta previsão está em sintonia com o art. 789-A da CLT, segundo o qual, no processo de execução, as custas serão pagas pelo executado, ao final, e reforça a conclusão da possibilidade de protesto das decisões proferidas pela Justiça do Trabalho.

Os cartórios de protesto fornecerão às entidades vinculadas à proteção do crédito, quando solicitada, certidão diária, em forma de relação, dos protestos tirados e dos cancelamentos efetuados, com nota de se cuidar de informação reservada, da qual não se poderá dar publicidade pela imprensa, nem mesmo parcialmente (art. 29 da Lei n. 9.492/97). Desse modo, o devedor poderá ter o seu nome incluído nos cadastros ou bancos de dados das entidades vinculadas à proteção do crédito (SERASA, SPC Brasil, por exemplo), como consequência do protesto (ou mesmo independentemente de protesto, na forma do art. 782 do CPC de 2015, que é aplicável no processo do trabalho, consoante o art. 17 da Instrução Normativa n. 39/2016 do TST). O protesto, portanto, além de servir de meio de prova do inadimplemento do devedor e do descumprimento de obrigação originada em títulos ou outros documentos de dívida, a eles confere publicidade (por meio da Recomendação n. 3, de 15.3.2013, o Conselho Nacional de Justiça orientou os tabeliões de registro a informar às partes envolvidas em transações imobiliárias sobre a possibilidade de obtenção da Certidão Negativa de Débitos Trabalhistas).

O protesto de título executivo judicial, que constitui medida de coerção indireta, que visa compelir ao cumprimento da obrigação, alcança as decisões proferidas pela Justiça do Trabalho, na medida em que contribui para a satisfação dos créditos decorrentes da relação de emprego, muitos dos quais relacionados a direitos humanos e/ou fundamentais de natureza alimentar. Ademais, o protesto passa a ser autorizado em razão da aplicação subsidiária ou supletiva do CPC de 2015 no processo do trabalho (art. 769 da CLT e art. 15 do CPC de 2015). Como aduz Élisson Miessa, "a finalidade última do protesto corresponde ao pagamento da obrigação",[2046] da qual decorre a sua condição de instrumento voltado à efetividade do direito reconhecido no título executivo judicial, o que o coloca em sintonia com um dos princípios fundamentais do direito processual do trabalho, qual seja, o da máxima eficácia das decisões judiciais.

Por meio da Recomendação n. 2/2011, a Corregedoria Geral da Justiça do Trabalho definiu a estrutura mínima e sequencial dos atos de execução a ser adotada na execução trabalhista e, cancelando o contido na letra "g" da Recomendação n. 1/2011, da mesma Corregedoria, excluiu do rol dos atos de execução a expedição de mandado de protesto notarial. No entanto, a hipótese é de medida autorizada por disposição legal (Lei n. 9.492/97 e, agora pelo CPC de 2015), cuja aplicação não pode ser afastada por ato de natureza administrativa, valendo acrescentar que a hipótese é de simples Recomendação.

No entanto, conforme o art. 17 da Instrução Normativa n. 16/2016 do TST, "sem prejuízo da inclusão do devedor no Banco Nacional de Devedores Trabalhistas (CLT, art. 642-A), aplicam-se à execução trabalhista as normas dos arts. 495, 517 e 782, §§ 3º, 4º e 5º do CPC, que tratam respectivamente da hipoteca judiciária, do protesto de decisão judicial e da inclusão do nome do executado em cadastros de inadimplentes".

Anote-se, no caso de execução definitiva, consoante o art. 782, §§ 3º, 4º e 5º, a requerimento da parte, o pode determinar a inclusão do executado em cadastro de inadimplentes, sendo a inscrição cancelada imediatamente se for efetuado o pagamento, se for garantida a execução ou se a execução for extinta por qualquer outro meio.

Cumpre esclarecer que o protesto não se confunde com a inscrição do executado no Banco Nacional de Devedores Trabalhistas, visto que esta inscrição está diretamente relacionada com a expedição de Certidão Negativa de Débitos Trabalhistas, que tem objetivo específico, qual seja, verificar regularidade trabalhista para efeito de habilitação em licitação pública.

7. *Certidão Negativa de Débitos Trabalhistas (CNDT)*

Ainda relacionada com a inadimplência do executado está a Certidão Negativa de Débitos Trabalhistas, que é exigida para habilitação em licitação pública, e visa compelir o devedor a cumprir as suas obrigações trabalhistas, o que lhe atribui a condição de medida de coerção indireta, por incidir sobre a vontade do devedor.

(2046) Hipoteca judiciária e protesto da decisão judicial no novo CPC e seus impactos no processo do trabalho. In: *O novo Código de Processo Civil e seus reflexos no processo do trabalho*, p. 478.

A Certidão Negativa de Débitos Trabalhistas (CNDT) foi instituída pela Lei n. 12.440/11 e serve para a comprovação da inexistência de débitos inadimplidos perante a Justiça do Trabalho pelas pessoas físicas e jurídicas, para efeito da sua habilitação em licitações públicas (inciso V do art. 29 da Lei n. 8.666/93, introduzido pela Lei n. 12.440/11).[(2047)]

A Lei n. 12.440/11 alterou a CLT, nela inserindo o art. 642-A, e incluiu o inciso V no art. 29 da Lei n. 8.666/93 (Lei de Licitações[(2048)]).

O art. 642-A da CLT dispõe que:

"Art. 642-A. É instituída a Certidão Negativa de Débitos Trabalhistas (CNDT), expedida gratuita e eletronicamente, para comprovar a inexistência de débitos inadimplidos perante a Justiça do Trabalho.

§ 1º O interessado não obterá a certidão quando em seu nome constar:

I — o inadimplemento de obrigações estabelecidas em sentença condenatória transitada em julgado proferida pela Justiça do Trabalho ou em acordos judiciais trabalhistas, inclusive no concernente aos recolhimentos previdenciários, a honorários, a custas, a emolumentos ou a recolhimentos determinados em lei; ou

II — o inadimplemento de obrigações decorrentes de execução de acordos firmados perante o Ministério Público do Trabalho ou Comissão de Conciliação Prévia.

§ 2º Verificada a existência de débitos garantidos por penhora suficiente ou com exigibilidade suspensa, será expedida Certidão Positiva de Débitos Trabalhistas em nome do interessado com os mesmos efeitos da CNDT.

§ 3º A CNDT certificará a empresa em relação a todos os seus estabelecimentos, agências e filiais.

§ 4º O prazo de validade da CNDT é de 180 (cento e oitenta) dias, contado da data de sua emissão."

De outro lado, o *caput* e o inciso V do art. 29 da Lei n. 8.666/93 dispõem que a documentação relativa à regularidade fiscal e trabalhista, conforme o caso, consistirá em (...) "V — prova de inexistência de débitos inadimplidos perante a Justiça do Trabalho, mediante a apresentação de certidão negativa, nos termos do Título VII-A da Consolidação das Leis do Trabalho, aprovada pelo Decreto-Lei n. 5.452, de 1º de maio de 1943".

A expedição da CNDT foi regulamentada pelo TST, por meio da Resolução Administrativa n. 1.470, de 30.8.2011, alterada pelos Atos TST.GP n. 772/11 e TST.GP n. 1/2012.

Desse modo:

a) a pessoa, física ou jurídica, que pretenda participar de licitação pública deverá comprovar a sua regularidade trabalhista, por meio da apresentação de Certidão Negativa de Débitos Trabalhistas (CNDT), expedida gratuita e eletronicamente pelo Tribunal Superior do Trabalho, pelo Conselho Superior da Justiça do Trabalho e pelos Tribunais Regionais do Trabalho;

b) a regularidade trabalhista consiste na: 1) inexistência de débitos inadimplidos perante a Justiça do Trabalho, decorrentes de sentença condenatória transitada em julgado, acordos judiciais trabalhistas,

(2047) A habilitação consiste na verificação da idoneidade e capacidade da pessoa, física ou jurídica, para contratar com a Administração Pública.

(2048) Esta Lei regulamenta o art. 37, XXI, da Constituição e institui normas gerais sobre licitações pertinentes a obras, serviços, compras, alienações e locações no âmbito dos Poderes da União, dos Estados, do Distrito Federal e dos Municípios. Nos termos da citada lei, as obras, serviços, compras, alienações, concessões, permissões e locações da Administração Pública, quando contratadas com terceiros, serão precedidas de licitação, ressalvadas as hipóteses nela previstas (art. 2º), a licitação destina-se a garantir a observância do princípio constitucional da isonomia, a seleção da proposta mais vantajosa para a administração e a promoção do desenvolvimento nacional sustentável e será processada e julgada em estrita conformidade com os princípios básicos da legalidade, da impessoalidade, da moralidade, da igualdade, da publicidade, da probidade administrativa, da vinculação ao instrumento convocatório, do julgamento objetivo e dos que lhe são correlatos (art. 3º).

acordos firmados perante o Ministério Público do Trabalho ou Comissão de Conciliação Prévia;[(2049)] 2) existência de débito trabalhista inadimplido perante a Justiça do Trabalho, mas com execução garantida por penhora suficiente;[(2050)] 3) existência de débito trabalhista inadimplido perante a Justiça do Trabalho, mas com a sua exigibilidade suspensa;

c) o inadimplemento de débitos perante a Justiça do Trabalho pode se referir a créditos decorrentes da relação de trabalho, a recolhimentos previdenciários, a honorários, a custas, a emolumentos e a recolhimentos determinados em lei.

Note-se que foram criadas três espécies de certidão: i) *Certidão Negativa de Débitos Trabalhistas*; ii) *Certidão Positiva de Débitos Trabalhistas com efeito de certidão negativa*: a ser expedida quando a execução promovida contra a empresa estiver garantida por penhora suficiente ou o título executivo em que se lastrear a execução estiver com a sua exigibilidade suspensa;[(2051)] iii) *Certidão Positiva de Débitos Trabalhistas*, a ser expedida quando existir em curso contra a pessoa física ou jurídica execução ainda não suficientemente garantida e lastreada em título executivo com exigibilidade não suspensa. A certidão positiva atesta a irregularidade trabalhista da pessoa física ou jurídica e impede a sua participação em licitação pública.

A Resolução Administrativa n. 1.470 do TST, tendo em vista que a expedição da CNDT pressupõe a existência de base de dados integrada, de âmbito nacional, com informações sobre as pessoas físicas e jurídicas inadimplentes perante a Justiça do Trabalho, criou o Banco Nacional de Devedores Trabalhistas (BNDT), centralizado no TST.

De acordo com a Resolução Administrativa n. 1.470 do TST:

a) o devedor é incluído no BNDT a partir do momento em que, devidamente cientificado, não paga o débito ou descumpre obrigação de fazer ou não fazer, no prazo previsto em lei (art. 1º, § 1º);[(2052)]

b) antes de efetivar a inclusão do devedor no BNDT, em execução por quantia certa, o juízo da execução determinará o bloqueio eletrônico de numerário por meio do sistema BACENJUD[(2053)] e também registrará no sistema, quando for o caso, a informação sobre a existência de garantia total da execução (art. 1º, § 1º-A);

c) realizada a sua inscrição no BNDT, o devedor comporá um pré-cadastro para a emissão da CNDT e disporá do prazo improrrogável de 30 dias para cumprir a obrigação ou regularizar a situação, a fim de evitar a positivação de seus registros junto ao BNDT (art. 1º, § 4º), observando-se que a alteração dos dados do devedor no BNDT dentro deste prazo não o renova ou modifica (art. 1º, § 6º);

d) transcorrido o prazo de 30 dias, a inclusão do devedor inadimplente acarretará, conforme o caso, a emissão de Certidão Positiva ou Certidão Positiva com efeito de negativa (art. 1º, § 5º);

e) a inclusão, a alteração e a exclusão de dados no BNDT depende de determinação judicial expressa, preferencialmente por meio eletrônico (art. 2º). Na execução por carta, caberá ao juízo deprecante a determinação de inclusão, alteração ou exclusão de dados no BNDT (art. 2º, § 1º). As alterações no BNDT decorrentes de decisão do TST ou de TRT serão imediatamente comunicadas ao juízo de origem, a quem caberá a atualização (art. 2º, § 2º). Caberá aos TRTs, observado o disposto no art.

(2049) O art. 1º, § 3º, da Resolução Administrativa n. 1.470/11 do TST estabelece, expressamente, que não será inscrito no Banco Nacional de Devedores Trabalhistas (BNDT) o devedor cujo débito é objeto de execução provisória.

(2050) Produz o mesmo efeito da penhora suficiente a existência de depósito recursal em montante que garanta a satisfação do crédito objeto da execução.

(2051) O art. 1º, § 2º, da Resolução Administrativa n. 1.470/11 do TST dispõe que a garantia total da execução por depósito, bloqueio de numerário ou penhora de bens suficientes, devidamente formalizada, ensejará a expedição de Certidão Positiva de Débitos Trabalhistas, com os mesmos efeitos da CNDT.

(2052) O devedor pode ser "cientificado" de várias formas, dentre elas a citação para pagamento ou cumprimento da obrigação, a intimação para o cumprimento de acordo inadimplido e a intimação para cumprimento de obrigação de fazer.

(2053) Somente quando não forem encontrados valores passíveis de apreensão é que o nome do devedor será incluído no Banco Nacional de Devedores Trabalhistas.

2º, § 2º, da Resolução Administrativa em destaque, determinar a atualização dos dados no BNDT antes do envio dos autos ao TST para julgamento de recurso eventualmente interposto (art. 2º, § 3º);

f) nas execuções promovidas contra dois ou mais devedores, as informações sobre a suspensão da exigibilidade do débito ou garantia da execução por depósito, bloqueio de numerário ou penhora suficiente deverão ser individualizadas por devedor (art. 2º, § 4º);

g) sendo paga a dívida ou satisfeita a obrigação, o juiz da execução determinará a imediata exclusão do devedor do BNDT (art. 2º, § 4º) e expedição de CNDT, se houver requerimento neste sentido.

A exigência da CNDT nos processos licitatórios não ofende a livre iniciativa, visto que esta deve ser harmonizada com o respeito ao valor social do trabalho e à função social da propriedade, lembrando-se que, consoante permite afirmar o art. 186 da Constituição, constitui modo de a empresa atender à sua função social a "observância das disposições que regulam as relações de trabalho".

Também não há que cogitar de ofensa à livre concorrência. A capacidade de competir não pode estar fundada no descumprimento da legislação trabalhista (a necessidade de garantir condições de concorrência não justifica a desconstrução dos direitos trabalhistas ou a sua lesão). Aliás, tratar de forma igual a empresa que observa e a empresa que não observa a legislação trabalhista é que implica ofensa à livre concorrência, posto que a empresa descumpridora da legislação trabalhista terá os seus custos operacionais reduzidos exatamente por lesar os direitos dos seus empregados, o que a colocaria em situação de vantagem.

Não se diga que esta exigência fere os princípios da razoabilidade e da proporcionalidade. É razoável, adequado e necessário exigir que o pretendente à contratação com a Administração Pública demonstre a sua atuação em sintonia com a ordem jurídica, em defesa, inclusive, da própria Administração Pública, que poderá ser condenada a satisfazer os créditos dos empregados das empresas por ela contratadas. Aliás, a Lei n. 8.666/91 exige, como se vê dos seus arts. 27, IV, e 29, a comprovação da regularidade fiscal para a habilitação em licitações públicas e não existe evidência de que esta exigência prejudica o caráter competitivo da licitação ou inviabiliza a contratação com a Administração Pública.

Acrescente-se que não é inconstitucional exigir, para a contratação com a Administração Pública, a comprovação do respeito à função social da empresa, por meio da observância da legislação trabalhista, tendo em vista o disposto no art. 186 da Constituição, além do que a própria Constituição admite restrições ao direito de contratar com a Administração Pública, como se vê do seu art. 195, § 3º.

Registre-se que a CNDT também constitui valioso instrumento para as empresas que pretendam terceirizar parte de suas atividades, visto que elas poderão verificar, antes da contratação, a regularidade trabalhista da empresa candidata à contratação. De outro lado, quem vai adquirir um imóvel poderá verificar se o vendedor figura como executado perante a Justiça do Trabalho, precavendo-se de posterior alegação de aquisição de bens em fraude à execução, posto que a CNDT pode ser exigida para fins de transação imobiliária (art. 9º, § 2º, da Resolução Administrativa n. 1.470/11do TST).

8. Execução trabalhista: disciplina legal. O subsistema da execução trabalhista. O CPC como fonte subsidiária/supletiva do direito processual do trabalho na execução. Aplicabilidade do art. 475-J do CPC de 1973 ou do art. 523, caput*, do CPC de 2015 no processo do trabalho*

A CLT constitui a fonte primeira da disciplina da execução trabalhista (arts. 876 a 892).

Contudo, a CLT é composta por 922 artigos, dos quais apenas 20 são reservados à disciplina da execução, o que já é prenúncio da existência de omissões.

Sendo omissa a CLT a propósito de uma questão surgida no curso da execução, a sua solução deve ser buscada nas demais normas que compõem o direito processual do trabalho, dentre elas a Lei n. 5.584/70, que trata da execução em seus arts. 12 e 13.

Permanecendo a omissão, o art. 889 da CLT autoriza recorrer aos preceitos que regem o processo dos executivos fiscais para cobrança judicial de dívida da Fazenda Pública Federal (Lei n. 6.830/80) como fonte subsidiária do direito processual do trabalho, no que concerne à execução.

À luz do art. 889 da CLT, sendo também omissa a Lei n. 6.830/80 e considerando o disposto no art. 769 da CLT, a solução para a questão a ser resolvida deve ser buscada no direito processual comum.

A CLT, a legislação extravagante que compõe o direito processual do trabalho, a Lei n. 6.830/80 e o direito processual civil comum formam o *subsistema da execução trabalhista*. Até o advento do CPC de 2015, poder-se-ia afirmar que esta era a ordem a ser seguida na definição das fontes do direito processual do trabalho, no que concerne à execução.[2054]

Esta ordem deveria ser abandonada, no entanto, quando a CLT assim o determinasse, como ocorre na definição da ordem a ser seguida pelo devedor na nomeação de bens à penhora, que deve ser a estabelecida no art. 655 do CPC de 1973 ou no art. 835 do CPC de 2015, consoante determina o art. 882 da CLT, observando-se que a Instrução Normativa n. 39/16 do TST estabelece, no art. 3º, § 3º, XV, que é aplicável no processo do trabalho o art. 835, incisos e §§ 1º e 2º do CPC de 2015.

No entanto, a ordem preferencial relativa às fontes subsidiárias do direito processual do trabalho foi afastada pelo CPC de 2015, que, em seu art. 15, realiza a ligação direta entre o direito processual do trabalho e o CPC. Desse modo, a fonte subsidiária (e supletiva, de acordo com o art. 15 do CPC) a ser utilizada deve ser definida à luz das particularidades do caso concreto, adotando-se como parâmetro, na sua definição, os princípios do direito processual do trabalho, em especial a maior eficácia possível das decisões judiciais.[2055]

A aplicação da Lei n. 6.830/80 na execução trabalhista, que não é prejudicada pelo art. 15 do CPC de 2015, não se faz sem ressalvas. É que, consoante dispõe o art. 889 da CLT, são aplicáveis no processo de execução trabalhista os preceitos que regem o *processo* dos executivos fiscais para a cobrança judicial de dívida da Fazenda Pública Federal, de forma que, como registra Wagner Giglio, "as normas de direito material, contidas em bom número na Lei n. 6.830/80, não se aplicam ao processo de execução trabalhista, em que incidem apenas as normas de natureza processual".[2056]

Na definição da disciplina legal da execução trabalhista vem à luz questão relativa à aplicabilidade do art. 475-J do CPC de 1973 ou do art. 523, *caput*, do CPC de 2015 no processo do trabalho.

O art. 475-J, *caput*, do CPC de 1973 dispõe que, caso o devedor, condenado ao pagamento de quantia certa ou já fixada em liquidação, não o efetue no prazo de quinze dias, o montante da condenação será acrescido de multa no percentual de dez por cento e, a requerimento do credor e observado o disposto no art. 614, inciso II, expedir-se-á mandado de penhora e avaliação.

O CPC de 2015 mantém a cominação da multa no mesmo percentual, prevendo o seu art. 523, *caput*, que, "no caso de condenação em quantia certa, ou já fixada em liquidação, e no caso de decisão sobre parcela incontroversa, o cumprimento definitivo da sentença far-se-á a requerimento do exequente, sendo o executado intimado para pagar o débito, no prazo de 15 (quinze) dias, acrescido de custas, se houver", ao passo que, nos termos do art. 523, § 1º, do CPC de 2015, não ocorrendo pagamento voluntário no prazo do *caput*, o débito será acrescido de multa de dez por cento e, também, de honorários de advogado de dez por cento.

O CPC de 1973 e o CPC de 2015 diferem em pequenos aspectos, vez que o CPC de 2015: a) exige, expressamente, a prévia intimação do executado para pagar o débito como condição para a aplicação da multa em destaque;[2057] b) comina a multa também em relação ao cumprimento de decisão sobre parte incontroversa do crédito;[2058] c) acrescenta que sobre o débito não quitado também incidirão honorários advocatícios.

(2054) A prevalência da Lei n. 6.830/80 sobre o CPC na definição das fontes subsidiárias do processo de execução resultava do fato de que o art. 889 da CLT, sendo norma própria do processo de execução, se sobrepõe ao art. 769 da CLT, que é norma relativa ao processo de conhecimento.

(2055) As condições para a utilização do direito processual comum como fonte subsidiária ou supletiva do direito processual do trabalho foram examinadas no Capítulo II, quando tratamos das fontes do direito processual do trabalho.

(2056) *Direito processual do trabalho*, p. 494.

(2057) Não existe consenso na doutrina e na jurisprudência relativas à interpretação do art. 475-J do CPC de 1973 sobre a necessidade de intimação do executado para cumprir a sua obrigação. Uma corrente doutrinária sustenta ser indispensável a intimação do executado, ao passo que outra advoga que, com o trânsito em julgado da decisão ou a sua liquidação, o executado deve cumprir a sua obrigação, independentemente de intimação. Uma terceira corrente afirma que o executado deve ser intimado, mas na pessoa de seu advogado, não havendo, deste modo, necessidade de sua intimação pessoal.

(2058) Trata-se de decisão proferida em *julgamento antecipado parcial do mérito*, que é previsto no art. 356, I, do CPC de 2015, segundo o qual o juiz decidirá parcialmente o mérito quando um ou mais dos pedidos formulados ou parcelas deles mostrar-se

A multa cominada no art. 475-J do CPC de 1973 e no art. 523 do CPC de 2015 é imposta como medida de pressão psicológica, destinada a compelir o devedor a cumprir a sua obrigação (trata-se de medida de coerção, destinada a influenciar a vontade do devedor, no sentido do cumprimento da sua obrigação).

A intenção do legislador, ao cominar a multa em questão, é estimular o cumprimento espontâneo da obrigação de pagamento de quantia certa e punir aquele que não o realizar, o que implica que ela tem natureza coercitiva e punitiva.

A comparação entre o art. 475-J do CPC de 1973, o art. 523 do CPC de 2015 e os arts. 880 e 883 da CLT permite vislumbrar importantes distinções nos sistemas adotados no processo civil e no processo do trabalho:

a) no processo civil, não há *citação* do devedor como primeiro ato da fase de cumprimento, o que constitui mera consequência da extinção do processo de execução como processo autônomo e da criação, no processo de conhecimento, da fase de cumprimento. O devedor é *intimado*, na pessoa de seu advogado, para cumprir a sua obrigação. No processo do trabalho, a execução tem início com a citação do executado;

b) no processo civil, sendo a decisão líquida, ou realizada a sua liquidação, ou no caso de parcela incontroversa, ao credor resta como opção o *pagamento da quantia objeto da execução*. No processo do trabalho, sendo a decisão líquida, ou realizada a sua liquidação, o executado é citado para *pagar o valor devido*, acrescido de correção monetária, juros e custas, *ou garantir a execução*;

c) no processo civil, verificada a ausência de pagamento, será expedido, a requerimento do credor, mandado de penhora e avaliação. No processo do trabalho, a penhora somente será realizada quando o devedor deixar de efetuar o pagamento e não garantir a execução.

Resta examinar a possibilidade de imposição da multa cominada no art. 475-J do CPC e no art. 523 do CPC de 2015 no processo do trabalho.

Em favor da não aplicação da multa em questão no processo do trabalho é afirmado, por exemplo, que:

a) não existe omissão do direito processual do trabalho, a ser suprida pelo CPC, vez que, de acordo com o art. 880 da CLT, o devedor é citado para efetuar o pagamento ou garantir a execução, sob pena de penhora, o que significa que o procedimento na execução já está claramente estabelecido pela CLT e à ausência de pagamento ou de garantia de execução se seguirá a penhora;

b) no processo civil, o devedor conta com o prazo de quinze dias para efetuar o pagamento, ao passo que a CLT estabelece prazo bem reduzido (quarenta e oito horas) para que o devedor efetue o pagamento, sendo este prazo incompatível com a aplicação de qualquer penalidade ao devedor;

c) o art. 883 dispõe que, "não pagando o executado, nem garantida a execução, seguir-se-á a penhora dos bens, tantos quantos bastem ao pagamento da importância da condenação, acrescida de custas e juros de mora". Isso significa que o art. 883 define os acréscimos que serão devidos no caso da ausência de pagamento, quais sejam, custas e juros de mora (além de correção monetária, devida por força do art. 39 da Lei n. 8.177/91 e do art. 882 da CLT), o que impede que a dívida sofra um novo acréscimo;

d) como não existe omissão a ser suprida e a CLT já define as consequências da ausência de pagamento e de garantia da execução, aplicar a multa estabelecida pelo CPC implicaria impor obrigação não prevista em lei, em afronta ao art. 5º, II, da Constituição Federal.

A nosso juízo:

1) a aplicação da multa em destaque na execução trabalhista decorre do dever, que é imposto ao juiz pelo art. 765 da CLT, de zelar pela mais rápida satisfação do crédito reconhecido no título judicial,

---

incontroverso. Esta previsão atende ao princípio da duração razoável do processo e à ideia segundo a qual a duração do processo não pode prejudicar a parte que tem razão e é aplicável no processo do trabalho, consoante prevê a Instrução Normativa n. 39/16 do TST (art. 5º).

não podendo ser olvidado, ainda, o direito fundamental das partes à razoável duração do processo (art. 5º, LXXVIII, da Constituição), que também exige do juiz firme atuação no sentido da mais rápida satisfação do crédito reconhecido em decisão judicial, o que o autoriza a se valer, para tanto, de todo o instrumental que a ordem jurídica coloca à sua disposição, o que inclui a multa em questão;

2) devem ser prestigiadas no processo do trabalho as soluções legislativas que resultem na melhoria da condição social do trabalhador, o que é autorizado pelo disposto no *caput* do art. 7º da Constituição, na medida em que o trabalhador tem melhorada a sua condição social quando os seus créditos são satisfeitos no menor espaço de tempo possível, observando-se que o CPC passou a ser, por força do seu art. 15, fonte também supletiva do direito processual do trabalho, o que implica possibilidade de adotar as medidas nele consagradas para facilitar a mais rápida satisfação de crédito objeto de execução;

3) a CLT não trata, nos arts. 880 e 883, da aplicação de multa quando o executado deixa de pagar a dívida ou garantir a execução no momento próprio, posto que a penhora não tem natureza coercitiva ou punitiva, o mesmo ocorrendo com os acréscimos relativos a correção monetária, juros e custas (que, inclusive, também são devidos no processo civil), sendo o caso, então, de omissão do direito processual do trabalho, a ser suprida pela aplicação na execução trabalhista do art. 475-J do CPC de 1973 ou do art. 523 do CPC de 2015, notadamente deste último, segundo o qual o direito processual civil passa a atuar também como fonte supletiva do direito processual do trabalho;

4) a CLT, autorizando o juiz a *promover* a execução, a ele confere o poder para adotar as medidas executivas que se apresentem, no caso concreto, como as mais idôneas à satisfação do credor, o que abarca a multa em debate;

5) deixar de pagar um empréstimo bancário, por exemplo, não pode ser menos oneroso do que deixar de pagar parcelas de natureza salarial, em especial quando correspondentes a direitos fundamentais e/ou humanos;

6) o direito do trabalho contém disposições que indicam a necessidade de assegurar a mais rápida e plena satisfação do crédito trabalhista, valendo lembrar, neste sentido, do:

a) art. 467 da CLT, que impõe acréscimo de 50% do valor das parcelas rescisórias incontroversas não pagas em audiência;[2059]

b) art. 477, §§ 6º e 8º, da CLT, que comina multa para a hipótese da não realização do acerto rescisório no prazo próprio.[2060]

(2059) Em caso de rescisão de contrato de trabalho, havendo controvérsia sobre o montante das verbas rescisórias, o empregador é obrigado a pagar ao trabalhador, à data do comparecimento à Justiça do Trabalho, a parte incontroversa dessas verbas, sob pena de pagá-las acrescidas de cinquenta por cento. Isso significa que o empregador deverá pagar em audiência as parcelas rescisórias incontroversas, ou seja, as parcelas cujo crédito não tenha sido colocado em dúvida, sob pena de pagá-las com acréscimo de 50%. Parcelas rescisórias são aquelas devidas em razão da rescisão do contrato de trabalho. Assim, no caso de dispensa imotivada, constituem verbas rescisórias: saldo de salário, aviso-prévio, férias proporcionais, acrescidas de 1/3, 13º salário proporcional e indenização incidente sobre o FGTS. Férias e 13º salários integrais não são devidos em razão da rescisão do contrato de trabalho, mas do complemento do período aquisitivo, no que concerne às férias, e do prazo de seu pagamento, em relação ao 13º salário. Note-se que, segundo a Súmula n. 69 do TST, "a partir da Lei n. 10.272, de 5.9.2001, havendo rescisão do contrato de trabalho e sendo revel e confesso quanto à matéria de fato, deve ser o empregador condenado ao pagamento das verbas rescisórias, não quitadas na primeira audiência, com o acréscimo de 50%". Destarte, a aplicação do acréscimo em questão não depende do comparecimento do demandado em juízo e do seu reconhecimento do pedido de pagamento de verbas rescisórias. A ausência da parte e a consequente falta de contestação do pedido torna o crédito incontroverso e este fato é que justifica o acréscimo em questão. O empregador tem a chance de cumprir a sua obrigação, sem acréscimo, na data da audiência e se ele opta por não comparecer, incide o acréscimo, não porque ele deixou de comparecer, mas porque o crédito do reclamante tornou-se incontroverso.

(2060) Dispõe o art. 477, § 6º, da CLT, que o pagamento das parcelas rescisórias constantes do instrumento de rescisão ou recibo de quitação deverá ser efetuado: (a) até o primeiro dia útil imediato ao término do contrato; ou (b) até o décimo dia, contado da data da notificação da demissão, no caso de ausência de aviso-prévio, indenização do aviso-prévio ou dispensa do cumprimento do aviso-prévio. Por fim, prevê o art. 477, § 8º, da CLT que o desrespeito ao prazo previsto no art. 477, § 6º, do mesmo

O acréscimo e a multa previstos nos arts. 467 e 477 da CLT possuem a mesma natureza da multa de que tratam o art. 475-J do CPC e o art. 523 do CPC de 2015, visto que também são impostos como forma de pressão psicológica, visando compelir o devedor a cumprir a sua obrigação, e, não sendo a obrigação cumprida, assumem feição de sanção pecuniária pelo seu inadimplemento.

Contudo, o executado não pode ser surpreendido com a aplicação da multa do art. 475-J do CPC de 1973 ou do art. 523 do CPC de 2015, sob pena de ofensa aos princípios da ampla defesa e do contraditório.

Por isso, se na sentença a multa não foi cominada, deve constar do mandado de citação, penhora e avaliação endereçado ao devedor a sua cominação, para a hipótese de não pagamento do montante da condenação e ausência de garantia da execução (sendo nomeados bens à penhora ou garantida a execução pelo depósito da quantia objeto da execução, a multa não pode ser exigida do devedor, posto que a ele é assegurado, expressamente, o direito de garantir a execução — art. 880 da CLT).

De outro lado, por força dos princípios da razoabilidade e da utilidade dos prazos, sendo cominada a multa, o devedor deve ser citado para, em 8 (oito) dias, cumprir a sua obrigação ou garantir a execução. Ao devedor deve ser assegurado um prazo razoável para providenciar os meios necessários ao pagamento de sua dívida sem o acréscimo da multa em destaque. Este prazo diferenciado permite que o devedor se prepare para uma nova realidade no processo do trabalho: a ausência de pagamento ou da garantia da execução implicará acréscimo de 10% no valor do seu débito.

No processo civil, o prazo de 15 dias tem relação com o espaço de tempo que a parte tem para recorrer das decisões judiciais (o prazo para recurso no processo civil é, em regra, de quinze dias). Como no processo do trabalho o prazo recursal é de 8 (oito) dias (art. 6º da Lei n. 5.584/70), este deve ser o prazo fixado para o cumprimento da obrigação imposta ao devedor ou a garantia do juízo.

A aplicabilidade da multa em destaque no processo do trabalho foi acolhida na 1ª Jornada de Direito Material e Processual na Justiça do Trabalho, realizada pela Associação Nacional dos Magistrados da Justiça do Trabalho (ANAMATRA), juntamente com o Tribunal Superior do Trabalho (TST) e com a Escola Nacional de Formação e Aperfeiçoamento de Magistrados (ENAMAT), como se vê do seu Enunciado n. 71, *in verbis*: "ART. 475-J DO CPC. APLICAÇÃO NO PROCESSO DO TRABALHO. A aplicação subsidiária do art. 475-J atende às garantias constitucionais da razoável duração do processo, efetividade e celeridade, tendo, portanto, pleno cabimento na execução trabalhista".[(2061)]

---

diploma legal implicará pagamento de multa, no importe correspondente a um mês de salário do trabalhador. Assim, para ser válido, o acerto rescisório deve atender a vários requisitos, quais sejam: (1) homologação da rescisão do contrato de trabalho por um dos órgãos definidos na CLT, no caso de trabalhador com mais de um ano de serviço; (2) pagamento das parcelas rescisórias no ato da homologação do acerto rescisório; (3) realização do pagamento das verbas rescisórias e homologação do acerto rescisório no prazo estabelecido no art. 477, § 8º, da CLT. A mora do empregador somente não ocorrerá quando o pagamento for realizado no tempo, no lugar e na forma previstos em lei, como resulta do art. 394 do Código Civil. Isto equivale a dizer que a mora do empregador somente não ocorrerá quando o pagamento das verbas rescisórias e a homologação da rescisão do contrato de trabalho (modo de realização do pagamento) forem realizados nos prazos previstos no art. 477, § 8º, da CLT (tempo próprio para o pagamento). Destarte, se o pagamento das verbas rescisórias é realizado no prazo legal, mas a homologação do acerto rescisório ocorre em momento posterior, fora daquele prazo, por culpa do empregador, estará configurada a mora sendo, então, devida a multa em questão. O pagamento das verbas rescisórias desacompanhado da homologação do acerto rescisório, além de não atender ao modo próprio para a sua realização (o que resulta na sua invalidade, segundo o art. 477, § 1º, da CLT), causa prejuízos ao trabalhador, que fica privado do acesso ao FGTS e do recebimento do seguro-desemprego, ante a ausência de fornecimento do TRCT e das guias CD/SD, no caso de dispensa imotivada. Em suma, o acerto rescisório constitui ato complexo e o não atendimento de todos os seus requisitos torna devida a multa estabelecida no art. 477, § 8º, da CLT. A mora do empregador somente será afastada quando for por ele comprovado a impossibilidade de realização do acerto pelo modo e no prazo previsto em lei (art. 396 do Código Civil). O simples fato de ser negada, pelo empregador, a existência da relação de emprego não afasta a possibilidade de imposição da multa do art. 477, § 8º, da CLT. Admitir o contrário é permitir que aquele que deliberadamente deixa de anotar a CTPS do trabalhador tire proveito de sua própria torpeza (a ele bastaria negar a existência da relação de emprego para escapar da incidência da multa do art. 477, § 8º, da CLT). Sendo assim, somente havendo séria controvérsia sobre a existência da relação de emprego é que não terá lugar a imposição da multa do art. 477, § 8º, da CLT.

(2061) Em favor da aplicação do art. 475-J do CPC no processo do trabalho, se manifestou a 6ª Turma do TST: "Tendo o Regional determinado a aplicação da multa prevista no art. 475-J do CPC após o trânsito em julgado da decisão, com observância do

Na execução provisória, embora o devedor seja citado para pagar o valor objeto da execução, este pagamento dele não pode ser exigido, em razão da provisoriedade do título. Sendo assim, não é lícita a aplicação da multa em exame na execução provisória. Lembre-se que a multa dos arts. 475-J do CPC de 1973 e do art. 523, § 1º, do CPC de 2015 tem dupla natureza, ou seja, coercitiva e punitiva. Embora a função coercitiva da multa seja compatível com a execução provisória, o mesmo ocorre com a sua função punitiva, na medida em que o executado não pode ser forçado, sob pena de multa, a cumprir a obrigação fundada em título ainda provisório.

No entanto, o CPC de 2015 dispõe, no art. 523, § 2º, que a multa é devida também no cumprimento provisório de sentença condenatória do pagamento de quantia certa. A propósito observam Luiz Guilherme Marinoni, Sérgio Cruz Arenhart e Daniel Mitidiero que "se a condenação se torna exigível a partir do momento em que eficaz a decisão judicial, então não haveria sentido em negar a utilização da multa do art. 523, § 1º, do CPC, para estimular o comportamento do demandado no sentido de cumprir o comando da decisão. No cumprimento provisório, a multa tem por finalidade estimular o cumprimento da obrigação sem que se tenha de recorrer à penhora e à expropriação, concretizando assim o direito à tempestividade da tutela jurisdicional".(2062)

Note-se que, se o executado comparecer tempestivamente e depositar o valor objeto da execução, com a finalidade de isentar-se da multa, o ato não será havido como incompatível com o recurso por ele interposto (art. 520, § 3º, do CPC de 2015). Este fato ameniza os efeitos da aplicação da multa prevista no art. 475-J do CPC de 1973 e no art. 523, § 1º, do CPC de 2015 na execução provisória, no sentido de deixar claro que o depósito da quantia objeto da execução não prejudica o recurso aforado contra a decisão executada.

A multa prevista no art. 475-J do CPC de 1973 e no art. 523, § 1º, do CPC de 2015 pode ser aplicada na sentença ou na execução, observando-se que não há alteração do título quando o juiz fixa multa para a hipótese de descumprimento da obrigação imposta no título executivo.

---

disposto no art. 880 da CLT, não se verifica afronta ao art. 769 da CLT. Perfeitamente lógico admitir a existência de lacuna da lei em relação à mencionada multa, de forma a ser aplicável o art. 769 da CLT, adotando-se supletivamente o diploma processual civil na fase de execução trabalhista. Tal previsão prestigia os princípios informadores do Processo do Trabalho — da celeridade e efetividade da prestação jurisdicional, alçados atualmente a nível constitucional (art. 5º, LXXVIII, da CF) —, pois a coercibilidade imposta ao devedor em cumprir o comando emergente do título executivo é forma de proteção do hipossuficiente que pretende ver adimplido crédito trabalhista, cuja natureza é eminentemente alimentar. Tratando-se de execução definitiva, determinante do pagamento *in continenti* em dinheiro, conforme jurisprudência firmemente consolidada (Súmula n. 417, I e II, do TST), desponta clara a compatibilidade da nova regra cominada do CPC com o processo executório trabalhista, que sempre priorizou a celeridade e a efetividade da prestação jurisdicional" (TST, 6ª Turma, RR 21400-14.2007.5.01.0021, Rel. Min. Maurício Godinho Delgado, *DEJT* 7.5.2010). A SDI do TST adotou ponto de vista diverso: "A CLT disciplina no Capítulo V (arts. 876 a 892) a forma como será processada a execução de sentença dispondo que o executado, quando condenado ao pagamento em dinheiro, será citado para que o faça em 48 horas ou garanta a execução, sob pena de penhora (art. 880). O art. 475-J do CPC, introduzido pela Lei n. 11.232/2005, dispõe que o devedor condenado ao pagamento de quantia certa ou já fixada em liquidação tem o prazo de quinze dias para cumprir a sentença sob pena de ver acrescidos dez por certo ao montante da condenação a título de multa. Assim, cotejando-se as disposições da CLT e do CPC sobre o pagamento de quantia certa decorrente de título executivo judicial, verifica-se que a CLT traz parâmetros próprios para a execução, especificamente no tocando à forma e ao prazo para o cumprimento de sentença condenatória ao pagamento da quantia certa. Não há, portanto, lacuna que justifique a aplicação do direito processual civil neste aspecto. Destaque-se, por fim, que a controvérsia foi pacificada por esta e. Subseção em 29.6.2010, no julgamento do processo TST-E-RR-38300-47.2055.5.01.0052, quando se decidiu que a multa prevista no art. 475-J do CPC é incompatível com o processo trabalhista" (TST, SDI-I, RR 66500-95.2008.5.03.0022, Rel. Min. Horácio Pires, DEJT 8.10.2010); "Não se aplica a multa prevista no art. 475-J ao processo do trabalho, pois, no que diz respeito à execução trabalhista, não há omissão na CLT a autorizar a incidência subsidiária da norma processual civil. Ainda que assim não fosse, eventual lacuna seria preenchida pela aplicação da Lei n. 6.830/80, a qual tem prevalência sobre as regras do CPC, em sede de execução, conforme determinado no art. 899 da CLT" (TST-E-RR 92900-15,2005.5.010053, Rel. Min. Hugo Carlos Scheuermann). É interessante notar que o STJ, por sua terceira turma, adotou postura mais apropriada ao processo do trabalho do que aquela assumida da SDI do TST na decisão acima referida: "A aplicação analógica do art. 475-J do Código de Processo Civil ao Processo do Trabalho além de propiciar a realização dos princípios que informam esse ramo do direito processual e o próprio direito fundamental a uma tutela jurisdicional adequada e efetiva, não encontra nenhum obstáculo de ordem técnica, sendo, por isso, perfeitamente possível" (STJ, 3ª Turma, Resp. 1111686, Rel. Min. Sidnei Beneti, DJe 25.6.2010).

(2062) *Novo Código de Processo Civil comentado*, p. 538.

O CPC de 2015 prevê que:

a) a restituição ao estado anterior, no caso de modificação ou anulação da decisão, não implica o desfazimento da transferência de posse ou da alienação de propriedade ou de outro direito real eventualmente já realizada, ressalvado, sempre, o direito à reparação dos prejuízos causados ao executado (art. 520, § 3º);

b) à execução provisória de sentença que reconheça obrigação de fazer, de não fazer ou de dar aplica-se, no que couber, a disciplina da execução provisória de sentença que reconhece a exigibilidade de obrigação de pagar quantia certa (art. 520, § 5º).[2063]

9. Desistência da execução e de medidas executivas

O exequente tem o direito de desistir de toda a execução ou de apenas algumas medidas executivas (art. 569 do CPC de 1973 e art. 775 do CPC de 2015).

De acordo com o art. 569 do CPC de 1973, ocorrendo a desistência da execução, serão extintos os embargos que versarem apenas questões processuais, pagando o credor as custas e os honorários advocatícios e, nos demais casos, ou seja, quando os embargos não versarem apenas questões processuais, a extinção dependerá da concordância do executado.

No CPC de 2015, os efeitos da desistência da execução são disciplinados no art. 775, segundo o qual:

a) desistindo o exequente da execução, serão extintos os embargos e a impugnação que versarem apenas sobre questões processuais (art. 775, parágrafo único, I), pagando o exequente às custas e os honorários advocatícios;

b) nos demais casos, a extinção dependerá da concordância do embargante ou do impugnante (art. 775, parágrafo único, II).[2064]

A desistência do exequente em relação aos créditos trabalhistas não prejudica a execução de outros créditos resultantes do mesmo título executivo, dentre eles o previdenciário. De outro lado, no processo do trabalho às custas são sempre pagas pelo executado (art. 789-A da CLT).

10. Cumulação de execuções

O exequente pode cumular, no mesmo processo, várias execuções, ainda que fundadas em títulos diferentes. A cumulação pressupõe a identidade de partes, do juízo competente e do procedimento (art. 573 do CPC de 1973 e art. 780 do CPC de 2015).

Como não se confundem o devedor e o responsável (solidário ou subsidiário), a cumulação é possível ainda quando não sejam os mesmos os responsáveis apontados nos títulos executivos.

11. Competência para a execução. Realização de atos executivos. Arresto de bens. Poderes do juiz na execução

A competência para a execução é disciplinada nos arts. 877 e 877-A da CLT.

Segundo tais dispositivos legais, é competente para a execução:

(2063) Em suma, também as decisões que impõem obrigação de fazer, de não fazer e de dar coisa podem ser objeto de execução provisória.

(2064) O art. 775 do CPC de 2015 faz alusão aos *embargos* e à *impugnação*, que constituem meios de defesa do executado na execução e no cumprimento da decisão judicial, respectivamente.

a) *de títulos executivos judiciais*: o juiz ou Presidente do Tribunal que tiver conciliado ou julgado originalmente o dissídio.[2065]

Como anota Araken de Assis, "o julgamento de recurso, porventura interposto contra a sentença ou a decisão, cujo provimento ou desprovimento substituirá, no todo ou em parte, a resolução de primeiro grau, não interfere com a regra de competência".[2066]

b) *de títulos executivos extrajudiciais*: o juiz que teria competência para o processo de conhecimento relativo à matéria (art. 877-A da CLT).[2067]

Não dispondo a lei de modo diverso, o juiz determinará os atos executivos e os oficiais de justiça os cumprirão (art. 577 do CPC de 1973 e art. 782 do CPC de 2015).

No processo civil, não sendo encontrado o executado para efeito de sua citação, o oficial de justiça promoverá o arresto de tantos bens quantos necessários para garantir a execução (art. 653 do CPC de 1973 e art. 830 do CPC de 2015). O art. 653 do CPC de 1973 e o art. 830 do CPC de 2015 tratam do denominado *arresto incidental* ou *pré-penhora*. No processo do trabalho, não sendo encontrado o devedor, proceder-se-á a sua citação por edital (art. 880, § 3º, da CLT), dependendo eventual arresto de bens de determinação judicial.

De acordo com o art. 599 do CPC de 1973 e o art. 772 do CPC de 2015, o juiz pode, em qualquer momento do processo:

a) ordenar o comparecimento das partes (inclusive para tentativa de conciliação);

b) advertir ao executado que o seu procedimento constitui ato atentatório à dignidade da justiça.

O CPC de 2015 acrescenta, no art. 772, III, que o juiz poderá determinar que sujeitos indicados pelo exequente forneçam informações em geral relacionadas ao objeto da execução, tais como documentos e dados que tenham em seu poder, assinando-lhes prazo razoável.

Sempre que, para efetivar a execução, for necessário o emprego de força policial, o juiz a requisitará (art. 579 do CPC de 1973 e art. 782, § 2º, do CPC de 2015).

12. *Legitimidade ativa e passiva para a execução*

Têm legitimidade para a execução quem pode promovê-la (legitimidade ativa) e aquele contra quem ela pode ser promovida (legitimidade passiva).

12.1. Legitimidade ativa.

A legitimidade ativa para a execução é definida pelo art. 878 da CLT, segundo o qual a execução pode ser promovida: a) por qualquer interessado; 2) pelo juiz ou Presidente do Tribunal que houver conciliado ou julgado originalmente o dissídio, *ex officio*;[2068] 3) pelo Ministério Público do Trabalho.

(2065) A competência para a execução de título executivo judicial é funcional e, portanto, absoluta. O art. 475-P, parágrafo único, do CPC de 1973 e o art. 516, parágrafo único, do CPC de 2015 permitem ao exequente optar, ao propor a execução, pelo juízo do atual domicílio do executado, pelo juízo do local onde se encontrem os bens ou pelo juízo do local onde deva ser executada a obrigação de fazer ou de não fazer, caso em que a remessa dos autos do processo será solicitada ao juízo de origem. Diante do que estabelecem os arts. 877 e 887-A da CLT, esta opção não é compatível com o direito processual do trabalho.

(2066) *Comentários ao Código de Processo Civil*, v. VI, p. 97.

(2067) O fato de ser celebrado acordo perante Comissão de Conciliação Prévia instalada em local distinto do da prestação de serviços não interfere na competência para a execução, que é do juízo que teria competência para o processo de conhecimento relativo à matéria, conforme disposto no art. 877-A da CLT. Contudo, tratando-se de competência em razão do lugar, ocorrerá a prorrogação da competência se não for oposta exceção de incompetência no momento oportuno.

(2068) Essa particularidade do processo do trabalho é justificada pela necessidade de satisfazer com a maior rapidez possível o crédito reconhecido ao trabalhador, em face da sua natureza predominantemente alimentar, e pela estreita relação do direito do trabalho com a realização da justiça social e a construção da democracia, o que implica manifesto interesse social na efetividade dos direitos decorrentes da relação de emprego. Na execução, consoante assinala Humberto Theodoro Júnior, "regis-

Interessado é aquele que tem legítimo interesse na satisfação do crédito reconhecido no título executivo.[2069]

São interessados com legitimidade para promover a execução:

a) o *credor* a quem a lei confere título executivo (art. 566, I, do CPC de 1973 e art. 778, *caput*, do CPC de 2015);

b) o *espólio*; os *herdeiros* ou os *sucessores* do credor, sempre que, por morte deste, lhes for transmitido o direito resultante do título executivo (art. 567 do CPC de 1973 e art. 778, § 1º, do CPC de 2015);

c) os *dependentes* do credor habilitados junto à Previdência Social;

d) a *massa falida*, o *condomínio* e a *herança jacente ou vacante*;

e) o *perito*, em relação aos seus honorários. Ao atribuir legitimidade para a execução aos *interessados*, a CLT autoriza o perito a pleitear, perante a Justiça do Trabalho, a execução de seus créditos, não sendo de se olvidar, ainda, que o perito pode ser considerado credor apontado no título executivo em relação aos honorários periciais, o que também o habilita à execução;

f) o *devedor*, como interessado na liquidação do débito, pode requerer ao juiz que mande citar o credor a receber em juízo o que lhe cabe conforme o título executivo judicial, assumindo, nesse caso, a posição idêntica à do exequente.

Em relação ao cessionário e ao sub-rogado, aos quais o CPC atribui legitimidade para a execução (art. 567 do CPC de 1973 e art. 778, § 1º, do CPC de 2015), cumpre observar que não existe vedação para a cessão dos créditos decorrentes da relação de trabalho *após a rescisão do contrato de trabalho* (no curso do contrato, os pagamentos devem ser realizados diretamente ao trabalhador, como prevê o art. 464 da CLT).[2070] Contudo, a competência da Justiça do Trabalho é limitada aos dissídios decorrentes da relação de trabalho ou que sejam conexos à relação de trabalho. Com isso, é incompatível com o processo do trabalho a promoção da execução pelo cessionário ou sub-rogado.[2071]

O terceiro credor do exequente, embora interessado na liquidação do crédito, não pode promover a execução de seu crédito perante a Justiça do Trabalho, diante da ausência de competência da Justiça do Trabalho para essa ação do terceiro (o dissídio entre o terceiro e o exequente não decorre da relação de trabalho).

A CLT atribui legitimidade para a execução ao juiz ou Tribunal *que houver conciliado ou julgado o dissídio* (arts. 878 e 877-A), afastando, com isso, a possibilidade de execução *ex officio* de títulos executivos extrajudiciais.

Ao Ministério Público do Trabalho é atribuída legitimidade para a execução das decisões proferidas por Tribunais Regionais do Trabalho (art. 878, parágrafo único), termo de ajuste de conduta (art. 876 da CLT e art. 5º, § 6º, da Lei n. 7.347/85) e decisão proferida em ações por ele propostas (art. 878 da CLT). Lembre-se, ainda, da previsão no sentido de que o Ministério Público do Trabalho assumirá a titularidade ativa da ação coletiva em caso de desistência infundada ou abandono da causa, quando haja manifesto interesse social evidenciado pela dimensão ou característica do dano (art. 5º, § 3º, da Lei n. 7.347/85).

---

tra-se (...) uma exacerbação do princípio da oficialidade (...). Há (...), na gênese da execução, um desequilíbrio jurídico, que se reflete em todo o curso do processo. A atividade do juiz é desenvolvida em favor do credor e contra o devedor. Há verdadeira sujeição deste aos atos de coação estatal que se destinam a beneficiar àquele" (*Comentários ao Código de Processo Civil*, v. IV, p. 37). No processo do trabalho, o princípio da oficialidade é ainda mais exacerbado, vez que o juiz pode promover, de ofício, a execução de título executivo judicial.

(2069) THEODORO JÚNIOR, Humberto. *Comentários ao Código de Processo Civil*, v. IV, p. 63.

(2070) A Lei n. 11.101/05 prevê, expressamente, a possibilidade de cessão de créditos trabalhistas.

(2071) A sub-rogação opera-se, de pleno direito, em favor (a) do credor que paga a dívida do devedor comum e (b) do terceiro interessado que paga a dívida pela qual era ou podia ser obrigado, no todo ou em parte (art. 346, I e III, do Código Civil). A sub-rogação transfere ao novo credor os direitos, ações, privilégios e garantias do primitivo, em relação à dívida, contra o devedor principal e os fiadores (art. 347 do Código Civil).

12.2. Legitimidade passiva.

A CLT não define os legitimados passivos para a execução, ou seja, aqueles contra os quais ela pode ser promovida.

A Lei n. 6.830/80, que constitui fonte subsidiária do direito processual do trabalho, aponta como sujeitos passivos na execução: o devedor; o fiador; o espólio; a massa; o responsável, nos termos da lei, por dívida tributária ou não, de pessoas físicas ou pessoas jurídicas de direito privado; os sucessores a qualquer título (art. 4º).

O CPC de 1973 dispõe que são sujeitos passivos na execução: o devedor, reconhecido como tal no título executivo; o espólio; os herdeiros ou os sucessores do credor; o novo devedor, que assumiu, com o consentimento do credor, a obrigação resultante do título executivo; o fiador judicial; responsável tributário, assim definido na legislação própria (art. 568).

O CPC de 2015, no art. 779, estabelece que a execução pode ser promovida contra: o devedor, reconhecido como tal no título executivo; o espólio, os herdeiros ou os sucessores do credor; o novo devedor, que assumiu, com o consentimento do credor, a obrigação resultante do título executivo; o fiador do débito constante de título extrajudicial; o responsável titular do bem vinculado por garantia real ao pagamento do débito; o responsável tributário, assim definido em lei.

O art. 656, § 2º, do CPC de 1973 e o art. 848, parágrafo único, do CPC de 2015 admitem a substituição da penhora por seguro garantia judicial, acrescido de trinta por certo, incluindo o garantidor no rol daqueles contra quem a execução pode ser promovida.

Da conjugação dos arts. 4º da Lei n. 6.830/80, 656, § 2º, e 568 do CPC de 1973 e arts. 779 e 848, parágrafo único, do CPC de 2015, que atuam, na hipótese, como fontes do direito processual do trabalho, resulta que a execução pode ser promovida contra:

a) o devedor, reconhecido como tal no título executivo;

b) o fiador judicial e o fiador do débito constante de título extrajudicial;

c) o espólio, os herdeiros ou os sucessores do credor;[(2072)]

d) a massa falida;

e) o responsável, nos termos da lei, por dívidas de pessoas físicas ou pessoas jurídicas de direito privado;

f) o novo devedor, que assumiu, com o consentimento do credor, a obrigação resultante do título executivo;

g) o garantidor em contrato de *seguro garantia judicial*.

Na definição da legitimidade passiva para a execução é feita referência ao *devedor* e ao *responsável*, o que decorre do fato de que ao cumprimento de uma obrigação podem estar vinculados o próprio *devedor* e um terceiro (*responsável*). Este terceiro, embora não seja devedor, responde pelo cumprimento da obrigação, como se dá com as empresas do grupo econômico do empregador-devedor (art. 2º, § 2º, da CLT). Responsável é aquele que, embora não seja devedor, tem o seu patrimônio sujeito ao cumprimento da obrigação resultante do título executivo. A responsabilidade pode resultar da lei ou da vontade das partes e pode ser subsidiária ou solidária.

A responsabilidade é subsidiária quando a sujeição do terceiro ao cumprimento da obrigação inadimplida pressupõe o exaurimento das possibilidades de alcançar o seu cumprimento pelo devedor. A

(2072) Se ocorrer o falecimento do devedor a execução deve ser ajuizada contra o espólio, desde que promovida antes da partilha (art. 568, II, do CPC de 1973 e art. 779, § 1º, II, do CPC de 2015). Realizada a partilha, a execução deve ser dirigida contra herdeiros e sucessores, sendo que cada herdeiro responde pela dívida na proporção da parte da herança que lhe coube (arts. 568 e 597 do CPC de 1973 e art. 796 do CPC de 2015).

responsabilidade será solidária quando na mesma obrigação concorrem mais de um devedor ou responsável, cada um com obrigação ou responsabilidade pela dívida toda (art. 264 do Código Civil). Na hipótese de responsabilidade solidária, o credor tem direito a exigir e receber de um ou de alguns dos responsáveis, parcial ou totalmente, a dívida comum (art. 275 do Código Civil), não importando renúncia da solidariedade a propositura de ação pelo credor contra um ou alguns dos responsáveis (art. 275, parágrafo único, do Código Civil).

A responsabilidade solidária constitui reforço da possibilidade de satisfação do credor e não se presume, mas deve resultar da lei ou da vontade das partes (art. 265 do Código Civil).[2073]

12.3. Existem algumas situações relacionadas com a satisfação do crédito objeto da execução trabalhista que merecem destaque.

12.3.1. Execução contra sociedades de economia mista e empresas públicas que exploram atividade econômica. Execução contra a Empresa Brasileira de Correios e Telégrafos.

As sociedades de economia mista e as empresas públicas que exploram atividade econômica não gozam de privilégio no processo trabalho, pelo fato de estarem sujeitas ao regime jurídico próprio das empresas privadas, inclusive quanto aos direitos e obrigações trabalhistas (art. 173, § 1º, II, da Constituição Federal),

No que diz respeito à Empresa Brasileira de Correios e Telégrafos, o STF decidiu que: "1. À empresa Brasileira de Correios e Telégrafos, pessoa jurídica equiparada à Fazenda Pública, é aplicável o privilégio da impenhorabilidade de seus bens, rendas e serviços. Recepção do art. 12 do Decreto-lei n. 509/69 e não incidência da restrição contida no art. 173, § 1º, da Constituição Federal, que submete a empresa pública, a sociedade de economia mista e outras entidades que explorem atividade econômica ao regime próprio das empresas privadas, inclusive quanto às obrigações trabalhistas e tributárias. 2. Empresa pública que não exerce atividade econômica e presta serviço público da competência da União Federal e por ela mantido. Execução. Observância ao regime de precatório, sob pena de vulneração do disposto no art. 100 da Constituição Federal (RE 220.906, Rel. Min. Maurício Corrêa, Plenário, DJ 14.11.2002).

Este ponto de vista se encontra consagrado na Orientação Jurisprudencial n. 247 da SDI-1 do TST, segundo o qual (...). A validade do ato de despedida do empregado da Empresa Brasileira de Correios e Telégrafos (ECT) está condicionada à motivação, por gozar a empresa do mesmo tratamento destinado à Fazenda Pública em relação à imunidade tributária e à execução por precatório, além das prerrogativas de foro, prazos e custas processuais".

12.3.2. Execução contra empresas em liquidação extrajudicial.

Dispõe o art. 18 da Lei n. 6.024/74 que devem ser suspensas as execuções iniciadas sobre direitos e interesses relativos ao acervo da entidade liquidada.

A SDI-I do TST, por meio da Orientação Jurisprudencial n. 143, firmou entendimento de que "a execução deve prosseguir diretamente na Justiça do Trabalho mesmo após a decretação da liquidação extrajudicial. Lei n. 6.830/80, arts. 5º e 29, aplicados supletivamente (CLT, art. 889 e CF/88, art. 114)".

Não poderia ser de outra forma, na medida em que a Lei n. 6.830/80 (aplicável ao processo do trabalho por força do art. 889 da CLT), em seus arts. 5º e 29, coloca a execução trabalhista fora do alcance da Lei n. 6.024/74.

12.3.3. Execução contra o fiador e garantidor em contrato de seguro garantia judicial.

Pela fiança bancária, uma instituição financeira se obriga a satisfazer a obrigação caso o devedor não o faça. O devedor pode oferecer fiança bancária para a garantia da execução (arts. 9º, II, da Lei n. 6.830/80 e

(2073) A execução contra o responsável será examinada mais adiante.

656, § 2º, do CPC), observando-se que a garantia da execução por meio de fiança bancária produz os mesmos efeitos do depósito em dinheiro (art. 9º, § 3º, da Lei n. 6.830/80).

Não sendo embargada a execução ou sendo rejeitados os embargos opostos, o fiador será intimado para pagar, em 15 dias, o valor da dívida, juros e multa moratória e demais encargos definidos no título executivo, pelos quais se obrigou, sob pena de contra ele prosseguir a execução nos próprios autos (art. 19 da Lei n. 6.830/80).

Para Enrico Tullio Liebman, em relação ao fiador ocorre a extensão da eficácia do título executivo, "de tal forma que ele se torna responsável em igualdade de condições com o condenado, por dívida deste".(2074)

O fiador goza do benefício de ordem caso não tenha a ele renunciado. Com efeito, o art. 595, *caput*, do CPC de 1973 dispõe que o fiador poderá nomear bens livres e desembaraçados do devedor, sendo previsto no citado comando legal, ainda, que os bens do fiador ficarão sujeitos à execução se os do devedor, por ele indicados, forem insuficientes à satisfação do crédito do credor, ao passo que, consoante o art. 794, *caput*, do CPC de 2015, o fiador, quando executado, tem o direito de exigir primeiro que sejam executados os bens do devedor, situados na mesma comarca, livres e desembaraçados, indicando-os pormenorizadamente à penhora, sendo acrescentado que o os bens do fiador ficarão sujeitos à execução se os do devedor, situados na mesma comarca que os seus, forem insuficientes à satisfação do direito do credor.

Diante da limitação da competência da Justiça do Trabalho (art. 114, I, da Constituição), não é compatível com o processo do trabalho a previsão, constante do art. 595, parágrafo único, do CPC de 1973 e do art. 794, § 2º, do CPC de 2015, no sentido de que o fiador que pagar a dívida poderá executar o afiançado nos autos do mesmo processo.

A execução também pode ser garantida por *seguro garantia judicial* em valor não inferior ao débito constante do título, mais 30% (art. 656, § 2º, do CPC de 1973 e art. 848, parágrafo único, do CPC de 2015), aplicando-se, na satisfação do crédito, as mesmas regras relativas à fiança bancária.

12.3.4. Execução de crédito decorrente da relação de emprego contra devedor com falência decretada ou que tem deferido em seu favor o processamento de recuperação judicial.

O art. 449, § 1º, da CLT dispõe que, na falência, constituirão créditos privilegiados a totalidade dos salários devidos ao empregado e a totalidade das indenizações a que tiver direito. Esse privilégio foi mantido pela Lei n. 11.101/2005, mas somente em relação ao valor correspondente a cento e cinquenta salários mínimos, sendo o valor que exceder a esse limite considerado crédito quirografário (art. 83, alíneas *a* e *b*).(2075)

Existem duas vertentes de pensamento em relação aos efeitos da decretação da falência sobre o processo do trabalho:

1) decretada a falência do executado, a competência da Justiça do Trabalho cessa assim que for liquidado o crédito do trabalhador, ou seja, o processo que envolve devedor com falência decretada terá o curso normal até a liquidação do crédito atribuído ao trabalhador e, encerrada a liquidação, o crédito apurado deverá ser habilitado na falência.

Esse ponto de vista foi consagrado pela Lei n. 11.101/2005, posto que, segundo o seu art. 6º, § 2º, as ações trabalhistas serão processadas perante a justiça especializada até a apuração do respectivo crédito, que será inscrito no quadro geral de credores pelo valor determinado em sentença.(2076)

(2074) *Processo de execução*, p. 117. Esta mesma extensão da eficácia do título executivo ocorre, por exemplo, em relação às empresas que compõem o grupo econômico do empregador.

(2075) Esta limitação implica *retrocesso na condição social do trabalhador*, realizada pela via legislativa.

(2076) A competência da Justiça do Trabalho para julgar litígio entre empregado e empregador, mesmo falido, decorre do disposto no art. 114, I, da Constituição Federal e, ainda, da própria Lei n. 11.101/2005, que prevê que "o juízo da falência é indivisível e competente para conhecer todas as ações sobre bens, interesses e negócios do falido, ressalvadas as causas trabalhistas, fiscais e aquelas não reguladas nesta lei em que o falido figurar como autor ou litisconsorte ativo" (art. 76). O art. 76 da Lei n. 11.101/2005 estabelece o denominado *juízo universal falimentar* (o juízo é *universal* por que é competente para conhecer todas as ações sobre bens, interesses e negócios do falido, ressalvadas aquelas expressamente previstas em lei).

2) a decretação da falência do executado não interfere no curso da execução trabalhista, que será processada até a satisfação do credor.

Esse ponto de vista tem em seu favor o fato de que:

a) o art. 114, I, da Constituição de 1988 atribui à Justiça do Trabalho competência para decidir dissídios entre empregados e empregadores, o que abarca a execução das decisões que proferir, o que torna inconstitucional o art. 6º da Lei n. 11.101/2005, na parte em que limita a competência da Justiça do Trabalho ao processo de conhecimento e ao incidente de liquidação;

b) a criação de uma justiça especial torna especial a jurisdição a ela atribuída e a jurisdição especial exclui a comum. Isto significa que a execução de crédito trabalhista deve ser realizada pela Justiça do Trabalho, que é uma justiça especializada;

c) na falência, a satisfação do crédito do trabalhador é preterida em face da previsão legal de que serão considerados extraconcursais e pagos com precedência os créditos relativos à remuneração devida ao administrador judicial e seus auxiliares, despesas com arrecadação, administração, realização do ativo e distribuição do seu produto, bem como custas do processo de falência e até mesmo custas relativas às ações e execuções em que a massa falida tenha sido vencida (art. 84 da Lei n. 11.101/2005), em inegável prejuízo a crédito que a ordem jurídica diz, expressamente, ser superprivilegiado (art. 100, § 1º, da Constituição Federal e art. 186 do Código Tributário Nacional, por exemplo).

O TST já decidiu, adotando esse ponto de vista, que "compete à Justiça do Trabalho a execução da sentença prolatada contra a Massa Falida, seja anterior, seja posterior à declaração da quebra. Aplicação dos arts. 899 da CLT e 114 da Constituição Federal, que não cinde, no caso, a competência, para restringi-la ao processo de cognição".[2077]

Contudo, a SDI-I do TST já decidiu que: "a competência da Justiça do Trabalho para executar créditos contra a massa falida estende-se até a individualização e quantificação do crédito, após o que, cabe ao credor habilitá-lo junto ao Juízo Universal da falência. Assim, esta Justiça Especializada não detém competência para proceder à execução dos créditos decorrentes de suas sentenças em desfavor da massa falida. Essa competência é do juízo falimentar. Intacto o art. 896 da Consolidação das Leis do Trabalho".[2078]

De qualquer forma, o art. 6º, § 2º, da Lei n. 11.101/2005, ao estabelecer que o processo perante a Justiça do Trabalho prosseguirá até a apuração do crédito trabalhista (liquidação), permite afirmar que, sendo a falência decretada depois de ter sido realizada a garantia do juízo no processo do trabalho, a execução deve prosseguir na Justiça do Trabalho. Nesse caso, quando da decretação da falência, uma parte do patrimônio do devedor já havia sido destacada para a garantia do crédito trabalhista, o que impede falar em sua arrecadação nos autos da falência.

Cumpre, agora, examinar a questão sob a ótica do deferimento da recuperação judicial do devedor.

De acordo com o art. 6º, § 2º, da Lei n. 11.101/05, é permitido pleitear, perante o administrador judicial, habilitação de créditos decorrentes da relação de trabalho, mas as ações trabalhistas serão processadas perante a justiça especializada até a apuração do respectivo crédito, que será inscrito no quadro geral de credores pelo valor determinado em sentença. Sob esse prisma, o processo envolvendo créditos trabalhistas terá prosseguimento até a liquidação destes créditos.

De outro lado, o art. 6º da Lei n. 11.101/05 dispõe que o deferimento do processamento da recuperação judicial suspende todas as ações e execuções em face do devedor, mas esta suspensão dar-se-á, de acordo com o art. 6º, § 4º, da aludida lei, pelo prazo improrrogável de cento e oitenta dias, contados da data do deferimento da recuperação judicial, restabelecendo-se, após o decurso do prazo, o direito dos credores de iniciar ou continuar suas execuções, independentemente de pronunciamento judicial. Após o fim da sus-

(2077) TST, RR 226.331/95, Rel. Min. João Oreste Dalazen.
(2078) TST, SDI-I, E-RR 127300-29.1997.5.18.0161, Rel. Min. Renato Paiva, DEJT 10.9.2010.

pensão, as execuções trabalhistas poderão ser normalmente concluídas, ainda que o crédito já esteja inscrito no quadro-geral de credores (art. 6º, § 4º, da Lei n. 11.101/05).[2079]

É interessante notar que, consoante o art. 6º, § 7º, da Lei n. 11.101/05, as execuções de natureza fiscal não são suspensas pelo deferimento da recuperação judicial. Estabeleceu-se, portanto, um benefício em favor do crédito da Fazenda Pública. No entanto, o Código Tributário Nacional (Lei n. 5.172/66) dispõe que o crédito tributário prefere a qualquer outro, seja qual foi a natureza ou o tempo da constituição, "ressalvados os créditos decorrentes da legislação do trabalho ou do acidente de trabalho". A Lei n. 11.101/05, que é uma lei ordinária, não pode contrariar o Código Tributário Nacional, que tem a natureza de lei complementar, o que significa que aquela lei não poderia dispensar ao crédito de natureza trabalhista tratamento diferenciado do que lhe atribui o citado Código. Com isto, resta concluir que as execuções de natureza trabalhista (crédito decorrente da relação de emprego) não são suspensas pelo deferimento da recuperação judicial do devedor.

Vale mencionar que, consoante dispõe a Lei n. 11.101/05:

a) o devedor deverá apresentar plano de recuperação judicial, no prazo de sessenta dias, contados da publicação da decisão de deferimento do processamento da recuperação judicial (art. 53);

b) o plano de recuperação judicial não poderá prever prazo superior a um ano para pagamento dos créditos derivados da legislação trabalhista (art. 54) e prazo superior a trinta dias para o pagamento, até o limite de cinco salários mínimos por trabalhador, dos créditos de natureza estritamente salarial vencidos nos três meses anteriores ao pedido de recuperação judicial (art. 54, parágrafo único);[2080]

c) o juiz do trabalho pode determinar a reserva da importância que estipular devida na recuperação judicial, e, uma vez reconhecido líquido o direito, será o credito incluído na classificação própria (art. 6º, § 2º).

Tratando do tema, a Consolidação dos Provimentos da Corregedoria-Geral da Justiça do Trabalho, de 17.8.2012, prevê que:

> Art. 70. Deferida a recuperação judicial, caberá ao juiz do trabalho, que entender pela cessação da competência para prosseguimento da execução trabalhista, determinar a expedição de Certidão de Habilitação de Crédito para ser submetida à apreciação do administrador judicial.

(2079) O STJ já decidiu que: "Superado o prazo de suspensão previsto no art. 6º, §§ 4º e 5º, da Lei n. 11.101/05, sem que tenha havido aprovação do plano de recuperação, devem as ações e execuções individuais retomar o seu curso, até que seja aprovado o plano ou decretada a falência da empresa. O legislador concatenou o período de suspensão de 180 dias com os demais prazos e procedimentos previstos no trâmite do próprio pedido de recuperação, que deve primar pela celeridade e efetividade, com vistas a evitar maiores prejuízos aos trabalhadores e à coletividade de credores, bem como à própria empresa devedora. A função social da empresa exige sua preservação, mas não a todo custo. A sociedade empresária deve demonstrar ter meios de cumprir eficazmente tal função, gerando empregos, honrando seus compromissos e colaborando com o desenvolvimento da economia, tudo nos termos do art. 47 da Lei n. 11.101/05. Nesse contexto, a suspensão, por prazo indeterminado, de ações e execuções contra a empresa, antes de colaborar com a função social da empresa, significa manter trabalhadores e demais credores sem ação, o que, na maioria das vezes, terá efeito inverso, contribuindo apenas para o aumento do passivo que originou o pedido de recuperação. Outrossim, uma vez aprovado o plano de recuperação, não se faz plausível a retomada das ações e execuções individuais até o decurso do prazo legal de 180 dias, pois nos termos do art. 59 da Lei n. 11.101/05, tal aprovação implica novação. Em situações excepcionais, a serem oportunamente enfrentadas por esta Corte, a regra pode comportar exceções. Todavia, o temperamento banalizado e desmedido do prazo de suspensão pode, desde já, importar retrocesso para o drama vivido na época das intermináveis concordatas, que o legislador procurou sepultar (STJ, AgRg-CC 110250, Rel. Min. Nancy Andrighi, DJe 16.9.2010). Esta decisão estabelece um benefício não previsto em lei, na medida em que esta deixa claro que a suspensão ocorrerá pelo prazo improrrogável de 180 dias (a suspensão, portanto, somente poderá ocorrer uma vez). Ultrapassado este prazo, não há que se falar em nova suspensão, sob pena de tornar letra morta o disposto no art. 6º, §§ 4º e 5º, da Lei n. 11.101/05, lembrando-se que, ao lado da função social da empresa, devem ser colocados a função social do trabalho e o respeito à dignidade humana, que impõem a mais rápida satisfação dos créditos decorrentes da relação de emprego, notadamente os de caráter alimentar.

(2080) De acordo com o art. 151 da Lei n. 11.101/2005, "os créditos trabalhistas de natureza estritamente salarial vencidos nos três meses anteriores à decretação da falência, até o limite de (5) cinco salários mínimos por trabalhador, serão pagos tão logo haja disponibilidade de caixa".

Art. 71. Expedida a Certidão de Habilitação de Crédito, os juízes do trabalho deverão se abster de encaminhar diretamente às secretarias dos juízes de direito ou dos juízes das varas especializadas em recuperações judiciais e falências ou mesmo ao administrador judicial os autos das execuções trabalhistas e/ou Certidões de Créditos Trabalhistas.

Art. 72. Os juízes do trabalho manterão em seus arquivos os autos das execuções trabalhistas que tenham sido suspensas em decorrência do deferimento da recuperação judicial, de modo que, com o seu encerramento ou com o encerramento da quebra em que ela tenha sido convolada (art. 156 e seguintes da Lei n. 11.101/2005), seja retomado o seu prosseguimento, para cobrança dos créditos que não tenham sido totalmente satisfeitos.

Art. 73. O juiz do trabalho contrário à cessação da competência para prosseguimento da execução trabalhista contra a empresa recuperanda, deverá proferir decisão fundamentada, da qual dará ciência aos juízes de direito das comarcas ou aos juízes das varas especializadas, que tenham deferido o pedido de recuperação judicial, para adoção de medida judicial pertinente.

Art. 74. As disposições desta Subseção não se aplicam no caso de o juiz do trabalho determinar o direcionamento da execução contra sócio ou sócios da empresa, na esteira da teoria da desconsideração da personalidade jurídica, ou determinar o seu direcionamento à empresa que integre grupo econômico do qual faça parte a empresa recuperanda.

No entanto, o Pleno do STF decidiu, por maioria de votos, que: "I. A questão central debatida no presente recurso consiste em saber qual o juízo competente para processar e julgar a execução dos créditos trabalhistas no caso de empresa em fase de recuperação judicial. II. Na vigência do Decreto-lei n. 7.661/1945, consolidou-se o entendimento de que a competência para executar os créditos ora discutidos é da Justiça Estadual Comum, sendo essa também a regra adotada pela Lei n. 11.101/05. III. O inciso IX do art. 114 da Constituição Federal apenas outorgou ao legislador ordinário a faculdade de submeter à competência da Justiça Laboral outras controvérsias além daquelas taxativamente estabelecidas nos incisos anteriores, desde que decorrentes da relação de trabalho. IV. O texto constitucional não o obriga a fazê-lo, deixando ao seu alvedrio a avaliação das hipóteses em que se afigure conveniente o julgamento pela Justiça do Trabalho, à luz das peculiaridades das situações que pretende regrar. V. A opção do legislador infraconstitucional foi manter o regime anterior de execução dos créditos trabalhistas pelo juízo universal da falência, sem prejuízo da competência da Justiça Laboral quanto ao julgamento do processo de conhecimento".[2081]

Não se pode olvidar, por fim, que os efeitos da decretação da falência e do deferimento da recuperação judicial não alcançam os sócios da empresa[2082] e as empresas do seu grupo econômico. Desse modo, a decretação da falência ou o deferimento da recuperação judicial não impede que no juízo trabalhista seja desconsiderada a personalidade jurídica da sociedade e manejada a execução contra os seus sócios ou endereçada a execução contra as empresas do grupo econômico da sociedade empregadora, o que se dá em razão do fato de não estarem os bens dos sócios e das empresas do mesmo grupo econômico do empregador sujeitos ao concurso de credores.[2083]

A propósito colhe-se na jurisprudência que:

"O juízo da execução trabalhista deve observar a competência exclusiva e absoluta do juízo falimentar quando o exequente perseguir patrimônio da massa falida (arrecadado ou a arrecadar). Esse fato não o impede, porém, de autorizar, nas hipóteses legais, constrição sobre bens estranhos à massa

(2081) STF, RE 583.955/RJ, Rel. Min. Ricardo Lewandowski.

(2082) Salvo os sócios solidários, por força do art. 6º, *caput*, da Lei n. 11.101/05.

(2083) Em relação ao acionista estranho à execução trabalhista, decidiu o STF que: "Execução de créditos trabalhistas. Empresa executada em processo de recuperação judicial. Constrição de bens pertencentes a acionista da empresa devedora, estranho à execução trabalhista — Aplicação, para esse efeito, da teoria da desconsideração da personalidade jurídica (Código Civil, art. 50) — Competência da Justiça estadual para dirimir a controvérsia, afastada, desse modo, a competência da Justiça do Trabalho — Orientação que prevalece no Supremo Tribunal Federal em razão de julgamento final, com repercussão geral, do RE 583.955/RJ" (STF, Segunda Turma, Em.Decl. no AI 794.836/RJ, Rel. Min. Celso de Mello).

como são, de ordinário, os bens dos sócios de responsabilidade limitada. Se a execução trabalhista promovida contra sociedade falida foi redirecionada para atingir um dos sócios, não há conflito de competência entre a Justiça Especializada e o juízo falimentar, eis que o patrimônio da sociedade falida quedou-se livre de constrição."[2084]

"O redimensionamento da execução trabalhista para atingir pessoa jurídica reconhecida como pertencente ao mesmo grupo econômico da sociedade em regime falimentar não dá ensejo à configuração de conflito positivo de competência, com vista a declarar competente o Juízo Universal da Falência, se os bens objeto de constrição no âmbito do Juízo do Trabalho não estão abrangidos pelo patrimônio integrante da massa falida."[2085]

"AGRAVO REGIMENTAL. CONFLITO DE COMPETÊNCIA. RECUPERAÇÃO JUDICIAL. DESCONSIDERAÇÃO DA PERSONALIDADE JURÍDICA DA SOCIEDADE EM RECUPERAÇÃO POR JUÍZO TRABALHISTA. CONSTRIÇÃO DE BENS DE SÓCIO E DE OUTRA SOCIEDADE DO MESMO GRUPO ECONÔMICO. PESSOAS NÃO ENVOLVIDAS NO JUÍZO DA RECUPERAÇÃO. INEXISTÊNCIA DE CONFLITO POSITIVO DE COMPETÊNCIA NA ESPÉCIE. 1. Não configura conflito positivo de competência a apreensão, pela Justiça Especializada, por aplicação da teoria da desconsideração da personalidade jurídica (*disregard doctrine*), de bens de sócio da sociedade em recuperação ou de outra sociedade do mesmo grupo econômico, porquanto essas medidas não implicam a constrição de bens vinculados ao cumprimento do plano de reorganização da sociedade empresária, tampouco interferem em atos de competência do juízo da recuperação. Precedentes. 2. Os bens dos sócios ou de outras sociedades do mesmo grupo econômico da devedora não estão sob a tutela da recuperação judicial, a menos que haja decisão do Juízo da recuperação em sentido contrário. 3. Agravo regimental a que se nega provimento."[2086]

O mesmo raciocínio pode ser aplicado à hipótese de sucessão trabalhista. A execução do sucessor da empresa falida ou em recuperação judicial dar-se-á pela Justiça do Trabalho. Reconhecida a ocorrência de sucessão trabalhista, e sendo a execução endereçada ao sucessor, não há que se falar em remessa dos autos da execução ao juízo falimentar ou da recuperação judicial, posto que a falência ou a recuperação não se comunica ao sucessor.

12.3.5. Execução contra o responsável. Execução contra as empresas que compõem o grupo econômico do empregador. Execução na sucessão trabalhista.

Em regra, o endereçamento da execução de título executivo judicial contra o responsável não depende de sua participação no processo na fase de conhecimento, isto quando se trate de responsabilidade imposta pela lei. Dá-se, na hipótese, a extensão da eficácia do título executivo.

Como aduz Humberto Theodoro Júnior, as pessoas legitimadas pelo CPC a sofrer a execução sem figurarem no título executivo, dentre elas o responsável (art. 568, V), "são partes legítimas da execução forçada, sem embargo de não terem o nome constante do título executivo".[2087]

Os casos de responsabilidade previstos na legislação trabalhista são os de:

a) empresas que formam grupo econômico com o devedor (art. 2º, § 2º, da CLT);

(2084) STJ, AgRg no CC n. 86.094/MG, Rel. Min. Humberto Gomes de Barros, publicação: 20.8.2007. O Relator da aludida decisão afirma que, se os bens dos sócios "não estão sujeitos ao concurso de credores, podem ser atingidos por medidas constritivas de quaisquer outros juízos. E isso ocorre, em regra, de duas formas: (i) execuções movidas diretamente contra os sócios e (ii) execuções movidas contra a sociedade, em que haja desconsideração da personalidade jurídica", e realça que "cada ramo do direito tem regras próprias, embora semelhantes, para chegar à desconsideração da personalidade jurídica. Afirmar que o juízo trabalhista não tem competência para tanto é reduzir a jurisdição em que foi investido pelo Estado. Se o fizer incorretamente, há remédios próprios, dentro da Justiça especializada, para perseguir a correção do equívoco".

(2085) STJ, 2ª Seção, Edcl-CC 100592, Rel. Min. João Norinha, DJe 3.9.2010.

(2086) STJ, AgRg no CC 121487/MT, AGRAVO REGIMENTAL NO CONFLITO DE COMPETÊNCIA 2012/0051145-2. Rel. Min. Raul Araújo, Segunda Seção, DJe 1º.8.2012.

(2087) *Comentários ao Código de Processo Civil*, v. IV, p. 221.

b) sucessão trabalhista (arts. 10 e 448 da CLT);

c) empreiteiro principal no contrato de subempreitada (art. 455 da CLT);

d) empresa tomadora ou cliente de empresa de trabalho temporário, no caso de falência dessa empresa (art. 16 da Lei n. 6.019/74);

e) condômino em edifício residencial e comercial (art. 3º da Lei n. 2.757/56);

f) consórcio de empregadores rurais: os membros do consórcio podem contar com os serviços dos seus empregados, mas também respondem pela satisfação dos seus créditos, tratando-se a hipótese, portanto, de solidariedade ativa e passiva (art. 25-A da Lei n. 10.256/01);

g) criação de município, por desmembramento: cada uma das novas unidades responsabiliza-se pelos direitos trabalhistas do empregado no período em que figuraram como real empregador (Orientação Jurisprudencial n. 92 da SDI-I do TST).

Somente nas situações apontadas nas letras *a* e *b supra*, ou seja, de execução contra empresas que formam grupo econômico com o devedor e de execução fundada na sucessão trabalhista, é que o responsável não necessita ter participado da fase de conhecimento para se sujeitar à execução. É que, nestas duas situações, "a defesa apresentada pelo empregador direto vale por todas as demais empresas".(2088)

Nas demais situações acima destacadas, cada possível responsável deve ser incluído no polo passivo da demanda, observando-se, inclusive, que o art. 455 da CLT, aludindo à possibilidade de *reclamação contra o empreiteiro principal*, deixa claro que ele somente poder integrar a execução se foi chamado a participar do processo na fase de conhecimento.

A comunhão de interesses das empresas que pertencem ao grupo econômico e os benefícios que para elas advêm, direta ou indiretamente, dos serviços prestados pelos empregados de uma delas é que as fazem responsáveis pelos débitos trabalhistas de cada uma das empresas do grupo. Para a caracterização do grupo econômico, basta que sejam comuns os interesses econômicos das empresas, indicando a CLT apenas alguns dos aspectos que permitem concluir pela existência dessa comunhão de interesses.

Sucessão trabalhista é a alteração na estrutura jurídica ou propriedade da empresa da qual resulta a transmissão de direito e assunção de débitos resultantes da relação de emprego. A sucessão pressupõe a transferência de unidade econômico-jurídica de um para outro titular ou a alteração na estrutura jurídica instituída para a sua exploração e, para parte da doutrina, a continuidade da prestação de serviços. No entanto, o art. 10 da CLT estabelece que a alteração na estrutura jurídica da empresa não afetará os direitos adquiridos por seus empregados. Note-se que não foi estabelecido que estavam garantidos os direitos adquiridos em contrato de trabalho em curso. Assim, mesmo em relação aos contratos de trabalho findos antes da sucessão, a empresa continua responsável pelos créditos do trabalhador (a alteração na estrutura da empresa não a isenta de responsabilidade pelos créditos dos trabalhadores já dispensados). De outro lado, o art. 448 da CLT dispõe que a mudança na propriedade ou na estrutura jurídica da empresa não afetará os contratos de trabalho dos respectivos empregados. Isto significa que a alienação da empresa ou a alteração da sua estrutura jurídica não implica extinção da relação de emprego. Trata-se, portanto, de norma voltada à garantia da continuidade da relação de emprego, que decorre, ainda, da despersonalização do empregador (o trabalhador se vincula, pelo contrato de trabalho, à empresa, qualquer que seja o seu proprietário e qualquer que seja a sua estrutura jurídica).

Cumpre observar que, segundo a Orientação Jurisprudencial n. 411 da SDI-I do TST, o sucessor não responde solidariamente por débitos trabalhistas de empresa não adquirida, integrante do mesmo grupo econômico da empresa sucedida, quando, à época, a empresa devedora direta era solvente ou idônea economicamente, ressalvada a hipótese de má-fé ou fraude.

(2088) LORENZETTI, Ari Pedro. *A responsabilidade pelos créditos trabalhistas*, p. 77.

Dos arts. 10 e 448 da CLT resulta que, ocorrida a sucessão, também o sucessor responde pelos débitos trabalhistas da empresa (só assim os direitos adquiridos pelos empregados da empresa não serão prejudicados), tendo, por isso, legitimidade para figurar no polo passivo da execução.[(2089)]

Antes de ter bens penhorados, o responsável que não participou da fase de conhecimento deve ser citado, a fim de que cumpra obrigação ou garanta a execução (art. 880 da CLT). Consoante anota Cândido Rangel Dinamarco, "o mero responsável é legitimado à execução forçada apesar de não ser um devedor e seu nome não estar inscrito no título executivo; sua integração ao processo executivo, pela citação, é rigorosamente indispensável para que seus bens possam ser atingidos pela penhora e eventual alienação em hasta pública (...). Seriam transgredidas as garantias constitucionais do contraditório e da paridade de armas, se ele ficasse à margem da relação processual sem ter sequer conhecimento dos atos de constrição realizados sobre seus bens e, consequentemente, sem ter oportunidade de reagir".[(2090)]

Garantida a execução, o responsável poderá, no prazo do art. 884 da CLT, apresentar embargos, questionando, inclusive, a existência de responsabilidade.

13. Responsabilidade patrimonial

O devedor e o responsável respondem com todos os seus bens, presentes e futuros, para a satisfação do crédito objeto da execução, salvo as restrições estabelecidas em lei (art. 883 da CLT, art. 591 do CPC de 1973 e art. 789 do CPC de 2015).[(2091)] Trata-se do denominado princípio da responsabilidade patrimonial, valendo registrar que a Instrução Normativa n. 39/16 do TST estabelece, no art. 3º, § 3º, XIII, que são aplicáveis no processo do trabalho os art. 789 a 796 do CPC de 2015.

13.1. Responsabilidade executória primária e secundária (legitimidade passiva extraordinária).

A responsabilidade executória é, em primeiro lugar, do devedor, ou, dito de outra forma, a *responsabilidade executória primária* é do devedor. Nesse sentido, prevê o art. 789 do CPC de 2015 que o devedor responde com todos os seus bens presentes e futuros para a satisfação do crédito objeto da execução, salvo as restrições estabelecidas em lei.

Enrico Tullio Liebman aduz que, "embora obrigação e responsabilidade normalmente coincidam no sentido de que o próprio devedor condenado é que responde com seus bens para satisfazer coativamente ao credor, casos há em que, pelas relações existentes entre as partes e outras pessoas, estas respondem com seus bens para aquela finalidade"[(2092)] e acrescenta que, nestas situações, "a responsabilidade se separa da obrigação e vai alcançar terceiro não devedor (...). É a posição de outros terceiros que, sem poderem ser executados pessoalmente, respondem com algum ou com todos os seus bens, no sentido de que estes podem ser abrangidos pela execução que está sendo processada contra o devedor (...). Estes terceiros não são parte na execução; apesar disso suportam suas consequências, não podendo subtrair seus bens ao destino que os aguarda. Denominamos a posição destes terceiros de responsabilidade executória secundária".[(2093)]

Da responsabilidade executória secundária tratam o art. 592 do CPC de 1973 e o art. 790 do CPC de 2015.

De acordo com os aludidos textos legais, são *sujeitos* à execução os bens:

(2089) Os arts. 10 e 448 da CLT resguardam a efetividade dos direitos decorrentes da relação de emprego, vinculando a sua satisfação ao patrimônio da empresa, estabelecendo, assim, uma garantia em favor do trabalhador. Para que essa garantia se concretize, é indispensável reconhecer responsabilidade ao sucedido e ao sucessor pela satisfação dos créditos do trabalhador. É o patrimônio da empresa que serve de garantia da satisfação do trabalhador, esteja ele com o sucessor ou o sucedido.

(2090) *Instituições de direito processual civil*, v. IV, p. 141.

(2091) Podem ser penhorados os bens existentes no patrimônio do executado ao tempo da constituição da dívida e os que a ele foram acrescidos posteriormente, mesmo no curso da ação de execução.

(2092) *Processo de execução*, p. 118.

(2093) LIEBMAN, Enrico Tullio. *Processo de execução*, p. 118.

a) do sucessor a título singular (pessoa a quem foi transferida, em razão da morte, determinados bens), tratando-se de execução fundada em direito real ou obrigação reipersecutória;[2094]

b) do sócio, nos termos da lei;

c) do devedor, ainda quando em poder de terceiros;[2095]

d) do cônjuge ou companheiro, nos casos em que seus bens próprios ou de sua meação, respondem pela dívida;[2096]

e) alienados ou gravados com ônus real em fraude à execução;

f) cuja alienação ou gravação com ônus real tenha sido anulada em razão do reconhecimento, em ação autônoma, de fraude contra credores (a hipótese é de *ação pauliana*);

g) do responsável, nos casos de desconsideração da personalidade jurídica (a desconsideração da personalidade jurídica é disciplinada nos arts. 133 e seguintes do CPC de 2015, tema que será examinado quando tratarmos da penhora de bens de sócios para a satisfação de obrigação da sociedade).

Como foi visto acima, Enrico Tullio Liebman nega ao responsável secundário a condição de parte. Não sendo parte, o responsável que tiver bens penhorados deverá defender-se por meio de embargos de terceiros. Araken de Assis adota entendimento contrário, afirmando que "é parte passiva todo aquele cujos bens se sujeitam à execução. Essa responsabilidade recai em dois grupos de pessoas: naquelas que assumiram a dívida; e, depois, naquelas que, apesar de não terem dívida alguma, têm seu patrimônio constrangido à satisfação do crédito, porque responsáveis pela dívida (...). Consequentemente, os responsáveis se defenderão contra a execução mediante embargos do devedor (...). A doutrina que nega a qualidade de parte legítima aos responsáveis, se contradiz, em seguida, atribuindo legitimidade passiva ao fiador judicial, porque o credor pode promover a execução contra ele em vez de agir contra o vencido e por isso mesmo a responsabilidade do fiador é igual à do vencido e significa verdadeira legitimação passiva para a execução. Ora, promover a execução implica, além de endereçar a demanda contra alguém, satisfazer o crédito com determinado patrimônio (art. 591). E quem cair nessa rede fina se encontra, para todos os efeitos imagináveis, na posição de executado".[2097] A nosso juízo, somente quando foi citado é que o responsável, passando a integrar o polo passivo da execução, assume a condição de parte e, desse modo, pode apresentar embargos à execução. Se não houve citação do responsável, pode ele, se tiver bens penhorados, apresentar embargos de terceiro.

O terceiro que se encontra na posse dos bens do devedor não é citado para a execução e, portanto, dela não é parte.

13.2. Penhora de bens de sócios para a satisfação dos credores da sociedade e penhora de bens da sociedade para a satisfação dos credores dos sócios: desconsideração clássica e inversa da personalidade jurídica. Incidente de desconsideração da personalidade jurídica.

Antes de adentrar ao tema em destaque, cumpre tecer algumas considerações sobre a relevância da dimensão humana, social e política do Direito do Trabalho e a realização prática dos direitos que atribui aos trabalhadores.

Quando está em questão a satisfação dos créditos decorrentes da relação de emprego reconhecidos em título executivo, o primeiro aspecto realçado é o seu caráter alimentar.

O caráter alimentar dos créditos trabalhistas, que decorre da sua vinculação com a sobrevivência do trabalhador e sua família, constitui valioso ponto de partida para o debate sobre a sua satisfação, notada-

(2094) A execução fundada em direito real é aquela cujo pedido tem como fundamento um direito real. A reipersecutória é aquela que tem por finalidade a entrega ou restituição de coisa certa, fundada em direito que não seja real.

(2095) Os bens do devedor respondem pelo cumprimento de suas obrigações, ainda que estejam em poder de terceiro.

(2096) Se a dívida é contraída em benefício da família, a incomunicabilidade das dívidas assumidas por um dos cônjuges deixa de existir (art. 1.644 do Código Civil).

(2097) *Comentários ao Código de Processo Civil*, v. VI, p. 57.

mente porque é em razão dela que os créditos trabalhistas são considerados superprivilegiados (art. 100, § 1º, da Constituição e art. 186 do Código Tributário Nacional).

A este argumento é acrescentado outro, no sentido de que o nosso ordenamento jurídico dispensa tratamento especial aos créditos de caráter alimentar, o que inclui até mesmo a prisão do devedor, no caso de pensão alimentícia, valendo lembrar, ainda, do procedimento diferenciado para a quitação de débitos da Fazenda Pública (art. 100, § 1º, da Constituição da República) e a satisfação imediata do credor mesmo em se tratando de execução provisória (art. 475-0, § 2º, I, do CPC de 1973 e art. 521, I, do CPC de 2015). Estas medidas deixam certo que créditos de natureza alimentar exigem garantias diferenciadas de satisfação, o que encontra ressonância no direito processual do trabalho, que, por exemplo, atribui ao juiz o poder para promover a execução de ofício.

A tutela diferenciada não é exigida apenas em razão da destinação dos créditos do trabalhador, por ser esta postura marcantemente patrimonialista. Os créditos do trabalhador estão normalmente relacionados com direitos inerentes à dignidade humana, ou seja, direitos humanos e fundamentais. Sem dúvida, créditos correspondentes a direitos inerentes à dignidade humana exigem garantias diferenciadas de satisfação. Esta linha de raciocínio agrega ao debate a *transcendência humana* da realização concreta dos direitos trabalhistas, enquanto direitos destinados à tutela e promoção da dignidade humana daqueles que dependem da alienação da sua força de trabalho para atender às necessidades próprias e familiares.

É necessário, no entanto, dar um passo adiante, para também levar em conta a *transcendência social* e *política* da satisfação dos créditos trabalhistas.

É que o Direito do Trabalho, assegurando direitos aos trabalhadores, promove, dentro dos limites que lhe são próprios, a distribuição de riqueza e, com isto, contribui para a realização da *justiça social*, e, ao mesmo tempo, estabelece as condições materiais mínimas necessárias para a participação popular na formação da ordem jurídica, operando, assim, em favor da construção da *democracia*.

A relação de trabalho traduz a troca de trabalho por salário, mas condicionada pela tutela e promoção da dignidade humana do trabalhador, realização da justiça social e construção da democracia, o que implica, inclusive, a subordinação da sua dimensão econômica à sua dimensão humana, social e política, o que constitui uma exigência da Constituição da República, como resulta dos seus arts. 1º, III, IV (que inclui a dignidade humana e o valor social do trabalho dentre os *fundamentos da República*[2098]), 3º, I, III e IV (que define a construção de uma sociedade livre, justa e solidária, erradicação da pobreza, redução das desigualdades sociais e promoção do bem de todos como *objetivos fundamentais da República*), 170, *caput* e III (que promove a instrumentalização da atividade econômica à finalidade de *assegurar a todos existência digna* e atribuem função social à propriedade), 186, III e IV (que vincula o cumprimento da *função social da propriedade* ao respeito às disposições que regulam as relações de trabalho e à sua exploração de forma a favorecer o bem-estar dos proprietários e dos trabalhadores) e 193 (que adota como primado da ordem social o *primado do trabalho* e, como seu objetivo, o *bem-estar* e a *justiça social*).

Vale lembrar, inclusive, que trabalho, direitos humanos e fundamentais, justiça social e democracia são conceitos interdependentes e que se reforçam mutuamente (item 8 da Declaração e Programa de Ação de Viena e arts. 1º, III e IV, e parágrafo único, 3º, II, III, III e IV, 5º, § 1º, 170, *caput*, 186, III e IV, e 193 da Constituição da República), o que tem como consequência o estabelecimento de uma estreita relação entre a satisfação de créditos trabalhistas e o respeito à dignidade humana, a realização da justiça social e a construção da democracia.

É exatamente a transcendência humana, social e política do Direito do Trabalho e, por consequência, da satisfação dos direitos por ele assegurados aos trabalhadores, que conduz o ordenamento jurídico a adotar medidas voltadas à garantia da sua efetividade, valendo citar: a) a atribuição de caráter de ordem pública à maioria das normas que compõem o Direito do Trabalho (art. 9º da CLT); b) a cominação de sanções para

(2098) Ao reconhecer o valor *social* do trabalho, a Constituição se afasta da sua consideração apenas subjetiva, ou seja, que se estabelece a partir da perspectiva do trabalhador.

a hipótese de descumprimento da legislação trabalhista (arts. 49 a 56, 75, 153, 201 e 351 da CLT, por exemplo); c) a imposição ao Estado da obrigação de fiscalizar o cumprimento da legislação trabalhista (art. 21, XXIV, da Constituição e art. 11 da Lei n. 10.393/02); d) o estabelecimento de relação entre a observância da legislação trabalhista e o cumprimento da função social da propriedade (art. 186, III e IV, da Constituição); criação de um processo judicial especial (art. 769 da CLT[(2099)]), mais adequado às particularidades do direito que visa concretizar.

13.2.1. Empresa e sociedade empresária. Aquisição de personalidade jurídica pela sociedade. Os tipos de sociedade e a responsabilidade dos sócios segundo o Código Civil.

O exame do tema colocado em destaque exige a definição de alguns conceitos básicos.

Empresa é a atividade econômica organizada para a produção ou a circulação de bens ou serviços (art. 966). O Código Civil estabelece, no art. 981, que celebram *contrato de sociedade* as pessoas que reciprocamente se obrigam a contribuir, com bens ou serviços, para o exercício de atividade econômica e a partilhar, entre si, os resultados.

Conjugadas estas disposições legais, conclui-se que a *sociedade empresária* constitui instrumento para o exercício de atividade econômica organizada para a produção ou a circulação de bens ou serviços.

A sociedade empresarial, doravante denominada *sociedade*, é definida a partir do seu objeto, que é o exercício de atividade econômica organizada para a produção ou a circulação de bens ou serviços.

A personalidade jurídica da sociedade é adquirida no momento da inscrição dos seus atos constitutivos no registro próprio (art. 985 do Código Civil). Até este momento, existe apenas uma "sociedade em comum" ou "sociedade de fato", respondendo os seus sócios solidária e ilimitadamente pelas obrigações sociais, estando excluído do benefício de ordem àquele que contratou pela sociedade (arts. 986 e 990 do Código Civil).[(2100)]

O Código Civil alude a cinco tipos de sociedade:

a) em nome coletivo, na qual todos os sócios respondem, solidária e ilimitadamente, pelas obrigações sociais (art. 1.039);

b) em comandita simples, em que tomam parte os sócios comanditados, pessoas físicas, responsáveis solidária e ilimitadamente pelas obrigações sociais, e os comanditários, obrigados somente pelo valor de sua quota (art. 1.045);

c) limitada, na qual a responsabilidade de cada sócio é restrita ao valor de suas quotas, mas todos respondem solidariamente pela integralização do capital social (art. 1.052);

d) anônima, em que o capital é dividido por ações, obrigando-se cada sócio ou acionista somente pelo preço de emissão das ações que subscrever ou adquirir (art. 1.088);

e) em comandita por ações, que tem o capital dividido por ações, obrigando-se cada sócio ou acionista somente pelo preço de emissão das ações que subscrever ou adquirir (art. 1.090), mas o acionista administrador da sociedade responde subsidiária e ilimitadamente pelas obrigações da sociedade (art. 1.091).

No momento será examinada apenas a responsabilidade dos sócios na sociedade limitada.

Na sociedade limitada, o capital social é dividido em quotas (art. 1.055 do Código Civil) e pela exata estimação dos bens conferidos ao capital respondem, solidariamente, todos os sócios, até o prazo de cin-

(2099) Ao fazer alusão ao *direito processual comum*, o art. 769 da CLT reconhece a natureza especial do direito processual do trabalho.

(2100) Na sociedade de fato, a responsabilização dos sócios pelas obrigações sociais não se dá por força da aplicação da doutrina da desconsideração da personalidade jurídica. Nesta situação, os sócios respondem solidária e ilimitadamente pelas obrigações sociais.

co anos da data do registro da sociedade (art. 1.055, § 1º, do Código Civil). De acordo com o art. 1.052 do Código Civil, a responsabilidade dos sócios é restrita ao valor de suas quotas, mas todos eles respondem, solidariamente, pela integralização do capital social.

Sob o prisma dos arts. 1.052 e 1.055 do Código Civil, portanto, cada sócio responde pela parcela do capital que se comprometeu a constituir (*quota subscrita*), mas todos os sócios respondem, solidariamente, pela parcela do capital social não integralizado (*quotas* não integralizadas: dinheiro, crédito ou bem prometido na subscrição das quotas e não transferido pelo sócio à sociedade), ressalvada a ação de regresso daquele que satisfizer a obrigação contra cada um dos demais codevedores (art. 283 do Código Civil).

É exatamente esta limitação da responsabilidade dos sócios que justifica a existência da sociedade limitada, com a ressalva de que as deliberações infringentes do contrato social ou da lei tornam ilimitada a responsabilidade dos que expressamente as aprovaram (art. 1.080 do Código Civil).

A limitação da responsabilidade dos sócios na sociedade é realizada por meio da *autonomia da personalidade jurídica* e consequente *autonomia patrimonial*, o que significa que não se confundem a sociedade e os seus sócios, bem como os respectivos patrimônios.

13.2.2. O ordenamento jurídico brasileiro e a desconsideração da personalidade jurídica.

A distinção entre a sociedade e os seus sócios e os respectivos patrimônios opera como limitador da responsabilidade dos sócios pelas dívidas sociais, vez que, em razão dela, como regra, é a sociedade que responde pelos seus débitos. Nesse sentido, dispõe o art. 795 do CPC de 2015 que os bens dos sócios não respondem pelas dívidas da sociedade, senão nos casos previstos em lei, o que também é previsto no art. 596 do CPC de 1973.

No entanto, a limitação da responsabilidade dos sócios pelas obrigações sociais é flexibilizada pela *teoria da desconsideração da personalidade jurídica*, segundo a qual, embora sejam distintas a sociedade e os seus sócios e os respectivos patrimônios, situações existem em que o patrimônio dos sócios responde pelas obrigações sociais. Esta flexibilização não resulta na negativa definitiva da autonomia patrimonial da sociedade e dos seus sócios, mas no afastamento da sua eficácia em relação a determinadas obrigações.

A teoria da desconsideração da personalidade jurídica vem sendo acolhida pelo nosso ordenamento jurídico, valendo mencionar, por exemplo, que:

a) o Código Tributário Nacional (Lei n. 5.172/66) estabelece, no art. 135, III, que são pessoalmente responsáveis pelos créditos correspondentes a obrigações tributárias resultantes de atos praticados com excesso de poder ou infração da lei, contrato social ou estatutos, os diretores, gerentes ou representantes das pessoas jurídicas de direito privado;

b) o Código de Defesa do Consumidor (Lei n. 8.078/90) dispõe, no art. 28, que o juiz poderá "desconsiderar a personalidade jurídica da sociedade quando, em detrimento do consumidor, houver abuso de direito, excesso de poder, infração da lei, fato ou ato ilícito ou violação dos estatutos ou contrato social", prevendo o § 5º do art. 28 do Código de Defesa do Consumidor que "também poderá ser desconsiderada a sociedade sempre que sua personalidade for, de alguma forma, obstáculo ao ressarcimento de prejuízo causados aos consumidores";

c) a Lei n. 9.605/98 prevê, no art. 4º, que "poderá ser desconsiderada a sociedade sempre que sua personalidade for obstáculo ao ressarcimento de prejuízos causados ao meio ambiente";

d) o Código Civil (Lei n. 10.046/02) estatui, no art. 50, que, "em caso de abuso da personalidade jurídica, caracterizado pelo desvio de finalidade, ou pela confusão patrimonial, pode o juiz decidir, a requerimento da parte ou Ministério Público, quando lhe couber intervir no processo, que os efeitos de certas e determinadas relações de obrigações sejam estendidos aos bens particulares dos administradores ou sócios da pessoa jurídica";

e) a Lei n. 12.529/11, que estrutura o Sistema Brasileiro de Defesa da Concorrência e dispõe sobre a prevenção e repressão às infrações contra a ordem econômica, estabelece, no art. 34, *caput*, que "a personalidade jurídica do responsável por infração da ordem econômica poderá ser desconsiderada quando houver da parte deste abuso de direito, excesso de poder, infração da lei, fato ou ato ilícito ou violação dos estatutos ou contrato social", sendo previsto no parágrafo único do citado artigo que "a desconsideração também será efetivada quando houver falência, estado de insolvência, encerramento ou inatividade da sociedade provocados por má administração".

O exame das normas acima referidas permite afirmar que na consagração, pela via legislativa, da teoria da desconsideração da personalidade jurídica, foram adotados dois fundamentos:

I — *teoria subjetiva ou teoria maior da desconsideração da personalidade jurídica*: a desconsideração da personalidade jurídica constitui medida excepcional e somente está autorizada na hipótese de fraude, abuso de direito ou confusão patrimonial (a sociedade utiliza patrimônio do sócio para cumprir as suas obrigações e vice-versa). Esta é a teoria consagrada pelo Código Civil;

II — *teoria objetiva ou teoria menor da desconsideração da personalidade jurídica*: para a desconsideração da personalidade jurídica basta a constatação da inexistência de bens sociais suficientes para satisfazer a dívida da pessoa jurídica. Esta teoria foi adotada pela Lei n. 9.605/98 e pelo Código de Defesa do Consumidor (art. 28, § 5º) e se distancia dos pressupostos clássicos da teoria da desconsideração da personalidade jurídica — fraude, abuso de direito e confusão patrimonial.[2101]

13.2.3. A responsabilidade pela satisfação das obrigações trabalhistas das sociedades empresárias.

Pelo que foi visto quando tratamos dos tipos de sociedade e da responsabilidade dos sócios em cada uma delas, o Código Civil optou pela limitação dos riscos assumidos pelos sócios ao constituírem uma sociedade, operando uma verdadeira *socialização destes riscos*.

O direito do trabalho adotou uma postura diversa.

Com efeito, o art. 2º, *caput* e § 2º, da Consolidação das Leis do Trabalho atribui à empresa os riscos da sua atividade, o que implica que eles não podem ser transferidos ao trabalhador. Em relação às obrigações sociais trabalhistas, portanto, não foi realizada a socialização de riscos, optando a CLT, expressamente, pela sua *individualização*: os riscos são da empresa (*princípio da alteridade*).

No entanto, o Direito do Trabalho deu um passo adiante.

É que, como resulta do art. 2º, § 2º, da CLT, todos aqueles que se associam para explorar atividade econômica respondem pelos débitos trabalhistas dela decorrentes, valendo observar que o grupo de empresas assim como a empresa são instrumentos para o desenvolvimento de atividade econômica, o que assemelha os seus integrantes aos sócios que se unem com o mesmo objetivo. Empresas do mesmo grupo e sócios da mesma empresa podem ser equiparados para efeito de definição da responsabilidade pelos débitos trabalhistas respectivos.

Não é só.

Os arts. 2º, § 2º, 10, 445 e 448 da Consolidação das Leis do Trabalho, o art. 3º da Lei n. 2.757/56 e o art. 16 da Lei n. 6.019/74 operam a despersonalização das obrigações decorrentes da relação de emprego, deixando claro que respondem pelos créditos do trabalhador todos aqueles que forem beneficiados pelos seus serviços, o que resulta na consagração de um verdadeiro princípio, qual seja, o *princípio da despersonalização das obrigações decorrentes da relação de emprego*.

Nesse compasso, sendo os sócios beneficiários dos lucros auferidos pela sociedade e, portanto, do trabalho dos seus empregados, deles não podem ser afastados os ônus da atividade econômica explorada por

(2101) Segundo uma vertente doutrinária, o § 5º do art. 28 do Código de Defesa do Consumidor estabelece hipóteses autônomas de desconsideração da personalidade jurídica, ao passo que, de acordo com outra vertente doutrinária, o § 5º somente poderá ser aplicado caso ocorra uma das hipóteses contidas no *caput* do art. 28. O § 5º do art. 28 do CDC dispõe que "*também poderá ser desconsiderada a sociedade* sempre que sua personalidade for, de alguma forma, obstáculo ao ressarcimento de prejuízo causados aos consumidores" (destacamos), o que indica que ele estabelece novas situações em que é possível a desconsideração da personalidade jurídica, além das previstas no *caput*.

meio da sociedade. De outro lado, se os sócios não alcançaram o lucro perseguido por meio da sociedade, cumpre-lhes responder, com o seu patrimônio, pelos ônus do fracasso de sua atividade econômica e, por consequência, pela satisfação dos créditos dos empregados da sociedade. Do contrário, estar-se-ia transferindo os riscos assumidos pelos sócios para os trabalhadores, em afronta ao art. 2º, *caput* e § 2º, da CLT, bem como ao princípio que resulta dos arts. 2º, § 2º, 10, 445 e 448 da Consolidação das Leis do Trabalho, o art. 3º da Lei n. 2.757/56 e o art. 16 da Lei n. 6.019/74 (*princípio da despersonalização das obrigações decorrentes da relação de emprego*).

Não há que se falar, em relação aos créditos trabalhistas, em estímulo ao investimento e consequente favorecimento do progresso econômico como fundamentos para negar aos sócios a responsabilidade pelas obrigações sociais trabalhistas, ou seja, para estabelecer uma espécie de *segurança jurídica patrimonial*, traduzida pelo investimento com responsabilidade limitada.

A segurança jurídica patrimonial, gerada pelo investimento com responsabilidade limitada (investimento com riscos limitados), não se sobrepõe à segurança existencial do trabalhador, que é titular de direitos de natureza predominantemente alimentar, ou seja, relacionados com a sua sobrevivência própria e familiar.

Também não há que se invocar, contra a desconsideração da personalidade jurídica no processo do trabalho, o fato de ser a livre-iniciativa um dos fundamentos da República (art. 1º, IV, da Constituição), posto que ela deve ser harmonizada com o valor social do trabalho, que também constitui fundamento da República (art. 1º, IV, da Constituição). A Constituição adota como fundamento da República a *livre-iniciativa responsável*, como decorre da adoção do princípio da função social da propriedade, que é expressamente consagrado pela Constituição (art. 170, III) e, especialmente, do art. 186, III, da Constituição, que relaciona o cumprimento da função social da empresa ao respeito às normas trabalhistas, o que inclui a satisfação dos créditos por elas reconhecidos aos trabalhadores.

A responsabilização dos sócios pelas obrigações sociais trabalhistas é reforçada pelo *princípio da proteção do trabalhador*, que aponta no sentido de que o juiz tem o dever de tornar efetivo o direito reconhecido ao trabalhador em título executivo, inclusive por meio da atribuição de responsabilidade pela sua satisfação a todos aqueles que se beneficiaram dos seus serviços.

Ademais, no *conflito* entre a norma que distingue a sociedade dos seus sócios e as normas que asseguram e garantem direitos aos trabalhadores, estas é que deverão prevalecer, como permite afirmar o *caput* do art. 7º da Constituição Federal, que impõe a adoção, entre duas ou mais soluções possíveis, daquela que resulte na melhoria da condição social dos trabalhadores (*princípio da prevalência da norma mais favorável*).

Tudo isto conduz à conclusão de que a teoria da desconsideração da personalidade jurídica pode ser aplicada no processo do trabalho. Como assinala Ben-Hur Silveira Claus, "a adoção desta técnica jurídica é medida indispensável à satisfação de inúmeras execuções nas quais se revela a insuficiência do patrimônio da sociedade executada. Trata-se de situação ordinária na jurisdição trabalhista que exige então o redirecionamento da execução trabalhista aos bens da pessoa natural dos sócios da empresa executada".[2102]

Os arts. 8º, 769 e 889 da Consolidação das Leis do Trabalho permitem recorrer ao Código Tributário Nacional, ao Código de Defesa do Consumidor, à Lei n. 9.605/98, ao Código Civil e à Lei n. 12.529/11 como fontes subsidiárias do direito processual do trabalho, na definição dos pressupostos para a desconsideração da personalidade jurídica, observando-se, contudo, que ela também pode ser realizada com esteio nos princípios da despersonalização das obrigações decorrentes da relação de emprego, da proteção e da prevalência da norma mais favorável.

No processo do trabalho, por força dos citados princípios, deve ser adotada a solução estabelecida pela *teoria objetiva* ou *teoria menor da desconsideração da personalidade jurídica*, ou seja, nele, a não indicação de bens à penhora pelo executado no prazo assinalado no art. 880 da CLT e a não localização de bens passíveis de penhora é o quanto basta para que a execução seja manejada contra os sócios.

(2102) O incidente de desconsideração da personalidade jurídica previsto no CPC de 2015 e o direito processual do trabalho. In: *Novo CPC e o processo do trabalho*, p. 91.

Cumpre observar que:

a) as obrigações do sócio começam imediatamente com o contrato, se este não fixar outra data, e terminam quando, liquidada a sociedade, se extinguirem as responsabilidades sociais (art. 1.001 do Código Civil).

b) o sócio que se retirar da sociedade e aquele que assume o seu lugar respondem pelas obrigações trabalhistas da sociedade até dois anos depois de averbada a retirada (art. 1.003, parágrafo único, do Código Civil). Assim, o cedente permanece vinculado à sociedade e a terceiros (dentre eles os empregados da sociedade) em relação ao cumprimento das obrigações surgidas no período em que detinha a condição de sócio, medida adotada pelo legislador para evitar que a alienação de quotas seja realizada para isentar o sócio cedente das suas obrigações.

13.2.4. Desconsideração inversa da personalidade jurídica

A teoria da desconsideração da personalidade jurídica teve em conta, primeiro, a possibilidade de tornar os sócios responsáveis pelas obrigações da sociedade (*desconsideração clássica ou direta da personalidade jurídica*). A *desconsideração inversa da personalidade jurídica* constitui mecanismo para responsabilizar a sociedade pelas obrigações dos seus sócios.

A desconsideração inversa da personalidade jurídica é admitida quando se verificar a confusão entre o patrimônio da sociedade e o dos seus sócios, com esteio no art. 50 do Código Civil, que se refere, expressamente, ao abuso da personalidade jurídica caracterizado pela confusão patrimonial.

Como reconheceu o STJ nos autos do REsp. n. 948.117-MS: "(...) III. A desconsideração inversa da personalidade jurídica caracteriza-se pelo afastamento da autonomia patrimonial da sociedade, para, contrariamente do que ocorre na desconsideração da personalidade propriamente dita, atingir o ente coletivo e seu patrimônio social, de modo a responsabilizar a sociedade por obrigações do sócio controlador. IV. Considerando-se que a finalidade da *disregard doctrine* é combater a utilização indevida do ente societário por seus sócios, o que pode ocorrer também nos casos em que o sócio controlador esvazia o seu patrimônio pessoal e o integraliza na pessoa jurídica, conclui-se, de uma interpretação teleológica do art. 50 do CC/02, ser possível a desconsideração inversa da personalidade jurídica, de modo a atingir bens da sociedade em razão de dívidas contraídas pelo sócio controlador, conquanto preenchidos os requisitos previstos na norma. V. A desconsideração da personalidade jurídica configura-se como medida excepcional. Sua adoção somente é recomendada quando forem atendidos os pressupostos específicos relacionados com a fraude ou abuso de direito estabelecidos no art. 50 do CC/02. Somente se forem verificados os requisitos de sua incidência, poderá o juiz, no próprio processo de execução, 'levantar o véu' da personalidade jurídica para que o ato de expropriação atinja os bens da empresa".[2103]

13.2.5. A desconsideração da personalidade jurídica no CPC de 2015.

O CPC de 2015 faz expressa referência à desconsideração da personalidade jurídica, clássica e inversa, e estabeleceu o procedimento a ser seguido para a sua realização, instituindo o que denomina *incidente de desconsideração da personalidade jurídica,* incluído no Título III, que trata da *intervenção de terceiro.*

De acordo com o art. 133 CPC de 2015:

> "Art. 133 O incidente de desconsideração da personalidade jurídica será instaurado a pedido da parte ou do Ministério Público, quando lhe couber intervir no processo.
>
> § 1º O pedido de desconsideração da personalidade jurídica observará os pressupostos previstos em lei.

(2103) STJ, REsp. 948.117-MS, Rel. Min. Nancy Andrighi, DJe 3.8.2010.

§ 2º Aplica-se o disposto neste Capítulo à hipótese de desconsideração inversa da personalidade jurídica."

De acordo com o art. 133 do CPC de 2015, a desconsideração da personalidade jurídica será objeto de incidente próprio, que somente pode ser instaurado a pedido da parte ou do Ministério Público.

O CPC de 2015 não trata das hipóteses em que poderá ser desconsiderada a personalidade jurídica, limitando-se a estabelecer que ela deverá observar os *pressupostos previstos em lei*, o que remete, no processo civil, ao Código Tributário Nacional, ao Código de Defesa do Consumidor, à Lei n. 8.884/94, à Lei n. 9.605/98 e ao Código Civil.

Conforme o art. 134 do CPC de 2015:

"Art. 134. O incidente de desconsideração é cabível em todas as fases do processo de conhecimento, no cumprimento de sentença e na execução fundada em título executivo extrajudicial.

§ 1º A instauração do incidente será imediatamente comunicada ao distribuidor para as anotações devidas.

§ 2º Dispensa-se a instauração do incidente se a desconsideração da personalidade jurídica for requerida na petição inicial, hipótese em que será citado o sócio ou a pessoa jurídica.

§ 3º A instauração do incidente suspenderá o processo, salvo na hipótese do § 2º.

§ 4º O requerimento deve demonstrar o preenchimento dos pressupostos legais específicos para desconsideração da personalidade jurídica."

O pedido de desconsideração da personalidade jurídica, clássica ou inversa, pode ser apresentado em todas as fases do processo de conhecimento, no cumprimento de sentença e na execução fundada em título executivo extrajudicial. Com isto, fica afastada a tese segundo a qual somente na execução, após constatada a incapacidade de a sociedade responder por seus débitos, é que pode ser operada a desconsideração da personalidade jurídica.

Apesar de se tratar de simples incidente, a sua instauração deverá ser comunicada ao distribuidor, para as anotações devidas, o que tem reflexo na apuração de fraude à execução (art. 137).

O pedido de desconsideração da personalidade jurídica constante da petição inicial torna o sócio (ou a sociedade, quando se tratar de desconsideração inversa da personalidade jurídica) parte da demanda, o que dispensa a instauração do *incidente de desconsideração da personalidade jurídica*, o que é previsto no art. 134, § 2º.

A instauração do incidente suspenderá o curso do processo, sendo desnecessária a ressalva constante da parte final do § 2º, vez que, se não for instaurado o incidente, não há que se falar em suspensão do processo.

Cabe ao requerente da desconsideração da personalidade jurídica demonstrar a presença das condições necessárias para o seu deferimento, valendo observar que o art. 133, § 2º, fala em atendimento dos pressupostos *previstos em lei*, ao passo que o art. 134 aduz à demonstração de *pressupostos específicos*.

Segundo o art. 135 do CPC de 2015:

"Art. 135. Instaurado o incidente, o sócio ou a sociedade será citado para manifestar-se e requerer as provas cabíveis no prazo de 15 dias."

Apesar de a desconsideração ser objeto de mero *incidente*, o CPC de 2015 determina a *citação* do sócio (desconsideração clássica) ou da sociedade (desconsideração inversa) para manifestar-se e requerer as provas cabíveis.

Ainda de acordo com o CPC de 2015:

"Art. 136. Concluída a instrução, se necessária, o incidente será resolvido por decisão interlocutória.

Parágrafo único. Se a decisão for proferida pelo relator, cabe agravo interno."

Dispõe o art. 1.015, IV, que cabe agravo de instrumento contra as decisões interlocutórias que versarem sobre incidente de desconsideração da personalidade jurídica.

Para a prova dos fatos controversos podem ser utilizados todos os meios legais, bem como os moralmente legítimos, ainda que não especificados no CPC (art. 369 do CPC de 2015). Se for necessária prova oral, deverá ser designada audiência, para a sua produção.

Na hipótese de pedido de desconsideração apresentado com a petição inicial, a prova dos fatos a ele relacionados deverá ser produzida em conjunto com a prova dos fatos que constituem objeto da demanda.

Instruído o incidente, será proferida decisão, à qual o CPC, de forma expressa, atribui a natureza de interlocutória. Contra esta decisão pode ser interposto agravo de instrumento ou agravo (quando o incidente for resolvido em segunda instância).

Quando o pedido de desconsideração for apresentado com a petição inicial e o seu exame ocorrer na sentença, contra esta poderá ser apresentada apelação (art. 1.009).

Prevê o art. 137 do CPC de 2015 que:

> "Art. 137. Acolhido o pedido de desconsideração, a alienação ou oneração de bens, havida em fraude de execução, será ineficaz em relação ao requerente."

Estabelece o art. 790, V, do CPC de 2015 que são sujeitos à execução os bens alienados ou gravados com ônus real em fraude à execução, dispondo o art. 792 do CPC de 2015 que, "nos casos de desconsideração da personalidade jurídica, a fraude à execução verifica-se a partir da citação da parte cuja personalidade se pretende desconsiderar".

O CPC de 2015 estabelece, no art. 792, II, hipótese de presunção de fraude à execução: presume-se em fraude à execução a alienação ou oneração de bens realizada a partir da citação da parte cuja personalidade se pretende desconsiderar.

Aplica-se à hipótese, no entanto, o disposto no art. 828 do CPC de 2015, ou seja, o exequente poderá, no ato do pedido de desconsideração, obter certidão comprobatória da sua apresentação, para fins de averbação nos registros próprios, presumindo-se em fraude à execução a alienação ou oneração de bens efetuada após a averbação.

13.2.6. O incidente de desconsideração da personalidade jurídica e o processo do trabalho.

Fredie Didier Júnior informou, em palestra proferida no Simpósio "O novo CPC e seus impactos no processo do trabalho", realizado pela Escola Nacional de Formação e Aperfeiçoamento de Magistrados do Trabalho (ENAMAT), no dia 15 de setembro de 2014, que a causa do incidente de desconsideração da personalidade jurídica "foi o Processo do Trabalho".

Destarte, foi pensando no processo do trabalho que:

a) foi estabelecida a obrigatória observância do incidente previsto no CPC para efeito de desconsideração da personalidade jurídica;

b) somente foi autorizada a instauração do incidente mediante requerimento da parte ou do Ministério Público;

c) foi estabelecida a suspensão do processo em razão da instauração do incidente do incidente;

d) contrariando a própria sistemática do código, foi determinado que a desconsideração somente pode ocorrer nas hipóteses específicas previstas em lei; apesar de a decisão do incidente ser de natureza interlocutória, foi autorizada a sua impugnação por meio de recurso.

Pois bem.

O art. 133 do CPC de 2015 é aplicável no processo no que comporta à autorização para desconsideração, clássica e inversa, da personalidade jurídica.

No entanto, a desconsideração da personalidade jurídica não depende, no processo do trabalho, da instauração de incidente nos moldes previstos pelo CPC de 2015, visto que:

a) a desconsideração da personalidade jurídica poderá ser determinada de ofício, por força do disposto no art. 878 da CLT.

Com efeito, estando autorizado a *promover* a execução de ofício, pode o juiz adotar todas as medidas necessárias à satisfação do credor, dentre elas a desconsideração da personalidade jurídica (clássica e inversa), por força, inclusive, do art. 765 da CLT, observando-se que a desconsideração não possui natureza punitiva, mas ato de execução e, ainda, que o Código de Defesa do Consumidor autoriza a desconsideração da personalidade jurídica de ofício, instituído, portanto, condição mais favorável aos trabalhadores, o que atrai a sua aplicação no processo do trabalho, por força do art. 7º, *caput*, da Constituição (aplicação do princípio da norma mais favorável). Vale acrescentar, ainda, que a desconsideração não constitui ação de atribuição de responsabilidade, mas simples incidente processual, sendo digno de nota, por outro lado, que, no processo do trabalho, mesmo sendo a execução um processo autônomo, o juiz pode promovê-la de ofício, o que demonstra que ao juiz do trabalho são conferidos poderes distintos daqueles previstos no CPC.

b) a desconsideração da personalidade jurídica pode ocorrer com fundamento no Código Tributário Nacional, no Código de Defesa do Consumidor, na Lei n. 8.884/94, na Lei n. 9.605/98, no Código Civil e, especialmente, nos princípios da despersonalização das obrigações decorrentes da relação de emprego, da proteção e da prevalência da norma mais favorável, observando-se que a interpretação sistemática do CPC de 2015 aponta no sentido de que a desconsideração da personalidade jurídica poderá ser realizada em obediência à *ordem jurídica*, ou seja, às regras e aos princípios jurídicos;

c) o *princípio da simplificação das formas e procedimentos*, que informa o direito processual do trabalho, impede a instauração de incidente de desconsideração da personalidade jurídica como procedimento autônomo, *em especial com força suficiente para a suspensão do processo*, no caso de o pedido de desconsideração não constar da petição inicial.

É interessante notar que o CPC de 2015, em favor da celeridade processual, elimina a formação de incidentes em várias oportunidades (a incompetência relativa e a impugnação do valor da causa, por exemplo, passam a integrar o rol das preliminares da contestação), o que já é uma realidade no processo do trabalho, no qual somente podem ser opostas, com suspensão do feito, as exceções de suspeição, impedimento e incompetência em razão do lugar, devendo as demais exceções serem alegadas como matéria de defesa (art. 799, *caput* e § 1º, da CLT) e, em se tratando de procedimento sumaríssimo, os incidentes são resolvidos em audiência (art. 852-G da CLT). Em suma, o direito processual do trabalho impede, expressamente, a instauração de incidente com a suspensão do processo. Aliás, soa no mínimo ilógico fazer depender o reconhecimento do crédito (objeto da demanda) da fixação da responsabilidade pela sua satisfação (objeto do incidente).

Ben-Hur Silveira Claus também sustenta a incompatibilidade do incidente de desconsideração da personalidade jurídica com o direito processual do trabalho, realçando, em relação à suspensão do processo, que ela "contraria tanto o princípio da concentração dos atos quanto o princípio da celeridade processual, com evidente prejuízo à garantia da efetividade da jurisdição. No subsistema procedimental trabalhista, a regra é a não suspensão do processo, privilegiando-se a celeridade processual, com vistas à efetividade processual. A original vocação do processo do trabalho para constituir-se como processo de resultado conduziu o legislador a estabelecer um procedimento — concentrado — no qual a suspensão do processo do trabalho foi concebida como hipótese excepcional".[2104]

d) se a desconsideração for examinada em sentença, contra esta pode ser interposto recurso ordinário. Nos demais casos, a decisão sobre a desconsideração é interlocutória, o que a torna irrecorrível (art. 893, § 1º, da CLT), não sendo aplicáveis no processo do trabalho, portanto, o art. 136, parágrafo único, e o art. 1.015, IV, do CPC de 2015, podendo o sócio (desconsideração clássica) ou a sociedade

(2104) O incidente de desconsideração da personalidade jurídica previsto no CPC de 2015 e o direito processual do trabalho. In: *Novo CPC e o processo do trabalho*, p. 93-94.

(desconsideração inversa) voltar ao tema em recurso contra a decisão definitiva ou em embargos (a serem ajuizados depois da garantia do juízo — art. 884 da CLT);

e) como assevera Ben-Hur Silveira Claus, a atribuição do ônus da prova da presença dos pressupostos legais que autorizam a desconsideração da personalidade jurídica da sociedade "se revela incompatível tanto com o princípio da proteção quanto com o princípio da simplificação das formas, que caracterizam o Direito Processual do Trabalho (...). Se pode ser considerada razoável a opção de atribuir ao credor tal ônus de prova no processo civil, em que o devedor costuma apresentar-se em condição de inferioridade econômica em relação ao credor, o mesmo não ocorre no âmbito do processo do trabalho. O credor trabalhista encontra-se em situação de inferioridade econômica em relação ao executado. Por conseguinte, atribuir ao credor trabalhista o encargo probatório de demonstrar o preenchimento dos pressupostos legais específicos à desconsideração da personalidade jurídica implicaria dificultar a utilização da técnica da desconsideração da personalidade dada a conhecida dificuldade que tem o credor trabalhista para desincumbir-se desse ônus probatório".[(2105)]

Como será respeitado o contraditório no processo do trabalho?

O CPC exige o contraditório prévio, ou seja, a desconsideração pressupõe a oitiva prévia do sócio (ou da sociedade, na desconsideração inversa). No processo do trabalho, como bem assinala Ben-Hur Silveira Claus, o contraditório "é *diferido*, sendo exercido mediante embargos à execução, após a garantia do juízo"[(2106)], o que não é estranho ao direito processual civil, como decorre da disciplina da ação monitória.

Desse modo:

a) se a desconsideração for requerida na petição inicial, a defesa do sócio ou da sociedade (na desconsideração inversa) deverá ser apresentada na contestação;

b) quando o sócio ou a sociedade (na desconsideração inversa) não tiver integrado o processo na fase de conhecimento e contra ele for manejada a execução, é indispensável a sua citação antes da realização da penhora de seus bens, para que possa cumprir a obrigação ou nomear à penhora bens da pessoa jurídica ou do sócio (na desconsideração inversa), situados na comarca da execução, livres e desembaraçados, quantos bastem para pagar o débito. Neste caso, a defesa do sócio ou da sociedade (na desconsideração inversa) deverá ser apresentada por meio de embargos à execução, após a garantia do juízo;[(2107)]

c) se não houve prévia citação e ocorrer a penhora, o sócio ou a sociedade (na desconsideração inversa), poderá apresentar a sua defesa por meio de embargos de terceiro.

Em suma:

a) o questionamento sobre a possibilidade de aplicação do incidente de desconsideração da personalidade jurídica instituído pelo CPC de 2015, para efeito de atribuir aos sócios responsabilidade pelas obrigações trabalhistas da sociedade (desconsideração clássica) ou de conferir à sociedade responsabilidade pelas obrigações trabalhistas dos sócios (desconsideração inversa) se desdobra em dois;

b) o primeiro questionamento que o tema suscita diz respeito à própria possibilidade da desconsideração da personalidade jurídica, clássica e inversa, no contexto do processo do trabalho, com esteio no art. 133 do CPC de 2015. Para este questionamento, a resposta é positiva, inclusive porque o incidente de desconsideração foi pensado para o processo do trabalho, além do que a desconsi-

(2105) O incidente de desconsideração da personalidade jurídica previsto no CPC de 2015 e o direito processual do trabalho. In: *Novo CPC e o processo do trabalho*, p. 95-96. Ressalte-se que o desequilíbrio de forças tem influência na fixação do ônus da prova, como o demonstra o art. 6º do Código de Defesa do Consumidor.

(2106) O incidente de desconsideração da personalidade jurídica previsto no CPC de 2015 e o direito processual do trabalho. In: *Novo CPC e o processo do trabalho*, p. 98.

(2107) Recorde-se que o direito processual do trabalho apresenta particularidades que não podem ser desconsideradas, valendo lembrar, por exemplo, que até mesmo para recorrer é necessário garantir previamente o juízo, nos casos de condenação em pecúnia, nos dissídios individuais, o que torna incompatível com o direito processual do trabalho o estabelecimento do contraditório prévio estabelecido pelo CPC de 2015.

deração da personalidade jurídica constitui valioso instrumento para a garantia de satisfação dos créditos trabalhistas.

Ademais, a desconsideração da personalidade jurídica encontra sustentação, a partir do diálogo das fontes, no Código Tributário Nacional, no Código de Defesa do Consumidor, na Lei n. 9.605/98, no Código Civil e na Lei n. 12.529/11 e, em especial, nos princípios da despersonalização das obrigações decorrentes da relação de emprego, da proteção e da prevalência da norma mais favorável, devendo nele ser prestigiada a solução estabelecida pela *teoria objetiva* ou *teoria menor da desconsideração da personalidade jurídica*, ou seja, nele, a não indicação de bens à penhora pelo devedor no prazo assinalado no art. 880 da CLT e a não localização de bens passíveis de penhora é o quanto basta para que a execução seja manejada contra os sócios (ou a sociedade, na desconsideração inversa). Com isto, restam bem definidos os *pressupostos materiais* e os *pressupostos processuais* para a desconsideração da personalidade jurídica no processo do trabalho.

c) o segundo questionamento que o tema provoca diz respeito à obrigatoriedade da instauração do incidente de desconsideração da personalidade jurídica nos moldes estabelecidos pelo CPC de 2015, inclusive com a suspensão do processo.

Aqui, a resposta que se impõe é negativa, porquanto a disciplina do incidente de desconsideração da personalidade jurídica realizada pelo CPC de 2015 é incompatível com várias regras e vários princípios do direito processual do trabalho.

Exatamente porque pensado para o processo do trabalho, o incidente de desconsideração deve ser adaptado ao direito processual do trabalho, considerando no conjunto de suas regras e princípios.

Neste compasso, no processo do trabalho, a desconsideração da personalidade jurídica poderá ser determinada de ofício e não é obrigatória a instauração de incidente de desconsideração da personalidade jurídica como procedimento autônomo, em especial com força suficiente para a suspensão do processo, no caso de o pedido neste sentido não constar da petição inicial, por exemplo.

O contraditório não pode ser deixado de lado, mas é realizado de forma específica, ou seja, se a desconsideração for requerida na petição inicial, deve a defesa do sócio ou da sociedade (na desconsideração inversa) ser apresentada na contestação, ao passo que, quando o sócio (ou a sociedade, na desconsideração inversa) não tiver integrado o processo na fase de conhecimento e contra ele for manejada a execução, é indispensável a sua citação antes da realização da penhora de seus bens, para que possa cumprir a obrigação ou nomear à penhora bens da pessoa jurídica (ou do sócio), situados na comarca da execução, livres e desembaraçados, quantos bastem para pagar o débito. Neste caso, a defesa do sócio (ou da sociedade) deverá ser apresentada por meio de embargos, após a garantia do juízo.

Como o incidente em destaque foi criado pensando no processo do trabalho, ele deve se adequar à finalidade deste processo, que é realizar concretamente direitos dotados de transcendência econômica, humana, social e política.

Anote-se que a Instrução Normativa n. 39/16 do TST, no art. 6º, reconhece a aplicabilidade do incidente de desconsideração da personalidade jurídica no processo do trabalho, ressaltando, porém, a iniciativa do juiz do trabalho na fase de execução, e estabelece que: 1) da decisão interlocutória que acolher ou rejeitar o incidente: a) na fase de cognição, não cabe recurso de imediato, na forma do art. 893, § 1º, da CLT; b) na fase de execução, cabe agravo de petição, independentemente de garantia do juízo; c) cabe agravo interno se proferida por relator, em incidente instaurado originalmente no tribunal; 2) a instauração do incidente suspenderá o processo, sem prejuízo de concessão de tutela de urgência de natureza cautelar de que trata o art. 301 do CPC. Ressalva merece esta instrução, pelos motivos já expostos, em relação à suspensão do processo, cumprindo acrescentar, em relação à desconsideração realizada de ofício, que ela não constitui medida de natureza punitiva, o que impede afirmar que somente pode ocorrer a pedido da parte ou do Ministério Público, e, ainda, que a possibilidade de suspensão do processo levará os advogados a requerer a desconsideração da personalidade jurídica já na petição inicial, como o elastecimento do âmbito das questões a serem resolvidas, isto diante da mera possibilidade de a sociedade (ou o sócio, na desconsideração inversa) não terem bens suficientes para satisfazer as suas obrigações trabalhistas.

14. *Fraude à execução*

Estabelecem o art. 592, V, do CPC de 1973 e o art. 790 do CPC de 2015 que são sujeitos à execução os bens alienados ou gravados com ônus real em fraude à execução.(2108)

O CPC de 1973, tratando das situações em que estará configura a fraude à execução, estabelece, no art. 593, que se considera em fraude de execução a alienação ou oneração de bens: I) quando sobre eles pender ação fundada em direito real ou obrigação reipersecutória; II) quando, ao tempo da alienação ou oneração, corria contra o devedor demanda capaz de reduzi-lo à insolvência; III) nos demais casos expressos em lei.

O CPC de 2015 trata da questão no art. 792, segundo o qual considera-se em fraude à execução a alienação ou a oneração de bens:

I) quando sobre o bem pender ação fundada em direito real ou com pretensão reipersecutória, *desde que a pendência do processo tenha sido averbada no respectivo registro público, se houver;*

II) *quando tiver sido averbada*, no registro do bem, *a pendência do processo de execução*, na forma do art. 828 (segundo este dispositivo legal, "o exequente poderá obter certidão de que a execução foi admitida pelo juiz, com identificação das partes e do valor da causa, para fins de averbação no registro de imóveis, de veículos ou de outros bens sujeito à penhora, arresto ou indisponibilidade");(2109)

II) *quando tiver sido averbada*, no registro de bens, hipoteca judiciária(2110) ou outro ato de constrição judicial originário do processo onde foi arguida a fraude;

IV) quando, ao tempo da alienação ou oneração, tramitava contra o devedor ação capaz de reduzi-lo à insolvência;

V) nos demais casos expressos em lei.(2111)

Consoante o art. 792, § 3º, do CPC de 2015, nos casos de desconsideração da personalidade jurídica, a fraude à execução verifica-se a partir da citação da parte cuja personalidade se pretende desconsiderar.

Em várias situações, o legislador estabeleceu presunção da prática de fraude à execução. Neste sentido: a) presume-se fraudulenta a alienação ou oneração de bens ou renda, ou seu começo, por sujeito passivo em débito tributário, salvo se tiverem sido ressalvados pelo devedor bens ou rendas suficientes ao total pagamento da dívida (art. 185 do Código Tributário Nacional);(2112) b) presume-se em fraude à execução a alienação ou oneração de bens efetuada após a averbação da distribuição da execução (art. 615-A, § 3º, do CPC de 1973) ou da admissão da execução (art. 828, § 4º, do CPC de 2015).

A ocorrência de fraude à execução pressupõe, na hipótese do art. 592, II, do CPC de 1973 e do art. 792, IV, do CPC de 2015 (ao tempo da alienação ou oneração corria contra o devedor ação capaz de reduzi-lo à insolvência), a existência de *ação* em curso, não sendo exigido que se trate de *ação de execução* ou de *ação condenatória*.

(2108) "Compreende-se sob o nome de alienação todo e qualquer ato entre vivos pelo qual o devedor dispõe, a favor de terceiro, de bem que lhe pertence, por meio de transferência ou renúncia" (CASTRO, Amílcar de. *Do procedimento de execução*, p. 62).

(2109) O art. 828 do CPC de 2015 será examinado mais adiante, quando tratarmos da averbação por ele autorizada.

(2110) Como esclarece Élisson Miessa, "há no ordenamento jurídico pátrio, quatro espécies de hipoteca: convencional, legal, cedular e judiciária. Em todos os tipos de hipoteca, é necessário que ela seja registrada na matrícula do bem hipotecado para que seja oponível contra terceiros" (Hipoteca judiciária e protesto da decisão judicial no novo CPC e seus impactos no processo do trabalho. In: *O novo Código de Processo Civil e seus reflexos no processo do trabalho*, p. 469).

(2111) Dentre as demais hipóteses previstas em lei vale lembrar que: a) recaindo a penhora em crédito do devedor para com terceiro, se este negar o débito em conluio com o devedor, a quitação, que este lhe der, considerar-se-á em fraude à execução (art. 672, § 3º, do CPC de 1973 e art. 856, § 3º, do CPC de 2015); b) estará configurada a fraude à execução quando o devedor, sabendo-se insolvente, adquire de má-fé imóvel mais valioso para transferir a residência familiar, desfazendo-se ou não da moradia antiga (art. 4º da Lei n. 8.009/90); c) o crédito tributário já se encontrava regularmente inscrito como dívida ativa à época da alienação do bem pelo executado (art. 185 do Código Tributário Nacional).

(2112) Essa presunção favorece o trabalhador, ante a natureza superprivilegiada dos créditos decorrentes da relação de emprego e em razão da aplicação ao seu crédito dos benefícios processuais que a lei estabelece em favor do crédito tributário (art. 899 da CLT).

Sobre os requisitos necessários para a configuração da fraude à execução na hipótese do art. 593, II, do CPC de 1973 e do art. 792, IV, do CPC de 2015, têm-se na doutrina e jurisprudência duas vertentes de pensamento:

a) *vertente objetivista*: a configuração da fraude à execução pressupõe a existência da demanda contra o alienante e a redução do alienante à insolvência, o que significa que não há necessidade, para a configuração da fraude à execução, de prova da má-fé do alienante e do terceiro adquirente (*consilium fraudis*). Esta postura doutrinária e jurisprudencial confere maior valor à responsabilidade patrimonial do devedor;

b) *vertente subjetivista*: a fraude pressupõe, além da existência da demanda contra o alienante e a redução do alienante à insolvência, a prova da má-fé do terceiro adquirente. Esta postura privilegia a boa-fé do terceiro adquirente.

A tramitação de ação contra o devedor é expressamente exigida, tanto no CPC de 1973 quanto no de 2015.

A ineficácia do ato de disposição pressupõe dano concreto à capacidade de o patrimônio do executado suportar o cumprimento de suas obrigações, vez que, "se, não obstante a alienação, o credor encontra com o que se satisfazer no patrimônio do devedor, evidentemente não terá necessidade, e, portanto, não terá direito de invalidar o ato do alienante. O dano consiste na insuficiência de bens no patrimônio do devedor para satisfazer o débito, mediante execução".[2113]

Revendo ponto de vista anterior, é afirmado que o reconhecimento da ocorrência de fraude pressupõe, na hipótese em exame, a demonstração de que o adquirente do bem tinha ou deveria razoavelmente ter conhecimento da pendência de processo judicial contra o alienante. A propósito do tema, tem-se a Súmula n. 375 do STJ: "O reconhecimento da fraude à execução depende do registro da penhora do bem alienado ou da prova de má-fé do terceiro adquirente". Examinando a questão, a Oitava Turma do TST decidiu que "(...). A configuração de fraude à execução não pode ser absolutamente objetiva. Não se deve presumir que o adquirente do imóvel tivesse conhecimento de que o negócio jurídico e questão era viciado, para enquadrar-se, em tese, nos requisitos da fraude à execução. A ciência, pelo adquirente, da existência de demanda contra o alienante, constitui elemento subjetivo essencial para se perquirir sua qualidade, ou não, de terceiro de boa-fé. Na hipótese em questão, não há prova de que o ato alienatório foi praticado com a finalidade de frustrar a execução e de que a adquirente do bem tivesse conhecimento de procedimentos executórios os quais pudessem reduzir o devedor à insolvência, segundo previsão do art. 593, II, do CPC. Dessa forma, torna-se irrelevante ausência de registro do contrato particular no cartório" (TST, 8ª Turma, RR 894-47.2011.5.10.0014, Rel. Min. Dora Maria da Costa, DeJT 13.12.2013).

O "compromisso de compra e venda tem sido aceito como meio hábil a comprovar a transferência da propriedade de bem imóvel, sobretudo quando devidamente registrado no cartório competente e ainda não houver prova robusta quanto à existência de qualquer irregularidade na feitura deste".[2114]

Consoante decidiu o STJ, "a ineficácia da alienação em fraude de execução se estende às que sucessivamente se fizerem, restando aos adquirentes a ação de perdas e danos".[2115]

Não se confundem a *fraude contra credores*, que é disciplinada nos arts. 158 a 165 do Código Civil, e a *fraude à execução*.

A fraude contra credores é traduzida pelo negócio de transmissão gratuita de bens ou remissão de dívida, praticado por devedor já insolvente, ou por ele reduzido à insolvência, ainda quando o ignore (art. 158 do Código Civil) e, ainda, pela celebração de contrato oneroso pelo devedor insolvente, quando a insolvência for notória, ou houver motivo para ser conhecida do outro contratante (art. 159 do Código Civil).

Segundo Humberto Theodoro Júnior, na fraude contra credores "são atingidos apenas interesses privados dos credores", ao passo que, na fraude à execução, "o ato do devedor executado viola a própria

(2113) CASTRO, Amílcar de. *Do procedimento de execução*, p. 62.
(2114) TRT 18ª Região, AP 0000119-25.2011.5.18.0009, Rel. Des. Kátia Marja Bomtempo, DEJT 11.10.2011, p. 26-27.
(2115) STJ, Resp. 27.555-0-SP, Rel. Min. Dias Trindade, DJU 16.11.1992, p. 21.141.

atividade jurisdicional do Estado".[2116] Cândido Rangel Dinamarco aduz que a principal diferença entre fraude à execução e fraude contra credores "reside na litispendência — sendo absolutamente irrelevante se o processo pendente é executivo, cognitivo ou monitório. Como consequência da fraude de execução, os bens alienados ficam sujeitos a atos de constrição desde logo — enquanto que as alienações em fraude contra credores são eficazes perante todos, inclusive o credor que já o fosse antes da alienação, até que por sentença a eficácia perante este seja desfeita e o bem seja liberado para a penhora".[2117]

A fraude à execução torna o ato ineficaz em relação a determinado credor (aquele que ajuizou ação), ao passo que a fraude contra credores conduz à anulação do ato de disposição ou oneração de bens.

O reconhecimento de fraude à execução e, com isso, da ineficácia do ato do executado em relação ao exequente, dispensa a propositura de ação com essa finalidade, podendo se dar nos próprios autos da execução.[2118] A ocorrência de fraude contra credores, conforme a doutrina predominante (que é acolhida pelo CPC de 2015, consoante seu art. 790, VI), deve ser apurada em ação própria (ação pauliana), a ser proposta pelos credores quirografários lesados em seus direitos, com o fim de anular o ato praticado pelo devedor (art. 158 do Código Civil).[2119] Contudo, tal solução não é compatível com o direito processual do trabalho, que adota como diretriz fundamental a simplificação das formas e procedimentos. Destarte, desde que respeitado o contraditório e a ampla defesa, é viável, no processo do trabalho, o reconhecimento da fraude contra credores mesmo sem a propositura de ação pauliana.[2120]

A alienação de bem penhorado, arrestado ou sequestrado é ineficaz em relação à execução, independentemente da presença dos requisitos necessários para a configuração da fraude à execução, exigindo-se, apenas, a prova de que o terceiro adquirente tinha ou deveria ter ciência da construção do bem ou que esta tenha sido averbada no registro do bem.

No caso de aquisição de bem não sujeito a registro, o terceiro adquirente tem o ônus de provar que adotou as cautelas necessárias para a aquisição, mediante exibição das certidões pertinentes, obtidas no domicílio do devedor e no local onde se encontra o bem (art. 792, § 2º, do CPC de 2015).

A fraude à execução constitui ato atentatório à dignidade da justiça (art. 600, I, do CPC de 1973 e art. 774, I, do CPC de 2015) e ilícito penal (art. 179 do Código Penal).

Antes de declarar a fraude à execução, o juiz deverá intimar o terceiro adquirente que, se quiser, poderá opor embargos de terceiro, no prazo de quinze dias (art. 792, § 4º, do CPC de 2015), ou seja, a declaração da fraude à execução não pode ocorrer sem que seja conferida oportunidade de oposição de embargos de terceiro pelo adquirente, com a ressalva de que, no processo do trabalho, o prazo para embargos é de cinco dias (art. 884 da CLT).

15. Execução definitiva e provisória

Execução definitiva é a fundada em sentença transitada em julgado, à qual equivale a sentença homologatória de acordo (art. 831, parágrafo único, da CLT), e em título extrajudicial.[2121] A execução é provisória

(2116) *Comentários ao Código de Processo Civil*, v. IV, p. 226.

(2117) *Instituições de direito processual civil*, v. II, p. 58.

(2118) Para Humberto Theodoro Júnior, na fraude à execução, "não há necessidade de nenhuma ação para anular ou desconstituir o ato de disposição fraudulenta. A lei o considera simplesmente ineficaz perante o exequente. Não se cuida (...) de ato nulo ou anulável. O negócio jurídico, que frauda a execução, diversamente do que se passa com o que frauda credores, gera pleno efeito entre alienante e adquirente. Apenas não pode ser oposto ao exequente" (*Comentários ao Código de Processo Civil*, v. IV, p. 227).

(2119) Somente os credores que já o eram ao tempo do negócio podem pleitear a sua anulação (art. 158, § 2º, do Código Civil).

(2120) A alienação de bens antes da propositura da ação caracteriza fraude contra credores. No entanto, se for demonstrada a intenção de afastar os bens do alcance de ação futura, em especial quando praticada a alienação ou oneração dos bens em data próxima à dispensa de vários empregados pela empresa, o ato deve ser considerado como fraude à execução.

(2121) Nos termos do art. 2º-B, da Lei n. 9.494/97, acrescentado pela Medida Provisória n. 2.180-35, de 24.08.01, a sentença que tenha por objeto inclusão em folha de pagamento, reclassificação, equiparação, concessão de vantagens a servidores da União, dos Estados, do Distrito Federal e dos Municípios, inclusive de suas autarquias e fundações, somente poderá ser executada quando fundada em sentença impugnada mediante recurso desprovido de efeito suspensivo (art. 475-I, § 1º, do CPC de 1973, art. 520 do CPC de 2015 e art. 899 da CLT).

Definitiva é a execução fundada em título 'definitivo', no sentido de título que não pode sofrer modificação,[2122] sendo provisória a execução fundada em decisão impugnada por meio de recurso, ou seja, fundada em título que ainda é "provisório".

A autorização para a execução provisória decorre do fato de se "considerar mais inconveniente a demora da execução do que o transtorno de se desfazerem todas as mudanças no estado de fato pelos atos judiciais executivos".[2123] Acrescente-se que a execução provisória acelera a satisfação do credor, no caso de a decisão ser confirmada no julgamento do recurso contra ela interposto, o que atende ao direito à duração razoável do processo.

15.1. A CLT permite a execução provisória, mas não a disciplina, limitando-se a estabelecer, no art. 899, que ela será realizada *até a penhora*.

A expressão *até a penhora* significa que, na execução provisória, não são admissíveis, *em regra*, o levantamento de depósito em dinheiro e a prática de atos que importem transferência de propriedade ou dos quais possa resultar grave dano ao executado.

No entanto, por força do art. 769 da CLT e, agora, também do art. 15 do CPC de 2015, a execução provisória não será processada apenas até a penhora, sendo aplicável no processo do trabalho, no que couber, o regime da execução provisória estabelecido pelo CPC.

15.2. De acordo com o CPC, a execução provisória:

a) será realizada da mesma forma que a definitiva (art. 475-O, *caput*, do CPC de 1973 e art. 520, *caput*, do CPC de 2015);[2124]

b) corre por iniciativa e responsabilidade do exequente, que se obriga, se a sentença for reformada, a reparar os danos que o executado haja sofrido (art. 475-O, I, do CPC de 1973 e art. 520, I, do CPC de 2015);

c) fica sem efeito, sobrevindo decisão que modifique ou anule a sentença objeto da execução, restituindo-se as partes ao estado anterior e liquidando-se eventuais prejuízos nos mesmos autos (art. 475-O, II, do CPC de 1973 e art. 520, II, do CPC de 2015); [2125]

d) se a sentença objeto da execução provisória for modificada ou anulada apenas em parte, somente nessa ficará sem efeito a execução (art. 475-O, § 1º, do CPC de 1973 e art. 520, III, do CPC de 2015);

e) o levantamento de depósito em dinheiro e a prática de atos que importem transferência de propriedade ou dos quais possa resultar grave dano ao executado dependem de caução suficiente e idônea, arbitrada de plano pelo juiz e prestada nos próprios autos (art. 475-O, III, do CPC de 1973).

---

após o seu trânsito em julgado.

(2122) Mesmo que esteja pendente de julgamento agravo de petição aforado contra decisão que julga embargos de execução, é definitiva a execução lastreada em título executivo extrajudicial. (Neste mesmo sentido: "É definitiva a execução de título executivo extrajudicial, ainda que pendente apelação contra sentença que julgue improcedentes os embargos" — Súmula n. 317 do STJ). Também é definitiva a execução realizada na pendência de ação rescisória que tenha o título executivo judicial como objeto de impugnação.

(2123) CASTRO, Amílcar de. *Do procedimento de execução*, p. 47, 49-50.

(2124) Consoante esclarece Araken de Assis, o caráter provisório da execução não se refere "à eficácia do título ou aos meios executivos, mas à sua reforma eventual" (*Manual da execução*, p. 286). Eis a razão pela qual a execução provisória será realizada da mesma forma que a definitiva.

(2125) Como anota Araken de Assis, "à vantagem produzida pela execução provisional em suas expectativas processuais corresponde, simetricamente, à responsabilidade objetiva do credor pelo dano, por ela criado, na esfera jurídica do executado" (*Manual da execução*, p. 286).

Há aqui uma diferença entre o CPC de 1973 e o CPC de 2015, posto que, neste, consoante o art. 520, IV, *o levantamento de depósito em dinheiro e a transferência de posse ou alienação de propriedade ou de outro direito real, ou dos quais possa resultar grave dano ao executado*, dependem de caução suficiente e idônea, arbitrada de plano pelo juiz e prestada nos próprios autos, ou seja, o CPC de 2015 acrescentou a possibilidade de transferência de posse ou de alienação de outro direito real.

15.3. A exigência de caução não é, no entanto, inafastável.

Com efeito, a caução a que se referem o art. 475-O, III, do CPC de 1973 e o art. 520, IV, do CPC de 2015 poderá ser dispensada:

1) de acordo com o art. 475-O, § 2º, do CPC de 1973, quando: a) nos casos de crédito de natureza alimentar ou decorrente de ato ilícito, até o limite de sessenta vezes o valor do salário mínimo, o exequente demonstrar situação de necessidade; b) nos casos em que penda agravo perante o Supremo Tribunal Federal ou Tribunal Superior do Trabalho (texto adaptado ao processo do trabalho), salvo quando da dispensa possa manifestamente resultar risco de grave dano, de difícil ou incerta reparação. A caução pode ser dispensada, portanto, em *duas hipóteses*;

2) consoante o art. 521 do CPC de 2015, nos casos em que:

1) o *crédito for de natureza alimentar, independentemente da sua origem*;[2126]

2) o credor demonstrar situação de necessidade;[2127]

3) pender de julgamento o agravo de que trata o art. 1.042 do CPC;

4) a sentença a ser provisoriamente executada estiver em consonância com súmula da jurisprudência do Supremo Tribunal Federal ou do Tribunal Superior do Trabalho (adaptação ao direito processual do trabalho) ou com acórdão proferido no julgamento de recursos repetitivos.

Segundo o CPC de 2015, desse modo, a caução pode ser dispensada em *quatro hipóteses*. As duas primeiras procuram resguardar a sobrevivência do credor e as demais estão relacionadas com a probabilidade de confirmação da decisão executada.

O CPC de 2015 estabelece, no art. 521, parágrafo único, que a exigência de caução será mantida quando da dispensa possa resultar manifesto risco de grave dano de difícil ou incerta reparação.

Em relação à dispensa da caução quando estiver pendente de julgamento agravo, cumpre anotar que o art. 1.042 do CPC de 2015, na sua redação original, previa que cabia agravo contra decisão do presidente ou vice-presidente que:

a) indeferisse pedido formulado com base no art. 1.035, § 6º, ou no art. 1.036, § 2º, de inadmissão de recurso especial ou extraordinário intempestivo (art. 1.042, I);

b) inadmitisse, com base no art. 1.040, inciso I, recurso especial ou extraordinário sob o fundamento de que o acórdão recorrido coincidia com a orientação do tribunal superior (art. 1.042, II);

c) inadmitisse recurso extraordinário, com base no art. 1.035, § 8º, ou no art. 1.039, parágrafo único, sob o fundamento de que o Supremo Tribunal reconheceu a inexistência de repercussão geral da questão constitucional discutida (art. 1.042, III).

A Lei n. 13.256/16 alterou a redação do *caput* do art. 1.042 do CPC de 2015 e revogou os seus incisos I a III. De acordo com o *caput* do art. 1.042, na sua nova redação, cabe agravo contra decisão do presidente ou do vice-presidente do tribunal recorrido que inadmitir recurso extraordinário ou especial, salvo quando

(2126) Desapareceram, assim, a referência a crédito decorrente de *ato ilícito* e, ainda, a *limitação do valor que pode ser levantado.*

(2127) No CPC de 1973, a caução poderia ser dispensa quando se tratasse de crédito de natureza alimentar ou decorrente de ato ilícito e o credor demonstrasse situação de necessidade. O CPC de 2015 permite a dispensa da caução nas duas hipóteses, ou seja, a caução pode ser dispensada quando se tratar de crédito de natureza alimentar e também quando o credor demonstrar situação de necessidade.

fundada na aplicação de entendimento firmado em regime de repercussão geral ou em julgamento de recursos repetitivos. Assim, a caução pode ser dispensa quando pender de julgamento agravo contra decisão do presidente ou do vice-presidente do tribunal recorrido que inadmitir recurso extraordinário ou recurso de revista (adaptação do texto legal ao direito processual do trabalho).

O CPC de 1973 dispõe que o requerimento de execução provisória deverá ser instruído com cópias autenticadas ou com cópias não autenticadas mas declaradas autênticas pelo advogado, sob sua responsabilidade pessoal, das seguintes peças: sentença ou acórdão exequendo, certidão de interposição do recurso não dotado de efeito suspensivo, procuração outorgada eventualmente pelas partes ou, facultativamente, com outras peças processuais que o exequente considere necessárias (art. 475-O, § 3º), ao passo que, de acordo com o art. 522 do CPC de 2015, a execução provisória será requerida por petição dirigida ao juízo competente e, não sendo eletrônica, a petição será acompanhada de cópias das seguintes peças processuais, cuja autenticidade poderá ser certificada pelo próprio advogado, sob sua responsabilidade: sentença ou acórdão exequendo, certidão de interposição do recurso não dotado de efeito suspensivo, procurações outorgadas pelas partes, decisão de habilitação, se for o caso, facultativamente, com outras peças processuais que o exequente considere necessárias.

15.4. No processo civil, a execução provisória é realizada a requerimento do credor (art. 475-O, § 3º, do CPC de 1973 e art. 522 do CPC de 2015).

O reexame da questão nos leva a abandonar a posição anterior, que era no sentido da inviabilidade de a execução provisória ser promovida de ofício.

É que a CLT autoriza a execução provisória da sentença (art. 899) e, ao atribuir ao juiz o poder para promover a execução de ofício (art. 878), não limitou este poder à promoção da execução definitiva.

Trata-se de opção legislativa que tem por fundamento a natureza alimentar de que geralmente se revestem os créditos decorrentes da relação de emprego, observando-se que esta medida se harmoniza com várias técnicas que o direito processual do trabalho utiliza para conferir a máxima efetividade às decisões judiciais (aos recursos é conferido efeito apenas devolutivo; nos dissídios individuais em que haja condenação em pecúnia, o recurso somente será admitido se for realizado o depósito recursal). É certo que haverá risco de a decisão ser posteriormente reformada. Contudo, trata-se de risco que o juiz foi autorizado a correr pelo próprio CPC, quando permite a liberação de valores ao exequente mesmo sendo a execução provisória, ou seja, sopesando a segurança jurídica do executado e a imediata satisfação do credor, optou o legislador por conferir maior peso a esta satisfação.

15.5. A execução provisória deve deixar o processo pronto para a satisfação do crédito reconhecido no título executivo.

Com isso, nela devem ser admitidos embargos à execução e impugnação do credor. É inegável, inclusive, o interesse do próprio executado na continuidade da execução após a penhora, para que possa suscitar o excesso de penhora, por exemplo. O CPC de 2015 prevê, inclusive, que, no cumprimento provisório da sentença, o executado poderá apresentar impugnação (art. 520, § 1º).

15.6. A CLT, o CPC de 1973 e o CPC de 2015 não vedam a penhora de dinheiro na execução provisória, valendo observar que:

a) segundo dispõem o art. 475-O, *caput*, do CPC de 1973 e o art. 520, *caput*, do CPC de 2015, a execução provisória far-se-á da mesma forma que a definitiva. Isso significa que a penhora na execução provisória não difere daquela que pode ser realizada na execução definitiva;

b) ao autorizar o levantamento de dinheiro na execução provisória, o CPC admite a penhora de dinheiro nessa modalidade de execução, vez que somente se pode falar em levantamento de dinheiro quando seja possível a sua penhora;

c) a exigência de que a execução seja realizada da forma menos gravosa para o executado não impede a penhora de dinheiro na execução provisória, valendo lembrar que, no processo do trabalho, até mesmo a interposição de recurso, quando haja condenação em pecúnia nos dissídios individuais, é condicionada à prévia garantia, *em dinheiro*, da execução, o que demonstra que na execução de crédito decorrente da relação de emprego devem ser adotadas todas as medidas necessárias à mais rápida satisfação do credor, o que inclui a penhora de dinheiro na execução provisória.

Desse modo, não se sustenta o entendimento segundo o qual, "em se tratando de execução provisória, fere direito líquido e certo do impetrante a determinação de penhora em dinheiro, quando nomeados outros bens à penhora, pois o executado tem direito a que a execução se processe de forma que lhe seja menos gravosa, nos termos do art. 620 do CPC" (Súmula n. 417, III, do TST).

O CPC de 2015 estabelece, inclusive, que a multa de 10% a ser aplicada no caso de condenação em quantia certa ou fixada em liquidação em que não ocorra o pagamento voluntário é devida na execução provisória, em uma clara demonstração de que devem ser adotadas todas as medidas necessárias para a mais rápida satisfação do credor, o que inclui a penhora em dinheiro na execução provisória.

16. Atentado à dignidade da justiça

Conforme o art. 600 do CPC de 1973, considera-se atentatória à dignidade da justiça o *ato do executado* que: I) frauda a execução; II) se opõe maliciosamente à execução, empregando ardis e meios artificiosos; III) resiste injustificadamente às ordens judiciais; IV) intimado, não indica ao juiz, *em cinco dias*, quais são e onde se encontram os bens sujeitos à penhora e seus respectivos valores.[2128]

O CPC de 2015 dispõe, no art. 774, que se considera atentatória à dignidade da justiça a *conduta comissiva ou omissa do executado* que: I) frauda a execução; II) se opõe maliciosamente à execução, empregando ardis e meios artificiosos; III) *dificulta ou embaraça a realização da penhora*; IV) resiste injustificadamente às ordens judiciais; V) intimado, não indica ao juiz quais são e onde estão os bens sujeitos à penhora e os respectivos valores, *nem exibe prova de sua propriedade e, se for o caso, certidão negativa de ônus*.

A comparação entre estes dois textos normativos demonstra que:

a) o CPC de 1973 estabelece situações em que os *atos do executado* serão considerados atentatórios à dignidade da justiça, ao passo que o de 2015 dispõe sobre situações em que a *conduta comissiva ou omissiva do executado* será considerada ato atentatório à dignidade da justiça;

b) o CPC de 2005 prevê situação de atentado à dignidade da justiça que não se encontra prevista no CPC de 1973, ou seja, a *conduta comissiva ou omissiva do executado que dificulta ou embaraça a realização da penhora*;

c) o CPC de 1973 não sanciona a conduta do executado que não exibe prova da propriedade e, se for o caso, certidão negativa de ônus dos bens sujeitos à penhora, ao contrário do que faz o CPC de 2015.

O CPC de 2015 estabelece, no art. 77, IV e VI e § 2º, o dever de cumprir com a exatidão as decisões jurisdicionais, de natureza provisória ou final, de não criar embaraços à sua efetivação e de não praticar inovação ilegal no estado de fato do bem ou direito litigioso.

O direito processual do trabalho é omisso a respeito das hipóteses em que estará configurado o atentado à dignidade da justiça, mas também nele é imperioso agir, com rigor, contra ele. Desse modo, aplicam-se no processo do trabalho, como fonte subsidiária e supletiva do direito processual do trabalho, os arts. 599, II, e 600 da CPC de 1973 e os arts. 772, II, e 774 do CPC de 2015.

(2128) O executado tem o dever de colaborar para que se obtenha, em tempo razoável, a satisfação do credor (art. 6º do CPC de 2015). A caracterização desta forma de atentado pressupõe a existência de bens passíveis de penhora e a recusa do devedor indicar quais são e onde se encontram. Também constitui atentado à dignidade da justiça a prestação de informação inverídica ou incompleta sobre a localização e valor dos bens sujeitos à execução.

Nos casos de atentado à dignidade da justiça, o juiz fixará multa em montante não superior a vinte por cento do valor atualizado do débito em execução, a qual será revertida em proveito do exequente, exigível nos próprios autos do processo, sem prejuízo de sanções de natureza processual ou material (art. 601 do CPC de 1973 e art. 774, parágrafo único, do CPC de 2015).[2129]

O CPC de 1973 autoriza o juiz a relevar a pena relativa à prática de atos que configuram atentado à dignidade da justiça, se o devedor se comprometer a não voltar a praticá-los e der fiador idôneo que responda ao credor pela dívida principal, juros, custas e honorários (art. 601, parágrafo único). Esta autorização deixou de existir no CPC de 2015, o que implica que, a partir de sua entrada em vigor, ao juiz é vedado relevar a pena aplicada em face de atentado à dignidade da justiça, ainda que o executado se comprometa a não praticar atentado à dignidade da justiça e dê fiador idôneo que responda ao credor pela dívida principal, juros, custas e honorários. Isso significa que já não existe o direito à revelação da pena aplicada em razão do atentado à dignidade da justiça.

A cobrança da multa aplicada em face da prática de atentado à dignidade da justiça será promovida nos próprios autos do processo (art. 777 do CPC de 2015).

17. *Averbação da execução no registro de imóveis, no registro de veículos ou no registro de outros bens sujeitos a penhora, arresto ou indisponibilidade*

O CPC autoriza a averbação da execução no registro de imóveis, de veículos e de outros bens sujeitos a penhora, arresto ou indisponibilidade, como medida voltada à caracterização da fraude à execução (art. 615-A, § 3º, do CPC de 1973 e art. 828, § 4º, do CPC de 2015).

Neste sentido, o CPC de 1973 dispõe que o exequente poderá obter, *no ato da distribuição*, certidão comprobatória do ajuizamento, com identificação das partes e valor da causa, para fins de averbação no registro de imóveis, registro de veículos ou registro de outros bens sujeitos a penhora ou arresto (art. 615-A), ao passo que o CPC de 2015 estabelece que o exequente poderá obter certidão de que *a execução foi admitida pelo juiz*,[2130] com identificação das partes e do valor da causa, para fins de averbação no registro de imóveis, de veículos ou de outros bens sujeitos a penhora, arresto ou indisponibilidade (art. 828).

Da comparação dos dois dispositivos legais citados resulta que o CPC de 2015 somente admite a expedição da certidão após o juiz admitir a execução, observando-se que, nos dois dispositivos legais em destaque, a averbação é apresentada como uma faculdade do exequente, que a referência ao arresto permite afirmar que mesmo sem a distribuição da execução a averbação pode ser realizada, quando se trate de pedido de arresto como de tutela provisória antecedente e que a averbação pode se referir tanto à execução definitiva quanto à execução provisória.

No prazo de dez dias, de sua concretização, o exequente deverá comunicar ao juízo as averbações efetivadas (art. 615-A, § 1º, do CPC de 1973 e art. 828, § 1º, do CPC de 2015).[2131]

Formalizada penhora sobre bens suficientes para cobrir o valor da dívida, o exequente providenciará, no prazo de dez dias, o cancelamento das averbações relativas àqueles não penhorados (art. 615-A, § 2º, do CPC de 1973 e art. 828, § 2º, do CPC de 2015). O juiz determinará o cancelamento das averbações, de ofício ou a requerimento, caso o exequente não o faça no prazo (art. 828, § 3º, do CPC de 2015).

Presume-se em fraude à execução a alienação ou oneração de bens efetuada após a averbação (art. 615-A, § 3º, do CPC de 1973 e art. 828, § 4º, do CPC de 2015). A ocorrência de fraude à execução não pressupõe, necessariamente, a realização da averbação em exame. Contudo, esta averbação cria presunção, favorável

(2129) A multa aplicada pela prática de atentado à dignidade da justiça pode ser cumulada com outras sanções de natureza processual, dentre as quais a relativa à litigância de má-fé (art. 77, § 2º, do CPC de 2015), notadamente porque esta é revertida em favor da União (art. 77, § 3º, do CPC de 2015) e, aquela, da parte (art. 774, parágrafo único, do CPC de 2015).

(2130) Cumpre observar, no entanto, que o art. 799, IX, do CPC de 2015 estabelece que incumbe ao exequente proceder à averbação em registro público do *ato de propositura da execução*. Desse modo, proposta a execução, o exequente já está habilitado a requerer certidão para efeito de averbação.

(2131) O descumprimento deste prazo não torna ineficaz a averbação ou prejudica a presunção de conhecimento da distribuição/início da execução por terceiros.

ao exequente, da ocorrência de fraude na alienação ou oneração de bens realizada pelo executado, e, desse modo, contribui para a prevenção de fraude à execução. Realizada a averbação, o terceiro não poderá alegar a sua boa-fé como fundamento para negar a ocorrência de fraude à execução.

De acordo com o CPC de 1973, o exequente que promover averbação *manifestamente indevida* indenizará a parte contrária, nos termos do § 2º do art. 18 do CPC, processando-se o incidente em autos apartados (art. 615-A, § 4º). O CPC de 2015 inovou a matéria, posto que, segundo o seu art. 828, § 5º, o exequente que promover averbação *manifestamente indevida ou não cancelar a averbação após a formalização da penhora* indenizará a parte contrária, processando-se o incidente em autos apartados.[2132]

A averbação em destaque é compatível com o direito processual do trabalho, seja porque facilita a satisfação do credor, seja porque também no processo do trabalho devem ser adotadas as medidas necessárias à manutenção da integridade do patrimônio do executado.

No processo do trabalho, a certidão, para efeito de averbação, pode ser expedida assim que for admitida a execução de título extrajudicial ou for determinado, de ofício ou a requerimento do credor, o início da execução de título judicial.

18. Penhora de bem gravado por penhor, hipoteca, anticrese, alienação fiduciária, usufruto, uso, habitação, promessa de compra e venda, direito de superfície, enfiteuse, concessão de uso especial para fins de moradia, concessão de direito real de uso e de quota social ou ação de sociedade anônima: intimações necessárias

Não existe impedimento para a realização da penhora de bem gravado por penhor, hipoteca, anticrese, alienação fiduciária, usufruto, uso, habitação, promessa de compra e venda, direito de superfície, enfiteuse, concessão de uso especial para fins de moradia, concessão de direito real de uso e de quota social ou ação de sociedade anônima. Contudo, incumbe ao exequente requerer a intimação dos terceiros a que se referem estes ônus e interesses, como condição, inclusive, de eficácia de sua adjudicação ou a alienação dos bens gravados (arts. 615, III, e 619 do CPC de 1973 e arts. 799, 804 e 903 do CPC de 2015).

19. Execução de forma menos gravosa para o devedor

Quando por vários meios o exequente puder promover a execução, o juiz mandará que se faça pelo modo menos gravoso para o executado (art. 620 do CPC de 1973 e art. 805 do CPC de 2015).

Ao executado que alegar ser a medida executiva mais gravosa incumbe indicar outros meios mais eficazes e menos onerosos, sob pena de manutenção dos atos executivos já determinados (art. 805, parágrafo único, de 2015), o que equivale a dizer que não basta ao executado suscitar em seu favor a realização da execução de forma menos gravosa, cumprindo-lhe indicar, ao fazê-lo, meios mais eficazes e menos gravosos para a realização da execução.

Não existe impedimento para a aplicação do art. 620 do CPC de 1973 ou do art. 805 do CPC de 2015 no processo do trabalho, desde que os meios alternativos permitam a satisfação do crédito com a mesma presteza e no mesmo espaço de tempo. Atendida essa condição, não se justifica a adoção da forma de execução que seja mais gravosa para o devedor.[2133]

Nesse compasso, quando o devedor possuir dinheiro creditado em conta corrente e também em conta de aplicação financeira, deve ser realizada a penhora dos valores existentes em conta corrente, vez que essa forma de execução será menos gravosa para o devedor e em nada prejudicará a satisfação do credor.

(2132) A responsabilidade indenizatória não decorre do simples fato de ser acolhida pretensão do executado nos seus embargos ou o juiz extinguir a execução de ofício. Para o seu reconhecimento é indispensável que a averbação tenha sido realizada de forma manifestamente indevida. A indenização será fixada pelo juiz ou, caso não seja possível mensurá-la, liquidada ou arbitrada ou pelo procedimento comum, nos próprios autos (art. 81, § 3º, do CPC de 2015).

(2133) A aplicação do art. 620 do CPC de 1973 no processo do trabalho é admitida pelo TST, consoante se vê da sua Súmula n. 417, ao passo que a Instrução Normativa n. 39/16 do TST estabelece, no art. 3º, XIV, que é aplicável no processo do trabalho o art. 805 do CPC de 2015.

A realização da execução de forma menos gravosa pode ser determinada de ofício, desde que existam nos autos elementos suficientes para aferir a existência de meios igualmente eficazes para garantir a satisfação do credor.

20. Reunião de execuções

O juiz, a requerimento das partes ou *ex officio*, poderá, por conveniência da unidade da garantia da execução, ordenar a reunião de processos contra o mesmo devedor, operando-se a redistribuição dos processos ao juízo da primeira distribuição (art. 765 da CLT e art. 28 da Lei n. 6.830/80).

21. Suspensão da execução. Prescrição intercorrente

O CPC de 1973 estabelece, no art. 791, que a execução é suspensa: a) no todo ou em parte, quando recebidos com efeito suspensivo os embargos à execução; b) nas hipóteses do art. 265, I a III (morte ou perda da capacidade processual de qualquer das partes, de seu representante legal ou de seu procurador; convenção das partes; for oposta exceção de incompetência do juízo, da câmara ou do tribunal, bem como de suspeição ou impedimento do juiz); c) quando o devedor não possuir bens penhoráveis.

O CPC de 2015 dispõe, no art. 921, que a execução será suspensa: a) nas hipóteses dos arts. 313 e 315, no que couber (estes dispositivos tratam da suspensão do processo em caráter geral); b) no todo ou em parte, quando recebidos com efeito suspensivo os embargos; c) quando o executado não possuir bens penhoráveis; d) se a alienação dos bens penhorados não se realizar por falta de licitantes e o exequente, em 15 dias, não requerer a adjudicação nem indicar outros bens penhoráveis; e) quando concedido parcelamento da dívida, nos termos do art. 916.

Quando o executado não possuir bens penhoráveis, o juiz *suspenderá a execução* pelo prazo de um ano, durante o qual se suspenderá a prescrição (art. 921, § 1º, do CPC de 2015), e, decorrido o prazo máximo de um ano sem que seja localizado o executado ou que sejam encontrados bens penhoráveis, o juiz ordenará o *arquivamento dos autos* (art. 921, § 2º, do CPC de 2015), podendo os autos serem desarquivados a qualquer tempo para prosseguimento da execução se forem encontrados bens penhoráveis (art. 921, § 3º, do CPC de 2015).

Decorrido o prazo de um ano da *decisão de arquivamento* sem manifestação do exequente, começa a correr o prazo de *prescrição intercorrente* (art. 921, § 4º, do CPC de 2015), situação em que o juiz, depois de ouvidas as partes, no prazo de quinze dias, poderá, de ofício, reconhecer a prescrição intercorrente e extinguir o processo (art. 921, § 5º, do CPC de 2015).

Ao autorizar a extinção da execução em razão de prescrição intercorrente, o CPC de 2015 generalizou a solução que já estava consagrada na Lei n. 6.830/80, em relação às execuções fiscais.

Com efeito, de acordo com a Lei n. 6.830/80:

a) o processo relativo à execução fiscal será *suspenso* enquanto não for localizado o devedor ou não forem encontrados bens sobre os quais possa recair a penhora, não correndo, nesses casos, a prescrição (art. 40);

b) suspenso o processo, será aberta vista dos autos à Fazenda Pública (art. 40, § 1º);

c) decorrido o prazo máximo de um ano, sem que seja localizado o devedor ou encontrados bens penhoráveis, o juiz ordenará o *arquivamento* do processo (art. 40, § 2º);

d) encontrados que sejam, a qualquer tempo, o devedor ou os bens, serão desarquivados os autos do processo para prosseguimento da execução (art. 40, § 3º);

e) se da *decisão que ordenar o arquivamento* tiver decorrido o prazo prescricional, o juiz, depois de ouvida a Fazenda Pública, poderá, de ofício, reconhecer a prescrição intercorrente e decretá-la de imediato (art. 40, § 4º), estando dispensada a oitiva da Fazenda Pública quando se trate de crédito inferior ao mínimo fixado por ato do Ministro da Fazenda (art. 40, § 5º).

Anote-se que prescrição é extinção da pretensão em razão da omissão no seu oportuno exercício. Não há que se falar em omissão quando a suspensão do processo não puder ser imputada ao credor. Este fato leva à conclusão de que o CPC de 2015 e a Lei n. 6.830/80 não tratam da prescrição propriamente dita. O fato de o devedor não ser encontrado ou de não serem encontrados bens penhoráveis não se equipara à omissão do credor no exercício de sua pretensão. O que o legislador fez foi assimilar a não localização do devedor ou de seus bens passíveis de penhora à omissão do credor na promoção do regular desenvolvimento do processo (pode-se falar, assim, em *prescrição por assimilação*).[2134]

O CPC de 2015, embora autorize a declaração da prescrição intercorrente de ofício, condiciona a manifestação do juiz à prévia oitiva das partes, sendo relevante observar, ainda, que na sistemática por ele adotada, o prazo relativo à prescrição intercorrente tem início após ultrapassado o prazo de um ano contado da suspensão do processo (art. 921, § 4º), o que está em sintonia com a Súmula n. 314 do STJ: "Em execução fiscal, não localizados bens penhoráveis, suspende-se o processo por um ano, findo o qual se inicia o prazo da prescrição quinquenal intercorrente".

De acordo com o art. 792 do CPC de 1973 e o art. 922 do CPC de 2015, convindo às partes, o juiz declarará suspensa a execução durante o prazo concedido pelo credor para que o devedor cumpra voluntariamente a obrigação e, findo o prazo sem cumprimento da obrigação, o processo retomará o seu curso. A suspensão do processo por convenção das partes já é autorizada pelo art. 267, II, do CPC de 1973, ainda que pelo prazo máximo de seis meses (art. 267, § 3º), e também pelo art. 313, II, do CPC de 2015, também pelo prazo máximo de seis meses (art. 313, § 4º). Em relação à execução em particular, tanto o CPC de 1973 quanto o de 2015 não fixam prazo máximo para a suspensão.

Para Humberto Theodoro Júnior, "sendo a suspensão convencionada no prazo de embargos e antes que estes sejam opostos, não será mais possível o manejo dos referidos embargos. É que o prazo a eles relativo é peremptório e, assim, insuscetível de ampliação por convenção das partes".[2135] O mesmo ocorre em relação à suspensão convencionada no prazo para a oposição de recurso, vez que a hipótese é também de prazo peremptório.

Durante a suspensão da execução, é defeso praticar quaisquer atos processuais, exceto as providências cautelares urgentes determinadas pelo juiz (art. 793 do CPC de 1973), prevendo o CPC de 2015 que, suspensa a execução, não serão praticados atos processuais, podendo o juiz, entretanto, salvo no caso de arguição de impedimento ou suspeição, ordenar providências urgentes (art. 923).

A Instrução Normativa n. 39/2016 do TST dispõe, no art. 2º, VIII, que não é aplicável no processo do trabalho o art. 921, §§ 4º e 5º, do CPC de 2015, que tratam da prescrição intercorrente, o que está em sintonia com a sua Súmula n. 219.

22. *Execução por quantia certa*

22.1. Finalidade e técnica de realização.

A finalidade da execução por quantia certa é a satisfação de crédito pecuniário.

Esta modalidade de execução é realizada pela expropriação de bens do executado (retirada de bens do patrimônio do executado, para a satisfação do credor), ressalvadas as execuções especiais (art. 641 do CPC de 1973, art. 824 do CPC de 2015 e arts. 880 e 883 da CLT).

No CPC de 1973 é previsto que a expropriação consiste em: a) adjudicação em favor do exequente e das pessoas indicadas no § 2º do art. 685-A;[2136] b) alienação por iniciativa particular; c) alienação em hasta pública; d) usufruto de bem móvel ou imóvel (art. 647 do CPC).

(2134) Pelos motivos expostos quando do exame da prescrição trabalhista (Capítulo reservado ao estudo do processo e do procedimento), a nosso juízo a prescrição intercorrente não é compatível com o direito processual do trabalho, salvo quando se trate de execução de crédito da Fazenda Pública.

(2135) *Comentários ao Código de Processo Civil*, v. IV, p. 793.

(2136) Credor com garantia real, credores concorrentes que hajam penhorado o mesmo bem, cônjuge, descendentes ou ascendentes do executado.

O CPC de 2015 trata da questão no art. 825, dispondo que a expropriação consiste em:

1) adjudicação;

2) alienação;

3) apropriação de frutos e rendimentos de empresa ou de estabelecimento e de outros bens.

22.2. Procedimento.

22.2.1. Requisitos da petição inicial na execução.

Quando se tratar de execução de título executivo judicial, o seu início pode ser determinado de ofício ou a requerimento do credor, não tendo este requerimento requisitos específicos.

Ao propor a execução de título extrajudicial, incumbe ao exequente:

1 — instruir a petição inicial com: o título executivo; demonstrativo do débito atualizado até a data da propositura da ação, quando se tratar de execução por quantia certa; a prova de que se verificou a condição ou ocorreu o termo, se for o caso;

2 — indicar: a espécie de execução de sua preferência, quando por mais de um modo pode ser realizada; os nomes completos do exequente e do executado e seus números de CPF ou CNPJ; os bens suscetíveis de penhora, sempre que possível (arts. 614 e 615 do CPC de 1973 e art. 798 do CPC de 2015).

Também incumbe ao exequente, na inicial da execução de título executivo extrajudicial:

i) requerer a intimação: a) do credor pignoratício, hipotecário, anticrético ou fiduciário; do titular de usufruto, uso ou habitação; do promitente comprador; do promitente vendedor; do superficiário, enfiteuta ou concessionário; do proprietário do terreno com regime de direito de superfície, enfiteuta, concessão de uso especial para fins de moradia ou concessão de direito real de uso; b) da sociedade, no caso de penhora de quotas sociais ou de ação de sociedade anônima fechada (art. 799 do CPC de 2015);

ii) pleitear, se for o caso, medidas urgentes;

iii) proceder à averbação em registro público do ato de propositura da execução e dos atos de constrição realizados, para conhecimento de terceiro (art. 615 do CPC de 1973 e art. 799 do CPC de 2015).[2137]

Se a petição inicial estiver incompleta ou não se achar acompanhada dos documentos indispensáveis à propositura da execução, o juiz determinará que o exequente a corrija, no prazo de quinze dias, sob pena de seu indeferimento (art. 616 do CPC de 1973 e art. 801 do CPC de 2015). O exequente tem direito à concessão de prazo para emendar a petição inicial antes do seu indeferimento. Aplica-se na hipótese o art. 321 do CPC de 2015, ou seja, o juiz deverá, ao determinar que o autor corrija a petição inicial, indicar com precisão o que deve ser corrigido.

22.2.2. Citação do executado.

A execução tem início com a citação do executado, por mandado, a fim de que cumpra a decisão, o acordo judicial ou a obrigação constante do título executivo extrajudicial no prazo, pelo modo e sob as cominações estabelecidas, ou, quando se tratar de pagamento em dinheiro, inclusive de contribuições previdenciárias devidas à União, para que o faça em quarenta e oito horas ou garanta a execução, sob pena de penhora (art. 880 da CLT).

O mandado de citação deverá conter: quando se tratar de execução de título executivo judicial, a conclusão da decisão exequenda ou o termo de acordo não cumprido (art. 880, § 1º, da CLT);[2138] no caso de execução de título executivo extrajudicial, a cópia do título executivo respectivo e do demonstrativo

(2137) A averbação em destaque foi examinada anteriormente.

(2138) Se for o caso, do mandado deve constar que o montante da condenação será acrescido de multa no percentual de 10%, na hipótese de não ser efetuado o pagamento ou garantido o juízo no prazo próprio.

atualizado do crédito; a ordem de penhora e de avaliação, a serem cumpridas pelo oficial de justiça tão logo verificado o não pagamento ou a ausência de garantia do juízo no prazo assinalado (art. 614, I e II, do CPC de 1973 e arts. 798, I e II, e 829, § 1º, do CPC de 2015).

A citação será realizada pessoalmente ao executado, por oficial de justiça (art. 880, *caput* e §§ 2º e 3º, da CLT).

Se o executado, procurado por 2 (duas) vezes no espaço de 48 (quarenta e oito) horas, não for encontrado, far-se-á a citação por edital, publicado no jornal oficial ou, na sua falta, afixado na sede da Vara ou Juízo, durante 5 (cinco) dias (art. 880, § 3º, da CLT). Destarte, não será realizado o arresto de bens no caso de não localização do executado, ao contrário do que ocorre no processo civil (art. 653 do CPC de 1973 e art. 830 do CPC de 2015), o que equivale a dizer que, no processo do trabalho, o arresto somente pode ser realizado no cumprimento de ordem judicial.

A citação do executado no processo sujeito ao procedimento sumaríssimo pode ser realizada via edital, posto que nele somente é vedada a sua notificação inicial por esse meio (art.852-B, II, da CLT).

É lícito ao executado, *antes de ser citado*, comparecer em juízo e oferecer em pagamento o valor que entender devido, apresentando memória discriminada do cálculo (art. 526 do CPC de 2015). O exequente será ouvido no prazo de cinco dias, podendo impugnar o valor depositado, sem prejuízo do levantamento do depósito a título de parcela incontroversa (art. 526, § 1º, do CPC de 2015). Se o juiz concluir pela insuficiência do depósito, sobre a diferença incidirá multa de dez por cento, seguindo-se a execução com penhora e atos subsequentes (art. 526, § 2º, do CPC de 2015),[2139] mas, se o autor não se opuser, o juiz declarará satisfeita a obrigação e extinguirá a execução (art. 526, § 3º, do CPC de 2015). Tal possibilidade é compatível com o direito processual do trabalho.

Luciano Athayde Chaves sustenta que já não se justifica a citação do executado, afirmando que "o art. 880 da CLT ainda conserva a superada ideia da autonomia do processo de execução, na medida em que alude à necessidade de expedição de 'mandato de citação ao executado a fim de que cumpra a decisão ou o acordo no prazo'. Cuida-se de comando normativo atingido em cheio pelo fenômeno do ancilosamento normativo, diante do que preconiza a atual dinâmica do processo comum, abrindo caminho para o reconhecimento do que a Ciência denomina quebra do sistema (ou lacuna). De outro lado, não expressando a citação pessoal na execução uma providência indispensável para a proteção dos direitos fundamentais do devedor, há que se prestigiar o preceito fundamental da duração razoável do processo (art. 5º, inciso LVXXVIII, CF), de modo a considerar tal providência conforme a atual ordem jurídica (...). Ora, não faz sentido algum manter-se o intérprete fiel ao disposto no art. 880 da CLT enquanto o processo comum dispõe, agora, de uma estrutura que superou a exigência de nova citação para que se faça cumprir decisões judiciais, expressando, assim, maior sintonia com as ideias de celeridade, economia e efetividade processual".[2140]

Mauro Schiavi nega autonomia da execução trabalhista, sustentando ser ela fase do processo, em razão da simplicidade e celeridade do procedimento, da possibilidade de a execução ser promovida de ofício, da ausência de petição inicial da execução por título judicial, dos princípios constitucionais da duração razoável do processo e da efetividade e do acesso à justiça e efetividade da jurisdição trabalhista.[2141]

A nosso juízo, por força do art. 880 da CLT, permanece a necessidade de citação pessoal do executado para que tenha início a execução.

22.2.3. Pagamento.

O executado, quando se tratar de pagamento em dinheiro, é citado para que o faça ou garanta a execução, em quarenta e oito horas.

(2139) A multa será acrescida somente se se entender ser ela aplicável no processo do trabalho.
(2140) *Estudos de direito processual do trabalho*, p. 230.
(2141) *Manual de direito processual do trabalho*. 10. ed. p. 1047.

O pagamento poderá ser feito perante o Diretor de Secretaria, lavrando-se termo de quitação, assinado pelas partes e pelo Diretor de Secretaria (art. 881 da CLT), ou mediante depósito da quantia devida em estabelecimento oficial de crédito ou, na sua falta, em estabelecimento bancário idôneo, em conta que assegure correção monetária (art. 881, parágrafo único, da CLT e arts. 9º e 32 da Lei n. 6.830/80).

O devedor pode efetuar o pagamento da quantia que entender devida e garantir a execução em relação ao saldo remanescente (art. 878-A da CLT, art. 9º da Lei n. 6.830/80 e art. 526 do CPC de 2015), sendo, nesse caso, imediatamente liberado ao credor o valor depositado em seu favor, a título de parcela incontroversa.

22.2.4. Garantia da execução.

O executado poderá optar pela garantia da execução (art. 882 da CLT):

a) mediante depósito do valor devido, atualizado e acrescido de juros[2142], custas processuais e honorários advocatícios e/ou honorários periciais, caso devidos. Por força do que dispõe o art. 39 da Lei n. 8.177/91, a correção monetária e os juros são devidos até a data do efetivo pagamento;[2143]

b) pela nomeação de bens à penhora, observada a ordem estabelecida no art. 655 do CPC de 1973 ou no art. 834 do CPC de 2015.

22.2.5. Penhora.

Se o devedor não pagar e não garantir a execução em relação ao crédito trabalhista e previdenciário, o oficial de justiça penhorar-lhe-á tantos bens quantos bastem para o pagamento do principal corrigido, acrescido de juros de mora, custas e honorários eventualmente devidos (arts. 880 e 883 da CLT).

Penhora é a apreensão de bens para a sua futura expropriação.

Para Enrico Tullio Liebman, a penhora tem por finalidade "individualizar e apreender efetivamente os bens que se destinam aos fins da execução, preparando assim o ato futuro de desapropriação" e "conservar os bens assim individuados na situação em que se encontram, evitando que sejam escondidos, deteriorados ou alienados em prejuízo da execução em curso".[2144] De acordo com esse doutrinador, a penhora escolhe e "destina definitivamente, no patrimônio do responsável, os bens que deverão servir à satisfação do exequente".[2145]

Humberto Theodoro Júnior afirma que "a penhora é o primeiro ato oficial por meio de que o Estado põe em prática o processo de expropriação executiva (...). Consiste, assim, a penhora no 'ato inicial de expropriação do processo de execução, para individualizar a responsabilidade executória, mediante apreensão material, direta ou indireta, de bens constantes do patrimônio do devedor'. Diz-se que é um ato de afetação porque sua consequência imediata é sujeitar os bens por ela alcançados aos fins da execução, colocando-os à disposição do órgão judicial para 'à custa e mediante sacrifício desses bens, realizar o objetivo da execução', que é 'dar satisfação ao credor'".[2146]

(2142) Na jurisprudência colhe-se que: "Os juros de mora e a correção monetária incluem-se na liquidação, ainda que omisso o pedido ou a condenação" (Súmula n. 211 do TST); "Os juros de mora incidem sobre a importância da condenação já corrigida monetariamente" (Súmula n. 200 do TST); "Nas condenações por dano moral, a atualização monetária é devida a partir da data da decisão de arbitramento ou de alteração do valor. Os juros incidem desde o ajuizamento da ação, nos termos do art. 883 da CLT" (Súmula n. 439 do TST).

(2143) Prevê o art. 9º, § 4º, da Lei n. 6.830/80 que o depósito em dinheiro para a garantia da execução faz cessar a responsabilidade do executado pela atualização monetária e pelos juros de mora. Contudo, esta solução não pode ser aplicada à execução trabalhista, vez que, para os créditos objeto da execução trabalhista, existe norma que define o momento a partir do qual cessa a responsabilidade do executado pela correção monetária e os juros de mora, qual seja, o art. 39 da Lei n. 8.177/91. Assim, não existe omissão do direito processual do trabalho a ser suprida pela aplicação, como sua fonte subsidiária, do disposto no art. 9º, § 4º, da Lei n. 6.830/80, cumprindo observar que não são equivalentes o depósito de dinheiro em garantia da execução e o pagamento do credor.

(2144) *Processo de execução*, p. 149.

(2145) *Processo de execução*, p. 150.

(2146) *Processo de execução*, p. 315.

A penhora não retira os bens do domínio do executado, mas torna ineficaz, em relação à execução, sua eventual alienação ou oneração (art. 592, V, do CPC de 1973 e art. 790, V, do CPC de 2015).

22.2.5.1. A penhora é realizada por oficial de justiça (art. 880 da CLT), onde quer que se encontrem os bens, ainda que sob a posse, a detenção ou a guarda de terceiros (art. 659, § 1º, do CPC de 1973 e art. 845, *caput*, do CPC de 2015). Realizada a penhora, o oficial de justiça lavrará o autorespectivo (arts. 664 e 665 do CPC de 1973 e art. 839 do CPC de 2015).

A penhora de imóveis, independentemente de onde se localizem, quando apresentada certidão da respectiva matrícula, e a penhora de veículos automotores, quando apresentada certidão que ateste a sua existência, serão realizadas por termo nos autos (art. 659, § 5º do CPC de 1973 e art. 845, § 1º, do CPC de 2015). A possibilidade de realizar a penhora de imóveis e de veículos automotores e de pôr termo nos autos constitui medida que atende aos princípios da facilitação das formas e procedimentos e da celeridade, o que a torna compatível com o direito processual do trabalho.

Se o executado não tiver bens no foro do processo, não sendo possível a realização da penhora por termo dos autos, a execução será feita por carta, penhorando-se, avaliando-se e alienando-se os bens no foro da situação (art. 658 do CPC de 1973 e art. 845, § 2º, do CPC de 2015).

22.2.5.2. A penhora recairá sobre os bens indicados pelo exequente, salvo se outros forem indicados pelo executado e aceitos pelo juiz, mediante demonstração de que a constrição proposta lhe será menos onerosa e não trará prejuízo ao exequente (art. 829, § 2º, do CPC de 2015).

O CPC de 1973 dispõe, no art. 655, que a penhora observará, preferencialmente, a seguinte ordem: dinheiro, em espécie ou em depósito ou aplicação em instituição financeira;[2147] veículos de via terrestre; bens móveis em geral; bens imóveis; navios e aeronaves; ações e quotas de sociedades empresárias; percentual do faturamento de empresa devedora; pedras e metais preciosos; títulos da dívida pública da União, Estados ou Distrito Federal com cotação em mercado; títulos e valores mobiliários com cotação no mercado; outros direitos.

O CPC de 2015 dispõe que a penhora observará, preferencialmente, a seguinte ordem: dinheiro, em espécie ou em depósito ou aplicação em instituição financeira; títulos da dívida pública da União, dos Estados e do Distrito Federal com cotação em mercado; títulos e valores mobiliários com cotação em mercado; veículos de via terrestre; bens imóveis; bens móveis em geral; semoventes; navios e aeronaves; ações e quotas de sociedades simples e empresárias; percentual do faturamento de empresa devedora; pedras e metais preciosos; direitos aquisitivos derivados de promessa de compra e venda e de alienação fiduciária em garantia; outros direitos (art. 835).

Note-se que, além de alterar a ordem de preferência, o CPC de 2015 incluiu outros bens sobre os quais pode recair a penhora, dentre os quais direitos aquisitivos derivados de promessa de compra e venda e de alienação fiduciária em garantia.

Como prevê o art. 835, § 1º, do CPC de 2015, é prioritária a penhora em dinheiro, mas o juiz pode, nas demais hipóteses, alterar a ordem prevista no art. 835, *caput*, de acordo com as circunstâncias do caso concreto.

Ao estabelecer uma ordem de preferência, o CPC adota a técnica da *execução por graus* ou *por ordem*, em favor da efetividade da atividade executiva e, com isto, da mais rápida satisfação do credor.

A execução pode ser garantida por bens ofertados por terceiro (art. 9º, IV, da Lei n. 6.830/80). O executado só poderá indicar e o terceiro oferecer bem imóvel à penhora com o consentimento expresso do respectivo cônjuge (art. 9º, § 1º, da Lei n. 6.830/80).

(2147) Não fere direito líquido e certo o ato judicial que determina a penhora de dinheiro de banco, em execução definitiva (Orientação Jurisprudencial n. 60 da SDI-2 do TST). Havendo discordância do credor em execução definitiva, não tem o executado direito líquido e certo a que valores penhorados em dinheiro fiquem depositados no próprio banco executado, ainda que atenda aos requisitos do art. 666, I, do CPC (Orientação Jurisprudencial n. 61 da SDI-2 do TST).

22.2.5.3. Modificação da penhora. Redução, ampliação e repetição da penhora.

O executado pode, no prazo de dez dias, contados da intimação da penhora, requerer a *substituição do bem penhorado*, desde que comprove que lhe será menos oneroso e não trará prejuízo ao exequente (art. 668 do CPC de 1973 e art. 847 do CPC de 2015), mas ela somente será autorizada se o executado: comprovar as respectivas matrículas e os registros por certidão do correspondente ofício, quanto aos bens imóveis; descrever os bens móveis com todas as suas propriedades e características, bem como o estado deles e o lugar onde se encontram; descrever os semoventes, com indicação da espécie, de número, de marca ou sinal e do local onde se encontram; identificar os créditos, indicando quem seja o devedor, qual a origem da dívida, o título que a representa e a data do vencimento; atribuir, em qualquer caso, valor aos bens indicados à penhora, além de especificar os ônus e os encargos a que estejam sujeitos (art. 668, parágrafo único, do CPC de 1973 e art. 847, § 1º, do CPC de 2015).

Ao executado caberá, ainda, indicar onde se encontram os bens sujeitos à execução, exibir prova de sua propriedade e certidão negativa ou positiva de ônus, bem como abster-se de qualquer atitude que dificulte ou embarace a realização da penhora (art. 665, § 1º, do CPC de 1973 e art. 847, § 2º, do CPC de 2015).

O executado somente poderá oferecer bem imóvel em substituição caso o requeira com a expressa anuência do cônjuge, salvo se o regime for o de separação absoluta de bens (art. 847, § 3º, do CPC de 2015).

Do pedido de substituição do bem penhorado deverá ser intimado o exequente para manifestar-se (arts. 847, § 4º, e 853 do CPC de 2015).

Qualquer das partes pode requerer a *substituição da penhora*, se: a) ela não obedecer à ordem legal; b) ela não incidir sobre os bens designados em lei, contrato ou ato judicial para o pagamento; c) havendo bens no foro da execução, outros tiverem sido penhorados; d) havendo bens livres, ela tiver recaído sobre bens já penhorados ou objeto de gravame; e) ela incidir sobre bens de baixa liquidez; f) fracassar a tentativa de alienação judicial do bem; g) o executado não indicar o valor dos bens ou omitir qualquer das indicações previstas em lei (art. 655 do CPC de 1973 e art. 848 do CPC de 2015).

Para fins de substituição da penhora, equiparam-se a dinheiro a fiança bancária e o seguro garantia judicial, desde que em valor não inferior ao débito constante do título, acrescido de trinta por cento (art. 9º, II, da Lei n. 6.830/80, art. 656, § 2º, do CPC de 1973 e art. 848, parágrafo único, do CPC de 2015).

Sobre o pedido de uma das partes deverá ser ouvida a outra (art. 853 do CPC de 2015). O juiz decidirá de plano sobre a modificação da penhora (art. 853, parágrafo único, do CPC de 2015), não sendo a decisão passível de recurso, ante a sua natureza interlocutória (art. 893, § 1º, da CLT).

A nomeação aceita será reduzida a termo, havendo-se por penhorados os bens (art. 657 do CPC de 1973 e arts. 838 e 839 do CPC de 2015).(2148)

Se o devedor não comparece para assinar o termo, deverá ser ordenada a expedição de mandado de penhora do bem por ele indicado. Conta-se o prazo para embargos, nessa hipótese, da data da intimação do devedor da penhora realizada pelo oficial de justiça.

É admitida a redução ou a ampliação da penhora, bem como sua transferência para outros bens, se, no curso do processo, o valor de mercado dos bens penhorados sofrer alteração significativa (art. 850 do CPC de 2015).

Não se procede à segunda penhora salvo se: a) a primeira foi anulada; b) executados os bens, o produto da alienação não bastar para o pagamento do exequente; c) o exequente desistir da primeira penhora, por serem litigiosos os bens ou por estarem submetidos a constrição judicial (art. 667 do CPC de 1973 e art. 851 do CPC de 2015).

22.2.5.4. Limite a ser observado na penhora: insuficiência dos bens.

(2148) Sendo a nomeação reduzida a termo, ter-se-á o bem por penhorado, o que torna dispensável a realização da penhora por oficial de justiça.

Não se levará a efeito a penhora quando for evidente que o produto da alienação dos bens encontrados será totalmente absorvido pelo pagamento das custas da execução (art. 659, § 2º, do CPC de 1973 e art. 836 do CPC de 2015), hipótese em que o oficial de justiça descreverá na certidão os bens que guarnecem a residência ou o estabelecimento do executado, quando este for pessoa jurídica (art. 659, § 3º, do CPC de 1973 e art. 836, § 2º, do CPC de 2015). A Instrução Normativa n. 39/16 do TST estabelece, no art. 3º, § 3º, XVII, que é aplicável no processo do trabalho o art. 836 §§ 1º e 2º do CPC de 2015.

22.2.5.5. Documentação da penhora.

A penhora será realizada mediante auto ou termo (art. 838 do CPC de 2015).

22.2.5.6. Arrombamento. Uso de força policial.

Se o executado fechar as portas da casa a fim de obstar a penhora, o oficial de justiça comunicará o fato ao juiz, solicitando-lhe ordem de arrombamento (art. 660 do CPC de 1973 e art. 846 do CPC de 2015).

Deferido o pedido de arrombamento, o oficial de justiça cumprirá o mandado, arrombando cômodos e móveis onde presumir que se achem os bens, e lavrando de tudo auto circunstanciado, que será assinado por duas testemunhas, presentes à diligência (art. 661 do CPC de 1973 e art. 846, § 1º, do CPC de 2015).[2149]

O art. 662 do CPC de 1973 estabelece que, sempre que necessário, o juiz requisitará força policial a fim de auxiliar o oficial de justiça na penhora de bens e na prisão de quem resistir à ordem (art. 662 do CPC de 1973), ao passo que o art. 846, § 2º, do CPC de 2015 aduz à requisição de força policial para auxiliar o oficial de justiça na realização da penhora, deixando de fazer qualquer alusão à prisão do executado, o que implica dizer que afasta esta possibilidade.

De outro lado, de acordo com o art. 663 do CPC de 1973, o oficial lavrará em duplicata o auto de resistência, entregando uma via ao Diretor de Secretaria, para sua juntada aos autos, e a outra à autoridade policial a quem entregar o preso. O CPC de 2015 estabelece, no art. 846, § 3º, que o oficial de justiça lavrará em duplicata o auto da ocorrência, entregando uma via ao escrivão ou ao chefe de secretaria, para ser juntada aos autos, e a outra à autoridade policial a quem couber a apuração criminal dos eventuais delitos de desobediência ou de resistência (foi afastada, como dito, a possibilidade de prisão pelo oficial de justiça, o que justifica a medida estabelecida no art. 846, § 3º, do CPC de 2015, ou seja, a entrega de uma via do auto da ocorrência à autoridade policial).

22.2.5.7. Momento em que se considera realizada a penhora.

A penhora será realizada mediante auto ou termo (art. 838 do CPC de 2015).

Considerar-se-á feita a penhora mediante a apreensão e depósito dos bens, lavrando-se um só auto se as diligências forem cumpridas no mesmo dia (art. 664 do CPC de 1973 e art. 839 do CPC de 2015).

Havendo mais de uma penhora, serão lavrados autos individuais (art. 664, parágrafo único, do CPC de 1973 e art. 839, parágrafo único, do CPC de 2015).

O auto ou termo de penhora conterá: a indicação do dia, do mês, do ano e do lugar em que foi feita; os nomes do exequente e do executado; a descrição do bem penhorado, com as suas características; a nomeação de depositário dos bens (art. 665 do CPC de 1973 e art. 838 do CPC de 2015).

22.2.5.8. Penhora de bens indivisíveis.

No caso de penhora de bem indivisível, o equivalente à quota parte do coproprietário ou do cônjuge recairá sobre o produto da alienação do bem (art. 655-B do CPC de 1973 e art. 843 do CPC de 2015). O CPC

(2149) A penhora é realizada por apenas um oficial de justiça.

de 1973 somente alude à meação do cônjuge, enquanto o CPC de 2015 também alude à quota parte do coproprietário.

O CPC de 2015 estabelece que é reservado ao coproprietário ou cônjuge não executado a preferência na arrematação do bem em igualdade de condições e que não será levada a efeito expropriação por preço inferior ao da avaliação na qual o valor auferido seja incapaz de garantir, ao coproprietário ou ao cônjuge alheio à execução, o correspondente à sua quota parte calculada sobre o valor da avaliação (art. 843, §§ 1º e 2º).

22.2.5.9. Depósito do bem penhorado.

Realizada a penhora, será nomeado o depositário do bem penhorado.

Serão preferencialmente depositados, consoante o art. 666 do CPC de 1973 e o art. 840 do CPC de 2015:

a) as quantias em dinheiro, os papéis de créditos e as pedras e metais preciosos, no Banco do Brasil, na Caixa Econômica Federal ou em banco do qual o Estado ou o Distrito Federal possua mais da metade do capital social integralizado, ou, na falta desses estabelecimentos, em qualquer instituição de crédito designada pelo juiz, observando-se que as joias, as pedras e os objetos preciosos deverão ser depositados com registro do valor estimado de resgate;

b) os móveis, os semoventes, os imóveis urbanos e os direitos aquisitivos sobre imóveis urbanos, em poder depositário judicial, mas, se não houver depositário judicial, os bens ficarão em poder do exequente;

c) os imóveis rurais, os direitos aquisitivos sobre imóveis rurais, as máquinas, os utensílios e os instrumentos necessários ou úteis à atividade agrícola, mediante caução idônea, em poder do executado.

Os bens poderão ser depositados em poder do executado nos casos de difícil remoção ou quando anuir o exequente (art. 666, § 1º, do CPC de 1973 e art. 840, § 2º, do CPC de 2015).

22.2.5.10. Avaliação dos bens penhorados.

O art. 887 da CLT estabelece que a avaliação dos bens penhorados será feita por avaliador escolhido de comum acordo pelas partes (a hipótese é de *convenção processual* versando sobre a avaliação dos bens penhorados). No entanto, o art. 721 da CLT, com a redação que lhe foi conferida pela Lei n. 5.442/68, determina a realização da avaliação por oficial de justiça, o que implica revogação do art. 887 da CLT.

A avaliação somente será repetida nas situações apontadas no art. 683 do CPC de 1973 ou no art. 871 do CPC de 2015.

22.2.5.11. Intimação do executado.

Formalizada a penhora por qualquer dos meios legais, dela deverá ser intimado o executado.

A CLT prevê a intimação pessoal do executado (art. 880, § 2º, da CLT).

No entanto, como medida de economia processual e simplificação dos procedimentos, pode ser adotada, no processo do trabalho, a solução estabelecida pelo CPC de 2015, qual seja, a intimação da penhora poderá ser feita ao advogado ou à sociedade de advogados a que aquele pertença (art. 841, § 1º), o que não se aplica, no entanto, quando a penhora é realizada na presença do executado, que se reputa intimado (art. 841, § 3º), ao passo que, se não houver constituído advogado nos autos, o executado será intimado pessoalmente, preferencialmente por via postal (art. 841, § 2º), observando-se que, nesta última situação, considera-se realizada a intimação do executado sem advogado constituído nos autos quando o executado houver mudado de endereço sem prévia comunicação ao juízo (art. 841, § 4º). Anote-se que a Instrução Normativa n. 39/16 do TST estabelece, no art. 3º, XVIII, que é aplicável no processo do trabalho o art. 841, §§ 1º e 2º do CPC de 2015.

Recaindo a penhora sobre bens imóveis ou direito real sobre imóvel, será intimado o cônjuge do executado, salvo se forem casados em regime de separação absoluta de bens (art. 655, § 2º, do CPC de 1973 e art. 842 do CPC de 2015).

A CLT é omissa em relação à intimação do devedor não localizado. Aplica-se à hipótese a solução estabelecida pela lei de executivos ficais, ou seja, a intimação do devedor far-se-á mediante publicação, no órgão oficial, do ato de juntada do auto de penhora (art. 12).

22.2.5.12. Alienação antecipada dos bens penhorados.

O juiz determinará a alienação antecipada de bens penhorados quando: a) se tratar de veículos automotores, de pedras e metais preciosos e de outros bens sujeitos à depreciação ou à deterioração; b) houver manifesta vantagem (art. 670 do CPC de 1973 e art. 852 do CPC de 2015).

Quando uma das partes requerer a alienação antecipada de bens penhorados, o juiz ouvirá sempre a outra, no prazo de três dias, antes de decidir (art. 670, parágrafo único, do CPC de 1973 e art. 853 do CPC de 2015).

Alienados os bens, o produto será depositado em garantia da execução, à ordem do juiz, em estabelecimento oficial de crédito que assegure correção monetária (art. 21 da Lei n. 6.830/80).

23. *Bens penhoráveis e bens impenhoráveis. Penhora de salário. Situações especiais envolvendo a penhora de bens*

O ordenamento jurídico brasileiro não adotou o *princípio da responsabilidade patrimonial ilimitada*, segundo o qual o devedor responde com todos os seus bens para o cumprimento de suas obrigações, sem exceções.

Neste sentido, o CPC dispõe que o devedor responde com todos os seus bens presentes e futuros para o cumprimento de suas obrigações, *salvo as restrições estabelecidas em lei* (art. 591 do CPC de 1973 e art. 789 do CPC de 2015), sendo nele previsto, ainda, que não estão sujeitos à execução os bens que a lei considera impenhoráveis ou inalienáveis (art. 648 do CPC de 1973 e art. 832 do CPC de 2015).

Impenhorabilidade é a impossibilidade de o bem ser objeto de apreensão para satisfação de créditos objeto de execução. A impenhorabilidade, restringindo a responsabilidade patrimonial do executado, deve ser estabelecida em norma expressa.

A impenhorabilidade pode ser absoluta ou relativa.

23.1. Bens penhoráveis.

Ao estabelecer a ordem a ser observada na realização da penhora, o CPC define, indiretamente, alguns bens penhoráveis: dinheiro, em espécie ou em depósito ou aplicação em instituições financeiras; veículos de via terrestre; bens imóveis; bens móveis em geral; semoventes; navios e aeronaves; ações e quotas de sociedade simples e empresária; percentual do faturamento de empresa devedora; pedras e metais preciosos; direitos aquisitivos derivados de promessa de compra e venda e de alienação fiduciária em garantia (art. 655 do CPC de 1973 e art. 835 do CPC de 2015).

23.2. Bens impenhoráveis.

Não estão sujeitos à execução os bens que a lei considera impenhoráveis.

Consoante o art. 649 do CPC de 1973, são absolutamente impenhoráveis: os bens inalienáveis e os declarados, por ato voluntário, não sujeitos à execução; os móveis, pertences e utilidades domésticas que guarnecem a residência do executado, salvo os de elevado valor ou que ultrapassem as necessidades comuns correspondentes a um médio padrão de vida; os vestuários, bem como os pertences de uso pessoal do executado, salvo se de elevado valor; os vencimentos, subsídios, soldos, salários, remunerações, proventos de aposentadoria, pensões, pecúlios e montepios, as quantias recebidas por liberalidade de terceiro e destinadas ao sustento do devedor e sua família, os ganhos do trabalhador autônomo e os honorários de profissional liberal; os livros, as máquinas, as ferramentas, os utensílios, os instrumentos ou outros bens móveis necessários ou úteis ao exercício de qualquer profissão; o seguro de vida; os materiais necessários para obras em andamento, salvo se estas forem penhoradas; a pequena propriedade rural, assim definida em lei, desde que trabalhada pela família; os recursos públicos recebidos por instituições privadas para aplicação compulsória em educação, saúde ou assistência social; até o limite de 40 (quarenta) salários mínimos, a quantia depositada em caderneta de poupança; os recursos públicos do fundo partidário recebidos, nos termos da lei, por partido político.

O CPC de 1973 acrescenta que: a impenhorabilidade não é oponível à cobrança de crédito concedido para a aquisição do próprio bem (art. 649, § 1º); a restrição relativa à penhora de vencimentos, subsídios, soldos, salários, remunerações, proventos de aposentadoria, pensões, pecúlios e montepios, quantias recebidas por liberalidade de terceiro e destinadas ao sustento do devedor e sua família, ganhos do trabalhador autônomo e honorários de profissional liberal não se aplica no caso de penhora para pagamento de pensão alimentícia (art. 649, § 2º); podem ser penhorados, à falta de outros bens, os frutos e os rendimentos dos bens inalienáveis, salvo se destinado à satisfação de pensão alimentícia (art. 650).

O art. 833, *caput* e § 3º, do CPC de 2015 dispõe que são impenhoráveis:

a) os bens inalienáveis e os declarados, por ato voluntário, não sujeitos à execução;

b) os móveis, pertences e utilidades domésticas que guarnecem a residência do executado, salvo os de elevado valor ou que ultrapassem as necessidades comuns correspondentes a um médio padrão de vida;

c) os vestuários, bem como os pertences de uso pessoal do executado, salvo se de elevado valor;

d) os vencimentos, os subsídios, os soldos, os salários, as remunerações, os proventos de aposentadoria, as pensões, os pecúlios e montepios, as quantias recebidas por liberalidade de terceiro e destinadas ao sustento do devedor e sua família, os ganhos do trabalhador autônomo e os honorários de profissional liberal, *ressalvado o disposto no § 2º*;[2150]

e) os livros, as máquinas, as ferramentas, os utensílios, os instrumentos ou outros bens móveis necessários ou úteis ao exercício de qualquer profissão do executado, bem como os equipamentos, os implementos e as máquinas agrícolas pertencentes a pessoa física ou a empresa individual produtora rural, exceto quando tais bens tenham sido objeto de financiamento e estejam vinculados em garantia a negócio jurídico ou quando respondam por dívida de natureza alimentar, *trabalhista* ou previdenciária;

f) o seguro de vida;

g) os materiais necessários para obras em andamento, salvo se estas forem penhoradas;

h) a pequena propriedade rural, assim definida em lei, desde que trabalhada pela família;

i) os recursos públicos recebidos por instituições privadas para aplicação compulsória em educação, saúde ou assistência social;

j) a quantia depositada em caderneta de poupança, até o limite de 40 (quarenta) salários mínimos;

k) os recursos públicos do fundo partidário recebidos por partido político, nos termos da lei;

l) os créditos oriundos de alienação de unidades imobiliárias, sob regime de incorporação imobiliária, vinculados à execução da obra.

Acrescenta o CPC de 2015 que a impenhorabilidade não é oponível à execução de dívida relativa ao próprio bem, inclusive àquela contraída para a sua aquisição (art. 832, § 1º), que podem ser penhorados, à falta de outros bens, os frutos e rendimentos dos bens inalienáveis (art. 834) e que a Instrução Normativa n. 39/16 do TST estabelece, no art. 3º, XV, que é aplicável no processo do trabalho o disposto no art. 833, incisos e parágrafos do CPC de 2015.

As restrições estabelecidas pelo CPC merecem algumas considerações.

(2150) Esta ressalva será examinada quanto tratamos da penhora de salário.

A referência, no art. 649, V, do CPC de 1973 e no art. 833, IV, a bens necessários ou úteis ao exercício de *profissão* torna certo que a restrição em relação à sua penhora somente beneficia *pessoas físicas*, que são as que podem exercer profissão.

De acordo com Humberto Theodoro Júnior, o privilégio "é apenas daqueles que vivem do trabalho pessoal próprio, de maneira que não se inclui no dispositivo apreciado firma comercial, individual ou coletiva. Deve-se observar, outrossim, que a profissão que torna as coisas do devedor impenhoráveis há de ser exercida atualmente, isto é, na ocasião da penhora".[2151]

A 4ª Turma do STJ decidiu que o art. 649, VI, do CPC se aplica "às pequenas empresas, onde os sócios trabalham pessoalmente".[2152] No entanto, o CPC de 2015, ao acrescentar a impenhorabilidade dos equipamentos, implementos e máquinas agrícolas, somente faz referência a pessoa física e à *empresa individual*, ou seja, somente a empresa individual é beneficiada pela impenhorabilidade estabelecida no art. 833, IV, do CPC de 2015.

O seguro é estabelecido em favor de terceiros e, por essa razão, não pode ser objeto de penhora. Cumpre observar, no entanto, que o seguro em destaque não se confunde com aquele em que o próprio instituidor pode dele se valer, na medida em que a hipótese é de um verdadeiro plano de capitalização.

A impenhorabilidade da quantia depositada em caderneta de poupança, até o limite de 40 (quarenta) salários mínimos, é incompatível com o direito processual do trabalho quando se trata de crédito de natureza salarial. Entre a garantia da sobrevivência do trabalhador e a proteção dos investimentos do devedor aquela é que deve prevalecer.

23.3. Penhora de bens de família.

A Lei n. 8.009/90 veda, salvo nas hipóteses que especifica a penhora do imóvel residencial próprio do casal ou da entidade familiar, sendo compreendidos pela impenhorabilidade o imóvel em que se assentam a construção, as plantações, as benfeitorias de qualquer natureza e todos os equipamentos, inclusive de uso profissional, ou móveis que guarnecem a casa, desde que quitados, sendo excluídos dela, no entanto, veículos de transporte, obras de arte e adornos suntuosos (arts. 1º e 2º).

O art. 3º, I, da Lei n. 8.009/90 autorizava a penhora de bem de família para a satisfação de crédito de trabalhadores da própria residência do empregador, mas foi revogado pela Lei Complementar n. 150/15.

Por adornos suntuosos, tem-se entendido os equipamentos e móveis que não sejam imprescindíveis à família ou entidade familiar, tais como freezer, televisão, rádio, forno elétrico e micro-ondas.

O STF já decidiu que "a Lei 8.009/90 se aplica às execuções pendentes, sem afronta ao ato jurídico perfeito ou ao direito adquirido (art. 5º, XXXVI, da Constituição)",[2153] ao passo que, consoante a Súmula n. 205 do STJ, "a Lei n. 8.009/1990 aplica-se à penhora realizada antes da sua vigência". Este ponto de vista está em sintonia com o ponto de vista segundo o qual são de direito processual as normas sobre a responsabilidade patrimonial, o que implica a sua aplicação a processos em curso.

Cumpre observar, no entanto, que: a) considera-se realizada a penhora com a apreensão e depósito dos bens; b) apreendidos e depositados os bens, tem-se no processo um ato jurídico perfeito e acabado; c) o ato jurídico perfeito e acabado está a salvo dos efeitos das leis editadas após a sua concretização, conforme se infere do art. 6º da Lei de Introdução às Normas do Direito Brasileiro e do art. 5º, XXXVI, da Constituição; d) as leis processuais não alcançam os atos praticados sob a égide da lei antiga. Tudo isto permite afirmar que a Lei n. 8.009/90 não alcança a penhora realizada antes da sua entrada em vigor.

(2151) *Processo de execução*, p. 325.
(2152) STJ, 4ª T., Resp. 536.544-SP, Rel. Min. César Asfor Rocha, DJU 3.11.2003, p. 324.
(2153) STF, AI 247.004-1, Rel. Min. Moreira Alves, DJU 16.9.1999, p. 11.

Sequer se pode falar, para justificar o efeito retroativo da lei, que se trata de norma especial ou de caráter público, vez que o art. 5º, XXXVI, da Constituição não afasta as normas de ordem pública do alcance do princípio da irretroatividade.

Em suma, a proteção da moradia familiar não autoriza desconsiderar os valores prestigiados pela Constituição, dentre eles a irretroatividade da lei e o respeito ao ato jurídico perfeito e acabado.

Sendo a impenhorabilidade uma exceção ao princípio da responsabilidade patrimonial, cabe a quem a invoca comprovar o fato em que se sustenta, ou seja, a utilização do imóvel como residência do casal ou entidade familiar.[2154]

Os princípios da celeridade e economia processual autorizam desfazer o gravame, no caso de impenhorabilidade de bem de família, nos próprios autos da execução, em resposta a simples requerimento do executado.

A Lei n. 8.009/90 visa impedir a subtração do bem de família do patrimônio do devedor por ato do credor. Nada impede que o devedor renuncie à impenhorabilidade instituída em seu favor, nomeando à penhora bem de família. Nomeando bem de família à penhora, o executado não poderá invocar a sua impenhorabilidade em seu favor.

A Lei n. 8.009/90 estabelece, no art. 3º, *caput*, que a impenhorabilidade que estabelece é oponível na execução trabalhista. Contudo, o detido exame da citada lei permite afirmar a sua incompatibilidade com a Constituição, cujo art. 100, § 1º, atribui aos créditos de caráter alimentar natureza superprivilegiada. Com efeito, no artigo em destaque, são colocados a salvo da impenhorabilidade créditos relativos a contribuições previdenciárias, financiamento destinado à construção, ou aquisição do imóvel, impostos, taxas e contribuições de melhoria, hipoteca e fiança concedida em contrato de locação, desconsiderando-se, portanto, o privilégio especial estabelecido pela Constituição em favor do crédito de natureza alimentar.

23.4. Penhora de salários.

Referência especial merece a penhora de salários.

O art. 649, IV, do CPC de 1973 e o art. 833, IV, do CPC de 2015 estabelecem que o salário é impenhorável, embora não de forma absoluta.

O CPC de 1973 prevê a possibilidade de penhora de salário para pagamento de prestação alimentícia (art. 649, § 2º).

O CPC de 2015 vai um pouco mais adiante, permitindo a penhora de salário para o pagamento de prestação alimentícia, independentemente de sua origem, bem como das importâncias excedentes a 50 salários mínimos, desde que preservada a metade dos ganhos líquidos do executado (art. 833, IV e § 2º).

A Convenção n. 95 da OIT admite, expressamente, a penhora de salários. Com efeito, de acordo com o item 2 do art. 10 da Convenção n. 95 da OIT, "o salário deve ser protegido contra a penhora ou a cessão, na medida julgada necessária para assegurar a manutenção do trabalhador e de sua família".

À luz da citada Convenção, portanto, é lícita a penhora de salários, desde que sejam garantidas ao trabalhador devedor as condições necessárias para uma vida digna.

A citada Convenção compõe o ordenamento jurídico brasileiro, posto que foi aprovada pelo Decreto Legislativo n. 24/56 e promulgada por meio do Decreto n. 41.721/57.

(2154) Segundo a Súmula n. 486 do STJ: "É impenhorável o único imóvel do devedor que esteja locado a terceiros, desde que a renda obtida com a locação seja revertida para a subsistência ou a moradia da sua família". Nos termos da Súmula n. 364 do STJ: "O conceito de impenhorabilidade de bem de família abrange também o imóvel pertencente a pessoas solteiras, separadas e viúvas". Consoante a Súmula n. 449 do STJ: "A vaga de garagem que possui matrícula própria no registro de imóveis não constitui bem de família para efeito de penhora".

A Convenção n. 95 da OIT deve prevalecer no confronto com o CPC, por estabelecer condição que favorece a condição social do trabalhador credor, o que está em sintonia com o art. 7º, *caput*, da Constituição,[2155] valendo lembrar ainda, que, em eventual conflito de normas, deve prevalecer aquela que seja mais favorável ao trabalhador (*princípio da aplicação da norma mais favorável*). Acrescente-se que a Convenção examinada integra a ordem jurídica brasileira com o *status* de supralegalidade, o que também faz com que prevaleça sobre o CPC (art. 5º, § 3º, da Constituição).

É certo que a Convenção n. 95 da OIT estabelece, no art. 10, item 1, que o salário não poderá ser objeto de penhora, *a não ser segundo as modalidades e nos limites prescritos pela legislação nacional*.

Ocorre que o legislador já fornece subsídios suficientes para definir os limites da penhora de salários.

Como primeiro subsídio legislativo, tem-se o art. 928, *caput* e parágrafo único, do Código Civil, segundo o qual, respectivamente, "o incapaz responde pelos prejuízos que causar, se as pessoas por ele responsáveis não tiverem obrigação de fazê-lo ou não dispuserem de meios suficientes" e "a indenização prevista neste artigo, que deverá ser equitativa, *não terá lugar se privar do necessário o incapaz ou as pessoas que dele dependem*" (destacamos). Dos citados comandos legais resultam que quem sofre um dano deve ser ressarcido, mas o ressarcimento não pode resultar na privação do que é necessário à sobrevivência digna do devedor. Aplicada esta solução na verificação da viabilidade da penhora de salários, pode ser afirmado que o trabalhador credor pode ser satisfeito à custa do salário do trabalhador devedor, *desde que a satisfação do primeiro não implique privação do necessário à sobrevivência digna do segundo*.

O art. 928, parágrafo único, do Código Civil estabelece o princípio da *indenização equitativa*, ao passo que, no processo, pode-se falar em princípio da *penhora equitativa*. Nos dois casos (*indenização equitativa* e *penhora equitativa*), é estabelecido um *limite humanitário* à responsabilidade patrimonial do executado.

O segundo subsídio legislativo para o exame da questão em destaque é fornecido pelo art. 649, II, do CPC de 1973 e pelo art. 833, II, do CPC de 2015, que consideram absolutamente impenhoráveis os móveis, os pertences e as utilidades domésticas que guarnecem a residência do executado, salvo os de elevado valor ou que ultrapassem as necessidades comuns correspondentes a um *médio padrão de vida*. Sob esse prisma, visando à satisfação do trabalhador credor, o trabalhador executado pode ser privado dos bens que *ultrapassem as necessidades comuns correspondentes a um médio padrão de vida*. Desse modo, os altos salários podem ser objeto de penhora, desde que assegurado ao trabalhador devedor o suficiente para o atendimento das necessidades comuns correspondentes a um médio padrão de vida.

Em suma, o art. 928 do Código Civil, o art. 649, II, do CPC de 1973 e o art. 833, II, do CPC de 2015 estabelecem os limites reclamados pelo art. 10, item I, da Convenção n. 95 da OIT.

Se se entender que tais limites não são os reclamados na Convenção, resta recorrer ao art. 833, § 2º, do CPC de 2015, que autoriza a penhora das importâncias excedentes a cinquenta salários mínimos, preservada em favor do executado, no entanto, a metade de seu salário líquido.

No exame da questão não pode ser olvidado que *a dignidade do trabalhador credor tem a mesma importância da dignidade do trabalhador devedor*. O respeito a estas duas dignidades deve ser harmonizado, para que o respeito à dignidade de um trabalhador (devedor) não se faça à custa da violação da dignidade do outro (credor).

Embora o CPC de 2015 seja uma evolução, o legislador brasileiro foi muito acanhado, estabelecendo limite muito elevado, se comparado ao que resulta do direito comparado.

Na Alemanha, o CPC autoriza a penhora de ingressos laborais, assim entendidas as retribuições por serviços e pensão de funcionários, trabalhadores ou prestadores de serviços, aposentados, e ingressos similares que estão sendo percebidos a título provisório ou durante a relação laboral ou de serviços, de acordo com os percentuais nele fixados (§§ 850 e 850a e 850i). Estabelece citado Código, por exemplo, que são impenhoráveis os *ingressos laborais mensais que não ultrapassem 930 Euros*.

(2155) O *caput* do art. 7º da Constituição da República estabelece uma *hierarquia flexível* das normas que compõem o direito do trabalho: na eventualidade do conflito entre normas, deve prevalecer aquela que contribua para a melhoria da condição social do trabalhador.

No Chile, o Código do Trabalho autoriza a penhora de *até 50% (cinquenta por cento) da remuneração do trabalhador*, para pagamento de remuneração por ele devida a trabalhador que a ele prestou serviços na qualidade de empregado.

A Ley de Enjuiciamiento Civil da Espanha dispõe que são impenhoráveis salários, retribuições ou equivalentes *que não excedam a quantia fixada para o salário mínimo interprofissional e estabelece percentuais passíveis de penhora, que variam de 30% a 100%* (art. 607). Assim, por exemplo, se o devedor recebe dois salários mínimos, pode ser penhorado de 30% a 100% do segundo salário, ao passo que, recebendo três salários mínimos, deste terceiro salário pode ser penhorado o percentual de 50% a 100%.

O CPC italiano permite a penhora de *até 1/5 (um quinto) do valor do crédito alimentar* para a satisfação de crédito da mesma natureza (art. 545).

Em Portugal, estabelece o art. 824º, inciso 1, alínea *a*, do CPC que são impenhoráveis *"dois terços dos vencimentos, salários ou prestações de natureza semelhante, auferidos pelo executado"*. No inciso 2 do citado artigo é estabelecido que a impenhorabilidade dos vencimentos, salários ou prestações de natureza semelhante, auferidos pelo executado, tem como limite máximo o montante equivalente a três salários mínimos vigentes à data de cada apreensão, e como limite mínimo, quando o executado não tenha outro rendimento e o crédito exequendo não seja de alimentos, o montante equivalente a um salário mínimo nacional.

A necessária harmonização da proteção da dignidade humana do trabalhador empregado com a do trabalhador seu empregador, o art. 10, item 2, da Convenção n. 95 da OIT e o direito comparado (que serve de subsídio para a solução de casos concretos, consoante o art. 8º da CLT) autorizam afirmar que é lícita a penhora de salários do trabalhador empregador para saldar crédito trabalhista de natureza salarial até o importe correspondente a 1/5 (um quinto) do seu valor líquido mensal, garantido, sempre, ao trabalhador empregador o recebimento do equivalente ao salário mínimo, não encontrando respaldo, no direito processual do trabalho, a restrição constante do art. 833, II e § 2º, do CPC de 2015, no sentido de que a penhora somente pode recair sobre as importâncias excedentes a 50 salários mínimos e desde que seja assegurado ao executado cinquenta por cento do seu salário líquido, em especial porque o montante estabelecido vai muito além do que é necessário para assegurar a manutenção do trabalhador e de sua família.

Cumpre registrar que, consoante a Orientação Jurisprudencial n. 153 da SDI-2 do TST, "ofende direito líquido e certo decisão que determina o bloqueio de numerário existente em conta salário, para satisfação de crédito trabalhista, ainda que seja limitado o determinado percentual dos valores recebidos ou a valor revertido em fundo de aplicação ou poupança, visto que o art. 649, IV, do CPC contém norma imperativa que não admite interpretação ampliativa, sendo a exceção prevista no art. 649, § 2º, do CPC espécie e não gênero de crédito de natureza alimentícia, não englobando o crédito trabalhista". No entanto, consoante já foi registrado, a Convenção n. 95 da OIT admite a penhora de salários, desde que se assegure a manutenção do trabalhador devedor e de sua família, ou, dito de outra forma, desde que sejam garantidas ao trabalhador empregador as condições necessárias para uma vida digna.

23.5. Concurso de penhoras.

A penhora de um bem não impede que sobre ele recaia(m) nova(s) penhora(s), como se infere dos arts. 711 e 712 do CPC de 1973 e do art. 908 do CPC de 2015, que fixam a ordem a ser seguida na satisfação dos credores quando sobre o mesmo bem recair mais de uma penhora.

23.6. Penhora de bem gravado por penhor, hipoteca, anticrese e usufruto.

Os bens objeto de penhor, anticrese, hipoteca ou usufruto podem ser penhorados, consoante autorizam afirmar os arts. 615, II, e 619 do CPC de 1973 e os arts. 798, II, e 804 do CPC de 2015.

O que se exige, na hipótese, é que da penhora seja intimado o credor pignoratício, hipotecário, ou anticrético e o usufrutuário (art. 615, II, do CPC e art. 798, II, do CPC de 2015), como condição de eficácia da sua alienação (art. 619 do CPC de 1973 e art. 804 do CPC de 2015).

Penhorado e alienado o bem gravado por penhor, hipoteca ou anticrese, primeiro será pago o credor de crédito decorrente da relação de emprego e, havendo saldo remanescente, os demais credores. Esta é a solução indicada pelo art. 1.422, parágrafo único, do Código Civil, o qual dispõe que, antes do credor hipotecário ou pignoratício, devem ser pagas as dívidas que, em virtude de outras leis, devam ser pagas precipuamente a quaisquer outros créditos e é o que ocorre com o crédito decorrente da relação de emprego, que o art. 100, § 1º, da Constituição e o art. 186 do Código Tributário Nacional consideram superprivilegiado.

Contudo, no caso de crédito decorrente de relação de trabalho não subordinado, primeiro deve ser pago o credor civil e, havendo saldo, o prestador de serviços (art. 1.422, parágrafo único, do Código Civil).

23.7. Penhora de bem gravado por penhor ou hipoteca constituídos por cédula de crédito rural.

O financiamento rural poderá ser efetivado mediante cédula de crédito rural, constituindo esta uma promessa de pagamento em dinheiro, com ou sem garantia real (arts. 1º e 9º do Decreto-lei n. 167/67).

O art. 69 do Decreto-lei n. 167/67 estabelece que os bens objeto de penhor ou de hipoteca constituídos pela cédula de crédito rural não poderão ser penhorados para garantia da satisfação de outras dívidas do emitente ou do terceiro empenhador ou hipotecante.

O art. 69 do Decreto-lei n. 167/67 foi revogado pelo CPC de 1973, que estabelece a impenhorabilidade dos bens objeto de penhor ou hipoteca constituídos por cédula de crédito rural (art. 649). Ademais, o Código Civil não ressalva, no art. 1.422, parágrafo único, a garantia estabelecida em cédula de crédito rural, o que reforça a conclusão de que o bem sobre a qual recaia é passível de penhora.

A propósito, a SDI-I do TST editou a Orientação Jurisprudencial n. 226: "Diferentemente da cédula de crédito industrial garantida por alienação fiduciária, na cédula rural pignoratícia ou hipotecária o bem permanece no domínio do devedor (executado), não constituindo óbice à penhora na esfera trabalhista (Decreto-lei n. 167/67, art. 69; CLT, art. 889; arts. 10 e 30 da Lei n. 6830/80)".

23.8. Penhora de bem objeto de alienação fiduciária em garantia.

Para garantir o cumprimento das obrigações assumidas em contrato de financiamento de bens móveis, o devedor pode transferir ao credor o domínio resolúvel e a posse indireta do bem alienado, independentemente da tradição efetiva do bem, tornando-se o alienante ou devedor o seu possuidor de direito e depositário (art. 66 da Lei n. 4.728/65, com a redação que lhe conferiu o Decreto-lei n. 911/69).

No caso de inadimplemento da obrigação garantida, o proprietário fiduciário pode vender a coisa a terceiro e aplicar o preço da venda no pagamento do seu crédito e das despesas decorrentes da cobrança, entregando ao devedor o saldo porventura apurado, se houver (art. 66, § 4º, da Lei n. 4.728/65, com a redação que lhe conferiu o Decreto-lei n. 911/69).

Pelo fato de o devedor transferir ao credor o domínio do bem objeto de alienação fiduciária em garantia (o que significa que, com a alienação, o bem deixa o patrimônio do devedor alienante), a doutrina majoritária afirma a impossibilidade de sua penhora. É esse o entendimento consagrado na Orientação Jurisprudencial n. 226 da SDI-I do TST, transcrita no item anterior.

Ocorre, no entanto, que a alienação fiduciária nada mais é do que uma *garantia* instituída em favor do agente financiador. Essa garantia deve ceder lugar à garantia maior, que resulta da natureza alimentar do crédito oriundo da relação de emprego. Como o crédito resultante da relação de emprego goza de privilégio especial (art. 100, § 1º, da Constituição Federal e art. 186 do Código Tributário Nacional), a sua satisfação prefere a do credor fiduciário. Daí a possibilidade de penhora de bem objeto de alienação fiduciária em garantia.

Se for negada a possibilidade da penhora do bem objeto da alienação fiduciária em garantia, não se pode olvidar que cada prestação paga pelo devedor representa acréscimo no seu patrimônio e todos os bens que compõem o patrimônio do devedor respondem pela liquidação de sua dívida. Com isso, mesmo que não se admita a penhora do bem alienado em garantia para a imediata satisfação do trabalhador, pode ela ser realizada sobre o valor correspondente às prestações pagas pelo devedor. Destarte, penhorado o bem dado em alienação fiduciária em garantia, o produto da sua alienação será utilizado para pagar o credor fiduciário e, havendo saldo, satisfazer o trabalhador. É esta, inclusive, a hipótese do art. 835, XII, do CPC de 2015, que autoriza a penhora de direitos aquisitivos derivados de alienação fiduciária em garantia, o que alcança a parcela do patrimônio do devedor fiduciário acrescentada a cada prestação do financiamento paga.

23.9. Penhora de dinheiro em depósito ou aplicação em instituição financeira. Penhora *on-line.*

A penhora poderá recair sobre dinheiro, em espécie ou em depósito ou aplicação em instituição financeira (art. 11, I, da Lei n. 6.830/80, arts. 592, III, e 655, I, do CPC de 1973 e art. 835, I, do CPC de 2015).

A penhora de dinheiro prefere à de qualquer outro bem, por força da ordem preferencial estabelecida pelo art. 655 do CPC de 1973 e pelo art. 835, I, do CPC de 2015, e, ainda, da expressa previsão neste sentido constante do art. 835, § 1º, do CPC de 2015, registrando-se que a Instrução Normativa n. 39/16 do TST estabelece, no art. 3º, XVI, que é aplicável no processo do trabalho o art. 835 incisos e parágrafos do CPC de 2015.

Para possibilitar a penhora de dinheiro em depósito ou aplicação em instituição financeira, o juiz, de ofício ou a requerimento do credor, requisitará à autoridade supervisora do sistema bancário, preferencialmente por meio eletrônico, informações sobre a existência de ativos em nome do executado, podendo no mesmo ato determinar sua indisponibilidade, até o valor indicado na execução (art. 655-A do CPC de 1973, art. 854 do CPC de 2015, arts. 653, *caput* e alínea *f*, 765 e 878 da CLT e art. 3º, XIX, da Instrução Normativa n. 39/16 do TST).[2156]

A determinação de indisponibilidade ou bloqueio de ativos do devedor transmitida por meio eletrônico tem sido denominada de *penhora on-line*. Contudo, a penhora não se confunde com a indisponibilidade ou bloqueio de ativos do executado por ordem judicial. A indisponibilidade ou bloqueio de ativos do executado por ordem judicial visa tornar possível a penhora futura.[2157] O uso forense, no entanto, já consagrou a expressão *penhora on line.*

Da penhora por meio eletrônico (*penhora on-line*) tratam o art. 659, § 6º, do CPC de 1973 e o art. 837 do CPC de 2015, que autorizam a penhora de numerário por meios eletrônicos, o que se aplica no processo do trabalho (arts. 769 e 889 da CLT e art. 15 do CPC de 2015).

O uso de meio eletrônico para a realização de penhora constitui medida salutar, que responde à necessidade de maior celeridade e efetividade da tutela jurisdicional. Daí ter o TST, por meio do Provimento n. 6/2005, estabelecido que, na execução definitiva, o sistema *Bacenjud* deve ser utilizado com prioridade sobre outras modalidades de constrição judicial.

Não ocorre, na *penhora on-line*, afronta ao sigilo bancário do executado, vez que o juiz não tem acesso à sua movimentação financeira. Existindo ativos passíveis de penhora, a instituição financeira se limitará a informar este fato ao juiz e a cumprir a determinação de seu bloqueio, sem qualquer informação sobre a movimentação das contas nas quais foi realizado o bloqueio.

Não se pode olvidar, ainda, que o direito ao sigilo bancário, conquanto tenha sede constitucional (art. 5º, X e XII, da Constituição), não é absoluto e não pode ser utilizado como meio para dificultar a satisfação dos credores do executado, em especial quando se tratar de crédito alimentar reconhecido em decisão judicial.

O sigilo bancário se presta ao interesse social de resguardo da privacidade e não pode ser utilizado contra o interesse social de satisfação dos créditos reconhecidos em título a que a lei concede força executiva.

(2156) Mesmo antes de a Lei n. 11.382/06 autorizar a transmissão de pedido de informações sobre ativos e determinação de sua indisponibilidade por meio eletrônico, esta prática já havia sido objeto de convênio firmado entre o Tribunal Superior do Trabalho e o Banco Central do Brasil (*Bacenjud*).

(2157) São neste sentido, inclusive, o art. 655-A do CPC de 1973 e o art. 854 do CPC de 2015, segundo os quais, *para possibilitar a penhora* de dinheiro em depósito ou aplicação financeira, o juiz poderá requisitar informações à autoridade supervisora do sistema bancário e determinar, no mesmo ato, a indisponibilidade dos ativos do devedor.

Note-se, inclusive, que a satisfação de quem é lesado em seus direitos é também uma garantia constitucional (art. 5º, XXXV, da Constituição). Com isso, esses dois interesses devem ser harmonizados, de forma que, existindo execução em curso, pode o juiz colher informações junto à entidade supervisora do sistema financeiro sobre ativos do devedor e determinar o seu bloqueio ou a sua penhora, respeitando, sempre, o valor objeto da execução (a execução visa à satisfação do credor sem ônus desnecessários para o devedor. Com isso, o bloqueio de dinheiro em depósito ou aplicação financeira deve se limitar ao valor do crédito executado, correção monetária, juros, custas e honorários periciais e advocatícios devidos).

Cumpre observar que, "havendo discordância do credor, em execução definitiva, não tem o executado direito líquido e certo a que os valores penhorados em dinheiro fiquem depositados no próprio banco, ainda que atenda aos requisitos do art. 666, I, do CPC" (Súmula n. 417, II, do TST).

Cabe ao executado comprovar a existência de eventual impedimento legal à penhora dos valores em depósito ou aplicação financeira (art. 655-A, § 2º, do CPC de 1973 e art. 854, § 3º, I, do CPC de 2015), bem como que ainda remanesce indisponibilidade excessiva de ativos financeiros (art. 854, § 3º, II, do CPC de 2015).

23.10. Penhora na boca do caixa.

Respondendo o devedor para o cumprimento de suas obrigações com todos os seus bens, presentes e futuros, e sendo autorizada a penhora de dinheiro a ele pertencente, é lícita a penhora do dinheiro arrecadado diariamente em seu estabelecimento (*penhora na boca do caixa*).

O CPC de 1973 e o CPC de 2015 autorizam a penhora de *percentual* do faturamento de empresa devedora e não de todo o seu faturamento, o que se aplica, por analogia, à *penhora na boca do caixa*. Neste sentido, como dispõe o art. 866, § 1º, do CPC de 2015, o juiz fixará percentual que propicie a satisfação do crédito exequendo em tempo razoável, mas que não torne inviável o exercício da atividade empresarial. A propósito, tem-se a Orientação Jurisprudencial n. 92 da SDI-2 do TST: "É admissível a penhora da renda mensal ou faturamento de empresa, limitada a determinado percentual, desde que não comprometa o desenvolvimento regular de suas atividades".[2158]

No entanto, a penhora na boca do caixa deve ser limitada a um percentual que não comprometa o desenvolvimento regular das atividades do executado.

23.11. Penhora de créditos e outros direitos patrimoniais. Penhora de créditos junto a administradoras de cartão de crédito.

O crédito do executado junto a terceiros compõe o seu patrimônio e, nesta qualidade, pode ser objeto de penhora.

A penhora de créditos do executado junto a terceiros é expressamente autorizada pelos arts. 11, VIII, da Lei n. 6.830/80, 671 do CPC de 1973 e 855 do CPC de 2015.

A penhora de créditos será realizada por oficial de justiça ou considerar-se-á feita pela intimação ao terceiro devedor para que não pague ao seu executado e ao executado, credor de terceiro, para que não pratique ato de disponibilização do crédito (art. 671 do CPC e art. 855 do CPC de 2015).

(2158) De acordo com o art. 655-A, § 3º, do CPC de 1973, "na penhora de percentual do faturamento da empresa executada, será nomeado depositário, com a atribuição de submeter à aprovação judicial a forma de efetivação da constrição, bem como de prestar contas mensalmente, entregando ao exequente as quantias recebidas, a fim de serem imputadas no pagamento da dívida". Já o art. 866, *caput*, do CPC de 2015 prevê que "se o executado não tiver outros bens ou, se tendo-os, esses forem de difícil alienação ou insuficientes para saldar o crédito executado, o juiz poderá ordenar a penhora de percentual de faturamento de empresa. O juiz nomeará administrador-depositário, o qual submeterá à aprovação judicial a forma de sua atuação e prestará contas mensalmente, entregando em juízo as quantias recebidas, com os respectivos balancetes mensais, a fim de serem imputados no pagamento da dívida". Assim, a penhora de percentual de faturamento da empresa passa a pressupor que o executado não tenha outros bens ou, tendo-os, esses forem de difícil alienação ou insuficientes para saldar o crédito executado. Por fim, prevê o art. 866, § 3º, do CPC de 2015 que, na penhora de percentual de faturamento de empresa, observar-se-á, no que couber, o disposto quanto ao regime de penhora de frutos e rendimentos de coisa móvel ou imóvel (o que é disciplinado, naquele Código, nos arts. 867 a 869).

A penhora de crédito, representado por letra de câmbio, nota promissória, duplicata, cheque ou outros títulos, far-se-á pela apreensão do documento, esteja ou não em poder do devedor (art. 672 do CPC de 1973 e art. 856 do CPC de 2015). Se o título não for apreendido, mas o terceiro confessar a dívida, será havido como depositário da importância (art. 672, § 1º, do CPC de 1973 e art. 856, § 1º, do CPC de 2015). O terceiro só se exonerará da obrigação depositando em juízo a importância da dívida (art. 672, § 2º, do CPC de 1973 e art. 856, § 2º, do CPC de 2015).

Se o terceiro negar o débito em conluio com o executado, a quitação, que este lhe der, considerar-se-á em fraude de execução (art. 672, § 3º, do CPC de 1973 e art. 856, § 3º, do CPC de 2015).

Feita a penhora em direito e ação do executado, e não tendo este oferecido embargos ou sendo estes rejeitados, o exequente ficará sub-rogado nos direitos do executado até a concorrência do seu crédito (art. 673 do CPC de 1973 e art. 857 do CPC de 2015).

A sub-rogação não impede o sub-rogado, se não receber seu crédito do executado, de prosseguir na execução, nos mesmos autos, penhorando outros bens do devedor (art. 673, § 2º, do CPC de 1973 e art. 857, § 2º, do CPC de 2015).

Quando a penhora recair sobre dívida de dinheiro a juros, de direito a renda ou de prestações periódicas, o exequente poderá levantar os juros, os rendimentos ou as prestações, à medida que forem sendo depositadas, abatendo-se do crédito as importâncias recebidas, conforme as regras da imputação em pagamento (art. 675 do CPC de 1973 e art. 858 do CPC de 2015). O pagamento parcial do credor também pode ser realizado quando se trate de penhora na boca do caixa e de faturamento da empresa.

Recaindo a penhora sobre direito que tenha por objeto prestação ou restituição de coisa determinada, o executado será intimado para, no vencimento, depositá-la, correndo sobre ela a execução (art. 676 do CPC de 1973 e art. 859 do CPC de 2015).

Pode ser penhorado crédito do devedor junto a administradoras de cartões de crédito, podendo o juiz, por aplicação analógica do art. 655-A do CPC de 1973 e do art. 854 do CPC de 2015, requisitar às administradoras de cartão de crédito, preferencialmente por meio eletrônico, informações sobre a existência de créditos m nome do executado, e, no mesmo ato, determinar a sua indisponibilidade até o valor indicado na execução. Na data em que o crédito estiver disponível para liquidação, o valor objeto de bloqueio deverá ser transferido, pela administradora do cartão de crédito, para conta judicial, à disposição do juiz da execução, realizando-se, em seguida, a sua convolação em penhora, com intimação do devedor, para, querendo, apresentar embargos. Também aqui deve ser aplicada a restrição constante do art. 655, VII, do CPC de 1973 e 835, X, do CPC de 2015: o bloqueio deve recair sobre *percentual* do crédito do devedor.

23.12. Penhora no rosto dos autos.

Quando o direito estiver sendo pleiteado em juízo, a penhora que recair sobre ele será averbada, com destaque, nos autos pertinentes ao direito e na ação correspondente à penhora, a fim de que esta seja efetivada nos bens que lhe forem adjudicados ou que vierem a caber ao executado (art. 674 do CPC de 1973 e art. 860 do CPC de 2015).

O oficial de justiça lavrará o auto de penhora e intimará o escrivão ou diretor de secretaria para que proceda a sua averbação na capa dos autos do processo em que o direito estiver sendo pleiteado.

23.13. Penhora de bem vinculado a cédula de crédito industrial.

A cédula de crédito industrial é promessa de pagamento em dinheiro, com garantia real, cedularmente constituída (Decreto-lei n. 413/69).

Estabelece o art. 57 do Decreto-lei n. 413/69 que os bens vinculados à cédula de crédito industrial não serão penhorados por outras dívidas do emitente.

A SDI-I do TST, pela Orientação Jurisprudencial n. 226, adotou entendimento de que é inviável a penhora do bem vinculado a cédula de crédito industrial, sob o argumento de que a cédula de crédito industrial é garantida por alienação fiduciária.

Ocorre, porém, que o CPC de 1973, que é posterior ao citado Decreto-lei, não inclui o bem vinculado à cédula de crédito industrial entre os bens impenhoráveis, o que resulta na sua revogação.

Ademais, o crédito decorrente da relação de emprego goza, em razão de sua natureza predominantemente alimentar, de privilégio especial (arts. 100, § 1º, da Constituição e 186 do Código Tributário Nacional). Destarte, entre a satisfação de crédito alimentar e o da instituição financeira, não há como deixar de optar pela primeira.

Registre-se, ainda, que citado Decreto-lei, em seu art. 59, estabelece que os bens adquiridos ou pagos com o crédito objeto da cédula "responderão primeiramente pela satisfação do título, não podendo ser vinculados ao pagamento de dívidas privilegiadas, enquanto não for liquidada a cédula". Salta aos olhos que referido comando legal, quando protege o crédito relacionado com a cédula de crédito industrial, está em total desarmonia com a Constituição Federal, que, como visto, atribui privilégio especial ao crédito de natureza alimentar, e, ainda, com o art. 1.422, parágrafo único, do Código Civil, segundo o qual, antes do credor hipotecário ou pignoratício, devem ser pagas as dívidas que, em virtude de outras leis, devam ser pagas precipuamente a quaisquer outros créditos.

O bem vinculado a cédula de crédito industrial pode, portanto, ser penhorado para a satisfação de dívida resultante da relação de emprego. Alienado o bem, o produto da arrematação será utilizado na liquidação do crédito trabalhista e o saldo remanescente, se houver, será repassado ao credor da cédula.

23.14. Penhora de frutos e rendimentos de coisa móvel ou imóvel.

O CPC de 1973 incluía entre as formas de expropriação de bens do executado o usufruto de bem móvel ou imóvel (art. 647, IV). O CPC de 2015 substitui, na definição das formas de apropriação, o usufruto de bens pela apropriação de frutos e rendimentos de empresa ou de estabelecimento e de outros bens (art. 824, III).

Consoante o art. 867 do CPC de 2015, o juiz poderá ordenar a penhora de frutos e rendimentos de coisa móvel ou imóvel quando a considerar mais eficiente para o recebimento do crédito e menos gravoso ao executado.

Ordenada a penhora de frutos e rendimentos, o juiz nomeará administrador-depositário, que será investido de todos os poderes inerentes à administração do bem e à fruição de seus frutos e utilidades, perdendo o executado o direito de gozo do bem, até que ao exequente seja pago o principal, os juros, as custas e os honorários advocatícios, podendo o juiz nomear administrador-depositário o exequente ou o executado, ouvida a parte contrária, e, não havendo acordo, nomeará profissional qualificado para o desempenho da função (arts. 868 e 869 do CPC de 2015), tendo a medida eficácia em relação a terceiros a partir da publicação da decisão que a conceda ou de sua averbação no ofício imobiliário, em caso de imóveis (art. 868, § 1º, do CPC de 2015), devendo esta averbação ser providenciada pelo exequente, mediante a apresentação de certidão de inteiro teor do ato, independentemente de mandato judicial (art. 868, § 2º, do CPC de 2015).

O administrador submeterá à aprovação judicial a forma de administração e deve prestar contas periodicamente (art. 869, § 1º, do CPC de 2015). Havendo discordância entre as partes ou entre essas e o administrador, o juiz decidirá a melhor forma de administração dos bens (art. 869, § 2º, do CPC de 2015).

Se o imóvel estiver arrendando, o inquilino pagará o aluguel diretamente ao exequente, salvo se houver administrador (art. 869, § 3º, do CPC de 2015), podendo o exequente ou o administrador celebrar locação do móvel ou imóvel, ouvido o executado (art. 869, § 4º, do CPC de 2015). No caso de pagamento do aluguel ao administrador, este repassará ao exequente as quantias recebidas, a fim de serem imputadas ao pagamento da dívida (art. 869, § 5º), conferindo o exequente ao executado, por termo nos autos, quitação das quantias recebidas (art. 869, § 6º, do CPC de 2015).

23.15. Reforço e excesso de penhora. Excesso de execução.

A penhora deverá recair sobre quantos bens bastem ao pagamento do crédito objeto da execução, incluído o relativo às contribuições previdenciárias, corrigido e acrescido de juros, custas e honorários devidos (art. 883 da CLT).

Se o valor dos bens penhorados não for suficiente para garantir a satisfação do crédito objeto da execução e seus acessórios, o juiz poderá, de ofício ou a requerimento, determinar o *reforço da penhora*.

Dá-se o *excesso de penhora* quando forem penhorados bens cujo valor ultrapassa o necessário à satisfação dos créditos objeto da execução e seus acessórios. Nesse caso, o juiz poderá, a requerimento do interessado e ouvida a parte contrária, mandar reduzir a penhora aos bens suficientes ou transferi-la para outros bens (art. 685, I, do CPC de 1973 e art. 874, I, do CPC de 2015).

Somente se pode falar em excesso de penhora quando existam outros bens sobre os quais a penhora possa recair. De outro lado, não ocorre excesso de penhora quando o mesmo bem é penhorado para garantir duas ou mais execuções.

O excesso de penhora não se confunde com o *excesso de execução*, que ocorre quando: a) o credor pleiteia quantia superior à que lhe assegura o título; b) a execução recai sobre coisa diversa daquela declarada no título; c) a execução se processa de modo diferente do que foi determinado no título; d) o exequente, sem cumprir a prestação que lhe corresponde, exige o adimplemento da prestação do executado; e) o exequente não prova que a condição se realizou (art. 743 do CPC de 1973 e arts. 525, § 4º, e 917, § 2º, do CPC de 2015).

24. Prisão do depositário infiel

Aquele que recebe em depósito os bens penhorados responde pela sua guarda e conservação (arts. 1.266 e 1.287 do Código Civil).

Prevê o CPC de 1973 que, adjudicados ou arrematados os bens penhorados, o seu depositário será intimado para, no prazo de 24 (vinte e quatro) horas, entregá-los ou depositar em juízo o seu equivalente em dinheiro, devendo constar da intimação a cominação da pena de prisão, de até um ano, para a hipótese de seu não atendimento (arts. 902, § 1º, e 904). Portanto, o depositário tem, além dos deveres de guarda e conservação, o dever ético-jurídico de entregar os bens, ou o seu equivalente em dinheiro, assim que for intimado para fazê-lo.

À luz do disposto nos arts. 902, § 1º, e 904 do CPC de 1973, se os bens não forem entregues no prazo assinalado e o depositário não efetuar, no mesmo prazo, o depósito do seu equivalente em dinheiro, o juiz poderá decretar a sua prisão, por até um ano, nos próprios autos da execução, independentemente de ação de depósito (art. 666, § 3º).

Sob este prisma, sendo omissa a CLT e sendo compatíveis com as suas regras e os seus princípios os arts. 902, § 1º, e 904 do CPC de 1973, também no processo do trabalho é lícita a prisão do *depositário infiel* (depositário que deixa de entregar os bens penhorados ou o seu equivalente em dinheiro no prazo assinalado pelo juiz), com a ressalva de que:

a) não é lícita a prisão quando os bens forem retirados da guarda do depositário em razão do decreto de falência da empresa ou de ordem judicial, hipóteses em que não ocorre descumprimento do dever de devolução do bem no prazo assinalado pelo juiz (Súmula n. 305 do STJ). Nestes casos, há uma impossibilidade jurídica de promover a entrega do bem, aplicando-se à hipótese, por analogia, o disposto no art. 5º, LXVII, da Constituição de 1988 que autoriza a prisão em razão do *inadimplemento voluntário e inescusável* de obrigação alimentícia voluntária;

b) o depositário não responde pelos casos fortuitos ou de força maior, mas, para que lhe valha a escusa, terá que prová-los (art. 1.277 do Código Civil);

c) a rescisão do contrato do empregado nomeado depositário de bens do seu empregador não o dispensa do dever de guarda e de restituição do bem que lhe foi confiado. Cumpre-lhe comunicar a sua dispensa ao juiz da causa e pleitear sua destituição do encargo de depositário, oportunidade em que deverá informar onde os bens se encontram;

d) consoante a Súmula n. 304 do STJ, "é ilegal a decretação da prisão civil daquele que não assume expressamente o encargo de depositário judicial";

e) a SDI-2 do TST, na Orientação Jurisprudencial n. 89, adotou o entendimento de que "a investidura no encargo de depositário depende de aceitação do nomeado, que deve assinar termo de compromisso no auto de penhora, sem o que, é inadmissível a restrição de seu direito de liberdade";

f) de acordo com a Orientação Jurisprudencial n. 143 da SDI-2 do TST, "não se caracteriza a condição de depositário infiel quando a penhora recair sobre coisa futura e incerta, circunstância que, por si só, inviabiliza a materialização do depósito no momento da constituição do paciente em depositário, autorizando-se a concessão de '*habeas corpus*' diante da prisão ou ameaça de prisão que sofra".

Além de encontrar autorização no CPC de 1973, a prisão do depositário infiel é estabelecida, de forma expressa, pelo art. 5º, LXVII, da Constituição de 1988 ("Não haverá prisão por dívida, salvo a do responsável pelo inadimplemento voluntário e inescusável de obrigação alimentícia e a do depositário infiel").

O STF, examinando a viabilidade da prisão do depositário infiel, decidiu que "o depositário judicial de bens penhorados, que é responsável por sua guarda e conservação, tem o dever ético-jurídico de restituí-los, sempre que assim for determinado pelo juízo da execução. O desvio patrimonial dos bens penhorados, quando praticados pelo depositário judicial *ex voluntate* própria e sem autorização prévia do juízo da execução, caracteriza a situação configuradora de infidelidade depositária, apta a ensejar, por si mesma, a possibilidade de decretação, no âmbito do processo executório, da prisão civil desse órgão auxiliar do juízo, independentemente da propositura da ação de depósito. A prisão civil, embora medida privativa da liberdade de locomoção física do depositário infiel, não tem conotação penal, pois a sua única finalidade consiste em compelir o devedor a satisfazer obrigação que somente a ele compete executar. O instituto da prisão civil — por revestir-se de finalidade jurídica específica — não ostenta o caráter de pena, eis que a sua imposição não pressupõe, necessariamente, a prática de ilícito penal. Precedentes. É impertinente a invocação, tratando-se de prisão civil, do princípio constitucional que consagra, no processo penal de condenação, a presunção *juris tantum* de não culpabilidade dos acusados. A prisão civil do depositário judicial, que é decretada no processo de execução, reveste-se de legitimidade plena, quando se enseja àquele que a sofre a possibilidade de justificar o desvio dos bens penhorados ou de contestar as alegações de infidelidade depositária".[2159]

Contudo, o STF editou a Súmula Vinculante n. 25, prevendo que: "é ilícita a prisão de depositário infiel, qualquer que seja a modalidade do depósito".

O novo posicionamento do STF tem como fundamento o art. 7º da Convenção Americana sobre Direitos Humanos — Pacto de São José da Costa Rica —, segundo o qual "ninguém deve ser detido por dívidas. Este princípio não limita os mandados de autoridade judiciária competente expedidos em virtude de inadimplemento de obrigação alimentar".[2160]

A nosso juízo, a postura adotada pelo STF é merecedora de crítica.

É que a prisão do depositário infiel *não é uma prisão por dívidas*, posto que fundamentada no *descumprimento do dever legal de apresentação do bem recebido em depósito*, situação que não é contemplada pelo Pacto

(2159) STF, *Habeas Corpus* 71.038-7-MG, Rel. Min. Celso de Mello, DJU 13.5.1994, p. 11339.

(2160) Ao proferir voto nos autos do Recurso Extraordinário n. 466.343-1-SP, o Min. Gilmar Mendes afirma que a Convenção não revogou o art. 5º, LXVII, da Constituição, mas tem *efeito paralisante em relação à legislação infraconstitucional* que trata da prisão do depositário infiel, afastando a base legal para a aplicação do art. 5º, LXVII, da Constituição. Esta decisão corresponde, na prática, à negativa de qualquer efeito ao art. 5º, LXVII, da Constituição. Não se pode perder de vista, no entanto, que a Constituição vale por si, inclusive quando assegura direitos, e seus preceitos são dotados de aplicabilidade direta, o que "implica sobretudo que os poderes públicos não podem invocar a falta de regulamentação legal para proibir ou recusar o exercício destes direitos", como é assinalado por José Carlos Vieira de Andrade (*Os direitos fundamentais na Constituição Portuguesa de 1976*, p. 208-209).

de São José da Costa Rica. Note-se, inclusive, que o depositário dos bens pode ser o próprio credor e a sua prisão, na hipótese de não apresentação dos bens recebidos em depósito no prazo assinalado pelo juiz, não será uma prisão por dívida. Neste caso, a prisão não pode ser considerada meio coercitivo de execução.

Como decidiu o STJ:

> "No depósito judicial, o depositário representa o *longa manus* do juízo da execução, seu auxiliar e órgão de suas atribuições, cumprindo-lhe, no exercício de suas atividades, guardar e conservar os bens apreendidos, estando sempre pronto a apresentá-los em juízo. A falta de argumentos plausíveis a justificar o descumprimento do dever de guarda legitima a prisão do depositário infiel."[2161]

O CPC de 2015 não faz referência à prisão do depositário infiel.

25. *Embargos à execução*

O devedor poderá opor-se à execução por meio de embargos, depois de garantido o juízo (art. 884 da CLT).

Os embargos constituem ação incidental à execução, que, consoante Enrico Tullio Liebman, "introduz no organismo do processo de execução um verdadeiro processo de cognição".[2162]

25.1. Os embargos à execução não terão efeito suspensivo, não impedindo a prática de atos executivos, inclusive os de expropriação (arts. 475-M e 739-A do CPC de 1973 e arts. 525, § 6º, e 919 do CPC de 2015).[2163]

Pode o juiz, no entanto, atribuir efeito suspensivo aos embargos.

Com efeito:

a) o CPC de 1973 estabelece que pode o juiz, a requerimento do embargante, atribuir efeito suspensivo à impugnação quando sejam relevantes seus fundamentos e o prosseguimento da execução manifestamente possa causar ao executado grave dano de difícil ou incerta reparação (art. 475-M) ou quando, sejam relevantes seus fundamentos, o prosseguimento da execução manifestamente possa causar ao executado grave dano de difícil ou incerta reparação, e desde que a execução já esteja garantida por penhora, depósito ou caução suficientes (art. 739-A);

b) o CPC de 2015 estabelece que o juiz poderá, a requerimento do embargante, atribuir efeito suspensivo aos embargos quando garantido o juízo por penhora, caução ou depósito suficientes, seus fundamentos forem relevantes e se o prosseguimento da execução for manifestamente suscetível de causar ao executado grave dano de difícil ou incerta reparação (art. 525, § 6º) ou quando verificar os requisitos para a concessão da tutela provisória e desde que a execução já esteja garantida por penhora, caução ou depósito suficientes (art. 919, § 1º).[2164]

Ainda de acordo com o CPC de 2015:

a) a concessão de efeito suspensivo aos embargos não impedirá a efetivação dos atos de substituição, de reforço ou de redução da penhora e de avaliação de bens (arts. 525, § 7º, e 919, § 5º);

(2161) STJ, 2ª T., AgRg no HC 30.045-SP, Min. João Otávio Noronha, DJU 6.10.2003.

(2162) *Embargos do executado*, p. 210.

(2163) O CPC (1973 e 2015) institui a fase de cumprimento da sentença que reconhece a exigibilidade de obrigação de pagar quantia certa e substitui os embargos à execução pela *impugnação* como meio de defesa do executado. Como no processo do trabalho é mantida a execução como processo autônomo, os embargos à execução continuam sendo o meio de defesa do executado. Assim, nas referências ao CPC (de 1973 e de 2015), quando for ele aplicável no processo do trabalho, a expressão *impugnação* será considerada como correspondente, no processo do trabalho, aos *embargos à execução*.

(2164) A exigência de penhora, caução ou depósito *suficiente* indica que a garantia parcial da execução impede a concessão de efeitos suspensivos aos embargos.

b) quando o efeito suspensivo atribuído aos embargos disser respeito apenas a parte dos atos de execução ou a parte do objeto da execução, esta prosseguirá quanto à parte restante (arts. 525, § 8º, e 919, § 3º);

c) a concessão de efeito suspensivo aos embargos deduzidos por um dos executados não suspenderá a execução contra os que não embargarem, quando o respectivo fundamento disser respeito exclusivamente ao embargante (arts. 525, § 9º, e 919, § 4º);

d) ainda que atribuído efeito suspensivo aos embargos, é lícito ao exequente requerer o prosseguimento da execução, oferecendo e prestando, nos próprios autos, caução suficiente a ser arbitrada pelo juiz (art. 525, § 10);

e) cessando as circunstâncias que a motivaram, a decisão relativa aos efeitos dos embargos poderá, a requerimento da parte, ser modificada a qualquer tempo, em decisão fundamentada (art. 919, § 5º).

Iguais disposições são encontradas nos arts. 475-M e 739-A do CPC de 1973.

25.2. Somente tem legitimidade para opor embargos à execução o devedor que teve bens penhorados (art. 884 da CLT).(2165)

Contudo, sendo vários os devedores, o que não teve bens penhorados pode apresentar embargos à execução em conjunto com o que teve bens penhorados, salvo se "as defesas manejadas pelos coexecutados forem diversas".(2166)

25.3. Os embargos devem ser apresentados no prazo de cinco dias (art. 884 da CLT).

O prazo para embargos da Fazenda Pública será examinado quando tratamos da execução contra a Fazenda Pública.

Conta-se o prazo para embargos (art. 884 da CLT):

a) do depósito do valor correspondente ao crédito executado para a garantia da execução;

b) da assinatura do termo de nomeação de bens à penhora;

c) da intimação do executado da realização da penhora.

No caso de penhoras sucessivas (reforço ou repetição da penhora), o prazo para embargos é contado da primeira delas. Novos embargos somente podem ser propostos para atacar vício inerente à nova penhora realizada.

25.4. Estabelece o art. 884, § 1º, da CLT que nos embargos à execução pode o devedor alegar:

a) cumprimento da decisão ou do acordo (depósito em juízo do valor devido);

b) quitação (pagamento direto ao credor);

c) prescrição da dívida (prescrição da pretensão executiva ou prescrição intercorrente).(2167)

Nos embargos, o executado também poderá impugnar a sentença de liquidação (art. 884, § 3º, da CLT).

Essas são, a princípio, as matérias que o executado poderá alegar nos embargos à execução fundada em título judicial.

(2165) A dispensa da garantia do juízo para apresentar embargos operada pelo CPC de 1973 (art. 736) e pelo CPC de 2015 (art. 914) não alcança os embargos a serem ofertados no processo do trabalho, posto que o direito processual do trabalho possui norma expressa a respeito (art. 884 da CLT).

(2166) THEODORO JÚNIOR, Humberto. *Processo de execução*, p. 429.

(2167) Prescreve a pretensão executiva no mesmo prazo em que prescreve a pretensão ao reconhecimento do direito (Súmula n. 150 do STF).

Contudo, a CLT permite que nos embargos o devedor impugne a sentença de liquidação e também admite que a penhora tenha a sua regularidade questionada nos embargos (art. 884, § 3º).

A matéria que pode ser suscitada nos embargos, com isso, não é restrita às elencadas no art. 884, § 1º, da CLT.

De outro lado, por força dos arts. 769 e 889 da CLT e 15 do CPC de 2015, nos embargos à *execução fundada em título judicial* o executado pode suscitar, além das matérias indicadas na CLT, aquelas indicadas no art. 475-L do CPC de 1973 ou no art. 525 do CPC de 2015, quais sejam:

a) falta ou nulidade de citação se, na fase de conhecimento, o processo correu à revelia (se o processo não correu à revelia, eventual vício da citação deve ser suscitado no processo de conhecimento, na primeira oportunidade que a parte tiver para se manifestar nos autos ou no processo — art. 795 da CLT);

b) ilegitimidade de parte;

c) inexequibilidade do título ou inexigibilidade da obrigação (o CPC de 1973 somente alude à inexigibilidade do título, observando-se que inexigível é a obrigação reconhecida no título e não o próprio título);

d) penhora incorreta ou avaliação errônea;

e) excesso de execução ou cumulação indevida de execuções (o CPC de 1973 somente se refere ao excesso de execução);

f) incompetência absoluta ou relativa do juízo da execução (estas matérias foram acrescentadas pelo CPC de 2015);

g) qualquer causa modificativa ou extintiva da obrigação, como pagamento, novação, compensação, transação ou prescrição, desde que supervenientes à sentença (o CPC de 1973 também aduz a causa impeditiva da obrigação);

h) impedimento ou suspeição do juiz (hipótese prevista no art. 525, § 2º, do CPC de 2015).

O executado que não impugnou os cálculos de liquidação no momento oportuno não pode, tendo em vista a ocorrência de preclusão, impugná-los em embargos (art. 879, § 2º, da CLT). Contudo, a preclusão decorrente da não impugnação dos cálculos não alcança erros materiais ou aritméticos ou inexatidão dos cálculos, que podem ser corrigidos a qualquer tempo, bem como parcela estranha à condenação maliciosamente incluída na liquidação pelo exequente (aplicação do princípio da vedação do enriquecimento ilícito e da adequação da execução à coisa julgada).

Conforme se infere dos arts. 883 e 879 da CLT, as inexatidões materiais e erros de cálculo não são alcançados pela coisa julgada, salvo quando objeto de debate e manifestação judicial. Inexatidão material ou erro de cálculo é o que diz respeito à fixação do valor de determinada parcela (erro aritmético).

Quando o executado alegar que o exequente, em excesso de execução, pleiteia quantia superior à resultante da sentença, cumprir-lhe-á declarar de imediato o valor que entende correto, apresentando demonstrativo discriminado e atualizado de seu cálculo (art. 475-L, § 2º, do CPC de 1973 e art. 525, § 4º, do CPC de 2015, observando-se que o CPC de 1973 não exige a apresentação de demonstrativo do cálculo efetuado pelo embargante). O não atendimento destas exigências implicará na rejeição liminar dos embargos, se o excesso for o seu único fundamento, ou, se houver outro, os embargos serão processados, mas o juiz não examinará a alegação de excesso de execução (art. 475-L, § 2º, do CPC de 1973 e art. 525, § 5º, do CPC de 2015).

Nos embargos à *execução de título extrajudicial*, pode o executado alegar, além das matérias indicadas no art. 884, § 1º, da CLT e considerando o disposto no art. 745 do CPC de 1973 ou no art. 917 do CPC de 2015:

a) inexequibilidade do título ou inexigibilidade da obrigação;

b) penhora incorreta ou avaliação errônea;

c) excesso de execução ou cumulação indevida de execuções;

d) retenção por benfeitorias necessárias ou úteis, nos casos de execução para entrega de coisa certa (neste caso, o exequente poderá requerer a compensação do seu valor com o dos frutos ou dos danos considerados devidos pelo executado, cumprindo ao juiz, para apurar os respectivos valores, nomear perito — art. 745, § 1º, do CPC de 1973 e art. 917, § 5º, do CPC de 2015);

e) incompetência absoluta ou relativa do juízo da execução;

f) qualquer matéria que seria lícito ao executado deduzir como defesa em processo de conhecimento.

No processo do trabalho, é nos embargos que o executado poderá alegar incorreção da penhora ou da avaliação, não sendo nele aplicável o disposto no art. 917 do CPC de 2015, que admite a alegação de tais fatos por simples petição, isto quando se tratar de execução de título judicial (art. 917, § 1º).

Nos embargos à execução de título extrajudicial, quando o executado alegar que o exequente, em excesso de execução, pleiteia quantia superior à resultante da sentença, cumprir-lhe-á declarar na petição inicial o valor que entende correto, apresentando demonstrativo discriminado e atualizado de seu cálculo (art. 739-A, § 5º, do CPC de 1973 e art. 917, § 3º, do CPC de 2015). O não atendimento destas exigências implicará na rejeição liminar dos embargos, sem julgamento do mérito, se o excesso de execução for o seu único fundamento, ou, se houver outro fundamento, os embargos serão processados, mas o juiz não examinará a alegação de excesso de execução (art. 739-A, § 5º, do CPC de 1973 e art. 917, § 4º, do CPC de 2015).

Nos embargos, como foi dito anteriormente, o executado poderá alegar a inexequibilidade do título ou a inexigibilidade da obrigação. De acordo com o art. 475-L, § 1º, do CPC de 1973 e o art. 525, § 12, do CPC de 2015, considera-se inexigível a obrigação reconhecida em título executivo judicial fundado em lei ou ato normativo considerado inconstitucional pelo Supremo Tribunal Federal, ou fundado em aplicação ou interpretação da lei ou do ato normativo tida pelo STF como incompatível com a Constituição Federal, em controle concentrado ou difuso (o CPC de 1973 fala em aplicação ou interpretação tida como incompatível com a Constituição Federal pelo STF, tendo o CPC de 2015 estabelecido que se trata de manifestação do STF em controle de constitucionalidade concentrado ou difuso). Trata-se da denominada *coisa julgada inconstitucional*,[2168] instituto que se insere no contexto da denominada *relativização da coisa julgada*.[2169]

25.5. Por força do disposto no art. 884 da CLT e do art. 740 do CPC de 1973 ou do art. 920 do CPC de 2015, recebidos os embargos:

a) o exequente será ouvido no prazo de cinco dias (art. 884 da CLT);[2170]

b) a seguir, o juiz julgará imediatamente o pedido ou designará audiência (art. 884, § 2º, da CLT);[2171]

c) encerrada a instrução, o juiz proferirá sentença, em cinco dias (art. 885 da CLT), tornando, no caso de serem procedentes os embargos, insubsistente a penhora.

Não se realizará audiência nos embargos à execução se eles versarem sobre matéria de direito ou, sendo de direito e de fato, a prova for exclusivamente documental (art. 17, parágrafo único, da Lei n. 6.830/80).

(2168) Ao Supremo Tribunal Federal compete preservar a supremacia da Constituição Federal, tendo sido a ele conferido, para tanto, o monopólio da última palavra em tema de interpretação das normas constitucionais (art. 102 da Constituição Federal). O desrespeito às decisões do Supremo Tribunal Federal pelos demais órgãos do Poder Judiciário debilita a força normativa da Constituição Federal.

(2169) Este tema foi objeto de exame no Capítulo reservado ao estudo da sentença e da coisa julgada.

(2170) O exequente é intimado para apresentar impugnação aos embargos e não para apresentar a sua *defesa*. Sendo assim, não há que se falar em confissão em relação à matéria de fato não impugnada pelo exequente, subsistindo, para o executado, o ônus de provar os fatos alegados nos embargos.

(2171) Nos embargos à execução, deve ser observado o número de testemunhas que a parte poderia indicar à oitiva no processo de conhecimento.

25.6. Consoante o art. 739 do CPC de 1973 e o art. 918 do CPC de 2015, o juiz rejeitará liminarmente os embargos quando:

a) intempestivos;[2172]

b) nos casos de indeferimento da petição inicial e de improcedência liminar do pedido (esta segunda hipótese foi acrescentada pelo CPC de 2015);

c) manifestamente protelatórios.[2173]

Em relação à rejeição dos embargos em razão da improcedência liminar do pedido, cumpre anotar que, de acordo com o art. 332 do CPC de 2015, nas causas que dispensam a fase instrutória, o juiz, independentemente da citação do réu, julgará liminarmente improcedente o pedido que contrariar: a) enunciado de súmula do STF ou do STJ (no caso do processo do trabalho, enunciado ou súmula do STF e do TST); b) acórdão proferido pelo STF ou STJ (TST, no caso do processo do trabalho) em julgamento de recursos repetitivos; c) entendimento firmado em incidente de resolução de demandas repetitivas ou de assunção de competência; d) enunciado de súmula de tribunal de justiça sobre direito local (situação estranha ao processo do trabalho).

A Instrução Normativa n. 39/16 do TST prevê, no art. 3º, XXII, que é aplicável no processo do trabalho o art. 918 e parágrafo único do CPC de 2015.

25.7. A oposição de embargos à execução tem como pressuposto a prévia garantia do juízo (art. 884 da CLT).

Os embargos podem ser apresentados, portanto, quando a execução já esteja garantida, por depósito realizado pelo executado ou penhora de seus bens.

Pode o juiz, verificando que os bens penhorados não alcançam o valor suficiente para a satisfação do crédito objeto da execução e seus acessórios, ordenar o reforço da penhora antes de indeferir liminarmente os embargos.

Após serem penhorados outros bens, os embargos ofertados pelo executado deverão ser conhecidos, cumprindo que seja ele intimado, querendo, complementá-los, mas apenas quanto à eventual alegação em relação ao reforço de penhora.

Não tendo o devedor outros bens a serem penhorados, os embargos devem ser conhecidos, para evitar que a execução fique suspensa em razão da ausência de sua garantia total, em especial quando os bens penhorados respondem pela satisfação de parte razoável da dívida.

Nesse sentido, "a insuficiência de penhora não é causa suficiente para determinar a extinção dos embargos do devedor. Assim, cumpre ao magistrado, antes da extinção, intimar o devedor a proceder ao reforço, à luz da sua capacidade econômica e da garantia pétrea do acesso à justiça. A possibilidade de substituição dos bens penhorados ou de reforço da penhora revela excessivo obstar a admissibilidade dos embargos do devedor ante a insuficiência do valor do bem constrito, máxime porque a expropriação do mesmo garante parcial pagamento e conspira em prol da amplitude da defesa. Revelar-se-á ilógico impedir a defesa do executado nessas circunstâncias, quando se vem admitindo a denominada exceção de pré-executividade, interinamente e sem garantia. Cabe ao juiz, antes da extinção dos embargos, intimar o devedor a proceder ao reforço da penhora, à luz da sua capacidade econômica e da garantia pétrea do acesso à justiça".[2174]

(2172) Os embargos apresentados antes da intimação da penhora devem ter o seu andamento sustado até que se aperfeiçoe a segurança do juízo.

(2173) O oferecimento de embargos protelatórios constitui, inclusive, conduta atentatória à dignidade da justiça (art. 600, II, do CPC de 1973 e art. 918, parágrafo único, do CPC de 2015), frustra a satisfação do credor (finalidade da execução) e agride a garantia constitucional de duração razoável do processo (art. 5º, LXXVIII, da Constituição). O mesmo pode ser dito em relação à oposição de exceção de pré-executividade protelatória.

(2174) STJ, Resp. 425.288, Rel. Min. Luiz Fux, DJU 4.11.2002, p. 159.

25.8. Embargos na execução por carta: competência.

Os embargos, como ação incidental, devem ser opostos no juízo da execução.(2175)

Contudo, os atos executivos podem ser realizados por meio de carta precatória, quando o executado não tenha bens no juízo da execução. Dá-se, nesta hipótese, a denominada *execução por carta*.

Na execução por carta, os embargos serão oferecidos no juízo deprecante (juízo da execução) ou no juízo deprecado (juízo da apreensão de bens), conforme as questões neles suscitadas.

Com efeito, compete ao juízo da execução processar e julgar os embargos, salvo se versarem unicamente sobre vícios ou defeitos da penhora, da avaliação ou da alienação de bens (neste caso, compete ao juízo deprecado o processamento e o julgamento dos embargos), conforme resulta do art. 20, parágrafo único, da Lei n. 6.830/80, art. 747 do CPC de 1973 e do art. 914, § 2º, do CPC de 2015 e, ainda, da Súmula n. 419 do TST.

No processo do trabalho, o prazo para embargos na execução por carta é contado da intimação da penhora (art. 884 da CLT).

25.9. Embargos à adjudicação, alienação ou arrematação.

O art. 746 do CPC de 1973 dispõe ser lícito ao executado oferecer embargos à adjudicação, à alienação ou à arrematação, fundados em nulidade da execução ou em causa extintiva da obrigação, desde que superveniente à penhora.

O procedimento destes embargos é o mesmo dos embargos à execução, observando-se que eles devem ser ajuizados contra o credor que adjudicou ou arrematou o bem penhorado ou contra este e o terceiro adquirente daquele bem (a hipótese é de litisconsórcio necessário).

Questões próprias dos embargos à execução, como eventuais vícios da penhora, por exemplo, não podem ser suscitadas nos embargos à adjudicação, alienação ou arrematação, operando-se, a seu respeito, a preclusão.

A CLT faz referência aos embargos à arrematação, dispondo que são devidas custas em razão de sua oposição (art. 789-A, V), tornando certa a sua admissibilidade no processo do trabalho. De outro lado, sendo admitida, no processo do trabalho, a interposição de embargos à arrematação, não há razão para não admitir também os embargos à adjudicação e à alienação.

O prazo para oferta dos embargos é contado da data da assinatura do auto de adjudicação, alienação ou arrematação, isto é, do momento em que se tem por perfeita e acabada a adjudicação, alienação ou arrematação (art. 694 do CPC de 1973). Contudo, se o devedor não foi intimado da adjudicação, da alienação ou da arrematação, o prazo para embargos somente tem início quando do cumprimento do mandado de imissão na posse, momento em que toma ciência daquele ato.

Oferecidos embargos, poderá o adquirente desistir da aquisição (art. 746, § 1º, do CPC de 1973), devendo ser a ele devolvido o valor do depósito realizado (art. 746, § 2º, do CPC de 1973).

Caso os embargos sejam declarados manifestamente protelatórios, o juiz imporá multa ao embargante, não superior a 20% do valor da execução, em favor de quem desistiu da aquisição (art. 746, § 3º, do CPC de 1973).

Contudo, o CPC de 2015 dispensa a oposição de embargos à adjudicação, alienação ou arrematação para suscitar questões relativas a fato superveniente ao término do prazo para embargos, assim como aquelas relativas à validade e à adequação da penhora, da avaliação e dos atos executivos subsequentes,

(2175) No processo civil, os embargos serão distribuídos por dependência, autuados em apartado e instruído com cópias relevantes, que poderão ser declaradas autênticas pelo próprio advogado, sob sua responsabilidade pessoal (art. 736, parágrafo único, do CPC de 1973 e art. 914, § 1º, do CPC de 2015). No processo do trabalho, a petição de embargos e os documentos que a instruírem serão anexados aos autos da execução, não havendo, assim, formação de autos apartados.

estabelecendo, no art. 525, § 11, que tais questões podem ser arguidas por *simples petição*, a ser apresentada no prazo de quinze dias, contado da comprovada ciência do fato ou da intimação do ato.

Esta solução é compatível com o direito processual do trabalho, que tem como um dos seus princípios fundamentais a simplificação de formas e procedimentos, com a ressalva de que o prazo a ser nele observado é de cinco dias, por força do art. 884 da CLT, observando-se que o exequente deverá ser intimado para manifestação, também pelo prazo de cinco dias.

25.10. Parcelamento do débito objeto da execução.

Prevê o art. 745-A do CPC de 1973 que, "no prazo para embargos, reconhecendo o crédito do exequente e comprovando o depósito de 30% (trinta por cento) do valor em execução, inclusive custas e honorários de advogado, poderá o executado requerer seja admitido a pagar o restante em até 6 (seis) parcelas mensais, acrescidas de correção monetária e juros de 1% (um por cento) ao mês". De acordo com o art. 745, § 1º, do CPC de 1973, "sendo a proposta deferida pelo juiz, o exequente levantará a quantia depositada e serão suspensos atos executivos; caso indeferida, seguir-se-ão os atos executivos, mantido o depósito". Consoante o art. 745, § 2º, do CPC de 1973, "o não pagamento de qualquer das prestações implicará, de pleno direito, o vencimento das subsequentes e o prosseguimento do processo, com o imediato início dos atos executivos, imposta ao executado multa de 10% (dez por cento) sobre o valor das prestações não pagas e vedada a oposição de embargos".

O CPC de 2015 prevê que, "no prazo para embargos, reconhecendo o crédito do exequente e comprovando o depósito de trinta por cento do valor em execução, acrescido de custas e de honorários de advogado, poderá o executado requerer seja admitido a pagar o restante em até 6 (seis) parcelas mensais, acrescidas de correção monetária e juros de 1% (um por cento) ao mês" (art. 916, *caput*) e que "o exequente será intimado para manifestar-se sobre o preenchimento dos pressupostos do *caput*, e o juiz decidirá o requerimento em 5 (cinco) dias" (art. 916, § 1º).

Ainda de acordo com o CPC de 2015:

a) enquanto não apreciado o requerimento, o executado terá que depositar as parcelas vincendas, facultado ao credor seu levantamento (art. 916, § 2º);[(2176)]

b) deferida a proposta, o exequente levantará a quantia depositada e serão suspensos os atos executivos (art. 916, § 3º);

c) indeferida a proposta, seguir-se-ão os atos executivos, mantido o depósito, que será convertido em penhora (art. 916, § 4º);

d) o não pagamento de qualquer das parcelas acarretará, cumulativamente, o vencimento das prestações subsequentes e o prosseguimento do processo, com o imediato reinício dos atos executivos e a imposição ao executado de multa de dez por cento sobre o valor das parcelas não pagas (art. 916, § 5º);

e) a opção pelo parcelamento importa renúncia ao direito de opor embargos (art. 916, § 6º);[(2177)]

f) o parcelamento da dívida não se aplica ao cumprimento da sentença (art. 916, § 7º).

Note-se que CPC não cria um *direito material ao pagamento parcelado da dívida*. Primeiro, porque as suas normas são de direito processual, o que implica que não atribuem direitos de natureza material. Segundo, porque a norma de direito material que trata da questão dispõe, expressamente, que, "ainda que a obrigação tenha por objeto prestação divisível, não pode o credor ser obrigado a receber, nem o devedor a pagar, por partes, se assim não se ajustou" (art. 314 do C. Civil), ou seja, nega a possibilidade de pagamento por parte do que é devido por inteiro.

(2176) O levantamento dos depósitos não implica, por si só, concordância com o parcelamento do crédito.

(2177) O CPC de 1973 estabelece que o não pagamento das parcelas impede a oposição de embargos, ao passo que o CPC de 2015 deixa claro que a simples opção pelo parcelamento implica renúncia ao direito de opor embargos.

Aliás, admitir o contrário do que foi estabelecido no art. 314 do C. Civil é admitir que o devedor, inclusive aquele que obrigou o credor a recorrer à Justiça em razão do seu inadimplemento, pode, *unilateralmente*, alterar o que foi contratado, o que não se sustenta.

Cumpre verificar a compatibilidade do parcelamento em questão com o direito processual do trabalho, devendo ser registrado, de início, que ele não se aplica ao cumprimento da sentença (art. 745-A do CPC de 2015 e art. 916, § 7º, do CPC de 2015), ou seja, *só se refere à execução fundada em título executivo extrajudicial*, ou seja, *não alcança a execução por quantia certa fundada em decisão judicial*.

O art. 745-A do CPC de 1973 e o art. 916 do CPC de 2015 não são compatíveis com o direito processual do trabalho.

No processo do trabalho, ao contrário do que ocorre no processo civil, em regra a execução tem por objeto crédito de natureza alimentar, o que impede impor ao credor o seu recebimento de forma parcelada. Os créditos de natureza alimentar devem ser pagos de forma mais rápida possível, como deixam claro o art. 100, § 1º, da Constituição, os arts. 467 e 477, § 8º, da CLT e o art. 186 do Código Tributário Nacional, solução que é incompatível com a imposição ao seu credor do seu recebimento parcelado.

Ademais, o direito processual do trabalho tem como diretrizes a celeridade e a máxima eficácia possível das decisões judiciais, autorizando, inclusive, que a execução seja promovida de ofício, o que conduz à conclusão de que com ele não é compatível medida que implica imposição ao credor do parcelamento do seu crédito.

É certo que a possibilidade de parcelamento estimula o credor a cumprir a sua obrigação e o seu requerimento exige a confissão da dívida e implica renúncia ao direito de opor embargos, o que evita debates sobre o crédito executado e o valor respectivo, mas tais fatos não são suficientes para desconsiderar a natureza alimentar dos créditos trabalhistas e, com isto, o direito do credor à sua mais rápida e plena satisfação.

Com isto, eventual moratória somente pode ser estabelecida mediante ajuste entre as partes. Neste contexto, apresentando o devedor proposta de pagamento parcelado da sua dívida, o juiz deverá designar audiência, para tentativa de conciliação, intimando as partes.[2178]

Por tais razões, não há como concordar com a Instrução Normativa n. 39/16 do TST, segundo a qual é aplicável no processo do trabalho o art. 916 e parágrafos do CPC de 2015.

26. *Embargos de terceiro*

São os bens do devedor que respondem pelo cumprimento de suas obrigações. Destarte, bens de terceiro não podem ser apreendidos para a satisfação de crédito do qual não é devedor ou pelo qual não responda.

Os embargos de terceiro constituem ação voltada à defesa contra a constrição ilegal de bens, visando impedir a sua realização (embargos preventivos) ou o seu desfazimento (embargos repressivos). Como

(2178) O TRT da 23ª Região decidiu em sentido contrário: "Na sistemática adotada pelo novo regramento do processo civil, aplicado subsidiariamente ao trabalhista, face à compatibilidade dos princípios que regem a matéria, o parcelamento do débito é um direito subjetivo do devedor, nos moldes disciplinados pelo art. 745-A do CPC. Assim, o parcelamento não se traduz em faculdade conferida ao juiz, mas sim direito subjetivo do executado, desde que preenchidos os requisitos específicos. Nessa esteira, o indeferimento do pedido de parcelamento só se justifica acaso hajam elementos que induzam o comprometimento por parte do devedor para fazer cumprir o parcelamento, caso contrário, deve sê-lo deferido. Vale lembrar que o princípio do resultado (CPC, arts. 577, 579, 599, 600 e 601), pelo qual se busca a plena satisfação do crédito do exequente, ainda mais em se tratando de crédito trabalhista, deve ser analisado em conjunto com o princípio da menor gravosidade ao executado (CPC, art. 620), sendo que ambos se constituem em tratamento infraconstitucional de dois princípios constitucionais, quais sejam, o princípio da efetividade da jurisdição e o princípio da ampla defesa, sendo que ambos devem ser devidamente sopesados e levados em consideração à análise do parcelamento do débito, sob pena de violar direito líquido e certo" (TRT 23ª Região, MS 00134.2011.000.23.00-6, Rel. Des. Edson Bueno, DJe 3.11.2011). Já a 1ª Turma do TST decidiu que "a submissão do credor trabalhista ao parcelamento forçado do débito após percorrer toda *via crucis* do processo de conhecimento contraria os mais primórdios princípios norteadores do processo do trabalho, em especial a celeridade e efetividade da tutela jurisdicional" (TST, 1ª Turma, AIRR 72342-59.2005.5.03.0152, Rel. Min. Lelio Bentes Corrêa, DJET 2.3.2012).

exemplos de constrição judicial de bens tem-se a penhora, o arresto e o sequestro (art. 1.046, *caput*, do CPC de 1973).[(2179)]

Os embargos constituem ação incidental à execução, a ser aforada por *terceiro*.

Terceiro é aquele que não é parte no processo, valendo lembrar que parte é aquele que pede (autor) e aquele em face de quem é pleiteada (réu) a tutela jurisdicional, o que decorre que terceiro é quem não requer a tutela jurisdicional e contra quem não foi requerida a tutela jurisdicional. Equipara-se ao terceiro a parte que, posto figure no processo, não está juridicamente obrigada a suportar a constrição de determinados bens (art. 1.046, § 2º, do CPC de 1973).

O art. 896, § 2º, da CLT faz expressa referência aos embargos de terceiros, tornando induvidosa a sua admissibilidade no processo do trabalho, o que impõe recorrer ao CPC como fonte subsidiária do direito processual do trabalho.

De acordo com o art. 1.046 do CPC de 1973, quem, não sendo parte no processo, sofrer turbação ou esbulho na posse de seus bens por ato de apreensão judicial, em casos como o de penhora, depósito, arresto, sequestro, alienação judicial, arrecadação, arrolamento, inventário, partilha, poderá requerer que lhe sejam manutenidos ou restituídos por meio de embargos.

O CPC de 2015 estabelece, no art. 674 que, quem, não sendo parte no processo, sofrer constrição ou ameaça de constrição sobre bens que possua ou sobre os quais tenha direito incompatível com o ato constritivo, poderá requerer seu desfazimento ou sua inibição por meio de embargos de terceiro.

Têm legitimidade para opor embargos de terceiro:

a) terceiro proprietário, inclusive fiduciário, ou possuidor (art. 1.046, § 1º, do CPC de 1973 e art. 674, § 1º, do CPC de 2015);

b) o cônjuge ou companheiro, quando defende a posse de bens próprios ou de sua meação, observando-se que, tratando-se de penhora de bem indivisível, o equivalente à quota-parte do cônjuge alheio à execução recairá sobre o produto da alienação do bem, sendo reservada ao cônjuge a preferência na arrematação do bem em igualdade de condições (art. 1.046, § 3º, do CPC de 1973 e art. 674, § 2º, I, do CPC de 2015);[(2180)]

c) o adquirente de bens cuja constrição decorreu de decisão que declara a ineficácia da alienação realizada em fraude à execução (art. 674, § 2º, II, do CPC de 2015);

d) quem sofre constrição judicial de seus bens por força de desconsideração da personalidade jurídica, de cujo incidente não fez parte (art. 674, § 2º, III, do CPC de 2015);

e) o credor com garantia real para obstar a expropriação judicial do objeto de direito real de garantia, caso não tenha sido intimado, nos termos legais dos atos expropriatórios respectivos (art. 1.047, II, do CPC de 1973 e art. 674, § 2º, IV, do CPC de 2015).

O cessionário de promessa de venda imitido na posse do bem pode opor-se à sua apreensão judicial, via embargos de terceiro. Nesse sentido, é a Súmula n. 84 do STJ: "É admissível a oposição de embargos de terceiro fundados em alegação de posse advinda do compromisso de compra e venda de imóvel, ainda que desprovido do registro".

Será legitimado passivo o sujeito a quem o ato aproveita, assim como o será seu adversário no processo principal quando for sua a indicação do bem para a constrição judicial (art. 677, § 4º, do CPC de 2015).

Note-se que, caso identifique a existência de terceiro titular de interesse em embargar o ato, o juiz mandará intimá-lo pessoalmente (art. 675, parágrafo único, do CPC de 2015).

(2179) O STJ, no REsp 73.066/MG, do qual foi relator o Ministro Carlos Alberto Menezes Direito, equiparou à constrição de bens a ordem judicial, endereçada ao DETRAN, de vedação de transferência de veículo (DJ 19.5.1997, p. 20630).

(2180) A meação responde pelo ilícito quando comprovado que o enriquecimento dele resultante aproveitou ao casal (Súmula n. 251 do STJ).

Os embargos podem ser opostos a qualquer tempo no processo de conhecimento, enquanto não transitada em julgado a decisão e, no processo de execução, até cinco dias depois da adjudicação, da alienação por iniciativa particular ou da arrematação, mas sempre antes da assinatura da respectiva carta (art. 1.048 do CPC de 1973 e art. 675 do CPC de 2015).

O prazo para embargos tem início na data da arrematação, adjudicação, alienação ou remição somente se o terceiro tomou ciência da apreensão judicial do bem por ocasião da realização de um desses atos processuais. Se o terceiro tomou ciência da apreensão do bem no dia de sua realização, é a partir da apreensão que começa a fluir o prazo para a oposição de embargos de terceiro. Se o terceiro, ciente da penhora, aguarda a arrematação, adjudicação ou remição para a oposição de embargos, estes deverão ser rejeitados, por intempestivos.

Os embargos de terceiro serão distribuídos por dependência ao juízo que ordenou a constituição e autuados em apartado (art. 1.049 do CPC de 1973 e art. 676 do CPC de 2015), com a ressalva de que, nos casos de ato de constrição realizado por carta, os embargos devem ser oferecidos no juízo deprecado, salvo se indicado pelo juízo deprecante o bem constrito ou se já devolvida a carta (art. 676, parágrafo único, do CPC de 2015).

Os embargos devem ser opostos por meio de petição escrita, elaborada com observância do disposto no art. 840, § 1º, da CLT. Com a petição inicial, o embargante deve fazer prova sumária de sua posse ou de seu domínio e da qualidade de terceiro, oferecendo documentos (art. 1.050 do CPC de 1973 e art. 677 do CPC de 2015), lembrando que no processo do trabalho a oitiva de testemunhas dispensa a apresentação de rol prévio.

É facultada a prova da posse em audiência preliminar (art. 677, § 1º, do CPC de 2015)

O possuidor direto pode alegar, além da sua posse, o domínio alheio (art. 677, § 2º, do CPC de 2015).

O valor da causa nos embargos de terceiro corresponde ao valor do bem objeto da constrição judicial. Contudo, se o valor do bem objeto da constrição for superior ao da execução, o valor da causa corresponderá ao da execução.

Contra os embargos do credor com garantia real, o embargado somente poderá alegar que: a) o devedor comum é insolvente; b) o título é nulo ou não obriga a terceiro; c) outra é a coisa dada em garantia (art. 1.054 do CPC de 1973 e art. 680 do CPC de 2015), acrescentando-se que no processo do trabalho pode ser também alegada a existência de preferência na satisfação do crédito de natureza alimentar.

Recebidos os embargos, o embargado deve ser citado, pessoalmente, se o embargado não tiver procurador constituído dos autos da ação principal (art. 1.050, § 3º, do CPC de 1973 e art. 677, § 3º, do CPC de 2015), para apresentar contestação, em cinco dias (aplica-se à hipótese o prazo fixado no art. 884 da CLT).

Não sendo apresentada contestação, presumem-se verdadeiros os fatos alegados na petição inicial.

O CPC de 1973 estabelece que, quando os embargos versarem sobre todos os bens, determinará o juiz a suspensão do curso do processo principal; versando sobre alguns deles, prosseguirá o processo principal somente quanto aos bens não embargados (art. 1.052).

O CPC de 2015 dispõe que a decisão que reconhecer suficientemente provado o domínio ou a posse determinará a suspensão das medidas constritivas sobre os bens litigiosos objeto dos embargos, bem como a manutenção ou a reintegração provisória da posse, se o embargante a houver requerido (art. 678, *caput*, do CPC de 2015). A hipótese é de verdadeira antecipação de tutela, cujo deferimento pressupõe requerimento do embargante. No entanto, o juiz poderá condicionar a ordem de manutenção ou de reintegração provisória de posse à prestação de caução pelo requerente, ressalvada a impossibilidade da parte economicamente hipossuficiente (art. 678, parágrafo único, do CPC de 2015).

Acolhido o pedido inicial, o ato de constrição judicial indevida será cancelado, com o reconhecimento do domínio, da manutenção da posse ou da reintegração definitiva do bem ou do direito do embargante (art. 1.051 do CPC de 1973 e art. 681 do CPC de 2015).

A sentença que acolher o pedido do embargante é constitutiva negativa, posto que o seu efeito é a desconstituição da constrição judicial que recaiu sobre o bem penhorado.

Contra a decisão que julga os embargos de terceiro é cabível agravo de petição (art. 897, *a*, da CLT).

Os embargos de terceiro constituem ação oposta por terceiro para a defesa de seus bens. Desse modo, o vencido deveria arcar com o pagamento das custas. No entanto, o art. 789-A CLT adota solução diversa, dispondo que, no processo de execução, as custas serão sempre de responsabilidade do executado, inclusive nas ações incidentes (art. 798-A, V).

Cumpre anotar que, "ajuizados embargos de terceiro (art. 674 do CPC de 2015 — art. 1.046 do CPC de 1973) para pleitear a desconstituição da penhora, é incabível mandado de segurança com a mesma finalidade" (Orientação Jurisprudencial n. 54 da SDI-2 do TST).

27. Exceção de pré-executividade

O art. 884 da CLT condiciona a apresentação de embargos à execução à prévia segurança do juízo.

No entanto, a doutrina e a jurisprudência têm admitido que o devedor se insurja contra a execução sem a oposição de embargos e, com isto, sem a prévia segurança do juízo, por meio do incidente denominado *exceção ou objeção de pré-executividade.*

Exceção ou objeção de pré-executividade é a defesa do executado em face da execução sem prévia garantia do juízo e oposição de embargos.

A admissão deste incidente constitui imperativo de justiça, por evitar que o credor destaque parte de seu patrimônio para se defender contra execução sem condições de prosseguimento, e de economia processual, por impedir a prática de atos desnecessários (penhora, avaliação, oposição de embargos etc.).

A exceção de pré-executividade somente tem sido admitida quando verse questão de ordem pública (pressuposto material) e sua solução dispense dilação probatória (pressuposto formal). A nosso juízo, a exceção de pré-executividade deve ser admitida sem limitação quanto ao seu conteúdo, não sendo nela cabível, no entanto, dilação probatória (o acolhimento da exceção pressupõe, portanto, prova pré-constituída e inequívoca dos fatos alegados pelo executado). É que existem situações em que a execução deverá ser extinta mesmo que não se apresente uma questão que o juiz possa resolver de ofício (questão de ordem pública), como é o caso, por exemplo, do pagamento da dívida realizado em outra ação que beneficie o credor.

A exceção é admitida para impedir que o devedor tenha penhorados bens em execução que não apresente condições de prosseguir. Se a penhora já foi realizada, esta medida excepcional já não se justifica. Se a penhora já foi realizada, a defesa do executado deve ser manifestada por meio de embargos à execução (art. 884 da CLT).

Têm legitimidade para apresentar a exceção o devedor e todo aquele que possa ter bens penhorados para a satisfação do crédito objeto da execução.

Recebida a exceção, o juiz deve conceder ao exequente oportunidade para se manifestar, em respeito ao princípio do contraditório (o procedimento a ser adotado deve ser o mesmo dos embargos à execução), no prazo de cinco dias (art. 884 da CLT).

A exceção, assim como os embargos à execução, não tem efeito suspensivo, mas o juiz pode a ela conferir este efeito, nas mesmas condições em que pode fazê-lo em relação aos embargos à execução.

Contra a decisão que rejeita ou julga improcedente a exceção de pré-executividade não cabe recurso, diante de sua natureza interlocutória (trata-se de decisão por meio da qual é resolvido incidente processual — art. 893, § 1º, da CLT).[2181]

(2181) Em edição anterior, afirmamos que a exceção deveria ser rejeitada no caso de ausência de prova do fato alegado como seu fundamento. Reflexão mais apurada nos leva a afirmar que a ausência de prova de tal fato conduz à declaração de improcedência da pretensão do autor da exceção ou objeção.

O acesso ao duplo grau de jurisdição do executado não será prejudicado pela não admissão de recurso contra a decisão que rejeita ou declara improcedente a exceção, vez que nos embargos todas as matérias objeto da exceção poderão ser novamente veiculadas e, sendo os embargos julgados improcedentes, caberá recurso de agravo de petição.

O caráter predominantemente alimentar do crédito trabalhista não permite, por si só, negar admissão à exceção no processo do trabalho, mas torna imperioso rechaçar a utilização da exceção como simples substitutivo dos embargos à execução, em prejuízo da satisfação do crédito resultante do título executivo. Este fato permite negar admissão ao recurso aforado contra a decisão que rejeita ou julga improcedente a exceção.

28. Impugnação da sentença de liquidação pelo credor

O credor pode, no prazo designado para a apresentação de embargos à execução, impugnar a sentença de liquidação (art. 884, *caput* e § 3º, da CLT). Se forem opostos embargos à execução e impugnação, o juiz os decidirá em sentença única (art. 884, § 4º, da CLT).

Na impugnação, é lícito ao credor atacar a avaliação do bem penhorado, valendo anotar que o valor da avaliação é de suma importância, vez que serve de parâmetro para a sua alienação judicial ou transferência do credor e, ainda, que embora a CLT não faça referência à possibilidade de impugnação do valor da avaliação, constitui ela mera decorrência do contraditório e da ampla defesa, assegurados constitucionalmente.

Conta-se o prazo para impugnação da:

a) data de intimação do credor para receber o valor depositado pelo executado para cumprimento de sua obrigação, por ser este o momento que o credor toma ciência do depósito e do valor depositado, estando habilitado, então, à impugnação;

b) da data da intimação do credor da penhora: o credor deve ser intimado da penhora, para que possa apresentar impugnação;

c) da data da intimação do credor para responder os embargos à execução, quando não tiver sido intimado da penhora.

O procedimento da impugnação é o mesmo dos embargos à execução.

29. Liberação de crédito incontroverso

Garantida a execução por meio de depósito em dinheiro ou realizada a penhora de dinheiro, é lícito ao juiz liberar para o exequente a parte incontroversa do seu crédito (art. 899, § 1º, da CLT e letra *d*, item IV, da Instrução Normativa n. 3/93 do TST).

30. Satisfação do credor

A satisfação do credor far-se-á:

a) pela entrega do dinheiro, depositado como garantia do juízo, produto da alienação particular ou arrematação judicial dos bens penhorados ou produto da penhora do faturamento de empresa ou de outros frutos e rendimentos de coisas ou empresas penhoradas;

b) pela adjudicação dos bens penhorados (art. 708 do CPC de 1973 e arts. 904 e 905 do CPC de 2015).

31. Entrega do dinheiro ao credor. Liberação de valores e bens durante o plantão. Existência de pluralidade de credores e de penhoras

O juiz autorizará que o executado levante, até a satisfação integral do seu crédito, o dinheiro depositado como garantia do juízo, produto da alienação particular ou arrematação judicial dos bens penhorados ou produto da penhora do faturamento de empresa ou de outros frutos e rendimentos de coisas ou empresas penhoradas, quando: a) a execução for movida só a benefício do exequente singular, a quem, por força da penhora, cabe o direito de preferência sobre os bens penhorados e alienados; b) não houver sobre os bens alienados qualquer outro privilégio ou preferências instituídas anteriormente à penhora (art. 709, *caput* e itens I e II, do CPC de 1973 e art. 905, I e II, do CPC de 2015).

Durante o plantão judiciário, veda-se a concessão de pedidos de levantamento de importância em dinheiro ou valores ou de liberação de bens apreendidos (art. 905, parágrafo único, do CPC de 2015).

Após a satisfação do credor, inclusive previdenciário, e pagas às custas e os honorários eventualmente devidos, o saldo remanescente do depósito ou valor apurado na alienação ou arrematação dos bens penhorados será devolvido ao executado (art. 710 do CPC de 1973 e art. 906 do CPC de 2015).

No caso de existir pluralidade de credores, é indispensável definir a ordem a ser seguida na sua satisfação.

O CPC estabelece, tratando da questão, que, havendo pluralidade de credores ou exequentes, o dinheiro lhes será distribuído e entregue consoante a *ordem das respectivas preferências* (art. 711 do CPC de 1973 e art. 908 do CPC de 2015).

A *preferência* significa o direito de receber o crédito antes dos demais credores. A preferência traduz, portanto, a prioridade na satisfação de determinados créditos, dela resultando diferentes *classes de credores*.

De acordo com o art. 958 do Código Civil, os títulos legais de preferência são os *privilégios* e os *direitos reais*, ou seja, a preferência é estabelecida considerando-se os privilégios e os direitos reais de garantia, observando-se que os privilégios são definidos pela ordem jurídica levando em conta à natureza do crédito, ao passo que os direitos reais de garantia resultam da instituição, pelos contratantes, de um ônus real sobre determinado bem, como a hipoteca, por exemplo (o direito real de garantia somente incide sobre o bem que foi dado em garantia de determinado crédito).

Existem, desse modo, credores com privilégios (credores privilegiados), credores titulares de direitos reais de garantia e credores que não gozam de preferência (credores simples ou quirografários).

De acordo com o art. 961 do Código Civil, o crédito real prefere ao pessoal de qualquer espécie; o crédito pessoal privilegiado, ao simples; e o privilégio especial, ao simples. No entanto, esta ordem é alterada quando se trata de créditos que a ordem jurídica considerada de satisfação prioritária (*créditos superprivilegiados*), dentre os quais os créditos de natureza salarial, cuja satisfação prefere à de qualquer outro crédito, inclusive o crédito com garantia real, seja porque a Constituição e o Código Tributário Nacional prevalecem sobre o Código Civil, seja porque as normas que estabelecem preferência em favor dos créditos trabalhistas são normas especiais e estas também se sobrepõem sobre o Código Civil.

O caráter superprivilegiado dos créditos trabalhistas está relacionado com uma das suas funções básicas, que é a de servir de meio de sobrevivência do trabalhador e de sua família, ou seja, com o seu caráter alimentar, e é reconhecido pelo: a) art. 100, §§ 1º e 2º, da Constituição Federal, segundo o qual os créditos de natureza alimentar pela Fazenda Pública serão pagos com preferência sobre todos os demais créditos, exceto aqueles cujos titulares tenham sessenta anos de idade ou mais na data de expedição do precatório, ou seja, portadores de doença grave; b) art. 186 do Código Tributário Nacional, que reconhece a preferência do crédito trabalhista em relação ao tributário, que, por sua vez, prefere a qualquer outro, seja qual for a sua natureza ou tempo de constituição; c) art. 449, § 1º, da CLT, de acordo com o qual, na falência, constituirão crédito privilegiado a totalidade dos salários devidos ao empregado, com a limitação estabelecida, no entanto, pelo art. 83, I, da Lei n. 11.101/05.[2182]

Realizados estes esclarecimentos, cumpre anotar que uma das formas de alcançar o privilégio na satisfação do crédito é a penhora. Com efeito, o exequente adquire, pela penhora, o direito de preferência sobre os bens penhorados (art. 612 do CPC de 1973, art. 797 do CPC de 2015 e art. 888, § 1º, da CLT).

Assim, recaindo mais de uma penhora sobre o mesmo bem, ou seja, ocorrendo *concurso de penhoras*, cada exequente conservará o seu título de preferência (art. 613 do CPC de 1973, art. 797, parágrafo único, do CPC de 2015). A penhora foi erigida pelo CPC à condição de verdadeiro direito real (penhor).

Observe-se, contudo, que a preferência com base na ordem das penhoras não se sobrepõe àquela que recai sobre os créditos que contam com preferência estabelecida pela ordem jurídica (*créditos superprivilegiados*). Nesse sentido, o art. 711 do CPC de 1973 (segunda parte) e o art. 908, § 2º, do CPC de 2015 estabelecem que, não havendo título legal à preferência, o dinheiro será distribuído entre os concorrentes, observando-se a anterioridade de cada penhora.

No caso de adjudicação ou alienação, os créditos que recaem sobre o bem, inclusive os de natureza *propter rem*, sub-rogam-se sobre o respectivo preço, observada a ordem de preferência (art. 711 do CPC de 1973 e art. 908, §1º, do CPC de 2015).

O CPC (1973 e 2015) estabelece preferência baseada na ordem das *penhoras*.

Cumpre indagar, então, se o arresto também cria preferência em favor do credor.

O STJ decidiu, nos autos AgRg no Recurso Especial n. 902.536/RS, que: "1 — Independente da natureza assumida, seja o arresto cautelar ou incidental (CPC, art. 813 e ss.), seja o arresto executivo, igualmente denominado "pré-penhora" (CPC, art. 653), aplicam-se, sem distinção, as disposições relativas à penhora, a teor do que prevê o art. 821 do CPC. 2 — Tal qual a penhora, o arresto tem por efeito tornar inalienável o bem constrito, não suscitando dúvida sobre o interesse do credor diligente que, pelo fruto da alienação judicial do imóvel, pretende ver seu crédito assegurado. 3 — Inexistindo título legal à preferência, a anterioridade do arresto há de conferir ao credor previdente, que primeiramente levou a efeito o ato de constrição do bem, primazia sobre a penhora posteriormente efetuada. Precedentes do STJ. 4 — No caso, além de a medida cautelar de arresto anteceder a penhora do imóvel, a recorrida promoveu-lhe o respectivo registro em data igualmente anterior à penhora, o que mantêm hígido o efeito *erga omnes* da medida".

Adotando posição mais restritiva, posto que limita a constituição da preferência ao arresto incidental ao processo de execução, o SJT decidiu:

a) nos autos do RMS 23822/RJ, que "o arresto, incidental ou executivo, deve ser equiparado à penhora para fins de preferência em concurso de credores";

b) nos autos do REsp. 759700/SP, que: "1. O arresto, tendo a mesma natureza executiva da penhora, assegura ao credor que o efetiva, providenciando o devido registro, direito de preferência em relação a credor que posteriormente penhora o mesmo imóvel. O arresto, como a penhora, implica inalienabilidade do bem, presumindo-se, ademais, através do respectivo registro, seu absoluto conhecimento por terceiros, de molde a tornar indiscutível o interesse do credor, que prontamente diligenciou quanto ao arresto, na consequente excussão do bem para garantia de seu crédito. 2. Interpretando-se sistematicamente a legislação processual civil, irretorquível a equiparação do arresto incidental ou executivo (art. 653 do CPC) à penhora, para fins de preferência na percepção creditícia em concurso de credores, haja vista a natureza constritiva do ato, inclusive designado de 'pré-penhora', vez que meramente antecipatório da penhora em hipóteses nas quais não localizado o devedor; ou seja, trata-

(2182) Este dispositivo legal estabelece a classificação dos créditos e coloca em primeiro lugar na ordem a ser seguida na sua satisfação, "os créditos derivados da legislação do trabalho, limitados a 150 (cento e cinquenta) salários mínimos por credor, e os decorrentes de acidente de trabalho". No entanto, esta limitação é inconstitucional, vez que fere o disposto no art. 100, § 1º, do Constituição Federal e, ainda, contraria o Código Tribunal Nacional, que, por ser uma lei complementar, se sobrepõe à lei ordinária.

-se de atos processuais de idêntico fim, decorrendo mesmo automaticamente a conversão do arresto em penhora em não se verificando o pagamento pelo executado, nos termos do art. 654 do CPC".

A ordem das penhoras leva em conta a diligência dos credores. Desse modo, se não existem penhoras, mas apenas arrestos, a preferência deve ser estabelecida segundo a ordem dos arrestos, o que atende o respeito à maior ou menor diligência dos credores.

32. *Adjudicação dos bens penhorados*

Não sendo a hipótese de pagamento do credor com dinheiro, a forma preferencial de seu pagamento é a adjudicação dos bens penhorados.

A adjudicação consiste na transferência, para o exequente, dos bens penhorados, para a satisfação do seu crédito (art. 647, I, do CPC de 1973, art. 825, I, do CPC de 2015 e art. 888, § 1º, da CLT).

O exequente pode requerer a adjudicação:

a) antes da alienação do bem por iniciativa particular ou em hasta pública, desde que o receba pelo valor da avaliação ou que lhe atribuiu o exequente ao nomeá-lo à penhora (art. 888, § 1º, da CLT, art. 24 da Lei n. 6.830/80, art. 685-A do CPC de 1973, art. 876 do CPC de 2015);[2183]

b) durante a alienação do bem por iniciativa particular ou em hasta pública, pelo valor do maior lanço (art. 888, § 1º, da CLT);

c) após a hasta pública, desde que antes da assinatura do auto de arrematação, pelo valor ofertado pelo arrematante;[2184]

d) após a alienação do bem por iniciativa particular ou em hasta pública em que não tenha comparecido lançador (art. 888, § 3º, da CLT).

Se o valor do crédito for inferior ao dos bens, o requerente da adjudicação depositará, no prazo estabelecido no art. 888, § 4º, da CLT, a diferença, que ficará à disposição do executado, mas, se o valor do crédito for superior ao dos bens, a execução prosseguirá pelo saldo remanescente (art. 685-A, § 1º, do CPC de 1973 e art. 876, § 4º, do CPC de 2015).

O direito à adjudicação não é exclusivo do credor, visto que ela pode ser requerida pelos credores concorrentes que hajam penhorado o mesmo bem, pelo cônjuge e pelo companheiro, por exemplo (art. 685-A, § 2º, do CPC de 2015 e art. 876, § 5º, do CPC de 2015).

Aquele que optar pela adjudicação recebe o bem adquirido livre e desembaraçado de quaisquer ônus. Com isto, eventual débito tributário (IPTU e IPVA, por exemplo) não pode ser transferido ao arrematante ou credor adjudicante. Exigir que o arrematante ou adjudicante pague pelas dívidas do proprietário do bem, ainda que relacionadas com a sua propriedade e uso, é tornar letra morta as normas que estabelecem privilégio em favor do crédito trabalhista. Ademais, o caráter alimentar do crédito do trabalhador impõe a adoção, na execução, de todas as medidas tendentes à sua satisfação, entre as quais a retirada de entraves à alienação dos bens penhorados.

(2183) Neste momento, os únicos parâmetros para a definição do valor a ser pago pelo bem penhorado é aquele fixado na sua avaliação ou arbitrado pelo devedor ao nomeá-lo à penhora, desde que com este tenha concordado o credor (se houver discordância do credor somente em relação ao valor do bem ofertado, deverá ser realizada a sua avaliação antes da redução da nomeação a termo).

(2184) Nesse sentido, "Considerando o direito de preferência outorgado ao exequente pelo § 1º, do art. 888, da CLT, e tendo em vista que a arrematação só se considera perfeita e acabada após a assinatura do auto respectivo (CPC, art. 694), pode ele, até esse momento, exercer aquele direito, máxime quando, como no caso, oferece valor superior ao do maior lanço, pois a execução deve se processar da maneira menos gravosa ao executado" (TRT da 3ª Região, AP 2581/94, Rel. Juiz José Murilo de Morais, DJMG 1º.10.1994).

Examinando a questão, decidiu a SDI-2 do TST que: "(...) REGISTRO DA CARTA DE ARREMATAÇÃO. TRANSFERÊNCIA DO IMÓVEL SEM ÔNUS PARA O ARREMATANTE. 1. Nas razões recursais em exame, reitera a alegação de que restou ferido o seu direito líquido e certo, por não ter sido reconhecida a responsabilidade do arrematante quanto ao débito tributário. Salientou que a sub-rogação prevista no parágrafo único do art. 130 do CTN pressupõe que o valor da arrematação seja suficiente para quitar o débito tributário e saldar a dívida executada na demanda judicial, o que não ocorreu no caso em análise. 2. Verifica-se que o parágrafo único do referido dispositivo legal prevê que no caso de arrematação em hasta pública, a sub-rogação ocorre sobre o respectivo preço, eximindo o arrematante da responsabilidade quanto ao pagamento, não trazendo em seu teor qualquer exceção à regra ali referida. Desse modo, quando a lei não traz qualquer ressalva, não compete ao interprete fazê-la. 3. Isso porque na arrematação, o bem é transferido livre e desembaraçado de qualquer ônus, inclusive tributário, considerando-se, inclusive, como hipótese de aquisição originária da propriedade. 4. Não se pode olvidar que a responsabilidade do adquirente restringe-se aos tributos cujo fato gerador seja a transmissão do domínio e não aos anteriores, tanto que o art. 703, III, do CPC, exige que na carta de arrematação conste a prova do pagamento do imposto de transmissão".[2185]

Note-se que, segundo o art. 130 do CTN, "os créditos tributários relativos a impostos cujo fato gerador seja a propriedade, o domínio útil ou a posse de bens imóveis, e bem assim os relativos a taxas pela prestação de serviços referentes a tais bens, ou a contribuições de melhoria, sub-rogam-se na pessoa dos respectivos adquirentes, salvo quando conste do título a prova de sua quitação. Parágrafo único. No caso de arrematação em hasta pública, a sub-rogação ocorre sobre o respectivo preço". Logo, no caso de arrematação em hasta pública, os créditos tributários não se sub-rogam na pessoa do adquirente, mas sob o respectivo preço (montante arrecadado na arrematação), o que significa que é do valor pago pelo arrematante pelo bem que serão deduzidos os impostos, não havendo que se cobrar ao arrematante, portanto, o preço ofertado acrescido dos impostos, aplicando-se o mesmo raciocínio às multas de trânsito, quando se tratar de aquisição de veículo.

33. *Usufruto de móvel ou de imóvel*

Esta modalidade de apropriação foi substituída, no CPC de 2015, pela apropriação de frutos e rendimentos de empresa ou de estabelecimento e de outros bens (art. 824, III).

No entanto, diante da necessidade de respeito, nos processos em curso, aos atos jurídicos consolidados antes da entrada em vigor do CPC de 2015, cumpre tecer comentários, ainda que breves, sobre o usufruto de bem móvel e imóvel, de acordo com a disciplina a ele conferida pelo CPC de 1973.

O usufruto consiste no direito de usar e fruir de coisa alheia (arts. 1.390 e 1.394 do Código Civil).

O CPC de 1973 prevê que o juiz pode conceder ao exequente o usufruto de móvel ou imóvel quando o reputar menos gravoso ao executado e eficiente para a satisfação dos créditos objeto da execução (arts. 647, IV, e 716 do CPC).

Deferido o usufruto, perde o executado o gozo do móvel ou imóvel até que o exequente seja pago o principal, juros, custas e honorários advocatícios, estes, quando devidos (art. 717 do CPC). No exercício do usufruto, o credor tem direito à posse, uso, administração e percepção dos frutos do bem sobre o qual ele recai (art. 1.394 do Código Civil).

O usufruto tem eficácia em relação ao executado e a terceiros a partir da publicação da decisão que o conceda (art. 718 do CPC).

Deferido o usufruto, o juiz nomeará administrador, que será investido de todos os poderes que concernem ao usufrutuário, podendo ser administrador o credor, consentindo o devedor, ou o devedor, desde que com isso consinta o credor (art. 719, *caput* e parágrafo único, do CPC).

(2185) TST, ReeNec e RO — 12600-56.2009.5.09.0909, Relator Ministro: Guilherme Augusto Caputo Bastos, Subseção II Especializada em Dissídios Individuais, Data de Publicação: DEJT 10.6.2011. É no mesmo sentido a decisão proferida pela SDI-2 do TST nos autos do RO 6626-42.2013.5.15.0000, do qual foi relator o Ministro Douglas Alencar Rodrigues.

Quando o usufruto recair sobre o quinhão de condômino na copropriedade, o administrador exercerá os direitos que cabiam ao executado (art. 720 do CPC).

É lícito ao credor, antes da praça, requerer lhe seja atribuído, em pagamento do seu crédito, o usufruto do imóvel penhorado (art. 721 do CPC). Ouvido o devedor, o juiz nomeará perito para avaliar os frutos e rendimentos do imóvel e calcular o tempo necessário para o pagamento da dívida (art. 722, *caput*, do CPC). Após a manifestação das partes sobre o laudo, proferirá o juiz decisão; caso deferido o usufruto de imóvel, ordenará a expedição de carta para averbação no respectivo registro (art. 722, §§ 1º e 2º, do CPC).

Se o imóvel estiver arrendado, o inquilino pagará o aluguel diretamente ao usufrutuário, salvo se houver administrador (art. 723 do CPC).

O exequente usufrutuário poderá celebrar locação do móvel ou imóvel, ouvido o executado (art. 724 do CPC). Havendo discordância, o juiz decidirá a melhor forma de exercício do usufruto (art. 724, parágrafo único, do CPC).

34. Alienação por iniciativa particular e alienação em hasta pública (arrematação). Participação do credor na arrematação. Preço vil

A execução por quantia certa tem por objeto expropriar bens do devedor, a fim de satisfazer o direito do credor (art. 656 do CPC de 1973 e art. 824 do CPC de 2015).

34.1. A expropriação pode consistir em alienação por iniciativa particular (arts. 647, II, do CPC de 1973 e arts. 825, II, e 879 do CPC de 2015) ou em hasta pública (art. 888 da CLT, art. 647, III, do CPC de 1973 e art. 879, II, do CPC de 2015), observando-se que a alienação em hasta pública pode ser realizada em leilão judicial eletrônico ou presencial (art. 689-A do CPC de 1973 e arts. 879, II, e 882 do CPC de 2015).

A alienação por iniciativa particular e a alienação em hasta pública do bem penhorado consistem na sua transferência para terceiro ou para o credor quando este participe da arrematação. Sendo a transferência forçada, ou seja, sem o assentimento do executado, não se dá propriamente uma venda de bens, mas a sua transferência a terceiro ou ao credor por ato estatal.

Não efetivada a adjudicação do bem penhorado, o exequente poderá requerer a alienação por sua própria iniciativa ou por intermédio de corretor ou leiloeiro credenciado perante o órgão judiciário (art. 685-C do CPC de 1973 e art. 880 do CPC de 2015).

O juiz fixará o prazo em que a alienação deve ser efetivada, a forma de publicidade, o preço mínimo, as condições de pagamento e as garantias e, se for o caso, a comissão de corretagem (art. 685-C, § 1º, do CPC de 1973 e art. 880, § 1º, do CPC de 2015).

A alienação será formalizada por termo nos autos, com assinatura do juiz, do exequente, do adquirente e, se estiver presente, pelo executado, expedindo-se: a carta de alienação e mandado de imissão de posse, quando se tratar de imóvel; a ordem de entrega ao adquirente, quando se tratar de bem móvel (art. 685-C, § 2º, do CPC de 1973 e art. 880, § 2º, do CPC de 2015).

A alienação far-se-á em leilão judicial se não for efetiva a alienação por iniciativa particular (art. 686 do CPC de 1973 e art. 881 do CPC de 2015), observando-se que o leilão do bem será realizado por leiloeiro público e que, ressalvados os casos de alienação a cargo de corretores da bolsa de valores, todos os demais bens serão alienados em leilão público (art. 704 do CPC de 1973 e art. 881 do CPC de 2015).

A alienação por meio eletrônico prevalece sobre a realizada de forma presencial (art. 882 do CPC de 2015).

A arrematação em hasta pública será realizada em dia, hora e local previamente definidos (art. 888, *caput* e § 1º, da CLT) e será anunciada por edital afixado na sede do juízo ou Tribunal e publicado no jornal local, se houver, com antecedência mínima de vinte dias (art. 888 da CLT). O juiz da execução estabelecerá o preço mínimo, as condições de pagamento e as garantias que poderão ser prestadas pelo arrematante (art. 885 do CPC de 2015).

O edital de arrematação conterá, dentre outros elementos: a) a descrição do bem penhorado, com suas características, e, tratando-se de bem imóvel, sua situação e suas divisas, com remissão à matrícula e registros; b) o valor pelo qual o bem foi avaliado e o preço mínio pelo qual poderá ser alienado, as condições de pagamento e, se for o caso, a comissão do leiloeiro designado; c) o lugar onde estiverem os móveis, os veículos e os semoventes e, tratando-se de créditos ou direitos, a identificação dos autos do processo em que foram penhorados (art. 686 do CPC de 1973 e art. 886 do CPC de 2015).

As partes devem ser intimadas, via postal, do local, dia e hora em que será realizada a arrematação.

Os bens serão vendidos pelo maior lance (art. 888, § 1º, da CLT).

Quando o imóvel admitir cômoda divisão, o juiz, a requerimento do executado, ordenará a alienação judicial de parte dele, desde que suficiente para o pagamento do exequente, mas, não havendo lançador, far-se-á a alienação do imóvel em sua integridade (art. 702, *caput* e parágrafo único, do CPC de 1973 e art. 894 do CPC de 2015).

O arrematante deverá garantir o lance com sinal correspondente a 20% (vinte por cento) do seu valor (art. 888, § 2º, da CLT).

Pode oferecer lance quem estiver na livre administração de seus bens, com exceção: dos tutores, dos curadores, dos testamenteiros, dos administradores, *dos síndicos* (excluídos pelo CPC de 2015) ou dos liquidantes, quanto aos bens confiados à sua guarda e à sua responsabilidade; dos mandatários, quanto aos bens de cuja administração ou alienação estejam encarregados; do juiz, do membro do Ministério Público e da Defensoria Pública, do diretor de secretaria e demais servidores e auxiliares da justiça, em relação aos bens e direitos objeto de alienação na localidade onde servirem ou a que estender a sua autoridade (restrição estabelecida pelo CPC de 2015); dos servidores públicos em geral, quanto aos bens ou aos direitos da pessoa jurídica a que servirem ou que estejam sob sua administração direta ou indireta (hipótese estabelecida pelo CPC de 2015); dos leiloeiros e seus prepostos, quanto aos bens de cuja venda estejam encarregados (hipótese estabelecida pelo CPC de 2015); dos advogados de qualquer das partes (hipótese estabelecida pelo CPC de 2015) (art. 690-A do CPC de 1973 e art. 890 do CPC de 2015).

Não exige a CLT a realização de segundo leilão, salvo na hipótese de não pagamento do lance ofertado pelo arrematante (art. 888, § 4º, da CLT). Tal fato não impede, no entanto, que, após a praça frustrada, o juiz, atendendo a requerimento do credor, em favor do qual se processa a execução, determine a realização de novo leilão.

A arrematação constará de auto que será lavrado de imediato e poderá abranger bens penhorados em mais de uma execução, nele mencionadas as condições pelas quais foi alienado o bem (art. 693 do CPC de 1973 e art. 901 do CPC de 2015).

Qualquer que seja a modalidade de leilão, assinado o auto pelo juiz, pelo arrematante e pelo leiloeiro, a arrematação considerar-se-á perfeita, acabada e irretratável, ainda que venham a ser julgados procedentes os embargos do executado ou a ação autônoma de invalidação, assegurada a possibilidade de reparação pelos prejuízos sofridos (art. 694 do CPC de 1973 e art. 903 do CPC de 2015).

Consoante dispõem o art. 694, § 1º, do CPC de 1973 e o art. 903, § 1º, do CPC de 2015, a arrematação poderá ser: a) invalidada, quando realizada por preço vil ou outro vício; b) considerada ineficaz, se não houverem sido intimadas as pessoas cuja intimação é obrigatória; c) resolvida, se não for pago o preço ou se não foi prestada a caução. Tais fatos devem ser alegados no prazo de dez dias após o aperfeiçoamento da arrematação (art. 903, § 2º, do CPC de 2015) e, passado este prazo, será expedida a carta de arrematação e, conforme o caso, a ordem de entrega ou mandado de imissão de posse (art. 903, § 3º, do CPC de 2015).

A Instrução Normativa n. 39/16 do TST estabelece, no art. 3º, XX, que é aplicável no processo do trabalho o art. 895 do CPC de 2015, segundo o qual, o interessado em adquirir o bem penhorado em prestações poderá apresentar, por escrito, até o início do primeiro leilão, proposta de aquisição do bem por valor não inferior ao da avaliação, ou até o início do segundo leilão, proposta de aquisição do bem por valor proposta de aquisição do bem por valor não inferior ao da avaliação que seja considerado vil.

Após a expedição da carta de arrematação ou da ordem de entrega, a invalidação da arrematação poderá ser pleiteada por ação autônoma, em cujo processo o arrematante figura como litisconsorte necessário (art. 903, § 3º, do CPC de 2015).

34.2. A CLT não trata da participação do credor na arrematação.

O CPC de 1973, no art. 690, parágrafo único, autoriza o credor a arrematar o bem penhorado, o mesmo ocorrendo com o CPC de 2015 (art. 892, § 1º), dispositivos legais que são compatíveis com o direto processual do trabalho.

A CLT autoriza a arrematação do bem pelo maior lance (art. 888, § 1º, da CLT).

Desse modo, não é lícito exigir que o exequente por ele pague, como arrematante, o valor da avaliação. Note-se que o art. 98, § 7º, da Lei n. 8.212/97 permite à União a adjudicação do bem penhorado pelo importe correspondente a 50% do valor da avaliação. Não se pode negar ao credor trabalhista o direito de arrematar o bem pelo mesmo valor (50% do valor da avaliação), sob pena de tratamento discriminatório do credor de crédito superprivilegiado.

O credor que arrematar os bens não está obrigado a exibir o preço, mas, se o valor dos bens exceder ao seu crédito, depositará, dentro de três dias, a diferença, sob pena de desfazer-se a arrematação (art. 690, parágrafo único, do CPC de 1973 e art. 892, § 1º, do CPC de 2015), não sendo compatível com o direito processual do trabalho a previsão, constante dos arts. 892 e 903, § 1º, do CPC de 2015, no sentido de que, se o exequente não depositar a diferença entre o seu crédito e o valor dos bens será realizado novo leilão à custa do exequente.

34.3. Dispõe o art. 888, § 1º, da CLT que o bem será vendido, na arrematação, pelo maior lanço.

A CLT não fixa um limite mínimo para o lanço.

O art. 692 do CPC de 1973 e o art. 891 do CPC de 2015 dispõem que não será aceito lanço que ofereça preço vil.

O CPC de 2015 inova na matéria, dispondo que se considera vil o preço inferior ao mínimo estipulado pelo juiz e constante do edital, e, não tendo sido fixado preço mínimo, considera-se vil o preço inferior a cinquenta por cento do valor da avaliação (art. 891, parágrafo único), o que está em sintonia com o art. 98, § 7º, da Lei n. 8.212/97, que permite à União a adjudicação do bem penhorado pelo importe correspondente a 50% do valor da avaliação.

Preço vil é o preço insignificante em relação ao valor real do bem, sendo valor real do bem aquele por ele alcançado no momento da arrematação.

O preço vil deve ser apurado caso a caso, considerando-se não só o valor da avaliação, como também o valor do bem na época da arrematação, a sua maior ou menor liquidez e a sua relação com o crédito objeto da execução (via de regra, decorre lapso considerável entre a data da avaliação e a da arrematação, o que aconselha desconsiderar o valor da avaliação em favor daquele que o bem alcança no momento da arrematação).

A vedação de venda do bem penhorado por preço vil é compatível com o direito processual do trabalho. Esta vedação protege o próprio credor, na medida em que impede a dilapidação do patrimônio do devedor, que é a garantia da satisfação de seus débitos.

A natureza alimentar do crédito executado e, portanto, a necessidade de sua mais completa satisfação impõe que se leve em conta, no exame do lanço ofertado, a sua capacidade para satisfazer o crédito em execução. Assim, estando o valor do lanço abaixo do valor de mercado do bem, mas sendo suficiente para a satisfação de todo o crédito ou de parte considerável dele, não há porque rejeitá-lo, principalmente se outro bem não tiver sido encontrado ou nomeado para penhora.

Não convence o argumento de que a aceitação do lanço considerando a sua capacidade para satisfazer o credor implicaria prejuízo para o devedor, na medida em que a este a lei faculta, para a defesa do seu patrimônio, a remição da execução.

35. Execução contra a Fazenda Pública. Execução de pequeno valor. Execução provisória. Remessa obrigatória na execução

A execução por quantia certa tem por objeto expropriar bens do devedor a fim de satisfazer o direito do credor. Este fato torna necessário estabelecer um procedimento especial para a execução contra a Fazenda Pública, visto que os bens públicos não são passíveis de penhora.

A execução por quantia certa contra a Fazenda Pública é realizada, também no processo do trabalho, na forma estabelecida pelo art. 730 do CPC de 1973 ou pelo art. 535 do CPC de 2015 (arts. 769 e 899 da CLT e art. 15 do CPC de 2015).[2186]

Dispõe o art. 730 do CPC que,

"na execução por quantia certa contra a Fazenda Pública, citar-se-á a devedora para opor embargos em 10 (dez) dias; se esta não os opuser, no prazo legal, observar-se-ão as seguintes regras:

I — O juiz requisitará o pagamento por intermédio do presidente do tribunal competente;

II — far-se-á o pagamento na ordem da apresentação do precatório à conta do respectivo crédito."

De acordo com o art. 534 do CPC de 2015, na execução de sentença que impuser à Fazenda Pública o dever de pagar quantia certa, o exequente apresentará demonstrativo discriminado e atualizado do crédito, do qual devem constar os dados especificados no citado comando legal (índice de correção monetária adotado, juros aplicados, por exemplo), observando-se que, de acordo com o art. 535 do CPC de 2015, a Fazenda Pública será intimada na pessoa de seu representante legal, por carga, remessa ou meio eletrônico, para, querendo, no prazo de 30 dias e nos próprios autos, impugnar a execução (embargar a execução, no processo do trabalho).

Assim, diferentemente do que ocorre com a execução contra os demais devedores, que são citados para pagar ou garantir a execução (art. 880 da CLT), a Fazenda Pública é intimada para apresentar embargos à execução, ao passo que, em relação ao prazo para a impugnação, o direito processual do trabalho não é omisso, dispondo a CLT, de forma expressa, ser ele de cinco dias (art. 884).

A Medida Provisória n. 2.180-35/2001 acrescentou ao art. 1º da Lei n. 9.494/97 o art. 1º-B, prevendo que "o prazo a que se refere o *caput* dos arts. 730 do Código de Processo Civil, e 884 da Consolidação das Leis do Trabalho, aprovado pelo Decreto-lei n. 5.452, de 1º de maio de 1943, passa a ser de 30 (trinta) dias".

No entanto, não é aplicável no processo do trabalho o prazo de trinta dias estipulado na Medida Provisória n. 2.180-35/2001 e, agora, no CPC de 2015 (art. 535).

Primeiro, porque a citada Medida Provisória é inconstitucional, visto que não atende aos requisitos de urgência e relevância, na medida em que os prazos diferenciados da Fazenda Pública e a remessa obrigatória já criam em seu favor uma situação bem mais favorável, se comparada com a dos demais litigantes, não se vislumbrando urgência e, ainda, relevância, na adoção dessa nova medida. Aliás, a Medida Provisória

(2186) A expressão "Fazenda Pública" abrange, na linha do art. 790-A, I, da CLT, a União, os Estados, o Distrito Federal, os Municípios e respectivas autarquias e fundações públicas federais, estaduais ou municipais que não explorem atividade econômica.

fere o princípio da razoabilidade, em razão de a Fazenda Pública já contar com benefícios relacionados aos prazos e com garantia da remessa obrigatória, não se justificando, fática ou juridicamente, o elastecimento do seu prazo para opor embargos à execução no processo do trabalho.

Segundo, porque a aludida Medida Provisória adota solução que é incompatível com o direito processual do trabalho, que prima pela celeridade na solução dos dissídios e satisfação do credor (basta lembrar que, no procedimento sumaríssimo, a lide deve ser resolvida no prazo máximo de 15 dias, de acordo com o art. 852-B, III, da CLT), observando-se que não é razoável crer que a preocupação do legislador esteja limitada à rapidez no proferimento de decisão condenatória, vez que a decisão, em si mesma, não faz desaparecer o conflito, que cessa, efetivamente, com a satisfação do crédito nela reconhecido.

Terceiro, porque o art. 884 da CLT, de forma expressa, define o prazo para embargos à execução, sem estabelecer qualquer benefício para a Fazenda Pública, não havendo, desse modo, omissão a ser suprida pela aplicação do prazo estabelecido no art. 535 do CPC de 2015 no processo do trabalho.

Vale o registro de que o STF concedeu, nos autos da Ação Direta de Constitucionalidade n. 11, medida liminar, determinando a suspensão de todos os processos em que se discutia a constitucionalidade do art. 1º-B da Medida Provisória n. 2.180-35/2001. Apesar de ter se expirado o prazo fixado pelo art. 21, parágrafo único, da Lei n. 9.868/99, o Pleno do STF decidiu, julgando as Reclamações n. 5.758 e 6.428, por maioria de votos, que subsistem os efeitos da liminar até o julgamento definitivo da ação declaratória, o que ainda não ocorreu.[(2187)]

De acordo com o disposto no art. 741 do CPC de 1973, na execução contra a Fazenda Pública, os embargos só poderão versar sobre: I — falta ou nulidade da citação, se o processo correu à revelia; II — inexigibilidade do título; III — ilegitimidade das partes; IV — cumulação indevida de execuções; V — excesso de execução; VI — qualquer causa impeditiva, modificativa ou extintiva da obrigação, como pagamento, novação, compensação, transação ou prescrição, desde que superveniente à sentença.

Conforme o art. 741, parágrafo único, do CPC de 1973, "para efeito do disposto no inciso II do *caput* deste artigo, considera-se inexigível o título judicial fundado em lei ou ato normativo declarados inconstitucionais pelo Supremo Tribunal Federal, ou fundado em aplicação ou interpretação de lei ou ato normativo tidas pelo Supremo Tribunal Federal como incompatíveis com a Constituição Federal".[(2188)]

O CPC de 2015 prevê, no art. 535, que na execução contra a Fazenda Pública, os embargos só poderão versar sobre:

I — falta ou nulidade da citação se, na fase de conhecimento, o processo correu à revelia;

II — ilegitimidade das partes;

III — inexequibilidade do título ou inexigibilidade da obrigação;

IV — excesso de execução;

V — incompetência absoluta ou relativa do juízo da execução;

VI — qualquer causa modificativa ou extintiva da obrigação, como pagamento, novação, compensação, transação ou prescrição, desde que superveniente ao trânsito em julgado da sentença.

Note-se que no CPC de 1973 é feita referência à *inexigibilidade do título*, ao passo que no de 2015 alude-se à *inexequibilidade do título* (trata-se de título que carece de força executiva) ou *inexigibilidade da obrigação* (não é o título que é exigível, mas a obrigação nele consubstanciada), e que o CPC de 1973 autoriza a alegação, nos

(2187) Dispõe o art. 21, parágrafo único, da Lei n. 9.868/99, que "Concedida a medida cautelar, o Supremo Tribunal Federal fará publicar em seção especial do Diário Oficial da União a parte dispositiva da decisão, no prazo de 10 (dez) dias, devendo o Tribunal proceder ao julgamento da ação no prazo de 180 (cento e oitenta) dias, sob pena de perda de sua eficácia". A manutenção da suspensão dos processos por prazo indeterminado afronta o direito fundamental à duração razoável do processo.

(2188) Esta questão foi tratada no Capítulo reservado ao exame da sentença e da coisa julgada, ao qual remetemos o leitor. Anote-se que "O parágrafo único do art. 741 do CPC não se aplica às sentenças transitadas em julgado em data anterior à da sua vigência" (Súmula n. 487 do STJ).

embargos, de qualquer causa *impeditiva, modificativa* ou *extintiva* da obrigação, como pagamento, novação, compensação, transação ou prescrição, desde que *superveniente à sentença*, enquanto o CPC de 2015 autoriza a alegação de qualquer causa *modificativa* ou *extintiva* da obrigação, como pagamento, novação, compensação, transação ou prescrição, desde que *superveniente ao trânsito em julgado da sentença*.

Conforme o art. 535, § 5º, do CPC de 2015, "para efeito do disposto no inciso III do *caput* deste artigo, considera-se também inexigível a obrigação reconhecida em título judicial fundado em lei ou ato normativo considerado inconstitucional pelo Supremo Tribunal Federal, ou fundado em aplicação ou interpretação de lei ou ato normativo tido pelo Supremo Tribunal Federal como incompatíveis com a Constituição Federal, em controle de constitucionalidade concentrado ou difuso".

Prevê o art. 535, § 6º, do CPC de 2015 que, no caso do § 5º, os efeitos da decisão do STF poderão ser modulados no tempo, de modo a favorecer a segurança jurídica, ao passo que, segundo o art. 535, § 7º, do CPC de 2015, a decisão do STF prevista no § 5º do art. 535 deve ter sido proferida antes do trânsito em julgado da decisão exequenda.

Se a decisão referida no § 5º do art. 535 foi proferida após o trânsito em julgado da decisão exequenda, caberá ação rescisória, cujo prazo será contado do trânsito em julgado da decisão proferida pelo STF (art. 535, § 8º, do CPC de 2015).

Acrescente-se que:

a) a multa prevista no art. 523, § 1º, não se aplica à Fazenda Pública (art. 534, § 2º, do CPC de 2015), o que se justifica, na medida em que a Fazenda Pública não é intimada para pagar o débito, mas para impugnar a execução;

b) eventual alegação de impedimento ou suspeição deverá observar o disposto nos arts. 146 e 148 (art. 535, § 1º, do CPC de 2015), tema que foi examinado quando tratamos do impedimento e da suspeição do juiz;

c) alegando excesso de execução, a Fazenda Pública deverá declarar de imediato o valor que entende correto, sob pena de não conhecimento da arguição (art. 535, § 2º, do CPC de 2015);

d) tratando-se de embargos parciais, a parte não questionada pela executada será, desde logo, objeto de execução (art. 535, § 4º, do CPC de 2015).

Prevê o CPC de 1973 que, não sendo opostos embargos ou após o julgamento dos que forem opostos, o juiz requisitará o pagamento por intermédio do Tribunal competente (art. 730, I).

Estabelece o CPC de 2015 que, não embargada a execução ou rejeitas as arguições da executada: 1 — expedir-se-á, por intermédio do presidente do tribunal competente, precatório em favor do exequente, observando-se a Constituição Federal; 2 — por ordem do juiz, dirigida à autoridade na pessoa de quem o ente público foi citado para o processo, o pagamento de obrigação de pequeno valor será realizado no prazo de dois meses contado da entrega da requisição, mediante depósito na agência de banco oficial mais próxima da residência do exequente (art. 535, § 3º, do CPC de 2015).[2189]

O pagamento, portanto, é realizado por meio de *precatório* ou de *requisição de pequeno valor*.

Os pagamentos devidos pela Fazenda Pública são disciplinados no art. 100 da Constituição, do qual consta, por exemplo, que:

a) os pagamentos devidos pela Fazenda Pública em virtude de sentença judicial far-se-ão exclusivamente na ordem cronológica de apresentação dos precatórios e à conta dos créditos respectivos, proibida a designação de casos ou de pessoas nas dotações orçamentárias e nos créditos adicionais abertos para este fim (art. 100, *caput*, da Constituição). O estabelecimento de ordem a ser seguida

(2189) Trata-se, esta segunda hipótese, da *requisição de pequeno valor*.

na satisfação dos créditos em face da Fazenda Pública impede favorecimentos pessoais indevidos e discriminação de devedores por motivos políticos;

b) os débitos de natureza alimentícia compreendem aqueles decorrentes de salários, vencimentos, pensões e suas complementações, benefícios previdenciários e indenizações por morte ou invalidez, fundadas em responsabilidade civil, em virtude de sentença judicial transitada em julgado, e serão pagos com preferência sobre todos os demais, exceto aqueles referidos no § 2º do art. 100 (art. 100, § 1º);

c) os débitos de natureza alimentícia cujos titulares tenham sessenta anos de idade ou mais na data de expedição do precatório, ou sejam portadores de doença grave, definidos na forma da lei, serão pagos com preferência sobre todos os demais débitos, até o valor equivalente ao triplo do fixado para os fins do disposto no § 3º do art. 100, admitido o fracionamento para essa finalidade, sendo que o restante será pago na ordem cronológica de apresentação do precatório (art. 100, § 2º);

d) o disposto no *caput* do art. 100 relativamente à expedição de precatórios não se aplica aos pagamentos de obrigações definidas em lei como de pequeno valor que a Fazenda Pública deve fazer em virtude de sentença judicial transitada em julgado (art. 100, § 3º);

e) para os fins do disposto no § 3º do art. 100, poderão ser fixados, por leis próprias, valores distintos às entidades de direito público, segundo as diferentes capacidades econômicas, sendo o mínimo igual ao valor do maior benefício do regime geral de previdência social (art. 100, § 4º);

f) é obrigatória a inclusão, no orçamento das entidades de direito público, de verba necessária ao pagamento de seus débitos, oriundos de sentenças transitadas em julgado, constantes de precatórios judiciários, apresentados até 1º de julho, fazendo-se o pagamento até o final do exercício seguinte, quando serão os valores atualizados monetariamente (art. 100, § 5º);

g) as dotações orçamentárias e os créditos abertos serão consignados diretamente ao Poder Judiciário, cabendo ao Presidente do tribunal que proferir a decisão exequenda determinar o pagamento integral e autorizar, a requerimento do credor e exclusivamente para os casos de preterimento de seu direito de precedência ou de não aplicação orçamentária do valor necessário à satisfação do seu débito, o sequestro da quantia respectiva (art. 100, § 6º).

Segundo a Orientação Jurisprudencial n. 3 do Pleno do TST, "o sequestro de verbas públicas para satisfação de precatórios trabalhistas só é admitido na hipótese de preterição do direito de precedência do credor, a ela não se equiparando as situações de não inclusão da despesa no orçamento ou de não pagamento do precatório até o final do exercício, quando incluído no orçamento", o que, no entanto, não está em sintonia com o art. 100, § 6º, da Constituição.[2190]

Consoante o art. 87 do Ato das Disposições Constitucionais Provisórias, para efeito do que dispõe o § 3º do art. 100 da Constituição e o art. 78 do ADCT, serão considerados de pequeno valor, até que se dê a publicação oficial das respectivas leis definidoras pelos entes da Federação, observado o disposto no § 4º do art. 100, aos débitos ou obrigações consignados em precatórios judiciários, que tenham valor igual ou inferior a: a) quarenta salários mínimos, perante a Fazenda Pública dos Estados e do Distrito Federal; b) trinta salários mínimos, perante a Fazenda Pública dos Municípios.

A Lei n. 10.259/2001 definiu como obrigações de pequeno valor da Fazenda Pública Federal aquelas cujo importe seja igual ou inferior a sessenta salários mínimos (art. 3º). O salário mínimo a ser considerado para efeito de verificação da dispensa de precatório é o da data da expedição do mandado de citação para opor embargos, ou seja, o do início da execução propriamente dita.

(2190) Consoante a Orientação Jurisprudencial n. 13 do Tribunal Pleno do TST: "É indevido o sequestro de verbas públicas quando o exequente/requerente não se encontra em primeiro lugar na lista de ordem cronológica para pagamento de precatórios ou quando não demonstrada essa condição". O sequestro não pode ser utilizado para alterar a ordem dos pagamentos.

O CPC não veda a execução provisória contra a Fazenda Pública.(2191) A propósito, o STF decidiu que "a expedição do precatório não se restringe à existência de coisa julgada".(2192) De acordo com o art. 2º-B, da Lei n. 9.494/97, com a redação que lhe conferiu a Medida Provisória n. 2.180-35/2001, quando se tratar de sentença que tenha por objeto a liberação de recursos, inclusão em folha de pagamento, reclassificação, equiparação, concessão de aumento ou extensão de vantagens a servidores da União, dos Estados, do Distrito Federal e dos Municípios, inclusive suas autarquias e fundação, a execução somente será possível após o trânsito em julgado da decisão. Somente nestas hipóteses, portanto, é que não se admite a execução provisória.(2193)

É sustentado que o art. 100 da Constituição condiciona a expedição de precatório à existência de decisão judicial que determine o pagamento, de forma que o juiz deverá, na execução por título executivo extrajudicial, proferir sentença, ainda que a Fazenda Pública não tenha apresentado embargos, como forma de viabilizar a execução (não sendo apresentados os embargos, a sentença será declaratória da regularidade formal do título e da execução). A nosso sentir, o art. 100 da Constituição Federal trata do que ocorre com mais frequência — execução por título judicial —, não impedindo que o precatório seja expedido também quando se trate de crédito reconhecido em título executivo extrajudicial.(2194)

36. Execução do devedor solidário e subsidiário

Na hipótese de pluralidade de devedores com responsabilidade solidária, a execução poderá ser endereçada contra qualquer deles, posto que o credor tem direito de exigir e receber de um ou alguns dos devedores solidários a dívida comum (art. 275 do Código Civil).

No caso de ser subsidiária a obrigação imposta a um dos devedores, a execução deverá ser dirigida em primeiro lugar contra o devedor principal. Se o devedor principal não cumprir a sua obrigação e não garantir a execução e, ainda, não forem localizados bens de sua propriedade passíveis de penhora, a execução deverá ser dirigida contra o devedor subsidiário.(2195)

É lícito ao devedor subsidiário indicar à penhora bens livres e desembaraçados do devedor principal. Depois de expropriados os bens do devedor principal que forem encontrados, a execução de eventual saldo credor prosseguirá contra o devedor subsidiário.

Na hipótese de condenação de dois ou mais demandados a satisfazer o crédito do trabalhador e sendo a responsabilidade de um ou mais deles subsidiária (como ocorre, em regra, no caso de terceirização de serviços, em que são condenados o empregador e o tomador dos serviços, com a atribuição a este de responsabilidade apenas subsidiária), não há que invocar, em favor do devedor subsidiário, a denominada *responsabilidade de terceiro grau*, no sentido de que a sua execução tem como pressuposto a prévia execução dos sócios do devedor principal inadimplente. A execução do devedor subsidiário tem como pressuposto único o inadimplemento do devedor principal. Observe-se, neste sentido, que a CLT (art. 455) e a Lei n. 6.019/74 (art. 16), ao despersonalizar as obrigações decorrentes da relação de emprego, não condicionam a atribuição de responsabilidade ao empreiteiro principal e tomador dos serviços, respectivamente, à previa tentativa de satisfação do crédito do trabalhador por meio do direcionamento da sua execução contra os sócios do devedor principal, o que permite afirmar que o nosso ordenamento jurídico não contempla este condicionamento.

(2191) Execução provisória é a fundada em decisão ainda passível de reforma.

(2192) STF, 2ª T., RE 272.625-AgR-ED, Rel. Min. Maurício Correa, DJU 1º.3.2002, p. 50.

(2193) Note-se que, se não fosse possível a execução provisória contra a Fazenda Pública, não seria necessária a ressalva constante do art. 4º-B da Lei n. 9.494/97.

(2194) O STJ, na Súmula n. 279, adotou o entendimento de que "é cabível execução por título extrajudicial contra a Fazenda Pública".

(2195) Constitui prova suficiente da ausência de bens do devedor principal, a certidão do oficial de justiça dando conta da não localização de bens do devedor principal passíveis de penhora.

37. Remição da execução

Antes de adjudicados ou alienados os bens, o executado pode, a todo tempo, remir a execução, pagando ou consignando a importância atualizada da dívida, acrescida de juros, custas e honorários devidos, consoante dispõem os arts. 13 da Lei n. 5.584/80, 651 do CPC de 1973 e 826 do CPC de 2015.

Contra o indeferimento da remição cabe agravo de petição, vez que, sendo assinado o auto e a carta de arrematação ou adjudicação, o devedor já não poderá remir a execução.

38. Execução de contribuições previdenciárias pela Justiça do Trabalho

Consoante o art. 114, VII, da Constituição de 1988, compete à Justiça do Trabalho a execução, de ofício, das contribuições previdenciárias previstas no art. 195, I, *a*, e II,[2196] decorrentes das sentenças que proferir.[2197]

38.1. O art. 114, VII, da Constituição aduz à execução de contribuições *decorrentes das sentenças proferidas* pela Justiça do Trabalho, o que faz surgir o debate sobre a execução de créditos previdenciários relativos a pagamentos ocorridos no curso de relação de emprego cuja existência somente é reconhecida em juízo.

São encontradas na doutrina e na jurisprudência duas vertentes de pensamentos:

a) *executividade ampla das contribuições previdenciárias pela Justiça do Trabalho*: a competência executória da Justiça do Trabalho abrange as contribuições previdenciárias incidentes sobre as parcelas que compõem o salário de contribuição (base de cálculo das contribuições previdenciárias) creditadas ou pagas no curso da relação de emprego reconhecida. Sob essa ótica, ainda que a decisão seja meramente declaratória da existência de relação de emprego, devem ser executadas pela Justiça do Trabalho as contribuições previdenciárias incidentes sobre as parcelas que compõem o salário de contribuição creditadas ou pagas ao trabalhador no curso da relação de emprego reconhecida;

b) *executividade restrita das contribuições previdenciárias pela Justiça do Trabalho*: a competência executória da Justiça do Trabalho alcança apenas as contribuições previdenciárias incidentes sobre as parcelas que compõem o salário de contribuição devidas por força de sentença condenatória ou decisão homologatória de acordo.[2198]

A Constituição da República, no art. 114, VIII, atribuiu à Justiça do Trabalho a competência para executar contribuições previdenciárias *decorrentes das sentenças que proferir*.

Assim, a hipótese do art. 114, VIII, da Constituição Federal não é de execução de contribuições previdenciárias resultantes das *sentenças condenatórias ou homologatórias de acordo* proferidas pela Justiça do Trabalho, mas de contribuições previdenciárias decorrentes das *sentenças proferidas pela Justiça do Trabalho*.

(2196) "Art. 195. A seguridade social será financiada por toda a sociedade, de forma direta e indireta, nos termos da lei, mediante recursos provenientes dos orçamentos da União, dos Estados, do Distrito Federal e dos Municípios, e das seguintes contribuições sociais: I — do empregador, da empresa e da entidade a ela equiparada na forma da lei, incidentes sobre: a) a folha de salários e demais rendimentos do trabalho pagos ou creditados, a qualquer título, à pessoa física que lhe preste serviço, mesmo sem vínculo empregatício; (...) II — do trabalhador e dos demais segurados da previdência social (...)".

(2197) A competência da Justiça do Trabalho foi limitada à execução dos créditos previdenciários decorrentes das sentenças que proferir. Tal restrição impede a execução pela Justiça do Trabalho de créditos previdenciários resultantes de termos de ajuste firmado perante o Ministério Público do Trabalho e de termo de conciliação firmado perante Comissão de Conciliação Prévia ou Núcleo Intersindical de Conciliação Trabalhista. No entanto, a SDI-I do TST, decidiu, nos autos do E-RR-40600-80-2009-5.09-0096, que, por força do art. 114, IX, da Constituição Federal, do art. 43, § 6º, da Lei n. 8.212/91 e dos arts. 876 e 877-A da CLT, a Justiça do Trabalho tem competência para a execução de contribuições previdenciárias incidentes sobre valores fixados em acordo firmado perante Comissão de Conciliação Prévia.

(2198) Acolhendo esse ponto de vista, o TST editou a Súmula n. 368, cujo inciso I prevê: "A Justiça do Trabalho é competente para determinar o recolhimento das contribuições fiscais. A competência da Justiça do Trabalho, quanto à execução das contribuições previdenciárias, limita-se às sentenças condenatórias em pecúnia que proferir e aos valores objeto de acordo homologado, que integrem o salário de contribuição."

Com isto, por força do art. 114, VIII, da Constituição, a sentença declaratória da existência de relação de emprego possui, em relação às contribuições previdenciárias, força executiva.

Vale recordar que, como adverte Alcides de Mendonça Lima, "não há impedimento em que qualquer lei ordinária — como o Código o é — conceda a outra sentença, fora das relacionadas, força executiva".[2199]

Se a lei ordinária pode conferir força executiva à sentença que originalmente não a possuía, com muito mais razão pode fazê-lo a Constituição da República, como se deu no art. 114, VIII.

Conforme observa Enrico Tullio Liebman, constitui "problema de política legislativa o de considerar quais são os atos, cuja presença, nas condições históricas e sociais do tempo, forneça, de efetiva existência do direito, justificação tal que permita atribuir-lhe a força executória".[2200] A Constituição da República contém uma clara opção no que concerne às contribuições previdenciárias: a Justiça do Trabalho deverá executar, de ofício, as contribuições previdenciárias que *decorrerem das sentenças que proferir*.

Em suma, a Constituição da República, ao atribuir à Justiça do Trabalho a competência para executar as contribuições previdenciárias decorrentes das sentenças que proferir, criou verdadeira sentença condenatória *lato sensu*. É que, ainda, conforme assinala Alcides Mendonça de Lima, "sempre que alguma responsabilidade possa caber ao vencido, originando-se uma obrigação a ser satisfeita, como decorrência do julgamento da pretensão em si mesma, há condenação e, consequentemente, perspectiva de execução, seja qual for a verdadeira natureza da sentença".[2201] Assim, quando da sentença decorrer um crédito previdenciário, estar-se-á diante de uma condenação *lato sensu*.

Observe-se que, ao declarar a existência da relação de emprego, a decisão proferida pela Justiça do Trabalho atribui aos créditos ou pagamentos realizados em favor do trabalhador a condição de fato gerador de crédito previdenciário. Neste contexto, da sentença declaratória *decorre* o crédito previdenciário.[2202]

Executar as contribuições previdenciárias relativas às parcelas creditadas ou pagas durante a relação de emprego cuja existência é reconhecida em juízo contribui para a maior eficácia da decisão judicial proferida pela Justiça do Trabalho, o que coloca a solução preconizada em sintonia com o princípio da máxima efetividade das decisões judiciais, que é próprio do direito processual do trabalho, como demonstram, por exemplo, a atribuição ao juiz do poder para, de ofício, promover a execução, a negativa de efeito suspensivo aos recursos e a exigência, nos dissídios individuais em que haja condenação em pecúnia, da prévia realização de garantia de juízo como condição para o acesso ao duplo grau de jurisdição.

(2199) *Comentários ao Código de Processo Civil*, v. VI, p. 242.

(2200) *Embargos à execução*, p. 168-169.

(2201) *Comentários ao Código de Processo Civil*, v. VI, p. 246.

(2202) Consoante decidiu o STJ: "(...). 2. Tradicionalmente, sempre se entendeu que a ocorrência do *fato gerador* — concreta ou presumida realização da *hipótese de incidência do tributo*, prevista de forma abstrata na lei — faz nascer a obrigação tributária, que é vínculo jurídico em virtude do qual se viabiliza ao Estado constituir o *crédito tributário* contra o particular. Este (crédito tributário), à sua vez, tem como gênese o *lançamento*, e somente a partir de sua regular constituição é que o Estado poderia exigir o pagamento do tributo. 3. Porém, no que concerne aos débitos previdenciários resultantes de ações trabalhistas, o art. 114, inciso VIII, com a redação que lhe foi conferida pela EC n. 45/2004, estabelece a competência da Justiça do Trabalho para 'a execução, *de ofício*, das contribuições sociais previstas no art. 195, I, a, e II, e seus acréscimos legais, decorrentes das sentenças que proferir'. Na mesma linha são os arts. 832, § 3º, e 876, *caput* e parágrafo único, da CLT, e art. 43 da Lei n. 8.212/1991. 4. Com efeito, a Constituição Federal quis criar um direito novo com a imposição de que a Justiça do Trabalho execute, *de ofício*, os créditos previdenciários resultantes diretamente da sentença proferida. Por essa ótica, a constituição do crédito tributário pela via administrativa do lançamento, da qual resulta um título extrajudicial (CDA, *ex vi* do art. 585, inciso VII, do CPC), não se confunde com o crédito materializado no título judicial no qual foi reconhecida uma obrigação tributária, nascida com o fato gerador, cuja ocorrência se dá 'na data da prestação do serviço' (art. 43, § 2º, da Lei n. 8.212/1991). 5. Assim, a controvérsia desata-se com a constatação de que a sentença da Justiça laboral — que condenou o empregador a uma obrigação de caráter trabalhista e, por consequência, reconheceu a existência do fato gerador da obrigação tributária — insere-se na categoria geral de 'sentença proferida no processo civil que reconhece a existência de obrigação de fazer, não fazer, entregar coisa ou pagar quantia' (art. 475-N, CPC), consubstanciando, ela própria, o título executivo judicial no qual subjaz o crédito para a Fazenda Pública" (STJ, REsp n, 1.170.750/SP, Rel. Min. Luiz Felipe Salomão). A condenação à anotação da CTPS, como consequência do reconhecimento da relação de emprego, insere-se na categoria das sentenças condenatórias.

A questão parecia definitivamente resolvida com o advento da Lei n. 11.437/07, que conferiu nova redação ao parágrafo único do art. 876 da CLT, que passou a dispor que seriam executadas de ofício as contribuições sociais devidas em decorrência de decisões proferidas pela Justiça do Trabalho, resultantes de condenação ou homologação de acordo, inclusive sobre os salários pagos durante o período contratual reconhecido.

No entanto, o STF, no julgamento do Rex. 569056-PR, decidiu que "a competência da Justiça do Trabalho prevista no art. 114, VIII, da Constituição Federal alcança apenas a execução das contribuições previdenciárias relativas ao objeto da condenação constante das sentenças que proferir".[2203]

De outro lado, sendo executado crédito previdenciário relativo a parcelas salariais creditadas ou pagas no curso da relação de emprego com participação da União, o INSS não poderá questionar a existência da relação de emprego quando for solicitada a averbação do tempo de serviços do trabalhador. Com efeito, fere o princípio da moralidade o INSS receber o crédito previdenciário e negar o reconhecimento da existência da relação de emprego para efeitos previdenciários. Esta situação implicaria, ainda, enriquecimento ilícito. Neste contexto, os valores arrecadados na execução a título de crédito previdenciário somente devem ser repassados à Previdência depois de comprovado que o tempo de serviço do trabalhador foi devidamente averbado para efeito previdenciário.

38.2. Dano material e moral previdenciário.

Aquele que causa dano a outrem tem o dever de indenizá-lo.

O empregador que deixa de anotar a CTPS do seu empregado pratica ato ilícito e impede que este adquira a condição de segurado do INSS e, com isto, que tenha acesso às prestações e serviços que a condição de empregado lhe asseguraria, causando-lhe, portanto, um dano.

Destarte, sendo comprovado que o trabalhador deixou de ter acesso a benefício previdenciário pelo fato de a sua CTPS não ter sido anotada pelo seu empregador e, por consequência, de ter não ter realizado os recolhimentos previdenciários, àquele deve ser deferida indenização no valor correspondente ao benefício ao qual não teve acesso (*dano material previdenciário*), assim como a compensação por eventual dano moral advindo deste mesmo fato (*dano moral previdenciário*). O mesmo deve ocorrer quando o empregador, apesar de anotar a CTPS do trabalhador, deixar de recolher para a previdência social os valores devidos a título de contribuição previdenciária, notadamente quando desconta do salário do trabalhador a sua quota parte nesta contribuição.

Compete à Justiça do Trabalho julgar a pretensão de recebimento de dano material e moral previdenciário. Neste sentido:

> "AGRAVO REGIMENTAL NO AGRAVO DE INSTRUMENTO. CONSTITUCIONAL. COMPETÊNCIA DA JUSTIÇA DO TRABALHO. AÇÃO DE INDENIZAÇÃO DECORRENTE DA RELAÇÃO DE TRABALHO. REPERCUSSÃO GERAL NÃO FUNDAMENTADA. DECISÃO QUE SE MANTÉM POR SEUS PRÓPRIOS FUNDAMENTOS. (...). 3. A competência para processar e julgar as ações por danos morais e patrimoniais decorrentes da relação de trabalho é da Justiça Especializada, desde que não haja sentença de mérito prolatada pela Justiça Comum Estadual em período anterior à promulgação da EC n. 45/2004. Precedentes: CC 7.204, RCL 5.248. 4. *In casu*, o acórdão recorrido assentou: Competência da Justiça do Trabalho Autos remetidos à Justiça Trabalhista Ação de indenização por danos materiais e imateriais ajuizada em face de ex-empregadoras do autor que deixaram de repassar as contribuições previdenciárias descontadas do seu salário durante o período do vínculo laboral, prejudicando seu pedido de aposentadoria por tempo de contribuição pretensão de regularizar sua situação perante o INSS cumulada com pedido de indenização por dano imaterial. Causa de pedir e pedido afeitos à matéria cuja competência original pertence à Justiça Especializada (EC n. 45/2004), independentemente da aplicação de normas de direito civil para solução da lide."[2204]

(2203) STF, Pleno, Rex. 569056-PA, Rel. Min. Menezes Direito, DJU 12.12.2008.

(2204) STF-AI 805567 AgR/SP. AG. Reg. no Agravo de Instrumento, Rel. Min. Luiz Fux, Primeira Turma, DJe 7.3.2012.

38.3. Participação da União no processo.

Com a atribuição à Justiça do Trabalho de competência para executar créditos previdenciários decorrentes das sentenças que proferir, a União passa a ter legitimidade e interesse para participar do processo de conhecimento e de execução.

Com efeito:

1) no termo de acordo deve constar a indicação da natureza jurídica das parcelas a serem pagas e a definição do limite de responsabilidade de cada parte pelo recolhimento da contribuição previdenciária, se for o caso (art. 831, parágrafo único, e art. 832, § 3º, da CLT). Este termo vale como decisão irrecorrível, salvo para a Previdência Social quanto às contribuições que lhe forem devidas. Isto significa que a União pode apresentar recurso contra a decisão homologatória do acordo, questionando a definição da natureza jurídica das parcelas nele previstas;[2205]

2) as decisões condenatórias também deverão indicar a natureza jurídica das parcelas objeto da condenação (art. 832, § 3º, da CLT). Intimada da decisão condenatória, a União poderá interpor recurso relativamente à discriminação da natureza jurídica das parcelas dela constantes (art. 832, § 5º, da CLT);[2206]

3) a União deve ser intimada dos cálculos de liquidação, para manifestação no prazo de dez dias, sob pena de preclusão (art. 879, § 3º, da CLT) e pode impugnar a sentença de liquidação que vier a ser proferida no seu julgamento (art. 884 da CLT);

4) apresentados embargos do devedor ou impugnação do credor trabalhista versando sobre contribuições previdenciárias, a União deve ser intimada para apresentar resposta (art. 884, *caput*, da CLT);

5) na mesma sentença, serão julgados os embargos e as impugnações apresentadas pelos credores trabalhista e previdenciário (art. 884, § 4º, da CLT). Podendo atacar a sentença de liquidação e devendo ser ouvida sobre os embargos do devedor ou impugnação do credor trabalhista, a União poderá apresentar recurso contra a decisão proferida no julgamento dos embargos do devedor e da impugnação à sentença de liquidação, ao passo que, não sendo conhecido o seu recurso, a União poderá interpor novo recurso, qual seja, o agravo de instrumento;

6) a União poderá interpor recurso de revista contra decisão proferida no julgamento do agravo de petição, nos casos e formas legais;

7) a União poderá apresentar agravo de petição contra as decisões homologatórias de acordo celebrado na fase de execução, em relação às contribuições previdenciárias que lhe forem devidas, e também contra a decisão que indeferir a execução das contribuições previdenciárias de créditos decorrentes de sentença proferida pela Justiça do Trabalho, hipótese em que a decisão, quanto ao crédito previdenciário, será definitiva;

8) a União poderá requerer a suspensão do processo, em razão do parcelamento do crédito previdenciário pela Secretaria da Receita Federal do Brasil (art. 889-A, § 1º, da CLT).

38.4. Celebração de acordo e base de incidência das contribuições previdenciárias.

Celebrado acordo na fase de conhecimento, antes da sentença, as contribuições previdenciárias incidirão sobre as parcelas salariais nele contempladas.

(2205) A possibilidade de interposição de recurso pela União não interfere no curso da execução dos créditos trabalhistas, vez que não impede o cumprimento do acordo celebrado no que comporta aos créditos trabalhistas, valendo lembrar, ainda, que ao empregador é facultado pagar as contribuições previdenciárias que entender serem devidas e aguardar o desfecho do recurso interposto pela União (art. 878-A da CLT).

(2206) O Ministro de Estado da Fazenda poderá, mediante ato fundamentado, dispensar a manifestação da União nas decisões homologatórias de acordos em que o montante da parcela indenizatória envolvida ocasionar perda de escala decorrente da atuação do órgão jurídico (art. 832, § 7º, da CLT).

Prevê o art. 832, § 6º, da CLT, que o acordo celebrado após o trânsito em julgado da sentença ou após a elaboração dos cálculos de liquidação da sentença não prejudicará os créditos da União. Sob esta ótica, as contribuições previdenciárias serão calculadas considerando-se as parcelas salariais constantes da sentença e não sobre aquelas contempladas pelo acordo.

No entanto, segundo o art. 43, § 5º, da Lei n. 8.212/91, com a redação que lhe conferiu a Lei n. 11.940/09, celebrado acordo após ter sido proferida decisão de mérito, as contribuições previdenciárias serão calculadas com base no valor do acordo. Com isto, restou tacitamente revogado o § 6º do art. 832 da CLT.

A solução adotada pelo art. 43, § 5º, da Lei n. 8.212/91, com a redação que lhe conferiu a Lei n. 11.940/09, se justifica, valendo anotar que, assim como ocorre no processo civil (art. 515, § 2º, do CPC de 2015), também no processo do trabalho a autocomposição judicial pode versar sobre relação jurídica que não tenha sido deduzida em juízo. Com isso, as partes, ao celebrar acordo, não estão vinculadas ao pedido e mesmo ao que foi deferido em sentença que examinou o mérito (isso, inclusive, porque nem sempre o que é pedido ou mesmo deferido é realmente o devido). As contribuições previdenciárias incidem, então, sobre o que foi efetivamente pago ou creditado ao trabalhador em razão do acordo.

Ademais, celebrado acordo, surge um novo título executivo judicial (art. 876 da CLT), que substitui integralmente a sentença (tanto é assim que, não sendo cumprido o acordo celebrado, é este, e não a sentença antes proferida, que será executado). O novo título executivo é que definirá o objeto da execução, inclusive em relação às contribuições previdenciárias.

Acrescente-se que as contribuições previdenciárias devidas são, nos termos do art. 195, I, *a*, e II, da Constituição Federal, as que incidem sobre as parcelas pagas ou creditadas ao trabalhador. Com isso, a contribuição previdenciária a ser exigida é a que incide sobre os valores efetivamente pagos ou creditados, ainda que outros fossem os pedidos ou deferidos em decisão de mérito.

De outro lado, a contribuição previdenciária devida por força da sentença ou acordo é acessória, em relação ao pagamento ou crédito de parcela de natureza salarial. Sendo assim, ausente o principal (a parcela de natureza salarial deferida é afastada no acordo posterior), não se pode ter como presente o acessório (o recolhimento previdenciário sobre a parcela que, segundo a decisão, seria devida).

Não há que se falar, na hipótese de acordo divorciado do pedido ou sentença, em renúncia de crédito de terceiro, vez que o crédito previdenciário somente se aperfeiçoa, como decorre do art. 195, I, *a*, e II, da Constituição Federal, com o pagamento ou crédito de parcela salarial ao trabalhador.

Interessante notar, ainda, que se do acordo constar parcela salarial estranha à sentença, sobre ela incidirá contribuição previdenciária (art. 195, I, *a*, e II, da Constituição Federal), exatamente porque o acordo homologado substitui a sentença proferida.

Vale anotar, por fim, que a demanda trabalhista torna litigiosa toda a relação jurídica havida entre as partes, o que permite que parcelas estranhas ao pedido ou mesmo à sentença sejam objeto de acordo. Por mais esta razão, celebrado acordo, é este que deverá servir de parâmetro para o cálculo das contribuições previdenciárias.

A propósito a SDI-I do TST adotou, na Orientação Jurisprudencial n. 376, entendimento de que "É devida a contribuição previdenciária sobre o valor do acordo celebrado e homologado após o trânsito em julgado de decisão judicial, respeitada a proporcionalidade de valores entre as parcelas de natureza salarial e indenizatória deferida na decisão condenatória e as parcelas objeto do acordo".

Registre-se que, consoante a Orientação Jurisprudencial n. 300 da SDI-I do TST, "Nos acordos homologados em juízo que não haja o reconhecimento de vínculo empregatício, é devido o recolhimento da contribuição previdenciária, mediante a alíquota de 20% a cargo do tomador dos serviços e de 11% por parte do prestador de serviços, na qualidade de contribuinte individual, sobre o valor total do acordo, respeitado o teto de contribuição. Inteligência do § 4º do art. 30 e do inciso III do art. 22, todos da Lei n. 8.212, de 24.7.1991".

38.5. Efeitos da omissão de discriminação das parcelas objeto de condenação e acordo.

Dispõe o art. 43, §1º, da Lei n. 8.212/91, com a redação que lhe foi conferida pela Lei n. 11.941/99, que, "nas sentenças judiciais ou nos acordos homologados em que não figurarem, discriminadamente, as parcelas legais relativas às contribuições sociais, estas incidirão sobre o valor total apurado em liquidação de sentença ou sobre o valor do acordo homologado".

É alegada a inconstitucionalidade do aludido texto legal, por estabelecer base de incidência de contribuições previdenciárias distinta da fixada no art. 195, I, *a*, e II da Constituição Federal, quando se trata de condenação ao pagamento de parcelas de natureza indenizatória.

No entanto, sendo omissa a decisão, cabe às partes aforar embargos de declaração, visando à expressa definição da natureza jurídica das parcelas deferidas. O silêncio das partes gera presunção de que a condenação somente contempla parcelas de natureza salarial, estando presente esta presunção também quando as próprias partes deixam de indicar, no acordo celebrado, a natureza jurídica das parcelas por ele contempladas.

38.6. Prescrição.

A pretensão que tenha por objeto a cobrança de contribuições previdenciárias prescreve em cinco anos, na forma dos arts. 150, § 4º, 173 e 174 do Código Tributário Nacional.

Anote-se que, segundo a Súmula vinculante n. 8 do STF, "são inconstitucionais o parágrafo único do art. 5º do Decreto-Lei n. 1.569/1977 e os arts. 45 e 46 da Lei n. 8.212/1991, que tratam da prescrição e decadência de crédito tributário".

A inconstitucionalidade em questão decorre do fato de estar a questão relativa à prescrição tributária sujeita à disciplina por meio de lei complementar (art. 146, *b*, III, da Constituição).

Acrescente que os arts. 45 e 46 da Lei n. 8.212/91 foram revogados pela Lei n. 11.501/07 e Lei Complementar n. 128/08, respectivamente, o que atrai a aplicação do prazo prescricional estabelecido nos arts. 150, § 4º, 173 e 174 do Código Tributário Nacional.

38.7. Acordo com reconhecimento da condição de autônomo do trabalhador.

A Constituição Federal atribui à Justiça do Trabalho competência para a execução das contribuições previstas no art. 195, I, *a*, e II, decorrentes das sentenças que proferir, independentemente da natureza da relação jurídica objeto da demanda.

Sendo assim, tem a Justiça do Trabalho competência para executar as contribuições previdenciárias resultantes de acordo judicial ou sentença em que seja declarada a condição de autônomo do trabalhador, anotando-se que, consoante decidiu a SDI-I do TST:

> "Extrai-se dos arts. 195, inciso I, alínea *a*, da Constituição Federal e 4º da Lei n. 10.666/2003 que cabe ao empregador e ao trabalhador a contribuição previdenciária. No caso de acordo homologado judicialmente, sem reconhecimento de vínculo empregatício, a empresa é responsável pelo recolhimento tanto da contribuição previdenciária com base na alíquota de 20%, devida pela própria empresa, quanto da contribuição a cargo do empregado, cuja alíquota é de 11%, ambas incidentes sobre o montante total do acordo."[(2207)]

38.6. Execução de créditos de terceiros. Seguro de acidente de trabalho.

O art. 114, VIII, da Constituição Federal faz alusão às contribuições sociais previstas no art. 195, I, a, e II, segundo o qual a seguridade social será financiada por toda a sociedade, de forma direta e indireta,

(2207) TST, SDI-I, E-RR 467/2006-561-04-00, Rel. Min. Vantuil Abdala, DJ 7.7.2009.

mediante recursos provenientes de fontes orçamentárias e também das seguintes contribuições sociais: 1 — do empregador, da empresa e da entidade a ela equiparada na forma da lei, incidentes sobre: a) a folha de salários e demais rendimentos do trabalho pagos ou creditados, a qualquer título, a pessoa física que preste serviços, mesmo sem vínculo empregatício; II — do trabalhador e dos demais segurados da previdência social, não incidindo contribuição sobre aposentadoria e pensão pelo regime geral de previdência social de que trata o art. 201.

Com isso, resta claro que não compete à Justiça do Trabalho executar contribuições destinadas a terceiros (contribuições compulsórias dos empregadores sobre a folha de salários, destinadas às entidades privadas de serviço social e de formação profissional vinculada ao sistema sindical).[(2208)]

Anote-se que "compete à Justiça do Trabalho a execução, de ofício, da contribuição referente ao Seguro de Acidente de Trabalho (SAT), que tem natureza de contribuição para a seguridade social (art. 114, VIII, e 195, I, *a*, da CF), pois se destina ao financiamento de benefícios relativos à incapacidade do empregado decorrente de infortúnio no trabalho (arts. 11 e 22 da Lei n. 8.212/1991)" (Súmula n. 454 do TST).

38.7. Parcelas sobre as quais incidirão as contribuições sociais. Aviso-prévio e contribuição social.

Para efeito da definição das parcelas cujo pagamento dá ensejo à realização de recolhimento previdenciário cumpre recorrer ao conceito legal de salário de contribuição.

A propósito, dispõe o art. 214 do Decreto n. 3.049/99 que:

"Art. 214. Entende-se por salário de contribuição:

I — para o empregado e o trabalhador avulso: a remuneração auferida em uma ou mais empresas, assim entendida a totalidade dos rendimentos pagos, devidos ou creditados a qualquer título, durante o mês, destinados a retribuir o trabalho, qualquer que seja a sua forma, inclusive as gorjetas, os ganhos habituais sob a forma de utilidades e os adiantamentos decorrentes de reajuste salarial, quer pelos serviços efetivamente prestados, quer pelo tempo à disposição do empregador ou tomador de serviços, nos termos da lei ou do contrato ou, ainda, de convenção ou acordo coletivo de trabalho ou sentença normativa;

II — para o empregado doméstico: a remuneração registrada na Carteira Profissional e/ou na Carteira de Trabalho e Previdência Social, observados os limites mínimo e máximo previstos nos §§ 3º e 5º;

III — para o contribuinte individual: a remuneração auferida em uma ou mais empresas ou pelo exercício de sua atividade por conta própria, durante o mês, observados os limites a que se referem os §§ 3º e 5º;

IV — para o dirigente sindical na qualidade de empregado: a remuneração paga, devida ou creditada pela entidade sindical, pela empresa ou por ambas;

V — para o dirigente sindical na qualidade de trabalhador avulso: a remuneração paga, devida ou creditada pela entidade sindical;

VI — para o segurado facultativo: o valor por ele declarado, observados os limites a que se referem os §§ 3º e 5º.

§ 1º Quando a admissão, a dispensa, o afastamento ou a falta do empregado, inclusive o doméstico, ocorrer no curso do mês, o salário de contribuição será proporcional ao número de dias efetivamente trabalhados, observadas as normas estabelecidas pelo Instituto Nacional do Seguro Social.

§ 2º O salário-maternidade é considerado salário de contribuição.

(2208) Neste sentido, decidiu a 1ª Turma do TST: "Vulnera o art. 114, VIII, da Constituição Federal decisão que reconhece a competência desta Justiça Especial para executar contribuições sociais e seus acréscimos legais devidos a terceiros" (TST, RR 25141-48.2005.5.18.0251, Rel. Min. Vieira de Mello Filho).

...

§ 4º A remuneração adicional de férias de que trata o inciso XVII do art. 7º da Constituição Federal integra o salário de contribuição.

...

§ 6º A gratificação natalina — décimo terceiro salário — integra o salário de contribuição, exceto para o cálculo do salário de benefício, sendo devida a contribuição quando do pagamento ou crédito da última parcela ou na rescisão do contrato de trabalho.

...

§ 8º O valor das diárias para viagens, quando excedente a cinquenta por cento da remuneração mensal do empregado, integra o salário de contribuição pelo seu valor total".

De outro lado, consoante estabelece o art. 214, § 9º, do Decreto n. 3.048/99, não integram o salário de contribuição, exclusivamente:

1) os benefícios da previdência social, nos termos e limites legais, ressalvado o salário-maternidade;

2) a ajuda de custo e o adicional mensal recebidos pelo aeronauta;

3) a parcela *in natura* recebida de acordo com programa de alimentação aprovado pelo Ministério do Trabalho e Emprego, nos termos da Lei n. 6.321/76;

4) as importâncias recebidas a título de férias indenizadas e respectivo adicional constitucional, inclusive o valor correspondente à dobra da remuneração de férias de que trata o art. 137 da CLT;

5) as importâncias recebidas a título de: indenização compensatória de quarenta por cento do montante depositado no Fundo de Garantia do Tempo de Serviço, como proteção à relação de emprego contra despedida arbitrária ou sem justa causa; indenização por tempo de serviço, anterior a 5 de outubro de 1988, do empregado não optante pelo Fundo de Garantia do Tempo de Serviço; indenização por despedida sem justa causa do empregado nos contratos por prazo determinado, conforme estabelecido no art. 479 da Consolidação das Leis do Trabalho; indenização do tempo de serviço do safrista, quando da expiração normal do contrato; incentivo à demissão; indenização por dispensa sem justa causa no período de trinta dias que antecede a correção salarial a que se refere o art. 9º da Lei n. 7.238/84; indenizações previstas nos arts. 496 e 497 da CLT; i) abono de férias na forma dos arts. 143 e 144 da CLT; ganhos eventuais e abonos expressamente desvinculados do salário por força de lei; licença-prêmio indenizada; outras indenizações, desde que expressamente previstas em lei;

6) a parcela recebida a título de vale-transporte, na forma da legislação própria;

7) a ajuda de custo, em parcela única, recebida exclusivamente em decorrência de mudança de local de trabalho do empregado, na forma do art. 470 da CLT;

8) as diárias para viagens, desde que não excedam a cinquenta por cento da remuneração mensal do empregado;

9) a importância recebida a título de bolsa de complementação educacional de estagiário, quando paga nos termos da Lei n. 6.494/77;

10) a participação do empregado nos lucros ou resultados da empresa, quando paga ou creditada de acordo com lei específica;

11) o abono do Programa de Integração Social/Programa de Assistência ao Servidor Público;

12) os valores correspondentes a transporte, alimentação e habitação fornecidos pela empresa ao empregado contratado para trabalhar em localidade distante da sua residência, em canteiro de obras

ou local que, por força da atividade, exija deslocamento e estada, observadas as normas de proteção estabelecidas pelo Ministério do Trabalho e Emprego;

13) a importância paga ao empregado a título de complementação ao valor do auxílio-doença desde que este direito seja extensivo à totalidade dos empregados da empresa;

14) as parcelas destinadas à assistência ao trabalhador da agroindústria canavieira de que trata o art. 36 da Lei n. 4.870/65;

15) o valor das contribuições efetivamente pago pela pessoa jurídica relativo a programa de previdência complementar privada, aberta ou fechada, desde que disponível à totalidade de seus empregados e dirigentes, observados, no que couber, os arts. 9º e 468 da CLT;

16) o valor relativo à assistência prestada por serviço médico ou odontológico, próprio da empresa ou com ela conveniado, inclusive o reembolso de despesas com medicamentos, óculos, aparelhos ortopédicos, despesas médico-hospitalares e outras similares, desde que a cobertura abranja a totalidade dos empregados e dirigentes da empresa;

17) o valor correspondente a vestuários, equipamentos e outros acessórios fornecidos ao empregado e utilizados no local do trabalho para prestação dos respectivos serviços;

18) o ressarcimento de despesas pelo uso de veículo do empregado, quando devidamente comprovadas;

19) o valor relativo a plano educacional que vise à educação básica, nos termos do art. 21 da Lei n. 9.394/96, e a cursos de capacitação e qualificação profissionais vinculados às atividades desenvolvidas pela empresa, desde que não seja utilizado em substituição de parcela salarial e que todos os empregados e dirigentes tenham acesso ao mesmo;

20) os valores recebidos em decorrência da cessão de direitos autorais;

21) o valor da multa paga ao empregado em decorrência da mora no pagamento das parcelas constantes do instrumento de rescisão do contrato de trabalho, conforme previsto no § 8º do art. 477 da CLT;

22) o reembolso creche pago em conformidade com a legislação trabalhista, observado o limite máximo de seis anos de idade da criança, quando devidamente comprovadas as despesas;

23) o reembolso babá, limitado ao menor salário de contribuição mensal e condicionado à comprovação do registro na Carteira de Trabalho e Previdência Social da empregada, do pagamento da remuneração e do recolhimento da contribuição previdenciária, pago em conformidade com a legislação trabalhista, observado o limite máximo de seis anos de idade da criança;

24) o valor das contribuições efetivamente pago pela pessoa jurídica relativo a prêmio de seguro de vida em grupo, desde que previsto em acordo ou convenção coletiva de trabalho e disponível à totalidade de seus empregados e dirigentes, observados, no que couber, os arts. 9º e 468 da CLT.

A Lei n. 8.212/91 estabeleceu, no art. 28, § 9º, *e*, na sua redação original, que o aviso-prévio indenizado não integrava o salário de contribuição. O Decreto n. 3.048/99, que aprova o regulamento da previdência social, dispunha, no art. 214, § 9º, *f*, que o aviso-prévio indenizado não integrava o salário de contribuição.

Contudo, a Lei n. 8.212/91 foi alterada pela Lei n. 9.528/97, tendo sido excluída a referência ao aviso--prévio indenizado quando da definição das parcelas que não integram o salário de contribuição.

Desse modo, o aviso-prévio indenizado deixou de ser excluído do salário de contribuição. Isso significa que sobre o aviso-prévio indenizado haverá incidência de contribuição previdenciária.

Ademais, o art. 214, § 9º, alínea *f*, do Decreto n. 3.048/99 foi revogado pelo Decreto n. 6.727/2009.

Cumpre recordar que as contribuições para a seguridade social têm natureza tributária, o que conduz à conclusão de que as hipóteses de isenção tributária devem ser expressas em lei, como decorre dos arts. 97, VI, e 176 do CTN.

A propósito afirma Ruy Barbosa Nogueira que as situações de exclusão de crédito tributário "só podem decorrer de texto expresso de lei e não do resultado de induções, deduções ou analogia".(2209)

Nesse contexto, é forçoso concluir que o aviso-prévio indenizado passou a integrar o salário de contribuição a partir da Lei n. 9.528/97, deixando, com isso, de ser isento de contribuição previdenciária. Com efeito, sendo afastada, por lei, a isenção antes estabelecida, passa a contribuição a ser devida.

De outro lado, o exame do aviso-prévio à luz da legislação trabalhista conduz à conclusão de sua inclusão no salário de contribuição.

Com efeito, como o período do aviso-prévio, sendo este trabalhado ou não, integra o tempo de serviço do trabalhador (art. 489 da CLT), inclusive para efeito de anotação da data de saída na CTPS (Orientação Jurisprudencial n. 82 da SDI-I do TST), não há como afirmar que esta integração não ocorre para efeitos previdenciários. Se há integração para efeitos de contagem de tempo de serviço, deverá haver para efeito de contribuição previdenciária, sob pena de se estabelecer, ao arrepio da lei, hipótese de contagem de tempo de serviço com dispensa de contribuição previdenciária.

38.8. Recolhimentos previdenciários: regime de incidência de juros moratórios e multa.

À Justiça do Trabalho compete, por força do disposto no art. 114, VIII, da Constituição Federal, executar as contribuições sociais previstas no art. 195, I, *a*, e II, também da Constituição Federal, e seus *acréscimos legais*, decorrente das sentenças que proferir. Os acréscimos legais a que alude a Constituição Federal consistem em juros de mora e multa moratória (art. 35 da Lei n. 8.212/91).

De acordo com o art. 43 da Lei n. 8.212/91, na sua redação original, nas ações trabalhistas de que resultar o pagamento de direitos sujeitos à incidência de contribuição previdenciária, os juros e a multa moratória somente seriam devidos na hipótese de seu não recolhimento *no prazo estabelecido no art. 276 do Decreto n. 3.048/99*, ou seja, a partir do inadimplemento do devedor verificado em juízo.

A Lei n. 11.941/09 alterou o art. 43 da Lei n. 8.212/91, estabelecendo que:

a) "considera-se ocorrido o fato gerador das contribuições sociais na data da prestação de serviços" (art. 43, § 2º);

b) "as contribuições sociais serão apuradas mês a mês, com referência ao período da prestação de serviços, mediante a aplicação de alíquotas, limites máximos do salário de contribuição e acréscimos legais moratórios vigentes relativamente a cada uma das competências abrangidas, devendo o recolhimento ser efetuado no mesmo prazo em que devam ser pagos os créditos encontrados em liquidação de sentença ou em acordo homologado, sendo que neste último caso o recolhimento será feito em tantas parcelas quantas as previstas no acordo, nas mesmas datas em que sejam exigíveis e proporcionalmente a cada uma delas" (art. 43, § 3º).

Assim, a partir da Lei n. 11.941/09 os juros de mora e a multa moratória passaram a ser devidos a partir do momento em que o crédito previdenciário deveria ter sido pago, ou seja, do *mês da prestação de serviços*.

Porém, como as contribuições para a seguridade social têm natureza tributária (art. 149 da Constituição Federal) e somente podem ser exigidas depois de decorridos noventa dias da data da publicação da lei que as houver instituído ou modificado (art. 195, § 6º, da Constituição Federal), o novo regime estabelecido pela Lei n. 11.941/09 somente pode ser aplicado a partir de 3.3.2009, vez que citada lei foi publicada em 3.12.2008.

39. Execução para entrega de coisa e de obrigação de fazer e de não fazer fundada em título executivo extrajudicial

A execução pode ter por base um título executivo judicial ou um título executivo extrajudicial.

(2209) *Curso de direito tributário*, p. 103.

O título executivo extrajudicial pode se referir à obrigação de entrega de *coisa certa* ou *coisa incerta* (arts. 233 e ss. do Código Civil). A execução para entrega de coisa visa à satisfação do direito à coisa.

Coisa certa é aquela determinada, individualizada e identificada por suas características. Coisa incerta é aquela determinada apenas pelo gênero e pela quantidade (art. 243 do Código Civil, art. 629 do CPC de 1973 e art. 811 do CPC de 2015).

Neste tópico será examinada a execução de obrigação de entrega de coisa, de fazer e de não fazer fundadas em título executivo extrajudicial.

39.1. Entrega de coisa certa.

Consoante o art. 621 do CPC de 1973, o devedor de obrigação de entrega de coisa certa será citado para, dentro de 10 dias, satisfazer a obrigação ou, seguro o juízo, apresentar embargos. O art. 806 do CPC de 2015 dispõe que o devedor de obrigação de entrega de coisa certa será citado para, dentro de 15 dias, satisfazer a obrigação, ao passo que os arts. 914 e 915 estabelecem a possibilidade de oferecimento de embargos, no prazo de 15 dias, independentemente da garantia do juízo. Da comparação entre estes dispositivos legais resulta que o CPC de 2015 aumentou o prazo de que dispõe o executado para cumprir a sua obrigação e apresentar embargos e, ainda, dispensou a garantia do juízo para a oposição de embargos.[2210]

No processo do trabalho, o prazo a ser observado para o cumprimento da obrigação ou a oposição de embargos é de cinco dias e os embargos somente podem ser opostos depois da garantia do juízo (art. 884 da CLT).

Ao despachar a petição inicial, o juiz poderá fixar multa por dia de atraso no cumprimento da obrigação, ficando o respectivo valor sujeito a alteração, caso se revele insuficiente ou excessivo (art. 621, parágrafo único, do CPC de 1973 e art. 806, § 1º, do CPC de 2015).[2211]

Prevê o art. 625 do CPC de 1973 que, não sendo a coisa entregue ou depositada, nem admitidos embargos suspensivos da execução, expedir-se-á, em favor do credor, mandado de imissão na posse (coisa imóvel) ou de busca e apreensão (coisa móvel), ao passo que, de acordo com o art. 806, § 2º, do CPC de 2015, do mandado de citação constará ordem para imissão na posse ou busca e apreensão, conforme se tratar de bem imóvel ou móvel respectivamente, cujo cumprimento se dará de imediato, se o executado não satisfizer a obrigação no prazo que lhe foi designado. Desse modo, não há necessidade, sob a égide do CPC de 2015, de aguardar o vencimento do prazo para cumprimento da obrigação ou apresentação de embargos para expedição de mandado de imissão na posse ou de busca e apreensão, o que simplifica o procedimento e o torna mais célere.

O CPC de 1973 prevê que o devedor poderá depositar a coisa, em vez de entregá-la, quando quiser opor embargos (art. 622), e que, depositada a coisa, o exequente não poderá levantá-la antes do julgamento dos embargos (art. 623). O CPC de 2015 dispensa o depósito da coisa para a apresentação de embargos (art. 914) e somente exige a garantia do juízo para efeito de concessão de efeito suspensivo aos embargos (art. 919, *caput* e § 1º).

Se o executado entregar a coisa, será lavrado o termo respectivo e considerada satisfeita a obrigação, prosseguindo-se a execução para pagamento de frutos ou ressarcimento de prejuízos, se houver (art. 624 do CPC de 1973 e art. 807 do CPC de 2015).

Alienada a coisa quando já litigiosa, será expedido mandado contra o terceiro adquirente, que somente será ouvido após depositá-la (art. 626 do CPC de 1973 e art. 808 do CPC de 2015). Embora do art. 674 do CPC de 2015 resulte que a oposição de embargos de terceiro não pressupõe a garantia do juízo, no caso de alienação de coisa litigiosa, a previsão constante do art. 808 torna certo que a apresentação de embargos

---

(2210) A garantia do juízo é condição para que o executado possa requerer a concessão de efeito suspensivo aos embargos (art. 919, § 1º, do CPC de 2015), como se verá adiante.

(2211) A multa é cominada para estimular o devedor a cumprir a sua obrigação e a alteração do seu valor pode se dar de ofício ou a requerimento (art. 537, § 1º, do CPC de 2015).

pressupõe a garantia do juízo, notadamente porque não tem sentido condicionar a oitiva do terceiro ao depósito da coisa e, ao mesmo tempo, dispensá-lo da garantia do juízo para apresentar embargos.

O exequente tem direito a receber, além das perdas e danos, o valor da coisa, quando essa se deteriorar, não lhe for entregue, não for encontrada ou não for reclamada do poder do terceiro adquirente (art. 627 do CPC de 1973 e art. 809 do CPC de 2015). Note-se que, no caso de alienação da coisa, o exequente pode reclamar a coisa do terceiro ou postular o seu valor mais perdas e danos.

Não constando do título o valor da coisa e sendo impossível sua avaliação, o exequente apresentará estimativa, sujeitando-a ao arbitramento judicial (art. 627, § 1º, do CPC de 1973 e art. 809, § 1º, do CPC de 2015). Serão apurados em liquidação o valor da coisa e os prejuízos (art. 627, § 2º, do CPC de 1973 e art. 809, § 2º, do CPC de 2015). Ao exequente são assegurados, no caso do não recebimento da coisa ou em que ela tenha se deteriorado, o valor da coisa (*tutela ressarcitória*) e perdas e danos (*tutela reparatória*).

Havendo benfeitorias indenizáveis feitas na coisa pelo executado ou terceiro de cujo poder ela houver sido retirada, a liquidação prévia é obrigatória (art. 628 do CPC de 1973 e art. 810 do CPC de 2015). Se houver saldo: a) em favor do executado ou de terceiros, o exequente o depositará ao requerer a entrega da coisa; b) em favor do exequente, esse poderá cobrá-lo nos autos do mesmo processo (art. 628 do CPC de 1973 e art. 810, parágrafo único, do CPC de 2015).

39.2. Entrega de coisa incerta.

Quando a execução recair sobre coisa determinada pelo gênero e pela quantidade (*coisa incerta*), o devedor será citado para entregá-la individualizada, se lhe couber a escolha. Se a escolha couber ao exequente, este deverá indicá-la na petição inicial (art. 629 do CPC de 1973 e art. 811 do CPC de 2015).

Qualquer das partes poderá impugnar a escolha feita pela outra, e o juiz decidirá de plano, ou, se necessário, ouvindo perito de sua nomeação (art. 630 do CPC de 1973 e art. 812 do CPC de 2015). Em relação ao prazo para impugnação, o CPC de 1973 o fixa em 48 horas e, o CPC de 2015, em 15 dias.

Após a determinação da coisa a ser entregue, a execução segue o procedimento da execução para entrega de coisa certa (art. 631 do CPC de 1973 e art. 813 do CPC de 2015).

Note-se que a execução para entrega de coisa incerta é dividida em duas fases: a) determinação da coisa; b) execução propriamente dita.

39.3. Execução de obrigação de fazer ou de não fazer.

Na execução de obrigação de fazer ou de não fazer, ao despachar a petição inicial, o juiz fixará multa por período de atraso no cumprimento da obrigação e a data a partir da qual será devida (art. 645, *caput*, do CPC de 1973 e art. 814, *caput*, do CPC de 2015). O CPC de 1973 prevê multa *por dia de atraso*, ao passo que o CPC de 2015 faz referência a *multa por período de atraso*. Assim, o CPC de 2015 é mais abrangente, visto que permite a fixação da multa por dia de atraso ou por unidade de tempo superior ao dia (semana ou quinzena, por exemplo).

A autorização para fixação da multa por período de atraso permite concluir que o juiz pode fixar multa em valor fixo (*multa fixa*) ou progressivo (*multa progressiva*), segundo as particularidades do caso concreto.

Para maior segurança das partes, o juiz deve definir a data a partir da qual a multa será devida.

Se o valor da multa estiver previsto no título e for excessivo, o juiz poderá reduzi-lo (art. 645, parágrafo único, do CPC de 1973 e art. 814, parágrafo único, do CPC de 2015). O juiz, portanto, está autorizado a rever o valor da multa prevista no título executivo extrajudicial, no caso de ser ela excessiva e também insuficiente (art. 537, § 1º, do CPC de 2015).

39.4. Obrigação de fazer.

Quando o objeto da execução for obrigação de fazer, o executado será citado para satisfazê-la no prazo que o juiz lhe assinar, se outro não estiver determinado no título executivo (art. 632 do CPC de 1973 e art. 815 do CPC de 2015).

Se o executado não satisfizer a obrigação no prazo designado, é lícito ao exequente, nos próprios autos do processo, requerer a satisfação da obrigação à custa do executado ou perdas e danos, hipótese em que se converterá em indenização (art. 633 do CPC de 1973 e art. 816 do CPC de 2015).

A satisfação da obrigação, portanto, pode ser obtida: a) pela realização da prestação pelo executado; b) pela realização da prestação por terceiro, quando se tratar de obrigação fungível, ou seja, que pode ser realizada pelo exequente ou por terceiro; c) pela sua conversão em indenização de perdas e danos.

Pode o juiz, ao despachar a petição inicial, fixar multa, na forma do art. 645 do CPC de 1973 ou do art. 814 do CPC de 2015, visando à realização da prestação pelo executado.

Se a obrigação puder ser satisfeita por terceiro, é lícito ao juiz autorizar, a requerimento do exequente, que aquele a satisfaça à custa do executado (art. 634 do CPC de 1973 e art. 817 do CPC de 2015). O terceiro será convidado a apresentar a sua proposta para a satisfação da obrigação e o exequente adiantará as quantias previstas na proposta que, ouvidas as partes, o juiz houver aprovado (art. 634, parágrafo único, do CPC de 1973 e art. 817, parágrafo único, do CPC de 2015).[2212]

Realizada a prestação, o juiz ouvirá as partes no prazo de dez dias e, não havendo impugnação, considerará cumprida a obrigação (art. 635 do CPC de 1973 e art. 818 do CPC de 2015). Caso haja impugnação, o juiz a decidirá (art. 635 do CPC de 1973 e art. 818, parágrafo único, do CPC de 2015).

Se o terceiro contratado não realizar a prestação no prazo ou se o fizer de modo incompleto ou defeituoso, poderá o exequente requerer ao juiz, no prazo de dez dias (CPC de 1973) ou de quinze dias (CPC de 2015), que o autorize a concluí-la ou a repará-la à custa do contratante (art. 636 do CPC de 1973 e art. 819 do CPC de 2015).

Ouvido o contratante no prazo de cinco dias (CPC de 1973) ou de quinze dias (CPC de 2015), o juiz mandará avaliar o custo das despesas necessárias e o condenará a pagá-las (art. 636, parágrafo único, do CPC de 1973 e art. 819, parágrafo único, do CPC de 2015).

Se o exequente quiser executar ou mandar executar, sob sua direção e vigilância as obras e os trabalhos necessários à realização da prestação, terá preferência, em igualdade de condições de oferta, em relação ao terceiro (art. 637, *caput*, do CPC de 1973 e art. 820, *caput*, do CPC de 2015). O direito de preferência será exercido no prazo de cinco dias, após aprovada a proposta do terceiro (art. 637, parágrafo único, do CPC de 1973 e art. 820, parágrafo único, do CPC de 2015).

Quando se convencionar que o executado realize pessoalmente a obrigação (trata-se de hipótese de *prestação infungível*, ou seja, que somente pode ser realizada pelo exequente), poderá requerer ao juiz que lhe assine prazo para cumpri-la (art. 638, *caput*, do CPC de 1973 e art. 821, *caput*, do CPC de 2015). Havendo recusa ou mora do executado, sua obrigação pessoal será convertida em perdas e danos, caso em que se observará o procedimento de execução por quantia certa (art. 638, parágrafo único, do CPC de 1973 e art. 821, parágrafo único, do CPC de 2015). O valor das perdas e danos será apurado por liquidação (art. 633, parágrafo único, do CPC de 1973 e art. 816, parágrafo único, do CPC de 2015). Note-se que, no caso de obrigação infungível, a satisfação do exequente somente pode ocorrer pela realização da prestação pelo executado ou pela sua conversão em indenização por perdas e danos.

39.5. Obrigação de não fazer.

Se o executado praticou o ato a cuja abstenção estava obrigado por lei ou por contrato, o exequente requererá ao juiz que assine ao executado prazo para desfazê-lo (art. 642 do CPC de 1973 e art. 822 do CPC de 2015).

(2212) No processo do trabalho, os ônus da execução devem ser suportados pelo executado. Com isso, cabe ao executado promover o adiantamento em destaque.

Havendo recusa ou mora do executado, o exequente requererá ao juiz que mande desfazer o ato à custa daquele, que responderá por perdas e danos (art. 643 do CPC de 1973 e art. 823 do CPC de 2015). Não sendo possível desfazer o ato, a obrigação resolve-se em perdas e danos, caso em que, após a liquidação, se observará o procedimento de execução por quantia certa (art. 643, parágrafo único, do CPC de 1973 e art. 823, parágrafo único, do CPC de 2015).

40. Execução de decisão que reconhece a exigibilidade de obrigação de fazer, de não fazer e de entregar coisa

O CPC disciplina, de forma destacada, o julgamento das ações relativas à prestação de fazer, de não fazer e de entregar coisa e o cumprimento de sentença que reconheça a exigibilidade de obrigação de fazer, de não fazer e de entregar coisa.

No CPC de 1973, o tema é tratado nos arts. 461 e 461-A.

O CPC de 2015 dispõe sobre o julgamento das ações relativas à prestação de fazer, de não fazer e de entregar coisa nos arts. 497 a 501 e, sobre o cumprimento de sentença que reconheça a exigibilidade de obrigação de fazer, de não fazer e de entregar coisa, nos arts. 536 a 538, valendo o registro de que a Instrução Normativa n. 39/16 do TST estabelece, no art. 3º, XII, que são aplicáveis no processo do trabalho os art. 536 a 538 do CPC de 2015.

Assim, o CPC, de 1973 e de 2015, reconhecem o *direito à tutela específica* e estabelecem técnicas voltadas à sua realização concreta.

Optou-se por examinar a questão no Capítulo reservado à execução pela sua estreita relação com a satisfação do direito reconhecido em decisão judicial.

40.1. Julgamento das ações relativas à prestação de fazer, de não fazer e de entregar coisa.

Dispõe o art. 461, *caput*, do CPC de 1973, que, "na ação que tenha por objeto o cumprimento de obrigação de fazer ou não fazer, o juiz concederá a tutela específica da obrigação ou, se procedente o pedido, determinará providências que assegurem o resultado prático equivalente ao do adimplemento".

O art. 497 do CPC de 2015 estabelece que, "na ação que tenha por objeto a prestação de fazer ou de não fazer, o juiz, se procedente o pedido, concederá a tutela específica ou determinará providências que assegurem a obtenção de tutela pelo resultado prático equivalente".

O art. 461 do CPC de 1973 e o art. 497 do CPC de 2015 reconhecem, portanto, o *direito à tutela específica* e o *direito à tutela pelo resultado prático equivalente.*

A obrigação somente será convertida em perdas e danos se o autor o requerer ou se impossível a tutela específica ou a obtenção de tutela pelo resultado prático equivalente (art. 461, § 1º, do CPC de 1973 e art. 499 do CPC de 2015), o que implica estabelecimento da *excepcionalidade da conversão da obrigação em perdas e danos.*

Consoante o CPC de 1973, a indenização por perdas e danos dá-se sem prejuízo da multa (art. 461, § 2º). Prevê o art. 500 do CPC de 2015 que a indenização por perdas e danos dá-se sem prejuízo da multa fixada periodicamente para compelir o réu ao cumprimento específico da obrigação. O CPC de 2015, portanto, define a função da multa em destaque, qual seja, *compelir o réu ao cumprimento específico da obrigação.*

Para a concessão da tutela específica destinada a inibir a prática, a reiteração ou a continuação de um ilícito, ou a sua remoção, é irrelevante a demonstração da ocorrência de dano ou da existência de culpa ou dolo (art. 497, parágrafo único, do CPC de 2015).[2213]

Na ação que tenha por objeto a entrega de coisa, o juiz, ao conceder a tutela específica, fixará o prazo para o cumprimento da obrigação (art. 461-A do CPC de 1973 e art. 498 do CPC de 2015).

(2213) A hipótese é da denominada *ação inibitória*, que é examinada no Capítulo destinado ao estudo da tutela provisória, de evidência, inibitória e autossatisfativa.

Tratando-se de entrega de coisa determinada pelo gênero e pela quantidade, o autor individualizá-la na petição inicial, se lhe couber a escolha, ou, se a escolha couber ao réu, este a entregará individualizada, no prazo fixado pelo juiz (art. 461-A, parágrafo único, do CPC de 1973 e art. 498, parágrafo único, do CPC de 2015).

Note-se que, com esteio na ideia de preservação da liberdade do devedor, a única solução que o ordenamento jurídico previa para a hipótese de inadimplemento da obrigação de fazer ou não fazer era a imposição ao devedor da obrigação de pagar ao credor o equivalente monetário da obrigação inadimplida. Neste contexto, o descumprimento de obrigação de fazer ou não fazer resolvia-se em perdas e danos, o que significava que ao credor era assegurada apenas a *tutela pelo equivalente monetário* e não a fruição *in natura* de seu direito. No entanto, a evolução do ordenamento jurídico brasileiro conduziu à adoção de medidas voltadas a assegurar ao credor a *tutela específica da obrigação*, isto é, a prestação *in natura*, como demonstram o art. 84 do Código de Defesa do Consumidor (CDC), o art. 461 do CPC de 1973 e o art. 497 do CPC de 2015.

40.2. Execução de decisão que reconheça a exigibilidade de obrigação de fazer e de não fazer.

O CPC de 1973 estabelece, no art. 461, *caput*, que, na ação que tenha por objeto o cumprimento de obrigação de fazer ou não fazer, o juiz concederá a tutela específica da obrigação ou, se procedente o pedido, determinará providências que assegurem o resultado prático equivalente ao do adimplemento.

Consoante o art. 536 do CPC de 2015, no cumprimento de sentença que reconheça a exigibilidade de obrigação de fazer ou de não fazer, o juiz poderá, de ofício ou a requerimento, para a efetivação da tutela específica ou a obtenção de tutela pelo resultado prático equivalente, determinar as medidas necessárias à satisfação do exequente.

Conforme o CPC de 1973, para a efetivação da tutela específica ou a obtenção de resultado prático equivalente, o juiz poderá, de ofício ou a requerimento do credor, determinar as medidas necessárias, tais como a imposição de multa por tempo de atraso, busca e apreensão, remoção de pessoas e coisas, desfazimento de obras e impedimento de atividade nociva, se necessário com requisição de força policial (art. 461, § 5º).

O CPC de 2015 dispõe, no art. 536, § 1º, que, para a efetivação da tutela específica ou a obtenção de tutela pelo resultado prático equivalente, o juiz poderá determinar, entre outras medidas, a imposição de multa, busca e apreensão, remoção de pessoas e coisas, o desfazimento de obras e o impedimento de atividade nociva, podendo, caso necessário, requisitar o auxílio de força policial.

Ao juiz é licito, portanto, adotar as medidas que sejam necessárias para efetivação da tutela específica ou a obtenção de tutela pelo resultado prático equivalente. Estas medidas serão definidas à luz das particularidades do caso concreto, sendo apenas exemplificativo o rol de medidas mencionadas no CPC de 1973 e no CPC de 2015.

Dentre as medidas que podem ser adotadas pelo juiz visando à efetivação da tutela específica ou à obtenção de tutela pelo resultado prático equivalente está a imposição de multa.

Neste sentido, prevê o art. 461, § 4º, do CPC de 1973, que o juiz poderá, *ao deferir antecipação de tutela ou na sentença*, impor *multa diária* ao réu, *independentemente de pedido do autor*, se for suficiente ou compatível com a obrigação, *fixando prazo para o cumprimento do preceito*, ao passo que o CPC de 2015 estabelece que *a multa independe de requerimento da parte* e poderá ser aplicada *na fase de conhecimento, em tutela provisória ou na sentença, ou na fase de execução*, desde que seja suficiente e compatível com a obrigação e que se determine *prazo razoável para o cumprimento do preceito* (art. 537).

A imposição de multa (*astreinte*) visa constranger o devedor a cumprir espontaneamente a sua obrigação, não possuindo, portanto, natureza reparatória (a sua natureza é coercitiva). O pagamento da multa não isenta o devedor do cumprimento da sua obrigação. A multa diária é meio de coerção e não prefixação de indenização para a hipótese de não cumprimento da obrigação imposta ao devedor.[2214]

(2214) Os meios de coerção são utilizados com o objetivo de fazer com que o devedor cumpra a sua obrigação.

O CPC de 1973 estabelece, no art. 461, § 6º, que o juiz poderá, de ofício, modificar o valor ou a periodicidade da multa, caso verifique que se tornou insuficiente ou excessiva. O CPC de 2015 prevê, no art. 537, § 1º, que o juiz poderá, *de ofício ou a requerimento, modificar o valor ou a periodicidade da multa vincenda ou excluí-la*, caso verifique que: a) se tornou insuficiente ou excessiva; b) *o obrigado demonstrou o cumprimento parcial superveniente da obrigação ou justa causa para o descumprimento.* Nota-se, assim, que o CPC de 2015 contém várias inovações, posto que somente autoriza a modificação do valor ou da periodicidade da multa vincenda, acrescenta que o juiz pode excluir a multa e ainda prevê a possibilidade de modificação do valor da multa ou a sua exclusão quando o obrigado demonstrou o cumprimento parcial superveniente da obrigação ou justa causa para o descumprimento.

O CPC de 2015 autoriza, expressamente, a imposição de multa na fase de execução (art. 537). Mesmo sob a égide do CPC de 1973 o juiz pode fixar a multa na execução. Com efeito, de acordo com o art. 644 do CPC de 1973, a sentença relativa à obrigação de fazer ou não fazer é cumprida de acordo com o art. 461 também do CPC de 1973, o que significa que o juiz poderá, na execução, visando ao cumprimento da obrigação imposta em sentença, impor multa ao executado.

O CPC de 2015 também prevê que:

a) no caso de ser determinada a busca e apreensão de pessoas e coisas, o mandado será cumprido por dois oficiais de justiça, inclusive com a possibilidade de arrombamento (art. 536, § 2º);

b) o executado incidirá nas penas de litigância de má-fé quando injustificadamente descumprir a ordem judicial, sem prejuízo de sua responsabilidade por crime de desobediência (art. 536, § 3º);

c) no cumprimento de sentença que reconheça a exigibilidade de obrigação de fazer ou de não fazer aplica-se o art. 525 (que trata das matérias que podem ser alegadas pelo executado nos embargos à execução), no que couber (art. 536, § 4º).

d) o valor da multa será revertido ao exequente (art. 537, § 2º);

e) a decisão que fixa a multa é passível de cumprimento provisório, devendo ser depositada em juízo, permitido o levantamento do valor após o trânsito em julgado da sentença favorável à parte (art. 537, § 3º, com a redação que lhe conferiu a Lei n. 13.256/16);

e) a multa é devida desde o dia em que se configurar o descumprimento da decisão e incidirá enquanto não cumprida a decisão que a tiver cominado (art. 537, § 4º).

40.3. Execução de decisão que reconheça a exigibilidade de obrigação de entregar coisa.

Consoante o CPC de 1973, não cumprida a obrigação de entregar coisa no prazo estabelecido, expedir-se-á em favor do credor mandado de busca e apreensão ou de imissão na posse, conforme se tratar de coisa móvel ou imóvel (art. 461-A, § 2º).

Já o CPC de 2015 dispõe que, não cumprida a obrigação de entregar coisa no prazo estabelecido na sentença, será expedido mandado de busca e apreensão ou de imissão na posse em favor do credor, conforme se tratar de coisa móvel ou imóvel (art. 538).

O CPC de 2015 acrescenta que:

a) a existência de benfeitorias deve ser alegada na fase de conhecimento, em contestação, de forma discriminada e com atribuição, sempre que possível e justificadamente, do respectivo valor (art. 538, § 1º);

b) o direito de retenção por benfeitorias deve ser exercido na contestação, na fase de conhecimento (art. 538, § 2º);

c) aplicam-se ao cumprimento da obrigação de entrega de coisa, no que couber, as disposições sobre o cumprimento de obrigação de fazer ou de não fazer (art. 538, § 3º).

41. Extinção da execução

O CPC de 1973 estabelece que a execução será extinta quando: a) o devedor satisfaz a obrigação; b) o devedor obtém, por transação ou por qualquer outro meio, a remissão total da dívida; c) o credor renunciar ao crédito (art. 794).

O CPC de 2015 trata da questão no art. 924, segundo o qual a execução é extinta quando: a) a petição inicial for indeferida; b) a obrigação for satisfeita;[(2215)] c) o executado obtiver, por qualquer outro meio, a extinção total da dívida; d) o exequente renunciar ao crédito; e) ocorrer a prescrição intercorrente.

A execução também será extinta quando o exequente dela desistir (art. 569 do CPC de 1973 e art. 775 do CPC de 2015).

O exequente ressarcirá ao executado os danos que este sofreu, quando a sentença, transitada em julgado, declarar inexistente, no todo ou em parte, a obrigação que ensejou a execução (art. 574 do CPC de 1973 e art. 776 do CPC de 2015). A hipótese é de responsabilidade objetiva, ou seja, cujo reconhecimento independe da comprovação de dolo ou culpa do exequente. Para a configuração da responsabilidade do exequente basta, desse modo, a demonstração do dano e do nexo de causalidade entre o dano e o fato de ter sido promovida a execução. É interessante notar que o CPC não estabeleceu a responsabilidade pelo executado pelo ressarcimento dos danos sofridos pelo exequente em razão do fato de a obrigação objeto da execução não ter sido satisfeita no momento oportuno, o que exige, para examinar a possibilidade de responsabilizar o executado, o recurso ao Código Civil.

(2215) A satisfação da obrigação pode ser realizada pelo credor e também por outros meios.

Capítulo 20

Tutela Cautelar, Antecipada, de Evidência, Inibitória e Autossatisfativa

1. Notas introdutórias. Poder geral de cautela, de urgência e de tutela provisória de urgência

A titularidade de um direito é real na medida da possibilidade do seu pleno exercício. Por essa razão, a todos é reconhecido o direito de reclamar em juízo a tutela dos seus direitos.

A tutela jurisdicional dos direitos deve ser adequada e efetiva, sob pena de não se realizar o fim ao qual se destina, que é assegurar o pleno exercício dos direitos atribuídos pela ordem jurídica.

Daí a necessidade de criar instrumentos destinados a garantir a adequação e a efetividade da tutela jurisdicional dos direitos.

Dentre os instrumentos estabelecidos pela ordem jurídica com este objetivo estão aqueles voltados a assegurar a utilidade do processo, impedir prejuízos ao direito objeto da demanda, assegurar a mais rápida satisfação do direito que se apresenta como evidente e inibir a prática de ilícitos, os quais traduzem o direito à *tutela cautelar*, à *tutela antecipada*, à *tutela de evidência* e à *tutela inibitória*, respectivamente.

O direito à tutela cautelar e o direito à tutela antecipada servem de antídotos contra os *efeitos do tempo sobre a utilidade do processo e sobre o direito deduzido em juízo*, respectivamente. A tutela de evidência relaciona-se com o *exercício do direito evidente*. A tutela inibitória tem relação com a *prevenção contra o ilícito*.

A tutela cautelar e a tutela antecipada constituem espécies do gênero *tutela provisória de urgência*, mas possuem finalidades distintas. A tutela cautelar tem por finalidade garantir a utilidade do processo, ao passo que a tutela antecipada tem por escopo a produção imediata dos efeitos da tutela definitiva pleiteada pela parte. A tutela cautelar, dito de outro modo, busca assegurar o resultado prático do processo e a antecipação de tutela, a realização imediata desde resultado.

A tutela cautelar cria as condições para a satisfação, *no futuro*, do direito deduzido em juízo, ao passo que, por força da tutela antecipada, o direito deduzido é satisfeito *no presente*, ou seja, antes mesmo do definitivo estabelecimento de sua existência. A tutela cautelar, dito de outro modo, busca assegurar o resultado prático do processo e a antecipação de tutela, a realização imediata desde resulta.

O CPC de 1973 autoriza o juiz a deferir antecipação de tutela quando um ou mais dos pedidos cumulados, ou parcelas deles, mostrar-se incontroverso (art. 273, § 6º). A hipótese é de *antecipação de tutela fundada na evidência do direito*. O CPC de 2015 reconhece o direito à *tutela provisória*, que pode fundamentar-se em *urgência* ou *evidência*. Com isso, a antecipação de tutela (tutela provisória fundada em urgência) e a tutela de evidência (tutela provisória fundada em evidência) passam a ser institutos autônomos, embora constituam espécies do mesmo gênero (tutela provisória). Surge, assim, o direito à tutela fundada em evidência, isto é, à *tutela de evidência*.

A tutela cautelar, a tutela antecipada e a tutela de evidência constituem técnicas de distribuição entre as partes do ônus da duração do processo, voltadas à proteção daquele que aparenta ter razão na sua pretensão contra a eventual demora na solução definitiva do conflito de interesses, valendo observar que, como aduz Giuseppe Chiovenda, "a *duração* do processo, o *tempo* necessário para a solução do litígio, não deve resultar em dano ao direito do autor".[2216] Quem tem razão não pode ser prejudicado pelo tempo de duração do processo.

A tutela inibitória visa inibir o ilícito. Trata-se, então, de *tutela contra o ilícito*. Na tutela inibitória, o juiz atua para evitar o ilícito ou impedir a sua reiteração ou a sua continuidade.

A parte tem direito, ainda, à *tutela autossatisfativa*, que constitui medida de urgência que satisfaz imediata, definitiva e irreversivelmente a pretensão da parte, tornando dispensável a propositura de qualquer outra ação ou o prosseguimento do processo em que for determinada.

O art. 789 do CPC de 1973 dispõe que, além das medidas cautelares específicas referidas no CPC, o juiz poderá determinar as *medidas que julgar adequadas* à prevenção de lesão grave ou de difícil reparação. Desse modo, o juiz está autorizado a determinar uma medida cautelar expressamente prevista em lei (*medida cautelar típica* ou *nominada*) ou qualquer medida adequada para assegurar a utilidade do processo (*medida cautelar atípica* ou *inominada*).

Ao juiz é reconhecido, então, o *poder geral de cautela*.

Contudo, a doutrina do poder geral de cautela evoluiu.

Com efeito, nos primórdios desta doutrina, este poder era reconhecido ao juiz apenas em relação às *medidas cautelares que poderia determinar*, ou seja, por força deste poder, o juiz poderia determinar uma medida cautelar não prevista no CPC, mas deveria se ater aos requisitos expressamente previstos em lei para o deferimento das medidas cautelares típicas ou nominadas. Em um segundo momento, no entanto, o poder geral de cautela foi elastecido, para alcançar também os *requisitos para o deferimento de medidas cautelares*. Sob este prisma, ao juiz é lícito deferir medidas cautelares não previstas em lei assim como definir, à luz do caso concreto, os requisitos necessários para o deferimento de medida cautelar típica ou nominada. Assim, no primeiro momento foram consideradas exemplificativas *as medidas cautelares* às quais a ordem jurídica fazia expressa referência, permitindo ao juiz deferir outras não expressamente previstas, ao passo que, posteriormente, foram também considerados exemplificativos *os requisitos* para o deferimento das medidas cautelares expressamente referidas.

De outro lado, como o CPC de 1973 adotou a *fungibilidade entre a antecipação de tutela e as medidas cautelares*, autorizando o juiz a deferir medida cautelar quando o autor apresentar pedido de medida desta natureza sob o título de antecipação de tutela e vice-versa (art. 273, § 7º), pode ser afirmado que o juiz passou a contar, diante desta possibilidade, com o *poder geral de urgência*, que abrange o poder geral de cautela e é enriquecido pelo poder para definir, à luz do caso concreto, que medida de urgência (cautelar ou antecipada) deverá ser determinada.

O CPC de 2015 acompanha esta evolução e dá um passo mais adiante, visto que:

a) autoriza o juiz a definir, à luz das particularidades do caso concreto, *a medida* a ser determinada para a efetivação da tutela provisória (art. 297) e também consagra a *fungibilidade* entre as medidas de urgência (art. 305, parágrafo único);

b) ao deixar de disciplinar procedimentos cautelares específicos, torna certo que o *significado* do *fumus boni iuris* e do *periculum in mora*, *enquanto requisitos para deferimento de tutela provisória de urgência*, será definido pelo juiz à luz do caso concreto. Desse modo, o arresto, por exemplo, pode ser deferido mesmo que não se encontre presente uma das situações previstas no art. 813 do CPC de 1973.

Daí ser possível falar em *atipicidade do fumus boni iuris* e *do periculum in mora* e, nesse compasso, em *um verdadeiro poder geral de tutela provisória de urgência*.

(2216) *Ensayos de derecho procesal civil*, v. II, p. 7.

2. Autonomia do processo cautelar. Disposições gerais da tutela provisória estabelecidas pelo CPC de 2015

O CPC de 1973 é dividido em cinco Livros, um dos quais é reservado ao *processo cautelar* (Livro III), o que implica atribuir autonomia ao processo cautelar.

O CPC de 1973 adota o ponto de vista, noticiado por Humberto Theodoro Júnior, segundo o qual "a posição verdadeira das medidas cautelares é a de um *tertium genus*, entre a cognição e a execução, participando da natureza de ambas as funções, gozando de autonomia, graças aos fins ou objetivos peculiares da cautela (...). Temos, pois, com perfeita autonomia, dentro da função jurisdicional: uma cautelar e um processo cautelar, ao lado das ações e processos de cognição e de execução, cujo traço diferenciador, em face das demais atividades jurisdicionais, está no fim específico, que é a prevenção. Quer isso dizer que não se busca, com a cautela, a composição da lide (fim da atividade jurisdicional principal), mas tão somente a eliminação de situações perigosas que possam afetar, eventualmente, a eficácia do futuro provimento principal ou de mérito".[2217]

O CPC de 2015 afasta a autonomia do processo cautelar.

Com efeito, o CPC de 2015, estabelece, no Livro V, a *tutela provisória*, que pode fundamentar-se em *urgência* ou *evidência*, e dispõe que a tutela provisória de urgência pode ser cautelar ou antecipada, observando-se que o art. 3º, V, da Instrução Normativa n. 39/2016 do TST prevê ser aplicável no processo do trabalho os arts. 294 a 311 do CPC de 2015, valendo registrar, no entanto, que o art. 304, segundo o qual a tutela antecipada, concedida em caráter antecedente, torna-se estável se da decisão que a conceder não for interposto o respectivo recurso, o que não alcança o direito processual do trabalho, que veda o recurso contra decisão interlocutória. Somente no caso de tutela autossatisfativa, que será examinada mais adiante, em que a decisão que a confere tem força definitiva é que se poderá invocar, no processo do trabalho, o citado comando legal, por analogia.

O Livro V do CPC de 2015 é dividido em três Títulos, contendo:

a) o Título I, as *disposições gerais da tutela provisória;*

b) o Título II, a disciplina da *tutela de urgência;*

c) o Título III, o regramento da *tutela de evidência.*

Antes de examinar a tutela cautelar, a tutela antecipada e a tutela de evidência de forma destacada, cumpre tecer alguns comentários sobre as normas que lhes são comuns, que são as constantes do Título I do Livro V do CPC de 2015, sob o título *disposições gerais da tutela provisória.*

De acordo com estas *disposições gerais*:

1) a tutela provisória pode fundamentar-se em urgência ou evidência (art. 294, *caput*).

Assim, a tutela provisória constitui gênero, do qual são espécies a tutela de urgência e a tutela de evidência;

2) a tutela provisória de urgência é de natureza cautelar ou antecipada (art. 294, parágrafo único).

Desse modo, a tutela de urgência constitui um gênero, do qual são espécies a tutela cautelar e a tutela antecipada;

3) a tutela provisória de urgência, cautelar ou antecipada, pode ser concedida em caráter antecedente e incidental, não dependendo de pagamento de custas a tutela provisória requerida em caráter incidental (arts. 294, parágrafo único, e 295).

A tutela cautelar e a tutela antecipada podem ser concedidas em *caráter antecedente*, ou seja, antes da instauração do processo contendo o pedido principal ou no curso do processo que contenha o pedido principal, isto é, em *caráter incidental.*

(2217) *Processo cautelar*, p. 69 e 71.

O pedido de tutela cautelar ou antecipada em caráter incidental não faz surgir um novo processo, estando, desse modo, isento do pagamento de custas.

4) a tutela provisória conserva a sua eficácia na pendência do processo, mas pode, a qualquer tempo, ser revogada ou modificada (art. 296, *caput*).

A tutela provisória concedida à parte conserva a sua eficácia na pendência do processo, mas pode, a qualquer tempo, ser revogada ou modificada.

5) salvo decisão judicial em contrário, a tutela provisória conservará a eficácia durante o período de suspensão do processo (art. 296, parágrafo único).

A tutela provisória conserva a sua eficácia na pendência do processo, o que inclui eventuais períodos de suspensão do processo, salvo, quanto a estes períodos, decisão judicial em sentido contrário.

6) o juiz poderá determinar as medidas que considerar adequadas para a efetivação da tutela provisória (art. 297).

O juiz não está adstrito a um rol prévio de medidas que pode adotar visando efetivar a tutela provisória, podendo adotar a que seja a mais adequada segundo as particularidades do caso concreto.

7) a efetivação da tutela provisória observará as normas referentes ao cumprimento provisório da sentença, no que couber (art. 297, parágrafo único).

A efetivação da tutela provisória rege-se, no que couber, pelas normas que disciplinam o cumprimento provisório (processo civil) ou a execução provisória (processo do trabalho) da sentença.

8) na decisão que conceder, negar, modificar ou revogar a tutela provisória, o juiz motivará o seu convencimento de modo claro e preciso (art. 298).

A decisão judicial que examina pedido de concessão, modificação ou revogação da tutela provisória deverá ser fundamentada, devendo nela serem apontados, de modo claro e preciso, os motivos do convencimento do juiz.

9) a tutela provisória será requerida ao juízo da causa e, quando antecedente, ao juízo competente para conhecer do pedido principal (art. 299).

Na definição da competência para exame do pedido de tutela provisória é adotado o princípio segundo o qual o acessório segue o principal. O juízo em que a causa é processada ou em que deverá ser processada é o competente para examinar o pedido de tutela provisória, o que está em sintonia com o art. 61 do CPC, segundo o qual a ação acessória será proposta no juízo competente para a ação principal.

10) ressalvada disposição especial, na ação de competência originária de tribunal e nos recursos a tutela provisória será requerida ao órgão jurisdicional competente para apreciar o mérito (art. 299, parágrafo único).

Nos tribunais, o pedido de tutela provisória deverá ser apresentado ao órgão jurisdicional competente para examinar o mérito (relativo à ação de competência originária do tribunal ou ao recurso a ele endereçado[(2218)]). O relator do recurso pode suspender a eficácia da decisão recorrida se da imediata produção de seus efeitos houver risco de dano grave, de difícil ou impossível reparação, e ficar demonstrada a probabilidade de provimento do recurso (art. 995, parágrafo único, do CPC de 2015).

3. *Tutela cautelar*

O afastamento da autonomia do processo cautelar, que é realizado pelo CPC de 2015, não significa negativa do direito à tutela cautelar. O direito à tutela cautelar decorre do direito à utilidade prática do processo, como condição de possibilidade da adequação e efetividade da tutela jurisdicional dos direitos.

(2218) A hipótese é de pedido de medida cautelar manifestado após a interposição do recurso. Se o recurso foi interposto, o pedido de *cautelar recursal* deve ser apresentado ao tribunal competente para o exame do recurso. Em relação ao recurso extraordinário, consultar as Súmulas ns. 634 e 635 do STF.

Persiste, portanto, o direito à tutela cautelar, o que, inclusive, é expressamente reconhecido no art. 294, parágrafo único, do CPC de 2015, segundo o qual a tutela provisória de urgência pode ser cautelar ou antecipada.

Como aduz José Roberto dos Santos Bedaque, as tutelas satisfativas (declaratória, condenatória, constitutiva, mandamental e executiva *lato sensu*) "proporcionam a plena satisfação do direito, declarando-o e atuando-o praticamente", funcionando a tutela cautelar como "antídoto contra a demora para a entrega da tutela jurisdicional", que tem o objetivo de "assegurar a eficácia e utilidade do resultado buscado pelas demais tutelas".[2219]

A tutela cautelar é *instrumental*, na medida em que serve ao processo,[2220] e *preventiva*, porquanto voltada para impedir danos à utilidade do processo.

3.1. Pressupostos para o deferimento da tutela cautelar.

O deferimento da tutela cautelar pressupõe:

a) fundado receio de dano à utilidade prática do processo, em razão da demora na solução definitiva do conflito de interesses submetido ao Poder Judiciário (*periculum in mora*);

b) aparência do bom direito (*fumus boni iuris*).

Nesse sentido, o CPC de 1973 dispõe, no art. 801, IV, que o requerente da tutela cautelar deve indicar na petição respectiva a *exposição sumária do direito* ameaçado (*fumus boni iuris*) e o *receio da lesão* (*periculum in mora*).

Já o CPC de 2015 estabelece, no art. 300, que a tutela cautelar será concedida quando houver elementos que evidenciem a probabilidade do direito (*fumus boni iuris*) e o perigo de dano ou o risco ao resultado útil do processo (*periculum in mora*).

A determinação de medida cautelar pressupõe a presença do *fumus boni iuris*, isto é, a *aparência do bom direito* ou, na dicção do art. 300 do CPC de 2015, a *probabilidade do direito*.

Enrico Tullio Liebman afirma que o *fumus boni iuris* corresponde à "provável existência de um direito, cuja tutela se pede" e acrescenta que, no processo cautelar, "não se trata de verificar a existência do direito (...), mas apenas de formular um juízo de probabilidade sobre sua existência, com base em cognição sumária e superficial".[2221]

Antunes Varela, José Miguel Bezerra e Sampaio e Nora asseveram que, ao examinar o pedido cautelar, o juiz deve contentar-se "com uma probabilidade séria da existência do direito".[2222]

A tutela cautelar constitui mecanismo de defesa da utilidade do processo diante do perigo representado pela demora na entrega da tutela jurisdicional definitiva. Por essa razão, o deferimento de medida cautelar pressupõe a demonstração do perigo representado por aquela demora, ou, na dicção do art. 305 do CPC de 2015, o *perigo de dano* ou o *risco ao resultado útil do processo*.

Aldo Attardi assinala que o *periculum in mora* consiste em uma situação de fato "que faz surgir o perigo de tornar impossível, tardia ou praticamente ineficaz, a realização de um direito subjetivo".[2223]

José Roberto dos Santos Bedaque assevera que "a duração do processo pode contribuir para a insatisfação do direito, ou pelo menos para o agravamento dos danos causados com o não adimplemento voluntário.

(2219) *Tutela cautelar e tutela antecipada:* tutelas sumárias e de urgência (tentativa de sistematização), p. 109-120.

(2220) Piero Calamandrei considera a instrumentalidade o caráter típico dos procedimentos cautelares, afirmando que eles "não são nunca um fim em si próprios, mas são infalivelmente predispostos à emanação de um ulterior procedimento definitivo, do qual estes preventivamente asseguram o proveito prático" (*Introdução ao estudo sistemático dos procedimentos cautelares*, p. 51).

(2221) *Manual de direito processual civil*, v. I. p. 217.

(2222) *Manual de direito processual civil*, p. 25.

(2223) *Diritto processuale civile*, v. I, p. 72.

Trata-se de dano marginal decorrente do atraso na atuação coercitiva da regra de direito material. A tutela cautelar está ligada a esse perigo de dano e visa afastá-lo (...). A tutela cautelar pressupõe a existência de perigo para a efetividade do provimento definitivo e, consequentemente, para o direito deduzido em juízo (...). Sem *periculum in mora* não há por que recorrer à tutela cautelar, pois ele representa a própria razão da existência dessa modalidade especial de proteção jurisdicional".[2224]

Cumpre anotar que, como aduzem Antunes Varela, José Miguel Bezerra e Sampaio e Nora, para o deferimento da medida cautelar não há necessidade de prova do perigo de dano, sendo bastante a demonstração de "ser fundado (compreensível ou justificado) o receio de dano".[2225]

No exame do pedido de tutela cautelar, não é verificada a existência do direito cujo reconhecimento é ou será demandado perante o Poder Judiciário, mas a existência de elementos que justifiquem a adoção de medidas necessárias para assegurar a utilidade do processo.

Humberto Theodoro Júnior assinala a propósito que "o que se aprecia na ação cautelar é o interesse processual pela segurança e eficácia do processo principal, partindo da apreciação do perigo de que a demora do processo possa alterar o equilíbrio inicial das partes e tornar inócua e imperfeita a providência final de composição da lide. Assim, o que se decide na ação cautelar é apenas se houve ou não risco para a efetividade ou utilidade do processo principal, e nunca se uma parte tem ou não o direito subjetivo material que pretende opor à outra parte".[2226]

3.2. Medidas cautelares *ex officio*.

O art. 797 do CPC de 1973 autoriza o juiz, em casos excepcionais, a determinar, nos processos em curso, medidas cautelares *sem a audiência das partes*, ou seja, de ofício.

Como exemplos de situações em que o juiz pode determinar medidas cautelares *ex officio* tem-se, no CPC de 1973, o arresto (art. 653) e a caução (art. 804).

O CPC de 2015 também autoriza o juiz a exigir caução idônea para ressarcir os danos que a outra parte possa vir a sofrer em razão da efetivação de uma medida de urgência (art. 300, § 1º), isto é, o deferimento de medida cautelar de ofício, observando-se, ainda, que o art. 139, IV, do CPC de 2015 também autoriza o juiz a tomar medidas necessárias para assegurar o cumprimento das ordens judiciais, o que traduz autorização para deferimento de medidas cautelares de ofício.

3.3. Medidas cautelares típicas, atípicas, antecedentes e incidentais. A opção do CPC de 2015 em relação às medidas cautelares típicas.

Em relação às medidas cautelares, a ordem jurídica pode:

a) definir de forma exaustiva as medidas cautelares que o juiz pode determinar;

b) apontar de forma apenas exemplificativa as medidas cautelares que o juiz pode determinar;

c) deixar ao juiz a definição das medidas cautelares a serem adotadas, segundo as particularidades do caso concreto.

Sob esta ótica, as medidas cautelares podem ser classificadas em *típicas ou nominadas* (medidas cautelares especificadas em lei) e *atípicas ou inominadas* (medidas cautelares não especificadas em lei).

O CPC de 1973 estabelece que, *além dos procedimentos cautelares especificados*, o juiz poderá determinar as *medidas provisórias que julgar adequadas* (art. 798) e aponta, *exemplificativamente*, algumas das medidas que o juiz pode determinar (arts. 813 a 888).

(2224) *Tutela cautelar e tutela antecipada:* tutelas sumárias e de urgência (tentativa de sistematização), p. 164-165.
(2225) *Manual de direito processual civil*, p. 25.
(2226) *Processo cautelar*, p. 114.

O CPC de 2015 dispõe, nos arts. 297 e 301, que a tutela cautelar pode ser efetivada mediante arresto, sequestro, arrolamento de bens, registro de protesto contra alienação de bem ou *qualquer outra medida adequada à asseguração do direito*. O CPC de 2015 também faz referência ao arrolamento para realização de documentação e apreensão (art. 381) e à justificação (art. 381, § 5º).

Assim, o CPC de 1973 e o CPC de 2015 enumeram de forma exemplificativa as medidas cautelares que o juiz pode determinar e a ele conferem o poder para definir, à luz do caso concreto, qual é a medida mais adequada à garantia da utilidade do processo.

As medidas cautelares podem ser pleiteadas antes ou no curso do processo principal (art. 796 do CPC de 1973 e art. 294, parágrafo único, do CPC de 2015), isto é, podem ser *antecedentes* ou *incidentais*.(2227)

Acrescente-se que o CPC de 1973, dispondo sobre o que denomina *procedimentos cautelares específicos*, aponta várias medidas cautelares que o juiz pode adotar e estabelece, em relação a elas, as condições para a sua determinação (art. 813 a 888), ao passo que o CPC de 2015 optou por estabelecer, genericamente, os requisitos para o deferimento das medidas cautelares em geral.

No entanto, nada impede a adoção, como parâmetro para a determinação de medidas cautelares sob a égide do CPC de 2015, do significado do *fumus boni iuris* e do *periculum in mora* definido no CPC de 1973 em relação às medidas cautelares nele referidas expressamente. Por esta razão, inclusive, mais adiante serão examinados os procedimentos cautelares especificados no CPC de 1973.

3.4. Legitimidade.

Estão legitimados para requerer medidas cautelares as partes legitimadas para apresentar em juízo o pedido principal, o Ministério Público do Trabalho, quando atue como parte ou fiscal da ordem jurídica, e terceiros que participem do processo.

3.5. Competência. Competência cautelar em processo em grau de recurso.

De acordo com o CPC de 1973, a medida cautelar será requerida ao *juiz da causa* e, quando antecedente, ao *juízo competente* para conhecer da *ação principal*, sendo que, na fase recursal, a medida cautelar será requerida diretamente ao tribunal (art. 800, *caput* e parágrafo único).

No CPC de 2015 é estabelecido, no art. 299, que a tutela provisória será requerida ao *juízo da causa* e, quando antecedente, ao *juízo competente* para conhecer do pedido *principal*, sendo que, *ressalvada disposição especial*, na *ação de competência originária de tribunal* e *nos recursos* a tutela provisória será requerida ao órgão jurisdicional competente para apreciar o mérito (art. 299, parágrafo único).

O requerimento de tutela de forma antecedente faz com que o juízo que o recebeu fique prevento para conhecer o pedido principal (art. 800 do CPC de 1973 e art. 299 do CPC de 2015), ressalvada a hipótese de ser ele incompetente para conhecer do pedido principal.

Humberto Theodoro Júnior afirma ser acertada a "lição de Pontes de Miranda de que a tradição de nosso direito, que permite o manejo da ação cautelar onde ela se fizer necessária, quando houver risco de se frustrar sua missão, não foi eliminada pelo art. 682 do Código de 1939 (e, acrescentamos, tampouco por sua reprodução no art. 800 do Código atual), porque o Código fora da competência *ratione materiae*, mantém a política da eficiência e conservação dos atos judiciais".(2228)

O CPC de 2015 resolveu este impasse, estabelecendo que, salvo decisão judicial em sentido contrário, conservar-se-ão os efeitos da decisão proferida pelo juízo incompetente até que outra seja proferida, se for o caso, pelo juízo competente (art. 64, § 4º).

(2227) A necessidade da determinação de medida apta a assegurar a utilidade do processo pode se apresentar antes da sua instauração ou durante o seu curso.

(2228) *Processo cautelar*, p. 139-140.

3.6. Requisitos da petição inicial.

A petição inicial da ação que visa à concessão de tutela cautelar possui requisitos específicos.

No CPC de 1973, estes requisitos estão estabelecidos no art. 801, segundo o qual a petição inicial deverá indicar: a autoridade judiciária a que for dirigida; o nome, estado civil, a profissão e a residência do requerente e do requerido; a lide e seu fundamento; a exposição sumária do direito ameaçado e o receio da lesão; as provas que serão produzidas, o que deve ser complementado pelo art. 282, que também exige a indicação, na petição inicial, do valor da causa.

O CPC de 2015 dispõe, no art. 305, que a petição inicial da ação que visa à tutela cautelar indicará a lide e seu fundamento, a exposição sumária do direito que se objetiva assegurar e o perigo de dano ou o risco ao resultado útil do processo, o que deve ser complementado pelo seu art. 319, que exige a inclusão na petição inicial do juízo a que é dirigida a demanda, dos nomes, dos prenomes, da existência de união estável, da profissão, do CPF ou do CNPJ, do endereço eletrônico, do domicílio e da residência do autor e do réu, do valor da causa e das provas com que o autor pretende demonstrar a verdade dos fatos alegados.

No processo do trabalho também devem ser atendidos estes requisitos, com a ressalva de que, nele, a parte está dispensada de indicar o valor da causa e as provas que pretende produzir (art. 840, § 1º, da CLT).

No caso de pedido de tutela cautelar em caráter incidental, o requerente está dispensado de indicar a lide e seu fundamento e expor de forma sumária do direito que se objetiva assegurar, mas deverá apontar o perigo de dano ou o risco ao resultado útil do processo que justifique a sua pretensão cautelar.

3.7. Procedimento. Procedimento da tutela cautelar requerida em caráter antecedente. Deferimento liminar da tutela cautelar. Deferimento de medida cautelar contra atos do Poder Público.

O CPC de 1973 fixa um *procedimento cautelar comum* (arts. 801 a 803) e *procedimentos cautelares específicos* (arts. 813 a 888), ao passo que o CPC de 2015 somente fixa um "procedimento da tutela cautelar requerida em caráter antecedente" (arts. 305 a 310), o que se deve ao fato de que somente é exigida a propositura de ação autônoma quando se trate de cautelar requerida em caráter antecedente.

Tais preceitos servem de fonte subsidiária (CPC de 1973) ou subsidiária e supletiva (CPC de 2015) do direito processual do trabalho, salvo algumas situações em que o procedimento deverá ser adequado às suas particularidades.

Os procedimentos específicos definidos no CPC de 1973 serão examinados mais adiante.

Destarte, em relação à ação cautelar requerida em caráter antecedente, cumpre anotar que:

a) a ação cautelar está sujeita à distribuição (art. 783 da CLT);

b) distribuída a ação, o réu será citado para, em cinco dias, contestar o pedido (art. 802 do CPC de 1973 e art. 306 do CPC de 2015), observando-se que o CPC exige que o réu indique, na contestação, as provas a serem produzidas, o que não é compatível com o processo do trabalho, no qual as provas serão produzidas independentemente de sua prévia indicação (arts. 825 e 840, § 2º, da CLT) e, ainda, que, no processo do trabalho, pode ser designada audiência, na qual o réu deverá apresentar contestação (art. 841 da CLT);

c) não sendo contestado o pedido, os fatos alegados pelo autor presumir-se-ão aceitos pelo réu como ocorridos, caso em que o juiz proferirá decisão em cinco dias (art. 803 do CPC de 1973, art. 307 do CPC de 2015 e art. 844 da CLT);

d) contestado o pedido, proceder-se-á a instrução do processo, após o que será proferida decisão.

O CPC de 1973 dispõe que cabe à parte propor a ação principal dentro do prazo de trinta dias, contados da efetivação da medida cautelar, quando esta for concedida em procedimento antecedente (art. 806).

No CPC de 2015 é estabelecido que, efetivada a tutela cautelar, o pedido principal terá de ser formulado pelo autor no prazo de trinta dias, caso em que será apresentado nos mesmos autos em que foi deduzido o pedido de tutela cautelar, não dependendo do adiantamento de novas custas processuais (art. 308), com a ressalva de que o pedido principal pode ser formulado conjuntamente com o pedido de tutela cautelar (art. 308, § 1º) e que a causa de pedir pode ser aditada no momento da formulação do pedido principal (art. 308, § 2º).

Destarte, à luz do CPC de 2015:

1) podem ser cumulados o pedido principal e o pedido de tutela cautelar;

2) efetivada a tutela cautelar deferida em caráter antecedente, o pedido principal terá de ser formulado pelo autor no prazo de trinta dias, caso em que será apresentado nos mesmos autos em que foi deduzido o pedido de tutela cautelar, não dependendo do adiantamento de novas custas processuais (não é exigido, portanto, o ajuizamento de nova ação — *ação principal* — e, com isto, pagamento de novas custas);[2229]

3) na apresentação do pedido principal, o autor poderá aditar a causa de pedir.[2230]

O CPC de 2015 também prevê que, apresentado o pedido principal, as partes serão intimadas para a audiência de conciliação ou de mediação, que deverá ser designada com antecedência mínima de trinta dias, por seus advogados ou pessoalmente, sem necessidade de nova citação (art. 308, § 3º), ao passo que, não havendo autocomposição, o prazo para contestar será contado a partir da data da audiência (art. 308, § 4º).

No processo do trabalho, apresentado o pedido principal, o réu será citado para apresentar contestação em cinco dias ou na audiência a ser realizada, observando-se, quanto ao espaço de tempo mínimo entre a citação e a realização da audiência, o prazo de cinco dias, estabelecido no art. 841 da CLT.

O requerido pode apresentar, no prazo designado para a contestação, exceção de incompetência em razão do lugar (ou alegar a incompetência em razão do lugar na própria contestação, sob a égide do CPC de 2015), de suspeição ou de impedimento do juiz (art. 799 da CLT).

Assim, não cabem, na ação cautelar, "nem a reconvenção e nem a declaratória incidental, reduzindo-se, portanto, a resposta praticamente apenas à contestação, a não ser, naturalmente, a possibilidade de arguição de exceções processuais, cuja proponibilidade é possível no processo cautelar".[2231]

Se for designada audiência, nela devem estar presentes o requerente (sob pena de arquivamento da reclamação) e o requerido (sob pena de revelia e confissão quanto aos fatos narrados na petição inicial), diante do que estabelecem os arts. 643, 843 e 844 da CLT.

Não existe qualquer restrição quanto aos meios de prova de que as partes podem se valer na ação cautelar, mas na produção e avaliação da prova o juiz deve levar em conta que "a instrução das causas cautelares é necessariamente sumária em razão da emergência de perigo que o provimento procura obviar. Reduzem-se, por isso, as provas a informações sumárias, fundadas em critérios de mera plausividade (...). O programa do processo principal concentra seu objetivo na ambiciosa fórmula da busca da verdade; mas no processo cautelar se contenta com o desígnio mais modesto da busca da plausividade".[2232]

É lícito ao juiz conceder medida cautelar, liminarmente ou após justificação prévia (art. 804 do CPC de 1973 e art. 300, § 2º, do CPC de 2015), o que pressupõe fundado risco, demonstrado já com a petição inicial ou em justificação prévia, de que o réu, se citado previamente, torne a medida ineficaz.

(2229) O prazo de trinta dias é contado da data da efetivação da medida e não da ciência deste fato pelo requerente da tutela cautelar. Se a medida pode ser efetivada por partes, o prazo é contado a partir do primeiro ato de sua efetivação.

(2230) A causa de pedir em questão é aquela relativa ao pedido de tutela cautelar, visto que o pedido principal deve ser apresentado com a respectiva causa de pedir. Acrescente-se que não há que se falar em aditamento da causa de pedir em relação a pedido ainda não apresentado.

(2231) SILVA, Ovídio Baptista da. *Do processo cautelar*, p. 158.

(2232) THEODORO JÚNIOR, Humberto. *Processo cautelar*, p. 159-160.

Para Humberto Theodoro Júnior, a concessão de liminar sem a oitiva do réu "não depende de estar o requerente na iminência de suportar ato do requerido que venha a provocar a consumação do dano temido. O perigo tanto pode derivar de conduta do demandado como de fato natural. O que justifica a liminar é simplesmente a possibilidade de o dano consumar-se antes da citação, qualquer que seja o motivo".[2233]

A Lei n. 8.437/92 restringe a possibilidade de deferimento de medida cautelar contra o Poder Público, dispondo, por exemplo, que não será cabível medida cautelar liminar contra atos do Poder Público toda vez que providência semelhante não puder ser concedida em mandado de segurança em razão de vedação legal (art. 1º, *caput*).

3.8. Substituição, revogação e modificação da medida cautelar. Perda de eficácia da medida cautelar.

A medida cautelar pode ser substituída, revogada ou modificada.

Ao juiz é lícito, de ofício ou a requerimento de qualquer das partes, substituir a medida cautelar deferida pela prestação de caução ou por outra garantia menos gravosa para o requerido, sempre que a caução ou a nova medida for idônea e suficiente para evitar a lesão ou repará-la integralmente (art. 805 do CPC de 1973 e arts. 296, 297 e 298 do CPC de 2015).

A substituição de uma medida cautelar por caução ou outra garantia menos gravosa pressupõe a idoneidade e a suficiência da caução ou da nova medida determinada para assegurar a utilidade do processo.[2234]

A parte contrária deve ser ouvida sobre o pedido de substituição da medida cautelar, devendo a decisão respectiva ser fundamentada, de modo claro e preciso.

A medida cautelar pode, a qualquer tempo, ser revogada, isto é, o juiz pode cassar a decisão que determinou a medida cautelar, ou modificada, ou seja, a medida determinada pode ter o seu alcance alterado, observando-se que o CPC de 1973 autoriza a *substituição* da medida cautelar por outra e, o de 2015, alude à *modificação* da medida cautelar. A modificação da medida pode se dar na forma de sua substituição por outra. Assim, o fato de o CPC de 2015 não aludir à substituição da medida não significa que ela deixou de ser possível.

Cessa a eficácia da medida cautelar concedida em caráter antecedente, de acordo com o art. 808 do CPC de 1973: a) se a parte não propuser a ação no prazo de trinta dias, contados da efetivação da cautelar deferida; b) se a medida não for executada dentre de trinta dias; c) se o juiz declarar extinto o processo principal, com ou sem julgamento do mérito.

Consoante o art. 309 do CPC de 2015, cessa a eficácia da medida cautelar concedida em caráter antecedente: 1) se o autor não deduzir o pedido principal no prazo legal; 2) não for a medida deferida efetivada dentro do prazo de trinta dias; 3) se o juiz julgar improcedente o pedido principal formulado pelo autor ou extinguir o processo sem resolução de mérito.

Se por qualquer motivo cessar a eficácia da medida cautelar, é defeso à parte repetir o pedido, salvo sob novo fundamento (art. 808, parágrafo único, do CPC de 1973 e art. 309, parágrafo único, do CPC de 2015).

O prazo fixado no art. 808, I, do CPC de 1973 e no art. 309, I, do CPC de 2015 é fatal e peremptório, ou seja, a perda da eficácia da medida decorre do simples fato de não ser apresentado o pedido principal no prazo legal, não dependendo, portanto, de declaração judicial ou mesmo de requerimento da parte contrária,[2235] mas somente alcança "as medidas de caráter restritivo de direito ou de constrição de bens, pois nos provimentos meramente conservativos (justificação, protestos, interpelações e notificações) e nos de

---

(2233) *Processo cautelar*, p. 166.

(2234) Humberto Theodoro Júnior adota entendimento diverso, afirmando que "a substituição reclama processo especial e será examinada e solucionada em autos apartados aos da medida cautelar decretada" (*Processo cautelar*, p. 175).

(2235) Consoante a Súmula n. 482 do STJ: "A falta de ajuizamento da ação principal no prazo do art. 806 do CPC acarreta a perda da eficácia da liminar deferida e a extinção do processo cautelar". A perda da eficácia da medida cautelar deferida em caráter antecedente, com a consequente extinção do processo cautelar, prejudica a interrupção da prescrição resultante do ajuizamento da ação cautelar.

antecipação de provas (vistoria e inquirições *ad perpetuam rei memoriam*) não tem, como é óbvio, nenhuma influência o prazo do art. 806. Em tais casos, o fato provado ou a pretensão resguardada ou conservada não desaparecem nem se tornam inócuos pelo simples fato de não ser a ação proposta nos trinta dias seguintes à realização da medida preventiva".[(2236)]

A propósito da cessação da eficácia da medida cautelar em razão da extinção do processo principal, observa Humberto Theodoro Júnior que "a extinção da medida cautelar *in casu* não é a mesma em todos os casos de extinção do processo. Se a relação processual desaparece sem solução do mérito (sentença terminativa) ou se a solução da lide for contrária à pretensão daquele que obteve a proteção cautelar, a medida preventiva simplesmente desaparece e as partes são recolocadas no *status quo ante*, como se não houvesse jamais existido o provimento instrumental. Mas, se a sentença de mérito favorece a parte que promoveu a medida cautelar, esta extinguir-se-á, não para desaparecer simplesmente do cenário processual, mas para converter-se na medida definitiva colimada pela sentença da ação principal".[(2237)]

Segundo Enrico Tullio Liebman, "os provimentos cautelares são sempre destinados a durar um tempo limitado. De fato, chegando ao fim o processo principal, desaparece o próprio problema em razão do qual eles foram concedidos: ou o direito foi reconhecido existente e poderá receber plena satisfação, ou então foi declarado inexistente e a medida cautelar deverá ser revogada".[(2238)]

Para José Roberto dos Santos Bedaque, "exatamente porque instrumento de outra tutela, a cautelar é provisória. Seus efeitos perduram apenas enquanto não proferido o pronunciamento destinado a eliminar a crise de direito material. Após, cessa automaticamente a eficácia da tutela cautelar, pois cumprida sua função no sistema processual (...). Como instrumento concebido tão somente para assegurar a eficácia da tutela satisfativa (instrumentalidade), a cautelar produz efeitos não definitivos, que vigoram apenas pelo tempo necessário à obtenção da tutela definitiva (provisoriedade). São extintas pelo provimento da cognição exauriente".[(2239)]

As medidas cautelares conservam a sua eficácia na pendência do processo (art. 807, *caput*, do CPC de 1973 e art. 296, *caput*, do CPC de 2015) e, salvo decisão judicial em contrário, também durante a suspensão do processo (art. 807, parágrafo único, do CPC de 1973 e art. 296, parágrafo único, do CPC de 2015).

3.9. Decisão e recurso no processo cautelar.

O indeferimento da tutela cautelar não obsta que a parte formule o pedido principal, nem influi no julgamento desse, salvo se o motivo do indeferimento for o reconhecimento de decadência ou de prescrição (art. 810 do CPC de 1973 e art. 310 do CPC de 2015).

Nem poderia ser diferente, posto que, ao examinar o pedido de medida cautelar, o juiz somente verifica a necessidade de adotar medida que assegure a utilidade do processo, ou seja, não profere decisão de mérito (existência ou inexistência do direito objeto da disputa judicial), ressalvada, como dito, a hipótese de acolhimento de decadência do direito do autor ou de prescrição da sua pretensão, situação em que nova demanda não poderá ser apresentada porque já foi afirmada a extinção do direito (decadência) ou da pretensão resultando da sua violação (prescrição).

A decisão sobre a concessão, substituição, modificação ou revogação de medida cautelar tem natureza interlocutória, não comportando recurso imediato, podendo o seu mérito ser apreciado somente em recurso da decisão definitiva (art. 893, § 1º, da CLT).

O indeferimento do pedido de tutela cautelar não impede a sua reiteração, mas desde que com outro fundamento. Assim, a decisão que julgar pedido de tutela cautelar apresentado em ação cautelar antecedente

(2236) THEODORO JÚNIOR, Humberto. *Processo cautelar*, p. 178.
(2237) *Processo cautelar*, p. 184-185.
(2238) *Manual de direito processual civil*, v. I, p. 218.
(2239) *Tutela cautelar e tutela antecipada:* tutelas sumárias e de urgência (tentativa de sistematização), p. 140 e 142.

pode ser impugnada mediante recurso, na medida em que ela será uma decisão definitiva em relação ao pedido com o fundamento posto na petição inicial respectiva.

3.10. Responsabilidade do requerente da medida cautelar.

A efetivação da medida cautelar pode resultar em prejuízo para a parte contrária.

O CPC de 1973, dispondo sobre a questão, prevê que, sem prejuízo do disposto no art. 16, que trata da responsabilidade por danos processuais, o requerente da medida cautelar reponde ao requerido pelo prejuízo que lhe causar a execução da medida se: a) a sentença no processo principal lhe for desfavorável; b) obtida liminarmente a medida, não promover a citação do requerido dentro de cinco dias; c) ocorrer a cessão da eficácia da medida, em qualquer dos casos previstos no art. 808; d) o juiz acolher, no procedimento cautelar, a alegação de decadência ou de prescrição do direito do autor (art. 811).

No CPC de 2015, o tema é tratado no art. 302, segundo o qual, independentemente da reparação do dano processual, a parte responde pelo juízo que a efetivação da tutela de urgência causar à parte adversa, se: a) a sentença lhe for desfavorável; b) obtida liminarmente a tutela em caráter antecedente, não fornecer os meios necessários para a citação do requerido no prazo de cinco dias; c) ocorrer a cessação da eficácia da medida em qualquer hipótese legal; d) o juiz acolher a alegação de decadência ou prescrição da pretensão do autor.

A responsabilidade pelos danos causados pela implementação da tutela de urgência, cautelar ou antecipada, é, no CPC de 1973 e no CPC de 2015, de natureza objetiva, ou seja, não se exige, para o seu reconhecimento, prova de culpa ou dolo da parte, devendo a indenização ser liquidada nos autos em que a medida tiver sido concedida (art. 811, parágrafo único, do CPC de 1973 e art. 302, parágrafo único, do CPC de 2015).

No processo do trabalho, que tem como um dos seus princípios a facilitação do acesso à justiça, não há que se falar em responsabilidade objetiva do requerente da medida cautelar quando se tratar de sentença desfavorável ou de acolhimento de alegação de decadência ou prescrição. É que a existência do direito à utilidade do processo não está condicionada à existência do direito material nele invocado ou da possibilidade de seu exercício e, independentemente do resultado do julgamento, aquela utilidade pode correr perigo e deve ser assegurada.

3.11. Procedimentos cautelares específicos regulados no CPC de 1973.

O CPC de 1973, dispondo sobre o que denomina *procedimentos cautelares específicos*, aponta várias medidas cautelares que o juiz pode adotar e estabelece as condições para a sua determinação (arts. 813 a 888), ao passo que o CPC de 2015 optou por estabelecer, de forma genérica, os requisitos para o deferimento das cautelares em geral, quais sejam, a probabilidade do direito (*fumus boni iuris*) e o perigo na demora (*periculum in mora*).

No entanto, nada impede a adoção do significado do *fumus boni iuris* e do *periculum in mora* definido no CPC de 1973 em relação às medidas cautelares nele referidas expressamente como parâmetro para a determinação de medidas cautelares sob a égide do CPC de 2015. Por esta razão, serão examinados, em seguida, os procedimentos cautelares específicos disciplinados pelo CPC de 1973.

3.11.1. Arresto.

O arresto, ao qual o CPC de 2015 faz referência no art. 301, consiste na apreensão de bens para assegurar as condições necessárias à satisfação de crédito em dinheiro ou prestação que em dinheiro se possa converter (art. 814, parágrafo único, do CPC de 1973), ou seja, o resultado útil do processo de execução. Arresto é a apreensão de bens do patrimônio do devedor para assegurar a futura penhora e, com isso, a satisfação do credor.

O arresto pode recair sobre quaisquer bens do devedor, desde que passíveis de penhora, e "produz a retirada da coisa ao poder da livre disposição material e jurídica do devedor, para evitar sua deterioração ou desvio".[2240]

Para Galeno Lacerda, o arresto e a penhora se distinguem em razão de sua finalidade, vez que, "enquanto o arresto se esgota na garantia, a penhora se destina à expropriação do bem. Por isso, aquela constitui medida cautelar, esta, de execução".[2241]

O arresto tem lugar (art. 813 do CPC de 1973):

a) quando o devedor sem domicílio certo intenta ausentar-se ou alienar os bens que possui, ou deixa de pagar a obrigação no prazo estipulado;

b) quando o devedor, que tem domicílio: 1) se ausenta ou tenta ausentar-se furtivamente; 2) caindo em insolvência, aliena ou tenta alienar bens que possui; contrai ou tenta contrair dívidas extraordinárias; põe ou tenta pôr bens em nome de terceiros; ou comete qualquer outro artifício fraudulento, a fim de frustrar a execução ou lesar credores; 3) possui bens de raiz e intenta aliená-los, hipotecá-los ou dá-los em anticrese, sem ficar com algum ou alguns, livres e desembaraçados, equivalentes às suas dívidas;

c) nos demais casos expressos em lei.

As hipóteses do art. 813 do CPC de 1973 (*causae arresti*) são apenas exemplificativas, o que significa que outras situações que demonstrem risco efetivo à utilidade do processo de execução podem justificar a sua concessão.

Podem requerer o arresto "aqueles que aleguem ser titulares de uma relação jurídica de que derive obrigação de pagar quantia certa ou coisa fungível (...). Em certas circunstâncias, também uma classe de devedores pode legitimar-se ao mesmo pedido. Referimo-nos aos *obrigados de regresso*, tais como fiadores, avalistas e quaisquer outros eventuais titulares de direito regressivo contra os respectivos devedores principais".[2242]

Para a concessão do arresto exige-se (art. 814 do CPC de 1973): a) prova literal da dívida líquida e certa; b) prova documental ou justificação de algum dos casos mencionados no art. 813 de 1973 (situações que colocam em risco a utilidade do processo de execução). Tais exigências correspondem ao *fumus boni iuris* e ao *periculum in mora* necessários para a concessão de medida cautelar de arresto.

Equipara-se à prova literal da dívida líquida e certa a sentença líquida ou ilíquida, pendente de recurso, condenando o devedor ao pagamento de dinheiro ou prestação que em dinheiro se possa converter (art. 814, parágrafo único, do CPC de 1973).

De acordo com Galeno Lacerda, "para concessão do arresto não se faz necessária dívida exigível ou vencida. O art. 814 não inclui a exigibilidade entre os requisitos desse tipo de cautela. Já no parágrafo único, ao admitir a medida na pendência de recurso (...), torna evidente que os direitos, líquidos ou ilíquidos, reconhecidos em sentença (...), merecem desde logo a garantia do arresto. O mesmo vale para os títulos executivos extrajudiciais ainda não vencidos. Antes do termo do vencimento, cabe a cautela específica se presentes os pressupostos que a autorizam (...). Se esses títulos se equiparam à sentença para fins de execução, não há como recusar-lhes a tutela nas mesmas condições em que o Código a outorga ao título judicial".[2243]

Humberto Theodoro Júnior aduz que a "apreciação nos casos práticos, que corresponde à apuração da existência do fundado receio de dano, há de ser feita não do ponto de vista subjetivo do credor, mas

(2240) THEODORO JÚNIOR, Humberto. *Processo cautelar*, p. 261.
(2241) *Comentários ao Código de Processo Civil*, v. VIII, t. II, p. 61.
(2242) SILVA, Ovídio A. Baptista da. *Do processo cautelar*, p. 231.
(2243) *Comentários ao Código de Processo Civil*, v. VIII, t. II, p. 50.

segundo critério objetivo, de modo que o temor de prejuízo, para autorizar o arresto, deve corresponder a um real estado de coisas".[2244]

A justificação prévia, quando for reputada indispensável para o deferimento do arresto, far-se-á em segredo e de plano, reduzindo-se a termo o depoimento das testemunhas (art. 815 do CPC de 1973). A justificação não se exigirá quando o arresto for pleiteado pela Fazenda Pública, nos casos previstos em lei, ou o requerente prestar caução (art. 816 do CPC de 1973).

Não sendo o arresto medida de execução, contra ele não cabem embargos. A defesa do requerido deve ser apresentada por meio de contestação à ação cautelar antecedente de arresto. No caso de arresto realizado no curso do processo de execução, somente por meio de embargos, a serem apresentados após garantido o juízo (art. 884 da CLT), é que a medida poderá ser contestada.

Na execução do arresto devem ser observadas as normas relativas à penhora (art. 821 do CPC de 1973). Assim, o arresto é realizado por oficial de justiça, que procederá à apreensão e depósito de bens do devedor, para que possam, no futuro, ser penhorados.

De acordo com o art. 818 do CPC de 1973, julgada procedente a ação principal, o arresto se resolve em penhora. Contudo, como assinala Ovídio Baptista da Silva, "o arresto, enquanto apreensão cautelar de bens do suposto devedor, não poderá, jamais, converter-se, ou *resolver-se* em penhora. O que verdadeiramente acontece é a incidência ou a realização da penhora sobre os mesmos bens que forem objeto da constrição cautelar".[2245]

Ficará suspensa a execução do arresto quando o devedor pagar ou depositar em juízo a importância da dívida, mais honorários advocatícios (se for o caso) e custas processuais, ou der fiador idôneo ou prestar caução para garantir a dívida, mais honorários advocatícios (se devidos) e custas (art. 819 do CPC de 1973).

Extingue-se o arresto pelo pagamento, novação ou transação (art. 820 do CPC de 1973).

3.11.2. Sequestro.

Sequestro, a que também faz referência o art. 301 do CPC de 2015, é a "medida cautelar que assegura futura execução para entrega de coisa, e que consiste na apreensão de bem determinado, objeto do litígio, para lhe assegurar entrega, em bom estado, ao que vencer a causa".[2246]

O sequestro pode ser realizado (art. 822 do CPC de 1973):

a) sobre bens móveis, semoventes ou imóveis, quando lhes for disputada a propriedade ou a posse, havendo fundado receio de rixas (confrontos físicos entre as partes) ou danificações;[2247]

b) sobre frutos e rendimentos do imóvel reivindicado, se o réu, depois de condenado por sentença ainda sujeita a recurso, os dissipar;[2248]

(2244) *Processo cautelar*, p. 227.

(2245) *Do processo cautelar*, p. 254.

(2246) THEODORO JÚNIOR, Humberto. *Processo cautelar*, p. 271.

(2247) Segundo Ovídio Baptista da Silva, "sendo o sequestro uma provisão cautelar predisposta a preservar a incolumidade da coisa sobre que deva recair uma pretensão de entrega *in natura*, certamente não será apenas nos casos de rixas ou danificações que poderá ocorrer risco de dano iminente e irreparável ao direito da parte, capaz de tornar impossível, ou dificilmente realizável, a respectiva pretensão. A iminência de dano irreparável (*periculum in mora*) poderá muito bem atingir a pretensão da parte, também nas hipóteses previstas no art. 822, I, quando não houver qualquer receio de rixas ou danificações, mas, ao contrário, provier de atos ou ameaçada de atos de danificação, dissipação ou ocultação da coisa sobre que se litiga" (*Do processo cautelar*, p. 277-278).

(2248) Para Ovídio Baptista da Silva, "o inc. II do art. 822 faz menção à circunstância de estar o réu a dissipar frutos e rendimentos do imóvel reivindicado. Havemos de entender que a previsão legal contém tanto a hipótese de ocorrência de dissipação como igualmente os casos de simples ameaça de dissipação, assim como haveremos de atribuir ao próprio conceito de dissipação um sentido muito amplo, de modo que aí se compreendam também os atos ou ameaças de atos de danificação, desperdício, dispersão, alienação (...) ou qualquer outra forma que possa comprometer seriamente o cumprimento da futura obrigação da entrega de coisa certa" (*Do processo cautelar*, p. 278).

c) nos demais casos expressos em lei.

A enumeração das situações em que pode ser deferido o sequestro, constante do art. 822 do CPC de 1973, é apenas exemplificativa. O sequestro pode ser deferido sempre que se torne necessário diante de fundado receio de dano à conservação da coisa litigiosa (art. 301 do CPC de 2015).

Para Humberto Theodoro Júnior, a principal diferença entre arresto e sequestro "situa-se no objeto da medida, que no arresto é qualquer bem do patrimônio do devedor que possa garantir futura execução de obrigação de dinheiro, e no sequestro, é um bem determinado, isto é, exatamente aquele disputado pelas partes, aquele que se apresenta como objeto da demanda. Assim, enquanto o arresto se vincula a uma execução por quantia certa, o sequestro é tipicamente garantia de uma execução para entrega de coisa".[(2249)]

Ovídio Baptista da Silva afirma, distinguindo o arresto do sequestro, que "ao contrário do arresto, que se destina a assegurar uma futura execução monetária, o sequestro há de instrumentalizar, sempre, uma execução para entrega de coisas certas" e acrescenta que "não se exigirá do requerente do arresto que ele especifique, em sua petição inicial, o bem sobre o qual deva incidir a constrição cautelar, tal como não se exigirá do exequente a indicação do bem a ser penhorado (...). Já com relação ao sequestro, a indicação e descrição precisa do bem a ser apreendido é indispensável (...) enquanto o arresto pode, a qualquer tempo, se substituir por caução o bem apreendido, liberando-o da constrição cautelar (art. 805), aquele que sofre o sequestro não poderá impedi-lo ou conseguir sua liberação, substituindo-o pela caução".[(2250)]

Constituem requisitos para a concessão do sequestro, segundo lição de Humberto Theodoro Júnior: "a) o temor de dano jurídico iminente, representado pela verificação de algum dos fatos arrolados pela lei (art. 822, incs. I a IV); b) o interesse na conservação da situação de fato, enquanto não advém a solução do mérito, o que corresponde ao *fumus boni iuris*, segundo a doutrina clássica".[(2251)]

Incumbe ao juiz nomear o depositário dos bens sequestrados, podendo a escolha recair: a) em pessoa indicada, de comum acordo, pelas partes; b) em uma das partes, desde que ofereça maiores garantias ou preste caução idônea (art. 824 do CPC de 1973).

A entrega dos bens ao depositário far-se-á depois que ele assinar o compromisso (art. 825 do CPC de 1973). Se houver resistência na entrega do bem, o depositário solicitará ao juiz a requisição de força policial (art. 825, parágrafo único, do CPC de 1973).

O sequestro não torna o bem inalienável, mas a sua alienação é ineficaz em relação ao processo em que foi determinado.

3.11.3. Busca e apreensão.

O juiz pode decretar a busca e apreensão de coisas móveis (art. 839 do CPC de 1973).[(2252)]

Na petição inicial, o requerente deve expor as razões justificativas da medida (requisitos da concessão da medida) e da ciência de estar a coisa no lugar designado (art. 840 do CPC de 1973).

Se o juiz reputar indispensável a justificação prévia para o exame do pedido de liminar, esta far-se-á em segredo de justiça. Provado o quanto baste o alegado, expedir-se-á o mandado de busca e apreensão, que conterá a indicação do lugar em que deve efetuar-se a diligência, a descrição da coisa procurada e o destino a lhe ser dado (art. 841 do CPC de 1973).

Deferida a medida, o mandado será cumprido por apenas um oficial de justiça (no processo do trabalho, os mandados são cumpridos por apenas um oficial de justiça), que efetuará sua leitura ao morador ou responsável pelo imóvel, intimando-o a abrir a porta. Não sendo atendido pelo morador ou responsável pelo imóvel, o oficial arrombará as portas externas, bem como as internas e quaisquer móveis onde presuma

(2249) *Processo cautelar*, p. 272.
(2250) *Do processo cautelar*, p. 273-274.
(2251) *Processo cautelar*, p. 279.
(2252) No processo do trabalho, não há que se falar em busca e apreensão de pessoas (medida pessoal).

que esteja oculta a coisa procurada. O oficial de justiça far-se-á acompanhar, durante a diligência, por duas testemunhas (art. 842 do CPC de 1973).

Finda a diligência, lavrará o oficial de justiça autocircunstanciado, que deverá ser assinado por testemunhas (art. 843 do CPC de 1973).

A busca e apreensão podem ser "medida cautelar ou medida satisfativa. É cautelar quando serve à atuação de outras medidas cautelares ou quando por si só desempenha a função de assegurar o estado de fato necessário à útil e eficiente atuação do processo principal, diante do perigo de mora. É medida satisfativa quando serve não à hipotética eficiência do processo, mas à concreta realização de um direito, como, por exemplo, no caso de execução para entrega de coisa certa (...). O processo regido pelos arts. 839 a 853 é, exclusivamente, o da busca e apreensão cautelar, isto é, da medida preventiva instrumental que serve à tutela abstrata de outro processo".[2253]

3.11.4. Exibição.

O CPC de 1973 trata da exibição como *procedimento preparatório* (*ação de exibição*) estabelecendo que ela pode recair sobre:

a) coisa móvel em poder de outrem e que o requerente repute sua[2254] ou tenha interesse em conhecer;

b) documento próprio ou comum, em poder de cointeressado, sócio, condômino, credor ou devedor; ou em poder de terceiro que o tenha em sua guarda, como inventariante, testamenteiro, depositário ou administrador de bens alheios;

c) escrituração comercial por inteiro, balanços e documentos de arquivo, nos casos expressos em lei (art. 844 do CPC de 1973).[2255]

A ação de exibição não visa "privar o demandado da posse do bem exibido, mas apenas a propiciar ao promovente o contato físico, direto, visual sobre a coisa. Feito o exame, ocorre normalmente a restituição ao exibidor. Quando houver necessidade, o juiz poderá determinar que o documento permaneça nos autos, ou que a coisa, durante certo tempo, conserve-se em depósito judicial para dar oportunidade à inspeção desejada pelo requerente".[2256]

A hipótese é de exibição como objeto de *ação cautelar antecedente* e não se confunde com a exibição enquanto *procedimento probatório* (arts. 355 a 363 do CPC de 1973 e arts. 396 a 404 do CPC de 2015).

A exibição como procedimento probatório foi examinada quando tratamos da prova.

3.11.5. Produção antecipada de prova.

A prova é produzida, em regra, no curso do processo, em audiência.[2257]

Admite-se, no entanto, a produção da prova antes da instauração do processo ou, já tendo sido instaurado o processo, antes do momento próprio para a sua produção, ou seja, de forma *antecipada*.

A produção antecipada da prova pode, assim, ser requerida de forma antecedente (a prova é produzida antes da instauração do processo principal) ou incidental (a prova é produzida no curso do processo, mas antes do momento em que normalmente seria produzida).

(2253) THEODORO JÚNIOR, Humberto. *Processo cautelar*, p. 311.

(2254) Trata-se de exibição como medida preparatória de ação de reivindicação.

(2255) "O exame de livros comerciais, em ação judicial, fica limitado às transações entre os litigantes" (Súmula n. 260 do STF). "A exibição judicial de livros comerciais pode ser requerida como medida preventiva" (Súmula n. 390 do STF).

(2256) THEODORO JÚNIOR, Humberto. *Processo cautelar*, p. 322-323.

(2257) Do tema também tratamos no Capítulo destinado às provas.

Na antecipação da prova ou *assunção preventiva de provas* (a expressão é de Francesco Carnelutti[(2258)]), são promovidas diligências com "efeito acautelatório, apenas valendo como meio hábil para preservar a prova do perigo que a ameaça, perigo de desaparecimento pelo decurso do tempo".[(2259)]

No CPC de 1973, a produção antecipada da prova tem sempre em vista um processo judicial, a ser instaurado ou já instaurado, como resulta dos seus arts. 847 e 849. Com efeito, destes dispositivos legais resulta que a prova é produzida de forma antecipada para a sua utilização em um processo judicial.

No CPC de 2015, a antecipação de prova recebeu tratamento diferenciado, estabelecendo-se um verdadeiro *procedimento probatório autônomo* ou *independente*, o que tem como corolário o reconhecimento do *direito autônomo à prova*, no sentido de direito cujo exercício não se vincula necessariamente a um processo judicial a ser instaurado ou já instaurado.

Com efeito, dispõe o art. 381, I, II e III, do CPC de 2015 que a prova poderá ser produzida de forma antecipada quando:

a) haja fundado receio de que venha a tornar-se impossível ou muito difícil a verificação de certos fatos na pendência da ação;

b) seja suscetível de viabilizar a autocomposição ou outro meio adequado de solução de conflito;

c) o prévio conhecimento dos fatos possa justificar ou evitar o ajuizamento de ação.

No CPC de 2015, portanto, permanece a previsão no sentido de que a prova pode ser produzida antecipada quando haja fundado receio de que venha a tornar-se impossível ou muito difícil a verificação de certos fatos na pendência da ação, mas foram criadas duas novas situações, quais sejam, a produção da prova suscetível de viabilizar a autocomposição ou outro meio adequado de solução de conflito e a produção da prova quando o prévio conhecimento dos fatos possa justificar ou evitar o ajuizamento de ação. Nestas duas últimas situações não ocorre, necessariamente, *antecipação da produção da prova*, mas a *produção da prova com objetivo determinado*, qual seja, viabilizar a autocomposição ou outro meio adequado de solução de conflito ou o prévio conhecimento dos fatos possa justificar ou evitar o ajuizamento de ação.

O CPC de 2015 tratou de forma específica da competência para produção antecipada de prova, dispondo ser ela do juízo do foro onde a prova deva ser produzida ou do foro do domicílio do réu (art. 381, § 2º), esclarecendo, no entanto, que a produção antecipada da prova não previne a competência do juízo para a ação que venha a ser proposta (art. 381, § 3º). Esta previsão não é compatível com o direito processual do trabalho, que, como se vê, por exemplo, do art. 651, que prestigia a facilitação do acesso do trabalhador à justiça, o que não está em sintonia com a possibilidade da antecipação da prova no domicílio do réu. Assim, no processo do trabalho, a competência para a produção antecipada da prova obedece à regra geral sobre a competência para as ações cautelares (art. 800 do CPC de 1973 ou art. 299 do CPC de 2015).

O requerente da medida deverá apresentar as razões que justificam a necessidade de antecipação e mencionar com precisão os fatos sobre os quais deve recair a prova (art. 848 do CPC de 1973 e art. 382 do CPC de 2015).

De acordo com o art. 802 do CPC de 1973, *o requerido* será citado para, no prazo de cinco dias, *contestar* o pedido. Já o CPC de 2015 prevê que o juiz determinará, de ofício ou a requerimento da parte, a *citação dos interessados* na produção da prova ou no fato a ser provado, *salvo se inexistente caráter contencioso* (art. 382 do CPC), sendo nele estabelecido, no entanto, que não se admitirá defesa na produção antecipada de prova (art. 383, § 4º).

O CPC de 2015 foi ainda mais adiante, estabelecendo que os interessados poderão requerer a produção de qualquer prova no mesmo procedimento, desde que relacionada ao mesmo fato, salvo se a produção conjunta acarretar excessiva demora (art. 382, § 3º).

(2258) *Instituciones del proceso civil*, v. III, p. 243.

(2259) THEODORO JÚNIOR, Humberto. *Processo cautelar*, p. 340.

O art. 846 do CPC de 1973 dispõe que é passível de produção antecipada a prova pericial, o interrogatório da parte e a inquirição de testemunhas. Contudo, a doutrina admitia a produção antecipada de outras provas, citando-se, como exemplo, Humberto Theodoro Júnior, para quem o juiz, exercendo seu poder geral de cautela, poder admitir "medidas similares com relação a outros meios de convencimento, como, por exemplo, a inspeção judicial (art. 440)".[(2260)]

O CPC de 2015, além de não fazer referência à prova que pode ser produzida de forma antecipada, dispõe, no art. 382, § 3º, que os interessados poderão requerer a produção de *qualquer prova*. Com isso, resta claro que qualquer prova pode ser produzida de forma antecipada.

De acordo com o art. 847 do CPC de 1973, será antecipado o interrogatório da parte ou a inquirição de testemunha: a) se tiver que se ausentar; b) se, por motivo de idade ou moléstia grave, houver justo receio de que, ao tempo da prova, já não exista, ou esteja impossibilitado de depor, ao passo que a prova pericial será antecipada quando haja fundado receio de que venha a tornar-se impossível ou muito difícil a verificação de certos fatos na pendência da ação (art. 849). No entanto, estas hipóteses são apenas exemplificativas, como é assinalado por Ovídio Baptista da Silva, para quem, por exemplo, "pode suceder que a testemunha, hoje idônea para prestar depoimento, esteja prestes a esposar uma das partes, vindo a tornar-se inabilitada a depor".[(2261)]

Em se tratando de interrogatório da parte ou inquirição de testemunhas, será designada audiência para tal fim, intimando-se as *partes* do processo principal (arts. 848 e 802 do CPC) ou os *interessados* na produção da prova ou fato a ser provado, salvo se inexistente caráter contencioso (art. 382, § 1º, do CPC de 2015).

Para a produção da prova pericial, o juiz nomeará perito, fixará prazo para entrega do laudo pericial e ordenará a intimação do requerido (ou dos interessados — CPC de 2015) para apresentar quesitos e indicar assistente técnico. Apresentado o laudo, as partes (interessados — CPC de 2015) deverão ser intimadas para se manifestar, podendo, se desejarem, apresentar pedido de esclarecimentos.

Colhida a prova, o juiz não se manifestará sobre a ocorrência do fato objeto da prova, nem sobre as respectivas consequências jurídicas (art. 851 do CPC de 1973 e art. 382, § 2º, do CPC de 2015), mas proferirá sentença "homologatória, isto é, refere-se apenas ao reconhecimento da eficácia dos elementos coligidos, para produzir efeitos inerentes à condição de prova judicial. Não há quaisquer declarações sobre sua veracidade e suas consequências sobre a lide (...). Apenas há documentação judicial de fatos".[(2262)] Esta solução somente diz respeito à prova produzida de forma antecedente, visto que, no caso de prova produzida de forma antecipada no curso do processo, ao julgar a demanda o juiz sobre ela deverá ser manifestar.

Produzida a prova de forma antecedente, os autos permanecerão em cartório, para extração de cópias e certidões pelos interessados (art. 851 do CPC de 1973 e art. 383 do CPC de 2015). O CPC de 2015 fixa o prazo — de trinta dias —, de permanência dos autos em cartório (art. 383) e estabelece que, findo este prazo, os autos serão entregues ao promovente da medida (art. 383, parágrafo único).

Não é admitido recurso na produção antecipada de prova, salvo contra decisão que a indeferir (art. 382, § 4º, do CPC de 2015 e art. 893, § 1º, da CLT). A decisão que indefere a produção antecipada da prova tem efeitos de decisão definitiva, o que faz com que comporte recurso de imediato.

Na produção de prova pericial em caráter antecedente visando à instrução de processo judicial, os honorários devem ser suportados pela parte que a requereu, ressalvada a hipótese de a ela ter sido deferido o benefício da justiça gratuita. Nos autos que contenha o pedido principal, a parte que pagou os honorários periciais pode requerer o seu reembolso, na hipótese de ser acolhido o pedido que deu ensejo à realização da prova (art. 790-B da CLT).

(2260) *Processo cautelar*, p. 344-345.
(2261) *Do processo cautelar*, p. 366.
(2262) THEODORO JÚNIOR, Humberto. *Processo cautelar*, p. 340.

3.11.6. Justificação.

Prevê o CPC de 1973 que quem pretender justificar a existência de algum fato ou relação jurídica, seja para simples documentação e sem caráter litigioso, seja para servir de prova em processo regular, exporá, em petição circunstanciada, a sua intenção (art. 861).

A hipótese não é, propriamente, de uma medida cautelar, visto que a sua finalidade não é garantir a utilidade de determinado processo.

Por essa razão, o CPC de 2015 estabelece, no art. 381, § 5º, que se aplica o disposto na Seção que trata da produção antecipada de prova "àquele que pretender justificar a existência de algum fato ou relação jurídica para simples documento e sem caráter contencioso, que exporá, em petição circunstanciada, a sua intenção". A justificação recebe o mesmo tratamento da produção antecipada de prova na medida em que, como anota Ovídio Baptista da Silva, "justificar significa constituir prova da existência de algum fato ou relação jurídica".[2263]

No CPC de 1973 é previsto que, salvo nos casos expressos em lei, é essencial a citação dos interessados (art. 862), enquanto no CPC de 2015 é estabelecido que os interessados somente deverão ser citados quando a justificação tiver caráter litigioso (art. 381, § 5º, e art. 382, § 1º), podendo os interessados, inclusive, requerer a produção de provas no mesmo procedimento, desde que relacionadas ao mesmo fato, salvo se a produção conjunta acarretar excessiva demora (art. 381, § 5º, e art. 382, § 3º, do CPC).

Os autos permanecerão em cartório durante um mês, para extração de cópias e certidões pelos interessados, após o que serão entregues ao requerente da medida (art. 383 do CPC de 2015).

O juiz não se pronunciará sobre a ocorrência ou inocorrência do fato objeto da prova ou existência da relação jurídica afirmada, assim como sobre as suas consequências jurídicas (art. 866, parágrafo único, do CPC de 1973 e art. 382, § 2º, do CPC de 2015).

Não se admite recurso na justificação, salvo contra decisão que indeferir totalmente as provas pleiteadas pelo requerente originário (art. 865 do CPC de 1973, art. 382, § 4º, do CPC de 2015 e art. 893 da CLT).

3.11.7. Protesto, notificação e interpelação. Contraprotesto.

De acordo com o art. 867 do CPC de 1973, aquele que desejar prevenir responsabilidades, prover a conservação e ressalva de seus direitos ou manifestar qualquer intenção de modo formal, poderá fazer por escrito o seu protesto, em petição dirigida ao juiz, e requerer que do mesmo se intime a quem de direito.

O CPC de 2015 faz referência à notificação, ao protesto e à interpelação quando trata dos *procedimentos de jurisdição voluntária*, estabelecendo que:

a) "quem tiver interesse em manifestar sua vontade a outrem sobre assunto jurídico relevante poderá notificar pessoas participantes da mesma relação jurídica para dar-lhes ciência de seu propósito" (art. 726);

b) "se a pretensão for a de dar conhecimento geral ao público, mediante edital, o juiz só a deferirá se a tiver por fundada e necessária ao resguardo de direito" (art. 726, § 1º);

c) "aplica-se o disposto nesta Seção, no que couber, ao protesto" (art. 726, § 2º);

d) "também poderá o interessado interpelar o requerido, no caso do art. 726, para que faça ou deixe de fazer o que o requerente entenda ser de seu direito" (art. 727);

e) "o requerido será previamente ouvido antes do deferimento da notificação ou do respectivo edital: I – se houver suspeita de que o requerente, por meio do deferimento da notificação ou do edital, pretende alcançar fim ilícito; II — se tiver sido requerida a averbação da notificação em registro público" (art. 728);

(2263) *Do processo cautelar*, p. 437.

f) "deferida e realizada a notificação ou interpelação, os autos serão entregues ao requerente" (art. 727).

Como aduz Humberto Theodoro Júnior, "o protesto, a notificação e a interpelação são procedimentos não contenciosos, meramente conservativos de direitos, que não podem ser incluídos tecnicamente entre as medidas cautelares. Não atuam para preservar o processo do *periculum in mora*, nem servem especificamente para assegurar eficácia e utilidade a outro processo".[2264]

É sustentado por Ovídio Baptista da Silva que tais medidas "exaurem-se em suas peculiares exteriorizações de vontade receptícias. Basta que o requerente demonstre o interesse em judicializar estas manifestações de vontade e convença o juiz de sua hipotética legitimidade".[2265]

Na petição, o requerente exporá os fatos e os fundamentos do protesto (art. 868 do CPC de 1973). O pedido será indeferido quando o requerente não houver demonstrado legítimo interesse e o protesto, dando causa a dúvidas e incertezas, possa impedir a formação de contrato ou a realização de negócio lícito (art. 869 do CPC de 1973).

A intimação dos interessados deve ser realizada via postal (art. 841 da CLT).

Far-se-á a intimação por edital, se o protesto for para conhecimento do público em geral, nos casos previstos em lei, ou quando a publicidade seja essencial para que o protesto, notificação ou interpelação atinja seus fins, se o intimando for desconhecido, incerto ou estiver em local ignorado ou de difícil acesso, ou a demora da intimação pessoal puder prejudicar os efeitos da interpelação ou do protesto (art. 870 do CPC de 1973).

Tratando-se de protesto contra alienação de bens, pode o juiz ouvir, em três dias, aquele contra quem foi dirigido, desde que lhe pareça haver no pedido ato emulativo, tentativa de extorsão, ou qualquer outro fim ilícito, decidindo em seguida sobre o pedido de publicação de editais (art. 870, parágrafo único, do CPC de 1973).

Deferida e realizada a notificação ou interpelação, os autos serão entregues ao requerente (art. 872 do CPC de 1973 e art. 729 do CPC de 2015).

A notificação ("cientificação que se faz a outrem conclamando-o a fazer ou deixar de fazer alguma coisa, sob cominação de pena"[2266]) e a interpelação (medida que "tem o fim específico de servir ao credor para fazer conhecer ao devedor a exigência de cumprimento da obrigação, sob pena de ficar constituído em mora"[2267]) processar-se-ão na forma estabelecida para a realização do protesto.[2268]

O protesto e a interpelação não admitem defesa ou contraprotesto nos autos da medida, mas o requerido pode contraprotestar em processo distinto (art. 871 do CPC de 1973).

3.11.8. Atentado.

De acordo com o art. 879 do CPC de 1973, comete atentado a parte que, no curso do processo: a) violar penhora, arresto, sequestro ou imissão de posse; b) prosseguir obra embargada; c) praticar qualquer inovação ilegal no estado de fato.

O CPC de 2015 não trata do atentado como medida cautelar, mas dispõe que:

a) constitui dever da parte não praticar inovação ilegal no estado de fato de bem ou direito litigioso (no art. 77, VI);

(2264) *Processo cautelar*, p. 381.
(2265) *Do processo cautelar, p. 455.*
(2266) THEODORO JÚNIOR, Humberto. *Processo cautelar*, p. 383.
(2267) THEODORO JÚNIOR, Humberto. *Processo cautelar*, p. 383.
(2268) Humberto Theodoro Júnior afirma que a notificação e a interpelação são espécies do gênero protesto (*Processo cautelar*, p. 383).

b) o juiz advertirá aquele que comete o atentado de que sua conduta poderá ser punida como ato atentatório à dignidade da justiça (art. 77, § 1º);

c) o juiz, sem prejuízo das sanções criminais, civis e processuais cabíveis, aplicará ao responsável pelo atentado multa de até vinte por cento do valor da causa, de acordo com a gravidade da conduta, ou, quando o valor da causa for irrisório ou inestimável, em até 10 vezes o salário mínimo (art. 77, §§ 2º e 5º);

d) não sendo paga no prazo fixado pelo juiz, a multa será inscrita em dívida ativa da União ou do Estado após o trânsito em julgado da decisão que a fixou, e sua execução observará o procedimento da execução fiscal (art. 77, § 3º);

e) a multa aplicada em razão da prática de atentado poderá ser cumulada com a multa cominada para a hipótese de não pagamento voluntário do valor objeto de condenação em quantia certa ou com a multa estabelecida em sentença que reconheça a exigibilidade de obrigação de fazer ou de não fazer (art. 77, § 4º);[2269]

f) cometido o atentado, o juiz determinará o restabelecimento do estado anterior, podendo, ainda, proibir a parte de falar nos autos até a purgação do atentado, sem prejuízo da aplicação da multa do parágrafo segundo (art. 77, § 7º).

O instituto, portanto, continua a ser previsto no CPC, ainda que com outra natureza jurídica, observando-se, no entanto, que mesmo no CPC de 2015 o que se pretende é garantir a utilidade do processo.

O CPC de 1973 e o CPC de 2015 não fazem alusão ao motivo que levou a parte a praticar o atentado, o que significa que a sua configuração não exige a demonstração de dolo, culpa ou má-fé da parte contrária.

A petição inicial da ação de atentado (nos moldes do CPC de 1973) será autuada em apartado, observando-se o procedimento das ações cautelares, o que implica que: o requerido será citado para apresentar defesa; não sendo contestado o pedido, presumir-se-ão aceitos pelo requerido, como verdadeiros, os fatos alegados pelo requerente, caso em que o juiz decidirá dentro de cinco dias; se o requerido contestar o pedido, o processo será instruído, se houver prova a ser produzida, proferindo-se, a seguir, a sentença. No CPC de 2015, não se exige procedimento especial para a atuação do juiz contra a prática de atentado, mas, mesmo sob a sua égide, o requerido deverá ser previamente ouvido antes de sofrer punição (aplicação de multa) ou de ser obrigado a restabelecer o estado anterior, observando-se que o CPC de 2015 alude à *decisão que fixou a multa*, o que significa que deverá ser proferida decisão sobre o atentado.

4. *Antecipação de tutela*

O direito processual, no seu modelo clássico, estabelece uma nítida distinção entre a confirmação da existência do direito de que a parte afirma ser titular (processo de conhecimento) e a prática de atos voltados à satisfação do direito cuja existência tenha sido confirmada por decisão judicial (processo de execução).

Nesse contexto, o efeito material das decisões judiciais somente poderia ser produzido após o seu trânsito em julgado ou, quando muito, em execução provisória. Para fugir desta restrição, a doutrina e a jurisprudência passaram a admitir a concessão de medida cautelar com caráter satisfativo (*cautelar satisfativa*). Note-se que o próprio legislador, ainda preso a esta restrição, estabelece medidas cautelares que, na essência, não possuem esta natureza, em razão do seu caráter satisfativo, como se dá, por exemplo, com os alimentos provisionais (arts. 852 a 854 do CPC de 1973).

(2269) A multa estabelecida nos §§ 2º a 5º do art. 77 do CPC de 2015 não é aplicável aos advogados públicos ou privados e aos membros da Defensoria Pública e do Ministério Público, cuja responsabilidade deverá ser apurada pelo respectivo órgão de classe ou corregedoria, ao qual o juiz oficiará (art. 77, § 6º).

O art. 273 do CPC de 1973, com a redação que lhe conferiu a Lei n. 8.952/94, alterou esta sistemática, permitindo a produção dos efeitos materiais da decisão final antes do seu proferimento, ou, dito de outra forma, o acesso ao bem da vida perseguido no processo antes da decisão final. Surge, assim, a *antecipação de tutela*.

Antecipação de tutela é, desse modo, a antecipação, total ou parcial, efeitos materiais da tutela jurisdicional perseguida pelo demandante. A hipótese é de uma *tutela provisória, fundada em urgência, de caráter satisfativo*.

José Roberto dos Santos Bedaque observa que "a tutela antecipada destina-se a acelerar a produção de efeitos práticos do provimento, para abrandar o dano causado pela demora do processo (...). Antecipar efeitos práticos constitui meio para assegurar a efetividade jurídica do provimento, destinado a eliminar com eficiência a crise de direito material, proporcionando ao autor situação o mais próxima possível daquela que lhe é conferida pela regra substancial e que deveria ter sido alcançada espontaneamente pelo cumprimento voluntário do dispositivo legal. A tutela antecipatória atua como instrumento da tutela final, que, por sua vez, é instrumento do direito material".[2270]

A antecipação de tutela responde à necessidade de assegurar tutela específica ao titular do direito material, posto que lhe garante exatamente aquilo que lhe atribui a ordem jurídica e não o seu correspondente monetário.

4.1. Antecipação de tutela como direito das partes. O direito processual do trabalho e a antecipação de tutela.

A parte tem direito à tutela antecipada, como corolário do direito à tutela jurisdicional adequada e efetiva dos seus direitos.

O art. 273 do CPC, ao dispor que o juiz *poderá* antecipar os efeitos do provimento final, confere ao juiz *autorização* para antecipar os efeitos da tutela pretendida no pedido inicial. No entanto, não se trata do reconhecimento de uma *faculdade* do juiz. Com efeito, estando presentes as condições estabelecidas pela ordem jurídica, a antecipação da tutela será um direito da parte, seja ela autor ou réu.

O juiz foi *autorizado* a antecipar os efeitos da tutela pretendida porque ele anteriormente não poderia fazê-lo.

O CPC de 2015, ao dispor, no art. 300, que a tutela de urgência *será concedida* quando presentes as condições que estabelece, afasta qualquer dúvida a respeito da existência do direito à tutela antecipada.

De outro lado, o fato de o art. 273 do CPC de 1973 fazer referência à antecipação da tutela pretendida no *pedido inicial* não significa que somente o autor da demanda pode ser beneficiado pela antecipação da tutela. O que pode ser antecipado são os efeitos materiais da tutela pretendida *pela parte*. O CPC de 2015 faz referência à *parte* requerente da medida (art. 302, *caput*), tornando certo que a antecipação de tutela não constitui direito apenas do autor da demanda. Assim, também o réu poderá ser beneficiado pela antecipação de tutela, notadamente quando lhe for possível apresentar pedido contra o autor, lembrando-se, ainda, da possibilidade de *tutela antecipada recursal*, que pode ser concedida também em favor do réu.

A antecipação de tutela responde à necessidade de garantir a mais rápida e adequada satisfação do direito deduzido em juízo, o que a torna compatível com o direito processual do trabalho. Ademais, o direito processual do trabalho já contempla situações de antecipação de tutela.

Nesse sentido, o art. 659, IX e X, da CLT permite ao juiz o deferimento de *liminar*[2271] em favor do trabalhador, impedindo a alteração no local da prestação de serviços, quando o empregador intente transferi-lo, ou assegurando a continuidade da prestação de serviços, quando o dirigente sindical for afastado, suspenso ou dispensado ou se encontre na iminência de sê-lo.

(2270) *Tutela cautelar e tutela antecipada:* tutelas sumárias e de urgência (tentativa de sistematização), p. 297 e 308.

(2271) Liminar é o provimento judicial emitido *in limine litis*.

O deferimento de liminar nas situações indicadas pelo art. 659, IX e X, da CLT é autorizado em razão da natureza dos interesses objeto da demanda, que exigem pronta e eficaz resposta da ordem jurídica, e pela necessidade de distribuição entre o empregador e o trabalhador dos ônus da demora do processo.

Como ao trabalhador é assegurado, por meio da medida liminar deferida com esteio no art. 659, IX e X, da CLT, o bem da vida que pretende obter ao final (manutenção do local da prestação de serviços ou reintegração no emprego ou serviço), a hipótese não é de medida cautelar, mas de verdadeira antecipação de tutela, diante de seu caráter satisfativo.(2272)

4.2. A antecipação de tutela no CPC de 1973 e no CPC de 2015.

A antecipação de tutela é disciplinada no art. 273 do CPC de 1973, segundo o qual o juiz poderá, a requerimento da parte, antecipar, total ou parcialmente, os efeitos da tutela pretendida no pedido inicial, quando:

1) existindo prova inequívoca, se convença da verossimilhança da alegação e haja fundado receio de dano irreparável ou de difícil reparação (art. 273, I);

2) existindo prova inequívoca, se convença da verossimilhança da alegação e fique caracterizado o abuso do direito de defesa ou o manifesto propósito protelatório do réu (art. 273, II);

3) um ou mais pedidos cumulados, ou parcelas deles, mostrar-se incontroverso (art. 273, § 6º).

Ainda de acordo com o art. 273 do CPC de 1973:

a) na decisão que antecipar a tutela, o juiz indicará, de modo claro e preciso, as razões do seu convencimento (art. 273, § 1º);

b) não se concederá a antecipação da tutela quando houver perigo de irreversibilidade do provimento antecipado (art. 273, § 2º);

c) a efetivação da tutela antecipada observará, no que couber e conforme sua natureza, as normas previstas nos arts. 588, 461, §§ 4º e 5º, e 461-A (art. 273, § 3º);

d) a tutela antecipada poderá ser revogada ou modificada a qualquer tempo, em decisão fundamentada (art. 273, § 4º);

e) concedida ou não a antecipação da tutela, prosseguirá o processo até o final julgamento (art. 273, § 5º);

f) se o autor, a título de antecipação de tutela, requerer providência de natureza cautelar, poderá o juiz, quando presentes os respectivos pressupostos, deferir a medida cautelar em caráter incidental do processo ajuizado (art. 273, § 7º).

No CPC de 2015, a antecipação de tutela foi disciplinada no Livro V, destinado ao regramento da *tutela provisória*.

O Livro V do CPC de 2015 é subdividido em três Títulos, contendo:

a) o Título I, as *disposições gerais da tutela provisória*;

(2272) A natureza satisfativa da ordem de reintegração é reconhecida pela Orientação Jurisprudencial n. 142 da SDI-2 do TST, *in verbis*: "Inexiste direito líquido e certo a ser oposto contra ato do juiz que, antecipando a tutela jurisdicional, determina a reintegração do empregado até a decisão final do processo, quando demonstrada a razoabilidade do direito subjetivo material, como nos casos de anistiado pela Lei n. 8.878/94, aposentado, integrante de comissão de fábrica, dirigente sindical, portador de doença profissional, portador de vírus HIV ou detentor de estabilidade provisória prevista em norma coletiva, legislação: CLT, art. 659, inciso X", o mesmo ocorrendo na Orientação Jurisprudencial n. 64 da SDI-2 do TST: "Não fere direito líquido e certo a concessão de tutela antecipada para reintegração de empregado protegido por estabilidade provisória decorrente de lei ou norma coletiva".

b) o Título II, a disciplina da *tutela de urgência*. Este Título II foi dividido em três Capítulos: o Capítulo I contém *disposições gerais da tutela de urgência*; o Capítulo II trata do procedimento da *tutela antecipada requerida em caráter antecedente*; o Capítulo III tem por objeto o procedimento da *tutela cautelar requerida em caráter antecedente*;

c) o Título III, o regramento da *tutela de evidência*.

As *disposições gerais da tutela provisória* foram examinadas no item n. 1 do presente Capítulo e delas resulta, *em relação à antecipação de tutela*, que:

1) a antecipação de tutela constitui espécie do gênero *tutela provisória de urgência* (art. 294, *caput* e parágrafo único);[(2273)]

2) a tutela antecipada pode ser concedida em caráter *antecedente* ou *incidental* (art. 294, parágrafo único);[(2274)]

3) a antecipação de tutela requerida em caráter incidental independe do pagamento de custas (art. 295);

4) a tutela antecipada conserva a sua eficácia na pendência do processo, mas pode, a qualquer tempo, ser revogada ou modificada, observando-se que, salvo decisão judicial em contrário, a tutela antecipada conservará a eficácia durante o período de suspensão do processo (art. 296, *caput* e parágrafo único);[(2275)]

5) o juiz poderá determinar as medidas que considerar adequadas para a efetivação da tutela antecipada (art. 297);[(2276)]

6) a efetivação da tutela antecipada observará as normas referentes ao cumprimento provisório da sentença, no que couber (art. 297, parágrafo único);[(2277)]

7) a decisão que conceder, negar, modificar ou revogar a tutela antecipada deverá ser fundamentada, de modo claro e preciso (art. 298);[(2278)]

8) a tutela antecipada deverá ser requerida ao juízo da causa e, quando antecedente, ao juízo competente para conhecer do pedido principal e, ressalvada disposição especial, na ação de competência originária de tribunal e nos recursos a tutela antecipada deverá ser requerida ao órgão jurisdicional competente para apreciar o mérito (art. 299, *caput* e parágrafo único).[(2279)]

Nas *disposições gerais da tutela de urgência*, o CPC de 2015 estabelece, repetindo o CPC de 1973, que a tutela de urgência de natureza antecipada não será concedida quando houver perigo de irreversibilidade dos efeitos da decisão (art. 300, § 3º), disposição que será examinada mais adiante.

4.3. Antecipação de tutela de ofício.

O art. 273 do CPC de 1973 autoriza o juiz a antecipar, total ou parcialmente, os efeitos da tutela pretendida no pedido inicial *a requerimento da parte*. A tutela antecipada só poderá ser deferida, portanto, a

---

(2273) Também no CPC de 1973 a tutela antecipada é de natureza provisória, visto que a tutela definitiva somente será alcançada ao final do processo e que a tutela antecipada pode ser revogada a qualquer tempo, e também nele ela pode ter como fundamento urgência, na hipótese do art. 273, I.

(2274) Constitui novidade a possibilidade de *tutela antecipada antecedente*, o que não é admitido no CPC de 1973, cujo art. 273 só autoriza o requerimento de tutela antecipada em caráter incidental, vez que se refere à tutela pretendida *no pedido inicial*, ou seja, incidental.

(2275) O CPC de 1973 também autoriza a revogação ou modificação da antecipação da tutela a qualquer tempo. O CPC de 2015 apenas esclarece que a antecipação de tutela conserva sua eficácia na pendência do processo e, salvo decisão judicial em contrário, também durante a suspensão do processo.

(2276) Como já foi assinalado, ao juiz foi concedido o *poder geral de tutela de urgência*.

(2277) A forma de efetivação da antecipação de tutela não sofreu alteração.

(2278) No CPC de 1973 também é exigida a fundamentação, de modo claro e preciso, da decisão que concede, revoga ou modifica a antecipação de tutela.

(2279) A definição da competência segue os mesmos parâmetros estabelecidos no CPC de 1973.

pedido da parte, seja em face da expressa previsão nesse sentido, constante do art. 273, *caput*, do CPC, seja porque, segundo é extraído do art. 2º do CPC de 1973, nenhum juiz pode conceder tutela jurisdicional (definitiva ou antecipada) senão quando a parte a requerer. O juiz não pode substituir a parte na decisão sobre a oportunidade e a conveniência de pleitear a antecipação da tutela pretendida.

No mesmo compasso, o CPC de 2015 alude, ao tratar da antecipação da tutela, ao *requerimento da parte* (arts. 295, 299 e 303), apontando no sentido de que ao juiz é vedado deferir antecipação de tutela de ofício.

4.4. Antecipação de tutela antecedente.

O art. 273 do CPC de 1973 veda a concessão de tutela antecipada em caráter antecedente, posto que se refere à antecipação dos efeitos da tutela *pretendida no pedido inicial*, o que significa que somente pode ser antecipada tutela *já requerida ao Poder Judiciário*. Note-se, inclusive, que o § 7º do art. 273 faz expressa referência a *processo em curso*, reforçando a conclusão de que, sob o prisma do CPC de 1973, somente podem ser antecipados os efeitos da tutela já pleiteada, ou seja, que não é possível a concessão de tutela antecipada em caráter antecedente.

O CPC de 2015 autoriza o deferimento de antecipação de tutela em caráter antecedente (art. 294, parágrafo único) e, inclusive, estabelece um "procedimento da tutela antecipada requerida em caráter antecedente" (arts. 303 e 304).

A respeito do "procedimento da tutela antecipada requerida em caráter antecedente", estabelece o CPC de 2015 que:

> 1) nos casos em que a urgência for contemporânea à propositura da ação, a petição inicial pode limitar-se ao requerimento da tutela antecipada e à indicação do pedido de tutela final, com a exposição da lide, do direito que se busca realizar e do perigo de dano ou do risco ao resultado útil do processo (art. 303, *caput*).

Destarte, se a urgência da tutela se apresenta no momento do ajuizamento da demanda, o autor poderá *requerer* a antecipação de tutela em caráter antecedente, sendo-lhe lícito, ainda, limitar o seu requerimento à tutela antecipada. Note-se que a antecedência diz respeito à relação entre o pedido de tutela antecipada e o pedido de tutela final, isto é, o pedido de tutela antecipada pode anteceder ao pedido de tutela final.

> 2) concedida a tutela antecipada requerida em caráter antecedente:
>
> a) o autor deverá *aditar* a petição inicial, nos mesmos autos e sem incidência de novas custas processuais, com a *complementação de sua argumentação*, a *juntada de novos documentos* e a *confirmação* do pedido de tutela final, em 15 dias ou em outro prazo maior que o juiz fixar, sob pena de extinção do processo sem resolução do mérito (art. 303, §§ 1º, I, 2º e 3º).

Ao apresentar o pedido de tutela antecipada antecedente, o autor deverá *indicar* o pedido de tutela final, ou seja, indicar o pedido a ser apresentado posteriormente (art. 303, *caput*). Concedida a antecipação de tutela, o autor deverá *aditar* a petição inicial e *confirmar* o pedido de tutela final (o pedido *indicado* deverá ser *confirmado*).

O aditamento da petição inicial deverá ocorrer nos mesmos autos e sem incidência de novas custas processuais, o que decorre do fato de que o aditamento não faz surgir um novo processo.

Como o art. 303, § 1º, I, fala em *confirmação* do pedido, deve haver correspondência entre o pedido indicado e o pedido confirmado, ou seja, não pode haver inovação em relação ao pedido. Note-se, inclusive, que somente foi autorizada a *complementação* dos argumentos. Ademais, o aditamento da petição inicial não implicará aumento das custas, o que decorre do fato de que o pedido não poderá ser alterado no momento de sua confirmação (fosse possível complementar o pedido, ter-se-ia de admitir a alteração do valor da causa e, com isto, do valor das custas).

Se a petição inicial não for aditada, o processo será extinto sem resolução do mérito, situação em que a antecipação de tutela concedida perderá efeito.

b) o réu será citado e intimado para a audiência de conciliação ou de mediação na forma do art. 334 (art. 303, § 1º, II).

Concedida a medida, o réu é citado para a demanda e intimado para a audiência de conciliação ou mediação.

c) não havendo autocomposição, o prazo de contestação será contado na forma do art. 335 (art. 303, § 1º, III).

Não havendo autocomposição, o prazo para contestação é contado da data da audiência de conciliação ou de mediação.

3) na petição inicial, o autor terá que indicar o valor da causa, que deve levar em consideração o pedido de tutela final (art. 303, § 4º), e indicará que pretende valer-se do benefício previsto no *caput* do art. 303 (art. 303, § 5º).

No processo civil, a indicação do valor da causa constitui requisito da petição inicial. Assim, o que este dispositivo tem de novidade é a fixação de parâmetro para a atribuição de valor à causa.

4) caso entenda que não há elementos para a concessão de tutela antecipada, o órgão jurisdicional determinará a emenda da petição inicial em até cinco dias, sob pena de ser indeferida e de o processo ser extinto sem resolução do mérito (art. 303, § 6º).

O indeferimento do pedido de tutela antecipada antecedente não conduz à extinção do processo.

Se for concedida a tutela antecipada, o autor deverá aditar a inicial (art. 303, § 1º, I), oportunidade em que poderá apresentar novos argumentos e juntar novos documentos e deverá confirmar o pedido de tutela final. Se não for concedida a tutela antecipada, o autor deverá ementar a petição inicial, oportunidade em que deverá confirmar o pedido de tutela final e poderá apresentar novos argumentos e juntar novos documentos.

5) a tutela antecipada antecedente torna-se estável se da decisão que a conceder não for interposto o respectivo recurso, situação em que o processo será extinto (art. 304, *caput* e § 1º).

A não interposição de recurso torna estável a antecipação de tutela concedida em caráter antecedente. Tornada estável a antecipação de tutela, o processo deverá ser extinto.

A tutela antecipada torna-se estável, mas os seus efeitos serão conservados até que a decisão concessiva seja revista, reformada ou invalidada (art. 304, §§ 2º a 6º[(2280)]).

De outro lado, se o réu não apresenta recurso, não tem sentido exigir que o autor apresente aditamento da petição inicial e confirme o pedido de tutela final. Assim, estabilizada a tutela antecipada, o processo deverá ser extinto, estando o autor dispensado do aditamento da petição inicial.

6) qualquer das partes poderá demandar a outra com o intuito de rever, reformar ou invalidar a tutela antecipada estabilizada (art. 304, § 2º).

Na hipótese de estabilização da tutela antecipada, o processo será extinto. Por essa razão, somente em uma nova ação poderá ser requerida a sua revisão, reforma ou invalidação.

7) a tutela antecipada conservará seus efeitos enquanto não revista, reformada ou invalidada por decisão de mérito proferida na ação proposta visando à sua revisão, reforma ou invalidação (art. 304, § 3º).

O ajuizamento de ação visando à revisão, reforma ou invalidação da tutela antecipada estabilizada não prejudica a sua eficácia, que é preservada até que seja proferida decisão de mérito naquela ação. A tutela

(2280) Estes dispositivos legais serão examinados em seguida.

antecipada concedida em caráter antecedente é, portanto, dotada de ultratividade, mas que é limitada ao proferimento de decisão de mérito que a revir, reformar ou invalidar.

A antecipação de tutela tem como característica a *provisoriedade*, visto ser ela uma espécie de *tutela provisória*. Esta provisoriedade autoriza, apesar da possibilidade de estabilização da tutela antecipada, o questionamento posterior da decisão que a conceder.

> 8) qualquer das partes poderá requerer o desarquivamento dos autos em que foi deferida a tutela antecipada, para instruir ação posteriormente proposta visando à sua revisão, reforma ou invalidação, estando prevento para esta ação o juízo em que a tutela foi concedida (art. 304, § 4º).

O art. 304, § 4º, permite o ajuizamento da ação em questão pelas partes, ou seja, também pelo requerente da antecipação de tutela. No entanto, como foi beneficiado pela antecipação de tutela, o seu requerente não tem interesse na sua revisão, reforma ou invalidação. O seu interesse reside na *confirmação* da decisão, para efeito de produção de coisa material da decisão, diante do disposto no art. 304, § 6º, segundo o qual tal decisão que concede antecipação de tutela antecedente não passa em julgado.

O juízo que concedeu a tutela antecipada antecedente é prevento para o processamento e o julgamento da ação proposta para a sua revisão, reforma ou invalidação.

> 9) o direito de rever, reformar ou invalidar a tutela antecipada extingue-se após dois anos, contados da ciência da decisão que extinguiu o processo, nos termos do § 1º (art. 304, § 5º).

Foi estabelecido, portanto, prazo decadencial para a propositura visando à revisão, reforma ou invalidação da tutela antecipada estabilizada.

Trata-se de *prazo decadencial* porque o seu transcurso extingue o direito de revisão, reforma ou invalidação da tutela antecipada antecedente.

A estabilização da antecipação de tutela é, então, *precária*, mas perde esta característica ultrapassado o prazo de que as partes dispõem para propor ação visando à sua revisão, reforma ou invalidação.

> 10) a decisão que concede a tutela não fará coisa julgada, mas a estabilidade dos respectivos efeitos só será afastada por decisão que a revir, reformar ou invalidar, proferida em ação ajuizada por uma das partes (art. 304, § 6º).

A concessão da tutela antecipada em caráter antecedente é fundada na cognição sumária e em juízo de probabilidade do direito, razão pela qual não passa em julgado.

Ademais, como a tutela antecipada antecedente pode ser revista, reformada ou invalidada, é intuitivo que a decisão que a concede não passa em coisa julgada.

O art. 305, parágrafo único, que se refere ao *procedimento de tutela cautelar requerida em caráter antecedente*, estabelece que, caso entenda que o pedido tem natureza antecipada, o juiz o conhecerá como tal. Foi estabelecida, portanto, a *fungibilidade entre as medidas de urgência*, o que faz com que o mesmo raciocínio seja aplicado no caso de ser apresentado pedido de tutela de natureza antecipada sob o título de tutela cautelar: o pedido será examinado como sendo de tutela antecipada antecedente.

4.5. Das condições para o deferimento de antecipação de tutela. Significado de prova inequívoca que convença da verossimilhança da alegação do requerente ou existência de elementos que evidenciem a probabilidade do direito e o perigo de dano.

No CPC de 1973 é estabelecido que a antecipação de tutela poderá ser deferida quando existir prova inequívoca que convença o juiz da verossimilhança da alegação do requerente (art. 273, I e II), o que somente não se aplica à hipótese de antecipação de tutela fundada em evidência (art. 273, § 6º).

Portanto, para deferir a antecipação com esteio no art. 273, I e II, do CPC de 1973, o juiz deverá ser convencido, por prova inequívoca, da verossimilhança da alegação (aparência de correspondência entre o alegado e o ocorrido).

Assim, a antecipação de tutela pode ser deferida com base em um juízo de verossimilhança, que, no entanto, deve ser fundado em prova inequívoca.

Para Humberto Theodoro Júnior, a antecipação de tutela "haverá de apoiar-se em prova preexistente, que, todavia, não precisa ser necessariamente documental. Terá, no entanto, de ser clara, evidente, portadora de grau de convencimento tal que a seu respeito não se possa levantar dúvida razoável. É inequívoca, em outros termos, a prova capaz, no momento processual, de autorizar uma sentença de mérito favorável à parte que invoca a tutela antecipada, pudesse ser a causa julgada desde logo".(2281)

Segundo José Carlos dos Santos Bedaque, "prova inequívoca significa um grau mais intenso de probabilidade da existência do direito (...). Prova inequívoca de verossimilhança implicaria (...) juízo cognitivo mais profundo do que aquele exigido no art. 798 para a cautelar, mas inferior à cognição plena e exauriente que antecede a tutela definitiva (...). A exigência de prova inequívoca da verossimilhança, aparentemente paradoxal, visa a chamar a atenção para a necessidade de forte probabilidade de que os fatos sejam verdadeiros e que o requerente tenha razão".(2282)

O CPC de 2015 exige, para o deferimento da antecipação de tutela, a existência de *elementos que evidenciem a probabilidade do direito*(2283) *e o perigo de dano.*

Como anota Cândido Rangel Dinamarco, "para antecipar a tutela basta a probabilidade e, obviamente, não se exige certeza; mas é sempre indispensável observar uma linha de equilíbrio com a qual o juiz leve em conta os males a que o interessado na medida se mostra exposto e também os que poderão ser causados à outra parte se ela vier a ser concedida".(2284)

O juiz deverá sopesar os eventuais danos decorrentes da concessão e da não concessão da tutela antecipada, levando em conta, no entanto, que as situações existenciais prevalecem sobre as patrimoniais.

O CPC de 2015 estabelece, de outro lado, a possibilidade do condicionamento do deferimento da tutela antecipada à apresentação de caução real ou fidejussória idônea para ressarcir os danos que a outra parte possa vir a sofrer,(2285) estando o juiz autorizado, no entanto, a dispensar a caução se a parte economicamente hipossuficiente não puder prestá-la (art. 300, § 1º).(2286)

A tutela antecipada pode ser concedida liminarmente, isto é, no início do processo e mesmo que ainda não tenha ocorrido a citação do demandado (art. 303, § 1º, II) ou após justificação prévia (art. 300, § 2º). Dessa forma, existindo nos autos elementos que evidenciem a probabilidade do direito e o perigo de dano, o juiz pode deferir liminarmente a tutela. Na ausência destes elementos, o juiz poderá condicionar o deferimento da tutela à justificação prévia.

4.6. Antecipação de tutela e irreversibilidade dos efeitos materiais do provimento antecipado.

O deferimento da antecipação da tutela pressupõe a ausência de perigo de irreversibilidade dos efeitos materiais do provimento antecipado, o que era previsto no art. 273, § 2º, do CPC de 1973 e é repetido no art. 300, § 3º, do CPC de 2015.

O art. 273, § 2º, do CPC de 1973 fala em *irreversibilidade do provimento antecipado.* No entanto, como prevê o art. 300, § 3º, do CPC de 2015, o que impede o deferimento da antecipação de tutela é a presença de perigo de *irreversibilidade dos efeitos do provimento antecipado.*

(2281) *Processo cautelar*, p. 472.

(2282) *Tutela cautelar e tutela antecipada:* tutelas sumárias e de urgência (tentativa de sistematização), p. 336 e 339.

(2283) Trata-se de *probabilidade lógica*, ou seja, que resulta do confronto das alegações com as provas constantes dos autos.

(2284) *Nova era do processo civil*, p. 64.

(2285) Trata-se de exigência voltada à preservação da segurança jurídica da parte contrária.

(2286) Note-se que, segundo o art. 300, § 1º, o juiz exigirá a caução *conforme o caso*, ou seja, as particularidades do caso concreto deverão ser consideradas para efeito de exigência da caução. A dispensa da caução é compatível com o processo do trabalho, notadamente quando se tratar de pedido de antecipação de tutela apresentado por trabalhador desempregado.

4.7. Tutela antecipada de evidência e tutela de evidência.

De acordo com o CPC de 1973, a tutela antecipada poderá ser concedida quando um ou mais dos pedidos cumulados, ou parcelas deles, mostrar-se incontroverso (art. 273, § 6º). Trata-se, assim, da *tutela antecipada de evidência.*

Na hipótese do art. 273, § 6º, do CPC, "a simples verossimilhança decorrente da inexistência de controvérsia justifica a antecipação. A providência visa a permitir que o autor possa usufruir desde logo da eficácia prática de tutela altamente provável, pois os fatos em que parte da pretensão está fundada restaram incontroversos".[(2287)]

O deferimento da antecipação de tutela na hipótese do art. 273, § 6º, do CPC de 1973 (*tutela antecipada de evidência*) atende à necessidade de assegurar a tutela jurisdicional em tempo razoável, vez que, sendo incontroverso o pedido ou alguns dos pedidos, não se justifica impor ao autor aguardar o desfecho final do processo para que a sua pretensão seja satisfeita, e implica transferência para o réu do ônus da demora no julgamento definitivo da demanda.[(2288)]

Na sistemática do art. 273 do CPC de 1973, o exame do pedido de antecipação de tutela constitui objeto de decisão interlocutória. No entanto, verificando que um ou mais dos pedidos cumulados, ou parcelas deles, mostra-se incontroversa, o juiz proferirá verdadeira *sentença parcial,* [(2289)] acolhendo a pretensão do autor em relação aos pedidos ou parcelas deles incontroversos, prosseguindo o processo em relação aos demais pedidos ou parcelas do pedido que sejam controversos. Note-se que, segundo o art. 330 do CPC de 1973, o juiz conhecerá diretamente do pedido, proferindo *sentença,* quando a questão for de fato e não houver necessidade de produção de prova. Esta é exatamente a situação que se apresenta no art. 273, § 6º, do CPC de 1973, ainda que ele esteja tratando, formalmente, de simples antecipação de tutela.

No CPC de 2015, a *tutela provisória* foi dividida em *tutela provisória de urgência* e *tutela provisória de evidência.* Assim, no CPC de 2015 a tutela fundada na evidência deixa de ser uma espécie de tutela antecipada, observando-se que o proferimento de sentença dispensa pedido da parte.

A tutela de evidência será examinada mais adiante.

4.8. Natureza da tutela que pode ser antecipada. Antecipação de tutela contra a Fazenda Pública.

Para José Roberto dos Santos Bedaque, "a técnica da antecipação de efeitos da tutela jurisdicional está tradicionalmente ligada a provimentos de conteúdo condenatório, executivo ou mandamental. Possível estendê-la também para as tutelas meramente declaratórias e constitutivas (...). Em relação a essas últimas não parece justificável a posição contrária assumida por parte da doutrina, pois é perfeitamente possível adiantar consequências práticas vinculadas ao comando emergente desses provimentos, o que pode resultar em comportamentos positivos ou negativos impostos aos destinatários da tutela antecipada".[(2290)]

Segundo Athos Gusmão Carneiro:

> "a) nas ações declaratórias, não pode ser adiantado o elemento nuclear da tutela, ou seja, a certeza jurídica, que não se compadece com a 'provisoriedade' da antecipação de tutela; todavia, são eminentemente passíveis de adiantamento os efeitos que decorrerão do 'preceito' contido na (provável) futura sentença de procedência (...);

(2287) BEDAQUE, José Carlos dos Santos. *Tutela cautelar e tutela antecipada:* tutelas sumárias e de urgência (tentativa de sistematização), p. 331.

(2288) Todo processo possui um tempo mínimo necessário. Mas o tempo do processo não pode implicar tutela jurisdicional intempestiva, o que certamente ocorrerá quando pedido incontroverso somente for examinado ao final da instrução voltada a confirmar a existência de direito controverso, vez que, neste caso, o autor da demanda suportará, sozinho, os ônus do tempo do processo. O tempo é fator de efetividade da jurisdição e do direito deduzido quando é utilizado contra a parte que não tem razão.

(2289) A expressão é de Antônio Gidi (*Rumo a um Código de Processo Civil coletivo:* a codificação das ações coletivas no Brasil, p. 261).

(2290) *Tutela cautelar e tutela antecipada:* tutelas sumárias e de urgência (tentativa de sistematização), p. 363 e 365.

b) nas ações constitutivas, o elemento nuclear do pedido poderá ser adiantado se compatível com a provisoriedade ínsita à antecipação de tutela (...) são passíveis de adiantamento os efeitos de natureza executiva ou mandamental da futura (provável) sentença de procedência da ação constitutiva;

c) nas ações condenatórias, são passíveis de antecipação de tutela as prestações de dar, fazer, não fazer ou pagar, sendo que relativamente às primeiras dar-se-á a efetivação da tutela (pela sua urgência ou pela intensidade do juízo de verossimilhança) através de medidas de cumprimento imediato, de ordens executivas *lato sensu* ou mandamentais (...). É perfeitamente possível, a nosso sentir, o pagamento imediato, determinado em antecipação de tutela, através da inclusão do credor em folha de pagamento da empresa ré, ou através da apropriação de alugueres devidos ao réu, máxime nos casos de pagamento de caráter alimentar;

d) nas ações executivas (ditas) *lato sensu* e nas ações mandamentais, a antecipação de tutela revela-se de imensa utilidade prática e geralmente poderá ser efetivada sem percalços, com a utilização de 'astreintes' e/ou meios executivos referidos no § 5º do art. 461 (...)."[2291]

Sergio Sahione Fadel afirma que "a declaração provisória e a constitutividade, positiva ou negativa, com a mesma característica, fundadas em juízo de probabilidade e verossimilhança, são perfeitamente possíveis, salvo quando — é essa a única exceção à regra — a lei reservar à sentença definitiva o efeito e o poder de declarar, constituir ou condenar" e que "uma ação é condenatória quando o autor pretende do réu uma determinada prestação, positiva ou negativa (...). Na ação condenatória, o que o juiz antecipa é o efeito da condenação pedida pelo autor, consistente em uma prestação ou obrigação do réu, de dar, fazer ou não fazer (...). Será, pois, nas ações condenatórias — e na defesa dos direitos subjetivos — que se encontrará o campo mais propício e frequente para o deferimento das tutelas satisfativas de urgência, embora haja casos em que, mesmo na demanda condenatória, a lei exija a sentença como título hábil a ensejar a execução, ainda que provisória, da providência reclamada pelo autor. São as hipóteses, entre outras, de condenação da Fazenda Pública a pagamentos de vantagens funcionais vencidas ou de repetição de indébito tributário, em que o art. 100 da Constituição Federal exige sentença judiciária e, entende-se, transitada em julgado, não servindo para esse fim a simples decisão antecipatória da tutela".[2292]

O art. 273 do CPC de 1973 autoriza a antecipação dos efeitos da tutela *objeto do pedido inicial*, sem qualquer limitação quanto à natureza da obrigação cujo cumprimento é pretendido pelo requerente, permitindo, inclusive, a antecipação nas ações que tenham por objeto o cumprimento de obrigações de fazer, de não fazer e de entrega de coisa, conclusão reforçada pela referência, no art. 273, § 3º, aos arts. 461, §§ 4º e 5º, e 461-A.

A propósito da obrigação de fazer ou não fazer, o art. 461, § 3º, do CPC de 1973 dispõe que, sendo relevante o fundamento da demanda e havendo justificado receio de ineficiência do provimento final, é lícito ao juiz conceder a tutela liminarmente ou mediante justificação prévia, o que implica, em essência, antecipação de tutela. O réu, portanto, pode ser compelido, antecipadamente, a cumprir a obrigação, positiva ou negativa, sendo lícito ao juiz, para compelir o réu a cumprir a obrigação, impor-lhe multa diária (art. 461, § 4º, do CPC).

O CPC de 2015, na esteira do CPC de 1973, nada diz sobre a natureza da tutela cujos efeitos podem ser antecipados, tornando possível a antecipação de tutela qualquer que seja a natureza da pretensão da parte.

O CPC de 1973 e o CPC de 2015 não vedam a concessão de antecipação de tutela nas demandas propostas contra a Fazenda Pública. Não fosse isso, a Lei n. 9.494/97 autoriza o deferimento de antecipação de tutela contra a Fazenda Pública, ainda que com restrições, como se vê do seu art. 1º.

4.9. Momento para o deferimento da tutela antecipada no curso do processo.

A necessidade de antecipação da tutela pode se apresentar em qualquer fase do procedimento, o que implica que ela pode ser deferida: a) liminarmente, inclusive sem a oitiva do requerido, quando o juiz ve-

(2291) *Da antecipação de tutela*, p. 48-49.
(2292) *Antecipação de tutela no processo civil*, p. 43, 47-48.

rificar que a sua citação coloca em risco a concretização da medida; b) após a apresentação da defesa; c) na sentença; d) na fase recursal (a *tutela antecipada recursal* é admitida na Orientação Jurisprudencial n. 68 da SDI-2 do TST).

Não existe impedimento para a concessão de antecipação de tutela na sentença. Primeiro, porque após a instrução o juiz estará em melhores condições para aferir o cumprimento dos requisitos necessários à antecipação dos efeitos da tutela pretendida. Segundo, porque simples decisão interlocutória (como é aquela por meio da qual é deferida a antecipação antes da sentença) não pode ter mais força do que aquela que examina o mérito da demanda (como os efeitos do provimento podem ser antecipados por decisão interlocutória, com muito mais razão eles podem ser antecipados por força de sentença de mérito). Terceiro, porque o fato de ser proferida a sentença não significa, por si só, que os resultados por ela perseguidos serão produzidos de imediato, em especial diante da possibilidade de recurso (o juiz pode, então, na própria sentença, deferir a antecipação dos efeitos concretos da sua decisão).

O TST admite a concessão de antecipação de tutela na sentença, quando consagra o entendimento de que a antecipação de tutela concedida na sentença não comporta impugnação pela via do mandado de segurança (Súmula n. 414, I).

O art. 489 do CPC de 1973 autoriza a concessão de antecipação na ação rescisória ("O ajuizamento da ação rescisória não impede o cumprimento da sentença ou acórdão rescindendo, ressalvada a concessão, caso imprescindível e sob os pressupostos previstos em lei, de medidas de natureza cautelar ou antecipatória de tutela"), o que foi repetido no art. 869 do CPC de 2015 ("a propositura da ação rescisória não impede o cumprimento da decisão rescindenda, ressalvada a concessão de tutela provisória").

4.10. Impugnação da decisão que concede antecipação de tutela.

É interlocutória a decisão que concede a antecipação de tutela antes da sentença, de forma que contra ela não cabe recurso. Contra tal decisão, pode ser impetrado mandado de segurança (Súmula n. 414, II, do TST).

Também não cabe recurso contra a decisão que nega a antecipação de tutela. Desta forma, pode a decisão ser atacada por meio de mandado de segurança, cabendo ao impetrando demonstrar a violação do direito líquido e certo à antecipação de tutela.

Se a antecipação é confirmada na sentença, perderá o objeto o mandado de segurança impetrado contra a antecipação deferida antes da sentença (Súmula n. 414, III, do TST), devendo a parte apresentar recurso contra a decisão e ajuizar ação cautelar e pleitear que a ele seja concedido efeito suspensivo em relação ao cumprimento da antecipação da tutela.

Não cabe mandado de segurança contra a antecipação de tutela concedida na sentença, devendo esta ser impugnada por meio de recurso ordinário. Nesse caso, a parte poderá ajuizar ação cautelar e pleitear a concessão de efeito suspensivo ao recurso (Súmula n. 414, I, do TST).

O CPC de 2015 prevê a *estabilização da tutela antecipada requerida em caráter antecedente* como consequência da não apresentação de recurso contra a decisão que a conceder (art. 304). Assim, se a tutela antecipada antecedente vai se estabilizar se não for apresentado recurso contra a decisão que a concedeu, à parte não pode ser negado, mesmo no processo do trabalho, o direito de impugnar a decisão mediante recurso. Note-se que, se não for apresentado recurso, somente em ação própria é que a decisão concessiva da tutela antecipada antecedente poderá ser questionada, o que significa que sequer se pode falar em possibilidade de atacar a decisão que concedeu a antecipação de tutela no recurso apresentado contra a decisão definitiva, vez que, neste caso, não haverá uma decisão posterior (concedida a tutela e não havendo recurso, a tutela se estabilizará e o processo será extinto, como foi visto).

4.11. Fungibilidade das medidas de urgência.

A fungibilidade das medidas de urgência significa a possibilidade de converter uma medida em outra.

A autorização para esta conversão consta do art. 273, § 7º, do CPC de 1973, segundo o qual, se o autor, a título de antecipação de tutela, requerer providência de natureza cautelar, poderá o juiz, quando presentes os respectivos pressupostos, deferir a medida cautelar, e, também, do art. 305, parágrafo único, do CPC de 2015, que prevê a possibilidade de o juiz, caso entenda que o pedido do autor, apesar de apresentado como sendo de natureza cautelar, tem natureza antecipada, o examinar como sendo de natureza antecipada.

Como esclarece Cândido Rangel Dinamarco, "é inerente a toda a fungibilidade o intercâmbio recíproco, em todos os sentidos imagináveis. Não há fungibilidade em mão única de direção".(2293)

Desse modo:

a) se o autor, a título de antecipação de tutela, requer providência de natureza cautelar, poderá o juiz, estando presentes os respectivos pressupostos, deferir a medida cautelar;

b) se o autor, a título de medida cautelar, requer providência de natureza antecipatória, poderá o juiz, estando presentes os respectivos pressupostos, deferir a antecipação de tutela.

A fungibilidade entre as medidas de urgência decorre do fato de serem elas espécies do mesmo gênero, qual seja, o de tutela provisória fundada em urgência.

4.12. Responsabilidade do autor do requerimento de antecipação de tutela.

O CPC de 1973 não trata da responsabilidade do requerente da tutela antecipada por eventuais danos resultantes, para a parte contrária, da sua implementação, dispondo apenas sobre a responsabilidade do requerente da medida cautelar (art. 811).

O CPC de 2015 tratou do tema, estabelecendo que, independentemente da reparação por dano processual, a parte responde pelo prejuízo que a efetivação da tutela de urgência, que pode ser cautelar ou antecipada, causar à parte contrária, se: a) a sentença lhe for desfavorável; b) obtida liminarmente a tutela em caráter antecedente, não fornecer os meios necessários para a citação do requerido no prazo de cinco dias; c) ocorrer a cessão da eficácia da medida em qualquer hipótese legal; d) o juiz acolher a alegação de decadência ou prescrição da pretensão do autor (art. 302).

A responsabilidade pelos danos causados pela implementação da tutela de urgência, cautelar ou antecipada, é, no CPC de 1973 e no CPC de 2015, de natureza objetiva, ou seja, não se exige, para o seu reconhecimento, prova de culpa ou dolo da parte, devendo a indenização ser liquidada nos autos em que a medida tiver sido concedida (art. 811, parágrafo único, do CPC de 1973 e art. 302, parágrafo único, do CPC de 2015).

No processo do trabalho, que tem como um dos seus princípios a facilitação do acesso à justiça, não há que se falar em responsabilidade objetiva do requerente da medida de urgência quando se tratar de sentença desfavorável ou de acolhimento de alegação de decadência ou prescrição. É que a proteção contra o perigo de dano não está condicionada ao prévio estabelecimento da existência do direito objeto da demanda.

5. Tutela de evidência

De acordo com o CPC de 1973, a tutela antecipada poderá ser concedida quando um ou mais dos pedidos cumulados, ou parcelas deles, mostrar-se incontroverso (art. 273, § 6º). Trata-se, assim, da *tutela antecipada de evidência.*

No CPC de 2015, a *tutela provisória* foi dividida em *tutela provisória de urgência* e *tutela provisória de evidência*. Assim, no CPC de 2015 a tutela fundada em evidência deixa de ser uma espécie de tutela antecipada.

(2293) *Nova era do processo civil*, p. 50, 60-61.

O art. 273, § 6º, do CPC de 1973 autoriza o deferimento de antecipação de tutela fundada em evidência quando um ou mais dos pedidos cumulados, ou parte deles, mostrar-se incontroverso.

O CPC de 2015 dispõe, no art. 311, que a tutela de evidência será concedida quando:

a) ficar caracterizado o abuso do direito de defesa(2294) ou manifesto propósito protelatório da parte;(2295)

b) as alegações de fato puderem ser comprovadas apenas documentalmente e houver tese firmada em julgamento de casos repetitivos ou em súmula vinculante;

c) se tratar de pedido reipersecutório fundado em prova documental adequada de contrato de depósito, caso em que será decretada a ordem de entrega do objeto custodiado, sob pena de cominação de multa;

d) a petição inicial for instruída com prova documental suficiente dos fatos constitutivos do direito do autor, a que o réu não oponha prova capaz de gerar dúvida razoável.

A concessão de tutela de evidência não depende da demonstração de perigo de dano ou de risco ao resultado útil do processo (art. 311). A hipótese é de tutela de *direito evidente* e não de direito cuja realização se encontra em risco.(2296)

O CPC de 2015 elasteceu as hipóteses em que pode ser deferida a tutela de evidência, o que passa a ser possível não só no caso de *defesa inconsistente* (inciso I — abuso do direito e propósito protelatório), como já era previsto no CPC de 1973, como também nos de *defesa infundada* (incisos II, III e III).

Nos demais casos, a tutela de evidência é deferida como forma de resposta ao ilícito processual praticado pelo réu.

No caso de defesa infundada é presumida ser a defesa infundada, em razão da *evidência do direito*, resultante da prova produzida pelo autor.

Registre-se que a concessão de tutela de urgência pressupõe a existência de elementos que evidenciem a *probabilidade do direito*, ao passo que a concessão da tutela de evidência pressupõe a existência de um *direito evidente*.

6. Tutela inibitória

O dogma liberal da equivalência dos bens tem forte influência no direito processual clássico, que considera de igual valor a garantia do direito *in natura* e a garantia da sua tutela pelo equivalente monetário, o que resulta na *monetização dos direitos*. Daí a ausência de preocupação com a atividade jurisdicional voltada a impedir a prática de atos ilícitos, o que faz com que a única tutela possível seja o ressarcimento dos danos decorrentes de atos ilícitos, ou seja, a *tutela contra o dano*. A atividade jurisdicional, sob este prisma, é voltada para fatos pretéritos (*atos ilícitos já praticados*) e tem a sua função limitada à *tutela sucessiva reparatória* (*reparação dos danos decorrentes de atos ilícitos praticados*).

No entanto, como garantidor dos direitos atribuídos pelo ordenamento jurídico, o Estado não pode, no exercício da jurisdição, limitar-se a assegurar a reparação dos danos decorrentes de atos ilícitos, ou seja, à tutela sucessiva ressarcitória.

Isto se dá, principalmente, porque, como adverte José Roberto dos Santos Bedaque, "existem direitos, de conteúdo patrimonial ou não, cuja tutela condenatória seguida de execução forçada não é hábil para

(2294) Abusa do direito de defesa a parte que o exerce excedendo manifestamente os limites impostos pelo seu fim social e pela boa-fé (art. 187 do Código Civil).

(2295) Também abusa do direito de defesa o réu que protela o andamento da causa, ou seja, que atua contra o normal desenvolvimento do processo. No entanto, situações existem em que o procedimento protelatório antecede a apresentação de defesa, como ocorre, por exemplo, quando o réu cria embaraços para a realização de sua citação, o que justifica a referência ao abuso do direito e ao manifesto propósito protelatório.

(2296) A hipótese se assemelha à de *direito líquido e certo* relativa ao mandado de segurança.

protegê-los (...). São exemplos típicos os direitos inerentes à personalidade, o direito de liberdade, o direito a alimentos, o direito ao salário. Nesses casos, os processos condenatório e executivo, cuja tutela é eminentemente sancionatória, não conferem aos respectivos titulares a tutela adequada, pois o que eles necessitam é de uma tutela urgente, que tenha o condão de prevenir ou impedir a continuidade da lesão".[2297]

Daí a evolução do direito processual, no sentido de também assegurar a *tutela contra o ilícito*, isto é, a *tutela inibitória*, que é dirigida à inibição da prática do ato ilícito (*tutela inibitória impeditiva*) ou à sua reiteração ou continuação (*tutela inibitória continuativa*).

A tutela inibitória "evita o ilícito ao invés de propor-lhe a reparação, garantindo o exercício integral da aspiração do jurisdicionado, rompendo o dogma de que o ressarcimento revela a única forma de tutela contra o ilícito".[2298]

A tutela inibitória é *preventiva*, na medida em que visa inibir o ilícito, e *específica*, enquanto atua no sentido de garantir o gozo do direito *in natura*.

Constituem exemplos de tutela inibitória o mandado de segurança e o *habeas corpus* preventivos.

A concessão de tutela inibitória encontra respaldo:

a) no art. 5º, XXXV, da Constituição, segundo o qual a lei não poderá excluir da apreciação do Poder Judiciário *ameaça* a direito, o que implica reconhecimento do direito à tutela preventiva;

b) no art. 83 do Código de Defesa do Consumidor, que reconhece o direito à tutela jurisdicional adequada e efetiva, o que inclui a tutela na forma de inibição do ato ilícito, quando esta for a forma mais adequada para garantir o pleno exercício do direito;

c) no art. 461 do CPC de 1973 e no art. 84 do Código de Defesa do Consumidor, que estabelecem a preferência da tutela específica sobre a tutela sucessiva ressarcitória e autorizam a cominação de multa diária com o propósito de evitar que o ilícito seja praticado e reste frustrado o gozo do direito *in natura*;

d) no art. 12 do Código Civil, quando prevê que se pode "exigir que cesse a ameaça, ou a lesão, a direito da personalidade, e reclamar perdas e danos, sem prejuízo de outras sanções previstas em lei", o que implica o expresso reconhecimento do direito à tutela inibitória.

Note-se que o art. 12 do Código Civil faz alusão à cessação da ameaça (*prevenção*) e à *reparação de perdas e danos*, o que implica que podem ser cumulados, na mesma demanda, pedido inibitório (inibição da repetição dos atos ilícitos) e pedido reparatório (reparação dos danos sofridos pelos atos ilícitos já praticados).

Todas as disposições legais acima citadas apontadas no sentido de que ao titular do direito deve ser assegurado o seu gozo *in natura*, o que não é estranho ao direito processual do trabalho, que autoriza a concessão de medida liminar nas hipóteses do art. 659, IX e X, da CLT, com o objetivo de evitar que se torne inviável o exercício dos direitos aos quais ele se refere.

No CPC de 2015, o direito à tutela inibitória passa a contar com expressa previsão, como se vê do parágrafo único do art. 497, que dispõe: "Para a concessão de tutela específica destinada a inibir a prática, a

(2297) *Direito e processo*, p. 44-45. Quanto aos direitos de personalidade, observa Andrea Proto Pisani que "a tutela ressarcitória concerne ao patrimônio, não ao direito ao bem: como tal será sempre inadequada a assegurar uma tutela jurisdicional efetiva a direito de conteúdo e função não patrimonial. Se o direito de personalidade por definição tem conteúdo e função não patrimonial, então por definição a tutela ressarcitória se manifesta como forma (...) não adequada de tutela, porque não é capaz de satisfazer a necessidade não patrimonial assegurada por tais direitos (...). Dada a irreversibilidade dos efeitos da violação do direito da personalidade, dada a inadequação da tutela sucessiva *ex post* a restituir ao sujeito aquela liberdade da qual não pode gozar (...), a tutela dos direitos da personalidade deverá ser o mais possível preventiva, voltada a impedir a violação ou a sua continuação; em uma palavra, deverá ter conteúdo inibitório; deverá ter o seu fulcro não tanto na (...) eliminação dos efeitos de uma violação já ocorrida quanto no impedimento que a violação ocorra ou continue ocorrendo" (*Le tutele giurisdizionali dei diritti*, p. 676 e 679).

(2298) FUX, Luiz. *Curso de direito processual civil*, p. 79.

reiteração ou a continuação de um ilícito, ou a sua remoção, é irrelevante a demonstração da ocorrência de dano ou de existência de culpa ou dolo". De acordo com este dispositivo legal, portanto, a tutela contra o ilícito pode ser *inibitória* e de *remoção* do ilícito, observando-se que a tutela de remoção diz respeito à *remoção dos efeitos da conduta ilícita já praticada.*

A prevenção do ilícito, como observa Joaquim Felipe Spadoni, "pode atuar por meio de ordens de cumprimento de obrigação de fazer ou de entrega de coisa, quanto de ordens de cumprimento de obrigação de não fazer, vislumbrando-se a existência, respectivamente, de uma *inibitória positiva* ou de uma *inibitória negativa*".[2299]

Para provocar o Poder Judiciário em busca de tutela inibitória a parte dispõe da *ação inibitória.*

A competência para a ação inibitória individual é fixada com esteio no art. 651 da CLT. A competência para a ação inibitória coletiva é definida pela aplicação do art. 93 do Código de Defesa do Consumidor, observando-se que este comando legal e a sua aplicabilidade no processo do trabalho são examinados no Capítulo reservado ao estudo do direito processual coletivo do trabalho, ao qual remetemos o leitor.

A concessão da tutela inibitória pressupõe a existência de séria ameaça de prática, reiteração ou continuação de um ato contrário ao direito, ou seja, de um ato ilícito.

Para a caracterização da ameaça da prática do ilícito, como anota Joaquim Felipe Spadoni, "devem ser considerados aspectos *objetivos* da situação fática levada ao conhecimento do juízo. Não basta o receio, o temor estritamente subjetivo, fundado apenas em especulações psíquicas do titular do direito. É necessário que este receio esteja embasado na existência de fatos exteriores".[2300]

O dano não é condição para a concessão da tutela inibitória. Nesse sentido, inclusive, dispõe o art. 497, parágrafo único, do CPC de 2015 que, para a concessão de tutela inibitória, é irrelevante a demonstração da ocorrência de dano. A tutela inibitória não é, portanto, uma tutela contra o *perigo do dano*, mas uma tutela contra o *perigo da prática, repetição ou continuação de ato ilícito.*

A concessão de tutela inibitória também não exige a demonstração da culpa ou de dolo daquele contra quem a ação inibitória é dirigida. Também em relação a este aspecto da questão, o CPC de 2015 foi claro, dispondo, no art. 497, parágrafo único, que, para a concessão de tutela inibitória, é irrelevante a demonstração da existência de culpa ou dolo.

Enfrentando estas questões, aduz Luiz Guilherme Marinoni que "a tutela inibitória não é uma tutela contra o dano (...). Se o dano é consequência meramente eventual e não necessária do ilícito, a tutela inibitória não deve ser compreendida como uma tutela contra a probabilidade do dano, mas sim como uma tutela contra o perigo da prática, da repetição ou da continuação do ilícito, compreendido como ato contrário ao direito que prescinde da configuração do dano (...). A tutela inibitória não pune quem pode praticar o ilícito, mas apenas impede que o ilícito seja praticado. Se alguém, ainda que sem culpa, está na iminência de praticar um ilícito, é cabível a ação inibitória (...). O dano e a culpa não integram a demanda preventiva, o que significa dizer que não fazem parte da cognição do juiz (...). Não é necessária a alegação de probabilidade de dano, nem a sua prova".[2301]

7. *Tutela autossatisfativa*

Instituído o processo como método de solução judicial de conflitos de interesses, foi estabelecido o procedimento a ser observado com esta finalidade, mas sem preocupação com os efeitos da demora no julgamento definitivo da demanda sobre a utilidade do processo.

Com o passar do tempo, foi constatado que a demora na solução do conflito de interesses colocava em risco a utilidade do processo. Imaginou-se, então, um mecanismo destinado à garantia da utilidade do processo, qual seja, a *tutela cautelar.*

(2299) *Ação inibitória*, p. 69.
(2300) *Ação inibitória*, p. 46.
(2301) *Tutela inibitória*, p. 37, 45, 48-49 e 56.

Percebeu-se, posteriormente, que situações existem que exigem não a garantia da utilidade do processo, mas a imediata satisfação do direito deduzido em juízo, ainda que de forma provisória e em caráter revogável. Foi concebido, destarte, um novo mecanismo de proteção contra os males do tempo de tramitação do processo, entrando em cena a *tutela antecipada.*

O CPC de 1973 consagra estes dois mecanismos, mantendo, porém, a sua concepção clássica, segundo a qual o processo cautelar é dependente do processo cuja utilidade visa garantir, ou seja, do processo principal (art. 796), a medida cautelar é passível de revogação a qualquer tempo (art. 807) e tem a sua eficácia condicionada ao ajuizamento da ação principal no prazo estabelecido em lei (art. 808), ao passo que a antecipação de tutela não pode ser concedida quando houver perigo de irreversibilidade do provimento antecipado (art. 273, § 2º), pode ser revogada a qualquer tempo (art. 273, § 4º) e o processo prosseguirá até o julgamento final, seja a antecipação de tutela antecipada deferida ou não (art. 273, § 5º).

Chama a atenção, portanto, o *caráter provisório* da tutela cautelar e antecipada e, notadamente, a exigência de *reversibilidade* dos efeitos materiais da antecipação de tutela.

Embora a tutela cautelar e a tutela antecipada representem um avanço no sentido da garantia da tutela jurisdicional adequada e efetiva aos direitos atribuídos pela ordem jurídica, situações existem em que estes mecanismos não são aptos a debelar os males que o decurso do tempo de tramitação do processo pode causar ao direito deduzido em juízo.

Algumas situações exigem, em razão da natureza do direito para o qual se pede a tutela jurisdicional e dos efeitos da sua não satisfação imediata, uma medida de urgência de caráter satisfativo que, no entanto, *não* é provisória e também *não é reversível.*

Tenha-se em mente, a título de exemplo, um participante de plano de saúde que, necessitando de uma intervenção cirúrgica urgente e indispensável para garantir a sua sobrevivência, tenha o seu pedido de cobertura da cirurgia negado pelo plano de saúde.

O participante do plano de saúde, temendo por sua vida, ajuíza demanda contra o plano de saúde, requerendo seja determinado, liminarmente, o custeio da intervenção cirúrgica.

Imagine-se que o juiz, estando convencido da verossimilhança da alegação do autor e da presença de sério risco de dano irreparável à sua vida, defira o pedido.

Qual é a natureza da medida determinada pelo juiz neste caso?

Trata-se, sem dúvida, de uma *medida de urgência.*

Contudo, a hipótese não é de provimento cautelar, diante da natureza satisfativa da medida determinada.

De outro lado, de antecipação de tutela também não se trata. Com efeito, apesar de se tratar de medida satisfativa, a irreversibilidade dos seus efeitos materiais impede que a ela seja atribuída a natureza de antecipação de tutela. Com efeito, sendo realizada a intervenção cirúrgica às expensas do plano de saúde, não haverá antecipação dos efeitos de tutela futura, mas *tutela imediata, definitiva e irreversível.*

Acrescente-se que, com a realização da intervenção cirúrgica, a pretensão do autor estará plenamente satisfeita e, diante da impossibilidade de retorno das partes ao estado anterior ao implemento da medida de urgência determinada, torna-se desnecessária a propositura de uma nova ação visando à concessão da tutela (posto que já alcançada, de forma irreversível) ou a continuidade do processo em que a medida foi deferida (qualquer ato posteriormente praticado seria inútil, posto que não produziria qualquer efeito sobre a situação fática e jurídica das partes).

A nosso juízo, a hipótese é de uma *medida de urgência autossatisfativa.*[2302]

(2302) Da mesma natureza será o provimento judicial que determinar a realização de transfusão de sangue contra a vontade dos

Nesse compasso, medida de urgência autossatisfativa é a medida de urgência que satisfaz imediata, definitiva e irreversivelmente a pretensão da parte, dispensando a propositura de qualquer outra ação ou o prosseguimento do processo em que for determinada, que é adotada com esteio em cognição sumária e em juízo de verossimilhança, para garantia da adequada e efetiva tutela do direito assegurado pela ordem jurídica, em situação de urgência extrema e em que o não acolhimento da pretensão da parte resulte em frustração irreversível do seu direito.

Vários são os fundamentos para o deferimento de medida autossatisfativa:

a) nenhuma lesão ou ameaça a direito pode ser excluída da apreciação do Poder Judiciário, o que significa dizer que o fato de ser pretendida uma medida de urgência de natureza irreversível não impede, por si só, o seu deferimento;

b) a todos é assegurada a tutela adequada e efetiva de seus direitos e, ainda, à tutela específica, ou, consoante assevera Giuseppe Chiovenda, de receber "aquilo e exatamente aquilo que ele tenha direito de conseguir"[2303];

c) proibindo a autotutela, o Estado assume o dever de realizar concretamente o direito atribuído pela ordem jurídica e, para dele se desincumbir, é atribuído ao juiz o poder para determinar a medida de urgência compatível com as necessidades do caso concreto;

c) conforme assevera Andrea Proto Pisani, "para que seja assegurada a tutela jurisdicional de uma determinada situação de vantagem, não basta que no plano de direito processual seja predisposto um procedimento qualquer, sendo necessário que o titular da situação de vantagem violada (ou que seja ameaçada de violação) possa utilizar um procedimento (ou vários procedimentos) estruturado de modo tal a fornecer uma tutela efetiva e não meramente formal ou abstrata do seu direito",[2304] o que exige, diante de risco ao direito deduzido em juízo, a adoção de medida de urgência adequada à sua efetiva tutela, podendo esta medida ser de natureza cautelar, antecipatória ou autossatisfativa.

Na Argentina, país em que esta modalidade de medida tem sido bem recebida pela doutrina e jurisprudência, Jorge W. Peyrano assinala que a medida autossatisfativa remedia "a fraqueza própria da teoria cautelar clássica, conforme a qual somente pode obter-se uma solução jurisdicional urgente através da promoção de uma cautelar que (...) reclama a ulterior ou concomitante iniciação de um processo principal, sob pena do decaimento da resposta jurisdicional urgente obtida" e "oferece adequada resposta às interrogações que suscitam muitas disposições legais que, às claras, estabelecem soluções urgentes não cautelares (...) que não encontram correspondência adequada na doutrina cautelar clássica".[2305]

Também na Argentina, assevera Jorge Mario Galdós que as medidas autossatisfativas estão relacionadas com "circunstâncias não frequentes (ou seja, não cotidianas) derivadas da urgência impostergável em que o fator tempo e a rapidez aparecem como peremptórios".[2306]

Ainda na Argentina, Roland Arazi e Mario E. Kaminker anotam que podem existir "circunstâncias em que a tramitação de um processo não é imprescindível, uma vez que o que se procura é um ato, omissão ou prestação imediata, que, cumprida, esgotada, torna desnecessária toda outra tramitação judicial".[2307]

Contudo, como operacionalizar a concessão de medida autossatisfativa no ordenamento jurídico brasileiro?

---

parentes do enfermo, fundada em opção religiosa. Cumprida a determinação judicial, os seus efeitos serão irreversíveis e não terá qualquer sentido a continuidade do processo.

(2303) *Instituições de direito processual civil*, v. I, p. 67.

(2304) *Lezioni di diritto processuale civile*, p. 6.

(2305) La medida autossatisfativa: forma diferenciada de tutela que constituye una expresión privilegiada del proceso urgente. Gênesis e evolución. In: PEYRANO, Jorge W. (coord.). *Medidas autossatisfativas*, p. 14, 16 e17.

(2306) O conteúdo e o continente das medidas autossatisfativas. In: *Medidas autossatisfativas*, p. 55-73.

(2307) Algumas reflexiones sobre la antecipación de la tutela y las medidas de satisfación imediata. In: *Medidas autossatisfativas*, p. 37-53.

O exame da disciplina reservada às medidas cautelares pelo CPC de 1973 permite afirmar que não foi adotado para elas um modelo rígido. Com efeito, a produção antecipada de provas, apesar de ser uma medida incluída pelo CPC de 1973 entre as cautelares, não perde eficácia pelo fato de não ser proposta uma ação principal nela fundada, ao passo que a justificação pode ser realizada para simples documentação e sem caráter litigioso, sendo admitida até mesmo medida cautelar com natureza satisfativa, como ocorre em relação aos alimentos provisionais, o que demonstra a *flexibilidade* do modelo adotado.

Também para a antecipação de tutela não foi adotado um modelo rígido e inflexível. Com efeito, embora seja uma medida de urgência, a antecipação de tutela pode ser deferida mesmo que não exista risco de dano irreparável ou de difícil reparação ao direito da parte, como ocorre na hipótese de pedido incontroverso (art. 273, § 6º, do CPC de 1973).

Ao lado de adotar um modelo flexível para as medidas cautelares e a antecipação de tutela, o legislador, por meio do art. 796 do CPC de 1973, conferiu ao juiz o poder para adotar a medida de urgência que, segundo as particularidades do caso concreto, seja a mais apropriada para a adequada e efetiva tutela do direito deduzido pela parte, ou seja, um verdadeiro *poder geral de urgência*.

O CPC de 2015 adota um modelo ainda mais flexível, adotando, por exemplo, não só a atipicidade das medidas de urgência, como a atipicidade das condições necessárias para o seu deferimento.

Acrescente-se que o ordenamento jurídico brasileiro estabelece vários procedimentos especiais, adequando o processo às particularidades do direito deduzido em juízo (o processo não pode ser indiferente ao direito material que por meio dele se pretende realizar concretamente), e dispõe serem admissíveis todas as espécies de ações capazes de propiciar a adequada e efetiva tutela dos direitos assegurados pela ordem jurídica, conforme prevê o art. 83 do Código de Defesa do Consumidor, abrindo ensejo para o pedido e o deferimento de medida autossatisfativa, quando seja a medida de urgência mais adequada à tutela jurisdicional do direito assegurado à parte pelo ordenamento jurídico.

O ordenamento jurídico brasileiro, em suma, permite que o juiz, em situação de risco e urgência extremados e visando assegurar a adequada e efetiva tutela do direito da parte, determine *medida de urgência autossatisfativa*.

A tutela autossatisfativa não se confunde com a cautelar, diante de sua natureza satisfativa, e também não se confunde com a antecipação de tutela, por força de sua natureza definitiva e irreversível.

Com isso, sendo deferida uma medida autossatisfativa, não há que falar em processo principal, em perda da eficácia da medida pelo não ajuizamento de uma ação principal ou em prosseguimento do processo até a decisão que torne definitivos os efeitos da tutela deferida. Deferida a medida autossatisfativa, o processo deverá ser extinto, com fundamento no desaparecimento superveniente do interesse, processual e substancial, da parte, em razão da satisfação definitiva e irreversível de sua pretensão.

Sendo a tutela autossatisfativa de natureza definitiva e irreversível, ao réu resta o direito de pleitear ao Poder Judiciário, em ação própria, a reparação de eventuais danos causados em razão da sua implementação, observando-se, ainda, que a definitividade e a irreversibilidade dos efeitos da decisão a tornam passível de recurso imediato.

A decisão que defere a medida autossatisfativa não produz coisa julgada material, vez que fundada, em razão da urgência extremada, em cognição sumária e juízo de verossimilhança. O que ocorre, com o deferimento e implementação da tutela autossatisfativa, é a sua estabilização.

Contudo, pode o autor, pretendendo alcançar a coisa julgada material em relação ao seu pedido, solicitar o prosseguimento do processo. Nesse caso, o réu deverá ser citado para apresentar defesa, seguindo-se a instrução, se necessária, e o julgamento da causa.

É relevante anotar que o CPC de 2015 admite que o autor se limite ao requerimento da tutela antecipada (art. 303) e estabelece que a tutela antecipada então concedida se torna estável se da decisão que a conceder não for interposto o respectivo recurso, situação em que o processo será extinto (art. 304, § 1º), ou seja, permite a estabilização da tutela concedida em caráter provisório.

No entanto, a hipótese não é de tutela autossatisfativa. Primeiro, porque o CPC de 2015 veda a concessão de antecipação de tutela quando os seus efeitos materiais sejam irreversíveis. Segundo, porque ao réu é possível evitar a estabilização da tutela, por meio da apresentação de recurso, ao passo que, na tutela autossatisfativa, a própria natureza da medida determinada é que conduz à estabilização da tutela. Terceiro, porque o CPC de 2015 concebe a possibilidade de a medida determinada em caráter de urgência perder a eficácia ou ser invalidada posteriormente, o que não ser harmoniza com a tutela autossatisfativa.

Contudo, o CPC de 2015 estabelece parâmetro compatível com a tutela autossatisfativa, em relação ao prazo para a propositura, pelo réu, de ação visando questionar a tutela de urgência deferida (art. 304, § 5º), observando-se, porém, que a hipótese já não será de revisão, reforma ou invalidação da tutela, mas de indenização de danos decorrentes de sua implementação.

Capítulo 21

Direito Processual Coletivo do Trabalho

1. *Observações introdutórias*

A crescente complexidade da vida em sociedade conduziu à evolução do direito material, de um direito informado pela concepção individualista das relações sociais para um direito em que é valorizada a dimensão coletiva destas relações e dos próprios indivíduos, o que conduz ao reconhecimento da existência de *direitos de grupo*.[2308]

Direito de grupo significa, neste primeiro momento, *direitos difusos*, isto é, direitos de que são titulares a coletividade, e *direitos coletivos*, ou seja, direitos de que é titular determinado grupo, classe ou categoria de pessoas.

Os direitos difusos e coletivos possuem, para a sua adequada e efetiva tutela jurisdicional, exigências que não podem ser satisfeitas pelo instrumental fornecido pelo direito processual clássico, de estrutura individualista.

Basta ver, neste sentido, que entre as ações voltadas à defesa de direitos individuais e aquelas destinadas à tutela de direitos difusos e coletivos existem diferenças essenciais. Cite-se, como exemplo desta distinção, a legitimação para a ação, na medida em que o direito processual civil clássico em regra atribui a legitimidade ativa ao titular do direito material deduzido em juízo, ao passo que, na ação coletiva, a legitimidade está relacionada com a representação adequada dos interesses em conflito,[2309] que tem reflexos nos limites subjetivos da coisa julgada, posto que, na ação individual, a coisa julgada somente atinge as partes, não beneficiando ou prejudicando terceiros, e, na coletiva, pode produzir efeitos *erga omnes* ou *ultra partes*, como se verá mais adiante.

Diante da necessidade de adequação do direito processual às especificidades do direito material, a evolução por este experimentada conduziu à criação de instrumental processual apto à adequada e efetiva tutela jurisdicional dos direitos e interesses difusos e coletivos, vindo à luz, então, o *direito processual coletivo*.

No primeiro momento, o instrumental que compõe o direito processual coletivo teve em vista apenas os direitos difusos e coletivos, mas, com a edição do Código de Defesa do Consumidor, o seu alcance foi alterado, para abarcar os *direitos individuais homogêneos*.

(2308) Mauro Cappelletti e Bryant Garth registram esta transformação, afirmando que, "a partir do momento em que as ações e relacionamentos assumiram, cada vez mais, caráter mais coletivo que individual, as sociedades modernas necessariamente deixaram para trás a visão individualista dos direitos (...). O movimento fez-se no sentido de reconhecer os direitos e deveres sociais dos governos, comunidades, associações e indivíduos" (*Acesso à justiça*, p. 10).

(2309) Representatividade adequada é aqui entendida no sentido de pertinência temática, isto é, de vínculo entre os fins institucionais do ente legitimado para a ação coletiva e o direito ou interesse a ser tutelado judicialmente. É este vínculo que leva o legislador à definição da legitimidade para a ação coletiva.

O direito processual coletivo do trabalho é constituído pelo conjunto de regras e princípios que disciplinam a solução judicial de conflitos coletivos de interesses e a realização prática dos direitos difusos, coletivos e individuais homogêneos de natureza trabalhista.

No Brasil, a evolução do direito processual clássico (individual) em direção ao direito processual coletivo é demonstrada, principalmente, pela Lei da Ação Civil Pública (Lei n. 7.345/85[(2310)]) e pelo Código de Defesa do Consumidor (Lei n. 8.078/90).[(2311)]

Estas normas, que constituem expresso reconhecimento da inaptidão do direito processual de estrutura individualista para atender às necessidades da sociedade de massa, estão na gênese do direito processual coletivo no Brasil.

A Lei da Ação Civil Pública e o Código de Defesa do Consumidor estabelecem um verdadeiro *subsistema processual coletivo,* fato que decorre das disposições constantes dos arts. 212[(2312)] e 90[(2313)] daqueles diplomas legais, respectivamente, que impõem a aplicação recíproca de suas disposições. A este subsistema devem ser acrescentadas, na composição do direito processual coletivo do trabalho, as regras e princípios que no direito processual do trabalho e antes de qualquer das leis acima referidas já previa a tutela de direitos coletivos decorrentes da relação de emprego, bem como as normas que compõem o Código de Processo Civil (o art. 90 do CDC prevê, inclusive, que se aplicam às ações por ele disciplinadas normas do CPC, naquilo que não contrariar as suas disposições).

Wânia Guimarães Rabêllo de Almeida sustenta a existência de um *direito processual metaindividual do trabalho* e que o compõem "a Constituição da República de 1988, as regras e princípios que constituem o direito processual do trabalho, a Lei da Ação Popular (Lei n. 4.717, de 29 de junho de 1965), a Lei de Ação Civil Pública (Lei n. 7.347, de 24 de julho de 1985), o Estatuto das Pessoas Portadoras de Deficiência (Lei n. 7.853/89, de 24 de outubro de 1989), a Lei de Proteção aos Investidores no Mercado de Valores Mobiliários (Lei n. 7.913, de 7 de dezembro de 1989), a Lei do Mandado de Injunção (Lei n. 8.038, de 28 de maio de 1990), o Código de Defesa do Consumidor (Lei n. 8.078, de 11 de setembro de 1990), o Estatuto da Criança e do Adolescente (Lei n. 8.069, de 13 de julho de 1990), a Lei da Improbidade Administrativa (Lei n. 8.429, de 2 de junho de 1992), o Estatuto do Ministério Público (Lei Complementar n. 75/1993), a Lei de Prevenção e Repressão às Infrações Contra a Ordem Econômica (Lei n. 8.884, de 11 de junho de 1994), o Estatuto da OAB (Lei n. 8.906, de 4 de julho de 1994), as Leis da Ação Direta de Inconstitucionalidade e da Ação Declaratória de Constitucionalidade (Leis ns. 9.868 e 9.882, de 10 de novembro de 1999), a Lei que trata da Arguição de Descumprimento de Preceito Fundamental (Lei n. 9.882, de 3 de dezembro de 1999), o Estatuto da Cidade (Lei n. 10.257, de 10 de julho de 2001), o Estatuto do Idoso (Lei n. 10.741, de 1º de outubro de 2003), o Estatuto de Defesa do Torcedor (Lei n. 10.671, de 15 de maio de 2003), a Lei Complementar n. 132, de 7 de outubro de 2009 que organizou a Defensoria Pública, a Lei do Mandado de Segurança (Lei n. 12.016/2009) e a Lei

(2310) A denominação ação civil *pública* decorre do fato de se tratar de ação civil, isto é, que não envolve interesse da Administração Pública, ajuizada pelo *Ministério Público.*

(2311) A propósito assevera Ada Pellegrini Grinover que "entre os países de *civil law,* o Brasil foi o pioneiro na criação e implementação dos processos coletivos. A partir da reforma de 1977 da Lei da Ação Popular, os direitos difusos ligados ao patrimônio ambiental, em sentido lato, receberam tutela jurisdicional por intermédio da legitimação do cidadão. Depois, a Lei n. 6.938/81 previu a titularidade do Ministério Público para as ações ambientais de responsabilidade penal e civil. Mas foi com a Lei n. 7.347/85 — a Lei da Ação Civil Pública — que os interesses transindividuais, ligados ao meio ambiente e ao consumidor, receberam tutela diferenciada, por intermédio de princípios e regras que, de um lado, rompiam com a estrutura individualista do processo civil brasileiro e, de outro, acabaram influindo no Código de Processo Civil. Tratava-se, porém, de uma tutela restrita a objetos determinados (o meio ambiente e os consumidores), até que a Constituição Federal de 1988 veio universalizar a proteção coletiva dos interesses ou direitos transindividuais, sem qualquer limitação em relação ao objeto do processo. Finalmente, com o Código de Defesa do Consumidor, de 1990, o Brasil pode contar com um verdadeiro microssistema de processos coletivos, composto pelo Código — que também criou a categoria dos interesses ou direitos individuais homogêneos — e pela Lei n. 7.347/85, interagindo mediante a aplicação recíproca das disposições dos dois diplomas" (*Direito processual coletivo e o anteprojeto de código brasileiro de processos coletivos,* p. 11).

(2312) "Aplicam-se à defesa dos direitos e interesses difusos, coletivos e individuais, no que for cabível, as disposições do Título III da Lei que instituiu o Código de Defesa do Consumidor".

(2313) "Aplicam-se às ações previstas neste Título as normas do Código de Processo Civil e da Lei n. 7.347, de 24 de julho de 1985, inclusive no que respeita ao inquérito, naquilo que não contrariar suas disposições".

n. 12.529/11, que estrutura o Sistema Brasileiro de Defesa da Concorrência e dispõe sobre a prevenção e repressão às infrações contra a ordem econômica", além do CPC, "que, embora não trate da tutela de direitos metaindividuais, funciona como fonte subsidiária de várias normas acima mencionadas".[2314]

A doutrinadora acima mencionada chama a atenção para a necessidade de um constante diálogo entre as normas que compõem o direito processual metaindividual do trabalho, esclarecendo que "O diálogo das fontes é uma técnica de coordenação entre fontes do Direito, em razão da qual, em caso de conflito de normas, uma delas não prevalecerá sobre a outra, sendo ambas aplicadas de forma coordenada e complementar para a construção da solução para o caso concreto. Trata-se de diálogo, porque uma norma não se sobrepõe à outra, mas são ambas aplicadas de forma conjunta na construção da solução para o caso concreto. Essa mesma técnica pode ser aplicada no afastamento de lacunas, a partir da consideração do Direito como um sistema dotado de unidade axiológica e teleológica, o que permite a aplicação coordenada e complementar de várias normas, visando afastar eventual lacuna da lei e permitir a solução do caso concreto.

O diálogo das fontes é um método próprio da pluralidade dos centros criativos do Direito. Ele permite a construção de soluções a partir da definição dos valores e dos fins prestigiados pelas várias fontes do Direito, destacando-se aqueles relacionados com a efetividade da jurisdição e do processo, no seu sentido mais amplo, e a progressividade na melhoria da condição social e humana daqueles que sobrevivem da alienação da sua força de trabalho."[2315]

O fato de ser admitida a ação civil pública no âmbito da Justiça do Trabalho (art. 83 da Lei Complementar n. 75/93, por exemplo) e o disposto nos arts. 769 da CLT e 15 do CPC de 2015 (que permitem a adoção de regras e princípios do direito comum como fontes subsidiárias e supletivas do direito processual do trabalho) autorizam a aplicação, no processo do trabalho, tanto da Lei da Ação Civil Pública como do Código de Defesa do Consumidor, o que significa a integração do subsistema formado por tais textos normativos ao direito processual do trabalho.

O presente Capítulo é reservado ao estudo dos institutos fundamentais do direito processual coletivo do trabalho, registrando-se que tais institutos devem ser vistos sob prisma próprio e não dos institutos do direito processual individual, sob pena de comprometer a efetividade do processo coletivo como é assinalado por Augusto Mario Morello, "a defesa da sociedade, dos interesses e direitos — vitais — caracterizados como difusos, coletivos e individuais homogêneos impõe outro modo de pensar e atuar o direito instrumental facilitador da sua proteção útil".[2316]

2. *Ação coletiva. Objeto da ação coletiva. Processo coletivo. Jurisdição coletiva. Tutela jurisdicional de interesses ou direitos*

A defesa de direitos e interesses pode ser exercida em juízo de forma individual ou a título coletivo, isto é, por meio de *ação individual* ou de *ação coletiva*, como prevê o art. 81 do Código de Defesa do Consumidor.

A ação individual tem por objetivo a tutela de direitos e interesses individuais. A ação coletiva persegue a tutela de direitos e interesses difusos e coletivos e a tutela coletiva de direitos individuais homogêneos.[2317]

O objeto da ação coletiva transcende o interesse individual, envolvendo toda a coletividade (direitos e interesses difusos), um grupo, classe ou categoria de pessoas (direitos e interesses coletivos) ou pessoas atingidas pelo mesmo ato lesivo (direitos individuais homogêneos).

(2314) *Direito processual metaindividual do trabalho:* a adequada e efetiva tutela jurisdicional dos direitos de dimensão coletiva, p. 301-303.

(2315) *Direito processual metaindividual do trabalho:* a adequada e efetiva tutela jurisdicional dos direitos de dimensão coletiva, p. 579.

(2316) *La tutela de los intereses difusos en el derecho argentino, p. 56.*

(2317) A tutela de direitos e interesses difusos ou coletivos somente é possível por meio da ação coletiva, ao passo que a tutela de direitos individuais pode ser realizada por meio de ação individual e de ação coletiva (no caso de direitos individuais homogêneos).

Embora se trate de conceitos que serão examinados ao longo do presente Capítulo, vale mencionar que:

a) direitos e interesses difusos são direitos e interesses transindividuais, de natureza indivisível, de que são titulares pessoas indeterminadas e ligadas por circunstâncias de fato (art. 81, parágrafo único, I, do CDC). Trata-se de interesses e direitos que pertencem a um número indeterminado de titulares, ligados pelas mesmas circunstâncias de fato e que têm objeto indivisível;

b) direitos e interesses coletivos são direitos e interesses transindividuais, de natureza indivisível, de que é titular grupo, categoria ou classe de pessoas ligadas entre si ou com a parte contrária por uma relação jurídica base (art. 81, parágrafo único, II, do CDC). Trata-se de interesses e direitos que pertencem a um grupo, categoria ou classe de pessoas, ligadas entre si ou com a parte contrária pela mesma relação jurídica base (relação que é preexistente ao ato lesivo)[2318] e que têm objeto indivisível;

c) direitos e interesses individuais homogêneos são direitos e interesses individuais decorrentes de origem comum (art. 81, parágrafo único, III, do CDC). Trata-se de interesses e direitos que pertencem a pessoas determinadas, que decorrem de origem comum e têm objeto divisível.

O direito difuso e o direito coletivo são transindividuais, posto que o seu titular é a comunidade e um grupo, categoria ou classe de pessoas, respectivamente.

Os direitos individuais homogêneos são individuais e têm objeto divisível, mas, por decorrerem de origem comum (homogeneidade da origem[2319]) e terem como titulares uma pluralidade de pessoas (um grupo, portanto), admitem defesa por meio de ação coletiva (a hipótese é de *tutela coletiva de direitos e interesses individuais*). Os direitos individuais homogêneos são direitos individuais que são coletivizados para efeito de sua tutela jurisdicional.[2320]

A ação coletiva, isto é, a ação promovida em defesa de direitos e interesses difusos e coletivos ou a tutela coletiva de direitos e interesses individuais homogêneos, é caracterizada pelo seu objeto (tutela de direitos e interesses de grupo) e não constitui fruto de mera acumulação de ações individuais, sendo nela veiculado pedido de tutela de interesses ou direitos de que é titular uma pluralidade de pessoas. O que se persegue na ação coletiva é uma decisão de que resulte proveito para um grupo de pessoas e não para uma única pessoa ou um número reduzido de pessoas.

A indivisibilidade do objeto de direitos e interesses difusos e coletivos em sentido estrito torna inviável a ação nos moldes do CPC (segundo o art. 6º do CPC de 1973 e o art. 18 do CPC de 2015, somente o titular do direito pode pleitear em juízo a sua tutela, salvo as hipóteses, que são poucas, de expressa autorização legal a um terceiro para que promova, em nome próprio, a sua defesa). A pluralidade de titulares de direitos individuais homogêneos e a origem comum destes direitos aconselham a sua defesa coletiva.

A ação coletiva é caracterizada, em suma, pelo fato de envolver situações que possuem dimensão social: a dimensão social do direito ou interesse e, com isto, de sua lesão, é o ponto comum nas três categorias de direitos ou interesses que merecem tutela coletiva.[2321]

Note-se que a Constituição de 1988, na parte em que trata dos direitos fundamentais, atribui às entidades associativas legitimidade para a representação judicial de seus filiados (art. 5º, XXI) e autoriza os sindicatos a promover a defesa em juízo dos direitos e interesses coletivos ou individuais da categoria (art. 8º, II), o que implica expresso reconhecimento do *direito fundamental à ação coletiva*.

(2318) Trata-se, aqui, de pessoas que se encontram em uma mesma situação jurídica.

(2319) A homogeneidade é caracterizada pela existência de relações jurídicas uniformes ou de um fato único do qual decorre lesão para um grupo de pessoas.

(2320) Somente na liquidação de eventual decisão condenatória é que cada situação concreta será levada em conta, para a verificação da sua pertinência com o caso julgado e a definição do crédito de cada titular do interesse ou direito reconhecido.

(2321) Todo direito possui dimensão social, no sentido de interessar à sociedade o respeito às normas que o asseguram. Em relação aos direitos coletivos *lato sensu*, esta dimensão é potencializada, pelo fato de se tratar de situação que envolve a comunidade, uma coletividade (grupo, classe ou categoria de pessoas) ou um grupo de pessoas.

O ajuizamento da ação coletiva dá ensejo à instauração de um *processo coletivo*. Processo coletivo é método, instituído e estruturado pelo ordenamento jurídico, destinado à solução de conflitos coletivos de interesses e a realização concreta de direitos difusos, coletivos em sentido estrito ou individuais homogêneos (processo coletivo em sentido estático) ou a série de atos, praticados pelas partes, juiz, auxiliares da justiça e eventualmente por terceiros, interdependentes, ordenados em fases sucessivas e coordenados ao objetivo de solucionar o conflito de interesses submetido ao Poder Judiciário e realizar concretamente direitos difusos, coletivos em sentido estrito ou individuais homogêneos atribuídos pela ordem jurídica (processo coletivo em sentido dinâmico).

O Poder Judiciário exerce a jurisdição individual quando é chamado a tutelar interesses ou direitos individuais e, a *jurisdição coletiva*, quando é provocado para tutelar direitos ou interesses difusos, coletivos em sentido estrito ou individuais homogêneos. Jurisdição coletiva é, portanto, atividade estatal voltada à solução de conflitos coletivos de interesses e realização concreta de direitos ou interesses coletivos em sentido amplo (direitos ou interesses difusos, coletivos em sentido estrito e individuais homogêneos).

A ação coletiva põe em movimento a jurisdição coletiva, que tem o processo coletivo como instrumento de atuação.

Vale esclarecer que o art. 81 do CDC, ao tratar da tutela jurisdicional do consumidor, faz alusão à defesa de *interesses* e de *direitos*, o que traz à baila a distinção entre interesse simples, interesse legítimo e direito subjetivo, em voga na doutrina administrativa europeia. Sob o prisma desta doutrina, o interesse funciona como elo de ligação entre uma necessidade humana e o bem apto a satisfazê-la, observando-se que, para a *concepção objetiva*, interesse é a relação entre uma pessoa ou grupo de pessoas e o bem apto a satisfazer as suas necessidades, ao passo que, consoante a *concepção subjetivista*, o interesse é a aspiração de uma pessoa ou grupo ao atendimento de uma necessidade por meio de determinado bem. Para a doutrina em destaque, o interesse pode ser *simples* (interesse que apenas retrata a posição de uma pessoa ou grupo em relação a um bem, mas cuja satisfação não pode ser exigida judicialmente) e *legítimo* (interesse que traduz a posição de uma pessoa ou grupo em relação a determinado bem, mas a pessoa ou o grupo somente pode exigir a adequação da conduta de outrem à legalidade objetiva). Sob o prisma desta doutrina, o interesse legítimo se diferencia do direito subjetivo, na medida em que este permite exigir de outrem determinada prestação. Este debate, no entanto, perde relevância no nosso sistema jurídico, na medida em que o Código de Defesa do Consumidor assegura a tutela jurisdicional de interesses e de direitos.

Qualquer interesse ou direito difuso, coletivo ou individual homogêneo de natureza trabalhista pode ser objeto de defesa coletiva, sendo inconstitucional, portanto, o parágrafo único do art. 1º da Lei n. 7.347/85 (acrescentado pela Medida Provisória n. 2.180-35), que veda a propositura de ação civil pública para "veicular pretensões que envolvem o Fundo de Garantia do Tempo de Serviço — FGTS ou outros fundos de natureza institucional cujos beneficiários podem ser individualmente determinados", por ofensa ao art. 5º, XXXV, da Constituição Federal, que assegura o direito de recorrer à justiça tanto por meio de ação individual quanto por meio de ação coletiva.

A propósito desta restrição, afirma Hugo Nigro Mazzili que, "depois do alargamento de objeto da LACP, trazido pela Constituição, pelo CDC e por outras leis esparsas, agora num segundo momento — tão logo a ação civil pública começou a ser mais efetivamente utilizada —, o governo federal sentiu-se tentado a impedir o cabimento de tutela coletiva de interesses transindividuais em matérias que se poderiam voltar contra o próprio governo. Assim, por medida provisória, dispôs que 'não será cabível ação civil pública para veicular pretensões que envolvam tributos, contribuições previdenciárias, o Fundo de Garantia do Tempo de Serviço — FGTS ou outros fundos de natureza institucional cujos beneficiários podem ser individualmente determinados'. Flagrante é a inconstitucionalidade de medida provisória que tenta impedir o acesso coletivo à jurisdição. Tanto é garantia constitucional o acesso individual como o acesso coletivo à jurisdição. Ou seja, é o mesmo que, tendo a Constituição garantido o acesso à jurisdição não só sob o aspecto individual como coletivo (Tít. II, Cap., e art. 5º, XXI, XXXV e LXX), vir o administrador a legislar e a dizer que, nos casos em que ele não o deseja, não cabe acesso coletivo à jurisdição... Ora, a lei infraconstitucional não pode proibir o acesso individual nem o coletivo à jurisdição".[2322]

(2322) *A defesa dos interesses difusos em juízo*, p. 716-717.

3. Ações coletivas trabalhistas. Requisitos para a propositura da ação coletiva

Constituem exemplos de ações coletivas trabalhistas:

a) ação civil pública;

b) ação civil coletiva;

c) ação anulatória de cláusula de contratos individuais do trabalho, acordo coletivo de trabalho e convenção coletiva de trabalho;

d) ação de cumprimento ajuizada por sindicato em favor dos integrantes da categoria profissional que representa;

e) dissídio coletivo.

A relação acima é apenas exemplificativa, na medida em que, consoante prevê o art. 83 do Código de Defesa do Consumidor, para a defesa dos interesses e direitos coletivos em sentido amplo são admissíveis *todas as espécies de ações capazes de proporcionar sua adequada e efetiva tutela.*(2323) Com isso, no processo do trabalho pode ser proposta a ação coletiva que se apresente, à luz do caso concreto, como a mais idônea para proporcionar a adequada e efetiva tutela do interesse ou direito deduzido.

As ações coletivas trabalhistas são regidas pelo direito processual do trabalho, do qual servem como fontes subsidiárias, principalmente, o Código de Defesa do Consumidor (Lei n. 8.078/90), a Lei da Ação Civil Pública (Lei n. 7.345/85), assim como pelas normas que, segundo Wânia Guimarães Rabêllo de Almeida, compõem o direito processual metaindividual do trabalho (item 1 *supra*).

Os legitimados para a ação coletiva não necessitam de autorização dos eventuais beneficiados pela coisa julgada para a sua propositura. A lei, ao atribuir legitimidade aos entes que menciona, também lhes atribui o poder para proceder ao exame da conveniência e oportunidade de propor a ação coletiva. Em relação aos sindicatos, aponta neste mesmo sentido o art. 872, parágrafo único, da CLT, ao passo que a Constituição da República, ao estabelecer que aos sindicatos cabe a defesa dos direitos e interesses coletivos e individuais da categoria, inclusive em questões judiciais, a eles confere plena autonomia no exercício desta defesa (art. 8º, III). Exigir dos sindicatos prévia autorização da categoria ou dos seus membros para a propositura da ação coletiva implicaria, portanto, limitar a autonomia que lhes foi conferida pela Constituição.

De outra sorte, do legitimado para a propositura da demanda não pode ser exigido que indique, na petição inicial, aqueles que serão beneficiados pela coisa julgada (o denominado *rol dos substituídos*), em especial porque a definição dos beneficiados pela coisa julgada nem sempre é possível no momento da propositura da demanda, além do que a indicação dos beneficiados pode colocar sob a pressão do empregador os trabalhadores em favor dos quais a demanda é proposta. Acrescente que exigir dos sindicatos a apresentação do *rol de substituídos* limita a autonomia que a eles foi conferida de forma ampla pela Constituição. Note-se que, na ação civil coletiva, a sentença será genérica (art. 95 do CDC), o que indica que eventuais beneficiados pela coisa julgada sequer necessitam estar individualizados na sentença. A dispensa do *rol dos substituídos* não implica cerceamento do direito de defesa do demandado, posto que a defesa é produzida considerando os fatos que fundamentam os pedidos objeto da demanda.

Contudo, se o autor da demanda coletiva indica aqueles que serão beneficiados pela coisa julgada, somente eles serão por ela alcançados. É que, nesta hipótese, a ação é ajuizada em favor de pessoas determinadas, o que faz com que a coisa julgada seja restrita a elas.(2324)

(2323) Nota-se, aqui, o expresso reconhecimento legal do direito à efetividade da jurisdição.

(2324) O STJ já decidiu que: "Sindicato pleiteando direito de filiados relacionados. Hipótese de representação. Inexistência de direito coletivo envolvido na demanda. Não subsunção da ação à Lei da Ação Civil Pública. Coisa julgada *inter partes*. Isenção de custas. Impossibilidade. 1. Não se configura, na espécie, substituição processual, pelo simples fato de que o sindicato, ao juntar o rol dos servidores beneficiários, restringiu a demanda a uma tutela *inter partes*, não se podendo, destarte, classificar a lide dentre aquelas coletivas *lato sensu*, da qual são espécies as que defendem interesses difusos, coletivos *stricto sensu* e individuais homogêneos. 2. Tem-se, na verdade, hipótese de representação, postulando o sindicato em nome e por conta de

Antônio Gidi, examinando as *class actions* norte-americanas, afirma que constituem requisitos para a propositura da ação coletiva: "a) que o grupo titular do direito violado seja tão numeroso que o litisconsórcio de todos os seus membros em uma única ação seja impraticável (*joinder impractibility*); b) exista uma questão comum, de fato ou de direito, unindo as pessoas interessadas em um grupo mais ou menos uniforme (*common question*); c) o representante tenha as mesmas pretensões dos demais membros do grupo, sendo representante típico dos interesses do grupo (*tipicality*); d) o autor represente adequadamente os interesses dos demais membros do grupo (*adequacy representation*)".[2325]

No Brasil, a ação coletiva constitui *ação de grupo*, isto é, ação voltada à tutela de direitos e interesses de um grupo, ao passo que a necessidade de existência de questão comum, de fato ou de direito, resulta do próprio conceito legal de direitos e interesses difusos, coletivos e individuais homogêneos. No sistema norte-americano, somente um membro do grupo atingido pode propor a ação, o que explica a exigência de representativa adequada, questão que será examinada mais adiante.

Como foi dito, a ação coletiva é uma *ação de grupo*, ou seja, ação promovida em favor da comunidade, de grupo, classe ou categoria de pessoas ou de *pessoas* atingidas pelo mesmo fato ilícito, não podendo ser ajuizada, portanto, em favor de apenas uma pessoa ou reduzido número de pessoas. É por esta razão, inclusive, que a legitimidade para a ação coletiva é atribuída a entes destinados à defesa de interesses e direitos de *natureza coletiva*.

Tanto é verdade que a ação coletiva é uma ação de grupo, que o Código de Defesa do Consumidor, ao se referir àqueles que podem ter seus interesses e seus direitos tutelados coletivamente, faz alusão a *consumidores*, *vítimas* e *sucessores* das vítimas (arts. 81, 83 e 91, por exemplo). Aliás, é a pluralidade de pessoas em favor de quem a ação coletiva pode ser proposta que justifica o tratamento diferenciado conferido à coisa julgada produzida no processo coletivo: ela é *ultra partes* ou *erga omnes* (art. 103 do CDC).

Destarte, embora ao sindicato seja lícito ajuizar ação coletiva visando à tutela de interesses ou direitos difusos, coletivos e individuais homogêneos, não está ele legitimado a ajuizar ação coletiva em favor de apenas um trabalhador ou número reduzido de trabalhadores. Quando se tratar de apenas um trabalhador, o sindicato somente está autorizado a prestar-lhe *assistência* (art. 514, *b*, da CLT e art. 14 da Lei n. 5.584/70).

Anote-se que, embora a situação do trabalhador único citado na inicial de ação coletiva possa ser a mesma de outros trabalhadores, o fato de ser ele o único em favor de quem a ação é ajuizada demonstra a ausência, *no processo*, de interesses ou direitos de dimensão coletiva a serem tutelados. No processo, em se tratando de apenas um trabalhador, estará em debate *interesse ou direito individual heterogêneo*, o qual não pode ser objeto de ação coletiva, como deixa claro o art. 81, parágrafo único, do Código de Defesa do Consumidor.

Acrescente que, em se tratando de apenas um trabalhador ou número reduzido de trabalhadores, ao sindicato não é lícito substituí-lo(s) no exame da conveniência e oportunidade de propor a ação, submetendo-o, inclusive, a custos de que sequer pode ter sido previamente informado. Repita-se que, se a ação beneficia apenas um trabalhador, cai por terra algo que é da essência das ações coletivas, que é o *efeito expansivo da coisa julgada*, no caso de procedência do pedido.

Destarte, proposta "ação coletiva" em favor de apenas um trabalhador ou número reduzido de trabalhadores, cumpre reconhecer a ilegitimidade ativa do sindicato, com a extinção do processo, sem provimento de mérito.[2326]

---

servidores filiados, ora relacionados na petição inicial, presentando-os na relação jurídica processual instaurada. 3. A coisa julgada nas ações coletivas produz efeitos *ultra partes* ou *erga omnes*, o que não ocorrerá no caso vertente, no qual a tutela jurisdicional terá pertinência subjetiva apenas com aqueles relacionados na petição inicial pelo sindicato demandante. 4. Não cabe, na espécie, pois, a pretendida isenção de custas" (STJ, REsp. 672726/RS, Rel. Min. Hélio Quaglia Barbosa).

(2325) *A class action como instrumento de tutela coletiva dos direitos:* as ações coletivas em uma perspectiva comparada, p. 15.

(2326) A SDI-I do TST já afirmou a possibilidade de ajuizamento de ação coletiva em favor de apenas um trabalhador, embora não tenha enfrentado de forma direta esta questão, como se vê nos autos do E.Ag-RR 63900-89.2007.5.03.0102, DJET 28.10.11 e E-RR 43200.50.2006.5.04.0571.

4. *A importância das ações coletivas e da tutela coletiva de direitos*

Com as ações coletivas, o direito processual brasileiro passou a dispor de mecanismos jurisdicionais destinados à tutela de interesses ou direitos difusos, coletivos e individuais homogêneos.

Como exemplos de intervenções legislativas voltadas à tutela coletiva de direitos coletivos em sentido amplo no ordenamento jurídico brasileiro, podem ser mencionadas as leis que instituíram a ação popular, a ação civil pública e o Código de Defesa do Consumidor.

A valorização da ação coletiva possui como *objetivos principais* a ampliação do acesso à justiça e aos direitos assegurados pela ordem jurídica[(2327)] e, *secundários*, a economia processual, o equilíbrio de forças entre as partes litigantes, a adequada tutela dos interesses e direitos coletivos e a harmonia de julgados sobre as mesmas questões de fato ou de direito.

Tratando da importância das ações coletivas aduz Antônio Gidi que:

a) "O objetivo mais imediato das ações coletivas é o de proporcionar eficiência e economia processual, ao permitir que uma multiplicidade de ações individuais repetitivas em tutela de uma mesma controvérsia seja substituída por uma única ação coletiva (...). As ações coletivas promovem a economia de tempo e de dinheiro não somente para o grupo-autor, como também para o Judiciário e para o réu";

b) "Um segundo objetivo buscado pelas ações coletivas é o de assegurar o efetivo acesso à justiça de pretensões que, de outra forma, dificilmente poderiam ser tuteladas pelo Judiciário";

c) "O terceiro objetivo buscado pela tutela coletiva dos direitos é o de tornar efetivo o direito material e promover as políticas públicas do Estado. Isso é obtido de duas formas. A primeira é através da realização autoritativa da justiça no caso concreto de ilícito coletivo, corrigindo de forma coletiva ilícito coletivamente causado (...). A segunda é realizada de forma profilática, através do estímulo da sociedade para o cumprimento voluntário do direito, através do desestímulo à prática de condutas ilícitas coletivas, por meio de sua efetiva punição".[(2328)]

Antônio Gidi aduz que "o principal fator de estímulo à prática de ilícitos de pequeno valor contra um grupo de pessoas em uma sociedade desprovida de tutela coletiva de direitos é a sua alta lucratividade associada à certeza de impunidade (...). Qualquer pessoa que esteja interessada em violar o direito de outra pessoa está razoavelmente imune ao poder controlador do Estado, desde que os danos causados sejam relativamente pequenos a ponto de não justificar financeiramente os custos com a propositura de uma ação civil e a conduta não esteja tipificada como crime ou regulamentada por alguma entidade governamental (...). Se essa pessoa estiver em posição de poder violar o direito de inúmeras pessoas, de forma a somar todos os inúmeros pequenos prejuízos do grupo violado, ela pode contar com a inércia dos lesados e obter, ilícita e impunemente, um lucro extremamente alto (...). A mesma sociedade cuja organização gera a possibilidade de violação coletiva a direitos e interesses de um grupo deve criar instrumentos processuais para remediar, ou pelo menos desincentivar, a prática de tais ilícitos".[(2329)]

É importante salientar que o direito processual do trabalho sempre prestigiou a defesa coletiva de interesses e direitos, valendo recordar, nesse sentido, a autorização para o ajuizamento de dissídio coletivo (art. 616 da CLT) e de ação de cumprimento (art. 872, parágrafo único, da CLT) pelos entes sindicais.[(2330)]

A valorização das ações coletivas pelo direito processual do trabalho e o art. 769 da CLT permitem adotar como fonte subsidiária do direito processual do trabalho o subsistema das ações coletivas estabelecido pela Lei da Ação Civil Pública e pelo Código de Defesa do Consumidor, assim como pelas normas que, segundo Wânia Guimarães Rabêllo de Almeida, compõem o direito processual metaindividual do trabalho (item 1 *supra*).[(2331)]

(2327) As ações coletivas permitem que pequenas lesões sejam levadas ao Judiciário e o acesso à justiça de pessoas que não têm consciência dos seus direitos.

(2328) *A* class action *como instrumento de tutela coletiva dos direitos*, p. 25-33.

(2329) *A* class action *como instrumento de tutela coletiva dos direitos*, p. 25-33. O tema é examinado, com profundidade, por Wânia Guimarães Rabêllo de Almeida na obra já mencionada neste Capítulo.

(2330) Os trabalhadores e empregadores têm nos sindicatos instrumento decisivo para a defesa de seus interesses.

(2331) Para Antônio Gidi, "a história moderna da codificação processual coletiva brasileira começa com a promulgação da LACP em 1985, passa pelos avanços da Constituição Federal de 1988 e se aperfeiçoa com o Código de Proteção e Defesa do Con-

5. Condições da ação coletiva

O julgamento do mérito da demanda coletiva pressupõe o atendimento de determinadas condições (condições de ação), que são, de acordo com o CPC de 1973, a legitimidade, o interesse de agir e a possibilidade jurídica do pedido, e, com o CPC de 2015, a legitimidade e o interesse de agir.

A legitimidade diz respeito à titularidade do direito de ação e de defesa.

O interesse de agir é traduzido pela necessidade/utilidade do processo como instrumento de tutela do direito e pela adequação do provimento jurisdicional requerido à tutela jurisdicional pretendida (trata-se de condição de ação relacionada com o direito material — necessidade/utilidade de recorrer ao Poder Judiciário para a tutela de um direito assegurado pela ordem jurídica — e com o processo — adequação do processo, enquanto instrumento, para a tutela reclamada).

A possibilidade jurídica tem relação com a autorização ou a inexistência de vedação para o acolhimento da providência pretendida pelo autor da demanda. Contudo, o exame da possibilidade jurídica do atendimento da pretensão manifestada em juízo é questão afeta ao *mérito da demanda* e não à possibilidade de seu enfrentamento, o que foi acolhido pelo CPC de 2015, que não inclui a possibilidade jurídica do pedido entre as condições de ação, conforme seu art. 485, VI.

Segundo resulta dos arts. 129, III, da Constituição Federal, 83 da Lei Complementar n. 75/93, 82 da Lei n. 8.078/90 (CDC) e 5º da Lei n. 7.345/85 (LACP), são legitimados para a ação coletiva: Ministério Público; Defensoria Pública; União; Estados; Distrito Federal; Municípios; entidades e órgãos da Administração Pública direta ou indireta, ainda que sem personalidade jurídica, especificadamente destinados à defesa dos interesses coletivos; associações civis legalmente constituídas há pelo menos um ano e que incluam entre seus fins institucionais a defesa dos interesses coletivos, como se verá mais adiante.

No direito processual individual, a titularidade da ação é atribuída, em regra, ao titular do direito a ser deduzido em juízo, como autoriza afirmar o art. 18 do CPC de 2015.[2332] Para as ações coletivas, a legitimidade é atribuída a entes que o legislador considerou aptos à defesa em juízo de direitos ou interesses de dimensão coletiva, observando-se que a legitimação individual para a tutela de interesses coletivos é prevista apenas em relação à ação popular, que pode ser proposta por cidadão (art. 1º da Lei n. 4.717/65).

No modelo norte-americano das *class actions*, que serviu de inspiração, ainda que indireta, para o direito brasileiro, o juiz é autorizado a proceder ao prévio exame e controle da *adequada representatividade* do autor da ação coletiva.

---

sumidor (CDC) de 1991 (...). A LACP e o CDC fazem as vezes de Código de Processo Civil Coletivo brasileiro, sendo o ordenamento processual civil coletivo de caráter geral" (*Rumo a um Código de Processo Civil coletivo:* a codificação das ações coletivas do Brasil, p. 8-9). Esse doutrinador acrescenta que a promulgação de um Código de Processo Civil Coletivo no Brasil alcançaria cinco objetivos "O primeiro deles, é a simples reunião material de normas processuais coletivas esparsas em um sistema ordenado. Por questões históricas, o sistema processual coletivo brasileiro é desnecessariamente complexo, contendo um microssistema geral formado por duas leis (LACP e CDC) e várias leis substantivas esparsas prevendo normas processuais coletivas, como o Estatuto do Idoso, da Criança e do Adolescente, a Lei de Improbidade Administrativa, etc. O segundo, é o fim de um duplo sistema, em que há margem para dizer que há dois tipos de ações em tutela de direitos de grupos: uma 'ação coletiva' e uma 'ação civil pública'. Nem mesmo há convenção sobre o significado de tais expressões (...). Ação não tem nome (...). No sistema jurídico brasileiro é impossível comentar a LACP sem comentar também o CDC: trata-se de um sistema único, dividido em tutela de direitos transindividuais (difusos e coletivos) e individuais. Em verdade, um processo com o *nome* 'ação civil pública' não existe. O que existe é uma ação com a *natureza* coletiva (...). O terceiro objetivo alcançado pela codificação, de certa forma relacionado com o anterior, seria acabar com as desnecessárias diferenças entre o procedimento das demandas coletivas em defesa de direitos transindividuais (difusos, coletivos) e individuais homogêneos (...). O quarto objetivo da codificação seria corrigir os erros e discrepâncias jurisprudenciais, esclarecer ambiguidades da lei e contra-atacar os golpes que o governo brasileiro tem desferido contra o processo coletivo, principalmente a limitação territorial da coisa julgada coletiva e a dificuldade artificialmente criada para o cabimento de demanda coletiva contra a Fazenda Nacional. Por fim, pode-se aproveitar a oportunidade codificadora para realizar inovações processuais pontuais, aprimorando algumas regras, colmatando lacunas, resolvendo ambiguidades e criando normas necessárias ao aprimoramento do sistema, mas mantendo a estrutura do direito positivo" (*Op. cit.*, p. 23-25).

(2332) "Ninguém poderá pleitear, em nome próprio, direito alheio, salvo quando autorizado pelo ordenamento jurídico."

A propósito, aduz Antônio Gidi que, "segundo a doutrina majoritária brasileira, basta que o representante do grupo seja um entre os legitimados pelo art. 82 do Código de Defesa do Consumidor (ou art. 5º, da Lei da Ação Civil Pública), para que ela possa livremente representar os interesses do grupo em juízo (...). Todavia, não se pode admitir que uma ação coletiva seja proposta por associação manifestamente incapaz de tutelar adequadamente os interesses do grupo no processo, seja por incompetência, por falta de interesse real no litígio, por inexistência de interesses conflitantes, parcialidade ou mesmo má-fé. Na prática, o representante pode conduzir o processo de maneira inadequada para a tutela dos interesses do grupo (ou de parcela do grupo), ou simplesmente perder a causa propositalmente. Se a incompetência do representante — ou do seu advogado — limita-se à não produção de material probatório suficiente, o problema é de menor gravidade, porque a mesma ação coletiva poderá ser reproposta, se houver a apresentação de nova prova em ação subsequente. O problema começa a ficar mais delicado, porém, se a incompetência do representante repercute na forma como o processo é conduzido ou na fundamentação jurídica da pretensão coletiva do grupo. É possível propor e repropor a mesma ação coletiva com base em nova prova, mas não com base em uma melhor argumentação ou fundamentação. Ademais, essa regra não se aplica às ações coletivas em tutela de direitos individuais homogêneos".[2333]

Para esse doutrinador, "apesar de não estar expressamente previsto em lei, o juiz brasileiro não somente pode, como tem o dever de avaliar a adequada representatividade do grupo em juízo. Se o juiz detectar a eventual inadequação do representante, em qualquer momento do processo, deverá proporcionar prazo e oportunidade para que o autor inadequado seja substituído por outro, adequado. Caso contrário, o processo deve ser extinto sem julgamento de mérito. Se o juiz, inadvertidamente, atingir o mérito da causa, a sentença coletiva não fará coisa julgada material e a mesma ação coletiva poderá ser reproposta por qualquer legitimado. Esta proposta, não é *de lege ferenda,* mas *de lege lata.* Ou seja, é independente de reforma legislativa. Basta um juiz competente e interessado (...). O representante inadequado, portanto, é um não representante".[2334]

Antônio Gidi fundamenta a sua posição na aplicação, por analogia, do disposto no art. 5º, § 3º, da Lei de Ação Civil, que autoriza qualquer legitimado a assumir o processo no caso de desistência ou abandono da ação, afirmando que esta autorização pode ser aplicada no caso de ser o autor da ação considerado representante inadequado dos interesses do grupo, e no direito ao devido processo legal, que abarca o direito de ser defendido por um representante adequado.[2335]

No Brasil, as normas que tratam da legitimação para a ação coletiva não aludem à possibilidade de o juiz proceder a este controle, definindo a lei os entes legitimados para a ação (trata-se, então, de representatividade *ope legis,* fruto de uma opção política do legislador).[2336] Contudo, ao juiz é lícito dar notícia da demanda aos demais legitimados, para que estes, querendo, participem do processo. O que se persegue no processo coletivo é o respeito à ordem jurídica e por ele o juiz é também responsável, o que o autoriza a proceder à intimação dos demais legitimados da propositura da ação coletiva, visando à correção de eventual incapacidade ou ineficiência do autor da demanda.

6. Legitimidade para as ações coletivas trabalhistas

São legitimados para a ação coletiva trabalhista, como decorre dos arts. 5º, LXX, *b,* 8º, III, 129, III, da Constituição Federal, 83 da Lei Complementar n. 75/93, 82, I, III e IV, da Lei n. 8.078/90 (CDC) e 5º da Lei n. 7.345/85 (LACP):

(2333) *A* class action *como instrumento de tutela coletiva dos direitos:* as coletivas em uma perspectiva comparada, p. 129-130.

(2334) *A* class action *como instrumento de tutela coletiva dos direitos:* as coletivas em uma perspectiva comparada, p. 134-135.

(2335) *A* class action *como instrumento de tutela coletiva dos direitos:* as coletivas em uma perspectiva comparada, nota de rodapé n. 234 e p. 135.

(2336) Sobre a influência apenas indireta do modelo norte-americano, afirma Antônio Gidi que "a legislação e a doutrina brasileiras foram baseadas inteiramente na doutrina italiana (esta sim) estudou as *class actions* norte-americanas. Nenhuma fonte original foi consultada pelo legislador brasileiro: foi uma pesquisa inteiramente realizada de segunda mão" (*Rumo a um Código de Processo Civil coletivo:* a codificação das ações coletivas no Brasil, p. 30-31).

a) Ministério Público do Trabalho;

b) associações legalmente constituídas e em funcionamento há pelo menos um ano, em defesa dos interesses de seus membros ou associados, lembrando-se que os sindicatos são associações voltadas ao estudo, defesa e coordenação de interesses econômicos ou profissionais, nos termos do art. 511 da CLT, cabendo-lhes, segundo o art. 8º, III, da Constituição da República, a defesa dos direitos e interesses coletivos ou individuais da categoria, inclusive em questões judiciais;[2337]

c) defensoria pública federal: a Lei n. 1.060/50 atribuía aos poderes públicos, federal e estadual a obrigação de conceder assistência judiciária aos necessitados que recorressem à Justiça do Trabalho, mas a Lei n. 5.584/70 transferiu esta responsabilidade para os sindicatos profissionais. Estabeleceu-se, desta forma, uma espécie de monopólio, em favor dos sindicatos, em relação à assistência judiciária aos trabalhadores em estado de insuficiência econômica. Contudo, a Constituição da República de 1988 atribui esta responsabilidade também ao Estado (art. 5º, LXXIV). Com isso, os sindicatos já não detêm o monopólio da assistência judiciária devida aos trabalhadores necessitados perante o Judiciário Trabalhista, o que autoriza afirmar que também a Defensoria Pública Federal possui legitimidade para ajuizar ação coletiva perante a Justiça do Trabalho.[2338]

Na definição legal da legitimidade para as ações coletivas não foi levada em conta a titularidade do direito ou interesse para o qual se pede tutela, mas a aptidão do legitimado para a sua defesa em juízo. A legitimação para a ação coletiva foi atribuída a entes públicos (Ministério Público do Trabalho e Defensoria Pública) e privados (entidades de classe e associações) no pressuposto de sua idoneidade para promover a adequada defesa judicial de interesses ou direitos transindividuais ou individuais homogêneos, sendo relevante acrescentar que o legitimado que ajuizar a ação coletiva pode ser nela substituído por outro, no caso de desistência infundada ou de abandono da causa[2339], o que demonstra que, no direito processual coletivo, mais importante do que definir aquele que pode propor a ação, é a intenção de criar instrumentos que favoreçam a concretização dos direitos assegurados pelo ordenamento jurídico,[2340] e, ainda, que as associações, como prevê a parte final do art. 82, IV, da CDC, estão dispensadas de autorização assemblear para o ajuizamento de ação coletiva.

A legitimidade para a ação coletiva foi atribuída a entes destinados à defesa de interesses e direitos de natureza coletiva. A titularidade da ação coletiva é definida, portanto, segundo critérios de *pertinência temática*. Neste sentido, o art. 82, III, do CDC aduz a *entidades destinadas à defesa de direitos e interesses protegidos pelo CDC*. No mesmo sentido, o art. 82, IV, faz referência a associações que incluam entre os seus fins a defesa de direitos e interesses difusos, coletivos e individuais homogêneos (direitos protegidos pelo CDC,

(2337) A Constituição Federal estimula a criação de associações (arts. 5º, XVII, XVIII, XIX, XX e XXI, e 174, § 2º), o que se encontra em perfeita sintonia com um dos objetivos fundamentais da República, que é a construção de uma sociedade solidária (art. 3º, I, da Constituição Federal). O requisito da pré-constituição da associação pode "ser dispensado pelo juiz, nas ações previstas nos arts. 91 e seguintes, quando haja manifesto interesse social evidenciado pela dimensão ou característica do dano, ou pela relevância do bem jurídico a ser protegido" (art. 82, § 1º, do CDC). Esta possibilidade reforça a conclusão de que o direito processual coletivo atribui ênfase especial à realização prática dos direitos de dimensão coletiva.

(2338) À Defensoria Pública Federal cabe a defesa dos direitos individuais e coletivos dos necessitados, assim considerados na forma do art. 5º, LXXIV, da Constituição da República (art. 1º da Lei Complementar n. 80, de 12.1.1994), constituindo uma das suas funções institucionais promover ação civil pública e todas as espécies de ações capazes de propiciar a adequada tutela dos direitos difusos, coletivos e individuais homogêneos, quando o resultado da demanda puder beneficiar grupo de pessoas hipossuficientes (art. 4º, VII, da Lei Complementar n. 80/94). Interessa registrar que também constitui função institucional da defensoria pública promover, prioritariamente, a solução extrajudicial dos litígios, visando à composição entre as pessoas em conflito de interesses, por meio de mediação, conciliação, arbitragem e demais técnicas de composição e administração de conflitos (art. 4º, II, da Lei Complementar n. 80/94) e que o instrumento de transação, mediação ou conciliação referendado pelo defensor público valerá como título executivo extrajudicial, inclusive quando celebrado com pessoa jurídica de direito público (art. 4º, VII, da Lei Complementar n. 80/94).

(2339) Neste sentido, prevê o art. 5º, § 3º, da LACP que, "em caso de desistência infundada ou abandono da ação por associação legitimada, o Ministério Público ou outro legitimado assumirá a titularidade ativa".

(2340) No processo civil individual, o abandono da causa conduz à extinção do processo (art. 267, III, do CPC), sendo restritas, ainda, as hipóteses de substituição da parte (art. 41 do CPC). Isto se dá porque no processo individual prevalece o interesse individual do titular do direito e, com isso, da ação, o que não ocorre com o processo coletivo, que é direcionado à concretização dos direitos que por meio da ação coletiva podem ser defendidos, em razão de sua relevância social.

segundo citado inciso). O direito processual coletivo prestigia o *acesso coletivo à justiça*, distanciando-se, com isto, da concepção individualista do acesso à justiça e do processo.

A legitimidade para as ações coletivas é: a) concorrente: a legitimidade de um ente não exclui a dos demais:[(2341)] b) disjuntiva: a propositura da ação por um dos entes legitimados não depende da aquiescência dos demais legitimados; c) exclusiva: somente têm legitimidade para a ação coletiva os entes expressamente indicados pelo ordenamento jurídico.

A atribuição de legitimidade para a ação coletiva a vários entes (*legitimidade plúrima*) responde à necessidade de facilitar o acesso à justiça e, por meio deste, ao próprio direito material.

Não existe consenso na doutrina sobre a natureza jurídica da legitimação para a ação coletiva. Existem a propósito duas vertentes principais de pensamento:

> 1) trata-se de legitimação extraordinária, na modalidade substituição processual, posto que os entes definidos pelo legislador estão legitimados para ajuizar a ação em nome próprio, em defesa de direito ou interesse alheio;
>
> 2) a hipótese é de legitimação ordinária, quando se trate de defesa de interesses ou direitos difusos e coletivos, vez que a indivisibilidade do objeto do interesse ou direito exige uma legitimação especial (isto é, que não leve em conta a titularidade do interesse ou direito para o qual se pede tutela), e extraordinária, na hipótese de defesa de interesses ou direitos individuais homogêneos.

Sob a ótica do art. 6º do CPC de 1973 e do art. 18 do CPC de 2015, a legitimidade pode ser *ordinária* (titular do direito de ação é o titular do direito deduzido, sendo legitimado para a defesa o devedor da conduta a que corresponde o direito deduzido) ou *extraordinária* (o titular da ação não é parte na relação jurídica litigiosa ou titular do direito deduzido ou devedor da conduta a que corresponde este direito). Sob este prisma, nas ações coletivas, a legitimação é sempre extraordinária, posto que é atribuída a quem não é parte na relação jurídica litigiosa, isto é, titular do direito deduzido e devedor da conduta a que corresponde este direito.

Note-se, porém, que a legitimidade extraordinária constitui uma excepcionalidade e, agindo na defesa de interesses ou direitos difusos ou coletivos, o autor da ação coletiva o faz no exercício de legitimação ordinária, posto que não atua em caráter extraordinário. Não é o que não ocorre, no entanto, quando se trata de ação voltada à tutela de interesses ou direitos individuais homogêneos, vez que, neste caso, a legitimação será extraordinária, posto que o legitimado ajuíza a demanda, em nome próprio, em defesa de direito de que não é titular, mas que tem como titulares pessoas determinadas. Note-se que, segundo o art. 91 do CDC, que trata das ações coletivas ajuizadas para a defesa de direitos individuais homogêneos, os legitimados para a ação coletiva poderão, em nome próprio e no interesse das vítimas ou seus sucessores, propor ação civil coletiva de responsabilidade pelos danos individualmente sofridos, o que indica que, em relação aos direitos individuais homogêneos, o legislador tratou da questão como se fora de legitimidade extraordinária.

É aqui adotada a classificação da legitimação em ordinária e extraordinária, mas não no sentido que lhe atribuem o CPC de 1973 e o CPC de 2015 (ordinária é a legitimação quando se trate de ação a ser proposta pelo titular do direito deduzido; extraordinária é a legitimação quando um terceiro, que não seja o titular do direito deduzido, é autorizado a ajuizar ação visando à sua tutela), mas no sentido de considerar que a legitimação não é excepcional. Para as ações voltadas à defesa de interesses ou direitos difusos e coletivos, não há qualquer excepcionalidade, vez que somente entes coletivos podem ajuizar a demanda, em razão da sua titularidade (comunidade, no caso de direitos e interesses difusos; grupo, categoria ou classe de pessoas, na hipótese de direitos e interesses coletivos).

(2341) A atribuição de legitimidade a apenas um ente poderia dar ensejo à ocorrência de dano irreparável ou de difícil reparação ao titular do interesse ou direito, em razão da omissão do ente legitimado em relação à propositura da ação ou de sua desídia na condução do processo.

Wânia Guimarães Rabêllo de Almeida aduz, no que comporta aos direitos difusos e coletivos, que a hipótese é de legitimação *ordinária especial*, argumentando que:

"a) o titular da ação não vai a juízo de forma extraordinária. Ele age em juízo na defesa de seus interesses institucionais ou no cumprimento de dever institucional. Extraordinário é aquilo que foge ao ordinário, o que é excepcional, o que não ocorre em relação à legitimação para as ações coletivas visando à tutela de direitos difusos e coletivos;

b) a legitimação é especial, porque é reconhecida em face da necessidade de facilitar o acesso à justiça e de conferir adequada tutela ao direito de natureza difusa ou coletiva. A legitimidade é especial, ainda, em razão da indivisibilidade do objeto do direito e da indeterminação dos seus titulares. A indivisibilidade do objeto do direito e a indeterminação dos seus titulares exigem legitimação especial para que se busque em juízo a sua tutela."

Em relação aos direitos difusos e coletivos não existe um titular único e determinado que possa comparecer em juízo em nome próprio (o que impede cogitar em legitimidade ordinária, nos moldes dos arts. 6º do CPC de 1973 e 18 do CPC de 2015) ou que possa ser substituído por outrem no ajuizamento da ação (o que afasta a possibilidade de falar em substituição processual, na forma do Código de Processo Civil, de 1973 e de 2015).

Já em se tratando de ação ajuizada visando à tutela de direito individual homogêneo, é possível adotar a classificação permitida pelos arts. 6º do CPC de 1973 e 18 do CPC de 2015. Nesse caso, a legitimidade é extraordinária, sendo hipótese de típica substituição processual. É que os direitos individuais homogêneos são direitos de que são titulares pessoas determináveis e com objeto divisível, o que significa que, em relação a eles, o titular da ação age, na propositura da ação, em nome próprio, mas visando à defesa de direito que pertence a um terceiro identificável. Nesta situação, tem-se substituição processual, nos moldes do art. 18 do Código de Processo Civil. Como o titular do direito é identificável e se trata de direito divisível, a substituição processual constitui meio apto e adequado para perseguir em juízo a sua tutela.[2342]

Vale registrar que, em relação ao mandado de segurança coletivo, é estabelecido que a sentença fará coisa julgada limitadamente aos membros do grupo ou categoria substituídos pelo impetrante (art. 22, *caput*, da Lei n. 12.016/09). A alusão a *substituídos* define a natureza da legitimação do impetrante: o impetrante agirá como substituto processual.

Cumpre registrar que a sentença prolatada em processo coletivo instaurado por força de ação coletiva proposta por entidade associativa na defesa de interesses dos seus associados abrangerá apenas os substituídos que tenham, na data da propositura da ação, domicílio no âmbito da competência territorial do órgão prolator (art. 2º-A da Lei n. 9.494/97).

7. *Competência para as ações coletivas*

Nos dissídios individuais, a competência é fixada, em regra, pelo *local* da prestação de serviços (arts. 651 da CLT); nos dissídios coletivos, a competência é estabelecida considerando-se o *local* onde ocorrer o dissídio, observando-se que o dissídio coletivo pode ser *regional* (o que não excede a jurisdição de um Tribunal Regional do Trabalho e que será julgado pelo Tribunal da região respectiva — art. 677 da CLT) e *nacional* (o que excede a jurisdição dos Tribunais Regionais do Trabalho e que será julgado pelo TST — art. 2º, I, *a*, da Lei n. 7.701/88).

A Lei n. 7.347/85 dispõe, no art. 2º, que a ação civil pública será proposta no *foro do local onde ocorrer o dano*, cujo juízo terá competência funcional para processar e julgar a causa. O CDC prevê, no art. 93, que é competente para a causa a *justiça local*:

(2342) *A relação entre as ações coletivas e as ações individuais no processo do trabalho*, p. 166-167.

a) no foro do lugar onde *ocorreu ou deva ocorrer o dano*, quando de âmbito local;[2343]

b) no foro da Capital do Estado ou no do Distrito Federal, para o dano de âmbito regional ou nacional, aplicando-se regras do CPC aos casos de competência concorrente.[2344]

A fixação da competência para as ações coletivas envolve:

a) a definição do órgão do Poder Judiciário competente para o seu julgamento (Vara do Trabalho, Tribunal Regional do Trabalho ou Tribunal Superior do Trabalho);

b) o *local* em que a ação deverá ser proposta.

O art. 93 do CDC, ao indicar o *local* para a propositura da ação coletiva, define o órgão do Poder Judiciário responsável pelo processamento e julgamento da demanda. Com efeito, ao estabelecer que, em caso de dano local, a ação deve ser proposta *no local* onde ocorreu ou deva ocorrer o dano, o art. 93 do CDC aponta no sentido de que, na hipótese de dano local, é na *localidade em que ocorreu ou deva ocorrer que a ação deve ser proposta*. Isso significa dizer que a ação deve ser proposta perante uma *Vara do Trabalho* com jurisdição naquele local. Tal solução está em perfeita sintonia com o art. 652 da CLT, segundo o qual as demandas trabalhistas devem ser propostas perante as Varas do Trabalho, salvo a existência de norma jurídica dispondo em sentido contrário e o direito processual do trabalho não possui norma atribuindo aos tribunais o julgamento das ações coletivas, exceção feita aos dissídios coletivos (art. 677 da CLT). A competência das Varas do Trabalho para o julgamento das ações coletivas é reconhecida na Orientação Jurisprudencial n. 130 da SDI-2 do TST, que será examinada mais adiante e também decorre da previsão constante do art. 2º da Lei n. 7.347/85, que também define como competente para a ação civil pública o foro do local onde ocorrer o dano.

Definido que compete às Varas do Trabalho a competência originária para julgamento das ações coletivas, cumpre definir a que Vara do Trabalho competirá, no caso concreto, este julgamento.

A adoção do critério da extensão do dano para efeito de fixação da competência para as ações coletivas conduz à classificação dos danos em *locais*, *regionais* e *nacionais*. A partir desta classificação, o art. 93 do CDC dispõe que é competente para a causa: a) o foro do lugar onde *ocorreu ou deva ocorrer o dano*, quando de âmbito local (*dano local*); b) o foro da Capital do Estado ou do Distrito Federal, para o dano de âmbito regional ou nacional (*dano regional* e *nacional*, respectivamente).

Note-se que, embora a transferência da competência para a Capital do Estado ou para o Distrito Federal, no caso de dano regional ou nacional, implique distanciamento do juiz da causa dos fatos e das testemunhas e dificulte o acesso à justiça (quando se tratar de ação a ser promovida por associação situada em um Estado da Federação, por exemplo), não se pode olvidar que o dano pode não ocorrer em um local específico, o que dificulta definir com precisão o *local do dano*, além do que o ato ilícito localizado em determinado local pode produzir efeitos que o ultrapassem, atingindo toda uma região ou mesmo parte substancial do território nacional ou todo este.

A dificuldade reside, no entanto, em definir o que seja dano regional e nacional.

A propósito, afirma Cândido Rangel Dinamarco que a competência para a ação coletiva "só será do foro da Capital do Estado quando os danos a evitar ou reparar extrapolem os limites de uma comarca e cheguem a atingir toda uma região significativa pelo ponto de vista econômico, social ou cultural; seria insensato deslocar a competência para a Capital quando se tratasse de danos bem localizados em poucas comarcas, sem atingir verdadeiramente uma *região* — caso em que prevalecerão as regras ordinárias disciplinadoras do *concurso eletivo* (escolha entre os diversos foros em que os fatos aconteceram ou possam acontecer...). Do mesmo modo, só se terá um *dano nacional* quando significativa extensão do território do país tiver sido atingida, envolvendo-se significativamente mais de uma unidade federativa".[2345]

(2343) A referência ao local onde deva ocorrer o dano demonstra a preocupação com a prevenção de danos e não apenas com a sua reparação (*princípio da prevenção de danos*).

(2344) Embora esteja no Capítulo que trata da *ação coletiva para a defesa de interesses individuais homogêneos*, o art. 93 é aplicável a todas as ações coletivas. O que se pretende com a adoção da extensão do dano como critério definidor da competência é facilitar o acesso à justiça, na medida em que, como regra, o juízo competente será o do domicílio das vítimas.

(2345) *Instituições de direito processual civil*, v. I, p. 548.

Versando sobre a competência para a ação civil pública, mas com solução que alcança todas as ações coletivas, excetuadas aquelas que possuem norma própria sobre competência, como se dá com o dissídio coletivo, a SDI-2 do TST editou a Orientação Jurisprudencial n. 130:

> "I — A competência para a Ação Civil Pública fixa-se pela extensão do dano.
>
> II — Em caso de dano de abrangência regional, que atinge cidades sujeitas à jurisdição de mais de uma Vara do Trabalho, a competência será de qualquer das Varas das localidades atingidas, ainda que vinculadas a Tribunais Regionais do Trabalho distintos.
>
> III — Em caso de dano de abrangência suprarregional ou nacional, há competência concorrente para a ação civil pública das Varas do Trabalho das sedes dos Tribunais Regionais do Trabalho.
>
> IV — Está prevento o juízo a que a primeira ação houve sido distribuída."

Esta Orientação Jurisprudencial não trata do dano local, em relação ao qual cumpre observar o disposto no art. 93, I, do CDC, ou seja, a demanda deverá ser proposta no foro do lugar onde ocorreu ou deva ocorrer o dano.

A prevenção estabelecida no item IV da citada Orientação Jurisprudencial é prevista no art. 2º, parágrafo único, da Lei n. 7.347/85.

À luz do art. 93 do CDC e da Orientação Jurisprudencial n. 130 da SDI-2 do TST, a competência para a ação coletiva fixa-se pela extensão do dano, podendo este ser local, regional ou suprarregional (nacional), ao passo que:

a) no caso de dano de abrangência local, isto é, de dano que atinge apenas uma localidade, a competência será da Vara do Trabalho em cuja jurisdição se encontrar a localidade atingida pelo dano;

b) no caso de dano regional, isto é, que atinge localidades sujeitas à jurisdição de distintas Varas do Trabalho, ainda que vinculadas a Tribunais Regionais do Trabalho distintos, a competência será de qualquer das Varas das localidades atingidas;[2346]

c) no caso de dano suprarregional ou nacional, há competência concorrente das varas do trabalho das sedes dos Tribunais Regionais do Trabalho.[2347]

A competência para as ações coletivas é fixada considerando-se a *extensão territorial do dano* que se pretende reparado ou evitado. Assim, nas duas hipóteses, a competência é territorial. No entanto, por força do art. 2º da Lei de Ação Civil Pública, a competência para as ações coletivas é também funcional (conforme dispõe o art. 2º da LACP, a ação civil pública será proposta no foro do local onde ocorrer o dano, cujo juízo terá competência funcional para processar e julgar a causa). Assim, para as ações coletivas em geral a competência é territorial e funcional, o que a torna absoluta.

8. Conexão, continência e litispendência no processo coletivo

Também no processo coletivo se apresenta a questão das relações entre duas ou mais demandas.

8.1. Conexão e continência.

Quando duas ou mais ações/demandas têm em comum o objeto (pedido) ou a causa de pedir, dar-se-á o fenômeno da conexão (art. 103 do CPC de 1973 e art. 55 do CPC de 2015). Duas ou mais ações/demandas são conexas, portanto, quando lhes for comum o objeto (pedido) ou a causa de pedir.

(2346) Regional, destarte, é o dano que atinge mais de uma localidade.

(2347) Segundo a Orientação Jurisprudencial em destaque, o dano será regional quando atinja localidades sujeitas à jurisdição de distintas Varas do Trabalho, ainda que vinculadas a Tribunais Regionais do Trabalho, o que significa que não é o fato de o dano alcançar a jurisdição de mais de um Tribunal Regional do Trabalho que o torna suprarregional ou nacional. O dano será suprarregional ou nacional quando alcance toda a jurisdição de dois ou mais Tribunais Regionais do Trabalho, isto é, *duas ou mais regiões*.

Por outro lado, se a identidade entre duas ou mais ações/demandas se der em relação às partes e à causa de pedir, mas o objeto (pedido) de uma abranger, ante a sua amplitude, o das demais, dar-se-á a continência (art. 104 do CPC de 1973 e art. 56 do CPC de 2015). Dá-se a continência entre duas ou mais ações/demandas, destarte, sempre que houver entre elas identidade das partes e causa de pedir, mas o objeto (pedido) de uma, por ser mais amplo, abranger o das demais.

O CPC de 1973 estabelece que, verificada a ocorrência de conexão ou continência, o juiz, de ofício ou a requerimento de qualquer das partes, pode ordenar a reunião das ações/demandas propostas em separado, a fim de que sejam decididas simultaneamente (art. 105).

O CPC de 1973, ao utilizar a expressão *pode*, não cria uma faculdade para o juiz, mas o autoriza a reunir processos, modificando, com isto, a competência, nas hipóteses de conexão e continência.

A reunião dos processos é estabelecida em razão do princípio da economia processual e da necessidade de evitar decisões conflitantes ou contraditórias.

O CPC de 2015 determina, de forma expressa, a reunião dos processos de ações/demandas conexas, visando ao proferimento de decisão conjunta, salvo se um deles já houver sido sentenciado (art. 55, § 1º). Quanto a esta última ressalva, vale observar que a reunião dos processos pressupõe a possibilidade de julgamento simultâneo das demandas, ou seja, que ela seja útil.

O CPC de 2015 vai mais além, determinando a reunião, para julgamento conjunto, dos processos que possam gerar risco de prolação de decisões conflitantes ou contraditórias caso decididos separadamente, mesmo sem conexão entre eles (art. 55, § 3º). O CPC de 2015 também inova ao estabelecer a conexão entre a execução de título executivo extrajudicial e a ação de conhecimento relativa ao mesmo ato jurídico e entre execuções fundadas no mesmo título executivo (art. 55, § 2º, I e II). Estas disposições legais são compatíveis com o direito processual do trabalho, notadamente diante da necessidade de evitar decisões conflitantes e contraditórias, ao passo que a reunião de execuções atua em favor do princípio da economia processual e da celeridade processual.

Em relação à reunião dos processos no caso de continência, o CPC de 2015 estabelece que, quando houver continência e a ação continente tiver sido proposta anteriormente, no processo relativo à ação contida será proferida sentença sem resolução de mérito, caso contrário, as ações serão necessariamente reunidas (art. 57), o que também é compatível com o processo do trabalho, visto que não há necessidade de reunir processo quando um deles pode ser extinto sem prejuízo para as partes.

Como será demonstrado mais adiante, havendo identidade de pedido e causa de pedir entre duas ou mais ações coletivas e o objeto de uma não abranger o da outra, a hipótese será de litispendência.

8.2. No processo coletivo, a questão da litispendência deve ser enfrentada sob duplo enfoque: a) litispendência no confronto entre ações coletivas; b) litispendência no confronto entre ação coletiva e ação individual.

8.2.1. No processo individual, estarão presentes as condições necessárias para reconhecer a ocorrência de litispendência quando exista identidade entre duas demandas (coincidência das partes, da causa de pedir e do pedido) e este reconhecimento impõe a extinção do processo relativo à segunda delas, sem julgamento de mérito. O que se pretende, no processo individual, é evitar mais de uma manifestação do Poder Judiciário sobre a mesma demanda.

A disciplina que o CPC atribui à litispendência não é compatível com as particularidades do processo coletivo, *no que diz respeito ao confronto entre ações coletivas*.

Com efeito, no processo coletivo, a titularidade para a ação é conferida a uma pluralidade de entes (art. 82 do CDC), ao contrário do que ocorre no individual, em que a ação deve ser proposta pelo titular do direito deduzido ou por um terceiro autorizado pela lei a fazê-lo (art. 6º do CPC de 1973 e art. 18 do CPC de 2015). Por outro lado, enquanto no processo individual não é admitida mais de uma manifestação do

Poder Judiciário sobre a mesma demanda, no processo coletivo é admitida esta possibilidade, posto que, sendo o pedido objeto da ação coletiva que vise à tutela de direito ou interesse difuso ou coletivo julgado improcedente por insuficiência de provas, qualquer legitimado poderá propor de novo a demanda, desde que fundada em nova prova (art. 103, I e II, do CDC), o que significa que a mesma demanda coletiva pode ser examinada mais de uma vez pelo Poder Judiciário.

Estas distinções entre o processo individual e o processo coletivo implicam duas outras:

1) o reconhecimento de litispendência no processo coletivo, *no confronto entre ações coletivas*, exige apenas a identidade de pedido e causa de pedir: a pluralidade de legitimados impõe que se considerem idênticas duas ou mais demandas que tenham em comum a causa de pedir e o pedido, ainda que propostas por entes legitimados distintos. Para efeito de verificação da existência de ações idênticas cumpre levar em conta, portanto, aqueles que serão beneficiados por eventual acolhimento da pretensão objeto das ações propostas por distintos entes legitimados. As duas ações coletivas, apesar de propostas por entes diversos, visam ao reconhecimento e satisfação do mesmo direito e estão fundadas na mesma situação fática e/ou jurídica, o que é suficiente para o reconhecimento da litispendência.

É este, inclusive, o ponto de vista de Antônio Gidi: "a litispendência entre duas ações coletivas ocorre sempre que se esteja em defesa do mesmo direito. É o que acontece quando há identidade de causa de pedir e pedido. É preciso ressaltar que, se em uma ação coletiva do CDC, uma ação civil pública, uma ação popular, um mandado de segurança coletivo ou qualquer outra ação coletiva ocorrer identidade de causa de pedir e de pedido, haverá litispendência entre essas duas ações. Serão a mesma e única ação coletiva, apenas propostas com base em leis processuais diferentes".[2348]

2) no processo coletivo, *no confronto entre ações coletivas*, a identidade das demandas não implicará extinção do processo relativo à segunda delas. É que, sendo admitida, no caso de improcedência do pedido objeto da ação coletiva por insuficiência de prova, o ajuizamento de uma nova demanda, com o mesmo pedido e a mesma causa de pedir, o princípio da economia processual impõe a reunião das demandas, para instrução e julgamento simultâneos, na medida em que ações passíveis de serem ajuizadas em momentos distintos devem, sendo distribuídas ao mesmo tempo, ser reunidas, como medida de economia processual, para instrução e julgamento únicos. Dito de outra forma, se cada legitimado pode atuar, em demanda por ele proposta, em prol da satisfação de determinado direito, sendo ajuizadas por dois ou mais deles demandas com o mesmo pedido e causa de pedir, devem elas ser reunidas. Reunidas as demandas, os legitimados podem atuar em conjunto, carreando aos autos os elementos de convicção de que dispõem, o que, inclusive, diminui a possibilidade de uma nova ação coletiva no caso de julgamento de improcedência por insuficiência de prova.

8.2.2. Resta examinar, então, a litispendência no confronto entre ação coletiva e ação individual.

O Código de Defesa do Consumidor estabelece, no art. 104, que as ações coletivas previstas nos incisos I e II do parágrafo único do art. 81 *não induzem litispendência* para as ações individuais, mas os efeitos da coisa julgada não beneficiarão os autores das ações individuais, se não for requerida a sua suspensão no prazo de trinta dias, a contar da ciência nos autos do ajuizamento da ação coletiva.[2349]

À luz do art. 104 do Código de Defesa do Consumidor, as ações coletivas que tenham por objetivo a defesa de interesse ou direito difuso e coletivo em sentido estrito não induzem litispendência para as ações individuais, mas os efeitos da coisa julgada *erga omnes* ou *ultra partes* a que aludem os incisos I, II e III do art. 103 (que a seguir serão examinados) não beneficiarão os autores das ações individuais, se não for requerida

(2348) *Coisa julgada e litispendência em ações coletivas*, p. 219.

(2349) Para Ada Pellegrini Grinover, existe um erro de remissão no art. 104 do CDC, de forma que "a referência do dispositivo aos 'efeitos da coisa julgada *erga omnes* ou *ultra partes* a que aludem os incisos II e III do artigo anterior' deve ser corrigida como sendo à coisa julgada 'a que aludem os incs. I, II e III do artigo anterior'" (*Código brasileiro de defesa do consumidor comentado pelos autores do anteprojeto*, p. 941, 942 e 944).

a sua suspensão no prazo de trinta dias, a contar da ciência, nos autos, do ajuizamento da ação coletiva.(2350) Com isto, o fato de existir uma ação coletiva em curso não impede a propositura da ação individual. Contudo, ao autor da ação individual restam duas opções:

a) requerer a suspensão do processo relativo à ação individual até o julgamento final da ação coletiva, para que possa, sendo acolhido o pedido objeto da ação coletiva, ser beneficiado pela coisa julgada nela produzida (se o pedido objeto da ação coletiva for julgado improcedente, o autor poderá requerer que o processo coletivo volte ao seu curso normal);

b) insistir no julgamento de sua pretensão individual, situação que implica renúncia aos benefícios da coisa julgada produzida na ação coletiva (ainda que a ação coletiva seja julgada procedente, o autor da ação individual não será alcançado pelos efeitos da sentença nela proferida). A possibilidade desta segunda opção implica reconhecimento do *direito à autoexclusão do rol dos beneficiados pela demanda coletiva*.

Note-se que, se houvesse litispendência entre as demandas em questão, não haveria espaço para a tramitação concomitante da ação coletiva e da ação individual, mesmo que atendendo ao interesse do autor da demanda individual.

Comentando o art. 104 do Código de Defesa do Consumidor, afirma Antônio Gidi que "está livre o consumidor para propor a sua ação individual, ainda que a correlata ação coletiva esteja ou venha a estar em curso. O princípio é o da absoluta liberdade do consumidor para propor sua ação individual e conduzi-la até o final, ou aguardar o desfecho da ação coletiva" e que "ainda quando o consumidor tenha proposto a sua ação individual, esse fato não ilide a possibilidade de que ele venha a ser beneficiado pela extensão *in utilibus* da imutabilidade do comando do julgado. Todavia, para que possa ser beneficiado pela eventual procedência da correspondente ação coletiva, precisa requerer a suspensão do seu processo individual no prazo estipulado".(2351)

A solução adotada pelo art. 104 do CDC não merece reparos, vez que:

a) a causa de pedir na ação coletiva é mais ampla, fundamentando a apresentação de pedido em favor de toda a coletividade ou de um grupo, categoria ou classe de pessoas, enquanto, na ação individual, a causa de pedir está adstrita aos efeitos de um ato determinado no patrimônio jurídico do seu autor;

b) as ações coletivas visam à tutela de direito ou interesse de natureza indivisível de que são titulares pessoas indeterminadas ou direito ou interesse de natureza indivisível de que seja titular grupo, categoria ou classe de pessoas enquanto a ação individual visa à tutela de direito ou interesse individual de pessoa determinada, o que significa que não existe coincidência de pedido entre estas demandas.

Em suma, as ações coletivas que tenham por objetivo a defesa de interesse ou direito difuso e coletivo em sentido estrito não induzem litispendência para as ações individuais, sendo reservadas ao autor da ação individual as opções acima referidas. Note-se que a lei assegura ao autor da ação individual, de forma expressa, a opção pela suspensão do processo a que ela se refere, o que impede afirmar que a simples propositura da ação individual implica renúncia aos benefícios da coisa julgada coletiva.

Contudo, o art. 104 do CDC não faz alusão à relação entre a ação coletiva aforada em defesa de direitos ou interesses individuais homogêneos e a ação individual.

Existem na doutrina duas vertentes de pensamento a propósito da relação entre estas duas demandas:

1) o art. 104 do CDC é aplicável também na relação entre a ação coletiva proposta em defesa de direitos individuais homogêneos e a ação individual, o que afasta a litispendência entre elas e permite

(2350) Ao demandado/réu na ação individual cabe dar ciência ao juiz da existência da ação coletiva, para que desta seja cientificado o autor daquela demanda. O autor da ação individual que não for cientificado da ação coletiva será beneficiado pela coisa julgada produzida na ação coletiva. Caso o autor da ação individual requeira, no prazo de trinta dias, a suspensão do processo relativo à ação individual, será este suspenso até o trânsito em julgado da decisão proferida na ação coletiva.

(2351) *Coisa julgada e litispendência em ações coletivas*, p. 187-188.

ao autor da ação individual fazer opção entre a continuidade do processo relativo à ação individual e a suspensão deste processo até o julgamento final na ação coletiva;

2) a ação coletiva proposta em defesa de direitos individuais homogêneos induz litispendência para a ação individual, impondo-se a extinção da ação individual, se proposta em segundo lugar, ou da ação coletiva, se proposta em segundo lugar, mas apenas em relação ao autor da ação individual.

Negando a ocorrência de identidade de demandas na hipótese em questão e, com isto, a possibilidade de reconhecimento de litispendência, afirma Antônio Gidi que:

> "Quanto às partes, a descoincidência é total: nas ações coletivas, apenas um dos entes legitimados pelo art. 82; nas ações individuais, apenas o consumidor violado em sua esfera jurídica individual (ou seus sucessores).
>
> Quanto à causa de pedir, a diferenciação é ainda mais delicada, podendo até mesmo ser consideradas as mesmas, ou, pelo menos, correspondentes. Em todo caso, a causa de pedir na ação coletiva em defesa de direitos individuais homogêneos é tão ampla que permite o pedido de condenação genérica, já na ação individual, o pedido somente poderá ser especificado.
>
> Como se pode perceber, também os objetos de ambos os processos (e, por via de consequência, também as lides, os pedidos, os méritos) são diversos. A 'lide coletiva' e a 'lide individual' são diversas: através do pedido nas ações coletivas se requer a responsabilização civil do fornecedor em indenizar pelos danos causados, independentemente dos prejuízos individualmente sofridos por cada consumidor. O que há é uma condenação *in genere*, para ulterior individualização dos prejuízos pelos interessados, via liquidação de sentença. O pedido na ação individual, por sua vez, gera uma condenação individualizada, *in concreto*, e sua eventual liquidação não será para individualizá-la, mas para tornar o título apto a servir de lastro a um processo de execução."[(2352)]

Conclui esse autor que o art. 104 do CDC "é aplicável a toda e qualquer ação coletiva, em defesa de direitos difusos, de direitos coletivos ou de direitos individuais homogêneos".[(2353)]

Também Wânia Guimarães Rabêllo de Almeida nega a ocorrência de litispendência, asseverando que "nas ações coletivas para a defesa de direitos individuais homogêneos, o pedido é de imposição de obrigação genérica de indenizar, não sendo requerida, portanto, a reparação de uma lesão determinada. Na ação coletiva, o juiz não julga pretensão individual. Já na ação individual, o autor postula indenização específica e particular, que não alcançará qualquer outro lesado. A diversidade dos pedidos impede falar em litispendência entre ação coletiva ajuizada para a defesa de direitos individuais homogêneos e a ação individual. Vale lembrar que, na solução das questões relacionadas com a litispendência nas ações coletivas, não se pode perder de vista a necessidade de facilitar o acesso à justiça e ao direito assegurado pela ordem jurídica, com a qual não se compatibiliza o reconhecimento de litispendência entre ação coletiva ajuizada para a tutela de direitos individuais homogêneos e ação individual. Ademais, afastar a litispendência prestigia a autonomia individual, sendo digno de nota que essa autonomia é prestigiada pelo Código de Defesa do Consumidor, quando afasta a litispendência entre a ação coletiva versando sobre direitos difusos e a ação individual".[(2354)]

Registre-se que o art. 22, § 1º, da Lei n. 12.016/09 dispõe que o mandado de segurança coletivo, que é aquele voltado à tutela de direito coletivo ou direitos individuais homogêneos, nos termos do art. 21, parágrafo único, da citada lei, *não induz litispendência* para as ações individuais, mas ressalva que os efeitos da coisa julgada não beneficiarão o impetrante a título individual que não requerer a *desistência do mandado de segurança no prazo de trinta dias*, contados da ciência comprovada da impetração da segurança coletiva. Note-se que a Lei n. 12.016/09 afasta a litispendência, enquanto o CDC, no art. 104, condiciona a extensão dos efeitos da coisa julgada coletiva ao autor da ação coletiva ao pedido de suspensão do processo individual, ela a condiciona à desistência do mandado de segurança individual.

(2352) *Coisa julgada e litispendência em ações coletivas*, p. 207-208.
(2353) *Coisa julgada e litispendência em ações coletivas*, p. 218.
(2354) *A relação entre ações coletivas e ações individuais no processo do trabalho:* litispendência e coisa julgada, p. 198.

Em sentido inverso, ou seja, a favor do reconhecimento da litispendência, é afirmado que:

a) o CDC, quando quis afastar a litispendência no confronto entre ações coletivas e individuais, o fez de forma expressa, o que conduz à conclusão de que a ação coletiva proposta em defesa de direito individual homogêneo induz litispendência para a ação individual;

b) no processo coletivo, a identidade da causa de pedir e do pedido (elementos da demanda que definem o bem jurídico perseguido pelo autor da demanda) é suficiente, em se tratando de direitos individuais homogêneos, para a caracterização da litispendência, vez que em ambas as ações — ação coletiva e ação individual — o que se persegue é satisfação de um mesmo direito, em razão dos mesmos fatos e fundamentos jurídicos. Como anota Cândido Rangel Dinamarco, a existência das mesmas partes, da mesma causa de pedir e do mesmo pedido "não é suficiente em si mesma para delimitar com precisão o âmbito de incidência do impedimento causado pela litispendência. Considerado o objetivo do instituto (evitar o *bis in idem*), o que importa é evitar dois processos instaurados com o fim de produzir o mesmo resultado prático. Por isso, impõe-se a extinção do segundo processo sempre que o mesmo resultado seja postulado pelos mesmos sujeitos, ainda que em posições invertidas (por exemplo, pedido de declaração de nulidade de um só contrato, formulado por um dos dois contratantes, e depois um pedido de declaração de validade do mesmo contrato, aduzido pelo mesmo adversário)".(2355)

Ainda conforme Cândido Rangel Dinamarco, "é também dispensável, para que haja a identidade impeditiva da repropositura, que cada um dos sujeitos figure na relação processual na condição de parte e não de representante de uma das partes (...). Em caso de substituição processual (CPC, art. 6º), agindo alguém em nome próprio e não do representante, mas na defesa de interesse substancial alheio (...) a litispendência impede que a mesma pretensão seja ajuizada e progrida".(2356)

Sob este prisma, na verificação da possibilidade de afirmar a ocorrência de litispendência entre ação coletiva que verse sobre direitos individuais homogêneos e ação individual, a teoria da tríplice identidade (a identidade entre duas demandas pressupõe as mesmas partes, a mesma causa de pedir e o mesmo pedido) cede lugar à *teoria da identidade da relação jurídica de direito material deduzida* (haverá identidade de demandas quando houver identidade da relação jurídica de direito material tornada litigiosa, ainda que não exista identidade de partes). Note-se que, mesmo nas ações individuais, tem lugar a aplicação da teoria da identidade de relação jurídica. Veja-se, por exemplo, o caso de uma ação em que o espólio do trabalhador reclama o pagamento de parcelas rescisórias devidas em razão da rescisão contratual (resultante da morte) e de uma ação, contendo o mesmo pedido, apresentado pelos herdeiros do trabalhador falecido. Diante desta situação, não há como negar, mesmo no confronto entre ações individuais, a situação que autoriza o reconhecimento de litispendência, sendo relevante mencionar que a ação ajuizada pelo espólio beneficia os herdeiros do falecido.

Acrescente-se que, como afirmamos em edições anteriores, o titular do direito (autor da ação individual) não estaria desprotegido na hipótese de reconhecimento da litispendência, vez que o eventual julgamento de improcedência do pedido objeto da ação coletiva não impede a propositura de ação individual, como resulta do art. 103, § 2º, do CDC.

No entanto, reexaminando a questão, optamos por rever o nosso ponto de vista, para negar a ocorrência de litispendência na espécie. E o fazemos por que:

a) a ação coletiva que versa sobre direitos individuais homogêneos é também uma ação de grupo, visto que é proposta em favor das pessoas afetadas por determinado ato ilícito (trata-se de ação proposta em favor de pessoas titulares de direitos com origem comum, ou seja, de direitos de que é titular um razoável número de pessoas). Já a ação individual versa sobre direito de que é titular pessoa determinada. A hipótese, portanto, é de ações com objetivos distintos (tutela de direitos de grupo e tutela de direito de pessoa determinada, respectivamente), o que conduz, inclusive, a de-

(2355) *Instituições de direito processual civil*, v. II, p. 62-63.

(2356) *Instituições de direito processual civil*, v. II, p. 63-64.

cisões com conteúdos diversos (sentença genérica, na qual é reconhecida a responsabilidade pela indenização de danos causados a pessoas a serem posteriormente identificadas, na ação coletiva, e sentença certa e determinada, reconhecendo a responsabilidade pela indenização dos danos sofridos por pessoa determinada, qual seja, o autor da demanda, na ação individual), observando que na ação coletiva deve ser comprovada a responsabilidade pelos danos causados, sem necessidade de identificar os lesados e definir o valor da indenização a ser paga (o que será objeto da liquidação), ao passo que, na ação individual, é indispensável individualizar aquele que sofreu o dano (dano sofrido) e quantificar a indenização a ser paga;

b) também são distintas as causas de pedir de uma e outra ação. As ações coletivas visam à tutela de direito de grupo, enquanto a ação individual visa à tutela de direito ou interesse de pessoa determinada, o que significa que a causa de pedir em uma e outra ação não são coincidentes, visto que, na ação coletiva, ela terá que ser, necessariamente, mais ampla (a ação coletiva está fundada na alegação de lesão a direitos de um grupo de pessoas e, a individual, na alegação de lesão a direito de pessoa determinada).

No entanto, em sintonia com o art. 104 do CDC, o autor da ação individual deverá ser cientificado da existência da ação coletiva, para que possa exercer a opção prevista naquele comando legal. Não há como presumir a renúncia aos benefícios da coisa julgada coletiva, salvo quando o autor da ação individual, ciente da existência da ação coletiva, queda inerte no prazo que lhe for conferido para manifestar a sua opção. Neste caso, o silêncio do autor da ação individual autoriza presumir que ele optou pela tramitação do processo individual e, com isto, renunciou aos benefícios da coisa julgada coletiva. Note-se que não se pode presumir que o autor da ação individual tinha ciência da existência da ação coletiva ao propor aquela ação, o que impõe que ele seja cientificado de sua existência, o que somente será dispensado, logicamente, quando o réu alegar em defesa a existência de litispendência com ação coletiva e o autor, chamado a se manifestar sobre esta alegação, insistir na tramitação do processo individual.

9. Atuação do Ministério Público do Trabalho no processo coletivo. Litisconsórcio e intervenção de terceiros no processo coletivo

9.1. A Constituição da República, no art. 129, III, inclui entre as funções institucionais do Ministério Público a promoção da ação civil pública, para a proteção do patrimônio público e social, do meio ambiente e de outros interesses difusos e coletivos.

A Constituição prevê, ainda, que o Ministério Público pode exercer outras funções que lhe forem conferidas, desde que compatíveis com a sua finalidade (art. 129, IX), o que significa que ao Ministério Público pode ser atribuída legitimidade para a propositura de ações não mencionadas no art. 129 da Constituição.

De outro lado, de acordo com o art. 25, IV, da Lei n. 8.625/93 (Lei Orgânica do Ministério Público), compete ao Ministério Público promover ação civil pública, na forma da lei, para: a) a proteção, prevenção e reparação dos danos causados ao meio ambiente, ao consumidor, aos bens e direitos de valor artístico, estético, histórico, turístico e paisagístico, e a outros interesses difusos, coletivos e individuais indisponíveis e homogêneos;[2357] b) a anulação ou declaração de nulidade de atos lesivos ao patrimônio público ou à moralidade administrativa do Estado ou do Município, de suas administrações indiretas ou fundacionais ou entidades privadas de que participem.

Acrescente-se que a Lei Complementar n. 75/93 (Estatuto do Ministério Público da União), dispõe que constitui função institucional do Ministério Público a defesa da ordem jurídica, do regime democrático, dos interesses sociais e dos interesses individuais indisponíveis (art. 5º, I), sendo incluídos entre os seus

(2357) Ao Ministério Público é, expressamente, atribuída legitimidade para promover ação civil pública para a proteção, prevenção e reparação de danos causados a interesses individuais indisponíveis *e* homogêneos. Não trata, a hipótese, de direitos individuais que sejam indisponíveis e homogêneos, mas de direitos individuais e de direitos homogêneos.

instrumentos de atuação a ação civil pública, para a proteção: a) de direitos constitucionais; b) do patrimônio público e social, do meio ambiente, dos bens e direitos de valor artístico, estético, histórico, turístico e paisagístico; c) dos interesses individuais indisponíveis, difusos e coletivos, relativos às comunidades indígenas, à família, à criança, ao adolescente, ao idoso, às minorias étnicas e ao consumidor; d) a outros interesses individuais indisponíveis, homogêneos, sociais, difusos e coletivos (art. 6º, VII).

Note-se que a Lei Complementar aduz à proteção de interesses individuais indisponíveis, homogêneos, sociais, difusos e coletivos, fazendo, com isto, distinção entre direitos individuais e direitos homogêneos. Não fosse isto, esta mesma Lei, no art. 6º, XII, autoriza o Ministério Público a propor ação civil coletiva para defesa de interesses individuais homogêneos, deixando claro, portanto, que o Ministério Público pode atuar em juízo na defesa de direitos difusos, coletivos e individuais homogêneos.[2358]

Por fim, ainda segundo a Lei Complementar n. 75/93, compete ao Ministério Público do Trabalho: a) promover as ações que lhe sejam atribuídas pela Constituição e a legislação trabalhista; b) promover a ação civil pública no âmbito da Justiça do Trabalho, para defesa de interesses coletivos, quando desrespeitados os direitos sociais constitucionalmente garantidos; c) propor as ações cabíveis para declaração de nulidade de cláusula de contrato, acordo coletivo ou convenção coletiva que viole as liberdades individuais ou coletivas ou direitos individuais indisponíveis dos trabalhadores; d) propor as ações necessárias à defesa dos direitos e interesses dos menores, incapazes e índios, decorrentes da relação de trabalho (art. 83, I, II e IV).

Assim, o Ministério Público do Trabalho pode atuar como autor nas ações coletivas.[2359]

Não sendo autor da ação, o Ministério Público atuará, obrigatoriamente, como fiscal da ordem jurídica (art. 5º, § 1º, da Lei n. 7.347/85).

Por fim, em caso de desistência infundada ou abandono da causa pelo seu autor, o Ministério Público assumirá a titularidade ativa (art. 5º, § 3º, da Lei n. 7.347/85). Trata-se, agora, de atuação do Ministério Público como substituto da parte que desistiu da demanda sem fundamento ou abandonou a causa.

É admitido o litisconsórcio ativo facultativo entre os Ministérios, Público da União, do Distrito Federal e dos Estados nas ações civis coletivas (art. 5º, § 5º, da Lei n. 7.347/85).

Embora o art. 5º, § 5º, da Lei n. 7.347/85 (Lei da Ação Civil Pública) somente faça referência ao litisconsórcio entre os Ministérios Públicos da União, do Distrito Federal e dos Estados, o litisconsórcio ativo não é limitado aos Ministérios Públicos, alcançando todos os entes legitimados para as ações coletivas. Acrescente-se que, consoante o art. 103, § 2º, do Código de Defesa do Consumidor, na hipótese de ação coletiva visando à tutela de interesses ou direitos individuais homogêneos, em caso de improcedência do pedido, os interessados que não tiverem intervindo no processo como *litisconsortes* poderão propor ação de indenização a título individual. Assim, mesmo o titular do direito, no caso de direitos individuais homogêneos, pode atuar no processo como litisconsorte do autor da ação coletiva (a hipótese será de litisconsorte assistencial). É por força desta possibilidade que o art. 94 do Código de Defesa do Consumidor impõe a divulgação da propositura da ação civil coletiva a fim de que os interessados possam intervir no processo como litisconsortes.

De outro lado, o fato de a Lei da Ação Civil Pública somente aludir ao litisconsorte ativo, não há como negar a possibilidade do litisconsórcio passivo no processo coletivo, inclusive o necessário.[2360]

O art. 88 do Código de Defesa do Consumidor veda a denunciação da lide no processo coletivo, demonstrando que devem ser evitados expedientes que possam prejudicar a mais rápida solução da lide, o que permite afirmar que as demais formas de intervenção de terceiros previstas no CPC estão vedadas,

(2358) *A ação civil coletiva pode ser reparatória, como resulta do art. 91 do Código de Defesa do Consumidor.*

(2359) Registre-se que o STF decidiu, que "Segundo a jurisprudência firmada pelo Supremo Tribunal Federal, 'incumbe ao Procurador-Geral da República exercer as funções do Ministério Público junto ao Supremo Tribunal Federal, nos termos do art. 46 da Lei Complementar n. 75/93', sendo que o 'exercício das atribuições do Ministério Público do Trabalho se circunscreve aos órgãos da Justiça do Trabalho, consoante se infere dos arts. 83, 90, 107 e 110 da Lei Complementar n. 75/93' (Rcl n. 4.453, Pleno, Min. Ellen Gracie, DJe de 27.3.2009)". (Rcl n. 3.431 AgR/PA, Tribunal Pleno, Re. Min. Teori Zavascki, DJe 17.6.2013).

(2360) Do litisconsórcio tratamos no Capítulo VIII, ao qual remetemos o leitor.

acrescentando-se que sequer existe possibilidade de oposição quando se trata de direitos difusos, coletivos e individuais homogêneos. A vedação em destaque não impede que o legitimado estranho ao processo intervenha para auxiliar a parte, o que implica dizer que é lícita a assistência no processo coletivo, observando-se que não se pode negar interesse nesta intervenção àquele que está legitimado para a propositura da ação.

10. A prova no processo coletivo

O tratamento conferido à prova pela Lei da Ação Civil Pública e pelo Código de Defesa do Consumidor demonstra a distinção entre o direito processual individual e coletivo.

No processo individual, mesmo que o pedido do autor da demanda seja julgado improcedente por insuficiência de provas, a decisão fará coisa julgada material. Isso significa que o fato de o pedido ser julgado improcedente por insuficiência de provas não interfere na formação da coisa julgada ou na sua extensão subjetiva. Destarte, no processo individual, a fruição do direito está diretamente relacionada com a capacidade de a parte produzir prova dos fatos dos quais decorre o direito deduzido, o que traduz a concepção individualista do processo.

Na ação civil pública, a sentença, de acordo com o art. 16 da Lei n. 7.347/85, fará coisa julgada *erga omnes*, nos limites da competência territorial do órgão prolator, *exceto se o pedido for julgado improcedente por insuficiência de provas*, hipótese em que qualquer legitimado poderá intentar outra ação com idêntico fundamento, valendo-se de nova prova. De outro lado, segundo o art. 103, I e II, do CDC, nas ações coletivas propostas em defesa de direitos difusos e coletivos, a sentença fará coisa julgada *erga omnes* e *ultra partes*, respectivamente, *exceto se o pedido for julgado improcedente por insuficiência de provas*, hipótese em que qualquer legitimado poderá intentar outra ação, com idêntico fundamento, valendo-se de nova prova.[2361]

Assim, na ação civil pública e nas ações coletivas aforadas em defesa de direito ou interesse difuso e coletivo, sendo o pedido julgado improcedente por insuficiência de provas, qualquer legitimado poderá intentar outra ação, com idêntico fundamento, valendo-se de nova prova. Isto significa que a declaração de improcedência do pedido fundada na insuficiência da prova dos fatos alegados pelo autor da demanda não conduz à negativa definitiva do direito objeto da ação civil pública ou ação coletiva, estando qualquer legitimado para a ação coletiva autorizado a ajuizar outra ação desta natureza, com o mesmo fundamento (isto é, com base nos mesmos fatos), desde que se valendo de nova prova. Trata-se, assim, do reconhecimento, expresso, de que a decisão definitiva deve retratar a verdade dos fatos controversos.

A opção do legislador pela limitação da extensão da coisa julgada na ação civil pública e nas ações coletivas em geral tem por fundamento a necessidade de assegurar a maior efetividade possível dos direitos de dimensão coletiva, inclusive diante de eventual desídia ou imperícia do autor da demanda ou mesmo de conluio entre o autor e o réu, em prejuízo daquela efetividade. O que se pretende é que o direito somente seja definitivamente reconhecido ou negado com base em todos os elementos de convicção que puderem ser apresentados em juízo.

Cumpre esclarecer que:

a) *prova nova* é aquela que não foi produzida nos autos em que foi afirmada a improcedência do pedido por insuficiência de prova;[2362]

b) um fato pode ser afirmado verdadeiro quando os elementos de convicção existentes no processo, depois de valorados individual e conjuntamente e submetidos à crítica sucessiva iluminada pelas máximas de experiência, forem suficientes para justificar a conclusão neste sentido, não apenas para

---

(2361) Em relação às ações que tenham por objeto a tutela de direitos individuais homogêneos, a decisão somente fará coisa julgada *erga omnes* na hipótese de reconhecimento da procedência do pedido. Sendo assim, qualquer que seja o motivo da declaração de improcedência do pedido, os titulares do direito deduzido na ação coletiva que não tiverem intervindo no processo como litisconsortes poderão propor ação de indenização a título individual (art. 103, III e § 2º, do CDC).

(2362) A prova pode não ter sido produzida porque a parte a desconhecia ou a ela não teve acesso ou porque era de produção inviável fática ou tecnicamente ao tempo da demanda.

o juiz (convencimento subjetivo), como também para qualquer pessoa razoável (sociabilidade do convencimento ou justificabilidade). Prova suficiente é aquela que justifica a eleição de uma entre as hipóteses possíveis em torno da veracidade de determinado fato. Não se trata de suficiência fundamentada na mera soma dos elementos de convicção existentes no processo (*abordagem quantitativa da prova*), mas na qualidade de tais elementos (*abordagem qualitativa da prova*). Também não se trata de suficiência do ponto de vista exclusivo do juiz: um fato poderá ser considerado verdadeiro quando existirem razões suficientes para crer que a maioria das pessoas adotaria em relação a ele esta mesma conclusão (razões transubjetivas). A suficiência da prova não é definida abstratamente, mas à luz do caso concreto e dos elementos de convicção existentes nos autos;

c) a insuficiência da prova pode decorrer da: 1) inexistência nos autos de elementos de convencimento aptos à formação do convencimento do julgador sobre a veracidade dos fatos alegados (a prova cuja produção era possível não foi produzida); e, 2) ineficácia dos elementos de convencimento existentes nos autos para a formação do convencimento do juiz sobre a veracidade dos fatos alegados (a prova foi produzida, mas é ineficaz para formar seguro convencimento sobre a veracidade dos fatos alegados).

Note-se que, como outra ação pode ser proposta na hipótese de declaração de improcedência do pedido por insuficiência de provas, haverá coisa julgada *erga omnes* ou *ultra partes* em relação à decisão proferida *com base nos elementos de convicção existentes nos autos da primeira ação*. Nova ação não pode ser proposta, portanto, apenas visando à nova apreciação da prova que foi produzida na demanda anterior.

A limitação da extensão da coisa julgada na hipótese de improcedência do pedido por insuficiência de provas tem por fundamento a necessidade de assegurar a maior efetividade possível aos direitos de dimensão coletiva. Por esta razão, eventual negligência, imperícia ou desídia do autor da ação ou eventual conluio entre autor e réu não prejudicará os titulares do direito deduzido.

No processo coletivo, portanto, é acentuado o interesse social na prova enquanto instrumento de efetividade do direito subjetivo e, com isto, da ordem jurídica.

Esta especial relevância da prova tem como consequência:

a) a necessidade de assegurar às partes a maior liberdade possível em matéria de prova. Com efeito, como a declaração de improcedência do pedido fundada em insuficiência de prova não impede que a ação seja novamente ajuizada, com esteio em nova prova, às partes do processo coletivo deve ser conferida a maior liberdade possível em relação à prova dos fatos controversos. Sendo possível produzir provas distintas em processos também distintos, embora digam respeito aos mesmos fatos, com muito mais razão deve ser assegurada às partes a mais ampla liberdade em matéria de prova no processo em curso. Note-se, inclusive, que, vindo aos autos todos os elementos de convicção disponíveis, dificilmente haverá espaço para o ajuizamento de uma nova ação coletiva no caso de afirmação de improcedência do pedido por insuficiência de provas;

b) a atuação mais ativa do juiz no esclarecimento dos fatos da causa.

No caso de improcedência por insuficiência de provas, o que autoriza a propositura de nova ação é exatamente esta circunstância. Com isto, a propositura de ação visando ao reconhecimento da existência do direito objeto de ação julgada tem como pressuposto a expressa declaração, na sentença proferida naquela ação, de que o pedido está sendo julgado improcedente por insuficiência de provas. Esta declaração deve ser expressa na conclusão do julgado, visto que se trata de uma exceção à regra da formação da coisa julgada.

De outro lado, a nova ação coletiva somente será admitida ser for fundada em nova prova, qual seja, em prova não produzida na ação anterior. Sendo assim, o seu autor deve indicar na petição inicial a nova prova que pretende produzir, cabendo ao juiz verificar se a hipótese é efetivamente de nova prova.[2363]

(2363) O fato de ser exigida prova nova *não implica impossibilidade de ser carreada aos autos também a prova produzida no processo anterior. O que se exige é que venham aos autos novos elementos de convicção, isto é, elementos que, acrescidos aos já apresentados ao juiz, conduzam a uma nova conclusão sobre a realidade dos fatos controversos.*

Vale mencionar que, no processo civil clássico, o ônus da prova é distribuído de forma rígida, considerando a posição da parte no processo (autor ou réu) e a natureza do fato carente de demonstração de veracidade (constitutivo, impeditivo, modificativo ou extintivo). No processo coletivo, para facilitar o acesso aos direitos assegurados pela ordem jurídica, é reconhecido o direito à inversão do ônus da prova nas condições estabelecidas no art. 6º, VIII, do Código de Defesa do Consumidor.[2364]

11. Sentença no processo coletivo. Reparação de danos morais coletivos e difusos

11.1. O processo compõe-se de fases, dentre as quais a decisória, na qual o juiz irá se pronunciar sobre as pretensões das partes, proferindo, para tanto, sentença.

Sentença é, então, o ato processual que contém a manifestação do Poder Judiciário sobre as pretensões que lhe são submetidas pelas partes. Na sentença, o juiz define os direitos e obrigações dos litigantes, salvo quando, por não ter sido atendido pressuposto processual, for constatado o não atendimento de condição de ação ou for detectado vício insanável, o processo for extinto sem provimento de mérito.

Tendo em vista o tipo de tutela pretendida pelo autor da ação coletiva, a sentença será *declaratória* (quando apenas declara a existência, ou inexistência, da relação jurídica ou a autenticidade ou falsidade de documento), *constitutiva* (quando cria, modifica ou extingue uma relação jurídica), condenatória (quando impõe uma obrigação ao demandado, formando o título executivo), *mandamental* (quando contém ordem a ser cumprida pelo demandado, que lhe é transmitida mediante um mandado) e *executiva lato sensu* (quando impõe uma obrigação cujo cumprimento pode ser exigido independentemente da instauração de processo de execução).

Também no processo coletivo, a sentença deve respeitar os limites impostos à atuação do Poder Judiciário pelo pedido, com a ressalva de que, nele, é admitida a interpretação extensiva do pedido. A propósito, prevê o art. 10 do Código Modelo de Processos Coletivos para a Iberoamérica, que "nas ações coletivas, o pedido e a causa de pedir serão interpretados extensivamente". A interpretação extensiva do pedido não pode ocorrer com ofensa ao contraditório e à ampla defesa. Com isto, vislumbrando a possibilidade de conferir interpretação extensiva ao pedido, o juiz deve ouvir as partes a respeito desta possibilidade.

Antônio Gidi propõe o rompimento, no processo coletivo, da teoria segundo a qual "o objeto do processo é rigidamente delimitado pelo pedido feito pelo autor em sua primeira manifestação nos autos, quando a controvérsia e suas consequências ainda estão imaturas", afirmando, com esteio na experiência norte-americana, que o processo deve se adaptar "às modificações de fato e às expectativas das partes, que se alteram no decorrer do processo", ressaltando, no entanto, que "esta regra está submetida à garantia constitucional do devido processo legal e não tolera surpresas: o juiz não poderá dar um provimento que não foi debatido em contraditório pelas partes durante o processo" e que "a regra tradicional, que limita rigidamente o objeto do processo e proíbe o juiz de julgar além do que foi pedido pelo autor, que já é inútil e injusta no processo individual, passa a ser não somente desnecessária como altamente perigosa se for transferida para o processo coletivo, no qual o autor não é titular do direito levado a juízo. No processo

(2364) O art. 6º, VIII, do Código de Defesa do Consumidor estabelece, quando trata da inversão do ônus da prova, regra de natureza processual, sendo, com isto, aplicável em todas as ações coletivas. A regra geral sobre ônus da prova (art. 333 do CPC de 1973 e art. 373 do CPC de 2015) pode ser afastada na presença de situações que tornam razoável o estabelecimento de uma exceção para ela (verossimilhança da alegação ou hipossuficiência da parte, no Código de Defesa do Consumidor). Dito de outra forma, a regra do art. 333 do CPC de 1973 e do art. 373 do CPC de 2015 é superável ou derrotável na presença de um fator excepcionador (*defesating factores*). Como aduz Neil MacCormick, "a *defeasibility* diz respeito a exceções juridicamente justificáveis a condições ordinariamente necessárias e presumivelmente suficientes" para a produção de determinado efeito (*Retórica e estado de direito*, p. 322). De *superabilidade* ou *derrotabilidade* também se fala no confronto entre princípio e regra, para afirmar que aquele se sobrepõe a esta (*superabilidade ou derrotabilidade de regras frente a princípios*). Aliás, o CPC de 2015 adota a chamada doutrina da *distribuição dinâmica do ônus da prova*, na perspectiva de que o ônus da prova deve ser distribuído segundo as particularidades do caso concreto.

coletivo, a necessidade de tutelar a controvérsia coletiva de forma completa e adequada é mais importante do que esse dogma do processo civil individual", concluindo ele que, "na sentença, o juiz julgará toda a controvérsia coletiva" e que, "com o objeto assim tão amplamente delimitado, não haverá casos de continência ou conexão — somente litispendência — simplificando sobremaneira o processo coletivo".[2365]

Na ação civil coletiva, isto é, na ação coletiva ajuizada visando à reparação de danos sofridos individualmente pelos titulares de interesses individuais homogêneos, em caso de procedência do pedido, a condenação será genérica, fixando a responsabilidade do demandado pelos danos causados (arts. 91 e 95 do CDC). Isto significa dizer que, na decisão será imposta ao demandado a obrigação, genérica, de indenizar os danos causados aos trabalhadores ou seus sucessores, sendo o montante a ser pago pelo demandado a cada um dos lesados definido em posterior liquidação.

11.2. A ação coletiva pode ter como objetivo a imposição de responsabilidade pela compensação de danos morais coletivos e difusos.

O Código de Defesa do Consumidor reconhece como direito dos consumidores a reparação de *danos morais individuais, coletivos e difusos* (art. 6º, VI), ao passo que a Lei n. 7.347/85 alude, no seu art. 1º, *caput* e IV, a *danos morais* causados a *interesse difuso ou coletivo*, ou seja, a danos morais difusos e coletivos. Nota-se, assim, que o dano moral reparável não é apenas o individual, o que implica dizer que vítima de dano moral não é apenas a pessoa individualmente considerada, ou, dito de outra forma, que o dano moral pode ser coletivo ou difuso.

Observe-se que, de acordo com o art. 13 da Lei n. 7.347/85, havendo condenação em dinheiro, a indenização pelo dano causado reverterá a um fundo, sendo os seus recursos destinados à reconstituição dos bens lesados, o que significa que a hipótese não é de dano causado a pessoas determinadas (dano moral individual), mas de dano moral coletivo ou difuso: por ser o dano coletivo ou difuso é que a indenização será revertida a um fundo. Se a hipótese fosse de dano moral individual, a indenização reverteria em favor dos lesados.

Do dano moral difuso trata a Lei n. 6.938/81, que dispõe sobre a política nacional de meio ambiente, ao se referir, nos arts. 4º, VII e 14, § 1º, à indenização de danos causados ao meio ambiente.

O dano moral é normalmente vinculado à ideia de dor, sofrimento e lesão psíquica resultantes de agressão à intimidade, vida privada, honra e imagem das *pessoas* (art. 5º, X, da Constituição da República). O dano moral, sob este prisma, é somente pessoal.

Daí a dificuldade de definir o que seja dano moral coletivo e difuso. Teori Albino Zavascki chega, inclusive, a negar a possibilidade de ocorrência de dano moral coletivo, afirmando que "não há dúvida que a lesão a um direito de natureza difusa, como, por exemplo, um dano ao ambiente natural ou ecológico, pode, em tese, acarretar também um dano moral (...). A destruição de um patrimônio artístico ou cultural ou a ofensa a outros direitos transindividuais, são eventos que, teoricamente, podem desencadear danos de diversa natureza, inclusive moral. Todavia, isso não significa que o dano moral, nesses casos, assuma, ele próprio, a natureza transindividual. Com efeito, a vítima de dano moral é, necessariamente, uma pessoa. É que o dano moral envolve, necessariamente, dor, sofrimento, lesão psíquica, afetando 'a parte sensitiva do ser humano, como a intimidade, a vida privada, a honra e a imagem das pessoas', ou seja, 'tudo aquilo que molesta gravemente a alma humana, ferindo-lhe gravemente os valores fundamentais inerentes à sua personalidade ou reconhecidos pela sociedade em que está integrado'. Assim, não se mostra compatível com o dano moral a ideia da transindividualidade (= da indeterminabilidade do sujeito passivo e da indivisibilidade da ofensa e da reparação) da lesão e do direito lesado".[2366]

Contudo, a caracterização e a compensação do dano moral coletivo e difuso estão relacionadas com o interesse público na proteção de direitos de dimensão coletiva, isto é, que extrapolam a seara meramente

(2365) *Rumo a um Código de Processo Civil coletivo:* a codificação das ações coletivas no Brasil, p. 46-48. Sob este prisma, objeto do processo coletivo é o conflito coletivo, o que significa que o juiz julgará o *conflito* coletivo e não a *lide* traduzida inicialmente pela petição inicial e defesa do réu.

(2366) *Processo coletivo*, p. 42-43.

individual. Neste contexto, deve ser abandonada a ideia de que o dano moral é somente individual, por somente afetar pessoas.

O dano pode atingir a coletividade (*dano moral difuso*) ou grupo, classe ou categoria de pessoas (*dano moral coletivo em sentido estrito*).

Como decidiu o STJ, não é qualquer atentado aos interesses da coletividade que causa dano moral difuso, sendo "preciso que o fato transgressor seja de razoável significância e desborde os limites da tolerabilidade. Ele deve ser grave o suficiente para produzir verdadeiros sofrimentos, intranquilidade social e alterações relevantes da ordem extrapatrimonial coletiva",[2367] podendo ser utilizado o mesmo argumento em relação ao dano moral coletivo, ou seja, à sua caracterização é indispensável que o fato transgressor seja de razoável significância e desborde os limites da tolerabilidade, sendo grave o suficiente para produzir verdadeiros sofrimentos, intranquilidade e alterações relevantes da ordem extrapatrimonial em determinado grupo, classe ou categoria de pessoas.

Os danos morais difusos constituem aquilo que Antônio Junqueira de Azevedo denomina *danos morais sociais*, ou seja, "lesões à sociedade, no seu nível de vida tanto por rebaixamento de seu patrimônio moral — principalmente a respeito da segurança — quanto por diminuição de sua qualidade de vida. Os danos sociais são causa (...) de indenização punitiva por dolo ou culpa grave, especialmente (...) se atos que reduzem as condições coletivas de segurança, e de indenização dissuasória, se atos em geral de pessoa jurídica, que trazem uma diminuição do índice de qualidade de vida da população".[2368]

12. Coisa julgada material no processo coletivo

A coisa julgada no processo coletivo (coisa julgada coletiva) apresenta especificidades, que serão a seguir examinadas.

12.1. A coisa julgada é classificada, quanto à extensão dos seus limites subjetivos, em:

a) *inter partes*: a coisa julgada somente alcança as partes, não beneficiando ou prejudicando terceiros;

b) *ultra partes*: a coisa julgada vai além das partes, alcançando pessoas que compõem um grupo, categoria ou classe de pessoas;

c) *erga omnes*: a coisa julgada vai além das partes, alcançando toda a coletividade ou todas as pessoas que se encontram em determinada situação fática.

Da coisa julgada no processo coletivo tratam os arts. 103 do Código de Defesa do Consumidor e 16 da Lei n. 7.347/85 (Lei da Ação Civil Pública).

De acordo com o art. 103 do Código de Defesa do Consumidor, nas ações coletivas a sentença fará coisa julgada:

a) *erga omnes*, exceto se o pedido for julgado improcedente por insuficiência de provas, hipótese em que qualquer legitimado poderá intentar outra ação, com idêntico fundamento[2369], valendo-se de nova prova[2370], na hipótese de demanda ajuizada visando à tutela de interesses ou direitos difusos;

b) *ultra partes*, mas limitadamente ao grupo, categoria ou classe, salvo improcedência por insuficiência de provas, hipótese em que qualquer legitimado poderá intentar outra ação, com idêntico funda-

(2367) STJ, REsp. 1221756/RJ, 3ª Turma, Rel. Min. Massini Uyeda, DJe 10.2.2012.

(2368) Por uma nova categoria de danos na responsabilidade civil: o dano social. In: *Novos estudos e pareceres de direito privado*, p. 377-384.

(2369) Isto é, com idêntica causa de pedir.

(2370) *Não se trata de ação visando à reavaliação da prova produzida na ação anterior, mas de ação fundada em nova prova, isto é, prova não produzida nos autos da demanda anteriormente proposta.*

mento, valendo-se de nova prova, na hipótese de demanda ajuizada visando à tutela de interesses ou direitos coletivos;

c) *erga omnes*, apenas no caso de procedência dos pedidos, para beneficiar todas as vítimas e seus sucessores, na hipótese de demanda ajuizada visando à tutela de interesses ou direitos individuais homogêneos.

A coisa julgada *erga omnes* vai além das partes, para alcançar a coletividade ou todas as pessoas que se encontram na situação fática que justifica a tutela coletiva de interesses individuais, ao passo que a coisa julgada *ultra partes* vai além das partes, mas apenas alcança as pessoas que compõem determinado grupo, categoria ou classe.

Rodolfo Camargo Mancuso procura explicar a distinção entre efeito *erga omnes* e *ultra partes*, afirmando que, quando se trata de interesses coletivos, o interesse "ocupa uma certa faixa do universo coletivo, mas não a ponto de se expandir pela inteira sociedade civil (...), mas fica adstrito a um perímetro categorial (...). Por aí se explica que a coisa julgada adequada ao interesse coletivo em sentido estrito não se expande *erga omnes*, mas apenas *ultra partes*, ou seja: vai mais além do que a coisa julgada *inter partes* (CPC, art. 472), mas fica aquém daquela que se projeta em face de todos".[(2371)]

Não existe consenso na doutrina sobre a formação da coisa julgada nas hipóteses do art. 103 do Código de Defesa do Consumidor.

Para uma vertente doutrinária, a sentença fará coisa julgada qualquer que seja o resultado do julgamento (procedência ou improcedência do pedido), mas somente alcançará terceiros se o pedido for julgado procedente ou improcedente por razão que não seja a insuficiência de provas (coisa julgada *secundum eventum litis*[(2372)] e transporte *in utilibus* da coisa julgada[(2373)]).

Consoante outra vertente de pensamento, a sentença não fará coisa julgada quando o pedido for julgado improcedente por insuficiência de prova. Sob esse prisma, não há formação da coisa julgada, em razão do resultado do julgamento, qual seja, improcedência dos pedidos por insuficiência de provas.

Adotando o primeiro ponto de vista mencionado, afirma Antônio Gidi que "a coisa julgada nas ações coletivas do direito brasileiro não é *secundum eventum litis*. Seria assim, se ela se formasse nos casos de procedência do pedido, e não nos de improcedência. Mas não é exatamente isso que acontece. A coisa julgada sempre se formará, independentemente de o resultado da demanda ser pela procedência ou pela improcedência. A coisa julgada nas ações coletivas se forma *pro et contra*. O que diferirá, de acordo com o 'evento da lide', não é a formação ou não da coisa julgada, mas o rol de pessoas por ela atingido. Enfim, o que é *secundum eventum litis* não é a formação da coisa julgada, mas sua extensão '*erga omnes*' ou '*ultra partes*' à esfera jurídica individual de terceiros prejudicados pela conduta considerada ilícita na ação coletiva (é o que se chama extensão *in utilibus* da coisa julgada)".[(2374)]

A coisa julgada é fruto de opção política e, em relação ao processo coletivo, fez-se opção pela *formação da coisa julgada, mas com restrição quanto ao alcance dos seus efeitos*. A decisão fundada nas provas apresentadas nos autos em que foi proferida torna-se imutável e indiscutível quando já não seja passível de ataque por meio de recurso, transitando, portanto, em julgado. A extensão dos efeitos da coisa julgada é que depende do resultado do julgamento.

O art. 103 do Código de Defesa do Consumidor trata, em suma, dos efeitos (extensão subjetiva) da coisa julgada e não da sua formação. Daí prever o art. 103, § 1º, do Código de Defesa do Consumidor que os *efeitos da coisa julgada* previstos nos incisos I e II não prejudicarão interesses e direitos individuais dos integrantes da coletividade, do grupo, categoria ou classe. No caso de improcedência por insuficiência de provas, a decisão produzirá coisa julgada, mas não com extensão *erga omnes* ou *ultra partes*.

(2371) *Jurisdição coletiva e coisa julgada* — teoria geral das ações coletivas, p. 47-48.
(2372) *A extensão dos efeitos da coisa julgada é definida segundo o resultado do julgamento.*
(2373) Transporte da coisa julgada para outra demanda, para beneficiar o seu autor.
(2374) *Coisa julgada e litispendência em ações coletivas*, p. 73.

A restrição constante do art. 103, § 1º, do Código de Defesa do Consumidor é explicada pelo fato de não se confundirem interesse e direito difuso ou coletivo e interesses e direitos individuais das pessoas que compõem a sociedade ou determinado grupo, categoria ou classe de pessoas. Por esta razão, o fato de ser tutelado o direito difuso ou coletivo não impede a ação individual visando à tutela dos interesses e direitos individuais das pessoas integrantes da coletividade, grupo, categoria ou classe atingidos pelos fatos que justificaram a tutela do interesse ou direito difuso ou coletivo.[2375] Da mesma forma, os efeitos da coisa julgada estabelecidos nos arts. 16 e 13 da Lei n. 7.347/85 (Lei da Ação Civil Pública) não prejudicarão as ações de indenização por danos pessoalmente sofridos, propostas individualmente ou coletivamente, mas, se procedente o pedido, beneficiarão as vítimas e seus sucessores, que poderão proceder à liquidação e à execução, nos termos dos arts. 96 a 99 (art. 103, § 3º, do CDC).

No caso de ser julgado improcedente o pedido manifestado em ação ajuizada em defesa de interesses e direitos individuais homogêneos, os interessados que não tiverem intervindo no processo como litisconsortes poderão propor ação de indenização a título individual (art. 103, § 2º, do CDC).

Embora o art. 103, I e II, do Código de Defesa do Consumidor pareça relacionar a *formação da coisa julgada* à prova constante dos autos, não há que se falar em coisa julgada *secundum eventum probationis*, visto que a decisão de improcedência proferida com base na prova constante dos autos transita em julgado, o que significa que não se admite a propositura da ação fundada na mesma prova produzida nos autos em que foi proferida a decisão de improcedência. O alcance da coisa julgada é que poderá variar *secundum eventum probationis*.

O art. 16 da Lei da Ação Civil Pública, também tratando da coisa julgada, dispõe que "a sentença civil fará coisa julgada *erga omnes*, nos limites da competência territorial do órgão prolator, exceto se o pedido for julgado improcedente por insuficiência de provas, hipótese em que qualquer legitimado poderá intentar outra ação com idêntico fundamento, valendo-se de nova prova". Esta disposição legal deve ser combinada com o disposto no art. 103 do Código de Defesa do Consumidor, segundo o qual os limites subjetivos da coisa julgada são estabelecidos de acordo com a natureza do interesse ou direito objeto da demanda, isto é, *erga omnes*, no caso de interesse ou direito difuso e de interesses ou direitos individuais homogêneos, e *ultra partes*, na hipótese de interesse ou direito coletivo. O art. 16 da Lei da Ação Civil Pública será examinado mais adiante.

12.2. A coisa julgada coloca em confronto a segurança jurídica (gerada pela certeza quanto ao direito objeto de controvérsia[2376]) e a justiça na solução dos conflitos de interesses submetidos ao Poder Judiciário (que presumidamente será alcançada por meio do reexame da causa por outro órgão julgador).

Como aduz Giuseppe Chiovenda, "só por meras razões de oportunidade e utilidade social se introduz nos distintos direitos um limite à discutibilidade do decidido".[2377]

Acrescenta esse doutrinador que, "para prover a certeza da esfera jurídica dos litigantes, dando um valor fixo e constante às prestações, a organização jurídica quer que a atividade jurisdicional se desenvolva uma só vez (ainda que ordinariamente com a possibilidade de vários graus). Aplicando a lei do mínimo médio, tende ao máximo resultado com o mínimo emprego de atividade; entre as vantagens da certeza e os danos de possíveis erros do juiz no caso concreto concede predomínio à primeira. Por isto, transcorridos os termos para impugnar uma sentença, esta torna-se definitiva, e daí deriva que a declaração da vontade da lei que ela contém torna-se indiscutível e obrigatória para o juiz em qualquer outro juízo futuro".[2378]

A coisa julgada constitui, então, fruto de uma opção política, que é informada por razões de oportunidade e utilidade social. Com isto, cabe ao ordenamento jurídico definir as condições em que a decisão

---

(2375) Neste compasso, o fato de ser tutelado o direito difuso ao meio ambiente saudável prejudicado em razão do ato da empresa não impede o ajuizamento de ação visando à reparação do dano individual decorrente deste mesmo ato. Um mesmo ato ilícito pode gerar dano a direito difuso, coletivo e individual homogêneos.

(2376) A impugnabilidade sem limites gera incerteza também sem limites e possibilita decisões contraditórias sobre a mesma lide.

(2377) *Principios de derecho procesal civil*, t. II, p. 441-442.

(2378) *Principios de derecho procesal civil*, t. II, p. 446.

adquire a autoridade de coisa julgada (formação da coisa julgada), a extensão objetiva da coisa julgada (limites objetivos da coisa julgada) e a extensão subjetiva da coisa julgada (limites subjetivos da coisa julgada).

No processo coletivo, a segurança jurídica continua sendo levada em conta. No caso de improcedência do pedido por insuficiência de prova (interesses ou direitos difusos e coletivos) ou de improcedência (interesses ou direitos individuais homogêneos), a coisa julgada não alcançará terceiros e não impede que outra ação seja ajuizada (no caso de interesses ou direitos difusos e coletivos, qualquer legitimado pode propor outra ação, com base em nova prova; quando se tratar de interesses ou direitos individuais homogêneos, os interessados que não tiverem intervindo no processo como litisconsortes poderão propor ação de indenização a título individual — art. 103, § 2º, do CDC). No processo coletivo, fez-se opção, portanto, pela segurança jurídica aliada à justiça, no sentido de que, nele, o valor que merece maior prestígio é a realização concreta do direito assegurado pela ordem jurídica (o que é, sem dúvida, também uma forma de segurança — *segurança do direito*). Esta opção é explicada pela própria finalidade do processo, que é a realização concreta do direito assegurado pela ordem jurídica.

12.3. Em relação às decisões passíveis de formar coisa julgada material (formação da coisa julgada), o direito processual coletivo não difere do direito processual individual, vez que, em ambos, somente a decisão de mérito faz coisa julgada material. No que comporta aos limites objetivos da coisa julgada, o direito processual coletivo também não se distingue do direito processual individual: somente a conclusão da decisão alcançará a autoridade de coisa julgada (art. 469 do CPC de 1973 e art. 504 do CPC de 2015).

12.4. O direito processual individual ou clássico é estruturado para a tutela de direitos individuais, como resposta a pedido do seu titular. A natureza do direito para o qual a tutela é disposta (direito individual, com objeto divisível) e a legitimação para o requerimento da tutela (a ação é proposta, como regra, pelo titular do direito deduzido e, na hipótese de ajuizamento de ação por terceiro, a tutela tem como objeto direito individual de titular determinado, como decorre do art. 6º do CPC de 1973 e art. 18 do CPC de 2015), fazem com que a sentença faça coisa julgada entre as partes, não beneficiando ou prejudicando terceiros, consoante prevê o art. 472 da CPC de 1973, ou não prejudicando terceiros, consoante o art. 506 do CPC de 2015.[2379]

No processo individual, a limitação subjetiva da autoridade da coisa julgada se dá, portanto, em razão do objeto do conflito de interesses (o bem jurídico perseguido é divisível) e da limitação da legitimidade para agir (o autor da demanda, como regra, age em seu próprio nome e em defesa de direito próprio). Nele, o que interessa é a solução definitiva do conflito.

O regime jurídico dos limites subjetivos da coisa julgada no processo coletivo é caracterizado pela sua extensão *erga omnes* ou *ultra partes*.

No processo coletivo, a sentença que julga procedente o pedido faz coisa julgada em relação a terceiros, possuindo efeitos *erga omnes* ou *ultra partes*, o que se explica pela legitimidade para a sua propositura: a ação é proposta pelos entes legitimados em favor da coletividade, grupo, categoria ou classe de pessoas ou de um grupo de pessoas determinadas. Logo, a ação coletiva é proposta para produzir efeitos na esfera jurídica de terceiros. É próprio das ações coletivas, portanto, a extensão *erga omnes* ou *ultra partes* da coisa julgada (coisa julgada coletiva).

Quanto maior o alcance da legitimidade e do objeto da demanda, maior deverá ser o alcance da coisa julgada. De outro lado, restringir o alcance da coisa julgada é restringir o próprio alcance da ação coletiva e fazer com que sejam ajuizadas várias ações com o mesmo objeto, em prejuízo da economia processual e da unidade de entendimento (a propositura de várias ações com o mesmo objeto tornaria possível a existência de decisões conflitantes).

A indivisibilidade do direito (na hipótese de direitos difusos e coletivos) impõe, como exigência lógica, que sejam estendidos os efeitos da coisa julgada a todos os membros da coletividade, grupo, categoria ou

(2379) O art. 506 do CPC de 2015 se aproxima da disciplina da coisa julgada no processo coletivo, no qual a coisa julgada pode beneficiar terceiros.

classe. Em relação aos direitos individuais decorrentes de origem comum (direitos individuais homogêneos), a extensão a terceiros da coisa julgada constitui exigência do princípio da igualdade.

Contudo, no caso de improcedência do pedido objeto da ação coletiva por falta de provas (quando se trate de direitos difusos ou coletivos) ou de improcedência por qualquer razão (quando se trate de ação voltada à defesa de direitos individuais homogêneos), não há como fazer com que os efeitos da decisão prejudiquem pessoas que não participaram do processo, sob pena de ofensa ao direito à ampla defesa, ao contraditório e ao devido processo legal. A extensão dos efeitos da coisa julgada somente pode, à luz do art. 103 do não beneficiando ou prejudicando terceiros, ocorrer para beneficiar terceiros (é a denominada extensão *in utilibus* da coisa julgada). Se a hipótese é de procedência, tem-se como certo que o legitimado para a ação adotou todas as medidas necessárias à defesa do direito deduzido. Na hipótese de improcedência, presume-se que o legitimado não produziu toda a prova necessária ao acolhimento da pretensão objeto da ação.

12.5. Consoante dispõe o art. 103, § 3º, do Código de Defesa do Consumidor, os efeitos da coisa julgada de que cuida o art. 16, combinado com o art. 13 da Lei n. 7.347/85, não prejudicarão as ações de indenização por danos pessoalmente sofridos, propostas individualmente ou na forma prevista no Código de Defesa do Consumidor, mas, se procedente o pedido, beneficiarão as vítimas ou seus sucessores, que poderão proceder à liquidação e à execução, nos termos dos arts. 96 a 99 do CDC. Esta é uma mera decorrência do disposto no art. 103, III, do Código de Defesa do Consumidor.

Por fim, estabelece o art. 104 do Código de Defesa do Consumidor que as ações coletivas, previstas nos incisos I e II do parágrafo único do art. 81 (ações que têm por objeto interesses ou direitos difusos e coletivos), não induzem litispendência para as ações individuais, mas os efeitos da coisa julgada *erga omnes ou ultra partes* a que aludem os incisos II e III do artigo anterior não beneficiarão os autores das ações individuais, se não for requerida sua suspensão no prazo de trinta dias, a contar da ciência nos autos do ajuizamento da ação coletiva. Desta previsão legal tratamos quando examinamos a litispendência nas ações coletivas.

Cumpre mencionar que, no caso de ação individual julgada improcedente antes do ajuizamento da ação coletiva, o autor da ação individual será beneficiado pela coisa julgada nesta produzida, em especial quando fundada em novas provas. A única restrição aos efeitos da coisa julgada em relação ao autor da ação individual diz respeito à sua opção pela continuidade daquela ação estando em curso ação coletiva.

12.6. Em suma, considerando o disposto nos arts. 103, §§ 1º, 2º, e 3º, e 104 do Código de Defesa do Consumidor, pode ser afirmado que:

I) nas ações coletivas ajuizadas para a tutela de interesse ou direito difuso, a sentença fará coisa julgada *erga omnes*:

a) se for de procedência;

b) se for de improcedência por motivo que não seja a insuficiência de prova.[2380]

A coisa julgada *erga omnes* não beneficiará os autores das ações individuais, se não for requerida a sua suspensão no prazo de trinta dias, a contar da ciência nos autos do ajuizamento da ação coletiva. Isto significa dizer que, estando em curso a ação coletiva e a ação individual, o autor desta ação deverá requerer a sua suspensão, para que possa ser beneficiado pela sentença proferida na sentença coletiva.[2381]

(2380) A decisão transita em julgado, alcançando a qualidade de imutabilidade e indiscutibilidade, mas é limitada ao comando estabelecido na sentença a partir da prova existente nos autos (a decisão somente pode ser modificada em razão de nova prova, isto é, de uma nova situação fática delineada nos autos). Esta solução não é estranha ao nosso ordenamento jurídico, bastando lembrar, por exemplo, que, havendo alteração nas condições de trabalho (realidade fática), o empregador pode ser desonerado da obrigação de pagar adicional de insalubridade ao trabalhador a ele imposta por decisão transitada em julgado.

(2381) No caso de procedência, a decisão será transportada para os autos da ação individual, seguindo-se a sua liquidação e execução.

Sendo a improcedência resultado da insuficiência de prova ou não, a coisa julgada coletiva não prejudicará os interesses e direitos individuais dos integrantes da coletividade, do grupo, categoria ou classe, o que decorre, como foi visto, do fato de não se confundirem os interesses e direitos difusos ou coletivos com os interesses e direitos individuais dos membros da coletividade, grupo, classe ou categoria de pessoas.

> II) nas ações ajuizadas para a tutela de interesse ou direito coletivo em sentido estrito, a sentença fará coisa julgada *ultra partes*:
>
> a) se for de procedência;
>
> b) se for de improcedência por motivo que não seja a insuficiência de prova.

A coisa julgada *ultra partes* não beneficiará os autores das ações individuais, se não for requerida a sua suspensão no prazo de trinta dias, a contar da ciência nos autos do ajuizamento da ação coletiva. Isto significa dizer que, estando em curso a ação coletiva e a ação individual, o autor desta ação deverá requerer a sua suspensão, para que possa ser beneficiado pela sentença proferida na sentença coletiva.

Sendo a improcedência resultado da insuficiência de prova ou não, a coisa julgada coletiva não prejudicará os interesses e direitos individuais dos integrantes da coletividade, do grupo, categoria ou classe.

> III) nas ações tendo por objeto a defesa de interesses ou direitos individuais homogêneos, a sentença fará coisa julgada *erga omnes* no caso de procedência e, na hipótese de improcedência, os interessados que não tiverem intervindo no processo como litisconsortes poderão propor ação de indenização a título individual (a decisão de improcedência atingirá os interessados que tiverem intervindo no processo coletivo como litisconsortes).

12.7. O art. 16 da Lei n. 7.347/85 (Lei da Ação Civil Pública) dispõe que: "a sentença civil fará coisa julgada *erga omnes*, nos limites da competência territorial do órgão prolator, exceto se o pedido for julgado improcedente por insuficiência de provas, hipótese em que qualquer legitimado poderá intentar outra ação com idêntico fundamento, valendo-se de nova prova".

O art. 16 da Lei n. 7.347/85 teve a sua redação alterada pela Lei n. 9.494/94 (na redação original não constava a restrição fundada nos limites da competência territorial do órgão prolator), que constitui resultado da conversão em lei da Medida Provisória n. 1.570/97. Contudo, a edição de Medida Provisória pressupõe relevância e urgência (art. 62, *caput*, da Constituição da República) e esta não é a hipótese, na medida em que os limites subjetivos da coisa julgada nas ações coletivas já haviam sido claramente estabelecidos pelo art. 103 do CDC. Com isto, é inconstitucional o art. 16 da Lei n. 7.347/85.

Ultrapassada a questão da constitucionalidade, não se pode olvidar que o art. 93 do Código de Defesa do Consumidor alterou, para efeito das ações coletivas em geral, a competência territorial dos órgãos do Poder Judiciário. Com efeito, dispondo, por exemplo, que, no caso de dano de extensão regional, é competente para a causa o juízo do foro da capital do Estado, o art. 93 do Código de Defesa do Consumidor faz com que a competência do juízo do foro da capital do Estado passe a abranger todo o território do Estado.

Assim, o art. 16 da Lei n. 7.347/85 deve ser compatibilizado com o art. 93 do Código de Defesa do Consumidor, o que significa dizer que a competência territorial de que trata o primeiro texto normativo é aquela estabelecida pelo segundo (a competência para a ação coletiva está relacionada com a extensão do dano, o que significa que a competência territorial do órgão julgador alcança todas as localidades por ele atingidas), em especial porque, se se entender que a competência territorial foi reduzida aos seus limites tradicionais (competência limitada ao âmbito territorial de atuação do órgão do Poder Judiciário), estar-se-ia contrariando, flagrantemente, os objetivos da ação coletiva, dentre os quais evitar a proliferação de ações com o mesmo pedido e favorecer a harmonia de julgados. Ademais, o art. 103 do Código de Defesa do Consumidor estabelece o regime geral da coisa julgada nas ações coletivas, de forma que o art. 16 da Lei n. 7.347/85, somente seria aplicável em relação às ações civis públicas.[2382]

(2382) A propósito decidiu o STJ que "O procedimento regulado pela Ação Civil Pública pode ser utilizado para a defesa dos direitos do consumidor em juízo, porém somente no que não contrariar as regras do CDC, que contém, em seu art. 103, uma

Ademais, como anota Teori Albino Zavascki, é difícil compatibilizar a limitação territorial prevista no art. 16 da Lei n. 7.347/85 com a "natureza jurídica da coisa julgada (que nada mais é do que uma qualidade da sentença, a da sua imutabilidade). O que faz coisa julgada (ou seja, o que se torna imutável) nas sentenças de mérito é o juízo, que nelas se contém, a respeito da existência ou inexistência ou do modo de ser da relação jurídica objeto do litígio, e isso não é diferente nas ações civis públicas. Embora indeterminados os titulares do direito tutelado, também nessas ações a atividade cognitiva visa a obter sentença com declaração de certeza a respeito de uma relação jurídica determinada, nascida de específica situação de fato, que gera, ou pode gerar, lesão a direito transindividual (= pertencente a uma coletividade ou sujeitos indeterminados). É esse juízo de certeza que, pelo efeito da coisa julgada, se torna imutável. Ora, é incompreensível como se pode cindir territorialmente a imutabilidade assim constituída, limitando-a, por exemplo, a uma Comarca, ou a uma cidade ou até, em caso de juiz que atua em vara distrital, a apenas parte da cidade (...) o eventual limitador territorial importaria, na prática, a produção de uma estranha sentença, com duas qualidades: seria válida, eficaz e imutável em determinado território, mas seria válida, eficaz e mutável fora desse território. A interpretação literal do art. 16 leva, portanto, a um resultado incompatível com o instituto da coisa julgada. Não há como cindir territorialmente a qualidade da sentença ou da relação jurídica nela certificada".[2383]

12.8. Ao processo do trabalho não é estranha a ideia de coisa julgada *ultra partes*.

Com efeito, as normas e condições de trabalho fixadas na sentença normativa alcançam os contratos de trabalho vigentes na data da instauração do conflito e os que forem celebrados durante o seu período de vigência, no âmbito das representações do suscitante e do suscitado. Na ação de cumprimento de sentença normativa ajuizada por sindicato, a decisão condenatória alcançará todos os contratos individuais de trabalho no âmbito da representação sindical.

O que constitui novidade, em relação ao processo do trabalho, é a extensão dos efeitos da coisa julgada *secundum eventum litis*, cuja compatibilidade com o direito processual do trabalho é inegável, dada a sua finalidade, que é facilitar o acesso aos direitos assegurados pela ordem jurídica.

13. Prescrição no processo coletivo

A prescrição também apresenta algumas particularidades no processo coletivo.

13.1. Violado o direito, nasce para o seu titular a pretensão, que é extinta pela prescrição, nos prazos fixados pela ordem jurídica (art. 189 do Código Civil). Assim, a pretensão, que nasce da violação do direito, perde a sua eficácia se não for manifestada em juízo dentro de determinado prazo.

13.2. No entanto, existem *pretensões prescritíveis* e *pretensões imprescritíveis*.

Giuseppe Chiovenda afirma que a prescrição "objetiva pôr termo à incerteza dos direitos, consolidando com o decurso do tempo um estado de fato contrário ao direito e tornando-o jurídico, ou sanando um estado jurídico defeituoso" e que são imprescritíveis, "em geral, as ações de mera declaração, porquanto não se destinam a fazer cessar um estado de fato contrário ao direito, em sentido próprio, mas declarar qual é o estado de fato conforme o direito, fazendo cessar a propósito o estado de incerteza".[2384]

---

disciplina exaustiva para regular a produção de efeitos pela sentença que decide uma relação de consumo. Assim, não é possível a aplicação do art. 16 da LAP para essas hipóteses" (REsp. 411529/SP, 3ª Turma, Rel. Min. Nancy Andrighi). O art. 16 da LAC, admitindo-se a sua constitucionalidade e os limites que impõe à coisa julgada coletiva, somente é aplicável, portanto, em relação às ações civis públicas.

(2383) *Processo coletivo:* tutela de direitos coletivos e tutela coletiva de direitos, p. 66.

(2384) *Instituições de direito processual civil*, v. I, p. 49-50.

Tem-se, assim, uma primeira pretensão imprescritível, qual seja, a pretensão declaratória.(2385)

Note-se que o art. 7º, XXIX, da Constituição alude, ao tratar da prescrição, a *créditos*, o que implica dizer que também considera imprescritível a pretensão declaratória.

A referência, no art. 7º, XXIX, da Constituição, a *créditos* permite afirmar que a Constituição estabelece prazos para o exercício da pretensão surgida da violação de direitos patrimoniais e da pretensão reparatória de danos causados a direitos extrapatrimoniais.

Orlando Gomes aduz que a imprescritibilidade pode resultar da natureza do direito e que são imprescritíveis "os direitos de que o titular não pode dispor".(2386) Como a prescrição atinge a pretensão surgida da violação do direito e não o próprio direito, esta última afirmação deve ser entendida no sentido de que a pretensão surgida da lesão a direito de que o titular não pode dispor é imprescritível, estabelecendo-se, destarte, uma segunda pretensão imprescritível: é imprescritível a pretensão surgida da violação de direito do qual o titular não pode dispor, o que, no entanto, deve ser entendido nos termos abaixo apontados.

O art. 11 do Código Civil estabelece que, com exceção dos casos previstos em lei, os direitos da personalidade são intransmissíveis e irrenunciáveis, não podendo o seu exercício sofrer limitações voluntárias, o que implica que *o respeito aos direitos da personalidade* pode ser pleiteado em juízo a qualquer tempo.(2387) De outro lado, a Constituição de 1988, ao incluir a dignidade humana entre os princípios fundamentais da República (art. 1º, III), adota a cláusula geral de defesa da dignidade humana, que também se manifesta no gozo dos direitos da personalidade (vida, identidade pessoal, nome, intimidade, imagem, honra e privacidade, por exemplo). Por decorrer da dignidade humana, os direitos da personalidade, assim como se dá com os direitos humanos e fundamentais, não têm a pretensão à sua tutela atingida pela prescrição. Dito de outra forma, a lesão dos direitos da personalidade, de direitos humanos e de direitos fundamentais não convalesce com o tempo, no sentido de que *o seu respeito pode ser exigido a qualquer tempo, independentemente do momento em que a sua lesão teve início*.(2388)

Note-se, porém, que, como prevê o art. 12 do Código Civil, o titular de direito da personalidade pode exigir que cesse a sua lesão e reclamar perdas e danos. Assim, violado o direito de personalidade, pode ser pleiteada a sua tutela, no sentido de fazer cessar a lesão e reparar os danos decorrentes desta lesão. Aquela pretensão é imprescritível, ao passo que esta (*pretensão reparatória* de danos) é alcançada pela prescrição, como resulta, inclusive, do art. 206, § 3º, V, também do Código Civil, que estabelece, expressamente, prazo de prescrição para a pretensão reparatória, sem ressalva quanto à natureza do direito lesado. Em suma, é imprescritível a pretensão surgida da violação de direitos dos quais o titular não pode dispor, exceto em relação à reparação dos danos surgidos desta violação.

13.3. Realizados estes registros, cumpre observar que na definição do regime jurídico da prescrição no processo coletivo deve-se levar em conta a natureza do direito violado (difuso, coletivo ou individual homogêneo), o que se impõe por força das particularidades relativas à legitimidade para pleitear a sua tutela jurisdicional.

13.3.1. A pretensão que decorre da violação de direito difuso ou coletivo é imprescritível.

Primeiro, porque o titular de direito difuso e coletivo, qual seja, a coletividade ou categoria, grupo ou classe de pessoas, respectivamente, dele não pode dispor. A indisponibilidade do direito implica imprescritibilidade da pretensão que decorre da sua violação.

(2385) Daí o art. 11, § 1º, da CLT estabelecer que é imprescritível a pretensão declaratória da existência da relação de emprego, o mesmo podendo ser dito em relação à declaração de exercício de determinada função para efeito de comprovação de experiência ou obtenção de aposentadoria especial.

(2386) *Introdução ao direito civil*, p. 498.

(2387) A proteção da pessoa prevalece sobre a proteção da sua liberdade individual.

(2388) Por esta razão, não se pode falar, quanto a eles, em perdão tácito, pelo fato de o seu titular demorar a pleitear a sua tutela jurisdicional.

Segundo, porque o titular de direito difuso e coletivo não está legitimado para promover a sua defesa em juízo e quem não tem legitimidade para pleitear em juízo a tutela de um direito não pode ser considerado omisso por deixar de fazê-lo (somente ocorre prescrição quando ao titular da pretensão pode ser imputada omissão na sua manifestação oportuna, como autoriza afirmar, por exemplo, a regra segundo a qual não corre prescrição contra o menor de 18 anos).

Terceiro, porque o titular de direito difuso ou coletivo não pode ser prejudicado pela eventual inércia dos únicos legitimados para a propositura de ação visando à sua tutela, observando-se que nenhum indivíduo pode pleitear em juízo a tutela de direito difuso ou coletivo.

Quarto, porque a Lei da Ação Civil Pública e o Código de Defesa do Consumidor não fixam prazo para a manifestação em juízo da pretensão surgida da lesão a direito difuso e coletivo, ao passo que o art. 27 do Código de Defesa do Consumidor, segundo o qual "prescreve em 5 (cinco) anos a pretensão à reparação pelos danos causados por fato do produto ou do serviço prevista na Seção II deste Capítulo, iniciando-se a contagem do prazo a partir do conhecimento do dano e de sua autoria", somente diz respeito à pretensão reparatória do consumidor individualmente lesado, vez que é a ele que faz referência o art. 12, que integra a Seção II do Código de Defesa do Consumidor, citado no seu art. 27. A hipótese do art. 27 do Código de Defesa do Consumidor é, portanto, de direito individual de pessoa determinada e não de direito difuso ou coletivo, o que implica dizer que o Código de Defesa do Consumidor, que é fonte subsidiária da Lei da Ação Civil Pública e do direito processual coletivo do trabalho, somente fixa prazo de prescrição para a pretensão nascida da violação de direito individual.

Adotando a tese da imprescribilidade da pretensão relativa a direito difuso e direito coletivo, assevera Sérgio Shimura que "a prescrição é instituto voltado a apenar o titular do direito que age com desídia ou omissão. No que concerne aos direitos difusos e coletivos, os seus titulares são indetermináveis e indeterminados, respectivamente. Por conseguinte, não há que se falar em prescrição quanto aos direitos difusos e coletivos quando nem se sabe, com precisão, quem seja o respectivo titular do direito (...). A questão é de ordem pública e indisponível, e o direito é de todos, indistintamente, sendo, pois, desarrazoado punir toda a sociedade, com a perda da pretensão, em favorecimento do degradador ou ofensor".[2389]

Examinando a questão, Antônio Gidi afirma que "a prescrição não é apenas uma 'pena' ou sanção ao titular da pretensão que permanece inerte, mas também uma segurança para o réu, um reconhecimento de que as provas se perdem com o tempo e de que situações conflituosas precisam chegar a um final (...). Não parece correto dizer peremptoriamente que 'os direitos difusos e coletivos não estão sujeitos à prescrição' (...). Alguns direitos transindividuais são extremamente importantes (...). Todavia, não há uma regra geral contrária à prescrição dos direitos de grupo por serem direitos de grupo (...). Há direitos individuais imprescritíveis e direitos difusos imprescritíveis; há direitos individuais prescritíveis e direitos difusos prescritíveis. Um direito não passa a ser imprescritível simplesmente por ser difuso, coletivo ou individual homogêneo (...). Se todos os direitos difusos fossem mesmo imprescritíveis teríamos que aceitar processos coletivos patrimoniais com fundamento em violação de direitos humanos durante o período de escravidão dos negros e massacre dos índios (...). Até mesmo a Lei da Ação Popular, exemplo pragmático de tutela de direitos difusos, em seu art. 21, estabelece que ' a ação prevista nesta lei prescreve em cinco anos (...). A regra geral no processo coletivo, portanto, é semelhante ao processo individual. As demandas coletivas condenatórias de natureza pecuniária ou essencialmente privadas prescrevem nos prazos legalmente previstos. São imprescritíveis as demandas coletivas meramente declaratórias e as constitutivas que não tenham prazo decadencial determinado em lei. Igualmente imprescritíveis são as demandas coletivas executivas de obrigações decorrentes de violação a direitos metaindividuais".[2390]

Tem sido afirmado que a pretensão exercitável por meio das ações coletivas prescreve em cinco anos, contados a partir do conhecimento do dano e de sua autoria, por ser aplicável à hipótese, por analogia, o disposto no art. 21 da Lei n. 4.717/65 (Lei da Ação Popular), que fixa em cinco anos a prescrição da pretensão a que dizem respeito.[2391]

(2389) *Tutela coletiva e sua efetividade*, p. 220-221.

(2390) *Rumo a um código coletivo de processo civil:* a codificação das ações coletivas no Brasil, p. 138-143.

(2391) Adotando este entendimento em relação à ação civil pública, afirma Teori Albino Zavaski que, diante do silêncio da Lei n. 7.347/85 (LACP), "a prescrição deve ser determinada pelas normas previstas no Código Civil ou em leis especiais (...). Há

Neste sentido, o STJ, por sua 1ª Turma, decidiu, nos autos do REsp. n. 1.084.916, do qual foi Relator o Min. Luiz Fux, que "A Ação Civil Pública e a Ação Popular compõe um microssistema de tutela dos direitos difusos onde se encartam a moralidade administrativa sob seus vários ângulos e facetas. Assim, à míngua de previsão do prazo prescricional para a propositura da Ação Civil Pública, inafastável a incidência da *analogia legis*, recomendando o prazo quinquenal para a prescrição das Ações Civis Públicas, tal como ocorre com a prescritibilidade da Ação Popular, porquanto *ubi eadem ratio ibi eadem legis dispositio*".

Esta solução, no entanto, não encontra respaldo na Lei da Ação Civil Púbica e no Código de Defesa do Consumidor, que, como foi visto, somente estabelecem prazo de eficácia para a pretensão surgida da violação de direito individual, o que permite afirmar que, salvo as hipóteses em que houver expressa fixação de prazo prescricional, como se dá com a Lei da Ação Popular, a pretensão relativa a direitos difusos e coletivos é imprescritível.

Note-se que o art. 37, § 5º, da Constituição da República dispõe que a lei estabelecerá os prazos prescricionais para ilícitos praticados por qualquer agente, servidor ou não, que causem prejuízos ao erário, "ressalvadas as respectivas ações de ressarcimento". Esta ressalva permite afirmar que é imprescritível a pretensão ressarcitória do erário surgida da prática de ato de improbidade administrativa, o que indica que a Lei n. 8.429/92, ao tratar da prescrição, não se refere à pretensão ressarcitória, mas apenas à pretensão punitiva do ato ilícito (a Lei n. 8.429/92 comina várias penalidades para aquele que pratica ato de improbidade). Destarte, esta lei, além de não servir de parâmetro para definir a prescrição de pretensão surgida da violação de direito difuso e coletivo, posto que trata de uma situação especial, deixa claro que a pretensão ressarcitória é prescritível salvo disposição legal em sentido contrário.

A nosso juízo, quando se trate de direitos difusos e coletivos, a hipótese é de pretensão imprescritível, salvo quando de natureza ressarcitória, hipótese em que deverá ser observada a prescrição *bienal* (espaço de tempo de que dispõe o titular da pretensão para o ajuizamento da demanda) e *quinquenal* (efeitos temporais da demanda ajuizada). O fato de ser o direito difuso ou coletivo não torna perpétua a pretensão de sua tutela jurisdicional reparatória, o que resulta do art. 7º, XXIX, da Constituição, que se refere a *crédito*, sem excepcionar a natureza do direito cuja lesão o faz surgir.

Em suma, quando se tratar de direito difuso e coletivo, a pretensão à sua tutela ou, dito de outra forma, a *pretensão à garantia do respeito ao direito*, é imprescritível, mas, para a pretensão reparatória de danos surgidos do seu desrespeito, além da observância da prescrição bienal, a indenização somente alcançará os danos ocorridos nos cinco anos que antecederem a propositura da ação, o que deve ser observado na liquidação, seja ela coletiva ou individual, registrando-se, no entanto, que, como a liquidação visa definir o dano efetivamente sofrido, nela deverá ser verificada a existência de causa impeditiva, suspensiva ou interruptiva da prescrição em relação à pessoa individualmente afetada. Anote-se que, no processo coletivo, é expressamente autorizado o proferimento de sentença genérica, o que permite que na fase de conhecimento seja determinada a observância da prescrição de forma genérica, transferindo-se para a liquidação a verificação de sua ocorrência concreta, em relação a cada um dos prejudicados pelo ato ilícito praticado pelo réu.

A impossibilidade de definir, na fase de conhecimento, o alcance da prescrição em relação a cada um dos eventuais beneficiados pela sentença coletiva não é suficiente para impedir que na fase de conhecimento seja estabelecida, de forma genérica, a necessidade de respeito à prescrição. Na fase de liquidação, ainda que por artigos, não se pode alterar a decisão liquidanda, o que afasta a possibilidade de a prescrição ser declarada apenas na liquidação, o que impõe que ela seja afirmada na fase de conhecimento, ainda que em termos genéricos.

---

disposições normativas de leis especiais que merecem atenção porque se aplicam, no que couberem, à ação civil pública, todas elas estabelecendo como regra o prazo prescricional de cinco anos. (Assim, o art. 1º do Decreto n. 20.910, de 1932 (...). Da mesma forma o art. 1º-C da Lei n. 9.494, de 1997 (...). O art. 27 do Código de Defesa do Consumidor (...). A Lei de Improbidade Administrativa (...). Há, como se percebe, uma acentuada tendência a seguir, quanto a prazos prescricionais da espécie, a linha pioneira da Lei da Ação Popular (Lei n. 4.717, de 1965) (...). A grande afinidade entre a ação popular e a ação civil pública, estabelecida pela semelhança do rito e, sobretudo, pelo vasto domínio comum das pretensões que por elas podem ser veiculadas, impõe que se adote como prazo prescricional dessa última, pelo menos no que se refere a pretensões que se inserem no domínio jurídico comum a ambas, o prazo quinquenal do art. 21 da Lei n. 4.717, de 1965" (*Processo coletivo:* tutela dos direitos coletivos e tutela coletiva de direitos, p. 70).

As hipóteses de pretensão reparatória imprescritível são somente as expressamente estabelecidas em lei, por se tratar de uma situação excepcional. É neste sentido, inclusive, o voto proferido pelo ex-Ministro Cézar Peluso, do STF, no Mandado de Segurança n. 26.210-9, segundo o qual o art. 37, § 5º, da Constituição da República "estabelece claramente uma exceção — eu diria, exceção marcante — em relação a princípio jurídico universal: a limitação do prazo de exercício de todas as pretensões, porque este é requisito de segurança jurídica (...). Então, em se tratando de exceção a uma regra de tão amplo alcance, teria de ser interpretada, já desse ponto de vista, estritamente. Em segundo lugar, o que me parece claro dessa regra (...) é que se trata de uma exceção, normativa, uma exceção de segundo grau, que é de abrir ressalva à prescritibilidade em relação aos ilícitos praticados por qualquer agente que, seja servidor ou não, causa prejuízo ao erário. Isso significa, no meu entender, que, em primeiro lugar, a hipótese excepcional não é de qualquer ilícito, sobretudo não é de ilícito civil (...). Noutras palavras, as ações relativas a crimes são prescritíveis, não, porém, as respectivas ações de ressarcimento. Respectivas do que? Dos crimes, isto é, as ações tendentes a reparar os prejuízos oriundos da prática de crime danoso ao Erário. Este o sentido do adjetivo 'respectivos'. Não se trata, portanto, de qualquer ação de ressarcimento, senão apenas das ações de ressarcimento de danos oriundos de ilícito de caráter criminal".

Ademais, ainda consoante foi dito, em relação aos direitos de personalidade, assim como no que concerne aos direitos humanos e fundamentais, imprescritível é a pretensão de *garantir o seu exercício* (trata-se de direitos de cuja titularidade nunca se é despido) e não a de *reparar o dano a eles eventualmente causados* (os direitos persistem e podem ser exercidos, mas a pretensão à reparação de dano a eles causados é alcançada pela prescrição). Destarte, em se tratando de direitos difusos e coletivos de cuja titularidade não se pode ser despido (direito ao meio ambiente saudável, por exemplo), *a imprescritibilidade diz respeito à garantia do seu exercício e não à reparação de dano a ele causado.* Observe-se que, como foi dito, o art. 37, § 5º, da Constituição da República somente estabelece a imprescritibilidade para a reparação de danos ao erário decorrentes de ilícitos praticados por qualquer agente, servidor ou não, o que reforça a nossa conclusão no sentido da prescritibilidade da pretensão reparatória.

13.3.2. Em relação aos direitos individuais homogêneos, não há como afastar a possibilidade de ocorrência de prescrição bienal, vez que se trata de direitos cuja tutela jurisdicional também pode ser pleiteada pelo seu titular, a título individual, o que torna possível falar em sua inércia no comparecimento em juízo visando à sua tutela, ressalvada a hipótese de direitos dos quais o titular não pode dispor.

Recorde-se que o art. 26 do CDC fixa prazo de eficácia para a pretensão surgida da violação de direito individual, o que alcança os direitos individuais homogêneos.

A possibilidade de tutela coletiva de direitos individuais não é suficiente para afastar a prescrição relativamente à pretensão que surge da sua lesão.

Vale chamar a atenção para o fato de que o legislador fixou prazo prescricional para a hipótese de ação popular, exatamente porque a propositura da ação independe da atuação de qualquer legitimado especial, estando qualquer cidadão legitimado para a sua propositura. O mesmo raciocínio é aplicável em relação aos direitos individuais homogêneos, vez que o titular do direito pode pleitear em juízo a sua tutela.

Não se olvide, no entanto, que, de acordo com a Orientação Jurisprudencial n. 359 da SDI-I do TST, "a ação promovida por sindicato, na qualidade de substituto processual, interrompe a prescrição, ainda que tenha sido considerado parte ilegítima *ad causam*".

Por meio da ação proposta pelo sindicato, a pretensão à tutela do direito é manifestada em juízo, o que afasta a possibilidade de afirmar que ela deixou de ser objeto de ação judicial no momento oportuno: a pretensão foi oportunamente manifestada, ainda que por um terceiro, aplicando-se o mesmo raciocínio em relação à ação ajuizada pelo Ministério Público do Trabalho e Defensoria Pública.

Lembre-se, a propósito, que, conforme o art. 202, V, do Código Civil, a prescrição é interrompida por qualquer ato judicial que constitua o devedor em mora e a ação proposta por sindicato constitui o devedor em mora (art. 219 do CPC de 1973 e art. 240 do CPC de 2015) e, com isso, interrompe a prescrição em relação à pretensão dos substituídos, valendo acrescentar que, segundo o art. 203 do Código Civil, a prescrição pode ser interrompida por qualquer interessado, o que alcança os sindicados, que estão legalmente habilitados à defesa dos interesses e direitos dos membros da categoria que representam (art. 8º, III, da Constituição).

A solução adotada pela Orientação Jurisprudencial n. 359 da SDI-I do TST ganha reforço pelo fato de que, como decidiu o STJ, nos autos do Resp. 1055419/AP, do qual foi relatora a Ministra Laurita Vaz: "1. O ordenamento jurídico pátrio, a teor dos arts. 103, § 2º, e 104, da Lei n. 8.078/90 — Código de Defesa do Consumidor —, impele o Substituído a permanecer inerte até a conclusão do processo coletivo, na medida em que a ele impõe o risco de sofrer os efeitos da sentença da improcedência da ação coletiva — quando nela ingressar como litisconsorte —; e de não se beneficiar da sentença de procedência — quando demandante individual. 2. Diante desse contexto, a citação válida no processo coletivo, ainda que este venha ser julgado extinto sem resolução do mérito em face da ilegitimidade do Substituto Processual, configura causa interruptiva do prazo prescricional para propositura da ação individual".

Note-se, inclusive, que negar à propositura da ação coletiva efeito interruptivo da prescrição obrigaria cada um dos substituídos a propor ação individual, o que opera contra as ações coletivas enquanto instrumento de economia processual (por reduzir o número de demandas voltadas à tutela do mesmo direito) e aumentaria o já elevado número de demandas a serem enfrentadas pelo Poder Judiciário, em prejuízo da celeridade processual. Assim, os membros do grupo podem esperar pelo final do processo coletivo para, se for o caso, ajuizar ação individual, sem risco de ver declarada prescrita a sua pretensão. Acrescente-se que, ao propor a ação, o sindicato o faz em favor de toda a categoria, sendo esta beneficiada, portanto, pelos efeitos do ato praticado pelo sindicato, dentre os quais a interrupção da prescrição.

Cumpre observar que, nos termos da Orientação Jurisprudencial n. 359 da SDI-I do TST e da decisão do STJ acima referida, ainda que o sindicato seja declarado parte ilegítima a prescrição estará interrompida, o que decorre do fato de que, como assinala Teori Albino Zavascki, "não se pode desconsiderar que os prazos prescricionais são estabelecidos com vista a atingir pessoas inertes, omissas, desinteressadas em procurar a tutela jurisdicional dos seus direitos. Ora, isso não se pode presumir na situação aventada (afirmação da ilegitimidade ativa do autor da ação coletiva) (...). Assim, deve-se optar por solução que preserve o princípio da boa-fé que milita em favor dos titulares do direito: a de considerar interrompida a prescrição em favor dos substituídos mesmo que o substituto processual venha a ser declarado ilegítimo".[2392] Aliás, o que interrompe a prescrição é *a propositura da demanda*, independentemente do conteúdo da decisão em razão dela proferida.

14. Desistência, confissão, renúncia e transação no processo coletivo

14.1. O art. 5º, § 3º, da Lei da Ação Civil Pública torna lícita a desistência da ação coletiva pelo seu autor, desde que a desistência seja fundada (ao autorizar a assunção do polo ativo da demanda por outro legitimado no caso de desistência infundada, a lei admite a eficácia da desistência fundada). No caso de desistência infundada, outro legitimado *assumirá* a titularidade ativa, ou seja, a desistência não conduz à extinção do processo, sendo o autor da demanda substituído no seu polo ativo por outro legitimado.

Em relação ao Ministério Público do Trabalho, a assunção da ação não é uma faculdade, mas verdadeiro dever, o que significa que, somente se demonstrar a manifesta improcedência da pretensão ou que se trata de lide temerária, é que o Ministério Público estará dispensado de assumir a titularidade da ação (*princípios da indisponibilidade* e *obrigatoriedade da ação coletiva*).

(2392) *Processo coletivo:* tutela dos direitos coletivos e tutela coletiva de direitos, p. 188. Teori Albino Zavascki esclarece que, interrompida, em razão da ação coletiva, a prescrição para as ações individuais "retoma o curso com o trânsito em julgado da sentença que a encerra, seja ela terminativa, seja de mérito. É indispensável, portanto, embora a lei não o preveja explicitamente, a divulgação do encerramento do processo, o que se fará pelos mesmos meios e modos adotados para anunciar o seu ajuizamento (art. 94 da Lei n. 8.078/90)" (*Op. cit.*, p. 189).

14.2. Os entes legitimados para a ação coletiva não podem confessar, renunciar ou transacionar, isto é, praticar atos que direta ou indiretamente resultem na disposição do interesse ou direito objeto da ação, na medida em que:

a) somente o titular de um interesse ou direito pode dele dispor e o legitimado para a ação coletiva não é o titular do interesse ou direito deduzido em juízo;

b) a legitimidade para a ação coletiva é reconhecida no pressuposto de uma atuação ativa no sentido da satisfação do interesse ou direito que dela pode ser objeto, com a qual é incompatível qualquer ato de disposição daquele interesse ou direito;

c) a restrição à coisa julgada na hipótese de improcedência do pedido demonstra a preocupação do legislador com eventual atuação desidiosa dos legitimados para a ação coletiva. Esta mesma preocupação está presente na autorização aos legitimados para assumir a titularidade ativa em caso de desistência infundada ou abandono da causa pelo legitimado que ajuizou a ação. Ao manifestar esta preocupação, o legislador deixa claro que os legitimados para a ação coletiva não podem praticar atos que direta ou indiretamente resultem na disposição do interesse ou direito deduzido em juízo;

d) adotando como parâmetro o disposto nos arts. 38 do CPC de 1973 e 105 do CPC de 2015, pode ser dito que a autorização legal para que alguém demande em juízo a tutela de direito alheio o habilita a praticar todos os atos do processo, salvo confessar, transigir e renunciar ao direito sobre que funda a ação. Para a confissão, transação e renúncia são exigidos poderes especiais expressos. Em relação aos interesses ou direitos individuais homogêneos, que têm como titulares pessoas determinadas e objeto divisível, são possíveis a confissão e a transação, desde que com expressa aquiescência do titular do interesse ou direito deduzido.[2393] Contudo, deve ser negada eficácia à transação direta entre o titular do direito e o réu na demanda coletiva que não contar com a expressa aquiescência do autor da ação coletiva, ou seja, ao titular do direito não é lícito transacionar sem a aquiescência do titular da ação coletiva. A ação coletiva tem como um dos seus fundamentos a necessidade de conferir a máxima concretude possível aos direitos assegurados pela ordem jurídica, não podendo ter o seu alcance limitado pela vontade individual do titular do interesse ou direito, em especial quando a transação envolver trabalhadores pertencentes aos quadros do empregador demandado e, portanto, que dele dependam economicamente. Também constitui fundamento da ação coletiva a necessidade de evitar que o respeito aos direitos assegurados pela ordem jurídica deixe de ser reclamado por receio dos trabalhadores ainda empregados de perder o emprego e esta finalidade da ação coletiva será seriamente prejudicada se se admitir a transação independentemente da aquiescência do autor da demanda.

Assim, a transação (em se tratando de direitos individuais homogêneos[2394]) deverá, para ter eficácia, contar com a aquiescência do autor da ação coletiva, ao qual caberá, à luz do caso concreto, verificar a sua razoabilidade. Porém, a aquiescência do autor poderá ser suprida quando o juiz considerar, pelas circunstâncias do caso concreto, ser injustificada a recusa de sua concessão. Do art. 5º, § 3º, da Lei da Ação Civil Pública (Lei n. 7.347/85) resulta que o legitimado para a ação coletiva pode dela desistir, desde que a desistência seja fundada. Adotando como parâmetro a aludida previsão legal, pode ser afirmado que a aquiescência do legitimado poderá ser suprida quando for infundada a recusa na sua concessão.

A transação é possível nas ações coletivas em relação à multa eventualmente estabelecida em termo de ajustamento de conduta firmado com o Ministério Público do Trabalho, cabendo a este verificar a conveniência e oportunidade de estabelecer multa distinta daquela prevista originalmente.

(2393) Os direitos decorrentes da relação de emprego são irrenunciáveis, notadamente os de natureza fundamental e humana.

(2394) No caso de interesse ou direito difuso ou coletivo, além da indivisibilidade do seu objeto, não existe um titular individualizado que possa confessar ou transacionar, observando-se, em relação ao Ministério Público do Trabalho, que o termo de ajuste de conduta por ele eventualmente firmado com o empregador não constitui transação, vez que nele o empregador assume o compromisso de ajustar a sua conduta às exigências legais (art. 5º, § 6º, da Lei da Ação Civil Pública), valendo acrescentar que ao Ministério Público do Trabalho não é lícito fazer concessões em relação ao respeito à ordem jurídica, sendo possível, apenas, a definição de prazo para a adequação da conduta do empregador aos ditames da ordem jurídica.

Como o demandado pode reconhecer a procedência do pedido e se comprometer a adequar a sua conduta ao que determina a ordem jurídica, nada impede a designação de audiência de tentativa de conciliação nas ações coletivas.[(2395)] Aliás, o art. 13, § 2º, da Lei da Ação Civil Pública alude, expressamente, ao *acordo*, o que impede afirmar a impossibilidade de sua celebração. É relevante lembrar que acordo não é sinônimo de transação, isto é, de concessão recíproca das partes.

15. *Medidas de urgência no processo coletivo*

As ações coletivas estão sujeitas a procedimentos especiais, que são estabelecidos em razão da natureza dos interesses ou direitos que por meio delas podem ser tutelados. Estes procedimentos serão tratados no Capítulo seguinte, observando-se que o procedimento do dissídio coletivo foi examinado no Capítulo XVIII.

Nas ações coletivas, podem ser adotadas todas as medidas necessárias a assegurar a adequada e efetiva tutela de interesses ou direitos difusos, coletivos e individuais homogêneos, dentre elas as medidas de urgência (medida cautelar e antecipação de tutela[(2396)]), por força do disposto nos arts. 4º, 19 e 20 da Lei da Ação Civil Pública e no art. 90 do Código de Defesa do Consumidor.

16. *Ação coletiva com pretensão reparatória, inibitória, impositiva de obrigação de fazer e de não fazer*

De acordo com o art. 3º da Lei n. 7.347/85, a ação civil pode ter por objeto a condenação em dinheiro e o cumprimento de obrigação de fazer ou de não fazer,[(2397)] o que significa que a ação coletiva pode ser ajuizada visando à condenação na obrigação de reparar um dano (*ação coletiva reparatória*) e/ou na obrigação de fazer ou não fazer, inclusive com a finalidade de evitar a prática de ilícito ou sua repetição (*ação coletiva inibitória*).[(2398)]

Ao Ministério Público do Trabalho compete ajuizar ação declaratória de nulidade de cláusula de contratos individuais de trabalho, acordo coletivo ou convenção coletiva de trabalho (art. 83, IV, da Lei Complementar n. 75/93). Trata-se, agora, de *ação coletiva declaratória*.

Dispõem o art. 292 do CPC de 1973 e o art. 327 do CPC de 2015 que é permitida a cumulação, num único processo, contra o mesmo réu, de vários pedidos, ainda que entre eles não haja conexão, desde que os pedidos sejam compatíveis entre si, que seja competente para conhecer dos pedidos o mesmo juízo e que seja adequado para todos os pedidos o tipo de procedimento. Destarte, cumpridas estas condições, podem ser cumulados, na mesma ação coletiva, pedido de condenação em dinheiro e de imposição de obrigação de fazer ou não fazer, não se justificando, fática ou juridicamente, exigir que sejam propostas duas ações fundadas no mesmo fato, uma para pleitear a condenação em dinheiro e, outra, a imposição de obrigação de fazer ou não fazer. Vale observar, ainda, que uma mesma conduta pode dar ensejo a um pedido inibitório (providência jurisdicional voltada para o futuro) e outro reparatório (providência jurisdicional voltada para o passado), podendo ser cumulados na mesma ação estes dois pedidos.

De outro lado, é também lícito cumular na ação coletiva pedidos de anulação de uma cláusula de convenção ou acordo coletivo, indenização por danos resultantes da aplicação da cláusula anulada e imposição da obrigação de não inserir a cláusula anulada em convenções e acordos coletivos futuros. Note-se que, para aqueles que sustentam que a competência para a ação anulatória de cláusula de convenção ou acordo coletivo pertence aos tribunais regionais, esta cumulação atrairia para o tribunal a competência para

---

(2395) Em juízo, não será firmado um termo de ajustamento de conduta, mas firmado acordo, por meio do qual o demandado assume o compromisso de ajustar a sua conduta às exigências do ordenamento jurídico, no prazo e sob as condições estabelecidas.

(2396) Estas medidas foram examinadas no Capítulo reservado ao seu estudo, ao qual remetemos o leitor.

(2397) Ao Ministério Público compete propor ação civil coletiva para a defesa de interesses individuais homogêneos (art. 6º, XII, da Lei Complementar n. 75/93 e art. 82 do CDC), isto é, uma ação tipicamente reparatória (art. 91 do CDC).

(2398) Ação coletiva inibitória é aquela em que é requerida a adoção de medidas que inibam o ilícito (ocorrência ou continuidade).

o julgamento do pedido condenatório, em especial porque exigir a propositura de duas ações distintas, em juízos distintos (ação anulatória no tribunal e a ação condenatória perante uma Vara do Trabalho) atentaria, seriamente, contra os princípios da economia processual e da celeridade, além de abrir ensejo para decisões contraditórias.

17. *Custas e honorários advocatícios no processo coletivo*

Dispõe o art. 87, *caput*, do Código de Defesa do Consumidor que nas ações coletivas não haverá adiantamento de custas, emolumentos, honorários periciais e quaisquer outras despesas, nem a condenação da associação autora, "salvo comprovada má-fé, em honorários de advogado, custas e despesas processuais", ao passo que, consoante o parágrafo único do citado artigo, "em caso de litigância de má-fé, a associação autora e os diretores responsáveis pela propositura da ação serão solidariamente condenados em honorários advocatícios e ao décuplo das custas, sem prejuízo da responsabilidade por perdas e danos".

A Lei n. 7.347/85 (Lei da Ação Civil Pública) dispõe, no art. 17, que, "em caso de litigância de má-fé, a associação autora e os diretores responsáveis pela propositura da ação serão solidariamente condenados em honorários advocatícios e ao décuplo das custas, sem prejuízo da responsabilidade por perdas e danos", e, no art. 18, que na ação civil pública não haverá adiantamento de custas, emolumentos, honorários periciais e quaisquer outras despesas, nem a condenação da associação autora, salvo comprovada má-fé, em honorários de advogado, custas e despesas processuais.

A questão relativa aos honorários advocatícios é que suscita maiores questionamentos.

Considerada a questão à luz do Código de Defesa do Consumidor e da Lei da Ação Civil Pública:

1) se o pedido for julgado improcedente, não haverá a condenação do autor no pagamento de honorários advocatícios, salvo a hipótese de comprovada má-fé. Neste sentido, em sede de embargos de divergência, o STJ decidiu que: "1. Não ação civil pública movida pelo Ministério Público, a questão da verba honorária foge inteiramente das regras do CPC, sendo disciplinada pelas normas próprias da Lei n. 7.347/85. 2. Posiciona-se o STJ no sentido de que, em sede de ação civil pública, a condenação do Ministério Público ao pagamento de honorários advocatícios somente é cabível na hipótese de comprovada má-fé do *Parquet*. 3. Dentro de absoluta simetria de tratamento e à luz da interpretação sistemática do ordenamento, não pode o *parquet* beneficiar-se de honorários, quando for vencedor na ação civil pública";[2399]

2) sob o prisma da decisão acima citada, o autor e o réu devem receber o mesmo tratamento, no sentido de que, se o autor somente pode ser condenado no caso de comprovada má-fé, o mesmo deve ocorrer em relação ao réu.[2400]

18. *Recursos no processo coletivo. Ação rescisória coletiva*

A sistemática recursal no processo coletivo não difere daquela que a CLT estabelece para o processo individual, quanto às decisões passíveis de recursos, recursos cabíveis, efeitos dos recursos e pressupostos de admissibilidade dos recursos, todos examinados quando tratamos dos recursos no processo do trabalho, em Capítulo ao qual remetemos o leitor.

Observe-se, no entanto, que, embora o art. 14 da Lei n. 7.347/85 autorize o juiz a conferir efeito suspensivo ao recurso aforado contra a sentença que acolher o pedido inicial, no processo do trabalho os recursos têm

(2399) STJ, Embargos de Divergência em Resp. 895.530-PR, Rel. Min. Eliana Calmon.

(2400) Examinado a questão, o STJ decidiu que "Conforme o entendimento jurisprudencial do STJ, não é cabível a condenação da parte vencida ao pagamento de honorários advocatícios em favor do Ministério Público nos autos de ação civil pública" (STJ, Resp. 1.229.717, Rel. Min. Mauro Campbell Marques).

efeito meramente devolutivo (art. 899 da CLT). Com isto, pretendendo obter efeito suspensivo ao recurso, o recorrente deverá aforar ação cautelar com esse objetivo. Atendidos os requisitos respectivos, o juiz poderá deferir medida cautelar, consistente na suspensão da força executiva da decisão coletiva.

Acrescente que, no caso de condenação em pecúnia, deve o recorrente efetuar o depósito recursal. O fato de o art. 899, § 1º, da CLT estabelecer que o depósito recursal deve ser realizado nos *dissídios individuais* não afeta esta conclusão. A alusão a *dissídios individuais* no citado dispositivo legal é feita apenas para deixar claro que, *no dissídio coletivo*, a admissão do recurso não tem como condição a realização do depósito recursal, o que se explica pelo fato de o depósito recursal possuir natureza de garantia da execução e a sentença proferida em dissídio coletivo não ser objeto de execução (o que não ocorre no processo coletivo, em que pode ser proferida decisão condenatória e, com isto, passível de execução). Assim, no processo coletivo, apenas quando se trate de dissídio coletivo é que não se pode exigir do recorrente a realização de depósito recursal.

Ação rescisória é a ação voltada à rescisão de decisão de mérito transitada em julgado.

A Lei da Ação Civil Pública e o Código de Defesa do Consumidor não tratam da ação rescisória no contexto do processo coletivo, o que impõe recorrer, para suprir esta omissão, ao disposto no art. 836 da CLT, arts. 485 a 495 do CPC de 1973 e arts. 966 a 975 do CPC de 2015.[2401]

A sentença coletiva que julga improcedente o pedido por insuficiência de provas é passível de rescisão, o que não é prejudicado pelo fato de ser possível a qualquer legitimado propor de novo a ação, desde que fundada em nova prova. A possibilidade de propositura de nova ação não autoriza desconsiderar eventual vício contido na decisão proferida, além do que nova ação somente pode ser proposta se existir nova prova de que o legitimado possa lançar mão.

19. *Liquidação e execução no processo coletivo*

A execução pressupõe obrigação líquida, isto é, obrigação cujo valor ou objeto esteja perfeitamente determinado. Com isto, sendo ilíquida a obrigação imposta na sentença coletiva, cumpre realizar a sua liquidação.

Daí o exame, em primeiro lugar, da liquidação das decisões coletivas.

19.1. Formas de liquidação da decisão condenatória.

A liquidação pode ser realizada por cálculo, arbitramento ou artigos.

Contudo, no caso de sentença genérica, fixando a responsabilidade do réu pelos danos causados (art. 95 do CDC), na liquidação deverão ser comprovados o dano sofrido pela vítima ou seus sucessores e o nexo entre este dano e o dano causado pelo demandado, o que exige a liquidação por artigos.

A liquidação poderá ser promovida pelo autor da demanda ou por qualquer um dos legitimados para a sua propositura, ao passo que, na ação civil coletiva, pode ser também promovida pela vítima ou seus sucessores (art. 97 do CDC).

A liquidação será encerrada por sentença (art. 98 do CDC) e contra ela não cabe recurso, em razão de sua natureza interlocutória (art. 893, § 1º, da CLT), podendo o devedor atacá-la mediante embargos e, o credor, por meio de impugnação (art. 884 da CLT).

19.2. Execução da decisão condenatória.

O Código de Defesa do Consumidor prevê duas espécies de execução para as sentenças proferidas nas ações coletivas, quais sejam, a *execução coletiva* e a *execução individual*.

(2401) À ação rescisória foi reservado Capítulo próprio, ao qual remetemos o leitor.

Execução coletiva é a promovida pelo autor da demanda coletiva ou por qualquer um dos legitimados para a sua propositura. Quem tem legitimidade para propor a ação também a possui para executar a decisão que vier a ser proferida.(2402)

Execução individual é a promovida pelas vítimas ou seus sucessores (art. 97 e 103, § 3º, do CDC).

No caso de execução individual, ocorrerá verdadeira *habilitação de interessados* (art. 100 do CDC), aos quais cabe comprovar a titularidade do direito lesado e os prejuízos efetivamente sofridos, ou seja, quando se tratar de sentença condenatória do réu à reparação dos danos causados em razão da prática de determinado ato, os interessados deverão comprovar, na liquidação, que se encontram na situação fática retratada na sentença e os danos por eles sofridos.

A execução coletiva abrange as vítimas cujas indenizações já tiverem sido fixadas em sentença de liquidação (o que significa que se trata de execução em favor de pessoas determinadas), o que não prejudica o ajuizamento de outras execuções, coletivas ou individuais (arts. 98 e 103, § 3º, do CDC).(2403)

O art. 98, § 1º, do Código de Defesa do Consumidor estabelece que a execução coletiva far-se-á com base em certidão da sentença de liquidação, da qual deverá constar a ocorrência ou não do trânsito em julgado. Estes mesmos requisitos devem ser atendidos na execução individual. Em suma, sendo a execução coletiva ou individual, o exequente deverá apresentar a certidão da sentença de liquidação (ou a própria sentença, quando não houver necessidade de liquidação) e a prova de trânsito em julgado da decisão executada, acrescentando-se que estes requisitos dizem respeito à execução que não seja realizada nos próprios autos em que foi proferida a decisão executada.

Estabelece o art. 98, § 2º, do Código de Defesa do Consumidor que é competente para a execução: a) o juízo da liquidação da sentença ou da ação condenatória, no caso de execução individual; o juízo da ação condenatória, quando a execução for coletiva. Foi vetado pelo Presidente da República o parágrafo único do art. 97 do Código de Defesa do Consumidor, que permitia a liquidação no foro do domicílio do liquidante, razão pela qual afirmamos anteriormente que, apesar de não ter sido vetado o art. 98, § 2º do Código de Defesa do Consumidor, o veto do parágrafo único do art. 95 tornava certo que o foro da liquidação será o mesmo da execução, qual seja, o do juízo da condenação. No entanto, tendo em vista a necessidade de facilitar o acesso à justiça daqueles que não residem no foro do juízo da condenação (o que constitui exigência do princípio da facilitação do acesso à justiça, consagrado, inclusive, no art. 6º, VIII, do CDC), o art. 98, § 2º, I, é suficiente para distinguir o foro da liquidação do da execução, observando-se, inclusive, que o art. 101, I, do Código de Defesa do Consumidor autoriza a execução no foro do domicílio do autor, o que se estende à execução individual. Destarte, a execução individual pode ser ajuizada tanto no foro do juízo da condenação quanto no da liquidação, podendo este ser o do domicílio do autor da execução.

A sentença poderá atribuir ao demandado a obrigação de reparar danos a interesses e direitos difusos ou coletivos (interesse e direito indivisível) e danos individuais (interesses e direitos divisíveis), em razão do mesmo evento danoso. Neste caso, ou seja, de concurso de créditos, terá preferência a reparação dos danos individuais (art. 99 do CDC). A reparação de danos individuais prefere, destarte, a reparação dos danos coletivos. Por força da preferência estabelecida pelo art. 99 do Código de Defesa do Consumidor, a destinação de valores ao fundo criado para receber e gerenciar as indenizações de danos coletivos ficará suspensa enquanto pendentes de decisão de segundo grau as ações de indenização pelos danos individuais, salvo a hipótese de o patrimônio do devedor ser manifestamente suficiente para responder pela integralidade da dívida (art. 99, parágrafo único, do CDC).

Nas ações coletivas para defesa de interesses ou direitos individuais homogêneos, decorrido o prazo de um ano sem habilitação de interessados em número compatível com a gravidade do dano, qualquer legitimado para a ação coletiva poderá promover a liquidação e execução da indenização deferida (art. 100

(2402) Decorridos sessenta dias do trânsito em julgado da sentença condenatória, sem que o autor da demanda promova a sua execução, deverá fazê-lo o Ministério Público, facultada igual iniciativa aos demais legitimados (art. 15 da Lei n. 7.347/85).

(2403) As execuções serão ajuizadas na medida em que forem sendo liquidados os créditos de outras vítimas.

do CDC), revertendo-se a indenização para fundo gerido por um conselho federal de que participem o Ministério Público e representantes da comunidade (art. 100, parágrafo único, do CDC).[(2404)]

No caso de reparação de dano difuso ou coletivo, a indenização reverterá ao fundo previsto no art. 13 da Lei n. 7.347/85 e criado pela Lei n. 9.008/95 (Fundo de Defesa de Direitos Difusos). Contudo, este fundo tem por finalidade a reparação dos danos causados ao meio ambiente, ao consumidor, a bens e direitos de valor artístico, estético, histórico, turístico, paisagístico, por infração à ordem econômica e a outros interesses difusos e coletivos, o que dela afasta a condição de destinatário de valores relativos a danos a direitos decorrentes da relação de emprego.

Assim, no caso de danos a direitos decorrentes da relação de emprego, os valores podem ser destinados ao Fundo de Amparo do Trabalhador (FAT), criado pela Lei n. 7.998/90, que é vinculado ao Ministério do Trabalho e Emprego e destinado ao custeio do Programa de Seguro-Desemprego, ao pagamento do abono salarial e ao financiamento de programas de educação profissional e tecnológica e de desenvolvimento econômico. É certo que o art. 13 da Lei n. 7.347/85 exige que do fundo destinatário de valores devidos a título de indenização deve participar, necessariamente, o Ministério Público, o que não ocorre com o FAT. Este fato não impede, no entanto, que este fundo receba tais valores, em razão da destinação dos seus recursos.

No entanto, a reparação é mais efetiva quando destinada às comunidades diretamente lesadas, possibilidade que é consagrada no Enunciado n. 12 da 1ª Jornada de Direito Material e Processual na Justiça do Trabalho, realizada pela Associação Nacional dos Magistrados da Justiça do Trabalho (ANAMATRA), juntamente com o Tribunal Superior do Trabalho (TST) e com a Escola Nacional de Formação e Aperfeiçoamento de Magistrados (ENAMAT), *in verbis*: "Ações civis públicas em que se discute o tema do trabalho escravo. Existência de espaço para que o magistrado reverta os montantes condenatórios às comunidades diretamente lesadas, por via de benfeitorias sociais tais como a construção de escolas, postos de saúde e áreas de lazer. Prática que não malfere o art. 13 da Lei n. 7.347/85, que deve ser interpretado à luz dos princípios constitucionais fundamentais, de modo a viabilizar a promoção de políticas públicas de inclusão dos que estão à margem, que sejam capazes de romper o círculo vicioso de alienação e opressão que conduz o trabalhador brasileiro a conviver com a mácula do labor degradante. Possibilidade de edificação de uma Justiça do Trabalho ainda mais democrática e despida de dogmas, na qual a responsabilidade para com a construção da sociedade livre, justa e solidária delineada na Constituição seja um compromisso palpável e inarredável".

Note-se que o Código de Defesa do Consumidor (art. 84) prestigia a tutela específica, o que autoriza afirmar que admite destinatário de valores objeto da condenação que sejam distintos do estabelecido na Lei n. 7.347/85. Com isso, é no caso concreto que se definirá qual é a mais adequada forma de reparação dos danos a direitos trabalhistas. A coletividade (dano a interesse ou direito difusos), o grupo, classe ou categoria de pessoas (dano a interesse ou direito coletivo) ou grupo de pessoas (dano a interesses ou direitos individuais homogêneos) diretamente afetados têm preferência na reparação, solução que é autorizada pelo art. 99 do CDC, do qual decorre que a indenização deve beneficiar, primeiro, aqueles que foram diretamente lesados.

Cumpre recordar que os juros são contados, no processo do trabalho, mesmo em relação às ações coletivas, a partir da propositura da ação (art. 39 da Lei n. 8.177/91). Assim, na liquidação, ainda que individual, os juros devem ser contados a partir da propositura da ação coletiva que resultou no proferimento da decisão objeto da liquidação.

19.3. Defesa do executado na execução de decisão coletiva.

Em sua defesa, o executado poderá apresentar embargos à execução, nos mesmos moldes em que eles são admitidos na execução de decisão proferida em ação individual, aplicando-se, na hipótese, o prazo do art. 884 da CLT. Ao credor é lícito, no mesmo prazo, apresentar impugnação à sentença de liquidação (art. 884 da CLT).

(2404) Os valores devidos a título de reparação individual são revertidos para fundo destinado à reparação de danos coletivos trabalhistas correlatos.

20. Ação civil pública

Como as ações coletivas já foram examinadas e a ação civil pública é uma espécie de ação coletiva, neste item serão examinados apenas os aspectos específicos desta ação.

20.1. Objeto.

A ação civil pública é disciplinada pela Lei n. 7.347/85 (LACP — Lei da Ação Civil Pública). De acordo com o art. 1º da citada lei, por meio da ação civil pública pode ser pleiteada em juízo a reparação por danos morais e patrimoniais causados ao meio ambiente, ao consumidor, a bens e direitos de valor artístico, estético, histórico, turístico e paisagístico, a qualquer outro interesse difuso ou coletivo, por infração à ordem econômica, à ordem urbanística, à honra e à dignidade de grupos raciais, étnicos ou religiosos.

A Constituição da República de 1988 inclui dentre as funções institucionais do Ministério Público a promoção de ação civil pública, para a proteção do patrimônio público e social, do meio ambiente e de outros interesses difusos e coletivos (art. 129, III).

A Lei n. 8.078/90 (Código de Defesa do Consumidor) estabelece que as ações coletivas podem versar sobre direitos e interesses difusos, coletivos e individuais homogêneos (arts. 81 e 82) e acrescentou à Lei n. 7.347/85 (Lei da Ação Civil Pública) o art. 21, dispondo que "aplicam-se à defesa dos direitos e interesses difusos, coletivos e individuais, no que for cabível, os dispositivos do Título III da lei que instituiu o Código de Defesa do Consumidor".

A Lei Complementar n. 75/93, dispondo sobre as atribuições do Ministério Público do Trabalho, dentre elas incluiu a propositura de ação civil pública voltada à tutela de interesses coletivos, quando forem desrespeitados os direitos sociais constitucionalmente garantidos aos trabalhadores (art. 83, III).

À Justiça do Trabalho compete, por força do art. 114 da Constituição da República, o julgamento dos dissídios oriundos da relação de trabalho.

Da conjugação de tais textos normativos resulta que a *ação civil pública trabalhista,* isto é, a ação civil pública promovida perante a Justiça do Trabalho, pode versar sobre interesses ou direitos difusos, coletivos e individuais homogêneos oriundos da relação de trabalho.

Restringindo o alcance da ação civil pública, a Medida Provisória n. 2.180-35, de 24.8.2001, acrescentou parágrafo único ao art. 1º da Lei n. 7.347/85, estabelecendo não ser cabível ação civil pública para veicular pretensões que envolvam o FGTS cujos beneficiários possam ser individualmente determinados. É patente, no entanto, a inconstitucionalidade dessa Medida Provisória, porquanto o art. 129, III, da Constituição Federal não coloca as pretensões relativas ao FGTS fora do alcance da ação civil pública. Ademais, o FGTS, por expressa previsão constitucional (art. 7º, III), foi incluído no rol dos direitos fundamentais dos trabalhadores, não se sustentando o impedimento para a sua defesa em ação civil pública, mesmo que seus beneficiários possam ser individualmente determinados. A restrição operada pela Medida Provisória em questão promove a fragmentação dos conflitos de interesses envolvendo o FGTS, demonstra a falta de compromisso do Governo Federal com a efetividade dos direitos fundamentais trabalhistas e representa restrição ao acesso à tutela coletiva dos direitos, com ofensa ao art. 5º, XXXVI, da Constituição Federal.

20.2. Disciplina legal.

A ação civil pública trabalhista é regida pelo direito processual do trabalho, do qual servem como principais fontes subsidiárias o Código de Defesa do Consumidor (Lei n. 8.078/90) e a Lei da Ação Civil Pública (Lei n. 7.347/85), nos termos do art. 769 da CLT.

20.3. Legitimidade ativa e passiva.

20.3.1. Legitimidade do Ministério Público do Trabalho.

A Constituição da República de 1988 inclui dentre as funções institucionais do Ministério Público a promoção de ação civil pública para a proteção do patrimônio público e social, do meio ambiente e de outros interesses difusos e coletivos (art. 129, III). O art. 83, III, da Lei Complementar n. 75/93 atribui ao Ministério Público do Trabalho a legitimidade para promover a ação civil pública no âmbito da Justiça do Trabalho.

É inegável, portanto, a legitimidade do Ministério Público do Trabalho para ajuizar ação civil pública perante a Justiça do Trabalho, versando sobre direitos e interesses difusos, coletivos e individuais homogêneos decorrentes da relação de trabalho.

Deste tema tratamos quando examinamos a legitimidade para o ajuizamento de ações coletivas, sendo relevante acrescentar que o STF decidiu que: "O Ministério Público tem legitimidade ativa para a defesa, em juízo, dos direitos e interesses individuais homogêneos, quando impregnados de relevante natureza social".[(2405)]

20.3.2. Demais legitimados para a propositura da ação civil pública.

O Ministério Público do Trabalho não tem o monopólio da legitimação para a ação civil pública. Neste sentido, o art. 129, § 1º, da Constituição Federal dispõe que a legitimação do Ministério Público para a ação civil pública não exclui a de terceiros.

O art. 5º da Lei n. 7.347/85 aponta como legitimados para a propositura de ação civil pública, além do Ministério Público: a defensoria pública, a União, os Estados, o Distrito Federal, os Municípios, as autarquias, empresas públicas, fundação ou sociedade de economia mista e a associação que, concomitantemente, esteja constituída há pelo menos um ano, nos termos da lei civil, e inclua, entre suas finalidades institucionais, a proteção ao meio ambiente, à ordem econômica, à livre concorrência ou ao patrimônio artístico, estético, histórico, turístico e paisagístico.

O art. 82 do Código de Defesa do Consumidor define como legitimados para a propositura de ações coletivas, dentre as quais estão a ação civil pública, o Ministério Público, a União, os Estados, o Distrito Federal, os Municípios, o Distrito Federal, as entidades e órgãos da administração pública, direta ou indireta, ainda que sem personalidade jurídica, especificamente destinadas à defesa dos interesses e direitos protegidos pelo Código de Defesa do Consumidor, e as associações legalmente constituídas há pelo menos um ano e que incluam entre seus fins institucionais a defesa dos interesses e direitos protegidos pelo Código de Defesa do Consumidor,[(2406)] dispensada a autorização assemblear, observando que o requisito da pré-constituição pode ser dispensado pelo juiz, nas ações civis coletivas, quando haja manifesto interesse social evidenciado pela dimensão ou características do dano, ou pela relevância do bem jurídico a ser protegido (art. 82, § 1º).

O art. 5º, V, da Lei n. 7.347/85 (LACP) e o art. 82 do Código de Defesa do Consumidor autorizam o ajuizamento da ação civil pública por *associação*. Sendo o sindicato uma associação criada para fins de estudo, defesa e coordenação de interesses econômicos e profissionais (art. 511 da CLT), a ele não pode ser negada legitimidade para ajuizar ação civil pública.

É importante ressaltar que a Constituição Federal (art. 8º, III) atribuiu ao sindicato a condição de porta-voz dos interesses e direitos coletivos ou individuais da categoria, impedindo que se lhe negue o acesso à ação civil pública, que é um importante instrumento de tutela coletiva de direitos.

Ademais, em defesa dos direitos coletivos, difusos e individuais homogêneos dos trabalhadores, o sindicato pode ajuizar todas as espécies de ações capazes de propiciar sua adequada e efetiva tutela, entre as quais a ação civil pública, conforme permitem concluir os arts. 82 e 83 do Código de Defesa do Consumidor.

(2405) STF, RE 472489 AgR/RS, 2ª Turma, Rel. Min. Celso Mello. A relevância social do direito, em se tratando de ação proposta pelo MPT, está na natureza predominantemente fundamental dos direitos decorrentes da relação de emprego e, com isto, de sua estreita relação com a promoção e defesa da dignidade humana dos que dependem da alienação da sua força de trabalho para atender às suas necessidades próprias e familiares.

(2406) Isto é, interesses e direitos difusos, coletivos e individuais homogêneos (art. 81, parágrafo único, do CDC).

Aplicando à hipótese o disposto no art. 611, § 2º, da CLT, pode ser dito que, as Federações e, na falta destas, as Confederações poderão propor a ação civil pública em relação às categorias a elas vinculadas, não organizadas em sindicatos, no âmbito de suas representações. Podendo celebrar convenções coletivas do trabalho, isto é, atuar na defesa dos interesses da categoria, aludidas entidades sindicais têm legitimidade para o ajuizamento da ação civil pública.

A legitimidade para a ação civil pública, como se dá em relação a todas as ações coletivas, é concorrente (a legitimidade de um ente não exclui a dos demais), disjuntiva (a propositura da ação por um dos entes legitimados não depende da aquiescência dos demais legitimados) e exclusiva (somente têm legitimidade para a ação civil pública os entes expressamente indicados pelo ordenamento jurídico).

A ação civil pública constitui valioso instrumento de efetividade dos direitos sociais garantidos aos trabalhadores pela ordem jurídica, o que exige que se confira a maior amplitude possível à legitimação para o seu ajuizamento.

20.3.3. Provocação do Ministério Público do Trabalho.

Qualquer pessoa poderá e o servidor público deverá provocar a iniciativa do Ministério Púbico, fornecendo-lhe informações sobre fato que possa constituir objeto de ação civil pública, indicando-lhe os elementos de convicção (art. 6º da Lei n. 7.347/85). Se o juiz ou Tribunal, no exercício de suas funções, tiver conhecimento de fatos que possam ensejar a propositura de ação civil pública, deverá remeter as peças processuais por meio das quais esses fatos vieram à luz ao Ministério Público (art. 7º da Lei n. 7.347/85).

20.3.4. Sujeito passivo na ação civil pública.

Sujeito passivo da ação civil pública é o responsável pelo dano ou ameaça a direito social constitucionalmente garantido aos trabalhadores.

20.4. Defesa na ação civil pública.

Não existe limitação à defesa do réu na ação civil pública.

20.5. Procedimento.

A ação civil pública trabalhista é uma ação especial, em razão de seu objeto e legitimação, sendo no seu processamento aplicáveis as regras que tratam do procedimento ordinário, com aplicação subsidiária do Código de Defesa do Consumidor e da Lei da Ação Civil Pública. Vale lembrar que o rito sumaríssimo é aplicável apenas em relação a dissídios individuais (art. 852-A da CLT), não alcançando, as ações coletivas, dentre elas a ação civil pública.

20.6. Prescrição.

O tema foi enfrentado quando examinamos a prescrição no processo coletivo.

20.7. Pretensões que podem ser deduzidas na ação civil pública trabalhista. Ação cautelar. Ação civil pública visando à reparação de danos morais coletivos.

A ação civil pública trabalhista é destinada à proteção de interesses ou direitos difusos, coletivos e individuais homogêneos constitucionalmente garantidos aos trabalhadores e pode ser ajuizada visando: a) à reparação de danos (arts. 1º, *caput*, §§ 2º e 3º da Lei n. 7.347/85); b) ao cumprimento de obrigação de fazer ou de não fazer (art. 3º da Lei n. 7.347/85); e, c) à inibição de ilícito.[2407]

(2407) O ajuizamento da ação civil pública inibitória é autorizado pelo art. 4º da Lei n. 7.347/85.

20.8. Competência.

Dispõe o art. 2º da Lei n. 7.347/85 que a ação civil pública deverá ser proposta no *foro do local onde ocorrer o dano*, cujo juízo terá competência funcional para processar e julgar a causa. O art. 93 do CDC estabelece que a ação coletiva deverá ser proposta no foro do local onde *ocorreu ou deva ocorrer o dano*, quando de âmbito local e no foro da Capital do Estado ou no do Distrito Federal, para os danos de âmbito regional e nacional, sendo por ele estabelecido que são aplicadas as regras do CPC em casos de competência concorrente. O juízo competente é definido, portanto, a partir da extensão de dano ocorrido ou que se pretende evitar.

A propósito da competência para a ação civil pública, a SDI-2 do TST editou a Orientação Jurisprudencial n. 130: "I — A competência para a Ação Civil Pública fixa-se pela extensão do dano; II — Em caso de dano de abrangência regional, que atinge cidades sujeitas à jurisdição de mais de uma Vara do Trabalho, a competência será de qualquer das varas das localidades atingidas, ainda que vinculadas a Tribunais Regionais do Trabalho distintos; III — Em caso de dano de abrangência suprarregional ou nacional, há competência concorrente para a ação civil pública das varas do trabalho das sedes dos Tribunais Regionais do Trabalho; IV — Está prevento o juízo a que a primeira ação houver sido distribuída".

Feitos estes registros, remetemos o leitor ao exame da competência para as ações coletivas, realizado no presente Capítulo.

20.9. Concessão de liminar. Tutela de urgência na ação civil pública.

Na ação civil pública podem ser adotadas todas as medidas necessárias a assegurar a adequada e efetiva tutela de interesses ou direitos que constituem o seu objeto, dentre elas as medidas de urgência (medida cautelar e antecipação de tutela), por força do disposto nos arts. 4º, 19 e 20 da Lei da Ação Civil Pública e no art. 90 do Código de Defesa do Consumidor.

Ao deferir antecipação de tutela, o juiz pode cominar multa, para o caso de descumprimento de sua determinação, que será exigível do réu após o trânsito em julgado da decisão favorável ao autor, mas que será devida desde o dia em que se houver configurado o descumprimento da ordem judicial (art. 12, § 2º, da Lei n. 7.347/85).

20.10. Sentença e coisa julgada. Recursos.

A sentença, julgando procedente o pedido, condenará o réu a pagar indenização ou a cumprir a obrigação de fazer ou de não fazer ou a se abster da prática do ato considerado ilícito ou a cessar a sua prática.

Na ação que tenha por objeto o cumprimento de obrigação de fazer ou de não fazer ou a abstenção da prática de determinado ato, o juiz determinará o cumprimento da prestação da atividade devida ou a cessação da atividade nociva, sob pena de execução específica, ou de cominação de multa diária, se esta for suficiente ou compatível, independentemente de requerimento do autor (art. 11 da Lei n. 7.347/85).

A fixação dos limites subjetivos da coisa julgada na ação coletiva deve ser realizada à luz do art. 103 do Código de Defesa do Consumidor e do art. 16 da Lei n. 7.347/85, textos legais que já foram examinados quando tratamos da coisa julgada nas ações coletivas.

A sentença civil prolatada em ação de caráter coletivo proposta por entidade associativa, na defesa de interesses dos seus associados, abrangerá apenas os substituídos que tenham, na data da propositura da ação, domicílio no âmbito da competência territorial do órgão prolator (art. 2º-A da Lei n. 9.494/97, introduzido pela Medida Provisória n. 2.180-35/2001).

No caso de ação civil pública aforada visando à tutela de interesses ou direitos das pessoas portadoras de deficiência, a sentença que concluir pela carência de ação ou improcedência do pedido fica sujeita ao duplo grau de jurisdição, não produzindo efeito senão depois de confirmada pelo tribunal (art. 4º, § 1º, da Lei

n. 7.853/89), observando-se que, das sentenças proferidas contra o autor da ação poderá recorrer qualquer legitimado ativo, inclusive o Ministério Público (art. 4º, § 2º, da Lei n. 7.853/89).[2408]

Na ação civil pública podem ser apresentados todos os recursos admitidos pelo direito processual do trabalho, observando-se os respectivos pressupostos de admissibilidade.

No caso de condenação em pecúnia, deve o recorrente efetuar o depósito recursal de que trata o art. 899, § 1º, da CLT, observando-se que este dispositivo legal se refere ao dissídio individual apenas para deixar claro que no dissídio coletivo a admissão do recurso não tem como condição a realização do depósito recursal, o que se explica, posto que o depósito recursal tem a natureza de garantia da execução e a sentença proferida em dissídio coletivo não é objeto de execução, mas de ação de cumprimento.

Embora o art. 14 da Lei n. 7.347/85 autorize o juiz a conferir efeito suspensivo ao recurso aforado contra a sentença que acolher o pedido inicial, no processo do trabalho os recursos têm efeito meramente devolutivo. Pretendendo obter efeito suspensivo ao recurso, o recorrente deverá aforar ação cautelar com esse objetivo, que será acolhida somente se forem atendidos os requisitos necessários à concessão de medida e caráter cautelar.

20.11. Inquérito civil. Termo de ajustamento de conduta.

O Ministério Público poderá instaurar, sob sua presidência, inquérito civil, sempre que cabível para assegurar a observância dos direitos sociais dos trabalhadores (arts. 8º, § 1º, da Lei n. 7.347/85 e 84, II, da Lei Complementar n. 75/93).

O inquérito civil constitui *procedimento administrativo* (art. 129, VI, da Constituição Federal, art. 84, II, da Lei Complementar n. 75/93 e art. 26, I, da Lei n. 8.625/93) instaurado para o recolhimento de informações ou realização de exames e provas com o fim de apurar a existência de fundamento para a propositura da ação civil pública (art. 9º da Lei n. 7.347/85).

Pode o Ministério Público, no curso do inquérito, tomar dos interessados o compromisso de ajustamento de sua conduta às exigências legais, mediante cominações, para o caso de sua inobservância (art. 5º, § 6º, da Lei n. 7.347/85). O ajuste será reduzido a termo denominado *termo de ajustamento de conduta*. Com isto, não pode deixar de ser reconhecido que a celebração do compromisso de ajustamento de conduta constitui uma das finalidades do inquérito civil.

A assinatura do termo previne o litígio e restabelece de forma mais rápida a observância da ordem jurídica.

O termo de ajustamento de conduta tem eficácia de título executivo extrajudicial e será executado perante a Justiça do Trabalho (arts. 876 da CLT e 5º, § 6º, da Lei n. 7.347/85), no juízo que teria competência para a ação civil pública (art. 877-A da CLT).

O inquérito civil não é essencial para a propositura da ação civil pública, cabendo ao Ministério Público o exame da conveniência de sua instauração.

Para verificar a existência de fundamentos para a propositura da ação civil, pode o Ministério Público requisitar, de qualquer organismo público ou particular, certidões, informações, exames ou perícias, no prazo que assinalar (art. 8º, § 1º, da Lei n. 7.347/85), constituindo crime a recusa, o retardamento ou a omissão de dados técnicos indispensáveis à propositura da ação civil requisitados pelo Ministério Público (arts. 8º, § 1º, e 10 da Lei n. 7.347/85), bem como expedir notificações para colher depoimento ou esclarecimento e, em caso de não comparecimento injustificado, requisitar condução coercitiva, inclusive pela Polícia Civil ou Militar, ressalvadas as prerrogativas previstas em lei (art. 26, I, *a*, da Lei n. 8.625/93 e art. 8º, I, da Lei Complementar n. 75/93).

(2408) O Ministério Público intervirá obrigatoriamente nas ações públicas, coletivas ou individuais, em que se discutam interesses relacionados à deficiência das pessoas (art. 5º da Lei n. 7.853/89).

O inquérito, como procedimento administrativo de caráter investigatório (e não acusatório), não comporta o contraditório. A Constituição de 1988 reconhece o direito ao contraditório e à ampla defesa mesmo em processos administrativos, o que, no entanto, não se aplica a meros procedimentos administrativos de que não resulta acusação ou imposição de penalidades.

No entanto, o inquérito, como instrumento para a produção de provas voltadas para a instauração da ação civil pública, terá mais força em juízo na medida em que dele participe o investigado. Com isso, também no inquérito pode ser instaurado o contraditório, concedendo-se ao investigado a oportunidade de participação.[2409] O investigado poderá, inclusive, fornecer ao órgão do Ministério Público elementos que o convençam da ausência de fundamentos para a propositura de ação civil pública.

O órgão do Ministério Público, convencendo-se da inexistência de fundamento para a propositura da ação, promoverá o arquivamento dos autos do inquérito civil ou das peças informativas, fazendo-o fundamentadamente (art. 9º da Lei n. 7.347/85), devendo os autos do inquérito ou as peças de informação ser remetidos ao Conselho Superior do Ministério Público, que homologará ou rejeitará o arquivamento, podendo as associações legitimadas para a propositura da ação, antes da manifestação do Conselho, apresentar razões escritas ou documentos que serão juntados aos atos do inquérito ou anexados às peças de informação (art. 9º, § 1º, da Lei n. 7.347/85). O Conselho Superior do Ministério Público, se não homologar o arquivamento, designará, desde logo, outro membro do Ministério Público para o ajuizamento da ação (art. 9º, § 4º, da Lei n. 7.347/85).

21. *Ação civil coletiva*

O Código de Defesa do Consumidor trata, nos arts. 91 a 102, das "ações coletivas para a defesa de interesses individuais homogêneos".

De acordo com o art. 91 do Código de Defesa do Consumidor, os legitimados para a ação coletiva poderão propor, em nome próprio e no interesse das vítimas ou sucessores, *ação civil coletiva* de responsabilidade pelos danos individualmente sofridos.

A ação civil coletiva constitui ação reparatória dos danos sofridos pelos titulares de direitos ou interesses individuais homogêneos. Trata-se, portanto, de ação coletiva com objeto bem definido: reparação de danos sofridos pelos titulares de direitos ou interesses individuais homogêneos.[2410]

O Código de Defesa do Consumidor trata, nos arts. 91 e seguintes, de uma ação específica (ação reparatória de danos), o que não impede que ações de outra natureza sejam ajuizadas visando à tutela de interesses ou direitos individuais homogêneos.

A ação civil coletiva trabalhista poderá ser proposta por qualquer legitimado para a ação coletiva, observando-se que o Ministério Público do Trabalho atuará como fiscal da ordem jurídica quando não for o autor da demanda (art. 92 do CDC). A ação, de acordo com o art. 91 do Código de Defesa do Consumidor, será proposta pelo legitimado, em nome próprio, mas em favor de terceiro, o que indica que se trata de hipótese de substituição processual.

Quanto à fixação da competência para esta modalidade de ação, remetemos o leitor ao item deste Capítulo em que tratamos da competência no processo coletivo.

(2409) A participação constitui o valor subjacente ao princípio do contraditório.

(2410) Para Raimundo Simão de Melo, a ação civil coletiva é "espécie do gênero ação civil pública", que tem "natureza reparatória concreta, visando justamente à obtenção de reparação pelos danos sofridos pelos trabalhadores lesados, mediante reconhecimento genérico da obrigação de indenizar (...). Trata-se (...) de uma ação destinada à reparação dos danos individualmente sofridos pelas vítimas, no caso da esfera trabalhista, os trabalhadores, ao contrário da ação civil pública que busca, em regra, o cumprimento de uma obrigação de fazer ou não fazer e uma condenação genérica, conforme o caso, pelos danos já causados aos interesses difusos e coletivos dos trabalhadores" (*Ação civil pública na Justiça do Trabalho*, p. 206-208).

Proposta a ação, será publicado edital no órgão oficial, a fim de que os interessados possam intervir no processo como litisconsortes, sem prejuízo de ampla divulgação pelos meios de comunicação social por parte dos legitimados (art. 94 do CDC). O interessado que intervir como litisconsorte será alcançado pela coisa julgada produzida no processo, ao passo que aquele que não intervir como litisconsorte será beneficiado pela sentença de procedência, mas poderá intentar ação reparatória a título individual, no caso de improcedência do pedido reparatório objeto da ação civil coletiva (art. 103, § 2º, do CDC).

A condenação, em caso de procedência pedida, será genérica, reconhecendo a responsabilidade do demandado pelos danos causados (art. 95 do CDC). Na decisão, portanto, será imposta ao demandado a obrigação, genérica, de indenizar os danos causados aos trabalhadores e seus sucessores.

Como adverte Ada Pellegrini Grinover, "o fato de a condenação ser genérica não significa que a sentença não seja certa ou precisa. A certeza é condição essencial do julgamento, devendo o comando da sentença estabelecer claramente os direitos e obrigações, de modo que seja possível executá-la. E essa certeza é respeitada na medida em que a sentença condenatória estabelece a obrigação de indenizar pelos danos causados, ficando os destinatários e a extensão da reparação a serem apurados na liquidação da sentença (...). A sentença *genérica* do art. 95 é, portanto, *certa e iliquida*. Enquadra-se no disposto no art. 586, § 1º, do CPC, que contempla a condenação genérica como aquela que, reconhecendo em definitivo o direito, há de ser liquidada para 'estabelecer o *quantum*, ou *res*, ou o *facere* ou *non facere*'".[2411]

A liquidação e a execução no processo coletivo, o que inclui as relativas às decisões proferidas em ação civil coletiva, foram tratadas neste Capítulo, no item 19, ao qual remetemos o leitor.

22. Ações coletivas passivas

A defesa em juízo de um interesse ou direito coletivo pode ser realizada por meio da propositura de demanda (*ação coletiva ativa*) ou apresentação de defesa em face de uma demanda proposta contra grupo, categoria ou classe de pessoas (*ação coletiva passiva*).

A defesa da coletividade será exercida pelos entes autorizados a atuar judicialmente em sua defesa.

Como exemplo de ação coletiva passiva, pode ser apontado o dissídio de revisão ou modificativo aforado por empresa contra o sindicato representante da categoria de seus empregados, visando à revisão da sentença normativa e alteração das normas e condições de trabalho nela estabelecidas e que tenham se tornado injustas ou inaplicáveis. Cite-se, ainda como exemplo de ação coletiva passiva, o dissídio de natureza jurídica ou de interpretação também aforado por empresa contra o sindicato da categoria de seus empregados, para efeito de interpretação de cláusulas de sentenças normativas, instrumentos de negociação coletiva, disposições legais particulares de categoria profissional ou econômica ou de atos normativos editados pelo empregador.

(2411) *Código de defesa do consumidor comentado pelos autores do anteprojeto*, p. 904.

Capítulo 22

Procedimentos Especiais

1. *Justificativa da existência de procedimentos especiais*

Os procedimentos especiais são estabelecidos diante da necessidade de o procedimento atender às particularidades do direito objeto de disputa judicial, como condição para a sua adequada e efetiva tutela jurisdicional.

Como Andrea Proto Pisani, "a instrumentalidade do direito processual não significa neutralidade; o direito processual, nos muitos procedimentos e nas variadas formas de tutela nas quais se articula, não é, não pode ser, indiferente a respeito da natureza dos interesses em conflito; não o é — e por isso não é correto falar de neutralidade — porque da predisposição de procedimentos idôneos a fornecer formas de tutelas jurisdicionais adequadas às especificidades das situações de vantagem depende a existência do próprio direito substancial".(2412) Desse modo, o direito processual não pode ser neutro, no sentido de fechar os olhos para as particularidades do direito objeto de disputa judicial, devendo, ao contrário, estabelecer um instrumental processual apto à sua adequada e efetiva tutela.

A adequação do procedimento às particularidades do direito objeto de disputa judicial, isto é, a *especialização do procedimento*, ocorre de várias formas e no seu exame o que se observa é que o legislador parte do procedimento ordinário, enquanto procedimento padrão, para estabelecer *modos diferenciados de proceder*, adotando medidas que podem envolver, por exemplo:

a) *natureza dos atos a serem praticados*: a fixação do procedimento envolve a definição dos atos a serem praticados para a solução do conflito de interesses levado ao Poder Judiciário e os atos relativos ao procedimento comum nem sempre são os mais adequados a este fim, razão pela qual são estabelecidos atos próprios para determinados procedimentos, como, por exemplo, para a ação de consignação em pagamento, na qual o réu não é citado para apresentar a sua resposta à demanda, mas citado para comparecer e levar o depósito ou oferecer contestação (art. 542, II, do CPC de 2015);

b) *agilização do procedimento*: os procedimentos especiais podem contemplar prazos distintos dos previstos para o procedimento ordinário, visando torná-lo mais célere;

c) *instrução diferenciada*: em certos procedimentos especiais, a prova deve ser necessariamente documental e produzida com a petição inicial, como se dá com o mandado de segurança, por exemplo, ao passo que, em outros, há aumento do número de testemunhas que as partes podem indicar para serem ouvidas, como é o caso do inquérito para apuração de falta grave, também a título de exemplo.

Várias são, portanto, as técnicas que podem ser utilizadas pelo legislador para promover a especialização do procedimento.

(2412) *Lezioni di diritto processuale civile*, p. 6.

Procedimento especial é, desse modo, aquele que se encontra submetido a trâmites distintos dos correspondentes ao procedimento ordinário.

Os procedimentos especiais estão disciplinados na CLT (inquérito para apuração de falta grave, por exemplo), no CPC (ação de consignação em pagamento, por exemplo) e em leis extravagantes (mandado de segurança, por exemplo).

Vale registrar que:

a) o erro na forma do processo acarreta unicamente a anulação dos atos que não possam ser aproveitados, devendo ser praticados os que forem necessários a fim de se observarem as prescrições legais (art. 250 do CPC de 1973 e art. 283 do CPC de 2015), observando-se que deverão ser aproveitados os atos praticados desde que não resulte prejuízo à defesa de qualquer parte (art. 250, parágrafo único, do CPC de 1973 e art. 283, parágrafo único, do CPC de 2015). Em suma, se houver erro na escolha do procedimento, tal fato não levará, necessariamente, à extinção do processo sem provimento de mérito, devendo ser aplicado à hipótese o princípio do máximo aproveitamento dos atos processuais praticados, ressalvada, no entanto, a necessidade de não prejudicar a defesa de qualquer das partes.

b) na hipótese de cumulação de pedidos aos quais correspondem tipos diversos de procedimento, será permitida a cumulação se o autor empregar o procedimento comum, situação em que nele poderão ser utilizadas técnicas processuais diferenciadas previstas nos procedimentos especiais a que se sujeitam um ou mais pedidos cumulados, desde que elas sejam compatíveis com o procedimento comum (art. 327, § 2º, do CPC de 2015).[2413]

Como esclarece Humberto Theodoro Júnior, existem dois níveis de requisito para o uso regular e eficaz do procedimento especial, quais sejam: "(a) *requisitos materiais*: a pretensão tem de situar-se no plano do direito material a que corresponde o rito (...); (b) *requisitos processuais*: os dados formais do procedimento especial costumam ser ligados a requisitos que condicionam a forma e o desenvolvimento válido do processo até o julgamento do mérito.[2414]

2. *Ações e procedimentos especiais*

No exame dos procedimentos especiais, não é raro encontrar, na doutrina e na jurisprudência, a referência a *ações especiais*.

No entanto, o *procedimento* é que pode ser, ou não, ordinário ou especial.[2415]

(2413) Desse modo, os benefícios das técnicas processuais diferenciadas podem ser também alcançados no procedimento ordinário. Note-se que o CPC de 2015 não considera a ação de prestação de contas uma ação sujeita a procedimento especial. Isso significa que a ação de prestação de contas será processada pelo procedimento comum, mas nela serão adotadas soluções próprias do procedimento especial, como, por exemplo, a divisão do procedimento em fases, como se verá mais adiante.

(2414) *Curso de direito processual civil*, v. III, p. 9. Neste sentido, para que possa ser proposta ação de consignação em pagamento é indispensável que se trate de pretensão de cumprimento de obrigação (*requisito material*), ao passo que, na ação monitória, é indispensável que a petição inicial seja instruída com prova escrita (*requisito processual*). No mandado de segurança, também mencionado a título de exemplo, é exigido que se trate de pretensão de tutela de direito líquido e certo (*requisito material*) e que a petição inicial seja instruída com prova documental dos fatos constitutivos do direito deduzido (*requisito processual*).

(2415) Nesse sentido, afirma Humberto Theodoro Júnior que, "sendo una a jurisdição, como poder do Estado, uno também deve ser o direito de a ela se recorrer. O que variam são apenas as maneiras de exercitar esse mesmo direito, conforme a diversidade dos atos reclamados para adequar a forma à substância do direito subjetivo litigioso. O uso de expressões como 'ação de consignação', 'ação de exigir contas' etc. denota apenas reminiscência do anacrônico e superado conceito civilista da ação, segundo o qual a cada direito material corresponderia uma ação para protegê-lo na eventualidade de sua violação. Na verdade, porém, o que hoje se admite são procedimentos variados para deduzir pretensões relativas a certos direitos materiais, pelo que o correto seria dizer 'procedimento da consignação em pagamento', 'procedimento da exigência de contas etc. em lugar de 'ação de consignação em pagamento', 'ação de prestação de contas' etc." (*Curso de direito processual civil*, v. III, p. 7).

3. *Disciplina legal dos procedimentos especiais. O procedimento ordinário como procedimento regra*

Os procedimentos especiais são regidos pelas disposições que lhes são próprias, aplicando-se-lhes, subsidiariamente, as disposições gerais do procedimento ordinário (art. 272, parágrafo único, do CPC de 1973 e art. 318, parágrafo único, do CPC de 2015).

4. *Procedimentos especiais trabalhistas*

O direito processual do trabalho estabelece um procedimento padrão (*procedimento ordinário*), procedimentos que levam em conta o valor econômico dos interesses em jogo (*procedimento sumaríssimo* e *procedimento sumário*)[2416] e *procedimentos especiais*.

Nos próximos tópicos serão examinados os procedimentos especiais estabelecidos pelo direito processual do trabalho e os procedimentos especiais estabelecidos pelo direito processual comum compatíveis com o direito processual do trabalho, com a ressalva de que o CPC de 2015 dividiu os procedimentos especiais em procedimentos especiais de jurisdição contenciosa e de jurisdição voluntária.

4.1. Inquérito para apuração de falta grave

4.1.1. Conceito.

Segundo o art. 492 da CLT, o empregado que contar com mais de dez anos de serviço não poderá ser despedido senão por motivo de *falta grave* ou circunstância de força maior, *devidamente comprovadas*.[2417] O art. 492 da CLT estabelece a denominada *estabilidade decenal*.

De acordo com o art. 494 da CLT, o empregado acusado de falta grave poderá ser suspenso de suas funções, mas a sua despedida só se tornará efetiva após o *inquérito* em que se verifique a procedência da acusação.

O art. 853 da CLT dispõe que, para a instauração do *inquérito para apuração da falta grave*, o empregador apresentará petição escrita à Vara do Trabalho ou Juízo de Direito dentro de 30 (trinta) dias, contados da data da suspensão do empregado.

Os comandos legais acima citados autorizam afirmar que inquérito para apuração de falta grave é a ação a ser proposta pelo empregador contra o trabalhador beneficiado por estabilidade no emprego, visando por fim à relação de emprego, em razão de prática de falta grave por ele praticada.[2418]

4.1.2. Prazo para a propositura.

Consoante resulta do art. 494, *caput* e parágrafo único, da CLT, ao tomar ciência da prática de falta grave praticada por trabalhador estável, o empregador que propuser o inquérito para apuração de falta grave tem duas opções:

(2416) Esta era também a solução adotada pelo CPC de 1973, que dividia o procedimento comum em procedimento ordinário e procedimento sumário, dicotomia que foi afastada pelo CPC de 2015, que já não contempla o procedimento sumário.

(2417) Dispõe o art. 493 da CLT que constitui falta grave a prática de qualquer dos fatos a que se refere o art. 482 da CLT, quando por sua repetição ou natureza representem séria violação dos deveres e obrigações do empregado. Falta grave é o ato caracterizador da justa causa que, por sua repetição ou natureza, constitui séria violação dos deveres e obrigações do empregado.

(2418) A estabilidade significa, para o trabalhador, garantia da continuidade da relação de emprego. A estabilidade é provisória ou definitiva, no sentido de ser a garantia de permanência da relação de emprego assegurada por determinado espaço de tempo (garantia temporária de emprego) ou não contar com limitação temporal, respectivamente. Embora parte da doutrina atribua à expressão *estabilidade* o sentido de garantia de permanência da relação de emprego sem limitação temporal, considerando as demais situações de garantia de permanência da relação de emprego como simples *garantais de emprego*, toda vez que o trabalhador tem garantida a permanência da relação de emprego, em caráter temporário ou não, estar-se-á diante de uma situação de estabilidade.

a) suspender o trabalhador de suas funções, perdurando a suspensão até a decisão final;

b) manter o trabalhador nas suas funções durante o curso do inquérito.

O empregador que optar pela suspensão do trabalhador deverá ajuizar o inquérito no prazo de trinta dias, contados da suspensão (art. 853 da CLT).(2419)

Note-se somente foi fixado prazo para a propositura do inquérito quando ocorrer a suspensão do trabalhador.

Para evitar a caracterização de perdão tácito (a ausência de reação oportuna indica que a falta praticada não foi considerada relevante a ponto de impedir a continuidade da relação de emprego) e o prejuízo à necessária imediatidade entre a ciência da falta e a sua punição, o empregador que não suspender o trabalhador deverá ajuizar o inquérito no prazo de trinta dias, contados da ciência da falta praticada pelo trabalhador. Adota-se, como parâmetro para fixar o prazo em trinta dias, o disposto no art. 853 da CLT, que estabelece prazo que, segundo a ótica do legislador, é suficiente para o exame da viabilidade e conveniência do ajuizamento do inquérito.

No caso de abandono de emprego, segundo a Súmula n. 62 do TST, o prazo para ajuizar o inquérito é contado a partir do momento em que o empregado pretender seu retorno ao serviço.

O prazo de trinta dias para ajuizamento do inquérito é de decadência, o que significa que a sua não observância atinge o próprio direito à dispensa do trabalhador estável (ultrapassado o prazo de trinta dias, é extinto o *direito à dispensa*). A natureza decadencial do prazo em destaque é afirmada na Súmula n. 403 do STF(2420) e na Súmula n. 62 do TST.(2421)

O prazo para a propositura do inquérito que vencer em sábado, domingo ou feriado terminará no primeiro dia útil seguinte (art. 775, parágrafo único, da CLT). A natureza decadencial do prazo para o ajuizamento do inquérito não impede a prorrogação do seu vencimento, seja porque o art. 775, parágrafo único, não faz ressalva quanto aos prazos decadenciais previstos na CLT, seja porque admitir o contrário seria aceitar que, vencendo o prazo no domingo, por exemplo, o empregador teria que ajuizar o inquérito na sexta-feira anterior, ou seja, antes de completados os 30 (trinta) dias que a lei lhe assegura para ajuizar o inquérito, o que implicaria prejuízo a um prazo já reduzido (se comparado ao prazo de dois anos estabelecido no art. 7º, XXIX, da Constituição).

4.1.3. Competência e procedimento.

O inquérito para apuração de falta grave constitui dissídio individual e o seu julgamento cabe a uma Vara do Trabalho ou a um Juiz de Direito investido na jurisdição trabalhista (arts. 652, I, *b*, e 853 da CLT). O juízo competente será definido segundo as regras estabelecidas no art. 651 da CLT.

O inquérito para apuração de falta grave deverá ser proposto por petição escrita (art. 853 da CLT), com observância dos requisitos do art. 840, § 1º, da CLT, devendo ser indicada na petição inicial, de forma clara e precisa, a falta grave atribuída ao trabalhador.

Até aqui foram definidas *duas especificidades* do procedimento relativo ao inquérito para apuração de falta grave, quais sejam:

a) o reduzido prazo para o seu ajuizamento;(2422)

(2419) "Constitui direito líquido e certo do empregador a suspensão do empregado, ainda que detentor de estabilidade sindical, até a decisão final do inquérito em que se apure a falta grave a ele imputada, na forma do art. 494, *caput* e parágrafo único, da CLT" (Orientação Jurisprudencial n. 137 da SDI-2 do TST).

(2420) "É de decadência o prazo de 30 dias para instauração de inquérito judicial, a contar da suspensão, por falta grave, de empregado estável."

(2421) "O prazo de decadência do direito do empregador de ajuizar inquérito em face do empregado que incorre em abandono de emprego é contado a partir do momento em que o empregado pretendeu seu retorno ao serviço."

(2422) Em regra, a ação pode ser proposta até dois anos da extinção do contrato de trabalho (art. 7º, XXIX, da Constituição).

b) a exigência de propositura por meio de petição escrita.[2423]

No inquérito para apuração de falta grave cada parte pode indicar para a oitiva até seis testemunhas (art. 821 da CLT).

A natureza especial do objeto da demanda — apuração de falta grave que justifique a dispensa de trabalhador estável — exige, sob a ótica do legislador, o transporte para o processo do maior número possível de elementos de convicção, o que o levou a aumentar o número de testemunhas que podem ser apresentadas para oitiva pelas partes.

Tem-se, aqui, a *terceira especificidade* do procedimento relativo ao inquérito para apuração de falta grave, qual seja, o número diferenciado de testemunhas que podem ser ouvidas.[2424]

Lembre-se, ainda, que o inquérito corresponde à ação a ser proposta pelo empregador contra o trabalhador beneficiado por estabilidade no emprego, visando pôr fim à relação de emprego, em razão de prática de falta grave por ele praticada.

Em suma, o procedimento do inquérito para apuração de falta grave é especial, em razão:

a) do seu *objeto*: apuração de falta grave cometida por trabalhador beneficiado por estabilidade no emprego, para efeito de sua dispensa;

b) da *forma* de instauração do processo: o inquérito para apuração de falta grave deverá ser proposto por petição escrita;

c) do *prazo para o exercício do direito de ação:* redução do prazo para a propositura da ação;

d) da *elevação do número de testemunhas que cada parte pode indicar à oitiva:* maior amplitude em relação à atividade probatória das partes.

O procedimento do inquérito é regulado pelas normas que lhe são próprias e, naquilo que com ele for compatível, pelas normas estabelecidas no Capítulo III, do Título X, da CLT (art. 853 da CLT), o que significa, por exemplo, que:

a) o requerido é notificado para comparecer em audiência, que será a primeira desimpedida, depois de cinco dias (art. 841 da CLT), na qual será tentada a conciliação, colhida a resposta do reclamado e instruída, debatida e decidida a causa (arts. 846, 847 e 850 da CLT);

b) na audiência, deverão estar presentes o requerente e o requerido (art. 843 da CLT). O processo será arquivado se o empregador (requerente) não comparecer à audiência, enquanto a ausência do trabalhador (requerido) importará revelia e confissão quanto à matéria de fato (art. 844 da CLT);

c) as testemunhas comparecerão à audiência independentemente de notificação ou intimação (art. 825 da CLT) e aquelas que deixarem de comparecer serão intimadas, *ex officio* ou a requerimento da parte, ficando sujeitas à condução coercitiva e à multa cominada no art. 730 da CLT (art. 825, parágrafo único, da CLT).

d) terminada a instrução, poderão as partes aduzir razões finais. Em seguida, o juiz renovará a proposta de conciliação. Não sendo realizada a conciliação, será proferida sentença, em audiência ou no prazo assinalado pela ordem jurídica (art. 850 da CLT);

e) às custas processuais devidas serão fixadas e pagas na forma estabelecida no art. 789 da CLT.

4.1.4. Hipóteses em que é exigido o ajuizamento de inquérito para apuração de falta grave como condição para a dispensa de trabalhador estável.

(2423) Em regra, a ação pode ser apresentada verbalmente — art. 840, *caput*, da CLT.
(2424) No procedimento ordinário, cada parte pode indicar para oitiva três testemunhas e, no sumaríssimo, apenas duas.

Várias são as situações em que ao trabalhador é assegurada a garantia de permanência da relação de emprego (*estabilidade*), mas nem todas exigem, para a rescisão do contrato de trabalho, o ajuizamento de inquérito para apuração de falta grave.

O ajuizamento de inquérito para apuração de falta grave, como condição para a rescisão do contrato de trabalho de empregado beneficiado por estabilidade, é exigido quando se trate de:

a) trabalhador titular de estabilidade decenal.

Conforme dispõe o art. 492 da CLT, o empregado que contar com mais de dez anos de serviço na mesma empresa não poderá ser despedido, senão por motivo de falta grave devidamente comprovada. Assim, para a dispensa de trabalhador titular de estabilidade decenal é necessário o ajuizamento de inquérito para apuração de falta grave;[2425]

b) trabalhador eleito para cargo de direção ou representação de entidade sindical ou de associação profissional.

A CLT atribui estabilidade no emprego com dispensa limitada à hipótese de falta grave comprovada em inquérito instaurado para este fim ao empregado eleito para cargo de direção ou representação de entidade sindical ou de associação profissional. Com efeito, segundo o art. 543, § 3º, da CLT, é vedada a dispensa do empregado sindicalizado ou associado, a partir do momento do registro de sua candidatura a cargo de direção ou representação de entidade sindical ou de associação profissional, até um ano após o final do seu mandato, caso seja eleito, inclusive como suplente, salvo se *cometer falta grave devidamente apurada nos termos da CLT*, ou seja, em inquérito para apuração de falta grave.[2426] A necessidade de ajuizamento nesta situação é reconhecida na Súmula n. 379 do TST[2427] e na Súmula n. 197 do STF;[2428]

c) trabalhador eleito para o cargo de diretor de sociedade cooperativa criada pelos empregados da empresa.

Trata-se de estabilidade assegurada no art. 55 da Lei n. 5.764/71;[2429]

d) trabalhador representante de empregados, titulares e suplentes, membros de Comissão de Conciliação Prévia instituída no âmbito da empresa.

A dispensa dos representantes de empregados, titulares e suplentes, membros de Comissão de Conciliação Prévia instituída no âmbito da empresa somente é permitida se cometerem *falta grave nos termos da lei* (art. 625-B, § 1º, da CLT). Note-se que a CLT somente utiliza a locução *falta grave* em relação à dispensa de empregado estável (arts. 492, 493 e 494), o que permite afirmar que a dispensa dos trabalhadores representantes de empregados, titulares e suplentes, em Comissão de Conciliação Prévia instituída no âmbito da empresa pressupõe o ajuizamento de inquérito para apuração de falta grave. *Falta grave nos termos da lei* é a falta grave *apurada* nos termos da lei, ou seja, em *inquérito;*

e) trabalhador membro do Conselho Curador do FGTS na condição de representante dos trabalhadores.

(2425) A Constituição Federal de 1988 generalizou o regime do FGTS, fazendo desaparecer o sistema da estabilidade decenal ou por tempo de serviço. Por essa razão, a previsão constante do art. 492 da CLT somente alcança os trabalhadores que haviam adquirido a estabilidade decenal antes de 5.10.1988 (art. 14 da Lei n. 8.036/90).

(2426) A estabilidade do dirigente sindical é também prevista no art. 8º, VIII, da Constituição Federal, que assim dispõe: "É vedada a dispensa do empregado sindicalizado a partir do registro da candidatura a cargo de direção ou representação sindical e, se eleito, ainda que suplente, até um ano após o final do mandato, salvo se cometer falta grave nos termos da lei".

(2427) "O dirigente sindical somente poderá ser dispensado por falta grave mediante a apuração em inquérito judicial, inteligência dos arts. 494 e 543, § 3º, da CLT".

(2428) "O empregado com representação sindical só pode ser despedido mediante inquérito em que se apure falta grave".

(2429) O benefício foi reservado aos membros eleitos diretores de cooperativas, não alcançando os suplentes (Orientação Jurisprudencial n. 253 da SDI-I do TST).

Os membros do Conselho Curador do FGTS representantes dos trabalhadores possuem estabilidade no emprego, da nomeação até um ano após o término do mandato de representação, somente podendo ser dispensados por *falta grave, regularmente comprovada por meio de processo sindical* (art. 3º, § 9º, da Lei n. 8.036/90).

Exigindo prática de falta grave (e não de justa causa), apurada em *processo sindical*, a lei em questão torna certo que também para a dispensa dos membros representantes dos trabalhadores no Conselho Curador do FGTS exige-se a instauração de inquérito para apuração de falta grave.

Não é exigida a instauração de inquérito para apuração de falta grave para efeito de dispensa de:

1) representante de empregado eleito para o cargo de direção de comissão interna de prevenção de acidentes (CIPA).

O art. 165, parágrafo único, da CLT estabelece que, ocorrendo a dispensa de representante de empregado eleito para o cargo de direção de comissão interna de prevenção de acidentes, o empregador deverá comprovar, em caso de *reclamação* à Justiça do Trabalho, a existência de motivo disciplinar, sob pena de ser condenado a reintegrar o empregado.

Desse modo, se fosse exigido o inquérito para a apuração de falta grave, não teria sido feita alusão a eventual *reclamação aforada pelo trabalhador dispensado.*

O art. 165, parágrafo único, da CLT fixa o ônus da prova da falta imputada ao trabalhador eleito para o cargo de direção de comissão interna de prevenção de acidente dispensado por justa causa, sem exigir que a sua dispensa se dê após o ajuizamento de inquérito para apuração de falta grave;

2) empregada gestante.

A norma que atribui à gestante garantia de emprego não condiciona a sua dispensa à prática de falta grave apurada em inquérito (art. 10, II, *b*, do ADCT da Constituição Federal).

A gestante dispensada poderá pleitear em juízo a anulação de sua dispensa e reintegração no emprego, cabendo ao empregador o ônus de provar a falta que lhe foi imputada, por força do art. 333, II, do CPC de 1973 ou do art. 373, II, do CPC de 2015, e diante da presunção de continuidade da relação de emprego, que favorece os trabalhadores;

3) trabalhador vítima de acidente de trabalho.

O trabalhador vítima de acidente de trabalho goza de estabilidade no emprego, por doze meses, após a cessação do auxílio-doença (art. 118 da Lei n. 8.213/91), e somente pode ser dispensado por justa causa.

A *dispensa por justa causa* não exige a prévia instauração de inquérito, vez que este é exigido quando se trate de dispensa em razão de *falta grave*;

4) empregado beneficiado por estabilidade criada em acordo ou convenção coletiva de trabalho.

A estabilidade no emprego pode ser estabelecida por meio da negociação coletiva.

Salvo expressa previsão em sentido contrário no instrumento coletivo instituidor da estabilidade, a dispensa do trabalhador beneficiado por esta estabilidade não depende do ajuizamento de inquérito para apuração de falta grave.

4.1.5. Julgamento do inquérito: natureza e efeitos da sentença.

A sentença proferida no inquérito para apuração de falta grave é declaratória, vez que, nela, o juiz irá declarar a existência, ou não, da falta grave atribuída ao trabalhador.

No caso de ser negada a ocorrência da falta grave imputada ao trabalhador:

a) se o trabalhador não houver sido suspenso, o contrato de trabalho seguirá o seu curso normal;

b) se trabalhador houver sido suspenso, o juiz determinará a sua reintegração no emprego e o pagamento dos salários a que teria direito no período de suspensão.

Neste sentido, prevê o art. 495 da CLT que "reconhecida a inexistência de falta grave praticada pelo empregado, fica o empregador obrigado a readmiti-lo no serviço e a pagar os salários a que teria direito no período da suspensão".

Embora o art. 495 da CLT faça alusão a pagamento de *salários*, ao trabalhador devem ser pagos os *salários* e as demais vantagens relativas ao período compreendido entre a data da suspensão e a sua reintegração.[2430]

Os salários e vantagens devidos ao trabalhador podem ser exigidos nos próprios autos do inquérito, visto que a hipótese é de *ação de natureza dúplice*, o que significa que a imposição da obrigação de pagar salários e demais vantagens independe da apresentação de reconvenção pelo trabalhador.

O empregador que deixar de cumprir decisão passada em julgado sobre a reintegração de trabalhador incorrerá na multa fixada em lei ou na sentença, até que seja cumprida a decisão (art. 729 da CLT), sendo a multa exigível nos próprios autos do inquérito.

No caso de não ser aconselhável a reintegração do trabalhador, em razão do grau de incompatibilidade resultante do ajuizamento do inquérito, o juiz poderá converter a obrigação de reintegrar em obrigação de indenizar (art. 496 da CLT).

A conversão da reintegração em indenização, mesmo que se trate de estabilidade provisória, somente deve ocorrer em situações excepcionais, para evitar que o direito ao cumprimento da obrigação primária (manter o contrato do trabalhador beneficiado por estabilidade no emprego) seja substituído pela simples reparação pelo seu equivalente monetário.

A indenização devida ao trabalhador titular de estabilidade decenal, no caso de sua substituição pela reintegração, corresponderá a um mês de remuneração por ano de serviço efetivo, ou por ano e fração igual ou superior a seis meses, em dobro (arts. 478 e 497 da CLT).

De acordo com a Súmula n. 28 do TST, no caso de converter a reintegração em indenização dobrada, o direito aos salários é assegurado até a data da primeira decisão que determinou essa conversão.

A indenização substitutiva, no caso de estabilidade provisória, corresponderá ao valor das parcelas que o trabalhador receberia até o final do período de estabilidade (salário, FGTS, multa incidente sobre o FGTS, férias, com acréscimo de 1/3, 13º salários e benefícios estabelecidos por meio da negociação coletiva). A indenização deve comportar o que o empregado receberia se fosse mantida a relação de emprego pelo período de estabilidade.

A essa indenização devem ser acrescentadas as parcelas rescisórias devidas em razão da rescisão do contrato de trabalho.

Durante a suspensão do trabalhador não há pagamento de salário. Para o trabalhador, portanto, a simples acusação da prática de falta grave já implica grande perda, na medida em que dele será retirado o meio de subsistência durante o curso do inquérito. Destarte, a prestação de serviços a um terceiro durante a suspensão do contrato não implica renúncia à estabilidade no emprego, porquanto não é lícito exigir que o trabalhador deixe de trabalhar durante o inquérito, sob pena de privá-lo de sua fonte de subsistência.

A conversão da reintegração em indenização substitutiva não depende de pedido, vez que é autorizada, expressamente, pelo art. 496 da CLT. Nesse sentido, "não há nulidade por julgamento '*ultra petita*' da decisão que deferir salário quando o pedido for de reintegração, dados os termos do art. 496 da CLT" (Súmula n. 396, II, do TST).

(2430) Além dos salários, devem ser pagos ao trabalhador as férias, com acréscimo de 1/3, 13º salários, FGTS e benefícios estabelecidos para a categoria profissional respectiva por meio da negociação coletiva.

Proferida a decisão quando já ultrapassado o período de estabilidade, são devidos ao trabalhador, de acordo com a Súmula n. 396, I, do TST, apenas os salários do período compreendido entre a data da despedida e o final do período de estabilidade, não sendo assegurada a reintegração no emprego.(2431)

De outro lado, sendo reconhecida a prática de falta grave:

a) se o trabalhador houver sido suspenso, o contrato considera-se extinto na data da suspensão, qual seja, no momento da cessação da prestação de serviços;

b) se o trabalhador não houver sido suspenso, a sentença que reconhecer a existência da falta grave autoriza a sua dispensa, vez que a ausência da suspensão implica continuidade da relação de emprego até que a ela seja colocado fim, observando-se, neste sentido, que, segundo prevê o art. 494 da CLT, apurada a falta grave, a dispensa *só se tornará efetiva após o inquérito*.

4.1.6. Salários devidos até o ajuizamento do inquérito no caso de prévio reconhecimento da estabilidade no emprego.

Se tiver havido prévio reconhecimento da estabilidade do empregado, o julgamento do inquérito não prejudica a execução para pagamento dos salários devidos até a data da sua instauração (art. 855 da CLT).

O art. 855 da CLT trata da situação em que foi previamente reconhecido que o trabalhador é titular de estabilidade no emprego e o empregador o suspendeu para efeito de ajuizamento do inquérito.

Neste caso, o julgamento do inquérito não prejudica o direito à execução dos salários devidos até a data da sua instauração. Sequer poderia ser diferente, na medida em que os salários por serviços já prestados não são prejudicados pela posterior suspensão do trabalhador ou mesmo pelo resultado do inquérito.

4.2. Ação declaratória de nulidade de cláusula de contratos individuais do trabalho, acordo coletivo de trabalho e convenção coletiva do trabalho.

As condições de trabalho podem ser estipuladas pelos trabalhadores e empregadores ao celebrar o contrato individual do trabalho.

Aos sindicatos representantes de categorias profissionais e econômicas é lícito firmar convenção coletiva de trabalho estipulando condições de trabalho aplicáveis, no âmbito das respectivas representações, às relações individuais de trabalho (art. 611, *caput*, da CLT), ao passo que aos sindicatos representantes de categorias profissionais e empresas da correspondente categoria econômica é lícito firmar acordo coletivo de trabalho estipulando condições de trabalho aplicáveis, no âmbito da empresa(s) acordante(s), às relações individuais de trabalho (art. 611, § 1º, da CLT).

Em qualquer das hipóteses, será nula a cláusula:

a) contratual ou convencional que desvirtuar, impedir ou fraudar a aplicação das normas regentes da relação de emprego (art. 9º da CLT);

b) contratual que contrariar disposições de proteção ao trabalho, acordos coletivos de trabalho ou convenções coletivas de trabalho que lhes sejam aplicáveis ou decisões das autoridades competentes (art. 444 da CLT);

c) contratual ou convencional que violar as liberdades individuais (direito à intimidade, vida privada, honra e imagem, por exemplo), liberdades coletivas (direito de se filiar e de se manter filiado a sindicato, por exemplo) ou direitos individuais indisponíveis dos trabalhadores (anotação do contrato de trabalho na CTPS e gozo de intervalo para descanso e refeição, por exemplo), nos termos do art. 83, IV, da Lei Complementar n. 75/93.

(2431) Contudo, pelos motivos já expostos, a indenização não se limita aos salários do período, abrangendo férias, com acréscimo de 1/3, 13º salários, FGTS, multa incidente sobre o FGTS e benefícios estabelecidos por meio da negociação coletiva, ou seja, tudo aquilo que o trabalhador receberia no período de estabilidade não respeitada.

A nulidade de cláusula de contratos individuais de trabalho, de acordo coletivo de trabalho ou de convenção coletiva de trabalho pode ser pleiteada pelo trabalhador prejudicado, em ação individual, ou, por meio de ação declaratória de nulidade, proposta pelo Ministério Público do Trabalho ou pelo sindicato profissional representativo da categoria a que pertence o trabalhador (ação declaratória coletiva).

O procedimento especial se refere à *ação declaratória coletiva*, ou seja, à ação proposta pelo Ministério Público do Trabalho ou sindicato profissional representativo da categoria a que pertence o trabalhador, cumprindo esclarecer que, no que comporta à nulidade de cláusula de contratos individuais do trabalho, a ação declaratória coletiva somente será admitida quando se tratar de cláusula inserida em substancial número de contratos individuais de trabalho. É que a hipótese é de uma *ação de grupo*, isto é, de ação que somente pode ser ajuizada em favor de um número substancial de trabalhadores. Trata-se, portanto, de ação visando à anulação de cláusula de *contratos individuais de trabalho*.

A ação anulatória em destaque é mencionada expressamente no art. 83, IV, da Lei Complementar n. 75/93, que confere ao Ministério Público do Trabalho a legitimidade para propor demanda visando à "declaração de nulidade de cláusula de contrato, acordo coletivo ou convenção coletivo que viole as liberdades individuais e coletivas ou os direitos individuais indisponíveis dos trabalhadores", ao passo que a CLT também faz alusão à nulidade de cláusula de acordo ou convenção coletiva de trabalho (art. 623[(2432)]).

A ação declaratória de nulidade de cláusula de acordo coletivo de trabalho ou de convenção coletiva de trabalho pode ser proposta após expirado o seu prazo de vigência. Com efeito, durante a sua vigência, as normas coletivas integram os contratos individuais do trabalho e, portanto, produzem efeitos concretos no que concerne às condições de trabalho. A ação declaratória serve, nesse compasso, como condição para afastar estes efeitos e, eventualmente, garantir o ressarcimento de eventuais danos sofridos pelos trabalhadores.

A propósito, o TST já decidiu que, "ainda que expirado o prazo de vigência do instrumento coletivo, persiste o interesse de agir do Ministério Público do Trabalho em obter a declaração de nulidade de cláusulas ali insertas, em descompasso com a ordem jurídica, visto que essas normas geram direitos e obrigações para as partes convenientes, integrando os contratos de trabalho da categoria representada, no período em que vigoram. Além disso, a declaração de nulidade de cláusula prevista em instrumento coletivo tem eficácia retroativa, portanto, o transcurso do prazo de vigência da norma coletiva impugnada em ação anulatória não configura perda do objeto, em face do interesse processual em resguardar o direito de ação individual das partes envolvidas quanto às situações pretéritas" (TST, ROAA 2800300-97.2006.5.09.0909, Rel. Min. Eizo Ono).

A ação anulatória de cláusulas de contratos individuais de trabalho deve ser dirigida a uma Vara do Trabalho (art. 652, IV, da CLT), definida segundo as regras estabelecidas no art. 651 da CLT, e deve ser proposta contra o empregador.

O Regimento Interno do TST, no art. 70, atribui à sua Seção Especializada em Dissídios Coletivos (SDC), a competência para, originalmente, julgar ações anulatórias de acordos e convenções coletivas e, em última instância, julgar os recursos ordinários interpostos contra as decisões proferidas pelos Tribunais Regionais do Trabalho em ações anulatórias de acordos e convenções coletivas. Assim, a ação anulatória de cláusula de instrumento coletivo deve ser proposta perante o TST ou um TRT, observando-se, para definir a qual destes órgãos deve ser endereçada a ação, a abrangência do conflito de interesses. A ação anulatória de cláusula de instrumento coletivo deve ser proposta contra os respectivos signatários.

(2432) "Será nula de pleno direito disposição de Convenção ou Acordo que, direta ou indiretamente, contrarie proibição ou norma disciplinadora da política econômico-financeira do Governo ou concernente à política salarial vigente, não produzindo quaisquer efeitos perante autoridades e repartições públicas, inclusive para fins de revisão de preços e tarifas de mercadorias e serviços".

5. *Ações especiais reguladas no CPC, Constituição Federal e legislação extravagante compatíveis com o processo do trabalho*

5.1. Ação de consignação em pagamento.

O devedor tem o direito de cumprir a sua obrigação no lugar, no tempo e na forma previstos no contrato que a constituir. Opondo-se o credor ao cumprimento da obrigação, o devedor pode usar dos meios conducentes à sua exoneração (art. 304, *caput*, do Código Civil).

Dentre os meios conducentes à exoneração do devedor está a consignação em pagamento da coisa ou quantia devida. Neste sentido, prevê o art. 334 do Código Civil que "considera-se pagamento, e extingue a obrigação, o depósito judicial ou em estabelecimento bancário da coisa devida, nos casos e forma legais",[2433] enquanto o art. 890 do CPC de 1973 e o art. 539 do CPC de 2015 estabelecem que, nos casos previstos em lei, poderá o devedor ou terceiro requerer, com efeito de pagamento, a consignação da quantia ou da coisa devida.

5.1.1. Hipóteses de cabimento.

A consignação tem lugar nas situações previstas no art. 335 do Código Civil, ou seja:

a) se o credor não puder, ou, sem justa causa, recusar receber o pagamento, ou dar quitação na forma devida;

b) se o credor não for, nem mandar receber a coisa no lugar, no tempo e condição devidos;

c) se o credor for incapaz de receber, for desconhecido, for declarado ausente, ou residir em lugar incerto ou de acesso perigoso ou difícil;

d) se ocorrer dúvida sobre quem deva legitimamente receber o objeto do pagamento;

e) se pender litígio sobre o objeto do pagamento.[2434]

Como a consignação em pagamento constitui uma forma de extinção das obrigações, cabe ao direito material estabelecer as situações em que ela poderá ser realizada. Daí a razão de o art. 335 do Código Civil definir as situações que autorizam a consignação em pagamento e de o art. 539 do CPC de 2015 dispor que a ação de consignação em pagamento poderá ser ajuizada *nos casos previstos em lei*. Estes casos, como resulta do art. 335 do Código Civil correspondem a hipóteses de *impossibilidade de pagamento voluntário* (recusa de recebimento, por exemplo) e de *risco de ineficácia do pagamento* (dúvida sobre quem seja o credor, por exemplo).

5.1.2. Legitimidade na ação de consignação em pagamento.

Têm legitimidade para propor a ação de consignação em pagamento o devedor, o terceiro interessado na extinção da dívida (sócio, herdeiro, empresa do grupo econômico do devedor, por exemplo) e até mesmo terceiro não interessado, desde que este o faça em nome e à conta do devedor, salvo oposição deste (art. 304, *caput* e parágrafo único, do Código Civil[2435]).

A ação deve ser proposta contra o credor. Existindo mais de um credor solidário, a ação pode ser proposta contra todos eles ou contra apenas um deles (arts. 268 e 269 do Código Civil).[2436] Se houver dúvida sobre quem deva legitimamente receber, a ação deve ser proposta contra aqueles que o disputam (art. 895

(2433) A expressão *pagamento* deve ser entendida no sentido de *cumprimento voluntário da obrigação*, visto que a consignação também pode ter por objeto *coisa* devida, situação em que não ocorre *pagamento*.

(2434) A litigiosidade do objeto do pagamento conduz à dúvida sobre aquele a quem pagar ou entregar a coisa devida.

(2435) O terceiro não interessado que paga a dívida em nome do devedor se sub-roga nos direitos do credor, ao passo que, pagando a dívida em seu próprio nome, o terceiro não interessado tem direito a reembolsar-se do que pagar, mas não se sub-roga nos direitos do credor (art. 305 do Código Civil).

(2436) Se um dos credores já ajuizou ação de cobrança, contra ele deverá ser proposta a ação (art. 268 do Código Civil).

do CPC de 1973 e art. 547 do CPC de 2015), o mesmo ocorrendo quando se tratar da pendência de litígio sobre o objeto do pagamento (art. 895 do CPC de 1973 e o art. 547 do CPC de 2015).

Anote-se que, ocorrendo a morte do trabalhador no curso da relação de emprego, a ação de consignação em pagamento poderá ser proposta pelo empregador contra os seus beneficiários habilitados perante a Previdência Social. Vale lembrar que, de acordo com o art. 1º da Lei n. 6.858/80, "os valores devidos pelos empregadores aos empregados e os montantes das contas individuais do Fundo de Garantia do Tempo de Serviço e do Fundo de Participação PIS-PASEP, não recebidos em vida pelos respectivos titulares, serão pagos, em quotas iguais, aos dependentes habilitados perante a Previdência Social ou na forma da legislação específica dos servidores civis e militares, e, na sua falta, aos sucessores previstos na lei civil, indicados em alvará judicial, independentemente de inventário ou arrolamento", ao passo que, de acordo com o § 1º do citado comando legal, "as quotas atribuídas a menores ficarão depositadas em caderneta de poupança, rendendo juros e correção monetária, e só serão disponíveis após o menor completar 18 (dezoito) anos, salvo autorização do juiz para aquisição de imóvel destinado à residência do menor e de sua família ou para dispêndio necessário à subsistência e educação do menor". Contudo, a ação deve ser proposta contra o espólio, no caso de ter sido aberto inventário.

5.1.3. Condições em que a consignação terá eficácia de pagamento.

Para que a consignação tenha força de pagamento, é indispensável que concorram, em relação às pessoas, ao objeto, ao modo e ao tempo, todos os requisitos sem os quais não é válido o pagamento (art. 336 do Código Civil). Assim, o pagamento por consignação está sujeito aos mesmos requisitos de eficácia do pagamento voluntário.

Destarte, para afastar a mora do devedor, a ação de consignação em pagamento deve ser ajuizada dentro do prazo no qual o pagamento deveria ser realizado ou a coisa deveria ser entregue. Isso não significa que a consignação somente possa ser ajuizada antes da constituição do devedor em mora, mas, apenas, que ela não afasta os efeitos da mora já constituída ao tempo do ajuizamento.

O devedor, mesmo em mora, tem interesse na consignação, visto que, de acordo com o art. 337 do Código Civil, art. 891 do CPC de 1973 e art. 540 do CPC de 2015, é com o depósito, judicial ou em estabelecimento bancário, que cessam para o devedor os juros e os riscos, salvo se o pedido consignatório for julgado improcedente.[2437]

5.1.4. Foro competente.

A ação de consignação em pagamento deve ser ajuizada no lugar do pagamento (art. 337 do Código Civil, art. 891 do CPC de 1973 e art. 540 do CPC de 2015), que é o do local da prestação dos serviços (art. 465 da CLT).

5.1.5. Liquidez e certeza da obrigação como requisito para a ação de consignação em pagamento.

A consignação em pagamento tem como requisito a liquidez e a certeza da obrigação, como resulta do art. 397 do Código Civil, que faz expressa referência a obrigação *líquida* e ao seu *termo*, ou seja, vencimento.

Consoante Humberto Theodoro Júnior, "enquanto não se apura o *quantum debeatur*, não há condições de exigir o respectivo pagamento. E, sem exigibilidade da dívida, inadmissível é a *mora creditoris*, que é, inquestionavelmente, um dos pressupostos fundamentais da ação consignatória".[2438]

Contudo, o requisito da certeza e liquidez da obrigação "não equivale à indiscutibilidade da dívida, nem a simples contestação do credor à existência ou ao *quantum* da obrigação conduz necessariamente ao reconhecimento da sua iliquidez e gera a improcedência da consignação. A liquidez e a certeza, tal como

(2437) No caso de improcedência, os juros e riscos são restabelecidos com eficácia *ex tunc*.

(2438) *Curso de direito processual civil*, v. III, p. 25.

se passa na execução forçada, são dados objetivos, para exame do julgador *in limine litis*, em face do título jurídico invocado pelo autor para justificar sua pretensão de tutela jurisdicional".[(2439)]

5.1.6. Procedimento.

A petição inicial deverá atender ao disposto no art. 840, § 1º, da CLT e, nela, o autor requererá o depósito da quantia ou coisa devida e a citação do réu para levantar o depósito ou oferecer resposta (art. 893 do CPC de 1973) ou contestação (art. 542 do CPC de 2015).[(2440)]

No processo civil, o depósito da quantia ou coisa devida deverá ser realizado no prazo de cinco dias contados do deferimento da sua realização (art. 893, I, do CPC de 1973 e art. 542, I, do CPC de 2015). No processo do trabalho, como o réu é citado para comparecer em audiência na qual deverá ser tentada a solução negociada do conflito de interesses (art. 846 da CLT), é admitida a oferta da coisa ou do valor devido em audiência, realizando-se o depósito apenas se houver recusa no seu recebimento, no prazo assinalado pelo juiz, o que atende, inclusive, ao princípio da simplificação das formas e dos procedimentos.

Tratando-se de prestações periódicas (prestações sucessivas), uma vez consignada uma delas, pode o devedor continuar a depositar, no mesmo processo e sem mais formalidades, as que se forem vencendo (prestações vincendas), desde que o faça em cinco dias do respectivo vencimento (art. 892 do CPC de 1973 e art. 541 do CPC de 2015). A possibilidade de realização da *consignação incidental* está em sintonia com o princípio da economia processual, visto que dispensa a propositura de nova ação a cada prestação vencida.

O réu é citado para comparecer à audiência designada (art. 841 da CLT) e poderá:

1) receber a quantia ou coisa ofertada, situação em que o juiz preferirá decisão, declarando cumprida a obrigação do autor;

2) apresentar contestação, alegando que: a) não houve recusa ou mora em receber a quantia ou a coisa devida;[(2441)] b) foi justa a recusa de recebimento; c) o depósito não foi efetuado no prazo e no lugar do pagamento; d) o depósito não é integral, caso em que deverá indicar o montante que entende devido (art. 896, *caput* e parágrafo único, do CPC de 1973 e art. 544 do CPC de 2015).

Se o réu alegar, na contestação, que o depósito não é integral, é lícito ao autor complementá-lo em audiência ou dentro de dez dias, salvo se corresponder a prestação cujo inadimplemento acarrete a rescisão do contrato (art. 899 do CPC de 1973 e art. 545 do CPC de 2015).

Alegada a insuficiência do depósito, poderá o réu levantar, desde logo, a quantia ou a coisa depositada, com a consequente liberação do autor, prosseguindo o processo quanto à parcela controvertida (art. 899, § 1º, do CPC de 1973 e art. 545, § 1º, do CPC de 2015).

Se o réu não comparecer, o juiz julgará procedente o pedido, declarando cumprida a obrigação do autor (art. 897 do CPC de 1973 e art. 546 do CPC de 2015).[(2442)]

A sentença que julgar procedente o pedido consignatório tem natureza declaratória, como consta, expressamente, do art. 897 do CPC de 1973 e do art. 546 do CPC de 2015. Com efeito, na sentença, se for julgado procedente o pedido, é declarada cumprida a obrigação do autor da ação, em razão do reconhecimento da eficácia liberatória do depósito realizado pelo devedor.

Transitada em julgado a decisão, o valor, ou coisa, depositado deverá ser entregue ao consignatário.

(2439) THEODORO JÚNIOR, Humberto. *Curso de direito processual civil*, v. III, p. 26.

(2440) O réu pode apresentar resposta e não apenas contestação. Lembre-se, neste sentido, que ele pode apresentar exceção de suspeição do juiz, por exemplo.

(2441) A recusa ou a mora do credor (réu na ação) é que autoriza o ajuizamento da ação de consignação em pagamento. Assim, cabe ao autor provar a recusa ou a mora do réu.

(2442) O pedido será julgado procedente desde que inexista nos autos elementos suficientes para o reconhecimento da sua improcedência e que não seja caso de o processo ser extinto sem resolução de mérito.

No entanto, a sentença que concluir pela insuficiência do depósito determinará, sempre que possível, o montante devido, e, nesse caso, valerá como título executivo, facultando ao credor promover-lhe a execução nos mesmos autos, após a liquidação, se necessária (art. 899, § 2º, do CPC de 1973 e art. 545, § 2º, do CPC de 2015). Em relação ao complemento do valor devido, a sentença tem, portanto, natureza condenatória.

Por força do art. 898 do CPC de 1973 e do art. 548 do CPC de 2015, quando a consignação se fundar em dúvida sobre quem deva legitimamente receber:

a) não comparecendo nenhum pretendente, converter-se-á o depósito em arrecadação de bens de ausentes (ou coisas vagas, segundo o CPC de 2015);

b) comparecendo apenas um pretendente, o juiz decidirá de plano;

c) comparecendo mais de um pretendente, o juiz declarará efetuado o depósito e extinta a obrigação, continuando o processo a correr unicamente entre os credores (isto se a Justiça do Trabalho for competente para este julgamento, ao passo que, não sendo o caso de dissídio a ser julgado pela Justiça do Trabalho, o juiz deverá ordenar a remessa dos autos à justiça comum).

No caso de improcedência da pretensão consignatória, o juiz declarará não cumprida a obrigação, autorizando o autor a levantar a quantia ou coisa depositada.

5.1.7. A ação de consignação em pagamento e o processo do trabalho. Consignação extrajudicial.

A ação de consignação em pagamento é compatível com o processo do trabalho, em especial porque não se pode negar ao devedor de crédito decorrente da relação de trabalho o direito de cumprir a sua obrigação e de recorrer aos meios de exoneração que a ordem jurídica coloca à disposição dos devedores.

Cumpre observar que:

a) também no processo do trabalho, a ação pode ser proposta por terceiro interessado no cumprimento da obrigação, sendo interessado aquele que pode sofrer as consequências do inadimplemento da obrigação;

b) a consignação em pagamento pode ser apresentada pessoalmente, por escrito ou na forma verbal, devendo, nessa hipótese, ser reduzida a termo;

c) o réu será notificado para comparecer à audiência, na qual se fará a oferta da quantia ou coisa devida, e, não aceitando o réu a oferta, será colhida a sua resposta, instruída e julgada a demanda;

d) o montante devido (se questionado o valor depositado), quando fixado na sentença, poderá ser executado de ofício e não apenas se assim o desejar o consignado (art. 878 da CLT);

e) no caso de verbas rescisórias, a extinção da obrigação por força da sentença somente alcança as parcelas e os valores objeto de consignação em pagamento, não fazendo coisa julgada em relação aos motivos da rescisão do contrato de trabalho.

Na seara civil, tratando-se de obrigação em dinheiro, poderá o valor ser depositado em estabelecimento, oficial quando houver, situado no local do pagamento, cientificando-se o credor por carta com aviso de recebimento, assinado o prazo de dez dias para a manifestação da recusa (art. 890, § 1º, do CPC de 1973 e art. 539, § 1º, do CPC de 2015). Trata-se da denominada *consignação extrajudicial*.

Decorrido o prazo de dez dias, contado do retorno do aviso de recebimento, sem a manifestação de recusa, reputar-se-á o devedor liberado da obrigação, ficando à disposição do credor a quantia depositada (art. 890, § 2º, do CPC de 1973 e art. 539, § 1º, do CPC de 2015).

Ocorrendo a recusa, manifestada por escrito ao estabelecimento bancário, poderá ser proposta, dentro de trinta dias (ou de um mês, de acordo com o CPC de 2015), a ação de consignação em pagamento, instruindo a inicial com a prova do depósito e da recusa (art. 890, § 3º, do CPC e art. 539, § 3º, do CPC de 2015).

Não proposta a ação no prazo próprio, ficará sem efeito o depósito, podendo levantá-lo o depositante (art. 890, § 4º, do CPC e art. 539, § 4º, do CPC de 2015).

A consignação extrajudicial é incompatível com o processo do trabalho, em face da exigência, que é expressa na CLT, de tentativa de conciliação entre os titulares de direito em conflito, valendo acrescentar que o trabalhador, via de regra, não tem conhecimento suficiente para aquilatar as consequências do levantamento da quantia depositada em seu favor (o levantamento pode ocorrer em razão da necessidade de sobrevivência do trabalhador, em prejuízo da realização concreta dos direitos que lhe atribui a ordem jurídica), o que torna imperiosa a participação do Juiz do Trabalho na solução do dissídio.

5.2. Ações possessórias ou interditos possessórios.

As ações possessórias servem à tutela da posse, isto é, ao poder de fato sobre determinado bem, ou, segundo se infere do art. 1.196 do Código Civil, à defesa do exercício, pleno ou não, de algum dos poderes inerentes à propriedade.

Do art. 1.210 do Código Civil, art. 926 do CPC de 1973 e art. 560 do CPC de 2015 resulta que o possuidor tem o direito de ser:

a) mantido na posse, em caso de turbação, ou seja, quando tem a sua posse molestada (para ser mantido na posse, o possuidor deverá propor *ação de manutenção da posse*);

b) restituído na posse, no caso de esbulho, isto é, de perda da posse (para ser restituído, o possuidor deverá aforar *ação de reintegração de posse*);

c) segurado contra violência iminente, se tiver justo receio de ser molestado (cabe, nessa hipótese, o *interdito proibitório*, que "é ação preventiva, destinada a evitar que se consume a turbação ou esbulho possessório. E, por ser preventiva, parte não de um fato consumado (a turbação ou o esbulho), mas de desconfiança fundada de que uma ou outra pode, a qualquer momento, ocorrer").[(2443)]

A propositura de uma ação possessória ao invés de outra não impede que o juiz conheça o pedido e outorgue a proteção legal correspondente àquela cujos pressupostos tenham sido atendidos (art. 920 do CPC de 1973 e art. 554 do CPC de 2015). Trata-se da denominada *fungibilidade das ações possessórias*.

A ação possessória cabe ao possuidor, direto ou indireto (legitimado ativo), e deve ser endereçada contra quem praticou a ofensa ou ameaçada à posse (legitimado passivo).

De acordo com o art. 921 do CPC de 1973, ao autor é lícito cumular ao pedido possessório o de condenação em perdas e danos, cominação de *pena* para o caso de nova turbação ou esbulho e de *desfazimento de construção ou plantação em detrimento de sua posse*. O art. 555 do CPC de 2015 dispõe que ao autor é lícito cumular ao pedido possessório o de condenação em perdas e danos e *indenização dos frutos*, sendo acrescentado pelo parágrafo único do citado artigo que pode o autor requerer, ainda, imposição de *medida necessária e adequada* para evitar nova turbação ou esbulho ou cumprir-se a tutela provisória ou final.

Dispõe o art. 523 do Código Civil que a ação será sumária quando intentada dentro de ano e dia da turbação ou esbulho (ação possessória de força nova) e, ordinária, quando intentada após esse prazo (ação possessória de força velha), mas a diferença nos ritos destas ações é "restrita à possibilidade ou não de se obter medida liminar de manutenção ou reintegração de posse em favor do autor".[(2444)] No processo do trabalho, o procedimento será ordinário, sumaríssimo ou sumário, dependendo do valor da pretensão do autor, não tendo influência no procedimento o espaço de tempo entre o fato atacado e a propositura da ação.

Na pendência da ação possessória, é defeso ao autor e ao réu intentar ação de reconhecimento de domínio, ou seja, apresentar exceção de domínio (art. 923 do CPC de 1973 e art. 557 do CPC de 2015). A ação possessória tem por objeto a defesa da posse. Todavia, "será deferida a posse a quem, evidentemente, tiver o domínio, se com base neste for ela disputada" (Súmula n. 487 do STF). O CPC de 2015 acrescenta que

(2443) FADEL, Sergio Sahione. *Antecipação de tutela no processo civil*, p. 111.
(2444) THEODORO JÚNIOR, Humberto. *Curso de direito processual civil*, v. III, p. 133.

não obsta à manutenção ou à reintegração de posse a alegação de propriedade ou de outro direito sobre a coisa (art. 557, parágrafo único).

Estando a petição inicial devidamente instruída, o juiz deferirá, sem ouvir a parte contrária, a expedição do mandado liminar de manutenção ou de reintegração (a liminar perde a eficácia quando a sentença não acolhe o pedido principal do autor). Caso contrário, determinará que o autor justifique previamente o alegado, citando-se o réu para comparecer à audiência que for designada (art. 928 do CPC de 1973 e art. 562 do CPC de 2015). Julgada procedente a justificação, o juiz fará desde logo expedir mandado de manutenção ou de reintegração (art. 929 do CPC de 1973 e art. 563 do CPC de 2015).

Não será deferida a manutenção ou a reintegração liminar contra as pessoas jurídicas de direito público sem prévia audiência dos respectivos representantes judiciais (art. 928, parágrafo único, do CPC de 1973 e art. 562, parágrafo único, do CPC de 2015).

É lícito ao réu, na contestação, alegando que foi ofendido em sua posse, demandar a proteção possessória e indenização pelos prejuízos resultantes da turbação ou do esbulho cometido pelo autor (art. 922 do CPC de 1973 e art. 556 do CPC de 2015). Não se exige do réu, portanto, a propositura de reconvenção para demandar proteção possessória ou indenização pelos prejuízos sofridos.

A ação possessória é, assim, uma *ação dúplice*, ou seja, ação na qual "não se distingue a posição ativa da passiva entre os sujeitos da relação processual (...). Nas ações simples, há nítida diferença de atitudes de cada parte: só o autor pede; e o réu apenas resiste ao pedido do autor. Somente por meio de reconvenção é que se torna possível ao réu a formulação de pedido contra o autor. Mas aí o que se tem não é mais defesa, e sim a propositura de nova ação, dentro dos autos já existentes. Voltando à *actio duplex*, a consequência prática que se deve extrair de sua especial qualificação jurídica é a de que o réu não precisa propor reconvenção para contra-atacar o autor".[2445]

Incumbe ao autor provar: a) a sua posse; b) a turbação ou o esbulho praticado pelo réu; c) a data da turbação ou do esbulho; d) a continuação da posse, na ação de manutenção ou a perda da posse, na ação de reintegração (art. 927 do CPC de 1973 e art. 561 do CPC de 2015).

Segundo o art. 932 do CPC de 1973 e o art. 567 do CPC de 2015, o possuidor direto ou indireto que tenha justo receio de ser molestado na posse poderá requerer ao juiz que o segure da turbação ou esbulho iminente, mediante mandado proibitório, em que se comine ao réu determinada pena pecuniária, caso transgrida o preceito. Trata-se do denominado *interdito proibitório*.

Contudo, o interdito proibitório não pode ser utilizado como meio para impedir manifestações e atos de persuasão dos grevistas, vez que a lei a eles assegura, dentre outros direitos, o de empregar meios pacíficos tendentes a persuadir ou aliciar os trabalhadores a aderirem à greve (art. 6º da Lei n. 7.783/90).

Por meio da Súmula Vinculante n. 23, o STF firmou entendimento de que "a Justiça do Trabalho é competente para processar e julgar ação possessória ajuizada em decorrência do exercício do direito de greve pelos trabalhadores da iniciativa privada".[2446]

A Justiça do Trabalho tem competência para a ação possessória que tenha por objeto a reintegração na posse de imóvel fornecido ao trabalhador como instrumento para a prestação do serviço, posto que, nessa hipótese, a ação deriva de uma relação de trabalho. De outro lado, constitui dissídio trabalhista, a ser julgado pela Justiça do Trabalho, o que envolve pedido de entrega das ferramentas de trabalho não devolvidas pelo tomador de serviços ao trabalhador após o término da relação de trabalho e, ainda, a ação de despejo intentada pelo empregador contra o trabalhador dispensado e que se recusa a deixar o imóvel utilizado durante o curso da relação de emprego.

(2445) THEODORO JÚNIOR, Humberto. *Curso de direito processual civil*, v. III, p. 144.

(2446) Da competência funcional para julgar as ações relativas ao exercício do direito de greve tratamos no Capítulo reservado ao exame da competência da Justiça do Trabalho, ao qual remetemos o leitor.

5.3. Ação de prestação de contas. Ação de exigir contas.

De acordo com o art. 914 do CPC de 1973, a *ação de prestação de contas* competirá a quem: a) tiver o direito de exigi-las; b) a obrigação de prestá-las.

No art. 914, o CPC de 1973 alude à ação de *prestação de contas* tanto em relação a quem pode exigi-las (*ação de exigir contas*) quanto àquele que tem a obrigação de prestá-las (*ação de prestação de contas*).

O CPC de 2015 somente alude à *ação de exigir contas*, prevendo o seu art. 550 que "aquele que pretender exigir a prestação de contas requererá a citação do réu para que as preste ou ofereça contestação no prazo de 15 (quinze) dias".

Desse modo, a ação de prestação de contas deixou de se sujeitar a um procedimento especial, o que significa que, com a entrada em vigor do CPC de 2015, estará sujeita ao procedimento ordinário.[2447]

5.3.1. Competência.

A competência para a ação de prestação de contas e a ação para exigir contas é das Varas do Trabalho e é fixada de acordo com as regras estabelecidas no art. 651 da CLT.

5.3.2. Ação de prestar contas.

Trata-se de ação a ser proposta por quem tem a obrigação de prestar de contas a outrem.

Como dispõe o art. 916 do CPC de 1973, aquele que estiver obrigado a prestar contas requererá a citação do réu para, no prazo de cinco dias, aceitá-las ou contestar a ação, observando-se que na petição inicial o autor deverá demonstrar a origem da sua obrigação de prestar as contas.

Registre-se que, se o réu:

a) não contestar a ação ou declarar que aceita as contas oferecidas, serão estas julgadas dentro de dez dias (art. 916, § 1º, do CPC de 1973);

b) permanecer inerte, o juiz irá proferir decisão (art. 916, § 1º, do CPC de 1973) ou, se for necessário, determinará a produção de provas;

c) contestar a ação ou impugnar as contas e houver necessidade de produzir provas, o juiz designará audiência de instrução e julgamento, após o que proferirá decisão (art. 916, § 2º, do CPC de 1973).

As contas, tanto do autor como do réu, deverão ser apresentadas em forma mercantil, especificando as receitas e a aplicação das despesas, bem como o respectivo saldo, serão instruídas com os documentos justificativos (art. 917 do CPC de 1973) e devem ser prestadas de acordo com a sequência cronológica das operações realizadas e justificadas.

5.3.3. Ação de exigir contas no CPC de 1973 e no CPC de 2015.

Trata-se de ação a ser proposta por quem tem o direito de exigir de outrem a prestação de contas e o seu objetivo é liquidar o "relacionamento jurídico existente entre as partes no seu aspecto econômico, de tal modo que, afinal, se determine, com exatidão, a existência ou não de um saldo, fixando, no caso positivo, o seu montante, com efeito de condenação judicial contra a parte que se qualifica como devedora".[2448]

(2447) A ação de prestação de contas é examinada mais adiante em razão da sua consagração no CPC de 1973, acrescentando-se que a entrada em vigor do CPC de 2015 não prejudicará os atos processuais praticados nos termos do CPC de 1973 durante a sua vigência.

(2448) THEODORO JÚNIOR, Humberto. *Curso de direito processual*, v. II, p. 70.

De início, cumpre estabelecer a disciplina do CPC de 1973 a respeito desta modalidade de ação.

Neste sentido, aquele que pretender exigir a prestação de contas requererá a citação do réu para, no prazo de cinco dias (CPC de 1973) as apresentar ou contestar a ação (art. 915 do CPC de 1973).

Ainda de acordo com o CPC de 1973, se o réu:

a) admitir a obrigação de prestar contas e prestá-las, autor terá cinco dias para se manifestar sobre as contas apresentadas, após o que será proferida decisão, salvo se houver necessidade de produzir provas, situação em que o juiz designará audiência (art. 915, § 1º);

b) não contestar a ação ou não negar a obrigação de prestar contas, o juiz proferirá sentença; a sentença que julgar procedente a ação condenará o réu a prestar as contas no prazo de quarenta e oito horas, sob pena de não lhe ser lícito impugnar as que o autor apresentar (art. 915, § 2º). Se o réu apresentar as contas dentro do prazo de quarenta e oito horas, o autor terá cinco dias para dizer sobre elas, devendo o juiz proferir sentença desde logo, salvo se houver necessidade de produzir provas (art. 915, § 3º). Não sendo apresentadas as contas, o autor as apresentará dentro de dez dias, sendo as contas julgadas segundo o prudente arbítrio do juiz, que poderá determinar, se necessário, a realização do exame pericial contábil (art. 915, § 3º, do CPC de 1973);

c) nega a obrigação de prestar contas, mas, não obstante isso, as apresenta, é lícito, por medida de economia processual, suprimir a fase de julgamento da obrigação de prestar contas e, depois de ouvido o autor sobre as contas, proferir decisão definitiva;

d) nega a obrigação de prestar as contas, o juiz deverá proferir decisão visando estabelecer se existe, ou não, esta obrigação. Somente se for reconhecida a obrigação de prestar contas é que terá início a segunda fase do processo, na forma do art. 915, § 2º e § 3º, do CPC de 1973.

A ação na qual são exigidas contas é composta por duas fases, quais sejam, a verificação da obrigação de prestar contas e o exame das contas apresentadas.

Já o CPC de 2015 trata da ação de exigir contas nos arts. 550 a 553, segundo os quais:

a) aquele que afirmar ser titular do direito de exigir contas requererá a citação do réu para que as preste ou ofereça contestação no prazo de 15 dias (art. 550, *caput*);

b) na petição inicial, o autor deverá especificar, detalhadamente, as razões pelas quais exige as contas, instruindo-a com documentos comprobatórios dessa necessidade, se existirem (art. 550, § 1º);

c) prestadas as contas, o autor terá 15 dias para se manifestar, prosseguindo-se o processo na forma do Capítulo X do Título I deste Livro, ou seja, dos arts. 35 a 357 do CPC (art. 550, § 2º);

d) a impugnação das contas apresentadas pelo réu deverá ser fundamentada e específica, com referência expressa ao lançamento questionado (art. 550, § 3º, do CPC);

e) se o réu não contestar o pedido, observar-se-á o disposto no art. 355 (art. 550, § 4º);[2449]

f) a decisão que julgar procedente o pedido condenará o réu a prestar as contas no prazo de 15 dias, sob pena de não lhe ser lícito impugnar as que o autor tiver apresentado (art. 550, § 5º);

g) se o réu apresentar as contas dentro do prazo, o autor terá 15 dias para se manifestar (art. 550, § 6º);

h) não sendo apresentadas as contas, o autor as apresentará dentro do prazo de 15 dias, podendo o juiz determinar, se necessário, a realização do exame pericial (art. 550, § 6º);

i) as contas do réu serão apresentadas na forma adequada, especificando as receitas, a aplicação das despesas e os investimentos, se houver (art. 551, *caput*);

(2449) Neste caso, o juiz julgará antecipadamente o pedido, proferindo sentença com resolução do mérito, desde que não haja necessidade de produção de prova. Este artigo deixa claro que, mesmo ocorrendo a revelia, o juiz somente proferirá decisão se não houver requerimento de prova, o que implica reconhecer o direito à produção de prova pelo autor.

j) havendo impugnação específica e fundamentada pelo autor, o juiz estabelecerá prazo razoável para que o réu apresente os documentos justificativos dos lançamentos individualmente impugnados (art. 551, § 1º);

k) as contas do autor, para os fins do art. 550, § 5º, serão apresentadas na forma adequada, já instruídas com os documentos justificativos, especificando-se as receitas, a aplicação das despesas e os investimentos, se houver, bem como o respectivo saldo (art. 551, § 2º);

l) a sentença apurará o saldo e constituirá título executivo judicial (art. 552).

Note-se que a ação de exigir conta é dividida em três fases: *exame da existência do direito de exigir contas; prestação das contas*, quando for reconhecido o direito de as exigir; *execução do saldo credor apurado.*

5.3.3. Saldo credor e sua execução. Natureza dúplice da ação de prestação e de exigir de contas

A finalidade última da ação de prestação de contas e da ação de exigir contas é estabelecer a existência de um crédito e criar um título executivo judicial em favor do seu titular.

Por esta razão, a sentença que reconhecer a existência de saldo credor constituirá título executivo judicial (art. 918 do CPC de 1973 e art. 552 do CPC de 2015), observando-se que o saldo credor pode ser fixado em favor do autor ou do réu e, ainda, que, por se tratar de ações de natureza dúplice, é inadmissível a reconvenção na ação de prestação e de exigência de contas.

5.3.4. Ação de prestação de contas no processo do trabalho.

A ação de prestação e a ação de exigir contas são compatíveis com o processo do trabalho, no qual é cabível quando alguém recebe pagamentos por conta de outrem ou efetua movimentação de recursos de outrem.

Assim, se o trabalhador exerce a função de cobrador e recebe, no exercício de sua função, valores pertencentes ao tomador de seus serviços, a ação por este proposta contra aquele visando à prestação de contas dos valores recebidos será processada e julgada pela Justiça do Trabalho (art. 114, I, da Constituição Federal).

O procedimento a ser adotado nas duas ações é aquele definido no CPC, com a ressalva de que contra a decisão que atribui ao réu a obrigação de prestar contas não é cabível recurso. Trata-se, a hipótese, de decisão interlocutória, vez que apenas extingue uma fase do procedimento, e, como tal, somente pode ser atacada no recurso apresentado contra a decisão final sobre as contas prestadas (art. 893, § 1º, da CLT).

5.4. Ação monitória.

A ação monitória constitui técnica que permite a formação de título executivo judicial sem a instauração de um processo de conhecimento e, ainda, a execução deste título no mesmo processo em que foi formado, quando o autor esteja de posse de prova escrita sem eficácia de título executivo (art. 1.102-A do CPC de 1973 e art. 700 do CPC de 2015).[2450]

Trata-se, assim, de técnica que facilita a formação do título executivo judicial e a satisfação do credor.

O titular de direito fundado em prova escrita sem eficácia de título executivo não é obrigado a ajuizar ação monitória, sendo-lhe lícito optar pela instauração do processo de conhecimento voltado à criação do título executivo judicial.

5.4.1. O CPC de 1973 permite o ajuizamento da ação monitória quando se trate de exigência de *pagamento em dinheiro ou de entrega de coisa fungível* ou de determinado *bem móvel* (art. 1.102-A).

(2450) O CPC (de 1973 e de 2015), ao exigir, para o ajuizamento da ação monitória, a apresentação de prova escrita, adotou a denominada *monitória documental.*

O CPC de 2015 ampliou as hipóteses de cabimento da ação monitória, permitindo o seu ajuizamento para exigência de *pagamento de quantia em dinheiro, entrega de coisa fungível ou infungível, entrega de bem móvel ou imóvel, adimplemento de obrigação de fazer* e *de não fazer* (art. 700).

Desse modo, sob o prisma do CPC de 2015, a ação monitória pode ser proposta por aquele que afirmar, com base em prova escrita sem eficácia de título executivo, ter direito de exigir do devedor capaz ou da Fazenda Pública:

a) o pagamento de quantia em dinheiro;

b) a entrega de coisa fungível ou infungível;

c) a entrega de bem móvel ou imóvel;

d) o adimplemento de obrigação de fazer ou de não fazer.

Consoante o art. 700, §§ 2º e 4º, do CPC de 2015, o autor da ação deverá explicitar, na petição inicial, sob pena de seu indeferimento:

a) a importância devida, instruindo-a com memória de cálculo;

b) o valor atual da coisa reclamada;

c) o conteúdo patrimonial em discussão ou o proveito econômico perseguido.

Ainda de acordo com o CPC de 2015, o valor da causa deverá corresponder à importância prevista no § 2º do art. 700 (art. 700, § 3º, do CPC de 2015).[2451]

No caso de haver dúvida sobre a idoneidade da prova documental apresentada com a petição inicial, o juiz intimá-lo para, querendo, emendar a petição inicial, adaptando ao procedimento comum (art. 700, § 5º). Com essa medida, são aproveitados os atos processuais já praticados. O mesmo procedimento pode ser adotado quando o juiz verificar que o documento escrito constitui título executivo extrajudicial, ou seja, o juiz pode intimar o réu para, querendo, emendar a petição inicial, adaptando-a ao processo de execução.

5.4.2. A ação monitória cabe àquele que afirma, com base em prova escrita sem eficácia de título executivo, ter o direito de exigir de outrem o cumprimento de determinada obrigação.

O CPC de 2015 dispõe que, havendo dúvida sobre a *idoneidade da prova documental* apresentada com a petição inicial, o juiz intimá-lo-á para, querendo, emendar a petição inicial, adaptando ao procedimento comum (art. 700, § 5º), e acrescenta que, *sendo evidente o direito do autor*, o juiz deferirá a expedição de mandado de pagamento, de entrega de coisa para execução de obrigação de fazer ou de não fazer.

Nesse compasso, é lícito afirmar que prova escrita é todo documento idôneo à demonstração da evidência do direito do autor da ação monitória. No entanto, o CPC de 2015 estabelece, no art. 700, § 1º, que a prova escrita pode consistir em prova oral documentada, produzida antecipada. Desse modo, é de ser acrescentado que prova escrita é todo documento, ou prova oral documentada, idôneo à demonstração da evidência do direito do autor da ação monitória.

A aceleração da criação do título e sua execução, portanto, tem como fundamento o fato de o autor apresentar prova escrita que torna evidente o seu direito.

5.4.3. Estando a petição inicial devidamente instruída, o juiz determinará, em ato denominado pela doutrina *decreto injuntivo*, a expedição do mandado de pagamento, de entrega da coisa ou para execução de obrigação de fazer ou de não fazer (*mandado monitório* ou *mandado de injunção*), segundo estabelecem o art.

(2451) O valor da causa deverá corresponder ao valor atualizado da coisa reclamada ou o conteúdo patrimonial em discussão ou proveito econômico perseguido.

1102-B do CPC de 1973 e o art. 701 do CPC de 2015, considerando-se que o CPC de 2015, como foi salientado anteriormente, alargou o campo de incidência da ação monitória.

A determinação de expedição do mandado deve ser fundamentada (art. 93, IX, da Constituição Federal).

5.4.3. De acordo com o CPC de 1973, o réu é citado para o pagamento ou entrega da coisa no prazo de 15 dias (art. 1.102-B do CPC).

Consoante o art. 701, *caput*, do CPC de 2015, o réu é citado para, no prazo de 15 dias, o cumprimento (pagamento, entrega de coisa ou execução de obrigação de fazer ou de não fazer) e o pagamento de honorários advocatícios de cinco por cento do valor atribuído à causa.

5.4.4. Se houver o cumprimento do mandado no prazo legal, o réu fica isento do pagamento das custas (art. 1.102-C, § 1º, do CPC de 1973 e art. 701, § 1º, do CPC de 2015).[2452]

5.4.5. Se o devedor não cumpre o mandado e não apresenta embargos, constituir-se-á, de pleno direito[2453], o título executivo judicial, convertendo-se o mandado inicial em *mandado executivo* (art. 1.102-C do CPC de 1973 e art. 701, § 2º, do CPC de 2015).

5.4.6. No prazo de 15 dias, contados de sua citação, o réu poderá defender-se, por meio de *embargos* (art. 1.102-C do CPC de 1973 e art. 702 do CPC de 2015).

A doutrina, sob a égide do CPC de 1973, denominava estes embargos de *embargos ao mandado*. O CPC de 2015 denomina tais embargos de *embargos à ação monitória* (arts. 701, § 2º, e 702, *caput*).[2454] Cabe ao réu, por meio dos embargos, estabelecer o contraditório na ação monitória.

Os embargos suspendem o mandado deferido e o procedimento seguirá o rito ordinário (art. 1.102-C do CPC de 1973 e art. 702, § 4º, do CPC de 2015).

O CPC de 2015 admite a apresentação de reconvenção na ação monitória, vedando, no entanto, a apresentação de reconvenção à reconvenção (art. 702, § 6º, do CPC de 2015).[2455]

Se forem apresentados embargos parciais, constitui-se de pleno direito o título executivo judicial em relação à parte incontroversa (art. 702, § 7º, do CPC de 2015).

Na sistemática adotada pelo CPC, a apresentação de embargos não depende de prévia segurança do juízo (art. 1.102-C, § 2º, do CPC de 1973 e arts. 701, § 2º, e 702 do CPC de 2015).

Os embargos podem se fundar em matéria passível de alegação como defesa no procedimento comum (art. 702, § 1º, do CPC de 2015).

Quando o réu alegar que o autor pleiteia quantia superior à devida, cumprir-lhe-á declarar imediatamente o valor que entende correto, apresentando demonstrativo discriminado e atualizado da dívida (art. 702, § 2º, do CPC de 2015), sob pena de, não sendo apontado o valor correto ou não apresentado o demonstrativo, os embargos serão imediatamente rejeitados, se esse for o seu único fundamento, e, se houver outro fundamento, os embargos serão processados, mas o juiz deixará de examinar a alegação de excesso (art. 702, § 3º, do CPC de 2015).

Apresentados embargos, o autor será intimado para responder, no prazo de 15 dias (art. 702, § 5º, do CPC de 2015).

(2452) A isenção em questão objetiva incentivar o cumprimento espontâneo da obrigação.

(2453) Não se exige pronunciamento judicial para que se forme o título executivo.

(2454) O CPC de 2015 autoriza o ajuizamento de ação rescisória contra a decisão que ordena a expedição do mandado quando, em razão do não cumprimento e da não apresentação de embargos, constituir-se o título executivo (art. 701, § 3º).

(2455) O Superior Tribunal de Justiça consagrou, na Súmula n. 292, o entendimento de que cabe reconvenção na ação monitória.

5.4.7. Rejeitados os embargos, constituir-se-á, de pleno direito, o título executivo judicial, intimando-se o devedor e prosseguindo-se na forma do Livro I, Título VIII, Capítulo X, desta lei (art. 1.102-C, § 3º, do CPC de 1973), ou, segundo o CPC de 2015, rejeitados os embargos, constituir-se-á de pleno direito o título executivo judicial, prosseguindo-se o processo com observância do disposto no Título II do Livro I da Parte Especial, no que couber (art. 702, § 8º).

O juiz condenará o autor de ação monitória proposta indevidamente e de má-fé ao pagamento, em favor do réu, de multa de até 10% do valor da causa (art. 702, § 10, do CPC de 2015).

O juiz condenará o réu que de má-fé opuser embargos à ação monitória ao pagamento de multa de até 10% do valor da causa, em favor do autor (art. 702, § 11, do CPC de 2015).

5.4.8. Cabe apelação contra a sentença que acolher ou rejeitar os embargos (art. 702, § 9º, do CPC de 2015).

5.4.9. Não há qualquer impedimento para o ajuizamento de ação monitória contra a Fazenda Pública.

A respeito, o Superior Tribunal de Justiça editou a Súmula n. 339, *in verbis*: "É cabível ação monitória contra a Fazenda Pública".

O CPC de 2015 admite, expressamente, o ajuizamento de ação monitória contra a Fazenda Pública (art. 700, § 6º).

5.4.10. A ação monitória tem por objetivo a mais rápida criação do título executivo judicial e satisfação do credor, fato que a torna compatível com o processo do trabalho, em especial diante da natureza predominantemente alimentar do crédito que constitui seu objeto.

A ação monitória está em harmonia, ainda, com o princípio da simplificação das formas e dos procedimentos, que aponta no sentido de que devem ser simplificados o procedimento de formação do título executivo e a sua execução.

É admissível a ação monitória, por exemplo, quando o empregador dispensa o empregado e a ele fornece termo de rescisão do contrato de trabalho indicando as parcelas devidas por força da extinção do contrato e o valor respectivo. Como efeito, nesse caso, não se justifica a exigência de propositura de ação condenatória para fazer valer o crédito do trabalhador, que pode, então, lançar mão da ação monitória.

Não há como objetar, para sustentar ser a ação monitória incompatível com o processo do trabalho, que documento sem força executiva não pode ser executado pela Justiça do Trabalho, posto que a ação monitória visa exatamente à criação de título executivo judicial. A execução, portanto, não se fundará em documento sem força executiva, mas em título executivo judicial.

No entanto, cumpre ter presente que:

a) admite-se a ação monitória no processo do trabalho somente nas hipóteses em que a Justiça do Trabalho tenha competência para a ação de conhecimento substituída pela monitória, devendo nela ser respeitado o modelo de processo estabelecido pelo direito processual do trabalho;[2456]

b) é competente para a ação monitória o juiz que teria competência para o processo de conhecimento relativo à matéria (aplicação do art. 877-A da CLT);

c) formado o título executivo, o devedor deverá ser citado, na forma estabelecida no art. 880 da CLT, para pagar o débito, entregar a coisa ou cumprir a obrigação ou garantir a execução, *no prazo de 48 horas*;

(2456) Contra a admissão da monitória no processo do trabalho também é afirmado que sua sistemática impede a tentativa de conciliação prévia, que é obrigatória no processo do trabalho, e a concentração dos atos em audiência. Note-se, porém, que nada impede que o juiz promova a realização de audiência para tentativa de conciliação e, ainda, que o só fato de não ser possível resolver o conflito em audiência não torna um procedimento incompatível com o processo do trabalho.

d) garantida a execução, o devedor pode apresentar *embargos*, no prazo do art. 884 da CLT (cinco dias), nos quais podem ser suscitadas as matérias arroladas nos arts. 884, § 1º, da CLT e 475-L do CPC de 1973 e art. 525 do CPC de 2015;

e) prescreve o direito de ação monitória no mesmo prazo em que prescreve o direito de promover ação condenatória;

f) a decisão que ordena a expedição do mandado de pagamento, entrega de bens ou cumprimento da obrigação de fazer ou de não fazer não é passível de recurso, visto que pode ser atacada por meio de embargos (trata-se, portanto, de decisão interlocutória);

g) cabe recurso ordinário contra a decisão que indefere a petição inicial da ação monitória;

h) contra a decisão que rejeita ou julga improcedente os embargos, cabe recurso ordinário, posto que a hipótese não é de decisão proferida na execução (art. 895, *a*, da CLT). A fase executiva tem início após a formação do título executivo e a partir daí o recurso próprio contra as decisões definitivas é o agravo de petição (art. 897, *a*, da CLT).

5.5. Mandado de segurança.

5.5.1. Conceito.

O mandado de segurança é previsto no art. 5º, LXIX, da Constituição da República, que assim dispõe: "Conceder-se-á mandado de segurança para proteger direito líquido e certo, não amparado por *habeas corpus ou habeas data*, quando o responsável pela ilegalidade ou abuso de poder for autoridade pública ou agente de pessoa jurídica no exercício de atribuições do Poder Público."

O mandado de segurança é disciplinado, no plano infraconstitucional, pela Lei n. 12.016/09, cujo art. 1º estabelece que o mandado de segurança será concedido para proteger direito líquido e certo, não amparado por *habeas corpus* ou *habeas data*, sempre que, ilegalmente ou com abuso do poder, qualquer pessoa física ou jurídica sofrer violação ou houver justo receio de sofrê-la por parte de autoridade, seja de que categoria for e sejam quais forem as funções que exerça.[2457]

O mandado de segurança, portanto, constitui ação constitucional destinada à proteção de direito líquido e certo, não amparado por *habeas corpus* (direito de locomoção) ou *habeas data* (direito ao conhecimento ou à retificação de dados relativos à pessoa do impetrante constantes de registros ou bancos de dados de entidades governamentais ou de caráter público),[2458] contra ilegalidade ou abuso de poder praticado por autoridade pública ou agente de pessoa jurídica que exerça atribuições do Poder Público.

Para Fernando Gonzaga Jayme, o mandado de segurança assegura a eficácia dos direitos e "a legalidade do agir estatal, inerente a uma sociedade que se identifica como democrática".[2459]

O mandado de segurança está sujeito a procedimento especial marcado pela celeridade, que resulta, especialmente, do fato de ser nele vedada dilação probatória, e pode ser *preventivo* (impetrado quando existe justo receio de violação de direito por ato de ilegalidade ou abuso de poder)[2460] ou *repressivo* ou *reparatório* (impetrado para reparar a lesão a direito).

(2457) A Lei n. 12.016/09 compilou a legislação relativa ao mandado de segurança individual, revogando, ao fazê-lo, a Lei n. 1.533/51, e disciplinou o mandado de segurança coletivo. Érico Andrade aduz, com razão, que a Lei n. 12.016/09 "limita-se confessadamente a acolher a sistemática proveniente da lei antiga: sua aspiração declarada foi apenas de consolidar a legislação a respeito da matéria ao sabor da doutrina e jurisprudência tradicionais" (*O mandado de segurança: a busca da verdadeira especialidade (proposta de releitura à luz da efetividade do processo)*, p. 2).

(2458) O mandado de segurança, por servir de instrumento de tutela jurisdicional nas hipóteses em que o direito deduzido não conte com proteção por meio de *habeas corpus* e de *habeas data*, tem a natureza de garantia residual.

(2459) *Mandado de segurança*, p. 1-2.

(2460) O mandado de segurança preventivo "não se presta à obtenção de uma sentença genérica, aplicável a eventos futuros, cuja ocorrência é incerta" (Orientação Jurisprudencial n. 144 da SDI-2 do TST).

5.5.2. Direito líquido e certo.

O mandado de segurança constitui instrumento de proteção de *direito líquido e certo.*

A liquidez e a certeza do direito, como pressuposto de admissibilidade do mandado de segurança, dizem respeito aos fatos dos quais decorre o direito deduzido pelo impetrante.

Se existir dúvida quanto à ocorrência dos fatos alegados pelo impetrante e houver necessidade de sua investigação mais aprofundada, o mandado de segurança não constituirá o meio apropriado para a defesa do direito deduzido pelo impetrante.

Segundo Aroldo Plínio Gonçalves, "o que se exige do impetrante, para que se configurem a liquidez e a certeza do direito para o qual a proteção jurisdicional é requerida, não é a comprovação de que ele efetivamente tem direito, mas é a comprovação da existência do fato que possa ser juridicamente reconhecido como hábil a dar existência ao direito".(2461)

O mandado de segurança é um procedimento documental, no sentido de que, nele, somente é admitida a prova documental, a ser produzida já com a petição inicial (trata-se, desse modo, de prova documental pré-constituída).

Cumpre esclarecer que a "controvérsia sobre matéria de direito não impede a concessão de mandado de segurança" (Súmula n. 625 do STF).(2462)

5.5.3. Competência.

A competência para processar e julgar o mandado de segurança é estabelecida a partir da categoria (municipal, estadual ou federal) e da sede funcional da autoridade coatora (o mandado de segurança deve ser impetrado no foro da sede funcional da autoridade coatora).

Desse modo, há casos de competência das Varas do Trabalho, dos Tribunais Regionais do Trabalho e do Tribunal Superior do Trabalho.

Compete às Varas do Trabalho, por exemplo, o julgamento do mandado de segurança impetrado contra ato praticado por auditor fiscal no exercício da fiscalização do cumprimento da legislação trabalhista.

Compete ao Tribunal Regional do Trabalho julgar mandado de segurança impetrado contra ato dos juízes de primeira instância a ele vinculados (art. 678, I, *b*, 3, da CLT).

No TST, compete:

a) ao Órgão Especial, julgar mandado de segurança impetrado contra atos do Presidente ou de qualquer Ministro do Tribunal, ressalvada a competência das Seções Especializadas, e julgar os recursos ordinários interpostos contra decisões proferidas em mandado de segurança impetrado contra ato do Presidente de Tribunal Regional em sede de precatório (art. 69 do Regimento Interno do TST);

b) à Seção Especializada em Dissídios Coletivos (SDC), julgar os recursos ordinários interpostos contra decisões proferidas pelos Tribunais Regionais do Trabalho em mandados de segurança pertinentes a dissídios coletivos (art. 70 do Regimento Interno do TST);

(2461) Pressupostos de admissibilidade do mandado de segurança e condições de seu exercício contra ato judicial. In: *Estudos de direito processual civil em memória de Luiz Machado Guimarães*, p. 60. Fernando Gonzaga Jayme afirma, no mesmo sentido, que "direito líquido e certo para fins de mandado de segurança refere-se à incontroversabilidade dos fatos documentalmente demonstrados de plano, não se admitindo dilação probatória. A ausência da prova pré-constituída dos fatos demonstrativos da existência de direito líquido e certo amparável por mandado de segurança leva à sua extinção, sem julgamento de mérito, prevalecendo, portanto, o entendimento de que a prova pré-constituída dos fatos é condição especial da ação de mandado de segurança" (*Mandado de segurança*, p. 21).

(2462) O que impede a concessão do mandado de segurança é a controvérsia sobre a veracidade dos fatos alegados pelo impetrante.

c) à Seção Especializada em Dissídios Individuais II (SDI-II), julgar os mandados de segurança contra os atos praticados pelo Presidente do Tribunal, ou por qualquer dos Ministros integrantes da Seção Especializada em Dissídios Individuais, nos processos de sua competência (art. 71 do Regimento Interno do TST).

Aos tribunais compete julgar, originalmente, os mandados de segurança impetrados contra os "seus atos, os dos respectivos Presidentes e os de suas Câmaras, Turmas ou Seções" (art. 21, VI, da Lei Complementar n. 35/79),[2463] e também contra os seus atos administrativos (arts. 678, I, *c*, 3, *d*, 1, da CLT e 21, VI, da Lei Complementar n. 35/79).

No mandado de segurança contra a nomeação de magistrado de competência do Presidente da República, este é considerado autoridade coatora, ainda que o fundamento da impetração seja nulidade ocorrida em fase anterior do procedimento (Súmula n. 627 do STF).

5.5.4. Legitimidade ativa. Identificação da autoridade coatora. Legitimidade passiva.

Podem impetrar mandado de segurança: a) pessoa física ou jurídica, podendo esta ser de direito público ou de direito privado; b) entidades despersonalizadas, tais como espólio, massa falida e condomínio; c) entidades de direito público sem personalidade jurídica, desde que o mandado de segurança seja impetrado para a defesa de suas prerrogativas institucionais, como, por exemplo, a Presidência da República, a Presidência de Câmaras Legislativas e a Presidência dos Tribunais; d) partidos políticos com representação no Congresso Nacional, organizações sindicais, entidades de classe e associações legalmente constituídas e em funcionamento há, pelo menos, um ano, em defesa de direitos líquidos e certos da totalidade, ou de parte dos seus membros ou associados, na forma dos seus estatutos e desde que pertinentes às suas finalidades, dispensada, para tanto, autorização especial, quando se tratar de mandado de segurança coletivo.

De acordo com o art. 3º da Lei n. 12.016/09, "o titular de direito líquido e certo decorrente de direito, em condições idênticas, de terceiro poderá impetrar mandado de segurança a favor do direito originário, se o titular não o fizer, no prazo de trinta dias, quando notificado judicialmente".

Por outro lado, quando o direito líquido e certo couber a várias pessoas, qualquer uma delas poderá impetrar o mandado de segurança (art. 1º, § 3º, da Lei n. 12.016/09).

O mandado de segurança visa à proteção de direito líquido e certo contra *ato de autoridade*, que é nele denominada *autoridade coatora* (art. 6º, *caput*, da Lei n. 12.016/09).

Assim, sujeito passivo do mandado de segurança é a autoridade coatora.

A Lei n. 12.016/09 define a autoridade coatora como sendo "aquela que tenha praticado o ato impugnado ou da qual emane a ordem para a sua prática" (art. 6º, § 3º).

Na doutrina colhe-se lição no sentido de que autoridade coatora é o "agente que tenha poderes para decidir sobre a prática do ato impugnado. Quem apenas o realizou em cumprimento de ordens de outrem não chega a configurar a autoridade coatora de que fala a lei. Só quem dispõe de poder para ordená-lo ou revogá-lo deixa de ser mero executor material para assumir, na esfera do *mandamus*, a condição de autoridade coatora. Não é, outrossim, sujeito passivo do mandado de segurança quem apenas exercer o poder normativo, por meio da edição de lei, decreto, regulamento, portaria etc."[2464]

A lei exige que na inicial também seja indicada a *pessoa jurídica* à qual a autoridade coatora esteja vinculada ou da qual exerça atribuições (arts. 6º, *caput*, e 7º, I e II, da Lei n. 12.016/09), visto que é sobre ela que recairão as consequências de ordem patrimonial do ato contra o qual se requer o mandado de segurança (art. 2º da Lei n. 12.016/09).

(2463) "É competente o Tribunal Regional do Trabalho para julgar mandado de segurança contra ato de seu presidente, em execução de sentença" (Súmula n. 433 do STF).

(2464) THEODORO JÚNIOR, Humberto. *Curso de direito processual civil*. v. II, p. 683.

Contudo, a hipótese não é de formação de litisconsórcio passivo necessário, posto que é a autoridade coatora que atuará no processo em defesa da pessoa jurídica à qual esteja vinculado ou da qual exerça atribuições. O que a lei estabelece é a possibilidade de essa pessoa jurídica intervir no processo. Tanto isto é verdade, que *citada* para a demanda é autoridade coatora, sendo a pessoa jurídica à qual a autoridade coatora esteja vinculada ou da qual exerça atribuições dela apenas *intimada* (art. 7º, I e II, da Lei n. 12.016/09), como *pessoa interessada* (art. 12 da Lei n. 12.016/09).

No caso de erro na indicação da autoridade coatora, pode o juiz, com esteio nos princípios da instrumentalidade das formas, da economia processual e na exigência de duração razoável do processo, determinar a notificação da efetiva autoridade coatora, desde que a petição inicial e os documentos que a acompanham permitam defini-la com precisão, ou determinar a emenda da petição inicial, para que o impetrante a indique corretamente.

Também deverá ser incluído no polo passivo do mandado de segurança impetrado contra ato de juiz de primeira instância aquele que for beneficiado pelo ato impugnado.

5.5.5. Autoridade. Pessoas equiparadas às autoridades.

Serve o mandado de segurança à proteção de direito líquido e certo contra *ato de autoridade*.

Consoante o art. 6º, § 3º, da Lei n. 12.016/09, "considera-se autoridade coatora aquela que tenha praticado o ato impugnado ou da qual emane a ordem para a sua prática". Autoridade, portanto, é quem tem o poder para decidir sobre a prática de um ato ou para ordenar a sua prática.

De acordo com o art. 1º, § 1º, da Lei n. 12.016/09, equiparam-se às autoridades os representantes de órgãos de partidos políticos e os administradores de entidades autárquicas, bem como os dirigentes de pessoas jurídicas ou as pessoas naturais no exercício de atribuições do poder público, somente no que disser respeito a essas atribuições.

A autoridade coatora pode ser municipal, estadual ou federal, sendo considerada federal a autoridade coatora se as consequências de ordem patrimonial do ato contra o qual se requer o mandado houverem de ser suportadas pela União ou entidade por ela controlada (art. 2º da Lei n. 12.016/09).

Praticado o ato por autoridade no exercício de competência delegada, contra ela cabe mandado de segurança (Súmula n. 510 do STF). Autoridade delegada é aquela à qual a Administração Pública atribui a realização de serviço de natureza pública.

Não cabe mandado de segurança contra atos de gestão comercial praticados pelos administradores de empresas públicas, de sociedade de economia mista e de concessionárias de serviço público (art. 1º, § 2º, da Lei n. 12.016/09).

5.5.6. Pressupostos de admissibilidade.

Como assinala Aroldo Plínio Gonçalves, "para que o mandado de segurança seja cabível, a situação submetida ao Poder Judiciário deve apresentar dois componentes: um fato do qual possa decorrer um direito líquido e certo, que não seja traduzível na liberdade de locomoção ou no direito de se obter informações ou de retificar dados concernentes ao próprio interessado, e um ato de autoridade, reputado ilegal ou abusivo".[2465]

Consoante já foi assinalado, a exigência de direito líquido e certo diz respeito aos fatos invocados pelo impetrante como constitutivos de seu direito.

A existência de direito líquido e certo é verificada pelo juiz em dois momentos:

a) ao examinar a petição inicial e os documentos que a acompanham;[2466]

(2465) Pressupostos de admissibilidade do mandado de segurança e condições de seu exercício contra ato judicial. In: *Estudos de direito processual civil em memória de Luiz Machado Guimarães*, p. 49.

(2466) O direito líquido e certo é examinado, nesse momento, como condição da ação de mandado de segurança. Ao examinar a petição inicial o juiz verificará a plausividade da existência de direito líquido e certo invocado pelo impetrante.

b) ao julgar o mérito do mandado de segurança.[2467]

Não cabe mandado de segurança contra lei em tese (Súmula n. 266 do STF), "salvo se se tratar de ato normativo de efeitos concretos, capaz de afetar imediatamente situação jurídica individual".[2468]

O mandado de segurança constitui remédio contra *ilegalidade* ou *abuso de poder*.

Ato ilegal, como aduz Fernando Gonzaga Jayme, "é aquele que se realiza mediante errônea interpretação ou aplicação da norma ao caso concreto, ou seja, a violação ou ameaça a direito decorre da aplicação de uma norma não aplicável ou da interpretação equivocada, quando se lhe atribuem efeitos que na verdade não se operariam" ao passo que "o ato praticado com abuso de poder é manifestação de arbítrio. O ato que se realiza pela vontade viciada do agente público, mera manifestação de capricho da autoridade, que age a despeito da inexistência de norma jurídica a sustentar sua conduta".[2469]

5.5.7. Requisitos da petição inicial.

A petição inicial do mandado de segurança deve ser apresentada em duas vias, devendo os documentos que instruírem a primeira ser reproduzidos na segunda delas, e indicar, além da autoridade coatora, a pessoa jurídica que esta integra, à qual se acha vinculada ou da qual exerce atribuições (art. 6º da Lei n. 12.016/09).

A toda causa será atribuído valor certo, ainda que não tenha conteúdo econômico imediatamente aferível (art. 258 do CPC de 1973 e art. 291 do CPC de 2015). Assim, o valor da causa corresponderá ao do ato impugnado, quando for possível sua aferição, e, nas demais hipóteses, deverá haver uma estimativa por parte do impetrante.

Como aduz Fernando Gonzaga Jayme, por não comportar o mandado de segurança dilação probatória, a petição inicial deve ser instruída "obrigatoriamente, com prova exclusivamente documental, pré-constituída, apta a demonstrar, de plano, a certeza e liquidez dos fatos constitutivos do direito lesado".[2470] Como é assinalado na Súmula n. 415 do TST, "exigindo o mandado de segurança prova documental pré-constituída, inaplicável se torna o art. 284 do CPC quando verificada, na petição inicial do *mandamus*, a ausência de documento indispensável ou de sua autenticação", valendo observar que esta Súmula teve a sua redação atualizada em razão da entrada em vigor do CPC de 2015, passando a prever que "exigindo o mandado de segurança prova documental pré-constituída, inaplicável se torna o art. 321 do CPC de 2015 (art. 284 do CPC de 1973) quando verificada, na petição inicial do *mandamus*, a ausência de documento indispensável ou de sua autenticação".

No entanto, no caso em que o documento necessário à prova do alegado se ache em repartição ou estabelecimento público ou em poder de autoridade que se recuse a fornecê-lo por certidão ou de terceiro, o juiz ordenará, preliminarmente, por ofício, a exibição desse documento em original ou em cópia autêntica e marcará, para o cumprimento da ordem, o prazo de dez dias. O Diretor de Secretaria extrairá cópias do documento para juntá-las à segunda via da petição (art. 6º, § 1º, da Lei n. 12.016/09).

Em caso de urgência, é permitido, desde que observados os requisitos legais, impetrar mandado de segurança por telegrama, radiograma, fax ou outro meio eletrônico de autenticidade comprovada (art. 4º da Lei n. 12.016/09). O texto original da petição inicial deverá ser apresentado nos cinco dias úteis seguintes (art. 4º, § 2º, da Lei n. 12.016/09). Em se tratando de documento eletrônico, serão observadas as regras da infraestrutura de Chaves Públicas Brasileiras — ICP — Brasil (art. 4º, § 3º, da Lei n. 12.016/09).

Prevê o art. 6º, § 5º, da Lei n. 12.016/09 que será denegado o mandado de segurança nos casos em que o processo deva ser extinto sem provimento de mérito.

5.5.8. Das situações em que não se dará mandado de segurança.

(2467) A existência de direito líquido e certo é, nesse momento, mérito do mandado de segurança.
(2468) THEODORO JÚNIOR, Humberto. *Curso de direito processual civil*, v. II, p. 684.
(2469) *Mandado de segurança*, p. 15-16.
(2470) *Mandado de segurança*, p. 10.

Prevê o art. 5º, I, II e III, da Lei n. 12.016/09 que não se concederá mandado de segurança quando se tratar de:

1) ato do qual caiba recurso administrativo com efeito suspensivo, independentemente de caução.

Para Fernando Gonzaga Jaime, "na hipótese do inc. I, do art. 5º, a inadmissibilidade de mandado de segurança contra ato do qual cabia recurso administrativo com efeito suspensivo, independentemente de caução, sujeita-se a duas condições: a) o ato atacado deve ser comissivo; b) deve ter sido interposto o recurso administrativo. Não é obstáculo à impetração, portanto, a mera previsão em norma abstrata, de recurso administrativo dotado de efeito suspensivo, haja vista que, conforme a Constituição da República, o exaurimento das instâncias administrativas não é condição de acesso à justiça. O que a Lei inadmite é a impetração de mandado de segurança quando pendente de julgamento recurso administrativo dotado de efeito suspensivo".[2471]

A existência de recurso administrativo com efeito suspensivo não impede o uso do mandado de segurança contra *omissão da autoridade* (Súmula n. 429 do STF).

Se o recurso administrativo interposto possui efeito suspensivo, fica afastada a possibilidade de dano ao recorrente, o que torna desnecessário o mandado de segurança.

2) decisão judicial da qual caiba recurso com efeito suspensivo.[2472]

Aroldo Plínio Gonçalves assevera que, "para os atos processuais do juiz que geram consequências somente dentro do processo, há instrumentos legais de impugnação, e o mandado de segurança, nesta circunstância, não é a via necessária ou útil e nem mesmo apropriada para corrigir atos judiciais ou impedi-los de produzir os efeitos a que se destinam (...). Quanto aos atos processuais que geram efeitos fora do processo, ainda que possam ser impugnados mediante arguição de nulidade ou de recurso, estes meios processuais nem sempre são dotados de eficácia para impedir que aqueles efeitos se produzam de imediato e deles decorra violação de direito. Nessa hipótese, é possível que a violação ocorra de modo irreparável, antes que o processo, segundo seu rito regular, tenha desfecho, em decisão irrecorrível. É nesses casos que se torna patente a admissibilidade do mandado de segurança contra ato judicial, quando não existe instrumento processual colocado à disposição de parte, hábil a coibir os efeitos extraprocessuais do ato judicial e nenhum meio processual é eficaz para impedir a violação do direito que necessita de proteção".[2473]

No entanto, podendo ser conferido efeito suspensivo ao recurso, em ação cautelar proposta com esta finalidade (Súmula n. 414, I, do TST) ou em atendimento a pedido endereçado ao seu relator (art. 1.012, § 4º, do CPC de 2015), não há como negar a existência de instrumento processual adequado à tutela da parte, o que dispensa a impetração de mandado de segurança.

3) decisão judicial transitada em julgado.

Não cabe mandado de segurança contra decisão judicial passada em julgado, o que é reconhecido na Súmula n. 33 do TST.

Admite-se a impetração de mandado de segurança contra a decisão que não extingue a execução de sentença proferida em ação de cumprimento fundada em cláusula de sentença normativa reformada (Súmula n. 397 do TST[2474]) e contra o deferimento de reintegração de emprego em ação cautelar (Orientação

(2471) *Mandado de segurança*, p. 59.

(2472) De acordo com a Súmula n. 267 do STF, "não cabe mandado de segurança contra ato judicial passível de recurso ou correção". Consoante a Orientação Jurisprudencial n. 99 da SDI-II do TST, "mandado de segurança. Esgotamento de todas as vias processuais disponíveis. Trânsito em julgado formal. Descabimento. Esgotadas as vias recursais existentes, não cabe mandado de segurança". A Orientação Jurisprudencial n. 92 da SDI-II do TST prevê que "não cabe mandado de segurança contra decisão judicial passada em julgado passível de reforma mediante recurso próprio, ainda que com efeito diferido".

(2473) Pressupostos de admissibilidade do mandado de segurança e condições de seu exercício contra ato judicial. In: *Estudos de direito processual civil em memória de Luiz Machado Guimarães*, p. 63.

(2474) "Não procede ação rescisória calcada em ofensa à coisa julgada perpetrada por decisão proferida em ação de cumprimento, em face de a sentença normativa, na qual se louvava, ter sido modificada em grau de recurso, porque em dissídio coletivo somente se consubstancia coisa julgada formal. Assim, os meios processuais aptos a atacarem a execução de cláusula reformada são a exceção de pré-executividade e o mandado de segurança."

Jurisprudencial n. 63 da SDI-2 do TST), ao passo que não fere direito líquido e certo a concessão de tutela antecipada para reintegração de empregado protegido por estabilidade provisória decorrente de lei ou norma coletiva (Orientação Jurisprudencial n. 61 da SDI-2 do TST).

Anote que, consoante a Súmula n. 414 do TST:

"I — A antecipação de tutela concedida na sentença não comporta impugnação pela via do mandado de segurança, por ser impugnável mediante recurso ordinário. A ação cautelar é o meio próprio para requerer a concessão de efeito suspensivo ao recurso ordinário interposto contra a sentença em que foi deferida a antecipação de tutela.

II — No caso de tutela antecipada (ou liminar) ser concedida antes da sentença, cabe a impetração do mandado de segurança, em face da inexistência de recurso próprio.

III — A supervivência da sentença, nos autos originários, faz perder o objeto do mandado de segurança que impugnava a concessão da tutela antecipada (ou liminar)."

5.5.9. Prazo para impetração.

O prazo para a impetração do mandado de segurança é de cento e vinte dias (art. 23 da Lei n. 12.016/09).

Este prazo é contado:

a) da ciência, pelo interessado, do ato impugnado;

b) a partir do momento em que se esgotou o prazo legal estabelecido para a autoridade impetrada praticar o ato cuja omissão se ataca, no caso de mandado de segurança contra ato omissivo da administração;

c) da ciência do ato caracterizador da ameaça a direito líquido e certo.

Da contagem do prazo trata a Orientação Jurisprudencial n. 127 da SDI-II do TST: "Na contagem do prazo decadencial para ajuizamento de mandado de segurança, o efetivo ato coator é o primeiro em que se firmou a tese hostilizada e não aquele que a ratificou".

Transcorrido o prazo estabelecido no art. 23 da Lei n. 12.016/09, a parte perde o direito de impetrar o mandado de segurança, o que significa que a hipótese é de prazo decadencial. O fato de ter decorrido o prazo para a impetração do mandado de segurança não impede o ajuizamento de ação de rito comum visando à proteção do direito que poderia ter sido deduzido em mandado de segurança.

O prazo para requerimento do mandado de segurança não é interrompido por pedido de reconsideração do ato na via administrativa (Súmula n. 430 do STF).

O pedido de mandado de segurança poderá ser renovado dentro do prazo decadencial, se a decisão denegatória não lhe houver apreciado o mérito (art. 6º, § 6º, da Lei n. 12.016/09).

5.5.10. Indeferimento da petição inicial. Notificação da autoridade coatora. Medida liminar em mandado de segurança. Informações da autoridade coatora.

A petição inicial será desde logo indeferida, por decisão motivada, quando não for o caso de mandado de segurança, lhe faltar algum dos requisitos legais ou tiver decorrido o prazo legal para a impetração (art. 10 da Lei n. 12.016/09).

Contra a decisão de indeferimento da petição inicial do mandado de segurança proferida em primeiro grau cabe recurso ordinário (art. 895, I, da CLT).

Quando a competência para o julgamento do mandado de segurança couber originalmente a um tribunal, do ato do relator que indeferir a petição inicial caberá agravo para o órgão competente do tribunal que integre (art. 10, § 1º, da Lei n. 12.016/09).

O ingresso de litisconsorte ativo não será admitido após o despacho da petição inicial (art. 9º, § 2º, da Lei n. 12.016/09).

Não sendo o caso de seu pronto indeferimento, o juiz despachará a petição inicial, ordenando (art. 7º, I, II e III, da Lei n. 12.016/09):

a) a notificação da autoridade coatora do conteúdo da petição inicial, enviando-lhe a segunda via apresentada com as cópias dos documentos que a instruíram, a fim de que, no prazo de dez dias, preste informações;

b) que se dê ciência do feito ao órgão de representação judicial da pessoa jurídica interessada, enviando-lhe cópia da petição inicial sem documentos, para que, querendo, ingresse no feito;

c) a suspensão do ato que deu motivo ao pedido, quando houver fundamento relevante e do ato impugnado puder resultar a ineficácia da medida, caso seja finalmente deferida, sendo facultado exigir do impetrante caução, fiança ou depósito, com o objetivo de assegurar o ressarcimento à pessoa jurídica (trata-se do deferimento de *liminar em mandado de segurança*).

O art. 7º, III, da Lei n. 12.016/09 autoriza o juiz a deferir a liminar ao despachar a petição inicial, ou seja, antes da notificação do impetrado.[2475] O deferimento de liminar, que tem a natureza de verdadeira antecipação de tutela, pressupõe a relevância dos fundamentos do mandado de segurança e o risco de ineficácia da segurança, que ao final for deferida, sendo facultado ao juiz, no entanto, exigir do impetrante caução, fiança ou depósito, com o objetivo de assegurar o ressarcimento à pessoa jurídica.

Não cabe mandado de segurança para impugnar despacho que acolheu ou indeferiu liminar em mandado de segurança (Orientação Jurisprudencial n. 140 da SDI-2 do TST).[2476]

Não será concedida medida liminar ou antecipação de tutela que tenha por objeto a compensação de créditos tributários, a entrega de mercadorias e bens provenientes do exterior, a reclassificação ou equiparação de servidores públicos e a concessão de aumento ou a extensão de vantagem ou pagamento de qualquer natureza (arts. 7º, §§ 2º e 5º, da Lei n. 12.016/09).

Deferida a medida liminar, o processo terá prioridade para julgamento, sendo mantidos os efeitos da liminar, salvo se revogada ou cassada, até a prolação da sentença (art. 7º, § 1º, da Lei n. 12.016/09).

Será decretada a perempção ou a caducidade da medida liminar, *ex officio* ou a requerimento do Ministério Público, quando, concedida a medida, o impetrante criar obstáculo ao normal andamento do processo ou deixar de promover, por mais de três dias, os atos e as diligências que lhe cumprirem (art. 8º da Lei n. 12.016/09).

A autoridade coatora será notificada para apresentar informações em dez dias. As informações constituem o modo pelo qual a autoridade coatora defende o ato atacado.

Em caso de urgência, poderá o juiz notificar a autoridade coatora por telegrama, radiograma ou outro meio que assegure a autenticidade do documento e a imediata ciência pela autoridade (art. 4º, § 1º, da Lei n. 12.016/09).

As informações devem ser prestadas pela própria autoridade coatora, ou, no caso de ato judicial, por quem estiver em exercício na Vara ou órgão do Tribunal respectivo onde foi praticado ou deveria ser praticado o ato impugnado.

(2475) Somente no mandado de segurança coletivo é que o deferimento de liminar apenas poderá ocorrer após a audiência do representante judicial da pessoa jurídica de direito público (art. 22, § 2º, da Lei n. 12.016/09).

(2476) O art. 7º, I, da Lei n. 12.016/09 estabelece que da decisão do juiz de primeira instância que conceder ou denegar a liminar cabe agravo de instrumento, ao passo que o seu art. 16, parágrafo único, dispõe que, nos casos de competência dos tribunais, contra a decisão do relator que concede ou denega a medida liminar caberá agravo ao órgão competente que integre. É aplicável no processo do trabalho o art. 16, parágrafo único, da Lei n. 12.016/09, ou seja, nos casos de competência dos tribunais, contra a decisão do relator que concede ou denega a medida liminar caberá agravo ao órgão competente que integre. No entanto, não cabe recurso contra a decisão do juiz de primeira instância que conceder ou denegar a liminar, diante de sua natureza interlocutória (art. 893, § 1º, da CLT).

A lei não comina sanção para a hipótese de silêncio da autoridade coatora no prazo assinalado para prestar informações. Com isso, não há que se falar em revelia e confissão em mandado de segurança. Ao impetrante é que cabe, já com a petição inicial, fazer prova dos fatos que alega.

Nas informações, o impetrado deverá demonstrar a legalidade do ato questionado, assim como produzir prova, se for o caso, valendo lembrar que os atos administrativos gozam de presunção de legalidade.

Nos Tribunais, caberá ao relator a instrução do processo, sendo assegurada a sustentação oral na sessão de julgamento (art. 16 da Lei n. 12.016/09).

5.5.11. Julgamento do mandado de segurança. Recursos cabíveis.

Findo o prazo para as informações da autoridade coatora, será ouvido o Ministério Público, na condição de fiscal da ordem jurídica, que opinará, dentro do prazo de dez dias (art. 12 da Lei n. 12.016/09).[(2477)]

Com ou sem parecer do Ministério Público, os autos serão conclusos ao juiz, para a decisão, a qual deverá ser necessariamente proferida em trinta dias (art. 12, parágrafo único, da Lei n. 12.016/09).

A lei não prevê a concessão de oportunidade ao impetrante para se manifestar sobre eventuais preliminares levantadas pela autoridade coatora nas suas informações ou sobre documentos que a tenham instruído, mas, como anota Aroldo Plínio Gonçalves, ao mandado de segurança aplica-se o disposto no art. 5º, LV, da Constituição Federal, de forma que, apresentadas as informações pela autoridade coatora, "é imprescindível que se ouça o impetrante, assegurando-lhe a oportunidade que o contraditório exige. Como o princípio do contraditório está constitucionalmente garantido, não se lhe pode atribuir incompatibilidade com qualquer rito processual, pois ele é, hoje, ínsito ao próprio processo"[(2478)], ao passo que a concessão de oportunidade de manifestação sobre documentos acostados às informações constitui exigência do art. 398 do CPC de 1973 e do art. 437, § 1º, do CPC de 2015, ambos aplicáveis no mandado de segurança. O impetrante deve ser ouvido sobre os documentos antes da oitiva do Ministério Público.

Na decisão do mandado de segurança, o juiz verificará a existência de direito merecedor de tutela jurisdicional e a ocorrência de ilegalidade ou abuso de poder da autoridade coatora. Obtendo resposta positiva para essas duas indagações, o juiz concederá a segurança pleiteada, expedindo ordem a ser cumprida pela autoridade coatora.

Observe-se que "o mandado de segurança não é simples processo de conhecimento para declaração de direitos individuais. Nem se limita à condenação para preparar futura execução forçada contra o Poder Público. É procedimento especial com imediata e implícita força executiva contra os atos administrativos. Acolhida a segurança impetrada, o juiz vai além da simples declaração e condenação. Expede ordem de autoridade para cumprimento imediato. Fala-se, por isso, em *ação mandamental*".[(2479)]

Anote-se, inclusive, que o não cumprimento das decisões proferidas em mandado de segurança sujeita o descumpridor a penas criminais e administrativas (art. 26 da Lei n. 12.016/09).

Da decisão devem ser intimados o impetrante e o impetrado, por meio de publicação no órgão oficial, contando-se da publicação o prazo recursal (Súmula n. 392 do STF[(2480)]).

Concedida a segurança, o juiz transmitirá em ofício, por intermédio de oficial de justiça, ou pelo correio, mediante correspondência com aviso de recebimento, o inteiro teor da decisão à autoridade coatora e à pessoa jurídica interessada (art. 13 da Lei n. 12.016/09).

(2477) O Ministério Público será ouvido quando não for o próprio impetrante.

(2478) Pressupostos de admissibilidade do mandado de segurança e condições de seu exercício contra ato judicial. In: *Estudos de direito processual civil em memória de Luiz Machado Guimarães*, p. 49-50.

(2479) THEODORO JÚNIOR, Humberto. *Curso de direito processual civil*, v. II, p. 680.

(2480) "O prazo para recorrer de acórdão concessivo de segurança conta-se da publicação oficial de suas conclusões, e não da anterior ciência à autoridade para cumprimento da decisão."

Não cabe condenação em honorários advocatícios em mandado de segurança, admitindo-se, no entanto, a aplicação de sanção pela litigância de má-fé (art. 25 da Lei n. 12.016/09).

A concessão de mandado de segurança não produz efeitos patrimoniais em relação ao período pretérito, os quais devem ser reclamados administrativamente ou pela via judicial própria (Súmula n. 271 do STF).

A sentença que denega ou concede a segurança é passível de recurso, que pode ser apresentado pelo impetrante, pela autoridade coatora, pela pessoa jurídica de direito público afetada pela concessão do mandado de segurança e pelo Ministério Público (arts. 14, *caput* e § 2º, da Lei n. 12.016/09 e 83, VI, da Lei Complementar n. 75/93).

Concedida a segurança, a sentença estará sujeita ao duplo grau de jurisdição, isto é, à remessa necessária (art. 14, § 1º, da Lei n. 12.016/09).[2481] A sentença concessiva do mandado de segurança pode ser executada provisoriamente, salvo nos casos em que for vedada a concessão de medida liminar (art. 14, § 3º, da Lei n. 12.016/09). Contudo, de acordo com a Súmula n. 303, III, do TST, em mandado de segurança, somente cabe remessa *ex officio* se, na relação processual, figurar pessoa jurídica de direito público como parte prejudicada pela concessão da ordem.

O pagamento de vencimentos e vantagens pecuniárias assegurados em sentença concessiva de mandado de segurança a servidor público da administração direta ou autarquia federal, estadual e municipal somente será efetuado relativamente às prestações que se vencerem a contar da data do ajuizamento da inicial (art. 14, § 4º, da Lei n. 12.016/09).

Da decisão proferida por juiz de Vara do Trabalho ou Juiz de Direito investido na jurisdição trabalhista proferida no julgamento de mandado de segurança cabe recurso ordinário, em oito dias, para o Tribunal Regional do Trabalho da região respectiva (art. 895, I, da CLT).

Das decisões definitivas ou terminativas do Tribunal Regional do Trabalho em mandado de segurança de sua competência original cabe recurso ordinário, no prazo de oito dias, para o Tribunal Superior do Trabalho, ocorrendo o mesmo quando se trate de decisão definitiva ou terminativa proferida por Tribunal Regional do Trabalho em agravo regimental no mandado de segurança (art. 895, II, da CLT).

É responsabilidade da parte, para interpor recurso ordinário em mandado de segurança, a comprovação do recolhimento das custas processuais no prazo recursal, sob pena de deserção (Orientação Jurisprudencial n. 148 da SDI-2 do TST).

Denegada a segurança, fica sem efeito a liminar concedida, retroagindo os efeitos da decisão contrária (Súmula n. 405 do STF).

O pedido de mandado de segurança poderá ser renovado, desde que a decisão denegatória não lhe tenha apreciado o mérito (art. 16 da Lei n. 1.533/51), ao passo que a sentença ou acórdão que denegar mandado de segurança, sem decidir o mérito, não impedirá que o requerente, por ação própria, pleiteie os seus direitos e os respectivos efeitos patrimoniais (art. 19 da Lei n. 12.016/09).

5.5.12. Prioridade de tramitação.

Os processos de mandado de segurança e os respectivos recursos terão prioridade sobre todos os atos judiciais, salvo *habeas corpus* (art. 20 da Lei n. 12.016/09). Na instância superior, o mandado de segurança deverá ser levado a julgamento na primeira sessão que se seguir à data em que for concluso ao relator (art. 20 da Lei n. 12.016/09).

5.5.13. Mandado de segurança coletivo.

O art. 5º, LXX, da Constituição da República faz expressa alusão ao mandado de segurança coletivo e estabelece que ele pode ser impetrado por partido político com representação no Congresso Nacional,

(2481) A alusão a *sentença* limita a remessa obrigatória à hipótese de julgamento realizado por juiz singular, em primeira instância.

organização sindical, entidade de classe e associação legalmente constituída e em funcionamento há pelo menos um ano, em defesa de seus membros ou associados.

Também tratando da legitimidade para a impetração do mandado de segurança coletivo, a Lei n. 12.016/09 dispõe, no seu art. 21, que ele pode ser impetrado por: a) partido político com representação no Congresso Nacional, na defesa de seus interesses legítimos relativos a seus integrantes ou à finalidade partidária; b) organização sindical; c) entidade de classe; d) associação legalmente constituída e em funcionamento há, pelo menos, um ano, em defesa de direitos da totalidade, ou de parte, dos seus membros ou associados, na forma dos seus estatutos e desde que pertinentes às suas finalidades, dispensada, para tanto, autorização especial.

Os direitos que podem ser protegidos por meio de mandado de segurança coletivo são, segundo prevê o art. 21, parágrafo único, da Lei n. 10.016/09, os:

a) coletivos, assim entendidos "os transindividuais, de natureza indivisível, de que seja titular grupo ou categoria de pessoas ligadas entre si ou com a parte contrária por uma relação jurídica básica";[(2482)]

b) individuais homogêneos, "assim entendidos os decorrentes de origem comum e da atividade ou situação específica da totalidade ou de parte dos associados ou membros do impetrante".[(2483)]

O mandado de segurança coletivo não induz litispendência para o mandado de segurança individual, mas os efeitos da coisa julgada não beneficiarão o impetrante a título individual que não requerer a desistência do seu mandado de segurança no prazo de trinta dias a contar da ciência comprovada da impetração da segurança coletiva (art. 22, § 1º, da Lei n. 12.016/09).

A sentença fará coisa julgada limitadamente aos membros do grupo ou categoria substituídos pelo impetrante (art. 22, *caput*, da Lei n. 12.016/09). Note-se que, ao aludir a *substituídos*, a Lei n. 12.016/09 define a natureza da legitimação do impetrante: o impetrante agirá com substituto processual (o impetrante, portanto, postulará em nome próprio, a tutela de direito alheio).

No mandado de segurança coletivo, eventual liminar só poderá ser concedida após a oitiva do representante judicial da pessoa jurídica de direito público, que deverá se pronunciar no prazo de setenta e duas horas (art. 22, § 2º, da Lei n. 12.016/09).

O mandado de segurança coletivo deve ser impetrado no prazo de cento e vinte dias, contados da ciência, pelo interessado, do ato impugnado (art. 23 da Lei n. 12.016/09).

5.6. Ação anulatória de decisão judicial.

De início, cumpre esclarecer que a ação anulatória de sentença não se confunde com a ação de que tratam o art. 486 do CPC de 1973 e o art. 966, § 4º, do CPC de 2015.

Dispõe o art. 486 do CPC que "os atos judiciais, que não dependem de sentença, ou em que esta for meramente homologatória, podem ser rescindidos, como os atos jurídicos em geral, nos termos da lei civil". O art. 486 diz respeito, portanto, a atos que não dependem de sentença ou em que esta for meramente homologatória. Tal fato permite afirmar que, no art. 486 do CPC, *atos judiciais* são *atos praticados pelas partes em*

(2482) Foi adotado o conceito de direito coletivo estabelecido pelo art. 81, parágrafo único, da Lei n. 8.078/90 (Código de Defesa do Consumidor), excluída, apenas, a referência aos direitos de que seja titular classe de pessoas, o que não se justifica, visto que o mandado de segurança pode ser interposto por entidade de classe (art. 21, *caput*, da Lei n. 12.016/09). Como o mandado de segurança, segundo prevê, expressamente, a Constituição da República (art. 5º, LXX), pode ser impetrado por entidade de classe, é inegável que esta impetração pode ser utilizada para tutelar direito de que seja titular classe de pessoas ligadas entre si ou com a parte contrária por uma relação jurídica básica, observando-se que o legislador ordinário não pode limitar o alcance de remédio estabelecido constitucionalmente.

(2483) É adotado conceito distinto daquele consagrado pelo CDC, diante da referência a direitos decorrentes "da atividade ou situação específica da totalidade ou de parte dos associados ou membros do impetrante".

juízo. Com efeito, são os atos das partes que dependem, ou não, de sentença para produzir efeitos jurídicos e que podem ser homologados por sentença.

Como afirma José Carlos Barbosa Moreira, "ato praticado *por órgão judicial* é insuscetível de ataque pela ação anulatória do art. 486. Em primeiro lugar, aponta neste sentido a própria redação do dispositivo. De um ato do juiz pode dizer-se com propriedade que *não consiste* em sentença, que *não constitui* sentença; nunca, porém, que '*não depende*' de sentença. E, se interpretássemos o 'não depende de' como equivalente a 'não consistem em' ou 'não constituem', chegaríamos ao resultado, manifestamente absurdo, de que o texto autoriza a impugnação, pela via agora examinada, de *todos* os atos do órgão judicial não consistentes em sentenças: decisões interlocutórias, despachos e atos sem natureza de *pronunciamentos* (instrutórios, por exemplo). Qualquer deles seria passível de desconstituição 'nos termos da lei civil' (?). O raciocínio aplica-se, *mutatis mutandis*, à outra classe de atos mencionados no art. 486, sendo desnecessário frisar quão pouco razoável se afigura lê-lo como se aludisse a 'atos do *juiz* em que a sentença seja meramente homologatória'".[(2484)]

Em suma, a ação anulatória referida no art. 486 do CPC de 1973 diz respeito aos atos praticados pelas partes no processo. Assim, como esclarece José Carlos Barbosa Moreira, no caso de ato objeto de sentença homologatória, "não é a *sentença*, mas o *ato homologado*, que constitui o objeto do pedido de anulação".[(2485)] Tal conclusão alcança o art. 966, § 4º, do CPC de 2015, segundo o qual, "os atos de disposições de direitos, praticados pelas partes ou por terceiros participantes do processo e homologados pelo juiz, bem como os atos homologatórios praticados no curso da execução, estão sujeitos à anulação, nos termos da lei".

José Carlos Barbosa Moreira aponta como exemplos de atos que não dependem de sentença a renúncia do direito de recorrer e a desistência de recurso e "as declarações de vontade das partes, unilaterais ou bilaterais que sejam", e, como exemplos de atos a que se segue sentença meramente homologatória, a desistência da ação, a renúncia à pretensão, o reconhecimento do pedido e a transação.[(2486)]

Para Humberto Theodoro Júnior, "na realidade, não se ataca o ato judicial propriamente dito, mas os atos das partes praticados no processo, 'refletindo-se, rescindentemente, no ato judicial'".[(2487)]

Coqueijo Costa aduz que "em vários aspectos a ação anulatória distingue-se da ação rescisória. A ela não se aplica o prazo decadencial de dois anos, do art. 495 do CPC, mas o da prescrição do direito material. A anulatória se propõe no órgão de 1º grau, enquanto a rescisória só cabe nos Tribunais. Seu procedimento é o ordinário ou o sumaríssimo. A ação anulatória pode ser aforada pendente o feito principal – podendo eventualmente suspender o curso deste — ou é ajuizada depois de transitar em julgado a sentença, e a anulação do ato homologado leva de roldão a sentença, que, embora não rescindida, fica esvaziada de conteúdo, redundando no prosseguimento do processo principal (...). Enfim: a rescisória visa a *res iudicata*; a anulatória, o ato de parte, homologado ou não".[(2488)]

Para José Carlos Barbosa Moreira, em relação aos atos homologados por sentença abrangidos pelo art. 485, VIII, do CPC de 1973, "o regime será análogo ao da confissão, tal como o define o art. 352; isto é: a ação anulatória unicamente poderá ser utilizada no curso do processo, antes do trânsito em julgado da sentença homologatória; depois disso, o remédio próprio e exclusivo será a ação rescisória do art. 485, n. VIII".[(2489)]

É no direito material (arts. 138 e 166 do Código Civil, por ex.) que estão os fundamentos para a anulação dos atos das partes, ainda que eles tenham sido praticados no contexto do processo judicial, o mesmo ocorrendo em relação ao prazo para a propositura da ação (art. 178 do Código Civil, por exemplo).

(2484) *Comentários ao Código de Processo Civil*, v. V, p. 157-158.
(2485) *Comentários ao Código de Processo Civil*, v. V, p. 159.
(2486) *Comentários ao Código de Processo Civil*, v. V, p. 158-159.
(2487) *Curso de direito processual civil*, v. I, p. 780.
(2488) *Ação rescisória*, p. 84-85.
(2489) *Comentários ao Código de Processo Civil*, v. V, p. 160-161.

A ação anulatória em exame neste tópico é aquela que *visa desconstituir uma decisão judicial*.

As decisões judiciais podem ser impugnadas mediante recurso e ação rescisória, mas situações existem em que é lícito pleitear, em ação própria, a anulação de decisão judicial.

Com efeito, na hipótese de ter o processo corrido à revelia do réu, pode este pleitear a anulação da sentença, mesmo que ela já tenha passado em julgado e ainda que tenha transcorrido o prazo para ajuizamento da ação rescisória, por meio de ação declaratória, desde que o faça com base na falta ou nulidade de citação, como autorizam afirmar os arts. 214, 475-L, I, e 741, I, do CPC de 1973 e os arts. 239, 525, § 1º, I, e 535, I, do CPC de 2015. Neste sentido, o STF já decidiu que, no caso de falta ou nulidade da citação, "havendo revelia, persiste, no direito positivo brasileiro, a *querela nullitis*, o que implica dizer que a nulidade da sentença, neste caso, pode ser declarada em ação declaratória de nulidade, independentemente do prazo para a propositura da ação rescisória, que, em rigor, não é cabível para essa hipótese".[(2490)]

Parte da doutrina sustenta que estas duas situações (revelia do réu e ausência de citação; revelia do réu e nulidade da citação) são as únicas em que a sentença pode ser atacada por meio de ação anulatória. Neste sentido, afirmam Luiz Rodrigues Wambier e Eduardo Talamini que "existem apenas duas hipóteses, no direito processual civil pátrio, em que uma decisão judicial poder ser invalidada após o prazo de ação rescisória: no caso de haver decisão proferida em desfavor do réu, em processo no qual foi revel em razão da ausência ou invalidade da citação (art. 475-J, I, e art. 741, I, do CPC). O meio de impugnação adequado é a ação nulidade, chamada *querela nullitatis*".[(2491)]

No entanto, também tem sido admitida a ação anulatória quando se trate de: a) sentença fundada em lei ou ato normativo declarados inconstitucionais pelo Supremo Tribunal Federal ou fundada em aplicação ou interpretação da lei ou ato normativo tidas pelo Supremo Tribunal Federal como incompatíveis com a Constituição); b) sentença de mérito proferida com desconsideração de coisa julgada anterior. Em relação à primeira situação mencionada, observa Humberto Theodoro Júnior que, "entre os casos de sentença contaminada por nulidade que a coisa julgada não consegue sanar, está o do decisório ofensivo à Constituição. É que a mácula de inconstitucionalidade torna absolutamente ineficaz o ato, seja ele uma lei, uma providência administrativa ou uma sentença judicial".[(2492)]

A ação anulatória deve ser proposta no juízo em que foi proferida a decisão atacada. É que, podendo os vícios noticiados serem examinados naquele juízo, em sede de embargos à execução, nada impede que o mesmo ocorra no julgamento de ação anulatória (a propósito, a SDI-II do TST editou a Orientação Jurisprudencial n. 129, *in verbis*: "Em se tratando de ação anulatória, a competência originária se dá no mesmo juízo em que praticado o ato supostamente eivado de vício").

A sentença, se acolher o pedido, será declaratória de nulidade da decisão judicial, devendo o processo em que foi proferida retomar o seu curso, para que outra decisão seja proferida, isto no caso de revelia e ausência ou nulidade da citação. Quando se tratar de sentença fundada em lei ou ato normativo declarados inconstitucionais pelo Supremo Tribunal Federal ou fundada em aplicação ou interpretação da lei ou ato normativo tidas pelo Supremo Tribunal Federal como incompatíveis com a Constituição, a sentença será declaratória e terá como consequência a ineficácia da decisão anulada. De outro lado, quando se tratar de sentença de mérito proferida com desconsideração de coisa julgada anterior, a sentença será declaratória de nulidade e terá como consequência o restabelecimento da eficácia da primeira decisão proferida.

5.7. *Habeas corpus*.

A Constituição Federal de 1988 atribui à Justiça do Trabalho competência para processar e julgar *habeas corpus* quando o ato questionado envolver matéria sujeita à sua jurisdição (art. 114, IV).

(2490) STF, RE 97.589, Pleno, Rel. Min. Moreira Alves, RTJ 107/778.
(2491) *Curso avançado de processo civil*, v. 1, p. 253.
(2492) *Curso de direito processual civil*, v. I, p. 625.

Segundo o art. 5º, LXVIII, da Constituição Federal, conceder-se-á *habeas corpus* sempre que alguém sofrer ou se achar ameaçado de sofrer violência ou coação na sua liberdade de locomoção, por ilegalidade ou abuso de poder. Trata-se, então, de remédio constitucionalmente destinado à defesa da liberdade de ir e vir (liberdade de locomoção).

O *habeas corpus* pode ser preventivo (impetrado para fazer cessar a ameaça à liberdade de locomoção) ou liberatório (impetrado para fazer cessar o constrangimento ilegal).

De acordo com o art. 648 do Código de Processo Penal, a coação considerar-se-á ilegal quando, por exemplo: a) não houver justa causa; b) quem ordenar a coação não tiver competência para fazê-lo; c) houver cessado o motivo que autorizou a coação.

O *habeas corpus* poderá ser impetrado por qualquer pessoa, em seu favor ou em favor de outrem (independentemente da contratação de advogado para fazê-lo), bem como pelo Ministério Público (art. 654 do Código de Processo Penal).[2493]

Se o coator for juiz de Vara do Trabalho, o *habeas corpus* deve ser impetrado perante o Tribunal Regional do Trabalho da região respectiva. No caso de ser o coator um particular, o *habeas corpus* deve ser impetrado perante uma Vara do Trabalho.[2494] Quando figurar como coator no *habeas corpus* membro de TRT, compete ao TST processá-lo e julgá-lo, por força do art. 114, IV, que afasta a competência genericamente atribuída ao STJ no art. 105, I, *c*, da Constituição. Ao STF compete processar e julgar *habeas corpus* impetrado contra ato de ministro do TST (art. 102, I, *i*, da Constituição).

Nos seus regimentos internos, os Tribunais do Trabalho definirão a competência para julgamento de *habeas corpus* impetrados contra atos de seus juízes (art. 666 do Código de Processo Penal).

Se o juiz verificar que já cessou a violência ou coação ilegal, julgará prejudicado o pedido (art. 659 do Código de Processo Penal).

Se a petição atender aos requisitos legais, que são definidos no art. 654, § 1º, do Código de Processo Penal,[2495] o juiz, se necessário, requisitará da autoridade indicada como coatora informações por escrito (art. 662 do Código de Processo Penal). As informações podem ser dispensadas se o juiz entender que os autos já fornecem os elementos suficientes para a apreciação do pedido, acrescentando-se que ao juiz é lícito deferir liminar em favor do paciente (pessoa em favor da qual é impetrado o *habeas corpus*, se se convencer, a partir do exame da petição inicial e, eventualmente, das provas com ela produzidas, a probabilidade do direito).

Recebidas as informações, ou sendo elas dispensadas, o *habeas corpus* será levado a julgamento (art. 664 do Código de Processo Penal).

É gratuita a ação de *habeas corpus* (art. 5º, LXXVII, da Constituição Federal).

No caso de má-fé ou evidente abuso de poder, será remetida ao Ministério Público cópia das peças necessárias para ser promovida a responsabilidade da autoridade (art. 653 do Código de Processo Penal).

Os juízes e tribunais têm competência para expedir de ofício ordem de *habeas corpus* quando no curso de processo verificarem que alguém sofre ou está na iminência de sofrer coação ilegal (art. 654, § 2º, do Código de Processo Penal).

O *habeas corpus* não constitui ação penal, mas remédio constitucional destinado à tutela da liberdade de locomoção.

Como exemplo de situações que podem ensejar a impetração de *habeas corpus* perante a Justiça do Trabalho, pode ser citada a prisão de depositário infiel decretada pelo juiz que preside a execução e o cer-

(2493) Admite-se a impetração de *habeas corpus* por pessoa jurídica em favor de pessoa física.

(2494) A Constituição não exige, para a impetração do *habeas corpus*, que a ameaça ou lesão à liberdade tenha como responsável autoridade pública.

(2495) A petição de *habeas corpus* deverá conter: o nome da pessoa que sofre ou está ameaçada de sofrer violência ou coação e o de quem exercer a violência, coação ou ameaça; a declaração da espécie de constrangimento ou, em caso de simples ameaça de coação, as razões em que se funda o seu temor; a assinatura do impetrante, ou de alguém a seu rogo, quando não souber ou não puder escrever; e a designação das respectivas residências.

ceamento da liberdade de locomoção de trabalhador praticado pelo empregador interessado em manter a produção do seu estabelecimento durante movimento grevista de seus empregados.

Compete à Justiça Federal processar e julgar *habeas corpus* impetrado contra prisão decretada por juiz do trabalho sob o argumento da prática de crime de falso testemunho, na medida em que a ela compete julgar crime de falso testemunho cometido no processo do trabalho (Súmula n. 165 do STJ).

5.8. *Habeas data.*

A Constituição Federal de 1988 reconhece à Justiça do Trabalho competência para processar e julgar *habeas data* quando o ato questionado envolver matéria sujeita à sua jurisdição (art. 114, IV).

Dispõe do art. 5º, LXXII, da Constituição Federal que será concedido *habeas data* para: a) assegurar o conhecimento de informações relativas à pessoa do impetrante, constantes de registros ou bancos de dados de entidades governamentais ou de caráter público;[(2496)] b) a retificação de dados, quando não se prefira fazê-la por processo sigiloso, judicial ou administrativo.

O *habeas data*, sob a ótica constitucional, é uma ação civil, que tem por objeto (a) assegurar o acesso às informações relativas ao impetrante (pessoa física ou jurídica), constantes de registros ou bancos de dados de entidades governamentais ou de caráter público, ou a (b) retificação de dados, relativos ao impetrante, constantes de registros ou bancos de dados de entidades governamentais ou de caráter público.

A admissão do *habeas data* pressupõe a recusa de fornecimento, pelas entidades governamentais ou de caráter público, das informações solicitadas pelo impetrante (Súmula n. 2 do STJ). É a recusa de fornecimento das informações solicitadas que faz surgir o interesse de agir necessário para a impetração do *habeas data.*

Tem legitimidade para propor *habeas data* a pessoa, física ou jurídica, interessada na obtenção ou retificação de dados constantes de registros ou bancos de dados de entidades governamentais ou de caráter público. A ação deve ser proposta contra a entidade governamental ou de caráter público que detém os registros que se pretende conhecer ou retificar.

É gratuita a ação de *habeas data* (art. 5º, LXXVII, da Constituição Federal).

A Lei n. 9.507/97 regulamentou o *habeas data* e disciplinou o procedimento administrativo e o processo judicial envolvendo o direito de acesso às informações e à sua retificação, estabelecendo que:

a) considera-se de caráter público todo registro ou banco de dados contendo informações que sejam ou possam ser transmitidas a terceiros ou que não sejam de uso privativo do órgão ou entidade produtora ou depositária das informações (art. 1º);

b) o requerimento será apresentado ao órgão ou entidade depositária do registro ou banco de dados e será deferido ou indeferido no prazo de 48 (quarenta e oito) horas, devendo a decisão ser comunicada ao requerente em 24 (vinte e quatro) horas (art. 2º, *caput* e parágrafo único);

c) deferido o pedido, serão marcados dia e hora para que o requerente tome conhecimento das informações (art. 3º);

d) constatando inexatidão de qualquer dado a seu respeito, o interessado, em petição acompanhada de documentos comprobatórios, poderá requerer sua retificação, que será realizada no máximo em dez dias, após a entrada do requerimento, com ciência ao interessado (art. 4º);

(2496) Para Calmon de Passos, entidade de caráter público "é aquela que possui registros de assentamentos pessoais e os fornece a terceiros, isto é, não os detém para seu uso exclusivo, com vistas a definir suas opções e tomar decisões (...). O caráter 'público' da entidade nada tem a ver com sua condição de pessoa jurídica de direito público ou de direito privado, sendo pertinente apenas indagar-se da privacidade ou publicidade da utilização dos dados registrados ou armazenados" (*Mandado de segurança coletivo, mandado de injunção e habeas data*, p. 141).

e) o *habeas data* também será concedido para a anotação nos assentamentos do interessado, de contestação ou explicação sobre dado verdadeiro, mas justificável e que esteja sob pendência judicial ou amigável (art. 7º, III);[(2497)]

f) a petição inicial, que deverá preencher os requisitos dos arts. 282 e 283 do CPC de 1973, será apresentada em duas vias, e os documentos que instruírem a primeira serão reproduzidos por cópia na segunda (art. 8º);[(2498)]

g) a petição inicial será instruída com prova da recusa ao acesso a informações ou do decurso de mais de dez dias sem decisão, da recusa em fazer a retificação ou do decurso de mais de quinze dias sem decisão ou da recusa de fazer-se a anotação de contestação ou explicação sobre dado verdadeiro, mas justificável e que esteja sob pendência judicial ou amigável ou do decurso de mais de quinze dias sem decisão (art. 8º, I, II e III);

h) a inicial será desde logo indeferida, quando não for o caso de *habeas data*, ou se lhe faltar algum dos requisitos previstos na lei que disciplina o *habeas data* (art. 10), cabendo recurso ordinário, no prazo de oito dias (art. 10, parágrafo único, com as adaptações necessárias ao processo do trabalho);

i) o impetrado ou coator será notificado, por meio de ofício, para, em dez dias, prestar as informações que julgar necessárias (arts. 9º e 11);

j) findo o prazo para as informações e ouvido o Ministério Público, dentro de cinco dias, o juiz proferirá decisão, em cinco dias (art. 12);

k) na decisão, que será comunicada ao coator, por correio, com aviso de recebimento, ou por telegrama, radiograma ou telefonema, conforme o requerer o impetrante, se julgar procedente o pedido, o juiz marcará data e horário para que o coator: a) apresente ao impetrante as informações a seu respeito, constantes de registros ou banco de dados; b) apresente em juízo a prova da retificação ou da anotação feita nos assentamentos do impetrante (arts. 13 e 14);

l) quando o *habeas data* for concedido e o Presidente do Tribunal ao qual competir o conhecimento do recurso ordenar ao juiz a suspensão da execução da sentença, desse seu ato caberá agravo para o Tribunal que presida (art. 16);

m) nos casos de competência dos Tribunais, caberá ao relator a instrução do processo (art. 17);

n) o pedido de *habeas data* poderá ser renovado se a decisão denegatória não lhe houver apreciado o mérito (art. 18);

o) os processos de *habeas data* terão prioridade sobre todos os atos judiciais, exceto *habeas corpus* e mandado de segurança. Na instância superior, deverão ser levados a julgamento na primeira sessão que se seguir à data em que, feita a distribuição, forem conclusos ao juiz (art. 19).

Sendo o direito processual do trabalho omisso em relação ao rito do *habeas data*, nele devem ser aplicadas, como fonte subsidiária ou supletiva, as disposições da Lei n. 9.507/97.

A competência para o julgamento do *habeas data* é fixada no art. 20 da Lei n. 9.507/97. Esta lei não faz alusão à Justiça do Trabalho, vez que editada antes da Emenda Constitucional n. 45/2004, que atribuiu à Justiça do Trabalho competência para julgar *habeas data*. Da aplicação do disposto no referido comando legal no processo do trabalho resulta que compete às Varas do Trabalho processar e julgar o *habeas data*, excetuados os casos em que esta competência for expressamente atribuída aos tribunais do trabalho.

O Pleno do STF (RE 165.304-3, Rel. Min. Octávio Gallotti, DJU 15.12.2000) decidiu que as informações cadastrais relativas aos empregados da empresa não configuram registro de caráter público, por se destinarem ao uso da própria empresa, sem divulgação a terceiros, não sendo possível, em relação a tais dados, a impetração de *habeas data*.

(2497) Trata-se de modalidade de *habeas data* (para contestação ou explicitação de dados verdadeiros constantes dos assentamentos do interessado) estabelecida pela legislação ordinária.

(2498) Com a entrada em vigor do CPC de 2015, a petição inicial deverá preencher os requisitos dos seus arts. 319 e 320.

Referências Bibliográficas

ABELLÁN, Marina Gascón. Sobre la posibilidad de formular estándares de prueba objetivos. In: ABELLÁN, Marina Gascón *et al. Proceso, prueba y estándar*. Lima: Ara, 2009.

ABRANTES, José João. *Contrato de trabalho e direitos fundamentais*. Coimbra: Coimbra, 2005.

ALEXY, Robert. *Teoria dos direitos fundamentais*. São Paulo: Malheiros, 2008.

ALLORIO, Enrico. *Problemas de derecho procesal civil*. Buenos Aires: Europa-América, 1963, t. I.

______. *Problemas de derecho procesal civil*. Buenos Aires: Europa-América, 1963, t. II.

ALMEIDA, Cleber Lúcio. *Elementos da teoria geral da prova:* a prova como direito humano e fundamental das partes do processo judicial. São Paulo: LTr, 2013.

ALMEIDA, Ísis de. *Manual de direito processual do trabalho*. 5. ed. São Paulo: LTr, 1993. v. I.

______. *Manual de direito processual do trabalho*. 5. ed. São Paulo: LTr, 1993. v. II.

ALMEIDA, João Alberto. *Processo arbitral*. Belo Horizonte: Del Rey, 2002.

ALMEIDA, Wânia Guimarães Rabêllo de. *A relação entre ações coletivas e ações individuais no processo do trabalho:* litispendência e coisa julgada. São Paulo: LTr, 2012.

______. *Direito processual metaindividual do trabalho:* a adequada e efetiva tutela jurisdicional dos direitos de dimensão transindividual. Salvador: JusPodivm, 2016.

ALSINA, Hugo. *Tratado teorico practico de derecho procesal civil y comercial*. 2. ed. Buenos Aires: Ediar, 1961. v. IV.

______. *Las nulidades en el proceso civil*. Lima: Ara, 2006.

ALVIM, Arruda. *Tratado de direito processual civil*. 2. ed. São Paulo: Revista dos Tribunais, 1996. v. II.

______. *Manual de direito processual civil*. 8. ed. São Paulo: Revista dos Tribunais, 2003. v. I.

ANDRADE, Érico. *O mandado de segurança:* a busca da verdadeira especificidade: (proposta de releitura à luz da efetividade do processo). Rio de Janeiro: Lumen juris, 2010.

______. As novas perspectivas do gerenciamento e da 'contratualização' do processo. *Revista de Processo*, ano 36, v. 193, p. 203 a 230, mar. 2011.

ANDRADE, José Carlos Viera. *Os direitos fundamentais na Constituição Portuguesa de 1976*. 3. ed. Coimbra: Almedina, 2006

ANDRADE, Manuel A. Domingues. *Teoria geral da relação jurídica*. Coimbra: Almedina, 2003. v. II.

ANDRADE, Manuel da Costa. *Sobre as proibições de prova em processo penal*. Coimbra: Coimbra, 2006.

ANDRÉS, Perfecto. El juez. In: DIÉZ-PICAZO, Luis María (coord.). *El oficio de jurista*. Madrid: Siglo XXI de Espanã, 2006.

AQUINO, Tomás. *Suma teológica*. São Paulo: Loyola, 2004. v. 5, II seção da II parte.

______. *Suma teológica*. São Paulo: Loyola, 2005. v. 6: II seção da II parte.

ARAGÃO, E. D. Moniz. *Comentários ao Código de Processo Civil*. 10. ed. Rio de Janeiro: Forense, 2004. v. II.

ARAZI, Roland. *La prueba em el proceso civil*. 3. ed. Buenos Aires: Rubizal-Culsioni, 2008.

ARAZI, Rolando; KAMINKER, Mario E. Algumas reflexiones sobre la antecipación de la tutela y las medidas de satisfación imediata. In: PEYRANO, Jorge W. (coord.). *Medidas autossatisfativas*. Buenos Aires: Rubizal-Culzoni, 1997.

ARISTÓTELES. Ética a Nicômacos. 2. ed. Brasília: Universidade de Brasília, 1992.

______. *Organon* — Tópicos — livro I. São Paulo: Edipro, 2005.

______. *Metafísica*. Bauru: Edipro, 2006.

ARNAUD, André-Jean; DULCE, María José Fariñas. *Introdução à análise sociológica dos sistemas jurídicos*. Rio de Janeiro: Renovar, 2000.

ASSIS, Araken de. *Doutrina e prática do processo civil contemporâneo*. São Paulo: Revista dos Tribunais, 2001.

______. *Comentários ao Código de Processo Civil*. Rio de Janeiro: Forense, 2001. v. VI.

______. Substituição processual. *Revista Dialética de Direito Processual*, v. 9, p. 9-23, 2003.

______. *Manual da execução*. 9. ed. São Paulo: Revista dos Tribunais, 2004.

______. Eficácia da coisa julgada inconstitucional. In: DIDIER JR., Fredie (org.). *Relativização da coisa julgada*. Salvador: JusPodivm, 2004.

ATTARDI, Aldo. *Diritto processuale civile*. 2. ed. Padova: Cedam, 1997. v. I.

ÁVILA, Humberto. *Teoria dos princípios*. 2. ed. São Paulo: Malheiros, 2003.

AZEVEDO, Antônio Junqueira de. Por uma nova categoria de danos na responsabilidade civil: o dano social. In: *Novos estudos e pareceres de direito privado*. São Paulo: Saraiva, 2010.

BAÑOS, Heberto Amílcar. *La apreciación de la prueba en el proceso laboral*. Buenos Aires: Arayú, 1954.

BARBAGELATA, Héctor-Hugo. *O particularismo do direito do trabalho*. São Paulo: LTr, 1996.

BARBI, Celso Agrícola. *Do mandado de segurança*. 4. ed. Rio de Janeiro: Forense, 1984.

______. *Ação declaratória*. 6. ed. Rio de Janeiro: Forense, 1987.

______. *Comentários ao Código de Processo Civil*. 7. ed. Rio de Janeiro: Forense, 1992. v. I.

BARRETO, Ireneu Cabral. *A convenção europeia dos direitos do homem anotada*. 3. ed. Coimbra: Coimbra, 2005.

BARROSO, Luiz Roberto. *O direito constitucional e a efetividade de suas normas*. 7. ed. Rio de Janeiro: Renovar, 2003.

BASTOS, Celso Ribeiro; MARTINS, Ives Gandra. *Comentários à Constituição do Brasil*. São Paulo: Saraiva, 1989. v. II.

BATALHA, Wilson de Souza Campos. *Tratado de direito judiciário do trabalho*. 3. ed. São Paulo: LTr, 1995. v. I.

______. Execução trabalhista. Responsabilidade. Remição. Fraude à execução. *Revista LTr*, ano 61, n. 10, 1997.

BEDAQUE, José Roberto dos Santos. *Tutela cautelar e tutela antecipada*: tutelas sumárias e de urgência (tentativa de sistematização). 3. ed. São Paulo: Malheiros, 2003.

______. *Direito e processo*. 4. ed. São Paulo: Malheiros, 2006.

BENTHAM, Jeremías. *Tratado de las pruebas judiciales*. Granada: Comares, 2001.

BELTRÁN, Jordi Ferrer. *Prueba y verdad en el derecho*. 2. ed. Madrid e Barcelona: Marcial Pons, 2005.

______. *La valoración racional de la prueba*. Madrid: Marcial Pons, 2007.

BOBBIO, Norberto. *Teoria do ordenamento jurídico*. 8. ed. Brasília: Universidade de Brasília, 1996.

______. *O positivismo jurídico*. São Paulo: Ícone, 1999.

BÖCKENFÖRDE, Ernest Wolfgang. *Estudios sobre el estado de derecho y la democracia*. Madrid: Trotta, 1993.

BONAVIDES, Paulo. *Curso de direito constitucional*. 24. ed. São Paulo: Malheiros, 2009.

______. *A Constituição aberta:* temas políticos e constitucionais da atualidade, com ênfase no federalismo das regiões. 3. ed. São Paulo: Malheiros, 1996.

BOUDON, Raymond. *O justo e o verdadeiro:* estudos sobre a objetividade dos valores e do conhecimento. Lisboa: Piaget, 1998.

BUEN, Nestor. *Derecho procesal del trabajo*. México: Porrúa, 1988.

BUENO, Cassio Scarpinella. *Mandado de segurança*. 2. ed. São Paulo: Saraiva, 2004.

CAETANO, Marcelo. *Direito constitucional*. Rio de Janeiro: Forense: 1977. v. I.

CAHALI, Yussef Said. *Honorários advocatícios*. 4 ed. São Paulo: Revista dos Tribunais, 2011.

CALAMANDREI, Piero. *Direito processual civil*. Campinas: Bookseller, 1999. v. I.

______. *Direito processual civil*. Campinas: Bookseller, 1999. v. II.

______. *Direito processual civil*. Campinas: Bookseller, 1999. v. III.

______. *Introdução ao estudo sistemático dos procedimentos cautelares*. Campinas: Servanda, 2000.

______. Processo y justicia. In: *Studi sul processo civile*. Padova: Cedam, 1943. v. VI.

______. Il processo como giuco. In: *Studi sul processo civile*. Padova: Cedam, 1957. v. VI.

CALAMANDREI, Piero. Veritá e verosimiglianza nel processo civile. In: *Studi sul processo civile*. Padova: Cedam, 1957. v. VI.

CANARIS, Claus-Wilhem. *Pensamento sistemático e conceito de sistema na ciência do direito*. 2. ed. Lisboa: Calouste Gulbenkian, 1996.

CANOTILHO, J. J. Gomes. *Direito constitucional e teoria da constituição*. 7. ed. Coimbra: Almedina, 2003.

______. O ónus da prova na jurisdição da liberdade. In: *Estudos sobre direitos fundamentais*. Coimbra: Coimbra, 2004.

______. O ativismo judiciário: entre o nacionalismo, a globalização e a pobreza. In: MOUTRA, Lenice S. Moreira de (org.). *O novo constitucionalismo na era pós-positivista:* homenagem a Paulo Bonavides. *São Paulo:* Saraiva, 2009.

CAPPELLETTI, Mauro. Iniciativas probatórias do juiz. In: *La oralidade de las provas en el proceso civil*. Buenos Aires: EJEA, 1972.

______. O acesso à justiça e a função do jurista de nossa época. *Revista de Processo*, n. 61, jan./mar. 1991.

______. *Processo, ideologias e sociedade*. Porto Alegre: Sergio Antonio Fabris, 2008. v. I.

______. *Processo, ideologias e sociedade*. Porto Alegre: Sergio Antonio Fabris, 2008. v. II.

CAPPELLETTI. Mauro; GART, Bryant. *Acesso à justiça*. Porto Alegre: Sergio Antonio Fabris, 1998.

CARNEIRO, Athos Gusmão. *Jurisdição e competência*. 11. ed. São Paulo: Saraiva, 2001.

______. *Da antecipação de tutela*. 5. ed. Rio de Janeiro: Forense, 2004.

CARNELUTTI, Francesco. *Studi di diritto processuale*. Padova: Dott. Antônio Milani, 1939. t. III.

______. *La prueba civil*. 2. ed. Buenos Aires: Depalma, 1982.

______. *Instituciones del proceso civil*. Buenos Aires: El Foro, 1997. v. I.

______. *Instituciones del proceso civil*. Buenos Aires: El Foro, 1997. v. II.

______. *Sistema de direito processual civil*. 2. ed. Franca: Lemos & Cruz, 2004. v. I.

______. *Sistema de direito processual civil*. 2. ed. Franca: Lemos & Cruz, 2004. v. II.

______. *Sistema de direito processual civil*. 2. ed. São Paulo: Lemos & Cruz, 2004. v. IV.

______. *Direito processual civil e penal*. Campinas: Péritas, 2001. v. I.

CARRION, Valentin. *Comentários a Consolidação das Leis do Trabalho*. 29. ed. São Paulo: Saraiva, 2004.

CARVALHO, Paulo de Barros. Prefácio. In: DERZI, Misabel Abreu Machado. *Modificações da jurisprudência no direito tributário*. São Paulo: Noeses, 2009.

CARVALHO NETO, Menelick. A hermenêutica jurídica sob o paradigma do estado democrático de direito. In: OLIVEIRA, Marcelo Andrade Cattoni de (coord.). *Jurisdição e hermenêutica constitucional*. Belo Horizonte: Mandamentos, 2004.

CASTILLO, Niceto Alcalá-Zamora y. *Estúdios de teoría general e historia del proceso (1945-1972)*. Cidade do México: Instituto de Investigación Juridicas, 1974. t. II.

CASTRO, Amílcar. *Do procedimento de execução*. 1. ed. Rio de Janeiro: Forense, 1999.

CAVALIERI FILHO, Sérgio. *Programa de responsabilidade civil*. São Paulo: Malheiros Editores. 2010.

CENDON, Paolo; ZIVIZ, Patrizia. *Il risarcimento del danno esistenziale*. Milão: Giuffrè Editore, 2003.

CHACON, G. Bayon; BOTIJA, E. Perez. *Manual de derecho del trabajo*. 6. ed. Madrid: Marcial Pons, 1965. v. I.

CHAPUS, René. *Responsabilité publique et responsabilité priveé. Les influences reciproques des jurisprudences administrative et judicial*. 2. ed. Paris: LDGL, 1957.

CHASE, Oscar G. A "excepcionalidade" americana e o direito processual comparado. *Revista de Processo*, ano 28, São Paulo: Revista dos Tribunais, p. 115-140, abr./jun. 2003.

CHIARLONI, Sergio. Questioni rilevabili d'ufficio, diritto di difesa e "formalismo delle garanzie". *Revista de Processo*, ano 37, n. 212, p. 83-94, out. 2012.

CHIOVENDA, Giuseppe. Procedimento oral. In: MORATO, Francisco (coord.). *Processo oral*. Rio de Janeiro: Forense, 1940.

______. *Ensayos de derecho procesal civil*. Buenos Aires: Bosch, 1949. v. I.

______. *Ensayos de derecho procesal civil*. Buenos Aires: Bosch, 1949. v. II.

______. *Instituições de direito processual civil*. 1. ed. Campinas: Bookseller, 1998. v. I.

______. *Instituições de direito processual civil*. 1. ed. Campinas: Bookseller, 1998. v. II.

______. *Instituições de direito processual civil*. 1. ed. Campinas: Bookseller, 1998. v. III.

______. *Principios de derecho procesal civil*. Madrid: Instituto Editorial Reus, 2002. v. II.

CINTRA, Antônio Carlos de Araújo. *Comentários ao Código de Processo Civil*. Rio de Janeiro: Forense, 2003. v. IV.

CINTRA, Antônio Carlos de Araújo; GRINOVER, Ada Pellegrini; DINAMARCO, Cândido Rangel. *Teoria geral do processo*. 26. ed. São Paulo: Malheiros, 2010.

CLAUD, Richard. Comparative human rights: some interesctions between lawand social sciences. In: *Comparative human rights*. Baltimore: John Hopkins Univers, 1776.

CLAUS, Ben-Hur Silveira. O incidente de desconsideração da personalidade jurídica previsto no CPC de 2015 e o direito processual do trabalho. In: DALLEGRAVE NETO, José Affonso; GOULART, Rodrigo Fortunato (org.). *Novo CPC e o processo do trabalho*. São Paulo: LTr, 2015.

COMOGLIO, Luigi Paolo. *Etica e técnica del 'giusto processo'*. Torino: G. Giappichelli, 2004.

______. Garantie constituzionali e 'giusto processo' (modelli a confronto). *Revista de Processo*, ano 23, n. 90, p. 107-112, abr./jun. 1998.

COMTE-SPONVILLE, André. *Pequeno tratado das grandes virtudes*. São Paulo: Martins Fontes, 2004.

CONTE, Mario. *Le prove nel processo civile*. Milão: Giuffré, 2002.

CORDEIRO, Wolney de Macedo. *Manual de execução trabalhista*. Rio de Janeiro: Forense, 2008.

CORNU, Gerard; FOYER, Jean. *Procédure civile*. 3. ed. Paris: Universitaires de France, 1996.

CORREA, Lélio Bentes. A reforma constitucional e a Justiça do Trabalho: perspectivas e desafios. In: COUTINHO, Grijalbo Fernandes; FAVA, Marcos Neves (coord.). *Justiça do Trabalho:* competência ampliada. São Paulo: LTr, 2005.

CORTÉS, José Juan Toharia. Las profesiones jurídicas: una aproximación sociológica. In: DÍEZ-PICAZO, Luiz María (coord.). *El oficio de jurista*. Madrid: Século XXI de España, 2006.

COSTA, Alfredo de Araújo Lopes. *Direito processual civil brasileiro*. São Paulo: Revista dos Tribunais, 1941. v. I.

COSTA, Alfredo Lopes da. *Manual elementar de direito processual civil*. 3. ed. Rio de Janeiro: Forense, 1982.

COSTA, Coqueijo. *Princípios de direito processual do trabalho*. São Paulo: LTr, 1976.

______. *Ação rescisória*. 5. ed. São Paulo: LTr, 1987.

______. *Direito processual do trabalho*. 2. ed. Rio de Janeiro: Forense, 1994.

COUTURE, Eduardo J. *Estudios de derecho procesal civil*. Buenos Aires: Ediar, 1950. t. III.

______. *Fundamentos del derecho procesal civil*. 3. ed. Buenos Aires: Depalma, 1993.

______. *Interpretação das leis processuais*. 4. ed. Rio de Janeiro: Forense, 1994.

______. *Introdução ao estudo do processo civil*. 3. ed. Rio de Janeiro: Forense, 1995.

CRISAFULLI, Vezio. *La Costituzione e le sue disposizioni de principi*. Milão: Giuffrè, 1952.

CUEVA, Mário de La. *El nuevo derecho mexicano del trabajo*. México: Porrùa, 1972.

CUNHA, Paulo Ferreira da. *Fundamentos da república e dos direitos fundamentais*. Belo Horizonte: Fórum, 2008.

DALAZEN, João Oreste. A reforma do judiciário e os novos marcos da competência material da Justiça do Trabalho no Brasil. *Revista do Tribunal Superior do Trabalho*, n. 1. v. 71, jan./abr. 2005.

DALLEGRAVE NETO, José Affonso. A execução dos bens do sócio em face da disregard doctrine. In: DALLEGRAVE NETO, José Affonso; FREITAS, Ney José (coord.). *Execução trabalhista, estudos em homenagem ao Ministro João Oreste Dalazen*. São Paulo: LTr, 2002.

_____. A nova competência trabalhista para julgar ações oriundas da relação de trabalho. *Revista do Tribunal Superior do Trabalho*, v. 71, n. 1, p. 240-252, jan./abr. 2005.

D'EUFEMIA, Giuseppe. *Elementi de diritto costituzionale*. Napoli Dott. Eugenio Jovene, 1950.

DANTAS, F. C. Santiago. Nova dogmática jurídica. *Revista de Direito Bancário, do Mercado de Capitais e de Arbitragem*, ano 5, n. 18, out./dez. 2002.

DELGADO, Mauricio Godinho. *Curso de direito do trabalho*. 6. ed. São Paulo: LTr, 2015.

DELLEPIANE, Antônio. *A nova teoria da prova*. Campinas: Minelli, 2004.

DERZI, Misabel Machado. *Modificações da jurisprudência no direito tributário*. São Paulo: Noeses, 2009.

DÍEZ-PICAZO, Luis. *Experiencias jurídicas y teoría del derecho*. 3. ed. Barcelona: Ariel, 1999.

DINAMARCO, Cândido Rangel. *Instituições de direito processual civil*. São Paulo: Malheiros, 2001. v. I.

_____. *Instituições de direito processual civil*. São Paulo: Malheiros, 2001. v. II.

_____. *Instituições de direito processual civil*. São Paulo: Malheiros, 2001. v. III.

_____. *Nova era do processo civil*. São Paulo: Malheiros, 2003.

_____. *A reforma da reforma*. 4. ed. São Paulo: Malheiros, 2003.

_____. *Instituições de direito processual civil*. São Paulo: Malheiros, 2016. v. I.

DINIZ, Maria Helena Diniz. *As lacunas no direito*. 9. ed. São Paulo: Saraiva, 2009.

_____. *Lei de introdução às normas do direito brasileiro interpretada*. 12. ed. São Paulo: Saraiva, 2012.

DI PIETRO, Maria Sylvia Zanella. *Direito administrativo*. 18. ed. São Paulo: Atlas, 2005.

DONATO, Messias Pereira. *Curso de direito individual do trabalho*. 6. ed. São Paulo: LTr, 2008.

DWORKIN, Ronald. *Levando os direitos a sério*. São Paulo: Martins Fontes, 2002.

DUGUIT, Leon. *Fundamentos do direito*. Porto Alegre: Sergio Fabris, 2005.

EÇA, Vitor Salino de Moura. *Prescrição intercorrente no processo do trabalho*. São Paulo: LTr, 2008.

EÇA, Vitor Salino de Moura. Substituição processual sindical no processo do trabalho. In: MONTESSO, Cláudio José; FREITAS, Marco Antônio de; STERN, Maria de Fátima Coelho Borges (coord.). *Direitos sociais na Constituição de 1988:* uma análise crítica vinte anos depois. São Paulo: LTr, 2008.

ENNECCERUS, Ludwig; KIPP, Theodor. WOLFF, Martín. *Tratado de direito civil. Parte geral*. Barcelona: Bosch Casa, 1943.

ENGISH, Karl. *Introdução ao pensamento jurídico*. 6. ed. Lisboa: Calouste Gulbenkian, 1983.

ENTERRÍA, Eduardo Garcia de; FERNÁNDEZ, Tomás-Ramon. *Curso de derecho administrativo*. 2. ed. Madrid: Civitas, 1978, t. 1.

FABREGUETTES, M. P. *A lógica judiciária e a arte de julgar*. Rio de Janeiro: Jacintho Ribeiro dos Santos, 1914.

FABRÍCIO, Adroaldo Furtado. Breves notas sobre provimentos antecipatórios, cautelares e liminares. In: MOREIRA, José Carlos Barbosa (coord.). *Estudos de direito processual civil em memória de Luiz Machado Guimarães*. Rio de Janeiro: Forense, 1999.

FADEL, Sergio Sahione. *Antecipação de tutela no processo civil*. 2. ed. São Paulo: Dialética, 2002.

FARIA, Juliana Cordeiro. O chamamento ao processo como técnica de efetividade do seguro de responsabilidade civil. In: JAYME, Fernando Gonçalves; FARIA, Juliana Cordeiro de; LAUAR, Maria Tereza (coord.). *Processo civil* — novas tendências, homenagem ao professor Humberto Theodoro Júnior. Belo Horizonte: Del Rey, 2008.

FAZZALARI, Elio. *Instituições de direito processual*. Campinas: Bookseller, 2006.

_____. Il giusto processo e i 'procedimenti especiali' civile. *Rivista Trimestrale de Diritto e Procedura Civile*, Milão: Giuffrè, ano LVII, n. 1, mar. 2003.

FELICIANO, Guilherme Guimarães. *Direito à prova e dignidade humana*. São Paulo: LTr, 2007.

FERRÁNDIZ, Luiz Prieto Castro y. *Derecho procesal civil*. 3 ed. Madrid: Tecnos, 1975. v. I.

FERRAJOLI, Luigi. *Direito e razão: teoria do garantismo penal*. 2 ed. São Paulo: Revista dos Tribunais, 2006.

______. Pasado y futuro del estado de derecho. In: *Neoconstitucionalismo(s)*. 9. ed. Madrid: Trotta, 2009.

______. El derecho como sistema de garantias. In: *Derecho y garantías:* la ley del más débil. Madrid: Trotta, 2010.

FERRARA, Francesco. *Como aplicar e interpretar as leis*. Belo Horizonte: Líder, 2003.

FERRAZ JÚNIOR, Tércio Sampaio. *Introdução ao estudo do direito*. 2. ed. São Paulo: Atlas, 1994.

______. *Teoria da norma jurídica*. 4. ed. Rio de Janeiro: 2006.

FINE, Toni M. *Introdução ao sistema jurídico anglo-americano*. São Paulo: Martins Fontes, 2011.

FISS, Owen. *El derecho como razón pública*. Madrid: Marcial Pons, 2007.

FIX-ZAMUDIO, Héctor. *Latinoamerica:* constituição, proceso e derechos humanos. México: Porrùa, 1988.

______. El debido processo, los derechos humanos y el poder judicial. In: MARKEL, Ernest (org. intr.) *Human righths and the judiciary. Los derechos humanos y el poder judicial. Droits de l'homme et le pouvoir judiciaire.* Belo Horizonte: Del Rey, 2010.

FLORES, Joaquim Herrera. La complejidad de los derechos humanos: bases teóricas para uma definición crítica. *Revista de Filosofia del Derecho Internacional y de la Política Global.* Disponível em: <http:www.juragentium.unifi.it/es/surveys/rights/herrera/indez.htm>.

FRADA, Manuel António de Castro Portugal Carneiro da. *Teoria da confiança e responsabilidade civil*. Coimbra: Almedina, 2004.

FRANK, Jerome. *Courts on trial myth and reality in American justice*. Princeton: Princeton University, 1973.

FREITAS, José Lebre de. *Estudos sobre direito civil e processo civil*. 2. ed. Coimbra: Coimbra, 2009. v. I.

FREITAS, Juarez. *A interpretação sistemática do direito*. 4. ed. São Paulo: Malheiros, 2002.

FUX, Luiz. *Curso de direito processual civil*. 3. ed. Rio de Janeiro: Forense, 2005.

GADAMER, Hans-Georg. *Verdade e método*. 7. ed. Petrópolis: Vozes, 2005. v. I.

______. *Hermenêutica em retrospectiva*. Petrópolis: Vozes, 2007. v. I.

GALDÓS, Jorge Mario. O conteúdo e o continente das medidas autossatisfativas. In: PEYRANO, Jorge W. (coord.). *Medidas autossatisfativas*. Buenos Aires: Rubizal-Culzoni, 1997.

GARCIA-ROZA, Luiz Alfredo. *Palavra e verdade na filosofia antiga e na psicanálise*. Rio de Janeiro: Jorge Zahar, 1990.

GIDI, Antônio. *Coisa julgada e litispendência em ações coletivas*. São Paulo: Saraiva, 1995.

______. *A* class action *como instrumento de tutela coletiva dos direitos:* as ações coletivas em uma perspectiva comparada. São Paulo: Revista dos Tribunais, 2007.

______. *Rumo a um Código de Processo Civil coletivo:* a codificação das ações coletivas do Brasil. Rio de Janeiro: Forense, 2008.

GIGLIO, Wagner. *Direito processual do trabalho*. 12. ed. São Paulo: Saraiva, 2002.

GOING, Helmut. *Elementos fundamentais da filosofia do direito*. Porto Alegre: Sergio Antonio Fabris, 2002.

GOLDSCHMIDT, James. *Derecho procesal civil*. Buenos Aires: Labor, 1936.

GOMES, Orlando. *Introdução ao direito civil*. 12. ed. Rio de Janeiro: Forense, 1996.

GONÇALVES, Aroldo Plínio. *A prescrição no processo do trabalho*. Belo Horizonte: Del Rey, 1987.

______. *Técnica processual e teoria do processo*. 2 ed. Belo Horizonte: Del Rey, 2012.

GONÇALVES, Aroldo Plínio. A ação civil pública na Justiça do Trabalho. *Revista do Tribunal Regional do Trabalho da 3ª Região*. v. 24, n. 53, 1994.

GONÇALVES, Aroldo Plínio. *Nulidades no processo*. Rio de Janeiro: Aide, 1993.

______. *Da denunciação da lide*. 3. ed. Rio de Janeiro: Forense, 1998.

______. Pressupostos de admissibilidade do mandado de segurança e condições de seu exercício contra ato judicial. In: MOREIRA, José Carlos Barbosa (coord.). *Estudos de direito processual civil em memória de Luiz Machado Guimarães*. Rio de Janeiro: Forense, 1999.

GUASTINI, Riccardo. *Lezioni di teoria costituzionale*. Torino: G. Giappichelli, 2001.

______. *Teoría e ideologia de la interpretación constitucional*. Madrid: Trotta, 2010.

______. *Das fontes às normas*. São Paulo: Quartier Latin do Brasil, 2005.

GRAU, Eros. *Ensaio e discurso sobre a interpretação/aplicação do direito*. 2. ed. São Paulo: Malheiros, 2003.

GRINOVER, Ada Pellegrini. *O processo em evolução*. 2. ed. Rio de Janeiro: Forense, 1998.

______. *Código brasileiro de defesa do consumidor comentado pelos autores do anteprojeto*. 9. ed. Rio de Janeiro: Forense, 2007.

GRINOVER, Ada Pellegrini; MENDES, Aluisio Gonçalves de Castro; WATANABE, Kazuo. *Direito processual coletivo e o anteprojeto de código brasileiro de processos coletivos*. São Paulo: Revista dos Tribunais, 2007.

GUASP, Jaime. Significacion del processo del trabajo en la teoria general del derecho procesal. In: *Estudios jurídicos*. Madrid: Civitas, 1996.

GUIMARÃES, Luiz Machado. *Estudos de direito processual civil*. São Paulo: Jurídica e Universitária, 1969.

GUNTHER, Klaus. *Teoria da argumentação*. São Paulo: Landy, 2004.

HERVADA, Javier. *O que é o direito? A moderna resposta do realismo jurídico*. São Paulo: Martins Fontes, 2006.

HESPANHA, António Manuel. *O caleidoscópio do direito: o direito e a justiça nos dias e no mundo de hoje*. 2 ed. Coimbra: Almedina, 2009.

HESSE, Konrad. *Escritos de derecho constitucional*. Madrid: Centro de Estudios Constitucionales, 1992.

______. *Elementos de direito constitucional na República Federal da Alemanha*. Porto Alegre: Fabris, 1998.

______. *A força normativa da Constituição*. Porto Alegre: Sergio Antonio Fabris, 1991.

IHERING, Rudolf Von. *A luta pelo direito*. São Paulo: Revista dos Tribunais, 2004.

JAEGER, Nicola. *Corso de derecho processuale del laboro*. 2. ed. Padova: Cedam — Dott. Antonio Milani, 1936.

JAYME, Fernando Gonzaga. *Direitos humanos e sua efetivação pela corte internacional de direitos humanos*. Belo Horizonte: Del Rey, 2005.

______. *Mandado de segurança*. Belo Horizonte: Del Rey, 2011.

JAUERNIG, Othmar. *Direito processual civil*. Coimbra: Almedina, 2002.

JUNOY, Joan Pico I. *El derecho a la prueba en el proceso civil*. Barcelona: Jose Maria Bosch, 1996.

KELSEN, Hans. *Teoria pura do direito*. 5. ed. Coimbra: Armênio Amado, 1979.

______. *Teoria geral do direito e do estado*. São Paulo: Martins Fontes, 2000.

KNIJNIK, Danilo. *A prova nos juízos cível, penal e tributário*. Rio de Janeiro: Forense, 2007.

______. As (perigosíssimas) doutrinas do "ônus dinâmico da prova" e da "situação de senso comum" como instrumentos para assegurar o acesso à justiça e a superar a probatio diabólica. In: FUX, Luiz; NERY JR., Nelson; WAMBIER, Tereza Arruda Alvim (coord.). *Processo e constituição*: estudos em homenagem ao professor José Carlos Barbosa Moreira. São Paulo: Revista dos Tribunais, 2006.

KROTSCHIN, Ernesto. *Manual do derecho del trabajo*. 3. ed. Buenos Aires: Depalma, 1976.

LACERDA, Galeno. *O novo direito processual civil e os efeitos pendentes*. Rio de Janeiro: Forense, 1974.

______. *Comentários ao Código de Processo Civil*. 4. ed. Rio de Janeiro: Forense, 1992. v. VIII, t. I.

______. *Comentários ao Código de Processo Civil*. 4. ed. Rio de Janeiro: Forense, 1992. v. VIII, t. II.

LANGILLE, Brian A. Para que serve o direito internacional do trabalho? *Revista de Direito do Trabalho*, São Paulo: Revista dos Tribunais, ano 33, n. 127, p. 175-204, jul./set. 2007.

LARENZ, Karl. *Derecho justo* – fundamentos de ética jurídica. Madrid: Civitas, 1993.

______. *Metodologia da ciência do direito*. 3. ed. Lisboa: Calouste Gulbenkian, 1997.

LATORRE, Angel. *Introdução ao direito*. Coimbra: Almedina, 1997.

LEAL, Antônio Luis Câmara. *Da prescrição e da decadência*. 3. ed. Rio de Janeiro: Forense, 1978.

LEITE, Carlos Henrique Bezerra Leite. *Curso de direito processual do trabalho*. 7. ed. São Paulo: LTr, 2009.

LEONEL, Ricardo de Barros. *Manual do processo coletivo*. São Paulo: Revista dos Tribunais, 2002.

LIEBMAN, Enrico Tullio. *Estudos sobre o processo civil brasileiro*. São Paulo: Saraiva, 1947.

______. *Manual de direito processual civil*. Rio de Janeiro: Forense, 1984. v. I.

______. *Eficácia e autoridade da coisa julgada e outros escritos sobre a coisa julgada*. 3. ed. Rio de Janeiro: Forense, 1984.

______. *Processo de execução*. Araraquara: Bestbook, 2003.

______. *Embargos do executado*. Campinas: Bookseller, 2003.

______. O despacho saneador e o julgamento do mérito. *Revista Forense Comemorativa 100 Anos*, Rio de Janeiro: Forense, p. 21-46, t. V: Direito Processual Civil.

LIMA, Alcides de Mendonça. *Comentários ao Código de Processo Civil*. 7. ed. Rio de Janeiro: Forense, 1991. v. VI.

LIMA, Taísa Maria Macena de. Atos e negócios jurídicos no Código Civil brasileiro de 2002. In: LAGE, Emerson José Alves; LOPES, Mônica Sette (coord.). *Novo Código Civil e seus desdobramentos no direito do trabalho*. São Paulo: LTr, 2003.

LITALA, Luigi di. *Derecho procesal del trabajo*. Buenos Aires: Bosch, 1949. v. I.

LOPES, Armando Porras. *Derecho procesal del trabajo*. Puebla: José Cajica, 1956.

LOPES, João Batista. *Ação declaratória*. 5. ed. São Paulo: Revista dos Tribunais, 2002.

LOPES, Mônica Sette. *A equidade e os poderes do juiz*. Belo Horizonte: Del Rey, 1993.

LORENZETTI, Ari Pedro. *A responsabilidade pelos créditos trabalhistas*. São Paulo: LTr, 2003.

LOTUFO, Renan. *Código Civil comentado*. São Paulo: Saraiva, 2003. v. I.

LUCON, Paulo Henrique Santos. Devido processo legal substancial. In: DIDIER JR., Fredie (coord.). *Leituras Complementares de processo civil*. 3. ed. Salvador: JusPodivm, 2005.

LUDWIG, Guilherme Guimarães. *Processo trabalhista eficiente*. São Paulo: LTr, 2012.

LUÑO, Antonio Enrique Pérez Luño. *Teoría del derecho:* una concepción de la experiencia jurídica. 11. ed. Madrid: Tecnos, 2012.

MACCORMICH, Neil. *Argumentação jurídica e teoria do direito*. São Paulo: Martins Fontes, 2006.

______. *Retórica e estado de direito*. Rio de Janeiro: Elsevier, 2008.

MACHADO JÚNIOR, César P. S. *O ônus da prova no processo do trabalho*. 3. ed. São Paulo: LTr, 2001.

MACIEL JÚNIOR, Vicente de Paula. *Teoria das ações coletivas*. São Paulo: LTr, 2006.

MAJO, Adolfo di. *La tutela civile dei diritti*. 4 ed. Milão: Guiffrè, 2003.

MALATESTA, Nicola Framarino. *Lógica de las pruebas en materia criminal*. Campinas: Bookseller, 2004.

MALLET, Estevão. *Procedimento sumaríssimo trabalhista*. São Paulo: LTr, 2002.

______. Apontamentos sobre a competência da justiça após a Emenda Constitucional n. 45. In: COUTINHO, Grijalbo Fernandes; FAVA, Marcos Neves (coord.). *Justiça do Trabalho:* competência ampliada. São Paulo: LTr, 2005.

MANCUSO, Rodolfo Camargo. *Jurisdição coletiva e coisa julgada* – teoria geral das ações coletivas. São Paulo: Revista dos Tribunais, 2007.

MARANHÃO, Délio; SUSSEKIND, Arnaldo; VIANNA, Segadas. *Instituições de direito do trabalho*. 11. ed. São Paulo: LTr, 1991. v. II.

MARCATO, Antônio Carlos. *Procedimentos especiais*. 11 ed. São Paulo: Atlas, 2005.

MARINONI, Luiz Guilherme. *Tutela inibitória*. 3. ed. São Paulo: Revista dos Tribunais, 2000.

MARINONI, Luiz Guilherme; ARENHART, Sérgio Cruz; MITIDIERO, Daniel. *Novo Código de Processo Civil comentado*. São Paulo: Revista dos Tribunais, 2015.

MARQUES, Cláudia Lima. O "diálogo das fontes" como método da nova teoria geral do direito: um tributo a Erik Jayme. In: MARQUES, Cláudia Lima (coord.). *Diálogo das fontes:* do conflito à coordenação de normas do direito brasileiro. São Paulo: Revista dos Tribunais, 2012.

MARQUES, José Frederico. *Instituições de direito processual civil*. Rio de Janeiro: Forense, 1958. v. I.

______. *Instituições de direito processual civil*. Rio de Janeiro: Forense, 1959. v. III.

______. *Manual de direito processual civil*. 10. ed. São Paulo: Saraiva, 1990. v. I.

______. *Manual de direito processual civil*. 10. ed. São Paulo: Saraiva, 1990. v. II.

______. *Manual de direito processual civil*. 10. ed. São Paulo: Saraiva, 1990. v. III.

MARTINS-COSTA, Judith. Um aspecto da obrigação de indenizar: notas para uma sistematização dos deveres pré-negociais de proteção no direito civil brasileiro. In: *A evolução do direito no* século XXI: estudos em homenagem ao Prof. Arnald Wald. Coimbra: Almedina, 2007.

MARTINEZ, Soares. *Filosofia do direito*. Coimbra: Almedina, 1995.

MARTINS, Pedro Batista. *Comentários ao Código de Processo Civil*. São Paulo: Forense, 1960. v. III, t. I.

MARTINS, Sergio Pinto. *Direito processual do trabalho*. 17. ed. São Paulo: Atlas, 2002.

______. Competência da Justiça do Trabalho para analisar mandados de segurança, *habeas corpus* e *habeas data*. *Revista LTr*. v. 69, n. 7, jul. 2005.

MAXIMILIANO, Carlos. *Hermenêutica e aplicação do direito*. 20. ed. Rio de Janeiro: Forense, 2011.

MAYNEZ, Eduardo Garcia. *La definición del derecho*. México: Stylo, 1948.

MAZZILI, Hugo Nigro. *A defesa dos interesses difusos em juízo*. 21. ed. São Paulo: Saraiva, 2008.

MEIRELES, Edilton. *Procedimento sumaríssimo na Justiça do Trabalho*. São Paulo: LTr, 2000.

MEIRELES, Hely Lopes. *Mandado de segurança, ação popular, ação civil pública, mandado de injunção e* "habeas data", ação declaratória de constitucionalidade, arguição de descumprimento de preceito fundamental, controle incidental de normas no *direito Brasileiro*. 27. ed. São Paulo: Malheiros, 1992.

MEIER, Julio B. J. *Función normativa de la nulidade*. Buenos Aires: Depalma, 1980.

MELENDO, Santiago Sentis. A natureza da prova. *Revista Forense*, n. 246, p. 92-100, 1974.

MELGAR, Alfredo Montoya. Inspección de trabajo y efetividade de los derechos laborales. In: *Derecho y processo: estúdios jurídicos em honor del prof. A. Martinez Bernal*. Murcia: Universidad de Murcia — Secretariado de Publicaciones, 1980.

____. A solução dos conflitos trabalhistas na Espanha. In: BUEN, Néstor de (coord.). *A solução dos conflitos trabalhistas*. São Paulo: LTr, 1986.

MELGAR, Alfredo Montoya. *Derecho del trabajo*. 14. ed. Madrid: Tecnos, 1993.

MELLO, Celso Antônio Bandeira de. *Elementos de direito administrativo*. 3. ed. São Paulo: Malheiros, 1992.

MELO, Raimundo Simão de. *Dissídio coletivo do trabalho*. São Paulo: LTr, 2002.

______. *Ação civil pública na Justiça do Trabalho*. São Paulo: LTr, 2004.

MENDES, João de Castro. *Do conceito de prova em processo civil*. Lisboa: Ática, 1961.

MESQUITA, José Ignacio Botelho de. *Coisa julgada*. Rio de Janeiro: Forense, 2004.

MÉSZÁROS, István. *A teoria da alienação em Marx*. São Paulo: Boitempo, 2006.

MIAILLE, Michel. *Introdução crítica ao direito*. Lisboa: Estampa, 2005.

MIESSA, Élisson. Hipoteca judiciária e protesto da decisão judicial no novo CPC e seus impactos no processo do trabalho. In: MIESSA, Élisson (org.). *O novo Código de Processo Civil e seus reflexos no processo do trabalho*. Salvador: JusPodivm, 2015.

MIRANDA, Pontes de. *Tratado das ações*. São Paulo: Revista dos Tribunais, 1976, t. VI.

______. *Comentários ao Código de Processo Civil*. 4. ed. Rio de Janeiro: Forense, 1995. v. I.

______. *Comentários ao Código de Processo Civil*. 3. ed. Rio de Janeiro: Forense, 1995. v. II.

______. *Comentários ao Código de Processo Civil*. 3. ed. Rio de Janeiro: Forense, 1996. v. III.

______. *Comentários ao Código de Processo Civil*. 3. ed. Rio de Janeiro: Forense, 1996. v. IV.

______. *Comentários ao Código de Processo Civil*. 3. ed. Rio de Janeiro: Forense, 1998. v. V.

MONACCIANI, Luigi. *Azione e legitimazione*. Milão: Giuffrè, 1951.

MORAES, Paulo Valério Dal Pai. *Código de defesa do consumidor*: o princípio da vulnerabilidade no contrato, na publicidade, nas demais práticas comerciais: interpretação sistemática do direito. 3. ed. Porto Alegre: Livraria do Advogado, 2009.

MOREIRA, José Carlos Barbosa. *Comentários ao Código de Processo Civil*. 11. ed. São Paulo: Forense, 1995. v. V.

______. *O novo processo civil brasileiro*. 29. ed. Rio de Janeiro: Forense, 2012.

______. Efetividade do processo e técnica processual. *Revista Forense Comemorativa 100 Anos*, t. V, p. 577-590.

______. Apontamentos para um estudo sistemático da legitimação extraordinária. *Revista dos Tribunais*, ano 58, v. 404, p. 13-18, ju. 1969.

MOREIRA, José Carlos Barbosa. *Temas de direito processual civil. Primeira série*. 2. ed. São Paulo: Saraiva, 1988.

______. *Temas de direito processual civil. Oitava série*. São Paulo: Saraiva, 2004.

MORELLO, Augusto Mario. *La tutela de los intereses difusos en el derecho argentino*. La Plata: Libéria Editora Platense, 1999.

MORELLO, Augusto Mario Morello. Opciones procesuales em supuestos dudosos. In: *Opciones e alternativas en el derecho procesal*. Buenos Aires: Lajouane, 2006.

MÜLLER, Friedrich. *Métodos de trabalho do direito constitucional*. 3. ed. Rio de Janeiro: Renovar, 2005.

______. *O novo paradigma do direito:* introdução à teoria e metódica estruturante do direito. São Paulo: Revista dos Tribunais, 2007.

MIRANDA, Jorge. *Manual de direito constitucional*. 2. ed. Coimbra: Coimbra, 1998. t. IV.

______. O princípio da eficácia jurídica dos direitos fundamentais. In: MACIEL, Adhemar Ferreira Maciel; DOLGA, Lakowsk; BERALDO, Leonardo de Faria; COSTA, Mônica Aragão Martiniano Ferreira e (coord.). *Estudos de direito constitucional:* homenagem ao professor Ricardo Arnaldo Malheiros Fiuza. Belo Horizonte: Del Rey, 2009.

NASCIMENTO, Amauri Mascaro. Litigância de má-fé no processo trabalhista. In: *Revista LTr*, ano 59, n. 7, 1995.

______. *Curso de direito processual do trabalho*. 21. ed. Saraiva: São Paulo, 2002.

NERY JÚNIOR, Nelson; NERY, Rosa Maria de Andrade. *Código de Processo Civil comentado e legislação processual civil*. São Paulo: Revista dos Tribunais, 2015.

NERY JÚNIOR, Nelson. *Princípios do processo civil na constituição federal*. 7. ed. São Paulo: Revista dos Tribunais, 2002.

______. *Teoria geral dos recursos*. 6. ed. São Paulo: Revista dos Tribunais, 2004.

NERY JÚNIOR, Nelson. Alguns aspectos da competência da Justiça do Trabalho: CF 114, I e VI (EC n. 45/2004). In: WAMBIER, Teresa Arruda Alvim *et al.* (coord.). *Reforma do judiciário primeiras reflexões sobre a Emenda Constitucional n. 45/2004*. São Paulo: Revista dos Tribunais, 2005.

NEVES, Celso. *Comentários ao Código de Processo Civil*. 4. ed. Rio de Janeiro: Forense, 1992. v. VII.

______. *Estrutura fundamental do processo civil*. Rio de Janeiro: Forense, 1997.

______. *Coisa julgada civil*. São Paulo: Revista dos Tribunais, 1971.

NOVAIS, Jorge Reis. *Contributo para uma teoria do estado de direito*. Coimbra: Almedina, 2006.

OLEA, Manuel Alonso. *Derecho procesal del trabajo*. 3. ed. Madrid: Instituto de Estúdios Políticos, 1976.

OLIVEIRA, Francisco Antônio de. *Comentários aos enunciados do TST*. 5. ed., São Paulo: Revista dos Tribunais, 2001.

______. *Ação civil pública*. 2. ed. São Paulo: RT, 2003.

OST, François. *O tempo do direito*. Bauru: Edusc, 2005.

PAIXÃO JÚNIOR, Manuel Galdino da. *Teoria geral do processo*. Belo Horizonte: Del Rey, 2002.

PAPA JOÃO PAULO II. *Encíclica dives in misericórdia*. São Paulo: LTr, 2003.

PASSOS, J. J. Calmon de. *Mandado de segurança coletivo, mandado de injunção e habeas data*. Rio de Janeiro: Forense, 1991.

______. O mandado de segurança contra atos jurisdicionais. In: GONÇALVES, Aroldo Plínio (coord.). *Mandado de segurança*. 1. ed. 2. tir. Belo Horizonte: Del Rey, 1996.

PASSOS, J. J. Calmon de. *Comentários ao Código de Processo Civil*. 9. ed. Rio de Janeiro: Forense, 2005. v. III.

PATRÍCIO, Miguel Carlos Teixeira. *Análise económica da litigância*. Coimbra: Almedina, 2005.

PAULA, Carlos Alberto Reis de. *A especificidade do ônus da prova no processo do trabalho*. 2. ed, São Paulo: LTr, 2010.

PAUPERIO, Artur Machado. *Teoria do Estado democrático*. Rio de Janeiro: Presença, 1968.

PEREIRA, Caio Mário da Silva. *Instituição de direito civil*. 19. ed. Rio de Janeiro: Forense, 1998. v. I.

PEREIRA, José Luciano Castilho. A reforma do poder judiciário — o dissídio coletivo e o direito de greve. In: COUTINHO, Grijalbo Fernandes; FAVA, Marcos Neves (coord.). *Justiça do Trabalho:* competência ampliada. São Paulo: LTr, 2005.

PERELMAN, Chaïn; OLBRECHTS-TYTECA, Lucie Olbrechts-Tyteca. *Tratado da argumentação:* a nova retórica. São Paulo: Martins Fontes, 2005.

PÉREZ, Jesús González. *El derecho a la tutela jurisdicional*. Madrid: Civitas, 1989.

PERGOLESI, Ferruccio. *Diritto costituzionale*. 7. ed. Bolonha: Dott. Cesare Zuffi, 1949.

PERLINGIERI, Pietro. *Perfis do direito civil*. Rio de Janeiro: Renovar, 1994.

______. *O direito civil na legalidade constitucional*. Rio de Janeiro: Renovar, 2008.

PEYRANO, Jorge W. A doutrina das cargas probatórias dinámicas y la máquina de impedir en materia jurídica. In: PEYRANO, Jorge W. (coord.). *Cargas probatórias dinâmicas*. Santa Fé: Rubizal-Culzoni Editores, 2004.

______. La medida autossatisfativa: forma diferenciada de tutela que constituye una expresión privilegiada del proceso urgente. Gênesis e evolución. In: PEYRANO, Jorge W. (coord.). *Medidas autossatisfativas*. Buenos Aires: Rubizal-Culzoni, 1997.

PICARDI, Nicola. *Jurisdição e processo*. Rio de Janeiro: Forense, 2008.

PIMENTA, José Roberto Freire. A nova competência da Justiça do Trabalho para lides não decorrentes da relação de emprego: aspectos processuais e procedimentais. In: COUTINHO, Grijalbo Fernandes; FAVA, Marcos Neves (coord.). *Justiça do Trabalho:* competência ampliada. São Paulo: LTr, 2005.

PINTO, José Augusto Rodrigues. *Execução trabalhista*. 9. ed. São Paulo: LTr, 2002.

______. A autoridade da coisa julgada diante da Medida Provisória n. 2.180/01. *Revista LTr*, ano 66, n. 6, 2002.

______. *Processo trabalhista de conhecimento*. 7. ed. São Paulo: LTr, 2005.

______. A Emenda Constitucional n. 45/2004 e a Justiça do Trabalho: reflexos, inovações e impactos. In: COUTINHO, Grijalbo Fernandes; FAVA, Marcos Neves (coord.). *Justiça do Trabalho:* competência ampliada. São Paulo: LTr, 2005.

PISANI, Andréa Proto. *Lezioni di diritto processuale civile*. 4. ed. Napoli: Jovene, 2002.

PODETTI, Ramiro. *Teoria y tecnica del proceso civil y trologia estructural da ciencia del proceso civil*. Buenos Aires: Ediar, 1963.

PORTALIS, Jean Etienne Marie. *Discurso preliminar ao Código Civil francês*. Madrid: Civitas, 1997.

PORTANOVA, Rui. *Princípios do processo civil*. Porto Alegre: Livraria do Advogado, 2003.

POTHIER, R. J. *Tratados das obrigações*. Campinas: Servanta, 2002.

PRADO, Roberto Barreto. *Direito do trabalho*. São Paulo: Revista dos Tribunais, 1963.

______. *Principios ALI/UNIDROIT del processo civil transnacional*. 1. ed. Santa Fé: Rubinzal-Culzoni, 2011.

RADBRUCH, Gustav. *Relativismo e derecho*. Santa Fé de Bogotá: Temis, 1992.

______. *Introducción a la filosofia del derecho*. Santa Fé de Bogotá: Fondo de Cultura Económica, 1997.

______. *Introdução à ciência do direito*. São Paulo: Martins Fontes, 1999.

______. *Filosofia do direito*. São Paulo: Martins Fontes, 2010.

RAMALHO, Maria do Rosário Palma. *Direito do Trabalho*: parte I – dogmática geral. Coimbra: Almedina, 2005.

REALE, Miguel. *Filosofia do direito*. 16. ed. São Paulo: Saraiva, 1994.

______. *Fundamentos do direito*. 3. ed. fac símile da 2. ed. rev. São Paulo: Revista dos Tribunais, 1998.

______. *Lições preliminares de direito*. 24. ed. São Paulo: Saraiva, 1998.

______. *O projeto do novo Código Civil*. 2. ed. São Paulo: Saraiva, 1999.

REALI, Giovanni. *Para uma nova interpretação de Platão*. São Paulo: Loyola, 1991.

REDENTI, Enrico. *Derecho procesal civil*. Buenos Aires: Europa-América, 1957.

______. *Diritto processuale civile*. 4. ed. v. II, Milão: Giuffrè, 1997. v. II.

REIS, José Alberto dos. *Processo ordinário e sumário*. Coimbra: Coimbra, 1928.

REZEK, José Francisco. *Direito internacional público*. 3. ed. São Paulo: Saraiva, 1993.

REZENDE FILHO, Gabriel José Rodrigues de. *Curso de direito processual civil*. 3. ed. São Paulo: Saraiva, 1953. v. II.

RICCI, Gian Franco. *Principi di diritto processuale generale*. Torino: G. Giappichelli, 1995.

RIPERT, Georges; BOULANGER, Jean. *Tratado de derecho civil*. Buenos Aires: La Ley, 1956.

ROCCO, Alfredo. *La sentencia civil*. Madrid: La Espãnha Moderna, 2006.

ROCCO, Ugo. *Trattato di diritto procesuale civile*. Torino: Uninoe, 1957. v. II.

RODRIGUEZ, Américo Plá. A solução dos conflitos trabalhistas. In: BUEN, Néstor de (coord.). *A solução dos conflitos trabalhistas*. São Paulo: LTr, 1986.

______. *Princípios de direito do trabalho*. 4. tir. São Paulo: LTr, 1996.

ROJO, Margarita Beladiez. *Los principios jurídicos*. Madrid: Tecnos, 1994.

ROMANO, Santi. *Princípios de direito constitucional em geral*. São Paulo: Revista dos Tribunais, 1977.

ROMITA, Arion Sayão. A conciliação no processo do trabalho após a Ementa Constitucional n. 45. *Revista LTr*, ano 69, n. 5, 2005.

RUGGIERO, Roberto. *Instituições de direito civil*. 1. ed. Campinas: Bookseller, 1999. v. I.

RUPRECHT, Alfredo J. *Os princípios do direito do trabalho*. São Paulo: LTr, 1995.

RUSSOMANO, Mozart Victor. *Comentários à CLT*. 14. ed. Rio de Janeiro: Forense, 1992. v. II.

SANCHES, Sydnei. Objeto do processo e objeto litigioso do processo. *Revista de Processo*, ano IV, n. 13, p. 45, jan./mar. 1979.

SANCHÍS, Luiz Prieto. *Apuntes de teoría del derecho*. Madrid: Trotta, 2005.

SANTOS, Ernane Fidelis. *Estudos de direito processual civil*. Uberlândia: Faculdade de Direito da Universidade de Uberlândia, 1975.

SANTOS, Ernane Fidelis. *Ação monitória*. Belo Horizonte: Del Rey, 2000.

SANTOS, Moacyr Amaral. *Primeiras linhas de direito processual civil*. 7. ed. São Paulo: Saraiva, 1982. v. II.

______. *Comentários ao Código de Processo Civil*. 6. ed. Rio de Janeiro: Forense, 1994. v. IV.

SANTOS, Ulderico Pires dos. *Meios de prova*. Rio de Janeiro: UPS, 1994.

SARLET, Ingo Wolfgang. *A eficácia dos direitos fundamentais*. 8. ed. Porto Alegre: Livraria do Advogado, 2007.

SCHIAVI, Mauro. *Manual de direito processual do trabalho*. 2. ed. São Paulo: LTr, 2009.

______. *Manual de direito processual do trabalho*. 6. ed. São Paulo: LTr, 2013.

______. *Manual de direito processual do trabalho*. 10. ed. São Paulo: LTr, 2016.

______. *Execução no processo do trabalho*. São Paulo: LTr, 2008.

SCHÖNKE, Adolfo. *Derecho procesal civil*. Barcelona: Bosch, 1950.

SESSAREGO, Carlos Fernandéz. El dano al proyeto de vida. *Derecho PUC – Revista da Faculdade de Direito da Pontifícia Universidade Católica*, n. 50, Lima, dez. 1966.

SERVAIS, Jean-Michel. *Elementos de direito internacional e comparado do trabalho*. São Paulo: LTr, 2001.

SICHES, Luis Recasens. *Tratado general de sociologia*. 3. ed. México: Porrùa, 1960.

SIECKMANN, Jan-r. *El modelo de los principios del derecho*. Bogotá: Universidad Externado de Colômbia, 2006.

SHIMURA, Sérgio. *Tutela coletiva e sua efetividade*. São Paulo: Método, 2006.

SILVA, Antônio Álvares da. *Procedimento sumaríssimo na Justiça do Trabalho*. São Paulo: LTr, 2000.

______. *Dissídio coletivo e a Emenda Constitucional n. 45/04*. Belo Horizonte: RTM, 2005.

SILVA, Ovídio Batista da. *Do processo cautelar*. 2. ed. São Paulo: Forense, 1998.

______. *Curso de direito processual civil*. 5. ed. São Paulo: Revista dos Tribunais, 2002. v. II.

______. Coisa julgada relativa? In: DIDIER JÚNIOR, Fredie (org.). *Relativização da coisa julgada*. Salvador: Juspodivm, 2004.

SOUSA, Miguel Teixeira de. Um novo processo civil português: à la recherche du temps perdu? *Revista de Processo*, ano 33, n. 161, p. 211-212, jul. 2008.

SPADONI, Joaquim Felipe. *Ação inibitória*. São Paulo: Revista dos Tribunais, 2002.

STEIN, Friedrich. *El conocimiento privado del juez*. Santa Fé de Bogotá: Temis, 1999.

SUPIOT, Alain. Homo juridicus: ensaio sobre a função antropológica do direito. São Paulo: Martins Fontes, 2007.

______. *Au-delà de l'emploi*. Paris: Flammarion, 1999.

SÜSSEKIND, Arnaldo. Tribunais do trabalho no direito comparado e no Brasil. *Revista LTr*, ano 63, n. 11, 1999.

______. As relações individuais e coletivas de trabalho na reforma do poder judiciário. In: COUTINHO, Grijalbo Fernandes; FAVA, Marcos Neves (coord.). *Justiça do Trabalho:* competência ampliada. São Paulo: LTr, 2005.

TARUFFO, Michele. La motivazione della sentenza. In: MARINONI, Luiz Guilherme (coord.). *Estudos de direito processual civil em homenagem ao prof. Egas Dirceu Moniz de Aragão*. São Paulo: Revista dos Tribunais, 2005.

______. Conocimiento científico y critérios de la prueba judicial. In: TARUFFO, Michele; CARVAJAL, Diana Ramírez. *Conocimiento, prueba, pretensión e oralidade*. Lima: Ara, 2009.

______. *El proceso civil adversarial en la experiencia americana*. Bogotá: Temis, 2008.

______. La justicia em el procedimiento. In: *Proceso y decisión:* lecciones mexicanas de derecho procesal. Madrid: Marial Pons, 2012.

______. El precedente. In: *Proceso y decisión:* lecciones mexicanas de derecho procesal. Madrid: Marcial Pons, 2012.

______. As funções da uniformidade e justiça das cortes supremas, palestra proferida no *I Colóquio Brasil-Itália de Direito Processual Civil*, realizado em São Paulo em agosto de 2014. Disponível em: <www.direitoprocessual.org.br>.

TEIXEIRA FILHO, Manuel Antônio. *A prova no processo do trabalho*. 5. ed. São Paulo: LTr, 1989.

______. A Justiça do Trabalho e a Emenda Constitucional n. 45/2004. *Revista LTr*, ano 69, n. 1, 2005.

______. *Breves comentários à reforma do poder judiciário*. São Paulo: LTr, 2005.

TELLES JUNIOR, Goffredo. *Iniciação à ciência do direito*. São Paulo: Saraiva, 2001.

TEPEDINO, Gustavo; BARBOSA, Heloisa Helena; MORAES, Maria Celina Bodin de. *Código Civil comentado conforme a constituição da república*. Rio de Janeiro, Renovar, 2007. v. II.

TESORIERE, Giovanni. *Lineamenti di diritto processuale del lavoro*. Padova: Cedam — Casa Dott. Antonio Milani, 1978.

THEODORO JÚNIOR, Humberto. *Tutela jurisdicional de urgência*. 2. ed. Rio de Janeiro: América Jurídica, 2001.

______. Os princípios de direito processual civil e o processo do trabalho. In: BARROS, Alice Monteiros de (org.). *Compêndio de direito processual do trabalho*. 3. ed. São Paulo: LTr, 2002.

______. *Comentários ao Código de Processo Civil*. 2. ed. Rio de Janeiro: Forense, 2003. v. IV.

______. *Processo cautelar*. 21. ed. São Paulo: Universitária de Direito, 2004.

______. *Processo de execução*. 22. ed. São Paulo: EUD, 2004.

______. *Curso de direito processual civil*. 47. ed. Rio de Janeiro: Forense, 2007. v. I.

______. *Curso de direito processual civil*. 47. ed. Rio de Janeiro: Forense, 2007. v. II.

______. *Curso de direito processual civil*. 47. ed. Rio de Janeiro: Forense, 2007. v. III.

______. *Curso de direito processual civil*. 47. ed. Rio de Janeiro: Forense, 2016. v. II.

TONINI, Paolo. *A prova no processo penal italiano*. São Paulo: Revista dos Tribunais, 2002.

TORNAGHI, Hélio. *Comentários ao código de processo penal*. Rio de Janeiro: Forense, 1956. v. I, t. I.

TROCKER, Nicolò. Il nuovo articolo 111 dela costituzione e il 'giusto processo' in matéria civile: profili generali. *Rivista trimestrale di diritto e procedura civile*, ano LV, n. 2, jun. 2001.

TROLLER, Alois. *Dos fundamentos do formalismo processual civil*. Porto Alegre: Sergio Antonio Fabris, 2009.

TRUERBA URBINA, Alberto. *Nuevo derecho procesal del trabajo*. 4. ed. México: Porrùa, 1978.

TUCCI, José Rogério Cruz e. "Class action" *e mandado de segurança coletivo*. São Paulo: Saraiva, 1990.

______. *Ação monitória*. São Paulo: Revista dos Tribunais, 2001.

VARELA, Antunes; BEZERRA, J. Miguel; NORA, Sampaio e. *Manual de direito processual civil*. 2. ed. Coimbra: Coimbra, 1985.

VECCHIO, Giorgio Del. *Lições de filosofia do direito*. 5. ed. Coimbra: Armênio Amado, 1979.

VENOSA, Sílvio de Salvo. *Direito civil*. 5. ed. São Paulo: Atlas, 2005. v. 2.

VENTURI, Elton. *Processo civil coletivo*. São Paulo: Malheiros, 2007.

VIANA, Lourival Vilela. *A liberdade de prova em matéria penal*. Belo Horizonte: Imprensa Oficial, 1955.

VIANA, Márcio Túlio. Critérios para a inversão do ônus da prova no processo do trabalho. *Revista LTr*, ano 58, n. 10, 1994.

______. O acesso à Justiça e a nova prescrição do rurícola. *Revista de Direito do Trabalho*, ano 27, n. 102, 2000.

______. O novo rito, artigo por artigo: possibilidades e desafios. In: VIANA, Márcio Túlio; RENAULT, Luiz Otávio Linhares (coord.).*Procedimento sumaríssimo:* teoria e prática. São Paulo: LTr, 2000.

______. A onda precarizante, as comissões de conciliação e a nova portaria do ministério do trabalho. *Revista LTr*, ano 66, n. 12, 2002.

______. A nova competência da Justiça do Trabalho no contexto da reforma sindical. *Revista do Tribunal Superior do Trabalho*. v. 71, n. 1, jan./abr. 2005.

______. *Direito de resistência*. São Paulo: LTr, 1996.

______. Os paradoxos da prescrição: quando o trabalhador se faz cúmplice involuntário da perda de direitos. In: VIANA, Márcio Túlio; TERRA, Luciana Soares Vidas; SILVA JR., Décio de Abril e (coord.). *Direito do trabalho & trabalho sem direitos*. Belo Horizonte: Mandamentos, 2008.

VIEIRA, José Marcos Rodrigues. Teoria geral da efetividade do processo. In: *Revista da Faculdade Mineira de Direito*, Belo Horizonte, v. I, n. 1, 1º semestre de 1998.

______. *Da ação civil*. Belo Horizonte: Del Rey, 2002.

VIGORITI, Vicenzo. *Interessi collettivi e processo*. Milão: Dott. A. Giuffrè, 1979.

VILANOVA, Lourival. *As estruturas lógicas e o sistema do direito positivo*. São Paulo: Max Limond, 1997.

VILHENA, Paulo Emílio Ribeiro de. *Princípios de direito e outros estudos*. Belo Horizonte: RTM, 1997.

WACH, Adolf. *Conferencias sobre la ordenanza procesal civil Alemana*. Lima: Ara, 2006.

WAMBIER, Tereza Arruda Alvim; MEDINA, José Miguel Garcia. *O dogma da coisa julgada:* hipóteses de relativização. São Paulo: Revista dos Tribunais, 2003.

WAMBIER Luiz Rodrigues; TALAMINI, Eduardo. *Curso avançado de processo civil*. 12. ed. São Paulo: Revista dos Tribunais, 2012. v. 1: teoria geral do processo e processo de conhecimento.

WATANABE, Kazuo. *Da cognição no processo civil*. 3. ed. São Paulo: Perfil, 2005.

______. *Código brasileiro de defesa do consumidor comentado pelos autores do anteprojeto*. 9. ed. Rio de Janeiro: Forense, 2004.

WHITE, Inés Lépori. Cargas probatórias dinámicas. In: PEYRANO, Jorge W. (coord.). *Cargas probatórias dinámicas*. Santa Fé: Rubizal-Culzoni, 2004.

XAVIER, Bernardo da Gama Lobo. *Curso de direito do trabalho*. 2. ed. Lisboa: Verbo, 1993.

ZAGREBELSKY, Gustavo; MATINI, Carlo Maria. *La exigência de justicia*. Madrid: Trotta, 2006.

ZAVASCKI, Teori Albino. *Processo coletivo*. 5. ed. São Paulo: Revista dos Tribunais, 2011.